图说 史记

【西汉】司马迁◎著

杨燕起 樊文龙◎主编

—— 第1卷 ——

〔本纪〕

巴蜀书社

图说史记

图书在版编目（CIP）数据

图说史记 / 杨燕起，樊文龙主编 . -- 成都：巴蜀书社，
2021.1

ISBN 978-7-5531-1390-6

Ⅰ. ①图… Ⅱ. ①杨… ②樊… Ⅲ. ①中国历史 – 古代史 –
纪传体 – 通俗读物 Ⅳ . ① K204.2-49

中国版本图书馆 CIP 数据核字（2020）第 214123 号

图 说 史 记　　　【西汉】司马迁⊙著　杨燕起 樊文龙⊙主编

策划组稿	林建
责任编辑	白亚辉　陈礼　赵安琪　马兰
出　　版	巴蜀书社
	成都市槐树街2号　邮编610031
	总编室电话：（028）86259397
网　　址	www.bsbook.com
发　　行	巴蜀书社
	发行科电话：（028）86259422 86259423
经　　销	新华书店
制　　作	**日知图书**（www.rzbook.com）
印　　刷	天津市光明印务有限公司
版　　次	2021年1月第1版
印　　次	2021年1月第1次印刷
成品尺寸	170mm×240mm
印　　张	116.5
字　　数	1600千字
书　　号	ISBN 978-7-5531-1390-6
定　　价	299.00元（全10卷）

本书如有印装质量问题，请与印制部联系调换，电话：010-82021443

　　《史记》被鲁迅先生誉为"史家之绝唱，无韵之《离骚》"，其在史学和文学方面的重要价值，使之成为中国文化发展史上的一颗璀璨的明珠，备受人们称赞。

　　《史记》的作者是西汉著名的史学家、文学家和思想家司马迁。司马迁，字子长，汉左冯翊夏阳（今陕西省韩城市）人，生于汉景帝中元五年，即前145年（依王国维说），约死于汉武帝征和三年（前90）或稍后，一生大致与汉武帝相始终。司马迁的父亲司马谈，也是一位史学家，生活在汉代文帝、景帝、武帝时期，卒于武帝元封元年（前110）。《史记》实际上是司马谈在担任太史令时就已开始写作，最终由司马迁接续完成的，这也开创了中国古代私家著史中父子共同完成一部史书写作的先例。

　　《史记》在史学和文学上的重大成就，可以归结为如下方面。

　　第一，《史记》是中国历史上第一部百科全书式的通史。

　　在《史记》出现以前，中国古代只有文告汇编、断代编年、地区国别、谱牒世本之类的史书，《史记》是第一部通史。这部通史，在时间上记载了自远古经夏、商、西周、春秋、战国、秦以至汉武帝时代，跨越原始社会、奴隶社会并进入封建社会，总共长达3000年的史事；在内容上记载了整个历史时期的政治、经济、军事、文化、学术、天文、地理以至医术、占卜等无所不包的社会生活，所以说它具有百科全书的性质；在地域上除主要记述汉武帝时期国家版图中心地区的史事之外，还涵盖了周边少数民族和域外国家，视野所及为当时已知"天下"的全部社会生活状况。

　　《史记》这部通史的出现，在中国文化发展史上具有极其重要的地位。由于司马迁第一次整理出中国古代历史发展的脉络，并以文字形式固定下来，它所体现出来的追寻往古、尊崇先民、巩固统一、形成民族凝聚力的精神传播给后代，影响所及，使得历朝历代都不能不把这一通史的写作继续下去。虽然在形式上为了避免不必要的重复而断代为史，但将诸断代史连接起来，却正形成了一部各朝各代都具备的完整历史。这种写史的规范与方法在今天诸世界文明古国中是独一无二的，从而增强了中国在世界民族之林中文化光辉灿烂的地位。而能够形成这种通史规模的文化典籍的奠基人正是司马迁。

第二，《史记》开创了纪传体史书体例。

在《史记》以前，有过《尚书》《春秋》《左传》《国语》《战国策》《禹本纪》《山海经》《穆天子传》《世本》《秦纪》《楚汉春秋》以及纪年谱牒等多种史书记述形式，但从体例上来看都不完整、规范，至《史记》才创制了包括本纪、表、书、世家、列传五种体裁综合为一体的"纪传体"史书体例。

本纪。刘知几《史通》说"天子曰本纪，诸侯曰世家"，意思是说记载天子事迹的体裁称为本纪，记载诸侯事迹的体裁称为"世家"。其实这个说法只看到了《史记》运用本纪、世家体裁的表面，而没有深入了解司马迁创设的本意。就本纪而言，《史记》不只是记天子事迹，而是通过历史上帝王世系年代传承的记述，在体现历史的时间性以外，还重在表现天下发展的大势。《史记》本纪是全书的总纲，除给予重要历史事件确定相应的时间位置及表明它的背景以外，主要价值在于实事求是地表现出历史发展中的天下大势。

表。这种体裁具有纵横交错、简明扼要、众事纷繁、一目了然的特点，它辅助本纪也起着"纲"的作用，而重要的是十表的设置显示了历史发展的阶段性。表所包含的内容，就是以不同形式，结合具体的事态发展，来表现历史发展过程中的天下大势。

书。此种体裁，《汉书》改称为"志"，由于它是专记典章制度的，后代演变为书政体。《史记》八书，记礼、乐、律、历、天官、封禅、河渠、平准。

世家。这是一种较为独特的体裁，后来的正史中很少有这种体裁，它的产生确实与周初以来的诸侯分封有密切关系。《史记》中的三十世家大体上分为四类：第一类是前十六篇春秋、战国时的列国诸侯；第二类是孔子、陈涉这两位历史上有特殊贡献的人物；第三类是刘氏王朝皇家的宗亲后室；第四类是汉家重臣萧何、曹参、张良、陈平、王陵、周勃周亚夫父子。世家在写法上大体分为两种：列国世家形同本纪，写出了各重要诸侯国各自的发展形势；其他世家形同列传，其中孔子、陈涉及汉初重臣诸世家，是《史记》中的著名篇章。

列传。《史记正义》："其人行迹可序列，故云列传。"记述从远古传说时代到司马迁当世的人物，总共七十篇。其中第一篇写伯夷、叔齐，实际是议论重于事迹，相当于列传的总序，表明了司马迁评述人物史事的重要观点。从第二篇管仲、晏婴起，才是实际人物的传记。历史上人物这么多，司马迁选择立传人物的标准很清晰，即"扶义俶傥，不令己失时，立功名于天下"。义、时、功名、天下是基本要素。二至七篇，除韩非、吴起外属春秋时代人物；八至二十八篇，除邹阳、贾生外属战国时代人物，其中多数人物与秦朝的兴亡关系密切；二十九至四十六篇，为秦亡汉兴至景帝时人物；从四十七篇起，为汉武帝时代的人物，其中包括九篇类传，四篇周边少数民族传及两篇域外国家传。从形式上来看，列传又分为以下类型：专传，专为某一重要人物、少数民族和域外国家设传；附传，某一人物事迹附在他人传中；类传，将某一类人物汇在一起立传；自序，实为专传，因功能有别，有的学者将它单列为一类；还有一种叫附见，即在为他人写传时提及某人的事迹功德影响，如纪信、毛遂等就是，有时附见人物的历史作用并非不重要。司马迁记述人物，重要的是通过人物事迹来写历史，使史事具体化，它是相辅于本纪、表的"纲"以成书的。列传是《史记》中的精华部分。

本纪、表、书、世家、列传五种体裁的设立，规模宏大，网罗丰富，使《史记》的记事几乎无所不包，体现出百科全书式的通史内涵。

第三，《史记》具有极高的文学价值，是中国文学宝库中的璀璨明珠。

《史记》同时是一部文学作品，毛泽东写《为人民服务》一文时，特称司马迁是中国古时候的一位文学家。《史记》作为一部杰出的历史文学作品，其特点可以概述为：在忠于史实的前提下，进行艺术创造以形象地再现历史；行文气势磅礴，气象万千，得益于英雄人物事迹及祖国壮丽山河的感染和熏陶；笔锋雄健简直，浑然一体，虽不无旧文之迹，却独具典雅风范；情挚真切，言发心声，慷慨悲歌，催人泪下；寓论断于序事，亦不乏精湛之专评；表现手法层出不穷，人与人不同，篇与篇迥异，恰似群芳璀璨，无一雷同面孔。在文学成就上，《史记》在立传人物及其事迹的选择上，突出人物特性叙事的巧妙安排及全书诸篇间的史实互见，在历史事势的整体构思，以及场景、人物性格、语言、心态的精炼表述上，甚至夹叙夹议的创作手法及准确深邃的评论见解等方面，都包含着司马迁艺术创造的功力，它对后代中国文学的发展产生了积极影响。

此次编辑出版的《图说史记》一书，共分十册，其中本纪两册、世家三册、列传五册。由于十表和八书在内容上对于普通读者来说，阅读起来稍显生涩，因此本书未收录十表和八书的内容。全书以通俗的白话文对《史记》原著进行了翻译，力求保持《史记》原书的行文风格。

之所以称为"图说"，是因为在书中统配了近 2000 幅的精美插图，这些图片大致为与《史记》记载时代和内容相关的青铜器、玉器、陶器、漆器、书法绘画作品以及考古遗址遗迹等，其所承载的信息可以与《史记》相互印证。尤其是大量来自考古发掘的文物图片，是第一次以全新的形式出现在《图说史记》之中。《史记》是论证西汉武帝以前考古成就的重要文本资料，通过《史记》的讲述，考古学家才更清楚发掘对象的年代和信息，而将这些考古发掘的文物对照《史记》进行阅读，无疑增加了《史记》内容的真实性。可以说，类别丰富的文物图片是对《史记》内容最有益的补充，通过这些图片，读者可以从立体多维的角度去阅读和欣赏《史记》，认识《史记》的重要价值。

书中插配的国宝级文物图片主要来源于中国国家博物馆、故宫博物院、台北故宫博物院、陕西历史博物馆、山东博物馆、河北博物院等国内大型博物馆的馆藏。同时，书中也遴选了美国纽约大都会艺术博物馆、美国弗利尔美术馆、美国旧金山亚洲艺术馆、美国芝加哥艺术学院和大英博物馆等海外著名博物馆收藏的中国文物。这样广泛的图片来源，在同类产品中是首次编排，也使得《史记》以全新的面貌呈现在读者面前。

可以说，《图说史记》就是一座内容丰富、图文并茂、引人入胜的《史记》博物馆。每一篇内容都有精美的图片，大部分图片都有详细的说明文字，包括文物的出土地和造型信息、馆藏地、文化价值等内容，一目了然。《史记》的博大精深有目共睹，这套《图说史记》将为其锦上添花，希望能为读者带来全新的阅读体验。

杨燕起 樊文龙

2021 年 1 月

本纪一

目录

五帝本纪 第一

【解题】《五帝本纪》记载的是远古传说中相继为帝的五个部落首领——黄帝、颛顼、帝喾、尧、舜的事迹，同时也记录了当时部落之间频繁的战争，部落联盟首领实行禅让，远古初民战猛兽、治洪水、开良田、种嘉谷、观测天文、推算历法、谱制音乐舞蹈等多方面的内容。这些虽为传说，但从人类历史发展的规律和地下文物的发掘来看，有些记载亦属言之有征，它为我们了解和研究远古社会，提供了某些线索或信息。中华民族五千年的悠久历史，就是从这远古的传说开始的，黄帝和炎帝两个部落的联合，战争，最后融为一体，在黄河流域定居繁衍，从而构成了华夏族的主干，创造了我国远古时代的灿烂文化。

❂ 黄帝轩辕氏

黄帝，是少典族的子孙，姓公孙，名叫轩辕。生下来就显出神灵，七十天内就能说话，幼小的时候就心智周遍而且口才快捷，长大后敦厚机敏，二十岁成年时已经闻见广博对事明辨了。

轩辕的时候，神农氏的后代子孙道德衰薄，各地方的诸侯互相侵犯攻伐，残害百姓，但是神农氏没有能力征讨他们。在这种情况下轩辕就时常动用军事力量，去征讨诸侯中不来朝享的人，四方诸侯因此都来称臣归服。但是蚩尤最算残暴，还没有谁能去征讨他。

炎帝想侵犯凌辱诸侯，四方诸侯都来归附轩辕。轩辕修治德政，整肃军旅，顺应四时五方的自然气象，种植黍、稷、菽、麦、稻等农作物。轩辕氏抚慰千千万万的百姓，丈量四方的土地使他们安居，教导以熊、罴、貔、貅、䝙、虎为图腾的氏族习武，和炎帝在阪泉的郊野作战。经过

▶《帝王道统万年图之黄帝》·明·仇英

台北故宫博物院藏。《帝王道统万年图》是仇英以历代有道帝王故事绘制的一套图册，内容上起伏羲，下至宋太祖。这一幅是以黄帝为对象的作品，画幅的左侧有顾可学题写的图赞："玄黄正位，衣裳效之。文明朴野，神化施为。"其画面内容是根据《竹书记年·五帝纪》的记载绘制的："帝黄服斋于宫中，坐于玄扈洛水之上。有凤凰集，不食生虫，不履生草。或止帝之东园，或巢于阿阁，或鸣于庭。其雄自歌，其雌自舞。麒麟在囿，神鸟来仪。"

几番战斗，黄帝实现了要征服炎帝的心愿。

蚩尤发动叛乱，不服从黄帝的命令。于是黄帝就向四方诸侯征集军队，和蚩尤在涿鹿的郊野进行战斗，擒获并杀死了蚩尤。这样四方诸侯都尊崇轩辕做天子，代替神农氏，这就是黄帝。天下有不顺从的势力，黄帝立即就去征讨他们。平定了以后黄帝就离开这个地方。披斩山林草木开通道路行进，从来都没有安居过。

黄帝往东到达了海滨，登过丸山，并到过泰山；往西到达了空桐山，登上了鸡头山；往南到达了江水流域，登上了熊山、湘山；往北驱逐过少数民族荤粥，和四方诸侯在釜山验合过符契圭瑞，然后把都邑建立在涿鹿山下广阔的平地上。黄帝迁徙往来没有固定的住处，住的地方总是环绕军队、建立营房以自卫。官职和军队都用云瑞来命名，置立左右大监，监察万国。万国和同，所以自古以来对鬼神山川封禅祭祀的事情，要数黄帝时期最多。黄帝获得了宝鼎，运用神蓍草来推算历数就可以预知未来的节气日辰。他推举风后、力牧、常先、大鸿来治理百姓。黄帝顺应天地四时的规律，预测阴阳五行的变化，制定表现人们死生的仪制礼则，论述国家安危存亡的道理，依照时节播种百谷草木，驯化各种鸟兽蚕虫，黄帝的德政广泛传布，也使天（日、月、星辰）不异灾，土无别害，水少波浪，山出

少昊帝

少昊，姬姓，名玄嚣，是黄帝长子，母亲为嫘祖。少昊是远古时代华夏部落联盟首领，同时也是早期东夷族的首领。据记载其部族以玄鸟（燕子）为图腾，娶妻凤鸿氏之后改以凤凰为图腾。少昊的部落诞生了原始的凤文化，成为中华民族的图腾之一。少昊先在东海之滨建立一个国家，并且建立了一套奇异的制度：以各种各样的鸟儿作为文武百官。具体的分工则是根据不同鸟类的特点来进行。凤凰总管百鸟，燕子掌管春天，伯劳掌管夏天，鹦雀掌管秋天，锦鸡掌管冬天。此外，他又派了五种鸟来管理日常事务。孝顺的鹁鸪掌管教育，凶猛的鸷鸟掌管军事，公平的布谷掌管建筑，威严的雄鹰掌管法律，善辩的斑鸠掌管言论。另外有九种扈鸟掌管农业，五种野鸡分别掌管木工、漆工、陶工、染工、皮工等五个工种。

少昊时期，是华夏凤文化的繁荣时期，现在江姓等有少昊血缘的族裔的姓氏图腾里仍带有凤鸟或燕子图案。

珍宝。他的身心耳目饱受辛苦，教导百姓有节制地使用湖泊山林出产的财物。因为有"土德"这样的祥瑞，所以就号称"黄帝"。

黄帝有二十五个儿子，他们中建立了姓氏的有十四人。

黄帝居住在轩辕之丘，并娶了西陵国的女子为妻，这就是嫘祖。嫘祖是黄帝的正妃，生了两个儿子，这两

▶ **嫘祖像·现代·吴承砚**

嫘祖是传说中的北方部落首领黄帝轩辕氏的元妃。《史记》提到黄帝娶西陵氏之女嫘祖为妻，她发明养蚕，为"嫘祖始蚕"。据《隋书·礼仪志》记载，北周尊嫘祖为"先蚕"（即始蚕之神）。

黄帝陵古称"桥陵"，位于陕西省黄陵县，为中国历代帝王和著名人士祭祀黄帝的场所。据记载，汉朝之前此处为祭祀轩辕黄帝的轩辕庙，汉武帝时改庙为陵，自唐大历五年（770）建庙祀典以来，一直是历代王朝举行国家大祭的场所。

个人的后代都掌握过整个天下：长子叫玄嚣，这就是青阳，青阳降居到江水；次子叫昌意，降居到若水。昌意娶了蜀山氏的女子为妻，她叫昌仆，生了儿子高阳，高阳是很有圣德的。

黄帝逝世后，安葬在桥山。他的孙子、昌意的儿子高阳即位，这就是帝颛顼。

颛顼和帝喾

帝颛顼高阳，是黄帝的孙子，也就是昌意的儿子。他沉静渊博很有智谋，疏旷通达，知道各种事理。他养殖作物以便发挥土地的作用，依照四时决定行动以便顺应自然，根据对鬼神的尽心敬事来制定尊卑的义理，治理四时五行之气来教化百姓，洁心诚意来祭祀神鬼。他的权力所及北边到了幽陵，南边到了交阯，西边到了流沙，东边到了蟠木。动如鸟兽、静如草木等的物类，大如五岳四渎、小如丘陵坟衍等的神灵，凡是日月的光芒所能照射到的地方，全都被他平定了，没有不归服的。

13

帝颛顼生的儿子叫穷蝉。颛顼逝世后，由玄嚣的孙子高辛即位。这就是帝喾。

帝喾高辛，是黄帝的曾孙，高辛的父亲叫蛴极，蛴极的父亲是玄嚣，玄嚣的父亲是黄帝，玄嚣和蛴极都没有在位当政，到了高辛才即帝位。高辛是颛顼的堂侄。

高辛生下来就很有灵气，能够说出自己的名字。他普遍布施利于他人的恩德，却不及自己本身。他聪明辨析能知悉遥远，明白事理能深察隐微。他顺从上天的义理，知晓百姓的急难。他仁爱又有威严，慈爱又很笃实，修

▶ **帝喾像·清·无款**

法国国家图书馆藏。曹植作《帝喾赞》颂曰："祖自轩辕，玄嚣之裔。生言其名，木德治世。抚宁天地，神圣灵察。教讫四海，明并日明。"

善自身而使天下诚服。他收取土地的财物又能依时节加以利用，抚慰教导万民又能以利训诲他们，观察日月修订历法而合理地迎送弦、望、晦、朔，明识鬼神并恭敬地侍奉他们。他的神态郁郁然非常庄重，他的道德巍巍然特别高尚。他的举动总是顺应天时，但他的衣着总是如同一般的士人。帝喾治理百姓，像水灌溉农田一样，平等而公正地遍及天下，日月所能照射到的地方，风雨所能吹淋到的地方，没有不来从服的。

帝喾娶了陈锋氏的女子，生的儿子叫放勋。帝喾娶了娵訾氏的女子，生的儿子叫挚。帝喾逝世，由挚接续帝位。帝挚即位，政治微弱不善，由弟弟放勋继位，这就是帝尧。

尧帝治世

帝尧，就是放勋。他的仁爱如天之涵养，他的智慧如神之微妙。人们依赖他就像葵藿一般的倾心向日，人们仰望他就像百谷一般的期求泽云。他富有而不骄奢，高贵而不惰慢。他头上戴着黄色的帽子，身穿士人的祭服，坐上朱红色的车，驾乘白色的马。他能够宣明恭顺的德行，因而能使九族相亲相爱。九族既已团结和睦，就能明确地划分百官的职责。百官政绩昭明卓著，万邦诸侯融合和谐。

他任命羲氏、和氏，恭勤地顺应天上的旨意，根据日月星辰的运行来制定历法，很谨慎地将一岁的节令告诉百姓。另外任命羲仲，居住在东方郁夷，那个地方叫阳明之谷，恭敬地迎接日出，管理监督春耕事务。春分日，昼夜长短相等，黄昏时朱雀七宿中的星宿出现在正南方，据此来确定仲春的节气。这时候春事既已开始，百姓中老壮就要分散劳作，鸟兽开始乳化交尾。尧再任命羲叔，居住在南交，管理督导夏季劝农的事务，敬行教化，致达事功。夏至日，白昼最长，苍龙七宿中的大火（心宿）黄昏时出现在正南方，据此来确定仲夏的节

▶ 朱书陶文扁壶·陶寺文化

山西省襄汾县陶寺遗址出土。扁壶是陶寺遗址常见的一种汲水陶器，基本特征是口部和腹部均呈一面鼓凸，另一面扁平或微凹。这件朱书陶文扁壶为残器，存留口沿及部分腹片。朱书"文"字偏于扁壶鼓凸面一侧，另在扁平的一面尚有一组朱书文字符号，又沿扁壶残断茬边缘涂朱一周，当为扁壶残破后所描绘。陶寺遗址的时间，经碳14年代测定，距今4600年至4000年左右，大体相当于中国古史传说中的尧舜禹时期。史载，帝尧所都之平阳应在今临汾一带。陶寺村位于临汾西南22千米。

气。这时候老弱也因就丁壮而尽力助耕，鸟兽换上了稀疏的羽毛。尧再任命和仲，居守在西方，那个地方名叫昧谷。恭敬地送太阳落山，管理监督秋收事务。秋分日，昼夜长短相等，玄武七宿中的虚宿黄昏时出现在正南方，据此确定仲秋的节气。这时候百姓喜悦和乐，鸟兽的羽毛更生。尧再任命和叔，居住在北方，名叫幽都，

▶ **帝尧像·清·无款**

法国国家图书馆藏。有部分古籍记载，帝尧受舜的挑唆，认为自己的儿子丹朱不行，不能将天下交给他。舜让人在尧的面前举荐自己，让尧觉得舜很圣明，终于尧决定将权力交给舜。

管理督导冬藏物畜。冬至日，白昼最短，白虎七宿中的虚宿黄昏时出现在正南方，据此确定仲冬的气节，这时候百姓进入室内居处，鸟兽都生出细毛来保暖。一年三百六十六日，置设闰月来校正各年的四季，尧真诚地告诫百官，各种事业都兴办起来了。

尧说："哪个人可以顺应天时来接替帝位？"放齐说："您胤嗣之子丹朱开通明达。"尧说："哼！丹朱心既愚顽又喜欢争讼，他不可用。"尧又说："哪一个是可用的人？"讙兜说："共工广泛地聚集百姓，做出了业绩，可以用。"尧说："共工善于言辞，但他心术不正，貌似恭敬却怠慢上天，不可以用。"尧又问："唉，四方诸侯，浩荡的洪水浊浪接天，包围了山冈淹上了丘陵，下方的百姓都非常忧愁，有哪一个能派去治理洪水的？"都说鲧可以。尧说："鲧的性格狠戾，违背教命，毁败善类，不可以。"诸侯们说："不是这样吧，试一试，不可以用就算了。"尧于是听从诸侯们的意见任用鲧。经过九年，治水没有成功。

尧说："唉！四方诸侯，我在帝

位七十年，你们中有谁能够顺应天命，来接替我的帝位？"诸侯们应答说："我们鄙俚缺乏道德，假若来执行天子的职权，是会污辱帝位的。"尧说："你们都来推举贵族亲戚中的和被疏远而隐藏起来的人才。"大家都对尧说："在民间有个还没有妻子的人，名叫虞舜。"尧说："对，我也听说了，他怎么样？"诸侯们说："他是一个盲人的儿子。他父亲不效法德义，母亲不讲忠信，弟弟狂傲无理，舜都能用孝顺来亲和他们，把家治理好，使他们不至于走向奸恶。"尧说："我就来试试他吧！"于是尧把自己的两个女儿嫁给舜做妻子，通过这两个女儿来观察他的德行。舜告诫尧的两个女儿降下尊贵之心，迁居到妫水的河边，让她们在虞家遵守妇人之道。尧认为舜做得很好，就让舜担任司徒的职务，负责理顺父子、君臣、夫妇、兄弟、朋友间的五常教导，五常之教就能顺利地实行。尧就又让舜广泛参与百官事务，百官事务处理得井井有条。尧让舜在明堂四门迎接来朝的宾客，四门的接待表现肃穆，诸侯及远方宾客都很恭敬。尧派遣舜进入山林川泽，遇到暴风雷雨，舜从不迷路误事。尧认为舜有圣智，招来舜说："你谋划事务能达到目的，并且说过的话

——┤ "外禅" 与 "内禅" ├——

禅让制是指统治者把首领之位让给别人，"禅"意为"在祖宗面前大力推荐"，"让"指"让出帝位"。在三皇时代实行的是"父死子继、兄终弟及"的血统继位制。"禅让"可分"内禅"与"外禅"，五帝时代是所谓"公天下"时代，"外禅"谓天子禅位于外姓，从黄帝开始，王位基本上不传于嫡系长子。黄帝姓姬，禅位于嬴姓少昊；少昊禅位于黄帝的孙子颛顼；颛顼传位于黄帝的曾孙帝喾；帝喾禅位于异母弟姓伊祁的尧；帝尧禅位于姓姚的舜；帝舜禅位于姓姒的禹。

"内禅"为帝王将帝位让给同姓人，"内禅"在我国历史上也曾多次发生，比较著名的有高祖李渊禅让给儿子唐太宗李世民；唐睿宗李旦禅让给母亲武曌；清高宗爱新觉罗·弘历禅让给儿子清仁宗爱新觉罗·颙琰。

▶ 《帝鉴图说》之帝尧任贤图治·明·无款

法国国家图书馆藏。帝尧是中国上古传说时代一个杰出的领袖人物。在他的众多政绩中，求贤若渴、任贤图治表现得尤为突出。他把自己信得过的得力助手羲仲、羲叔、和仲、和叔等人派到各地指导农业生产，还亲自走访五岳，寻找德才兼备的接班人。经过慎重的考察和试用，把帝位禅让给虞舜。

都有实绩可以考察，已经三年了，你来登临帝位。"舜认为自己德望不堪胜任，因而加以推让。正月初一，舜在文祖庙接受了尧禅让的帝位。文祖，就是尧的太祖。

这时帝尧称老在家，命令舜代行天子的政事，来观察上天的意志。舜就利用运转的北斗星和窥望的玉衡进行观测，来定准日月五星的实际位置及其运行。接着类祭（因特别事故而祭）上帝，禋祭天地四时，遥祭名山大川，又普遍地祭祀各路神祇。收集五等圭璧，选择吉利的月日，接受四方诸侯各个君长的朝见，向他们颁发应该执掌的瑞信。每年的二月，舜到东方去视察，到达泰山，在这里进行了柴祭（烧柴祭天），用遥祭的仪式祭祀各地的名山大川。他借这个时机会见东方各地诸侯，协正四时节气和月份大小，校正日的甲乙，统一音律和度量衡，修正吉、凶、宾、军、嘉五种礼仪，规定在觐见时公、侯、伯、子、男五等诸侯所执的瑞玉（分别是桓圭、信圭、躬圭、谷璧、蒲璧），和三种用来垫玉的赤黑白缯物，规定卿用活羔羊、大夫用雁的两种生物作为朝见的礼物，士所执的是一只死野鸡；而诸侯所用的五种瑞信物，朝见礼仪结束后就归还给诸侯。五月，到南方去巡回视察；八月，到西方去巡回视察；十一月，到北方去巡回视察：所做的事情都和开始去东方视察的时候完全一样。巡回视察归来，先到祖庙和父庙去祭祀，用一头公牛作祭品。以后每五年进行一轮巡回视察，其间四年四方诸侯分别到京师来朝见，舜向他们普遍陈述治国的方法，并要明确考察各地诸侯的业绩，根据功劳赏赐车辆服饰来进行表彰。舜开始将全国划分成十二个州，疏浚各地的江河。把常用的刑律刻画在器物上，用流放的方法宽减墨、劓、刖、宫、大辟五种刑罚，官府处罚触犯法律的人运用鞭刑，在学校有犯法的生徒就用木棍扑打，金钱可以用作赎减刑罚。因为灾害造成过失的可以赦免，有所凭恃终不悔改的就严施刑罚。谨慎啊，谨慎啊，执行刑罚要特别慎重！

谨兜引荐共工，尧说："不可以。"而谨兜仍然试着让他去做工师，共工果然淫恶邪僻。四方诸侯推举鲧治理洪水，尧认为鲧不能胜任，四方诸侯

尧庙牌坊

尧庙位于山西省临汾市秦蜀路南端，为山西省重点文物保护单位。临汾史称平阳，《尚书》载"尧都平阳"。司马迁《史记》云："学者多称五帝尚矣，然《尚书》独载尧以来。"尧庙现占地5.33公顷，主要有山门、五凤楼、尧井亭、广运殿、寝宫等古建筑群，以及距今已1600余年的汉代奇树柏抱槐、柏抱楸、鸣鹿柏、夜笑柏等景观。

勉强请求尧试用，试用的结果就是没有功效，所以百官认为不适宜。三苗氏族在江淮、荆州地方多次作乱。根据这些情况，舜回到京师向帝尧进言，请求流放共工到幽陵去，来改变北狄的习俗；流放谨兜到崇山去，来改变南蛮的习俗；迁徙三苗到三危去，来改变西戎的习俗；流放鲧到羽山去，来改变东夷的习俗：结果是四个人受到了处罚，天下人都心悦诚服。

尧在位七十年才得到舜，又经过二十年因年老而告退，他命令舜代行天子的政事，把舜推荐给上天来进行考验。尧让出帝位二十八年后去世了。百姓非常悲哀，好像自己的父母丧亡一样。三年之内，全国各地都没有人奏乐，以此表示对尧的思念。尧知道儿子丹朱是不贤能的，不值得把管理天下的权力授给他，于是就把帝位传授给舜。把帝位传授给舜，那么天下的人们可以得到好处而丹朱会受到损害；传授给丹朱，那么天下的人们会受到损害而丹朱就得到了好处。尧说："终归不能损害天下的人们来使一人得利。"最后还是把管理天下的大权授给了舜。

尧逝世，三年的丧期结束，舜将帝位让给丹朱，自己到南河的南边去。诸侯朝觐时不到丹朱的住地反而来到舜的去处，有争执诉讼的人们不去上告给丹朱反而要去上告给舜，人们不歌颂丹朱反而来歌颂舜。舜说："这是上天的意思吧！"然后才回到京都登上了天子之位，这就是帝舜。

大孝舜帝

虞舜，名叫重华。重华的父亲叫瞽叟，瞽叟的父亲叫桥牛，桥牛的父

亲叫句望，句望的父亲叫敬康，敬康的父亲是穷蝉，穷蝉的父亲是帝颛顼，颛顼的父亲是昌意。从昌意到舜有七代了。从穷蝉开始一直到帝舜，都是地位低微的普通百姓。

舜的父亲瞽叟是个盲人，而且舜的生母早已去世，瞽叟重新娶了妻子生下了象，象很奢侈傲慢。瞽叟偏爱后妻所生的儿子，常常想杀掉舜，舜总是躲避逃过了。倘若有小的过错，舜就要受到责罚。舜孝顺地事养父亲和后母连带弟弟，一日比一日忠厚恭谨，没有一点懈怠。

舜，是冀州人。舜在历山耕种过，在雷泽捕过鱼，在黄河边上做过瓦器，在寿丘制作过各种家用器具，在负夏乘时做过生意。舜的父亲瞽叟不讲德义，母亲丝毫不讲忠信，弟弟象狂傲，都想杀掉舜。舜孝顺适从一点不违背做儿子的道义，他们想杀掉他，不可能找到机会；如果有事要找舜，他又经常出现在父母身边。

舜二十岁时就因为孝顺父母而出名。三十岁时碰上尧帝询问有没有可以做天子的人，四方诸侯都推荐虞舜，说他可以。在这样的情况下，尧就把两

▶《帝鉴图说》之帝舜孝德升闻·明·无款

法国国家图书馆藏。舜对于儒家，又有特别的意义。儒家的学说重视孝道，舜的传说也是以孝著称，所以他的人格形象正好作为儒家伦理学说的典范。孟子继孔子之后对儒学的发展有巨大贡献，他极力推崇舜的孝行，而且倡导人们努力向舜看齐，做舜那样的孝子。说："舜，人也；我，亦人也。舜为法于天下，可传于后世，我由（犹）未免为乡人也，是则可忧也。忧之如何？如舜而已矣。"

▶ 彩绘龙纹陶盘·陶寺文化

个女儿嫁给舜来观察他内在的德行，并派九个儿子和他相处来观察他的外部表现。舜居住在妫河的水涯边，内身的修养更加严谨。尧的两个女儿从不敢拿高贵骄慢的态度来对待舜的父母弟妹，特别讲究妇人之道。尧的九个儿子侍奉舜也都更加忠实谨敬。舜在历山耕种，历山的农人都互让田畔；在雷泽捕鱼，雷泽上的渔人都让居处；在黄河水滨做瓦器，黄河水滨出产的瓦器没有粗制滥造的。一年时间内舜所居处的地方成了村落，二年时间成了乡邑，三年时间成了都会。

尧于是赐给舜细葛布衣和琴，替舜构筑仓廪，还给他一些牛、羊。瞽叟又想杀害他，让舜爬上屋顶用泥土修补谷仓，瞽叟从下面放火焚烧谷仓。舜就用两顶斗笠护卫住身体跳下，逃离了火境，得以不死。后来瞽叟又让舜去挖井，舜挖井时设了一个暗道可以从旁边的井口出去。舜挖井已经很深了，瞽叟和象共同往井下填土，舜就从暗道中逃出，脱离了险境。瞽叟、象非常高兴，认为舜在井中已被填埋。象说："最先想出这个主意的是我。"象和父母分割舜的家室财物，象说："舜娶过来尧的两个女儿，和尧赐给他的一把琴，由我取得；牛、羊、谷仓分给父母。"象就留在舜原来的屋室居住，弹着那把琴。舜回来见象。象惊愕不快，就假意说："我思念哥哥，正非常忧郁不乐！"舜说："是，我们兄弟间的友悌情义可说得上是很深厚的了！"舜侍奉瞽叟和爱护弟弟就更加恭谨。于是尧就用推行五种伦理和担任各种官职来测试舜，舜把各方面都治理得很好。

过去高阳氏有才子八个人，世人得到他们的好处，称他们叫"八恺"。高辛氏有才子八人，世人称他们叫"八元"。这十六个才子的后代，世世代

代保持着祖先的美德，不使他们的名声陨落。到了尧的时代，尧没有举用他们的后代。舜举用八恺的后代，让他们主持有关土地方面的事务，因此他们所总管的百方事务，都完成得顺利并很有秩序。舜举用八元的后代，让他们在四方布施教诲，使得父亲们都仁义，母亲们都慈爱，做兄的都友善，做弟的都恭谨，做儿子的都孝顺，中原的各个部族都很太平，边远地区的部族一心向往中原的教化。

过去帝鸿氏有个不才之子，掩没仁义，阴为贼害，好行凶恶的事情，天下的人称呼他叫浑沌。少皞氏有个不才之子，毁败信义，憎恶忠直，专心饰用恶毒的言语，天下的人称呼他叫穷奇。颛顼氏有个不才之子，凶顽不可教训，不知道话语好坏，天下的人称呼他叫梼杌。这三个家族世世代代人们都对他们感到忧惧。到了尧的时代，尧没有能除去他们的患害。缙云氏有个不才之子，贪恋酒食，图求财货，天下的人称呼他叫饕餮。天下的人们厌恶他，把他比作三家凶族。舜掌管四方之门的迎宾事务，就流放四家凶族，将他们迁移到四方边远地带，并用他们来抗御更加邪恶谄媚的人，这样做了以后四

——— 共工怒触不周山 ———

共工触山是一个著名的上古神话传说，共工，又称共工氏，相传是掌管洪水的水神。《列子·汤问》中记载，共工与颛顼争夺帝位，共工战败，因此愤怒地撞上不周山。《淮南子》中也有类似记载。实际上共工氏是五帝时代一个负责水文地理和治理水利的部落。颛顼帝在位时期，冰河期已经过去，气候变热，冰川消融，大地开始不断发大水，经常暴雨不断。首领颛顼认为这是共工氏的责任，因此降罪于共工氏。然而杀了共工，水患依然不断，到了尧帝继位，尧帝也下令继续追杀共工氏部落的人。大禹的父亲鲧被尧帝派去治理水患，修堤堵水九年未果，也被杀。直到舜帝即位，命鲧的儿子禹继续治理水患，水患最终得到有效控制。

方之门通达，可以称得上是完全没有凶恶的人了。

舜进入高大的山麓，遇到强烈的雷暴风雨也不迷路误事，尧就知道舜是值得传让整个天下的人。尧称老归家，让舜代行天子的政事，并到全国各地巡回视察。舜受到推举掌管政事二十年，然后尧才让他代行天子的政事，代行政事八年尧就去世了。三年丧礼结束，舜让位给丹朱，但是天下的人归服于舜。禹、皋陶、契、后稷、伯夷、夔、龙、倕、益、彭祖等人从尧帝的时代开始就都被推举任用，却没有分配给他们主管的职务。于是舜就来到文祖庙，召集四方诸侯进行商议，开放四方门庭，了解沟通全国所反映的意见，命令十二位地方长官讲论尧帝的功德，了解只要推行敦厚的道德，使百姓远离邪佞的人，能这样做就会使蛮夷从服。舜对四方诸侯说："有谁是能奋发建功光大尧帝事业的人，可以让他总领官位辅佐我的政事？"都说："伯禹做司空，可以发扬光大尧帝的功业。"舜说："嗯，是！禹，你去平定水土。希望你努力完成这项任务啊。"伯禹跪拜叩头，谦让给后稷、契和皋陶。舜说："就这样，去吧。"舜说："弃，百姓中开始出现饥饿，你去做负责农事的官员，组织他们播种各类谷物。"舜说："契，百姓之间不亲和，五常的伦理不顺适，你去做司徒，去布施五常的教导，主旨在于宽厚。"舜说："皋陶，蛮夷各族扰乱中原，抢劫杀人内外为患，你去做狱官之长，五种刑罚裁量要轻重适中，执行五种刑罚要在郊野、市朝、甸师氏三个不同的地方；五种流放要有一定的尺度，要根据不同的远近建立三等居所；要求明察公允能使人信服。"舜说："哪个能够训治我的各种工匠？"都说垂可以。于是让垂做共工，统领工匠事务。舜说："哪个能够替我掌管山林水泽中的草木鸟兽？"都说益可以。于是就任命益做掌管山泽的虞官。益跪拜叩头，谦让给朱虎、熊罴。舜说："去吧，你们一同合作。"就让朱虎、熊罴做益的助手。舜说："唉！四方诸侯，有谁能够协助我掌管天、地、人三事的礼仪？"都说伯夷可以，舜说："喂，伯夷！任命你做秩宗，从早到晚一定要虔敬，掌礼施教都要正直而且肃静、清洁。"伯夷推让给夔、龙。舜说："好，任命夔做典乐官，用歌诗舞蹈教导国子，你要正直而且温和，宽厚而且严厉，

刚教而又不肆虐，简廉而又不傲慢；诗的内容表现了人的情志，歌是拉长了音调咏叹诗中的意义，宫、商、角、徵、羽五声曲折要按照歌的需要，律吕音节相符五声配合自然美妙，金、石、丝、竹、匏、土、革、木八音能够和谐一致，不互相错夺侵扰，这样通过音乐，神与人之间就会达到欢悦和谐。"夔说："哦！我拊击石磬，百兽为音乐所感发就会相率起舞。"舜说："龙，我畏恶忌讳具有利口逸说灭绝德义行为的人，恐怕他们惊动我的众多臣民，任命你做纳言的官，早晚传递我的旨命，一定要讲求诚信。"舜说："喂！你们二十二人，各自要谨敬地行使你们的职责，希望顺应时势辅佐我完成上天交给的治国大事。"

▶ **舜帝陵**

舜帝陵，位于湖南宁远县城南 30 千米处的九嶷山，是中华民族始祖"五帝"之一——舜帝的陵庙。舜帝陵占地面积 5 万平方米，分为两个自然院落，九个单体建筑，从外入内有玉带桥、仪门、神道、山门、干门、拜殿、正殿、寝殿、左右厢房、左右碑房和碑廊，三面宫墙环绕；气势恢宏，结构严谨。

25

每过三年考察一次功绩，三次考察来决定官员的升降，这样做了不管远近的各类事情就都兴盛起来。舜再次分别处理了流放在西部边境继续为恶的三苗氏部族。

这些被任命的二十二人都成就了他们的事功。皋陶做管刑狱的大理，持法公平，百姓从各方面都顺服他的判决能准确切实。伯夷主管礼仪，上上下下都表现谦让。垂主掌百工，各种制作都达到了应有的功效。益主掌虞官，山林水泽都得到很好的开发。弃主掌农官，各种谷物都顺应天时长得非常茂盛。契主掌司徒，贵族百姓都亲近和睦。龙主掌接待宾客，远方的诸侯和外族都欣然来朝。十二个地方官的政令推行，那么九州范围内的百姓没有谁敢逃避违背。只有禹的功劳算是最大，开通了九座大山，疏浚了九处湖泽，决导了九条河流，划定了九州方界，使九州的君长各自按照相应的职分来贡奉物产，不失掉他应有的规范，国土开拓纵横五千里，一直到达荒服的遥远地带。南边抚有交阯、北发，西边抚有戎、析枝、渠庾、氏、羌，北边抚有山戎、发、息慎，东边抚有长、鸟夷：四海之内，都感戴帝舜的功勋。

在这样的背景下，禹就创作了歌颂帝舜的乐曲，名叫《九招》，招来了各方的奇珍异物，凤凰也飞来翔舞。普天之下清明的德政都是从虞帝时代开始的。

舜二十岁的时候因为孝顺闻名，三十岁的时候尧举拔他，五十岁的时候代行天子的政事，五十八岁的时候尧去世，六十一岁的时候接替尧登上帝位。登上帝位三十九年，到南方去巡回视察的时候，在苍梧的郊野去世。安葬在长江南部的九疑山，这个地方就是零陵。舜登上帝位以后，用车载着天子的旌旗，回去朝拜父亲瞽叟，特别恭谨，仍然履行做儿子的孝道。封弟弟象做有鼻地方的诸侯。舜的儿子商均也不贤能，舜因此向上天推荐禹代行政事。十七年以后舜逝世了，三年的丧礼完毕，禹也把帝位让给舜的儿子，和当初舜让位给尧的儿子一样。诸侯们都归附禹，这以后禹才登上了天子之位。尧的儿子丹朱，舜的儿子商均，都封有疆土，来供奉先祖的祭祀。他们仍然穿戴祖传的服饰，所用礼乐也和原先的一样。用宾客的礼仪朝见天子，天子不把他们作臣下看待，表示不敢专擅帝位。

从黄帝至舜、禹，都出自同姓，但他们立国以后的称号却不相同，以便彰显各自的光明德行。所以黄帝的号是有熊，颛顼帝的号是高阳，喾帝的号是高辛，尧帝的号是陶唐，舜帝的号是有虞。禹帝的号是夏后，却又另有姓氏，姓姒。契是商的始祖，姓子。弃是周的始祖，姓姬。

太史公说

　　学者们有很多人称说五帝，但五帝的时代已经很久远了，然而《尚书》只记载尧以来的政事史料，而百家所叙说的黄帝，他们的文字都不是典雅的训释，缙绅先生们是很难照着说明白的。孔子所撰述的《宰予问五帝德》和《帝系姓》二篇，儒生们认为不是圣人的言论，所以大多都不传习。我曾经西边到过空桐山，北边经过涿鹿，向东渐进到达大海，往南驾舟浮渡过淮河、长江，到那些被长老们都各自常常称说是黄帝、尧、舜遗迹的地方，知道风俗教化本来有所不同，总的来说还是没有背离古文记载的说法，比较正确。我研读《春秋》《国语》，其中内容有阐发《五帝德》《帝系姓》的地方是很显著的，只是人们没有深加考察就是了。其实，它们的记述都不虚妄。《尚书》缺失有许多内容早已遗漏了，它所散佚的就常常在其他的记述中可以看到。不是喜好学习，深加思考，心知其中的用意，这类事本来就很难对那些识见浅薄孤陋寡闻的人去说清楚的。我一并依据搜集的各种文献次序论说，选择其中记述得特别典雅的，以此编著成《五帝本纪》作为全书的首篇。

夏本纪 第二

【解题】 司马迁采《尚书》中《禹贡》《皋陶谟》之文，组织为一篇关于我国远古先民经过国土整治，完善行政职能（贡赋、声教），从而形成九州为中，天子建其国这样一个以"中国"概念为标志的大一统的巨大业绩，显示出中原文化认识中的九州风貌和五服别异，塑造出一个敏给克勤、劳身焦思、四海会同、万民其则的夏禹这样极富开拓和创造精神的英雄形象，令人景仰不已。夏禹之后记叙极为简略，却表述了历史上从传贤到传子的重要转变，所排列之夏代世系非常明晰。

大禹治水

夏禹，名叫文命。禹的父亲是鲧，鲧的父亲是帝颛顼，颛顼的父亲是昌意，昌意的父亲是黄帝。禹，是黄帝的玄孙，也就是颛顼帝的孙子。禹的曾祖父昌意和父亲鲧都没有能够登临帝位，只做了天子下面的臣民。

当帝尧在位的时候，大水成灾浊浪滔天，浩浩荡荡包围了山冈，淹上了丘陵，百姓非常忧惧。尧寻找能够治理洪水的人，各个大臣和四方诸侯都说鲧可以。尧说："鲧这个人违背教化命令，毁败同族，不可用。"四方诸侯说："比较起来没有比鲧更贤能的大臣，希望您试试他。"于是尧听从四方诸侯，任用鲧治理洪水。经过九年，洪水还是没有平息，治水事业没有成功。这时尧帝便去寻求继承帝位的人，又得到了舜。舜受到任用，代行天子的政事，到全国各地去巡回视察。在巡视行进途中看到了鲧治理洪水没有收到功效，就把鲧流放到羽山，结果鲧就死在那里。天下的人都认为舜的惩罚是正确的。于是舜举拔鲧的儿子禹，来让他继续鲧的治水事业。

尧逝世，帝舜问四方诸侯说："有

谁能够光大尧的事业，可让他担任官职的呢？"都说："伯禹做司空，可以光大尧的事业。"舜说："嗯，对！"命令禹："你去平治水土，希望你勤勉地办好这件事。"禹跪拜叩头，推让给契、后稷、皋陶。舜说："你还是快去办理你负责的事情吧！"

禹为人机敏，强干勤奋，他守道德从不违背社会准则。他具仁心可以使人们亲和，他的言谈可以使大家信服。他的语言和谐，合于音律。自身的行动成为法度，他衡量好了再处理公事，勤勉不倦，端庄恭敬，成为百官们的典范。

禹于是就和益、后稷接受舜帝的旨命，命令诸侯和贵族百姓发动那些被罚服劳役的罪人动土治水。他攀行山岭树立木桩作为标记，测定高山大川制定治理的规划。禹伤感父亲鲧因为治水没有成功受到惩处，就劳苦身躯，焦心思虑，居住在外面十三年，经过家门也不敢进去休息。自己的衣服饮食微薄，却用丰厚的祭品来孝敬鬼神；自己的居室器用简陋，却将大量费用来治理河川。他在地上前行的时候坐着车，在水中前行的时候驾

禹

克勤于邦 烝民乃粒
历数在躬 厥中允执
恶酒好言 九功由立
不伐不矜 振古莫及

▶ **夏禹王像·宋·马麟**

台北故宫博物院藏。此为马麟所绘《道统五祖图》中的一幅，大禹的形象被设定为身穿衮服的帝王，器宇轩昂。在画像的上方有宋理宗的楷书赞语："禹。克勤于邦，烝民乃粒。历数在躬，厥中允执。恶酒好言，九功由立。不伐不矜，振古莫及。"

着船，泥滩上前行的时候乘着木橇，山地里前行的时候穿着带锥齿的鞋。为了测量地形，他时而运用准绳，时而运用规矩，依靠仪器充分利用春夏秋冬的时节，来开发九州土地，疏通九条河道，堵塞九处湖泽，观测九大山系。他命令益把稻种分发给百姓，让他们可以在潮湿的低地耕种。禹命令后稷分发五谷及新鲜的鸟兽肉给百姓。食物量少时，从有多余的地方调剂来互相补给，以便让各诸侯国享受均衡的利益。禹在巡行中考察各地的特色来确定它们所能进贡的物产，以及规划出把贡品运送到京都去所经山川的便利路线。

划定九州格局

禹的巡行治水从冀州开始。

冀州：先治理完壶口山，又去治理梁山和岐山。修治了太原地区的大片高原，一直修治到了太岳山的南面。治理好覃怀，又一直治理到了横流入黄河的漳水经过的地方。冀州属于白色而细软松柔的土壤地带，田赋属于上上等级，有时错杂出上中等级，田的等级在全国算中中等级。常

水、卫水已经疏通得顺畅了，大陆水泽也被整治好了。冀州东北的鸟夷部族进贡皮服。他们运往京城的贡赋绕过碣石山西边，然后再从渤海进入黄河。

济水和黄河之间是沇州：兖州境内黄河下游的九条河道已经疏导，雷夏已经修筑堤防形成水泽，雍、沮两条河水就会合流入这个湖泊，种有桑树的土地上已经能够养蚕，于是百姓就从山丘上搬下来居住在平地上。兖州属于黑色肥厚的土壤地带，花草茂盛，树木高大。田土属于中下等级，田赋的等级也就相当，兖州整治了十三年才和其他八州收到相同的功效。它的贡赋是漆、丝以及用圆形竹器盛着的有花纹的丝织品。运往京城的贡赋乘

船先经济水、漯水，然后通达黄河。

大海和泰山之间是青州：堣夷地区既已经略，潍水、淄水也已疏导。青州的土质属白色肥厚一类，海滨一带却是宽广又含盐质，这里的田土是盐碱地。田地属上下等级，田赋属中上等级。青州的贡赋是盐和细葛布，有时也进贡一些海产品，还有泰山深谷的丝、大麻、矿石、松木、怪石，莱夷地区的牧产品，和用圆形竹器盛着可用来制作琴弦的柞蚕丝。贡赋运往京城是乘船先入汶水，再通到济水。

大海、泰山和淮河之间是徐州：淮河、沂水得到了治理，蒙山、羽山可以种植。大野泽整治后已经能够蓄水，

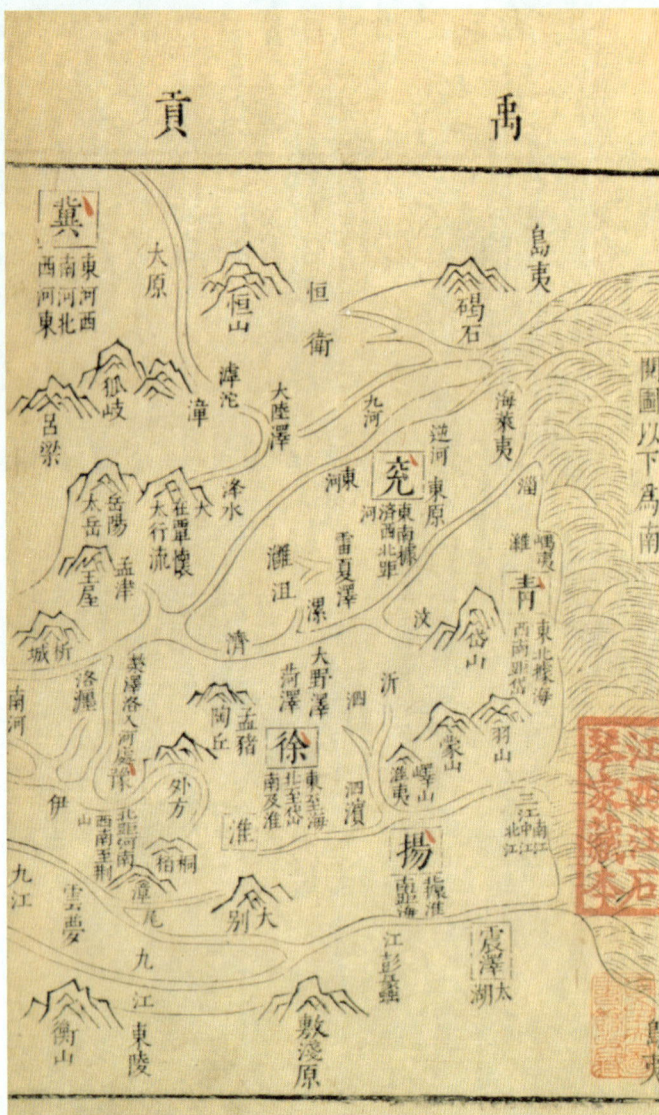

▶ 茅氏浣花居刊本《禹贡汇疏》内页·明崇祯

在《夏本纪》中，关于夏禹划定九州的内容，主要来源于《尚书·禹贡》一文。《禹贡》作为先秦时期科学性很强的地理著作，详细记载了九州各地山川、地形、土壤、物产等情况。后世对《禹贡》的研究和注释可以说是连篇累牍、汗牛充栋，《禹贡汇疏》一书就是其中之一。

东原一带地区在水去平复后就可以耕种。徐州的土质属红色黏性肥厚的一类，草木也生长得密集茂盛，这里的田地属上中等级，田赋属中中等级。贡品是供天子分封诸侯时赐茅土之用的青、赤、白、黑、黄五色土，羽山深谷的彩色野鸡，峄山南边作琴瑟用的独生桐，泗水边浮石制的磬，淮水边上夷族聚居地产的珠蚌和鱼，以及用圆形竹器盛着的黑细丝绸。贡赋运往京城是乘船经过淮水、泗水，再通到黄河。

淮河以南和大海以西的大片地区是扬州：彭蠡泽已经治好蓄水，大雁冬天就来这里停居。岷江、汉水和彭蠡都已疏通入海，震泽地区就获得了安定。箭竹已经遍地生长。这里长的草鲜美柔嫩，这里长的树木非常高大。土质湿润，田地属下下等级，田赋属下上等级，有时杂出升到中下等级。贡品有三种金属，美玉、似玉的宝石、箭竹，象牙、兽皮、鸟的彩色羽毛、旄牛尾，海岛上夷民用草织的衣服，用圆形竹器盛着的五色染丝织成的贝锦，还有是有时根据命令要进贡的包着的橘子和柚子。贡赋运往京城是先沿江或沿海向北，再通到淮河、泗水。

北起荆山、南到衡山之南的地区是荆州：江水、汉水像要去朝见宗主似的奔腾向前流入大海。有无数条支流汇入长江正好处在全州中部，沱水、涔水已经疏导，云泽、梦泽治理好了。荆州的土质湿润。田地属下中等级，田赋是上下等级，贡品是彩色羽毛、旄牛尾、象牙、兽皮，三种金属，椿木、柘木、桧木、柏木，质地粗糙或柔细的磨刀石、可作箭镞的石头、丹砂，可作箭杆的箘簬、楛木是荆州地区三个诸侯国致送贡品中的著名特产，还有用绳缠绕包裹起来用于宗庙祭祀时滤酒的菁茅，用圆形竹器盛着的黑色或浅绛色的绸布以及用丝带串起来的珍珠，有时根据命令要进贡的九江中产的大龟。贡赋运往京城是先乘船经过长江、沱水、涔水、汉水，再经过陆路输送下到洛水，到达南河。

荆山以北、黄河以南的地区是豫州：伊水、洛水、瀍水、涧水都已疏通流入黄河，荥播泽经过整治已经蓄水，疏导了菏泽，又为孟猪泽筑起了堤防。

豫州的土质柔细松软，土的下层是肥厚的黑色硬土，田地属中上等级，田赋属上中等级有时杂出升到上上等级。贡品是漆、丝、细葛布、苎麻，以及用圆形竹器盛着的细丝绵，有时候按命令进贡磨磬的错石。贡赋运往京城是先乘船经过洛水，然后到达黄河。

东到华山之南、西到黑水之滨的地区是梁州：岷山、嶓冢山经过整治可以种植，沱江、涔水已经疏导，蔡山、蒙山都已平治完毕，和夷地区的治水取得了功效。梁州的土质是青黑色，田地属下上等级，田赋属下中等级，有时错杂下上等级或下下等级。贡品有璆玉、铁、银、刚铁、砮石、磬和熊、罴、狐、狸四种野兽及皮毛织品，西倾山的贡物沿着桓水运来，其他的贡赋运往京城是先乘船进入潜水，经过陆地转输再进入沔水，到达渭水，最后横渡黄河。

西到黑水、东到冀州西界的黄河是雍州：弱水已经疏导西流，泾水从北岸流入渭水，漆水、沮水已经疏浚通畅，沣水也会流入渭水。荆山、岐山都已经平治，也包括终南山、敦物

山一直到鸟鼠山。高原和低谷的治理取得了功效，一直伸延到了都野泽。三危山一带经过整治已经可以定居，三苗族也就非常遵守秩序了。雍州是黄色细柔松软的土质。田地属上上等级，田赋属中下等级。贡品有璆玉、琳玉、宝石琅玕。贡赋运往京城是乘船经过积石山附近的黄河，到达龙门地段的西河，再运到渭水和黄河的汇合处。织皮族的百姓居住在昆仑、析支、渠搜三座山下，西方各族也就安定顺从了。

禹开通九条山脉的道路：汧山及岐山直到荆山，越过了黄河；壶口山、雷首山直到太岳山；砥柱山、析城山直到王屋山；太行山、常山直到碣石山，从这里可以进入大海；西倾山、朱圉山、鸟鼠山直到太华山；熊耳山、外方山、桐柏山直到负尾山；开通嶓冢山，直到荆山；内方山直到大别山；岷山的南面直到衡山，跨过九江，到达敷浅原。

禹疏导了九条河流：疏导弱水流过合黎山，使弱水的下游注入了居延泽附近的沙漠；疏导黑水，流过三危山，再进入南海（青海）；从积石山

图说史记

开始疏导黄河，一直流过龙门，往南流到华山北面，又向东流过砥柱山，再向东流过盟津，还向东经过洛水注入黄河的一段，直到大邳山，往北流过降水，进入大陆泽，再往北分散为九条河道，又汇合成为逆河，最后流入大海；从嶓冢山开始疏导漾水，向东流去就叫汉水，又往东流叫作苍浪水，经过汇合三滋水，进入大别山，往南流入长江，再向东流汇合江水形成彭蠡泽，还往东流就叫北江，最后流入大海；从岷山开始疏导江水，在东流分出另外一条支流沱水，又往东流到达澧水，经过九江，到达了东陵，向东偏北流去和彭蠡泽水汇合，再往东流就叫中江，最后流入大海；疏导沇水，向东流叫作济水，流入黄河，再向前潴留形成荥泽，然后向东流经过陶丘的北部，又向东流到达菏泽，又向东北流汇合汶水，又向北转向东流入大海；从桐柏山开始疏导淮河，向东流汇合泗水、沂水，再往东流入大海；从鸟鼠同穴山开始疏导渭水，往东流汇合沣水，又往东北流和泾水相汇，往东流过漆水、沮水，流入黄河；从熊耳山开始疏导洛水，往东北流汇合涧水、瀍水，又向东流汇合伊水，最后向东北流入黄河。

所有的山川河流都治理好了，于是九州之内政令教化就统一了，四方边远地区已经可以安居，九条山脉都开出了道路，九条河流的水源也都疏通了，九个大湖各自已经筑起了堤防，四海之内进贡的道路都通畅无阻了。包括金、木、水、火、土、谷在内叫作六府的各种物资都得到了开

司法鼻祖皋陶

皋陶是上古时期伟大的政治家、思想家、教育家，被史学界和司法界公认为中国司法鼻祖。皋陶是与尧、舜、大禹齐名的"上古四圣"之一，夏禹根据其功德，封皋陶的后裔于英、六一带（今安徽省六安市），所以皋陶亦被尊为六安国始祖。

皋陶是一位贤臣，传说中生于尧帝统治的时候，曾经被舜任命为掌管刑法的"士"，以正直闻名天下。皋陶的主要功绩有制定刑法和教育，帮助尧和舜推行"五刑"和"五教"。用独角兽獬豸治狱，坚持公正；刑教兼施，要求父义、母慈、兄友、弟恭、子孝，使社会和谐，使天下大治。

发，各个区域的土地交相订正了它们的等级，要按照规定认真交纳赋税，而且按照上、中、下九等划分的土地级别确定好了赋税的标准。在九州之中封置诸侯、颁赐土地和姓氏的时候告诫说："恭敬和悦，把德行摆在首位，不要抗拒我所推行的政令。"

规定天子直接统辖的国都范围以外的五百里区域叫作甸服：靠近国都一百里地区的田赋中要交纳用作马饲料的禾稿，一百里以外二百里以内地区要交纳用镰刀割下的谷穗，二百里以外三百里以内地区要交纳谷粒，三百里以外四百里以内地区交粗米，四百里以外五百里以内地区交精米。甸服往外的五百里区域叫作侯服：一百里地区替天子服各种差役，往外二百里以内地区替国家服一定的差役，再往外三百里地区替天子侦察警戒，抵御外侮。侯服往外的五百里区域叫作绥服：头三百里地区可以根据实际情况推行中央的政令教化，后二百里地区要振奋武力保卫天子。绥服往外的五百里区域叫作要服：头三百里地区要遵守教化并且和平相处，后二百里地区要求能遵守王法。

要服再往外五百里区域就是荒服了：头三百里地区礼简怠慢，维持同那里居民的联系，后二百里地区随百姓迁徙流动，进贡与否听其便。

东边濒临大海，西边及于沙漠，北方、南方都达到了最遥远的地方：天子的声威教化传播到了全国以至于四方荒远的边陲。于是舜帝赏赐给禹一块黑色圭玉，借以布告天下治水已经取得成功。天下从而太平安定。

舜、禹和皋陶论治国

皋陶通过负责刑狱事务来治理天下的百姓。舜帝上朝，禹、伯夷和皋陶相互在舜帝面前交谈。皋陶申述他的意见说："能按照道德行事，谋划就会高明，辅佐的大臣就会和谐。"禹说："好啊。怎样去做呢？"皋陶说："哦！要谨慎自身的修养，要有长久的打算，要使九族亲厚顺从，使许多贤人努力辅佐，政令由近及远，完全在于自身的德行。"禹听了这番美好的言论拜谢说："对啊。"皋陶说："哦！还在于理解臣下，安定民心。"禹说："哎呀！都要像这样去做，只怕尧帝也很难办到。理解臣下就会明

智，能够任命适当的人做官；能够安定民心就对人有恩惠，百姓都会怀念他。能够明智和对人有恩惠，还忧患什么谨兜，还迁徙什么有苗，还害怕什么花言巧语善于察言观色和谄佞不正的人呢？"皋陶说："对，是这样。只是行事需要有九方面的品德，即使是言论也还是要有品德的依据。"就接着说："察验一个人的品德是需要从他所做的事情开始，性格宽宏而能庄栗，柔和而能独立行事，忠厚诚实而且恭敬，办事有条理而且认真，性情柔顺而且刚毅，正直而且温和，简约而不草率，坚强果决而作风踏实，任事勇敢而合乎义理，经常修明这九种品德，那就很好。大夫们能每天修明其中的三方面品德，早晚庄敬努力，就会保有他们的统治领地。诸侯们能每天庄严振奋恭敬修明其中的六方面品德，并认真辅助天子处理事务，就会保有他们的封国。天子可以集中起来普遍实施，把九方面的品德都付诸行动，有才能的人处在官位，

夏本纪 第二

▶ **遂公盨·西周**

保利艺术博物馆藏。原本有盖，现已缺失。虽其貌不扬，但它内底所铸98字铭文，记述了"大禹治水"与"为政以德"等内容，是目前所知中国最早的关于大禹治水及德治的文献记录，极大推动中国古史研究。整篇铭文堪称一篇政论性质的散文，其文辞、体例在两周金文中前所未见，却与现存《尚书》等古代文献十分接近，对探讨中国古书及文章的起源有十分重要的价值。

各种官吏都会严肃谨惧。不要教人们去做一些邪恶淫乱的事和设想一些不正当的计谋。不是合适的人而占据重要官位，这就叫扰乱天下大事。上天要讨伐有罪的人，设立五种刑罚用来惩处五种罪人。我的言论可以得到实行吗？"禹说："你的言论加以施行就能够取得成绩。"皋陶说："我没有什么才智，只是想帮助实施治理天下的大道呀。"

舜帝对禹说："你也发表一下高明的言论。"禹拜谢说："哦，我有什么可说的！我只想整天努力不懈地办事。"皋陶追问禹说："怎么才叫努力不懈？"禹说："洪水浊浪滔天，浩浩荡荡包围了山冈，淹上了丘陵，百姓都在从事治水的活动。我在陆地上行进的时候坐着车，水道上行进的时候驾着船，泥滩上行进的时候乘着橇，山路上行进的时候穿着带铁齿的鞋，攀行山岭用木杆做出标记，和益一起送给百姓稻粮和新鲜的肉食。来疏导九条河道流通到四海，疏浚田间大小沟渠流通到江河。和稷一起发给百姓欠缺的口粮。粮食少了，从有剩余的地方调节出来补充不足的地方，或者把百姓从粮食不足的地方迁徙出去。万千的百姓这样才安定，各诸侯国也都得到了治理。"皋陶说："是啊，这就是你的巨大功绩。"

禹说："哦，帝！小心你的大臣，举止冷静，用有德行的大臣辅佐你，天下人就会非常顺应你，清心正意，用光明的德行来奉行上帝的命令，上天将会再三地赐福给你。"舜帝说："啊，臣子呀，臣子呀！臣子要做我的大腿手臂和耳朵眼睛一般的得力帮手，我想帮助百姓，你们来辅佐我；我想仿

▶ 玉戈·二里头文化

美国弗利尔美术馆藏。玉戈长 84.1 厘米，青玉制，色泽温润，打磨精细，纹饰简洁。二里头文化是指以河南省偃师市二里头遗址一至四期所代表的考古学文化遗存，是探索夏文化的关键性研究对象。在"夏商周断代工程"结束后，二里头文化的主体为夏人遗存的观点逐渐为大多数学者所接受。

效古人衣服上的图案，按照日月星辰等天象来制作绣上花纹色彩的服装，你们应该明确服装的等级；我想听六种乐律、五种声音、八类乐器的演奏，观察诸侯中勤勉或荒怠政事的情况，以便取舍来自东西南北中五个方面的言论，你们要认真听取并帮助做出判断。我如果有邪僻行为，你们要匡正并辅助我，你们不要当面阿谀逢迎，退到背后反而诽谤我。我敬重身边前后左右的大臣。

《帝鉴图说》之夏禹下车泣罪·明·无款

各种各样谗害宠嬖的小臣，只要君主的德行真正贯彻实施了就都会被清除的。"禹说："对。帝如果不这样实施德行，好人坏人一起任用就会没有功绩。"

帝说："不要像丹朱一样怠傲，只是喜好懒惰游玩，在没有水的陆地上行船，一群人在家中干淫乱的事，因此要断绝他通过父子相继来登帝

法国国家图书馆藏。"下车泣罪"这个故事《史记》中没有记载，而是汉代刘向所编的《说苑》一书中的内容。故事讲的是禹出行看见犯罪的人，因而悲伤哭泣，左右的人劝禹说："犯罪的人因为不遵守法律，才会导致这样的结果，君王何必这样伤心呢？"禹说："尧帝舜帝时候的百姓都把尧舜的心当成自己的心，而我现在掌管天下，百姓却各自顾各自的，因此感到伤心。"这个故事后来被当作禹推行仁政的典型事例。

位。我不能顺从丹朱这种情况。"禹说："我娶涂山国女子为妻，辛日娶妻，壬癸二日在家，甲日就离家去治水，生下儿子启我不能抚养他，所以能够完成平治水土的事功。辅佐形成甸、侯、绥、要、荒五服制度，国土的宽广达到了五千里，每州动用了十二个师的人力，一直开辟到了四方最为荒远的地方，建立了五个诸侯国选一方伯的五长制度，各自的首领遵德职守，建有事功。三苗部族凶顽不能成就事功，舜帝您恐怕要为这件事忧虑呀！"舜帝说："用我的德教去开导他们，要靠你的工作来使他们归顺。"

皋陶于是就敬重禹的功德，下令让百姓都效法禹。不按照命令中的话来做，就用刑加以处罚。舜帝的德教因此而大加发扬。

夔奏起乐曲，祖先的神灵因此降临，各方的诸侯相互揖让，鸟飞翔兽跳舞，《箫韶》演奏九遍，凤凰被召来了，百兽也都跳起舞来，百官也都忠诚和谐。舜帝因为看到这样的热烈场面就作歌说："遵奉上天的命令来治理百姓，只在于要顺应时势，只在于要谨微慎行。"又唱道："辅助的大臣喜乐尽忠呀，君王的治功于是兴起呀，百官的事业都会发达呀！"皋陶跪拜伸手叩头继续宣布说："大家要记住天子的教诫呀！统率臣下兴盛起事业，谨慎地遵守法度，敬行自己的职责呀！"于是也接着唱道："君王英明呀，辅助之臣都贤良呀，各种事业都会兴旺呀！"又歌唱说："君王如果胸中无大略呀，辅助之臣就会怠惰呀，各项事业就会毁败呀！"舜帝拜答说："对，以后大家都努力干吧！"于是天下的人都推崇禹精于尺度和音乐，遵奉他为山川的神主，意思就是能代山川之神施行号令的帝王。

禹登帝位

舜帝向上天举荐禹，做天子的继承人。十七年后，舜帝逝世了。三年的丧礼结束，禹为了把帝位让给舜的儿子商均，躲避到阳城。天下的诸侯都离开商均而去朝见禹。禹于是就登上天子之位，坐北向南接受诸侯的朝拜，国号叫作夏后，姓姒。

禹帝登上天子位就提拔皋陶并推荐他做继承人，将要授给他处理大政的权力，但是皋陶没有继位却去世了。分封皋陶的后代在英、六两个地方，有的封在许地。后来又推举益，任用他管理政事。

过了十年，禹帝到东部地区去巡行视察，到达会稽却逝世了。把天下传给益，三年的服丧结束，益辞让帝位给禹帝的儿子启，自己居住在箕山的南面。禹的儿子启贤能，天下归心于他。等到禹逝世，虽然把权力授给益，但是益辅佐禹的时间很短，天下的人还不能信任他。所以诸侯都离开益而去朝拜启，说："他是我们君主

禹帝的儿子啊。"于是启就登上了天子之位，这就是夏后国的启帝。

夏朝兴替

夏后国的启帝，是禹的儿子，他的母亲是涂山国的女子。

有扈这个国家不顺服，启去讨伐它，在甘地进行大战。将要开战，先作了一篇誓词叫《甘誓》，招来六军的将领加以申诫发布。启说："喂！统帅六军的人们，我发布誓词告诫你们！有扈氏轻慢金木水火土五行的运行秩序，懈怠废弃天、地、人三者之

▶ **大禹陵**

大禹陵古称禹穴，位于浙江省绍兴市越城区稽山门外的会稽山麓，陵墓背靠会稽山，前临禹池。史料记载后世帝王中最早祭奠夏禹的是秦始皇，当时在祭禹陵之后还让李斯书写了碑文，即著名的《会稽刻石》。"大禹陵"三字石碑是明代嘉靖年间树立的。

间关系的正道，上天因此要断绝它的国运。现在我只是来恭敬地执行上天的惩罚。车左的兵士不努力用箭射击敌人，车右的兵士不努力用戈矛刺杀敌人，你们就是不服从命令。驾车的兵士不能正确指挥他的马左右进退，你们也是不服从命令。服从命令，就在祖先的牌位面前赏赐你们；不服从命令，就在社神的牌位面前，将你们斩杀，而且要把你的子女收为奴婢。"于是灭掉了有扈这个国家，天下诸侯都来朝拜。

夏后国的启帝逝世，儿子太康帝即位。太康帝因为沉溺在游乐和

田猎当中不理国政被羿驱逐失去国家，他五个弟弟，在洛水北岸等待他回国，但没有等到，就写作了《五子之歌》。

太康逝世，弟弟中康登位，这就是中康帝。中康帝在位的时候，负责制订历法的羲氏、和氏过度好酒贪杯，扰乱了四时节令。中康的大臣胤奉命前去征伐，为了记载这件事就写作了《胤征》。

中康逝世，儿子相帝登位。相帝逝世，儿子少康帝登位。少康帝逝世，儿子予帝登位。予帝逝世，儿子槐帝登位。槐帝逝世，儿子芒帝登位，芒帝逝世，儿子泄帝登位。泄帝逝世，儿子不降帝登位。不降帝逝世，弟弟扃帝登位。扃帝逝世，儿子廑帝登位。廑帝逝世，让不降帝的儿子孔甲登位，这就是孔甲帝。

孔甲帝登位，喜好祭祀鬼神，从事淫乱的活动。夏后氏的威德衰薄，诸侯背叛它。从天上降下两条龙，一雌一雄，孔甲不能饲养它们，也没有找到能够

饲养的人。陶唐氏已经衰落，它们的后代有个刘累，从豢龙氏部落那里学到了饲养龙的技术，来侍奉孔甲。孔甲赐他姓叫作御龙氏，并让他来接受豕韦氏后代的封地。一条雌龙死去，刘累暗中做成肉酱献给孔甲吃了。孔甲吃了以后，派人要刘累再拿来肉酱，刘累因为惧怕就迁徙到鲁县去了。

❥ 夏桀亡国

孔甲逝世，儿子皋帝登位。皋帝逝世，儿子发帝登位。发帝逝世，儿子履癸帝登位，这就是桀。

桀帝在位的时候，因为自从孔甲在位以来诸侯大多数都背叛夏朝，桀不去致力建立德政却用暴力伤害百官贵族，贵族们都承受不了。桀又招来汤并把他囚禁在夏台的监狱中，不久又释放了汤。汤修治自己的德政，诸侯都归附到汤的名下，汤就领兵来讨伐夏桀。桀奔逃到鸣条，于是失败被放逐以后死去。桀曾对人说："我后悔当初没有就地把汤杀死在夏台，以致使我落到这种地步。"汤就登临天子之位，代替夏来接受天下的朝拜。汤封土地给夏的后代，到了周朝，夏的后代是被封在杞这个地方。

✦ 太史公说 ✦

禹是姒姓，他的后代分别受封，就各自用国名为姓，所以有夏后氏、有扈氏、有男氏、斟寻氏、彤城氏、襄氏、费氏、杞氏、缯氏、辛氏、冥氏、斟戈氏等，孔子曾校正过夏代的历书，学者中就有很多人传授《夏小正》。自从虞、夏的时代开始，贡赋制度就已经完备了。有人说禹是在江南会聚诸侯首领、考核他们功劳的过程中逝世的，因此就安葬在那里，把安葬的地方命名叫作会稽。会稽，是会集诸侯首领考核功劳封赏爵位的意思。

殷本纪 第三

【解题】《殷本纪》一篇以德之盛衰贯穿全篇。先言汤之至德及于禽兽，故代夏桀及践天子之位，并叙伊尹辅成汤、训太甲之功。至雍己，殷道衰，诸侯或不至……帝乙少子辛为君，是为纣，遂以亡天下。一篇记事，全在德之兴废。称颂了太甲的归善，大戊的纳言，盘庚的迁亳及伊陟、傅说之为相。对于商纣的淫乐、重刑、拒谏、好谀等暴行，做了详细的叙述。表彰德治并见反暴政的思想，亦是本篇记事的一个重要特色。

殷商之祖

殷朝的始祖契，母亲名叫简狄，是有娀氏部落的女子，当了喾帝的第二个妃子。简狄等三个人有一次到河川中去洗浴，看见燕子掉下一个蛋，简狄捡起来吞食了，就这样她怀孕而生下契。

契长大以后辅佐夏禹治水立下了功劳。舜帝就命令契说："百官贵族不和睦，父子、君臣、夫妇、长幼、朋友之间的五伦关系不顺畅，你去做司徒的官，要恭敬地传布五伦的教诲，五伦教诲的原则在于宽厚。"把契封在商这个地方，赐给契姓子。

契在唐尧、虞舜、大禹当政期间兴起，他的功业在教导百官贵族这一方面显现出来，百官贵族由此也就安定。

契去世，儿子昭明继位。昭明去世，儿子相土继位。相土去世，儿子昌若继位。昌若去世，儿子曹圉继位。曹圉去世，儿子冥即位。冥去世，儿子振继位。振去世，儿子微继位。微去世，儿子报丁继位。报丁去世，儿子报乙继位。报乙去世，儿子报丙继位。报丙去世，儿子主壬继位。主壬去世，儿子主癸继位，主癸去世，儿子天乙继位，这就是成汤。

❧ 成汤征葛

成汤，从契到汤经过十四代有八次迁徙国都。汤开始就定居在南亳，这是追随先王帝喾曾以这里作为国都才迁来的，为向帝喾报告来定居这件事，成汤就写了《帝诰》。

汤是夏代的方伯，有权征伐诸侯。葛伯不奉行祭祀，汤一开始就去征伐葛伯。汤说："我说过：人照一照水面能够看见自己的形貌，观察百姓的状况会知道治理得好不好。"伊尹说："英明呀！进谏的言语能够听从，治国的道术就会推进。做国家的君主爱护百姓，凡是有善良品行的人都会在朝廷任官。努力吧，努力吧！"汤对葛伯说："你不能恭敬地顺从天命，我就要重重惩罚你们，绝不会有半点宽赦。"就写了《汤征》。

❧ 伊尹辅汤

伊尹名叫阿衡。阿衡想求见汤却没有合适的途径，就去做有莘氏部落女子的陪嫁男仆，背着炊事用具鼎俎来见汤，借着谈论烹饪的机会游说汤，让汤致力于实施王道政治。又有人说：伊尹是个隐居的处士，汤派人去聘用迎接他，经过五个来回以后才肯出世任职而依从汤，并描述了远古

▶《帝王道统万年图》之商汤解网·明·仇英

台北故宫博物院藏。商汤解网施仁的故事在《史记》中有明确的记载，作为商汤推行仁政的表现。因此这个故事经常被画家选做主题加以描绘，仇英的这幅作品即为其中的代表作。在原图的左侧有明人顾可学的赞语："制之礼义，彰以宽仁。推恩禽兽，率土称臣。"

順天應人　本乎仁義
以質繼忠　匪曰求異
盤銘一德　桑林六事
人紀肇修　垂千萬世

汤

▶ **商汤王像·宋·马麟**

台北故宫博物院藏。此作为马麟《道统五祖图》中的一幅，汤身着衮服，头戴冕旒，身边有一只白鹿，以表祥瑞。在画像的上方有宋理宗楷书赞语："汤。顺天应人，本乎仁义。以质继忠，匪曰求异。盘铭一德，桑林六事。人纪肇修，垂千万世。"

帝王和九类国君不同政治状况方面的事情。汤举用伊尹并任用他负责管理国家政务。伊尹曾离开汤去到夏。因为看到夏桀的政治丑恶，又重新回到了南亳。从北门进入亳都，遇见了汤的贤臣女鸠、女房，于是写了《女鸠》《女房》，述说他离开夏桀重回商都的心情。

于是汤出门游猎，看见野外捕猎的人张开四面大网，捕猎人祝祷说："天上地下四方来的都希望进入我的网中。"汤说："唉，会捕尽了呀！"就让去掉捕网的三面，并让捕猎人祝祷说："想从左面逃去的，就从左边逃去。想从右面逃去的，就从右边逃去。不按照我的想法逃离的，就进入我的网中。"四方诸侯们听到这件事，说："汤的仁德达到了极点，竟连禽兽都受到了他的恩惠。"

❥ 成汤伐夏

正当这个时候，夏桀施行的暴虐政治荒淫无道，而诸侯国昆吾氏也发生叛乱。汤就发兵并率领四方诸侯，伊尹跟从汤，汤亲自握着大斧指挥，先讨伐昆吾，转而又征讨伐桀。汤

说："告诉你们大家，到我这里来，你们都仔细听着我说话，不是我敢于举行叛乱，是因为夏桀有很多罪恶，我虽然听到你们大家对出兵有怨言，但夏氏是有罪的啊。我畏惧上帝，不敢不进行征伐。现在夏桀罪恶很多，上天命令要惩罚他。现在你们大家都在，你们会说：'我们的君主不怜恤我们大家，放弃了我们的农事时节而来举行大力征伐。'你们还会问：'夏桀有罪，究竟是怎么样？'夏王耗尽了百姓的力量，掠夺光夏国的资财，百姓怠惰不同他合作，说：'这个太阳什么时候丧败，我宁愿跟他一起灭亡！'夏桀的德行已经堕落成这样，现在我一定要前去讨伐。你们如果和我一起去执行上天的惩罚，我将大力赏赐你们。你们不要不相信，我不会说话不守信用。你们如果不依从誓言，我就要惩罚你们，决不会加以赦免。"商汤就这样号令全军，写了《汤誓》。当时汤说"我特别勇武"，称号叫作武王。

桀在有娀部族的旧地被打败，桀逃奔到了鸣条，夏桀的军队溃败。汤就去讨伐忠于桀的诸侯国三㚇，缴获

这个国家的宝玉。为了记载这件事，义伯、仲伯二臣就写了《典宝》。汤已经战胜夏桀，想换掉夏的社神，但社神是远古共公氏之子句龙，能平水土，还没有谁能比得上他，所以没有换成，于是写了《夏社》。伊尹向诸侯通报了这次大战的情况。于是四方诸侯全都归服，汤便登上天子之位，平定天下。

◈ 成汤建商

汤返回途中到达了泰卷，仲虺制作了诰命。汤废除了夏的政令，回到国都亳，写了《汤诰》："三月，殷王征伐夏桀，来到了京都的东郊。告示四方诸侯和各地方的首领：'谁要是不去建立对百姓有益的功业，勤勉努力地对待你们的使命，我就要重重惩罚你们，谁也不要埋怨我。'又说：'古代的禹、皋陶长久地在外面辛劳，这样就对百姓建立有功业，百姓因此有了平安。东边修治了长江，北边修治了济水，西边修治了黄河，南边修治了淮河，四条大河都已得到治理，千百万百姓才有了安定的居处。后稷降下播种的教诲，农地就种

植了百谷。禹、皋陶、后稷这三位古人都对百姓建有功绩，所以他们的后代能够建国立业。从前蚩尤和他的大臣们在百姓中作乱，上帝就不降福于他们，有这样的先例在。先王的言论不可以不用来自勉。'又说：'如果干了违背道义的事情，不允许前往你们所在的国家再做诸侯，你们谁也不要怨恨我。'"用这样的言辞来告诫诸侯。伊尹又写作了《咸有一德》，说明君臣都应该有纯一的品德。咎单写作了《明居》，讲的是百姓应该遵守的法则。

商汤执政后，修改历法，把夏历的寅月为岁首改为丑月为岁首，更换了服饰等器物所崇尚的颜色，崇尚白色，规定在白天举行朝会。

太甲改过

汤逝世，太子太丁没有来得及继位就去世了，于是就让太丁的弟弟外丙继位，这就是外丙帝。外丙帝在位三年，逝世，让外丙的弟弟仲壬继位，这就是仲壬帝。仲壬帝在帝位四年，逝世，伊尹就让太丁的儿子太甲继位。

太甲，是成汤的嫡长孙，这就是太甲帝。太甲帝元年，伊尹写了《伊训》《肆命》《徂后》。

太甲帝继位已经三年，昏乱暴虐，不遵守汤王的法度，背乱德义，于是伊尹把他流放到汤的葬地桐宫。此后三年内，伊尹代理行使政治权力主持国家事务，以便接受诸侯国君朝拜。

太甲帝在桐宫居处了三年，悔悟罪过，自我谴责，重新向善，于是伊尹就迎回太甲帝并重新把政权交还给他。太甲帝修治德政，四方诸侯又都归顺于殷，百姓因此获得安宁。伊尹赞扬他，就写作了《太甲训》三篇，褒奖太甲帝，称他叫太宗。

太宗逝世，儿子沃丁继位。沃丁帝在位期间，伊尹去世。把伊尹安葬到亳地以后，咎单为了以伊尹的事迹训诲后人，就写作了《沃丁》。

太戊兴殷

沃丁逝世，弟弟太庚继位，这就是太庚帝。太庚帝逝世，儿子小甲帝继位。小甲帝逝世，弟弟雍己继位，这就是雍己帝。到了这时殷朝的国势已经衰弱，有的诸侯国就不来朝拜。

雍己帝逝世，弟弟太戊继位，这就是太戊帝。太戊帝任命伊陟作辅相。当时，国都亳出现了桑树和楮树合生在朝堂上的怪异现象，一夜之间就长到一搂粗。太戊帝恐惧，就问伊陟。伊陟说："臣听说妖异不能战胜有德行的人。您的政治难道有缺失吗？您还是应该修明德政。"太戊听从伊陟的话，那棵预示吉凶的桑树也就枯死消失了，伊陟把这件事告诉了巫咸。巫咸治理朝政有成效，为

▶ **龙虎尊·商中期**

中国国家博物馆藏。1957年安徽阜南月儿河出土。器口侈大，直径过肩，颈部较高，下部收缩，呈大喇叭状。肩部微鼓，下折为腹，呈弧形收敛作圜底，圈足，上饰十字镂空。器肩部饰三条曲身龙纹，圆雕龙首，探出肩外，活灵活现；腹部以云雷纹为地，装饰三组虎食人纹，寓意诡秘；圈足饰饕餮纹。整器工艺精湛，花纹线条洗练，是商代青铜器中的精品。

▶ **兽面纹钺·商后期**

台北故宫博物院藏。带肩器身，腰线呈内凹形，内扁平，使得木柲得以夹住扁平内以使用。
器身上有兽面纹，兽面纹利牙向着刃线。没有刃线的两边有钩状棱脊。内上有松绿石及孔雀
石镶嵌的兽面纹。

▶ **玉援青铜内戈·商后期**

美国弗利尔美术馆藏。玉援呈灰白色，长条状，通体抛光。前锋尖锐，有上、下刃与中脊，援末端嵌入青铜体之中。与玉援相接青铜体前段为梯形，上以绿松石嵌作饕餮纹。有上、下阑。青铜内后段弯曲，通体嵌绿松石，呈饕餮纹。此器制作精致，应为礼器。器上使用的镶嵌绿松石工艺，在二里头文化时期已经出现，从中可见两者铸造工艺的传承。

记载这件事就写了《咸艾》，又写了《太戊》。太戊帝在太庙中称赞了伊陟，说不把伊陟当臣下看待，伊陟辞让，就写作了《原命》。殷朝重新兴盛，四方诸侯又来归顺，所以称太戊帝叫中宗。

九代之乱

中宗逝世，儿子中丁帝继位，中丁帝把京都迁徙到隞地。河亶甲在位时把京都设在相。祖乙又把京都迁徙到了邢。中丁帝逝世，弟弟外壬继位，这就是外壬帝。记载这些事的《仲丁》已经遗失不存了。外壬帝逝世，弟弟河亶甲继位，这就是河亶甲帝。河亶甲在位的时候，殷朝再次衰败。

河亶甲逝世，儿子祖乙帝继位。祖乙帝继位，殷朝重新兴盛。巫贤在朝廷担任重要职务。

祖乙逝世，儿子祖辛帝继位。祖辛帝逝世，弟弟沃甲继位，这就是沃甲帝。沃甲帝逝世，让沃甲哥哥祖辛的儿子祖丁继位，这就是祖丁帝。祖丁帝逝世，让弟弟沃甲的儿子南庚继位，这就是南庚帝。南庚帝逝世，让祖丁帝的儿子阳甲继位，这就是阳甲帝。阳甲帝在位的时候，殷朝衰败。

从中丁在位以来，废立嫡子更替让其他弟弟或弟兄的儿子继位，他们为了能够继位就互相争斗，连续九代朝廷混乱，于是四方诸侯没有谁来朝拜。

盘庚迁殷

阳甲帝逝世，弟弟盘庚继位，这就是盘庚帝。

盘庚帝在位的时候，殷朝原先已经建都在黄河以北，盘庚渡过黄河往南，重新定居在成汤原来所处的地方，从汤到盘庚经过五次迁都，没有一个固定的处所。殷朝的百姓相互忧叹，都有怨言，不想再迁徙了。盘庚因此谕告四方诸侯和大臣说："从前贤明的君王成汤和你们的祖先共同平定了天下，这种合作成事的先例可以很好地借鉴。舍弃这样的先例而不勤勉地去实施，怎么可以成全德业！"于是就渡过黄河往南，营建亳都，施行成汤时代的政治规范。这以后百官贵族因此就宁静了，殷朝的政治威德重新兴盛。四方诸侯也都来朝拜，因为盘庚是遵循了成汤的德政。

盘庚帝逝世，弟弟小辛继位，这就是小辛帝。小辛帝继位，殷朝再次衰败。百官贵族们想念盘庚，就写下了《盘庚》上、中、下三篇。小辛帝逝世，弟弟小乙继位，这就是小乙帝。

◑武丁中兴

小乙帝逝世，儿子武丁继位。武丁帝登上王位，思念着要再次振兴殷朝，但是没有得到合适的辅佐大臣。三年时间武丁不发表意见，一切的政治大事都由冢宰大臣来决定，以便从旁观察国家的政治风尚。有一天武丁梦见得到一位圣贤的人，名字叫说。拿梦中所见到的说的相貌来看看群臣百官中是不是有这个人，结果全都不是。于是就派百官设法到民间去寻找，在傅险这个地方找到了说。这个时候说作为一个犯法服役的人，在傅险建筑和养护道路。官员引来说和武

▶ 后母戊大方鼎·商后期

中国国家博物馆藏。1939 年河南省安阳市武官村出土。器厚立耳，折沿，腹部呈长方形，下承四柱足。器腹四转角、上下缘中部、足上部均置扉棱。以云雷纹为地，器耳上饰一列浮雕式鱼纹，耳外侧饰浮雕式双虎食人首纹，腹部周缘饰饕餮纹，柱足上部饰浮雕式饕餮纹，下部饰两周凸弦纹。"后母戊"青铜方鼎（曾称"司母戊鼎"），形制巨大，雄伟庄严，重832.84 千克，是目前已知中国古代最重的青铜器。器腹部内壁铸铭"后母戊"，是商王母亲的庙号。

丁相见，武丁说正是这个人。这样就通过和说交谈，发现说果然是个圣贤的人，举用他做朝廷的辅相，殷朝的国政得到了特别好的治理。所以就拿傅险这个地名作他的姓，称号就叫傅说。

有一次武丁帝祭祀成汤，第二天，有一只飞来的野鸡降落到大鼎的耳上鸣叫，武丁恐惧。贤臣祖己说："君王请勿忧虑，先下手修明政治事务。"祖己就开导武丁说："上天监视下民是遵守他们的义理标准，降给人的年岁有长的有短的，并不是上天要夭折人的年岁，在中途断绝人们的寿命。百姓中有些人有不好的品德，有不顺从天意的罪过，上天已经发出命令警告他要纠正不好的德行，他们却说要怎么样呢？哎呀！先王接替帝位，尽力办好百姓的事，无非都是上天的后代。按常规祭祀，不要过于丰厚而背弃正道。"武丁修明政治，励行德义，天下都欢欣鼓舞，殷朝的政治威德重新兴盛。

❥殷的衰败

武丁帝逝世，儿子祖庚帝继位。祖己嘉美武丁因为出现了预示吉凶的野鸡而修明德行，建立他的神庙并称

┤ 甲骨文 ├

甲骨文，又称"契文""甲骨卜辞"、殷墟文字或"龟甲兽骨文"，是汉字的早期形式，是现存中国王朝时期最古老的一种成熟文字，最早出土于河南省安阳市殷墟。是商朝的文化产物，距今约 3600 多年。

甲骨文的内容大部分是殷商王室占卜的记录。这些记录包括天气、农事、打猎、战事、祭祀等大事，成为后世研究商代历史的重要依据。

司马迁在《殷本纪》中详细记载了商王朝的世系和历史，过去史学界许多人对这些记载将信将疑，因为没有当时的文字记载和留存的实物资料可作印证。随着刻有商王朝先公、先王的名字的甲骨卜辞的出土，学者王国维证实了《殷本纪》的真实性。经过研究殷商甲骨上文字，由此发现和肯定了一个距今 3000 多年、长达 600 多年的朝代，把中国有考据可信的历史提早了一千年。

图说史记

作高宗，写作了《高宗肜日》和《高宗之训》。

祖庚帝逝世，弟弟祖甲继位，这就是甲帝。甲帝淫逸祸乱，殷朝再次衰败。

甲帝逝世，儿子廪辛帝继位。廪辛帝逝世，弟弟庚丁继位，这就是庚丁帝。庚丁帝逝世，儿子武乙帝继位，殷朝再次离开亳都，迁徙到了黄河以北。

武乙帝无道，做了一个木偶人，把它叫作天神。和木偶人博戏，让人做评判。天神没有取胜，就砍杀羞辱它。还用皮革做了一个囊，里面盛上血，仰头用箭射皮囊，取个名称叫作"射天"。

武乙在黄河和渭水之间打猎，出现暴雷，武乙被雷震死了。儿子太丁帝继位。太丁帝逝世，儿子乙帝继位。乙帝继位，殷朝更加衰败。

商纣暴虐

乙帝的长子名叫微子启，启的生母卑贱，启不能继承帝位。小儿子是辛，辛的生母是乙帝的正后，辛成了帝位继承人。乙帝逝世，儿子辛继位，这就是辛帝，天下人把他叫作纣。

纣帝资质机智，口才快疾，所闻所见非常敏博；他力气过人，空手能够格杀猛兽；他的智慧能够拒绝纳谏，言语能够粉饰过错；他在臣子面前炫耀才能，在整个天下吹嘘

▶《帝鉴图说》之商纣王妲己害政·明·无款

法国国家博物馆藏。《史记》中对商纣王的描写，可以说是众恶所归，莫此为甚。甚至其他文献中关于夏桀的酒池肉林的故事，也被移植在了商纣王的身上。

殷墟

殷墟，是中国商朝后期都城遗址，位于河南省安阳市。盘庚十四年，商朝第十九位君主盘庚迁都于北蒙，随后改名为"殷"。盘庚十五年，开始营建殷都。自盘庚迁殷，到公元前1046年帝辛亡国，经历了十二位国王，殷一直是中国商代后期的政治、经济、文化、军事中心。

20世纪初，殷墟因发掘甲骨文而闻名于世，1928年殷墟正式开始考古发掘，殷墟出土了大量都城建筑遗址、甲骨文、青铜器等文化遗存，系统地展现了中国商代晚期辉煌灿烂的青铜文明。

殷墟总体布局严整，以小屯村（甲骨文出土地）殷墟宫殿宗庙遗址为中心，沿洹河两岸呈环形分布。现存遗迹主要包括宫殿宗庙遗址、王陵遗址、洹北商城、后冈遗址以及甲骨窖穴、铸铜遗址、手工作坊等。其中宫殿宗庙区有商王武丁的配偶妇好墓，这是迄今为止发现的唯一一座保存完整的商王室成员墓葬，也是唯一能与甲骨文联系并断定年代、墓主人及其身份的商代王室成员墓葬。

声名，认为所有人的本领都处在自己的下面。纣帝贪好饮酒，淫于逸乐，对于妇女尤其宠爱。他喜爱妲己，只要是妲己的话就完全依从。他让师延创作新的淫乱声调，名为北里的放荡舞曲，颓废淫荡的靡靡乐歌。他加重赋税来充实鹿台的钱库，并使钜桥仓堆满谷粟。他大量搜收狗马等奇兽异物，充满了整个宫廷。大肆扩建沙丘这个养禽种花的游乐场所，大量捕取野兽飞鸟放置其中，怠慢鬼神。纣帝将各种乐舞杂戏大规模聚集到沙丘，拿酒当作池水，将肉悬挂形成树林，让男男女女都裸体在酒池肉林中嬉戏追逐，进行通宵的宴饮。

百官贵族怨恨并且四方诸侯中已经有背叛的国家了，于是纣就加重刑罚，设置了炮烙这种残酷刑法。纣任用西伯昌、九侯、鄂侯做辅助天子、掌握军政大权的三公。九侯有个美丽的女儿，把她献纳给了纣。九侯的女儿不喜欢淫乱，纣发怒，把她杀了，还把九侯剁成肉酱。鄂侯极力强谏，非常坚决，辩说得非常激烈，纣帝也把鄂侯斩杀以后熏成了干肉。西伯昌听说了，暗中悲叹。崇侯虎知道了，把这件事报告给纣，纣就把西伯囚禁在羑里。西伯的臣僚闳夭等一些人，求得了美丽的女子、奇异的物品、精良的马匹来献给纣，纣就赦免了西伯。

西伯从狱中释放出来就献出了洛水西岸的大片土地，以便请求废除炮烙的残酷刑罚。纣就答应了他，赐给他弓矢斧钺，让他能够对其他诸侯进行征伐，他就成了西部诸侯的首领西伯。纣还用费中主持政事。费中善于阿谀逢迎，贪图货利，殷地的人们都不亲近他。纣又任用了恶来，恶来善于放出逸言毁坏别人，四方诸侯因此就更是和殷朝疏远了。

❧武王伐纣

西伯回来，就暗中修养德行推行善政，四方诸侯大多都背叛纣而去归顺西伯。西伯势力更加壮大，纣因此逐渐失掉了威严权势。王子比干进谏，纣不听从。商容是位贤能的人，百官贵族都喜爱他，纣却废弃了他。等到西伯去讨伐饥国，灭掉了这个忠于纣的小诸侯国，纣的大臣祖伊听到这件事就仇恨周，恐惧，急忙跑去报告纣说："上天已经要终结我们殷朝的国运，贤人神龟都不能觉察出一点吉兆，不是先王不帮助我们这些后代人，只

▶ 兽面纹大钺·商

故宫博物院藏。形体厚大，器身方正，弧形刃，两角外侈，平肩，长方内。肩上有二穿，用来缚扎和加固钺柄。钺体上方装饰三个带花蕊的圆形浮雕，间饰细腻的兽面纹，下方为兽面三角形纹。钺体两侧镂空。此钺气魄恢宏，造型与纹饰别致而和谐，雕刻细腻华丽，是青铜钺中的精品。钺，也是一种权力的象征。周灭殷商后，向上天和殷民宣布纣王罪状，正式宣布殷朝灭亡，周朝取而代之，武王为天子。周公把大钺，召公把小钺，在武王左右。

人面龙纹盉·商

美国弗利尔美术馆藏。传河南安阳出土，椭圆体，敛口鼓腹，矮圈足，管状流，兽首贯耳。盖作人面形，细眉圆眼，阔鼻大嘴，有双角、皱纹。器身饰龙纹，作为人面之耳，环绕于下腹部，并有两爪从人面下合抱于流两侧，空隙饰龙纹，圈足饰云雷纹。整器表面现人面龙身，别具匠心。

是大王您淫乱暴虐因此而自取灭亡，所以上天要抛弃我们，使得大家不能安食，你既不揣度了解上天的用意，又不遵用国家的常法。现在我们百姓没有不希望殷朝灭亡的，他们说："上天为什么还不降下威严，已经接受天命的人为什么还不到达？"现在大王您将要怎么办呢？"纣说："我生为天子，不就是奉受天命，可以得到保护吗！"祖伊返回，说："纣不可以劝谏了。"

西伯已经去世，周武王向东部进行讨伐，军队抵达到盟津，四方诸侯背叛殷朝和周会合的有八百多个。四方诸侯都说："纣可以讨伐了。"武王说："你们还不知晓上天的用意。"于是都班师回朝了。

纣更加淫虐暴乱而不终止。微子多次进谏还是不听，于是和大师、少师一起谋划，逃离了殷国。比干说："做一个国王的臣子，不能不用死来谏争。"就极力去向纣进谏。纣发怒说："我听说圣贤的人心脏有七个孔窍。"就剖开比干的胸部，挖出心脏来观看。箕子恐惧，于是假装癫狂去做奴仆，纣又把他囚禁起来。殷朝的大师、少师就抱着他们所用的祭器和乐器逃奔到了周。周武王在这种情势下便率领四方诸侯讨伐纣。纣也发动军队在牧野进行抵抗。甲子这一天，纣的军队失败。纣逃跑进入王宫，登上鹿台，穿上用宝玉装饰缝制的衣服，跳到火中自焚而死。周武王就斩下纣王的头，把它悬挂在大白旗杆上。武王杀死妲己。把箕子从囚牢中释放出来，聚土重筑比干的坟

墓，在商容居住过的里巷对他进行表彰。周武王分封纣的儿子武庚禄父，来继续殷朝的祭祀，命令他们执行盘庚时代的政令规范。殷地的百姓非常喜悦。于是周武王就做了天子。因为后世贬低"帝"这个称号，改变称号叫作"王"。封殷的后代为诸侯国，隶属于周。

周武王逝世，武庚和武王的弟弟管叔、蔡叔一起举行叛乱，成王命令周公将他们诛杀，再在宋地封立微子的家族，来延续殷朝的后代。

▶ 亚醜方尊·商晚期

太史公说

我根据《诗经》中《颂》部分的文献依次记叙契的事情，从成汤以后，材料就是采自《尚书》《诗经》。契是子姓，他的后代分封，用封地的国名作姓，这就有殷氏、来氏、宋氏、空桐氏、稚氏、北殷氏、目夷氏。孔子说过，殷人的路车最好，但殷家在颜色方面是崇尚白色。

周本纪 第四

【解题】本篇记述了从后稷到周灭亡的历史。首先强调了先王的德业。后稷、公刘、古公亶父、公季、文王一代代先王的积德累善终于有了周取代殷的历史变革。其次重点讲述了武王伐纣这一历史事件，表明仁德战胜暴虐的道理。接下来讲述了成康时期周的鼎盛、昭穆时期周的变衰、厉王的暴虐、宣王的中兴以至西周的灭亡。最后一部分主要讲述平王东迁之后东周的历史，虽然简略却不乏精彩之处。

后稷播百谷

周的始祖后稷，名叫弃。他的母亲是有邰氏的女儿，叫姜原。姜原是帝喾的原配夫人。姜原出门到野外，看见一只巨人的足迹，心里特别喜悦，想用脚踩踏巨人足迹，一踩上巨人足迹就觉得腹部有什么在动，好像怀孕了一样。她怀胎满月就生下了儿子，认为不吉利，就把儿子抛弃在狭小的巷子里，所有路过的马、牛都避开不踩踏他。又把他

▶《帝王道统万年图》之教民稼穑·明·仇英

相较于治理洪水的大禹、制定刑律的皋陶，后稷的威名虽然不是那么出众，但作为中国的农业之神，被历朝历代顶礼膜拜。历史上中国的重农政策持续了几千年，后稷被特别崇拜就是理所当然的事情了。

移放在树林中，结果碰上山林里有很多人。就又换个地方，把他弃置在水渠的冰面上，又有飞的鸟用它们的羽翼铺在冰上保护他。姜原认为他很神异，就收回来抚养他。由于最初想抛弃他，因此他的名字叫作弃。

弃在儿童时代，就高大勇武，有大人物的志向。他做游戏，喜欢的是种植苎麻、豆类，苎麻、豆类长得都很好。等他成年，就喜好耕种农作物，根据土地的特性选择适宜的谷物种植，百姓都效法他。尧帝听说了，推举弃做负责农业生产的农师，天下人得到了他的恩惠。舜帝说："弃，广大百姓当初忍受饥荒的时候，你作为农师，带领他们依照时令播种了百谷。"就把弃封在邰这个地方，称号叫作后稷，和原来的部落有别，另姓姬。后稷事业的兴起，在陶唐、虞、夏几代之间，这一族历任者都有美好的德行。

从公刘到古公亶父

后稷去世，儿子不窋继位，不窋在位的最末几年，夏后氏政治衰败，废弃农事官，不再致力于耕作，不窋因为失去了官职就奔逃到西方戎狄部族中去了。不窋去世，儿子鞠继位，鞠去世，儿子公刘继位。

公刘虽然处在西方戎狄部族中间，重新修治后稷的事业，致力于耕种，根据土地的实际状况便宜行事，从漆水、沮水下流再通过渭水，到终

▶ 陕西旬邑县的公刘像

公刘迁豳事件是先周时期有影响力的大事之一，奠定了周兴起的基础。公刘积极发展农业，人口大增，以致四周人民纷纷前来归附。孟子肯定了他带领周部落勤劳致富的功绩，称他"公刘好货"。《诗经》称其为"笃公刘"，赞扬他勤劳忠厚。

南山采取材木加以利用，出行在外的人有盘缠，居守在家的人有储备，百姓都依赖他的善政。各族的人都感怀他的恩惠，大都迁徙过来表现出顺服拥护。周人政治德业的兴隆从此开始，所以诗人作歌思念他的德行。公刘去世，儿子庆节继位，在豳邑建立国都。

庆节去世，儿子皇仆继位。皇仆去世，儿子差弗继位。差弗去世，儿子毁隃继位。毁隃去世，儿子公非继位。公非去世，儿子高圉继位。高圉去世，儿子亚圉继位。亚圉去世，儿子公叔祖类继位。公叔祖类去世，儿子古公亶父继位。

古公亶父重新修治后稷、公刘的事业，积聚德政推行仁义，国内的人民都拥护他。薰育这个北方戎狄部族来进攻，想得到财产物资，他就把财物给他们。过了不久薰育再来进攻，想得到土地和人民。百姓都很愤怒，想和薰育开战。古公说："百姓拥护君主，是因为会对他们有利。现在戎狄部族之所以进行攻伐战争，是想得到我们的土地和百姓。百姓在我这里，和在他们那里，有什么两样？百姓想因为我的缘故开战，等于杀死人家的父亲、儿子而来做君主，我不忍心做这样的事。"于是带着亲近的左右就离开豳，渡过漆水、沮水，越过梁山，在岐山脚下定居下来。豳地的人们全部都搀扶老人，

携带幼小，重新到岐下来归服古公。以至其他旁近的国家听说古公仁爱，也大多数来归服于他。于是古公就废除戎狄部族的习俗，开始营建城郭宫室和房屋，并分别组成邑落安排居住。建立了司徒、司马、司空、司士、司寇五种官府机构，并设置了负责官员。百姓都作歌制乐，颂扬他的德行。

西伯施仁政

古公有个长子名叫太伯，有个次子名叫虞仲。古公的妃子太姜生了他的小儿子季历，季历娶了太任做妻子，太姜、太任都是有贤德的妇女，太任生下昌，有圣贤的祥瑞。古公说："我的后代当有成大事者，大概是昌吧？"长子太伯、次子虞仲知道古公想让季历即位以便传给昌，于是二人逃到了当时称作荆蛮的吴越地区，在身上文上花纹剪短头发，用这种方法把王位让给季历。

古公去世，季历继位，这就是公季。公季修治古公遗留的理政办法，笃诚地施行仁义，四方诸侯顺服他。

公季去世，儿子昌继位，这就是西伯。

西伯就是后来的文王。他遵循后稷、公刘的事业，仿效古公、公季的办法，厚重仁义，尊敬老人，慈爱少辈。恭谦对下，尊重贤才，为了接待士人，每天到了中午还顾不上吃早饭，士人纷纷投奔他。伯夷、叔齐隐居在孤竹，听说西伯善于奉养老人，一同前往归服他。太颠、闳夭、散宜生、鬻子、辛甲大夫等一类贤人都前往归服他。

崇侯虎在殷纣面前谗毁西伯说："西伯积累善德，四方诸侯都向往他，对于您将会很不利。"纣帝于是把西伯囚禁在羑里。闳夭一班人很担心，于是搜求到有莘氏部族的美女，骊戎国赤鬣缟身的骏马，有熊部族九辆驷车共三十六匹马，和其他稀奇古怪的物品，通过殷家的宠嬖臣子费仲都献给纣。纣非常高兴，说："这一个美女就足以释放西伯，何况还有其他许多的物品呢！"于是赦免西伯，赐给他弓箭斧钺，让西伯能够有权征伐。说："说西伯坏话的，是崇侯虎。"

西伯于是献出洛水西岸的大片土地，请求纣废除炮烙的残酷刑罚。纣允许了。

西伯暗中推行善德，四方诸侯都来请他对有争执的事做出公平裁断。在这时虞、芮两地的人之间有件争讼的事不能裁决，于是来到周地。进入周的地界，看见耕作的人都互让田畔，民间习俗都尊重长者。虞、芮两地的人还没有见到西伯，就都感到惭愧，彼此相对说："我们所争执的，正是周人所感到羞耻

《帝王道统万年图》之周文王赈济鳏寡·明·仇英

《帝王道统万年图》之周文王赈济鳏寡·明·仇英

周文王赈济鳏寡，爱护百姓这件事出自《尚书·无逸》篇，原文说："徽柔懿恭，怀保小民，惠鲜鳏寡。自朝至于日中，昃，弗遑暇食，用咸和万民。"这段话说明周文王废寝忘食，治理周地，民心所向，归者如流。

的，哪里还值得去找西伯，那只会自取耻辱呀。"于是返回，互相谦让而去。四方诸侯听说这件事，说："西伯该是一位承受天命的君主。"

第二年，西伯征伐犬戎部族，下一年，征伐密须部族。又下年，西伯打败耆国。殷家的祖伊听说这些情况，害怕了，因此去报告纣帝，纣说："不是有天命助我吗？这样他又能有什么作为！"下一年，西伯征伐邘国，又下年，西伯讨伐崇侯虎，并且建立了丰邑，从岐下把国都迁徙到丰。

下一年，西伯逝世，太子发即位，这就是武王。

西伯大约在王位有五十年。他被囚禁在羑里，也许曾把《易》的八卦增衍成了六十四卦。诗人们称颂西伯，说他大约是承受天命裁断了虞、芮人的争讼，所以由诸侯们拥护而称为王。称王以后十年，西伯就逝世了，谥号为文王。但是他已经改变了殷的法令制度，制定了周的历法正朔，追封古公为

太王，公季为王季，大约因为称王的祥瑞是太王的时代兴起的。

盟津会师

武王即王位，太公望做太师，周公旦做宰辅，召公、毕公一班人辅佐王，遵循延续文王的基业。

九年，武王在毕地给文王进献祭礼。然后往东方去检阅军队，到达了盟津。武王做了一副文王的牌位，用车载着，行军时供在中军帐内。武王称呼自己叫太子发，说是奉行文王的旨意来讨伐，不敢独断专行。武王告诫令司马、司徒、司空及各位接受了符节的官员："要庄敬戒惧，严肃认真呀！我本是无知的，因为先代祖宗是有着德行的藩臣，我就能够继承先祖的功业。现在建立了赏罚制度，以便确保完成祖先的功业。"接着武王起兵。师尚父发布号令说："集合你们的兵众，把好你们的船只桨楫，迟到的要斩首。"武王渡黄河，到达河流中间，有条白色的鱼跳进了武王所坐的船舱内，武王弯下腰拾起来用以祭祀上天。武王渡过黄河之后，有一团天火从上覆盖而下，到达武王所住的屋顶上时，天火变成为乌鸟，它的颜色是红赤的，它的叫声魄魄然象征着安定。这个时候，四方诸侯不约而同来到盟津的有八百多个。诸侯们都说："可以讨伐纣了。"武王说："你们不知道上天的旨意，还不可讨伐。"于是调还军队各自回去了。

过了两年，听说纣昏乱暴虐更加

羑里城周公庙演易坊

羑里城位于河南省安阳市汤阴县城北约四千米处，这里是三千年前殷纣王关押周文王姬昌七年之处，是有史可据、有址可考的中国历史上第一座监狱。演易坊整坊三拱，建于明嘉靖二十年（1541），位于文王庙大门外五十米处，是全庙的门户。

严重，杀死王子比干，囚禁箕子。太师疵、少师强抱着他们的乐器奔逃到了周。在这种情况下武王告令四方诸侯说："殷家有非常重的罪恶，不得不去全力讨伐。"于是遵从文王的旨意，就率领兵车三百乘，勇武的军士三千人，穿戴盔甲的军士四万五千人，往东去讨伐纣。十一年十二月戊午这一天，军队全都渡过盟津，四方诸侯都会聚了。武王说："要勤勉不止不要懈怠！"武王于是写下了《太誓》，训告大家："现在殷王纣听用他宠妇的言论，自绝于上天，毁灭败坏天、地、人三方面关系的正道，疏远他祖父母以下的亲族，断绝抛弃他先祖创制的乐曲，谱写一些淫乱的曲调，用淫乱的音乐去扰乱典雅的音乐，取悦他的宠妃。所以现在我姬发要恭敬地执行上天的惩罚。努力呀各位壮士，这样的讨伐不会有第二次了，更不会有第三次！"

❂武王灭商

二月甲子日天刚亮，武王就来到了商都郊外的牧野，进行誓师。武王左手握着黄钺，右手执白色饰有牦牛

▶ 周武王盟津会师浮雕

盟津会师这件事发生在武王继位之后的第九年，这一年武王在黄河之滨的盟津大会诸侯，主要目的是为了检验诸侯的人心向背，并且窥视殷商的实力。

尾的大旗，用来指挥。武王说："辛苦了，西方来的将士们！"表示慰问后武王接着说："各位诸侯国的君主，司徒、司马、司空，亚旅、师氏，千夫长、百夫长，以及庸、蜀、羌、髳、微、纑、彭、濮各地部族的人们，举起你们的戈，排好你们的盾牌，立好你们的矛，我将要宣誓了。"武王说："古代人有过这样的言语：'母鸡不打啼报晓。母鸡如果打啼报晓，这一家就要彻底毁亡。'现在殷王纣只采用妇人的意见，自动废弃对先祖的祭祀，完全毁弃国家大政，遗弃他的亲族不加任用，反而只任用有重大罪恶的从四面八方逃亡到商地来的人，让他们对百官贵族施加暴虐，在商的国土犯法作乱。现在我姬发只有恭敬地执行上天的惩罚。今日进行的征讨战事中，每次前进不要超过六步七步，就要停下来休整，努力呀男子汉们！每次刺击不要超过四、

五、六、七下，就要停下来休整，努力呀男子汉们！希望大家威武战斗，勇猛得像虎像罴，像豺狼像螭龙，在商都郊外，不能杀害来投奔的殷纣士兵，而要让他们到我们西部土地上去服役，努力呀男子汉们！你们谁不努力，我将拿他问斩。"宣誓完毕，四方诸侯会集的有车四千乘，军队在牧野摆开了阵势。

纣帝听说武王来了，也发兵七十万人抵抗武王。武王派师尚父和少数勇士先冲入敌阵挑战，再用大部队奔驰向前攻击纣帝的军队。纣的军队人数虽然众多，但是都无心作战，心中只希望武王赶快攻来，纣王的军队都倒转兵器进攻纣王，来为武王开路。武王奔驰进攻，纣兵全都溃散，背叛纣王。纣王逃跑，返回城来登上鹿台，穿上特别珍贵的美玉所镶制的衣服，跳到火中焚烧而死。武王手持大白旗来指挥四方诸侯，诸侯们都拜贺武王，武王于是拱手作揖回谢诸侯，诸侯们全都顺从。武王来到商的国都，国都的百官贵族都迎接等待在郊外，在这个时候武王让群臣告诉商朝的百官贵族说："上天降下了幸福

武王

受天眷命　继志前人
退迩悦服　偃武修文
惟贤是宝　法度彰明
建用皇极　爱叙彝伦

▶ **周武王像·宋·马麟**

台北故宫博物院藏。此作为马麟《道统五祖图》中的一幅。画面中的周武王为侧面像，鞠躬敬天的神情跃然纸上。宋理宗楷书赞曰："武王。受天眷命，继志前人。退迩悦服，偃武修文。惟贤是宝，法度彰明。建用皇极，爱叙彝伦。"

给大家。"商朝的百姓都再次跪拜叩头，武王也还礼回拜。武王进入都城，来到纣死亡的地方。武王亲自用箭射他，射了三发箭以后下车，再拿轻吕宝剑刺纣的尸体，然后拿黄钺斩下纣的头，悬挂在大白旗的旗杆上。接着来到纣宠幸的两个妾的住所，两个妾都已经上吊自杀。武王又对她们射了三发箭，用剑刺她们的尸体，拿铁制的黑色大斧斩下她们的头，悬挂在小白旗的旗杆上。武王做完这些事以后就走出城去返回军中。

❧武王祭天分封

虎首人面鸟爪管銮钺·西周早期

第二天，清除道路，修缮社庙和商纣的王宫。到了规定的日期，一百名兵士扛着上有九条飘带的云罕旗作为仪仗队走在前面。武王的弟弟叔振铎护着已经陈列好插有太常旗显示王者威严的仪仗车，周公旦拿着大斧，毕公拿着小斧，在左右夹辅着武王。散宜生、太颠、闳夭都执着剑护卫着武王。武王进了城，站立在社坛南面大部队的左边，左右辅卫的人全都跟从。毛叔郑捧着当作玄酒用的在月光下取得的露水，卫康叔在地下铺上用公明草编成的籍席，召公奭进献彩帛，师尚父牵着祭祀用的牲畜，尹佚宣读策书祝文说："殷家的末代孙季纣，废弃先王的英明德政，蔑视神明，惑乱残害都邑的百官贵族，他昭彰显著的罪恶，已经被天皇上帝所知了。"于是武王再次跪拜叩头，说："我承受着更改朝代的天命，革除殷家政权，接受上天圣明的旨命。"武王又再次跪拜叩头，然后出城。

武王封商纣的儿子禄父，让他仍统辖殷家的余留百姓。由于殷地刚刚平定还没有安稳，武王于是派他的弟弟管叔鲜、蔡叔度辅助禄父治理殷。接着

▶ 鄂叔簋·西周早期

上海博物馆藏。侈口折沿，浅腹，腹部有四个兽首形耳，下有长方形垂珥，高圈足下连铸方座，方座内悬有小铃铛。口沿下饰圆涡纹间短体夔龙纹，圈足饰对夔纹组成的曲折角兽面纹，方座壁饰对称凤鸟纹，凤冠逶迤，长尾下垂。

命令召公去释放被囚禁的箕子，命令毕公去释放被囚禁的百官贵族，到商容居住过的里巷去表彰他。命令南宫括去散发聚集在鹿台的钱财和巨桥的粮食，来赈济贫弱的普通百姓。武王命令南宫括、史佚展出九鼎和宝玉。命令闳夭对比干的坟地增填墓土划定疆界。武王命令宗祝官员负责在军中进行祭祀奠吊阵亡将士。然后撤兵回到西方。武王巡视，为了记录他的政绩，就写了《武成》。武王分封诸侯，颁赐用于宗庙祭祀的宝器，写作了《分殷之器物》。武王追思先代的圣王，用褒奖的规格封神农的后代在焦地，黄帝的后代在祝地，尧帝的后代在蓟地，舜帝的后代在陈地，大禹的后代在杞地。武王又分封功

臣谋士，把师尚父作为第一个受封的人，封尚父在营丘，国号叫齐；封弟弟周公旦在曲阜，国号叫鲁；封召公奭在燕国；封弟弟叔鲜在管国；弟弟叔度在蔡国，其余的人按照次序也受了封。

▶武王病逝

武王征召负责管理九州的各州君长，登上豳地的山阜，来遥望商邑。武王回到周都镐京，入夜睡不着觉。周公旦来到武王的处所，问："为什么睡不着觉？"武王说："因为上天不肯享用殷家的祭祀，从我姬发未出生到现在这六十年，野兽来到郊牧，有害的蝗虫漫山遍野。上天不保佑殷家，于是我们周家现在才能成就王业。上天扶建殷家的时候，他们登进任用名贤三百六十人，致使殷家的事业虽不甚昭显但也没有一下子就灭亡，一直到现在。我们周家还没有确定能够获得上天的保佑，哪里还有闲工夫睡觉！"武王接着说："确定上天的保佑，让百姓依从天子的朝廷，都要搜求出哪些不顺从天命的恶人，要跟殷王一样地惩处他们。日日夜夜辛苦操劳，以便安定我们西部地区，我只有办理好各种事情，直到我们的德教弘扬四方。从洛水河湾一直延长到伊水河湾，人们定

▶何尊·西周早期

陕西宝鸡青铜器博物馆藏。器体椭方，口圆而外侈，四面中线均隆起透雕棱脊。口下以棱脊为间隔，饰仰叶兽体纹，其下为蛇纹，腹部饰牛头纹，牛角外卷，角尖翘出器壁之外，颇富立体感，圈足上饰以虎头纹。通体以细雷纹填地，富有变化。内底铸铭文一百二十字，记载成王五年营建成周，在京室对宗小子的一次诰命。大意是说过去宗小子的父辈能为文王效劳，文王接受了上天的大命，武王消灭了商王朝，曾说过要建都于中央地区，以便统治百姓。宗小子们要效法父辈，继续有功于王室。这篇铭文补充了史书对周初史实的记载，是研究西周史的重要资料。这件青铜器的铭文中第一次出现了中国的概念，铭文原文是"宅兹中国"。

居在平坦之处而非险隘之处，那是夏代旧的居住地，我南边望到三涂，北边望到太行山、恒山的边鄙都邑，回过头瞻望到黄河，还有洛水、伊水两岸，觉得它并不远离天子的居室，是建都的好地方。"在洛邑规划了营建周家的陪都然后离去。把马匹放在华山的南面；把牛放牧在桃林塞的旧墟一带；让军队放下干戈兵器，经过整顿后解散；向天下显示不再用武了。

武王已经战胜殷，这以后过了两年，问箕子殷家灭亡的原因何在。箕子不忍叙说殷家的坏处，拿兴存或灭亡国家的道理告诉武王。武王也感到难为情，因而就询问了一些天地间自然规律的事。

武王生了病。天下还没有完全安定，辅佐的诸公感到恐惧，就恭敬虔诚地进行占卜，周公斋戒沐浴举行消灾除邪的仪式，愿意以自身作抵押，去代替武王生病，武王的病情好转。后来还是逝世了，太子诵继承了王位，这就是成王。

◈ 成康之治

成王年少，周家刚刚安定天下，

周公恐怕四方诸侯背叛周朝，自己于是代行君主权力主持国事。管叔、蔡叔等各个弟弟怀疑周公有野心，就和武庚一起作乱，背叛周朝。周公奉成王的命令，进行讨伐，诛杀了武庚、管叔，流放了蔡叔。让微子启代替武庚作为殷的后代，封国在宋。聚集殷家余留的百姓，把他们封给武王的小弟，封他为卫康叔。晋唐叔得到两株吉祥的谷穗，把它献给成王，成王把它运到出兵征伐地转送给周公，周公在东部土地上接受吉祥禾苗，颂扬了天子的圣明。

当初，管叔、蔡叔背叛周朝，周公去讨伐他们，经过三年终于全部平定，所以写作了《大诰》，接着写作了《微子之命》，随后是《归禾》，再接着是《嘉禾》，又有《康诰》《酒诰》《梓材》，并说明了写作的经过，都记述在有关周公的篇章内。

周公摄政七年，成王长大了，周公把权力交还给成王，面北称臣。

成王住在丰邑，派召公再次营建洛邑，完成武王的遗旨。周公经过多次占卜并反复进行了视察，最终完成了营建工程，将传国大宝九鼎安放

▶ 凤纹卣·西周早期

美国弗利尔美术馆藏。陕西宝鸡斗鸡台出土。扁圆形器体，肩微斜，颈稍收，腹下垂，圈足下宽边较高。盖上捉手菌形，提梁置于纵向处。盖顶与器身均纵横四条宽扉棱，盖两端作兽头状，颈部耸出四条较长的歧头飞脊。提梁两端的兽首，耸立掌形双角，梁上转折处有两个突起的牛首。通体纹饰单纯，除盖顶和颈部两段为直条纹外，由盖缘至圈足分布五段宽窄不等、形态各异的凤纹。如此造型复杂、装饰华丽的卣，实属罕见。

德鼎·西周早期

上海博物馆藏。敛口折沿，鼓腹圆底，一对立耳甚大，下设三条柱足。口沿下饰三组外卷角兽面纹，由两条夔龙组成，两侧配置倒置的夔龙纹，足上部饰浮雕状外卷角兽面纹。内壁铸铭文十一字，铭文大意是一个叫"德"的人跟随着周成王，自蒿地前往成周，为周武王进行一场规模宏大的祭祀活动；祭祀结束之后，周成王赏赐给"德"二十朋贝，即四十串贝币。

在这里。周公说："这里处在天下的正中，从四面八方输送贡品来的道路里数都是一样长。"就写作了《召诰》《洛诰》。成王又把殷家遗留的旧民迁徙到洛邑附近的成周，周公拿成王的命令告诫他们，因而就写作了《多士》《无佚》。

召公担任太保，周公担任太师，向东去征伐淮夷民族，灭亡了奄国，把它的封君迁徙到薄姑。成王从奄国归来，住在宗周，写作了《多方》。成王废黜了殷家的王命，袭击了淮夷，回归到王都丰，写作了《周官》。成王重新制定了礼乐，各种制度同时都加以修改，因而百姓们互相和睦，颂扬太平的歌声兴起。成王已经讨伐了东部的夷族，息慎部族就来庆贺。成王赏赐财物，并派荣伯写作了《贿息慎之命》。

成王将要逝世，担心太子钊不能胜任王位，于是命令召公、毕公率领诸侯来辅佐太子。成王逝世，召公、毕公率领诸侯，带着太子钊去瞻仰先王祖庙，拿文王、武王能够成就王业的不容易，来告诫训告太子钊要致力于节俭，不要有无穷的欲望，要用笃厚诚信的态度登临王位，这样就写作了《顾命》。太子钊于是登位，这就是康王。

康王登上王位，告令四方诸侯，宣告了要用文王、武王的业绩来劝勉他们，写作了《康诰》。所以成王、康王的时代，天下非常安宁，刑罚弃置有四十

多年都没有使用。康王命令毕公按登记划分居住地,形成可以保护的成周郊区,因而写作了《毕命》。

❖ 穆王伐犬戎

康王去世,他的儿子昭王瑕继位。昭王在位的时候,文王、武王以来形成的治理国家的优良政治方略,也就是所谓王道已经衰微残缺了。昭王到南方去视察一直不返回,结果死在江河水中。他死亡后没有向四方诸侯发出讣告,是想掩饰他的丑恶行为。昭王的儿子满继位,这就是穆王。穆王登上王位的时候,已经五十岁了。王道衰败微弱,穆王痛惜文王、武王的治国方略损缺,于是命令伯冏担任管理周王生活和传达命令的太仆正,告诫他要管理好国家的政事,这样就写下了《冏命》。天下重新获得了安宁。

穆王将要征伐犬戎。大臣祭公谋父进谏说:"不可以去征伐。先王们只显示德行却不炫耀武力。兵器平常是收藏着,只有适宜的时候才会动用,一旦动用就要显示威严,一味地加以显示就会变得玩弄轻忽,玩弄轻忽地动用武力就

▶ 大盂鼎·西周早期

上海博物馆藏。1849年于陕西眉县出土。器厚立耳,折沿,敛口,腹部横向宽大,壁斜外张、下垂,近足外底处曲率较小,下承三蹄足。器内壁铸铭文十九行二百九十一字,铭文载康王向盂叙述周文王、周武王的立国经验。认为文王、武王得以卓越的业绩立国,主要是由于其臣属从不酗酒,每逢祭祀,认真、恭敬,而商王的亡国教训就在于沉迷于酒。由此告诫盂要效法祖先,忠心辅佐王室,并赐盂命服、车马、酒与邦司、人鬲等。盂在铭文中说明铸造此鼎也是为了祭祀其祖父南公。大盂鼎铭文是史家研究周代分封制和周王与臣属关系的重要史料,一向为史学家所重视。

不会使人感到惧怕。所以歌颂周文公的诗说：'收集好你的干戈，用橐收藏好弓箭，我所求的是美德，推广它到全天下，定用王道保天下。'先王对于百姓，努力端正他的品德，使其性情纯厚，扩大其财物并改良器物，让他们明白利害的方向，用礼法来教育他们，让他们致力于兴利而避免受害，心怀德政而畏惧刑罚，所以先王才能保有世代业绩并更加发展壮大。从前我们的先王世代担任农官，在虞、夏两朝奔走效劳。到夏代衰败，放弃农业不致力于生产，我们的先王不窋因此失掉了管理农事的官职，就自行逃到了戎狄地区。他不敢荒怠自己的职业，经常维护先王的德行，遵循修治先王开创的事业，研习先王制订的训示典章，每天早晚都恭谨勤勉，用敦厚笃敬的态度严格遵守，用忠诚信服的精神时刻奉行。一代接一代继承德政，不辱没前代先王。到了文王、武王的时期，发扬前代的光明美德，再加上慈爱祥和的措施，敬事鬼神安定百姓，神民皆大欢喜。商王帝辛对百姓犯有重大罪恶，普通百姓都不能忍耐，都拥护武王，以致用兵于商郊牧野。先王不是想要专意用武，用武是恭勤地怜恤百姓遭受的痛苦而为他们除去祸害。先王的制度，天子邦畿中的内五百里实行甸服，邦畿中的外五百里实行侯服，侯服以外起武卫作用的地区实行宾服，夷蛮民族地区实行要服，再外的戎翟民族地区实行荒服。甸服区的

《穆天子传》

又名《周穆王游行记》，是西晋咸宁五年（279）在今汲县西战国墓中发现的竹书之一，是一部记录周穆王西巡史事的著作，书中详细记载了周穆王在位五十五年率师南征北战的盛况。《穆天子传》初经荀勖校分五篇，东晋郭璞注此书时，又把《周穆王盛姬死事》一篇加入，成为六卷，这是古本。今本乃宋人修编，相较古本有所残缺。周穆王西游在《春秋左氏传》《竹书纪年》《史记》中均有记载。虽然《穆天子传》在文字上可能有些夸张，有些神话传说的内容杂入，但基本事实是应该肯定的。它对中国地理学的发展有较大影响，在地理学史上有一席之地，不能抹杀。

诸侯参与祭奠天子的父亲和祖父，侯服区的诸侯参与祭奠天子的曾祖和高祖，宾服区的诸侯献上祭品，要服区的诸侯负责纳贡，荒服区的少数民族首领要承认周的正统表示臣服。甸服是每日参与祭祀，侯服是每月参与祭祀，宾服是每季贡献祭品，要服是每年进行纳贡，荒服是终身尊奉周王。先王推行这样的祭祀制度，有诸侯不来参与日祭的就要先行修治诚意以责备自己，有不来参与月祀的就要修治号令，有不来奉送享献的就要修治法典，有不来进贡的就要修治尊卑职贡的名号，有不来表示臣服的就要修治仁义礼乐制度等的文德，依次序修治成功了以上五个方面还有不来的就要整顿刑罚。于是有惩治不来参与日祭的，攻伐不来参与月祀的，亲自出兵征讨不来进献时享的，责备不来按年纳贡的，晓谕不来表示臣服的。也因而就有刑罚的法规，有攻伐的士兵，有征讨的武备，有用威严责备的命令，有文字告示的晓谕言辞。发布命令陈说言辞还有不到的，那还是要自己在德行方面增强修养，不要劳苦百姓让他们去到远方。这样才能使邻近的国家无不听从，远方的民族没有不臣服的。现在自从犬戎氏的两君主大毕、伯士终亡以后，犬戎氏的君主还是按照荒服的职分来表示臣服，而您却说'我一定要按照不来依季进献祭品的要求去征讨他，并且要向他炫耀武力'，这岂不是废弃了先王的遗训，而先王的制度都要被破坏吗？我听说犬戎民族树立了敦厚的风尚，遵循祖先遗留下的传统道德，而信守原则自始至终都非常纯真坚定，他们已经有着可以抗御我们的条件和基础了。"穆王还是出兵去征伐了，获取了四只白狼、四只白鹿。从这以后荒服地区的国家再也不来臣服了。

❧甫侯制刑

　　诸侯各国中间有不和睦的，辅相甫侯报告给穆王，天子制定了刑法。穆王说："嗯，来！有封国有领地的臣民，告诉你们如何慎重使用刑罚。在如今你们安定百姓，选择什么人呢，不就是道德高尚的贤人吗？严肃对待什么呢，不就是五刑吗？平时考虑什么呢，不就是置刑轻重要适宜吗？原告和被告都到齐了，狱官就要

通过观察辞、色、气、耳、目五方面审理案件。五方面的审理检查核实取得了验证，就要按照墨、劓、膑、宫、大辟五种刑律进行判决。如果犯罪事实够不上五刑，就要根据罪行的轻重处以五等罚金。处以罚金不能使人心服，就要按照五类过失来判决。属于五类过失方面的各种问题，即倚仗官势，图报恩怨，通过受宠女人接受说情、索贿受贿、徇私枉法等，都要查考核实，使罪名与过失相当。判处五刑如果有怀疑之处可按五罚处治，判处五罚如果有怀疑之处可按五过处治，加以审慎考核就能得到其中的事理。检查核实准确取证一定要有众多的途径，审理案件的时候一定要有共同办案的人。没有核实取证不要按疑问定案，严敬天威不要轻易判决。判处黥刑有可疑的地方就从轻处治，处以百镮的罚金，一定要检查核实这个人所犯的罪才收取罚金，判处劓刑有可疑的地方就从轻处治，处以二百镮的罚金，一定要检查核实这个人所犯的罪行。判处膑刑有可疑的地方就从轻处治，处以五百镮的罚金，一定要检查核实这个人所犯的罪行。判处宫刑有可疑的地方就从轻处治，处以六百镮的罚金，一定要检查核实这个人所犯的罪行。判处死刑有可疑的地方就从轻处治，处以一千镮的罚金，一定要检查核实这个人所犯的罪行。处以墨刑这一类的犯罪条目是一千，处以劓刑这一类的犯罪条目是一千，处以膑刑这一类的犯罪条目是五百，处以宫刑这一类的犯罪条目是三百，判处死刑这一类的犯罪条目是二百；判处五种刑罚的条目总共是三千。"命名叫作《甫刑》。

共王灭密

穆王在位五十五年，逝世。儿子共王繄扈继位。

共王在泾水上游玩，密国诸侯康公跟从他，有三个女子私自投奔到他这里。密康公的母亲说："一定要把她们送给共王。三只兽就成群，三个人就成众，三个女子就成粲。国王打猎不获取全群的野兽，诸侯行进不使众人下车致敬，国王娶嫔妃不娶同一家的三名女子。粲，就是美丽的女子。大家把美丽的女子送给你，你有什么样的德行能够承受？国王还不能

承受，更何况你这样的小人物呢？小人物拥有这些宝物，国家最终一定会灭亡。"康公不肯把三名美女献出，过了一年，共王灭掉了密国。

共王逝世，儿子懿王囏继位。懿王的时候，周家王室就开始衰败，诗人作诗进行讥刺。

懿王逝世，共王的弟弟辟方继位，这就是孝王。孝王逝世，四方诸侯重新扶立懿王的太子燮，这就是夷王。

❂厉王好利止谤

夷王逝世，儿子厉王胡继位。厉王登上王位三十年，贪好财利，亲近荣夷公，大夫芮良夫向厉王进谏说："王室恐怖将要衰落了吧？那个荣公只好独占财利却不了解会有大难。财利，是各种各样的物品所产生出来的，是天地间到处自然充有的，而想一个人独占，这样做的祸害就无穷了。天地间各种各样的财物人人都将取得它，怎么可以独占呢？独占的结果

▶折觥·西周早期

宝鸡青铜器博物院藏。1976年宝鸡扶风出土。觥体呈长方形，前有流，后有鋬，分为盖与器身两部分。盖的头端呈昂的兽形，高鼻鼓目，两齿外露，长有两只巨大曲角，两角之间夹饰一个兽面，从头顶处开始在盖脊正中延伸一条扉棱直到尾部，颈部这段的扉棱做龙形，两侧各饰一条卷尾顾首的龙。盖的颈部以下，也就是不再昂起而接近水平的部分，装饰有一个饕餮纹面，在饕餮的头端加铸了两只立体的兽耳。铭文铸在盖内，器身上的铭文铸在内底部。器、盖同铭，共计六行四十字。唐兰先生考证，其所记事件可以与中方鼎、作册折卣和折尊铭文相印证，在西周昭王第二次南下伐楚之前，此年的下半年昭王伐楚而不返。

所招来的怨怒非常多，又不能防备大难，拿这种独占财利的思想教导您，您在位还能长久吗？当天下人的国王，是要能够引导人们获得财利并把它均匀地分发给全国上下所有的人才行。让神、人以及各种各样物品无不得到最适中的处置，还要每日都胆战心惊，害怕怨恨会到来哩。所以《颂》诗说："具有文德的后稷，能够相配上天，种粮养育我众人，莫不以您做准则。"《大雅》上说："普遍赐福创周业。"这不是让人人得到财利而害怕大难吗？所以先王能够创建周家的天下一直到现在。如今国王您独占财利，这怎么可以呢？普通百姓独占财利，还把他叫作强盗，陛下您也照着去做，来归服您的人就会很少了。荣公假使被任用，周家一定会败亡。"厉王不听从芮良夫的劝谏，结果还是任命荣公做卿士，让他掌权。

厉王行为暴虐，过分傲慢，国内的百姓到处议论厉王。卿士召公进谏说："百姓承受不了您的暴虐政令啦。"厉王恼怒，找来卫国的一名巫士，让他去察看那些议论的人，只要发现了来报告，就都杀掉他们。这样议论的人是少了，但四方诸侯也就不来朝拜了。

三十四年，厉王更加严苛了，国内的百姓没有谁敢发表意见，路上相见也只用目光示意。厉王高兴，告诉召公说："我能禁止议论了，人们终于不敢说三道四了。"召公说："这是堵塞了言路。防范百姓的言论，超过了防范水患。水流被堵塞如果崩溃，伤害

▶ **丰尊·西周中期**

陕西周原博物馆藏。1976年陕西扶风出土。丰尊器身低矮，侈口，束颈，垂腹，其最大径已接近腹底，圈足外侈，显得丰满而沉稳。内底铸铭文31字，大意是某年六月乙卯，周王在成周命令丰去殷见大矩，大矩赏赐给丰青铜和贝币，丰便为父乙铸造这件祭器。据考证，丰尊的铸造时间为穆王时期。

▶《帝鉴图说》之周穆王八骏巡游·明·无款

法国国家图书馆藏。穆王八骏巡游这个故事《史记》里没有记载，然而却是周代天子之中最
著名的故事。穆王西巡见西王母的详细内容记载在了《穆天子传》一书中。

的人一定会更多，百姓也是像这样。所以治理水害的人采取的措施是进行疏
导，治理百姓的人应采取的办法是使言路畅通。所以天子处理政事，应该让
三公九卿直到一般官员都献上诗篇讽刺朝政得失，盲人乐官献上乐曲，史官
献上史书，乐师进献箴戒的言辞，盲人乐官朗诵三公九卿和一般官员献上的

▶ 宗周钟·西周后期

台北故宫博物院藏。宗周钟的铭文自钟身正中起读，接着左下角，再转至背面右下角，全篇约一百二十三字，是西周单件钟铭最长者。铭文大意为：厉王时有南方的濮国，大胆来犯周土，厉王便效法他的祖先文王、武王，努力巩固疆土，挥军攻敌，直追到濮国都城，濮君只好派使者来迎，表示臣服。同时，南方及东方的二十六个邦国代表，也随同朝见。厉王感激天帝及百神保佑，特作此宗周宝钟，并祈求先王们降赐子孙福寿，安保四方太平。

诗篇，另一些盲人乐官诵读箴戒劝导的语言，百官进谏，平民百姓向上间接传达他们的意见，近侍的臣子尽规劝的职责，内外亲属大臣补救王的过失，监察王的行动是非，乐太师、太史施加教诲，朝中的老臣帮助修治，这以后再由陛下自己斟酌决定，所以各项政事都能顺利施行而不悖乱。百姓能有口说话，就好比大地有山河，财利货用从这里产生出来；又好比大地有高原、低湿地、平原、灌溉地，衣服食物从这里生产出来。口能够畅通发表意见，趋善去败的主张从这里表现起来。施行善政并防备败坏，就是产生财利货用衣服食物的重要途径。百姓在心中思虑又从口中宣吐出来，是考虑成熟了以后才流露出来的。假若堵住他们的嘴，拥护您的人还能有几个？"

厉王不听进谏。于是国内谁也不敢发表评论，经过三年，竟一起发动叛乱，袭击厉王。厉王出亡逃奔到彘地。

❂ 周召共和与宣王中兴

厉王的太子名叫静，匿藏在召公

的家中，国中的百姓听说了，就围住他，召公说："过去我曾经多次劝谏国王，国王不依从，以至于有了这次患难。现在杀了国王的太子，国王将会认为我把他当作仇敌而发泄怨恨愤怒吧？一个侍奉君主的人，即使是处在危险之中也不仇视怨恨，受到责备也不发怒，更何况是侍奉天子呢？"于是用他自己的儿子来顶替国王的太子，太子终于逃脱了包围。

召公、周公两位辅相负责处理政事，此期间的名号叫作"共和"。共和十四年，厉王死在彘地。太子静在召公的家中成长起来，二位辅相于是共同决定扶立他做国王，这就是宣王。宣王登临王位，二相辅佐他，修治政事，效法文王、武王、成王、康王的优秀传统风尚，四方诸侯重新宗奉周家王室。十二年，鲁国武公前来朝拜。

宣王采取忽视农事的态度，不到千亩去耕种籍田，虢文公进谏说："不可以不去耕种籍田。"宣王不听。三十九年，在千亩地方交战，宣王的军队被姜氏的一支戎族打败而溃散了。

宣王丧失了征伐南方的军队之

后，竟然在太原地区统计百姓准备征兵。大臣仲山甫进谏说："百姓是不可以统计而征兵的。"宣王不听劝谏，结果还是统计了百姓人数以便征兵。

四十六年，宣王逝世，儿子幽王宫湦继位。

🔊 三川地震

幽王二年，西周都城附近的渭水、泾水、洛水三条河流的区域内都发生了地震，大夫伯阳甫说："周家将要灭亡了。天地的自然之气，不会失掉它的运行秩序；假若失掉了它的运行秩序，那是有人扰乱了它。阳气伏在下面不能排出，受到阴气的逼迫不能上升，在这样的情况下就有地震发生。现在三条河流区域内确实发生了地震，这是因为阳气失掉了它在上的位置而被阴气所镇伏。阳气失掉了它的位置而处在阴气的下面，河流的源泉一定会被堵塞；河流的源泉堵塞关系到立国的气运，国家必定灭亡。水土气息通畅湿润可以生长作物来供百姓应用。土气不能通畅湿润，百姓就会缺乏财货物用，不灭亡还等待什么？从前伊水、洛水枯竭夏代就灭亡，黄河枯竭商代就灭亡。现在周家的德运就像夏、商二代的末年了，国家河流的上源又被堵塞，堵塞水流一定会枯竭。一个国家的气运必定依靠山川，山陵崩塌，河流枯竭，这就是亡国的征兆。河流枯竭一定会引起山陵崩塌。假若国家灭亡不会超过十年，这是数起于一终于十，至十又另起头绪决定的。上天要抛弃哪个国家，它的灭亡就不会超过十年。"正是这一年，渭水、泾水、洛水三条河流枯竭，岐山崩塌。

烽火戏诸侯

　　三年，幽王宠爱褒姒。褒姒生了儿子伯服，幽王就想废掉太子。太子的母亲是申国诸侯的女儿，成了幽王的王后，后来幽王得到了褒姒，非常喜欢她，就想废掉申后，同时除去太子宜臼，再立褒姒做王后，让伯服做太子。

　　周朝的太史伯阳甫读了有关历史记载的书籍以后说："周家要亡国了。"从前在夏后氏衰败的时候，有两条神龙降落在夏帝宫廷内并宣称："我们，是褒国的两位先君。"夏帝占卜：杀掉它们或赶走它们或把它们留在宫廷内，三种情况都不吉利。再占卜，请求将它们的唾液留下收藏起来，就吉利了。于是陈列祭品并宣读策文告诉神龙，神龙飞去而它们的唾液留下来了，用匣子藏起唾液并擦去它的痕迹。夏代

九鼎

　　九鼎，是国家的代名词，以及王权至高无上、国家统一昌盛的象征。夏、商、周三代把九鼎奉为象征国家政权的传国之宝。夏禹划分天下为九州，命令九州州牧贡献青铜，铸造九鼎，以此象征九州，将全国九州的名山大川、奇异之物镌刻于九鼎之身，以一鼎象征一州，并将九鼎集中于夏朝都城。商代时，王室曾有严格的规定：士用一鼎或三鼎，大夫用五鼎，诸侯用七鼎，而天子才能用九鼎，祭祀天地祖先时行九鼎大礼。周武王灭商后，曾公开展示九鼎。周成王即位后，周公旦营造洛邑，将九鼎置于该城。战国时，秦、楚皆曾兴师到周朝都城洛邑探问九鼎之事，可见当时诸侯们对天子之位充满了觊觎之心。

▶ 毛公鼎·西周晚期

台北故宫博物院藏。1843 年出土于
陕西岐山。鼎为直耳，半球腹，足
为兽蹄形，矮短而庄重有力，鼎的
口沿还装饰有环带状的重环纹。毛
公鼎铭文长度接近五百字，在目前
所见青铜器铭文中为最长。铭文的
内容可分成七段，是说：周宣王即
位之初，亟思振兴朝政，乃请叔父
毛公为其治理国家内外的大小政务，
并饬勤公无私，最后颁赠命服厚赐，
毛公因而铸鼎传示子孙永宝。

灭亡，藏唾液的匣子传给了殷家。殷代灭亡，又把这只匣子传给了周家。
经过连续三代，谁也不敢打开这只匣子。到了厉王的末年，打开匣子来观
看当中藏的唾液，唾液完全流落于地面上，不能除掉。厉王让妇人们光着
身子大声呼叫，流在地上的唾液就变化成了一只黑色的类似蜥蜴的动物，
进入了厉王的后宫。后宫一个已满七岁的侍女遭遇上这只动物，结果这个
小女婢到了成年时期，没有丈夫就生下了小孩，她害怕就把小孩抛弃了。
宣王在位的时期，小女孩们唱歌谣说："山桑做的箭弓，箕木做的箭袋，
周朝将要灭亡了。"宣王听说，有一对夫妇正是出售这种箭弓箭袋的人，
宣王派人把他们抓起来杀掉。这对夫妇就准备逃跑，正好在路上遇见了从
前厉王宫中那个小女婢所抛弃的孩子，听到这个孩子夜晚啼哭，因为哀怜
就把她收养下来。这对夫妇奔逃到了褒国。褒国人犯了罪，请求献上这个
小女婢所生下又抛弃了的女子给国王以赎免罪过。这个被抛弃的女子来自褒
国，这就是褒姒。幽王三年，幽王到后宫，看见褒姒就爱幸她，生下了儿子
伯服。幽王废了申后和太子，让褒姒做王后，伯服做太子。太史伯阳甫就说：
"祸患形成了，已经是无可奈何了！"

褒姒不喜欢笑，幽王想尽了各种办法想让她笑，不管他怎么做还是不笑。幽王在边境上高筑了烽火台和大的鼓风箱，如有敌寇到达就点燃烽火。四方诸侯们见到烽火都带兵来到了，到了一看并没有敌寇，褒姒于是大笑。这个做法能让褒姒大笑，幽王就非常高兴，所以就多次点燃烽火。这样以后失掉了诸侯的信任，四方诸侯渐渐也就不带兵来了。

幽王任命虢石父做卿士，执掌政权，国内的百姓都很怨恨。虢石父为人谄佞巧诈，善于奉承，贪好财利，幽王却信用他。他又参与废掉了申后，除去了太子。申侯愤怒，联合缯国、西方夷族犬戎来进攻幽王。幽王点燃烽火征求诸侯救兵，诸侯救兵没有哪个来到的。幽王最终被犬戎杀死在骊山脚下，并俘虏了褒姒，将周朝的财物全部收取回到西方去了。于是四方诸侯就与申侯商议共同扶立原来幽王的太子宜臼，这就是平王，来供奉周家的祭祀。

东周早期的王位传承

平王继位，把京城往东迁徙到洛邑，避免西方戎族的侵犯。

▶ 颂壶·西周晚期

台北故宫博物院藏。颂壶共有两件，此为带盖的一件，另一件无盖，收藏在中国国家博物馆。器口缘饰重环纹，腹部饰蛟龙纹，足部饰垂鳞纹，两兽耳衔环。盖腹部饰窃曲纹，足部饰垂鳞纹。盖内和口下内壁铸有铭文150字，内容记载的是周幽王三年五月的甲戌日，幽王在康宫的昭王之庙，对颂进行了册封，并且给予了颂大量的赏赐，颂因此铸造了这个壶以示纪念。

▶ **《帝鉴图说》之周幽王烽火卖笑·明·无款**

法国国家图书馆藏。周幽王烽火戏诸侯这件事《史记》里面有明确记载，在张居正编写《帝鉴图说》的时候，专门将此事作为帝王昏庸无道的典型。

　　平王的时候，周朝王室衰微，各位诸侯互相之间强国兼并弱国，齐国、楚国、秦国、晋国开始强大，政治形势由四方诸侯中的首领所左右。

　　四十九年，鲁国的隐公就君主之位。五十一年，平王逝世，太子泄父早已死亡。让太子的儿子林继位，这就是桓王。桓王，是平王的孙子。桓王三年，

▶ 龙凤纹敦·东周

美国纽约大都会艺术博物馆藏。此敦为弧形盖弧形盖，上置四个环形钮。器弇口，敛唇，深球形腹，三个矮小的兽蹄足。盖、器相合呈扁球形，满饰龙凤纹，龙纹和凤纹相对出现，是东周时期的典型特征，此敦造型古朴而生动，是东周青铜器中的精品。

郑国的庄公来朝拜，桓王不以应有的礼仪相待。五年，郑国怨恨，不经过周天子许可就直接用祊田调换鲁国的许田。许田（应为"祊田"），是周王赐给郑国的，是天子去祭祀泰山的时候用作郑国协助天子祭祀的邑田。八年，鲁国人杀了隐公，立了桓公。十三年，桓王讨伐郑国，郑国将领用箭射伤桓王，桓王离开郑国回来。

二十三年，桓王逝世，儿子庄王佗继位。庄王四年，周公黑肩想杀死庄王让王子克继位。大夫辛伯报告给庄王，庄王杀了周公。王子克奔逃到了燕国。

十五年，庄王逝世，儿子釐王胡齐继位。釐王三年，齐桓公开始称霸。

五年，釐王逝世，儿子惠王阆继位。

惠王二年。当初，庄王的宠姬姚姓女子，生了儿子名叫颓，颓受到宠爱。等到惠王就位，强夺了他大臣的园地，用作自己的猎场。因此大夫边伯等五个人一起作乱，计划招来燕国、卫国的军队，攻伐惠王。惠王逃奔到温地，不久又居住在郑国的栎地。边伯等扶立釐王的弟弟颓做国王。颓设礼招待五位大夫，奏了全套的舞乐。郑国、虢国的国君知道了都很愤怒。四年，郑国和虢国的国君前来讨伐，杀死了周王颓，重新送回惠王。惠王十年，颁布策令赐齐桓公做诸侯的首领。

二十五年，惠王逝世，儿子襄王郑继位。

◆子带之乱

襄王的母亲早已死去，后母叫惠后。惠后生了叔带，受到惠王的宠爱，襄王害怕他。三年，叔带和戎族、翟族谋划进攻襄王，襄王就想诛杀

叔带，叔带奔逃到了齐国。齐桓公派管仲到周讲和，派隰朋到晋国讲和。襄王用对待上卿的礼节款待管仲。管仲推辞说："臣下是个低贱的小官，还有天子任命的齐国守臣国氏、高氏两位上卿存在。如果他们按照春秋朝聘的时节来承奉王的命令，您还能用什么礼节接待他们呢？我作为您的臣子、齐侯的臣下冒昧地请求辞却。"襄王说："你是我舅父家的使者，我嘉奖你的功劳，不要违背我的命令。"管仲最终受到下卿的礼仪款待。九年，齐桓公去世。十二年，叔带重新回到周。

十三年，郑国攻伐小国滑国。襄王派大夫游孙、伯服去替滑国讲情，郑国人把他俩囚禁起来。郑文公怨恨周惠王被送回京都后没有把玉制酒杯送给郑厉公，又怨恨周襄王偏向卫国和滑国，所以把伯服囚禁了起来。襄王发怒，将要利用翟族讨伐郑国。大夫富辰进谏说："大凡我们周家向东迁都，依靠的是晋国、郑国。子颓作乱，又是由郑国平定的，现在能因为一点小怨就抛弃它吗？"襄王不听从。十五年，惠王派翟族

军队来讨伐郑国。襄王感激翟族人，将要娶翟族女子做王后。富辰进谏说："平王、桓王、庄王、惠王都受过郑国对王室的勤劳，襄王抛弃亲族，亲近翟族，不可这么做。"襄王不听从。十六年，襄王贬黜了翟族王后，翟族人前来诛讨，杀了大夫谭伯。富辰说："我多次劝谏不听从，如果这个时候不挺身而出，陛下会认为我在怨恨他吧？"于是就让他的私家部属去和翟族人进行拼死战斗。

当初，惠王王后想让王子叔带继位，所以用她的亲信去为翟族人开路，翟族人就进入了周家境地。襄王出逃奔走到郑国，郑国安置襄王居住在氾地，叔带立为国王，把襄王所贬黜的翟族王后娶过来和她一起居住在温地。十七年，襄王向晋国告急，请求援救，晋文公出兵送襄王回周并诛杀叔带。襄王于是赐给晋文公玉器圭、香酒鬯、弓矢，封他为四方诸侯的首领，把河内地区让给晋国。二十年，晋文公招来襄王，襄王和晋文公在河阳、践土相会，四

犬戎之乱

犬戎是古代游牧民族部落的泛称，意为以犬或狼为图腾的部落，活跃于今陕、甘一带。周朝鼎盛时期，周穆王曾经远征西部，获得"四白狼、四白鹿以归"。这应该就是俘虏了以白狼、白鹿为图腾的部落，说明在华夏民族的周边，存在着以犬或狼这类动物为图腾的民族。周幽王时期，幽王烽火戏诸侯，犬戎族趁机进攻，幽王的宠妃褒姒被掳，都城丰、镐西北被犬戎占领。后来诸侯联合驱逐犬戎，春秋初期，犬戎成为秦国的强敌。进入关中地区之后，犬戎也发生了分化，一部分人来到关中平原，接受了原住民农耕的生活方式，放弃了游牧。一部分犬戎则是退出关中地区以后，向西发展为西戎。秦穆公曾经发动大规模战争讨伐西戎，灭国十二，益地千里，遂霸西戎。到秦昭王，秦人才基本消灭了西戎。西戎余部一部分后来发展为羌族，一部分犬戎向北撤退，到了北方蒙古草原之后，结合其他部落，发展成为后来的匈奴。

方诸侯都来朝拜，为了隐瞒以臣召君这样的事实，所以在史书上只是说"周天子在河阳巡视"。

二十四年，晋文公去世。

三十一年，秦穆公去世。

三十二年，襄王逝世，儿子顷王壬臣继位。

顷王六年，顷王逝世，儿子匡王班继位。

匡王六年，匡王逝世，弟弟瑜继位，这就是定王。

王子朝之乱和三王内讧

定王元年，楚庄王讨伐陆浑地区的戎族，路过的时候驻扎在洛地，因为有取代周王朝的野心，就派人询问传国之宝九鼎的情况。定王派大夫王孙满设法用言辞去应对，楚国的军队这才离开。十年，楚庄王围攻郑国，郑国国君投降，不久又恢复了郑国。十六年，楚庄王去世。

二十一年，定王逝世，儿子简王

▶ 垂鳞纹匜·东周

美国明尼阿波利斯艺术学院藏。整器呈瓢形，前有长流，后有龙形鋬，下有四鸟形扁足，口沿外饰蟠螭纹，下腹饰垂鳞纹。

▶ **玉双龙佩·东周**

美国弗利尔美术馆藏。河南洛阳金村大墓出土。青白玉制成，有大块黑色沁斑。略呈长方形，一侧龙角有沁斑。玉佩上部两侧为两条相对的虬龙，龙首相对而后仰，龙身盘曲，张翼舞爪，龙尾内卷，二龙的龙身前部相连，中间位宝珠图案，两头呈如意形，上部有圆形孔，可以穿系，构思巧妙。联体双龙通体透雕，二龙的造型完全相同。龙身有阴线纹，整体造型庄重大方。

夷继位。简王十三年，晋国杀死了他们的国君厉公，从周迎来了子周，立他做国君，就是悼公。

十四年，简王逝世，儿子灵王泄心继位。灵王二十四年，齐国的崔杼弑杀他们的国君庄公。

二十七年，灵王逝世，儿子景王贵继位。

景王十八年，王后所生的太子精明通达却过早去世。二十年，景王喜爱子朝，想立他做国君，但未下旨自己就去世，子丐和子朝争着要做国君，国内的百姓扶立长子猛做国君，子朝就进攻杀死了猛。猛继位不久就被杀，所

▶ 青铜跽坐持灯俑·东周

美国明尼阿波利斯艺术学院藏。河南洛阳附近出土。整体造型为一跽坐男子形象，男子头戴
弁冠，冠下系带，二目炯炯，大鼻阔口，身穿交衽长衣，腰间系带，双手前伸交叉持物。据
考证此俑原为青铜灯的底座，上部铜灯已经丢失。而整体造型保存完好，展示了东周时期的
服饰衣冠制度。

以称作悼王。晋国人又攻打子朝，让子丐继位，这就是敬王。

敬王元年，晋国人要把敬王送回国，子朝已经自立为王，敬王不能回国，就居住在泽地。四年，晋国带领诸侯国送敬王回到周，子朝投降做了臣子，诸侯国替周修筑都城。十六年，子朝和他的亲信们再次作乱，敬王逃奔去了晋国。十七年，晋定公又把敬王送回到周。

三十九年，齐国田常杀死他的国君简公。

四十一年，楚国灭掉陈国。孔子去世。

四十二年，敬王逝世，儿子元王仁继位。

元王八年，逝世。儿子定王介继位。

定王十六年，韩、赵、魏三国灭掉了智伯，各自分有智伯原有的土地。

二十八年，定王逝世，长子去疾继位，这就是哀王。哀王即位三个月，弟弟叔攻袭杀死哀王而自行继位，这就是思王。思王继位五个月，少弟嵬杀死思王而自行继位，这就是考王。

哀王、思王、考王这三个王都是定王的儿子。

❖东西周分治

考王十五年，逝世，儿子威烈王午继位。

考王分封他的弟弟在河南成周，这就是西周桓公，让他来接替周公的官职。桓公去世，儿子威公相替继位。威公去世，儿子惠公继位，惠公封他的少子奉承周王，称号为东周惠公。

威烈王二十三年，放置九鼎的王城地震。策命韩、魏、赵做独立的诸侯国。

二十四年，考王逝世，儿子安王骄即位。这一年，有强盗杀死了楚声王。

安王继位二十六年，逝世，儿子烈王喜继位。烈王二年，周的太史儋见到秦献公说："当初周是和秦国合在一起，而后来秦国因为被周平王封为诸侯就分开了，分开以后五百年要重新合在一起，合在一起以后十七年就会有霸王出现。"

十年，烈王逝世，弟弟扁继位，这就是显王。显王五年，向秦献公道贺，献公在诸侯中称作方伯。九

年，显王把祭祀周文王、武王的祭肉致送给秦孝公。二十五年，秦孝公在周的中心地带会见四方诸侯。二十六年，周把方伯的称号正式送给秦孝公。三十三年，显王向秦惠王表示道贺。三十五年，把祭祀周文王、武王的祭肉致送给秦惠王。四十四年，秦惠王称王。从此以后诸侯就都称王。

四十八年，显王逝世，儿子慎靓王定继位。

慎靓王继位六年，逝世，儿子赧王延继位。

❍ 楚攻西周

周王赧的时候，东周公、西周公各自为政。周王赧把都城从成周迁到西周的王城。

▶ 错金银勾连雷纹扁壶·东周

美国印第安纳波利斯艺术博物馆藏。此壶有盖，小口微侈，颈微收，椭圆形扁腹，长方形圈足，肩两侧饰兽首衔环耳。通体饰对称的错金银勾连雷纹，装饰华丽，工艺精良，是东周时期扁壶中的精品。

西周武公的太子共死去，有五个庶子，没有嫡子可立。司马翦对楚王说："不如拿土地给周，资助公子咎，替他请求立为太子。"左成说："不可以这样做。周如果不听从，这就使您的计谋会落空，而且和周的外交会更加疏远了。不如探问周君想立哪个儿子做太子，用暗示的方式告诉司马翦，司马翦再请求让楚国用土地来资助他。"最后果然立了公子咎做太子。

八年，秦国进攻韩国宜阳，楚国救援宜阳，楚因为周也出兵，怀疑周是帮助秦国的，便要攻伐周。著名策士苏代替周游说楚王说："为什么认为周亲近秦国就是祸害呢？说周亲近秦国超过了亲近楚国的，是想让周纳入秦国，所以称作'周秦'。周知道自己逃脱不了楚的进攻，一定会归并秦国，这是

95

帮助秦国取得周的最精妙的计策，如果替您着想，周亲近秦国您要善待他，不亲近秦国也同样善待他，以使他和秦国疏远。周和秦国断绝交往，一定会纳入楚国了。"

秦国借道

渔猎纹鉴·东周

美国弗利尔美术馆藏。鉴为大口方唇，束颈，深腹，下腹内敛，高圈足，颈部饰有三个兽耳衔环耳。内口沿饰鸿雁一周，外壁满饰渔猎纹，纹饰内容包括弋雁、捕鱼、射猎等，场面宏大，布局合理，反映了东周时期贵族生活的风貌。

秦国借用西周与东周之间的道路，将去攻伐韩国，周感到恐惧，借给秦国就得罪韩国，不借又得罪秦国。谋士史厌对周君说："何不派人去对韩公叔说'秦国之所以敢于穿过周来攻伐韩国，是相信东周的缘故。您何不给予周一些土地，派出人质到楚国'？秦国一定怀疑楚国，不相信周，这样韩国就不会受到侵略了。又对秦国说'韩国勉强给予周一些土地，便是让秦国来怀疑周，周不敢不接受'秦国一定没有什么托词而让周不接受，这样就可以从韩国接受土地而又听从秦国。"

秦国召唤西周君，西周君害怕前往，特地派人对韩王说："秦国召唤西周君，想让他派兵攻打王的南阳，王何不出兵到南阳？周君将可以用您的出兵作为托词对付秦国。周君不进入秦国，秦国也一定不敢越过黄河来攻打南阳了。"

东周和西周之间开战，韩国救援西周。有人替东周游说韩王说："西周是过去的天子的国家，有很多著名器物和贵重宝玉，王您按兵不出动，可以使东周感激您，而西周的宝物一定可以尽归韩国了。"

❂韩索粮草

王赧作为名义上的周王。楚国包围韩国的雍氏，韩国向东周征取甲兵和粟粮，东周君恐惧，召来苏代告诉他这种情况。苏代说："这件事有什么可忧虑的！臣下我能够让韩国不来征取周的甲兵和粟粮，又能够替您得到韩国的高都。"周君说："您假若能做到，我将让整个国家都听您的。"苏代去见韩国的相国说："楚国包围雍氏，预期三个月攻下来，现在五个月了攻不下

来，这是楚国已经损耗严重。现在相国还去东周征取甲兵和粟粮，这是告诉楚国韩国也损耗严重。"韩相国说："很好。但是派去的使者已经出发了。"苏代说："何不把高都给周？"韩相国非常恼怒说："我们不去东周征取甲兵和粟粮也算已经足够了，什么原因还要把高都给周？"苏代说："把高都给周，这表明周反过来又投靠到韩国来了，秦国听说了一定会对周特别愤怒，就不会和周的通使往来，损失的高都，却得到了一个完整的周国，为什么不给？"相国说："很好。"韩国果然把高都给了周。

❂劝秦退兵

三十四年，苏厉对周君说："秦国攻破了韩国、魏国，打败了魏国将领师武，北边攻取了赵国的蔺邑、离石，都是白起所为。白起善于用兵，又有天命的帮助。现在他又带着兵出塞攻打梁国，梁国被攻破那么周就危险了。您何不派人游说白起呢？说'楚国有个养由基，是善于射箭的人。距离杨柳叶片一百步来用箭

射，能够百发百中。左右两边观看的有数千人，都说他善于射箭。有一老夫出现在他身边，说："很好，可以教你射箭的技术了。"养由基发怒，放开弓握住箭，说："外来人怎么能够教我射箭呢？"外来人说："不是我能够教您支撑左手弯曲右手这样的射箭姿势。要说的是距离杨柳叶片百步远而来射它，百发百中射着了它，不知道见好就收，过一阵子气息衰弱，力量疲倦，弓不正，箭不直，射出一箭如果不中的话，就前功尽弃了。"现在秦国攻破韩国、魏国，打败魏国将领师武，北边取得赵国的蔺邑、离石，您的功劳已经很多了。现在又带着兵出塞，越过东周、西周，背对着韩国，攻打梁国，一次举战不能成功，以前的功劳就全都抛弃了。您不如称说有病而不带兵出征'。"

借兵筑城

四十二年，秦国破坏了和魏国订立的条约在华阳袭击了魏国将领芒卯，马犯对周君说："请让我去叫梁国来周的国都筑城。"于是对梁王说：

"周王忧惧秦国进攻而身犯重病，假若死去，我马犯作为周王的臣子一定也会死的。马犯请求把九鼎宝器通过我进献给大王您，大王接受九鼎应当想办法救援马犯。"梁王说："很好。"因为相信马犯就给了他士卒，说是去戍守西周都城。因此马犯去对秦王说："梁国并不是要戍守西周都城，是要攻伐周室而取九鼎宝器的，大王如果不信就试着出兵到边境来观望梁王的变化吧。"秦国果然出兵。马犯又去对梁王说："周王病得更严重了，马犯请求以后有可以办的时候再重新把九鼎宝器交给王。现在大王让士卒到了周国，诸侯各国都生了疑心，以后您要办什么事将不会相信。不如让这些士卒替周筑城，来隐瞒平息事端。"梁王说："很好。"就让这些梁国士兵在周的国都筑城。

巴结秦国

四十五年，周君到了秦国，游客对周的公子周最说："您不如称誉秦王的孝心，用周的应地作为秦王母亲宣太后的保养地，秦王一定会高

▶ **四虎蟠虺纹豆·东周**

美国纽约大都会艺术博物馆藏。盖和豆盘以子母口扣合，扣合后呈扁球形。该顶部有较大的圆形捉手，可倒置之后盛物。下承圆柱扁平圈足。豆盘外壁四等分各置一个攀爬状的猛虎，盖的口沿部四等分饰四个小虎头和豆盘口沿扣合。器、盖及圈足上均装饰蟠虺纹。此豆成对，另一件收藏于上海博物馆。

玉虎佩·东周

美国弗利尔美术馆藏。河南洛阳金村大墓出土。玉色泛黄，有黑斑，质地半透明。造型为伏虎，垂头卷尾，虎口张开，獠牙显露，四肢着地。虎身琢有云纹、谷纹。造型生动，制作规整，是东周王室的使用饰品。

兴，这样您就有了秦国的交情。交情好了，周君一定认为是您的功劳。交情很坏，劝周君进入秦国的人一定会有罪过了。"秦国进攻周，而周㝡对秦王说："为大王考虑，最好不要攻打周。进攻周，周地方狭小实在是不能得到利益，因为是进攻天子之国，会让天下害怕。天下因为害怕秦国，一定向东去和齐国联合。我们的军队因为进攻周而疲惫，同时天下和齐国联合，那么秦国就不能称霸天下了。天下的人为了损耗秦国，就劝大王进攻周。如果秦国和诸侯都受到损耗了，那么您的教令就不能在诸侯之间施行了。"

五十八年，韩国、赵国、魏国抗拒秦国。周让派自己的相国到秦国去，因为秦国轻视周的相国，让他半路上返回。有人对相国说："秦国对周的态度还不知道。秦国想了解韩、赵、魏三国的情势。您不如赶紧去见秦王说'请让我来给您探听东方三国的变化'，秦王一定会重视您。重视您，

这就是秦国重视周，周因为您取得了秦国的重视；齐国重视周，本来就因为有周最和齐辛交好，这样周就可以不失去与强国的交往。"秦国相信周，发兵进攻韩国、赵国、魏国。

周的灭亡

五十九年，秦国攻取韩国的阳城、负黍，西周恐惧，背离秦国，和东方诸侯国相约合纵，率领天下的精锐军队出伊阙塞攻打秦国，让秦国不能够通往阳城。秦昭王愤怒，派遣摎将军攻打西周。西周国君奔逃到秦国，叩头接受罪罚，全部献出自己的土地三十六座城邑，人口三万。秦国接受它的献地和人口，释放西周国君回西周去了。

周君、王赧去世，周家百姓就向东逃亡。秦国收取九鼎宝器，把西周公迁徙到𢙣狐这个地方。这以后的七年，秦国的庄襄王灭亡了东周，东、西周的土地都并入秦国，周朝就完全无人主持祭祀了。

❀ 太史公说 ❀

学者们都说周讨伐纣以后，就把京城设置在洛邑，综合考察它的实际情况不是这样。武王营建洛邑，成王让召公占卜是否可以设置京城，结果只把九鼎安放在这里，而周王室重新设都城在丰、镐。到了犬戎族打败了幽王，周王室于是迁徙到洛邑。所说的周公"安葬在我们京都的毕地"，毕地就在镐都东南的杜地当中。秦国灭亡了周。汉兴起九十多年以后，天子将要到泰山封禅，往东方去视察到了河南，搜求周的后裔，封给它的后代姬嘉三十里地，称号叫周子南君，地位等同列侯，以便供奉他先祖的祭祀。

秦本纪 第五

【解题】本篇讲述了秦的发展史，内容从伯翳受舜赐姓嬴氏开始到始皇帝初并天下的兴国进程，重点突出了襄公建国、穆公称霸、孝公变法、昭襄王的帝业等几个重要阶段，尤其在穆公的讲述上着笔最多，显示了秦国在中国历史发展中的重要影响和作用。本篇在孝公之后所记载内容多为攻伐拔取及其成就、进展，对于同时期的复杂纷争的世事，叙述却简洁明快，可见司马迁有大势在胸而表现为视野开阔、文笔流畅的完美风格。

秦人始祖

秦的祖先，是颛顼帝的女性后代，名叫女脩。女脩在织布的时候，有一只燕子掉落下一颗蛋，女脩把蛋吞吃了，生下了儿子大业。大业娶了少典部族的女子，名叫女华。女华生下大费，大费和大禹一起治过水。治水成功以后，舜帝赐黑色的玉圭给大禹。大禹在接受赏赐的时候说："我一个人不能够做成这件事，都是因为有大费做助手。"舜帝说："喂，大费，你帮助禹治水成功，因此赏赐给你黑色的旌旗飘带。你的后代子孙将会兴旺繁盛。"于是舜把一个姚姓的女子

嫁给他做妻子。大费行拜礼接受，辅佐舜调理驯服鸟兽，鸟兽大多被驯服，这就是柏翳。舜帝赐给他姓嬴。

大费生了两个儿子：一个名叫大廉，就是鸟俗氏；另一个名叫若木，就是费氏。若木的玄孙名叫费昌，子孙们有些人居住在中原各国，有些人居住在夷狄地区。费昌生活在夏桀时期，他离开夏去归顺商族，做了替商汤驾车的御者，因此帮助商汤在鸣条打败了夏桀。大廉的玄孙名叫孟戏、中衍，中衍长着鸟的身体却能说人话。太戊帝听说后进行占卜，考察任用他做御者是否吉祥，卦相吉利，就将他招来让他驾车并且给他娶了妻

子。从太戊以后，中衍的后代子孙辅佐殷国，世代都有功劳，因此嬴姓在商朝大多都显贵，最终成为诸侯。

中衍的玄孙名叫中潏，居住在西戎，占有西垂地域。他生了儿子蜚廉。蜚廉生子恶来。恶来有力气，蜚廉善奔跑，父子都凭借才能力气侍奉殷纣王。周武王讨伐殷纣王，一并杀了恶来。这时候蜚廉正往北方替纣王制作石椁，他回来以后，因为纣王已死而无可复命，就在霍太山筑坛向纣王报祭，在筑坛的时候得到一具石棺，上面有刻凿的文字说："上帝诏令处父不要参与殷人的叛乱，赐给你石棺来显耀你的氏族。"蜚廉死后，就葬在霍太山。蜚廉还有一个儿子名叫季胜。季胜生了孟增。孟增被周成王宠幸，这就是宅皋狼。宅皋狼生了衡父，衡父生了造父。造父因为善于驾车被周穆王宠幸，穆王得到赤骥、温骊、骅骝、騄耳等四匹良马，到西方去巡回视察，乐而忘返。徐

▶ **伯益隐居雕塑**

伯益，《史记·秦本纪》作柏翳。伯益是秦国和赵国的祖先，曾经因佐助大禹治水有功，曾被禹选为继承人。据《竹书纪年》记载，禹死后禹的儿子启继承帝位，伯益和启发生争执，帝启六年，伯益被启杀死。

▶ **造父墓**

据说造父终老于今河南平顶山鲁山镇，造父墓即位于此地，这里是每年赵氏祭拜始祖的胜地。

偃王作乱的时候，造父替穆王驾车，长途急速返回周国，一日奔驰千里来阻止叛乱。穆王把赵城封给造父，造父一族因此就姓赵。从蜚廉生了季胜以后，经过五代到造父，才另外分开居住在赵城。赵衰就是他们的后代。恶来革，是蜚廉的儿子，早已死亡。他有一个儿子名叫女防，女防生了旁皋，旁皋生了太几，太几生了大骆，大骆生了非子。他们因为造父受到周朝的宠信，都蒙恩居住在赵城，姓赵。

非子获封

非子居住在犬丘，喜好马匹和其他牲畜，并善于畜养繁殖。犬丘的人把这件事告知周孝王，孝王召见他，派他到汧水、渭水之间的地区去负责养马，马匹得到了大量繁殖。孝王想要把非子作为大骆的嫡传继承人。申侯的女儿是大骆的妻子，生下了儿子是大骆的嫡子。因此申侯对孝王说："以前我的祖先娶郦山氏妇人所生的一女，嫁给中衍的曾孙戎胥轩作为妻室，生下了中潏，因为和周相亲的缘故而归附于周，占有周的西方边境，西方边境因为这样的缘故得到了和睦安宁。如今我又将女儿嫁给大骆做妻子，生有嫡子成。申侯、大骆再次发

展婚姻关系，西戎都来归服，因此大王才得称王。大王还是慎重考虑这件事吧。"于是孝王说："从前伯翳替舜帝主管畜牧，牧畜繁殖得很盛，因此就得到裂土封侯，被赏赐姓嬴。如今他的后代也替我繁畜马匹，我将分出土地封他做附庸之国。"在秦地建立城邑，使非子接续嬴氏的庙祀，称号叫秦嬴。也不废除申侯的女儿为大骆所生的那个儿子的嫡子地位，来安抚西戎。

秦嬴生了秦侯。秦侯在位十年，去世。秦侯生了公伯。公伯在位三年，去世。公伯生了秦仲。

襄公受封为诸侯

秦仲在位三年，周厉王暴虐无道，有些诸侯反叛周王。西戎也反叛周王室，灭亡了犬丘大骆的家族。周宣王登上王位，就任用秦仲做大夫，讨伐西戎。西戎杀死了秦仲。秦仲在位二十三年，死在西戎。他有五个儿子，他们中最年长的一个名叫庄公。周宣王就招来庄公和他的兄弟五人，给他们七千士兵，让他们去讨伐西戎，打败了西戎。于是周宣王再次赏赐秦仲的后代，包括他们先人大骆受封的犬丘之地在内一并都划归他们所有，并任命他们做西垂大夫。

庄公居住在他们的故地西犬丘，生了三个儿子，其中的长子名世父。世父说："西戎杀害了我的祖父秦仲，我要不杀死戎王就不敢再进城来居住。"于

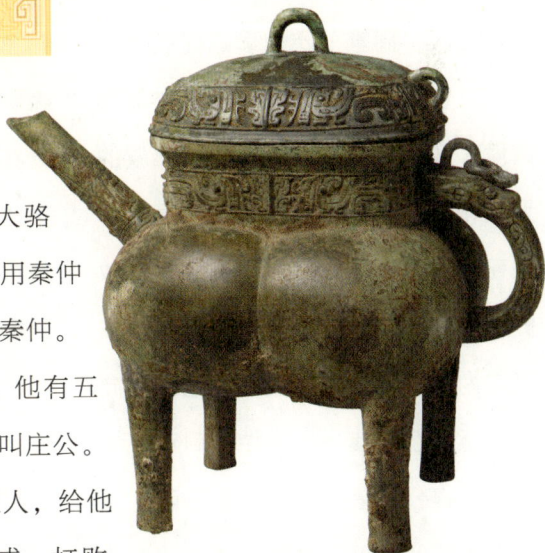

▶ **季嬴灵德盉·商代晚期**

美国纽约大都会艺术博物馆藏。口呈椭方形，侈口长颈，分裆四柱足，管状流，兽首鋬，隆起得盖上有半环钮，以链条与鋬相连。流饰三角雷纹，盖和颈均饰云雷纹填地的垂冠回首分尾鸟纹。盖内有铭文七字"季嬴灵德之宝盉"。根据铭文可知此盉乃为"嬴灵德"所作，可见在商代晚期嬴姓已经登上了历史舞台。

是带领士兵去攻打西戎，把继承王位的权利让给他的弟弟襄公，襄公成了太子。庄公在位四十四年去世。太子襄公依照更替次序继承了王位。襄公元年，把他的妹妹缪嬴嫁给丰王做妻子。襄公二年，西戎兵围犬丘，世父领兵反击敌人，被西戎人所俘虏。过了一年多，西戎又把世父放了回来。七年春天，周幽王宠信褒姒而废除太子，立褒姒的儿子做嫡子，屡次欺辱诸侯，致使诸侯反叛他。西戎部族的犬戎和申侯联合侵伐周室，在骊山下杀死了周幽王。而秦襄公统率军队救援周室，作战非常努力，立有战功。周室为了避开犬戎的战难，把京都向东迁至洛邑，襄公派兵护送周平王。平王封襄公做诸侯，把岐山以西的土地赏赐给他。平王对襄公说："西戎无道，侵犯夺取了我岐山、丰水的土地，秦国如果能攻打并驱逐戎人，就可以拥有这片土地。"并和襄公盟誓，赐给他封地和爵位。襄公因此开始使秦国成了诸侯国，和其他诸侯国互通使者，行用聘享的礼节，又用骝驹、黄牛、羝羊各三只，在西畤祭祀上帝。十二年，襄公讨伐戎族到达了岐山，

去世。他生了文公。

崛起于汧渭之会

文公元年，文公居住在西垂宫。三年，文公领兵七百人向东狩猎。四年，来到了汧水和渭水的交会处，文公说："过去周王曾经把这里赐给我们的祖先秦嬴做封邑，后来终于获得封赏成了诸侯。"于是占卜此地是否宜于居住，占卜的结果说是吉利，就在此地营造城邑。十年，首次在鄜县建立畤坛，用牛、羊、猪三种牲畜祭祀天地。十三年，初次设置史官按时序记载史事，百姓中有许多人接受了教化。十六年，文公兴兵讨伐西戎，西戎战败逃走，于是文公就收聚周族的遗民归自己所有，他的国土扩展到了岐山。把岐山以东的地方献给周王。十九年，获得了陈仓的宝石。二十年，开始设立诛灭三族之罪的法律。二十七年，砍伐南山的大梓树，开始时树砍不断，等到砍断后又从树内走出一头青色的大公牛投入丰水中。四十八年，文公的太子去世，赐谥号为竫公。竫公的长子被立为太子，这是文公的孙子。五十年，文公

▶ 秦公鼎·春秋早期

上海博物馆藏。甘肃礼县大堡子山出土。立耳折沿，浅腹略鼓，平底，兽首蹄足，颈腹饰兽身交连纹，立耳外侧饰鳞纹，腹内壁铭文6字"秦公乍宝用鼎"，记秦公铸造此鼎。对于鼎铭"秦公"的认定，或以为是西周宣王时的秦庄公，或以为是幽王时秦仲和庄公，又或以为是春秋早期的秦襄公和秦文公。但该鼎形制与厉王时期函皇父鼎（甲）极似，时代相差不会太远，因此秦仲或庄公的可能性都存在。

去世，安葬在西山。莊公的儿子继位，这就是宁公。

宁公二年，宁公迁居到平阳。派遣军队攻伐西戎之君亳王的城邑荡社。三年，和亳王的军队交战，亳王逃奔到戎地，于是灭掉了荡社。四年，鲁国的公子翬弑杀他的国君鲁隐公。十二年，宁公攻伐荡氏。宁公十岁时被立为国君，在位十二年，去世后安葬在西山。生有三个儿子，长子武公被立为太子。武公和弟弟德公是同母兄弟，宁公的妾鲁姬子生有一个儿子名出子。宁公去世，大庶长弗忌、威垒、三父共同废掉太子而立出子做国君。出子六年，三父等人又共同派人暗杀出子。出子五岁被立为国君，在位六年去世。三父等人于是重新拥立原来是太子的武公做国君。

秦人向东发展

武公元年，攻打彭戏氏，到了华山脚下，住在平阳封宫。三年，诛杀三父等人，夷灭了他们的三族，这是因为他们暗杀了出子。郑国的高渠眯杀死了他的国君昭公。十年，攻伐邽、冀戎，初次在这些地方设立县。十一年，初次在杜、郑地设县。攻灭了小虢。

秦公簋·春秋早期

上海博物馆藏。甘肃礼县大堡子山出土。为春秋早期秦国国君的礼器。敛口鼓腹，盖有大捉手。器身装饰兽目交连纹、垂鳞纹、横条沟纹，盖沿和口沿每组纹饰间还设有上下相反的浮雕兽首，殊为奇特。器、盖对铭五字，记为秦公用器。

十三年，齐国人管至父、连称等人杀害他们的国君襄公而拥立公孙无知做国君。晋国灭亡了霍、魏、耿三国。齐国人雍廪杀死无知、管至父等人而拥立齐桓公。齐国、晋国成了强国。

十九年，晋国的曲沃武公开始称作晋侯。齐桓公在鄄地称霸。

二十年，武公去世，葬在雍邑的平阳。开始用活人殉葬，这次用来殉葬的有六十六人。武公有一个儿子，名叫白。白没有被立为国君，被封在平阳。立了武公的弟弟德公为君。

德公元年，开始居住在雍城的大郑宫。用牛、羊、猪各三百头在鄜畤祭祀天地，通过占卜认定吉利后就居住在雍城。后世子孙因此向东迁徙到达黄河边上去饮马。梁伯、芮伯前来朝见。二年，开始确定有三伏的节气，杀狗来祛除热毒邪气。德公三十三岁才被立为国君，在位二年去世。他生有三个

儿子：长子宣公、中子成公、少子穆公。长子宣公继位。

宣公元年，卫国、燕国攻伐周王室，赶走周惠王，拥立了王子颓。三年，郑伯、虢叔杀死了颓而迎请惠王回朝。四年，秦建造了密畤。和晋国在河阳交战，战胜了晋国。十二年，宣公去世。宣公生有九个儿子，没有一人被立为国君，立了他的弟弟成公为君。

成公元年，梁伯、芮伯前来朝贺。齐桓公讨伐山戎，临时驻军在孤竹。

成公在位四年去世。他有儿子七人，没有一人被立为国君，立了他的弟弟穆公为君。

☯穆公赎取百里奚

穆公任好元年，亲自率领军队攻打茅津，取得了胜利。四年，到晋国迎娶夫人，夫人是晋国太子申生的姐姐。这一年，齐桓公攻打楚国，到了邵陵。

五年，晋献公灭亡了虞国、虢国，俘虏了虞国国君和他的大夫百里奚，这是由于用璧玉、宝马贿赂虞国而取得的结果。俘虏了百里奚以后，把他作为秦穆公夫人陪嫁的仆役送到秦国。百里奚从秦国逃走跑到宛地，楚国边境的人捉到了他。穆公听说百里奚贤能，想要拿重金赎回他。担心楚国人不答应，就派人对楚国说："我国的陪嫁奴仆百里奚现今已在楚国，我们请求用五张黑色公羊皮赎回他。"楚国人就答应了这一要求，把百里奚交给秦国。这个时候，百里奚已经有七十多岁了。穆公亲自从囚禁中把他释放出来，和他讨论治国的事。百里奚辞谢说："我是亡国之臣，哪里还值得询问！"穆公说："虞国国君不能重用你，因而亡国，这不是你的罪过。"穆公坚决地向他请教，两人谈论了三天，穆公非常高兴，授给他掌管国家大政的权力，称号叫五羖大夫。百里奚推辞说："我的才能不及我的朋友蹇叔，蹇叔贤能而世上没有人知道。我曾经在游历齐国的时候困窘得向铚地人讨饭吃，是蹇叔收留了我。我因此就想去侍奉齐君无知，是蹇叔制止了我，使我能够避免卷入齐国内乱的灾难，后来我到了周朝。周王子颓喜好牛，我就借养牛

来接近他。等到颓想要任用我，是
蹇叔劝阻了我，让我离去，才免于
被诛杀。我侍奉虞君，蹇叔又劝止我。
我虽然知道虞君不能重用我，但我
私下确实是因为贪图财利和爵禄，
暂且留下来。我两次采纳他的意见，
都免于灾难，一旦不听从他的意见，
就遭遇了虞君亡国的祸难。由此我
知道蹇叔贤能。"于是穆公派人用重
礼迎请蹇叔，任用他为上大夫。

秋天，穆公亲自率领军队攻打晋
国，在河曲地区展开了激战。晋国骊
姬在国内作乱，太子申生死在新城，
公子重耳、夷吾从晋国出逃。

❂秦晋之好

九年，齐桓公在葵丘会集诸侯。

晋献公去世。立骊姬的儿子奚齐
做国君，献公的臣子里克杀死了奚
齐。荀息拥立卓子做国君，里克又杀
死了卓子和荀息。夷吾派人到秦国请
求援助，要求秦国帮助他回到晋国。
于是穆公答应了他的请求，派百里奚
带着军队护送夷吾回晋国。夷吾对秦
国人说："假如我真的能够被立为晋
国国君，就将割出晋国河西的八座城

邑奉献给秦国。"等到他到达晋国，
被拥立为晋君以后，却派丕郑到秦
国去道歉，违背前约而不给秦国河
西的城邑，并杀了里克。丕郑听说
这件事，感到害怕，因而和秦穆公
一起谋划说："晋国人不愿夷吾做
国君，事实上是希望重耳回国做国
君。如今夷吾违背了和秦国订立的
盟约并杀了里克，都是吕甥、郤芮
的计策。希望您用重利把吕甥、郤
芮迅速招来，吕甥、郤芮一旦来到
秦国，那么再护送重耳回晋国就方
便了。"穆公答应了他的请求，派
人和丕郑一起回晋国，召唤吕甥、
郤芮，吕甥、郤芮等人怀疑丕郑有
诈谋，于是告诉夷吾杀了丕郑。丕
郑的儿子丕豹逃到秦国，对穆公说：
"晋国国君无道，百姓不亲附他，
可以借此去攻伐晋国。"穆公说："假
如晋国百姓真是认为晋君不适宜做
国君，那么他为什么还能诛杀他的大
臣呢？能够诛杀他的大臣，这正说明
他能够协调晋国。"秦穆公不听从他
的建议，暗地里却重用丕豹。

十二年，齐国的管仲、隰朋去世。

晋国遭遇旱灾，到秦国来请求借

▶ 秦公镈·春秋早期

宝鸡青铜器博物院藏。陕西宝鸡太公庙出土。秦公镈造型雄伟，鼓部齐平，中起四道飞棱，侧旁的两道飞棱，形状是九条盘曲的飞龙，前后两条则是五条飞龙和一只凤鸟。舞部各有一龙一凤，背对背，向后回首。纽上有环。镈身上下各有一条带状花纹，由变形的蝉纹与窃曲纹组成。其上有铭文一百三十五字，得知秦公镈是秦武公祭祀祖先的礼器，铭文中提到了秦襄公、秦文公、秦静公、秦宪公四代世系，着重讲了秦襄公被赏宅受国之事。

秦子甬钟·春秋早期

甘肃秦文化博物馆藏。2006年礼县永坪镇大堡子山祭祀乐器坑出土。共八件，每件上面均附有挂钩。八件甬钟形制相似，大小有别。正鼓部为左右对称的阴线顾首夔龙纹，部分甬钟鼓部右侧饰鸟纹。这组乐器的出土，不仅昭示了大堡子山墓葬的性质和级别，加深了我们对秦国音乐艺术和青铜铸造技术的认识，也为我国古代音乐史增添了一份珍贵的实物资料。

秦子镈·春秋早期

甘肃秦文化博物馆藏。2006年礼县永坪镇大堡子山祭祀乐器坑出土。一套三件，形制相同，大小相次，每件镈均附挂钩和回头虎一只。镈体饰有四条透雕扁蟠龙纹扉棱，舞面与镈身均饰曲体龙纹。钟钮为镂空龙纹桥型钮，与器身的两条扉棱相接。鼓部铸有二十八字铭文，"秦子作宝龢钟，以其三镈，厥音铗铗雍雍，秦子畯命在位，眉寿万年无疆。"大意为：秦子铸造了一套宝贵的龢钟和三件镈，其音优美动听，秦子受命在位，长寿万年无疆。

粮度灾。丕豹对穆公说不要给晋国粮食，趁着它发生饥荒去攻伐晋国。穆公问大夫公孙支，公孙支说："饥灾和丰收是更替出现的事，不能不借给它。"问百里奚，百里奚说："夷吾得罪了您，晋国的百姓又有什么罪？"于是穆公采用百里奚、公孙支的建议，最终把粮食借给了晋国。用船载漕运和车载陆运，从雍城到绛城运粮的车船相望不绝。

秦晋韩原之战

十四年，秦国发生饥荒，到晋国去借粮。晋国国君和群臣商量这件事。虢射说："趁着秦国正闹饥荒去攻打它，可以取得很大的成功。"晋君听从了他的建议。十五年，晋国发动军队将要攻打秦国。穆公也发动军队，委派丕豹做将军，亲自统兵前往反击晋军。九月壬戌日，和晋惠公夷吾在韩原交战。晋君脱离主力部队，和秦军争夺战利，因为马陷入深泥中盘旋不得出。秦穆公率领麾下军士急追晋惠公，不仅没有能捉住晋君，反而被晋军所围困。晋军攻打穆公，穆公受伤。就在这个时候，曾经偷吃过秦穆公骏马肉的三百名岐下人冒死驰入晋军，晋军撤除了包围，使穆公得以逃脱，而且活捉了晋君。当初，穆公丢失了骏马，是被住在岐山下的三百多名农民共同捕得并把它们杀死吃了，官吏抓住他们，要依法惩治他们。穆公说："君子不会因为牲畜的事而伤害人。我听说吃了骏马的肉而不饮酒，会伤人身体。"于是赏赐酒给他们喝，并赦免了他们。这三百人听说秦军反击晋军，都要求从军，因而在军中看见穆公处境危难，也都不避刀枪，争先死战，来报答食马不被惩罚的恩德。于是穆公俘获了晋君回到秦国，在国中发布命令："大家都斋戒独宿，我将要用晋君祭祀上天。"周天子听说这件事，说："晋侯是我的同姓。"替晋君说情。夷吾的姐姐也是穆公的夫人，夫人听说这件事，就身穿丧服、光着脚对穆公说："我竟然不能拯救自己的兄弟，唯恐有耻您的命令。"穆公说："我俘虏了晋君当作是一件大功，如今天子为他来求情，夫人也因为这件事而忧苦。"就和晋君订立盟约，答应放他回晋国，又把晋君的住所另行安排到上等房舍，并馈赠他牛、羊、猪各七头作为食品。十一月，释放晋君夷吾，夷吾把晋国河西的土地献给秦国，让太子圉到秦国去做人质。秦王把宗室中的女子嫁给太子圉做妻。这时，秦国的国土向东扩张到了黄河。

帮助重耳复国

十八年，齐桓公去世。二十年，秦国吞灭梁国、芮国。

▶ **陕西宝鸡蟠龙文化公园秦穆公称霸雕塑**

蟠龙文化公园位于陕西宝鸡蟠龙新区蟠龙牌楼以北，公园将地理和人文相结合，通过景观、雕塑等来表现宝鸡周秦汉唐悠久的历史文脉，体现了宝鸡被誉为"中华民族发祥地"的特点。秦穆公称霸雕塑是蟠龙文化公园雕塑群中的一尊雕像，展现了秦穆公的形象。

　　二十二年，晋国的公子圉听说晋君生病，说："梁国是我母亲的家乡，而它被秦国吞灭了。我的兄弟很多，如果国君去世以后，秦国必然要留住我，那么晋国会轻视我，也就会另立其他儿子。"太子圉于是逃回晋国。二十三年，晋惠公去世，太子圉被立为国君。秦国怨恨太子圉从秦国逃亡回去，就从楚国迎请晋国的公子重耳，把过去太子圉的妻子再嫁给重耳做妻。重耳起初谢绝，后来才接受。穆公用厚礼款待他。二十四年春天，秦国派人告诉晋国的大臣，想要让重耳回到晋国。晋国答应了秦国的请求，于是秦国派人送重耳回国。二月，重耳被拥立为晋国国君，这就是晋文公。文公派人杀死了太子圉，太子圉就是晋怀公。

　　这一年秋天，周襄王的弟弟带倚仗翟国的武力攻伐周王，周王被迫出逃，住在郑国。二十五年，周王派人到晋国、秦国通报祸患情况。秦穆公率领军队协助晋文公用武力护送襄王回国，诛杀了周王的弟弟带。二十八年，晋文

公在城濮打败了楚军。三十年，穆
公协助晋文公围困郑国。郑国派
人对穆公说："灭亡郑国而加强
了晋国，对晋国有所得，而秦国不
能得到什么利益。晋国的强盛，就是
秦国的忧患啊。"穆公于是罢兵回国。晋
国也罢兵了。三十二年冬天，晋文公
去世。

崤之战

郑国有人向秦国出卖郑国说：
"我掌管着郑国的城门，可以来偷袭
郑国啊。"穆公就这件事询问蹇叔、
百里奚，他们回答说："途经好几
个国家，行程千里去袭击别人，是很
少有能得到好处的。既然有人出卖郑
国，怎么知道我国没有人会把我们
的举动告知郑国呢？这件事不可以

▶ **对凤纹方壶·春秋中期**

甘肃秦文化博物馆藏。1998 年甘肃礼县永
兴镇赵坪村圆顶山贵族墓出土。方壶形体较
大，纹饰华美。盖顶、圈足与璧形套环饰蟠
虺纹，盖沿、器颈、器腹饰已蟠虺化了的对
凤纹，凤体虽已纠交缠绕如蟠虺，但环目凤
首及其弯喙尚清晰可辨，冠羽上卷构成对称
图案，造型十分精美。

做。"穆公说："你不知道中间的奥妙，我已经决定了。"于是发兵，派百
里奚的儿子孟明视、蹇的儿子西乞术及白乙丙率领秦军。启程这一天，百里奚、
蹇叔二人对着他们痛哭。穆公听说这件事，发怒说："我出兵而你们哭丧我
的军队，这是什么用意？"二位老人说："臣子不敢沮丧您的军队。军队出发，
臣的儿子一同前往，臣已经年老，恐怕他们回来迟了而无法相见，所以才哭。"
二位老人退下，对他们的儿子说："你们的军队如果失败，必然是在崤山的
险要地区。"三十三年春，秦国的军队就向东行进，越过晋国领土，经过周
室北门。周室的王孙满说："秦国军队的行动不合礼法，不失败还能等来什

盘龙纹金饰片·春秋

么别的结果。"军队行进到滑地，郑国从事贩卖的商人弦高，带着十二头牛正准备到周室去销售，见到了秦国军队，恐怕被捉去杀掉，趁机把牛献给秦国。他说："听说大国将要诛伐郑国，郑国国君正认真谨慎地准备防御，派臣子送十二头牛来慰劳您的军士。"秦国的三位将军相互商量说："我们准备奇袭郑国，郑国如今已经发觉了我们的行动，赶到郑国也是已经错过了袭击的时机。"于是秦军灭掉了滑邑。滑邑，是晋国边疆上的城邑。

在这个时候，晋文公死了还没有安葬。太子襄公愤怒地说："秦国欺侮我丧父，趁着我办理丧事的时候攻取了我国的滑邑。"于是他身披黑色孝服，出动军队在殽山截住秦军，把秦军打得大败，没有一个能够逃脱的人。晋军俘虏了秦国三位将军后回师。晋文公的夫人，是秦穆公的女儿，为被俘虏的秦国三位将军讲情说："穆公对这三个人恨之入骨，希望你能让这三个人回国，好让我国国君亲自痛快地烹杀他们。"晋国国君答应了她的请求，放回了秦国的三位将军。三位将军回到国中，秦穆公身着素服在郊外迎接他们，对着三位将军哭泣着说："我因为没有采用百里奚、蹇叔的建议，而使三位将军受到侮辱，你们三位有什么罪呢？你们还是全心准备雪耻，不要懈怠。"于是恢复三人以前的官职俸禄，更加厚待他们。

三十四年，楚国太子商臣杀害他的父亲成王而自己接替了王位。

穆公在这时候又派孟明视等人率军攻打晋国，在彭衙地区交战。秦国战事不顺利，退兵回国。

⊅计留由余

戎王派遣由余出使秦国。由余的祖先是晋国人，逃亡到戎地，他仍能说晋国话。戎王听说秦穆公贤能，所以派遣由余前往秦国观察。秦穆公向他展示了宫室的豪华和积聚的富足。由余看后说："这些若使鬼神去做，就太劳神了。若使人力去做，也太困苦百姓了。"穆公对他的说法感到奇怪，问道："中原各国用诗书礼乐法度作为行政的原则，像这样有时还出现变乱，如今戎夷没有中原国家的诗书礼乐法度，用什么来治理国家？不是会很困难吗？"由余笑着说："这些正是使中原国家发生变乱的原因。自从上古圣人黄帝制作礼乐法度，他就以身作则而率先奉行，也仅仅能达到小治。到了后世，君王一天比一天更加骄淫。依恃着法度的威严，来责罚督察臣民，臣民疲困已极，就怨恨居上位者不行仁义，上下相争，积怨加深就会相互篡杀，以致达到诛灭宗族，所有的变故都是因为这一类原因。而戎夷不是这样，在上位的人对待在下者饱含着淳朴的德行，在下位的人侍奉居上位者心怀忠信，治理一国的政事如同治理自己的一身，他们不知道什么治理国家的理论、主张，这才是真正圣人的治国方法。"于是穆公退朝后询问内史廖说："我听说邻国有圣人，与之对立的国家应该感到忧患。如今由余是一位贤才，对寡人来说是祸害，要如何对待他呢？"内史廖说："戎王居处在偏僻闭塞的地区，还没有听到过中原国家的音乐之美。您试着送给他歌舞伎女，来改变他的心志；替由余向戎王请求延期返戎，借以疏远他们之间的关系；留住由余而不遣送他回国，借此耽误他的归期。戎王对他感到奇怪，必然会怀疑由余。君臣之间有嫌隙，就可以把他俘获。而且戎王嗜好音乐，必然会懈怠国政。"穆公说："很好！"因而和由余接席而坐，互递杯盏而一同进食，询问他戎国的地形和兵力态势，了解得非常详细、明确。而后命

令内史廖把十六名歌舞伎女赠送给戎王。戎王接受后非常喜欢她们，一整年迷恋而不返还。到这时秦国才放回由余，由余屡次劝谏而戎王不听从，穆公又多次派人暗中约降由余，由余就离开戎国而去投降秦国。穆公用对待客人的礼节对待他，询问他采用什么方式攻伐戎国。

❂ 雪耻称霸

三十六年，穆公又更加厚待孟明视等人，派他们率领秦军攻打晋国，渡过黄河以后把船焚烧了，打得晋军大败，攻取了王官城和鄗地，用来报复殽山之役被打败的仇恨。晋国人都在城中困守不敢出战。在这种情况下，穆公才从茅津渡过黄河，为在殽山战役中牺牲的军士筑坟，为他们发丧，为他们致哀三日。穆公对军队宣誓说："啊，士卒们！听我说，不要喧哗，我有誓言要告诉你们。古时候，人们有事都要向白发老人请教，这样就不会有什么过失。而我当初没有听取蹇叔、百里奚的谋略，所以才作出这次誓言，使后世能够记住自己的过错。"君

子们听说了这件事，都为此而落泪，他们说："唉！秦穆公在任用人上非常周全，最终能够获得孟明视等贤士的拥护。"

三十七年，秦国采用由余的谋略而攻伐戎王，增加了十二个属国，开拓了千里领土，最终在西戎称霸。天子派召公过带着金鼓去向秦穆公祝贺。

三十九年，秦穆公去世，葬在雍地。陪葬的有一百七十七人，秦国的贤臣有三人，他们名叫奄息、仲行、铖虎，也都在陪葬之列。秦国人为他们感到悲哀，为他们作了一首名叫《黄鸟》的诗歌。君子评论说："秦穆公扩张国土、增加了属国，在东方征服了强大的晋国，在西方称霸于戎夷地区，像他具有这样的功劳却没有成为诸侯国的盟主，也是应该的呀！他死后弃民不顾，要把他的良臣带走，让随从殉葬。即使先王病逝，尚且能遗留下美德和流传的法度，更何况是夺去了善人、良臣，这些百姓所敬爱哀怜之人的性命呢？由这件事可以知道秦国不能再度东征。"穆公有儿子四十人，他的太子罃继立为君，这就是秦康公。

康共桓三公时期

康公元年。前一年，秦穆公去世时，晋襄公也去世，襄公的弟弟名叫雍，是秦国宗室之女所生，住在秦国。晋国的赵盾想要立他为国君，派随会前来迎请公子雍，秦派兵护送他到令狐城。晋国扶立襄公的儿子为国君后，反过来攻击秦军，秦军战败，随会前来投奔秦国。二年，秦国攻打晋国，夺取了武城，报复了秦军在令狐战役失败的仇恨。四年，晋军攻伐秦国，攻取了少梁城。六年，秦军攻打晋国，取得了羁马城。在河曲地区交战，大败了晋国的军队。晋国人担心随会在秦国会给

青铜虎·春秋中期

甘肃省博物馆藏。甘肃礼县大堡子山出土。其形象回首卷尾，耸耳屈爪，憨态可掬，极具观赏性，是春秋时期虎造型的杰作，体现了秦国早期高超的造型能力和精湛的铸造技术。虎的形象在春秋秦人的器物中多见，不但有自成个体的金虎、青铜回首虎，同时虎作为附饰也出现在一些大的青铜器上，如秦西垂陵区圆顶山贵族墓地出土的青铜方壶、青铜盉及青铜盨等器物上都附饰有大量不同形态的小虎。

晋国带来祸乱，就派魏雠余假装反叛，来和随会合谋，蒙骗并得到了随会，随会因此就返回了晋国。康公在位十二年去世，儿子共公继位。

共公二年，晋国人赵穿弑杀了他的国君灵公。三年，楚庄王势力强大，率军向北到达洛京，询问周朝传国之宝九鼎的大小轻重。共公在位五年去世，儿子桓公继位。

桓公三年，晋军打败了秦国的一位将军。十年，楚庄王征服郑国，往北在黄河岸边打败了晋国的军队。在这个时候，楚国称霸，举行会盟集合了诸侯。二十四年，晋厉公刚刚继位为晋君，和秦桓公订立了以黄河为界的盟约。

▶ 《晋文公复国图》（局部）·宋·李唐

美国纽约大都会艺术博物馆藏。这是李唐作品《晋文公复国图》中的一段，主要描绘晋文公来带秦国之后，秦穆公将怀嬴赐给晋文公重耳为夫人，这时的重耳对于这种婚事表现得十分谨慎，从画面就能看出来。一方面是他有求于秦穆公，另一方面怀嬴原本是他的侄子晋怀公的妻子，叔纳侄妻终归不是那么回事。故此重耳才有这样的表现。

桓公回国后就背弃盟约，和翟人合谋进攻晋国。二十六年，晋国率领诸侯讨伐秦国，秦国军队战败逃走，诸侯国军队追至泾水才收兵回师。

桓公在位二十七年去世，儿子景公继位。

景哀之际

景公四年，晋国的栾书弑杀了他的国君厉公。十五年，秦国的军队救援郑国，在栎城打败了晋国的军队。这个时候晋悼公成为各诸侯的盟主。十八年，晋悼公国势强大，屡次会聚诸侯，率领他们去攻伐秦国，打败了秦国的军队。秦国的军队逃走，晋国的军队追击他们，结果晋国的军队渡过了泾水，直到棫林城才回还。二十七年，景公到了晋国，和晋平公订立了盟约，不久又背弃盟约。三十六年，楚国的公子围弑杀了他的

国君而自立为王，这就是楚灵王。景公的同母弟后子铖很得景公宠幸，景公的母弟拥有很多财富，有人在景公面前说他的坏话，他害怕被诛杀，就逃亡到晋国，随身带着一千辆车的资财。晋平公说："后子，你这样富足，为什么还要逃亡？"后子铖回答说："秦君无道，我害怕被诛杀，想等到他去世以后继承人就位了再回秦国。"三十九年，楚灵王国势强盛，在申城会聚诸侯，成为盟主，杀死了齐国的大臣庆封。景公在位四十年去世，儿子哀公继位，后子铖又重新回到秦国。

哀公八年，楚国的公子弃疾弑杀了灵王而自立为王，这就是楚平王。十一年，楚平王来向秦国求娶宗室女做太子建的妻子。秦女来到楚国，平王见秦女容貌美好就自己娶了作为妻子。十五年，楚平王想要诛杀太子建，太子建逃亡。伍子胥投奔吴国。晋国公室卑弱而六卿之臣势力强大，他们之间准备相互攻击，因此秦国和晋国很久没有相互攻伐。三十一年，吴王阖闾和伍子胥攻伐楚国，楚王逃亡到随国，吴国的军队于是进入了郢都。楚国大夫申包胥来到秦国告急求援，他七天不吃饭，日夜哭泣。于是秦国发动五百乘军车去解救楚国的危难，打败了吴国的军队。吴国的军队撤回后，楚昭王才能够重新回到郢都。哀公在位三十六年去世。太子是夷公，但夷公早就死了，不可能被立为秦君，就立了夷公的儿子做国君，这就是惠公。

秦国内乱

惠公元年，孔子代理鲁国国相的职务。五年，晋国六卿中的中行氏、范氏反叛晋国，晋国派智氏、赵简子攻打他们，范氏、中行氏逃奔到齐国。惠公在位十年去世，儿子悼公继位。

悼公二年，齐国的大臣田乞杀害他的国君孺子，扶立了孺子的哥哥阳生作为齐君，这就是齐悼公。六年，吴国的军队打败了齐国军队。齐国人杀死了齐悼公，扶立了他的儿子简公作为国君。

九年，晋定公和吴王夫差会盟，在黄池城争当盟主，最终吴王争先作了盟主。吴国强盛，欺凌中原各国。十二年，齐国人田常杀害了齐简公，扶立简公的弟弟平公作为国君，田常作为国相辅佐他。十三年，楚国灭掉了陈国。秦悼公在位十四年去世，儿子厉共公继位。孔子在秦悼公十二年去世。

厉共公二年，蜀人前来进贡财物。十六年，在黄河旁挖掘壕沟。派遣二万军卒征伐大荔国，夺取了大荔国的国都王城。二十一年，开始设置频阳县。晋国攻克了武成。二十四年，晋国发生内乱，智伯被杀，他的国土被分给赵氏、魏氏、韩氏。二十五年，智开和他的封邑中的人逃奔来到秦国。三十三年，厉共公征伐义渠国，俘虏了义渠国国王。三十四年，有日食发生，厉共公去世，儿子躁公继位。

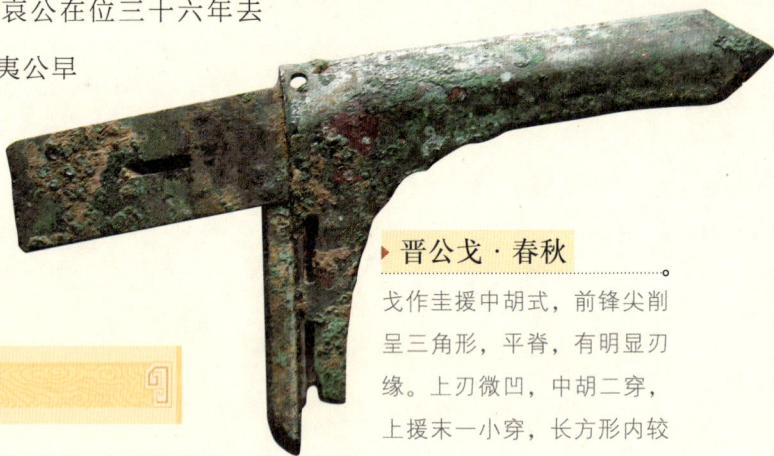

躁公二年，南郑城造反。十三年，义渠国前来侵略秦国，到达渭南。十四年，躁公去世，扶立他的弟弟怀公为国君。

怀公四年，庶长晁和大臣们围攻怀公，怀公自杀。怀公的太子名叫昭子，早已死去，大臣们就扶立太子昭子的儿子作为国君，这就是灵公。灵公，是怀公的孙子。灵公六年，晋国在少梁建筑城池，秦国的军队袭击了他们。十三年，建筑籍姑城。灵公去世，他的儿子献公没有能够被立为国君，立灵公的叔父悼子为国君，这就是简公。简公，是昭子的弟弟，怀公的儿子。

简公六年，开始颁布法令规定官吏可以带剑。在洛水挖掘壕沟，建筑重泉城。十六年，简公去世，儿子惠公继位。

惠公十二年，他的儿子出子降生。十三年，征伐蜀地，攻取了南郑城。惠公去世，出子继位。

出子二年，庶长改从河西迎请灵公的儿子献公并扶立他作为秦国国君，杀死出子和他的母亲，把他们的尸体沉入深渊。

秦国由于以往数次更换国君，君臣秩序混乱，因此晋国趁机重新强盛起来，夺取了秦国的河西地区。

孝公图强

秦献公元年，废止用活人为君主殉葬的制度。二年，建栎阳城。四年正月庚寅日，孝公降生。十一年，周朝太史儋拜见献公说："周以前和秦国合在一起又分开为二，分开了五百年后又要重新会合，重新会合十七年后会有霸王出世。"十六年，桃树冬季开花。十八年，栎阳降下金雨。二十一年，和魏国的军队在石门山地区交战，斩杀了魏军首级六万，周天子赠送了绣有花纹的礼服来表示祝贺。二十三年，秦国的军队与魏国的军队在少梁交战，俘虏了敌将公孙痤。二十四年，献公去世，儿子孝公继位，孝公当时已经二十一岁了。

孝公元年，在黄河和崤山以东有六个强国，秦孝公和齐威王、楚宣王、魏惠王、燕悼侯、韩哀侯、赵成侯并立，在淮水和泗水一带，存有小国十多个。楚国、魏国和秦国地界

相连接。魏国修筑长城，从郑县沿洛水向北，拥有上郡。楚国从汉中向南拥有巴、黔中地区。周王室势力微弱，诸侯凭借各自实力进行征伐，争相兼并。秦国处在偏僻的雍州，不能参与中原诸侯国的会盟。诸侯们把秦国当作夷狄看待。孝公根据这种形势而广泛施行恩惠，赈救孤寡，招抚战士，明定立功奖赏。他在国中下令说："以前我的祖先穆公崛起于岐山和雍邑地区，修治德政和推行武力，向东平定了晋国的内乱，使国土扩张到以黄河为界，在西方称霸于戎狄地区，扩张了千里疆土，天子致赠封号为伯，诸侯们都来表示祝贺，为后世开创了基业，非常光辉荣耀。恰逢以前遇到厉公、躁公、简公、出子时期的动乱不宁，国家出现内忧，无暇顾及国外事务，使三晋攻夺了我先君开拓的河西地区，诸侯们卑视秦国，再没有什么比这更加耻辱了。献公即位后，镇抚了边境，迁都到栎阳，并且准备向东征伐，恢复穆公时候秦国故有的疆域，重整穆公时的政治法令。寡人缅怀先君的遗志，内心常常感到悲痛。宾客群臣中若有能够出奇计使秦国强盛的人，我将尊崇他而给予高官，颁赐给他土地。"于是就出兵向东围困陕城，进兵西方斩杀了戎人的獂王。

卫鞅听到秦孝公发布的这一命令，来到秦国，借助景监的介绍而求见孝公。

二年，周天子赐赠祭肉。

三年，卫鞅劝说孝公变更法制、整饬刑法，对内致力农耕，对外推行鼓励士卒力战效死的赏罚，孝公很欣赏他的建议。甘龙、杜挚等人却不同意这样的看法，和卫鞅互相争论。最终孝公采用了卫鞅的新法，一开始百姓对新法感到痛苦，过了三年，百姓觉得新法便利。于是孝公任命卫鞅为左庶长。他的事迹写在《商君列传》中。

七年，和魏惠王在杜平城会盟。八年，和魏国军队在元里城交战，获得胜利。十年，卫鞅任大良造，率领军队围困魏国的安邑城，安邑投降。十二年，建造咸阳城，修筑了宫阙，秦国就把国都迁到这里。又把各个较小的乡村、聚落、集镇等合并成大县，每县设置一名县令，共有四十一个县。规划田亩，设置阡陌。东面的领土已扩大到洛水以东。十四年，开始施行军赋制度。十九年，天子封孝公为诸侯伯长。二十年，诸侯都表示祝贺。秦国派公子少官率领着军队在逢泽地区会集诸侯，朝见周天子。

二十一年，齐国军队在马陵地区打败了魏国的军队。

二十二年，卫鞅进击魏国，俘虏了魏国公子卬。孝公封卫鞅为列侯，赐给名号为商君。

二十四年，和魏国在岸门地区作战，俘虏了魏国的将军魏错。

孝公去世，儿子惠文君继位，这一年，诛杀了卫鞅。卫鞅在秦国施行新法的开始阶段，法令得不到推行，太子触犯了法禁。卫鞅说："法令之所以不能推行，原因是出于贵戚们的抵制。国君若一定要推行新法，应当先从太子开始施行。太子不能受黥刑，应该让太子的傅师承受。"因此新法得到广泛推行，秦国人得到了治国。等到孝公去世，太子被立为国君，秦国宗室中有许多人怨恨卫鞅，卫鞅逃亡，因此被认定是谋反，最终遭受车裂的刑罚而被当众处死。

秦雍城遗址

秦雍城遗址位于陕西省宝鸡市凤翔县南郊，这里曾经是先秦古都，自秦德公元年（前677）至秦献公二年（前383），秦国在雍城统治长达二百九十四年，历经秦十九代国君。雍城是秦国都城中延续时间最长、执政国君最多的一座都城。

现存的秦都雍城遗址由雍城城址区、秦公陵园区和国人墓葬区三部分组成，东西长一万米，南北宽五千米，出土文物三千余件。当前已发现的建筑基址有二十多处，其中宗庙、朝廷等建筑遗址非常重要，宗庙建筑遗址已经发掘，布局结构清楚。秦公陵园位于都城南郊的三畤塬上，占地约二十一平方千米。在秦公陵园区和雍城城址区之间为国人墓葬区，沿雍水河两岸分布，已经发掘的有八旗屯、高庄、黄家庄等墓葬区。

秦雍城遗址出土物以陶器为主，建筑遗址周围有大量的板瓦、筒瓦、瓦当和砖。姚家岗宫殿区发现六十四件铜质建筑构件，构件分为曲尺形、楔形、方筒形、片状、小拐头等。高王寺发现窖藏一处，出战国铜鼎、镶嵌射宴壶、铜敦、盖豆等共十二件。

▶垂鳞纹圆壶·春秋

甘肃秦文化博物馆藏。甘肃礼县永兴镇赵坪村圆顶山贵族墓出土。通高 33.7 厘米，口径 9.5 厘米，上腹部饰一周垂鳞纹及卷云纹，四钮，有盖。该圆壶为盛酒器或盛水器，流行于商代至汉代。

秦惠文王时期

惠文君元年，楚、韩、赵、蜀人前来朝见。二年，周天子向秦国祝贺。三年，秦王举行冠礼。四年，周天子赐赠祭祀文王、武王的祭肉。齐国和魏国的君主称王。

五年，阴晋人犀首被任命为大良造。六年，魏国把阴晋地献给了秦国，阴晋被改名为宁秦。七年，公子卬和魏国作战，俘获了敌将龙贾，斩杀了首级八万。八年，魏国奉献河西地区。九年，秦军渡过了黄河，攻取了汾阴城、皮氏城。惠文君和魏王在应城会盟。围困焦城，焦城投降。十年，张仪被任为秦相。魏国奉献了上郡十五县给秦国。十一年，在义渠地区设置县。归还了魏国的焦城和曲沃。义渠国君成为秦国的臣子。把少梁改名叫夏阳。十二年，开始施行腊月祭祀。十三年四月戊午日，魏国国君称王，韩国国君也称王。秦国派张仪攻取了陕州，把陕州地区的百姓驱逐到魏国。

十四年，又更改为元年。二年，张仪和齐国、楚国的大臣在龉桑地区会盟。三年，韩国、魏国的太子来朝见。张仪担任魏国国相。五年，惠文王巡游到达北河地区。七年，乐池担任秦国国相。韩国、赵国、魏国、燕国、齐国率领着匈奴的军队共同攻打秦国，秦国派庶长疾在修鱼城和各国联军作战，俘获了他们的将领申差，打败了赵公子渴、韩太子奂，斩杀了敌军首级八万二千。八年，张仪再度担任秦国国相。九年，司马错征伐蜀国，灭掉了蜀国。秦军攻取了赵国的中都城和西阳。十年，韩太子苍作为质子来到秦

▶ **垂鳞纹青铜鼎·东周**

甘肃省博物馆藏。甘肃礼县圆顶山贵族墓出土。方唇平折沿，口微敛，沿上立厚方耳，耳上端略宽，鼓形浅腹，圜底近平。足柱中部起凸箍一周。腹上部饰凤鸟型对称窃曲纹，上下两凤共目而各有喙，凤躯已图案化。下腹部饰两排相错的垂式重鳞纹，上下腹两种纹饰带之间以宽弦纹相隔。耳外廓饰长短相间的重环纹，足上部饰蟠螭纹。

国。秦军攻占了韩国的石章，打败了赵国的将军泥。秦军讨伐并占领了义渠国的二十五座城邑。十一年，樗里疾攻打魏国的焦城，焦城投降。秦军又在岸门城打败了韩国的军队，斩杀了一万名韩国士兵首级，韩国的将军犀首逃跑。公子通封为蜀侯。燕国国君哙把君位让给了他的大臣子之。十二年，惠文王和梁王在临晋城会盟。庶长疾攻打赵国，俘获了赵国的将军庄。张仪担任楚国的国相。十三年，庶长章在丹阳地区袭击楚军，俘获了楚国将军屈匄，斩杀了敌军首级八万；又在汉中攻打楚军，占领了地方六百里，

在这里设置汉中郡。楚国围攻雍氏城，秦国派庶长疾援助韩国并向东攻打齐国，又派到满帮助魏国攻打燕国。十四年，征伐楚国，占领了召陵。丹、犁二国向秦国称臣，蜀相壮杀死了蜀侯前来投降。

惠王去世，儿子武王继位。韩国、魏国、齐国、楚国、越国都归顺秦国。

陕西历史博物馆藏。陕西绥德征集。该壶呈瓠瓜形，前鼓后曲，壶盖立雕鹑鸟，鸟嘴可以启闭。壶身为宽带纹及蟠螭纹相间。八棱形壶盘，壶盖与壶盘有链条相连。这种瓠瓜造型的青铜壶较为少见，设计应参考了北方草原皮囊壶的造型。其细密繁缛的纹饰，生动形象的装饰，是一件罕见的艺术珍品。

❂武王举鼎而死

武王元年，和魏惠王在临晋会盟。诛杀了蜀相壮。张仪、魏章都离开秦国到达魏国。征伐义渠、丹、犁各国。二年，开始设置丞相的职位，樗里疾、甘茂担任左右丞相。张仪死在了魏国。三年，武王和韩襄王在临晋城外会盟。南公揭去世，樗里疾担任韩国的国相。武王对甘茂说："寡人想要乘着车经过三川地区去一睹周室，如果能够实现，我就是死去也没有什么可遗憾的了。"这一年秋天，派甘茂和庶长封征伐宜阳。四年，攻克了宜阳，斩杀敌人首级六万。秦军渡过黄河，在武遂筑城。魏国太子前来朝见。武王有气力，喜好游戏，所以力士任鄙、乌获、孟说都做到了高官。武王和孟说举鼎较力，结果折断了膝盖骨。八月，武王去世。孟说的全族被灭。武王娶魏国宗室女作为王后，没有生育儿子。扶立武王的异母弟作为秦王，这就是昭襄王。昭襄王的母亲是楚国人，姓芈，尊号为宣太后。武王去世时，昭襄王作为质子正在燕国。燕国人把他送回秦国，他才能够被立为王。

超长待机的昭襄王

昭襄王元年，严君疾任丞相。甘茂离开秦国到魏国。二年，有彗星出现，庶长壮和大臣、诸侯、公子谋反作乱，都被诛杀，以及惠文后也都没能得到善终。悼武王后离开秦国回到了魏国。三年，昭襄王举行冠礼。和楚王在黄棘城会盟，把上庸县送给了楚国。四年，秦国占领了蒲阪城。有彗星出现。五年，魏王来到应亭朝见昭襄王，又把蒲阪还给了魏国。六年，蜀侯辉造反，司马错平定了蜀地。庶长奂征伐楚国，斩杀了敌军首级二万。泾阳君到齐国去作人质。有日食发生，以致白天昏暗。七年，攻克新城。樗里子去世。八年，派遣将军芈戎攻打楚国，占领了新市。齐国派遣章子，魏国派遣公孙喜，韩国派遣暴鸢，共同攻打楚国的方城，俘获了唐眛。赵国攻破中山国，中山国君逃亡，最终死在齐国。魏公子劲、韩公子长被封为诸侯。九年，孟尝君薛文来到秦国担任丞相。庶长奂攻打楚国，夺取了八座城邑，杀死了楚国将军景快。十年，楚怀王来到秦国朝见秦王，秦国扣留他。薛文因为金受的诋毁而被免去了丞相的官职。楼缓担任了丞相。十一年，齐、韩、魏、赵、宋、中山（此时属赵）五国共同攻打秦国，他们的军队到达盐氏县后，就撤回了。秦国把黄河以北及封陵城交给韩国、魏国来请求和解。有彗星出现。楚怀王逃亡到了赵国，赵国不敢收留他，他又回到了秦国，不久后死去，归葬楚国。十二年，楼缓被罢免。穰侯魏冉被任命为丞相。秦国送给楚国五万石粟。

十三年，向寿征伐韩国，占领了武始。左更白起攻打新城，五大夫吕礼逃出秦国投奔了魏国。任鄙担任了汉中郡守。十四年，左更白起在伊阙地区攻打韩国和魏国，斩杀了敌军首级二十四万，俘获了公孙喜，攻克了五座城邑。十五年，大良造白起进攻魏国，攻克了垣城，接着又归还给了魏国。进攻楚国，攻克了宛城。十六年，左更司马错攻取了轵城和邓邑。魏冉被免除丞相。把宛城封给了公子市，把邓邑封给了公子悝，把陶城封给了魏冉，他们成了诸侯。十七年，城阳君来到秦国朝见，以及东周君也

129

前来朝见。秦国把垣改为蒲阪和皮氏。昭襄王前往宜阳。十八年，司马错攻打垣城、河雍，断绝了桥梁才攻克了它们。十九年，昭襄王称为西帝，齐王称为东帝，接着又都放弃帝号。吕礼自愿前来归。齐国攻破了宋国，宋王逃到魏国，死在温地，任鄙去世。二十年，昭襄王到汉中，又到上郡、北河。二十一年，司马错进攻魏国的河内郡，魏国献出安邑，秦国把安邑的百姓驱逐出去，用赏赐爵位作为利惠从河东地区招募百姓迁往安邑，又赦免罪人迁往此处。泾阳君被封在宛城。二十二年，蒙武征伐齐国。河东郡分为九个县。和楚王在宛地会盟。和赵王在中阳城会盟。二十三年，尉斯离和三晋及燕国的军队征伐齐国，在济水西岸打败了齐国的军队。昭襄王和魏王在宜阳会盟，和韩王在新城会盟。

二十四年，昭襄王和楚王在鄢城会盟，又在穰城会盟。秦国占领了魏国的安城，到达了大梁城下，燕国和赵国前来救援魏国，秦国的军队退去。魏冉被免去相职。二十五年，秦军攻克了赵国的两座城邑。和韩王在新城会盟，和魏王在新明邑会盟。二十六年，赦免了一批罪人而把他们迁往穰地。穰侯魏冉又担任丞相。二十七年，司马错进攻楚国，赦免了一批罪人而把他们迁往南阳。白起进攻赵国，攻取了代郡的光狼城。又派司马错从陇西郡出发，经由蜀郡而攻打楚国的黔中，攻克了黔中。二十八年，大良造白起进攻楚国，夺取了鄢城、邓城，赦免了一批罪人而把他们迁到这里。二十九年，大良造白起进攻楚国，攻

▶ **双鞘铜剑·战国**

四川茂县羌族博物馆藏。四川茂县南新镇牟托村一号石棺墓出土。出土时鞘内只插一剑，剑身包裹二层红色丝织细薄纱绢。同类型的带鞘剑在四川的其他地方也有出土，它们多出自战国土坑墓，是具有浓厚地方风格的巴蜀兵器。石棺葬文化中首次出土，说明石馆葬文化应吸收了蜀文化的因素，或石馆葬文化本身就是蜀文化系统的地方性分支文化，为研究石棺葬文化与蜀文化的关系提供了可靠的实物依据。

克了郢都并在此设立南郡，楚王逃跑。周君来到秦国。昭襄王和楚王在襄陵城会盟。白起被封为武安君。三十年，蜀郡守张若征伐楚国，夺取了巫郡以及长江以南的地区，设立为黔中郡。三十一年，白起进攻魏国，夺取两座城邑。楚国人在江南地区反叛秦国。三十二年，丞相穰侯进攻魏国，到达大梁，打败了暴鸢，斩杀敌军首级四万，暴鸢逃跑，魏国献出三个县来请求和解。三十三年，客卿胡阳攻打魏国的卷城、蔡阳城、长社城，夺取了这些城邑。在华阳袭击了芒卯，打败了他，斩杀敌军首级十五万。魏国割让南阳请求和解。三十四年，秦国把魏国、韩国的南阳之地与上庸地区设为一个郡，把魏国割让的南阳地区的臣民迁居到这里。三十五年，秦国帮助韩国、魏国、楚国征

▶ **中腑王鼎 · 战国**

湖南怀化博物馆藏。1978 年出土于溆浦县马田坪战国秦墓。因其口沿下外壁刻有"中腑王鼎"铭文而得名。中腑王鼎外观顶部带盖，内敛子母口，圆腹圈底，矮蹄足，方形附耳一对，耳上端略为外撇，盖隆起，上置三环状钮，钮与耳内铜链，1994 年 12 月被鉴定为国家一级文物。中腑王鼎出土时，铜鼎晃动有声，仿佛里面盛着水，但因受限于当时技术没有打开，所以给人们留下了许多猜测。

▶ **三年诏事鼎·战国**

首都博物馆藏。北京市征集。器呈扁球形，子口较高，附耳，蹄足，腹部有凸起的弦纹，盖已经遗失。器口沿有铭文："三年，诏事，容一斗二升。朱侯囗官，十一斤十四两，廿四。"一耳上方后刻"鼎"字。诏吏是秦在战国晚期（秦昭王后期）新设立的官署机构，其意为王诏命任用的官吏，主管铸造兵器、礼器及其他青铜器。铭文中的三年可能是庄襄王三年或秦王政三年，也就是这件鼎的铸造时间。

伐燕国。开始设置南阳郡。三十六年，客卿灶攻打齐国，夺取了刚城、寿城，把这些地区赐给了穰侯。三十八年，中更胡阳进攻赵国的阏与城，没有能攻克。四十年，悼太子死在魏国，归葬在芷阳。四十一年夏天，进攻魏国，夺取了邢丘和怀地。四十二年，安国君被立为太子，十月，宣太后去世，葬在芷阳的骊山。九月，穰侯离开都城回到了封地陶。四十三年，武安君白起进攻韩国，攻克了九座城邑，斩杀敌军首级五万。四十四年，进攻韩国的南郡，夺取了它。四十五年，五大夫贲进攻韩国，夺取了十座城邑，叶阳君悝离开都城前往他的封国，还没有到达就死了。四十七年，秦国攻打韩国的上党郡，上党郡投降赵国，秦国因此攻打赵国，赵国发动军队攻击秦军，双方相持不下。

▶ **"成都"铭虎纹青铜矛·战国**

四川雅安市博物馆藏。蒲江战国船棺墓葬群出土。通长 21.9 厘米、宽 3.1
厘米、銎径 2.8 厘米。弧形窄刃，刺身呈柳叶状，圆弧形脊，中空至尖，
在弓形双耳间骹面铸饰一浅浮雕虎像，在虎首前的骹面有阴刻铭文"成
都"二字，刺身脊上另阴刻一"公"字。此带铭文"成都"矛仅在全国
发现一件，十分珍贵，它为研究巴蜀青铜兵器提供了重要的实物资料。

秦国派武安君白起攻击赵军，在长平彻底打败了赵国的军队，
四十多万赵军全部被杀死。

　　四十八年十月，韩国进献垣雍城。秦军分成三支军队。武
安君回国。王龁率领秦军征伐赵国的皮牢城，攻克了它。司马梗
在北方作战而平定了太原，占领了韩国上党郡的全境。正月，停
止用兵，又据守上党郡。这一年的十月，五大夫王陵进攻赵国的
邯郸。四十九年正月，秦增派军卒援助王陵。王陵战绩不佳，
被免去官职，由王龁代替他统率这支军队。这一年的十月，将
军张唐进攻魏国，因为蔡尉放弃职责而不据守阵地，张唐回
军斩杀了他。五十年十月，武安君白起犯有罪过，被贬为士伍，
迁往阴密。张唐进攻郑城，郑城被攻克。十二月，增加士兵进
驻在汾城旁。武安君白起有罪，自杀而死。王龁进攻邯郸，没
有攻克，退兵，回头投奔汾城的驻军。两个多月后，进攻晋军，斩杀敌人首
级六千，晋兵和楚兵的尸体灌流在黄河水中的大约有二万人。攻打汾城，接
着随从张唐攻克了宁新中城，把宁新中改名为安阳。首次建造黄河大桥。

　　五十一年，将军摎攻打韩国，夺取了阳城、负黍，斩杀了敌军首级
四万。进攻赵国，夺取了二十多个县，斩首及俘获敌军九万人。西周君周武
公背叛秦国，和诸侯相约联合，率领天下的精锐军兵出伊阙攻打秦国，使秦
国不能够和阳城互通往来。因此秦国派遣将军摎进攻西周。西周君败逃而又
自行到秦归降，顿首承认罪责，把他所有的三十六座城邑、三万人口，全部

秦国四贵

公元前307年，秦武王比赛举鼎，受伤死后，其父秦惠文王的儿子争相夺位，秦惠文王之妾芈八子依仗能力出众的同母异父的弟弟魏冉，扶立自己的儿子公子稷为秦王，公子稷当时在燕国做人质，迅速回国继位为秦昭襄王。

昭王即位后，尊母亲芈八子为宣太后，让舅舅魏冉执掌大权，并任命为将军，卫戍咸阳，后来四次担任丞相，封为穰侯。宣太后把持朝政，大肆分封。她的弟弟芈戎被封为华阳君，她的二儿子公子芾，被封为泾阳君，另外一个儿子公子悝，被封为高陵君。这样，宣太后的两个弟弟和两个亲儿子，在秦国权势煊赫，合称"四贵"。四贵主政期间，芈八子大量驱逐客卿，全部换成自己的亲信，"四贵"专权跋扈，人心不附。

秦昭襄王四十一年（前266），范雎入秦，进谏秦昭襄王采取集权措施，立即亲政，免穰侯相职，秦昭襄王任用范雎为相，"四贵"则全部驱出都城，到封地而失势。

进献给秦国。秦王接受了西周君的贡献，把西周君送还西周。五十二年，西周人向东逃亡，西周的宝器九鼎归属给秦国。周朝第一次灭亡。

五十三年，天下诸侯都来归顺秦国。魏国来得最晚，秦王派摎攻伐魏国，夺取了吴城。韩王入秦朝见秦王，魏国把国政委属给秦国，并完全听从秦国的命令。五十四年，秦王在雍城郊祭谒见上帝。五十六年秋天，昭襄王去世，儿子孝文王继位。尊奉他的母亲唐八子为唐太后，而将她和昭襄

王合葬。韩王身着孝服来悼念祭奠昭襄王，诸侯都派遣他们的将相来秦国悼念祭奠，料理丧事。

短命的孝文王、庄襄王

孝文王元年，赦免罪人，表彰先王的功臣，优待亲戚，开放王家园林苑囿游猎。孝文王丧服期满，十月己亥日即位，三天后辛丑日去世，儿子庄襄王继位。

庄襄王元年，大赦罪人，表彰先王的功臣，施加恩德来加深骨肉情

谊，并且对于平民百姓施加恩惠。东周君和诸侯图谋祸害秦国，秦国派相国吕不韦诛杀了东周君，把他的国土全部纳入秦国的版图。秦国没有灭绝周朝的祠祀，把阳人地区赐给继位的周君，使他能够奉祭周朝的先君。派遣蒙骜征伐韩国，韩国献出成皋、巩地。秦国的疆界到达了大梁城，开始设置了三川郡。二年，派遣蒙骜攻打赵国，平定了太原。三年，蒙骜进攻魏国的高都、汲城，攻克了这些地方。攻打赵国的榆次、新城、狼孟，夺取了三十七座城邑。四月，发生日食。王龁攻打上党。初次设置了太原郡。魏国将军无忌率领五国联军攻打秦国，秦国退到黄河以外。蒙骜战败，解脱围困而离去。五月丙午日，庄襄王去世，儿子政即位，这就是秦始皇帝。

秦王政即位二十六年，首次统一了天下，把天下分为三十六个郡，号称为始皇帝。始皇帝五十一岁时逝世，儿子胡亥即位，这就是秦二世皇帝。三年，诸侯一同起来反抗秦帝，赵高杀害了二世皇帝，扶立子婴为秦王。子婴继立一个多月，诸侯杀了他，于是灭亡了秦朝。这些事迹详细记载在《始皇本纪》中。

▶ **镶嵌错金壶·战国**

宝鸡青铜器博物院藏。陕西宝鸡刘家台出土。口有带形边，颈内敛，腹鼓圆，两侧有垂环，圈足稍外张。通体错金银，间嵌绿松石或透明琉璃，华丽细巧，工艺水平很高。

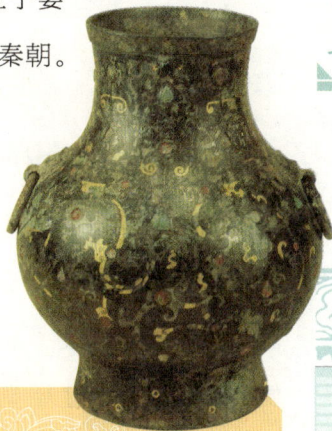

太史公说

　　秦的祖先是姓嬴。后来被分封到各地，便各自以封国为姓，有徐氏、郯氏、莒氏、终黎氏、运奄氏、菟裘氏、将梁氏、黄氏、江氏、修鱼氏、白冥氏、蜚廉氏、秦氏。但秦国宗族因为他们的先人造父被封在赵城，称为赵氏。

秦始皇本纪 第六

【解题】本篇讲述了秦朝的兴亡史，重点表述了中国历史上第一个封建王朝政权建立的经过、成就、特点和弊病。司马迁将笔墨重点放在了秦王嬴政继承祖业，吕不韦、李斯、蒙骜等人的辅佐，平定六国，完成统一天下的伟业。统一之后议帝号，定水德，废封建，同文书，收兵刃，焚诗书，大权独揽，巡幸天下。此后对于秦二世的倒行逆施而引起的海内鼎沸、群雄逐鹿也有所讲述。恰当地评价了秦始皇的功过是非，皆为援引贾谊的《过秦论》评论秦朝的兴亡。

嬴政即位

秦始皇帝，是秦国庄襄王的儿子。当庄襄王做秦国质子抵押在赵国的时候，曾看上了吕不韦的一个姬妾，非常喜欢便娶了她，生下了始皇帝。始皇帝是在秦昭王四十八年正月在邯郸出生的。待到降生以后，他被取名叫政，姓赵。十三岁的时候，庄襄王去世，政接续王位做秦王。在这个时候，秦国的疆域已经兼并了巴、蜀、汉中，并且

河北邯郸秦始皇雕像

关于秦始皇的个人形象，只有两条史料可供参考。一条来自《史记》，秦始皇身边的重臣尉缭说：秦王为人，蜂准，长目，挚鸟膺，豺声，少恩而虎狼心，居约易出人下，得志亦轻食人。这条材料的特点是把外貌和性格结合在一起，侧重从个性去把握外貌，带有很浓重的负面色彩。另一条记载出自传说之笔，"秦始皇名政，虎口，日角，大目，隆鼻，长八尺六寸，大七围。手握兵执矢，名祖龙"。这条材料的特点是正面描述，力图证明秦始皇有帝王之相，因此有夸张之嫌。

越过了宛，占有了郢都，在这里设置了南郡；在北方已收取了上郡以东地区，占有河东、太原、上党郡；东面侵占到荥阳，灭亡了东西二周，在这里设置了三川郡。吕不韦担任丞相，被封给食邑十万户，封号为文信侯。吕不韦招揽宾客游士，想依靠他们吞并天下。李斯担任吕不韦的舍人。蒙骜、王龁、麃公等人担任将军。秦王年纪小，又刚刚即位，国家大事便委托给大臣们处理。

晋阳县发生了反叛。秦王政元年，将军蒙骜进攻叛军并平定了叛乱。二年，麃公率领军队攻打魏国的卷城，斩杀敌军首级三万。三年，蒙骜进攻韩国，攻取了十三座城邑。这一年王龁去世了。十月，将军蒙骜进攻魏国的畅、有诡。这一年发生了严重的饥荒。四年，秦军攻克了畅、有诡。三月间，停止进军。秦国的质子从赵国回来，赵国的太子离开秦国回归本国。十月庚寅日，蝗虫灾害从东方袭来，遮天蔽日。瘟疫流行天下。平民百姓只要能够向政府缴纳一千石粟，就可以封拜一级爵位。五年，将军蒙骜进攻魏国，平定酸枣、燕、虚、长平、雍丘、山阳城等地，都是使用武力攻占的，共取得了二十座城邑。秦国初次设置东郡。冬天，出现打雷的异常现象。六年，韩、魏、赵、卫、楚五国联合攻击秦国，夺取了寿陵。秦国出兵反击，五国联军解散，秦军攻克了卫国，进逼东郡，卫国国君角率领着他的宗族迁居野王，凭借着山势险阻而坚守在魏国的河内地区。七年，有彗星先出现在东方，后出现在北方，

▶ **青铜戟·秦**

秦始皇帝陵博物院藏。出土于秦兵马俑一号坑。戈通长 26.7 厘米，援长 16.4 厘米，胡长 12.8 厘米，内长 10 厘米，矛通长 17.5 厘米，戟为戈、矛的组合体，兼具勾刺的作用。

五月又出现在西方。将军蒙骜去世。既而就出动军队去攻打龙、孤、庆都等城。回兵时又去攻打汲地。这时候彗星再度出现在西方，时间长达十六日。夏太后去世。八年，秦王的弟弟长安君成蛟率领军队攻打赵国，他谋反叛秦，死在了屯留城，随从反叛的军吏都被斩杀处死，把该地的百姓迁到临洮安置。前来讨伐成蛟的将军壁

死了，屯留、蒲鹝二地的士卒又造反，鞭戮了他的尸首。黄河泛滥而使河里的鱼大量流上了岸，许多人也就赶着牛马向东逃荒而另寻生计。

嫪毐之乱

嫪毐被封为长信侯。把山阳地区赐给他作为封地，让他在这里有宫室、车马、衣服、苑囿、畋猎场等，一概让嫪毐放纵欲望任意使用。凡事无论大小，都由嫪毐来决定。又把河西太原郡改为毐国。九年，彗星出现，有时光芒横贯长空。秦军进攻魏国的垣城和蒲阳。四月，秦王留宿在雍城。己酉日，秦王举行成年加冠的典礼，

佩带刀剑。长信侯嫪毐阴谋叛乱而被察觉，他假造秦王的御玺及太后玺印，调动县里的军队及侍卫兵卒、官骑、戎翟族首领、舍人，将要进攻蕲年宫，发动叛乱。秦王得知这件事，命令相国昌平君、昌文君调集军队攻打嫪毐。双方在咸阳开战，斩杀叛军首级好几百。平叛的功臣都升拜了爵位，以及那些参加作战的宦者，也拜升一级官爵。嫪毐等人战败逃走。于是在全国下令通缉：有人能够生擒嫪毐的，赏钱一百万；有人能够杀死他的，赏钱五十万。结果嫪毐等人全部被捕获。卫尉竭、内史肆、佐弋竭、中大夫令齐等二十人全被悬首、车裂以示众，并且杀尽了他们的家族。他们的那些门客，罪轻的罚劳役三年。至于那些被剥夺爵位而流放到蜀地的四千多家，都被安置在房陵县居住。这个月天寒地冻，有被冻死的人。秦将杨端和攻打衍氏邑。有彗星出现在西方，又出现在北方，再从北斗附近转向南方，共持续了八十天。十年，相国吕不韦因受嫪毐案件的牵连而被免除相职。桓齮被委任为将军，齐、赵二国有使臣前来，受到秦王酒宴款待。齐国人茅焦游说秦王说："秦国正处在以经略天下为大业的时候，而大王却有了流放母后的恶名，恐怕各国诸侯听到这样的事，会因此而背叛秦国呢。"于是秦王就把太后从雍城迎回咸阳，仍然让她居住在甘泉宫中。

尉缭入秦

秦王大规模地进行搜查，驱逐从各国来的宾客。李斯上书陈说利弊，才使逐客的命令废止。李斯乘机游说秦王，请求先攻取韩国，用这样的办法来震慑其他的诸侯国家，因此秦王派李斯攻取韩国。韩王对此非常忧虑，和韩非商量削弱秦国的计策。大梁人尉缭来到秦国，向秦王提出建议说："凭借着秦国的强盛，其他诸侯犹如郡县的首长一般，臣怕的就是诸侯们联合起来，聚集力量并出其不意地一起来进攻，这也就是智伯、夫差、湣王所以败亡的原因。希望大王不要吝惜财物，拿去贿赂各国有权势的大臣，以此打乱他们的合谋计划，这样不过损失三十万金，就可使各国诸侯全部被吞并。"秦王听从了他的计策，

用相互平等的礼节召见他，自己的衣服、饮食也和尉缭同等。尉缭说："秦王的相貌：高高的鼻子，细长的眼睛，鸷鸟般的胸脯，豺狼般的声音，这个人少恩而有虎狼心肠，处在不得志的时候很容易对人表示谦卑，得志的时候也就会很轻易地吞食别人。我只是个平民百姓，可是他见到我时，常常显出以卑屈自身处于人下的态度对待我的样子。如果真使秦王实现得到天下的志向，天下人都将成为他的俘虏了。这种人是不能和他长久共事的。"于是他就准备逃走。秦王发觉了，执意劝止，任命他为秦国尉，最终采用了他的计策。这时李斯主持秦国的政事。

十一年，王翦、桓齮、杨端和攻打邺城，夺取了九座城邑。王翦进攻阏与、橑杨，秦军数路合成一军，由王翦统一指挥了十八天。让军中俸禄在斗食以下的小官回家，十人中推选二人留在军队。攻下邺、安阳，由桓齮担任主将。十二年，文信侯吕不韦死去，他的门客私下把他埋葬了。门客中那些临丧哀哭的，如果是三晋地区的人，就被驱逐出境；如果是秦

国人而俸禄在六百石以上的，就削夺官爵并流放；俸禄在五百石以下而没有临丧哭吊的，也要流放，但不削夺官爵。从今往后，执掌国家大政而行事不遵循正道，像嫪毐、吕不韦那样的人，就要取消他全家人的户籍而充为奴隶，都要参照这种办法论处。秋天，赦免了被迁徙到蜀地去的嫪毐的门客。在这个时期，天下遭遇大旱灾害，从六月份开始无雨，一直到八月份才降雨。

统一六国

十三年，桓齮攻打赵国平阳，杀死赵国将军扈辄，斩杀敌军首级十万。秦王亲赴河南。正月，彗星出现在东方。十月，桓齮进攻赵国。十四年，在平阳攻打赵国军队，占领了宜安，打败了赵军，杀了赵军将领。韩非出使秦国，用李斯的计谋，扣留了韩非，韩非死在云阳。韩王请求成为秦国的藩臣。

十五年，秦国大举出兵，一路军队攻至邺县，一路军队攻至太原，夺取了狼孟。这一年发生地震。十六年九月，派遣军队接收韩国所献的南阳

地区，任命腾代理南阳郡守。首次下令男子要登记年龄。魏国向秦国奉献土地。秦国设置了丽邑。十七年，内史腾攻打韩国，俘获韩王安，全部收纳了韩国的土地，在这个地方设置了郡，定名为颍川郡。这一年发生地震。华阳太后去世。百姓遭受严重的饥荒。

十八年，秦王大举兴兵进攻赵国，王翦统率上地军队攻下井陉，杨端和率领河内的军队，羌瘣攻打赵国，杨端和包围邯郸城。十九年，王翦、羌瘣完全平定和夺取赵国的土地到达了东阳，俘虏了赵王。他们又率兵准备攻打燕国，在中山地区屯驻。秦王来到了邯郸，那些曾经和秦王在赵国时的母家有仇怨的人，都被活埋了。秦王返还，经由太原、上郡回国，始皇帝的母亲皇太后逝世。赵国的公子嘉率领着他的宗族几百人逃到代地，自立为代王，

秦始皇陵兵马俑

秦始皇陵及兵马俑坑位于陕西省西安市临潼区骊山北麓。兵马俑坑位于秦始皇陵东侧，是秦陵的大型陪葬坑。面积共 2.5 万余平方米。坑内陪葬大量与真人真马等同大小的陶制彩绘兵马俑和当时实战使用的各种兵器，出土文物达上万件。

1974 年，三个大型兵马俑坑相继被发掘和建馆保护。三个坑成品字形，坑内置放陶俑陶马共约 7400 余件。三个坑分别定名为一、二、三号兵马俑坑。一号坑最大，内有 6000 余陶俑陶马，井然有序地排列成环形方阵。坑东端有三列横排武士俑，手执弓弩类远射兵器。其后是 6000 铠甲俑组成的主体部队，手执矛、戈戟等长兵器，和 35 乘驷马战车在 11 个过洞里排列成 38 路纵队。

二号兵马俑坑平面呈曲尺形，由骑兵、步兵、弩兵和战车混合编组的大型军阵。大致可分为弩兵俑方阵，驷马战车方阵，车步、骑兵俑混合长方阵，骑兵俑方阵四个相对独立的单元。共有陶俑陶马 1300 余件，战车 80 多辆，并有大量金属兵器。

三号兵马俑坑平面呈凹字形，面积约 520 平方米，它与一、二号坑是一个有机的整体，似为统师三军的指挥部，出土 68 个陶俑和 4 马 1 车。

向东和燕国会合兵力，驻扎在上谷郡。这一年又发生了严重的饥荒。

二十年，燕国的太子丹担心秦国军队进攻燕国，非常恐惧，派遣荆轲去行刺秦王。秦王发觉了荆轲的阴谋，肢解了荆轲的身体示众，然后就派王翦、辛胜进攻燕国。燕国、代国出兵迎击秦军，秦军在易水的西边击溃了燕军。二十一年，王贲攻打荆地。秦国增调了更多的士卒前往王翦的军中，于是打垮了燕国太子的军队，攻克了燕都蓟城，获得了燕国太子丹的首级。燕王向东逃亡到了辽东地区，并在这里称王。王翦借口年老多病辞官回乡。新郑反叛。昌平君迁居郢地。天降大雪，积雪深二尺五寸。

二十二年，王贲攻打魏国，挖沟引黄河水灌淹大梁城，大梁的城墙被水冲坏，魏王请求投降，秦国完全占领了魏国的土地。

二十三年，秦王再度征召王翦，坚持要起用他，派他带兵进攻楚国。王翦占领了陈县以南一直到平舆的地区，俘获了楚王。秦王巡游到达郢都和陈县。楚国的将军项燕扶立昌平君作为楚王，在淮南地区起兵反秦。

二十四年，王翦、蒙武攻伐楚国，大败楚军，昌平君战死，项燕也因此而自杀。

二十五年，秦国大规模地发动军队，派王贲统率，在辽东地区攻打燕国，俘获了燕王喜。回军攻打代国，俘获了代王嘉。王翦也最终平定了楚国的江南地区，降服了越君，设置了会稽郡。五月，下令允许天下举行宴饮庆贺的大聚会。

二十六年，齐王建和他的丞相后胜发动军队防卫齐国的西界，不和秦国交往。秦国派将军王贲从燕地向南攻打齐国，俘获了齐王建。

❥称皇帝定水德

秦国刚刚统一天下，秦王对丞相、御史下令说："前些日子韩王献出土地和国玺，请求作为藩臣，不久就违背了盟约，和赵国、魏国联合反叛秦国，因此兴兵讨伐韩国，俘获了韩王。寡人认为这样做应该很圆满，或许可以停止战争了。赵王派他的丞相李牧前来订立盟约，因此归还了他们的质子。不久他们就背弃了盟约，在太原反叛我国，所以兴兵诛伐他

们，俘获赵王。赵国公子嘉又自立为代王，所以又举兵出击消灭了他。魏王起初订立盟约表示臣服归入秦国，不久就和韩国、赵国合谋袭击秦国，秦军官兵进行诛伐，于是打垮了他们。楚王奉献青阳以西的土地，不久就违背盟约，袭击我国的南郡，因此发兵进行诛伐，俘获楚王，于是就平定了楚地。燕王昏庸乱政，他的太子丹才能暗地里命令荆轲到秦国来行刺，秦国的官兵们进行诛伐，灭亡了他的国家。齐王采用后胜的计策，断绝了和秦国的通使往来，想要作乱，官兵们前去进行诛伐，俘获了齐王，平定了齐地。寡人以渺小的身躯，兴兵诛伐暴乱，仰赖宗庙祖先的威灵，六国的国王全都称臣认罪，天下完全得到安定。如今若不更改名号，就无法同我所取得的功业相匹配，使它流传给后世。你们讨论一下帝王的称号。"丞相王绾、御史大夫冯劫、廷尉李斯等人都说："以前五帝的疆土纵横千里，在这以外的侯服、夷服地区的诸侯们，有的朝贡天子，有的不朝贡，天子不能加以控制。如今陛下使用正义的军队，消灭了残暴的贼子，平定了天下，海内设立郡县，法令因此统一，这是自上古以来不曾有过的功业，是五帝所不能达到的。臣等恭敬谨地和博士们讨论的结果是：'古代有天皇，有地皇，有泰皇，泰皇最为尊贵。'臣等冒死呈上尊号，王应称为'泰皇'，天子之命称为'制'、天子之令称为'诏'，天子

铠甲武士俑·秦

秦始皇帝陵博物院藏。出土于秦兵马俑一号坑。头后绾扁髻。上穿齐膝长襦，下呈折形裙式，外罩齐腰铠甲，有披膊。面部，手臂，铠甲组滕上残留多处红色。下穿长裤，足蹬皮靴。右手半握，似持兵器。

自称叫'朕'。"秦王说："去掉'泰'字，留用'皇'字，再采用上古'帝'位的称号，尊号叫作'皇帝'。其他就依照你们的建议实施。"于是天子立命说："可以。"追加尊号称庄襄王为太上皇。又下达制书说："朕听说在上古时候有号而没有谥，中古时有号，死后又按照他的行为定立谥的称谓。像这样，就是儿子评论父亲、臣子评论君主了，这样做很没有讲究，朕不能采取这种做法。从今以后，废除谥法。朕就叫作始皇帝，后世以数字标识，从二世、三世直到万世，让它的传递无穷无尽。"

始皇帝推算金、木、水、火、土五德终始循环相生相克的原理，认为周朝得到火德，秦代替周的火德而兴盛，就必须推崇周德所不能胜过的水德。现在应该是水德开始，就要更改每年的起始月，朝臣们元旦入朝庆贺都从十月初一日开始。衣服、旌旗、符节的色彩都崇尚黑色。数目以六为基数，符信、法冠都是六寸，而车舆的宽度为六尺，六尺作为一步，每乘车拉车的马定为六匹，把黄河改名叫德水，作为水德的开始。秦始皇以刚毅狠戾刻薄作为施政的手段，凡事都取决于法律，苛刻而没有仁慈、恩惠、和善、情义，以为这样做了以后才能符合五德运行的原则。因此施行残酷的刑法，犯罪的人囚禁很久也得不到赦免。

▶ **石胄·秦**

陕西省考古研究所藏。石胄通高 31.5 厘米，共有胄片 72 片，出土于秦始皇帝陵 K9801 陪葬坑。制作石胄的材料为青灰色岩溶性石灰石，质地细密，色泽均匀，经过磨制和钻孔以青铜丝串系。石胄的造型取材于战国末期的青铜胄。但是在秦始皇兵马俑中并没有戴胄的俑，其原因可能是作为随葬物这些俑正在等待秦始皇的检阅，他们在秦始皇面前必须免胄。

▶ **青铜鎏金嵌玻璃鹰形饰件一对·秦**

西安博物院藏。陕西西安北郊第二机砖厂出土。从春秋时期开始，神话异兽纹样开始在中原地区出土，说明当时中原和北方少数民族的交往日益频繁。这个铜鎏金饰件就是秦国的产物，饰件整体造型为一只鹰，鹰头部有冠，冠上镶嵌玻璃蜻蜓眼，鹰喙尖而内弯，眼部镶嵌玻璃珠，身上羽毛刻画精细，足部有力似抓着一只动物。底部有插孔，可能是车舆或者兵器的饰件。

◉ 废封建置郡县

丞相王绾等人上奏说："诸侯刚刚被消灭，燕、齐、楚地区偏远，若不设置王国，就无法镇守这些地区。请求封立各位皇子作为王，希望皇上能够允许。"始皇帝把这个提议下发给群臣们讨论，群臣们都认为这样做更便于治理。廷尉李斯建议说："周朝文王、武王所分封的子弟及同姓诸侯非常多，但是后来宗属关系疏远，他们相互攻击如同仇敌一般，诸侯们接连不断地相互诛杀征伐，周天子不能制止。如今海内仰赖陛下的神灵而成为统一的天下，各地都设立了郡县，各个子弟和功臣用国家的赋税收入重赏他们，这样一来就很容易控制。天下没有二心，这样才是安定国家的政策。设置诸侯不便于治理国家。"始皇帝说："天下的人都饱受了无休无止的战争苦难，就是因为有诸侯王的存在。仰赖宗庙先祖的神威，天下刚刚平定，又要重新设立王国，这是在种下战争的祸根，而想求得天下安宁发展，岂不是非常困难吗？廷尉的意见是正确的。"

秦始皇把全国分成三十六郡，郡中设置郡守、郡尉、监御史等官职。把百姓改称为"黔首"。赏赐天下的人宴饮共同庆贺统一。收缴天下的兵器，聚集到咸阳，熔化以后铸成大钟，又铸造了十二个铜人，各重千石，放置在宫廷中。统一法律和度量衡。统一车辆的规格。统一书写的文字。秦朝的版图东边到达大海及朝鲜，西边到达临洮、羌中，南边到达北向户，北方据守黄河作为关塞，依傍着阴山直至辽东。把天下十二万户豪富迁徙到咸阳。各代先祖的陵庙以及章台宫和上林苑都设置在渭水南岸地区。秦每灭亡一个诸侯国，都描绘出这个诸侯国宫室的图形，在咸阳北阪地区仿建，南面濒临渭水，从雍门向东直到泾水、渭水的会合处，殿屋之间有天桥和环行的长廊相互连接。把从诸侯国所得到的美人、钟鼓，都安置在这些宫殿中。

❂ 登泰山禅梁父

　　二十七年，始皇帝巡视陇西郡、北地郡，越过鸡头山，经过回中宫。便在渭水的南面建造信宫，不久又改信宫名为极庙，象征天极。从极庙修筑道路直通骊山，建造甘泉宫前殿。又在驰道两旁筑造垣墙，从咸阳贯通到这里。这一年，普遍赏赐一级爵位。又增修供皇帝巡行各地的大道。

▶ 立射俑·秦

秦始皇帝陵博物院藏。立射俑头顶右侧绾圆髻，身着齐膝长襦，右足向左前跨出半步，双足略呈"丁"字形，左腿微拱，右腿后绷；左臂向左侧半举，右臂横屈胸前；头和身体微向左侧转，做出拉弓射击的准备姿势。立射俑是站立射箭姿势的轻装步兵俑。立射武士俑反映了秦代远程部队弓弩兵的作战方式，与跪射武士俑相配合，生动描绘了远射作战的情况。

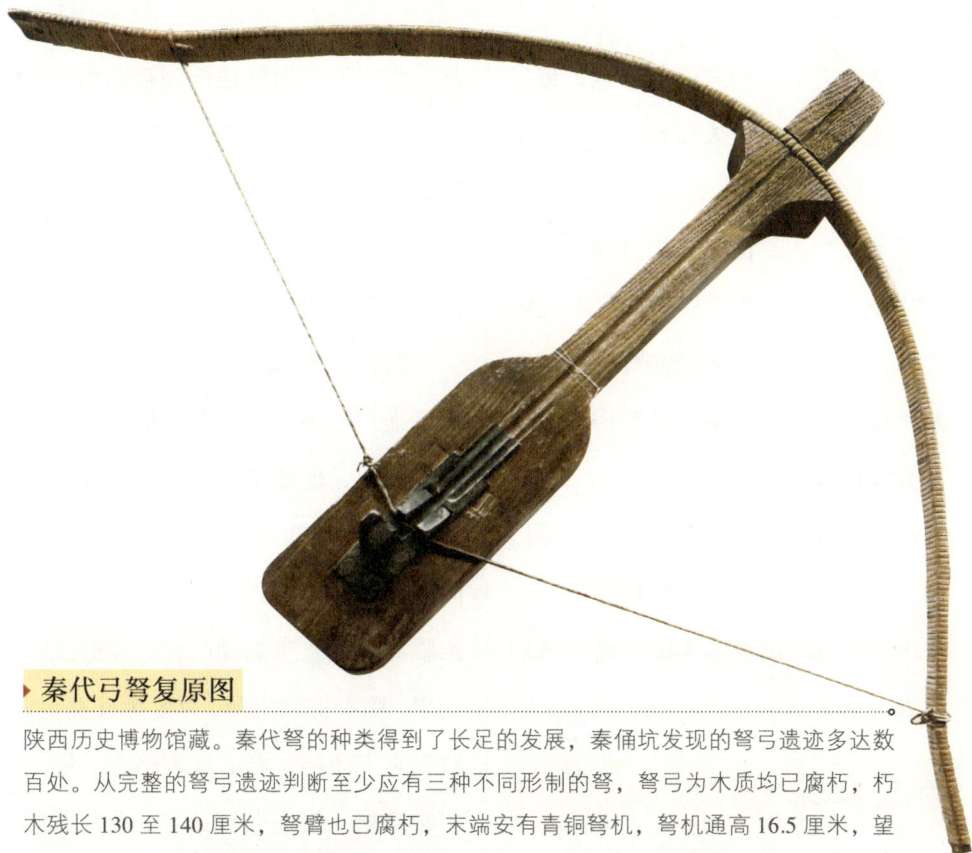

▶ 秦代弓弩复原图

陕西历史博物馆藏。秦代弩的种类得到了长足的发展，秦俑坑发现的弩弓遗迹多达数百处。从完整的弩弓遗迹判断至少应有三种不同形制的弩，弩弓为木质均已腐朽，朽木残长 130 至 140 厘米，弩臂也已腐朽，末端安有青铜弩机，弩机通高 16.5 厘米，望山高 5.5 厘米。这是秦俑坑发现数量较多的一种弩。同时在一号俑坑还发现一种形制特殊的弩，它是在残长 64 厘米的弩臂上重叠了一根木条，在弩臂上还夹有铜饰件。显然这些装置都是为了增强弩臂的承受强度，说明它是一种张力更强、射程更远的劲弩。

二十八年，始皇帝向东巡视郡县，登上邹地的峄山。树立了石碑，和鲁地的各位儒生商讨碑文，刻石歌颂秦朝的功德，并且讨论了封禅、望祭名山大川的事宜。于是就登上泰山，树立石碑，筑土坛，举行祭祀天神的大典。下山时，狂风暴雨骤至，在树下避雨休息，因此封这棵大树为"五大夫"。在梁父山扫除出整洁地面而举行祭地典礼。立石刻碑，碑文内容是：

皇帝登临大位，制订昌明法规，臣下克谨遵行。时在二十六年，首次统一天下，无不降服称臣，亲自巡视远方，登上这座泰山，尽览东土边极。随臣追思业迹，推求创业本源，恭敬歌颂功德。治国主张施行，各种产业适宜，一切都有法规。大义美好昌明，足以垂教后世，顺承而不变更。皇帝圣明躬亲，

已经平定天下，治国仍不懈怠。每日早起晚睡，建设长久福利，专意推重教诲。训解经义通达，远近都加治理，全遵圣人意志。贵贱等级分明，男女依礼顺从，人人慎遵职守。光明通照内外，莫不安泰清净，德政流传后世。教化及于无穷，遵奉先皇遗诏，永受重大警诫。

于是就沿着渤海向东行进，经过黄县、腄县，越过成山峰顶，登上之罘山，树立石碑歌颂秦的功德，然后离去。

南巡琅邪

秦始皇向南巡游登临琅邪山，举行大型娱乐活动，在这里逗留了三个

▶ 十九年寺工铍·秦

秦始皇陵博物院藏。出土于秦兵马俑一号坑。铍的形制和短剑相似，铍身为两侧六面的扁体，前锐后宽，近茎处装"一"字形格。铍的作用和矛一样是长柄刺兵，但比矛长而锋利，穿刺力更强。以往出土过完整的铍，也没有明确的文献记载，秦俑坑铜铍的发现纠正了过去将铍认作是短剑的错误，补充了中国兵器史研究的空白。

月。把三万户百姓迁徙到琅邪台下，免除了他们十二年的赋税徭役。始皇建造琅邪台，树立石碑，刻写碑文颂扬秦朝的功德，表明他踌躇满志的心意。碑文写道：

时在二十八年，始皇开始称帝。法度端正公平，万物有了纲纪。用来彰明人事，促使父子亲和。皇帝仁义圣智，宣明各种道理。亲至东方安抚，同时慰劳兵士。大业已经完成，于是亲临海滨。皇帝功勋所在，操劳强国大事。重农抑制工商，百姓因此富足。普天之下团结，专心实现帝志。统一器物度量，统一书写文字。日月所照之处，舟车行驶之地，彻底执行王命，无不称心如意。顺应四时行事，决策全由皇帝。匡正不良习俗，跋涉山川大地。忧恤百姓疾苦，日夜从不懈怠。除疑难定法律，都知遵守法纪。地方官长分职，治理规范平易。措施必定恰当，无不明确整齐。皇帝如此圣明，亲临察视四方。无论尊卑贵贱，不越等级列行。奸邪无处容身，致力纯贞善良。大小事务尽力，无人敢于怠荒。

临汾守青铜戈·秦

江西省博物馆藏。江西遂川藻林乡鹅溪村出土。青铜戈援长 15.4 厘米，内长 8.3 厘米，胡残长 10.5 厘米。胡下端略有残缺，内端有刃，内的一面用坚硬而锋利的金属刻有铭文，现试释为："廿二年临汾守曋库系工邬造。"从铜戈内，上刻铭和铭文体例、文字风格看，都是属于"秦式"的。铭文中"临汾"应是郡名，但查战国时却无临汾郡名，据《汉书·地理志》临汾在河东郡。据资料记载，这里的"临汾守"其实是河东郡守，只是由于秦河东郡的郡治此时设在临汾，故写为临汾守。

无论远近偏僻，专求肃敬端庄。正直敦厚忠实，事业才能久长。皇帝浩大功德，存恤安定四方。诛乱除去祸害，兴利致福无疆。按照时节兴事，百业繁荣增殖。百姓因此安宁，不需动用兵革。六亲相互连保，终无寇乱盗贼。欢欣遵奉教化，全都知晓法式。天地四方之内，都是皇帝疆土，西方跨过流沙，南方到达北户，东方拥有东海，北方超过大夏。人迹所到之处，无不归服称臣。功业盖过五帝，泽惠施及牛马。莫不受其恩德，人人安居乐业。

秦王兼并诸侯而拥有天下，建立名号称为皇帝。于是来抚慰东方地区，到达了琅邪，列侯武城侯王离、列侯通武侯王贲、伦侯建成侯赵亥、伦侯昌武侯成、伦侯武信侯冯毋择、丞相隗林、丞相王绾、卿李斯、卿王戊、五大夫赵婴、五大夫杨樛随从巡视，皇帝和他们在海上共同商议秦朝的功德，说："古代的帝王们，拥有的国土不过方圆千里，诸侯们各自固守所受封地，或来朝或不来，相互侵暴作乱，残杀征伐不止，他们还刻金石，来记自己功业。古时候的五帝三王，知识教化不同，法令制度不明，借助鬼神威力，欺骗远方百姓，实际情况和称号不相符，所以不能长久。自身还没亡殁，诸侯已经

背叛，法令不能施行。如今皇帝统一海内，分为直辖郡县，天下和睦清平。显扬祖先宗庙，行大道施德政，尊号大称成功。群臣们共同称颂皇帝的功德，刻在金石上面，作为永久典范。"

这件事完成以后，齐地人徐市等呈上奏书，说海中有三座神山，名叫蓬莱、方丈、瀛州，有仙人居住在那里。请求能够斋戒沐浴，率领童男童女前往寻觅仙人。始皇派遣徐市率领几千名童男童女，进入海中去寻求仙人。

➋伐树湘山刻石之罘

始皇帝从东方返回，经过彭城，亲自斋戒祈祷祭祀，想要把当年掉落在泗水中的周鼎打捞上来。派遣一千人潜入水中搜寻它，没有得到。于是向西南渡过淮水，前往衡山、南郡。坐船在湘江中行进，到达湘山举行祭祀。遭遇大风，

▶ **秦始皇故事浮雕**

浮雕砂岩质地，着重刻画了秦始皇和李斯、韩非的形象，透露出秦朝统一之后的政治理念，画面上还有焚书坑儒等事件的描述。

几乎不能渡江。皇上问博士说："湘君是什么神？"博士回答说："据传说，是尧的女儿，舜的妻子，葬在这里。"因此始皇帝大怒，派遣三千名服刑的罪犯把湘山的树木全部砍掉，因为当地是红土，所以使山变成了赭红色。皇上从南郡经由武关回到都城。

二十九年，始皇帝到东方去出游，到达阳武县博狼沙地方，被刺客所惊扰。没有捕到这个刺客，于是命令全国进行十天的大搜捕。

登上之罘山，立碑刻石，碑文内容是：

　　时在二十九年，正当仲春季节，阳和气息刚起。皇帝东行游览，巡视登上之罘，亲临观赏大海。随臣称赞美景，想起伟业根源，追诵建功之本。大圣始创治道，建立确定法度，彰明大纲大纪。对外教化诸侯，布施文治恩德，晓明大义之理。六国回避教化，贪婪狼戾无已，暴虐杀伐不止。皇帝哀怜众生，于是出军讨伐，奋扬武威功德。仗义诛信誉行，神威慑服远方，无人敢不臣服。消灭强暴势力，拯救无辜百姓，平定远近四方。广施英明法度，主宰天下治理，成为永世典范。多么伟大啊！宇宙神州之中，承奉遵循圣意。群臣称颂功德，请求刻之于石，流传后世作常法。

　　在东观刻石的颂辞是：

　　时在二十九年，皇帝春天巡游，观览视察远方。一直来到海边，于是登临之罘，欣赏初升朝阳。遥望广丽山川，随臣全都追念，立道极为英明。圣人法令初创，清理疆内异端，对外诛伐暴强。武威弘扬畅达，振动远近四方，

▶ 铜量·秦

台北故宫博物院藏。椭圆形，直口有唇，平底，一边有上平下圈的筒状柄。外壁刻秦始皇廿六年诏书四十字："廿六年，皇帝尽并兼天下诸侯，黔首大安，立号为皇帝，乃诏丞相状、绾，法度量则不壹，歉疑者皆明壹之。"此器为秦代统一全国量制而由官府颁发的标准量器。以战国时期秦国量制为标准，也包括秦统一后加刻诏书重新颁发的战国秦量，秦量外壁大都带公元前221年所颁发的统一度量衡的诏书，有的还带秦二世所颁袭用旧制的诏书，说明当时的确向全国推行统一的量制。

擒灭六国之王。开拓一统天下，根除灾难祸害，永远停息战乱。皇帝英明圣德，经略治理天下，视听处事不怠，谋划树立大义，设置各种器械，都有等级标志。臣子尽职守分，各自明确权限，政事都无嫌疑。百姓移风易俗，远近同一法度，终身绝无过错。常职已经确定，后代遵循先业，永远继承圣治。群臣赞美功德，称颂圣人伟绩，请求刻石之罘。

事后不久，就前往琅邪，经过上党，到京城。

◈ 东临碣石北征南讨

三十年，没有特殊的事情。

三十一年十二月，把腊月的名称改为"嘉平"。赏赐给百姓每个里六石米、二只羊。始皇帝身着便装在咸阳暗中巡视，和四名武士一起，夜里出来，在兰池宫遇到盗贼行刺，被置于危险的窘迫境地，武士击杀了盗贼，在关中地区进行了二十天的大搜捕。米价涨到一千六百钱一石。

三十二年，始皇帝前往碣石，派遣燕人卢生寻求仙人羡门、高誓。在碣石城门刻立碑石。拆毁了内外城墙，挖通了堤防。刻石的碑文是：

皇帝发动军队，诛戮无道君王，叛逆由此平息。武功灭绝暴逆，文治平复无罪，民心全都顺服。按功颁行赏赐，德泽遍及牛马，皇恩肥育国土，皇帝奋起神威，以德兼并诸侯，开始一统太平。拆除关东城郭，挖通河川堤防，铲平四方险阻。地势既已荡定，百姓再无徭役，天下全都安抚。男子乐于田作，妇人修治女红，事事各有秩序。恩泽广覆各业，众力奋勉耕田，无不安居乐业。群臣诵称功烈，请求刻立此石，永垂后世楷模。

派遣韩终、侯公、石生去觅求仙人不死的奇药。始皇帝巡视北方边地，从上郡进入都城。派遣到海中寻求仙人的燕人卢生返回，因为向始皇汇报鬼神的事，趁机献上抄录的图书，书上说："灭亡秦的是胡。"始皇帝于是派

── 秦始皇缘法而治 ──

秦自商鞅以后，一直奉行以法治国的政治策略。法治使秦国走向强盛，并最终统一中国。《汉书·刑法志》中有载，秦法的严苛和酷烈，又导致秦王朝"奸邪并生，赭衣（指囚徒）塞路，囹圄成市，天下愁怨，溃而叛之"。因此，后世的统治者都耻于与"暴秦"为伍，而史家对秦的法律也讳莫如深。

实际上，法治是与专制主义的中央集权制度相伴随而形成的。它对于促成一个新的时代的到来，起了积极的推动作用。自商鞅变法以后，秦国的法制建设很快获得长足的发展，成为当时最先进、最完备的法治国家，并促进了中央集权制国家的建立。

秦始皇建立大一统的专制帝国，其专制的工具仍然是法律。故而，《史记·秦始皇本纪》就说："海内为郡县，法令由一统，自上古以来未尝有，五帝所不及。"如果缺了这"法令由一统"，也就没有"大一统"。

秦国在战国中晚期列国竞雄中成为最后的赢家，并最终一统寰宇。从某种意义上说，就是法治的胜利。

▶《阿房宫图屏》·清·袁江

故宫博物院藏。袁江擅画山水楼阁，古代历史上著名的宫阙殿宇和民间传说中的阆苑琼楼都是袁江笔下反复描绘的题材内容，其界画在清代被推为第一。《阿房宫图屏》即以秦始皇三十五年（前212）兴建的阿房宫为题。袁江凭借自己精深的古建知识和丰富的想象力使一组组已经逝去的带有神秘色彩的建筑得以再现。此图使用十二条通景屏的表现手法，充分利用画面的宽度与广度，再现了阿房宫当年的恢宏气势，将华贵绮丽的画风发展到极致。

遣将军蒙恬出动三十万军队向北进击胡人，攻取了黄河以南地区。

　　三十三年，征发那些曾经逃亡的罪犯，典押给富人家做奴隶、主家又给娶了妻子的人，以及商贩，去攻取陆梁地区，设置了桂林、象郡、南海三个郡，派遣受贬谪的罪人去防守。在西北地区驱逐了匈奴。自榆中沿黄河向东，一直连接到阴山，设立了四十四个县，在黄河岸边筑城作为关塞。又派遣蒙恬渡过黄河攻取高阙、阳山、北假一带地方，修筑亭台屏障等来驱逐戎狄，迁徙被贬谪的人，充实到新设置的县。发布禁令不得祭祀。有彗星出现在西方。三十四年，贬谪那些不秉直办理讼狱的人，去修筑长城及戍守南越地区。

焚书之策

始皇帝在咸阳宫设置酒宴，有七十位博士上前祝酒。仆射周青臣上前颂扬说："从前秦国的土地不超过千里，仰赖陛下的神灵圣明，平定了海内，驱逐了蛮夷部族，使日月所能照到的地方，没有人不称臣顺服。把诸侯封国改成了郡县，人人安居乐业，不必再担心战争，这个伟大的功业流传万世，从上古以来没有人能赶得上陛下的神威和功德。"始皇帝非常高兴。博士齐地人淳于越进言说："我听说殷、周统治天下一千多年，分封宗室子弟和功臣，来作为自己的枝叶和辅佐。如今陛下拥有海内，而您的子孙却是匹夫平民，一旦突然出现了像田常、六卿一样的乱臣，没有藩辅，将用什么来相互救助呢？凡事不师法古制而能长久的，我从来没有听说过。如今周青臣又当面奉承而使陛下加重过失，他不是忠臣。"

始皇帝把这件事下发给群臣讨论。丞相李斯说："五帝的政治措施不相重复，三代的国家制度不相因袭，各自根据当时的需要来进行治理，他们不是有意相反，而是时变势异的结果。如今陛下创建了伟大

155

▶ "洞庭郡"竹简一组·秦

《史记》《汉书》等文献记载秦始皇统一全国后分天下为三十六郡，抑或是后来专家提出的四十八郡，均无"洞庭郡"。里耶秦简中频繁出现"洞庭郡"，证实了早在秦始皇统治时期就设有"洞庭郡"，洞庭郡下辖迁陵、酉阳、沅陵三县，颠覆了历来关于秦朝行政区划的结论。

的功业，建立了流传万世的功勋，根本就不是愚儒所能理解的。而且淳于越所说的是三代时候的事，又有什么值得取法的？从前是因为诸侯并立而互争短长，所以才用优厚待遇招揽游学之人。如今天下已经平定，法令出于一统，百姓居家就应该努力从事农工生产，士人就应该学习法令刑禁。如今那些儒生不效法当今而要学习古代，用来非议当世，搞乱百姓的思想。丞相李斯冒死进言：古时候天下分散混乱，没有人能够统一，所以使得诸侯并立兴起，议论时都是称引古代而损害当今，用虚言加以粉饰来搅乱事实，人们只认为他们自己私下所学是正确的，而指责皇上所建立的制度。如今皇帝拥有一统的天下，辨别了是非黑白并规定了一切决策于至尊。而那些私家之学相互勾结，非议法令教化，这些人一听到政令发布，就各自用他们所学的主张加以评论；在朝中就在内心指责，出来后就在街巷议论，在君主面前他们夸耀自己所主张的学说来博取名声，用有不同于当今的观念来表示高明，率领着一群追逐者对朝廷造谣诽谤。这样的情况不加以禁止，就可以使在上的君主威势下降，在下的臣子结成朋党。我认为禁止这种趋势是合适的。我请求命令史官把除秦国典籍以外的史书都焚毁，不是博士官的职务需要，天下若有人敢于隐藏《诗》《书》、诸子百家典籍的，都应该将这些典籍交到守、尉等

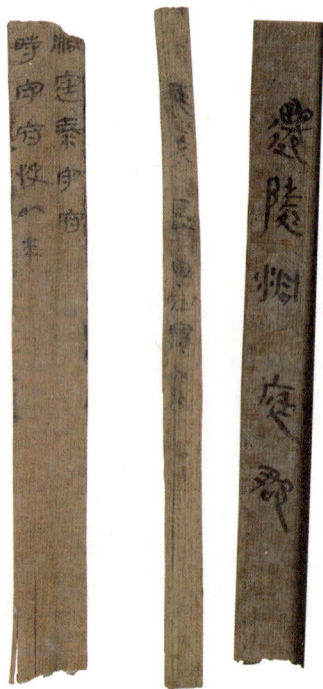

地方官府一同焚烧。若有人敢相聚论说《诗》《书》的就要被当众处死。用古事来非议当今的人要被诛灭全族，官吏中若有知道和看见而不检举的人和他们同罪。命令下达后三十天内仍不烧书的人，要被处以黥刑后发配到边疆去修筑长城。有关医药、卜筮和种植一类的书籍不烧。如果想要学习法令，就应拜官吏为师。"皇帝下达命令说："可以，照办。"

🔸 修建阿房宫

　　三十五年，修筑大道，经过九原郡抵达云阳，挖山填谷，径直相通。这时候始皇帝认为咸阳人口太多，先王的宫廷又太小，听说周文王定都在丰，武王定都在镐，丰、镐两城一带，才是帝王定都的地方。于是在渭水南面的上林苑中营建朝会的宫殿。首先建筑了前殿阿房宫，这座宫殿东西宽五百步，南北长五十丈，宫内可以坐下万人，下面可以竖立五丈高的大旗。周围环绕着回廊通道，从殿下一直通到南山。在南山的峰顶建造宫阙。又修造天桥，从阿房宫跨过渭水，连接到咸阳，来象征天空中的北极星、阁道星横跨银河抵达营室星。阿房宫还没有建成，建成以后将要另外选择一个美好的名字来称呼它。因为这座宫建筑在阿房，所以天下的人把它叫作阿房宫。被判刑的七十多万人，被分别派去建造阿房宫，或是修筑骊山墓。在北山开采石料制作石椁，把蜀地、楚地的木材都伐取运来。关中地区的宫殿总计建有三百座，关外建有四百多座。这时候又在东海边上

▶琅琊台

琅琊台位于山东青岛市黄岛区西南26千米，琅琊镇境内，三面环海，海拔183.4米。其东南为斋堂岛，北为龙湾，西南为沐官岛，西北为琅琊城故址。琅琊台一名最早见于《山海经·海内东经》，"琅邪台在渤海间，琅邪之东"。《史记·秦始皇本纪》司马贞《索隐》载，"盖海畔有山，形如台，在琅邪，故曰琅邪台"。

的朐县界内树立石碑，用它作为秦国的东大门。因而迁徙百姓三万户到骊邑，五万住到云阳，免除他们十年的赋税和徭役。

◆坑杀方士诸生

卢生劝导始皇帝说："我们这些臣子去寻求灵芝奇药和仙人，常常是找不到，好像有什么东西伤害了他们。方术中的说法，君主应该隐瞒行踪来远离恶鬼，远离了恶鬼，真人才能来临。君主所在的地方让臣子们知道了，就会伤害神灵。作为真人，进入水中不会被水浸湿，闯入火中不会被烧伤，凌驾在云气之上，能和天地共长久的。如今陛下治理天下，还不能做到清静安宁。希望皇上所居处的宫室不要让别人知晓，做到这样以后才或许可能求得不死之药。"于是始皇帝说："我仰慕真人。就称自己叫'真人'，不再称作'朕'。"于是下令将咸阳周围二百里以内的二百七十座宫观，用空中的复道和有围墙的甬道互相连接起来，把帷帐、钟鼓、美女安置在里边，并分别登记在案不许移动。皇帝有所临幸，假若有人透露出他所在地方的，就要被判罪处死。始皇帝幸临梁山宫，从山上看到丞相拥有庞大的车

骑卫队，很不满意。宫中有人将这件事告知丞相，丞相以后就减省了随从车骑。始皇帝知道后大怒道："这一定是宫中有人将我的话泄露出去了。"立案审问但没有人承认。在这个时候，始皇帝就下诏逮捕当时在他身旁侍候的所有宫人，把他们全部杀死。从此以后再没有人知道始皇帝的行踪所在。始皇听取群臣们上奏国事，和群臣领受始皇帝的决策，都在咸阳宫中举行。

侯生和卢生相互谋划说："始皇帝的为人，是天性刚烈狠毒而且自以为是，从一个诸侯起家，兼并了天下，他的心志得到了满足，行动也为所欲为，认为自古以来的帝王没有能够胜过他自己的。他专门任用治狱的官吏，使治狱的官吏能够得到皇帝的亲近和宠幸。博士官虽有七十人，但只是备员充数而得不到任用。丞相和各位大臣都只是领受皇帝的成命，一切政务都要依靠皇上来决策办理。皇上喜欢用刑法杀戮的方法来建立他的帝王权威，官员们都害怕获罪而只想保持住自己的俸禄，没有谁敢于竭尽忠诚。皇上不能听到自己的过失而

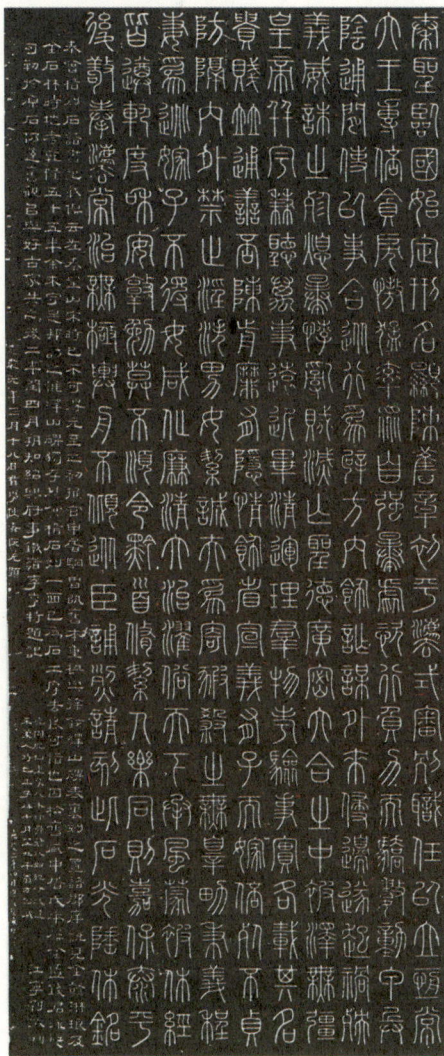

▶ 秦《会稽刻石》拓片·清

会稽刻石是秦始皇三十七年（前210）巡狩会稽山时刻，篆书，是始皇东巡六大刻石之一，风格似峄山碑，笔致工整，结体规格化。原石唐以前已佚失，至元代有重刻本，现存者为以元重刻本为底本的再翻本，几经翻刻已失原迹风韵神貌，仅保存结构原样，因太偏于外表仪态的圆整规范，已失秦篆生动灵活的笔势。

日益骄横放纵，臣下被皇上的威严所慑服而用说谎、欺瞒的方法来取得皇上对自己的宽容。秦法中规定，一种方术不能试用两次，如果没有应验，就要被处死。然而占候星象云气的虽多到三百人，他们都是良士，却因为畏惧皇帝的忌讳而阿谀，不敢直言始皇帝的过失。天下的事无论大小都由皇上决定，以至于皇上每天批阅的上奏文书要用秤称量，白天黑夜都有奏呈，不批阅完规定数量的奏呈就不能休息。他贪恋权势到了这样的地步，我们不应该替他寻求仙药。"因此他们二人就逃跑了。始皇帝听说他们逃走的事，就非常愤怒地说："前些时候我收集天下不合实用的书籍全都销毁了，广泛地召求了许多文学、方术人士，希望通过他们谋求太平，方士想要炼丹来求得奇药，如今听说韩众离去而不再还报，徐市等人花费的钱要用数万来计算，最终没有能得到仙药，每日只是相继听到报告他们为奸谋利的消息。卢生等人，我对他们既很尊重又给予了很多的赏赐，如今他们却诽谤我，企图以此加重我的无德。那些在咸阳的方士儒生，我派人去查问了，有的人在制造妖言来惑乱百姓。"因此派御史全面查究审问那些方士儒士，那些方士儒生相互牵扯告发，就从中查出触犯禁令的有四百六十多人，把他们全部活埋在咸阳，使天下的人知晓这件事，借以警告后人。又增派更多的流放人员迁往边境戍守。始皇帝的长子扶苏劝谏说："天下刚刚平定，远方的百姓还没有归附，那些儒生都诵读诗书，效法孔子，如今皇上一律运用重刑制裁他们，臣子担心天下不会太平安宁。希望皇上明察这件事。"始皇听后大怒，派遣扶苏到北方的上郡去监督蒙恬的军队。

坠星返璧

三十六年，火星扰乱了应有的行次，侵入了心宿三星。有一颗流星坠落在东郡，落到地面成了一块陨石。百姓中有人在这块石上刻下文字说"始皇帝死后国土就要分裂"。始皇帝听说这件事，派遣御史逐一查问，没有人认罪，就把在这块陨石旁居住的百姓全部捉来诛杀掉，接着又把这块陨石焚烧销毁。始皇帝闷闷不乐，命令博士写作《仙真人诗》，等到他出游天下的时候，就传令乐工演奏演唱。秋天，使者在晚间从关东路过华阴平舒的道路，有一个人手里拿着一块玉璧拦住使者说："替我把这块璧送给滈池君。"接着又说："今年祖龙将会死去。"使者询问其中的缘由，接着那个人忽然就不见了，把他的那块玉璧放下后离去了。使者奉献了玉璧并将这件事详细报告给始皇帝，始皇帝听后沉默了好久，说："山鬼本来只不过是知道一年以内的事。"退朝以后又说："祖龙，是人类的祖先。"命令御府察看这块璧，原来是二十八年出外巡行渡过长江时所沉下的那块玉璧。因此始皇帝占卜这件事，卦辞显示的是巡游迁徙才会吉祥。迁徙三万户到北河、榆中定居。赏赐每户一级爵位。

❂巡行会稽

三十七年十月癸丑日，始皇帝出游。左丞相李斯随行，右丞相冯去疾留守都城。幼子胡亥因为羡慕出游而请求跟从，皇上准许了他的请求。十一月，巡行到云梦，在九疑山望祭

▶ **秦《琅琊台刻石》拓本**

《琅琊台刻石》秦始皇二十八年（前219）东巡，群臣请立石刻铭，传为李斯书。清光绪中叶尚存山东诸城海神祠中，后没于海中，现仅存残石一块，藏中国国家博物馆。现所传明拓本存篆书十三行，每行八字。字迹多剥蚀模糊，但仍可于此揣摩到秦篆的笔意。

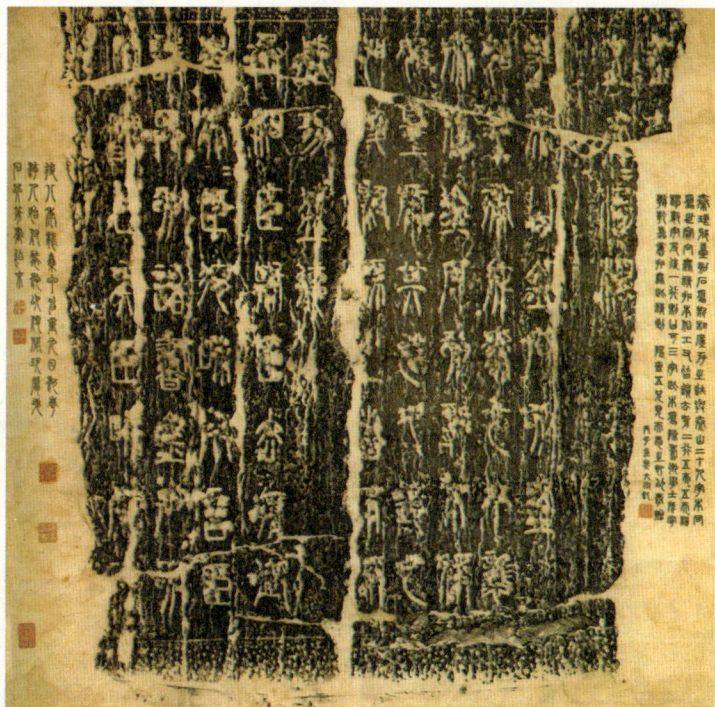

秦始皇本纪 第六

虞舜。坐船顺江漂浮而下，观览籍柯，渡过海渚，经过丹阳县，到达钱塘县。来到浙江边上时，因水波汹涌，就向西行进了一百二十里，从江水最狭窄的地区渡江。登上会稽山，祭祀大禹，遥望南海，立石碑刻字而歌颂秦朝的功德。石刻的碑文是：

皇帝功业伟大，平定统一天下，德泽恩惠悠长。时在三十七年，亲自巡视天下，周游浏览远方。于是登临会稽，宣旨省察风俗，百姓恭敬端庄。群臣称颂功德，寻求事迹本原，追溯英明高强。秦圣君临天下，创制刑名法度，光扬旧有规章。初定法规程式，审辨百官职任，建立永久纲纪。六王专横背叛，贪婪狂傲凶猛，挟众自行逞强。肆意施行暴虐，依恃武力骄纵，屡次挑起战端。暗地派遣间谍，继而奉行合纵，行为卑鄙獗狷。内心修饰诈谋，对外派兵便侵边，导致兴起祸殃。仗义振威诛伐，铲除强暴悖逆，乱臣贼子灭亡。圣德广布深密，天地四方之中，荫被恩泽无疆。皇帝统一宇内，同时治理万事，远近尽都清明。统筹协理国务，考察验证事实，各使名分相符。贵贱并行通达，善恶陈说在前，没有分毫隐情。改过宣达大义，有子而又改嫁，视为叛夫不贞。内外分隔防范，禁止放荡淫乱，男女贞洁信诚。丈夫淫于他室，杀他没有罪过，男子应守规程。妻子逃走另嫁，子不认她为母，都受教化廉清。盛世洁澄风俗，天下承受新风，广被美好常经。都能遵循法度，和睦安泰敦勉，无不顺从命令。百姓美善清洁，人们乐于守法，天下永保太平。后世敬业奉法，永保盛世无穷，国家不会覆倾。随臣称颂伟业，请求刻立此石，永远垂示美铭。

▶碣石宫夔纹瓦当·秦

碣石宫遗址出土的建筑上使用的瓦当，当头为大半圆形，当面为高浮雕夔纹，直径54厘米，瓦高37厘米，通长68厘米，堪称"瓦当王"，是秦代皇家建筑的专用材料，图案的规范化为国内所罕见。

回程经过吴县，从江乘县渡过长江，沿着海岸北上，到达琅邪。方士徐市等人入海寻求神药，好几年还没得到，花费繁多，害怕受到谴责，于是欺骗说："蓬莱仙药可以得到，但是因为经常被大鲛鱼所袭击，所以不能到达。希望皇帝派遣善射的人和我们一同去寻取，如果见到大鲛鱼就用连发的弓弩射杀它。"始皇帝梦见和海神交战，海神的形状如同人一般。询问解梦的博士，博士说："水神不能看见，是因为有大鱼蛟龙在它的周围守候。如今皇上祈祷祭祀都非常严谨，还出现这类恶神，应当把它除掉，这样善神就可以来临。"就命令入海求仙的人携带捕捉大鱼的用具，而始皇帝自己出海也装备了连弩等候见到大鱼出现的时候射杀它。从琅邪向北航行到荣成山，没有见到大鱼。再航行到之罘山，其间见到了巨大的鱼，射杀了一条鱼。就沿着海岸向西走。

身死沙丘归葬骊山

始皇帝到达平原津染上了疾病。始皇帝讨厌提到死，群臣没有人敢说死的事。皇上的病情日益严重，才写

了一封加盖御印的书信赐给公子扶苏，上写："到咸阳来参加治办我的丧事并把我安葬。"书信已经封好，存放在中车府令赵高兼掌执行诏书发放事宜的办事处，还没有授给使者传送。七月丙寅日，始皇帝在沙丘平台崩逝。丞相李斯因为皇上在都城外崩逝，恐怕各个皇子及天下人会搞政变，所以掩盖这件事，不发布丧事。始皇帝的尸体装进棺材而用既密闭又通风的辒凉车运载。由以前皇帝宠幸的宦官们陪乘驾车，所到之处如同以往一样进献食物。百官们也如同以往一样奏事，宦官就在辒凉车中批准他们所奏的事务，只有始皇帝的儿子胡亥、赵高及平时所宠信的宦官总共五六个人知道皇帝已经死去。赵高以前曾教授胡亥读书和学习刑法律令等事，胡亥私下很宠幸他。赵高就和公子胡亥、丞相李斯阴谋打开始皇帝所签封的赐给公子扶苏的书信，并诈称李斯在沙丘亲自接受始皇帝的遗诏，立儿子胡亥为太子。又另外写了一封赐给公子扶苏和蒙恬的书信，其中列举了他们的"罪状"，赐他们一死。这些事的详细内容写在《李斯列传》

中，他们启程回咸阳，就从井陉抵达九原。恰逢暑热时期，皇上所居的辒凉车散发出臭气，于是诏令随从的官吏在车中载上一石鲍鱼，用这个办法掩饰始皇帝尸体的臭气。

一行人从直道赶回咸阳，发布治丧的公告。太子胡亥承袭皇位，成为二世皇帝。九月，把始皇帝安葬在骊山。始皇帝刚开始即位的时候，就开凿了骊山而建造坟墓。等到统一了天下以后，又从全国各地送来七十多万徒隶，开挖三重泉水的深度，用

秦峄山刻石（长安本）拓片

峄山刻石书体是小篆，也就是仅存不多的小篆刻石。原石已被后来曹操登山时毁掉，但留下了碑文（一说为北周武帝所为）。现在的摹本比较有名的是"长安本"。宋太宗淳化四年（993）郑文宝根据五代南唐徐铉的拓本重刻于长安，碑阴有郑文宝题记。现存西安碑林。

铜水浇铸堵塞缝隙后再把外棺放进去，又把宫殿和所设的百官位次，以及奇器珍怪等宝物拿来满满地藏在其中。命令工匠制作带有机关的弩箭，假若有人盗墓穿凿进去一接近就会被射杀。用水银模拟成百川江河大海，利用机关使它相互灌输流动，冢的顶壁上依据天文图案进行装饰，冢的下部依据地理图形加以布置。用娃娃鱼的脂肪做蜡烛，使其能燃烧很久而不熄灭。二世皇帝说："先帝的后宫中那些没有生子的妃嫔不宜出宫。"就命令她们陪从皇帝而死，被赐死的人很多。灵柩下葬以后，有人说工匠们制造机关，对所藏宝物都非常了解，如此贵重的宝藏旦夕间就会被他们泄露。所以安葬大事完结，珍贵宝物已经埋藏，就封闭了墓道中心。又把墓道的外门放下来，把工匠和负

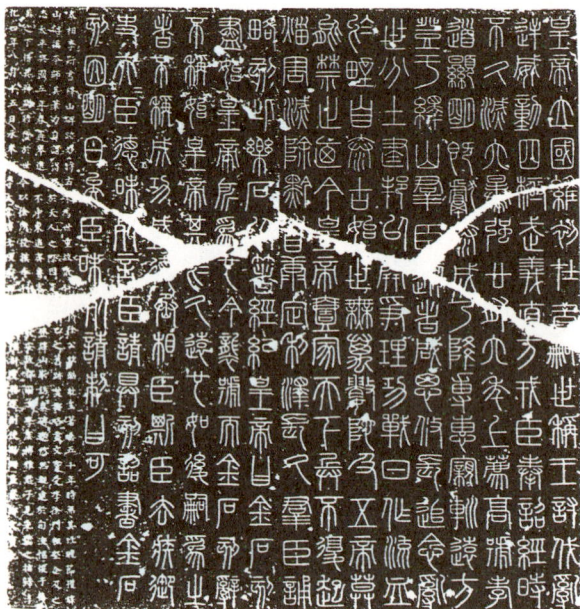

责填放宝物的人全部封闭在里边，没有再能出来的人。在墓冢上种植草木，使它成为一座山的形状。

二世即位又出巡

二世皇帝元年，胡亥二十一岁。赵高担任郎中令，他受到二世皇帝的信任而专权用事。二世皇帝下诏，增加始皇帝寝庙祭祀时候的牺畜数量及

▶《帝鉴图说》之秦始皇遣使求仙·明·无款

法国国家图书馆藏。秦始皇坑儒，其中有一部分人就是为他寻找长生不老药的术士，自徐福、卢生诸人竭力忽悠秦始皇长生不老，因此大规模的求仙活动得以展开。在秦始皇三十五年（前212），方士卢生、侯生等替秦始皇求仙失败后，私下谈论秦始皇的为人、执政以及求仙等各个方面，之后携带求仙用的巨资出逃。秦始皇知道后大怒，故而迁怒于方士，下令在京城搜查审讯，抓获460人并全部活埋。

▶ **秦始皇陵远眺**

秦始皇陵建于秦王政元年（前247）至秦二世二年（前208），历时三十九年，是中国历史上第一座规模庞大，设计完善的帝王陵寝。有内外两重夯土城垣，象征着帝都咸阳的皇城和宫城。

祭祀山川百祀典礼的贡物，又命令群臣们讨论推尊始皇帝庙的事。群臣们都跪在地上叩头说："古时候天子的祖庙是七庙，诸侯五庙，大夫三庙，虽经万世这个礼制仍然没有被废毁。如今始皇帝庙是极度尊贵而无以复加的，四海之内都要按职阶贡献祭品，又增加了牛、羊、猪等祭牲数量，祭祀的礼仪都已完备，其他庙祭的各项标准不要有比这个还高的。先王的庙宇有的在西雍，有的在咸阳。天子所遵行的礼仪应当是只到始皇帝庙去亲自奉醇酒祭祀。从襄公以下的庙加以废毁，所建造祭祀先王的庙共七座。由群臣按照礼法前去祭祀，就把始皇帝庙尊奉为秦皇帝的祖庙。皇帝仍旧自称为'朕'。"

所竖立的。如今我袭号称皇帝，而金石刻辞中不称始皇帝，这样时代久远了以后，就好像是后世皇帝所竖立的，以致不能称扬始皇帝的功业和盛德。"丞相臣李斯、臣冯去疾、御史大夫臣德冒死上奏说："臣等请求把这份诏书全部刻在石碑上，这样就变得明白了。臣子冒死请求。"二世皇帝下达制书说："可以。"

结果二世巡行到辽东就返回了。

杀人以立威

这时候二世皇帝就遵从采用赵高的谋划，申明法令，他暗中和赵高商议说："大臣们不顺服，官吏的势力还很强大，再加上各位皇子必然要和我争夺帝位，对这些又该如何处理呢？"赵高说："臣子本来很愿意说，但是没有敢说。先皇帝的大臣，都是在天下人中具有累世功名的贵人，为国家积累功业世代劳苦已经相传很久了。如今我赵高生来卑贱，幸而得到陛下的抬举，让我官居高位，掌握宫禁中的事务。大臣们对这个安排都快快不乐，只是表面上顺从我，其实他们心里不服气。如今皇上出巡，还不

秦二世和赵高相谋划说："朕年纪轻，又刚刚登位，百姓还没有归附。先帝到各郡县去巡视，来显示强大，以便用威权镇服海内。我如今静享安逸而不去巡视，就会被人看成懦弱无能，这样就无法统治天下。"春天，二世到东方巡视郡县，李斯随从。到达碣石山，又沿海南下，到达会稽，并且在始皇帝以前所竖立的刻石上又刻上文字，石碑旁边又刻上从行大臣的姓名，借以彰扬先帝的伟大功业和盛德：

皇帝说："金石碑刻全是始皇

秦始皇本纪 第六

▶ 兵马俑

据目前的考证，兵马俑坑位于秦始皇陵封土以东约 955.5 米处，普遍认为兵马俑位于秦始皇陵的外围，有戍卫陵寝的含义，是秦始皇陵墓有机组成部分。1987 年，秦始皇陵墓及兵马俑坑被联合国教科文组织批准列入《世界遗产名录》。

赶紧借这个时机清查出那些有罪的郡县守尉而把他们诛杀掉，这样在上可以振威天下，在下可以除去那些皇上平时所不满的人。如今这个时候不提倡效法文治而一切应该取决于武力，希望陛下依据时势当机立断不要迟疑，抓住群臣还来不及合谋反叛的时机采取行动。圣明的君主收揽重用前朝遗留下来的百姓，对于地位卑贱的人，使他变得高贵，对于贫困的人，使他们变得富足，对于前朝被疏远的人，给予亲近宠信，这样就能实现上下团结而使国家

安定。"二世皇帝说："这个办法很好。"于是诛杀了很多大臣和各个皇子，又假借罪名牵连逮捕了一些职位较低的近侍官中郎、外郎和散郎，没有一个人能够免除罪责，并且又把始皇帝的六个皇子杀死在杜县。皇子将闾等兄弟三人囚禁在内宫中，最后审议他们的罪行。二世皇帝派使者传令将闾说："皇子不臣服君上，你的罪过应当处死，官吏将要执行法令了。"将闾说："宫廷的礼法，我从来不敢不顺从赞礼官员的引导去做；朝廷上的位次，我从来不敢失节错乱；领受皇帝的命令回答提问，我从来不敢失言错答。凭什么说我不臣服？我希望能够明白地知道我犯的罪过以后再接受死刑。"使者说："我不可能参加谋议，只是奉诏书行事。"将闾于是仰天大呼上天三声，他叫道："天啊！我没有罪！"兄弟三人都流着眼泪拔剑自杀。宗室的人震惊恐慌。

群臣当中有人进谏的就被认定是诽谤朝政，大官吏们为保住他们的禄位而阿谀奉承，百姓震惊恐惧。

四月，二世皇帝回到咸阳，说："先皇帝因为咸阳朝廷太狭小，所以才营造了阿房宫。室堂还没有建成，正遇到皇上崩逝，就命令那些营造的人停止建筑，去到骊山陵上覆土筑陵。骊山的工程彻底结束了，如今假若放下阿房宫的工程，那就是有意显示先帝兴办事业的过错。"又重新修建阿房宫。同时派兵安抚四夷，一切遵行始皇帝时的方针。二世又搜集了五万精壮兵丁守卫咸阳，让他们学习射箭和饲养供宫中玩赏的狗马禽兽，兵丁及狗马禽兽所需粮食很多，估算粮食不足，所以调集各郡县的粮食和草料，并且命令运粮草的人都要自带干粮，在咸阳三百里以内的地区不允许取用这些粮食。法令的施行更加严厉苛刻。

▶ 秦二世胡亥墓

秦二世陵，即秦二世嬴胡亥之墓，也称"胡亥墓"，位于陕西省西安市曲江池遗址公园南岸。秦二世三年（前207），权臣赵高胁迫二世自杀，以庶民仪葬之于杜南宜春苑，地即今雁塔区曲江乡曲江池村南缘台地上，俗称"胡亥墓"。该墓在汉代已经荒芜。清乾隆四十一年（1776），陕西巡抚毕沅在旁立石碑一座。

天下大乱

七月，戍卒陈胜等人在楚地造反，国号为"张楚"。陈胜自立为楚王，据守在陈县，派遣各路将领去攻占土地。崤山以东各郡县中的青年人因受秦朝官吏迫害的痛苦，都把郡守、郡尉、县丞、县令等官吏杀死后起来造反，来响应陈胜，他们相互扶立成为侯王，联合起来向西进军，打着讨伐秦朝的旗号，造反的人数多得数也数不清。谒者出使东方归来，把各地造反的情况报告给二世皇帝，二世皇帝听后暴怒，把他关进了监狱。后来又有使者到来，皇上询问东方的形势，使者回答说："是一群土匪强盗，郡中的守、尉正在追捕他们，如今已经全部抓到，不值得担忧。"皇上听后非常高兴。武臣立自己为赵王，魏咎立为魏王，田儋立为齐王。沛公在沛县起义，项梁在会稽郡起兵反秦。

二年冬天，陈涉所派遣的周章等人率领的军队向西攻到戏水，拥有兵卒几十万人。二世皇帝非常惊恐，和群臣商量说："这该怎么办？"少府章邯说："叛贼已经兵临城下，而且人多势强，如今就是调发附近郡县的军队都已来不及了。骊山的奴隶人数众多，请皇上赦免他们的罪过，发给他们武器来攻打盗贼。"于是二世皇帝大赦天下，委派章邯统率他们，打败周章的军队而迫使他们溃逃，结果在曹阳杀死了周章。二世皇帝增派长史司马欣、董翳领兵协助章邯攻打盗贼，在城父县杀死了陈胜，在定陶县打垮了项梁的军队，在临济城消灭了魏咎。在原楚国地区有名的贼盗将领都被杀死以后，章邯于是向北渡过黄河，在巨鹿攻打赵王歇等人。

诛杀冯去疾、李斯、冯劫

赵高劝谏二世皇帝说："先皇帝君临天下统治了很长时间，所以群臣们不敢为非作歹，不敢进言奸邪的言论。如今陛下青春年少，又是刚刚即位，怎么可以在朝廷上和公卿们决策国事呢？如果所决策的事一旦出现差错，就是在群臣面前暴露自己的短处。天子处在至尊地位而称朕，本来就不应让他们直接听见皇帝的声音。"因此二世皇帝经常深居宫禁中，

秦始皇本纪 第六

和赵高决策各项政事。这以后公卿们很少能够朝见皇帝，盗贼越来越多，而且不停地调派关中地区的军卒到东方去征伐盗贼。右丞相冯去疾、左丞相李斯、将军冯劫进言劝谏说："关东地区成群的盗贼同时兴起，秦朝派军队去诛伐他们，杀死的盗贼非常多，但是这样仍然不能制止住他们。盗贼众多的原因，都是因为戍守、漕陆运输和各种差役大多太苦，以及赋税太重。请求暂且停止修建阿房宫，减省四边的屯戍和物资转运。"二世皇帝说："我听韩非子说过：'尧、舜建居室采用原木作椽子而不加刮削，用茅草盖铺屋顶而不加剪裁，用土簋煮饭，用土瓯喝水，即便是今日看门士卒的待遇，也不能疏陋到这样。大禹凿通龙门，通达大夏，决通黄河壅塞的洪水，让它导入大海，他亲自手持挖土的杵和铁锹，泥水泡得他小腿都没有汗毛了，即使是臣仆奴隶的劳苦也不比他这样做的更加剧烈。'人们之所以看重拥有天下这种地位，就是因为可以随心所欲而任意作为，君主威重而明布法令，在下的臣民们就不敢胡作非为，这样就能驾御海内了。至于说虞、夏的君主，高贵成为天子，还亲身处在穷苦劳作的生活中，来为百姓做出牺牲，那样做还怎么可以效法呢？朕贵为万乘君王，却没能享有万乘君王的实际。我想要建造千乘的车驾，组建万乘的徒属，以此来使我的名号得到切实的体现。而且先帝从诸侯起家，兼并了天下，天下已经安定，又对外抵御四方的夷狄而使边境得到安宁，建筑宫室来表示他已完成丰功伟绩的得意，你们都看到了先帝的功业有了好的开头。如今在朕即位的二年间，成群的盗贼同时兴起作乱。你们不能禁止他们，又想要废止先帝所要做的事业，这样做首先是不能报答先帝，其次是不能为朕尽忠竭力，你们有什么资格居处高位？"把冯去疾、李斯、冯劫交给狱吏，立案责问他们的罪过。冯去疾、冯劫说："将相不能受侮辱。"他们自杀。结果李斯被囚禁，遭受五刑。

❂二世自杀身亡

三年，章邯等人率领他们的军队包围了巨鹿，楚国上将军项羽率领楚军前往救援巨鹿。这年冬天，赵高担任丞相，判决了李斯的罪案并把他杀死。夏天，章邯等人作战屡次失利，二世皇帝派人责问章邯，章邯恐惧，就派长史司马欣到朝中请求指示。赵高不肯接见他，又对他不信任。司马欣恐惧，逃出了咸阳，赵高派人捕捉他，没有追到。司马欣见到章邯说："赵高在朝

▶ **二世元年铜诏版·秦**

山东博物馆藏。铜版上刻着秦二世元年的诏书："元年制诏丞相斯、去疾，法度量尽始皇帝为之，皆有刻辞焉。今袭号，而刻辞不称始皇帝，（其于久远）也。如后嗣（为之者）不称成功盛（德。刻此）诏故刻左，使（勿疑）。"本诏版文字有残缺。

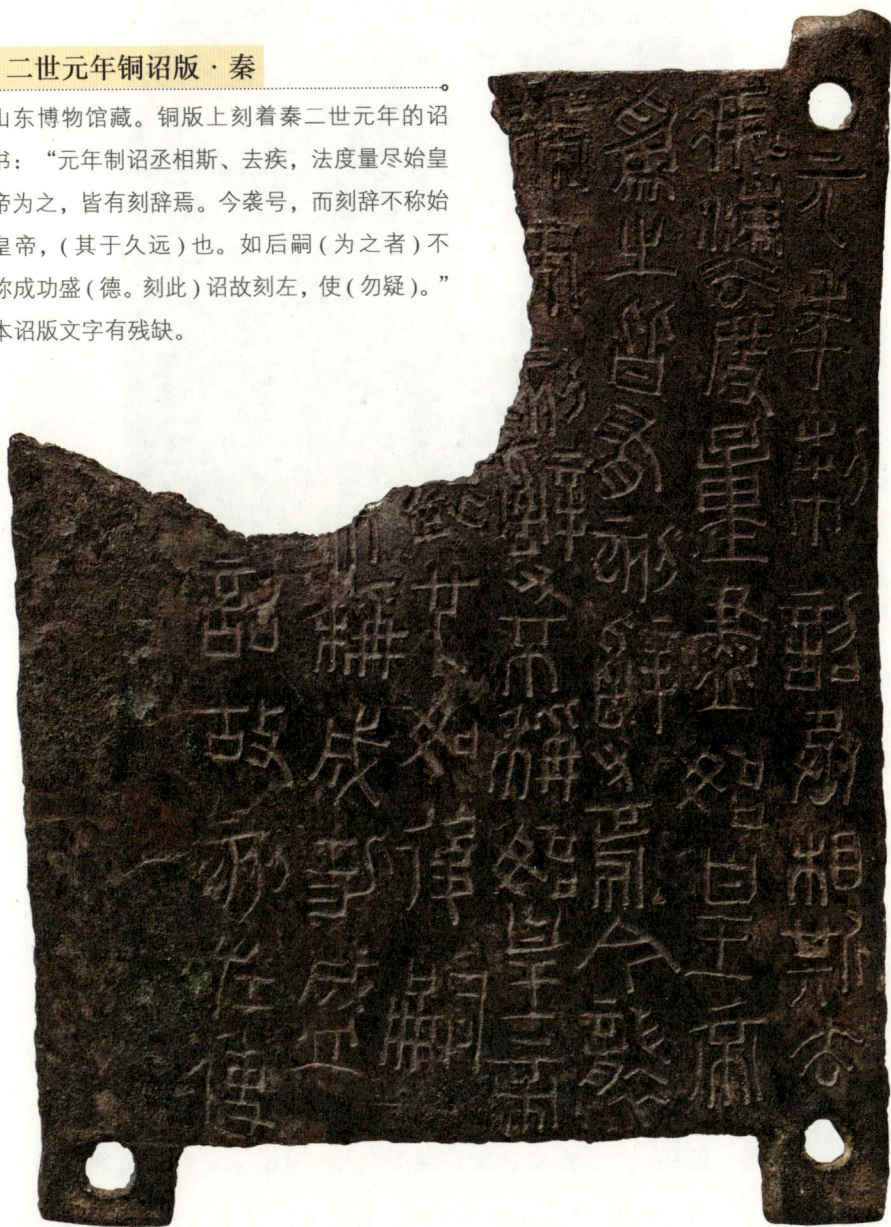

▶ **铜权·秦**

甘肃省博物馆藏。权体为钟形，上刻秦始皇二十六年诏书和秦二世元年诏书，是研究古代衡制的重要实物。

中总揽大权，将军有功也要被诛杀，无功也要被诛杀。"项羽加紧攻打秦军，俘获了王离。章邯等人也就率领军队投降了诸侯。八月己亥日，赵高想要作乱，恐怕群臣不听从他的命令，就预先设法进行测验，他牵着一只鹿献给二世皇帝，说："这是一匹马。"二世皇帝笑着说："丞相看错了吧？把鹿称作马。"又询问左右大臣，左右大臣有的人默不作声，有的人说是马而阿谀顺从赵高，

也有人说是鹿。赵高因此暗地将说是鹿的人借用法律加以陷害。以后群臣都很畏惧赵高。

赵高以前曾屡次说"关东地区的盗贼是不会有什么作为的"，等到项羽在巨鹿城下俘获了秦将王离等人继续进攻，章邯等人的军队屡次败退，上书请求增援，燕、赵、齐、楚、韩、魏都拥立了自己的君王，自函谷关以东的地区，大体上都已反叛了秦朝官吏的统治而响应诸侯，诸侯们都率领着他们各自的兵众向西进攻。沛公率领几万人已经攻克了武关，派人暗地里和赵高联络，赵高恐怕二世皇帝发怒，迁怒到他的自身，就以生病为由推辞而不朝见。二世皇帝梦见一只白虎咬了他车驾的左骖马，他杀死了这只白虎，可是心中不快，感到很奇怪而去询问占梦的人。占梦的人卜卦说："泾水的水神在作怪。"二世皇帝就在望夷宫斋戒，准备祭祀泾水神，把四匹白马沉入水中。派遣使者去责问赵高关于关东盗贼的事，赵高恐惧，就私下和他的女婿咸阳令阎乐、他的弟弟赵成商议说："皇上不听劝谏，如今事态紧急，就想把罪祸推给我们家。我想另立皇帝，改立公子婴。子婴为人仁厚谦卑，百姓们都尊奉他的话。"派郎中充做内应，谎称有大盗，命令阎乐召集官吏出动军队追击，并劫持阎乐的母亲安置在赵高府中作为人质。派遣阎乐率领官兵一千多人来到望夷宫殿门，绑了卫令仆射，说："盗贼从这里进去了，为什么不加制止？"卫令说："宫殿四周设有士卒守卫，非常严谨，怎么会有盗贼敢进入宫殿？"阎乐就斩杀了卫令，率领官兵径直进入宫殿，边走边射箭，郎官宦者非常惊骇，有人逃跑，有人格斗，格斗的人就被杀死，被杀的有几十个人。郎中令和阎乐一同进入宫殿，箭射到了皇上落座的帷幄上。二世皇帝愤怒，召令左右的侍者，左右侍臣都惶恐混乱不敢挺身格斗。二世身旁有一个宦官，伺候他不敢离去。二世进入内宫，对他说："你为什么不早告诉我？以至于落到这个地步！"宦官说："臣子不敢说，所以才能保全自身。假如臣子早就说了，都已经被诛杀了，怎么还能活到今日？"阎乐上前指着二世历数他的罪恶说："足下生性骄横恣肆，任意诛杀，不遵天道，天下的人共同背叛足下，足下还是自

己考虑该怎么办吧！"二世说："我是否能见丞相？"阎乐说："不可以。"二世说："我愿意得到一郡的地方做一个王。"没有得到允许。二世又说："我情愿做一个万户侯。"仍没有得到允许。二世又说："我情愿和妻儿在一起做平民百姓，如同各个皇子一样。"阎乐说："我接受丞相的命令，为了天下的人诛杀足下，足下虽然说了许多话，我不敢回报。"阎乐指挥他的手下拥上前来。二世自杀。

秦朝灭亡

阎乐回去向赵高报告，赵高就召集所有的大臣、公子，给他们通报了诛杀二世的情况。他说："秦过去是一个王国，始皇帝能够君临天下，所以才称帝。如今六国自己又重新拥立了国王，秦所控制的地区变得更小了，仍然沿用空名而称帝，是不可以的，应该像以前那样称王，这样更为便利。"拥立二世兄长的儿子公子婴作为秦王。按照平民百姓的礼仪在杜南宜春苑中埋葬了二世皇帝。又让子婴斋戒，到宗庙中去拜见祖先，接受国王的印玺。斋戒了五日，子婴和他

的两个儿子商议说："丞相赵高在望夷宫杀害了二世皇帝，害怕群臣诛杀他，才假装伸张大义来扶立我。我听说赵高已和楚国订立盟约，灭亡了秦的宗室以后他在关中称王。如今让我斋戒后去朝见宗庙，这是想要借朝见宗庙来杀害我。我假若宣称有病而不去，丞相一定亲自前来，来了就杀死他。"赵高多次派人来请子婴，子婴都不启行，赵高果真亲自前往，他说："宗庙朝见这样重大的事，王怎么不去呢？"子婴就在斋宫中刺杀了赵高，在咸阳当众诛杀了赵高的三族。

子婴做了四十六天秦王，沛公攻破秦军进入武关，就来到了霸上，派人去相约招降子婴。子婴自己用绳子拴着脖颈，坐着白马素车，捧着天子的印玺信符，在轵道亭旁请降。沛公进入咸阳，封藏了宫室府库，退兵到霸上。一个多月后，诸侯的军队赶到，项羽是各路诸侯的盟主，他诛杀了子婴和秦王室的各个公子以及宗室所有的人。就在咸阳大肆屠杀，烧毁秦国的宫室，俘获其中的宫女，没收秦国的珍宝和钱财，由诸侯们共同分享了。灭亡了秦国以后，就把它的领土

分割成三个王国，名叫雍王、塞王、翟王，号称三秦。项羽为西楚霸王，主持国命分割天下，赐封诸侯王，秦朝最终被灭亡了。这以后五年，天下安定，一尊于汉。

🔖 贾谊《过秦论》

太史公说：秦国的祖先伯翳，曾在唐尧、舜虞的时代建立了功勋，获得了封土和被赐予姓氏。等到了夏朝和商朝的时代他们就衰微了。又到周朝衰落以后，秦国兴起，在西垂建立城邑。从穆公以来，逐渐蚕食诸侯，最终成就了始皇帝。始皇帝自认为他的功德超过了五帝，他拥有的国土比较夏、商、周三朝之王更为广大，而羞于和他们处在同等行列。贾谊对于秦代兴衰的评论说得非常好啊！他说：

秦兼并了崤山以东地区诸侯的三十多郡，修整河津关塞，据守险要，整顿军队，把守这些重地。但是陈涉率领着由戍卒组成的几百名散乱之众，徒手挥臂大呼，不用弓箭戈戟等锋利的兵器，只是拿着锄柄和木棍，看到有人居住的房屋就能索取粮食，却横行于天下。秦国占据着阻险地势而不能守御，占据着关隘山梁而不能封锁阻挡，拥有长戟而无锐利的攻击力，拥有强弩而不能射杀敌人，楚国的军队曾经孤军深入，在鸿门交战，竟然连篱笆一样的阻拦没有遇到。因此崤山以东地区情况大乱，诸侯们纷纷兴起反叛，豪杰人士彼此互立为王。秦派章邯率兵向东征讨，章邯借机凭着他所统率庞大的三军在外订立契约和诸侯进行交易，来图谋他的君上。群臣们不能执守信义，在这里可以看出来了。子婴继立，仍然不知省悟。假如子婴具有一般君主的才能，仅仅得到中等才能的大臣辅佐，崤山以东地区虽然混乱，秦国原有的疆土仍然可以保全占有，宗庙的祭祀也不会断绝。

秦国的疆土环绕着山水而非常险固，是一个四面都有天然屏障的国家。从穆公以来，直到秦王，有二十多位君主，经常在诸侯中称雄。难道他们代代人都是贤圣吗？这是地位形势造成的呀！而且天下诸侯曾经同心合力攻打过秦国。在那个时代，贤智的人都聚在一起，有良将统帅他们的军队，有贤相磋商他们的计谋，但是因为地势险阻的困扰而不能前进。于是秦国为了能够把他们引进来在秦地交战而开放关隘，使六国的百万兵众被打败后逃走，他们的联合也就瓦解了。这难道是因为他们的勇气、力量和智慧不足吗？是因为地形不利，地势不便啊。秦国把小邑兼并成大城，在险要关塞屯聚守军，建筑高大的堡垒而不肯出战，关闭起关隘而占据险扼，肩扛着长戟进行把守，诸侯们出身于匹夫之辈，是为了利益联合起来，并没有德高望重而位居王位者的德行。他们的交往还不亲密，他们的部下还没有亲附，名义上是要灭亡秦国，其实是为了图谋各自的利益。他们见到秦国防守险阻而难于进犯，必然会退兵。如果他们能安定本土并且休养人民，以此等待秦国疲敝衰落，收恤残弱，扶助疲困，以此来对大国的君王发号施令，不必担心不能在海内称心如意。可是他们身为高贵的天子，拥有天下富厚的人力物力，而自身终竟被人所擒获，那是因为他在挽救危局方面的措施是不正确的啊！

秦王自我陶醉而不审察政治得失，把过错贯彻到底而不加变通。二世皇帝接续这种政治，因袭而不予改正，残暴苛虐而加重了祸患。子婴势力孤单而没有亲附的大臣，在危弱处境中得不到辅佐。秦国的三位君主迷惑而终生不觉悟，秦国的灭亡，不也是应该的吗？正当这个时候，世间不是没有深谋远虑而知道应该怎么改革的士人，但是他们不敢竭尽忠诚来纠正主上错误的原因，是由于秦国的政策中有太多忌讳的禁令，忠谏的言语还没有说完，进言的人就已被杀戮了。因此使得天下的士人，只能侧着耳朵细听，双脚并拢站立，闭上嘴巴不敢说话。因此三位君主背离了大道，忠臣不敢劝谏，智士不敢出谋划策，天下已经大乱，奸贼背叛的实情皇上还不知道，这难道不是太悲哀了吗？先王们知道阻塞视听是会受到蒙蔽，对治理国家有严重的损害，所以才设置了公卿、大夫和士等职，来整饬法规设立刑律，而天下就得到了治疗。国势强盛的时候，可以禁止残暴诛伐乱贼而使天下威服。当国势微弱的时候，也会出现五伯之长尊奉天子征伐不道而使诸侯顺从。当国势削减的时候，可以自守内政外附强宗而使社稷保存。因此在秦国兴盛的时候，施用

繁多的法律和严厉的刑罚而使天下镇服；等到它衰弱的时候，就使得百姓们愤怨而海内百姓起来反叛了。所以周朝设有公、侯、伯、子、男五个等次的爵位而得到了治国的大道，国家延续一千多年没有绝灭。秦国的施政方针和救危措施全都失误，所以才不会长久。由此看来，安定和危乱的政治纲纪是彼此相差太远了。俗语说"前事之不忘，后事之师"。因此君子治理国家，要观察上古的得失，考察当今的形势，参考人情事态，观察盛衰的规律，审定出权谋形势是否适宜，一切行为的取舍具有章法，举措变化讲求必要的时机，所以才能使统治旷日持久而国家安定。

秦孝公占据崤山和函谷关的坚固地势，拥有雍州的土地，君臣们固守疆土而企图伺机夺取周室，有席卷天下、包揽宇内、囊括四海的志向，并吞八

青铜盾·秦

秦始皇帝陵博物院藏。盾为方首，弧肩，曲腰，平底。正面有一纵脊，中部隆起，背面有握手。铜盾内外两面均为变相的夔龙纹彩绘纹样，龙体屈曲作飞腾状，故又名龙盾。

▶ **铜箭箙·秦**

秦始皇帝陵博物院藏。铜箭箙呈长方形盒状，弧形底，有左右两片可自由开合的盖，通体彩绘纹样，内装铜箭 54 支。此种箭匣未见过实物或图像资料，为首次发现。

荒的雄心。在这个时候，商鞅辅佐他，在国内建立法令制度，致力于农耕女织，整修防御和进攻的武备，在外交上采用连衡的方法激发诸侯之间的争斗，因此秦国人仅以举手之劳就夺取了西河以外的一片土地。

孝公去世以后，惠文王、武王继承故祖的基业，按照先王遗留下的计划，向南兼并了汉中，向西攻取了巴、蜀，向东割取了肥沃的土地，占据了险要的郡县。诸侯们恐惧，会约结盟而共同相谋削弱秦国，他们不吝惜珍器重宝和肥美的土地，用来招纳天下的谋士，联合起来缔结邦交，相互联合为一体。在这个时候，齐国有孟尝君，赵国有平原君，楚国有春申君，魏国有信陵君，这四位君子，都是明达事理富有才智而且忠信，为人宽厚而且爱惜民力，尊重贤士，使六国相约合纵而瓦解与秦国的连横，集合韩、魏、燕、楚、齐、赵、宋、卫、中山等国的众多军队。在这时六国士人中，有宁越、徐尚、苏秦、杜赫等人为他们出谋划策，有齐明、周最、陈轸、昭滑、楼缓、翟景、苏厉、

乐毅等一类人贯彻他们的意图，有吴起、孙膑、带佗、兒良、王廖、田忌、廉颇、赵奢等一辈人统率他们的军队。他们经常依靠比秦国多十倍的土地，用百万大军，去攻打函谷关而进击秦国。秦人开放关隘而诱敌深入，使得九国联军犹豫、畏惧而最终瓦解逃散而不敢前进。秦国没有损失一箭一镞的耗费，而天下诸侯却已经疲困不堪了。因此联合离散而盟约解除，争着割让自己的土地而奉献给秦国。秦国有充足的力量利用各国的疲惫制服他们，追击败逃的联军，杀死敌军上百万，使尸体遍地，血流成河而可把盾牌浮起。秦国趁着有利的形势，任意宰割天下，强行分裂诸侯国的山河，迫使强国请求臣服，弱国入朝进贡。延续到孝文王、庄襄王，因为他们在位的时间很短，国家没有什么大事。

等到秦王嬴政的时候，他继承和发扬了六世先王留下的功业，挥动着长鞭而驾御宇内，吞并了东西二周而灭亡了诸侯，登上至尊地位而控制天地四方，执行刑罚来统治天下，声威震动四海。南方攻取了百越土地，建立了桂林、象郡二郡，百越的君长低着头，脖子上系着绳子，把自己的命运交给了秦国的官吏。又派蒙恬在北方修筑长城而作为守卫疆土的屏障，把匈奴人赶出七百多里以外，使胡人不敢南下来放牧牛马，匈奴的军士不敢弯弓来报仇泄怨。因此废除先王的治国法规，焚烧百家的图书，来愚弄百姓。拆毁了有名的大城，屠杀豪俊，收缴天下的兵器聚集到咸阳，把锋利的武器熔铸成大钟，以及做成十二尊铜人，来削弱百姓的反抗力量。然后依恃华山的阻险作为城墙，借着黄河环绕而作为护城的河津，据守着亿丈的高城，临靠着深不可测的溪水，以此作为非常坚固的屏障。在要害处又派遣良将装备了劲弩来把守，有忠信的佐臣和精强的军兵以及陈列着锐利的兵器而谁敢奈何，天下因此而安定。秦王的心里，是自认为关中地区的稳固，如同千里的铜铸城墙，可以形成他后代子孙作为帝王的万世基业。

秦王嬴政去世以后，他留在人世间的威慑力量仍然远震四方不同习俗的夷人。陈涉，一个破瓮做窗户、用绳索拴门枢的贫困家庭的孩子，一个被人

雇佣地位低下的粗人，而作为一个被迁徙的徒隶，他的才能赶不上一个中等人，没有仲尼、墨翟的贤明，没有陶朱、猗顿的富足，活动在行伍中间，从十夫之长或百夫之长的基础上崛起，带领疲惫涣散的士卒，统率着几百人的徒众，而转过身来攻打秦国，削尖了木头作兵器，举起竹竿挂战旗，天下响应的人像彩云一样聚集，担负着粮食如影子一般地追随他，山东地区的豪俊就一同兴起而灭亡了秦族。

再说秦朝的国土威势并非是削减衰弱的，雍州的地势、崤山和函谷关的险固还像以前一样。陈涉的地位，不比齐、楚、燕、赵、韩、魏、宋、卫、中山等国的君主高贵；他们所用的锄柄和尖木棍等武器，也不如钩戟、长矛锋利；一群被罚迁徙守边的士卒，战斗力不能和九国联合的军队相抗衡；深谋远虑和行军用兵的策略，也赶不上以前六国合纵时候的谋士。然而他们各自的成败结果却有异常的变化，功业成就也是完全相反的。假若以山东地区的诸国和陈涉等人相互比较大小长短，权衡他们各自的力量，

那是实在不能相提并论了。然而秦国凭借区区一国的地盘，战车千乘的诸侯权力，招来了八州的诸侯，而让这些原来和自己处在同等地位上的君王在秦廷朝拜称臣，经历一百多年了。然后以天地四方为家，以崤山、函谷关作为宫殿，却因一个匹夫起兵发难就使得秦国的七世宗庙被毁坏，君王自身也死在他人手中，让天下人所耻笑，这是为什么呢？是因为秦王不施行仁义而致使攻取天下和守住天下的形势完全不同了。

秦国统一海内，兼并了诸侯，面南而称帝，以供养四海，天下的士人欣服地慕风而向，像这种局面是什么原因造成的？这可说是近古以来没有统一天下的帝王已经很久了。周朝王室卑弱衰微，五霸死了以后，天子的法令不能在整个天下执行，因此诸侯们各自以武力相征伐，强大的侵凌弱小的，人多的欺凌人少的，战争无止无休，军民们被摧残得很疲惫。如今秦君南面称帝而统治了天下，这就是在上有了天子啊。即使是普通的百姓也希望依靠他能够保全性命安居太平，没有人不虚心臣

▶ 石铠甲·秦

陕西省考古研究所藏。出土于秦始皇帝陵 K9801 陪葬坑。石铠甲通长 75 厘米，共有甲片 612 片。铠甲与秦俑身上塑造的铠甲相比更显得精制用工，反映了秦代高度发达的手工制造业和秦陵修建的繁复艰巨。这些石质铠甲、胄、马甲的发现，形象说明了秦代军人防护装备的状况，弥补了文献对秦代甲胄记载的缺失，丰富了人们对秦代军事问题的认识。

服而恭仰皇上。在这个时候，守持住天子的神威，稳定住既有的功业，安定危亡的根本就在这里了。

秦王怀抱着贪婪卑劣的心意，执行他自我奋发的才智，不信任功臣，不亲爱士民，废弃施仁政的王道，树立起私人的权威，禁止读书习文而主张实行酷烈的刑法，凡事崇尚诡诈暴力而轻视仁爱德义，以施行暴力作为治理天下的基础。兼并天下的时候需要崇尚诡诈的谋略和强大的武力，安定天下的时候就需要顺应时势而权衡变化，这就是说夺取天下和守卫江山的方法是不同的。秦国已结束了战国时期的纷争而统治了全天下，但他的建国方略不加变更，他的政治措施没有改革，这就是他夺取天下和守卫天下在方法上没有什么不同的原因。只有皇帝独自一人却无辅佐而拥有天下，所以他的灭亡就

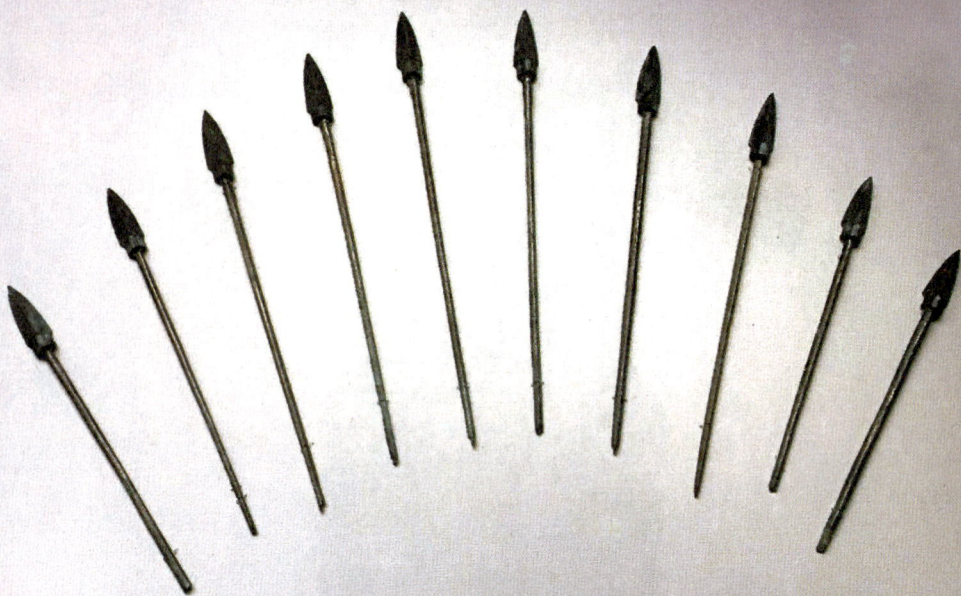

▶ 青铜箭镞·秦

秦始皇帝陵博物院藏。出土于秦兵马俑一号坑。秦兵马俑坑出土的箭镞约有四万件，大体可分为小型和大型铜镞两类。大型铜镞铤长，镞首特大，镞首呈三棱锥形，铤呈圆柱形。小型铜镞数量最多，首呈三棱形，铤为圆形后三棱形。所有镞首和铤都接铸为一体，茬口清晰。铜镞首与铤重量大体相等，符合力学原理。

很快来到了。假使秦王考虑前代的史事，兼取殷、周二朝治国的经验，来制定治国的政策，后代尽管会出现骄淫的君王，也不会有倾覆灭亡的危患。所以夏禹、商汤、周文王和周武王建立了良好的国家制度，他们拥有卓显美好的名号，他们开创的功业也就能够长久。

如今秦二世继位，天下的人没有不伸长脖子在观看他的新政。要知道寒冷的人能够穿上一件狭小粗衣就会感到很满意，而饥饿的人吃上一顿糟糠食物就会觉得很香甜了，天下的人嗷嗷地叫苦，正是新继位君主建立功业的好条件。这就是说劳苦的人民是很容易接受仁政的。那时候假如二世皇帝具有一般君主的德行，并且任用忠贞贤能的人，君臣团结一心而为海内的祸患忧劳，早在身着孝服的时候就立即纠正先帝的过失，分割土地和人民封给功臣的后代，建立各个王国、扶立王国的君主来礼遇天下，使监狱空虚而免除暴

刑杀杀戮，废除没收犯罪人的妻子儿女为官家奴婢之类的杂乱刑罚，使这些人各自返回他们的乡里。打开仓库，散发钱财，用来赈济孤独穷困的士人，减轻赋税和差役，借以救助百姓的危急，简省法律减少刑罚来使他们以后有悔改的机会，使天下的人都能够自强不息，日有新得，改变立身的准则修正品行，各自谨慎地对待自身，满足万民的期望，而以权威和恩德对待天下的人，天下人就会全都归附了。这样四海之内的人们，都非常快乐地各自安居其处，唯恐发生变乱，尽管会出现狡猾的臣民，但没有背离君上的民意，那些图谋不轨的人就不能伪饰他们的诡诈，而暴乱的奸邪就会被消除了。二世皇帝不施行这种办法，却比始皇时更加暴虐无道，毁坏宗庙和残害百姓，重新开始建筑阿房宫，施行繁重的刑法及严酷的诛杀，官吏治民苛刻狠毒，赏罚不恰当，赋税搜括没有限度，天下事务繁多，官吏们不能有效治理，百姓们穷困而君主不加收容抚恤。从此以后才使奸伪群起，而上下相互欺骗，蒙受罪责的人众多，服刑受戮的人在道路上前后相望，而天下的人都被这状况所苦。从君卿以下直至平民百姓，人人都怀着自危的心理，亲身处在穷苦的现实中，全都不安于他们所处的地位，所以才容易造成动荡。因此陈涉不需具有像商汤和周武王那样的贤才，不必凭借着公侯般尊贵的地位，只在大泽乡振臂一呼而能使天下人响应的原因，是因为人民处在危难的处境中。所以先王们洞察事物由开始到结束的变化，知道生存和灭亡的关键，因此治理人民的方法，就在致力于使人民获得安定罢了。天下虽然有反逆的臣子，一定不会有人响应来助他作乱了。所以说"处在安定中的百姓可以同他们一道施行仁义，而处在危乱中的百姓容易同他们一起为非作歹"，就是说的这种情况。高贵成为天子，富足保有天下，自身不免于被杀戮的原因，是因为扶正倾危局势的政策措施错误。这就是二世皇帝的过错。

秦国世系

秦襄公即位，在位十二年。开始建造西畤。襄公葬在西垂。生了儿子文公。文公即位，居住在西垂宫。在

秦
始
皇
本
纪
第
六

185

位五十年去世，葬在西垂。生了儿子静公，静公没有即位就去世了。生了儿子宪公。

宪公在位十二年，居住在西新邑。死后葬在衙县。生了儿子武公、德公、出子。

出子在位六年，居住在西陵。庶长弗忌、威累、参父三个人，率领贼人在鄙衍暗杀了出子，葬在衙县。武公即位。

武公在位二十年，居住在平阳封宫。葬在宣阳聚的东南。这期间三庶长因罪伏法被诛。德公即位。

德公在位二年。住在雍地大郑宫。生了儿子宣公、成公、穆公。葬在阳地。开始颁定伏日节气，以防御热毒邪气。

宣公在位十二年，住在阳宫。葬在阳地。开始记载闰月。

成公在位四年，居住在雍地的宫中。葬在阳地。齐国攻伐山戎和孤竹。

穆公在位三十九年。周天子确认他为诸侯之长。葬在雍邑。穆公曾向宫殿的侍卫学习。生了儿子康公。

康公在位十二年，居住在雍邑高寝。葬在竘社，生了儿子共公。

共公在位五年，居住在雍地高寝。葬在康公墓南。生了儿子桓公。

桓公在位二十七年，居住在雍地的太寝。葬在义里丘的北面。生了儿子景公。

景公在位四十年，居住在雍邑的高寝，葬在丘里的南面。生了儿子毕公。

毕公在位三十六年。葬在车里的北方。生了儿子夷公。

夷公没有继位为君，死后葬在左宫。生了儿子惠公。

惠公在位十年。葬在车里。生了儿子悼公。

悼公在位十五年。葬在僖公墓的西边，在雍邑修筑城墙。生了儿子剌龚公。

剌龚公在位三十四年。葬在入里。生了儿子躁公和怀公。他在位的第十年，有彗星出现。

躁公在位十四年，居住在受寝。葬在悼公墓的南面。他在位的第一年，有彗星出现。

怀公是从晋国回来作国君的，他在位四年。葬在栎圉氏。生了儿子灵公（灵公应是怀公的孙子）。各个大

臣围攻怀公，怀公被迫自杀。

肃灵公，是昭子的儿子，居住在泾阳。他在位十年，葬在悼公墓的西边。生了儿子简公。

简公是从晋国回来继位的。他在位十五年。葬在僖公墓的西边。生了儿子惠公。他在位的第七年，开始允许百姓佩带刀剑。

惠公在位十三年，葬在陵圉。生了儿子出公。

出公在位二年。出公自杀。葬在雍邑。

献公在位二十三年，葬在嚣圉。生了儿子孝公。

孝公在位二十四年。葬在弟圉。生了儿子惠文王。他在位的第十三年，开始建都咸阳。

惠文王在位二十七年。葬在公陵。生了儿子悼武王。

悼武王在位四年。葬在永陵。

昭襄王在位五十六年。葬在茝阳。生了儿子孝文王。

孝文王在位一年。葬在寿陵。生了儿子庄襄王。

庄襄王在位三年。葬在茝阳。生了儿子始皇帝。吕不韦做丞相。

献公在位的第七年，秦国开始设置集市。第十年，编制户籍及实行五家为邻的连坐制度。

孝公在位的第十六年，冬季时桃树、李树开花。

惠文王十九岁时即位为君。在位的第二年，开始实行用钱币。有一个刚刚降生的婴儿居然能说"秦国将要称王"。

悼武王十九岁时即位为国君。在位的第三年，渭河水红赤三日。

昭襄王十九岁而即位为国君。在位的第四年，开始开辟田间的阡陌。

孝文王五十三岁时即位为国君。

庄襄王三十二岁时即位为国君。在位的第二年，攻取了太原地区。庄襄王元年，大赦天下，表彰先王的功臣，对于骨肉至亲厚施恩德，对人民布施恩惠。东周和诸侯国谋划攻伐秦国，秦国派遣相国吕不韦诛伐，占领了东周

全部的国土。秦国没有断绝东周的祭祀，把阳人地方赐给周君，让他能够举行对周朝先王的祭祀。

始皇帝在位三十七年。葬在郦邑。生了儿子二世皇帝。始皇帝十三岁时即位为秦王。

二世皇帝在位三年。葬在宜春。赵高被任命为丞相并封为安武侯。二世皇帝十二岁时即位为帝。

以上所列从秦襄公至二世皇帝，共计六百一十年。

孝明皇帝十七年十月十五日乙丑，班固说：

周朝历数已经过去了，按照仁恩的情义来说子不能代替母。秦当非正统之位，吕政残暴凶虐。然而他以一个十三岁的诸侯，而兼并天下，极其情志放纵私欲，却又养育着宗室亲族。在位三十七年间，军队无处不征伐，制作法律政令，传留给后代帝王。这或许是他得到圣人的神威，和河神授予的具备帝王象征的图录，依据着主弓矢的狼星、狐星的气魄，蹈践着主斩杀的参星、伐星的威严，帮助秦王嬴政驱除天下诸侯，一直到使他能够自称始皇帝。

始皇帝死后，胡亥非常愚蠢，骊山大墓尚未完工，又重新开始建筑阿房宫，以便实现从前的计划。还说"人们之所以看重拥有天下的君王的地位，就是可以放纵意志极情享乐，大臣们竟然想要废弃先王所想干的事情"，诛杀了李斯、冯去疾，任用赵高。二世的这番话听起来让人多么痛心啊！他长着人的脑袋，却发出牲畜一样的叫声。假若不是帝王逞威，就不会让人们讨伐他的罪恶；假若不是罪恶深重，他就不会无缘无故地身败灭亡。等到他大好的河山保留不住，残暴凶虐又加速了他灭亡的期限，尽管他所据守的是易守难攻、山川形势便利的王国，还是不能长存。

子婴越序得到了王位，戴着玉饰的王冠，佩着系有华美丝带的御玺，乘坐着裹涂黄色的帝王车驾，由百司官吏扈从着，拜谒先代七世祖庙。一位小人登临不合他身份的地位，没有不是神思不定，心中无主，整天苟且偷安，只是他能够图谋长远，排除顾虑，父子一起权衡策划，就近在屋室中捕获赵高，

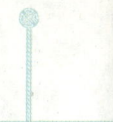

终于诛杀了奸臣，为被害死的二世皇帝讨伐了贼逆。赵高被杀死以后，亲戚宾客还没有来得及慰劳完，饭食还没有来得及下咽，酒还没有来得及沾唇，楚国的军队已经屠戮了关中，上天的真命天子已经飞临霸上，于是子婴只得坐着素车，脖颈上系着绳子，捧着皇帝的符信御玺，来投降于应该称帝的人。如同当年郑伯手持茅旌和鸾刀投降一样，结果楚庄王撤退一舍。河堤溃决不可能依原样重新堵上，鱼已烂了不可能再度复原。贾谊、司马迁说："如果当时子婴有一般君主的才干，仅仅得到中等才能臣子的辅佐，尽管山东地区大乱，秦国原有的土地也可以保全，宗庙的祭祀也不应该断绝。"秦国的衰败是一代代积累形成的，天下如同土崩瓦解一般，即使有像周公旦一样的才能，也还是没有机会再次施展他的才干，因为秦国投降灭亡而责怪即位才几天的子婴，这是一个错误啊！世俗人传说是秦始皇兴起的罪恶，是胡亥将这种罪恶发展到顶点，这话说得很合乎道理的。贾谊、司马迁又责怪子婴无能，说秦国原有的土地可以保全，这就是所谓不通时变的看法了。纪季把纪国的酅邑送给齐国来换取附庸的地位而能保存宗庙社稷，《春秋》赞美他而不直书其名。我读《秦本纪》，读至子婴车裂赵高的时候，没有一次不佩服他的刚强果断，怜惜他的处事心志。可以说子婴是具备了讨逆报仇、死而殉国的死生大义呀。

封禅是古代统治者举行的一种祭祀天地的礼仪。古人认为群山中泰山最高，为"天下第一山"，因此人间的帝王应到最高的泰山去祭过天帝，才算受命于天。秦始皇统一六国之后，认为自己的统治得到上天的委命，便在公元前219年带了齐、鲁的儒生博士70人到泰山举行封禅活动。秦始皇亲赴泰山封禅，虽然只是为了标榜他自己的伟大功绩，但也反映了上天在当时封建社会政治生活中的地位及其影响。自秦始皇起，封禅活动成为强调君权神授的重要手段。

秦始皇兵马俑二号坑

图说史记

第1卷

文字编辑：樊文龙

美术编辑：刘晓东

装帧设计：罗　雷

图片提供：王　露　郝勤建

汇图网　红动中国

中国国家博物馆

故宫博物院

上海博物馆

山东博物馆

河南博物院

河北博物院

陕西历史博物馆

湖南省博物馆

湖北省博物馆

浙江省博物馆

台北故宫博物院

美国纽约大都会艺术博物馆

美国弗利尔美术馆

美国克利夫兰艺术博物馆

美国耶鲁大学艺术陈列馆

美国普林斯顿大学博物馆

美国哈佛大学博物馆

美国芝加哥艺术学院

美国明尼阿波利斯艺术学院

大英博物馆　等

图说

史记

【西汉】司马迁◎著

杨燕起 樊文龙◎主编

—— 第2卷 ——

［本纪］

巴蜀书社

目录

"西楚霸王"项羽率领八千子弟在江东起兵，破釜沉舟，在巨鹿之战中大败秦军，威震天下。鸿门宴上，他因为一念之差没有杀掉刘邦，埋下了祸根。后来，项羽在九里山之战中，因为四面楚歌军心瓦解，兵败垓下。他觉得愧对江东父老，于是悲壮地自刎于乌江。

刘邦手提三尺剑自芒砀起兵反秦，投身到群雄逐鹿的大潮之中。他先入咸阳，与民众约法三章；接着封王汉中，暗度陈仓，平定三秦。之后，刘邦任用"三杰"，灭楚建汉，完成了一个"草根"的逆袭。他定都关中，消灭异姓王，让刘氏江山得以巩固。

高祖驾崩，继位的惠帝孱弱，朝政大权便落到了吕后手中。她将高祖曾经的宠妃戚姬做成"人彘"，杀害刘氏子弟，分封吕氏族人，这些都引起了大臣的恐慌。吕后一死，刘氏子孙便联络朝中大臣铲除了吕氏家族。

本篇是讲述的是汉文帝刘恒的生平及其在位期间的历史大事。汉文帝在位期间，以身作则倡导节俭，爱惜百姓，废除肉刑，按照黄老学说治理国家休养生息。汉文帝是"文景之治"的开创者，使汉朝的社会经济迅速恢复，国家趋于稳定。

本篇"有录无文"，简略记载了汉景帝时期的历史事件。汉景帝即位推行"削藩"政策，引发了"七国之乱"。周亚夫领兵平叛，局势才逐渐稳定下来。汉景帝继承文帝的政策，推动了西汉社会经济的发展，为汉武帝时期的辉煌奠定了基础。

本篇原名《今上本纪》，此名为后人所改。原文已经遗失，现有内容来自《封禅书》的后半部分。汉武帝即位以来，北伐匈奴，南征南越，开通西南夷，派人出使西域，罢黜百家，独尊儒术，创造了大汉王朝的盛世辉煌。

项羽本纪 第七

【解题】本文形同一篇列传，通过记述项羽一生事迹，全景展现了秦末农民起义推翻秦王朝，到经过楚汉战争、刘胜项败建立汉王朝的历史转变。本文表现了项羽这个人物叱咤风云、勇敢豪放的英雄本色，通过巨鹿之战、鸿门之宴、垓下之围三个主要场景，塑造出一个非常丰满生动的人物形象。所以本篇也具有重要的文学价值。因此，无论从史学还是文学的角度来说，《项羽本纪》都是《史记》中脍炙人口的名篇。

❖少年时代

项籍是楚国下相人，字羽。他二十四岁时开始起事。项籍的叔父名叫项梁，项梁的父亲是被秦国将领王翦所杀害的楚国大将项燕。项氏世世代代任楚国的将军，被封在项地，因此而姓项。

项籍少年时代曾学习认字写字，没有学成就不学了，于是改学剑术，又没有学成。项梁因为他的不学无术而十分恼怒。项籍说："认字写字能够用来书写姓名就行了，学好剑术也只能抵抗得住一个人，所以不值得学，我要学能够打败万人的本领。"于是项梁就教授项籍用兵打仗的方法，项籍非常高兴，大略懂得其中的大意以后，就又不肯学了。

项梁曾经因犯罪受牵连，在栎阳被捕入狱，他请了蕲县狱掾曹咎写一封讲情的信给栎阳狱掾司马欣，事情才得以了结。后来项梁又杀了人，和项籍逃到吴中躲避仇人。吴中地区贤士大夫的才能都在项梁之下，因此每逢徭役和丧葬之类的大事，项梁经常做主办人。他暗地里用兵法组织宾客和青年，以此来了解他们的才能。秦始皇帝到会稽去巡游，在他渡钱塘江

▶ **项羽像·清·无款**

法国国家图书馆藏。项羽（前232—前202），项氏，名籍，字羽，楚国下相（今江苏宿迁）人，楚国名将项燕的孙子，军事家，中国军事思想"兵形势"（兵家四势：兵形势、兵权谋、兵阴阳、兵技巧）的代表人物，也是以个人武力出众而闻名的武将。清代史学评论家李晚芳对其有"羽之神勇，千古无二"的评价。

的时候，项梁和项籍一起去观看。项籍说："那个人我可以取而代之。"项梁急忙掩住了他的嘴，说："不要胡说，会被灭族的。"项梁因此认为项籍是一个奇才。项籍身高八尺有余，力大能举鼎，才气过人，尽管吴中青年刚烈好斗，但都很畏惧项籍。

➳ 八千子弟起江东

秦二世元年七月，陈涉等人在大泽乡起义。九月，会稽郡郡守殷通对项梁说："长江以西地区都造反了，这也就是上天要灭亡秦国的时机。我听人说，做事情先一步行动就可以控制别人，落后一步就要被别人控制。我想要发兵抗秦，让您和桓楚统领全军。"这时桓楚正逃亡在草泽中。项梁说："桓楚现在逃亡在外，没有人知道他身在何处，只有项籍知道他所隐藏的地方。"于是项梁出来，命令项籍持剑在屋外等候。项梁再次进入屋内，和郡守同坐，他说："请您召见项籍，让他奉命令去召桓楚。"郡守说："好吧。"项梁把项籍叫了进来。过了一会儿，项梁给项籍使了个眼色，说："可以动手了！"于是项籍拔出宝剑斩下了郡守的头。项梁拿着郡守的头，佩戴着郡守的官印。郡守的部下见状大惊，一时大乱，被项籍一连杀了近百人。府中所有的人都吓得趴在地上，没有一个人敢站起来。于是项梁召集以前他熟悉的豪强官吏，向他们说明起义反秦的道理，

项羽本纪 第七

5

▶ 青铜箭镞·秦

就发动吴中地区的军队起事了。项梁派人去收取郡内的属县，共得精兵八千人。又部署郡中豪杰，派他们分别担任军队的校尉、候、司马等职。其中有一个人没有被任用，他自己到项梁跟前去问。项梁说："前些时候某家办丧事，我派你去主办一件事，你没有完成，因此我不能任用你。"众人听了都很佩服。于是项梁就做了会稽郡守，项籍为他的副将，率军攻取所辖各县。

广陵人召平这时候正为陈王攻打广陵，还没能攻下，就听说陈王战败逃走，秦国的军队又将要到来的消息，于是他渡过长江，假托是奉了陈王的命令，任命项梁为楚国的上柱国。他说："江东地区已经平定，赶快率军向西去攻打秦国吧。"于是项梁就率领着八千士兵渡过长江，向西进发。听说陈婴已经用武力威服了东阳，项梁就派使臣去与陈婴联络，想要和他联合一同向西进攻。陈婴原先是东阳令史，住在县城中，平常诚信恭谨，非常受百姓尊重。东阳县的年轻人杀死了他们的县令，相互聚集了数千人，想要推举一位德高望重的人担任首领，但没有找到合适的人选，就请陈婴担任这个职务。陈婴推辞说自己没有这个能力，但仍旧被众人强行拥立为首领，县中追随的有两万人。那帮年轻人想要拥立陈婴为王，并用青巾包头来和其他军队相区分，以表示这是一支新突起的义军。陈婴的母亲对陈婴说：“自从我成为你们陈家的媳妇以来，从没有听说过你的先辈中有过什么贵人。如今你突然得到如此大的名声，这恐怕是件不祥的事。不如去依附别人，事业成功后能够封侯，即使失败了也易于逃亡，那样你就不是被世人注目的人了。”因此陈婴听从母亲的话，不敢称王。对他的属下们说：“项氏家族世世代代担任将军，是楚国名门。如今要创建大业，若非由项家人来领导，大事不可能成功。我们依仗着名门望族，灭亡秦朝就指日可待了。”于是众人听从了他的意见，把军队的领导权交给了项梁。项梁渡过淮河，黥布、蒲将军也率领着各自的军队前来归附于他。项梁所统领的军队共有六七万人，驻扎在下邳。

复立楚王

这个时候，秦嘉已经拥立景驹为楚王，驻军在彭城以东，准备抗击项梁。项梁对军中的官吏们说：“陈王率先起事，作战很不顺利，如今不知道他在什么地方。现在秦嘉背叛陈王而扶立景驹，这是大逆不道。”于是决定进兵攻打秦嘉。秦嘉的军队战败逃走，项梁率军队追击，一直追到胡陵。秦嘉回过头来又和项梁军交战了一天，秦嘉战死，他的军队投降，景驹逃走，死在了梁地。项梁接收了秦嘉的军队以后，驻扎在胡陵，准备率军向西进攻。秦将章邯的军队到达栗县，项梁派别将朱鸡石、余樊君和秦军交战。结果余樊君战死，朱鸡石战败，逃回胡陵。项梁率军进入薛县，杀了朱鸡石。在此以前，项梁派遣项羽率另一路军队进攻襄城，襄城守军坚守，而不肯投降。项羽攻破襄城以后，把那里的军民全部活埋了，然后回来向项梁报告。项梁听说陈王确实已死，就召集诸位别将，在薛县开会商计大事。这时候沛公也在沛县起兵，应召前来参加聚会。

居鄛人范增，七十岁了，平素在家居住，不出去做官，爱琢磨奇计，他前往薛县游说项梁：“陈胜的失败是理所当然的事。秦国灭亡了六国，其中楚国是最没有罪过的。自从楚怀王被骗入秦国没有返回，楚国人直至今日还在同情他，所以楚南公才会说'楚国即使剩下三户人家，灭亡秦国的也一定是楚国'。如今陈胜首先起事，不扶立楚王的后代，却自立为王，他的势运必定不会长久。现在您在江东起事，楚国各地蜂拥而起，将领们都争先归附您，是因为项氏世世代代做楚国大将，一定能够重新扶立楚国的后代为王。"项梁认为范增的话有道理，就在民间寻找楚怀王的孙子熊心，当时熊心已沦落到给人牧羊的窘境，项梁找到熊心后扶立他为楚怀王，这是为了顺应楚国民众的愿望。陈婴担任楚国的上柱国，得到五个县的封地，辅佐怀王建都盱台。项梁自己号称武信君。

❂ 项梁之死

过了几个月，项梁领兵进攻亢父，和齐国的田荣、司马龙且率领的军队援救东阿，在东阿大败秦军。田荣立刻领军返回齐国，赶走了齐王田假。田假逃亡到楚国。齐王田假的国相田角逃亡到赵国。田角的弟弟田间是齐国的旧将领，住在赵国不敢回国。田荣扶立田儋

▶ 彩绘立俑（局部）·秦

秦始皇帝陵博物院藏。秦始皇陵中的兵马俑造型逼真，栩栩如生，每个士兵俑都能看出其年龄、身份，有的眉清目秀，嘴唇紧闭，明显是刚入伍的新兵；有的粗眉大眼，胡须微张，应为多次出生入死的老兵。其实秦俑基本上都是彩绘的，其颜料多为矿物材料，我们看到的灰头土脸的样子，是因为出土后氧化剥落，此彩绘俑则在出土时进行了保护，彩绘清晰可见。

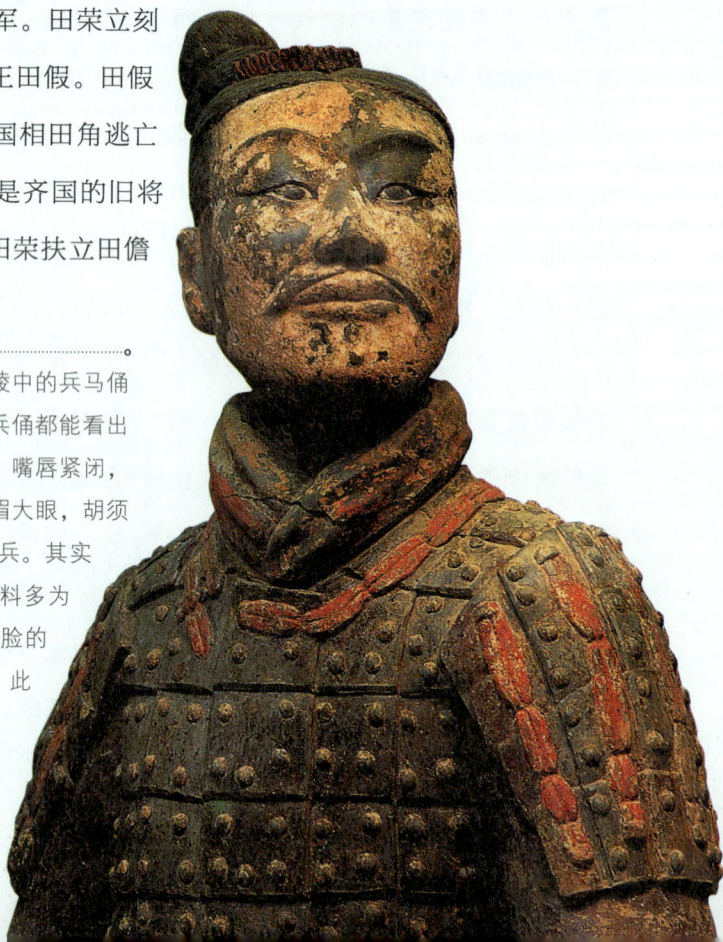

的儿子田市为齐王。项梁攻破了东阿城下的秦军以后，接着就追击秦军。项梁多次派遣使者催促齐国出兵，想和齐军一同向西进攻。田荣说："如果楚国杀死田假，赵国杀死田角和田间，齐国才能发兵。"项梁说："田假是我们盟国的国王，走投无路的时候来投奔我，我不忍心杀他。"赵国也不肯杀死田角和田间来和齐国做交易。于是齐国就不肯发兵帮助楚国。项梁派遣沛公和项羽另率一支军队攻打城阳，屠灭了城阳全城。又向西进攻，在濮阳东部地区打败了秦军，秦军收兵退入濮阳城。于是沛公、项羽就去攻打定陶。定陶没有能攻下，又离开定陶向西撤离，沿路攻取城邑直到雍丘，大破秦军，斩杀了李由。回师攻打外黄，外黄没有能攻克。

项梁从东阿出发，向西进军，等到抵达定陶，再次打败秦军，项羽等人又斩杀了李由，因此更加轻视秦军，军队内部渐渐出现了骄傲情绪。宋义于是劝谏项梁说："打了胜仗之后，将领们就骄傲、士兵们就懈怠的军队必然会失败。如今士卒们有点怠惰，而秦兵一天天地增强，我替您担心啊。"项梁不听从他的意见。派宋义去出使齐国。宋义在途中遇见齐国的使者高陵君显，问道："您是要去见武信君吗？"高陵君说："是。"他又说："我断定武信君的军队必然会大败。您若慢慢行进可避免杀身之祸，如果走快了就会赶上灾祸。"秦国果然发动全国的兵力来增援章邯，攻击楚军，在定陶大败楚军，项梁战死。沛公、项羽撤离外黄，转攻陈留，陈留军民坚守，久攻不下。沛公和项羽商量说："如今项梁的军队被打败了，士卒们非常惊恐。"于是他们和吕臣的军队一同向东进兵。吕臣的军队驻扎在彭城的东面，项羽的军队驻扎在彭城的西面，沛公的军队驻扎在砀县。

诛杀宋义

章邯打败了项梁的军队之后，就认为不用再担忧楚国的军队了，于是渡过黄河攻打赵国，大败赵军。这时，赵歇为赵王，陈馀为大将，张耳为国相，他们都逃进巨鹿城中。章邯命令王离、涉间包围巨鹿城，自己在巨鹿城南面驻军，并修筑两边有高墙的甬道来输送粮草。陈馀作为将领，统领军队在巨鹿的北面驻扎，这就是所谓的河北军。

楚军在定陶战败后，怀王十分害怕，从盱台来到彭城，把项羽和吕臣的军队合并起来，由他亲自指挥。任命吕臣为司徒，吕臣的父亲吕青为令尹。任命沛公为砀郡长，封他为武安侯，统率砀郡的军队。

之前，宋义所遇到的那位齐国的使者高陵君显正在楚军中，他见到楚王后说："宋义断定武信君的军队必然失败，没过几天，军队果真失败了。军队还没有开始作战，就能先行预见有失败的征兆，这个人可以称得上是很懂用兵了。"楚王召见宋义，和他共商军中大事，楚王非常欣赏他，因而就任命他为上将军；项羽为鲁公，任次将军，范增被任命为末将军，他们一同率军去援救赵国。此外其他各路军队都归宋义指挥，号称卿子冠军。大军行进到安阳，停留了四十六日不向前进。项羽说："我听说秦军把赵王围困在巨鹿，我们应立刻率军渡过黄河，楚军在外围攻击秦

军，赵军在城内接应，一定能够打败秦军。"宋义说："我认为不是这样的。大虻虫攻击牛不是为了杀死牛身上的虮虱。如今秦军攻打赵军，秦军打胜了，军队也会疲惫不堪，我们的军队可以趁着他们的疲惫展开攻击；假若秦军不胜，我们就可以率领军队声势浩大地向西进攻，一定能歼灭秦军。因此不如先让秦、赵互相厮杀。若是身披铠甲，手持武器上阵杀敌，我宋义不如你；若论在军帐中运筹策划，你不如我宋义。"于是宋义号令全军："那些凶猛如虎，狠戾如羊，贪婪如狼，强悍而不能听从指挥的人，一律斩杀。"又派儿子宋襄到齐国为国相，亲自将他送到无盐，设宴大会宾客。当时天气寒冷下着大雨，士卒们又冷又饿。项羽说："正该要奋力进攻秦军的时候，宋义却久留不向前进。如今遇到饥荒灾害，百姓贫困，士卒们吃的是芋芋掺豆子，军中没有存粮，宋义却备酒宴请宾客，而不率军渡过黄河，从赵国取得补给的粮食，和赵国合力攻打秦军，却说'等秦军疲惫了再攻打'。以秦军的强大，攻打新建立的赵国，他们势必会全部灭亡赵

▶**石铠甲·秦**

秦始皇陵兵马俑坑出土。石质铠甲的规格、形制和编缀方法与实用铠甲一样，它比秦俑身上模拟的铠甲更为形象，使人们对秦甲的形制和编缀方法有了更清楚的认识。把它与秦俑身上的铠甲雕塑结合起来，就可以看出秦代已经有一套较为完备的系列铠甲形制。

国。赵国若被攻占，秦军就会更强大，到那时，还有什么秦军疲乏的机会可以利用！况且我军刚打了败仗，国君坐立不安，倾尽国内的军队全部交给将军指挥，国家的安危，就在此一举了，可如今上将军不抚恤士卒却为自己谋取私利，可见他并非安定社稷的贤良之臣。"项羽早晨拜见上将军宋义的时候，就在帐中斩了宋义的头，出来向军中发布命令说："宋义和齐国人阴谋反叛楚国，楚王密令我杀了他。"在这个时候，诸位将领都畏服项羽，没有人敢抗拒他的命令，都说："首先扶立楚王的，是将军家的人，如今将军又诛杀了叛乱之臣。"于是大家一起立项羽为代理上将军。项羽派人追赶宋义的儿子，追到齐国境内，把他杀了。又派桓楚向楚怀王报告。怀王无奈，只好任命项羽为上将军，当阳君和蒲将军都归项羽指挥。

🔹巨鹿之战

项羽杀了卿子冠军以后，威震楚国，名扬诸侯。他首先派出当阳君、蒲将军率领二万士兵渡过漳水，援救巨鹿。取得一些战役的胜利，陈馀再次请求增援。于是项羽率领全部人马渡过漳河，把所有的渡船都沉入水底，把做饭用的锅碗等炊具砸烂了，把军营也全部烧毁，只随身带着三天的口粮，以此向士卒表明一定要决死战斗，没有丝毫的退却之意。因此楚军到达巨鹿前线后，就把王离的军队包围了，和秦军遭遇，经过多次激战，断绝了秦军的粮道，大败秦军，杀苏角，俘虏了王离。涉间不肯投降楚军，自焚而死。这时，楚国的军队在各诸侯军队中最为强大。前来巨鹿援救赵国的诸侯军队有十多路，但没有人敢出兵。等到楚军攻打秦军时，他们都在营垒中观望。楚军战士无不以一当十，士兵们的呼喊声震天动地，诸侯的军队人人战栗恐惧。因此楚军已经大败秦军后，项羽召见诸侯将领，他们进入辕门以后，都跪在地上用膝盖前行，没有人敢抬头仰视。项羽从此开始真正成了诸侯的上将军，各路诸侯都隶属于他。

章邯驻军在棘原，项羽驻军在漳河南，两军相互对峙，相持没有交战。

由于秦军屡次退却，秦二世派人来责问章邯。章邯害怕了，派长史司马欣到咸阳请求指示。司马欣赶到咸阳以后，被滞留在宫外的司马门待了三天，赵高拒不接见，心里有不信任司马欣的意思。长史司马欣非常害怕，赶忙奔回棘原军中，都不敢走他来时的道路，赵高果真派人追赶他，但没有赶上。司马欣回到军中，向章邯报告说："赵高在朝中独断专权，下面的人不敢有什么作为。如今和楚军交战若能够取胜，赵高一定会嫉妒我们的功劳；假如交战不能取胜，更是免不了死罪。希望将军能仔细考虑这个情况。"陈馀也给章邯写信说："白起身为秦国大将，南征鄢郢，在北方活埋了赵括的军队，他为秦国攻克的城邑、占领的土地，数也数不清，而最终却被赐死。蒙恬是秦国的将军，在北方驱逐了匈奴，开拓了榆中地区的数千里疆土，最终在阳周被斩杀。这是什么原因？是因为他们功劳太多，秦国不能完全按照他们的

—— 君临天下的咸阳城 ——

咸阳位于关中腹地，地势平坦开阔，河流纵横密布，土地肥沃，物产丰富，不失为一块风水宝地。秦始皇的先祖秦孝公把眼光投向这块物华天宝的土地，并于公元前 350 年迁都于此。

秦始皇统一六国后，天下归一，咸阳也跃升为全国的政治文化中心。秦始皇在征战六国的过程中，每灭一国都要让画师把这个国家的都城王宫画下来，然后在咸阳的渭北地区——仿建。咸阳横跨渭水南北两岸，北岸是以咸阳宫为主的宫殿区，南岸则是皇室宗庙和苑囿，间有华阳宫、章台宫、兴乐宫等数座宫殿。北岸地势较高，是秦国先王们居住、办公的区域。秦始皇在北岸仿建六国宫殿，皆以咸阳宫为中心，让六国宫殿对咸阳宫形成众星拱月之势。秦始皇共仿建了六国宫殿 145 座，风格各异，鳞次栉比，各宫殿装饰着从六国掠夺而来的钟鼓馔玉，充养着六国的宫娥美女，每座宫殿都有复道和处于中心位置的咸阳宫相连。

功劳给予封地，因此就从法律上找借口把他们诛杀了。如今您担任秦将已经三年了，士卒伤亡损失以十万计，而各地诸侯蜂拥而起的却比以前更多了。赵高一向阿谀奉承，为时已久，如今事态紧急，他也害怕秦二世杀他，所以才想从法律上找借口，诛杀别的将军，来弥补他隐瞒不报的罪责，让别人代替您来免去他的祸患。将军您在外时间长了，和朝内的人有许多分歧和矛盾，您有功也是被杀，无功也是被杀。而且上天要灭亡秦国，无论是愚人或智者都知道这种形势。如今将军您在朝内不能直言进谏，在朝外已成为亡国的将军，独自一人支撑着国家，却还想要维持长久，难道不觉得悲哀吗？将军您何不退兵和诸侯们联合，相约共同攻秦，大家各分秦地，统治一方，称帝称王；这样做和自身被斩、妻儿被杀哪样更好呢？"章邯犹疑不定，暗地里派遣军候始成出使项羽军中，想要订立和约。和约没有达成，项羽令蒲将军日夜不停地率军渡过三户津，驻军在漳河之南，和秦军交战，再次击败秦军。项羽率领全军在汙水进攻秦军，把秦军打得大败。

　　章邯又派人来求见项羽，想要订立和约。项羽召集军中官吏商议说："我们的军粮少，我准备接受章邯的和约。"军吏们都说："好。"项羽和章邯约好时间在洹水南岸的殷墟会晤。盟约订立后，章邯对着项羽不禁流下了眼泪，

▶ 跽坐俑·秦

出土于秦陵马厩坑。脑后梳圆形发髻，面相清俊，有髭须，着右衽交襟长袍。手势有三种：一是两臂自然下垂，半握拳，双仅露五指置于膝上；二是两臂自然下垂，双手半握拳置于膝上；三是双手拱袖内。马厩坑位于秦陵外城以东，象征着秦始皇的御厩，跽坐俑则象征着管理马厩的"圉人"和"圉师"以及饲养珍禽异兽的人员。

向项羽诉说了赵高专权害人的事情。项羽封章邯为雍王，安置在楚军之中。任命长史司马欣为上将军，率领着秦军的先头部队。

大军行进到新安。诸侯军中的一些军官和士卒曾因服徭役而驻守边塞，途经秦中地区时，秦中地区的官兵们对待他们大多非常苛虐，等到秦军投降于诸侯，诸侯军中的官兵们大多借助胜利的威势，也像对待奴仆俘虏一样地使唤他们，随意折磨凌辱。秦军的许多官兵私下说："章将军等人欺骗我们向诸侯投降，如今假若能够入关攻破秦军，当然很好；假若不能取胜，诸侯们将逼迫我们退回关东，朝中的人一定会把我们的父母妻儿全部杀死。"将领们暗中听到秦军官兵的一些议论，就报告给项羽。项羽于是召来黥布、蒲将军商量说："秦军官兵人数还很多，他们内心不顺服，若到达关中，秦军的这些降兵不听指挥，事情一定非常危险，不如把他们消灭掉，而只带章邯、长史司马欣、都尉董翳进入秦地。"于是楚军在夜间突袭秦营，把二十余万秦军坑杀在新安城南。

🔸鸿门宴

项羽继续向西行进，要去夺取、平定秦朝的土地。但函谷关有秦军把守，项羽没有能够进入。又听说沛公已经攻破咸阳城，项羽十分生气，立马派遣当阳君等人率领军队攻打函谷关。这样项羽才进入关中，到达戏水西边。当时，沛公驻军在霸上，还没有和项羽相见。沛公的左司马曹无伤派人对项羽说："沛公想要在关中称王，立秦王子婴为相，秦国的所有珍宝都归他所有。"项羽大怒，说："明天准备酒食好好犒劳将士们，给我打败沛公的军队！"这时，项羽拥有四十万军队，屯驻在新丰鸿门，沛公拥有十万军队，屯驻在霸上。范增开导项羽说："沛公住在山东的时候，贪恋财宝，喜欢美女。而今入关以后，一点也不索取财物，也没有亲近妇女，这说明他的志向不小。我派人去觇望他那边的云气，总是呈现出龙虎的气象，五彩斑斓，这是天子的瑞气啊。您要赶紧向他进攻，不要失掉良机。"

楚国的左尹项伯，是项羽的叔

父，平素和留侯张良交好。张良这时跟随沛公，项伯于是连夜跑到沛公军中，私下见到张良，把事情全都告诉了他，想要叫张良和他一同离去。他说："不要跟着沛公一同去送死啊。"张良说："我是代表韩王来护送沛公的，如今沛公有难，我若逃走就是不仁不义，不可不告诉他。"张良于是进入军帐，把项伯的话全都告诉了沛公。沛公非常吃惊地说："这该怎么办？"张良说："是谁给大王出的派兵把守函谷关的主意？"刘邦说："是一位鄙陋小人劝我说：'把守住函谷关，不让诸侯进入关中，您就能据有秦国的土地称王了。'因此我才听信了他的计策。"张良说："估量一下您的兵力能够敌得过项王的军队吗？"沛公沉默了一会儿，说："当然敌不过，那么现在该怎么办呢？"张良说："请让我前去告诉项伯，说您不敢背叛项王。"沛公说："您怎么会和项伯有交情呢？"张良说："秦朝的时候我们就有来往了，项伯杀了人，是我帮他免了死罪。如今有急难，幸好他能来告诉我。"沛公说："他和您谁年长些？"张良说："他

年纪比我大。"沛公说："您替我把项伯请进来，我要像对待兄长一样待奉他。"张良去请项伯，项伯立刻进去与沛公见面。沛公捧着酒杯向项伯祝寿，又订下儿女婚约，沛公说："我入关以后，对于秦室的财富丝毫也不敢动，清查了户口，封藏了库府，只等待项羽将军到来。我派遣军队把守函谷关，是防备有其他的盗贼进来和发生意外。我日夜盼望着项羽将军的到来，哪里敢反叛啊！希望项伯转告项羽将军，我绝不敢背德反叛。"项伯应允，他对沛公说："明天一定要早点来向项王道歉。"沛公说："是。"于是项伯又连夜离去，回到军中，把沛公所说的话一一报告给项羽。接着他说道："假若沛公不先攻破关中，您怎么敢进入关中呢？如今别人立有大功却要打击他，这是不仁义的举动，不如趁此机会善待他。"项王答应了。

第二天清早，沛公带着百余名随从前来会见项王，到达了鸿门，沛公对项王赔罪说："我和将军合力攻秦军，将军在河北作战，我在河南作战，但是没有想到我能够先进入关

中，攻破秦地，能在这里和将军再次相见。现在定是有小人传了什么坏话，才使将军和我之间产生了嫌隙。"项王说："是沛公的左司马曹无伤说的，不然，我项籍怎么会做到这一步？"项王当天留沛公一同饮酒。项王、项伯面朝东而坐，亚父面朝南而坐。亚父，就是范增。沛公面朝北而坐，张良面向西侧作陪侍。酒席间范增多次给项王使眼色，又好几次举起身上所佩饰的玉玦，示意项王当机立断杀死刘邦，项王均默然不应。范增起身出去，召来项庄，对他说："项王为人心软不忍下手，你进去上前敬酒祝寿，然后请求舞剑助兴，趁机击杀沛公。若不这样，将来你们这些人都要成为他的俘虏。"项庄就进来，上前敬酒祝寿。祝寿完毕，他说："项王和沛公饮酒，军中没有什么可以助乐，就让我来舞剑助兴吧。"项王说："好吧。"项庄拔剑起舞，项伯也拔剑起舞，并常常用自己的身体掩护沛公，使项庄没有办法击杀沛公。见此情景，张良走到军门，找来了樊哙。樊哙说："现在事态如何？"张良说："非常紧急。现在项庄正在舞剑，他一直在打沛公的主意啊。"樊哙说："这太危险了，请让我进去，我要和沛公同生死。"樊哙立刻带着宝剑拿着盾牌闯入军门。交叉持戟的卫士想阻止他，不让他进去，樊哙侧过手中的盾牌向前一撞，卫士们被他撞倒在地，樊哙就这样闯入了军门，樊哙打开帷帐面西站立，瞪着眼睛怒视着项王，头发向上竖起，眼角都快要瞪裂。项王按着宝剑，挺直上身说："这位客人是干什么的？"张良说："这是沛公的护卫樊哙。"项王说："真是位壮士，赐给他一杯酒。"手下的人递给他一大杯酒，樊哙拜谢，起身站着饮了这杯酒。项王说："赐给他一只猪肘。"手下的人给了他一只猪肘。樊哙把他手中的盾牌反扣在地上，把猪肘放在上面，拔出宝剑来边切边吃。项王说："好一位壮士，还能再饮酒吗？"樊哙说："臣死尚且不害怕，一杯酒有什么好推辞！秦王有虎狼一样凶狠之心，杀人无数，唯恐杀不完，惩罚人的刑罚唯恐用不尽，天下的人都背叛了他。怀王和诸侯相约说'首先击败秦军而进入咸阳的人，将被封为关中王'。现在沛公首先攻破秦军而进入咸阳，连毫毛般大小的财物都不敢动，封藏了宫室，

《鸿门宴图》·现代·刘凌沧

刘凌沧（1908—1989），本名刘思涵，字凌沧，河北固安人。中国著名的工笔重彩人物画大师，曾任中央美术学院教授。刘凌沧一生从事中国画的学习和研究，专攻工笔重彩人物画，擅长古典历史画和人物画，弟子黄均、范曾、刘大为等为中国美术界的领军人物。代表作有《赤眉军起义图》《淝水之战》《文成公主》等。《鸿门宴图》为刘凌沧先生1987年根据鸿门宴的历史事件而创作的一幅作品。

把军队撤回霸上，等待大王的到来。沛公遣派将领把守函谷关，是为了防备其他盗贼的进入和意外事件的发生。沛公如此劳苦功高，却没有得到封侯的奖赏，您反而听信小人的谗言，想诛杀有功的人。这样做是在走秦国灭亡的老路，我个人认为大王的这种做法是不可取的。"项王无话可答，只是说："请坐。"樊哙于是随张良就座，坐了一会儿，沛公起身去厕所，顺便把樊哙叫了出来。

沛公出来后，项王派都尉陈平去叫沛公，沛公说："现在我出来了，没有来得及同项王告辞，怎么办？"樊哙说："要办大事不应顾及小的礼节，讲求大节就不必在乎小的责备。现在人家好比快刀、砧板，我们好比是鱼、肉，还告辞干什么！"于是一行人就离开了。只留下张良向项王致歉。张良问："大王来时带了什么礼物？"沛公说："我带

来了白璧一双，想要献给项王；玉斗一双，准备送给亚父。恰逢他们发怒，没敢进献。您替我献给他们吧。"张良说："遵命。"这时，项王驻军在鸿门一带，沛公驻军在霸上，相距四十里。沛公放弃了车骑，脱身逃离，他一人骑马，樊哙和夏侯婴、靳强、纪信四人手持剑、盾跟在他身后徒步奔跑，从骊山而下，沿着芷阳抄小道行进。沛公对张良说："从这条道路到达我们军中，不过二十里。估计我到达了军中以后，您再回帐中辞行。"沛公已经离去，从小道回到军中。张良入帐辞谢，他说："沛公不胜酒力，不能亲自向大王告辞，委派臣下张良谨奉白璧一双，拜献给大王；玉斗一双，拜献给大将军。"项王说："沛公现在在什么地方？"张良说："沛公听说大王有意责怪他的过错，脱身独自回去，已经到达军中了。"项王听后就接过玉璧，把它放在座位上。范增接过玉斗，把它扔在地上，拔剑打破了它，说："唉！

阿房宫

秦始皇三十五年（前212），秦始皇决定在渭水南岸的皇家苑囿——上林苑另造新朝宫，以取代渭北的咸阳宫。新朝宫的地址选在渭南的上林苑，秦始皇亲自为新朝宫作了总体设计。朝宫主体部分——前殿，就是著名的阿房宫。阿房宫东西长约1300米，南北宽400多米。从前殿到不远的南山，修建有一条阁道，阁道蜿蜒而上，直至山顶。在山顶，秦始皇顺山势修建了阿房宫阙，以作宫殿的大门。自阿房宫向北，还建有甬道，连接北面的咸阳宫旧宫。建筑宫殿所使用的石料要从北山运来，木材则需采自川蜀之地。直至秦始皇去世，其主体部分前殿仍未完成。秦朝灭亡时，这一浩大工程仍未竣工，秦朝统治者甚至还未来得及给新朝宫起名。

秦始皇修建新朝宫，本意是想承千古帝王之气，以显大秦之辉煌，却没想到因此榨干了无数百姓的血汗，让大秦崩溃于百姓的讨伐之中，尚未完成的阿房宫也被项羽的一把大火烧成残垣断壁。

这班无知的小子不能够和他们共谋大事。夺取项王天下的人，一定是沛公。我们这些人都要成为他的俘虏了。"沛公回到军中，立刻诛杀了曹无伤。

过了几天，项羽率领军队向西前进，屠戮咸阳，杀死了秦降王子婴，烧毁了秦宫室，大火烧了三个月都没有熄灭；劫掠了秦朝的宝货、妇女往东归去，有人规劝项王说："关中地区有山河为屏障，四方有要塞，土地富饶，可以在这里建立都城，称霸天下。"项王看见秦的宫室都已经被大火烧得残破，又加上心里怀念故土而想东归，就说："人富贵了不回故乡，就如同穿着锦

▶ **《阿房宫图卷》·明·无款**

美国弗利尔美术馆藏。绢本，设色，纵 29.5 厘米，横 242.6 厘米。《阿房宫图卷》以秦始皇
三十五年（前 212）兴建的阿房宫为主题，图写画家心中的阿宫图景。画面奇峰突兀峻峭，
宫殿依山而建，层楼叠阁广布于松荫和山水之间，雕梁画栋，金碧辉煌。全图气势恢宏，笔
法工整严谨，刻画精细，青绿重彩渲染，着意华美瑰丽。画卷整体构图经营曲折，舟船楼台
工整严谨，合于法度，设色精妍。根据画卷最后的"千里伯驹"四字，有人认为此画卷的作
者为南宋著名画家赵伯驹，实则为明人伪托。

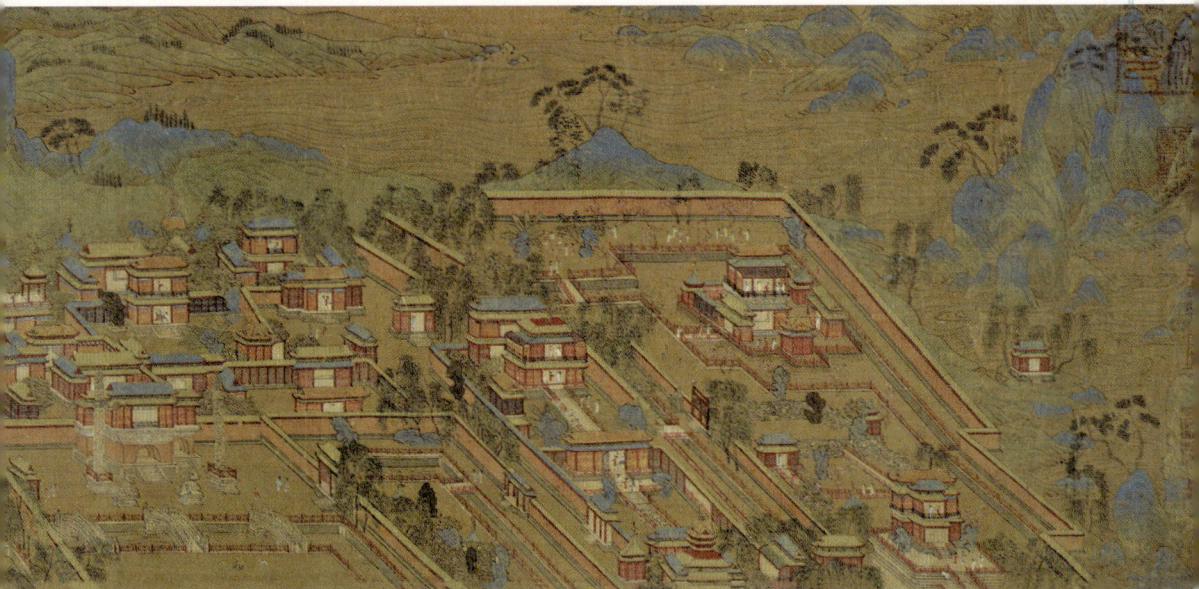

绣衣裳在夜间行走一样，哪有人知道呢？"那个劝说项王的人说："人们说楚国人像是猕猴戴了人的帽子，果真是这样。"项王听说这话，就把那个人烹杀了。

项王派人向怀王报告入关破秦的情况。怀王说："按照先前的约定的那样办吧。"于是项羽尊怀王为义帝。项王想要自立为王，先封手下的将相们为王。他对各位将领说："天下刚开始发动起义的时候，暂时立诸侯的后代为王，为的是讨伐秦朝。但是身披铠甲，手持兵器，首先起义反秦，在野外作战三年，灭亡秦朝，平定天下，都是靠诸位将领和我项籍的力量。义帝虽说没什么功绩，但分给他一片土地让他做王，本来也是应该的。"各位将领们都说："好。"于是分割天下，立诸位将领为侯王。项王、范增担心沛公据有天下，但是已经通过鸿门相会而和解，又厌恶落下负约的名声，害怕诸侯们反叛他们，所以他们二人暗中谋划说："巴、蜀地区道路险阻，秦朝被流放的人都居

住在蜀地。"又说："巴、蜀也属于关中地区。"因此立沛公为汉王，统辖巴、蜀、汉中地区，定都南郑。而把关中地区一分为三，立秦的三位降将为王来阻隔汉王向东进攻之路。项王于是立章邯为雍王，统辖咸阳以西地区，以废丘为都城。长史司马欣，过去曾担任栎阳狱掾，曾经对项梁有恩；都尉董翳，是劝章邯投降楚国的人。因此立司马欣为塞王，统辖咸阳以东到黄河的地区，以栎阳为都城；立董翳为翟王，统辖上郡地区，以高奴为都城。改立魏王豹为西魏王，统辖河东地区，以平阳为都城。瑕丘县公申阳，原是张耳的亲信，曾经首先攻下河南郡，在黄河岸上迎接楚国军队，因此立申阳为河南王，以洛阳为都域。韩王成仍居韩国旧都，以阳翟为都城。赵将司马卬平定了河内地区，屡次立下战功，因此立卬为殷王，统辖河内地区，以朝歌为都城。改立赵王歇为代王。赵相张耳素来贤能，又随楚军进入关中，因此立张耳为常山王，统辖赵地，以襄国为都城。当阳君黥布担任楚军大将，经常担当楚军的先锋，因此立黥布为九江王，以

六县为都城。鄱君吴芮，曾率百越的军队协助诸侯讨伐秦国，又跟随楚军进入关中地区，因此立吴芮为衡山王，以邾县为都城。义帝的柱国共敖，率军进攻南郡，战功很多，因此立共敖为临江王，以江陵为都城。改立燕王韩广为辽东王。燕国的将领臧荼跟随楚军救援赵国，接着又率军跟随楚军进攻关中地区，因此立臧荼为燕王，以蓟城为都城。改立齐王田市为胶东王，齐国的将领田都随楚军共同救援赵国，接着又随楚军进攻关中地区，因此立田都为齐王，以临菑为都城。以前由秦所吞灭的齐国国王建的孙子田安，在项羽渡河救援赵国时，田安攻下了济北的几座城池，率领他的军队投降了项羽，因此立田安为济北王，以博阳为都城。田荣因屡次背弃项梁，又不肯率军随楚军进攻秦军，因此不能封他为王。成安君陈馀放弃将印离去，不跟随楚军入关攻秦，但是他平素以贤能闻名，又对赵国有功劳，听说他居住在南皮，因此把南皮周围三个县封给了他。番君的将领梅鋗战功多，因此封他为十万户侯。项王自立为西楚霸王，统治九个郡，以彭城为都城。

❧ 义帝死，天下乱

汉元年四月，诸侯从戏下散去，各自到封国就位。项王出关前往封国，派人去让义帝迁都，说："古时候帝王拥有方圆千里的土地，而且一定要住在河流的上游。"让使者把义帝迁徙到长沙郴县，使者催促义帝起程。义帝的群臣们渐渐地背叛了他，项羽密令衡山王和临江王把义帝杀死在大江之中。韩王成没有军功，项王不让他前往自己的封国，带他一起去了彭城，废他为侯，不久又杀死了他。臧荼前往封国，接着就要把韩广驱逐到辽东，韩广不听他的摆布，臧荼就在无终把韩广杀死，兼并了辽东王的领地。

田荣听说项羽把齐王田市改封为胶东王，而立齐将田都为齐王，于是大怒，不肯把齐王送到胶东，因而占据齐国的地盘，起兵反叛项羽，迎击田都。田都败逃到楚国，齐王田市畏惧项王，于是就逃到胶东奔赴封国。田荣大怒，追击齐王，并在即墨城把他杀死了。田荣自立为齐王，而后向西进攻，杀死

▶ **秦始皇陵二号铜车马·秦**

秦始皇帝陵博物院藏。二号铜车马，出土时破碎为 1555 块，经修复，完整如初。车通长 3.17 米，高 1.06 米，相当于真车马的一半。总重量为 1241 千克。

了济北王田安，兼并了三齐的国土。田荣授给彭越将军印符，命令他在梁地反击项王。陈馀也暗地里派遣张同、夏说劝导齐王田荣说："项羽身为天下的主宰，处事不公平，把不好的、贫瘠的土地全都分给以前的诸侯王，而把好地封给他的群臣诸将，把原来的诸侯赵王从封地驱逐出去，让他往北迁到代地，我认为这样做是不对的。听说大王已起兵反击楚军，并且不听从项羽不义的命令，希望大王能资助我一部分兵力，让我去攻打常山，来恢复赵王原有的封地，我愿意用我们的国土作为齐国的屏障。"齐王答应了陈馀的请求，派遣军队赶赴赵国。陈馀发动了他封地内三个县的全部士兵，和齐国的军队合力进攻常山，打垮了常山国的守军。张耳逃走，归附汉王，陈馀从代地迎赵王歇回到赵地。赵王因此立陈馀为代王。

❸ 彭城之战

这时，汉军回师平定三秦。项羽听说汉王已经把关中所有地区都兼并了，将要东进，齐国和赵国也都背叛了他，非常愤怒。于是他封原来的吴县县令郑昌为韩王，抵挡汉军。

又令萧公角等人进攻彭越。彭越打败了萧公角等人。汉王派张良去攻取韩地，并给项王送去书信说："汉王所得的封地本不是他应该得到的地区，他想要得到关中地区，假若能履行先入关中即为关中王的约定，就立即停止进攻，不再继续东进。"又把齐国和梁国反叛的书信交给项王说："齐国想要和赵国联合一同灭掉楚国。"楚王因此打消了向西进攻汉王的意图，而向北进攻齐国。项王向九江王黥布征集军队。黥布称病，不肯亲自前往，只派部将率领几千人前去。项王因此怨恨黥布。汉二年冬天，项羽向北攻到城阳，田荣也率军前来与楚王决战。田荣的军队没有能战胜楚军，逃到了平原，平原的百姓杀死了他。于是楚王向北进军，烧毁了齐国的屋室，夷平了齐国的城池，把田荣所部降兵全部坑杀了，掳掠了齐国的老弱妇女。项羽夺取齐地，一路打到北海，破坏了许多城邑，齐国人聚集到一起反抗楚军。这时，田荣的弟弟田横收集了几万名齐国逃散的士卒，在城阳起兵反抗楚国。项王因此停留在城阳，一连和田横军打了几仗都未能攻克城阳。

这年春天，汉王统帅常山王张耳、河南王申阳、韩王郑昌、魏王豹和殷王卬五路诸侯的军队，共计五十六万人，向东进军讨伐楚国。项王听到这个消息后，命令诸将继续攻打齐国，而他亲率三万精兵向南，从鲁县穿过胡陵。四月，汉军已经攻入彭城，掳掠了楚国的财宝和美女，每天置酒席宴请宾客。项王于是挥师西进，从萧地出发，向东进攻汉军，到达彭城时，已经是中午了，大败汉军。汉军四处逃散，前后相随掉入谷水、泗水，楚军杀了汉军士兵十多万人。汉军士卒又向南逃往山地，楚军追杀到灵壁东面的睢水河岸。汉军后退，被楚军逼退到河边，许多士卒被杀，十余万汉军士卒全都掉入睢水，致使睢水因受堵塞而无法流动。楚军把汉王包围了三层。就在这时有大风从西北方向刮起，狂风折断了树木、掀开了房屋，扬起沙石，白天被搅得天昏地暗，向楚军迎面袭来。楚军大乱，包围圈被冲散，汉王趁此机会和几十名骑兵逃离包围。汉王本

打算经过沛县，携家眷一同迁往西方；楚国也派人追杀到沛县，去抓汉王的家人；但汉王的家人已经四散逃跑了，没能和汉王相见。汉王在道路上遇到孝惠帝（刘盈）和鲁元公主，就把他们带上车，一起逃走。楚国的骑兵追赶汉王，汉王危急，把孝惠帝和鲁元公主推下车，滕公夏侯婴每次都下车把他们二人扶回车中。这样推下扶上几次之后，夏侯婴说："虽然情况紧急，车马也不能驱赶得更快些，怎么能舍弃他们呢？"姐弟二人因此才能得以脱险。汉王等人寻找太公和吕后，但没有找到。审食其护送着太公和吕后从小路走，同时也在寻找汉王，却遇到了楚军。楚军于是就把他们带回去，报告了项王，项王把他们留在军中作人质。

这个时候，吕后的哥哥周吕侯吕泽替汉王统领着军队驻扎在下邑，汉王沿小道去投奔吕泽，一路上收聚起汉军的士卒。到达荥阳后，各路败军都在这里聚会，萧何也发动关中地区没有登记在册的人丁全都集中到荥阳助战，汉军兵威重新大振。楚军从彭城出发，一路上乘胜追击败逃的汉军，和汉军在荥阳南面的京邑、索邑之间展开交战，汉军打败了楚军，楚军因此不能越过荥阳再向西进攻。

离间除范增

项王去援救彭城，追击汉王到荥阳。这使田横得以收复齐国的土地，扶立田荣的儿子田广为齐王。汉王在彭城战败这件事，使诸侯又全都重新归顺楚王而背叛汉王。汉军驻扎在荥阳，修筑了连接到黄河岸边的甬道，用以夺取敖仓的粮食。

汉三年，项王多次侵入甬道，夺取汉军的粮食，汉王军粮困乏，心里恐慌，请求与楚国讲和，条件是划割荥阳以西地区作为汉王的封土。项王想要同意这个条件。历阳侯范增说："汉军很容易对付，如果现在停手，不攻下荥阳，以后一定会后悔。"项王于是和范增立刻包围了荥阳，汉王对此感到忧虑，就采用陈平的计策来离间范增和项王的关系。项王的使者前来，汉王置办了特别丰盛的筵席，端过来刚要进献。汉王见了使者后又假装惊愕地说："我以为是亚父的使

金当卢·秦

秦始皇帝陵博物院藏。金当卢是秦始皇陵铜马车马头部饰件，中部有两条蟠虺纹组成蝉状纹样，纹样凸起呈浅浮雕形。当卢背面印刻"十二"，钮上有"上"铭文。

者，怎么是项王的使者。"接着便将饭食端走，换成粗劣的饭菜让项王的使者食用。使者去后报告项王，项王因此怀疑范增和汉王私下有联系，渐渐地把他的一些权力剥夺了。范增大怒，他说："天下事情的大局已定，君王您好自为之吧！希望您把我这副老骨头赐还给我，让我回乡为民吧！"项王答应了他的请求。范增启程回乡，还没有走到彭城，就因背上的毒疮发作而死了。

▶荥阳之战

汉军将领纪信劝汉王说："事态已经很危急了，请允许我假扮成大王去替您诓骗楚兵，大王可以趁机逃出城去。"于是汉王在夜间从荥阳东门放出二千名披甲的女子，楚兵从四面围攻她们。纪信乘坐着汉王的黄屋车，车辕横木的左上方插着用牦尾做成的装饰物。他说："城中粮食已尽，汉王投降。"楚军听到这句话都高呼万岁。汉王这时也和几十名骑兵从荥阳西门出城，逃到成皋。项王见到纪信，问道："汉王在哪里？"纪信说："汉王已经出城了。"项王就把纪信烧死了。

汉王委派御史大夫周苛、枞公、魏豹留守荥阳。周苛和枞公谋划说："魏豹曾经叛变过汉王，我们很难和他一起守城。"于是一起杀死了魏豹。楚军攻下荥阳城后，活捉了周苛。项王对周苛说："你做我的将领，我封你为上将军，当三万户侯。"周苛骂道："你若不赶快投降汉王，汉王就要俘虏你，你不是汉王的敌手。"项王非常生气，就把周苛烹杀了，也一起把枞公杀了。

汉王逃出了荥阳城后，向南跑到宛县、叶县，得到九江王黥布的支持，在行进途中不断收聚散亡的汉军，重新又进入成皋，守在那里。汉四年，项王出兵围困成皋。汉王逃走，只和滕公出成皋北门，渡过黄河，逃向修武，去投奔张耳、韩信的部队。诸将领也陆续从成皋逃出，追随汉王。楚军因此攻克了成皋，想要向西进攻。汉王派军队在巩县抵抗楚军，阻断了楚军向西进犯的脚步。

广武对峙

这个时候，彭越率军渡过黄河进攻楚国的东阿，杀死楚国将军薛公。项王于是亲自率兵东进，攻打彭越。汉王得到淮阴侯的军队，想要渡过黄河向南前进。郑忠劝阻汉王，汉王才停止向南前进，而在黄河北岸修筑壁垒驻扎下来。派刘贾率军协助彭越，烧毁了楚军积聚的物资。项王继续向东，打败了刘贾，赶跑了彭越。汉王就率军渡过黄河，重新攻取了成皋，驻军在广武，就近取得敖仓的粮食。项王平定了东海以后又回来，向西攻打，和汉王都在广武驻军，两军相持了好几个月。

就在这个时候，彭越多次往返梁地，断绝了楚国的粮食，项王对此深感忧虑，制作了一张高腿的案板，把太公放置在上面，告诉汉王说："现在你假若不赶快投降，我就要烹杀你的父亲太公。"汉王说："我和项羽一同作为臣子接受怀

▶ 十五年寺工铍 · 秦

秦俑坑出土的青铜铍，铍首长度多为35厘米左右，茎长12厘米左右，铍之木柄多已腐烂残损，铍身刻有"十五年寺工□，工□"铭文，茎上刻有"十五"等字。"十五年"为秦始皇纪年，"寺工"是中央主造兵器的官署机构，铍上最后还刻有实际生产的工匠名字。秦俑坑已发现青铜铍16件，可以订正过去将铍误视为短剑的错误。

王的命令，曾说'相约结为兄弟'，我的父亲也就是你的父亲，你一定要烹杀你的父亲，那就请你分给我一杯肉汤吧。"项王大怒，想要杀死太公。项伯说："天下事还不知道怎么样，并且要夺取天下的人是不会顾及家人的，即使杀了他也没有什么益处，反而增添了祸患。"项王听从了项伯的建议。

楚、汉相持了很长时间还没有决出胜负，壮年男子苦于军旅生活，老弱疲于粮草的运输。项王对汉王说："天下兴兵动武好几年，只是因为你我二人相争罢了，我希望能向汉王挑战，一决雌雄，再不要做让天下百姓们白白受苦的事啦。"汉王笑着推辞说："我宁愿斗智，不能斗力。"项王派壮士出阵挑战。汉军中有一位擅长骑射的人名叫楼烦，楚军挑战过好几次，楼烦每次都能把他们射杀了。项王见状大怒，亲自披甲持戟向他挑战。楼烦正要开弓射箭，项王就瞪着眼向他怒吼一声，楼烦被吓得不敢正视项王，箭不敢发射，就转身逃回了营垒，不敢再出来。汉王派人私下打听，才知道是项王。汉王听说后大

惊。这时项王就向汉王靠近，站在广武之间相互对话。汉王列举了项王的罪状，项王听后大怒，想要和汉王决一死战，汉王不同意，项王埋伏下的弓弩手射中了汉王。汉王受了伤，逃进成皋城中。

鸿沟划界

项王听说淮阴侯韩信已经攻下河北地区，打败了齐国和赵国，并且准备进攻楚国，就派龙且前往迎击。淮阴侯和龙且交战，汉骑将灌婴也来攻打龙且的军队，灌婴大败楚军，杀死了龙且。韩信因此自立为齐王。项王听说龙且被打败，非常害怕，派遣盱台人武涉前去游说淮阴侯。淮阴侯不听。这时候，彭越再次叛变，攻下梁地，断绝了楚军的粮道。项王就对海春侯大司马曹咎等人说："你们守住成皋城，如果汉军前来挑战，千万不要和他们交战，只要不让汉军向东进发就可以了。我一定在十五日内诛杀彭越，稳定梁地的局势，再回来和将军们会合。"于是项王率军向东行进，一路攻打陈留、外黄。

外黄城起先没有打下来。但几天

过后终于投降了，项王十分愤怒，命令城中所有十五岁以上的男子全都到城东集合，想要把他们活埋。外黄县县令舍人的儿子才十三岁，前去劝导项王说："彭越凭强力威迫外黄，外黄人害怕，所以才暂且投降彭越，等待大王前来。大王来后，却又把所有的丁壮都坑杀掉，百姓们怎么会真心实意地归附您？而且从这里往东，梁国地区十余座城邑中的民众都会畏惧大王，再没有人肯投降您了。"项王同意他的话，才赦免了准备被坑杀的外黄人。项王向东到达睢阳，听说这件事的人们都争着归附项王。

汉军果然多次向楚军挑战，楚军都不出城应战。汉王派人去辱骂楚军，持续了五六日，大司马曹咎被激怒，率军渡过汜水。楚军士卒刚渡过一半，汉军就向他们发起进攻，大败楚军，获得了楚军全部的宝物财货。大司马曹咎、长史董翳、塞王司马欣都在汜水岸上自杀身亡。大司马曹咎，是原来的蕲县狱掾，长史司马欣是原来的栎阳狱吏，两人都曾对项梁有恩，因此项王信任他们。在这个时候，项王在睢阳，听说海春侯的军队

失败，立刻率兵回还。汉军正把钟离眜围困在荥阳的东面，项王赶到，汉军畏惧楚军，全都逃到了附近的险要地带。

这时，汉王的军队士气正盛，粮食充足，而项王的士兵疲惫，粮食断绝。汉王派陆贾劝说项王，请求放归太公，项王不听。汉王又派侯公前去劝说项王，项王和汉王定约，中分天下，鸿沟以西的地区归汉，鸿沟以东的地区归楚。项王同意了这个条件，立刻放回汉王的家属。汉军士兵们都高呼万岁。于是汉王封侯公为平国君。让侯公隐匿起来，不再与他相见。汉王说："这个人是天下的能言善辩之士，他居住在哪里，就会使哪个国家倾覆，所以才给他平国君的封号。"

项王接受了盟约以后，就带着队伍回到东方去了。

❸进军垓下

汉王也准备撤军西归，张良和陈平说："汉已拥有大半天下，诸侯又都附从汉王。但楚军现已兵疲粮尽，这是上天要灭亡楚国的良好时机，不

▶鸿沟遗址

鸿沟遗址位于河南省荥阳市。汉四年（前 203），灌婴在淮北大破楚军主力并拿下楚国都成彭城，汉军从后方包抄项羽。项羽粮草缺乏，处在进退两难之际，遂拿刘太公胁迫刘邦签订鸿沟约定，以鸿沟为界，其西属汉，其东属楚，两军不得随意越界展开军事行动；刘邦为救家人以缓兵之计暂时答应项羽议和，随后项羽释放所拘押的刘邦家人。

如趁此机会灭了楚国。如今释放了项王而不攻击他，这就好像是'豢养了一只老虎而给自己留下了祸患'啊。"汉王听取了他们的意见。

　　汉五年，汉王追赶项王到阳夏南面，军队停止追击，驻扎下来，和淮阴侯韩信、建成侯彭越约好日期相会，联合攻打楚军。汉军到达固陵，而韩信、彭越的军队没有前来会合。楚军攻击汉军，汉军大败。汉王又再度逃回营垒，深挖壕沟自行坚守。汉王对张良说："诸侯们不遵守盟约联合，该怎么办？"张良回答说："楚军很快就败了，韩信和彭越却还没有得到分封的地盘，他们不来也是很自然的。假若您能和他们共分天下，现在就可以马上招徕他们。如果不能，天下的形势也就难预料了。君王若能把从陈县以东到海滨一带的土地，全部封给韩信；从睢阳以北到谷城的土地，划给彭越；使他们各自为利益而战，那么楚国就很容易被打败了。"汉王说："很好。"于是派遣使者通报韩信和彭越说："如果能够合力攻打楚国，楚国被消灭以后，从陈县以东至海滨一带的土地给齐王，从睢阳以北到谷城的土地给彭相国。"使者到达后，韩信和彭越都回报说："现在就出兵攻打楚军。"于是韩信从齐地出发，刘贾的军队从寿春也一同进兵，屠戮了城父，到达垓下。大司马周殷反叛楚国，从舒城起兵屠戮了六县，发动九江王国的全部军队，随同刘贾、彭越都到垓下会合，进逼项王。

❄四面楚歌

　　项王在垓下筑壁垒驻扎军队，兵少粮尽，汉军和诸侯的军队把他们包围了好几重。夜里听到汉军营中四面皆唱楚地的民歌，项王于是非常惊恐地说："汉军难道把楚国都占领了？为何有这么多楚国人呢！"项王就在夜中起来，在帐中饮酒。有一位名叫虞姬的美人，经常得到项王的宠幸而跟随项王；项王有一匹名叫骓的骏马，经常骑着它征战。因此项王慷慨悲歌，自己作诗吟唱道："力拔山兮气盖世，时不利兮骓不逝。骓不逝兮可奈何，虞兮虞兮奈若何！"项王唱了好几遍，美人在一旁应和。项王的眼泪一行行流下，左右人都跟着哭泣，没有人能忍心抬头仰视项王。

　　于是项王就跨上战马，率领八百多名壮士组成的骑兵队，趁着夜色向南突出重围，急驰逃走。天快亮的时候，汉军才发觉，汉王命令骑兵将领灌婴率领五千骑兵追击他们。项王渡过淮河，能够跟得上的部下壮士只有百余人了。项王到达阴陵，迷失了道路，问一位田间老翁，这个老翁骗他说："向左走"。项王于是向左，陷入大沼泽地中。因此，汉军追上了他们。项王又率军向东，到达东城，身边仅有二十八人。汉军追击的骑兵有几千人。项王估计自己不能摆脱困境。对他身边的骑兵说："我自起兵到现在已经有八年了，亲身经历过七十多次战斗，所抵挡的军队都被我攻破，我所进攻的敌人都被我打垮，我未曾打过败仗，因而能称霸天下。可是如今我却被困在这里，这是上天要灭亡我，不是我作战的过失造成的。今天这场生死决战，我希望诸位痛快应战，一定要连胜汉军三次，我定会让诸位能够突出重围，斩杀敌将，砍断汉军的军旗，好让诸位知道是上天要灭亡我，不是我作战的过失造成的。"于

《项羽虞姬图》·现代·顾炳鑫

是项王把他的骑兵划分成四队，分别向四个方向突围。汉军把他们包围了好几层。项王对他的骑兵说："我为你们来取汉军一将。"他命令骑士向四方奔驰而下，约定冲到山的东边，分三个地点会合。于是项王大声呼喊着奔驰而下，汉军都被杀得混乱后退，项王斩杀了一员汉军将领。这个时候，赤泉侯杨喜作为骑兵将领，追击项王，项王瞪着眼睛向他怒吼，赤泉侯连人带马都受了惊吓，躲避出好几里。项王和他的骑兵在三处汇合。汉军不知项王的

▶ 戏马台

戏马台位于江苏徐州旧城之南。公元前 206 年，项羽灭亡秦朝，自立为西楚霸王，定都彭城（今江苏徐州），在城南土山上构筑高台，观赏士兵操练和赛马，后人称之为"戏马台"。戏马台历经沧桑，自楚霸王项羽在乱石荆棘中营辟高台，后人出于对英雄的景慕和瞻仰所需，陆续在台上进行建造。其中风云阁最为著名，可作为戏马台古迹的标志。风云阁又称戏马台碑亭，建于清道光二十八年（1848），双层飞檐，六角啄空，丹柱釉瓦，高耸三丈有余，翘然立于台中，颇具风采。其南檐下嵌有四字篆额："从此风云"。亭内石碑镌有"戏马台"三字，古朴庄重，气势恢宏，为戏马台增色不少，遗憾的是，由于徐州迭遭水患兵灾之苦，其他建筑大多倾圮，到了近代，宽阔的台面，只剩下风云阁的立身之地了。

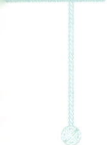

去向，于是就兵分三路，重新包围了楚军。项王奔驰在汉军中，又斩杀了汉军的一名都尉，杀死了几十近百名汉军士卒，又重新聚集起他的骑兵，仅损失了两名骑兵。于是对他的骑兵们说："你们看怎么样？"骑兵们都敬佩地说："果真像大王说的那样。"

自刎乌江

这时项王想要向东渡过乌江。乌江亭长把船划靠到岸边等候项王，对项王说："江东虽然小，但土地纵横千里，民众有几十万，也足够让您称王。希望大王能够立即渡江。现在只有我有渡船，汉军到了，就走不了了。"项王大笑说道："是上天要使我灭亡，我为什么还要渡江呢！况且我项籍曾和江东八千名子弟渡江向西，如今没有一人能够回还，纵然江东父兄可怜我而拥立我为王，我又有什么脸面去见他们？纵使他们不说什么，难道我项籍心中不会感到惭愧吗？"于是对亭长说："我知道您是一位忠厚长者。我骑着这匹马有五年了，所向无敌，

曾经一日驰行千里，我不忍心杀掉它，就把它送给您吧。"于是命令骑兵全都下马步行，手持短兵器和汉军交战。光是项籍一个人杀死的汉军士卒就有几百人。项王身上也有十几处创伤。他回头看见汉军骑兵中的司马吕马童，说："你不是我的老相识吗？"吕马童背对着他，指示给王翳说："这个人就是项王。"项王说："我听说汉王为购求我的人头而出资千金，悬赏封万户侯，我把这个好处恩施给你吧。"说完项羽就自刎而死，王翳割取了项羽的头，其余的汉军将士相互践踏争夺项王的尸身，自相残杀的有几十人。最后，郎中骑杨喜，骑司马吕马童，郎中吕胜、杨武各自夺得项王的一部分尸身。五个人把所得的尸身合并一处，正好是项羽的全身。因此把悬赏的封地划分为五份：封吕马童为中水侯，封王翳为杜衍侯，封杨喜为赤泉侯，封杨武为吴防侯，封吕胜为涅阳侯。

项王死后，楚地全部归降汉王，只有鲁县不降。汉王想率领天下的军队平灭鲁地，但想到这个地区的人恪

守礼义，愿为君王誓死守节，于是就拿来项王的头给鲁地人看，鲁地的百姓才投降汉王。当初，楚怀王初次封项籍为鲁公，等到他死后，鲁地又是最后投降，所以按照鲁公的礼义将项王埋葬在谷城。汉王为他发丧致哀，哭祭一通然后离去。

项氏宗族各支属的人，汉王都没有诛杀。封项伯为射阳侯。桃侯、平皋侯、玄武侯，都是项氏的族人，汉王赐他们姓刘。

✦ 太史公说 ✦

我从周生那里听说"舜的眼睛里有两个瞳孔"，又听说项羽也有两个瞳孔。难道项羽是舜的后代吗？不然他为什么发迹得这样突然呢！秦朝失去了能治国的政道，陈涉首先发难，豪杰们蜂拥而起，相互之间争夺天下，数也数不清。但是项羽没有什么基础，只是趁秦末天下大势而兴起于民间，经过三年的时间，就率领五路诸侯的军队灭亡了秦朝，分割天下，封王封侯，一切大政均由项羽制定，号称"霸王"，他的王位虽然没有善终，但从近古以来像他这样的人也是未曾有过的。等到项羽离开关中，怀念楚地而建都彭城，放逐义帝而自立为王，又怨恨王侯们背叛自己，这样想成就大事就难了。他自己凭借着功劳可骄矜，竭力施展个人的聪明而不师法古人。项羽认为霸王的功业，要靠武力征服来治理天下，结果才短短五年，他的国家就灭亡了，自己也身死东城，仍然不能觉悟，不能自责，这实在是极大的失误。他却用"上天要灭亡我，不是我用兵过失造成的"为借口来自我辩护，这难道不是非常荒谬的吗？

高祖本纪 第八

【解题】刘邦趁秦末农民起义而起事，在反抗秦朝的斗争中，他受到民众的拥戴，实施了许多顺应民心的政策，以至获得了最后的成功。

汉五年十二月在垓下战胜项羽之后，至十二年四月刘邦辞世，他的主要政事是平定异姓王，分封同姓王，这是刘邦创建刘氏政权的重要措施。本篇还记录了刘邦经过老家沛县时所作大风歌，"大风起兮云飞扬，威加海内兮归故乡"，这是最终战胜群雄而衣锦还乡时的自鸣得意，但紧接着他唱出"安得猛士兮守四方"，表明在已经建立了政权后，忧虑着保守政权亡更为不易，"威加海内"的形势如何能长"守"不失，正是他慷慨伤怀的关键所在。

离奇出身

高祖是沛县丰邑中阳里人，姓刘，字季。他的父亲名叫太公，母亲名叫刘媪。在高祖出生以前，刘媪曾在湖岸边小睡，梦见和神交合。当时雷鸣电闪，天色昏暗，太公去找刘媪，看见有一条蛟龙卧在刘媪身上。不久刘媪就有了身孕，生下了高祖。

高祖的样貌很有帝王之相，鼻梁挺立，额头隆起，胡须和鬓角很美，左腿上有七十二颗黑痣。他的性情仁厚爱人，喜好施舍，心胸豁达，为人豪爽大方，不肯干平常人家生产和经营的事。等到他成年以后，曾试着去做官，当了泗水亭亭长，亭中的小吏没有不受他戏弄的。他喜欢饮酒和女色，经常在王媪和武妇二家的酒店中赊酒。他醉倒躺下以后，武妇和王媪经常看见在他的上面有龙出现，她们感到很奇怪。高祖每次买酒，留在酒店中畅饮，买

酒的人就会增加，卖出去的酒是平常的好几倍。等见到高祖醉卧时出现的奇怪现象之后，到年底算账的时候，这两家酒店经常折断赊账的竹简，不再追讨高祖所欠的酒钱。

吕公嫁女

高祖曾经到咸阳服徭役，一次看到了秦始皇驾车出巡，他非常感慨地叹息一声，说："唉，大丈夫就应当像这样！"

单父人吕公，和沛县县令关系很好，他为了避开仇人而到沛县县令家来做客，因而也就在沛县安了家。沛县地方的豪杰和官吏们听说县令有贵客来临，都前去祝贺。萧何作为县令的属官，负责收受贺礼的事，他对各位宾客说："送贺礼不足千钱的人，在堂下就座。"高祖作为亭长，平素看不起县中官吏，于是写了一张礼单假称"贺钱一万"，实际上却没有带来一文钱。他入门拜谒，吕公见到他后非常惊奇，起身在门前迎接他。吕公喜好替人看相，看到高祖的相貌，就很敬重他，引他入座。萧何说："刘季常说

像真祖高漢

劉邦名邦沛人郡長安在位十二年

▶《历代帝王像》之汉高祖像·清·姚文瀚

刘邦（前256—前195），字季，沛郡丰邑中阳里（今江苏丰县中阳里）人。中国历史上杰出的政治家、战略家和军事指挥家，汉朝开国皇帝，汉民族和汉文化的伟大开拓者之一，对汉族的发展以及中国的统一有突出贡献。英国著名历史学家约瑟·汤因比评价刘邦时说："人类历史上最有远见、对后世影响最大的两位政治人物，一位是开创罗马帝国的恺撒，另一位便是创建大汉文明的汉太祖刘邦。恺撒未能目睹罗马帝国的建立以及文明的兴起，便不幸遇刺身亡，而刘邦却亲手缔造了一个昌盛的时期，并以其极富远见的领导才能，为人类历史开创了新纪元！"

大话，能够做成的事很少。"高祖因受吕公的敬重而趁机戏弄各位客人，他就坐在上座，毫不谦让。酒宴喝到尽兴时，吕公向高祖使眼色请他留下来。高祖喝完了酒，留到最后。吕公说："我从年轻的时候就喜好给人看相，让我看相的人已有很多了，还没有人能比你的相貌更贵气，我希望你能够自珍自爱。我有一个女儿，我愿意把她嫁给你做妻子。"酒宴结束后，吕媪很生气地对吕公说："你起初常想让这个女儿能出人头地，要把她嫁给贵人为妻。沛县县令和你要好，他来求婚你都没有把女儿给他，为什么你现在随随便便地就把女儿嫁给刘季呢？"吕公说："这件事不是你们女人家所能知道的事。"最终把女儿嫁给了刘季。吕公的女儿就是吕后，她生了孝惠帝和鲁元公主。

老父相面

高祖在当亭长的时候，有一次请假回家处理农事。吕后和两个孩子在田中除草。有一位老人路过，来讨口水喝，吕后顺便送给了他一些饭吃。老人仔细审视了吕后的相貌后说："夫人是天下的贵人。"吕后请他替两个孩子相面，老父看着惠帝说："夫人之所以能成为贵人，正是因为这个男孩子。"又为鲁元公主看相，也都是贵人相。老人走了以后，恰巧高祖从一旁的田舍走来，吕后就把刚有一位老人经过此地，为他们母子看相，说他们都是大贵人的事详细地告诉了高祖。高祖问这个人现在在哪里，吕后回答说："应该还没有走远。"于是高祖追

驭手俑·秦

此俑身穿长襦，外穿盔甲，胫着护腿，头戴长冠，面目栩栩如生。双手前举作牵拉缰绳和驾车状，是秦代驭手的典型形象。

上了老人，向他询问面相的事。老人说：“刚才我看过夫人和孩子，都和你的面相相似，你的相貌高贵得不能用语言来表达。”高祖感激地说：“若真像老父您所预言，我不会忘记您的恩德。”等到高祖成为高贵的天子以后，却不知道这位老人在什么地方。

高祖担任亭长时，就喜欢用竹皮做成帽子戴，特地请担任求盗吏的人到薛地去找人制作，他时时戴着这种竹皮冠，等到显贵了也经常戴着，后来人们所说的“刘氏冠”，就是指这种帽子。

醉酒斩蛇

高祖因身为亭长，负责遣送本县去骊山修墓的刑徒，在路途中徒隶们有许多逃跑了。高祖想，说不定等到了骊山，这些徒隶就全逃光了，到达丰邑西部的沼泽地带后，高祖停下来饮酒，夜间就把押送的徒隶们都放了。他说：“你们都逃走吧，我也要逃走了！”徒隶中有十余位壮士愿意跟从高祖。

高祖喝了酒，夜间在沼泽中抄小道行走，他命令一人在前面开道。此人跑回来报告说：“前面有一条大蛇挡在道路当中，咱们退回去吧。”高祖醉醺醺地说：“壮士前行，有什么值得害怕的！”于是上前，拔出宝剑斩杀了这条大蛇。大蛇被砍为两段，小路便通畅了。又走了几里，酒醉得厉害，高祖酒性发作就卧倒在地睡着了。

后面的人来到高祖刚才斩蛇的地方，看见有一位老妇人在深夜中哭泣，来人问她为什么要哭，老妇人说：“有人杀了我的儿子，所以我在哭他。”来人又说：“老太太，您的儿子为什么被杀？”老妇人说：“我的儿子，本来是白帝的儿子，变成了一条蛇，挡在道路当中，现在他被赤帝的儿子斩杀，我因此痛哭。”来人听后认为老妇人说的话不会是真实的，想要向官府告发她，结果老妇人忽然不见了踪影。后来的人到达了高祖醉卧的地方，高祖已经醒了。赶上来的人把这件事告诉高祖，高祖就在心中暗自欢喜，自认为是赤帝的儿子。那些跟随他的壮士也一天天地对他敬畏起来。

▶ 汉高祖刘邦斩蛇碑

汉高祖刘邦斩蛇处位于河南省永城市芒砀山主峰南麓，现在是一处展现汉文化的建筑群。前殿展出了以刘邦斩蛇为内容的一组群雕和六幅油画，中殿是闻名天下的斩蛇碑。斩蛇碑的建筑为双层碑阁。东西两边延伸的连廊内，是雕梁画栋的大型彩绘。后大殿为汉高祖巨幅塑像，两边列文臣武将，后墙绘的是刘邦灭秦逐项的六次重大战争场景。西山墙为吕后殿，东山墙为戚夫人殿。以中轴线为中心，两边有对称的东西配房，右边侧房是用声、光、电等现代高科技手段反映刘邦斩蛇起义的情景剧剧场。

⊙起兵丰沛

秦始皇经常说"东南地区有象征天子的云气"，因此他要向东巡视以图镇压。高祖怀疑秦始皇的行动是冲着他来的，觉得自己应该藏起来，于是他藏身在芒山、砀山一带的山泽岩石之间。吕后和别人一同找寻高祖，总能够找到他。高祖很奇怪地问他们为什么能够找到他藏身的地方。吕后说："在你居住的地方，上面经常有云气环绕，因此我追随着云气寻找，常常能够找到你。"高祖听后心中欢喜。沛县地区的一些青年们也听说了这件事，许多人都愿意归附他。

秦二世元年秋天，陈胜等人在蕲县起事，在陈地自称为王，号称"张楚"。许多郡县的人把他们的官长杀死来响应陈涉。沛县县令非常害怕，也想在沛县反秦而响应陈涉。狱掾曹参和主吏萧何对他说："您作为秦廷的官吏，现在却想要背叛秦，率领沛县的子弟起义，恐怕沛县子弟们不会听从您的命令。希望您能召集那些逃亡在外的人，可以得到几百人，有了这股力量后再来召集众人，众人就不

敢不听从命令了。"于是命令樊哙招来刘季。这时候刘季的部众已发展到近百人了。

当樊哙陪同刘季前来后。沛县县令又后悔了，恐怕刘季来了会发生变故，就关闭了城门，据守城池，而且想要杀了萧何和曹参。萧何和曹参恐惧，越过城池来投靠刘季。刘季于是写了一封帛书，射到城上，对沛县的父老们宣告说："天下的人苦于秦的暴政已经很久了。如今父老们虽然替沛县县令守城，但是诸侯们一同兴起反秦，马上就要屠戮到沛县。如果沛县的人现在共同诛杀了县令，从子弟当中选择可以扶立的人做首领，以此来响应诸侯，那样就可以保全家人。假若不是这样，父子们都要被杀害，那样就很不值得了。"于是百姓们就率领子弟共同杀死了沛县县令，打开城门迎接刘季，想要选他为沛县县令。刘季说："天下正处在大乱时候，诸侯们一同兴起，如今选择首领若不妥当，将会一败涂地。我不是吝惜自己的性命，而是担心我的能力浅薄，不能保全沛县的父兄子弟们，这是一件大事，我希望你们重新推举能够担

当这项重任的人。"萧何、曹参等人都是文官，而且他们顾惜自身，害怕起事不成，以后会被秦国诛灭全族，所以他们全都推让给刘季。各位父老们都说："平时我们听说过有关刘季许多奇异的事情，刘季必当显贵，而且我们占卜过，没有人能够比刘季更合适。"在这种情况下刘季多次推让。但是大家都不敢出任首领，最后还是扶立刘季担任沛公。刘季在沛县公庭中祭祀了黄帝和蚩尤，用牲畜的血涂在旗上祭祀旗鼓，旗帜都做成红色。这是因为他所杀的那条蛇是白帝的儿子，而杀死这条蛇的人是赤帝的儿子，所以才崇尚红色。于是沛公收集了如萧何、曹参、樊哙等年轻豪吏在内的沛县子弟两三千人，攻打胡陵、方与等地，退回后据守在丰邑。

秦二世二年，陈涉的将领周章率军向西攻到戏水，兵败退回。燕、赵、齐、魏等地的豪杰都自立为王。项梁和项羽在吴地起兵。秦国泗川郡郡监平率领秦军包围了丰邑，两天后，沛公率众出城应战，打败了秦军。沛公命令雍齿守卫丰邑，他率军去薛地。泗川郡郡守壮在薛地被沛公打败，逃到了戚县，沛公的左司马捉到了泗川郡郡守壮并杀了他。沛公率军回到亢父，到达了方与，还未交战。陈王派遣魏地人周市略取土地，周市派人对雍齿说："丰邑，原来是梁惠王的孙子假在梁国被秦所灭后迁徙的地方。如今魏地已经拥有几十座城邑。如果你现在归降魏国，魏国将封你为侯，你可以继续驻守在丰邑。如果不归降魏国，我们就要屠戮丰邑。"雍齿本来就不情愿依附于沛公，等到魏国来招降他，他就立刻反叛沛公而替魏国据守丰邑。沛公率军攻打丰邑，没能攻下。沛公因病退回沛县。

沛公怨恨雍齿和丰邑的子弟们背叛他，他听说东阳宁君、秦嘉扶立了景驹作为代理王，驻军在留城，沛公就前往留城依附景驹，想向他借兵攻打丰邑。这时候秦国的将领章邯追击陈胜的部队，他的部将司马尼另率一支军队向北平定楚地，屠戮了据守相城的军民，到达砀郡。东阳宁君和沛公率领军队向西方进攻，和司马尼的军队在萧县的西面交战，作战不利，就退回来收兵聚集在留城，又率军攻打砀郡，经过三日激战，夺取了砀郡。收编了砀地的军队，得到五六千人。他们又攻克了下邑。回师到达丰邑。听说项梁在薛地，就带着一百多名随从骑兵前往会见项梁，项梁增拨给了沛公五千名士兵，五大夫级别的将领十名。沛公回来后，又率军进攻丰邑。

❥合兵项氏

沛公跟随项梁一个多月，项羽攻克襄城回来了。项梁把所有在外单独统兵的将领召集到薛城。他听说陈胜确实是死了，就扶立楚王后代、楚怀王的孙子熊心为楚王，建都盱台。项梁号称武信君。过了几个月，向北进攻亢父，援救东阿被围困的齐军，打败了秦军。齐国的军队收兵回归齐地，楚军独自追击败逃的敌人，派遣沛公和项羽另外率领军队攻打城阳，屠戮城阳的守军，驻军在濮阳的东面，和秦军交战，打败了秦军。

秦军又重新振作起来，据守濮阳城，决开河堤放水环卫全城。楚军离开濮阳去攻取定陶，定陶没有攻下。沛公和项羽向西到达了雍丘城下，和秦军作战，大败秦军，斩杀了李由。他们回师攻打外黄，外黄没有攻下。

项梁再次打败了秦军后，产生了骄傲的情绪。宋义劝谏说骄兵必败，项梁不听。秦国给章邯增派了军队，趁着夜幕，士兵们口中衔枚来偷袭项梁的军队，在定陶打败了楚军，项梁战死。沛公和项羽正在攻打

▶睡虎地秦简《效律》

湖北省博物馆藏。1975 年云梦睡虎地 11 号墓出土。《效律》简共计 60 枚，详细规定了核验县和都官物资账目的一系列制度。对于在军事上有重要意义的物品，如兵器、铠甲和皮革等，规定尤为详尽。特别是对于度量衡器，律文明确规定了误差的限度。这是贯彻统一度量衡政策的法律保证。对巩固封建国家的经济有很重要的作用。

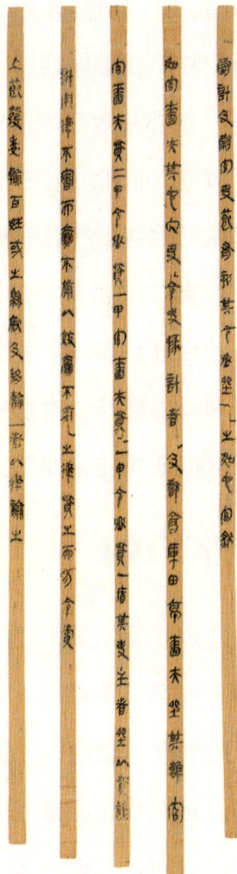

陈留，听说项梁战死，就率军和吕将军一同向东撤退。吕臣驻军在彭城东边，项羽驻军在彭城西边，沛公驻军在砀县。

章邯打败了项梁的军队后，便认为楚国地区的义军不值得忧虑，就渡过了黄河，向北进击赵国，大败赵国的军队。这时，赵歇为赵王，秦将王离的军队把他包围在巨鹿城中，赵歇在巨鹿的军队就是所谓的"河北军"。

秦二世三年，楚怀王见到项梁的军队被打败，心里十分害怕，就把都城从盱台迁到彭城，把吕臣和项羽的军队合并在一起，亲自统领他们。任命沛公为砀郡郡长，封为武安侯，统率砀郡的军队。封项羽为长安侯，号为鲁公。吕臣担任司徒，他的父亲吕青担任令尹。

◈ 率军西征

赵国多次请求楚军救援，怀王任命宋义为上将军，项羽为次将军，范增为末将军，率军向北救援赵国。命令沛公向西略取土地进入关中地区。和各个将领订下盟约：先进入关中的，就可以封为关中王。

这时候，秦军还很强大，经常是乘胜追击败退的诸侯国的军队，各个将领都认为首先进入关中地区去攻打秦军不是件好事。唯独项羽因为痛恨秦军打败了项梁的军队，情绪激愤，要和沛公一同向西攻入关中。怀王的一些老将领们都对怀王说："项羽此人急躁凶悍而好兴祸端。项羽曾经攻打襄城，攻下襄城后把全城人都被坑杀了，他所经过的各地没有一处不遭到残酷地毁灭。而且楚军多次进兵要夺取关中地区，之前的陈王和项梁都失败了。不如改派一位宽厚的长者采用施行仁义的方式向西推进，来告示晓谕秦国的父老兄弟。秦国的父老兄弟因为他们的君主残暴而受苦已经很久了，如今果真能得到一位宽厚长者前往，不用侵伐残暴的手段，秦地应该是能够被攻下来的。项羽暴躁凶悍，现在不能派遣他去。只有沛公平素是一位宽大的长者，可以派他前去。"最终，怀王还是没有允许项羽的请求，而派遣了沛公向西进军，并收集原属于陈王、项梁被秦军打散的士卒。沛公从砀城到达城阳，和杠里的秦军对垒，消灭了秦的两支军队。这时楚军在河北出兵袭击王离的军队，把这支秦军打得大败。

沛公引领军队西进，在昌邑县遇到了彭越，和彭越的军队共同向秦军进攻，战斗没有取得胜利。他们回军到达栗县，又遇到刚武侯，夺了刚武侯的军队，获得了约四千多人。和魏将皇欣、申徒武蒲的军队共同进攻昌邑，昌邑没有被攻下。

又向西路过高阳，把守城门的高阳人郦食其说："经过这里的将领有很多，我看只有沛公是一位气度宽宏的仁厚长者。"于是他来求见沛公。沛公正坐在床边，让两个女子给他洗脚。郦食其入见而没有行拜礼，只是作了一个揖，他说："足下若是想要诛伐无道的暴秦，就不应该坐着接见长者。"于是沛公站起身，穿好衣服，向郦食其道歉，请他坐在上座。郦食其劝沛公袭击陈留，以获得秦朝积存的粮食。攻取陈留后，沛公封郦食其为广野君，任命郦商担任将军，率领着陈留的军队，和沛公的军队一同进攻开封，开封没有攻下。率军向西和秦将杨熊在白马交战，又在曲遇东面打了一仗，彻底打垮了秦军。杨熊逃到荥阳，秦二世派使者把战败的杨熊斩首示众。沛公向南进攻颍阳，屠戮了坚守不降的军队。又借助张良的力量占领了韩国的辕辕。

劝降宛城

这时，赵国的别将司马卬正想渡过黄河进入关中，沛公就向北攻打平阴，切断了司马卬渡河所要经过的黄河渡口。又向南进军，在洛阳东面和秦军交战，战事进展的不顺利，回军到达阳城，收整军中的战马骑兵，和南阳郡郡守吕齮在犫地东面交战，打败了秦军。掠取了南阳郡，南阳郡郡守吕齮逃跑，在宛城中坚守不战。沛公率军绕过宛城继续向西进攻。张良进谏说："沛公您虽然急于攻入关中，但是秦军还很多，而且他们又凭借着险关拒守。现在如果不攻克宛城，那么宛城的秦军从我军后方攻击，强大的秦军主力又挡在前面，这是很危险的。"于是沛公当晚就率领军队绕道返回，变换了旗帜，在黎明时分，把宛城重重包围了起来。南阳郡郡守想要自杀，他的舍人陈恢说："现在离死还早呢。"于是陈恢越过城墙来见沛公，说："我听说您接受了楚怀王的约定，谁先进入咸阳谁就可以在关中称王。如今您却停留下来围守着宛城。宛城是大郡的都城，相连的城市有几十座，人口众多，积蓄的物品也很多，官吏们自认为投降一定会被杀死，所以都决心据城坚守，如今您停留在这里攻城，死伤的士卒一定很多；率军离开宛城，宛城的军队一定会尾随足下身后追击。这样，您向前失去了先入咸阳的履约机会，后退又有着强大的宛城军队的威胁。为了替您着想，不如订立盟约，招降宛城，封赏它的郡守，让他留守南阳，率领他的军队一同向西进攻。那些还没有被占领的城邑，听到了您招降的信息就会争着打开城门，等待您的军队来临，这样就会使您能畅通无阻地向咸阳行进。"沛公说："很好。"就封宛城的南阳郡郡守为殷侯，封陈恢为千户侯。领兵向西进军，所到城邑无不归附。到达丹水后，高武侯戚鳃和襄侯王陵都在西陵投降。回师进攻胡阳，遇到番君的部将梅鋗，便和他一起，招降了析城和郦城。派遣魏人宁昌出使秦国，使者还没有回来的时候，章邯已经率秦军在赵地投降了项羽。

约法三章

　　起初，项羽和宋义向北进军援救赵国，等到项羽杀了宋义，代替他作为楚军的上将军，黥布等各位将领都归属项羽指挥，打垮了秦将王离的军队，降服了章邯，诸侯都附从项羽。赵高杀死秦二世以后，派人前来，想要和沛公订立盟约，分割关中的土地，各自称王。沛公认为这是个阴谋，就采用张良的计策，派遣郦食其、陆贾前去劝说秦国的将领，以利引诱他们，沛公趁机攻打武关，打垮了守关的秦军。又在蓝田南面和秦军交战，增设了许多疑兵和旗帜来迷惑敌人，沛公所经过的地方不准掳掠，秦国的百姓非常高兴，秦军懈怠了，因而沛公打垮了他们。沛公又在蓝田北面和秦军交战，打垮了秦军。接着他乘胜追击，终于彻底打败了秦军。

　　汉元年十月，沛公的军队先于各路诸侯到达霸上。秦王子婴乘坐白马拉着的素车，用丝带套住脖颈，封存了皇帝的玺印、符节，在轵道旁向沛公投降。将领中有人提出应诛杀秦王。沛公说："起初怀王派遣我向西进军入关，就是因为我能够宽容待人；而且人家已经屈服投降，再要杀他，这样做不吉利。"就把秦王交给官吏们看守，接着向西进入咸阳。沛公想要住进秦国的宫室中休息，由于樊哙和张良的劝阻，才封藏了秦国的珍宝、财物和府库，退回到霸上驻军。沛公召来各县的父老、豪杰们说："父老们受到暴秦苛法的痛苦已经很久了，人们若是说一些和朝廷不一致的话就会被定为诽谤之罪，遭到灭族，人们相对聚谈就要被诛杀在街市中示众。我与诸侯们同楚怀王订立了盟约，先进关的就在关中地区称王，所以我应当在关中称王。我和各位父老们约法三章：杀人者处死刑；伤人和盗抢他人财物的人要依据情节轻重适当判罪；其余的秦朝法律全部废除。各级官吏都要像以前一样各守其职。我之所以前来伐秦，目的是为了替父老们除去祸害，不会对你们有欺凌施暴的行为，大家不要害怕！而且我退兵驻在霸上的原因，是等候诸侯们到来，共同制定一个处事规范。"刘邦派人和秦朝官吏到各县乡城邑巡行，把现在的情

▶ **《汉高祖入关图》（局部）·明·无款**

此图以青绿山水和界画的手法描绘了汉高祖率义军进入咸阳的情景，以艺术的手法再现了楚汉相争期间的历史事件。

况告诉百姓。秦国的百姓非常高兴，争着把牛羊酒食等物拿来慰劳沛公的军士，沛公一再谦让，不肯接受这些礼物，说："仓库中粮食很多，我们不缺少这些东西，我不想让大家破费。"百姓于是又更加欢喜，唯恐沛公不做秦王。

❂ 鸿门涉险

有人劝谏沛公说："秦地比其他地方富有十倍，地形条件又占有强大的优势。现在听说章邯投降了项羽，项羽封他为雍王，让他在关中称王。如今他们若来到关中，恐怕沛公您就不能占有关中地区了。应该立刻派遣军队把守函谷关，不要让诸侯的军队进入，逐步在关中地区征集一些士卒来加强自己的军力，抗拒他们。"沛公赞成他的计策，就照着去做了。

十一月中旬，项羽果真率领诸侯的军队向西进军，在想要进入函谷关的时候，城门却关闭了。他听说沛公已经平定了关中地区后大怒，立即派黥布等人攻打函谷关。

十二月中旬，项羽到达了戏地。沛公的左司马曹无伤听说项王大怒，想要攻打沛公，就派人对项羽说："沛公想要在关中称王，任用子婴担任丞相，秦国所有的珍宝都被他占有了。"曹无伤希望以此来求得项羽的封赏。亚父范增劝项羽攻打沛公。项羽让士卒饱餐，准备第二天和沛公军队交战。这时候项羽拥有军队四十万人，号称百万。沛公拥有十万士兵，号称二十万，力量敌不过项羽。恰逢项伯想要救张良一命，当夜前往霸上见张良，刘邦借此机会通过项伯对项羽讲道理，项羽于是取消了向沛公进攻的计划。沛公带着一百多名骑兵，驱马来到了鸿门，见到

了项羽并向他道歉，项羽说："这是沛公的左司马曹无伤对我说起的，不然，我项籍怎会做这样的事呢？"沛公在樊哙和张良的智勇相助下，得以摆脱危难，回到军中。沛公回来以后，立即杀了曹无伤。

项羽向西进军，屠杀无辜百姓，焚烧了咸阳城内的秦宫室，他所到过的地方，无不遭到摧残和破坏。秦地百姓对他大失所望，但是因为害怕，不敢不服从项羽。

项羽负约

项羽派人回去向怀王报告。怀王说："按照原来的约定行事。"项羽怨恨怀王不肯派他和沛公一同向

西进军入关，却让他向北救援赵国，因此才错过了入关称王的先机。项羽说："怀王这个人，是我家项梁所扶立的，他没有可以为王的功劳，凭什么主持订立盟约！实际上平定天下的人，是诸位将军和我项籍啊。"就假装尊奉怀王为义帝，实际上不服从他的命令。

正月，项羽立自己为西楚霸王，统辖梁、楚地区的九个郡，把彭城作为都城。他违背了之前的约定，改立沛公为汉王，统辖巴、蜀、汉中地区，以南郑作为国都。把关中地区一分为三，立秦国的三位降将为王：章邯为雍王，以废丘作为都城；司马欣为塞王，以栎阳作为都城；董翳为翟王，以高奴作为都城。楚国的将军瑕丘申阳被封为河南王，以洛阳作为国都。赵国的将军司马卬被封为殷王，以朝歌作为都城。赵王歇被改立为代王，赵相张耳被封为常山王，以襄国作为都城。当阳君黥布被封为九江王，以六县作为都城。怀王的柱国共敖被封为临江王，以江陵作为都城。番君吴芮被封为衡山王，以邾作为都城。燕国的将军臧荼被封为燕王，以蓟县作为都城。原燕王韩广被迁到辽东为王。韩广不听从，臧荼就率军攻打韩广，并在无终把他杀死。项羽把河间地区的三个县分封给成安君陈馀，住在南皮。封梅铒为十万户侯。

就封汉中

四月，各路诸侯回到自己的封国。

汉王前往封国，项王派了三万士卒跟随汉王。楚军和诸侯军队中仰慕汉王而自愿跟从他的有几万人。汉王的军队从杜县南面进入蚀中。他们过去以后就焚烧了栈道而断绝道路，以防诸侯军和其他强盗的袭击，同时也是向项羽表示汉王没有向东进攻的意图。到达了南郑，已有许多将官及士卒在途中逃亡回家，没有逃走的士卒都唱着思念家乡的歌曲，想要回到东方。韩信劝汉王说："项羽分封有功劳的各位将军为王，而唯独大王您却被封在南郑，这实际上是对您的贬黜，军官和士兵们都是关东六国的人，他们日夜盼望着东归故乡。如果趁机利用他们热烈盼望回乡的迫切心情，能够建立大功。如果是在天下安

▶ 古汉台

古汉台位于陕西省汉中市市中心，现为汉中博物馆，面积约 8000 平方米。由三级台地构成，台高 7 米。刘邦驻汉中发迹而定鼎。故将国号定为汉。他住过的高台就被后人尊称为古汉台。宋代诗人张少愚有"留此一坏土，犹是汉家基"的诗句，其中的"一坏土"，就是指残存的高台。清代诗人陈毓彩有诗云："赤帝龙兴事已陈，层台巩固尚如新。当日宫廷湮没迹，此时郡国有仁人。"

定以后，人人都在享乐安宁，那时候将没有什么便利的形势可以利用，不如现在起向东发展，统一天下。"

项羽出了函谷关，就派人让义帝迁都。他说："古代的帝王拥有方圆千里的土地，而且一定要居住在江河的上游。"于是他派遣使者把义帝迁徙到长沙郴县，催促义帝迅速起程。义帝的群臣逐渐背叛了他。项羽暗地里命令衡山王、临江王袭击他，在江南杀死了义帝。

◆ 还定三秦

项羽怨恨田荣曾没有出兵援助项梁，所以立齐将田都为齐王。田荣恼怒，自立为齐王，杀死了田都而反叛楚国，把将军的印信授给彭越，命令他在梁地反楚。楚国派萧公角进攻彭越，彭越打败了楚国的军队。陈馀怨恨项羽没有封自己为王，就派夏说去劝说田荣，向他借兵攻打张耳。齐国调拨了军队给陈馀，打败了常山王张耳，张耳逃跑归附了汉王。陈馀从代地把赵王歇迎请回来，重新拥立他做赵王。赵王因此封陈馀为代王。项羽知道这件事后大怒，决定向北进军攻打齐国。

八月，汉王采用韩信的计策，从故道还师关中，袭击了雍王章邯。章邯在陈仓迎击汉军，雍王的军队战败，退兵逃走；在好畤县停下和汉军再战，又再一次失败，逃到了废丘。汉王随即平定了雍地，向东进军到达了咸阳。汉王率领军队把雍王围困在废丘，而又派遣诸位将领平定陇西、北地、上郡。命令将军薛欧和王吸率军出武关，和驻扎在南阳的王陵一起去沛县迎接太公和吕后。项羽听说这件事后，发动军队在阳夏阻截他们，使汉军不能前行。楚又封原吴县县令郑昌为韩王，在韩地阻挡汉王的军队。

二年，汉王向东进军略取土地。塞王司马欣、翟王董翳、河南王申阳都投降了汉王。韩王郑昌不服从汉王，汉王派韩信打败了他。于是汉王设置了

▶ **东马坊遗址**

东马坊遗址，位于陕西省西安市长安区东马坊村。发掘的遗迹始建于战国中期，沿用至西汉，内周长大约2920米，内面积约57万平方米，是迄今为止渭河以南发现的最大规模的秦人城址。根据出土文物考证，此地就是《史记》中所记载的废丘。

陇西、北地、上郡、渭南、河上、中地等郡；在关外设置了河南郡。改立韩国太尉信为韩王。各个将领假若是率领一万军卒或以一郡的地方投降的，封给他一万户。修筑河套一带防御匈奴的要塞。那些原来秦国所拥有的苑囿园池，都让给百姓耕种。正月，俘虏了雍王的弟弟章平。大赦天下罪犯。

汉王出函谷关而来到陕县，安抚关外的父老。回来以后，张耳前来拜见，汉王以优厚的待遇接待了他。

二月，废掉秦朝社稷坛，改立汉朝社稷坛。

三月，汉王从临晋渡过黄河，魏王豹率军投降汉王。汉王占领了河内地区，俘获了殷王，设置河内郡。又向南渡过平阴津，到达洛阳。在洛阳，新城的三老董公拦阻汉王的车驾并向汉王叙说义帝被杀的经过。汉王听说了这件事，袒露着左臂大哭。于是为义帝发丧，哭吊三天。汉王派遣使者告诉诸侯们说："天下人共同拥立义帝，都愿向他称臣、侍奉他。如今项羽把义帝流放到江南并杀害了他，这是大逆不道的事情。我亲自为义帝治

办丧事，诸侯们都应该身着素白的丧服。我将调动关内所有的军队，会集河南、河东、河内三郡的士兵，坐着战船顺汉水、长江漂浮南下，希望和诸侯王一同征伐楚国杀害义帝的人。"

彭城之败

这时项王正在向北进攻齐国，与田荣在城阳展开激战。田荣战败，逃到平原，平原人杀死了田荣。齐国各地都投降了楚国。楚军焚烧了齐国的城邑，掳掠了他们的子女。齐国的人们又反抗楚国。田荣的弟弟田横扶立田荣的儿子田广为齐王，齐王在城阳反击楚军，项羽虽然听说汉军向东方进兵，但既然已经和齐国的军队交战，想着不如打垮了齐军以后再去反击汉军。汉王趁此机会胁迫五路诸侯的军队，攻入了彭城。项羽听说这件事后，就率军离开齐国，从鲁地出发绕道胡陵，直达萧县，和汉军在彭城、灵壁东面的睢水岸上展开了激战，打垮了汉军，汉军死伤众多，睢水被死亡士兵的尸体堵塞都不能流通了。而后项王又在沛县抓到了沛公的父母妻子，把他们放在军中当人质。当时，

▶ **狩猎图画像砖·西汉**

美国普林斯顿大学艺术博物馆藏。狩猎图画像砖高 50 厘米，宽 153 厘米，厚 3.3厘米。画面左侧一狩猎人手举弓箭，前后两脚分立，前方是两只仓皇逃窜的野兽。画面线条简洁粗犷，活泼生动，趣味盎然，反映出西汉时期猎户狩猎的场景。

诸侯们看到楚国强大，汉军失败，又都背离了汉王，重新归附项王。塞王司马欣逃到了楚国。

吕后的兄长周吕侯为汉王统率军队，驻守在下邑。汉王战败后逃到他这里，逐渐收集了一些溃逃的士卒，将军队驻扎在砀县。汉王向西经过梁地，到达虞县。派遣使者随何前往九江王黥布驻地，汉王对随何说："您假若能够让黥布举兵反叛楚国，项羽一定会留下来进攻他。项羽若能被拖住几个月，我夺取天下的大业就一定能够成功了。"随何前去游说九江王黥布，黥布果真背叛楚国。楚国派龙且前往攻打黥布。

汉王在彭城战败以后向西逃跑的途中，曾派人寻找自己的家人，他的家人也已出逃，没有能找到。彭城战事失败后只找到了孝惠帝，六月，立他为太子，大赦天下罪犯。命令太子守卫栎阳，将关中地区诸侯王的儿子都汇集到栎阳，充当太子的侍卫。汉军引河水淹废丘，废丘城中的守军投降，章邯自杀。把废丘更名叫槐里。于是下令负责祭祀的官员祭祀天地、四方、上帝、山川，以后按时举行祭祀。征发关内地区的士卒据守要塞。

这时候，九江王黥布在与龙且的作战中战败，他和随何抄小路归附汉王。汉王逐渐收集了一些溃散的士卒，和各路将领以及关中士卒一起出动，因此汉军的势力在荥阳大振，在京、索一带地区打败了楚军。

荥阳对峙

三年，魏王豹向汉王请假归家探视生病的父母，当他到达了魏地以后就立刻断绝了河津的要道，投降楚国。汉王派遣郦食其去劝说魏王豹，魏王豹不听。汉王派遣将军韩信征讨魏王豹，大败魏军，俘虏了魏王豹，平定了魏地，在这里设置了河东、太原、上党三个郡。汉王命令张耳和韩信接着向东攻占井陉，进攻赵国，斩杀了陈馀及赵王歇。第二年，汉王封张耳为赵王。

汉王驻扎在荥阳南面，修筑了连接到黄河岸边的甬道，以此来获取敖仓的粮食。汉王和项羽相互对峙了一年多。项羽多次侵夺汉军运粮的甬道，汉

▶ 青铜弩机·汉

弩是古代兵器中杀伤力较强的远射兵器，中国也是世界上最早用弩的国家。在汉代，汉军在战斗中创造了用劲弩对付匈奴骑兵的战法。

军缺乏粮食，于是楚军乘机把汉王的军队包围了。汉王请求和解，要求把荥阳以西的地区划割给汉国。项羽没有同意。汉王对此感到十分忧虑，就采用了陈平的计策，调给陈平四万斤黄金，用钱来离间楚国的君臣。因此项羽开始怀疑亚父范增。亚父当时劝项羽趁势攻克荥阳，知道自己被项羽猜疑后，范增很愤怒，以年老为由而辞职，希望项羽能允许他回乡做一个普通的平民百姓。项羽答应了，亚父还没有到达彭城就病死了。

汉军的粮食断绝，于是在夜间命二千多名女子身披铠甲冒充军士，从荥阳城的东门出城，楚军向这支队伍发起四面进攻。将军纪信乘坐着汉王的车驾，假扮成汉王，欺骗了楚军，楚国的军士误以为俘获了汉王而高兴地喊万岁，都来到东城观看俘获汉王的盛景。汉王趁此机会带着几十名骑士从西门逃走了。汉王临走时下令由御史大夫周苛、魏豹、枞公守卫荥阳。那些不能跟随汉王一起走的将领和士卒，都留在城中。周苛和枞公互相商议说："叛国的国王，很难和他一起守卫城池。"于是他们就杀了魏豹。

汉王逃出了荥阳城，进入关中，他收聚军队想要重新向东方进攻。袁生劝导汉王说："汉和楚在荥阳对抗了几年，汉军经常受困，希望您出兵武关，项羽一定会率领荥阳的楚军向南转移，您深挖壕沟、高筑壁垒来据守不战，拖住楚军，使荥阳和成皋地区的汉军得到间息休整。派韩信等人去安抚黄河以北的赵地，联合燕国和齐国，那时君王再重新进军荥阳，也为时不晚。这样，就会使楚国所要防备的地区增多，力量分散，而汉军得到休整，再重新和楚军交战，一定能够打败楚军。"汉王采纳了他的计策，出动军队驻守在宛城和叶城一带地区，和黥布在行途中收聚散亡的军队。

项羽听说汉王在宛城，果然率军向南进攻。汉王坚守壁垒，不和楚军交战。这时彭越的军队渡过了睢水，和项声、薛公在下邳交战，彭越的军队大败楚军。项羽又率军向东攻击彭越。汉王也率领军队向北驻扎在成皋。项羽打败了彭越的军队后，又听说汉王重新驻军在成皋，于是重新率领军队向西进军，攻克了荥阳，诛杀了周苛、枞公，而俘虏了韩王信，趁势包围了成皋。

▶成皋对峙

汉王只身同滕公夏侯婴乘车从皋城北边的玉门逃出，向北渡过黄河，夜晚跑到修武住了一宿。汉王自称是使者，在早晨急驰进入张耳和韩信的营垒中，夺取了他们的军队。派张耳向北去赵地收集士卒，派韩信向东进攻齐国。汉王得到了原属于韩信的军队，又重新振作起来。于是领兵来到黄河边，向南进军，在小修武城的南面犒劳军队，准备同楚军再战。郎中郑忠劝阻汉王，让他高筑壁垒、深挖沟壕，不要和楚军交战。汉王听从了他的计策，派遣卢绾和刘贾率领步兵二万人，骑兵几百人，渡过白马津，进入楚地，和彭越的军队在燕县外城再度打败楚军，攻下了梁地的十几座城。

淮阴侯韩信已经受命向东攻打齐国，还没有渡过平原城。汉王派遣郦食其前往游说齐王田广，田广反叛了楚国，和汉订立和约，共同进攻项羽。韩信采用蒯通的计策，趁机袭击齐军。齐王烹杀了郦食其，向东逃到高密县。项羽听说韩信已经全部发动黄河以北的军队打败了齐国和赵国，并且想要攻打楚国，就派遣龙且和周兰率领军队前去阻击韩信。韩信和他们交战，他部下的骑兵将军灌婴配合出击，大败楚军，杀死了龙且。齐王田广投奔了彭越。在这个时候，彭越率领军队驻扎在梁地，他多次出动骚扰楚军，使楚国的军队疲于奔命，切断了楚军的粮食供给。

▶彩绘云气纹陶壶·西汉

美国普林斯顿大学艺术博物馆藏。高55厘米，腹径37.2厘米，折沿，长束颈，圆腹下收，矮圈足。折沿外施一层白色，肩部及腰线以两道较宽白色弦纹为界，将主体纹饰分为颈部装饰和腹部装饰两部分。纹饰风格以突出线条为主，构成一幅连绵不断的神秘云气纹图案。

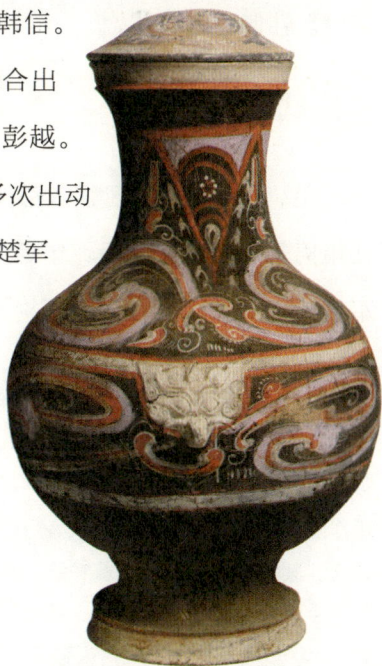

四年，项羽对海春侯大司马曹咎说："你要谨慎防守成皋。如果汉军前来挑战，千万不要和他们交战，只要不让他们能够向东发展就可以了。我一定能够在十五日内平定梁地，那时再来和将军会合。"于是项羽率军一路攻克陈留、外黄、睢阳。汉军果然多次向楚军挑战，楚军坚守不出。汉军派人在阵前叫骂五六日，大司马被激怒，率军渡过了汜水。当楚国士卒刚渡到一半的时候，汉军向他们发动了进攻，大败楚军，缴获了楚国大量的金玉财货。大司马曹咎和长史司马欣都在汜水岸边自刎。项羽到达了睢阳，听说海春侯的军队被打败，就率军回师。汉军正在荥阳的东面围攻钟离眛，项羽一来，汉军全都逃奔到险要地带。

韩信打垮了齐国以后，派人对汉王说："齐国靠近楚国，我的权力太小，假若不立我为代理齐王，恐怕不能安定齐国。"汉王听后想要攻打他，留侯张良对汉王说："不如顺其意而立他为王，让他可以为了自己的利益而守卫齐地。"汉王便派张良拿着印绶去封立韩信为齐王。

项羽听说龙且的军队被韩信消灭，十分惊恐，派遣盱台人武涉前去游说韩信。韩信没有听从。

❖广武讨罪

楚、汉相互对峙了很久都没有决出胜负，壮年男子苦于军旅兵役，年老体弱的疲于转运军粮。汉王和项羽在广武涧对话。项羽想要和

▶彩绘陶人物纹谷仓罐·西汉

美国弗利尔美术馆藏。高28.5厘米，直径16.5厘米。彩绘陶是在烧成的陶器上，用多种颜色描绘花纹，主要用作随葬明器。汉代厚葬之风盛行，彩绘陶的制作极为兴盛。其纹饰有几何纹、植物纹、动物纹及人物纹等，富有生活气息；其色彩以对比强烈的红与黄、白与黑互为主宾，混合使用，装饰性很强。

汉王单独挑战，汉王历数项羽的罪状说："当初我和项羽一同接受怀王的命令，说首先进入并平定关中地区的人，就被封为关中的王，项羽违背盟约，封我为蜀汉地区的王，这是第一条罪状。项羽假借怀王的诏令杀害卿子冠军宋义，而升自己为上将军，这是第二条罪状。项羽已经解救了赵国的围困，本来应当回师述职，却擅自强迫诸侯率军入关，这是第三条罪状。怀王约定进入秦地后不许施暴掳掠，但你烧毁了秦国的宫室，挖掘了始皇帝的坟墓，把秦国的财富据为己有，这是第四条罪状。又毫无道理地杀害了归降的秦王子婴，这是第五条罪状。运用欺诈的手段在新安坑杀了二十万秦国士兵，却封他们的将领为王，这是第六条罪状。项羽把他的部将们都封在条件好的地区为王，迁贬、驱逐这些地区原有的君主，使他们的臣下为争王位而发起战争，这是第七条罪状。项羽把义帝驱逐出彭城，把那里作为自己的都城，夺取了韩王的国土，兼并梁、楚之地，扩大自己的领土，这是第八条罪状。项羽派人在江南暗杀义帝，这是第九条罪

状。总之你身为人臣却弑杀君主，杀害已经投降的人，处理政事不公平，主持盟约不守信用，为天下人所不能容忍，大逆不道，这是你的第十条罪状。我统率正义的军队，联合诸侯诛杀残暴的贼子，只要派出已经受过刑罚的罪人来击杀你就够了，我何必要和你单独挑战！"项羽听后非常愤怒，令埋伏下的弓弩手射中了汉王。汉王胸部受伤，却用手捂着脚，说："贼人射中了我的脚趾！"汉王因受创伤而卧床养病，张良坚决请求汉王起来去慰劳军队，以此来安定士卒的情绪，不要让楚军乘机来压倒汉军。汉王出来到军中巡视一番后，病情加重了，因此立马回到成皋城中养伤。

汉王痊愈了以后，向西进入函谷关，来到了栎阳，设酒宴慰问父老，砍下原塞王司马欣的头，挂在栎阳市中的木杆上示众。汉王在此停留了四天，又重新回到军中，驻军在广武。向关中地区增派出更多军队。

❧垓下灭项

这时，彭越率军队驻扎在梁地，经常骚扰楚军，使楚军饱受往返奔

波的困苦，断绝了楚军的粮食供应。田横率军前去同他一起与楚军作战。项羽多次攻打彭越等人，齐王韩信又进攻楚军。项羽惊恐，就和汉王约定，平分天下，把鸿沟以西的地区划归给汉，鸿沟以东的地区划归给楚。项王放回汉王的父母妻子，军队的官兵们都高呼万岁，楚军告别汉军回到驻地。

项羽退兵回到东方。汉王也想要率领军队向西回归驻地，后来又采用了留侯张良和陈平的计策，进军追击项羽，到达阳夏南面军队停止了追击，和齐王韩信及建成侯彭越约定了会合的时间，共同攻打楚军。汉军来到固陵后，韩信和彭越并没有按时前来会合，楚军进攻汉军，汉军大败。汉王重新回到营垒中，挖掘深沟进行防守。汉王采用张良的计策，于是韩信、彭越都率军前来会合。此时刘贾进入楚地，围攻寿春，汉王在固陵战败以后，就派使者去召大司马周殷出动九江地区全部的军队迎接武王黥布。黥布在行军途中攻下城父，屠戮了城中的守军，他随刘贾及齐、梁诸侯的军队都到垓下大会师。汉王

封武王黥布为淮南王。

五年，汉王和诸侯的军队共同向楚军发起进攻，和项羽在垓下展开了大决战。淮阴侯率领三十万士卒独当正面，孔熙将军在左边，费将军陈贺在右边，刘邦领兵在后，绛侯周勃和柴武将军在刘邦的后面。项羽的士兵大概有十万人。淮阴侯先和楚军交战，没有取得胜利，军队后撤。孔将军和费将军纵兵出击，楚军形势不利，淮阴侯再度乘势进攻，在垓下大败楚军。项羽突然听到汉军唱起楚地的歌谣，以为汉军已经把楚地全都占领了，项羽就败退而逃，因此楚军大败。汉王派遣骑将灌婴追杀项羽到东城，在东城杀了他，斩杀敌军八万人，平定了楚地。鲁城百姓忠于楚国，坚持不肯投降。汉王率领诸侯的军队向北进军，给鲁城的父老们看项羽的头颅，鲁城人才肯投降。就用鲁公的名号把项羽葬在谷城。

汉王回师到达定陶，驰入齐王韩信的军营中，夺取了齐王的军队。

⊛即位封王

正月，诸侯和将相们聚在一起共

▶铜虎符·汉

虎符为中国古代帝王授予臣属兵权和调发军队的信物，其外形为铜制、虎形、分左右两半，有子母口可以相合。右符留存中央，左符在将领之手。君主若派人前往调动军队，就需带上右符，持符验合，军将才能听命而动，盛行于战国、秦汉时期。

同请求尊崇汉王为皇帝。汉王说："我听说皇帝的称号只有贤德的人才能据有，没有贤德而徒具空言浮语的人，是保不住帝位的，我不敢接受皇帝位。"群臣们都说："大王出身低微，诛除暴逆，平定四海，对于有功的人就封赏给他们土地、封为王侯。大王假若不接受皇帝的尊号，那么功臣们对大王的封赏都不会相信。我们这些大臣会誓死守卫您的皇帝尊号。"汉王推让了再三，迫不得已，说："诸君假若都认为我做皇帝对国家有利，为了国家利益，我就接受这个尊号吧。"二月，汉王就在汜水的北岸即皇帝位。

皇帝说义帝没有后代子嗣，齐王韩信熟悉楚地的风俗，改封他为楚王，以下邳为都城。立建成侯彭越为梁王，以定陶为都城。原来的韩王信仍为韩王，以阳翟为都城。改封衡山王吴芮为长沙王，以临湘为都城。番君的将军梅铕随军入武关，立下战功，皇帝因此感激番君。淮南王黥布、燕王臧荼、赵王张敖都仍旧保留原来的封号。

天下全都平定了，高祖定都洛阳，诸侯都向皇帝称臣归顺。

该瓦当出土于武夷山闽越王城。闽越王城又称为"古汉城",始建于公元前202年,系闽越王无诸受封于汉高祖刘邦时所建的一座王城。

原来的临江王共驩,追随项羽,反叛汉朝,高祖命令卢绾和刘贾率军围攻他,当时没有能攻克。几个月以后共驩投降,高祖在洛阳把他杀了。

置酒论功

五月,士兵们都解甲回家。诸侯王国从军的人留在关中安家的免除十二年的赋税徭役,回到原籍去的免除他们六年的赋税徭役,国家发粮食供养他们一年。

高祖在洛阳南宫摆酒设宴招待群臣。高祖说:"列位诸侯、将领们不要隐瞒我,都要直言实情。我能取得天下的原因是什么?项氏失去天下的原因又是什么?"高起和王陵回答说:"陛下为人傲慢而好轻视戏侮别人,项羽为人仁厚而爱护别人。然而陛下派别人去攻城略地,就把所攻克降服的地区封给他们,这是陛下能和天下人共享其利的美德。项羽妒贤嫉能,对有功劳的人就设法加害,对有贤才的人就猜疑他们,作战取得了胜利却不论功封赏,取得了土地却不给予别人利益,这就是他失去天下的原因。"高祖说:"你们只知其一,未知其二。在帷帐当中运筹谋划,能够决定千里以外的战争取得胜利这方面,我不如张良。在镇守国家,安抚百姓,供给粮食,保证军粮运输畅通这方面,我不如萧何。在统领百万大军,作战必胜,攻城必取这方面,我不如韩信。这三位都是人中的俊杰,我能够任用他们,这就是我能够夺取天下的原因。项羽只有一位范增却不能任用,这就是他被我擒杀的原因。"

▶《汉殿论功图》（局部）·明·刘俊

美国纽约大都会艺术博物馆藏。此图长165厘米，宽106.5厘米，取材于"汉殿论功"的典故。汉高祖刘邦初立，功臣在殿上争功邀赏，以致拔剑砍殿柱。大臣叔孙通说服汉高祖召集鲁地的儒生，规定朝仪，高祖大喜，以为如此始知皇帝之尊。

定都关中

高祖打算长期定都洛阳，齐人刘敬、留侯张良劝说皇上定都关中，高祖立即起驾，进入函谷关，在关中定都。六月，大赦天下。

十月，燕王臧荼造反，攻下了代地。高祖亲自率军攻打他，俘获了燕王臧荼。当即封太尉卢绾为燕王，命令丞相樊哙率领军队攻取代地。

在这一年的秋天，利几谋反，高祖亲自率领军队讨伐他，利几逃走。利几曾是项羽的将军。项羽失败时，利几担任陈县县令，没有追随项羽，却逃亡投降了高祖，高祖封他在颍川为侯。高祖来到洛阳，按照所有诸侯的名册征召他们，而利几担心会有不测，因此而谋反。

封太上皇

六年，高祖每五日朝见一次太公，高祖如同一般人家父子相见那样向太公行跪拜礼。太公的家令劝导太公说："天上没有两个太阳，地下也不应有两个君王，如今高祖皇帝虽然是您的儿子，但也是百姓的君主；太公您虽然是高祖的父亲，却是君主的臣子，怎么能让君主拜见臣子！若像这样，就会使皇帝失了尊贵和威严。"以后高祖再来朝见，太公抱着扫帚，在大门口迎接，倒退着行走。高祖见状大惊，忙下车扶住太公。太公说："皇帝是天下人的君主，怎么能因为我而乱了天下的法度！"于是高祖尊奉太公作为太上皇。心中特别赞赏太公家令向太公的建言，赏赐给他黄金五百斤。

伪游云梦

十二月，有人上书揭发楚王韩信谋反，皇上询问左右，大臣们都争着想要去讨伐韩信。高祖采用了陈平的计策，假称到云梦泽去巡游，在陈地会见诸侯，乘楚王韩信前来迎接的时候逮捕了他。这一天，大赦天下。田肯前来祝贺，劝导高祖说："陛下擒得了韩信，又治理着关中秦地。秦地具有

山川形势便利的优势，有山河所阻隔，又和关东地区有千里长的疆界，假若有百万持戟的士卒前来攻击，秦地只用二万的兵力就可抵挡。这是因为它的地势便利，它的军队在和诸侯们作战时可以采用由上向下进攻的方式，如从高屋上而往下倒水一般势不可挡。再如齐地，东方有琅邪、即墨的富饶，南方有泰山的险固，西方有黄河作为阻隔，北方有渤海的鱼盐之利，土地纵横二千里。若有持戟百万的士卒前来进攻，齐国只用二十万的兵力就可以抵御。因此齐、秦二地实际上是东西二秦，假若不是陛下的亲近子弟，就不能派他去做齐王。"高祖说："很好。"赏赐给他黄金五百斤。

十几天以后，高祖封韩信为淮阴侯，把他原有的封地分割成两个王国。高祖说将军刘贾屡立战功，封他为荆王，统辖淮东地区。封皇弟刘交为楚王，统辖淮西地区。封皇子刘肥为齐王，统辖齐地七十多个县城，凡是讲齐地方言的百姓都归属于齐国。高祖论功封赏，分封功臣为列侯，并各赐予分封的信符，由朝廷和诸侯各执一半，以为凭证。把韩王信迁徙到太原。

◆韩王信之叛

七年，匈奴人进攻韩王信所辖的马邑城，韩王信和匈奴人勾结在太原谋反。白土县人曼丘臣和王黄谋反，并扶立原来的赵将赵利为王，高祖亲自率军前往讨伐。恰逢天气寒冷，士卒十个人中就有两三个人的手指被冻掉了，终于到达了平城。匈奴人把高祖围困在平城，七天以后才撤军离去。高祖命

▶青玉发笄·西汉

美国弗利尔美术馆藏。发笄宽3.2厘米，长13.5厘米。

白登之围

汉朝初年，强盛的匈奴不断侵扰汉朝北方郡县，掠夺人口和财物。汉七年（前200），刘邦借着平定投降匈奴的韩王信叛乱的余威，亲率大军征伐匈奴。当时，刘邦听说冒顿在代谷（今山西代县雁门山北）驻扎，想乘胜进军，于是先派人侦察匈奴虚实。冒顿单于将精锐士兵、肥牛壮马隐藏起来，以老弱病残之人和少量牲畜为诱饵。刘邦中计，贸然脱离主力率军前行，结果被匈奴40万精锐骑兵围困于平城白登山（今山西大同东北）达七天之久。后来，刘邦采纳陈平的计策，用重金贿赂冒顿单于的阏氏（相当于皇后），才得以脱身，至平城与汉军会合。经此一役，刘邦认识到汉朝还没有实力可抗击匈奴，只能忍辱含垢，等待时机。他采用娄敬的建议，与匈奴和亲，把宗室之女当公主嫁给匈奴单于，每年馈赠大量的丝织品、酒食给匈奴，并与匈奴互通关市，以减少其侵扰。但"和亲"政策的作用不大，匈奴仍是不断侵扰，有时烽火警报竟逼近首都长安城。

令樊哙留在代地平定叛乱。立兄长刘仲为代王。

二月，高祖从平城经过赵地、洛阳，回到长安。长乐宫建成，丞相以下的官员们都迁到长安处理政务。

八年，高祖率军向东，在东垣一带围剿跟从韩王信叛乱的余党。

未央置酒

丞相萧何主持建造未央宫，建筑有东阙、北阙、前殿、武库和太仓。高祖回来后，看到宫阙非常壮丽，很生气地对萧何说："天下饱受战火摧残好多年，成败还不可确定，你为什么建造如此过分豪华的宫室？"萧何说："就是因为现在天下还没有安定，所以才要趁此时机修建宫室。而且天子以四海为家，假若不把宫室建筑得华丽些就无法显示天子的威严，并且这样可以不

使后世的建筑超过前代。"高祖听后才变得高兴。

高祖在率军到东垣时，路过柏人城，赵国国相贯高等人阴谋要杀害高祖，高祖当时心里有察觉，因而没有在这里留宿。代王刘仲因匈奴攻代而弃国逃跑，没有得到皇帝的允许就私自回到了洛阳，高祖把他贬为合阳侯。

九年，赵相贯高等人阴谋杀害高祖的事被发觉，被灭了三族。废除了赵王张敖的王爵，贬为宣平侯。这一年，把楚国的昭氏、屈氏、景氏、怀氏和齐国的田氏等贵族迁徙到关中地区。

未央宫建成。高祖在这里召集诸侯群臣举行盛大的朝会，在未央宫前殿摆设了酒宴。高祖捧着玉杯，起身向太上皇祝酒，说："当初大人经常认为我没有出息，不能料理产业，不如刘仲有本事。如今我所成就的事业和刘仲相比，谁更多呢？"殿上的群臣们听后都高呼万岁，大笑作乐。

⟩诛杀韩信、彭越

十年十月，淮南王黥布、梁王彭越、燕王卢绾、荆王刘贾、楚王刘交、齐王刘肥、长沙王吴芮都来到长乐宫朝见皇帝。这年春天、夏天国家都太平无事。

七月，太上皇在栎阳宫中逝世。楚王和梁王都前来送葬。高祖赦免了栎阳的囚徒，并把郦邑更名为新丰。

八月，赵国相国陈豨在代地造反。皇上说："陈豨曾经跟从我办事，很有信用。代地是战略要地，所以我封陈豨为侯，以相国的身份守卫代地，如今他却和王黄等人劫掠代地！代地的官员百姓没有罪责，为此应赦免他们。"九月，高祖亲自前去镇压代地的叛乱。来到邯郸后，高祖高兴地说："陈豨不向南据守邯郸，只借漳水进行阻挡，我就知道他不能有什么作为了。"又听说陈豨的部将原先都是商人，高祖说："我知道该用什么方法对付他们了。"就用许多黄金去引诱陈豨的部将，陈豨的部将有许多都投降了。

十一年，高祖在邯郸讨伐陈豨等人的事务尚未结束，陈豨的部将侯敞率

领一万多人流窜到各地，王黄驻军在曲逆，张春渡过黄河攻打聊城。汉朝派遣将军郭蒙和齐国的将领一同攻击叛军，把他们打得大败。太尉周勃从太原率军进攻代地。到达马邑，马邑叛军坚守不降，于是汉军摧毁了马邑。

陈豨的部将赵利据守东垣，高祖率军攻打他，过了一个多月，也没有攻克。有士卒骂高祖，高祖被激怒。等到东垣城投降，高祖命令找出骂他的人将他们杀掉，没有跟着骂的人就被宽恕了。把赵国常山以北地区分给代国，立皇子刘恒为代王，定都晋阳。

春天，淮阴侯韩信在关中谋反，被夷灭三族。

夏天，梁王彭越谋反，被废除了王爵，贬到蜀地；他又想再次谋反，结果被灭三族，高祖立皇子刘恢为梁王，皇子刘友为淮阳王。

秋七月，淮南王黥布谋反，向东兼并了荆王刘贾的土地，向北渡过了淮河，楚王刘交逃到薛城。高祖亲自前往讨伐黥布。立皇子刘长为淮南王。

大风之歌

十月，高祖在会甀击败黥布的军队，黥布逃走，高祖命令其他的将军追击黥布。

高祖回归关中，路过沛县，停留下来。在沛宫中设酒宴，召来过去的朋友和父老子弟纵情畅饮，挑选沛地一百二十名儿童，教他们唱歌。酒酣的时候，高祖亲自击筑奏乐，自己作诗唱道："大风起兮云飞扬，威加海内兮归故乡，安得猛士兮守四方！"让儿童们也跟着学唱这支歌。高祖在歌童们的唱和中起舞，感慨伤怀，

▶《汉高祖幸鲁祭孔图》·明·无款

此图为明代彩绘绢本《圣迹之图》中的一幅，描绘汉高祖刘邦来到鲁城祭拜孔子的画面，长66.2厘米，高41.2厘米。相传汉十二年（前195），高祖率大军至淮南平定叛军，胜利班师的路上回到故乡沛县，在沛县与父老乡亲们欢饮数日。之后，高祖来到鲁城祭祀孔子，封孔子九世孙为奉祀君。刘邦不但开了后世帝王祭祀孔庙的先河，而且开了后世帝王令地方长官上任前先祭祀孔庙后从政的先河。

流下了行行热泪。高祖对沛县的父兄们说："离乡远游的人总是对故乡有着深切的思念。我虽然定都在关中，但将来死后，我的魂魄还会思念沛县。而且我从做沛公开始，诛除暴逆，才拥有了天下，因此要把沛县作为我的汤沐邑，免除沛县百姓的赋税徭役，让他们世世代代不必交税服役。"沛县的父老、兄弟、长辈妇女和故交旧友们每日开怀痛饮，谈论过去的旧事，大家都十分开心。十几天以后，高祖准备离去，沛县的父老兄弟们恳请高祖再留几日。高祖说："我带的人很多，父兄们承担不起他们的供给。"于是动身离去。沛县人们把县中所有的东西都拿到城西，献牛、酒为高祖送行，高祖又停下来，在城外设置了帷帐，又和百姓们痛饮三日。沛县的父兄们都叩首向高祖请求说："沛县有幸能免除赋税徭役，但是丰邑还没有能免除赋税徭役，请陛下可怜可怜他们吧！"高祖说："丰邑是我所生长的地方，是我最不能忘却的，我只是因为他们跟随雍齿反叛我，又附归于魏的缘故才不予免除。"沛地父兄们坚持恳求，丰邑才一切比照沛县免除了赋税徭役。于是封沛侯刘濞为吴王。

汉将领兵在洮水南北分头攻击黥布军队，都把黥布的军队打得大败，在鄱阳追到了黥布，并把他斩杀了。

樊哙另外率领军队平定了代地，在当城斩杀了陈豨。

卢绾之叛

十一月，高祖从征伐黥布的战场回到了长安。

十二月，高祖说："秦始皇帝、楚隐王陈涉、魏安釐王、齐缗王、赵悼襄王都断绝了继嗣没有后代，赐予他们各十家人负责为他们守护冢墓，其中秦皇帝增为二十家，魏公子无忌赐五家。"赦免代地那些被陈豨和赵利所劫持、被迫跟从他们谋反的官吏和平民，都不追究他们的罪责。

陈豨的降将说陈豨谋反的时候，燕王卢绾曾派人到陈豨的住地，和他暗中一起谋划。皇上派辟阳侯审食其迎请卢绾，卢绾称病不肯前来。辟阳侯回

到长安，详细地说明卢绾的确有造反的苗头。二月，派遣樊哙和周勃率领军队攻打燕王卢绾。赦免燕国那些参与谋反的官吏和平民。立皇子刘建为燕王。

病榻问相

高祖在攻打黥布的时候，曾被流矢击中，在行军途中伤口发作，病得很厉害。吕后请来一位好医生。医生入宫觐见高祖，高祖向医生询问病情。医生说："您的病能够治愈。"于是高祖骂道："我以一个平民的身份，手提三尺宝剑取得了天下，难道这不是因为天命吗？我的命运既然是上天决定的，即使扁鹊来了又有什么用呢？"于是不让医生治病，赏赐了黄金五十斤，让他回去。接着吕后问高祖："陛下百年之后，假使萧相国也死了，让谁代替他做相国呢？"高祖说："曹参可以。"吕后又问曹参以后的事，高祖说：

▶汉高祖长陵

长陵位于陕西省咸阳市东约 20 千米的窑店镇三义村北。长陵是汉代修建的第一座帝王陵墓，东西并排着两座陵墓，西为高祖的陵墓，东为吕后的陵墓，陵前曾有清代陕西巡抚毕沅所立的两通碑石。1988 年 1 月 13 日，长陵被国务院公布为全国重点文物保护单位。

玉蝉·西汉

美国哈佛大学塞克勒博物馆藏。玉蝉高 2.8 厘米，宽 1.7 厘米。自汉代以来，人们皆以蝉的羽化来比喻人的重生，所以将玉蝉放入死者口中称作寒蝉，希望死者精神不灭，肉身还能复活。蝉在古人心中还是纯洁、通灵的象征，人们赋予了它许多美好的寓意，如将玉蝉佩戴在腰间，意为"腰缠万贯"等，所以玉蝉不仅是生人的配饰，也是死者的葬玉。

"王陵可以，然而王陵过于耿直，陈平能够协助他。陈平的才智有余，然而他却难以单独胜任。周勃为人稳重仁厚却缺少文才，但是使刘氏天下能够得到安定的人一定是周勃，可以任命他担任太尉。"吕后再问以后的事，高祖说："这以后的事也不是你所能知道的了。"

卢绾和几千名骑兵停留在塞下等候时机，希望高祖病愈以后亲自向高祖请罪。

❷ 高祖驾崩

四月二十五日，高祖崩于长乐宫。经过了四天仍然不发丧。吕后和审食其商量说："那些将军们曾和皇帝同为普通平民，如今他们北面为臣，为此他们常常快快不乐，如今却要侍奉年少的君王，恐怕心里会更不高兴，假若不把他们全部诛杀灭族，天下将不会安定无事。"有人听说这件事，就告诉了将军郦商。将军郦商前去拜见审食其，说："我听说高祖已经崩逝，过了四天仍不发丧，还想要诛杀各位将军。如果真是这样，天下可就危险了。陈平、灌婴率领十万军队守卫荥阳，樊哙、周勃率领二十万军队平定燕、代。他们听说高祖逝世，将领们将要全部被诛杀，一定会联合军队调转方向来进攻关中。那时大臣在朝内叛乱，诸侯在外造反，天下灭亡之时可以翘足而待了。"

审食其入宫后把郦商的话告诉了吕后，才在二十八日发丧，大赦天下。

卢绾听说高祖已经逝世，就逃亡到匈奴去了。

五月十七日，安葬了高祖，五月二十日，立太子刘盈为皇帝，前往太上皇庙。群臣们都说："高祖起事于平民，扭转了秦末的乱世局面，使之返回正道，平定了天下，成为汉朝的开国皇帝，功业最高。"奉上尊号称为高皇帝。太子承袭帝位，即孝惠帝。下令在各个郡国诸侯都建立高祖庙，每年按照时令举行祭祀。

▶ 沛县汉高祖原庙

公元前 195 年，汉高祖刘邦病逝。嫡长子刘盈即位，即孝惠帝。孝惠帝及群臣认为，先皇出身微细，拨乱反正，平定天下，为汉太祖，功最高，敬上尊号为高皇帝。为世世代代纪念汉高祖刘邦的丰功伟绩，惠帝诏令各郡各国各诸侯，立高祖庙，年节时令祭祀。到了孝惠帝五年（前 190），惠帝令改沛宫为高祖原庙，为天下原庙之首，并亲临故里，拜祭高祖。以高祖在沛唱《大风歌》所教 120 名少年作乐队，每有出缺，即行补足。据史料记载，历代王朝对沛县汉高祖原庙都极为尊崇，并进行祭祀或修建。东汉光武帝刘秀、北魏孝文帝都曾到此祭祀，唐玄宗于天宝七年（748）五月，诏令历代帝王肇基的地方各置一庙，沛县汉高祖庙以张良、萧何为配。

等到孝惠帝五年，孝惠帝想到高祖生前回到沛县的悲乐情景，就把沛宫作为高祖的原庙。把高祖所教歌唱相和的一百二十名儿童都召集起来，命令他们在原庙中奏乐歌唱。以后假若有缺员，就随时给以补足。

高祖有八个儿子：长子为庶出，是齐悼惠王刘肥；次子孝惠帝，是吕后的儿子；第三子是戚夫人所生的赵隐王刘如意；第四子是薄太后所生的代王刘恒，后来被立为孝文帝；第五子是梁王刘恢，吕太后当政的时候被改封为赵共王；第六子是淮阳王刘友，吕太后当政的时候被徙为赵幽王；第七子是淮南厉王刘长；第八子是燕王刘建。

太史公说

夏朝的政治奉行忠厚。忠厚的弊端，是使百姓粗俗缺乏礼节，所以殷朝用恭敬而讲求威仪的政治代替夏政。恭敬的弊端，是使百姓相信鬼神，所以周朝用等级尊卑来代替殷。尊卑的弊端，是使百姓讲求等级差别而不能以诚相待，所以补救不诚信的弊端莫如奉行忠厚。三代的治国之道如同循环往复，终而复始，在周秦交替之际的弊病，可以说就是出在讲究严格尊卑的等级差别上。秦国没有改变这样的政治措施，反而施行残酷的刑法，这难道不是个错误吗？所以汉朝兴起，把过去的弊病加以改变，使得人们毫不怠倦，这正是得到了天道循环的启示。汉朝把十月定为朝会的岁首，规定皇帝乘坐的车驾要用黄缎子把车厢装饰成黄屋一般，并在车前横木的左上方要插上牦牛尾或野鸡尾做成的装饰品。高祖安葬在长陵。

吕太后本纪 第九

【解题】司马迁对于吕后这个人物既有肯定，也有否定，肯定在两个方面：一是"为人刚毅，佐高祖定天下，所诛大臣多吕后力"，为建立汉朝，平定异姓王，实现统一起了重要作用；二是吕后当政的十五年，实行黄老道家政治，对汉初恢复生产，稳定社会秩序做出了贡献，使"天下晏然，刑罚罕用，罪人是希，民务稼穑，衣食滋殖"，这是吕后积极的一面。

但本篇重点是记述她消极的一面：迷恋权术，为人猜忌，阴险毒辣，因而导演出一幕幕"王诸吕、害诸刘"的政治话剧。由此，在当时的条件下，她得不到朝廷大臣及诸侯王的拥护，丧失人心。在她去世以后，诸吕迅即被铲除而重新恢复了刘姓的统治。在这方面，司马迁对她是持批评态度的。吕后女主听政，是西汉历史上外戚专权的一个短暂的序幕，就在这一事物刚现其端倪之时，出于求实，司马迁就觉察到它的危害并加以记述，表现了他对历史事物所具性质的极度敏感性，是有其进步意义的。

❧ 吕后身世

吕太后，是高祖还没有显贵时候的妻子，她生有孝惠帝刘盈、女儿鲁元太后。等到高祖做了汉王，又娶了定陶人戚姬，特别宠爱她，戚姬生了赵隐王刘如意。孝惠帝为人仁厚柔弱，高祖认为他的性格不像自己，常常想要废掉太子，改立戚姬的儿子如意，认为如意的性格和自己相似。戚姬受到高祖的宠幸，经常跟随皇上到关东，她日夜在高祖面前啼哭，想要立她的儿子为太子。吕后年纪较大，经常留守在关中，很少能和皇上相见，也就更加疏远了。如意被立为赵王以后，曾经有好多次几乎险些要取代刘盈做太子。幸亏大臣

右侧竖排：吕太后本纪 第九

们的谏诤，再加上留侯张良的计谋，太子才没有被废掉。

吕后为人性格刚毅，辅佐高祖平定天下，高祖诛杀大臣也多得力于吕后建言献策。吕后有两个哥哥，都做了将军。大哥周吕侯吕泽死于征战，高祖封他的儿子吕台为郦侯，吕产为交侯。二哥吕释之被封为建成侯。

高祖十二年四月二十五日，在长乐宫逝世，太子刘盈即位为帝。当时高祖有八个儿子：长子刘肥，是惠帝异母的兄长，被封为齐王；其余的都是惠帝的弟弟，戚夫人的儿子如意被封为赵王，薄夫人的儿子刘恒被封为代王；其他姬妾所生的儿子：刘恢被封为梁王，刘友被封为淮阳王，刘长被封为淮南王，刘建被封为燕王。高祖的弟弟刘交被封为楚王，高祖兄长的儿子刘濞被封为吴王。非刘氏的功臣番君吴芮的儿子吴臣被封为长沙王。

➤ 人彘惨剧

吕后最痛恨戚夫人和她的儿子

赵王，就下令把戚夫人囚禁在永巷，并派人去召赵王进京。使者去了好几次，赵王的丞相建平侯周昌对使者说："高帝把赵王托付给我，赵王年纪还小。而且我私下听说太后怨恨戚夫人，想要把赵王召去一起杀了，我不敢让赵王前去。而且赵王也正在生病，不能遵奉诏命。"吕后大为恼怒，就派人召来赵王的丞相周昌。周昌被征召到长安后，吕后又派人去召赵王。赵王前来，还没有到达京城。孝惠帝仁慈，知道太后不喜欢赵王，就亲自到霸上去迎接赵王，和他一同进宫，亲自保护赵王，和他一同饮食起居。太后想要杀害赵王，没有能得到机会。孝惠元年十二月，皇帝早起出宫射猎。赵王年幼，不能早起同行。太后听说赵王独自在家，就派人拿着毒酒给他喝了。黎明时分，惠帝回到宫中，赵王已经死了。于是吕后徙淮阳王刘友为赵王。这一年的夏天，下诏追封郦侯的父亲吕泽为令武侯。太后派人砍断戚夫人的手足，挖去她的双眼，熏聋她的耳朵，灌她喝下哑药，让她住在猪圈里面，把她称作"人彘"。

过了几天，太后召惠帝去看人彘。惠帝看见以后，一问，才知道这是戚夫人，于是就大哭起来，从此就病倒了，一年多都无法起床。惠帝派人对太后说："这样的事不是人所能干出来的，我是太后的儿子，终归不能再治理天下了。"惠帝从此整天饮酒淫乐，不理政事，因此一直患有疾病。

▶ "长沙丞相"铜印·西汉

湖南省博物馆藏。1973年湖南省长沙市马王堆二号汉墓出土。高1.45厘米，长2.2厘米，宽2.2厘米，作方形，龟纽，印面雕刻阴文篆书"长沙丞相"四字，方形直排，字体饱满，龟腹下一穿孔，当是系绶带处，印章通体鎏金，但大多脱落。长沙丞相——利苍，由朝廷委任，辅佐长沙王，掌握实权，控制地方。惠帝二年（前193），长沙国丞相利苍因功受封轪侯，轪侯共传四代。

欲除齐王

二年，楚元王、齐悼惠王都来朝见。十月，孝惠帝和齐王在太后面前宴饮，孝惠帝认为齐王是兄长，就按照家人的礼节安排他坐在上座。太后大怒，令人斟两杯毒酒，摆在齐王面前，命令齐王起来，给她敬酒。齐王起身，惠帝也起身，取过杯子准备和齐王一同给太后敬酒。太后这才感到很害怕，急忙起身倒掉了惠帝的酒。齐王觉得很奇怪，因而不敢再饮，假装酒醉离席。事后一打听，才知道原来那是毒酒，齐王很害怕，认为不能够从长安安全离开了，心中非常忧虑。齐国的内史向齐王献策说："太后只生有惠帝和鲁元公主。如今大王拥有七十多座城邑的封地，而公主却只有几座城邑作为食邑。大王如果用一个郡的封地献给太后，作为公主的汤沐邑，太后必然高兴，您也就没有什么可担忧的事了。"于是齐王就把城阳郡献给太后，并尊鲁元公主为王

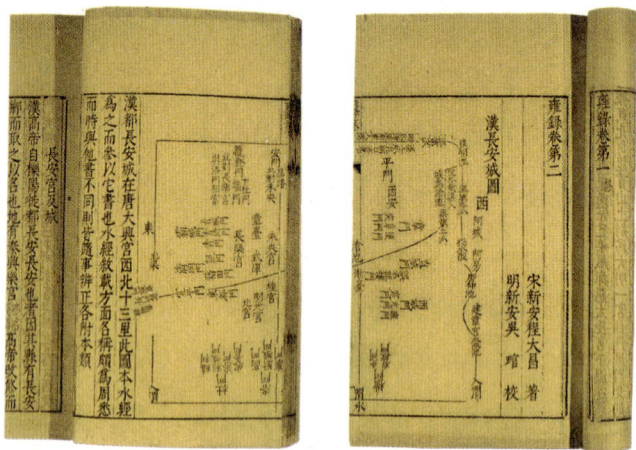

宋人著作《雍录》中的汉长安城图

宋代的陈大昌（1123—1195）著《雍录》十卷，考证关中历史地理沿革，附有地图32幅，是现存最早的长安城与关中地区历史地图集。

太后。吕后很高兴，就接受了。于是太后在齐王府邸设置酒宴，尽情畅饮过后，就不再追究齐王的过失，放他回封国去了。

三年，开始修筑长安城，四年完成了一半，五年、六年长安城修成。诸侯们前来朝会，十月，诸侯们入朝向皇帝表示祝贺。

孝惠帝崩逝

七年秋天八月十三日，孝惠帝逝世。发布丧事时，太后只是干哭，却没有眼泪。留侯张良的儿子张辟强担

任侍中，当时才十五岁，对丞相陈平说："太后只生了孝惠帝一个儿子，如今逝世了，她虽哭但不悲痛，您知道这其中的原因吗？"陈平问说："这是什么原因？"张辟强说："皇帝没有成年的儿子，太后害怕的是你们这些大臣、将军们。您现在请求拜任吕台、吕产、吕禄为将军，统领戍卫宫廷的南北军队，让吕家的人都进入宫中，在朝廷里任职掌权，这样太后就会心安，你们这些人也可以侥幸摆脱祸患了。"丞相于是就按照张辟强的计策行事。太后非常高兴，她哭惠帝时才显得哀痛。吕氏家族的人掌握朝廷大权就是从此开始的。接着太后大赦天下。九月五日，安葬了惠帝。太子即位做了皇帝，朝拜了高祖庙。

◈ 大封诸吕

少帝元年，朝廷所有的号令一概出自吕太后。太后行使皇帝大权处理政事，召集大臣们商议，想要立吕家子弟为王，太后问右丞相王陵。王陵说："高帝曾斩杀白马，和大臣们订下盟誓说：'不是刘氏的子弟而称王的，天下的人可以共同讨伐他。'现在要封吕家的人为王，就违背了高祖当年的盟约。"太后听后很不高兴。又问左丞相陈平和绛侯周勃。周勃等人回答说："高帝平定了天下，封自己的子弟为王，如今太后行使皇帝职权治理天下，封自己

——| 马王堆汉墓 |——

马王堆汉墓，是西汉初期长沙国丞相利苍及其家属墓地，位于湖南长沙市东郊，于1972—1974年相继进行发掘。依据史书记载和考古发现，可以确知：二号墓墓主是利苍，惠帝二年（前193）受封侯，死于吕后时期；一号墓墓主是利苍的夫人，死于文帝时期；三号墓墓主，目前还有争议，多倾向于是利苍之子。墓中随葬品众多，除丝织品、漆器、乐器等之外，墓中还出土了大量的竹木简牍和帛书帛画等珍贵文物。

的兄弟为王，没有什么不可以的。"太后听了非常高兴。退朝以后，王陵责怪陈平和绛侯周勃："当初和高帝歃血盟约时，难道各位不在场吗？现在高帝逝世，太后为女主，想要封那些吕氏子弟为王，你们各位纵容太后的私欲，迎合她的意愿，违背与高帝订立的盟约，将来还有什么脸面到九泉之下去见高帝？"陈平、周勃说："像今天这样能够当面抗拒，在朝廷上极力谏诤，我们不如您；至于说保全社稷，安定刘氏后代的基业，您也不如我们。"王陵听后无话对答。

十一月，太后想要罢免王陵，拜封他为皇帝的太傅，剥夺了他的相权。王陵于是就称病免职回家了。吕后任命左丞相陈平为右丞相，辟阳侯审食其为左丞相。左丞相不处理职权内的事，只监管宫中的事务，就像郎中令一样。审食其以前得到过太后的宠幸，经常参与大事的决断，公卿们处理政务都通过他来做出决定。吕后接着追尊郦侯吕台的父亲为悼武王，想以此为开头来封吕氏家族的人为王。

四月，太后想要封吕家的人为侯，就先封高祖的功臣郎中令冯无择为博城侯。鲁元公主去世，赐给她谥号称鲁元太后。封

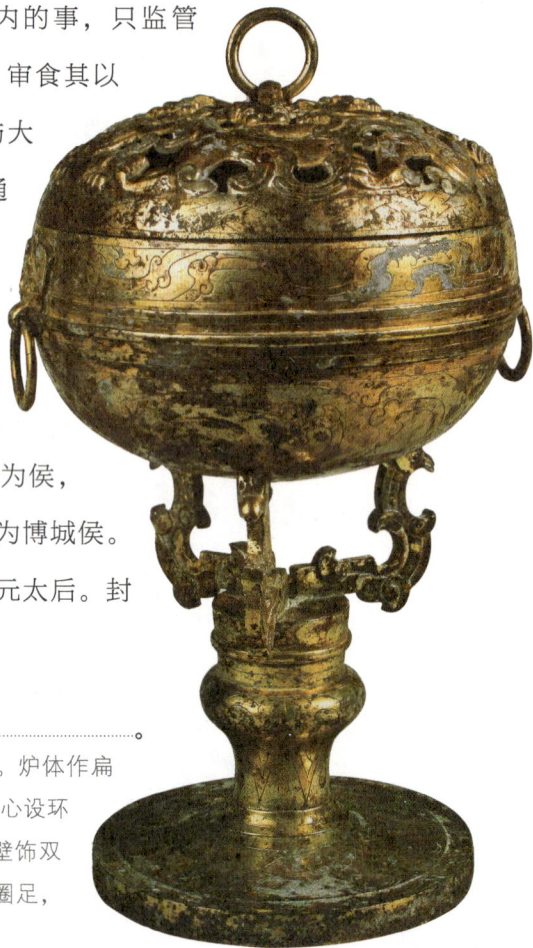

▶ 鎏金蟠龙纹熏炉·西汉

南京博物院藏。1972年江苏桐山出土。炉体作扁圆形，上端为盖，盖面透雕蟠龙纹，中心设环纽。腹壁四侧有对称铺首衔环耳，腹壁饰双线云气纹，下承以三鸟支柱，接柄形圈足，圈足饰垂叶纹。通体鎏金。

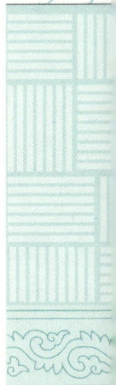

她的儿子张偃为鲁王。鲁王的父亲，是宣平侯张敖。封齐悼惠王的儿子刘章为朱虚侯，把吕禄的女儿嫁给他做妻子。封齐国的丞相齐寿为平定侯。封少府阳城延为梧侯。接着封吕种为沛侯，吕平为扶柳侯，张买为南宫侯。

太后想要封吕氏为王，先封孝惠帝后宫妃嫔所生的儿子刘彊为淮阳王，刘不疑为常山王，刘山为襄城侯，刘朝为轵侯，刘武为壶关侯。太后用委婉的语言向大臣们暗示，大臣们于是上书请求吕后封郦侯吕台为吕王，太后同意了。建成康侯吕释之去世，继承侯位的儿子因为有罪被废黜，改封他的弟弟吕禄为胡陵侯，以继承康侯之位。二年，常山王去世，封他的弟弟襄城侯刘山为常山王，改名为刘义。十一月，吕王吕台去世，谥封为肃王，他的儿子吕嘉接替为王。三年，没有什么值得记述的事。四年，吕后封妹妹吕媭为临光侯，吕他为俞侯，吕更始为赘其侯，吕忿为吕城侯，又封了五位诸侯王的丞相为侯。

➤ 幽杀少帝

宣平侯的女儿作孝惠帝皇后的时候，没有生育儿子，就假装怀有身孕，把后宫美人所生的儿子抱过来冒名充当自己的儿子，杀了孩子的生母，并立他为太子。孝惠帝逝世，太子被立为皇帝。幼小的皇帝逐渐长大，偶然听人说他的生母已被杀死，他不是皇后亲生的儿子，就口出怨言："皇后怎么能杀害我的生母，又把我说成是她的儿子？我现在还没有成年，等我成年以后就会报复她。"太后听到后非常担心，害怕他日后作乱，就把他幽禁在永巷中，对外宣称皇帝病得很厉害，左右侍臣也不能和他相见。太后说："凡是拥有天下，掌握万民命运的人，要像天覆盖大地一样庇护他们，要像大地容纳万物一样包容他们，君上有欢悦之心来安定百姓，百姓也会用欣然的态度来侍奉君上，上下欢欣交融才能使天下太平。现在皇帝病了很久而没有好转，以致心态失常、神志糊涂，不能继嗣帝位、供奉宗庙祭祀了，因此不可以把天下交付给他，应该换人代替他。"群臣们听后都叩头说："皇太后为天下百姓着想，对于安定宗庙社稷所要采取的办法思虑深远，我们愿意俯首听命。"皇帝被废除了皇位，并被太后暗中杀害了。五月十一日，立常山王刘义为帝，改名刘弘。但不改年号的原因，是因为仍是太后在称制治理天下。封轵侯刘朝为常山王。设置太尉一职，任命绛侯周勃为太尉。五年八月，淮阳王去世，封他的弟弟壶关侯刘武为淮阳王。

六年十月，太后说吕王吕嘉行为骄纵，便废了他，封肃王吕台的弟弟吕产为吕王。夏天，大赦天下。封齐悼王的儿子刘兴居为东牟侯。

幽杀赵王

七年正月，太后召赵王刘友进京。刘友的王后是吕氏的女儿，他不喜爱，而是喜爱其他的姬妾，王后十分嫉妒，愤怒之下离开了家，在太后面前说了很多赵王的坏话，诬告他有罪，她说赵王曾经说过："姓吕的人怎么能够被封王呢！太后百年以后，我一定要攻伐他们。"太后大怒，因此召赵王来京。赵王来到长安后，被安置在王邸，吕后却不接见他，而是派遣侍卫包围王邸困着他，不给他饭吃。赵王的臣子有人私下给他食物吃，就被逮捕判罪，赵王饿极了，就作歌唱道："吕氏当权把持朝政啊，刘氏江山有危险。威胁强迫王侯啊，强行把女儿嫁给我为妃。我的妃子心怀嫉妒啊，诬告我有罪。进谗言的女人祸乱国家啊，君上竟然也被蒙蔽。我不是没有忠臣啊，为什么失去了封国？我在野外自裁啊，由苍天为我判断曲直。可惜现在后悔已经晚了啊，宁愿及早自裁。作为国王却将要饿死啊，有谁来可怜我！吕家的人断绝天理啊，祈求上天来替我报仇。"正月十八日，赵王在幽禁中饿死，用平民的丧礼把他埋葬在长安平民百姓的坟墓旁边。

正月三十日，出现日食，白日昏暗。太后嫌恶这件事，心中不高兴，就对左右侍者说："这是冲着我来的。"

赵王刘恢自杀

二月，将梁王刘恢改封为赵王。吕王吕产改封为梁王。梁王没有去封国，

铜鸟杖首·汉

美国纽约大都会艺术博物馆藏。此件铜鸟杖首为鸟型，呈站立姿态，长喙，双目圆睁，尾部上翘，足部为一圆孔，方便安装拐杖。铜鸟身上的纹路刻画细腻，栩栩如生，充分反映出汉代冶金技术的发展状况。

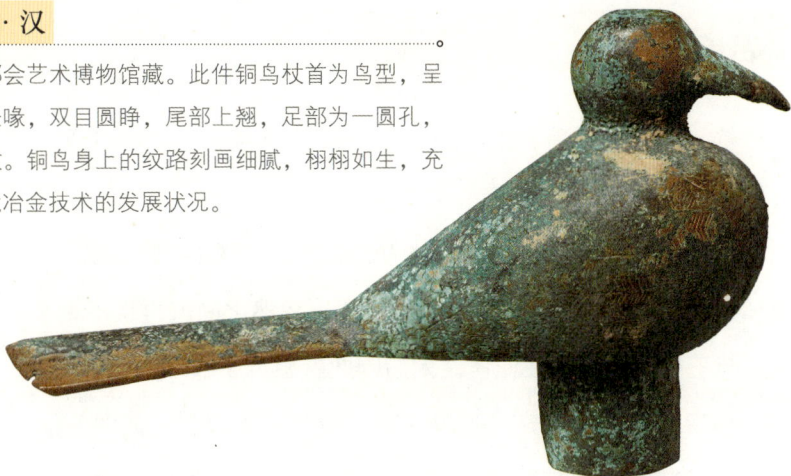

而是被任命为皇帝的太傅。封皇子平昌侯刘太为吕王。又把梁国改名为吕国，吕国改为叫济川国。太后的妹妹吕媭有一个女儿是营陵侯刘泽的妻子，刘泽当时任大将军。太后封吕家的人为王，她怕将来自己死后刘泽会对吕氏造成危害，于是封刘泽为琅邪王，以此来安抚刘泽。

梁王刘恢被改封为赵王以后，心怀不乐。太后把吕产的女儿嫁给他做王后。赵王后的扈从官吏都是吕家的人，他们在赵国把持权柄，暗地里监视赵王。赵王不能任意行动。赵王有一位十分宠爱的姬妾，王后派人用毒酒把她毒死了。赵王因此作诗四章，让乐工们歌唱。赵王内心悲痛，六月就自杀了。太后听说这件事，认为赵王是因为依恋妇人而舍弃宗庙礼法，于是废除了他后代的王位继承权。

宣平侯张敖去世，封他的儿子张偃为鲁王，赐给张敖鲁元王的谥号。

秋天，太后派遣使者告知代王，想要把他改封为赵王。代王谢绝了，表示愿意继续在代国镇守边疆。

太傅吕产、丞相陈平等人说，武信侯吕禄功劳最大，在列侯中排在第一位，请求封他为赵王。太后允许了，追尊吕禄的父亲康侯为赵昭王。

九月，燕灵王刘建去世，有个美人所生的儿子，太后派人去杀了他，因此燕灵王绝嗣无后，封国被废除了。

吕后去世

八年十月，封吕肃王的儿子东平侯吕通为燕王，封吕通的弟弟吕庄为东平侯。

三月中旬，太后举行除灾求福的祭礼，回来经过轵道时，看见一个长得像黑狗一样的怪物，用爪抓击她的腋下，忽然之间就再也不见了。命人占卜，说是赵王如意的鬼魂在作怪。太后因此就患上了腋下伤痛的毛病。

吕后因为外孙鲁元王张偃年少，很早父母双亡，孤弱无依，于是封了张敖前妻所生的两个儿子，张侈为新都侯，张寿为乐昌侯，借以辅佐鲁元王张偃。接着又封中大谒者张释为建陵侯，吕荣为祝兹侯。那些在宫中担任令、丞等官职的宦官都被封为关内侯，赐给食邑五百户。

七月中旬，吕后病势加剧，任命赵王吕禄为上将军，统领北军；吕王吕产统领南军。吕太后告诫吕产、吕禄说："高帝平定天下以后，和大臣们订立盟约，说'不是刘氏子弟被封为王的，天下的人一起去讨伐他'。现今吕家的人被封为王，大臣们心中都愤愤不平。我如果死了，皇帝还年少，恐怕大臣们要作乱叛变。你们一定要紧握住兵权，守卫皇宫，要谨慎小心，不要给我送丧，不要被他人所控制。"八月一日，吕后逝世，遗诏赏赐诸侯王每人黄金一千斤，将、相、列侯、郎、吏等人都按照品级赏赐黄金。大赦天下。任命吕王吕产为相国，吕禄的女儿为皇后。

吕后被安葬以后，由左丞相审食其担任皇帝的太傅。

齐王举事

朱虚侯刘章有勇气有魄力，东牟侯刘兴居是他的弟弟，他们都是齐哀王的弟弟，居住在长安。当时，吕氏家族的人独揽大权，想要作乱，但是他们畏惧以前高帝的老臣绛侯周勃、灌婴等人，一直不敢轻举妄动。朱虚侯刘章的妻子，是吕禄的女儿，他暗中知晓了吕氏的阴谋，害怕事败受牵连而被诛

羽人·西汉

陕西历史博物馆藏。陕西西安出土。羽人高15.3厘米，呈坐姿，长耳上耸，赤膊，肩生毛羽。汉朝时人认为人升仙得道，即体生毛羽，且发短耳长，耳朵要出乎头巅，所谓羽化升仙，故仙人也称羽人。因此这件西汉铜羽人像，正是汉代仙人之生动写照。

杀，就私下里派人把这件事告知他的哥哥齐哀王，想要让齐王发兵向西进攻，诛杀吕氏家族的人，自立为帝。朱虚侯准备和大臣们在朝中做内应。齐王想要发兵，但他的国相不听从他的命令。八月二十六日，齐王想要派人去诛杀齐相，齐相召平造反，调动军队想要围困齐王。齐王因此而诛杀了国相，接着发兵向东进攻，诈夺了琅邪王的军队，一并统领着两国军队而向西进发。具体情况在《齐悼惠王世家》中有记载。

齐哀王于是对各诸侯王下书说："高皇帝平定了天下，封自己的子弟为王，悼惠王被封在齐国。悼惠王去世，孝惠帝派留侯张良来立我为齐王。孝惠帝逝世，吕后执掌大权，她年事已高，听任那些吕氏家族的人发号施令，擅自废除少帝而另立他人，又接连杀害了三任赵王，废除了梁、赵、燕三个刘氏封国，把他们的土地封吕氏家族的人为王，把齐国一分为四。忠臣们进言劝谏，吕后迷惑昏聩听不进去。如今吕后逝世，而皇帝还很年幼，不能治理天下，本来应该依靠大臣和诸侯。可是吕氏家族的人不

经皇帝核准，就任意加高自己的官职，聚集着庞大的军队以增强威势，强迫列侯和忠臣们屈服，假传皇帝诏命，向天下发号施令，刘氏宗庙社稷因此而受到危害。寡人率领军队入朝来诛杀那些不应该称王的人。"汉朝廷听说了，相国吕产等人就派颍阴侯灌婴率领军队去迎击齐王。灌婴到达荥阳后，就谋划说："吕氏家族的人掌握着关中地区的军权，想要颠覆刘氏社稷而自立为帝，如今我如果攻破了齐军去回报，这样反而会更加增长吕家的实力。"于是把军队留在荥阳，派使者告谕齐王和各位诸侯，愿与他们联合，等待吕氏发动变乱，然后一起消灭他们。齐王听说后，把军队撤回到齐国的西部边界，等待时机按照约定行事。

郦寄骗吕禄

吕禄、吕产想要在关中发动叛乱，但在朝廷里他们畏惧绛侯周勃、朱虚侯刘章等人，在朝外畏惧齐、楚王国的军队，又害怕灌婴反叛他们，想要等待灌婴的军队和齐国交战以后再发动叛乱，处于犹豫不决当中。

在这个时候，名义上是少帝弟弟的济川王刘太、淮阳王刘武、常山王刘朝，以及吕后的外孙鲁元王张偃，因为年少都没有前往封国，居住在长安。赵王吕禄、梁王吕产各自在南北军中统领军队，他们都是吕氏家族的人。列侯和群臣都感到不能确保自己的性命安全。

太尉绛侯周勃不能够进入军营主持军务。曲周侯郦商年老有病，他的儿子郦寄和吕禄交好。绛侯周勃于是和丞相陈平商量，派人劫持郦商，让他的儿子郦寄前去欺骗吕禄说："高皇帝和吕后共同平定天下，刘氏被立为王的有九位，吕氏被立为王的有三位，这都是经过和大臣们相商议而决定的，事情已经通告各诸侯，诸侯们都认为适宜妥当。现今太后逝世，皇帝年幼，而您佩戴赵王印，不赶快带人前往封国去镇守藩地，却担任上将军，统领军队留驻长安，这就会让大臣、诸侯们产生猜疑。您何不归还将军的印信，把军队交给太尉？也请梁王归还相国的印信，和大臣们订立盟约，前往封国，这样齐国的军队必然会撤回，大臣们能够心安，您也可以高枕无忧地统治方圆千里的王国，这是有利于子孙万世的好事啊。"吕禄果然相信了他的计策，想要奉还将军的印信，把军队交托给太尉。他派人向吕产及吕氏家族的长辈们通报这事，有人认为他这样做可行，有人说他这样做不可行，众人意见不一，迟疑不决。吕禄信任郦寄，时常和他一同外出游玩打猎。当他去看望

▶ **双色漆嵌金银花卉纹奁·西汉**
美国洛杉矶郡艺术博物馆藏。奁是中国古代汉族女子存放梳妆用品的镜箱，一般为圆形，直壁，有盖，流行于战国至唐代。

姑母吕媭的时候，吕媭非常恼怒，说："你身为将军却要放弃自己的军队，吕家的人如今就要没有安身立命的地方了。"接着把她所有的珠玉宝器都抛撒到堂下，说："不要再替别人保存它们了。"

左丞相审食其被免官。

❄周勃夺军

八月十日早晨，代理御史大夫的平阳侯曹窋，去会见相国吕产商议政务。郎中令贾寿从齐国出使回来，责备吕产说："大王不早早前往封国，如今你即使想去，还有可能吗？"接着他把灌婴和齐、楚联合，想要诛杀吕氏家族的事详细地告诉了吕产，催促吕产赶快进宫。平阳侯大体上听到了他们的谈话，立即跑去告知丞相和太尉。太尉想闯入北军，但没能进去。襄平侯纪通主管皇帝的符节印信，太尉让他拿着皇帝的符节佯称奉诏要使太尉进入北军。太尉又命令郦寄和典客刘揭先去劝说吕禄："皇帝派遣太尉统领北军，想要您回封国去，还是尽早归还将印，辞职离开吧。假若不这样做，就要大祸临头了。"吕禄认为郦寄不会欺骗自己，就解下将印交给典客，而把军权授给太尉。太尉佩带将印进入军门，在军中发布命令说："替吕氏效忠的人袒露右臂，替刘氏效忠的人袒露左臂。"军中士卒都袒露左臂表示要替刘氏效忠。太尉还没到北军的时候，将军吕禄就已经交出上将军印信离开了军营，太尉于是统率了北军。

▶青铜矛·西汉

美国纽约大都会艺术博物馆藏。矛尖已残缺，长锋，柳叶形，双侧开刃，中部起背。近骹部饰羽纹。骹部中空，近似梯形，近矛身处饰兽面纹，中部三组纹饰，分为变形菱纹。后端呈"Y"字形，透雕兽纹。汉代长兵器多为矛和戟，短兵器则以刀剑为主。秦汉时期兵器均由国家统一管理，地方郡国和朝廷设有武库，汉代的长安和洛阳武库均为天下精兵汇集之地。

诛杀诸吕

但是南军还在吕氏族人的掌握中。平阳侯曹窋把吕产的阴谋告诉了丞相陈平，于是陈平召朱虚侯刘章协助太尉。太尉派朱虚侯监守军门。命令平阳侯告诉卫尉说："不要让相国吕产进入殿门。"吕产不知道吕禄已经离开北军，仍然进入未央宫，想要作乱，但他进不了殿门，在殿门前徘徊不定。平阳侯担心不能取胜，就派人驱马跑去报告太尉。太尉也担心不能战胜吕氏家族的人，没敢公开地说要诛杀吕产，于是派朱虚侯进宫，并对他说："立刻进宫去保卫皇帝。"朱虚侯请求派兵，太尉调给他千余名士卒。朱虚侯刚进入未央宫门，就在宫中遇见吕产，日落时分，朱虚侯向吕产发起进攻。吕产逃走。这时天空中狂风大起，吕产的随从官吏大乱，没有人再敢抵抗。朱虚侯于是率兵追赶吕产，在郎中令官府的厕所中把他杀死了。

朱虚侯杀死吕产后，皇帝派谒者手持符节慰劳朱虚侯。朱虚侯想要夺取皇帝的符节印信，谒者不肯交给他，朱虚侯就和谒者共坐一车，凭借谒者手中的符信在宫中飞驰，斩杀了长乐宫卫尉吕更始。然后跑回北军向太尉报告。太尉起身，向朱虚侯行礼祝贺说："我们所担心的就是吕产，现在他已经被诛杀，刘氏天下就可以安定了。"随即派人分头把吕氏家族的男男女女逮捕起来，不分老少，都把他们斩杀了。九月十一日，逮捕并诛杀了吕禄，用鞭子竹板打死了吕嬃。又派人去杀了燕王吕通，而后废除了鲁王张偃的王爵。九月十二日，恢复了皇帝的太傅审食其左丞相的职位。九月十八日，改封济川王为梁王，立赵幽王的儿子刘遂为赵王。派朱虚侯刘章把诛杀吕家人的情况告知齐王，让他撤兵。灌婴的军队也从荥阳收兵回京。

议立新帝

朝廷中各位大臣们私下共同商议说："少帝和梁王、淮阳王、常山王，都不是惠帝真正的儿子。吕后用欺诈的手段，把别人的儿子抱来假冒惠帝的儿子，杀掉他们的生母，在后宫中抚养他们，让孝惠帝认他们做儿

子，立他们为继承人，或是封为诸侯王，借以增强吕家的势力。现在已经把吕氏家族人的势力都消灭了，却还留着吕家所立的人，等他们长大成人后掌握了政权，我们这些人就要被灭种亡族了。不如从各个诸侯王中选出一位最贤明的立他为皇帝。"有人说："齐悼惠王是高皇帝的长子，现在他的嫡子为齐王，从血统本源上说，他是高皇帝的嫡长孙，可以扶立他为皇帝。"大臣们都说："外戚吕氏作恶几乎毁灭了刘氏的宗庙社稷，杀尽了名将功臣。如今齐王母家姓驷，有个驷钧，是一个恶人。假若扶立齐王，就等于扶立了另一个吕氏家族。"大家

"赵姬家"铭铜行灯·西汉

徐州博物馆藏。徐州东郊石桥洞山 M9 出土。铜行灯直口，口沿外附叶形柄，柄背面阴刻隶书"赵姬家"三字。浅盘，平底，盘内有一高 1.2 厘米的锥形钉，盘下有三蹄足。

想要立淮南王刘长，但刘长年少，他母家的人也很凶恶。最后大家说："代王是当今健在的高帝儿子中年岁最长的，为人仁孝宽厚。太后娘家薄氏善良恭敬。而且立长本来就名正言顺，代王又以仁孝闻名于天下，立他为帝合适。"于是共同商定暗地里派人去接代王入京。代王派人推辞谢绝。使者再次去迎请，代王才带着随从乘坐六辆驿车进京。闰九月二十九日抵达长安，住在代王驻京的府邸。大臣们都前去拜见，把天子的玺印奉献给代王，共同尊立他为天子。代王一再谦让，群臣坚持请求，最后代王才答应了。

代王即位

东牟侯刘兴居说:"诛杀吕氏的时候我没有建立功劳,请允许我去扫清吕氏的残余势力。"就和太仆汝阴侯滕公夏侯婴进入皇宫,上前对少帝说:"您不是刘氏的后代,不应当立为皇帝。"说完就挥手示意在少帝左右持戟护卫的兵士放下兵器离去。有几个人不肯放下兵器,宦者令张泽说明情况,他们也就放下了兵器。滕公于是召来车驾载着少帝出了皇宫。少帝说:"你准备把我拉到哪去呢?"滕公说:"出宫到私舍去住。"滕公把少帝安置到少府,于是驾着天子乘坐的车驾,到代王府邸迎请代王,向代王报告说:"我们已经将皇宫清理完毕了。"代王就在当天傍晚进入未央宫。有十位谒者执戟保卫端门,他们说:"天子还在,你们为什么要进宫?"代王叫过太尉,让太尉前往晓谕他们,这十位谒者就都放下兵器而离去。代王于是进入宫中开始执掌朝政,当天夜里,主管部门的官员就分别到梁王、淮阳王、常山王以及少帝的住处杀了他们。

代王即位为天子,在位二十三年以后驾崩,谥号叫孝文皇帝。

太史公说

孝惠皇帝及吕后在位时期,黎民百姓得以摆脱了战国以来的苦难,君臣们都希望休养生息而太平无事。所以惠帝垂衣拱手,吕后女主代行皇帝权力治理天下,颁行政令不出居室门户,天下也太平安然。君主极少施用刑罚,犯罪的人稀少,民众专心从事农耕,衣食之物渐渐富足起来。

孝文本纪 第十

【解题】本文以"贤圣仁孝"叙述汉文帝。写文帝即天子位的"天授"，实际是表述了汉初经吕氏危刘之后，群臣诸侯要求国家平和安定的愿望所促成天下形势的变化，说明文帝一系列政治措施的出现，正是时代潮流推动的必然结果。"汉兴，至孝文四十有余载，德至盛也"，正是刘邦开创的德治局面的继续发展。

在十二本纪所有的帝王、天子中，司马迁给予文帝时期实际政治的评价是最高的，他赋予了文帝以仁德的形象。在依次叙述了汉文帝的谦让、悯民、除刑、和亲、节俭等品格及作为之后，引录汉景帝之诏书加以概括孝文皇帝临天下，通关梁，不异远方。除诽谤，去肉刑，赏赐长老，收恤孤独，以育群生。减嗜欲，不受献，不私其利也。罪人不帑，不诛无罪。除宫刑，出美人，重绝人之世……此皆上古之所不及。"司马迁还说"德莫盛于孝文皇帝"给文帝以充分的肯定。

◈ 即位之前

孝文皇帝，是高祖的第四子。高祖十一年春天，打败了陈豨的叛军，平定了代地，立刘恒为代王，以中都为王国的都城。刘恒是薄太后的儿子，代王即位的第十七年，即吕后八年七月，吕后逝世。九月，吕氏家族的吕产企图发动叛乱，来夺取刘氏社稷，大臣们共同诛灭了他们，商议迎立代王入长安为皇帝。这些史事记录在《吕太后本纪》中。

丞相陈平和太尉周勃等派人去迎请代王。代王就此事询问左右大臣和郎中令张武等人的意见。张武等人商议说："朝廷大臣都是高帝在世时的大将，

▶ **双层九子漆奁·西汉**

湖南省博物馆藏。这件双层漆奁上层用来放置手套等物，下层有九件小奁，用来放置化妆品和梳子、篦子等物。

熟习军事，多有谋诈，他们的意图恐怕绝不止于此，只是因为畏惧高帝和吕太后的威权罢了。如今他们刚刚灭了吕氏家族的人，血染了京都，现在这样做只是在名义上说迎请大王，实际的用意却不可信。希望大王称病而不要前去，以便观察事态的变化。"中尉宋昌进言说："群臣们的建议都不对。要知道当初秦朝政治失道，诸侯豪杰们纷纷起事，自认为能够得到天下的人数以万计，然而最终登上天子位置的人是刘氏，这使天下的诸侯豪杰们都断绝了当皇帝的念头，这是其一。高帝分封刘氏子弟为王，使各王国和郡县的土地犬牙相错，相互制约，这就是如磐石一般稳定的宗族根基，天下的人都信服刘氏的强大，这是其二。汉朝兴起以后，废除了秦朝的苛政，简化法令，施行恩惠德政，使百姓人心安定，很难动摇，这是其三。再者以吕太后的威严，立吕氏家族的三人为王，他们把持政权，独断专行，然而太尉仅仅持一支符节进入北军，只一声呼唤，士卒们便都袒露左臂，表示为刘氏效忠，反抗吕氏家族，最终把吕氏消灭了。这是上天的授意，不是人力所能做到的。如今大臣们即使想要发动变乱，百姓们也不会受他们驱使，他们的党羽难道能自始至终地保持一致而不变心吗？如今在朝内有朱虚侯和东牟侯这样的宗亲，在朝外他们又畏惧吴、楚、淮南、琅邪、齐、代等强大的诸侯王国。如今高帝的儿子只剩下淮南王和大王，大王又是长兄，以贤德、圣明、仁爱、孝顺闻名天下，所以大臣们顺应天下的人心而迎请大王做皇帝，大王不要再怀疑了。"代王又把这件事禀告给薄太后一同商议，还是犹豫不决。于是用龟甲占卜，卦象是一条大的横向裂纹。卜辞说："大横裂纹意味着要变更帝位，我将成为天王，像夏启一样继承父爵，光大先代的基业。"代王说："寡人本来已经是王了，还做什么王。"占卜的人说："所谓天王就是天子。"于是代王就派太后的弟弟薄昭前去会见绛侯周勃，绛侯等人详细地对薄昭讲述了他们迎请代王的原因。薄昭回来报告说："可以相信了，没有什么可怀疑的。"代王于是就笑着对宋昌说："果真像你所说。"随即命令宋昌陪他乘一辆车，张武等六人也乘坐驿站的马车一同前往长安。到达了高陵后就暂停下来，而派宋昌先驱车进入长安观察事变情况。

🔸登极即位

宋昌到达了长安城西北的渭桥，丞相以下的官员都前来迎接。宋昌回去向代王报告，代王驱车来到渭桥，群臣们拜见称臣。代王下车向群臣答礼。太尉周勃进言说："请求能够单独向大王进言。"宋昌说："您要谈的是公事，就公开说吧。假若要谈的是私事，做王的人不受理私事。"太尉于是跪在地上献上天子的玺印符节，代王推辞说："到了代王邸以后再商定这件事吧。"然后驱车进入代王府邸。群臣们都跟从他来到王邸。丞相陈平、太尉周勃、大将军陈武、御史大夫张苍、宗正刘郢、朱虚侯刘章、东牟侯刘兴居、典客

▶ **汉文帝像**

法国国家图书馆藏。汉文帝刘恒（前203—前157），是汉高祖刘邦的第四子，汉惠帝刘盈之弟，西汉的第五位皇帝。汉文帝刘恒在位23年，厉行节俭，屡次下诏禁止各郡国贡献奇珍异宝；平时穿戴都是用粗糙的衣服；他为自己预修的陵墓，也要求从简。在中国历代帝王中，汉文帝是一生都注重简朴、为世人称道的皇帝。

刘揭等人都再次参拜说道："皇子刘弘等人都不是孝惠帝的儿子，不应当承奉宗庙社稷。臣等与阴安侯以及列侯顷王后和琅邪王、宗室、大臣、列侯、俸禄在二千石以上的官吏们慎重地商议说：'大王是高帝的长子，最适合成为高帝的继承人。'希望大王即天子位。"代王说："承奉高帝的

宗庙社稷，是关系重大的事，我没有才能，胜任不了承奉宗庙的重任。希望你们另请楚王商议一个合适的人，我不敢承当此重任。"群臣们都跪伏在地上坚决恳请。代王面向西对着群臣谦让了三次，又面向南对着群臣谦让了两次。丞相陈平等人都说："我们仔细考虑，由大王奉继高帝宗庙，是最合适的，即使是天下的诸侯和万民也都认为您是合适的。我们为了宗庙社稷着想，绝不敢有所疏忽。希望大王能够听从我们的请求。我们恭谨地奉献上天子玺印和符节。"代王说："既然宗室、将、相、王、列侯都认为没有比我更合适的人选，我不敢再推辞。"于是代王登上了天子位。

❂ 封赏功臣

群臣们按照朝廷的礼仪依次陪侍皇帝。于是派遣太仆夏侯婴与东牟侯刘兴居前去清理皇宫，然后驾驶天子乘坐的法驾，到代王府邸迎接皇帝。皇帝就在当日傍晚入住未央宫。连夜任命宋昌为卫将军，统领南北军。任命张武为郎中令，负责宫殿内的巡行警卫。皇帝又回到前殿坐朝，

在当天夜里颁布诏书说："近来吕氏家族的人专权擅政，图谋大逆不道的事，想要动摇刘氏的宗庙社稷，全靠将相、列侯及宗室大臣们共同诛杀了他们，使他们受到了应有的处罚。朕刚刚登上帝位，宣布大赦天下，恩赐民家户主每人一级爵位，赏赐给无夫无子的女子每百户一头牛和十石酒，允许民众聚会欢饮五日。"

孝文皇帝元年十月初一日，改封原琅邪王刘泽为燕王。

十月初二日，皇帝正式即位，拜谒高帝庙。右丞相陈平改任左丞相，太尉周勃升为右丞相，大将军灌婴升任太尉。被吕氏族人所抢夺的原属齐、楚两国的封地，全部重新归还给了原主。

十月初三日，差遣车骑将军薄昭到代国迎请皇太后。皇帝说："吕产自任为相国，吕禄为上将军，他们擅自假借皇帝的诏令派灌婴统率军队攻打齐国，企图替代刘氏，灌婴屯留在荥阳而没有出击，和诸侯们联合谋划诛灭了吕氏。吕产图谋不轨，丞相陈平和太尉周勃智取了吕产等人的军权。朱虚侯刘章首先追捕吕产等人。

太尉亲自率领着襄平侯纪通持着符节承受诏令进入北军。典客刘揭亲自夺了赵王吕禄的印信。加封太尉周勃一万户，赐黄金五千斤；丞相陈平、灌婴将军各增加食邑三千户，赐黄金两千斤；朱虚侯刘章、襄平侯纪通、东牟侯刘兴居各增加食邑二千户，赐黄金一千斤。封典客刘揭为阳信侯，赐黄金一千斤。

废除连坐法

十二月，皇上说："法令是治理国家的准绳，是用来制止暴行、引导人们向善的工具。现在有人触犯了法律，自己已经被定罪受到惩罚，却还要使他无罪的父母、妻子、儿女和兄弟们受牵连而被定罪，甚至还要被收为奴婢。朕很不赞成这种做法，你们应该商议一下。"负责的官员们都说："百姓们不自律，所以才制定法律来禁止他们做坏事。施行亲人相互连坐，和犯人一起被治罪，目的是使想犯罪的人在心中顾及他们亲属的命运，使他们不敢轻易犯法，这种做法是从很久以前就施行的。还是不改变过去的做法最好。"皇帝说："朕听说法律公正，民众就会诚实；治罪恰当，民众就会依从法律的约束。况且治理百姓、引导他们向善，是官吏的责任。官吏们既不能教导民众向善，又以不公正的法律去惩罚他们，这反而是坑害了民众，使他们去做凶暴的事。又凭什么来禁止他们犯罪呢？朕没有看到这种法令有什么可取之处，你们再仔细考虑一下。"负责的官吏们都说："陛下对民众施加大恩惠，功德无量，不是我们所能设想到的。我们遵从陛下的诏令，废除收没罪犯家人为奴隶等相连坐的律令。"

▶封立太子

正月，主管大臣进言说："及早确立太子，是尊奉宗庙的一种保障。请皇帝确立太子。"皇上说："朕德行菲薄，上帝神明还没有接受我的祭品，天下的民众也还没有感到满意。现今我既不能广泛征求天下贤圣有德的人而把天下禅让给他，却说要预先确立太子，这是在加重我的失德。让我怎么向天下人交代？这件事还是暂缓决定吧。"主管大臣又说："预先确立太子，是为了尊奉宗庙社稷，表示不会忘记天下。"皇上说："楚王是我的叔父，他年纪长，经历过、见识过的事情很多，明晓国家的大体政要。吴王是我的兄长，他为人仁惠而且好施恩德。淮南王是我的弟弟，秉持才德来辅佐我。难道不能把帝位传给他们吗？那些王侯宗室兄弟及有功之臣，其中许多人是有德义、有才能的贤人，假若能举荐有贤德的人来继承我不能完成的事业，那是国家的幸运，天下百姓的福气，如今你们不推举他们，却说一定要传位给我的儿子，人们会认为我忘记了贤能有德的人而专意于自己的儿子，这不是在为天下人着想，我认为这样的做法很不可取。"大臣们都坚决请求说："古时候殷、周建立了国家，统治权力都平安地持续了一千多年，古时候拥有天下的没有哪一个比这两朝更长久，殷、周就是因为采用了早立太子的方法。确立继承人必须是自己的儿子，这由来已久了。高帝亲自率领将士们，最先平定了天下，封建诸侯，成为后世皇帝的太祖。诸侯王和列侯最初接受封国

的人，也都成为这个封国的始祖。子孙相继承袭王位，代代都不断绝，这是天下的大义，所以高帝设立了这种制度以便用来安定海内。如今放弃应该确立的人，却改从诸侯和宗室中选取，这就违背了高帝的心愿。改议封立他人是不合适的。您的儿子启年纪最大，为人纯厚慈仁，请求陛下立他为太子。"文帝于是应允了他们的建议。因此恩赐全天下民众中每位应当继承父业的人一级爵位。封将军薄昭为轵侯。

◈加恩列侯

三月，主管大臣请求皇帝封立皇后。薄太后说："皇帝的儿子都是同母所生，就立太子的生母为皇后吧。"皇后姓窦。皇上因为封立皇后的缘故，赐赏全天下的鳏寡孤独、穷困的人和八十岁以上的老人、九岁以下的孤儿们各一定数额的布、帛、米、肉。

皇上从代国来到京城，刚刚即位，普施恩德，天下得到安抚，诸侯及四方部族都融洽欢乐，于是封赏随从他从代国前来的功臣。皇上说："在大臣们诛杀吕氏族人而迎请我时，我有疑虑，臣下都劝阻我不要前来，只有中尉宋昌劝我前来，我才得以奉事宗庙。已经提升宋昌为将军，现再封宋昌为壮武侯。另外随从我前来的六人，官职都升至九卿。"

皇上说："凡是跟从高皇帝进入蜀、汉中地区的六十八位列侯，都再加封各三百户，凡是原官职在二千石以上跟从高皇帝的颍川郡守刘尊等十人，各加封食邑六百户，淮阳郡守申徒嘉等十人，各加封食邑五百户，卫尉定等十四人，各加封四百户。封淮南王的舅父赵兼为周阳侯，封齐王的舅父驷钧为清郭侯。"这年秋天，封原常山国丞相蔡兼为樊侯。

有人劝右丞相周勃说："您本来是诛杀吕氏家族的人，迎请代王为帝的主要策动者，如今又凭借着这份功劳，授受最高的恩赏，处于尊贵的职位，大祸将要降临到您身上了。"右丞相周勃听后就以身体有病为由请求免除职务，左丞相陈平独任丞相之职。

▶《帝鉴图说》之遣幸谢相·明

法国国家图书馆藏。邓通因受到汉文帝宠幸而无视礼法，被丞相申屠嘉发现后治罪，汉文帝并没有徇私情庇护邓通，而是将他送去接受处罚。

列侯就国和日食求言

　　文帝前元二年十月，丞相陈平去世，又以绛侯周勃为丞相，文帝说："朕听说古时候建置诸侯国有一千多个，他们各自守护封地，按时入朝进贡，民众不觉劳苦，上下欢欣，没有失德的地方。如今列侯多住在长安，离食邑遥远，他们国中的吏卒运送给养，既浪费又辛苦，而列侯们也没有机会教导和管理他们国中的民众。应命令列侯前往封国，在朝中任官吏和有诏书命令留下的诸侯，应派他的太子回到封国。"

十一月的最后一天，发生了日食。十二月十五日，又发生了日食。文帝说："我听说天生万民，为他们设置了君王，来养育治理他们。君王如果缺乏德义，施行政令不公平，上天就会显示出灾异现象，警示君王没有把国家治理好。因此在十一月的最后一天，发生了日食，上天的谴责在天象上表现了出来，哪还有比这更大的呢！朕获得保全宗庙的职责，以微小身躯依托在万民和诸侯之上，天下的治乱，责任都在我一人，几位执掌国政的大臣们犹如我的左膀右臂。我对下不能治理养育好众生，对上又拖累了日、月、星辰的光辉，以致发生日食，我的失德实在是太严重了。诏令到达后，你们都要认真地考虑我的过失，以及我所知、所见、所思不到的地方，恳请你们告诉我。还要举荐贤良方正、能直言劝谏的人，来弥补我能力所达不到的地方。趁此机会，官吏们也要整顿好你们各自所担任的职事，务必减省徭役费用，以便利民众。我不能使德惠及于远方，所以忧虑不安，害怕外族人侵扰边境，因此国境防备未能停息，如今纵然不能撤除在边境屯驻的军队，却还要命令军队来加强对我的保卫，应当裁撤卫将军统领的军队。太仆所管现有的马匹，留下够用就可以了，其余的马匹都交给驿站使用。"

▶陶马·汉

汉代对北方少数民族的战争中，骑兵是最重要的兵种，所以汉代重视马政，骑兵的战马均由朝廷供给，由太仆负责管理。

✑ 封诸王、除诽谤罪

正月，文帝说："农业，是天下的根本，应当开辟由皇帝耕种的籍田，我要亲自带头耕作，以供给宗庙祭祀所用的谷物。"

三月，主管大臣建议皇帝封立皇子为诸侯王。文帝说："赵幽王被幽禁而死，我非常怜惜他，已经封立他的长子刘遂为赵王。刘遂的弟弟刘辟强，以及齐悼惠王的儿子朱虚侯刘章、东牟侯刘兴居对国家有功劳，可以封他们为王。"于是封立赵幽王的小儿子刘辟强为河间王，把齐国的几个大郡分出，封朱虚侯为城阳王，立东牟侯为济北王，刘武为代王，刘参为太原王，刘揖为梁王。

文帝说："古人治理天下，在朝廷设有旌旗，可以使百姓站在它下面进

─── 楼兰古国 ───

楼兰曾是汉朝的西域三十六国之一，位于塔里木盆地的东北处、罗布泊西侧。古时，塔里木河与孔雀河从西向东流出沙漠，经楼兰而注入罗布泊。楼兰一称，最早见于《史记》汉文帝前元四年（前176）的有关记载。文献对其疆域、人口、都城等情况，多语焉不详；而考古发现的不足，更加深了楼兰的神秘色彩。楼兰是西出阳关、玉门关，通往西域的咽喉要道，地理位置十分重要；又因位于丝绸之路的要冲，伴随丝绸之路的畅通而繁盛一时。长久以来，楼兰作为丝路上过往商旅的居停之地，也为汉朝过往使节及驻军提供粮草食宿。在相当长的一段时间内，楼兰是汉朝与匈奴争夺的要地。汉昭帝时改楼兰国号为鄯善，楼兰作为一个国家从历史上消失，但仍一直是汉王朝在西域的屯兵重地。魏晋时期，楼兰古城曾是西域长史的治所所在地。魏晋之后，楼兰逐渐淡出人们的视野，但汉民族曾经征服西域地区的历史记忆和士大夫渴望在边塞地区建功立业的忠贞报国之心，使得有关楼兰的故事，仍不时见诸后代的诗篇文字。

献善言，设有可以刻写对朝政批评意见的诽谤木，这些设置是为了打通治国的途径，招来劝谏的臣民。如今法律中有诽谤和妖言的罪名，这就使众臣不能尽情直言，而君上无法了解自己的过失。这样怎么能招来远方的贤良？应该废除这样的法律条文。臣民中有人相约结誓诅咒君上，而后又相互攻击告发，官吏们认为这是大逆不道；假若臣民还有其他怨言，而官吏们又认为是诽谤朝廷，这只是小民们由于愚笨无知而致犯下死罪，这样的做法我认为很不可取。从今以后，假若有人触犯了这条法令，一律不要审理、不予治罪。"

九月，初次发放铜虎符和竹使符给郡守诸侯国国相，作为他们发兵和调集军队的凭证。

❯防御匈奴

三年十月三十日，发生了日食。

十一月，文帝说："前些时候下诏派遣列侯前往封国，有些人推辞还没有走。丞相是我所敬重的大臣，希望丞相能给列侯们做个表率。"于是绛侯周勃免去了丞相之职，回到了自己的封地，任命太尉颍阴侯灌婴为丞相。取消了太尉这个官职，太尉所掌的兵权部分归属丞相。

四月，城阳王刘章去世。淮南王刘长和他的随从魏敬杀死了辟阳侯审食其。

五月，匈奴入侵北地郡，他们滞留在黄河以南地区进行抢掠。文帝初次临幸甘泉宫。

六月，文帝说："汉朝曾经和匈奴结为兄弟，目的是使他们不要侵扰边境，因此运给匈奴大量的财物。如今，右贤王离开他的国土，率领着他的部众，留居在早已归属汉朝的黄河以南地区，这不是什么正常的现象，他们在边塞地区出入往来，捕杀吏卒，驱逐保卫边塞的蛮夷部族，使这些部族不能在原地居住，恣意凌辱边塞的官吏，侵入掠夺财物，非常狂傲无道，破坏了原来的盟约。因此可调动边地官吏所统率的八万五千名骑兵前往高奴，派遣丞相

▶ **玉仙人奔马·西汉**

咸阳博物院藏。这件玉饰出土于陕西咸阳，塑造了一个飞驰于云端的天马上承载着一个羽人的形象。汉代认为仙人们浑身长满羽毛，因此玉雕的羽人像大多遍身羽毛，肩生羽翼，这符合当时人们心目中的仙人形象。

颍阴侯灌婴率兵反击匈奴。"匈奴人离去，调配中尉属下精通骑射的士卒归属卫将军统领，屯驻长安。

六月二十七日，文帝从甘泉前往高奴，顺路临幸太原，召见以前为代王时的群臣，都给予了赏赐，按照各自的功劳给予奖赏，各个民众乡里都赐给牛和酒。免除晋阳和中都地区的民众三年的赋税。文帝在太原逗留游玩了十几日。

济北王反叛

济北王刘兴居听说文帝到了代地，想要前去攻打匈奴，趁势起兵造反，发动军队打算袭击荥阳。文帝于是下诏令撤回丞相出击匈奴的军队，派棘蒲侯陈武为大将军，率领十万士卒前去讨伐济北王。祁侯缯贺被任命为将军，驻守荥阳。七月二十九日，文帝从太原回到长安后。下诏给有关的大臣说："济北王违背道义反叛皇上，连累了济北的官吏和百姓，是大逆不道。济北的官吏、百姓和军队的士兵们，若在汉军还没有到达以前自行停止反叛的，以及把他们率领的军队投降或献出城邑投降汉军的人，全都赦免他们随从谋反的罪责，恢复他们原有的官职爵位。离开济北王刘兴居而来投降朝廷的人，也赦免他们的罪责。"八月，打败了济北王的军队，俘虏了济北王。赦免了济北王国内那些跟随济北王反叛的官吏和百姓。

处置淮南王

六年，主管官员报告说淮南王刘长废弃了先帝的成法，不听天子的诏令，生活起居不符合法度，出入仿效天子的礼仪，擅自颁行法令，和棘蒲侯的太子陈奇图谋造反，派人出使闽越和匈奴地区，发动他们的军队，企图以此来危害宗庙社稷。群臣们商议，都说："刘长的罪应当在街市上斩首示众。"文帝不忍心用刑法惩办淮南王，赦免了他的死罪，废除了他的爵位，不准他再做诸侯王。群臣们请求把刘长流放到蜀郡严道和邛都一带，文帝同意了。刘长还没有到达流放地，就在途中病死了。文帝很怜悯他。后来到文帝十六年的时候，文帝追尊淮南王刘长谥号为厉王，封立他的三个儿子：刘安为淮南王、刘勃为衡山王、刘赐为庐江王。

缇萦救父

十三年夏天，文帝说："我听说，天之大道，祸患起自怨恨，福泽兴于德义。百官的不对之处，应当由我一人承担。如今负责秘祝的官吏把这些过错推给下面的大臣，结果就是更加显扬出我缺乏仁德，朕非常不赞成，应当取消这种做法。"

五月，齐国太仓令淳于公犯了罪，应当受刑，诏令朝廷掌管牢狱的官吏去捉拿淳于公，并把他押送到长安，太仓令没有儿子，只生有五个女儿。太仓令被逮捕的时候，骂他的女儿们说："生孩子如果不生儿子，一旦遇有紧急情况，就没有任何办法了！"他的小女儿缇萦听后伤心地哭了，她跟随父亲来到长安，向朝廷上书说："我的父亲作为官吏，齐中地区的人们都称赞他廉洁公允，现在因触犯法律而受刑。我为那些死了的人不能复生，受刑罚的人不能再有完整的肢体而悲伤，即使他们想要改过自新，也没有办法了。我情愿被取消名籍而成为官府的女奴，以此抵赎父亲应当受刑的罪过，使他能够有机会改过自新。"这份上奏呈给天子，天子怜悯她的孝心，就下诏说："我听说在有虞氏的时候，用穿戴图画有特别花纹和颜色的衣帽的方法来区分罪徒，来显示耻辱，而民众就能不犯法。这是为什么？是因为当时政治清明。如今刑法列有黥面、劓鼻、刖足三种肉刑，而犯法的事仍然不能禁止，这其中的过失在哪里？不就是因为我的德行浅薄而教化不明吗？我感到非常惭愧。因为训导的

刘向列女传颂曰缇萦讼父亦孔有识推诚上书文雅甚俗小女之言乃感圣意终除肉刑以免父事

齐太仓女

▶《晚笑堂画传》之齐太仓女·清·上官周

《晚笑堂画传》由清代画家上官周绘制，分上、下二卷，1743 年雕版刊行。它收录了作者依据史料刻画的 120 位历史人物绣像。齐人太仓女，是汉朝管理太仓的长官淳于公的小女儿，名缇萦。依据缇萦的话，汉文帝改变了自己的主意，废除了残酷的肉刑。

方法不恰当，就会使愚昧的民众陷入犯罪的境地。《诗经》里面说：'平易近人的君王，是保护、养育人民的父母。'如今有人犯有过错，还没有进行教化就对他们施加刑罚，若有人想要改过从善也没有机会了。我非常怜悯他们。施用刑罚竟达到断人肢体，毁坏肌肤，使人终生不能康复的境地，这是多么痛苦而不讲求恩德的做法，这难道能符合为民父母的主旨吗？应当废除肉刑。"

文帝说："农业是天下的根本，一切事情都没有比它更重要的。如今农民们辛勤地从事农业劳动还要负担租税，这使从事农业和从事经商的人没有区别，本末不分，这是由于鼓励农耕的政策不完善导致的。应当免除田地的租税。"

反击匈奴，增加祭祀

十四年冬天，匈奴人图谋侵入边地进行掳掠，攻打朝那塞，杀死了北地郡都尉孙印。文帝于是派遣三位将军驻在陇西、北地和上郡，中尉周舍为卫将军，郎中令张武为车骑将军，驻军在渭水以北地区，聚集了千辆战车和十万骑兵。文帝亲自慰劳军队，检阅军队，申明教令，赏赐了军中的官吏和士卒。文帝想要亲自率军征伐匈奴，群臣们的劝阻，他一概不听。皇太后坚持阻止皇帝出征，文帝这才没有去。于是拜东阳侯张相如为大将军，成侯董赤为内史，栾布为将军，率军反击匈奴，匈奴逃走。

春天，文帝说："我登临帝位，获得手持祭祀用的牲畜、玉帛奉祭上帝、宗庙的资格，到现在已经十四年了，经过漫长的时间，以我的不聪敏和不贤明而治理天下这么长久，我感到非常惭愧，应该广泛地增设用来祭祀的坛场和玉帛。从前先王远施恩泽而不求报答，遥祭山川地祇而不祈求神灵降福于自己，尊重贤能，不重亲戚，先考虑民众而后想到自己，英明达到了极点。现在我听说祭祀的官吏祈求福泽，都把福泽祈求到我一人身上，不为百姓们祈祷，我感到非常惭愧。以我这样失德，却独自享受这种美意福泽，而百姓不能和我共享，这样做是在加重我的失德。应命令负责祭祀的官吏只向神灵表达敬意，不要为我祈求什么。"

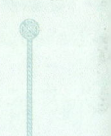

❀郊祀建元

这时候，北平侯张苍担任丞相，他兼通历法。鲁地人公孙臣上书陈说一种以五德（金、木、水、火、土）相生，递相继承，终而复始，来解释历史发展的循环理论，他说当今正处于土德，土德运行将有黄龙出现来作为应验，应当修改历法，变更服色制度。天子把这件事发下来交给丞相商议。丞相推算认为当今是水德运行，应该明定十月作为每年的岁首并崇尚黑色，认为公孙臣的意见不正确，请求皇帝否决这个建议。

十五年，在成纪县果然出现黄龙，天子就又重新召来鲁人公孙臣，任命他为博士官，再次表明当今土德运行的说法。于是文帝就颁下诏书说："在成纪县出现有怪异的神物，对百姓们没有造成危害，今年粮食大丰收，我要亲自到郊外祭祀上帝和各位神灵。礼官们商议这件事，不要因为怕我辛劳而有所隐讳。"负责的官员和礼官们都说："古时候天子在夏天亲自到郊外举行祭祀上帝的活动，因此才称为郊祭。"于是文帝首次临幸辟雍，郊祭五帝，在夏初四月举行答谢上天恩德的祭礼。赵地人新垣平凭借着善于通过云气的变化来推测人间的吉凶而得到文帝的召见，并劝说文帝在渭阳建五帝庙，想要借此引出周朝的传国宝鼎，还会有精美的宝玉出现。

十六年，文帝亲自到渭阳五帝庙举行郊祭，也在夏天向天帝致敬，并崇尚红色。

十七年，文帝得到一个玉杯，上面刻有"人主延寿"四个字。因此文帝将这年改为元年，下令允许天下民众聚会宴饮。就在这一年，新垣平欺瞒诡骗皇上的事被发觉，被夷灭三族。

❀和亲匈奴

后元二年，文帝说："我既不英明，又不能远施恩德，因此使一些四境以外的国家时常侵扰生事。边远地区的人民不能安定地生活，内地的人民辛

▶ **《周亚夫细柳营图》（局部）·元·无款**

公元前 158 年，周亚夫率军驻扎在细柳（今陕西咸阳西南）抗击匈奴。一天汉文帝亲自上前线慰问士兵，走到细柳军营，却被拦在营前。汉文帝派使者手持天子符节进军营内通告周亚夫后，才得以进入军营，周亚夫在营中不以君臣之礼相迎接，却俯身作揖以军人的礼节迎接汉文帝，汉文帝看到后震惊不已，也十分感叹周亚夫治军得力，部队纪律严明。不久之后，周亚夫被拜为中尉。

勤劳作也不能安居，这两方面的过失，都是由于我的德行浅薄，不能惠及远方。近几年来，匈奴接连在边境施暴为害，杀死了许多官吏和民众，派到边境地区的大臣、士兵和官吏们又不能明晓我内心的意图，因此加重了我的失德。这样长时间的相互结怨，连年交战，中外各国怎么能保安宁呢？如今我早起晚睡，为天下而操劳，为万民而忧苦，为此而心痛不安，未曾有一日心中不想着这些事，所以我派出一批又一批的使者，他们所乘的车辆在道路上前后相望，车辙交错，以此向单于表明我的心意。如今单于重归过去的和亲策略，考虑社稷的安危，为了万民的利益，亲自和我约定抛弃细微的过失不再计较，

共同迈向和平大道，结成兄弟般的关系，以此保全天下淳朴百姓。和亲的协议已经确定，从今年开始。"

后元六年冬天，匈奴三万人侵入上郡，三万人侵入云中郡。文帝任命中大夫令勉为车骑将军，驻军在飞狐口要隘；任命原楚国丞相苏意为将军，驻军在句注；命将军张武屯军在北地；任命河内郡守周亚夫为将军，驻军在细柳；任命宗正刘礼为将军，驻军在霸上；命祝兹侯徐厉驻军在棘门，以此防备匈奴。几个月以后，匈奴人退去，汉军也撤回来了。

这一年天下大旱，国家遭遇蝗虫灾害，文帝施恩于百姓，诏令诸侯不要向朝廷进贡，放松山泽的禁令以便利民众。皇帝减省各种服饰、车驾和狗马，减少郎吏官员的名额，打开粮仓救济贫民，允许民间买卖爵位。

❧ 以德治国

孝文帝从代国前来，登临帝位二十三年，宫室、苑囿、狗马、衣服、车驾，一直没有增添。若遇有什么对百姓不便的事情，就放开法禁来为民谋利。他

曾经想要修建露台，召来工匠们做预算，所需费用价值百斤黄金。皇上说："百斤黄金相当于十家中等水准平民的家产，我奉守先帝遗留下来的宫室，常常害怕玷污了它们，修建露台做什么！"文帝经常身穿粗糙厚实的丝织衣服，他宠幸的慎夫人，也令她不能穿拖到地面的衣服，帏帐不能用带有绣花图案的，以表示敦厚俭朴，做天下人的楷模。治办霸陵的随葬品都用土烧制的陶器，不允许用黄金、白银、铜、锡来做装饰，不垒高大的坟堆，就是想节省，不要扰民。南越王尉佗自立为武帝，但是文帝却召来尉佗兄弟，使他们显贵，用恩德回报他，于是尉佗就取消帝号而称臣。与匈奴和亲，匈奴人却背约入侵盗掠，但文帝却命令边境地区的军队警备防守，不发兵深入匈奴境内，不想因此给百姓带来烦忧和劳苦。吴王刘濞假称有病不入朝，皇帝就因此赐给他几案和手杖，以表示关怀他年纪大。在群臣中像袁盎等人的谏说虽然很尖锐切直，皇帝常常能够听取他们的意见。在群臣当中如张武等人接受别人贿赂的钱财，事情被发觉以后，文帝就把御府的金钱拿出来赏赐给他，以此使他们内心惭愧，而不把他们交给执法的官吏去治罪。皇帝一心致力于用恩德教化民众，所以海内殷富，礼义盛行。

▶《帝鉴图说》之露台惜费·明

法国国家图书馆藏。汉文帝有一次计划修一个露台，找工匠来计算开销，需要一百两黄金。文帝认为这已经是十户中等人家全部的家产，最终没舍得修建。

文帝驾崩

后元七年六月初一，文帝在未央宫逝世，留下遗诏说："我听说天下万物萌芽生长，没有哪一种是不会死亡的。死是天地间必然的道理，物质的自然规律，有什么值得那么悲哀呢？当今这个时代，世人都喜欢生而厌恶死，厚葬死者以致生者破产，注重丧事而伤害生计，我很不赞成这种做法。而且我活着的时候没有什么德行，没有给百姓带来什么帮助；现在要死了，又要使百姓服丧很长时间，遭受严寒酷暑的折磨，使民众父子为我而哀，使天下老幼的心灵受到损害，减损了他们的饮食，中断了对鬼神的祭祀，因此而加重了我的失德，这让我对天下人如何交代！我有保奉宗庙的职责，以我这微小的身躯依托在天下诸侯之上，已经二十多年了。仰赖天地间神灵的保佑，社稷的福泽，使天下安宁，没有战争。我不聪敏，常常害怕有过失的行为，而羞辱了先帝所遗存的美德；只是我在位的时间很长了，总是担心不能维持始终。如今才有幸享尽天年，又能够被供养在高皇帝庙中，我如此不贤明却得到了嘉善的结果，还有什么可悲哀的呢！应当对天下官吏、平民发布诏令，诏令收到以后只用为我服丧三日，免除其余的服孝规定。不要禁止民间娶妻嫁女、举行各种祭祀活动和饮酒食肉。凡是应当参加丧礼的人，都不要赤脚踏地，服丧的麻带不要超过三寸，不要陈列车队和手持兵器的仪仗，不要动员男女百姓到宫殿去哭丧。宫中应当临丧的人，都只要在早晚各自放声哭哀十五声，礼毕就停止。不是在早晚应当致哀的时间，不准擅自哭丧，安葬以后，大功只服丧十五日，小功只服丧十四日，缌麻只服丧七日，期满后就除去丧服。其他没有被列在诏令中的，都参照这份诏令行事，布告天下，使天下人都明确知晓我的心愿。霸陵一带的山水保持它的原貌，不要有所改变。后宫中把夫人以下至少使，全都遣送回娘家。"

任命中尉周亚夫为车骑将军，典属国徐悍为将屯将军，郎中令张武为复土将军，调集京城附近各县中服现役的士兵一万六千人，调集京城的士兵

▶ 霸陵

霸陵是汉文帝刘恒的陵寝，也被称作"灞陵"，位于汉长安城未央宫前殿遗址东南57千米处。霸陵是中国历史上第一个依山凿穴为玄宫的帝陵，对六朝及唐代依山为陵的建制影响极大。

一万五千人，这些士卒负责护送棺椁、疏通墓穴和覆土成冢的事务，由张武将军指挥。

六月初七，群臣都叩首奉上谥号，尊称为孝文皇帝。

太子刘启在高祖庙中即位。六月初九，承袭帝号称为皇帝。

》定文帝庙乐

孝景帝元年十月，下诏给御史："听说古时候被称为祖是建有功业，而称为宗是施有德泽，制作礼乐都各有其依据。我还听说歌唱是为了颂扬德行，舞蹈是为了显示功业。在高祖庙中举行祭祀祖庙仪典上，要演奏《武德》《文始》《五行》等歌舞。孝惠帝庙举行祭祀祖庙仪典时，演奏《文始》《五行》等歌舞。孝文皇帝当政时期，疏通关隘桥梁，处处畅通无阻，对边远地区也一视同仁。废除诽谤之罪，取消破坏肢体肌肤的肉刑，赏赐年长的老人，收养抚恤少无父母和老来无子的贫苦百姓，以此养育众生。他减抑自己的嗜好和私欲，不接受臣子的进献，不私自谋求利益。罪犯的家属不受牵连，不妄杀无罪之人。取消宫刑，放出后宫的美人，把使人断绝后代的事看得很重。

朕不够聪敏，不能很好地认识到先帝的英明。这些德业都是在上古时代的帝王所不能做到的，而孝文皇帝能够亲自施行。他的恩德的厚重与天地齐等，他广施恩惠遍及四海，没有哪个人不曾接受他的福泽。他如日月一般光明，而在祭祀时却没有和他的德业相称的歌舞，对此我感到非常惶恐不安。应为孝文皇帝庙制作《昭德》之舞，来宣扬他的美德。然后将祖宗的功德记载在史册上，使它们传于万世，永远无所穷尽，朕认为这样做很好。这件事交给丞相、列侯、品秩超过二千石的大臣及礼官们一同制作出祭祀文帝的礼仪舞乐，然后上奏给我。"丞相申屠嘉等人进言："陛下总是念及孝道，建立《昭德》的舞乐来昭明孝文皇帝的显赫功德，这些都是愚钝的臣子们所想不到的事。我们谨慎地商议，认为：若论万世的功业，没有人能比得上高皇帝，若论治理天下的功德，没有人能比得上孝文皇帝，高皇帝庙应当作本朝帝室的太祖庙，孝文帝庙应当作为本朝帝室的太宗庙。后世的天子应当世世代代地向太祖和太宗庙奉献祭祀。各郡、各诸侯国应各自为孝文皇帝建立太宗庙，诸侯王、列侯要派使者侍从来京陪同天子祭祀，每年都要向太祖和太宗庙献祭。请求皇帝把这些规定写进法典明文，向天下宣布。"景帝颁下制书说："可以。"

❀ 太史公说 ❀

孔子曾说："治理国家一定要经过三十年以后仁政才能有成效。善人治理国家经过百年，也就能够清除残暴，废弃刑杀。"这话真是对极了！汉朝兴起，到孝文皇帝已历经了四十多年，是德政最盛的时期。他改正朔，易服色，行封禅，但是由于他的谦让，致使德政在今天还没有最后完成。唉！这不就是"仁"吗！

孝景本纪 第十一

【解题】《孝景本纪》为《史记》十篇"有录无书"之一。

与前十本纪相比，本篇《孝景本纪》文辞风格迥异。从三个方面推断可信本篇为补作。司马迁作本纪常发挥为议论，不只是依编年记大事。今本篇无政事朝议、论争，大臣之谏说、称颂，景帝对国事的鉴识、决断，行政效果的反映、分析等等，难以表现出司马迁对景帝在位期间时势的认识。

然而基于历史文献的时代沉积，本篇在完成本纪记事的系统上，仍不失为可贵的篇章。文虽较为简略，有的地方却还比《汉书·景帝纪》要详细些。而且全文在把握景帝继承文帝遗志，推行休养生息的政治，使天下富足，以及削平吴楚七国叛乱，安定国家等方面的记述中，为后人提供了切实的信息。从这个意义上说，本篇在《史记》中仍是有它的地位的。由此，本篇给予了像清末民初今文经学家崔适"盖此纪实未亡尔"的印象，就情理而言也是不足为奇的。

◈ 即位之初

孝景皇帝是孝文皇帝排行居中的儿子。他的生母是窦太后。孝文帝在代地为王的时候，先前的王后生有三个儿子。等到窦太后得到宠幸时，先前的王后已经去世，接着她所生的三个儿子也先后去世，所以孝景皇帝得以即位。

前元元年四月二十二日，汉景帝大赦天下，赏赐平民每户一级爵位。五月，下诏削减一半田租。为孝文皇帝建立太宗庙，诏令群臣不要上朝道贺。匈奴侵入代郡，朝廷与匈奴约定和亲。

二年春天，封前相国萧何的孙子萧系为武陵侯。规定男子年满二十岁便

要登记在册。四月二十五日，孝文皇帝的母亲薄太后逝世。广川王、长沙王都前往封国。丞相申屠嘉去世。八月，任命御史大夫开封侯陶青为丞相。彗星出现在东北天空。秋季，衡山地区降下冰雹，最大的雹子直径有五寸，冰雹聚积最深的有二尺。火星倒转运行，在北极星附近徘徊。月亮出现在北极星中间。木星在太微垣中间倒转逆行。设置了南陵县、内史县、祋祤县。

七国之乱

三年正月二十二日，汉景帝大赦天下。流星出现在西方。洛阳东宫大殿和城楼被天火烧毁。吴王刘濞、楚王刘戊、赵王刘遂、胶西王刘卬、济南王刘辟光、菑川王刘贤、胶东王刘雄渠造反，发动军队向西进攻。天子因为这件事处死了晁错，派袁盎前去告谕七国，仍不能阻止七国进攻的步伐，于是他们就向西进军围攻梁国都城睢阳。皇上派遣大将军窦婴、太尉周亚夫率领军队去讨伐他们。六月二十五日，赦免败亡的七国军队和楚元王的儿子刘艺等参与谋反的人。封

▶ 汉景帝像·清·无款

汉景帝在西汉历史上占有重要地位，他继承和发展了其父汉文帝的事业，与父亲一起开创了"文景之治"；又为儿子汉武帝的"汉武盛世"奠定了基础，完成了从汉文帝到汉武帝的过渡。

大将军窦婴为魏其侯，立楚元王的儿子平陆侯刘礼为楚王，立皇子刘端为胶西王，皇子刘胜为中山王，迁徙济北王刘志为菑川王，淮阳王刘余为鲁王，汝南王刘非为江都王，齐王刘将庐、燕王刘嘉都去世了。

四年夏天，立皇太子。立皇子刘彻为胶东王。六月二十九日，大赦天下。闰九月，把易阳改名叫阳陵。重新在水陆要冲设置关卡渡口，靠通行凭证出入。冬季，把赵国改为邯郸郡。

西汉南越王博物馆藏。器高 3.5 厘米至 4.8 厘米，广州象岗南越王墓出土。南越王墓中共出土十件玉舞人，这是其中的两件。舞人均着长袖舞衣，翩然起舞。与其他地方西汉墓出土的玉舞人不同，舞姿动作较大，身体扭曲呈斜体"S"形，甚至腿呈跪姿，呈现出极为热烈的舞蹈氛围。

改立太子

五年三月，建造阳陵和渭桥。五月，招募百姓迁居阳陵，发给迁居的人二十万钱作为安家费。从西方来的大风暴侵袭江都一带，损坏了十二丈城墙。二十八日，景帝封姐姐长公主的儿子陈蛴为隆虑侯。迁徙广川王为赵王。

六年春天，封中尉卫绾为建陵侯，江都国丞相程嘉为建平侯，陇西郡太守公孙浑邪为平曲侯，赵国丞相苏嘉为江陵侯，前将军栾布为鄃侯。梁、楚二王都去世。闰九月，砍伐驰道两旁的树木，填平兰池。

七年冬天，把栗姬所生的太子废黜为临江王。十一月的最后一天，发生了日食。春天，赦免并释放参加修筑阳陵的罪犯和奴隶。陶青被免除丞相职务。二月十六日，任用太尉条侯周亚夫为丞相。四月十七日，立胶东王的母亲为皇后。四月二十九日，立胶东王为太子，太子名叫彻。

中元政事

中元元年，汉景帝封前御史大夫周苛的孙子周平为绳侯，前御史大夫周昌的孙子周左车为安阳侯。四月二十三日，大赦天下，赐赏平民每户一级爵位。废除原来发布的不准商人、上门女婿和犯过罪的官吏重新做官的法令。有地震发生。衡山、原都地区降下冰雹，最大的雹子直径有一尺八寸。

中元二年二月，匈奴侵入燕国，于是不再同匈奴和亲。三月，召临江王来京，不久他在中尉府中畏罪自杀。夏天，立皇子刘越为广川王，皇子刘寄为胶东王。另赐封四人为列侯（即封楚相张尚的儿子张当居为山阳侯、太傅赵夷吾的儿子赵周为商陵侯、赵相建德的儿子赵横为遽侯、内史王悍的儿子王弃为新市侯）。九月三十日，发生日食。

中元三年冬天，撤掉的诸侯国中的御史中丞一职。春天，有两位匈奴王率领他们的部众前来投降，都被封为列侯。立皇子刘方乘为清河王。三月，有彗星出现在西北天空。丞相周亚夫被免职，任用御史大夫桃侯刘舍为丞相。

▶错金银云纹铜犀尊·西汉

中国国家博物馆藏。这件犀牛尊形象写实,犀牛小耳圆眼,昂首挺立,其背上开有孔洞,体腔中空,可以盛放酒浆。

四月,有地震发生。九月的最后一天,有日食发生。在京城的东都门外驻扎军队。

中元四年三月,修建德阳宫。国内爆发严重的蝗灾。秋天,赦免建筑阳陵时服劳役的囚徒。

中元五年夏天,立皇子刘舜为常山王。赐封十人为列侯。六月二十八日,大赦天下,赏赐平民每户爵位一级。全国发生严重的涝灾。把诸侯王国的丞相改名为相。秋天,发生地震。

中元六年二月二十五日,皇帝出行来到雍地,在郊外祭祀五帝庙。三月,下了冰雹。四月,梁孝王、城阳共王、汝南王都去世了。立梁孝王的儿子刘明为济川王,王子刘彭离为济东王,王子刘定为山阳王,王子刘不识为济阴王。把原来的梁国分为五个王国。又封了四个列侯。命令将廷尉改称为大理,将作少府改称为将作大匠,主爵中尉改称为都尉,长信詹事改称为长信少府,

将行改称为大长秋，大行改称为行人，奉常改称为太常，典客改称为大行令，治粟内史改称为大农令。把主管京城仓库的大内官职定为二千石的品秩，设置左、右内官，隶属于大内。七月二十九日，有日食发生。八月，匈奴侵入上郡。

◈ 后元政事

后元元年冬天，命令将中大夫令改称为卫尉。三月十九日，大赦天下，赏赐平民每户爵位一级，年俸已

满二千石的官吏、诸侯王国相的都赐爵为右庶长。四月，准许民众聚会饮酒欢宴。五月初九，发生地震，在当天吃早饭时再次发生地震。上庸县的地震持续了二十二天，城墙都被震坏了。七月二十九日，有日食发生。罢免了丞相刘舍。八月，任用御史大夫卫绾为丞相，封为建陵侯。

后元二年正月，一天之内连续发生三次地震。郅都将军率领军队出击匈奴。准许民众聚会饮酒欢宴五日。下令内史和各郡不得用粮食喂马，否

▶ **彩绘陶乐舞杂技俑·西汉**

山东济南无影山出土，杂技俑被安放在一个长 67 厘米、宽 47.5 厘米的基座上，陶俑最高的有 22.7 厘米。在这个长方形的灰陶盘上，有乐舞杂技及观赏俑共 21 个（原应有 22 个，但有一个奏乐俑已缺失），陶俑整体上虽造型稚拙，但形态十分生动，施彩鲜艳，为了解西汉杂技、乐舞的发展提供了直观的形象资料。

则就要把马匹没收给官府，下令服劳役的罪犯和奴隶穿粗麻布做的衣服，禁止用马舂粮食。因为收成不好，禁止天下贪食不加节约而使粮食不能供给到收获时节。为节省财力而遣送列侯前往自己的封国。三月，匈奴侵入雁门郡。十月，把长陵周围的官田出租给民众耕种。国家发生严重的旱灾。瘟疫在衡山国、河东郡和云中郡大面积流行。

后元三年十月，太阳、月亮连续五天呈现红色的景象。十二月的最后一天，有雷暴发生。太阳呈现紫色的光芒。金、木、水、火、土五星逆转运行，侵入太微垣。月亮贯穿天庭。正月十七日，皇太子举行冠礼。二十七日，孝景皇帝崩逝。留下遗诏：赏赐诸侯王以下至平民凡是应继承父业的男子每人一级爵位，赏赐全国每户一百钱。放出后宫宫人让她们各自回家，免除她们的赋役。太子即位，这就是孝武皇帝。三月，封皇太后的弟弟田蚡为武安侯，弟弟田胜为周阳侯。设置阳陵为景帝的墓园。

太史公说

汉朝建立，孝文皇帝广施大德，使天下人感恩，安居乐业。到了孝景帝的时候，不再为异姓诸侯王的反叛而忧虑了，而晁错强行削夺同姓诸侯王的势力，于是激起了七个王国一同起来造反，互相联合向西进攻。因为诸侯的势力强盛，而晁错所采取的处置办法又不是循序渐进地逐步施行。等到主父偃提出"推恩"而分封王侯诸子的建议以后，才使诸侯的势力逐渐受到削弱，终于使国家获得安定。由此看来，使国家安定或沦为危乱境地的关键，难道不是在于运用谋略吗？

孝武本纪 第十二

【解题】《太史公自序》作"今上本纪"。对武帝,司马迁皆称"今上""今天子",言孝武帝,就表明它为后人所定,司马迁似当不应如此编撰,更可视其为后人补作。

这篇本纪是后人取《封禅书》后半篇补作,记载了汉武帝即位后四十余年间祭祀天地、鬼神、求仙问道的活动。

这篇本纪以汉武帝为中心,讲述他相信李少君、少翁、栾大、公孙卿等方士的谎言,详细记述了这些方士欺骗汉武帝的方术,从而讽刺了汉武帝渴求长生不老的愚昧。这些方士们言辞故弄玄虚,骗人手法炫人眼目,而汉武帝却始终深信不疑,以礼相待,给予丰厚的赏赐。当然结局是方术无一灵验,汉武帝屡屡受骗,但他仍不能从中醒悟,依旧选择相信。

本篇展现了作者对汉武帝沉迷方术的不满,其中或是直言方士骗术之伪,或是以仿效者的丑态暗讽汉武帝的愚昧。

❂窦太后听政

孝武皇帝是孝景帝排行居中的儿子。他的生母是王太后。景帝四年,他以皇子的身份被封为胶东王。景帝七年,栗太子刘荣被废,改封临江王,而立胶东王为太子,景帝在位十六年后逝世,太子即位,就是孝武皇帝。孝武皇帝刚刚就位,尤其重视对鬼神的祭祀。

武帝元年,汉朝建立已经有六十多年了,天下太平无事,朝臣们都企望天子举行封禅大典、更改正朔和服色等制度。但是,皇上崇尚儒家经术,招集贤良人士,赵绾、王臧等因文章博学而做了公卿,他们想建议皇上依照古代制度在长安城南门外建立明堂，来接受诸侯们的朝拜。他们草拟巡行视察、举行封禅典礼、改革律历和服饰级色等事项还没有完成，正好碰上窦太后奉行黄帝、老子的道家学说，不喜欢儒家学说，她派人暗中察访到赵绾等人用不正当手段谋求私利的事实，召来并处罚赵绾、王臧，赵绾、王臧在监狱中自杀身亡，他们所兴办的事暂时都被废除了。

建元六年，窦太后逝世。第二年，皇上征召贤良文学之士公孙弘等人。

▶ 银锜·西汉

徐州博物馆藏。徐州狮子山西汉楚王墓出土。银锜平折沿，短直颈，两侧各有一环形耳，鼓腹平底。腹上阴刻"宦眷尚浴沐锜容一石一斗八升重廿一斤十两十朱第一御"。出土于西面第二侧室。出土时，锜内盛有搓澡用的圆形搓石数个、漆木奁盒一件、漆笥一件。漆木奁已残朽，内放有化妆用品。

祭祀五畤

元光二年，皇上初次到达雍县，在祭祀五位大帝的五畤（鄜畤、密畤、吴阳上畤、吴阳下畤、北畤）举行郊祭仪式。以后经常是三年一次郊祭。这个时候皇上求到了一位神君，把她安置在上林苑中的蹄氏观。神君本来是一位长陵女子，因为儿子死亡而悲痛哀伤去世，在她的妯娌宛若身上显灵。宛若把她供奉祭祀在自己的家中，民众中很多人也前往祭拜。武帝的外祖母平原君曾经前去祭拜过，从那以后她的子孙就变得尊贵显赫。等到武帝即位，用丰厚的祭品把她安置在宫中内廷供奉祭祀。祭祀时能听见她的说话声，但没有见到她本人。

方士李少君

这个时候李少君也以会祭灶致福、辟谷不食、长生不老等方术而被皇上接见，受到皇上的敬重。李少君是由已故的深泽侯赵将夕请来负责方术、医药事务的。他隐瞒了自己的年龄、籍贯和生平经历，常常自称是七十岁，能驱使鬼物，让人延缓衰老。他因为会方术而游遍了诸侯各国。他没有妻妾、子女。人们听说他能驱使鬼物，还能让人长生不老，便轮流把财物赠送给他，因此他常常有富余的金钱、丝帛、衣服、食物。人们都认为他是不从事生产劳动就能富饶丰足，又不知道他究竟是个什么样的人，所以对他更加相信，争着去侍奉他。少君天生喜好方术，巧言善辩而又常常奇迹般地言中。他曾经去武安侯田蚡处参加宴饮，宴席中有一位九十多岁的老人，少君就说起从前和老人的祖父一起游玩射猎过的地方，老人在儿时曾跟着他的祖父出行，认识这个地方，整个宴席上的人全都感到吃惊。少君被皇上召见，皇上有一件古旧铜器，拿出它来问少君。少君说："这件铜器在齐桓公十年时陈列在柏寝台上。"随即查验铜器上的铭文，果然是齐桓公时候的器具。整个宫廷中的人都惊呆了，认为少君是神，已经有几百岁了。

少君告诉皇上说："祭祀灶神就会召来鬼神，召来鬼神后朱砂就可以融化成黄金，炼出黄金，把它做成盛

放饮食的器具，使用后就会延年益寿，活得久了就可以见到海中蓬莱的仙者，见到了蓬莱仙者后再进行封禅活动就可以长生不死，黄帝就是这样的人。我曾经在海上游历，见到过安期生，他给我吃了一个巨大的枣子，那个枣子大得像瓜一样。安期生是位仙人，能和蓬莱岛中的神仙交往，奉行的道和他相合的，他就可以见你，不相合的他就会隐藏起来。"于是天子开始亲自祭祀灶神，并派遣方士到东海寻访蓬莱和安期生等一类仙人，还做起了用丹砂和各种药剂提炼黄金的活动。

过了很久，李少君病死了。天子认为是他的肉体升天而去，但灵魂并没死，就派在黄、锤二县掌管文书的小吏宽舒去学习他的方术。访求蓬莱仙人和安期生，谁也没有找到，但是在燕、齐沿海一带怪诞迂腐的方士中开始有很多人争相仿效李少君，纷纷前来谈论神仙的事情了。

广增祭祀

亳地人薄谬忌上奏祭祀太一神的方法，说："天神中最尊贵的是太一神，太一的配祭是五位天帝。古时候天子在春秋季节到东南郊祭太一，祭品用牛、羊、猪三牲的太牢祭礼，连续祭祀七天，建造祭坛的时候设有通向八方的石阶，供鬼神往来。"于是天子命令太祝官在长安东南郊建立祭祀太一的祠坛，经常按照薄谬忌上奏的方术供奉祭祀。这以后有人上书，说："古时候天子每三年一次用牛、羊、猪三牲的太牢祭礼祭祀三一之神：天一、地一、太一。"天子答应了，命令太祝统领在薄谬忌的太一坛上祭祀三一，按照上书人上奏的方法去做。后来再次有人上书，说："古时候天子常常在春秋两季为了解除殃祸求福祥而举行祭祀，祭祀黄帝时，祭品用一只食母的恶鸟枭和一头食父的恶兽破镜；冥羊神用羊祭祀；马行神用一匹青色公马；太一、皋山山君、地长三神用牛；武夷山神用干鱼；阴阳使者一神用一头牛。"命令祠官按照上书人的方法办理，在薄谬忌的太一神坛旁边举行祭祀。

后来，天子游乐射猎的上林苑中养有白鹿，用它的皮制成货币，为了促

《甘泉宫图》·明·无款

使祥瑞发生，又铸造银锡合成白金币。

第二年，天子到雍县郊祭，捕获到只有一角的野兽，样子像麃一样。官府的人员说："陛下恭敬虔诚地举行郊祭，上帝为了酬报您对他的供奉，赐给您这头一只角的兽，大概就是麒麟了。"于是把它进献给五畤，每畤增加一头牛作祭品，并举行焚烧祭祀天帝的燎祭。赐给诸侯们白金，向他们暗示这种吉祥的征兆是合乎天意的。

于是济北王认为天子将要举行封禅大典，就上书向天子献出泰山及其近旁城邑，天子用其他县的土地赏还给他。常山王犯了罪，被流放，天子封他的弟弟在真定为王，来延续对先王的祭祀，而将常山国设作郡。这以后，五岳地区都在天子直接管辖的郡内。

文成将军少翁

第二年，齐地人少翁由于会招引鬼神的方术而被皇上召见。皇上有一位特别宠爱的王夫人去世了，少翁用方术在夜晚能将王夫人和灶鬼的容貌招来，天子隔着帷帐望见了。于是就赐封少翁为文成将军，给他特别多的赏赐，还用宾客之礼招待他。文成将军对皇上说："皇上想和神灵交流，但住的宫室、披挂的服饰都不像神仙用的，神仙就不会来。"于是制造了画有云气图案的车，还按着五行相克的原则，在不同的日子驾着不同颜色的车来驱赶恶鬼。又建造甘泉宫，中间是台室，室内画出天、地、太一等各种神，并摆上祭祀器具以便招来天神。过了一年多，文成将军的方术越发不灵了，神仙总也不来。他就在帛上写些字让牛吞下，假装不知道，说这头牛的腹中有奇怪的东西。杀掉牛一看，发现了帛书，上面写的内容非常奇怪，天子怀疑这件事。有人认识文成的笔迹，招来一问，果然是他假造的字书。于是杀了文成将军并隐瞒起这件事。

这以后就又兴建了柏梁、铜柱、承露仙人掌一类的建筑。

甘泉神君

文成将军被杀死的第二年，天子在鼎湖宫病得特别厉害，巫医能用的办法都用上了，却没有好转。游水发根于是说："上郡有个巫师，他病时会有鬼怪附着于他。"皇上把他召来，供奉在甘泉宫。等到巫师病了，派人去问附着在他身上的神君。神君说："天子不要为生病忧愁。病马上就会好转，您可以勉强支撑着来甘泉和我相会。"于是等到天子病好些了，就前往甘泉宫见神君，病果真好得特别彻底。大赦天下，把神君安置在寿宫。神君中最尊贵的是太一神，太一的辅佐神是大禁、司命一类的神仙，他们都跟从着太一神。众神仙不是平常人能够看见的，只能听到他们说话的声音，和人的声音一样。神仙们时去时来，来临的时候有风吹动的声音。他们居处在宫室帷幕里面，有时候白天说话，然而常常还是在夜里说。天子举行了除灾求福的仪式以后，才进入寿宫。把巫师作为主人，由他关照神仙们的饮食。众神所想要说的什么话就由巫师传达出来。又建造寿宫、北宫，张挂用羽毛装饰的旗帜，陈设供奉用的器具，来礼祭神君。神君所说的话，皇上派人记录下来，取个名叫"画法"。他说出的言语，都是普通人所知道的，没有什么特别的不同，但是天子心里暗自高兴。他的事是秘密的，世上没有人知道。

这以后的第三年，官府说纪元应该用天降的祥瑞来命名，不应该只是按一、二去记数。第一个纪元叫作建元；第二个纪元因为长星出现叫作元光；第三个纪元因为在郊外捕得了只有一角的奇兽，所以叫作元狩。

祠祭后土

第二年冬天，天子到雍县举行郊祭，与大臣们计议说："现在上帝由我亲自祭祀，但是对地神没有祭拜，这样于礼不合。"主管官员和太史公司马谈、祠官宽舒等人商议："对天地的祭品贵在用牲角小得像蚕茧或板栗一样的幼牲，现在陛下亲自祭祀后土神，应该在水泽中建五个外形圆而高如小丘的坛来祭祀，每坛用一头小黄牛作太牢祭品，祭祀完毕以后全都埋葬掉，而陪祭人都要穿黄色的衣

▶ 山西万荣后土祠献殿和正殿

后土祠位于今山西省运城市万荣县荣河镇庙前村,汾河南岸、黄河东岸,1996 年被列为第四批全国重点文物保护单位。汾阴后土祠为汉武帝所确立的皇帝祭地的本庙,汉、唐、宋多位皇帝曾在此亲祀后土。后土祠最初所在的位置被称为"汾阴脽"或"魏脽",为位于汉汾阴县故城西北二里、原汾河与黄河交汇处东南的一处天然土阜。汉武帝于元狩二年(前 121)欲祀地神后土,以与祀天神上帝相配,太史令司马谈与祠官宽舒等认为应在泽中立圆丘祭祀,汾阴满足立祠的条件,与此同时汾阴人公孙滂洋等见汾河旁有光如绛,言之于武帝,于是在汾阴脽上建祠并亲临祭祀,后定以每三年亲祭一次。汉武帝时期共 8 次亲祭后土,传《秋风辞》即为祭祀后土途中而作。

服。"于是天子就向东去,按宽舒等人的建议,开始在汾阴县治所脽地高丘上建造后土神庙。皇上亲临巡望跪拜,跟祭祀上帝的礼仪完全一样。祭礼完毕后,天子顺路到了荥阳才回来。经过洛阳时,下达诏书说:"夏、商、周三代已经太久远了,他们的后代难以留存。可以划出三十里的土地赐封周氏后裔为周子南君,让他在那里供奉先祖的祭祀。"这一年,天子开始巡视郡县,逐渐接近泰山一带了。

五利将军栾大

这年春天，乐成侯丁义上书推荐栾大。栾大是胶东王刘寄宫中管理日常生活事务的宫人，从前曾经和文成将军同时向一个老师学艺，不久就做了胶东王掌管配制药物的尚方。乐成侯的姐姐是康王的王后，没有儿子。康王死了，其他妾姬的儿子即位做了王。康王王后有淫乱行为，与新王合不来，相互间用方术来加害对方。康王王后听说文成将军已经被杀死，就想自己去讨好皇上，于是派遣栾大通过乐成侯求见皇上，向他进献方术。天子已经诛杀了文成将军，又后悔他死得太早，可惜没有把他掌握的方术用尽，等到见了栾大，皇上非常高兴。栾大长得高大英俊，说话很有策略，而且敢说大话，撒起谎来毫不犹豫。他吹嘘道："我曾经在海上往来穿梭，看见了安期生、羡门高一类仙人。但是因为我的身份卑贱，他们不相信我。又认为康王只是个诸侯王，不值得给他神仙方术。我多次对康王说过，康王又不用我。我的老师说：'黄金可以炼成，黄河的决口可以堵塞，长生不死的药物可以得到，仙人可以招来。'然而我害怕得到文成将军一样的后果，那样方士们都会掩着嘴巴，哪里还敢进言方术呀！"皇上说："文成将军是误食马肝中毒而死的。你如果真的能修炼出他那样的方术，我还吝惜什么金宝和官位呢？"栾大说："我的老师并不是有求于人，是人们去求的他。陛下若是一定想招来神仙，就要尊重他的使者，让他有家眷，以宾客之礼款待他，不要卑视他，还要让他佩带各种印信，才可以使他同神仙交流。神仙是肯见或是不肯见还不一定。只有尽情尊敬神仙的使者，然后才可以招来神仙。"于是皇上先让他试验一下小的方术，他就表演斗棋，棋子会自动在棋盘上相互抵触撞击。

这个时候皇上正在为黄河决口的事发愁，而把丹砂铅锡炼成黄金又没能成功，便授予栾大做五利将军。过了一个多月，栾大又得到四方金印，佩带上天士将军、地士将军、大通将军、天道将军的印信。天子下诏给御史："从前大禹疏浚九江，决通四渎。近来黄河泛滥到岸边广阔的平地，修筑堤防的

劳役连续不断。我登临帝位二十八年，上天如果要送给我一名贤士，那就是大通将军了吧！如《周易·乾卦》说的那样'有飞龙游弋在天'，《渐卦》说'似鸿鸟飞临高岸边'，这差不多就是对我们君臣相遇的一种描述啊。应当用二千户地方封地士将军栾大为乐通侯。"赏赐列侯等级的上等宅第，奴仆一千人。按帝王标准用车马、帐幕、器械、百物来摆满他的家宅。又把卫皇后的长女许配给他，赠送黄金万斤，更改公主的封号为当利公主。天子亲自驾临五利将军的住宅。派出问候和负责供应的使臣，在道路上往来不绝。从武帝姑母大长公主和将相以下的人，都在家中备设酒宴招待他，进献给他钱财，于是天子又刻了"天道将军"的玉印，派遣使者穿上用羽毛缝制的衣服，夜晚站立在白茅草上，五利将军也穿上用羽毛缝制的衣服，站立在白茅草上接受玉印，以表示他不是臣子。而佩带"天道"，是将要替天子引导出天神的意思。于是五利将军常常夜晚在自家进行祭祀，想借此让神降临。没想到神没有来到，却聚集了百鬼，但他还是很能指使他们。在这以后他整理行装外出，往东进入海域，寻求他的仙师去了。栾大被引见几个月，就佩戴着六方大印，受到的贵宠震惊了天下，使得沿海燕国、齐国一带的方士都兴奋起来，纷纷说自己也有秘方，能够招来神仙。

▶ 勾云纹玉韘·西汉

《说文解字》云："韘，射决也，所以拘弦。以象骨，韦系，著右巨指。"故可知玉韘为射箭钩弦之器。春秋时期，玉韘挂弦用的凹槽演变为凸出廓外用来控弦的扳凸。《诗经·卫风·芄兰》云："芄兰之叶，童子佩韘。虽则佩韘，能不我甲。"这里的"童子佩韘"的"韘"，就是指玉韘。一般为成人佩带，少年结婚后也佩带，象征已长大成人。战国时期，玉韘渐渐演变为成年男子的佩饰，形状从指环形演变为扁平体。到汉代，韘演变为"心形佩"，扁薄体，中心的孔径变大，两侧装饰成凤纹、螭纹等纹样。

133

❂汾阴宝鼎

这年夏季六月中,汾阴的巫者锦在魏脽的后土神庙旁边为民众祈祷祭祀,看见地面突起像钩的形状,用手扒开土一看,得到了一座鼎。这座鼎和其他的鼎大不一样,雕刻有花纹但没有铸刻文字,巫者感到奇怪,就告诉了当地官吏。官吏报告给河东太守胜,胜上书把这件事报告给皇上。天子派使者来检查并询问巫者获得鼎的详情,确认他没有奸伪欺诈后,就用礼加以祭祀,把鼎迎接到甘泉宫,鼎是随从皇上同行的,皇上把它献祭给上天。途中走到中山,天气晴朗温和,上空有黄色云彩覆盖着,正好有一头麃经过,皇上亲自射中,把它拿来做祭品。到了长安,公卿大夫等官员都上疏请求尊奉宝鼎。天子说:"近来黄河泛滥,一连几年都没有好收成,所以在巡视中祭祀后土

▶ **青铜鼎·西汉**

鼎是中国古代的一种青铜器,三足,两耳。鼎最初是一种炊具,后来因用于烹饪祭祀而上升为礼器,成为国家政权中君主、大臣等权力象征。

神，祈祷它替百姓们繁育谷苗。今年粮食丰收，还没有举行祭礼酬答土神和谷神，鼎为什么会出现呢？"官员们都说："听说从前大帝太昊伏羲氏铸造了一座神鼎，标志着一统，天地万物终归于一。黄帝制作三座宝鼎，象征着天、地、人。大禹收集九州出产的铜，铸成九鼎，九鼎都曾经用来烹煮牲畜、祭祀上帝鬼神。遇到盛世鼎就会出现，这样传到了夏代、商代。周末德行衰败，宋国的社庙覆亡，鼎于是隐藏起来不再出现了。《诗经》的《周颂·丝衣》中说：'从庙堂到门槛外，有献羊的有献牛的；大鼎（鼐）中鼎和小鼎（鼒），不喧哗来不傲慢，保佑大家都长寿有福。'现在宝鼎到了甘泉，外表光辉润泽，变幻莫测，获得的福气会无穷无尽。在这里和中山出现的黄白祥云相合，祥云就如嘉兽象征瑞应，加上陛下用大弓四箭射获麃子，吉兆都汇集到坛下，形成酬报天地鬼神的盛大典礼。只有承受天命称帝的人才能心知其中的深意而合应符德。宝鼎应该进献给宗庙的祖先，珍藏在甘泉官天帝之

廷，以便契合上天降赐的吉祥符应。"皇上下诏说："可以。"

进入大海寻找蓬莱仙山的人，说蓬莱仙岛离岸不是很远，但总是不能到达，也许是没有见到岛上的云气。皇上于是派出善于望气的官员来帮助观测蓬莱岛的云气。

齐人公孙卿

这年秋天，皇上临幸雍县，将要进行郊祭。有人说："五色之帝，是太一帝的陪祭，应该建立太一坛，并由皇上亲临祭祀它。"皇上犹豫不决。齐地人公孙卿说："今年得了宝鼎，而冬季辛巳日初一的早上是冬至到来的时刻，和黄帝时代正好相同。"公孙卿的简书上说："黄帝在宛朐得到宝鼎，就问臣子鬼臾区。鬼臾区回答说：'帝得到宝鼎和用于占卜的神蓍草，这年己酉日是朔日，早晨又交冬至，符合周而复始、循环往复的天道历数。'于是黄帝预测日月朔望以推算历法，后来大约每过二十年就会遇到朔日早上与冬至相交，总计二十次推算，合三百八十年，黄帝成仙，升到天上去了。"公孙卿想通过武帝的

近臣所忠把这件事上奏给皇上，所忠一看他书札中的议论不合经典，怀疑他写的是荒诞的伪书，就拒绝说："祭宝鼎的事已经决定了，还上奏做什么？"公孙卿通过武帝宠爱的人上奏了。皇上看了特别高兴，就召来公孙卿询问。公孙卿回答说："我从申功那里学到这些内容，申功已经死了。"皇上说："申功是个什么样的人？"公孙卿说："申功是齐国人，和仙人安期生交往过，接受过黄帝的教诲，没有留下其他文字，唯独只有这本关于宝鼎的书。说'汉家兴盛应当和黄帝时的历日相同。汉代的明君是高祖的孙辈以至曾孙辈。宝鼎出土就能与神灵相通，应该举行封禅典礼。自古举行过封禅的有七十二位君王，只有黄帝能够登上泰山举行封礼'。申功说：'汉代的皇帝也应当到泰山举行封礼，之后就能成为神仙登天了。黄帝时代有万家诸侯，为祭祀神灵而建立的封国就占了七千。天下的名山有八座，三座在边远部落地区，五座在中原各国。中原各国有华山、首山、太室山、泰山、东莱山，这五座山是黄帝经常去游览的地方，在那里和神

灵相会。黄帝一边作战一边学习仙道。黄帝讨厌百姓中有人反对他的仙道，所以处斩了那些反对鬼神的人。经过一百多年以后才能够和神灵交通。黄帝到雍地郊祭上帝，停宿三个月。鬼臾区别号大鸿，死后葬在雍地，鸿冢就是他的墓。这以后黄帝在明廷接见上万的神灵，明廷就是现在的甘泉宫。所说的寒门，就是现在的谷口。黄帝开采首山的铜，在荆山脚下铸成鼎。鼎铸成后，有条飞龙垂着胡须从天上下来迎接黄帝，黄帝跨上龙背，他的群臣和后宫的一些人跟着骑上去的有七十多人，龙于是飞上天去。其余的小臣子骑不到龙背上，就都抓住龙的胡须不放，龙的胡须被拉断，黄帝的一把弓也掉落下来。百姓们仰望着黄帝飞上天去，就抱着他的弓和龙的胡须大声号哭，所以后代就把黄帝飞升的地方取名叫鼎湖，把他掉落的弓取名叫乌号。'"听了这些话以后天子就说："哎呀！如果我真的能够像黄帝那样，我看离开人世间的妻妾子女就像扔掉鞋子一样容易了。"于是委任公孙卿做郎官，派他去东方在太室山恭候神灵。

奢侈无度，滥杀大臣

汉武帝从元鼎二年（前115）起，大兴土木，屡修宫室。为了便于巡游，汉武帝还在各地大建行宫。修筑这些宫室园池，消耗了西汉政府大量的人力和财力。

除大修宫室之外，武帝巡游无度，元光二年（前133）以后，汉武帝多次携带文武百官巡游全国各地，见诸史册的就达二十余次，其巡游的次数之多、范围之广、花费之大都超过了秦始皇，让西汉的财政雪上加霜。汉武帝一生建树广泛，这自然需要大量贤才的辅佐。汉武帝也不拘出身，多方提拔人才。可汉武帝将人才视同鹰犬，对于大臣使用得得心应手的时候是君臣相得，但是一到不合意的时候汉武帝就动辄诛杀，灭人三族。大臣汲黯曾经劝汉武帝说："陛下您辛辛苦苦搜求来人才，往往还没等到他发挥自己的特长，就把他杀了，以有限之才，供无限之诛，只怕哪天会把天下人才杀光了。"汉武帝却回答说："人才什么时候没有，哪能杀得完呢？"说得汲黯目瞪口呆，只好说："我说话折服不了您，但心里还是觉得这个道理不对。"于是汉武帝转头对左右笑道："汲黯平时自称口才好，其实不然。"

❀武帝祭祀太一

皇上接着到雍县郊祭，到了陇西，往西登上了空峒山，然后回到甘泉宫。命令祠官宽舒等筹建太一神的祭祀坛，祭祀坛仿照亳人谬忌所说的太一坛的样式建造，坛筑成三层。五帝的祭坛围在它下面的四周，分别安置在各自所属的方位，黄帝坛安置在西南方，修筑八条供鬼神来往的通道。太一坛所用的祭品，和雍县五畤中的一畤祭物相当，而另外加上醴酒、枣果、肉脯一类，还杀一头牦牛，盛在俎豆等祭具里，作为一套完备的祭品，而五帝的祭品只有用俎豆所盛的祭品和醴酒。祭坛的四周，是绕着祭坛设置的给群神随从者及北斗星神供奉饮食的祭座。祭祀完毕，把用过的祭品都烧掉。祭品用的牛

▶ 雍山血池秦汉祭祀遗址祭祀坑出土的玉器

是白色的，鹿放在牛的腹腔中，猪放在鹿的腹腔中，然后用水浸泡。祭日神用牛，祭月神用一头羊或是猪。太一坛的祭祀主管官员穿紫色绣花的祭服。祭祀五帝穿的祭服颜色和所祭的帝神一样，祭日神穿红衣，祭月神穿白衣。

十一月辛巳朔日早晨，冬至到来，天刚蒙蒙亮，天子开始到郊外拜祭太一神。早晨祭日神，傍晚祭月神，行拱手揖礼；而参见太一神则按照在雍县郊祭的礼仪进行。劝神进食的祝词说："上天最初把宝鼎和占卜用的神蓍草授给皇帝，经过了一年又一年，终而复始地循环，皇帝在这里恭敬地拜见天神。"祭祀穿的礼服用黄色。祭祀时祭坛摆满火炬，祭坛的旁边摆着烹饪用的器具。主管官员就说是"祭坛上方有光显现"。公卿们说"皇上当初在云阳宫郊祀，祭拜太一神，祭祀的官员手捧六寸大的玉璧、养了五年有二千斤重的牲牛进献给神灵享用。祭祀这天晚上，天空有美丽的光芒闪现，到了白天，有黄色的云气上升，与天空连成一片"。太史公司马谈、祠官宽舒等说："神灵显出的美好景象，预示着福禄吉祥，应该在光照的区域内建造太畤坛，来宣扬上天的瑞应。命令太祝官负责此事，在每年秋季和腊月间进行祭祀。天子每三年来参加一次郊祭活动。"

栾大受诛

这年秋天，为了攻伐南越，而向太一神祷告，用牡荆作旗杆，旗上画有日、月、北斗和腾空升起的龙，来象征天一三星，因为太一星在后，天一三星在前，所以把天一三星作为祭祀太一神的先锋旗，命名为"灵旗"。替战事祈祷时，就由太史官捧着它用来指向所攻伐国家的方向。而五利将军身为使者却不敢入海求仙，只到泰山去祭祀。皇上派出人员暗中跟随查验，得知他实际上没有见到任何神仙。五利将军却谎称见到了他的仙师，其实他的方术已经用尽了，多数不能应验。皇上于是杀了五利将军。

缑氏仙迹

第二年冬天，公孙卿在河南恭候神灵，说是在缑氏城上看见了仙人的踪迹。有像野鸡一样的神物，在城上飞来飞去。天子亲自临幸缑氏城察看仙人留下的脚印。询问公孙卿："你该不会是在效法文成将军、五利将军欺骗我吧？"公孙卿说："仙人并非有求于皇帝，而是皇帝有求于仙人。求仙的办法，如果不稍微宽限时日等待，神仙就不会来。说起求神仙的事，好像是迂阔荒诞的，其实只要积以年月就可以招来神仙。"于是郡县封国分别整修道路，修建宫观和名山上的神仙祠庙，以期望皇上临幸。

祭祀用乐

这年，灭亡了南越之后。皇上有个宠爱的臣子李延年，因为擅长音乐而被召见。皇上很欣赏他的音乐，下令公卿们进行商议，说："民间祭祀的时候尚且还有鼓、舞蹈和音乐，现在皇家举行郊祭反倒没有音乐，难道这样合适吗？"公卿们说："古时候祭祀天地都有音乐，那样天地神灵才会来歆享祭祀。"有人说："太昊伏羲氏让素女弹奏有五十弦的瑟，音调非常悲戚，太昊要她停下来，她却不能自止，所以把她的瑟剖开，改制成二十五弦。"

于是在为灭亡南越而祭祀太一、后土神时，首次采用有音乐伴奏的舞蹈，增加一些歌手，并从这时开始制作二十五弦瑟和箜篌瑟。

❂ 商议封禅

第二年冬天，皇上提议说："古时候先整顿兵员、解散军队，然后才举行封禅典礼。"于是就去北边巡视朔方，统率兵众十多万，回程中在桥山祭奠黄帝冢，在须如遣散了所统率的兵众。皇上问："我听说黄帝长生不死，现在却有了陵墓，是为什么？"有人回答说："黄帝已经成仙上了天，群臣就在这里安葬下他的衣冠。"皇上回到甘泉宫后，为了将要到来的泰山封禅，先行用祭天的仪式祭祀太一神。

自从得了宝鼎，皇上就和公卿以及各位儒生们商议举行封禅大典的事情。由于封禅大典在历史上很少举行，已经失传了，没有人知道它的具体礼仪。儒生们就从《尚书》《周官》《王制》中采集望祀和天子射牛的事情，纳入有关封禅的祭典。齐人丁公九十多岁了，他说："行封是和永

垂不朽的盛名结合起来的。秦始皇没能登上泰山行封礼。陛下如果一定要上泰山，就要坚持，稍微登得高一些就没有风雨的阻拦，也就能上山行封礼了。"皇上于是命令各位儒生练习射牛，草拟封禅的仪式。经过几年，要进行封禅了。天子又听到了公孙卿和方士的言论，他们说黄帝以前的帝王举行封禅，都招来了怪物并和神仙相遇，就想要仿效黄帝曾经迎接神仙使者——蓬莱方士的做法，借此超出世俗，要和上古九皇比量德行，而又采取儒术加以修饰。可是儒生们既不能辩论清楚封禅事宜，又受到《诗》《书》等古文的拘束而不能自由发挥。皇上制作出封禅用的祭器向儒生们展示，儒生们有的说"和古制不相同"，博士徐偃又说"太常祠官下属的各个生员所行的礼仪不如鲁国的好"，周霸又会集儒生策划封礼事宜，于是皇上贬黜了徐偃、周霸，并将儒生们全都罢免不加任用。

❂ 巡视东方

三月，皇上到了东方，临幸缑氏县，登上中岳太室山行祭礼。随从官

错金银辟邪·西汉

辟邪是人们创造出来的神兽，而非现实世界有形的动物。它造型奇特，有虎和狮的头，龙的角，马或牛的蹄，羊的须，是神猛勇兽之化身。辟邪在古代传说中是一种神兽，可除群凶，还可以乘其升仙。《后汉书·灵帝纪》李贤注："今邓州南阳县北，有宗资碑，旁有两石兽，镌其膊，一曰天禄，一曰辟邪。"因辟邪之名有辟除邪恶之意，故石刻辟邪，多置陵墓之前，有镇墓之用意。

员在山下听到好像有喊"万岁"的声音。询问山上的人，说是没有人喊；询问山下的人，也说没有人喊。于是将三百户封给太室山用作供奉祭祀，命名为崇高邑。皇上往东登上泰山，泰山上草和树木的叶子还没有长出来，就命人把石碑抬上山，立在泰山顶上。

接着皇上往东巡视海上，举行典礼祭祀天主、地主、兵主、阴主、阳主、月主、日主、四时主八神。齐地人上书讲神怪奇方的人以万计，然而没有一个能灵验的。于是皇上决定增派船只，让那些说海中有神山的数千人去访求蓬莱仙人。公孙卿常常持着符节，先到名山等候神仙，到了东莱，说夜晚见到了一个人，有几丈高，走近他就不见了。看到他的足迹特别大，类似禽兽的足迹。群臣中有人说看见一位牵着狗的老人，说"我想见皇上"，一会儿忽然就不见了。皇上走近去看见了巨大的足迹，还是不相信，等到群臣中间有人说到那位年老的人，才觉得那真的是仙人了。因此，留宿在海上，给予方士们官府载人的驿车，秘密派出了数以千计的使者去寻找仙人。

四月,返回到达奉高县。皇上认为各个儒生和方士们所说的封禅事一人一个样,都不合常理,难以施行。天子到达梁父山,行礼祭祀地神。十九日,命令侍中和儒生戴上用白鹿皮制作的礼帽,身穿在腰间插笏的官服,天子射牛,进行祭祀。到泰山下的东方举行封礼,依照郊祭太一神的礼仪。举行封礼的坛宽一丈二尺,高九尺,它的下面放有玉制的封禅祭文,祭文的内容是保密的。封礼完毕,天子单独和侍中、掌管皇帝车马的奉车都尉霍子侯登上泰山,也举行了封礼。这件事的具体情节都禁止外传。第二天,沿着山北边的道路下山。二十一日,到泰山脚下东北的肃然山举行禅祭,按照祭祀后土神的礼仪。以上的这些封禅,天子都是亲临跪拜天神、地神,穿黄色的祭服并且全都用了音乐。用长江、淮河之间出产的三棱灵茅作神灵的垫席,把五种颜色的泥土增厚错杂地铺在封坛上。释放出从边远地方捕获来的奇珍异兽和白色野鸡等各种动物,大大加重了祭礼

的隆重气氛。但不采用兕牛、旄牛、犀牛、大象一类的动物。天子一行又回到了泰山然后才离开。举行封禅祭祀的那天晚上,天空中好像有彩光闪现,白天又有白云从封坛上升起。

天子从举行封禅典礼的坛场回

▶ 泰山岱庙

岱庙位于山东省泰安市泰山南麓，俗称"东岳庙"，始建于汉代。汉武帝时期，汉廷于博县境内建泰山庙（又名岱宗庙，即现在岱庙的前身）。武帝元封二年（前109）四月，武帝巡游东莱，路过泰山，在此举行祭祀，并在泰山庙中种下千株柏树，夹庙之两阶，是为岱庙汉柏之由来。岱庙也是历代帝王举行封禅大典和祭拜泰山神的地方。岱庙保存了历代帝王祭祀泰山神的祭器、贡品、工艺品等，还有184块历代碑刻和48块汉代画像石。岱庙的坛庙建筑是用来祭祀天地日月山川、祖先社稷的场所。

来，坐在明堂上，群臣接连前来祝福。这时天子下达诏令告诉御史："我用卑微的身躯承续天子的至尊之位，一直谨慎小心，唯恐不能胜任。只因为德行浅薄，不能明习礼乐制度。在祭祀太一神时，天上像是有祥瑞之光，我心中不安，仿佛望见了什么，被这奇异景象所深深震撼，想要中途停下来又不敢，就登临泰山举行封礼。到了梁父山，然后在肃然山举行禅礼。我应当修德以求新生，努力与士大夫们重新开始创造新局面。特赐给民众每百户一头牛、十石酒，给年满八十岁的老人和孤儿寡妇，每人再加赐布帛二匹。免除博县、奉高、蛇丘、历城四县徭役，不用交纳今年的租税。并大赦天下，像元朔三年赦令规定的那样。巡幸所经过的地方，都不要再有监外劳役。两年前犯的罪，都不要再追究了。"又下达诏书说："古时候天子每五年进行一次巡行视察，到泰山举行封禅典礼，诸侯来参加朝会时有固定的住所。特令诸侯在泰山下修建住宿的府第。"

天子在泰山举行了封禅典礼，没有遇上风雨灾害，而方士们又说蓬莱岛等神山好像就要找到了，于是皇上高兴地想也许这次能够见到神山，就又往东来到海上眺望，希望能看见蓬莱仙岛。奉车都尉霍子侯突然生了病，一日内就死了，皇上这才离开，沿着海岸上行，往北到达碣石，再从辽西开始巡行，经过北方边境到达九原县。五月，返回到甘泉宫。主管官员们说，宝鼎出土的那年纪元称作元鼎，今年举行了封禅大典，年号应为"元封"。

求仙寻药

这年秋天，有彗星出现在东井宿。过了十几日，又有彗星出现在三台天区。望气佐王朔说："我在观测的时候，只见有一枚星出现时形状像葫芦瓜，吃顿饭的工夫就又消失了。"主管官员们都说："陛下创建了汉家的封禅大典，上天就出现了象征吉祥的德星来报答您呀。"

第二年冬天，天子到雍县郊祭五帝。回来又拜祭了太一神，祝词说："德星光芒四射，显示出美好吉祥。寿星接着出现，光明远耀。信星昭明显现，

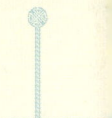

皇帝敬拜太祝官，请各位神灵享用祭品。"

这年春天，公孙卿说在东莱山见到了神仙，好像听神仙说要"见见天子"。于是天子临幸缑氏城，任命公孙卿为中大夫。随即来到东莱，留宿了好几天，没能见到神仙，只见到了巨人的足迹。天子又派出了数千方士去寻找神仙、采集灵芝药物。这一年出现大旱。此时，天子已经没有出巡的正当名义了，就到万里沙的神庙中祈雨，经过泰山时又举行了祭祀。天子在回程中到达瓠子口，亲临部署堵塞黄河决口，停留了两天，把白马和玉璧等祭品沉入河中就离开了。派汲仁、郭昌二位大臣带领士卒堵塞黄河决口，改变黄河故道，另外疏浚两条支流引它入海，恢复了大禹治水后的原貌。

❡ 广修祠观

灭亡了南越之后，越人勇之对皇上说："越人有信鬼的习俗，因此他们祭祀的时候能见到鬼，多次都能灵验。从前东瓯王敬重鬼，长寿到一百六十岁。后世子孙怠慢了鬼，所以就衰败下来。"于是天子下令越地的巫师建立越祠，只设庙台不设祭坛，也用来祭祀天神上帝和百鬼，并用鸡骨进行占卜。皇上相信这一套，越式祠庙和用鸡骨占卜就从此开始流行起来。

公孙卿说："仙人是可以见到的，但是皇上去求仙的时候总是很匆忙，所以没能见着。现在陛下可以在京城建造一座楼台，像缑氏城那样，摆上一些果脯枣干，神人应该可以招来的。而且仙人喜欢住楼阁。"于是皇上命令在长安按照要求建造蜚廉桂观，在甘泉宫建造益延寿观，派公孙卿持着符节摆上供品，来恭候神仙。接着建造通天台，在它的下面摆设供品，希望招来神仙一类的灵物。于是甘泉宫重新建造了前殿，开始扩充各种宫室的建筑。夏天，有芝草生长在殿房里面。天子因为堵塞住了黄河决口，兴造了通天台，天上好像显现出有神光的瑞应，于是下达诏令："甘泉宫殿房里面生长出有九茎的灵芝草，为此大赦天下，免除苦役犯的刑罚。"

第二年，攻伐朝鲜。夏季天旱。

▶ **南越王金印·西汉**

西汉南越王博物馆藏。南越国是约公元前 203 年至公元前 111 年存在于岭南地区的一个国家，国都位于番禺（今广东广州）。公元前 112 年，南越国第四代君主赵兴因向西汉请求"内属"，被丞相吕嘉杀死。一年后，汉武帝出兵 10 万灭掉了南越国。南越国共存 93 年，历经五代君主。

公孙卿说："黄帝的时候举行封礼就天旱，为了晾干封坛的土，要曝晒三年。"皇上于是下达诏令说："天旱，大概是为了暴晒封坛的土吧？应该让天下百姓尊祭主管农事的灵星。"

　　第三年，皇上到雍县郊祭，打通去回中的谷道，并一路进行了巡视。春天，到达鸣泽，从西河郡回京。

　　转年冬天，皇上巡视南郡，到达江陵后再往东行。登上潜县西南部的

天柱山，举行祭祀，称这座山为南岳。在长江上乘船而下，从寻阳县出发到达枞阳县，渡过彭蠡泽，沿途祭祀名山大川。往北到达琅邪郡，再沿着海岸上行。四月中旬，到达奉高县，举行了封礼。

修建泰山明堂

当初，天子封祭泰山，泰山东北脚下有一处古时候建造的明堂，这个地方路途险峻，又不宽敞。皇上就想在奉高的旁边另建一座明堂，但不知道明堂的形制尺度。济南人公玉带献上黄帝时代的明堂图。明堂图的正中有一座殿，殿堂的四面没有墙壁，顶上用茅草覆盖，周围四面通有水沟，环绕着宫垣筑成架空通道，上面有楼，从西南角伸入殿堂，名叫昆仑道，天子从这里进入，拜祭上帝。于是皇上下令照着公玉带的图样，在奉高县的汶水旁建造明堂。

等到五年后来举行封礼时，就把太一神、五帝的神位安置在明堂的上座，把高皇帝的灵位安置在它们对面，后土神的神位安置在下房，用羊、猪、牛各二十头作祭品。天子从昆仑道进入，开始按郊祭礼在明堂拜祭。祭礼完毕，在堂下烧掉祭品。然后，皇上又登上泰山，在山顶上举行秘密的祭祀。而在泰山下祭祀五帝，按照它们所属的方位，只有黄帝和赤帝并列在一处，由主管官员侍祭。祭祀时在泰山上举火，山下也都举火响应。

两年以后，十一月甲子是朔日，早晨与冬至相交，推算历法的人认为以这一天为历法周期的起点是正统。天子亲自到泰山，在这一天到明堂祭祀上帝，因为距离上一次的封禅不到五年，所以没有采用封禅的礼仪。祭祀时候的祝词说："上天增授皇帝太古时代上皇创制历法时的泰元称号和神蓍草，周而复始地循环。皇帝在此虔诚地拜祭太一神。"皇上又向东到达海上，考察到海上求仙的人和方士们，谁也没有见到仙人，然而皇上还是增派人员寻找，希望能够遇到神仙。

🔹修建建章宫

十一月二十二日，柏梁台发生火灾。十二月甲午初一，皇上亲临泰山下的高里山举行禅礼，祭祀后土神。又驾临渤海，遥望祭拜蓬莱之类的仙山，希望能够到达蓬莱岛中的仙人之庭。

皇上归来后，由于柏梁台被焚毁，只好改在甘泉宫坐朝，接受郡国所呈上的计簿。公孙卿说："黄帝建成青灵台，十二天后就被烧了，黄帝于是修建了明庭。所谓明庭，就是甘泉宫。"方士中很多人说古代的帝王有在甘泉建都的。那以后天子又在甘泉宫接受诸侯的朝拜，并在甘泉建造了诸侯的府第。勇之于是说："越地习俗，发生了火灾之后，重新建起的房屋一定比原先的还要大，以此来攘除灾祸。"于是兴造建章宫，规模极大，有千门万户。前殿的高度要超过未央宫。它的东边是凤阙，高达二十多丈。它的西边是唐中池，周围有几十里的虎圈。它的北边筑有大池，大池中间建有大水池，池中的楼台高达二十多丈，名叫太液池。池中还建有

蓬莱、方丈、瀛洲、壶梁四座仙山，类似海中的神山，还有龟鱼一类的石刻。它的南边有玉堂宫、建章宫的正门璧门、神鸟雕像一类的建筑物。还建造了神明台、井干楼，高有五十丈，楼台之间由可供皇帝乘坐的辇车通行的天桥互相连接起来。

太初巡祭

夏天，汉朝更改历法，用正月作为一年的开始，车马服饰崇尚黄色，凡官名印章都改用五个字，因而把这年定为太初元年。这一年，往西去攻伐大宛。发生了严重蝗灾。方士丁夫人、洛阳的虞初等都用方术祭祀，祈求神灵降祸给匈奴、大宛。

第二年，主管官吏上书说，雍县五畤祭祀时没有熟牲做祭品，没有芬芳的香气，于是命令祠官用熟牛犊作祭品进献五畤，按五行相克的原则选择，找出符合各畤颜色的牲畜供神灵享用，而用木偶马代替壮马。只有祭祀五帝和皇上亲临郊祭的时候用壮马。以及各个有名山川要用壮马作祭品的，都改用木偶马代替。皇上出巡经过的时候举行的祭祀，才能用壮马作祭品。其他的礼仪一概如故。

次年，天子往东巡游海上，考察求访神仙一类的事，没有灵验的。有的方士说："黄帝时候建造了五城十二座楼，以便在执期恭候神人，命名叫迎年祠。"皇帝答应建造同样的城和楼，命名叫明年祠。皇上穿着黄色的礼服，亲自到那里，行礼祭祀上帝。

公玉带说："黄帝时候虽然封祭泰山，然而黄帝的臣子风后、封巨、岐伯又让黄帝到东泰山去行封礼，到凡山去行禅礼，来契合神灵降赐的符应，然后就永生不死了。"天子下令准备祭祀，到了东泰山，见东泰山矮小，和它的声誉不相称，就下令祠官来祭祀，不举行封禅大典了。然后命令公玉带在那里供奉祭祀，恭候神灵。夏天，天子回到了泰山，和从前一样举行五年一次的封禅大典。增加了在石闾山祭地的仪式。石闾山在泰山脚下的南面，

▶ **鎏金铜马·西汉**

这件铜马出土于陕西茂陵汉武帝墓中。马高 62 厘米，长 76 厘米，造型朴实稳重，通体鎏金，表面光洁度很高。根据考证，鎏金铜马是饲养在上林苑或御厩中的大宛天马的艺术造型。

很多方士说这是仙人的住处，所以皇上亲临石闾山举行禅礼。

这以后的第五年，天子又来到泰山举行封禅典礼，回程的途中祭祀了常山。

武帝执迷不悟

当今天子所兴建的神祠，太一、后土，每三年亲临郊祭；创建了汉家封禅的制度，每五年举行一次祭祀。薄谬忌建议设立的太一祠以及三一、冥羊、

马行、赤星等五处神祠，并由宽舒等祠官负责祭祀，每年按时置办祭礼。加上后土祠，总共六处神祠，都由太祝官统管。至于像八神中的各种神仙，明年、凡山等其他有名的神祠，皇上出行经过时就祭祀，离开以后就停止。方士们所兴建的神祠，由各自主管祭祀，兴办的人去世了就停止，祠官不再负责祭祀活动。其他种类的祭祀都像原来一样办理。当今皇上举行过封禅大典，十二年以后再来回顾，祭祀过的神灵就已经遍及五岳、四渎了，而方士们恭候祭祀神仙，进入大海寻求蓬莱仙岛，最终还是没有结果。公孙卿等恭候神人的方士，还是得拿巨人的足迹作借口，也没有灵验。天子更加倦怠、厌恶方士们怪诞迂阔的言论了，然而因为受长生、升天等思想的束缚，与方士的往来仍然不断，总是希望能遇见真正的神仙。从这以后，方士们谈论神仙祭祀的更多，然而它的效果就可想而知了。

❖ 太史公说 ❖

　　我随从天子巡行，祭祀天地间各种神灵和有名的山川，并参加了封禅大典。也曾进入寿官陪侍皇上祭祀，旁听了祭神的祝词，观察研究了方士和祠官们的言论，于是回来依次序论述从古以来对鬼神进行祭祀的情状，完整地表现出祭祀活动的外部形式和内中缘由。供后世有见识的人们，得以借此进行观察研究。至于像俎豆、玉帛等祭品的详细内容，献飨酬报的各种礼仪，则是由官府的主管官员记录在册。

图说史记

第2卷

文字编辑：卢雅凝

美术编辑：苟雪梅

装帧设计：罗　雷

图片提供：王　露　郝勤建

汇图网　红动中国

中国国家博物馆

故宫博物院

上海博物馆

山东博物馆

河南博物院

河北博物院

陕西历史博物馆

湖南省博物馆

湖北省博物馆

浙江省博物馆

台北故宫博物院

美国纽约大都会艺术博物馆

美国弗利尔美术馆

美国克利夫兰艺术博物馆

美国耶鲁大学艺术陈列馆

美国普林斯顿大学博物馆

美国哈佛大学博物馆

美国芝加哥艺术学院

美国明尼阿波利斯艺术学院

大英博物馆　等

目录

这一篇中有两个反差很大的人物——贤公子季札和吴王夫差。季札淡泊名利，不贪图王位，还是个资深"音乐发烧友"。夫差因为贪图美色，放过了越王勾践，一心称霸，最终导致了吴国的灭亡。

这一篇中的第一个焦点人物是齐太公姜尚，他辅佐周武王灭掉了商朝。第二个是春秋时代的第一位霸主齐桓公，他的个性并不完美，但胜在知人善任，能够不计前嫌地任命"仇人"管仲为相国，两人合作建立了完美的事业，成就了齐国春秋第一霸主的地位。

鲁国最重要的人物是周公旦，他制作礼乐时聪明睿智，平定管叔、蔡叔叛乱时勇敢坚毅，代理国政时忍辱负重。为了接待贤士，他忙得吃一口饭有时要三次停下咀嚼，洗一次头要三次握住头发，难怪司马迁把他视为偶像。

这一篇讲述了周代的诸侯国燕国约八百年的历史。燕国的君主召公是位优秀的政治家，他经常到乡村城镇去了解民情，坐在一棵棠梨树下为百姓们调解纠纷，解决困难。等到他去世后，老百姓们不舍得砍掉那棵棠梨树，还写下了诗篇《甘棠》来纪念召公。

蔡国、曹国的开国君主管叔和蔡叔都是周武王的弟弟，被分封在

了蔡地和曹地。武王去世后，管叔和蔡叔对摄政的周公旦不满，就发动了一场大叛乱。叛乱最后被武力平息，管叔被杀，蔡叔被流放。

陈杞世家 第六（陈桓公、陈灵公、夏徵舒）················· 100

陈国国君妫满是帝舜的后代，杞国国君东楼公是大禹的后代，所以他们都被周武王分封为诸侯。这一篇有个反面典型——陈灵公，他荒淫无道，和大夫夏御叔的妻子夏姬有不正当的关系，不但自己死于非命，还差点让陈国灭亡。

卫康叔世家 第七（卫康叔、州吁、卫宣公、蒯聩）········· 112

这一篇有个令人叹息的故事：卫宣公将太子伋的妻子据为己有，还要派人害死太子伋。太子伋的弟弟子寿得知了这件事，就化装成太子伋的样子，替哥哥去死。太子伋知道后，也自投罗网，成了凶手的刀下鬼。

宋微子世家 第八（箕子、微子、宋襄公、宋君偃）········· 126

这一篇的重要人物是宋襄公，他有称霸天下的理想，却喜欢空谈仁义。在和楚国争霸的战斗中，迂腐的他不让士兵攻击渡河中的敌人，也不让士兵攻击没有排列好阵型的敌人，最终导致宋军因为贻误战机而惨败，他自己也受伤而死。

晋世家 第九（晋献公、晋文公、晋灵公、晋厉公）········· 143

晋国是春秋时代的大国，最有名的君主是晋文公。他流亡国外十九年，六十二岁时才返回晋国，成为一国之君。在执政期间，他赏罚分明，造福百姓，实行了一系列的改革措施，成为春秋时代的五位霸主之一。

吴太伯世家 第一

【解题】《史记》中的世家实际上大多数是一种地区史和国别史，本篇吴太伯世家主要讲述了古代中原文化向江南地区传播的过程：从寿梦称吴王开始，到吴王阖闾与楚国、越国争霸东南，以及吴王夫差北上中原与齐、晋争锋的历史。吴王夫差因为听信大夫伯嚭的谗言，逼死了忠诚而具有能力的伍子胥，还忽视内政，鲁莽地进行外争，最终导致了吴国的灭亡。

寿梦称王

吴太伯以及弟弟仲雍，都是周太王的儿子，也都是王季历的哥哥。季历很贤能，又有一个品德才华都很出众的儿子姬昌，太王想立季历做国君以便传位给姬昌，因此太伯、仲雍两个人就逃往荆蛮地区，在身上刺上花纹，剪断头发，表示自己已不可能做国君，以让位给季历。季历果真被立为国君，这就是王季，而姬昌也就成为周文王。太伯逃到了荆蛮，自己称他所在的地方叫句吴，蛮夷人认为他有节义，依从而归顺于他的有一千多家，拥立他为吴太伯。

太伯去世，因为他没有儿子，弟弟仲雍继位，这就是吴仲雍。仲雍去世，儿子季简继位。季简去世，儿子叔达继位。叔达去世，儿子周章继位。这时候周武王战胜了殷商，寻找太伯、仲雍的后代，找到了周章。周章已经做了吴国国君，武王就此把吴地封给他。武王还把周王朝的北面、从前夏朝都城的旧地封赏给周章的弟弟虞仲，让他位列受封的诸侯当中。

周章去世，儿子熊遂继位。熊遂去世，儿子柯相继位。柯相去世，儿子强鸠夷继位。强鸠夷去世，儿子馀桥疑吾继位。馀桥疑吾去世，儿子柯卢继位。

▶ 吴王光鉴·春秋

安徽博物院藏。吴王光鉴于1955年出土于安徽寿县，因做器者为吴王光而得名，应为吴王光为女儿叔姬出嫁蔡国而制作的媵器（古人为嫁女而制作的陪嫁物品）。鉴上有铭文52字，主要内容为说明做器原因，教导叔姬尊敬长辈、友爱同辈等。

柯卢去世，儿子周繇继位。周繇去世，儿子屈羽继位。屈羽去世，儿子夷吾继位，夷吾去世，儿子禽处继位。禽处去世，儿子转继位。转去世，儿子颇高继位。颇高去世，儿子句卑继位。这个时候晋献公灭掉了周王室北面的虞公，是因为虞公给晋国让开了道路去讨伐虢国。句卑去世，儿子去齐继位。去齐去世，儿子寿梦继位，寿梦继位后吴国开始强大，建号为王。

自从太伯创立了吴国，经过五代之后武王战胜殷商，封太伯的后代为两部分：其中之一是虞国，地处中原；另一个是吴国，地处蛮夷。经过十二代后，晋国灭掉了中原地区的虞国。中原地区的虞国被灭掉后又经两代，蛮夷地区的吴国就兴盛起来了。从太伯到寿梦一共经历了十九代。

◎ 兄终弟继

吴王寿梦二年，楚国逃亡在外的大夫申公巫臣因为怨恨楚国将领子反而逃奔到了晋国，又由晋国出使到吴国，教导吴国人乘车和战阵的方法，又让他的儿子做吴国掌管朝觐聘问、接待宾客的行人这一官职，吴国开始和中原各国交往。吴国派兵讨伐楚国。十六年，楚共王派兵来讨伐吴国，楚军到达了衡山。

▶ 吴王夫差盉·春秋

上海博物馆藏。盉是中国古代的一种酒器，古人用它来调和酒水的浓淡。这件吴王夫差盉造型古朴典雅，通体用细密规整的变形蟠蛇纹装饰，以三条突起的绳纹间隔，肩部有铭文12字，可知它是诸侯之一的吴国国君夫差为一女子而专门铸造的。

　　二十五年，吴王寿梦去世。寿梦有四个儿子，长子名叫诸樊，次子名叫馀祭，三子名叫馀眛，四子名叫季札。季札贤能，因此寿梦想立他为国君，季札辞让不接受，于是寿梦就立了长子诸樊，让诸樊兼理各项事务，执掌国政。

　　吴王诸樊元年，诸樊服丧期满脱去了丧服，要把国君的位置让给季札。季札拒绝说："曹国宣公去世了，各国国君和曹国人都认为新立的曹君杀太子夺位不符合信义，准备扶立子臧做国君，子臧逃走了，以此来成全新立的曹君，君子们评论子臧这样做是'能够恪守节义呀'。您从礼义上讲是嫡长子，应该继位做国君，谁敢冒犯您！做国君，不是我应有的节义。我季札虽然不成材，但愿意效法子臧的行为。"吴国人坚持要季札继位做国君，季札放弃

他的家室财产而去耕种，这件事才被放弃了。秋天，吴国讨伐楚国，楚国打败了吴国。

四年，晋平公刚刚继位。

十三年，吴王诸樊去世，留下遗嘱要把君位授给弟弟馀祭，想按照兄弟的排行次序传下去，一定要把君位传递到季札手上，以便满足先王寿梦的本意，并且嘉许季札辞让的节义，兄弟们希望依次传递君位，逐渐传递到季札。季札的封邑在延陵，所以他也被称为延陵季子。

吴王馀祭三年，齐国国相庆封有罪过，由齐国来投奔吴国，吴国将朱方县封给他，作为他收取租税以当俸禄的乡邑，还把宗室女子嫁给他为妻，使得他比在齐国的时候还富足。

❥ 大贤季札

吴王诸樊四年，吴国派遣季札访问鲁国。季札请求观赏鲁国保存的周代乐舞，鲁国乐工给他歌唱《周南》《召南》。季札听了以后就说："美好啊，王业开始奠定基础了，却还没有完成，然而百姓们勤劳而不怨恨。"

乐工给他歌唱《邶风》《鄘风》《卫风》之歌，季札说："美好啊！乐调深沉，忧愁而不窘迫。我听说卫康叔、卫武公的德行就是这样，这大概是《卫风》表现的内容吧？"乐工给他歌唱《王风》，季札说："美好啊，有忧思但不畏惧，恐怕是周王室东迁以后的乐曲吧？"乐工给他歌唱《郑风》，季札说："诗词讲男女间琐碎的事太过份，这样的风气民众不能忍受，这样的国家大概会先灭亡吧？"乐工给他歌唱《齐风》，季札说："美好啊，是非常宽宏的大国风度呀！能做东海各国表率的，大概是齐国的祖先姜太公吧？这个国家发展的前途是不可限量的。"乐工给他歌唱《豳风》，季札说："美好啊！无比博大，欢乐而不过度，大概是讲周公东征吧？"乐工给他歌唱《秦风》，季札说："这首乐曲就是华夏之声，能发出这种宏大之声，大到了极点，大概是周王室的旧乐吧？"乐工给他歌唱《魏风》，季札说："美好啊，轻灵飘逸呀，宏大而宽和，节俭又容易施行，用德政来辅助，就是英明的君主了。"乐工给他歌唱《唐风》，季札说："忧思

深远啊，也许有陶唐氏留下的遗风吧？不然的话，为什么会忧患感这么深远呢？不是盛德之人的后代，谁能够像这样！"乐工给他歌唱《陈风》，季札说："淫声放荡，无所顾忌；这样的国家还能长久吗？"乐工给季札歌唱《郐风》以下的乐曲，他没有进行评论。给他歌唱《小雅》，季札说："美好啊，哀思但不二心，有怨恨但不表现在言语上，大概是周王室的德政在衰败呢？但其中还有文、武、成、康等先王的遗民的风俗存在啊。"给他歌唱《大雅》，季札说："宽广啊，非常和谐，乐曲表现得抑扬顿挫但又有刚健劲直的本体，大概是文王盛德的表现吧！"给他歌唱《颂》，季札说："达到了最高的境界啊，旋律无私而不倨傲，婉转而不屈折，亲近而不压迫，疏远而不散漫，变化多端而不混乱，反复往来而不厌倦，自知天命哀伤而不愁恨，表现欢乐时恰到好处不流于放纵，行用德政而不感到匮乏，心地宽广而不张扬，能够施惠而不浪费，以道义取用而不贪婪，静处而不停滞，行动而不流荡。五声和谐，八音协调，节拍有一定的尺度，旋律有一定的次序，《周颂》《鲁颂》《商颂》这些乐曲所体现的盛德是相同的。"季札观看到《象箾》《南籥》的舞蹈，说："美好啊，但还是有遗憾。"看到《大武》的舞蹈，季札说："美好啊，周王室的兴盛大概就像这样吧？"看到《韶濩》的舞蹈，季札说："圣人是伟大呀，还为自己的德行惭愧，可见要做圣人是很难的呀！"看到《大夏》舞蹈，季札说："美好啊，为天下辛劳而不自以为德！不是大禹又有谁能达到这个地步呢？"见到《招箾》舞蹈，季札说："道德达到了极点啊，伟大呀，像天空一样无所不覆盖，像大地一样无所不承载，盛德已达到了极点，已经无法复加了。观赏音乐达到止境了，纵然还有其他的乐曲，我也不敢再去观赏了。"

季札离开鲁国，就出使到齐国，他劝告晏平仲说："你快些交还封邑与政权。没有封邑没有政权，才能免除祸难。齐国的政权将要有所归属；没有得到归属，祸难是没有终止的。"所以晏子通过陈桓子交还了封邑和政权，因而在栾施、高强相互攻杀的祸难中得以脱身。

季札离开齐国，出使到了郑国。见到子产，季札就好像与老友重逢一般。他对子产说："郑国掌管政权的人很奢侈，祸难将会来到，政权一定会转移到您身上。您掌握政权，要谨慎地运用礼仪治理国家。不然的话，郑国将会败亡。"

季札离开郑国，去往卫国。季札称赞蘧瑗、史狗、史鰌、公子荆、公叔发、公子朝等人："卫国有很多有教养的君子，是不会有祸患的。"

季札从卫国前往晋国，将在戚邑停宿，听到了用钟鼓作乐的声音，说："很奇怪啊！我听起来，像是有才辩争而又缺乏德行的人，这样的人一定会遭到杀戮的，孙文子对国君犯有罪过（驱逐卫献公到齐国），恐惧还来不及，哪里又有心思去享受怡乐。孙文子住在戚邑，就像燕子把鸟巢筑在帐幕上，太危险了。国君的尸体还停枢待葬，这时候怎么可以欢乐呢？"说完他就离开了卫国。孙文子听说这些话，从此改过，终身连琴瑟都不听了。

季札到达晋国，劝导赵文子、韩宣子、魏献子说："晋国的政权将要集中到三位大夫之家吧！"他将要离开，对叔向说：

▶ 延陵挂剑图·明·张宏

"您好好努力吧！国君奢侈而有很多良臣，大夫们都很富足，政权将会落到赵、韩、魏三家手中。您为人刚直，一定要想办法使自己免于祸难。"

季札刚出使的时候，在往北的途中造访过徐国国君，徐国国君很喜欢季札身上带的一把宝剑，但嘴上不好意思说出来。季札心里明白这件事，因为要出使中原的齐晋各国，因此没有把剑献给他。归途中季札到达徐国，徐国国君已经去世，季札就从身解下宝剑，把它系在徐国国君坟墓旁的树上后就离开了。随从他的人说："徐国国君已经去世，您把剑给谁呀？"季札说："不能这样说，当初我心里已经答应人家了，难道因为徐君死了就背弃我心里的许诺吗？"

王位争夺

七年，楚国的公子围杀死他的国王夹敖而自立为王，这就是楚灵王。十年，楚灵王会合诸侯国的军队攻伐吴国的朱方，来诛杀原来齐国的国相庆封。吴国也去攻击楚国，夺取三个邑后离去。十一年，楚攻伐吴国，到达了雩娄。十二年，楚国再次来攻

伐吴国，驻扎在乾溪，楚国军队失败逃跑。十七年，吴王馀祭去世，弟弟馀眛继位。吴王馀眛二年，楚国的公子弃疾杀死楚灵王而自立为王。

四年，吴王馀眛去世，想把君位传授给弟弟季札，季札退让，从国内逃走了。于是吴国人说："先王有命令，哥哥做国君去世了由弟弟接着继位，一定要把君位传给季札。季札如今逃走不愿继位，那么馀眛的后代继位，现在馀眛去世了，他的儿子应当继位。"就扶立了馀眛的儿子僚做国王。

吴王僚二年，公子光攻伐楚国，失败之后将乘坐的王舟丢弃了。公子光害怕，偷袭楚国，重新夺得了王舟才回国。五年，楚国逃亡的臣子伍子胥来投奔吴国，公子光以宾客之礼对待他。公子光，是吴王诸樊的儿子，他认为父辈兄弟四人，应当把国君之位传到季子。季子如果不接受国君之位，公子光的父亲应当是最先继位的，然后传位于他。他暗中收纳贤能之士，想着要利用他们袭击吴王僚。

八年，吴国派遣公子光攻伐楚国，打败了楚国军队，从居巢把楚国

前太子建的母亲迎回了吴国。吴国乘机向北进攻，打败了陈国、蔡国的军队。九年，公子光进攻楚国，攻占了居巢、钟离。当初，楚国边邑上的卑梁氏的少女和吴国边邑上的女子，因为采桑发生争执，两个女子的家庭恼怒互相仇杀，两国边邑的长官听说这件事，一怒之下就互相攻击，楚国攻占了吴国的边邑。吴王发怒，所以就攻伐楚国，占领了居巢、钟离后离去了。

伍子胥当初投奔吴国，用攻伐楚国能获得的好处劝说吴王僚。公子光说："伍子胥的父兄被楚王杀害了，他是想利用我吴国报自家的仇怨呀，我看不到进攻楚国会有什么好处。"就这样，伍子胥知道公子光别有所图，就找到刺客专诸，引见给公子光，公子光非常高兴，就以宾客之礼对待伍子胥。伍子胥退出政治活动用到山野耕种来等待专诸的行动。

十二年冬天，楚平王去世。十三年春天，吴国想借着楚国有丧事去攻伐它，派公子盖馀、烛庸领兵围困楚国的六邑、灊邑。同时派遣季札到晋国，以便观察诸侯国的强弱变化。楚国发动军队断绝了吴军的后路，吴国军队不能回国。这个时候公子光说："这个时机是不可丢失的。"他告诉专诸说："不去索取就不能得到！我是真正的王位继承人，应该继位，我想求得国君之位，季子即使回来了，也不会废除我的。"专诸说："吴王僚是可以刺杀的。他母

---- 音乐体系形成 ----

从传世的青铜器分析，中国古代"宫商齐奏、八音克谐"的音乐体系应形成于西周。十二律（又称十二律吕或律吕）形成于何时，尚无法明确界定。周景王（前544—前520）的乐师伶鸠在回答他的询问时提到十二律的名称是黄钟、大吕、太簇、夹钟、姑洗、仲吕、蕤宾、林钟、夷则、南吕、无射、应钟。同时提到宫、角、羽，指出"大不过宫，细不过羽"，虽未直接说出商、徵，但也表明五音（五声）的体系已经形成。后来加上变宫、变徵合称七阶。《左传·鲁襄公二十九年》记载吴公子季札曾用"五声和"来评论"颂"，时为公元前544年。

亲已老，两位公子领兵在攻打楚国，楚国断绝了他们的后路，现在吴国外面受到楚国围困，而内部没有刚强正直的大臣，没有人能奈何我们。"公子光说："都拜托您了，今后我的身躯，也就是您的身躯。"四月丙子日，公子光在地下室埋伏披甲的兵士，邀请吴王僚饮酒，吴王僚派兵陈列在道路上，从王宫到公子光的家中、院门、堂前台阶、堂后室的门和座席等地方，都布满了吴王僚的亲信，人人都手持着两刃短刀严阵以待。公子光假装生了脚病，进入地下室，让专诸把匕首放在烤熟的鱼腹中，再端去向吴王僚进献食物。到了吴王僚跟前，专诸随手取出匕首刺杀吴王僚，而两旁的兵士用短刀插入专诸的胸膛，就这样专诸刺死了吴王僚。公子光终于继位成了国王，这就是吴王阖庐。阖庐委任专诸的儿子做了卿。

季子回到吴国后，说："假若对先王的祭祀没有废除，民众没有丧失君王，社稷有人侍奉，这就是我的君主。我还敢去怨恨谁呢？哀伤死去的，侍奉活着的，来等待天命的安排，不是我发动的变乱，立为君主的

人我依从他，这是先人的常规。"季札去报告出使的情况，在吴王僚墓前痛哭，回到朝廷在自己的位置上等待命令。吴国公子烛庸、盖馀二人领兵在外遭遇楚国包围，听到公子光杀害了吴王僚自立为王，就率领他们的士兵投降楚国，楚国把他们封在舒邑。

吴楚交锋

吴王阖庐元年，任命伍子胥做主管朝觐聘问接待的礼宾官，使他参与谋划国家政事。楚国诛杀了伯州犁，伯州犁的孙子伯嚭逃亡投奔吴国，吴国任命他为大夫。

三年，吴王阖庐和伍子胥、伯嚭领兵攻打楚国，占领了舒地，杀死了吴国逃亡的将领盖馀、烛庸。阖庐计划攻打楚国的郢都，将军孙武说："民众疲劳，现在不可以，等待时机吧。"四年，吴国攻打楚国，取得了六邑和灊邑。五年，攻打越国，打败了越军。六年，楚国派囊瓦（子常）攻打吴国。吴国迎击楚国，在豫章把楚军打得大败，取得楚国的居巢以后回国了。

九年，吴王阖庐对伍子胥、孙武说："当初你们说过郢都还不可进入，

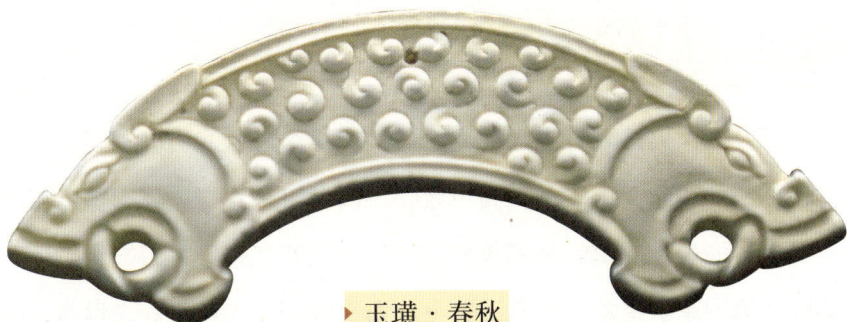

▶ 玉璜·春秋

现在攻打会怎么样？"二人回答说："楚国将领子常贪婪，而唐国、蔡国都怨恨他。大王想大举攻伐，必须联合唐国、蔡国才可以。"阖庐听从了这个意见，出动全国军队，和唐国、蔡国一道往西去攻打楚国，到达了汉水地界。楚国也发兵抗拒吴国，两国在汉水两岸摆开阵势。吴王阖庐的弟弟夫概想开战，阖庐不同意。夫概说："您已经把军队托付给我指挥，战事以取利为上策，还等待什么呢？"就用他的部下五千人袭击楚国，楚国军队大败，逃走了。于是吴王就下令追击楚军。等到抵达郢都，吴楚五次交战，楚国五次失败。楚昭王从郢都逃出，奔往郧县。郧县县令的弟弟想杀昭王，昭王和郧县县令又奔往随地。吴国军队进入郢都，伍子胥、伯嚭鞭笞楚平王的尸体来报杀父之仇。

十年春天，越国听说吴王已在郢都，国内空虚，就进攻吴国，吴国派出另外一支军队迎击越军。楚国向秦国告急，秦国派遣军队援救楚国，攻击吴军，吴国军队战败。阖庐的弟弟夫概看到秦国、越国都打败了吴国，吴王留在楚国不能撤离，就逃亡回到吴国后自立为吴王。阖庐听到了这个消息，就领兵回国，攻击夫概，夫概失败后奔往楚国。楚昭王在九月重新回到郢都，并把夫概封在堂溪，称作堂溪氏。十一年，吴王派太子夫差攻打楚国，取得番地。楚国恐惧，就把都城从郢城迁到都。

十五年，孔子代行鲁国相事。

13

吴越恩怨

十九年夏天，吴国攻打越国，越王勾践在檇李进行迎击。越国派出敢死队挑战，分三批冲到吴国阵前，高声大呼，然后自杀身亡。吴国军士目瞪口呆地看着这种情景，越军就乘机攻打吴军，在姑苏打败吴军，击伤了吴王阖庐的脚趾，吴国军队退却了七里，吴王因为伤病就此去世了。去世前，阖庐让太子夫差继位，对他说："你能忘掉勾践杀死了你的父亲吗？"夫差回答说："不敢忘记！"此后仅过了三个年头，夫差就报复了越国。

吴王夫差元年，任用大夫伯嚭做太宰，训练军队，以报复越国为志向。二年，吴王调动全部精兵去攻伐越国，在夫椒把越国打败，报了姑苏之战的仇怨。越王勾践率领甲兵五千人退居会稽山，派出大夫文种通过吴国太宰伯嚭讲和，请求把国家政权交给吴国，自己甘当吴国的奴仆。吴王夫差准备答应他，伍子胥劝谏说："从前有过氏杀了斟灌又去讨伐斟寻，灭掉了夏朝君王帝相。帝相的妃子后缗正怀有身孕，逃亡到有仍部落，就生下了少康。少康做了有仍部落的牧官。有过氏又欲杀死少康，少康逃奔到有虞国。有虞国思念夏朝的恩德，就把两个女子

▶ 苏州伍子胥像

苏州，古称姑苏，在春秋时代是南方诸侯国吴国的都城。作为姑苏城的营建者和吴国重臣，伍子胥本身的功绩和遭遇颇受后人赞赏和同情，今天的苏州建有胥王庙，立有伍子胥的塑像。

▶ 吴王诸樊戈 · 春秋

皖西博物馆藏。安徽六安九里沟第一轮窖厂 M41 出土。通长 24.3 厘米，援长 17 厘米，宽 3.4 厘米。胡背面有铭文 11 字："工吴王姑发者坂自乍元用。""姑发"就是吴王诸樊，吴王阖闾的父亲。

嫁给少康，并把他封在纶邑，有田地方圆十里，人众五百人。以后少康就收罗夏朝旧人，按照夏朝的官制给他们委任官职，派间谍进行刺探诱惑，最终灭亡了有过氏，恢复了夏禹的业绩，祭祀了夏的先祖同时也祭了天神，没有丧失夏禹的天下。如今吴国不如有过氏那么强盛，而勾践的力量又比少康要强大，现在不借着当前的有利形势而灭掉越国，还要宽赦它，这不是要为吴国的将来埋下灾难吗！而且勾践能够经受艰辛困苦，现在不消灭他，以后一定会后悔的。"吴王夫差不听伍子胥劝谏，反而听从太宰伯嚭的意见，答应了越国的请求，同越国盟誓后就撤兵离去了。

七年，吴王夫差听说齐景公去世后齐国大臣们争夺权势，新立的国君晏孺子权势虚弱，就出动军队向北去攻打齐国。伍子胥劝谏说："勾践吃饭不用两种以上菜肴，穿衣不取两种以上颜色，吊唁死去的人，慰问疾病的人，是想用这些民众达到某种目的。这个人活着，一定会成为吴国的祸患。如今越国是我们的心腹大患而您不加以处置，反倒去攻打齐国，这不是很荒谬吗！"吴王不听劝告，就往北攻打齐国，在艾陵打败了齐国军队。到达缯邑，吴王召见鲁哀公并向他征取牛羊猪各百头。季康子派子贡以周朝礼仪去游说太宰伯嚭，这件事才得以停止，吴军就此留下来略取齐国、鲁国的南部地区。九年，为驺国的事讨伐鲁国，到达后和鲁国盟誓才离开。十年，趁势攻打齐国而归。

十一年，再次向北去攻打齐国。

越王勾践率领他的部众来朝拜吴国，用很丰厚的礼物进献给吴王，吴王非常高兴，只有伍子胥感到恐惧，说："这是在抛弃吴国呀。"伍子胥进谏说："越国处在吴国的心腹之地，如今我们虽然战胜了齐国，但是像获取不可耕种的田地一样，没有什么用处。而且《盘庚之诰》说过，有狂乱不听命的人不要遗留他的后裔，殷商就是采用这个办法才兴盛起来的。"吴王不肯听从，派伍子胥去出使齐国，子胥把他的儿子托付给齐国的鲍氏家族，回来向吴王报告任务完成的情况。吴王听说子胥把儿子托付给齐国这件事后，勃然大怒，将属镂宝剑赐给伍子胥让其自裁。伍子胥将要自杀时说："请在我坟墓上种植梓树，让它可以长大做成器具。死后把

我的眼珠挖出来放在吴国都城的东门上，让我看到越国将来是如何灭亡吴国的。"

齐国的鲍氏杀死了齐悼公。吴王听说这件事，在军帐门外哭了三天，就从海路去进攻齐国。齐国人打败了吴军，吴王率领败兵回国。

十三年，吴国征召鲁国、卫国的国君在橐皋会盟。

吴国灭亡

十四年春天，吴王北上在黄池同各诸侯会盟，想在中原地区称霸来保全周王室。六月十一日，越王勾践进攻吴国。二十日，越国用五千人同吴军开战。二十一日，俘虏了吴王的太子友。二十二日，越军攻入吴国。吴国人把失败的事报告给吴王夫差，夫差不愿意别人知道越军进入吴国的事，有人把这件事泄露了出去，吴王大怒，把七个人斩杀在军帐下。七月六日，吴王和晋定公争当盟主。吴王说："从周王室的辈分说我吴国居长位。"晋定公说："从姬姓人的势力来说我晋国当过霸主。"晋国大夫赵鞅发怒，要发兵进攻吴国，吴王这才

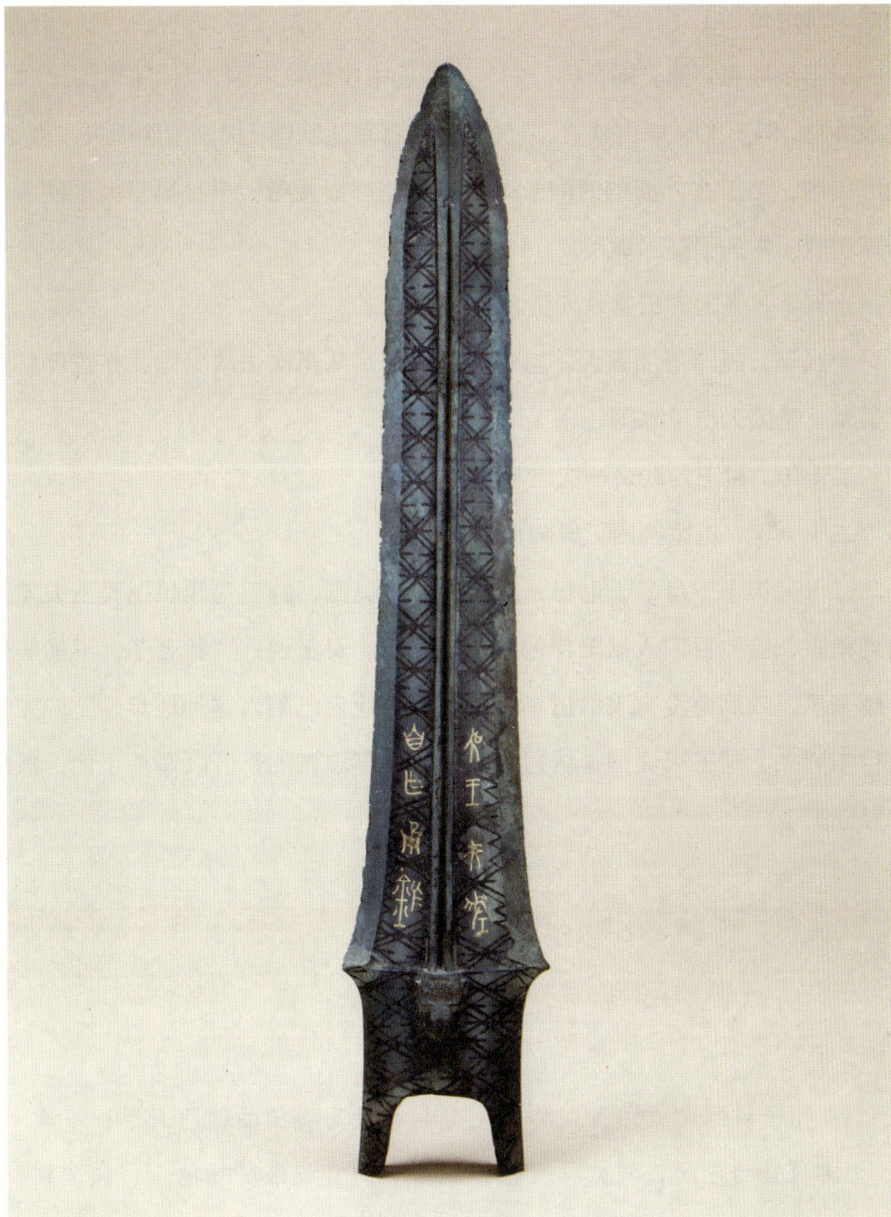

▶ **吴王夫差矛**

湖北省博物馆藏。1983 湖北江陵马山 5 号墓，长 29.5 厘米，矛身与剑身相似而较短，中线起脊，两面脊上均有血槽，血槽后端各铸一兽头。骹中空。骹口扁圆，口沿内凹。矛体满饰菱形几何暗纹。基部有两行 8 字错金铭文："吴王夫差自作用鈼。"据专家考证，鈼为矛属刺兵器。由此可知，此为吴王夫差自用，此矛冶铸精良，保存完好。

退让，晋定公当上了盟主。

吴王参加完会盟，同晋国分别，回国途中想进攻宋国，太宰伯嚭说："可以战胜它，但不能长期占领它。"吴王就领着军队回国。吴国刚刚损失了太子，内部空虚，君王在外面的时间长久，士兵们都很疲惫，于是吴王就派使者带着厚重的礼物去和越国媾和。

十五年，齐国的田常杀死了国君简公。

十八年，越国更加强大。越王勾践统率军队再次进攻吴国，在笠泽打败了吴军。楚国灭亡了陈国。

二十年，越王勾践又一次进攻吴国。

二十一年，越军围困了吴国都城。

二十三年十一月二十七日，越国打败了吴国，越王勾践想把吴王夫差迁徙到甬东，给他百户人家陪伴他居住在那里。吴王说："我老了，不能够侍奉越王了，我后悔没有采纳伍子胥的意见，让自己陷入这种地步。"说完他就自刎死去。越王灭吴国，认为太宰伯嚭是不忠诚的，所以诛杀了他，然后率军回国了。

太史公说

孔子讲到"太伯可以称得上是具有最高尚的品德的人了！多次把君位让给季历，民众简直找不到恰当的言辞来赞扬他。"我读到用古代文字写成的《春秋》，才知道中原地区的虞国和荆蛮地区的吴国是兄弟国家。延陵季子的仁爱之心使他有无穷尽的向往正义的品质，他看到事物细微的表象就可以分辨出它们的清浊本质。哎呀，这又是一个见识深远而且博学善辩的君子啊！

齐太公世家 第二

【解题】本篇记述了齐国这个"春秋首霸"的东方大国的发展过程——从太公吕尚受封齐国一直到田氏取代姜氏在齐国的统治，重点阐述了人心向背是政权更迭、国家盛衰的根本因素。此外，司马迁还系统地分析了齐国能在春秋诸国中脱颖而出的主要原因：自然地理环境优越，创立国家的统治者威望和能力出众，重要的继承者齐桓公任用人才、励精图治等等，极具参考价值。

君臣相遇

太公望吕尚是东海人士，他的先祖在尧舜时代曾经是四岳（掌管四方的诸侯）之一，曾经辅佐夏禹治水立下过汗马功劳。在舜、禹执掌部落联盟权力的时候，吕尚的一部分先祖被分封在吕地（今河南南阳市西），另一部分先祖被分封到申地（今河南南阳市北），姜姓成了他们的家族姓氏。到了夏朝和商朝，吕、申两地的姜氏封地被分封给了旁系子孙，一些姜氏的嫡系子孙变成了平民百姓，吕尚就是这些人的后代，因此姜姓才是他的本来姓氏，只是因为家族受封吕地，所以他被称作吕尚。

可能因为家道中落，吕尚青年时期的生活比较困顿，直到老年也没有走上仕途，进入贵族阶层，所以他打算用钓鱼的方式结识位高权重的周西伯姬发。一次，西伯准备外出打猎，出发前按照传统习惯进行占卜，卦辞说："将要猎获的不是龙不是螭，不是虎也不是熊，而是能帮助西伯成就霸王之业的良辅能臣。"于是西伯出城狩猎，果然在渭水北岸遇到了吕尚，两人进行了一番交谈，西伯感觉吕尚是难得的人才，就高兴地说："我祖父在位的时候就曾说'会有圣人来到我大周，部族也会因为此人而兴盛'。现在看来这个圣人就是指先生您吧，从我祖父太公开始我族就盼望您这样的人才啊！"所以吕尚被称为"太公望"。之后，西伯用自己的马车载着吕尚一起回到周族的领地，任命吕尚为统帅军队的官员。

关于吕尚的出仕经历还有一种说法，有人说他见闻广博，经历丰富，曾经以臣子的身份侍奉过商纣王。但因为商纣王暴虐无道，不是辅助的好对象，因此吕尚就离开了商朝。接着他游说了不少的诸侯，但没有遇到赏识他、器重他的人，所以才西行入周辅佐了周西伯。还有人说，吕尚原本是一位隐士，隐居在海滨。恰逢周西伯被纣王囚禁在羑里，周国的贤臣散宜生、闳夭知道吕尚才能出众，为了营救自己的君主，就将吕尚礼聘到西周。吕尚也觉得周西伯礼贤下士，贤名远播，因此作出了出仕周族的决定。此后三人为了救出周西伯，四下搜集绝色美女和奇珍异宝，再将其献给纣王，作为换回西伯的资本。后来西伯果然得到释放，返回了周国。以上这些关于吕尚如何出仕周国的说法虽然不尽相同，但归根到底都认为吕尚是周文王和周武王的军师。

在周西伯姬昌从羑里脱困，再到和吕尚秘密商量推翻无道的商朝政权，这些政治活动中运用了很多兵法权谋，所以后世人谈及周国的军事谋略和权谋之道时都认为太公是第一策划人，认为他是周国少有的军政双优的人才。在吕尚的辅助下，周西伯处理政务公正无私，很好地解决了虞、芮两国之间的争端，诸侯们都尊奉西伯为领袖，世人则宣称周西伯

▶ 姜太公青铜像

受命于天。后来，周国又成功地讨伐崇国、密须国、犬夷族，大规模地营建了都城丰邑。周国占据了天下三分之二的地区，兴起之势已经不可阻挡，其中太公吕尚的奇谋妙计起到了决定性的作用。

辅佐武王

文王驾崩，武王继位。武王九年，武王决心继续推进推翻商朝暴政的伟业，为了试探天下诸侯是否同心响应，决定起兵东伐纣王。军队出征前，被尊为"师尚父"的吕尚左手握着黄钺，右手持白旄誓师说："苍兕！苍兕！你们是统领舟船部队，负责帮助大军渡过黄河的将领，统帅好你们的部众和舟船！延误军期者，立斩无赦！"于是，大军出发，行至黄河渡口盟津（今河南孟州市南四十千米）时，八百多位诸侯率领各自的军队不约而至，他们纷纷高呼："终于可以讨伐纣王了！"武王却慎重地说："不可！时机还不够成熟。"武王就此知道了人心所向，与诸侯们举行了会盟誓师仪式，并在誓师仪式上宣读了与太公一起创作的《泰誓》（记载在《尚

渭滨垂钓图·明·戴进

这幅画描绘的是周文王拜访在渭水边隐居垂钓的姜太公，邀请他入朝辅政的故事。

书》中），而后与诸侯率军返回各自的国家。

又过了两年，纣王残杀了进谏的王子比干，又将另一位王子箕子给囚禁起来。武王与太公认为伐纣时机已经成熟，再次决定起兵讨伐纣王。出兵前，太史用龟甲占卜，卦象显示：不吉，风雨骤然降临。武王的兄弟们

21

▶利簋·西周早期

中国国家博物馆藏。1976年出土
于陕西省临潼零口公社。簋内底部
有4行铭文，计32字。记载周武王
征商，在甲子日上午击败商王军队的
史实。利簋是目前确知的最早的西周青
铜器。重要的是它还记录了当时的天象，
根据它所记载的天象，应用现代天文学推
算出的准确的商、周纪年，一改过去认为
武王伐纣的时间在公元前1100年左右，确
定为公元前1046。

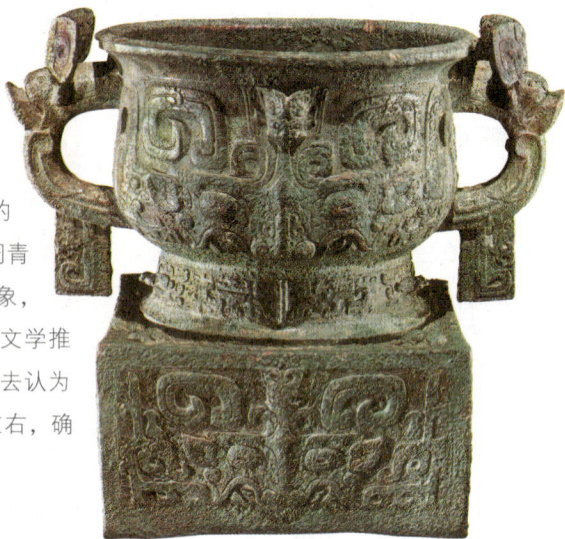

和股肱重臣都很忧惧，唯有太公力劝武王起兵，武王遂决然率军东征。武王十一年正月甲子日，周国与诸侯联军集结在牧野（今河南淇县南），举行了誓师仪式，然后与纣王的大军进行决战。纣王大败，仓皇逃回都城朝歌（今河南淇县东北），登上鹿台。武王率军追到鹿台，用剑斩下纣王的头，灭掉了商朝。次日，武王祭祀地神，股肱重臣们捧着清水庄肃地侍立在一旁，武王之弟、卫康叔姬封负责铺陈彩席，太公亲自牵来用以祭祀的牲畜，史佚手捧策书祷告，告诉神祇武王与诸侯联军之所以讨伐纣王，是因为纣王犯了哪些天怒人怨的罪过。完成祭祀之礼后，武王下令将鹿台里积聚的钱财和钜桥里储积的粮食，分发赈济贫民。同时又依礼加筑比干的坟茔，释放被囚禁的箕子。然后武王将象征王权的九鼎迁往周国，修明周国的德政，与天下百姓一起开创新的纪元。所有这些事情，太公谋划的居多。

◑受封齐地

武王平定商朝而称王于天下，封太公于齐国营丘（今山东淄博市临淄区北）。太公东行前往封国，一路行程迟缓。有天傍晚在旅社歇息时，一位旅客自言自语地感慨道："听说时机难得而易失，客居半途还寝居的这样安然，真不像是个去执掌国家的人

啊！"太公听到后，立刻收拾行装，连夜启程上路，黎明时就赶到了齐国。这时，恰巧莱国（今山东龙口市东南）国君莱侯率军前来进攻，与太公争夺毗邻莱国的营丘。莱国人也就是东夷族，他们趁着商朝灭亡天下初定，周朝还未能威服远方诸侯，因此来与太公争夺国土。

太公到了封国，修明政治，顺应齐人的风俗，简化礼仪，发展工商各业，使渔业和盐业生产更加方便人民取利。远近百姓听闻太公的善政，纷纷来到齐国定居，齐国由此成为强国。到了周成王年少即位时，管叔姬鲜和蔡叔姬度发动叛乱，淮河一带的夷族趁机背叛周朝。成王派召公姬奭出使齐国，对太公说："东到大海，西到黄河，南至穆棱，北至无棣，凡此疆域内五等爵位的诸侯和九州的方伯若有罪过，齐国都可以兴师讨伐。"齐国从此得到了代替天子征伐有罪诸侯的权力，成为名副其实的大国，以营丘作为都城。

太公在一百多岁时去世，其子丁公吕伋继位。丁公去世后，其子乙公吕得继位。乙公去世后，其子癸公吕慈母继位。癸公去世，其子哀公吕不辰继位。

哀公因为得罪了纪国（今山东寿光市南）国君纪侯，周天子听了纪侯的谗言后，将哀公烹杀，改立哀公之弟吕静为国君，是为胡公。周夷王时，胡公将都城迁到薄姑（今山东博兴县西北）。

哀公最小的同母弟弟吕山因为对胡公怀有怨恨，便与其党羽率领营丘人

┤ 繁荣的青铜器艺术 ├

春秋战国的青铜器艺术在工艺美术的各门类中都居于主导地位。青铜器种类主要有礼器、酒器、炊食器、乐器和兵器。其中许多青铜器是礼器，包含宗教和政治意义。为使这些青铜更加华丽，当时的工匠铸造时想方设法形成器表花纹，还利用金银等贵金属来装饰和嵌错器物，形成铜器画。铜器画主要分为镶嵌画和锥刻画，这取决于制作的工艺。铜器画的题材涉及建筑、车马、人物、鸟兽、战争、狩猎、宴饮各方面，生动地再现当时生产生活和政治活动的真实面貌。

对薄姑发动偷袭，弑杀了胡公。吕山自立为国君，是为献公。献公元年，献公将胡公的儿子们全部逐出齐国，将都城迁到临淄。

献公在位九年去世，其子吕寿继位，是为武公。武公九年，昏庸的周厉王引发民愤，周人群起围攻王宫，厉王被迫出逃到彘地（今山西霍州市东北）。第二年，周国朝政大乱，大臣暂代天子执政，号称"共和"。献公二十四年，周宣王成为天子。

武公在位二十六年去世，其子吕无忌继位，是为厉公。厉公为政暴虐，大失民心，所以胡公的儿子趁机偷偷回到齐国，争取到部分齐人的支持后，率兵攻打厉公。战斗中，厉公被弑，胡公的儿子也战死了。于是齐人就立厉公之子吕赤为国君，是为文公。文公即位后，将参与过弑杀厉公的七十人全部处死。

文公在位十二年去世，其子吕脱继位，是为成公。成公在位九年去世，其子吕购继位，是为庄公。

▶ **齐侯匜·西周晚期**

上海博物馆藏。匜是古代的一种盥洗器。此匜内腹底部铸有铭文 22 字："齐侯乍（作）虢孟姬良女宝匜，其万年无疆，子子孙孙永宝用。"虢孟姬是虢国君主的女儿，齐侯的夫人，"良女"是她的字，故知这件匜是齐侯特为其夫人而铸。

金错银青铜牺尊·春秋

山东齐国历史博物馆藏。这件牺尊于 1981 年出土于山东淄博市临淄区齐村。尊是盛酒的器皿，这件牺尊长 46 厘米，高 28.3 厘米，重 6.5 千克，整体形状仿牛形，昂首竖耳，偶蹄，由头颅、体、盖分铸而成。头顶及双目间至鼻梁上端镶嵌绿松石，眼球里是墨精石，眼上眉毛是各嵌 7 枚长方形绿松石块形。

庄公二十四年，犬戎攻杀了周幽王，周王朝被迫向东迁都到洛邑（今河南洛阳），秦襄公因为帮助周王室东迁有功，被封为秦国国君，秦国由此成为诸侯。庄公五十六年，晋国大臣潘父弑杀晋昭侯。

庄公在位六十四年去世，其子吕禄甫继位，是为釐公。

釐公九年，鲁隐公成为鲁国国君。十年后，鲁桓公弑杀其兄鲁隐公自立为鲁君。

釐公二十五年，北戎举兵进犯齐国。郑国派太子姬忽率军前来救援齐国，成功击走北戎。为报答郑国，巩固两国盟好关系，釐公提议将女儿嫁给姬忽，姬忽婉拒道："郑国小齐国大，身份地位悬殊，请恕我不敢接受

君侯的美意。"釐公就没有强求。

襄公无道

釐公三十二年，釐公的同母弟弟吕夷仲年去世，留下一个儿子名叫公孙无知。釐公非常宠爱公孙无知，在衣食车马等物质待遇上，让他享受跟太子同样的规格。

第二年，釐公也离开了人世，太子吕诸儿继位，是为襄公。

当初，襄公在做太子的时候，曾与公孙无知发生过争斗，因此继位的第一年，襄公就将公孙无知享受的一切待遇都给降低，公孙无知因此深怀怨恨。

襄公四年，鲁桓公携夫人来到齐国。鲁桓公夫人也就是襄公的妹妹，

25

是在釐公在位时嫁给鲁桓公的，出嫁前，她与襄公就已经有了私情。这次回国，鲁桓公夫人与襄公旧情复燃。不久，鲁桓公发现了他们兄妹之间不可告人的关系，非常愤怒地斥责了夫人。鲁桓公夫人恐惧之下，将此事告知了襄公。于是，襄公设宴请来鲁桓公，故意将他灌醉，然后派大力士彭生送鲁桓公出宫。彭生将昏醉的鲁桓公抱上车后，在车里将其杀害。鲁国人知道国君被杀，愤然对齐国提出抗议。为了向鲁国表示歉意，襄公又诛杀了彭生。

襄公八年，齐国出兵讨伐纪国，纪国被迫迁都避难。

当初，襄公派大夫连称和管至父率军驻守葵丘（今山东淄博市西），与他们约定，瓜熟时前往上任，等来年再到瓜熟时，便派人去接替他们。可是一整年过去后，襄公并没有派人到葵丘接替二人。当有人代他们向襄公请求派人去葵丘接替防务时，却被襄公断然拒绝。襄公十二年，愤怒至极的连称和管至父，决定联合公孙无知谋反。连称有个妹妹是襄公的姬妾，在宫中不得宠，连称就派人游说

妹妹帮忙窥探刺杀襄公的时机，并向她许诺说"事情成功后，公孙无知成为国君，就立你为国君夫人"。到了这年冬天十二月，襄公到姑棼（今山东博兴县附近）游玩，顺便就到不远的沛丘（今山东博兴县南）射猎。纵马驰骋之间，一头野猪冲了出来，随从中有人惊呼道："彭生！"襄公闻言大怒，一箭射向野猪，野猪中箭后却像人一样站立着嚎叫起来。襄公大惊，吓得从车上跌落，摔伤了脚，连鞋子也摔丢了。回到宫中，襄公迁怒于宫中管理鞋子的侍臣茀，打了侍臣茀三百鞭子。而连称的妹妹将襄公落车受伤的消息暗中送出去后，公孙无知、连称、管至父立刻率领党徒向宫廷发动进攻。三人来到宫门外，正巧遇上受完鞭刑走出宫门的侍臣茀。侍臣茀见三人带兵谋反，当即表示愿意加入，并且献计说："先不要这么大张旗鼓地攻进宫去，动静太大的话，救援君侯的军队很快就会赶来，到时可能功亏一篑，不如先让我回宫做内应。"公孙无知不相信他，茀就掀起衣服露出身上的伤痕来，这才取得公孙无知等人的信任。于是公孙无知等

▶ **鎛鎛·春秋**

器高大，呈上小下大的合瓦状。镂空扁钮作变龙吞噬翼兽状，翼兽上半身已被吞入口中，仅留长尾、后肢及生于股际的两短翼在外；器身两面有微凸螺状枚36个，篆间、鼓部均饰云雷纹。器身铸铭18行记载了鎛的祖先鲍叔有功于齐国，齐桓公赏赐鲍叔采邑的史实。鎛为了勉励自己，铸此乐器，以祭祀其亡母仲姜，并祝愿自己的子孙后代幸福。

人暂且等候在宫外，派茀先行返回宫中。茀进入宫门后，立刻跑向襄公寝宫，报告了公孙无知等人谋反之事，将襄公藏匿在了门后面。公孙无知等人在宫外等候良久，仍不见茀回报消息，担心出现了变故，就果断攻入宫中。茀集合起侍臣和宫中卫士反击公孙无知等人，然而众寡悬殊，很快就全部战死。公孙无知冲进襄公寝宫，到处都没有搜到襄公。这时有人看见门下面露出一双脚，拉开门一看，便发现了襄公。于是襄公被弑杀，公孙无知自立为齐国国君。

桓公元年春，公孙无知到大夫雍林管辖的地区游玩，雍林曾经受过公孙无知的侮辱，所以趁机报仇，将公孙无知诛杀。然后，雍林派人对都城里的大夫们说："公孙无知弑杀襄公自立，罪大恶极，臣已经将其诛杀。请大夫们在吕氏诸公子中选择贤能者立为国君，臣唯命是从。"

🔊 桓公即位

当初，襄公趁着醉酒杀害鲁桓公，与鲁桓公夫人发生不伦之情，沉溺女色；而且还频繁欺骗大臣，冤杀无罪之人，导致齐国上下离心离德。襄公的弟弟们担心会发生大祸连累到自己，所以先后逃离齐国。其中二弟公子纠因为母亲是鲁国人，所以投奔鲁国避难，管仲和召忽辅佐着他；三弟公子小白投奔到了东夷莒国（今山东莒县），由鲍叔牙辅佐着。小白的母亲是卫国人，曾经很受釐公宠爱，所以釐公也很爱小白。小白从小就与齐国最有权势的大夫高傒关系很亲密，当雍林诛杀了公孙无知，都城的大夫们讨论立谁为国君时，高傒马上联合另一家位高权重的贵族国氏暗中传讯给小白，让其尽快回国。而鲁国得知公孙无知被杀，也准备发兵护送公子纠回国继承君位。管仲想到公子小白肯定也正在飞速赶回齐国，所以抢先率领一支军队去截击小白。双方遭遇后，管仲一箭射中小白的腰部，小白倒在了车中。实际上，箭镞只是射进了小白的衣带带钩，小白不过是趁机装死，以欺骗管仲。管仲果然上当，派人快马加鞭将消息传到鲁国。鲁国人和公子纠以为大事已成，便不再着急赶路，花了足足六天时间才到达齐国边境。而这时候，小白早已经到达临淄，被高傒为首的大夫们拥立为国君了，是为桓公。

桓公得知鲁国军队护送着公子纠正在向着临淄赶来，立刻发兵阻击鲁军。当年秋季，齐、鲁两军在乾时（今山东淄博市西南）发生交战，鲁军战败，齐军分兵截断鲁军归路，将鲁军包围。桓公派人给鲁君送去一封信说："我与公子纠是兄弟，不忍心亲手杀他，就请鲁国代劳吧。召忽和管仲，都是我的仇人，请将他们送回齐国，好让我把他们剁成肉酱来雪恨。不

▶ **齐桓公像**

齐桓公任管仲为相，推行改革，实行军政合一、兵民合一的制度，齐国逐渐强盛。公元前681年，齐桓公在齐国北杏（今山东聊城东）召集宋、陈、蔡、邾等诸侯会盟，是历史上第一个代替周天子充当盟主的诸侯。

然的话，齐军必将攻入鲁国。"鲁国人接到信后，非常忧惧，就派人将公子纠杀死在笙渎（今山东菏泽市北）。召忽得知公子纠被杀，自杀殉节，管仲被押上囚车送回齐国。此前，桓公刚即位发兵阻击鲁国时，一心想要杀死管仲报仇。鲍叔牙劝谏桓公说："臣很庆幸能一直侍奉在君侯身边，看着君侯得以继承社稷。如今君侯已经贵为国君，臣没有什么本事能让君侯更加尊贵了。如果君侯只是想治理好齐国，那么只需任用臣及高傒就足够了。如果君侯有志向成就霸王之业，那就非得管仲辅佐不可。管仲在哪个国家哪个国家就会强盛，如此贤才不可错失啊！"听了这番话，桓公才改变主意，假装要让鲁国送回管仲好报仇，实际上是想重用管仲。管仲心中早已猜到桓公之意，所以才心甘情愿登上囚车回国。得知囚车进入齐国境内后，鲍叔牙亲自前往迎接，跟鲁国人完成交接后，行到堂阜（今山东蒙阴县西北）时鲍叔牙就帮管仲除去了手铐脚镣。进入临淄后，管仲斋戒沐浴，跟着鲍叔牙去觐见桓公。桓公以非常隆重的礼仪任命管仲为大夫，让

他来主持国政。

桓公在管仲、鲍叔牙、隰朋、高傒等贤臣的辅佐下，修明朝政，推行以五家为基层单位的军事组织，发展商业流通，促进渔业、盐业的生产，赈济贫苦百姓，选拔奖赏贤能之辈，民心大悦。

桓公二年，齐军讨伐并消灭了郯国（今山东郯城县西南），郯国国君郯子逃奔莒国。当初，桓公逃离齐国时曾路过郯国，郯子对桓公无礼，所以桓公才举兵讨伐他。

桓公五年，齐军攻打鲁国。鲁军将要战败时，鲁庄公请求将遂邑（今山东宁阳县西北）割让给齐国来议和。桓公准许，邀请鲁庄公在柯地（今河南内黄县东北）会面订立盟约。在会盟仪式上，鲁庄公刚想盟誓，鲁国大夫曹沫突然用匕首劫持了桓公，威胁桓公说："请君侯答应将侵占的鲁国领土都还给鲁国！"桓公被迫答应。曹沫遂放下匕首，又面朝北站到了臣子的位置上。桓公羞愤难忍，想要反悔，不仅不想归还侵略的鲁国领土，还要杀掉曹沫。这时，管仲悄悄劝说桓公："刚才被劫持之下答应了

曹沫的要求，现在被释放后便违背许诺杀掉曹沫，不过是发泄一下私愤，逞一时之快罢了。齐国却会在天下诸侯间丢掉信用，若因此失去天下的声援，那就太得不偿失了。"于是，桓公听从了管仲的意见，将曹沫率军三次战败所丢失的鲁国领土都还给了鲁国。诸侯们听说了这件事情后，全都认为齐国是恪守信义的国家，纷纷想要依附齐国。

❀春秋首霸

桓公七年，诸侯与桓公在卫国的甄地（今山东甄城县北）会盟，桓公由此开启了霸业。

桓公十四年，陈厉公之子陈完，号"敬仲"，为逃避杀身之祸，来到齐国避难。桓公见陈完贤德，本想任命他为卿大夫，后来在陈完的坚决推辞下，就任命他为工正，负责掌管工匠造作。陈完，也就是后来取代姜齐政权的田成子田常的祖先。

桓公二十三年，山戎族（即春秋时期中国北方少数民族北戎，主要活动于今河北北部地区）大军忽然进攻燕国，燕国紧急向齐国求援。桓公立刻率军驰救燕国，乘胜北伐山戎，一直打到孤竹（今河北卢龙县境）才回军。燕庄公非常感激齐国，亲自一路护送桓公回国，直到进入齐国国境才停住马车。分别时，桓公对燕庄公说："按照礼制，如果不是恭送天子，诸侯之间相送是不能送出国境的，我不能对君侯无礼。"于是，桓公命人挖沟为界将燕庄公送行所到之处的土地全部割赠给了燕国，叮嘱燕庄公努力修明燕召公时期的仁政，按时向周天子进贡，一切按照周成王和周康王时期的礼仪来做。中原的诸侯们听说了此事后，认为桓公尊王攘夷，救急扶危，齐国是可以倚靠的国家，从此全都服从桓公的号令。

桓公二十七年，桓公的妹妹，也就是鲁滑公的母亲哀姜，与鲁国宗室大夫公子庆父有了私情。庆父谋逆弑鲁滑公后，哀姜打算扶立庆父为鲁国国君，但大夫们却拥立了鲁釐公。桓公得知哀姜不守礼仪，导致鲁国内乱，便将哀姜召回齐国处死。

第二年，北方少数民族北狄大举入侵卫国，杀死了卫懿公，卫国遣使向齐国告急。桓公即刻召集中

▶ 齐侯子行匜·春秋早期

中国国家博物馆藏。匜前有长流，后有龙形卷尾鋬，曲口圜底，下有四个兽头蛇身扁足。口沿饰窃曲纹，腹饰瓦纹。内底铸铭文16字："齐侯子行作其宝匜，子子孙孙，永宝用享。"

原诸侯，合兵救援卫国，帮助卫人营建起一座新城——楚丘（今山东曹县东南），并与诸侯共同扶立卫文公为卫国新君。

桓公二十九年，桓公与夫人蔡姬在船上戏耍时，蔡姬仗着水性娴熟，左右摇晃船只逗弄不识水性的桓公。桓公吓得双手抓紧船舷，大声呵止蔡姬，蔡姬不听，仍故意晃动船只。等到船只靠岸，桓公一怒之下，将蔡姬赶回了蔡国，但没有休弃她。蔡缪侯见妹妹蔡姬被齐国赶了回来，也很愤怒，就将蔡姬改嫁他人。消息很快传到齐国，桓公大怒，向蔡国兴师问罪。

第二年春天，桓公亲率诸侯联军攻入蔡国，蔡军溃败，桓公乘胜挥师进攻楚国。楚成王起兵迎战，派使者责问桓公："敢问君侯为何无缘无故侵犯我国的领土？"管仲义正辞严地代桓公回答道："当年，天子命召康公对齐国的开国之君太公说'五等爵位的诸侯和九州方伯若有罪过，你都能举兵征讨，以辅卫大周'。当时赐许齐国能够征讨的疆域范围，东到大海，西到黄河，南至穆陵，北至无棣。如今楚国竟违背礼制，不按时向天子进贡包茅（一种茅草，又叫菁茅，用于过滤祭酒），使天子祭祀时祭品不够，所以我们来向

31

你们问责。其次，（周）昭王南巡时没能安全返回国都，这是我们来到贵国的第二个原因。"楚国使者回去复命后，楚成王思虑出对辞，又派使者前来传话："没有按时向天子进贡，确实是寡人的罪过，以后一定不敢再让天子祭祀缺乏祭品了。至于昭王为何南巡后没能安全返回国都，这你们就要去责问汉水岸边的国家了。"为了进一步逼迫楚国屈服，桓公继续进军，军队驻扎在陉地（今河南新郑西南）。到了夏季，楚成王见桓公无退兵之意，派屈完率军逼近齐军，齐军退屯召陵（今河南漯河市郾城区）。桓公邀请屈完在齐军大营相见，骄傲地向他展示自己军队的强大。屈完不卑不亢对桓公说："如果君侯用仁义来统御这样的军队当然无往而不胜，若不是这样，我楚国以方城（今湖北江陵县东）作为城垒，以长江、汉水作为壕沟，守险而战，试问君侯的大军又如何前进？"桓公见楚国有誓死抗敌之心，于是适可而止，与屈完订立盟约后，撤军返回齐国。齐军本来要路过陈国，陈国感到恐惧，其大夫袁涛涂用计欺骗齐军从东方绕路走。没想到齐军知道陈国使诈，所以这

▶ 齐侯盘·东周

美国纽约大都会艺术博物馆藏。1893 年河北易县出土。盘高 8.3 厘米，口径 43.8 厘米。通体呈绿色，唇口、弧腹、圆底、高圈足，腹部两侧有对称半环形耳。通体光素无纹饰，内底有铭文 34 字。与齐侯敦、齐侯匜为同一窖藏出土，是齐侯为女儿出嫁制造的青铜器。

年秋天，齐军就讨伐了陈国。这一年，晋国太子申生在晋国内乱中被杀。

桓公三十五年夏，桓公与中原诸侯在葵丘（今河南民权县）举行会盟，周襄王派宰孔赐给桓公祭祀文王和武王的祭肉，以及表示代替天子专征之权的彤弓（涂朱漆的弓）、彤矢（涂朱漆的箭），还有诸侯朝拜天子时专乘的大路车驾（又称金路车）。遵照襄王的旨意，宰孔命桓公承受这些赐物时无须跪拜。桓公本来想不跪拜，但管仲提醒桓公要表现出谦虚谨慎，要跪拜接受，桓公还是跪拜承受赏赐。到了秋季，桓公又在葵丘会盟诸侯，天子再次派遣宰孔赴会。这一次会盟，桓公言谈举止之间，愈发显露出骄矜之态，诸侯们逐渐开始叛离齐国。晋献公因为生病，没来得及参加会盟仪式，半路上正好遇上参加完会盟仪式返回周国的宰孔，宰孔对晋献公说："齐侯在会盟上尽显骄矜得意之色，骄则无礼，无礼则不能奉守仁义之道，可以不必赴会了。"于是晋献公就返回了晋国。这一年，晋献公去世，晋国大夫里克先后杀掉年幼的新君奚齐和卓子。而秦穆公凭借其夫

人是晋国人的缘故，打算干预晋国事务，就联合里克扶立晋献公的儿子夷吾为晋君，是为晋惠公。与此同时，桓公得知晋国发生内乱后，也率军到达晋国高梁（今山西临汾市东北），打算干预晋国内政。当看到秦晋联合拥立了晋惠公，桓公就顺势派隰

——《战国策》——

《战国策》是记录战国时代游说士人进行策略活动的史书，内容涉及周、秦、齐、楚、赵、魏、韩、燕、宋、卫、中山诸国。时间上接春秋，下至秦并六国。全书共33篇，按国别划分，以记言为主。《战国策》基本内容是战国时代谋臣策士纵横捭阖的斗争及其有关的谋议或说辞，主要反映的是纵横家的思想和观点。它允许朝秦暮楚、背主求荣，忠、义、智、信可以抛弃，凡事要以成就功名利禄为标准。这种观点为儒家所唾弃，但在群雄逐鹿的战国时代，却能被统治者所接受。《战国策》长于说事，富有文采，其中很多寓言形象鲜明、寓意深刻，是中国文学宝库中璀璨的明珠。

朋去支持晋惠公继承君位，然后才率军回国。

当此之时，周天子权威衰弱，天下唯有齐、楚、秦、晋四国最为强大。晋国刚想参与会盟诸侯的大事，献公就去世了，随之国内发生动乱。秦国则因为距离中原遥远，不参与中原诸侯会盟。楚成王这时刚刚收服荆州地区的蛮族，以夷狄习俗治国，也不参与中原事务。所以只有齐国积极领导中原诸侯举行会盟，而且桓公又能推行德政，所以诸侯们才都听从齐国号召前来会盟。于是，桓公向大夫们自伐其功业说："寡人举兵向南方征伐，到达过召陵，望见过熊耳山；向北方用兵，征服过山戎、孤竹和离枝（今河北迁安西）；西征过大夏（今甘肃临洮西北），远涉流沙；还曾停好车马，登上过太行山，一直巡行到卑耳山（今山西平陆西北）才返回。诸侯莫敢违抗寡人的号令，寡人领导过三次诸侯军事会盟，六次诸侯和平会盟。九合诸侯，一匡天下。从前夏商周三朝开国之君承受天命建立的功业，也没有超过寡人今日成就的吧？我想去泰山举行祭祀天地的封禅

大礼，大家意见如何？"管仲极力进谏，劝阻桓公，但桓公拒不听从。最后，管仲不得以对桓公说，必须得到远方的稀奇珍贵之物以彰显盛德才能祭祀天地，桓公这才罢休。

桓公三十八年，周襄王的弟弟姬带与犬戎、北狄合谋攻打周王室，桓公派遣管仲率军救援，赶走了戎狄。为酬谢齐国，襄王打算用招待上卿的隆重礼节对待管仲，管仲诚惶诚恐地跪倒叩头婉拒说："臣不过是小小的陪臣（诸侯是天子之臣，诸侯之臣即天子之陪臣），怎敢承受如此厚重的礼遇！"但襄王执意要以上卿之礼招待他，管仲前后三次坚决礼让，才接受了下卿规格的礼节待遇。第二年，姬带害怕襄王问罪，逃来齐国避难。桓公派大夫仲孙去朝见襄王，替姬带求情。襄王怒气难消，不肯听从齐国的调解原谅姬带。

桓公之死

桓公四十一年，秦穆公在韩原之战中俘虏了晋惠公。不久，又释放晋惠公返回了晋国。这一年，管仲和隰朋先后离开了人世。管仲在临终前，

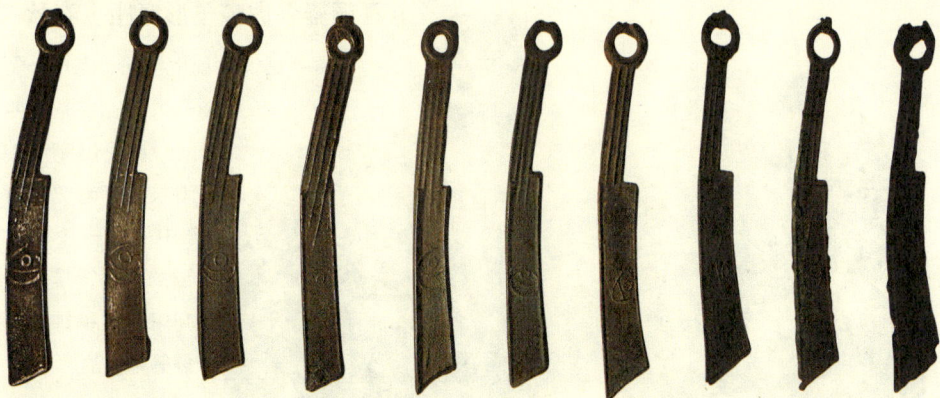

▶齐国刀币

齐国是春秋时期的东方大国，因为濒临大海，得渔盐之利，因此国力强盛、军事发达、经济繁荣。齐国繁荣的商业贸易，促成了发达的货币文化。齐国铸造流通了一种形状像手工业和日常生活使用的工具青铜刀——当时人称为"刀币"的青铜铸币。

桓公去探视病情，问他："君一旦弃寡人而去，群臣中谁可继承相位？"管仲答道："还是君侯更了解群臣。"桓公问："任用易牙如何？"管仲摇摇头："此人杀掉儿子取悦国君，违背人伦之情，不可重用。""那开方如何？"桓公又问，管仲又摇头："此人背弃亲族来迎媚国君，同样是违背人情，也不可重用。""竖刀又如何呢？"桓公继续问，管仲还是摇头："此人自残身体来亲近国君，也是违背正常的人情，不可重用。"可是，等到管仲去世后，桓公就将管仲的忠言当成了耳边风，宠信重用了这三个人。这三个奸佞之臣，很快就总揽了齐国朝政大权。

桓公四十二年，戎族又侵略周王室，天子向齐国告急，桓公命诸侯各自派兵戍守周王室。这一年，晋献公的儿子公子重耳来到齐国避难，桓公给予了他很高的礼遇，并选出一位宗室的女儿许配给重耳为妻。

桓公先后有过三位夫人，分别是王姬、徐姬和蔡姬，三人都没能生下子嗣。而桓公贪爱女色，宫里有很多受宠爱的姬妾，其中地位相当于夫人的有六人：长卫姬，生下了公子无诡；少卫姬，生下了公子元，也就是后来的惠公；郑姬，

这件青铜器活灵活现地再现了老虎扑倒小羊后张开大口，准备撕咬的瞬间，展现出高超的铸造技巧。老虎的背部中间有一个正方形的铜插，推测是用来悬挂编钟或石磬等乐器的底座。

生下了公子昭，也就是后来的孝公；葛嬴，生下了公子潘，也就是后来的昭公；密姬，生下了公子商人，也就是后来的懿公；宋华子，生下了公子雍。管仲在世时，与桓公立公子昭为太子，将其托付给宋襄公。而易牙受到长卫姬的宠信，又通过阉人竖刀向桓公进献了厚礼，博得了桓公恩宠，并促使桓公跟长卫姬许诺，将来会让公子无诡继承君位。等到管仲一去世，五位公子及其党羽都拼命活动起来，争夺储君之位。这年冬季十月乙亥日，桓公忽然去世。易牙得知桓公去世的消息，抢先入宫，与竖刀依靠宫中的掌权内侍，将不肯依附他们的大夫全部残杀，拥立公子无诡登上了君位。太子昭听到宫中生变的消息，仓促逃去宋国避难。

在桓公病重期间，五位公子就已经势成水火了，桓公一去世，他们立刻就互相残杀起来，以致宫中空虚，没人敢收敛桓公的遗体。桓公的遗体在床上停放了六十七日之久，连遗体生出的蛆虫都爬到了门外。直到十二月乙亥日，公子无诡终于在血腥争斗中登上君位，才收敛了桓公的遗体，发布了讣告。辛巳日夜里，匆匆举行了装敛停柩的丧礼。

桓公一共有十几个儿子，最后相继继承君位的共有五位：公子无诡夺得君位三个月后就死了，没有谥号；接着依次继位的是孝公、昭公、懿公和惠

公。孝公元年三月，宋襄公率领诸侯联军为护送太子昭夺取君位而讨伐齐国。齐国人恐惧之下，就杀死了无诡，迎立太子昭。但其他参与夺位的四位公子不甘心太子昭继位，就率领党羽联合起来攻打太子昭。太子昭力不能敌，逃奔到宋襄公的军营，于是宋军进攻四位公子。五月，宋军击败齐国四位公子的军队，成功扶立太子昭为齐国国君，是为孝公。此次，宋襄公出兵伐齐的名义，正是受桓公和管仲的托付护卫齐太子。因为夺位的内乱，直到八月份，桓公才得以入土安葬。

❧齐晋相争

孝公六年春，因为宋襄公自己想称霸，没有到齐国参加诸侯会盟，也就是不承认孝公的霸主地位，因此孝公派兵讨伐宋国。到了夏季，宋襄公就去世了。第二年，晋文公成为晋国国君。

孝公在位十年去世，卫公子开方将孝公之子杀害，拥立孝公之弟公子潘为君，是为昭公。

昭公元年，晋文公在城濮之战中打败楚国，与诸侯在践土（今河南原阳县西南）举行会盟，然后一起朝见周天子，周天子承认了晋国的霸主之位。

昭公六年，北方的翟人趁着齐国衰弱，攻打了齐国。这一年，晋文公去世，秦军在崤之战中被晋军打败。昭公十二年，秦穆公去世。

昭公十九年五月，昭公去世，其子公子舍继承了君位。不过，因为公子舍的母亲不受昭公宠爱，所以公子舍无法威服国人。此前，昭公的弟弟公子商人在桓公去世时争夺君位失败后，暗中结交贤能之士，对百姓亲厚仁慈，很得百姓敬爱。公子商人见齐君舍登位后，孤立无援，又无民心支持，所以在十月份趁着齐君舍到昭公墓前祭拜时，率党羽杀了齐君舍，而后自立为君，是为懿公。

当初，懿公还是公子时，与丙戎的父亲一起去狩猎，两人因为抢夺同一猎物发生了争执，最后是丙戎的父亲成功夺取了猎物。等到懿公成为国君后，马上衔恨报复，下令砍断了丙戎父亲的双足，还让丙戎做了自己的仆人。而庸职有一位非常美丽的妻

子，结果被懿公看中后纳入宫中，并让庸职做了自己的骖乘（古指陪乘在左右的人）。懿公四年五月的一天，懿公到申池（今山东淄博西）游玩，丙戎与庸职也跟随而去。两人在沐浴时开玩笑，庸职讥讽丙戎说："嘿！你是断脚之人的儿子！"丙戎则反口讥讽道："嘿！你是被夺去妻子的丈夫！"两人各自被说到痛处，一下子都沉默起来，心中充满了对懿公的怨恨。于是二人合谋，决定报复懿公。他们趁着侍奉懿公到竹林游玩，没有侍卫跟随的时机，将懿公杀死在车上，弃尸竹林后逃走。

懿公登上君位以来，骄奢自满，早就失去了民心。所以齐人得知懿公被弑后，废黜了懿公的儿子，迎立在卫国避难的公子元为君，是为惠公。

惠公二年，长翟人来进犯齐国。大夫王子城父率兵击败长翟人，斩下其首领的头颅，埋在都城北门。这一年，晋国人赵穿弑晋灵公。

惠公在位十年去世，其子公子无野继位，是为顷公。惠公生前非常宠信大夫崔杼，惠公去世后，贵族高氏和国氏因为忌惮崔杼膨胀起来的权

势，于是合力将其驱逐出齐国，崔杼被迫逃到卫国避难。

顷公元年，楚庄王领导下的楚国国力强大，首先讨伐了陈国。第二年又包围了郑国都城，迫使郑襄公投降，之后又将郑国还给了郑襄公。

顷公六年春，晋国派大夫郤克出使齐国。顷公接见郤克时，顷公的母亲萧桐叔子正好从楼上的帷幕后面看见了郤克。郤克生来驼背，走路姿势有点特别，萧桐叔子就忍不住大声嘲笑起来。郤克对此深以为恨，发下重誓说："不报此仇，我此生绝不再渡过黄河！"回到晋国后，郤克立即向晋景公请求讨伐齐国，晋景公没有答应。过了段时间，齐国也派使者出使晋国，齐国使者返回时，郤克在河内（今河南沁阳市）绑架了他们，杀掉了四个齐国使者。顷公八年，晋军终于讨伐齐国，顷公被迫交出公子强到晋国做人质，晋军这才退兵。顷公十年春，齐国发兵讨伐鲁国和卫国，鲁、卫两国大夫到晋国来求援时，都首先拜访了郤克，通过郤克取得了晋国答应出兵的承诺。于是，晋国派郤克为中军主将，士燮为上军将军，栾书为

下军将军，统率八百辆兵车救援鲁国、卫国，讨伐齐国。六月壬申日，齐军与晋国在靡笄山（今山东济南南部）下相遇。癸酉日，两军在鞌地（今山东平阴县东）摆开阵势。顷公亲自上阵率军作战，命逢丑父站在自己战车的右侧。战斗将要开始时，顷公自信满满地大声宣布："杀向晋军！击溃晋军后全军聚餐庆功！"于是战斗开始，双方兵车交逐厮杀，齐军射箭射中了郤克，鲜血涌出，一直流到了鞋子上。郤克想要暂且退回壁垒包扎伤口，但是驾驶他战车的车夫却高声说道："我刚驾车深入敌阵那会儿，身上就有了两处伤口，都一直忍着没敢声张。将军身为主帅若因伤退入壁垒，恐怕全军斗志都会受挫，希望将军忍一忍吧！"于是郤克带伤继续战斗。战斗进行到最激烈的时候，齐军的状况开始变得危急起来。逢丑父怕顷公被晋军俘虏，就与顷公调换了在战车上的位置，让顷公假扮站在车右侧的武士。后来，战车奔驰中，被树枝挂住动弹不得。晋军小将韩厥追击上来，伏在顷公战车前，出言戏弄说："寡君（对自己国君的谦称）派臣率军来救援鲁国和卫国。"逢丑父冒充顷公，命顷公下车去帮他取水喝。顷公借机逃走，成功回到自己的军营。

┤ 商业都市临淄 ├

　　春秋战国时期商业的发展重点是统治阶级居住和为他们服务的人群集中的城市，除了各国的都城，位于交通枢纽的货物集散地也形成了规模不等的城市。这里以商业发展较早的齐国都城临淄为例。《史记·齐太公世家》载，西周初年姜太公封齐后，注重发展工商渔盐业，使"人民多归齐"。春秋时期的齐国都城临淄已是热闹非凡，当时相国晏婴的住宅靠近街市，"湫隘嚣尘，不可以居"，同僚建议他搬家，晏婴却以"朝夕得所求"（购物方便）为由谢绝。到战国时，临淄住户达 7 万，"其民无不吹竽鼓瑟，弹琴击筑，斗鸡走犬，六博蹋鞠者。临淄之途，车毂击，人肩摩，连衽成帷，举袂成幕，挥汗如雨。家殷人足，趾高气昂"，可见当时临淄的繁华景象。

▶ **玉扁长条形饰·春秋**

南阳市文物考古研究所藏。青白玉，有浅褐色沁斑，温润细腻，微透。两面纹饰相同，上下各琢一顾首龙纹。有一通穿。春秋时期玉器已经脱离了西周时期严格的束缚，开始朝着全新的方向发展，纹饰更细腻，造型更新颖。

韩厥俘虏逢丑父回到晋军大营见郤克，郤克当即猜到逢丑父用计欺骗了韩厥，就想杀掉逢丑父泄愤。逢丑父道："勇于代替国君牺牲反而被杀害，以后还有谁会忠于自己的国君呢！"郤克放了他，逢丑父得以逃回齐国。此战之后，晋军乘胜追击齐军直到马陵（今山东郯城县），顷公遣使见郤克说，愿意献出珍重的礼器谢罪。郤克严词拒绝，开出的议和条件是，齐国必须将萧桐叔子交给晋国，并且将齐国田地的田垄走向全部改为东西走向（这样就方便了晋军战车由西向东行驶）。齐国使者据理力争说："叔子是齐君的母亲。齐君母亲的地位如同是晋君的母亲，将叔子送去晋国，晋国打算用什么礼节来安置叔子呢？况且，将军是率领救援鲁、卫的仁义之师来到这里，现在却要倚仗兵威来强人所难，以残暴之举来完成这次战事，这么做真得合乎情理吗？"郤克听了这话，无法辩驳，最终同意了齐国的议和条件，但是要求齐国必须将侵占的国土还给鲁国和卫国。

崔杼之乱

顷公十一年，晋国为了奖赏鞌之战有功的大夫们，开始设置六卿官制。顷公按照朝见天子的礼节去朝见

晋景公，想要尊奉晋景公为王，晋景公不敢承受，以礼接待顷公后，将顷公礼送出境。顷公回到齐国后，励精图治，将圈占山林原野为禁苑的命令都解除掉，将这些土地分配给百姓，并在全国降低税赋征收标准，用心倾听民间疾苦，倾尽府库中的粮食来救济贫苦百姓，民心大悦。与此同时，顷公无论与大国还是小国诸侯交往，都极尽礼数。故而顷公在位期间，百姓亲附国君，任何国家也不敢冒犯齐国。

顷公十七年，顷公去世，其子公子环继位，是为灵公。

灵公九年，晋国六卿之一的栾书将晋厉公弑杀。第二年，晋悼公出兵讨伐齐国，灵公被迫让公子光到晋国做人质。灵公十九年，灵公立公子光为太子，命大夫高厚作为师傅教导他，并让公子光代替自己在钟离（今安徽凤阳临淮关）会盟诸侯。灵公二十七年，晋国派六卿之一的中行献子率军讨伐齐国。灵公亲率军队迎战，初战兵败后，灵公就要逃回都城临淄。大夫晏婴极力劝说灵公率军再战。灵公不听，策马驱车逃回了临淄，晏婴无奈地悲叹道："唉！君侯也太缺乏勇气了！"晋军乘胜追击，包围了临淄。灵公下令紧闭城门坚守，不可出城接战。于是，晋军放火焚烧了临淄外城后，退兵而去。

之前，灵公的夫人是鲁国人，生下公子光，被立为太子。后来，灵公又有了两位姬妾，分别是仲姬和戎姬。其中，戎姬最得灵公宠爱。仲姬生下公子牙，将这个儿子托付给了戎姬。灵公二十八年，戎姬请求改立公子牙为太子，灵公私下答应了。仲姬得知此事后，向灵公进谏说："不能改立公子牙为太子。太子光已经做了多年太子，名位早已列于与诸侯的盟约上，如今无缘无故将他废黜，君侯以后一定会悔恨的。"灵公不以为意道："立谁为太子，全凭我一言而已。"于是，灵公将太子光调离都城，派他去镇抚齐国东方的边疆，并让高厚转而当公子牙的师傅。不久，灵公病危，在外国避难的大夫崔杼趁机将公子光迎接回来，拥立他登上君位，是为庄公。庄公回到都城后，就先诛杀了戎姬。五月壬辰这天，灵公去世了，庄公正式完成了继承君位的礼仪成为国君，派人在句窦（今山东菏泽市北）附近的山上将逃跑的太

子牙抓回来杀掉。八月，崔杼为报私仇，杀害了高厚。晋国听说齐国发生了内乱，再次举兵讨伐齐国，进攻到齐国西部城邑高唐（今山东高唐县）便止步了。

庄公三年，晋国大夫栾盈来到齐国避难，庄公以非常隆重的礼仪来接待他。大夫晏婴和田文子（陈完的后裔）劝谏庄公不可指望靠拉拢栾盈来对抗晋国，庄公不听。第二年，庄公派栾盈偷偷回到栾氏家族在晋国的封邑曲沃（今山西闻喜县东）做内应，并派遣一支军队悄悄进入孟门山隘口，潜伏在太行山上。栾盈回到曲沃后，率领部属偷袭晋国都城绛城（今山西绛县），结果兵败被杀。潜伏在太行山上的齐军得知栾盈失败的消息后，转而攻取了晋国的朝歌（今河南淇县东北）后撤兵回国。

以前，齐国大夫棠公在世时，娶了一位非常美丽的妻子，棠公去世后，棠公的妻子改嫁给崔杼。庄公六年，庄公喜欢上了崔杼的妻子，多次到崔家与崔杼之妻私通，并随意将崔杼的头冠赐给他人。尽管侍臣一直劝谏庄公不可如此，但庄公仍不以为意。时间一久，崔杼对庄公的愤恨越来越深。之前崔杼本想趁着齐军攻打晋国，与晋国合谋来偷袭齐国，却没有得到良机。而庄公身边有个侍臣名叫贾举，曾被庄公鞭笞过，因此对庄公怀恨在心。就这样，崔杼和贾举暗中联合了起来，贾举侍奉在庄公身边，等待着帮崔杼创造报仇的良机。五月，莒国国君莒子来朝见庄公，庄公在甲戌日设宴率群臣款待莒子，而崔杼却称病没有参加。乙亥日，庄公到崔家看望崔杼病情，顺便想与崔杼之妻私通。崔杼之妻迎接完庄公后，就进入内室与崔杼锁紧了屋门。庄公见崔杼之妻久久不出，便抱着庭柱唱起歌来，召唤崔杼之妻。这时，贾举假传庄公命令将庄公的侍卫随从都拦在崔家门外，自己进入崔家后就闭紧了大门。预先潜伏在庭院中的崔杼部属手持兵器忽然现身，冲向庄公。庄公急忙爬上庭院里的亭台，请求与崔杼和解，崔杼部属不答应；庄公又请求与崔杼订立盟约，崔杼部属仍不答应；最后庄公又请求能在祖庙中自杀，崔杼部属还是不答应，并齐声说道："君侯的大臣崔杼身患疾病，不能亲自听取君侯的命令。

▶ **齐侯敦·东周**

美国纽约大都会艺术博物馆藏。敦是古代用来盛放主食的器皿，比如稻、粱、黍、稷等等。
敦的基本外形特征为圆腹、二环耳、三短足、有盖等等。这件齐侯敦于 1893 年出土于河北易州，
后流失海外，因为无足，所以又被称为废敦，意为不完整的敦形器。

崔家跟君侯的宫殿挨得很近，陪臣等人接到的命令是赶快来追捕好色之徒，
以免好色之徒偷入君侯的宫殿，此外没接到任何命令。"庄公不得已爬墙
而逃，却被崔杼部属用箭射中大腿，从墙上摔了下来，崔杼部属一拥而上，
杀死了庄公。晏婴闻知事变，急忙赶到崔家，站在门外大声说道："君侯
如果是为国家社稷而死，作为大臣的，也应该为君侯死节。可是，君侯如
果是为了自己的私欲而葬送性命，除了他宠信的近臣之外，谁还有责任为
他赴死呢！"过了一会儿，崔家大门打开了，晏婴进入崔家庭院，趴在庄

齐国的制盐业

在春秋战国时代，中国的制盐业已经非常发达，已经有了海盐、池盐、井盐的划分。魏国的河东地区是池盐的主要产地，海盐则要属齐国、燕国最为发达。《管子·地数》篇中曾记载"齐有渠展之盐，燕有辽东之煮"，说的就是齐国、燕国海盐产量巨大，流通范围极广。《战国策·齐策一》中也曾记载，张仪说服齐国连横结好秦国，齐王献三百里渔盐之地予秦国，也从侧面说明齐国是盛产海盐的地区。

公的尸体上痛哭起来，然后依照礼节站起身顿足三次表达了哀痛后，就走出了崔家。有人劝崔杼道："为了我们的身家性命，这个人也必须杀掉！"崔杼慎重地说道："晏大夫才德盖世，是众望所归之人，放过他，我们才可以赢得民心。"

丁丑日，崔杼拥立庄公异母弟公子杵臼登上君位，是为景公。景公的母亲，就是鲁国权臣"三桓"之一的叔孙宣伯的女儿。景公即位后，任命

崔杼为右相，庆封为左相。二人联合执政，害怕臣民不服，就强迫国人盟誓说："不帮助崔氏和庆氏的人，便不得好死！"晏婴仰天长叹道："我晏婴最怕做不到的是，紧紧跟随着忠于国君和为国家谋利的人！"不肯参与盟誓。庆封恼羞成怒，想杀掉晏婴，崔杼劝阻道："晏婴是忠臣，放过他吧。"于是，齐国史官在史书上写下"崔杼弑庄公"，崔杼一怒之下，杀掉了史官。史官之弟继承史官之职后，继续在史书上书写"崔杼弑庄公"，崔杼又将其杀害。接着，史官最小的弟弟继承了史官之职，仍像两位兄长一样书写这段历史，崔杼最终放过了史官最小的弟弟。

早先，崔杼有两个儿子，分别是崔成和崔强，他们的母亲去世后，崔杼又迎娶东郭氏为妻，东郭氏生下了崔明。后来，东郭氏让与前夫所生之子无咎和弟弟东郭偃一起做了崔杼的家相。景公元年，崔成犯了罪过，无咎与东郭偃立刻趁机穷治其罪，将其废黜，改立崔明为崔氏嗣子。崔成向崔杼请求准许他在崔邑（今山东邹平市西北）终老，崔杼答应了，可无咎

和东郭偃却坚决反对说："崔邑是宗庙所在之地，不可让他在此终老。"崔杼因而对儿子反悔。崔成和崔强愤怒之下，就跑到庆封那里说崔杼如今只听从无咎、东郭偃的话，而这二人正在处心积虑想除掉庆封。而野心勃勃的庆封实际与崔杼已有嫌隙，正在谋划如何除去崔杼，这下正中下怀，就许诺做了崔成和崔强兄弟的靠山。于是，崔成、崔强兄弟回到崔家，将无咎和东郭偃杀死，家中族人和徒属惊恐之下夺路四散逃命。崔杼大怒，召集徒属攻打两个儿子，却只有一个车夫前来听命。崔杼没有多想，命车夫驾车载着他到庆封家求援。庆封假意安抚崔杼道："放心，请让我来帮你诛除逆子！"却暗地派遣了崔杼的仇人卢蒲嫳率军去攻打崔氏，不仅诛杀了崔成、崔强，连整个崔氏家族都给灭掉了。最终，崔杼之妻东郭氏自杀而死，崔杼没有退路，痛悔之下也自杀而死。从此庆封独自做了齐国相国，总揽朝政。

景公处政

庆封自从诛灭了崔氏之后，越来越骄狂，终日酗酒狩猎，不理政事，而让他的儿子庆舍帮他处理国家大事。渐渐的，由于庆封和庆舍都对威权充满贪婪，父子之间就萌生出了嫌隙。田文子看到这一状况后，对儿子田桓子说："祸乱就要发生了。"于是，田氏联合鲍氏、高氏、栾氏三大世家，谋划诛除庆氏。

景公三年十月，庆封又出去狩猎。庆舍趁机派遣穿着甲胄的武士包围了庆封的宫院，而田、鲍、高、栾四大家族则立刻出兵相助，将庆封的宫院给攻占了。庆封打猎归来，见已经不可能再安然回到家中，所以转身逃去鲁国避难。鲁国在齐国的强压下，不敢收留庆封，庆封只好逃奔到吴国。吴王将朱方（今江苏镇江市丹徒区东南）赐给庆封当封邑，从此庆氏家族聚居在朱方，比在齐国时还富有。这年秋天，齐国重新依礼迁葬庄公，并将崔杼的尸体挖出来斩戮，陈尸在集市，以取悦百姓。

景公九年，景公派遣晏婴出使晋国。晏婴与晋国大夫羊舌肸（字叔向）私下说："齐国的政权最终将会落到田氏手中。田氏家族虽然没有显著的功德，但是田氏向来善于利用公器施行私惠，对百姓有恩，齐人都很拥护田氏家族。"

景公十二年，景公到晋国会见晋平公，想要与晋国联合讨伐燕国。景公十八年，景公又到晋国会见了晋昭公。

景公二十六年，景公驾车到齐鲁两国的边境线附近狩猎时，顺便到访鲁国，与晏婴一起向鲁国人请教了鲁国继承的周礼。

景公三十一年，鲁昭公因攻打"三桓"之一的季平子失败，被迫出逃，来到齐国避难。景公打算赐给鲁昭公千社（二十五家百姓为一社，千社即二万五千家百姓）之邑作为封邑，但鲁臣子家劝昭公不要接受，所以鲁昭公请求齐国出兵讨伐鲁国。景公随即派兵进攻鲁国，攻下郓城（今山东郓城县）后便撤兵了，然后将鲁昭公安置到郓城。

景公三十二年，有彗星出现在天空。一天，景公坐在柏寝台上忽然感叹

▶ 蜡像《齐景公、鲁定公夹谷会盟》

道："满眼都是恢宏壮丽的景象啊！谁能永远拥有这一切呢！"群臣听到后，都忍不住伤感地掉下眼泪，唯独晏婴却笑了起来。景公发怒看向晏婴，晏婴说道："臣是为群臣如此阿谀而感到很可笑。"景公道："主宰不祥之事的彗星出现在天空东北方，而东方恰好是我齐国的疆域，寡人为此感到忧心。"晏婴道："君侯修筑用于逸乐的高台，又命人挖深城池，征敛赋税唯恐征得太少不够用，设置刑罚唯恐不能威服臣民。若长此以往，弗星（古代预兆灾祸的妖星）都会出现，彗星出现还有什么好恐惧的？"景公担忧地问道："能够用祈祷祭祀的禳星之术来消除不祥吗？"晏婴说："如果神灵的旨意是可以靠祈祷祭祀降临的，那当然也可以靠禳星之术来消除神灵的旨意。但是，如今充满怨言和苦楚的百姓数以万计，君侯却想依靠一个人行禳星之术来消除整个国家积聚的怨念，这样做真能堵得住悠悠众口吗？"当此之时，景公生活奢侈，喜欢修筑装饰宫殿，聚养犬马等享乐之物，用苛暴的法律和沉重的赋税来统治国家，所以晏婴才借着彗星出现向景公进谏。

景公四十二年，吴王阖闾讨伐楚国，一直攻入楚国的都城郢。

景公四十七年，鲁国季孙氏的家臣阳虎发动政变失败，逃来齐国避难，请求齐国出兵讨伐鲁国。景公本打算答应阳虎的请求，但大夫鲍子谏阻了景公，让景公将阳虎给囚禁起来。不久，阳虎逃出齐国，跑到了晋国避难。

第二年，景公与鲁定公在夹谷举行会盟。大夫犁鉏跟景公献计说："跟随鲁君而来的孔丘虽然熟知周礼，却是个胆怯之辈，请君侯让勇武的莱人（东夷族）在祭坛上奏乐，趁机俘虏鲁君，就能逼迫鲁国承诺我们任何事情。"景公考虑到鲁国正在重用孔子，如果孔子一旦成为鲁国相国，鲁国肯定就会一跃成为强国，因此听从了犁鉏之计。会盟仪式进行时，莱人开始奏乐，孔子站在祭坛的台阶上，忽然下令官吏将莱人斩首，并责怪景公在如此隆重的两君之会上竟然让莱人奏弄不合礼制的音乐，大失体统。景公羞惭不已，为了向鲁定公道歉，将此前侵占的鲁国领土都还给了鲁国，而后悻悻返回了临淄。这一年，晏婴离开了人世。

景公五十五年，晋国六卿之中的范氏和中行氏背叛晋国国君，晋国发兵攻打此二卿，范氏和中行氏情势危殆，派使者来齐国借粮。齐国大夫田乞想要谋反，意图借机与晋国逆臣结为党援，因而劝谏景公说："范氏和中行氏以前数次有恩于我国，不可不救。"于是，景公派遣田乞率军带着粮食救援范氏和中行氏。

景公五十八年夏天，景公夫人燕姬所生的嫡子不幸死去，景公的宠妾芮姬生有一个儿子公子荼。而公子荼的母亲出身卑贱，又没有美德。国中大夫们担心景公爱屋及乌，会立公子荼为太子，于是一起建议景公从其他年长的儿子们当中挑选贤德者立为太子。这时景公已经年老，讨厌听到册立储君的事情，况且他又很宠爱芮姬，一心想要传位于公子荼，但是不好跟大夫们开口明说，只好委婉地搪塞大夫们说："还是尽情享受快乐吧，何必担心国家没有君主呢？"到了秋天，景公病倒了，命令国惠子和高昭子扶立公子荼为太子，将其他儿子都从临淄驱逐到莱地去。不久，景公去世了，公子荼继位，是为晏孺子。冬天来临时，景公还没有入土安葬，晏孺子的哥哥们担心会被杀害，全都逃离出了齐国。其中公子寿、公子驹、公子黔逃奔到卫国，公子驵、公子阳生逃奔到鲁国。莱人悲悯诸公子逃亡，为此作歌唱道："景公死了不能参与送葬，军国重事也不能参与谋议，诸公子们的追随者啊，还能到哪里去呢？"

田氏代齐

晏孺子元年春天，田乞假装服从国惠子和高昭子，每次上朝的时候，田乞都经常给两人当骖乘，趁机挑拨离间说："您现在辅佐君侯，握有国柄，其他大夫们人人自危，都想着起兵作乱呢。"反过头来，田乞又跟其他大夫说："高昭子这个人太难亲近了，不如趁他还没做出危害到社稷和我们大夫的事情前，先下手为强除掉他。"六月，田乞、鲍牧联合众大夫发兵入宫，企图控制晏孺子，同时举兵攻打高昭子。高昭子听闻政变，立刻与国惠子率军入宫救驾。经过一番激战，高昭子和国惠子兵败，田乞的部下紧随其后追杀二人，国惠子

逃奔到了莒国，高昭子则被杀掉。经此祸乱，晏婴之子晏圉为避祸逃去了鲁国。八月，大夫秉意兹也逃奔到鲁国。田乞除掉了高、国两位相国后，悄悄派人到鲁国请公子阳生回国。公子阳生偷偷回到齐国后，就藏匿在了田乞家里。

到了十月戊子日，田乞向大夫们发出邀请说："我儿田常（实名田恒，后世因避汉文帝刘恒的名讳，改称田常）的母亲在祭祀后还剩下些粗薄的酒菜，还请各位大夫们不要嫌弃，来我家喝杯水酒。"大夫们应约来到田家，田乞事先将公子阳生藏在大袋子里，放在宴会厅堂的中央。酒宴进行到一半，田乞忽然打开大袋子，请出公子阳生，扬声说道："这就是我们的国君！"大夫们惊愕之下赶紧跪地参拜公子阳生。于是，田乞将与大夫们一起盟誓拥立公子阳生为君，趁着鲍牧已经喝醉，田乞故意骗众大夫们说："拥立公子阳生，是我与鲍大夫一起商定的！"鲍牧却大怒道："你难道忘记了景公的遗命了吗？"大夫们相视愕然，想要反悔。这时，公子阳生上前，向大夫们叩首道："大夫

们觉得可以，就立我，如果觉得不行，那就算了。"鲍牧怕自己带头反对，会立刻有杀身之祸，所以又改口道："都是景公的儿子，有何不可！"于是，与田乞及众大夫盟誓，拥立公子阳生为君，是为悼公。悼公随即入宫，命人将晏孺子迁到骀城（齐邑）安置，半路上就将其杀掉了，同时又将晏孺子之母驱逐出宫。因为晏孺子母子名位低下，又无权力，一向被国人轻视，所以田乞的政变才如此顺利。

悼公元年，齐国出兵讨伐鲁国，攻取了谨（今山东肥城市西南）、阐

▶ 黄子壶·春秋

（今山东宁阳县东北）两地。当初公子阳生在鲁国避难，鲁国"三桓"之一的季康子将妹妹季姬嫁给了阳生。阳生即位后，派人去迎接季姬，然而季姬却已经与季康子的叔父季鲂侯有了私情。季氏将此事告知了鲁君和叔孙氏、孟孙氏，鲁国恐惧之下，拒绝将季姬交给齐国，就这样招致了齐国的讨伐。最终在齐国的武力逼迫下，季姬还是被齐人迎接到了齐国。悼公很宠爱季姬，将谨、阐两地又还给了鲁国。

悼公与鲍牧始终心有芥蒂，关系很不好。悼公四年，吴国和鲁国联合侵略齐国南部。这时，鲍牧趁着国家有外敌，杀了悼公，齐人将讣告送到吴军大营。吴王夫差在军营外一连哭泣着悼念了三天，然后率军从海上讨伐齐国，却被齐军打败，夫差只好撤兵。同时，晋国六卿之一的赵鞅也率军来讨伐齐国，攻打到齐国的赖邑（今山东聊城市西）后就撤兵了。于是，齐人拥立悼公之子公子壬为君，是为简公。

当初简公与父亲在鲁国避难时，宠信一个叫监止的人。等到继位后，简公

▶ 玛瑙串饰·战国

就让监止参与朝政。田成子（即田常）此刻是执掌国政的重臣，颇为忌惮监止，每次上朝都很不安心，屡次扭头察看监止的举动。掌管国君车驾的大夫田鞅对简公进谏道："田氏和监止不可并存，君侯应该早做决断，只可让其中一人辅政。"简公不听。简公四年春季的一天晚上，监止在乘车去宫中处理政务时，正好遇见田氏族人田逆杀人，便命人将田逆逮捕投入大牢。此时，田成子正笼络整个宗族，图谋颠覆姜齐社稷，得知田逆被捕入狱，就派人去狱中送消息让田逆装病，然后田家人再借着探病的机会给狱卒酒喝，将狱卒灌醉杀掉后，帮田逆逃出了监牢。监止得知此事后，害怕田氏报复，于是就到田成子家与田氏宗族盟誓和解。当初，田豹想做监止的家臣，让公孙大夫推荐他，但因为突然家中有丧事，这件事就暂时搁置了。不过，等到丧期结束后，田豹还是如愿做了监止的家臣，并得到监止的宠信。有一次，监止对田豹说："如果我将田氏宗族全部驱逐出齐国，让你继承田氏的官爵地位，如何？"田豹回答道："我不过是田氏宗族的远支，况且跟您作对的田氏族人也就那么有数的几个人，何必把整个宗族都驱逐呢？"退下后，田豹就立刻将此事告诉了田氏。田逆向田成子进谏说："现在监止得到国君的宠信，我们如果不先下手，田氏一定大祸临头！"于是，田成子派田逆借宿卫宫殿为名，住在宫中做内应。

夏季五月壬申日，田成子兄弟分乘四辆马车进入宫廷。监止正在宫中处理政务，得知田成子入宫，便出来迎接。田氏兄弟冲入并锁紧宫门，将监止关到了门外面。宫中宦官们见田氏兄弟露出兵刃气势汹汹闯宫，便率部抵挡，在宫中做内应的田逆突然杀出，将抵抗的人全部杀死。此刻，简公正与姬妾正在檀台上饮酒作乐，田成子赶来让侍臣通报，要求简公移驾寝宫。简公以为田成子要弑君，拿起戈来就要攻击田成子。侍奉在侧的太史子馀急忙向简公进言说："君侯无需担忧，田氏不是想对君侯不利，是想要为国家除掉祸害而已。"简公这才放下戈，回到了寝宫。田成子得知简公震怒，不敢留在宫中，住在了靠近宫廷的武库中。后来，又听闻简公仍怒气难消，田成子陷

春秋时代坐车是分等级的。东汉学者许慎在其《五经异义》里提及："天子驾六，诸侯及卿驾四，大夫驾三，士驾二，庶人驾一。"图中的青铜车明显是士这一级别乘坐的。

入了犹豫之中，打算逃去国外避难，就跟家族中人说道："天下哪里没有国君呢？何必赖在这里。"田逆听见这话，拔出剑来怒道："犹豫迟疑，是成事的大忌！我们有谁不是田氏的子孙呢？你要是敢出逃，我不杀你的话，就不姓田！"田成子这才打消出逃的想法。监止知道田氏已经控制了宫廷，回到家后，召集起部属攻打宫门。可是攻打良久，宫门仍无法攻破，监止只好率领部属逃出临淄，田成子派兵尾随追杀。最后田氏封邑内的封丘人抓住了监止，派人向田氏汇报，田氏在郭关（今山东聊城市东北）将监止杀掉。随后，田氏开始清洗监止的党羽，田成子打算杀掉大陆子方（名东郭贾）时，田逆为其求情，田成子便赦免了他。子方假借简公的命令在路上截得车辆打算出逃，驰出雍门时，遇见了田豹。田豹想要给他一辆更好的马车，子方婉拒道："之前田逆已经为我求情，使我免除一死，现在我若再接受你赠的车子，就更加显示出我与田氏有私交了。侍奉监止却与他的仇人有私交，那我还有什么面

目去见鲁国和卫国的君子呢？"

庚辰日这天，田成子在徐州（今山东滕州市南）抓住了逃亡的简公。简公悔恨道："我如果早些听从田鞅的忠谏，怎会沦落至此！"甲午日，田成子在徐州杀死了简公。之后，田成子扶立简公的弟弟公子骜为君，是为平公。平公即位后，田成子成为相国，总揽朝政，将齐国安平（今山东淄博市临淄区东）以东的领土全部划为田氏的封邑。

平公八年，越国灭亡了吴国。平公在位二十年后去世，其子太子积继位，是为宣公。

宣公在位五十一年后去世，其子太子贷继位，是为康公。这一年，田会在廪丘（今山东菏泽市）谋反。

康公二年，韩、魏、赵三国开始名列诸侯。

康公十九年，田成子的曾孙田和开始成为诸侯，将康公迁移到海滨安置监管。

康公二十六年，康公去世，吕氏就此断绝了祭祀，田氏取而代之成为齐国国君。后来齐威王在位时，齐国成为天下强国。

❖ 太史公说 ❖

我曾经到齐地游览，从泰山走到琅邪山，望见土地延绵到北方，纵深地带直达大海，肥沃的疆土有两千多里。这里的百姓胸怀豁达，大多数人都性情深沉，不喜欢随便展露自己的才智，这应该是齐人的天性。以太公那样伟大的才德建立起国家的根基，等到了桓公在位时，推行德政，使国家迎来鼎盛，会盟诸侯，称霸天下，不是件顺理成章的事情吗？广阔盛大啊，本来就是大国应有的风范！

鲁周公世家 第三

【解题】鲁国是中国儒家文化的发祥地，最初受封在这里的诸侯就是周武王的弟弟周公旦，也就是鲁国的缔造者。本篇从周公旦受封鲁国讲起，重点刻画周公旦侍奉武王、辅佐成王，兢兢业业，安定天下的历史形象，并对鲁国后期"公室衰落、三桓擅权"政治局面的形成进行了客观的记录和分析。

◈ 周公济世

周公旦，是周武王的弟弟。自文王在位时，姬旦就已经在恭孝友敬、忠厚仁义等德行方面，胜过了其他兄弟。等到武王继位后，姬旦经常辅佐、护卫在他身边，在群臣中承担了国家最繁重的政事。武王九年，周公辅佐武王东征商纣王，在盟津与诸侯举行了会盟仪式。武王十一年，周公再次辅佐武王讨伐纣王，陈师牧野。举行誓师大会时，周公创作了《牧誓》。当周国与诸侯联军击溃商朝大军，攻入纣王宫殿诛杀掉纣王后，周公手握大钺，召公姬奭手握小钺，分别站在武王两侧，护卫着武王举行祭祀土地

神的仪式，向上天和商朝百姓宣告纣王所犯下的累累罪恶。之后，周公又辅佐武王将被囚禁的箕子释放，封纣王的儿子武庚禄父为诸侯统领商朝遗民，任命弟弟管叔姬鲜和蔡叔姬度担任武庚禄父的师傅，让商朝的宗庙祭祀得以延续。于是，武王将五帝之一少昊的古都曲阜（今山东曲阜）封给周公做封国，命名为鲁国，周公也就又称为鲁公。但周公并没有到自己的封国去，而是留在周朝都城继续辅佐武王。

武王灭亡了商朝两年后，天下仍有诸侯没有归服周朝的，而武王又在此时得了重病，群臣非常忧恐。太公吕尚和召公打算到文王庙虔诚地占卜

▶ 周公像·清·无款

周公旦是周文王第四子，周武王之弟。武王去世后，即位的成王年幼，由周公旦摄政当国。其时，管叔、蔡叔和霍叔勾结商纣子武庚和徐、奄等东方夷族反叛，史称"三监之乱"。周公旦奉命出师，三年后平叛，并将国家势力扩展至东海。

吉凶，周公忧虑道："恐怕仅仅依靠占卜还不能感动到先王。"于是，周公用自己的生命作为担保，设立三个分别用以祭祀太王、王季和文王的祭坛，将玉璧挂在胸前，手里捧着玉圭，面朝北方站立，亲自向太王、王季和文王祈祷。同时，史官代替周公宣读祈祷誓词说："姬旦敬告三位先王，你们的长孙周王姬发，因为过于勤政以至感染重病。如果三位先王现在在上天承担着助祭的职责，就请让姬旦

顶替武王的身体承受疾病吧。姬旦幸而灵巧能干，多才多艺，肯定能侍奉好鬼神。而周王姬发就不如姬旦多才多艺了，肯定不能侍奉好鬼神。他刚刚承受天帝的命令，成为天子，担负着抚育四方黎民的重责，同时还安定并教导着你们的子孙，天下万民没有不敬畏他的。请你们三位先王不要让上天赐给周家的宝贵使命就此丧失，你们也才能永远有所归依。现在我诚挚地请三位先王通过大龟来给姬旦指示，如果你们答应我的请求，姬旦就把玉璧和玉圭带回去，静候你们降下旨意。如果你们不答应我的请求，姬旦就将玉璧和玉圭都收藏起来。"于是，史官读完这些祈祷誓词后，周公就做好了代替武王而死的准备，命人用大龟分别在祭祀太王、王季和文王的祭坛前占卜。负责占卜的都说卦象是吉兆，接着打开占卜书对照卦辞一看，果然是大吉。周公很高兴，亲自打开收藏卜兆图籍的管子，看见的卜辞也都很吉利。周公大喜之下，立刻进宫恭贺武王说："大王不用忧心，不会有灾害降临在大王身上，姬旦刚刚向三位先王占卜，领受到三位先王

的命令是，让大王为国家社稷做更长远的谋虑。这是上天让大王好好思考如何尽职尽责地做好天子。"之后，周公将向三位先王祈祷时读的誓词收藏进有金属装饰的匣子里，密封好，告诫秘府看守匣子的人不可张扬此事。第二天，武王的病果然就好转了。

后来，武王驾崩，继位的成王年纪很小，还在襁褓之中。周公担心天下诸侯听闻武王驾崩后，会群起反叛周朝，于是行权宜之计，登上天子之位，代替成王掌管国家。管叔姬鲜等人心怀不满，大肆散播恶毒的流言说："周公很快就要做出对天子不利之事！"周公面对猜疑，向太公吕尚和召公姬奭解释说："我之所以不避嫌疑，代行天子之政，正是担心天下诸侯以大王年幼，群起背叛大周，如此的话我将如何向太王、王季和文王交代？三位先王为经营天下相继忧劳至死，我周朝才有今日的成功。武王不幸过早驾崩，大王年少难以主政，为了最终完成周朝的大业，我才不得已如此。"最终，周公说服太公吕尚和召公姬奭，留在朝廷辅佐成王，让自己的儿子伯禽代替自己去鲁国做诸侯。父子临别时，周公诫嘱伯禽说："我是文王之子，武王之弟，当今大王之叔父，我对于天下来讲也不算地位卑贱了。然而我洗一次头就要三次握住头发，吃一顿饭也要三次吐出嘴里的食物，随时起身去接待士人宾客，丝毫不敢轻慢，即使如此仍然战战兢兢，害怕会失去天下的贤人。你到了鲁国，一定要时时刻刻保持谦虚恭谨，不可因为地位尊崇就以骄横轻慢的态度对待臣民。"

管叔姬鲜、蔡叔姬度和武庚禄父率领淮夷起兵反叛，周公尊奉成王之命，率军东征，创作了誓师之辞《大诰》。于是，周公击败叛军，诛杀管叔姬鲜和武庚禄父，将蔡叔姬度放逐。周公又将弟弟康叔姬封封在卫国，将微子封在宋国，令其继承殷商的宗庙，并将重新收拢起来的殷商遗民分给卫国和宋国。一共用了两年时间，周公将包括淮夷在内的整个东方地区都重新平定，使诸侯全都尊服并朝拜周室。

这时，上天降下祥瑞，成王之弟姬虞得到一棵异株同穗的禾苗。姬虞将禾苗献给成王，成王命姬虞将禾苗

周公东征方鼎·西周

美国旧金山亚洲艺术博物馆藏。周公东征方鼎又称丰白鼎。此鼎形制和花纹特异，四壁均饰相背的大鸟纹，相邻的两鸟纹会于四隅，鸟喙突出器外，形成扉棱，四足为立鸟形。刻有铭文五行三十五字，铭文一半刻在器壁，一半刻在器底，除第四行最后三个字在器底外，其他各行均最后两个字在器底。记述了周公东征四国获胜回归后在周庙进行的祭祀活动。方鼎的铭文为后人论证周公东征这段历史提供了有力的史料，具有重要的文献价值。

送给正安抚东方的周公，周公便创作了《馈禾》。为了赞扬天子的恩宠，周公又创作了《嘉禾》。东方太平之后，周公回朝向成王复命，为了消除成王的疑忌之心，周公又创作了表达自己忠贞之心的诗歌《鸱鸮》呈送给成王。成王心中虽然不服，但也不敢出言责备周公。

成王七年二月乙未日，成王在镐京朝拜了武王庙后，又步行前往丰邑朝拜文王庙，向两位先王禀告将要营建新都城之事。同时，成王派太保召公到洛邑考察地理环境。三月份的时候，周公前往洛邑开始规划督导营建新都城的工作，占卜的时候，卦辞显示的是吉兆，所以就将洛邑定为国都。

周公见成王渐渐长大，开始有能力处理政事了，就将天子之位还给成王，让成王临朝亲政。当初周公代替成王治国时，一直都是背靠屏风，在明堂面向南方接受诸侯朝拜。等到七年之后，周公还政于成王，上朝时面朝北方站立在臣子之位上，恭谨端肃的仪容就像有所畏惧似的。

当初，成王年少时，曾经得病，周公就剪下自己的指甲沉入河里，对河神祈祷说："大王年少还不懂事，没能敬奉神明旨意的人是姬旦，若要有所怪罪，就降罚在姬旦身上吧！"祈祷仪式完成后，周公也把这份祈祷辞藏进了秘府。随后，成王的病就好了。等到成王接掌国家之后，有人在成

▶ **鲁侯尊·西周康王**

上海博物馆藏。尊大敞口，全器呈逐层叠加的样式，器底在方表器的第一、二层之间。腹两侧置兽首耳，下有一段宽大的尾冀形装饰，依器体的凹凸透迤而下。此器造型仅此一件，旧称为簋，据器形，仍应属于尊类。腹内底铭四行二十二字，记鲁侯伐东国有功而作此器。

王面前诬陷周公，周公被迫出走到楚地。后来，成王到秘府观看典籍，看到了周公祭祀河神的祈祷辞，不禁愧疚地哭泣起来，又将周公迎回了朝廷。

◆ 教诲子侄

　　周公回来后，担心成王渐渐长大成人，为政会有所荒淫奢逸，就创作了规诫成王的《多士》和《毋逸》。在《毋逸》中，周公说道："作为父母，历经长久的时间才创立可以传承后世的基业，作为子孙，若沉湎于骄奢之中，忘却了先人创业的艰难，就会败掉家族基业。作为子孙来说，继承基业能不始终谨小慎微吗！所以，当年的商中宗，严格约束自己，毕恭毕敬地尊奉天

命行事，严守法度来治理国家，战战兢兢一刻也不敢贪图安逸，所以才能做了七十五年的天子。而商高宗在成为天子之前，长期在民间劳作，与百姓生活在一起。等到他继位后，为了哀悼他的父王，三年没有发布新的政令（履行孝道）。一旦到了他开口说话的时候，天下臣民全都心悦诚服。商高宗不敢荒淫逸乐，努力安定百姓，天下对他的治国之道，没有一句怨言。所以，商高宗能够在天子之位上坐了五十五年。还有商王祖甲，他的父王武丁想要废长立幼，祖甲认为自己取代兄长成为储君是不义之举，所以逃去民间，与百姓长期生活，深知百姓的需要。祖甲登上帝位后，保护并施行仁惠给贫弱的百姓，不让鳏夫和寡妇受到欺侮，稳坐天子之位三十三年。"而在《多士》中，周公说道："商朝从汤王一直到帝乙，历代天子无不谨慎守护社稷祭祀之礼，并修明德政，没有一个是违背天命的。等到纣王继位后，却狂纵奢侈，荒淫无道，丝毫不顾及上天和百姓所信奉的大道，他的臣民都说纣王该杀……我们先王文王在位时，到了正午时分仍在孜孜不倦处理政务，接待贤才、宾客，抽不出时间来吃午饭，所以能坐在王位上五十年之久。"

成王居住在丰邑治国，天下已然安定，但是天下官职仍紊乱无序，不能彰显尊卑。于是，周公作礼，依礼设定了官制——《周官》，按照不同的官职级别来区分各个官职应该负责的政务，同时又创作了《立政》，说明治国设官之道，以方便百姓，百姓大悦。

后来，周公在丰邑得了重病，临终前留下遗言说："一定要将我安葬在洛邑，以表明我不敢离开成王。"周公去世后，成王也表示谦让，将周公安葬在毕邑（今陕西西安、咸阳两地之北，即渭水的北岸地区）文王陵墓附近，以表明自己作为小辈不敢将周公视作臣子。

周公去世后，到了秋天收获庄稼前夕，忽然电闪雷鸣，狂风暴雨大作，禾苗全都倒伏在地上，大树都被连根拔起。周国上下万分震恐，成王和大臣们身穿朝服到秘府打开金属装饰的密封匣子，从里面发现了当年周公祭祀太王、王季、文王三代先王时，决定代替武王而死的祈祷誓词。成王和大臣们向曾跟随周公的史官等官吏询问此事的详情，史官等人回答成王说："誓词上说的都是真的，当年周公命令我们不要说出此事。"成王拿着祈祷誓词感动地哭泣起来，说道："从现在起，可以不必再求神问卜了。从前周公为王室辛勤劳苦，我因为年少无知却没能深切体会到。如今上天显示威严，来彰显周公的恩德，小子我应该到郊外祭祀来迎接天神的旨意，从国家的礼仪方面考虑也应该这么做。"

于是，成王出城到郊外祭天，天才刮起反方向的风，倒伏的庄稼也都全部站立起来。成王的重臣命令国人，凡是被刮倒的大树，先将树移开，再将下面被压坏的庄稼扶起，最后这一年获得了丰收。成王因此赏赐鲁国，今后可以像天子一样举行祭祀上天的礼仪，并可以为文王立庙祭祀。鲁国之所以拥有天子的礼乐，正是出于周王室褒奖周公之德的原因。

周公去世时，他的儿子伯禽已经接受封国了，称为鲁公。伯禽当初到达鲁国后，过了三年才向周公禀报治理鲁国的情况。周公问他："为何汇报得这样迟？"伯禽回答道："我变革鲁人的习俗，革新他们的礼仪，规定丧事要服丧三年才能脱掉丧服，所以回报得迟了。"当时，太公吕尚被封到齐国，过了五个月就向周公汇报了治理齐国的情况。周公曾问："怎么汇报得这么迅速？"太公吕尚回答说："我简化掉与齐人的君臣之礼，顺应齐人的风俗来为政，所以不用很长时间就能汇报。"等到这时候，周公听了伯禽的答复，叹息道："唉！

▶ **鲁侯熙鬲·西周早期**

立耳深腹，分裆，袋足下又有柱足。除柱足部分外，通体饰分解式外卷角兽面纹，鼻梁与足相应形成三组，结构独特，仍以雷纹为底。内壁一侧铸铭文三行十三字，鲁侯熙做此器以享亡父"文考鲁公"。鲁侯熙即鲁炀公熙，"文考鲁公"应指鲁公伯禽。

鲁国的后世国君怕是要尊侍齐国了。为政之道，不够简化就不足以方便政令施行，就难以亲近百姓。为政平易近人，民心必然归附。"

王命乱鲁

伯禽即位之后不久，管叔姬鲜、蔡叔姬度等人反叛，淮河流域的夷族、徐州（特指古徐州，范围在今淮河以北、泰山以南、黄海以西，涉及山东南部、江苏北部、安徽北部）戎族也都起兵反叛。于是，伯禽率兵到肸邑（今山东费县西北）讨伐他们，并创作了用于誓师的《肸誓》："装备好你们的甲胄，不准敷衍应付。不可毁坏牲畜圈，若牛马从圈中跑出来，或者是奴隶逃跑，不可脱离军队去追捕。若是得到他人的牛马或奴隶，要恭敬地还给人家。不可侵扰百姓，或者是翻越百姓家的墙垣。鲁国北面、南面和西面近郊及远郊的百姓，要积储好供应军队的粮草和筑墙用的木板，不可让这些军需物品的数量缺乏。我会在甲戌这天修筑工事讨伐徐州之戎，所有人都要听从命令，违反号令者，死罪！"

最后，伯禽顺利平定了徐州戎族的叛乱，安定了鲁国。

伯禽去世后，其子姬酋继位，是为考公。考公在位四年去世，其弟姬熙继位，是为炀公。炀公修筑了茅阙门，在位六年去世，其子姬宰继位，是为幽公。幽公十四年，其弟姬溃弑幽公，自立为君，是为魏公。魏公在位五十年去世，其子姬擢继位，是为厉公。厉公在位三十七年去世，鲁人拥立厉公之弟姬具继位，是为献公。献公三十二年去世，其子姬濞继位，是为真公。

真公十四年，周厉王因为无道，被国人驱逐，出逃到彘地，周国大臣执政，号称"共和"。真公二十九年，周宣王即位为天子。

真公三十年，真公去世，其子姬敖继位，是为武公。

武公九年春，武公带着长子姬括和少子姬戏去朝拜周宣王。宣王喜爱姬戏，想要立姬戏为鲁国太子。大臣樊仲山父向宣王进谏说："废长立幼，有悖周礼。违弃周礼，必然会有损天子的威德。而做出损害天子威德的事情，就是死罪，所以天子发号施令不

▶《鲁颂三篇图卷》·宋·马和之

马和之，生卒年不详，南宋画家，活跃于宋高宗时期。宋高宗尝书《毛诗》三百篇命马和之每篇画一图，汇成巨帙。此图卷是马和之根据《诗经·鲁颂》的内容绘制的，《鲁颂》是关于鲁国的诗歌，之所以称为"颂"，是因为"周公有大功德于王室，故虽为诸侯国亦得有颂"。

可不顺从礼制。政令难以通行，政道纲常就难以维护，百姓就将抛弃统治他们的人。自古以来，都是卑下者侍奉尊崇者，辈分小的侍奉辈分大的，称为顺应礼法。现在您要自己的诸侯废黜长子，改立少子，这无异于亲自在教导百姓做悖逆之事。如果鲁国真的遵从了，诸侯群起效仿，王命就会从此受到阻滞而难以施行于天下。假如鲁国不遵从废长立幼的命令，您因此对其施加惩罚，那就无异于是在惩罚您自己的王命。这样一来，就会陷入做出惩罚会有损王命，不作出惩罚也会有损王命的境地。请大王三思。"宣王没有听从这个忠谏，最终还是一意孤行立了姬戏为鲁国太子。这年夏天，武公回到鲁国就去世了，姬戏即位，是为懿公。

懿公九年，懿公兄长姬括之子姬伯御与国人起兵弑懿公后夺取君位。过了十一年，周宣王发兵讨伐鲁国，诛杀了姬伯御。这时，宣王向大臣询问鲁国宗室中哪个人可以引导诸侯尊奉王命，可以将其立为鲁君。樊仲山父说："懿公之弟姬称，庄肃恭敬，能敬奉神明，恭谨地侍奉长者，每次处理事务

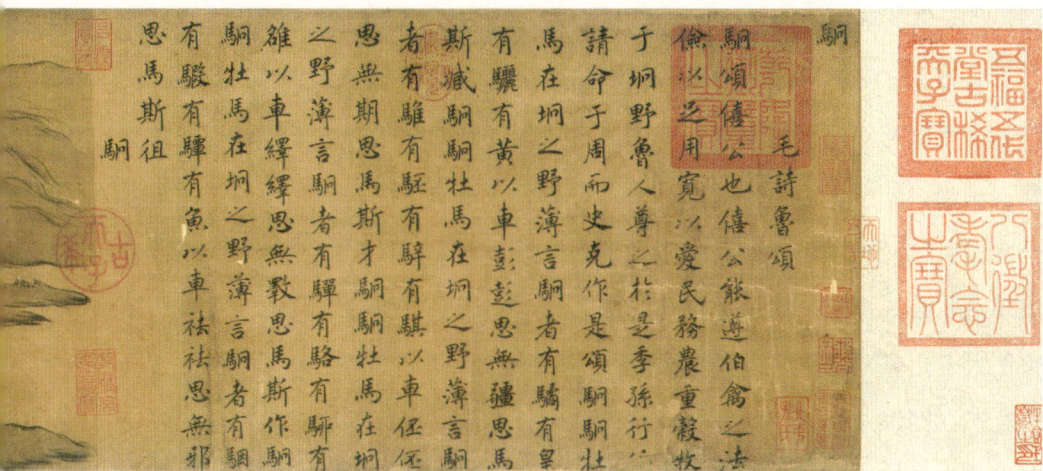

或执行刑罚的时候，都会先咨询先王的遗训和成规。凡是请教过的绝不触犯，凡是咨询过的也绝不违反。"宣王道："这样的话，他确实能够教导和治理好鲁国的百姓。"于是，宣王就在祖父夷王的庙中封姬称为鲁公，是为孝公。从此之后，大多数诸侯都敢于背弃天子的命令。

孝公二十五年，诸侯反叛周国，犬戎攻杀了周幽王。秦国开始成为诸侯。

孝公在位二十七年去世，其子姬弗湟继位，是为惠公。惠公三十年，晋国人弑晋昭侯。到了惠公四十五年，晋国人又弑晋孝侯。

🔹桓公弑兄

惠公在位四十六年去世，其庶长子姬息摄政治国，代行国君之事，是为隐公。当初，惠公嫡夫人没有生下子嗣，姬妾声子生下长子姬息。姬息长大后，惠公为他从宋国迎娶妻子。宋女来到鲁国后，惠公发现新妇貌美，就自己娶了宋女，生下儿子姬允。于是惠公就将宋女立为夫人，立姬允为太子。等到惠公去世后，因为太子允还年纪太小，所以鲁人就共同拥立姬息摄政，却不说他是继承君位。

隐公五年，隐公到棠邑（今山东鱼台东）观赏捕鱼。隐公八年，鲁国将受命于天子而祭泰山的祊邑，及鲁国朝宿的许田与郑国交换（按照礼制，未

63

经天子准许，诸侯之间不可私下交换土地），受到了君子的讥讽。

隐公十一年冬季，公子挥谄媚地对隐公说："如今百姓都很支持你来治国，不如你就顺势正式即位为真正的国君。请允许我为你除掉太子允，事成你用我为相国，如何？"隐公拒绝道："先君留有遗命，让太子允为君。因为太子允还年少，我才暂摄国政。如今太子允渐渐长大了，我正想经营一下菟裘（今山东泗水县）那里，然后退位还政去养老，将国家交给太子允呢。"公子挥害怕太子允有天会得知此事杀掉自己，就又跑到太子允面前反诬隐公说："公子息正在图谋成为真正的国君，想除掉你，你赶快思虑下应对之策吧。我可以为你去杀掉公子息。"太子允同意了。十一月，隐公祭祀钟巫神时，在社圃园进行斋戒，住在大夫蒍氏家里。公子挥趁机派人在蒍氏家弑隐公，而后拥立太子允登上君位，是为桓公。

桓公元年，郑国用玉璧换取鲁国的许田。第二年，桓公将宋国人贿赂给鲁国的鼎安放进太庙，受到君子的讥讽。桓公三年，桓公派公子挥到齐国迎接齐女回鲁国，立为夫人。过了三年，齐女生下一个儿子，因为是与桓公同天生日，所以取名为姬同，姬同长大后，被立为太子。

桓公十六年，桓公与诸侯在曹国相会，商议讨伐郑国，迎入郑厉公。

桓公十八年，桓公与大夫商议出国之事，打算带着夫人去齐国。大夫申缙进谏，劝桓公不要去齐国，桓公不听，最终执意带着夫人去了齐国。到了齐国后，桓公夫人与齐襄公私通。桓公怒责了夫人，夫人就将私情败露的事情告诉了齐襄公。夏季四月丙子日，齐襄公宴请桓公，将桓公灌醉，派齐人公子彭生抱桓公出宫上车，彭生遂按照齐襄公旨意折断了桓公肋骨，将桓公杀害在车中。鲁人得知桓公遇害，派使者对齐国人说："寡君（对自己国君的谦称）畏惧齐侯的威严，不敢安居，亲自来到贵国结盟示好。可是寡君完成了所有礼仪，却没能安然返回我国，我国无法追究相关罪责，请将彭生交出来，让我们得以在诸侯面前洗刷耻辱。"于是齐襄公杀掉彭生来取悦鲁国。鲁国便拥立太子同即位，是为庄公。庄公的母亲因而留在了齐国，不敢回到鲁国。

庆父之难

庄公五年冬，庄公出兵讨伐卫国，将卫惠公送进卫国为君。

庄公八年，齐国公子纠逃来鲁国避难。第二年，鲁国将要护送公子纠回齐国继承君位时，却落后齐桓公一步，齐桓公发兵迎击鲁军，鲁国在情势危急之下，被迫杀死了公子纠。辅佐公子纠的召忽随后也自杀在鲁国。齐人要求鲁国将管仲活着押送回齐国，鲁国大夫施伯一眼看穿了齐国的本意，向庄公进谏道："齐国让我们把管仲送回齐国，不是想杀了他，而是想重用他，一旦齐国重用管仲，那就是鲁国的大患。不如杀掉管仲，将尸体送回齐国。"庄公不听，最终还是将管仲作为囚徒送回齐国。管仲回到齐国后，就成为齐国的相国。

庄公十三年，庄公带着曹沫到柯地与齐桓公相会。在会盟仪式上，曹沫劫持了齐桓公，要求齐国将侵略的鲁国土地都还给鲁国，齐桓公盟誓答应后，曹沫将齐桓公释放。齐桓公羞恼之下本想背弃盟誓，因为管仲从旁进谏，所以才履行盟誓，把侵占土地还给了鲁国。庄公十五年，齐桓公开始成为中原霸主。庄公二十三年，庄公到齐国观看齐人祭祀社神而举行的阅兵。

当初，庄公在修筑楼台时，曾去过大夫党氏家，偶然见到了党氏家的女儿孟女，便喜欢上了她，曾割破手臂对孟

▶ 镶红铜狩猎纹铜壶·春秋

铜壶器表镶嵌有红铜纹饰，据目前的资料可知，镶嵌红铜纹饰的青铜多属于春秋中期以后器，在齐、燕、鲁、赵、魏、卫、楚等诸侯国内均有发现。

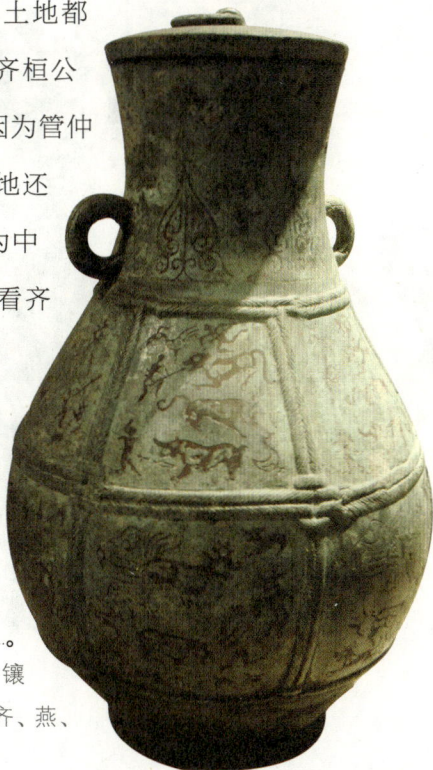

龙首神兽·春秋

河南省博物院藏。这两件青铜神兽是河南徐家岭九号墓出土的随葬品，两件大小一样，造型相同，本为一对。神兽造型奇异，龙首兽身，口吐长蛇，头上还蟠伏着六条小龙，在背脊上又插饰曲身怪兽，兽口又吐出一昂首上浮的龙。这两件青铜神兽是极具观赏价值的古代青铜工艺品。

女立下重誓，承诺会立孟女为夫人。后来，孟女为庄公生下公子斑。到了庄公三十二年，公子斑长大了，喜欢上了大夫梁氏家的女儿。有一次，公子斑到梁氏家看望梁女，却看到一个叫荦的养马人正隔着墙与梁女嬉戏。公子斑大怒，用鞭子抽打了荦一通。庄公听闻了此事后，对公子斑说："荦有勇力，应该将他杀了，不能抽他一顿鞭子就放了他。"公子斑之后还是没找到合适的机会杀掉荦。恰好这时庄公病倒了。庄公有三个弟弟，大弟是庆父，二弟是叔牙，三弟是季友。庄公的夫人是娶自齐国的齐女，号称哀姜，哀姜没有生下子嗣。哀姜的姐姐叔姜却为庄公生下公子开。庄公因为没有嫡长子，又最爱孟女，就想立公子斑为太子。庄公在病床前试探叔牙，问应该立谁为太子，叔牙回答说："父死子继，兄终弟及，都符合鲁国的礼制，有庆父在，可以立他为储君，君侯还有什么可忧虑的呢？"庄公担心自己死后，叔牙会拥立庆父继位，就将季友找来，试探季友应该立谁为后嗣。季友回答道："臣愿以死辅佐公子斑继位。"庄公问道："之前叔牙跟我说想立庆父继承君位，怎么办？"于是，季友传达庄公的命令，让叔牙暂时住到大夫针巫氏家，让针季逼迫叔牙饮鸩自杀，说："喝下毒酒，就有子孙继承你这一支血脉，如若不喝，不仅你要死，你的家门也要

——┤ 漆器的繁荣时代 ├——

用漆树自然分泌的漆液涂在各种器具上，这就是原始的漆器。考古发现证明，中国是世界上最早使用天然漆的国家，漆器的制造有着悠久的历史。古代以漆涂于物称"髹"，用漆绘制图案花纹谓"饰"。春秋战国是古代漆工史上的重要时期，漆器种类和髹漆工艺都得到飞速发展。漆器业空前的繁荣，甚至使新兴的诸侯不再仅热衷于青铜器，而是把兴趣转向光亮洁净、易洗、体轻、隔热、耐腐、嵌饰彩绘五光十色的漆器。当时，鲁国出现所谓的漆室，就是专门从事漆工的作坊，主要承担者可能是妇女。

被灭掉。"叔牙只好喝下毒酒自杀，鲁国便让他的儿子继承其爵位，这一家族也就是后来的叔孙氏。到了八月癸亥日，庄公去世了，季友遵从庄公的遗命，拥立公子斑登上君位。守丧期间，鲁君斑就住在党氏家。

之前，庆父与哀姜早就有了私情，想要拥立哀姜姐姐叔姜所生的公子开为君，没料到季友却抢先一步立了公子斑为君。十月已未日，庆父指使圉人荦在党氏家杀害了鲁君斑，季友被迫逃到陈国避难。于是，庆父拥立公子开为君，是为湣公。湣公二年，庆父与哀姜私通愈加猖狂。哀姜与庆父图谋杀掉湣公，立庆父为君。不久，庆父指使大夫卜齮在宫廷的小门将湣公杀害。季友在外听闻此事后，就从陈国与湣公的弟弟公子申来到鲁国的附属国邾国（约在今山东省邹城市），与鲁国大夫取得联系，请求鲁人迎立公子申为君。鲁国大夫们决定诛杀乱政的庆父，庆父得知消息，惊恐之下逃去了莒国。于是，季友带着公子申回到鲁国，立其为君，是为釐公。釐公也是庄公的小儿子。哀姜害怕被问罪，逃去了邾国。季友给莒国送去贿赂，请求莒国遣返庆父。庆父被送回鲁国后，季友派人去杀他，庆父请求把他放逐出鲁国，季友不答应，又派大夫奚斯去哭吊庆父。庆父听见了奚斯的哭声后，就自杀了。齐桓公听说哀姜与庆父悖礼乱行致使鲁国陷入危难，从邾国将哀姜召回齐国后将其诛杀，然后将尸体送回鲁国，让鲁国向哀姜问罪。最后，釐公将哀姜给埋葬了。

季友的母亲是陈国人，所以之前季友是选择去陈国避难，陈国也才倾力帮助季友和公子申返回鲁国。当初，季友将要降生时，父亲桓公命人占卜，占卜者说："生下的会是男孩，他的名字叫'友'，长大后将会成为朝廷的执政，辅佐公室。如果季友死去，那么就代表鲁国不再昌盛了。"等到季友降生，他的掌纹很像一个"友"字，所以桓公就给他取名为季友，号"成季"。后来，季友这一脉子孙就成为季孙氏，而庆父那一脉子孙就成为孟孙氏。

❀季氏当国

釐公元年，釐公将汶阳（今山东肥城市汶阳镇）、鄪邑（今山东费县城西北）

封给季友做封邑，任命季友为相国。

釐公九年，晋国大夫里克先后弑杀其国君奚齐和卓子。齐桓公率领釐公讨伐内乱的晋国，行至高梁而还，与秦国共同扶立了晋惠公。釐公十七年，齐桓公去世。釐公二十四年，晋文公即位为晋国国君。

釐公在位三十三年去世，其子姬兴继位，是为文公。

文公元年，楚国太子商臣弑其父楚成王，自立为王，是为楚穆王。文公三年，文公到晋国朝见晋襄公。

文公十一年十月甲午日，鲁国在咸邑（今河南濮阳县梁庄乡）击败前来进犯的翟人，俘获了长翟人（因身材高大，所以称为长翟人）首领乔如，大夫富父终甥用戈击刺其喉咙，将乔如杀死，斩下他的头颅埋在子驹门。为了彰示自己的战功，叔孙得臣将儿子改名为叔孙乔如（也就是叔孙宣伯）。

当初，宋武公在位时，长翟人建立的鄋瞒国讨伐宋国。宋国大夫司徒皇父率军抵抗，在长丘击败了长翟人，俘虏了其首领缘斯（乔如的祖先）。后来，晋国又在消灭路国时，

俘虏了乔如的弟弟棼如。齐惠公二年，鄋瞒讨伐齐国，齐国的王子城父又俘虏了棼如的弟弟荣如，将其杀死后把头颅埋在临淄北门。而卫国人几乎在乔如被鲁国俘虏的同时，也将乔如的另一个弟弟简如俘虏。就这样，鄋瞒国被中原诸侯合力给灭亡了。

鲁周公世家 第三

春秋笔法

《春秋》是现存的中国第一部编年体史书，它既是鲁国史，也是春秋时期的国际关系史。《春秋》记载的年代由前722年至前479年。这种编年史周王朝和诸侯各国都有，虽然内容不同，但都称为"春秋"。现今流传的鲁《春秋》是经过孔子修订的。随着周室衰落，战乱迭起，孔子想借《春秋》的严谨笔法，表达他尊王攘夷、维护周朝的最高统治权的政治主张。《春秋》用字准确，选词严谨，虽然记事简单，看似纯客观的叙述，但实际上暗含褒贬，体现着作者的思想倾向。于是后世便把这种文笔曲折、微言大义、带有倾向性的文字表达方式称为"春秋笔法"。

文公十五年，季文子（即季孙行父）出使晋国。

文公十八年二月，文公去世。文公生前有两位妃子：长妃是齐国人，称哀姜，生了公子恶和公子视；次妃称作敬嬴，最受文公宠爱，生下公子倭。公子倭私下侍奉亲近襄仲（鲁庄公之子），襄仲就想要立他为国君，而叔仲（叔牙之孙）却不同意。襄仲就向齐惠公寻求支持，齐惠公刚刚登上齐国君位，正想要拉近与鲁国的关系，就答应了。到了冬季十月份，襄仲杀害了公子恶和公子视，拥立公子倭为君，是为宣公。哀姜回到齐国，痛哭着经过集市，大声呼喊："天啊！襄仲竟做出残暴无道之行，杀害嫡子，扶立庶子夺取了鲁国君位！"集市上的百姓看见后，都为之哀伤地哭了起来，这就是鲁人称其为"哀姜"的由来。从此之后，鲁国公室的权势开始一步步衰弱，孟孙氏、叔孙氏和季孙氏这"三桓"的权势越来越强大。

宣公十二年，楚庄王统治下的楚国强势崛起，包围了郑国。郑襄公投降楚国后，楚庄王又将国家还给了郑襄公。

宣公在位十八年去世，其子姬黑肱继位，是为成公。之前，季文子曾激愤地说："让鲁国做出杀害嫡子拥立庶子为国君的事情，致使国家失去强援的罪人（襄仲拥立宣公后，积极与楚国交好——而楚国又离鲁国比较远，不能一心侍奉晋国和齐国，因此说鲁国失去强援），就是襄仲！"宣公因为襄仲对自己有拥立之功，所以也很宠信襄仲的儿子公孙归父。后来，宣公感受到了三桓对自己的威胁，想除掉三桓，因此与晋国谋划此事。可是没能谋划成功，宣公就去世了。季文子因为怨恨襄仲，就逼迫公孙归父流亡去了齐国。

成公二年春天，齐国出兵讨伐鲁国，攻取了隆邑（今山东泰安市泰山区）。到了夏天，成公与晋国大夫郤克联兵在鞌之战中大败齐国，齐国将先前侵占的土地又还给了鲁国。成公四年，成公到晋国会见晋景公，晋景公很轻慢鲁国。成公回国后，愤耻之下，打算背弃与晋国的盟约，与楚国结盟，后来听了大夫的进谏后，才放弃了这个想法。成公十年，成公又到晋国会见晋景公，正赶上晋景公去

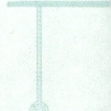

世，晋国人违背礼制强留成公送葬，鲁国忌讳此事，没有在史书上写明。成公十五年，成公开始与吴王寿梦在钟离举行会盟。

成公十六年，叔孙宣伯向晋国求援，想要诛杀季文子。因为季文子为政和私行都有德义，所以晋国人没有答应叔孙宣伯。

成公在位十八年去世，其子姬午继位，是为襄公，当时襄公年仅三岁。

襄公元年，晋国人拥立晋悼公即位。前一年冬天，晋国大夫栾书弑晋厉公。襄公四年，襄公到晋国朝见晋悼公。

襄公五年，季文子去世。季文子在世时，一连做了三朝相国，家中没有穿用名贵丝绸做衣服的妻妾，马厩中没有以粟米做料食喂养的马匹，仓库里也没有积储任何黄金美玉。君子评价道："季文子真算得上是廉洁忠贞的大臣了。"

襄公九年，鲁国出兵与晋国一起讨伐郑国。晋悼公在卫国的宗庙中亲自为襄公举行加冠礼（成年礼，代表可以亲政了），季武子（季文子之子）随侍襄公，在旁辅助了行礼。

襄公十一年，三桓将鲁国军队三分，各得其一。第二年，襄公到晋国朝见晋悼公。襄公十六年，晋平公即位。襄公二十一年，襄公到晋国朝见晋平公。

襄公二十二年，孔丘出生。

襄公二十五年，齐国大夫崔杼弑齐庄公，立齐庄公之弟齐景公为君。

襄公二十九年，吴国大夫延陵季子出使到鲁国，询问了周朝音乐，尽得周乐的深旨，鲁人因此对他非常尊敬。

昭公出奔

襄公三十一年六月，襄公去世。九月，太子没等即位就去世了。鲁国就将从齐国回来的齐女所生的公子裯立为国君，是为昭公。

昭公时年十九岁，仍然还有顽童的心性。穆叔（名叔孙豹，叔孙宣伯之弟）本来不想立昭公，曾反对说："太子虽然死了，但他还有同母的弟弟可以即位，就算不立太子的同母弟，还有其他年长的公子可以即位。按照礼法，年龄相当的，就择贤而立，才德相当的，就用占卜来决定立谁为

▶孔子像·明·佚名

孔子是中国古代伟大的思想家、教育家，是儒家学派的创始人。他出身一个有贵族传统但已经失去贵族地位的家庭，生长在保存宗周典籍和文物最多、社会风俗最古旧的鲁国，却又活动于社会大变动的时代。孔子曾经短暂地出仕为官，他一生大部分的时间主要用来私人讲学，他废寝忘食地研究古代典籍，却又能温故知新，所以他的思想既有保守性，也有进步性。

君。如今公子裯并非嫡子，况且在服丧期间不仅毫无悲伤之情流露，反而喜形于色。如果真的立他为君，一定会成为季氏的大患（因为季孙氏为鲁国相国）。"但季武子没有听从，还是拥立了昭公。等到为先君举行送葬之礼的时候，昭公居然前后三次更换丧服，毫无仪度。有君子看到这种情景，评论道："身为国君如此轻佻，恐怕将难以在君位善终了。"

昭公三年，昭公去晋国朝见晋平公，行到黄河岸边时，晋平公就将昭公给打发了回来，鲁国上下深以为耻。第二年，楚灵王在申国会盟诸侯，昭公称病没去参加。昭公七年，季武子去世。第二年，楚灵王建造好了离宫章华台，召昭公前往相见。昭公赶去章华台祝贺楚灵王，楚灵王赐给昭公异常珍重的宝弓，过后很快又后悔了，便用欺诈手段从昭公手上要回了宝弓。昭公十二年，昭公去朝见晋平公，行到黄河岸边时，又被晋平公给打发了回来。第二年，楚国公子弃疾弑楚灵王自立，是为楚平王。昭公十五年，昭公又去晋国朝拜，晋国人强留下昭公参加晋昭公的葬礼，鲁国深以为耻。昭公二十年，齐景公

与晏婴在齐鲁边境狩猎，顺便来到鲁国，询问了周礼。昭公二十一年，昭公去晋国朝拜，行至黄河岸边，仍然是被晋国给打发了回来。

昭公二十五年春天，在鲁国极其罕见的鸜鹆来到鲁国筑巢。大夫师己说道："文公和成公在位时，有童谣唱道'鸜鹆来巢，公在乾侯。鸜鹆入处，公在外野'。"

这一年，季氏的族人与大夫郈氏的族人在玩斗鸡时，季氏使诈在鸡的羽毛上涂抹了芥末汁，郈氏就用金属包裹上鸡的爪子。季平子（季武子之孙，继承了鲁相国之位）见郈氏竟然在自己面前毫无卑让之意，为之发怒，就稍稍侵占了一些郈氏家族的土地来增广自己家的宫院。郈昭伯因此也对季平子感到愤怒。不久，臧昭伯的弟弟臧会假造证据构陷臧氏，怕家族的人对付自己，就躲藏到了季氏家中。为了逼季氏交出臧会，臧昭伯私自囚禁了季氏家族的人。季平子大怒，也囚禁了臧氏的家臣。于是，臧昭伯和郈昭伯一同去向昭公求助，说各自的家族在季氏的压迫下都陷入了危难之中。九月戊戌日，昭公忽然率军讨伐季氏，攻入了季平子的家院。季平子登上高台，向昭公请求说："君侯偏信谗言，不体察臣到底犯了什么罪过，就前来诛杀臣，请准许臣迁居到沂水附近如何？"昭公不答应。季平子接着请求昭公准许自己退位，回到封邑郓邑终老，昭公也不答应。季平子又请求准许给他五辆马车出逃国外，昭公还是不答应。大夫子家驹在旁劝说昭公："君侯还是答应季氏吧。季氏已经专掌了鲁国朝政数十年，徒属党羽众多，这些人会合谋来对付君侯的。"昭公不听。郈氏家的人一直在喊："一定要诛杀季氏！"这时候，昭公攻打季平子的消息已经传开，叔孙氏的家臣戾向叔孙氏的徒属们喊话问道："季氏存在对我们有利，还是灭亡对我们有利？"叔孙氏的徒属们全部回答道："没有季氏就没有我们叔孙氏！"戾大声道："不错，我们去救援季氏！"于是，叔孙氏出兵救援季氏，击败了昭公的军队。孟懿子听闻叔孙氏取得胜利，也将昭公派来向他求援的郈昭伯诛杀。然后孟孙氏出兵汇合季氏和叔孙氏一起讨伐昭公，昭公被迫出逃。已亥日，昭公逃到了齐国。齐景公对昭公说："请

准许我为君侯奉上千社之家（二万五千家百姓）为供养之资。"随同逃亡的大夫子家对昭公说："放弃周公的基业，对齐国称臣，君侯觉得可以吗？"昭公便婉谢了齐景公。子家又对昭公说："齐君没有信义，不如趁早去晋国。"昭公没有听从。叔孙氏到齐国见了昭公后，回到鲁国向季平子复命，季平子叩头听取了叔孙氏回报的内容。本来，三桓是想将昭公迎接回鲁国的，但最后孟孙氏和季氏又后悔了，此事才没有达成。

昭公二十六年春天，齐国讨伐鲁国，夺取了郓邑，然后齐国人将昭公安置到了郓邑。到了夏季，齐景公想将昭公护送回鲁国国都，告诫齐国大夫们不可接受鲁国三桓势力的贿赂。鲁国方面得知这个消息后，大夫申丰、汝贾暗中承诺向齐国大夫高龁、子将赠送八万斗粟米。于是，子将谏阻齐景公说："鲁国群臣不能善侍鲁君，而且又接连发生怪异之事。此前宋元公为了鲁君的事情去晋国，本想求晋国出面护送鲁君回国，却在半路死去。鲁国叔孙昭子谋求迎回鲁君，却没染任何疾病就死了。不知道这是因为上天已经抛弃了鲁国，还是鲁君得罪了鬼神。希望君侯再等等看。"齐景公便听从了这个意见。

昭公二十八年，昭公前往晋国，寻求晋国援助。季平子与执掌晋国大权的六卿有私交，晋国六卿收了季氏的贿赂后，劝谏晋君不要护送鲁君回国，晋君听从了六卿之计，将昭公安置在晋国的乾侯。第二年，昭公返回了郓邑。齐景公派人给昭公送去书信，在信中对昭公自称"主君"，昭公非常愤怒，又迁居到了乾侯。

昭公三十一年，晋国终于想将昭公护送回鲁国，晋君召见季平子商量此事。季平子身穿布衣，光着脚，显示出非常忧戚的样子来到晋国，然后凭借晋国六卿的关系向晋君谢罪。六卿替季平子劝阻晋君说："虽然我们晋国想将鲁君送回鲁国，可鲁国人都不肯接受鲁君回国。"晋君再次罢休。

昭公三十二年，昭公在乾侯去世。于是，鲁人拥立昭公之弟公子宋为君，是为定公。

铜编钟·春秋

美国纽约大都会艺术博物馆藏。钟舞上有背对双虎组成的纽，篆间有螺旋形枚，每面 18 枚。舞部饰蟠虺纹，篆部蟠龙纹带鼓部饰蟠龙纹。到了春秋时期，正是孔子说的礼崩乐坏的时代，诸侯僭越天子，因而青铜乐器的制作已经是各行其是。此编钟虽无铭文，但足以见证春秋时期的乐器制作水平。

❂三桓欺君

定公继位后，晋国赵简子问晋国太史墨："季氏会有灭亡之祸吗？"太史墨回答说："不会，季友对鲁国有大功，受封鄪邑，位至上卿，季文子、季武子继承其官爵后，每一世都增进了季氏的基业。自从鲁文公去世，襄仲杀嫡立庶时，鲁君便失去了权柄。季氏握有鲁国权柄已经四世了，鲁国人不知道国家有君侯，只知道有季氏，鲁君怎么能重新掌控住国家呢？所以，作为君主一定要慎重掌握住官职和爵号，不可轻易给予他人。"

定公五年，季平子去世。季氏家臣阳虎出于私愤，囚禁了季桓子（季平子之子），季桓子被迫与他订立盟约，才被释放。定公七年，齐国讨伐鲁国，攻取郓邑，将郓邑赠给阳虎为封邑，让他掌管鲁国朝政。

定公八年，阳虎图谋将三桓的嫡子全部杀掉，然后扶立亲近自己的三桓庶子作为三桓的嗣子。于是，阳虎趁着与季桓子同乘一车的机会，想要杀害季桓子，季桓子使诈得以逃脱。

然后三桓联合起来攻打阳虎，阳虎逃走占据了阳关。

定公九年，鲁国发兵进攻阳关，阳虎逃亡到了齐国，不久又逃亡到了晋国，投奔了晋国六卿之一的赵氏。

定公十年，定公与齐景公在夹谷举行会盟，由孔子襄助定公行礼。齐国人想在会盟仪式上劫持定公，孔子登上祭坛的台阶，诛杀了齐国演奏违礼音乐的莱人。齐景公畏惧之下，打消了劫持定公的念头，并且将之前侵略的鲁国领土都还给鲁国作为赔罪。

定公十二年，定公命令孔子的弟子子路去毁掉三桓封邑里违越礼制修建的城墙，并收缴三桓封邑内的铠甲和兵器。孟孙氏不肯毁掉他的城墙，定公派兵去讨伐他，没有攻下孟孙氏的封邑，只好被迫作罢。不久，季桓子收受了齐国赠送给他的乐妓，孔子大为失望，辞官离开鲁国。

定公在位十五年去世，其子姬将继位，是为哀公。

哀公五年，齐景公去世。第二年，齐国大夫田乞弑齐君孺子。

哀公七年，吴王夫差治理下的吴国非常强盛，出兵讨伐齐国，行军到

缯邑（今河南方城县）时，派人向鲁国征求百牢之礼（牛羊猪各一百头）。季康子（季桓子之子）派孔子的弟子子贡去游说夫差及其大臣太宰嚭，用礼仪道义使吴王折服。夫差最后自己找台阶下，说道："我是纹身的蛮夷之人，礼仪不是用来约束我的。"就没有向鲁国继续强求。

哀公八年，吴国为了邹国讨伐鲁国，杀到鲁国都城之下，与鲁国订立盟约后才退兵。不久，齐国也来讨伐鲁国，夺走了三座城池。哀公十年，齐国侵略鲁国南部边境。第二年，齐国又来讨伐鲁国。季氏任用的孔子的弟子冉有立了战功，因此思念起孔子，于是，孔子从卫国返回了鲁国。

哀公十四年，齐国大夫田常在徐州弑齐简公。孔子请求讨伐田常，哀公不准许。

哀公十五年，哀公派子服景伯和子贡出使齐国，齐国将此前侵略的土地还给了鲁国。这是因为田常刚刚在齐国专政，想要获得诸侯们的好感。

哀公十六年，孔子去世。哀公二十二年，越王勾践灭亡吴国。

哀公二十七年春，季康子去世。

到了夏天，哀公越来越觉得三桓是心腹大患，想要依靠诸侯的力量来除掉三桓的实力，而三桓也越来越担心哀公会对他们发难，所以鲁国君臣之间猜忌日深。一日，哀公到陵阪游览，在街道上遇见了孟武伯，顺口问道："请问我能够得享天年而死吗？"孟武伯回答："不知道。"于是，哀公想要借助越国的力量来讨伐三桓。八月，哀公前往有山氏，三桓趁机发兵攻打哀公，哀公逃奔到卫国避难，然后又去了邹国，最后又去了越国。过了段时间，鲁国人从越国将哀公迎接回来，哀公最终死在了有山氏。哀公的儿子姬宁随之继位，是为悼公。

黯然亡国

悼公在位时，三桓更加强大，公室的地位如同很小的侯爵，在三桓面前非常卑微。

悼公十三年，晋国赵、魏、韩三家灭亡智氏家族，平分了智氏的领土。悼公在位三十七年去世，其子姬嘉继位，是为元公。

元公在位二十一年去世，其子姬显继位，是为穆公。穆公在位三十三年去世，其子姬奋继位，是为共公。

共公在位二十二年去世，其子姬屯继位，是为康公。康公在位九年去世，其子姬匽继位，是为景公。

景公在位二十九年去世，其子姬叔继位，是为平公。当此之时，赵、魏、韩、齐、燕、秦六国君主全部称王。

平公十二年，秦惠王去世。平公在位二十年去世，其子姬贾继位，是为文公。文公元年，楚怀王死在秦国。文公在位二十三年去世，其子姬雠继位，是为顷公。

顷公二年，秦国攻取楚国都城郢都，楚国被迫迁都到陈邑（今天河南周口淮阳区）。顷公十九年，楚国讨伐鲁国，攻取徐州。

顷公二十四年，楚考烈王灭亡了鲁国。顷公逃亡到下邑，沦为平民，鲁国的宗庙祭祀从此就断绝了。最后，顷公在柯邑（今山东东阿）去世。

鲁国从周公到顷公，一共经历了三十四代君主。

❖ 太史公说 ❖

我听闻孔子曾说："鲁国礼乐政道的衰败已经达到极点了！洙水和泗水之间（鲁国在这两条河之间）的百姓过河时，年纪大的长者竟然还带着愧疚的样子向晚辈们礼让。"回观庆父、叔牙及湣公时期的政事，礼义纲常何其崩坏！又如桓公弑隐公，襄仲杀嫡立庶，三桓作为臣子却亲自率军攻打昭公，致使昭公逃往国外。鲁国人始终恪守着揖让的礼节，为何在政治上却又发生如此多得暴戾反常之事呢？

燕召公世家 第四

【解题】本篇讲述了召公受封燕地到战国时期燕昭王励精图治、攻伐齐国，再到秦国灭燕几百年间的历史事件。司马迁首先称赞了召公以仁立国的举措，表达了对关心人民疾苦的统治者的认可；接着分析了燕国能立国长久，主要是因为偏居北方，远离了中原、东南频繁的霸权争夺。最后，太史公肯定了燕人奋发图强，勇于开拓的精神。

◉召公盛德

　　燕召公姬奭与周王室同姓，周武王灭亡商纣王后，将北燕作为封国封给召公。

　　周成王在位时期，召公留在周朝辅佐成王，是三公之一：自陕地以西地区，由召公治理；自陕地以东地区，由周公治理。由于成王年幼，周公代为摄政，登上天子之位接受诸侯朝拜。召公怀疑周公有篡逆之心，就创作了《君奭》。《君奭》主要表达了对周公的不满。对此周公解释说："在商朝汤王时期，有伊

▶ 匽侯盂·西周早期

中国国家博物馆藏。盂高 24.3 厘米、口径 33.8 厘米、足径 23.3 厘米。侈口、深腹、平底、圈足，圈足下缘有宽边切地，两附耳上部有横梁与器身相连。盂体纹饰精美，通体以云雷纹为地，布满夔凤纹，鸟头像龙首而凤冠逶迤下垂。匽侯盂内壁有五字铭文："匽侯作馈盂"（匽侯即燕侯）。铭文虽有仅有几字，但它的发现证明：燕是周初分封的诸侯，封地在蓟（今北京）。

尹辅佐天子治国，其功绩得到了上天的嘉许；在太戊时期，则有伊陟、臣扈辅佐天子，他们的功德也受到上天的嘉许，还有辅佐天子治理王室的巫咸也同样功德昭然；到了祖乙时期，则有巫贤；武丁时期，则有甘般。凭借着这些贤良功臣，殷商才得以安定强盛。"召公听了这番话，才高兴踏实起来。

召公治理周朝西部疆域时，受到百姓极大的爱戴。他到民间巡行省视百姓疾苦，有一次就在一棵大棠树下

——《山海经》——

《山海经》是一部内容丰富、风貌独特的古代著作，包含历史、地理、民族、神话、宗教、生物、水利、矿产、医学等诸方面。《山海经》的今传本为18卷39篇，由《山经》《海经》和《大荒经》三部分组成。其中《山经》5卷，包括《南山经》《北山经》《东山经》《中山经》，共2.1万字，占全书的2/3。《海内经》《海外经》8卷，4200字。《大荒经》及《大荒海内经》5卷，5300字。

省决政事和刑狱事务，上至侯伯，下至平民，没有一人觉得不公正，每一个人都得到了恰如其分的安置，没有任何失职之事。召公去世后，百姓非常思念召公的为政之德，看见棠树没有一个人忍心砍伐，并唱歌作诗歌咏以寄托怀念之情，这就是传之后世的《甘棠》（《诗经·召南》中的一篇）。

燕国自召公传承九世君位后，惠侯继位。惠侯在位时，正是周厉王奔逃到彘地，大臣行政的"共和"时期。

惠侯去世，其子釐侯继位，这一年，周宣王继位为天子。釐侯二十一年，郑桓公刚刚被封在郑国。釐侯在位三十六年去世，其子顷侯继位。

顷侯二十年，周幽王因为淫乱无道，被犬戎所弑。秦国开始成为诸侯。

顷侯在位二十四年去世，其子哀侯继位。哀侯在位两年去世，其子郑侯继位。郑侯在位三十六年去世，其子缪侯继位。

❖春秋弱国

缪侯七年，正是鲁隐公元年。缪侯在位十八年去世，其子宣侯继位。

宣侯在位十三年去世，其子桓侯继位。桓侯在位七年，其子庄公继位。

庄公十二年，齐桓公开始成为中原霸主。庄公十六年，燕国与宋国、卫国联兵讨伐周惠王，惠王出逃到温邑（今河南温县西南），三国拥立惠王之弟姬颓为天子。庄公十七年，郑国捉住了燕仲父，重新护送惠王夺回天子之位。庄公二十七年，山戎前来讨伐燕国，齐桓公率军救援，乘胜北伐山戎。齐军回国时，庄公礼送齐桓公一直走出国境，齐桓公于是将庄公送行所止之处的土地都割赠给了燕国，齐桓公命庄公像周成王时期一样，恭敬地向周朝王室纳贡，重新修明召公时期的德政。

《山海经图》之九凤

庄公在位三十三年去世，其子襄公继位。

襄公二十六年，晋文公开始成为中原霸主。襄公三十一年，秦国在崤之战中被晋国打败。襄公三十七年，秦穆公去世。襄公在位四十年去世，其子桓公继位。

桓公在位十六年去世，其子宣公继位。宣公在位十五年去世，其子昭公继位。昭公在位十三年去世，其子武公继位。武公继位这年，晋国灭掉了其三郤大夫。

武公在位十九年去世，其子文公继位。文公在位六年去世，其子懿公继位。懿公元年，齐国崔杼弑齐庄公。懿公在位四年去世，其子惠公继位。

惠公元年，齐国大夫高止逃来避难。惠公好色，有很多宠妾，惠公六年，惠公想将朝中执政的众多大夫（大夫多为公室支族）罢黜后扶立最宠爱的姬妾宋为夫人，大夫们抢先下手诛杀了姬妾宋，惠公恐惧之下逃到齐国避难。四年后，齐国大夫高偃到达晋国，请求齐、晋联合讨伐燕国，护送惠公回国。晋平公同意了高偃的请求，与齐国出兵伐燕，将惠公送回了燕国。惠公刚回到燕国就去世了，燕国人又立悼公为君。

悼公在位七年去世，共公继位。共公在位五年去世，平公继位。当此之时，晋国公室逐渐衰弱，六卿开始变得越来越强大。平公十八年，吴王阖闾攻入楚国都城郢都。平公在位十九年去世，简公继位。简公在位十二年去世，献公继位。这一年，晋国的赵鞅将范氏和中行围困在朝歌。献公十二年，齐国田常弑齐简公。献公十四年，孔子去世。献公在位二十八年去世，孝公继位。

孝公十二年，晋国韩、魏、赵三家共灭智氏，三分其领土，韩、魏、赵势力愈加强大。

子之之乱

孝公在位十五年去世，成公继位。成公在位十六年去世，湣公继位。

湣公在位三十一年去世，釐公继位，这一年，赵、魏、韩三家列为诸侯。

釐公三十年，燕国讨伐齐国，在林营击败齐军。不久，釐公去世，桓公继位。桓公在位十一年去世，文公继位。这一年，秦献公去世，秦国国力变得更加强大。

文公十九年，齐威王去世。文公二十八年，苏秦第一次来燕国游说文公。文公赐给苏秦车辆、马匹、黄金、丝绸等财物，资助他去游说赵国。不久，赵肃侯任用了苏秦，苏秦为燕、赵、魏、韩、齐、楚设立合纵抗秦之计，成为纵约长。这一年，秦惠王将女儿嫁给燕国太子为妻。

文公在位二十九年去世，太子即位，是为易王。

齐宣王趁着易王刚刚继位、燕国处在大丧之期来讨伐燕国，攻取了十座城池。苏秦为燕国去游说齐国，使齐国又将十座城池还给了燕国。易王十年，燕君开始自称王号。苏秦因为与文公夫人有私情，害怕被易王诛杀，因此说服易王派他去齐国做间谍，图谋寻找机会扰乱齐国。易王在位十二年去世，其子燕王哙继位。

太保簋·西周

美国弗利尔美术馆藏。太保簋，相传为清道光或咸丰年间出土于山东寿张梁山。太保簋内有四十三字铭文，记录了武王死后，殷商残余贵族与三监联合发动叛乱，周成王任命召公前去平叛。成功后，成王封赏召公，召公特意制作了这件来纪念成王的赏赐。

　　燕王哙刚刚继位，齐人就诛杀了苏秦。当初，苏秦在燕国时，与燕国相国子之家族进行了联姻，而苏秦之弟苏代也与子之拥有私交。等到苏秦死后，齐宣王又任用了苏代。燕王哙三年，燕国与楚、赵、魏、韩联兵进攻秦国，不胜而还。子之作为燕国相国，地位尊崇，专掌朝政。苏代作为齐国使者出使到燕国，燕王哙问他："齐王这个人怎么样？"苏代回答："一定不会成为霸主。"燕王哙问："为何？"苏代道："因为齐王不信任自己的重臣。"苏代之所以这样回答，目的其实是想刺激燕王哙更加尊崇信任子之。燕王哙果然中计，此后更加信任子之。子之因此偷偷赠给苏代一百镒黄金，任凭他使用。

　　过了段时间，鹿毛寿对燕王哙说："大王不如将王位禅让给相国子之。世人之所以盛赞尧帝贤圣，是因为尧帝曾向许由禅让天下，而许由没有接受，

这么做不仅有了禅让天下的贤名，却实际上又没有失去天下。现在大王将王位禅位给子之，子之定然不敢接受，则是大王拥有了与尧帝一样圣贤的德行。"燕王哙贪慕虚名，听从了这个建议，将燕国让给了子之，子之地位更加崇重。

这时候又有人说："当初大禹向天下举荐伯益在自己去世后继承天子之位，并且将儿子启的臣子调拨给伯益任用。等到年老时，大禹认为儿子启的臣子们都不足以承担治理天下的重任，将天子之位传给了伯益。可是，启却带着自己的党羽进攻伯益，夺取了天子之位。天下人都传言说，大禹名义上是将天下传给了伯益，实际上却是让儿子启自己去夺取天下。如今，大王声称将国家传给子之，可朝中官吏全部都是太子的人，这同样是名义上传国给子之，而实际上是由太子执掌着国家。"燕王哙听到这番话后，就将国中俸禄在三百石以上官员的官印都收上来交给子之，让子之南面临朝执行君王的事务，而燕王哙因为年老则不再听政，反而做了子之的臣子，军国重事全部由子之来决断。

三年之后，燕国大乱，百姓惶恐度日，将军市被和太子平图谋攻打子之。

┤ 春秋时代的武器装备 ├

　　春秋时代的进攻性武器主要包括戈、酋矛、夷矛、戟、殳等5种长兵器，用于近距离肉搏、随身防卫的短兵器刀、剑等，还有用于远距离攻击的兵器弓矢。甲士的护卫装备有盾、甲胄等。戈装有长柄，主要适用于在战车上抡动作战。矛是尖形的刺杀工具，也是西周、春秋战车上常见的兵器。从商周到春秋战国，矛的形状不断改进，矛身逐渐加长，两翼则变得窄小，这样能刺得更深，加强了杀伤力。戟是戈和矛的复合体，兼有二者啄、刺、勾三种功能。春秋时期，戟的形制也在不断变化，战国时期更是出现了铁制的戟。殳是一种打击兵器，由棱形的金属头和竹、木杆构成。用于防卫的盾有木、竹、藤、金属等各种质地的材料制成；甲形如衣服，披在身上，胄形如帽子，戴在头上，就是头盔。

齐国得知燕国内乱，众将对齐湣王说："趁着燕国内乱举兵攻打，一定能攻取燕国！"齐湣王于是派人对燕太子平说："寡人听闻太子有匡扶正义之志，将废黜私相授受之行，而匡立公器，整饬毁败的君臣之礼，明正父死子继的纲常。寡人国家弱小，不配追随在太子的左右，虽然如此，寡人的国家还是愿意听从太子的命令。"于是太子平召集党羽聚集起部属，命将军市被率军包围王宫，攻打子之，但市被没能攻破宫门。市被怕被问罪，反而率领百姓掉头攻打太子平。最终，市被战死。这场内乱一直持续数月，死亡数万人，国人惶恐，百姓离心。孟子闻知燕国乱状，向齐王进谏说："如今讨伐燕国，正如周文王、周武王伐纣，机不可失！"齐王因此命令章子统帅五座都城的兵力，再加上镇守齐国北部的军队，去讨伐燕国。燕国军队坐看齐军进入，不关闭城门，也不加抵抗。不久，燕王哙去世，齐军大胜，子之被杀。子之被杀两年后，燕人拥立太子平继位，是为昭王。

昭王雪耻

昭王继位时，燕国刚刚经历了国家差点灭亡的危机，因此昭王用极其恭敬的礼仪和贵重的钱财来招揽贤才，以图振兴国家。昭王对大夫郭隗说："齐国趁着我的国家陷入内乱，出兵攻破燕国，我非常清楚燕国国小力弱，很难报仇。然而求得贤才与我共同振兴国家，一雪先王之耻，是我最大的心愿，还请先生费心为我举荐贤良，使我得以亲自侍奉他们。"郭隗说道："大王如果一定要礼用贤士，就请从我开始吧。天下有那么多比郭隗贤能的人，知道此事后，还怕千里之外的人不来投奔大王吗？"于是昭王下令为郭隗建造一座华丽的宫舍居住，并以弟子的礼节来侍奉郭隗。这件事传开后，乐毅从魏国来到燕国，邹衍从齐国来到燕国，剧辛从赵国来到燕国，天下贤士争相来投燕国。昭公亲自吊祭在内乱中死去的人民，抚恤照顾孤弱，与百姓同甘共苦，励精图治。

到了昭王二十八年，燕国已经富足殷盛，军队士气旺盛，战士安逸而

▶针首刀·战国

刀币进入了春秋战国之际，扩大了它的范围。首先在燕国境内出现了"尖首刀"（包括"针首刀"）。燕出现刀币形式应是受齐国的影响。燕昭王颇能接纳人才，在位时开拓疆土，建立了上谷、渔阳、辽西、辽东诸郡。燕国铸有"针首刀""尖首刀"和"明刀"等等。针首刀（刀首呈尖刺状）刀身与尖首刀相似，但刀首尖端更长，刀柄有直纹，正面两条、背面一条，铜质不精，制作也很粗糙，文字也简单或无文，主要流通于长城内外，故又称"匈奴刀"。

勇武，毫无怯战之心。于是，昭王任命乐毅为上将军，联合秦、楚、赵、魏、韩共同讨伐齐国。齐军大败，齐湣王逃亡出都城。在接下来的六年时间中，燕军独自追击齐军，攻入临淄，将齐国的礼器和财宝尽数运回燕国，并焚烧了齐国的王宫和宗庙。最后，齐国没被攻下来的仅剩下聊城（今山东聊城）、莒城（今山东莒县）和即墨（今山东平度市一带），其余城池全部被燕国占领。

昭王在位三十三年去世，其子惠王即位。

惠王在做太子的时候，就与乐毅有嫌隙，等到即位后，便猜疑起在齐国前线统兵的乐毅，派骑劫去取代乐毅的军权。乐毅离开军队，出走赵国。不久，镇守即墨的齐国将军田单击败燕军，骑劫也死于战斗，燕军随之撤退回燕国，齐军收复了被燕军占领的所有城池。而齐湣王死于莒城，齐人立其子齐襄王继位。

◈欺弱自辱

惠王在位七年去世，武成王继位。这一年，韩、魏、楚三国联兵来讨伐燕国。

武成王七年，齐国田单来讨伐燕国，攻取中阳。武成王十三年，秦军在长平之战中击败四十余万赵军。武成王在位十四年去世，其子孝王继位。

孝王元年，秦军包围赵国都城邯郸后又解围而去。孝王在位三年去世，其子燕王喜继位。

燕王喜四年，秦昭王去世。燕王喜派相国栗腹去赵国结两国之好，赠送五百镒黄金为赵王祝酒。栗腹完成使命，回国对燕王喜说："赵王国中的壮士都死在了长平之战，剩下的孤儿还都没长大成人，正可乘机讨伐赵国。"燕王喜找来昌国君乐间（乐毅之子）寻问可否伐赵，乐间说："赵国处于四面受敌的境地，百姓生来为兵，熟悉打仗，不可去讨伐。"燕王喜道："我以五人攻赵国一人，如何？""不可。"乐间仍不赞同。燕王喜怒，再向群臣寻问，群臣都说不可讨伐赵国。可最终，燕王喜仍调集两千辆兵车，分为两支军队，派栗腹率领其中一支军队去攻打赵国的鄗邑（今河北柏乡县），派卿秦率领另一支军队去攻打赵国的代郡（郡治在今河北蔚县）。燕国群臣都不敢再反

对，只有大夫将渠继续向燕王喜进谏说："与人家通使结好，奉送五百镒黄金为人家君王祝酒，使者才回来复命，就翻脸去进攻人家，此等违逆道义之举非常不祥，出兵肯定不能取得成功。"燕王喜还是没有听从，而且还亲自率领一支小规模的军队去支援作战。燕王喜出征前，将渠仍拉着燕王喜的绶带劝阻他说："大王万不可亲自率军出征，进攻赵国不会成功的！"燕王喜用脚蹬开将渠，将渠哭道："臣不是为了自己啊，是为了大王！"燕王喜不顾而去。燕军进犯到宋子（今河北赵县北部）时，赵国派将军廉颇和乐乘率军迎敌，廉颇在鄗邑打败栗腹，乐乘在代郡击败卿秦。乐间（与乐乘是同族）随之就逃奔到了赵国。廉颇乘胜追击五百余里，包围了燕国。燕国请求议和，赵国不准，坚持要求燕国派将渠来议和。燕王喜于是任命将渠为相国，前往赵国议和，赵国信任将渠，才解除了对燕国的包围。

黩武亡国

燕王喜六年，秦国灭亡东周，在

东周故地设置三川郡。第二年，秦国攻取赵国榆次（今山西晋中市）等三十七座城池，设置成太原郡。燕王喜九年，秦王嬴政登上了王位。第二年，赵国派遣廉颇进攻魏国，攻取了繁阳（今河南内黄县西北）。这年，赵孝成王去世，赵悼襄王继位。赵悼襄王派遣乐乘去取代廉颇的军权，廉颇不从，攻打乐乘，乐乘逃走，廉颇也投奔到魏国大梁（今河南开封市西北）避难。燕王喜十二年，赵国派遣李牧进攻燕国，攻取了武遂（今河北徐水县西北）和方城（今河北固安县南）。这时候，剧辛正在燕国，剧辛从前生活在赵国时，与庞煖关系很好，后来因故逃来了燕国。燕国见赵国数次被秦军击败，丧失城池，而且名将廉颇也离开了赵国，而让庞煖成为赵国将军，就想再次趁着赵国有这些患处攻打赵国。燕王喜问剧辛可否战胜赵军，剧辛回答道："庞煖这个人太容易对付了！"于是，燕国派遣剧辛统兵进攻赵国，赵国派庞煖率军迎战，俘虏了两万燕军，并斩杀了剧辛。这一年，秦国攻取魏国二十座城池，设置成东郡。

燕王喜十九年，秦国攻取赵国邺城等九座城池。这一年，赵悼襄王去世。

▶ 青铜人形灯 · 战国

春秋战国时期，中国的灯具有了很大的发展，各式各样的灯具纷纷出现，其中较为出名的就是人形灯，也称为力士灯。目前存世的人形灯中常见的有站立姿态的人形灯、作态的人形灯等等。图中的人形灯即为站立姿态的人形灯，人物为刚烈武士形象，造型优美自然，从中可以依稀推想出中国古代先民的生活情趣和审美观点。

燕王喜二十三年，燕王喜派太子丹到秦国做人质，不久，太子丹又逃回了燕国。燕王喜二十五年，秦军俘虏韩王安，灭亡了韩国，在韩国故地设置颍川郡。燕王喜二十七年，秦军俘虏赵王迁，灭亡了赵国。随后，赵国公子嘉自立为代王。

燕国眼见秦国行将吞并六国，而秦军已经兵临易水，亡国之祸就要降临到燕国头上了。为了对付秦国，太子丹暗中养了二十名死士，派遣荆轲带着督亢之地的地图去献给秦王嬴政，以求借机刺杀秦王嬴政。然而，荆轲呈现地图行刺不成，秦王嬴政反击，杀死了荆轲。随即，秦国派遣王翦进攻燕国。燕王喜二十九年，秦军攻陷燕国都城蓟城（今北京市房山区），燕王喜逃走，迁都到辽东，斩下太子丹之头献给秦国，求秦国罢兵。燕王喜三十年，秦军灭亡魏国。

燕王喜三十三年，秦国攻取辽东，俘虏了燕王喜，燕国灭亡。这一年，秦国将军王贲也将代王嘉给俘虏了。

◆ 太史公说 ◆

召公真称得上是仁君啊！他理政之处的棠树都那么令百姓怀念珍重，何况是他本人呢？燕国外与蛮貉（指少数民族）为邻，内与齐、晋等大国接壤，挣扎求存在强国之间，国势最为弱小，好几次都出现了亡国危机。然而最终却守护宗庙祭祀八九百年，是姬姓诸侯中最后一个灭亡的，这难道不是因为得到召公伟大功业的庇佑吗？

管蔡世家 第五

【解题】本篇主要讲述了诸侯国蔡国和曹国约八百年的历史，叙述了西周宗室管叔鲜、蔡叔度因为猜疑周公旦，起兵反对周公，最终被周公击败的事迹，以及蔡、曹两国的兴灭历程，同时对周武王兄弟的情况进行了简单介绍。

❥ 周室分封

管叔鲜和蔡叔度，都是周文王的儿子，武王的弟弟。武王有同母兄弟十人，母亲太姒是文王的正妃。太姒所生的长子是伯邑考，次子是武王发，三子是管叔鲜，四子是周公旦，五子是蔡叔度，六子是曹叔振铎，七子是成叔武，八子是霍叔处，九子是康叔封，十子是冉季载。在这十兄弟之中，只有武王发和周公旦最为贤德，始终辅佐在文王身边，所以文王舍弃长子伯邑考而立武王发为太子。等到文王驾崩后，武王就继位了，而伯邑考在这之前已经去世。

武王伐灭殷商，平定天下后，分封功臣和兄弟们为诸侯。封叔鲜为管国国君，所以号称管叔鲜；封叔度为蔡国国君，所以号称蔡叔度。二人遵从武王之命，共同辅佐商纣王之子武庚禄父统治商朝的遗民。同时，武王封叔旦于鲁国，但留下他辅佐朝政，号称周公；封叔振铎于曹国；封叔武于成国；封叔处于霍国。而康叔封和冉季载当时年纪还太小，没有被分封。

武王驾崩后，继位的成王因为年少无法治国，便由周公摄政代行天子之事。管叔鲜和蔡叔度怀疑周公将会做出伤害成王之事，因此挟持武庚禄父作乱。周公秉承成王之命讨伐叛乱，诛杀了武庚禄父和管叔鲜，给了蔡叔度十辆马车和七十名随从，将其放逐。而后，周公将商朝遗民一分为

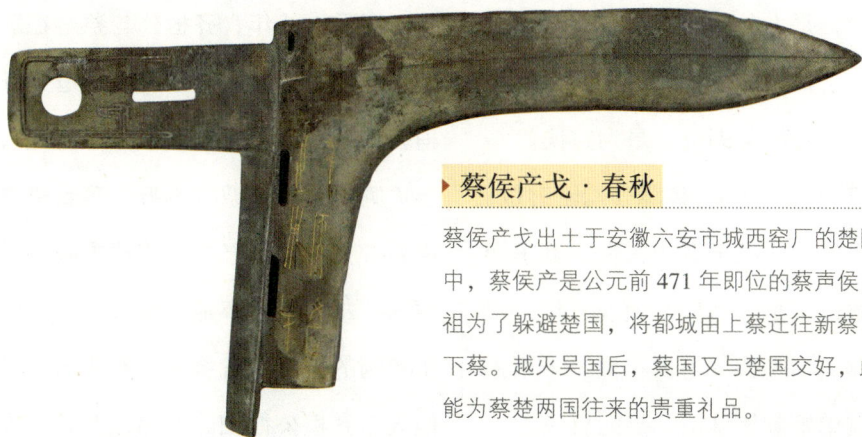

蔡侯产戈·春秋

蔡侯产戈出土于安徽六安市城西窑厂的楚国墓葬中，蔡侯产是公元前471年即位的蔡声侯，其先祖为了躲避楚国，将都城由上蔡迁往新蔡，再迁下蔡。越灭吴国后，蔡国又与楚国交好，此戈可能为蔡楚两国往来的贵重礼品。

二：其中一部分分封给微子启，封其为宋国国君，让他延续殷商的宗庙祭祀；另一部分分封给康叔封，封其为卫国国君，是为卫康叔。同时，周公又将弟弟季载分封为冉国国君。因为康叔封和冉季载都德行淳良，周公又举荐康叔封担任周王室的司寇，举荐冉季载担任周王室的司空，共同辅佐成王治理国家，最终他们都名满天下。

复国传宗

蔡叔度最终在放逐中去世，其子姬胡改恶为善，力行德义。周公听闻后，就举荐姬胡担任鲁国的卿士，姬胡辅佐鲁公伯禽将鲁国治理得非常好。于是，周公向成王言说姬胡的德行和政绩，成王就重新将蔡国封给姬胡，让他延续蔡叔度的祭祀，号称蔡仲。于是，除了周公之外，成王让其他叔父也都回到各自的封国为君，没有再做天子的官吏。

蔡仲去世后，其子蔡伯荒继位。蔡伯荒去世后，其子宫侯继位。宫侯去世后，其子厉侯继位。厉侯去世后，其子武侯继位，武侯在位时，周厉王奔逃到彘地，周朝由大臣执政，号称"共和"，诸侯大多背叛了周朝。

武侯去世后，其子夷侯继位。夷侯十一年，周宣王即位。夷侯在位二十八年去世，其子所事继位，是为釐侯。

釐侯三十九年，周幽王被犬戎所弑，周国衰弱，被迫东迁。秦国开始名列诸侯。

釐侯在位四十八年去世，其子姬

兴继位，是为共侯。共侯在位两年去世，其子戴侯继位。戴侯在位十年去世，其子姬措父即位，是为宣侯。

宣侯二十八年，鲁隐公刚刚继位。

宣侯在位三十五年去世，其子姬封人继位，是为桓侯。桓侯三年，鲁人弑其君鲁隐公。桓侯在位二十年去世，其弟姬献舞继位，是为哀侯。

灭而复存

当初，哀侯娶了陈国的女子，息侯也娶了陈国的女子。哀侯十一年，息侯夫人归省陈国时，路过蔡国，哀侯对息侯夫人做出了无礼的举动。息侯得知后大怒，向楚文王请求说："请楚国发兵来讨伐我，我向蔡国求援，蔡国考虑到我们是相互依存的关系，一定会来救援息国，楚国便可乘虚攻打蔡国，可以大获成功。"楚文王答应了，依计行事，果然成功将哀侯俘虏回楚国。哀侯被楚国扣留了九年后，死在了楚国，一共在位二十年。于是，蔡国拥立哀侯之子姬肸为君，是为缪侯。

缪侯继位后，将自己的妹妹蔡姬嫁给了齐桓公。

缪侯十八年，齐桓公与蔡姬在船上嬉戏时，蔡姬故意摇荡船只逗弄齐桓公，齐桓公因为不懂水性，很害怕，连声呵止蔡姬，蔡姬不听。等到船靠岸后，齐桓公一怒之下将蔡姬赶回了蔡国，却没有休弃她。缪侯感觉受到了齐国的羞辱，就将妹妹蔡姬嫁给了他人。齐桓公得知此事后，率兵讨伐蔡国，蔡军溃败，缪侯被齐军俘虏。齐军乘胜南下进犯到楚国的邵陵。后来，诸侯们纷纷替蔡国求情，齐桓公才将缪侯释放回国。缪侯在位二十九年去世，其子姬甲午继位，是为庄侯。

庄侯三年，齐桓公去世。庄侯十四年，晋文公在城濮之战中击败楚国。庄侯二十年，楚国太子商臣弑其父成自立。庄侯二十五年，秦穆公去世。庄侯三十三年，楚庄王即位。庄侯在位三十四年去世，其子姬申继位，是为文侯。

文侯十四年，楚庄王讨伐陈国，杀死了夏徵舒。第二年，楚军包围郑国，郑襄公被迫投降楚国，楚国后来又将国家还给了郑襄公。文侯在位二十年去世，其子姬固继位，是为景侯。

景侯元年，楚庄王去世。景侯四十九年，景侯为太子般从楚国迎娶妻子，楚女来到蔡国后，景侯不顾人伦而与其私通。太子般一怒之下弑景侯自立，是为灵侯。

灵侯二年，楚国公子围弑楚王郏敖自立，是为楚灵王。灵侯九年，陈国的司徒招弑陈哀公，楚国于是派遣公子弃疾率军讨伐陈国，将陈国灭亡后吞并。

灵侯十二年，楚灵王以灵侯有弑父夺位之罪，诱骗灵侯到申城相会。楚灵王在酒宴上埋伏下身穿铠甲的武士，将灵侯灌醉后杀害，并将护卫灵侯的七十名蔡国侍卫全部诛杀。同时，楚国又派公子弃疾率军出其不意包围蔡国。这一年十一月，楚国灭亡了蔡国，楚灵王封公子弃疾为蔡公。

楚国灭亡蔡国三年后，楚国公子弃疾弑楚灵王自立，是为楚平王。楚平王寻找到景侯的小儿子姬庐，将蔡国还给他，并扶立他登上君位，是为平侯。这一年，楚国也将陈国还给了陈国公室。这是因为楚平王刚刚用残暴的手段登上楚王之位，想要向诸侯们示好，所以才又恢复了蔡国和陈国。

❧仇楚而亡

平侯在位九年去世，灵侯之孙姬东国打败了平侯之子夺取君位，是为悼侯。悼侯的父亲是隐太子姬友，隐太

▶蔡侯申铸钟·春秋

蔡侯申即蔡昭侯，春秋晚期蔡国国君，公元前518年到前491年在位。这套蔡侯申铸钟出土时共八件，其中四件铭文较清晰，有十二行八十二字，铭文大意为：蔡侯申愿意侍奉楚王，勤勉施政，与大夫们共同努力，让蔡国更加强盛。这件铸钟因锈蚀严重，铭文不清。

子也就是灵侯的太子。当初平侯继位后，就诛杀了隐太子，所以等到平侯去
世后，隐太子之子姬东国就击败了平侯之子而夺取君位。悼侯在位三年去世，
其弟姬申继位，是为昭侯。

昭侯十年，昭侯前往楚国朝见楚昭王，携带了两件精美的裘皮衣。昭侯
将其中一件献给了楚昭王，另一件留下自己穿。而楚国相国子常很喜欢昭侯
的裘皮衣，向昭侯索取，昭侯没舍得给他。子常在楚昭王面前进谗言，致使
昭侯被强留在楚国三年。后来，昭侯知道了是子常在陷害自己，就将裘皮衣
献给了子常，子常这才又在楚昭王面前替昭侯美言，让昭侯得以返回蔡国。
回到蔡国后，昭侯难忘耻辱，就去了晋国，请求晋国与蔡国一起出兵讨伐楚国。

昭侯十三年春天，昭侯与卫灵公在邵陵相会。因为定盟时需要按照尊卑
行礼，昭侯就偷偷收买周国大夫苌弘，想让他安排蔡国在行礼时地位高于卫
国。而卫国则派遣大夫史鳅申述了卫国始祖康叔封的功绩，最终在礼仪安排
上，卫尊而蔡卑。这年夏天，昭侯替晋国出兵灭掉了沈国。楚国大怒，发兵

攻打蔡国。于是昭侯派儿子到吴国做人质，与吴国联兵讨伐楚国。这年冬天，昭侯与吴王阖闾率军攻入楚国郢都。子常得知昭侯想向自己报复，恐惧之下就逃去了郑国。

昭侯十四年，吴兵撤退，楚昭王又光复了楚国。昭侯十六年，楚国令尹（楚国官名，相当于宰相）为国家曾遭受吴、蔡的蹂躏而与百姓相对哭泣，决心励志图强以报复蔡国，昭侯闻知大惧。

昭侯二十六年，孔子来到蔡国。不久，楚昭王出兵伐蔡，昭侯恐惧不已，紧急向吴国求援。吴国人回复说，蔡国距离吴国太远，不如迁都到距离吴国较近的地方，这样更方便救援。昭侯私自答应了吴国，却没有与国中大夫们商量。随后，吴兵来救援蔡国，顺势将蔡国都城迁徙到州来（今安徽凤台）。昭侯二十八年，昭侯将去朝见吴王，国中大夫们担心昭侯会继续将都城往靠近吴国的地方迁徙，就派了一个名叫利的贼人杀了昭侯。过后，大夫们又诛杀贼人利灭口，拥立昭公之子姬朔即位，是为成侯。

成侯四年，宋国灭亡了曹国。

成侯十年，齐国田常弑齐简公。成侯十三年，楚国灭亡了陈国。成侯在位十九年去世，其子姬产继位，是为声侯。声侯在位十年去世，其子元侯继位。元侯在位六年去世，其子侯齐继位。

侯齐四年，楚惠王灭亡蔡国，侯齐逃亡，蔡国的宗庙祭祀从此断绝。蔡国比陈国晚灭亡了三十三年。

伯邑考的后裔，不知道分封到何地。武王发的子孙后裔，承袭周天子之位，事迹记载在《周本纪》。管叔鲜作乱被诛杀，没有子孙。周公旦的子孙后裔承袭鲁国君位，事迹记载在《鲁周公世家》。蔡叔度的子孙后裔承袭蔡国君位，事迹记载在《管蔡世家》。曹叔振铎的子孙后裔承袭曹国君位，事迹也记载在《管蔡世家》。成叔武子孙后裔，不见史籍记载。霍叔处的子孙后裔承袭霍国君位，后来被晋献公灭国。康叔封的子孙后裔承袭卫国君位，事迹记载在《卫康叔世家》。冉季载的子孙后裔，则不见史籍记载。

太史公说

　　管叔鲜和蔡叔度作乱，没什么值得记载的。然而周武王驾崩，继位的成王年幼，引起天下猜疑，依赖着武王同母弟成叔武、冉季载等十人的辅佐，才令诸侯尊崇周室，所以将他们及其子孙的事迹附在《世家》中加以记载。

国小君卑

　　曹叔振铎，是周武王的弟弟。武王灭亡殷商后，封叔振铎为曹国国君。

　　曹叔振铎去世后，其子太伯姬脾即位。太伯去世后，其子仲君姬平继位。仲君去世后，其子宫伯姬侯继位。宫伯去世后，其子孝伯姬云继位。孝伯去世后，其子夷伯姬喜继位。

　　孝伯二十三年，周厉王逃奔到彘地。

　　孝伯在位三十年去世，其弟幽伯姬强继位。幽伯九年，其弟姬苏弑幽伯自立，是为戴伯。戴伯元年，周宣王已经登上天子之位三年了。戴伯在位三十年去世，其子惠伯姬兕继位。

　　惠伯二十五年，周幽王被犬戎所杀，周室东迁，国势更加衰弱，诸侯纷纷背叛周室。秦国开始名列诸侯。

　　惠伯在位三十六年去世，其子姬石甫继位，石甫之弟姬武弑惠伯，自立为君，是为缪公。缪公在位三年去世，其子姬终生继位，是为桓公。

　　桓公三十五年，鲁隐公继位。桓公四十五年，鲁国人弑鲁隐公。第二年，宋国大夫华父督弑杀宋殇公及大夫孔父。桓公在位五十五年去世，其子姬夕姑继位，是为庄公。

庄公二十三年，齐桓公开始成为中原霸主。

庄公在位三十一年去世，其子姬夷继位，是为釐公。釐公在位九年去世，其子姬班继位，是为昭公。

昭公六年，齐桓公击溃蔡国，进军至楚国邵陵。昭公在位九年去世，其子姬襄继位，是为共公。

当初，晋国公子重耳流亡时，曾到过曹国。共公不仅慢待重耳，而且听闻重耳的肋骨是连在一起的，还想亲自验看。大夫釐负羁谏阻共公，共公不听，于是釐负羁就私下厚待重耳。这是发生在共公十六年的事情。

到了公共二十一年，已经成为晋文公的重耳，以共公曾对他无礼为名，讨伐曹国，将共公俘虏回了晋国。为了报答釐负羁，晋文公下令军队不可闯入釐负羁宗族居住的地方。后来，有人游说晋文公说："当年齐桓公会盟诸侯，恢复异姓国家的宗庙社稷；如今晋国却将同姓的曹君囚禁，将要灭掉同姓之国，如此将如何号令诸侯？"晋文公这才将共公释放回曹国。

共公二十五年，晋文公去世。共公在位三十年去世，其子姬寿继位，是为文公。文公在位二十三年去世，其子姬强继位，是为宣公。宣公在位十七年去世，其弟姬负刍继位，是为成公。

成公三年，晋厉公前来讨伐曹国，将成公

▶ **蔡侯申方壶 · 春秋**

壶是春秋时期盛酒器，这件蔡侯申铜壶是方形铜壶，它造型独特，设计精巧，高 79.8 厘米。壶口宽大，方便倾倒。壶颈内壁还有六字铭文："蔡侯申之用壶。"

山东博物馆藏。援呈弧形,前锋三角形,胡较宽,有二穿,内呈圆角长方形,有一圆孔及扁长孔。胡部铸阴文两行七字:"曹公子沱乍造戈"。这是目前可知的关于曹国的青铜兵器。

俘虏回了晋国,后来又将成公释放回曹国。成公五年,晋国大夫栾书、中行偃指使程滑弑晋厉公。成公在位二十三年去世,其子姬胜继位,是为武公。武公二十六年,楚国公子弃疾弑楚灵王自立。武公在位二十七年去世,其子平公继位。平公在位四年去世,其子姬午继位,是为悼公。这一年,宋、卫、陈、郑四国都发生了火灾。

争霸自亡

　　悼公八年,宋景公继位。第二年,悼公去宋国朝见宋景公,被宋国囚禁。曹国人于是拥立悼公之弟姬野为君,是为声公。悼公在宋国去世后,遗体被运回曹国安葬。

　　声公五年,平公之弟姬通弑声公,自立为君,是为隐公。隐公四年,

声公之弟姬露弑隐公，自立为君，是为靖公。靖公在位四年去世，其子伯阳即位。

伯阳三年，有国人梦见历代国君的公子们聚集在祭祀土地神的社庙中，商议要灭亡曹国，曹叔振铎站出来阻止了他们，请求等待公孙强出现后再说，众公子们答应了。第二天，做梦者开始暗地在曹国寻找公孙强，却没有找到这个人。于是，做梦者告诫儿子说："我死后，你只要听说公孙强辅佐国君治国，一定要离开曹国，不要遭受因曹国灭亡而带来的灾祸。"而伯阳即位之后，非常喜欢狩猎。时间到了伯阳六年，同样喜欢狩猎住在曹国都城之外的公孙强有次猎获了象征吉祥的白雁，进献给了伯阳。伯阳召见公孙强，两人谈论了狩猎之乐，又谈论了政事。公孙强的言论大为伯阳所赏识，于是就得到了伯阳的宠信，任命公孙强担任了司城的官职，并让他参与国家大政。此前的做梦者之子，听闻此事后，立刻举家迁离了曹国。

后来，公孙强向伯阳进献与诸侯争夺霸主之位的计策。伯阳十四年，伯阳听从了公孙强的计策，背叛盟友晋国，并出兵侵犯宋国。宋景公大怒，讨伐曹国，晋国不救。第二年，宋国就灭亡了曹国，将伯阳和公孙强捉到宋国给杀掉了。曹国的宗庙祭祀从此断绝。

太史公说

　　我探寻曹共公不纳釐负羁的忠谏，却给予三百位美女乘坐轩车（带帷幕的车）的事情，就知道了曹共公为政，是唯独不建立仁德的。等到那个曹叔振铎阻止灭亡曹国的梦出现时，难道不是要以此警戒劝导曹国的国君吗？如果公孙强不是自不量力地推行称霸之策，曹国怎么会突然就灭亡呢？

陈杞世家 第六

【解题】本篇主要讲述了春秋时期诸侯国陈国和杞国的兴亡史，陈国国君满是帝舜的后代，受封于陈，建都宛丘，辖地大致为现在的河南东部和安徽的一部分，后亡于楚国。杞国国君东楼公是大禹的后代，受封于杞地，后来也是亡于楚国。

圣王后裔

陈胡公满，是舜帝的后裔。当年，舜帝为平民时，尧帝将两个女儿嫁给他，居住在妫汭，他们的后世子孙于是就以河名为姓氏，姓妫氏。舜帝驾崩后，将天子之位传给了大禹，而将自己的儿子商均封为诸侯。夏朝时期，商均的后裔，时而失去封国，时而得以延续君位。等到了周武王灭亡殷商后，又寻求舜帝的后裔，找到了妫满，于是将他封为陈国国君，以延续舜帝一脉的宗庙祭祀。妫满，是为胡公。

胡公去世，其子妫犀侯继位，是为申公。申公去世后，其弟妫皋羊继位，是为相公。相公去世后，由申公之子妫突继位，是为孝公。孝公去世后，其子妫圉戎继位，是为慎公。慎公在位时，正处于周厉王时期。慎公去世后，其子妫宁继位，是为幽公。

幽公十二年，周厉王逃奔彘地。

幽公在位二十三年去世，其子妫孝继位，是为釐公。釐公六年，周宣王即位。釐公在位三十六年去世，其子妫灵继位，是为武公。武公在位十五年去世，其子妫说继位，是为夷公。这一年，周幽王即位。夷公在位三年去世，其弟妫燮继位，是为平公。平公七年，周幽王被犬戎弑杀，周室东迁，秦国开始名列诸侯。

平公在位二十三年去世，其子妫圉继位，是为文公。

文公元年，文公迎娶蔡国公室女

子为夫人，生下公子佗。文公在位十年去世，长子妫鲍继位，是为桓公。

桓公二十三年，鲁隐公刚刚即位。桓公二十六年，卫国人诛杀其国君州吁。桓公三十三年，鲁国人弑其国君鲁隐公。

桓公三十八年正月甲戌日，一说已丑日，桓公去世。桓公的弟弟公子佗，因为母亲是蔡国人，所以蔡国人出手帮他杀了五父和桓公太子免，扶立公子佗登上君位，是为厉公。陈国的内乱发生在桓公去世前的病重期间，国人纷纷离散，所以他的忌日就有了两种不同的说法。

❸ 陈完奔齐

厉公二年，公子完出生。这一年，周朝太史路过陈国，厉公请周太史用周易之术为公子完占卜，得到的卦象是从"观"变成"否"，周太史解释卦辞说："这是预兆这位公子将来会有国家，利于成为天子的宾客。大概他会代替陈国拥有自己的国家吧？又或者是他的国家不在陈国，而是在他国？而且拥有国家并非是在他这一代，而是在其子孙。若是所拥有的国家在他国，则这个国家必为姜姓之国。姜姓，是尧舜时代四岳的后裔。世间上的同一事物不可能两强并存，陈国衰落后，他的国家才会崛起吧？"

散文大发展

散文是文字出现后最实用的文学形式。殷商以来，就有甲骨的契刻文和竹木简的记载。到西周时，金属范铸的铭文得到更好的发展。春秋战国时期，随着社会的急遽变化，尤其是"士"这个新的社会阶层的形成，散文开始进入蓬勃发展的黄金时代。由于当时文、史、哲尚无明确分工，这些散文既是历史哲学著作，同时也是优秀的文学作品。中国散文正式形成的真正标志是《尚书》。《尚书》意为"上古之书"，是中国上古历史文件和部分追述古代事迹作品的汇编。春秋战国时称《书》，到汉代，才改称《尚书》，后被儒家尊为经典，名曰《书经》。

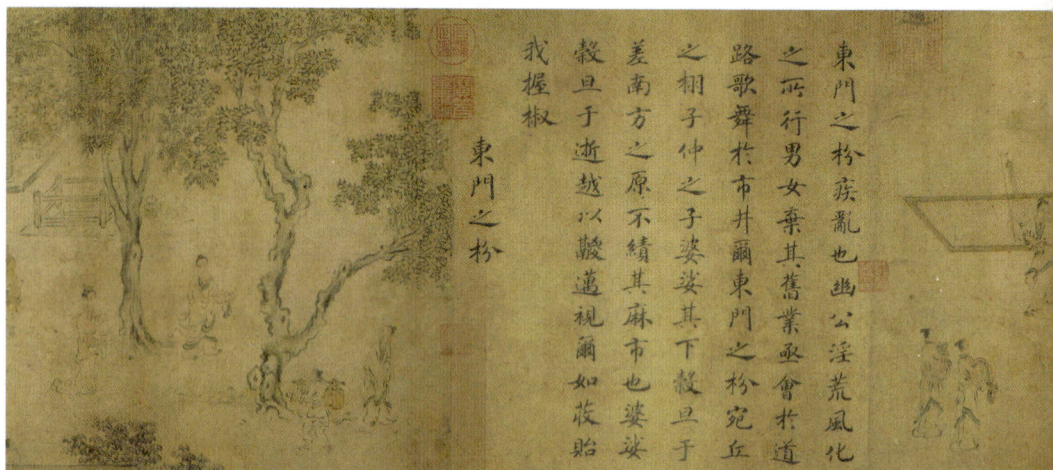

東門之枌疾亂也幽公淫荒風化
之所行男女棄其舊業亦會於道
路歌舞於市井爾東門之枌宛丘
之栩子仲之子婆娑其下穀旦于
差南方之原不績其麻市也婆娑
穀旦于逝越以酸邁視爾如荍貽
我握椒

東門之枌

東門之池刺時也疾其君之淫昏
而思賢女以配君子也東門之池
可以漚麻彼美淑姬可與晤歌東
門之池可以漚紵彼美淑姬可與
晤語東門之池可以漚菅彼美淑

東門之楊刺時也昏姻失時男女
多違親迎女猶有不至者也東門
之楊其葉牂牂昏以為期明星煌
煌東門之楊其葉肺肺昏以為期
明星晢晢

東門之楊

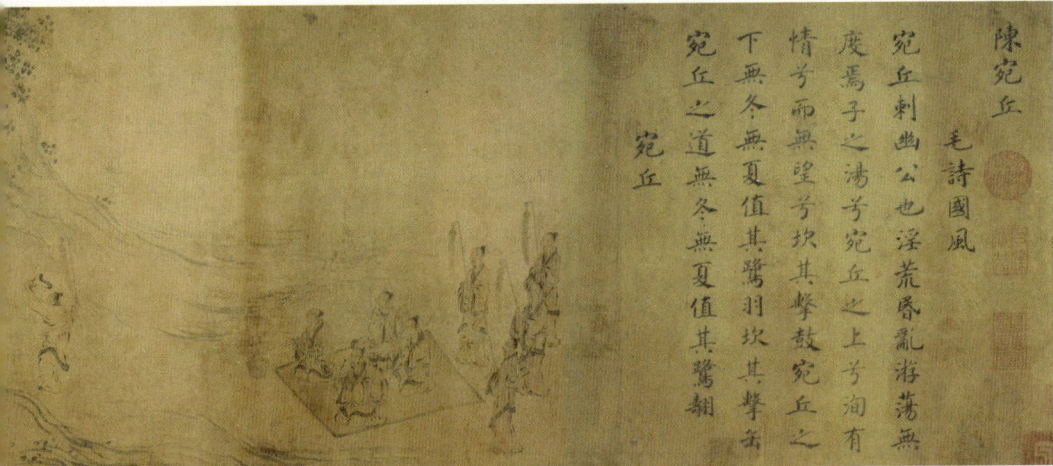

陈宛丘

毛诗国风

宛丘刺幽公也淫荒昏乱游荡无
废焉子之汤兮宛丘之上兮洵有
情兮而无望兮坎其击鼓宛丘之
下无冬无夏值其鹭羽坎其击缶
宛丘之道无冬无夏值其鹭翿

宛丘

衡门诱僖公也愿而无立志故作
是诗以诱掖其君也衡门之下可
以栖迟泌之洋洋可以乐饥岂其
食鱼必河之鲂岂其取妻必齐之
姜岂其食鱼必河之鲤岂其取妻
必宋之子

衡门

陈杞世家 第六

▶《陈风图卷》·南宋·马和之

辽宁省博物馆藏。《陈风图卷》是马和之根据《诗经·陈风》十篇内容绘制的。《陈风》是陈国的民歌，这十篇作品有关于男女爱情的、有关于风俗习惯的、有关于政治事件的，其中《株林》一首就是讽刺陈灵公与夏姬淫乱的。

103

厉公迎娶了蔡国公室女子为夫人，然而蔡女与蔡国人有淫乱的关系，厉公竟然也多次到蔡国进行淫乐。厉公七年，桓公太子免的三个弟弟公子跃、公子林、公子杵臼合谋让蔡国人用美女诱骗厉公到蔡国，与蔡国人一起杀了厉公。公子跃夺取君位，是为利公。利公做了五个月的国君就去世了，公子林随之继位，是为庄公。庄公在位七年去世后，又由公子杵臼继位，是为宣公。

宣公三年，楚武王去世，楚国逐渐强大。宣公十七年，周惠王迎娶陈国公室女子为王后。

宣公有个非常宠爱的姬妾生下公子款，宣公想要立公子款为太子，就在宣公二十一年，诛杀了太子御寇。太子御寇素来与厉公之子公子完关系亲密，公子完担心也会遭到宣公杀害，就逃去齐国避难。齐桓公想要任命陈完（即公子完，以国为姓）为卿，陈完婉谢道："我不过是个借居在齐国的漂泊之臣，承蒙君侯的恩惠，使我能够免除劳役就已经很感到庆幸了，怎敢再占据高位。"齐桓公最后就任命陈完做了工正。齐国大夫

懿仲想要将女儿嫁给陈完，先命人占卜，占卜者解释卦辞说："这桩婚姻就是所谓的'凤凰于飞，和鸣锵锵（像一雄一雌的凤凰双双高飞一样，鸣声和谐悦耳，比喻夫妻和谐，而且都将拥有声誉）'，舜帝的后裔，将要繁衍在姜姓之国。五世之后，门族昌盛，子孙将成为国家正卿。八世之后，举国也没有比这个家族更强大的贵族。"于是，懿仲就将女儿嫁给了陈完。

宣公三十七年，齐桓公讨伐蔡国，蔡国溃败。齐军乘胜南下进犯楚国，到达邵陵后撤军。齐军返回齐国时，本来要路过陈国。陈国大夫辕涛涂厌恶齐军过境陈国，就使诈让齐军从东方绕路走，没有经过陈国。而东方的那条道路非常难行，齐桓公为之愤怒，派兵进入陈国抓走了辕涛涂。这一年，晋献公杀害了太子申生。

灵公败国

宣公在位四十五年去世，由太子款继位，是为穆公。穆公五年，齐桓公去世。穆公十六年，晋文公在城濮之战中击败楚国。这一年，穆公去世，

▶ **陈侯壶·春秋**

山东博物馆藏。中国古代的青铜酒器可分为容酒器、饮酒器和温酒器等类型，这件陈侯壶就属于容酒器。陈侯壶的铭文显示，这是陈侯为他的女儿陪嫁做的媵器，希望他的女儿永远保用。

其子妫朔继位，是为共公。共公六年，楚国太子商臣弑其父王成王自立，是为楚穆王。共公十一年，秦穆公去世。共公在位十八年去世，其子妫平国继位，是为灵公。

灵公元年，楚庄王即位。灵公六年，楚国前来讨伐陈国。四年后，陈、楚讲和。

灵公十四年，灵公与大夫孔宁、仪行父都和大夫夏徵舒的母亲夏姬有了私情，而且还穿着夏姬的内衣彼此在朝堂上炫耀嬉戏。大夫泄冶向灵公进谏道："君臣都沉溺在淫乐之中，百姓们还能效法谁呢？"灵公回头将泄冶进谏之事告诉了孔宁和仪行父，两人请求杀掉泄冶，灵公没有阻挡，于是孔宁和仪行父就杀害了泄冶。第二年，灵公与孔宁和仪行父一同在夏家宴乐。灵公跟孔宁和仪行父开玩笑说："徵舒长得像你。"孔宁和仪行父也戏谑地对灵公说："长得也像君侯啊！"夏徵舒再也难以忍受愤怒，等到酒宴结束，灵公准备离开夏氏家回宫时，夏徵舒在马厩门口埋伏下弓弩手将灵公射杀。孔宁和仪行父得知此事后，仓皇逃往楚国避难，灵公的太子妫午也逃去了晋国。于是夏徵舒自立为陈国国君。夏徵舒的父亲御叔过去是陈大夫，夏姬是御叔之妻，夏徵舒之母。

成公元年冬天，楚庄王以夏徵舒弑灵公为名，率领诸侯联军讨伐陈国，安抚陈国人说："无须惊恐，我只是来诛杀乱臣夏徵舒而已。"等到

楚王诛杀了夏徵舒之后，就将陈国设为楚国一县，吞并了陈国。楚国群臣都来恭贺楚庄王，这时，刚刚出使齐国回来的申叔却独独不来朝贺。楚庄王召见申叔询问原因，申叔说："俗话说，牵牛践踏了人家的田地，田主就夺取了牛作为赔偿。践踏别人家的田地当然是有错，可是田主将牛夺走做赔偿，不是错误更大吗？大王如今以徵舒弑君为名，征兵于诸侯，高举仁义讨伐陈国。等到讨伐成功了，却顺便吞并了陈国，做出了贪慕人家土地之举，试问如此举动将何以号令天下诸侯？所以臣不敢恭贺大王。""说得好！"楚庄王赞赏道。于是，楚庄王从晋国将陈国太子午迎接回陈国，立为国君，将陈国还给了他，太子午即位，是为成公。后来，孔子阅读史书看到楚国恢复陈国时，称赞道："贤哉楚庄王！轻千乘之国而重一言！"

⊗ 陈招之乱

成公八年，楚庄王去世。成公二十九年，陈国背叛楚国与晋国结盟。第二年，楚共王因此来讨伐陈国。不久，成公去世，其子妫弱继位，

是为哀公。楚国以陈国有大丧发生，撤兵而去。

哀公三年，楚军包围陈国，不久又解除了包围。哀公二十八年，楚国公子围弑楚王郏敖自立，是为楚灵王。

当初，哀公从郑国迎娶了夫人，夫人郑长姬生下了悼太子师（"悼"为谥号，"师"为名），长姬的妹妹郑少姬生下了公子偃。后来，哀公又有了两个宠爱的姬妾，大姬妾生下了公子留，小姬妾生下了公子胜。其中公子留最受哀公宠爱，哀公将其托付给自己的弟弟司徒妫招。到了哀公三十四年，哀公病重。这年三月，妫招将悼太子师杀害，拥立公子留为太子。哀公得知大怒，想要诛杀妫招，妫招却先一步发兵包围了哀公的寝宫，迫使哀公自杀。最终，妫招将公子留扶上了君位。四月时，陈国派使者出使楚国。楚灵王得知陈国有内乱发生，就杀掉了陈国使者，命公子弃疾率军讨伐陈国，陈君留逃往郑国。九月，楚军包围了陈国。十一月，陈国灭亡。楚王将陈国封给公子弃疾，任命他为陈公。

妫招将悼太子师杀害时，悼太子师的儿子妫吴逃去了晋国。晋平公问晋国太史赵："陈国会这样就灭亡掉吗？"太史赵回答说："陈国国君，是颛顼帝的后裔。陈氏在齐国获得政权后，陈国才会灭亡。颛顼的后裔，从幕传承到瞽瞍，没有违抗天命的人。舜帝又能发扬光大德行，成为帝王。后来，一直延续到遂，其宗庙祭祀都得以世世守护。到了胡公时期，周朝赐给他们姓氏，分封到陈国，使其得以祭祀舜帝。况且拥有伟大仁德的圣王后裔，一定能够享受百世子孙的祭祀。以此推算，舜帝的世系还没有到达末世，将会在齐国延续下去吧？"

◆ 肉悬虎口

楚灵王灭亡陈国五年后，楚国公子弃疾弑灵王自立，是为楚平王。楚平王刚刚夺取楚国，为了得到诸侯的支持，又从晋国将妫吴迎接回陈国立为国君，是为惠公。惠公继位后，以哀公去世后那年作为惠公元年，也就是"借取"了陈国灭亡那五年作为自己在位的年份。

惠公十年，陈国发生火灾。惠公十五年，吴王僚派遣吴国公子光率军来讨伐陈国，攻取了胡、沈两地。惠公二十八年，吴王阖闾与伍子胥击败楚军，攻入楚国郢都。这一年，惠公去世，其子妫柳继位，是为怀公。

怀公元年，已经攻破楚国的吴王阖闾在郢都派使者召见怀公。怀公想去郢都见吴王，大夫们进谏说：

▶ 陈侯簋·春秋

上海博物馆藏。簋呈侈口、折沿、浅腹略鼓，口沿下饰火纹，有浮雕的兽首居中，腹饰波曲纹，两端饰有对称之龙型耳。器底铸有铭文3行15字。记为姬夫人作此簋。

"吴国虽然最近战胜楚国，声势煊赫，但我陈国与楚国有盟好之义，不可在此时背叛楚国。"于是，怀公假称有病在身，没有去见吴王。到了怀公四年，吴王再次派使者召见怀公。怀公恐惧，不敢再拒绝，起身去了吴国。吴王为此前召见怀公被婉拒而心怀怒气，强行将怀公扣留在吴国，直到怀公去世。陈国于是拥立怀公之子妫越为君，是为湣公。

湣公六年，孔子来到陈国。吴王夫差前来讨伐陈国，攻占了三座城邑后撤兵而去。湣公十三年，吴国又来讨伐陈国，湣公遣使向楚国告急，楚昭王亲自率军前来救援陈国，驻军在城父（今安徽亳州市谯城区城父镇），吴军知难而退。这一年，楚昭王在城父去世，当时孔子还在陈国。湣公十五年，宋国灭亡曹国。第二年，吴王夫差讨伐齐国，在艾陵（今山东莱芜东南）击败齐军后，派人来召见湣公。湣公畏惧吴王，被迫去吴国朝见夫差。楚国不满陈国与吴国走近，派兵来讨伐陈国。湣公二十一年，齐国田常弑齐简公。湣公二十三年，楚国白公胜杀死了令尹子西、子綦，并袭击楚惠王，将其赶下王位。不久，楚国的叶公打败白公胜，白公胜自杀。

湣公二十四年，楚惠王恢复王位，发兵北伐，杀掉了湣公，灭亡并吞并了陈国。这一年，孔子去世。

杞国谱系

杞东楼公，是夏朝大禹的后裔。殷商时期，大禹的后裔有时受封为诸侯，有时断绝祭祀。周武王灭亡殷商后，寻求大禹的后裔，找到了东楼公，于是就封他为杞国国君，以继承和延续夏朝王室的宗庙祭祀。

东楼公生西楼公，西楼公生题公，题公生谋娶公。谋娶公在位时，正是周厉王时期。谋娶公生武公，武公在位四十七年去世，其子靖公继位。靖公在位二十三年去世，其子共公继位。共公在位八年去世，其子德公继位。德公在位十八年去世，其弟姑容继位，是为桓公。桓公在位十七年去世，其子姒匄（杞国国君姓姒氏）继位，是为孝公。孝公在位十七年去世，其弟姒益

▶杞伯双联鬲·春秋

中国国家博物馆藏。鬲是一种古代的炊器，流行于商代至春秋时期。这件杞伯双联鬲形制独特、国别明确，器身上有铭文 21 字，将器物所处的时代、国别、人员（杞伯、车母、姑公、子孙）、用处、祝语等内容详实地记录下来，具有极高的历史价值。

姑继位，是为文公。文公在位十四年去世，其弟姒郁继位，是为平公。平公在位十八年去世，其子姒成继位，是为悼公。悼公在位十二年去世，其子姒乞继位，是为隐公。当年七月，隐公之弟姒遂弑隐公自立，是为釐公。釐公在位十九年去世，其子姒维继位，是为湣公。湣公十五年，楚惠王灭亡陈国。第二年，湣公之弟姒阏路弑湣公自立，是为哀公。哀公在位十年去世，由湣公之子姒敕继位，是为出公。出公在位十二年去世，其子姒春继位，是为简公。简公仅仅在位一年，也就是在楚惠王四十四年，楚国就将杞国灭亡了。杞国比陈国晚灭亡了三十四年。杞国卑小，所以事迹不值得称道记载。

◗圣贤之后

　　舜帝的后裔，被周武王分封在陈国，最后被楚惠王灭亡，其事迹有世家之言记载。大禹的后裔，被周武王分封在杞国，最后也被楚惠王灭亡，其事迹也有世家之言记载。契的后裔是殷商，殷商的事迹有本纪之言记载。殷商亡国后，周朝将其后裔分封在宋国，最后被齐湣王灭亡，其事迹有世家之言

▶ **镶嵌红铜龙纹豆·春秋**

青铜豆是先秦时代贵族们用于祭祀、宴飨、丧葬等礼仪活动中的用器，是传统的青铜礼器中
的一种。也正是因为主要用于盛载酒食祭祖祀神，所以青铜豆上往往绘有各种复杂的纹饰，
以明确使用者的权力等级。这件龙纹豆就应为高级贵族，甚至是诸侯所使用。

记载。后稷的后裔就是周朝，最后被秦昭王灭亡，其事迹有本纪之言记载。皋陶的后裔，有的被分封在英国（今安徽金寨县）和六国（今安徽六安市一带），最后被楚穆王灭亡，没有留下传承谱系。伯夷的后裔，到了周武王时期，被分封在齐国，也就是太公吕尚，最后被田氏灭亡，其事迹有世家之言记载。伯翳的后裔，在周平王时期，被分封在秦国，最后被项羽灭亡，其事迹有本纪之言记载。垂、益、夔龙等人的后裔，就不知道被分封到何处了，不见史籍记载。上述这十一个人，都是尧舜时期建立下大功大德的贤臣，其中有五个人的后裔都成为帝王，其余人的后裔则成为显赫的诸侯。滕、薛、驺三个国家，都是在夏、商、周时期分封的小国，事迹不足挂齿，所以不加记载。

周武王时，天下位列侯、伯之位的诸侯还有一千多个。等到了周厉王、周幽王之后，诸侯便以战争手段相互兼并。至于江、黄、胡、沈等等卑小的诸侯，多的不可胜数，所以就没有采集其事迹加以记载的必要了。

❁ 太史公说 ❁

舜帝的仁德真可谓达到极致了！他将天子之位禅让给夏后氏之后，子孙后裔能够在夏、商、周三代延续宗庙祭祀。等到楚国灭亡了陈国，而田常夺取了陈国政权，最终取代姜氏建立国家，宗庙祭祀百世不绝，后世苗裔繁衍兴盛，有爵位封邑的一直没有断绝。至于大禹的后裔，在周朝则被分封为杞国，国家很衰弱，不足称道。楚惠王灭亡杞国后，大禹的后裔中又有越王勾践兴盛起来。

卫康叔世家 第七

【解题】本篇记述了卫国从建立到灭亡的历史事迹。卫国是西周初年的姬姓封国，其封地在今河南北部即殷墟一带。卫国先建都朝歌，后迁楚丘，再迁帝丘。秦始皇灭六国后，卫国因为弱小而得以保存。秦二世贬卫君角为庶人，卫国世系彻底断绝。

◆康叔传国

卫康叔名叫姬封，是周武王同母幼弟，在他后面还有冉季，冉季是他们兄弟中排行最小的。

武王灭亡殷纣王之后，又将殷商的遗民封给纣王之子武庚禄父，给予他诸侯的待遇，让他继承和延续殷商的宗庙祭祀。武王考虑到武庚禄父和殷商遗民还没有完全臣服周朝的德政，担心他会作乱，就让弟弟管叔鲜和蔡叔度辅佐武庚禄父，以安抚殷商遗民。武王驾崩后，成王年幼继位，周公摄政，代行天子之权。管叔鲜和蔡叔度猜疑周公，因此与武庚禄父起兵作乱，图谋攻打周朝新都洛邑。周公秉承成王之命率军讨伐叛乱，诛杀武庚禄父和管叔鲜，将蔡叔度放逐。然后，周公将康叔分封为卫国国君，统治武庚禄父遗留下的一部分殷商遗民，让卫国建立在黄河和淇水之间的商朝故址上。

周公担心康叔年少，不通治国之道，于是告诫康叔说："你在卫国，一定要礼敬任用殷人中的贤人、君子和长者，虚心向他们请教殷商兴盛和灭亡的道理，最重要的一点是，一定要仁爱百姓。"此外，又跟康叔讲了纣王之所以亡国，正是因为贪图享乐，酗酒惰于朝政，偏听内宫妇女之言，才导致朝纲败乱，并将这些内容写进了特意为康叔创作的《梓材》中，揭示君子施政可以效仿的准则，所以称作《康诰》《酒诰》或《梓材》。

▶康侯簋·西周

大英博物馆藏。康侯簋出土于河南浚县辛村（今河南省鹤壁市淇滨区庞村镇）卫侯墓地，此器出土后流散海外。康侯簋通高 24 厘米，口径 41 厘米，上铸有铭文，记述了西周初年"周公东征"，周成王命卫康侯戍守卫地等事宜。

康叔到了卫国后，践行周公的告诫，所以能将殷商遗民聚拢在一起，和悦臣民，深得人心。

　　成王长大亲政后，任用康叔为周朝司寇，赐给卫国宝器和贵重的祭祀礼器，用以表彰康叔的功德。

　　康叔去世后，其子康伯继位。康伯去世后，其子考伯继位。考伯去世后，其子嗣伯继位。嗣伯去世后，其子庱伯继位。庱伯去世后，其子靖伯继位。靖伯去世后，其子贞伯继位。贞伯去世后，其子顷侯继位。

　　因为顷侯以厚重之礼贿赂周夷王，所以夷王将卫君的爵位由"伯"提升为"侯"。顷侯在位十二年去世，其子釐侯继位。

▶ **康侯丰方鼎·西周早期**

西周康侯丰方鼎通高 27.8 厘米，口径 20.4 厘米，器身呈长槽方形，装饰有目纹，兽面纹。内壁一侧铸有铭文："康侯丰乍宝尊"。即周武王同母弟卫康叔，因此该鼎应为武王、成王时期器物。

　　釐侯十三年，周厉王逃奔到彘地，周朝由大臣行政，号称"共和"。釐侯二十八年，周宣王成为天子。

　　釐侯在位四十二年去世，太子姬馀继位。姬馀的弟弟姬和非常受釐侯宠爱，釐侯曾赏赐给他很多钱财。姬和就用这些钱财来收买武士，在安葬釐侯的葬礼上，姬和指使这些武士袭击姬馀，迫使姬馀逃到釐侯墓的墓道里自杀而死。卫国人就将姬馀葬在釐侯墓旁，将他的谥号定为"共伯"。于是，姬和登上君位，是为武公。

　　武公继位后，修明康叔时期的德政，百姓和睦安宁。武公四十二年，犬

戎攻杀周幽王，武公率军前往周国帮助王室平叛，功劳很大，周平王于是将卫君的爵位由"侯"晋升为"公"。武公在位五十五年去世，其子姬扬继位，是为庄公。

州吁之乱

庄公五年，庄公从齐国迎娶了一位夫人，齐女很有美德，但没能生下子嗣。于是，庄公又从陈国迎娶一位夫人，陈女生下一子，却夭折了。陈女陪嫁过来的妹妹也得到庄公的宠幸，生下公子完。公子完的母亲去世后，庄公让他认齐女为母，立为太子。后来，庄公有一个宠妾，又生下公子州吁。庄公十八年，公子州吁长大了，喜欢军事，庄公就让他统率军队。大夫石碏向庄公进谏说："庶子喜欢军事，又让他统领军队，恐怕祸乱将从此滋生！"庄公不听。庄公二十三年，庄公去世，太子完继位，是为桓公。

桓公二年，公子州吁骄奢无礼，桓公罢免了他的官职，州吁疑惧之下就逃出了卫国。桓公十三年，郑庄公的弟弟姬段反叛攻打郑庄公，失败后逃亡，而州吁主动与姬段结

为好友。桓公十六年，州吁收拢起卫国亡命之徒袭击并杀了桓公，自立为君。为了支持郑国的姬段攻打郑庄公夺取郑国君位，州吁出面请求宋国、陈国、蔡国与卫国一起发兵帮助姬段，宋、陈、蔡三国都答应了州吁。州吁刚刚夺取君位，喜欢打仗，又有弑桓公的恶名，所以

—— 国人和野人 ——

在西周到东周的春秋时代，居住在城郭内的居民往往被称为"国人"，而居住在城郭外的自由民则被称为"野人"或"庶人"，前者是征服战争中征服的一族，后者是征服战争中被征服的一族，他们的社会地位并不一样。按照惯例，国人可以参与政治，决定国君的废立，过问战争等外交事务和国都的迁徙。《左传》中就曾经记载，卫国国君准备结好楚国，结果遭到了国人的一致反对，国君被迫流亡到了襄牛这个地方。在春秋时期，特别是在中原的卫、曹、宋、陈等几个国家，国人在国家政治生活中掌握着极大的话语权。

卫国人都不拥护他。大夫石碏想要除掉暴君州吁，考虑到桓公的母亲是陈国人，就想到从陈国谋取援助。于是，石碏首先假意亲近拥护州吁。趁着州吁到了郑国郊外时，石碏与陈国国君共同设谋，派卫国大夫右宰丑向州吁进献食物，趁机将州吁诛杀。而后，石碏从邢国将桓公的弟弟公子晋迎接回卫国，立为国君，是为宣公。

🔹惠公祸国

宣公七年，鲁人弑其国君鲁隐公。宣公九年，宋国大夫华督弑其国君宋殇公，并杀了孔父。宣公十年，晋国曲沃庄伯弑其国君晋哀侯。

当初，宣公宠爱夫人夷姜，将夷姜生下的公子伋立为太子，让右公子当太子伋的师傅。后来，右公子到

莲瓣盖立鸟圆壶·东周
河南省汲县山彪镇1号墓出土。山彪镇墓葬是东周时期的卫国墓葬，这件立鸟圆壶是当时出土的最精美别致的青铜器。

齐国为太子伋迎娶妻子，齐女来到卫国后，在婚礼之前被宣公看到。宣公见齐女貌美，就自己娶了齐女，又为太子伋去迎娶别的女子。宣公娶了齐女后，生下公子寿和公子朔，让左公子做他们的师傅。到了宣公十八年，太子伋的母亲去世后，宣公的正夫人和公子朔就在宣公面前构陷太子伋。而宣公因为夺太子之妻这件事，心中本就对太子伋有憎恶之感，想要将其废黜。现在听到了正夫人和公子朔的谗言后，勃然大怒，于是设计让太子伋出使齐国，同时再派刺客在国界线上将太子伋刺杀。太子伋出发前，宣公故意赐给太子伋白色的旄旗，暗中叮嘱贼人在国界线上看见载有白色旄旗的车子，就杀掉车上之人。太子伋将要启程时，公子朔的哥哥公子寿知道了这个阴谋，就劝太子伋说："贼人已经等候在了国界线上，只要看见太子载着白色旄旗出现，就会行刺。赶快找借

口留在国都吧！"太子伋却说："违背父亲的命令求生，我做不到。"于是，太子伋如期启程。公子寿见阻止不了太子伋，就盗走了太子伋的白色旄旗先行驰至国界线。贼人见载着白色旄旗的车子来到了国界线，就杀掉了车上的公子寿。公子寿被刺杀后，太子伋赶到了国界线，对贼人说道："你们刺杀的真正目标是我。"于是贼人又刺杀了太子伋，然后回去向宣公复命。宣公便立公子朔为太子。第二年，宣公去世，太子朔继位，是为惠公。

惠公继位，左公子和右公子都很不满。惠公四年，左公子和右公子因为怨恨惠公馋杀太子伋而夺取君位，率领部属作乱，攻打惠公，拥立太子伋之弟公子黔牟为君，惠公逃往齐国。

黔牟即位八年后，齐襄公率领诸侯联军秉承周天子的命令讨伐卫国，将惠公护送回卫国，诛杀了左公子和右公子。黔牟逃奔到周国避难，惠公重新夺取君位。惠公当初即位三年出奔齐国，在外流亡八年又回国重登君位，与之前的在位年份合计起来就是十三年了。

惠公二十五年，惠公因为怨恨周国容留了黔牟，联合燕国讨伐周王室。周惠王被迫逃亡温邑，卫、燕两国拥立惠王之弟姬颓为天子。到了惠公二十九年，郑国又将惠王重新护送回周国夺回天子之位。惠公在位三十一年去世，其子姬赤即位，是为懿公。

懿公好鹤

懿公继位后，非常喜欢养鹤，生活奢侈淫逸。懿公九年，翟人前来讨伐卫国，懿公想要发兵迎敌，军队竟然有叛逃的。大臣们说道："既然君侯那么恩宠鹤，就让鹤去攻打翟人吧！"于是翟人轻易攻入卫国，杀死了懿公。

懿公继位，百姓和大臣们都不服。自从懿公之父惠公馋杀太子伋夺取君位，再到懿公继位以来，国人经常想要反叛。最终，在翟人攻卫的祸难下，惠公的后嗣被灭亡掉了，卫国人就拥立黔牟之弟昭伯姬顽的儿子姬申为君，是为戴公。

可是，戴公在继位的第一年就去世了。齐桓公看到卫国数度陷入危乱，便率领诸侯共同讨伐侵略卫国的翟人，帮助卫国人建造了楚丘城，扶立戴公的弟弟姬毁为卫国新君。

当初，懿公被翟人杀掉后，卫国人感伤家国多难，追根溯源想要恢复正统，就想拥立故宣公的太子伋的后裔为君，可是太子伋的儿子也死了，而代替太子伋赴死的公子寿又没有子嗣。太子伋还有两位同母弟弟：其一是黔牟，他曾取代惠公为国君，在位八年就被迫出奔国外；其二就是昭伯。昭伯、黔牟都已经在之前去世，所以卫国人拥立了昭伯之子姬申为

君，也就是戴公。戴公去世后，又拥立戴公的弟弟姬毁继位，是为文公。

晋国之伐

文公登上君位后，便减轻赋税，公平断决刑讼，亲自参加劳作，与百姓同甘共苦，来收聚民心。

文公十六年，晋国流亡在外的公子重耳路过卫国，文公没有礼遇他。第二年，齐桓公去世。文公在位二十五年去世，其子姬郑继位，是为成公。

成公三年，晋国请求借道卫国去救援宋国，成公不答应。于是，晋军改从渡过南河救援宋国。不久，晋国

——《左传》——

《左传》是《春秋左氏传》的简称，是配合《春秋》的编年史，它补充记载了许多《春秋》忽略的佚闻琐事。《左传》内容丰富多彩，涉及春秋列国的政治、外交、军事各方面的活动和有关言论，叙事具有故事性和戏剧性，情节的发展出人意料，场面生动，引人入胜。比如写晋公子重耳的流亡经过以及晋灵公与赵盾的斗争。其次，人物刻画生动鲜明。心胸豁达的齐桓公、精干老练的晋文公、机智幽默的晏婴、宽厚仁慈的赵盾等，莫不形象生动，跃然于纸上。再次，《左传》的语言简而精，曲而达，婉而有致，罕譬而喻，富于形象性。例如"邢迁如归，卫国忘亡""室如悬磬，野无青草"等。

又征求卫国也派兵救援宋国，卫国大夫们想要答应，但成公予以拒绝。于是，大夫元咺攻打成公，成公逃出卫国。晋文公重耳随后以此前流亡时期路过卫国没有受到礼遇和不救援危难之中的宋国为借口，讨伐卫国，将攻取的卫国土地划分给了宋国。成公最终逃到了陈国避难，过了两年，又去周国，请求周王室出面斡旋，让他与晋文公会面，以期能回到卫国。晋国派人到周国给成公送去毒酒，成公用重金贿赂了来送毒酒的人，得以让下毒者减轻毒药分量，成公喝下毒酒后逃过一死。过后，周国向晋国替成公求情，成公最后终于得以回到卫国。成公回到卫国后，就诛杀了元咺，此前被元咺拥立的国君姬瑕则逃出了卫国。成公七年，晋文公去世。成公十二年，成公去朝见晋襄公。成公十四年，秦穆公去世。成公二十六年，齐国邴歜弑其国君齐懿公。成公在位三十五年去世，其子姬遫继位，是为穆公。

穆公二年，楚庄王讨伐陈国，杀死了夏徵舒。第二年，楚庄王包围郑国，郑襄公投降，随后楚庄王又将国家还给了郑襄公。穆公十一年，孙良夫率军救援鲁国，讨伐齐国，收复了此前被齐国侵略的土地。这一年，穆公去世，其子姬臧继位，是为定公。定公在位十二年去世，其子姬衎继位，是为献公。

孔、甯易君

献公十三年，献公让师曹（乐师）教授内宫姬妾琴艺，姬妾有学习不好的，师曹就用荆条对其加以笞罚。姬妾仰仗着献公的宠爱，在献公面前中伤师曹，于是献公也鞭笞了师曹三百下。献公十八年，献公邀请孙文子（即孙林父）和甯惠子一起用餐，两人早早穿好朝服恭恭敬敬等待献公派人传召，可是一直等到天快黑了，献公也没派人来传召他们。当孙文子和甯惠子得知献公是去禁苑射大雁了，就到禁苑见献公，而献公竟然不脱射服就与两人说起话来（这是对大臣无礼的表现）。孙文子和甯惠子为之心生怨怒，孙文子就离开都城去了宿邑（今安徽淮北砀山一带）。孙文子的儿子孙蒯经常侍奉献公饮宴，有一次献公让师曹献唱《诗经·小雅·巧言》的最后一个章节（献公让师曹唱《巧言》最后一章节的内容，是要影射孙文子有谋反之心，以便让孙蒯回去告诉其父孙文子，以震慑孙文子）。师曹本来就对之前被献公鞭笞了三百下感到怨恨，这次就痛快地唱起了《巧言》的最后一章，希望孙蒯回去告诉其父孙文子后，能够激怒孙文子，使孙文子谋反，以达成自己报复献公的目的。孙蒯回去将此事告诉了父亲孙文子后，孙文子将这件事又告诉了大夫蘧伯玉。蘧伯玉不想国家出现动乱，就跟孙文子说："臣不清楚君侯的用意。"但孙文子决定铤而走险，率领部属攻打献公。献公逃往齐国避难，齐国将献公安置在了聚邑（今山西绛县东南）。于是，孙文子和宁惠子共同拥立定公之弟姬秋为君，是为殇公。

殇公即位后，将宿邑封给孙文子作封邑。殇公十二年，宁喜（宁惠子之子）因为与孙文子在殇公面前争宠而有了仇隙，殇公指使宁喜攻打孙文子。孙文子逃到晋国后，请求晋国出兵护送献公重新回卫国为君。当时献公还在齐国，齐景公听闻此事后，就和献公也来到晋国，请求晋国帮助献公回国。最终，晋国决定帮助献公，为了讨伐卫国，晋国先诱骗卫国前来晋国结盟。当殇公来到晋国结盟时，晋平公就将殇公和宁喜给捉起来，派兵护送献公回到卫国。献公在外流亡了十二年后重新登上了君位。

献公后元年，献公诛杀了宁喜。

两年后，吴国延陵季子出使中原诸侯经过卫国时，拜见了蘧伯玉、史鳅等人后，向人称赞道："卫国有很多君子，国家虽有内乱，终无大祸。"路过宿邑时，孙林父为延陵季子击磬（一种乐器），延陵季子评论道："乐音中流露出不快乐的情绪，音韵大悲，使卫国出现动乱的原因就在这里。"这一年，献公去世，其子姬恶继位，是为襄公。

父子相攻

襄公六年，楚灵王会盟诸侯，襄公自称有病在身没有参加。

襄公在位九年去世。当初，襄公有个地位卑微的姬妾，受到襄公宠幸后有了身孕，有天她梦见有人对她

青铜剑是春秋战国时代经常使用的一种兵器，一般是铜、锡合金冶炼制作而成的。俗语说："一寸长，一寸强"，短兵近战的年代，兵器的长短至关重要。西周时期，青铜剑普遍只有二三十厘米；至春秋战国时期，长度普遍达到五六十厘米；战国晚期，一些剑超出了七十厘米。

说："我是康叔，我将让你的儿子成为卫君，他的名字就叫作'元'。"姬妾醒来后感到很疑惑，就向孔成子询问她梦见的怪人是谁。孔成子说："康叔，就是卫国的祖先。"等到这位姬妾生下孩子后，果然是个男孩，赶紧将此事禀告襄公。襄公说道："这是上天的安排。"于是，就为孩子取名为元。因为襄公夫人没有生下子嗣，所以就立姬元为太子。太子元继位，是为灵公。

灵公五年，灵公前去朝见晋昭公。第二年，楚国公子弃疾弑楚灵王自立，是为楚平王。灵公十一年，卫国发生火灾。

灵公三十八年，孔子来到卫国，灵公给予孔子在鲁国任官时同等的俸禄。不久，灵公因为与孔子产生了嫌隙，孔子离开了卫国。后来，孔子又再度来到卫国。

灵公三十九年，太子蒯聩与灵公夫人南子产生了仇隙，蒯聩想要杀掉南子。蒯聩与其部属戏阳遨设计，决定在朝见南子的时候，由戏阳遨刺杀南子。等到进宫朝见南子当日，戏阳遨却后悔了，不敢向南子下手。蒯聩多次用目光催促戏阳遨动手，被南子察觉，南子吓得高声大叫起来："太子想要谋杀我！"灵公得知此事大怒，太子蒯聩惊慌逃去宋国，不久又逃到了晋国六卿之一的赵氏家中。

灵公四十二年春天，灵公到郊外游玩，命公子郢当他的车夫。公子郢也就是灵公的幼子，字子南。灵公怨恨太子蒯

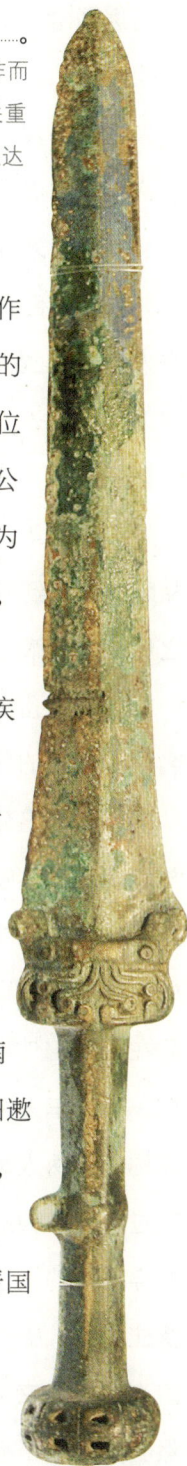

聩出逃到国外，就对公子郢说："我将立你为太子。"公子郢回答说："郢才德疏薄，难以承担社稷重任，请君侯再做别的思谋吧。"到了夏天，灵公就去世了，灵公夫人让公子郢做太子，说："这是灵公的遗命。"公子郢仍拒绝道："流亡在外的太子蒯聩还有儿子姬辄在卫国，我怎么敢当太子。"于是，卫国人就立姬辄为国君，是为出公。

六月己酉日，晋国的赵简子想要将蒯聩护送回卫国，就派阳虎找来十几个人扮作卫国人，穿着丧服，假装来迎接蒯聩回国。于是，赵简子护送蒯聩向卫国进发，卫国人得到消息后，立刻发兵攻击蒯聩。蒯聩回不了都城，就占据了宿邑，卫国也随之罢兵。

出公四年，齐国田乞弑齐君孺子。出公八年，齐国鲍牧弑齐悼公。孔子从陈国又来到卫国。第二年，孔文子向孔子请教用兵之道，孔子没有回答他。之后，鲁国派人来迎接孔子，孔子就返回了鲁国。

当初，孔文子娶了太子蒯聩的姐姐伯姬氏为妻，生下了孔悝。孔家有个名叫浑良夫的仆人，容貌俊美，孔文子去世后，浑良夫就与孔悝的母亲有了私情。到了出公十二年，太子蒯聩仍据守在宿邑。伯姬氏派遣浑良夫去宿邑与蒯聩联络，蒯聩对浑良夫说："如果你能帮我回到都城，我必将厚报你，给予你大夫的礼遇，免除你三种死罪。"于是，两人订立盟誓，蒯聩答应事成后将伯姬氏嫁给浑良夫为妻。闰月，浑良夫偷偷带着蒯聩回到都城，将他藏在孔家的外宅。天黑时，浑良夫和蒯聩假扮成妇女，蒙上头巾，同乘一辆马车，由车夫阉人罗驾着马车驶到孔家。孔氏的家臣栾宁前来查问，阉人罗谎称车上两人是孔氏亲家的姬妾，得以顺利进入孔家，到了伯姬氏的住处。吃过饭后，伯姬氏首先拿着戈去儿子孔悝的住宅控制住孔悝，蒯聩带着五个身穿铠甲的武士，用车载着用于盟誓的猪也来到孔悝的住宅。伯姬氏用戈劫持住孔悝，强迫他与蒯聩订立盟誓，而后又胁迫孔悝登上家里的高台召集卫国大夫们前来（此时卫国由孔氏专政）。此时栾宁正在烤肉，准备饮酒，忽然听闻发生了祸乱，忙派人去通知孔氏邑宰子路（孔子弟子仲由）前来救援孔悝。同时，栾宁又吩咐卫国大夫召护驾驶马车迅速进宫准备接上出公逃难。安排好这些之后，烤肉正好已熟透，栾宁就带着烤肉和酒上了马车，边吃边喝，赶往宫中，然后护送着出公逃出都城，赶往鲁国避难。

子路得到孔氏发生祸乱的消息后，急忙往孔家奔赶，半路上遇见了同学子羔（孔子弟子高柴）。子羔向子路说道："不要去了，城门已经关闭了！"子路答道："我且到城门前看看再说！"子羔高声劝道："来不及了！不要硬往灾祸里钻！"子路道："吃着孔大夫的俸禄，没道理遇见祸乱就逃避开！"子羔劝不动子路，便独自离开。子路来到城门前，大夫公孙敢正在把守城门，在门内对子路说："不要进城了，做不了什么了！"子路听见声音很熟悉，回答道："是公孙大夫吧？贪图利禄，逃避祸难，我做不出这种事情！既然吃着人家的俸禄，就要勇于拯救人家的祸难！"这时正好有使者出来，子路趁机进入城门，赶到孔家。子路来到孔家高台下，对蒯聩喊话说："太子何必挟持孔悝呢？就算你杀了他，还会有人继续反抗你的！"说完，子路又对周围的人说："太子为人怯懦，若放火焚烧高台，他一定会放掉孔大夫逃命。"蒯聩听到子路之计，非常害怕，派石乞和盂黡跳下高台攻击子路。子路不敌二人，受了重伤，被石乞和盂黡用戈割断了冠缨。子路说道："君子即使死亡，也不能让冠掉在地上。"于是重新结好冠缨后死去。孔子在鲁国听到卫国的内乱后，哀叹道："哎！高柴会回来吧？仲由会死掉啊！"最终，孔悝被迫拥立了蒯聩为君，是为庄公。

庄公蒯聩也就是出公的父亲，因为长期流亡在外，蒯聩非常痛恨大夫们没有一个人早早把他迎接回来。所以，蒯聩登上君位的第一年，就想把朝中大夫们全部杀掉，他向大夫们问道："寡人在外流亡那么久？你们听说过这事吗？"大夫们为求自保，打算合伙作乱，蒯聩怕君位不保，才收起了杀心。

庄公二年，孔子去世。

庄公三年，庄公蒯聩登上城楼，遥望戎人的城池戎州，向身边的人问道："戎虏为什么要建造这座城池？"

戎人听说后，觉察到卫国将戎州当成了威胁，心中很是不安。这年十月，戎州人将这件事告诉了晋国的赵简子，赵简子认为蒯聩夺取君位后，背叛了晋国，所以就以戎州告难为由发兵包围了卫国。十一月，蒯聩逃出卫国避难。卫国人随即改立襄公之孙公子斑师为君，而齐国却趁机讨伐卫国，将斑师俘虏，扶立灵公之子公子起为卫君。

贬爵亡国

卫君起元年，石曼尃将卫君起驱逐，卫君起被迫逃去了齐国，而出公则从齐国重新回到卫国登上君位。当初，出公在位十二年出逃，流亡在外四年后又回到卫国。出公后元年，出公大赏跟随自己流亡的臣子，一共做了二十一年国君后去世。出公去世后，出公的叔父姬黔攻打出公之子，夺取了君位，是为悼公。

悼公在位五年去世，其子姬弗继位，是为敬公。敬公在位十九年去世，其子姬纠继位，是为昭公。当此之时，晋国的赵、魏、韩三家非常强大，卫国卑微，附属于赵氏。

昭公六年，公子亹弑昭公夺取君位，是为怀公。怀公十一年，公子颓又弑怀公夺取君位，是为慎公。慎公的父亲是公子适，公子适的父亲就是敬公。慎公在位四十二年去

木雕髹金漆镇墓兽·东周

世，其子姬训继位，是为声公。声公在位十一年去世，其子姬遬继位，是为成侯。

成侯十一年，公孙鞅（即商鞅）进入秦国。成侯十六年，卫国君主的爵位由"公"贬为"侯"。

成侯在位二十九年去世，其子平侯继位。平侯在位八年去世，其子嗣君继位。

嗣君五年，卫国君主的爵位又由"侯"贬为"君"，领土只剩下濮阳（今河南濮阳县西南）一城之地。

嗣君在位四十二年去世，其子怀君继位。怀君三十一年，怀君去朝见魏王，被魏王扣留囚禁，随之被杀害。魏国又立嗣君之弟为卫国国君，是为元君。元君是魏王的女婿，所以魏国立他为卫君。元君十四年，秦国攻取魏国东部地区，开始建置东郡。随之，秦王将元君迁徙到野王县（今河南沁阳市）安置，将濮阳合并进东郡。元君在位二十五年去世，其子君角继位。

君角九年，秦国吞并六国统一华夏，秦王自立为始皇帝。君角二十一年，秦二世将君角废为庶民，卫国宗庙祭祀正式断绝。

❖ 太史公说 ❖

我读记载世家的史书时，读到卫宣公的太子伋因为妇人的谗言而被杀，太子之弟公子寿宁可代替兄长去死这件事，发现与晋国太子申生不敢辨明自己遭受骊姬谗害之事很类似，两位太子都不忍心伤害自己的父亲。然而这样贤德的太子却最终难逃一死，实在太可悲了！可是又有那么多的父子相杀，兄弟相残之事发生，这又是为什么呢？

宋微子世家 第八

【解题】本篇主要讲述了宋国的兴亡事迹。宋微子，子姓，名启，世称微子、微子启（"微"是国号，"子"是爵位）。微子是商王帝乙的长子，纣王的庶兄，他是宋国的开国君主。

❀殷商三仁

微子启（汉代为避汉景帝刘启的名讳，原著称"微子开"），是殷商天子帝乙的长子，殷纣王的庶兄。纣王继位后，荒淫无道，朝纲大乱，微子曾数次进谏，纣王都不听从。等到祖伊看到周西伯姬昌修明德政，灭掉邗国后，担心大祸会降临到殷商身上，就将此事告知了纣王。纣王却说道："我为天子，生于世上，难道不是有天命护佑吗？姬昌又能把我怎么样？"于是，微子揣度纣王已经听不进任何谏言，就想以死殉国，但是又犹豫不决，所以就去跟太师和少师说："现在殷商朝政崩乱，无力统御天下。我们的祖先建立起传世基业，如今大王却沉湎酒色，专听妇人之

言，败坏汤王的盛德。殷商众多宗室贵戚，都喜欢做抢劫、偷盗等奸恶之事。朝中官吏也竞相效仿，肆行非法之事。所有罪恶之辈，竟然没有一个被绳之以法，底层百姓也群起为恶，互为仇敌。现在，殷商的制度就要崩溃了，就好像渡河找不到渡口和岸边一样。殷商就这样滑向灭亡的深渊，恐怕祸难就要发生了！"又说："太师、少师，我是离开出走好呢？还是保卫国家免遭灭亡？现在你们不指点我，我就会坠入泥坑而不能自拔，这可怎们办呢？"太师说："王子，上天降下大祸来惩罚殷商，大王竟然毫无畏惧之心，不听从忠良长者的劝谏。而今，连殷商的百姓竟然也敢无礼亵渎祭祀对神明的神祇。如果能够辅佐大王治理好国家，纵然因之死

▶ 《帝王道统万年图》之洪范九畴·明·仇英

仇英的《帝王道统万年图》共分二十册，分别描绘伏羲、神农、黄帝、少昊、舜、后稷、大禹、夏启、商汤、商高宗武丁、周文王、周武王、周成王、汉高祖、汉文帝、汉武帝、汉明帝、宋孝宗、宋太祖、宋仁宗共20位中国历史名主的画像和事迹。这幅作品描绘的是箕子向周武王讲述《洪范》的故事。

去，也绝无悔恨。可是，如果以死殉国，国家仍恢复不了纲常，崩乱如旧，倒不如趁早离开。"于是微子从朝歌逃亡了。

箕子，是纣王的族亲。纣王开始用象牙做的筷子时，箕子曾叹息道："现在使用象牙做的筷子，不久一定就会使用美玉做的杯子。用上了美玉做的杯子，则一定又会想得到远方的珍贵之物。车马宫室奢侈无度就从此开始了，再也没法振作了！"后来，纣王日渐淫逸，箕子屡屡进谏，纣王不听。有人说："可以离去了。"箕子却说："作为臣子，因为君王没有听从谏言就离去的话，这是彰显君王的恶行来取悦百姓，我不忍心这么做。"于是，箕子就披散起头发假装疯癫，被纣王贬成了奴隶。之后，箕子就隐藏起贤德，靠抚琴来抒发内心的悲痛，所以留下了传世的《箕子操》。

王子比干，也是纣王的族亲。当比干看见箕子因为进谏纣王不被接纳就佯装疯癫成为奴隶后，说道："君王有了过错，却不能拿出牺牲性命的勇气去抗争，这怎么对得起百姓呢！"于是，比干犯颜直谏，纣王大怒道："我听闻圣人的心脏有七窍，到底是不是呢？"所以就下令将比干诛杀，挖出了他的心脏来验看。

微子说："父子之间以骨肉之恩相连，君臣之间以大义相结。所以，父亲有了过错，作为儿子，三次进谏不被接纳，便大哭哀号以感动其父。君王有了过错，作为臣子，三次进谏不被接纳，就可以义尽而辞了。"所以，当太师和少师劝微子离开时，微子就选择了离开。

❷箕子论道

当周武王讨伐纣王之时，微子就拿着用于祭祀的礼器来到军营外，袒露臂膀，背捆双手，让左边的随从牵着羊，右边的随从握着矛，用膝盖前行进入军门，向武王哀告。于是，武王亲自扶起微子，除去他身上的绳索，恢复他的爵位。

武王将殷商遗民都分封给纣王之子武庚禄父，让管叔鲜和蔡

玉柄形器 · 商晚期

美国弗利尔美术馆藏。玉料黄色，体扁长，形似短剑。柄形器的凸榫，有长短粗细及厚薄之分，有的更带孔，可作扦插或与其他物件相连。

叔度辅佐他治理殷人。

武王灭亡殷商后，拜访了箕子。

武王对箕子说："唉！上天默默地安定百姓，使万民在一起和谐相处，但我还不清楚如何才能秉承上天之意，制定好常法伦理来安定百姓。"

箕子说："当年，鲧用堵塞的办法来治理洪水，违反水性，打乱了五行次序。所以天帝震怒，就没有将治国安民的九种大道交给他，常法伦理由此败坏。鲧因此被处死后，大禹却继承他父亲治水的大业而兴起。天帝就将那九种治国安民的大道赐给了大禹，从此常法伦理才有了次序。

这九种大道，第一种叫作五行；第二种叫作五事；第三种叫作八政；第四种叫作五纪；第五种叫作皇极；第六种叫作三德；第七种叫作稽疑；第八种叫作庶征；第九种叫作劝导用五福，劝诫用六极。

所谓五行：一是水，二是火，三是木，四是金，五是土。水的特性是能够滋润万物，向下走；火的特性是燃烧，向上升；木的特性是可曲可直；金属的特性是可以延伸变形；土的特性是可以播种五谷。水向下滋润呈现

春秋时代的玉器

春秋时期，由于诸侯蜂起，经济发展，各国的区域文化异彩纷呈，交融频繁，玉器的制作和工艺逐渐走向成熟和趋同。这时期玉器种类主要有：璧、环、玦、璜、琮、珠、佩、玲、串饰、勒、瑗、圭、璋、管、柄形器、戈、带钩、镜架、匕等。其中多数是礼器，少数为生活用具。从出土的玉器看，春秋时期琮玉制的工具和兵器已经较为少见，玉器更多的是用作装饰品。当时盛行随身佩带玉饰，"行则鸣佩玉"。

出咸味；火向上燃烧呈现出苦味；木可曲可直呈现出酸味；金属可以延伸呈现出辣味；土可以种植五谷呈现出甜味。

所谓五事：一是仪容；二是言语；三是观察事物；四是倾听意见；五是思考问题。仪容讲求的是谦恭；语言讲求的是顺应义理；观察事物讲求的是透彻；倾听意见讲求的是聪睿明断；思考问题讲求的是深刻周详。谦恭则为政庄肃有礼；顺应义理则为政善待百姓；透彻则为政有智慧；聪

睿明断则为政谋划事务易于成功；深刻周详则为政无所不惠及，达到圣人之治的境界。

所谓八政：一是农业，二是商业，三是祭祀之礼，四是司空之政（主管土木建设），五是司徒之政（主管教育），六是司寇之政（主管刑法治安），七是宾之政（主管诸侯朝见），八是师之政（主管军事）。

所谓五纪：一是年，二是月，三是日，四是星辰，五是历法。

所谓皇极：也就是作为君王的法则。君王建立国家，应该集中五种福祉施惠于百姓，百姓才会拥护君王建立的法则，并与君王共同守护它。所有百姓都不应该聚党营私，百姓不去结党营私，君王建立的法则才会有至高无上的地位。所有百姓中，只要是有谋略，有作为，有美德的人，君王都要牢牢记住他们。有时，有的臣民即使做出不合法度的事情，但若还不至于陷入罪恶的地步，君王应该酌情予以宽容。如果有人安详愉悦地说"我喜欢这些美好的德政"，君王就要赐予福祉给这样的人。这样的话，人人都会遵守君王制定的法则。不要

欺侮鳏寡贫弱的臣民，也不要畏惧豪强贵族。有贤才和有志向的人，应该给他们机会贡献才智，国家就会因此昌盛。凡是正直之士，应该给予他们爵禄让他们富贵，以劝示百姓。如果君王不能让贤能正直之士为国家贡献才干，奸恶之人就会兴风作浪了。对于那些不喜欢君王制定的法则的人，君王即使赐给他们爵禄和福祉，他们的所作所为也会让君王与百姓结怨。作为君王，不应有所偏私，应该遵循圣王的准则为政；不要显露出贪婪的私欲，应该遵循先王治国的正道；更不要悖逆礼法做出败德恶行，要遵循先王建立功德的道路而行；不偏袒，不结党，君王理政坦坦荡荡；也不要反复无常，或是败毁善政，君王应该始终在公正的道路上一往无前。无论是君王能够聚合起诸侯臣民，还是诸侯臣民能够拥护君王，当中都有各自尊奉的道义。作为君王应该竭力施行仁政，使诸侯臣民都去努力宣传和实践君王的法则，使之通行天下，苍生受惠，这样才符合天道运行之理。在这样的环境下，天下万民才能将心中苦乐都自由地表达出来，并被大夫、

▶ 宋公栾簠·春秋

中国文字博物馆藏。河南固始侯古堆出土。宋公栾簠，长33.85厘米，宽25.67厘米，高11.1厘米。盖、器同铭，各有铭文20字："有殷天乙唐（汤）孙，宋公栾作其妹句吴夫人季子媵簠"。据专家考证，宋公栾就是宋景公。这件簠是景公为其妹季子嫁给吴王夫差所做的陪嫁之器。

诸侯和天子听到，天子再因民情而施行德政，便能够上下同心同德，天子的光彩也因此不断增加。所以说，天子这样才能承担起作为百姓父母的责任，成为百姓心目中的圣王。

所谓三德：一是正直行事，二是刚强能为，三是柔和取胜。世道太平，就用正直行事来治国；世道崩乱，就用刚强刑法来治国；世道和顺，就用柔和的方式来治国。对于暗藏奸谋的贼人，要用刚强的手腕来清除毒瘤；对于贤良君子，要以美好的德行来抚慰他们。只有君王有权颁赐爵禄，决断刑罚和享用最上等的美食。如果臣子僭越法度享有颁赐爵禄，决断刑罚，享用最上等美食的威福，就会危害王室，危害国家。臣子一旦越权偏私，行为奸邪，百姓就会越轨犯上。

所谓稽疑（解决疑难的方法）：选择任用精通占卜之道的人担任卜筮一类的官职，当出现疑难不决之事，就让他们占卜。卜筮的卦象总共有七种：有的像雨，有的像雨停下时将要散开的云气，有的像云气连绵，有的像雾气蒙蒙，有的互相交错，有的堂堂正正，有的隐晦不明。这其中，龟卜的卦象有五种，筮卜的卦象有两种。命令精通兆卦的人担任卜筮官职，进行卜筮时，如果是三个人占卜，就听从其中两个兆纹相同的卜兆。若有军国重事难决，首先君王应该独自慎重深思，然后和卿士们一起谋议，乃至听取百姓的意见，

最后才选择用卜筮的方式来决断。如果做出的决断，与君王独立思考的结果，卜筮的卦象、卿士们意见以及民意都基本一致，这就是大同了。那么，君王就会强健安康，王室子孙也会兴旺、吉利。如果做出的决断，与君王独立思考的结果和卜筮卦象一致，但与卿士的意见以及民意相左，也是吉祥的。如果做出决断，与卿士们和卜筮卦象一致，但与君王的思考和民意相左，这也算是吉祥的。而如果是做出的决断，与君王的独立思考和龟卜的卦象一致，但与筮卜的卦象，卿士们以及民意相左，那么事情就会在国家内部进行得顺利，在国外进行起来将有凶险。如果做出的决断，与君王、大臣、百姓的思虑一致，但与卜筮的卦象相左，这样的话，安静无为就是吉利，有所举动就会凶险。

所谓庶征（各种征兆）：或是降雨，或是晴天，或是暖和，或是寒冷，或是刮风，或是都合乎时令。如果上述前五种自然气象完备，各按照它们的次序发生，各种植物就会茂盛。只要有一种气象发生的过多，就将有凶灾发生；如果是一种气象过于缺少，也同样会发生凶灾。再说君王行善的美好征验：君王恭敬庄肃，万物就会按时得到雨水的滋润；君王政治廉洁，大地就会阳光普照；君王明智，温暖就会适时来到；君王有谋略，寒冷的气候就会适度；君王圣明，风就会调和顺应节候。再说君王做出恶行的征验：君王若狂妄，就会淫雨不止；君王若悖逆礼法，就会干旱不雨；君王若贪图享乐，就会炎热不消；君王若行事轻躁，就会严寒持久；君王昏昧不明，就会刮风不息。君王考察天下政治的得失，就像历法秩序中年份的地位一样；卿士大臣们理政辅佐天子，就像历法秩序中月份的地位一样；僚属佐吏们襄助卿士们处理政务，就像历法秩序中日份的地位一样。年、月、日的秩序守恒不变，才能百谷丰收，政治清明，贤才得到重用，国家太平昌盛。日、月、年的秩序一旦错乱颠倒，就会百谷蒙受灾荒，政治腐败黑暗，贤才压抑受屈，国家动乱不宁。百姓就像天上的众星，有的星辰喜爱风，有的星辰喜好雨。只要日月按照规律运行，冬季和夏季自然就会分明。如果日月颠倒规律追随星辰运行，

就会导致多风多雨的灾恶。

所谓劝导用五福：五福所指，一是长寿，二是富裕，三是健康安宁，四是修养美德，五是得尽天年。

所谓劝诫用六极：六极指的是六种灾祸，一是短命夭折，二是多病，三是忧愁，四是贫穷，五是丑陋，六是孱懦。"

于是，武王敬重箕子高德，将箕子分封到朝鲜，以表示不敢让箕子做自己的臣子。

后来，箕子到周朝朝觐时，经过殷商故墟，感慨殷商王宫的废墟上已经禾黍丛生，非常心痛，想要哀哭但有所顾忌，想要低声垂泪又感觉很像妇女，于是就创作了诗歌《麦秀之诗》抒发心郁。诗中有这样的句子："麦秀渐渐兮（麦芒尖尖啊），禾黍油油（禾黍绿油油）。彼狡僮兮（那个狡诈的孩子呀），不与我好兮（不跟我亲近啊）！"这里面的"狡僮"，指的就是纣王。殷商遗民听见这首诗歌后，都感伤地流下了眼泪。

❖微子开国

武王驾崩后，成王年幼继位，周公摄政，代行天子之权。管叔鲜和蔡叔度猜疑周公，与武庚禄父举兵作乱，想要袭击成王与周公。周公秉承成王之命讨伐叛乱，诛杀了武庚禄父和管叔鲜，将蔡叔度放逐。于是，周公让微子启取代武庚禄父来继承延续殷商的宗庙祭祀，创作了《微子之命》来申述这个政治决定，将微子封为宋国国君。微子仁贤的美德本来就广为人知，取代武庚禄父统治殷商遗民后，非常受殷人的爱戴。

微子启去世后，其弟衍（子姓，后来以宋为姓氏）继位，是为微仲。微仲去世后，其子稽继位，是为宋公稽。宋公稽去世后，其子申继位，是为丁公。丁公去世后，其子共继位，是为湣公。湣公去世后，其弟熙继位，是为炀公。炀公继位后，湣公之子鲋祀宣言说"由我继位才是合理的"，所以他弑炀公，夺取了君位，是为厉公。厉公去世后，其子举继位，是为釐公。

釐公十七年，周厉王逃奔到彘地。釐公在位二十八年去世，其子覵继位，是为惠公。惠公四年，周宣王成为天子。惠公在位三十年去世，其子哀公继位。哀公继位一年就去世了，其子戴公继位。

戴公二十九年，周幽王被犬戎攻杀，秦国开始名列诸侯。

戴公在位三十四年去世，其子司空继位，是为武公。武公将女儿嫁去鲁国，为鲁惠公夫人，生下了鲁桓公。武公在位十八年去世，其子力继位，是为宣公。

宣公让国

宣公君位的法定继承者是太子与夷。宣公十九年，宣公病重，临终前决定将君位传给弟弟公子和，向群臣宣布道："父死子继，兄终弟及，是天下通行之礼，我死后，由公子和继承君位。"公子和谦让了三次才接受。不久，宣公去世，公子和继位，是为穆公。

穆公九年，穆公卧病在床，将大司马孔父嘉找来，对他说："先君宣公舍弃太子与夷，让我继承了君位，我不敢忘，我死之后，一定要立与夷为君。"孔父嘉忧虑道："但群臣都想拥立公子冯继位。"穆公道："不要立公子冯，我不可以有负宣公。"于是，穆公将公子冯遣送去了郑国。到了八月庚辰日，穆公去世，与夷继位，是为殇公。天下君子听闻此事，称赞道："宋

古六历

春秋战国时期，各国分别实行黄帝、颛顼、夏、殷、周、鲁6种历法，合称"古六历"。但实质上，它们都是四分历，只是"岁首"有所不同，也因此出现所谓的"三正"。岁首是指每年的开始月份。黄河下游与周室关系密切的诸侯国多采用周王室颁行的历法，以含冬至的月份即子月（现农历十一月）为岁首，称作"周正"；南方和东方的殷民族以季冬月即丑月（冬至后1个月，现农历十二月）为岁首，称作"殷正"；黄河中游古代夏民族居住的地区以孟春月即寅月（冬至后2个月，现农历正月）为岁首，称作"夏历"。"三正"反映出春秋战国时期不同区域民俗对历法的影响。

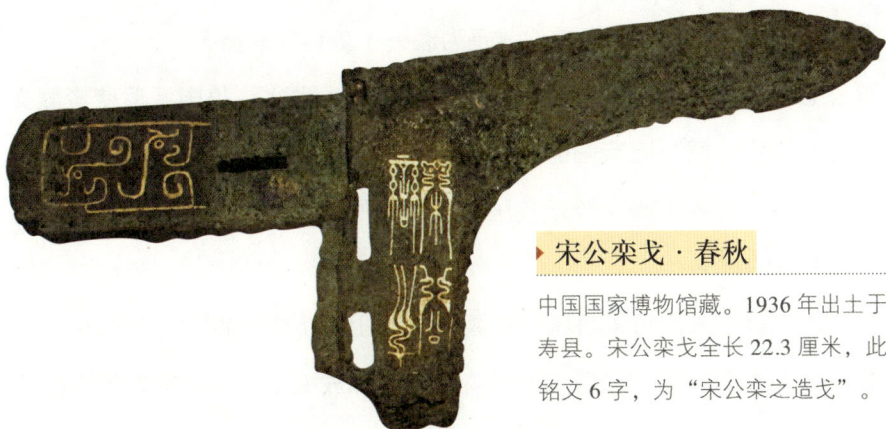

宋公栾戈·春秋

中国国家博物馆藏。1936年出土于安徽寿县。宋公栾戈全长22.3厘米，此戈有铭文6字，为"宋公栾之造戈"。

宣公真可谓知人啊，将君位传给弟弟以成全兄弟之义，最终自己的儿子还是登上了君位。"

殇公元年，卫国公子州吁弑其国君姬完自立，想要谋取诸侯对他的认可，派遣使者来宋国说："公子冯还在郑国，一定会图谋作乱，可与我共同出兵讨伐郑国。"殇公答应了，派兵与卫国共同讨伐郑国，但宋军到达郑国东门就撤兵了。第二年，郑国讨伐宋国，以报复东门之役。其后，诸侯多次来讨伐宋国。

南宫之乱

殇公九年，大司马孔父嘉的妻子外出时，正好在路上被太宰华督看见，华督为孔父嘉妻子的美貌而倾倒，目不转睛地盯着她直到远去不见。华督为了夺取孔父嘉妻子，就派人在国中散布流言说："君侯继位才十年，国家却进行了十一次战争，百姓不堪其苦，这都是孔父嘉主导的过错，杀了孔父嘉才能让百姓过上安定的生活。"这一年，鲁国人弑鲁隐公。第二年，华督率领部属攻打孔父嘉，将孔父嘉杀害，夺取了孔父嘉的妻子。殇公大怒，华督于是弑殇公，派人将穆公之子公子冯从郑国迎接回来扶上君位，是为庄公。

庄公元年，华督成为相国。庄公九年，宋国劫持了郑国大夫祭仲，要挟祭仲答应立公子突为郑国国君。祭仲被迫答应，拥立了公子突为郑国国君。

135

庄公在位十九年去世，其子捷继位，是为湣公（史称宋后湣公）。

湣公七年，齐桓公即位。湣公九年，宋国发生洪水，鲁国派遣使者臧文仲前来慰问水灾。湣公自我归罪说："寡人侍奉鬼神不够诚敬，没能好好修明政道，所以上天降下水灾警示我国。"臧文仲非常称许此言。这句话是公子子鱼教湣公的。

湣公十年夏，宋国讨伐鲁国，在乘丘（今山东济宁市西北）之战中，鲁军生擒宋国大夫南宫万。过后，宋国请求鲁国释放南宫万，南宫万得以回到宋国。湣公十一年秋，湣公和南宫万一起去蒙泽狩猎时，因为下棋争道，湣公生气地侮辱南宫万说："以前我还敬重你，现在么，你不过是鲁国的一个俘虏！"南宫万有勇力，听到湣公如此羞辱自己，非常愤恨，就用棋盘砸死了湣公。大夫仇牧听闻祸难后，率军赶到湣公行宫门口，南宫万与仇牧展开搏斗，最终仇牧牙齿撞在门扇上而死。于是，南宫万又杀死了太宰华督，扶立公子游为君。其他公子害怕祸及己身，逃奔到了萧邑（今安徽萧县一带），公子御说逃奔到了亳邑（今河南商丘）。南宫万派弟弟南宫牛率军包围亳邑。到了冬季，逃到萧邑和留在国都宋城（今商丘睢阳区）的诸多公子合兵攻打南宫牛，将南宫牛诛杀，又弑新君游，改立湣公之弟公子御说为君，是为桓公。南宫万逃往陈国，宋国以重金贿赂陈国，于是陈国人施美人计用酒将南宫万灌醉，用皮革裹住他，送回了宋国。宋国将南宫万剁成了肉酱。

❥襄公争霸

桓公二年，诸侯前来讨伐宋国，到了都城郊外后撤兵而去。第二年，齐桓公开始成为中原霸主。桓公二十三年，宋国从齐国将卫国公子毁迎接回卫国，扶立为卫君，是为卫文公。而卫文公的妹妹就是桓公的夫人。这一年，秦穆公即位。桓公三十年，桓公病重，太子兹甫决意将储君之位让给庶兄公子目夷（字子鱼）。桓公认为太子兹甫友悌之义显著，没有听从。第二年，桓公去世，太子兹甫继位，是为襄公。襄公继位后，让公子目夷

做了相国。当时桓公还没有下葬，齐桓公就派人来通知齐国将在葵丘会盟诸侯，襄公急忙前往参加。

襄公七年，宋国的天空发生大规模的流星雨，与雨水一起降落。又有六只鹢鸟（即鹢，指水鸟名，形似鸬鹚，善高飞）向后退飞，原来是风力太强的缘故。

襄公八年，齐桓公去世，襄公想要举行会盟，继之成为中原霸主。襄公十二年春，襄公召集诸侯在宋国鹿上（今安徽阜阳市）举行会盟。同时，襄公请楚国出面邀请更多诸侯参加下一次会盟，楚国答应了。公子目夷劝谏襄公说："小国争求会盟诸侯之事，谋求霸主之位，这是自取祸辱之举。"襄公不听。到了秋季，襄公又在宋国的盂地会盟诸侯。公子目夷叹息道："大祸就发生在此地吧，君侯的欲望太膨胀了，大国怎么能忍受得了小国耀武扬威呢？"果然，在这次盂地会盟上，楚国劫持了襄公并借机讨伐宋国。到了冬季，诸侯又在亳邑会面，楚国释放了襄公，公子目夷悲观地自言道："大祸还没有结束。"襄公十三年夏，襄公出兵讨伐郑国，

公子目夷道："大祸就在此战。"到了秋天，楚国为救援郑国，出兵讨伐宋国。襄公打算与楚军一决雌雄，公子目夷进谏说："上天抛弃殷商已经很久了，不可与楚国争雄。"襄公不听。这年冬季十一月，襄公率军与楚成王在泓水（今河南柘城县北）进行决战。楚军正在渡河时，宋军已经列好了军阵，公子目夷进谏说："敌众我寡，应当趁着楚军还没有渡完河，全军掩杀过去。"襄公不听。等到楚军全部渡过河，还没有列好军阵时，

宋微子世家 第八

137

▶ **双兽三轮盘·战国**

南京博物院藏。1958年出土于江苏武进。这件轮盘高15.8厘米，口径26厘米。轮盘器形别致，在一侧由底盘上伸出两只龙首，在盘底呈鼎足状安排有3个六辐圆轮，具备了江南地区东周青铜器的显著特征。

公子目夷又向襄公进谏："可以进攻了！"襄公却说："等敌军列好阵势再打。"等到楚军列好阵势后，宋军开始发动进攻。结果宋军惨败，襄公的大腿也在战场上受伤。国人得知宋军战败，全都埋怨襄公，襄公却毫无愧疚地说道："君子不乘人之危，也不去进攻还没有列好阵势的军队。"公子目夷责备道："战争以取胜为上，用兵岂有常道！如果天下都像君侯说的那样进行战争，那统军作战都是奴隶的事情了，兼并争霸还用得着依靠战争手段吗？"

楚成王成功救援了郑国后，郑国隆重犒劳了楚军。楚成王从郑国凯旋时，还带上了两个郑国美女回国。郑国大夫叔瞻评论道："楚王救人国难，而贪图人家女色，是谓无礼，恐怕会不得善终吧！按照礼仪接受了犒劳之宴，最后却弄到男女无别的境地，由此可以知道楚国定然难以成就霸业。"

这一年，晋国公子重耳流亡到了宋国，襄公想要将来得到晋国的援助，就对重耳极为礼遇，赠给了他八十匹马。

襄公十四年夏，襄公因为泓水之战中受伤严重而去世，其子王臣继位，是为成公。

❂ 亲晋敌楚

成公元年，晋文公继位。成公三年，宋国凭借着曾帮助过晋文公的旧情，背弃与楚国的盟约，亲附晋国。第二年，楚成王前来讨伐宋国，宋国向晋国告急。成公五年，晋文公率军救援宋国，楚军离去。成公九年，晋文公去世。成公十一年，楚国太子商臣弑其父楚成王自立。成公十六年，秦穆公去世。

成公在位十七年去世，成公之弟公子御将太子和大司马公孙固杀害，夺取了君位。国人又共同将新君御诛杀，改立成公少子公子杵臼为君，是为昭公。

昭公四年，宋国在长丘大败长翟人首领缘斯。昭公七年，楚庄王即位。

昭公九年，由于昭公即位以来，无德无能，国人都不亲附他。昭公之弟公子鲍革有德声，礼贤下士。当初，襄公夫人王姬（周襄王的姐姐）曾想与公子鲍革私通，公子鲍革拒绝了，于是襄公夫人就帮助公子鲍革向国人施行恩惠，而大夫华元又帮助公子鲍革坐上右师之位。一天，昭公外出狩猎，夫人王姬指使卫伯攻杀昭公。于是，公子鲍革继位为君，是为文公。

文公元年，晋国率领诸侯前来讨伐宋国，责备宋国有弑君之罪，当听闻文公继位已经得到宋国上下认可，便撤兵而去。

文公二年，昭公的儿子凭借和文公同母弟公子须的关系，联合武公、穆公、戴公、庄公、桓公的后代子孙共同起兵叛乱，文公将他们全部诛杀，将武公和穆公的后裔全部放逐。

文公四年春，楚国命令郑国讨伐宋国。文公派华元率军迎战，结果被郑军打败，华元被郑国囚禁。在战役发生前，华元曾杀羊犒劳将士，但是分羊

宋微子世家 第八

汤的时候没分给自己的车夫，所以车夫心中怨恨，在战场上故意驾着战车跑进了郑军的阵列，因此宋军大败，华元被俘虏。之后，文公向郑国提出用百辆兵车和带着精美装饰的四百匹马赎回华元，但是没等这些财物全都交给郑国时，华元就已经逃回了宋国。

文公十四年，楚庄王包围郑国，郑襄公被迫投降，之后楚庄王又将国家还给了郑襄公。

文公十六年，楚国使者路过宋国，宋国因为与楚国此前结下了深仇，就将楚国使者给捉了起来。这年九月，楚庄王率军包围了宋国都城。到了第二年，楚军包围宋国都城已经五个月了，仍无退兵迹象。宋城粮食已经吃尽，万分危急。于是，华元在一天夜里，悄悄爬出都城，到楚军大营会见楚将子反。子反向楚庄王禀告，楚庄王召见华元，问道："城中情形如何？"华元回答道："已经析骨而炊，易子而食。"楚庄王称赞道："真是坦诚啊！我军也只有两日军粮了。"因为华元有诚信，楚军因此解围退兵。

文公在位二十二年去世，其子瑕继位，是为共公。宋国开始盛行厚葬之风，君子讥讽华元丧失了作为大臣应有的风操。

◗乱政趋平

共公十年，因为华元与楚国将军子重有私交，又与晋国将军栾书有私交，所以宋国同时与楚国和晋国结盟。共公在位十三年去世，这时，华元担任右师，鱼石担任左师。司马唐山发动政变，攻杀太子肥，并想将华元也杀掉。华元本想逃往晋国，但是听了鱼石的劝阻后，行到黄河又折返回来，诛杀了司马唐山。于是，华元拥立共公少子公子成继位，是为平公。

平公三年，楚共王攻取宋国的彭城，之后将彭城封给了左师鱼石。第二年，诸侯共同发兵攻杀鱼石，将彭城还给了宋国。平公三十五年，楚国公子围弑楚王自立，是为楚灵王。平公在位四十四年去世，其子佐继位，是为元公。

元公三年，楚国公子弃疾弑楚灵王自立，是为楚平王。元公八年，宋

国发生火灾。元公十年，元公背弃与宗室亲族之间的信义，用诡诈之计诛杀众多公子，导致大夫华氏和向氏两族作乱。这时，楚平王的太子建为避难来到宋国，见宋国已经陷入内乱，就去了郑国。元公十五年，元公为了帮助流亡在外的鲁昭公回到鲁国，去晋国帮鲁昭公寻求外援时，死在了半路上，其子头曼继位，是为景公。

景公十六年，鲁国的阳虎奔来宋国避难，不久又离去。景公二十五年，孔子经过宋国，司马桓魋出于嫉恨，想要谋害孔子，孔子改换行装离开了宋国。景公三十年，曹国背弃与宋国的盟约，又背弃与晋国的盟约，宋国发兵讨伐曹国，晋国坐视不救，于是宋国灭掉并吞并了曹国。景公三十六年，齐国田常弑其国君齐简公。

景公三十七年，楚惠王灭亡陈国。这一年，火星（古代认为是灾星）占居心宿区，心宿所处的天空，正好是宋国的上空，景公因此而忧心。司星（掌管观察星象的官职）子韦说："可用禳星之术将灾祸转移到相国的身上。"景公道："相国是我的股肱之臣，不可。"子韦又说："那么，可以将灾祸转移到民众身上。"景公道："百姓是我的依靠，不可。""还可以将灾祸转移到岁收上。""岁终庄稼歉收，百姓饥寒，我还给谁当国君呢？"景公还是不同意。最后子韦说道："苍天虽高，却可以辨察人间善恶详情，君侯说出了作为贤君的三条箴言，火星应该会从心宿区转移。"果然，过了不久，火星就转移了三度。

◉ 桀宋之亡

景公在位六十四年去世，公子特攻杀太子自立，是为昭公。昭公是元公的曾庶孙，昭公的父亲是公孙纠，公孙纠的父亲是公子褍秦，公子褍秦就是元公的少子。因为景公曾诛杀了昭公的父亲公孙纠，所以昭公基于

铜错金银嵌玉带钩·春秋

怨恨攻杀了景公太子而自立。

昭公在位四十七年去世，其子购继位，是为悼公。悼公在位八年去世，其子田继位，是为休公。休公在位二十三年去世，其子辟兵继位，是为辟公。辟公在位三年去世，其子剔成继位。剔成四十一年，剔成之弟公子偃作乱攻打剔成，剔成兵败逃往齐国，公子偃自立为君，是为君偃。

君偃十一年，君偃自立为宋王。宋王偃向东用兵，击败齐国，夺取了五座城邑；向南用兵，击败楚国，夺取了三百里土地；又向西用兵，击败了魏国。于是，宋国与齐、魏成为仇国。宋王偃将盛满血的皮囊悬挂起来，然后用箭射击，称之为"射天"。宋王偃荒淫酒色，群臣谁敢前来进谏，就用箭射谁。诸侯于是都将宋国称为"桀宋"，并宣言说"宋国再次像纣王一样暴虐无道，不可不诛"。于是，诸侯联络齐国，共同讨伐宋国。

宋王偃四十七年，齐湣王和魏国、楚国联合进攻宋国，将宋王偃诛杀，灭亡宋国，三分了宋国的领土。

太史公说

孔子曾称赞说："微子离开殷商，箕子佯狂为奴，比干直谏而死，殷商有这样三位仁人。"《春秋》讥讽宋国的混乱是从宣公废掉太子，改立弟弟开始的，国家因此混乱长达十世。襄公在位时，修行仁义，想要谋取霸主之位。宋国大夫正考父曾赞美襄公，并追述契、汤王、殷高宗时期殷商兴盛的原因，创作了《商颂》。后来襄公在泓水之战中战败，但仍有君子认为他是一位值得称道的君主，这是因为君子们感伤当时那个时代华夏礼仪沦丧严重，所以褒论襄公，肯定他的礼让精神。

晋世家 第九

【解题】本篇讲述了晋国的兴亡事迹。晋国出自周成王的弟弟唐叔虞，唐叔虞之子晋侯燮父徙居晋水，至晋孝侯时，国都名翼；曲沃（今山西闻喜东）代翼之后，晋献公迁都绛（今山西翼城东南），别都曲沃。公元前403年，晋国卿大夫韩、赵、魏三家自立为诸侯，分裂晋国。周威烈王赐三家为诸侯，于是韩国、赵国、魏国三国分晋，晋国灭亡。

❖戏言受封

晋国的唐叔姬虞，是周武王的儿子，成王的弟弟。当初武王与姬虞的母亲相会时，虞母梦见上天对武王说："我会让你生下儿子，命名为虞，我将唐地赐给他。"等到姬虞出生后，手掌掌纹很像"虞"字，所以就给他起名为"虞"。

武王驾崩后，成王继位，唐地发生叛乱，周公平定了叛乱。后来，成王与姬虞嬉戏时，将桐叶削成玉圭的形状送给姬虞，说："用这个分封你为诸侯。"侍奉在一旁的太史史佚将此事记录下来，并在过后请成王择日封姬虞为诸侯。成王回答说："我不

过是跟他开个玩笑。"史佚郑重地进谏道："天子无戏言。天子出言，就会记载在史书上，并用礼成就所言之事，最后又会成为雅乐中歌颂的事迹传示后代。"于是，成王将姬虞分封到唐地，国土在黄河和汾河的东面，方圆百里，所以后世称姬虞为唐叔虞，姓姬氏，字子于。

唐叔虞去世后，其子姬燮继位，是为晋侯（姬燮将都城从唐城迁徙到晋水旁边，开始以晋为国号）。晋侯去世后，其子姬宁族继位，是为武侯。武侯去世后，其子姬服人继位，是为成侯。成侯去世后，其子姬福继位，是为厉侯。厉侯去世后，其子宜臼继位，是为靖侯。靖侯在位之后的纪年，

▶ **《养正图》之桐叶封弟·元·无款**

姬虞为周成王的胞弟，一天叔虞与成王玩耍，成王把一桐叶剪成一个似玉圭的玩具，对叔虞说："我将拿着玉圭封赐你。"史官听说这件事，提醒周成王应当言出必行，君子无戏言。于是周成王把唐作为封地封赐给叔虞。唐在黄河、汾河的东边，方圆一百里，后人称呼封地主人为唐叔虞。

开始能够清楚推算了。自唐叔虞到靖侯这五世晋国历史，没有准确纪年。

靖侯十七年，周厉王辨不清是非，凶狠残酷，国人作乱，厉王逃往彘地避难，周国由大臣行政，号称"共和"。

❄ 曲沃夺宗

靖侯在位十八年去世，其子姬司徒继位，是为釐侯。釐侯十四年，周宣王刚刚成为天子。釐侯在位十八年去世，其子姬籍继位，是为献侯。献侯在位十一年去世，其子姬费王继位，是为穆侯。

穆侯四年，穆侯迎娶齐国宗室女子姜氏为夫人。穆侯七年，穆侯讨伐条邑，这年太子仇出生。第二年，穆侯讨伐千亩（今山西介休市南），取得战功，这年少子出生，取名为成师。晋国大夫师服担忧地说："太奇怪了！君侯怎么这么给儿子起名字呢？太子起名为仇，仇也就是仇敌的意思。少子起名为成师，成师是很大的名号，是成就事业的意思。起名字是与自我身份认同以及天命相伴随的；事物是自我安定的。如今君侯让嫡子和庶子的名字彼此悖逆，此后晋国能避免内乱发生吗？"

穆侯在位二十七年去世，其弟殇叔自立为君，太子仇流亡国外。殇叔三年，周宣王驾崩。第二年，太子仇率领部属攻打殇叔，夺取了君位，是为文侯。

文侯十年，周幽王无道，被犬戎杀死，周室东迁。秦国开始名列诸侯。

文侯在位三十五年去世，其子姬伯继位，是为昭侯。

昭侯元年，昭侯将文侯之弟成师分封到曲沃（今山西曲沃县西南）。曲沃的城邑规模大于翼邑（今山西翼城县），翼邑是晋国的都城。成师被封在曲沃后，号称桓叔，靖侯的庶出孙子栾宾成为辅佐桓叔的臣子。桓叔当时已经五十八岁了，贤德有声望，晋国人都依附于他。看到此种情况，有君子预言道："晋国将来祸乱的根源就在曲沃。枝叶大于树干，又深得民心，岂能不乱？"

昭侯七年，晋国大臣潘父弑昭侯，迎立桓叔为国君。桓叔率兵从曲沃赶往翼邑时，遭到国人的反对，晋军击败桓叔，桓叔又返回了曲沃。于是，国人拥立昭侯之子姬平为君，是为孝侯。孝侯继位后，诛杀了潘父。

孝侯八年，曲沃桓叔去世，其子姬鳝承袭爵位，号称庄伯。孝侯十五年，庄伯在翼邑弑孝侯，打算夺取君位，国人再度起兵反对，又将庄伯赶回了曲沃。国人拥立孝侯之子姬郄为君，是为鄂侯。

鄂侯二年，鲁隐公刚刚继位。

鄂侯在位六年去世。曲沃庄伯听闻鄂侯去世，立即发兵攻打翼邑。周平王（此时周平王已经驾崩，《左传》《史记·诸侯年表》均记在周桓王二年）

玉牌连珠串饰·西周

山西博物院藏。玉牌高 8.7 厘米，上宽 5.6 厘米，下宽 7.7 厘米，玉牌 1992 年曲沃县北赵村晋侯墓地 31 号墓出土。最上端为 3 串玛瑙珠下接 6 串玛瑙珠，系于玉牌上部的 6 个穿孔，玉牌下部有 9 个穿孔，系挂 9 串玉珠、玛瑙珠、料珠组成的珠饰。玉牌呈梯形，正面用双勾法刻有对称的龙纹，线条婉转、流畅。上下穿孔均为侧、背斜钻。墓主人为晋献侯夫人。

派遣虢公率军救援翼邑，讨伐庄伯，庄伯不敌，逃回曲沃坚守。于是国人拥立鄂侯之子姬光继位，是为哀侯。

哀侯二年，曲沃庄伯去世，其子姬称承袭庄伯爵位，是为曲沃武公。哀侯六年，鲁国人弑其国君鲁隐公。哀侯八年，晋军进攻都城南面的边境小邑陉廷，陉廷为自保投靠了曲沃，与曲沃武公合谋，在第二年联合出兵讨伐晋国。双方在汾水岸边决战，哀侯战败被俘。翼邑得知消息后，拥立哀侯幼子为国君，是为小子侯。

小子侯元年，曲沃武公指使韩万将俘虏的哀侯杀掉。至此，曲沃更加强盛，晋国对它无可奈何。

小子侯四年，曲沃武公将小子侯诱骗到曲沃杀掉，前往翼邑夺取君位。周桓王派遣虢仲率军讨伐曲沃武公，武公赶紧逃回曲沃据守，然后扶立哀侯之弟缗为晋侯。

晋侯缗四年，宋国挟持郑国大夫祭仲扶立公子突为郑国国君。晋侯缗十九年，齐国管至父弑其国君齐襄公。

晋侯缗二十八年，齐桓公开始成为中原霸主。曲沃武公讨伐翼邑，杀掉

晋侯缗，占领了都城，并将晋国宝器全部献给周釐王。于是，周釐王让曲沃武公成为晋君，列为诸侯，吞并了整个晋国。

这时，曲沃武公已经继位三十七年了，从此更号为晋武公。武公进入国都翼邑为君，与统治曲沃的时间加起来就是三十八年了。

武公姬称，也就是晋穆侯的曾孙，曲沃桓叔的孙子，曲沃庄伯的儿子。桓叔，是第一代曲沃的君主，自从他受封于曲沃到武公取代晋侯之位，一共经历了六十七年，最终取代本来的公室而成为晋国国君。武公成为国君两年后去世，与统治曲沃的时间相加，一共做了三十九年君主。其子姬诡诸继位，是为献公。

申生之死

献公元年，周惠王之弟姬颓谋反攻打惠王，惠王逃出国都，暂时栖身在郑国的栎邑（今河南禹州）。

献公五年，晋国讨伐骊戎（今陕西西安市临潼区一带），献公得到了骊姬及其妹妹，两人都受到献公的宠爱。

献公八年，大夫士蒍向献公进谏说："如今公室公子众多，不尽快诛除的话，恐怕他们会作乱。"于是，献公派士蒍诛杀公室公子，同时为了进一步巩固统治，献公又大规模扩建聚邑，然后将都城迁到聚邑，将新都城命名为绛邑（今山西翼城东南）。而士蒍开始执行诛杀公室诸公子的命令时，风声走漏，很多公子都逃到了虢国。第二年，虢国以献公诛杀诸公子为名，前来讨伐晋国，没能战胜晋军。献公十年，献公打算讨伐虢国施以报复，士蒍进谏说："现在不是讨伐虢国的良机，且静待其自乱。"

献公十二年，骊姬生下公子奚齐。献公有意废黜太子申生改立公子奚齐为太子，于是对外宣言说："曲沃是我先祖宗庙所在之地，而蒲邑（今山西隰县西北）与秦国为邻，屈邑（今山西吉县）与翟族为邻，如果不派诸子去镇守，不能解除我心中忧惧。"于是派遣太子申生去镇守曲沃，派公子重耳去守卫蒲邑，派公子夷吾去守卫屈邑，独独留下公子奚齐居住在都城。晋国上下由此知道太子申生的地位不保了。太子申生的母亲是齐桓公的女儿，被称作齐姜，去世得很早。申生的同母妹妹嫁去秦国为秦穆公夫人。公子重耳的母亲是翟族狐氏之女，公子夷吾的母亲是重耳母亲的妹妹。在献公的八个儿子之中，太子申生、公子重耳、公子夷吾最有贤德。自从献公得到骊姬后，就开始疏远这三个儿子。

献公十六年，献公设置二军的军制。其中上军由献公亲自统领，下军由太子申生统领。这一年，献公让赵夙为自己驾驶战车，让毕万站在战车右侧，出兵讨伐并灭亡了霍国、魏国和耿国。全军凯旋后，献公为太子申生修葺曲沃城池，将耿地赐封给赵夙，将魏地赐封给毕万，让赵夙和毕万成为大夫。士䓖私下对太子申生说："太子的地位难保了，君侯将先君的都城分给了你，却实际给予你卿的地位，这是首先将你的地位待遇提升到了极致，你又怎么再继承君位呢？不如逃亡吧，不要坐等无妄之罪降临，做个吴太伯那样的人，未尝不可，还能保全自己的声名。"太子申生没有听从。而执掌卜筮之职的大夫郭偃则私下评论说："毕万的后代

一定会昌盛强大。万，是满数（从一到万，万为满数）；魏，是巍然高大的意思，是大名号。将魏地作为初次封赏毕万的封邑，这等于是上天为毕氏开通了福祉。天子号称拥有亿兆百姓，诸侯号称拥有万民，如今，给了毕万一个大名号，再加上占有满数，毕氏将来一定会拥有众多百姓。"当初，毕万想要在晋国谋取前途，先行占卜吉凶，得到的卦象是"屯卦"演变成"比卦"。辛廖为他解释卦兆说："这是吉利之兆，屯卦意味着坚固，比卦意味着深入，还有什么比这卦象更吉利的呢？你的后世子孙一定会繁衍昌盛。"

献公十七年，献公派遣太子申生率军讨伐东山（翟人的一支）。大夫里克向献公进谏说："太子是供奉宗庙祭祀、社稷大祭祭品以及早晚侍奉检验君王饮食的人，所以被称为冢子。君王若是出行，太子就留守都城，如果有专人留守都城，太子就随从君王出行。随从出行时，太子号称'抚军'，留守都城时，太子号称'监国'，这是自古以来的礼制。统帅军队，需要专擅号令；而向军队宣布号令，是

国君和重臣正卿的权力：两者都不是太子所应该承担的。率军征战，在于控制命令而已，如果事事向后方请求指示，主将在军中就会失去威严，而如果独断专行不向君侯请求，身为儿子的主将就会背上不孝的罪名，所以按照礼制，君王的太子是不可以率军出征的。君侯如果派太子统军出征，无疑与礼制相悖，是错误的职事安排，到时太子在前线事事向君侯请示，在军中毫无威严，军队又如何能战胜敌人呢？"献公却答道："寡人还有别的儿子，现在还不知道最终立谁为太子呢。"里克没有再说什么，退出了宫殿，去见太子申生。太子申生问里克："我是不是会被废黜？"里克鼓励他说："太子，好好努力吧！君侯让你统领军队，最应该担心的是不能恭敬的完成君命，为什么要想到会被废黜呢？况且，作为人子来说，最应该忧惧的是自己是否尽到孝道，不应去忧惧自己是否能保有嗣子之位。修明自己的德行，不去苛责他人，就能免除祸患了。"于是，太子申生率军出征东山，献公赐给申生左右异色的偏衣，为他佩戴上金玦。里克自称有病在身，没有跟随太子申生出征。

献公十九年，献公说："当年我先君庄伯、武公诛除晋国的祸乱时，虢

《黄帝内经》

《黄帝内经》简称《内经》，是中医学形成和发展奠基性的作品。它托名于黄帝，是中国现存最能全面总结秦汉以前医学成就的著作。公元前5世纪，扁鹊就已运用"切望结合"的方法诊断疾病，《内经》对这种方法加以继承和发展。《内经》的诊方主要包括望、闻、问、切，这是后世中医"四诊法"的渊源。同时，《内经》记载的人体穴位有300多处，几乎所有的疾病都有针灸疗法，并对针灸治疗的规则、手法、禁忌均给予相应的论述。《黄帝内经》是中医理论体系的源泉，它的著成标志着中国医学由经验医学上升为理论医学的新阶段，为战国以后的中国医学发展奠定理论基石，指引中医走上科学发展的道路，具有深远的影响。

国经常帮助翼邑讨伐曲沃，后来又收留了晋国的众多公子们，这些人果然勾结在一起图谋颠覆晋国。不发兵诛除这个祸根，必定遗患子孙！"于是，派遣荀息统率由屈地出产的名马所驾驶的战车，借道虞国讨伐虢国。虞国答应借出道路后，荀息率军攻入虢国，占领了下阳（今山西平陆县北），全军凯旋。

不久，献公私下向骊姬许诺说："我将废黜太子，让奚齐取代他。"骊姬娇泣道："当今太子，名位早已经被诸侯所认可，况且又多次率军出征，百姓都亲附于他，怎们能因为贱妾的缘故就行废嫡立庶之举呢？君侯若一定这么做的话，那贱妾就只有选择自杀了。"骊姬之所以这么说，是想着在明处称誉太子申生，却在背地指使人谗害诋毁太子，最终让她生的公子奚齐取代太子之位。

献公二十一年，骊姬欺骗太子申生说："最近君侯梦见了故夫人齐姜，太子可尽快到曲沃宗庙去祭祀齐姜，然后将祭祀的胙肉敬献君侯。"太子申生信以为真，立刻到曲沃宗庙祭祀生母齐姜，然后带着胙肉返回都城。当时献公正好外出狩猎，太子申生将胙肉和美酒放在宫里后就离开了，骊姬趁机派人往胙肉和酒中掺入毒药。过了两天，献公狩猎归来，宰人（厨师）给献公奉上胙肉，献公刚想品尝，骊姬急忙从旁边阻止道："胙肉是从远处献入宫中的，应该先检验一下为好。"于是献公先将酒洒

▶ 虎形灶·春秋

这件虎形灶一组 7 件，由灶体、釜、甑以及四节烟筒组成。灶体呈虎头状，双目圆睁，两侧有用于提携的提链，灶门似大张的虎口，顶部有圆形灶眼，灶眼内置釜，釜上套甑，灶眼后有圆形的烟筒，为虎尾。灶体内有小凸齿用于搪灶挂泥。炉膛涂泥，既可保持温度，又可节省柴薪，也能保证炉膛的热量集中。

祭到地上，地面忽然隆起一块，然后将胙肉割下一块扔给狗吃，狗吃完就死了，再切下一块给小臣吃，小臣吃完也死掉了。骊姬佯装哭泣道："太子怎么能这样狠心！连父亲都想杀掉而取代，何况对其他人呢？况且，君侯都已经年事渐高，弃位而去不过是旦暮之间的事情，怎么连这么一点时间都等不及就想弑父了呢？"接着又继续向献公哭诉道："太子之所以做出这种事，不过是因为有贱妾和奚齐在的缘故罢了。贱妾希望君侯能准许我们母子尽快避走他国，或者干脆自杀掉算了，不要让我们母子被太子所害。当初君侯想要废黜太子，贱妾还觉得非常遗憾，到了今日，贱妾发现自己真是完全想错了。"太子申生听闻被骊姬谗害，急忙逃往新城（即曲沃）避难。献公信以为真，震怒之下，杀掉了太子申生的老师杜原款。有人向太子献计说："在胙肉和酒中下毒的人是骊姬，太子何不向君侯亲自说明真相呢？"太子申生悲哀道："君侯年事已高，没有骊姬侍奉在身边，就会寝食不安。如果我去向君侯解释清楚，君侯转而恼恨骊姬的话，

那我就太不孝了，不可以这么做。"又有人向太子提议说："可以暂时逃往国外避难。"太子又说："蒙受着弑父的恶名出奔他国，谁会愿意接受我呢？我还是自杀吧！"十二月戊申日，太子申生在新城自杀而死。

骊姬乱国

在这个时候，公子重耳和公子夷吾正好来都城朝见献公。有人趁机跟骊姬进谗说："重耳和夷吾两位公子都在怨恨你，跟人说是骊姬进谗杀害了太子。"骊姬很害怕，又在献公面前谗害重耳和夷吾道："申生下毒之事，重耳和夷吾也知道。"重耳、夷吾听到骊姬进谗的风声后，恐惧之下，重耳跑回了蒲邑，夷吾跑回了屈邑，各据其城以自保。当初，献公派遣士苪为重耳和夷吾筑城，没有修筑完备。公子夷吾到献公前面告状，献公发怒，责怪了士苪。士苪向献公谢罪道："边境城邑，很少有寇贼，将城邑修筑得那么坚固有什么用呢？"退出宫廷后，士苪独自叹息道："狐皮大衣的毛蓬蓬松松，一个国家三个君侯，让我听从谁的命令呢？"最终

151

还是不得不听从命令帮重耳、夷吾将蒲邑和屈邑修筑完备。等到太子申生死后，重耳和夷吾逃奔回各自的城邑，就能暂时自保了。

献公二十二年，因为重耳和夷吾不辞而别这件事，献公一直心怀怒气，认为两位公子肯定也参与了太子申生的"弑君之谋"，所以派兵去攻打蒲邑。献公派蒲地人宦官勃鞮去催

战争谋略升级

春秋时尤其是晚期的战争中诈术也开始使用，信义在战争胜负的比照下显得微不足道，比如趁对方阵形尚未列好就发起攻击。又如鲁僖公三十三年（前627），晋、楚军队隔河对峙，因为渡河的一方在渡河时很容易被对方攻击而溃败，所以双方相持不下。这时晋国内部发生动乱，晋军急切回撤，于是晋军将领写信给楚帅，提出了一个建议：或者晋军后退30里，楚军过河，然后双方列阵决战；或者楚军后退，让晋军过河。楚帅接受了后一种办法，他没想到等楚军撤退后，晋军乘机也撤回国了，追之不及。

促重耳自杀，重耳趁其不备，跳墙而逃，勃鞮提刀紧追不舍，追到墙根下砍断了重耳的衣袖。重耳万分惊险的逃出蒲邑后，投奔到了翟国。同时，献公也派兵去攻打屈邑，夷吾率兵坚守抵抗，献公的军队无法攻破城门。

这一年，晋国再次提出向虞国借道讨伐虢国。虞国大夫宫之奇向虞君进谏说："不可再借道给晋国了，晋军会连虞国一起灭亡的。"虞君不以为意道："晋侯与我是同姓，不会攻伐我的。"宫之奇道："吴太伯和虞仲，都是周太王的儿子。当初太伯为推让太子之位而遁逃，没有继承周国。虢仲和虢叔，是王季（太王之子）的儿子，后来成为文王的卿士，他们的功勋都记载在王室那里，事迹收藏在保存盟书的府库里。如果晋国连虢国也能灭掉，又怎么会偏爱虞国呢？况且若论及亲疏关系的话，虞国与晋国的关系，能比得上晋君与曲沃桓公、曲沃庄伯后世子孙亲近吗？曲沃桓叔和曲沃庄伯的子孙，有什么罪过，晋君竟将他们全部灭族。虞国与虢国的关系，就像是人的嘴唇与牙齿，唇亡则齿寒。"但最终，虞君还是没有听从

宫之奇的谏言，答应借道给晋国。宫之奇知道虞国难逃亡国之祸，所以就提前带领宗族离开了虞国。到了冬季，晋军灭亡了虢国，虢公姬丑逃往周国。晋军返回时，果然发动偷袭灭掉了虞国，俘虏了虞君及大夫井伯、百里奚。后来，献公将女儿（史称秦穆姬）嫁去秦国时，就将井伯、百里奚作为陪嫁送给秦国。灭亡虞国之后，献公派人去主持虞国境内山川之神的祭祀。大夫荀息牵来此前赠给虞君的屈邑名马进奉给献公，献公笑道："马的确还是我的良马，可惜已经太老了！"

献公二十三年，献公派遣贾华等人再次讨伐屈邑，屈邑百姓纷纷逃散，不再帮助公子夷吾守城。夷吾本打算逃往翟族那里，但辅佐他的冀芮（也称郤芮）说道："不能投奔翟族，重耳已经在那里了，如果公子也投奔到翟族那，君侯一定移兵攻打翟族，翟族害怕被灭亡，将会被迫交出公子及重耳，那就大祸临头了。不如投奔梁国（今陕西韩城市附近），梁国离秦国很近，秦国强大，我们君侯百年之后可以请求秦国帮助公子回晋国谋取君位。"于是，夷吾逃往梁国。献公二十五年，晋军讨伐翟族，翟族为了保护公子重耳，发兵前往齧桑（今山西吉县西黄河岸）迎击晋军，晋军撤兵而去。

当此之时，晋国非常强盛，西有河西之地，与秦国接壤，北部边境与翟族接壤，东部领土到达河内一带。

骊姬的妹妹生下公子悼子。

献公二十六年夏，齐桓公在葵丘会盟诸侯。献公因为生病，路上耽误了行期，没来得及参加会盟仪式，却在半路上遇见了参加完会盟仪式返回周国的宰孔。宰孔对献公说："齐君

▶ 兽叔盨·西周晚期

兽叔盨于 1990 年出土于河南省上村岭虢国贵族墓，出土时色泽光亮，通体基本无锈，是西周晚期青铜器中少见的精品。这件盨器内刻有 4 行 33 字铭文，记录了兽叔奂父为大女儿孟姞作媵器盨，用来盛放稻米、早稻、糯米、高粱米做成的食物的事情。

153

愈加志气傲慢，不想着继续修明德政，却一心图谋征服远方，诸侯都为之心中不平。君侯可以不必去葵丘了，齐国不能将晋国怎么样。"献公想到自己病势仍未好转，就听从了宰孔的话，返回了晋国。回到都城后，献公的病情越来越严重，于是招来荀息问道："我将让奚齐继承君位，可是他年纪还太小，恐怕大臣们都不心服，会引发祸乱，你能为我扶立奚齐吗？"荀息应允道："臣能。"献公不放心地又问："用什么来证明呢？"荀息道："臣可以使死者复生（意思是，即使自己牺牲性命也不会背弃对献公的承诺，也要确保奚齐坐在君位上），生者不惭（意思是，那些活着的大夫们看见荀息为守护对献公的承诺而死，也不为荀息感到羞惭），以此作为证明。"于是，献公就将奚齐交托给了荀息，任命荀息为相国，执掌朝政。到了秋季九月份，献公去世了。里克、邳郑等人因为痛恨骊姬，不想拥立奚齐继承君位，想要将公子重耳迎接回来继承君位，因此率领太子申生、公子重耳、公子夷吾留在晋国的部属发动叛乱，并对荀息说："三位公子的怨恨将要同时爆发出来，秦国和晋国都将帮助他们，你打算怎么办呢？"荀息决然道："我绝对不会背弃对先君的承诺。"十月，里克在献公的灵堂前诛杀了奚齐，这时献公还没有下葬。荀息打算以死明志，但有人对他说，不如尊立奚齐之弟悼子为国君，由你来辅佐他，也算守住了对先君的承诺。于是，荀息就拥立了公子悼

夔凤纹罍·春秋

山西博物院藏。1988 年太原市金胜村赵卿墓出土。方唇外侈，小口，束颈，溜肩，圆腹，下腹内收成平底。肩部两对对称的铺首衔环，大小不一。自器口至下腹部以绚索纹带为界，分别装饰斜三角回纹、夔凤纹、蟠螭纹、窃曲纹和垂叶纹。器型端庄，纹饰采用高浮雕形式构图，清晰美观。为晋国青铜器上乘之作。

子为国君，然后将献公下葬。十一月，里克又在朝堂上将悼子杀掉，荀息最终自杀而死。有君子评论道："《诗经》上所说的'白珪之玷，犹可磨也，斯言之玷，不可为也（白珪上的斑点，还可以磨去；话说错了，不可以挽救啊）'这一句，就好像是在说荀息啊，他至死也没有违背自己的承诺。"当初，献公将要讨伐骊戎时，占卜得到的卦辞是"齿牙为祸（也就是谗言为祸的意思）"，等到攻破骊戎，获得了骊姬，献公对她百般宠爱，最终竟因为她的谗言而使晋国陷入祸乱之中。

惠公背信

里克等人杀掉了奚齐和悼子后，就派人去翟国迎接公子重耳，打算拥立重耳为国君。重耳却委婉地推谢了里克等人的好意，他说："重耳背弃了父亲的命令而出逃在外，父亲死了，我作为人子，连侍奉丧事的礼仪都不能做到，岂敢回去贪图君位！诸位大夫还是从其他公子中选择国君吧。"使者回来将这番话转告给里克后，里克就派人去梁国迎接公子夷吾。夷吾想要回国，但辅佐他的吕省、冀芮说："国内仍有具备继承君位资格的公子，大夫们却到国外来寻求国君，实在难以相信他们。如今之计，若是不去秦国求取帮助，假借着强国之威再回去的话，恐怕公子会有危险。"于是，夷吾派遣冀芮去贿赂秦国，与秦穆公定下约定："如果秦国能够帮助夷吾登上晋国君位，便将晋国河西之地割赠予秦国。"同时，夷吾还派人给里克送去书信说："如果我真能继承君位，就将汾阳之地（汾水南侧之地）作为你的封邑。"秦穆公得到夷吾的许诺后，即刻发兵护送夷吾回归晋国。这时候，齐桓公听闻晋国发生内乱，率领诸侯联军进入晋国，而秦兵也护送着夷吾进入了晋国。于是，齐桓公派遣隰朋汇合秦军共同将夷吾送入都城，帮夷吾登上君位，是为惠公。齐桓公见无机可乘，也就从晋国的高梁率军撤退了。

惠公元年，惠公派遣邳郑到秦国对秦穆公致歉说："当初夷吾私下许诺将河西之地割赠给君侯，如今很庆幸得以继承君位。夷吾本想兑现承诺，可是大臣们却说：'晋国的土地都是先君所有，君侯流亡在外时，哪有权力擅自许诺割赠土地给他人？'寡人虽然尽力争取，可仍争不过大臣们，所以特意派遣使者向君侯致歉。"另外，惠公此前许诺将汾阳之地封给里克，也没有兑现，并且还削夺了里克的权力。四月，周襄王派遣周公忌父会合齐国和秦国的大夫共同拜见惠公。惠公担心公子重耳仍在国外，里克会图谋叛乱，就赐里克自杀，派人对他说："如果没有大夫你的帮助，寡人不能登上君位，虽然如此，你也杀害了两位国君和一位大夫，作为你的君主，寡人不是活得很艰难吗？"里克回复道："不有所废弃的话，君侯的天命如何兴起？想要杀我，还怕找不到罪名吗？却说出了这样荒唐的理由！臣知道君侯的命令了。"于是里克拔剑自刎。当时邳郑出使秦国还没有回来，所以躲过了这场大祸。

惠公下令将恭太子申生（恭是谥号）改葬。秋天，曾经为申生驾车的狐突去曲沃时，在路上遇见了申生的鬼魂，申生的鬼魂就上了马车与狐突同行，告诉他说："夷吾对我无礼，我已请求天帝，把晋国送给秦国，秦国将会好好祭祀我。"狐突回答说："臣听说鬼神不会接受自己宗族以外的祭祀，若将晋国交给秦国，你的祭祀不就断绝了吗？还是再慎重思虑思虑吧。"申生答应道："好吧，我再去重新请求天帝。十天之后，曲沃西侧会有个巫师看见我显灵。"狐突答应到时再去与申生相见，于是申生的鬼神就消失不见了。十天之后，狐突到曲沃西侧，果然再次见到申生的鬼魂，申生的鬼魂告诉狐突："天帝已经答应惩罚罪人，将在韩原（今陕西韩城市境内）让那罪人失败。"不久，晋国流传起一首童谣："恭太子改葬了啊，十四年之后，晋国还是不会昌盛，昌盛的国势将由兄长创造。"

邳郑在秦国听说里克被惠公赐死后，不敢再回晋国，游说秦穆公道："吕省、郤称、冀芮确实不愿意将河西之地割让给秦国，但是如果君侯肯用重金收买他们，与他们合谋将晋君驱逐，迎接公子重耳回晋国继承君位，君侯一定可以收取河西之地。"秦穆公答应了邳郑，派使者跟随邳郑回晋国复命，并以重金收买吕省、郤称和冀芮。然而吕省、郤称、冀芮三人合计道："秦

▶ 晋侯苏编钟·春秋

这套晋侯苏编钟共计 16 件（图中 14 件现藏于上海博物馆，另有 2 件藏于山西省博物馆），以 8 件为一组，大小不一，大的高 52 厘米，小的高 22 厘米，都是甬钟。钟上都刻有规整的文字，共刻铭文 355 字，最后两钟为 2 行 11 字。铭文可以连缀起来，完整地记载了周厉王三十三年（公元前 846）正月八日，晋侯苏受命伐夙夷的全过程。

国使者以谄媚的语言取悦我们，并奉上厚重的礼品，这一定是邳郑在秦国出卖了我们。"于是，他们将邳郑以及邳郑、里克的党羽——恭太子申生曾经所统帅的下军中的大夫们全部诛杀掉。只有邳郑之子邳豹逃过一死，投奔到了秦国，请求秦国出兵讨伐晋国，秦穆公没有听从。

惠公继位之后，背弃赠予秦国土地的承诺，又将里克、邳郑等拥护恭太子申生的大夫们全部诛杀，因此国人都不亲附于他。惠公二年，周王室派遣召公拜见惠公，惠公姿态傲慢，受到了召公的讥刺。

❖ 韩原之战

惠公四年，晋国发生了饥荒，向秦国请求借粮。秦穆公询问大夫百里奚的意见，百里奚说："天灾流行，每个国家每个时代都会遇到，救援灾难，抚恤邻邦，这是国家应该遵行的道义，借给他们吧。"邳豹却献计说："不如趁着饥荒去讨伐晋国。"秦穆公道："晋君诚然有罪，可是晋国百姓都是无辜的！"最终，决定借给晋国粮食，从雍地运到绛邑。

第二年，秦国也发生了饥荒，秦穆公向晋国请求借粮。惠公与群臣商议如何应对，庆郑说："因为秦国的帮助，君侯才得以继承君位，过后我们却背弃了割赠土地给秦国的承诺。去年我国饥荒，秦国借给了我们粮食，今年秦国发生饥荒，向我们请求借粮。这正是我们还回恩情的时机，借给他们粮食就是了，还有什么好商议的呢？"虢射却说："去年上天将晋国赐给了秦国，秦国不知道接受上天的赐予，反而借给我们粮食。如今，上天又将秦国赐给了晋国，晋国难道能悖逆天意吗？正应趁此良机讨伐秦国。"于是，惠公听从了虢射的计谋，不仅不借粮食给秦国，反而发兵讨伐秦国。秦穆公大怒，也发兵讨伐晋国。

惠公六年春，秦穆公亲自率军进攻晋国。惠公忧心忡忡地问庆郑："秦兵已经深入我国，如何是好？"庆郑说道："秦国帮助君侯登上君位，君侯却背弃对秦国的承诺；晋国发生饥荒，靠着秦国借给粮食才度过危难，秦国发生饥荒，君侯却落井下石去讨伐人家。如今秦兵深入晋国，不是很自然的事情吗？"惠公听了这话很不高兴，决定亲自率军迎击秦军。惠公让人占卜担任自己战车上的车夫和右侧护卫武士的人选时，占卜的结果都是庆郑最吉利，惠公忿然道："不用他，庆郑对寡人不恭敬。"于是，惠公用步阳帮自己驾驶战车，用家仆徒做自己战车右侧的护卫武士，然后率军迎战。九月壬戌日，秦军、晋军在韩原决战，战斗中，惠公战车的马匹陷入泥中动弹不得，而秦兵趁机冲杀过来，惠公急迫之下，大声招呼庆郑赶快过来驾驶战车。庆郑大声回复道："不听从占卜之言，战败难道不是君侯应当承受的吗？"说完，就径自离开了。惠公只好又让梁繇靡帮自己驾车，让虢射担任战车右侧的护卫武士，以迎击秦穆公。秦穆公的壮士拼力死战，击败了晋军，晋军不

仅没能将秦穆公围困在战阵中，秦军反而俘虏了惠公。秦穆公将惠公带回秦国，打算杀了他来祭祀天帝。惠公的姐姐秦穆姬正是秦穆公的夫人，她得知此事之后，提前穿着丧服哭泣起来。秦穆公最后说道："俘虏回晋君本来是一件乐事，现在却弄到这地步。况且我听闻当初箕子看见唐叔刚刚被分封到唐地时，曾说过'他的后世一定会兴盛起来'，晋国岂可就这样被灭亡？"于是秦穆公就跟惠公在王城（今陕西大荔县东）举行盟誓，承诺会送惠公回国。惠公就派吕省等人回国对国人说："孤虽然可以回归晋国，但已无面目再见社稷，可选择吉日让子圉继位。"国人听闻此言，全都哭了。吕省又返回秦国向惠公复命时，秦穆公问吕省："晋国如今和谐吗？"吕省回答说："不和谐，百姓们都害怕会因为失去君侯而引发内乱，致使自己的双亲在内乱中性命不保，因此都不怕拥立子圉继位，全都说：'一定要报仇，宁肯去服侍戎族和狄族也要雪恨！'但卿大夫们虽然爱护晋君，却也知道他的罪过，所以决定静待秦国的命令，全都说：'一定要报答秦国宽恕晋国的恩惠。'因为有这两点，所以晋国不和谐。"于是，秦穆公给惠公换了一个更好的居住环境，并在饮食上给予他七牢（一

—— 《禹贡》 ——

　　《禹贡》是《尚书》中的一篇，是中国古代完整、系统、科学的地理著作，文简意赅，一直被奉为地理学之祖。《禹贡》全篇共1100多字，约为4部分：第一部分是最主要的部分，把中国东部按河流、山脉和大海等自然条件分界，划分为九州。之后简括各州境内的山、水、泽、地，然后较详细叙述其土壤，三等九则的田赋，动、植、矿的物产和手工业，及其转运的贡道。《禹贡》在中国地理学的历史发展过程中具有重要地位，它对九州区划、山岳关联、水道体系、交通网络以及土壤、物产、景色的描述，都体现出明确的地理观念，所以它对中国后世地理学的发展产生了深远的影响。

牛一羊一猪为一牢）的待遇。十一月，秦国放惠公回晋国。惠公回到晋国后，首先诛杀了庆郑，然后致力于修明政道和教化。惠公始终担心自己君位不稳，与心腹大臣谋划说："重耳还在国外，诸侯为了从中攫取利益，都想把重耳送回来。"于是派人去翟国杀害重耳。重耳听闻到这个消息后，就离开翟国，转而去了齐国。

怀公叛秦

惠公八年，晋国将太子圉送到秦国做人质。当初，惠公流亡在梁国时，梁国国君梁伯将女儿嫁给了惠公，生下一男一女。梁伯令人占卜后，卦象显示，男孩将来会成为臣仆，女孩将来会成为姬妾，所以就给男孩取名为"圉"（意为养马的下等仆人），给女孩取名为"妾"（意为没有聘礼而与男方结合）。

惠公十年，秦国灭掉了梁国。梁伯喜欢大兴土木，建造城池，挖掘沟堑，导致百姓疲苦不堪，怨声载道。又因为梁国经常有人散布谣言说"秦兵打来了"，致使国民无缘无故多次相互惊扰，百姓终日惶恐不安。所以

梁国最终被秦国趁机给灭亡了。

惠公十三年，惠公病倒了，除了太子圉之外，惠公在国内还有多个儿子。太子圉得知惠公病倒的消息，忧虑道："我母亲的家乡是梁国，梁国却被秦国给灭亡了，现在我的状况是，在外受到秦国的轻贱，在内没有援助我的晋国大夫。如果君侯一旦卧病不起，最可怕的事情就是大夫们也轻视我，选择拥立其他公子继位。"于是，他谋划带着妻子辰嬴一起逃回晋国。其妻秦女辰嬴说："你是一国太子，在此忍受屈辱。秦国让贱妾侍奉太子，以求让你在这里安心长住。你自己逃走吧，我不能跟随你走，但我也不会去告发你。"太子圉于是就偷偷逃回了晋国。惠公十四年九月，惠公去世，太子圉继位，是为怀公。

太子圉从秦国逃走时，秦国就怨恨上了他，于是寻求将公子重耳迎接到秦国，打算将重耳送回晋国做国君。怀公继位后，害怕秦国前来讨伐并护送重耳归晋抢夺君位，于是就下了道命令，限期所有跟随重耳流亡的人立刻回国，逾期不还者将诛灭其整个家族。此时，狐突的儿子狐毛和狐

▶ 子犯和钟·春秋

子犯和钟是一组编钟，成组八件，各有刻铭，连读共 132 字，记载晋文公重耳流亡 19 年后返晋掌权，及晋楚城濮之战等重要史实。作器者子犯，即晋文公（重耳）之舅父狐偃。据第一钟的铭首："惟王五月初吉丁未"，唯知这套和钟记事的重要年代，是属春秋中期公元前 632 年（周襄王二十年），晋文公五年的纪时，而全铭意述晋文公一直蒙受舅父的佑助，在外流亡 19 年后返晋匡复其邦国，后又与楚有"城濮之战"，大败楚军，从而有"践土会盟"之称霸，是春秋乱世继齐桓公而起的新霸主，使得周王赖以巩固王位；除了周王对子犯的厚赐，诸侯也送给子犯大量美铜，因而子犯铸制这套和钟，并铭记勋绩传颂子孙，永宝用乐。

偃跟随重耳在秦国，狐突不肯将两个儿子召回。怀公一怒之下，就将狐突给囚禁了，狐突说道："臣的儿子侍奉重耳已经有数年之久了，如果现在我召他们回来，那无疑是叫他们反叛其君，试问我该用什么道理召他们回来才合适呢？"怀公最终杀害了狐突。秦穆公于是发兵护送重耳回国，派人告诉晋国的栾氏、郤氏宗族及其党羽做内应。不久，怀公在高梁被杀，重耳回到了绛邑，登上君位，是为文公。

重耳流亡

文公重耳，是献公之子。从小喜欢礼贤下士，年仅十七岁的时候，身边就有了五位贤士，分别是：赵衰、狐偃——他是重耳的舅舅、贾佗、先轸和魏武子（即魏犫）。在献公还为太子的时候，重耳就已经长大成人了。献公继位那年，重耳已二十一岁。献公十三年，因为骊姬的缘故，献公派重耳驻守蒲邑防备秦国侵犯。献公二十一年，献公杀害太子申生，骊姬又继续谗害

重耳，重耳恐惧之下，没有跟献公拜辞就回了蒲邑守城。献公二十二年，献公派遣宦官勃鞮诛杀重耳，重耳被迫跳墙而逃，勃鞮追杀到墙根，斩断了重耳的衣袖。重耳于是逃奔到了翟国，因为他的母亲是翟人，这个时候，重耳已经四十三岁。赵衰、狐偃、贾佗、先轸、魏武子一直侍奉在重耳身边，其余名声不大的数十个贤士也跟随重耳逃奔到了翟国。

翟国讨伐咎如（也是翟族，即狄人的一支）时，获得两个女子：将长女嫁给重耳，生下了伯儵和叔刘；将次女嫁给赵衰，生下了赵盾。重耳在翟国住了五年后，献公去世了，里克杀掉奚齐、悼子之后，派人来迎请重耳回国，打算拥立重耳为国君。重耳担心回国会有杀身之祸，就谢绝了里克的心意。之后，晋国就迎立了公子夷吾为国君，是为惠公。惠公七年，惠公害怕重耳会回国跟自己抢夺君位，就派勃鞮和壮士去翟国杀害重耳。重耳得知消息，与赵衰等人谋划说："当初我投奔到翟国，并非指望着翟人可以帮助我，只是因为翟国离国家近便，易于与国内联通，所以暂且在此栖身。在这里驻足的时间也够久的了，是时候到大国那里去寻找机遇了。齐桓公有仁善之德，志在成就霸王之业，乐于收留抚恤诸侯。如今听闻其贤臣管仲、隰朋已经去世，此刻应该正是齐桓公缺乏贤臣辅佐的时候，何不投奔齐国？"于是重耳就带着赵衰等人去了齐国。临行前，重耳对其妻子说："等我二十五年吧，到时如果我还不回来，你再改嫁。"妻子笑道："再过二十五年，我坟边的柏树都长高了。虽然如此，妾仍会永远等着你回来。"重耳一直在翟族住了十二年才离去。

重耳一行人经过卫国时，卫文公并无半点礼遇。离开卫国都城，经过五鹿（今河南濮阳县南），重耳等人饥饿至极，向乡野百姓乞讨食物，乡野百姓却把土块放进器皿中送给他们。重耳恼怒，赵衰劝谏道："土块，预示着公子将会拥有国土，下拜接受了吧。"

到了齐国，齐桓公对重耳格外礼遇，将宗室的女子嫁给重耳为妻，并赠给他八十匹马，于是重耳就安心地在齐国住了下来。两年后，齐桓公去世，

奸臣竖刀等人引发内乱，齐孝公继位后，诸侯多次发兵前来进犯齐国。在齐国内乱的环境下，重耳一住就是五年，因为极其宠爱妻子齐女，丝毫没有离开齐国的想法。赵衰、狐偃等人在桑树下谋议离开齐国之事时，恰好被在桑树上采桑叶的齐女侍婢无意偷听到，侍婢回来将偷听到的内容告诉了齐女，齐女怕走漏消息危及重耳的安全，被迫杀了侍婢灭口，并劝重耳尽快离开齐国。重耳却说道："在齐国我才得到安逸快乐，人生能过上如此生活，哪还管其他事情！我一定要死在这里，哪也不去了。"齐女说道："你是一国公子，身陷穷途来到齐国避难，跟随你的数位贤士都将各自的命运托付在了你的身上。你不寻求尽快返回自己的国家，报答贤士们的劳苦，却沉溺在此处的女色之中，我实在为你感到羞惭。若不去努力追求，什么时候你才能取得成功？"重耳还是不听劝。于是，齐女与赵衰等人设计，将重耳用酒灌醉，然后将他抬到马车上，载着他离开了临淄。马车走了很远之后，重耳才酒醒，当发觉自己已经离开临淄，重耳大怒，拿起戈就要杀掉舅舅狐偃。狐偃边跑边说："杀了臣，能成就公子的功业，狐偃心甘情愿。"重耳怒气冲冲道："如果不能成就大业，我就吃了舅舅的肉！"狐偃答道："如果不能帮你成就大业，我的肉也是腥臊的，不值得吃！"重耳这才停下脚步，扔掉戈，与众人继续前行。

他们经过曹国时，曹共公不仅不礼遇重耳，反而还无礼想验看重耳的肋骨是否连在一起。曹国大夫釐负羁劝谏曹共公说："重耳贤德，又与君侯是同姓，今穷困前来投奔，怎能对他这般无礼？"曹共公最终还是没有听从谏言礼遇重耳。于是，釐负羁就私下向重耳赠送美食，并在美食下放了玉璧。重耳接受了釐负羁送来的美食，但是归还了玉璧。

离开曹国后，重耳一行人又到了宋国。宋襄公刚刚在泓水之战中被楚国打败，并且自己也受了伤，他听闻重耳贤德，就以款待国君的礼节招待了重耳。宋国司马公孙固和狐偃关系密切，对狐偃说："宋国是小国又刚好遭遇失败，没办法待在这里，你们还是去大国吧！"于是一众人离开了宋国。

漆画是附属于漆器上的装饰图案。许多漆画的题材内容和工艺技巧，正好可以反映春秋战国时代的绘画情况，是珍贵的文物史料。漆器大致能分为两类，即丧器和日用器皿。前者所附的漆画多与巫术有关，表现出浓厚的神秘色彩。后者所附的漆画内容则多与社会生活相关，可以看作是古代生活的风俗画。春秋战国时期的漆画继承"禹作祭器，墨染其外，朱画其内"的传统，以朱、黑色为基调，辅以其他多种色彩，显得斑斓繁丽、变化丰富。

离开宋国，到了郑国后，郑文公对重耳也不礼遇。郑国大夫叔瞻劝谏郑文公说："重耳贤德，跟随他的那些人都是相国之才，况且重耳又与君侯是同姓。郑国公室出自周厉王，而晋国公室是出自周武王。"郑文公却答道："有那么多诸侯流亡的公子经过郑国，岂能全都加以礼遇？"叔瞻道："如果君侯不能礼遇重耳，那就杀了他，否则一定会惹来后患。"郑文公最终也没有听从。

重耳接着又到了楚国，楚成王以相当于款待诸侯的礼节招待重耳，重耳婉谢不敢领受。赵衰劝谏说："公子流亡在外十几年，小国都轻视公子，何况是大国呢？如今楚国固然是大国，却如此礼遇公子，公子不要辞让了，这是上天在帮助公子崛起。"最终，就以客人之礼与楚成王相会。楚成王对重耳的礼遇非常隆厚，重耳举止非常谦恭。楚成王问重耳："如果有一天公子得以返回晋国，将如何报答寡人？"重耳说："珍禽异兽，珠玉丝帛，君王应有尽有，重耳还不知道该如何报答厚遇。"楚成王仍继续追问："是啊，即便如此，公子如何报答寡人呢？"重耳道："如果到了万不得已的时候，与君王统率战车在原野上相遇，重耳将率军退避三舍（退兵九十里）以报。"楚成王将与重耳的对话告诉了将军子玉后，子玉怒道："大王对重耳礼遇至为隆厚，如今重耳却出言不逊，请准许臣去杀掉他！"楚成王反对道："重耳贤德，又久困于国外，跟随他的人都是可以执掌国家大政的俊才，这是上天给予重耳的境遇，岂可将其杀害？况且他

不那样回答，还能怎么说呢？"在楚国住了几个月之后，正好发生太子圉从秦国逃回晋国之事，秦国出于对太子圉的怨恨，得知重耳在楚国后，就派人来请重耳去秦国。楚成王对重耳说："楚国位置偏远，需要经过多个国家才能到达晋国。秦、晋两国接壤，且秦君贤能，定然能帮到公子，公子好自努力，启程吧！"然后就用隆重的礼节送重耳离开了楚国。

重耳到达秦国，秦穆公将宗室的五个女子嫁给重耳为妻子，其中就包括从前太子圉的妻子辰嬴。重耳不想接受太子圉的妻子，司空季子劝谏道："子圉我们都要去讨伐了，何况是他的故妻呢？况且接受了秦国的好意才能与秦国结成稳固的关系，以寻求他们帮助公子回到晋国。难道公子要拘泥小礼，忘却大辱了吗？"重耳这才接受辰嬴。秦穆公大为高兴，与重耳宴饮，赵衰在宴会上特意唱起《黍苗》这首诗。秦穆公当即听出了诗外之意，说道："寡人知道公子是着急回到晋国。"赵衰赶紧与重耳下席，两次向秦穆公下拜说："孤臣如今仰望君侯的心情，就像百谷仰望及时之雨。"这时候，正是惠公十四年秋。惠公在这年九月份去世，太子圉随之继承了君位。十一月，晋国安葬了惠公。十二月，晋国的大夫栾氏、郤氏家族听闻重耳在秦国，都暗地派人来劝重耳、赵衰等人尽快回国，愿意做重耳内应的人非常多。于是，秦穆公发兵护送重耳返回晋国。怀公闻知此事，忙发兵抵挡秦军，但是晋国上下暗中都知道重耳就要回归晋国了，唯有惠公过去的旧臣吕省和冀芮等人不想拥立重耳。重耳流亡在外十九年后终于得以回归晋国，这时他已经六十二岁了，大多数晋国人都愿意亲附于他。

▶ **兽头陶模·春秋**

中国国家博物馆藏。1961年于山西侯马出土。这件兽头陶模是春秋时期晋国的器物。

文公行赏

文公元年春，秦军护送重耳到达黄河岸边。狐偃说道："臣跟随公子周旋天下，过错犯的太多了，臣自己都清楚这一点，何况是公子呢？请准许我在此拜辞吧！"重耳感激道："回到国家，如果不能与子犯（狐偃的字）同心共谋国事，就让河伯（黄河之神）来见证！"说完，重耳将玉璧投入河中祭祀河伯，并对狐偃许下了誓言。当时，跟随重耳流亡的介子推正在船上，看到这一幕就笑了起来："事实上是上天要让公子崛起，而子犯却以为这是自己的功劳，以此向公子邀宠，真是羞耻。我不能忍受与他同享爵位。"说罢，介子推就独自渡河隐退了。重耳继续上路，秦军包围令狐（今山西临猗县西），

▶《养正图》之文公结履·元·无款

《养正图》又称《圣功图》，是带有启蒙教育性质的作品，明清两代均有绘制。此套册页共10开，画面内容皆为历代贤明君主的故事。文公结履讲的是晋文公与楚国交战来到黄凤陵，鞋子的鞋带开了，文公自己蹲下身子自己系牢，不肯劳役臣子的故事。

晋军驻扎于庐柳（今山西临猗县西北）。二月辛丑日，狐偃代表重耳与秦、晋两国的大夫在郇邑（今山西临猗县西）订立盟誓。壬寅日，重耳进入晋军大营。丙午日，重耳进入曲沃。丁未日，重耳在曲沃武公之庙接受晋国大夫们的朝见，登上君位，是为文公。其他晋国大臣得知消息后，全部来到曲沃朝见文公。怀公被迫出逃高梁。戊申日，文公派人到高梁杀死了怀公。

怀公过去的大臣吕省、冀芮本来就没有依附过文公，文公即位后，他们害怕遭到诛杀，就图谋率领党羽焚烧宫廷，杀死文公。文公对此毫不知情，但是此前曾受命杀害文公的那个宦官勃鞮却得知了这个阴谋，想要向文公告发此事，以此解除以前对文公犯下的罪过，所以就跑到宫门前求见文公。文公不愿意见勃鞮，派人责难他说："当初在蒲城，你曾来杀我，斩断了我的衣袖。后来我跟随翟族首领狩猎，你又听从惠公之命来杀我。惠公给了你三天时间到翟国，你一天就赶到了，何其迅速！这些事情你都好好想想吧。"勃鞮回复说："臣

下是遭受刀锯之刑活下来的宦官，侍奉君主不敢怀有二心，更加不敢心存背叛，所以从前才得罪了君上。君上如今已经回到国中，难道说以后就没有像在蒲城、翟国时那样的事情发生了吗？况且管仲射中了齐桓公的衣钩，桓公却任用管仲成就了霸业。如今臣有大事向君上禀告，君上却拒而不见，祸事真的又要降临了啊！"文公这才让勃鞮觐见。于是，勃鞮就向文公告发了吕省、冀芮将要弑君的阴谋。文公本打算将吕省、冀芮召进宫中，可是两人党羽部属众多，文公害怕自己刚刚回国，国人会出卖自己，就改换衣服，悄悄离开都城，与秦穆公到王城秘密会面，晋人对此全然不知。三月己丑日，吕省、冀芮等人果然谋反，焚烧宫廷，却没有在宫中发现文公。文公在宫中的护卫武士与吕省、冀芮的部属展开激战，吕省、冀芮本打算率兵逃走，可是却被秦穆公用计诱骗到黄河岸边后杀掉。于是，文公这才重新回到都城。这年夏天，文公派人到秦国迎接夫人，最终秦国嫁给文公的女子辰嬴成为文公的夫人。秦国还派了三千军队到晋国护卫

《晋文公复国图》（局部）·宋·李唐

李唐的《晋文公复国图》绘于北宋末年，描绘晋文公在外19年，最后回国即位的故事。全图分为六段，采用连环绘图的形式，晋文公的形象多次出现，每段都有树石、车马、房屋作配景。所绘人物形象各具神态，刻画得准确生动、细致入微。横图处理疏密有致，线条的粗细、曲直、虚实、轻重的变化恰到好处。图中画家描绘的人物服装并不带有明显的宋代风格，而可尽力去复原春秋时候的人物。

文公，以防备晋国再发生叛乱。

　　文公坐稳了君位后，修明德政，对百姓施加恩惠，封赏跟随自己流亡的臣子以及有功之臣，功大者封给城邑，功小者封给尊崇的爵位。没等到把所有人都封赏完，周襄王就因为弟弟王子带谋反而逃往郑国避难，派人来向晋国求援。这时晋国才刚刚安定，文公有心发兵帮助周襄王，但又担心有人会借机叛乱，所以还是选择先继续封赏功臣。文公将随同流亡的贤士都封赏后，却没有封赏已经归隐的介子推。介子推没有出来要求获得官位，所以官位也就没有封赏到他的身上。介子推说："献公有九个儿子，最后只有君侯仍在世。惠公、怀公缺乏亲附他们的国人，在外又得罪了秦国，被内外所抛弃。但现在还不到上天让晋国灭亡的时候，所以晋国一定会有国君，那么按照现实条件，

除了君侯之外，还有谁有资格继承君位呢？这实在是上天给予君侯的大运，帮助君侯的是上天，可是这些跟随君侯流亡的人却以为这都是自己的功劳，难道不是很荒谬吗？偷窃他人的钱财，还被叫作盗贼，更何况是贪图上天的功劳而占为己有呢？臣下掩饰他们的罪过，君上奖赏他们的奸诈，上下相互欺骗，实在难以跟他们相处！"介子推的母亲劝说道："何不也去要求获得些封赏呢？就这样白白死去，又能怨恨谁呢？"介子推道："明知道他们做错了，还去效仿的话，那罪过就更严重了。况且已经说出了怨言，就不能再去接受俸禄了。""那也应该让他们知道知道你的信念，如何？"介母问道。介子推答道："语言，就是身体的修饰，身体都已经决定要隐藏了，还需要再修饰吗？想要修饰，那就是还寻求彰显功绩。"介母道："果真是这样的道理吗？好吧，我和你一起彻底隐居起来了吧。"介子推母子至死都没有再出现。

有个曾侍奉过介子推的人，为介子推感到委屈，就偷偷在宫门上悬挂起一张条幅，上面写道："龙欲上天，五蛇为辅（龙想要飞上天空，有五条蛇来帮助他）。龙已升云，四蛇各入其宇，一蛇独怨，终不见处所（龙飞上云霄后，四条蛇也各得其所，只有一条蛇心怀悲怨，找不到属于他的处所）。"

▶ 晋侯对铺·西周晚期

镂空高圈足，上承直壁浅盘，腹底微呈圆凹状，腹壁饰重环纹，圈足镂空，饰环带纹。铺内底铸铭文4行23字："隹（唯）九月初吉庚寅，晋侯对乍（作）铸尊铺，其万年眉寿永宝用。"记载九月初吉庚寅日，晋侯对作此铺。

文公出宫时，看到了这副字，立刻就懂得了其中隐含的意思，说道："这是在为介子推鸣不平啊，我正在忧虑如何平定王室的祸乱，还没来得及封赏他的功劳。"于是就立刻派人去传召介子推，但介子推母子已经离开了住所。文公派人打探介子推的行踪，后来听闻介子推隐居在绵上山中，于是文公就将环绕绵上山一带的土地都封赏给介子推，作为介子推的封邑，号称"介山"。文公深有感触地说道："用此来标示我的过错，且表彰良善之人。"

曾随从流亡的卑贱之臣壶叔对文公说："君侯三次封赏功劳之臣，都没有赏赐臣下，敢问君侯，臣下犯了什么过错？"文公回答说："将我导向仁

义之路，用德惠来规范我的，我给予他们最上等的封赏。用善行来辅佐我，最终帮助我成就大业的，我给予他们次一级封赏。为我冒矢石冲锋陷阵，立下汗马功劳的，我给予他们再次一级的封赏。若是只凭借力气侍奉我，没能补救我过失的，我给予他们更次一级的封赏。所以，三次行赏之后，才会轮到你。"晋人听说此事之后，全都心悦诚服。

❧ 开创霸业

文公二年春，秦军驻军黄河岸边，打算将周襄王送回周国。赵衰对文公说："谋取霸业，最好的手段就是将天子送回周国，并尊奉天子。王室与晋国公室同姓，如果晋国未能先一步护送天子回到周国，被秦国抢先的话，晋国就会失去号令天下诸侯的机会。借此机会尊奉周王，是晋国谋取霸业的基础。"文公深以为然。三月甲辰日，文公发兵到阳樊（今河南济源市西南），包围了王子带所在的温邑（今河南温县西南），帮助周襄王重新回到了周国。四月，晋国诛杀了叛乱的王子带。于是，周襄王就将河内的阳樊赐给了晋国，以酬谢文公。

文公四年，楚成王率领诸侯联军包围宋国，宋国派遣公孙固到晋国告急。先轸对文公说："报答以前宋襄公赠马之恩，确立起霸业，就在今日！"狐偃献计说："楚国刚刚令曹国依附于他，又与卫国联姻不久，若发兵讨伐曹、卫，楚国一定会去救援，那么就可以解除宋国围城之危了。"于是，晋国创立三军。文公听从赵衰的举荐，任用郤縠为中军将，由郤臻辅佐他；用狐偃为上军将，由狐毛辅佐他，并任赵衰为卿；用栾枝为下军将，由先轸辅佐他。文公又让荀林父帮助自己驾驶战车，用魏武子为战车右侧的护卫武士。然后发兵，讨伐曹、卫。冬季十二月，晋军首先攻取太行山以东地区，文公将原邑（今山西沁水县境内）封给赵衰。

文公五年春，文公向卫国借道讨伐曹国，卫国不答应。于是，晋军就转回来从黄河南渡，攻入曹国，并讨伐卫国。正月，晋军攻取五鹿。二月，文公与齐国国君在卫国的敛盂（今河南濮阳市东南）会盟。卫国国君请求与文公会盟，晋国不答应。卫国国君想要亲附楚国，但卫国上下都不情愿，所以就驱逐了其国君来取悦晋国。卫国国君被迫到襄牛避难，由公子买来戍守卫国。楚军赶来救援卫国，没来得及与晋军交战，晋军就已经包围了曹国。三月丙午日，晋军攻入曹国都城，文公斥责曹共公不听从贤臣釐负羁之谏，却让三百名美女乘坐奢华的车驾，对女色比对贤才还重视。同时，文公下令军队不得进入釐负羁宗族居住之地，以报答釐负羁当年对自己的礼遇。这时候，楚成王并没有再派兵救援曹国，反而集中兵力再次包围了宋国，宋国再次向晋国告急。文公想要救援宋国，但这样就会不得不攻打楚军，可是念及楚成王有恩于自己，文公又不想进攻楚军；如果不去救援宋国呢，又会背弃宋襄公当年的赠马之恩。文公陷入了两难境地，不知如何是好。先轸献计说："可将曹君擒来，分割曹、卫两国的土地赠送给宋国，楚王一定为曹、卫遭到肢解而忧急，必会解除对宋国的包围。"文公听从了这个计谋，楚成王得知此事后果然从宋国撤兵而归。

楚将子玉不甘心出师无功，对楚成王说："大王待晋君礼节至为隆重，如今晋君明知我们最在意曹、卫两国的安全，却故意攻打曹、卫，这明显是轻视大王。"楚成王道："晋君在外流亡十九年，沉陷在穷困之中的境地非常久，最终还是回国登上了君位。可以说，他早已尝尽了人间的艰难险阻，又深得晋人之心，能够随心所欲使用他的百姓，这是上天要让他崛起，是不可阻挡的。"子玉坚持请战："臣并非敢保证一定会建立大功，但还是希望凭借实际行动来堵住那些进谗之人的口舌（楚国有人谗害子玉）。"楚成王心怀怒气，故意只拨给子玉少量军队。于是子玉率军留在了宋国，派遣大夫宛春告诉晋国："请恢复卫君的国家，也请保全住曹国，臣就从宋国退兵。"狐偃对文公说："子玉太过无礼！让君侯取其一，他为臣子却取其二，不可答应他。"先轸反驳狐偃道："能够安定诸侯就是礼。楚国一言而安定三国，你一言而亡三国，则是我们无礼了。不答应楚国的要求，就是弃宋国于不顾。不如我们私下答应恢复并保全卫国和曹国，以此引诱子玉，同时扣留宛春以

空首布·春秋

空首布是春秋战国时期周、晋、郑、卫等国铸行的一种金属货币，也是中国最早的金属铸币之一。

激怒楚国，逼楚军主动找我们决战再图良策。"

文公依先轸之计而行，

将宛春囚禁在卫国，并

私下许诺恢复并保全曹国和卫国。于是，曹国和卫国就派遣使者与楚国绝交。子玉得知消息大怒，率军向晋军杀来，文公立即率军退却。晋军有人不理解，问文公："大战在即，为何退却？"文公回答道："当年寡人流亡在楚国时，曾与楚王有约，他日若与楚军遭遇，当退避三舍以报其恩，岂可背弃当日承诺啊！"楚军见晋军撤退了九十里，众将也想撤退，但子玉坚持不肯退兵。四月戊辰日，宋成公、齐国将军国归父、秦国将军小子憖各自率军与文公在城濮（今山东鄄城西南）会师。己巳日，文公指挥晋军与楚军在城濮展开决战，楚军战败，子玉收拢残兵撤退。甲午日，晋军还师到达衡雍（今河南原阳县西），在践土（今河南原阳县西南）为周襄王建造行宫。

此前，郑国一直在帮助楚国，楚军战败后，郑国感到恐惧，派人向文公请求进行会盟。于是，文公就与郑国国君举行了盟誓。

五月丁未日，晋国派出一百辆战车，以及一千步兵，隆重地向周天子进献楚国战俘。天子派遣王子虎宣布赐予文公霸主之位，并赐予大车一乘、一张红色的弓、一百支箭，一张黑色的弓、一千支箭，用黑黍与郁金香草酿造的酒一卣，还有玉制的印信和三百名勇士。文公三次谦逊的辞让后，才叩头谢恩接受了这些赏赐。周天子又创作了《晋文侯命》："周王（即天子）这样说，你以仁义之道和睦诸侯，彰显了文王和武王的功业。文王、武王能够

慎重修养美德，感动了上天，其仁德在百姓中广为传播，所以上天将王位交给了文王和武王，让他们的德泽流传于子孙后代。你要关怀爱护我，使我继承弘扬祖业，永保王位。"于是，文公获得了周天子赐予的霸主之位。癸亥日，王子虎与文公等诸侯在践土举行了会盟仪式。

晋军焚烧楚军遗弃的辎重、营帐，大火燃烧数日仍未熄灭，文公为之叹息。左右侍臣问文公："已经打败了楚军，君侯却还在忧虑，这是为什么？"文公说："我听说战胜敌人后能够气定神闲，只有圣人能做到，所以我为此感到恐惧。况且子玉还活着，怎么能高兴得起来呢？"子玉兵败返回楚国后，楚成王为子玉当初没有听从他的话，执意要与晋军决战而愤怒，派人责怪了子玉，子玉羞愤自杀。子玉自杀的消息传来后，文公说道："我从外部击败了楚国，楚国自己又在内部诛杀了自己的大将，如今内外相应之下，楚国就不足畏惧了。"于是文公才高兴起来。

六月，晋国让卫国国君重新回到其都城。壬午日，文公率军渡过黄河

北归。回到晋国后，文公论功行赏，将狐偃定为首功。有人提出异议说："城濮之战，用的全是先轸的计谋。"文公解释说："城濮之战中，狐偃向我进言不要背弃信义。先轸对我进言说'打仗以取胜为上策'，我用了先轸的计谋而取得了军事胜利。然而，先轸之言是一时权宜之计，狐偃所言是奠定万世功业的基础，怎能将一时之功放在万世之功的上面呢？所以我以狐偃为首功。"

到了冬季，文公与诸侯在温邑相会，打算率领诸侯朝见周天子。可是文公担心凭借晋国的实力，诸侯未必肯听从自己的号令，担心其中会有反叛之人。于是，文公派使者到周国请周襄王到河阳（今在河南孟州市西）相见。壬申日，文公率领诸侯就近到践土行宫朝见周襄王，成功让诸侯听从了晋国的号令，是为践土之盟。孔子读史书读到这段事迹时，评论说"没有诸侯召见天子的道理"，为了维护周天子的威严，《春秋》就隐晦地将此事书写为"天子到河阳巡狩"。

丁丑日，文公率领诸侯包围许国。曹国有大臣趁机游说文公说："当

年齐桓公和睦诸侯，让异姓之人也能保全自己的国家，如今君侯却要灭亡同姓之国。曹国公室，是叔振铎的后裔；晋国公室，是唐叔虞的后裔。君侯谋求和睦诸侯，却要灭掉兄弟之邦，这不符合礼吧？"文公听了这番话很高兴，就恢复了曹共公的君位。

于是，晋国改革军事，又创立"三行"军制。由荀林父担任中行将，先毂担任右行将，先蔑担任左行将。

文公七年，文公以之前流亡路过郑国时郑文公对自己无礼，后来在城濮之战时郑国又站在楚国一边为名，联合秦穆公发兵包围了郑国。晋国首先逼迫郑国交出叔瞻，叔瞻得知后，就自杀而死。郑国人将叔瞻的尸体交给晋国，晋国又放话说："一定要得到你们国君才肯罢休！"郑国恐惧，暗地里派烛之武去见秦穆公，游说秦穆公说："郑国一旦灭亡，只会扩大晋国的疆土，令晋国更加强盛，秦国却难以得到实在的利益。君侯何不解除对郑国的包围，让郑国成为支持秦国向东谋取利益的东道主呢？"秦穆公闻言大悦，撤兵而去，晋军随后也撤兵回国。

❂ 秦晋之争

文公九年冬天，文公去世，其子姬欢继位，是为襄公。这一年，郑文公也去世了。

这时，郑国有人出卖自己的国家给秦国，秦穆公决定发兵去偷袭郑国。十二月，秦兵路过晋国郊外。襄公元年春，秦兵路过周国，其将士傲慢无礼，受到王孙满的讥嘲。

▶ **高柄小方壶·春秋**

山西博物院藏。这件方壶为春秋时期晋国的青铜器。该壶纹饰内嵌多种矿物组成的黑色物质，主要是石英、长石、褐铁矿、锡石、孔雀石等成分组成，制作精美，极具艺术和历史价值。

秦兵到达滑国时，正好遇见将要去周国经商的郑国商人弦高，弦高献出十二头牛犒劳秦兵，并暗中派人回国报信。秦兵得知郑国已经有所防备后，惊惶而回，回军路上顺道灭亡了滑国。

晋国得知秦军灭亡滑国后，先轸对襄公说："秦君不听从其大臣蹇叔的忠谏，执意攻打郑国，违背民心，这正是我们截击秦兵的良机。"栾枝反对道："还没有报答秦国对先君的恩德，选择在这个时候攻击秦兵，恐怕不妥。"先轸道："秦国欺负我们有大丧，新君刚刚继位，就去讨伐我们的同姓兄弟之邦，还有什么恩德值得回报的？"于是，襄公同意截击秦兵。四月，襄公穿着黑色丧服，亲自统率军队，在崤山大败秦兵，将秦国将军孟明视、西乞秫、白乙丙俘虏回晋国。回到晋国后，襄公就穿着黑色丧服将文公下葬。文公夫人秦女辰嬴害怕晋国会杀掉俘虏来的三个秦国将军，就对襄公说："秦国派人来说，想在秦国依军法将孟明视、西乞秫、白乙丙杀掉。不如给了秦国这个顺水人情。"襄公同意了，下令将孟明视、西乞秫、白乙丙送回秦国。先轸得知后，对襄公说："种下祸患了！"说完，先轸急忙去追赶孟明视、西乞秫、白乙丙。追到黄河边时，孟明视、西乞秫、白乙丙已经登船渡河，三人向先轸叩头拜谢，任凭先轸如何召唤也没有返回。

三年之后，秦穆公果然派遣孟明视来攻打晋国，以雪崤之战战败之耻，攻取了汪邑（今陕西白水一带）。襄公四年，秦穆公再次大举兴兵前来攻打晋国，秦兵渡过黄河，攻取了王官（今河南三门峡湖滨区王官沟），并在崤山为崤之战中阵亡的秦兵修建了坟茔后才离开。晋国恐惧，始终没敢迎战秦兵，关闭城门严守城池而已。第二年，为了洗刷丢失王官的耻辱，晋国出兵攻取了秦国的新城。

赵盾执政

襄公六年，赵衰、栾枝、狐偃、霍伯、先且居等贤臣都去世了。赵盾取代赵衰执掌朝政。

襄公七年八月，襄公去世。因为太子夷皋年纪太小，考虑到晋国以前发生过很多变乱，大夫们都想拥立一位年长的国君。赵盾跟大夫们说："拥立襄公之弟公子雍如何？公子雍年长且性格良善，很受先君宠爱。并且他与秦国亲近，秦国本来就与我们有旧好。拥立善人可以君位稳固，侍奉年长之君顺应礼制，尊奉有宠爱的公子是对先君尽孝，能结交旧好就能国家安定。"大夫贾季提出异议："不如立公子雍之弟公子乐，辰嬴曾先后侍奉过怀公和文公，立她的儿子，百姓一定安心顺服。"赵盾反驳道："辰嬴地位卑贱，论其后宫地位排在九人之下，她的儿子能有什么威严呢？况且先后侍奉过两位国君，这是有淫乱之名。作为先君的儿子，公子乐没能居住在大国，却居住在小国，这是自陷于孤立之境。母亲有淫乱之名，自己又孤立，这样的人怎么有威严。陈国弱小，又距离晋国遥远，如何能成为公子乐的强援？立他怎么可以呢？"于是，赵盾派遣士会去秦国迎接公子雍。同时，贾季也悄悄派人去陈国迎接公子乐。不久，因为贾季杀害了大夫阳处父，赵盾将贾季废黜。十月，晋国安葬了襄公。十一月，贾季投奔翟国。这一年，秦穆公也去世了。

灵公元年四月，秦康公说："当年文公初次回到晋国时，秦国没派护卫之兵，致使有吕省、冀芮弑君之难发生。"因此特意派了护卫武士跟随公子雍回晋国。太子夷皋的母亲缪嬴得知儿子不能继位，就日夜抱着太子在朝堂上哭泣，边哭边大声痛诉："先君有何罪过？太子有何罪过？现在却要舍弃嫡嗣去国外寻求国君，打算如何安置太子呢？"最后，缪嬴又抱着太子出宫到赵盾家哭泣，向赵盾叩头说："先君立此子为太子，并将他托付给你，说'此子如能成材，就是我蒙受了你的恩赐，如果此子不能成材，我在地下也怨恨你'。如今君侯去世，言犹在耳，你却要抛弃太子，为什么？"赵盾与众大夫们一下子不知道该怎么应付缪嬴，都怕会惹来杀身之祸。于是，赵盾与大夫们就背弃公子雍，拥立了太子夷皋继位，是为灵公。灵公继位后，晋国发兵阻挡护送公子雍回国的秦国军队，赵盾作为晋军主将，在令狐将秦兵

▶ 程婴像·清·无款

在民间故事和戏曲中，程婴是春秋时期晋国的义士，为晋卿赵盾及其子赵朔的友人。晋景公时大夫屠岸贾灭赵盾一族，赵朔的门客公孙杵臼和程婴密谋，程婴抱赵氏真孤匿养山中，而故意告发令诸将杀死杵臼及冒充孩儿，后来晋景公听韩厥言，立赵氏后，诛屠岸贾，程婴则自杀以报杵臼。

击败。大夫先蔑和士会则逃奔去了秦国。这年秋天，齐、宋、卫、郑、曹、许六国国君都来与赵盾相见，并在扈地（今河南原阳县西北）举行了会盟仪式。因为灵公刚刚继位，所以晋国要会盟诸侯来巩固其霸主之位。

灵公四年，晋军讨伐秦国，攻取少梁（今陕西韩城西）。秦国施加报复，也攻取了晋国的北徵邑。灵公六

年，秦康公再次讨伐晋国，攻取了羁马邑（今山西永济市南）。灵公大怒，派遣赵盾、赵穿、郤缺率军反击秦国，与秦军大战于河曲（今山西永济市南），其中赵穿建立的战功最大。第二年，晋国的六卿忧虑士会在秦国，经常替秦国出计扰乱晋国，于是就让魏寿馀假装背叛晋国投降秦国。秦国派士会到魏寿馀的封邑去接洽投降事宜，魏寿馀趁机将士会擒住交回晋国。

灵公八年，周顷王驾崩，周国公卿忙于争权内斗，所以没有向诸侯报丧。晋国得知消息，派遣赵盾统率八百辆战车平定周国内乱，拥立周匡王继位。这一年，楚庄王刚刚继位。

灵公十二年，齐国人弑其国君齐懿公。

灵公十四年，随着灵公渐渐长大，他变得奢侈起来，大肆搜刮民财，用来雕饰宫室。并且灵公还喜欢站在高台上用弹弓射人，以观看行人狼狈躲避弹丸来取乐。宫廷厨师烹煮熊掌，灵公嫌弃熊掌不够熟烂，就诛杀了厨师，而且还让妇女抬着厨师的尸体从朝堂前经过去抛弃。赵盾、士

会多次向灵公进谏，灵公都不听从。过了不久，大夫们又看见了死人之手。赵盾和士会决定继续进谏，由士会在前一日先进谏，然后赵盾在后一日进谏。士会进谏完之后，灵公厌恶赵盾第二天又将前来进谏，就派力士鉏麑去刺杀赵盾。鉏麑趁着夜色到了赵盾家，只见赵盾的屋门大开着，室内室外处处都很节俭。鉏麑不忍心杀害赵盾，就退出了赵家，叹息道："杀害忠臣，违背君上的命令，是同等的罪过。"最终，鉏麑选择撞树自杀而死。

　　当初，赵盾曾经到首山狩猎，看见桑树下有个饿得走不动路的人，这个人就是示眯明。赵盾赐给他食物，示眯明只吃了一半就将剩下的一半食物包了起来。赵盾问他为什么不吃完，示眯明说："我在外学习三年，不知道母亲是否还活着，所以想将剩下的一半拿回去献给母亲。"赵盾被示眯明的孝心感动，赐给他更多的饭和肉。后来，示眯明就成了晋国宫廷里的一名厨师，但赵盾并不知道。这年九月，灵公在宫中宴请赵盾，打算埋伏甲士杀害赵盾。示眯明知道了灵公的阴谋，害怕赵盾喝醉了不能起身，就趁着侍奉膳食的机会对赵盾说："君上赐臣饮酒，按照礼仪，酒过三爵就应该停止再喝了。"想要以此言劝赵盾尽快起身出宫，不要陷入大祸。赵盾起身拜辞灵公，就要出宫，可这时灵公的甲士还没有全部会合，灵公只好先放纵体形最大的獒犬去攻击赵盾。示眯明用自己的身体挡在赵盾前面，杀死了獒犬。赵盾向灵公说道："弃人用狗，狗即使再凶猛，又能怎么样呢？"却不知道是示眯明暗中帮助了自己。随后，灵公又召唤埋伏的甲士都冲出来追杀赵盾，示眯明为救赵盾，与甲士们搏杀起来，以一人之力挡住了众多甲士，帮赵盾逃出了宫廷。之后，示眯明也逃出了宫廷，赵盾问他为何舍命救自己，示眯明回答说："我就是当初在首山桑树下饿倒的那个人。"赵盾询问他的姓名，示眯明不想赵盾回报自己，就没有告诉他，转身逃走了。

　　赵盾因为与灵公关系决裂，就逃离绛邑，打算到国外避难。但是没等他走出国境，灵公就在乙丑日被赵盾的同族弟弟赵穿在桃园中给杀了。赵盾素来地位尊崇，能够和睦国人，而灵公年少无德，奢侈荒逸，百姓不亲附于他，

所以很容易被杀掉。赵盾得知灵公被杀的消息后，就返回了都城。晋国太史董狐在史书上写道"赵盾弑其君"，并将史书内容在朝堂上公布出来。赵盾辩解说："弑君上的是赵穿，我无罪。"董狐说："你身居正卿之位，逃亡没有走出国境，回到都城也不诛杀弑君者，弑君之罪不在你身上还在谁身上？"后来，孔子了解到这件事后，感叹说："董狐，真是古代杰出的史家啊！书写礼法毫无隐晦。赵宣子（宣子是赵盾的谥号），真是古代杰出的大夫，为了礼法承受下恶名。实在可惜，如果他能走出国境，就能免受恶名了。"

赵盾派遣赵穿到周国迎接襄公的弟弟姬黑臀回国，将其立为国君，是为成公。

晋楚争霸

成公是文公的幼子，母亲是周国人。壬申日，成公在曲沃武公之庙朝见众臣登上君位。

成公元年，成公赐予赵氏公室大夫的地位。因为郑国在此时背叛晋国，成公发兵讨伐郑国。成公三年，

郑国新的国君继位后，背弃楚国，又与晋国盟好。楚国愤怒，出兵讨伐郑国，晋国发兵救援郑国。

成公六年，晋国讨伐秦国，俘虏秦国一名叫"赤"的将军。

成公七年，成公为与楚庄王争夺霸主之位，召集诸侯在扈地相会。陈国国君畏惧楚国，不敢前来相会。于是成公派遣中行将荀林父（后来以官名为姓氏，谥号桓子，所以亦称"中行桓子"）讨伐陈国，并救援郑国，与楚军交战，击败了楚军。不久，成公去世，其子姬据继位，是为景公。

景公元年春，陈国大夫夏徵舒弑其国君陈灵公。第二年，楚庄王讨伐陈国，诛杀了夏徵舒。

景公三年，楚庄王包围郑国，郑国向晋国告急。晋国派遣荀林父统率中军，士会统率上军，赵朔统率下军，由郤克、栾书、先縠、韩厥、巩朔分别辅佐他们，前往救援郑国。六月，晋军行至黄河时，听闻楚国已经让郑国屈服，郑襄公袒露上身出降且与楚庄王进行了盟誓。荀林父打算率军回国，先縠进谏说："大军前来救援郑国，不可不到郑国就回去，否则会导

致将帅离心。"最终晋军渡过了黄河。这时候，楚庄王已经收降郑国，为了取得霸主的地位，楚庄王决定率军到达黄河，赢取饮马黄河的威名后再撤兵。这样，晋军与楚军就在黄河附近相遇，展开大战，郑国因为刚刚投降楚国，畏惧楚国，反而帮助楚国攻打晋军。晋军大败，向黄河溃逃而去，将士们争抢船只渡河，为了防止登船的人过多导致船只沉没，船上的人不得不挥剑乱砍船舷，那些挣扎着想从水中爬上船只的军卒，都被砍断手指而溺死河中，船上因此留下了大量的断指。这一战，楚军俘虏了晋国将军智䓨。荀林父率军回到晋国后，就向景公请罪说："臣为大军统帅，兵败当死，请君上赐臣死罪。"景公本来真想赐死荀林父，但士会进谏说："当年文公在城濮击败楚军后，反而有忧惧之心，直到得知楚成王回去就诛杀了其大将子玉后，文公才高兴起来。如今楚国已经击败了我军，若再杀主将，无疑是帮助楚国杀死仇敌啊。"景公听从谏言，留下了荀林父。

景公四年，先縠想到是自己首先力主在黄河与楚庄王决战，致使晋军战败，因此害怕遭到诛杀，就逃到了翟国避难，并且与翟人谋划攻打晋国。晋国提前发觉了先縠的图谋后，将先縠全族诛灭。先縠，便是先轸的儿子。

景公五年，为了报复郑国帮助楚庄王打败晋军，晋国出兵讨伐郑国。当此之时，楚庄王凭借在黄河击败晋军，取得了霸主之位。

景公六年，楚国讨伐宋国，宋国派人来向晋国告急，晋国想要出兵救援宋国。大夫伯宗反对说："上天正在帮助楚国崛起，不可与其硬碰硬。"于是，景公派遣大夫解扬去宋国诈称晋国将出兵救援宋国，以坚固宋国抵抗楚国的意志。但是解扬走到半路上，被郑国人给抓住了，郑国人将解扬送到了楚军大营。楚王赐给解扬厚重的财物，让解扬去给宋国传递相反的消息，以促使宋国尽快投降。解扬假装答应了楚王，可是到了宋城之下时，解扬却大声告诉宋国人努力守城，晋军就要前来救援他们了。楚军为之愤怒，想要杀掉解扬，但有人向楚王进谏说解扬是忠臣不可杀害，所以楚王就将解扬放回了晋国。

景公七年，晋国派遣士会率军灭亡了赤狄。

郤克雪耻

景公八年，景公派遣郤克出使齐国。齐顷公的母亲萧桐叔子在楼上嘲笑郤克，之所以这样，是因为郤克驼背，而同时觐见齐顷公的鲁国使者是瘸子，卫国使者瞎了一只眼，齐国也找了三个身体有残缺的小臣引导他们进宫。郤克感觉受到了奇耻大辱，怀着愤怒返回晋国，行到黄河岸边时，发誓道："如不能洗刷齐国之耻，河伯为我见证！"回到都城后，郤克就向景公请求讨伐齐国。景公了解到当中的缘故后，对郤克说："这是你私人的怨恨，不足以劳烦国家为你出兵雪耻。"没有听从郤克的请求。不久，执掌朝政的魏文子向景公请求退休，将执政的地位让给了郤克，郤克执掌了晋国朝政。

景公九年，楚庄王去世。晋国出兵讨伐齐国，齐国派太子强到晋国做人质，晋国才罢兵。

景公十一年春，齐国讨伐鲁国，攻取了隆邑。鲁国先向卫国告急，卫国使者又与鲁国使者同时来到晋国见郤克，凭借郤克的帮助，景公决定出兵救援鲁国。于是，晋国派遣郤克、栾书、韩厥统率八百辆战车，会合卫军和鲁军共同讨伐齐国。这年夏季，晋军与齐顷公在鞌地大战，击伤并围困了齐顷公。后来齐顷公与自己战车上右侧的护卫武士调换了位置后，诈称下车取水，才得以逃脱。最终齐军被晋军打得大败，晋军一直追杀齐军进入到齐国。齐顷公献出宝物求和，晋军不答应，郤克说："一定要取得萧桐叔子到晋国做人质，才能讲和。"齐国使者对郤克说："萧桐叔子，是我们国君的母亲。我们国君的母亲犹如晋国国君的母亲，为何一定要取得国君的母亲做人质才肯善罢甘休呢？如此不义，我们只有请求继续打下去了。"最终，郤克放弃了让萧桐叔子做人质的要求，迫使齐国接受了其他议和条件后，撤兵回国。

楚国申公巫臣背叛楚王带着夏姬私奔到晋国，晋国将巫臣委任为邢邑（今河南温县）大夫。

◆ 公卿相争

景公十二年冬季，齐顷公来到晋国，想要尊奉景公为王，景公谦让不敢承受王号。这一年，晋国开始创立六军军制（按照礼制，天子才有资格拥有六军），韩厥、巩朔、赵穿、荀骓、赵括、赵旃都被封为卿。智䓨从楚国回到了晋国。

景公十三年，鲁成公前来朝见景公，晋国态度轻慢无礼，鲁成公怀怒而去，背叛晋国。晋国出兵讨伐郑国，攻取汜邑（今河南许昌）。

景公十四年，梁山发生山崩。景公问伯宗是什么原因导致的，伯宗认为此事不足为怪。

景公十六年，楚国将军子反出于对申公巫臣的怨恨，灭掉了仍留在楚国的巫臣全族。巫臣悲怒至极，派人给子反送去书信说："我一定要让你疲于奔命！"于是，巫臣向景公请求派他出使吴国，让吴国来侵犯楚国，景公同意了。巫臣带着儿子达到吴国后，让儿子做了吴国的行人（官名，掌接待诸侯及诸侯之上卿之礼），并帮助吴国打造了战车部队，还教会了吴国人如何用兵。从此晋国和吴国建立起了联系，约定共同讨伐楚国。

景公十七年，晋国将赵同、赵括诛杀，并灭其全族。韩厥向景公进谏说："赵衰、赵盾对国家有大功，岂可忘记？为何要让他们断绝祭祀呢？"于是，景公又封赵氏庶子赵武为卿，将封邑又全部还给了赵武。

景公十九年夏，景公病危，让太子寿曼继承君位，是为厉公。过了一个多月，景公就去世了。

厉公元年，厉公因为刚刚继位，想要和睦诸侯以巩固晋国霸主之位，就与秦桓公隔着黄河进行了会盟。然而，厉公刚刚返回绛邑，秦国就背弃了盟誓，联络翟国讨伐晋国。

厉公三年，厉公先派遣大夫吕相去责怪秦国没有信义，趁机联合诸侯发兵讨伐秦国。诸侯联军一直攻打到泾河，在麻隧（今陕西泾阳县北）击败秦军，

栾书缶·春秋中期

中国国家博物馆藏。此器光素无纹，器颈至肩下有铭文 5 行 40 字，由左而右，字皆嵌金，为栾书子孙祭祀祖先而作。器盖上亦有铭文 8 字。栾书又称"栾武子"或"栾伯"，是春秋时晋国大夫，执政 14 年，于鲁成公四年（前 587）将中军，卒于公元前 573 年。器上错金铭文字形规整，至今熠熠生光。

俘虏秦国将军成差。

厉公五年，郤锜、郤犨、郤至在厉公面前以谗言陷害伯宗，厉公听信谗言杀害了伯宗。因为伯宗是喜欢向厉公直谏而招致杀身之祸的，所以国人从此都不愿意亲附厉公。

厉公六年春，郑国背叛晋国与楚国结盟，晋国大怒。栾书说："不可以在我们这一代失去附庸的诸侯。"于是，晋国发兵讨伐郑国。厉公亲自统率军队，在五月渡过黄河，向郑国都城挺进。当听说了楚军前来救援郑国的消息后，范文子请求厉公撤兵回国。郤至反对道："如今发兵攻打叛逆，遇见强敌就要逃走，以后还如何号令天下诸侯？"于是，厉公决意与楚军交战。癸巳日，晋军在鄢陵（今河南鄢陵县）击败楚军，并且楚共王还被射瞎了一只眼睛。楚国将军子反收拢起剩下的军队，安抚整顿之后，打算再与晋军决战，晋国为之忧虑起来。这时，楚共王召见子反，子反因为喝了侍从竖阳縠进奉的美酒，大醉不醒，没能及时去见楚共王。楚共王大怒，责怪了子反，子反因此自杀，楚共王也就率军撤回楚国了。经此一战，晋国威震诸侯，图谋号令天下谋求更大的霸业。

厉公有很多宠爱的姬妾，从郑国率军回到晋国后，厉公想要将卿大夫们都罢黜掉，让姬妾们的兄弟来取代卿大夫们的地位。其中有个宠姬的兄弟名叫胥童，曾经与郤至有过仇怨，而栾书又怨恨郤至在鄢陵之战中没有听从他的计谋却击败了楚军，于是栾书派人暗中去楚国向楚共王谢罪。不久，楚国使者来到晋国，诈骗厉公说："鄢陵之战之所以发生，其实是郤至

图说 史记

暗地将楚军招来的，图谋借着晋国有外患而作乱，从周国将公子周迎接回晋国夺取君位。恰好因为郤至约定的盟国没有到达战场，所以他的阴谋才落空了。"厉公将信将疑，把这件事告诉了栾书，栾书说："恐怕还真有这样的事情！请君侯派人去周国暗中探查一下。"于是，厉公就派遣郤至去了周国，并暗中派人监视他是否与公子周会面，而栾书则设计故意让公子周与郤至在周国会面。发生的这一切，郤至都始终完全不知情。厉公见郤至果然与公子周会面，认定郤至确实密谋反叛，由此怨恨上了他，想要将他杀掉。

厉公八年，厉公外出狩猎，在行宫中与宠姬饮酒时，郤至打算将刚杀掉的猪进奉给厉公，却被个宦官给夺走了。郤至大怒，用箭射死了宦官。厉公得知此事后，以为是郤至从宦官手里抢夺猪并将官宦杀死，大怒道："郤三（郤至在兄弟中排行第三）欺我太甚！"厉公因此决定铲除整个郤氏家族，但并没有立刻动手。但这个消息却外泄出来，郤锜打算先发制人攻打厉公，愤愤道："纵然我活不了，也要让君上好过不了！"郤至反对道："信不反君，智不害民，勇不作乱。如果违背了这三样，谁还能赞同亲近我们呢？我还是自杀吧。"十二月壬午日，厉公派胥童率领八百武士偷袭郤锜、郤犫、郤至。胥童还顺便在朝堂上劫持了栾书和中行偃，对厉公说："不将这两人也杀掉的话，大祸改天就会降临在君上身上。"厉公说："一天就诛杀三位正卿，寡人实在于心不忍。"胥童道："君上不忍，栾书、中行偃那二人却会忍心对付君上！"最终厉公还是没有听从胥童之言，并亲自向栾书、中行偃赔礼，解释了诛杀三郤是因为三郤有谋反之罪，最后安抚栾书、中行偃说："请两位大夫继续回朝任职。"栾书、中行偃叩首谢恩道："真是庆幸啊！真是庆幸啊！"事后，厉公让胥童做了正卿，与栾书等人同列。闰十二月乙卯日，厉公到宫外宠臣匠骊氏家玩乐，栾书、中行偃趁机率领党羽发动袭击抓获了厉公，将他囚禁起来，然后将胥童诛杀，派人到周国迎接公子周回国继承君位，是为悼公。

悼公元年正月庚申日，栾书、中行偃弑厉公，只给了厉公一辆车驾陪葬。厉公被囚禁六日而死，死了十天后，在庚午日这天智䓨将公子周迎接回了绛

邑，公子周与大夫们杀鸡盟誓后，被拥立为国君，是为悼公。辛巳日，悼公在曲沃武公之庙朝见群臣。二月乙酉日，悼公正式登上君位。

🔷 公室失政

悼公姬周，他的祖父姬捷，是襄公的幼子，没能继承君位，号称桓叔，最受襄公宠爱。桓叔生惠伯姬谈，姬谈生悼公姬周。悼公即位这一年，是十四岁。悼公说："祖父和父亲都没能继承君位，为避难而客死周国。寡人知道自己与公室疏远，本没有希望成为国君。如今大夫们不忘文公、襄公之意，施加恩惠拥立桓叔的后裔为国君，寡人仰赖宗庙之灵，大夫们的帮助，得以奉守晋国宗庙祭祀，岂敢不战战兢兢？请大夫们以后多多辅佐寡人。"于是，悼公将不尽臣职的七个人驱逐，重修祖宗旧业，施行仁惠给百姓，给予帮助文公登上君位的功臣后代以官位。到了秋天，晋国出兵讨伐郑国。击败郑国后，晋军乘胜兵临陈国。

悼公三年，晋国会盟诸侯。悼公向群臣询问都有谁可以重用。大夫祁傒举荐解狐，解狐是祁傒的仇人。悼公继续询问还有谁可以重用，祁傒又举荐其子祁午。君子评论道："祁傒真可以说是不偏不党了，举荐外人不掩蔽仇人，举荐自己人不隐藏儿子。"正式进行会盟时，悼公弟弟公子杨干的车驾扰乱了军阵，魏绛就将杨干的车夫就地正法。悼公闻知大怒，这时有人在旁向悼公进谏，悼公最终认可了魏绛的才能，让魏绛做了执政正卿，派魏绛和睦戎族，戎族大多亲附了晋国。

悼公十一年，悼公非常赞赏地说道："自从我任用魏绛之后，九次会盟诸侯，又让戎族、狄族都亲附于晋，这都是魏绛的功劳！"于是，悼公赐予魏绛宫廷雅乐，魏绛三次谦让后才接受。这年冬天，秦国攻取了晋国的栎邑。

悼公十四年，悼公派遣六卿率领诸侯联军讨伐秦国，渡过泾河，大败秦军，一直攻打到棫林（今陕西泾阳县西南）才退兵。

悼公十五年，悼公向师旷询问治国之道，师旷回答说："治国最重要的就是以仁义为本。"这年冬天，悼

公去世了，其子姬彪继位，是为平公。

平公元年，晋国出兵讨伐齐国，齐灵公率军与晋军大战于靡下，齐军大败，齐灵公逃跑。齐国大夫晏婴悲愤地说道："君上也太缺乏勇气了，为何不能留下继续战斗，却一败而逃！"晋军追击齐军，包围了齐国都城临淄。将临淄外城焚烧屠杀一空后，晋军继续进兵，向东一直打到胶河，向南一直打到沂河，齐国各地都闭城坚守。晋军攻打不下城池，才撤兵而回。

平公六年，鲁襄公前来朝见平公。栾逞有了罪过，逃往齐国避难。平公八年，齐庄公偷偷派遣栾逞回到曲沃做内应，并派遣军队跟随在他后面，打算偷袭晋国。齐兵潜伏在太行山上，栾逞从曲沃反叛，偷袭绛邑。当时，绛邑没有防备，平公打算自杀，范献子劝阻了平公，并率领他的部属反击栾逞。栾逞战败，逃回曲沃。曲沃人反攻栾逞，栾逞被杀，于是晋国诛灭了栾氏宗族。栾逞，就是栾书的孙子。栾逞偷袭绛邑，是与大夫魏氏家族谋划的。齐庄公听闻栾逞失败身死，就下令潜伏在太行山的军队撤回，齐军顺路攻取了晋国的朝歌，算是报复了晋军此前对临淄的包围。

平公十年，齐国大夫崔杼弑

▶ **垂鳞纹瓠形壶·春秋**

台北故宫博物院藏。此器仿瓠瓜造形而作，长侧颈，鼓腹，下腹部内收，圈足微外撇。口部加盖，盖缘饰钩连纹一圈，盖上饰一人面纹，盖顶一环系提链与腹上部突出的素面环耳相连，提链由六个链环串接而成，有明显的接缝痕迹；腹下部另突出一方环，提链、方环皆与歪斜之颈同侧。颈部光素无纹，腹饰宽带变形顾龙纹及四层垂鳞纹。

▶ **虎鹰互搏銎内戈·春秋**

山西博物院藏。前锋尖锐，援作三角形，横断面中间厚、两侧薄，中心透镂精美花纹，惜已朽蚀。短胡，椭圆形銎，上端有圆形穿孔，用以固定戈秘。銎上部与内上立雕一猛虎擒扼雄鹰，虎昂首张口，曲身卷尾，前爪抓住鹰尾，后爪扼住鹰头，鹰则伸颈翘尾，奋力搏杀，构成一幅紧张激烈、栩栩如生的虎鹰搏击图。虎颈饰绚索纹一道，身饰鳞纹、卷云纹。鹰身饰羽纹、鳞纹和重环纹。銎腔上饰贝纹一周。这是一件不可多得的艺术珍品。

齐庄公。晋国趁着齐国内乱，出兵讨伐齐国，在高唐击败齐军，报复了太行山那次战役。

平公十四年，吴国延陵季子出使到晋国，与赵文子、韩宣子、魏献子会见交谈之后，私下说道："晋国的政治，最后就会落在这三家的手里。"

平公十九年，齐国派遣晏婴来到晋国，与叔向会见交谈了一番。叔向说："如今的晋国，正处在末世。君上对百姓施加重税，将钱财都用在了修建楼台和池沼的享乐上，不关心朝政。晋国的权力现在都分散在了卿大夫那里。这样的情势之下，晋国还能长久吗？"晏婴表示同意。

平公二十二年，晋国出兵讨伐燕国。

平公二十六年，平公去世，其子姬夷继位，是为昭公。昭公在位六年去世。

此时，晋国六卿（韩、赵、魏、范，中行及智氏）家族权势强大，公室卑弱。昭公之子姬去疾继位，是为顷公。

列卿分国

顷公六年，周景王驾崩，众多王子争夺天子之位。晋国六卿发兵平定周国内乱，拥立了周敬王。

顷公九年，鲁国三桓将其国君鲁昭公驱逐，鲁昭公被迫在乾侯栖身。顷公十一年，卫国、宋国都派遣使者来到晋国，请求晋国帮助鲁昭公回到鲁国。鲁国季平子私下贿赂了范献子，范献子接受贿赂后，对顷公说："季氏并没有罪过。"最终，晋国就将帮助鲁昭公回鲁国这件事给搁浅了。

顷公十二年，晋国宗族中祁傒的孙子和叔向的儿子，互相在顷公面前诽谤对方。六卿图谋削弱公室的权势，就以国法将祁傒和叔向这两个家族给诛灭了，将这两个家族封邑分成十个县，六卿让各自的儿子做了这十个县的大夫。晋国公室愈加衰弱，六卿愈加强大。

顷公在位十四年去世，其子姬午继位，是为定公。

定公十一年，鲁国逆臣阳虎逃奔来晋国，赵鞅（也称赵简子）收留了他。定公十二年，孔子摄行鲁国朝政。

定公十五年，赵鞅让邯郸大夫赵午将卫国进贡的五百户百姓迁徙到晋阳（今山西太原）去，赵午答应后没有去做，赵鞅发怒，打算诛杀赵午。赵午便联合中行寅、范吉射攻打赵鞅，赵鞅进入晋阳城固守。不久，定公发兵包围晋阳。荀栎、韩不信、魏侈与范吉射、中行寅有仇怨，就背着定公指挥军队去攻打范吉射和中行寅。范吉射和中行寅因此起兵反叛，定公命令军队攻打他们，将二人击败。范吉射和中行寅败逃到朝歌固守顽抗。韩不信、魏侈趁机在定公前面替赵鞅谢罪并求情，定公赦免赵鞅，恢复了他的地位。定公二十二年，晋军打败范吉射和中行寅，二人逃奔去了齐国。

定公三十年，定公与吴王夫差在黄池（今河南新乡南）相会，定公和夫

智君子鉴·春秋晚期

美国弗利尔美术馆藏。敞口，沿平折，颈微敛，宽肩，曲壁，腹部内收，平底，矮圈足。颈腹设对称的两对耳：一对兽面环耳，一对兽面铺首衔环。兽面立雕，面目纯真。铺首饰羽纹、三角回纹，环饰绞龙纹。鉴口沿饰贝纹带，颈部和下腹部饰夔凤纹带。上腹部为正反交替的兽面纹带，内填有回纹。纹带间均以绚纹带作界纹。铭六字："智君子之弄鉴"。这是很少见的三家分晋之中智氏家族的一件青铜器，据传出土于河南辉县。

差都是出自姬氏，会盟时两人争夺起尊卑之位，当时赵鞅跟随在定公身边，最终还是以吴国为尊。

定公三十一年，齐国田常弑杀齐简公，立齐简公之弟齐平公为齐国国君。定公三十三年，孔子去世。

定公三十七年，定公去世，其子姬凿继位，是为出公。

出公十七年，智伯与赵、魏、韩三家共同瓜分了范氏和中行氏的封邑。出公为之愤怒，派人向齐公和鲁国禀告四卿之罪，想联合齐、鲁两国一起出兵讨伐智伯和赵、魏、韩。四卿恐惧，先行联合起来攻打出公，出公被迫逃奔齐国，走到半路上就去世了。所以智伯将昭公曾孙姬骄扶上君位，是为哀公。

哀公的祖父姬雍，是昭公的幼子，号称戴子。戴子生下姬忌。姬忌与智伯关系亲密，但很早就去世了，智伯想要将公室控制的领土全部吞并，但暂时还不敢做到这一步，所以就扶立了姬忌的儿子哀公为国君。当此之时，晋国的政事都由智伯裁决，哀公根本无法对他施加限制。于是，智伯拥有了范氏和中行氏的领地，成为晋国最强大的卿。

哀公四年，赵襄子、韩康子、魏桓子共同诛杀了智伯，吞并瓜分了智伯的领地。

哀公十八年，哀公去世，其子姬柳继位，是为幽公。

幽公在位之时，因为恐惧，反而去朝见韩、赵、魏三家之君。公室的领地只剩下了绛邑、曲沃两座城池，其他领土全部被韩、赵、魏三家瓜分掉了。

幽公十五年，魏文侯刚刚即位。

幽公十八年，幽公因为与妇女偷情，夜里偷偷跑出都城，被盗贼杀死。魏文侯立刻发兵以平定晋国内乱为名进入绛邑，拥立幽公之子姬止为君，是为烈公。

烈公十九年，周威烈王正式赐封赵、魏、韩三家之君为诸侯。

烈公二十七年，烈公去世，其子姬颀继位，是为孝公。

孝公九年，魏武侯刚刚继位，魏国发兵偷袭赵国的邯郸，不胜而退。孝公在位十七年去世，其子姬俱酒继位，是为静公。这一年，正是齐威王元年。

静公二年，魏武侯、韩哀侯、赵敬侯灭亡晋国，三分晋国领土。静公从此成为平民，晋国的祭祀从此断绝了。

❧ 太史公说 ❧

晋文公，是古代所说的英明国君，流亡居于国外十九年，非常困苦屈辱，等到登上国君之位后进行奖赏时，尚且还忘记了介子推，更何况是骄纵的君主呢？灵公已被弑，在他以后的成公、景公政治达到了严厉的程度。到了厉公，更是太苛刻了。大夫们害怕被诛杀，祸乱兴起。悼公之后日益衰弱，六卿专权。所以国君如何运用权术来驾驭他的臣下，本来就不容易呀！

图说史记

第3卷

文字编辑：李国斌

美术编辑：苟雪梅

装帧设计：罗　雷

图片提供：王　露　郝勤建

汇图网　红动中国

中国国家博物馆

故宫博物院

上海博物馆

山东博物馆

河南博物院

河北博物院

陕西历史博物馆

湖南省博物馆

湖北省博物馆

浙江省博物馆

台北故宫博物院

美国纽约大都会艺术博物馆

美国弗利尔美术馆

美国克利夫兰艺术博物馆

美国耶鲁大学艺术陈列馆

美国普林斯顿大学博物馆

美国哈佛大学博物馆

美国芝加哥艺术学院

美国明尼阿波利斯艺术学院

大英博物馆　等

命长平。郭开专权，名将冤死，赵王迁也成了秦国的俘虏。

这里讲述了魏国的传承和世系。魏文侯礼敬贤人，推行改革，让魏国成为战国初期最强的国家。魏惠王穷兵黩武，四处攻伐，先败于桂陵，再败于马陵，损失惨重，后受骗于商鞅，丧失了河西之地。魏安釐王猜忌信陵君，以地事秦，抱薪救火。当黄河水淹没大梁城的时候，魏国被秦国吞并。

韩国是战国七雄中最弱的国家，它的历史就是一段不断丧失城池的历史。自从三家分晋之后，韩国始终处在强敌环伺之下。韩昭侯任用申不害变法，是韩国最强盛的时期，可惜此后韩国再也没有出现贤明的君主。面对秦国的蚕食，历任韩王只能一步步退让，成为六国中的第一个被秦灭亡的国家。

田氏代齐，让齐国在七雄中雄踞东方。田完身为落难王孙，开创了田氏家族的基业，经过五代人的努力，取代姜氏。齐威王奖赏即墨大夫，烹杀阿大夫，赏罚严明，齐国大治。齐宣王任用田忌、孙膑，威震一时，创建稷下学宫，营造了百家争鸣的局面。齐湣王好战轻敌，几乎导致齐国灭亡，齐国从此一蹶不振。

楚世家 第十

【解题】本篇讲述了楚国从建立国家到灭亡的几百年间的历史事迹，将这个春秋战国时期南方大国的历史分为了四个阶段：第一是楚庄王以前的建国和发展时期，这一时期楚国主要在南方扩张，其北上的企图因为晋国的阻挡而无法实现；第二是楚庄王时期，这位春秋霸主问鼎中原，觊觎周王室的权柄；第三是楚平王、楚灵王、楚昭王时期，楚国内乱不断，对外主要与吴国争夺东南地区的霸权；第四是楚怀王、楚顷襄王以后时期，楚国受到秦国的外交欺骗，国力日衰，最终为秦所灭。

❂熊绎开国

楚国的先祖出自颛顼帝高阳。高阳，是黄帝的孙子，昌意的儿子。高阳生称，称生卷章，卷章生重黎。重黎是帝喾高辛氏时期的火正（官职），建立下不少功绩，能使天下光明融洽，帝喾就赐予他"祝融"的称号。后来共工氏作乱，帝喾派遣重黎去平定叛乱，但重黎没能彻底诛灭有罪的叛乱者。于是，帝喾在庚寅日将重黎诛杀，让他的弟弟吴回做重黎的继承者，再做火正，仍然号称"祝融"。

吴回生下陆终。陆终共有六个儿子，都是剖腹生下的。长子名叫昆吾，次子名叫参胡，三子名叫彭祖，四子名叫会人，五子名叫曹姓，六子名叫季连。季连姓芈，楚国王族就是他的后代。昆吾氏这一族，在夏朝时曾经做过侯伯这一级别爵位的诸侯，到了夏桀在位时，被商汤王所灭亡。彭祖氏这一族，曾经在商朝时做过侯伯这一级别爵位的诸侯，在商朝末年被灭亡。季连生下附沮，附沮生穴熊。穴熊的子孙就开始衰微了，有的居住在中原，有的

居住在蛮夷之地，已经无法再整理清楚他们的世系。

周文王时，季连的苗裔中出现了一个叫鬻熊的人。鬻熊曾像儿子一样侍奉周文王，但去世得很早，他的儿子名叫熊丽。熊丽生下熊狂，熊狂生下熊绎。

熊绎生活在周成王在位之时，周成王封赏周文王、周武王时期为周王室立下过功劳之人的后代，就将熊绎封到楚国蛮族之地，爵位是子男，姓芈氏，以丹阳（今河南淅川）为都城。楚子熊绎就与鲁公伯禽、卫康叔之子姬牟、晋侯姬燮、齐太公之子吕伋，一同侍奉周成王。

熊绎去世后，其子熊艾继位。熊艾去世后，其子熊䵣继位。熊䵣去世后，其子熊胜继位。熊胜将君位传给了弟弟熊杨。熊杨去世后，其子熊渠继位。

自称王号

熊渠生下三个儿子。当此之时，正是周夷王在位时期，周王室衰弱，有的诸侯也不再去朝觐周天子，诸侯之间攻伐不断。熊渠在长江和汉水一带很得民心，于是兴兵讨伐庸国（今湖北竹山）、杨粤，一直攻打到鄂国。熊渠宣称说："我身在蛮夷，何必遵从中原的爵号谥号。"于是，将长子熊毋康封为句亶王，封次子熊挚红为鄂王，封少子熊执疵为越章王。三个

蠡簋·西周早期

中国国家博物馆藏。蠡簋的铭文内容简短，却十分重要，记录了作器者蠡随同周昭王征伐荆楚一事。周王朝与南方荆楚的政治关系，在西周军政大事中占有十分重要的地位，也是西周兵戎的缩影。蠡簋中记载的事件，即史书上"昭王南征"的史实。这场周王亲征的战争，最终以周昭王殒身汉水告终。

儿子所统治的王国全部都在长江附近的蛮族之地。到了周厉王在位时期，熊渠闻知周厉王暴虐，害怕周王室出兵来讨伐自己，就主动撤掉了王号。

　　熊渠本来想让长子熊毋康继承君位，但熊毋康去世得早，所以熊渠去世后，就由次子熊挚红继承了君位。熊挚红去世后，他的弟弟将太子杀掉夺取了君位，这就是熊延。熊延去世后，其子熊勇继位。

　　熊勇六年，周国发生内乱，周厉王逃往彘地避难。熊勇在位十年去世，其弟熊严继位。

　　熊严在位十年去世。熊严有四个儿子，长子是伯霜，次子是仲雪，三子是叔堪，四子是季徇。熊严去世后，由长子伯霜继位，是为熊霜。

　　熊霜元年，周宣王刚刚继位。熊霜在位六年去世，他死之后，三个弟弟争夺君位。结果仲雪死掉，叔堪逃亡，避难于濮地，季徇登上了君位，是为熊徇。熊徇十六年，郑桓公刚刚受封于郑国。熊徇在位二十二年去世，其子熊咢继位。熊咢在位九年去世，其子熊仪继位，是为若敖。

　　若敖二十年，周幽王被犬戎所弑，周王室东迁，秦襄公开始位列诸侯。

　　若敖在位二十七年去世，其子熊坎继位，是为霄敖。霄敖在位六年去世，其子熊眴继位，是为蚡冒。蚡冒十三年，晋国正因为曲沃之故陷入内乱。蚡冒在位十七年去世，蚡冒之弟熊通将蚡冒之子杀掉夺取君位，是为楚武王。

　　武王十七年，晋国的曲沃庄伯弑晋孝侯。武王十九年，郑庄公之弟姬段（即叔段）在郑国作乱。武王二十一年，郑国侵犯周天子的土地。武王二十三年，卫国人弑其国君卫桓公。武王二十九年，鲁国人弑其国君鲁隐公。武王三十一年，宋国太宰华督弑其国君宋殇公。

　　武王三十五年，楚国讨伐随国（今湖北随州市）。随侯（随国国君）对楚国说："我没有罪过，为何来讨伐我？"楚国答复道："我是蛮夷。如今诸侯皆背叛天子互相侵略、攻杀。我国有军队，我们想要学习中原的政治，请让天子提升我国的爵号。"随侯赶紧派人去见周天子，请求提升楚国国君的爵位，周天子没有听从，随国人只好如实向楚国复命。到了武王三十七年，

熊通怒道："我的先祖鬻熊，做过周文王的老师，英年早逝。周成王又任用我的祖先熊绎，封给他子男的爵位，到楚国居住。到如今蛮夷全部顺服了我国，天子却不提升我的爵位，那我就自封尊号！"于是就自立为武王。武王与随侯盟誓后，从随国撤兵，从此之后，楚国就开拓并拥有了濮地。

武王五十一年，周天子传召随侯，责让随侯尊立楚国君主为王。楚武王得知消息大怒，以为随国背叛了自己，出兵讨伐随国。不久，武王在军中去世，楚军撤退回国。武王之子熊赀继承了君位，是为文王。文王将都城迁徙到了郢城（今湖北荆州市江陵县）。

文王二年，文王率军经过邓国去讨伐申国。邓国人对其国君邓侯说："如果突袭楚军，我们很容易就能虏获楚王。"邓侯不同意。文王六年，楚军讨伐蔡国，将蔡哀侯俘虏回了楚国，后来又将他放回了蔡国。此时，楚国国力强大，经常欺凌长江、汉水流域的众多小国，这些小国都很畏惧楚国。文王十一年，齐桓公开始成为中原霸主，楚国也开始昌盛起来。

文王十二年，楚国出兵讨伐并灭亡了邓国。第二年，文王去世，其子熊囏继位，是为庄敖。庄敖五年，庄敖想将弟弟熊恽杀掉，熊恽逃奔到随国，联合随国偷袭楚国，弑庄敖。熊恽登上君位，是为成王。

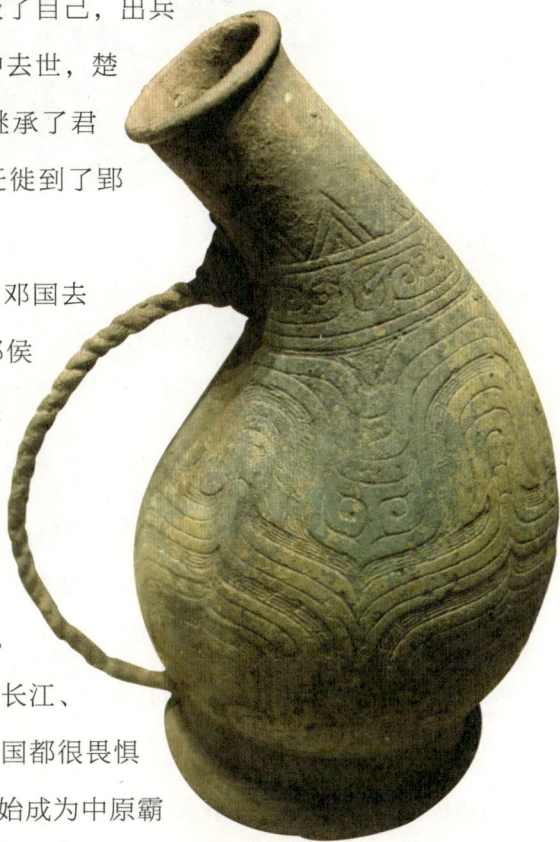

▶ **瓠壶·春秋**

瓠壶出土于湖北随州义地岗春秋墓。壶通高 21.5 厘米、口径 4.7 厘米、腹径 12.1 厘米。整器呈葫芦形，弯颈，圆腹，圈足。现藏于湖北随州博物馆。义地岗墓据出土文物考证为季梁家族墓地，季梁则是随国留名经传的大臣。

楚成王开疆拓土

成王即位之后，就向百姓施行恩惠，修复并巩固和诸侯过去友好的关系。同时，成王还派人向周天子进贡，天子赐给成王胙肉，命令楚国说："用心镇抚百越之地的叛乱，不要侵犯中原。"于是，楚国的疆土急剧扩张，成为方圆千里的大国。

成王十六年，齐桓公率军侵犯楚国，到达陉山。成王派遣将军屈完率军抵御齐军，屈完与齐桓公订立盟誓。齐桓公责备楚国不按时向周天子进献贡品，楚国答应按时向周天子纳贡后，齐军撤退。

成王十八年，成王率军北伐许国，许国国君解衣袒露胳臂向成王投降谢罪，成王于是将许君释放。成王二十二年，楚军讨伐黄国。成王二十六年，楚国灭亡英国。

成王三十三年，宋襄公想要会盟诸侯，争做霸主，派遣使者召成王参加会盟。成王怒道："宋公小国之君，竟敢召我，我正好借机去羞辱他

一番！"于是，成王启程去参加会盟，到了盂地（今河南睢县），就将宋襄公给抓住，痛快羞辱了一番后，成王才将宋襄公释放。第二年，郑文公亲自到楚国来朝见成王。成王起兵讨伐宋国，在泓水之战中击败宋军，射伤宋襄公，宋襄公最后因为箭伤而死。

成王三十五年，晋国公子重耳流亡经过楚国，成王以诸侯贵客之礼厚待重耳，然后又以隆重的礼节将重耳送去了秦国。

成王三十九年，鲁釐公来到楚国，请求成王与鲁国一起出兵讨伐齐国。于是成王派遣申侯率兵讨伐齐国，攻取了谷邑（今山东东阿），然后将齐桓公的儿子公子雍安置在了那里。因为齐国有内乱，齐桓公有七个儿子都投奔到楚国避难，成王将他们全都委任为上大夫。不久，楚国又发兵攻灭了夔国（楚国公室支族的封国，在今湖北秭归县），因为夔国不祭祀祝融和鬻熊。

到了夏季，成王率军去讨伐宋国，宋国向晋国告急。成王得知晋军前来救援宋国，开始从宋国撤兵。但将军子玉执意请战，成王说："晋君重耳在外流亡时间那么久，最终还是回国成为晋君，这是上天要让晋国崛起，不是人力可以阻挡的，不可与其争锋。"子玉不听，坚持要与晋军开战。成王不得已，就拨给了子玉少量军队，让子玉按照自己的意志去行事。子玉率军与晋军在城濮（今山东鄄城西南）决战，大败而归，成王很生气，杀死了子玉。

楚穆王弑父篡位

成王四十六年。当初，成王想要立儿子商臣为太子，将这个心意告诉了令尹（楚国官职，相当于宰相）子上。子上说："大王

铜矛·春秋

矛是古代军队中大量装备和使用时间最长的冷兵器之一，它是一种纯粹的刺杀兵器，其构造简单，只有矛头、矛柄两部分。商代晚期至春秋初多阔刃，春秋中晚期以后又多作狭刃，并有血槽，形制变化较大。

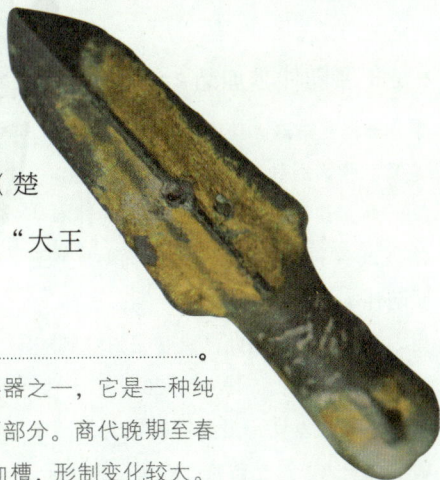

还年轻，又有那么多宠爱的姬妾，将来一旦有所改立就会引发祸乱。我们楚国历来都是由少子继承王位。况且商臣眼如毒蜂，声似豺狼，是能够狠下心做出不义之行的人，不可以立他为太子。"成王不听，还是立了商臣为太子。到了成王四十六年，成王果然心意动摇，又想改立公子职为太子，将商臣废黜。商臣听闻了成王将改立太子的消息，但是不知道是否确切，就向自己的师傅潘崇请教："怎么才能确定这个消息是否真实呢？"潘崇回答说："太子可以宴请大王的宠姬江芈，但是要显出对她不恭敬的样子。"商臣依计而行，江芈恼怒商臣对自己不恭敬，脱口说道："难怪大王想杀掉你改立公子职为太子，真是太应该了！"商臣马上将验证的结果告诉潘崇说："确定了，大王果然是想将我废黜！"潘崇问道："你能侍奉公子职吗？""不能！"商臣回答道。"你愿意选择逃亡去国外吗？"潘崇又问道。商臣说："不愿意。""那你能做大事吗？"潘崇最后问道。商臣知道潘崇所谓的大事，指的就是弑君，点点头说："能做。"于是，在这年冬天十月的一天，商臣忽然率宫廷的军队包围了成王寝宫。成王请求吃一顿熊掌再死，商臣不答应。丁未日，成王自缢而死。商臣随之登上君位，是为穆王。

楚王媵随仲芈加鼎·春秋

湖北省博物馆藏。盖顶有盘状捉手，盖及上腹饰蟠虺纹，腹中部有凸起绹纹一周，其下饰三角纹。器内底铸有铭文28字："唯王正月初吉丁亥，楚王媵随仲芈加食繁，其眉寿无期，子孙永宝用之"。铭文证明此鼎是楚王为嫁到随国的女子芈加所作。芈加墓2019年于随州枣树林墓地被发现，出土铜器铭文证明芈加为曾侯宝夫人，这是曾随一国两名的铁证。

—▶ 车战为王 ◀—

春秋时期是车战的鼎盛时期，当时的大国比如晋、齐、楚，动辄拥有万乘战车，小国也拥有千乘战车，各国的军事实力，也以战车数量来衡量。其时的战争，绝大部分都是车战。总体而言，当时的车战尤其是春秋早期的车战是贵族式战争，崇尚礼节，本应是残酷的战斗却弥漫着艺术化的气息。两国发生大规模冲突时，作战军队相会，首先安营扎寨驻军，称为"次"或"军""舍"。例如公元前632年晋楚城濮之战时，晋军"次于城濮，楚师背而舍"。然后双方约定战斗时间和地点。战斗在约定的日期开始，双方要排列好阵势，这是车战最主要的步骤，春秋车战无一例外地遵循预先列阵、先阵后战的原则。

穆王继位后，就将自己的太子宫赐给了潘崇，并封潘崇为太师，执掌朝政。穆王三年，楚国攻灭江国（今河南正阳县东南）。穆王六年，楚国又将六国（今安徽六安市一带）和蓼国（今河南唐河县以南20千米的湖阳镇）灭亡，六国和蓼国都是皋陶的后裔。穆王八年，楚国出兵讨伐陈国。穆王十二年，穆王去世，其子熊侣继位，是为庄王。

◆ 楚庄王一鸣惊人

庄王继位之后，整整三年没有发布任何政令，只知道日夜为乐，并且向全国下令："谁敢向寡人进谏，杀无赦！"大夫伍举不畏被杀，进宫向庄王进谏。当时，庄王左手抱着郑国美姬，右手抱着越国美人，坐在钟鼓之间，以傲慢无礼的姿态接见了伍举。伍举对庄王说："臣希望说句隐语，请大王来猜猜。"庄王表示同意。伍举继续说道："有只鸟待在土山上，整整三年，不飞也不鸣叫，请问大王这是什么鸟呢？"庄王听出伍举是用这鸟比喻自己，回答道："此鸟之所以三年不飞，那是想一飞冲天，三年不鸣叫，是要一鸣惊人。你退下吧，我已经知道该怎么做了。"可是过了几个月，庄王却越来越荒淫了。

大夫苏从又入宫进谏，庄王问他："你没有听到我之前下的命令吗？敢进谏者，死罪！"苏从回答道："如果臣能用一死换得大王清醒明智，臣愿意去死。"于是，庄王停止荒淫逸乐，临朝听政，很短的时间内诛杀了数百人，也同时拔擢了数百人。庄王任用伍举、苏从执掌朝政，民心大悦。不久，楚国出兵攻灭庸国。庄王六年，楚国出兵讨伐宋国，斩获五百辆战车。

庄王八年，庄王率军讨伐陆浑戎（活动在今洛阳一代的戎族），进兵至洛邑（周国都城），在洛邑郊外举行了盛大的阅兵，以震慑周国。周定王派遣王孙满以隆重的礼节到郊外犒劳庄王，庄王因此向王孙满询问象征天子威权的九鼎的轻重大小。王孙满回答说："九鼎的轻重大小，是由德政来决定的，不是由鼎本身来决定的。"庄王恐吓道："你们的九鼎有何值得倚仗的！我们楚国只要折断兵器的钩尖就足够用来铸造九鼎了！"王孙满不为所惧道：

▶ 楚庄王出征雕塑。

"唉！君王难道忘了吗？当年舜帝、大禹主宰天下之际，天下昌盛，远方的国家都来朝贡。九州的方伯贡献金属，大禹用这些金属铸造成九鼎，将天下万物的形象都熔铸在九鼎之上，使百姓认识到神鬼为害的情况。夏桀昏乱无德，九鼎就迁移到殷商，殷商能够享国六百年。后来殷纣王暴虐无道，九鼎又迁移到周朝。所以说，如果君王德行清明，即使鼎小也不会有任何人迁移得动；如果君王昏聩邪恶，即使鼎再大也会被人迁移而去。当年成王将九鼎安置在郏鄏（今河南洛阳市西工区）时，曾进行过占卜，卦象显示周朝将有三十世天子，享国七百年，天命如此。如今周国的德政虽然已经衰微，但天命还未改变。九鼎的轻重大小，恐怕还不是诸侯可以询问的时候。"庄王听了这话，觉得周国仍有贤臣，不可轻辱，因此率军回国。

庄王九年，庄王任命若敖氏为相国。不久，有人在庄王面前馋毁若敖氏，若敖氏害怕被庄王诛杀，就率兵攻打庄王。庄王发兵击败若敖氏，灭

▶ 王子午鼎·春秋晚期

河南博物院藏。1978 年河南淅川下寺二号墓出土。方唇，颈内收，束腰，腹略鼓，平底，蹄足底图较夸张。双立耳外侈较甚，满饰浮雕的交龙纹。盖微隆，中间置一桥形钮，钮两端作兽首形，盖饰交龙纹两圈。鼎身攀缘六条装饰复杂的龙，龙口衔鼎口沿，龙尾上翘，龙角由卷曲盘绕的龙纹组成。器口沿及中腰饰浮雕交龙纹，颈及腹下部饰双勾的交龙纹，腹部饰鳞纹。蹄足上端饰兽面纹，中置宽厚的棱脊。鼎腹内壁铸有装饰性极强的铭文 86 字，记王子午铸此鼎事。此王子午当即楚庄王之子子庚，他曾任楚康王时的令尹。王子午鼎共出 7 件，形制相同，大小相次。

其全族。庄王十三年，楚国灭亡舒国（即今安徽庐江县西南 20 千米的古舒城）。

庄王十六年，庄王率军讨伐陈国，诛杀了陈国大夫夏徵舒。因为夏

▶ **透雕云纹禁·春秋晚期**

河南博物院藏。1978年河南淅川下寺二号墓出土。长方体，禁面中间为一长方形平面，用以置物，禁面四边及四个侧面由三层粗细不等的铜梗相互套结成透雕的云纹。禁的四周攀附有12个立体龙，龙角、龙尾作透雕装饰。禁底四角及四周有12个踞伏的怪兽为器足，兽作昂首咋舌，挺胸凹腰状。此禁系用失蜡法铸造而成，为目前所知中国失蜡铸造工艺最早的铸品之一。此器造型庄重，装饰瑰丽，工艺精湛，实为罕见的青铜艺术珍品。

徵舒弑陈国国君，所以庄王诛杀了他。攻破陈国后，庄王就将陈国设置为楚国的一个县。群臣都来恭贺庄王，只有刚刚出使齐国回来的申叔没来恭贺，庄王召见申叔询问原因。申叔对庄王说："谚语说，'牵牛走捷径践踏了别人的庄稼，田主就夺走牛作为赔偿。牵牛践踏庄稼固然不对，可抢走牛来赔偿，不也是很过分吗？'况且大王是因为陈国发生内乱，所以率领诸侯去讨伐陈国，秉持着大义兴兵而去，怀着对人家国土的贪婪满载而归，试问如此行事，大王

还如何号令天下？"于是，庄王接受了申叔的进谏，又将陈国还给了陈国国君的后人。

庄王十七年春，庄王率军包围郑国，用了三个月时间将郑国攻破。庄王从皇门入郑国都城，郑襄公解衣袒露上身，牵着羊迎接庄王，投降说："孤（国君的自我谦称）不为上天所护佑，未能侍奉君王，以至君王怀怒，兴兵驾临敝邑（对自己国家的谦称），这全是孤的罪过。岂敢不唯命是听！无论是将我流放到南海，还是赐给诸侯做臣仆，我都唯命是听。若君王没

忘却郑国祖先（周）厉王、（周）宣王，以及郑国开国之君桓公，还有曾建立功业的武公，不想断绝他们的祭祀，让我从此侍奉君王，将是孤最大的心愿，但也不敢有这样的奢求，只是向君王坦诚我的肺腑之言罢了。"群臣全都对庄王说："不要答应郑君。"庄王却说道："郑国国君能够如此卑下，一定能够以信义使用他的百姓，岂可灭绝其国？"于是庄王亲自左右挥动军旗，下令大军撤出郑国都城，率军退后三十里扎营，答应郑襄公与郑国讲和。庄王派遣大夫潘尪进入郑国都城与郑襄公盟誓，郑襄公派遣弟弟子良到楚军大营做人质。到了夏季，晋国前来救援郑国，庄王率军在黄河岸边打败晋军，一直进兵到衡雍（今河南原阳县原武西北）后才率军返回。

▶ **鄬子佣浴缶·春秋晚期**

河南博物院藏。1978年河南淅川下寺二号墓出土。隆盖，上有四个环钮，小口，方唇，短直颈，圆肩，鼓腹，矮圈足。肩部设一对链环耳，腹下部前后各置一个环钮。盖顶中央饰一红铜镶嵌的涡纹，外饰四个红铜镶嵌的龙纹，其外饰一周交龙纹，间隔以六个红铜镶嵌火纹，盖沿上饰红铜镶嵌的龙纹一周。腹部饰红铜镶嵌的龙纹两周，交龙纹一周并间隔以红铜镶嵌的涡纹，圈足饰交龙纹。盖内及口沿有铭文10字。此式浴缶同出2件。

庄王二十年，宋国杀害了途径宋国的楚国使者，庄王大怒，率军包围了宋国。围城持续了五个月，宋城之中粮尽，陷入了易子而食、析骨而炊的惨境。宋国大夫华元夜里悄悄出城进入楚军大营，将宋城中的实情告诉了庄王。庄王认为华元诚实有信，赞赏道："君子啊！"于是，撤兵而回。

庄王二十三年，庄王去世，其子熊审继位，是为共王。

楚康王诸子争位

共王十六年，晋国讨伐郑国，郑国前来向楚国告急。共王率军救援郑国，与晋军在鄢陵大战，楚军战败，共王被晋军的箭射中了一只眼睛。共王在军中召见大将子反，子反为人嗜酒，正好刚喝完侍从竖阳毂进奉的美酒而醉倒，没能及时去见共王。共王大怒，射杀子反，于是不得不退兵回国。

共王在位三十一年去世，其子熊招继位，是为康王。康王在位十五年去世，其子熊员继位，是为郏敖。

康王在位时，非常宠爱弟弟公子围、公子比、公子皙和公子弃疾。郏敖三年，郏敖任命叔父公子围为令尹，执掌军事。郏敖四年，公子围出使郑国时，听闻郏敖生病，走到半路就返回了都城。十二月己酉日，公子

▶ **王孙诰戟·春秋晚期**

河南博物院藏。1978年河南淅川下寺二号墓出土。援微昂，中脊略隆起，尖锋，援两侧开刃。直内，内中部有一横穿，内后部开刃。胡较宽，阑侧三穿。胡一面有错金铭文6字"王孙诰之行戟"。

▶ **楚王敦·春秋**

美国纽约大都会艺术博物馆藏。敦有盖，圆体，鼓腹，腹部有一对镂空蟠螭环形耳，下承三个镂空蟠螭矮足。盖上有镂空蟠螭抓手，外侧有三个双环钮。盖面上饰蟠虺纹三周，并以绳纹间隔。盖器子母口扣合，盖口沿处有四个兽面纹扣。器腹上饰蟠虺纹三周，纹饰间以绳纹间隔。盖内有铭文六字："楚王酓审之盂。""酓审"，就是楚共王熊审，说明该器是楚共王所铸。

围入宫探视郏敖的病情，趁机用冠缨勒死了郏敖，并将郏敖的儿子熊莫和熊平夏也一并杀害。将要派遣使臣去郑国报丧时，伍举问使臣："如果郑国问我国继位之君是谁，你打算怎么回答？"使臣说："我就说'由寡大夫公子围继位'。"伍举说道："不能这么说，你要回答'共王之子公子围最为年长，将立长者为君'。"公子比担心有杀身之祸，投奔去了晋国，公子围登上君位，是为灵王。

楚灵王申地会盟

灵王三年六月，灵王派遣使者去告诉晋国，楚国将会盟诸侯。不久，众多诸侯来到申地与灵王会盟。伍举问灵王："当年夏王启曾在钧台大宴诸侯，商汤王曾在景亳向诸侯发布过诰命，周武王曾在孟津与诸侯举行过盟誓，周成王曾在岐山之南与诸侯演练过军队，周康王曾在成王之庙接受过诸侯朝见，周穆王曾在涂山会盟诸侯，齐桓公曾率领诸侯耀兵于召陵，晋文公曾与诸侯举行过践土之盟，君王此次会盟诸侯打算用哪种礼仪呢？"灵王回答道："用齐桓公之礼。"当时，郑国派遣贤相子产前来参加会盟，而晋国、宋国、鲁国和卫国都没有来参加。灵王与诸侯举行完盟誓后，开始展露出骄满之色。伍举向灵王进谏道："当初夏桀在有仍会盟过诸侯，不久，有缗国就背叛了他；殷纣王也在黎山会盟过诸侯，不久，东夷人就背叛了他；还有周幽王，也在嵩山会盟过诸侯，不久，戎族和狄族就背叛了他。君王要引以为戒，慎始慎终啊！"

七月，灵王率领诸侯联军讨伐吴国，包围了朱方（今江苏丹徒东南）。八月，灵王攻下了朱方，将庆封（即齐国逆臣庆封，朱方即逃到吴国后受封之地）囚禁，诛灭其全族。然后，灵王命人押出庆封在诸侯面前示众，说道："大家都不要效仿齐人庆封弑其君并欺凌他的幼主，还挟持齐国众大夫跟他结盟。"庆封却反唇相讥道："是啊，大家可以效仿楚共王的庶子熊围弑其兄长的儿子楚王熊员而自立！"于是，灵王立刻派人急忙杀掉了庆封。

灵王七年，灵王建成章华台（位于今湖北潜江龙湾附近），下令让逃亡的罪人到章华台充当仆役。

灵王八年，灵王派遣公子弃疾率军灭亡陈国。灵王十年，灵王将蔡国国君召到楚国，将其用酒灌醉后杀害。然后派遣公子弃疾率军灭亡了蔡国，将陈、蔡两国都封给了公子弃疾。

楚灵王乾溪身死

灵王十一年，灵王率军讨伐徐国以威吓吴国。灵王率军驻扎在乾谿（今安徽亳州东南），等待吴国的反

应。灵王向大臣们问道："齐国、晋国、鲁国、卫国开国之君受封时，都被天子赐予过宝器，独独我们楚国却没有。现在我派人去周国求天子赐予宝鼎给我们，他会给我们吗？"大夫析父说："会赐给大王的！当年我们先王熊绎僻居在荆山，乘坐简陋的柴车，身穿破旧的衣服，生活在荒野，跋山涉水去侍奉天子，将桃木弓、棘枝箭进贡给王室。齐国，是天子舅父之国，晋国、鲁国、卫国是天子同母之弟的封国。所以当初楚国才没能分到宝器，这四个国家却都有。如今，周天子和齐、晋、鲁、卫都来侍奉大王，对大王唯命是从，试问周天子怎么敢拒绝赐给我们宝鼎呢？"灵王又说道："当年我的祖先伯父昆吾居住在原来的许国，如今郑国贪婪地占据了许地，没有还给我，我向郑国索回许地，郑国会答应吗？""周天子都不敢拒绝赐给大王宝鼎，郑国又怎么敢拒绝还回许地给

大王呢？"析父答道。灵王又问："从前，诸侯都疏远我国，敬畏晋国，如今我大规模营建陈、蔡、不羹（东不羹在今河南舞阳西北；西不羹在今河南襄城东南）等地城池，这些地方都具有装备千辆战车的实力，诸侯现在敬畏我吗？"析父答道："当然敬畏大王了！"于是，灵王非常高兴地赞赏道："析父真是善于讲论古事啊！"

到了第二年春天，灵王仍驻军在乾谿，纵情逸乐，不想率军回国，而无休止的徭役已令百姓痛苦不堪。之

▶ 透雕变形龙纹俎·春秋晚期

河南博物院藏。1978 年河南淅川下寺二号墓出土。俎面长方形，中间略窄微凹，四足作扁平的凹槽形。禁面及四足有透雕的矩形纹，余饰变形龙纹。

► **蟠虺纹盉·春秋晚期**

河南博物院藏。1978年河南淅川下寺一号墓出土。平顶盖，盖钮有活链与提梁相连。小口直沿、短颈，鼓腹，圜底，下有三个兽面蹄足。肩设龙首圆柱提梁，腹中部一侧有曲形兽首状流。盖与腹部饰细密的蟠虺纹。

▶ 上鄀府簠·春秋晚期

湖北襄阳博物馆藏。1972 年湖北襄阳山湾取土场收集。铜簠盖、体基本相同，上下对称。整器作长方矩形，平口，直壁，下腹壁斜折，矩形足外侈，平底。盖、器两短边斜壁各有一对兽首耳，盖长斜壁上有六个兽首卡扣。通体饰蟠螭纹。盖、器内底铭文相同，有 5 列 32 字。

前，灵王在申地会盟诸侯时，曾侮辱越国大夫常寿过，还杀害了蔡国大夫观起。观起的儿子观从逃亡到吴国，劝吴王讨伐楚国，并挑拨越国大夫常寿过作乱，让他充当吴国的间谍。同时，观从还假传公子弃疾的命令到晋国叫公子比尽快赶回楚国。公子比行至蔡国时，观从本想让吴、越两国联军袭击蔡国，但随后又让公子比和公子弃疾会面，并使两人在邓地（今河南邓州市）订立了盟誓。于是，观从、公子弃疾帮助公子比进入郢都，还杀死了灵王之子太子禄，拥立公子比登上君位。新王比任命公子晳为令尹，公子弃疾为司马。新王比首先清除了王宫的灵王势力后，派观从跟随军队来到乾谿，向驻扎在此处的楚军宣布道："楚国已经有新的大王了！先回国的，就恢复他的爵位、封邑、田产和居室，后回国的，一律流放！"楚军将士因此全都抛弃灵王，跑回了楚国。

灵王听闻太子禄被杀，悲伤过度，从战车上栽下来摔到地上，哀痛道："人爱自己的儿子，竟会达到这种地步吗？"侍臣在旁附和道："确实啊。"灵王凄惨地说道："我杀了那么多别人的儿子，能没有这种报应吗？"右尹在旁进谏道："请大王回到郢都郊外，看看国人的心意如何？"灵王道："众怒不可犯。"右尹又献计："不如先到大的县城去栖身，然后从诸侯那里借兵平定叛乱。"灵王叹息道："没用，都已经背叛我了。""那就暂时投奔到诸侯那去避一避，再向大国寻求帮助如何？"右尹又问道。灵王绝望地说：

"大福已经没有了，这样做不过是自取其辱罢了。"于是，灵王乘船打算暂时进入鄀城安身，右尹揣度灵王最终也不会采用自己的计策，害怕与灵王一起陷入杀身之祸，也离开灵王逃回了郢都。

最后，灵王独自彷徨在山中，乡野百姓都不敢收留他。灵王走着走着，遇上了从前的亲近侍臣，对他恳求道："为我去寻找些食物吧，我已经三天没吃东西了。"侍臣回答说："新王颁下峻法，要是谁敢给大王食物，就诛灭三族，况且我也真没有地方能寻找到食物。"灵王于是就枕着侍臣的大腿躺在地上休息。等到灵王睡着时，侍臣就抽出大腿，将土块枕在灵王头下，逃走了。灵王睡醒后，发现那个侍臣已经逃走，而自己已经饿得没有力气再站起来了。芊邑大夫申无宇之子申亥得知灵王遇难，说道："我父亲曾两次违反王命，大王都没有忍心诛杀，对我家恩情实在太大了。"于是就去寻找灵王，最终在釐泽找到了饿昏的灵王，将他奉迎到了自己家中。到了夏季五月癸丑日，灵王死在了申亥家，申亥让自己的两个女儿为灵王殉葬，安葬了灵王。

这时候，公子比虽然已经登上君位，但是很害怕灵王归来，而且又久久没有得到灵王确切的死讯，国中很不安定。所以观从对新王比说："如果不尽快杀掉公子弃疾，虽然坐上王位，恐怕也难逃大祸。"新王比道："我不

渔业大发展

在先秦时代，中国南北方湖泽众多，江河浩渺，河鲜繁殖非常繁盛，捕鱼也成为人们肉食的重要来源。《诗经·大雅》中就将"炰鳖鲜鱼"作为贵族的标准饮食，亚圣孟子在谈及民间饮食时也将鱼和五谷、鸡豚狗彘并列。随着捕鱼业的发展，人工养鱼开始出现，在吴楚地区，饭稻羹鱼成为饮食生活的最大特点。《吴越春秋》就曾记载，范蠡向越王勾践建议"畜鱼三年"，认为可以为国家获利千万。可见在春秋末期，沼池养鱼已经和稻田灌溉的陂塘集合起来，形成了颇具规模的养殖模式。

楚途盉·春秋

苏州博物馆藏。前有短曲形龙首流，龙首为双目外突，小圆口，头顶铸出扉棱，作鬣。两侧辅以蟠虺纹，填以细密的羽状划纹，龙颈密饰鳞纹。后有扉棱形尾饰，上密饰相互缠绕的蟠虺纹，填以羽状细划纹。肩前后设夔龙形提梁。盖作圆盘形，罩盖在盉口上，盖顶有环行钮，有链条与龙身提梁相连接。盖面密饰回纹与云雷纹组成的装饰带。腹部二周为凸绳纹，内饰相互缠绕的蟠虺纹。肩部施一周云雷纹，并有金书铭文"楚叔之孙途为之盉"8字。腹下设三蹄足，足上部铸兽面纹，兽面两眼之间附以扉棱作鼻，兽面两侧辅以卷云纹。

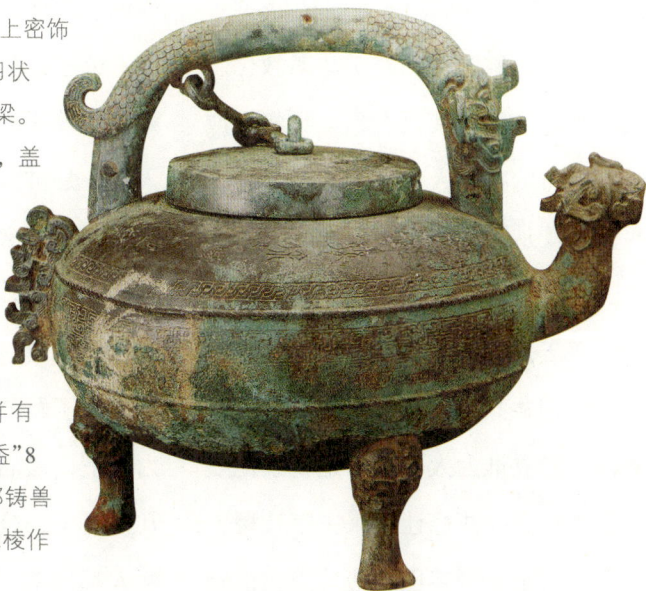

忍心杀弟。"观从道："人家却能狠心对大王动手！"新王比最终还是没有听从，观从为自保就离开了郢都。公子弃疾返回自己的封国后，得知郢都每夜都有人惊扰呼叫"灵王回来啦"。于是，在乙卯夜，公子弃疾派人驾船从江上往来大呼："灵王回来了！灵王回来了！"国人更加惊恐。与此同时，公子弃疾又指使曼成然去告诉新王比和令尹子皙说："灵王已经回来了！听闻国人都想杀掉君王和令尹，而且司马（公子弃疾）也率军回来了！尽快想办法吧，不要自取侮辱。如今的情势是众怒如洪水大火，已经不可救了！"新王比和令尹子皙恐惧之下，都选择了自杀。丙辰日，公子弃疾回到郢都登上君位，改名为熊居，是为平王。

叔向论楚

平王用狡诈之计连弑两位楚王而自立，害怕国人及诸侯背叛自己，就向

百姓施加恩惠。同时，他还将陈国和蔡国还给两国前国君的后人，并且将以前楚国侵略的郑国土地还给了郑国；努力抚恤国民，修明政道教化。吴国趁着楚国内乱之机，出兵将五位驻守地方的楚国大夫掳劫回了吴国。平王对观从说："说吧，你想得到什么，我都会满足你。"观从说想做卜尹，平王答应了他。

当初，共王有五位宠爱的儿子，无法决定立谁为太子，于是就祭祀众神，请神灵来抉择让谁来主宰社稷。一天，共王与姬妾巴姬暗地里在祖庙里埋下一面玉璧，然后让五个儿子斋

戒之后到祖庙来拜见。康王进入祖庙时，一步跨过了埋藏的玉璧；灵王进来时，手肘正好放在了埋藏的玉璧上面；公子比和公子晳进来时，都离埋藏的玉璧比较远；而最年幼的平王进入时，是被人抱着进来的，他向祖先祭拜时，两次下拜都压在了埋藏着的玉璧的纽上。所以后来，康王以长子的身份先继承了君位，传到他儿子时就失去了君位；然后是公子围继位成为灵王，最后被弑；公子比只做了十几天楚王，公子晳则没能成为君王，两人都自杀而死。这四个人都断绝了后代，只有公子弃疾最后取得君位，成为平王，继承和延续了楚国的祭祀，与从前神符所预兆的完全吻合。

此前，公子比从晋国回国时，晋国大夫韩宣子问叔向："子比能够成功吗？"叔向答道："成不了事。"

韩宣子继续问道："楚国人和公子比都厌恶楚王，谋求拥立新君，这就像是商人牟取利益一样，为什么说他不能成事呢？"叔向解释说："如果没有人跟他同好，又有谁跟他一起同仇呢？谋取国家有五个困难：其一，有

尊崇的地位却没有贤才辅佐；其二，身边有贤才辅佐，但是国内没有地位尊贵的内应；其三，在国内有地位尊贵的人做内应，但是缺乏周密的运筹谋划；其四，有周密的运筹谋划，但是缺乏亲附的百姓；其五，拥有亲附的百姓，但是声望德行不足。公子比在晋国已经待了十三年，无论是晋国还是楚国侍奉在他身边的人，都不是通达世务的贤才，可谓缺乏贤才辅佐；其亲族死的死，叛的叛，可谓在国内没有地位尊贵的内应；楚国还没发生内乱，他却先动身回国，可谓缺乏周密的运筹谋划；他在晋国羁旅十几年，可谓国中没有亲附于他的百姓；而且他在国外这么久，从来没听说过楚人对他有何爱戴之情，可谓声德不足。如今楚王（灵王）暴虐而无所顾忌，子比冒着这五种大难去行弑君之事，谁有能力帮他成事呢？最终能拥有楚国的，应该就是公子弃疾了。陈国和蔡国都是弃疾的封国，方城也在他的势力范围之下。弃疾修饰声誉，不做苛刻邪恶之事，治下盗贼销声匿迹，也不因为私欲而违背民心，百姓对他也没有怨言。有楚共王在楚国宗庙靠神灵占卜的预兆帮助着他，楚国百姓也信任他。以前楚国每次发生内乱，最后都是幼子继承君位，这本来就是楚国的常情。公子比的官位，不过是右尹；论起宠爱的程度，他不过是个庶子；以楚共王靠神灵占卜的征兆看，他又是与征兆最不符合的；楚国人都不亲附爱戴他，他还能靠什么取得君位呢？”韩宣子又问：“齐桓公和晋文公不也是这样吗？”叔向道：“齐桓公的母亲是卫国人，很受其父釐公的宠爱，又有鲍叔牙、宾须无、隰朋等贤才在身边辅佐他，在外有莒国和卫国倾力支持，在内有高氏、国氏最有权势的家族做其内应。况且齐桓公本人从善如流，乐于向人布施恩德。最终他能拥有齐国，难道不是顺理成章的事吗？再说我们文公，他是狐季姬的儿子，狐季姬也曾很受献公宠爱。文公自少好学不倦，十七岁时，身边就已经有了五位贤士辅佐他，以赵衰、狐偃为心腹，以魏武子、贾佗为股肱。在外有齐、宋、楚、秦等大国支持，在内有栾、郤、狐、先四大家族为内应。在外流亡十九年，文公与辅佐他的贤士们始终志向坚定。而惠公、怀公不能抚恤百姓，被国人抛弃，民心全都归附于文公。所以最后

文公能拥有国家，不是天经地义的吗？公子比对楚人没有施加过恩惠，在外没有强援，离开晋国，晋国没有护送他，回到楚国，楚国百姓也不迎接他。像他这样的人，如何能拥有楚国呢？"最终果然全如叔向所料，拥有楚国的是公子弃疾而不是公子比。

❂平王种祸

平王二年，平王派遣费无忌去秦国为太子建迎娶妻子。秦女容貌美丽，护送秦女返回楚国的路上，费无忌先行一步回到郢都，对平王谄媚说："大王，秦女艳丽无双，不如纳入大王后宫，再为太子去他国娶妻。"平王好色，听从了费无忌之言，自己娶了秦女，生下了熊珍，又为太子建去迎娶别的女子。当时，伍奢是太子太傅，费无忌是太子少傅，两人都是太子建的师傅，但太子建最亲近忠直的伍奢，费无忌因此嫉恨太子建，经常在平王面前进谗诋毁他。太子建这一年十五岁，他的母亲蔡姬不受平王宠爱，平王从此对他日益疏远。

平王六年，平王派太子建去驻守边境小邑城父（今安徽亳州市谯城区）。费无忌趁机经常在平王面前中伤太子建说："自臣从秦国迎回秦女，大王将她娶了之后，太子经常对臣口出怨言，他心里肯定不会对大王没有丝毫埋怨，请大王稍稍加强一下宫中护卫。况且太子如今驻守城父，拥有军队，又经常与诸侯联络交往，看来是想强行回到郢都了。"平王听信谗言，将伍奢招来，责备他没有好好教导太子建。伍奢知道这是费无忌在平王面前进谗，就说道："大王奈何听信小臣之谗言疏远骨肉至亲？"随后费无忌又向平王进谗说："大王快点有所决断吧，伍奢就是太子的内应，若不先将他处置了，就悔之不及了！"于是平王就将伍奢囚禁，派司马奋扬去召太子建回郢都，打算将其诛杀。太子听闻伍奢被囚，知道自己回都城必死无疑，就逃去了宋国避难。

费无忌又向平王进谗说："伍奢有两个儿子，不将他们全部杀掉的话，就会成为楚国的祸患。不如就以免除其父的罪行为由，将伍奢二子招来郢都，他们一定会来。"于是，平王派使者去威逼伍奢说："如果你能

将两个儿子唤来，就可以活命，如做不到，那就死路一条。"伍奢回答道：
"我儿伍尚会来，伍子胥（名员，字子胥）不会来。"平王派人问伍奢："为
何伍子胥不会来？"伍奢回答说："我的长子伍尚为人廉直，能够为节义而
牺牲性命，仁慈而孝顺，他听说只要来到郢都就能免除我的罪过，一定会不
顾一切而来，就算被杀也在所不辞。然次子伍子胥为人有智略而多计谋，勇
武又崇尚建功立业，他知道来郢都必死无疑，一定不会来此，将来会令楚国
忧心不已的也一定会是他。"平王不信，派人去召伍尚和伍子胥，说："你
们兄弟都来郢都，我就免除你们父亲的罪过。"伍尚对伍子胥说："听闻父
亲能被免除刑罚而不奔去郢都，就是不孝；父亲被杀却不能报仇，就是无谋。
揣度自己的能力再决定承担哪种责任，是为智者。所以，子胥，你逃走吧，
让我到郢都陪父亲去死。"于是，伍尚走出屋子决定跟使者去郢都，而伍子
胥则弯弓搭箭走出屋子，用箭瞄准使者忿然道："既然大王认定我父有罪，
为什么还来召我兄弟去郢都？"说罢，就要射杀使者，使者落荒而逃。于是
伍子胥就逃亡去了吴国。当伍奢知道此事后，叹道："子胥这一逃亡，楚国
可就危险了！"平王最终下令杀害了伍奢、伍尚父子。

平王十年，居住在居巢（今安徽巢湖市西南）的太子建之母，暗中联络
吴国。吴国派遣公子光率军讨伐楚国，击败陈、蔡两国的军队（陈、蔡附庸
于楚国），将太子建的母亲带去了吴国。楚国非常恐惧，平王下令加固郢都。

▶ "郢爰"金板残片·春秋。

铜贝和块形金板

春秋战国时期，楚国流行的货币主要是铜贝和块形金板。铜贝又称"蚁鼻钱"或"鬼脸钱"，这是因为它的平面形状而得名。本质上，它是一种模仿海贝造型的铜铸货币，沿袭了古代使用贝壳作为货币的习惯，主要流行在楚国地区。块形金板又称板金，它是由若干小块连接在一起，每一块上都印有方形或圆形的印记，因为方印文多为"郢爰"二字，所以这种板金又称为"郢爰"。这种块形金板整块重量约为250克，也就是当时楚国的一斤，使用时可能根据需求割下若干小块，再称量后支付。

当初，吴国边境小邑卑梁和楚国边境小邑钟离的两个女子因争夺桑叶，导致两家人大打出手，其中钟离这边的家族攻占了卑梁那边的家族的桑叶。守卫卑梁的吴国大夫得知此事大怒，为了报复楚人，发兵攻打钟离。这件事被平王得知后，平王大怒，就派军队灭掉了卑梁。吴王得知卑梁被灭，大怒，凭借伍子胥的关系与太子建的母亲取得联络后，派公子光率军灭掉了钟离和居巢，所以楚国才恐惧，急忙加固郢都。

昭王复国

平王十三年，平王去世。将军子常说："太子珍年龄还小，而且他的母亲秦姬当年本来是要嫁给太子建的。"所以他想拥立令尹子西登上君位。子西，也就是平王的庶出弟弟，为人有廉义之节。子西推拒说："国家有常规法度，改立君王就会发生祸乱，谈论改立君王也会招来杀身之祸。"于是，大夫们拥立太子珍继位，是为昭王。

昭王元年，因为费无忌进谗言导致太子建逃亡，还杀害了伍奢、伍尚父子以及大夫郤宛，楚国上下都很厌憎他。郤宛宗族伯氏家的儿子伯嚭（即太宰嚭）与伍子胥都逃奔到了吴国，而吴兵屡次来进攻楚国，所以楚国人就更加怨恨费无忌。于是，令尹子常为了取悦国人，就将费无忌杀掉，国人无不欢喜。

昭王四年，吴国的三个公子都逃奔到楚国来避难，楚国封给他们城

邑，让他们来帮忙抵抗吴兵。第二年，吴兵攻取了楚国的六邑（今安徽六安北）和潜邑（今安徽霍山东北）。昭王七年，楚国派遣子常率军讨伐吴国，结果在豫章（今安徽、河南、湖北交界之六安、商城、麻城一带）被吴兵打得大败。

昭王十年冬，吴王阖闾、伍子胥、伯嚭与唐国和蔡国联兵讨伐楚国，楚军大败，吴兵攻入了郢都。伍子胥为报父兄之仇，掘毁平王之墓。吴兵攻来之时，楚国派遣子常率军迎战，两军隔着汉水对峙。吴兵击败子常后，子常逃往郑国，楚军全线崩溃。吴兵乘胜追杀楚军，历经五战攻入了郢都。昭王是己卯日逃出郢都的，而吴兵是在庚辰日进入郢都的。

昭王逃到云梦（今湖北云梦县），云梦人并不认识他，反而用箭射伤了昭王。昭王只好又避走郧国。郧公（郧国国君）之弟怀说："当年平王杀害了我们父亲，现在我杀了他儿子，不一样是报了仇吗？"郧公阻止了弟弟怀，但还是怕怀背着自己杀害昭王，于是就与昭王投奔到了随国（姬姓诸侯国）。吴王得知昭王投奔到了随国，就率军来到随国，对随国人说："周朝王室子孙被分封在长江和汉水一带为诸侯的，楚国几乎将他们的国家全部都灭绝了，我来为姬氏诸侯们报仇！"想要以此言恐吓随国人交出昭王，然后将昭王杀掉。跟随在昭王身边的大臣子綦将昭王隐秘的掩藏起来，自己代替昭王，对随国人说："把我当作楚王交给吴国人吧。"随国人慎重地进行占卜，占卜的结果是：交出子綦，随国不吉。于是，随国人就对吴王致歉说："楚王已经逃走了，不在我们这里。"吴王提出派兵进入随国搜索，随国人坚决不答应，吴王只好退兵。

昭王逃出郢都之时，派遣大夫申包胥到秦国求救。秦国派遣五百辆战车救援楚国，楚国也收拢起败散的军队，联合秦军反击吴兵。昭王十一年六月，楚、秦联军在稷地击败吴兵。恰好在这时候，吴王阖闾的弟弟夫概见阖闾打了败仗，就逃回吴国，自立为吴王。阖闾得知此事后，急忙率军从楚国赶回吴国攻打夫概。夫概被阖闾打败后，就逃来楚国避难，楚国将他封在堂溪（今河南西平县），从此号称堂溪氏。

不久，昭王灭亡唐国，在九月回到了郢都。昭王十二年，吴国再次讨伐楚国，攻取了番邑（今江西鄱阳县）。楚国恐惧，被迫将都城从郢都迁往鄀都（今湖北襄阳市宜城东南）。

昭王十六年，孔子摄行鲁国朝政。昭王二十年，楚国灭亡顿国和胡国。第二年，吴王阖闾讨伐越国，越王勾践射伤阖闾，阖闾因伤重而死，吴国从此怨恨上了越国，不再出兵向西进攻楚国。

昭王二十七年春，吴国讨伐陈国，昭王率军前往救援陈国，驻军在城父。十月，昭王在军中病重，天空出现红色云彩，像张开双翼的鸟一样夹着太阳飞翔。昭王向周国太史询问这是什么征兆，周太史说："这种天象象征着将有灾害降临在楚王身上，但是可以通过祭祀祈祷仪式将灾害转移到将相身上。"楚国将相听到周太史这么说，都向昭王请求通过祭祀祈祷让自己代替昭王承受灾祸。昭王反对道："将相是孤的四肢，这样转移灾害，算是将灾害从我身上移开了吗？"不答应将相们的请求。周太史又通过占卜得知昭王害病是黄河之神河伯在作祟，大夫们请求去黄河祈祷祭祀。昭王还是反对道："自从我先王受封以来，所祭祀的一直都是长江、汉水，从来没有对黄河不敬过，怎么会获罪于黄河呢？"不允许大夫们去黄河祈祷。孔子当时正在陈国，听说了昭王说的这番话后，感叹道："楚昭王真可谓通晓大道，他没有失去自己的国家，应该啊！"

昭王病势愈加沉重，知道大限在即，就将大夫们都召集到身边说："孤才能不济，一再令楚国军队遭受屈辱，现在能够享尽天年，寿终正寝，也是孤的幸运了。"于是，昭王决定将王位传给弟弟公子申，公子申不答应。昭王又将王位传给公子申之弟公子结，公子结也不答应。最后昭王又将王位传给公子结之弟公子闾，公子闾反复推让了五次，才答应继承王位。将要与吴兵大战时，庚寅日，昭王病逝于军中。公子闾向众大夫们说道："大王病重时，舍弃其子，将王位传给群臣，臣之前之所以答应下来，是为了宽慰大王之心。今大王弃位，臣岂敢忘记大王推让王位之恩！"于是与子西、子綦谋划后，

曾侯乙联禁铜壶·战国

湖北省博物馆藏。壶为敞口，厚方唇，长颈，圆鼓腹，圈足。壶盖有衔环蛇形钮，盖外沿套装勾连纹的镂孔盖罩。壶颈两侧各有一攀附拱屈的龙形耳。器身饰蟠螭纹和内填蟠螭纹的蕉叶纹等。两壶内壁均铸有"曾侯乙作持用终"铭文。

埋伏军队，堵塞住道路，派人去都城将昭王姬妾越女所生的公子章迎接到军中继承君位，是为惠王。然后，公子闾等将相与惠王从前线撤兵而归，将昭王安葬。

战国争雄

惠王二年，子西将故平王之子太子建的儿子熊胜从吴国召回来，任命他为巢邑（今安徽巢湖市附近）大夫，号称白公，也叫白公胜。白公胜喜好军事，能够礼贤下士，一心要为父报仇。惠公六年，白公胜向令尹子西请兵去讨伐郑国。当初，白公胜的父亲太子建逃亡到郑国后，郑国杀害了他，白公胜就逃去了吴国，后来子西将他从吴国召回。所以白公胜一直怨恨着郑国，想要攻打郑国以报父仇。子西答应了白公胜的请求后，却没有为他发兵。惠公八年，晋国讨伐郑国，郑国向楚国告急，惠公派遣子西率军救援郑国。救援完了郑国后，子西返回时，接受了郑国的贿赂。白公胜得知此事大怒，于是率领死士石乞等人在朝堂上偷袭并杀害了子西、子綦，并且还劫持了惠王，将惠王囚禁在高府，打算杀害惠王。多亏惠王的侍臣屈固偷偷背着惠王逃进了昭王夫人的寝宫，才躲过大祸。白公胜自立为楚王，一个多月后，叶公率军前来郢都

平叛，叶公与惠王的军队会合后，击败了白公胜的叛军，并将白公胜诛杀。于是，惠王得以复位。这一年，楚国灭亡了陈国，将陈国设置为楚国的一个县。

惠王十三年，吴王夫差强盛起来，威压齐国和晋国，并率军讨伐楚国。惠王十六年，越国灭亡吴国。惠王四十二年，楚国灭亡蔡国。惠王四十四年，楚国灭亡杞国，与秦国讲和。这一时期，越国虽然已经灭亡吴国，但还没有实力经营长江、淮河以北的地区；楚国通过不断向东用兵，将疆域扩展到了泗水一带。

惠王五十七年，惠王去世，其子熊中继位，是为简王。

简王元年，楚军北伐灭亡莒国。简王八年，魏文侯、韩武子、赵桓子开始名列诸侯。

简王在位二十四年去世，其子熊当继位，是为声王。声王在位六年，被盗贼所杀，其子熊疑继位，是为悼王。悼王二年，赵、魏、韩前来讨伐楚国，到达乘丘（今山东兖州东）后退兵。悼王四年，楚国出兵讨伐周国。郑国杀死了子阳。悼王九年，楚军攻打韩国，攻取了负黍（今河南登封市西南）。悼王十一年，赵、魏、韩前来讨伐楚国，在大梁和榆关（今河南中牟县南）击败楚军。楚国以重金贿赂秦国，与之讲和。悼王二十一年，悼王去世，其子熊臧继位，是为肃王。

肃王四年，蜀国前来讨伐楚国，攻取了兹方（今湖北松滋）。于是楚国兴建了扞关（今湖北长阳县西）来防御蜀军。肃王十年，魏国攻取楚国的鲁阳（今河南鲁山县）。肃王十一年，肃王去世，由于没有子嗣，由其弟熊良夫继位，是为宣王。

宣王六年，周天子向秦献公致贺。秦国开始再次强大起来，赵、魏、韩三国也更加强大，特别是魏惠王、齐威王治理下的魏国和齐国尤其强大。宣王三十年，秦国将卫鞅封到商邑（今陕西丹凤县），并向南侵略楚国。这一年，宣王去世，其子熊商继位，是为威王。

威王六年，周显王将祭祀周文王、周武王庙的胙肉送给秦惠王。

　　威王七年，齐国孟尝君的父亲田婴欺骗楚国，威王率军讨伐齐国，在徐州将齐军击败，告诉齐王必须要将田婴从齐国驱逐出去。田婴很惶恐，张丑假意为楚王谋划说："大王之所以能在徐州战胜齐军，那是因为与田婴同族的田盼子没有受到齐国重用。田盼子曾有功于齐国，百姓都很乐于为他效命。可是田婴不喜欢田盼子，而是举荐了申纪统领齐军。申纪这个人既不被齐国大臣所亲近，也不被齐国百姓所拥戴，所以大王此次才能够在徐州击败齐军。如果现在大王一定要驱逐田婴，田婴被驱逐后，田盼子必将受到齐王重用。田盼子就会重新整顿齐军与大王交战，这样一定不利于楚国。"于是，威王就打消了迫使齐国驱逐田婴的想法。

　　威王十一年，威王去世，其子熊槐继位，是为怀王。魏国得知威王去世，趁机来讨伐楚国，攻取了陉山。

❖张仪诈楚

　　怀王元年，张仪刚刚成为秦惠王的相国。

　　怀王四年，秦惠王开始自称王号。

　　怀王六年，楚国派遣柱国（武将官职）昭阳率军攻打魏国，在襄陵（山西襄汾县襄陵镇）击败魏军，

▶鎏金嵌玉镶琉璃银带钩·战国

1951年在河南省辉县固围村五号墓出土。据考证，此处墓地为战国时期的魏国贵族墓。带钩呈琵琶形。中部凸起，呈弧状，底部为银托。钩首为兽首，青玉雕刻，兽首用细线刻画出圆眼、长鼻和长嘴喙，喙两侧有数道横线纹。额头正中有一花蕾纹，上斜刻小方格纹，有角。面为包金组成的浮雕兽面，两侧盘绕两条夔龙，倒向勾端，合为一首。与两侧夔龙方向相反，又盘绕着两只凤鸟纹。脊背正中，均匀嵌入三块白玉玦，玦面刻有卧蚕纹。前、后两玉玦的中心孔各嵌入一个琉璃珠。玉玦色呈青白色，刻纹较为精细。整个带钩把金属铸造工艺和琢玉工艺结合起来，堪称中国古代最华美的带钩。

攻取了八座城邑。昭阳又乘胜移兵攻打齐国，齐王为之非常忧虑。恰好这时陈轸正代表秦国出使到齐国，齐王向陈轸请教道："楚军来势汹汹，如何是好？"陈轸说："大王无须忧虑，让我去令楚军撤回楚国。"齐王即刻派遣陈轸出使楚军。到了楚军大营，陈轸问昭阳："请问将军，依照楚国的制度，击败敌军并斩杀敌军大将，将被给予什么样的封赏？"昭阳回答道："官职会被提升为上柱国，并封给最高等的爵位，上朝可以手执玉珪。"陈轸又问："那还有比这更尊贵的封赏吗？"昭阳答道："有，最尊贵的地位就是被封为令尹了。"陈轸道："如今将军已经是令尹了，位极人臣，做到了最高的官职。请允许我做个比喻。有个人送给他的门客们一杯酒，门客们相互说：'这么多人分享一杯酒，不可能每个人都能饮到，不如我们比赛在地上画蛇，谁先画成，这杯酒就归谁。'众人同意，于是纷纷画蛇。其中一人说道：'我先画完了。'说着举起酒杯，并继续说道：'我还能给蛇画好足。'于是，为蛇画上了足。这时第二个画完蛇的人一把夺过了酒杯，一饮而尽，说道：'蛇本来就没有足，你现在画蛇添足，那就不是蛇了。'现在，将军已经是楚国的相国，并且击败了魏军，建立下破军杀将的莫大功绩，官位已经不能再往上升了。如今，将军又移兵攻打齐国，如再击败齐军，官爵也不能比现在更尊贵了。可一旦战败的话，就会被夺去官爵并以战败之罪被杀，给楚国带来莫大损失：所以说将军攻打齐国就无异于画蛇添足了。不如率军撤离齐国，可以令齐国记住将军的恩德，保持功业最好的计策莫过于此。"昭阳被这一番话给说动，称赞道："说的好！"于是就撤兵而去。

这一年，燕国国君和韩国国君开始自称王号。秦国派遣张仪与楚国、齐国、魏国的相国会盟于啮桑（今江苏沛县西南）。

怀王十一年，苏秦游说楚、齐、燕、赵、魏、韩崤山以东六国组成合纵联盟共同攻打秦国，怀王成为纵约长。联军进兵至函谷关，秦国出兵迎战，六国全部率军撤退，其中齐国撤退的最晚。第二年，齐湣王讨伐赵国、魏国，击败赵军、魏军。同时，秦国

湖北省博物馆藏。湖北随州擂鼓墩战国早期 1 号墓出土曾侯乙铜鉴缶是古代用以冰（温）酒
的器具。它由内外两件器物构成；外部为鉴，鉴高 63.2 厘米，鉴内置一尊缶，缶高 51.8 厘米，
共重 170 千克。鉴和尊缶均饰以变形蟠螭纹、勾连纹和蕉叶纹等，均有"曾侯乙作持用终"
的铭文。

也出兵击败韩国，与齐国争雄。

  怀王十六年，秦国想讨伐齐国，但楚国与齐国是合纵同盟，秦惠王为之
忧虑。于是，秦国设计，秦惠王假装宣称罢免张仪相国之位，派张仪到楚国
来见怀王。张仪对怀王说："当天天下，秦王最尊敬的就是大王了，即使是
张仪在全天下最愿意为其做守门小厮的那个主人，也最希望是大王。而秦王
所最憎恨的人便是齐王，即使是张仪所最憎恨的人也非齐王莫属。可是现在
大王正与齐王很亲近，致使秦王不能侍奉大王，张仪想做大王的守门小厮也
不可得。如果大王能为张仪禁止楚国与齐国通关并与齐王绝交，可以立刻派
遣使者跟随张仪西去，取回之前被秦国夺去的纵横六百里的商於（今陕西商

湖北省博物馆藏。木胎，挖制。整器呈扁圆形，由盖与器身相扣合而成。口微敛，弧形壁，平底，圈足特矮。子口上承盖，盖面周边起棱。盒内髹红漆，盒外髹黑漆，并用红、黄漆彩绘卷云纹、勾连卷云纹等纹样。盖内侧和底部有"*"形的刻画符号。

洛市境内）之地。如此一来，楚、秦交好，齐国就会被削弱。削弱强大的北邻齐国，施加恩德给西邻秦国，自己还能得到商於六百里之地来富足国家，大王便可行一计而得三利。"怀王大喜，于是将相国之印交给张仪，每日设宴款待张仪，并向群臣宣言"我又取回我的商於之地了"。群臣都来恭贺怀王，只有陈轸却是前来吊慰。怀王问道："群臣皆贺寡人，你为何独独前来吊我？"陈轸说道："秦国之所以重视大王，那是因为大王有齐国这个盟友。如今，商於之地还没得到，就要先与齐王绝交，这里令楚国陷入孤立之境啊！试问秦王又怎么看重一个陷入孤立之境的国家呢？到时一定会轻视大王。如果先让秦国交出商於之地，我们再与齐国绝交，秦王的计谋就不会实现了；而如果大王先与齐王绝交，再派人随张仪去收取商於之地，一定会被张仪欺骗。被张仪欺骗，大王到时一定怨恨秦国。这样一来，楚国就会与西邻秦国结下仇怨，又与东邻齐国绝了交，与我们素有仇恨的韩国和魏国一定会趁机出兵前来攻打楚国。所以，臣来吊慰大王。"怀王未听陈轸之计，先与齐王绝交，然后派遣一位将军跟随张仪西行去接收商於之地。

张仪带着楚国将军进入秦国后，就假装因喝醉酒而跌落车下，以养病为由整整三个月没有见楚国将军。楚国将军见无法接收土地，派人向怀王回报消息。怀王揣度道："难道秦国是以为我与齐王绝交还不够彻底吗？"于是，怀王又派了一名叫宋遗的勇士去齐国辱骂齐王。齐王大怒，折断楚国使者的

符节，与秦国修好。秦国和齐国交好后，张仪才假称病愈出来见楚国将军，问道："将军怎么还不去接收土地？从某地至某地，纵横六里。"楚国将军惊诧道："我受命来接收的是六百里土地，没听说过只让接收六里啊！"于是楚国将军急忙回国向怀王复命。怀王大怒，就要发兵攻打秦国。陈轸献计说："大王，此时讨伐秦国不是上策。不如贿赂给秦国一座名都，联合秦军去讨伐齐国。那么我们在秦国失去的商於之地就能通过攻占齐国城邑获得补偿，国家仍可保持完整。如今大王已经与齐王绝交，又要因受欺而攻打秦国，这样一来，秦国和齐国就会因为我们而更加交好，天下诸侯都将趁机来进攻楚国，我国必定会遭受重创。"怀王还是没有听从陈轸之计，下令停止与秦国修好，发兵西讨秦国。同时，秦国也发兵迎战楚军。

❀怀王败国

怀王十七年春，楚军与秦军在丹阳（今河南淅川）大战，楚军大败，阵亡甲士八万人，大将军屈匄、裨将军逢侯丑等七十余人被秦军俘虏。秦军于是攻占了楚国的汉中之地（今陕西汉中）。怀王大怒，再次起倾国之兵攻打秦国。两国军队在蓝田（今陕西蓝田西，一说今湖北钟祥西北）决战，楚国再次大败。韩国和魏国听闻楚军在蓝田战败，趁机发兵南下攻打楚国，进兵至邓地。怀王被迫撤回军队，守卫楚国。

怀王十八年，秦国又派使者来对怀王说，愿意将汉中一半的土地归还楚国，与楚国讲和。怀王回复说："寡人不愿得地，愿得张仪。"张仪得知后，请秦王派他到楚国。秦王担心道："楚王是想杀你泄恨，如何是好？"张仪道："臣与楚王近臣靳尚有交情，而靳尚又很受楚王爱姬郑袖的宠信，郑袖所言楚王无不听从。况且之前臣去楚国欺骗了楚王，致使秦楚大战，交恶日深，若臣不去当面向楚王赔罪，楚王是不会罢休的。况且，有大王在，楚王应该不敢对臣怎么样，即使楚王杀掉臣，能够有利于秦，臣也心甘情愿。"于是，张仪就来到了楚国。

张仪到了楚国后，怀王没有见他，直接将其囚禁起来，打算择日杀

掉。张仪暗中贿赂靳尚，靳尚在怀王面前为张仪求情说："大王囚禁张仪，秦王一定恼怒。天下诸侯看到大王不与秦王和好，一定会轻视大王。"同时，靳尚又对夫人郑袖说："秦王非常重视张仪，而大王却要将其杀掉。如今秦王为了救张仪，将要用上庸六个县的土地贿赂大王，并将秦国美人嫁给大王，同时奉送秦国宫中最善于歌舞的宫女作为陪嫁的侍女。大王重视得到上庸之地，到时一定宠爱秦女，夫人的地位就不保了。为今之计，夫人不如尽快劝大王赦免张仪之罪。"最终，张仪果然是凭借着郑袖不断在怀王面前游说被释放了。张仪被释放后，怀王就此善待张仪，张仪趁机游说怀王背叛合纵联

▶ **铜御手俑·战国**

春秋时代一乘战车上应该有三名乘员，主将的位置居左，一般装备有制作精良的戟、戈和防护装具。右侧位置是主将手下的武士，为"右"（或"戎右"），是战时的主力。在主将和戎右的中间是"御"，即驾驭马车的驭手。

盟，与秦国进行和亲联姻。张仪离开楚国后，屈原正好出使齐国回来，向怀王进谏说："张仪无义，大王为何不诛杀他！"怀王闻言后悔，派人去追赶张仪，但已经来不及了。这一年，秦惠王去世。

怀王二十年，齐湣王想当合纵长，很厌恶楚国正与秦国交好，就派使者给怀王送来书信说："寡人很是担忧楚国不重视名号的尊贵。如今秦惠王死去，秦武王继位，张仪逃去了魏国，樗里疾、公孙衍被秦王重用，而楚国又

侍奉秦国。樗里疾为人亲近韩国，公孙衍为人亲近魏国。如果楚国继续侍奉秦国，韩国和魏国一定会恐惧，就会凭借着樗里疾、公孙衍请求与秦国结盟，到时燕国和赵国也会顺势与秦国交好。赵、魏、韩、燕争相侍奉秦国，楚国的地位就会沦为秦国的郡县。大王何不与寡人联合起来收服赵、魏、韩、燕，我们六国结成合纵同盟，共同尊奉周王室，以求息兵安民，号令天下？如此，则天下诸侯不敢不听从大王号令，大王之名必贵重于天下。到时，大王率领诸侯联军讨伐秦国，夺取武关（位于今陕西商洛市丹凤县东武关河的北岸）、蜀国、汉中之地，继而拥有吴、越之地的财富，独占长江和东海的利益；而韩国和魏国也将割让出上党之地（今山西东南部）给楚国，使得楚国疆域向西直抵函谷关。那时，楚国的国力就会比现在强大百倍。况且，大王曾被张仪欺骗，丧失了汉中之地，令楚军受挫于蓝田，天下之人莫不替大王心怀耻怒。可是大王现在却要优先侍奉秦国！愿大王详细思虑此事。"

这时，怀王已经决定要与秦国讲和，接到齐王的书信后，犹豫不决起来，召集群臣商议此事。群臣有的主张与秦国讲和，有的主张与齐国交好。昭雎说道："大王即便攻打东面的越国来补偿丢失于秦国的土地，也不足以洗刷秦国给我们带来的耻辱。一定要从秦国那里夺回土地，才能在诸侯面前洗刷耻辱。大王不如和齐、韩两国深交，以提升樗里疾的地位，如此，大王就可以得到齐、韩两国的支持，向秦国要回被侵占的土地。秦国曾在宜阳打败韩军，而韩国却仍侍奉秦国，原因就在于韩王先王的陵墓就在平阳（今山西临汾市），此地距离秦国的武遂（今山西临汾市西南）只有七十里，韩王怕秦军毁辱其先王陵墓，所以尤其畏惧秦国。如果秦国进攻三川，赵国进攻上党，楚国进攻河外（黄河之西），韩国必有亡国之祸。楚国即使救援韩国，也不能确保韩国不会灭亡，然而能够保存韩国的却是楚国。韩国得到楚国支持，从秦国取得武遂之地，以黄河、崤山作为保护自己的要塞，韩国到时要报答恩德，一定会对楚国最亲厚，臣以为韩王一定会很快侍奉大王。齐国之所以

信任韩国，是因为韩国的公子眛正担任着齐国的相国。当韩国取得武遂之地后，大王再好好与韩王亲善，使樗里疾借助齐、韩的帮助而提高声望。樗里疾受到齐、韩两国的敬重后，秦王就不敢随便废黜樗里疾。然后再加上楚国也敬重樗里疾，那时樗里疾为我们在秦王面前进言，我们就能取回之前被秦国侵占的土地了。"于是怀王听从了昭雎之计，不与秦国讲和，而选择与齐国合纵并亲善韩国。

怀王二十四年，楚国背弃与齐国的合纵盟约，又选择与秦国交好。这时，秦昭王刚刚继位，对楚国厚加贿赂。楚、秦联姻，怀王派遣使者到秦国迎娶新妇。

怀王二十五年，怀王与秦昭王在黄棘（今河南新野县东北）相会盟好。不久，秦国将上庸之地还给楚国。

怀王二十六年，因为楚国背叛合纵盟约与秦国盟好，齐、韩、魏三国联兵攻打楚国。怀王将太子送往秦国做人质，向秦国求援。秦昭王派遣客卿通率军救援楚国，齐、韩、魏三国随即退兵。

怀王二十七年，秦国有个大夫因为出于私怨与楚太子发生争斗，楚太子盛怒下杀死了对方，而后从秦国逃回楚国。第二年，秦国联合齐、韩、魏三国共同攻打楚国，斩杀楚将唐眛，并攻取了重丘（今山东聊城广平乡）。

怀王二十九年，秦国再次前来攻打楚国，大败楚军，楚军阵亡两万人，将军景缺战死。怀王大为恐惧，又将太子送往齐国做人质请求与齐国讲和。

怀王三十年，秦国再次攻打楚国，占领了八座城邑。秦昭王派人给怀王送书信说："当初寡人与君王联姻，约为兄弟之国，并在黄棘会盟，还让君王的太子到秦国为人质，关系何其亲密。然而君王的太子欺凌残杀寡人重臣，不谢罪就偷着逃回了楚国，寡人诚然不胜愤怒，故而派兵侵犯君王的边境。最近寡人听闻君王竟然将太子派到齐国做人质，与齐国讲和。秦、楚两国接壤，所以寡人与君王进行联姻，我们这种亲戚关系已经很久了。现在，秦、楚两国交恶，我们就都没法号令诸侯了。寡人希望与君王在敝国武关相会，当面

▶鄂君启节·战国

安徽省博物馆藏。鄂君启节是楚怀王颁发给鄂君启运输货物的免税通行凭证。据节文记载，颁发此节的时间是楚国的"大司马邵阳败晋师于襄陵之岁"，为公元前322年。鄂君的封地约在今湖北鄂城一带。舟节规定鄂君使用船只的限额是150艘。自鄂出发，一年往返一次。水路的范围涉及今汉水、长江、湘江、资水、沅水、澧水等。车节规定的运输限额是50辆，也是一年往返一次。陆路的范围涉及今河南南部和安徽、湖北等地。节文还规定载运牛、马及有关折算的办法，禁止运输铜和皮革等物资。凭此节通过各处关卡可以免税，否则必须征税。金节是研究当时楚国的交通、商业、地理、符节制度、楚国王权的集中和强化，以及楚王与封君的关系等方面的重要实物。

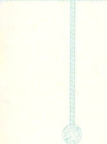

订立盟约，这是寡人的诚意。故而冒昧的将此想法告诉君王的臣下。"怀王接到秦昭王的书信后，心中疑虑难决。想要去武关会盟，但是怕被秦昭王欺骗；如果不去武关呢，又怕会招致秦昭王的怨恨。昭睢进谏说："大王不要去，如果秦国因此发兵来攻，我们就举兵自卫。秦国贪残如狼，不可轻信，况且秦昭王本有吞并诸侯之心。"但是怀王的儿子子兰却劝怀王去武关会盟，说："大王何必拒绝秦国的好意呢？"最终，怀王听从了子兰的意见，去武关会见秦昭王。而秦昭王却使诈，派遣一位将军率军埋伏在武关，让将军冒充秦王。怀王进入武关后，伏兵起，武关关闭，秦人强行将怀王带往咸阳。到达咸阳，秦人强迫怀王到章台朝见秦昭王，行附庸之国的藩臣之礼。怀王大怒，悔恨没有听从昭睢之言。于是秦国强行将怀王扣押，威胁怀王割让巫郡和黔中郡。怀王想要先与秦昭王进行会盟，而秦昭王想要先得到土地。怀王最后怒道："秦国欺诈寡人，竟然又强行威胁我索取土地，休想如愿！"因此，怀王不再答应秦国任何事情。秦昭王就将怀王扣留在了秦国。

怀王被囚于秦，楚国大臣心急如焚，聚在一起谋议道："我王如今被扣在秦国，秦国以此要挟楚国割地，而太子又在齐国做人质。如果秦、齐两国合谋，楚国就有亡国之灾了！"于是就想拥立怀王留在楚国的儿子为新王。昭睢说："大王和太子都受困于诸侯，如今又违背大王的命令改立庶子为新王，恐怕不妥。"于是派使者到齐国假装报丧说怀王已死，欲迎接太子回国。齐湣王对齐国相国说："不如暂且扣留楚太子，要挟他将淮北之地割让给我们。"齐相谏阻道："不可，如此要挟楚国的话，楚国大臣将会立楚王其他儿子为王，那样一来我们就扣留了一个没用的人质，而且在天下诸侯面前也将蒙受不义之名。"但有的齐国大臣说："人质不会没用。如果楚国人立了其他公子为新王，我们就派人跟楚国新王谈条件说'如果能将下东国（楚国东北的徐夷之地，少数民族聚集区域，与齐国接壤）割让给我们，我们就帮你杀掉楚太子，否则的话，我们就联合诸侯帮助楚太子回楚国夺取王位'。这样

图说
史记

一来，我们就可以得到下东国。"但最后齐湣王还是听从了相国的意见，放楚太子回到了楚国。太子熊横从齐国回到楚国，被大臣们拥立为王，是为顷襄王。而后，楚国派遣使者到秦国说："幸赖社稷有灵，我国已经有新王了。"

顷襄王元年，秦昭王为阴谋落空而恼羞成怒，发兵东出武关攻打楚国，大败楚军，斩杀五万人，攻取析邑（今河南内乡至西峡县一带）等十五座城池。

顷襄王二年，怀王从咸阳逃出，秦国发觉后，发兵截断去往楚国的道路。怀王恐惧之下，走小路投奔到了赵国。这时，赵武灵王正在代郡，其子赵惠

▶ **髹漆双头镇墓兽 · 战国**

荆州博物馆藏。1978 年湖北江陵天星观 1 号墓出土。由实心方木底座、兽头和两对鹿角组成。背向的双头曲颈相连，两只兽头雕成变形龙面，巨眼圆睁，长舌伸至颈部。两头各插一对巨型鹿角，鹿角杈桠横生，枝节盘错，转侧变幻，意象极为奇异生动。鹿角向两翼张开，气势雄伟，增加了神秘感。通体髹黑漆，彩绘兽面纹、勾连云纹、几何形方块及菱形纹等，显得神秘而魔幻。

文王刚刚继位，害怕得罪秦国，不敢帮助怀王回归楚国。怀王打算投奔魏国，但半路被秦人追上，再次被秦人掳劫回了秦国。不久，怀王感染上了疾病，在顷襄王三年，死在了秦国。秦国将怀王的遗体送回楚国，楚人怜悯怀王客死异国，都如同死去了亲戚一样痛哭。诸侯从此不再相信秦国，秦国和楚国也绝交了。

以猎为谏

顷襄王六年，秦国派遣白起率军讨伐韩国，在伊阙大败韩军，斩杀二十四万人。秦昭王派遣使者给顷襄王送来书信恐吓道："楚国背叛与秦国的盟约，寡人将联合诸侯出兵伐楚，与君王一决雌雄。愿君王整顿好军队，我们痛痛快快打一仗！"顷襄王为之忧恐，于是谋划与秦国再次讲和。顷襄王七年，楚国和秦国又进行联姻，楚国派人到秦国迎娶新妇，两国正式讲和。

▶ **曾侯乙内棺·战国**

曾侯乙的棺木是一副套棺，这件内棺套在外棺里面，盖板和两侧壁板外呈弧形，内壁为长方盒状。它的纹饰十分复杂，以红漆为底，用黑、黄、金等颜料描绘出异常繁缛的纹饰。在内棺两侧，中间为对开的"田"字形窗格纹，围绕窗格纹勾勒出许多龙蛇、鸟兽和神怪。在窗格纹两侧，有手持双戈戟、头生双角的神怪武士，它们的双眼凝视前方，守卫着棺内安息的灵魂。

顷襄王十一年，秦王和齐王各自称帝号。一个多月后，两人又都恢复自称王号。

顷襄王十四年，顷襄王与秦昭王在宛邑（今河南南阳市）会盟，结为亲善关系。

顷襄王十五年，顷襄王与秦、赵、魏、韩、燕联兵攻打齐国，攻取淮北之地。

顷襄王十六年，顷襄王与秦昭王在鄢邑

（今湖北宜城）进行会盟，到了这年秋天，两人又在穰邑（今河南邓州）会面。

顷襄王十八年，楚国出现了一个善于用小弓和带细绳的箭猎取北归鸿雁的人，顷襄王听闻有这样一个人，就将他找来询问其射艺。此人进宫对顷襄王说："小臣喜欢射猎小型鸿雁和野鸟，只是引弓发射小箭来射取猎物，哪有值得向大王陈说的。以楚国的强大，凭借大王的贤能，若大王引弓，所获得的东西绝非就是那么点猎物。当年，大禹、商汤、周文王能够猎取王道圣德，春秋五霸能够猎取到诸侯的拥护。所以对于楚国来说，秦、魏、燕、赵就好像是小型鸿雁；齐、鲁、韩、卫等国就好比小型水禽；驺、费、郯、邳等国就像是更小的野鸟。除此以外的禽鸟（指其他诸侯国），就都不足以猎取了。看见这六双禽鸟（指上述十二个诸侯国），依大王之意，要如何猎取呢？大王何不以圣人的治国法度做弓，以忠勇之士作为缴箭（拴着丝绳的箭），把握良机去引弓射取它们呢？这六双禽鸟，都是可以射下来装进袋子里的。这种乐趣绝对不是一朝一夕的肤浅快乐，这种收获也绝对不是猎取一只小雁一只小鸟的那种肤浅的收获。大王如能引弓射取魏国大梁城（今河南开封市西北）以南之地，就等于射伤魏国的右臂，并直接牵动了韩国，就能截断中原之地的通道，使上蔡之地不攻自破。回身射取圉地东部，就能斩断魏国的左肘，同时向东进攻定陶（今山东菏泽定陶区），则魏国将被迫放弃其东方领土，那么大宋（辖今河南商丘、安徽淮北、安徽宿州等地区）和方与两郡就会落入楚国手中。魏国被废掉两只手臂后，魏国就将陷入动荡之中，大王出兵攻打郯国（今山东临沂市郯城一带），魏都大梁也就唾手可得了。大王到时在兰台收拢箭绳，饮马黄河，平定大梁，这是射出第一箭能得到的快乐。若大王仍对射猎意兴不减，那就拿出宝弓，给箭换上新的丝绳，再到东海射取有钩喙的大鸟（指齐国），回身休整长城作为防线，然后早上射取莒国东部，晚上射取汶丘（今山东淄博临淄区附近），夜里射取即墨（今山东青岛即墨区），回头占据午道。那么长城以东之地，泰山以北之地，就到手了。到时，楚国西边与赵国接壤，北部与燕国接壤，齐、赵、燕三国就像张开翅膀飞向

图说
史记

▶ **虎座鸟架鼓（复制品）·战国**

虎座鸟架鼓，也称虎座凤架鼓，是战国时期楚墓中造型独特的漆器，也是楚文化的典型代表物，因其造型的独特和神秘，自发现之日开始即引起广泛关注。以两只昂首卷尾、四肢屈伏、背向而踞的卧虎为底座，虎背上各立一只长腿昂首引吭高歌的鸣凤，背向而立的鸣凤中间，一面大鼓悬于凤冠之上。通体髹黑漆为地，以红、黄、金、蓝等色绘出虎斑纹和凤的羽毛。全器造型逼真，彩绘绚丽辉煌，是艺术佳作。

楚国的飞鸟，合纵的局面无须靠盟约就能因形势而稳固下来。而后，大王便可向北眺望燕国的辽东之地，向南俯瞰越国的会稽之地。这就是发射第二箭所带来的快乐。至于泗水流域的十二个诸侯，左手一挥，右手一拂，自可一日而尽数将其扫灭。如今秦国击败韩国，反而给秦王带来无尽的困扰，攻取了众多城邑却不敢据守；而秦国攻打魏国却没有取得大的成功，进攻赵国反而使其自身受损。经过这些战争，楚国的强敌秦国和魏国的勇气和实力都已经接近耗竭，已经到了楚国夺回汉中、析邑、郦邑（今河南南阳市内乡县郦城村一带）等故地的时候了。大王可以再取出宝弓，重新更换箭上的丝绳，渡过郦塞，等待秦国疲困，那么崤山以东和河内之地就会被大王统一了。然后就可以抚恤百姓休养生息，安稳地南面称王了。所以说，秦国是只最大的禽鸟，背靠大陆居住，面朝东方而立，左臂控制着赵国的西南部，右臂挟制着楚国的鄢邑、郢都，胸前对着韩、魏，俯瞰中原诸侯，它所处的位置既方便，又占尽地利，展翅飞翔，纵横三千里。因

此，大王不可能将秦国单独缚住，一夜之间将其射杀。"此人之所以说出这番话，正是想要激愤顷襄王。顷襄王于是与此人深入交谈，这人又对顷襄王说道："先王受秦国欺骗客死于国外，对楚国来说没有比这更大的仇恨了。即使是匹夫报仇，尚且敢于刺杀大国诸侯那样的仇人，公白胜和伍子胥就是这样的人。如今楚国疆域方圆五千里，甲士百万，凭借如此国力，仍然足以争霸中原。现在却坐而受困，臣实在为大王感到惋惜。"于是顷襄王受到激励，派遣诸侯出使各国，联系诸侯再次组成合纵联盟，打算讨伐秦国。秦国得知此事后，先行发兵来讨伐楚国。

图谋周室

楚国计划与齐国和韩国联合讨伐秦国，并趁机图谋周王室。周王赧派遣大臣武公对楚国相国昭子说："贵国打算与齐、韩迫使周国割让都城郊外之地来方便三国运输粮草，并想将九鼎等王室宝器运到楚国来，以使楚王地位尊贵。臣认为此计行不通。弑杀天下诸侯的共主，或让世代为君的

天子成为诸侯的臣下，大国一定不会与这样的国家亲近；以众胁寡，小国也不会亲附这样的国家。大国不与之亲近，小国也不来亲附，便不可能取得名实相符的地位和名号。取得不了名实相符的地位和名号，就不足以付出损伤自己百姓的代价去徒劳一场。贵国举兵如果有图谋周王室的名声，就难以号令天下诸侯了。"昭子否认道："要说楚国要图谋周王室，那绝对是无中生有。即便如此，为何说周王室是不能图谋的呢？"武公回答道："兵法上讲，兵力不超过敌人的五倍，就不发动进攻，兵力不是敌人的十倍就不进行围城之战。周国辖地虽然不大，以周国的威信而论，一个周国抵得上二十个晋国，这一点你是清楚的。韩国曾经以二十万的兵力攻打晋国，在晋国城下遭受到耻辱，精锐士卒战死，一般的士卒也都受伤，却仍不能攻下晋国城池。现在贵国并没有一百个韩国那样的兵力用来图谋周王室，这是天下诸侯都清楚的。若楚国与东西周结怨，使得邹国、鲁国等小国诸侯对楚国失望，齐国也因为不愿意看到楚国声势超越齐国而与楚国绝交，到时楚国就会在天下失去声望，楚国情势必危。那时，楚国虽然使东西周陷入危境，东西周附近的三川之地却会首先便宜了韩国，楚国方城之外的疆域必定都会受到韩国的威胁。怎么知道一定会这样呢？西周的土地，截长补短，不过方圆百里。名义上周王室仍是天下共主，可是割裂周国的疆土也不足以使一个国家因此而富足，拥有了周国的全部百姓也不足以令一个国家拥有更强盛的武力。虽然不去攻打周国，却会落下一个弑君的恶名。然而历来好事的君主，喜欢战争的权臣，他们施政治军，没有不以对周王室取而代之为目的的。这是为何呢？这是因为他们看见祭祀礼器在周国，想得到礼器，所以就忘记了弑君的祸乱。如今韩国鼓动将周王室祭祀礼器搬运到楚国来，臣担心天下诸侯以后都会因礼器在楚国而争相仇视楚国了。请允许我做个比喻：虎肉是腥膻的，它又有尖牙利爪来防身，但人们还是要捕杀它。假使让草泽中的麋鹿披上虎皮的话，猎取它的人一定比猎取老虎的人多一万倍。诸侯若瓜分楚国的土地，足以令国家富强的；屈辱楚国的名声，也一定会使某国君王获得尊荣。如今，你想以私欲诛

▶铸客鼎·战国晚期

安徽省博物馆藏。1933年安徽寿县朱家集李三孤堆出土。直口微侈，平沿，口沿上一对曲耳外张，束腰平底，蹄足。腹饰四兽，攀壁而上，探首于沿。腰饰一周粗弦纹，腹、耳饰羽翅纹，蹄足上部浮雕兽面。口沿铸有铭9字，此式鼎为楚文化最具代表性的器形之一，淅川下寺楚墓及寿县蔡侯墓均有出土。

杀天下诸侯的共主，夺取夏商周三朝的传国宝器，独吞九鼎，自以为高出诸侯一等，这不是贪婪是什么呢？《周书》说'想要有所作为，切莫首先倡乱'。所以说，一旦周王室的宝器被运来楚国的话，诸侯讨伐楚国的大军也就会接踵而至了。"于是，楚国就放弃了图谋周王室的计划。

❧削土亡国

　　顷襄王十九年，秦军前来攻打楚国，楚军战败，楚国被迫将上庸和汉水以北的土地割让给秦国。

　　顷襄王二十一年，秦将白起攻陷楚国郢都，焚烧了楚国先王之墓——夷陵。

49

故宫博物院藏。体圆，直口，方唇，双立耳，深腹，三蹄足，足上端饰浮雕兽面纹。有盖，盖顶中心有一双兽耳衔环（环已失），周围有三钮，钮上饰直线纹。通体饰云雷纹，盖面饰凸弦纹二道，腹上凸弦纹一道。器口沿刻有铭文12字："楚王酓朏作铸鼎，以供岁尝。"可知作器者即战国时的楚考烈王熊元。

楚军败散，顷襄王难以收拢军队反击白起，只好退守东北部的陈城（今河南淮阳）。

顷襄王二十一年，秦军攻陷楚国的巫郡和黔中郡。

顷襄王二十三年，顷襄王收拢楚国东部地区的军队，得到十余万士卒，发兵西进攻打秦军，重新收复了长江附近的十五座城邑，将这些收复的城邑设置为一个郡，以抵御秦军。

顷襄王二十七年，顷襄王派出三万军队帮助赵、魏、韩讨伐燕国。这一年，楚国再次与秦国讲和，顷襄王派遣太子到秦国做人质，并派遣左徒黄歇到秦国侍奉太子。

顷襄王三十六年，顷襄王病重。太子得知消息，从秦国偷偷逃回楚国。这年秋天，顷襄王去世，太子熊元继位，是为考烈王。考烈王任命黄歇为令尹，将吴地淮河以北十二县封给他做封邑，号称春申君。

考烈王元年，考烈王将州邑（今湖北嘉鱼县的江对岸）割让给秦国讲和。当此之时，楚国日益衰弱。

考烈王六年，秦军包围邯郸，赵国向楚国告急，楚国派遣将军景阳救援赵国。第二年，楚军到达新中（今河南安阳），秦军撤退。

考烈王十二年，秦昭王去世，考烈王派遣春申君到秦国去吊祭秦王。

考烈王十六年，秦庄襄王去世，秦王嬴政继位。

考烈王二十二年，楚国联合诸侯共同讨伐秦国，不利而还。这年，楚国将都城从陈城迁往寿春（今安徽寿县），命名为郢都。

考烈王二十五年，考烈王去世，其子熊悍继位，是为幽王。李园将春申君杀害。幽王三年，秦、魏出兵来讨伐楚国。秦国相国吕不韦去世。幽王九年，秦国灭亡韩国。第二年，幽王去世，其弟熊犹继位，是为哀王。哀王继位两个多月，哀王庶兄熊负刍的部属袭杀哀王，拥立熊负刍为王。这一年，秦军俘虏了赵王迁。

楚王负刍元年，燕国太子丹派遣刺客荆轲去刺杀秦王。第二年，秦国发兵来讨伐楚国，大败楚军，楚国丧失十余座城池。楚王负刍三年，秦国灭亡魏国。楚王负刍四年，秦军大将王翦在蕲邑（今安徽宿州市埇桥区蕲县镇）大败楚军，杀死了楚军大将项燕。

楚王负刍五年，秦将王翦、蒙武攻破楚国都城，俘虏楚王负刍，灭亡楚国，将楚国设置成郡县。

✦ 太史公说 ✦

当楚灵王在申地会盟诸侯，诛杀齐国的庆封，建造章华台，索取周王室九鼎的时候，志向宏大，小视天下，后来却被饿死在申亥家里，被天下所耻笑。可见不修养节操品行，是多么可悲啊！对于权势，能不小心谨慎对待吗？公子弃疾靠着策划祸乱登上王位，宠爱秦女，沉溺女色，荒淫得太过分了，几乎使国家再次濒临灭亡！

越王勾践世家 第十一

【解题】在诸侯世家中，只有本篇是以越王勾践的名字作为标题，所以本篇实际上是越王勾践的个人传记。这是因为史料的缺乏，导致司马迁记录越国事迹时缺少素材和依据。因此本篇着重描写了吴越两国争锋于东南，越王勾践战败后屈身受辱，发愤图强，最终消灭吴国的事迹。此外，对勾践"可共患难、不可共富贵"的阴狠（屠杀功臣）也有所揭露。

会稽之辱

越王勾践，他的先祖是大禹的子孙，夏后帝少康的庶子。少康将其庶子（号称无馀）分封在会稽一带，以敬奉和守护大禹的祭祀。越人的风俗是在身上文身，并剪短头发，他们开辟荒野，清除草莽，建造城邑。历经二十余世，王位传至允常。允常在位的时候，越国和吴王阖闾发生战争，结下仇怨。允常去世后，其子勾践继位，是为越王勾践。

勾践元年，吴王阖闾听闻允常去世，率军前来讨伐越国。勾践率军迎战，两军阵前，勾践派出死士向吴军挑战，死士们排列成三行，整齐的行进到吴军阵前，大呼一声全部横剑自杀。吴军观看到这个场面，为之骇然，勾践趁机挥兵猛攻吴军，吴军大败于樵李（今浙江嘉兴县西），吴王阖闾被箭射伤。吴王阖闾败逃回吴国后，不久就因箭伤严重而死去。阖闾临死之前，对其儿子夫差说："一定不要忘记越国这个心腹大患！"

勾践三年，勾践听闻吴王夫差日夜勤奋练兵，想要找越国报仇，就想先发制人去讨伐吴国。大夫范蠡进谏说："大王，不可轻易挑起战端。臣听闻兵器就是凶器，发动战争是违背道义的，以武力进行争斗是处理事务最下等的选择。暗中策划违背道义的事情，喜欢使用凶器，亲自去试着做最下等的事，这是上天所不赞许的。大王一意孤行的话，不会顺利的。"勾践固执地说道："我意已决，无须再谏！"于是发兵伐吴。吴王夫差听闻此事后，举全国精兵迎击越军，越军大败于夫椒山（今太湖洞庭山），勾践率领五千余残兵撤退到了会稽山上据守。吴军追击而来，包围了会稽山。

▶ 《卧薪尝胆图》·现代·刘西京

越王勾践败于吴国后，不忘耻辱，为了激励自己，曾"苦身劳心，夜以继日，目卧则攻之以蓼，足寒则渍之以水""悬胆于户，出入尝之"，这也是成语卧薪尝胆的由来。

勾践对范蠡悔恨地说道："当初不听你的忠谏，致使有今日之败，现在该怎么办呢？"范蠡献计说："能够持满不贪的人，必然会得到上天的眷顾；能够挽救倾危的人，必然会得到百姓的拥护；能节俭财物的人，定会取得地利。如今之计，可以向吴国献上厚礼，用最卑下的言辞向吴国求和，如果吴王不答应，大王就只能忍辱亲自去吴国侍奉吴王。"勾践答应道："好，就这么做。"于是勾践派遣大夫文种进入吴军大营求和。文种进入军门，跪在地上用膝盖跪行到吴王夫差面前，叩头说道："大王您的亡国臣子勾践派遣陪臣文种来告诉您的管事大夫，勾践请求君王允许他做君王的臣仆，他的妻子做您的仆妾。"夫差打算答应越国的请求，但伍子胥向夫差进谏道："如今是上天将越国赐给吴国，大王万不可答应文种。"夫差听从谏言，拒绝了文种。文种回到会稽山上向勾践复命，勾践

决定杀掉妻子和儿子，焚烧掉越国宝器，与吴军决一死战。文种劝阻勾践说："臣知道吴王宠臣太宰嚭，为人贪婪，可以用利益引诱太宰嚭，请大王再派臣悄悄去吴军大营见太宰嚭。"于是，勾践让文种携带美女和宝器悄悄进入吴军大营献给太宰嚭，太宰嚭接受了贿赂，亲自带着文种去见夫差。文种叩头对夫差说："恳求大王赦免勾践之罪，越国愿将举国宝器都献给大王。如果勾践不幸不被大王宽恕，他就将把妻儿全部杀掉，焚毁宝器，率领五千残兵拼死与大王一战，到时恐怕大王的精兵也会付出同等的牺牲。"太宰嚭趁机劝说夫差："越国已经愿意臣服，勾践也愿意做大王的臣仆了，若是赦免勾践之罪，对我国是最有利的。"夫差打算答应文种。这时，伍子胥又向夫差进谏道："现在不趁机灭亡越国，以后大王一定会后悔。勾践是贤君，范蠡、文种都是良臣，他们若再回到越国，一定会成为吴国大患！"最终，夫差没有听从伍子胥的谏言，赦免了勾践之罪，与越国讲和，撤军而回。

勾践被困在会稽山上之时，曾喟然叹息道："难道我越国将要就此灭亡吗？"文种在旁说道："商汤王曾被囚禁在夏台，周文王曾被拘禁在羑里，晋文公曾逃往翟国栖身，齐桓公在莒国避难过，最终都成

▶ **越王勾践剑·战国**

湖北省博物馆藏。1965 年湖北江陵望山出土。圆柄上缠以丝绳。剑首向外翻卷作圆箍形，内铸有十一道圆圈。剑格正面以蓝色琉璃，背面以绿松石镶嵌花纹，剑身满饰黑色的菱形暗纹。近格处有"越王鸠浅自乍用剑"二行八字鸟篆铭文，"鸠浅"就是勾践。宝剑保存完好，刃薄而锋利，出土时剑插于黑漆鞘里。

图说 史记

就了王业和霸业。以此来看，大王今日遭受屈辱，未尝就不预示着大王仍有宏福。"

卧薪尝胆

吴王夫差赦免勾践之罪后，勾践返回越国。于是，勾践勤劳艰苦，殚精竭虑，将苦胆悬在座位上方，坐卧之间都要品尝一下苦胆，饮食之际也要尝一尝苦胆，并且问自己："你忘记在会稽山受到的耻辱了吗？"勾践为了强国复仇，与百姓一起下田耕作，让夫人自己织造布匹缝制衣物，饮食上不吃肉，身上也不穿有色彩的华丽衣服，以极其卑下的态度侍奉贤人，并隆厚地礼遇来到越国的宾客，尽心赈济贫民，得体地安葬死者，与百姓同劳苦。勾践想要用范蠡来执掌国政，范蠡辞谢说："用兵打仗，文种不如臣范蠡，镇抚国家，令百姓亲附大王，民心归一，臣范蠡就比不上文种了。"于是勾践将朝政委托给文种，派遣范蠡和大夫柘稽去吴国议和，并留在吴国做人质。两年之后，吴国就放范蠡回到了越国。

勾践从会稽山回到越国七年以来，一直在倾力安抚士卒和百姓，急切着想要向吴国报仇雪耻。大夫逢同进谏说："百姓刚刚从流亡中稍稍恢复过来，算是殷实富裕了一些，如果这时候我们休整军备，吴国一定感到担忧，吴国感到担忧，大祸就又会降临在我们头上。况且猛禽高翔天空，若要有所捕杀，一定会先隐藏起自己将要发起俯冲的态势。如今，吴国出兵凌蔑齐国和晋国，又与楚国和越国结下深仇，吴王名震天下，实际上已经损害了周王室的威望。吴王德少而功多，一定会自矜威名，陷入傲慢淫逸之中。为今之计，最有利于越国的就是，结交齐国，亲近楚国，依附晋国，同时更加厚待吴国。吴王志向骄狂，定然会对诸侯挑起战端，争王逐霸。我们只要巧妙地处理好与诸侯的关系，当齐、晋、楚三国之兵讨伐吴国时，我越国就能趁着吴国困弊的机会报仇雪恨了。"勾践称赞道："好！就依此计！"

过了两年，吴王夫差打算出兵讨伐齐国。伍子胥切谏道："不可，大王。臣听闻勾践粗衣蔬食，与其百姓同甘共苦，励精图治。此人不死，必为

吴国大患。越国对于吴国来说，就像是生在心腹之中的重病，而齐国对于吴国来说，不过是像疥癣一样的小病。愿大王暂时放过齐国，先灭掉越国。"夫差没有听从，还是率军去讨伐齐国，在艾陵击败齐军，将齐国重臣国惠子和高昭子俘虏回了吴国。回到吴国，夫差就责备伍子胥之前进谏不正确。伍子胥劝道："大王不要因为战胜了齐国就高兴，还不到高兴的时候！"夫差闻言发怒，伍子胥也激愤起来，回去后就想自杀，夫差得知后赶紧派人制止了伍子胥。这时候，文种对勾践说："臣观察吴国朝政，吴王已经骄满起来了，请大王派人去向吴国借粮，看看吴王是什么反应。"勾践依计而行，派人去吴国请求借粮。夫差想要将粮食借给越国，伍子胥进谏阻止，但夫差最终还是将粮食借给了越国，于是越国暗中高兴起来。伍子胥悲观地感叹道："大王不听忠谏，三年之后，吴国恐怕就将成为废墟了！"太宰嚭听到了这话后，与伍子胥多次在夫差面前争论跟越国有关的事务，并在夫差面前进谗说："伍子胥样貌忠厚，其实内心狠毒，当初他在楚国为了保全自己，连父亲伍奢和兄长伍尚都不顾及，现在他能顾及大王吗？之前大王要讨伐齐国，伍子胥强行进谏阻止大王，后来大王战胜齐国而归，因此他就开始怨恨上了大王。大王如果不对伍子胥有所防备的话，他一定会发动叛乱的。"此后，太宰嚭又与越国大夫逢同合谋，继续在夫差前面谗害伍子胥。最终，夫差不再听从伍子胥的计谋，派他出使齐国。不久，夫差听闻伍子胥将自己的儿子托付给了齐国大夫鲍氏，夫差大怒，忿然道："伍子胥果然一直在欺骗寡人！"等到伍子胥从齐国返回吴国时，夫差就赐给伍子胥一柄属镂剑，逼伍子胥自杀。伍子胥大笑道："我曾令你的父王称霸诸侯，又把你扶上王位，当初你提出将吴国分一半给我，我不接受，这才过去多久，如今你就轻信谗言诛杀我。唉！你一个人也不能支撑住国家！"于是，伍子胥对派来的使者说："一定要取出我的眼睛放在都城东门上面，让我看着越兵进入！"说罢，伍子胥自刎而死。随后，太宰嚭就执掌了吴国朝政。

《国语》

《国语》是中国古代最早的国别史，全书共21卷，分别记载西周末年至战国初年（约前967—前453）周、鲁、齐、晋、郑、楚、吴、越八国的历史，主要是记言，故名为《国语》。司马迁在《史记·太史公自序》中说："左丘失明，厥有《国语》。"从此许多人认为《国语》是左丘明所作。《国语》的历史价值不及《左传》，但它也有自己明显的艺术特色。一是长于记言，《晋语》载重耳和子犯二人对话，幽默生动，如在眼前；二是虚构故事情节，如《晋语》所记骊姬深夜向晋献公进谗的故事，早在秦汉时期就被人质疑。唐人柳宗元曾说《国语》是"务富文采，不顾事实"，但这也是对《国语》文学成就的肯定。

灭吴称霸

过了三年，勾践将范蠡找来问道："吴王已经杀掉了伍子胥，吴国举朝充斥谄媚阿谀之徒，现在可以报仇了吧？"范蠡回答道："还不是时候。"

到了第二年春天，吴王夫差率军北上，到黄池与诸侯会盟，吴国精兵都跟随着夫差北上了，只留下老弱之兵跟随太子守国。勾践再次问范蠡是否可以报仇了，这回范蠡回答道："可以报仇了！"于是，勾践与范蠡等人，率领习流之兵（流放之罪的人通过军事训练，所编成的军队）两千人，训练有素的士卒四万人，君子之兵（君王像对待儿子一样以恩德教养的士卒）六千人，在职军官一千人，讨伐吴国。越军攻入吴国，吴军战败，勾践诛杀了吴国太子。吴国急忙向身在黄池的夫差告急，夫差正在与诸侯进行会盟，害怕诸侯得知此事，于是将越国攻入吴国的消息严密封锁起来。当夫差在黄池完成会盟后，才派遣使者携带厚礼去向越国求和。越国揣度还没有实力将吴国灭亡掉，就答应了夫差的议和请求。

又过了四年，越国再次讨伐吴国。此时，吴国军队和百姓都已经疲苦不堪，精兵全都战死在与齐军和晋

军的战斗中。所以，越军大败吴军，长驱直入包围了吴国。越军围困了吴国三年，吴军彻底战败，吴王夫差被勾践率军逼退到了姑苏山上栖身。夫差派遣大夫公孙雄到越军大营中，解衣袒露上身，跪在地上用膝盖跪行到勾践面前，请求议和说：“孤臣夫差大胆派陪臣前来表露心意：从前，臣曾在会稽山得罪过大王，现在不敢违背大王的命令。如果能够与大王议和，臣就返回国都。如今大王就是高举贵足，诛杀臣下，臣下也唯命是从。臣以为大王也能像当年的会稽山之事一样，赦免孤臣之罪吧？”听了这番话，勾践心中同情起夫差，不忍心再逼迫，想要答应夫差的请求。范蠡在旁谏道：“当年在会稽山，上天将越国赐给吴国，吴国没有接受。如今上天又将吴国赐给越国，越国难道也要逆天而行吗？况且大王每日黎明听政，夜里很晚才放下政务休息，不就是为了今天吗？大王图谋吴国花费了二十二年时间，如今却想在一日之间放弃得来之功，这样可以吗？况且上天所赐予的，如果不接受的话，就会转福为祸。谚语说‘砍伐树木做斧

▶《西施浣纱图》·现代·孔庆义。

柄，斧柄的样子就在身边’，大王难道忘了在会稽山上的险厄了吗？”勾践回答道：“我愿意听从你的话，可是我不忍心这样对待夫差的这个使臣。”于是范蠡擂鼓进兵，说道：“越王已经将军事交给了我处理，吴国的使者快快离去，否则我的军队可就要

得罪你了！"公孙雄哭泣着离去。勾践还是对夫差动了恻隐之心，派人对夫差说："我将君王安置到甬东（今浙江舟山），让你去做百户人家的君王吧。"夫差对越国使者回复道："替我告诉越王，我老了，已经不能再侍奉越王了！"于是，夫差拔剑自杀。临死之前，夫差遮住了自己的脸，悔恨道："我下去没有面目见伍子胥啊！"最后，勾践将夫差安葬，并诛杀了吴国奸臣太宰嚭。

勾践吞灭吴国之后，率军北上渡过淮水，与齐、晋等国诸侯会盟于徐州，并向周王室进献贡品，名震天下。周元王派遣使臣赐给勾践王室祭祀宗庙的胙肉，赐给勾践霸主之位（赐封为"伯"）。勾践离开徐州之后，渡过淮水南下，将淮水以北之地都给了楚国，并且将此前吴国侵略的宋国土地还给宋国，将吴国侵略的鲁国泗水东部百里之地还给鲁国。当此之时，越兵横行于长江和淮河以东地区，诸侯都来越国祝贺，勾践号称"霸王"。

争霸国破

这时候，范蠡离开了越国，到达齐国后派人给文种送来书信劝谏道："飞鸟尽，良弓藏；狡兔死，走狗烹。越王面相颈长嘴尖，这种面相的人，只可与其共患难，不能共安乐。何不

—— 医书《万物》——

《万物》是发现于安徽阜阳双古堆西汉汝阴侯墓的竹简抄本。据学者考证，它的撰写时代，应该是战国初期或春秋时代，残简共计 133 支，共约 1100 字。《万物》所载药物种类，初步统计为 71 种，多数为日常生活中所能接触到的东西，这是药物早期发展阶段的重要特征。书中记录的许多药物功用，不仅与后世本草学相符，而且至今仍应用于临床医疗中。《万物》记载药物治疗的疾病有 31 种，包括内、外、五官、神经等各科，病症有寒热、烦心、心痛、气炅、鼓胀、瘘、痤、折、痿、痛、耳惑、睡、梦靥、失眠、健忘等，这些名称皆流传于后世，为后人沿用。

尽早抽身退隐？"文种接到书信后，开始以有病为由不再上朝理政，打算慢慢退隐。有人却在勾践面前进谗说文种正图谋作乱，于是勾践赐给文种一柄剑说："你曾为寡人谋划七条伐吴之计，寡人只用了三条计策就灭亡了吴国，剩下那四条计策你去地下献给先王，让先王也试行一下吧！"于是文种横剑自杀。

勾践去世后，其子越王鼫与继位。越王鼫与去世后，其子越王不寿继位，越王不寿去世后，其子越王翁继位。越王翁去世后，其子越王翳继位，越王翳去世后，其子越王之侯继位。越王之侯去世后，其子越王无强继位。

越王无强在位时期，兴兵北伐齐国，西伐楚国，与中原诸侯争王逐霸。楚威王时期，越国北伐齐国，齐威王派人游说越王无强说："越国若不讨伐楚国，谋大不足以成就王业，谋小不足以成就霸业。估计越国之所以没去讨伐楚国，是因为没有得到晋人的帮助。韩国和魏国肯定是不敢贸然攻打楚国的。如果韩国去攻打楚国，恐怕就会招致兵败战将被杀的后果，韩国的叶邑（今河南叶县城西部）和阳翟（今河南禹州）就会被楚国所威胁；而如果魏国去攻打楚国，也会招致兵败的后果，魏国的陈邑和上蔡就将受到楚国的威胁。所以，韩、魏两国即使侍奉越国，也不至于去攻打楚国，甘心付出兵败战败被杀的代价，因此大王也就得不到韩、魏两国为越国贡献汗马之劳了。既然如此，为何大王还要把得到韩、魏的盟约看得这么重要呢？想要通过讨伐齐国来震慑韩、魏，逼它们来侍奉越国？"越王无强回答道："我所冀求于韩、魏两国的，并不是希望他们直接与楚国交战，更何况是寻求让他们攻打围困楚国的城邑呢？只是希望魏军能屯聚在大梁城下，希望齐国在南阳（今山东莒县以西）、莒地（今山东莒县）练兵，让齐军屯聚在常邑（今山东枣庄薛城区南常故城）、郯地（今山东临沂市郯城一带）一带。那么，楚国屯驻在方城的军队就会被魏军牵制住，不敢南下图谋越国；屯驻在淮水、泗水之间的楚军就会被齐军牵制住，不敢向东侵犯齐国威胁到越国。那么商邑、於邑、析邑、郦邑（今河南南阳市内乡县郦城村一带）以及宗胡（今安徽阜阳市颍

▶ **越王州句剑·战国**

上海博物馆藏。越王州句即朱句，朱句就是《史记》中记载的越王翁。按照《竹书纪年》的记载："不寿立十年见杀，是为盲姑。子朱句立。"朱句是越王勾践的曾孙，不寿之子。其在位在公元前448—前412，在位长达30余年，为越王勾践灭吴王夫差后国势最强、武功最为显赫之君王，后世出土的州句兵器之精良，也反映了这一点。

州区西北）等地的楚军，将不能威胁从楚国通往中原之路以西的区域，也就不能与秦军相抗衡了；而驻守在江南、泗水一带的楚军，就不足以侵犯越国了。若能这样，齐、秦、韩、魏就能从楚国谋取到各自的利益了，尤其是韩、魏两国不用作战就能得到楚国的土地，可谓不耕而获。现在，韩、魏两国却在黄河、华山之间练兵屯聚，甘心被齐、秦两国利用，如此失算，试问寡人如何能靠他们称王呢？"齐国使者反驳道："真是幸运啊，大王做如此谋划，越国竟然没有灭亡！有些人运用智谋就像用眼睛只能看见毫毛却不能看见自己的睫毛，这有什么值得可贵的。如今大王清楚地看到了韩、魏两国失算，却没有看到越国也失算了，这就是像眼睛只能看见毫毛却看不见睫毛一样。大王对韩、魏的期待，原来并非是要他们为越国效汗马之劳，也不是要跟他们联兵结盟，只不过是希望靠他们来分散楚国的兵力而已。可是现在楚国的兵力早已经是分散的状态了，大王哪里还需要等待韩、魏的帮助呢？"越王无强疑惑地问道："此话怎讲？"齐国使者道："现在，楚国三位掌权大夫已经各率三军向北进兵，围攻魏国的曲沃和秦国的於中，楚兵一直打到无假关，战线长达三千七百里。景翠的军队屯聚在楚国北部的楚鲁边境、齐楚边境以及南阳一带。楚国兵力的分散，还有比现在更严重的吗？况且大王想要看到的是韩、魏与楚国争斗，如果三国不发生争斗，越兵就不进攻楚国，这就是只知道两个五却不知道十了。在这么好的时机中不去进攻楚国，臣因此知道越国谋大不足以成就王业，谋小不足以成就霸业了。再说，雒邑、庞邑（今湖南衡阳）、长沙，是楚国的产粮重地；竟陵泽是楚国采集木材的重地。如果越国出兵打通无假关，以上四个地方就不能再向楚国输送粮食和木材了。臣听闻，谋求王业即使不成功，还能够成就霸业。然而连霸业也成就不了的话，

▶ **青瓷甬钟·战国早期**

江苏无锡锡山区鸿山越国贵族墓出土。胎色灰白，内外施釉。合瓦形钲，弧于，平舞，上有上细下粗的甬，甬下部有幹，悬虫上有蛇形堆塑，甬上下均有双线刻划的三角纹，内填戳印的"S"形纹，舞部饰戳印的"C"形纹，篆部以斜线纹相隔，内饰戳印的"C"形纹，左右篆部各有 9 个枚。

那就是失去了抓住推行王道的良机。所以臣希望大王移兵攻打楚国。"

于是，越王无强放弃攻打齐国，转而攻打楚国。楚国大怒，楚威王发兵讨伐越国，大败越军，杀死了越王无强，将故吴国之地全部攻占，一直将楚国疆域向东扩展到浙江，而后楚军又北伐在徐州大败齐军。越国从此败散，公室子孙争夺王位，有的割地自立为王，有的割地自立为君，分散在江南沿海一带，臣服于楚国向楚王朝拜。

又经过七世，越国传位至闽君摇，闽君摇帮助诸侯平定暴秦。汉高祖封赏功臣，将闽君摇封为越王，以奉守越国宗庙祭祀。汉朝时候的东越国和闽君，都是越王勾践的后裔。

▶范蠡三迁

范蠡侍奉勾践之时，不辞劳苦，与文种等人勠力同心振兴越国，为勾践出谋划策二十多年，最终灭亡吴国，帮勾践洗刷了会稽之耻。之后，范蠡又辅佐勾践率军渡过淮水北上，逼近齐国和晋国，号令诸侯，尊奉周王室，勾践因此而成就霸业，而范

蠡取得越国上将军的称号。从淮北返回越国后，范蠡认为盛名之下，难以长守平安，况且看透勾践为人只可与其共患难，难以共安乐。所以范蠡给勾践留下一封书信告辞说："臣听闻君王有所忧虑的话，臣下就应不辞辛劳帮助君王了却烦忧；如果君王遭受耻辱，臣子就应该死节。当年，大王困辱于会稽山，臣之所以没有立刻死节，正是为了帮大王报仇雪耻。如今，大王已经洗刷耻辱，臣既有使得大王在会稽山受辱的罪过，也该领受一死了。"勾践得知范蠡辞去，派人对范蠡威逼利诱说："孤刚要打算与你平分国家，你却请辞了。赶快回来，否则孤赐你死罪！"范蠡回复道："大王自可执行王命，臣也将顺从自己的意志。"于是，范蠡简单装载上容易携带的宝物和珍宝玉器，带领自己的仆从登船驶入大海，没有再返回越国。勾践为了安抚范蠡并表示厚待功臣，就将会稽山封给范蠡做封邑。

范蠡乘船从海上航行到齐国，上岸后改换姓名，自称鸱夷子皮，在海边开垦土地耕种，不辞劳苦带领家人和仆从劳作，与儿子们一起治理产业。过了不多久，范蠡就积累了数十万家产。齐人听闻范蠡贤能，就聘请他去临淄做相国。范蠡喟然而叹："在家当百姓就积聚起千金家财，出仕做官就位至卿相，作为平民来说，这已经达到了富贵的极点。长久享受尊贵的声名，不是件吉利的事情。"于是，范蠡向齐王归还相国之印，将家财全部分散给朋友和乡邻。之后，范蠡带着最贵重的宝物，悄悄率领全家离开了住处，迁徙到了陶邑（今山东菏泽市定陶区）定居。范蠡认为陶邑地处天下的中心，经商之路四通八达，在此谋生容易致富。于是，范蠡又自称为陶朱公，再次带着儿子们一起耕地、畜牧，贱买贵卖，等待时机转卖货物，以求获取十分之一的利润。过了不多就，范蠡又积聚起巨万家财，天下人无不称道陶朱公之名。

朱公知子

在陶邑定居下来后，范蠡又生了一个少子。少子长大之后，范蠡的次子在楚国杀了人，被楚国囚禁起来。范蠡得知消息后，说道："杀人偿命，固然是本分。可是我也听说过，家有千金的子弟，是不应该让他死在闹市的。"于是，范蠡派遣少子去楚国探视次子。少子临行前，范蠡给他往牛车上装载了千镒黄金，全都藏在褐色的器皿中。范蠡长子执意要代替弟弟去楚国，范蠡没有听从。长子惭愤道："家有长子，称作'家督'，如今二弟犯了罪，父亲不派我去营救二弟，却派了三弟去，这是因为我无能，枉为长子啊！"说着就想自杀，幸好被其母亲劝阻。范夫人劝范蠡说："现在派少子去楚国，未必就能救下次子，却先让长子无脸活下去了，这怎么行呢？"范蠡不得以就改派长子去楚国，并写了一封书信让长子到了楚国将书信交给自己的故友庄生，并嘱咐长子说："到了楚国后，你就将全部黄金都送给庄生，任凭他怎么做，千万不要和他争论。"长子临走时，自己又私自携带了数百镒黄金上路。

到达楚国后，范蠡长子找到了庄生家，发现庄生的房舍背靠城墙，拨开满地的杂草才能看见他们家门，看起来非常穷困。然而，范蠡长子还是按照父亲嘱咐，将书信和千镒黄金都交给了庄生。庄生对范蠡长子说："你

尽快离开楚国吧，千万不要停留！即使你弟弟被放出来，也不要问怎么放出来的。"范蠡长子离开庄生家后，不放心就此离开，私自留在了楚国，并将自己私下带来的数百镒黄金都献给了楚国掌权的贵臣，以营救二弟。

庄生虽然家境穷困，但是以廉洁忠直名闻楚国，从楚王以下楚国的将相大夫都像尊奉师傅一样侍奉他。庄生之所以接受了范蠡的千镒赠金，只是为了让范家人安心，本打算等成功营救出范蠡次子后就将黄金还给范家，作为兑现承诺的依据。所以，庄生收下黄金后，就对夫人说："这是陶朱公的黄金，如果我突然病死来不及交代你，以后你要帮我还回去，千万不要动用。"但是范蠡的长子并不知道庄生的心意，还以为庄生根本没什么能力帮助范家成事。

不久，庄生找了个适当的时机进宫见楚王，说："近来天上的某个星辰移动到了某个位置，这是征兆着将有灾害降临楚国啊。"楚王素来信服庄生，急忙向他请教道："现在该怎么办呢？"庄生说："只有推行恩德

才能消除灾害。"楚王道："先生不用详说了，寡人照先生说的做。"于是，楚王派遣使者，将贮存三个等级钱币的府库都严密的封闭起来。收受了范蠡长子赠金的楚国贵臣惊喜地告诉范蠡长子："大王就要在楚国施行大赦了！"范蠡长子问道："何以见得呢？"楚国贵臣解释道："以前每次大王将要进行大赦，都会派人将贮存三钱的府库密封起来，昨晚大王又派人把府库密封上了。以此可知大王将要下令进行大赦了。"范蠡长子以为楚王

▶ 范蠡像·清·无款

即将下令大赦，二弟肯定不久就会被释放，因此非常心疼白白给了庄生千镒黄金，庄生却没办成事情。于是范蠡长子又来到了庄生家，庄生惊问道："你怎么还没离开楚国？"范蠡长子道："本来我就没打算走。当初是为了救援二弟才来烦劳先生，如今二弟想要等待大赦的命令进行自救，所以我来向先生告辞。"庄生立刻明白到范蠡长子这是来取黄金了，因此说道："你自己进屋里搬走黄金吧。"范蠡长子于是就进屋搬出黄金，离开了庄生家，还独自欢喜庆幸不已。

庄生为被年轻小辈轻视戏耍感到耻辱，因此又进宫对楚王说："臣之前说某星移位，征兆着将有灾害降临楚国之事，大王想要推行恩德来化解。今日臣外出时，在街上听人纷纷议论说，齐国陶邑富人陶朱公之子因杀人而囚禁在楚国，朱家人携带了重金来到楚国贿赂大王左右的亲信之臣，所以大王并非是因为楚国的安定而进行大赦，而是要为赦免朱公之子而进行大赦。"楚王大怒道："寡人虽然德行不高，怎么也不会做出因为朱公之子就大赦施

65

惠这种事情吧！”于是，楚王立刻下令对朱公之子论罪诛杀。然后在杀掉范蠡次子的第二天，楚王才颁布大赦令。最终，范蠡的长子只能带着二弟的尸体返回了陶邑。

范蠡长子回到家后，范夫人和乡邻们都为范家次子惨死异国而悲哀，范蠡却笑道：“我早就知道长子此去一定会杀了他弟弟！并非长子不爱其弟，只是他为人太吝惜钱财了。因为长子从小与我劳苦兴家，知道谋生治产的艰难，所以看重钱财。而少子生下来时，家里就已经富有了，没有经历过苦难，终日乘坐坚实的车驾，驱驰良马，以射猎为乐，哪里知道钱财是怎么得来的呢？所以少子一定能舍得抛弃钱财，毫不为之吝惜。之前，我之所以要派遣少子去楚国，正是看重他能舍弃钱财这一点。可是长子就做不到了，所以最终害死了他弟弟。事理如此，还有什么可值得悲哀的。我本来就在日日夜夜盼望着长子快点将次子的尸首运回来。”

因此范蠡三次迁徙居处之地，名满天下。他到了哪里并非是随随便便就离去的，每定居一地，必定成就美名。最终，范蠡老死于陶邑，所以后世又将他称作陶朱公。

❧ 太史公说 ❧

大禹的功绩非常盛大，疏导九川，划定九州，一直到今天，华夏大地仍安居乐业。他的后代子孙勾践，忍受劳苦，殚精竭虑，终于灭亡强大的吴国，率军北上向中原诸侯显耀武力，尊奉周王室，取得“霸王”之号。难道能说勾践不够贤能吗？大概他身上还保存着大禹的遗风吧。范蠡三次迁徙都能荣获美名，名垂千古。这对君臣如此贤能，想不显赫于世，怎么可能呢？

郑世家 第十二

【解题】本篇讲述了春秋时期郑国的发展轨迹，郑国位于洛水之东和河、济之南，正好处于晋、楚两大强国之间，因此卷入晋、楚两国霸权争夺的漩涡就在所难免了，郑国时而背楚连晋，时而连楚攻晋，时而同时结好晋楚。

桓公徙国

郑桓公姬友，是周厉王的少子，周宣王的庶弟。周宣王二十二年，姬友被封为郑国国君（国土在周国都城附近），登上君位三十三年以来，非常受百姓爱戴。于是，周幽王又让桓公担任周国的司徒。桓公和睦周人，聚拢人心，周人大悦，黄河、洛河之间的百姓，无不思慕他。桓公担任周司徒一年之后，周幽王因为宠爱褒姒的缘故，王政开始偏离正道，有的诸侯开始背叛周国。桓公非常忧虑，向周国太史伯请教道："如今王室多变故，我如何才能避免杀身之祸？"太史伯说："只有洛河以东，黄河、济水以南的那片土地，最适合安居乐业。""这是为何？"桓公疑惑地问道。太史伯解释说："因为那片土地与虢国和郐国邻近，而这两国的国君贪婪好利，不得民心。现在您贵为周司徒，深得百姓爱戴，如果您向天子请求迁徙到那片土地去建国，虢国和郐国的国君见您正受到天子的器重，定然会轻易地将土地划分给您。您若在那片土地上建立起郑国，虢国和郐国的百姓就会全部都成为郑国的人民。"桓公又问道："如果我将郑国迁徙到南边长江那一带如何？"太史伯说："当年祝融是帝喾的火正，功劳盛大，但是周朝立国以来，祝融的后裔还没有兴盛起来的。楚国正是祝融的后裔。周国衰微，楚国必定崛起。楚国一旦崛起，必然对郑国不利。""那如果

郑国的开国之君郑桓公、建立东方郑国的郑武公、称霸诸侯的郑庄公是郑国最有作为的三代国君，称为"郑氏三公"，这三位有作为的郑国国君的故事都与荥阳有关。郑桓公未雨绸缪，寄孥荥阳；郑武公雄才大略，开疆拓土；郑庄公励精图治，称霸中原。郑氏三公创立的辉煌功业，永为后世所景仰。

我将郑国迁徙到西部如何？"桓公继续问道。太史伯说："西部的百姓贪婪好利，不是可以久居之地。"桓公最后问道："周国衰微之后，哪个国家会兴盛起来？"太史伯答道："应该会是齐、秦、晋、楚这四个国家吧？齐国国君姜姓，是伯夷的后裔，伯夷曾辅佐尧帝掌管着礼仪。秦国国君嬴姓，是伯翳的后裔，伯翳曾辅佐舜帝驯服百物。楚国的祖先，都曾对天下建立大功。而周武王灭亡殷纣王之后，成王将弟弟叔虞封在唐地，唐地地势险阻，凭借着有德子孙能够与衰弱的周王室并存，所以晋国也会兴盛起来。"桓公赞叹道："太史分析

得太有道理了！"于是，桓公找机会向周幽王提出请求，将郑国迁徙到洛河以东，幽王答应了，而虢国和郐国果然分出十座城邑给郑国。从此，郑国就在洛河以东建立起来了。

两年后，犬戎在骊山之下杀死了周幽王，桓公也一同遇难。于是，郑国拥立桓公之子姬掘突登上君位，是为武公。

❧庄公兴国

武公十年，武公迎娶申国国君申侯之女为夫人，夫人被称作"武姜"。武姜生下太子寤生，之所以给太子取名为寤生，是因为武姜生太子时曾难

产。后来，武姜又生下叔段，生叔段时很容易，所以武姜就宠爱叔段而不爱太子寤生。

武公二十七年，武公病重，武姜请求武公改立叔段为太子，武公没有听从。不久，武公去世，太子寤生继位，是为庄公。

庄公元年，庄公将弟弟叔段封到京邑（今河南荥阳市区东南十千米，豫龙镇京襄城村），号称"太叔"。大夫祭仲进谏道："京邑城池比都城还要大，不适宜将其封给叔段。"庄公道："这是武姜的意思，我不敢去争执。"叔段到了京邑后，就整军备武，与母亲武姜合谋打算偷袭都城。

庄公二十二年，凭借着武姜做内应，叔段发兵偷袭都城。庄公早有准备，也发兵迎击叔段，叔段兵败逃回京邑。庄公乘胜进兵讨伐京邑，京邑军民纷纷背叛叔段，叔段被迫逃往鄢邑（今河南鄢陵县）。庄公又发兵讨伐鄢邑，鄢邑百姓也纷纷叛逃，不愿为叔段效命，叔段只好又逃往共国（今河南辉县）。于是，庄公怀着怨气将母亲武姜迁徙到城颖（今河南襄城东北）软禁，并对母亲发誓说："不

到黄泉，我们永不再见！"过了一年后，庄公开始后悔将母亲武姜软禁并发下毒誓，终日思念母亲。颖谷（今河南登封市西南）大夫考叔来到都城向庄公进献贡品时，庄公留考叔在宫中用膳。考叔看出庄公思念武姜，就向庄公请求道："臣家里还有老母，

"郑卫之音"

西周时期的礼乐制度严格规定等级，伴随礼的乐舞基本是雅乐。春秋以后，周王室衰微，礼乐制度逐渐衰落，出现"礼崩乐坏"的局面，世俗的民间乐舞开始盛行，这就是以"郑卫之音"为代表的新乐。《礼记·乐记》载，魏文侯听雅乐就容易瞌睡，听郑、卫的新乐就不感到疲倦。齐宣王也曾对孟子说喜欢的是世俗音乐。先秦文献关于新乐的记载，多是贬责。例如子夏（孔子弟子）曰："郑音好滥淫志，宋音燕女溺志，卫音趋数烦志，齐音骜辟骄志。"但通过这些描述可以推断，新乐是热情奔放的真性流露。在那个思想解放的时代，它更能表述人民的心声。

请君侯准许臣将食物带回一些献给母亲。"庄公感伤道："我现在也非常想念我的母亲武姜，但是我怕违背誓言会不吉利，怎么办呢？"考叔献计说："挖一条隧道直达黄泉，君侯不就可以与武姜相见了吗？"庄公大喜，于是依照考叔之计与母亲武姜相见，将武姜又接回了宫中。

庄公二十四年，宋穆公去世，其子公子冯逃到了郑国。庄公不满周天子重用虢国国君，慢待郑国，派兵侵犯周国，夺取了周国还未收割的庄稼。第二年，卫国公子州吁弑杀卫桓公自立。之后，州吁以帮助宋国诛杀公子冯为名，引诱宋国与卫国联合出兵来讨伐郑国。

庄公二十七年，庄公初次去朝见周桓王。桓王因为之前郑国强行夺取周国庄稼的事怒气难消，没有礼遇庄公。

庄公二十九年，庄公恼怒周天子不礼遇自己，就私自用祊邑与鲁国交换许田。庄公三十三年，宋国诛杀大夫孔父。庄公三十七年，庄公不再去朝见周天子，周桓王愤怒之下率领陈、蔡、虢、卫四国讨伐郑国，庄公与祭仲、高渠弥率军抵抗自救，将周桓王打得大败。郑国大夫祝瞻一箭射中了周桓王的手臂，向庄公请命乘胜追杀俘虏周桓王。庄公说道："冒犯长辈都要受到责难，何况是敢于凌辱天子呢？"因此，下令军队停止进攻。当天晚上，庄公派遣祭仲去慰问周桓王，探视伤情。

庄公三十八年，北戎讨伐齐国，齐国派人前来郑国求救，庄公派遣太子忽率军救援齐国。击退北戎后，为了报答郑国，齐釐公主动提出想将女儿嫁给太子忽，太子忽婉谢道："郑是小国，我怎敢迎娶大国之女。"当时祭仲跟随在太子忽身边，劝太子忽答应婚事，说："君侯有很多宠爱的姬妾，如果太子没有大国作为强援，恐怕太子之位会难保，三位公子都有可能夺取君位。"所谓三位公子就是太子忽的三个弟弟：公子突、公子亹和公子婴（也称公子仪）。最终，太子忽还是没有听从祭仲之言。

庄公四十三年，庄公去世。庄公在位时，非常宠信祭仲，让他做了正卿，还派祭仲去邓国为自己迎娶邓女为夫人，生下了太子忽。所以，庄公去世后，

祭仲就拥立太子忽继位，是为昭公。

祭仲专政

庄公在世时，又从宋国迎娶过雍氏之女为妻，生下了公子突。雍氏家族在宋国很受宋庄公的宠信，宋庄公听闻祭仲拥立了昭公为君，就派人将祭仲引诱到宋国，劫持了他。宋庄公威胁祭仲道："要是不立公子突为郑君的话，你就只能去死了。"与此同时，宋国也劫持了公子突，向他索求贿赂。祭仲被迫答应了宋庄公的要求，与宋国人盟誓，然后带着公子突返回了郑国，决定拥立公子突取代昭公。昭公闻知此事之后，在九月丁亥日，逃往卫国避难。己亥日，公子突进入都城，登上君位，是为厉公。

厉公继位四年以来，国政始终执掌在祭仲手中，厉公为此不满，暗中指使祭仲的女婿雍纠择机杀掉祭仲。雍纠的妻子，也就是祭仲的女儿，得知了厉公和雍纠的阴谋，不知道该怎么办，就问她的母亲："父亲和丈夫哪个最亲近？"其母回答道："是个男子就可以成为丈夫，但父亲只有一个。"于是，祭仲之女就将丈夫和厉公的阴谋告诉了祭仲，祭仲很快就将雍纠诛杀，并将其陈尸在闹市示众。得知雍纠被杀，厉公无可奈何，恨道："竟然将大事泄露给妇女知道，活该被杀！"到了夏天，厉公被迫逃往边境的栎邑。于是，祭仲重新将昭公迎接回来，六月乙亥日，昭公回到都城，重新登上君位。

▶ 蟠虺纹盘·春秋

盘折边，立耳，弧形壁，圈足。外壁满布蟠虺纹，圈足饰垂鳞纹。盘是一种盛水的器物，于西周中晚期渐兴，春秋时极盛。由部分带铭器上可知多与陪媵有关，征验当时女性媵嫁与盟礼之盛行。器身满饰的蟠夔纹是春秋中晚期流行的纹饰。

▶ "王子婴次"青铜炉·春秋

中国国家博物馆藏。"王子婴次"青铜炉于
1923年出土于河南新郑南街李家楼，它造
型简单大方，状似圆角长方形平底大盘，器
壁内侧有7字铭文——"王子婴次之燎炉"。
专家认为这是一个燎炭取暖的用具，相当于
今天的火盆。

到了秋季，栎邑人杀死了栎邑大
夫单伯，厉公于是进入栎邑据守。诸
侯听闻郑国有内乱，前来讨伐郑国，
见不能战胜郑军，就撤兵而去。宋国
派遣了不少军队到栎邑帮厉公守城，
所以郑国也就没有发兵攻打栎邑。

自从昭公在做太子的时候，父亲
庄公就想拔擢高渠弥担任卿，而昭公
不喜欢高渠弥，经常在庄公面前说高
渠弥的坏话，可是庄公最终还是让高
渠弥担任了卿。昭公二年，高渠弥害
怕昭公会诛杀自己，就在冬季十月辛
卯日，随昭公外出狩猎的时候，在荒
野中将昭公射杀。祭仲和高渠弥都不

敢将厉公迎接回来，于是就拥
立昭公之弟公子亹为君，
是为子亹——没有谥号。

子亹元年七月，齐
襄公在首止（今河南睢
县东南）会盟诸侯，高渠弥辅佐
子亹前往首止参加会盟，祭仲则假称
得病，没有跟随。祭仲之所以没有跟
随，是因为他知道，齐襄公还在做公
子的时候，就曾与子亹殴斗过，彼此
结下了深仇。当齐国使者前来邀请郑
国国君参加首止会盟时，祭仲曾劝谏
子亹不要前往，但子亹说："齐国是
强国，现在厉公还据守在栎邑，如果
我不去首止的话，恐怕齐国会率领诸
侯前来讨伐我，并将厉公送回都城。
我还是去吧，未必就会遭到羞辱，在
诸侯面前，齐国应该不会做出很过分
的事情。"所以，子亹没有听从祭仲
的谏言。而祭仲担心如果自己随行，
会与子亹一起都被齐国杀掉，所以他
才假称得病。子亹到了首止之后，没
有向齐襄公就以前的恩怨而致歉，齐
襄公为之恼怒，就埋伏下军队杀掉了
子亹。高渠弥从首止逃回郑国，与祭
仲商议后，又从陈国迎接回子亹的弟

弟公子婴，将他扶上君位，是为郑子。这一年，齐襄公指使彭生杀害了鲁桓公。

郑子八年，齐国管至父等人作乱，弑齐襄公。郑子十二年，宋国人南宫万弑其国君宋湣公。这一年，祭仲去世。

❱厉公复位

郑子十四年，以前跟随厉公逃亡到栎邑的人，派人用引诱的手段劫持了大夫甫假，要挟甫假帮助厉公夺回君位。甫假妥协道："你们放了我，我可以回去杀了郑子迎接厉公复位。"于是，厉公与甫假盟誓后，释放了甫假。六月甲子日，甫假弑杀了郑子及其两个儿子，将厉公迎接回都城复位。当初，郑国都城南门有两条蛇争斗，一条在门内，一条在门外，最后是门内的那条蛇被斗死了。过了六年之后，在外避难的厉公果然重新回到都城复位。厉公复位后，就责怪伯父姬原道："我失去君位流亡在外，这么多年伯父都没想着将我迎回来，对我也太过分了吧！"姬原道："侍奉君上不可以有二心，这是人臣的本分。可是我也知道自己的罪过了。"于是，姬原被逼自杀。厉公转过脸就对甫假说："你这人侍奉君上可谓有二心。"于是，就将甫假也诛杀了。甫假临死之前恨道："谚语说最重的恩德是没法得到报答的，果然是如此！"

厉公后元年，齐桓公开始成为中原霸主。

厉公后五年，燕、卫两国联合起来与周惠王的弟弟王子颓一起讨伐惠王，惠王逃往温邑避难，王子颓窃据了王位。第二年，惠王向郑国告急，厉公发兵讨伐王子颓，没能取胜。于是，厉公将惠王带回郑国，让惠王暂时居住在栎邑。厉公后七年春，厉公又联合虢国的虢叔偷袭王子颓，将其杀掉，然后将惠王送回了周国。到了秋天，厉公就去世了，其子姬踕继位，是为文公。厉公第一次登上君位时，一共做了四年国君，逃到栎邑后，在栎邑住了十七年。第二次登上君位时，做了七年国君，加上流亡在栎邑的时间，他一共在位二十八年。

拒谏生祸

文公十七年，齐桓公率军击破蔡国，又乘胜讨伐楚国，进兵至召陵。

文公二十四年，文公一个名叫燕姞的地位卑下的姬妾，有天梦见上天赐给她一支香兰，并对她说："我是伯儵，是你的祖先。我将这支香兰赐给你做儿子，这是国中最芳香的兰草了。"燕姞第二天将这个梦告诉了文公，文公就宠幸了燕姞，并赐予燕姞一支兰草作为符信。后来燕姞果然生下了一个儿子，就被命名为"兰"。

文公三十六年，晋国公子重耳流亡路过郑国，文公不加礼遇。文公之弟叔詹劝谏道："重耳贤能，况且又与我们是同姓，如今他穷困路过郑国，君上不可对其无礼啊。"文公不以为意道："诸侯公子流亡路过郑国的多了，岂能每个都加以礼遇？"叔詹继续谏道："如果君上不能礼遇重耳，那就请将他杀掉。如果重耳将来返回晋国，一定会成为郑国的忧患。"文公最终还是没有听从叔詹的谏言。

文公三十七年春，公子重耳返回晋国登上君位，是为晋文公。秋季，郑国军队进入滑国，迫使滑国臣服于郑。不久，滑国又背叛郑国，归附了卫国，于是文公发兵讨伐滑国。周襄王得知此事，派遣伯辅（也称伯服）到郑国为滑国求情。文公早就对之前厉公帮助周惠王夺回王位，惠王没有赐封厉公爵禄而心怀怨气，这时又见襄王明显偏心卫国和滑国，心里就更加怨愤，不仅没有听从襄王的求情，还将伯辅给囚禁了起来。周襄王大怒，联合翟国讨伐郑国，却没能取得成功。到了冬天，翟国反而举兵攻打周国，襄王被迫逃来郑国避难，文公将襄王安置在氾邑。文公三十八年，晋文公出兵帮助襄王重新回到了周国。

文公四十一年，文公帮助楚军攻打晋军。因为文公自知当年重耳流亡路过郑国时，自己对其无礼，得罪了重耳，因此就背弃与晋国的盟好关系而帮助了楚国。

文公四十三年，晋文公以郑国助楚攻晋，且曾无礼于自己为名，联合秦穆公率军前来讨伐郑国。当初，文公有三位夫人，五位受宠的儿子，可是他们都因为犯了罪过而过早死去。文公一怒之下，就将其他儿子都逐出了郑国。其中公子兰投奔到了晋国，并跟随晋文公率军前来包围郑国。当此之时，公子兰侍奉晋文公非常恭谨，受到晋文公的宠爱。公子兰趁机与晋国上下打好关系，寻求让晋国帮助自己回到郑国成为太子。晋军包围郑国后，晋文公扬言要得到叔詹并将其诛杀。文公恐惧，不敢将此事告知叔詹。可叔詹自己听闻此事后，对文公说："当初臣向君上进谏诛杀重耳，君上不听，终于招致今日祸患。然而，现在晋军包围郑国，既然扬言要得到臣，死臣一人能令晋军放过郑国，臣心甘情愿。"于是，叔詹自杀而死。文公派人将叔詹的尸体送往晋军大营谢罪。晋文公回复道："我一定要见一见郑国国君，不羞辱他一番，绝不退兵！"郑国为之忧心不已。危急关头，文公派遣烛之武悄悄去秦军大营游说秦穆公道："如果郑国被攻破，只会让与郑国接壤的晋国获得实在的利益，秦国却什么利益也得不到。"秦穆公因此被说服，单方面撤兵而去。晋文公见不可能攻破郑国，就派人对文公说，如果能立公子兰为太子，晋军就撤退。郑国大夫石癸对文公说："我听闻姞姓是后稷正妃的家族，

▶ **蟠螭纹罍·春秋**

罍侈口，卷沿，方唇，束颈较高，广肩，肩部饰兽面半环耳一对，深腹，平底。自肩部至腹部，饰蟠螭纹带四道，以弦纹间隔，齿纹眼部皆为乳丁状凸起。器型庄重，纹饰精细美丽，铸造水平较高。

75

如此贤德家族的后裔应当会有兴起之人。公子兰的母亲，正是姞姓后裔。况且君王的夫人已经全部都去世，其余庶子没有一个能比得上公子兰贤德。如今晋君围城危急，晋国帮助公子兰请求太子之位，这是与晋国讲和并最有利于国家的条件了。"于是，文公答应晋国立公子兰为太子，并与晋国盟誓，晋文公这才率军撤退。

灵公被弑

文公四十五年，文公去世，太子兰继位，是为缪公。

缪公元年春，秦穆公派遣孟明视、西乞术和白乙丙三位将军率军前来偷袭郑国，行军到滑国境内时，正好遇上郑国商人弦高。弦高一边假装用十二头牛犒劳秦军，一边立刻派人回郑国报信。所以最后秦兵没能来到郑国就返回了，并在返回的路上被晋军在崤山击败。之前，文公去世时，郑国都城的守城大夫缯贺将郑国空虚的情报出卖给了秦国，所以秦兵才想要前来偷袭郑国。

缪公三年，缪公发兵跟随晋国去讨伐秦国，在秦国的汪邑（今陕西白水方城一带）击败秦军。

此前一年（缪公二年），楚国太子商臣弑杀其父楚成王自立，是为楚穆王。

缪公二十一年，楚国让郑国去讨伐宋国，宋国派遣华元率军迎战郑军。华元杀羊犒劳部下时，分羊汤忘记了分给帮自己驾驶战车的羊斟。羊斟心怀怨怒，两军交战后，羊斟故意驾驶战车驰入郑军军阵，让郑军俘虏了华元。郑国将华元囚禁起来，宋国提出以重礼赎回华元，但没等财物交接完毕，华元就私自偷跑回了宋国。不久，晋国派遣赵穿前来讨伐郑国。

缪公二十二年，缪公去世，其子姬夷继位，是为灵公。

灵公元年春，楚国派使者向郑国赠送了鼋鱼。子家和子公正要进宫朝见灵公时，子公的食指无故颤动，子公就对子家说："往日只要是我食指无故颤动，就一定会吃到不寻常的食物。"等到两人进入宫中，果然看见宰人（厨师）向灵公进奉鼋鱼羹，子公向子家大笑道："我说得很准吧！"灵公看见他们俩笑着前来朝见，就问他们为何而笑，两人如实告诉了灵

▶ **郑义伯匜·春秋**

台北故宫博物院藏。匜口缘曲，短流槽，口沿下饰重环纹一周，腹部饰瓦棱纹五道。腹下有四个兽蹄足，腹侧有龙形鋬。匜腹内有铭文："郑义伯作季姜宝匜用。"郭沫若考证郑义伯是郑国的大夫。

公。但君臣入座后，灵公故意单单不给子公分享鼋鱼羹。子公怨怒，把手指伸进食鼎里蘸了些鼋鱼羹放进嘴尝了尝，拂袖而去。灵公为之愤怒，对子公动了杀意。子公知道自己已经与灵公决裂，就与子家合谋，打算先对灵公下手。到了夏天，子公和子家弑灵公。大夫们想要拥立灵公之弟公子去疾继位，去疾辞让说："如果是考虑立贤者为君，那我在众公子中并无什么贤德；如果是考虑顺应长幼尊卑之礼，那么公子坚是众公子中最年长

的。"公子坚也就是灵公的庶弟，去疾的哥哥。于是，大夫们就拥立了公子坚为君，是为襄公。

▶ 襄公附楚

襄公继位后，想要将缪氏全部驱逐出郑国。所谓缪氏，也就是弑杀灵公的子公的家族。公子去疾谏阻襄公道："如果君上一定要驱逐缪氏的话，我也将离开郑国。"于是，襄公打消了这个想法，并且将打算驱逐的人都任命为了大夫。

襄公元年，楚国为郑国接受宋国贿赂致使华元逃回宋国而发怒，发兵前来讨伐郑国。于是，郑国背弃与楚国的盟好，转而亲附晋国。襄公五年，楚国再次出兵来讨伐郑国，晋国派兵前来救援郑国。襄公六年，子家去世，国人憎恨他是弑杀灵公的凶手之一，所以将子家的家族驱逐出了郑国。

襄公七年，郑国与晋国在鄢陵进行盟誓结好。第二年，楚庄王以郑国背弃楚国与晋国结盟为名，率军前来讨伐郑国，将郑国包围了三个月，襄公被迫开城向楚军投降。楚庄王从皇门进入郑国都城，襄公解衣袒露上身，并牵着羊迎接他，卑微地陈情道："孤没有能力处理好边境事务，使得君王怀着盛怒驾临敝邑，这都是孤的罪过。岂敢不唯命是听！无论是将我流放到江南，还是赐给诸侯做臣仆，我都唯命是听。若君王没忘却郑国祖先（周）厉王、（周）宣王，以及郑国开国之君桓公，还有曾建立功业的武公，不忍心断绝他们的祭祀，赐给我一些贫瘠的土地，让我从此侍奉君王，将是孤最大心愿，但也不敢有这样的奢求，只是向君王坦白的肺腑罢了。"楚庄王听了这番话后，挥动军旗下令楚军后撤三十里扎营。楚国群臣纷纷向楚庄王进谏说："我们从郢都率军讨伐郑国，士大夫们都劳苦很长时间了。现在我们好不容易攻下了郑国，为何大王竟要放弃这难得的胜利呢？"楚庄王回答道："寡人之所以来讨伐郑国，就是为了逼郑国服从楚国，现在郑国已经表示服从楚国了，寡人还奢求什么呢？"最终，楚庄王将国家还给襄公，率军撤退。晋国听闻楚国讨伐郑国后，本来是发兵前来救援郑国的，但是晋国内部一直持观望态度，所以晋军走得特别慢，等到他们行军至黄河时，楚军都已经解除对郑国都城的包围了。这时候，晋军中的各位将军，有的建议立即渡过黄河，有的建议率军返回。最后，晋军还是渡过了黄河。楚庄王闻知晋军渡过了黄河，率军掉头杀向晋军，郑国也出兵帮助楚军攻打晋军，最终郑、楚联军在黄河附近将晋军打得大败。到了襄公十年，晋国为报复郑国叛晋亲楚，出兵来讨伐郑国。

襄公十一年，楚庄王率军讨伐宋国，宋国向晋国告急。晋景公想要发兵

救援宋国，但晋国大夫伯宗进谏说：“上天正在帮助楚国崛起，现在不是与楚国争锋的时候。”于是，晋国从霍邑（今山西霍州市西南八千米）找到一位名叫解扬（字子虎）的壮士，派他到宋国假传口信说晋军即将赶来救援宋国，以此诓骗楚国，令宋国坚守住城池不要投降。解扬途径郑国时，被郑国给抓住，因为郑国正亲附楚国，立刻将解扬给送去了楚军大营。楚庄王厚重地赏赐了解扬，与解扬约定，让解扬到宋城之下给宋国人传递意思相反的口信，使宋国尽快投降楚军。楚人反复要挟解扬多次之后，解扬才勉强答应按照楚庄王说的做。于是，楚庄王命令军卒帮解扬登上高高的楼车，让解扬向宋国人喊话。解扬却背弃了与楚庄王的约定，如实向宋国人传达了晋景公的命令，他大喊道：“晋国正在起倾国之兵前来救援宋国，宋国即使万分危急，也要继续坚守住，千万不要投降楚国，晋军很快就要到来了！”楚军士卒急忙将解扬扯下楼车，楚庄王大怒，要杀掉解扬。解扬无所畏惧道：“国君能制定命令是义，臣下能执行好国君的命令是信。我承受君命而来，不辱使命，就是死也维护住了信义！”楚庄王斥责他道：“你之前已经答应了帮我劝降宋国，现在却背叛了约定，你还有什么信义可言？”解扬道：“此前之所以答应了大王的要求，那是为了完成我们国君交给我的使命！”楚庄王怒气难平，下令诛杀解扬，将要行刑时，解扬环顾楚军大声道：“作为臣子的，都不要忘记勇于为君上尽忠而死！”楚庄王的众位弟弟受到触动，纷纷向楚庄王进谏赦免解扬。楚庄王冷静下来后，也不想落得诛杀忠臣的恶名，就下令赦免解扬，放他返回晋国。解扬回到晋国后，晋景公论功封赏，赐予他上卿的爵位。

朝晋暮楚

襄公十八年，襄公去世，其子姬费继位，是为悼公。

悼公元年，鄦国（即许国，在今河南许昌市东）国君鄦公在楚王面前进谗，诋毁郑国。悼公派遣弟弟公子睔到楚国申诉辩白。楚王听了公子睔的辩白后仍选择相信鄦公的谗言，将公子睔囚禁在了楚国。于是，悼公

转而与晋国讲和，亲附了晋国。公子輪主动与楚国贵臣子反结下深厚的私交，子反向楚王进言后，楚王释放公子輪回到了郑国。

悼公二年，楚国发兵前来讨伐郑国，晋国得知消息后，派兵前来救援郑国。这一年，悼公去世，其弟公子輪继位，是为成公。

成公三年，楚共王对大臣们说道："寡人对郑君有过恩德。"于是派遣使者前来郑国重修旧好。成公就私下与楚国盟誓和好。到了秋天，成公去晋国朝见晋国国君，晋人怒道："郑国竟然背着晋国与楚国私自讲和盟好了！"因此晋国将成公扣押，并派遣栾书率军讨伐郑国。

成公四年春，郑国忧愁晋军长期围困郑国而不撤兵，公子如就拥立了成公的庶兄公子繻为新君。到了四月份，晋国听闻郑国又立了新君，就与成公盟誓和好，将他释放回了郑国。郑国人得知成公已经被晋国释放，就诛杀了新君繻，迎接成公复位。晋军也随之解除了对郑国的包围，撤兵而回。

成公十年，成公再次背弃与晋国的盟约，与楚国结盟。晋厉公大怒，发兵前来讨伐郑国。楚共王得知此事，亲自率军救援郑国。晋军和楚军在鄢陵进行决战，楚军战败，晋军还射伤了楚共王的眼睛，随后两国各自罢兵回国。

成公十三年，晋悼公又出兵前来讨伐郑国，屯兵于洧水岸边。郑国严守城池，并不出兵迎战。不久，晋军撤退。

成公十四年，成公去世，其子姬恽继位，是为釐公。

🔷 子产安国

釐公五年，相国子驷前来朝见釐

公，釐公没有对他以礼相待。子驷为之怨怒，就暗中指使厨师在食物里下毒毒死了釐公。随后子驷派使者到诸侯们那里送讣告说"釐公不幸暴病而死"。于是，郑国就拥立釐公之子姬嘉继位，是为简公，简公时年仅五岁。

简公元年，郑国众多公子暗中谋划诛杀相国子驷之事，却被子驷察觉，反而全都被子驷给诛杀了。

简公二年，晋国派兵前来讨伐郑国，郑国与晋国和好结盟后，晋军撤兵而去。到这年冬天，郑国又与楚国盟誓巩固旧好。这是因为子驷害怕遭到诛杀，所以既亲附楚国又盟好晋国。

简公三年，子驷图谋废黜简公，自立为国君，公子子孔派遣尉止杀掉子驷，取代子驷成为相国。不久，公子子孔又想废黜简公，自立为国君。子产向子孔劝谏道："之前子驷强行要做不能做的事情，所以被诛杀。现在你又要去效仿他，这是将国家带入无休止的祸乱之中啊！"于是之孔听从了子产的忠言，以简公相国的身份承担了责任。

简公四年，晋国为郑国同时盟好于楚国而感到愤怒，发兵前来讨伐郑国，郑国被迫与晋国结盟。这时，楚共王再次率军前来救援郑国，击败了晋军。但是简公想继续与晋国讲和，就派使者去向楚共王说明情况，楚共王下令囚禁了郑国使者。

简公十二年，简公因对相国子孔专权感到愤怒，诛杀了子孔，任用子产为卿。

简公十九年，简公到晋国为卫君国君说情，游说晋国让卫国国君回国。简公回国后，赐封给子产六邑之地（九百亩为一井，四井为一邑）为封邑，子产谦让，只接受了三邑之地。

简公二十二年，吴国延陵季子出使到郑国，与子产一见如故，对子产说："郑国执政者奢淫不恤百姓，祸难就快降临了，国政将会落到你的手上。你执政之后，一定要处处遵从礼制，否则的话，郑国就有败亡之危。"子产牢记住延陵季子的忠告，以非常隆厚之礼招待了他。

简公二十三年，郑国众多公子因争宠而互相残杀，还有人想杀害子产。有的公子向图谋杀害子产之人劝谏道："子产是仁人，我郑国之所以能立足于诸侯，全是因为有子产在，不可杀害他！"忖度了这番话之后，那些想要害子产的人才没有对子产下手。

简公二十五年，郑国派遣子产出使晋国，慰问正生病的晋平公。晋平公向子产请教道："太史替我占卜后，说是实沈、台骀作祟，史官们都不知道这是怎么回事，请问他们到底是什么神？"子产回答道："高辛氏有两个儿子，长子名叫阏伯，少子名叫实沈。兄弟俩居住在广袤的森林中，彼此不能相容，终日率领部属互相攻伐。尧帝看到这种状况，为他们兄弟二人失德而感到失望，就将阏伯迁徙到商丘（在漳河以南），主持祭祀辰星（祭祀大火之神），后来商族人又继承了这个祭祀之职，所以辰星也被称作商星。同时，尧帝还将实沈迁徙到大夏（在汾河和浍河之间），主持祭祀参星，后来唐地的人继承了这一祭祀之职，侍奉夏朝和商朝。到了唐国末世时代，周成王就将唐叔虞封到了唐地为君。当年周武王夫人邑姜怀孕时，梦见天帝对自己说：'我为你的儿子命名为虞，将唐地赐给他，让他主持参星的祭祀，使他子孙繁衍昌盛。'等到邑姜生下叔虞时，叔虞的手掌掌纹果然很像一个'虞'字，因此就为他取名为'虞'。等到周成王时期，周公平定了唐地的叛乱后，成王就将叔虞封到了唐地，所以参星就成为主宰晋国命运的星辰。由此来看，所谓实沈，应该就是参星之神了。当年金天氏（即少昊）有个后裔名叫昧，是水官，执掌天下江河水政。昧有两个儿子，分别是允格和台骀。台骀贤能，继承了昧的水官之职，曾疏导汾河（流经山西的忻州市、太原市、吕梁市、晋中市、临汾市、运城市，在万荣县荣河镇庙前村汇入黄河）、洮水（古水名，山西省涑水上游支流），围堵水流四溢的沼泽，居处在太原。颛顼帝为了嘉奖台骀的功绩，将汾川之地封给他建国。后世的沈国、姒国、蓐国、黄国（四国全部在今山西境内），便是台骀的后裔。如今晋国主持了汾河的祭祀，灭亡了这些国家。由此来看，所谓台骀，应该就是汾河和洮水之神。即便如此，

▶《孔孟故事图》之校人烹鱼·清·无款

大英博物馆藏。这幅作品是根据《孟子》中的一个小故事绘制的。故事讲的是有人送给子产一条活鱼，子产让校人把鱼养在池塘里。校人把鱼烹煮吃了，却告诉子产，鱼活得很好，子产高兴地说："得其所哉！得其所哉！"

实沈、台骀也不会危害到君侯的身体。对于山川之神，当有水灾旱灾发生时，向它们祭祀祈祷就可以了；对于日月星辰之神，当风雨霜雪与节令不符合时，再向它们祭祀祈祷就可以了。至于君侯的疾病，这是由饮食不调，哀乐失度和沉湎女色所造成的，并非神灵作祟。"晋平公和晋国贤臣叔向听到这一番剖析后，不禁称赞道："讲得真详尽啊，真是位博学多闻的君子！"于是，对子产厚加礼遇。

简公二十七年夏，简公前往晋国朝见晋平公。到了冬天，简公畏惧楚灵王强盛而暴虐，又去楚国朝见楚灵王，子产也跟随简公前往楚国。

简公二十八年，简公因为生病，派遣子产代表郑国去会盟诸侯，与楚灵王盟誓于申地。在进行会盟时，楚灵王当着诸侯的面诛杀了齐国人庆封。

简公三十六年，简公去世，其子姬宁继位，是为定公。这年秋天，定公

前往晋国朝见晋昭公。

定公元年，楚国公子弃疾弑楚灵王自立，是为楚平王，为了向诸侯施行德惠，楚平王将楚灵王在位时楚国侵略的郑国土地还给了郑国。

定公四年，晋昭公去世，晋国六卿变得愈发强大，公室日渐卑弱。子产对晋国的韩宣子说："为政一定要以仁德为本，不要忘记韩国能一步步走到今天的原因。"

定公六年，郑国发生火灾，定公想要用祭祀祈祷的办法来抵御灾祸。子产向定公进谏道："祭祀祈祷未必有补于国，君上不如恭谨地修明德政。"

定公八年，楚国太子建逃来郑国避难。

定公十年，太子建联合晋国人阴谋偷袭郑国。定公将太子建诛杀，其子熊胜逃去吴国。

定公十一年，定公前往晋国。晋国与郑国经过谋划，联合出兵平定周王室的内乱，诛杀了王室乱臣，将周敬王护送回了周国。

定公十三年，定公去世，其子姬虿继位，是为献公。献公在位十三年

去世，其子姬胜继位，是为声公。当此之时，晋国六卿非常强盛，常发兵侵略郑国，郑国于是逐渐被削弱。

声公五年，相国子产去世。郑国人全部哀痛大哭，如同悲伤自己的亲人离世。子产，是成公的少子，为人仁慈惠爱百姓，侍奉国君忠厚无欺。孔子曾路经郑国，与子产相见后，以德相亲，如同手足兄弟。当孔子听闻子产去世的消息，为之哭泣道："有古君子之风的一代贤人离开了啊！"

韩并郑国

声公八年，晋国六卿中的范氏和中行氏起兵反叛晋国，派人到郑国来求援，声公派兵救援范氏和中行氏。晋国为此发兵前来讨伐郑国，在铁邑（今河南濮阳市高新区）击败了郑军。

声公十四年，宋景公灭了曹国。声公二十年，齐国田常弑其国君齐简公，成为齐国相国。声公二十二年，楚惠王灭亡了陈国。这一年，孔子去世。

声公三十六年，晋国的智伯派兵前来攻打郑国，侵占了郑国九座城邑。

声公三十七年，声公去世，其子姬易继位，是为哀公。哀公八年，郑国人将哀公弑杀，改立声公之弟姬丑为国君，是为共公。共公三年，晋国的赵、魏、韩三家灭亡智伯。共公三十一年，共公去世，其子姬已继位，是为幽公。幽公元年，韩武子发兵前来攻打郑国，杀害了幽公。郑国人又立幽公之弟姬骀为国君，是为繻公。

繻公十五年，韩景侯派兵前来攻打郑国，侵占了雍丘（今河南杞县）。为了自保，郑国修筑加固都城。

繻公十六年，郑国出兵讨伐韩国，在负黍（今河南登封市西南）击败韩军。繻公二十年，韩、赵、魏正式成为诸侯。繻公二十三年，郑国发兵包围了韩国的阳翟（今河南禹州）。

繻公二十五年，繻公将相国子阳诛杀。繻公二十七年，子阳的党羽合谋弑繻公，改立幽公之弟姬乙为国君，是为郑君乙。

郑君乙二年，郑国的负黍城发生叛乱，重新归附于韩国。郑君乙十一年，韩国出兵前来攻打郑国，占领了阳城（今河南郑州市登封市）。

郑君乙二十一年，韩哀侯出兵灭亡并吞并了郑国。

❖ 太史公说 ❖

古语说："凭借权势和利益结合起来的关系，当权势和利益消失后，亲密的关系也就随之结束了。"甫瑕就是这样的。即便甫瑕是在被劫持的情况下，才帮助厉公弑郑子，将厉公迎回都城助其复位，最终厉公还是背弃恩义诛杀了甫瑕。这件事与晋国里克所做的事情有何不同呢？晋国大夫荀息虽然守节而死，却不能用自己的牺牲保存住奚齐。历来变乱的发生，也是有多种原因的啊！

赵世家 第十三

【解题】赵世家叙述中大体可分为三大段，始述赵的发展为前段；武灵王至孝成王初为中段；孝成王即位后至"邯郸为秦"为后段。文中以很长的篇幅叙述武灵王之"胡服骑射"，其中有关变法的论说与商鞅变法中的论辩相近或等同，以此可见《史记》之重视社会变革及其进步意义。赵武灵王"胡服骑射"对赵国的强大发展发挥出重大作用。此篇于列国世家中第一次出现引用书文。所载苏厉《为齐遗赵惠文王书》，是战国时纵横家的游说之词，以其论断是非，阐释利害而富于政治哲理，能给人以启迪，并增加《史记》作为文化典籍的知识与智慧的厚度。

❖赵国先代

赵氏的先世，和秦国有共同的祖宗。传到中衍，他替殷朝的大戊帝驾车。他的后代蜚廉有两个儿子，蜚廉为其中一个儿子命名为恶来，恶来侍奉纣王，被周朝所杀，他的后代是秦国。恶来的弟弟叫季胜，他的后代是赵国。

季胜生了孟增，孟增受到周成王的宠幸，这就是宅皋狼。皋狼生了衡父，衡父生了造父。造父受到周穆王宠幸。造父选取八匹良骥和产于桃林塞的盗骊、骅骝、绿耳等名马，进献给穆王。穆王让造父给自己驾车，往西去巡行视察，会见了西王母，高兴得忘记了回国。徐偃王造反，穆王驱马日驰千里，攻击徐偃王，把他打得大败，就把赵城赏赐给造父，从这时开始就形成了赵氏。

从造父以下六代传到奄父，奄父名叫公仲，周宣王时期讨伐戎族，他驾车。等到千亩之战的时候，奄父让宣王摆脱了困境。奄父生了叔带。叔带的时候，因周幽王暴虐无道，他离开周朝到了晋国，侍奉晋文侯，开始在晋国建立赵氏。

赵衰追随晋文公

自叔带之后，赵氏宗族更加兴旺，五代传到了赵夙。

赵夙，晋献公十六年攻打霍、魏、耿三个小国，而赵夙作为将领去攻打霍国，霍公求逃到了齐国。晋国发生大旱灾，进行占卜，占卜人说"霍太山的神灵作怪"。晋献公派赵夙从齐国召回霍君，恢复他的君位，让他来供奉霍太山的祭祀，晋国再次获得了丰收，晋献公把耿邑赐给了赵夙。

赵夙生了共孟，其时正当鲁闵公的元年。共孟生了赵衰，赵衰字子余。

赵衰对侍奉晋献公和诸位公子是否吉利进行了占卜，结果没有哪一个是吉利的；对侍奉公子重耳进行占卜，很吉利，于是他就去侍奉重耳。重耳因为发生骊姬之乱逃往翟国，赵衰跟随着他。翟国攻打廧咎如，获得了二位女子，翟国把年纪小的女子嫁给重耳为妻，把年纪大的女子嫁给赵衰为妻而生下了赵盾。当初，重耳还在晋国的时候，赵衰的妻子也生下了赵同、赵括、赵婴齐。赵衰跟从重耳出国流亡，总共十九年，才得以返回晋国。重耳做了晋文公，赵衰任原邑大夫，居住在原邑，掌管国家大政。文公之所以能够返回晋国并且称霸，多半是因为采纳

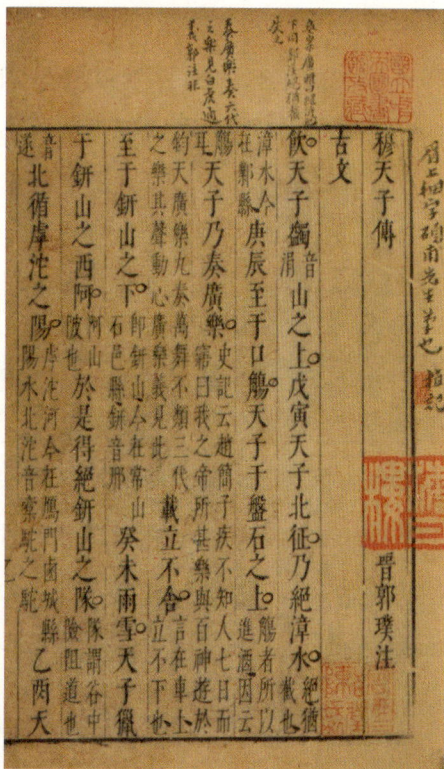

▶ 刻本《穆天子传》内页·明天启

《穆天子传》，又名《周王游行》，作者不详，约成书于战国时期，记周穆王巡游事。西晋太康二年（281）汲郡人不准盗掘先秦魏国古墓，墓中出土了大量竹书。经荀勖、卫恒等人整理成《汲冢书》七十五篇。《穆天子传》前五卷详细记载周穆王在位时率师南征北战的盛况，也记述了周穆王得赤骥、盗骊、白义、逾轮、山子、渠黄、骅骝、绿耳等八匹好马，以造父为御，伯夭做向导，在十三年至十七年西征昆仑山的事情。

了赵衰的计策，这方面的内容记载在《晋世家》中。

赵衰返回晋国之后，原来在晋国的妻子坚决要求他把翟国之妻接回，而把她所生的儿子赵盾作为嫡子，晋国妻子所生的三个儿子都作臣下侍奉他。晋襄公六年，赵衰去世，谥号为成季。

❂赵盾弑君

赵盾接替成季掌管国家大权两年后晋襄公去世，太子夷皋年纪小。因为国家多难，赵盾想扶立襄公的弟弟子雍。子雍当时在秦国，赵盾派遣使者去迎接他。太子的母亲日夜哭泣，叩头对赵盾说："先君有什么罪过，你舍弃他的嫡子去另外寻求国君？"赵盾对这件事很忧虑，担心襄公的宗室和大夫们袭击诛杀他，于是就让太子即位，这就是灵公，同时赵盾派出军队阻拦所要迎回的在秦国的子雍。灵公已经即位，赵盾对国家大权进一步专断。

灵公即位十四年，日益骄纵。赵盾屡次进谏，灵公不听。有一次

▶晋侯鸟尊·春秋

山西博物院藏。出土于山西省临汾市曲沃县和翼城县交界处的天马—曲村晋文化遗址中的晋侯墓。整个鸟尊以凤鸟回眸为主体造型，头微昂，高冠直立。禽体丰满，两翼上卷。在凤鸟的背上，一只小鸟与它静静相依，并且成为鸟尊器盖上的捉手。凤尾下设一象首，象鼻内卷上扬，与双腿形成稳定的三点支撑，全身布满纹饰。造型写实、生动，构思奇特、巧妙。鸟尊的盖内和腹底铸有铭文"晋侯作向太室宝尊彝"，可证明为晋国宗庙礼器。

灵公吃熊掌的时候，熊掌没有煮熟，灵公杀了主管饮食的宰夫，命人抬着他的尸体出宫。这件事被赵盾看见了。灵公害怕赵盾干涉此事，因此想杀了赵盾。赵盾素来仁慈爱人，在他曾经给予食物的桑下饿人的救助下赵盾才免于被杀，得以逃亡。赵盾还没有逃出国境，赵穿就弑杀了灵公并扶立了襄公的弟弟黑臀，是为成公。赵盾重新返国都，主持国家大政。君子讥笑赵盾"身为正卿，逃亡不出国境，返回来不声讨贼臣"，所以太史写道"赵盾弑杀了他的国君"。晋景公的时候赵盾去世，谥号为宣孟，儿子赵朔承袭了爵位。

赵氏灭门

晋景公三年，赵朔作为晋国将军统领下军援救郑国，和楚庄王在黄河之畔交战。赵朔娶了晋成公的姐姐为夫人。

晋景公三年，大夫屠岸贾想诛杀赵氏。当初，赵盾活着的时候，梦见叔带抱着他的腰大哭，非常悲伤，随即又笑了，一边拍着手一边唱着歌。赵盾因为这个梦进行了占卜，占卜的

▶ 河北邯郸七贤祠程婴像

七贤祠位于河北省邯郸市丛台区的丛台公园内的古丛台北侧，是为战国时期赵国的七贤而建，始建于明万历年间，原为"三忠祠"和"四贤祠"。三忠即救赵氏孤儿的韩厥、程婴、公孙杵臼，四贤为廉颇、蔺相如、赵奢和李牧。

结果是兆纹中断了而后又出现了好的征兆。赵国史官援看了兆纹，说："这个梦非常凶险，但坏事不会发生在你身上，而是应在你的儿子身上，但这也是因为你的过错才出现的。到了你的孙子辈，赵家将会日益衰落。"

▶ **蟠螭纹壶·春秋**

美国弗利尔美术馆藏。据传山西侯马出土。壶侈口，长颈微束，溜肩，深鼓腹，高矮圈足。壶身肩部有一对虎形耳，虎作回首状。通体上下共饰六层花纹，花纹之间以绳纹间隔，主体纹饰为蟠虺纹。整个壶造型端庄，纹饰繁缛，是晋国青铜器中的精品。

屠岸贾一开始先是受到灵公的宠爱，到景公的时候，屠岸贾做了司寇，便想对赵氏发难，就借口惩治杀害灵公的人员从而将问题追究到赵盾身上，他对将领们说："赵盾虽然推脱不知道弑杀灵公这件事，但仍然是罪魁祸首。作为臣子弑杀国君，他的子孙还在朝廷做官，这样下去怎么能惩治有罪的人？请求诛杀赵氏一门。"韩厥说："灵公被杀害的时候，赵盾在都城之外，我们的先君也认定他没有罪过，所以没有诛杀他。如今诸君要诛杀他的后代，这是否定了先君的本意而妄行诛杀。妄行诛杀就叫作乱。臣子要做大事而国君不知道，这是眼中没有国君。"屠岸贾不听。韩厥告诉赵朔赶快逃亡，赵朔不肯，说："您一定不会让赵家的祭祀断绝，赵朔死了也没有遗憾。"韩厥答应了，假装有病不出家门。屠岸贾没有请示景公就擅自和诸将在下宫进攻赵氏，杀死了赵朔、赵同、赵括、赵婴齐，灭了赵氏家族。

赵朔娶了成公的姐姐为妻，赵朔被杀之时其妻正有孕在身，跑到国君宫中藏匿。赵朔有个门客叫公孙杵臼，公孙杵臼对赵朔的朋友程婴说："为什么你没有死？"程婴说："赵朔的妻子怀有身孕，倘若有幸生个男孩，我侍奉他；如果生个女孩，我晚

▶河北邯郸七贤祠公孙杵臼像

自唐以后，众多的历史学家对《史记》记载的赵氏灭门事件产生了质疑，清代史学评论家梁玉绳就认为屠岸贾、程婴、公孙杵臼三人根本不存在。唐代河东赵氏立祠祭祀先祖时，还要另建一祠祭祀程婴和公孙杵臼。宋神宗元丰四年（1081）五月，于绛州太平县赵村立祚德庙，封公孙杵臼为忠智侯。宋高宗绍兴二十二年（1152）七月，进封公孙杵臼为英略公，祭祀升为中祀。宋理宗淳祐二年（1242），进封公孙杵臼为忠佑王。

死一会也不迟。"过了没有多久，赵朔妻子分娩，生了男孩。屠岸贾听说了，就到宫中来搜查。夫人把小儿放在套裤里面，祈祷说："赵氏宗族要是灭绝，你就号哭；如果不会灭绝，你就不要发声。"等到搜查的时候，小儿始终没有发出声音。小儿已经脱离了危险，程婴对公孙杵臼说："如今一次搜查没有得手，以后一定还要再次搜查，怎么办？"公孙杵臼说："抚养孤儿和去死比较，哪样最难？"程婴说："去死容易，抚养孤儿是最难的。"公孙杵臼说："赵氏的先君对待您很优厚，您勉强去做那件难事，我来做那件容易的事，请求先于您死去。"于是二人谋划取得别人家的婴儿背着，包上有文彩的小儿被，隐藏在山里面。程婴出山来，假装着对诸将说："程婴没有才能，不能抚养赵氏孤儿。谁能够给我千金，我就告诉他赵氏孤儿在什么地方。"诸将很高兴，答应了他的条件，派出军队跟随程婴攻击公孙杵臼。杵臼假装生气地说："小人呀程婴！日前下宫的祸难没有死去，和我设谋藏匿孤儿，如今又出卖我。即使不能抚养孤儿，你怎么忍心把他出卖了？"杵臼抱着小儿呼喊着说："天哪！天哪！赵氏孤儿有什么罪？请求诸位将军让他存活，只杀了我杵臼就可以了。"诸将不答应，就杀掉了杵臼

元杂剧《赵氏孤儿大报仇》

《赵氏孤儿大报仇》一名《冤报冤赵氏孤儿》，是元代剧作家纪君祥创作的杂剧，全剧五折一楔子。该剧以《史记·赵世家》中的故事为原型，讲述公孙杵臼、程婴救孤的故事，后来孤儿长大成人，终于杀死屠岸贾大报冤仇。该剧人物形象鲜明，剧作家在剧情的展示和尖锐的矛盾冲突中将人物的性格予以凸显，真实感人。《赵氏孤儿大报仇》是第一个传入欧洲的中国戏剧，并在欧洲产生过一定影响，法国文学家伏尔泰在1775年翻译了《赵氏孤儿大报仇》，英国剧作家威廉·哈切特也曾将其改编为《中国孤儿》，并在英国文化界引起反响。

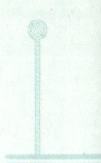

和假孤儿。诸将认为赵氏孤儿确实已经死亡，都很高兴，然而赵氏的真孤儿反倒活了下来，被程婴带着一起藏匿在山中。

赵氏孤儿大报仇

过了十五年，晋景公生了病，进行占卜，占卜人告诉他这是大业的后代中有不顺心的鬼在作怪。景公询问韩厥该怎么办，韩厥知道赵氏孤儿的存在，就说："大业的后代在晋国断绝祭祀的，难道不就是赵氏吗？自中衍开始以来，他的后代都是嬴姓。中衍长着人面鸟嘴，他的后代辅佐殷代大戊帝和周天子，功德卓著。到了周幽王、厉王的暴虐时期，叔带就离开周朝来到晋国，侍奉先君文侯，一直到成公时期，世代在晋国建功立业，未曾断绝过祭祀。如今国君唯独灭了赵氏宗族，国人哀怜他，所以显示在卜筮的龟策上，希望您好好考虑一下。"景公询问："赵氏还有后代子孙吗？"韩厥具以实情相告。于是景公就和韩厥设谋册立赵氏孤儿，招来孤儿并藏在宫中。诸将进宫来问候景公的疾病，景公凭借韩厥的兵力胁迫诸将来见赵氏孤儿。赵氏孤儿名叫赵武。诸将不得已，就说："昔日的下宫之难，是屠岸贾干的，假托君命，指派诸位大臣。如果不是这样的话，谁又敢向赵氏发难！如果不是国君有疾，群臣本来也打算请求您册立赵氏的后代。如今国君有了命令，正是我们的愿望呀。"于是景公招来赵武、程婴拜见诸将，诸将就和程婴、赵武联手去攻击屠岸贾，灭了屠岸贾全族。景公又把赵氏原有的封地发还给了赵武。

等到赵武举行了冠礼，已经长大成人，程婴向诸位大夫告辞，并对赵武说："从前下宫之难，别人都可以随同主公一起去死。我并不是不可以死，我想着要抚养赵氏的后代。如今赵武你已经继承赵氏遗业，长大成人，恢复了过去的爵位，我将要下到九泉向赵宣孟和公孙杵臼报告。"赵武哭着叩头坚决请求程婴不要这样做，并且说："赵武愿意劳苦筋骨来报答您，一直到您去世，而您怎么忍心离开我去死呢？"程婴说："不行呀！他们认为我能够成功抚养孤儿，所以先于我去死；如今我不去报告，

▶**蟠螭纹鉴·春秋晚期**

山西博物院藏。山西侯马上
马村出土。鉴大口，平唇，
束颈，深鼓腹，平底。肩部
有四个兽形耳。口沿下、肩
部和上腹部均饰以蟠螭纹。

他们会认为我抚养孤儿没有成功。"于是程婴就自杀了。赵武穿了三年的齐
衰丧服，并为程婴设立了祭祀用的城邑，春秋二季都祭祀他，世世代代没有
断绝。

赵氏渐盛

赵氏恢复爵位十一年，晋厉公杀掉了郤氏家族的三个大夫。栾书害怕连
累到自己，于是就杀掉了国君厉公，改立襄公的曾孙姬周，这就是晋悼公。
晋国从这时开始，大夫的势力逐渐强大起来。

赵武延续赵氏第二十七年，晋平公即位。平公十二年，赵武做了正卿。
十三年，吴国延陵季子出使来到晋国，说："晋国的大政最终要归于赵武子、
韩宣子、魏献子的后代了。"赵武去世，谥号为文子。

文子生了景叔。景叔的时候，齐景公派晏婴出使晋国，晏婴和晋国叔向
对话。晏婴说："齐国的大政以后最终要归田氏。"叔向也说："晋国的大
政将要归六卿。六卿太猖狂了，而我的国君却不加忧虑。"

赵景叔去世，他的儿子赵鞅继续执掌晋国国政，赵鞅就是赵简子。

赵简子的病与梦

赵简子在位期间，晋顷公九年，简子会合诸侯到周室守御。第二年，把
周敬王送回周王室，这是因为周敬王躲避弟弟王子朝而流亡在外的缘故。

晋顷公十二年，六卿凭借礼法诛杀了晋国公族大夫祁氏、羊舌氏，把他们的封邑分成十个县，六卿各派他们的族人去做各县的大夫。晋国公室由此更加衰弱。

其后十三年，鲁国的贼臣阳虎前来投奔，赵简子接受了阳虎的礼物，对他包庇纵容。

赵简子生病了，一连五天不省人事，大夫们都很担心。大夫扁鹊给赵简子诊视，出来后，董安于问他情况如何，扁鹊说："血脉平和，你们不必惊怪！从前秦穆公曾经也这样过，七天才醒过来。穆公醒过来那天，对公孙支和子舆说：'我到了天帝的处所非常高兴。我之所以耽搁这么久，恰恰是要接受天帝的教导。天帝告诉我：'晋国将会大乱，有五代都不得安定；这以后会有人称霸，在位不久就会去世；称霸之人的儿子将会让你们的国家男女不加区别。'公孙支记下这番话并收藏起来，秦代的预言从这个时候开始出现了。献公时候的变乱，文公时候的称霸，而襄公在殽山打败秦国军队回来就放纵淫乐，这些事您已经听说过了。如今主君的病和秦穆公相同，不出三天病一定会痊愈，病愈以后一定有话会说。"

过了两天半，简子醒了过来。他告诉大夫们说："我到天帝的处所非常高兴，和百神在天中央游玩，宏伟的乐曲多次演奏并伴有盛大的舞蹈，和夏、商、周三代的乐曲不一样，它的音声激动人心。有一只熊想来抓我，天帝让我射它，我射中了熊，熊死了。又有一只罴来了，我又射中了罴，罴也死了。天帝非常高兴，赏赐给我两

▶ **夔龙兽带纹鬲·春秋晚期**

山西博物院藏。太原市金胜村赵卿墓出土。炊煮器。折沿，厚唇，敛口，束颈，腹部微鼓，平底，瓦状兽蹄足。肩部饰三条龙形扉棱，扉棱内填圆点纹。上腹部一周正反组合的夔龙纹带，龙首在正中，身在四周。内填云纹和三角回纹。

只竹箱，都有备用的。我看见一个小孩在天帝的旁边，天帝交给我一只翟犬，说：'等这小孩到了壮年，就把这只犬赐给他。'天帝还告诉我：'晋国将会一天天衰弱，再过七代就要灭亡，嬴姓国家将在范魁的西边大败卫国人，但是也不能拥有它。如今我思念舜帝的功勋，恰当的时候我将把他的后代女子孟姚许配给你的七代孙。'"董安于接受这些言辞，记下来加以收藏。把扁鹊的话告诉简子，简子赐给扁鹊田地四万亩。

❂拦路人解梦

有一天，简子出门，有人拦在道路中间，随从驱赶他，他也不离开，简子的随从发怒，将用刀杀他。拦路人说："我有事想要向主君陈说。"随从把这件事告诉简子。简子召见拦路人，说："嘻！我曾在梦里很清晰地看见过你。"拦路人说："退请屏退左右，我有话想给您说。"简子让左右的人回避。拦路人说："主君生病的时候，我就在天帝的旁边。"简子说："对，有这回事。您看到我的时候，我在做什么？"拦路人说：

"天帝让主君射熊和罴，都射死了。"简子说："是这样，那会发生什么事呢？"拦路人说："晋国将会有大难，主君首当其冲。天帝让主君灭亡二卿，熊和罴都是他们的祖先。"简子说："天帝赐给我两只竹箱，都有备用的相配，这是什么意思？"拦路人说："主君的儿子将会在翟攻克两个国家，这两个国家都是子姓。"简子说："我见到一个小孩在天帝旁边，天帝托付给我一只翟犬，说'等这小孩长大了赐给他。'把翟犬送给小孩是什么意思？"拦路人说："小孩，是主君的儿子。翟犬，是代地人的祖先，主君的儿子将来一定会拥有代地。主君的后代中将会有人变革政治而穿着胡人服装，在翟吞并两个国家。"简子问他的姓名并准备聘请他做官，拦路人说："我是乡下人，只是转达天帝的命令罢了。"接着就不见人影了。简子记下这些话收藏在府库中。

❂毋恤嗣立

又一天，相面人姑布子卿来见简子，简子把儿子们全都召集起来让他

夔龙纹舟·春秋晚期

山西博物院藏。太原市金胜村赵卿墓出土。椭圆形，束颈，厚唇微敛，腹略鼓，小圜底，下接圈足。腹壁有一对环形耳，腹部饰宽、窄两周细夔龙纹，龙互相缠合。下腹部有垂叶纹，垂叶内用相向夔龙做填纹。上下纹带间以凸弦纹为界纹，上刻勾云纹。舟为饮酒器，是春秋中期以后出现的新器形。

看骨相。子卿说："没有能做将军的人。"简子说："难道赵氏要灭亡吗？"子卿说："我曾经在路上见到一个小孩，大概是您的儿子吧。"简子招来儿子毋恤。毋恤到了，子卿就站起来说："这个是真正的将军呀！"简子说："这孩子的生母出身卑贱，是个翟族婢妾，为什么说他尊贵呢？"子卿说："上天所授予的，即便卑贱也一定会尊贵。"这件事之后，简子把儿子们召在一起跟他们谈话，毋恤最贤能。于是简子告诉儿子们说："我藏了宝符在常山上面，谁先找到就能得到奖赏。"儿子们飞奔到常山上，到处寻找，没有找到。毋恤回来，对简子说："我已经找到了宝符了。"简子说："把它呈上来。"毋恤说："常山控临着代地，代地是可以夺取的。"简子这才知道毋恤果真贤能，就废掉太子伯鲁，而把毋恤立为太子。

晋国内乱

此后二年，也就是晋定公十四年，范氏、中行氏发动叛乱。第二年春天，简子对邯郸大夫赵午说："归还我所得的卫国之士五百家，我要将他们安置在晋阳。"赵午答应了，回到邯郸之后他的父兄和长老们不答应这件事，赵午便违背了自己的承诺。赵鞅拘捕了赵午，把他囚禁在晋阳，并且告诉邯郸人说："我要诛杀赵午，你们想立谁为邯郸大夫？"随后就杀了赵午。赵稷、涉宾占据邯郸造反。晋君派籍秦围困邯郸。荀寅、范

山西博物院藏。侯马市晋国遗址出土。在40多个祭祀坑内出土玉、石质盟书5000余件片，绝大多数为圭形，最长者32厘米，另有圆形及不规则形。辞文多以朱笔书写，少数为墨笔。文字可辨识者有656件，多则200余字，少则10余字。内容可分为主盟人誓词、宗盟类、委质类、纳室类和诅咒类等五大类。对于主盟人和盟誓时间存在不同说法，多数学者认为，侯马盟书是春秋晚期至战国早期以赵氏家族为首举行的盟誓活动的约信文书，忠实地记录了晋国晚期强族间相互斗争的史实，具有政治档案的性质。

吉射和赵午友善，不肯协助籍秦而计划攻打赵鞅，董安于知道了这件事。十月，范氏、中行氏进攻赵鞅，赵鞅逃到晋阳，晋国人包围了他。范吉射、荀寅的仇人魏襄子等人谋划驱逐荀寅，用梁婴父代替他；驱逐范吉射，用范皋绎代替他。荀栎对晋侯进言说："先君命令过大臣，最先发动叛乱的要处死。如今三个臣子都先发动了叛乱而唯独驱逐赵鞅，动用刑罚不公平，请求国君把他们都驱逐了。"十一月，荀栎、韩不佞、魏哆奉承国君的命令来进攻范氏、中行氏，没能取胜。范氏、中行氏反过来攻打定公，定公回击他们，范氏、中行氏失败逃跑。丁未日，这两个人逃往朝歌。韩、魏二家替赵氏说情。十二月辛未日，赵鞅进入绛都，在宫中和定公会盟。

第二年，知伯文子对赵鞅说："范氏、中行氏虽然发动了叛乱，但这件

事是董安于挑起来的，这说明董安于参与了谋划。晋国法令规定，开始发动叛乱的要处死。范吉射、荀寅已经治罪而唯独董安于还没有被处罚。"赵鞅对这件事很忧虑，董安于说："如果我死了，赵氏能安定，晋国能宁静，我算死得晚了。"就自杀了。赵氏把情况告诉知伯，这以后赵氏才安宁。

孔子听说赵简子不向晋君请示就拘囚了邯郸赵午，并据守晋阳自保，所以在《春秋》上写"赵鞅以晋阳叛"。

❥赵简子专政

赵简子有个臣子叫周舍，敢于直谏。周舍死后，简子每次上朝处理政事，经常不高兴，大夫们请罪。简子说："大夫们没有罪。我听说千张羊皮的价值还不如一张狐狸的腋下皮。诸位大夫上朝，只听见唯唯诺诺，听不见周舍那样的直言争辩，因此忧虑。"简子由于有这种品德，能够使赵邑归附并从而怀柔晋国之人。

晋定公十八年，赵简子把范氏、中行氏包围在朝歌，中行文子逃奔到邯郸。第二年，卫灵公去世。简子和阳虎护送卫国太子蒯聩回卫国，卫国不接纳蒯聩，他就居住在戚邑。

晋定公二十一年，赵简子攻占了邯郸，中行文子逃奔到柏人。简子又包围了柏人，中行文子、范昭子就逃往齐国。赵氏终于夺得了邯郸、柏人。范氏、中行氏的其余封邑归入晋国。赵氏名义上是晋国的卿，实际上专断了晋国的大权，奉邑之多和一般诸侯国是相等的。

晋定公三十年，定公和吴王夫差在黄池争当主盟人，赵简子随从晋定公，最终让吴王当了主盟人。定公三十七年去世，简子免除了三年的服丧期，只服丧一年就终止了。这一年，越王勾践灭掉了吴国。

晋出公十一年，知伯攻打郑国。赵简子生病，派太子赵毋恤统兵去包围郑国。知伯喝醉了酒，用酒灌毋恤并且打他。毋恤的臣子们请求杀死知伯。毋恤说："主君之所以让我做继承人，是因为我能忍耐耻辱。"然而他内心也对知伯充满怨恨。知伯回国后，就对简子说，让他废掉毋恤，简子不听。毋恤因为这事就更加怨恨知伯。

晋出公十七年，简子去世，太子毋恤接替他继承卿位，这就是襄子。

▶▶ 晋阳之战

赵襄子元年，越国包围吴国。襄子在服丧的食品上又降低了一等，并派楚隆慰问吴王。

襄子的姐姐原是代王的夫人。简子安葬以后，还没有除掉丧服，襄子就

▶ **子作弄鸟尊·春秋**

美国弗利尔美术馆藏。鸟尊造型为凶猛的鸮鸟，尖喙，鸟首与身体分开铸造，用榫卯结合，可开合。鸟首饰羽纹、回纹和点纹。颈部饰变形夔纹，内填回纹，肩部饰夔龙纹，背部饰高浮雕羽纹，腹部饰鳞纹和夔纹，足部饰云纹。鸟首背后错金四字铭文"子乍弄鸟"，尾部下方似丢失一支撑用的小兽。此器据传山西太原出土。根据后来太原金胜村251号墓的出土文物提供的信息，"子乍弄鸟"尊很可能是晋卿赵简子或赵襄子自用的酒器。

北上夏屋山，请来代王。襄子让厨房人员操持着铜枓来供给代王和他的侍从饮食，在斟酒的时候，他暗中指令这些人用他们拿着的铜枓击杀代王和他的侍从官，接着发兵平定代地。他姐姐听说了，哭泣着呼喊上天，磨尖簪子自杀。代地人怜惜她，把她所死的地方取名叫摩笄山。襄子把代地封给伯鲁的儿子赵周，赵周就是代成君。伯鲁，是襄子的哥哥，从前的太子。伯鲁早就死了，所以将代地封给他儿子。

襄子继承爵位四年，知伯和赵、韩、魏三家全部瓜分了范氏、中行氏原来的封地。晋出公很生气，将此事告诉齐国、鲁国，想依靠这两国来讨伐四卿。四卿恐惧，就一同进攻出公。出公逃奔去齐国，半道上死了。知伯于是扶立昭公的曾孙骄，这就是晋懿公。知伯日益骄纵。他要求韩、魏割地给他，韩、魏给了他。知伯又要求赵给他土地，赵襄子没有给，之所以这样是因为赵襄子记得围郑之役受辱。知伯对此很生气，就率领韩、魏进攻赵。赵襄子害怕，就逃奔到晋阳据城自保。

赵襄子的家臣原过跟随着他一起出逃，落在后面，到了王泽地方，原过遇到三个人，从腰带以上的身体可以看见，从腰带以下看不见。他们给原过了一段有两个节的竹子，竹节没有打通，说："帮我们把这件东西送给赵毋恤。"原过到达晋阳之后，把情况告诉襄子。襄子斋戒了三日，亲自把竹子劈开，里面用朱笔写道："赵毋恤，我是霍泰山山阳侯的天使。三月丙戌这一天，我将让你反过来灭

▶ **夔龙纹盖豆·春秋晚期**

山西博物院藏。太原市金胜村赵卿墓出土。盖呈覆碗状，圆形捉手，母口，可与豆盘子口套合，豆盘深腹，小平底，下承喇叭形矮柄圈足。豆盘两侧置环耳一对。盖面捉手饰花纹四周，由里及外。盖和豆盘饰夔龙纹，纹样紧密，以凸弦纹为界纹。纹样图案化，分节环印，接痕清晰。

掉知氏。你也要把百邑这个地方定为祭祀地，我将会赐给你林胡地区。到了你的后代，将会出现一位勇健的国王，他赤黑色，长着龙形面孔和鸟的钩嘴，有鬈眉，有髭髯，大脯大胸，下身修长而上身高大，左开衣襟披甲乘马，会占有河宗地区，以至于休溷各个戎狄部族居住的地方。他将向南

▶卧牛钮蹄足鼎·春秋晚期

山西博物院藏。太原市金胜村赵卿墓出土。覆钵形盖，正中有环形钮，钮中有一圆环，为捉手。周围置有等距三头立雕卧牛，牛头前昂，角、耳、鼻、眼清晰，躺卧在地，悠闲自在。鼎体敛口，唇内敛，方形耳，腹壁微鼓，平底，三蹄足，足微外撇，空心。盖鼎环钮和圆环饰绳索纹，牛身饰锥刺纹，似牛毛，正中心饰涡纹和三角回纹。盖和鼎身饰宽窄两周"C"形蟠螭纹带。蟠螭头带角，身相互纠缠，十分紧密。蟠螭身饰三条平行线。鼎身正面线刻"S"纹，侧面饰勾云纹。鼎腹部在两组纹样中用凸弦纹为界纹。足根线刻兽面纹。

去讨伐晋的其他城邑，在北边灭掉黑姑族。"襄子再次跪拜，接受三位神人的命令。

韩、魏和知氏进攻晋阳一年多，他们引导汾水来浸灌晋阳城，城墙仅剩二十四尺高以上的地方没有被浸湿。城中的人挂起锅来做饭，互相交换子女当作食物。群臣都有离叛之心，礼仪更加怠慢，只有高共一个人没有失却礼节。襄子害怕了，就在夜晚派出辅相张孟同暗中去和韩、魏联系。韩、魏与他联合谋划，确定在三月丙戌日，三国反过来灭掉知氏，共同瓜分知氏的封地。灭掉知伯之后，襄子进行奖赏，高共的奖赏最高。张孟同说："晋阳危难的时候，只有高共没有功劳。"襄子说："当晋阳处于危急关头，群臣都懈怠了，只有高共没有失去作为臣子的礼节，因此最好的奖赏要先给他。"这个时候赵北边有代地，南边兼并了知氏的土地，力量上比韩、魏都强大。赵襄子在百邑祭祀三位神人，派原过去主持霍泰山的祭祀。

其后，赵襄子娶了空同氏的女子，生了五个儿子。襄子因为伯鲁没

▶赵孟介壶·春秋晚期

大英博物馆藏。圆形盖，中空，四周八片外侈的莲花瓣，呈波浪状，莲瓣内饰夔龙纹。子口可插入壶口。壶体母口，厚唇外侈，修长束颈。颈两侧饰一对壮硕的兽形耳，兽为回首卷尾状，造型凶猛。鼓腹，圜形底，圈足。自颈部以下饰夔龙纹五周，纹饰之间以绳纹相间隔。壶口沿下有铭文："遇邗王（夫差）于黄池，为赵孟介邗王之赐金，以为祠器。"铭文告诉我们作器者是赵孟，也就是赵简子，此壶是赵简子陪同晋定公参加黄池之会后铸造的。此壶的纹饰造型和赵卿墓出土的青铜壶是一致的，是典型的晋国文物。

有继承卿位，不肯让自己的儿子即位，一定要传位给伯鲁的儿子代成君。代成君先死，襄子就让代成君的儿子浣做太子。襄子即位三十三年去世，浣继承卿位，这就是献侯。

❂赵为诸侯

献侯年少就即位，治所设在中牟。

襄子的弟弟桓子驱逐了献侯，在代地自行即位，一年后就去世了。赵国人说桓子的即位不符合襄子的用意，就把桓子的儿子一起杀掉，并重新迎回献侯让他即位。

十年，中山武公刚刚立国。十三年，筑平邑城。十五年，献侯去世，儿子烈侯赵籍即位。

烈侯元年，魏文侯攻打中山，让他的太子击守卫中山。六年，魏、韩、赵都相互确立为诸侯国家。烈侯追尊献子为献侯。

103

烈侯喜欢音乐,就对相国公仲连说:"我有喜欢的人,可以让他尊贵吗?"公仲连说:"让他富足可以,让他尊贵那不成。"烈侯说:"是这样吗?善于演唱郑歌的枪、石两个人,我打算赐给他们田地,每人一万亩。"公仲连说:"可以。"但是他并没有给他们田地。过了一个月,烈侯从代地回来,询问给歌者田地的情况。公仲连说:"正在寻找,还没有合适的地方。"过了不久烈侯再次询问,公仲连最后依然没有给,于是就称病不去上朝。番吾君从代地来,对公仲连说:"国君其实喜欢善政,只是不知道怎么施行,如今你做赵国的相国已经四年了,有推荐贤士吗?"公仲连说:"是没有。"番吾君说:"牛畜、荀欣、徐越都可以推荐。"公仲连就推荐了这三个人。等到朝拜之日,烈侯再次询问:"给歌者的田地落实得怎么样了?"公仲连说:"正在派人选择田地中最好的。"牛畜侍奉烈侯,就给他讲仁义之道,以王道的治国策略约束他,烈侯显得悠闲自得。第二天,荀欣侍奉烈侯,引导他选择干练之人举拔贤才,任用官员使用能人。又过了一天,徐越侍奉烈侯,建议烈侯节俭财物用度,考察衡量事功德行,所提议的内容没有不充分的,烈侯很高兴。烈侯派使者对相国说:"给歌者田地的事暂且停下来。"并任命牛畜做师氏官,荀欣做中尉官,徐越做内史官,赐给相国两套衣服。

九年,烈侯去世,弟弟武公即位。武公十三年去世,赵国重新扶立烈侯的太子章,这就是敬侯。这一年,魏文侯去世。

敬侯元年,武公的儿子朝发动叛乱,没有取胜,出国逃奔到魏。赵国开始建都邯郸。

二年,在灵丘打败齐国。三年,在廪丘援救魏国,把齐国人打得大败。四年,魏国在兔台打败赵国。建筑刚平城来进攻卫国。五年,齐国、魏国替卫国进攻赵国,夺取赵国的刚平。

六年,从楚国借兵,攻打魏国,夺取了棘蒲。

八年,拔取了魏国的黄城。九年,攻打齐国。齐国攻打燕国,赵国援救燕国。

▶ 蟠螭纹甗·春秋晚期

山西博物院藏。太原市金胜村赵卿墓出土。蒸食器,上甑下鬲。甑折沿,厚唇微外撇,
直颈,下腹内收成平底,圆形箅。颈两侧饰铺首衔环。外壁饰蟠螭纹。鬲直口,溜肩,
鼓腹,呈分裆式,三足中空。肩部饰铺首衔环一对。鬲身光素无纹饰。甑置于鬲上,
严丝合缝,非常稳妥。

十年，和中山国在房子开战。

十一年，魏国、韩国、赵国共同灭亡了晋国，瓜分了它的土地。赵国攻打中山国，又在中人这个地方交战。

十二年，敬侯去世，儿子成侯赵种即位。

❂ 从成侯到肃侯

成侯元年，公子胜和成侯争夺侯位，发动叛乱。二年六月，下了雪。三年，大戊午做国相。攻打卫国，夺取了七十三座乡聚城邑。魏国在蔺打败赵国。四年，和秦国在高安开战，打败了它。五年，在鄄邑攻打齐国。魏国在怀邑打败赵国。攻打郑国，打败了它，把它给了韩国，韩国把长子给了赵国。六年，中山国修筑长城。攻打魏国，在濊泽把它打败，包围了魏惠王。七年，侵犯齐国，到了长城脚下。和韩国攻打周室。八年，和韩国把周室分成两部分。九年，和齐国在东阿城下开战。十年，进攻卫国，夺取了甄邑。十一年，秦国进攻魏国，赵国在石阿援救它。十二年，秦国进攻魏国少梁，赵国援救它。十三年，秦献公派庶长名叫国的攻打魏国少梁，俘虏了魏国太子和公叔痤。魏国在浍水打败了赵国，夺取了皮牢。成侯和韩懿侯在上党相遇。十四年，和韩国进攻秦国。十五年，协助魏国进攻齐国。

十六年，和韩国、魏国瓜分晋国，把晋君封在端氏。

十七年，成侯和魏惠王在葛孽相遇。十九年，和齐国、宋国在平陆会盟，和燕国在阿地会盟。二十年，魏国进献优质木材，用它建造了檀台。二十一年，魏国围困赵国的都城邯郸，二十二年，魏惠王攻占了赵国的邯郸，齐国也在桂陵打败了魏国。二十四年，魏国归还邯郸，和魏国在漳水边上结盟。秦国进攻赵国蔺邑。二十五年，成侯去世，公子绁和太子（即赵肃侯）争位，公子绁失败，逃往韩国。

肃侯元年，夺取了晋君的端氏封邑，把晋君迁徙到屯留。二年，和魏惠王在阴晋相遇。三年，公子范袭击邯郸，没有取胜并死了。四年，朝拜周天子。

六年，进攻齐国，夺取了高唐。七年，公子刻进攻魏国首垣。十一年，秦孝公派商鞅攻打魏国，俘虏了魏国将领公子卬。赵国攻打魏国。十二年，秦孝公去世，商君死去。十五年，兴建寿陵。魏惠王去世。

十六年，肃侯游览大陵，经鹿门而出，相国大戊午牵着马说："农耕的事正紧急，一日不劳作，百日就得不到食物。"肃侯走下车认错。

十七年，包围魏国的黄城，没能取胜。修筑长城。

十八年，齐国、魏国攻打赵国。赵国决堤用黄河水浸灌他们，军队撤走了。二十二年，张仪做了秦的国相。赵疵和秦国开战，失败，秦国在黄河西

▶ 错金银龙凤纹车軎·战国

美国弗利尔美术馆藏。车軎就是套在战车车轴两端的筒形器，其上有孔，可插入车辖进行固定。这一对车軎车辖已经遗失，为圆柱形，上端有三个凸起的楞，楞上错金银手法装饰竖道纹。下部错金装饰对应的龙凤纹，间隔以错银云纹，龙凤造型简洁，刻画清晰，显示了高超的艺术水准。

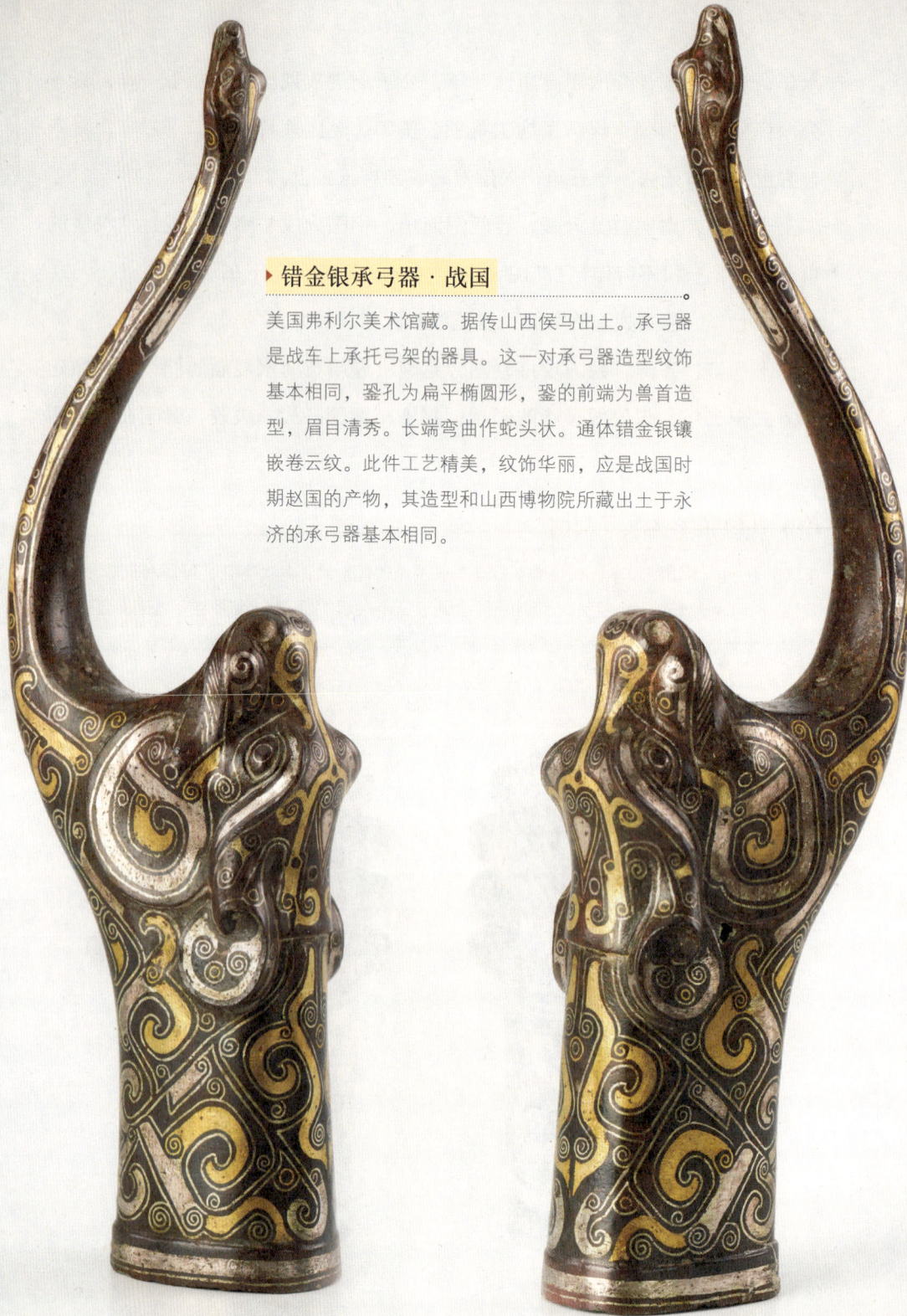

▶ 错金银承弓器·战国

美国弗利尔美术馆藏。据传山西侯马出土。承弓器是战车上承托弓架的器具。这一对承弓器造型纹饰基本相同，銎孔为扁平椭圆形，銎的前端为兽首造型，眉目清秀。长端弯曲作蛇头状。通体错金银镶嵌卷云纹。此件工艺精美，纹饰华丽，应是战国时期赵国的产物，其造型和山西博物院所藏出土于永济的承弓器基本相同。

边杀了赵疵，夺取了赵国的蔺、离石。二十三年，韩举和齐国、魏国交战，死在桑丘。

二十四年，肃侯去世。秦国、楚国、燕国、齐国、魏国出动精锐部队各一万人来会合送葬。儿子武灵王即位。

武灵王秉政

武灵王元年，阳文君赵豹任国相。梁惠王和太子嗣，韩宣王和太子仓来到赵国信宫朝见。武灵王年少不能主持政事，设立了博闻师三个人，左右司过官三个人辅佐他。等到他亲自主持政事，首先询问先王时期的贵臣肥义，给他增加了品级和俸

环梁蟠虺纹铜壶·战国

河北博物院藏。河北涞水县永乐村出土。直口，有盖，颈细，肩部有兽面衔环，长圆腹，圈足。壶两侧有链，穿过盖上两环，系于肩部兽首衔环，盖顶有兽首提梁与两侧壶链相连。颈部饰蟠螭纹，颈部以下饰五周宽弦纹，与蟠虺纹相间排列，壶盖花纹与腹部相同。制作规整，花纹繁密。

禄；国内的三老年纪超过八十的，每月都给他们送去礼品。

三年，修筑鄗城城墙。四年，和韩国在区鼠会盟。五年，武灵王娶了韩宣王之女做夫人。

八年，韩国攻打秦国，没有获胜就撤军了。这一年，有五个国家都相互称王，只有赵武灵王不这么做，他说："没有称王的实力，敢自封这个名号吗？"让国人称自己为"君"。

九年，和韩国、魏国一起攻击秦国。秦国打败赵国，斩杀首级八万。齐国在观泽打败赵国。十年，秦国夺取赵国的中都和西阳。齐国攻破燕国。燕的国相子之做了国君，国君反倒成了臣子。十一年，武灵王从韩国招来公子职，扶立他做燕王，派乐池送他去燕国。

十三年，秦国攻取赵国的蔺邑，俘虏了将军赵庄。

楚王、魏王来了，经过邯郸。十四年，赵何进攻魏国。

十六年，秦惠王去世。武灵王游览大陵。有一日，武灵王梦见一个未出

嫁的女子弹着琴唱着歌说："美人艳丽呀，容貌像凌霄花一样光彩夺目。命运呀命运呀，什么花能比上我娃嬴！"有一天，武灵王喝酒喝得很快乐，好几次说到做的梦，想见到梦中的女子。赵人吴广听说了，通过武灵王夫人把自己的女儿娃嬴纳入后宫。娃嬴就是当年赵简子梦中所说的"孟姚"。孟姚很得武灵王的宠幸，这就是惠后。

十七年，武灵王出行至九门，建造了野台，用来瞭望齐国、中山国的疆土。

十八年，秦武王和力士孟说比赛举有龙纹的赤鼎，砸断了膝盖骨而死去。赵王派代地相国赵固从燕国接来公子稷，送他回国即位做秦王，这就是秦昭王。

武灵王胡服骑射

十九年春天正月，武灵王在信宫会群臣。招来肥义和他讨论天下大事，五天才结束。武灵王往北攻占了中山国的土地，到达了房子县，接着前往代地，往北最远到达了无穷之门，往西到了黄河岸边，登上了黄华

山。招来楼缓商议说："我的先王顺应时代的变化，从南部边境向外扩张地盘，沿着漳河、滏水的险要之处修筑了长城，并且夺取了蔺邑、郭狼，在荏地打败林胡族人，然而他们的事业并没有完成。如今中山国处在我国的腹心地带，北边有燕国，东边有东胡，西边和林胡、楼烦、秦国、韩国接壤，这些地区一旦有事，我们却没有强大兵力进行支援，这样下去是要灭亡社稷的，应该怎么办呢？再说一个人要建立有高出祖先功绩的名声，一定会被先代遗留下来的习俗所牵累。我想实行胡服制度。"楼缓说："好！"但是群臣都不想进行变革。

这时肥义在武灵王身边侍奉，武灵王说："简子、襄子二位主君的功绩之一，就在于讨伐而取胜获利。做臣子的受到宠幸就应该有明孝悌、知长幼、顺事明理的节操，获得通达就应该建立补救民众、有益君主的业绩，这两方面是臣子的职责。如今我想继续襄子主君的事业，在胡人、翟人居住的地方开疆拓土，但恐怕终生也完不成这样的事业。因此我想找到一种方法，即改穿胡服，来增强兵力

▶ **内蒙古包头赵长城遗址**

赵长城分为南北两段，南长城修建早于北长城，为赵肃侯所建。该长城由漳水、滏水的堤防连接而成，大体从今武安西南起，向东南延伸至今磁县西南，折而东北行，沿漳水到今肥乡西南。北长城为赵武灵王所建。该长城由今兴和往西，经卓资县、旗下营，沿大青山南麓过呼和浩特市北、包头市的石拐弯矿区、兴胜乡，越昆都仑沟口，断续延伸到巴彦花镇北面的山脚下。

而削弱敌人，用的力气小而获得的功效多，并且可以不耗尽百姓的劳力，并且能延续两位先主的事业。大凡建立有高出当世功业的人，就要承受着先世遗留下的习俗的牵累；有独到见解的深谋远虑之士，就要担待着隐逸傲慢民众的怨恨。如今我将要用胡服骑射来教导百姓，而社会上必定会议论我，怎么办？"肥义说："我听说做事犹豫不决就不会成功，行动犹豫不决就不会成名。大王既然确定要承受先世遗留下的习俗的变革谴责，恐怕无须顾及天下的议论了。讲论最高道德的人不和世俗相同，成就伟大功业的人不与众人谋划。从前虞舜拿兵器跳舞感化三苗，大禹赤身露体进入裸国，不是为了满足欲望和愉悦心志，而是致力于宣扬德政并取得成功。愚昧的人事情成功了

111

还不明白道理，智慧的人能在事势还没有形成的时候看见端绪，那么大王对这事为什么还要犹豫不决呢？"武灵王说："我对实行胡服是不迟疑的，我是担心天下会笑话我。狂妄无知的人欢乐，是智慧之人的悲哀；愚昧的人所笑话的事，贤能之人应该明察。社会上有顺从我的人，施行胡服的功效是不可限量的。即使是驱动全社会的人来笑话我，胡人的土地以及中山国我必定会占有的。"于是就穿起胡服来了。

武灵王派王绁去告知公子成说："我穿上了胡服，将要这样上朝，也想让叔父穿上胡服。家庭里听从双亲而国家听从君主，是古今公认的行为准则。儿子不反叛双亲，臣子不违逆国君，是先王传下的规矩。如今我制定法令变易服装而叔父不穿戴，我担心天下人会加以议论。治理国家有常规，有利于民众是根本；参与政事有原则，让法令推行为最高准则。修明德政先从一般民众开始，发布政令先要让贵人信从。如今我施行胡服的用意，不是为了满足欲望和愉悦心志，而是让事情达到的目的并且功业有所成，这才是圆满的。如今我担心叔父违逆参与政事的原则，附和其他人的反对意见。况且我听说，事情对国家有利行为就正当，凭借贵人名分就不会受损害，所以我希望仰仗叔父的威望，以完成施行胡服的事业。特此派王绁向叔叔加以陈说，请您穿上胡服。"公子成再三跪拜叩头说："我本来就听说大王要施行胡服。我没有才能，卧病在床，没有能够为大王奔走效力多多进言。大王派人来命

▶ **赵武灵王雕像**

历史学家翦伯赞有《登大青山访赵长城遗址》一诗称赞赵武灵王云："骑射胡服捍北疆，英雄不愧武灵王。邯郸歌舞终消歇，河曲风光旧莽苍。望断云中无鹄起，飞来天外有鹰扬。两千几百年前事，只剩蓬蒿伴土墙。"

▶青铜双翼兽·战国

美国明尼阿波利斯艺术学院藏。造型奇特，外形像老虎。头微上昂，阔口微张，露八齿，口中衔物，如意云钩形鼻，双目圆睁，椭圆形耳，双耳中间有独角后弯，角尖前勾；圆颈直竖，前胸宽阔而低沉，两肋生翼，身体修长，背部有脊，臀部隆起，足如钢爪，后尾斜垂呈花鞭状，尾尖上翘；四肢弓曲，利爪抓地，两翼贴于身侧，跃跃欲起。这件翼兽和河北平城中山王墓出土翼兽有异曲同工之妙。

令我，我斗胆回答，以此竭尽我的愚忠。我听说中原大概是聪明睿智的人所居住的地方，是万物财用汇聚的地方，是贤圣颁行教化的地方，是仁义加以实施的地方，是《诗》《书》礼乐所运用的地方，是奇巧技能所试用的地方，是远方人们来观摩趋赴的地方，是蛮夷各族作为楷模的地方。如今大王舍弃这些去穿远方的胡人服装，更改古人的教导，变易古时的正道，违背众人的

▶ 嵌绿松石铜剑·战国

美国洛杉矶郡艺术博物馆藏。剑作斜宽从厚格式，剑身宽阔，双刃前聚成锋尖，中脊隆起，两从斜弧，厚格作倒凸字形，饰嵌绿松石兽面纹，圆茎，有两道凸箍，圆盘形首，剑身通体装饰几何纹，几何纹剑是艺术价值极高的青铜兵器，十分罕见。

意愿，和饱学之士对着干，背离中原的风俗，因此我希望大王还是好好考虑一下。"使者把这些话如实禀报给武灵王。武灵王说："我本来听说叔叔生了病，我要亲自去向他问安。"

◆ 说服公子成

因此武灵王到了公子成家中，亲自劝解公子成说："衣服是为了方便行事而缝制的，礼仪是为了方便做事而制定的，圣人观察民俗而顺从它采取适宜措施，依缘事势而来制定相关

的礼仪，这都是为了有利民众并使国家富足。剪断头发，在身上刺花纹，绘饰臂膀，左开衣襟，这是瓯越地区民众的习惯。染黑牙齿，刺饰面部，戴鱼皮帽，穿粗劣衣，这是勾吴一带的风俗。所以说礼制服装虽然各地不同，但是为了便利却是一致的。风俗不同而使用有变化，事势不同而礼制有更易。因此圣人认为真的可以有利于国家，就不会固定措施；真的可以方便于事势，就不用相同的礼仪。儒者们即便师出同门而其习俗也有差

异，中原各国礼制相同而教化相异，更何况是为了山野偏僻地方的便利呢？所以取舍的变化，聪明的人不能强求一致，远近的服饰，圣贤也不能让它齐同。穷乡僻壤风俗多异，学识浅陋却多诡辩。不了解的事就不去怀疑，对跟自己不同的见解不去非议，才能公正地博采众见以求得尽善尽美。如今叔父所说的是习俗，我所说的是制驭习俗。我国东面有黄河、漳水，和齐国、中山国共有，但没有舟船的设施。从常山一直到代地、上党，东边和燕国、东胡接壤，而西边与楼烦、秦国、韩国为界，这些地方我们还没有足够的骑兵。所以我认为没有舟船的设施，住在河两岸的民众将如何来守御黄河、漳水？改变服装练习骑射，是为了防备与燕国、三胡、秦国、韩国相邻的边界。

而且从前简主没有在晋阳以及上党设置要塞，而襄主吞并了戎族取得了代地来抵御各族胡人，这些事无论贤愚都是知道的。先前中山国倚仗齐国的强大兵力，侵害暴虐我国的土地，俘虏

我国的民众，引水围困鄗城，如果不是国家的神灵保佑，那么鄗城几乎就不能防守了。先王因为这件事感到耻辱，心中愤恨尚未雪耻。如今我建立骑射的装备，近可以方便利用上党的

▶**河北邯郸赵苑公园内胡服骑射铜像**

赵武灵王推行胡服骑射改革，其主要推广范围在军服上，胡服乃为便骑射的军事改革，民间服饰的传统深衣依然占据着主流地位，并未因胡服的引进而有所有改变。胡服骑射是以骑射为目的，并不涉及军事以外的社会改革。

▶鸟柱铜盆·战国

河北省文物研究所藏。河北省石家庄市平山县中山王墓出土。水器或陈设器，盆壁直立，盆底有束腰型圆柱承托，柱下有圆形圈座。盆内底中间伏有一只龟，龟背上竖有一根圆柱，柱顶站立一只可转动的飞鸟，鸟的双爪紧紧抓住两只纠结的蛇头。鸟做展翅飞翔状，羽毛丰满，引颈长鸣，形象逼真。盆的外壁装饰四只衔圆环的飞鸟，底座镂雕活泼的螭纹，圈足上有铭文："八祀，冶匀（钧）啬夫孙蕊，工奋。"

地势，而远可以消除对中山的怨恨。但是叔父顺从中原国家的习俗来违逆简主、襄主的心意，厌恶变服的名声却忘记了鄗城事件的耻辱，这不是我所希望看到的。"公子成再三跪拜叩首，说："我愚钝，不能理解大王的深意，竟敢说出世俗的识见，这是我的罪过。如今大王将要继承简主、襄主的遗愿来顺

从先王的心志，我岂敢不听命吗！"再次跪拜叩头。武灵王就把胡服赐给他了。第二天，公子成穿着胡服上朝。于是武灵王开始颁布实施胡服制度的命令。

💧武灵王开疆拓土

赵国的大夫赵文、赵造、周袑、赵俊都进谏劝止武灵王不要改穿胡服，按原来的办法做便利。武灵王说："先王的习俗不同，有什么古法可以效仿？帝王不相沿袭，有什么礼制可以遵循？伏羲、神农主张教化而不实施刑罚，黄帝、尧、舜实施刑罚但不严酷。一直到夏、商、周三王时期，顺从时势制定法令，根据事态制定礼仪。法令制度根据实际需要而制定，衣服器械都考虑方便应用而制作，所以治理国家不必只用一种主张，只要便利国家就不必效法古代。圣人所以能够兴起就是因为不相沿袭才可称王，夏朝、殷朝之所以导致衰败就是因为不改易礼制而灭亡。这样看起来，违反古制未必就可非议，而遵循礼制未必值得称赞。如果说服装奇异的人就心志淫荡，那么邹国、鲁国就

不会有奇特行为的人了。习俗怪异的地方民众就轻率，那么吴国、越国就不会有德才优异的人士了。而且圣人认为有利于身体就可以称为好服装，方便于行事就可以称为好礼仪。大凡规定进退的礼节、衣服的制度就是为了整齐平民，不是为了要评论贤者。所以平民总是和流俗相伴，贤人却是和变革同道。因而谚语说：'按照书本赶车的人不能摸透马的性情，用古法来制约当今的人不能通达事势的变化。'遵循古法的功效，不可能高出世俗；照搬古人的学说，不可能治理今世，你们没有这个识见。"武灵王家开始穿胡服并招募士兵练习骑射。

二十年，武灵王攻略中山国的土地，到了宁葭；往西攻略胡人的土地，到了榆中。林胡王献来马匹。武灵王回国后，派楼缓出使秦国，仇液出使韩国，王贲出使楚国，富丁出使魏国，赵爵出使齐国。代相赵固掌管胡人，征集胡人的军队为赵国所用。

二十一年，赵国进攻中山国。赵袑率领右军，许钧率领左军，公子章率领中军，武灵王统率全军。牛翦统领战车兵和骑兵，赵希统领胡地、代

地的军队。赵军和胡地、代地的军队一起经过陉山，在曲阳会和，接着攻打并夺取了丹丘、华阳、鸿上塞。武灵王统率的军队夺取了鄗、石邑、封龙、东垣。中山国献出四座城邑讲和，武灵王答应了，撤兵回国。二十三年，赵国进攻中山国。二十五年，惠后去世。武灵王派周袑穿着胡服教导辅佐王子何。二十六年，赵国再次进攻中山国，侵夺的土地北边到了燕国、代地，西边到了云中郡、九原邑。

二十七年五月戊申日，武灵王在东宫举行朝拜大礼，传递国君之位，确立王子赵何为国王。新国王参拜祖庙的礼仪进行完毕，出来后就登临朝堂理政。大夫们全都做了臣子，肥义做了相国，一并教导辅佐新王。这就是惠文王。惠文王是惠后吴娃的儿子。武灵王自称为主父。

主父埋下祸根

主父想让儿子负责治理国政，而自己穿着胡服率领士大夫到西北去掠取胡人的土地，因而想从云中、九原一直往南进攻秦国。于是主父自己伪装成一名使者进入秦国。秦昭王不了解实情，随后因为他的状貌非常魁伟而感到奇怪，觉得他的风度不像是一个臣子，派人去追捕他，但主父疾驰而去已经

▶凤首流铜匜·战国

河北省文物研究所藏。河北省保定市唐县北城子村出土。通体状若飞凤，流作凤首形，喙部可以启合，倒水时自动张开。匜身椭圆，大口斜沿，圆底，下有3个兽面纹蹄形高足，尾部有枭首蛇身环形錾。腹部两侧各有一铺首衔环。凤首雕刻精致，尖喙、矮冠、圆目，眼圈饰羽毛纹一周，头部空白处阴刻流畅的云纹和鳞纹。铺首周围阴刻展开的凤翅，内底浅雕四条鱼纹。造型轻盈秀丽，花纹精细，是战国器中的珍品。

▶ 邯郸丛台

丛台又称武灵丛台，位于中国河北省邯郸市丛台区丛台公园内。武灵丛台相传建于战国赵国武灵王时期。赵武灵王建筑丛台的目的，是为了观看歌舞和军事操演。史载，丛台有天桥、雪洞、妆阁、花苑诸景，结构奇特，装饰美妙，在当时扬名于列国。在2000多年的漫长岁月中，丛台经历了无数次的天灾人祸的破坏，多次改修重建，现存之丛台，是清同治年间修建的，以后又进行过重修。

离开了边关。仔细查问主父的随从，才知道是主父，秦国人非常惊讶。主父之所以要进入秦国，是想亲自观察地形，借机看看秦王的为人。

惠文王二年，主父巡行新占领的土地，就从代地出发西巡，在西河和楼烦王相遇，并招来了他的兵众。

三年，赵国灭了中山国，把中山的国王迁徙到肤施。修筑灵寿城，北方的土地刚刚臣服，代地的道路大为畅通。主父返回到国都，颁行赏赐，大赦天下，设置酒宴欢饮五日，把长子赵章封在代地为安阳君。赵章素来放纵，对弟弟继承君位心里不服。主父又派田不礼去辅佐赵章。

李兑对肥义说："公子赵章正处壮年志向骄纵，党徒众多且野心很大，恐怕他会有私心吧？而田不礼为人残忍好杀，骄横跋扈。这两个人志趣相投，

119

弦纹豆·战国

台北故宫博物院藏。盖与腹相合呈圆球形，盖为扁圆形，上有圆形抓手。深腹，高圈足。盖及腹部饰弦纹。

必定会发生阴谋叛乱，企求挺身发难以图侥幸掌权。小人有野心，就会思虑轻率而谋划浅短，只看见利益而不顾祸害，同类人互相怂恿，从而一起闯入祸患之门。以我的观察，发生叛乱没剩下多少时间了，您负有重任又掌握大权，动乱会从您这里开始，祸患会集中到您身上，您必定最先受害。仁人慈爱万物而聪明的人在事情出现苗头的时候就防备祸患，不仁不智，怎么治理国家？您何不称说有病

不要出门，把行政权力交给公子成？不要成为怨恨的集中之所，不要成为祸难的阶梯。"肥义说："我不可以这样做。以前主父把大王托付给我的时候，说：'不要变更你的法度，不要改变你的思虑，一心一意坚守，直到你去世。'我再三跪拜接受命令把它记下来了。如今害怕田不礼的发难而忘记了我记录下来的话，什么罪过比变节更大呢？上朝接受了庄严的王命，退朝后不能全力执行，什么错误比负义更严重呢。变节负义的臣子，是刑罚所不容许。谚语说'死者如果复生，生者而对他不应该感到惭愧'。我已经有言在先，我想践行我的诺言，怎能只顾及保全我的身体！再说作为贞节之臣遇到祸难才能显现节操，作为忠诚之臣遇到牵绊才能彰明德行。您给了我指教便是忠心为我，即便如此，我还是有话在前面的，最终不敢食言。"李兑说："是，您勉力而行吧！我能看见您就只有今年了。"说完就流着眼泪抽泣着出去了。李兑多次去见公子成，以防备田不礼作乱。

有一天，肥义对信期说："公子

▶ **鎏金铜架漆耳杯·战国**

美国明尼阿波利斯艺术学院藏。杯为椭圆形，浅腹，两侧有月牙形附耳。木胎，内髹朱漆，口沿、耳部及外壁髹黑漆，朱漆绘制云雷纹。下承以鎏金铜架，架上出四支架以承托杯身，竹节柄，下为圈足。这种耳杯和支架成套的器物甚为罕见。

赵章和田不礼勾结在一起特别令人担忧。他们外表说得好但实际上非常险恶，这两个的为人是不孝不忠。我听说：有奸臣在朝堂是国家的祸害，有逸臣在宫中是君主的蛀虫。这种又贪婪并且野心很大的人，朝内争得君主宠幸就到外面施行残暴。假传王命傲慢无礼，以此专断一时的朝政，不是很难做到的，祸患将要危及国家。如今我很担忧，晚上忘记了睡觉，饥饿时忘记了吃饭。对盗贼的出没不可不加防备，从今以后，假如有召请君王的一定要先见我的面，我将先用自身抵挡他，没有变故君王才能进来。"信期说："好啊，我能够听到这样的话！"

主父之死

　　四年，主父接受群臣朝拜，安阳君也来朝拜。主父让惠文王当朝处理政

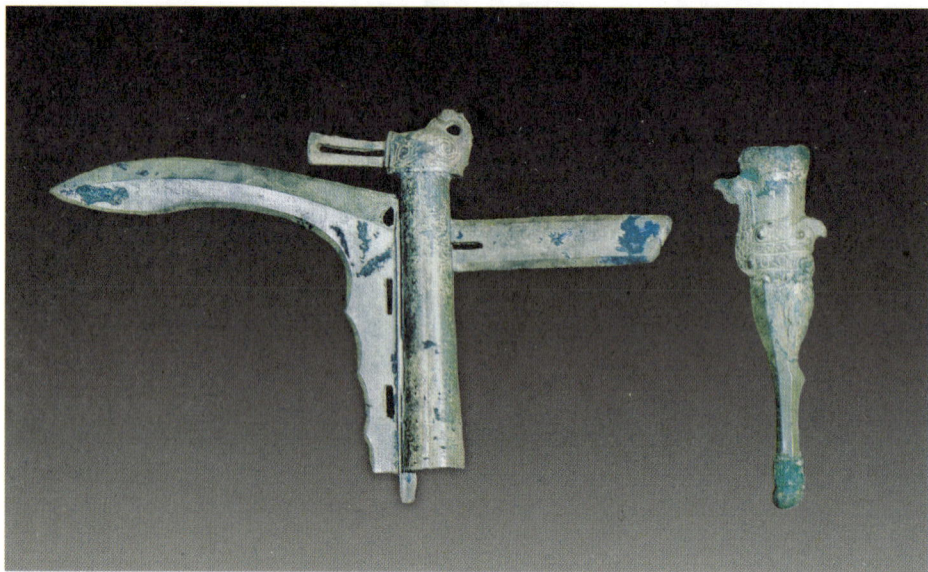

▶ **鸟形戈帽戈镈青铜戈·战国**

大英博物馆藏。戈曲援尖锋，中部有脊，胡刃出三齿，阑内有三穿，圆柱形銎，銎上部有戈帽，帽为回首鸟形，长尾有横穿。直内，内上一横穿，内前端三面开刃。戈镈上粗下细，上为扁圆銎，下为蹄形，中部饰一鸟。这件青铜戈戈帽、戈镈齐全，是考证战国青铜戈的典型器。

"困龙之地"沙丘宫

　　沙丘宫遗址位于河北省广宗县平台村南，遗址是一个长 150 米，宽 70 米的沙丘。广宗县境内地势平坦，土壤概系沙质，到处堆积成丘，故古名沙丘。沙丘宫也得名于此。据史书记载，这片看似不起眼的土地，就是著名的"困龙之地"。商代时这里便建有离宫别馆。《史记》载，商纣王在沙丘大兴土木，增建苑台，放置了各种鸟兽，还设酒池肉林，商代的灭亡和商纣王在沙丘的荒淫无度有关。战国时期，赵武灵王因沙丘之变而死沙丘宫，其后则是秦始皇身死沙丘，赵高矫命立胡亥为帝，秦朝不久后灭亡。

事，自己从旁窥伺群臣和宗室贵族的礼仪。看见他的长子公子章颓丧的样子，反而面朝北做了臣子，屈服在他弟弟之下，心里怜悯他，于是就打算把赵国分开而让赵章在代地做王，计划没有决定下来就停止了。

　　主父和惠文王去游览沙丘，住在不同的宫室里，公子章率领他的党徒和田不礼发动变乱，诈传主父的命令召见惠文王。肥义先进宫去，叛军杀死了他。高信就和惠文王一起作战。公子成和李兑从国都赶来，发动四邑的兵众前来平定这场变乱，杀死了公子章和田不礼，灭了他的党徒并安定了王室。公子成做了相国，称号叫安平君，李兑做了司寇。最初公子章

失败后，就往主父的住地跑，主父开门接纳了他，公子成、李兑因而包围了主父所住的宫殿。公子章死了，公子成、李兑谋划说："因为公子章的缘故包围了主父的宫殿，如果撤走军队，我们就要被灭族。"于是他们就包围主父的宫殿。命令宫中的人"谁在最后出来要把他灭族"，宫中的人就都出来了。主父想出来却不能够，又找不到食物，就掏鸟窝抓幼雀当食物，三个多月后饿死在沙丘的宫里。李兑等人确定主父死亡，才发丧讣告诸侯。

　　这时惠文王年纪小，公子成、李兑专断朝政，害怕被诛杀，所以包围主父。主父当初立长子赵章做太子，

后来得到吴娃，喜爱她，为了她有好几年没有出宫，生下了儿子赵何，就废掉太子赵章而让赵何做国君。吴娃死了，主父爱心减退，怜悯原来的太子，想让两个人都做王，犹豫不决，所以变乱发生，导致父子都死了，为天下人耻笑，难道不值得痛惜吗！

五年，赵国给予燕国鄚邑、易邑。八年，修筑南行唐城。九年，赵梁领兵，和齐国会合军队进攻韩国，到了鲁关之下。到了十年，秦国自行设置称西帝。十一年，董叔和魏国军队攻打宋国，从魏国得到了河阳。秦国夺取了梗阳。十二年，赵梁领兵攻打齐国。十三年，韩徐做将领，攻打齐国。公主死了。十四年，燕国相国乐毅统领赵、秦、韩、魏、燕五国军队共同进击齐国，夺取灵丘，与秦会兵中阳。十五年，燕昭王来会见。赵与韩、魏、秦共同攻击齐国，齐王失败逃走，燕国军队单独深入齐国境内，夺取了临淄。

苏厉致书赵王

十六年，秦国又和赵国多次攻击齐国，齐人为此很担心，苏厉替齐国写了一封信给赵王：

"我听说古代的贤君，他的德行未遍布在海内各地，教导训诫未普及到所有民众，四时祭祀的供品尚未经常让鬼神品尝。可是甘露普降，下雨及时，五谷丰收，百姓不生疫病，众人称赞这些，然而贤明的君主还要进行深思。

"如今您的贤德和功力，并不是经常给秦国带来好处；极端的仇恨和累积的怒气，并不是对齐国特别深。秦和赵是同盟国，用强力手段要求韩国出兵，秦国真是爱赵国吗？并确实恨齐国吗？任何事物过度，贤主就要认真观察。秦国并非是爱赵国而憎恨齐国，是想灭亡韩国而吞掉东、西二周，所以用齐国作诱饵来引诱天下。他担心事情不能成功，所以出兵来胁迫魏国、赵国。担心天下害怕自己，所以派出人质以取得信任。害怕天下急迫反叛，所以从韩国征兵以示威胁。秦国名义上是给盟国恩惠，实际上是要攻打空虚的韩国，我认为秦国的计策一定是从这里出发的。大凡事物本来就有形势各异而祸患

相同的，楚国长久被攻伐中山国就灭亡了，如今齐国要是长久被攻伐，韩国一定会灭亡。攻破齐国，大王您可以和六国分得它的利益，灭亡韩国，利益就会让秦国单独享有。占领二周，往西取得宗庙祭祀的礼器，秦国会独自占有。授给田地要计算功利，大王您所获得的利益和秦国比谁多？

"游说人士的计谋说：'如果韩国失掉三川郡，魏国失掉晋地，那么集市还没有散去，而祸难已经降临到赵国了。'燕国全部占领了齐国的北部地区，离沙丘、巨鹿就减少了三百里，韩国的上党离邯郸一百里，燕国、秦国谋取大王的河山，抄偏僻小道只三百里就可以抵达赵国境内了。秦国的上郡接近挺关，到达榆中的路程是一千五百里，秦国依托三郡来进攻大王的上党，羊肠坂的西面，句注山的南面，就不是大王所有了。越过句注山，截断常山并占领它，三百里路就通到了燕国，代地的良马、胡人的野狗不能东入赵国，昆山的宝玉不能运到赵国，这三种宝物也不是大王所有了。大王长期攻伐齐国，跟从强大的秦国攻打韩国，它的祸患必定会到这个地步。希望大王仔细考虑一下。

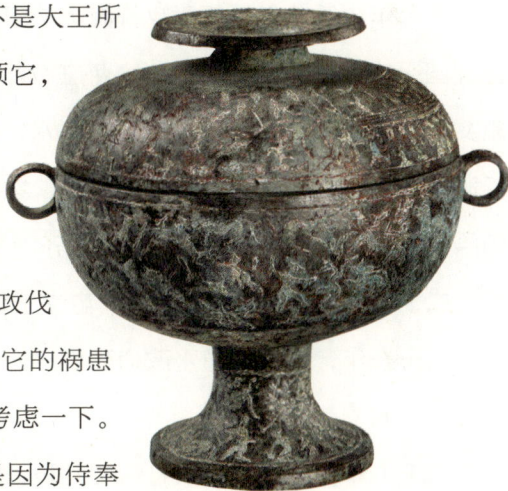

"况且齐国之所以被攻打，是因为侍奉大王；天下诸侯集结军队，是为了图谋大王。燕国秦国的盟约已成就且出兵有日了。五国想把您的土地一分为三，齐国背弃五国的盟约而牺牲自己蒙受大王的祸患，往西出兵来抑制强秦，秦国废除帝号请求屈服，把高平、根柔归还给魏国，把巠分、先俞归还给赵国。齐国侍奉大王，应该说是上等交情，而如今大王反而让它服罪，

狩猎宴乐图铜盖豆·战国

河北省文物研究所藏。河北省石家庄市平山县穆家庄墓出土。子母口，顶为圆捉手，深腹，喇叭形圆座，豆柄为实心，器腹上部有两个对称的环状竖耳。全器通身均有凸铸纹饰，两环耳上饰花叶带纹，器盖捉手和器身上饰狩猎、宴乐、采桑等图案。整器共计有90个人物、63只野兽、26只鸟和6条鱼，纹饰繁密，形象鲜活，动感十足，气氛热烈。

125

我恐怕天下以后侍奉大王的人就不敢那么坚定了。希望大王仔细考虑一下。

　　"如今大王不和天下一同进攻齐国，天下必定认为大王坚持正义。齐国捧着江山社稷更加厚实地侍奉大王，天下一定全都敬重大王的高义。大王倡导天下跟秦国友好，秦国暴虐，大王带领天下抑制它，这样一世的名声荣耀就都掌握在大王手中了。"

　　于是赵国就停止了进兵，谢绝秦国并不再出击齐国。

　　惠文王和燕王相遇。廉颇领兵，攻打齐国的昔阳，夺取了它。

◑惠文王时期的战争

　　十七年，乐毅率领赵军攻打魏国伯阳。而秦国怨恨赵国不和自己一同出击齐国，攻打赵国，夺取了赵国两座城邑。十八年，秦国夺取了赵国石城，惠文王再次到原卫国东阳，决开黄河水，攻打魏国。赵国发生大洪灾，漳水泛滥。魏冉来到赵国做国相。十九年，秦国占取了赵国两座城邑。赵国把伯阳给了魏国。赵奢领兵攻打并占领了齐国麦丘。

　　二十年，廉颇领兵攻打齐国。惠文王和秦昭王在西河外相遇。

　　二十一年，赵国将漳水改道到武平西边。二十二年，发生大瘟疫。把公子丹立为太子。

　　二十三年，楼昌领兵攻打魏国几邑，没有攻下。十二月，廉颇领兵，攻打占领了几邑。二十四年，廉颇领兵，攻打魏国房子，夺取了，借机修筑城墙后撤军。又去攻打安阳，占领了。二十五年，燕周领兵，攻打昌城、高唐，占领了。赵国和魏国一起攻打秦国。秦将白起在华阳攻破赵军，俘获了一位将军。二十六年，夺取了被东胡驱使叛离赵国的代地。

　　二十七年，把漳水改道到武平南边。封赵豹为平阳君。黄河泛滥，发生大洪灾。

　　二十八年，蔺相如攻打齐国，到了平邑。停止修筑北边的九门大城。燕国将领成安君公孙操弑燕王。二十九年，秦国、韩国联手攻打赵国，包围了阏与。赵国派赵奢领兵，进击秦国，在阏与城下把秦军打得大败，惠文王赐给赵奢马服君称号。

三十三年，惠文王去世，太子丹即位，这就是孝成王。

触龙说赵太后

孝成王元年，秦国攻打赵国，夺占三座城邑。赵王刚刚即位，太后主持朝政，秦国进攻赵国很紧急。赵国向齐国求救，齐国说："一定要用长安君做人质，才能出兵救赵。"太后不肯，大臣们极力劝谏。太后明确地对左右大臣说："谁再来说要长安君去做人质，老妇一定要唾他的脸。"左师触龙说希望拜见太后，太后满面含怒等待着他。触龙进了宫，缓慢地走到太后跟前坐下，自己谢罪说："老臣有脚病，不能快步行走，很久

没能拜见您了。我自己思量，担心太后的身体会不舒服，所以希望拜见太后。"太后说："老妇必须靠着辇车才能行动。"触龙问："您的饮食该没有减少吧？"太后说："仰仗着吃些粥罢了。"触龙说："老臣近来特别不想吃饭，就强行散步，每日走三、四里，食欲稍微有所增加，身体也舒服了一些。"太后说："老妇我办不到。"太后不和气的脸色稍微缓和了。左师公说："老臣有个儿子叫舒祺，年龄最小，没有出息，而我衰老了，私下很疼爱他，希望能补个王宫卫士的缺额来保卫王宫，我冒着死罪向您禀告。"太后说："好吧！年纪多大了？"触龙回答说："十五岁了。虽然年纪小些，但希望趁我还没有入土的时候把他托付给您。"太后说："男人也疼爱小儿子吗？"触龙

青铜戈·战国

美国宾夕法尼亚博物馆藏。戈援微上扬，有中脊，锐锋中胡，阑侧有三穿，直内，上有一横穿，后段三面开刃。

127

回答说："比妇人厉害。"太后笑着说："妇人特别厉害。"触龙回答说："老臣私下认为您老疼爱燕后超过爱长安君。"太后说："您错了，没有疼爱长安君那么厉害。"触龙说："父母疼爱子女要为他们的长远利益着想。您老送别燕后，握着她的脚后跟，为她哭泣，想着她要嫁到那么远的地方去，也怪可怜的。燕后已经走了，您并非不想她，所以在祭祀的时候就为她祷告说'千万不要让她返回'，难道不是为她考虑得长久，让她的子孙相继

▶ 《触龙说赵太后图》·现代·程十发

《触龙说赵太后》本是《战国策》中的名篇，清朝浦起龙《古文眉诠》卷十五引退谷评："摹神微密之文，必细分节次，愈见关目步骤之工。意越冷，越投机；语越宽，越醒听；由其冷意无非苦心，宽语悉是苦口也。从妇人情性体贴出来。"

成为国王吗？"太后说："是呀。"触龙说："从现在推到三代以前，直到赵氏建立赵国的时候，赵国君主的子孙封侯的，他们的继承人现在还有在侯位的吗？"太后说："没有了。"触龙说："不仅是赵国，其他诸侯的子孙封侯的，他们的继承人现在还有在侯位的吗？"太后说："老妇没有听说过。"触龙说："这是说明离得近的祸害涉及自身，离得远的祸害涉及子孙。难道国君的子孙就一定都不好吗？地位尊贵但没有功勋，俸禄优厚但没有劳绩，加上拥有的贵重宝物又太多了。如今您老使长安君地位尊贵，并把肥沃的土地封给他，给了他很多贵重器物，如果不趁现在让他为国家建立功劳，一旦您辞别了人世，长安君凭什么在赵国立足？老臣认为您老替长安君考虑的太短了，所以认为对他的疼爱不如燕后。"太后说："好吧，任凭您派他到哪里去吧。"于是为长安君备办了百乘车辆，到齐国去做人质，齐国就出兵了。

赵国贤人子义听说了，说："国君的儿子，也是骨肉之亲，还不能依仗没有功勋的尊位，没有劳绩的俸禄，来保住金玉一类的重宝，更何况是我们这样的人呢？"

赵获上党，兵败长平

齐国安平君田单率领赵军去攻打燕国中阳，占领了。又去进攻韩国注人，并占领了它。二年，惠文后去世。田单任赵国相国。

四年，孝成王梦见自己穿着左右

两色的衣服，乘着飞龙上天，没等到达天上就掉下来了，看见金玉堆积得像座山。第二天，孝成王招来筮史官叫敢的解梦，敢说："梦见穿着左右两色的衣服，象征残缺。乘着飞龙上天没等到达天上就掉下来了，象征有气势但没有实力。看见金玉堆积得像座山，象征忧患。"

其后三日，韩国上党郡太守冯亭的使者来到，对孝成王说："韩国守不住上党郡，把它献给了秦国。上党郡的官吏民众都甘愿归入赵国，不想归入秦国。上党有十七座城邑，愿意再三归入赵国，任凭您裁决如何来赏赐官吏民众。"孝成王非常高兴，招来平阳君赵豹告诉他说："冯亭献纳城邑十七座，接受它怎么样？"赵豹回答说："圣人认为无缘无故得到的利益就是很大的祸患。"孝成王说："人家感怀我们的恩德，怎么叫无缘无故呢？"赵豹回答说："秦国蚕食韩国的土地，把它从中截断不让韩国南北相通，本来以为可以坐等来接受上党郡的。韩国之所以不把上党献给秦国，是因为他想把祸患转嫁给赵国。秦国付出了辛劳而赵国来获得

它的利益，这样的话即便是强大的国家也不能从弱小的国家去得到它，弱小的国家反倒能从强大的国家那里得到吗？难道可以说不是无缘无故的利益吗！而且秦国用牛耕种，从水路运送粮食来进行蚕食，派出上等车乘和奋力攻战的士兵，分裂韩国的土地，它的政令施行，不可以和它作对，一定不要接收上党。"孝成王说："如今动员百万的兵力进行攻战，积年累岁也没有得到一座城邑。如今拿十七座城邑当礼物献给我国，这是很大的利益。"

赵豹离去后，孝成王招来平原君和赵禹告诉他们这件事。他们回答说："动员百万的兵力去进攻，好几年没有得到一座城邑，如今坐着就收到城邑十七座，这是大利益，不可以失掉。"孝成王说："好。"就命令平原君赵胜接受土地，告诉冯亭说："我是赵国使者臣子赵胜，我国君王派赵胜传达命令，用万户的城邑三座封给太守，千户的城邑三座封给县令，都将世世代代为侯，官吏民众全都晋爵三级，官吏民众能平安相处，都赏赐黄金一百二十两。"冯亭流着

眼泪不接见使者，说："我不能处在三不义的境地：替主君守卫土地，不能拼死固守，这是一不义；韩王把上党纳入秦国，我不听主君的命令，这是二不义；出卖主君的土地而得到封爵，这是三不义。"赵国就出动军队夺取上党郡。廉颇统领军队驻扎在长平。

七月，廉颇被孝成王免职而让赵括替代他领兵。秦国人包围了赵括，赵括搏战被射死后赵军投降，士卒四十多万人都被秦军坑杀了。孝成王后悔不听从赵豹的计策，所以才有长平这样的灾难。

孝成王撤军回来后，不听从秦国，秦国包围了邯郸。武垣令傅豹、王容、苏射率领燕国民众反归燕地。赵国把灵丘封给楚国国相春申君。

八年，平原君到楚国请求救援。回来后，楚国前来援救，同时魏公子无忌也来救援，秦国才解除对邯郸的包围。

▶ 山西长治风光

山西长治就是古代的上党。战国时期的上党包括了今天的山西省长治市全境，晋城市大部及晋中市东部的榆社县、和顺县、昔阳县、左权县等地。上党历来是兵家必争之地，对于当时的赵国来说，上党的得失关系到赵国的存亡，一旦上党落入秦人之手，那么赵国就直接面临着秦国进攻的压力，只有取得上党，才能保证邯郸的安全。

十年，燕国进攻昌城，五月攻占了它。赵将乐乘、庆舍进攻秦国信梁的军队，打败了他。太子去世。秦国进攻西周，攻占了它。大夫徒父祺领兵出境防备秦国。十一年，筑元氏城，将上原设置为县。武阳君郑安平去世，收回了他的封地。十二年，邯郸堆放柴草的房舍被烧。十四年，平原君赵胜去世。

十五年，把尉文封给相国廉颇，称他做信平君。燕王命令丞相栗腹和赵国交好，拿五百斤黄金给赵王祝酒，栗腹回到国内报告燕王说："赵国健壮的男子都死在长平，它的遗孤还未长大，可以攻打它。"燕王招来昌国君乐间询问此事，乐间回答说："赵国，是四面受敌的国家，民众受过军事训练，

▶ "右廪"铁镢范·战国

河北博物院藏。河北兴隆县大付将沟出土。镢范一副两件，分为外范和内范。范上宽下窄。外范作挖心楔形，背面有弓形把手；内范作楔形，与外范合为一套。上有偏方浇注口。外范有"右廪"铭文。廪为管理、储存农产品和制造农具的机构，证明由地方官铸造了这批铁范。兴隆铁范的出土对研究战国时期的铁农具的产生和使用，及其在世界铸铁史的领先地位有重要意义。

去攻打赵国是行不通的。"燕王说："我用众多攻打寡少，派二人攻打一人，可以吗？"回答说："不可以。"燕王说："我就派五人去打一人，可以吗？"回答说："不可以。"燕王大怒，群臣都认为可以。燕国最终出动两支军队，战车两千辆，由栗腹率领一军去进攻鄗邑，卿秦率领一军去进攻代地，廉颇为赵将，打败杀死了栗腹，俘虏了卿秦、乐间。

十六年，廉颇包围燕国。孝成王封乐乘为武襄君。十七年，代理相国大将武襄君进攻燕国，包围它的国都。十八年，延陵钧率领军队跟从相国信平君帮助魏国攻打燕国。秦国攻占赵国榆次地区三十七座城邑。十九年，赵国和燕国交换领土：把龙兑、汾门、临乐给燕国，燕国把葛城、武阳、平舒给赵国。

二十年，秦王政刚刚即位，秦国攻占赵国的晋阳。

二十一年，孝成王去世。廉颇领兵，进攻繁阳，夺取了它。派乐乘去替代他，廉颇攻击乐乘，乐乘逃跑，廉颇逃亡进入魏国。子偃即位，这就是悼襄王。

❖赵国灭亡

悼襄王元年，举行盛大礼仪交好魏国。想开通平邑到中牟之间的道路，没有成功。

二年，李牧领兵，进攻燕国，拔占了武遂、方城。秦国召去春平君，因此把他扣留下来。泄钧替他对文信侯吕不韦说："春平君，赵王特别喜爱他但郎中们妒忌他，所以共同谋划说'春平君进入秦国，秦国一定会扣留他'，因为这样的缘故共同谋划把他送到秦国来了。如今您扣留他，这是断绝了赵国的继嗣也正好中了郎中们的计策。您不如把春平君遣送回国而留下平都侯。春平君的言论行动赵王都相信，赵王必定割出很多的土地来赎取平都侯。"文信侯说："好。"因而遣送他回国了。修筑韩皋城。

三年，庞煖领兵，进攻燕国，擒获燕将剧辛。四年，庞煖率领赵、楚、魏、燕、韩五国的精锐之师进攻秦国的蕞地，没有攻取。移师进攻齐国，夺取了饶安。五年，傅抵领兵，驻扎在平邑；庆舍率领东阳及河外的军队，守卫黄河的桥梁。六年，把饶阳

▶ 二年相邦春平侯钹·战国

故宫博物院藏。钹，长锋，脊扁平，茎上有
一圆穿。一面脊上刻铭文 2 行 19 字："二
年相邦春平侯，邦左，库工师赵瘠、冶事开
执剂。"铭文大意为二年，相国春平侯监造，
邦左库工师赵瘠主造，冶事开铸造。此钹是
赵孝成王时期相国春平侯监造的。

▶ 十七年相邦春平侯钹·战国

故宫博物院藏。钹长锋，脊扁平，扁茎，
茎上有一圆穿。一面脊上有刻画铭文 2 行
20 字："十七年相邦春平侯，邦左，伐器
工师长出，冶沃执剂。"另一面刻 5 字："大
攻尹韩囗。"

封给长安君。魏国把邺邑给予赵国。九年，赵国进攻燕国，夺取了狸地和阳城，还没来得及撤兵，秦国进攻邺邑，攻占了它。悼襄王去世，儿子幽穆王迁即位。

幽穆王迁元年，修筑柏人城。二年，秦国进攻武城，扈辄率领军队去援救，军队失败，扈辄战死。

三年，秦国进攻赤丽、宜安，李牧率军在肥累城下和秦军交战，打退了秦军。把李牧封为武安君。四年，秦国进攻番吾，李牧和秦军交战，打退了秦军。

五年，代地发生大地震，从乐徐往西，北边到达平阴，楼台、房屋、墙垣多半被破坏，地面裂开东西长有一百三十步。

六年，大饥荒，百姓中传出民谣说："赵国人大哭，秦国人大笑。如果不相信，请看田地是不是长苗。"

七年，秦人进攻赵国，赵国大将李牧、将军司马尚领兵，迎击它。李牧被诛杀，司马尚被废免，赵忽和齐将颜聚来替代他们。赵忽军队被打败，颜聚逃走了。因此赵王迁投降。

八年十月，邯郸归属秦国。

太史公说

我听冯王孙说过："赵王迁，他母亲是歌舞艺人，受到悼襄王宠爱。悼襄王废除嫡子嘉而让迁即位。迁素来没有好的品行，听信谗言，所以诛杀了他的良将李牧，而任用郭开。"这难道不是很荒谬吗！秦国已经俘虏了迁，赵国逃亡出国都的大夫们共同扶立嘉做王。在代地称王六年，秦国进兵攻破了嘉，才完全灭亡了赵国而把它设置为郡。

魏世家 第十四

【解题】本篇从毕万占卜事晋讲起，阐述封建邦国亲密诸侯的道理。后文叙述魏文侯受经子夏，师田子方，客段干木，任吴起、西门豹、乐羊、李克，相魏成子，用翟璜，这是魏国最盛之时。其经武侯而入于梁惠王，与齐战而败于桂陵、马陵，国势日衰，且录孟子之语言"为人君，仁义而已矣，何以为利"，可见当时社会政治思想的巨大转变。文录魏公子无忌之谓安釐王论亲秦伐韩之弊，以识秦"非尽亡天下之国而臣海内，必不休矣"的发展大势，正与论赞之言"天方令秦平海内，其业未成，魏虽得阿衡之佐，曷益乎"的评述，在指导思想上保持了前后的一致。

毕万封魏

魏的祖先，是毕公高的后代。毕公高与周王室是同姓。周武王讨伐商纣王，而后把高封在毕地，这时开始姓毕。这以后断绝了封爵，成了平民，族人有的住在在中原地区，有的住在在夷狄地区。它的后代子孙中有个叫毕万的，侍奉晋献公。

晋献公十六年，赵夙担任驭手，毕万担任车右，去讨伐霍、耿、魏三个小国，灭掉了他们。晋献公把耿邑封给赵夙，把魏邑封给毕万，二人都成了大夫。卜偃说："毕万的后代必定会强大。万是个满数，魏是个大名号。用这样的名号开始奖赏，是上天开启了它的福源。天子管属的叫兆民，诸侯管属的叫万民，如今命个这么大的名，象征着依从满数，它将来必定拥有众多的人民。"当初，毕万对侍奉晋国进行了占卜，得到的是从"屯卦"变而为"比卦"。辛廖占卜后说："吉利。屯象征着草木坚实牢固，比象征亲密能够进入，国政治混乱。毕万的后代更加壮大，依从它的封地称为魏氏。毕万生了武子。魏武子以魏氏庶子的身份侍奉晋公子重耳。

晋献公二十一年，武子跟从重耳出国流亡。经过十九年返回晋国，重耳即位，这就是晋文公，文公让魏武子作为魏氏的后代继承封爵，置于大夫行列，他的治所设在魏邑。他生了悼子。

魏悼子把治所迁徙到霍邑。他生了魏绛。

魏绛侍奉晋悼公，悼公三年，会盟诸侯。悼公的弟弟杨干扰乱了军队的行列，魏绛杀了杨干的仆人以示惩戒。悼公发怒说："会合诸侯把它当作荣耀，如今竟侮辱我的弟弟！"将要诛杀魏绛。有人劝说悼公不能这样做，悼公停止了。他最终任用魏绛当政，派他去同戎、狄修好，戎、狄在魏绛的努力下亲近归服晋国。

悼公十一年，悼公说："自从我任用魏绛，八年中间，多次会盟诸侯，与戎、狄也和睦，都是魏绛的功劳。"悼公赐给他音乐，三次推让，然后才接受。魏绛把治所迁徙到安邑。魏绛

▶ 《晋文公复国图》·明·无款

美国弗利尔美术馆藏。这幅作品描绘了晋文公重耳流亡在外十九年的情景，重耳坐在车中，边上骑马的就是跟随他逃亡的子犯、魏武子、介子推等人。

有什么吉利比这还大？其后代必定会繁衍昌盛。"

毕万受封以后的十一年，晋献公去世，四个儿子争夺并更替即位，晋

魏绛雕像

魏绛，魏氏第四代领袖。姬姓，魏氏，名绛、谥号昭、庄。魏悼子之子。曾经侍奉晋悼公、晋平公。史称魏昭子，又称魏庄子。

去世，谥号叫昭子。魏绛生了魏嬴。魏嬴生了魏献子。

献子侍奉晋昭公。昭公去世后六卿强大，国君的公室卑弱。

魏为诸侯

晋顷公十二年，韩宣子告老，魏献子主持国家政事。晋国宗室祁氏和羊舌氏互相诽谤，六卿将他们诛杀了，夺取了他们全部十个县的封邑。六卿都派自己的儿子去做这十县的大夫。献子同赵简子、中行文子、范献子一起成了晋国的国卿。

这以后的十四年孔子做了鲁国的宰相。此后四年，赵简子因为晋阳变乱的缘故，和韩氏、魏氏共同进攻了范氏、中行氏。魏献子生了魏侈，魏侈和赵鞅一起进攻范氏和中行氏。

魏侈的孙子叫魏桓子，和韩康子、赵襄子共同攻灭了智伯，瓜分了他的封地。

桓子的孙子是文侯都。魏文侯元年，就是秦灵公的元年。魏文侯和韩武子、赵桓子、周威烈王处在同一时期中。

六年，修筑少梁城。

十三年，派子击包围繁城、庞城，迁出其中原来的居民。

十六年，攻打秦国，修筑临晋、元里两座城。

十七年，攻打中山国，派了击守卫它，由赵仓唐辅佐。子击在朝歌遇见了文侯的老师田子方，引领坐车回避，下车进见。田子方没有回礼，子击因此问田子方说："是富贵的人对人傲慢呢？还是贫贱的人对人傲慢呢？"田子方说："也就是贫贱的人对人傲慢罢了。大凡诸侯要是对人傲慢就会失去自己的封国，大夫要是对人傲慢就会失去自己的家。贫贱的人，如果行为不相投合，意见不被采纳，就离开这里到楚国、越国去，就像脱掉自己的鞋子一样容易。怎

么可以和富贵的人相等同呢！"子击不高兴地离开了。魏国向西去进攻秦国，到达郑邑就回来了，修筑雒阴、合阳城。

二十二年，魏国、赵国、韩国被纳入诸侯的行列之中。

二十四年，秦国攻打魏国，到了阳狐。

二十五年，子击（即魏武侯）生子罃（即魏惠王）。

魏文侯礼贤下士

文侯跟随子夏学习经学，用客礼对待段干木，经过他的里门，没有哪一次不是握着车前横木弯腰低头表示敬重的。秦国曾经想攻打魏国，有人说："魏君礼待贤人，国中的人称赞他的仁德，全国上下和睦亲和，不可以去图谋攻打它。"文侯因此在诸侯中间享有盛誉。

魏文侯任用西门豹做邺地的长官，河内地区治理得非常好。

魏文侯对李克说："先生曾经教导我说'家贫思贤妻，国乱思良相'。如今要设置国相，不是成子就是翟璜，你觉得这两个人怎么样？"李克回答

令狐君嗣子壶·春秋晚期

中国国家博物馆藏。传河南洛阳金村出土。盖作镂空六花瓣形，外侈。器短颈鼓腹，肩两侧设一对小环耳垂环，低圈足。盖饰蟠蛇纹，腹部饰五周蟠蛇纹。有铭文23行共50字，释文为："隹十年四月吉日，命瓜（令狐）君嗣子作铸尊壶，柬柬优优，康乐我家，屖屖康盨，承受屯德，祈无疆至于万亿年，子之子，孙之孙，其永用之。"令狐君嗣子壶共两件。学者考证铸于前416或前392年，器主为魏国贵族后裔，可能在周王朝中任职，此壶盖形尚沿袭春秋时风尚，器形属新式。1993年太原赵卿墓地附近一座春秋晚期墓中曾出土一件同式壶，两者造型相同，但后者盖与壶身饰均嵌铸红铜，纹饰为夔龙和鸟纹。

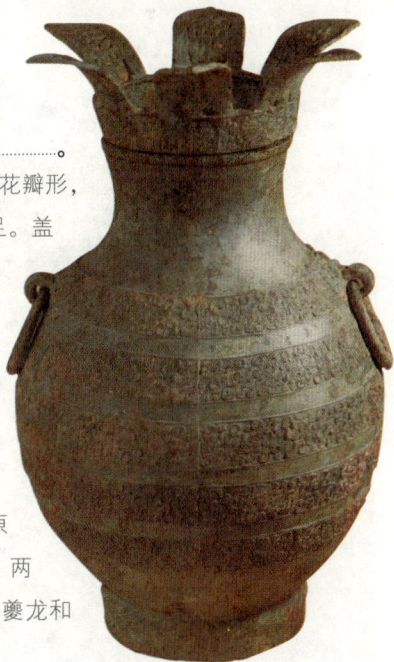

说："我听说，卑贱的人不谋划尊贵人的事，疏远的人不谋划亲近人的事。我处在宫廷之外，不敢承当这个使命。"文侯说："先生面对此事不要推辞。"李克说："这是您没有考察的缘故。平时看他亲近哪些人，富贵时看他结交哪些人，显达时看他举荐哪些人，窘迫时看他哪些事不去做，贫苦时看他哪些东西不去取，从这五方面就足以确定人选了，哪里还需等待我说呢！"文侯说："先生回府去吧，我的国相已经确定了。"李克快步走出宫门，到翟璜家去拜访。翟璜说："今日听说国君召唤先生去选择相国，究竟选定谁来做呢？"李克说："魏成子做国相了。"翟璜气愤地变了脸色说："就凭耳目所见所闻，我哪一点弱于魏成子？西河的守将，是我推荐的。国君内心担忧邺地被赵国侵害，我推荐了西门豹。国君设谋想攻打中山国，我推荐了将军乐羊。中山国攻下来了，派不出人去镇守，我推荐了先生。国君的儿子缺乏师傅，我推荐了屈侯鲋。我凭什么比魏成子要弱！"李克说："您把我推荐给国君，难道是要结党营私来求得高官吗？国君问设置国相

李悝
(前455－前395) 战国
初期的政治家，法学家，制
定了中国历史上第一部比较
系统的封建法典《法经》。

▶ **李悝雕像**

李悝，即《史记》中的李克，魏国安邑（今山西夏县）人。中国战国时代著名思想家，曾任魏国的相国，主持变法，其"重农"与"法治"结合的思想对商鞅、韩非影响极大，故一般认为他是法家的始祖。

'不是成子就是翟璜，这两个人怎么样'。我回答说：'您是不考察的缘故。平常看他亲近哪些人，富贵时看他结交哪些人，显达时看他举荐哪些人，窘迫时看他哪些事不去做，贫苦时看他哪些东西不去取，从这五方面就足以确定人选了，哪里还需等待我说呢！'因此我知道魏成子要做国相了。而且您怎么能和魏成子相比呢？魏成子得到了千钟的俸禄，十分之九用在外面，只有十分之一用在家里，所以在东方得到了卜子夏、田子方、段干木。这三个人，国君都把他们当作师友。您所推荐的五个人，国君都把他们作为臣子。您怎么能够和魏成子相比呢？"翟璜迟疑徘徊，再三拜揖说："我翟璜是个浅薄的人，失于问对，甘愿终身做您的弟子。"

➋武侯时期

二十六年，虢山崩塌堵塞了黄河。

三十二年，攻打郑国，修筑酸枣城。在注城打败秦国。

三十五年，齐国攻打并夺取了魏国的襄陵。三十六年，秦国侵犯魏国的阴晋。

三十八年，攻打秦国，在武城之下魏国虽然被打败，但俘获秦国将领识。这一年，文侯去世，儿子魏击即位，这就是武侯。

魏武侯元年，赵敬侯刚刚即位，公子朝发动叛乱，没有取胜，逃奔到魏国，和魏国一起袭击邯郸，魏军失败后撤离。

二年，修筑安邑城、王垣城。

七年，攻打齐国，到了桑丘。九年，狄族在浍水打败魏国。派吴起攻打齐国，到了灵丘。齐威王刚刚即位。

十一年，和韩国、赵国三分晋国的土地，灭亡了它的后代。

十三年，秦献公修筑栎阳城。十五年，在北蔺打败赵国。

十六年，攻打楚国，夺取了鲁阳。武侯去世，儿子魏罃即位，这就是惠王。

❥惠王被围浊泽

惠王元年。当初，武侯去世的时候，子罃和公中缓争着当太子。公孙颀从宋国进入赵国，从赵国进入韩国，对韩懿侯说："魏罃和公中缓争当太子，

▶河北魏县礼贤台

礼贤台，位于河北省邯郸市魏县境内。古称魏台，是魏文侯礼贤纳士的地方。故址在魏县旧治洹水镇（今旧魏县村）东南。明初，县治毁于漳水，遂移治五姓店（今魏城镇），魏台亦渐趋荒废。清代改称礼贤台，并屡有修葺。2010年，礼贤台移于魏县城东北5千米处重建。

▶ **蟠螭纹甬钟·战国**

深圳博物馆藏。河南辉县琉璃阁出土。钟体作合瓦形，凹弧形口，两铣尖锐。舞上有柱状甬，甬的衡端稍细，下部略粗，有旋与干，钲部有较高的柱状枚 36 个。钲与篆间皆以弦纹相间隔，饰以三角云纹构成的变形蟠螭纹，舞部亦饰蟠螭纹，鼓部饰蟠螭化的兽面纹。

这件事您也听说了吧？如今魏罃得到了王错的辅佐，控制了上党地区，本来已经有半个国家了。借着这个机会除掉他，攻破魏国是必然的，不可失掉时机。"懿侯很高兴，就和赵成侯

联合军队来攻打魏国，在浊泽交战，魏国大败，魏君被包围。赵国对韩国说："除掉魏君，扶立公中缓，割了土地就撤退，我们将会获利。"韩国说："不可以。杀了魏君，人家一定会说我们残暴；割了土地后撤退，人家一定会说我们贪婪。不如把它分成两部分。魏国分成了两部分，不比宋国、卫国强大，最终我们就没有魏国这个祸患了。"赵国不听。韩国不高兴，率领它的这部分军队夜间撤离。惠王之所以自身不死，国家不被分割成两部分，是由于韩赵二家谋划时不和睦造成的。如果依从任何一家的谋算，那么魏国一定被分割了。所以说"如果国君去世没有嫡子继承，那么这个国家可能会被攻破"。

二年，魏国在马陵打败了韩国，在怀地打败了赵国。三年，齐国在观泽打败了魏国。五年，和韩国在宅阳相会。修筑武堵城。被秦国打败。六年，攻打并夺取了宋国的仪台。九年，在浍水岸边打败了韩国。和秦国在少梁开战，秦国俘虏了魏国将领公孙痤，夺取了庞邑。秦献公去世，儿子孝公即位。

十年，攻打并夺取了赵国皮牢。彗星出现。十二年，有星在白天坠落，发出了声响。

十四年，和赵国在鄗地相会。十五年，鲁、卫、宋、郑各国国君前来朝见。十六年，和秦孝公在杜平相会，侵占了宋国的黄池，宋国又重新夺取了它。

十七年，和秦国在元里开战，秦国夺取了少梁。魏国包围了赵都邯郸。十八年，魏国攻占了邯郸。赵国请求齐国救援，齐国派将军田忌、孙膑援救赵国，在桂陵打败了魏国。

马陵之战

十九年，诸侯国包围魏国的襄陵。修筑长城，建造了固阳关塞。

二十年，魏国归还给赵国邯郸，与赵国在漳水旁会盟。二十一年，魏国和秦国在彤地相会。赵成侯去世。二十八年，齐威王去世。中山国国君担任魏相。

三十年，魏国攻打赵国，赵国向齐国告急。齐宣王采纳孙膑的计谋，援救赵国攻打魏国。魏国大肆兴兵，派庞涓率领，太子申任上将军。路过

外黄，外黄人徐子对太子说："我有百战百胜的方法。"太子说："可以讲给我听吗？"这位客人说："本来就希望进献给您。"他接着说："太子自己统兵攻打齐国，取得大胜并占领莒地，就是富也不过拥有魏国，贵也不会超过做魏王。假如此战不能战胜齐国，那么您的万世子孙也不能得到魏国了。这就是我百战百胜的方法。"太子说："好吧！我一定依从您的话返回国去。"客人说："太子虽然想回国，却不能。那些劝说太子开战进攻，想从中借机取利的人很多。太子虽然想返回国去，恐怕不能够了。"太子因此想返回国去，他的驾车人说："领兵出国无缘无故就返回和败逃是一样的。"太子果然和齐国人开战，在马陵失败了。齐国俘虏了魏国的太子申，杀死了将军庞涓，军队就被打得大败。

三十一年，秦国、齐国、赵国一起来攻打魏国，秦国将领商君欺诈我国的将军公子卬并突袭夺取了他的军队，打败了魏军。秦国任用商君，东边的土地扩展到了黄河，而齐国、赵国屡次打败魏国，安邑接近秦国，于

是惠王把国都迁徙到大梁。立公子赫为太子。

三十三年，秦孝公去世，商君从秦国逃走来到魏国，魏国愤怒，不接纳他。三十五年，惠王和齐宣王在平阿之南相会。

❂惠襄之际

惠王多次在战争中遭遇失败，所以就用谦恭的礼节和厚重的礼物来招纳贤人。邹衍、淳于髡、孟轲都来到梁国，梁惠王对孟轲说："我没有才能，三次在外损兵折将，太子被俘虏，上将军战死，国家因而空虚，给先代君王和宗庙社稷带来耻辱，我感到特别惭愧。老先生不远千里之远，屈尊光临敝国朝廷，将采用什么方法才能对我们国家有利呢？"孟轲说："您不可以像这样谈论利。您想获利那么大夫也会想获利，大夫想获利那么平民也会想获

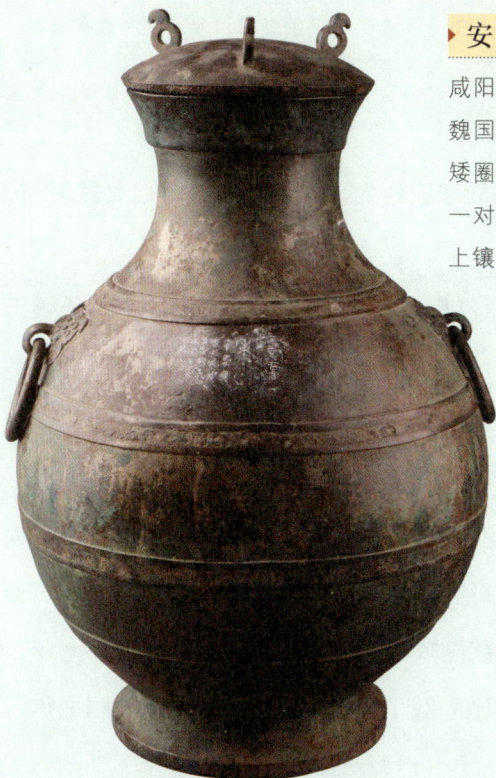

魏世家 第十四

❂安邑下官钟·战国

咸阳博物院藏。陕西咸阳塔儿坡出土。此钟本魏国所造，后归秦国。侈口长颈，圆腹溜肩，矮圈足外撇，盖微隆起，上有三环钮，肩上有一对铺首衔环耳。自肩至腹饰四道宽带纹，带上镶嵌绿松石。口沿、颈部和腹部共有铭文33字，口沿铭文为："十三斗一升"（秦刻），腹部铭文为："安邑下官重（锺）。十年九月，府啬夫成、佐史狄校之，大大半斗，一益少半益。"（魏刻）

▶ **《孔孟故事图》之孟子见梁惠王·清·无款**

大英博物馆藏。这幅作品描绘的是梁惠王在沼池之上会见孟子的情景，沼池之内鸿雁翱翔，麋鹿成群。惠工以奚落的口吻问"贤者之乐"，而孟子则阐述了仁君之乐。

利，上上下下争着要获利，国家就危险了。作为人君，只要施行仁义就罢了，何必要讲利呢！"

三十六年，惠王再次和齐王在甄邑相会。这一年，惠王去世，儿子襄王即位。

襄王元年，与诸侯在徐州相会，是为了互相称王。襄王给父亲追加尊号为王。

五年，秦国在雕阴打败了魏国龙贾统领的四万五千人的军队，包围了魏国的焦邑和曲沃，魏国把河西地区割给秦国。六年，和秦国在应地相会。秦国夺取了魏国的汾阴、皮氏、焦邑。魏国攻打楚国，在陉山打败了它。七年，魏国把全部的上郡土地献给秦国。秦国降服了魏国的蒲阳。八年，秦国把焦、曲沃归还给魏国。

十二年，楚国在襄陵打败魏国。主持诸侯国朝政的官员和秦国国相张仪在啮桑相会。十三年，张仪担任魏相。魏国有女人打扮成男人。秦国夺取了魏国的曲沃、平周。

十六年，襄王去世，儿子哀王即位，张仪重新回到了秦国。

如耳见成陵君、太子相魏

哀王元年，韩、魏、楚、赵、燕五国共同进攻秦国，没有取胜就撤离了。

二年，齐国在观津打败魏国。五年，秦国派樗里子攻打并夺取了魏国曲沃，犀首逃跑到岸门。六年，秦国来扶立公子政为太子。和秦国在临晋相会。七年，进攻齐国。和秦国攻打燕国。

八年，攻打卫国，占领了相邻的两座城。卫君担心起来。如耳去见卫君说："请允许我去魏国请求他们罢兵，免掉成陵君，可以吗？"卫君说："先生果真能够办到，我请求世世代代让卫国来侍奉先生。"如耳见到成陵君说："从前魏国攻打赵国，切断了羊肠坂道，占领了阏与城，准备

分割赵国，赵国一分而为二，所以没有被灭亡的原因，是魏国做了诸侯的合纵主宰。如今卫国已经迫近灭亡，将要向西去请求侍奉秦国。与其让秦国去解救卫国，不如让魏国来解救卫国。卫国感激魏国必定会没有穷尽的时候。"成陵君说："好。"如耳去会见魏王说："我有关于卫国的事向您陈述，卫国是过去周王室的一个分支，它虽然是小国，但有很多宝器。如今迫于祸患但宝器还没有交出的原因，是心里认为进攻卫国和解救卫国

梁十九年鼎·战国

上海博物馆藏。盖设三个凫形钮。器附耳，矮蹄足。通体素面无纹饰。器腹刻铭一周三十六字，述器主亡智随魏王北巡，为此铸鼎以记其事。铭文云梁十九年当是魏国迁都大梁后之称谓，因以梁纪年。确知的魏国青铜器甚少，此为其一。

147

中国国家博物馆藏。河南陕县后川出土。器侈口，长颈，铺首衔环耳，深鼓腹，圈足。盖略上拱，缘置四环纽。器通体铸纹槽，以铜嵌入，装饰五层花纹。每层纹带均由四组对称走兽构成，形态各异。各层纹带之间均以"工"字状纹间隔，每对走兽之间除第四层以饕餮纹间隔外，其余也均以"工"字状纹间隔。圈足嵌饰"工"字状纹带。器盖嵌饰内外两周卷云纹，一纵一横。陕县战国时期属魏，可知此件青铜器是魏国所铸。

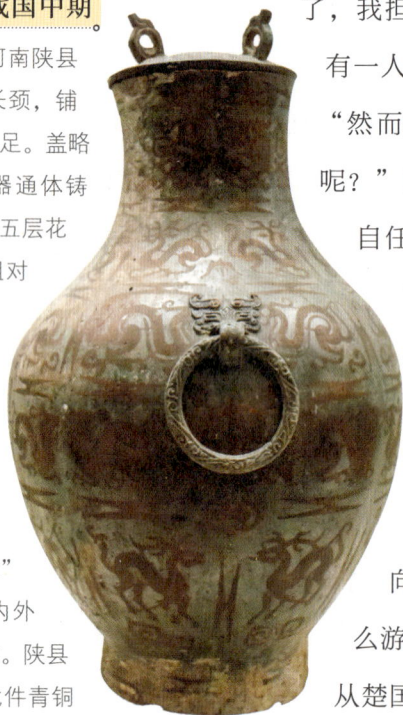

都不是由大王来做主，所以宝器即使是交出也一定不会献纳给大王的。我私下猜测，先提出解救卫国的人一定会是接受了卫国贿赂的那个人。"如耳离去，成陵君进来，在会见魏王时说出了他的意见。魏王听了他的言辞，就撤掉了他领的兵，免掉了成陵君，终身不再见他。

九年，和秦王在临晋相会。张仪、魏章都回到了魏国。魏相田需死了，楚国惧怕张仪、犀首或是薛公做魏相。楚相昭鱼对苏代说："田需死

了，我担心张仪、犀首、薛公中有一人要做魏相了。"苏代说："然而想要谁做相对您才有利呢？"昭鱼说："我想让太子自任丞相。"苏代说："我请求替您往北走一趟，必定让太子做丞相。"昭鱼说："有什么办法？"苏代回答说："您姑且作为梁王，我请求向您游说。"昭鱼说："怎么游说？"苏代回答说："我从楚国来，楚相昭鱼特别担忧，说：'田需死了，我担心张仪、犀首、薛公中有一人来担任魏相。'苏代说：'梁王，是贤明的君主，必定不会让张仪做丞相。张仪做丞相，必定褊袒秦国而轻视魏国。犀首做丞相，必定褊袒韩国而轻视魏国。薛公做丞相，必定褊袒齐国而轻视魏国。梁王，是贤明的君主，一定会知道这对魏国不利。'魏王说：'那么我该让谁来做丞相？'苏代说：'不如太子自己来做丞相。太子自己做丞相，这样三个人都认为太子不会长久做丞相，都将会致力于让他们的国家来侍奉魏国，

其目的就是想要得到丞相的职位。依仗魏国的强大，又有三个拥有万乘战车的大国来辅助，魏国必定是安全了，所以说不如太子自己来做丞相。"苏代往北会见梁王，用这样的言论向他禀告。太子果然做了魏相。

十年，张仪死去。十一年，哀王和秦武王在应地相会。十二年，太子去朝拜秦国。秦国攻打魏国皮氏，没有占领就解围离去。十四年，秦国把秦武王王后送回魏国。十六年，秦国攻占魏国的蒲坂、阳晋、封陵。十七年，和秦国在临晋相会。秦国把蒲坂还给魏国。十八年，和秦国攻打楚国。二十一年，和齐国、韩国共同在函谷关打败秦军。

二十三年，秦国重新归还给魏国河外和封陵以讲和。哀王去世，儿子昭王即位。

❸昭王时期

昭王元年，秦国攻占魏国的襄城。二年，和秦国开战，魏国不利。三年，协助韩国进攻秦国，秦将白起在伊阙打败魏、韩军队二十四万人。六年，把黄河东岸纵横四百里的土地给予秦国。芒卯因为智诈在魏国被重用。七年，秦国攻占魏国大小城邑六十一座。八年，秦昭王称西帝，齐愍王称东帝。一个多月以后，都恢复称王放弃帝号。九年，秦国攻占了魏国的新垣、曲阳二城。

十年，齐国灭掉宋国，宋王死在魏国温县。

十二年，和秦、赵、韩、燕四国一同攻打齐国，在济水之西把它打败，齐愍王从国都出逃。燕国单独进入齐国都城临淄。昭王和秦王在西周相会。

十三年，秦国攻占魏国安城。秦兵进攻到大梁，又撤军离开。十八年，秦国攻占了楚国的鄢郢，楚王徙都到陈地。

十九年，昭王去世，儿子安釐王即位。

❸以地事秦

安釐王元年，秦国攻占魏国两座城邑。二年，又攻占了魏国两座城邑，驻军在大梁城下，韩国前来援救，给了秦国温县以讲和。三年，秦国攻占了魏国四座城邑，斩杀首级四万。

四年，秦国攻破魏国和韩国、赵国，杀死了十五万人，魏国将领芒卯兵败逃走。魏将段干子请求把南阳地区送给秦国来讲和。苏代对魏王说："想得到印章的是段干子，想得到土地的是秦国。如今大王让想得到土地的控制印章，让想得到印章的控制土地，魏国的土地不给尽就不知道停止。大凡拿土地来侍奉秦国，等于抛扔柴薪去救火，柴薪不烧完，火势不会熄灭。"魏王说："这个讲法是对的，虽然如此，事情已经开始执行，没法改变了。"苏代回答说："大王唯独看不见玩博局戏之所以看重枭子的缘故，由于有利就可以吃掉对方的子，无利就停下来。如今大王说'事情已经开始施行，没法改变了'，这样做大王运用智谋为什么还不如博戏时使用枭呢？"

九年，秦国攻占魏国怀邑。

十年，秦国的太子在魏国当人质死在魏国。十一年，秦国攻占了魏国的郪丘。

秦昭王对左右侍臣说："现在的韩国、魏国和它开始的时候相比，哪个时期强大？"左右回答说："不如开始时强大。"昭王说："现在的如耳、魏齐和孟尝君、芒卯相比，谁更贤能？"回答说："不如孟尝君、芒卯贤能。"昭王说："以孟尝君、芒卯的贤能，率领强大的韩国、魏国军队来进攻秦国，还不能把我怎么样。如今用无能的如耳、魏齐来率领弱小的韩国、魏国军队来攻打我国，

▶ **卷云纹鼎·战国**

中国国家博物馆藏。河南辉县固围村出土。通高7.2厘米，口径5.2厘米。器附耳，球形腹，三细长蹄足。器盖上置三环纽。器上腹部饰双阴线卷云纹，足上部饰饕餮纹。此青铜鼎形制虽较常见，但尺度如此之小，装饰又如此之精，十分罕见。固围村战国墓据考证为魏国贵族墓葬。

▶ **虎足器座·战国**

中国国家博物馆藏。河南陕县后川出土。器为四虎口衔圆形器状。虎通身阴刻斑纹，前爪上扶圆形器沿，后爪站立支撑，尾上卷，仿佛奋力向上攀爬，极为生动。圆形器外沿呈环状，内接一镂空八瓣花形，花瓣上阴刻云纹。花蕊稍内凹，饰镂空四龙，相互衔咬中身，对向两龙造型相同，与相邻两龙略有差异。四虎与器座为分铸，于虎口部位焊接。

不能把我怎么样也是明摆着的。"左右的侍臣都说："非常正确。"中旗官冯琴回答说："大王对天下的形势估计错了。正当晋国六卿专政晋国的时候，智氏最强大，他灭掉了范氏、中行氏，又率领韩氏、魏氏的兵众在晋阳包围了赵襄子，决开晋水来浸灌晋阳城，城墙仅剩三版以上没有淹没在大水中。智伯视察水情，由魏桓子驾车，韩康子做参乘。智伯说：'我开始时不知道水可以灭亡别人的国家，如今却知道了。'汾水可以浸灌安邑，绛水可以浸灌平阳。魏桓子用臂肘碰韩康子，韩康子用鞋踩魏桓子，肘脚在车上暗中触接，因而智氏的土地就被瓜分，自身死了国家灭亡，为天下所耻笑。如今秦国虽然强大，尚不能超过智氏；韩国、魏国虽然衰弱，但还是要超

151

过当初在晋阳城下的时候。现在正是他们用肘和脚暗中互相触接的时候，希望大王一定不要小瞧他们！"于是秦王恐惧起来。

❁唐雎说秦王

齐国、楚国相互约定来进攻魏国，魏国派出使者去向秦国求救，使者络绎不绝，但是秦国的救兵还没有到。魏国有个叫唐雎的人，年纪九十多岁了，对魏王说："老臣请求往西去游说秦王，让他的救兵先于我从秦国发出。"魏王再三拜揖，就备办车辆把唐雎遣送去秦国。唐雎到达秦国，进宫拜见秦王。秦王说："老人家那么疲乏从远处来到这里，非常辛苦了！要说魏国派人来求救已经好多次了，我知道魏国的事情很紧急。"唐雎回答说："大王已经知道魏国紧急但是救兵还没有发出去的原因，我私下认为是谋划的大臣们无能。再说魏国是一个万乘的国家，之所以要面向西来侍奉秦国，作为东方的藩属接受秦国的法度；春秋二季进贡助办秦国的祭祀，是认为秦国强大足以成为亲好的国家。如今齐国、楚国的军队已经会集在魏都的郊外了，秦国的救兵却不发出，也就是依恃魏国还不太紧急吧。假如让魏国特别危急，他们都已经分割了土地而且相约合纵，大王还有什么可救的呢？必定等到魏国危急才去救它，这样做会失掉一个东方藩属的魏国并使两个敌对的齐国、楚国更加强大，那么大王还能得到什么好处呢？"于是秦昭王马上就发兵援救魏国。魏国重新安定。

❁赵请杀范痤

赵国派人对魏王说："替我杀了范痤，我呈献七十里土地作为办这件事的好处。"魏王说："可以。"派官吏去拘捕范痤，包围了范痤但还没有斩杀。范痤借机爬上房去骑在屋脊上，对使者说："与其拿死了的范痤去交换，不如拿活着的范痤去交换。假如范痤死了，赵国不给土地，那么大王能有什么办法？所以不如和赵国先确定割让的土地，然后再来杀范痤。"魏王说："好。"

范痤趁机给信陵君上书说："范痤，是过去魏国被免职的丞相，赵国拿土地交换要杀范痤而魏王听从了他，假如强大的秦国也将沿用赵国的办法对待您，那么您将怎么办？"信陵君去向魏王进谏之后，就把范痤释放了。

➡ 魏无忌谏伐韩

魏王由于有秦国救援的缘故，想亲好秦国而去攻打韩国，以求得到原来属于魏国而被韩国掠去的土地。公子无忌对魏王说：

"秦国和戎狄习俗相同，有虎狼一样的野心，贪婪残暴喜好功利毫无信用，不懂得礼义德行。假如有什么功利可图，会不顾亲戚兄弟，像禽兽一般地去追求，这是天下人所知道的，它不是因为进行了厚重施舍而积累恩德的。从前的太后是他的母亲，由于他的废黜忧伤致死；穰侯是他舅舅，没有谁的功劳能比穰侯大，却最终被逐出国都；两个弟弟没有罪过，却一再夺掉权力让他们去封国。这是对于亲戚还能如此，更何况是相互仇视敌对的国家呢？如今大王和秦国共同去攻打韩国并更加亲近秦国，我感

到特别疑惑。如果大王不了解这些就是不英明，群臣谁都没有向您奏知就是不忠诚。

"如今韩国由一位女人辅佐一个幼弱的君主，内部有大乱，外部又要和强大的秦国、魏国交战，大王认为它不会灭亡吗？韩国灭亡，秦国占有从前郑国范围的土地，就和大梁城邻近了，大王认为安全吗？大王想得到

▶ **青铜甗·战国**

中国国家博物馆藏。河南辉县固围村出土。器体分铸，上为甑，下似釜。甑直口微敛，铺首衔环耳，鼓腹，小底有箅，箅孔为十字形，内环列二十孔，外环列三十三孔，中腰饰凸弦纹一周。釜直口，高颈，套环耳，深圆腹，平底，中腹饰凸起绳索纹一周。

从前属于魏国的土地，如今依仗和强大秦国的和好，大王认为有利吗？

"秦国并不是不惹是生非的国家，韩国灭亡之后必将更生事端，更发事端必定去做容易获利的事，要做容易获利的事必定不会去攻打楚国和赵国了。这是为什么？要是越大山跨黄河，穿过韩国的上党地区去进攻强大的赵国，这种重复阏与失败的事情，秦国必定是不会做的。假如取道河内，背对着邺邑、朝歌，越过漳水、滏水，和赵兵在邯郸的郊外决战，这种智伯的祸患，秦国又不敢去做。攻打楚国，取道涉谷，行军三千里，去进攻冥阨关塞，所要走的路特别远，所要攻的地方特别难，秦国又不会去

做。假如取道河外地区，背靠着大梁，右边是上蔡、召陵，和楚兵在陈邑郊外决战，秦国又不敢去做。所以说秦国必定不会攻打楚国和赵国了，又不会去进攻卫国和齐国了。

"在韩国灭亡之后，秦国出兵的进攻，除了魏国再没有可进攻的目标了。秦国本来就占有怀邑、茅邑、邢丘，修筑了垝津城来监控河内地区，河内地区的共邑、汲邑必定就危险了；秦国有了原来郑国的地盘，得到了垣雍，决开荥泽的水来浸灌大梁，大梁必定陷落。大王的使者出访秦国，总是在秦土面前对安陵君加以诽谤，秦国想诛杀安陵君已经很久了。秦国的叶阳、昆阳和魏国的舞阳邻

▶青铜敦·战国

中国国家博物馆藏。河南辉县赵固村出土。器体与器盖造型相同，子母口，环耳，鼓腹圜底，三短蹄足。器腹部饰绳索纹三周，中间有绳纹凸起。

▶ 错金银兽首铜轳饰·战国

中国国家博物馆藏。河南省辉县固围村出土。作兽首形，双目圆睁，竖耳，饰错金银云纹、鳞纹和斜线纹，精美华丽，错金银技艺高超。这件铜轳饰呈马首形，其头、颈错金饰卷毛纹、鳞纹，制作精美，是战国时期错金银铜器的典型代表作品之一。

近，秦国听任使者的诽谤，随着安陵灭亡，他绕过舞阳的北面，向东临近许地，我们南方的国土必定危险了，国家会不受害吗？

"如果憎恨韩国不爱护安陵是可以的，要是不担心秦国而不爱护南方国土就不对了。从前，秦国处在黄河西岸晋国的故地，他的国家离大梁有上千里，有黄河和大山阻挡着，有周和韩国在中间隔绝。秦国自从林乡之战以来直到如今，七次进攻魏国，五次进入圃田泽，边境的城邑尽让他攻占，文台毁坏，垂都被烧，林木砍光了，麋鹿全没有了，国都继而受他包围。他又从大梁北

边长驱直入，东边到了陶邑、卫邑的郊外，北边到达了平监邑。所有被秦国占领了的，山南山北，河内河外，大县有几百个，名城有几十座。况且秦国尚在黄河西岸晋国的故地，离开大梁上千里，它的祸患都到了这种程度。更何况于让秦国灭亡了韩国，占有了原来属于郑国的地盘，没有了黄河和大山的阻挡，没有了周和韩国的中间隔绝，到大梁只百里路程，大祸必定从这里开始了。

"从前，合纵没有能成功，楚国、魏国怀疑我们而韩国又不可能参加盟约。如今韩国遭受战祸已经三年，秦国拿讲和让他屈从，韩国知道会灭亡又不听从，就投靠了赵国，请求替天下有次序地拼死战斗，楚国、赵国必定会聚合兵力，他们都知道秦国的欲望是没有穷尽的，非把天下各国都灭亡了而使整个海内臣服于他，否则不会停止的。因此我希望用合纵之策来侍奉大王，大王迅速接受楚国、赵国的盟约，并挟持韩国为人质来保存韩国，这样来求得过去属于魏国的土地，韩国必定会送给您。这是士民不需劳苦而过去的土地就能得到，它的功效比和秦国一起去攻打韩国要多，却又没有和强大的秦国邻近的祸患。

"要说保存了韩国就安定了魏国并有利于天下，这正是

▶ **玉具剑·战国**

中国国家博物馆藏。河南省辉县赵固村一号墓出土。由铜剑及玉剑首、玉剑格、玉剑璏组成。玉剑首是剑顶端的玉饰，浅绿色，俯视为圆形，中心为漩涡纹，四周刻隐起的卧蚕纹及涡纹。玉剑格浅绿色，面饰隐起的卧蚕纹及涡纹，俯视为菱形，中空，剑柄由孔中穿过。玉剑璏浅绿色，有紫色沁，俯视为长方形，面略呈弧形，上饰隐起的卧蚕纹及涡纹。

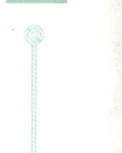

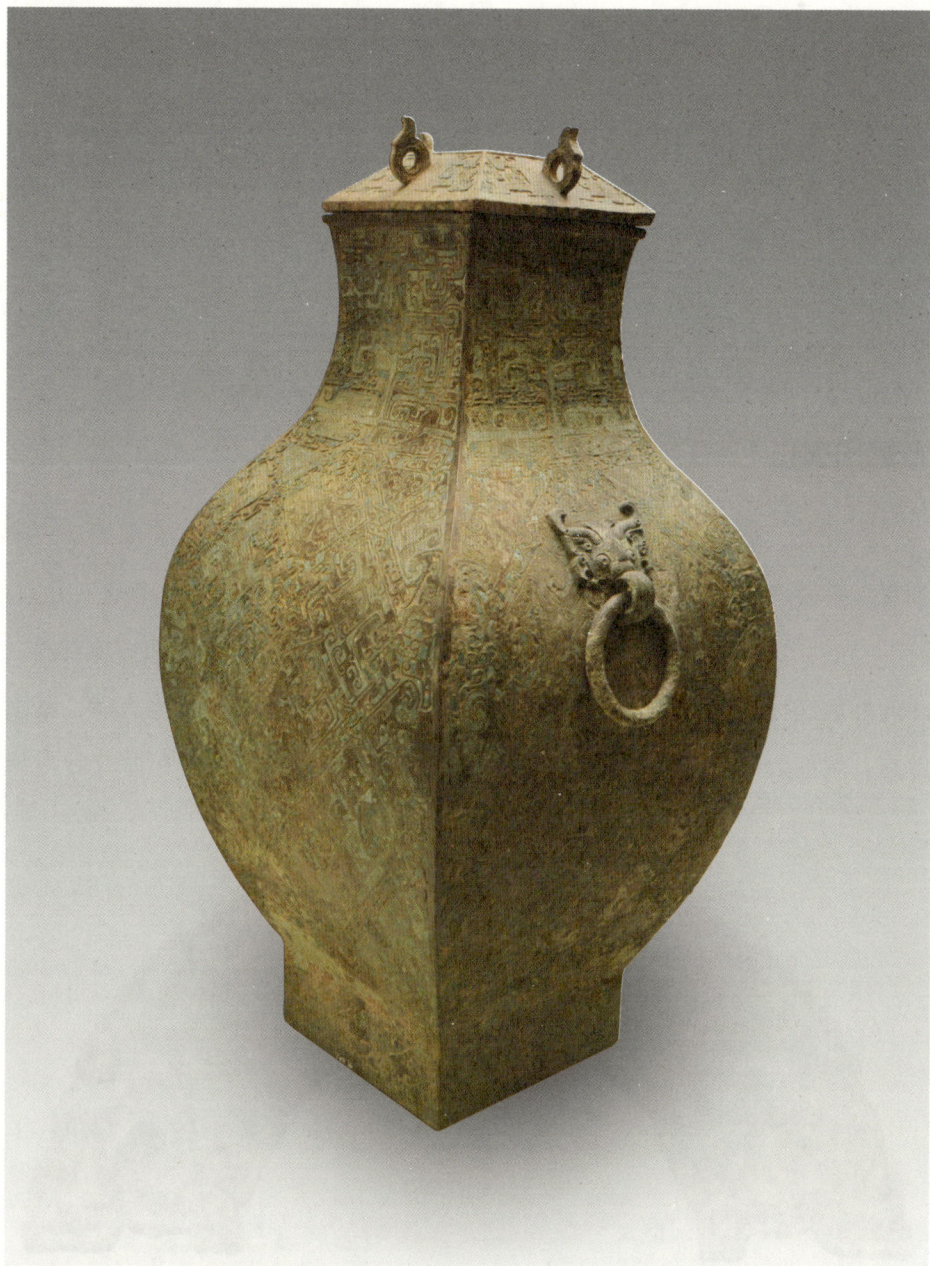

▶ 嵌绿松石勾连云纹钫·战国

中国国家博物馆藏。河南陕县后川出土。器方口微侈，方唇，长颈，铺首衔环耳，鼓腹、下部缓收，平底，方圈足。覆斗形器盖，缘置四环纽。器通体铸纹槽，以绿松石镶嵌装饰勾连云纹，精细繁缛。

大王的天赐良机。沟通韩国的上党地区到达共邑、宁邑，让它取道安城，商贾出入收取赋税，这就是重新把韩国的上党地区当作了抵押。如今有了这样的赋税，足以让国家富强，韩国一定会感激魏国、爱护魏国、看重魏国、畏惧魏国，韩国必定不敢反叛魏国，这样，韩国就等于是魏国的一个县了。魏国得到韩国作为县，卫国、大梁、河外地区必然会安定了。如今不保存韩国，东周西周、安陵必定危险，楚国、赵国被打得大败，卫国、齐国会非常畏惧，天下面向西方奔驰着进入秦国朝拜去做它的臣子的时间就会不太久了。"

魏国灭亡

二十年，秦国包围邯郸，信陵君魏无忌假托君命夺取将军晋鄙的兵权率领军队援救赵国，赵国得以保全。无忌因而留在赵国。二十六年，秦昭王去世。

三十年，无忌回到魏国，率领燕、赵、韩、楚、魏五国的军队进攻秦国，在河外地区打败了秦军，秦将蒙骜逃走。魏国的太子增到秦国当人质，秦国发怒，想把太子增囚禁起来。有人替太子增对秦王说："公孙衍本来就对魏

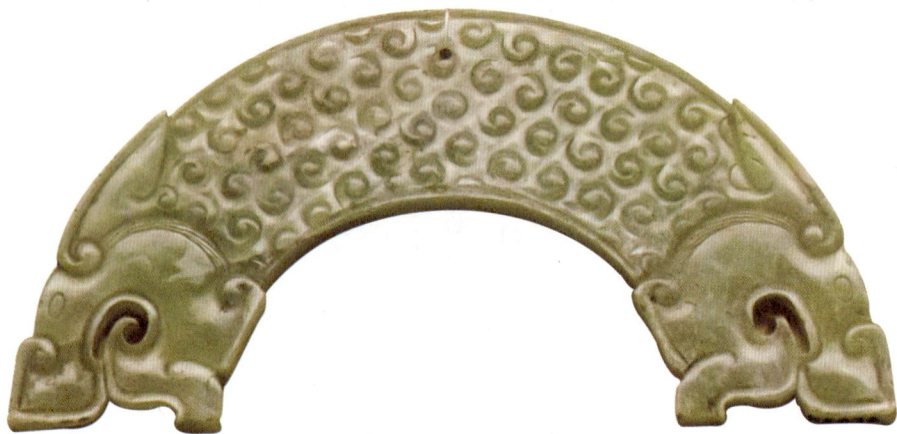

▶ **龙首纹璜·战国**

中国国家博物馆藏。河南辉县固围村一号墓祭祀坑出土。此器双面对称雕刻。两端为龙首，龙头有楔形角，扁圆形眼。吻前突并向上卷曲，下颌低垂，舌内卷。龙首及玉璜周边以阴线纹刻出轮廓线，器身雕刻密集的谷纹。顶部正中钻一小孔，可供系佩。

王说过'请求用魏国迅速出击秦国，秦王一发怒，必定要囚禁增。魏王又一发怒，出击秦国，秦国必定受伤害'。如今囚禁增，这正是中了公孙衍的计谋。所以不如尊贵太子增借以和好魏国，用它来使齐国、韩国产生怀疑。"秦王就停止囚禁太子增。三十一年，秦王政刚刚即位。

三十四年，安釐王去世，太子增即位，这就是景愍王。信陵君公子无忌去世。

景愍王元年，秦国攻占魏国二十座城邑，将其设置成秦国的东郡。

二年，秦国攻占魏国的朝歌。把卫元君迁徙到野王。

三年，秦国攻占魏国的汲邑。五年，秦国攻占魏国的垣邑、蒲阳、衍氏。十五年，景愍王去世，儿子王假即位。

王假元年，燕国太子丹派遣荆轲行刺秦王，没有成功。三年，秦国用水浸灌大梁，俘虏了魏王假，就把魏国灭亡了将它设置为郡县。

❧ 太史公说 ❧

我去过从前大梁的废墟，住在废墟里的人说："秦国攻破大梁的时候，是引了鸿沟的水来浸灌大梁，经过三个月城墙崩塌了，魏王假请求投降，秦国就灭掉了魏国。"议论的人都说魏国是因为没有重用信陵君的缘故，国家日渐削弱以至于灭亡，我认为不是这样。事势的发展正在让秦国平定天下，它的功业还没有完成，在这种情况下，魏国即使得到像伊尹一般的贤臣辅佐，还有什么用呢？

韩世家 第十五

【解题】韩国在战国七雄中是个小国，与秦楚两大国毗邻，经常成为秦楚两国争夺的对象。本篇在韩武子之后讲叙了韩厥的事迹，称赞韩厥的义举，成就了程婴、公孙杵臼之义，为"天下之阴德"。司马迁认为韩在晋国并没有什么大的功劳，但它却与赵、魏一起成为诸侯延续十余世，是因为积有这种"阴德"而取得了应有报应的结果。这样评论，是表示了对绝人后嗣、灭人社稷的残暴行为的不满，和对舍生取义、存人继祀的正直而悲壮行为的歌颂，体现了《史记》评论的道德正义性。

❖ 韩厥及其后嗣

韩国的祖先和周王室同姓，姓姬。他的后代子孙中有人侍奉晋国，被封在韩原，叫作韩武子。武子以后三代有了韩厥，依从封地名称作为姓就成了韩氏。

晋景公三年，晋国司寇屠岸贾打算发动变乱，借口是诛杀弑害灵公的赵盾。这时赵盾已经死了，就打算诛杀他的儿子赵朔。韩厥制止屠岸贾，屠岸贾不听。韩厥告诉赵朔让他逃走。赵朔说："您一定能够保证赵氏的祭祀不断绝，我死也就没有遗憾了。"韩厥答应了他。等到屠岸贾诛杀赵氏家族的时候，韩厥称说有病不出门。程婴、公孙杵臼藏匿孤儿赵武的事，韩厥全都知道。

晋景公十一年，韩厥和郤克领兵八百乘去攻打齐国，在鞍地打败齐顷公，俘虏了逢丑父。于是晋国设置了六卿，韩厥做了新中军将领处在一卿的位置上，号称献子。

温县盟书·春秋晚期

河南博物院藏。河南温县武德镇西张计村出土。这些盟书是春秋晚期晋国卿大夫之间举行盟誓时记载誓词的文书。多在圭形石片上用毛笔黑墨写成。1号坎(坑)盟书的誓词内容是：一定要"忠心事主"，决不"与贼为徒"，否则将受到晋国先公在天之灵最严厉的惩罚，夷灭氏族，绝子绝孙。经考证这是韩简子韩不信主持的卿士之间的会盟，确立了韩氏的宗主地位。

晋景公十七年，因病进行占卜，占卜人说大业的后代中不遂顺心意之人的鬼魂在作怪。韩厥趁机赞扬赵盾的功劳，说如今他的后代没有进行祭祀，借以感动景公。景公询问说："赵氏还有后代吗？"韩厥于是提起赵武，景公就重新把赵氏从前的封地采邑交给赵武，让他接续赵氏的祭祀。

晋悼公七年，韩献子退休了。献子去世，职位由儿子宣子接替。宣子迁到州邑居住。

晋平公十四年，吴国季札来出使晋国，说："晋国的政权最终要归到韩、魏、赵三家的手中了。"

晋顷公十二年，韩宣子和赵氏、魏氏共同瓜分了祁氏、羊舌氏的十县土地。晋定公十五年，宣子和赵简子进攻范氏、中行氏。宣子去世，儿子贞子继位。贞子迁到平阳居住。

贞子去世，儿子简子继位。简子去世，儿子庄子继位。庄子去世，儿子康子继位。康子和赵襄子、魏桓子共同打败了智伯，瓜分了他的封地，韩氏的封地更加扩大，比一般的诸侯国还大。

康子去世，儿子武子继位。武子二年，攻打郑国，杀了郑的国君幽公。十六年，武子去世，儿子景侯继位。

景侯虔元年，攻打郑国，夺取了雍丘。二年，郑国在负黍把韩国打败。

韩为诸侯参与争雄

六年，韩国和赵国、魏国都被周天子策命为诸侯国。

九年，郑国包围韩国阳翟。景侯去世，儿子列侯取即位。

郑韩故城

郑韩故城位于河南省新郑市城关附近的双洎河与黄水河交汇的地方。春秋战国时期，郑国和韩国在此建都 539 年，因此称郑韩故城。郑韩故城周长约 23 千米，其平面形状像一只牛角，郑韩故城分东西两区。

列侯三年，聂政刺杀了韩相侠累。九年，秦国攻打韩国宜阳，夺取了六座城邑。十三年，列侯去世，儿子文侯即位。这一年魏文侯去世。

文侯二年，攻打郑国，夺取了阳城。攻打宋国，到达彭城，拘执了宋君。七年，攻打齐国，到了桑丘。郑国打败了晋国。九年，攻打齐国，到了灵丘。十年，文侯去世，儿子哀侯即位。

哀侯元年，和赵、魏瓜分了晋国。二年，灭亡了郑国，因而迁都到郑邑。

六年，韩严弑杀他的国君哀侯，哀侯的儿子懿侯继位。

懿侯二年，魏国在马陵打败韩国。五年，和魏惠王在宅阳相会。九年，魏国在浍水打败韩国。十二年，懿侯去世，儿子昭侯即位。

昭侯元年，秦国在西山打败韩国。二年，宋国夺取了韩国黄池。魏国夺取了朱地。六年，攻打东周，夺取了陵观、邢丘。八年，申不害任韩国丞相，修明君主驾驭臣下的权术，施行法家治国之道，国家内部得到了治理，诸侯国不敢前来侵犯攻伐。十年，韩姬弑国君悼公。十一年，昭侯前往秦国。二十二年，申不害死去。二十四年，秦国前来攻打韩国宜阳。

二十五年，天旱，建造了高大城门。屈宜臼说："君侯出不了这座门。为什么呢？因为不合时宜。我所说的

▶ **廿年郑令青铜矛·战国**

中国国家博物馆藏。窄叶尖锋，有脊，骹作圆筒形，中部有一孔。上有铭文，其内容可见"廿年郑令"字样。此矛为韩国兵器。

时，不是指的时日。人本来就有顺利和不顺利的时候。君侯曾经有顺利的时候，不建造高大城门。往年秦国攻打了宜阳，今年天旱，君侯不在这个时候体恤民众的急难，反而更加奢侈，这叫作'衰败的时候却做奢侈的事情'。"二十六年，高大城门建成了，昭侯去世，果然没有走出这座城门。儿子宣惠王继位。

宣惠王五年，张仪任秦国丞相。八年，魏国打败了韩国将领韩举。十一年，国君改称号为王。宣惠王和赵国在区鼠相会。十四年，秦国来进攻，在鄢地把韩国打败。

❯ 公仲对韩宣王

十六年，秦国在修鱼打败韩国，在观泽俘虏了韩国两位将领鲰、申差。韩国感到紧急，相国公仲侈对韩王说："友好国家并不是完全可以依靠的。如今秦国想攻打楚国已经很久了，大王不如通过张仪来跟秦国讲和。送给秦

❯ 郑右库戈·战国

中国国家博物馆藏。河南省新郑市白庙范村出土。这件青铜戈尖锋，长援，援中部有脊、上下皆有刃，其中下刃因前后弧度不同从而形成一个棘凸，增大了杀伤力；胡较长，下略残，胡上有三个长条形穿；内三面皆有刃，前端也有一长条形穿。内上有铭文"奠右库"三字。本器出土于郑韩故城内，同出有多件有铭兵器，均为战国时韩国兵器。"奠"即"郑"，指的是韩国都城新郑；公元前375年，韩灭郑，随后迁都新郑，从此韩又称郑。

上海博物馆藏。此鼎与常见的战国晚期的附耳、蹄足、扁球体素面鼎相同，但它却多高了一条活链提梁。提梁的一端套铸于一附耳上，另一端作弯钩形，可与盖钮上一活链相接后钩住另一附耳。这一设计使提梁既可用于提拎，又便于脱钩后开启鼎盖，简单实用，巧具匠心。器、盖刻铭："韩氏口。"当属韩国之器。

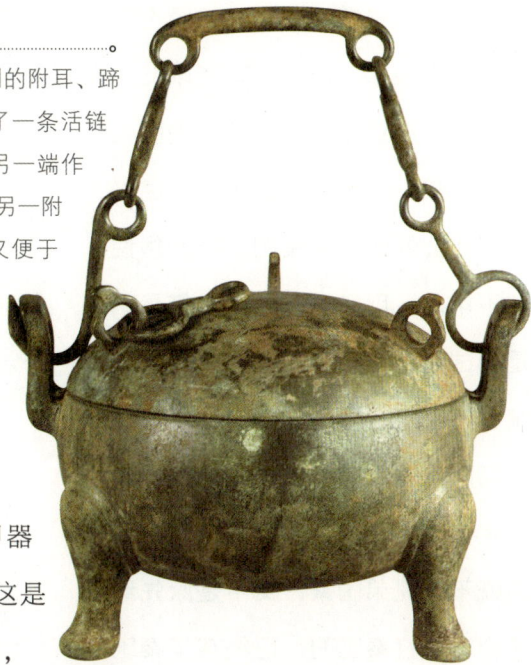

韩世家 第十五

国一个有名的都邑，准备好盔甲器械和秦国一道往南去攻打楚国，这是拿一座名都换取秦国不攻打韩国，又能和他一起去攻打楚国的计谋。"韩王说："好。"就对公仲侈的出使做准备，将要派他往西去和秦国媾和。楚王听说了非常恐惧，招来陈轸告诉他这一情况。陈轸说："秦国想攻打楚国很久了，如今又得到韩国的一座名都并准备好了盔甲器械，秦韩两国合军来攻打楚国，这正是秦国进行祷告祭祀所期望的。如今秦国已经得到了，楚国必定会遭到攻伐了。大王听从我的安排，在全国境内戒警准备，启动军队说是去援救韩国，下令在道路上摆满战车，派出使臣，多给他一些车辆，加重所携带的礼物，让韩国相信大王会去援救他们。即使韩国不能听从我国，韩国必定会感激大王，必定不会齐心协力跟从秦国前来进攻，这样秦韩两国就不会和睦，军队虽然到了，楚国也不会遭受大的祸害。如果韩国能听从我国和秦国断绝和好关系，秦国一定会大怒，要加重对韩国的怨恨。韩国在南方交结了楚国，必定慢待秦国；慢待秦国，他应酬秦国的时候必定不会恭敬，这是借着秦国、韩国的军队来免除楚国的患难。"楚王说："好。"就在全国范围加强警戒，启动军队说是去援救韩国。命令在道路上摆满战车，派出使臣，多给他一些车辆，加重所携带的礼物。

对韩王说："敝国虽小，已经把军队全部派出来了。希望贵国能以此在秦国面前伸展意志，我将会用楚国来为韩国死战。"韩王听说了非常高兴，就不让公仲侈再去秦国。公仲侈说："不可以。用实际行动来攻打我国的是秦国，用空虚言词说援救我国的是楚国。大王依恃楚国的空虚言词，而轻易断绝强大秦国这样的敌人，大王必定会被天下人耻笑。而且楚国、韩国既不是兄弟国家，又不是原先约定而合谋攻打秦国的。已经有了秦国要来攻打的迹象，因而出动军队说是来援救韩国，这一定是陈轸的谋划。再说大王已经派人去禀报了秦国，如今又不去了，这是欺骗秦国。要是轻易欺骗强大的秦国而相信楚国的谋臣，恐怕大王一定会后悔的。"韩王不听，

新郑韩王陵

韩王陵墓群分布在河南省新郑市郑韩故城周边地区，在1985年到1986年期间，考古工作者对该地进行了钻探调查，共现11处28座墓冢。这些墓冢的方位均为南北向，墓的形制绝大部分平面呈"中"字和"舟"字形，个别呈"甲"字形。2002年3月—2003年6月，河南省文物考古研究所对位于辛店镇许岗村的韩王陵进行了发掘清理，这次发掘不仅为寻找韩国国君陵墓提供了重要线索，而且对研究战国时期贵族宗法关系的公墓制度的瓦解、家庭墓地制度的形成以及国君陵寝制度的确立有重要意义。

就和秦国断绝交往。秦国因此大怒，增加兵力攻打韩国。进行大战，楚国的救兵最终没有来到韩国。十九年，秦国在岸门把韩国打得大败。韩国用太子仓去做人质来同秦国讲和。

二十一年，韩国和秦国一起攻打楚国，打败了楚国将领屈丏，在丹阳斩杀了八万首级。这一年，宣惠王去世，太子仓即位，这就是襄王。

公子咎、蚿虮争太子

襄王四年，和秦武王在临晋相会。这年秋天，秦国派甘茂进攻韩国宜阳。

五年，秦国攻占了韩国宜阳，斩首六万。秦武王去世。六年，秦国重新把武遂交给韩国。九年，秦国再次攻取了韩国武遂。十年，太子婴朝拜秦国回来。十一年，秦国攻打韩国，夺取了穰邑。韩国和秦国一起攻打楚国，打败了楚国将领唐眛。

十二年，太子婴死了。公子咎、公子虮虱争着要做太子。这时候虮虱在楚国当人质。苏代对韩咎说："虮虱流亡在楚国，楚王特别想把他送回国来。如今楚兵十多万驻在方城的北边，您何不让楚王在雍氏的旁边建筑一座有万户人家的都邑。这样韩国必定调动军队来援救雍氏，您一定会做将领的。您借着韩、楚两国的兵力把虮虱奉送回国，他一定会听从您，必定会把楚、韩两国交界的地带封给您。"韩咎依从苏代的计谋。

楚国包围了韩国的雍氏，韩国向秦国求救。秦国没有发兵，只派公孙昧出使韩国。公仲问道："您认为秦国将会援救韩国吗？"公孙昧回答说："秦王说'秦国将兵分两路取道南郑、蓝田，到楚国等待您的到来！'大概不准备和你们会合。"公仲说："您认为会是真的吗？"公孙昧回答说："秦王必定会仿效张仪从前的计谋。楚威王进攻梁国，张仪对秦王说：'和楚国一起进攻魏国，魏国受到挫折就会投向楚国，韩国本来是他的友好国家，这样秦国就被孤立。不如出兵来迷惑他，魏国和楚国大战，秦国就可

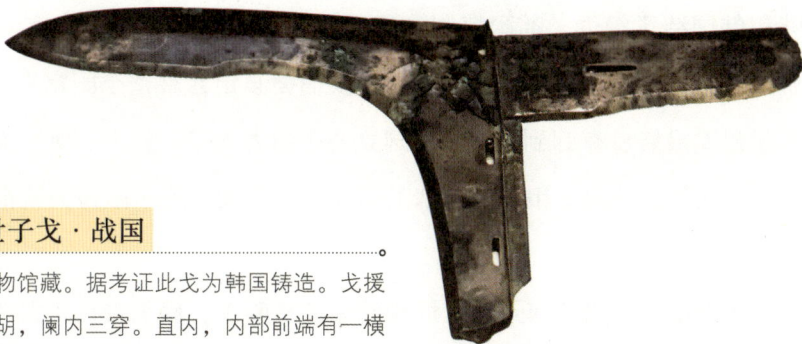

▶ 十八年世子戈 · 战国

中国国家博物馆藏。据考证此戈为韩国铸造。戈援长而狭，短胡，阑内三穿。直内，内部前端有一横穿，其余三面皆有刃。内部刻铭，可见"十八年世子"字样，可能是韩国世子使用的戈。

以取得黄河西边的土地回来了。'如今看秦王的样子表面上说和韩国友好，但实际上暗中亲近楚国。如果您相信了秦国策应韩国伐楚的空话，必定会轻率地和楚国交战。楚国一旦知道秦国不会真的策应韩国，必定会集中力量和韩国交战。如此一来，假如您战胜了楚国，秦国就会和您联手进攻楚国，在三川地区耀武扬威然后回国。假如您没有战胜楚国，楚国堵住三川地区加以防守，您就不能得救了。我私下替您感到担心。司马庚三次从楚国鄢郢返回秦国，甘茂和昭鱼在商於地区相遇，他扬言是要收回攻韩楚军的印章，其实他们好像订立有盟约。"公仲恐惧起来，说："既然这样，那么该怎么办？"公孙眛说："您必定要先考虑韩国自身然后再考虑秦国是否会救援，先想好自救的办法然后再去想对付张仪的那种计谋。您不如赶快让韩国和齐楚两国联合，齐楚两国必定会把政事委托给您处理。您所厌恶的是张仪的那种计谋，其实还是不能无视秦国。"于是楚国解除了对雍氏的包围。

苏代对秦国宣太后的弟弟芈戎说："公叔伯婴害怕秦楚两国把虮虱送回国，您何不替韩国请求楚国把质子送回国呢？如果楚国不答应把质子送回韩国，那么公叔伯婴就知道秦楚两国不看重虮虱，必定让韩国和秦楚两国联合。秦楚两国挟制韩国来使魏国窘迫，魏国又不敢和齐国联合，这样齐国就被孤立了。您又替秦国请求楚国把质子虮虱送到秦国，楚国不听从，就和韩国结了怨仇。韩国挟制齐魏两国来包围楚国，楚国必定会看重您。您挟制秦楚两国向韩国施加恩德，公叔伯婴必定会拿整个国家来侍奉您。"于是虮虱最终没有回到韩国。韩国立公子咎为太子。齐王、魏王来到韩国。

十四年，韩襄王和齐王、魏王共同进击秦国，到了函谷关就把军队驻扎在那里。

十六年，秦国把河外的土地和武遂还给韩国。襄王去世，太子咎即位，这就是釐王。

🌸 陈筮求援

釐王三年，派公孙喜率领韩国、魏国军队进攻秦国，秦国打败了韩魏联军二十四万人，在伊阙俘虏了公孙喜。五年，秦国攻占了韩国宛邑。

六年，给予了秦国武遂的土地二百里。十年，秦国在夏山打败韩国军队。十二年，和秦昭王在西周相会，并帮助秦国进攻齐国。齐国失败，愍王离开国都逃亡。

十四年，在东西二周之间和秦国相会。

二十一年，派暴鸢去援救魏国，被秦国打败，暴鸢跑到了开封。

二十三年，赵国、魏国进攻韩国华阳。韩国向秦国告急，秦国不出兵救援。韩国相国对陈筮说："事情紧急，即便您有病在身，我还是希望您连夜到秦国走一趟。"陈筮会见了穰侯魏冉。穰侯说："事情紧急了吧！所以派您前来。"陈筮说："还不很紧急。"穰侯生气地说："如果是这样，你的君主还能派你来吗？使者络绎不绝，来向敝邑报告事情特别紧急，您来了又说不紧急，为什么？"陈筮说："那韩国真危急了就会改变主意服从其他国家，因为还没有到危急的程度，所以我又来了。"穰侯说："您不要去见秦王了，现在我立即发兵援救韩国。"八日秦

▶ 卅三年郑令钛·战国

河南博物院藏。河南新郑白庙范出土。扁平脊，平直刃，断面呈六角形，茎作扁条形。中脊刻铭文 21 字。白庙范窖藏出土的兵器达到了 180 多件，让史学界第一次确定了韩国兵器的真实面貌。

▶ "公"锐角布·战国

大英博物馆藏。锐角布为韩国和魏国的货币。其特点是布首两端各有一突出锐角，平首，平肩，
方足。"公"字锐角布为常见的韩国铸币。

▶ "涅金"锐角布·战国

大英博物馆藏。布首锐角突出，平首，平肩，平裆，方足，有外廓。布身正面正中从首至裆
有一条装饰直线，在中线两侧有"涅金"二字。背面除中线外，另有两条斜线延伸至足部。

国的救援军队就到了，在华阳山下打败了赵国、魏国。这一年，釐王去世，儿子桓惠王即位。

韩国灭亡

桓惠王元年，攻打燕国。九年，秦国攻占韩国陉邑，在汾水旁边修筑了邑城。十年，秦国在太行山地区攻击韩国，韩国上党郡守献出上党郡投降赵国。十四年，秦国攻占了上党，在长平杀死了马服子赵括的士卒四十多万。十七年，秦国攻占韩国阳城、负黍。二十二年，秦昭王去世。二十四年，秦国攻占了韩国城皋、荥阳。二十六年，秦国全部占领了韩国上党。二十九年，秦国攻占了韩国十三座城邑。

三十四年，桓惠王去世，儿子王安即位。

王安五年，秦国进攻韩国，韩国危急，派韩非出使秦国，秦国拘留韩非，借故杀了他。

九年，秦国俘虏了韩王安，把韩国的全部土地归入秦国，设置为颍川郡。韩国就此灭亡。

太史公说

韩厥感动了晋景公，使赵氏的孤儿赵武能够继承家世，从而完成了程婴、公孙杵臼的大义，这是一种暗中施加于人的恩德，韩这个家族的功劳，在晋国没有看到有更大方面的作为。然而韩国和赵氏、魏氏最终做了诸侯有十几代，也是很应该的呀！

田敬仲完世家 第十六

【解题】本篇记述了春秋时期从姜齐到田齐的转变以及战国时期齐国的发展壮大直至灭亡的过程。对于田氏取代姜氏的过程，太史公重点突出了新旧势力对民众的争夺，肯定了田氏在策略思想上的正确性。而对于齐威王、宣王、湣王三世的记述，则重点放在了齐国鼎盛的过程中。作为《史记》中关于列国世家的最后一篇，本文可以说是对春秋战国事势结局的一个总述，反映了司马迁创造性的历史叙述模式。

❖陈厉公遇弑

陈完，是陈厉公陈他的儿子。陈完生下来，周王室的太史官路过陈国，陈厉公让他为陈完占卜吉凶，得到的结果是由"观"卦变化为"否"卦。周太史说："这一卦象的意思是，作为使者到别的国家观光，有利于成为那个国家君主的上宾。这个孩子看来将要代替陈氏占有一个国家，占有的不是陈国而是其他的国家；但不是应在这个孩子身上，而是应在他的子孙。如果是其他的国家，必然是姜姓的，姜姓国家，是古时四岳的后代。事物不可能两者同样强大，陈国要是

衰落了，这个孩子的后代就会在其他国家昌盛起来。"

厉公，是陈文公的小儿子，他母亲是蔡国女子。文公去世，厉公的哥哥陈鲍即位，这就是桓公。桓公和陈他不是一个母亲所生。等到桓公病重，蔡国人替陈他杀死了桓公鲍和太子陈免并扶立陈他，陈他就是厉公。厉公已经即位，娶了蔡国女子。蔡国女子和蔡国人淫乱，多次返回蔡国，厉公也多次来到蔡国。桓公的小儿子陈林怨恨厉公杀死了他的父亲和兄长，就让蔡国人引诱厉公并杀死了他。陈林自行即位，这就是庄公。因此陈完未能即位，只做陈国大夫。厉

▶ 田完祠中的田完塑像

田完祠位于山东枣庄，是田氏后裔集资修建的，为了纪念田氏的得姓始祖陈完。祠中塑像就是田完。

公被杀，是由于淫乱出国的缘故，所以《春秋》记载说"蔡人杀陈他"，意思是指责他。

陈完奔齐和政归田氏

庄公去世，他的弟弟杵臼即位，这就是宣公。宣公二十一年，杀死了太子御寇。御寇和陈完关系密切，担心祸患连及自己，因此陈完逃往齐

国。齐桓公想任命他做卿，他辞谢说："我作为一个逃亡在外的人，能有幸免除体力劳动，完全是您的恩惠，实在不敢窃居高位。"桓公就任命他为管理各种工匠的官长。齐大夫懿仲想把女儿嫁给他做妻子，并为这件事进行占卜，占辞说："这就叫作凤凰在飞舞，雌雄二鸟鸣声相和，铿铿锵锵。有妫氏的后代，将会在姜姓齐国成长起来。经过五代就会昌盛，处在正卿的高位。八代以后，没有谁的地位能比他高。"懿仲最终把女儿嫁给陈完为妻。陈完逃到齐国的时候，齐桓公即位已经十四年了。

陈完去世，谥号为敬仲。敬仲生了稺孟夷。敬仲来到了齐国，把陈氏改为田氏。

田稺孟夷生了湣孟庄，田湣孟庄生了文子须无。田文子侍奉齐庄公。

晋国大夫栾逞在晋国作乱，前来投靠齐国，齐庄公用厚重的客礼对待他。晏婴和田文子加以劝谏，庄公不听。

文子去世，生子桓子无宇。田桓子无宇很有气力，侍奉齐庄公，甚得齐庄公宠幸。

无宇去世，生了武子开和釐子乞。田釐子乞侍奉齐景公做了大夫，他向民众收取赋税用小斗收进来，却用大斗借给民众，暗中对民众施加恩惠，但是景公并不禁止。由此田氏很得齐国民众的心，宗族更加强盛繁荣，民众对田氏家族感恩戴德。晏婴屡次劝谏景公，景公不听。随后晏婴出使到晋国，和叔向私下议论说："齐国的政权将来最终会落到田氏手中。"

晏婴去世以后，范氏、中行氏背叛晋国公室。晋国公室对他们进攻得很紧急，范氏、中行氏请求向齐国借军粮。田乞也想在齐国举行叛乱，在诸侯国树立自己的党羽，就劝告景公说："范氏、中行氏多次有恩于齐国，齐国不能不加以援救。"齐国就派田乞去援救并向他们输送粮食。

⊙田乞扶立悼公

景公的太子早已去世，后来他有位受宠的姬妾叫芮子，生了儿子荼。景公病重，遗命他的丞相国惠子和高昭子让子荼做太子。景公去世，两位丞相高氏、国氏扶立荼，这就是晏孺子。但是田乞不高兴，想立景公的另外一个儿子阳生。阳生向来和田乞关系密切。晏孺子即位后，阳生逃往鲁国。田乞假装侍奉高昭子、国惠子这些人，每次上朝都出任他们的车右，并放出话说："开始的时候各位大夫

⊙洹子孟姜壶·春秋

上海博物馆藏。侈口长颈，垂腹，兽首衔环耳。饰三道波曲纹，颈有一道兽目交连纹，圈足饰龙纹，耳环上饰鳞纹。铭记器主为齐庄公之女、田桓子之妻。铭文中的"洹子"即田桓子无宇。此壶虽铸造于春秋晚期，然器形、纹饰和铭文字体均保留春秋早期的风格，或谓此乃齐鲁之地的风尚。洹子孟姜壶共有两件，另一件现藏中国历史博物馆。

▶临淄殉马坑

殉马坑位于淄博市临淄区河崖头村西。墓主为齐景公，是齐国第25代国君，在位58年，为齐国执政最长的一位国君。墓早年被盗，随葬品无存，唯周围的殉马坑大部分保存完好。殉马排列密度平均每米地段2.78匹，全部殉马当在600匹上下，属世界罕见。殉马全是壮年战马，且均为骟马，是被处死后人工排列而成，马两行，前后叠压，昂首侧卧，四足蜷曲，形做奔跑状，呈临战姿态，威武壮观。

都不想扶立孺子。孺子已经即位，你们辅佐他，大夫们人人自危，图谋发动变乱。"又欺骗大夫们说："高昭子是很可怕的，要趁着他还没有发难就先下手。"诸位大夫都依从他。田乞、鲍牧和大夫们领兵冲进国君的宫室，进攻高昭子，昭子听说了，和国惠子去救护国君。国君的军队被打败。田乞的军队追击国惠子，惠子逃到莒邑，军队撤回后杀掉了高昭子，晏圉逃往鲁国。

　　田乞派人到鲁国迎回阳生。阳生到了齐国，隐藏在田乞家里面。田乞请来诸位大夫说："田常的母亲准备了薄陋的祭品，希望大家来相会聚饮。"诸大夫在田乞家里面相会聚饮的时候，田乞把阳生装在一个皮囊里边，放置

在座位的中央，打开皮囊，阳生出现了。田乞说："这就是齐国的君主。"大夫们都趴在地上通姓名拜见。将要结盟扶立他，田乞欺骗大家说："是我和鲍牧谋划共同扶立阳生的。"鲍牧生气地说："大夫们忘记了景公的遗命吗？"大夫们就想反悔，阳生就叩头说："可以我就即位，不可以也就罢了。"鲍牧担心祸难连及自己，重新说："都是景公的儿子，有什么不可以！"就在田乞家中扶立了阳

▶ 国子豆·春秋晚期

山东博物馆藏。山东临淄出土。圆盘，长柄，喇叭口状圈足。通体素面，唯柄部有三处弦纹。该豆是研究齐国田氏家族的重要资料。

生，这就是悼公。他们派人把晏孺子迁徙到骀地，并且杀了孺子荼。悼公已经即位，田乞做了丞相，专断了齐国的政权。

田常弑简公

四年，田乞去世，儿子田常接替他的职位，这就是田成子。

鲍牧和齐悼公之间有隔阂，杀了悼公。齐国人共同扶立他的儿子壬，这就是简公。田成子和监止做了左右丞相，辅佐简公。田常忌妒监止，监止受到简公的宠幸，权力很大，一时不能将他排挤掉。于是田常重新修明釐子时的政策，用大斗出借粮食，再用小斗来回收。齐国人歌颂他说："妇女们采集芑菜呀，愿意把它送给田成子！"齐国大夫们上朝，御鞅劝谏简公说："田常、监止二人是不能并存的，您要加以选择。"国君不听。

子我，是监止的族人，平常就和田氏有隔阂。田氏的远房宗亲田豹侍奉子我受到宠幸。子我对田豹说："我想把田氏家族的嫡系子孙全部消灭，让你来掌管田氏家族。"田豹说："我在田氏宗族中关系疏远。"没有听从。

乳钉纹敦·春秋晚期

山东省临淄齐国故城博物馆藏。山东临淄齐故城褚家庄出土。盖微隆，上有三个倒立小蹄形钮，可倒置。平口，口沿下有凹形半圆槽，腹侧双环耳，下具三小蹄足。

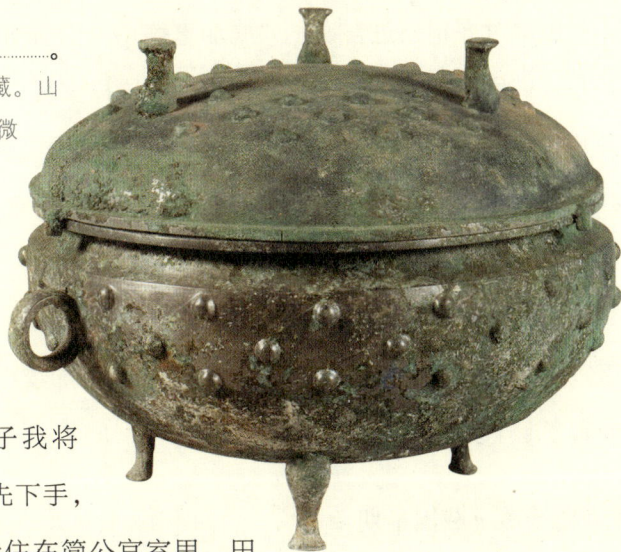

随后田豹对田氏说："子我将要诛灭田氏家族，田氏不先下手，大祸就要临头了。"子我住在简公宫室里，田常兄弟四个人乘车来到简公的宫室，想杀死子我。子我关上了宫门。简公和妇女们在檀台饮酒作乐，正想去进攻田常。太史官子余说："田常不是敢于发动变乱，是要除掉国家的祸害。"简公就停住了。田常出来，听说简公发怒，害怕被诛杀，将要走出国都逃亡。田子行说："迟疑，是办事的祸害。"田常于是就攻击子我，子我率领他的徒众进攻田氏，没能取胜，出国都逃走了。田氏的家徒追击并杀死了子我和监止。

简公出国奔逃，田氏的家兵追逐到徐州把他拘执起来。简公说："我要是早听御鞅的建议，就不会有这样的灾祸。"田氏的家兵害怕简公重新在位会诛杀自己，就杀死了简公。简公即位四年被杀。于是田常扶立简公的弟弟骜为君，这就是平公。平公即位，田常担任丞相。

田氏代齐

田常已经杀死简公，惧怕诸侯国一起来讨伐自己，就把齐国所侵占的鲁国、卫国的土地全部归还给他们，在西边和晋、韩、魏、赵各国相约交好，在南边和吴国、越国通使往来，修建功德，进行赏赐，亲和百姓，因此齐国重新获得了安定。

田常对齐平公进言说："施加恩德是人们所希望的，您去实行；处以刑罚是人们所厌恶的，我请求来实行。"这样实行了五年，齐国的政事处理权都归了田常。田常于是把鲍氏、晏氏、监止和公族中势力强大的人全都诛杀了，并划割出齐国从安平往东直到琅邪的土地，作为自己的封地采邑，封地采邑比平公占有的领地还要多。

田常又选择齐国国内身高在七尺以上的女子做后宫姬妾，后宫姬妾有几百人，并让宾客、从属可以任意出入后宫而不加禁止。等到田常去世的时候，他有了七十多个儿子。

▶ 齐陈曼簠 · 战国早期

台北故宫博物院藏。公元前 404 年，田齐太公取代姜齐。明确属于战国青铜器的就有陈曼簠。陈曼簠为齐宣公时期所制。窄沿外招，直腹，下部向内折，然后收成平底，下承四只斜支足。叶东卿、潘祖荫旧藏，现一半藏台北故宫博物馆，一半藏上海博物馆。铭文 4 行，22 字。铭文形体稍长，笔画较细，优美典雅，规整秀丽。书法精劲谨严，用笔纵锐横方，形体多变，线条刚劲，方圆兼备，有时短画以一圆点为之，字具较强装饰性，为齐国金文代表作之一。

子禾子釜·战国早期

中国国家博物馆藏。山东省胶县灵山卫出土。该釜腹部有刻铭9行，记载子禾子颁布容量标准。子和子是战国初年齐国国君田和做大夫时的称呼。田和在周安王十六年（前386）被列为诸侯，此器是田和未立诸侯时所作，其年代当在公元前404～前385年之间。此釜是战国时期具有代表性的齐国量器之一，反映出战国初年齐国已经具备了严格的量制管理制度。这件青铜釜平底侈口，腹部有双耳，是战国早期齐国的一件量器，与上海博物馆收藏的左关𬭩、陈纯釜共称为"陈氏三量"。

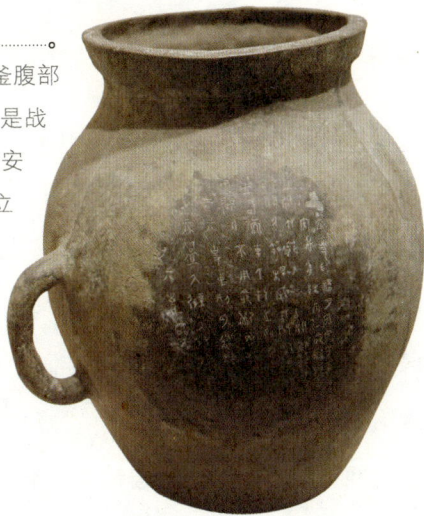

田常去世，儿子襄子田盘接替他的职位，担任齐相。田常的谥号叫成子。

田襄子已经担任齐宣公的相，晋国韩、赵、魏三家杀了智伯，瓜分了他的封地。襄子派他的兄弟和宗族中的人全都去担任齐国各都邑的大夫，和韩、赵、魏三家通使往来，整个齐国基本上都归了田氏。

襄子去世，儿子庄子田白继承职位，田庄子辅佐齐宣公。宣公四十三年，攻打晋国，摧毁了黄城，包围了阳狐。第二年，攻打鲁城、葛邑和安陵。第三年，夺取了鲁国的一座城邑。

庄子去世，儿子太公田和继承职位。田太公辅佐齐宣公，宣公四十八年，夺取了鲁国郕邑。第二年，宣公和郑国人在西城相会。攻打卫国，夺取了毌丘。宣公五十一年去世，田会在廪丘造反。

宣公去世，儿子康公贷即位。贷即位十四年，沉湎在酒色中，不处理政事。太公就把康公迁徙到海边，只给一座城做食邑，以便他供奉祖先的祭祀。第二年，鲁国在平陆打败了齐国。

三年，太公和魏文侯在浊泽相会，请求成为诸侯。魏文侯就派出使者去对周天子和各诸侯国说明，请求确立齐国丞相田和为诸侯。周天子答应了。齐康公十九年，田和确立成为齐侯，列名于周王室，这一年是齐太公元年。

桓公田午伐燕

　　齐侯太公即位二年，田和去世，儿子桓公田午即位。桓公田午五年，秦国、魏国进攻韩国，韩国向齐国求救。齐桓公召集大臣们谋划的时候说："早去救跟晚去救哪个比较好？"驺忌说："不如不去救。"段干朋说："不援救，那么韩国将会受挫折而并入魏国，不如去援救好。"田臣思说："你们的计谋都错了。秦国、魏国进攻韩国，楚国、赵国必定去援救他，这是上天把燕国给予了齐国。"桓公说："好！"就暗中告诉韩国使者齐国一定去援救，就把他打发走了。韩国自认为得到了齐国的援救，因而就和秦国、魏国交战，楚国、赵国听说了，果然出动军队去援救。齐国借机起兵袭击燕国，夺取了桑丘。

▶ 陈纯釜·战国早期

上海博物馆藏。山东省胶县灵山卫出土。又名齐釜、左关釜、齐陈犹釜，战国早期齐国量器。清咸丰七年（1857）出土于山东胶县灵山卫。器高39厘米、口径23厘米，底径18厘米，容积20580毫升。外壁有铭文7行34字，记载陈侯制造此量器并对其使用进行详细规定之事。

▶ **左关铄 · 战国早期**

上海博物馆藏。"陈氏三量"之一。形似半球体，有流，无纹饰。实测容量为 2070 毫升，约为同出的子禾子釜、陈纯釜容量的十分之一，相当于别国之斗的容量。

六年，援救卫国。桓公去世，儿子威王因齐即位。这一年，原来的齐康公去世了，断绝了子嗣没有后代，封地全都归给了田氏。

齐威王整顿吏治

齐威王元年，韩、赵、魏三国趁着齐国有丧事来攻打齐国灵丘。三年，韩、赵、魏三国灭亡晋国宗室并瓜分了他的土地。六年，鲁国攻打齐国，进入了阳关。魏国来攻打齐国，到达了博陵。七年，卫国攻打齐国，夺取了薛陵。九年，赵国攻打齐国，夺取了鄄邑。

威王即位之初，不处理政事，把全部政事委托给卿和大夫办理，九年之内，

▶ **即墨古城即墨大夫坊**

即墨大夫坊，为纪念战国时齐国的三位即墨大夫立，2017年4月新建。春秋战国时期，即墨属齐国。因经济繁荣、名贤辈出，即墨被誉为三齐名邑，期间涌现出即墨三大夫。由于历史原因，三位即墨大夫都没有留下姓名，但他们的事迹彪炳史册。即墨大夫坊为三间四柱七楼式。正题额"勋载遗编""贤良方正"，副题额"齐即墨三大夫"，系集小篆字帖阳刻而成。牌坊主体采用浅浮雕、深浮雕相结合的形式。即墨大夫故事浮雕分别为：中封即墨大夫万家；左烹阿大夫；右为即墨大夫励精图治、人民安居乐业。

诸侯们都来攻打，齐国人不得安宁。于是威王招来即墨大夫并告诉他说："自从你在即墨任职，诋毁你的言论每天都能传到我的耳朵里。然而我派人视察即墨，田野开垦，民众丰足，官府没有积压的政事，国家的东边因此获得了安宁。这是您不去奉承我左右的侍从以求得赞扬的缘故。"封给他有一万家的城邑。威王招来东阿的大夫告诉他说："自从你治理阿邑，赞扬的你的言论我每天都能听到。然而我派使者去视察阿邑，田野没有开垦，民众贫苦。从前赵国进攻甄邑，您没有去援救。卫国夺取了薛陵，您都不知道。这是你

用厚重的礼物贿赂了我左右的侍从以便求得赞扬的结果。"这一天，威王不仅烹杀了阿邑大夫，连及左右侍从中曾经赞扬过他的人都一并给烹杀了。接着，威王起兵往西去攻击赵国、卫国，在浊泽打败了魏国并包围了梁惠王。梁惠王请求献出观邑来讲和以请求齐国撤兵，赵国人归还给了齐国长城。于是乎齐国感到震惊恐惧，每个人都不敢粉饰过错，而致力竭尽自己的忠诚。齐国得到了特别好的治理，诸侯们听说了，无人敢侵犯齐国达二十多年。

❂驺忌子鼓琴谏威王

驺忌子通过善于弹琴进见齐威王，威王高兴而把他安置在宫中的右室居住。过了不长时间，威王在弹琴，驺忌子推门而入说："琴弹得真好呀！"听了这话，威王面含怒色，推开琴手按着剑说："先生只见到表面现象没有深入观察，为什么就知道琴弹得好呢？"驺忌子说："大弦声音宽缓如同春风温和，这象征着国君；小弦高亢明快而不互相扰乱，这象征着辅相；手指勾拨得深，手放开得舒展，这象征着政令。琴声和谐而响亮，大小配合得很到位，回旋婉转而不互相干扰，这象征着四时。我因此知道您弹得好。"威王说："您很擅长谈论音乐。"驺忌子说："何止是谈论音乐，要说是治理国家和安定人民，道理也都在这里面。"威王

▶ **陈侯午敦·战国中期**

中国国家博物馆藏。器呈圆球形。盖、器上对称分布三圈钮以为支点，在器口缘下两侧还各有一圈耳。器内底有划线界隔的铭文 8 行，共 36 字，记述了陈侯午用各诸侯所献青铜为其先母孝大妃作敦之事。陈侯午即田齐桓公午。此敦铭文是研究战国田齐历史的重要实物资料。

再次满面含怒不高兴地说："如果是谈论五音的原理，确实还没有人比得上先生的。如果是讲治理国家和安定人民，它的道理又怎么会存在弹琴当中呢？"驺忌子说："大弦声音宽缓如同春风温和，这象征着国君；小弦高亢明快而不互相扰乱，这象征着辅相；手指勾拨得深，手放开得舒展，这象征着政令。琴声和谐而响亮，大小配合得很到位，回旋婉转而不互相干扰，这象征着四时。反复弹奏而不混乱，是由于国家治理得繁荣昌盛；连续不断而前后贯通，是导致国家保全而不致灭亡。所以说琴声调和天下就会得到治理。要说治理国家和安定人民，没有比五音的道理更相像的了。"威王说："好！"

淳于髡见驺忌子

驺忌子进见威王后三个月就接受了相印。淳于髡见到他说："您真会说话呀！我有愚蠢的见解，愿意在您面前陈说。"驺忌子说："恭敬地接受先生的教诲。"淳于髡说："能在人臣事君的礼节上完美无缺，身和名都会昌盛。如果全都有失误，身和名

▶《邹忌谏齐威王故事图》·现代·陈亭

齐威王即位伊始，好为长夜之饮，沉湎不治，邹忌子鼓琴论政，以琴音调而天下治之，理直谏威王，遂有王之一鸣惊人之说也。邹忌之勇于谏言，王之善于纳谏，使齐国震惧人皆务尽其诚，齐乃大治。

▶ **陈侯午簋·战国中期**

台北故宫博物院藏。两耳作龙形，其颈直上伸，姿态颇优美。腹及方座均饰波曲纹。腹内铭文 10 行 35 字，记田齐桓公（即陈侯午）十四年（前 361）为先母孝大妃作此祭器之事。

也全要毁灭。"驺忌子说："恭敬地接受指教，一定会把您的话铭记在心。"淳于髡说："用大猪的油脂涂抹棘轴，就是为了让它润滑，然而如果穿孔是方形的就不能运转。"驺忌子说："恭敬地接受指教，一定会谨慎地在国君左右侍奉。"淳于髡说："把旧弓涂上胶放置在矫正器上加压，就是为了使它黏合，然而不能用这种方法弥合裂缝。"驺忌子说："恭敬地接受指教，我一定谨慎地扎根在万民之中。"淳子髡说："狐腋的裘皮衣虽然破败了，不能用黄狗的皮来补缀。"驺忌子说："恭敬地接受指教，我用人一定会谨慎地挑选君子，不会让小人混杂在其中。"淳于髡说："大车不加校正，不能承载平时负担的重量；琴瑟不加校正，就不能使五音形成悦耳的音乐。"驺忌子说："恭敬地接受指教，我一定谨慎地修明法规政令，并严厉督察奸吏。"淳于髡说完了，快步出宫，到了门外遇见他的仆人就说："驺忌子这个人很厉害，我说出了五条隐语，他的反应就像回音应和声音一样的敏捷，这个人不久一定会受封了。"过了一年，威王将他封在下邳，称号为成侯。

魏惠王问宝

威王二十三年，和赵王在平陆相会，二十四年，和魏王在郊外相会打猎。魏王问道："大王也有宝物吗？"威王说："没有。"魏王说："像我这样的小国家，尚且有直径一寸的宝珠各用十枚照在车辆前后的，这种车总共达十二辆，为什么您这样的万乘之国就没有宝物呢？"威王说："我认为什么是宝物在看法上和大王不同。我的臣子中有个叫檀子的，派他去镇守南城，那么楚国人就不敢向东来侵害掠夺，泗水流域的十二个诸侯小国都会前来朝拜。我的臣子中有个叫盼

"齐法化"刀·战国

大英博物馆藏。又称"三字刀"。尖首、弧背、凹刃，刀的末端有圆环。刀面有大篆"齐法化"三字。齐刀主要流通于齐国，临近的燕、赵等地亦有流通。目前已经发现并著录的齐刀有"齐法化""齐之法化""安阳之法化""节墨之法化""簟邦法化""齐建（造/返）邦长法化"等数种；又根据正面钱文字数分别称为"三字刀""四字刀""五字刀""六字刀"。

邹忌雕像

邹忌，《史记》作驺忌子，齐国人。田齐桓公时就任大臣，威王时为相，封于下邳（今江苏睢宁古邳镇），号成侯。

子的，派他去镇守高唐，那么赵国人就不敢往东来到黄河上捕鱼。我的官吏中有个叫黔夫的，派他镇守徐州，那么燕国人就到北门祭祀，赵国人就到西门祭祀，祈求神灵福佑免受攻击，而迁徙去随从他的人有七千多家。我的臣子中有个叫种首的，派他去防备盗贼，他一到任，就做到了道不拾遗。我的宝贝将可以照耀千里，岂止是十二乘车吗？"梁惠王很惭愧，不高兴地离开了。

二十六年，魏惠王包围了邯郸，赵国向齐国求救。齐威王召集大臣们商议说："援救赵国比不援救赵国哪样好？"驺忌子说："不如不去援救。"段干朋说："不去援救就不符合道义，将会不利。"威王说："为什么呢？"段干朋回答说："如果魏国占领了邯郸，这对齐国有什么好处呢？再说援

救赵国而在他的国都郊外驻扎军队，这样做即使避免了赵国不被攻打但是对魏国也没有伤害。所以不如向南去进攻襄陵来伤害魏国，即便邯郸被攻占了，我们也可以趁着魏国疲惫而扩大战果。"威王听从了他的计策。

驺忌田忌交恶

后来成侯驺忌和田忌有了矛盾，公孙阅对成侯驺忌说："您何不谋划攻打魏国，田忌必定要领兵。作战胜利有了功劳，就是您的谋划正确了；作战没有取胜，田忌不是向前战死就是向后败逃，这样他的命运就掌握在您手里了。"于是成侯向威王进言，派田忌往南进攻襄陵。十月，魏国攻

占了邯郸，齐国趁机起兵出击魏国，在桂陵把魏军打得大败。于是齐国在诸侯中成了最强大的国家，自己把称号改为王，来号令天下。

三十三年，威王杀死了大夫牟辛。

三十五年，公孙阅又对成侯驺忌说："您何不让人拿着二百两黄金到市上去占卜，让他说'我是田忌手下的人。我们三次出战就三次取胜，声威震动天下，想办件大事，不知道吉利不吉利'？"驺忌依言而行，等占卜的人走了，就派人把那个占卜先生抓起来，在威王那里验证问卜之辞。田忌听说了这件事，就率领他的徒众袭攻临淄，搜求成侯，没能取胜就逃走了。

三十六年，威王去世，儿子宣王辟强即位。

马陵破魏

宣王元年，秦国任用商鞅。周王室授予秦孝公霸主的地位。

二年，魏国攻打赵国。赵国和韩国亲近，共同出击魏国。赵国不利，

▶ 陈璋方壶·战国中期

美国宾夕法尼亚博物馆藏。方形，长颈，圈足，肩两侧有二铺首衔环耳。器身饰图案化的龙凤纹，足饰圆案化的凤鸟纹，通体镶嵌绿松石。整体构图交错连接有序，足三面有铭文27字，记载了齐宣王五年（前314）齐国趁燕王哙让位子之所酿成的内乱，借机伐燕的史事。从铭文知，该器是齐国将领陈璋伐燕的掠获品。

在南梁战败。宣王召回田忌恢复原来的职位。韩国向齐国请援。宣王召集大臣们商议说："早去援救和晚去援救相比哪样好？"驺忌子说："不如不去援救。"田忌说："不去援救，那么韩国将会受挫折而屈从于魏国，不如及早去援救。"孙膑说："如果韩国、魏国的军队还没有困顿我们去救援，这样我们就是在替韩国接受魏国军队的进攻，反而会听从韩国的指挥。而且魏国有攻破韩国的打算，韩国出现亡国的迹象，必定到东来向齐国求救。我们深深地和韩国结交亲近，而又可以在晚些时候趁着魏国困顿了去进攻他，那么就可获得厚利并得到救援韩国的好名声。"宣王说："好！"就暗中告诉韩国使者要去援救并打发他回国。韩国因此依仗齐国，五次交战都没有取胜，就向东来把国家委托给齐国。齐国因而起兵，派田忌、田婴领兵，让孙膑做军师，援救韩国来攻击魏国，在马陵把魏军打得大败，杀了他的将领庞涓，俘获魏国的太子申。这以后，韩、赵、魏三国的国王都通过田婴在博望朝拜了齐王，结盟以后就离去了。

稷下学宫遗址碑

稷下学宫遗址，位于山东淄博临淄区的齐故城以西和西南，其范围北起今临淄区齐都镇长胡同村南，南至西关村西，刘家庄村南，西至遄台左右，东至故城西门和西南门外。《水经注》有"系水傍城北流，迳阳门西，水次有故封处，所谓齐之稷下也"的记载。经踏勘钻探，南去小城西南角，北至大城西门，这一带战国时期的建筑遗址片片相连，瓦砾积存甚厚，当是稷下学宫遗址的位置。

七年，和魏王在平阿之南相会。第二年，再次在甄邑相会。魏惠王去世。又第二年，和魏襄王在徐州相会，是为了诸侯国互相称王。十年，楚国包围了齐国徐州。十一年，和魏国攻打赵国，赵国决开黄河引水浸灌齐、魏两国军队，军队撤离。十八年，秦惠王称王。

宣王喜爱从事文学和游说的士

人，像驺衍、淳于髡、田骈、接予、慎到、环渊这班人算起有七十六人，都赐给他们不同等级的宅第，任用他们做上大夫，不具体料理政事而只议论是非。因此齐国稷下宫中随着学士的增多重新兴盛起来，将近有数百接近千人。

十九年，宣王去世，儿子湣王地即位。

◆苏代说田轸

湣王元年，秦国派张仪和诸侯国执掌政事的大臣在啮桑相会。三年，把田婴封在薛邑。四年，从秦国迎娶夫人。七年，和宋国联合进攻魏国，在观泽把魏国打败。

十二年，进攻魏国。楚国包围了韩国的雍氏，秦国打败楚将屈丐。苏代对田轸说："我有事愿意拜见您，这件事肯定让您满意，并且能让楚国对您有好处，成功了是福，不成功也是福。今天我站在门口，有客人谈到魏王对韩冯、张仪说：'煮枣即将失陷，齐兵又来进犯，您二位来救寡人，寡人就可以立于不败之地；不来救寡人，寡人无能为力，只好听任齐国攻占。'这只不过是婉转之辞。秦国、韩国的军队不向东进发救援魏国，十多天之后，魏国就会转向韩国服从秦国，秦国驱逐张仪，拱手而去侍奉齐、楚，这样，您的事情就成功了。"田轸说："怎么让秦国、韩国不派兵东向呢？"苏代回答说："韩冯援救魏国的言辞，一定不会对韩王说'我韩冯是为了魏国'。肯定会说'我韩冯将要率领秦、韩两国的军队往东去攻打齐国、宋国，我聚集三国的军队，趁着屈丐战败后的困顿，向南从楚国割取土地，因此失地一定能够全部收复'。张仪援救魏国的言辞，一定不会对秦王说'我张仪是为了魏国'，肯定会说'我张仪将要率领秦、韩两国的军队向东去进攻齐国、宋国，我将会聚集三国的军队，乘着屈丐战败的困顿，向南从楚国割取土地，名义上是要保存将会灭亡的国家，实际上是占领了三川就回来，这是帝王的事业'。您让楚王给予韩国土地，让秦国操控和谈，对秦王说'让楚国给韩国土地，而秦王能借此施威名于三川，韩国的军队不动用就可以从楚国得到

▶ 陈璋圆壶·战国中期

南京博物院藏。江苏盱眙南窑庄窖藏出土。由壶身、圈足、镂空网络、4个箍带、4个衔环、4个辅首、4只立兽等19个构件组成。肩部有蟠龙48条、梅花48行共计144朵；腹部雕头尾相交的蟠龙48条、梅花48行共计432朵。在网络套的横箍上，相间装饰着四只伏兽和四个兽面衔环。伏兽似虎，衔环镶嵌绿松石，环上有细如发丝的错金流云纹。遍体错饰金银方格纹。壶口沿上、圈足内、圈足外三处分别刻有39字的铭文。经辨认，判读出圈足外的铭文为"隹王五年，奠昜（阳）陈旻，再立事岁，孟冬戎启，齐藏戈子斿。陈璋内、伐匽（燕）邦之获"。宣王五年伐燕这件事《田敬仲完世家》并没有记载，这两件陈璋壶的出土填补了《史记》的空白。

土地'。韩冯向东发兵的言辞将会怎样对秦国说呢？就说'秦国不动用军队就得到了三川，攻打楚、韩二国来使魏国陷入困境，魏国不敢向东靠拢齐国，这样齐国就孤立了'。张仪向东发兵的言辞将会怎么说呢？就说'秦、韩两国想得到土地却按兵不动，声威震动了魏国，魏国想要不失去齐、楚二国的支持，就是为了有所依靠'。魏国转变了对秦、韩二国的态度，却又讨好齐国、楚国，楚王正想得到魏国侍奉而不给韩国土地，您让秦、韩两国不动用军队而能得到土地，对这两国来说可谓大恩。秦、韩两国国王受到韩冯、张仪的欺骗，向东发兵来使魏国顺服，您就可以稳操胜券来责求秦国、韩国，这样两国就会认为您的谋划好而厌恶张仪付出的代价太多了。"

十三年，秦惠王去世。二十三年，和秦国在重丘击败了楚国。二十四年，秦国派泾阳君到齐国做人质。二十五年，把泾阳君归还秦国。孟尝君薛文（即田文）进入秦国，随即做了秦相。随后薛文又逃离了秦国。二十六年，齐国和韩国、魏国共同进攻秦国，到了函谷关，就驻扎在那里。二十八年，秦国把河外给了韩国来讲和，三国撤军。二十九年，赵国杀死了主父。齐国协助赵国灭了中山国。

► **蒜头壶·战国**

山东齐文化博物院藏。山东省淄博市临淄区稷下街道商王村战国墓出土。此壶以壶口似蒜瓣而得名。壶直口，长颈，扁圆腹。通体光素无纹饰。商王村墓地应为战国时期齐国贵族墓地，此壶是齐国贵族使用的酒器。

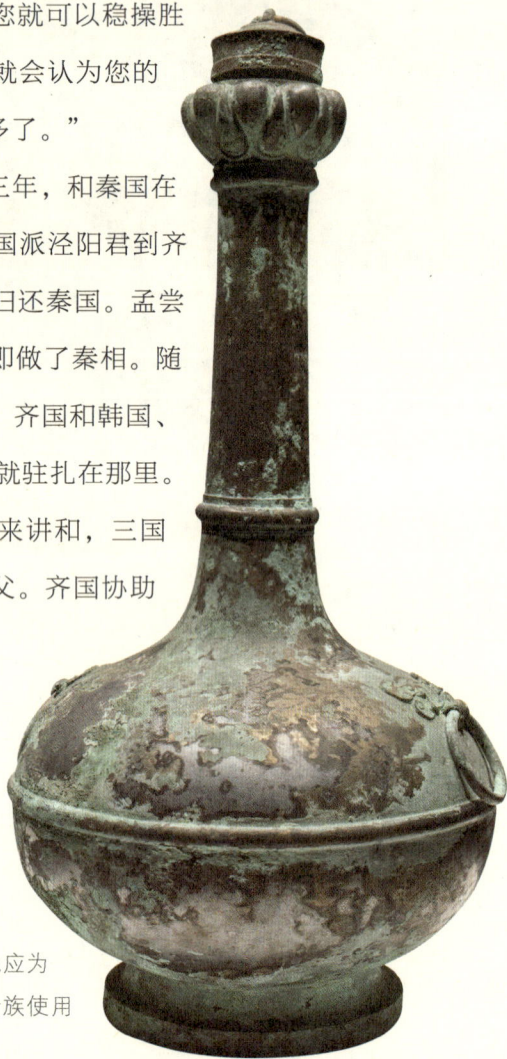

▶鹰首壶·战国

山东齐文化博物院藏。山东省淄博市临淄区稷下街道尧王村西南战国墓出土。弧形盖呈鹰首状，盖缘有对称的套环钮。器口微侈，一侧喙状流与盖鹰首喙扣合，颈下部有两个对称的铆钉状耳，各连接一条"S"形链，穿过器盖双环与弓形提梁相连。鼓腹，平底，圈足。腹部饰一周凸弦纹。

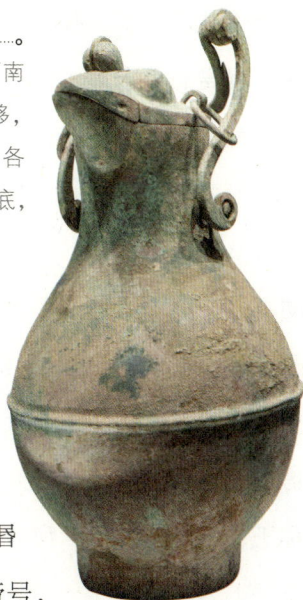

🔹苏代谏湣王称帝

　　三十六年，齐湣王称东帝，秦昭王称西帝。苏代从燕国来，进入齐国，湣王在章华东门接见他。湣王说："嘿，好啊，先生来了！秦国派魏冉送来了帝号，先生认为这件事怎么样？"苏代回答说："大王提出的问题太仓促了，而祸患的发生是不明显的，我希望大王接受之后，但不要马上称帝。等秦国称了帝，如果天下认同他，大王再称帝也不算迟。而且在称帝这件事上有所推让，也没有什么坏处。如果秦国称了帝，天下的人都憎恨他，大王借此不要再称帝，来收取天下的人心，这是很大的政治资本。而且天下两帝并立，大王认为天下是尊崇齐国呢，还是尊崇秦国呢？"湣王说："尊崇秦国。"苏代说："解除帝号，天下的人是喜欢齐国呢，还是喜欢秦国呢？"湣王说："喜爱齐国并憎恨秦国。"苏代说："两帝订立盟约攻打赵国有利，还是进攻宋国的暴君有利？"湣王说："攻打宋国的暴君有利。"苏代回答说："称帝的盟约是均等的，然而和秦国都一样称帝，但天下只尊崇秦国，而轻视齐国，解除帝号那么天下就喜欢齐国并憎恨秦国，攻打赵国又不如攻打宋国的暴君有利，所以希望大王公开地解除帝号，来收取天下人心，违背盟约，摈弃秦国，不要和秦国争高低，而大王利用这个时机进攻宋国。如果占有了宋国，卫国的阳地也就危险了；有了济水西岸地区，赵国东阿一带的国土就危险了；有了淮水北岸地区，楚国的东部国土就危险了；有了陶地、平陆，魏都大梁的城

193

门就不敢打开了。解除帝号而用攻打宋国暴君的事情来代替，国家受人重视，大王也受人尊崇，燕国、楚国会因为形势所迫而臣服，天下没有谁敢不听从，这是商汤、周武王一样的举动呀。用敬重秦国做名义，然后又让天下去憎恨他，这就是所谓拿卑下而变成高贵的办法。希望大王认真地考虑一下。"于是湣王放弃了帝号照旧称王，秦国也取消了帝号。

❯ 苏代说秦王

三十八年，攻打宋国。秦昭王发怒说："我爱宋国和爱新城、阳晋是一样的。韩聂和我是朋友，却进攻我所爱的国家，是为什么？"苏代替齐国对秦王说："韩聂进攻宋国，就是为了大王。齐国强大，再加上宋国的辅助，楚国、魏国必定害怕，害怕就必定向西来侍奉秦国，这样，大王不

▶ 锦阳关齐长城遗址

锦阳关，春秋战国齐长城重要关隘，位于山东省莱芜市雪野镇。长城遗址今尚存 0.6 千米较为完整的石砌墙体，残存城墙最高为 7.5 米，最厚为 6 米。中国历史上著名的长勺之战、艾陵之战等均发生于锦阳关和青石关一带。

▶ 树下双马纹半瓦当·战国

此瓦当本为圆形。中间一树，两边各有一匹在树下相对奔跑的马，下有两横线予以大地，下饰回文，两马上方有一太阳。题材新颖，富有浓厚的生活气息。是齐国非常典型的瓦当装饰题材。

烦劳一兵，不伤害一士，不进行战事就割取了安邑，这就是韩聂为大王所祈求的呀！"秦王说："我担心齐国的行为难以理解。一会儿合纵，一会儿连横，其中的道理是什么？"苏代回答说："天下各诸侯国的情况能让齐国都了解吗？齐国进攻宋国，它知道侍奉秦国要用万乘之国辅助自己，不向西侍奉秦国，那么宋国也会不安定。中原各国以游说为职业的先生们都处心积虑想离间齐、秦二国的交好，乘车向西蜂拥而来，没有一个会说要和齐国友善的，驾车蜂拥往东奔驰的人，没有一个会说要和秦国友善的。这是为什么呢？都是不希望齐、秦二国联合呀！为什么三晋、楚国这样明智而齐、秦两国这样愚蠢呢？三晋、楚国联合必定谋划进攻齐、秦二国。齐、秦二国联合必

定图谋三晋、楚国，请大王根据这个情况决定行事吧！"秦王说："好。"于是齐国就攻打宋国，宋王出国逃亡，死在温邑。齐国向南夺取了楚国的淮水北岸，向西侵入了三晋，想趁机吞并周王室，成为天子。泗水一带的诸侯国如邹、鲁的国君都向他称臣，诸侯们感到恐惧。

❖ 湣王身死

三十九年，秦国前来攻打齐国，攻占齐国九座相邻的城池。

四十年，燕国、秦国、楚国、三晋合谋，各自派出精锐部队前来攻打齐国，在济水西岸把齐军打败。齐王的军队溃败撤退。燕将乐毅攻入临淄，将齐国的珍宝礼器劫掠一空。湣王出国逃亡，前往卫国，卫君打开王宫让他居住下来，对他称臣，并供给

一切用具。湣王傲慢无礼，卫国人就袭扰他。湣王只好离开卫国，跑到了邹国、鲁国，又表现得傲慢无礼，邹国、鲁国的国君都不接纳他，就跑到了莒城。楚国派淖齿领兵援救齐国，因而做了齐湣王的辅相。淖齿杀了湣王，而和燕国共同分享了齐国土地和掳掠来的宝器。

湣王遇害，他的儿子法章变换姓名在莒城太史敫家做佣人。太史敫的女儿看到法章的相貌不凡，认为他不是一个平常人，怜悯他因而经常私下给他一些衣服食物，并和他私通。淖齿已经离开了莒城，莒城人和齐国的亡臣们聚在一起寻找湣王的儿子，想立他为齐王。法章害怕他们会诛杀自己，过了很久，才敢自己说出"我是湣王的儿子"。于是莒城人共同扶立法章，这就是襄王。他们以莒城为据点，并向齐国境内发布告令："齐王已经在莒城即位。"

襄王即位之后，立太史敫的女儿做王后，这就是君王后，生了儿子建。太史敫说："女儿不通过说媒就自己出嫁，不是我宗族的后代，玷污了我家的名声。"终身都不去看望君王后。君王后贤惠，不因为父母不来看望她而失却作为儿女尽孝心的礼节。

襄王住在莒城的五年，田单凭借即墨城打败了燕军，从莒城迎接襄王，

国子鼎·战国

山东博物馆藏。山东临淄齐故城内姚王庄出土。此鼎子母口，兽蹄形足，双附耳，素面无纹，腹中部有一道弦纹，器身与器盖对铭，各铸有阴文"国子"二字。国氏为齐国之望族，国氏之族的宗子称"国子"，为齐国上卿，屡执齐国之政。出土的国子鼎、豆、壶带有鲜明的战国齐国特色，具有重要的历史意义和研究价值。

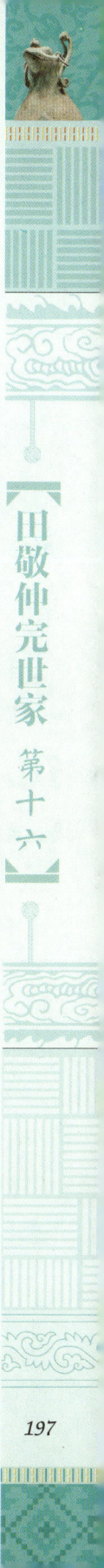

▶ 错金银镶绿松石铜镜·战国

山东博物馆藏。山东临淄城南商王村齐国故城出土。圆形。镜面平整，底色部分仍显光亮。背饰四组几何云纹，并以云纹为边框。云纹上嵌金丝，地镶绿松石。镜心、中区和边缘间嵌银质乳钉九枚。有三小钮贯环，鼎分于周缘。面、背分别铸造，面嵌入背框，配成整镜，面、背间中空。此镜形体硕大，镶嵌精细，色彩绚丽；图案结构严谨，布局匀称；贯环三钮和分铸工艺尤为殊异，为铜镜中稀见珍品。

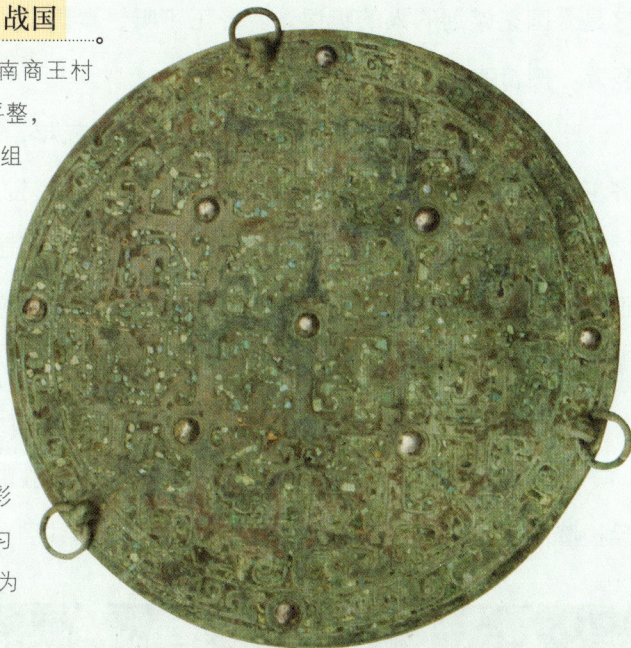

进入临淄，齐国原有的土地全都重新归属齐国。齐国封田单为安平君。

十四年，秦国进击齐国刚、寿二邑。十九年，襄王去世，儿子建即位。

🔖 齐王建亡国

齐王建即位六年，秦国进攻赵国，齐、楚两国去援救赵国。秦国谋说："齐、楚两国救援赵国，他们关系亲近我就退兵，不亲近就进行攻击。"赵国没有了粮食，向齐国请求借粟，齐国不答应。周子说："不如答应他来让秦国退兵，不答应赵国那么秦兵就不会撤退，这样秦国的谋算得逞了，而齐、楚两国的谋划就失败了。而且赵国对于齐国、楚国来说，是一道屏障，好像牙齿和嘴唇的关系，嘴唇没有了，牙齿就会受寒。今天赵国灭亡了，明日祸患就波及到齐国、楚国。而且援救赵国这种事情，应该像捧着漏水的瓮去浇烧焦的锅一样紧急。再说援救赵国，是高尚的义举；使秦国撤退，声名可以显扬。仗义援救将灭亡的国家，扬威退却强秦的军队，不致力于此而只一味吝惜粮食，

这是为国家谋划的人的错误。"齐王不听，秦国在长平歼灭了赵国军队四十多万，接着就包围了邯郸。

十六年，秦国灭了东周。君王后去世。二十三年，秦国设置东郡。二十八年，齐王建进入秦国朝拜，秦王嬴政在咸阳设酒宴款待。三十五年，秦国灭亡了韩国。三十七年，秦国灭亡了赵国。三十八年，燕国派荆轲去刺杀秦王，秦王发觉了，杀死了荆轲。第二年，秦国攻破燕国，燕王逃往辽东。第二年，秦国灭亡了魏国。秦军驻扎在历下。

四十二年，秦国灭亡了楚国。第二年，秦国俘虏了代王嘉，灭掉了燕国。

四十四年，秦兵进击齐国。齐王听信辅相后胜的计策，不进行抵抗，领兵投降秦国。秦国俘虏了齐王建，把他迁徙到共邑。就灭了齐国，设置为郡

▶ **临淄齐国故城三号排水口遗址**

临淄齐国故城位于山东省淄博市临淄区，为齐国都城遗址。故城分大、小城两部分，小城在大城西南，其东北与大城西南连接。两城总面积 15 平方千米。辟 11 门。城外建护城河。小城为宫殿区，有街道三条，现存"桓公台"遗址，台高 14 米，椭圆形。附近有大量夯土遗址。大城为居民区和生产区，现发现七条街道和 6 处手工作坊遗址。

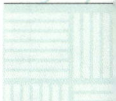

县，天下完全统一于秦国，秦王政建立称号为皇帝。开始的时候，君王后贤能，侍奉秦国谨慎，和诸侯各国讲信用，齐国也因为地处东方海滨，秦国日夜紧急进攻三晋、燕国、楚国，五国面对秦国的进攻分别谋求自救，因此齐王建即位四十多年没有承受过战争创伤。君王后去世后，后胜辅佐齐国，接受了很多秦国用于离间的金钱，就多多地派了些宾客去秦国，秦国又多给这些人金钱，宾客回来后都成了秦国的间谍，劝说齐王放弃合纵去朝拜秦王，不做战争准备，不救助其他五国，秦国因而能够灭亡五国。

五国已经灭亡，秦兵终于进入了临淄，民众中没有一个敢于抵抗的人。齐王建就投降了，被迁徙到了共邑。所以齐国人怨恨齐王建不早和诸侯合纵去进攻秦国，听了奸臣宾客的话以至于灭亡了自己的国家，唱着歌说："是松树林呢，还是柏树林呢？让王建居住到共邑去的不是那些宾客吗？"憎恨齐王建任用宾客不注意审察。

❖ 太史公说 ❖

大概孔子晚年喜欢读《易经》。《易经》作为一种学问，深奥得很，不是学识渊博、明达事理的人谁能够专注于他呢！所以周王室的太史为田敬仲完占卦，能够推算到十代以后；等到陈完奔往齐国，懿仲的占卜也是这样说。田乞和田常所以能接连弑杀两位国君，专断了齐国的政事，不一定全是事势发展的渐进过程造成的，大概是遵循适应了占卜兆辞的预言吧。

图说史记

第1卷

文字编辑：李国斌　樊文龙

美术编辑：苟雪梅

装帧设计：罗　雷

图片提供：王　露　郝勤建

汇图网　红动中国

中国国家博物馆

故宫博物院

上海博物馆

山东博物馆

河南博物院

河北博物院

陕西历史博物馆

湖南省博物馆

湖北省博物馆

浙江省博物馆

台北故宫博物院

美国纽约大都会艺术博物馆

美国弗利尔美术馆

美国克利夫兰艺术博物馆

美国耶鲁大学艺术陈列馆

美国普林斯顿大学博物馆

美国哈佛大学博物馆

美国芝加哥艺术学院

美国明尼阿波利斯艺术学院

大英博物馆　等

图说

史记

【西汉】司马迁⊙著

杨燕起 樊文龙⊙主编

—— 第5卷 ——

［世家］

巴蜀书社

楚国。刘戊和吴王刘濞勾结，起兵谋反。而三位赵王，却相继不得善终。而其中最精彩的故事，却是刘邦挟私怨封自己的侄子为羹颉侯。

本篇是关于荆王刘贾、燕王刘泽的传记。刘贾、刘泽都是刘邦的远房宗亲，因战功而封王。刘泽顺应时势，善于投机，最终封为燕王，传承三世。而刘泽被封王，与他的谋士田生密切相关。

本篇讲述了刘邦的庶长子刘肥及其后代所封诸侯国的历史。刘肥以长子的身份受封齐国七十城，献出城阳避免被吕后杀害。齐哀王起兵打算除掉吕氏，却因为舅家凶暴而与帝位擦肩而过。齐国在后世的传承中，一分为七，这些诸侯王们上演了一幕幕的历史闹剧。

本篇是关于汉朝第一相萧何的传记。萧何身为相国，是刘邦的左膀右臂。收藏秦朝的律令图书、追韩信、镇抚关中，是萧何的万世之功。即便萧何战战兢兢，依然被刘邦百般猜忌，甚至被逮捕下狱。萧何的遭遇，恰恰反映了汉高祖刘邦猜忌多疑的性格。

本篇是关于萧何的接班人曹参的传记。曹参和萧何相比，更多的是攻城野战的功劳，而这些功劳又是在韩信的带领下获得的。曹参在历史上以"萧规曹随"而闻名，正是如此，才形成了汉初休养生息的大好局面。

本篇讲述了刘邦第一谋臣张良的生平。张良作为"汉初三杰"之首，在刘邦建汉的过程中功勋卓著。攻取峣关、还军霸上、烧绝栈道、还定三秦、借箸销印、劝封雍齿、劝都关中、推荐四皓⋯⋯这一系列活动都是张良智谋的体现。

本篇讲述的是丞相陈平跌宕起伏的一生。陈平辅佐刘邦、吕后和汉文帝，六出奇计。尤其是陈平在处理樊哙的问题和文帝问相的问题时的种种表现，突出了陈平善于权变、审时度势的智慧。

本篇讲述的是周勃及其子周亚夫的生平。周勃"厚重少文"，但刘邦却认为他是刘氏江山的保护者；身为将相，周勃也曾感慨狱吏的尊贵。周

亚夫驻军细柳，岿然不动。平定七国之乱，功勋显赫。景帝的眼中他"非少主臣"，下狱之后还被诬陷要在地下谋反。

本片讲述的是梁孝王刘武及其后代的历史。文帝少子，太后宠儿，梁孝王实际就是一个"妈宝男"。与景帝同车共乘，备受亲爱。一句戏言，让他对帝位产生野心。居功自傲，刺杀袁盎，几乎引来杀身之祸。

本篇是景帝十三个儿子的合传，作为诸侯王，他们上演了皇室中的一幕幕丑剧。每个人的篇幅都不长，但是人物形象生动，胶西王存心与朝廷作对，赵王身为侯王却督捕盗贼，河间王好文，江都王好武，中山王好酒，临江王无辜冤死……都形神毕肖，栩栩如生。

本篇内容是关于汉武帝三个儿子刘闳、刘旦和刘胥的故事。司马迁撰写的内容已经遗失，这里的文字是褚少孙补写的。主要记载了他们封王过程中的朝议和策文，可以从中看到汉代的典章制度。

孔子世家 第十七

【解题】本篇主要据《论语》等文献，第一次系统地整理孔子的生平及言行记录。通过记述孔子周游列国，展现出春秋末期的社会风气和事势的发展，说明了儒学创设的历史背景及其不为现实所用的原因，同时表现出所经受的困苦、遭遇及其坚韧不拔的学术精神，从而塑造出孔子的高大形象。除叙述孔子的经历之外，专门记述了孔子的学术思想及其在古代文献整理方面所创造的成就。孔子整理《尚书》《礼记》《诗》《易》，在中国文化发展史上做出了重要贡献。孔子开创私家讲学，他的教学思想、原则、方法都给后人以不少启迪。尤其是孔子所作之《春秋》能使"天下乱臣贼子惧"的思想和精神，对中国后来史学的产生给予了潜移默化的影响。

孔子的少年时代

孔子出生在鲁国昌平乡陬邑。他的祖先是宋国人，叫孔防叔。防叔生了伯夏，伯夏生了叔梁纥。叔梁纥和一位颜氏女子未按礼制结合而生下了孔子，他们是在尼丘山向神祈求后才生下孔子的。鲁襄公二十二年，孔子出生。生下来头顶中间低四周高，所以根据这个特点，取名叫丘。他的字是仲尼，姓孔。

孔丘生下不久叔梁纥就死了，葬在防山。防山在鲁国东部，由于年幼孔子搞不清楚他父亲安葬的地方，母亲也忌讳这件事，避而不谈。孔子小时候玩游戏，常常摆设出祭祀的俎、豆等礼器，学做祭祀的礼仪动作。孔子的母亲去世，先停枢在五父之衢这个地方，可见他是非常慎重的。郰地人挽父的母亲告诉孔子他父亲的墓葬处，然后他才把母亲迁徙与父亲合葬在防山。

季氏设宴款待当地的士人，孔子身着腰间系着麻带的丧服前往参加。

▶《孔子圣迹图册》之俎豆礼容·明·无款

这幅作品是根据《史记》记载的内容描绘的，画面中孔子和一群小孩在庭院中摆设俎豆，恭恭敬敬地行礼。在画面上除了录有《史记》的文字之外，还有一首赞，赞语云："圣父儿戏，俎豆是持。登降俯仰，有容有仪。不学而能，不闻而识。化洽群童，名传列国。"

阳虎贬退他说："季氏设宴款待士人，是不敢款待你的。"孔子因此就退了出来。

孔子十七岁的时候，鲁大夫孟釐子病重快死了，告诫他的儿子懿子说："孔丘，是圣人的后代，他的祖先在宋国败灭。他的祖父弗父何本来可以掌管宋国却把继承人的位置让给了厉公。等到正考父辅佐宋戴公、武公、宣公，三次受命，一次比一次恭敬小心，所以正考父庙中鼎上的铭文说：'第一次被任命时鞠躬而受，第二次任命弯腰而受，第三被任命俯首而受，顺着墙根小步快走，也没有谁敢欺侮我。在这个鼎内熬稠粥，在这个鼎内熬稀粥，我用这些粥来糊口。'他小心谨慎到了这种程度。我听说圣人的后代，虽然不能做国君，但必定有显贵的人出现。如今孔子年纪小却好礼，他不就是显贵的人吗？我如果死了，你一定要拜他做老师。"等到釐子去世，懿子和南宫敬叔就前往孔子那里学礼。这一年，季武子去世，季平子接替了他的职位。

▶ **《孔子圣迹图册》之职司委吏·明·无款**

委吏，就是管理仓库的小官。孔子担任这个职务，在《史记·孔子世家》中有明确的记载。画面中，孔子坐在一张桌子的后面，身旁有二童子侍奉，在孔子的左侧，几名农夫正在收麦簸扬，在他的面前，两名农夫正在将新收获的麦子堆积在一起，在画面的右侧则是收割的场景，右上方的屋宇就是仓库。整个画面意在表现孔子将仓库管理得井井有条。

🔹 问礼老聃

孔子贫穷而且地位低下。长大成人后，曾经给季氏做过管理仓库的小官，计算称量都很准确；曾经做过管理牧场的小官，能使牲畜繁殖兴旺。因此他升任了司空。不久他离开鲁国出游，但被齐国排斥，被宋国、卫国驱逐，在陈国、蔡国之间的地带受到困迫，于是返回鲁国。孔子身高有九尺六寸，人们都叫他"高个子"，并且认为他很特别。鲁国重新给予他很好的待遇，所以他返回鲁国。

鲁国人南宫敬叔向鲁君进言说："请君王派我和孔子一道去到周王室。"鲁君给了他一辆车，两匹马，还派了一名童仆和他们一道前去。孔子到了周王室学习礼制的事，这次大概是见到了老子。孔子告辞要离去的时候，老子送他并且说："我听说富贵的人给人家送的是财物，有仁德的人给人家送的是言论。我不能送给你富贵，就冒充仁德人的称号，送给您言论：'聪明苛察经常受到威胁而接

近于死亡的人，是因为他喜欢议论别人。知识广博善于辩论而常常会危害自身的人，是因为他揭发人家的坏事。做人儿子的不要心存自己而要想着父母，做人臣子的不要心存自己而要想着君主。'"孔子从周王室返回鲁国，来向他求学的弟子渐渐增多了。

这个时候，晋平公淫乱，六卿专权，往东去攻打其他诸侯国；楚灵王军队强大，欺压中原各国；齐国地盘大又靠近鲁国。鲁国地盘小国力又弱，依附于楚国，晋国就发怒；依附于晋国，楚国就来攻打；不防备齐国，齐国军队就侵犯鲁国。

鲁昭公二十年，这时孔子大概有三十岁了。齐景公和晏婴来到鲁国，景公询问孔子说："从前秦穆公国家小又处在偏远的地方，他能称霸是什么原因呢？"孔子回答说："秦国虽然小，秦穆公的志向却远大。地处偏僻，但秦的行政措施却很得当。秦穆公亲自举拔用五张羊皮赎出来的百里奚，给的封爵是大夫，

▶ **《孔子圣迹图册》之问礼老聃·明·无款**

画面中孔子和南宫敬叔面对老子而坐，老子凭几坐在屏风之前。在老子的身后有三个童儿正在备酒烧水，孔子的身后还有四个人恭敬地站立着。画面上的文字除《史记》所载内容外，尚有朱熹关于老子曾为柱下史的内容。本幅赞曰："维周柱史，习知礼文。乃枉圣躬，以廓圣闻。德比重华，好问好察。取人为善，异世同辙。"

图说
史记

▶ **《孔子圣迹图册》之在齐闻韶·明·无款**

画面中有一架屏风，屏风前孔子坐在右边，三人侍立于侧，有一人做持琴状。齐太师坐在左边，旁边有三个拿着乐器的人，身后桌旁站着一个人，桌子上摆放着乐器，左下侧有两个童子在抬桌子。本幅赞曰："雅随风靡，音逐政浇。不图于齐，乃闻舜韶。声入心通，神会默识。食味尚忘，何况他事。"

从拘禁的境遇中解救出来，和百里奚交谈三天，将国政托付给他。用这样的办法政治国家，即使是称王天下都是可以的，做个霸主不算什么。"景公听了很高兴。

◎孔子适齐

孔子三十五岁的时候，季平子由于和郈昭伯斗鸡的缘故得罪了鲁昭公，昭公率领军队袭击季平子，季平子和孟氏、叔孙氏三个家族共同进攻昭公，昭公的军队溃败，逃奔到齐国，

齐国把昭公安置在乾侯这个地方。这以后不久，鲁国发生内乱，孔子前往齐国，做了高昭子的家臣，想借此和景公搭上关系。孔子和齐国太师官谈论音乐，听到了《韶》的乐曲，就学习它，因为全神贯注，他三个月尝不出肉的味道，齐国人都称赞他。

齐景公询问孔子如何为政，孔子说："国君要像国君，臣子要像臣子，父亲要像父亲，儿子要像儿子。"景公说："好啊！果真要是做国君的不像国君，做臣子的不像

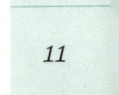

臣子，做父亲的不像父亲，做儿子的不像儿子，即使有了很多的粮食，我怎么能吃得着呢！"又一天，景公又再次向孔子询问如何为政，孔子说："处理国家政事最重要的在于节约财政费用。"景公很高兴，想把尼溪的田地封给孔子。晏婴进言说："这些儒生大多数能言善辩，不可能用法律来规范他们；傲慢不恭自以为是，不可能成为别人的臣下；推崇丧事极尽悲哀，破败家产来行隆重葬礼，不可能让它形成风俗；驰骋游说乞求官禄，不可能让他们治理国家。自从圣贤们下世以后，周王室已经衰落，礼乐制度残缺不全已经很久了。如今孔子特别讲究容貌装饰，把上下朝的礼仪搞得特别烦琐，刻意于快步行走的规矩，好几代都不能穷尽他们的学问，毕生也不能终极他们的礼仪，您想任用他来改变齐国的习俗，不是用来引导百姓的好办法。"后来景公虽然很有礼貌地接见了孔子，但再也不向他询问礼制的事。又一天，景公留住孔子说："拿给季氏一样的待遇来给您，我做不到。"景公就拿季孙氏和孟孙氏之间的待遇给了孔子。齐国的大夫有人

▶ 《孔子圣迹图册》之晏婴沮封·明·无款

画面右侧，齐景公坐在围屏之前，身后站着两个卫士和一个侍从，晏婴跪在景公的面前正在进言。左侧孔子坐在牛车之上，身边有四个随从之人。本幅赞曰："迟迟去鲁，款款就齐。所希行道，于以济时。用不可封，仕不可苟。接淅而行，富贵何有。"

想害孔子，孔子听说了，景公说："我已经老了，不能任用你了。"孔子于是离开了齐国，返回鲁国。

博学多识

孔子四十二岁的时候，鲁昭公在乾侯去世，定公继位。定公继位第五年夏天，季平子去世，桓子继承职位。季桓子挖井得到一件口小腹大的陶器，中间有个像羊的东西，询问仲尼的时候说是"得到了一只狗"。仲尼说："依我所听说的，是羊。我听说，木石中的怪物有夔、魍魉，水中的怪物有龙、罔象，土中的怪物有坟羊。"

吴国攻打越国，毁坏了会稽城，得到一节骨头，大的可以装满一辆车。吴国派出使者询问仲尼："什么样的骨头最大？"仲尼说："大禹招群神来到会稽山，防风氏违命迟到，大禹杀了他陈尸示众，他的一节骨头有一辆车长，这是最大的了。"吴国客人说："谁是神？"仲尼说："山川的神灵足以兴云致雨造福天下，负责监守当地山川并按时祭祀的就是神，只守卫社稷不负责山川祭祀的是公侯，他们都隶属于王者。"客人说："防

风氏监守什么地方？"仲尼说："汪罔氏的君长监守封山、禺山，是釐姓。在虞、夏、商三代叫汪罔，在周朝叫长翟，如今称呼他叫大人。"客人说："他们的人有多高？"仲尼说："僬侥氏高三尺，算最矮的了。最高的不超过三丈，因为到了数的极限。"于是吴国客人说："高明啊，圣人！"

退修诗书

季桓子有个宠臣叫仲梁怀，和阳虎有矛盾。阳虎想驱逐仲梁怀，公山不狃阻止了他。这年秋天，仲梁怀更加骄纵，阳虎把仲梁怀拘禁起来。桓子发怒，阳虎借机囚禁了桓子，和桓子立下盟约才释放了他。阳虎从此更加轻视季氏。季氏也超越本分侵害了公室，陪臣执掌了国家政权，因此鲁国自大夫以下都僭越本分，背离了礼制的正道，所以孔子不愿意在鲁国做官，退回家中研修整理《诗》《书》《礼》《乐》。弟子更加多了，有的来自遥远的地方，他们都虚心向孔子求教。

定公八年，公山不狃在季氏家中不得意，凭借阳虎发动叛乱，想废掉

▶ 《孔子圣迹图册》之退修诗书·明·无款

画面中孔子居中坐在屏风之前，面前的桌子上摆着诗书。右侧一个侍者站在孔子身旁，三个弟子席地而坐正在观书。左侧也有一个侍者，旁边八名弟子站立。正中屏风后侧也有一人。本幅赞曰："通齐志阻，归鲁政荒。道不可行，怀器以藏。乃修诗书，正乐定礼。沽哉沽哉，待价而起。"

三桓的嫡长子，改而扶立他们的庶子中和阳虎关系密切的人，于是他就囚禁了季桓子。桓子欺骗他，得以逃脱。鲁定公九年，阳虎没能取胜，逃奔到齐国。这个时候孔子五十岁。

公山不狃凭借费邑背叛季氏，派人召唤孔子。孔子探究所依循的治国之道已经很久了，因为受到压抑无处展示才能，没有谁来任用自己，说："大概周文王、武王起于丰、镐才称的王，如今费邑虽然很小，也许差不多可以成事哩！"想前往应召。子路不高兴，阻止孔子。孔子说："召唤我的人会让我白白地跑一趟吗？如果任用我，我将在东边兴起一个周王朝一样的国家来！"然而最终也没有成行。

这以后鲁定公任命孔子做中都邑的长官，治理了一年，四方各地都来效仿他。后来孔子由中都邑长官提升为司空，再由司空升任大司寇。

夹谷会盟归田谢过

鲁定公十年春天，鲁国同齐国和好。夏天，齐国大夫黎锄向景公进言说："鲁国任用孔丘，势必危害齐国。"就派遣使者告知鲁国进行会盟，约定在夹谷相会。鲁定公将要乘着车不带军队前往。孔子代理司仪事务，说："我听说凡是进行外交活动的必定要有武力防备，进行武力活动的必定要有外交配合。古时候诸侯走出国界，必定具备武官随从。请求安排左右司马官。"定公说："行。"配备了左右司马官。在夹谷和齐侯相会，设置了盟坛和席位，土坛的台阶是三级，用会遇的礼仪相见，拱手恭让沿阶登至坛上。主人敬酒的礼仪结束，齐国的主事官员快步上前说："请求演奏四方的乐曲。"景公说："好。"于是持着旗帜羽毛、矛戟剑盾的舞者喧闹地一拥而上。孔子快步上前，一脚一级地登上台阶，还差一级台阶就站住了，举起衣袖并进言说："我们两国的国君进行友好盟会，为什么要表演这样一些夷狄的乐曲！请命令办事官员让他们撤下去！"主事官员叫乐队退下，乐队舞者不肯离去，大家都在看晏子和景公的眼色。景公心里惭愧，挥手让他们撤下去。过了一会儿，齐国的主事官员快

▶ 《孔子圣迹图册》之夹谷会盟 · 明 · 无款

画面中右侧是鲁定公及其随从位是十四人，左侧是齐景公及其侍从卫士六人，孔子正在拾级登阶，向两位国君行礼。在孔子的左侧是齐国的官员，他的旁边是舞者五男四女。在齐景公的左侧则是赤膊持械的舞者十人。这幅作品表现的正是孔子在夹谷会盟之中面折齐景公的情景。

步上前说："请求演奏宫中的乐曲。"景公说："好！"歌舞艺人和搞笑的侏儒上前来进行戏谑表演。孔子快步上前，一脚一级地登上台阶，还差一级台阶就站住了，说："普通人敢来戏弄炫惑诸侯国君的，其罪当斩！请求命令办事官员给他们以惩处！"主事官员对这些人施加了法律处置，斩杀后使他们手足异处。景公心里害怕大为震惊，知道在道义上不如鲁国，回国后非常恐慌，告诉他的群臣说："鲁国用君子的道义辅佐他的国君，而你们唯独用夷狄的办法教导寡人，让我得罪了鲁君，这该怎么办？"主管官员上前回答说："君子有过错就用实际具体的东西去道歉，小人有过错则用空虚言辞去掩饰。您如果感到后悔，就用实际具体的东西谢罪。"于是齐侯就把所侵占鲁国的郓邑、汶阳、龟阴的田地归还鲁国来表示悔过。

鲁定公十三年夏天，孔子向定公进言说："臣子不能私藏武器，大夫不能修筑超过百雉的城墙。"于是定公派仲由去做季氏家臣，将要拆毁季孙、叔孙、孟孙三家邑地的城墙。于是叔孙氏先拆毁了郈邑城墙。季氏将要拆毁费邑的城墙，公山不狃、叔孙辄率领费邑人袭击鲁定公。定公和季孙、叔孙、孟孙都进入季氏的宫中，登上了武子台。费邑人进攻，不能攻下，但攻到了武子台的侧面。孔子命令申句须、乐颀下台去进攻他们，费邑人败北而逃，曲阜人去迫逐他们，在姑蔑把他们打败了。公山不狃、叔孙辄逃往齐国，接着就拆毁了费邑城墙。将要拆毁成邑的城墙的时候，公敛处父对孟孙氏说："拆毁了成邑城墙，齐国人必将打通我们的北大门。而且成邑的城墙，是孟氏的保障，没有了成邑城墙，这就是没有了孟氏。我们不应该将它拆毁。"十二月，定公派人包围成邑，没有能取胜。

摄职鲁相因膰去鲁

鲁定公十四年，孔子五十六岁，从大司寇担任代理国相的职位，有些喜形于色。他的弟子说："听说君子祸难临头不恐惧，福气到了不欣喜。"孔子说："是有这样的话。不是也有说'高兴是因为他身处高位而能礼贤下士'的吗？"于是诛杀了扰乱政事的鲁国大夫少正卯。参与处理国家政事三个月，出卖羊羔、生猪的不再漫天要价；男女出行的人各走各的路，不相混杂；走在路上的不捡掉在地上的东西，四方的宾客来到鲁国的不需要再送礼贿赂官员，并且都能得到照顾使他有宾至如归的感觉。

　　齐国人听说了这些事情感到畏惧，有人说："孔子主持政事必定会称霸，称了霸那么我们齐国靠他距离最近，我国会被他先兼并的，何不向鲁国赠送些土地呢？"黎鉏说："请先尝试着破坏他们的君臣关系，要是破坏不能成功，那样再去赠送土地，难道还会晚吗？"于是选择了齐国国内漂亮的女子八十人，都给穿上华丽的衣服，并教会她们跳《康乐》之舞，又用披着彩色装饰的马一百二十匹，赠送给鲁国国君，把女子乐舞队和彩马陈列在鲁国都城南面高门的外边。季桓子穿着平民服装暗中前往观看了两三遍，准备接收这些，

▶ 《孔子圣迹图册》之诛少正卯·明·无款

画面中孔子坐在屏风的前面，有三个人站在他的身后，在孔子的面前是被捆绑的少正卯，一人站在少正卯的旁边正在宣读他的罪状，两名武士持刀站在少正卯的身边。左下方有四名女子，表现的是男女异路，旁边则是四人正在交易，另有二人赶牛前行，路上有丢失的东西，表现的是交易公正，路不拾遗。本幅赞曰："圣辅秉钧，皋夔比德。锄暴逐良，阳嘘阴吸。化行周道，仁及草莱。期月而已，岂虚语哉。"

《孔子圣迹图册》之女乐文马·明·无款

此幅表现的是齐国献来女乐文马的事情。画面中鲁君微服骑马观看舞乐表演，他的身后有五名随从，面前有两个人正在表演杂技。左侧一老者率领八人女子演奏音乐，右侧三个马夫引领着九匹马。本幅无赞语。

就告诉鲁君以外出巡视各地为由，整日地前往观看，也就把政事荒怠了。子路说："老师可以离开鲁国了。"孔子说："鲁国如今将要举行郊祭了，如果能把祭祀用的烤肉分送给大夫，那么我还可以留下来。"桓子终于接受了齐国的女子乐舞队，三日不上朝处理政事；郊祭以后，又不把祭祀用的烤肉和盛肉的俎器分送给大夫。孔子这才离开了鲁国，住宿在屯地。乐师师己来送他，说："先生是没有过错的。"孔子说："我唱一首歌可以吗？"于是唱道："听信那些妇人的言论，贤人不被重用可以出走了。那些妇人受到了宠爱，国家因此就要破败灭亡。从此我能轻松快活、悠闲自得呀，只有这样来安度岁月！"师己返回，桓子问："孔子还说了些什么？"师己如实告诉了他。桓子很有感触地叹息说："先生是因为我接受了那一群齐国女子的缘故怪罪于我呀！"

孔子适卫

　　孔子就前往卫国，寄居在子路妻子的哥哥颜浊邹家中。卫灵公询问孔子："居住在鲁国得到的俸禄是多少？"孔子回答说："俸禄为小米六万小斗。"卫国人也给他小米六万小斗。过了没多久，有人在卫灵公面前说孔子的坏话。卫灵公派公孙余假拿着兵器到了孔子住处一进一出威胁他。孔子担心在这里惹出是非，住了十个月，就离开了卫国。

　　孔子打算前往陈国，经过匡邑，颜刻是孔子的赶车人，他拿着马鞭指着说："从前我们进入过这座城，是从那个缺口处突破的。"匡邑人听说了，认为孔子是鲁国的阳虎。阳虎曾经虐待过匡邑人，匡邑人于是就围困了孔子。孔子的状貌像阳虎，被拘禁了五天。颜渊行进中落在后面，孔子说："我以为你已经死了。"颜渊说："先生在，我颜回怎么敢死！"匡邑人围攻孔子越来越急，弟子们害怕了。孔子说："文王已经去世了，

▶《孔子圣迹图册》之因膰去鲁·明·无款

画面中孔子站在一辆牛车旁，两个童子正在套车，孔子表情悲伤，在四个随从的陪伴下走向车子，表现了孔子满怀悲痛地离开鲁国。本幅赞曰："望鲁相圣，强齐畏威。用夷遏夏，女乐乃归。邪遂正移，始难终保。逖矣圣迹，尼哉吾道。"

▶ 《孔子圣迹图册》之匡人之围·明·无款

画面中牛车已经解辕，孔子坐在车中，车左侧有三名弟子正在行礼，右侧有一名弟子正在持卷和孔子说话，车后有一童子。右侧有匡人七人，左侧有匡人八人，皆赤身露体，张牙舞爪，手持兵器围攻孔子。本幅赞曰："虎暴于匡，圣状偶同。彼方此仇，我适此逢。凤异枭音，麟殊兕迹。匪伊其昏，维圣斯厄。"

周代有关礼乐制度的文化不就在我这里吗？上天要是想毁灭这种文化，在文王后死的我就不会掌握这种文化。上天如果不想毁灭这种文化，匡邑人又能把我怎么样呢！"孔子派弟子留在卫国去做宁武子的家臣，这样才得以离去。

离开匡邑后随即路过蒲邑。一个多月以后，返回卫国，寄居在蘧伯玉家中。卫灵公的夫人有个叫南子的，派人对孔子说："四方来的君子不怕受屈辱想和我国国君结为兄弟的，必定要来拜见南子夫人。南子夫人愿意接见。"孔子本来想推辞谢绝，后来不得已去拜见她。南子夫人坐在细葛布帐子里面，孔子进门，面朝北叩头。夫人从帷帐中一再拜谢，只听到她环身佩带的美玉互相撞击发出了叮当的清脆声响。事后孔子说："我向来不愿意去拜见她，现在已经见了就得以礼答谢她。"子路听了不高兴。孔子发誓说："我如果做了什么不好的事，上天就厌弃我吧！上天就厌弃我吧！"在卫国住了一个多月，卫灵公和夫人同坐一辆车，让宦者雍渠在车右陪乘，出了宫门，让孔子坐在后面第二辆车上，

▶《孔子圣迹图册》之丑次同车·明·无款

画面中卫灵公和夫人南子坐在一辆车辇内正在前行，此车双马驾辕，一车夫赶车，两童子在车左右，车前有二武士骑马开道，车后有四人骑马相随。本幅赞曰："陪臣弱鲁，诈力强齐。所希仕卫，或可济时。何哉彼昏，德色异好。归欤归欤，恐污吾道。"

张扬炫耀地从街市经过。孔子说："我没有见过喜好德性能像喜好女色一样的人。"孔子觉得卫灵公的行为丑恶，便离开了卫国，经过曹国。这一年，鲁定公去世了。

孔子离开曹国前往宋国，和弟子们在一棵大树底下演习礼仪。宋国的司马桓魋想杀了孔子，伐掉了这棵树。孔子要离开这个地方。弟子们说："可以加快速度了。"孔子说："上天让我怀有圣德，桓魋他又能把我怎么样呢？"

▶ 在陈辨矢

孔子前往郑国途中，和弟子们全都走散了。孔子独自一人站在外城的东门外。郑国有人对子贡说："东门有个人，他的额头像尧，他后颈像皋陶，肩膀像子产，然而从腰以下比大禹短了三寸，瘦瘠疲惫得像一只丧家狗。"子贡把这些话如实告诉孔子。孔子高兴地笑着说："议论我的相貌，是微不足道的事。至于说我像只丧家狗，说得对！说得对！"

孔子就到了陈国，寄居在司城贞子家中。一年多以后，吴王夫差攻打陈国，夺取了三座城邑撤走了。晋国赵鞅攻打朝歌。楚国包围蔡国，蔡国迁到了吴地。吴国在会稽打败了越王勾践。

有只隼落在陈国的宫廷中死去了。它的身体被楛木箭射穿了，这支箭的箭镞是石头制成的，箭杆有一尺八寸长。陈湣公派使者询问仲尼。仲尼说："这只隼是从很远的地方飞来的，射它的是肃慎族的箭。从前周武王战胜殷商，沟通了和九夷百蛮的关系，让他们用自己的土特产来进贡，以便使他们不会忘记职责和义务。于是肃慎部族进贡了楛木箭杆和石制箭镞，长一尺八寸。先王为了表彰诸侯的美德，把肃慎进贡的弓箭赐给了武王的长女大姬，并把大姬许配给虞胡公而把他们封在陈地；把珍贵的玉器赐给同姓诸侯，表示重视亲族关系；把远方进贡的地方特产分给异姓诸侯，让他们不要忘记服从周王室。所以把肃慎进贡来的弓箭赐给了陈国。"陈湣公派人尝试着到过去收藏各地方物的仓库中去寻求，果然找到了同样的弓箭。

▶《孔子圣迹图册》之宋人伐木·明·无款

画面中孔子站在树下正在给五名弟子讲学，而桓魋手持利剑站在孔子的面前指手画脚，树后有一人正在砍树，前面有四人正在用绳子将大树拉倒。画面最左侧有一马三人。本幅赞曰："接淅去齐，微服过宋。蠢彼枭狸，欺我麟凤。暴不殄义，直能胜阿。天生圣德，魋如之何。"

孔子住在陈国三年，正遇上晋、楚两国争霸，他们轮流攻打陈国，等到吴国来侵犯陈国，陈国常常遭到掠夺。孔子说："回去吧！回去吧！我家乡的那帮学生志向远大而行为粗疏，但他们都有进取心，也没有忘记自己的初衷。"于是孔子离开了陈国。

在蒲要盟

经过蒲邑，正遇上公叔氏凭借蒲邑背叛卫国，蒲邑人扣留了孔子。孔子弟子中有个叫公良孺的人，用自己的五乘私车跟从着孔子。公良孺身材高大并且贤能，为人勇敢有气力，对孔子说："我从前跟从先生在匡邑遇到祸难，如今又在这里遇到祸难，是命中注定的了。我和先生一再地遭受危难，宁愿战斗而死去。"战斗非常猛烈。蒲邑人惧怕，对孔子说："假如不前往卫国，我们就放您出城。"孔子便和他们订立盟约，他们放孔子出城的东门。孔子就前往卫国。子贡说："订立的盟约可以违背吗？"孔子说："是在要挟下订立的盟约，神

▶《孔子圣迹图册》之在陈辨矢·明·无款

画面中，陈湣公坐在屏风前面，身旁有随从五人，在他的面前有一只中箭而死的隼，孔子指着隼正在讲述，身后有三名弟子拱手侍立，在左侧府库之内有两人正在检视弓箭，庭中二人正在传递弓箭。本幅赞曰："有翩者隼，毙于陈廷。楛矢石弩，祈圣以明。圣曰退哉，本自周武。谓子不信，请质故府。"

灵不会听从。”

卫灵公听孔子来了，心里很高兴，到郊外来迎接，询问孔子说："蒲邑可以去攻打吗？"孔子回答说："可以。"卫灵公说："我的大夫们认为不可以。如今的蒲邑，是卫国防备晋、楚二国的地方，用卫国的军队去攻打，恐怕不可以吧？"孔子说："蒲邑的男人们有宁死也不投靠他国的志向，妇女有保住西河不想开战的志向。我们所要攻打的只不过是跟着公叔氏搞背叛的四五个人。"卫灵公说："好。"然而他也没有去攻打蒲邑。

卫灵公老了，懒得处理政务，所以不任用孔子。孔子很有感触地叹息说："假如有任用我的国家，一整年就差不多了，三年就会大有成效。"孔子只好离开。

击磬学琴

佛肸任中牟的地方长官。赵简子进攻范氏、中行氏，攻打中牟邑。佛肸背叛，派人来召唤孔子。孔子有意前往。子路说："我听先生说过：'其人亲身做过不好的事，君子不会去到他那里。'如今佛肸单单凭借中牟造

反，您想前往，这是为什么？"孔子说："我是说过这样的话。可是我也说过坚硬的东西，再磨也不会变薄；雪白的东西，再染也不会变黑。我难道是条苦味的瓠子吗？怎么能像它那样老是系在梗上而不被食用呢？"

孔子敲击磬，有位担着土筐的人经过他的门前说："有心思呀，这个敲击磬的人！抑而不扬的声音中有狭小卑贱的情绪，既然没有谁了解自己，也就算了罢！"

孔子向师襄子学习弹琴，十天没有增加新的乐曲。师襄子说："可以学习新乐曲了。"孔子说："我已经熟习这首曲子了，但还没有熟练地掌握弹奏的技法。"过了一段时间，师襄子说："你已经熟习弹奏的技法了，可以学习些新曲了。"孔子说："我还没能掌握乐曲的情意。"过了一段时间，师襄子说："你已经熟习乐曲的情感意蕴了，可以再学些新曲了。"孔子说："我还没有掌握作曲人的气质品格。"过了一段时间，孔子时而表现出静默沉思的样子，时而安适愉快地抬头仰望显示出志向远大的样子，孔子说："我琢磨出了作曲人的

▶ **《孔子圣迹图册》之学琴师襄·明·无款**

画面中师襄坐在绣墩之上正在弹琴，旁边有一人拱手侍立。孔子坐在师襄的对面，面容喜悦，正在品味琴音。孔子身后一子弟侍立，一童子正在调理桌上的琴弦，另一弟子在桌旁观看。画面左侧有四童子正在准备酒食。本幅赞曰："圣无不知，奚襄是师。曰取其专，以操乃微。得数得志，复得其人。声入心通，大哉圣神。"

气质品格，他有黝黑的皮肤，高大的身躯，眼神远望而深邃，好像在统治着四方的诸侯国家，除了周文王还有谁能够这样呢！"师襄子避开座席再三拜揖，说："我老师原来说过，这首乐曲叫作《文王操》。"

临河而返

孔子既然在卫国无法得到任用，打算往西去晋国拜见赵简子。到达黄河岸边听到了窦鸣犊、舜华被杀的消息，孔子面对着黄河叹息说："壮美的黄河水呀，是那样浩荡地流淌着！我孔丘不能从这里渡过去，是命中注定的吧！"子贡快步上前说："请问老师说的是什么意思？"孔子说："窦鸣犊、舜华，是晋国的两位贤大夫。赵简子还没有得志的时候，依靠这两个人才能执掌晋国国政；等到他已经得志了，却杀了他们来执掌政权。我听说过，要是剖胎杀夭那么麒麟就不会出现在郊野，要是把水抽干把鱼捕尽那么蛟龙就不会兴云致雨来调和阴阳，要是覆巢毁卵那么凤凰就不会回

旋飞翔。为什么呢？君子最忌讳的是伤害他们的同类。鸟兽这些不懂得仁义的动物尚且知道回避这一点，更何况是我呢？"于是孔子回转到陬乡停息，写作了一首《陬操》的乐曲用以表示哀悼。接着孔子再次回到卫国，住在蘧伯玉家中。

有一天，卫灵公询问排兵布阵的事，孔子说："俎豆这样的祭祀礼仪的事我曾经是听说了的，运兵作战的事我还从没有学习过。"第二天，卫灵公和孔子谈话，看见空中有飞行的大雁，抬头仰视，注意力一点也不在孔子身上。孔子就离开了，重新前往陈国。

▶孔子思乡

夏天，卫灵公去世，确立他的孙子辄为继承人，这就是卫出公。六月，赵鞅把流亡在外的卫国太子蒯聩送回戚邑。阳虎让太子蒯聩穿戴绖式丧服，另有八个人穿戴衰绖丧服，假装成从卫国来迎接太子的人，哭着把蒯聩送进卫国，就居住在戚邑。冬天，蔡国把国都迁到了州来。这一年是鲁哀公三年，孔子六十岁。齐国帮助卫国围困戚邑，是因为卫太子蒯聩在这里的缘故。

▶《孔子圣迹图册》之临河而返·明·无款

画面中孔子坐在牛车之中，正在指挥一弟子和二车夫将车辕掉头，另有一弟子和船中之人进行交谈。本幅赞曰："我西我辕，将见简子。至河而返，为伤贤士。覆巢凤远，讳伤其伦。物类尚然，何况圣人。"

夏天，鲁国桓公、釐公的庙被烧毁，南宫敬叔前去救火。孔子这时正在陈国，听说了这件事，说："火灾必定是发生在桓公、釐公的庙吧。"随后证实果真是这样。

秋天，季桓子得了重病，乘车望见鲁城，很有感触地叹息说："从前这个国家几乎要兴盛了，是因为我得罪了孔子，所以没有兴盛起来。"季桓子回过头来对他的继承人康子说："如果我死了，你必定会任鲁国相；任了鲁国相以后，一定要把仲尼召回来。"过了几天，桓子去世，由康子继位。季康子已经安葬了桓子，就想召回仲尼。公之鱼说："从前我们的先君任用他不能有始有终，最后让诸侯各国耻笑。如今又任用他还是不能有始有终，这样会再次被诸侯各国耻笑。"康子说："那么召谁才可以呢？"公之鱼说："一定要召冉求。"于是康子派使者去召冉求。冉求临走的时候，孔子说："鲁国人召冉求，不只是小用他，将会对他大加任用。"这一日，孔子说："回去吧！回去吧！我家乡的这班学生志向

▶ 《孔子圣迹图册》之灵公问兵·明·无款

画面右侧，孔子和卫灵公相对而坐，孔子面相恭敬，二弟子随侍身后。卫灵公眼睛则注视着空中的大雁，没有注意孔子，三个随从站在身旁。画面右侧是孔子指挥弟子装车，准备离开卫国。本幅赞曰："嗟嗟卫灵，识凡志淫。耳聆圣语，目视蜚禽。敬施于中，怠形于色。色斯举矣，义不苟得。"

远大而行为粗疏，文采虽然很可观，但他们不知道怎样节制自己。"子赣知道孔子思念故国想回去，送别冉求的时候乘机叮嘱他"如果被任用，就把孔子招请去"之类的话。

▶路逢隐士

冉求已经离开，第二年，孔子从陈国迁居到蔡国。蔡昭侯将要去到吴国，是因为吴国召他去的。这以前昭侯欺骗了他的臣子迁到了州来，后来他将前往吴国，大夫们担心再次迁都，公孙翩就会射杀昭侯。楚国侵犯蔡国。这年秋天，齐景公去世。

这一年，孔子从蔡国到达了叶邑。叶公询问治国的事。孔子说："治理国家要能招徕远方的民众，使邻近地区的民众归服。"有一天，叶公向子路询问关于孔子的事，子路不知道怎么回答。孔子听说了，说："仲由，你何不回答说'他做人的特点是，学习道理不知疲倦，教诲别人全不厌烦，发愤起来忘记了吃饭，高兴起来忘记了忧愁，不知道衰老就要到来'，如此而已。"

孔子离开叶邑，返回到蔡国。长沮、桀溺二人在一起耕地，孔子认为他们是不做官而隐居起来的人，让子路去问渡口在哪里。长沮说："那个拉着缰绳的人是谁？"子路说："是孔丘。"桀溺说："这就是鲁国的孔丘吗？"子路说："对！"桀溺说："那他应该知道渡口。"桀溺对子路说："你是谁？"子路说："我是仲由。"桀溺说："您是孔丘的门徒吗？"子路说："对。"桀溺说："整个天下都是这样像洪水泛滥似的动乱不安，你能和谁去改变它？与其跟从避开无道国君的人四处奔忙，还不如跟着逃避现实的人哩！"说完就照样不停地用土覆盖播下去的种子。子路把这些话告诉孔子，孔子怅然若失地说："鸟兽是不可以和他们去同群的。天下要是政治清明，我就不去参与改革了。"

有一天，子路在行进中，遇见一位用拐杖挑着除草工具的老人，子路问："您看见我的老师了吗？"老人说："四肢不劳动，五谷分不清，哪里算是老师呢！"把拐杖立在田边就除草去了。子路把这个情况告诉孔子，孔子说："这是一位隐者。"子路再次去见他，则已经不见踪迹。

❂ 绝粮陈蔡

孔子迁居到蔡国三年，吴国攻打陈国，楚国援救陈国，驻军于城父。楚国听说孔子住在陈、蔡二国之间，派人去延请孔子。孔子将要前去敬受聘礼，陈、蔡两国的大夫谋划说："孔子是圣贤，他所讽刺的事情都切中了各个诸侯的要害。如今他长时间留在陈、蔡二国之间，诸位大夫所做的一些事都不符合仲尼的心意。如今楚国是个大国，来延请孔子。孔子要是被楚国任用，那么陈、蔡两国当权的大夫就危险了。"于是就相互发动服劳役的人把孔子包围在野外。孔子不能够行动，断绝了粮食。跟随他的学生有人饿出了病，已经不能站起来。孔子还是照常讲解、朗读、弹琴、唱歌而不休歇。子路含着怨恨去见孔子说："君子也有走投无路的时候吧？"孔子说："君子遭受困厄能坚守节操，小人要是窘迫那就会严重到为非作歹了。"

子贡的脸色也变了，孔子说："赐，你认为我是博学强记的人吧？"子贡说："是的，难道不是吗？"孔子说："不是的。我是用一个根本的思想把

▶ **《孔子圣迹图册》之子路问津·明·无款**

画面中孔子坐在车中，二牛驾车，三弟子散立在牛旁，车后有一弟子，并有一小牛跟在车后。画面左侧长沮、桀溺二人正在赶牛耕地，子路在二人前面问话。本幅赞曰："圣在济人，周流不止。隐在洁身，潜藏不起。仕兮仕兮，悲悯是亟。沮兮溺兮，岂能知斯。"

学说贯通起来的人。"

孔子知道弟子们有怨恨情绪，就招来子路询问说："《诗经》里面讲'不是犀牛不是虎，为啥旷野常出入'。我们的学说不对吗？我们为什么会落到这个地步？"子路说："或者我们的仁德还不够吧？人家因此不信任我们。或者我们智谋还不够吧，人家因此不让我们通行。"孔子说："有这样的事吗？仲由，假使有仁德的人都必定让人信任，哪里还会有伯夷、叔齐呢？假使有智谋的人必定能通行无阻，哪里还会有王子比干呢？"

子路出去，子贡进来拜见。孔子说："赐，《诗经》里面讲'不是犀牛不是虎，为啥旷野常出入'。我们的学说不对吗？我们为什么会落到这个地步？"子贡说："先生的学说是非常博大的，所以天下没有谁能接纳得了先生。先生何不在这方面略微降低一下要求呢？"孔子说："赐，一个好农夫能种好庄稼但不一定能有好的收获，一个好工匠能做出巧妙的器物但不一定能顺遂人家的心意。君子能够修明自己的学说，使它可以治理国家，统理天下，但不一定能被人所

接纳。如今你不是很好地修明你的学说，但刻意于追求让人家接纳。赐，你的志向太不远大呀！"

子贡出去，颜回进来拜见。孔子说："回，《诗经》里面讲'不是犀牛不是虎，为啥旷野常出入'。我们的学说不对吗？我们为什么会落到这个地步？"颜回说："先生的学说是非常博大的，所以天下人没有谁能接纳得了先生。虽说是这样，先生努力去把它推广施行，不被接纳又有什么伤害，不被接纳这才显示出是真正的君子。如果学说没有很好地修明，这是我们的耻辱。既然学说已经大加修明却不被人采用，这是做国君的耻辱。不被接纳又有什么伤害。不被接纳这才显示出是真正的君子。"孔子显得特别高兴，就笑着说："有这样的讲法呀！颜家的好小子。如果让你有很多的财富，我愿意去替你管财。"

于是孔子派子贡去楚国求救。楚昭王派出军队迎接孔子，孔子这才脱离困境。

子西沮封

楚昭王想用记录有户籍名册的土

▶ 《孔子圣迹图册》之绝粮陈蔡·明·无款

画面中孔子和十个弟子席地而坐，面有饥色，却讲学不辍，或观书，或玩琴。在他们身旁有九人，皆赤身裸体，手持兵刃，是为陈、蔡二国围攻孔子之人。画面左侧山坡之旁，一支军队正在催马前行，这是楚国解救孔子的人马。本幅赞曰："猗欤圣道，丁此屡屯。既畏于匡，复厄于陈。君子固穷，处困而亨。载弦载歌，不闷不惊。"

地七百里封给孔子，楚国的令尹子西说："大王派出诸侯各国的使者，有像子贡这样的吗？"昭王说："没有。"子西问："大王的辅佐大臣有像颜回这样的吗？"昭王说："没有。"子西问："大王的将帅有像子路这样的吗？"昭王说："没有。"子西问："大王的各主事官员有像宰予这样的吗？"昭王说："没有。"子西说："况且楚国的祖先是由周王室分封的，封号是子男，封地五十里。如今孔丘讲述三皇五帝的治国方法，申明周公旦、召公奭辅佐天子的事业，大王如果任用他，那么楚国怎么能世世代代享有这纵横几千里的土地呢？再说文王在丰邑，武王在镐京，由一个百里土地的君主最终成就了天下的王业。如今孔丘要是能占据土地，又有贤能弟子的辅佐，不是楚国的福音啊。"楚昭王就放弃了这个想法。这年秋天，楚昭王在城父去世。

　　楚国狂人接舆唱着歌从孔子眼前经过，说："凤鸟呀，凤鸟呀，您的德行为什么这样衰微！过去的已经不能挽回，未来的还来得及改正！算了吧，算了吧，

如今参与政事的人太危险了！”孔子下车，想同他说话，接舆快步离开了，孔子没能和他说上话。

于是孔子从楚国返回到卫国。这一年，孔子六十三岁，正是鲁哀公六年。

孔子归鲁

第二年，吴国和鲁国在缯地会盟，吴国向鲁国征集百具祭祀用的牲畜。吴国太宰嚭召见季康子，季康子派子贡前往出使，这以后吴国才免征百牢祭品。

孔子说："鲁国和卫国的政治情况，是兄弟一般的关系。"这个时候，卫君辄的父亲未能继位，居住在国都之外，诸侯们多次为这件事责备卫国。而孔子的弟子有很多人在卫国做官，卫君还想让孔子来处理政事。子路说："卫君如果请您去处理政事，您将把什么事放在首位。"孔子说："必定是辨正名分。"子路说："有这样的事吗，您太迂腐了！为什么要先辨正名分呢？"孔子说："粗鲁呀，仲由！要是名分不正那么说话就不顺当，说

▶《孔子圣迹图册》之子西沮封·明·无款

画面右侧，楚昭王坐在屏风之前，摊开书卷打算封地给孔子，子西在昭王面前持笏进言。在昭王身旁还有数名随从武士。画面左侧，孔子正准备登上牛车，弟子们正在打点行囊，一名楚国使臣正在鞠躬相送。本幅赞曰："齐封尼溪，晏婴拒之。楚封书社，子西沮之。茫茫列国，竟谁与之。待价而沽，肯辄处之。"

话不顺当那么事就办不成，事办不成那么礼乐制度就不能兴盛，礼乐制度不兴盛那么刑罚就不会得当，刑罚不得当那么民众会坐立不安，连手脚都不知道怎么摆才好。凡是君子要做的事必定符合名分，说出来的话必定能够实行。君子对于自己的言语，应该毫不马虎随便才好。"

第二年，冉有替季氏率领军队，和齐国在郎邑交战，战胜了对方。季康子说："您能够指挥作战，是学来的呢？还是生下来就会呢？"冉有曰："在孔子那里学来的。"季康子说："孔子是个什么样的人呢？"冉有回答说："任用他要符合名分，他的学说无论是传播给百姓，还是到鬼神面前去对质，都是会没有遗憾的。我冉求有了指挥作战的本领，虽然累计起来可以得到千社的封赏，先生也会毫不动心的。"季康子说："我想召他回国，可以吗？"冉有回答说："想召他回国，那就不要让小人阻碍他，就可以了。"当时卫文子将要进攻太叔，向仲尼询问计策。仲尼推辞说不知道，说完话出来就让车载着他离开，说："鸟能够选择树林，树林怎么能选择鸟呢！"

卫文子坚决挽留他。正遇上季康子派公华、公宾、公林带着礼物来迎接孔子，孔子回归鲁国。

孔子离开鲁国十四年，又返回到鲁国。

鲁哀公向孔子询问为政的道理，孔子回答说："搞好政治最重要的是选好臣子。"季康子询问为政的道理。孔子说："选拔正直的人放置在邪曲的人上面，那么邪曲的人也会变得正直了。"季康子担心盗贼作案，孔子说："假如自己没有不正当的欲望，即便给奖赏人们也不会进行偷窃的。"然而鲁国最终不能任用孔子，孔子也不主动企求做官。

删述六经

孔子在世的时候，周王室衰微而礼崩乐坏，《诗》《书》残缺。孔子探究夏、商、周三代的礼制，解说形成《书传》，记述上起唐尧虞舜时代，下至秦穆公在位，依次编排了当时的史实，并且说："夏代的礼制我能说得出来，但是夏人的后裔杞国的文献不足以验证。殷代的礼制我能说得出来，但是殷人的后裔宋国的文献不足以验证。如果文献充足，我就能将它们一一加以验证了。"在仔细考察了夏代和殷商对于礼制的增减以后，孔子说："以后即使是上百世也可以推知了，它变化的依据是一个时期注重文采，一个时期又注重质朴。周代借鉴了夏殷的长处，将礼制确定得丰富辉煌并且文采斐然。我顺从周代的礼制。"所以《书传》《礼记》是由孔子编定的。

孔子告诉鲁国的太师："乐曲演奏的过程是可以解释清楚的。开始的时候要使发音配合一致，展开的时候就要音调和谐，明亮清晰，延续不断使它余音袅袅，然后结束。""我从卫国返回鲁国，这以后致力于订正乐曲，使得《雅》乐、《颂》乐都恢复了原有面貌。"

古时候《诗》有三千多篇，等到了孔子的时候，除去其中的重复内容，选取可以施用于礼义的部分，最上采集歌颂契、后稷的，中间保存记述殷、周

▶《孔子圣迹图册》之返鲁受迎·明·无款

画面左侧孔子坐在牛车之中，四弟子随侍两旁，车前一人持节，一人持卷，前来迎接孔子。画面右侧是一辆豪华大车，两武士手持斧钺骑马随着前进。本幅无赞，但是著录了孔子归鲁时做的《丘陵之歌》："登彼丘陵，峛崺其陂。仁者在迩，求之若远。遂迷不复，自婴屯蹇。喟然回顾，题彼泰山。郁确其高，梁甫回连。枳棘充路，陟之无缘。将伐无柯，患滋蔓延。惟以永叹，涕零潺湲。"

轍環天下
道不可行
曰歸乎來
修我典刑
三千其徒
七十高弟
刪述六經
垂憲萬世

▶《孔子圣迹图册》之删述六经·明·无款

画面右侧，孔子坐在屏风之前，书桌两旁六弟子分立左右，桌前一弟子鞠躬求教。屏风左侧
三弟子正在观书。画面右侧众弟子三个一群，或观书，或沉思，或议论，再现了孔子著述讲
学的盛况。本幅赞曰："辙环天下，道不可行。曰归乎来，修我典刑。三千其徒，七十高弟。
删述六经，垂宪万世。"

哀公十四年丁巳孔子年
六十八季康子使人迎孔
于孔子歸魯然於不用
孔子亦不求仕乃序
書傳禮記冊詩正樂序易
彖繫說卦文言等手蓋

盛世的，直至记录周幽王、周厉王的政治缺失，而开始于男女情爱，所以说"把《关雎》作为《国风》的开始，《鹿鸣》作为《小雅》的开始，《文王》作为《大雅》的开始，《清庙》作为《颂》的开始"。三百零五篇孔子都把它配上乐曲可以演奏，以求和《韶》《武》《雅》《颂》的音调相配合。礼乐制度

从这时候起有一种统一的整体面貌得以称述，王道完备了，六经也形成了。

孔子晚年喜欢研读《易》书，写了解说《易》的著作《彖》《系》《象》《说卦》《文言》诸篇，孔子读《易》很勤苦，编联竹简的牛皮条都多次断裂，他说："如果再给我几年时间，像这样研究下去，我对于《易》的文辞和义理两方面都能够更为通晓。"

因材施教

孔子用《诗》《书》《礼》《乐》来进行教学，弟子大概有三千人，其中完全通晓礼、乐、射、御、书、数六种技艺的有七十二人。像颜浊邹一类的，跟从孔子受到很多教诲的学生还非常多。

孔子用四项必要的内容教育学生：文化知识、社会实践、诚心尽力、坚守信约。杜绝四种态度：不凭空臆测，不绝对肯定，不拘泥固执，不自以为是。最谨慎对待的事情是：斋戒，战争，疾病。孔子很少谈到功利、天命和仁德。学生不苦苦思索到烦闷发急他不去开导，他提出一个道理的事而学生不能推知出其他三个相似的道理来，他就

不再重复教导了。

在家乡人而前，他温和恭敬得像是不会说话一样。他到了宗庙里朝廷上，就非常健谈，只是特别谨慎罢了。在朝上，和上大夫们说话，是正直而恭敬的样子；和下大夫们说话，是温和而快乐的样子。进入朝廷的大门，是谨慎小心的样子；下了朝堂的台阶，快步走回原位，像鸟儿展翅一样神情舒适。国君召唤他让他接待宾客，脸色就变得庄重起来。国君有命令召他，不等驾好车马就步行出发了。

鱼腐烂了，肉败坏了，宰割的方法不正确，孔子都不吃。铺在地面的席子不摆正，他不去坐。在家有丧事的人身边吃饭，他从来没有吃饱过。

这一日他要是吊丧哭过，就不唱歌。见到穿丧服的人，眼睛瞎了的人，即使是小孩，他的脸色也变得严肃，有礼貌起来。

孔子说过："几个人在一起走路，必定能够从中找到自己的学习榜样。""道德不加修养，学业不去讲习，听到好事不能向这方面靠拢，有过错不能改正，这是我所忧虑的。"让人唱歌，如果唱得好，就请他再唱一遍，

▶《孔孟故事图册》之孔子观傩·清·无款

孔子观傩的记载，见于《论语·乡党》，原文为"乡人傩，朝服而立于阼阶"。古人为了迎神驱鬼，便上演傩戏。这时孔子一定穿着朝服站在主人所立的地方，目的是恐怕惊动先祖神灵。这充分表明了他对祖先的诚敬之心。关于孔子为什么要朝服而立于阼阶，有两种说法：一种认为恐其惊先祖五祀之神，欲其依己而安也。一种认为表示诚敬。宋朱熹说："傩所以逐疫，《周礼》方相氏掌之。阼阶，东阶也。傩虽古礼，而近于戏。亦必朝服而临之者，无所不用其诚敬也。"

然后自己和着一起唱。

孔子不谈论怪异、勇力、叛乱、鬼神。

子贡说："先生博大的知识，讲授时能够听得到；先生关于天道和性命的深刻见解，是不可能听到的。"颜渊深有感触地叹息着说："老师的道德学问，仰头看上去越看越高大，钻研起来又不可穷尽。看着好像是在眼前，忽然间觉得它又在后面。先生循序渐进善于诱导别人，以文化知识丰富我们，用礼义来约束我们，想停止前进也是不可能的。已经竭尽了我的才能，好像有所建树，然而老师的学问依然是高不可及屹立于前。虽然想攀登上去，却找不到途径

呀。"达巷党的人说:"伟大呀孔子,虽然博学却没有一技之长可以成名。"孔子听到了说:"我该专心干什么技艺呢?驾车吗?射箭吗?我还是驾车吧!"子牢说:"孔子说过'我没有被国家任用,所以学到了许多技艺'。"

西狩获麟春秋绝笔

鲁哀公十四年春天,在大野泽地周围狩猎。叔孙氏的驾车人鉏商获得了一只罕见的怪兽,认为不吉祥。仲尼去观看了,说:"是一只麒麟。"就把它收取了。孔子说:"黄河不再出现龙马背负的图,洛水不再出现神龟背负的书,我已经快要完了呀!"

颜渊死了,孔子说:"这是上天在要我的命呀!"等到往西去狩猎看见了麒麟,孔子说:"我的政治主张不可能实现了!"感慨地叹息说:"没有谁了解我呀!"子贡说:"为什么说没有人了解先生?"孔子说:"不怨恨上天,不归咎别人,下学人事,上达天命,了解我的大概只有上天吧!"

孔子说:"不降低自己的志向,不辱没自己的身份,这是伯夷、叔齐吧!"又说:"柳下惠、少连是降低了志向,辱没了身份。"还说"虞仲、夷逸隐居起来放置世务不予谈论,行为遵世符合纯清洁白,自我废弃符合权变之道。""我却和这些人不同,

►《孔子圣迹图册》之西狩获麟·明·无款

▶《孔子圣迹图册》之梦奠两楹·明·无款

不一定这样也不一定不这样。"

孔子说："不成呀，不成呀，君子担心自己殁世以后名声不被称颂。我的政治主张不能实行，我拿什么贡献给社会让后世来称颂自己呢？"于是根据历史资料写作了《春秋》，上起鲁隐公元年，下至鲁哀公十四年，总共记了十二位国君在位期间的事。以鲁国历史为主，尊奉周王室为正统，借鉴殷朝的旧制，继承夏商周三代的法制。文辞简约而旨意宏博。所以吴、楚两国的君主自行称王，在《春秋》却贬称他们叫"子"；践土会盟诸侯实际是晋文公招来了周天子，因而《春秋》忌讳地表述说"天王到河阳去巡狩"。依此类推，作为对当世事务进行褒贬的衡量原则，让后来做王的人能够称举而加以推广。《春秋》所体现的道义原则推行了，那么天下的乱臣贼子是会对它感到恐惧的。

孔子在职位上处理诉讼案件，结案的措辞是可以和别人一起斟酌商量的，不独自裁断决定。而在写作《春秋》这方面，该当记载的他就记载，该当删除的他就删除，子夏等一班弟子谁都不能参与增改和润色一个字。弟子们学习《春秋》，孔子说："后代的人了解我将根据《春秋》，而责备我也将根据《春秋》。"

梦奠两楹孔子去世

第二年，子路死在卫国。孔子重病，子贡请求拜见他。孔子正拄着拐杖在门口悠闲散步，说："赐，你来得为什么这么迟呀？"孔子因而叹息，唱着歌说："太山崩坏了！梁柱折断了！哲人要死了！"因此伤感流下了眼泪。孔子对子贡说："天下失去了道义已经很久了，没有谁能够尊崇我的政治主张。夏人死了停柩在东厢台阶，周人死了停柩在西厢台阶，殷人死了停柩在厅堂的两柱之间。昨天晚上我梦见自己坐在厅堂两柱之间接受祭奠，我的始祖就是殷人啊。"过了七天，孔子就去世了。

孔子享年七十三岁，在鲁哀公十六年四月己丑日去世。

鲁哀公的诔文说："上天不善，不能姑且留下一位老人，丢下我一人来坐守君位，孤零零的我感到忧伤。呜呼哀哉！尼父呀！我没有了自己效法的榜样！"子贡说："主君大概不会终老在鲁国吧！先生有言论说过：'失掉了礼制就会惑乱，失掉了名分就会犯错，丧失了意志就会惑乱，失去了所宜就会犯过

错。人在生前不能任用他，死了却来祭奠追悼他，就是不合礼法的。以诸侯身份称'我一人'，就是不合名分。"

孔子葬在鲁城北面泗水之旁，弟子们都服丧三年，三年心丧完毕，大家互相告别离散去。分手时全都哭泣，又各尽其哀；有的又留下来守墓。只有子贡在墓边建了一座小草屋，守了总共六年，然后才离去。孔子的弟子和鲁国人前往依傍着墓地而建了居室的有一百多家，因而给这个地方命名叫孔里。鲁国世世代代相传每年定时来供奉祭祀孔子的坟墓，而各个儒生也到孔子坟墓的场地上来举行讲习礼仪、乡饮酒礼、比试射箭等活动。孔子墓冢有一顷地。从前孔子所居过的厅堂，弟子们的内室，后代都改作庙来收藏孔子的衣饰、冠冕、琴、车辆、书册，直到汉代时二百多年间没有变更。汉高祖经过鲁地，用牛、羊、猪完备的供品，在这里进行祭祀，诸侯王、卿大夫、辅相们来到这里，常常是先去拜祭鲁庙然后才去处理政务。

孔子后裔

孔子生了孔鲤，字伯鱼。伯鱼享

年五十岁，先于孔子而死。

伯鱼生了孔伋，字子思，享年六十二岁。曾经在宋国受困，子思写了《中庸》。

子思生孔白，字子上，享年四十七岁。子上生了孔求，字子家，享年四十五岁。子家生了孔箕，字子京，享年四十六岁。子京生了孔穿，字子高，享年五十一岁。子高生了子慎，享年五十七岁，曾经任过魏国之相。

子慎生了孔鲋，享年五十七岁。他做了陈王涉的博士，死在陈县城下。

孔鲋的弟弟孔子襄，享年五十七岁。曾经做过汉孝惠皇帝的博士，后来迁任长沙郡太守。身高九尺六寸。

子襄生了孔忠，享年五十七岁。忠生了孔武，武生了孔延年和孔安国。孔安国做了当今皇帝的博士，官至临淮太守，英年早逝。孔安国生了孔卬，孔卬生了孔骧。

太史公说

《诗经》里有这样的话："像高山一般令人敬仰，像大道一般让人遵循。"我虽然不能达到这么高的境地，然而内心却是向往着的，我读孔子的著作，可以想见他的为人。我到了鲁地，参观了仲尼的庙堂、车服、礼器，还看见各个儒生按着规定的时令到这里演习礼仪，我怀着敬慕的心情徘徊流连真不愿离开。天下的君主王侯以至于贤人多得很，当他们活着的时候是无限的显贵荣华，但一死就什么也都完了。孔子是个平民，他的声名学说已经流传了十几代，学者们都尊崇他为宗师。从天子王侯以至整个中国谈论六经的人，都以孔子的学术意见和结论作为判断的标准，孔子可以称得上是至高无上的圣人了。

陈涉世家 第十八

【解题】本篇讲述了陈涉少有大志，其起义的思想是追求高贵，以改变自己的地位。而起义的社会背景是秦朝统治的残暴无道，因而迫使广大农民走上了起义之路。陈涉发出的"王侯将相宁有种乎"可以说是这个时代的最强音。司马迁对陈涉起义的过程、张楚政权的建立和其失败进行详细讲述。司马迁把陈涉放在世家来讲述，表明他对于陈涉历史地位和功绩的肯定。

❂ 谋划起义

陈胜，是阳城人，他的字是涉。吴广，是阳夏人，他的字是叔。陈涉年纪小的时候，曾经和别人一起受人雇用耕种田地，他停下手中的耕作走到田垄上，惆怅恼恨了很长时间，对别人说："假如有谁富贵了，不要互相忘记了。"受雇佣的其他人笑着应和他说："你是一个受人雇用耕田的人，哪里能富贵呢？"陈涉出声长叹说："唉，燕雀一类的小鸟哪里了解在高空中飞翔的大雁的志向呢！"

秦二世元年七月，征发住在闾里左边的平民九百人，罚他们去戍守渔阳，这支队伍行进中驻扎在大泽乡。

陈胜、吴广按轮流的顺序都在这次征戍队伍之中，并且当了屯长。行进路上遇上下大雨，道路不通，估计到达以后会错过规定的期限。秦法规定，错过了期限，征戍的人都要斩首。陈胜、吴广就谋划说："如今逃走也是死，举行起义也是死，同样都是死，为国家干大事而死不是很好吗？"陈胜说："天下受暴秦统治之苦已经很久了。我听说二世只是小儿子，不应当继位，应当继位的是公子扶苏。扶苏因为多次劝谏的缘故，皇帝让他在外面统领军队。现今又听说他根本没有罪，二世把他杀了。百姓们都说扶苏贤能，还不知道他死了。项燕做过楚国将领，多次立有战功，爱护士卒，楚国人怜悯他。有人认为他死了，有人认为他逃走了。如今假如我们冒用公子扶苏和楚将项燕的名义，为天下倡举义旗，应该会有很多人响应。"吴广认为很对。于是就去占卜。占卜的人知道他们的想法，就说："你们谋划的事都能成功，能够建功立业。然而你们向鬼神卜问凶吉了吗？"陈胜、吴广很高兴，考虑到卜者所暗示要借助鬼神之事，便说："这是教导我们先在群众中建立威信呀。"他们用朱砂在布上写上"陈胜王"的字样，放置在别人用网打来的鱼的肚子里。戍卒买来鱼烹煮着吃，就得到了鱼肚子中写的字样，这件事本来就很奇怪了。陈胜又暗中让吴广到驻扎地旁边树丛中的一所古庙里，夜间放出像篝火一样的火光，学着狐狸的叫声大喊："大楚兴，陈胜王。"戍卒们夜间都惊恐起来。第二天，戍卒们都在议论，指点注视着陈胜。

❯杀尉起兵

　　吴广向来爱护别人，士卒中有很多人愿意为他效力。率领这批戍卒的县尉喝醉了，吴广故意多次说想要逃亡，来挑起县尉的愤怒，让他来羞辱自己，以便激起士卒的愤怒。县尉果然想鞭笞吴

▶大泽乡陈胜吴广雕像

大泽乡，古地名。在今安徽省宿州市南西寺坡镇的刘村，位于市区东南约20千米。秦末陈胜、吴广起义故地。一般意义上，大泽乡实指原起义旧址——陈胜吴广"为坛而盟"的"涉故台"，台呈复斗型，上有古井（龙眼井）一口，前有古柘龙树一棵，尚存石碑数块。台前建有大理石雕塑，台东南建有"鸿鹄苑"（纪念馆）。

广，刚拔剑吴广便从地上站起来，夺了剑杀死了县尉。陈胜帮助吴广，杀死了另一个县尉。他们召集这批戍卒发布号令说："诸位遇到下雨，都已经错过了能到达的日期，错过了日期就会被斩首。即使说没有被斩杀，而在戍边中死亡的本来就有十之六七。再说壮士不死也就罢了，如果会死那就要发动起义成就大的名声，那些王侯将相难道是祖传的吗！"戍卒们都说："我们会恭敬地接受您的命令。"陈胜、吴广就谎称是公子扶苏和项燕，来顺应民众的愿望。士卒们坦露右臂，号称大楚。建了一个土坛进行盟誓，用县尉的首级来祭祀，陈胜自称将军，吴广做都尉。进攻大泽乡，占领大泽乡之后去进攻蕲县。蕲县攻下后，陈胜就命令符离人葛婴统兵去占领蕲县以东的地方。进攻铚、酂、苦、柘、谯各县，都攻下了。陈胜在进军途中收集兵力。等行进到陈县，有车六七百乘，骑兵一千多名，步卒好几万人。进攻陈县，陈县的郡守、县令都不在城中，只有守卫的郡丞领兵同起义军在谯楼下的城门里进行战斗，没有取胜，守城的郡丞死亡，起义军就进城占据了陈县。过了几天，陈胜传令召集主管教化的三老和豪杰们前来会聚商议大事。三老、豪杰们都说："将军身上披坚甲，手执锐利武器，攻打无道昏君，诛伐暴虐的秦王朝，重新建立楚国的社稷，论功德应该成为王。"陈涉就自立为王，国号为"张楚"。

出兵攻秦

这个时候，各个受到秦朝官吏压迫的郡县，都惩罚了那个地方的长官，把他们杀了来响应陈涉起义。陈胜任命吴广做代理王，统率监督各个将领向西去进攻荥阳。又命令陈县人武臣、张耳、陈馀去攻占从前属于赵国的土地，命令汝阴人邓宗去攻占九江郡。这个时候，楚地好几千人聚在一起起义的，多得数也数不清。

葛婴到了东城，立襄强为楚王。葛婴后来听说陈胜已经称王，就杀了襄强，回来向陈涉报告。到了陈县，陈王诛杀了葛婴。陈王命令魏地人周市向北去攻占从前属于魏国的土地。吴广包围了荥阳，李由是三川的郡守，守卫荥阳，吴广没有能攻下。陈王征

集国中的豪杰和他们谋划，让上蔡房邑君蔡赐出任上柱国。

周文，是陈地的一位贤人，曾经在项燕属下当过视日官，侍奉过春申君，自称熟习兵事，陈王给了他将军印章，让他向西去进攻秦朝。周文行进中收集兵员，有了车一千乘，步卒数十万，到达戏地后驻扎下来。秦朝命令少府章邯免除在骊山服役者的罪徒身份，以及犯罪服役人所生的儿子，全部征调去迎击张楚大军，张楚大军大败。周文战败之后，跑出了函谷关，停下来驻扎在曹阳亭有两三个月。章邯又来追击打败了他，周文再次逃跑驻扎在渑池县有十几天。章邯进击，把他打得大败，周文自刎而死，大军也就不能作战了。

♦群王并立

武臣到了邯郸，自己立为赵王，陈馀做大将军，张耳、召骚做左右丞相。陈王发怒，捉拿武臣等人的家属关押起来，想诛杀他们。柱国蔡赐说："秦朝还没有灭亡，就诛杀赵王将相的家属，这等于又生出一个秦朝。不如就此封立了他。"陈王就派遣使者去赵国祝贺，而把武臣等人的家属迁移到王宫中拘囚起来，并封张耳的儿子张敖为成都君，催促赵国军队赶紧进入函谷关。赵王的将相们共同商量说："大王在赵地称王，是不符合楚国意旨的。楚国如果诛灭了秦国，必定会用兵攻

力士俑·秦

秦始皇帝陵博物院藏。出土于秦始皇帝陵K9901陪葬坑。这个力士俑是秦代百戏俑中的5号俑。1999年，考古人员在秦陵东南部内外城垣之间的陪葬坑内，试掘出土了陶俑11件。它们上体裸露，下体着裳，动作有直立状、双手卷衣状、一手叉腰一手高举、双腿弓箭步、半跪状等，是模拟古代百戏娱乐的场景。百戏是古代散乐杂技的统称，包括扛鼎、角力、俳优等。所以，这类陶俑也被称作"百戏俑"，它们仿佛正在参加一场宫廷聚会，各施手段展示自己的高超技艺，反映了秦代宫廷活动的丰富。

▶ **青铜天鹅·秦**

秦始皇帝陵博物院藏。出土于秦始皇帝陵 K0007 陪葬坑。青铜水禽在秦代文物中属首次发现，这对丰富和评价秦始皇帝陵的文化内涵具有重大学术价值。

打赵国。最好的办法莫过于不要向西进兵，而派出使者向北去攻占从前属于燕国的土地来扩充自己。赵国南边据守黄河，北边有了燕地、代地，楚国虽然战胜了秦朝，也不敢制服赵国。假如楚国没有取胜秦朝，必定会倚重赵国。赵国趁着秦朝疲弊的机会，就可以得志于天下了。"赵王认为他们的意见对，因而没有发兵西进，而派遣原上谷郡卒史韩广领兵向北去攻占燕地。

　　燕国从前的贵族和豪杰等对韩广说："楚国已经确立为王，赵国也已经确立为王。燕地虽然小些，也曾是一个万乘的诸侯国，希望将军自立为燕王。"韩广说："我韩广的母亲在赵国，不可以称王。"燕地人说："赵国现在西边担心秦朝的进攻，南边担心楚国的打击，他的力量还不能禁止我们。况且凭着楚国的强大，尚且不敢加害赵王将相的家属，赵国又怎敢于加害将军您的家属呢？"韩广认为他们意见对，就自立为燕王。过了几个月，赵国护送燕王的母亲和家属到了燕国。

正当这个时候，诸将攻占土地的，多得数也数不清。周市往北攻城略地到达狄县，狄县人田儋杀了狄县县令，自称齐王，凭借齐地反过来攻击周市。周市的军队败散，回到魏地，想扶立魏国的后代、从前的宁陵君魏咎做魏王。这时候宁陵君魏咎正在陈王的驻地，不能前往魏地。魏地已经收复，部下想拥立周市做魏王，周市不答应。派出的使者往返五次，陈王才封宁陵君为魏王，派遣他前往封国。周市最终做了魏相。

ꙮ 吴广之死

将军田臧等人共同谋划说："周文的军队已经被打败了，秦兵早晚就会来到，我们包围荥阳城还没有攻下，秦军到了，必定会打败我们。不如少派点兵，足够守住荥阳就可以了，其他人带领全部精兵去迎击秦军。如今代理王吴广骄纵，不懂得用兵，不能同他计议，不诛杀他，恐怕会坏事。"

▶ 跪射俑·秦

秦始皇帝陵博物院藏。跪射武士俑出土于秦兵马俑二号坑东端的弩兵阵中心，身穿战袍，外披铠甲，头顶右侧绾一发髻，左腿曲蹲，右膝着地，双手置于身体右侧作握弓弩待发状。跪射武士俑的塑造比起一般的陶俑要更加精细，对表情神态和发髻、甲片、履底等的刻画生动传神，并且文物原本的彩绘保存状况极好，真实表现了秦军作战的情景。

因而他们一同诈称陈王的命令把吴广诛杀了，把他的首级献给了陈王。陈王派遣使者赏赐给田臧楚国令尹的印章，任命他做上将。田臧就让其他将领如李归等驻守荥阳城，自己率领精兵往西到敖仓迎战秦军。和秦军作战，田臧战死，军队败散。章邯进兵到荥阳城下攻击李归等的军队，打败了他们，李归等人战死。

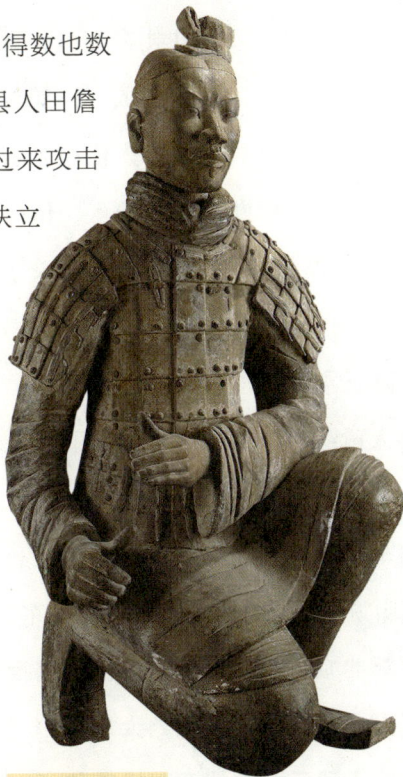

阳城人邓说领兵驻扎在郯县，章邯部下的一支队伍把他击败了，邓说的军队逃散到陈县。铚县人伍徐领着兵驻扎许县，章邯把他击败了，伍徐的军队都逃散到陈县。陈王诛杀了邓说。

陈王刚刚称王时，陵县人秦嘉、铚县人董缗、符离人朱鸡石、取虑人郑布、徐人丁疾等都各自独立起兵，率领军队在郯城包围了东海太守庆。陈王听说了，就派遣武平君畔做将军，统领郯地城下的各路起义军。秦嘉拒绝接受这个命令，自立为大司马，讨厌隶属于武平君。他对下级官佐说："武平君年轻，不懂得带兵打仗的事，不要听他的。"因此诈称奉了陈王命令，杀死了武平君而背叛陈王。

章邯已经打败了伍徐，就进击陈县，柱国房君战死。章邯又进兵攻击陈县西边的张贺率领的军队。陈王出城来督战，军队被打败，张贺战死。

◈ 陈胜遇害

十二月，陈王到达汝阴，旋即又到了下城父，陈王的驭手庄贾杀死陈王投降秦朝。陈胜安葬在砀邑，谥号为隐王。

陈王从前的侍臣将军吕臣组织了苍头军，从新阳县起事，进攻陈县并占领了陈县。吕臣杀了庄贾，重新用陈县做楚都。

当初，陈王到了陈县，命令铚县人宋留领兵去平定南阳郡，然后进入武关。宋留已经攻占了南阳郡城，听说陈王死了，南阳被秦军重新夺了回去。宋留不能进入武关，就向东到达新蔡县，和秦军遭遇，宋留率领军队投降秦朝，秦军把他押解到咸阳，将他处以车裂之刑并陈尸示众。

秦嘉等人听说陈王的军队已经失败逃走了，就扶立景驹为楚王，引领军队到了方与县，想在定陶城下进击秦军。派公孙庆出使联络齐王，想和齐王联合一同进击秦军。齐王说："听说陈王已经战败，不知道他的生死情况，楚国怎么能不请示我就自立为王。"公孙庆说："齐国没有请示楚国而自立为王，楚国为什么必须请示齐国才能确立为王！况且楚国是首先起事的，理当号令天下。"田儋诛杀了公孙庆。

秦朝左右校尉统领的军队进攻陈县，陈县被占之后，吕将军出城逃走，

▶ 踞坐俑·秦

秦始皇帝陵博物院藏。出土于秦始皇帝陵园东侧小型马厩坑。此俑系男性，脑后梳圆形发髻，面目清俊，有髭无须，身穿交领右衽长襦，双臂下垂，双手半握，自然置于膝上，双腿踞坐状，似一年轻的围人，象征管理马厩以及饲养珍禽异兽的人员，造型生动，体型完整。

收集兵力重新聚合。鄱阳县的大盗当阳君黥布的军队聚集，重新攻击秦朝左右校尉统领的军队，在青陂把他们打败，再次用陈县做楚都。这时，项梁扶立了楚怀王的孙子叫心的做了楚王。

▶ 陈胜后事

陈胜称王总共只有六个月。他称王之后，把陈县做为国都。他的老朋友曾经和他一起被人雇佣耕地的人听说了，前往陈县，敲着宫门说："我想见陈涉。"宫门的守卫官想把他绑起来。来人反复辩说，守卫官还是把他扔在一边不予理睬，不肯替他通报。陈胜出宫，他拦路并呼喊陈涉。陈王听见了，就召见他，把他拉到车上一块儿回去。进了宫殿，看到宫殿室屋的装饰帷帐，这位客人说：

"夥颐！陈涉做了王，宫室真是富丽堂皇！"楚地人把多叫作夥，因此这件事很快传遍天下，"夥涉为王"的话，就是从陈涉身上引起来的。这位客人进出宫殿越来越随便放肆了，同别人说了一些陈王的旧事。有人劝告陈王说："这位客人愚昧无知，专门胡言乱语，有损于君王的威严。"陈王就把他斩杀了。陈王从前的各个故旧都自行离去，从这以后再没有人亲近陈王。陈王任用朱房管理人事，任用胡武掌管纠察百官，负责伺察各个大臣。诸将去攻城略地，回到陈县来，凡是有对命令不加顺从的，拘系起来进行惩罚，把苛刻弹劾看作是对陈王的忠诚。凡是这两个人认为不好的，并不交给有关的执法官员去办理，总是自行处治。陈王很信任他们。诸将因为这个缘故也就不亲附陈王，这是他失败的重要原因。

陈胜虽然已经死亡，但是他设置派遣出去的侯王将相最终灭了秦国，这是由于陈涉首先起事的结果。高祖的时候，替陈涉在砀地配置了三十户人家给他守坟，直到如今仍然是祭祀不断。

依靠着地形险阻，作为坚固的屏障；仰仗着军队刑法，作为治国的手段。这些还是不足以凭恃的。先代君王拿仁义作为治国的根本方针，而只以险固要塞、法令条文作为掌权的辅助手段。我听到贾谊有评论说：

秦孝公占据殽山、函谷关的险固，拥有雍州的土地，君臣牢固把守，借此窥视周王室的政权。有席卷天下、包举宇内、囊括四海的意志，并吞八方的决心。正当这个时候，商君辅佐他，在国内建立法规制度，致力于耕种纺织，整修防守和攻战的装备；在国外实施连横策略而让诸侯各国互相争斗。于是秦国人像两手相合一般轻易地获取了黄河西岸的土地。

孝公已经去世，惠文王、武王、昭王继承着旧有的事业，凭借着遗留下来的策略，往南夺取了汉中，往西攻占了巴蜀，往东割占了肥沃的土地，往北收掠了要冲艰险的郡邑。诸侯各国恐惧起来，相会约盟以图谋削弱秦国。不吝惜珍贵的宝器和肥沃富饶的土地，用以招徕天下的贤士，相互合

▶ 陈胜园

陈胜园位于河南永城芒砀山。陈胜是中国历史上第一次农民起义的领袖，长眠之处芒砀山在正史多有记载，据《水经注》载："山有陈胜墓，秦乱，首兵伐秦，弗终厥谋，死葬于砀。"《史记》另外记载："（二世元年）腊月，陈王之汝阴，还至下城父，其御庄贾杀以降秦，陈胜葬砀，谥曰隐王……高祖时为陈涉置守冢三十家砀，至今血食。"陈胜墓历经两千余年沧桑后，于1975年国家文物局拨专款修复陈胜墓。2005年扩建为陈胜园景区。其建筑风格为仿秦汉式样，由门阙、山门、前殿、主殿、石碑、墓冢及东西厢房组成。

纵交好缔约，彼此支援结为一体。正当这个时候，齐国有孟尝君，赵国有平原君，楚国有春申君，魏国有信陵君，这四位公子，都非常明智而且忠诚信义，宽容厚道而且爱惜人才，尊敬贤能而器重士人。他们相约实施合纵来破坏秦国的连横策略，而且兼有韩、魏、燕、赵、宋、卫、中山各国的兵众，于是六国的士人有宁越、徐尚、苏秦、杜赫等一班人为之出谋划策，有齐明、周最、陈轸、邵滑、楼缓、翟景、苏厉、乐毅等一类人为之互相沟通联络，有吴起、孙膑、带佗、儿良、王廖、田忌、廉颇、赵奢一班人为之训练统帅军队。曾经用十倍的土地，百万的军队，攀缘函谷关而进攻秦国。秦国人打开函谷关来迎战敌人，九国的合纵军队逃跑而不敢前进。秦国没有丢失一根箭镞的耗费，而天

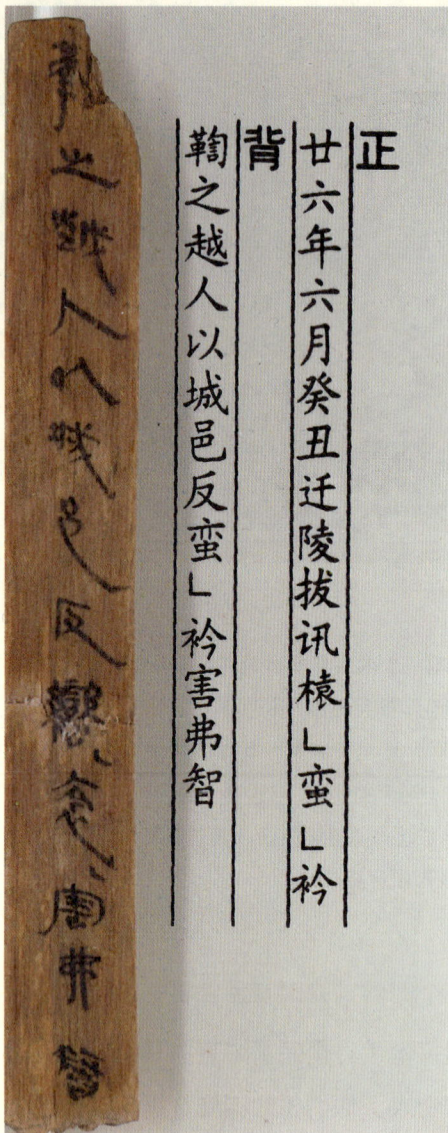

正 廿六年六月癸丑迁陵拔讯樵乚蛮乚衿

背 鞫之越人以城邑反蛮乚衿害弗智

▶ **民事纠纷木简·秦**

这枚简透露了一场民族冲突。"越人以城邑反"，说明当时对生活在此地的濮越等少数民族的欺凌与歧视较为严重，而这场民族之间的冲突也具有相当规模。可见，秦始皇二十六年天下刚刚统一，酉水流域的社会治安尚不稳定，矛盾依然存在。

下诸侯就已经疲惫不堪了。于是合纵消散盟约毁败，争着割让土地来贿赂秦国。秦国有充足的力量来利用他们的弊端，追逐败亡的军队，战场上倒伏的尸体上百万，流下的血液成河，可以漂起大盾，借着有利的地形，方便的时机，宰割整个天下，分割各国的山河，于是还算强的国家请求臣服，弱国也就前来朝拜纳贡了。

延续到孝文王、庄襄王，因为在位的年数短，国家没有什么大事。

等到了始皇帝的时候，奋扬前六代遗留下来的功业，像驾车似的挥动着长鞭而驾驭寰宇之内，并吞了东西二周，并灭亡了各诸侯国，登上了至尊的帝位而控制天下，手执刑杖而鞭答着所管辖的民众，威名震动四海。往南夺取了百越的土地，设置了桂林、象郡，百越部族的君长们都俯下头系着颈，把命运委属给秦朝的下级官史。秦始皇派出蒙恬往北去修造长城而镇守边界，把匈奴赶出境外有七百多里，胡人再不敢南下来放牧牛马，兵士们也不敢把箭搭上弓而来报复仇怨。于是废除了先王的治国主张，焚烧载有百家言论的文献著述，借以来

愚弄平民百姓。毁坏有名的城邑,诛杀各地的豪杰,收缴天下所有的兵器聚集到都城咸阳,熔化这些锋利的兵器,铸成了铜像十二尊,用这个办法来削弱天下民众的力量。然后依靠华山的险峻作为城垣,凭借大河的深广作为池隍,据守这样有亿丈之高的坚城,下临深不可测的溪河所形成的险固屏障。配备着良将硬弩,守护着要害的地带,设置了信臣精卒,陈列锋利的武器到处盘查诘问。天下已经平定,始皇的心中,自认为关中的险固,如同金城千里,就是有了子子孙孙万世当帝王的基业。

始皇已经死去,他的余威还震慑着远方。然而陈涉只是一个用陶瓮当窗户,拿绳拴着门轴的穷小子,被人役使的雇农,并且是征发戍边的役夫,他的才能比不上一个普通人,更没有仲尼、墨翟一样的贤明,陶朱公、猗顿一样的富有。插足在戍卒的行列之中,周旋于田野之间,带领疲惫散乱的士卒,统率几百人的队伍,转过身来进攻秦朝。砍下木头当兵器,高举竹竿当旗帜,天下的民众像风云一样的会聚,像回响一样应声而起,背担着粮食像影子般紧紧跟从,殽山以东的豪杰就一同兴起因而把秦王朝推翻了。

再说天下比原来也没有小弱,雍州的土地,殽山函谷关的坚固同以前也是一样的;陈涉的地位,并不比齐、楚、燕、赵、韩、魏、宋、卫、中山各国的国君尊贵;用锄、耰等农具当作武器,并不比真正的钩戟长矛那样锋利;罚罪戍边的民众,并不能和九国的联合军队相提并论;深谋远虑,行军用兵的战略战术,也是比不上过去时代的明智士人。然成功失败却发生了异常的变化,所建立的功业也是完全相反的。要是尝试着用殽山以东的国家和陈涉来衡量一下长短大小,比较一下权势高低,那恐怕是不可同年而语的了。然而秦国用从前的区区一块地盘,最后获得了万乘天子的权力,压抑天下的八州而使处于和自己同等地位的诸侯国前来朝拜,它的发展也有一百多年了。这样做了以后,他做到了以天地四方作为家,以殽山函谷关作为宫墙。结果发生了一位普通农夫发难就使祖庙毁坏,秦皇帝自身死在人家手中,最后竟为天下人所耻笑的情况,这是为什么呢?原因就在于不施行仁义,而攻取时和守业时的形势是很不相同的。

外戚世家　第十九

【解题】本篇记述皇宫内部为争夺皇位继承权而展开的激烈斗争。在中国封建专制主义发展的最初阶段，这种斗争的表现形式主要取决于后妃的品德、色宠及生育状况。外戚势力如田蚡、卫青、霍去病、李延年、李广利的受宠，及大臣如周勃、灌婴等的忧国，是影响朝政的大事。《史记》注意到这一点，对皇后及其亲属在国家政治中的作用，以总结历史经验的方式，说明它表现出既有利又有害的不同方面，特别列出历史上重要的亡国教训，指出皇后作为皇帝的一种辅佐力量，必须审慎地加以对待。

《外戚世家》序

自古以来，受命的帝王和继承先帝正统、遵守法度的国君，不只是本身品德优良，大抵还有外戚的辅助吧。夏代的兴起是因为大禹娶了涂山氏之女，而桀王被流放是因为他宠爱妹喜。商代的兴起是因为有了有娀氏之女，而纣王被杀是因为他宠嬖妲己。周代的兴起是因为有了姜嫄和太任，而幽王的被擒是因为和褒姒淫乱。所以《易经》以《乾》《坤》二卦作基础，《诗经》的开篇是《关雎》，《尚书》赞美尧帝亲自料理两个女儿下嫁给舜帝

的婚事，《春秋》讥讽国君不亲自去他国迎婚。夫妇之间的关系，是人与人之间重大的伦理道德关系。运用礼制，唯独对婚姻的要求特别小心谨慎。再说乐律谐调四时才会和谐，阴阳间的变化，才是万物的根本。能不慎重地对待吗？人能够弘扬伦理之道，可是对天命却无可奈何。确实啊，婚配这种情爱，君主不能从臣子那里得到，父亲不能从儿子那里得到，更何况是君臣、父子关系以外的人呢？两人之间因欢爱而形成婚配，有的并不一定会生儿育女；能够生儿育女了，有的又不能求得善终，难道不就是天命

▶ **司马迁广场《吕后专权》浮雕**

司马迁广场位于陕西韩城司马迁祠前面，在广场上有大量的以《史记》故事为题材的雕塑作品和浮雕作品，这幅《吕后专权》就是其中的一幅。

吗？孔子很少谈论天命，大概是很难说得清楚的。不能通晓阴阳间的变化，怎么能识别清楚人性和天命的事呢？

⊙ 高惠外戚

太史公说：秦朝以前的事情比较遥远而简略，他们的详细情况就不能在这里记述了。汉朝建立，吕娥姁成了高祖的正宫皇后，她生的男孩做了太子。等到吕后晚年容貌衰老不被高祖宠爱，而戚夫人受到宠幸，她的儿子如意几乎要替代太子的事屡次发生。等到高祖去世，吕后虐杀了戚夫人，诛灭了赵王，而高祖后宫中只有不被宠爱、关系疏远的人才没有被伤害。

吕后长女嫁了宣平侯张敖做妻子，张敖的女儿又做了孝惠帝的皇后。

吕太后由于双重亲属的缘故，用尽了无数办法想让她生个儿子，最终还是没有儿子，就用欺诈手段把一个后宫女人的儿子当作张皇后的儿子。等到孝惠皇帝去世，天下刚刚安定还不久，究竟谁是继承人的情况还不明确。于是吕后就让外家人尊贵，封吕氏家族的人为王来进行辅助，而把吕禄的女儿配给少帝做皇后，想通过婚姻让吕氏家族在朝廷中的根基深厚，然而这都是毫无用处的。

吕后去世，和高祖合葬在长陵。吕禄、吕产等都害怕被诛杀，图谋发动叛乱。大臣们讨伐他们，上天护佑皇权的统系重归刘氏，终于灭了吕后家族。唯独把孝惠皇后迁置在北宫。大臣们迎来了代王继位，这就是孝文帝，让他供奉着宗庙的祭祀。这难道不是天意吗？要不是天命所归谁又能承当这样的使命？

⚫幸运的薄太后

薄太后，她的父亲是吴地人，姓薄，秦朝时候和从前魏王的宗室女子魏媪私通，生下薄姬，而薄姬的父亲死在了山阴县，于是就葬在那里。

等到诸侯们背叛秦朝，魏豹被立为魏王，魏媪就把她的女儿献给魏王进入后宫。魏媪到相士许负的住所去看相，许负给薄姬相面，说她会生下天子。这时候项羽正和汉王在荥阳相

▶ **彩绘陶跽坐侍女俑·西汉**

江苏徐州博物馆藏。徐州北洞山楚王墓出土。陶俑发髻后挽，弧曲内收，双手拢膝跽坐，臀下两足相对而置。身着三重右衽深衣，中衣与外衣黄色，内衣红色，衣袖外翻。外衣为曲裾袍服，上描绘黑色花纹。领、袖皆有宽缘，并饰有纹饰。领、襟边缘皆镶珠，后背及前颈下饰流苏。衣纹服饰极具丝绸感。从其华美艳丽的衣饰来看，其身份较高，可能为楚王的近幸，如宠妃或夫人之类。

汉文帝亲侍母病

《二十四孝图册》之汉文帝亲侍母病·清·王素

汉文帝亲尝汤药的故事是"二十四孝"中的故事。故事讲述的是薄太后生病的时候，身为皇帝的汉文帝为母亲煎药服侍，昼夜不离身边。每次薄太后服药，汉文帝都会亲自尝一下药的凉热，然后再喂给母亲。这个举动被后世誉为孝子的典范。

对抗，天下还没有安定。魏豹最初亲附汉攻击楚，等到听说了许负给薄姬相面的话，心中暗自高兴，因而弃汉反叛，形式上中立，接着又与楚联合。汉派曹参等攻击俘虏了魏王豹，将他封国的土地设置为郡，薄姬被俘后送进了织造府。魏豹死后，汉王进入织造府，看到薄姬长得漂亮，下诏把她送进后宫，但一年多也没有宠幸她。薄姬年龄尚小的时候，和管夫人、赵子儿关系密切，她们三人约定说："无论谁先贵宠，都不能忘记了其他人。"不久管夫人、赵子儿先后受到汉王宠幸。汉王坐在河南宫的成皋台上，这两位美人相互讥笑与薄姬当初约定的话。汉王听见了，询问其中的缘故，两人把实情告诉汉王。汉王心中

▶薄太后南陵

薄太后南陵位于今陕西省西安市灞桥区狄寨街道鲍旗寨村西北800米处。公元前173年开始修建。因为吕后已经和汉高祖刘邦合葬长陵，所以薄太后单独起陵。因为在文帝霸陵之南，故被称为"南陵"。陵墓封土为覆斗形，底部东西长140米，南北长173米，封土高24米，顶部东西40米，南北55米。晋愍帝建兴三年（315），被盗掘。

感到有点凄惨，怜悯薄姬，这一天就招来薄姬同房。薄姬说："昨天夜晚妾梦见有条苍龙盘踞在我的腹上。"汉王说："这是显贵的征兆，我替你顺利促成这件事。"一次同房就生了男孩，这就是代王，这次以后薄姬很少见到高祖。

高祖去世，那些曾经受到宠爱的姬妾像戚夫人这些人，因为吕太后发怒，都被囚禁起来，不能走出皇宫。而薄姬由于很少见到高祖的缘故，能够出皇宫，跟着儿子前往代国，成为代王太后。太后的弟弟薄昭也随着前往代国。

代王在位十七年，高后去世。大臣们商议确定皇位继承人，痛恨外家吕氏强横，都称赞薄氏仁爱慈善，所以迎来了代王，确立为孝文皇帝，因而代王太后改称号为皇太后，她弟弟薄昭被封为轵侯。

薄太后的母亲在文帝继位之前已经去世，安葬在栎阳县北边。于是文帝就追尊薄太后的父亲为灵文侯，在会稽郡为他设置守护陵园城邑的人三百户，长丞以下的官吏被派去侍奉看守陵墓，按照礼法对寝庙供奉物品加以祭祀。而栎阳北边也设置了灵文侯夫人的陵园，供奉祭祀的礼仪和灵文侯陵园相同。薄太后认为母亲家是魏王的后代，她很早就失去父母，魏氏家族中有人侍奉薄太后非常尽力，因此薄太后下令免除魏氏家族的赋税徭役，分别按照关系的亲疏授予一定的赏赐。薄氏家族封侯的只有一个人。

薄太后去世比文帝晚两年，在景帝前元二年去世，安葬在南陵。因为吕后已经和高祖合葬长陵，所以薄太后特为自己单独建造陵墓，接近孝文皇帝的霸陵。

汉文帝窦皇后

窦太后，是赵地清河郡观津县人。吕太后时期，窦姬以清白人家女子身份选进皇宫中侍奉太后，太后把部分宫女分送给各诸侯王，每位王五人，窦姬也在这些拨送宫女的行列。窦姬家在清河郡，想去赵地以便离家近一点，她请求负责这次派遣的官员宦者："一定要把我写在到赵地去的人员名册上。"宦者忘记了这件事，错误地把她写在到代地去的人员名册上。名册奏报上去，吕后下诏认可，窦姬应当前往。窦姬得到这个消息，哭泣起来，埋怨这位宦者，不想前去，最后被强迫前往代国。到了代国，代王单单宠爱窦姬，生下了女儿刘嫖，以后又生下了两个男孩。代王的王后生有四个男孩。在代王还没有入宫继承帝位之前王后就去世了。到代王立为皇帝，而王后所生的四个男孩相继病死。孝文皇帝继位后几个月，公卿们请求确立太子，只有窦姬的长子年龄最大，确立为太子。而窦姬则被封为皇后，女儿刘嫖成了长公主。第二年，汉文帝封立窦皇后的小儿子刘武做代王，不久又迁为梁王，这就是梁孝王。

窦皇后的父母双亲早就去世了，安葬在观津县。这时薄太后就下诏给有关的主管官员，追尊窦后的父亲为安成侯，母亲为安成夫人。命令清河

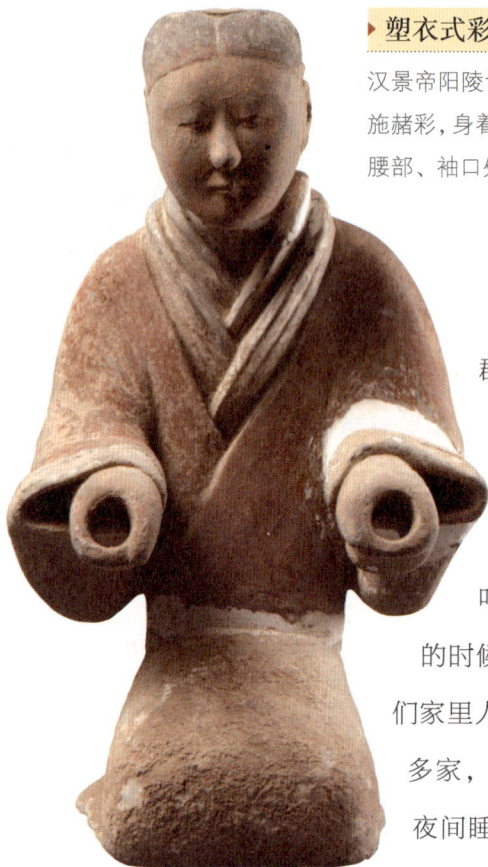

▶ **塑衣式彩绘踞坐俑·西汉**

汉景帝阳陵博物院藏。泥质灰陶通体施彩，踞坐状。面部施赭彩，身着红色长袍，双手上曲，领和袖口施白彩。领部、腰部、袖口处石膏修补。

郡设置守护陵园的人二百户，由长丞以下的官员负责供奉守卫，比照灵文园的礼法规格办理。

窦皇后的哥哥名叫窦长君，弟弟叫窦广国，字少君。少君四五岁年纪的时候，因家中贫困，被人掠去卖掉了，他们家里人不知道他被卖到什么地方。又转卖十多家，到了宜阳县。他为主人进山烧木炭，夜间睡在山崖下的有一百多人，山崖崩塌，把睡卧在里面的人都砸死了，只有少君一个人幸免，没有死亡。少君自己去算命，算命的说用不了几天就会被封侯。他跟着主人家一起前往长安，听说窦皇后刚刚被册封，家在观津县，姓窦。少君离开家时虽然年纪小，但记得出生的县名和自己的姓，又曾经和他姐姐采桑时从树上掉下来，他把这些作为凭证，上奏书自行陈述。窦皇后把这些告知文帝，文帝召见了他，进行询问，他详细说明一些情况果真是这样。又再次询问他还能拿什么证据，少君回答说："姐姐离开我西去时，和我在驿站中诀别，她用乞讨来淘米水为我洗头，又要来饭让我吃了，才离开的。"于是窦皇后拉着他哭泣起来，眼泪鼻涕相继流下。侍奉左右的宫女都趴在地上抽泣，为皇后助哀。文帝丰厚地赐给少君田宅金钱，并且封赏窦家和皇后同祖兄弟们，让他们在长安住下。

　　绛侯周勃、将军灌婴等说："我们这些人要是没有死，命运就将悬在窦氏兄弟二人手上。这两个人出身低微，不能不替他们选择师傅宾客加以教导辅佐，不然又会效法吕氏家族企图夺权。"于是就选择年长有德、品行端正的士人和他们两人一起居住。窦长君、少君因为这样成为谦逊恭让的君子，不敢拿自己的尊贵地位对人显示出骄横。

　　窦皇后得过一场病之后眼睛失明。文帝宠爱的邯郸慎夫人、尹姬，都没有生儿子。孝文帝去世，孝景帝继位，就封窦少君为章武侯。窦长君在这之前已经死去，就封他的儿子窦彭祖为南皮侯。吴楚七国叛乱的时候，窦太后堂兄弟的儿子窦婴，以仗义行侠自好，统领军队，因为立有军功封为魏其侯。窦氏家族共有三人封了侯。

▶ **馆陶家四连鼎·西汉**

咸阳博物院藏。四鼎相连，均为敛口，鼓腹，圜底，矮蹄足。盖隆起，均置三个环钮。鼎腹外侧各置一环形耳，另一侧有扣钮，当可与盖相连。腹饰弦纹一道。其中一鼎腹部横刻铭文二十字："铜连鼎四合，容各三斗，并重九十三斤，馆陶家，霸田。"馆陶即汉文帝之女馆陶长公主刘嫖。

窦太后喜好黄帝和老子的学说，皇帝和太子以及各个窦氏家族的人不得不读《黄帝》《老子》，尊崇他们的学术。

窦太后在景帝去世后六年即建元六年去世，和文帝合葬在霸陵。遗下诏书让把东宫全部的金钱财物赐给长公主刘嫖。

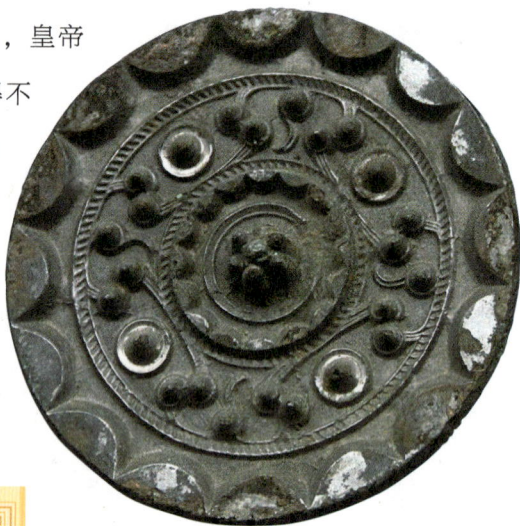

➡汉景帝王皇后

王太后，是槐里县人，母亲叫臧儿。臧儿是前燕王臧荼的孙女。臧儿嫁给槐里人王仲为妻，生下了男孩叫王信，还生了两个女儿。王仲死了以后，臧儿改嫁到长陵县的田家，生了儿子田蚡、田胜。臧儿的大女儿嫁给金王孙为妻，生了一个女孩。而臧儿为女儿进行占卜，说是两个女儿都当显贵。因而她想倚仗这两个女儿使自己得到尊宠，就从金王孙家把长女夺了回来。金家发怒，不肯和她女儿离婚，臧儿就把女儿进献给了太子为后宫。太子宠爱她，生下了三个女儿一个男孩。男孩还没出生的时候，王美人梦见有太阳落在她的怀中，她把这事告诉太子，太子说："这是显贵的征兆。"小孩还未出生时孝文帝去世了，孝景帝继位，王夫人生下了男孩。

在这之前，臧儿又把她的小女儿儿姁进献到宫中，儿姁生下了四个男孩。

景帝还是太子的时候，薄太后将薄氏家族的一个女子给景帝做妃子。等到景帝继位，立薄妃为皇后。皇后没有生儿子，不受宠爱。薄太后去世后，景帝废黜了薄皇后。

➡ **星云连弧镜·西汉**

汉景帝阳陵博物院藏。汉景帝阳陵陪葬墓出土。镜为圆钮连峰钮座，座一小块残缺，内区有一周内向十六连弧纹，两圈短斜线纹之间为主纹，主纹以四枚带圈座乳丁纹平分，其间以曲线连接五枚小乳钉构成星云纹，内向十六连弧纹缘。

景帝大儿子刘荣，他的母亲是栗姬。栗姬是齐地人。景帝立刘荣为太子。长公主刘嫖有个女儿，想嫁给太子做妃。栗姬嫉妒心重，景帝的几位美人都通过长公主见到景帝，她们得到的显贵宠幸都超过了栗姬，栗姬天天怨恨愤怒，就谢绝了长公主的要求，没有应允这门亲事。长公主想把女儿嫁给王夫人的儿子，王夫人应允了。长公主对此事很生气，就天天在景帝面前讲栗姬的坏话，说："栗姬和各个贵夫人、宠姬相会，常常让侍从在她们背后吐唾沫诅咒，藏着邪恶的迷惑人的方术。"景帝由于这样的缘故而怨恨栗姬。

景帝曾经身体不舒适，心中不快活，把各个封了王的儿子托付给

塑衣式彩绘陶文吏俑·西汉

汉景帝阳陵博物院藏。通体施黄色彩绘，身体呈站立状，双手于腹前合于袖内。头顶原有冠，已残损，仅余底部和系带。陶俑面部天庭饱满、狭目短眉，黑须红唇，身着三层右衽深衣，领口饰红色彩绘。双臂下垂，拢于袖内，左肘内侧偏上有一长方形狭孔，可能原为插剑之处，双膝微屈，下摆呈喇叭口状，足蹬方鞋，鞋头上卷。

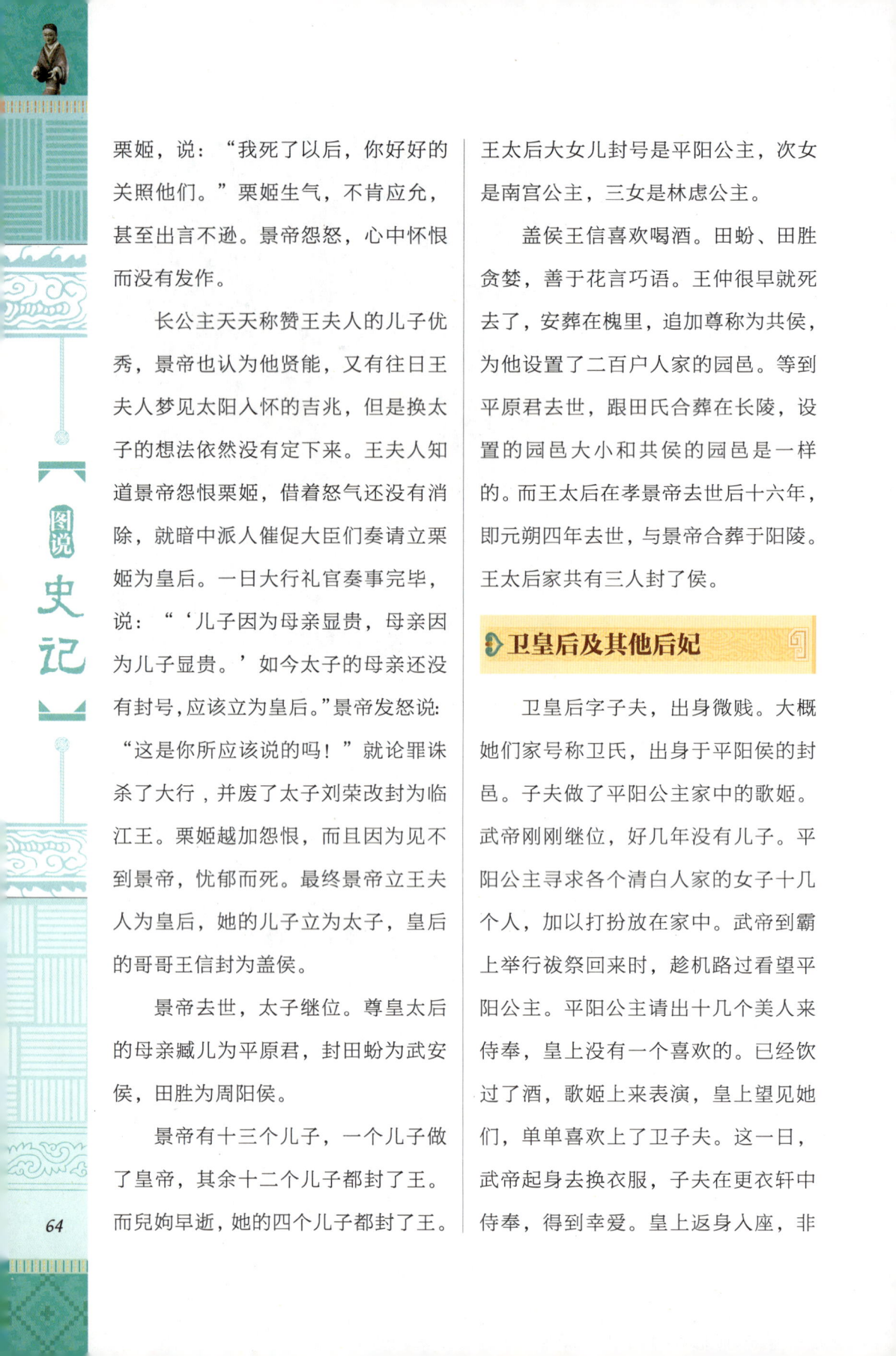

栗姬，说："我死了以后，你好好的关照他们。"栗姬生气，不肯应允，甚至出言不逊。景帝怨怒，心中怀恨而没有发作。

长公主天天称赞王夫人的儿子优秀，景帝也认为他贤能，又有往日王夫人梦见太阳入怀的吉兆，但是换太子的想法依然没有定下来。王夫人知道景帝怨恨栗姬，借着怒气还没有消除，就暗中派人催促大臣们奏请立栗姬为皇后。一日大行礼官奏事完毕，说："'儿子因为母亲显贵，母亲因为儿子显贵。'如今太子的母亲还没有封号，应该立为皇后。"景帝发怒说："这是你所应该说的吗！"就论罪诛杀了大行，并废了太子刘荣改封为临江王。栗姬越加怨恨，而且因为见不到景帝，忧郁而死。最终景帝立王夫人为皇后，她的儿子立为太子，皇后的哥哥王信封为盖侯。

景帝去世，太子继位。尊皇太后的母亲臧儿为平原君，封田蚡为武安侯，田胜为周阳侯。

景帝有十三个儿子，一个儿子做了皇帝，其余十二个儿子都封了王。而儿姁早逝，她的四个儿子都封了王。

王太后大女儿封号是平阳公主，次女是南宫公主，三女是林虑公主。

盖侯王信喜欢喝酒。田蚡、田胜贪婪，善于花言巧语。王仲很早就死去了，安葬在槐里，追加尊称为共侯，为他设置了二百户人家的园邑。等到平原君去世，跟田氏合葬在长陵，设置的园邑大小和共侯的园邑是一样的。而王太后在孝景帝去世后十六年，即元朔四年去世，与景帝合葬于阳陵。王太后家共有三人封了侯。

❖卫皇后及其他后妃

卫皇后字子夫，出身微贱。大概她们家号称卫氏，出身于平阳侯的封邑。子夫做了平阳公主家中的歌姬。武帝刚刚继位，好几年没有儿子。平阳公主寻求各个清白人家的女子十几个人，加以打扮放在家中。武帝到霸上举行祓祭回来时，趁机路过看望平阳公主。平阳公主请出十几个美人来侍奉，皇上没有一个喜欢的。已经饮过了酒，歌姬上来表演，皇上望见她们，单单喜欢上了卫子夫。这一日，武帝起身去换衣服，子夫在更衣轩中侍奉，得到幸爱。皇上返身入座，非

▶ 鹅首形金带钩·西汉

江苏徐州博物馆藏。1986年徐州北洞山楚王墓出土。汉代随着奢靡风尚日盛，带钩大量出现。广州南越王墓出土的一大批带钩，其中一件雁形金带钩，与北洞山金带钩极为相像。钩体为回首鹅形，长喙突出，双翅合敛，眼以细线刻画，栩栩如生。钩扣似一块圆饼，与钩体套合，可自由转动，造型小巧精致。

常高兴，赏赐给平阳公主黄金千斤。平阳公主趁机上奏把卫子夫奉送进皇宫。子夫上车的时候，平阳公主抚摩她的背说："去吧，好好吃饭，努力吧！如果显贵了，不要忘记我。"进入宫中一年多，竟没有得到再次幸爱。武帝选出不合用的宫女，遣出宫让她们回原来的地方去。卫子夫得以见到武帝，哭泣着请求出宫。皇上怜爱她，再次幸爱了她，就怀了孕，尊贵宠幸一日比一日隆盛。招来她的哥哥卫长君、弟弟卫青做侍中。而卫子夫后来大得亲幸，倍受宠爱，总共生了三个女儿一个儿子，儿子名叫刘据。

当初，皇上做太子的时候，娶了长公主刘嫖的女儿陈阿娇为妃。即位做了皇帝，陈妃就立为皇后，但是皇后没有生儿子。武帝能成为皇位继承人，长公主刘嫖在这方面是出了力的，由于这个缘故陈皇后骄横尊贵。听说卫子夫大受宠幸，心中怨怒，有好多次几乎都要气死了。皇上也就更加生气。陈皇后

施用妇人的惑人邪道，武帝对此事颇有觉察，于是就废掉了陈皇后，立卫子夫为皇后。

陈皇后的母亲大长公主，是景帝的姐姐，多次指责武帝的姐姐平阳公主说："皇帝没有我不能继位，随后又废掉了我的女儿，怎么这样不自爱而忘本呢？"平阳公主说："因为皇后没有生儿子所以废掉了的。"陈皇后想办法求生儿子，给予医生的钱计有九千万之多，然而最终还是没有生下儿子。

卫子夫已被立为皇后，先是卫长君死去，就用卫青做将军，出击匈奴有功劳，封为长平侯。卫青的三个儿子还在襁褓里，都封了列侯。至于卫皇后所称是姐姐的卫少儿，少儿生的儿子霍去病，因为有军功封了冠军侯，称号是骠骑将军。卫青称号是大将军，卫皇后的儿子刘据被立为太子。卫氏的亲属因为军功起家，有五人封了侯。

等到卫皇后容貌衰老，赵地的王夫人受宠幸，生有儿子，封为齐王。

▶ **塑衣式彩绘跽坐女俑·西汉**

汉景帝阳陵博物院藏。泥质灰陶，通体饰彩绘。陶俑呈跽坐持物状，长发中分，后梳堕马髻，细眉凤眼，高鼻薄唇，身着三层红边紫色深衣，双手前伸，呈持物状。腰下以一圈白色彩带代表腰带，屈膝跽坐，裙摆呈鱼尾状，露出鞋底。

王夫人早逝。而中山的李夫人受宠，有儿子一人，封为昌邑王。

李夫人早逝。她哥哥李延年因为擅长音乐受到宠幸，称号是协律。协律这个官职，就是以前的歌舞艺人。李延年兄弟都因为奸淫被判罪，全族受诛灭。这时候李夫人的长兄李广利是贰师将军，领军征伐大宛，没有被波及诛杀，出征回来，而皇上已经族灭李氏家族，后来怜惜他这一家，就封他为海西侯。

其他姬妾的儿子有二人，封为燕王、广陵王。他们的母亲不受宠幸，因抑郁而死。

等到李夫人去世后，又有尹婕妤等一类姬妾，接连受到宠幸。然而都是因做歌舞艺人才能见到武帝，不是王侯有封土人家的女子，是不可以和皇帝匹配的。

修成君轶事

褚先生说："我任郎官的时候，询问过熟悉汉家旧事的人钟离生。他告诉我说：王太后在民间的时候生了

▶ 鎏金银高擎竹节铜熏炉 · 西汉

陕西历史博物馆藏。陕西兴平豆马村茂陵阳信长公主墓出土。铜铸，通体鎏金银。盖呈博山形，炉盘和炉身，分铸铆合，子母口。竹节形高柄，圈足形底座，底座上透雕两条蟠龙，翘首张口，口衔竹节高柄。龙身满饰鎏金细纹鳞甲，仅眼、须爪鎏银。炉柄分五节，节上刻出竹叶枝杈。炉柄上端又铸出三条蟠龙，龙头承托炉盘，龙身鎏金，爪鎏银，线条活泼流畅，形象生动。盘腹下部有 10 组三角形，内雕饰蟠龙纹，盘口沿有鎏银宽带纹一圈。炉盖透雕多层山峦，云雾缭绕，炉盖口外侧刻铭文一周 35 字。

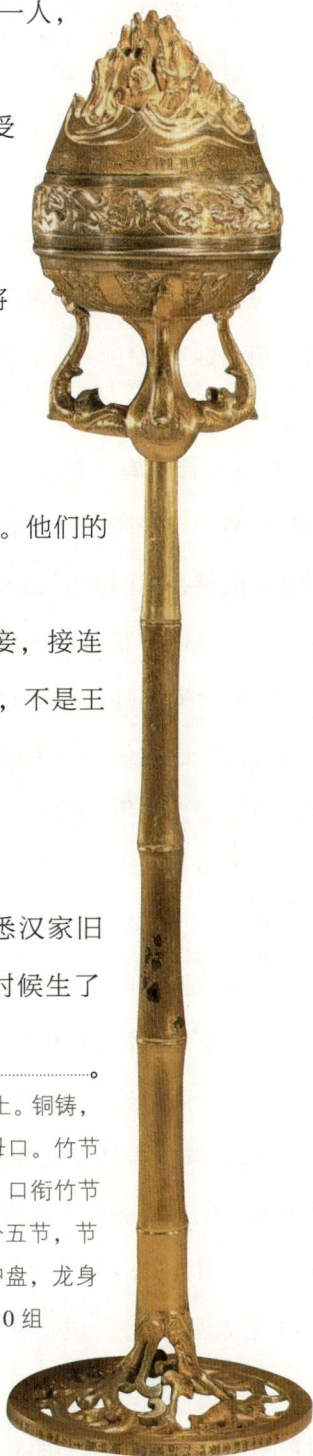

一个女儿，父亲是金王孙。金王孙已经死去，景帝去世后，武帝继位，只剩下王太后还在世。而韩王信的孙子韩嫣受到武帝宠幸，趁机告知说太后还有个女儿住在长陵。武帝说：'为何不早说呢！'就派遣使者前往先行探视，知道她在家中。武帝决定亲自前往去迎接她。皇帝出行，禁行人清道路，担任先锋的庀头骑出了横城门，皇帝车驾驰到了长陵。正当着小街市往西进入里巷，里门关闭着，用武力打开里门，皇帝的专车直接进入这个里巷，直到金家门外才停下来，派武装骑兵包围了她家住宅，怕的是她会逃跑，皇帝亲自去接会接不到。随即派左右的群臣进宅呼叫寻求。这家人惊慌恐惧，女儿隐藏在内房的床底下。武帝的侍从扶持她出了门，让她拜见皇帝。武帝下车哭泣着说：'哎！大姐，为什么隐藏得这么深呀！'诏令随从用车载着她，掉转车头奔驰返回，直接进入长乐宫。在路上武帝就诏令准备宫门的引人和出入名册，要直通进去拜见太后。太后说：'皇帝疲倦了，从哪里来的？'皇帝说：'刚才到长陵得到了我一个姐姐，带着她

一起来了。'回过头对姐姐说：'拜见太后！'太后说：'你是我那个女儿吗？'回答说：'是呀！'太后因此流下眼泪哭泣，女儿也趴在地下哭泣起来。武帝捧着酒前来祝贺，奉送一千万钱，奴婢三百人，一百顷公田，上等的宅第，来赐给姐姐。太后感谢说：'让皇帝破费了。'于是招来平阳公主、南宫公主、林虑公主三人一起来拜见姐姐，由此给她的封号叫修成君。修成君有一个儿子，一个女儿。儿子的称号为修成子仲，女儿后来做了诸侯王的王后。这两个人不是刘家所出，所以太后怜爱他们。修成子仲后来骄横放纵，凌辱欺压官吏百姓，人们都为此忧虑苦恼。"

卫氏轶事

卫子夫立为皇后，皇后的弟弟卫青字仲卿，因为大将军的身份封为长平侯。卫青有四个儿子，长子卫伉是长平侯世子，卫伉曾经任过宫中的皇帝侍从，尊贵受宠幸。他的三个弟弟都封了侯，各给封地一千三百户，一个是阴安侯，一个是发干侯，一个是宜春侯，贵宠震动天下。天下唱歌谣

▶四神纹青玉铺首·西汉

陕西茂陵博物馆藏。汉武帝茂陵出土。灰绿色，下有凸钮，四角略弧圆，分别碾琢其时流行的青龙、白虎、朱雀、玄武四神像。器物下方以环钮为鼻梁，上连粗眉和暴起双眼，形成大兽面，下缘则以8条竖纹勾勒出宽大的排牙。图案化的形象庄严凝重，工艺精美，线条运用刚柔相济。

说："生了儿子无须喜欢，生了女儿无须发怒，难道没有看到卫子夫可以称霸天下。"

这时候平阳公主在长安守寡独居，应当找个列侯婆他为妻。公主和左右侍从议论在长安的列侯有哪个可以做她的丈夫，都说大将军卫青合适。公主笑着说："这个人出身在我家，曾经让他骑着马随从我出入过，怎么可以让他做丈夫呢？"左右侍奉的人说："如今大将军的姐姐是皇后，三个儿子封了侯，富贵震动天下，公主为什么还轻视他呢？"于是公主才同意了。把这个想法告诉皇后，让皇后说给武帝知道，武帝下诏卫将军娶了平阳公主。

褚先生说："男人可以像龙一样变化。《书传》上说：'蛇变化成龙，不变化身上的花纹；家变化成国，不变化自己的姓氏。'男人当其时富贵了，什么污点都抹除了，光彩照耀异常荣华，贫贱时候的事情怎么能够牵累他呢！"

尹婕妤邢夫人轶事

武帝在位的时候，宠幸夫人尹婕妤。邢夫人的女官号是姪娥，大家都称这种女官叫"姪何"。姪何相当于中二千石的爵秩，容华相当于二千石的爵秩，婕妤相当于列侯的爵秩，经常随从皇帝。通常婕妤可以迁升为皇后。

尹夫人和邢夫人同时都被宠幸，皇帝下诏书命令两人不得直接见面。尹夫人自己请求武帝，希望见见邢夫人，皇帝应允了。随即让其他的夫人加以打扮，随从的数十人，伪装成邢夫人来到她面前。尹夫人上前瞧了一眼，说："这不是邢夫人本人。"皇帝说："怎么这么说？"回答说："看她的身貌形状，不足以匹配皇上。"于是皇帝就诏令让邢夫人穿上原来的衣服，独身一人来到她面前。尹夫人看见了，说："这是真的。"于是就低下了头歪着身哭泣起来，自己伤心不如邢夫人。谚语说："美女进了屋，就成了丑女的仇人。"

褚先生说："洗澡不必跑到江海里去，关键是要除去污垢；马匹不必都是骐骥，关键是要善于奔跑；士人不必都要超出世人，关键是要懂得大道；女子不必都是出身富贵，关键是要贞洁美好。《书传》上面说：'女子不论美丑，一进家室就被人妒忌；士人不管贤或不肖，一进朝堂就被嫉恨。'美女，就是丑女的仇人，难道不是这样吗！"

钩弋夫人

钩弋夫人姓赵，河间人。受到武帝宠幸，生了一个儿子，就是昭帝。

武帝七十岁时才生的昭帝，昭帝继位的时候年纪只有五岁。

卫太子被废黜以后，武帝没有再行确立太子。燕王刘旦上书，愿意回到京都进入宫中担任值宿侍卫。武帝发怒，马上在北门城阙下斩杀了他的使者。

武帝住在甘泉宫，招来画工把周公背负成王的故事画成图。于是左右的群臣们知道武帝的意思是想扶立最小的儿子。其后几日，皇帝谴责钩弋夫人。夫人脱下发簪和耳饰叩头请罪。武帝说："把她拉出去，送进掖庭狱中！"夫人回过头来看他，武帝说："赶快走，你活不成！"夫人死在云阳宫，死的时候刮暴风扬起灰尘，百姓们感怀悲伤，使者夜晚抬着棺材前往安葬钩弋夫人，筑好坟做上标志。

这以后皇帝在空闲的时候，询问左右侍奉的人说："人们议论些什么？"左右的人回答说："人们议论将要确立她的儿子，为什么要处死他母亲呢？"皇帝说："对。这当中的道理不是小儿辈和愚蠢的人所知道的。从前国家变乱的原因，就是由于君主年小母亲正壮年的缘故。女主

钩弋夫人

▶ 清刻本《百美新咏图传》之钩弋夫人像

独居傲慢，淫乱到自我放纵，没有谁能禁止住她。你们没有听说过吕后的事吗？"所以各个嫔妃为武帝生了孩子的，不论生的是男是女，他们的母亲没有不被谴责处死的，难道可以说是不够贤圣吗？武帝具有极明确的长远识见，替后世深加谋虑，本来就不是只有浅陋见解的愚昧儒生所能达到的。他的谥号称为"武"，难道是虚妄的吗！

楚元王世家 第二十

【解题】刘邦兄弟四人，长兄伯，早卒；次兄仲，仲之子濞为吴王；弟交，灭异姓王楚王韩信之后封于楚，是为楚元王。本篇并载所封刘邦中子友之二子：遂为赵王，辟疆为河间王。楚、吴、赵均参与景帝时的七国叛乱。故本篇见刘邦之封同姓王及平定吴楚七国之乱的部分史实。论赞专议任贤，是《史记》中表现其政治思想的重要评论。司马迁对国之祯祥、妖孽，没有做迷信的解释，而是说国家用贤人君子就会兴，这就是祯祥；用乱臣小人就会亡，这就是妖孽，而要用贤，在于国君具备优良的内在品质，否则就不能达到目的。由此总结出历史经验，归结为"安危在出令，存亡在所任"，确实是提出了为政的重要原则，并揭示了相关的事理。

❖ 楚王传承

楚元王刘交，是高祖同母所生的小弟弟，字游。

高祖兄弟四人，长兄名刘伯，刘伯早已去世。当初高祖微贱的时候，曾经为了躲避祸难，常常和客人们去大嫂家吃饭。大嫂讨厌小叔子，小叔子再带客人来，大嫂假装汤汁都吃完了，把锅边刮得很响，客人因为这样的缘故就离去了。随后高祖看见锅里面还有汤汁，因此埋怨他的大嫂。等

到高祖做了皇帝，分封各个兄弟，唯独刘伯的儿子没有受封。太上皇为这事来说情，高祖说："我不是忘记了要封他，是因为他母亲不是一个厚道人。"于是才封她的儿子刘信为羹颉侯。而封二哥刘仲为代王。

高祖六年，在陈地擒住了韩信之后，就封弟弟刘交为楚王，国都在彭城。刘交即楚王之位二十三年去世，儿子夷王刘郢继位。夷王在位四年去世，儿子楚王刘戊继位。

刘戊继位二十年，冬天，因为在

▶ **金带板·西汉**

江苏徐州博物馆藏。徐州狮子山西汉楚王墓出土。当时出土的带板共两块，其中一块背侧錾刻"一斤一两十八铢"，另一块侧面錾刻"一斤一两十四铢"。带板正面纹饰采用浅浮雕，主题为猛兽咬斗场面。一只熊与一只猛兽双目圆睁，利爪遒劲有力，按住被捕获者，在贪婪地撕咬。被撕咬者应是偶蹄类动物，似是一匹马，身躯匍匐倒下，后肢扭曲反转，正奋力挣扎。主体纹饰的周边为勾喙鸟首纹。整副金带板铸制精良，纹饰华美，无边框的整体浮雕透出浑厚与大气，动物形象遒劲有力，极具动感。

替薄太后服丧期间私自在服舍与婢女通奸而被治罪，被削掉了东海郡的封地。次年春天，刘戊和吴王刘濞联合图谋反叛，他的国相张尚、太傅赵夷吾一起劝阻他，不听。刘戊杀了张尚、赵夷吾，起兵和吴国往西进攻梁国，攻破了棘壁。到了昌邑县南边，和汉朝廷的将领周亚夫开战。汉军断绝了吴、楚的运粮通道，士卒饥饿，吴王逃跑，楚王刘戊自杀，军队就向汉朝廷投降了。

汉朝廷已经平定吴国、楚国，孝景帝想用刘濞之弟德侯的儿子接续吴国的王位，用楚元王的儿子刘礼接续楚国王位。窦太后说："吴王，是老一辈的人，应该在宗室中做遵从善道的榜样。如今竟带头率领七国造反，搞得天下很混乱，为什么要接续他的后代！"不允许吴国有后人继位，仅允许楚国有后人继位。这时候刘礼是汉朝廷的宗正。景帝封刘礼做楚王，供奉元王的宗庙祭祀，这就是楚文王。

文王继位三年去世，儿子安王刘道继位。安王二十二年去世，儿子襄王刘注继位。襄王继位十四年去世，儿子王刘纯继位。刘纯继位，地节二年，宫人上书告发楚王谋反，刘纯自杀，封国废除，封地归还给汉朝廷，设置为彭城郡。

赵王刘遂

赵王刘遂，他父亲是高祖排行居中的一个儿子刘友，谥号叫"幽"。幽王刘友是因为忧愁而死的，所以谥号为"幽"。吕后把吕禄封在赵国做王，一年后吕后就去世了，大臣们诛灭了吕禄等吕氏家族的人，就立幽王的儿子刘遂为赵王。

孝文帝继位的第二年，分出赵国的河间郡，封刘遂的弟弟辟疆为河间王，这就是文王。刘辟疆在位十三年去世，儿子哀王刘福继位。刘福一年去世，没有儿子，断了后代，封国废除，封地归还汉朝廷。

刘遂被封为赵王二十六年，孝景帝的时候，刘遂因罪过被晁错查办削掉了赵王的常山郡。吴、楚反叛，赵王刘遂和他们合谋起兵。他的相国建德、内史王悍谏阻，他不听，还烧死了建德、王悍，发兵屯结在赵国的西界，想等着吴国和他一道往西进发。

▶蝉形玉佩·西汉

江苏徐州博物馆藏。江苏徐州狮子山西汉楚王墓出土。玉蝉以新疆和田白玉制成，双目凸出，尾稍上翘，羽翼纹理雕刻清晰，甚至连蝉足和腹部的节都雕刻得非常逼真。蝉体从头至尾有一系挂用的穿孔，表明这件玉蝉为佩饰。

青白玉龙形佩·西汉

江苏徐州博物馆藏。江苏徐州狮子山西汉楚王墓出土。青白玉，片状，龙身扭曲、回首、长吻、卷尾。正面满饰谷纹，背面素面，身顶部有一钻孔，从此件龙形玉佩的造型与纹饰看，其制作年代应为战国中期。据背面的素面痕迹推断，此件玉佩应为龙形玉佩一剖为二。

往北派出使者到匈奴，打算和匈奴联合进攻汉朝。汉朝廷派曲周侯郦寄进攻他。赵王因此撤兵，据守邯郸城。互相对抗七个月，吴、楚的军队在梁地被打败，不能往西进军了。匈奴听说了，也停止出兵，不肯进入汉朝边界。栾布打败齐国之后回师，与郦寄合兵引水淹灌邯郸城。邯郸城被毁，赵王自杀，邯郸于是投降。赵幽王断了后代。

太史公说

国家将要兴盛，必定会有吉祥的征兆，那就是君子被任用，小人被屏退。国家将要灭亡，贤能的人会隐居起来，乱国之臣就会显贵。假使楚王刘戊不对申公施刑，遵用他的意见，赵国任用防与先生，难道还会有篡位杀人的图谋，被天下人所诛杀吗？贤人呀，贤人呀！不是国君具有内在的美好品质，怎么能被任用呢？实在太重要了！"国家的安危在于制订出的政令，国家的存亡在于对大臣的任用"，这话真是太正确了！

荆燕世家 第二十一

【解题】本篇讲述刘贾、刘泽之封王，可见楚汉相争到汉初平定异姓王及王诸吕又诛诸吕的历史事态发展的一个侧面。此篇在说明刘邦杀韩信及封同姓王方面有重要意义。刘邦废楚王韩信，即分其地为二国，文称"当是时也，高祖子幼，昆弟少，又不贤，欲王同姓以镇天下"，此可隐喻废韩信王楚，实非因韩信有意谋反，而是为得其地则可"王同姓以镇天下"，故刘贾虽远属亦得以封王。文中于刘泽之封王，叙田子春在其中的激辩，亦见游说之士在汉初政治中的作用，"事发相重，岂不为伟乎"，肯定田子春的智谋有利于推动事势的发展。

❂ 荆王刘贾

荆王刘贾，是刘氏家族中的一员，不知他属于刘氏哪一支，也不清楚他当初参加起义的情况。汉王元年，汉王从汉中回来平定三秦，这时刘贾是将军，负责平定了塞地，随后往东进击项羽。

汉王四年，汉王在成皋被打败，向北渡过黄河，得到了由张耳、韩信统率的军队，驻扎在修武，挖了深沟，筑起高垒，派刘贾率领步兵两万人，骑兵数百，渡过白马津进入项羽地盘，烧毁他的军需积聚，以破坏他的战时供应，使项王军队的粮食得不到接济。随即楚兵攻击刘贾，刘贾总是坚筑壁垒不肯和他们交战，并和彭越联系互为犄角。

汉王五年，汉王追击项羽到达固陵，派刘贾往南渡过淮河包围寿春。刘贾迅速到达寿春，并派人找机会招降楚王大司马周殷。周殷背叛楚王，佐助刘贾攻占了九江郡，迎来了武王黥布的军队，都会聚到垓下，共同进攻项羽。汉王趁机派刘贾率领九江的军队，和太尉卢绾往西南去进击临江

王共尉。共尉死后，把临江国改为南郡。

汉王六年春天，高祖在陈县会合诸侯，废掉了楚王韩信，把他拘囚起来，将楚国封地分成两个国家。正当这个时候，高祖的儿子幼小，兄弟也少，又不贤能，就想封同姓王来镇抚天下，于是下诏说："将军刘贾有战功，要一并及时挑选刘姓子弟可以做王的人。"群臣们都说："封刘贾做荆王，统领淮水以东的五十二座城邑；封高祖的弟弟刘交做楚王，统辖淮水以西三十六座城邑。"高祖借机也封儿子刘肥做齐王。至此开始封王刘氏兄弟子侄。

高祖十一年秋天，淮南王黥布反叛，往东进击荆地。荆王刘贾与他交战，没能取胜，逃到富陵，被黥布的军队杀死。高祖自己领兵，攻击打败了黥布。十二年，立沛侯刘濞做吴王，统辖原来的荆王封地。

燕王刘泽

燕王刘泽，是刘氏家族中远房宗亲。

高祖三年，刘泽任郎中。高祖十一年，刘泽以将军的身份出击陈豨，俘虏了王黄，因功封为营陵侯。

高后在位的时候，齐人田生出游缺乏资金，通过出谋划策来向营陵侯刘泽求助。刘泽非常高兴，拿出二百斤黄金给田生做寿礼。田生得到黄金以后，随即回到齐国。高后二年，刘泽派人对田生说："不要再和我交往

▶ 玉戈·西汉

江苏徐州博物馆藏。江苏徐州狮子山西汉楚王墓出土。玉戈质地细腻，色泽温润。玉戈短援、长胡，胡刃上有一棘刺，戈内上角作一缺弧，阑侧三穿，方形内，内上有一横三角形穿孔。援及胡部主体饰以浅浮雕的勾连云纹。援、胡之下透雕有一只异常凶猛的螭虎，另一面则浅浮雕朱雀纹饰。玉戈主体两面纹样相同。

了。"田生来到长安，不去见刘泽，而是租赁了一栋大住宅安身，让自己的儿子去请求侍奉吕后所宠幸的大谒者张子卿。过了几个月，田生的儿子请张子卿光临他的住宅，他亲自备办酒席。张子卿答应前往。田生把住处帷帐供奉器具都办得非常豪华，就像列侯人家一样。张子卿很惊讶，饮酒兴致正浓，他就屏退左右侍从劝告张子卿说："我观察诸侯王的宅府有一百多座，一例都是高祖时期的功臣。如今的吕氏家族一向是诚心奉佐推助高帝成就帝业的，功劳非常之大，又有亲戚太后的尊贵。太后年事已高，吕氏家族的人力量屡弱，太后想封吕产为王，做代地的诸侯王。太后又为难自己把事提出来，恐怕大臣们不听。如今您最受宠幸，大臣们都敬重您，何不把这个意思暗示给大臣们让他们出面禀报太后，太后必定会高兴。吕氏家族的人已经封了王，您也会得到一个万户侯的。太后心里想这么做，而您作为一个宫内的臣子，不赶紧提出来，恐怕祸难会降给您自身了。"张子卿认为非常对，就暗示大臣们去禀报太后。太后上朝，借机询问大臣们的意见。大臣们请求封吕产为吕王。太后赏赐给张子卿千斤黄金，张子卿分出一半给田生。田生不接受，趁机劝告他说："吕产封王，大臣们都还没有完全心服。如今营陵侯刘泽，是刘氏家族的一员，任大将军，只有这个人还很不满。如今您去向太后进言，划出相近的十几个县给他封个王，那刘泽得了封王，会欢喜而去，吕氏家族的人地位会更加稳固了。"张子卿入宫进言，太后认为有道理，就封营陵侯刘泽做琅邪王。琅邪王就和田生前往封国。田生劝刘泽迅速行进，不要滞留。一出函谷关，太后果然派人来追让他们停止前进。因为刘泽已经出关，追赶的人只好回去了。

等到太后去世，琅邪王刘泽就说："皇帝年小，吕氏家族的人掌管朝政，刘氏家族的人幼孤力弱。"就带领军队和齐王联合谋划向西开进，想诛灭吕氏家族的人。到了梁地，听说汉朝廷派遣灌婴将军屯驻在荥阳，刘泽撤兵在封国的西界上防备着，独自驱车跑到长安。代王也从代地到达。诸位将相和琅邪王一起共同确立代王做了天子。天子就把刘泽迁为燕王，重新把琅邪国的土地给予齐国，恢复齐国原有封地的面貌。

刘泽为燕王两年，去世，谥号叫敬王。传位给儿子刘嘉，这就是是康王。

到了他的孙子刘定国，和父亲康王的姬妾通奸，生了一个男孩。刘定国又把弟弟的妻子夺过来做姬妾。还和自己的三个女儿通奸。刘定国想要诛杀臣子肥如县令郢人，郢人等要告发定国，定国派谒者用别的办法加罪逮捕并击杀了郢人，以便灭口。到了元朔元年，郢人的兄弟再次呈上奏书，详细揭发了定国见不得人的一些事，刘定国的罪恶被发觉。天子下诏给公卿，大家都议论说："定国的行为如同禽兽，败坏了人伦，违背天理，应当诛杀。"皇帝应允了。定国自杀，封国被废除改为郡县。

▶ **玉耳杯·西汉**

江苏徐州博物馆藏。江苏徐州狮子山西汉楚王墓出土。玉耳杯由整玉雕琢而成，玉色青白，呈半透明状，局部有褐色沁斑。耳杯的杯身呈椭圆形，两侧边沿有桥耳。耳杯杯体厚重，通体抛光，素面无纹饰。

太史公说

　　荆王之所以封王，是由于汉家刚刚掌握朝政，天下没有完全安定。刘贾虽然是远房宗亲，但他以战功封王，镇抚长江、淮水一带。刘泽封王，是由于用权谋激发了吕氏家族才达到目的的，然而刘泽能南面称王，并传位三世。事情的发生在开始时是互相牵连着的。难道不是很奇特吗！

齐悼惠王世家 第二十二

【解题】本篇重点以齐哀王的事迹，展示齐国诛吕安刘立文帝这一历史进程的重要作用，从而表明汉初同姓王既可镇抚全国，又有维护与保持中央政权稳定及其延续的重要作用。文中着重表述了朱虚侯刘章及齐中尉魏勃的人物性格，以齐王母家驷钧与代王母家薄氏相比，见群臣之欲杜绝外戚干政的愿望，这是本篇记述中的倚重之处。此外，吴楚反时齐孝王之狐疑，路中大夫之忠汉，宦者徐甲之使齐，主父偃之为齐相，及公孙弘之言诛主父偃，表现了汉廷与诸侯之间、皇太后与诸侯王太后之间、朝廷大臣与诸侯王之间、朝廷大臣之间诸种矛盾的性质与深度，以及其所代表的政治斗争的激烈与复杂。

❶ 刘肥封齐

齐悼惠王刘肥，是高祖最年长的庶子。他母亲是高祖的外室曹氏。高祖六年，立刘肥为齐王，封地七十座城，各地民众会齐国方言的都划归齐王管辖。

齐王，是孝惠帝的兄长。孝惠帝二年，齐王进京朝拜。惠帝和齐王闲居饮宴，平等相待像普通家里人一样。吕太后为此很生气，将要诛杀齐王。齐王害怕不能脱身，就用他的内史叫勋的人的计谋，献出城阳郡作为鲁元公主的汤沐邑。吕太后高兴了，齐王才得以告辞归国。

悼惠王在位十三年，于惠帝六年去世。儿子刘襄继位，这就是哀王。

哀王元年，孝惠帝去世，吕太后代行皇帝权力，天下的大事都由她决断。二年，高后立她长兄的儿子郦侯吕台为吕王，割出齐国的济南郡作为吕王的奉邑。

哀王三年，哀王弟弟刘章进入汉宫值宿护卫，吕太后封刘章为朱虚侯，把吕禄的女儿嫁给他做妻子。四年之后，吕后又封刘章的弟弟刘兴居为东

牟侯，都在长安城中值宿护卫。

哀王八年，高后划割齐国的琅邪郡立营陵侯刘泽做琅邪王。第二年，赵王刘友进京朝拜，被幽禁于府邸而死。三位赵王都被废掉了。高后封吕氏家族的人为燕王、赵王、梁王，独揽大权，专断朝政。

▶ **鎏金铜熏炉·西汉**

山东齐文化博物院藏。山东省淄博市临淄区辛店街道窝托村汉齐王墓陪坑出土。通体鎏金，器作豆形，弧形盖，顶饰一环钮，周围透雕盘龙两条，首尾衔接，龙身蜷曲盘绕。子母口，曲腹，腹部饰凸弦纹一周，并有一对铺首衔环。柄中部略凸，圈足。腹部錾刻铭文"左重三两""今三斤十一两"、底座外缘刻"今二斤三两"。该炉造型优美，是同时期鎏金器之精品。

➤ 朱虚侯刘章

朱虚侯刘章年方二十，很有气力，对刘氏家族不能得到职位愤恨不平。刘章曾经进宫侍奉高后宴饮，高后让他担任酒令官。刘章自己请求说："我是武将的后代，请求能够按照军法施行酒令。"高后说："可以。"酒兴正浓，刘章表演供饮酒时欣赏的歌舞。紧接着他说："请让我为太后唱耕田的歌。"高后一直把他当儿子看待，笑着说："想来你父亲是知道种田的。你生下来就是王子，怎么会知道耕田呢？"刘章说："我知道。"太后说："给我唱唱耕田歌试试。"刘章说："耕地要深，下种要密，选定苗株，却要疏壮，对于不是同种的苗，应该及时将它锄掉。"吕后听了默默不语。过了一会儿，吕氏家族的人中有一人喝醉了，为躲酒就逃走了，刘章追上去，拔出剑斩杀了他。然后回来报告说："有一个人为躲酒逃走了，我谨按军法把他斩了。"太后的左右侍从都大惊失色。既然已经答应了他按军法行酒令，也就无法来治他的罪。饮宴因此作罢。从此以后，吕氏家族的人都害怕朱虚侯，而朝廷大臣也都亲附朱虚侯，刘氏家族变得更加强大有力了。

第二年，高后去世。赵王吕禄做了上将军，吕王吕产做了相国，都居住在长安城中，聚集军队来威胁大臣们，想要发动叛乱。朱虚侯刘章因为娶了吕禄的女儿做妻子，知道他们的谋划，就暗中派人出京城去告诉他的哥哥齐王，想让他发兵往西来到京师，朱虚侯、东牟侯做内应，来诛杀吕氏家族的人，乘机立齐王做皇帝。

◆齐王起兵

齐王听到这个计策以后，就和他的舅父驷钧、郎中令祝午、中尉魏勃暗中图谋起兵。齐相召平听说了，就发动士卒围住王宫。魏勃哄骗召平说："国王想发兵，并没有汉朝廷的虎符作验证。而相君包围国王，这本来就是好事。魏勃请求替您率领护卫的兵众保卫国王。"召平相信了他，就让魏勃领兵包围王宫。魏勃已经领兵之后，派兵包围了相府。召平说："哎呀！道家说过'当决断不决断，反而会受祸乱'，这回是应验了。"于是自杀而死。齐王任驷钧为相，魏勃为将军，

祝午为内史，发动了国中的全部兵力。派祝午往东欺诈琅邪王说："吕氏家族发动叛乱，齐王发兵想往西去诛灭他们。齐王自认为是晚辈，年纪小，不熟习战争方面的事，愿意把整个国家托付给大王。大王在高帝的时候就已经为将军，熟习战事。齐王不敢离开军队，派臣请大王能前往临菑会见齐王，一起商议大事，并且统领齐兵往西去平定关中的变乱。"琅邪王相信了他，认为有道理，就西奔去会见齐王。齐王和魏勃等因此留住了琅邪王，而派祝午把琅邪国的军队全部发出并统领了这支军队。

琅邪王刘泽已经被欺骗，不能回国，就劝告齐王说："齐悼惠王，是高皇帝的长子，推论本源而言，大王就是高皇帝的嫡长孙，应当继位。如今各位大臣迟疑不决还没有做出决定，而我刘泽在刘氏家族中也算是长辈，大臣们本来就等着我刘泽决定计策。如今大王留住我是没有什么用处的，不如让我进关去商议大事。"齐王认为他说得对，就增派车辆送走琅邪王。

琅邪王已经出发，齐国就发兵往

西进攻吕国的济南。这时齐哀王写信对诸侯王说："高皇帝平定天下，封子弟为王，把悼惠王封在齐国。悼惠王去世，惠帝派留侯张良立我做齐王。惠帝去世，高后掌握朝政，她年纪大了，听任吕氏家族的人擅自废掉高皇帝所封的王，又杀害了三位赵王，灭掉了梁、燕、赵三国而把吕氏家族的人封在那里为王，把齐国分成了四个部分。忠臣们进献谏言，主上迷惑昏聩不加听从。如今高后去世了，皇帝年纪小，还不能治理天下，本应当依靠大臣和诸侯，如今吕氏家族的人又擅自尊贵而任高官，聚集军队耀武扬威，胁迫列侯忠臣，假传皇帝诏命来对天下发号施令，汉家朝廷因此非常危险。如今寡人领兵要进京去诛杀那些不该为王的人。"

汉朝廷听说齐国发兵往西，相国吕产就派大将军灌婴向东去迎击。灌婴到了荥阳，就谋划说："吕氏家族的人统兵驻扎在关中，想危害刘氏家族而自立为帝。我如今打败齐国回去报告，这就是为吕氏家族增加了本钱。"就把军队停下来屯驻在荥阳，派出使者去晓谕齐王及诸侯，要和他们联合，以等待吕氏家族的叛乱而后共同去诛伐他们。齐王听说了，就向西夺取了齐国故地济南郡，也把军队屯驻在齐国的西界以等待履行盟约。

鸟柄灯·西汉

山东淄博市博物馆藏。山东省淄博市出土。上部为圆形灯盘，中央有一锥形烛柱，中部粗柄呈倒葫芦形凸起，下部是喇叭形圈足。在灯盘底部伸出一圆形柄，其上铸一只低首引颈、口衔盘沿的小鸟，鸟足用销固定在柄端。鸟的两翅并拢，尾部上翘并呈扇形散开，正适于人手把持，其目、喙、羽毛刻画精确细致，形神兼备，写实性极强。

▶金龠青铜戈·西汉

中国国家博物馆藏。山东省淄博市临淄区齐王墓随葬坑出土。刘邦的妻子吕后死后，她的亲属"诸吕"专权，企图谋反叛乱，齐哀王刘襄曾率兵屯于济南作为外援，配合汉王朝平定了诸吕叛乱。其随葬坑出土了大量种类齐全的兵器，是汉初齐国军事实力强大的生动写照。此戈长胡三穿，援微曲。内上近胡处贯穿一筒形金龠，顶饰一只回首鸳鸯。形制与战国时期的相仿，堪称西汉铜戈的精品。这一类的铜戈可能主要用于宫廷仪卫。

吕禄、吕产想在关中叛乱，朱虚侯和太尉周勃、丞相陈平等诛讨了他们。朱虚侯首先斩杀了吕产，太尉周勃等人才得以把吕氏家族的人全部诛杀掉。而琅邪王也从齐国到达了长安。

◇齐臣魏勃

大臣们商量想让齐王继帝位，但琅邪王和大臣们说："齐王的舅舅驷钧，狠毒暴戾，是像一只戴上了帽子的老虎。刚刚因为吕氏家族的缘故几乎乱了天下，如今又让齐王继帝位，这是想再造出一个吕氏家族。代王母亲薄氏，是君子一样宽仁有德行的人；而且代王又是高帝亲生的儿子，如今年纪最长，从立子以长这一点来说名正言顺，从薄氏是仁善长者这一点说大臣们都放心。"于是大臣们就谋划迎来代王继皇帝位，派遣朱虚侯把诛灭吕氏家族的事告知齐王，让他罢兵。

灌婴驻扎在荥阳，听说魏勃原本教唆齐王造反，现在已经诛灭了吕氏家族，也让齐国撤了兵，派出使者招来魏勃进行责问。魏勃说："失了火的人家，难道还有工夫先去报告主人才最后去救火吗？"说完退下去站在一边，两条大腿发抖，害怕得像不能说话的人，终于没有说出其他的话来。灌将军仔细瞧着他笑着说："别人说魏勃勇敢，只不过是个凡妄庸劣的人，哪能有什么作为？"就不加罪而免了魏勃的职。魏勃父亲由于善于弹琴而见过秦代皇帝。魏勃少年时，想求见齐相曹参，因为家中贫穷拿不出钱财去疏通关系，就经常独自一人到齐相舍人的大门外，一早一晚打扫卫生。齐相舍人觉得很奇怪，认为是什么怪物干的，就暗中观察，发现了魏勃这个人。魏勃说："希望见到相君，没有门路，所以来替您清扫，想用这个办法得到求见的机会。"于是舍人引魏勃见曹参，曹参因而让他做了舍人。一次他给曹参驾车，谈论起政事，曹参认为他贤能，把他推荐给齐悼惠王。悼惠王召见他，就任用他做内史。起初，悼惠王有权任命二千石等级的官

职。等到悼惠王去世而哀王继位，魏勃主掌政事，权力比齐相还要重。

齐王已经罢兵回国，代王来到京城即位，这就是孝文帝。

孝文帝元年，高后时候所划割出来的齐国的城阳、琅邪、济南三个郡的土地全部重新归还齐国，而把琅邪王迁到燕地去做王。给朱虚侯、东牟侯各增封了二千户。

这一年，齐哀王去世，太子刘则继位，这就是齐文王。

◆齐国一分为七

齐文王元年，汉朝廷割出齐国的城阳郡立朱虚侯刘章为城阳王，割出齐国的济北郡立东牟侯刘兴居为济北王。

二年，济北王反叛，汉朝廷把他诛杀了，封地归还汉朝廷。

此后二年，孝文帝把齐悼惠王的儿子刘罢军等七个人全都封为列侯。

齐文王在位十四年去世，没有儿子，封国废除，封地归还汉朝廷，

此后一年，孝文帝让悼惠几个封了侯的儿子划分齐国的土地，封他们做王。齐孝王刘将闾是悼惠王的儿子，

曾被封为杨虚侯，改封为齐王。从前齐国其他的郡都用来封悼惠王的儿子做王：儿子刘志为济北王，儿子刘辟光为济南王，儿子刘贤为菑川王，儿子刘卬为胶西王，儿子刘雄渠为胶东王，加上城阳王，齐王共计七位王。

齐孝王自杀身亡

齐孝王十一年，吴王刘濞、楚王刘戊造反，起兵西进，传告诸侯说："将要诛杀汉家的贼臣晁错来安定朝廷。"胶西王、胶东王、菑川王、济南王都擅自发兵响应吴王、楚王。他们想联合齐国一起行动，齐孝王迟疑不决，驻城防守，不听从他们，胶西、菑川、济南三国的军队共同包围了齐国。齐王派中大夫路卬去向天子禀报。天子又诏令中大夫路卬回去告诉齐王："好好的坚固防守，我的军队如今要打败吴王、楚王了。"路卬到了齐国，三国的军队把临菑城包围了好多层，他找不到地方进城。三国的将领劫持路卬让他发誓说："你反过来说汉朝廷已经被打败了，齐国赶紧向三国投降，否则将被屠城。"路卬答应了他们之后，来到城下，望见齐王说："汉朝廷已经发兵百万，由太尉周亚夫统领击败了吴国、楚国，正领着军队前来援救齐国，齐国一定要坚持守住不要投降！"三国的将领诛杀了路卬。

齐国起初被包围，情况很危急的时候，暗地里和三国沟通商谋，盟约未定，正好听到路卬从汉朝廷回来，很高兴，大臣们就再次劝说齐王不要投降三国。过了不久，汉将栾布、平阳侯曹奇等率领的军队到了齐国，击败了三国军队，解除了对齐国的包围。随后又听说齐起初和三国通谋，就想调军队来讨伐齐国。齐孝王恐惧，就饮毒药自杀了。景帝听说了，认为齐国表现得最好，由于被迫劫持有过共谋，不算他的罪过。就立孝王的太子刘寿做齐王，这就是懿王，接续齐国的后嗣。而胶西王、胶东王、济南王、菑川王都被诛灭了，他们的封地都归还给汉朝廷。景帝迁封济北王做菑川王。

齐懿王在位二十二年去世，儿子刘次景继位，这就是厉王。

齐厉王身死国除

齐厉王，他的母亲是纪太后。太

后把她弟弟纪家的女儿嫁给厉王做王后。厉王不喜欢纪家女儿。太后想让他们纪家世世在王宫受到宠贵，让她的长女纪翁主进王宫，整顿后宫，让其他姬妾不得接近厉王，想让厉王喜欢上纪家女儿。厉王却和他的姐姐翁主通奸。

齐国有位宦官名叫徐甲，入汉宫侍奉皇太后。皇太后有个爱女叫修成君，修成君不是刘氏所生，太后怜悯她。修成君有个女儿名叫娥，太后想把她嫁给诸侯王，宦官徐甲请求派到齐国去，一定让厉王呈上奏书请求得到娥。皇太后高兴，派徐甲去齐国。这时候齐国人主父偃知道徐甲派到齐国是为了娶王后的事，也借机对徐甲说："如果事情成功，希望帮助说说我女儿愿在齐王的后宫服侍。"徐甲到了齐国以后，暗示这件事。纪太后大怒，说："王有了王后，后宫妃嫔很齐备。而且徐甲是齐国的一个贫苦人，穷急了才做了宦官，入京侍奉汉宫，对事情没有什么补益，就想扰乱我齐王家！而且主父偃是个什么人？

▶ **齐大官青铜盆·西汉**

山东博物馆藏。山东省济南市章丘区洛庄汉墓出土。洛庄汉墓坐落于章丘枣园镇洛庄村，自1999 年 6 月开始发掘，至今共发现、发掘了三十余座陪葬坑和祭祀坑，为目前汉代诸侯王陵中数量最多的一座。盆为折沿，腹部缓收至底，平底，器壁较厚。盆口沿上刻有铭文"齐大官右般北粲人"。

也想让她女儿进后宫来服侍！"徐甲感到非常尴尬，回来向皇太后报告说："齐王已经愿意娶娥为妻，然而有一种后患，恐怕会像燕王一样！"燕王刘定国，与其女儿及父姬、弟妻通奸，刚刚判罪处死，亡了国家，所以拿燕国的事来感动太后。太后说："不要再提嫁女给齐国的事。"事情逐渐让天子听说了。主父偃因为这事也和齐国有嫌隙。

主父偃正受天子宠幸，掌管着大权，借机进言："齐国都城临菑有十万户，市税田租达千金，人口繁多，百姓富裕，比长安还强大，不是天子的亲弟弟或爱子就不能封在这里做王。如今齐王从亲属关系讲更加疏远了。"又不慌不忙地说："吕太后的时候齐国想反叛，吴楚反叛的时候孝王差一点参与变乱。如今又听说现在的齐王和他姐姐乱伦。"于是天子就任命主父偃做齐相，查办齐国的事。主父偃到了齐国以后，就紧急惩治厉王后宫中替厉王到姐姐翁主住处去联系的宦官，用他们的口供做旁证并且都牵涉到了厉王。厉王年纪小，害怕因有大罪被官吏们拘囚诛杀，就饮毒药自杀了。断了子嗣没有了后代。

这时候赵王担心主父偃一出任齐相就废除了齐国，害怕他逐渐疏间刘氏骨肉之亲，就上书举报主父偃接受贿金及暗地挟怨而揭露齐国之短。天子因此囚禁了主父偃。公孙弘说："齐王因为忧愁而死，没有后代，封国土地归还了汉朝廷，不把主父偃诛杀了无法杜绝天下的怨恨。"天子就诛杀了主父偃。

齐厉王在位五年死去，没有后代，封国土地归还给了汉朝廷。

城阳王世系

齐悼惠王的后代还有两个封国：城阳和菑川。菑川国封地紧靠齐国。天子怜悯齐国，因为悼惠王的冢墓园林归属郡城，就把临菑城东边环绕悼惠王冢墓园林的邑地全都划割给菑川国，以便供奉悼惠王的祭祀。

城阳景王刘章，是齐悼惠王的儿子，以朱虚侯的身份和大臣们共同诛杀吕氏家族的人，而刘章亲自在未央宫斩杀了相国吕王吕产。孝文帝继位以后，给刘章增加封地二千户，赏赐黄金千斤。文帝二年，以齐国的城阳

郡立刘章为城阳王。刘章在位二年去世，儿子刘喜继位，这就是共王。

共王八年，迁徙去做了四年淮南王，重新回来做城阳王。总计在位三十三年去世，儿子刘延继位，这就是顷王。

顷王在位二十六年去世，儿子刘义继位，这就是敬王。敬王在位九年去世，儿子刘武继位，这就是惠王。惠王在位十一年去世，儿子刘顺继位，这就是荒王。荒王在位四十六年去世，儿子刘恢继位，这就是戴王。戴王在位八年去世，儿子刘景继位，到建始三年，十五岁，去世。

❥悼惠王其他后裔

济北王刘兴居是齐悼惠王的儿子，以东牟侯的身份协助大臣们诛灭吕氏家族的人，功劳小。等到文帝从代地来到京城，兴居说："请求与太仆官夏侯婴进去清除宫中的余患。"他们废除了少帝，和大臣们一起尊立了孝文帝。

孝文帝二年，划出齐国的济北郡立刘兴居为济北王，与城阳王同时封立为王。封王两年，刘兴居反叛。起初大臣们诛灭吕氏家族的时候，朱虚

▶ **鎏金青铜当卢 · 西汉**

济南市考古研究所藏。山东省济南市章丘区洛庄汉墓出土。当卢为马具，造型呈水滴形，镂空装饰一只四蹄腾空的异兽，边上有云纹衬托。鎏金装饰，颜色鲜亮。

侯的功劳尤其大，答应把全部的赵地封给朱虚侯为王，把全部的梁地封给东牟侯为王。等到文帝继位，听说朱虚侯、东牟侯当初本想拥立齐王，所以减损了他们的功劳。到文帝二年，封刘氏子孙为王，就划割齐国的两个

▶ **玉覆面·西汉**

山东省济南市长清区博物馆藏。山东省济南市长清区济北王陵出土。由额片、印堂片、颊片、颊中片、唇征、耳片和鼻罩等18件组成。受沁较为严重，但局部仍可见玻璃光泽。此玉覆面应为济北王刘宽陪葬之物。

郡来封刘章、刘兴居，刘章、刘兴居自以为失去了赵王、梁王的职位被削夺了功劳。刘章死了，而刘兴居听说匈奴大举进犯汉廷疆土，汉朝廷大举发兵，派丞相灌婴统领去迎击匈奴，文帝亲自幸临太原，刘兴居认为天子自己去坐镇迎击胡人，于是发兵在济北造反。天子听说了，停止丞相出征和已经发出的军队，让军队返回长安。派棘蒲侯柴武率领军队击败并俘虏了济北王，济北王自杀，封地归还给汉朝廷，设置为郡。

十三年后，文帝十六年，再次封齐悼惠王的儿子安都侯刘志为济北王。景帝十一年，吴楚反叛的时候，刘志坚守，不与七国诸侯合谋，吴楚反叛平定以后，把刘志迁去做菑川王。

济南王刘辟光，齐悼惠王的儿子，以勒侯身份于孝文帝十六年改封为济南王。景帝十一年，和吴国、楚国反叛。汉朝廷击败了他们，杀死了刘辟光，把济南国改设为郡，封地归还汉朝廷。

菑川王刘贤，齐悼惠王的儿子，以武成侯身份于文帝十六年封菑川王。景帝十一年，与吴国、楚国反叛，汉朝廷击败了他们，杀死了刘贤。

天子借机迁封济北王刘志做菑川王。刘志也是齐悼惠王的儿子，以安都侯的身份封为济北王。菑川王刘贤反叛，没有后代，就迁徙济北王做菑川王。总计为王三十五年去世，谥号是懿王。儿子刘建继位，这就是靖王。在位二十年去世，儿子刘遗继位，这就是顷王。在位三十六年去世，儿子刘终古继位，这就是思王。在位二十八年去世，儿子刘尚继位，这就是孝王。在位五年去世，儿子刘横继位，到了建始三年，十一岁去世。

胶西王刘卬，齐悼惠王的儿子，以昌平侯的身份于文帝十六年封胶西王。景帝十一年，与吴国、楚国一同反叛，汉朝廷击败了他们，杀死了刘卬，封地归还给汉朝廷，设置为胶西郡。

胶东王刘雄渠，齐悼惠王的儿子，以白石侯的身份于文帝十六年封为胶东王。景帝十一年，与吴国、楚国一同反叛，汉朝廷击败了他们，杀死了刘雄渠，封地归还给汉朝廷，设置为胶东郡。

❖ 太史公说 ❖

诸侯中的大国没有超过齐悼惠王的。因为天下刚刚平定，刘氏的子弟又少，痛感秦朝对宗亲没有尺寸土地的分封，所以就大封同姓，用来镇抚亿万民众之心。到后来出现了分裂，本来就是事物发展的一种趋势。

萧相国世家 第二十三

【解题】本篇以独特的手法描绘了萧何这个大汉第一功臣的一生，明写萧何作为一个政治家的眼光、风度和为人处世的风格特点。暗中伏笔则将刘邦的猜忌、粗俗表露无遗。以互见法讲述萧何和韩信的关系，以对比法讲述萧何和曹参之间的关系，以联写法讲述萧何的门客在萧何遇难时的表现。文章最后阐述了萧何在大汉建立过程中的作用，说明萧何之所以能功成名就是他能顺应潮流，承弊变通。

❖县吏萧何

萧相国萧何，是沛县丰邑人。因为通晓刑法律令的才能无人可比，就做了沛县县令手下的官吏。

高祖还是平民的时候，萧何多次靠着官吏的职权保护高祖。高祖做了亭长，萧何常常帮助他。高祖以官吏的身份去咸阳服劳役，其他官吏都赠送给他三百钱，只有萧何赠送给他五百钱。

秦朝监郡御史征调萧何帮助办事，萧何经常把事情办得井井有条，一丝不苟。萧何后来担任了泗水郡的卒史，在官吏政绩的考评中，名列第

一。秦朝御史想入朝进言征调萧何，萧何坚决辞谢，才没有被调走。

❖镇守关中

等到高祖起事后称沛公，萧何常常做他的助手督办事务。沛公到了咸阳，诸将都争着跑进收藏金帛财物的府库抢出物品进行瓜分，唯独萧何先进入秦朝的丞相府、御史府把其中的法令图册、档案文书收集起来加以保藏。沛公做了汉王，任命萧何为丞相。项王和诸侯们把咸阳屠灭烧毁以后离去了。此后汉王之所以能够详细了解天下的险塞，各地有多少户口，强弱的情况怎么样，民众有些什么样的疾

苦，就在于萧何得到了秦朝全部的图书档案。萧何向汉王推荐了韩信，汉王就任命韩信做大将军。此事详细记载在《淮阴侯列传》中。

汉王引领军队往东去平定三秦，萧何以丞相身份留下来治理巴郡蜀郡，镇抚当地晓谕民众，并且负责供应军需物资。汉二年，汉王和诸侯们进击楚王项羽，萧何镇守关中，侍奉太子，在栎阳城处理政事。制定法令规章，建立宗庙和社稷坛的祭祀，修筑宫室、设置县邑，凡做这些事总是先奏报汉王，汉王认可，允许他按计划实施；如果来不及奏报汉王，总是依据时机便利先做起来，等汉王回来以后再向他详细报告。萧何在关中负责主管各种计簿，统计户口，从水陆转运粮食供给军需，汉王多次弃军败逃而去，萧何常常派遣关中的士卒，总是给补上缺额。汉王因此放心地把关中的事务专门委任给萧何办理。

论功行封

汉三年，汉王和项羽在京索之间互相对抗，汉王多次派遣使者来慰劳丞相。鲍生对丞相说："汉王在前线过着风餐露宿的军旅生活，多次派遣使者来慰劳您，是有怀疑您的心。我替您出主意，莫不如派遣您的子孙兄弟中间能够打仗的人都到军队去效力，这样汉王必定更加信任您了。"于是萧何依从他的计策，汉王非常高兴。

汉五年，高祖已经杀死了项羽，

▶"汉并天下"瓦当·西汉

中国国家博物馆藏。陕西省西安市汉长安城遗址出土。秦朝被推翻后，项羽和刘邦之间展开了长达 4 年的争夺统治权的楚汉战争。经过大小数十次战役的较量，最后于公元前 202 年，刘邦的汉军联合反项的力量，围困项羽的楚军于垓下（今安徽省固镇县濠城乡），项羽兵败援绝，自刎而死，刘邦取得胜利，建立汉朝。"汉并天下"瓦当，就是为纪念刘邦战胜项羽，统一天下，建立汉朝而作。这种瓦当还曾出土于汉武帝时修建的建章宫遗址中。

平定了天下，要根据功劳大小进行封赏。群臣争功，一年多时间，功劳大小的次第也没决定下来。高祖因为萧何功劳最大，封他为酂侯，给予的食邑最多。功臣们都说："我等身披坚甲手执锐利兵器，多的作战一百多次，少的也交锋过几十次，攻占城邑夺取土地，功劳大大小小各不相等。如今萧何未曾有过汗马功劳，只是凭持舞文弄墨发发议论，没有进行过战斗，却反而把功劳排在我等之上，这是为什么？"高祖说："各位懂得打猎吗？"功臣们说："懂得。""知道猎狗吗？"说："知道。"高祖说："比如打猎，追赶咬死野兽兔子的是狗，而发现踪迹指出野兽在什么地方的却是人。如今各位仅仅是能够捕获走兽罢了，功劳是相当于狗。至于像萧何，能发现踪迹指示野兽的所在，功劳相当于猎人。而且各位只是独身一人追随我，至多也不过两三个人。如今萧何全族的几十人都来追随我，功劳是不可以忘记的。"群臣们都不敢再言语了。

❷鄂君论功

列侯都已经受到封赏，等到向高祖呈奏功臣位次的时候，都说："平阳侯曹参身上受到的创伤有七十处，攻占城邑夺取土地，功劳最多，应该排在第一。"高祖已经委屈了功臣，多封了萧何，等到排位次的时候就没有再为难大家，然而心里还是想让萧何排第一。关内侯鄂千秋上前献言说："群臣们的意见全都错了。要说曹参虽然有旷野作战夺取土地的功劳，这只不过是一时的事情。再说陛下和项羽互相对抗了五年，常常损失军队、丢掉士兵，单身逃脱也有好几次。然而萧何经常从关中派出军队到失亡的地方来加以补充，这并不是陛下下诏令召唤来的，萧何却主动把好几万的兵众送到，正赶上陛下困乏断绝的时候，这样的举动也有好多次。汉军和楚军在荥阳对垒了几年，军队没有了现存的粮食，萧何从关中水路陆路不断运过来粮食，使军粮供应从不缺乏。陛下虽然多次丢失了山东地区，萧何却保全了关中随时等着陛下，这些是万世的功劳。如今即使是损失了像曹

▶ **鎏金虎头辕饰·西汉**

山东博物馆藏。1970年5月于曲阜九龙山汉墓出土。辕首铜饰，一端作虎头形，另一端中空以纳辕首。通体鎏金。

参这样的人好几百，汉家哪里会感到缺乏？汉朝廷得到曹参这样的人不一定能依靠他来保全天下。怎么可以让一时的功劳来凌驾在万世的功劳之上呢？萧何排在第一，曹参排在第二。"高祖说："好。"于是就诏令萧何排在第一，恩许他上殿见皇帝时可以佩带宝剑脚上穿鞋，上朝时也不用按常礼低头小步急走。

皇帝说："我听说能推荐贤人的要受上等奖赏。萧何功劳虽然很高，得到鄂君的解说才更加显赫。"于是根据鄂君原来受封的关内侯食邑加封为安平侯。当天，把萧何的父子兄弟共十多个人全部封赏了，都给了食邑。又给萧何加封了二千户，这是因为高祖曾经去咸阳服役时萧何送给的奉钱比别人多了二百。

召平谕祸

汉十一年，陈豨造反，高祖亲率军队出征，到达邯郸。高祖还没有撤兵，淮阴侯在关中谋划造反，吕后采用萧何的计策，族诛了淮阴侯，此事详细记载在《淮阴侯列传》中。皇上听说淮阴侯已经被族诛，就派使者任命丞相萧何为相国，加封五千户，诏令士卒五百人和一名都尉作为相国护卫。许多同僚都来

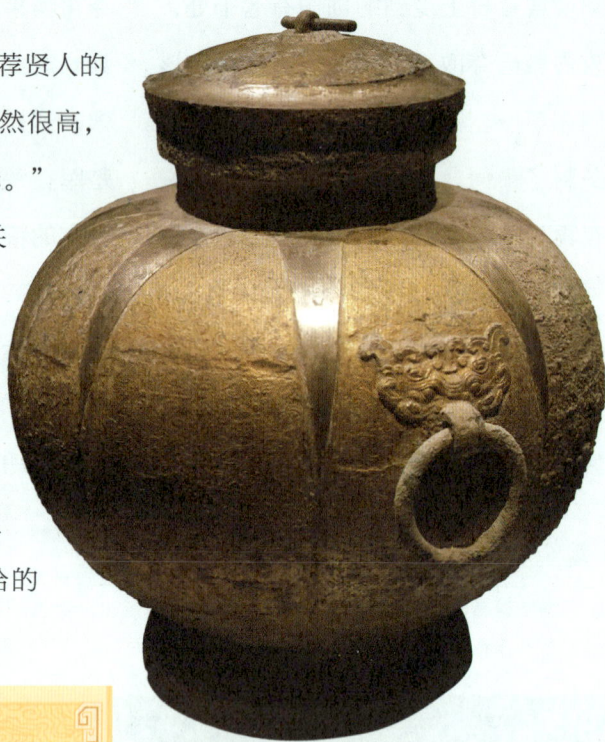

▶鎏金铜沐缶·西汉

陕西历史博物馆藏。陕西省西安市东郊席王乡唐家寨出土。敛口，方唇、束颈、鼓腹、上腹部两侧设铺首衔环双耳，圈足。通体鎏金，纹饰细密，器身以八条银制的倒三角形凹带分成八瓣瓜棱形。凹带上刻铭文，分别为"元成家沐缶容六斗六升重卅二斤""容六斗六升""第二""尚浴"等内容。器盖外缘处还刻有"太后家重十三两第巳""元成家沐缶盖重七斤""太后"等内容。

道贺，只有召平一个人却向他表示悲伤。召平是从前秦朝的东陵侯。秦朝被打败，他成了平民，家中贫困，就在长安城东边种瓜。因为种的瓜特别好，所以社会上习惯把它叫作"东陵瓜"，这是根据召平的封号所取的名称。召平对相国说："祸患从这里开始了。皇上风餐露宿在外面而您留守在朝中，没有遭受战争的艰难却给您增加封邑并设置保卫部队，这是因为日前淮阴侯刚刚在京城造反，皇上怀疑起您的内心了。要说设置卫队来保卫您，那并不是宠幸您。希望您推让掉封赏不要接受，并把家中的私财全部贡献出来佐助军用，那样皇上心里就会高兴。"相国依从他的计策去做，高帝非常高兴。

萧何自污

汉十二年秋天，黥布反叛，皇上亲自率军去击灭他，在出征的过程中，多次派使者询问相国在做些什么。相国因为皇上在军队中指挥作战，就对百姓进行抚慰勉励，又把全部的家产交出佐助军用，像平定陈豨反叛时所做的那样。有位客人来劝告相国说：

"您的灭族之祸就要临头了。您的官位是相国，功劳排在第一，还可以再往上增加吗？然而您从开始进入关中，就深得百姓之心，十多年了，百姓都亲附您，您如今依然勤勉不倦，所以甚得民众的应和。皇上所以要多次派人来问您的情况，就是害怕您的名声好会倾动关中。如今您为什么还不多买些田地，采取低价赊借的手段来败坏自己名声呢？这样做皇上的内心才会踏实。"于是相国依从他的计策，皇上这才特别高兴。

卫尉纾难

皇上打败黥布撤军归来，民众在道路上阻拦车驾呈上奏文，说相国低价强求购买民众的田宅值几千万钱。皇上到了京城，相国前去拜见。皇上笑着说："你这个相国就这样从民众手中夺利！"把民众所呈上的奏文都给了相国，说："您自己向民众谢罪吧。"相国乘机为民众请求说："长安土地狭窄，上林苑里面有很多空地，荒废了，希望能让民众进去开垦耕种，不要收禾秆让它作为禽兽的饲料。"皇上大发脾气说："相国接受了商人

▶ **汉长安城未央宫前殿遗址**

未央宫是汉长安城的主要宫殿之一。由丞相萧何主持修造，始建于汉高祖七年（前200）二月，汉高祖九年（前198）十月建成。未央宫建成之后，成为汉高祖乃至西汉所有皇帝的正式皇宫。未央宫平面呈长方形，共分前殿、椒房殿、中央官署、少府、沧池等主要建筑，宫墙四周开有正门和掖门，宫墙四角建有角楼。前殿位于未央宫的中心，是未央宫的核心建筑，是皇帝处理政务的主要场所。该殿建于龙首山的山丘之上，其所处的台基早在新石器时期就已出现，曾是秦王所修建的章台所在地，萧何主持修建时对其做了部分修整。

很多的财物，就来替他们请求占用我的上林苑！”就把相国交给廷尉，用刑具拘禁起来。过了几天，一个姓王的卫尉侍奉皇上，上前问道：“相国有什么大罪，陛下把他拘捕得这样突然？”皇上说：“我听说李斯辅佐秦始皇，有了成绩都归给主上，有了错误由自己承担。如今相国接受了很多商贾小人们的金钱而替民众来请求占用我的上林苑，以便自己讨好民众，所以把他拘捕起来治罪。”王卫尉说：“要说在职权范围之内假如认为有利于民众而替他们请求，这真是宰相应该做的事，陛下怎么就怀疑相国是接受了商人的金钱呢！而且陛下和项羽对抗好几年，陈豨、黥布反叛，陛下自己领兵前去平定，正当这个时候，相国留守在关中，稍动手脚那么函谷关以西的地方就不会是陛下的了。相国不在这个时候为自己谋利，如今还会想获得商贾人金钱的好处吗？而且秦朝因为听不到人谈论自己的过失亡掉了天下，李斯替秦始皇分担点过错的事，又哪里值得效法呢。陛下为何怀疑宰相到了这样浅薄的地步呀。"高帝听了不高兴。当天，派使者持着符节把相国赦免出来。相国年纪老了，一向谦恭谨慎，进入宫中，光着脚来谢罪。高帝说："相国算了！相国替民众请求苑林，我不答应，我不过是个像夏桀、商纣一样的君主，而相国却是个贤相。我特地把相国拘囚起来，是想让百姓知道我的过错。"

病榻问相

萧何向来与曹参不和睦，等到萧何重病，孝惠帝亲临探望相国的病情，因而询问说："您如果故去了，谁可以接替您呢？"萧何回答说："了解臣子的没有谁比得上主君。"孝惠帝说："曹参怎么样？"萧何叩头说："陛下得到合适的人选了！我死也没有遗憾了！"

萧何购置田宅必定选择在穷乡僻壤，盖房屋不修建围墙门楼。说："后代贤能，会效法我节俭；不贤，可以不被权势之家所强夺。"

孝惠二年，相国萧何去世，谥号是文终侯。

萧何的后代因为罪过失去了侯爵的有四代，每次断绝了封号，天子就重新寻求萧何的后代，续封为酂侯，在这点上功臣中没有人比得上。

✦ 太史公说 ✦

相国萧何在秦朝的时候做了从事文案工作的小官，平平常常没有什么惊人的作为。等到汉朝兴起，仰仗帝王的余光，萧何谨慎地尽职尽责，根据民众痛恨秦朝苛法的情况，顺应时势和他们一起除旧立新。淮阴侯韩信、黥布都由于反叛被诛灭，但是萧何的功勋更加灿烂辉煌。他的地位是群臣之冠，声名延续到后代，可以和周初的闳夭、散宜生等人比较功绩的显赫了。

曹相国世家 第二十四

【解题】本篇讲述了曹参的一生。作为大汉建立过程中功居第二的人，曹参并没有突出的军事才能，所以司马迁在描述曹参的战功时，只是将他看作一般的将领。而将笔墨的重点放在了曹参信奉黄老之学，萧规曹随，推行汉初与民休息的政策。司马迁通过曹参故作虚伪的掩身之术，揭露了吕后专权时期汉朝廷的政治氛围。

出身狱吏

平阳侯曹参，沛县人。秦朝时期在沛县做掌管刑狱的小吏，而萧何做主吏，他们在县里已是有权势名望的官吏了。

高祖称沛公刚刚起事的时候，曹参就以中涓的身份跟随他。曹参率领军队攻击胡陵、方与，进攻秦朝泗水郡监的军队，大败敌军。往东攻下了薛县，在薛县外城的西边进击泗水郡守的军队。再进攻胡陵并占领了它。接着移军防守方与。方与反叛归附魏王，曹参攻打方与。丰邑反叛归附魏王，曹参攻打丰邑。沛公赐给曹参七大夫爵位。曹参在砀县东边出击秦朝司马尼的军队，打败了他，夺取了砀县、狐父和祁亭的善置。又去进攻下邑以西，到了虞县，出击章邯的车骑军队。进攻爰戚和亢父时，曹参先登上城墙，升为五大夫爵位。往北去援救东阿，出击章邯的军队，攻陷了陈县，追击秦军到达濮阳。进攻定陶，夺取了临济。往南援救雍丘，出击李由的军队，打败了他，杀死了李由，俘虏了秦朝的一名军候。秦将章邯打败杀死项梁时，沛公和项羽率领军队往东去了。楚怀王任用沛公做砀郡长，统领砀郡的军队。这时沛公就封曹参为执帛，赐给封号叫建成君。又提升为爰戚县县令，隶属于砀郡。

这以后曹参随从沛公进攻东郡郡

尉的军队，在成武的南边打败了他。在成阳南边出击王离的军队，再在杠里进攻他们，把他打得大败。追击败军，往西到达开封，出击赵贲的军队，打败了他，把赵贲包围在开封城里面。往西在曲遇出击秦将杨熊的军队，打败了他，俘虏了秦朝的司马和御史各一名。曹参提升为执珪。随从沛公进攻阳武，攻下了辕辕、缑氏，切断了黄河渡口，回过来在尸乡北边出击赵贲的军队，打败了他。曹参随从沛公往南进攻犨县，和南阳郡守吕齮在阳城外城的东边交战，攻陷了秦军的阵列，夺取了宛县，俘虏了吕齮，平定了南阳郡全境。曹参随从沛公往西进攻武关、峣关，夺取了这两地。往前进攻秦军于蓝田南边，又于夜间袭击蓝田北边，秦军大败。随即到达咸阳，灭亡了秦朝。

◆ 出击诸侯

项羽到达咸阳，分封沛公为汉王。汉王封曹参为建成侯。曹参随从汉王到达汉中，提升为将军。又随从汉王回师平定三秦。起初进攻下辩、故道、雍、斄等县，在好畤南边出击章平的军队，打败了他，包围了好畤，夺取

了壤乡。曹参在壤乡的东边和高栎进攻三秦的军队，打败了他们。再次包围章平，章平从好畤城中出来逃跑了。曹参乘机出击赵贲、内史保的军队，打败了他们。往东夺取了咸阳，把它改名为新城。曹参领兵驻守景陵有二十天，三秦派章平等进攻曹参，曹参出垒迎击，把他们打得大败。汉王把宁秦赐给曹参作为食邑。曹参以将军身份领兵把章邯包围在废丘。以中尉身份随从汉王从临晋关进发。到达

▶ **曹参像·明·无款**

台北故宫博物院藏。在本传中，司马迁主要记述了曹参攻城野战之功和他的"清净无为"的治国思想及举动。司马迁对曹参的英勇善战和治国方略基本上是肯定的，认为曹参施行的政策，使人民得以休养生息，也使他受到了天下人的称颂。

河内郡，攻下了修武，渡过白马津，往东在定陶出击龙且、项他的军队，把他们打败。往东夺取了砀、萧、彭城等县，出击项籍的军队，汉军大败而逃跑。曹参以中尉身份包围并夺取了雍丘。王武在外黄反叛，程处在燕县反叛，曹参前往攻击，把他们全都打败。柱天侯在衍氏反叛，曹参又去攻叛军并夺取了衍氏。曹参在昆阳进击羽婴，追击到叶县，回军进攻武强，趁势到达荥阳。曹参从汉中起做了将军中尉，随从汉王出击诸侯，直到项羽失败，回到荥阳，总计是两年时间。

❧攻魏定齐

高祖二年，曹参被高祖任命为代理左丞相，进军屯兵驻守关中。一个多月后，魏王豹反叛，曹参以代理左丞相的身份和韩信往东进军，在东张进攻魏王的将军孙遫，大败敌军。乘势进攻安邑，俘获了魏王的将领王襄。曹参在曲阳进击魏王，追击到武垣，活捉了魏王豹。接着曹参夺取了平阳，俘获了魏王的母亲、妻子、儿女，全部平定了魏地，总计有五十二座城邑。汉王把平阳赐给曹参作为食邑。曹参乘机随从韩信在邬县东边出击赵王相国夏说的军队，大败敌军，斩杀了夏说。韩信和原常山王张耳领兵来到井陉，出击成安君，同时命令曹参回师把赵国别将戚将军率领的一支军队包围在邬县城中。戚将军出城逃跑，曹

▶食官弦纹鼎·西汉

台北故宫博物院藏。两耳呈环形，三足较矮，器腹上的弦纹高凸，器盖上的三枚环形钮上各有一个小圆饼，这是为了当鼎盖翻转仰置时，可以平稳的放置不会倾倒，器身口沿下横刻着二十多字："食官铜鼎一，容一斗，重十一斤八两，廿三年五月造，第廿一。""食官"本是掌管帝王饮食的官吏，《周礼》中称作"膳夫"，也称大官或太官，属少府管辖。

参追击把他斩杀了。于是曹参就领兵到达汉王所在的敖仓。韩信打垮了赵国以后，做了相国，往东去进击齐国。曹参以右丞相的身份隶属韩信，进攻并打败了齐国在历下的军队，接着夺取了临菑。曹参回军平定济北郡，攻下了著、漯

▶ **中阤鼎·秦**

咸阳博物院藏。1966 年 4 月出土于咸阳塔尔坡砖瓦厂。通高 28.5 厘米，口径 25.3 厘米，耳高 10 厘米，腹深 19 厘米。敛口，子母唇，鼓腹。长方形大耳，耳稍外撇。马蹄形短足。盖隆起，上有三环钮，盖和器身各饰三道兽纹，耳的上沿和两侧饰半圆形雷纹，足饰饕餮纹。鼎唇部一侧横刻"中阤口鼎"四字，另一侧横刻"六斗"二字，"六斗"二字为秦篆，与"中阤口鼎"四字风格不同。

阴、平原、鬲、卢等县。随后跟从韩信在上假密出击龙且的军队，大败敌军，斩杀了龙且，俘虏了他的将军周兰。平定了齐地，总计夺得七十多个县。俘虏了原齐王田广的相国田光、国相留守的许章以及原齐国的胶东将军田既。韩信做了齐王，率军到达陈县，和汉王一起打败了项羽，而曹参留下来平定齐国还未降服的地方。

◆ 相齐封侯

项籍已经死去，天下平定，汉王当了皇帝，韩信调封为楚王，齐国划分为郡。曹参归还了汉丞相印章。高帝封自己的大儿子刘肥为齐王，而任命曹参为齐王的相国。高祖六年，曹参被赏赐了列侯爵位，朝廷和诸侯剖分符节，爵位世代相传都不断绝。给予曹参平阳县的一万六百三十户作为食邑，称号为平阳侯，收回以前所给的食邑。

曹参以齐国相国身份进攻陈豨的部将张春的军队，打败了他。黥布反叛，曹参以齐国相国身份随从悼惠王率领车骑军十二万人，和高祖会合出击黥布的军队，大败敌军。往南到了蕲县，回军平定了竹邑、相、萧、留各县。

曹参的功劳：总计攻下了两个诸侯国，一百二十二个县；俘获诸侯王二人，诸侯国丞相三人，将军六人，大莫敖、郡守、司马、侯、御史各一人。

◗ 师事盖公

孝惠帝元年，废除诸侯国设置相国的制度，改任曹参为齐国的丞相。曹参做齐国丞相时，齐国有七十座城邑。天下刚刚平定，悼惠王还很年轻，曹参把长老和许多儒生召集起来，询问安定和辑百姓的办法。但是齐国故旧儒生有好几百人，发表的意见一个人一个样，曹参竟不知道如何选定。曹参听说胶西郡有个盖公，善于采用黄老学说，派人带很重的礼物去请他。曹参见到了盖公以后，盖公给他讲治国的方略贵在清静无为，那么民众自己就会安定，以此类推，把这方面的道理全都讲了。曹参于是让出丞相处理政务的厅堂，请盖公住在里面。这以后曹参处理政事的要领用的就是黄老道家主张，所以做了九年齐国丞相，

齐国安定和辑，人们特别称赞曹参是贤明的丞相。

◗ 出任相国

惠帝二年，萧何去世。曹参听说了，告诉门客赶紧整理行装："我将要进京都做相国。"过了不久，使者果然来召唤曹参。曹参离去的时候，叮嘱在他以后做丞相的人说："我把齐国的狱市托付给您，千万谨慎不要扰乱它。"后任丞相说："治理的政

▸ **蒜头瓶·西汉**

台北故宫博物院藏。蒜头瓶，蒜形口、直颈、鼓腹、圈足，颈有一突棱。器表多锈。

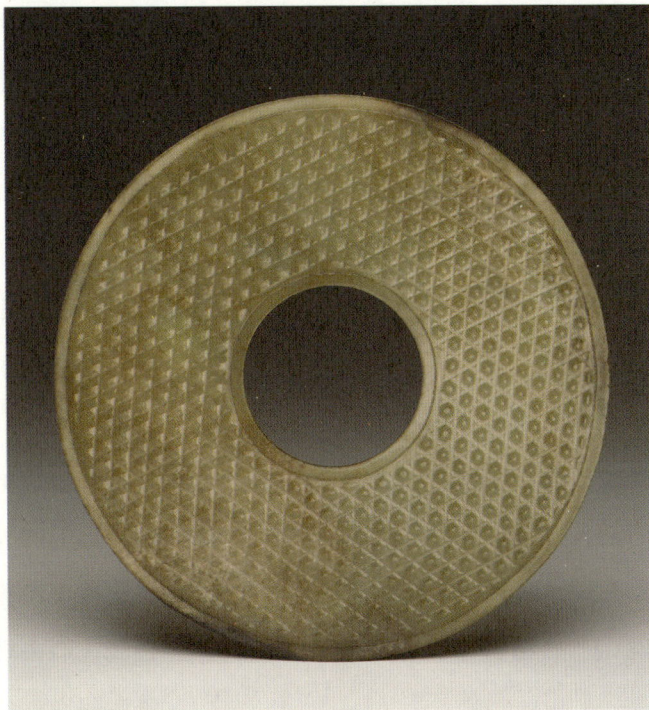

蒲纹璧·西汉

台北故宫博物院藏。半透明青玉，色略黄，外缘相对的两端有暗褐色沁。圆整，近于平廓，孔、外缘齐整，器面上刻饰蒲纹。

事没有比这更重要的吗？"曹参说："不是这样。要说狱市，是用它来同时容纳各种人的，假如您去严加干涉，奸人有什么地方能容身？我因此把它放在优先处理的位置上。"

　　曹参当初地位卑贱的时候，和萧何友好；等到做了将相，就有了隔阂。到萧何将要死去的时候，所推荐的贤能只有曹参。曹参接替萧何做汉朝廷的相国，办理政事丝毫没有什么改易，完全遵从萧何制订的法规。

　　曹参挑选各郡和诸侯国官吏当中那些质朴不善于文辞的、稳重宽厚的长者，立即招来任命为丞相的属官。官吏当中言辞文字苛刻深究的，且致力于追求声威名望的，就都斥退免除他们。曹参日夜畅饮美酒。卿大夫以下的官吏和宾客看见曹参不料理丞相事务，前来看望的人都有话想跟他说。到了的人，曹参就把美酒给他喝，过了一会儿，来人有话想要说，曹参再次让人家饮酒，酒喝醉了之后来人离去了，始终没有谁能开口劝说，这种情况曹参习以为常。

　　相国住宅的后园靠近官吏的房舍，官吏房舍里整天饮酒唱歌喊叫。随从的官吏厌恶这种情况，也拿他们没有办法，就请求曹参到后园游览，听到了官吏房舍人们喝醉了酒唱歌呼叫，随从的官吏希望相国能把这些人招来查办。曹参反倒是取来美酒张设座席饮起来，也唱歌呼喊与官吏的房舍相应和。

曹参看到别人有小的过错，专门加以掩饰隐瞒并帮他遮掩起来，因此相国府中平安无事。

➤萧规曹随

曹参的儿子曹窋是中大夫。惠帝责怪相国不理政事，认为"难道是瞧不起我吗"？就对曹窋说："你回家的时候，试着私下从容地问问你父亲说：'高皇帝不久前离开群臣去世

▶鎏金双螭车轫·西汉
山东博物馆藏。曲阜九龙山汉墓出土。九龙山汉墓因早年被盗，仅有车马室保存较好，因此出土的车马饰件较多。这件鎏金车轫就是其中的一件，反映了西汉诸侯王车马装饰的豪华。

了，皇帝年轻，您做国相，天天饮酒，也不拿什么事情去请示报告，怎么能表现出忧虑天下呢？'然而不要说是我告诉你这样做的。"既而，曹窋到了休假日回家，闲暇时侍奉着父亲，把惠帝的意思变成自己的话来规劝曹参。曹参听了很生气，就将曹窋鞭打二百下，说："赶紧进宫去侍奉皇帝，天下的事情不是你所应当谈论的。"到了上朝的时候，惠帝责备曹参说："这件事和曹窋有什么相干呢？日前是我让他去规劝您的。"曹参脱下帽子谢罪说："陛下自己考虑在圣明英武方面和高帝相比谁强？"皇上说："我怎么敢和先帝相比呢？"曹参说："陛下看我的才能和萧何相比谁贤？"皇上说："您似乎赶不上萧何。"曹参说："陛下说得很对。高帝和萧何平定了天下，法令已经明确，如今陛下垂衣拱手，曹参等谨守职责，遵循着原有法令而不更改，不就可以了吗？"惠帝说："好。您去休息吧！"

曹参做汉朝廷的相国，前后三年。去世后，谥号为懿侯。儿子曹窋接替侯位。百姓歌颂他说："萧何制定法令规章，平直明确整齐划一；曹参接

▶ **玉带钩·西汉**

台北故宫博物院藏。青白玉制成，玉质温润，上有黄色沁斑。带钩为兽首，眉目清秀。下端刻成兽面纹饰，两侧出翼。

替担任相国，忠实遵守不加更改。推行他的清静无为，民众因此安宁统一。"

❖ 曹参后裔

　　平阳侯曹窋，高后的时候做御史大夫。孝文帝继位，免除了官职保持侯爵。继侯位二十九年去世，谥号是静侯。儿子曹奇接替侯位，继位七年去世，谥号是简侯。儿子曹时接替侯位。曹时娶了平阳公主，生了儿子曹襄。曹时得了疫病，回到侯国。为侯二十三年去世，谥号夷侯。儿子曹襄接替侯位。曹襄娶了卫长公主，生了儿子曹宗。为侯十六年去世，谥号是共侯。儿子曹宗接替侯位。征和二年，曹宗因为受太子刘据兵变牵连的罪过被处死，封国被废除。

❖ 太史公说 ❖

　　曹相国参加攻夺城邑旷野作战的功劳如此之多，是由于他一直和淮阴侯韩信在一起。等到韩信已被诛灭，而封赏列侯成就的功业，只有曹参一个人独占了声名。曹参做了汉朝廷相国，治政清静极力主张符合自然之道。然而百姓们在遭受了秦朝残酷统治以后，曹参给予了他们休养生息的机会，无为而治，所以天下人都称颂他的美德。

留侯世家 第二十五

【解题】本篇叙述了留侯张良的一生。叙张良事迹全系关注"天下所以存亡"。击秦峣下军以先至咸阳，谏刘邦还霸上以杜逸乐，鸿门相见以脱项羽，烧绝栈道示无东意，举布、越、信以图破楚，筹销封印以绝纷争，封雍齿以固臣心，计利害劝都关中，迎四皓保全太子等事，均是在关系胜败存亡的关键时刻的正确筹划。表现出张良判断决事的高超谋略，体现其为民族智慧的优秀结晶。张良之运筹帷幄，决胜千里，其形象描述成为令人赞叹的奇特伟人。

❂博浪击秦

留侯张良，他的祖先是韩国人。祖父张开地，辅佐过韩昭侯、韩宣惠王、韩襄哀王。父亲张平，辅佐过韩釐王、韩悼惠王。悼惠王二十三年，张平去世。张平去世后二十年，秦国灭亡了韩国。张良年纪小，没有在韩国担任过官职。韩国灭亡以后，张良家中有奴仆三百人，弟弟死了也不厚葬，拿出全部的家财寻求刺客要刺杀秦王，替韩国报仇，这是他的祖父、父亲辅佐了五代韩国国君的缘故。

张良曾经到淮阳学过礼。往东去见过仓海君。他寻到了一位力士，做

▶张良像·清·无款

法国国家图书馆藏。在司马迁的笔下，张良的形象俨然是智慧的化身，而张良的外貌，如果不是司马迁说其"相貌如妇人好女"的话，恐怕人们很难想象如此孱弱的一个人其能量强大得出人意表。

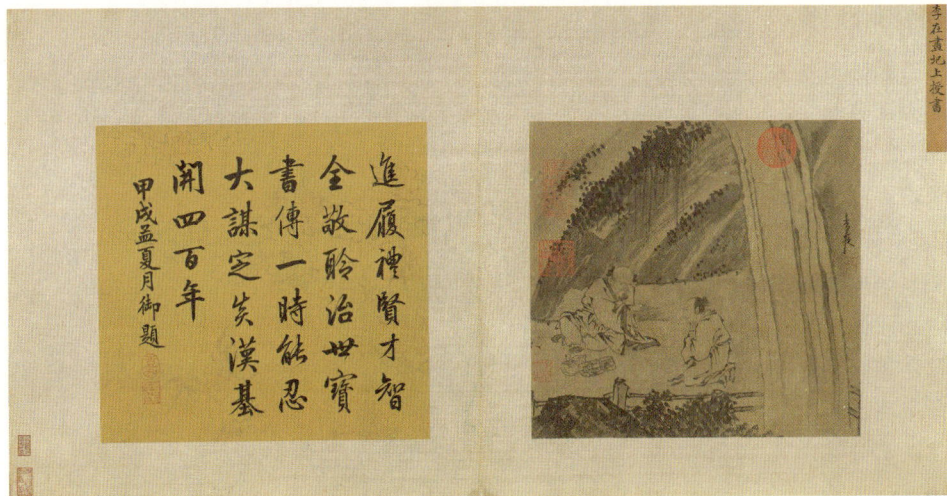

右上角：李在畫圯上授書

進履禮賢才智
全敬聆治世寶
書傳一時能忍
大謀定炎漢基
開四百年
甲戌孟夏月御題

▶《圯上授书图》·明·李在

台北故宫博物院藏。这个册页是明代画家李在根据《史记·留侯世家》记载的内容绘制的。画面中黄石公席地而坐，面前放着一卷书，张良跪在黄石公的面前，毕恭毕敬。画面背景以粗笔点染，景象开阔。画面对幅有嘉庆皇帝题诗云："进履礼贤才智全，敬聆治世宝书传。一时能忍大谋定，炎汉基开四百年。"

了一个一百二十斤重的铁椎。秦始皇到东部巡游，张良就和这位力士在博浪沙伺机袭击秦始皇，误中了秦始皇的副车。秦始皇非常恼怒，在全国范围内进行全面搜索，十万火急地搜捕这位刺客，这一切都是因为张良。张良于是更改了姓名，在下邳县隐匿起来。

圯桥进履

张良曾经在闲暇时从容散步，在下邳的桥上游览，有一位老人，穿着粗布短衣，来到张良跟前，故意把自己的鞋子掉落到桥下，回过头来对张良说："小孩子，下去把鞋子给我捡上来！"张良表现出惊讶的样子，想殴打他。因为他是老人，张良强忍着，下去捡起了鞋子。老人说："给我把鞋子穿上！"张良已经替他捡来了鞋子，也就长跪在地给他把鞋子穿上。老人穿上了鞋子，笑着离去了。张良感到特别惊讶，眼睛一直跟随他。老人走了一里多地，重新回来了，说："小孩子可以教导了。五天以后天刚亮的

留侯世家 第二十五

109

▶黄石公雕像

黄石公，下邳人
（今江苏睢宁古
邳镇）。世人称
黄石公"圯上老
人""下邳神人"。
黄石公本为秦汉
时人，后被道教
纳入神谱。皇甫
谧《高士传》：
"黄石公者，下
邳人也，遭秦乱，
自隐姓名，时人
莫知者。"

时候，来到这里和我相会。"张良因而觉得奇怪，跪着说："好。"第五天天
刚亮，张良去了。老人已经先到了，老人生气地说："和老人订了时间，却迟
到了，是怎么回事？"便要离开，又说："五天以后早一点来相会。"第五日
鸡鸣时分，张良前往。老人又已经先到了，再次生气说："晚到，是为什么？"
又要离开，离开前说："五天以后再次早点儿来。"第五日，张良还没有到半
夜就去了。过了一会儿，老人也来了，高兴地说："这样才像话。"老人拿出
一册书，说："读了这册书就可以做帝王的老师了。以后十年你会发迹，十三
年后小孩子你在济北可以看见我，谷城山下有一块黄石那就是我。"说完就离
去了，没有说别的话，张良再没有见到他。天亮后一看那册书，原来是《太公
兵法》。张良因而觉得这册书非同寻常，常常学习诵读它。

《乘法口诀》木简·秦

湖南省里耶秦简博物馆藏。2002 年出土于湖南省龙山县里耶古城遗址一号井。因木牍上的乘法运算顺序是从"九九八十一"开始的，再从左至右书写排列，与现在从"一一得一"开始的运算顺序有所区别，也因这个缘故这枚简就被称为"里耶秦简九九乘法口诀表"，或者"里耶秦简九九表"。从木牍上释读出的文字来看，我们可以知道里耶秦简九九表从开头的"九九八十一"到末尾的"凡千一百一十三字"，共有 39 句。其中"二半而一"一句，意思是说二乘以二分之一等于一，这说明早在秦朝就已经有分数的概念了。

归属沛公

张良居住在下邳，仗义行侠。项伯曾经杀过人，随从张良隐藏起来。

十年后，陈涉等人发动起义，张良也聚集了百多名青年人。景驹自己立为代理楚王，王都设在留县，张良想前去追随他，在路上遇见了沛公。沛公率领几千人，攻夺了下邳以西的地方，张良就归顺了沛公。沛公任命张良做厩将。张良多次用《太公兵法》来劝说沛公，沛公觉得很好，常常运用其中的计策。张良对其他人讲过，其他人都不能领悟。张良说："沛公大概有天赋之才。"所以终于跟随了沛公，不去见景驹。

等到沛公到了薛县，见到了项梁。项梁拥立楚怀王。张良就劝告项梁说："您已经立了楚国的后代，而韩国诸公子中横阳君韩成贤能，可以立他为王，更多地树立自己的党羽。"项梁派张良去寻求韩成，立他为韩王，韩成任命张良为司徒，与韩王一起带领一千多人向西夺取原韩国的土地，得到了几座城邑，秦军立即重新夺了回去，因此韩王的军队也就成了在颍川一带游动作战的军队。

智取峣关

沛公从洛阳往南走进攻辘辕，张良领着兵跟从沛公，攻下了韩地十多座城，打败了秦将杨熊的军队。沛公就命令韩王韩成留守阳翟，他和张良往南，攻下了宛城，往西进入武关。沛公想统领二万人进击秦朝峣关的军队，张良劝告说："秦朝的兵力还很强大，不可以轻敌。我听说他的将领是屠夫的儿子，商人之子容易让利益打动。希望沛公暂且留在军营，派人先行动，形成为五万人备办饭食的声势，在各个山头上多张挂旗帜，作为疑兵，派郦食其携带贵重宝物去收买秦朝守关将领。"秦朝将领果然背叛，想和沛公联合起来往西去袭击咸阳。沛公想听从他们。张良说："这次只是他的将领想背叛罢了，恐怕士卒们不会依从。要是不依从就必定危险，不如趁着他们松懈去攻击他们。"沛公就引领兵众攻击秦军，大败敌军。追击逃亡的士兵直到蓝田，又一次交战，秦军终于溃败。于是沛公抵达咸阳城，秦王子婴向沛公投降。

解危关中

沛公进入秦朝宫殿，宫殿房室、帷帐狗马、重宝、妇女都多得要用千计数，沛公就想留下来居住。樊哙劝谏沛公出宫居住，沛公不听。张良说："正是因为秦朝暴虐无道，所以沛公才能够到达这里。假如要替天下除去残害百姓的暴君，就应该以节俭朴素作为资本。如今刚刚进入秦朝宫殿，就安于这里的乐逸，这就是所谓的'助桀为虐'，而且俗话说'忠言逆耳利于行，毒药苦口利于病'，希望沛公听从樊哙的意见。"沛公这才领军回到霸上驻扎下来。

项羽到了鸿门之下，想攻击沛公。项伯连夜跑到沛公军中，私下会见张良，想请他一起离开。张良说："我替韩王来护送沛公，沛公如今有难，逃走是不道德的。"张良就把情况全部告诉沛公。沛公大惊失色，说："这该怎么办？"张良说："沛公真是想背叛项羽吗？"沛公说："有无知浅薄的小人教我把守住函谷关不要让诸侯们进来，秦朝的中心地带就可全部归我所有，所以听了他的话。"张良说："沛公您自己盘算一下能让项羽退回去吗？"沛公沉默了好久，说："本来就是不可能的，如今怎么办？"张良坚决邀请项伯来见沛公。项伯会见了沛公。沛公和他饮酒并祝他健康长寿，双方结交为朋友并定为儿女亲家。张良让项伯仔细向项羽说明沛公不敢背叛项羽，至于把守住函谷关的原因，是要防备其他的强盗。等到沛公见到项羽后，事情得到了和解，这件事详细情况记在《项羽本纪》中。

烧绝栈道

汉元年正月，沛公被封为汉王，封邑是巴、蜀二郡。汉王赏赐给张良黄金两千两，珍珠二斗，张良把它们全都献给了项伯，汉王于是要张良厚赠项伯一些财物，让项伯替他向项王求得汉中郡的土地。项王答应了，汉王于是得到了汉中郡的土地。汉王前往封国，张良送他到了褒中，汉王让张良回韩王那里去。张良便劝告汉王说："大王何不把所经过的栈道都烧

石门栈道

陕西汉中的石门栈道风景区中修复的古栈道，实际上是古代褒斜道的一部分。当年刘邦被封为汉王，就是从褒斜道进入汉中，并且烧毁栈道，以示无东返之意。

了，断绝和关中的往来，向天下表示没有返回的心意，以此稳住项羽的心。"汉王让张良回去。张良走了之后，

━━┥ 褒斜道 ┝━━

褒斜道，古代穿越秦岭的山间大道。褒斜道南起褒谷口，北至斜谷口，沿褒斜二水行，贯穿褒斜二谷，故名，也称斜谷路，为古代巴蜀通秦川之主干道路，全程249千米。褒斜道在中国历史上开凿早、规模大、沿用时间长。栈道始于战国范雎相秦时。秦惠文王更元十一年（前314）秦派张仪、司马错伐蜀，大军即经此道，原来的谷道此时已开凿成能通过大部队和辎重的栈道了。汉高祖入汉中，走的也是褒斜道。此后，褒斜栈道一直是南北兵争军行和经济、文化交流必行之道。《史记·货殖列传》载："栈道千里，无所不通，唯褒斜绾毂其口。"当时已是"商旅联槅，隐隐展展，冠带交错，方辕接轸"，蜀汉丰富的物资源源不断地运往关中，长安三辅地区发达的文化流传蜀汉，发展了南北经济贸易和文化交流。

汉王把栈道烧毁隔绝了。

张良到了韩国，因为韩王成派张良去依从汉王，项王不遣送韩成前往封国，带着他一起往东边去了。张良劝告项王说："汉王烧毁栈道断绝了交通，没有回来的心意了。"就把齐王田荣反叛的檄文告诉项羽。此时项王对西边的汉王不用担心，就发兵往北去攻击齐国。

❯ 下邑之谋

项王最终还是不肯派遣韩王前往封国，并把韩王降为侯爵，后来又把他带到彭城杀了。韩王被杀之后，张良逃走了，秘密抄小路投奔汉王。汉王此时已经平定了三秦。再次见到张良，封张良做成信侯。张良跟着汉王往东去进攻楚国。到了彭城，汉军大败只能回撤。汉军到了下邑，汉王下了马蹲坐在马鞍上询问说："我想舍弃函谷关以东的土地来封赏别人，谁是可以共同建立破楚功劳的人？"张良说："九江王黥布，是楚国的猛将，和项王有隔阂；彭越和齐王田荣在梁地反叛项王；这两个人可以马上利用。而汉王的将领只有韩信可以办大事，

独当一面。如果想舍弃土地封赏，封赏给这三个人，那么楚国就可以打败了。"汉王就派遣随何去游说九江王黥布，并派人去联合彭越。等到魏王豹反叛，派韩信领兵去攻打他，乘势攻取了燕、代、齐、越，然而最终攻破楚国的，是凭借这三个人的力量。

张良多病，未曾单独领兵打仗，常常作为出谋划策的臣子，时时跟从着汉王。

❂借箸代筹

汉三年，项羽把汉王包围在荥阳很紧急，汉王恐惧忧虑，和郦食其谋划削弱楚国的攻势。郦食其说："从前商汤讨伐夏桀，把夏的后代封为杞国。周武王讨伐商纣，把商的后代封为宋国。如今秦朝丧失了德义，侵害攻伐诸侯国的社稷，灭了六国的后代，使他们连立锥的一小点土地也没有。陛下果真能重新封立六国的后代，全都让他们接受了封印，这样，他们的君臣百姓必定都会感戴陛下的恩德，没有谁不闻风而仰慕道义，希望成为臣民。德义已经推行，陛下面向南坐而称霸主，楚国必定会恭敬地来朝拜

▶ 官员功劳和履历木简·秦

湖南省里耶秦简博物馆藏。2002年出土于湖南省龙山县里耶古城遗址一号井。这一组秦简是"令史的阀阅"，令史是县令的下属官吏，主管文书。这枚秦简就记录了资中县令史阳里人钿的履历：十一年九月初任乡史，担任乡史九年零一天；转任管理农事的田部吏四年零三个月十一天；再任令史二个月，户版记录年龄为36岁时，可担任掌管工程的司空属官之职。这就是当时官吏任职与提拔的重要依据，记录官吏所任的职务和任职的时间，类似于今天的"履历表"。

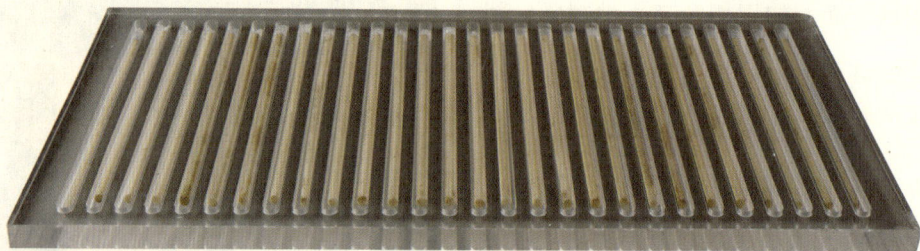

▶ **象牙算筹·西汉**

陕西历史博物馆藏。陕西旬阳佑圣宫一号汉墓出土。中国古代以筹为工具来记数、列式和进行运算。算筹是我国古代用记数工具之一，至迟在春秋战国时期已经出现，一般用竹制作。汉代的算筹长13.8厘米，直径0.69厘米，南北朝时略有缩短。算筹又称策，是古代中国独创的和最有效的计算工具，表示数有纵、横两种方式。《留侯世家》中借箸代筹的典故就与算筹有关，即将筷子当作算筹使用。

了。"汉王说："好！赶快去刻制印章，先生借着出行的机会就可以佩带上了。"

郦食其还没有出发，张良从外地回来谒见汉王。汉王正在吃饭，说："子房向前来！有人替我谋划出削弱楚国权势的计策了。"接着就把郦食其的话告诉张良，并说："子房认为怎么样？"张良说："是谁替陛下出了这个计策？如果这样的话，陛下夺取天下的大事全完了。"汉王说："为什么呀？"张良回答说："我请求借着前面的筷子做算筹替大王计算一下利害。"张良说："从前商汤讨伐夏桀而封夏的后代在杞的原因，是估计到能制夏桀于死命。如今陛下能制项籍于死命吗？"汉王说："还不能。"张良说："这是不能那样做的第一个理由。周武王讨伐商纣而封商的后代在宋的原因，是估计能够得到商纣的头。如今陛下能够得到项籍的头吗？"汉王说："还不能。"张良说："这是不能那样做的第二个理由。武王进入殷都，立表彰显商容的里门，释放了被拘囚的箕子，给比干的墓堆土添坟。如今陛下能够给圣人的墓堆土添坟，立表彰显贤者的里门，在有才智的人的面前向他致敬吗？"汉王说："还不能。"张良说："这是不能那样做的第三个理由。周武王发放钜桥的存粮，散发鹿台的钱财，以便赐给贫穷的民众。如今陛下能够散发府库中的积蓄来赐给贫穷的民众吗？"汉王说："还不能。"张良说："这是不可以那样做的第四个理由。伐殷的作战已经完毕，武王把废弃的兵车改为篷车，把武器收藏起来，盖上虎皮，这样来向天下表示不再打仗。如今陛下能停止用武推行教化，不再用兵打仗了吗？"汉王说："还不能。"张良说："这是不可以那样做的第五个理由。周武王将战马放在华山的南面休息，表示没有能用它们的地方了。如今陛下能让战马休息而没有用得着的地方吗？"汉王说："还不能。"张良说："这是不可以那样做的第六个理由。周武王把供作战时运输用的牛放还到桃林塞的北边，以示不再需要运输积聚。如今陛下能够放还牛不再需要运输积聚吗？"汉王说："还不能。"张良说："这是不可以那样做的第七个理由。再说天下的游说之士离开他的父母兄弟，放弃护守祖宗的坟墓，告别知心的旧友，跟从陛下游历的，只是日夜盼望着想分得一点点土地。如今大王却要恢复六国，分封韩、魏、燕、赵、齐、楚各国的后代，天下的游士各自回去侍奉他们的君主，依从他的父母兄弟，

返回到旧友的怀抱和祖宗坟墓所在之地，陛下和谁去夺取天下呢？这是不可以这样做的第八个理由。况且现在没有比楚国强大的对手，假如复立六国为王的人再次屈服依从项王，陛下又怎么能够使他们臣服呢？果真用了这位说客的计谋，陛下夺取天下的大事就全完了。"汉王停止了吃饭，把嘴里的食物吐出来，骂着说："这个笨蛋书呆子，几乎坏了我的大事！"让人赶紧去销毁印章。

计封雍齿

汉四年，韩信攻破了齐国而想自立为齐王，汉王发怒。张良劝说汉王，汉王派张良授予韩信齐王印章，此事记载在《淮阴侯列传》中。

这年秋天，汉王追击楚王到了阳夏南面，战斗不利就在固陵坚守，诸侯们在约定的期限没有来到。张良劝说汉王，汉王用他的计策，诸侯们都来了。此事记载在《项羽本纪》中。

汉六年正月，高帝封赏功臣。张良未曾有过战斗的功劳，高帝说："在帷帐中运筹计谋，能决定千里以外战争的胜利，是子房的功劳。你自己挑

选齐国的三万户作为封邑。"张良说："最初我从下邳起事，和皇上在留县相遇，这是上天把我交付给陛下。陛下采用我的计策，侥幸有时能料中，我希望封给留县就很满足了，不敢承受三万户。"汉王就封张良做留侯，和萧何等人一同受封。

皇帝已经封赏了大功臣二十多人，其余的人日夜争论功名次序难以决定，因此没能进行封赏。皇帝在洛阳南宫，从楼阁间的通道上望见诸将经常一起坐在沙地上议论。皇帝说："这些人议论些什么？"留侯说："陛下不知道吗？这不过是在谋反而已。"皇帝说："天下刚刚安定，是什么原因要谋反呢？"留侯说："陛下从平民起事，依靠这些人夺取了天下，如今陛下做了天子，而所封都是萧何、曹参等亲近的故友，而所诛杀的都是以往的仇人。如今军吏计算功劳，认为天下的土地还不足以全面封赏，这些人担心陛下不能都给封赏，还担心被怀疑他们往日的过失而遭诛杀，所以就聚在一起谋反罢了。"皇帝担忧地说："这该怎么办？"留侯说："陛下平生所憎恨，群臣们

都知道，谁最严重？"皇帝说："雍齿和我有旧怨，曾经多次让我遭受窘困。我想杀了他，因为他功劳多，所以不忍心。"留侯说："如今先紧急封赏雍齿来显示给群臣看，群臣们见到雍齿都受封了，那么其他人就会稳下心来。"于是皇帝置备酒宴，封雍齿为什方侯，并紧急催促丞相、御史确定功劳次第进行封赏。酒宴散了以后，群臣们都欢喜地说："连雍齿都封了侯，我们就不用担心了。"

定都关中

刘敬劝告高帝："请您把国都建在关中。"皇帝为此感到很困惑，因为他左右的大臣都是崤山以东的人，他们大多数人劝皇上建都洛阳，理由是："洛阳东边有成皋，西边有崤山渑池，背靠黄河，面向伊水洛水，它的险固足以依恃。"留侯说："洛阳虽然有这样的险固条件，但是它所处地带开阔的平原很小，不过几百里，田地瘠薄，四面都能轻易受到敌人的攻击，这不是运用武力可以捍卫的地方。要说关中，左边是崤山、函谷关，右边是陇山、蜀山，肥沃的土地有千

里，南边还有巴蜀二郡的富饶，北边也有接近胡地能够繁畜牛马的实利，阻塞三面进行防守，独开一面往东就可以钳制诸侯。诸侯各国平定了，黄河、渭水可以把天下的贡赋漕运进来，向西供应京师；诸侯如果有人造反，沿着黄河、渭河顺流而下，足以运送军用物资，这就是所谓的金城千里、天府之国呀，刘敬的意见是对的。"于是高帝随即驾车起程，往西建都关中。

⊙ 荐举四皓

留侯跟随高帝进入关中。因为身体多病，留侯经常导引吐纳而不吃粮食，闭门不出有一年多。

皇帝想废掉太子，另立戚夫人的儿子赵王如意为太子。好多位大臣竞相劝谏，依然未能让高帝态度坚定不移。吕后恐惧，不知道怎么办。有人对吕后说："留侯善于出谋划策，皇上也很信任他。"吕后就派建成侯吕泽把留侯绑架过来，说："您是为皇上出谋划策的大臣，如今皇上想更换太子，您怎么能高枕而卧呢？"留侯说："当初皇上多次处于困迫急难之

▶ **彩绘雁鱼灯·西汉**

中国国家博物馆藏。山西省朔县照十八庄出土。雁鱼灯全系铜铸，整体作鸿雁回首衔鱼伫立状。雁额顶有冠，眼圆睁，颈修长，体宽肥，身两侧铸出羽翼，短尾上翘，双足并立，掌有蹼。雁喙张开衔一鱼，鱼身短肥，下接灯罩盖。雁冠绘红彩，雁、鱼通身施翠绿彩。并在雁、鱼及灯罩屏板上，用墨线勾出翎羽、鳞片和夔龙纹。雁鱼灯由雁首颈（连鱼）、雁体、灯盘、灯罩四部分套合而成，四个部分又可自由拆装，便于擦洗。该灯构思设计精巧合理，达到了功能与形式的完美统一，是一件难得的艺术珍品。

中，庆幸我的计策被采用了。如今天下安定，皇上因为宠爱戚夫人想更换太子，父子骨肉之间的事，即使是像我这样的有一百多人又有什么用处呢。"吕泽逼着留侯说："您要替我们谋划个计策。"留侯说："这件事很难用口舌去争辩。我想现在皇上不能招致而来的，天下还有四个人。这四个人年纪大了，他们认为皇上态度傲慢喜欢欺侮人，所以逃亡隐藏在山野之中，坚持道义不做汉朝的臣子。然而皇上尊崇这四个人。如今你果真能不吝惜金玉璧帛钱财，让太子写封信，以谦卑的言辞并准备安稳舒适的车子，派辩士去敦请，他们应该会来的。来了以后，让他们作为太子的宾客，时时跟随太子进入朝廷，如果皇上看见了，就必定会感到奇怪而进行询问。一询问，皇上知道这四个人贤能，

▶《商山四皓图》（局部）·宋·李公麟

辽宁省博物馆藏。此图卷以白描手法分别画秦末高士东园公、角里先生、绮里季、夏黄公四人避乱隐居于商山的故事。此作品入藏清宫后和《会昌九老图》装裱成一卷，中间以黄绫隔水断开。整幅作品笔致纤弱工谨，清秀典雅，取材于隐居生活、文士会友，与士人画关系密切。

那么这样一来，就是对太子的一种帮助。"于是吕后让吕泽派人捧着太子的信，用谦卑的言辞和优厚的礼物，去迎接这四个人。四人到了长安，客居在建成侯家中。

◆ 四皓佑盈

汉十一年，黥布谋反，皇帝有病，想派太子领兵，前往攻击黥布。四个人相互议论说："我们来的目的，是要想办法保存太子。太子统率军队，事情就危险了。"他们劝告建成侯说："太子统领军队，如果有功劳，在爵位上不会对太子之位有所增益；没有功劳，那么从此开始太子就要面临祸难了。而且和太子一起同行的诸将，都是曾经和皇上平定过天下的猛将，如今让太子去统领他们，这无异于让羊去统领狼，他们都不肯替太子尽力，那么没有功劳是肯定了的。我听说'母亲被宠爱，她生的儿子一定受宠爱'，如今戚夫人日夜侍奉皇上，赵王如意经常被抱在皇上的面前，皇上说'终究不能让不贤能的儿子处在爱子的上头'，很明白的表示赵王将要取代太子的地位。你何不赶紧请求太后找机会向皇上哭诉：'黥布，是天下的猛将，善于用兵作战，如今诸将都是陛下从

▶《商山四皓
图》·元·无款。

台北故宫博物院藏。
此图画汉初"商山四
皓"故事中建成侯吕
泽迎请四皓一节。画
面左下角有一队人
马,建成侯吕泽恭敬
地手捧书信正与童子
对话。山间小路崎岖,
云雾缭绕,溪水潺潺。
画幅偏右画有数人:
二老者对弈,一老者
拄杖观棋,二童子左
右陪侍,上方一老者
正拄杖下行,身后一
童子捧果盘相随。山
势高耸,乔松挺秀,
烘托出一派幽静清逸
之气,将四皓闲适的
生活恰如其分地表现
出来。

前的同辈，却让太子去统率这班人，无异于让羊统领狼，没有谁肯替太子效力，而且让黥布听说了，就会大张旗鼓地西进。皇上虽然有病，勉强坐在辎车上，躺卧着指挥诸将，诸将不敢不竭尽全力。皇上虽然劳苦，请他替自己的妻子、儿子考虑勉强支持。'"于是吕泽连夜去见吕后，吕后就找机会在皇上面前哭诉，按照四人的意思说了这番话。皇帝说："我就知道这小子不值得派遣，还是你老子自己去算了。"于是皇帝亲自统领兵众东征黥布，群臣居住都城留守，都到了灞水岸边送别。留侯身患重病，勉强支撑起来，来到曲邮拜见皇帝说："我应该跟从行军，但因为病得很严重没法同行。楚地人勇猛迅捷，希望皇上不要和楚地人逞强争斗以决胜负。"乘机劝告皇帝说："让太子做将军，监督关中的军队。"皇帝说："子房虽然生病，要勉强坐卧着扶持太子。"这时候叔孙通任太傅，留侯行使少傅职责。

🎵 鸿鹄之歌

　　汉十二年，皇帝击败黥布军队撤

兵回来，病得更加严重，越发想更换太子。留侯劝谏，皇帝不听，因此留侯借着有病不处理政事。太傅叔孙通陈述时引古论今，以死相争来保住太子。皇帝假装答应了，还是想要更换太子。等到举行宴会，摆上酒席，太子侍奉着。四个人跟从太子，他们年纪都八十多了，胡须眉毛都已经雪白了，衣服帽子的穿戴也很奇伟。皇帝觉得怪异，询问说："他们都是干什么的。"四人上前对答，各自说出姓名，说是东园公、角里先生、绮里季、夏黄公。皇帝于是大惊，说："我寻访诸位先生好多年，各位逃避不肯见我，如今各位为什么自愿跟随我的儿子，和他交游呢？"四人都说："陛下习惯轻视辱骂士人，我们坚持道义不接受侮辱，所以恐惧不安而逃走躲起来了。私下听说太子为人仁慈孝顺，谦恭和敬，爱护士人，天下人伸长脖子想替太子拼死效力。所以我们就来了。"皇帝说："烦劳各位自始至终帮助调护好太子。"

　　四人向皇帝敬酒祝贺健康长寿已经完毕，快步离去了。皇帝目送他们。招来戚夫人指着这四个人对她说："我

▶陕西汉中张良庙

想更换太子，那四个人辅导太子，太子翅膀已经长硬了，很难动摇他了。吕后确实是你的主人。"戚夫人大哭，皇上说："你给我跳一次楚舞，我给你唱支楚歌。"歌词说："天鹅高飞，振翅千里。羽翼已成，翱翔四海。翱翔四海，当可奈何！虽有短箭，何处施用！"歌曲唱了几遍，戚夫人抽泣流涕，皇帝起身离去，撤了酒宴。最

终没能更易太子，原因就是留侯设计招来这四个人并依靠他们的力量而导致的结果。

明哲保身

留侯跟从皇帝出击代国，在马邑城下谋划奇计，以及推举任命萧何做相国，和皇帝从容谈论天下的事情非常多，但都不是有关天下存亡的，所

以不加记载。留侯自己宣扬说："我家世代辅佐韩王，等到韩国灭亡，我不吝惜万金的钱财，替韩国向强秦报仇，使天下受到震动。如今凭借三寸之舌成了帝者之师，封了万户，位为列侯，这是一个平民能获得的爵位的顶点，对于我张良来说是很满足了。我希望以后抛弃人间俗事，想随仙人赤松子去云游。"于是张良学着只服用药物不吃粮食，运用导引的养生方法轻快自身。等到高帝去世，吕后感谢留侯，就强迫他吃一些饭，说："人一生在世上，就像骑着白马经过门缝这么短暂，何至于折磨自己到这个地步呢？"留侯不得已，勉强听从而服用食物。

过了八年留侯去世，谥号叫文成侯。儿子张不疑袭封为侯。

子房当初在下邳桥上所见到给自己《太公书》的那位老人，十三年以后跟从高帝经过济北郡时，果然在谷城山下见到了黄石，张良取回来后视为珍宝而加以祭祀。留侯去世，一并将黄石也安葬了。子孙每次上坟进行伏祭腊祭，同时也祭祀黄石。

留侯张不疑，孝文帝五年由于犯了不敬之罪，封国被废除了。

✦ 太史公说 ✦

学者们多半都说没有鬼神，然而却说有怪物。至于像留侯所见到的一位老人给了他书册，也算是怪事一桩。高祖遭受到困迫有过好多次，而留侯常常对化解这些困迫是有功劳的，难道不可以说是天意吗？皇上说："在帷帐中运算计策，来决定千里外战争的胜利，我比不上子房。"我本认为这个人大概很魁梧奇伟，等到看见他的图像，形状面貌就像一个妇人中的漂亮女子。孔子说过："用相貌来评判人，在子羽身上就出了错。"留侯也是这样的情况。

陈丞相世家 第二十六

【解题】本篇讲述陈平的一生，主要从三个方面着手的。一写陈平多阴谋。以反间乱楚、计擒韩信、解围白登，六出奇计，秘而莫闻。一方面肯定陈平"救纷纠之难，振国家之患"的功劳，一方面也是明其"本好黄帝、老子之术"内怀忍刻的本质。二写陈平善自脱。表现陈平有长远思虑注重保全自身而终能参与宰制天下的才能。三写陈平具智略。谒汉王之当日进说，辟谗言之陈述楚汉，驰传载勃代哙将之中途行计，伪听高后王诸吕而卒诛诸吕，以退为进让周勃为右丞相，事各有主之对文帝问宰相职，都表现了陈平的高深智略。故陈平于国能定宗庙，于己能获荣名，称贤相，得以善始善终。附传王陵。王陵虽智谋应对不如陈平，然其刚直不阿则远优于陈平，正因为如此，王陵不如陈平之能善始善终。二人同传，对比鲜明，可见司马迁的深刻用心。

❖娶妻脱困

丞相陈平，是阳武县户牖乡人。少年时家中贫穷，喜欢读书，家里有田地三十亩，兄长陈伯独居。陈伯常常耕田，支持陈平让他远游学习。陈平长得高大漂亮。有人对陈平说："你家贫穷，你吃什么东西长得这么好？"他嫂嫂忌恨陈平不照看家中的生产，说："也不过吃了些糠里的粗屑罢了。有个像这样小叔子，不如没有。"

陈伯听说了，把他的妻子赶走，和她离婚。

等到陈平长大，到了娶妻成家的时候，富人家的女儿谁也不肯嫁给他，贫穷人家的女儿陈平也看不起。过了很久，户牖乡的富人中有个叫张负的，张负的孙女五次出嫁丈夫都死了，没有谁再敢娶她。陈平想娶她。邑中一个人家有丧事，陈平家中贫穷，去替人家办丧事，帮助人家到得早走得晚。张负已经在办丧事的地方见到了陈

平，单单认为陈平会有大出息，陈平也借故很晚才离开丧家。张负跟着陈平到了他家中，他家住在靠外城城墙的一个穷巷子里，拿破烂的席子作门，然而门外却有很多贵人留下的车轮印迹。张负回家，对他儿子张仲说："我想把孙女嫁给陈平。"张仲说："陈平家贫，不从事生产劳动，全县城的人都耻笑他的所作所为，为什么偏偏把孙女嫁给他呢？"张负说："怎么会有像陈平这样长得仪表堂堂而长久处于贫穷低贱的人呢？"最终把孙女嫁给了陈平。因为陈平贫穷，就借钱给他买彩礼来行聘，并给他置办酒宴的钱来娶亲。张负告诫他的孙女说："不要因为陈平家里贫穷，侍奉人家就不恭谨。侍奉兄长陈伯要像侍奉父亲一样，侍奉嫂嫂要像侍奉母亲一样。"陈平娶了张家女子以后，资财用度更加宽裕，交游面一天比一天广。

里中进行社祭，陈平做主持人，分配祭肉特别均匀，父老们说："好，陈家小子会做主持人！"陈平说："哎呀，若是我陈平能够主持天下，也会像分配这祭肉一样呢！"

巧智脱项

陈涉起义在陈县称王，派周市攻取平定魏国地区，立魏咎为魏王，和秦军在临济相互攻击。

▶ 陈平雕像

陈平，西汉阳武户牖乡（今河南省兰考县）人，以谋略见长。在楚汉相争时，初在项羽手下做谋士。早期被项羽重用，因得罪亚父范增，逃归汉王刘邦帐下。曾多次出计策助刘邦。西汉建立后，任右丞相，后迁左丞相，曾先后受封户牖侯、曲逆侯（今河北省顺平县东），死后谥献侯。"反间计""离间计"，均出自其手。

陈平在这以前本已辞别了他的兄长陈伯，跟着一批青年人到临济侍奉魏王咎。魏王任命他做太仆。陈平劝说魏王不听，加上有人在魏王面前说他的坏话，陈平逃亡离去了。

过了好久，项羽攻城略地到了黄河岸边，陈平前往归顺他，跟着项羽入关灭亡了秦朝，项羽赐给陈平卿一级的爵位。项羽东归称王于彭城，汉王回师关中平定了三秦以后向东进攻，殷王司马卬反叛楚国。项羽就封陈平为信武君，率领魏王咎当时在楚地的部下前往平定叛乱，陈平打败降服了殷王后撤军。项王派项悍拜陈平做都尉，赐给他四百两黄金。过了没有多久，汉王攻夺了殷地。项王愤怒，将要诛杀上次平定殷地的一些将军吏卒。陈平担心被杀害，就封好赐给他的黄金和官印，派使者归还给项王，而陈平自身带着剑抄小路逃走了。在渡过黄河的时候，撑船人看见他这个美男子一个人行进，怀疑他是逃亡的将领，腰中应当有金玉宝器，眼睛盯着他，想杀死陈平劫夺财物。陈平恐惧，就脱下衣服光着身子帮助撑船。船的主人知道他身上没有钱财，就作罢了。

▶ 铁桎·秦

秦代刑具。1976—1979 年出土于秦陵郑庄石料加工场遗址和秦修陵人墓地等遗址。《汉书·楚元王传》"楚人将钳我于市"，颜注："钳，以铁束颈也。"可知铁钳是一种施于颈部的刑具。钳是秦代统治阶级镇压劳动人民的物证，也说明《史记》记载不误，当年确有一批刑徒身份的人在秦陵参加筑陵工程。

归汉销谤

陈平于是到达修武投降汉军，通过魏无知求见汉王，汉王召他进去。这时候万石君石奋做汉王的中涓，接受陈平的谒见，引陈平进见汉王。陈平等七个人一起进见，汉王赐给饮食。汉王说："吃完了饭，到客舍去休息。"陈平说："我是因为有事情来的，所要进献的言论不可以超过今日。"于是汉王和他谈论并很高兴，询问说："您在楚国担任什么官职？"陈平说："担任都尉。"汉王当天就任命陈平为都尉，让他给自己陪乘，并掌管监督和协调各位将领行动的职权。将领们全都喧嚣起来，说："大王日前刚得到一个楚国的逃兵，还不知道他能力的高下，随即就和他同坐一辆车，反过来还让他监护军队中我们这些老将！"汉王听说了，更加宠幸陈平。就带着他往东去讨伐项王。到了彭城，被楚国打败。汉王引领军队回来，收集散兵到了荥阳，任命陈平做亚将，隶属于韩王韩信，驻扎在广武。

绛侯周勃、灌婴等人都讲陈平的坏话："陈平虽然是个美男子，就像

▶ 鎏金铜壶·西汉

美国宾夕法尼亚博物馆藏。侈口，束颈，溜肩，肩部对称装饰铺首衔环，鼓腹，圈足。肩、腹部有三道较宽的弦纹。通体鎏金。此壶是西汉早期的常见器物，曾在南越王墓、陕西西汉墓等也出土过相类似的器物。

是帽子上装饰了光亮的美玉，他的内心却未必有才能。我们听说陈平住在家里时，偷着和他嫂子通奸；侍奉魏王不能容身，逃亡回到楚国；回到楚国不能相合，又逃亡归附汉王。今日大王尊贵他给予高官，让他监护军队，我们听说陈平接受了诸将的钱财，钱财给得多的得到好的对待，钱财给得少的得到差的对待。陈平，是个反反复复的乱臣，希望大王明察。"汉王怀疑起来，招来魏无知进行责备。魏无知说："我所说的是他的能

力；陛下所问的是他的品行。如今有尾生、孝己的品行而对于胜负的气数没有什么好处，陛下哪里有闲工夫去用他呢？楚汉互相对抗，我进荐有奇谋的人士，考虑的是他的计策是不是确实对国家有利而已。至于偷着和嫂子通奸和接受钱财又有什么值得怀疑呢？"汉王招来陈平责备说："先生侍奉魏王不相合，于是去侍奉楚王又离开了，如今又来跟从我共事，讲信义的人能够三心二意吗？"陈平说："我侍奉魏王，魏王不能采用我的见解，所以离开他去侍奉项王。项王不能信任人，他所信任宠爱的不是项氏家族的人就是他妻子的兄弟，即便是有奇谋的人士也不能重用，我于是离开楚国。我听说汉王能够用人，所以来归附大王。我赤身前来，不接受钱财就没有办事的费用。假如我的计谋策略有可以采用的，希望大王采用；如果没有可以采用的，钱财都还在，请求封存送回官府，请允许我辞职回家。"汉王这才道歉，给陈平厚重的赏赐，任命他做护军中尉，负责监督所有的将领，诸将才不敢再说他什么。

反间乱楚

自此以后，楚国进攻汉军很紧急，断绝了汉军的甬道，把汉王围在荥阳城中。过了好久，汉王担心起来，请求割让荥阳以西的土地来讲和，项王不答应。汉王对陈平说："天下纷纷扰扰，什么时候安定呀？"陈平说："项王的为人，谦恭有礼仁厚爱人，士人当中有高洁操守喜好礼节的多半肯归顺他。一旦到了论功行赏授爵位封食邑的时候，他就特别吝啬，士人也因

▶ **错金银嵌宝瑟内·西汉**

美国弗利尔美术馆藏。瑟内是古代乐器瑟上的构件。圆形帽顶，下有方銎。圆形帽顶上错金银装饰云纹，并镶嵌绿色宝石。显示出当时乐器装饰的华美程度。

▶ 错银云纹环·西汉

美国弗利尔美术馆藏。这三个青铜环是马饰件，马缰绳可以穿过其中。三个环造型规整，错银装饰云纹，显示了西汉时期马具的艺术性。

此不依附他。如今大王简慢而缺乏礼节，士人当中有操守高洁喜好礼仪的不肯前来；然而大王能慷慨地给人授爵位封食邑，士人当中圆滑没有骨气贪图功利的无耻之徒也就多半肯归顺汉家。假如双方能除去两方的短处，发挥两方的长处，天下在挥手之间就可安定了。然而大王恣意侮辱人，不能获得有高洁操守的士人。不过楚国有可以扰乱的地方，那项王的刚直臣子亚父、钟离眛、龙且、周殷之辈，不过几个人罢了。大王如果能拿出几万斤黄金，进行反间活动，离间他们的君臣关系，使他们内心互生怀疑，项王为人猜忌多疑相信谗言，他内部必定互相诛杀。汉家乘机发兵进攻他，打败楚国是必定的了。"汉王认为很对，就拿出四万斤黄金，给了陈平，任凭他随意用，不追问他支出的情况。

陈平已经用了很多黄金在楚军内部进行反间，放出言论说诸将像钟离眛这样的人替项王领兵作战，功劳有很多了，然而最终还是不能划给土地被封为王，

▶彩绘陶骑马俑·西汉

美国耶鲁大学艺术陈列馆藏。骑马俑身体微向后倾，双臂上屈，双手作握缰的姿势，头戴冠，身着直裾袍服，足蹬鞋。马头仰起，双耳直立，鬃毛修整，肌肉丰满，彩绘鞴鞯。整体造型庄重肃穆，展现了西汉骑兵的形象。

就想和汉家联合，来消灭项氏分他的土地各自称王。项羽果真猜忌起来不信任钟离眜等人。项王已经起了疑心，就派出使者到汉家来探听。汉王准备了牛、羊、猪等肉肴齐全的饭食，抬进来。一见是楚王的使者，就假装惊讶地说："我们以为是亚父的使者，原来却是项王的使者！"重新把这套饭食抬出去，换上一套粗劣的饭食给楚国使者。楚国使者回去把情况全都报告项王。项王果然深深怀疑亚父。亚父想紧急攻下荥阳城，项王不相信他，不肯听从。亚父听说项王怀疑他，就生气地说："天下事势的大局已经确定了，君王自己去干吧！我请

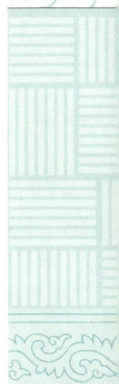

求辞职回家！"他在回去的路上尚未到达彭城，后背发了毒疮就死了。陈平于是在夜晚让两千名女子装扮成汉军从荥阳城东门出去，楚军因而袭击她们，陈平这才和汉王从城的西门在趁夜色逃脱。汉王于是进入关中，收集散兵再次向东进攻。

❖计擒韩信

第二年，淮阴侯攻破齐国，自行立做齐王，派使者来告诉汉王。汉王大为恼怒并破口大骂，陈平踩汉王的脚。汉王省悟过来，就优厚地款待齐王使者，派张子房立即封韩信做齐王。汉王把户牖乡封给陈平。汉王采用陈平的奇计，终于灭亡了楚国。陈平曾经以护军中尉的身份随从汉王平定了燕王臧荼。

汉六年，有人上书状告楚王韩信谋反。高帝询问诸将，诸将说："赶紧发兵把这小子坑杀算了。"高帝沉默不语。询问陈平，陈平一再推辞，说："诸将说什么？"高帝全都告诉他。陈平说："有人上书说韩信谋反的事，有人知道吗？"高帝说："还没有。"陈平说："韩信知道吗？"高帝说："不知道。"陈平说："陛下的精兵和楚国比较谁强？"高帝说："不能超过他。"陈平说："陛下的将领会打仗的有能超过韩信的人吗？"高帝说："没有谁能赶上他。"陈平说："如今兵力不如楚国的精，而将领的能力又赶

▶ **彩绘陶武士俑·西汉**

美国耶鲁大学艺术陈列馆藏。灰陶，呈站立状，头部方正，发髻盘在脑后，目视前方，口微张，表情严肃。身穿右衽衣，下着绔，足蹬靴。右手为持器械状，左手握拳。面部及手足部施陶衣，外衣和眉、目、口部分以红黑二彩装饰。

▶ **错银云纹车軏·西汉**

美国弗利尔美术馆藏。軏是马车构件，装在车衡的两侧，马嘴的缰绳从軏孔中穿过到达驾车者手足，避免了缰绳缠绕在一起。这四件车軏呈桥型，错银装饰云纹。

不上他，而发兵去进攻，这样会促使他举兵反抗，我私下认为陛下这样做很危险。"高帝说："那该怎么办？"陈平说："古时候天子去到一地巡游视察，就在那里会集诸侯。南方有个云梦泽，陛下只管出行假装巡游云梦泽，要在陈县会集诸侯。陈县，紧靠楚王封地的西界，韩信听说天子是正常的出外巡游，觉得形势必定无事而到郊外来迎接进见，一来进见，陛下就借机擒获他，这只不过是一个力士就能做到的事情而已。"高帝认为很好，就派出使者去告诉诸侯在陈县会聚："我将要向南巡游云梦泽。"高帝接着就开始出巡。行进还没有到达陈县，楚王韩信果然到郊外的道路中间来迎接。高帝预先准备了武士，看见韩信到了，就把他抓住并捆绑起来，放在随从的车上载着。韩信呼叫说："天下已经平定，我本当要被烹杀！"高帝回过头对韩信说："你不要大声喊

叫！你造反是明摆着的！"武士把韩信的两手反绑在背后。高帝就在陈县会见诸侯，平定了楚国全部的土地。回到洛阳，赦免韩信把他封为淮阴侯，并和功臣们剖分符节确定封赏。

白登解围

高帝当时和陈平剖分符节，世世代代都不断绝，封为户牖侯。陈平推辞说："这不是我的功劳。"皇帝说："我用先生的谋划计策，战斗取胜攻克顽敌，不是功劳又是什么？"陈平说："不是魏无知我怎么能能够进见陛下？"皇帝说："像你这样可称得上是不忘本了。"就再行奖赏魏无知。第二年，陈平以护军中尉的身份随从高帝到代地平定反叛的韩王信。仓促间到达平城，被匈奴所包围，七日没有得到军粮。高帝采用陈平的奇妙计策，派人会见了单于的阏氏，包围因而得以解除。高帝走出平城以后，这个计策很保密，世上没有人知道。

高帝往南经过曲逆，登上它的城头，望见城中的住家居室范围非常大，说："真是一座壮观的县城！我巡行天下，只见过洛阳和这里而已。"

回过头询问御史："曲逆的户口有多少？"御史回答说："当初在秦朝时有三万多户，近年来战争多次兴起，很多人逃亡隐藏起来了，如今现存五千户。"当时就诏告御史，把陈平改封为曲逆侯，尽享全县的赋税收入，废除以前的户牖乡食邑。

这以后，陈平以护军中尉的身份随从高帝进攻陈豨和黥布。总计有六次谋划出奇计，每次都增加了食邑，总共有六次增加封地。有的奇妙计策十分保密，世人很难知晓。

智释樊哙

高帝打败黥布撤军回来，因伤发

陈平墓

陈平墓位于陕西省西安市户县石井镇曹家堡村西北，墓基东西长25米，南北长30米，高17米，呈覆斗形。墓前有"汉曲逆侯陈公平墓"石碑一通，为乾隆四十一年（1776）孟秋，陕西巡抚毕沅书，户县知县汪以诚立石。石碑已迁学校保存。为省级重点文物保护单位。

陈丞相世家 第二十六

135

病，缓慢行进到达长安。燕王卢绾反叛，皇上派樊哙以相国身份领兵去平叛。樊哙已经出发，有人说坏话毁谤樊哙。高帝发怒说："樊哙见到我生病，就希望我死去。"便采用陈平的计谋，招来绛侯周勃在床前接受诏令，说："陈平赶紧乘传车载着周勃奔驰前去接替樊哙领兵，陈平到了军中就斩了樊哙的头！"二人已经接受诏令，乘着传车奔驰前进还没有到军中，行进途中二人谋划说："樊哙是皇帝从前的友人，功劳很多，而且又是吕后妹妹吕媭的丈夫，有亲戚关系并且尊贵，皇帝因为发怒的缘故，想斩杀他，只怕将来反悔。宁可把他拘囚起来而送给皇上，由皇上自己去诛杀他。"二人还没有到达军中，就建造了坛台，拿着符节招来樊哙。樊哙接受诏令，随即把他反手捆起来载在槛车里面，通过驿站相递送往长安，就让绛侯周勃代替他领兵，统率军队平定燕国参与反叛的各县。

陈平在返回时听到高帝去世，担心吕太后和吕媭听到谗言而发怒，就乘着传车先行回去。适逢使者来诏令陈平和灌婴屯驻在荥阳。陈平接受诏令，马上再行奔驰来到宫中，哭得非常悲哀，因而在灵柩前向吕后奏报处理樊哙一事的经过。吕太后哀怜他，说："您辛苦啦，回去休息吧。"陈平担心会有谗言

▶ "丞不败"耳杯·西汉

台北故宫博物院藏。椭圆形，浅腹平底，口沿两侧各有一片弧形耳，因器壁极薄，器身左上方近四分之一，及左耳的一半均残缺，幸好器底的铭文及大部分的花纹仍保留下来，可以清楚地看出在椭圆形的器底有细阳线的三角形纹，三角纹中有一行六个字的铭文："丞不败，利厚世。"

加在自己身上，乘机坚决请求在宫内值宿警卫。太后就任命他做郎中令，说："好好辅佐教导孝惠帝。"这以后吕媭的谗言才未能得逞。樊哙到了京城，吕后赦免了他并恢复了原有的爵位封邑。

王陵为相

孝惠帝六年，相国曹参去世，任命安国侯王陵为右丞相，陈平为左丞相。

王陵，原为沛县人，当初是县中的豪绅，高祖卑微的时候，像对待兄长一样的侍奉王陵。王陵缺少文才，听凭意气办事，喜好直言。等到高祖在沛县起事，进入咸阳，王陵也自己聚集了党羽几千人，屯驻在南阳，不肯依从沛公。等到汉王回身来进攻项籍，王陵才把兵众归属于汉。项羽把王陵的母亲安置在军中，王陵的使者来到，就让王陵的母亲朝东坐着，想用这个办法招降王陵。王陵的母亲在私下送别使者的时候，哭泣着说："替我传话给王陵，恭谨地侍奉汉王。汉王是个宽厚的长者，不要因为我的缘故，怀有二心。我用一死来送走您。"

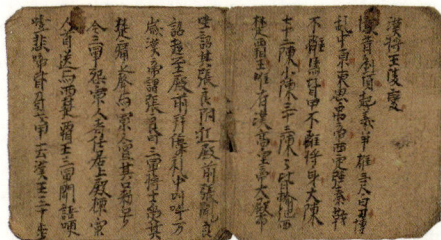

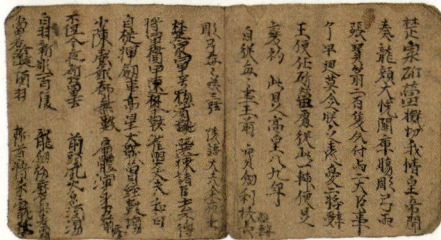

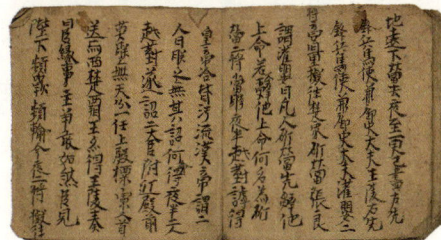

敦煌写本《王陵变》·唐

英国国家图书馆收藏。敦煌藏经洞出土。《王陵变》是根据汉将王陵的故事改编的说唱读物，故事的核心就是《史记》所记载的王陵之母的故事。此变文版本甚多，内容大同小异。

王陵母亲于是引剑自杀。项王发怒，烹煮了王陵的母亲。王陵最终随从汉王安定了天下。因为和雍齿友好，雍齿是高帝的仇人，而且王陵原本就无意依从高帝，由于这些缘故受封较晚，被封为安国侯。

安国侯王陵做了右丞相，两年后，

孝惠帝去世。高后想封吕氏家族的人为王，询问王陵，王陵说："不可以。"询问陈平，陈平说："可以。"吕太后发怒，就假装提升王陵做皇帝的太傅，实际是不任用王陵。王陵发怒，借口有病辞谢后被免了官，闭门不出，始终不朝见皇帝，七年后去世了。

计除诸吕

王陵被免去了丞相职位后，吕太后就迁升陈平为右丞相。任用辟阳侯审食其为左丞相。左丞相不设立具体官府，常常是在宫禁中处理事务。

审食其也是沛县人。汉王在彭城被打败后往西逃走时，楚国把太上皇、吕后取来当人质，审食其以舍人的身份侍奉吕后。在这以后随从高帝打败了项籍封了侯，被吕太后所宠幸。等到他做了左丞相，居住在宫禁中，百官都通过他来决断事务。

吕嬃因为此前陈平替高帝出谋拘执了樊哙，多次毁谤陈平说："陈平做丞相不处理政事，每日只是饮美酒，玩弄妇女。"陈平听说了，一天比一天更加严重。吕太后听说了，私下独自高兴。让吕嬃和陈平当面对质时说："俗话说'小孩、妇女嘴里的话是不能听的'，只看您和我的关系怎么样就行了。不要害怕吕嬃说您的坏话。"

吕太后封吕氏家族的人为王，陈平假装听从她。等到吕太后去世，陈平和太尉周勃联合谋划，终于诛灭了吕氏家族的人，让孝文皇帝继承皇位，这些事情陈平都是主要的谋划者。文帝继位后，审食其被免除了丞相职位。

文帝问相

孝文帝继位，认为太尉周勃亲自领兵诛灭了吕氏家族，功劳最多；陈平想把尊贵的职位让给周勃，就推辞有病。孝文帝刚刚继位，对陈平生病感到奇怪，询问他。陈平说："高祖的时候，周勃的功劳不如我陈平。等到诛灭了吕氏家族的人，我的功劳不如周勃。希望把右丞相让给周勃。"于是孝文帝就任用绛侯周勃为右丞相，位次排在第一；陈平迁为左丞相，位次排在第二。赏赐陈平千斤黄金，加封食邑三千户。

过了不多久，孝文皇帝已经能明

▶ 玉卮·西汉

台北故宫博物院藏。青玉质，多赭黄斑。全器圆筒状，器底是另嵌的圆玉片。全器以高浮雕技法镂刻有两只双身朱雀，其间穿插五只圆螭。朱雀勾喙尖嘴、双翅上扬，双足下方有螭。朱雀后方另有两只螭，形态不一。此器可能为改刀过的汉玉，推测由新石器时代的素琮改制而来，作饮器。

台北故宫博物院藏。青白玉质,玉色温润,局部杂赭斑,腹有两穿。全器以鹰为造型,尖喙衔珠,羽翅饱满开展,双爪内缩,做飞翔状。西汉时期玉雕动物佩件很流行,这件玉鹰就是西汉动物形制玉器的杰作。

了熟习国家的政事,上朝时询问右丞相周勃说:"天下一年审理判决多少个案件?"周勃谢罪说:"不知道。"皇上询问:"天下一年收入支出的钱谷数是多少?"周勃又谢罪不知道,紧张得汗流出来沾在背上,心里惭愧不能应对。于是皇帝又问左丞相陈平,陈平说:"各有主管的大臣。"皇帝说:"主管的大臣指的是谁?"陈平说:"陛下如果询问审理判决案件,可以咨询廷尉;询问钱谷数字,可以讯问治粟内史。"皇帝说:"假如各事都有主管的大臣,而您所主管的是些什么事呢?"陈平谢罪说:"我很惶恐!陛下不知道我才能低下,让我勉强担任宰相职务。宰相对上是辅佐天子调理阴阳,顺应四时,对下养育万物适时生长,对外镇抚四夷和诸侯,对内爱护团结百姓,使公卿大夫各自能

够胜任他们的职责。"孝文帝于是称赞他回答得好。右丞相非常惭愧，出来就责备陈平说："您怎么平常不教我如何对答！"陈平笑着说："您处在这个职位，不知道这个职位的责任吗？而且陛下如果询问长安城中盗贼的数目，您也要勉强回答吗？"这时绛侯自知他的才能不如陈平，过了不久，绛侯推辞说有病请求免除丞相职位，陈平独自承担了整个丞相职位。

孝文帝二年，丞相陈平去世，谥号是献侯。儿子共侯陈买接替侯位。二年后去世，儿子简侯陈恢接替侯位。二十三年后去世，儿子陈何接替侯位。二十三后年，陈何因犯强夺人家妻子的罪被判处死刑，封国废除。

当初陈平说："我筹划了很多诡秘的计谋，这是道家所禁忌的。我的后代如果被废黜，也就完了，最终不可能再次兴起，是因为我暗中埋下太多祸根。"他的后代曾孙陈掌由于是卫氏家族很亲的贵戚，希望能够接续陈家原来的封号，然而最终没有得到。

太史公说

丞相陈平年少的时候，本来就喜好黄帝、老子的学说主张。正当他在砧板上分割祭肉的时候，他的志向原本已经就很远大了。在朝廷倾危，社会混乱的情况下，他游离于楚、魏二国之间，最终归附了高帝。常常献出奇计妙策，解救了纷争错杂的危难，排除了国家的祸患。等到了吕后的时候，事情多有变故，然而陈平始终能自免于祸难，安定宗庙社稷，获得荣耀的名声终了一生，被称作贤相，难道不是善始善终吗？不具有才智谋略谁能做到这个地步呢？

绛侯周勃世家 第二十七

【解题】周勃之功在于从高祖定天下，尤为著者即诛吕安刘；周亚夫之功在于整饬军旅以防匈奴，尤为著者即平吴楚。这都与镇抚国家、安定社稷有重大关系，故列为世家。论赞指出了他们父子的不足为"足己而不学，守节不逊，终以穷困"，是可悲的。周勃、周亚夫同为功臣，所系均及国家存亡，故书为同篇。然这种父子同篇，开启了后代家谱式传记的先河，对后来史书传记的发展产生了一定的影响。

❖反秦功著

绛侯周勃，沛县人。他的祖先是卷县人，迁徙到了沛县。周勃靠编造养蚕的薄曲为生，还常常替人家在办丧事时吹箫，后来又成了能拉强弓的勇士。

高祖成为沛公刚刚起事时，周勃以中涓的身份追随进攻胡陵，攻下了方与。方与反叛，周勃和叛军交战，打退了敌人。接着他进攻丰邑。在砀郡的东边袭击秦军。军队回到留县和萧县驻扎。他再次进攻砀郡，把它攻取了。沛公进攻下邑，周勃最先登上了城墙。沛公赐给他五大夫爵位。周勃进攻蒙县、虞县，夺取了。他袭击章邯的车骑部队，获得下等功。平定了魏地。进攻爰戚、东缗，一直往前攻到栗县，都一一夺取了。进攻齮桑，他率先登上城墙。周勃在东阿城下袭击秦军，把他们打败了。追击到濮阳，攻下了甄城。进攻都关、定陶，袭击夺取了宛朐，俘获了单父的县令。夜间袭击夺取了临济，进攻张县，一直往前到达卷县，都攻破了。在雍丘城下袭击了李由的军队。进攻开封，先到达城下，立下了战功。后来章邯打败并杀死了项梁，沛公和项羽领着军队往东到达砀郡。从沛公刚刚在沛县起，到回至砀郡，是一年两个月。楚

怀王赐给沛公武安侯的封号，让他做了砀郡的地方长官。沛公任命周勃为统率禁卫部队的将领，根据命令周勃跟从沛公平定魏地。周勃在城武进攻东郡郡尉，打败了他。袭击王离的军队，打败了他。进攻长社，最先登上城墙。进攻颍阳、缑氏，断绝了黄河渡口。在尸乡北边袭击赵贲的军队。往南进攻南阳郡守吕齮，攻破了武关、峣关。在蓝田攻破了秦军，到达了咸阳，灭亡了秦朝。

项羽来到咸阳，封沛公为汉王。汉王赐给周勃爵位称威武侯。周勃随汉王进入汉中，被任命做将军。汉王回师平定了三秦，赐给周勃怀德作为食邑。汉王进攻槐里、好畤，周勃在将领中功劳最大。汉王在咸阳袭击了赵贲和内史保，周勃功劳最大。周勃向北进攻漆县，袭击章平、姚卬的军队。往西平定了汧县。回师攻下了郿县、频阳。在废丘包围了章邯。打败

兵马俑群·西汉

咸阳博物院藏。陕西咸阳杨家湾长陵陪葬墓出土。这批兵马俑共出土兵俑1965件，骑马俑583件，盾牌模型近千件，号称"三千人马"，属全国首次大批量出土的彩绘兵马俑，对于研究汉代的军制、战阵、雕塑艺术、埋葬制度等提供了丰富的实物资料，具有十分重要的意义。长陵是汉高祖刘邦的陵墓，其陪葬4号墓和5号墓据推测可能是西汉初年丞相和名将周勃（或周亚夫）夫妇墓。

了西县郡丞。袭击盗巴的军队，打败了他。进攻上邽。往东驻守峣关。转而袭击项籍。进攻曲逆，功劳最大。回师驻守敖仓，追击项籍。项籍已经死去，周勃乘势往东去平定楚地泗水郡、东海郡，总计夺得二十二个县。周勃回过来驻守洛阳、栎阳，高帝赏赐他和颍阴侯灌婴共同以钟离作食邑。周勃以将军身份随从高帝出击

▶ **骑兵俑一对·西汉**

咸阳博物院藏。陕西咸阳杨家湾长陵陪葬墓出土。尤其是陶骑兵俑集中排列，自成方阵，已经是独立的有战斗力的兵种。陶骑兵俑一般的着装和不够完善的马具，说明骑兵还处于开始发展的阶段，但与战国时期的骑兵相比，又表现出其装备日益完备的趋向；而身披铁铠的重装骑士，则已经开始占据他们的位置。

反叛的燕王臧荼，在易县城下打败了燕王，所率领的士卒在驰道上进行阻击，立下了战功。高帝赐给他列侯爵位，剖分符节世世代代不予断绝。食邑是绛县的八千一百八十户，号称绛侯。

❀ 率军平叛

周勃以将军身份随从高帝在代地出击反叛的韩王信，降服了霍人县。接着周勃进军到达武泉，出击胡人骑兵，在武泉北边打败了他们。转而进攻韩信在铜鞮的军队，打败了他们。回师降服了太原郡的六座城。周勃在晋阳城下袭击韩信的胡人骑兵，打败了他们，攻下了晋阳城。随后在硰石袭击韩信的军队，打败了他们，追击逃军达八十里。回师进攻楼烦的三座城，乘机在平城城下出击胡人骑兵，所率领的士卒在驰道上阻击，立下了战功。周勃升任太尉。

周勃出击陈豨，屠灭了马邑。他所率领的士卒斩杀了陈豨的将军乘马絺。在楼烦出击韩信、陈豨、赵利的军队，打败了他们。俘获了陈豨的将领宋最、雁门郡守圂。周勃乘机转而

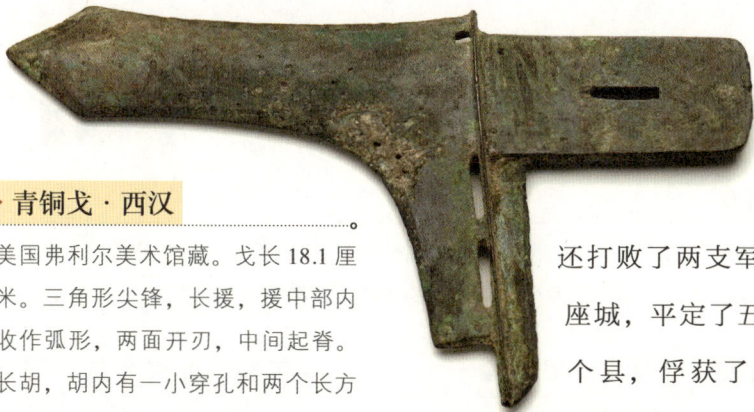

青铜戈·西汉

美国弗利尔美术馆藏。戈长 18.1 厘米。三角形尖锋，长援，援中部内收作弧形，两面开刃，中间起脊。长胡，胡内有一小穿孔和两个长方形穿。直内，内上有一横穿。

进攻俘获了云中郡守遬、丞相箕肆、将领勋。周勃平定了雁门郡十七个县，云中郡十二个县。接着周勃乘势在灵丘再次出击陈豨，打败了他，斩杀了陈豨，俘获了陈豨的丞相程纵、将军陈武、都尉高肆，平定了代郡九个县。

燕王卢绾反叛，周勃以相国身份代替樊哙领兵，出击并攻下了蓟县，俘获了卢绾的大将抵、丞相偃、郡守陉、太尉弱、史大夫施，屠灭了浑都。周勃在上兰攻破卢绾军队，接着在沮阳出击并打败了卢绾的军队。追击到达了长城，平定了上谷郡十二县，右北平郡十六县，辽西郡、辽东郡二十九县，渔阳郡二十二县。周勃总计随从高祖俘获了相国一人，丞相二人，将军、二千石官吏各三人；另外

还打败了两支军队，攻下了三座城，平定了五个郡，七十九个县，俘获了丞相、大将各一人。

周勃安刘

周勃为人质朴刚强，高帝认为可以把要办的大事托付给他。周勃不喜欢文章学问，每次召见儒生和游说之士，自己向东坐着责备他们："赶快对我说吧。"他直率缺乏文采就是这样。

周勃平定燕地回来时，高祖已经去世了，以列侯的身份侍奉孝惠帝。孝惠帝六年，设置了太尉官职，任命周勃为太尉。十年后，高后去世。吕禄以赵王身份担任汉朝廷的上将军，吕产以吕王的身份担任汉朝廷相国，把持汉朝廷的大权，想推翻刘氏家族。周勃为太尉，不能进入军门，陈平做丞相，不能管理政事。于是周勃和陈平合谋，终于诛灭了吕氏家族的人并确立了孝文皇帝。这方面的详细情况

美国弗利尔美术馆藏。长 24.8 厘米。剑身狭长，前锋尖锐，中脊隆起，格饰兽面纹，中有两个突起的兽目。喇叭形圆茎，其上有双勾斜线缠绕的式样，圆首底部有一孔。

记载在《吕后本纪》《孝文本纪》两篇中。

❁ 狱吏之尊

文帝即位后，任命周勃为右丞相，赐给黄金五千斤，食邑一万户。过了一个多月，有人劝告周勃说："您已经诛灭了吕氏家族，确立了代王，声威震动天下，而您接受了厚重的赏赐，处在尊贵的地位，受到宠幸，时间一久了就会有祸难降临在您身上了。"周勃恐惧，自己也感到危险，就请求辞职，归还丞相印章。皇上允许了。过了一年多，丞相陈平去世，皇上再次任用周勃做丞相。过了十多个月，皇上说："前些日子我诏令列侯都到自己的封国去，有的人还没能成行，丞相是我所看重的人，还是率先到封国去吧。"就免除了周勃的丞相职位回归封国。

过了一年多，每次河东郡的郡守、郡尉巡视各县到达绛县，绛侯周勃担心自己被诛杀，常常是身上披着甲，让家中其他人拿着武器来会见他们。这以后有人上书状告周勃造反，皇上将此事交给廷尉办理。廷尉把这件事交给长安地方去办理，长安县把周勃逮捕起来加以惩处。周勃恐惧，不知道怎么回答。官吏逐渐地侵害凌辱他。周勃把一千斤黄金给了狱吏，狱吏就在木牍背后写上字暗示他，说"让公主替你作证"。公主，是孝文帝的女儿，周勃的大儿子周胜之娶了她为妻，所以狱吏教周勃让她出来作证。周勃把加封所接受的赏赐，全都给了薄昭，等到周勃拘囚起来的事情紧急时，薄昭替他在薄太后面前说好话，太后也认为没有造反这回事。文帝朝见太后，太后顺手抓起头巾扔向文帝，说："绛侯身上原来系着皇帝

图说 史记

的印玺，统率军队驻守在北军，不在这个时候反叛，如今只居住在一个小小的县里，反而还想造反吗！"文帝已经看见了绛侯在狱中的供词，便谢罪说："官吏已经查证清楚要放他出来了。"于是派使者持着符节赦免了绛侯，恢复了封爵食邑。绛侯出来以后，说："我曾经统率百万军队，然而哪里知道狱吏的尊贵呢！"

绛侯重新回到封国。孝文帝十一年周勃去世，谥号是武侯。儿子胜之继承侯位。过了六年，和他所娶的公主两人感情不和，因为犯了杀人罪，封国被废除。爵位中断一年后，文帝选择绛侯周勃儿子中贤能的河内郡守周亚夫封为条侯，接续绛侯的爵位。

❂ 细柳军威

条侯周亚夫在没有封侯还是河内郡郡守的时候，许负给他看相，说："您以后三年会封侯。封侯八年后会出任将相，掌握国政大权，非常贵重，在人臣当中没有第二个。然而九年后您会饿死。"亚夫笑着说："我的兄长已经接替父亲的侯爵了，假如他去世了，他的儿子应当继承，我亚夫怎么谈得上封侯呢？然而既已贵重得像您说的那样，又怎么说会饿死呢？请您指教我。"许负指着他的嘴说："您脸上有道竖纹进到嘴里，这是饿死的征兆。"过了三年，他的兄长绛侯周胜之有罪，孝文帝选择绛侯周勃儿子中贤能的，都推举周亚夫，文帝就封周亚夫做条侯，接续绛侯的爵位。

文帝后元六年，匈奴大举侵入边界。文帝任命宗正刘礼为将军，驻军在霸

铜胄·西汉

美国弗利尔美术馆藏。高 20.1 厘米。前额弧曲，后项呈半圆弧形。顶附方形穿纽，两侧护腮底缘前后各附一长方形小穿纽，上下穿绳于颈下系结，可使头盔固定。整体设计简便实用。

上；祝兹侯徐厉为将军，驻军在棘门；任用河内郡郡守周亚夫为将军，驻军在细柳——来防备胡人。皇帝亲自去慰劳军队。皇帝到了霸上和棘门的驻军地，直接奔驰进入军营，从将军以下的官员都骑马迎送。随后皇帝到了细柳的驻军地，军队的官吏都披着甲，拿着锋利的武器，弓弩张开，弓弦拉满。天子的先头部队到达，不能进军营。先头

▶《帝鉴图说》之汉文帝屈尊劳军·明·无款

法国国家图书馆藏。此幅作品虽出自《帝鉴图说》，而其故事的根本就是《史记·绛侯周勃世家》中的汉文帝细柳营劳军的故事。画面以细致的工笔画法再现了汉文帝进入细柳军营缓辔而行、大将军周亚夫躬身施礼的细节。

部队说："天子将要到达！"掌管军门的都尉说："将军有命令说'军营中只听将军的命令，不能听天子的诏令'。"过了没多久，皇帝到达，又不能进军营。于是皇帝就派使臣持着符节诏令将军："我想进入军营慰劳军队。"周亚夫才传话打开营门。营门的官吏对皇帝的从属车骑人员说："将军规定，在军营里面不能长驱奔驰。"于是天子就放松缰绳缓慢前行。到了营中，将军周亚夫带着兵器作揖说："穿着铠甲的武士不跪拜，请求用军礼参见皇上。"天子被他感动，马上变得严肃庄重，俯身在车前横木上。派人向他道谢："皇帝恭敬地慰劳将军。"完成劳军的礼仪后离去。出了军门以后，群臣感到非

常震惊。文帝说："啊，这才是真正的将军呀！刚才霸上、棘门的驻军，好像是儿戏一般，他们的将军本来就可以袭击并加以俘虏了。至于像周亚夫，谁又能去侵犯得了他呀！"文帝长时间称赞他是个好将领。一个多月以后，三处的军队都撤走了。文帝就任用周亚夫做中尉。

平定吴楚

孝文皇帝将要去世的时候，告诫太子说："如果发生紧急情况，周亚夫完全可以统率军队。"文帝去世，景帝任命周亚夫为车骑将军。

孝景皇帝三年，吴、楚等七国反叛。周亚夫由中尉升任太尉，向东出击吴、楚等国军队。周亚夫乘机向皇上提出请求说："楚国军队凶悍轻捷，很难和他们争斗交锋。希望把梁国舍弃掉，然后切断他们的运粮通道，才可以制服他们。"皇帝答应了。

太尉周亚夫已经把军队会合到荥阳，当时吴国正在进攻梁国，梁国危急，请求救援。太尉领兵往东北方向跑到昌邑，深筑营垒加以固守。梁国天天派出使者请求太尉救援，太尉认为坚守有利，不肯前去救援。梁王上书给景帝，景帝派使者诏令援救梁国，太尉不按诏令去做，坚守营垒不出兵作战，而派出轻骑兵弓高侯韩颓当等人去切断吴楚军队后方的运粮通道。吴国军队因缺乏粮食而饥饿，数次想

▶ 白玉剑格·西汉

美国弗利尔美术馆藏。白玉制成，高6厘米。玉质温润。中脊突起，两面纹饰相同，琢刻阳纹勾云纹，鋬孔长圆形。此剑格造型规整，制作精细，应是西汉时期王侯将相所用之物。

挑动交战，太尉始终不出兵。夜间，军队突然发生骚乱，内部互相攻击扰乱，闹到了太尉的军帐外边。太尉始终安睡不起身。过了一会儿，军队重新安定了下来。后来吴国军队奔袭营垒的东南角，太尉让防备西北方向。随即吴国的精兵果然奔袭西北，没能冲进营垒。吴国军队已经很饿了，吴王就领着兵撤离。太尉派出精兵追击，大败吴军。吴王刘濞抛弃他的军队，和壮士几千人逃跑，到达长江南岸的丹徒自保。汉朝廷的军队因而乘胜攻击，将他们全部俘虏，降服了他的士兵，又悬赏千金杀吴王。一个多月后，越地人斩了吴王的头来报告。双方攻守总计是三个

▶ 玉角形杯·西汉

台北故宫博物院藏。杯呈角形，玉青白色，带褐斑。角形杯在战国汉代间存在不多，西汉南越王墓出土一件，是为著名之例，唯在明清之际却出现不少仿古之作。一般认为此种角形之杯是来自域外之物。此件玉角形杯器身外盘以浅浮雕的龙纹装饰，玉色白里透褐黄，雕工极精细。

月，而吴楚叛乱就被打败平定。这个时候将领们才认识到太尉的计谋是对的。正是因为此事，梁孝王和太尉之间产生了隔阂。

帝相争端

周亚夫回到朝廷，景帝重新设置太尉官职。五年后，周亚夫被提升为丞相，景帝特别器重他。景帝要废掉栗太子，丞相周亚夫坚决反对极力相争，没有成功。景帝因为这件事疏远了他。而梁孝王每次来朝拜，常常和太后说起条侯的短处。

窦太后说："皇后的兄长王信可以封侯。"景帝推辞说："当初南皮侯、章武侯先帝都不给封侯，等到我即了皇帝位才给封侯。王信是不能封的。"窦太后说："君主各自依时行事而已。窦长君在世的时候，始终不能封侯，死了以后他的儿子彭祖反倒得了侯，我感到特别遗憾。皇帝赶紧给王信封侯吧！"景帝说："我先和丞相商议

▶ 铜灶·西汉

台北故宫博物院藏。青铜质灶，舟形身，有如底部平整的尖叶，上有三火眼，近口处二火眼较小，近灶身尖收处者大，直筒状烟囱，出口略弧作兽首。小火眼上置圆口小锅，大火眼上置双层叠架炊煮器。本器尺寸虽小，却是具体细致地再现了实体灶形，很可能是制作较为讲究的明器。

一下。"景帝和丞相商议的时候，周亚夫说："高皇帝约定'不是刘氏家族的不能够封王，没有功劳的不能够封侯。不遵守这个约定，天下的人可以共同攻击他'。如今王信虽然是皇后的兄长，没有功劳，给他封侯，不符合约定。"景帝沉默不语，这件也就搁置下来了。

非少主臣

这件事之后，匈奴王唯徐卢等五个人来投降，景帝想封他们为侯来劝勉以后投降的人。丞相周亚夫说："他们背叛自己的君主投降陛下，陛下给

鎏金铜弩机·西汉

他们封侯，那么拿什么来谴责不守气节的臣子呢？"景帝说："丞相的意见不可采用。"就封唯徐卢等人为列侯。周亚夫因而借口有病辞职。景帝中元三年，周亚夫因病被免除丞相之职。

不久，景帝居住在宫禁中，招来条侯，赐给他饮食。只在席上放了一大块肉，没有其他切碎的肉，也不放筷子。条侯心里不痛快，回头叫主持宴席的人拿来筷子。景帝看着他发笑说："这不能满足您所企求的吗？"条侯脱下帽子谢罪。皇帝让他起来，条侯因而快步出宫。景帝目送他走了，说："这个快快不满的人不会是年少君主的安分臣子！"

绝食而死

过了没有多久，条侯周亚夫的儿子替父亲从工官和尚方两官署购买了五百具可以殉葬的铠甲和盾牌。搬取的雇工受累，还不给工钱。雇工知道他偷买了天子用的器物，很生气，就上书告发他谋求变乱，事情的罪恶牵连到条侯。皇帝知道有上书以后，就交给官吏办理。官吏根据文书所引的

罪状责问条侯，条侯不回答。景帝责骂他说："我不任用你了。"命令把他送到廷尉那里去。廷尉责问说："您是想造反吗？"周亚夫说："我所购买的器物，都是随葬的用具，怎么说是要造反呢？"官吏说："您即便不是在地上造反，也是想在地下造反的。"官吏侵害得更加紧急。开始时，官吏拘捕条侯，条侯想自杀，夫人制止了他，所以没有死掉，就转到廷尉这里来了。周亚夫绝食五天，吐血而死。封国被废除。

侯爵中断一年，景帝就另外封绛侯周勃的另一个儿子周坚做平曲侯，接续绛侯的爵位。平曲侯在位十九年去世，谥号是共侯。儿子周建德接替侯位，十三年后，做了太子太傅。因为违犯规定交了成色不好的助祭献金，元鼎五年，被判有罪，封国被废除。

条侯周亚夫果然是饿死的。他死了以后，景帝才封王信为盖侯。

❧ 太史公说 ❧

绛侯周勃当初做平民的时候，是个出身卑微、品性质朴的人，才能没有超过一般的人。等到跟从高祖平定天下，就身居将相的高位，吕氏家族想发动叛乱，周勃挽救国家的危难，重新使它归于正道，即使是伊尹、周公这样的人，也没法超过他！周亚夫用兵作战，秉持着威严庄重，执着坚忍不拔，就是司马穰苴又哪能超过他？但是他满足于自己的才智而不肯虚心学习，能谨守节操却不恭顺，终于因此而陷入了穷途困境，很可悲呀！

梁孝王世家 第二十八

【解题】本篇表现了汉代诸侯王的骄奢横溢。梁孝王刘武以其为窦太后之少子、景帝之弟而得到特别优越的赏赐及封地。此时正值汉家隆盛之际，植财货，广宫室，而车服拟于天子。窦太后偏心梁王，景帝依从母后，袁盎等大臣谏说，梁王派人刺死袁盎。太后悲泣，景帝忧惧。由于母后干预政事，景帝听从母后则有害国家，遵从政事必违异母后，以孝治天下处不好就将会有不能忠于国家的情况出现，这是封建君主制下太后涉政的一个弊端。司马迁注意到这一问题，对窦太后的所作所为给予了批评。

◆刘武封王

梁孝王刘武，是孝文皇帝的儿子，他和孝景帝是一母所生。母亲就是窦太后。

孝文帝总共有四个儿子：长子是太子，这就是孝景帝；次子刘武；三子刘参；四子刘胜。孝文帝继位的第二年，封刘武为代王，封刘参为太原王，封刘胜为梁王。过了两年，孝文帝把代王改封为淮阳王，将代地全都给了太原王刘参，太原王刘参改称代王。刘参被封之后十七年，于孝文帝后元二年去世，谥号为孝

王。刘参子刘登继承王位，这就是代共王。刘登继位二十九年，在元光二年去世。他的儿子刘义继位，这就是代王。十九年，汉朝廷扩充关隘，以常山为界，就把代王迁移到清河做王。刘义改封为清河王是在元鼎三年。

当初，刘武做了十年淮阳王，梁王刘胜去世，谥号是梁怀王。怀王是孝文帝最小的儿子，文帝喜爱宠幸他超过了其他的儿子。第二年，孝文帝把淮阳王刘武改封为梁王。刘武始受封为梁王，是孝文帝十二年。梁王从初封王到这时已经历了十一年。

◆ 梁孝王雕像

这座雕像安置在河南永城芒砀山的梁孝王墓内。自1991年梁孝王墓发掘以来，这里已经被辟为旅游景区。作为窦太后的爱子，汉景帝的胞弟，梁孝王在生前可谓受尽宠爱。其墓早年被盗劫一空。《曹操别传》载曹操"引兵入砀，伐梁孝王冢，破棺收金宝万余斤"。可见墓中陪葬品是相当丰富的。

◆ 恃宠而骄

　　梁王十四年，梁王刘武进京朝见皇帝。十七年、十八年，接连进京朝见皇帝，留在京师，第二年才回到封国。二十一年，梁王进京朝见皇帝。二十二年，孝文帝去世。二十四年，梁王进京朝见皇帝。二十五年，他再次进京朝见皇帝。这时候景帝还没有立太子，景帝和梁王在参加家庭便宴时，曾经顺口对梁王说："我死了之后把皇位传给你。"梁王谦虚地推辞。虽说梁王知道这不是实话，然而内心却很高兴。窦太后听说后也很高兴。

　　这年春天，吴、楚、齐、赵等七国反叛。吴、楚联军首先攻击梁国的棘壁，杀死了几万人，梁孝王依据睢阳城进行防守，派出韩安国、张羽等做大将军，来抵御吴、楚联军。吴、楚联军因为梁国的阻隔，不敢越过梁国而向西进发，因而和太尉周亚夫等人对峙了三个月。吴、楚破灭，梁国所斩杀俘虏的吴楚军队和汉朝廷大致一样多。第二年，汉朝廷立了太子。这以后，梁王和皇帝关系最密切，并且有功劳，又是大的封国，占有天下肥沃的土地。梁国封地北边以泰山为界，西边到了高阳，共有四十多座城邑，大多数都是大县。

155

梁孝王是窦太后的小儿子，太后特别喜欢他，赏赐给他的钱财不计其数。因此梁孝王建造了东苑，纵横三百多里。把睢阳城扩充到七十里。大规模建造宫室，在高空架设通道，从宫中连接到平台长达三十多里。梁王得以使用天子赐给的旌旗，出游时跟随的有千乘万骑。自东到西到处奔驰打猎，仪仗规模类似于天子。出入宫殿都要清道戒严，严加警戒。招揽延请四面八方的豪杰，自崤山以东的游说人士，都来到了梁国，其中有齐国人羊胜、公孙诡、邹阳等人。公孙诡多有奇特邪僻的计策，他初次拜见梁王，就获得了千金的赏赐，官职做到了中尉，梁国称他为公孙将军。梁国制作了大量的兵器、弓弩、戈矛等，数量有几十万件，并且府库里面的金钱还有一百万万，珠玉、宝器的数量比京师还要多。

❖ 刺杀大臣

二十九年十月，梁孝王进京朝见景帝。景帝派使者拿着符节乘着皇帝的副车，到函谷关前去迎接梁王。梁王朝见以后，呈上奏章请求而获准留

在京师，这是因为太后爱他的缘故。梁王入宫就侍奉景帝，和景帝同乘辇车，出宫就和景帝同车游猎，到上林苑去射猎禽兽。梁国的侍中、郎官、谒者登记名簿就可以通行进出天子的殿门，和汉朝廷的宦官没有两样。

十一月，景帝废除了栗太子，窦太后心里想让梁王做继承人。大臣们和袁盎等人在景帝面前进行了劝谏，

梁园

梁园又名梁苑、菟园、睢园、修竹园，俗名竹园。位于今河南商丘睢阳区，是梁孝王建造的园林，距今已有两千多年的历史。《史记·梁孝王世家》言梁苑"方三百余里"，这里的"方"是"方圆"的意思，但方圆三百里并非实指，所以《索引》说"盖言其奢，非实辞"。据后人考证，梁园的实际周长在40千米至50千米。梁苑规模宏大，集离宫、亭台、山水、奇花异草、珍禽异兽、园林为一体，是供帝王游玩、出猎、娱乐等多功能的苑囿。古代有众多诗品名篇咏颂梁园，如诗仙李白的《梁园吟》。

▶ 《梁园飞雪图》·清·袁江

"梁园"又名"菟园"，是西汉梁孝王刘武所建的一处私家园林，本图作者将这座历史上著名的园林建筑置于冬季的雪景之中，庭院、屋顶、山石上都留出大片空白，表现厚厚的积雪，精美的殿堂在白雪的映衬下愈发显得富丽堂皇。寒冷并没有影响到园内的热烈气氛，殿堂内灯火通明，歌舞喧嚣，豪华的盛宴正值高潮。

窦太后的意见被阻止了，从此太后也就不再提让梁王做继承人这件事。因为事情秘密，世人没有谁知道。梁王就告辞回到了封国。

这一年夏四月，景帝确立胶东王为太子。梁王怨恨袁盎和参与讨论的大臣，就和羊胜、公孙诡一班人谋划，暗中派人刺杀了袁盎和其他参与讨论的大臣等十多个人。景帝下令追捕实施暗杀的凶手，没有能捕获。因此景帝怀疑这件事是梁王干的，后来捕获到凶手，果然证明是梁王主使的。景帝就不断派遣使者去梁国，使者在道路上络绎不绝，通过对梁国的审察检验，要求逮捕公孙诡、羊胜。公孙诡、羊胜隐藏在梁王后宫中。使者责问梁国二千石的官员很紧迫，梁相轩丘豹和内史韩安国向梁王进言劝告，梁王才命令羊胜、公孙诡自杀，把他们的尸首交出。景帝因此怨恨责怪梁王。梁王恐惧，就派韩安国通过长公主向太后认错，这才得到景帝宽恕。

景帝的怒气逐渐消释，因而梁王呈上奏书请求朝见，已经到了函谷关，茅兰劝说梁王，让他乘坐普通人的车辆，由两名随从骑手跟着进了京都，隐藏在长公主的园囿之中。汉朝廷派使者去迎接梁王，然而梁王已经进入关内，他的车骑全部住在关外，谁也不知道梁王在什么地方。太后哭泣着说："皇帝杀死了我的儿子。"景帝忧虑恐惧。于是梁王来到宫门前伏在斧锧上认错，然后太后、

▶ 白玉剑格·西汉

梁孝王墓出土。白玉籽料雕琢而成，器表留有红皮，玉质上佳。剑格一面用高浮雕及圆雕技法雕一螭虎，匍匐爬行，并利用红皮俏色螭面。螭后腿被一小熊咬住，形象可爱。剑格另一面阴刻兽面纹及卷云纹。整体构思巧妙，匠心独运，是汉玉之精品。

景帝都特别高兴，相互哭泣，兄弟情恢复到和以前一样。景帝召唤梁王的随从官员随后进关。然而景帝更加疏远梁王，不和他同坐车辇了。

三十五年冬天，梁王再次来朝，呈上奏章想留在京师，景帝没有允许。梁王回到封国，心意恍恍惚惚很不愉快。他往北到梁山打猎，有人献上一头牛，牛有只脚长在背上，孝王厌恶这件事。六月中旬，梁王得了热病，六天后就去世了，谥号为孝王。

➡孝王后事

孝王慈爱孝顺，每次听说太后有病，口不能进食，居不能安睡，常常想留在长安侍奉太后。太后也宠爱他。等到听说梁王去世了，窦太后哭得特别伤心，不进饮食，说："皇帝果然杀死了我的儿子！"景帝悲哀恐惧，不知道怎么办好。景帝和长公主商议后，就把梁国一分为五，封孝王的五个儿子为王，五个女儿都能享受汤沐邑。于是把这些措施上奏给太后，太后这才高兴，为皇帝的这个举动吃了一顿饭。

梁孝王长子刘买被封为梁王，这

▶玉舞人·西汉

梁孝王墓出土。白玉质，片状。双面透雕舞人形象，作翘首折腰状。北京大葆台汉墓也出土过此种玉舞人，不同的是此舞人上扬手臂衣袖稍短，下垂衣袖呈三片状，并且表情更为丰富，呈微笑状，身体前倾，腰束网格纹宽带，并以阴刻线勾饰衣纹，上下各有一圆穿孔。

就是共王；儿子刘明为济川王；儿子刘彭离为济东王；儿子刘定为山阳王；儿子刘不识为济阴王。

梁孝王还没有死的时候，财产要用万万来计算，多得数也数不清。等到他死了，府库里面剩余的黄金还有四十多万斤，其他的财物也与此相当。

梁共王三年，景帝去世，共王在位七年去世，他的儿子刘襄继位，这就是平王。

▶ 玉凤形佩 · 西汉

梁孝王墓出土。青白玉，凤钩喙，杏眼，挺
胸屈身，胸前有一朵花蕾，内饰网格，尾部
已残，凤颈、底端及尾部各有一穿孔。

任后之乱

　　梁平王刘襄十四年，平王的母亲
是陈太后。共王的母亲为李太后。李
太后，是平王的亲祖母。而平王的王
后姓任，这就是任王后。任王后很得
平王刘襄的宠幸。当初，孝王在世的
时候，有一件罍尊，价值千金。孝王
告诫后代，珍藏这座罍尊，不能把它
送给别人。任王后听说了，就想得到
罍尊。平王的祖母李太后说："先王
有命令，不能把罍尊给人。其他物品
即使价值一百万万，都是可以任意送

人的。"任王后特别想得到它，平王
刘襄径直派人打开府库取走罍尊，赐
给任王后。李太后大为恼怒，这时汉
朝廷的使者来到，李太后想自己去对
使者陈说此事。平王刘襄和任王后拦
阻她，把门关上，李太后和他们争着
要开门，夹了手指，就没有能够见到
汉朝廷的使者。李太后也暗地和食官
长以及郎中尹霸等士人通奸淫乱，而
平王和任王后借此派人暗示劝阻李太
后，李太后自身有淫乱行为，也就作
罢了。后来李太后生病时，任王后不
曾去请安问病，李太后去世了，任王
后又不居丧守孝。

　　元朔年间，睢阳有个叫类犴反的
人，有人侮辱了他的父亲，那人和淮
阳郡太守的客人同坐一辆车外出。太
守的客人出门后下了车，类犴反把他
的仇人杀死在车上就离去了。淮阳郡
太守发怒，拿这件事指责梁国的二千
石官员。二千石以下的官员搜捕类犴
反特别紧急，拘执了类犴反的亲戚。
类犴反知道梁国宫中那些不可告人的
事，就上书朝廷详细告发梁王和祖母
争罍尊的情形。当时丞相以下的官员
知道了这件事，想借此打击梁国的高

▶ 提链卣·西汉

台北故宫博物院藏。器盖深广，腹部下垂而外鼓，圜底下接三矮足。颈腹之际置提链，为双龙首形，两端龙首口衔环链与器相连。是西汉流行的容器。器上有铭文，自名为"蛣镂"。

级官员，类奸反的上书被天子知道了。天子交给官员们去验证查问，结果确有其事。公卿们请求废除刘襄的王位让他去做平民。天子说："李太后有淫乱行为，而梁王刘襄又没有好的师傅辅佐教导，所以陷入了不义的境地。"因此削减了梁国八座城邑，把任王后在街市上斩首示众。梁国余下还有十座城邑。刘襄在位三十九年去世，谥号是平王。他的儿子刘无伤继位做了梁王。

孝王后嗣

济川王刘明，是梁孝王的儿子，以桓邑侯身份在孝景帝中元六年封为济川王。七年后，犯了射杀他封国中尉的罪，汉朝廷有关的主管官员请求诛杀他，天子不忍心诛杀，废黜刘明为平民，贬迁到房陵，他的封地归还汉朝廷设为郡。

济东王刘彭离，是梁孝王的儿子，在孝景帝中元六年封为济东王。二十九年后，刘彭离骄纵凶悍，毫无人君的礼仪风范，暮夜间暗地里和他的家奴、亡命少年几十人，劫掠抢夺肆意杀人，把夺取财物当成嗜好。他

所杀死的人被发觉的就有一百多，国人都知道他的暴行，没有谁敢于夜间出行。被杀者子弟上书告发，汉朝廷有关的负责官员请求诛杀他，皇帝不忍心，废黜他做平民，贬迁到上庸，封地归还给汉朝廷，设为大河郡。

山阳哀王刘定，是梁孝王的儿子，在孝景帝中元六年封为山阳王。九年后去世，没有子嗣，封国被废除，封地归还给汉朝廷，设为山阳郡。

济阴哀王刘不识，是梁孝王的儿子，在孝景帝中元六年封为济阴王。一年就去世了，没有子嗣，封国被废除，封地归还给汉朗廷，设为济阴郡。

褚先生说

"我做郎官的时候，从宫殿里面喜欢说三道四的老郎吏嘴中听说了梁孝王的事。私下认为让梁孝王心怀怨恨责怪，产生要做天子的非分之想，事情还是从朝廷内引发出来的。当时窦太后，是朝廷的女主，因为宠爱小儿子的缘故，想让梁王做太子。大臣不在这个时候刚正直言提出梁王不可以这样做的情由，却阿谀承意只管一

玉戈·西汉

梁孝王墓出土。青白玉,两面纹饰相同,其为狭援胡单刺式戈,援后段较前段更窄,胡较长,有三长方形穿,并出小刺。内为长方形,中有一穿,左下角有一缺口,除中脊和刃部外,援、胡与内下半部饰勾连云纹,是汉代较为少见的玉质兵器。

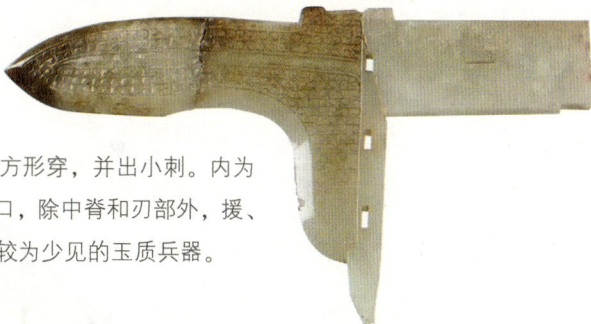

些小事,暗地里讨她喜欢以便得到赏赐,这不是忠臣。大家一齐都像魏其侯窦婴那样的刚正直言,怎么会有后来的祸患?景帝和梁王在内廷中相见,侍奉太后饮食,景帝说:'我死了以后把帝位传给梁王。'太后很高兴。窦婴在跟前,伏地叩头提出意见说:'汉家法制规定,只传嫡子嫡孙,如今皇帝为什么要把帝位传给弟弟,擅自违背高帝的规定呢!'于是景帝沉默不语。太后意下很不高兴。

"从前周成王和小弟弟都站在树下,拿起一片桐叶给弟弟,说:'我把它封给你。'周公听到了,上前拜见说:'天王封赏弟弟,很好。'成王说:'我只是和他开玩笑罢了。'周公说:'人主没有过错的举动,不应有开玩笑的话,说了的话一定要加以实行。'于是就把小弟弟封在应县。从这以后,成王终生不敢说开玩笑的话,说了的一定要加以实行。《孝经》上说:'不符合礼法的话不说,不在正道范围内的事不做。'这是圣人的经典言论。如今主上不应对梁王说出好听的话。梁王上面有太后这样重要的依靠,傲慢不顺已经很久了,多次听到景帝这样好听的话,要在自己死了以后把帝位传给梁王,但是实际上又不能这样去做。

"再说诸侯王朝见天子,汉朝的法规规定总共只有四次相见。刚到达,进宫中小见;到了正月初一清晨,捧着用皮垫着的玉璧向皇帝恭贺正月,这是按君臣礼法正式拜见;三日以后,为诸侯王置办酒宴,赏赐给他金钱财物;又过两日,再次进宫小见,告辞离去。总共留在长安不超过二十日。小见,就是天子闲暇时在宫门内相见，在皇宫之内宴饮，这不是一般士人能够进去的地方。如今梁王往西来朝见，因而留在长安，将近半年。在宫内和皇帝同坐一个辇，在宫外同乘一辆车，含蓄地拿大话来示意而实际上又不能真正给他，让他产生怨言，图谋进行叛逆，然后随着对这种情势感到忧虑，离事理不是太远了吗！不是大贤人，不知道退让。如今汉廷的礼仪法规，朝见恭贺正月的，常常是一位诸侯王和四位侯爵一块儿朝见，十多年才来一次。如今梁王常常是连年进京朝见，并长时间留在京都。俗话说：'骄纵的儿子不会孝顺。'这不是坏话。所以诸侯王应当设置优秀的师傅，派忠言直谏的士人给他做相，像汲黯、韩长孺等人，敢于直言极谏，哪里还会有祸害呢！"

袁盎遇刺

听说梁王往西来进京朝见，谒见窦太后，家人相见，和景帝一起侍奉着坐在太后跟前，彼此交谈和谐欢悦。太后对景帝说："我听说商代的主张是疼爱亲属，周代的主张是尊崇

▶ "上御"铭铜钟·西汉

河南永城南山一号墓一号陪葬坑出土。小口微侈，束颈，鼓腹，圈足，上腹部有铺首衔环一对。口沿、肩、腹、下腹部各有一周凸起的宽带纹，肩、腹、下腹部宽带纹中部均有凸棱。肩、腹的宽带纹之间有阴刻铭文一行九字："上御钟常从盗者弃市。"

长辈，他们的道理是一致的。我要是去世了，就把梁孝王托付给你了。"景帝跪在席上直起身子说："是。"酒宴散了之后，皇帝招来袁盎等精通经学的各位大臣说："太后说了些这样的话，是什么意思？"这些人都回答说："太后的心意是想立梁王做皇

帝的太子。"皇帝询问其中的道理，袁盎等人说："商代主张疼爱亲属，就是传位给弟弟，周代主张尊崇长辈，就是传位给儿子。商代的主张质朴，质朴就是效法上天，疼爱他的亲人，所以传位给弟弟。周代的主张文采，文采就是效法大地，尊就是崇敬，崇敬他的本源，所以传位给长子。周代的主张，太子死了，传位给他的嫡孙。商代的主张，太子死了，传位给他的弟弟。"皇帝说："各位的看法怎么样？"都回答说："当今汉家制度效法周代，周代的主张不能够传位给弟弟，应当传位给儿子。所以《春秋》以此贬斥宋宣公。宋宣公死了，不传位给儿子而给了弟弟。弟弟接受君位后死去，再次返

▶ **镂雕龙纹玉璧·西汉**

台北故宫博物院藏。青白玉制成，玉质温润细腻。璧为圆形，有廓，廓内饰以镂空双龙，龙首回顾，附羽翼，尾交缠。双面同纹，细部辅以阴刻线。雕刻精细，打磨莹润。

回来给了兄长的儿子。弟弟的儿子进行争夺，认为我应当接替父亲身后的君位，就刺杀了兄长的儿子。因为这个缘故国家混乱起来，祸患不断。所以《春秋》说："君子奉崇遵守正道，宋国的祸患是宣公造成的。"我们请求拜见太后向她陈述。"袁盎等人入宫谒见太后："太后说想立梁王，梁王如果死去，想让谁继位？"太后说："我再让皇帝的儿子继位。"袁盎等人用宋宣公不立应当继位的嫡子，产生祸患，祸乱在以后的五代都没有断绝，稍有不忍之心会危害大道理的情况禀报给太后。太后才明白过来，然后高兴起来，随即让梁王回到封国。梁王听说这些意见是出自袁盎等各位大臣身上，便怨恨责怪，派人来刺杀袁盎。袁盎回过头对刺客说："我就是世人所说的袁将军，各位莫非是搞错了吧？"刺客说："没错！"就刺杀了他，把剑也丢弃了，剑就放在袁盎身上。相关人员来检查这把剑，发现是新打制的。查问长安城中打制刀剑的工匠，工匠说："梁国郎官某人来打制过这柄剑。"因此了解情况并发现了刺杀的线索，皇帝派遣使者去追捕凶手。这偏偏就是梁王所想要诛杀的十多名大臣，审案的官吏穷究本源，梁王谋反的迹象明白显现出来了。太后不思饮食，日夜哭个不停。景帝特别忧虑，询问公卿大臣，大

▶ 玉螭纹剑璏·西汉

台北故宫博物院藏。灰白玉，有土沁斑，面琢浮雕回首螭纹。剑璏是嵌饰于剑鞘上的饰物，同时，用以固定革带的功能。

臣们认为派遣精晓经学的官吏前往处治，才可以解除太后的忧心。于是派遣田叔、吕季负责前往处理梁孝王。这两个人都精通经学，明白礼法。他们回来了，到达霸昌厩，取来火把梁王所供的反叛言辞都给烧毁了，只是空着手来回奏景帝。景帝说："怎么样？"回答说："梁王不知道刺杀的事。制造这个事件的，只是他的宠幸之臣羊胜、公孙诡一班人。臣等谨慎地按律诛杀了他们，梁王没有什么伤害。"景帝很高兴，说："赶紧去谒见太后。"太后听说了，马上起身就座，并能进餐，心气也恢复到平静状态。所以说，不精通经学，不知晓古今的大礼法，不可以担任三公和左右近臣。缺乏见识的人，如同从管中窥天一样。

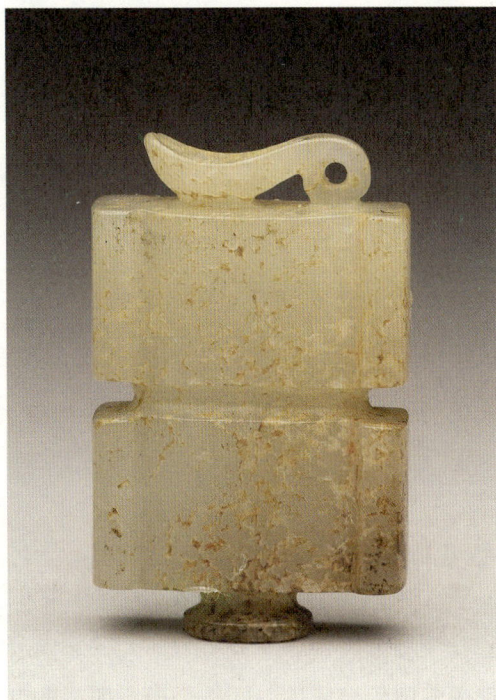

▶玉司南佩·西汉

✦ 太史公说 ✦

　　梁孝王虽说因为是景帝亲兄弟和受窦太后宠爱的缘故，封在肥沃的地带为王，而且也正碰上汉家朝廷兴隆繁盛，百姓都很殷实富足，所以能够增殖他的财货，扩建宫室，车马服饰类似于天子。然而他已经是超越本分了。

五宗世家 第二十九

【解题】本篇反映出汉代吴楚七国之乱以后诸侯王地位的变化。汉景帝共有十四子，除武帝外，余十三人为五个嫔妃所生，同母为宗，故曰"五宗"。十三王除河间献王刘德好儒学外，其余诸王骄奢、贼戾、擅权、好内、犯禁、无后，国除而地入于汉，几乎没有什么作为。论赞于汉初分封之策加以评议。吴楚反后取消了诸侯王自除吏的特权，亦降低了诸侯国中朝廷所置相的地位。出现了"诸侯独得食租税，夺之权。其后诸侯贫者或乘牛车也"的局面。诸侯王势力削弱，中央统一权力大为加强，此篇很好地说明了这一点。

▶ 河间献王刘德铜像

❧ 栗姬之子

孝景皇帝的儿子总计有十三人被封为王，而他们分别由五位母亲所生，同一个母亲所生的就是宗亲。栗姬所生的儿子叫刘荣、刘德、刘阏于，程姬所生的儿子叫刘馀、刘非、刘端。贾夫人所生的儿子叫刘彭祖、刘胜。唐姬所生的儿子叫刘发。王夫人兒姁所生的儿子叫刘越、刘寄、刘乘、刘舜。

河间献王刘德，在孝景帝前元二年以皇子身份封为河间王。爱好儒家学说，衣着服饰言行举止必定仿效儒生。崤山以东地区的儒生们都依从他和他交游。

献王在位二十六年去世，儿子恭王刘不害继位。在位四年去世，儿子刚

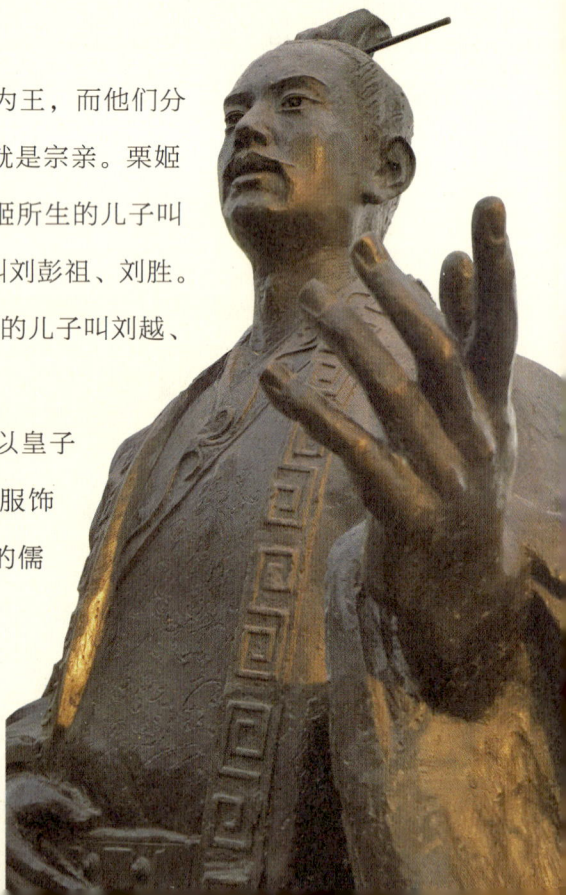

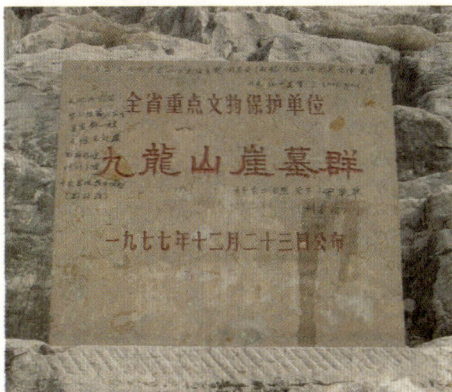

▶ **曲阜九龙山崖墓群**

九龙山位于山东曲阜城南9千米处,崖壁上东西并列5座南向古墓,为西汉时鲁王陵墓。第一位鲁王是汉景帝的儿子刘馀,于景帝前元三年(前154)改封曲阜,其后子孙安王刘光、孝王刘庆忌、顷王刘劲、文王刘睃相继袭封,直到建国二年(10)封地被王莽废除。陵墓均为依山凿洞,除东起第一座外,其余四座都于1970年被发掘。

王刘基继位。在位十二年去世,儿子顷王刘授继位。

临江哀王刘阙于,在孝景帝前元二年以皇子身份封为临江王。在位三年去世,没有后代,封国被废除设置为郡。

临江闵王刘荣,于孝景帝前元四年立为皇太子,四年后废黜,以原太子的身份封为临江王。在位四年,因犯有侵占祖庙内外墙垣间空地建造宫室的罪过,皇上征召刘荣。刘荣出发,在江陵城北门祭祀路神。刘荣登上马车之后,车轴折断,车子毁坏。江陵的父老流泪私下交谈说:"我们的国王不会返回了!"刘荣到了京都,前往中尉府接受审讯。中尉郅都责问审讯临江王,临江王恐惧,自杀而死。安葬在蓝田,几万只燕子衔土放在他坟墓上。百姓都哀怜他。

刘荣在景帝诸子中年岁最大,死了没有后代,封国被废除,封地归还给汉朝廷,设置为南郡。

以上三个封国的第一代王都是栗姬所生的儿子。

▶ 程姬之子

鲁恭王刘馀,于孝景帝前元二年以皇子身份封为淮阳王。第二年,吴、楚等七国反叛被打败后,于孝景帝前元三年改封为鲁王。刘馀喜好修建宫室和园林并畜养狗马等物。晚年喜好音乐,不喜欢言辞辩说。生性口吃。

恭王在位二十六年去世,儿子刘光继位为王。刘光最初喜好音乐车马;晚年变得吝啬,唯恐钱财不够用。

江都易王刘非,于孝景帝前元二年以皇子身份封为汝南王。吴、楚七国反叛的时候，刘非十五岁，有才能和气力，呈上奏章希望出击吴国。景帝赐给刘非将军印章，让他出击吴军。吴国被打败以后，过了两年，改封为江都王，治理吴国原来所封的土地，因为立有军功赐给他天子旌旗。元光五年，匈奴大举入侵汉朝边界，刘非呈上奏章希望攻击匈奴。皇上不允许。刘非喜好使用气力，修建宫观，招集四方的豪杰，特别骄纵奢侈。

刘非在位二十六年去世，儿子刘建继位为王，刘建在位七年，自杀而死。淮南王刘安、衡山王刘赐谋反的时候，刘建略微知道他们的谋划，认为自己的封地靠近淮南国，恐怕一旦发生事变，会被他们

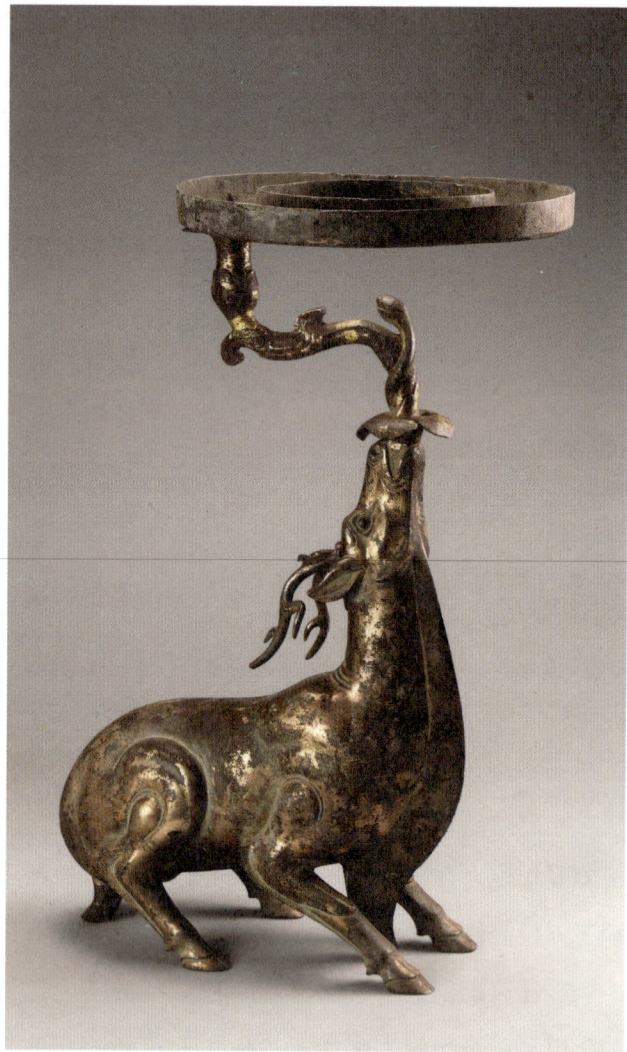

▶ **鎏金铜鹿灯·西汉**

南京博物院藏。盱眙大云山一号墓出土。大云山一号墓就是江都王刘非的墓地。全器从上至下由灯盘、支架、鹿座三部分组成，鹿昂首，口中衔支架，上承盘。灯盘为环状凹槽，盘内置三只圆锥状烛钎。支架为灵芝造型，呈横 S 状，上有柿蒂纹花瓣和花苞。鹿作向后蹲踞状，昂首向上，鹿角单独铸造，可自由拆卸，鹿尾贴地成为除足之外的另一支撑点，增加了整个灯的稳定性。该灯造型优美，铸造精良，集实用性与艺术性于一体，为汉代灯具中罕见精品。

▶铜釭灯·西汉

南京博物院藏。盱眙大云山一号墓出土。釭灯由灯盘、灯罩、灯盖和釭四部分组成。釭形如鼎，直领，圆腹，圜底，三兽形器足。釭肩部两侧各伸出一向上弯曲状烟管，与灯盖两根向下烟管相接。灯盘由大小相同的两篇弧形铜板组成，可自由开合。釭肩部刻有铭文"江都宦者并重一钧三斤容三斗三升"。

兼并，就暗中制造兵器，并时常佩戴着赏赐给他父亲的将军印，在车上插着天子旗帜出去巡游。易王死了还未安葬，刘建看上易王宠爱的美人淖姬，在夜晚派人接到守丧的房舍里来通奸。等到淮南王谋反之事败露，惩治同伙及嫌疑人时略微连及江都王刘建。刘建感到恐惧，因而派人多带金钱，四处活动想熄灭这场官司。他又相信巫祝，派人祷告祭祀，编造虚妄不经的话。刘建又和他所有的姐妹通奸。这些事被天子知道以后，汉朝廷公卿请求逮捕惩治刘建。天子不忍心，派大臣去就地讯问江都王。江都王承认所犯的罪过，就自杀了。封国被废除，封地归还给汉朝廷，设置为广陵郡。

胶西王刘端，于孝景帝前元三年吴楚七国反叛平定后，以皇子身份封为胶西王。刘端为人残暴凶狠，又有阳痿病，一接近女人，就要病几个月。他有一个宠爱的少年做郎官，这个年轻的郎官不久就和后宫淫乱，刘端把郎官抓住并杀了他，连及杀了他的儿子和母亲。刘端多次触犯皇上的法规，汉朝廷的公卿屡次请求诛灭刘端，天子因为是兄弟的缘故不忍心杀他，但是刘端的所作所为更加过分。有关的主管官员再次请求削减刘端封国的土地，于是削掉了他的一大半封地。刘端心中怨恨，所有的事情都不管了，府库毁坏漏水，腐烂的财物要用万万来计算，他始终没有整理迁挪。刘端命令官吏不要收取田租赋税。

胶西国相、二千石级的官员前往他的封国，依据汉朝廷的法规来处治他，刘端总是搜罗这些官员的罪过进行告发，找不到罪过的就设诡计用毒药杀死他们。他的诡计变化多端，强悍足以拒绝他认的劝告，他的智巧足以粉饰过错。胶西国相、二千石级官员如果依从胶西王的意见办事，那么汉朝廷又会按法规来惩处他们。所以胶西虽是一个小国，但在这里被杀伤的二千石级的官员特别多。

刘端在位四十七年去世，最终没有生男孩接替他的王位，封国被废除，封地归还给汉朝廷，设置为胶西郡。

以上封国的第一代封王都是程姬所生的儿子。

贾夫人之子

赵王刘彭祖，在孝景帝前元二年以皇子身份被封为广川王。赵王刘遂参与吴楚七国反叛被打败后，刘彭祖封在广川做王。四年后，改封为赵王。在位第十五年，孝景帝去世。刘彭祖为人巧言献媚，卑下奉承，过分恭顺但心地苛刻。他喜好玩弄法律条文，拿诡辩来中伤人。刘彭祖宫廷之内有

▶ 错金银编钟底座·西汉

南京博物院藏。盱眙大云山1号墓出土。底座为神兽状，昂首，前足跪坐，后足蹲踞，长尾及地，背身两侧各饰一飞翼。背顶中部有一长圆柱形铜立柱，柱顶饰一U形插托。底座通体错金银装饰，纹饰精美，造型华丽，显示西汉景帝时期诸侯王的豪奢。

他撤除了所有的警卫人员，把宫门封堵上，只从一座门出去巡游。并且多次变换姓名，扮成平民，跑到其他的郡国。

很多宠姬和子孙。国相、二千石级的官员想遵奉汉朝廷的法规来惩处他，必定给赵王的家中带来危害。因此每次国相、二千石的官员到达，刘彭祖就穿着黑色差役布衣，自己出来迎接，亲自打扫二千石级官员住的房舍，多设一些疑惑的事情来引诱对方行动，搜集一些二千石级官员的失言之处，有涉及汉朝廷忌讳的内容，就记录下来。二千石级的官员想要处治他，他就拿出这些纪录来迫使他们就范；这些官员不听从的话，他就呈上奏章告发，并污加一些作奸犯法图取私利的事。刘彭祖在位五十多年，国相、二千石级的官员在他封国任职没有能做满两年的，都因为有罪离去，严重的处死，罪轻的判刑，因此二千石级的官员没有谁敢惩处他。赵王专权，派使者直接到县里替商人确定买卖价格并垄断经营，收入多于王国的正常租税。因此赵王家中金钱很多，这些钱被他用来赐给姬妾的各个儿子，也都用尽了。刘彭祖娶了原来江都易王的宠姬，即后来国王刘建所夺取与之通奸的淖姬做姬妾，特别宠爱她。

刘彭祖不喜欢修建宫室和祷神求福，喜欢做下级官吏干的事。他呈上奏章表示愿意督讨国内的盗贼。常常在夜里让走卒跟着自己在邯郸城中进行巡察。诸多朝廷的使者和过路的宾客因为刘彭祖邪恶不正，没有谁敢在邯郸城中留宿。

刘彭祖的太子刘丹和他的女儿及同胞姐姐通奸。刘丹跟他的门客江充有隔阂，江充告发了刘丹，刘丹由于这个缘故被废黜。赵国改立了太子。

中山靖王刘胜，于孝景帝前元三年以皇子身份封为中山王。在位第十四年，孝景帝去世。刘胜为人嗜酒贪杯喜好女色，有子孙一百二十多人。常常和兄长赵王互相指责，说："哥哥为王，专门代替官吏办事。为王的人应当每日听音乐享受歌舞女色。"赵王也指责他，说："中山王只是每日淫乐，不辅佐天子抚慰百姓，怎么称得上是藩卫之臣。"

刘胜在位四十二年去世，儿子哀王刘昌继位。刘昌在位一年去世，儿子刘昆侈继位中山王。

以上两国的第一代封王都是贾夫人的儿子。

唐姬之子

长沙定王刘发，他的母亲唐姬，原来是程姬的侍女。景帝召幸程姬，适逢程姬有月事，不愿进侍，便装扮侍女唐儿让她夜晚去进侍。皇上醉了不知内情，认为是程姬就行了房事，于是有了身孕。随后才发觉不是程姬。等到生了儿子，因而取名叫发。于孝景帝前元二年以皇子身份封为长沙王。因为他母亲卑贱，不受宠爱，所以被封在低洼潮湿贫穷的地方。

刘发在位二十七年去世，儿子康王刘庸继位。刘庸在位二十八年去世，儿子刘鲋鮈继位为长沙王。

以上一国的第一代封王是唐姬的儿子。

王夫人诸子

广川惠王刘越，在孝景帝中元二年以皇子身份被封为广川王。

刘越在位十二年去世，儿子刘齐为王。刘齐有个宠幸的臣子叫桑距。不久桑距犯了罪，刘齐想诛杀桑距，桑距逃亡，广川王因此擒灭了他的宗

▶ **中山内府铜钟·西汉**

河北博物院藏。河北满城陵山一号汉墓出土。小口微外侈，鼓腹，圈足，上腹部有铺首衔环一对，无盖。口沿、肩、腹下部各有凸起宽带纹一道。肩部宽带上刻铭文四行 17 字，说明是中山王三十六年制造。汉中山国，景帝前元三年（前 154）立，在今河北中部偏西一带。据汉书诸侯王表记载，中山国共有十任，在位年数最多的是第一位中山靖王刘胜，共 42 年，其余均未超过 30 年。此器之纪年对考订墓主人身份提供一条有力证据，器铭中的容量、重量为研究汉代的度量衡制度提供了新资料。

族。桑距怨恨广川王，就呈上奏章告发广川王刘齐和同胞姊妹通奸。从这以后，广川王刘齐多次呈上奏章告发汉朝廷的公卿及宠幸之臣所忠等人。

胶东康王刘寄，在孝景帝中元二年以皇子身份被封为胶东王。刘寄在位二十八年去世。淮南王刘安谋反的时候，刘寄暗中听说这件事，私自制造楼车镞矢以及攻战守御的装备，等候淮南王谋反起事。到官吏惩办淮南王的事时，供词中暴露出刘寄。在兄弟中，刘寄对皇上来说算最亲，因为参与谋反这件事他内心很受伤，就病死了，甚至不敢设立继承人，这件事皇上知道了。刘寄的长子刘贤，母亲不受宠幸；小儿子刘庆，母亲很受宠，刘寄曾经想立刘庆做继位人，因为不符合次序，又因为自己有过错，就没有对朝廷提出。皇上怜悯他，就封刘贤为胶东王，继承刘寄的王位，而把刘庆封在原来衡山王的地盘，为六安王。

胶东王刘贤在位十四年去世，谥号是哀王。儿子刘通平继位。

六安王刘庆，于元狩二年以胶东康王儿子的身份被封为六安王。

清河哀王刘乘，在孝景帝中元三年以皇子身份被封为清河王。刘乘在位十二年去世，没有后代。封国被废除，封地归还给汉朝廷，设置为清河郡。

▶ 带铭铜卮灯·西汉

河北博物院藏。河北满城陵山一号汉墓出土。灯做直筒杯形，形似古代青铜饮食器卮。盖似覆盘，使用时把盖翻上即为灯盘，灯盘直口，底部作假圈足，恰好纳入杯口中，中心有一烛钎，用来插烛，壁侧伸出一菱形鋬。杯、盖均有铭文。出土时杯内尚存残余的动物脂烛残余。

常山宪王刘舜，在孝景帝中元五年以皇子身份被封为常山王。刘舜在兄弟中跟皇帝算最亲，是景帝最小的儿子，骄纵荒怠多生淫乱，屡次触犯禁令，皇上常常宽大开释他。刘舜在位三十二年去世，太子刘勃继位为王。

当初，宪王刘舜有个他不喜爱的姬妾生了长子刘梲。刘梲因为母亲不受宠幸的缘故，也不能得到宪王的喜爱。宪王王后修生了太子刘勃。宪王姬妾很多，所宠幸的姬妾生了儿子刘平、刘商，王后很少得到幸御。等到宪王病得很严重，各位受宠幸的姬妾常常去侍疾，而王后因为嫉妒不常去侍疾，总是回自己房舍去了。医生呈进药物，太子刘勃不去自己品尝药物，又不留宿王宫侍疾。等到宪王去世，王后、太子才到，宪王向来不把长子刘梲算作儿子，等到去世，又不分给他财物。郎官中有人劝说太子、王后，让各个儿子和长子刘梲共同分财物，太子、王后不听从。太子继位，又不收纳抚恤刘梲。刘梲怨恨王后、太子。汉朝廷的使者来视察宪王的丧事，刘梲亲自对使者讲宪王患病的时候，王后、

▶ **鎏金镶玉铜枕·西汉**
....

河北博物院藏。河北满城陵山一号汉墓出土。铜质，长方体，中空，两端饰高昂的龙首。龙身齐平，下有龙爪形四矮足。除龙首鎏金外，通体镶嵌玉片。枕面玉片浮雕流云纹，枕两端龙身镶嵌各式云纹及龙形透雕玉片。枕底部粗糙，有四个长方形孔，孔上嵌玉四块，玉质较差。枕底另外制成，安装在枕下。此枕造型精致，装饰华丽，枕内有花椒。出土于玉衣头部之下。

太子不去侍候，等到去世了，六日后就走出了服丧的房舍，太子刘勃暗地奸淫，饮酒作乐，博局为戏，击筑听乐，用车载着女人奔驰，环绕城墙奔跑，从闹市穿行，进入牢房探视囚犯。天子派遣大行官张骞来查验王后和审讯常山王刘勃，张骞请求逮捕和刘勃一起为非作歹的各个证人，常山王又把他们隐藏起来。官吏要求追捕让刘勃非常着急，以至于派人鞭笞击打提供佐证的人，擅自放走汉朝廷所怀疑的囚犯。有关的主管官员请求诛杀宪王王后修和新王刘勃，皇上认为修一向没有好的品行，致使刘棁告发她有罪，刘勃没有好

▶ 鎏金银蟠龙铜壶·西汉

河北博物院藏。河北满城陵山一号汉墓出土。小口微侈，鼓腹圈足，上腹部饰一对铺首衔环。盖为弧形，盖缘下微敛，作子口纳入壶中。盖上饰三云形钮。盖面饰三只鎏金夔凤，盖纽鎏银。器身由上至下分为六层花纹。口部和圈足各饰鎏银卷云纹一周，颈部为金银相间的三角纹，颈下和圈足各有一条鎏金宽带。主体纹饰是腹部的鎏金蟠龙纹，龙间缀以流畅的金色卷云纹。器形硕大，气魄雄伟，金碧辉煌，雍容华贵。壶底刻铭文18字。

的师傅辅佐教导，不忍心诛杀。有关的主管官员请求废黜王后修，把新王刘勃连同家属贬迁安置到房陵，皇上允许了。

刘勃为王才几个月，贬迁到房陵，封国绝灭。一个多月以后，天子认为他这家最亲，就诏令有关主管官员说："常山宪王早夭，王后和姬妾不和睦，嫡子和庶孽互相争执诬告，陷于不义的境地，以致灭绝了封国，我特别怜悯他们。姑且封给宪王儿子刘平三万户，为真定王；封给宪王儿子刘商三万户，为泗水王。

真定王刘平，元鼎四年以常山宪王儿子的身份封为真定王。

泗水思王刘商，在元鼎四年以常山宪王儿子的身份封为泗水王。在位十一年去世，儿子哀王刘安世继位，在位十一年去世，没有子嗣。当时皇上怜悯泗水王绝后，便封刘安世的弟弟刘贺为泗水王。

以上四国第一位代王都是王夫人兒姁的儿子。后来汉朝廷又增封其枝属子孙做六安王、泗水王两国。总计兒姁的子孙，到现在有六位王。

太史公说

高祖在位的时期，诸侯王都可以享用封国的赋税收入，能够自行任用内史以下的官员，汉朝廷只替他们设置丞相，授予黄金印信。诸侯王自行任用御史、廷尉正、博士，跟天子相类似。自从吴楚七国反叛以后，到五个宗王的时代，汉朝廷替他们设置二千石级官员，改"丞相"称"相"，授予银制印信。诸侯王只能够享受赋税，剥夺了他们理政的权力，这以后诸侯王中贫穷的甚至只能乘坐牛车了。

三王世家 第三十

【解题】本篇为《史记》十篇"有录无书"之一。盖可见武帝时奏议程式之规整及诏策文字之精美。三王是指齐王刘闳、燕王刘旦、广陵王刘胥，为汉武帝的第二至第四三个儿子，刘闳为王夫人所生，刘旦、刘胥为李姬所生。

❥霍去病上书

"大司马臣霍去病冒死再拜呈上奏章给皇帝陛下：承蒙陛下错爱，让我霍去病能在军中供职。本应专心考虑边防事务，把骸骨暴露在旷野都无法报答陛下，还竟敢思考其他的意见来干扰朝廷的办事官员，实在是因为看到陛下为天下忧思劳苦，哀伤怜悯百姓都把自己忘记了，减省了饮食音乐，裁抑了郎吏官员。皇子们依赖上天保佑，长大成人已经能行趋拜之礼，但到如今还没有封号爵位和设置教导辅佐的官员。陛下谦恭礼让不怜悯皇子，群臣们私下希望早日给皇子授予封号爵位，但不敢越过职分而进言。我个人按捺不住愿效犬马之劳的心意，冒死希望陛下诏告有关的主管官员，

趁着盛夏的吉庆时日确定皇子的位号。荣幸地恭请陛下明察。臣去病冒死再拜以此奏知皇帝陛下。"三月乙亥日，御史臣光兼理尚书令将奏章呈给未央宫。皇帝的制书说："下交御史办理。"

元狩六年三月戊申日是初一，乙亥日，御史臣光兼理尚书令、尚书左右丞非，下批给御史的文书到达，说："丞相臣庄青翟、御史大夫臣张汤、太常臣赵充、大行令臣李息、太子少傅臣任安兼代宗正事务冒死上奏：大司马霍去病呈上奏章说：'承蒙陛下错爱，让我霍去病能在军中供职。本应专心考虑边防事务，把骸骨暴露在旷野都无法报答陛下，还竟敢思考其他的意见来干扰朝廷的办事官员，实在是因为看到陛下为天下忧思劳苦，哀伤怜悯百姓都把自己忘记了，减省

了饮食音乐，裁抑了郎吏官员。皇子们依赖上天保佑，长大成人已经能行趋拜之礼，但到如今还没有封号爵位和设置教导辅佐的官员。陛下谦恭礼让不怜悯皇子，群臣们私下希望早日给皇子授予封号爵位，但不敢越过职分而进言。我个人按捺不住愿效犬马之劳的心意，冒死希望陛下诏告有关的主管官员，趁着盛夏的吉庆时日确定皇子的位号。荣幸地恭请陛

下明察。'皇帝的制书说：'下交御史处理。'臣谨与中二千石、二千石臣公孙贺等商议：古代分地建国，同时封立诸侯国来承奉天子，这是为了尊崇宗庙重视社稷。如今臣霍去病呈上奏疏，不忘他的职分，借此来宣扬皇上洪恩，就是称道天子谦恭礼让，自我贬损而为天下劳苦，考虑到皇子们还没有封号爵位。臣庄青翟、臣张汤等应该恭奉礼义遵守职责，可是愚昧呆痴而不及事。如今正是盛夏吉庆时日，臣庄青翟、臣张汤冒死请求封立皇子臣刘闳、臣刘旦、臣刘胥做诸侯王。冒死请求确定他们所封国的名称。"

封列侯之事的讨论

皇帝的制书说："听说周代分封八百诸侯，姬姓相并而列，有的是子爵、有的是男爵、有的是附庸国。《礼记·曲礼》记载'支子不祭祀祖先'。你们说同时封立诸侯王是为了重视社稷，我没有听说过。再说上天不是为了国君才生出民众的。我德行浅薄，海内也没有和谐，就勉强让没有教导成器的皇子去治理相连的城邑，这对

大臣们会有什么劝勉作用？还是另行讨论用列侯来封赐他们。"

三月丙子日，在未央宫呈上奏书。"丞相臣庄青翟、御史大夫臣张汤冒死进言：臣等谨与列侯臣婴齐、中二千石臣公孙贺、谏大夫博士臣任安等商议说：虔敬地听说周代分封八百诸侯，姬姓相并而列，供奉承卫着天子。康叔因为父祖而显贵，伯禽因为周公得封立，都成了建有国土的诸侯，用傅相来进行辅佐。百官尊奉法令，各自循守他的职责，这样国家的统纪就完备了。我们私下认为同时封立诸侯王是为了重视社稷的做法，可以使四海的诸侯各自按照他们的职分供奉贡品祭品。支子不能够供奉祭祀祖宗，是礼制规定的。封侯建国可以让他们守卫藩属国土，正是帝王扶持德义施行教化的措施。陛下奉承着天赐的统纪，英明开拓了圣道的端绪，尊敬贤能，显贵功业，兴起了已经灭亡的侯国，接续了已经断绝的后代。让萧何的后代续封在酂县，褒奖激励着平津侯公孙弘等人。昭显了六亲的尊卑次序，明示了天施的应有德属，让诸侯王和封君能够推广私恩把产邑分给所有的子弟，赐给名号尊严地建立的封国有一百多个。然而却只把皇子封为列侯，那么尊卑的等级互相超越，排列的位次失去秩序，是不可以把这样的基业传给万世的。臣等请求封立臣刘闳、臣刘旦、臣刘胥做诸侯王。"三月丙子日，奏章呈给了未央宫。

封列侯之事的再讨论

皇帝的制书说："康叔兄弟有十人而他独自得到尊贵的原因，是由于褒奖有功德的缘故。周公被赐命可以在郊外祭天，所以鲁国祭祀用了白色公畜、赤色公牛的牺牲。其他的公侯用的祭牲毛色都不纯一，这就是贤能和不贤能之间的差别。'高山巍峨人仰望，大路平坦人向往'，我特别羡慕他们。用这种办法贬抑还没有教导成人的皇子，封给列侯就可以了。"

四月戊寅日，呈上奏章给未央宫。"丞相臣庄青翟、御史大夫臣张汤冒死进言：臣庄青翟等与列侯、二千石官吏、谏大夫、博士臣庆等人商议：冒死上奏请求封立皇子做诸侯王。制书说：‘康叔兄弟有十人而他独自得到尊贵的原因，是由于褒奖有功德的缘故。周公被赐命可以在郊外祭天，所以鲁国祭祀用了白色公畜、赤色公牛的牺牲。其他的公侯用的祭牲毛色都不纯一，这就是贤能和不贤能之间的差别。"高山巍峨人仰望，大路平坦人向往"，我特别羡慕他们。用这种办法贬抑还没有教导成人的皇子，封给列侯就可以了。’臣庄青翟、臣张汤、博士臣将行等虔敬地听说康叔兄弟有十人，武王继位，周公辅佐成王，其他八人都因为父祖的尊贵建立了大国。康叔年纪小，周公因为担任着三公职位，伯禽依靠周公受封于鲁，大概在爵封策命的时候，还没有长大成人。后来康叔抵御武庚的叛乱，伯禽能消灭淮夷的叛乱。从前五帝时的制度各不相同，周的封爵是五等，春秋时变成了三等，都依据时代的不同来排列尊卑。高皇帝拨乱反正，彰显了最高的品德，平定了海内，分封建立了诸侯国，把爵位确定为二等。皇子有的还是婴儿就封立为诸侯王，侍奉护卫天子，成了万世的法则，不可更改。陛下亲自运作实施仁义，身体力行圣人之德，内外一致修文习武。显扬了慈爱孝敬的品行，拓开了收纳贤能的道路。对内褒扬有德的臣民，对外诛讨强暴的敌寇。北边最远临近北海，西边到达了月氏、匈奴、西域各部落，举国贡奉效法。车舆兵械费用的支付，不需要从民众身上收取赋税。拿出皇帝府库中的藏钱来奖赏将士，打开禁宫仓库来赈济贫穷，戍卒减少了一半。百蛮的君长，没有不闻风仰慕，承奉中原的教化而称心如意。远方不同习俗的首领，辗转翻译前来朝贺，恩泽施及到中原以外，所以珍贵的禽兽出现，征兆太平的稻禾兴旺，上天的瑞应

▶ **透雕双龙谷纹出廓璧·西汉**

河北博物院藏。河北满城陵山一号汉墓出土。玉质晶莹洁白，两面雕刻细密的谷纹，周缘起棱，璧的上端饰透雕双龙卷云纹钮，双龙相背，昂首曲身，张口挺立在壁缘上，体态丰腴矫健。自龙尾部腾起对称的双股卷云纹至上端聚作一桃形顶，顶部有一小穿孔，可穿系悬挂，造型生动优美，构思巧妙，线条流畅，雕琢精细，制作精美，为汉代玉器中之佼佼者。

▶辟邪踏蛇铜熏炉·西汉

江苏扬州博物馆藏。1989 年扬州市郊西湖胡
场七号墓出土。器体雕铸成一站立的辟邪状，
身体作薰身，头、肩部作盖，与身交联于胸
部，辟邪体浑圆，强壮有力，昂首向天，大
鼻、凸目、独角、口大张露齿，口、角、额
部镂空作薰孔。体饰双翼，翼上饰卷云纹，
四足爪形，抓踏一条盘成 S 形的蛇，蛇之头、
尾卷至辟邪腹部。该器构思精巧，铸造精良，
是汉代铜器中的精品。

非常显明。如今诸侯王的支子有的都
封为了诸侯王，却要把皇子封为列侯，
臣庄青翟、臣张汤等人私下虔敬地仔
细讨论过，都认为这样做会尊卑失去
次序，让天下的人失望，是不可以的。
臣请求封立臣刘闳、臣刘旦、臣刘胥
做诸侯王。"四月癸未日，奏给了未
央宫。奏章留在宫中没有批示下达。

❥武帝封三王制文

"丞相臣庄青翟、太仆臣公孙贺
兼理御史大夫职务、太常臣赵充、太
子少傅臣任安兼理宗正职务冒死进
言：臣庄青翟等前次呈奏大司马臣霍
去病呈上奏疏进言，皇子还没有封号
爵位，臣谨与御史大夫臣张汤、中
二千石、二千石、谏大夫、博士臣庆
等冒死请求封立皇子臣刘闳等做诸侯
王。陛下谦让文治武功，自我严厉责
求，谈及皇子还没有教导成熟。群臣
议论，儒者称扬他们的学说，有的却
和他们的内心相违背。陛下坚决辞让
不加应允，只准封皇子做列侯。臣庄
青翟等私下和列侯臣萧寿成等二十七
人商议，都说这样做是使尊卑失掉应
有的秩序。高皇帝创建天下，成为汉
家太祖，封王孙做王，增强旁支辅助。
先帝的法则不能改动，就是因为要宣
扬至高的尊严。臣请求命令史官选定
吉庆日期，开列礼仪呈上，御史奏进
地图，其他都按从前的常规办理。"
皇帝的制书说："可以。"

四月丙申日，上奏给未央宫。"太
仆臣公孙贺兼理御史大夫事冒死进

183

言：太常臣赵充进言通过占卜求得四月二十八日乙巳，可以封立诸侯王。臣冒死奏上地图，请求确定要封的国名。礼仪另行呈奏。臣冒死请求。"

制书说："封皇子刘闳为齐王，刘旦为燕王，刘胥为广陵王。"

四月丁酉日，上奏给未央宫。元狩六年四月戊寅是初一，癸卯日，御史大夫张汤下达丞相，丞相下达中二千石级官员，二千石级官员下达郡太守、诸侯相，郡国主办文书的助理官员下达有关办事人员。按照法令执行。

封三王策文

"元狩六年四月乙巳日，皇帝派御史大夫张汤在宗庙册封儿子刘闳为齐王。说：呜呼，小子刘闳，接受这包青色的建社茅土！我承继父祖的基业，由于考察了古制才建立你的国家，封在东方的土地上，世世代代做汉朝廷的藩卫辅佐。呜呼！要思念呀！敬听我的诏书，要想着天命不是固定不变的，人要是爱好善德，才能彰显光明。假如不追求德义，就会使君子懈怠而不归附。竭尽你的心意，诚信地执持中庸之道，才能长久地保住天禄。如有错失而不善，就会伤害你的国家，危害你的自身。呜呼！保卫国土治理民众，可以不谨慎诚敬吗！齐王应该警戒。"

以上是授予齐王的策文。

"元狩六年四月乙巳日，皇帝派御史大夫张汤在宗庙册封儿子刘旦做燕王。说：呜呼！小子刘旦，接受这包黑色的建社茅土！我承继父祖的基业，由于考

▶ **鎏金铺首·西汉**

北京大葆台西汉墓博物馆藏。北京市丰台区大葆台西汉墓出土。铺首透雕兽面形式，通体鎏金，造型浑厚，彰显了西汉时期手工艺之美。大葆台汉墓的主人据考证为燕王刘旦的王后华阳夫人及其子刘建的墓地。

察了古制才建立你的国家，封在北方的土地上，世世代代做汉朝廷的藩卫辅佐。呜呼！荤粥氏虐待老人贪暴而无仁义，侵犯边境寇害劫掠，再加上对边民的奸杀巧夺。呜呼！我命令将帅，前往征讨他们的罪恶，于是万夫的头领，千夫的头领，三十二个部落酋长都来降服，从此偃旗息鼓军队奔逃。荤粥氏远徙漠北，北方因而安定。竭尽你的心不要结怨，不要败德，不要就此废弃边备。没有经过战阵教习的士人不能随从出征。呜呼！保卫国土治理民众，可以不谨慎诚敬吗！燕王应该警戒。"

以上是授予燕王的策文。

"元狩六年四月乙巳日，皇帝派御史大夫张汤在宗庙册封儿子刘胥做广陵王。说：呜呼！小子刘胥。接受这包赤色的建社茅土！我承继父祖的基业，由于考察了古制才建立你的国家，封在南方的土地上，世世代代做汉朝廷的藩卫辅佐。古人有言论说：'大江的南面，五湖之间的地带，那里的民众人心轻浮。古代九州依恃扬州作为边疆，夏、商、周三代也属于边远地区，朝廷的政治达不到这里。'

▶ **西汉·镂空龙凤玉璧**

北京大葆台西汉墓博物馆藏。北京市丰台区大葆台西汉墓出土。青玉质，上有深褐色沁斑。透雕龙凤纹装饰，刻工精湛，纹饰优美。

呜呼！竭尽你的心意，要战战兢兢，对下要慈惠对上要忠顺，不要轻脱无知好逸恶劳，不要接近小人，一切要依从法则。《尚书》说：'做臣子的不作威，不作福，才不会在以后遭受耻辱。'呜呼！保卫国土治理民众，可以不谨慎诚敬吗！广陵王应该警戒。"

以上是授予广陵王的策文。

褚先生说

"我荣幸地能以文章博学做了侍郎，喜好观阅太史公所写的列传。传中提到《三王世家》文辞值得观览，就去寻求这篇世家，始终得不到原本。私下从年长有德喜好谈论旧事的人手

中取到了有关的封策文书，编列他们的事迹而写成传文，让后世的人能够看到贤主的旨意。

"听说孝武帝的时候，同一日封拜了三位皇子做王：将一位皇子封在齐，将一位皇子封在广陵，将一位皇子封在燕。各自依据皇子才力智能的强弱，以及所封土地的贫瘠肥沃程度，人民轻浮庄重的品格，替他们撰写了策书来反复进行告诫。对三位王说：'世世代代成为汉朝廷的藩卫辅佐，保卫国土治理民众，可以不谨慎诚敬吗！各王应该警戒。'贤主所撰写的策书，本来就不是浅见寡闻的人所能知晓，要不是博闻强记的君子是不能穷尽它的深意的。至于策书的前后次序中间分段，语言文字的上下表述，书简长短的参差不齐，都有深意，没有谁能了解清楚。我谨慎地论定编次这些真本诏书，编列在下方，让阅读的人自己去通晓他的用意而加以解说。"

刘闳封齐的故事

王夫人，赵地人，和卫夫人同时受到武帝宠幸，生了儿子刘闳。刘闳将要封王的时候，他母亲病重，武帝亲临问候她说："儿子应当封王了，想把他封在什么地方？"王夫人说："陛下健在，妾又哪里可以说话呢。"皇帝说："虽然是这样，你心里想的是什么，想把哪里封给儿子为王？"王夫人说："我希望把他封在洛阳。"武帝说："洛阳地区有武库敖仓，是天下的冲要险阻之地，是汉朝国家的大都会。从先帝以来，还没有皇子封在洛阳的。除了洛阳，其余什么地方都可以。"王夫人不应声，武帝说："函谷关以东的国土没有比齐地更大的。齐东边背靠大海并且城郭很大，古时代只有临菑城中有十万户，天下土地肥沃的地方没有哪里比齐地还强的。"王夫人用手击打头部，谢恩说："非常荣幸！"王夫人死了皇帝很伤心，派遣使者拜祭她说："皇帝谨派遣使者太中大夫明捧着玉璧一块，赐夫人为齐王太后。"她儿子刘闳做了齐王，年纪小，没有儿子，立了国，不幸早死了，封国断绝，设置为郡。天下人说齐地不宜封王。

所谓"受此土"的意思，是诸侯王开始受封时，必定要从天子的太社

接受茅土，回去以后依据它建立封国的社坛，按年按时祭祀它。《春秋大传》说："天子的京师有太社。社坛的土东方是青色，南方是赤色，西方是白色，北方是黑色，上方是黄色。"所以将要封在东方的就取青色土，要封在南方的取赤色土，要封在西方的取白色土，要封在北方的取黑色土，要封在中央的取黄色土。各取属于己方颜色的土，用白茅草包裹起来，封好以后依据它建立封国的社坛。这是表示开始时是接受了天子分封的意思。这就是标志受封于何方的主土。主土，要建立社坛供奉它。"朕承祖考"的意思，"祖"就是祖先，"考"就是去世了的父亲。"维稽古"的意思，"维"就是猜度，就是思考，"稽"就是应当，即应当顺从古代的礼制。

齐地的人多变奸诈，不熟习礼仪，所以告诫他说："敬听我的诏书，要想着天命不是固定不变的。人要是喜好善德，才能彰显光明。假如不追求德义，就会使君子懈怠而不归附。竭尽你的心意，诚信地执持中庸之道，才能长久地保住天禄。如有过失而不改，就会伤害你的国家，并危害你的

自身。"齐王到了封国，左右大臣用礼义来维系护持，不幸他中年过早夭亡了。然而齐王保全了自身没有过错，遵循了策文的旨意。

◆ 广陵王刘胥故事

有关的文字记载说"靛青染料从蓼蓝中提取，它的颜色更胜于蓼蓝"，指的是教化使之如此。深远呀贤主，光辉英明有独到的见识：教诫齐王要谨慎于内心修养；教诫燕王不要结怨，不要败德；教诫广陵王要谨慎行动作为，不要作威作福。

广陵处在吴越国土的地带，这里的民众精明而轻浮，所以教诫他说"大江五湖之间，那里的民众人心轻浮。古代九州依恃扬州作为边疆，三代的时候只迫使它在总体上依从中原的风俗习惯，不大涉及政治教化，只用德将它制御罢了。不要轻脱无知好逸恶劳，不要接近小人，一切要依从法则。不要专意于喜好佚乐驰骋弋猎过度安闲并亲近小人。常常想到法度，就不会遭受耻辱了。"三江、五湖有着盛产鱼盐的实利，山中产铜的富足，天下人都仰望着。所以教诫说"做臣子

▶恭庙铜灯·西汉

江苏扬州博物馆藏。1985年邗江杨寿镇李岗村宝女墩汉墓出土。灯盘直盘口，盘中心有一支钉。细高蒜头形柄，喇叭形圈足座。足面阴刻隶书"恭庙"二字，字体规整。该灯系广陵国祖庙内的祭祀用器。

的不作福"的意思，就是让他不要由于轻浮而背弃仁义。

遇上孝武帝去世，孝昭帝刚刚继位，先让广陵王刘胥来朝，厚重地赏赐他以金钱财币，价值三千多万钱，增加封地百里，食邑万户。

等到昭帝去世，宣帝刚刚继位，源自恩情施加仁义，在本始元年中，划出汉朝廷的土地，把广陵王刘胥的四个儿子都给予分封：一个儿子封为朝阳侯，一个儿子封为平曲侯，一个儿子封为南利侯，刘胥最喜爱的小儿子刘弘，封为高密王。

这以后刘胥果然作威作福，和楚王的使者相交往。楚王公开放出话说："我的先人元王，是高帝的小弟弟，封了三十二座城。如今封地食邑更加小了，我想和广陵王共同发兵，立广陵王为皇上，我要恢复封为楚王时的三十二座城，如同元王时候一样。"事情败露，公卿和有关的负责官员请求施行诛罚。天子因为骨肉之亲的缘故，不忍心对刘胥用法律裁处，下达诏书不要惩治广陵王，只诛杀首谋作恶的楚王。有关的文字记载说"蓬草生长在麻中。不需要扶它自

然会笔直；白沙混在污泥里，会和污泥一样的黑"，指的是受封地区的风俗教化让他这样的。这以后刘胥再次祈神降殃祸图谋反叛，事发自杀了，封国被废除。

燕王刘旦故事

燕国的土地贫瘠，北边接近匈奴，这地方的人民勇敢但缺少谋虑，所以教诫他说："荤粥氏没有孝敬行为贪暴而无仁义，因而窃盗侵犯边境和民众。我诏令将军前往征讨他们的罪恶，于是万夫的头领，千夫的头领，三十二个部落酋长都来降服，从此偃旗息鼓军队奔逃。荤粥氏远徙漠北，北方因而安定了。""竭尽你的心意，不要结怨"的意思，是不让他依从习俗而产生怨恨。"不要败德"的意思，是不让燕王违背德义。"不要废弃边备"的意思，是不要缺乏武器装备，要经常防备着匈奴。"不是经过战阵教习的士人不能随从出征"的意思，是说不习礼义就不能在自己的身边服侍。

正遇上武帝年老，而太子又遭不幸去世，还没有再立太子，于是刘旦派使者来呈上奏章，请求自己进入京都值宿警卫于长安。孝武帝看到他的奏章，摔在地上，发怒说："生了儿子应当把他安置到齐、鲁这样的礼义

▶ **神人瑞兽铜镜·西汉**

江苏扬州博物馆藏。1986年扬州市西郊岗大队五号墓出土。镜作圆形，圆钮，柿蒂纹钮座，周围饰草叶。其外饰三层：在双线方栏与单线方栏间饰菱形几何纹；外为双线方栏；方栏外饰柿蒂、四乳与规矩纹，其间饰以狮子、羽人、道人、羚羊、雏凤等人物禽兽纹和菱形几何纹。其外饰以射线纹和两周宽平素纹相间的双线波折纹。

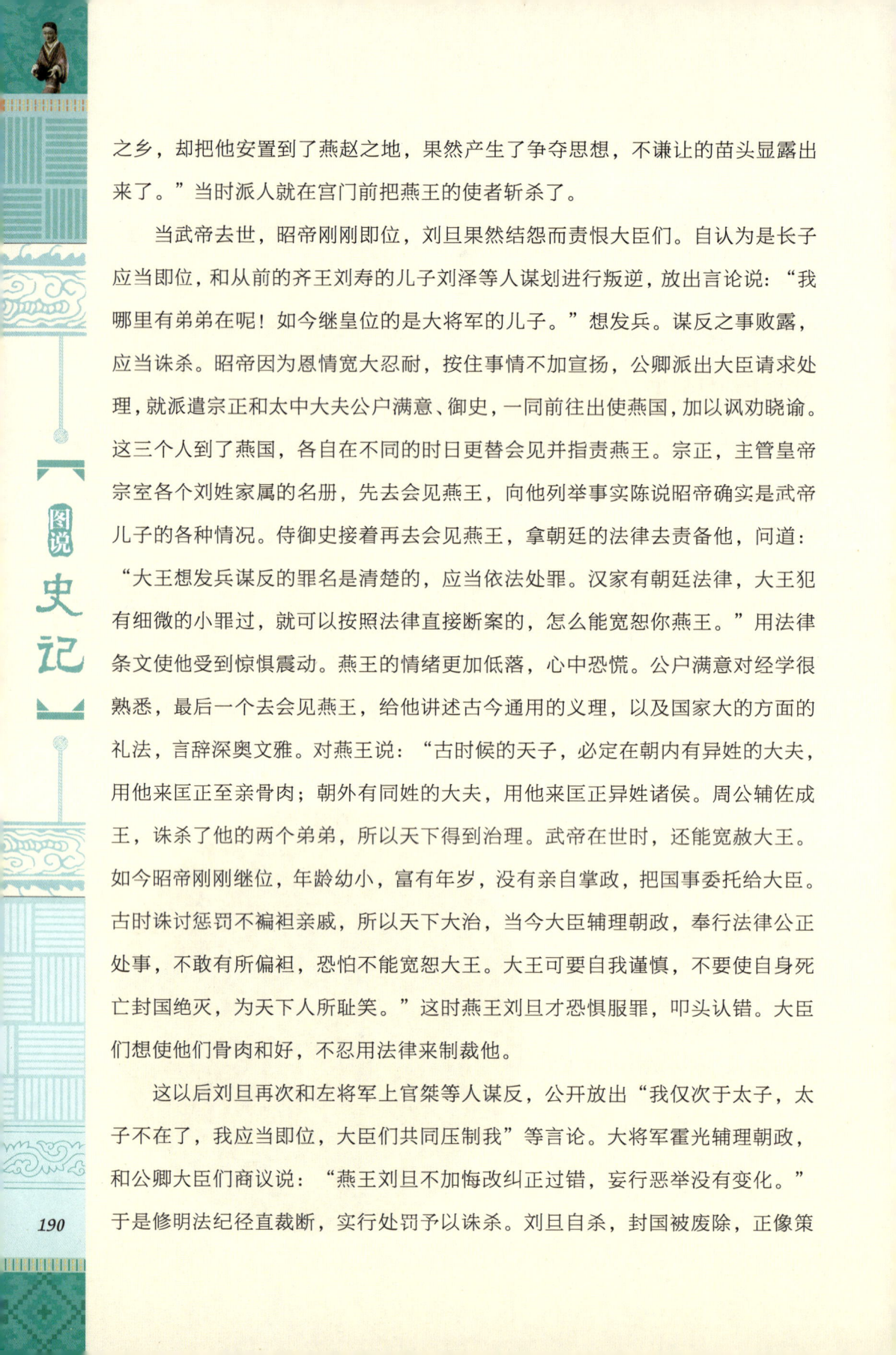

之乡，却把他安置到了燕赵之地，果然产生了争夺思想，不谦让的苗头显露出来了。"当时派人就在宫门前把燕王的使者斩杀了。

当武帝去世，昭帝刚刚即位，刘旦果然结怨而责恨大臣们。自认为是长子应当即位，和从前的齐王刘寿的儿子刘泽等人谋划进行叛逆，放出言论说："我哪里有弟弟在呢！如今继皇位的是大将军的儿子。"想发兵。谋反之事败露，应当诛杀。昭帝因为恩情宽大忍耐，按住事情不加宣扬，公卿派出大臣请求处理，就派遣宗正和太中大夫公户满意、御史，一同前往出使燕国，加以讽劝晓谕。这三个人到了燕国，各自在不同的时日更替会见并指责燕王。宗正，主管皇帝宗室各个刘姓家属的名册，先去会见燕王，向他列举事实陈说昭帝确实是武帝儿子的各种情况。侍御史接着再去会见燕王，拿朝廷的法律去责备他，问道："大王想发兵谋反的罪名是清楚的，应当依法处罪。汉家有朝廷法律，大王犯有细微的小罪过，就可以按照法律直接断案的，怎么能宽恕你燕王。"用法律条文使他受到惊惧震动。燕王的情绪更加低落，心中恐慌。公户满意对经学很熟悉，最后一个去会见燕王，给他讲述古今通用的义理，以及国家大的方面的礼法，言辞深奥文雅。对燕王说："古时候的天子，必定在朝内有异姓的大夫，用他来匡正至亲骨肉；朝外有同姓的大夫，用他来匡正异姓诸侯。周公辅佐成王，诛杀了他的两个弟弟，所以天下得到治理。武帝在世时，还能宽赦大王。如今昭帝刚刚继位，年龄幼小，富有年岁，没有亲自掌政，把国事委托给大臣。古时诛讨惩罚不徧袒亲戚，所以天下大治，当今大臣辅理朝政，奉行法律公正处事，不敢有所偏袒，恐怕不能宽恕大王。大王可要自我谨慎，不要使自身死亡封国绝灭，为天下人所耻笑。"这时燕王刘旦才恐惧服罪，叩头认错。大臣们想使他们骨肉和好，不忍用法律来制裁他。

这以后刘旦再次和左将军上官桀等人谋反，公开放出"我仅次于太子，太子不在了，我应当即位，大臣们共同压制我"等言论。大将军霍光辅理朝政，和公卿大臣们商议说："燕王刘旦不加悔改纠正过错，妄行恶举没有变化。"于是修明法纪径直裁断，实行处罚予以诛杀。刘旦自杀，封国被废除，正像策

文所指出的那样。有关的主管官员请求诛杀刘旦的妻子和儿女。孝昭帝因为是骨肉之亲，不忍心施予刑罚，宽大赦免了刘旦的妻子和儿女，削为平民。有的文献说"兰根和白芷，没在脏水中，君子不接近，平民不佩戴"，指的是因为事情逐渐起了变化的缘故。

宣帝刚刚继位，推广恩亲宣扬仁德，在本始元年间全都重新分封了燕王刘旦的两个儿子：一个儿子被封为定安侯；封立燕王原太子刘建为广阳王，以便供奉燕王的祭祀。

▶ "妾莫书"龟钮银印·西汉

江苏扬州博物馆藏。1977年邗江县甘泉公社老山郑庄汉墓出土。印为银质铸造方体。龟钮为写实造型，龟甲清晰可辨，启目昂首，四爪呈欲向前行之势，活脱逼真。印为白文"妾莫书"三字，"妾"为当时女子对自己的谦称，"莫书"为人名。据考证，大凡有龟钮银印者，当属大贵人、长公主、关内侯等贵族身份。此印篆法平直方正，风格雄浑典雅，气魄生动，加之龟钮制作精良，实为汉代印章之佳品。

▼ 太史公说 ▼

古人有言论说："爱他就想让他富，亲他就想让他贵。"所以君王们划分土地建立国家，分封子弟，用来褒奖亲属，序列骨肉，尊崇祖先，显贵子孙，在天下扩大同族的势力。因此国势强大而王室安定。从古到今，由来已久了。没有什么特别之处，所以就不加论著了。燕齐国家的事，也没有值得采录的。然而以封策建立三王，天子谦恭礼让，群臣坚守道义，奏章封策的文辞华丽照人，特别值得观览，因此就将它们附列在世家之中。

图说史记

第 5 卷

文字编辑：樊文龙

美术编辑：何冬宁　刘晓东

装帧设计：罗　雷

图片提供：王　露　郝勤建

汇图网　红动中国

中国国家博物馆

故宫博物院

上海博物馆

山东博物馆

河南博物院

河北博物院

陕西历史博物馆

湖南省博物馆

湖北省博物馆

浙江省博物馆

台北故宫博物院

美国纽约大都会艺术博物馆

美国弗利尔美术馆

美国克利夫兰艺术博物馆

美国耶鲁大学艺术陈列馆

美国普林斯顿大学博物馆

美国哈佛大学博物馆

美国芝加哥艺术学院

美国明尼阿波利斯艺术学院

大英博物馆　等

图说史记

【西汉】司马迁◎著

杨燕起 樊文龙◎主编

—— 第6卷 ——

[列传]

巴蜀书社

伯夷列传 第一

【解题】 此传位《史记》列传之首。太史公在大量论赞之中，夹叙了伯夷、叔齐的简短事迹，对他们的高尚品格抒发了诸多的感慨。本文名为传记，实为传论，独具特色。史家的通例是凭借翔实的史料说话，而在叙述之中夹以作者的看法，是一种全新的体例。所以，本文实开史家之先河。

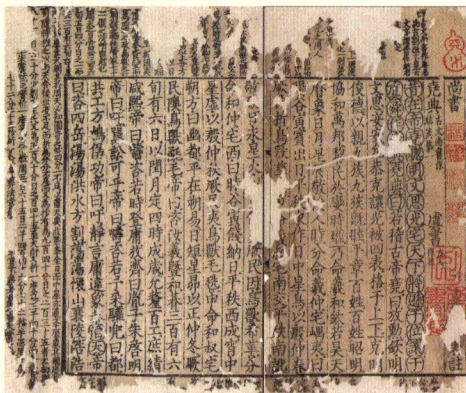

伯夷和叔齐

学者们运用的书籍虽然很多，但是要知其真实可信性，还要从六经里考察。《诗经》《尚书》虽残缺不全，但还可以从记载虞、夏两代的文字中了解到。唐尧把帝位让给虞舜，虞舜把帝位让给夏禹，他们都是由四方诸侯和州牧推荐出来、放在一定的职位上试用，管理政务几十年，功绩卓著，然后才被授予政权。这表明国家政权是极严肃的事，帝位也是极为重要的，所以传授政权是如此郑重审慎啊！可是诸子杂记里说，唐尧想把天下交给许由，许由不仅不接受，反而觉得是耻辱，就逃走隐居起来。到了夏朝，又出现了不接受商汤让位的卞随、务光。这些人又为何受到赞许呢？

太史公说：我登上箕山，据说上面可能有许由的坟墓。孔子依次论列古

之仁人、圣人、贤人，如吴太伯、伯夷这些人都讲得很详细。我认为所听到的这些人里，许由、务光的德行是最高尚的，但是文字记载一点也没有见到，这是为什么呢？

孔子说："伯夷、叔齐不计以前的仇怨，于是仇怨也就渐渐少了。""他们追求仁德就得到了仁德，还有什么怨恨呢？"我对伯夷的心意深表同情，看到他们的逸诗也令人惊叹。他们的传记说："伯夷、叔齐是孤竹君的两个儿子。父亲想立叔齐为国君，等到父亲死后，叔齐要把君位让给伯夷。伯夷说：'这是父亲的遗命啊！'于是逃走了。叔齐不肯继承君位也逃走了。国人只好拥立孤竹君的排行居中的儿子做了国君。此时，伯夷、叔齐听说西伯昌能够很好地尊养老人，心想何不去投奔他呢？可是到了那里之后，西伯昌已经死了，他的儿子武王追尊西伯昌为文王，并把他的灵牌载在兵车上，向东进兵讨伐殷纣。伯夷、叔齐勒住武王的马缰进谏说：'父亲死了不安葬，却发动战争，能说是孝顺吗？作为臣子去杀害君主，能说是仁义吗？'武王身边的随从要杀掉他们。太公吕尚说：'这是有节义的人啊。'于是扶起他们让他们离开。等到武王平定了商纣，天下都归顺了周朝，可是伯夷、

▶《孔孟故事图册》之首阳采薇·清·无款。

叔齐却以之为耻。他们坚持气节不吃周朝的粮食，隐居在首阳山上，靠采野菜充饥。到了快要饿死的时候，作了一首歌，歌词是：'登上那西山啊，采摘那里的野菜。以暴臣换暴君啊，竟然不知道那是错误。神农、虞舜、夏禹的太平盛世转眼消失了，哪里才是我们的归宿？唉，只有死啊，命运是这样的不济！'于是双双饿死在首阳山上。"

从这首诗来看，他们是怨恨，还是不怨恨呢？

▶ 孔子论断

有人说："天道是没有偏私的，总是帮助好人。"像伯夷、叔齐是好

▶ **采薇图·宋·李唐**

美国弗利尔美术馆藏。此卷画商末伯夷、叔齐不食周粟，在首阳山饿死的故事。图绘半山之腰，苍藤、古松之荫，伯夷与叔齐采摘薇蕨之余，正在休息对话的情景。画中正坐一人即为伯夷，他面带忧愤，目光炯炯，注视着叔齐。叔齐一手按地似在说着什么。

人呢，还是不是呢？他们积累仁德，保持高洁的品行，最终却饿死！再说孔子七十二位得意弟子里，只有颜渊被推崇为好学，然而也总是穷困潦倒，连粗劣的食物都吃不饱，过早地死去了。天道是怎样报答好人的呢？盗跖终日杀害无辜的人，吃人的肝，残暴凶恶，聚集几千党徒横行天下，竟然寿终正寝。他是遵行了什么道理从而做到善终的呢？而到了近代，那些行为不正、违法犯纪的人却能终生安逸享乐，过着富裕优越的生活，世世代代都不断绝。而有的人走路谨慎，不敢随意说话，不公正的事绝不去做，但这样小心审慎而遭祸害的人数都数不完。我感到很困惑，所谓的天道，到底有还是没有呢？

孔子说："道不同不相为谋。"每个人都按照自己的意志行事。所以他又说："假如富贵是可以寻求的话，即使做个贫贱的赶车人，我也愿意去做；假如寻求不到，那还是按照自己的喜好去做。""到了寒冬，才知松柏是最后凋谢的。"

整个社会混乱污浊的时候，品行高洁的人才会显露出来。这难道不是因为有的人把富贵安乐看得重，才显得另一些人把它看得轻吗？

孔子说："君子所怕的是死后名声不能流传。"贾谊说："贪者为财而死，重义轻生者为名而死，贪权者为争权而死，平民百姓则贪生而恶死。"《易经》上说："明亮的东西会相互映照，同类事物自然相互感应。""彩云随着龙飞，山风随着虎啸而起，圣人出现，才使万物的真面貌显现出来。"伯夷、叔齐虽是贤人，却也是在得到孔子的称赞后名声才显赫起来。颜渊虽好学，却也是因为追随孔子，其才德才更加显著。隐居的隐士，有的名声显达，而有的却名声埋没得不到称颂，多么可惜啊！闾里街巷的平民要想显露德行，树立名声，如果不依靠德高望重的人，怎么能扬名后世呢？

神秘的孤竹国

孤竹国诞生于夏，是冀东地区出现最早的国家，三千年前商代的北方大国。商朝初年（约前1600），商封墨氏为孤竹君。孤竹国从立国到灭亡存在940多年（约前1600—前660）。孤竹国的建立，标志着冀东文化已高度发达。孤竹国是礼仪、文明之邦。孤竹国范围广袤，约覆盖今天太行山以东、内外蒙古以及东北和朝鲜地区。关于"孤竹"一名，亦作"觚竹"，最早见于殷墟甲骨文和商代金文。甲骨卜辞有关孤竹氏的活动，有40多条记录。在今河北卢龙、迁安一带和辽宁西部出土的商代青铜器，有的器身上铸有"孤竹"铭文。孤竹国的历史记载还散见于《国语》《管子》《韩非子》《史记》等古籍。近年来，唐山市滦南县新发现有关孤竹国重要物证，如带有文字的玉璧、玉圭、玉钺、玉冠等大量文物。这些文物的发现证明了孤竹国中心就存在于滦南大地。

管晏列传 第二

【解题】这是管仲、晏婴两位大政治家的合传，太史公给予了他们充分的赞赏。二人虽隔百余年，但他们都是齐人，都是名相，又都为齐国做出了卓越的贡献，故合传为一。本文通过鲍叔牙和晏婴知贤、荐贤和让贤的故事，探讨了对待贤人应该采取的态度问题。

管仲拜相

管仲，名夷吾，是颍上人。他年轻时常和鲍叔牙交往，鲍叔牙知道他贤能。管仲家贫，经常占鲍叔牙的便宜，但鲍叔牙始终对他很好，没有什么怨言。后来，鲍叔牙侍奉齐国公子小白，管仲侍奉公子纠。等小白被立为齐桓公后，公子纠已死，管仲被囚禁。于是鲍叔牙向齐桓公推荐管仲。

管仲被任用后，辅助齐桓公治理国家。齐桓公凭借着管仲而称霸，并以霸主的身份多次会合诸侯，一度匡正天下，这都是管仲的智谋。

鲍叔牙举贤

管仲说："当初我贫困时，曾和鲍叔牙一起做生意，分钱财时自己总是多拿一些，鲍叔牙并不认为我贪财，知道我家里穷。我曾经替鲍叔牙谋事，反而使他更加困顿，鲍叔牙不认为我蠢笨，他知道

▶管仲雕像

管仲（约前723—前645），名夷吾，字仲，春秋初期著名政治家。孔子曾评价管仲说："桓公九合诸侯，不以兵车，管仲之力也。如其仁，如其仁！"又说："微管仲，吾其被发左衽矣。"对管仲的历史功绩十分肯定。

9

▶ **邾公钏钟·春秋晚期**

上海博物馆藏。甬钟，旋饰变形龙纹，干作兽首形，篆饰两头龙纹，鼓部饰卷体龙纹。铸铭
三十六字，字体规整，自述其乃陆终之后，与史籍所记邾乃陆终曹姓之后相符。

时运有时顺利，有时不顺利。我曾经多次做官都被国君驱逐，鲍叔牙不认为我不行，知道我没遇上好时机。我曾经多次打仗，却又多次败逃，鲍叔牙不认为我胆小，知道我家里有老母亲要赡养。公子纠失败，召忽为此而死，我被囚禁遭受屈辱，鲍叔牙不认为我没有廉耻，知道我不会因为小的过失而感到羞愧，却以功名不闻达于天下而感到耻辱。生养我的是父母，真正了解我的是鲍叔牙啊！"

鲍叔牙推荐了管仲之后，情愿将自己置于管仲之下。他的子孙世世代代在齐国享有俸禄，有封地的达十几代，多为著名的大夫。因此，天下人不称赞管仲的才能，反而称赞鲍叔牙能够识别人才。

管仲相齐

管仲任齐相执政后，凭借着齐国临海的条件，流通货物，积累财富，国富兵强，与百姓同好恶。所以，他说："仓库充实了，民众就会懂得礼节；衣食富足了，百姓就会知道荣辱。在上位的人行为符合法度，那么，六亲的关系就会和睦稳固。礼义廉耻的

▶ 管仲鲍叔牙塑像

管仲曾说："生我者父母，知我者鲍叔也！"鲍叔牙和管仲的关系成为中国历史上朋友关系的典范，因此后世才有了"管鲍之交"的说法。

教化不能伸张，国家就灭亡。下达的政令像是流水的源头一样，要让它顺应民众的心意。"所以，他的理论平实而容易执行。民众需要的，就顺着给予满足；民众不愿接受的，就顺势废弃掉。

管仲治理政事，善于化凶为吉，使失败转为成功。他重视分清事物的轻重缓急和权衡利弊得失。齐桓公因怨恨少姬改嫁而向南袭击蔡国，管仲就趁机攻打楚国，指责楚国没有向周王室进贡包茅。齐桓公想向北出兵攻打山戎，而管仲就趁机让燕国施行召公时期的政令。在柯地会盟时，齐桓公想背弃曹沫逼迫他订立的盟约，管

仲却劝他信守盟约。如此，诸侯们纷纷归顺齐国。所以说："懂得给予是为了更好的取得，这是治理国家的法宝。"

管仲的富贵可以跟国君相比，他的收入占全国税收的十分之三，又筑有诸侯才能使用的放酒杯的土台，但齐国人却不认为他奢侈。管仲去世后，齐国仍遵循他的政令，从而比其他诸侯国强大。此后百余年，齐国又出了个晏婴。

⊙举贤不避"贱"

晏平仲，名婴，齐国莱地夷维人。他辅佐了齐灵公、齐庄公、齐景公三

├─ 管仲思想的精华——《管子》├─

《管子》是中国古代的学术典籍之一，先秦诸子时代百科全书式的巨著。该书是记录管仲生前思想、言论的总集，于战国初年齐都临淄（今山东淄博）稷下学宫，由管仲学派编撰成书。原书 564 篇，西汉刘向除去重复的 478 篇，实为 86 篇，后亡佚 10 篇，故今本《管子》仅 76 篇。全书十六万字，为《论语》的 10 倍，《道德经》的 30 多倍，是最宏伟的中国先秦单本学术论著，其价值不亚于同时代的《商君书》。《韩非子·五蠹》说："今境内之民皆言治，藏商、管之法者家有之"，已将商、管并列。《管子》在诸子百家中占有十分重要的地位，是研究古代黄老道家的哲学、政治、经济、法律等各方面思想的珍贵资料。

代国君，由于节俭、笃行而受到齐国人的尊重。他任齐国宰相时，吃饭不多过两道肉菜，妾室不穿丝绸衣服。在朝廷上，国君的话与他有关，就直言自己的意见；与他无关，就正直地去办事。国君行正道时，他就服从命令；不能行正道时，他就对命令酌情去施行。因此，他辅佐三代国君，名声显扬于各国诸侯。

越石父贤能，却被囚禁。晏子外出时，在路上遇见了他，解下左边的骖马把他赎了出来，载着他回了家。晏子没有向他告辞，就径直到内室去了。

▶ 二桃杀三士图·现代·李稼夫

《晏子春秋》记载，春秋时期齐景公帐下有三员大将：公孙接、田开疆、古冶子。他们战功显赫，但也因此恃功而骄，晏子为避免造成未来可能的祸患，建议齐景公早日消除祸根。晏子让齐景公赐三士二桃，让他们论功食桃，终致三士自杀而死。

13

过了很久，越石父请求断绝交往。晏子感到惶恐，整理好衣帽以后道歉说："我虽说不算仁厚，也把您从困境中解脱出来了，您为什么这么快就请求断绝交往呢？"越石父说："不是这样的。我听说君子在不了解自己的人面前受委屈，而在了解自己的人面前伸展意志。当我被囚禁的时候，别人是不了解我的。你既然救我，说明了解我。了解我却不以礼待我，我还不如被囚禁。"晏子于是请他进门，视为贵客。

晏子做齐国国相时，一次坐车外出，车夫的妻子从门缝里偷偷地看她替国相驾车的丈夫。她丈夫

▶《晏子春秋》书影

《晏子春秋》是记叙春秋时期著名政治家、思想家晏婴言行的一部书。其中《谏上》《谏下》表现出晏婴目光远大、深思熟虑，具有深厚的政治素养，敢于直言劝谏。

▶《晏婴筑台济民》雕像

头上遮着大伞盖，挥动着鞭子赶着四匹马，神气十足，得意扬扬。回到家里后，他的妻子请求离婚，车夫询问是什么原因。妻子说："晏子身高不过六尺，却做了国相，名声在各国显达。但我看他外出时，面部表情都非常深沉，常有那种甘居人下的态度。而你身高八尺，才不过做人家的车夫，神态却自以为挺满足，因此我要求离开你。"从此以后，车夫就谦虚恭谨起来。晏子发现了他的变化，感到很奇怪，就问他原因，车夫也如实相告。晏子就推荐他做了大夫。

❂ 太史公说 ❂

　　我读过管仲的《牧民》《山高》《乘马》《轻重》《九府》和《晏子春秋》，书上说得多么详细啊！既然见过他们的书，就想让人们多观察他们的行为事迹，所以编列了他们的传记。至于他们的书，社会上已有很多，因而不加论述，只是论述他们的逸事。

　　管仲是世人皆知的贤臣，然而孔子却贬低他，莫非是因为周朝政治衰微，管仲不辅佐贤明的齐桓公实行王道，却助他称霸吗？古语说："顺势成就君王的美德，纠正他的错误，因此君臣百姓之间能亲密无间。"这大概说的就是管仲吧？

　　当初晏子伏在庄公尸体上痛哭，礼成后才离去，这难道是人们所说的"遇见正义的事不去做就是不够勇敢"的表现吗？至于晏子直言谏说，敢于冒犯君主的权威，这就是人们所说的"在朝就要竭尽忠心，在野就弥补过失"的人吧？假如晏子还活着，即使我为他挥鞭赶车，也是十分向往的啊！

老子韩非列传 第三

【解题】这是一篇关于先秦道家和法家代表人物的传记。太史公将老、庄、申、韩合为一传，代表了汉代人对道家与法家关系的重要看法。他们的学说虽有联系，但也有许多不同之处。太史公做四人合传，或陈罗胸臆，或纵横概括，或指点评说，汪洋恣肆，是一篇很有气魄的雄文。

老子道德

老子是楚国苦县厉乡曲仁里人，姓李，名耳，字聃，做过周朝掌管藏书室的史官。

孔子前往周都，向老子请教礼的学问。老子说："您所说的礼，创制它的人的骨头都已经腐烂了，只有他的言论还在。况且君子时来运转的时候就驾着车出去做官，时运不济时就像蓬草一样随风飘转，身不由己。我听说，精明的商人把货物隐藏起来，表面看上去空虚得很。君子品德高尚，但容貌谦卑得像愚钝的人。抛弃您的骄气和贪欲、做作的情态神色和过大的志向，这些对于您自身都是没有好处的。我能告诉您的，就是这些了。"孔子回去后对弟子们说："鸟，我知道它能飞；鱼，我知道它能游；兽，我知道它能跑。会跑的可以用网捕捉它，会游的可以用丝线去钓它，会飞的可以用箭去射它。至于龙，我就不知道该怎么办了，它是能乘着风云飞上天的。我今天见到的老子，大概就是龙吧！"

老子创立道家学派，他的学说宗旨是隐匿声迹，不求闻达。他在周都住了很久，见周朝政治衰微，于是离开了。到了边关，守关官员尹喜对他说："您就要隐居了，请勉力为我写一部书吧。"于是老子就撰写了一部书，分为上下篇，共五千多字，阐述了道德的本意，然后离去，没有人知道他去了哪里。

有人说：老莱子也是楚国人，作了十五篇的书，讲道家学说的作用，和孔子是同一个时代的人。

据说老子活了一百六十多岁，也有的人说他活了二百多岁，这都是因为他修道养心而长寿的。

自孔子死后一百二十九年，史书记载周朝有一个叫儋的太史官，他去拜见秦献公，说："当初秦国和周朝是合在一起的，合在一起五百年，又要分开；分开七十年，就会有一位霸主出现。"有人说儋就是老子，也有人说不是他，世上对这种说法没有定论。老子，是一位隐居的君子啊。

老子的儿子叫宗，李宗做了魏国的将领，受封在段干。李宗的儿子叫注，李注的儿子叫宫，李宫的玄孙叫假。李假在汉文帝

▶ **老子骑牛图·明·张路**

故宫博物院藏。图中绘老子坐于青牛背上，手持经卷，正抬眼注视着一只飞蝠。人物的面部刻画得非常传神，衣纹的穿插也灵活巧妙，整幅画给人一气呵成之感，形象生动而富有情致。

的时候做了官，而李假的儿子李解做了胶西王刘印的太傅，因此在齐国安家。

社会上尊崇老子学说的人就贬斥儒学，信奉儒家学说的人也贬斥老子学说。"道不同不相为谋"，岂非就是说这种情况吗？老子认为无为而治，百姓自然趋于"化"；清静不挠，民众自然会归于"正"。

❖庄子不仕

　　庄子，蒙地人，名周。他曾经做过蒙地漆园的官吏，和梁惠王、齐宣王是同一时代的人。他学识渊博，涉猎的范围很广，他的基本思想源于老子的学说。他撰写了十万余字的著作，大多是有所托指的寓言。他写的《渔父》

▶ 郭店楚简《老子》。

湖北省博物馆藏。简本《老子》分为甲、乙、丙三种，是20世纪90年代所见年代最早的《老子》传抄本。它的绝大部分文句与今本《老子》相近或相同，但不分德经和道经，而且章次与今本也不相对应。郭店楚简的文字是典型的楚国文字，具有楚系文字的特点，而且字体典雅、秀丽，是当时的书法精品。

庄子像·现代·吴承砚

庄子（约前369—前286），名周，宋国蒙（今河南商丘）人，战国时期哲学家、思想家。

《盗跖》《胠箧》是用来诋毁孔子学派而维护老子学说的，《畏累虚》《亢桑子》一类的文章，都只是虚构的话而没有实据。可是，庄子善于铺陈辞藻，描摹事物的情状，用来驳斥儒家和墨家，即使是当世博学之士也难以幸免。他用汪洋恣肆的语言来恰当地表现自己，所以，从王公大人起都无法赏识他。

楚威王听说庄周贤能，派使臣带着丰厚的礼物去聘请他，许诺他任楚国的宰相。庄周笑着对楚国使臣说："千金确实是厚礼，卿相确实是尊贵的官位。您难道没见过祭祀天地用的牛吗？好好喂养它几年，给它披上带有花纹的绸缎，然后把它牵进太庙去当祭品。这个时候的它，即使想做一头小猪，难道能办得到吗？您赶快走吧，不要玷污了我。我宁愿快乐地在小污水沟里游乐嬉戏，也不愿束缚于国君。我终生不做官，为的是让自己的心志愉快。"

申子重术

申不害是京邑人，原先为郑国的小官吏。后来研究刑名法术之学，向韩昭侯求官，昭侯任命他做了国相。他对内修明政令教化，对外应对各方诸侯，前后共十五年。一直到申子去世，国家富裕，军队强大，没有哪个国家敢侵犯韩国。

申不害的学说源于黄帝和老子，但主要是刑名法术。他的著作有两篇，名为《申子》。

韩非法治

韩非是韩国的贵族子弟，他爱好刑名法术学问，其学说的理论基础源于黄帝和老子。韩非口吃，口才

▶ **庄周梦蝶图·元·刘贯道**

此图取材于"庄周梦蝶"的典故。将此场景置于炎夏树荫，童子抵树根而眠，庄周袒胸仰卧石榻，鼾声醉人，其上一对蝴蝶翩然而舞，点明画题。

不是很好，却擅长著书立说。他和李斯都师从荀卿，李斯自认为学识比不上韩非。

　　韩非见韩国逐渐衰弱下去，屡次上书劝谏韩王，但韩王没有采纳他的意见。当时韩非痛恨韩王治理国家却不致力于修明其法制，不能凭借君王的权势驾驭臣子，不能富国强兵寻求任用贤能之士，反而任用夸夸其谈、对国无益的游说之士，且让其地位高于讲求实效的人。他认为儒家用经典文献扰乱国家法制，而游侠倚仗武力违反国家禁令。国家太平时，君主就宠信那些徒有虚名的人；形势危急时，就使用那些身披铠甲的武士。现在国家供养的人并不是所需要的，而所要用的人又不是所供养的。他悲叹廉洁正直的人不被邪枉之臣所容，他考察了古往今来的成败得失，所以写了《孤愤》《五蠹》《内外储》《说林》《说难》等十余万字的著作。

　　然而，韩非深切地清楚游说的困难，他撰写的《说难》一文，讲得非常详细，但是他最终还是死在秦国，不能逃脱游说的祸难。

　　《说难》中写道：

"大凡游说的困难，不是我所知晓的事理不足以说服君主，不是我的口才不足以明确地表达出我的思想，也不是我不敢毫无顾忌地把意见全部表达出来，而在于准确了解游说对象的心理，然后用自己的说辞去说服他。

"游说的对象如果是追求名誉的人，却用厚利去游说他，就会被看作没有气节，受到卑下的待遇，一定会被疏远。游说的对象如果是追求厚利的人，却用高尚的名节去游说他，就会被认为没有头脑无法解决事情，而不任用你。游说的对象如果表面上是追求名声而实际上是追求厚利的，就会表面上任用你，而实际上疏远你。如果你拿厚利游说他的话，他就会暗中采纳你的意见，而表面上疏远你。这些都是不能不知道的。

"行事因为保密而成功，言语中泄露了机密就会失败。未必是游说者本人有意泄露机密，而是言语中无意识地牵涉到君主内心隐藏的事。如果是这样，游说者本身会遭祸害。君王有了过错的苗头，而游说者明白地陈说，用巧妙的议论来推导出错误的严重，那么自身就会危险。君王对游说者的恩宠还没有达到深厚的程度，而游说的人去尽情地说一些知心话，意见被付诸施行并且有了功效，那么就会忘掉你的功劳；要是游说的意见行不通并且遭到了失败，那么就会被怀疑，到这地步，游说者本身就会有危险。如果君王自认为有了独到的妙策并且想把它作为自己的功绩，游说者也有相同的认识而说了出来，那么自身就会危险。君王公开在做某一件事，但他自己的内心是要依据这件事来达到另外的目的，游说者了解这一目的而把它说了出来，那么自身

▶ **韩非子像·现代·范曾**

韩非（约前280—前233），战国时期哲学家、思想家，韩王之子，荀子学生，李斯同学。韩非将商鞅的"法"、申不害的"术"和慎到的"势"集于一身，是法家思想的集大成者。

《韩非子》一书，共五十五篇，十万余字。在先秦诸子中独树一帜，呈现韩非极为重视唯物主义与效益主义的思想，积极倡导君主专制主义理论，目的是为专制君主提供富国强兵的思想。

就会危险。勉强君王去做他一定不会做的事，制止君王做他所不能罢手的事，游说者本身就会有危险。所以说，和君王谈论他的大臣，他就会认为是在离间他们之间的关系；和君王谈论他的下级官员，他就会认为是在卖弄权势。谈论君王所喜爱的人，他就会认为你在借用他的权势；谈论君王所憎恨的人，他就会认为你在试探自己的深浅。游说者直截了当，他就会认为你没有智慧而使你遭受屈辱；如果夸夸其谈，他就会认为你在卖弄才智而感到厌倦。顺从事态一般地陈述意见，他就会说你胆小懦弱而不敢尽情表述；考虑事情广泛又不受拘束，他就会说你鄙陋而傲慢，这些游说的困难，是不可以不知道的。

"大凡游说最要紧的，在于知道粉饰游说对象所推崇的事情，而掩盖他认为丑陋的事情。君王认为自己的计谋很有智略，就不要拿以往的失误来窘迫他；他肯定自己的决断很是勇敢，就不要拿游说者个人的理解来激怒他；他夸耀自己的力量非常强大，就不要拿他为难的事来阻止他。规划另一件和君王有相同计谋的事，称赞另一个和君王有相同品行的人，就要粉饰而不能加以伤害。有和君王同样失误的人，就要明确进行粉饰而说他没有过错。君王对游说者的高度忠诚没有怀疑，对游说者的言辞也不加以排斥，在这以后游说者就可以施展智慧和口才了。这就是为什么要做到和君王亲近而不怀疑，能够把知道的都说出来的难处。等到历时已久，而君王对游说者的恩宠已经深厚，能够做到深远计谋而不被怀疑，相互争执而不被加罪，才可以明白地

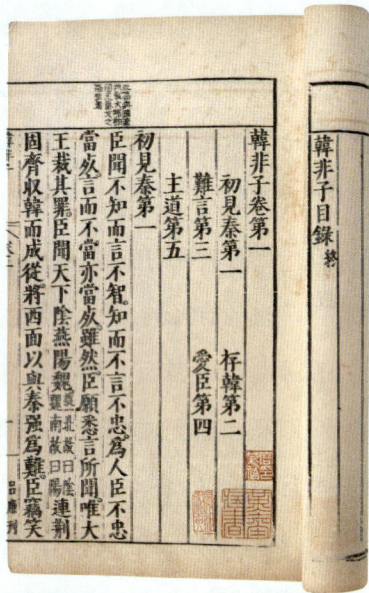

谋划利害来获取功业，直接指点是非来整饬君王的自身，能用这样的办法来扶助君王，就是游说成功了。

"伊尹做厨师，百里奚当俘虏，都是通过这样的办法取得了君王的信任。所以这两个人虽都是圣人，但也不得不从事卑贱的事以求进用。这样卑躬屈节，智能之士就不能把这些看作是耻辱了。

"宋国有位富人，天下雨把家中围墙浸塌了。他的儿子说：'不修筑将会有偷盗的人进来'，他邻居家的老人也是这么说。夜里果真丢了很多财物，这家人都认为他的儿子很聪明，却怀疑邻居家的老人。从前郑武公打算攻打胡国，却先把自己的女儿嫁给胡国国君做妻，然后询问各位大臣说：'我想对外用兵，可以去攻打哪个国家？'关其思说：'可以去攻打胡国。'于是郑武公把关其思杀了，说：'胡国，是我们的兄弟国家，你说去攻打它，是什么道理？'胡国国君听说了，认为郑国亲近自己，就不防备郑国。郑国人袭击胡国，占领了它。这两位说客，他们的认识都是正确的，然而言重的被杀了，言轻的遭到怀疑。这并不是了解事理上有困难，而是怎样处理了解的事理十分困难。

"从前弥子瑕被卫国国君宠爱。卫国的法令规定，偷驾君主车子的人要判断足的罪。不久，弥子瑕的母亲病重，有人听说了，连夜去告诉了他，弥子瑕于是假托国君的命令驾着君主的车子出宫了。卫君听说这件事后却称赞他说：'真是孝顺呀，为了母亲甘愿触犯断足的罪！'弥子瑕和国君游览果园，他吃到一个桃非常香甜，自己没有全吃掉而把它奉送给国君。国君说：'真是爱我呀，自己不吃却想着我！'等到弥子瑕容貌衰老，君王对他的宠爱疏减，得罪了国君，国君说：'这个人曾假托命令驾走了我的车子，又曾经把他吃剩的桃子给我吃。'弥子瑕的行为和当初相比没有变化，从前被国君看作贤孝后来却被治罪的原因，就在于国君对他的爱憎完全变了。所以被君主宠爱时，就认为他聪明有用而更加亲近他；被君主憎恶时，就认为他罪有应得而更加疏远他。所以进谏游说的人士不可以不考察君主的爱憎态度，然后再去游说他。

"龙作为一种动物，可以驯养、戏耍并且骑乘它。然而龙的喉咙下有片一尺左右的逆鳞，如果有人触动它，龙就一定会杀人。君主也有逆鳞，游说的人能够不去触犯君主的逆鳞，就差不多可说是善于游说了。"

有人把韩非的著作传到秦国，秦王见到《孤愤》《五蠹》这些书，说："唉，如果我能见到这个人并能和他交往就死而无憾了。"李斯说："这是韩非撰写的书。"秦王就立即攻打韩国。当初韩王不重用韩非，看到这样的形势，就派遣韩非出使秦国。秦王很喜欢他，但还没完全信任他。李斯、姚贾嫉妒他，就在秦王面前诋毁他，说："韩非是韩国贵族子弟，现在大王要吞并各国，韩非最终还是要帮助韩国而不是秦国，这是人之常情啊！如今大王不任用他，如果把他留在秦国很长时间，又把他放回去，这是给自己留下祸根啊！不如给他加个罪名，依法处死他。"秦王赞同他们的意见，就下令司法吏给韩非定罪。李斯派人给韩非送去毒药，让他自杀。韩非想要当面向秦王陈述是非，但根本见不到秦王。后来，秦王后悔了，派人去赦免他，可惜韩非已经死了。

申不害、韩非都著书立说，流传于后世，学者们大多有他们的书。我只是悲叹韩非写了《说难》却不能自行逃脱游说的祸难。

❖ 太史公说 ❖

老子推崇的"道"讲究虚无，以无所作为来适应各种变化，所以他的书里的很多措辞微妙难懂。庄子推演道德，发表推论而不受约束，其要点也来源于自然无为的道理。申子勤奋自勉，推行循名责实。韩非规范行为，以法度为准绳，决断事情，明辨是非，用法严酷苛刻而少施恩。他们的思想都源于道德的理论，而老子的思想学说就更加深远了。

司马穰苴列传 第四

【解题】本文围绕着司马穰苴"文能附众，武能威敌"的总纲，写他诛杀宠臣庄贾，严明军纪，整饬军队，与士兵同甘共苦，亲睦体恤，逼退燕、晋两国军队，创造了"不战而屈人之兵"的战争神话。

▶ 龙耳莲盖簋·春秋

🐉 文能附众，武能威敌

司马穰苴是齐国田完的后裔。齐景公时，晋国攻打齐国的东阿和甄城，而燕国进犯齐国黄河南岸的领土，齐军大败，齐景公为此非常忧虑。于是晏婴就向齐景公推荐田穰苴，说："虽说穰苴是田家之妾所生，可是他的文才能使众人归顺，武功能使敌人胆怯，希望您能试试起用他。"于是齐景公召见了穰苴，跟他共同商讨用兵之事。齐景公很满意，立即任命他做了将军，率兵去抵抗燕国和晋国的军队。穰苴说："我的地位向来卑微，是君王把我从平民中提拔起来，置于大夫之上，士兵们不会服从我，百姓也不会信任我，人的声望和地位要是低微，权威就树立不起来。我希望能派一位君王宠信、国人尊重的大臣来做监军。"齐景公答应了他的要求，派宠臣庄贾去做监军。

❯临命忘家，临阵忘亲

穰苴辞别了齐景公，和庄贾约定说："明天正午在军营门前会合。"第二天，穰苴率先到达军营，立起计

▶青铜舟·春秋

美国弗利尔美术馆藏。舟为敞口、直唇、束颈、直腹下收、圜底。肩部饰一对环形耳。舟体饰相互纠缠的细蛇纹，繁而不乱，工艺精湛。

时的木表和沙漏等待庄贾。但庄贾一向傲慢自大，喜欢摆架子，认为率领的是自己的军队，自己又作为监军，就不必着急；亲戚朋友为他饯行，留他喝酒。已至正午，庄贾还没有来。穰苴就放倒木表，放掉漏壶里的水，进入军营，巡视营地，整饬军队，宣布纪律，明确法令。直到日暮时分庄贾才来。穰苴说："为什么迟到？"庄贾道歉说："朋友亲戚们给我送行，所以来迟了。"穰苴说："将领从接受命令的那一刻起就应当忘掉自己的家庭；在军队宣布号令后就应当忘掉私人的交情；擂鼓进军，战况紧急的那一刻，就应当不顾个人安危。如今敌人已深侵我国领土，国民骚乱，士兵们已在前线战场风餐露宿，国君睡不安寝，食不甘味，全国百姓的生命都系于你一人之身，还谈什么送行呢？"接着把军法官叫来，问道："按照军法，对约定时间迟到的人该怎么处置？"军法官回答说："应当斩首。"庄贾很害怕，派人飞马去报告齐景公，请齐景公救他。

军令森严，军法无情

报信的人还没回来，穰苴就把庄贾斩首了，向三军巡行示众，全军将士皆被震惊。过了好长时间，齐景公派的使者才拿着节符来赦免庄贾，车马飞奔直入军营。穰苴说："将帅在军队里，国君的命令有的可以不服从。"又问军法官说："驾着车马在军营里奔驰，在军法上是什么罪？"军法官说："当斩。"使者非常害怕。穰苴说："国君的使者不能斩首。"于是就斩了使者的随从，砍断了左边的夹车木，杀死了左边驾车的马，巡行示众于三军。他又让使者回去向齐景公报告，然后就率领军队出发了。

自知难敌，不战而退

士兵们无论安营扎寨、挖井支灶、喝水吃饭、探病吃药，田穰苴都亲自过问以示关怀。他还把自己专用的将军物资粮食全部拿出来与士兵平分，自己只吃跟体弱多病的士兵一样分量的食物。三天后军队重整，准备出战，连病弱的士兵也要求一同奔赴战场，争先奋勇地为他战斗。晋军知道这种情况后，就撤军回国了。燕军得知后，渡过黄河向北撤退而溃散，齐国的军队趁势追击，收复了所有沦陷的土地，率兵凯旋。军队还没到达国都时，穰苴就让军队卸下战斗装束，放松军纪，和士兵宣誓结盟后进入都城。齐景公率领文武百官到城外迎接田穰苴，依礼慰劳军队完毕后，

▶ **铜甬钟·春秋**

美国弗利尔美术馆藏。体作合瓦形，桥形口。长甬，甬上饰羽纹三周，分布均匀。鼓部较宽，钲、篆、枚间及周围有凹线作为界栏，枚作平顶两段式。旋饰目雷纹，篆间饰 S 状双头夔纹，隧部饰鸟体式花冠夔纹。

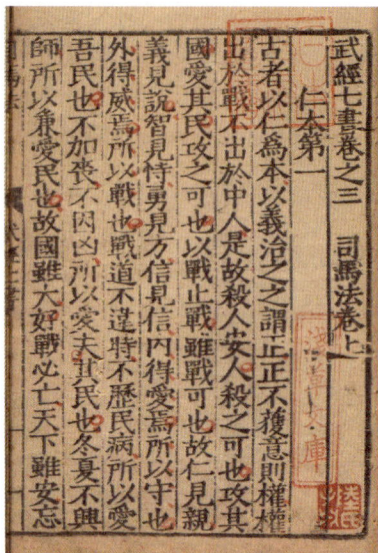

才回到寝宫。齐景公接见了田穰苴，尊崇他做大司马。从此，田氏在齐国的地位就一天天地显贵起来。

后来，齐国的大夫鲍氏、高氏和国氏等人嫉妒他，就在齐景公面前诬陷他。齐景公就废了他的官职，穰苴发病而死。田乞、田豹等人因此怨恨高氏、国氏家族的人。后来，等到田常杀死齐简公，就把高氏、国氏家族全部诛灭了。到田常的曾孙田和时，他自立为君。田和的孙子田因齐又号为齐威王，无论率兵打仗或行使权威，都效仿穰苴的做法，各国诸侯都来齐国朝拜。

齐威王派大夫整理古代的《司马兵法》，并把田穰苴的兵法也附在里面，因此叫作《司马穰苴兵法》。

↓ 太史公说 ↓

我读《司马兵法》时感到宏大深远，即使是夏、商、周三代的战争也没能完全展示出它的精髓，但如现在把《司马穰苴兵法》的文字附在里面，也难免有过分推崇的嫌疑。至于田穰苴，他只不过是为小小的诸侯国统兵作战，怎么能和《司马兵法》相提并论呢？世上既然流传着许多《司马兵法》，因此不多论述，只写这篇《司马穰苴列传》。

孙子吴起列传 第五

【解题】这是中国古代三位著名军事家孙武、孙膑和吴起的合传。全篇以兵法贯穿其中，分别展示了三位军事家的用兵智慧。诸如孙武执法如山、不苟言笑，吴起求将杀妻等情节颇有戏剧性，人物形象栩栩如生。田忌赛马、围魏救赵等也成为中国家喻户晓的经典故事。

◉ 兵圣孙武

孙子名武，齐国人，因为他精通兵法而被吴王阖庐接见。阖庐说："您的十三篇兵法我都看过了，可试着小规模地为我操演一番吗？"孙武说："可以。"阖庐说："可以用妇人来试试吗？"孙武说："可以。"于是阖庐调集宫中美女，共计一百八十人。孙武把她们分成两队，让吴王

▶ 兵圣孙武像

孙武，字长卿，春秋末期齐国人，军事家、政治家，尊称兵圣或孙子，被誉为"百世兵家之师""东方兵学的鼻祖"。

最宠爱的两位侍妾分别担任两队的队长，让所有美人全部持戟。孙武发布号令说："你们知道自己的前心、左右手和后背的方向吗？"妇人们说："知道。"孙武说："我说向前，就看着前心对着的方向；我说向左，就看着左

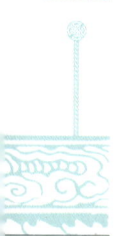

▶《十一家注孙子》书影

《十一家注孙子》是孙子兵法的重要传本之一。一般认为它来源于《宋史·艺文志》著录的《十家孙子会注》，由吉天保辑。注家为：曹操、梁孟氏、李筌、贾林、杜佑、杜牧、陈皞、梅尧臣、王皙、何氏与张预。

手对着的方向；我说向右，就看着右手对着的方向；我说向后，就转过身去看着后背对着的方向。"妇人们说："是。"号令宣布完毕后，摆好斧钺等，又将律令重复了很多遍，然后击鼓发令叫妇人们向右，妇人们都哈哈大笑，乱成一团。孙武说："纪律不清楚，口令不熟悉，这是两个队长的过错。"他又重复交代律令，再次击鼓发令让她们向左，妇人们又都笑成一团。孙武说："现在既然律令都清清楚楚，不遵照口令行事，那就是队长和士兵的过错了。"于是就要杀掉两队的队长。吴王正站在台上观看，见孙武要杀自己的爱妾，大吃一惊。他急忙派人传达命令说："我已经知道将军很会用兵了，如果没了这两个侍妾，我吃东西也不会香，希望你不要杀她们吧。"孙武回答说："我已经奉命做了将领，将帅在军队里，国君的命令有的可以不接受。"最后还是杀了两个侍妾示众，然后依序任命两队的第二个人为队长。于是再击鼓发令时，妇人们不论是向左右、向前后、跪倒、起立都按照号令、纪律的要求一一来做，再没有人敢嬉笑打闹。这时孙武派人报告吴王说："军队已经操练整齐，大王可以下来观察，任凭大王想如何使用她们，即使赴汤蹈火也能办到。"吴王说："将军停止演练，回住处休息吧，我不想下去观看了。"孙武说："大王只是喜欢我的理论，却不能将其付诸实践。"从此，吴王知道孙武果然善于用兵，于是任命他为将军。后来吴国向西打败了强大的楚国，攻克郢都；向北威震齐、晋两国，名扬于诸侯各国。其中，孙武功不可没。

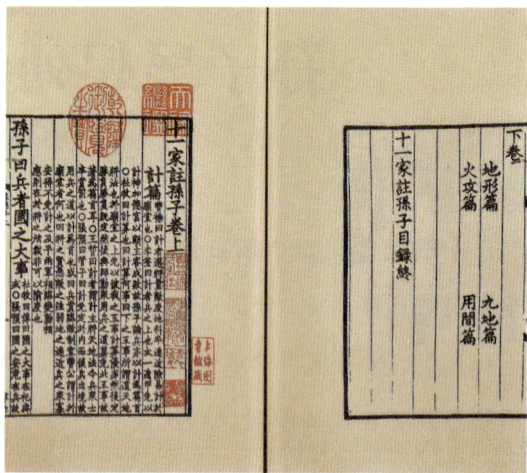

田忌赛马

孙武死后一百多年，又出了一个孙膑。孙膑出生在阿城和鄄城一带，是孙武的后代子孙。他曾与庞涓一起学习兵法，庞涓侍奉魏国以后，当上了将军，但自知才能不及孙膑，他秘密地把孙膑找来。孙膑一来，庞涓害怕他比自己更有才能，心里很妒忌他，就假借罪名砍掉他的双脚，又在他的脸上刺字，想让他藏起来不得见人。

齐国的使臣来到大梁，孙膑以犯人的身份秘密求见齐使，并对他进行游说。齐国的使臣认为他是个难得的人才，就用车偷偷地把他载到齐国。齐国将军田忌很赏识他，用待客的礼仪款待他。

田忌多次跟齐国的贵族赛马，赌注下得很大。孙膑发现他们的马脚力相差无几，并且都分为上、中、下三等。于是他就对田忌说："您尽管下大赌注，我能让您取胜。"田忌相信并答应了他，与齐王和贵族子弟们比赛时下了千金的赌注。到临比赛时，孙膑对田忌说："现在您用下等马对

孙膑像·明·无款

孙膑，战国时期军事家，齐国阿（今山东阳谷）人。孙武的后代，曾与庞涓同学兵法，后被庞涓骗至魏国，处以膑刑，故称孙膑。

付他们的上等马，用上等马对付他们的中等马，用中等马对付他们的下等马。"三次比赛完毕，田忌一败两胜，赢了齐王的千金赌注。就在这个时候，田忌把孙膑推荐给了齐威王。齐威王向他请教兵法后，就把他当作老师来看待。

围魏救赵

魏国攻打赵国，形势十分危急，赵国向齐国求救。齐威王想任孙膑为

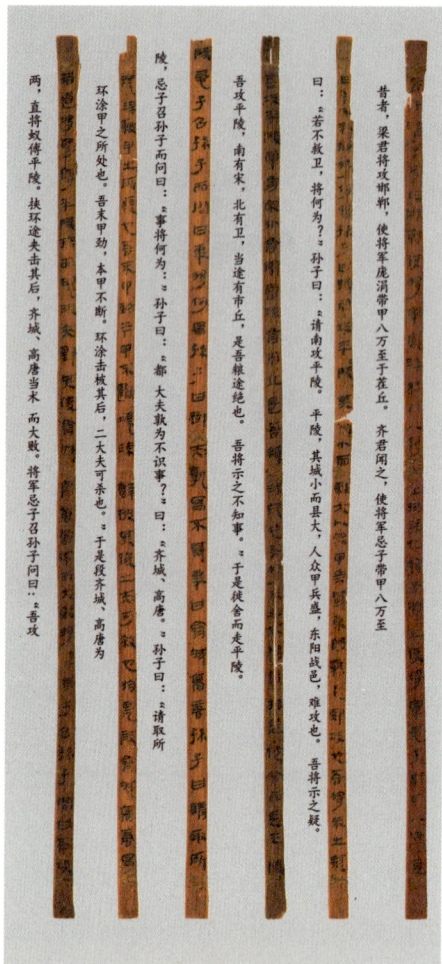

银雀山汉简《孙膑兵法》

山东博物馆藏。1972 年山东省临沂市银雀山汉墓出土。《孙膑兵法》在《汉书·艺文志》称《齐孙子》。简本共 16 篇。第 1 至第 4 篇记孙子与齐威王、田忌的问答，确定是孙膑书。第 16 篇《强兵》也记孙膑与齐威王的问答，但可能不是孙膑书的本文，故暂附在书末。第 5 至第 15 篇各篇首都称"孙子曰"，但其文体、风格与《孙子兵法》及其佚篇不相类，这些篇中的"孙子"以指孙膑的可能性为大，因此，亦定为孙膑书。

主将，孙膑辞谢说："我是受过酷刑的人，是不能任主将的。"于是就任命田忌为主将，孙膑为军师，让他坐在有帷盖的车里出谋划策。田忌想带军队直奔赵国，孙膑说："要解开缠绕的乱丝，不能紧握拳头生拉硬拽；平息斗争，不能卷进去亲自动手。要避实击虚，利用形势来牵制敌人，那么危难自可解除。如今魏国攻打赵国，其部队必定在前方精疲力竭，老弱残兵在国内疲于应付。你不如趁此火速向大梁进军，占据它的交通要道，袭击它空虚的地方，魏国必定会放弃赵国而回兵自救。这样，我们既可以解救赵国之围，又可以使魏国受到打击。"田忌听从了孙膑的意见。魏军果然放弃邯郸回师，在桂陵与齐军交战，齐军大败魏军。

马陵道智斗

十三年后，魏国和赵国联合攻打韩国，韩国向齐国告急。齐王派田忌率领军队前去救援，直奔大梁。魏将庞涓得知，就从韩国迅速撤军回国，而此刻齐军已经越过边界向西长驱直入了。孙膑对田忌说："魏军素来凶

猛剽悍，看不起齐兵，认为齐兵胆小怯懦。善于统军作战的将领要认清这样的形势而加以引导。兵法上说，急速行军百里与敌人争利会折损上将军；急速行军五十里与敌争利的军队只有一半的人员能到达。让齐军进入魏境后先筑十万人吃饭的炉灶，第二天筑五万人吃饭的炉灶，第三天筑三万人吃饭的炉灶。"庞涓行军三日，察看齐军所留灶迹，非常高兴地说："我向来知道齐军胆小怯懦，进入我们国境才三天，逃跑的士兵就超过了一半啊！"于是他丢下步兵，只带领精锐部队日夜兼程地追击齐军。孙膑从他的行军速度估计他当晚可以赶到马陵。马陵的道路陡峭狭窄，两旁又多是险阻峻隘，适合埋伏军队。孙膑把一棵树的树皮砍去，在白木上写道："庞涓死于此树之下。"于是命令上万名善于射箭的齐兵埋伏在马陵道两旁，约定说："夜里看见树下火光亮起就万箭齐发。"当晚，庞涓果然赶到了砍去树皮的大树下。他见白木上有字，就点火照亮树干。上面的字还未读完，齐军伏兵就万箭齐发，魏军大乱，失去了队形。庞涓自知无计可施，兵败已成定局，就拔剑自刎了，死前大叹："我终究还是成就了孙膑这小子的名声啊！"齐军乘胜追击，将魏军彻底击溃，俘虏了魏国太子申回国。孙膑从此名扬天下，后世皆流传他的兵法。

❱ 名将吴起

吴起是卫国人，善于用兵。他曾经师从曾子，侍奉鲁国国君。齐国人攻打鲁国，鲁国国君想任吴起为将军，但是吴起娶的妻子却是齐国人，因此

魏河西太守吴起

▶ **吴起像·清·无款**

吴起（前440—前381），战国时期军事家，卫国左氏（今山东定陶）人。吴起善于用兵，历仕鲁、魏、楚三国，在内政和军事上都有极高的成就。

鲁国国君并不信任他。当时，吴起一心想成就功名，就把自己的妻子杀了，以此表明他不亲附齐国。鲁国国君终于任命他做了将军，吴起率领军队把齐军打得大败。

鲁国有人毁谤吴起说："吴起喜猜忌，性格残忍，他年轻的时候，家中积蓄有千金，吴起外出游历谋求官职未能如愿，反而把家产都耗尽了。乡里有人耻笑他，他便把三十多个讥笑自己的人都杀了，就往东出了卫国都城的大门。和他母亲诀别时，咬破了臂膀发誓说：'我吴起不做到卿相，就不再回卫国了。'于是他就去侍奉曾参。过了没多久，他母亲去世了，吴起最终没有回去奔丧，曾参因此轻视他并和他断绝了师徒关系。吴起于是来到鲁国，学习兵法来侍奉鲁君。鲁君怀疑他，他竟杀死妻子来谋求将帅的职位。再说鲁国是个小国家，如果有战而取胜的名声，那么诸侯国就会图谋对付鲁国了。而且鲁国和卫国是兄弟国家，如果鲁君重用吴起，就是抛弃了卫国。"鲁国国君怀疑吴起，不久辞退了他。

这时，吴起听说魏文侯贤明，想去侍奉他。魏文侯询问李克："吴起是个什么样的人呢？"李克说："吴起贪求荣名、喜好女色，但他用兵的谋略就连司马穰苴也比不上。"于是魏文侯就任用他为主将，攻打秦国，夺取了五座城邑。

吴起身为将领，与最下等的士兵穿一样的衣服，吃一样的饭食，睡觉不铺垫褥，行军不乘车马，身上背着粮食替士兵们分担劳苦。有个士兵生了恶性毒疮，

▶ 铜匕首·战国

匕首类似短剑或狭长的短刀，其首形状类匕（古人取食的器具），因而得名。据传尧、舜时已有匕首。匕首短小锋利，携带方便，是近距离搏斗的有效武器。

34

吴起亲自为他吮吸脓液，这个士兵的母亲听说后大哭。有人说："你儿子是个无名小卒，将军却亲自替他吸吮脓液，你怎么还哭呢？"那位母亲回答说："不是这样的。以前吴将军替他父亲吮吸毒疮，他父亲在战场上勇往直前，就死在敌人手里。如今吴将军又给我儿子吮吸毒疮，我不知道他又会死于何时何地，所以才哭啊！"

魏文侯因为吴起善于用兵，廉洁正直，完全能得到将士的欢心，就任命他做西河郡太守，来抵抗秦国和韩国。

魏文侯死后，吴起侍奉他的儿子魏武侯。武侯泛舟沿黄河而下，半途对吴起说："山川如此壮阔美好，真是魏国的珍宝啊！"吴起回答说："施德于民，才能使国家政权稳固，而与地势的险要无关。从前三苗氏左临洞庭湖，右临彭蠡泽，但是他不修德义，所以夏禹消灭了他。夏桀的领土左临黄河和济水，右靠泰山和华山，南边有伊阙要塞，北面有羊肠坂道，但由于他不施仁政，所以商汤放逐了他。殷纣的领土左边有孟门关，右边有太行山，北边有常山，南边有黄河，因为他不施仁德，被周武王杀了。由此看来，治理国家在于施恩德，不在于地势险固。如果您不施德政，即便同乘一条船的人也有可能变成您的仇敌啊！"魏武侯赞道："讲得好。"

▶ **中山王𧪍方壶·战国**

河北博物院藏。壶高 63 厘米，口径 15 厘米，河北平山中山王墓出土。壶体四面外壁刻铭，每面 10 行，共 450 字。方壶的艺术造型也有特色，方壶的四棱各饰一条头上尾下的龙，体长超过壶高的二分之一，龙体轮廓线刚劲有力，体态粗大厚重。壶盖上的四个变形兽钮，也较为硕大，都显示中山地区造型艺术古拙浑厚的风格。

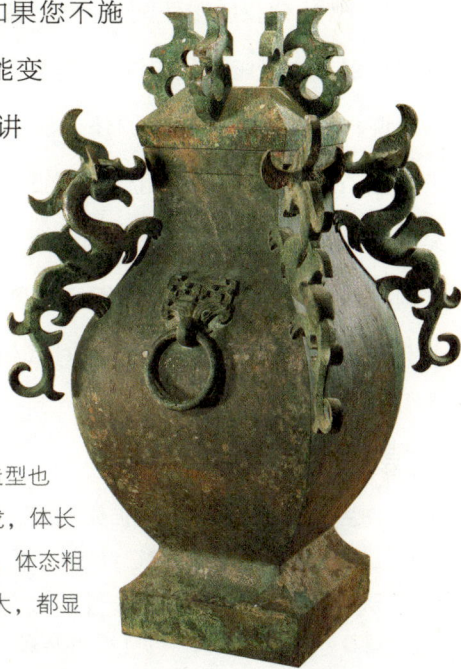

吴起做西河守，取得了很好的声名。魏国设置相位，任命田文做国相。吴起不高兴，对田文说："请让我和您比比功劳，可以吗？"田文说："可以。"吴起说："统领三军，让士兵们乐于去拼死战斗，敌对国家不敢设谋侵害魏国，您和我吴起比谁强？"田文说："不如您。"吴起说："管理文武百官，让万民亲附，使府库充实，您和我吴起比谁强？"田文说："不如您。"吴起说："镇守西河使得秦国军队不敢向东侵犯，韩国、赵国归服魏国，您和我吴起比谁强？"田文说："不如您。"吴起说："这三个方面，您的能力都不如我，但官位却在我之上，是为什么？"田文说："君主年少，国家不安定，大臣们不亲附，百姓不信任，正当这个时候，是把国家政事托付给您呢？还是托付给我呢？"吴起默默地沉思了好久，说："要托付给您啊。"田文说："这就是我官位在您之上的原因呀。"吴起才知道自己不如田文。

田文死后，公叔痤出任国相，娶了魏国国君的女儿，却忌恨吴起。公叔痤的仆人说："吴起是容易除掉的。"公叔痤说："怎么做？"他的仆人说："吴起为人品节廉正，但自己很看重名声地位。您借此先向武侯进言说：'吴起是个贤能的人，而您的国土太小了，又和强大的秦国接界，恐怕吴起没有长期留在魏国的心意。'武侯马上会说：'怎么办？'您乘机对武侯说：'请用下嫁

▶ **木雕彩绘武士俑·战国**

美国克利夫兰美术馆藏。独木雕刻而成，刻工粗犷，以大写意的手法刻画出武士面貌。此俑左臂已经遗失，右臂粗壮有力，右手握剑，双脚呈行进姿势，展现了一个赳赳武夫的形象。木俑身上还残留着一些红色颜料，可见当时是用彩绘装饰的。

公主的办法试探他，吴起如果有长期留在魏国的心意，就一定会接受；如果没有留下来的心意，就必定会推辞。以此可以探测其心意。'您趁机邀请吴起并和他一起回家，故意让公主发怒而表现出蔑视您的态度。吴起见到公主这样看不起您，就一定会推辞娶公主的。"当时吴起看到公主蔑视魏国的国相，果然婉言谢绝了魏武侯。魏武侯也就怀疑而不相信他了。吴起怕招来祸端，于是离开魏国到楚国去了。

楚悼王向来听说吴起是个人才，吴起刚到楚国就任他做国相。他明确法令，令出必行，裁减官员，剥夺封地较远的贵族的惯例供给来供养士兵。他致力于军事力量的增强，揭穿游说之客的说辞。于是，他向南平定了百越，向北吞并了陈、蔡两国，打退韩、赵、魏三国的进攻，向西讨伐了秦国，各诸侯国开始忧患于楚国的强大。以前楚国贵族都对吴起怀恨在心，等楚悼王一死，王室大臣纷纷作乱攻打吴起，吴起逃到楚王的停尸处，伏在他的尸体上。攻打吴起的人趁机用箭射吴起，同时也射中了楚悼王的尸体。楚悼王被安葬后，太子即位。太子让令尹把射杀吴起和射中楚悼王尸体的人全部处死，由于此事而被灭族的有七十多家。

✥ 太史公说 ✥

社会上推崇兵法的人，无不称道《孙子兵法》十三篇和吴起的《吴子兵法》，这两部书流传很广，所以不再过多论述，只论述他们的生平事迹等。俗话说："能做的未必能说，能说的未必能做。"孙膑对庞涓的算计是高明的，但是他也不能在早先时候使自己躲避酷刑。吴起向魏武侯讲施德政与地势险要的道理，然而他到楚国推行这些政策后，却还是因为暴虐少恩葬送了自己的性命。可悲啊！

伍子胥列传 第六

【解题】在这篇列传中，作者着重记述了伍子胥为报杀父兄之仇，弃小义而灭大恨的事迹。伍子胥一生可谓传奇，他为报父兄之仇，不惜四处逃亡。他困窘江岸，沿途乞讨仍片刻不忘心中仇恨，历尽坎坷后，最后不惜掘墓鞭尸，以泄愤恨。难怪太史公感慨"怨毒之于人甚矣哉！"

父兄被害

▶ 伍子胥铜像

伍子胥是楚国人，名员。他的父亲叫伍奢，哥哥叫伍尚。他们的祖先叫伍举，凭借直言进谏侍奉楚庄王，因此后代子孙在楚国很有声望。

楚平王有个太子名叫建，楚平王派伍奢做太子建的太傅，让费无忌做太子建的少傅。费无忌并不忠心于太子建。楚平王派费无忌到秦国为太子建娶亲，他看到秦国女子长得很美丽，就跑回来对楚平王说："这是个绝代美人，大王可以自己娶了，另外给太子选个女子。"楚平王就另外给太子择亲，而自己娶了这位秦国女子，并十分宠爱。秦国女子生了儿子轸，就是后来的昭王。

费无忌凭借秦女得宠于楚平王后，就离开了太子建去侍奉楚平王。但是，他担心有一天楚平王死了，太子建即位就会杀了自己，于是他就在楚平王面

木彩绘鸟兽纹俎·春秋

湖北宜昌市博物馆藏。1988 年湖北当阳赵巷四号墓出土。

长 24.5 厘米，宽 19 厘米，高 14.5 厘米。漆俎为木胎，整

体呈长方形，面板四角上翘，下

接四条腿，腿上端凿榫头与面板

榫眼相结合。面板髹红漆，余髹黑漆。

面板侧面及腿部绘朱色鸟首 30 只；面

板边沿及起翘的反面共绘兽形动物图案 14

只；足部共绘鸟兽图案 16 只。兽的形态

大致相似，均为匍匐状；鸟的形态则直

立向上，昂首翘尾。这件漆俎充分显示

了楚文化奇诡浪漫的风韵。

前诋毁太子建。太子建的母亲是蔡国女子，失宠于楚平王。于是楚平王慢慢
地更加疏远太子建，派太子建去驻守城父，守护边疆。

不久，费无忌又在楚平王面前说太子建的坏话，他说："因为秦国女子
的事，太子不会对您没有怨恨，希望大王您能有所防备。太子驻守城父统率
军队之后，对外与诸侯交往频繁，恐怕是想要回来作乱了！"楚平王就召回
他的太傅伍奢来审问。伍奢知道费无忌的所作所为，就说："大王怎么能因
小人的谗言就疏远自己的骨肉呢？"费无忌反驳说："大王现在不阻止，一
旦他们的阴谋得逞，大王就只能等着被擒了！"于是楚平王大怒，把伍奢囚
禁起来，又派城父司马奋扬去杀太子。司马奋扬还没到，就派人去告知太子
建赶紧离开，不然的话将要被诛杀。太子知道消息后就逃到宋国去了。

费无忌对楚平王说："伍奢的两个儿子都很有才能，如果不杀死他们，
终有一日会成为楚国的祸患。"楚平王派人对伍奢说："把你的两个儿子召来，
就让你活；召不来的话，就让你死。"伍奢说："伍尚宽厚仁慈，叫他一定
会来；伍员桀骜不驯，坚忍卓绝，能成就大事，他知道来了会一起被擒拿，
势必不来。"楚平王不信，派人去召伍奢的两个儿子，说："来，你们的父
亲就可以活命；不来，就立即杀死。"伍尚想去，伍员说："楚王召我们兄弟，

并不是想留住父亲的性命，而是用父亲做人质骗我们，他怕我们逃走会成为楚国的祸患。只要我们一去，就要和父亲一起赴死，对父亲的命运有什么好处？去了我们就无法报仇了。不如逃到别的国家去，借助别国的力量报仇雪耻。一起被杀掉是没有意义的。"伍尚说："我知道我们去了也不能保住父亲的性命。只可惜父亲召我们是为了活下去，如果不去，日后我们又不能报仇雪耻，那时就会被天下人耻笑啊。"他又说："凭你的能力是可以报杀父之仇的，你逃走吧，我去赴死。"伍尚被捕后，使者又要拘捕伍员。伍员就拉满了弓搭上箭对准使者，使者不敢上前，伍员就逃走了。他听说太子建在宋国，就前去投奔他。伍奢听说伍员逃跑了，说："楚国的君臣要苦于战火了。"伍尚到了楚国国都，楚平王就把伍尚和伍奢一起杀了。

❯ 伍员逃国

伍子胥到宋国后，正赶上宋国华氏作乱，于是他就和太子建一起逃到了郑国，郑国国君对他们很好。太子建又到了晋国，晋顷公说："太子既然跟郑国的关系友好，他们信任太子，如果太子做我们的内应，我们从外面攻打进去就肯定能灭掉郑国，那时就把它分封给您。"于是太子建回到郑国，等待举事的时机。这时，太子建因为一些小恩怨想杀掉一个他的随从，这个人就把太子建的计划全部告诉了郑国。郑定公和子产一起杀死了太子建。

太子建有个儿子名字叫胜，伍子胥很害怕，就和胜一起逃去吴国。走到昭关时，昭关的官兵要捉拿他们。于是，伍子胥和胜分头逃跑，追兵在后面紧追不舍。逃到江边时，江中的船上站着一个渔翁，他知道伍子胥的情况很危急，就将他渡过了江。伍子胥过江后，解下随身宝剑说："此剑价值百金，把它送给您吧！"渔翁拒绝道："按楚国的法令，抓到伍子胥的人要赏给五万石粮食，加封执圭的爵位，我难道是图你百金的宝剑吗？"伍子胥在逃往吴国的路上得了病，只能停下来讨饭吃。到达吴国时，吴王僚正当权执政，公子光是将军，伍子胥就通过公子光的关系求见吴王。

过了很久，楚国边城钟离和吴国

▶《史记君臣故事》之伍子胥逃国·明·张宏

边城卑梁氏养蚕的女子为争采桑叶而相互厮打，楚平王大发雷霆，于是两国都派出了军队互相攻击。吴国派公子光攻打楚国，攻克了钟离和居巢之后就班师回国了。伍子胥劝吴王僚说："楚国是可以攻破的，希望再派公子光去。"公子光对吴王说："伍子胥的父亲和哥哥都是被楚国杀死的，他劝大王攻打楚国，只不过是为了报他的私仇，楚国并不是可以轻易打败的啊。"伍子胥知道公子光的野心在国内，他想杀死吴王僚而自立为君，用对外的军事行动

▶吴王光剑·春秋晚期

上海博物馆藏。安徽南陵县出土文物。剑总
长77.3厘米，茎为圆柱形，有二道环棱形箍。
剑身有脊。近腊处有两行阴刻篆字铭文："攻
吾王光自乍（作），用剑以战戍人。"迄今
为止，能够确认为吴王光剑的共有五把，除
了上海博物馆收藏的这把以外，两把收藏在
安徽博物馆，一把收藏在山西博物院，还有
一把收藏在台湾。这五把剑形制相仿，剑身
都铸有铭文。

是无法劝说他的，于是就将专诸推荐
给了公子光，然后离开朝廷，与太子
建的儿子胜一起到乡下种田去了。

▶扶持吴王

　　五年后，楚平王去世了。当初，
楚平王所夺取的太子建所要娶的秦国
女子生下了儿子轸，等到楚平王去
世，轸竟然继位做了国君，这就是楚
昭王。吴王僚趁着楚国有丧事，派烛庸、盖馀两位公子领兵前往袭击楚国。
楚国发兵断了吴国军队的后路，使他们不能回国。吴国内部空虚，于是公子
光就让专诸袭击刺杀了吴王僚并继位为君，这就是吴王阖庐。阖庐继位以后，
愿望实现，就召来伍员任用他担任行人官职，同时参与谋划国家政事。

　　楚国诛杀了大臣郤宛和伯州犁，伯州犁的孙子伯嚭逃往吴国，吴国也任
用他做大夫。从前吴王僚所派出领兵攻打楚国的两位公子，因为道路断绝不
能回国。后来听说阖庐弑杀了吴王僚自行继位了，就领着他们的军队投降了
楚国，楚国把他们封在舒地。

　　阖庐继位的第三年，就出兵和伍子胥、伯嚭去攻打楚国，夺取了舒地，
擒拿了原先吴国反叛的两位将军。阖庐趁机想攻到郢都，将军孙武说："民
众劳苦，不可攻战了，暂且等待。"于是就收兵回国了。

　　四年，吴国攻打楚国，夺取了六地和灊地。五年，攻打越国，打败了它。
六年，楚昭王派公子囊瓦领兵攻打吴国。吴国派出伍员迎战，在豫章把楚军
打得大败，夺取了楚国的居巢。

阖庐九年，吴王阖庐对伍子胥、孙武说："当初你们说楚国郢都不可攻入，现在究竟怎么样？"二人回答说："楚将囊瓦贪财，唐国、蔡国都怨恨他。大王一定要大举进攻楚国，就一定要先得到唐国、蔡国的支持才可以。"阖庐听从了他们的意见，出动了全部军队和唐国、蔡国一起攻打楚国，和楚国在汉水两岸列阵对峙。吴王的弟弟夫概领着兵请求出击，阖庐不答应，夫概就率领自己的部属五千人袭击楚将子常（即囊瓦）。子常失败逃跑，奔往郑国。于是吴军乘胜前进，经过五次战役到达楚国郢都。己卯日，楚昭王逃出了都城。庚辰日，吴王进入郢都。

楚昭王出逃后，进入云梦泽，遭到了强盗袭击，于是又逃到了郧地。郧公的弟弟怀说："楚平王杀了我父亲，我杀他的儿子，不是也可以吗！"郧公担心他弟弟杀了楚昭王，和楚昭王逃奔到随地。吴国军队包围了随地，对随地人说："住在汉水流域的周王子孙，楚国全都消灭了。"随地人想杀死楚昭王，王子綦（楚昭王的哥哥公子结）把楚昭王藏起来，自己扮作国君来顶替他。随地人进行占卜，显示把楚王送给吴国不吉利，于是婉言谢绝吴国，没有交出楚昭王。

鞭尸复仇

当初，伍子胥和申包胥是很好的朋友。伍子胥逃亡时曾对申包胥说："我一定要颠覆楚国。"申包胥说："我一定能保全楚国。"等到吴国军队进入郢都，伍子胥到处搜寻楚昭王。搜寻不到，就把楚平王的坟墓挖开，拖出他的尸体，抽打了三百鞭才罢手。此时逃到山里的申包胥派人告诉伍子胥说："您这样报仇简直太过分了！我听说：人数多能够胜天，天公降怒也能击破人力。您曾经作为臣子侍奉过楚平王，如今却连死人也侮辱，难道这不是丧尽天良、毫无天道吗？"伍子胥对来人说："替我向申包胥道歉，我现在的情况是日暮途远，所以我只能倒行逆施。"于是申包胥跑到秦国去求救，秦国不理会。申包胥站

在秦国的朝堂上七天七夜不停地哭。秦哀公同情他，说："楚王虽然是无道昏君，但能有这样的臣子，楚国能不被保存吗？"于是派了五百辆战车去攻打吴国，援救楚国。六月，秦军在稷地打败吴国军队。正碰上吴王久留在楚国搜寻楚昭王，而阖庐的弟弟夫概逃回国内，自立为王。阖庐听说了，就放弃楚国，回去攻打他的弟弟夫概。夫概兵败逃往楚国。楚昭王看到吴国发生内乱，就再逃回郢都，把夫概封在堂溪，称为堂溪氏。楚国重新和吴国开战，打败了吴军，吴王才回国去。

又过了两年，阖庐派太子夫差领兵攻打楚国，夺取了番地。楚国惧怕吴国再次大规模来犯，就离开了郢都，把国都迁到鄀邑。在这个时候，吴国因为有了伍子胥、孙武的谋划，往西攻破了强大的楚国，向北威慑着齐国、晋国，向南制服了越国。

冤死沉江

夫差攻楚取番后四年，孔子出任鲁国国相。

又过了五年，吴国攻打越国。越王勾践迎战，在姑苏山打败吴军，刺伤了阖庐的脚趾，吴国军队退却。阖庐的创伤发作严重将要死去，临死时对太子夫差说："你会忘掉勾践杀死了你的父亲吗？"夫差回答说："不

水师和水战

春秋时期舟兵有了较大的进步。舟船在商周时期就已经用于军事行动，到了春秋晚期，随着战争的扩大，舟兵得到迅速的发展。当时楚、吴、越、齐等国拥有强大的舟师，在战争中发挥了较大的作用。当时的舟船，据《越绝书》引《伍子胥水战法》所说的情况来看，已是很大的：大船一艘，宽1丈6尺，长12丈，可容26名士兵。余皇是吴王夫差所用的船，尤为巨大。吴、越、齐诸国的地理条件适合开展水战，因此，舟师的发展比较迅速。这几个国家之间，水战频繁，舟师因而成为这几个国家的主要兵种。当时越王勾践攻打吴国就发动熟悉水战的士兵20000人，勾践称霸中原时，派战船300艘，敢死士兵8000人参加中原会盟，可见当时越国的水师已有相当规模。

▶ 者沪钟·春秋晚期

上海博物馆藏，为越国青铜乐器。传世的者沪钟共计 13 件，苏州博物馆藏有一件铸，故宫博物院和上海博物馆各藏有一件，其余皆流失在日本。以往越国文物皆以剑为主，此钟则填补了越国青铜器的空白，对研究越国的礼乐制度很有价值。

敢忘记。"这天夜晚，阖庐死了。夫差继位做王以后，任命伯嚭做太宰，演习战阵射击。两年以后攻打越国，在夫椒山打败越军。越王勾践带领余下的五千人困守在会稽山上，派大夫文种带着重礼贿赂吴国太宰嚭以请求讲和，表示越国愿以臣妾身份归属吴国。吴王想要答应他，伍子胥进谏说："越王是能经受住艰辛劳苦的人，如今您不灭掉他，以后一定会后悔的。"吴王不听，采纳太宰嚭的计策，和越国讲和。

与越国议和后五年，吴王听说齐景公死去而大臣们争权夺利，新的国君软弱，就出兵往北去攻打齐国。伍子胥进谏说："勾践每餐不超过两种菜，哀悼死者，慰问病者，将来是想要有所作为的。这个人不死，一定会成为吴国的祸患。如今吴国有越国在身边，就等于人有心腹疾病一样。大王不先灭掉越国却致力于攻打齐国，不是很荒谬吗？"吴王不听他的规劝，仍攻打齐国。

在艾陵把齐师打得大败，威慑了邹、鲁等小国的君主，使他们臣服后回国了。从此吴王更加不相信伍子胥的计谋了。

过了四年，吴王将要往北攻打齐国，越王勾践采纳子贡的计谋，率领他的部众来帮助吴国，并把贵重的宝物献给太宰嚭。太宰嚭多次接受了越国的贿赂以后，就更加爱护信任越国，日夜在吴王面前替越国说好话。吴王信任采用太宰嚭的计策。伍子胥进谏说："越国，等于是吴国的心腹疾病，现在相信太宰嚭虚夸言词的伪善欺诈而去攻打齐国，即使攻破了齐国，就像得到了一块石田，毫无用处。况且《盘庚》篇所载的文诰说：'有超越礼法不奉行君王命令的，就要彻底清除灭绝他们，使他们不能传宗接代，不要让他在我们国土上延续后代。'这就是商

▶青铜人面纹镎于·春秋

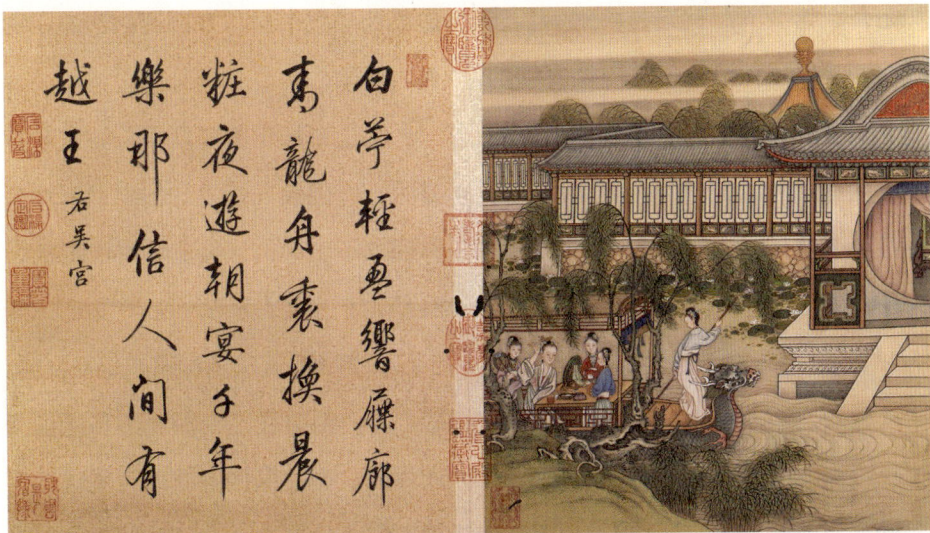

▶ 《十宫词图》之吴宫 · 清 · 冷枚

《十宫词图》所绘内容皆为历代因女宠而亡国败家之事，其目的是引起君主的警戒。这一幅《吴宫词》描绘的就是吴王宠爱西施修建响屧廊的故事。画面左侧题诗一首云："白苎轻盈响屧廊，青龙舟里换晨妆。夜游朝宴千年乐，那信人间有越王。"

朝所以能够兴盛的原因。希望大王放弃攻齐而先去消灭越国；如果不这样做，今后将会后悔不及的。"吴王不听从，却派伍子胥去出使齐国。伍子胥临走时，对他儿子说："我多次劝谏大王，大王不采纳我的意见，我眼看着吴国灭亡的日子就要到了。你和吴国一起灭亡，没有好处。"就把他的儿子托付给齐国的鲍牧，然后返回吴国向吴王报告。

吴国太宰嚭和伍子胥有了隔阂以后，就趁机在吴王面前诋毁伍子胥说："伍子胥为人刚强暴戾，缺少恩情，猜忌残忍，他的怨恨恐怕会酿成很大的祸患。上次您想攻打齐国，伍子胥认为不可以，您最终攻打了齐国，还取得了成功。伍子胥羞耻他的计谋不被采纳，于是怨恨您。如今您又要再次攻打齐国，伍子胥独断执拗，强行劝阻，败坏毁谤您的事业，只希望吴国失败来证明自己的计谋高明。如今您自己出征，发动全国的军事力量去攻打齐国，而伍子胥因进谏不被采用，所以不再上朝，假装有病不随您出征，您不可不加防备，这要兴起祸端是不难的。而且我派人暗中探察，他在出使齐国的时候就把他的儿子嘱托给了齐国的鲍氏。身为人臣，在国内不能得志，却在外倚靠其他诸侯国，自认为是先王的谋臣，如今不被重用，常常快快不满，总是怨恨，希望您及早加以处置。"吴王说："即使你不说，我也怀疑他。"就派人赐给伍子胥一柄属镂剑，说："你用这把剑自杀吧。"伍子胥仰天叹息说："哎！进谗言的伯嚭作乱，吴王反而诛杀我。我曾助你父亲称霸，在你还没有继位时，几兄弟争夺王位，我冒死在先王面前力争，差一点你就不能继位。你得以继位以后，想把吴国的一部分封给我，我却不敢奢望。然而如今你听了谄媚小臣的话来杀害对你有仁德的长者。"于是对门客说："一定要在我的坟墓上种上梓树，将来用它可以做棺材；挖出我的眼珠子悬挂在吴都城东门上，让我看到越国强寇从这里进来灭掉吴国。"说完就自刎而死了。吴王听说后大发雷霆，就把伍子胥的尸体装在皮口袋里，沉入江中。吴国人怜悯他，在江

边给他建立祠堂，并因此把这座山命名为胥山。

吴王杀掉伍子胥以后，就去攻打齐国。齐国鲍氏杀了他的国君齐悼公并拥立阳生继位。吴王想讨伐鲍氏，没能取胜就离开了。两年以后，吴王召集鲁国、卫国的国君在橐皋会盟。第二年，乘势往北在黄池与各诸侯国大规模会盟，以便号令周天子。这时越王勾践偷袭并杀死了吴国太子，打败了吴国军队。吴王听到消息后就回国来，派使者用丰厚的礼物和越国讲和。九年以后，越王勾践终于灭掉了吴国，杀了吴王夫差，同时杀了太宰嚭，因为他不忠于自己的国君，而且接受国外丰厚的贿赂，和越国私下亲近往来。

和伍子胥当初一起逃亡的原先楚国太子建的儿子胜，在吴国。吴王夫差在位的时候，楚惠王想召胜回楚国。叶公进谏说："胜喜好勇力，并暗中搜求敢死之士，恐怕会有野心！"楚惠王没有听从劝诫，召胜回国，让他居住在楚国边城鄢邑，称他做白公。白公回到楚国三年后，吴国杀了伍子胥。

白公胜回到楚国以后，怨恨郑国杀了他的父亲，就暗中收养敢死之士以求报复郑国。他回到楚国的第五年，请求攻打郑国，楚国的令尹子西答应了。但是军队还没有出动，晋国就去攻打郑国了，郑国向楚国求救。楚国派子西前往救援，和郑国结盟后回国。白公胜发怒说："郑国不是我的仇敌，子西才是我的仇敌。"胜自己磨剑，有人问："用它干什么？"胜说："想用它杀子西。"子西听说了，笑着说："胜不过像是一枚鸡蛋，能有什么作为呢？"

此后的四年，白公胜和石乞在朝廷上刺杀了楚国的令尹子西和司马子綦。石乞说："不杀掉楚王，不行。"就劫持楚王到达高府。石乞的随从屈固背着楚惠王逃到楚国昭夫人的宫中。叶公听说白公作乱，率领他封地的人进攻白公。白公的党徒失败了，白公逃跑到山里自杀了。叶公俘虏了石乞，问他白公的尸首在什么地方，要是不说出来就要煮杀他。石乞说："事成了就做卿相，不成功就被煮死，本来是应当的。"他始终不肯告诉白公尸首在什么地方。叶公就把石乞煮杀了，找到楚惠王重新让他做国君。

伍子胥列传 第六

❖ 太史公说 ❖

仇恨对于人来说是多么可怕的事！国君尚不能与臣子结下仇恨，更何况地位相同的人呢！如果伍子胥追随他的父亲和哥哥一起死去，和蝼蚁又有什么不同？放弃小义，报仇雪耻，而让名传于后世。这是多么悲壮啊！当初伍子胥被困江边的时候，在路上讨饭的时候，他何尝有片刻忘记郢都的仇恨？所以，他含恨隐忍从而成就功名，不是刚烈的男子，能达到这种地步吗？白公胜如果不自立为国君，他的功业和谋略也是说不完的啊！

仲尼弟子列传 第七

【解题】本篇与《孔子世家》相照应，记载"显有年名及受业闻见于书传者"三十五人，"无年及不见书传者"四十二人，司马迁均称他们为"异能之士"，还于篇首提出德行、政事、言语、文学方面更为杰出的人才，并附见"孔子之所严事"而与孔子同时的老子、蘧伯玉、晏平仲、老莱子、子产、孟公绰以及孔子经常称赞而生于孔子之前的臧文仲、柳下惠、铜鞮伯华、介山子然等人。这种记述表明司马迁对孔子学术思想和活动的重视与尊敬，并关注它对当时及后世的深刻影响。

孔子的评价

孔子说："跟着我学习而精通六艺的弟子有七十七人。"他们都是有奇异才能的人。德行方面突出的有：颜渊、闵子骞、冉伯牛、仲弓。擅长处理政事的有：冉有、季路。能言善辩的有：宰我、子贡。文章博学方面的有：子游、子夏。而颛孙师偏激，曾参迟钝，高柴愚笨，仲由粗鲁，颜回常常贫穷无所有。端木赐不接受命运的安排而去经商，不过他推测的行情常常是准确的。

孔子所礼敬的人：在周朝是老子，在卫国是蘧伯玉，在齐国是晏平仲，在楚国是老莱子，在郑国是子产，在鲁国是孟公绰。他也经常称颂臧文仲、柳下惠、铜鞮伯华、介山子然，孔子出生的时间比他们都晚，不是同一时代的人。

复圣颜回

颜回是鲁国人，字子渊，比孔子小三十岁。

颜渊问什么是"仁"。孔子说："约束自己，使你的言行符合于礼的规范，天下的人就会称许你是有仁德的人了。"

孔子说："颜回是多么贤德的人

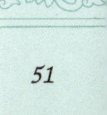

啊！一竹筐饭，一瓢水，住在简陋的巷子里，一般人忍受不了这种困苦，颜回却也不改变自己追求的乐趣。听我授业时，颜回像个蠢笨的人，下课后观察他私下的言谈，却发现他也能够深刻发挥，颜回实在不笨。""任用你的时候，就匡时救世；不被任用的时候，就藏道在身，只有我和你才有这样的处世态度吧！"

颜回才二十九岁，头发就全白了，过早地死去。孔子哭得特别伤心，说："自从我有了颜回，学生们越来越和我亲近。"鲁哀公问："学生中谁最好学？"孔子回答说："有个叫颜回的人最好学，从不把怒火转移到别人身上，也不犯同样的过失。不幸的是命短死了，现在就没有这样的人了。"

《论语》

《论语》是孔子思想和言行的集中反映，共20篇。它是中国语录体散文的滥觞，其中多半是简短的谈话和问答，语言简洁隽永，内敛含蓄，用意深远。由于孔子对现实社会生活有深刻的认识，《论语》中颇多言简意赅、富于哲理性和启发性的语句。比如"学而不思则罔，思而不学则殆""三人行，必有我师焉"。《论语》语言虽简短，但感情丰富，通过简单的对话和行动来显示人物的性格。例如《先进》篇中，弟子们各言其志时，子路的直率、冉有的谦逊、公西华的善辩、曾皙的洒脱，以及《微子》篇长沮、桀溺遗世傲慢的隐逸形象，都写得生动传神。

▶ **颜回像·元·无款**

颜回（前521—前490），字子渊，春秋末期鲁国人。十四岁拜孔子为师，终生师事之，是孔子最得意的门生。自汉代起，颜回就被列为七十二贤之首。元代被追封为"兖国复圣公"。

闵损（前 536—前 487），字子骞，春秋时期鲁国人。孔子弟子，为"七十二贤人"之一。

闵损三冉

闵损，字子骞，比孔子小十五岁。

孔子说："闵子骞太孝顺了！他侍奉父母，顺从兄弟，别人对他的父母兄弟夸赞他的话都毫无疑义。"他不做大夫的家臣，不要昏君的俸禄。

他曾经说："如果有人再来召我做官，我一定逃到汶水北面去。"

冉耕，字伯牛。孔子认为他有德行。

伯牛得了难治的病，孔子前去看望他，从窗户里握住他的手，说："这是命啊！这样好的人却得了这样的病，这是命啊！"

冉雍，字仲弓。

仲弓问孔子如何处理政事，孔子说："出门做事如同接待贵宾一样谦恭有礼，役使百姓如同承办隆重的祭典一样虔诚谨慎。无论是在朝廷里做事，与诸侯交往，还是在卿大夫家邑里任职，都不要与人结怨。"

孔子认为仲弓在德行方面很好，说："冉雍啊，可以做个卿大夫一样的大官。"

▶ 冉耕像·元·无款

冉耕（约前 544—？），字伯牛，春秋时期鲁国人，孔子弟子，为人质朴，擅长待人接物。

仲弓的父亲是个地位卑微的人。孔子说："杂色牛生出红色的小牛，两角长得周正，即便你不想用它做祭品，山川的神灵难道会舍弃它吗？"

冉求，字子有，比孔子小二十九岁。做过季孙氏的家务总管。

季康子问孔子说："冉求有仁德吗？"孔子回答说："有千户人家的城邑，有百辆兵车的采邑，冉求能够把那里的军政事物管理好。至于他仁德不仁德，我就不知道了。"季康子又问："子路有仁德吗？"孔子回答说："像冉求一样。"

冉求问孔子说："听到应做的事就立刻行动吗？"孔子回答说："立刻行动。"子路问孔子说："听到应做的事就立刻行动吗？"孔子回答说："有父亲兄长在，怎么能一听到该做的事就立刻行动呢？"子华感到很奇怪，不解地

说："我冒昧地问问，为什么同样的问题而回答却不同呢？"孔子回答说："冉求做事畏缩多虑，所以要激励他。仲由做事胆量过人，所以要抑制他。"

◉ 直爽的子路

仲由，字子路，是卞地人。他比孔子小九岁。

子路性情粗朴，喜欢逞勇斗力，志气刚强，性格直爽，头戴雄鸡冠样式的帽子，腰间佩戴着用公猪皮装饰的剑，曾经欺凌过孔子。孔子用礼乐慢慢地引导他，后来，子路便穿着儒生的衣服，带着拜师的礼物，通过孔子门生的引荐请求做孔子的学生。

子路问如何处理政事，孔子说："自己先给百姓做出榜样，然后才能使百姓辛勤地劳作。"子路请求进一步讲讲，孔子说："坚持不懈。"

子路问："君子崇尚勇敢吗？"孔子说："君子最崇尚的是义。君子只好勇而不崇尚义，就会叛逆作乱。小人只好勇而不崇尚义，就会做强盗。"

子路听到了什么道理，若是还未践行，就怕又听到新的道理。

孔子说："只听片面之词就可以决断案子的，恐怕只有仲由吧！""仲由好勇的精神超过了我，其他就不适用了。""像仲由这种性情，不会得到善终。""穿着用烂麻絮做的破旧袍子和穿着裘皮大衣的人站在一起而不认为羞愧的，恐怕只有仲由吧！""仲由的学问好像登上了正厅，可是还没能进入内室呢。"

季康子问道："仲由有仁德吗？"孔子说："拥有一千辆兵车的国家，可以让他管理那里的军政事务，至于他有没有仁德，我就不知道了。"

子路像·元·无款

仲由（前542—前480），字子路，又字季路，春秋时期鲁国人。仲由以政事见称，为人伉直，好勇力，跟随孔子周游列国，是孔门"七十二贤人"之一。

子路喜欢跟随孔子出游，曾遇到过长沮、桀溺和荷蓧丈人。

子路做季孙氏的家臣，季孙氏问孔子说："子路可以说是大臣了吗？"孔子回答说："可以算作具备成为臣子的资格。"

子路出任蒲邑的大夫，向孔子辞行。孔子说："蒲邑勇武之士很多，又难治理。可是，我告诉你：恭谨谦敬，就可以驾驭勇武的人；宽厚公正，就可以使大家亲近；恭谨清正而社会安稳，就可以用来报效上司了。"

当初，卫灵公有位宠姬叫南子。灵公的太子蒉聩曾得罪过她，害怕被谋杀就逃往国外。等到卫灵公去世，夫人南子想让公子郢继承王位。公子郢不肯接受，说："太子虽然逃亡了，太子的儿子辄还在。"于是卫国立了辄为国君，这就是卫出公。卫出公继位十二年，他的父亲蒉聩一直留在国外，不能够回来。这时子路担任卫国大夫孔悝采邑的长官。蒉聩就和孔悝一同作乱，想办法带人潜入孔悝家，然后和他的党徒去袭击卫出公。卫出公逃往鲁国，蒉聩进宫继位，这就卫庄公。当孔悝作乱时，子路还有事在外，听到这个消息就立刻赶回来。子羔从卫国城门出来，正好相遇，对子路说："卫出公逃走了，城门已经关闭，您可以回去了，不要白白为他遭受祸害。"子路说："拿着人家的俸禄，就不能回避人家的灾难。"子羔最终离开了。正赶上有使者要进城，城门开了，子路就跟了进去，找到蒉聩，蒉聩和孔悝都在台上。子路说："大王为什么要任用孔悝呢？请让我捉住把他杀了。"蒉聩不听从他的劝说。于是子路要放火烧台，蒉聩害怕了，于是叫石乞、壶黡到台下去攻击子路，斩断了子路的帽带。子路说："君子可以死，但帽子不能掉下来。"说完系好帽带就死了。

孔子听到卫国发生叛乱的消息，说："哎呀，仲由死了！"不久，果真传来了他的死讯。所以孔子说："自从我有了仲由，恶言恶语的话再也听不到了。"这时，子贡正为鲁国出使到齐国。

❖ 宰予昼寝

宰予，字子我。他口齿伶俐，擅长辞辩。他拜在孔子门下以后，问道：

▶《孔孟故事图册》之子见南子·清·无款

"一个人的父母死了，守孝三年，时间不是太长了吗？君子三年不学习礼仪，对礼仪一定会生疏；三年不演奏音乐，技巧一定会荒废。一年间，陈旧的谷子吃完了，新的谷子又成熟了，取火用的木头换遍了，守丧一年也就可以了。"孔子说："只守丧一年，你内心安不安呢？"宰予回答说："心安。"孔子说："你既然感到心安理得，你就这样做吧。君子守孝期间，即使吃美味的食物，也感觉不到甘甜，听到动听的音乐也感觉不到快乐，所以君子才不这样做。"

宰予退了出去，孔子说："宰予不是个仁人君子啊！孩子生下来三年，才能脱离母亲的怀抱。为父母守孝三年，是天下共同遵行的礼仪啊！"

宰予白天睡觉。孔子说："腐朽了的木头是不能雕刻器物的，腐秽的墙壁是不能够粉刷的。"

宰予询问五帝的德行，孔子回答说："你是不配问这种问题的。"

宰予在齐国做官时，和田常一起同谋作乱，因此被灭族，孔子为他感到羞耻。

瑚琏之器子贡

端木赐，是卫国人，字子贡。他比孔子小三十一岁。

子贡口齿伶俐，巧于辞令，孔子常常驳斥他的言辞。孔子问子贡说："你和颜回比，谁更加出色？"子贡回答说："我怎么敢指望跟颜回相比呢？颜回听知一个道理，能够推知十个道理；我听说一个道理，也不过推知出两个道理。"

▶宰予像·元·无款

宰予（前522—前458），字子我，亦称宰我，春秋时期鲁国人，孔子弟子，"孔门十哲"之一。

子贡拜在孔子门下求学以后，问道："我是什么样的人？"孔子说："你像个有用的器物。"子贡说："什么样的器物呀？"孔子说："宗庙里祭祀用的瑚琏。"

陈子禽问子贡说："仲尼在哪里得来这么广博的学问啊？"子贡说："周文王、周武王的治国思想并没有完全消失，还在人间流传。贤能的人记住它重要的部分，不贤能的人只记住了它的细枝末节，无处不有周文王、周武王的思想存在着。先生在哪里不能学习，又何必要有固定的老师！"陈子禽又问："孔子每到一个国家，一定了解到这个国家的政事。这是请求人家告诉他的呢，还是人家主动告诉他的呢？"子贡说："先生凭借着温和、善良、恭谨、俭朴、谦让的美德得来的。先生这种求取的方式，或许与别人求取的方式不同吧。"

子贡问孔子："富有而不骄纵，贫穷而不谄媚，这样的人怎么样？"孔子说："行是行，但不如即使贫穷而乐于恪守圣贤之道，虽然富有却能处事谦恭守礼的人。"

田常想要在齐国发动叛乱，却害怕高昭子、国惠子、鲍牧、晏圉的势力，所以想调动他们的军队去攻打鲁国。孔子听说这件事，对门下弟子们说："鲁国是祖宗坟墓所在的地方，是我们出生的国家，国家危险到这种地步，诸位为什么不挺身而出呢？"子路请求前去，孔子制止了他。子张、子石请求前去，孔子也不答应。子贡请求前去，孔子答应了他。

子贡就出发了，来到齐国，游说田常说："您攻打鲁国是错误的。鲁国

▶ **子贡像·元·无款**

端木赐（前520—前456），复姓端木，字子贡，春秋末期卫国人。孔子的得意门生，"孔门十哲"之一，"受业身通"的弟子之一，孔子曾称其为"瑚琏之器"。

是难以攻打的国家，它的城墙单薄而矮小，它的护城河狭窄而水浅，它的国君愚昧而不仁慈，大臣们虚伪而不中用，它的士兵百姓又厌恶打仗，这样的国家不可以和它交战。您不如去攻打吴国。吴国的城墙高大而厚实，护城河宽阔而水深，士兵的铠甲坚固而精良，战士经过挑选而精神饱满，可贵的人才、精锐的部队都在那里，又派了英明的大臣守卫着它，这样的国家是容易攻打的。"田常顿时愤怒了，脸色一变说："您认为难的，别人认为容易；您认为容易的，别人认为是难的。用这些话来指教我，是什么用心？"子贡说："我听说，忧患在国内的，要去攻打强大的国家；忧患在国外的，要去攻打弱小的国家。如今，您的忧患在国内。我听说您多次被授予封号而又多次未能封成，是因为朝中大臣有反对你的呀。现在，你要攻占鲁国来扩充齐国的疆域，若是打胜了，你的国君就更骄纵，齐国的大臣就会更尊贵，而您的功劳都不在其中，那么您和国君的关系会一天天地疏远。这样，您对上使国君产生骄纵的心理，对下使大臣们放纵无

羁，想要因此成就大业，太困难了。国君骄纵就要无所顾忌，大臣骄纵就要争权夺利，如此一来对上您与国君产生裂痕，对下您和大臣们相互争夺，那您在齐国的处境就危险了。所以说不如攻打吴国。假如攻打吴国不能取得胜利，百姓战死在国外，大臣削弱于国内，那样的话在上您没有强臣对抗，在下没有百姓的非难，能孤立国君、专制齐国的只有您了。"田常说："好。虽然如此，可是我的军队已经开赴鲁国了，现在从鲁国撤军转而进兵吴国，大臣们怀疑我，怎么办？"子贡说："您按兵不动，不要进攻，请让我为您出使去见吴王，让他出兵援助鲁国而攻打齐国，您就趁机出兵迎击它。"田常采纳了子贡的意见，就派他南下去见吴王。

子贡游说吴王说："我听说，施行王道的不能让诸侯属国灭绝，施行霸道的不能让另外的强敌出现，在千钧重的物体上，再加上一铢一两的分量也可能产生移位。如今，拥有万辆战车的齐国再独自占有千辆战车的鲁国，和吴国来争高低，我私下替大王感到危险。况且去援救鲁国，是显扬

名声的事情；攻打齐国，是能获大利的机会。安抚泗水以北的各国诸侯，讨伐强暴的齐国，用来镇服强大的晋国，没有比这样做获利更大的了。名义上保存危亡的鲁国，实际上阻阨了强齐的扩张，聪明人是不会犹豫不决的。"吴王说："好。虽然如此，可是我曾经和越国作战，越王退守在会稽山上。越王苛刻自己，优待士兵，有报复我的决心。您等我攻打越国后再按您的话做吧。"子贡说："越国的力量超不过鲁国，吴国的实力超不过齐国，大王把齐国搁置在一边，去攻打越国，那么，齐国早已平定鲁国了。况且大王正以'使灭亡之国复存，使断绝之嗣得续'为旗号，却攻打弱小的越国而害怕强大的齐国，这不是勇敢的表现。勇敢的人不回避艰难，仁爱的人不让别人陷入困境，聪明的人不会失掉时机，施行王道的人不会让一个国家灭绝，凭借这些来树立他们的道义。现在，保存越国向各诸侯国显示您的仁德，援助鲁国攻打齐国，威慑强大的晋国，各诸侯国一定会竞相来吴国朝见，称霸天下的大业就成功了。大王果真畏惧越国，我请求东去会见越王，让他派出军

——— 三月不知肉味 ———

周敬王三年(前517)，孔子赴齐国，成为大夫高昭子的家臣，并拜见齐景公。孔子与齐太师谈论乐，学《韶乐》，欣赏音乐后，三月不知肉味。齐景公向孔子询问政道，孔子回答说："君君、臣臣、父父、子子。"景公称善。后来，景公又问这一问题，孔子说"政在节财"，景公大悦。孔子的出现是时代的象征，他将以同族结合为基础的礼乐转换为较具普遍社会性的礼乐——社会制度，进而提出"仁"，作为礼乐实现之目标。孔子以身作则，从事教育工作，所收学生不限阶级，可谓"有教无类"，其精神是可敬佩的。春秋战国时期中国的音乐发展到了一个高峰，孔子"闻韶不知肉味"的故事体现了当时文人和士大夫把音乐修养作为教养的一部分，孔子还由此引申出礼乐精神，成为战国儒家的一个核心观念。

队追随您，这实际上使越国空虚，名义上却是追随诸侯讨伐齐国。"吴王特别高兴，于是派子贡到越国去。

越王清扫道路，到郊外迎接子贡，亲自驾车到子贡下榻的馆舍致问说："这是个偏远落后的国家，大夫怎么会屈身来到这里？"子贡回答说："现在我已劝说吴王援救鲁国，攻打齐国，他心里想这么做却害怕越国，说：'等我攻下越国才可以。'像这样，攻破越国是必然的了。况且没有报复人的意图而令人怀疑他，是愚蠢的；有报复人的意图又让人知道了，就不安全了；事情还没有开始先叫人知道了，就太危险了。这三种情况是办事的大忌。"勾践听罢，叩头再拜说："我曾不自量力，才和吴国交战，被围困在会稽山上，恨入骨髓，日夜唇焦舌燥，只打算和吴王一道拼死，这就是我的愿望。"于是问子贡怎么办。子贡说："吴王为人凶猛残暴，大臣们难以忍受；国家多次打仗，弄得疲惫衰败，士兵们无法忍耐；百姓怨恨吴王，大臣内部发生内讧；伍子胥因谏诤被杀死，太宰嚭执政当权，顺应着国君的过失，用来保全自己的私利，这是残害国家的表现啊。现在大王果真能出兵辅佐吴王，以投合他的心意，用重金宝物来获取他的欢心，用谦卑的言辞尊崇他，以表示对他的礼敬，他一定会攻打齐国。如果那场战争不能取胜，就是大王您的福气了；如果打胜了，他一定会带兵逼近晋国。到时请让我北上会见晋国国君，让晋国和齐国共同攻打吴军，一定会削弱吴国的势力。等吴国的精锐部队全部消耗在齐国，重兵又被晋国牵制住，而大王趁它疲惫不堪的时候攻打它，这样一定能灭掉吴国。"越王非常高兴，答应照计行动。送给子贡黄金百镒，宝剑一把，良矛二支。子贡没有接受就走了。

子贡回报吴王说："我郑重地把大王的话告诉了越王，越王非常惶

恐，说：'我很不幸，从小就失去了父亲，又不自量力，触犯吴国而获罪，军队被打败，自身受屈辱，栖居在会稽山上，国家成了荒凉的废墟，仰赖大王的恩赐，使我能够捧着祭品而祭祀祖宗，我至死也不敢忘怀，怎么敢另有其他打算？'"过了五天，越国派大夫文种向吴王叩头说："东海役使之臣勾践谨派使者文种，冒昧地上言大王下属，向大王左右问安。如今我私下听说大王将要发动正义之师，讨伐强暴，扶持弱小，困扼残暴的齐国而安抚周王室，请求出动越国境内全部军队三千人，勾践请求亲自披挂铠甲、拿着锐利的武器，率先冲锋陷阵。因此派越国卑贱的臣子文种进献祖先珍藏的宝器，铠甲十二件，斧钺、屈卢矛、步光剑、用来做贵国军吏的贺礼。"吴王听了非常高兴，把文种的话转告子贡说："越王想亲自跟随我攻打齐国，可以吗？"子贡回答说："不可以。使人家国内空虚，调动人家所有的人马，还要人家的国君跟着出征，这是不道义的。您可以接受他的礼物，允许他派出军队，辞却他的国君随行。"吴王同意了，就辞谢了越王。于是，吴王就调动了九个郡的兵力去攻打齐国。

子贡因而离开吴国前往晋国，对晋国国君说："我听说，不事先谋划好计策，就不能应付突然来的变化，不事先训练好军队，就不能战胜敌人。现

▶《瓮牖图》卷·元·赵孟頫

图中所绘为子贡见原宪于其居所，桑木为门轴，破瓮为窗口之陋室，以昭示君子以德乐道之理。

在齐国和吴国即将开战，如果吴国不能取得胜利，越国必定会趁机扰乱它；和齐国一战取得了胜利，吴王一定会带着他的军队逼近晋国。"晋君非常恐慌，说："那该怎么办呢？"子贡说："整治好武器，休养士兵，等着吴军的到来。"晋君依照他的话做了。

子贡离开晋国前往鲁国。吴王果然和齐国人在艾陵打了一仗，把齐军打得大败，俘虏了七个将军的兵马，仍不肯班师回国，带兵逼近晋国，和晋国人在黄池相遇。吴晋两国争雄，晋国人攻击吴军，大败吴军。越王听到吴军惨败的消息，就渡过江去袭击吴国，一直打到离吴国都城七里远的地方才安营扎寨。吴王听到这个消息，离开晋国返回吴国，和越国军队在五湖一带交战。多次战斗吴军都失败了，连城门都守不住了，于是越军包围了王宫，杀死了吴王夫差和他的国相。灭掉吴国三年后，越国称霸东方。

所以，子贡这一次出行，保全了鲁国，扰乱了齐国，灭掉了吴国，使晋国强大而使越国称霸。子贡一次出使，便使各国形势失去了原有的平衡，十年当中，齐、鲁、吴、晋、越五国的形势各自发生了变化。

子贡擅长囤积居奇，贱买贵卖，随着供需情况转手谋取利润。他喜欢宣扬别人的长处，也不隐瞒别人的过失。他曾出任过鲁国和卫国的国相，家产积累千金，最终死在齐国。

❂ 言偃子夏

言偃是吴国人，字子游。他比孔子小四十五岁。

子游跟随孔子学习以后，出任武

▶ **子游像·元·无款**

子游（前506—？），姓言，名偃，春秋末期吴国人，孔子弟子，"孔门十哲"之一。

城的长官。孔子路过武城时，听到弹琴唱歌的声音。孔子微笑着说："杀鸡何必用宰牛刀呢？"子游说："从前我听先生说过'有才德的人学了礼乐，就会涵养仁心，爱护人民；普通百姓学了礼乐，就会谨守法规，容易被使唤。'"孔子对随行的学生们说："诸位，言偃的话是对的。我刚才说的那句话不过是开玩笑罢了。"孔子认为子游博学并熟习文章。

卜商，字子夏。他比孔子小四十四岁。

子夏问："'姣美的笑容妩媚动人啊，明澈的眼珠流动生辉啊，仿佛洁白的生绢染上了绚烂的文采'，这三句诗是什么意思？"孔子回答说："绘画要先有洁白的底子，然后再彩饰图画。"子夏说："礼乐是不是也是产生在仁义之后呢？"孔子说："卜商，现在可以和你讨论《诗经》了。"

子贡问道："颛孙师和卜商哪一位更有才能？"孔子说："颛孙师做事有些过分，卜商做事有些不足。"子贡说："那么颛孙师强一些吗？"孔子说："过分和不足同样是不完美的。"

▶ **子夏像·元·无款**

卜商（前507—？），字子夏，尊称"卜子"，春秋末年晋国温地（今河南温县）人，"孔门十哲"之一。

孔子对子夏说："你要立志做个有才德的君子儒，不要做浅薄好名的小人儒。"

孔子去世后，子夏定居在河西一带教授学生，做过魏文侯的老师。子夏的儿子死了，他因哭泣而失明了。

❖ 子张传

颛孙师是陈国人，字子张。他比孔子小四十八岁。

仲尼弟子列传 第七

子张向孔子学习求取官职俸禄的方法。孔子说："多听慎言，就能少犯错误；多看慎行，就能减少后悔。说话的错误少、行动的懊悔少，你要求取的官职俸禄就在里面了。"

有一天，子张跟随孔子在陈国和蔡国之间被围困，子张问怎样才能处处行得通。孔子说："说话要忠诚信实，行为要真诚恭敬，即使在蛮夷地区也行得通；说话不忠诚信实，行为不真诚恭敬，即使是在本乡本土，难道能行得通吗？站着的时候，就像'忠信笃敬'几个字呈现在眼前；坐在车上，就像'忠信笃敬'几个字挂在车前的横木上。这样做，就到处都行得通了。"子张就把这些话写在束腰的衣带上。

子张问："读书人怎样做才能叫通达呢？"孔子说："你所说的通达，指的是什么呢？"子张说："在诸侯国中一定要有声望，在卿大夫家里也一定要有声誉。"孔子说："这是声望，不是通达。所谓通达，应当是立身正直而好义，审度别人的言论，观察别人的表情，时常想着谦恭退让，这样，无论是在诸侯国，还是在卿大夫的封地一定能够通达。所谓的声望，外表上好像追求仁德的样子，而实际行动上却违背仁德，自己要安然处之，毫不怀疑，这样的人在诸侯国和卿大夫的封地一定能取得声望。"

曾参、澹台灭明、宓不齐

曾参是南武城人，字子舆。他比孔子小四十六岁。

孔子认为他能通达孝道，所以传

▶ **曾参像·元·无款**

曾子（前505—前436），名参，字子舆，春秋末年鲁国南武城（山东平邑）人，孔门"七十二贤人"之一。

授他学业，并为他写了一部《孝经》。曾参死在鲁国。

澹台灭明是武城人，字子羽，他比孔子小三十九岁。

他的体态相貌很丑陋。他想要侍奉孔子，孔子认为他资质浅薄。他跟随孔子学习以后，回去就致力于修身实践，处事光明正直，不走邪路。如果不因为公事，从来不去会见公卿大夫。

他南下游历到长江，追随他的学生有三百多人，凡获取、给予、离弃、趋就这些行为都有一套原则，因此他的声誉传遍了四方诸侯。孔子听到这些事，说："我只凭言辞判断人，错看了宰予；单从相貌上判断人，错看了子羽。"

宓不齐，字子贱，他比孔子小三十岁。

孔子谈论宓子贱，说："子贱真是个君子啊！假如鲁国没有君子，这个人又从哪儿学到这种好品德呢？"

子贱出任单父县长官，回来向孔子报告，说："这个地方有五个人比我贤能，他们教给我施政治民的方法。"孔子说："可惜呀！不齐治理的地方太小了，要是治理的地方大一些，就差不多了。"

❂子思

原宪，字子思。

子思问什么是耻辱。孔子说："国家政治清明，可以做官领取俸禄；国家政治黑暗，也做官领取俸禄，就是耻辱。"

子思说："好胜、自夸、怨恨、贪心都不存在的话，可以算是做到'仁'了吗？"孔子说："可以说是难能可贵了，是否算是仁，那我就不知道了。"

孔子去世以后，原宪就隐居在荒野中。子贡做了卫国的国相，出门时车马成群结队。他曾推开草门，来到偏远简陋的小屋探望原宪。原宪穿戴破旧的衣帽会见子贡，子贡见状，替他感到羞耻，说："你怎么困窘到这种地步呢？"原宪回答说："我听说，没有财产的叫作贫穷，学习了道理而不能施行的叫作困窘。像我原宪，是贫穷，而不是困窘啊。"子贡感到很惭愧，闷闷不乐地离开了，一生都为这次说错了话感到羞耻。

▶《孝经》图册之一·宋·无款

🦻公冶长、南宫括

公冶长是齐国人，字子长。

孔子说："公冶长，可以把女儿嫁给他。他虽然曾被关押在监狱里，但不是他的过错。"于是孔子就把自己的女儿嫁给了他。

南宫括，字子容。

南宫括问孔子说："后羿擅长射箭，奡擅长行船，他们都不能够善终；禹、稷亲自耕种而为什么能得到天下

呢？"孔子不回答。南子容退出后，孔子说："这个人真是个君子啊！这个人崇尚道德啊！"孔子评论他说："国家政治清明，他会被任用；国家政治黑暗，他也不会遭受刑罚。"南宫括经常诵读"白圭之玷"的诗句，于是孔子就把自己的侄女嫁给了他。

🦻公皙哀、曾葳

公皙哀，字季次。

孔子说："天下的读书人都没有

好的品行，大多数做了卿大夫们的家臣，在都邑里做官，只有季次不曾出来做官。"

曾蒧，字子皙。

他侍奉孔子，孔子说："谈谈你的志向。"曾蒧说："穿着刚做好的春装，和五六个大人，六七个小孩，在沂水里洗个澡，在祈雨台上吹吹风，然后唱着歌回家。"孔子听了，长长地叹息说："我和曾蒧的志趣一样啊！"

颜无繇、商瞿、高柴

颜无繇，字路。颜路是颜回的父亲，父子俩曾先后在孔子门下求学。

颜回死了，颜路因为贫穷，请求孔子把车子卖掉安葬颜回。孔子说："不管有没有才能，对我们来说都是自己的儿子。孔鲤死的时候，也只有内棺，没有外椁。我不能卖掉车子徒步走路给他买椁，因为我曾经做过大夫，是不可以徒步行走的。"

商瞿是鲁国人，字子木，比孔子小二十九岁。

孔子把《易经》传授给商瞿，商瞿传给楚国人轩臂子弘，子弘传给江

东人矫子庸疵，矫疵传给燕国人周子家竖，周竖传给淳于人光子乘羽，光羽传给齐国人田子庄何，田何传给东武人王子中同，王同传给淄川人杨何。杨何在汉武帝元朔年间因为研究《易经》做了汉朝的中大夫。

高柴，字子羔，他比孔子小三十岁。

子羔的身长不足五尺，在孔子门下学习，孔子认为他很愚笨。

子路想让子羔担任费邑的长官。孔子说："这是贻误人家的子弟！"子路说："那里有百姓，有国家，为什么一定要读书才叫作学习呢？"孔子说："所以我讨厌用花言巧语谄媚的人"。

漆雕开、公伯缭、司马耕

漆雕开，字子开。

孔子叫子开去做官，子开回答说："我对做官还没有信心。"孔子听了很高兴。

公伯缭，字子周。

子周在季孙氏面前说子路的坏话，子服景伯把这件事告诉了孔子，说："季孙氏本来对子路就有了疑心，可是我还有力量杀死公伯缭，把他的

尸体陈放在街头示众。"孔子说："正道能够行得通，那是天意；正道废弃不能施行，也是天意。公伯缭对天意又能怎么样呢？"

司马耕，字子牛。

子牛话多而性情急躁。他向孔子问什么是仁德，孔子说："有仁德的人，说话很谨慎。"子牛又问："说话很谨慎，就可以算是仁德吗？"孔子说："仁做起来很困难，说起来能不谨慎吗？"

子牛问什么样的人才算是君子，孔子说："君子既不忧愁，也不畏惧。"子牛接着问："不忧愁，不畏惧，就可以算是君子吗？"孔子说："自我反省，内心无愧，有什么忧愁，有什么畏惧的呢？"

樊迟问仁

樊须，字子迟，他比孔子小三十六岁。

樊迟向孔子请教种植庄稼，孔子说："我不如老农民。"樊迟又请求学种蔬菜，孔子说："我不如菜农。"樊迟退出去后，孔子说："樊迟是个志向浅薄的人啊！统治者提倡礼仪，

百姓就没有人敢不敬；统治者喜欢诚恳信实，百姓就没有人敢不说真情实话。如果能这样，那么四方的百姓就会背负着还在襁褓中的孩子前来归附，哪里用得着自己种庄稼？"

樊迟问什么是仁德，孔子说："爱护别人！"樊迟又问什么是智慧，孔子说："了解别人。"

有若像师

有若比孔子小四十三岁。

有若说："礼的运用，以和谐为可贵。过去圣明的君王治理国家的办法，最高明的地方就在这里。小事大事都按照这一条原则去做，也有行不通的时候；只知道为了和谐而和谐，而不用礼去节制它，也是行不通的。"有若又说："诚信要符合道义，说出的话才能经得起实际的检验；恭敬要符合礼仪，才能避免耻辱；依靠亲近的人，也就可靠了。"

孔子去世以后，学生们都很思念他。有若长得很像孔子，学生们共同拥戴他当老师，就像当年侍奉孔子一样对待他。有一天，学生进来问他说："从前先生出行时，就叫弟子们带好

雨具，后来果真下起雨来。学生们请教说：'先生怎么知道要下雨呢？'先生回答说：'《诗经》里不是说了吗？月亮靠近毕宿星，接着就会下大雨。昨天夜里月亮不是停留在毕宿天区吗？'有一天，月亮又停留在毕宿天区，却没有下雨。商瞿年纪大了，还没有儿子，他的母亲要替他另外娶妻。孔子派他到齐国去，商瞿的母亲请求不要派他去。孔子说：'不要担忧，商瞿四十岁以后会有五个男孩子。'后来，果真是这样的。请问先生当年怎么能够预先知道是这样的呢？"有若沉默，无以回答。学生们站起来说："有先生您让开吧，这个位子不是您能坐的啊！"

公西赤、巫马施

公西赤，字子华，比孔子小四十二岁。

子华出使去了齐国，冉有替他的母亲向孔子请求粮食。孔子说："给他一釜。"冉有请求再增加一些，孔子说："那就给他一庾。"冉有给了她五秉粮食。孔子说："公西赤到齐国去，坐的是肥马拉的车子，穿的是又轻又暖的皮袍。我听说君子救济有急难的穷人，而不是为他增加财富。"

巫马施，字子旗，比孔子小三十岁。

陈司败问孔子说："鲁昭公懂礼吗？"孔子回答说："懂礼。"孔子出去后，陈司败向巫马施作了个揖说："我听说君子是不偏私袒护的，莫非君子也会偏私袒护？鲁昭公娶来吴国的女子做夫人，给她起名叫孟子。孟子本姓姬，避忌称呼同姓，所以叫她孟子。鲁君要是懂得礼，那还有谁不懂得礼呢？"巫马施把这些话转告给孔子，孔子说："我真幸运，如果有了过失，别人知道一定会指出来。做臣子的不能说国君的过错，替他避忌的人，就是懂礼啊。"

存名诸人

梁鳣，字叔鱼，比孔子小二十九岁。

颜幸，字子柳，比孔子小四十六岁。

冉孺，字子鲁，比孔子小五十岁。

曹衃，字子循，比孔子小五十岁。

▶ **舞雩咏归图·原在中**

此图是根据《论语·先进》一篇中"子路、曾皙、冉有、公西华侍坐"绘制的，文章记录的是孔子和子路、曾皙、冉有、公西华四位弟子"言志"的一段话。从中我们不仅可以了解孔子及其学生的思想，还可以了解他们的性格。

伯虔，字子析，比孔子小五十岁。

公孙龙，字子石，比孔子小五十三岁。

从子石以上三十五人，他们的年龄、姓名和受业情况，文献都有清楚的记载。其余的四十二人，年龄不可考，也没有文献记载，记在下面：

冉季，字子产。

公祖句兹，字子之。

秦祖，字子南。

漆雕哆，字子敛。

颜高，字子骄。

漆雕徒父。

壤驷赤，字子徒。

商泽。

石作蜀，字子明。

任不齐，字选。

公良孺，字子正。

后处，字子里。

秦冉，字开。

公夏首，字乘。

奚容箴，字子皙。

公肩定，字子中。

颜祖，字襄。

鄡单，字子家。

句井疆。

罕父黑，字子索。

秦商，字子丕。

申党，字周。

颜之仆，字叔。

荣旂，字子祈。

县成，字子祺。

左人郢，字行。

燕伋，字思。

郑国，字子徒。

秦非，字子之。

施之常，字子恒。

颜哙，字子声。

步叔乘，字子车。

原亢籍。

乐欬，字子声。

廉絜，字庸。

叔仲会，字子期。

颜何，字冉。

狄黑，字皙。

邦巽，字子敛。

孔忠。

公西舆如，字子上。

公西葴，字子上。

太史公说

　　后世学者们经常谈到孔子门下七十位门徒，赞誉他们的人，有的恭维超过了实际；诋毁他们的人，有的损害了他们的真实形象。总之，谁都没有看到他们的真实面貌而议论品评。比较起来孔门弟子的生平事迹还是《论语》里的记述比较接近真相，关于孔子门下弟子们的姓名、言行等情况，我全部取自《论语》的弟子问答，编次成篇，有疑问的地方就空缺着。

商君列传 第八

【解题】在这篇传记里主要记述了商鞅事秦变法革新、功过得失以及卒受恶名于秦的史实，表明了太史公对其刻薄少恩所持的批评态度。商鞅三见孝公，说以强国之策，在列强争雄的战国时代，秦国以一个边陲之地而一跃成为吞并六国的强国，这与商鞅变法的贡献是分不开的。但是，这样一个"治世不一道、便国不法古"的治国能臣，却因残暴落得个车裂族灭的下场。

❀ 不被重用

商君是卫国国君姬妾生的儿子，名鞅，姓公孙。他的祖先本是姓姬。公孙鞅年轻时就喜欢刑名法术，作为中庶子侍奉魏国国相公叔痤。公叔痤知道商鞅贤能，还没来得及把他向国君推荐，正赶上公叔痤生病，魏惠王亲自前去探望，问："你的病如果好不了，那国家社稷该怎么办呢？"公叔痤回答说："我的中庶子公孙鞅年纪虽轻却有奇才，希望大王能把国家大事托付给他。"魏惠王沉默不语。魏惠王将要离开，公叔痤屏退其他人向魏惠王进言说："如果大王不任用他，就一定要杀掉他，不要让他到别的国家去。"魏惠王答应了他的要求。魏惠王走后，公叔痤召见公孙鞅，道歉说："刚才大王问我之后谁能担任国相，我向他推荐了你，但我看大王的神色好像不同意我

▶ 商鞅像

商鞅(约前390—前338)，姬姓，公孙氏，名鞅，卫国顿丘人。战国时期政治家、改革家、思想家，法家代表人物。

的建议。我告诉他如果不任用你，就要杀掉你，现在你赶快离开吧，不然就会被擒的。"公孙鞅说："既然大王不肯听您的话任用我，又怎么会听您的话来杀我呢？"最终他还是没有离开魏国。魏惠王离开后，就对左右随侍人员说："公叔痤病得很严重，真是可悲啊！想让我把国家大事交给公孙鞅处理，岂不是很荒谬吗？"

🔹三见孝公

公叔痤死后，公孙鞅听说秦孝公在国内寻访有才能的人，要重整穆公的霸业，收复东边被人侵占的土地。他就西去秦国，通过孝公的宠臣景监求见孝公。孝公召见卫鞅，卫鞅说了很长时间的治国之法，孝公瞌睡连连，根本听不进去。事后孝公迁怒于景监说："你推荐的人只是个说大话

▶ 秦孝公像

秦孝公（前381—前338），嬴姓，赵氏。秦献公之子，战国时期秦国国君，前361—前338年在位。秦孝公重用商鞅实行变法，奖励耕战，并迁都咸阳，建立县制行政，开阡陌，在加强中央集权的同时，不断增进农业生产。对外，秦与楚和亲，与韩订约，联齐、赵攻魏国都城安邑，拓地至洛水以东，自此国力日强，为秦统一六国奠定了基础。

的家伙，怎么能任用呢！"景监就去责备卫鞅。卫鞅说："我用尧、舜等五帝治国的方法劝说大王，他的心智不能领会。"过了几天，景监又请求孝公召见卫鞅。卫鞅再见孝公时，又畅谈治国之道，彼此谈论比先前略好些，可还是与孝公的心意合不到一起。事后孝公又责备景监，景监也责备卫鞅。卫鞅说："我用夏、商、周三代王的治国之法劝谏大王，而他听不进去，请您求他再召见我一次。"卫鞅又一次见到孝公。孝公觉得他游说的有道理，但没有采用。会见结束后，孝公对景监说："你的客人不错，我可以与他好好

谈谈了。"景监告诉卫鞅，卫鞅说："我用春秋五霸的治国之法游说大王，他的意思好像是准备采纳了。如果真的要再见我，我就知道该说些什么了。"于是卫鞅又见到了孝公，这次谈得十分投机，孝公听得很认真，自己的坐膝不知不觉地移到了靠近卫鞅一侧的席子边上，谈了好几天都不觉得厌倦。景监说："您是用什么打动了我的国君？他高兴得不得了。""卫鞅说："我用帝王治国之道来游说国君，让他建立像夏、商、周一样的盛世，但是国君说：'那太久了，我可等不了。而且贤明的国君，都要在他们在世时树立显赫的声名，怎么能够闷闷地等几十年甚至上百年才成就帝王之业呢？'所以，我用强盛国家的法术游说国君，他就特别高兴。然

▶ 商鞅方升 · 战国

上海博物馆藏。此器是秦孝公十八年（前344）商鞅变法时所规定的标准量器。秦统一六国后，又在其底部加刻了秦始皇二十六年（前221）诏书，命令丞相隗状和王绾把商鞅既定的制度推行到全国。器的外壁刻铭文，共75字，分别为（底部铭文）："廿六年，皇帝尽并兼天下诸侯，黔首大安，立号为皇帝，乃诏丞相状、绾，（法）度量则不壹，歉疑者，皆明壹之。"（左壁铭文）："十八年，齐（率）卿大夫众来聘。冬十二月乙酉，大良造鞅。爰积十六尊（寸）五分尊（寸）壹为升。"（前壁铭文）"重泉"。

而，这也就难以和殷周时代比较道德功业了。"

🔸 实施变法

孝公打算任用卫鞅变更法度，又怕天下人议论自己。卫鞅说："行动上犹犹豫豫，是很难成功的。况且有

高于常人的行动，本来就会被世俗非难；有自己独到的见解，就会被愚民诋毁。愚昧的人对已成之事还不能明白，智慧的人在事物萌发的时候就能够察觉。不能和民众谋划最初的行动，但可以和他们享受最后的成果。谈论高深道理的人不会与世俗合流，成就大业的人不与一般人共谋。因此，圣人如果可以强盛国家，就不必效法陈规；假若可以给民众提供便利，就不必遵循古礼。"孝公说："讲得好。"甘龙说："不是这样的。圣人不改变民众的习俗实行教化，聪明的人不更改国家的法度治理政事。顺着民众习俗实行教化，不费什么事就可以成功；沿用国家法度治理政事，官吏习惯，民众也很安定。"卫鞅说："甘龙所说的，是一种世俗的意见。平常人只是安于陈规陋俗，读书人拘泥于自己所闻。这两种人奉公守法还可以，但不能和他们谈论成法以外的变革。三代礼制不同，却都称王于天下，五霸法制不同却能各自称霸。聪明的人创设法度，愚昧的人却被法度制约；贤能的人变更礼制，平庸的人被礼制束缚。"杜挚说："没有百倍的利益，不变更法度；没有十倍的功效，不改换器物。效法常法不会有过错，遵循旧礼不会有偏差。"卫鞅说："治理国家没有固定的方法，只要有利于国家，就没有必要仿效旧法度。所以汤武不遵循古法而能称王于天下，夏殷不改变旧的礼制而灭亡。反对旧法的人不能完全否定，而遵循旧礼的人不值得称赞。"孝公说："讲得好！"于是任命卫鞅为左庶长，制定了变法的命令。

孝公下令把十家编为一"什"，五家编为一"伍"，各家互相监督检举，若一家犯法则十家一并治罪。明知奸恶而不告发的处以腰斩，告发奸恶的与斩敌首级的封赏一样，藏匿奸恶的与投降敌人的刑罚一样。一家有两个以上的壮丁而不分家另立门户的，赋税加倍。有军功的人，按规定标准封爵领赏；因为私利打架斗殴的，视情节轻重处以刑罚。从事农业生产的，粮食与布帛增产免除劳役或赋税。从事工商业或者因懒惰而贫困的，将其妻子儿女全部没入官府为奴。王族中没有军功的，不得列入家族的名册。明确尊卑爵位等级秩序，各按等级差别占有土地、房产，家臣奴婢的衣裳、服饰按各家爵位等级决定。有功劳的显赫富贵，没有功劳的即使很富有也没有荣耀。

南门立木，取信于民

新法制定好后还未公布，卫鞅唯恐在百姓中间无法取得信任，于是就在都城市场的南门竖起一根三丈长的木头，招募能把木头搬到北门的人，能办到的就赏以十金。百姓们都觉得很奇怪，没人敢应募。卫鞅于是又宣布："能把木头搬到北门的人赏五十金。"有一个人抱着试一试的态度把它搬到了北门，卫鞅当下就给了他五十金，以此表明令出必行，绝不欺骗。事后，新法就颁布了。

秦强民惧

新法施行了一年，秦国老百姓到国都申诉新法不方便的人数以千计。正当这时，太子触犯了新法。卫鞅说："新法之所以不能顺利推行，是因为上层人的触犯。"于是将按新法治太子的罪。太子是国家的继承人，不能施以刑罚，于是就处罚了督导他行为的老师公子虔，以墨刑处罚了授予他知识的老师公孙贾。第二天，秦国

人就都遵守新法令了。新法推行了十年，秦国百姓都非常高兴，路不拾遗，山中无盗，生活富裕。百姓纷纷为国家打仗献力，不敢为私利争斗，无论乡村或城镇，秩序都很安定。这时候，当初那些说新法不便利的人又有来说新法便利的，卫鞅说："这些都是扰乱教化的民众。"命令把他们都迁移到边境的城镇去了。从这以后，民众再没有敢议论新法的。

卫鞅被任命为大良造，带领军队围攻魏国安邑，降服了它。

过了三年，秦国都城从雍地迁到咸阳，并下令禁止百姓父子兄弟同居一室；把散落的乡镇、村庄合并成县，设置了县令、县丞，总共合并为三十一个县；废除井田制，重新划分田地的界线，鼓励开垦荒地；平衡赋税；统一全国的度量衡制度。

新法施行了四年，公子虔又触犯了新法，对他处以劓刑。过了五年，秦国富强，周天子把祭肉赐给秦孝公，诸侯各国都来祝贺。

第二年，齐国军队在马陵打败魏军，俘虏了魏太子申，杀死了将军庞涓。第二年，卫鞅劝孝公说："秦国

和魏国的关系，就如同人得了心腹疾病，不是魏国吞并秦国，就是秦国吞并魏国。为什么呢？因为魏国处在山势险要的中条山以西，都城设在安邑，和秦国以黄河为界而独自拥有崤山以东的便利。形势对它有利就会往西侵犯秦国，对它不利就会向东扩展领地。如今凭借您的圣明贤能，国家得以强盛，而魏国被齐国打得大败，诸侯国也背叛它，可以乘势在这个时候打败魏国。魏国抵挡不住秦国，一定会向东迁移。那样的话，秦国可以占据黄河和崤山一带的坚固地势，向东发展来制服各诸侯国，这就是帝王的伟业啊！"孝公认为他讲得对，就派卫鞅领兵去攻打魏国。魏国派公子卬领兵迎击。两军相拒对峙以后，卫鞅写了一封信给魏国将领公子卬，说："我当初和公子的关系很好，现在你我成了秦魏两国的主将，实不忍心自相残杀，咱们见面谈和，痛饮一番后就撤兵回国，这样秦魏两国都可以安定。"公子卬认为卫鞅说的对。会盟结束，一起喝酒，但卫鞅埋伏

▶ **商鞅戟·战国**

上海博物馆藏。长援向上微弯，下刃后部内凹，中部有脊，长胡，阑侧三穿，长方形内向上斜翘，三面有刃，中有一方穿。胡的两面刻铭文10字，铭文释文为"十三年大良造鞅之造戟"。

了甲兵袭击并俘虏了公子卬，乘势进攻他的军队，彻底打垮了魏军，然后回到了秦国。魏惠王的军队多次被齐军、秦军打败，国内空虚，国势渐渐虚弱，恐惧起来，就派使者把黄河西岸的土地献给秦国来讲和。魏国也就离开了安邑，把国都迁到了大梁。魏惠王说："我真后悔当初没听公叔痤的话啊！"卫鞅打败魏军归来，孝公把於、商十五个邑封给了他，封号叫商君。

忠言逆耳

商君任秦相十年，很多皇亲贵族都怨恨他。赵良去见商君，商君说："由于孟兰皋的介绍，你我才相识，我们交个朋友好吗？"赵良回答说："鄙人不敢奢望。孔丘说过：'推重贤才，有才能受到民众拥戴的人就会前来；招揽不贤的人，有志节讲王道的人就会退隐。'我不贤，所以不敢从命。我听过这样的说法：'占有了不该占有的职位，就叫贪位；享有

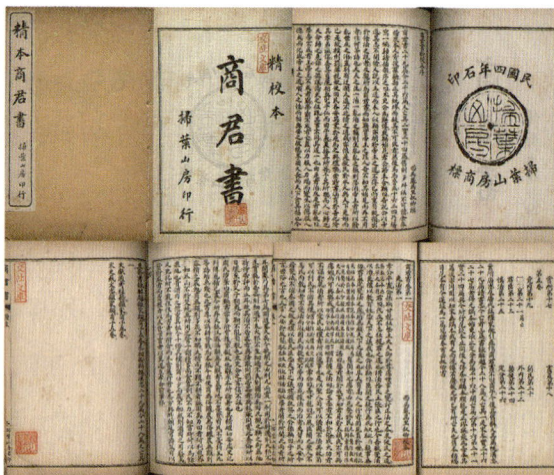

了不该享有的名声，这就叫贪名。'我要是接受您的深情厚谊，那么恐怕我就是贪位贪名了。所以，我不敢听命。"商君说："您不满意我治理秦国吗？"赵良说："能够听从别人的意见叫作聪，能反省自己叫明，能够克制自己叫作强。虞舜说过：'自我谦虚的人被人尊重。'您不如遵循虞舜的主张，无须问我了。"商君说："当初，秦国的习俗如戎狄一般，父子无分别，男女老少同居一室。如今我改变了秦国的教化，从而使男女有别，分居而住，大造宫殿城阙，把秦国营建得像鲁国、卫国一样。您看我治理国家与五羖大夫比，谁更贤能？"赵良说："一千张羊皮，比不上一领狐狸掖皮；一千个人随声附和，比不上

一个人直言争辩。周武王提倡臣子直言争辩，所以他的事业就很昌盛；商纣王使得臣子缄口不言，而导致国家灭亡。假如您不反对武王的主张的话，那么我希望说了真话不会遭到您的责难，可以吗？"商君说："曾经有过这样的话，表面上好听的话就像花朵一样迷人，然而真实至诚的话却如同实实在在的果实。听起来刺耳的话是治病的良药，甜言蜜语却会使人生病。先生您果真有苦口良言，我将要侍奉您，您又何须推辞呢？"赵良说："那位五羖大夫，只是楚国边远地区的乡下人，他想去拜见贤明的秦穆公，却没有路费。他就把自己卖给秦国人，穿着粗布短衣给人家喂牛。过了一年，穆公知道了，把他从牛口下提拔出来，安置在百官之上，秦国没有人埋怨过。他出任秦相六七年，东伐郑国，三立晋君，出兵救楚。施行教化，巴人前来纳贡；对诸侯各国施以恩德，四方少数民族都前来朝见。五羖大夫出任秦相，累了不坐车，热了不打伞，无论走到哪里都不带随从的车队，更不带武装防卫，记录他功名的简册藏在府库中，德行代代流传。五羖

▶ **鼎形铜行灯·战国**

甘肃省博物馆藏。甘肃省平凉市战国秦墓出土。收合时，为三足圆鼎，内盛燃灯时所用的油料，盖两侧二鸭首，其宽嘴正好衔住双键，鼎盖便被牢牢扣住。用灯时，将双键支起，可插入鼎盖中心的圆銎中，此时鼎盖即成为灯盏。构造精巧，设计科学，使用方便，封口严密不溢油，为秦国贵族出行时使用的灯。

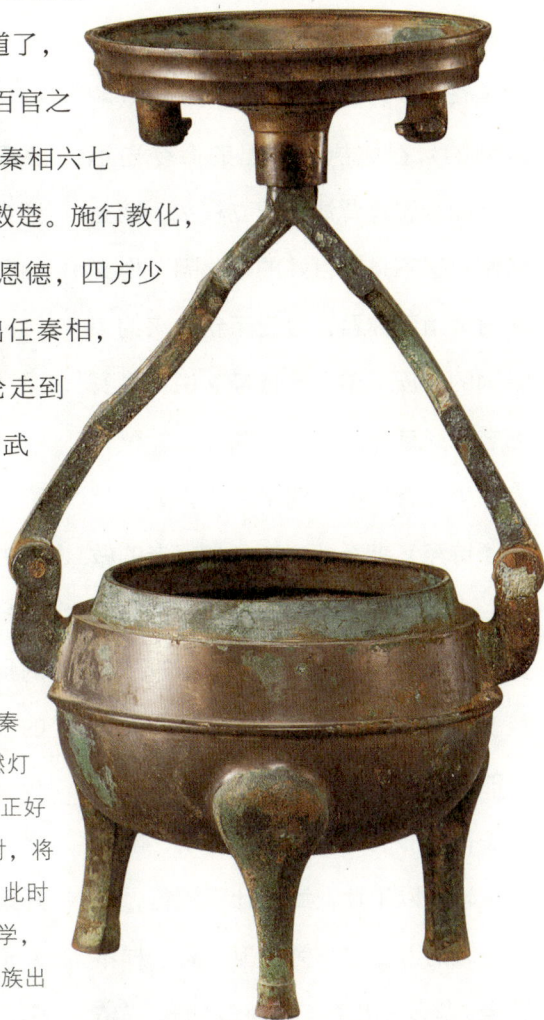

大夫死时，秦国的男女都痛哭流泪，孩子也不唱歌了，捣米的也不喊号子了。这就是他的德行啊！现在您拜见秦王，是通过受宠的景监的引荐，这并不是重视声名的途径。身为秦相不为百姓谋利却大造宫阙，这就称不上为国家建功立业了。刑罚太子的师傅，用严刑酷法残害百姓，这是在积累怨恨和祸患啊。您所施行的教化影响民众比国君的命令还深刻，民众响应您的号召比执行国君的命令还迅速。如今您违背情理建立权威，变更法制，这不是对百姓的教化啊。您又在封地南面称君，每日用新法来约束秦国的贵族子弟。《诗经》说：'看那老鼠尚且有肢体，人却没有礼仪；人如果没有礼仪，何不赶快去死。'从《诗经》来看，这不是长寿者的做法。公子虔已经闭门不出八年了，您又杀死祝懽，对公孙贾处以墨刑。《诗经》上说：'得人心的就兴盛，失人心的就溃崩。'您做的这几件事，是无法得人心的。您外出的时候，随从的车辆数以千计，武士壮丁随行，拿着矛戟的卫士在车旁护卫。有一样不齐全，您就不出行。《尚书》说：'依

靠德行者昌盛，依靠武力者灭亡。'您的生命仿佛早晨的露水，瞬息就会有消失的危险，还想要延年益寿吗？那为什么不归还秦国赐给您的商、於的土地？然后到郊野灌溉田园。您要劝说秦王起用隐居山林的人士，赡养老人，抚恤孤儿，敬重父兄，依功序爵，尊重有德行的人，这样您就可以稍微安全。您如果还要贪恋财富、乐于秦国施行的教化，积累百姓的怨恨，那么秦王一旦死去，秦国要拘捕您的人，还会少吗？您的死亡很快就会到来。"商君没有听从他的劝说。

◈ 车裂之祸

五个月后，秦孝公去世，太子即位。公子虔等人告发商君要造反，派人去逮捕他。商君逃跑到边境关口，入宿一家旅店。旅店的主人不知道他的身份，说："商君有令，没有证件的人住店，店主要判连带罪。"商君长叹一口气，说："唉！制定新法的祸害竟然报应到了这里！"于是他离开秦国逃到魏国。魏国人怨恨他欺骗公子卬而打败魏军，拒绝收留他，并说："秦国很强大，它的逃犯跑到魏

国来不送还是不行的。"于是把商君送回秦国。商君回到秦国后就逃到他的封地商邑，和他的部属一起出动邑中的士兵向北攻打郑县寻求生路。秦国出兵攻打商君，把他杀死在郑县黾池。秦惠王对商君施以五马分尸示众的刑罚，告诫说："不要像商鞅那样谋反！"于是就诛灭了商君全家。

▶ **大良造鞅镦·战国**

故宫博物院藏。镦圆筒状，平底，中空，有节，节下有相对的二穿孔。器身刻画铭文 4 行 13 字："十六年，大良造庶长鞅之造。雍□。"其大意是：记在十六年，大良造（"大良造"为官名）下庶长（"下庶长"为爵名）鞅（即史书所载"商鞅"）监造此镦。雍是铸造地或存放地。

✦ 太史公说 ✦

　　商君天性本来就是个残暴少恩的人，他当初用帝王之道游说孝公是凭借着浮华的言辞，并不是他内心的实质。再说他的被任用全是因为国君宠臣的推荐，等到任秦相后就刑罚公子虔，欺骗魏将公子卬，不听赵良的忠言，这些足以证明他残暴少恩了。我曾经读过商君《开塞》《耕战》的篇章，与他的为人做事很类似。但他最终还是在秦国落个谋反的恶名，这是有原因的啊！

苏秦列传 第九

【解题】苏秦为战国纵横家杰出的代表人物，先以连横游说秦国，失败后转而以合纵游说六国。他洞察六国君王的心意，指陈利害，因势利导，慷慨陈词。他游说八方，佩六国相印，功成名就。太史公运用多种文法记述苏秦游说六国，或娓娓道来，或峰回路转，跌宕起伏，美不胜收。

❯初游受挫

苏秦是东周洛阳人，他曾东到齐国拜师求学，跟随鬼谷子学习。苏秦在外游历多年，穷困潦倒地回到家里。兄弟、嫂子、姐妹、妻妾都在背地里讥笑他，说："周人的习俗是治理产业，从事工商等盈利事业。如今你舍弃老本行而去干耍嘴皮子的事，就算穷困潦倒了，也是应该的呀。"苏秦听后感到惭愧，暗自伤心，就闭门不出，把自己的书拿出来全部读了一遍，说："一个人既然已经埋头读书，却不能凭它获得尊荣，

▶鬼谷子像

相传战国时期楚国人，隐居于鬼谷，因以自号。长于养性持身和纵横捭阖之术。

即使读再多的书又有什么用呢？"于是他找到一本周书《阴符》，伏案苦读。一年后，他终于悟出了切合国君心意的诀窍，说："有了它，就可以游说当世的国君了。"他去求见并游说周显王。可是，周显王身边的臣子向来了解苏秦的为人，都瞧不起他，因而周显王也不信任他。

于是，苏秦向西到了秦国。秦孝公已经死了，他便游说秦惠王。苏秦说："秦国是一个四面围有天险的国家，群山环抱，渭水横流，东有函谷关、龙门关和黄河，西有汉中郡，南有巴蜀二郡，北有代郡和马邑，真是一个地势险要、物产丰富的国家。凭借着众多士兵百姓、强大的军事实力，足可以吞并天下，建立统治四方的帝业。"

秦惠王说："鸟的羽毛不丰满，就不能凌空高飞；国家的政治不成熟，就不能兼并天下。"秦国刚刚诛杀了商鞅，憎恶游说的人，所以没有任用苏秦。

游说六国

苏秦又往东到了赵国。赵肃侯任用他的弟弟公子成做相国，号称奉阳君，奉阳君不喜欢苏秦。

苏秦去燕国游说，等了一年多才见到燕文侯。他游说燕文侯道："燕国东面有朝鲜、辽东，北面有林胡、楼烦，西面有云中、九原，南面有滹沱河和易水，国土面积纵横两千多里，披甲的士兵几十万，战车六百辆，战马六千匹，粮食够维持几年的了。南有碣石山、雁门山等地的富饶

苏秦刺股读书图·现代·谢长明

苏秦（？—前284），字季子，战国时期东周洛阳（今河南洛阳）人，纵横家、外交家和谋略家。他师从鬼谷子，学成后，外出游历多年，潦倒而归。随后刻苦攻读《阴符》，困了就以锥刺股，一年后游说列国，被燕文侯赏识，出使赵国。

物产，北面有枣子和栗子的收益，百姓即使不耕种田地，也很富裕了，这就是人们说的天府之国啊。当今百姓安乐，国家太平，看不到军队被消灭，将领被斩杀，没有哪个国家比得上燕国。大王知道燕国不被侵犯的原因吗？那是因为赵国遮蔽在燕国的南面。秦国和赵国五次战争，秦国两次获胜，赵国三次获胜，秦赵双方都受到损害，而大王凭借完整的赵国，从背后控制它们，这就是燕国不受侵略的原因。如果秦国想攻打燕国，就要穿越几千里；而赵国如果要攻打燕国，不出半月就会攻到燕国的都城了。所以说秦国攻打燕国，是在千里之外作战；赵国攻打燕国，是在百里以内作战。对百里之内的祸患不重视而忧虑千里之外的敌人，这绝对是一个错误的策略。因此希望大王与赵国合纵，把各国联成一体对抗强秦，那燕国就不会有忧虑了。"

燕文侯说："您说得很对，不过我们国家弱小，西面靠近强大的赵国，南面与齐国为邻，齐、赵都是强国。您如果一定要用合纵的办法使燕国相安无事，我愿意举国听从您的安排。"

于是，燕文侯赞助苏秦车马钱财让他到赵国。当时奉阳君已经死了，苏秦劝赵肃侯说：

"天下的卿相大臣和士人都崇尚您的贤明道义，希

▶ **四山纹镜·战国**

美国克利夫兰艺术博物馆藏。三弦钮，圆钮座。方框四角引出条带纹，上缀花瓣，四山形纹与带纹交叉重叠，地纹为深峻的羽状纹。

望接受您的教诲，并进献忠言。但是，奉阳君嫉妒您，而您又不理国事，因此无人敢在您面前进献忠言。如今，奉阳君死了，您又和人们亲近了，所以我才敢冒昧进言。我私下替您考虑，没有比国泰民安更重要的事了。维持国家的安定，选择邦交很重要。邦交选择得当，国家就安定；邦交选择不当，人民就不安定。我说一下赵国的外患，假如齐、秦两国成为赵国的敌国，那么赵国无法安定。如果秦国攻打齐国，或者齐国攻打秦国，百姓都无法安宁。因此算计别国的君主，攻打别的国家，最怕的就是说出和别国断交的话来。希望您慎重，不要说出断绝邦交的话。我说赵国的利害，有如黑白分明、阴阳殊异一样。您果真能听取我的计策，燕国一定会献上盛产游裘狗马的土地，齐国一定会献上盛产鱼盐的领海，楚国一定会献上种植橘柚的果园，韩、魏、中山等国都可使它们献上部分税赋，供您和后妃沐浴之需，而令亲父兄都可以得到封侯。夺取土地，垄断权利，这是五霸依靠覆灭别国军队和擒获别国将领所要追求的；受封侯爵，显贵亲戚，这是商汤和周武王采用流放甚至杀死国君的办法所要争夺的。现在您什么都不用做，就可以兼而得之，这是我为您期望的。

"如果大王支持秦国，那么秦国一定会削弱韩国和魏国；如果支持齐国，那么齐国一定会削弱楚国和魏国。魏国一被削弱，就会割让黄河以南的土地，韩国一被削弱，就会奉献宜阳。宜阳一旦献出，上郡就会被切断；河外一被割让，那么道路就不通；楚国一削弱，那么赵国就没有外援了。这三条策略，大王不能不深思。

"如果秦军攻取轵道，那么南阳就危险；如果秦军劫夺韩国，包围周都，那么赵国就会拿起武器自卫；如果秦军占据卫国，夺取卷城，那么齐国一定向秦国称臣。秦国的欲望已经从关东各国得到满足，那么一定会发兵对准赵国了。秦军渡过黄河，越过漳水，占据番吾，那么秦赵两军就一定会在邯郸城下交战了。这是我为您忧虑的。

"当前，关东一带所建立的国家没有比赵国更强大的了。赵国领土纵横

两千多里，军队几十万人，战车千辆，战马万匹，粮食可维持好几年。西面有常山，南面有黄河和漳水，东面有清河，北面有燕国。燕国本来是弱小国家，不值得害怕。天下最使秦国害怕的没有哪一个比得上赵国，但是秦国不敢出兵攻打赵国的原因是什么呢？是因为害怕韩国和魏国在后面暗算它。这样，那么韩、魏两国就是赵国南方的屏障。秦国进攻韩国和魏国的时候，没有高山大河的阻隔，可以逐渐蚕食它们，直到逼近它们的国都为止。韩国和魏国如果抵挡不了秦国的入侵，一定会向秦国屈服称臣。秦国没有韩、魏两国的窥伺，那么战争的灾祸必然要转嫁到赵国身上了。这是我为您忧虑的。

"我听说尧帝没有三百亩的领土，舜帝没有尺寸的土地，但都拥有了天下；夏禹没有百人的村落，却能在诸侯中称王；商汤、武王的卿士不足三千，战车不到三百辆，步兵不超过三万人，却登位做了天子，这是因为他们掌握了谋取天下的规律。因此贤明的君主对外能预料敌人的强弱，对内能衡量自己士兵素质的优劣，不用等待两军交战，而决定胜败、存亡的关键早已成竹在胸了，难道会被众人的言论所蒙蔽，而糊里糊涂地决定大事吗？

"我私下用天下的地图来估算，各诸侯国的土地是秦国的五倍，估计各诸侯国的士兵是秦国的十倍。六国团结一致，合力向西攻打秦国，秦国一定会被打败。可现在您却向西服事秦国，对秦国称臣。打败别人和被人打败，向人称臣和使人向自己称臣，难道可以同日而语吗？

"为秦国游说连横的人，都想把诸侯国的土地割让给秦国。如果秦国成就了霸业，就会高筑楼台亭阁，美化宫殿屋宇，欣赏竽瑟这样的音乐，前面有楼台宫阙，后面有苗条漂亮的美女。诸侯国即使已经遭受秦国的祸患，但游说连横的人也不用分担它们的忧患。这样，那些主张连横的人，日夜凭借秦国的权势恐吓各国，来达到割地的目的，因此我希望大王深思这个问题。

"我听说贤明的君主善于决断疑难，摈弃谗言，堵塞流言的渠道，杜绝朋党的门路。因此我才能在您面前，把尊崇国君、扩大领土、加强军队的策略说出来，以表明我的忠心。我私下替大王考虑，不如统一韩、魏、齐、楚、燕、赵六国来合纵亲善，反叛秦国。号召天下的将相在洹水边会盟，交换人质，宰杀白马来盟誓，订立盟约说：'秦国如果攻打楚国，齐国和魏国就分别派精锐部队援助楚国；韩军就断绝秦国的粮路，赵军便渡过黄河、漳水，燕军便守卫常山的北边。秦国如果攻打韩国、魏国，那么楚军就断绝秦军的后路，齐国就派出精锐部队来援助韩、魏两国，赵军便渡过黄河、漳水，燕军就守卫云中。秦国如果攻打齐国，那么楚军就断绝秦军的后路，韩军便守卫城皋，魏军就堵塞秦军的通道，赵军便渡过黄河、漳水和博关，燕国就派出精锐的部队来援助齐国。秦国如果攻打燕国，那么赵军就守卫常山，楚国就驻军武关，齐军便渡过渤海，韩、魏两国都派出精锐部队来援助燕国。秦国如果攻打赵国，那么韩国驻军宜阳，楚国驻军武关，魏国驻军河外，齐军便渡过清河，燕国就派出精锐部队来援助赵国。诸侯国中有不遵守盟约的，便

用五国的军队共同征伐它。'六国合纵亲善来对抗秦国,那么秦军一定不敢越过函谷关来危害关东各国了。这样,那么霸主的事业就成功了。"

赵肃侯说:"我年纪轻,登位日子很短,还没有能够听到国家的长远之计,如今贵客有心保全天下,安定诸侯,我恭敬地以国相从。"于是赵肃侯将一百辆车子装饰一新,载上黄金一千镒,白璧一百双,锦绣一千匹,让苏秦去游说诸侯各国。

这时,周天子把祭祀周文王和周武王的祭肉赐给秦惠王。秦惠王派犀首去攻打魏国,擒获了魏国的将领龙贾,攻占了魏国的雕阴,并且打算向东进军。苏秦担心秦军打到赵国来,就用计激怒张仪,使他到秦国去。

于是苏秦到韩国游说韩宣王道:

"韩国北面有巩邑、成皋这样的天险,西面有宜阳、商阪这样的要塞,东面有宛邑、穰邑、洧水,南面有陉山,土地纵横九百多里,武装部队有几十万人,天下强弓劲弩都出产于韩国。溪子弩和少府制造的时力、距来等弓弩,都能射到六百步以外。韩国士卒双足腾举发射弓弩时,能连续发射一百多次,而不用歇息,远矢能洞穿敌人的胸部,近矢能穿透敌人的心房。韩国士卒用的剑戟都是冥山、棠溪、墨阳、合赙、邓师、宛冯、龙渊、太阿等地出产的,这些名剑在陆地可断杀牛马,在水面能截击天鹅和大雁,和敌人厮杀时可斩断坚固的甲盾和铁制的战衣。此外,皮制的臂衣和盾的绶带无不具备。凭着韩国士兵的勇敢,身披坚固的铠甲,脚蹬强劲的弓箭,手执锋利的刀剑,用一个人抵挡一百人,是不在话下的。所以凭着韩国的强大和大王的贤明,却要向西侍奉秦国,拱手臣服,使国家蒙受耻辱以致被天下的人嘲笑,没有比这个更严重的了。因此希望大王仔细地考虑这个问题。

"大王如果侍奉秦国,秦国必然要索取宜阳和成皋两邑。如果今年献给它,明年它又会再来要求割让土地。答应吧,没有那么多土地奉献;不给吧,那么会前功尽弃而遭受后患。况且大王的土地是有限的,而秦国的贪欲是无止境的,用有限的土地去迎合不断的勒索,这叫作买来怨恨,结下祸根,不用交战而土地已经

▶ 猿形银带钩·战国

带钩为猿猴造型，伸出左侧长臂，以蜷曲的猿爪为钩，背后设置安在带上的圆钮，构思极为精巧。

被削吞了。我听民间的谚语说：'宁做鸡的嘴，不做牛的屁股。'现在，如果您面朝西方，双手反缚向秦国称臣，这跟做牛的肛门有什么区别呢？凭着大王的贤明，又拥有强大的士兵，却落了个牛肛门的丑名，我私下里真替大王感到羞耻啊。"

这时，韩王突然变了脸色，捋起了臂袖，气愤地瞪着眼睛，手按着宝剑，仰天长叹说："我虽然不才，也不能去侍奉秦国。今天您既然转告赵王的教导，我愿意把韩国托付给您，听从您的安排。"

苏秦又游说魏襄王说：

"大王的国土，南面有鸿沟、陈县、汝南、许邑、郾邑、昆阳、召陵、舞阳、新都、新郪，东面有淮河、颍河、煮枣、无胥，西面有长城为界，北面有河外、卷邑、衍地、酸枣，地域名义上虽然好像小些，但是农田房屋、馆舍高楼却密集得连割草放牧的地方也没有了。人口、车马众多，往来日夜络绎不绝，声音轰轰隆隆，犹如有三军兵马奔行之气势。我私下估量大王国家的实力不在楚国之下，但是那些主张连衡的人却想引诱大王伙同像虎狼一样暴虐的秦国来侵吞天下，而最终将使您遭受秦国的祸患，但是他们却不会顾及您的灾难。依仗强大秦国的势力，从内部胁迫自己的国君，罪过没有比这个更严重的了。魏国是天下的强国，大王是天下的贤明国君。如今您竟有意面向西方去侍奉秦国，自称为秦国的东方属国，为它建筑宫殿，接受它的服饰制度，在春秋时节向秦国纳贡助祭，我私下为您这样的行为感到羞耻啊。

"我听说越王勾践指挥三千名疲惫的士兵作战，在干遂擒获了夫差；周武王率领士兵三千人，皮革之车三百辆，在牧野降服了商纣。难道他们取胜靠的是士兵众多吗？实在是由于他们极大地发挥了自己的威力。我私下听说大王的军队，有最精锐的士兵二十万人，苍头军二十万人，冲锋陷阵的士兵二十万人，后勤士卒十万人，战车六百乘，战马五千匹，这样您的军事力量远远地超过了越王勾践和周武王，现在您却听信群臣的话，打算向秦国称臣并且侍奉它。如果侍奉秦国必定要割让土地来表示诚心，这样还没有动用武力，国家就已经亏损了，因此群臣中凡是主张侍奉秦国的人都是奸佞之人，而不是忠臣。作为君王的臣子，以割让自己国君的土地来谋取外交上的和睦，是为了求得一时成功而不顾后果，破坏国家的利益而成就私人的好处。他们借助外部强大秦国的势力，从内部胁逼自己的国君，为的就是达到割让土地的目的，希望大王能仔细地审视这一点。

"《周书》说：'草木像丝线一样生长的时候，如果不及时砍掉它，等到蔓延开了，怎么办呢？细枝嫩叶不及时砍掉，等到长粗壮，就得用斧头了。'所以事前考虑不周密成熟，以后将有大患，那时将怎么办？大王如果真能听从我的建议，使六国合纵亲善，专心专意，通力合作，那么一定没有强秦的祸患，所以我国赵王派我来奉献我们不高明的策略，敬奉上明确的公约，全赖大王的诏令来实现它。"

魏王说："我不成大器，不曾有机会听到您这样的高见，我愿意恭敬地率领国家跟从合纵。"

苏秦又向东游说齐宣王说：

"齐国南面有泰山，东面有琅琊山，西面有清河，北面有渤海，这就是所说的四面都据有天险的国家。齐国国土纵横两千多里，武装部队几十万人，粮食多得堆积如山，精良的三军士兵和由基层组织相连形成的军队，进攻时像利箭一样迅疾，战斗时犹如雷霆一般猛烈，撤退时像风雨一样无影无踪。即使发生军事行动，也不曾征调过泰山以南的军队，渡过清河渤海，去动用这两个地区的兵力。

"临淄城有七万户人家，我私下估计，每户不少于三个男子，三七二十一万人，不用调遣远县的士兵，仅临淄的士兵就已经有二十一万人了。临淄极为富饶和充实，而且人民没有不喜欢吹竽、鼓瑟、弹琴、击筑、斗鸡、走狗、博棋、踢球等活动的。临淄的街道上，车辆拥挤，车轮互相碰撞，人们肩挨着肩行走，相互摩擦，

鸟柱灯·战国

衣襟可连成帷帐，举起衣袖能连成布幕，人们挥手抹下的汗，就像下雨一样。家家殷实，人人富足，志向高远，士气昂扬。凭着大王的贤明和齐国的强大，天下没有一个国家能够抵挡得了它。如今却要向西去侍奉秦国，我私下替大王感到羞耻啊！

"况且韩国、魏国之所以会畏惧秦国，是因为它们的国家与秦国的边境接壤，且国界相连。一旦出兵交战，不超过十天，决定战争胜负，生死存亡的关键就可以确定了。如果韩、魏两国战胜秦国，那么自己的兵力也要损失一半，四边的国境就不能防守；如果打了败仗，那么国家的危亡就会接踵而来。这就是韩国、魏国之所以把和秦国作战看得很重，而把向秦国称臣看得很轻的原因。现在如果秦国攻打齐国，那情况就不是这样了。秦国背靠韩、魏的国土，要穿过卫国阳晋的通道，取道亢父那样狭隘险要的地带，车不能并驾，马不能齐驱，如果用一百人守卫要塞，即使一千个敌人也不敢通过。秦国想要深入到齐国境内，就得像狼一样经常回头观顾，恐怕韩、魏两国从背后暗算它。因此

它恐惧疑虑，虚张声势，虽然骄横自恃，却不敢前进，那么秦国不能危害齐国也是很明显的了。

"不深思秦国对齐国无任何办法的现状，却想向西去侍奉秦国，这是群臣计谋的失误。目前齐国还没有向秦国称臣的名声，却有强大国家的实力，因此我希望大王稍稍考虑一下，以便决定计策。"

齐王说："我是个笨拙的人，我国位于偏远的海岸，是个处在东边的国家，未曾有机会聆听到点滴的教诲。如今您用赵王的诏令来开导我们，我愿意恭敬地率领国家跟从合纵。"

于是苏秦接着前往西南，游说楚威王说：

"楚国，是天下的强国；大王，是天下的贤明君王。楚国西面有黔中、巫郡，东面有夏州、海阳，南面有洞庭、苍梧，北面有陉塞山、郇阳，国土纵横五千多里，士卒百万人，战车千辆，战马万匹，粮食能维持十年，这是称霸为王的资本。凭着楚国的强盛和大王的贤明，天下没有哪一个国家能够与之匹敌。

如今楚国却想向西侍奉秦国，那么诸侯国中还有谁不向西到章台下面去朝拜秦国呢？

"秦国所害怕的国家中没有一个比得上楚国了，楚国强盛，那么秦国就会弱小；反之秦国强大，那么楚国就会弱小，这种局势下两国不能并存。所以我替大王考虑，不如合纵相亲来孤立秦国。如果大王不相亲合纵，秦国必然要出动两支军队，一支军队从武关出动，另一支军队直下黔中，那么鄢郢一带就会发生动摇。

"我听说，治理国家当在它还没有发生混乱以前，谋事当在事情还没有发生以前。如果祸患来临后才忧虑它，就来不及了。所以希望大王能尽早仔细考虑这个问题。

"如果大王果真能够听从我的意见，就请让我号召崤山以东各国进献四季的礼品，来接受大王的英明诏令，让他们把国家托付于您，把政权奉交给您，训练士兵，修理武器，任凭大王来使用他们。如果大王果真能够采纳我愚昧的建议，那么韩、魏、齐、燕、赵、卫等各国动听的音乐和美丽的女人，一定会充满您的后宫，燕国和代地的骆驼、良马，也一定会充实您

纵横家

《汉书·艺文志》将纵横家列为"九流"之一，后因称凭辩才进行政治活动者为"纵横家"。纵横即合纵连横。他们朝秦暮楚，事无定主，反复无常，设策划谋多以国家政治需要出发。合纵派的主要代表是苏秦，连横派的主要代表是张仪。他们的出现主要是因为当时割据纷争，王权不能稳固统一，需要在国力富足的基础上利用联合、排斥、威逼、利诱或辅之以兵法不战而胜，或以较少的损失获得最大的收益。苏秦佩六国相印，联六国逼秦废弃帝位；张仪雄才大略，以片言得楚六百里；唐雎机智勇敢，直斥秦王存孟尝封地；蔺相如虽非武将，但浩然正气直逼秦王，不仅完璧归赵，而且未曾使赵受辱。

的马厩。所以合纵成功，楚国就能称王；如果连衡得逞，秦国就能称帝。如今放弃成王的霸业，而蒙受服侍他人的恶名，我私下以为这种做法是大王不可取的。

"秦国是虎狼一样的国家，有吞并天下的野心。秦国是天下的仇敌。主张连衡的人都想割让各国的土地来服侍秦国，这叫作供养仇敌和侍奉仇人。作为人君的臣子，割让主人的土地，对外交结像虎狼一样的强秦，来侵害天下，这样做终将遭受到秦国的祸患。而他们却不顾及这些灾难，借助外部强秦的威势来对内胁迫自己的国君，以此求取割让土地，是一种严重的叛逆不忠行为，罪行没有比它更严重的了。所以，合纵相亲能使各国割地服侍楚国，连衡成功却会使楚国割地去服侍秦国，这两种策略的得失相差甚远，两者当中，大王您选择哪一种呢？所以我国赵王派我来奉献我们的不成熟的策略，奉上明确的公约，关键在于大王来诏令行动了。"

楚王说："我国西面与秦国边境接壤，秦国怀有攻取巴、蜀和吞并汉中的野心。秦国是像虎狼一样凶狠的国家，不能和它亲近。而韩国、魏国又迫于秦国的威胁，不能和他们深入地计谋大事。如果与他们深入地谋划大事，恐怕有背叛的人归附秦国，把消息透露给秦国，以致计谋还没有实施而国家早已危险了。我自己估计以楚国来抵挡秦国，恐怕不能取胜；在朝内与群臣谋划，也不足依赖。为此我睡不安席，食不甘味，心像悬挂的旗子一样摇晃不定，始终没有地方着落。现在您想要统一天下，合并诸侯，保存危亡的国家，我虔诚地奉献出整个国家跟从着您。"

六国合纵

于是，六国合纵成功。苏秦做了合纵联盟的盟长，并担任了六国的相国。

苏秦北上向赵王报告消息，途中要经过洛阳，车辆马匹满载着行李，各诸侯国派来送行的使者很多，像诸侯王一样气派。周显王听到这个消息，赶快找人清扫了道路，并派使臣到郊外迎接。苏秦的兄弟、妻子和嫂子都趴伏在地上不敢抬头看他，非常

恭敬地服侍他吃饭。苏秦笑着对嫂子说："以前你对我冷嘲热讽，此刻为什么对我这么恭敬了呢？"他的嫂子连忙趴在地上，像蛇一样弯着身子匍匐到他面前，脸贴着地请罪说："因为您地位尊贵，并且财物很多啊！"苏秦喟然叹息说："同样是一个人，富贵了，亲戚就畏惧我；贫贱时，就轻贱我，何况众人呢！如果当初我在洛阳城附近有良田两顷，如今，我又怎么能佩戴得上六个国家的相印呢？"于是，苏秦散发千金之财，赏赐给宗族的亲戚和朋友。

当初，苏秦去燕国的时候，曾向人借过一百钱作为路费，等他富贵了，就还给那个人一百金。苏秦一一报答了曾经对他施舍过的人。然而，他的一个随从却没有得到报答，于是就前去申说。苏秦说："我并非忘记了你。你和我一起到达燕国的时候，在易水边上，接二连三地要离我而去。当时我正危困，因此很怨恨你，所以把你放在最后。现在你也可以得到赏赐了。"

苏秦回到赵国，赵肃侯封他为武安君。苏秦把合纵盟约送到秦国，从此秦国不敢窥视函谷关以外的国家达十五年之久。

🔸盟约瓦解

后来，秦国派使臣犀首欺骗齐国和魏国，和他们联合起来攻打赵国，打算破坏合纵联盟。齐、魏攻打赵国，赵王便谴责苏秦。苏秦害怕，请求出使燕国，一定要向齐国报复。苏秦离开赵国以后，合纵盟约便瓦解了。

▶ 青铜人物立像·战国晚期

人像昂首，脸庞丰腴，双目凝视左手所持铜棍上之玉鸟，头发向两边分梳成辫垂于胸前。肩着草类编织的披肩，领口饰贝纹一周，身穿直纹长袍，然袒胸露肚，束腰，右侧悬一环首短剑。足蹬皮靴，立于长方形平板上。双手各持一筒形物，插一根短棍，棍的顶端分叉作树杈状，上各立一只玉鸟，或以为后加之物。

秦惠王把他的女儿嫁给燕国的太子。这一年，燕文侯死了，太子继位，就是燕易王。易王刚刚继位，齐宣王便趁燕国办丧事攻打燕国，夺取了十座城邑。燕易王对苏秦说："从前先生来燕国的时候，先王资助先生会见赵王，于是约定六国合纵相亲。而现在，齐国首先攻打赵国，接着攻打燕国。因为先生，赵、燕两国才被天下人取笑，先生能为燕国收复被侵占的土地吗？"苏秦听了十分惭愧，说："请让我替大王把失地收回来。"

苏秦会见齐王，跪拜了两次，然后俯首向齐王表示庆贺，抬头表示哀悼。齐宣王说："为什么庆贺后面紧跟着哀悼呢？"苏秦说："我听说饥饿的人宁可饿着，也不吃乌喙这种有毒的植物，是因为越是用它充饥，结果和饿死一样。现在燕国虽然弱小，但燕王是秦王的小女婿。大王贪图十个城，却长期和强大的秦国为敌。如今让弱小的燕国冲锋在前，而强大的秦国在后面作掩护，结果和吃乌喙是一样的啊。"齐王听后，很严肃地问："那该怎么办呢？"苏秦说："我

听说古时候善于办事的人，能够化险为夷，将失败转为成功。大王果真能听从我的计策，就归还燕国的十座城邑。燕国得到城邑，一定很高兴。秦王知道您是因为他的原因而归还燕国的城邑，也一定很高兴，这样就化敌为友了。如果燕国和秦国都来侍奉齐国，那么大王对天下发号施令，就没有人敢不听从您了。这样，大王用虚假的言辞向秦国表示归附，又用十座城邑换得了天下，这可是称霸的大业啊。"齐王说："好。"于是就将侵占的十座城还给了燕国。

"反间"而车裂死

有诽谤苏秦的人说："苏秦是个左右摇摆、出卖国家的臣子，他将来肯定会引起乱子。"苏秦生怕获罪，就回到了燕国，但燕王却不恢复他的官职。苏秦拜见燕王说："我本是东周一个浅陋的人，没有一点功劳，而您却给我官职，在朝廷上对我以礼相待。如今我替您退却了齐军，收复了十座城邑，理当对我更加亲近。现在我回来了，您不再让我做官，一定是有人在您面前中伤我不忠诚。我听说

忠诚的人，全是为了自己；上进的人，都是为了别人。我游说齐王时也未曾欺骗他。我把老母亲放在东周，就是要抛弃个人打算，而从事上进的活动。如今有孝顺如曾参、正直如伯夷、忠诚像尾生的人，让这三个人来侍奉您，怎么样？"燕王说："那就足够了。"苏秦说："像曾参一样孝顺，不肯离开父母在外住一宿的人，您又怎么能让他步行千里来侍奉弱小的燕国呢？像伯夷一样正直，坚持正义不愿做孤竹君的继承人，不肯做周武王的臣子，不接受封侯的赏赐却饿死在首阳山下。正直到如此地步，大王又怎么能让他步行千里到齐国去索求呢？忠诚如同尾生，跟一个女子相约桥下见面，女子没有赴约，尾生一直等到大水来了也不肯离去，结果抱着桥柱被水淹死了。这样的忠诚，大王又怎么能让他步行千里去退却齐国的强大军队呢？这些就是我说的因为忠诚而得罪君王的人。"燕王说："你不忠诚也就罢了，难道还有因为忠诚而得罪君王的人吗？"苏秦说："不是这样的。我听说有个在外地做官的人，他的妻子与别人私通。她的丈夫要回来了，和她私通的人十分忧虑，妻子说：'不用害怕，我已经备好毒酒在等他了。'过了三天，她的丈夫果然回来了，妻子让婢妾端着毒酒给丈夫喝。婢妾想说酒里有毒，但又怕男主人把女主人赶走；不说呢，又怕女主人把男主人毒死。于是，她假装晕倒，把酒泼在地上。男主人十分生气，用荆条打了她五十下。婢妾假装晕倒而泼了酒，对上保全了男主人的性命，对下保全了女主人的地位，但是她仍免不了被鞭打，这怎么能说忠诚就不会获罪呢？我的过失，很不幸地和这相似。"燕王说："先生再担任原来的官职吧。"之后，燕王更加厚待苏秦。

燕易王的母亲是燕文侯的夫人，苏秦与她私通。燕易王知道了，对苏秦更加优待。苏秦担心被杀，就劝说燕王道："我留在燕国，不能使燕国更加尊贵，如果我在齐国就一定能提高燕国的地位。"燕王说："一切任凭先生所为。"于是，苏秦假装得罪了燕王而逃到齐国，齐宣王任用他为客卿。

齐宣王去世，齐湣王即位。苏秦就劝说齐湣王厚葬宣王，用来表明自己

的孝顺；大修宫室，大辟园林，以表明自己得志。其实，苏秦的目的是使齐国败落，从而有利于燕国。燕易王去世，燕王哙继位。此后，齐国大夫中与苏秦争宠的人就派人刺杀他，苏秦幸免一死，带着致命的伤逃走了。齐王派人捉拿凶手却没有抓到。苏秦临死的时候对齐王说："我马上就要死了，请您在人来人往的街市上把我五马分尸示众，就说'苏秦为了燕国在齐国谋乱'，这样，一定可以抓到刺杀我的凶手。"齐王就按他的话做了，那个凶手果然自动出来了，齐王就把他杀了。燕王听到这个消息说："齐国为苏先生报仇的做法真太过分了！"

❶苏代兄弟

　　苏秦死后，他所做的替燕国破坏齐国的事情真相大量被泄露出来。齐国后来听到了，十分痛恨燕国，燕国很害怕。苏秦的弟弟叫苏代，苏代的弟弟叫苏厉，他们俩见哥哥成就了声名，也都向苏秦学习。等到苏秦死了，苏代便请求拜见燕王，想重操苏秦的游说旧业。他说："我是东周一个鄙俗的人。我私下听说大王道义非常高尚，尽管我不太聪敏，但也希望不种田来侍奉大王。我到达邯郸时，看到的情况和在东周听到的有所不同，我私下以为恐怕要辜负了自己的志向了。等到来到燕国的朝廷，看到大王的群臣和下属官吏才明白，大王是天下最贤明的君王。"燕王说："您所说的贤明的君王是怎么样的呢？"苏代回答说："我听说贤明的君王想要听到自己的过失，不想只听到对自己的赞誉。请允许我告诉您的过失吧。齐国和赵国是燕国的仇敌，楚国和魏国是燕国的盟国。现在大王拥护仇敌去攻打盟国，这是不利于燕国的举措。大王自己考虑，这是策略上的失误，不把这种错误告诉您，就不是忠臣。"燕王说："齐国本来就是我的仇敌，是我想讨伐的国家，只不过担心我国疲惫，力量不足。如果您能够带领燕国讨伐齐国，那么我愿意将整个国家委托给您。"苏代回答说："天下互相攻伐的国家有七个，燕国处于较为弱小的地位。单独作战不可能取胜，如果有可依附的国家，那么彼此都会增强自己的国势。往南依附

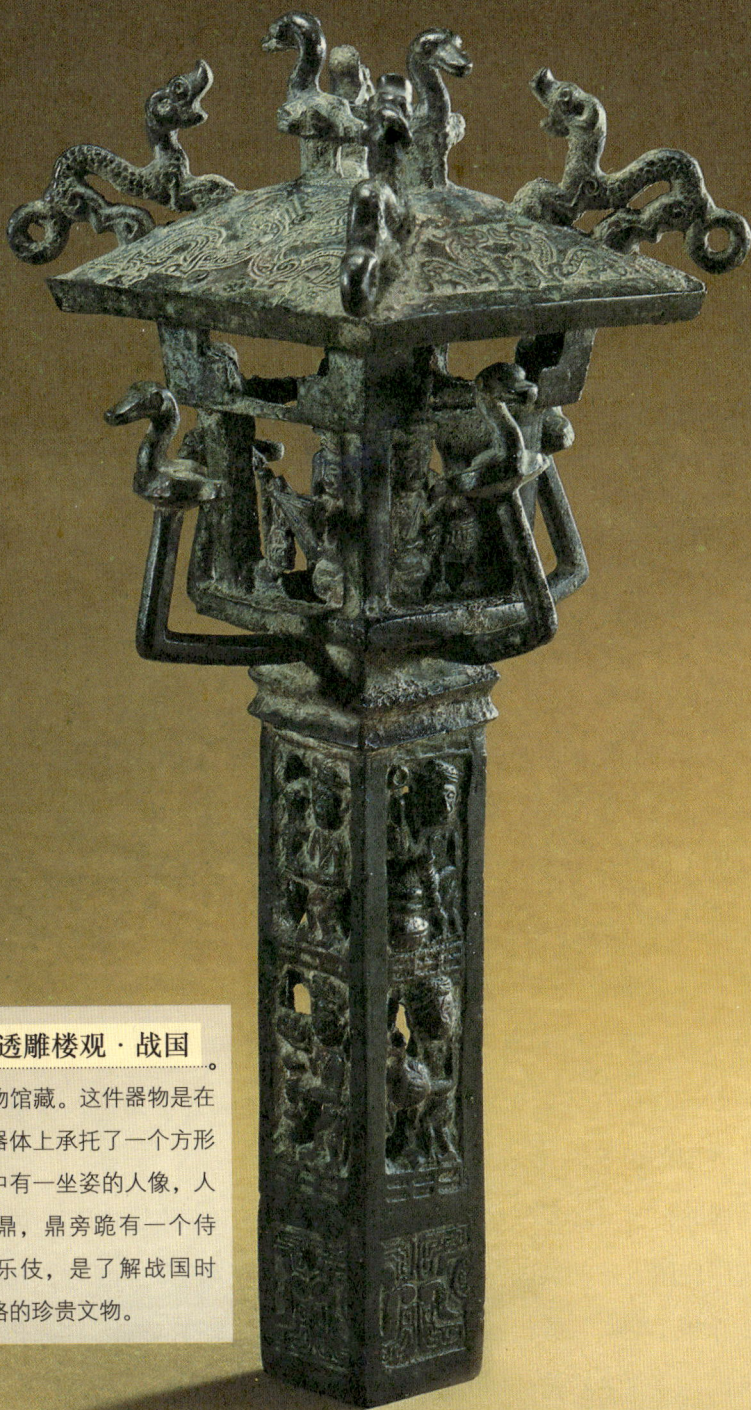

▶方柱形透雕楼观·战国

河北省博物馆藏。这件器物是在正方形的器体上承托了一个方形房屋，屋中有一坐姿的人像，人像前有一鼎，鼎旁跪有一个侍者和两名乐伎，是了解战国时期建筑风格的珍贵文物。

楚国，楚国国力就会得到扩充；往西依附秦国，秦国国势就会得到增强；中部依附韩国和魏国，那么韩国和魏国的国力也会得到补充。如果所依附的国家力量增强了，这就必然也会使大王的权势得到增强。如今齐国的君王年事已高，而且很固执自信。他向南攻打楚国长达五年之久，积蓄的财富基本消耗殆尽；在西面被秦国困扰长达三年，军队疲惫不堪；在北方与燕国人交战，几乎全军覆没，仅俘虏了燕国的两名将领。然后用他剩余的士兵还想向南攻克拥有五千辆战车的强大宋国，兼并十二个小诸侯国家。君王虽想实现自己的欲望，可百姓的物力却已耗尽了。这有什么可取之处呢？况且我听说，屡次作战，百姓就会劳累；连续用兵，士兵就会疲惫。"燕王说："我听说齐国有清济、浊河可以固守，长城和巨防足以为要塞，果真有这样的事吗？"苏代回答说："上天不给他有利时机，虽然有清济、浊河，怎么能够固守！百姓疲惫不堪，即使有长城、巨防，怎么能够成为要塞！况且从前济西一带不征兵，目的是为了防备赵国；黄河北部不征兵，目的是为了防备燕国。如今济西、黄河北部都已经征兵了，全国的力量极为凋敝。而且，骄横的君主必然会好利，亡国的臣子一定会贪财。大王若是能够不羞于将自己的侄儿、弟弟作为人质，并用珠宝、玉帛去讨好齐王左右的臣子，齐国将会感激燕国而轻率地出兵去消灭宋国，这样一来，齐国就可以灭掉了。"燕王说："我终于靠您得以承受上天的旨意了。"于是，燕王便派他的一个儿子到齐国去充当人质，而苏厉则通过燕国人质的关系求见了齐王。齐王怨恨苏秦，想要囚禁苏厉。在齐国做人质的燕国公子替他向齐王谢罪，随后苏厉就委身做了齐国的臣子。

燕国的相国子之和苏代结为姻亲，因为想夺取燕国的政权，就派苏代到齐国去服侍做人质的燕国公子，齐国派苏代回复燕王。燕王哙问道："齐王大概要称霸了吧？"苏代回答说："不可能。"燕王又问："为什么？"苏代回答说："齐王不相信他的臣子。"于是，燕王就专一重用子之，不久又把君位让给了他，燕国因此大乱。齐国出兵攻打燕国，杀了燕王哙和子之。

燕国拥立昭王即位，而苏代、苏厉从此不敢进入燕国，最后都投奔到了齐国，齐王以优厚条件款待他们。

苏代经过魏国时，魏国替燕国逮捕了他。齐国派人对魏王说："假如齐国请求把宋国的土地封给秦国的泾阳君，秦国一定不会接受。秦国并不是不想得到齐国的奉承，再占有宋国这种好处，而是因为不相信齐王和苏先生。现在齐、魏两国不和已到了如此严重的地步，那么齐国就一定不会欺骗秦国。秦国信任齐国，齐国和秦国就会联合起来，泾阳君得到了宋国的土地，这不是对魏国有利的事情。所以大王不如让苏先生往东回到齐国，秦国一定会怀疑齐国，并且不相信苏先生了。齐国与秦国不合作，天下的局势不会发生变化，讨伐齐国的形势就形成了。"于是，魏国释放了苏代。苏代前往宋国，宋国十分友好地对待他。

齐国攻打宋国，宋国危急，于是苏代给燕昭王写了一封信，说：

"燕国虽然是名列万乘的大国，却委派人质寄居在齐国，因而名声低下而且权力低微；如果动用万辆战车的军队去援助齐国攻打宋国，就会使百姓劳累并且耗尽财物；如果攻克了宋国，还会伤害楚国的淮北，也就壮大了齐国的力量。帮助仇敌强大而使本国受害，这三种情况对于自己的国家来说都是大的失策。然而大王这样做，是想借此取得齐国的信任。结果是齐国却更加不相信您，而且对燕国的忌恨会越来越深，这是您计谋上的失误。假如把宋国和楚国的淮北地区合在一起，够得上是一个万乘大国了，如果齐国吞并了它，这就等于让齐国扩大了一倍的国力。北夷纵横七百里，加上鲁国、卫国，也够得上是一个强大的万乘之国了，如果齐国再吞并了它，这就等于让齐国扩大了二倍的国力。面对一个强大的齐国，燕国尚且还有许多顾虑，不能应付，现在用三个齐国般的力量来威逼燕国，那灾祸一定很大了。

"虽然这样，但明智的人善于把灾祸变为吉祥，把失败转为成功。齐国的紫色丝织品，本来是用劣等的白绢染成的，但它的价格却可以提高十倍；越王勾践曾在会稽山上栖身，反而打败了强大的吴国而称霸天下。这

都是把灾祸变为吉祥，把失败转为成功的例子。

"现在大王假若要把灾祸变为吉祥，把失败转为成功，就不如引诱齐国称霸并且尊崇它，并派使者到周室去缔结盟约，焚烧秦国的符信，并声称说：'最好的计划是打败秦国，其次是永远排斥它。'秦国遭受排斥，并且面临着被打败的危险，秦王必定忧心忡忡。秦国五代连续攻伐别的诸侯国家，如今它却屈居在齐国之下，所以秦王一定希望削弱齐国，哪怕动用全国的力量也在所不惜。既然如此，那么大王何不派遣辩士用下面这些话前往游说秦王说：'燕国和赵国如果打败了宋国，就会有利于齐国。推崇齐国，作为他的下属，燕国、赵国不认为这样做是有利的。但燕、赵两国虽然认为没有利却执意还要去做，原因是不相信秦王。既然这样，那么大王何不派遣可信赖的人去接收燕国和赵国，并让泾阳君、高陵君先到燕国和赵国去呢？假如秦国背信，就拿他们二人做人质，这样燕国、赵国就信任秦国了。如此一来，秦国在西面称帝，燕国

在北方称帝，赵国在中间称帝，树立起三个帝王来号令天下。如果韩、魏两国不听从号令，那么秦国就讨伐他们；齐国不听从，那么燕国、赵国去讨伐它，这样天下还有谁敢不听从号令呢？天下顺服听命了，就乘机驱使韩国、魏国去攻打齐国，警告他说："必须交出宋国的土地，归还楚国的淮北！"交出了宋国的土地，归还了楚国的淮北，这是燕国、赵国认为对他们有利的事；并立三帝，也是燕国、赵国所愿意的。如此燕国、赵国得到了实际的利益，愿望得到了尊重，那么他们抛弃齐国，就像脱掉草鞋一样容易。如今您不接收燕国和赵国，齐国霸业一定会形成。各国诸侯都赞同齐国而唯独您不服从，这就会遭到各诸侯国的攻伐；如果各诸侯国都拥护齐国而大王也愿意服从，就会使大王的名声降低。如今，接收燕国和赵国，可使国家安全，名望得到尊重；如果不接收燕国和赵国，那么会使国家遭受危难，而且名望受损。抛弃名尊国安的策略，而去择取国危名卑的措施，聪明的人是不会这样做的。'

秦王听到这些话，一定会像剑刺中了心脏一样。那么大王为什么不派说客用这番话去游说秦王呢？秦王听了这番话一定会采纳，齐国必定会遭到讨伐。

"取信于秦，是很有利的外交活动；讨伐齐国，可谋取正当的利益。奉行有利的外交政策，谋求正当的利益，这是圣明君主所做的事啊！"

燕昭王很欣赏苏代这封信，说："先王曾经对苏家有恩德，后来因为子之叛乱，苏家兄弟不得已离开了燕国。燕国想向齐国报仇，没有苏家兄弟的帮助是不行的。"于是，燕昭王召见苏代，重新优待他，和他共同谋划讨伐齐国的事。齐国终于被打败了，齐湣王逃出了国都。

过了很久，秦国邀请燕王到秦国去。燕王准备前往，苏代劝阻燕王说：

"楚国因取得了枳邑而国家危亡，齐国因取得了宋国而国家破败，齐国、楚国不能因为有了枳邑和宋国就去服侍秦国，这是为什么呢？是因为凡取得成功的国家便是秦国的大敌。秦国夺取天下，不是靠推行仁义，而是靠施行暴力。秦国施行暴力，往往是公开告令天下的。

"秦国曾警告楚国说：'蜀地的军队，乘船行驶于岷江，然后趁夏季的水势直下长江，五天就能到达郢都。汉中的军队乘船从巴江出发，趁着夏季的水势直下汉江，四天之后便可以到达五渚湖。我在宛东集结军队，然后直下随邑。这样，聪明的人来不及谋划，勇敢的人来不及愤怒，而我却像射鹰一样迅速发起攻击了。大王却想等待天下的国家来攻打我国的函谷关，不是太遥远了吗？'因为这个缘故，楚王臣服于秦国十七年。

"秦国又严正警告韩国说：'我军从少曲发兵，一天就可切断太行山的交通。我军只要从宜阳发兵，然后攻击平阳，两天内韩国各地的局势就会动摇。我军穿过东周和西周，攻击你的国都新郑，只要五天，整个韩国就会被攻克。'韩国认为的确如此，所以臣服于秦国。

"秦国又严正警告魏国说：'我军攻占安邑，围困女戟，韩国通往太行山的道路会被切断。我军直下轵邑，经过南阳，封锁冀邑，就可以包抄东周和西周。然后趁着夏季的水

苏秦列传 第九

势，驾着轻便的战船，以强劲的弓箭作先锋，锋利的戟戈作后盾，然后掘开荥口，魏国的大梁就会被淹没而不复存在；如果决开白马津的黄河口，魏国的外黄和济阳也会全部被淹没而不复存在；挖开宿胥口，魏国的虚邑和顿丘就会被大水冲得无影无踪。从陆地上进攻就可击破河内，从水上进攻就可以毁灭大梁。'魏国认为秦国说的有道理，所以臣服于秦国。

"秦国想攻打安邑，但害怕齐国援助它，就把宋国交付齐国，让它去攻打，说：'宋王不讲君道，仿照我的模样做了个木偶人，射它的脸。我国和宋国地域隔绝，军队远离，不能攻打它。大王若能打败宋国并占有它，我会像自己占有了它一样满足。'后来秦国夺取了安邑，围困了女戟，反过来把攻破宋国作为齐国的罪过。

"秦国想攻打韩国，害怕天下各国援助它，就把齐国交付于天下诸侯去讨伐，说：'齐王曾经四次和我订立同盟，四次欺骗我，又多次坚决地率领天下各国来攻打我。只要有齐国存在就没有秦国，有秦国就没有

齐国，大家一定要共同攻伐它，消灭它。'随后秦国夺得了宜阳、少曲，占领了蔺邑、离石，反而把攻破齐国作为天下各国的罪状。

"秦国想攻打魏国，便先尊重楚国，把南阳交付给楚国，说：'我本来就要跟韩国绝交了，如果楚国能摧毁韩国的均陵，围困鄢陟，对楚国有利的话，我感到就像自己占有了它一样。'后来魏国背弃了盟国而和秦国联合，秦国反而把围困鄢陟作为楚国的罪状。

"秦国的军队在韩国的林中地区遭到围困，为了尊重燕国和赵国，秦国把胶东交付给燕国，把济西交付给赵国。随后秦国和魏国讲和了，并把公子延作为人质，又利用公孙衍连续率领军队去攻打赵国。

"秦军在赵国的谯石受到挫折，接着又在阳马遭受失败，于是秦国厚交魏国，就把叶邑和上蔡舍弃给魏国。后来秦国和赵国讲和了，便又胁迫魏国，魏国不肯割让土地。当秦国受困时，秦王便派太后的弟弟穰侯跟魏国讲和；等到胜利时，连秦王自己的舅舅和母亲也都受到了欺骗。

"秦国指责燕国时说'因为攻打了胶东',指责赵国时说'因为攻打了济西',指责魏国时说'因为攻打了叶邑、上蔡',指责楚国时说'因为围困了鄢陵',指责齐国时说'因为攻打了宋国'。像这样谴责各国,一定会有循环无穷的借口。用兵作战犹如杀死小虫子一样随便,即使太后也不能制止,穰侯也无力约束。

"龙贾战役、岸门战役、封陵战役、高商战役、赵庄战役,合起来秦国杀死的三晋百姓总共约数百万,现在这三个国家那些还活着的人都是和秦国交战中被杀死者的遗孤。晋国西河以外、上洛地方、三川,这三个地方实在是晋国的灾祸地区,秦军几乎侵扰了三晋国土的一半,秦国制造的灾祸竟是如此严重啊。但燕、赵两国到秦国去的游士,却争着用侍奉秦国的政策来劝说自己的君主,这是我感到忧患的事啊。"

燕昭王没有到秦国去,苏代再次被燕国重用。

燕昭王派苏代邀约各诸侯国联合抗秦,情形像苏秦活着的时候一样,各诸侯国有的加入联盟,有的没有加入,但天下的人都推崇苏氏兄弟所倡导的合纵盟约。最后苏代和苏厉都享尽天年,声名在各诸侯国显扬。

太史公说

苏秦三兄弟都是因为游说诸侯而名扬天下,他们的学说长于权谋应变。而苏秦背负着反间的罪名被处死,被天下人嘲笑,他的学说也被人所不齿。然而关于苏秦的事迹在社会上流传的版本很多,也有很多差异,很多不同时期的事情也全附会在他的身上。苏秦出身于民间,却能联合六国合纵相亲,这正表明他有过人的才智。所以,我列出他的事迹,按着时间顺序加以记述,不让他只是承受恶名。

张仪列传 第十

【解题】《张仪列传》与《苏秦列传》堪称姊妹篇。苏秦与张仪同时游说六国，一个合纵以赵为主，一个连横以秦为主，文法也一纵一横。他们都以权变之术和雄辩家的姿态辗转于六国，雄心勃勃，表现出了非凡的雄才大略，成为轰动一时的风云人物。

❯❯早年张仪

张仪是魏国人，曾与苏秦一起拜师于鬼谷子先生学习游说之术，苏秦自认才学比不上张仪。

张仪完成学业后就去游说诸侯。他曾陪着楚相喝酒，过了一会儿，楚相丢了一块玉璧，门客们怀疑张仪，说："张仪贫穷，品行恶劣，一定是他偷了玉璧。"于是他们把张仪拘禁起来，拷打了几百鞭。张仪始终闭着嘴不承认，那些人只好放了他。他的妻子悲愤地说："唉！要是你不读书不游说，又怎么能受人侮辱至此呢？"张仪说："你看看我的舌头还在不在？"他的妻子笑着说："还在呀！"张仪说："这就够了。"

❯❯得助入秦

那时，苏秦已说服了赵王而得以去各国结缔合纵相亲的联盟，可是他怕秦国趁机攻打各诸侯国，破坏盟约的结缔，又考虑没有合适的人可以派去秦国，他派人悄悄暗示张仪说："先生当初和苏秦关系密切，如今苏秦已经当权，先生为什么不去拜访苏秦，来表达从政的愿望呢？"于是，张仪前往赵国，呈上名帖请求会见苏秦。苏秦告诉门人不给他通报，却又让他不能离去。几天后，苏秦才接见了他。苏秦让他坐在堂下，赐给他仆人侍女吃的饭菜，还屡次羞辱他说："凭你的才能，却让自己潦倒到这种地步，难道我不能推荐你让你富贵吗？只是你不值得推荐罢了。"说完就把张仪打发走了。张仪自认为与苏秦是好友，投奔他能够求得好处，却没想到遭到了羞辱，气愤中又想到诸侯国中没有谁值得侍奉，只有秦国能侵扰赵国，于是就到秦国去了。

苏秦随后告诉他的门客说："张仪是天下贤能的人才，我恐怕是比不上他的。如今我有幸被赵王重用，而能掌握秦国大权的人，却只有张仪可以。然而张仪贫穷，没有缘由见到秦王。我担心他贪图小利而误了成就大功业，所以叫他来加以侮辱，是想激发他的斗志。你替我暗中帮助他。"苏秦就向赵王请求，拨给他金钱和车马，派人暗中跟随张仪，和他投宿同一客栈，不露声色地接近他，还送给他车马财物等一切他需要的东西，却不说是谁给的；于是张仪才有机会拜见了秦惠王。秦惠王任用他做客卿，和他谋划攻打诸侯国的计划。

这时，苏秦的门客要告辞离去，张仪极力挽留。张仪说："全靠您的帮助，我

▶《史记君臣故事》之张仪受辱·明·张宏

才得以显贵，正要报答您呢，为什么要离开我呢？"门客说："我并不了解您，真正了解您的是苏先生。他担心秦国攻打赵国而破坏合纵联盟，也认为只有您才能掌握秦国的大权，所以激怒先生，又派我暗中给您帮助，这都是他的策略啊。如今您得到秦王的重用，请您允许我回去报告苏先生。"张仪说："哎呀，这些权谋本来都是我研习过的，而我却没有察觉到，我没有苏先生高明啊！我又刚刚被任用，怎么能谋划攻打赵国呢？请代我向苏先生道谢，苏先生在世，我怎敢出主意攻打赵国？况且苏先生在位执掌大权，我难道还有什么能力和他作对吗？"张仪任秦国相国以后，写信警告楚国相国说："当初我陪着你喝酒时，我并没偷你的玉璧，你却鞭打我。你要牢牢地守护住你的国家，不然我就要偷你的城池了！"

▶张仪像

张仪（？ —前 309），战国时期魏国人，纵横家。先游说于楚，后入秦，秦惠王十年（前 328）任秦相。

◆伐蜀之争

苴国和蜀国互相攻击，他们分别到秦国告急。秦惠王打算发兵攻打蜀国，但认为通往蜀国的道路狭窄险恶，难以到达，同时韩国又来侵扰秦国。秦惠王打算先讨伐韩国，然后再去讨伐蜀国，但这样做又恐怕会有不利的地方；想要先讨伐蜀国，又担心韩国趁秦国疲惫之机来进行偷袭，秦惠王犹豫不能决断。司马错和张仪在秦惠王面前发生了争论，司马错主张先讨伐蜀国，而张仪却说："不如先讨伐韩国。"秦王说："让我来听听你的说法。"

张仪说："我们先亲近魏国，善待楚国，然后出兵直下三川，堵截什谷的路口，封锁屯留一带的羊肠坂道，接着请魏国断绝韩国南阳的交通，楚国兵临韩国的首都新郑，秦国去攻打韩国的新城和宜阳，以便逼近东周和西周的城郊，声讨周王的罪行，然后回头再攻取楚国和魏国的土地。周王自知不能挽救，就一定会献出九鼎及宝贵的器皿。我们占有了九鼎，掌握了地图户口，就可以挟制着周天子来号令天下，那么天下就没有哪个国家敢不听从指挥了，这是称王的大业。如今的蜀国，是西部偏僻的小国，又是属于戎狄一类的落后地区，疲惫军队劳苦民众不足以成就功名，即使占领了它的土地，对秦国也没多大的实际利益。我听说，争夺名位的人应当到朝廷上去，赚取利润的人应当到市场上去。如今的三川、周室，就像天下的朝廷和市场，而您不去争夺它，反而去争夺戎狄地区，这就离称王的大业太远了。"

司马错说："不是这样。我听说，想要使国家富裕，务必要使国土扩大；想要使军队强盛，务必要使百姓富足；想要成就王业的人，务必要使恩德广为施舍。这三项条件具备了，称王的事业随之也就实现了。如今大王的土地窄小，百姓贫穷，所以我建议先做一些比较容易的事。虽然蜀国是西部偏僻的国家，但它是戎狄部族的首领，国内存在着像夏桀和商纣统治时那样的危机。用秦国的力量去攻打它，犹如驱使豺狼追逐羊群一样容易。夺取了它的土地便足以扩充国土，获得了它的财富便可以使百姓富有和修葺军备，不损伤兵众而对方就已屈服了。攻取一个国家，天下的人不认为我们残暴；占尽了西边戎狄的物利，天下的人不认为我们贪婪。这样我们一次举动就会使名声和实利都随之而来，同时还会博得禁止暴乱的称誉。现在如果攻打韩国，劫持周天子，是很坏的名声，未必会获得利益，又有着不义的名声，而去进攻天下各国所不乐意攻打的国家，那是很危险的。请让我再说明其中的缘故：周王，是天下诸侯的宗主国；齐国，是韩国的结盟国。周天子自知要丧失九鼎，韩国自知要沦陷三川，这两个国家必将协力共谋，借助于齐国和赵国的力量，谋求和楚、魏二国先行和解。如果周天子将九鼎送给楚国，韩国将三川之地让给魏国，您是没有办法阻止的。这就是我所说的危险啊。所以攻打韩国不如攻打蜀国那样完满。"

秦惠王说："有道理！我愿意听从您的建议。"秦国终于出师攻打蜀国。当年十月，占领蜀国，最后平定了它，又贬谪蜀王改封为诸侯，并派陈庄担任蜀国的国相。蜀国归附秦国之后，秦国更加强盛、富裕，因而它更瞧不起其他诸侯国了。

相秦相魏

秦惠王十年，派公子华与张仪围攻魏国的蒲阳，并降服了它。接着张仪说服秦惠王把蒲阳归还给魏国，并派遣公子繇到魏国做人质。张仪借机游说魏王说："秦王对待魏国十分宽厚，魏国不可以不在礼貌上做些回报。"于是，魏国把上郡和少梁两地进献给秦国，来答谢秦惠王。为此，秦惠王任命张仪做了国相，并把少梁改名叫夏阳。

张仪担任秦国国相的第四年，拥戴秦惠王称王。过了一年，他担任秦国的将领，攻取了陕邑，并在上郡建筑防塞。

二年以后，张仪被派出使，与齐国、楚国的国相在啮桑会谈。他从东方返国后，被免去了国相的职务。他为秦

▶ 牺背立人擎盘 · 战国

山西博物院藏。通高 15 厘米，山西长治出土。底座作牛犊形，直立的四足较矮短，遍体鳞纹。在牛背上立一小人像，为束发女像，双手前伸力擎盘柄，盘柄可以旋转，上托施镂空花纹的圆盘，做工精致。

国的利益到魏国去做了国相，想让魏国率先侍奉秦国，然后再让其他诸侯国效仿魏国。魏王不听从张仪的意见，秦王十分生气，派兵攻占了魏国的曲沃、平周，同时暗中给张仪的待遇更加宽厚。张仪感到惭愧，因为他没有什么可以报答秦王的厚爱。在魏国逗留四年以后，魏襄王去世，魏哀王继位。张仪再次游说魏哀王侍奉秦国，魏哀王不听从。于是张仪暗中指使秦国攻打魏国，魏国和秦国交战，魏国打了败仗。

第二年，齐国又在观津打败了魏国。秦国想再次攻伐魏国，为此先击败了韩国申差的军队，斩杀首级八万，诸侯国十分震惊和恐慌。张仪重新游说魏王说：

"魏国的土地纵横不到一千里，兵卒不超过三十万。地势四面平坦，诸侯国像车轮的辐条一样很容易从四面集中到魏国来。魏国又没有高山大河的阻碍，从南郑到大梁只有二百多里，车辆行驶及人员奔跑，不费力气即可到达。魏国南面和楚国接壤，西面和韩国接壤，北面和赵国接壤，东面和齐国接壤，如果动用兵卒守卫四方，仅用来防守观察敌情堡垒的人就不少于十万。魏国的地理形势，本来就像个战场。假如魏国与南面的楚国交好而不与齐国和好，那么齐国会攻打魏国的东面；东面与齐国交好而不与赵国亲善，那么赵国会攻打魏国的北面；与韩国不合作，那么韩国会攻打魏国的西面；不与楚国和睦，那么楚国会攻打魏国的南面。这就是人们所说的四分五裂的处境啊！

"况且诸侯各国实行联盟的目的，是想安定国家，尊敬国君，增强军队，显扬名声。现在，主张合纵的人想一统天下，让诸侯各国相约为兄弟，他们在洹水边上斩杀白马，歃血结盟，以此相互表示信守盟约的坚决。然而，即使同父母的亲兄弟，尚且有为了钱财而争斗的情形，想凭借欺诈伪善反复无常的苏秦遗留下来的谋略，这种做法不能取得成功是很明白的了。

"大王若不侍奉秦国，秦国就会发兵攻打河外，占据卷邑、衍邑、燕邑和酸枣，并胁迫卫国攻取阳晋，这样赵国就无法南下。赵国不能南下，而魏国也就不能北上，魏国不能北上，那么两国合纵援救的道路就被截断了。联合援救的道路断绝，那么大王的国家想避免危险也是不可能的了。秦国折服了韩国再攻打魏国，韩国屈于秦国的威势，秦国和韩国就会结为一个整体，魏国的灭亡便须臾可待了。这是我替大王所感到忧患的啊。

"我替大王考虑，不如侍奉秦国。如果侍奉秦国，那么楚国和韩国一定不敢轻举妄动；没有楚国和韩国的灾祸了，那么大王就可以高枕无忧，国家也一定没有忧患了。

"况且秦国想要削弱的国家中，没有哪个国家比得上楚国，而能使楚国削弱的国家，没有哪一个国家比得上魏国。楚国虽然有富饶强大的名声，但实际国力空虚；虽然它的军队人数众多，但容易败阵逃跑，不能坚持作战。如果动用魏国的全部兵力往南去攻伐楚国，取得胜利是必定的了。分割楚国的土地就会有益于魏国，损害楚国的利益来归服秦国，转嫁灾祸而使国家平安，这是好事啊。假如大王不听从我的建议，等到秦国发兵从东面攻打魏国时，再想侍奉秦国也不可能了。

"况且主张合纵的人，大多只是言辞激昂却很少可以信赖，他们只想游说一个诸侯国就得到封侯。因此天下的说客没有一个不日夜扼着手腕，瞪大眼睛，信誓旦旦地游说合纵的好处，以便来取悦君王。君王欣赏他们的善辩之术，附带着也会赞同他们的主张，难道能不被迷惑吗？

"我听说，羽毛虽轻，但堆聚起来能使船只沉没；装载很多轻便的东西，也能压断车轴；如果众人异口同声，可将铁的事实销毁；集中众人的毁谤，可以毁灭一个人。所以希望大王审慎地确定治国大计，并允许我辞官引退离开魏国。"

魏哀王于是就背弃合纵，并通过张仪向秦国请求讲和。张仪回到秦国，重新做了宰相。过了三年，魏国重新背叛了秦国与其他国家合纵联盟。秦国攻打魏国，夺取了曲沃。第二年，魏国再次臣服于秦国。

▶ **曾侯乙铜鹿角立鹤·战国**

湖北省博物馆藏。曾侯乙铜鹿角立鹤为青铜铸制，1978 年湖北随县（今随州市曾都区）曾侯乙墓出土。通高 143.5 厘米，座长 45 厘米，座宽 41.4 厘米，器形以底座立鹤，鹿角以榫卯构连，鹤为长颈圆首，尖嘴上翘作钩状，硕腹拱背，翅展尾垂，高腿扁足，头两侧生有枝杈丛生、朝上内卷呈圆弧状的一对鹿角。

游说楚国

秦国想要攻打齐国，但是齐、楚两国合纵相亲，于是张仪前往楚国出任相国。楚怀王听说张仪来了，特意空出上等馆舍并亲自安排他的住宿，说："这里是个偏僻落后的国家，您用什么来指教我呢？"

张仪游说楚怀王说："大王果真能听从我的意见，和齐国断绝来往，废除盟约，我则请求秦王献出商、於一带的六百里土地，并派遣秦国的女子做大王的侍妾，秦国和楚国彼此嫁女娶妇，长久成为兄弟般的国家。这样在北面可以削弱齐国，而在西面的秦国也可以获得益处，实在没有比它更好的计谋了。"

楚怀王非常高兴地答应了，大臣们纷纷向楚怀王表示祝贺，唯独陈轸表示忧悼。楚怀王生气地说："我用不着兴师动众就能得到六百里土地，大臣们都表示祝贺，唯独你表示忧悼，为什么呢？"陈轸回答说："不是这样。依我看来，商、於一带的土地，楚国根本得不到，反而齐国和秦国倒会联合起来。如果齐、秦两国联盟，那么祸害就肯定会降临楚国。"

楚怀王说："有什么道理吗？"陈轸回答说："秦国之所以重视楚国，是因为楚国有结盟的齐国，如果和齐国断绝来往，废除盟约，那么楚国就会孤立无援。秦国为什么还要讨好一个孤立无援的楚国，送给我们商、於六百里土地呢？张仪回到秦国，一定会背弃大王，这样，北面断绝了和齐国的交往，西面又招来了秦国的祸害，两国军队必然会同时进攻楚国。妥善地为大王谋划，不如暗中与齐国联合，而表面上断绝往来，派人跟随张仪到秦国。如果秦国给了我们土地，再与齐国断交也不迟；如果不给土地，仍继续施行暗中联合齐国的计谋。"楚怀王说："希望先生闭嘴，不要再说了，你等着我获得土地吧！"楚怀王将楚国的相印授给张仪，并赠送给他丰厚的财物。于是就掩闭城关，废除和齐国的盟约，又派一名将军跟随张仪到秦国去。

六百里变六里

张仪回到秦国，假装登车时没有拉住绳索，坠落车下受了伤，就三个月没有上朝。楚怀王听说了这件事，说："张仪大概认为我和齐国绝交还不够彻底吧？"于是他派勇士到宋国，借用宋国的符节，往北到齐国辱骂齐王。齐王非常愤怒，折断符节，情愿委屈自己，退让一步，向秦国表示屈服。秦国和齐国联合以后，张仪才上朝，他对楚国的使者说："我有六里的土地，情愿把它献给楚王。"楚国的使者说："我受楚王的命令，来接受商、於一带的六百里土地，没听说是六里土地。"使者回报楚怀王，楚怀王大怒，要出兵攻打秦国。陈轸说："我现在可以开口说话吗？与其攻打秦国，不如反过来割让土地侍奉秦国，跟它联合共同攻打齐国，这样等于我国先送给秦国土地，再从齐国得到补偿。如此，大王的国家还可以得以保存。"楚怀王没有听从陈轸的建议，接着出动军队，并派将军屈匄去进攻秦国。秦、齐两国联合攻打楚国，杀死楚军八万将士，并杀了屈匄，接着夺取了丹阳、汉中一带的土地。楚国又重新增兵袭击秦国，到达了蓝田，和秦军展开大战，

楚军被打得大败，于是楚国割让两座城邑来与秦国议和。

再入楚国

秦国要挟楚国，企图得到黔中地区的土地，并准备用武关以外的土地交换它。楚怀王说："我不愿意交换土地，情愿得到张仪，就奉献出黔中一带的土地。"秦王想把张仪送到楚国去，但又不忍开口。张仪竟自己请求前往。秦惠王说："那楚王怨恨你背弃献出商、於之地的诺言，他会置你于死地而后快。"张仪说："秦国强大，楚国衰弱，我和楚国大夫靳尚的交情很好，靳尚能够亲近楚王夫人郑袖，郑袖所说的话，楚王都听从。况且我奉大王的符节出使楚国，楚国哪敢加害于我。假如楚王杀了我，能替秦国取得黔中地区，这倒是我最大的心愿。"于是张仪出使楚国。张仪到了楚国，楚怀王囚禁了他，并准备杀掉他。靳尚对郑袖说："您知道您将要被国君所轻视吗？"郑袖说："为什么呢？"靳尚说："秦王特别宠爱张仪，一定要救他出去，如今准备用上庸地区的六个县来贿赂楚国，把秦

国的漂亮女子嫁到楚国，并把王宫中能歌善舞的作随嫁的侍女。如果国君看重土地并且尊重秦国的话，日后秦国的女子必定会得到宠爱，而夫人就会遭到鄙弃。不如您替张仪说情救他出狱。"于是，郑袖白天黑夜地劝说楚怀王道："臣子各为自己的君主效劳。现在土地还没交给秦国，秦国就派张仪来了，

▶ **曾侯乙尊盘·战国**

湖北省博物馆藏。此盘出土于湖北省随州曾侯乙墓，盘高 24 厘米，口径 57.6 厘米。

这是极度重视大王的表现。大王不但没有回礼，反而要杀掉张仪，秦国一定会大怒进攻楚国。我请求让我们母子都迁移到江南居住，以免日后被秦国当作鱼肉来宰割。"楚怀王后悔了，赦免了张仪，并待他如同从前一样的敬重。

张仪被释放不久，还没离开楚国，就听说苏秦死了，于是游说楚怀王说：

"秦国的土地占了天下的一半，军队的实力可以抵挡四方的国家。背靠天险，又有黄河围绕，四周均有要塞可以坚守。拥有一百多万勇猛的士兵，战车千辆，战马万匹，粮食堆积如山。法令严明，士兵安于危难并勇于牺牲。君主英明、威严，将帅聪颖、威武。即使不出兵，凭着它的声望，也会席卷险峻的常山，必定折断天下的脊梁，天下各国晚来归服秦国的，一定会先被灭亡。而且，主张联合六国与秦国争斗的行为，无异于驱赶群羊去进攻猛虎，羊群比不上猛虎，是很明显的。如今，大王不亲附老虎而去亲附绵羊，我私下认为大王的打算错了。

"当今，天下强大的国家只有秦国和楚国，不可能两个国家都存在下去。如果大王不去亲附秦国，秦国就会出动军队先占据宜阳，韩国上党一带的交通就不能畅通。再出兵河东，夺取成皋，韩国一定会向秦国臣服，魏国就会闻风而动。秦国进攻楚国的西边，韩国、魏国进攻楚国的北边，国家怎么会不危险呢？

"再说主张合纵的人，是纠集一群弱小的国家去攻打最强大的国家，不充分估量敌人的实力而轻易发动战争。国家贫穷又频繁交战，这是招致国家危亡的做法。我听说，兵力不如对方的时候就不要挑起战争；粮食不如对方多的时候，就不要和它持久作战。那些主张合纵的人，专门粉饰言辞，空发议论，吹嘘君主的所谓高风亮节，只说不侍奉的好处，却不说其危害的一面，而突然有了秦国的祸害，就往往来不及应付。因此，我希望大王能仔细地考虑它。

"秦国西面拥有巴、蜀二郡，用大船装载粮食，从岷山出发，沿长江而下，到达楚国三千多里。两船相并载运士卒，每一舫可装载五十人和三个月的粮食。顺流漂浮而下，一天可行驶三百多里。里程虽远，但不需要花费牛马的力气，用不了十天就可以到达扞关。扞关一受到惊扰，那么边境以东地区都要据城防守了。最后，黔中和巫郡便不会属于大王了。秦国发兵出武关，向南面进攻，那么楚国北部的土地就会被断绝。秦军攻打楚国，三个月内可以给楚国造成危难，而楚国要等待得到诸侯国的救援，却在半年以后，由此从形势上看肯定是来不及的。企图仰仗弱国的救援，而忘记强秦随时造成的祸患，这正是我替大王所担忧的。

"大王曾经和吴国人打过仗，虽然五次战争中取得了三次胜利，但临阵的士卒却几乎损失殆尽了；为了在偏远的地方守卫新夺取的城邑，那些留存的百姓实在是太辛苦了。我听说，功业太大，容易产生危险；百姓疲惫，容易怨恨他们的君主。守着容易产生危险的功业而背逆强秦的心愿，我私下替大王感到危险啊。

▶龙形玉佩·战国

湖北省博物馆藏。左长 11.3 厘米，右长 11.5 厘米，1978 年随州市曾侯乙墓出土，龙形，两面刻谷纹。

"秦国十五年不出兵函谷关，去攻打齐国和赵国的原因，是暗中有一举吞并天下的雄心。楚国曾经和秦国发生冲突，在汉中交战，结果楚国没有取胜，有列侯和执圭爵位的人战死了七十多位，于是丧失了汉中一带土地。楚王您非常恼怒，又发兵偷袭秦国，大战于蓝田，这就是所谓两虎相斗的情形。秦国和楚国互相厮杀，精力会疲惫不堪，这时韩国和魏国若以全力从背后给予打击，计谋没有比它更危险的了。希望大王仔细地考虑这个问题。

"秦国发兵攻打卫国和阳晋，必定会堵塞天下的胸膛。大王如果出动全部军队攻打宋国，用不了几个月宋国就可以全部占领；全部攻占宋国之后再继续东进，那么泗水边上的十二个诸侯国就都归大王所有了。

"全天下能通过盟约使诸侯国合纵相亲、团结一致的人就是苏秦，他受封为武安君，做了燕国的相国，就暗中和燕王谋划，企图攻破齐国并瓜分它的土地。于是苏秦假装得罪燕王，从燕国逃跑到齐国，齐王因而收留了他，并让他做了齐国的相国。过了两年苏秦的阴谋被察觉，齐王极其愤怒，在市集上把苏秦五马分尸了。以一个欺诈虚伪的苏秦，却想要经营整个天下，使诸侯国联合统一，他的策略明显是不可能成功的。

"如今秦国和楚国边界相接，本来地形上就是亲近的国家。大王果真能听从我的建议，我将请求让秦国的太子到楚国做人质，也请楚国的太子到秦国做人质，并请求用秦王的女儿做伺候大王的姬妾，再献上拥有一万户人口的都城作为汤沐的城邑，秦、楚两国长久地结为兄弟之邦，终身不互相攻伐。我认为没有比这更便利的策略了。"

这时，楚怀王虽然已经得到张仪，但又不情愿把黔中的土地送给秦国，便想应允张仪的建议。屈原说："从前大王被张仪欺骗过，这次张仪来了，我以为大王会烹杀了他；如今放了他，不忍心杀死他，却又听信他的邪说，千万不能这样做。"楚怀王说："答应了张仪，就等于再次收复了黔中，这是有利的事。答应了再背弃，是不行的。"所以最终答应了张仪，跟秦国亲善。

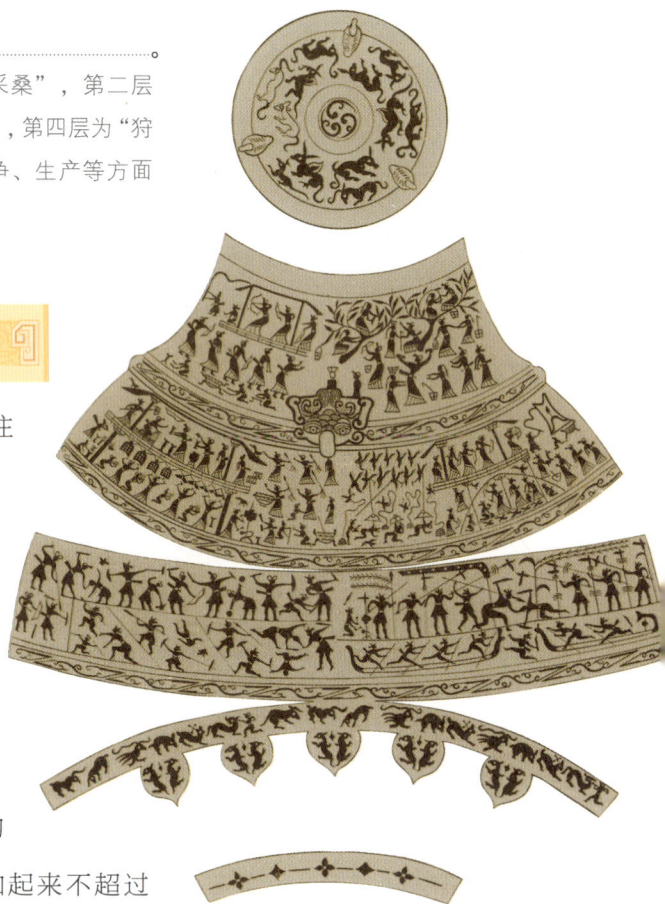

▶ **宴乐铜壶上的水陆攻战纹饰**

从上至下共四层，第一层为"习射、采桑"，第二层为"宴乐、弋射"，第三层为"水陆攻战"，第四层为"狩猎"及装饰图案，成为战国时期的战争、生产等方面的全景图。

🔷 奔走列国

　　张仪离开楚国，趁机就前往韩国，游说韩王说：

　　"韩国地势险恶，处在山区，粮食作物不是小麦而是豆类，百姓吃的食物，大都是菽豆饭、豆叶汤。一年歉收，百姓连糟糠都吃不饱。领土不到九百里，没有储蓄两年的粮食。估算大王的士卒，全部加起来不超过三十万，其中还包括勤杂兵、搬运兵等。除去守卫边疆堡垒要塞的士卒外，现有的士卒不过二十万罢了。而秦国有武装士卒一百多万，战车一千辆，战马一万匹，那些勇猛的战士飞速前进，不戴头盔、双手护着脸颊、带着武器、奋勇杀敌的人，多得无法计算。而且秦国的战马优良，骑士众多，战马向前一跃，后蹄一蹬，霎时腾空而起，一跃能达两丈多远的马数也数不清。山东六国的战士披着铠衣，戴着头盔去作战；而秦国的战士则抛弃甲衣，赤膊上阵，光着脚追逐敌人，他们左手提着敌人的首级，右手挟着生擒的俘虏。秦国的士兵与山东六国的士兵相比，犹如用孟贲这样的大力士去对付胆小鬼；他们用巨大的威力压下来，就好像乌获对待婴儿一样。用孟贲、乌获这样的勇士作战来攻打不顺服的弱国，简直和把千钧重量压在鸟卵上一样，必然不会有幸免于难的了。

"各大臣和诸侯王们不估量本国土地的寡少，却轻信主张合纵的人的甜言蜜语，他们彼此勾结，相互掩饰，都振振有词地说'听从我的计策，可以在天下称霸'，不顾虑国家的长远利益，而听信一时之说，连累了人主，没有比这更严重的了。

"假如大王不侍奉秦国，秦国就会发兵占据宜阳，隔断韩国的上地，接着东进夺取成皋、荥阳，那么在鸿台的宫殿、桑林的苑囿就不会再为大王所拥有了。再说，成皋被堵塞，上党的通道被隔断，那么大王的土地就会被分割了。由此，先侍奉秦国就会使韩国安全，不侍奉秦国就会使韩国危险。那种制造了灾祸却想得到吉善的好报，计谋浅陋又结下深怨，违背秦国而顺从楚国的做法，即使想不亡国也是不可能的了。

"所以替大王着想，不如帮助秦国。秦国所希望的无非是削弱楚国，而能够削弱楚国的莫过于韩国。这不是因为韩国比楚国更强大，而是韩国的地理位置造成的。如今大王向西侍奉秦国来攻打楚国，秦王一定会高兴。攻打楚国，从他的土地上获取利益，这样既转嫁了灾祸又取悦了秦国，实在是没有比它更合适的计谋了。"

韩王听信了张仪的计策。张仪回到秦国汇报，秦惠王赏赐他五座城邑，封号叫武信君。他又派张仪往东游说齐湣王说：

"天下间最强大的国家，没有能超过齐国的了，朝中大臣以及父兄众多，而且富足安乐。但是替大王谋划的人，都是为了暂时的快乐，而不考虑长远的利益。主张合纵的人游说大王时一定说：'齐国西边有强大的赵国，南面有韩国和魏国。齐国是靠海的国家，土地广阔，人民众多，军队强大，士兵勇敢，即使有一百个秦国，对齐国也无可奈何。'大王赞赏这种说法，但没有考虑它的实际情形，那些主张合纵的人结成一伙，互相勾结，没有谁不认为合纵是可行的。我听说，齐国跟鲁国三次交战而鲁国三次取胜，但鲁国却因此变得危险随后就灭亡了，虽有战胜之名，得到的却是灭亡的结果。这是为什么呢？那是器高 25.4 厘米，器和盖上下对称，盖揭开后和器可同样使用，都附有环状三足。通体用细银丝和红铜丝盘嵌成块状和三角形的云纹，非常华丽。

因为齐国大而鲁国小啊！如今，秦国与齐国比较，正像齐国和鲁国一样。秦国和赵国在黄河、漳河边上交战，两次交战，赵国两次都战胜了秦国；接着秦、赵两国又在番吾交战，两次交战，赵国又打了胜仗。经过四次战役以后，赵国死亡的士兵有几十万，最后仅保存了国都邯郸，虽然有战胜的名声，但是国家已经残破了。这是为什么呢？因为秦国强大而赵国弱小。

"现在秦、楚两国相约嫁女娶妇，结成了兄弟之邦。韩国奉献出宜阳，魏国敬献出河外，赵王到渑池去朝拜秦王，割让河间来侍奉秦国，如果大王不侍奉秦国，秦国驱使韩、魏两国攻打齐国的南部，并尽出赵国的军队渡过清河，直指博关，如此，临淄、即墨就不会为大王所拥有了。国家一旦被攻击，即使想侍奉秦国，也不可能了，所以希望大王仔细考虑这个问题。"

齐王说："齐国偏僻落后，僻处在东海之滨，从来就不曾听到过关于国家长远利益的高见。"于是，他应允了张仪的建议。

张仪离开了齐国，往西游说赵王说：

"敝国秦王派我做使臣向大王奉献不成熟的意见。大王领导天下各国抵制秦国，使得秦军有十五年不敢走出函谷关了。大王的权威传遍山东各国之间，

我国恐惧畏服，只得修造武器装备，整顿兵车坐骑，练习骑马射箭，努力耕种，积存粮食，守卫四周疆界，忧愁小心地生活着，不敢轻举妄动，唯恐大王有意挑出毛病来责备我们。

"如今，凭借着大王的威力，秦国攻占了巴、蜀，兼并了汉中，夺取了西周和东周，迁走了九鼎，守卫着白马渡口。秦国虽然地处偏远，然而内心不满，积愤的时日已经很久了。如今秦国有残兵败将驻扎在渑池，准备渡过黄河，跨越漳水，占领番吾，与贵国军队在邯郸城下相遇，希望在甲子日会战，来仿效周武王伐商纣的故事，因此秦王特派我作为使者先来敬告大王的侍从左右。

"举凡大王之所以信赖合纵联盟的原因是依仗着苏秦。苏秦眩惑各国诸侯，把对的当作错的，把错的当作对的，他想暗中颠覆齐国，结果自己却在集市上被五马分尸。天下各国无法联合统一，是很明白的事。如今，楚国和秦国结成兄弟之邦，而韩国和魏国都称为护卫秦国的东方属国之臣，齐国献出盛产鱼盐的土地，这就等于斩断了赵国的右臂。右臂折断了

还要与人争斗，失去了同伙而孤独自居，要想使国家不危险，难道能办得到吗？

"现在，假如秦国派出三位将军统帅军队：其中一军阻塞午道，并通知齐国出动军队渡过清河，驻扎到邯郸的东面；另一支秦军进驻成皋，驱使韩、魏两国的军队驻扎在河外；另一军驻扎在渑池，秦国相约四国合力为一进攻赵国，赵国灭亡后，必定由四国瓜分它的土地。所以，我不敢隐瞒这些真实意图，把它告诉给大王的左右。我私下替大王考虑，不如跟秦王在渑池会晤，当面相见、亲口结交，请求秦国停止用兵，不要进攻，希望大王拿定主意。"

赵王说："先王的时候，奉阳君垄断专权，蒙蔽和欺骗先王，独断处理一切政务，而我还在从师学习，不参与国家大事的谋划。先王离开人世时，我年纪还小，继承君位的日子不长，心里本来就存有疑虑，认为统一合纵不侍奉秦国，不符合国家的长远利益。于是准备改变主意，割让土地，承认以前的过错来侍奉秦国。我正要套车马，准备迅速出发的时候，恰好

听到了您作为使者的英明教诲。"赵王接受了张仪的建议,张仪就离开了赵国。

张仪往北到了燕国,游说燕昭王说:

"大王所亲近的国家莫过于赵国。从前赵襄子曾把他的姐姐嫁给代王做妻子,想吞并代国,跟代王约定在句注要塞会晤。他命令工匠事先制造铜勺,加长匙柄,让它可以把人击死。赵襄子跟代王饮酒时,暗中告诉厨子说:'酒喝到酣畅欢乐时,你就送上热汤,然后趁机反转勺柄将他击杀死。'就在代王饮酒酣畅欢乐的时候,厨子进献热汤,并送上汤勺,趁机反转勺柄用它袭击代王,把他杀死了,代王的脑浆淌在地上。赵襄子的姐姐听到这件事,随即用磨得锋利的簪子自杀了,所以直到今天还有摩笄山的名称。代王的惨死,天下没有人不知道的。

"赵王的凶狠暴戾,六亲不认,是大王看得最清楚的事,还能认为赵王是可亲近的吗?赵国曾发兵攻打燕国,两次围攻燕都威逼大王,逼得大王割

—— 玉器流行 ——

　　战国时期玉器空前繁荣。当时工具和仪仗玉器比以前明显减少,璧、璜、环、佩等礼器和装饰用品增加较多,而且出现许多新的器型。制作工艺也有提高,雕刻细腻,纹饰精美,具有极高的艺术价值。《周礼》记载"以玉作六器,以礼天地四方",玉璧、玉璜、玉琮、玉圭、玉琥、玉璋是战国时代最常见的六种玉器。玉璧是有孔的圆形玉器,其纹饰主要有几何纹、云纹和谷纹。玉璜只有玉璧的1/3,初为祭器,用黑玉制成,是立冬祭祀北方的器物,后衍生成饰品,故又称佩璜。玉琮是内圆外方的管形玉器,用作礼地、发兵等用。玉圭指的是上部尖锐呈三角、下端平直、长方形的玉器,是标明身份的瑞玉和祭祖盟誓的祭器。玉璋与玉圭相似,"半圭为璋",它与圭都是区分等级的器物。除以上的仪礼"六器"外,先秦日常社会生活中盛行用玉作佩饰,人们用佩玉来协调举止、标明身份、表达情意和作为承诺的信物。此外先秦的丧葬制度也盛行用玉。

让十座城邑来谢罪。如今，赵王已经在渑池朝见秦王，献出河间而侍奉秦国。假如大王现在不侍奉秦国，秦国出兵云中、九原，驱使赵国进攻燕国，那么易水、长城就不再归大王所拥有了。

"况且，如今的赵国对于秦国来说如同郡县一般，绝不敢随便出兵攻打别的国家。如果大王侍奉秦国，秦王一定很高兴，赵国更不敢轻举妄动，这样燕国西面有强大秦国的援助，南面没有齐、赵两国的祸患，所以，我希望大王仔细考虑这个问题。"

燕王说："我如同蛮夷一样身处偏僻之地，这里的人们虽然长了个男子汉的身体，决断事情却如同婴儿一样幼稚，他们的言论没有正确的可以选择。今天幸蒙贵客指点，我愿意向西侍奉秦国，并献出恒山脚下的五座城邑。"

燕王听从了张仪的劝导。张仪回国去报告秦王，还没到达咸阳，秦惠王便去世了，秦武王继位。秦武王做太子时就不喜欢张仪，等到就了国君之位，很多大臣便诽谤张仪说："张仪不讲求信用，反复不定出卖了许多国家，以取得国君的善待。如果秦国再任用他，恐怕会被天下的人所讥笑。"诸侯各国听说张仪和秦武王之间有嫌隙，都背叛了连横政策，又恢复了合纵外交。

再入魏国

秦武王元年，大臣们日夜不停地诋毁张仪，同时齐国也派使者到秦国来责难张仪。张仪惧怕被杀，于是趁机对秦武王说："我有个笨拙的计策，愿把它奉献出来。"秦武王说："什么计策？"张仪回答说："替秦国社稷考虑，必须使东方各国发生大的变故，然后大王才可以多割得土地。现在听说齐王非常憎恨我，我所在的国家，他一定会出兵攻打它。所以我希望让我这个不成器的人到魏国去，齐国一定会出兵攻打魏国。当齐国和魏国的军队在城下交战，相持难解难分时，大王利用这个间隙攻打韩国，进入三川地区，从函谷关出兵，但不发动进攻，以便直接威逼周都，周朝的祭器一定会奉献出来。大王就能够挟持天子，掌握地图和户籍，这是成就帝王的大业啊！"秦武王认为是这

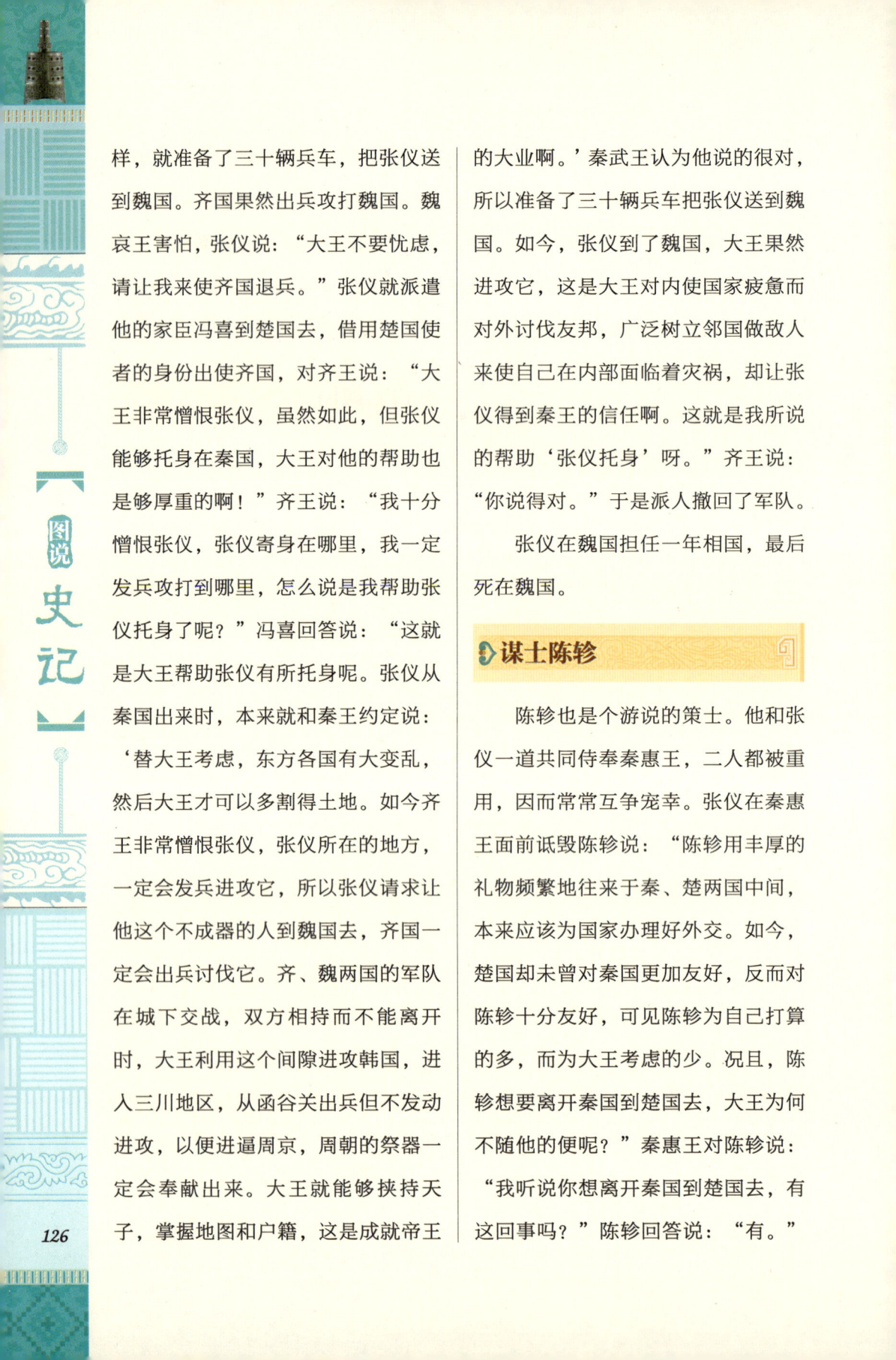

样，就准备了三十辆兵车，把张仪送到魏国。齐国果然出兵攻打魏国。魏哀王害怕，张仪说："大王不要忧虑，请让我来使齐国退兵。"张仪就派遣他的家臣冯喜到楚国去，借用楚国使者的身份出使齐国，对齐王说："大王非常憎恨张仪，虽然如此，但张仪能够托身在秦国，大王对他的帮助也是够厚重的啊！"齐王说："我十分憎恨张仪，张仪寄身在哪里，我一定发兵攻打到哪里，怎么说是我帮助张仪托身了呢？"冯喜回答说："这就是大王帮助张仪有所托身呢。张仪从秦国出来时，本来就和秦王约定说：'替大王考虑，东方各国有大变乱，然后大王才可以多割得土地。如今齐王非常憎恨张仪，张仪所在的地方，一定会发兵进攻它，所以张仪请求让他这个不成器的人到魏国去，齐国一定会出兵讨伐它。齐、魏两国的军队在城下交战，双方相持而不能离开时，大王利用这个间隙进攻韩国，进入三川地区，从函谷关出兵但不发动进攻，以便进逼周京，周朝的祭器一定会奉献出来。大王就能够挟持天子，掌握地图和户籍，这是成就帝王的大业啊。'秦武王认为他说的很对，所以准备了三十辆兵车把张仪送到魏国。如今，张仪到了魏国，大王果然进攻它，这是大王对内使国家疲惫而对外讨伐友邦，广泛树立邻国做敌人来使自己在内部面临着灾祸，却让张仪得到秦王的信任啊。这就是我所说的帮助'张仪托身'呀。"齐王说："你说得对。"于是派人撤回了军队。

张仪在魏国担任一年相国，最后死在魏国。

谋士陈轸

陈轸也是个游说的策士。他和张仪一道共同侍奉秦惠王，二人都被重用，因而常常互争宠幸。张仪在秦惠王面前诋毁陈轸说："陈轸用丰厚的礼物频繁地往来于秦、楚两国中间，本来应该为国家办理好外交。如今，楚国却未曾对秦国更加友好，反而对陈轸十分友好，可见陈轸为自己打算的多，而为大王考虑的少。况且，陈轸想要离开秦国到楚国去，大王为何不随他的便呢？"秦惠王对陈轸说："我听说你想离开秦国到楚国去，有这回事吗？"陈轸回答说："有。"

秦惠王说："张仪说的话果然是可信的。"陈轸说："不仅张仪知道这件事，而且过路的行人都知道这回事了。从前伍子胥忠于他的国君，因此天下的君主都争着要他做臣子；曾参孝顺他的父母，天下的父母都愿意要他做儿子。所以不出巷里就能卖掉的奴仆、侍妾是好奴仆、好侍妾，被遗弃的妇女能嫁给本乡里人的是好媳妇。如今陈轸要是不忠于他的国君，楚国又凭什么认为陈轸是忠诚的呢？忠于国君还要被摈弃，我不到楚国，又去哪里呢？"秦惠王认为陈轸说的话有道理，于是便友好地对待他。

陈轸在秦国居留了一年，秦惠王最终让张仪担任了相国，陈轸便投奔到了楚国。楚国没有重用他，派他作为使者出使秦国。陈轸经过魏国，想会见犀首，犀首谢绝不见。陈轸说："我有事而来，您不见我，我要走了，不能等到第二天呢！"犀首接见了他。陈轸说："您为什么喜欢饮酒？"犀首说："因为无事可做。"陈轸说："我请您多做些事情可以吗？"犀首说："怎么办？"陈轸说："田需（魏相）准备邀集诸侯合纵亲善，楚王怀疑，不相信他。您对魏王说：'我和燕王、赵王有故情，他们多次派人来说："如果没有事情，何不来见见面"，希望拜见大王之后能允许我前行。'魏王即使允许您去，您也不要多准备车辆，把三十辆车陈列在庭院里，并且公开说要到燕国或赵国去。"燕国、赵国的出使人员听到了这件事，驱车飞奔告诉他们的君王，派人迎接犀首。楚王听到这件事后十分愤怒，说："田需和我相约，但犀首却前往燕国和赵国，这简直是在欺骗我。"楚王发怒，不再听从合纵的事。齐国听说犀首到北方去，便派人把国家大事委托给他，犀首便去齐国了。尔后，齐、燕、赵三国宰相的职务，都听从犀首的安排。陈轸于是回到秦国去了。

韩、魏两国正在交战，整整一年不能和解。秦惠王想要阻止它，询问左右大臣的意见。左右大臣有的人说阻止它有利，有的说不阻止有利，惠王不能做出决断。陈轸恰好回到了秦国，秦惠王说："您离开我到了楚国，还想念我吗？"陈轸回答说："大王听说过越国人庄舄吗？"秦惠王说："没有听说。"陈轸说："越人庄舄在楚国任执圭爵位的官，不久病了。楚王说：

'庄舄原来是越国乡下地位低下的人，如今担任楚国的执圭，富贵了也还思念越国吗？'侍从官回答说：'大凡人们思念故乡，都是在他生病的时候。假如他思念越国，呻吟时就会操越国的腔调；假如他不思念越国，那么呻吟的声音便是楚国的口音。'派人前去偷听，庄舄仍然操的是越国的乡音。如今，我虽然被遗弃驱逐到了楚国，难道说话就没有了秦国的口音吗？"秦惠王说："很好。现在韩、魏两国交战，整整一年没有和解，有人说我前往制止它比较好，有人说不制止为好，我不能做出决断，希望您在为您的君主出谋划策之余，也能为我出个主意。"陈轸回答说："曾经也有人把卞庄子刺虎的故事告诉大王了吧。卞庄子想刺杀老虎，旅馆的伙计制止他说：'那两只老虎正在吃牛，吃到兴头正浓时必然要互相争抢，一争抢必然要相斗，争斗的结果大虎会受伤，小虎被咬死。趁大虎受伤的时候去刺杀它，一定会赢得杀死两只老虎的名声。'卞庄子认为说的对，站着等着它们。过了一会儿，两虎果然争斗起来，大虎受伤，小虎被

咬死。卞庄子趁势把那只受伤的老虎刺死了，一举取得了杀死两只老虎的功劳。如今，韩、魏两国互相交战，整整一年没有和解，这样势必是大国遭受损伤，而小国濒临危亡。趁大国遭受损伤时出兵讨伐它，必然有一举两得的实利。这个道理就像卞庄子刺虎的事情一样。你看，我为大王服务，与为我的国君服务，有什么不同呢？"秦惠王说："太好了。"最终决定不去解救他们。果然大国受到损伤，小国濒临灭亡，秦国趁机出兵加以攻伐，大大地战胜了他们。这就是陈轸的计谋。

犀首公孙衍

犀首是魏国阴晋人，名叫衍，姓公孙。和张仪关系不好。

张仪为秦国的利益到了魏国，魏王让他担任相国。犀首感到对自己不利，于是派人对韩公叔说："张仪已经使秦、魏两国联合了，并主张说'魏国进攻南阳，秦国进攻三川'。魏王之所以厚待张仪，是想得到韩国的土地。而现在韩国的南阳已经被占领了，您为什么不稍微把一些政事委托

给公孙衍，以此让他到魏王面前表表功，如果这样做，秦国和魏国的交往便可以中断了。然而魏国也一定会图谋秦国而抛弃张仪，收买韩国而让公孙衍做相国。"公叔认为这样做有利，因而把一些政事委托给犀首，让他去献功。犀首果然做了魏国的相国。张仪被迫离开了魏国。

义渠族的首领到魏国朝见。犀首听说张仪又重新做了秦国的相国，嫉妒他。犀首于是对义渠族的首领说："贵国道路遥远，您日后很难再有机会来访问，请让我告诉您一件事。"他接着说："中原各国不进攻秦国，秦国便会进攻、焚烧您的国家。如果各国一齐进攻秦国，秦国就会快速地派遣使者带着丰厚的礼物来侍奉您的国家。"在这以后，楚、魏、齐、韩、赵五国进攻秦国。恰好陈轸对秦王说："义渠族的首领是蛮夷各国中贤明的君主，不如赠送财物来安定他的心志。"秦王说："好。"便把一千匹锦绣和一百名美女送给义渠族首领，义渠族首领召集大臣们商议说："这就是以前公孙衍所说的情况吗？"于是，发兵袭击秦国，在李伯城下将秦军打得大败。

张仪去世以后，犀首到秦国做相国。他曾经佩带五国的相印，成为联盟的首领。

太史公说

　　韩、赵、魏三晋出了很多会权变之术的人，那些主张连横使秦国强大的多是三晋人。张仪的作为比苏秦有过之而无不及，然而社会上的很多人都厌恶苏秦，这是因为他死后，张仪为了宣扬自己连横的主张，从而四处揭露抨击苏秦合纵的弊端。总之，这两个人都是倾邦覆国的策士啊。

樗里子甘茂列传 第十一

【解题】本篇是樗里子和甘茂的合传，并附甘茂之孙甘罗的事迹。樗里子和甘茂在用兵方面颇有功绩，但在秦的境遇却大不相同。樗里子是秦惠王的兄弟，故秦王对他深信不疑。甘茂则是由楚入秦的"羁旅之臣"，得不到秦王的真正信任，最后遭谗言逃往齐国。

▶ 智囊樗里子

樗里子名疾，是秦惠王同父异母的弟弟，他的母亲是韩国女子。樗里子能言善辩，足智多谋，秦人都叫他"智囊"。

秦惠王八年，秦惠王封樗里子为右更爵位，派他带兵攻打魏国的曲沃，他将那里的人全部驱逐，夺取城池，将曲沃之地全部并入了秦国。秦惠王二十五年，樗里子被封为将军攻打赵国，俘虏了赵国将军庄豹，夺下了蔺邑。第二年，他又协助魏章攻打楚国，打败楚将屈匄，夺取了汉中。秦惠王封樗里子为"严君"。

秦惠王死后，太子武王即位，驱逐了张仪和魏章，然后任命樗里子和甘茂为左右丞相。秦武王派甘茂进攻韩国，一举拿下宜阳，同时派樗里子率领百辆战车进入周朝都城。周王派士兵列队迎接他，很是恭敬。楚王很生气，责备周王，认为他太重视

▶ **高足云纹玉杯·秦**

西安博物院藏。出土于陕西省西安市阿房宫遗址，因其外壁中下部布满勾连云纹而得名。

130

秦国的使臣。游腾替周王劝说楚王道："智伯讨伐仇犹的时候，先送给它大车，然后趁机派兵跟随在后面，结果仇犹灭亡了。为什么会这样呢？是因为没有防备的缘故。齐桓公攻打蔡国时，扬言要讨伐楚国，实际上偷袭蔡国。如今的秦国，是像虎狼一样的国家，派樗里子带领百辆战车进入周朝，周王以仇犹、蔡国的事例作为借鉴，因此把扛着长戟的士卒安置在前面，把挽着强弓的士兵布置在后面，名义上是护卫樗里子，实际上是囚禁他。况且，周王难道能不担心自己国家的安全吗？恐怕一旦亡国了会使大王忧伤。"楚王听了，这才高兴起来。

秦武王死后，秦昭王即位，樗里子更加受到尊重了。

❄蒲邑之战

秦昭王元年，樗里子率兵攻打卫国的蒲邑。蒲邑的长官很害怕，便请求胡衍帮助。胡衍便去对樗里子说："您攻打蒲邑，是为了秦国呢，还是为了魏国？如果是为了魏国，那很好；如果是为了秦国，那就不是好事了。卫国之所以能成为一个国家，就是因为蒲邑的存在。现在您攻打它，它一定会被迫投向魏国，到那时整个卫国就会屈服于魏国了。魏国原本兵力薄弱，现在攻打蒲邑使卫国并入魏国，魏国必定强大起来。魏国强大，也势必会对贵国的城邑造成威胁啊。您的此次行动若有害于秦国而让魏国得利，秦王定要加罪于您。"听了这番话，樗里子若有所思地说："怎么办才好呢？"胡衍说："您先不要攻打蒲邑，我试着替您到蒲邑将您的意思转告，让卫国国君不忘您的恩德。"樗里子说："好吧。"胡衍进入蒲邑，对蒲邑的长官说："樗里子已经知道蒲邑的弱点了，他说一定要夺取蒲邑。但我能使他放过蒲邑不来进攻。"蒲邑长官害怕，向胡衍拜了两拜说："希望借这个机会请您帮忙。"因而献出黄金三百斤，说："如果秦国撤军，请允许我向卫国的国君述说您的功劳，让您得到最高的奖赏。"所以胡衍接受了蒲邑的黄金，后来又在卫国享有很高的名望。就这样，樗里子放弃了蒲邑，撤军走了。他回师时攻打了皮氏城，皮氏城没有投降，他只好撤离了。

临终预言

秦昭王七年，樗里子去世，葬在渭水南边章台之东。他临终前曾预言说："一百年之后，这里会有天子的宫殿夹着我的坟墓。"樗里子疾的家在昭王庙西边渭水之南的阴乡樗里，因此人们俗称他为"樗里子"。果真到了汉朝兴起，所建长乐宫就在他坟墓的东边，而未央宫则在他坟墓的西边，武库正对着他的坟墓。秦国人有句俗语说："力气大的是任鄙，智谋多的是樗里。"

羁旅之臣

甘茂是下蔡人，曾跟下蔡的史举先生学习诸子百家的学说，后来通过张仪、樗里子的引荐才得以拜见秦惠王。秦惠王很喜欢他，就派他带兵帮助魏章夺取汉中地区。

秦惠王死后，秦武王即位。张仪和魏章都离开了秦国，往东去了魏国。蜀侯嬴煇和国相陈壮叛变，秦武王就指派甘茂去平定蜀地。返回秦国后，秦武王任命甘茂为左丞相，任命樗里子为右丞相。

秦武王三年，秦武王对甘茂说："我有个心愿，想乘着垂帷挂幔的车子通过三川之地，去看一看周朝都城，就算死了也没什么遗憾了。"甘茂心领神会，便说："请允许我去与魏国相约攻打韩国，并请向寿与我一同前往。"甘茂到魏国后就对向寿说："您回去把出使的情况报告给武王，说'魏国听从我的主张了，但我希望大王先不要攻打韩国'。事成之后全

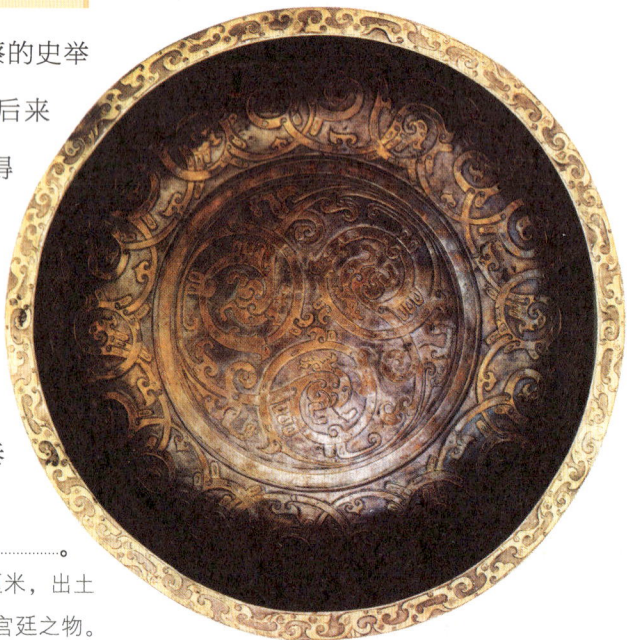

▶ 咸阳宫银盆·秦

中国国家博物馆藏。银盆口径37厘米，出土于山东淄博西汉齐王墓，应为秦代宫廷之物。

算您的功劳。"向寿回到秦国，把甘茂的话报告给武王，武王到息壤迎接甘茂。甘茂一到，武王问他为什么先不要攻打韩国。甘茂回答说："宜阳是个大县，上党、南阳财赋的积贮经时很久了，虽然叫县，其实已经是个郡了。现在大王离开自己所占据的险要关隘，远行千里去攻打它们，取胜是很难的。从前，曾参住在费邑，鲁国有个与曾参同姓同名的人杀了人，有人告诉曾参的母亲说'曾参杀了人'，他的母亲继续织布，神态安然。过了一会儿，一个人又来告诉他的母亲说'曾参杀了人'，他的母亲仍然织布，神情不变。不一会儿，又有一个人告诉他的母亲说'曾参杀了人'，他的母亲扔下梭子，翻墙逃跑了。曾参如此的贤德，他母亲对他如此的信任，但当有三个人怀疑他时，最终还是使得他母亲相信他杀了人。现在我的贤能比不上曾参，大王对我的信任也不如曾参的母亲信任曾参，可是怀疑我的人绝对不止三个，我唯恐大王也像曾母扔掉梭子一样怀疑我啊！当初，张仪向西吞并了巴蜀地区，向北开拓了西河以外的地方，朝南夺取了

上庸之地，天下的人都不因此称赞张先生，却以此认为先王英明。魏文侯让乐羊统兵攻打中山，用了三年才成功。乐羊回国谈论自己的功劳时，魏文侯把一箱子诽谤乐羊的文书给他看。乐羊两次拱手叩头说：'这不是我的功劳，完全是主上的力量啊！'如今，我是个寄居此地的臣僚。樗里子和公孙奭二人会以韩国国力强为理由，来同我争议攻韩的得失，大王一定会听从他们的意见，这样就会造成大王欺骗魏王而我将遭到韩相公仲侈怨恨的结果。"武王说："我不会听他们的，请让我跟您盟誓。"终于，武王让丞相甘茂带兵攻打宜阳，打了五个月却攻打不下，樗里子和公孙奭果然提出反对意见。武王将甘茂召回国，打算退兵不攻了。甘茂说："息壤达成的约定就在那儿。"武王说："是有过盟誓。"于是调集了全部兵力，让甘茂进攻宜阳，斩敌六万人，终于拿下了宜阳。韩襄王派公仲侈到秦国谢罪，同秦国讲和。

❧ 自托于苏代

秦武王终于通过三川之地到了周

都，最后死在那里。武王的弟弟即位，就是昭王。昭王的母亲宣太后是楚国女子。楚怀王怨恨从前秦国在丹阳打败楚国而韩国不来援救的事，于是出兵包围了韩国的雍城。韩国派公仲侈向秦国告急。秦昭王刚刚继位，太后又是楚国人，不肯前去援救。公仲侈把这件事托付给甘茂，甘茂替韩国向秦昭王进言说："公仲侈正是因为有可能得到秦国的援助，才敢于抵御楚国。现在雍城被围困，如果秦军不出崤关解救，公仲侈就蔑视秦国而不来进朝，韩国的太子公叔也会往南去联合楚国。楚、韩两国结为一体，魏国就不敢不听从他们的旨意，如此一来，那么它们共同进攻秦国的局面就形成了。不知道是坐着等待别人进攻，还是主动进攻别人，哪一种更为有利呢？"秦昭王说："好。"于是便让秦军从崤山出发去援救韩国，楚军随即撤离了。

秦国派向寿安抚宜阳，派樗里子、甘茂攻打魏国的皮氏，向寿是宣太后娘家的亲戚，并和秦昭王从小一起长大，所以受到任用。向寿到了楚国，楚国听说秦国重用向寿，因而用隆重的礼节厚待他。向寿替秦国镇守宜阳，并打算率兵攻打韩国。韩国的公仲侈派苏代对向寿说："禽兽在危困的时候也能抵触和颠覆猎人的车辆。您打败了韩国，羞辱了公仲侈，公仲侈还可以整

▶ **玉虎 · 战国**

美国弗利尔美术馆藏。白玉质，上有黄褐色沁斑。虎俯首，闭口，四肢蜷缩于腹部之下，镂雕卷尾。以阴线纹刻出头部和四肢，通体饰谷纹。据传此虎形佩出土于洛阳金村战国墓，同时出土玉器的精美程度代表了战国玉器的艺术成就。

顿韩国重新侍奉秦国，他自认为一定能得到秦国的封赏。现在您把解口这个地方送给楚国，把杜阳封给小令尹。秦国和楚国联合，再次进攻韩国，韩国一定会灭亡。韩国灭亡了，公仲侈就会亲自率领他的私属来对抗秦国，希望您仔细考虑这个问题。"向寿说："我联合秦国和楚国，并不是为了针对韩国，您替我拜见公仲侈，说秦国和韩国的交谊是可以修好的。"苏代回答说："希望能允许我跟您谈个问题。人们说：'能够重视自己受尊重的原因就会仍然得到尊重。'您受到秦王的宠爱和亲近，赶不上公孙奭；您的智慧和才能，也不如甘茂。然而，现在这两个人都不能亲身参与秦国的大事，唯独您能和秦王主持和决断国事，这是为什么呢？是因为他们有过失的缘故。公孙奭偏袒于韩国，而甘茂偏袒于魏国，因此秦王不信任他们。如今秦国和楚国争强，而您却偏袒于楚国，这和公孙奭、甘茂走的是同一条道，您跟他们有什么不同呢？人们都说楚国是善于改变交往政策的国家，因此您一定会失去秦楚的交谊，这是自食其果啊。您不如跟秦王筹划对付楚国的反复多变，跟韩国亲善来防备楚国，这样就没有祸患了。韩王必先把国家归附给公孙奭，然后把政权再委托给甘茂。韩国是您的仇敌，现在您提议亲善韩国来防备楚国，这叫作举荐外盟而不避仇敌。"向寿说："对。我很想与韩国合作。"苏代说："甘茂曾许诺公仲侈把武遂交给韩国，让宜阳的人民返回家园。现在您只是想着将它收回，这很难办。"向寿说："那该怎么办？武遂终究不可能得到吗？"苏代说："您何不借着秦国的威重，替韩国向楚国索取颍川呢？颍川是韩国的寄托之地，如果您能索取到，这是您的命令在楚国得到了实行，并且用这块地还会使韩国感受您的恩德。若您索取不到，这样韩国和楚国的怨恨也不能化解，他们会交相奔走去和秦国友善。秦国和楚国争强时，您慢慢地责备楚国以拉拢韩国，这样就对秦国有利了。"向寿说："这怎么办？"苏代回答说："这是一件好事。甘茂想借重于魏国攻打齐国，公孙奭想要借重于韩国攻打齐国。现在，您夺取宜阳作为功绩，笼络韩国和楚国，并安抚他们，进而讨伐齐、魏两国的罪过，这样，公孙奭和甘茂就无所作为了。"

甘茂果真向秦昭王进言，要求把武遂归还韩国。向寿和公孙奭都反对这件事，但没有达到目的。向寿和公孙奭因而怨愤甘茂，常在昭王面前说甘茂的坏话。甘茂怕有不测，便停止攻打魏国的蒲阪，趁机逃走。樗里子与魏国缔结和约，罢兵回国。

甘茂在逃往齐国的路上碰到正替齐国出使秦国的苏代。甘茂说："我在秦国获罪，怕遭殃祸便逃了出来，现在还没有容身之地。我听说贫家女和富家女在一起搓麻线，贫家女说：'我没有钱买蜡烛，而您的烛光幸好有富余，请您分给我一点多余的光亮，这无损于您的照明，却能使我同您一样享用烛光的方便。'现在我处于困窘境地，而您正出使秦国，大权在握。我的妻儿还在秦国，希望您拿点余光救济他们。"苏代应承下来。苏代到秦国后劝说秦王道："甘茂是个不平凡的士人。他在秦国居住多年，连续三代受到重用。从崤关要塞到鬼谷，那儿的地理形势，他非常清楚。如果他依靠齐国与韩国、魏国约

盟联合，反过来图谋秦国，对秦国可不算有利呀。"秦昭王说："那该怎么办呢？"苏代说："大王不如用重礼和丰厚的俸禄把他迎回来，一旦他回来了，就把他安置在鬼谷，终身不让他离开。"秦昭王说："好。"随即赐给甘茂上卿官位，并派人带着相印到齐国迎接他。甘茂执意不回秦国。苏代对齐湣王说："甘茂可是个贤人。现在秦国已经赐给他上卿官位，带着相印来迎接他了。由于甘茂感激大王的恩赐，愿做大王的臣子，因此辞谢不去秦国。现在大王您拿什么来礼遇他？"齐王说："好。"于是也赐给甘茂上卿官位，把他留在了齐国。秦国也赶快免除了甘茂全家的赋税徭役，同齐国竞相争夺甘茂。

客死魏国

齐国派甘茂出使楚国，楚怀王刚刚与秦国通婚结亲，两国的关系很好。秦王听说甘茂正在楚国，就派使者对楚怀王说："希望把甘茂送到秦国来。"楚怀王向范蜎询问道："我想在秦国安排个丞相，您看谁合适？"范蜎回答说："我的能力不够，

不知道谁合适。"楚怀王说："我打算让甘茂去任丞相，合适吗？"范蜎回答道："不合适。有个叫史举的，是下蔡的城门看守，大事不能侍奉国君，小事不能治理好家庭，他以苟且活命、人格低下、不廉洁闻名于世，可是甘茂侍奉他却很恭顺。因此，以秦惠王的明智、秦武王的敏锐及张仪的善辩来说，甘茂能够一一侍奉他们，取得十个官位而没有罪过，这不是一般士人能办到的。甘茂的确是个贤才，但不能到秦国任丞相，因为秦国有贤能的丞相，对于楚国来说不是好事。况且大王先前曾把召滑推荐到越国任职，他暗地里怂恿章义发难，搞得越国大乱，因此楚国才能够开拓疆域，以厉门为边塞，把江东拓为郡县。我认为大王的功绩所以能够达到如此强大的地步，其原因就是越国大乱，而楚国治理得很好。现在大王只知道把这种谋略用于越国，却忘记用于秦国，我认为您派甘茂到秦国任丞相是个很大的过失。再说，您若打算在秦国安置丞相，那就不如安置向寿这样的人更为合适。向寿与秦王是亲戚关系，少年时与秦王同穿一件衣服，长大后同乘一辆车子，因此能够直接参与国政。大王如果安置向寿到秦国任相，那就是楚国的好事了。"于是楚王派使臣去请求秦王让向寿在秦国做丞相。秦国终于让向寿担任了丞相。甘茂最终也没能够再到秦国，后来死在魏国。

▶ **青铜人骑骆驼灯 · 战国晚期**

湖北省博物馆藏。1956 年湖北江陵望山二号墓出土。灯盘圆形，浅腹，盘心有尖柱状灯棍。双峰骆驼昂首垂尾立于方座上，驼峰中坐一人。人的上身挺直，五官清晰，双手捧一圆圈形灯座，双脚后屈夹于驼身的两旁。灯盘的长柄插入圆圈形灯座内。

◆甘罗请缨

甘茂有个孙子叫甘罗，甘茂死的时候，他才十二岁，侍奉秦国丞相文信侯吕不韦。

秦始皇派刚成君蔡泽到燕国，三年后，燕国国君喜派太子丹到秦国做人质。秦国准备派张唐去燕国任相，打算跟燕国一起进攻赵国来扩张河间一带的领地。张唐对文信侯说："我曾经为昭王进攻过赵国，因此赵国怨恨我，说'凡活捉张唐的人，奖赏他方圆一百里的土地'。我现在去燕国，必定要经过赵国，所以我不能去。"文信侯听了不高兴，可又不能勉强他。甘罗说："君侯您为什么不高兴呢？"文信侯说："我派遣刚成君蔡泽到燕国服侍三年了，燕国的太子丹也已经到秦国做了人质，现在我亲自要求张唐到燕国做丞相，他却不肯去。"甘罗说："请允许我说服他去燕国。"文信侯呵斥道："走开！我亲自去请他，他都不去，你怎么能让他去？"甘罗说："从前项橐七岁就做了孔子的老师。如今，我已经满十二岁了，您还是让我试一试。何必

这么急着呵斥我呢？"于是文信侯就同意了。甘罗去拜见张唐说："您的功劳与武安君白起相比，谁的大？"张唐说："武安君在南方挫败了强大的楚国，在北方威慑燕国和赵国，战必胜，功必取，攻城克邑，多得不计其数，我的功劳可比不上他。"甘罗又说："应侯范雎在秦国任丞相时与现在的文信侯相比，谁的权力大？"张唐说："应侯不如文信侯的权力大。"甘罗说："先生的确清楚应侯不如文信侯专权吗？"张唐说："确实知道。"甘罗接着说："应侯打算攻打赵国，武安君故意让他为难，结果武安君刚离开咸阳七里地就死在杜邮。如今文信侯亲自请您去燕国任相，而您执意不肯，我不知您要死在什么地方了。"张唐说："那就依着你这个童子的意见前往燕国吧。"于是让人整治行装，准备上路。

张唐启程的日子确定了，甘罗对文信侯说："借我五辆车子，让我先替张唐通报赵国。"文信侯进宫对秦始皇说："从前甘茂的孙子甘罗，虽小小年纪，但因为他是名家的后代，各国诸侯都知道他。如今张唐想借口

生病不肯去燕国，甘罗说服了他，他就前行了。现在甘罗请求先行替他通报赵国，请您允许派他去。"秦始皇召见了甘罗，派他到赵国去。赵襄王到郊外远迎甘罗。甘罗对赵王说道："大王听说燕太子丹到秦国做人质的事吗？"赵王回答说："听说了。"甘罗又问："听说张唐要到燕国任相吗？"赵王回答说："听说了。"甘罗接着说："燕太子丹到秦国来，说明燕国不欺骗秦国。张唐到燕国任相，表明秦国不欺骗燕国。燕、秦两国互不相欺，目的就是要攻打赵国来扩大自己在河间一带的领地。大王不如先送给我五座城邑来扩大秦国在河间的领地，我请求秦王送回燕太子，再帮助强大的赵国攻打弱小的燕国。"赵王立即亲自划出五座城邑来扩大秦国在河间的领地。秦国送回燕太子，赵国有恃无恐，便进攻燕国，结果得到上谷地区三十座城邑，然后把其中的十一座转让给秦国。

甘罗回来后把情况报告了秦王，秦王于是封赏甘罗，让他做了上卿，又把原来甘茂的田地房宅赐给了甘罗。

樗里子甘茂列传 第十一

✦ 太史公说 ✦

　　樗里子因为和秦王有血缘关系而受到尊重本是常理，但秦国人称颂他的才智，因此较多地记录了他的平生事迹。甘茂出身于平民，名声却显达于诸侯，为强大的齐国、楚国所推崇。甘罗年纪很小，但有妙计一条，因此名垂后世。虽然他们算不上品行忠厚的君子，但也是战国名副其实的谋士。当秦国强大起来的时候，天下尤其大兴权变谋诈之术！

穰侯列传 第十二

【解题】本篇是战国末期秦国穰侯魏冉的专传。太史公为其立传既着眼于其"苞河山，围大梁，使诸侯敛手而事秦"的功绩，又揭示其最后"身折势夺而以忧死"的原因。这样一位权势赫赫的人何以"一夫开说"而"身折势夺"呢？

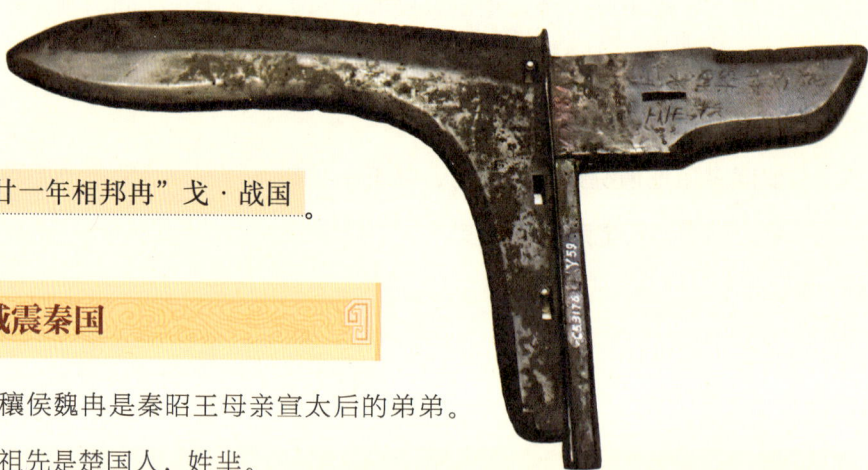

▶ "廿一年相邦冉"戈·战国

❧ 威震秦国

穰侯魏冉是秦昭王母亲宣太后的弟弟。他的祖先是楚国人，姓芈。

秦武王死后没有儿子，所以武王的弟弟被立为国君，就是秦昭王。秦昭王的母亲原是宫内女官，称为芈八子，等到昭王即位，芈八子才被称为宣太后。宣太后并不是武王的生母，武王的母亲是惠文后，死在武王去世之前。宣太后有两个弟弟：她的同母异父的弟弟就是穰侯魏冉；她的同父异母的弟弟叫芈戎，就是华阳君。昭王还有两个同母弟弟：一个是高陵君，一个是泾阳君。诸多人中，魏冉最为贤能，从惠王、武王时就已经任职掌权。武王死后，他的弟弟们争夺王位，只有魏冉有能力物色并拥立了昭王。昭王即位后，任命魏冉为将军，卫戍咸阳。他曾经平定了季君的叛乱，并且把武王后驱逐到魏国。昭王的兄弟中有图谋不轨的全部诛灭，魏冉的声威响震秦国。当时，昭王年

纪还小，宣太后亲自主持朝政，让魏冉执掌大权。

⟩ 相国辟疆土

秦昭王七年，樗里子去世，秦国派泾阳君到齐国做人质。赵国人楼缓来到秦国做丞相，赵国人感到对他们不利，于是派使者仇液到秦国去，请求让魏冉做秦国的丞相。仇液刚要动身时，他的门客宋公对仇液说："如果秦国不听从您的建议，楼缓必定会怨恨你。您不如先对楼缓说：'我会替您着想，不急着向秦国提出建议。'秦王看到赵国不急着要求让魏冉做丞相，将不会听从您的建议。如果您说的事情不成功，可以施德于楼缓；如果事情成功了，魏冉当然会因此而感激您。"当时，仇液听从了他的建议。秦国果然免除了楼缓而任命魏冉做了秦国的丞相。秦国想杀掉将军吕礼，吕礼出逃到了齐国。

昭王十四年，魏冉推荐白起为将军，派他代替向寿领兵攻打韩国和魏国，在伊阙斩敌二十四万，俘虏了魏将公孙喜。第二年，又夺取了楚国的宛、叶两座城邑。此后，魏冉托病免

职，秦王任用客卿寿烛为丞相。第二年，寿烛免职，又起用魏冉任丞相，赐封魏冉于穰邑，后来又加封陶邑，称为穰侯。

穰侯受封的第四年，担任秦国将领进攻魏国，魏国被迫献出河东方圆四百里的土地。其后，又占领了魏国的河内地区，夺取了大小六十余座城邑。

昭王十九年，秦王号称西帝，齐王号称东帝。一个多月以后，吕礼来到秦国，齐王和秦王各自又取消帝号，仍旧称王。魏冉再度任秦国丞相后，第六年便被免职了。免职两年后，又出任秦国丞相。过了四年，穰侯派遣白起攻取了楚国的郢都，在那里设立了南郡。于是白起被封为武安君。由于白起是穰侯推荐提拔起来的，所以他们关系很好。这时，穰侯私家的财富超过了国君之家。

⟩ 穰侯攻魏

秦昭王三十二年，穰侯任相国，带兵进攻魏国，赶走了芒卯，进入北宅，随即围攻大梁。魏国大夫须贾劝说穰侯道："我听说魏国的一

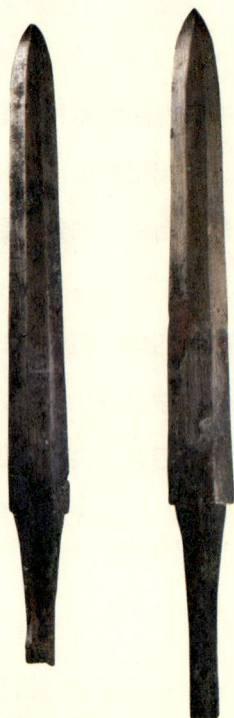

▶**春平侯剑与乐愫剑·战国**
山西省考古研究所平朔考古队藏。
1983年山西朔县赵家村采集。此
二剑均尖锋，柳叶形，直刃，脊
隆起，无格，茎扁平。春平侯剑
剑身刻铭文二行共十九字，为："四
年相邦春平侯，邦左库工师长身，
冶君口，执齐。"乐愫剑有穿。剑
身刻铭文二行共十八字，为："四
年，口相乐愫，右库工师长五鹿，
冶事息，执事。"

位长吏劝谏魏王说："从前梁惠王讨伐赵国，
在三梁打了胜仗，占领了邯郸；但赵国仍不肯
割让土地，结果邯郸又被赵国收复了。齐国人
进攻卫国，占领了旧都，杀死了子良，卫国也
不肯割让土地，结果原来的国土也收复了。卫
国和赵国之所以能保全国家，军队精锐，国土
不被诸侯国所吞并的原因，就在于他们能忍受
患难和不轻易割让土地。宋国、中山国屡次遭
到进攻就割让土地，结果国家也随之灭亡了。
我以为卫国和赵国的做法值得效仿，而宋国和
中山国的教训值得借鉴。秦国是个贪婪、暴戾
的国家，从不讲究情谊。蚕食魏国，又占尽了
晋国的故土，打败韩国暴鸢后，割取韩国八个
县，土地还未及全部接收，军队又出动了。秦
国贪婪的欲望哪里有满足的时候！现在又赶走
了芒卯，进入了北宅，这并不是秦国敢于进攻
魏国的都城，是想胁迫大王割让更多的土地，
大王千万不能听从。现在假如大王背叛楚国和
赵国而与秦国讲和，楚、赵就会发怒抛弃大
王，跟大王争着侍奉秦国，秦国必定会接收
它们。秦国胁迫楚国、赵国的军队再来攻打魏国，那么魏国想不灭亡也是不
可能的了。希望大王一定不要与秦国讲和。如果大王一定要讲和，也要少割
地并且有秦国的人质做保证；否则，必定会被秦国所欺骗。'这是我从魏国
听到的，希望您根据这些话来考虑事情。《周书》说：'天命不是固定不变
的。'这句话的意思是说上天给予的机遇不可能常常降临。秦国打败暴鸢，
割取了八个县，这并不是因为秦国的兵力精锐，也不是因为计谋高明，而是

上天赐予的机遇起了主要的作用。现在又赶跑了芒卯，进入了北宅，从而进攻魏国，这是把上天赐予的机遇视为常规，明智的人不会这样的。我听说魏国动用了上百个县以上的精锐部队来守卫大梁，我估算不少于三十万人。用三十万的人守卫大梁五六丈高的城墙，我以为即使商汤和周武王再生，也是不容易进攻的。轻率地背着楚、赵两军，独自登上五六丈高的城墙，和三十万大军交战，并且志在一定将它拿下，我认为自盘古开天辟地以至现在，还未曾有过这样的事。进攻而不能占据它，秦国必定要撤兵，您的封地陶邑必定会丧失，那么前功一定会尽弃。现在魏国正在犹豫不决，可以用割取少量土地的方式收服它。希望您能趁楚国和赵国的军队还未到达魏国的时候，赶快用割取少量土地的方式收服魏国。魏国正在犹豫不决，就会认为割让少量的土地对它有利，一定想这样做，那么您的愿望也会得到满足了。楚、赵两国对魏国赶在他们前面讨好秦国的行为，肯定会恼怒，这样他们必定会争先来侍奉秦国，由此合纵联盟瓦解，而您随后

分封制

周代的分封是以"封建亲戚"为原则，将宗亲、贵戚按照血缘关系的远近与功臣的功劳大小，分封在离周朝王畿远近不同的地方上。这种分封以宗法制为保障，同姓宗亲为主、异姓功臣为辅，自上而下，层层分封。周王室与诸侯之间通过分封与受封的形式形成主从关系，受封的诸侯对周天子承担捍卫王室、镇守疆土、定期朝觐纳贡以及奉命征伐等义务。除了周天子分封诸侯外，在诸侯内部诸侯也可以将本封国内的土地和人民分封给卿大夫，卿大夫也可以继续分封给子弟和家臣。周通过分封，形成天子与诸侯的上下君臣关系。

可以做出新的选择。况且您想得到土地，难道一定要使用武力吗？割取了晋国的故地，秦军不来进攻，魏国一定会奉献出绛、安两邑。又能替陶邑开辟两条道路，完全占有已亡宋国的旧地，卫国一定会献出单父。秦国的军队可以保全，您又控制着它，如此您有什么要求不能得到，有什么举动

湖北省博物馆藏。这两件金器出土于湖北随州曾侯乙墓。

不能成功呢？希望您仔细地考虑这件事，而不要冒险行事。"穰侯说："好。"下令停止了对魏国的围攻。

◐ 忧愤而死

第二年，魏国背离了秦国，与齐国合纵交好。秦王派穰侯攻打魏国，斩敌四万人，使魏将暴鸢战败而逃，取得了魏国的三个县。穰侯又增加了封邑。

第三年，穰侯与白起、客卿胡阳再次攻打赵国、韩国和魏国，在华阳城下大败芒卯，斩敌十万人，夺取了魏国的卷邑、蔡阳、长社及赵国的观津。后来又把观津还给赵国，增派兵力给赵国，让它进攻齐国。齐襄王害怕，派苏代替齐国暗中送信给穰侯说："我听往来的人说'秦国准备增援赵国四万士兵来进攻齐国'，我

私下一定会对我国的君主说秦王聪明且精于计谋，穰侯明智而善于办事，肯定不会增援赵国四万军队来讨伐齐国。这是为什么呢？因为赵、韩、魏三国的相互友好，是秦国的深仇大敌。三国之间上百次的互相背弃、上百次的互相欺诈，都不能看作是不诚实，不能看作是不守道义。如今打败齐国，就会增加赵国的实力。赵国是秦国的深仇大敌，这样做不利于秦国。这是第一点。秦国的谋士肯定还会说：'打败齐国，使赵、魏、韩三国与楚国疲惫，这样会形成战胜三晋与楚国的优势条件。'齐国是个疲弱的国家，动用天下诸侯的力量进攻齐国，就好比是用千钧的弩箭去射破一个溃烂了的毒疮，齐国必定会灭亡，但这怎么能削弱三晋、楚国呢？这是第二点。攻打齐国时，秦国出兵少了，那么三晋、楚国就会不相信秦国；如

果多出兵，三晋、楚国就会担心被秦国所控制。齐国惧怕，它不会投靠秦国，肯定会投靠三晋和楚国。这是第三点。秦国用宰割齐国的办法，来引诱三晋、楚国，三晋、楚国进驻齐国用军队控制它，秦国反而会腹背受敌。这是第四点。这样就是让三晋、楚国利用秦国的力量来谋算齐国，然后再用齐国来谋算秦国。为什么三晋、楚国就这样聪明，而秦国和齐国就这样愚蠢呢？这是第五点。所以目前把得到的安邑管理好，也就肯定没有祸患了。秦国占有了安邑，韩国必定就会没有上党了。取得天下的枢纽之地，和出兵又怕回不来相比，哪个更有利？所以，我说秦王贤明且精于计谋，穰侯明智且善于治事，肯定不会增援赵国四万士兵来进攻齐国。"就这样，穰侯不再前进，率领军队回去了。

秦昭王三十六年，相国穰侯跟姓灶的客卿说，想攻打齐国，夺取刚、寿两城，借以扩大自己在陶邑的封地。这时魏国有个叫范雎的人自称张禄先生，讥笑穰侯竟然越过韩、赵、魏等国去攻打齐国，他趁着这个机会请求劝说秦昭王。于是秦昭王任用了范雎。范雎向昭王阐明宣太后在朝廷内专制，穰侯在外事上专权，泾阳君、高陵君等人则太奢侈，以致比国君更加富有。秦昭王幡然醒悟，就免掉穰侯的相国职务，责令泾阳君等人一律迁出国都，到自己的封地去。穰侯走出国都关卡时，载物坐人的车子有一千多辆。

后来，穰侯死于陶邑，就葬在那里。秦国收回陶邑设为郡。

太史公说

穰侯是秦昭王的亲舅舅。秦国之所以能够向东扩张领土，削弱诸侯，让诸侯向西俯首称臣，称帝于天下，这当是穰侯的功劳。等到他显贵至极、豪富无比时，一个人将内情说破，便权势被夺，以至忧愁而死，更何况那些寄居异国的臣子呢！

白起王翦列传 第十三

【解题】白起和王翦是为秦灭六国建立过赫赫战功的两位将军。太史公一方面肯定他们的卓越功绩，而另一方面也尖锐地指出他们的缺点，即白起"不能救患于应侯"而死于非命，王翦则"不能辅秦建德"乃至殃及后代。由此可见，司马迁赞同秦统一中国的战争，但他反对虐民、暴政。

❂战功赫赫

白起是郿邑人。他善于用兵，侍奉秦昭王。

昭王十三年，白起任左庶长，带兵攻打韩国的新城。这一年，穰侯做了秦国的丞相，推荐任鄙做了汉中的太守。第二年，白起又被封为左更，在伊阙进攻韩、魏两国联军，斩敌二十四万，俘虏了他们的将领公孙喜，攻下五座城池，升为国尉。他率兵渡过黄河，夺取了韩国安邑以东直到乾河的大片土地。第三年，白起再被封为大良造，击败魏国军队，

► 白起像·明·无款

白起（？—前257），芈姓，白氏，名起。战国时期杰出的军事家，"兵家"代表人物。熟知兵法，善于用兵。辅佐秦昭王，屡立战功。

图说 史记

夺取了大小六十一座城邑。第四年，白起和名叫错的客卿进攻垣城，并攻了下来。五年以后，白起攻打赵国，夺下了光狼城。七年以后，白起攻打楚国，占领了鄢、邓等五座城池。第二年，再次进攻楚国，占领了楚国郢都，焚毁了夷陵，一直向东到达竟陵。楚王逃离郢都，向东奔逃迁都到陈邑。秦国便把郢都设为南郡。白起被封为武安君，他又趁势攻取楚国，平定了巫、黔中两郡。昭王三十四年，白起进攻魏国，拿下华阳邑，使芒卯败逃，又俘虏了魏国的三员大将，斩敌十三万。当时，白起与赵国将领贾偃交战，把赵国两万士兵全部淹死在黄河里。昭王四十三年，白起攻打韩国的陉城，攻取了五座城邑，斩敌五万人。昭王四十四年，白起攻打韩国的南阳太行道，将这条韩国对外联系的通道堵死了。

昭王四十五年，白起进攻韩国的野王。野王投降秦国，韩国通往上党郡的通道断绝了。上党郡守冯亭和百姓商议说："上党通往新郑的道路断绝了，韩国一定不会把我们当作它的臣民了。秦国的军队日益逼近，韩国不能援救我们，不如把上党郡归附于赵国。如果赵国接受了我们，秦国一定会发怒，肯定会进攻赵国。赵国遭到秦军的攻击，必定要和韩国亲近。韩、赵两国联合一体，就可以抵挡秦国了。"于是冯亭派人通报赵国。赵孝成王跟平阳君、平原君商议这件事。平阳君说："不如不接受它。如果接受了，带来的祸害比所得的好处要大得多。"平原君说："平白无故得到一个郡，还是接受的好。"赵国接受了上党郡，因而封冯亭为华阳君。昭王四十六年，秦国进攻韩国的缑氏和蔺邑，并夺取了它们。

❂ 长平之战

昭王四十七年，秦国派左庶长王龁攻打韩国，夺取了上党，上党的百姓纷纷逃往赵国。赵国在长平屯兵，准备接应上党的百姓。四月，王龁借此进攻赵国。赵国派廉颇统率军队，抵御秦国。赵国的士兵碰到了秦国的侦察兵，秦国的侦察兵杀死了赵国一个叫茄的副将。六月，秦军突破赵军的防线，占领了两座城邑，杀死赵军四个尉官。七月间，赵军构筑壁垒来防御秦军。秦军又进攻赵军营垒，杀死了两个尉官，摧毁了赵军阵地，夺取了西边的壁垒。廉颇坚守营垒，采取防御方式与秦军对峙，秦军屡次挑战，赵军坚守不出，赵王多次责备廉颇。秦国丞相应侯又派人到赵国用千金施行反间计，大肆宣扬说："秦国最怕的是马服君的儿子赵括担任将领，廉颇不难对付，他就快投降了。"赵王早已恼怒廉颇军队的大量伤亡，屡次战败，却又坚守营垒不敢出战，再加上听到许多反间谣言，信以为真，于是就派赵括取代廉颇，率兵攻击秦军。秦国得知赵括为将，就暗地里派武安君白起担任上将军，让王龁担任都尉副将，并下命令军队中有敢泄露最高指挥官是白起的，格杀勿论。赵括一上任，就发兵攻击秦军。秦军假装战败而逃，同时布置了两支突袭队进逼赵军。赵军乘胜追击，一直追到秦军营垒。但是秦军

▶ 长平之战

长平之战是中国历史上最早、规模最大的包围歼灭战。此战共斩首坑杀赵军约45万。这场战争使得秦国国力得到极大的加强，加速了秦国统一中国的进程。

营垒十分坚固，久久不能攻入，而秦军的一支两万五千人的突袭部队已经切断了赵军的后路，另一支由五千骑兵组成的快速部队横穿在赵军的营垒之间，断绝了他们的联系，将赵军分割成两个孤立的部分，运粮通道也被堵死。这时，秦军派出轻装精兵攻击赵军，赵军交战失利，就构筑壁垒，顽强防守，等待援兵前来救援。秦王听说赵军的粮道被断绝，亲自赶到河内，赏赐百姓爵位各一级，征调十五岁以上的壮丁前往长平，阻绝赵国的援军和粮饷。

到了九月，赵国士兵已经断绝口粮四十六天了，士兵们暗中互相残杀，以人肉充饥。困顿已极的赵军扑向秦军营垒，发动攻击，打算突围而逃。他们分成四队，反复冲击了四五次，仍然不能出逃。赵军将领赵括率领精锐士兵，亲自上阵搏斗，结果秦军将赵括射死了。赵括的军队大败，四十万士兵向武安君投降。武安君谋划道："先前秦军拿下上党，上党的百姓不甘心做秦国的臣民而归附赵国。赵国士兵变化无常，如果不把他们全部杀掉，恐怕要出乱子。"于是白起用欺骗的手段把赵国降兵全部活埋了，只将年纪尚小的二百四十多名士兵放回赵国。此战前后斩首擒杀赵兵四十五万人，赵国上下一片震惊。

结怨应侯

昭王四十八年十月，秦军再次将上党郡平定。秦军分为两支：王龁进攻皮牢，夺取了它；司马梗平定了太原。韩、赵两国十分害怕，就派苏代到秦国，献上丰厚的礼物劝说丞相应侯道："武安君擒杀了马服君的儿子

吗？"应侯说："是的。"苏代说："秦国又要围攻邯郸吗？"应侯说："是的。"苏代说："如果赵国灭亡，秦王就要君临天下了。武安君为秦国攻占夺取了七十多座城池，南边平定了楚国的鄢、郢及汉中地区，北边俘获了赵括的四十万大军，即使历史上赫赫有名的周公、召公和吕望的功劳也超不过这个了。如果赵国灭亡，秦王君临天下，那么武安君位居三公是毫无疑问的。您能屈居他的下位吗？虽然不愿意居于他的下位，可已成为事实，也是没有办法的了。秦国曾进攻韩国，包围了邢丘，围困上党，上党的百姓都转而归服赵国，这说明天下的人已经很久都不愿意做秦国的臣民了。如果把赵国灭掉，它的北边土地将落入燕国，东边土地将并入齐国，南边土地将归入韩国和魏国，那么您能得到的百姓就没有多少了。所以，不如趁着韩国、赵国惊恐之机让他们割让土地，不要再让武安君建功立业了。"于是，应侯向秦王建议说："秦军已经很疲劳了，请您允许韩国、赵国割地求和，暂且可以让士兵得到休整。"秦王听从了应侯的建议，割取

了韩国的雍城和赵国的六个城后和韩国、赵国媾和。正月，双方停止交战。武安君得知停战消息，从此与应侯结下了仇怨。

抗命不出

这年九月，秦国再次派出军队，命五大夫王陵攻打赵国邯郸。当时武安君有病，不能出征。秦昭王四十九年正月，王陵进攻邯郸，但战绩不佳，秦国加派军队支援王陵。王陵又损失了五个校尉的人马。武安君病好了，秦昭王打算派武安君代替王陵统率军队。武安君说道："邯郸确实很难攻下，而且诸侯国的救兵天天都有到达的，他们对秦国的怨恨已积存很久了。现在秦国虽然将长平的赵军消灭了，可是阵亡的秦军也超过了一半，国内兵力空虚。跋山涉水去攻打别人的都城，赵军在城里应战，诸侯军在城外攻击，里应外合，内外夹击，秦军战败是必定无疑的。这个仗不能打。"秦昭王亲自下令，武安君不肯赴任，于是就派应侯去请他，但武安君始终推辞不肯受命，从此称病不起。

赐死杜邮

秦昭王只好改派王龁代替王陵统率部队，八九月间围攻邯郸，没能攻下来。楚国派春申君同魏公子信陵君带兵几十万人攻打秦军，秦军损失惨重。武安君说："秦昭王不听我的意见，看看现在怎么样了！"秦昭王听说后，大怒，强令武安君赴任，武安君就称病情严重。应侯又请他，仍是辞不赴任。于是秦昭王就免去武安君的官爵，将他贬为士兵，让他离开咸阳迁到阴密。但因武安君有病，未能成行。过了三个月，诸侯联军攻击秦军更加紧迫，秦军屡次战败，报告战败的使者天天都来。秦昭王就派人驱逐白起，不让他留在咸阳城里。

武安君上路后，走出咸阳西门十里路，到了杜邮。秦昭王与应侯及群臣议论说："白起迁出咸阳，他流露出的样子不满意，不服气，有怨言。"秦王就派使者赐给他一把剑，让他自杀。武安君拿着剑就要自杀时，叹息道："我什么地方得罪了上苍，竟落得这个下场？"过了一会儿，他又自言自语地说："我本来就该死。长

平之战，赵国投降的几十万士兵，我用欺诈之术把他们全部活埋了，这足够死罪了。"随即自杀。武安君死于秦昭王五十年十一月。他死而无罪，所以秦国人都同情他，城乡百姓都祭祀他。

名将王翦

王翦是频阳东乡人，年轻的时候就爱好军事，后来侍奉秦始皇。始皇十一年，王翦带兵攻打赵国的阏

▶ 王翦像·明·无款

王翦（生卒年不详），关中频阳（今陕西富平东北）人，战国时期秦国名将、杰出的军事家。

秦大将军王翦

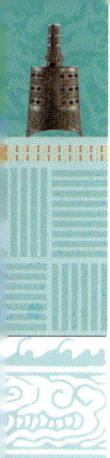

与，大胜，还一连拿下九座城邑。始皇十八年，王翦率军攻打赵国，一年多就攻取了赵国，赵王投降，赵国各地全部被平定，设置为郡。第二年，燕国派荆轲到秦国刺杀秦王，秦王派王翦攻打燕国。燕王喜逃往辽东，王翦平定了燕国都城蓟，胜利而归。秦王派王翦儿子王贲攻打楚国，楚兵战败；掉过头来再进攻魏国，魏王投降，于是平定了魏国各地。

➡ 攻楚之争

秦始皇灭掉了韩、赵、魏三国，赶跑了燕王，屡次将楚军打败。秦国将领李信，年轻气盛，英勇神武，曾带着几千士兵把燕太子丹追击到衍水，最后打败燕军捉到太子丹，秦始皇认为李信贤能勇敢。一天，秦始皇问李信说："我打算攻打楚国，将军估计调用多少士兵才够？"李信回答说："最多不过二十万人。"秦始皇又问王翦，王翦答道："非得六十万人不可。"秦始皇说："王将军老喽，多么胆怯呀！李将军真是果断勇敢，他的话是对的。"于是秦王就派李信及蒙恬带兵二十万

向南攻打楚国。王翦的话不被采用，就推托有病回到频阳老家养老。李信进攻平与，蒙恬进攻寝邑，把楚军打得大败。李信又进攻鄢郢，攻破了它，接着率领军队向西，与蒙恬在城父会师。楚军趁势尾随秦军，三天三夜不休息，把李信率领的军队打得大败，攻入秦军的两个营垒，杀死七个都尉，秦军败逃。

秦始皇听到这个消息后大为震怒，亲自乘快车奔往频阳，见到王翦，当面向他道歉说："由于我没有采纳将军的建议，才使得李信让秦军蒙羞。现在听说楚军天天向西逼近，将军虽然有病，但能扔下我不管吗？"王翦推辞说："老臣身体疲病，脑子糊涂，希望大王另选良将。"秦始皇又道歉说："就这么定了，将军不要再推辞了。"王翦说："如果大王不得已而用我，非六十万人不可。"秦始皇说："一切都听你的！"于是王翦率领着六十万大军出发了，秦始皇亲自到灞上为他送行。王翦临出发时，请求秦始皇赐予良田、美宅、园林、池苑等。秦始皇说："将军尽管上路吧，何必担忧家里的日

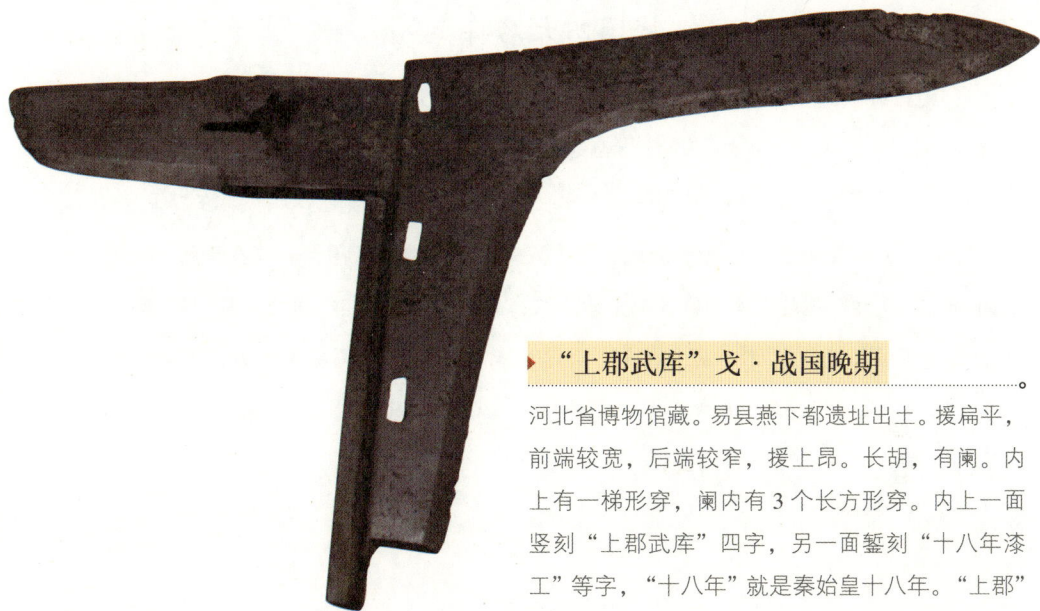

▶ "上郡武库"戈·战国晚期

河北省博物馆藏。易县燕下都遗址出土。援扁平，前端较宽，后端较窄，援上昂。长胡，有阑。内上有一梯形穿，阑内有 3 个长方形穿。内上一面竖刻"上郡武库"四字，另一面錾刻"十八年漆工"等字，"十八年"就是秦始皇十八年。"上郡"是战国时期秦国的肤施，在今陕西榆林东南。

子呢？"王翦说："替大王带兵，即使有功劳也终究难以封侯赐爵，所以趁着大王特别器重我的时候，得及时请求大王赐予园林、池苑来给子孙后代置份家产。"秦始皇听了哈哈大笑。王翦出发后到了函谷关，又连续五次派使者回朝廷请求赐予良田。有人说："将军的请求，也太过分了吧！"王翦说："这话不对，秦王性情暴虐且对人多疑。现在大王把全国的武士全部委托给我，我不多多请求赏赐田宅给子孙们置份家产，以此来表示自己出征的坚定意志，却反而让秦王平白无故地怀疑我吗？"

◈率军灭楚

王翦终于代替了李信进攻楚国。楚国听说王翦增加部队前来进攻，便动员了全国的兵力抵抗秦军。王翦抵达战场后，构建坚固的营垒采取守势，不肯出兵交战。楚军多次出兵挑逗，秦军始终不出。他让士兵们天天休息洗浴，供给上等饭食抚慰他们，

战国四大名将

战国时代的军事史上有"起、翦、颇、牧"四大名将之说，也就是秦国的白起、王翦，赵国的廉颇、李牧。白起之所以稳居四大名将之首，最主要的还是他震古烁今的恐怖战绩。从前294年出任秦国左庶长，到前257年被秦王猜忌，无奈自杀，白起一生大小七十余战，几乎战无不胜。前293年，白起在伊阙（今洛阳龙门）大败魏韩联军，斩首二十四万级；前278年，白起率军攻下楚国郢都，迫使楚国君臣仓皇迁都；前260年，白起在长平一举歼灭了赵军主力，前后斩首四十五万级……仅史书中有据可查的战役，白起就歼灭六国军队百万之众，山东六国君主对他可谓闻风丧胆。

并亲自与士兵们一起吃饭。过了很久，王翦派人探听询问军中的士兵在玩什么游戏，回报说："正在练习扔石头和跳远。"王翦说："士兵可以使用了。"

楚军屡次挑战，秦军不肯应战，于是楚军就领兵向东去了。王翦趁机发兵追击他们，派强健善战的兵力实施强击，大败楚军。追到蕲南时，杀了他们的将军项燕，楚军终于败逃。秦军乘胜追击，占领并平定了楚国城邑。

二世元年椭升·秦

上海博物馆藏。体椭圆，直口收腹，平底。短柄中空，可接配木柄。

一年多以后，又俘虏了楚王熊负刍，最终平定了楚国全境，改设为郡县。接着秦军又向南征伐百越的君长。王翦的儿子王贲与李信攻占了燕国和齐国各地。

秦始皇二十六年，秦国兼并了所有的诸侯国，统一了天下，王将军和蒙将军的功劳最多，名扬后世。

秦二世的时候，王翦和他的儿子王贲都已经死了。秦二世又诛杀了蒙氏兄弟。陈胜起义反秦，秦二世派王翦的孙子王离攻打赵国，把赵王和张耳围困在巨鹿。有人说："王离是秦朝的名将。现在率领强大的秦国军队，来进攻刚刚建立的赵国，必定能攻克它。"有的门客说："不对。世代做将军的，传到第三代肯定要失败。为何如此呢？因为他们的前辈杀人太多，他的后代就会有不祥之灾，如今王离已经是第三代将军了。"过了不久，项羽救援赵国，打败了秦军，果真俘虏了王离，于是王离的军队投降了诸侯联军。

✦ 太史公说 ✦

俗话说："尺有所短，寸有所长。"白起与敌人交战时随机应变，计谋层出不穷，名震天下，然而却对应侯给他制造的祸患无计可施。王翦作为秦国大将，平定六国，功绩卓著，在当时不愧是元老将军，连秦始皇都尊其为师，可是他不能辅佐秦始皇建立德政，巩固国家根基，却曲意迎合，取悦人主，直至死去。到了他的孙子王离被项羽俘虏，不也是理所当然的吗？因为他们都有自己的短处啊！

孟子荀卿列传 第十四

【解题】本文是儒家大师孟子和荀卿的合传，同时包括了战国时期阴阳、道德、法、名、墨各家的代表人物等十二人。这篇传记在写法上的一大特点是比照衬托，即对传主孟子、荀卿用笔少，而对诸子则用笔较多，目的在于以实衬虚，更突出孟、荀地位之高。

《传》前小序

太史公说：我读《孟子》，读到梁惠王问"怎么才对我的国家有利"时，免不了放下书来叹息一番。我想：哎呀，功利实在是祸乱的开始。孔子很少说功利的原因，就在于要经常防止祸乱的根源。因此他说："凡事依据个人的利益来做，就会产生很多怨恨。"从天子到百姓，好利的毛病是一样的。

亚圣孟子

孟轲是邹国人。他曾跟着子思的弟子学习，通晓儒术之后，便去游说齐宣王，齐宣王没有任用他。于是他又到了魏国，梁惠王不但不听信他的

▶ 孟子像·清·无款

孟子（约前372—前289），名轲，字子舆。战国时期思想家、政治家、教育家。受业于子思的门人。他继承和发扬了孔子的思想，把孔子"仁"的观念发展为"仁政"学说。提出"民贵君轻"说，劝告统治者重视人民，阐述了儒家的重民思想。

孟母教子

孟母就是孟子的母亲，也是中国历史和教育史上最善于教导子女的女性之一。据说孟子幼年丧父，全靠母亲含辛茹苦地把他养育成人。最初，孟子家住在墓地附近，孟子耳濡目染下以埋死人作为嬉戏。孟母怕环境对孟子影响不好，就将家搬到市集附近，结果孟子又开始学商贩叫卖。孟母再次搬家，迁徙到学宫附近，孟子在游戏时开始模仿各种礼仪，孟母认为找到了潜移默化教育孩子的好地方，这才将家安定下来。在后来的学习中，孟子不肯用功，孟母非常生气，用刀把正在织的布割断了，以此教育孟子做事不要半途而废。这两个故事就是历史上著名的"孟母三迁"和"孟母断织"。毫无疑问，孟子后来能成为一代宗师，母亲的教育起到了不小的作用。

起，打败了一些国家，削弱了强敌；齐威王、齐宣王任用孙膑和田忌等人，国力强盛，使各诸侯国都来朝拜齐国。当各诸侯国正致力于"合纵连横"的守伐谋略，把能攻善伐看作贤能的时候，孟子却称述唐尧、虞舜的德政，因此不符合他所游说的那些国家的需求。于是孟子就回到了家乡，与万章等人整理《诗经》《尚书》，阐发孔子的思想学说，写成《孟子》一书，共七篇。在他之后，出现了学者邹子等人。

阴阳家邹衍

齐国有三个邹子。在前的叫邹忌，他借弹琴的技艺得以求见齐威王，因此便参与了国政，被封为成侯，并接受相印，做了宰相，他的时代要早于孟子。

第二个叫邹衍，生在孟子之后。邹衍目睹了那些掌握着国家大权的君主们越来越荒淫奢侈，不推尚德政，不像《诗经·大雅》所要求的那样，先修养自己，再推及到百姓。于是，他就深入观察万物的阴阳消长，记述了怪诞玄虚的变化，著成《终始》《大

主张，反而认为他的主张迂回空泛而不切实际。当时，各诸侯国都在实行变革，秦国任用商鞅，使得国家富足，兵力强大；楚国、魏国也都任用过吴

圣》等篇，共十余万字。他的理论宏大而不合常理，一定要先从对微小的事物的验证开始，然后再推及大的事物，以至于无边无际。先从当今说起，再往前推至学者们所共同探讨的黄帝时代，然后再按照世代的兴衰变化，记载不同世代的凶吉制度，再从黄帝时代往前推到无极限，直到天地还未出现的时候，真是深幽玄妙不能追究其本源。他先罗列出中国的名山大川、谷类、禽兽，各种物类中最珍贵的，一应俱全，并由此推及开去，直到人们根本看不到的海外。他称述开天辟地以来的金、木、水、火、土的五种德性相生相克，而历代帝王的更替都正好与它们相配合。天降祥瑞与人事相应就是这样的。他认为儒家所说的中国只不过是天下的八十一分之一罢了。中国名叫"赤县神州"，赤县神州内又有九州，就是夏禹按次序排列的九个州，但不能说是州的全部数目。在中国之外，如赤县神州这样的地方还有九个，这才是所谓的九州了。九州都有小海环绕着，人和禽兽不能与其他州相通，像是一个独立的区域，这才算是一州。这样的九州，

《孟子集注》书影

《孟子》共七篇，是孟轲及其弟子所著以"仁政""王道"为中心的儒学思想体系的集中表达。《孟子集注》是朱熹解释《孟子》的著作。

更有大海环在它的外面，那就到了天地的边际了。邹衍的学说都是这一类内容。然而，概括它的要领，一定都归结到仁义节俭，并在君臣上下和六亲之间施行，不过开始的述说的确泛滥而没有节制了。王公大人初见他的学说，感到惊异，思考后受到感化，到后来却不能实行。

因此邹衍在齐国受到尊重。到了
魏国，梁惠王在郊外迎接，以贵宾之
礼接待他。到了赵国，平原君在旁侧
着身子陪行，亲自替他拂拭座席。到
了燕国，燕昭王拿着扫帚清扫道路为
他做先导，请求列入弟子的座位听
他讲学，修筑了碣石宫，亲自前往拜
他做老师。他著作了《主运篇》。他
游说诸侯各国，在礼节上被这样尊
崇，难道和孔子周游时在陈国、蔡国
时忍饥挨饿，孟轲在齐国、梁国受到
困迫能相同吗？所以周武王倡导仁义
讨伐殷纣而在天下称王，伯夷宁肯饿

▶ **邹衍辩论浮雕**

邹衍（约前305—前240），齐国人，战国
末期哲学家、阴阳家的代表人物，是稷下学
宫的著名学者，提出"五德终始说"和"大
九州说"。

── 稷下学宫 ──

稷下学宫是战国时期由齐国统治者创设的一个带有政治性的学术团体，它
不同于一般的大学，而带有研究的性质。由于它设置在齐国国都临淄的稷门之下，
故名之曰"稷下之学"，通称稷下学宫。稷下学宫创始于齐桓公时期。桓公去
世后，经过威王、宣王、襄王几代的发展，稷下学宫几乎和齐国的命运相始终。
齐宣王时期，是稷下学宫的鼎盛时期。鼎盛时期的稷下学宫规模巨大，学士之
多达到"数百千人"，单是受到优待的就有七十六人。这些学士不限于齐国人，
有些还来自其他诸侯国。齐国统治者把他们延揽到一起，形成自己的人才优势，
组成自己的人才库、智囊团。齐国成立如此巨大的稷下学宫，尊崇如此多的稷
下学士，不是只向诸侯国炫耀自己的尊贤，而是让这些学士更好地为齐国的政
治服务，即围绕着齐国的富强提出应兴应革的意见和建议。

▶邹城孟庙亚圣殿

肚子也不吃周朝的粮食；卫灵公向孔子询问军事谋略，孔子不予回答；梁惠王图谋进攻赵国，孟轲称赞周之太王离开邠地。这些难道是有意迎合世俗、苟且求同就罢了吗？拿着方形榫头想装进圆形榫眼里，哪能装得进去呢？有人说，伊尹背着鼎借以勉励商汤因此而称王，百里奚在车前喂牲口因而使秦穆公称霸，都是首先做到思想上情投意合，然后把被游说的人引入正确的主张。邹衍的言论虽然不合常规，或许也有喂牛、背鼎这样的用意吧？

从邹衍到齐国稷下的诸多学士，如淳于髡、慎到、环渊、接子、田骈、邹奭等人，各自著书立说谈论国家兴衰治乱的大事，以此来求得国君的信任，这些怎能说得尽呢？

❸博学淳于髡

淳于髡是齐国人，他博闻强识，学业不专主一家之言。从他与君王的交谈看，似乎他仰慕晏婴这样直言敢谏的人，而实际上他很会察言观色，揣测人主的心意。有个宾客向梁惠王推荐淳于髡，惠王屏退身边的侍从，

两次单独坐着接见他，可是他始终一言不发。惠王感到很奇怪，就责备那个宾客说："你称赞淳于先生，说连管仲、晏婴都比不上他，为什么我们见面后，我一点收获也没得到啊？难道是我不配跟他谈话吗？到底是什么原因？"那个宾客把惠王的话告诉了淳于髡。淳于髡说："是这样的，我前一次见大王时，大王的心思全用在车马驱逐上；后一次见大王时，大王的心思却用在歌舞音乐上，因此我沉默不语。"那个宾客把淳于髡的话报告了惠王，惠王惊讶地说："哎呀，淳于先生真是个圣人啊！前一次淳于先生来的时候，有个人献上一匹好马，我还没来得及相一相，正好淳于先生来了。后一次他来的时候，又有个人献来歌伎，我还没来得及欣赏，也遇到淳于先生来了。我接见他时虽然屏退了身边侍从，可是心里却想着马和歌伎，是有这么回事。"后来淳于髡再次见惠王，两人专注交谈，一连三天三夜都没有倦意。惠王想封给淳于髡卿相官位，淳于髡客气地推辞不肯接受便离开了。当时梁惠王送给他一辆四马拉着的车，五匹帛和璧

玉，还有百镒黄金。淳于髡终身没有做官。

慎到是赵国人。田骈和接子，是齐国人。环渊，是楚国人。他们都研究黄帝、老子道家学术，通过发挥阐明叙述出关于道德理论的主旨精神。所以慎到著述了十二篇论文，环渊著述了上下篇，田骈和接子都有所论述。

邹奭是齐国诸多邹子中的一人，也采集了很多邹衍的学术思想将它记述成文。

当时齐王称许他们，从像淳于髡以下的学者，都称为列大夫，替他们在交通要道旁建造宅第，高门大屋，尊崇宠信他们。招揽天下各诸侯国的宾客，表明齐国能够招纳天下的贤士。

学者荀子

荀卿是赵国人，五十岁的时候才到齐国来游说讲学。邹衍的学说曲折夸张而宏远善辩；邹奭的文章完备周密但难以实行；至于淳于髡，若与他长期相处，可以时常学到一些精辟的言论。所以齐国人称颂他们说："高

谈阔论的是邹衍，精雕细刻的是邹奭，足智善辩、议论不断的是淳于髡。"田骈等人都已在齐襄王时去世，此时荀卿是年纪最长、资历最深的老师。当时齐国正在补充列大夫的缺额，荀卿曾先后三次以宗师的身份担任稷下学宫的主掌人。后来，齐国有人毁谤荀卿，荀卿就到了楚国，春申君让他担任兰陵令。春申君死后，荀卿被罢官，就将家安在兰陵。李斯曾是他的弟子，后来当了秦国的丞相。荀卿憎恨污浊的社会政治，国破君昏不断出现，他们不奉行正确的主张，却迷惑于祈求鬼神赐福，相信吉凶征兆，而鄙陋的儒生拘泥小节，像庄周等人又放诞不羁，败坏风俗。这时候荀卿推论儒家、墨家、道家的行为得失，编著了几万字的文章后就去世了，也就安葬在兰陵。

赵国也有公孙龙善于进行"离坚白"和"合同异"的辩论，还有剧子的言论。魏国有位李悝，提出鼓励耕作以便发挥土地潜力的主张；楚国有尸子、长卢；阿邑有吁婴。从孟子到吁婴，社会上流传着他们的著作，所以就不论述内容了。

墨翟是宋国的大夫，善于防御的战术，提倡节约用度。有人说他和孔子同时代，也有人说他在孔子之后。

▶荀子像·清·无款

荀子（约前313—前238），名况，字卿。战国末期赵国人。著名思想家、文学家、政治家，儒家代表人物之一，时人尊称"荀卿"。作为战国时期著名的思想家和政治家，韩非、李斯都是荀子的弟子。因为这两位学生都是法家的代表人物，因此历代有部分学者怀疑荀子是否属于儒家学者，认为其近于法家，或称其为"外儒内法"。

孟尝君列传 第十五

【解题】 孟尝君田文言谈机警敏锐，承袭了父亲田婴的封爵。他为了出人头地，招揽宾客三千人，甚至包括一些士大夫多不屑的鸡鸣狗盗之徒。危急之中，最终还是这些鸡鸣狗盗之人助他一臂之力，逃出秦国。抓住人物生活中的典型事件来展示人物的性格，是本传在写法上的一个突出特点。

相门之子

孟尝君姓田，名文。田文的父亲是靖郭君田婴。田婴是齐威王的小儿子，也是齐宣王同父异母的弟弟。田婴自齐威王在位时就任职掌管政事，曾跟成侯邹忌和田忌带兵援救韩国，攻伐魏国。成侯和田忌争夺齐王的宠幸，成侯出卖了田忌。田忌害怕，便偷袭齐国的边疆城邑，没有得逞，于是就逃跑了。恰好齐威王去世，宣王继位，宣王知道成侯出卖了田忌，便又召回田忌任命他做将军。宣王二年，田忌跟孙膑、田婴共同讨伐魏国，在马陵打败了魏军，俘虏了魏国的太子申，杀死了魏国的将领庞涓。宣王七年，田婴出使到韩国和魏国，韩、魏两国归服于齐国。田婴陪同韩昭王、魏惠王在阿邑的南面会见了

▶ **齐宣王像**

齐宣王（？—前301），名辟疆，战国时齐国国君，齐威王之子。

▶ 水晶玛瑙串饰 · 战国

山东博物馆藏。由白水晶环、管及紫水晶珠、玛瑙珠等组成。色彩斑斓，精美异常。齐人佩戴的水晶组佩是一种全新的装饰形式。齐人去掉了中原贵族组佩中必备的玉璜，甚至完全不用玉而全部以水晶、玛瑙代替，体现出了独特的齐地审美。

齐宣王，三方订立了盟约。第二年，宣王与魏惠王在甄邑再次会面。这年，魏惠王去世。宣王九年，田婴做了齐国的丞相。齐宣王跟魏襄王在徐州会面并互相承认对方称王的资格，楚威王听到这件事以后，十分恼怒田婴。第二年，楚军在徐州打败了齐军，并派人驱逐田婴。田婴派张丑游说楚威王，威王才罢休。田婴在齐国担任丞相十一年，宣王去世，齐湣王就国君之位。齐湣王就国君之位的第三年，把薛地封赐给田婴。

当初，田婴有四十多个儿子，他的小妾生了个儿子叫田文，田文是五月

图说史记

五日出生的。田婴告诉田文的母亲说："不要养活他。"可是田文的母亲还是偷偷把他养活了。等到他长大后，他的母亲才通过田文的兄弟把田文引见给田婴。田婴见了他后，愤怒地对他母亲说："我让你把这个孩子扔了，你竟敢把他养活了，为什么？"田文的母亲还没来得及回答，田文立即叩头大拜，然后反问田婴道："您不让养活五月五日出生的孩子，这是什么缘故？"田婴回答说："五月出生的孩子，长大了身长会跟门户一样高，是会克父母的。"田文说："人的命运是由上天授予的，还是由门户授予的呢？"田婴无法回答，便沉默不语。田文接着说："如果是由上天授予的，您何必忧虑呢？如果是由门户授予的，那么只要加高门户就可以了，谁还能长到那么高呢！"田婴无言以对，便斥责道："你不要再说了！"

过了很久，田文借着机会又问他父亲道："儿子的儿子叫什么？"田婴答道："叫孙子。"田文又问："孙子的孙子叫什么？"田婴答道："叫玄孙。"田文接着问："玄孙的孙子叫什么？"田婴说："我不知道。"田文说："您执掌大权担任齐国宰相，历经三代君王，可是齐国的领土没有扩展，您的私家却积累了万金的财富，门下也看不到一位贤士。我听说，将军的门庭必出将军，宰相的门庭必有宰相。现在您的妻妾可以随便穿绫罗绸缎，而贤士却穿不上粗布短衣；您的奴婢有剩余的饭食肉羹，而贤士却连糠菜也吃不饱。现在您还一个劲儿地加多积贮，想留给那些连名字都叫不上来的人，却忘记了国家在诸侯国中一天天失去势力。我私下感到很奇怪。"从此以后，田婴改变了对田文的态度，开始器重他，让他主持家务，接待宾客。宾客来往不断，日益增多，田文的名声随之传播到各诸侯国中。各诸侯国都派人来请求田婴立田文为太子，田婴答应下来。田婴去世后，追谥靖郭君。田文果然在薛邑继承了田婴的爵位，这就是孟尝君。

招揽宾客

孟尝君在薛邑招揽各诸侯国的宾客以及一些犯罪逃亡的人，很多人归

▶ 龙凤形金箔·战国

附了孟尝君。孟尝君宁肯舍弃家业也要给他们丰厚的待遇，因此，天下的贤士无不倾心向往。他的食客有几千人，无论贵贱，在待遇上一律和孟尝君相同。每当孟尝君接待宾客，与宾客坐着谈话时，总是在屏风后安排侍史，让他记录下他与宾客的谈话内容，记载所交谈的宾客亲戚的住处。宾客刚刚离开，孟尝君就已派使者到宾客亲戚家里抚慰问候，献上礼物。有一次，孟尝君招待宾客吃晚饭，有个人遮住了烛光，另一个宾客很恼怒，认为饭食肯定是不一样的，放下碗筷就要离去。孟尝君马上站起来，亲自端着自己的饭食与他的相比，那个宾客羞愧得无地自容，就以刎颈自杀表示谢罪。因此贤士们有很多人都

情愿归附孟尝君。孟尝君对于来到门下的宾客都热情接纳，一律给予优厚的待遇。所以宾客们都认为孟尝君与自己很亲近。

🐾 鸡鸣狗盗

秦昭王听说孟尝君贤明，于是先派泾阳君到齐国做人质，请求见到孟尝君。孟尝君打算去秦国，但宾客中没有一个同意他去的，规劝他，他也不听。苏代对他说："今天早上我从外边来，看见木偶人和土偶人一起交谈。木偶人说：'天一下雨的话，你一定会败毁的。'土偶人说：'我从泥土中产生，败毁了也回归泥土。如果天下雨，就会把你冲走，不知道你会停留在什么地方。'如今的秦国，

好似虎狼一样的国家，而您却要前往，假如您不能返回，您能不被土偶人所讥笑吗？"孟尝君这才作罢。

齐湣王二十五年，孟尝君最终被派到了秦国，秦昭王想任命孟尝君做秦国宰相。有人劝说秦昭王道："孟尝君的确贤能，可他是齐王的同宗，如果他任秦国宰相，谋划事情必定是先替齐国打算，然后才考虑秦国，秦国可要危险了。"于是秦昭王才作罢，并把他囚禁起来，打算杀掉孟尝君。孟尝君知道情况危急，就派人冒昧地去见昭王的宠妾请求解救。宠妾提出条件说："我希望得到孟尝君的白色狐皮裘。"孟尝君来的时候带有一件白色狐皮裘衣，价值千金，天下无双，到秦国后献给了昭王，再也没有第二件了。孟尝君为这件事发愁，问遍了宾客，谁也想不出办法来。有一位能力差但会扮狗偷盗东西的人说："我能拿到那件白色狐皮裘衣。"于是他当夜假扮成狗，钻入了秦宫中的仓库，取出献给昭王的那件白狐皮裘衣，献给了昭王的宠妾。宠妾替孟尝君向昭王说情，昭王便释放了孟尝君。孟尝君获释后，立即乘快车逃离，更换了出境的证件，改了姓名逃出城关，夜半时分到了函谷关。昭王突然后悔放了孟尝君，再寻找他时他已经逃走了，就立即派人驾上快车飞奔去追捕他。孟尝君一行到了函谷关，按照关法规定，鸡叫时才能放来往客人出关。孟尝君恐怕追兵赶到，着急万分。宾客中有个能力较差但会学鸡叫的人，他一学鸡叫，附近的鸡便随着一起叫了起来，然后便立即出示了证件逃出函谷关。出关后大约一顿饭的工夫，秦国追兵果然到了函谷关，但已没了孟尝君的踪影，就只好回去了。当初，孟尝君把这两个人安排在宾客中的时候，宾客无不感到羞耻，觉得脸上无光，等孟尝君在秦国遭难，终于还是靠着这两个人解救了他。自此以后，宾客们都佩服孟尝君广招宾客不分贵贱的做法。

孟尝君经过赵国，赵国的平原君用客礼接待他。赵国人听说孟尝君贤能，出来看他，见了后都笑着说："原以为薛公是个相貌堂堂的人，现在见到他，只不过是个矮小的汉子而已。"孟尝君听了，非常愤怒。和他同行的门客都跳下车，连砍带打杀了几百人，最后毁了一个县才离开。

▶ **金缕玉璜·战国**

玉青白色。由三道金丝连接一大一小两件玉璜组成。璜体窄而薄，有16个小穿孔，两面雕刻云纹和阴刻斜线纹。用金丝连接的玉璜，极为罕见。

⏺出任齐相

齐湣王因为派遣孟尝君去秦国而感到内疚。孟尝君回到齐国后，齐湣王就让他做齐国宰相，执掌国政。

孟尝君怨恨秦国，准备以齐国的力量帮助韩国、魏国攻打楚国，从而联合韩国、魏国攻打秦国，因此向西周借兵器和军粮。苏代替西周对孟尝君说："您用齐国的兵力帮助韩国、魏国攻打楚国达九年之久，取得了宛、叶以北的地方，结果使韩、魏两国强大起来，如今再去攻打秦国，就会愈加增强韩、魏的力量。韩国、魏国南边没有楚国的威胁，西边没有秦国的祸患，那么齐国就危险了。韩、魏两国强盛起来，必定轻视齐国而畏惧秦国，我实在替您对这种形势感到不安。您不如让我国与秦国交好，不要进攻秦国，也不要借兵器和粮食。您把军队开近函谷关但不要进攻，让我国把您的心思告诉给秦昭王，说：'薛公一定不会攻打秦国来增强韩、魏两国的势力。他要进攻秦国，不过是想要大王责成楚国把东部领土割给齐国，并请您把楚怀王释放出来，从而使两国和解。'您让我国用这种做法给秦国好处，秦国能够不被攻破，又能用楚国的地盘保全了自己，秦国肯定愿意这么做。楚怀王能够获释，也一定感激齐国。齐国得到东部的土地，自然会日益强大，薛邑也就会世世

代代没有忧虑了。秦国没有受到大的削弱，又处在韩国、赵国、魏国的西边，韩、赵、魏三国必定依仗齐国。"薛公听了后立即说："好。"于是让韩、魏两国与秦国交好，使韩、魏、秦三国不再互相攻伐，齐国也不向西周借军粮了。这时，楚怀王已经到了秦国，秦国扣留了他，所以孟尝君还是要求秦国一定要将楚怀王释放。但是秦国并没有这么做。

孟尝君任齐相时，一次，他的侍从魏子替他去收封邑的租税，来回往返多次，结果一次也没把租税收回来。孟尝君问他这是什么原因，魏子回答说："有位贤德的人，我私自以您的名义把租税赠给了他，所以没有收回来。"孟尝君听后很恼怒，一气之下辞退了魏子。几年之后，有人向齐湣王造孟尝君的谣言说："孟尝君将要发动叛乱。"等到田甲劫持了湣王，湣王便怀疑是孟尝君策划的，为避免灾祸，孟尝君就逃走了。曾经得到魏子赠粮的那位贤人听说了这件事，就上书给湣王，申明孟尝君不会作乱，并请求以自己的性命作保，于是在宫殿门口刎颈自杀，以此证明孟尝君的清白。湣王大为震惊，便追查实情，孟尝君果然没有谋划叛乱，便召回了孟尝君。孟尝君因此推托有病，要求辞官回薛邑养老。湣王答应了他。

逼走吕礼

这以后，从秦国出逃的将领吕礼担任了齐国的丞相，他想难为苏代。于是苏代对孟尝君说："周最对于齐国非常忠心，然而齐王却赶走了他，听信亲弗，任用吕礼做丞相，目的是想取得秦国的信任。如果齐、秦两国联合了，那么亲弗和吕礼就会得到重用。有所任用的人，齐国和秦国就会轻视您，您不如急速向北进军，促进赵国来与秦、魏两国和好，召回周最，显示自己行为的敦厚，并且还能挽回齐王的信誉，又能控制天下形势的变化。齐国不和秦国结为盟友，那么天下就会归服齐国，亲弗势必会逃走，那么齐王还会和谁治理国家呢！"当时，孟尝君听从了苏代的计谋，因而吕礼非常嫉妒并想加害孟尝君。

孟尝君害怕了，于是给秦国的丞相穰侯魏冉写了一封信说："我听说

秦国想用吕礼来交结齐国，齐国是天下的强国，为此您一定会被轻视。齐国和秦国相互联合去对付韩、赵、魏三国，吕礼一定会兼任两国的丞相，如此就等于您通过齐国来提高吕礼的地位。如果齐国避免了天下诸侯的进攻，齐国对您的仇怨必然会加深了。您不如劝说秦王讨伐齐国，齐国被打败，我请求把所得的土地封给您。齐国失败了，秦国就会担心魏国的强大，秦国一定会重用您来交结魏国。魏国因齐国的衰败而畏惧秦国，魏国必定会重视您来交结秦国。这样您靠打败齐国建立起自己的功业，又依仗魏国而得到尊贵；同时，您打败齐国必定得到封赏，秦、魏两国就都会器重您。假如齐国不被打败，吕礼再受到秦国的重用，您一定会非常难堪。"于是，穰侯建议秦昭王讨伐齐国，因此吕礼就逃跑了。

后来齐湣王灭掉了宋国，更加骄横起来，打算除掉孟尝君。孟尝君害怕，于是到了魏国。魏昭王任用他做丞相，西面和秦、赵两国联合，又跟燕国一起打败了齐国。齐湣王逃到莒邑，最后就死在那里。齐襄王即位，

孟尝君在各诸侯国中持中立态度，不归属于谁。

齐襄王刚刚继位，畏惧孟尝君，便和他结好，重新亲近他。田文死后，谥号为孟尝君。他的儿子们争着要继承父亲的爵位，于是齐、魏两国共同灭掉了薛地。孟尝君断绝了继承人，没有了后代。

◈冯谖弹铗

起初，冯谖听说孟尝君好客，便穿着草鞋来见他。孟尝君说："先生远道光临我的封邑，有什么指教我的吗？"冯谖说："听说您喜欢招揽士人，我用非常贫穷的身躯来归附于您。"孟尝君安排他住在普通客舍里。十天后，孟尝君问客舍长说："客人做了些什么？"客舍长回答说："冯先生很贫穷，只有一把剑，还用草绳缠着剑柄。他弹着剑吟唱道：'长剑回去吧，吃饭没有鱼。'"孟尝君让冯谖搬到中等客舍，饭食里有鱼了。五天之后，孟尝君又问客舍长。客舍长说："客人又弹着剑唱道：'长剑回去吧，出入没有车子。'"孟尝君让冯谖又搬到上等客房住，出入有了

车子。过了五天，孟尝君又问客舍长。客舍长回答说："冯先生又常常弹着剑唱道：'长剑回去吧，没有东西养家。'"孟尝君听了很不高兴。

焚券市义

过了一整年，冯谖没有说什么。孟尝君担任齐国的丞相，在薛地受封一万户。他的食客有三千人，封邑的收入不够供养食客。他派人到薛地放债，但这一年农业没有什么收成，借债的人大多都不能偿还利息，供养食客的生活费用将无法供给。孟尝君忧虑这件事，问左右侍奉的人说："可派哪个人到薛地去收回债款？"客舍长说："住在上等客房的冯先生，从形态和容貌上看好像能说会道，年纪又大，没有别的技能，可以让他去收债。"孟尝君让冯谖进来并告诉他说："宾客们不知道我田文没有本事，光临到我门下的有三千多人，封邑的收入不足以供养宾客，所以在薛地发放了一些债款。薛邑的年成不好，百姓们多数不能偿还利息。如今宾客的给养恐怕不足，希望先生去向他们索取欠债。"冯谖说："好吧。"冯谖辞别孟尝君出发了，他一到薛地，就叫凡是借了孟尝君债的人前来会集，收取利息钱十万。他又酿了许多酒，买了肥牛，通知凡是借孟尝君债的人，能偿还利息的来，不能偿还利息

《人物故事图册》之冯谖弹铗·清·无款

的也来，并带着借债的契约前来验证。大家为此一齐集会，这天宰牛摆酒。当大家酒喝得酣畅时，他拿着契约到大家面前验证，能还利息的，便跟他们约定期限；贫穷不能还利息的，就把他们的契约拿来烧掉。冯谖说："孟尝君之所以放债，是想帮助没钱的百姓能从事农业；之所以索取利息，是因为自己无法供养宾客，现在跟富裕的人约定偿还的期限，对贫穷的人烧掉契约废除债务。各位先生请尽情畅饮吧！你们有这样好的主人，岂可辜负他！"在座的人都起立，拜了两拜。

孟尝君听说冯谖烧掉了契约，一气之下派人召回了冯谖。冯谖一到，孟尝君便说："我田文有三千食客，所以才在薛地放债。我的食邑收入少，而且百姓还多不按时偿还利息，食客的供养恐怕不足，所以才请先生前往向他们收取。听说先生收到利钱后，备置了许多牛肉酒食，然后烧毁了契约，这是为什么？"冯谖说："是这么回事。如果不备置许多牛肉酒食，他们就不能全来集会，我也就无法知道哪些人较为富裕，哪些人比较贫穷。富裕的，跟他们约定期限；贫穷的，就是坐守向他们追讨十年，也只能是债务越积越多，逼得紧了，他们就会用逃跑的方法自我废除债务。即使催得再紧，他们终究还是无法偿还。这种做法，会使朝中的人认为您贪图财利，而不爱护士人和百姓；下层的人则会负有背叛和抵抗人君的罪名，这不是勉励士人和百姓、显扬您名声的办法。烧掉徒有虚名的债约，废除不可能获得的空头收入，使薛地的百姓亲附您，显扬您的好名声，您还有什么怀疑的呢！"这时，孟尝君拊手赞叹，向他表示道歉。

❧扶持孟尝

齐王被秦、楚两国对孟尝君的毁谤搞糊涂了，认为孟尝君的名声超过了自己，并独揽着齐国的政权，于是罢免了孟尝君。众多食客见到孟尝君被罢免，都离开了他。冯谖说："借给我一辆可以进入秦国的车子，我一定能使您在齐国受到重用，并且封邑还能扩大，行吗？"于是孟尝君准备了车子和礼物，派冯谖去秦国。冯谖向西到秦国游说

秦王道："天下的说客，凡是驾着车马西行来到秦国的，没有一个不想强大秦国而削弱齐国；驾着车马东行到齐国的，没有一个不想强大齐国而削弱秦国。秦、齐是雌雄相争的国家，形势的发展不可能两者并列称雄，最终称雄的必然得天下。"秦王长跪着问他说："用什么方法可以使秦国不败称雄呢？"冯谖说："大王知道齐国罢免孟尝君的事了吗？"秦王说："听说了。"冯谖说："能使齐国受到天下重视的是孟尝君。现在齐王罢免了他，他内心有怨恨，肯定会背叛齐国；如果他叛齐来到秦国，那么就会把齐国的实情、君臣关系的内幕，都会泄漏给秦国，如此就可以取得齐国的领土，这难道仅是称雄吗？您赶快派人带着礼物偷偷地去迎接孟尝君，不要错过机会啊。如果齐王察觉了，重新复用孟尝君，那么雌雄如何就很难预料了。"秦昭王十分高兴，于是派出十辆车子载着百镒黄金去迎接孟尝君。冯谖辞别秦王先走了，到了齐国，游说齐王道："天下的说客驾着车马东行来到齐国的，没有一个不想强大齐国而削弱秦国；驾着车马西行到秦国的，没有一个不想强大秦国而削弱齐国。秦、齐两国是雌雄相争的国家，秦国强盛了，则齐国必然削弱，这样不可能两国都称雄。如今我私下听说秦国派了十辆车子载着百镒黄金前来迎接孟尝君。假如孟尝君不到秦国去则罢，如果去了一定会担任秦国的丞相，那么天下就会归属秦国，秦国成为强者，而齐国就会变成弱者。齐国成为弱者，那么临淄、即墨必然会有危险了。大王何不在秦国的使者到来之前，重新起用孟尝君，增加他的封邑，以此向他道歉？这样孟尝君肯定会高兴地接受。秦国虽然是个强国，难道可以随便请去别国的丞相而加以迎接吗？只有挫败了秦国的阴谋，才能粉碎秦国称霸的策略。"齐王说："好。"于是派人到齐国的边境伺察秦国的使者。秦国使者的车马恰好刚驶入齐国境内，齐王的使者掉头回转飞快向齐王报告，齐王召回孟尝君，恢复他的相位，归还他原有封邑的土地，并又给他增加一千户。秦国的使者听说孟尝君又重新担任了齐国的丞相，只好掉转车子离开了。

自从齐王听信谗言罢免孟尝君以后，众多宾客都离开了他。后来孟尝君又被召回并恢复了相位时，冯谖前去迎接他。他们还未赶到国都时，孟尝君长叹说："我田文喜爱宾客，对待宾客不敢有半点差错，食客达三千多人，这些先生是知道的。宾客见到我田文一旦被免职，都背弃我离开了，没有一个怜惜我的。如今依赖先生，我重新恢复了职位，宾客又有什么脸面来见呢？如果有来见我的，我一定往他脸上啐唾沫，狠狠地侮辱他一下。"冯谖驻马下车跪拜，孟尝君下车扶起他，说："先生是为宾客道歉吗？"冯谖说："不是为宾客道歉，是因为您的话说错了。事物有必然的归宿，人情有本来的常规，您知道其中的道理吗？"孟尝君说："我不知道您说的是什么。"冯谖说："有生命的东西一定会死亡，这是事物的必然归宿；富贵的人有众多门客，贫贱的人很少有朋友，这也是人情世态的常规。您难道没有见到那些赶集的人吗？天刚蒙蒙亮，就侧身夺门而入；日暮后，经过集市的人甩着胳膊连头也不回。他们不是喜欢早上而讨厌傍晚，是因为所期望得到的东西集市中已经没有了。虽然您失去职务，宾客都离开了，但也不值得以此怨恨士人而平白地堵塞宾客的来路。希望您能像原先一样对待他们。"孟尝君向冯谖拜了两拜说："我恭敬地遵从您的教诲，听了先生的这席话，怎敢不接受您的教诲呢？"

太史公说

我曾经经过薛地，那里的民间多是凶暴的子弟，与邹地、鲁地大不一样。我向当地人探究原因，人们说："孟尝君曾经招徕天下许多豪侠，来到此地的、仅违法乱纪的人大概就有六万多家。"世人都说孟尝君以乐于养客而沾沾自喜，的确名不虚传啊！

平原君虞卿列传 第十六

【解题】本篇是"战国四公子"之一的赵国平原君和上卿虞卿的合传。太史公用不同的写法记述了他们的平生事迹。这篇传记之所以脍炙人口，就是因为两位爱国志士：毛遂与李同。毛遂在赵国危难之时挺身而出，自荐出使楚国，表现出了超凡的才气和勇气；李同在赵国危在旦夕之时，亲身冒死赴敌，最后壮烈牺牲，爱国精神可歌可泣。

杀妾留士

平原君赵胜是赵国的一位公子。在诸多公子中，赵胜最为贤德有才，好客养士，宾客投奔到他门下的大约有几千人。平原君担任过赵惠文王和赵孝成王的宰相，曾三次离开宰相职位，又三次官复原职，封地在东武城。

平原君家有座高楼正对着下边的民宅。一户百姓家里有个跛子，总是一瘸一拐地外出打水。平原君有一位美妾住在楼上，有一天她往下看到跛子打水的样子，就哈哈大笑起来。第二天，这个跛子到平原君的家里来说："我听说您喜爱士人，士人之所以不怕路途遥远千里迢迢归附到您

平原君像

赵胜（？—前251），战国时期赵国贵族，赵武灵王之子，惠文王之弟。因贤能而闻名，号平原君。

的门下，就是因为您看重士人而鄙视姬妾啊。我遭到不幸得病致残，可是您的姬妾却在高楼上耻笑我，我希望能得到耻笑我的那个人的头。"平原君笑着回答说："好吧。"等那个跛子走后，平原君又笑着说："这小子竟因一笑就要我杀我的爱妾，不也太过分了吗？"终归没杀那个妾。过了一年多，许多宾客以及有差使的食客陆陆续续地离开了一大半。平原君对这种情况感到很奇怪，说："我赵胜对待各位先生方方面面不曾敢有失礼的地方，可是离开我的人为什么这么多呢？"一个门客走上前去回答说："因为您不杀耻笑跛子的那个妾，大家认为您喜好美色而轻视士人，所以士人就纷纷离开了。"于是平原君就割下了耻笑跛子的那个妾的头，亲自登门献给跛子，并向他道歉。从此以后，原来门下的宾客就又都陆陆续续地回来了。当时齐国有孟尝君，魏国有信陵君，楚国有春申君，他们争相礼贤下士，以便招揽人才。

▶ 鎏金龙虎嵌玉龙剑首·战国
邯郸市博物馆藏。这件鎏金龙虎嵌玉龙铜剑首由鎏金铜质龙、虎和玉龙三部分构成，铜龙居下，昂首曲颈，拱背卷尾，体表饰卷云纹，玉龙居中，青玉质，与铜龙形制相近，表面饰谷纹，铜虎居上，造型极具张力，昂首挺胸，口含红玛瑙珠，弓背垂腹，四肢伸张。整器构思精巧，工艺精湛，造型精美。反映出战国时期赵国冶铸业和玉器手工业的高度发达。

▶ 毛遂自荐

秦国围攻邯郸时，赵王曾派平原君去求援，当时想推崇楚国为盟主，订立合纵盟约，联兵抗秦。平原君说："假使这次能用和平的方式达到目的，那就最好不过了。如果和平的方式不能达到目的，那就只好在华丽的宫殿里挟楚王歃血为盟，总之一定要签订了合纵盟约才回来。贤士不用在外面找，从我门下的食客中挑选就可以了。"结果选了十九个人后，剩下的人没有再能被挑选的了。这时，门下食客中有个叫毛遂的人径自走到前

▶《毛遂自荐》浮雕

面来，向平原君自我推荐说："我听说您要到楚国去，让楚国做盟主，订立合纵盟约，并且约定与门下二十食客一同去，人员不到外面寻找。现在还少一个人，希望您就拿我充个数一起去吧。"平原君问道："先生寄附在我的门下到现在几年了？"毛遂答道："到现在整整三年了。"平原君说："有才能的贤士活在世上，就如同锥子放在口袋里，它的锋尖立即就会显露出来。如今先生寄附在我的门下已三年了，我的左右近臣们没有一个人称赞推荐过你，我也从来没听说过你，这是先生没有专长啊。先生不能去，还是留下来吧。"毛遂说："我就是今天请求把我放在口袋里。假使我早就被放在口袋里，整个锥锋都会露出来的，不只是露出一点锋尖而已。"平原君终于同意让毛遂一同去。那十九个人互相使眼色，暗暗嘲笑毛遂，但也没有阻止他。

等毛遂到了楚国，跟那十九个人讨论时局，十九个人都很佩服他。平原君与楚王谈判订立合纵盟约的事，从早晨就开始谈判，直到中午也没定下来。那十九个人对毛遂说："请先生上堂。"于是毛遂紧握剑柄，沿着台阶登上殿堂，对平原君说："合纵的利弊，两句话就可以解决了。现在从早晨就谈合纵，到了中午还决定不下来，是什么缘故？"楚王见毛遂登上堂来，就对平原君说："这个人是干什么的？"平原君说："这是我的门客。"楚王厉声呵斥道："怎么还不给我下去！我在跟你的主君谈判，你来干什么？"毛遂紧握剑柄

走向前去说："大王敢斥责我，不过是倚仗楚国人多势众。现在我与你只有十步远，十步之内大王是倚仗不了楚国的人多势众的，大王的性命就控制在我手中。你为什么当着我主人的面就这样呵斥我？况且，我听说商汤曾凭着方圆七十里的地方统治了天下，周文王凭着百里大小的地方使天下诸侯臣服，难道是因为他们的士兵多吗？实际上是由于他们善于掌握形势而发挥自己的威力。如今楚国领土纵横五千里，士兵百万，这是争王称霸所凭借的资本。凭着楚国的强大，天下谁也不能阻挡它的威势。秦国的白起，不过是个小孩子罢了，他带着几万人的部队发兵与楚国交战，第一战就攻克了鄢城郢都，第二战烧毁了夷陵，第三战便使大王的先祖受到莫大羞辱。这是楚国百世不解的仇恨，连赵王都感到羞耻，可是大王却不觉得。合纵盟约是为了楚国，不是为了赵国。况且我的主君就坐在您的面前，为什么要斥责我呢？"听了毛遂这番话，楚王立即变了态度说："是，是，的确像先生所说的那样，我一定以全国的力量履行合纵盟约。"毛遂问："盟约可以定下来了吗？"楚王说："可以定下来了。"于是毛遂对楚王的左右近臣说："取来鸡、狗、马的血。"毛遂双手捧着铜盘跪下，把它进献到楚王面前说："大王应先歃血，表示确定合纵盟约的诚意，下一个是我的主人，再下一个是我。"就这样，在楚国的殿堂上确定了合纵盟约。毛遂左手端着一盘血，右手招呼那十九个人说："各位相继在堂下歃血吧。你辈平庸无能，只能依靠别人，坐享其成。"

平原君办完和楚国合纵的事后，就赶着回国，到了赵国，说："我不敢再考察识别人才了。打我考察人才以来，多者有一千人，少则几百人，自认为不会错漏过才士。今天，对于毛先生来说却看走了眼。毛先生一到楚国，就使赵国的地位比九鼎和大吕还要贵重，毛先生凭着三寸不烂之舌，胜过百万雄师，我不敢再考察识别才士了。"于是尊毛遂为上等宾客。

❀李同赴难

平原君回到赵国后，楚国派春申君带兵前去救援赵国，魏国的信陵君也假托君命夺了晋鄙军权带兵前去救赵，可是都还没有赶到。这时秦国对邯郸加紧攻击，邯郸陷入困境，将要投降，平原君非常担心。邯郸传舍官吏的儿子李同问平原君道："您不担心赵国灭亡吗？"平原君说："若赵国灭亡，那我就要做俘虏，怎能不担忧呢？"李同说："邯郸的百姓，拿人骨当柴烧，彼此交换孩子当饭吃，可以说危急到极点了，可是您的后宫里拥有成百上千

▶ 青铜镈·战国

的美人，您的奴婢侍妾个个身穿细纱绸绫，每天都有吃不完的精粮鱼肉，而百姓却粗布短衣都穿不上，每餐连糟糠都吃不饱。百姓困苦，兵器用尽，有的人削尖木头当长矛箭矢，而您的珍宝器玩、铜钟玉磬照旧无损。一旦秦军攻破赵国，您怎么能拥有这些东西？假若赵国得以保全，您又何愁没有这些东西？现在您能命令夫人以下的所有人编到士兵队伍中，让他们分担一些工作，把家里所有的东西都分发下去供士兵享用，正当危急困苦的时候，士兵是很容易感恩戴德的。"于是平原君采纳了李同的意见，得到敢死的士兵三千人。李同就加入了三千人的队伍准备与秦军决一死战，秦军因此被击退了三十里。这时，楚、魏两国的救兵刚好到达，秦军便撤走了，邯郸得以保全。李同在同秦军作战时阵亡，他的父亲被赐封为李侯。

❧公孙龙劝谏

虞卿想凭借信陵君保存邯郸的功劳替平原君请求封赏爵邑。公孙龙听到这件事，连夜乘车赶去拜见平原君，说："我听说虞卿想凭借信陵君保全邯郸的功劳替您请求封赏，有这回事吗？"平原君说："有这回事。"公孙龙说："我认为这事很不合适。且说赵王选拔您当赵国的丞相，并不是因为您的智慧和才能是赵国独一无二的。分割东武城封给您，也不意味着您对赵国有什么功劳，而国民一点功劳都没有，这些都是因为您是君王亲戚的缘故。您接受了丞相的相印，并未推辞自己没有能力；您接受了封邑，也没有表白自己并无功劳，这也是您自己觉得是君王亲戚的缘故。如今，信陵君保存了邯郸，而有人却为您请求封赏，这既是凭着您是君王亲戚的关系让您接受封邑，又是有功时以普通国民的身份来为你计算功劳。这很不恰当。再说虞卿掌握着两个方面的主动权，事情成功的话，他会像债主一样手持债券向您讨取报酬；事情不成功，他也可以用曾建议请赏的虚名来使您感激他，您千万不要听他的。"平原君就没有听从虞卿的建议。

平原君在赵孝成王十五年去世。他的子孙世代承袭封爵，直到赵国灭亡时才终止。

平原君平时十分优待公孙龙。公

青铜鸟流盉·战国

古代酒器，青铜制成，
圆口，腹部较大，
三足，用以温
酒或调和酒水
的浓淡。

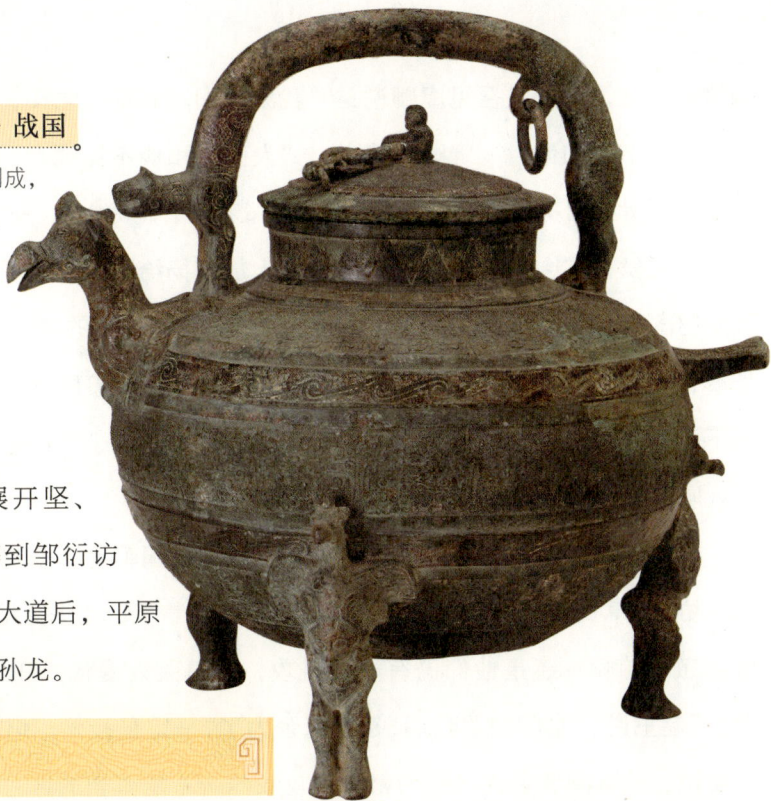

孙龙擅长于展开坚、
白的辩论，等到邹衍访
问赵国，谈论大道后，平原
君才疏远了公孙龙。

辩士虞卿

虞卿是个善于游说的有才之士，他脚穿草鞋，远道而来游说赵孝成王。第一次见面，赵孝成王便赐给他黄金百镒，白璧一对；第二次见面，就成了赵国的上卿，所以人们称他为虞卿。

秦、赵两国在长平交战，赵国初战不利丧失了一员都尉。赵孝成王召来楼昌和虞卿说："我军这次没有取胜，一员都尉又战死了，我想派遣士兵赶往再战，你们看怎么样？"楼昌说："这是没有益处的，不如派重臣去求和。"虞卿说："楼昌主张求和的原因是认为不求和我军必败。可是控制和谈的主动权在于秦国。而且大王您估计一下秦国的作战意图，是不是一定要击败赵军？"赵王说："秦国已经竭尽全力了，必定要击败赵军。"虞卿又说："大王听从我的话，派出使臣用贵重的珍宝去联合楚、魏两国，他们想得到大王的贵重珍宝，一定会接纳我们的使臣。一旦赵国使臣进入楚、魏两国，秦国必定怀疑天下诸侯联合抗秦，而且必定恐慌无疑。这样，和谈才能进行。"赵王没有听从虞卿的意见，与平阳君议妥求和，就派出郑朱先到秦国去。秦

国接纳了他。赵王又召见虞卿说：“我派平阳君到秦国求和，秦国已经接纳郑朱了，您看如何？”虞卿回答说：“大王的和谈不能成功，赵军必败。天下诸侯祝贺秦国获胜的使臣都在秦国了。郑朱是个显贵之人，一旦他进入秦国，秦王和应侯一定会把他来到秦国这件事大加宣扬给天下诸侯看。楚、魏两国认为赵国到秦国求和，必定不会救援大王。秦王知道天下的诸侯不来援救大王，那么，和谈是不可能成功的。”应侯果然把郑朱来到秦国这件事大肆宣扬给天下诸侯，始终不肯和谈。赵军在长平之战中大败，于是邯郸被围困，被天下人耻笑。

秦国解除了对邯郸的包围之后，赵王要去秦国朝拜，派赵郝签订侍奉秦国的协约，割让六个县来求和。虞卿对赵王说：“秦国进攻大王，是因为疲倦才撤军的呢？还是他们仍有能力进攻，只是因为爱惜大王才停止进攻的呢？”赵王说：“秦国进攻我们，是不遗余力了，一定是疲倦不堪后才撤退的。”虞卿说：“秦国凭着自己的力量，来攻取他所不能得到的地方，疲惫后才撤军，大王又把秦军的力量所不能夺取的地方送给他们，这是帮助秦国进攻自己啊。如果明年秦军再来进攻大王，大王就无法自救了。”赵王把虞卿的话告诉赵郝。赵郝说：“虞卿果真能完全了解秦军兵力所达到的程度吗？假如真能了解秦军兵力不能进攻了，这六个像弹丸大的地方不给秦国，明年让秦军再来进攻大王，大王能不割让腹地而求和吗？”赵王说：“那我就听从您

割地的建议吧，您能一定让秦军明年不来进攻我们吗？"赵郝回答说："这我不敢担保。从前韩、魏、赵三国和秦国的交往，一向彼此友好。现在秦国和韩、魏两国相好，却进攻大王，大王侍奉秦国必有不如韩、魏两国的地方。现在，我替您解除因背叛盟国而招致的进攻，开放边关，相互往来，像韩、魏两国一样和秦国交往，到明年还是唯独大王被秦国攻打，那一定是大王侍奉秦国落在韩、魏两国后面的缘故。这就不是我所敢担当的了。"

赵王又把赵郝说的话告诉虞卿，虞卿回答说："赵郝说'这次不讲和，明年秦国再来攻打大王，大王能不割让腹地而求和吗'？现在讲和，赵郝又不能保证秦国一定不再进攻赵国。目前即使割让给秦国六个县城，又有什么好处呢？明年秦国再来进攻，又割让秦军兵力所不能夺取的地方来求和，这是一种自取灭亡的方法。不如不跟秦国讲和。即使秦国再擅长于进攻，也不能夺取六个县城；赵国虽然不能坚守，最终也不至于丧失六个县城。秦国倦困而回，军队一定疲惫不堪。我们不妨用这六座县城来笼络天下的诸侯，共同攻打疲惫的秦国，这样我们虽然失给诸侯六个县城，但却能从秦国得到补偿。我国还能得到一定的好处，和坐等割地求和、削弱自己来增强秦国相比，哪种办法更好呢？现在，赵郝说'秦国和韩、魏两国友好而进攻赵国，一定是因为您侍奉秦国不如韩、魏两国的缘故'，这是要您每年以六座县城奉献给秦国，也就是坐等城邑全部丢失。明年秦国又来要求割地，大王准备给它吗？不给它的话，是前功尽弃，又会招来秦国攻打的祸患；如果给它的话，那么没有这么多的土地可给。俗话说'如果强者善于进攻，弱者便不能坚守'。现在坐视着听从秦国，秦军没有疲惫就获得那么多的土地，这会使秦国强盛而使赵国衰弱啊。用愈加强盛的秦国来宰割愈加衰弱的赵国，秦国的侵略野心就不会休止了。况且大王的土地是有限的，而秦国的要求是无止境的，以有限的土地来满足无休止的要求，其结果是赵国必然灭亡了。"

赵王还是没有拿定主意。楼缓从秦国回来，赵王和楼缓商量这件事，说："给秦国土地和不给它土地，哪种方法更好呢？"楼缓推辞说："这不是我所能知道的。"赵王又说："即使是这样，还是不妨试着谈谈您个人的意见。"楼缓回答说："大王也许听说过公甫文伯母亲的事吧？公甫文伯在鲁国做官，病死了，家里有两个姬妾自愿在房中为他自杀殉葬。他的母亲听到儿子死了，却一声也没有哭。他家的保姆说：'哪有儿子死了，当母亲不哭的道理呢？'他的母亲说：'孔子是一位贤人，被鲁国驱逐时，这个人不跟随他。现在死了，却有两个女人为他自杀，这表明他对长者感情冷漠而对姬妾感情深厚。'所以从他母亲的角度说出这些话，这是位贤良的母亲；然而从他妻子的角度来说这样的话，那她一定不免是位嫉妒的妻子。所以说的话虽然一样，但是说话人的身份不同，人们的想法也就不一样了。现在我刚从秦国回来，说不割让土地，也不是个办法；说割让土地，恐怕大王会认为我替秦国着想，所以我不

战国四公子

战国末期，秦国越来越强大，各诸侯国贵族为了对付秦国的入侵和挽救本国的灭亡，竭力网罗人才。他们礼贤下士，广招宾客，以扩大自己的势力，因此养"士"（包括学士、方士、策士或术士以及食客）之风盛行。当时，以养"士"著称的有魏国的信陵君魏无忌、赵国的平原君赵胜、楚国的春申君黄歇、齐国的孟尝君田文。因其四人都是礼贤下士、结交宾客之人，后人称之为"战国四公子"。

敢回答这个问题。假使让我替大王着想的话，不如割让给它。"赵王说："好吧。"

虞卿听到这个消息，进宫朝见赵王，说："这都是些虚伪的胡言乱语，大王千万谨慎，不要割让土地。"楼缓听说了，也赶来求见赵王。赵王又把虞卿的话告诉了楼缓，楼缓回答说："不是这样。虞卿只知其一，不知其二。如果秦国和赵国结为仇敌，发生战乱，天下的诸侯都会感到高

兴，这是为什么呢？他们说'我们将可以借着强国的威势欺负弱国了'。目前，赵军被秦军所围困，天下凡是祝贺战争胜利的诸侯那么都必定在秦国了。所以不如尽快割让土地与秦国讲和，借以混淆天下诸侯的视听，并用来宽慰秦国。不然的话，天下的诸侯会借着秦国的愤怒，趁赵国疲惫时将赵国瓜分了。赵国灭亡了，又怎么去图谋秦国呢？所以说虞卿只知其一，不知其二。希望大王就这样定下来，不要再考虑了。"

虞卿听说后，前去拜见赵王，说："危险啊！楼缓所提出的用来替秦国着想的办法，这是越发让天下诸侯怀疑我们，怎么能满足秦国的野心呢？为何偏偏不说它是向诸侯国显示赵国的弱点呢？况且，我所说的不割让土地，不是坚决不给就算了。秦国向大王索取六座县城，可是大王却用这六座县城来贿赂齐国。齐国是秦国最大的仇敌，得到大王的六座城邑，将会与赵国同心协力向西进攻秦国，齐王听从您的建议，不等您说完便会应允。那么这样大王失给齐国的六座县城，便会从秦国得到补偿，齐、赵两国的深仇大恨也可趁机得以报复，并且向天下的诸侯国显示您是有能力办事的。大王把这个计划张扬出去，军队还没有开赴边境，我就会看到秦国的丰厚礼物到了赵国并反而向大王求和了。顺从秦国的意愿和它讲和，韩、魏两国知道了，肯定会尊重大王；尊重大王，一定会拿出贵重宝物争先地进献给大王。这样大王一举便和齐、魏、韩三国建立友好关系，并且和秦国改变了相互之间的地位。"赵王说："妙极了。"于是派遣虞卿往东拜见齐王，跟齐王商量对付秦国的策略。虞卿还没有回国，秦国的使者已经到达了赵国。楼缓听说后，逃离而去。赵王于是把一个县城赐封给虞卿。

过了不久，魏国请求与赵国缔结合纵盟约。赵孝成王就召虞卿来商议这件事。虞卿拜访平原君，平原君建议说："希望您能谈论合纵的主张。"虞卿入宫拜见赵王。赵王说："魏国请求合纵盟约。"虞卿说："魏国错了。"赵王说："我本来也没答应。"虞卿说："大王错了。"赵王说："魏

185

国请求合纵，您说魏国错了；我没有答应它，您又说我错了。既然如此，那么终究是不能订立合纵盟约了吗？"虞卿说："我听说小国跟大国做交易，有好处就由大国享用成果，有坏处就由小国承担灾祸。现在的情况是魏国以小国的地位情愿担当灾祸，而您是以大国的地位辞却了好处。所以我说大王错了，魏国也错了。我个人认为合纵盟约对赵国有利。"赵王说："好主意。"于是赵王就同魏国订立了合纵盟约。

虞卿因为要救魏国宰相魏齐，宁愿抛弃万户侯的爵位和卿相大印，与魏齐一起从小路逃走，最后离开赵国，在魏国处境艰难。魏齐死后，虞卿愈加不得志，就著书立说，采集《春秋》的史实，观察近代的世情，写了《节义》《称号》《揣摩》《政谋》等，共八篇，用来批评国家政治的成败，世代流传，称为《虞氏春秋》。

❖ 太史公说 ❖

平原君是个乱世之中才气翩翩的公子，但是他不识大局。俗话说："贪图私利会使人丧失理智。"平原君相信冯亭的邪说，致使赵国兵败长平，四十多万赵兵被坑杀，使得邯郸几乎灭亡。虞卿分析事理揣测情势，为赵国出谋划策，是多么周密啊！到后来不忍心看着魏齐被人追杀，最后在大梁遭到困厄，平常人都知道不能这样做，何况贤能的人呢？但若不是虞卿穷困忧愁，也就不能著书立说而使自己的名声流传于后世了。

魏公子列传 第十七

【解题】魏公子即信陵君，他名冠诸侯，声震天下，其才德冠于"战国四公子"之首。在本传中，太史公倾注了高度的热情，充盈着他对信陵君的仰慕、赞叹和惋惜之情。传记中通过对信陵君的一些生平记述，歌颂了他心系魏国、礼贤下士、不顾个人安危、不谋一己之利、救人于危难之中的高贵品质。

▶礼贤下士

魏公子叫无忌，是魏昭王的小儿子，魏安釐王的异母弟弟。魏昭王去世后，魏安釐王即位，封公子为信陵君。这时候范雎从魏国逃亡在秦国做了丞相，因为他怨恨魏齐的缘故，秦国军队包围了大梁，打败了魏国驻守在华阳城下的军队，吓跑了魏军主将芒卯。魏王和公子都忧患起来。

公子为人仁爱宽厚，礼贤下士，士人无论有无才能或才能大小，他都谦恭有礼地同他们交往，从来不敢因为自己富贵而轻慢士人。因此方圆几千里的士人都争

▶信陵君像

信陵君(？—前243)，即魏无忌，战国时魏国贵族，魏安釐王的弟弟。前276年，被封于信陵(河南宁陵县)，所以后世皆称其为"信陵君"。

相归附于他，招徕食客三千人。当时，诸侯各国因公子贤德，宾客众多，连续十几年不敢动兵谋犯魏国。

公子和魏王博戏，国境北部传来点燃报警烽烟的消息，说"赵国要来侵犯，将进入边界"。魏王停止下棋，想召集大家来商量。公子制止魏王说："赵王只不过是打猎罢了，不是为了侵犯魏国而来的。"接着像之前一样博戏。魏王恐惧，心思不在博戏上。过了不多久，又从北方传来消息说："赵王只是打猎罢了，不是为侵犯魏国来的。"魏王非常惊奇，说："公子您怎么会知道呢？"公子说："我的食客有人能够打听到赵王的隐秘事情，赵王的所作所为，这位客人都来向我报告，所以我就知道了。"这以后魏王畏惧公子的贤能，不敢把国家政事委任给他。

魏国有个隐士叫侯嬴，已经七十岁了，家境贫寒，是大梁城夷门的看门人。公子听说了这个人，就派人去拜见，并想送给他一份厚礼。但是侯嬴不肯接受，说："我几十年来修养品德，坚持操守，终究不能因我看门贫困的缘故而接受公子的财物。"公

子于是就大摆酒席，宴饮宾客。宾客来齐坐定之后，公子就带着车马以及随从人员，空出车子左边的位置，亲自到夷门去迎接侯先生。侯先生整理了一下破旧的衣帽，就径直上了车子，坐在公子空出的尊贵座位上，丝毫没有谦让的意思，想借此观察一下公子的态度，可是公子手握马缰绳更加恭敬。侯先生又对公子说："我有个朋友在街市的屠宰场，希望委屈一下车马载我去拜访他。"公子立即驾车前往进入街市。侯先生下车去会见他的朋友朱亥，他斜睨缝着眼看公子，故意久久地站在那里，同他的朋友聊天，同时暗暗地观察公子，公子的面色更加和悦。街市上的人都看到公子手握缰绳替侯先生驾车，公子的随从人员都暗自责骂侯先生。侯先生看到公子面色始终不变，才告别了朋友上了车。到家后，公子领着侯先生坐到上位上，并向全体宾客隆重地介绍了侯先生，满堂宾客无不惊异。大家酒兴正浓时，公子站起来，走到侯先生面前举杯为他祝福。侯先生趁机对公子说："今天我侯嬴为难公子也够劲了。我只是个夷门的守门人，可是公子屈尊驾车，

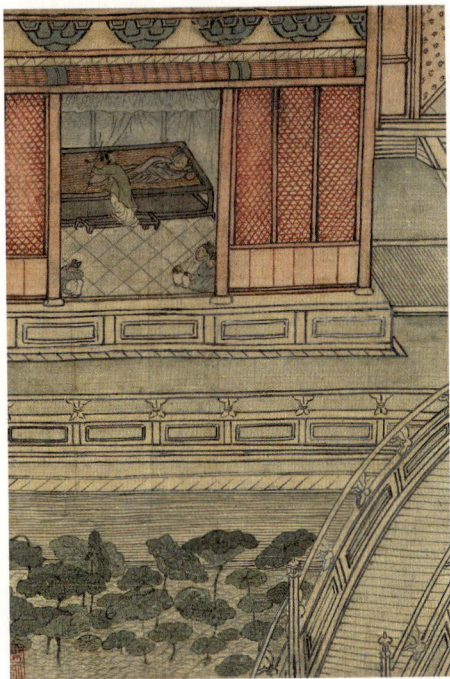

▶《史记君臣故事》之如姬窃符·明·张宏

亲自在大庭广众下迎接我，我本不该再去拜访朋友，今天公子竟屈尊陪我拜访他。可我也想成就公子的名声，故意让公子车马久久地停在街市中，借拜访朋友来观察公子，结果公子更加谦恭。街市上的人都以为我是小人，而认为公子是个能礼贤下士的长者啊。"在这次宴会散了后，侯先生便成了公子的贵客。

侯先生对公子说："我所去拜访的屠夫朱亥，这是一位贤人，社会上

不了解他，所以隐居在屠夫中罢了。"公子多次前往拜见他，朱亥故意不回拜，公子觉得很奇怪。

窃符救赵

魏安釐王二十年，秦昭王已经在长平大败赵国军队，接着进兵围攻邯郸。公子的姐姐是赵惠文王弟弟平原君的夫人，多次给魏王和公子送信来，向魏国请求救兵。魏王派将军晋鄙带领十万之众的部队去救赵国。秦昭王得知这个消息后就派使臣告诫魏王说："我就要攻下赵国了，这只是早晚的事，诸侯国中有谁敢救赵国的，拿下赵国后，一定调兵先攻打它。"魏王很害怕，就派人阻止晋鄙不要再进军了，把军队留在邺城扎营驻守，名义上是救赵国，实际上是采取两面倒的策略来观望形势的发展。平原君使臣的车子连续不断地到魏国来，责备魏公子说："我赵胜主动依附和魏国结成婚姻的原因，是由于公子有高尚的节义，能热心帮人解除危难。如今邯郸早晚要投降秦国，但魏国的救兵还不到来，哪里能显示公子可以热心帮人解除危难呢！况且公子

即使轻视我赵胜，抛弃我让我降秦，难道却不怜悯公子的姐姐吗？"公子为这件事忧虑万分，屡次请求魏王赶快出兵，又让宾客辩士们千方百计地劝说魏王。魏王由于害怕秦国，始终不肯听从公子的意见。公子估计终究不能征得魏王同意出兵了，就决计不能自己活着而让赵国灭亡，于是请来宾客，凑集了一百多辆战车，打算带着宾客赶到战场上去同秦军拼一死命，与赵国人一起赴死。

公子带着车队走过夷门时，见到了侯先生，他就把同秦军拼一死命的情况全都告诉了侯先生。侯先生说："公子努力干吧，老臣我不能随行。"公子走了几里路，心里不痛快，自语道："我对待侯先生算是够周到的了，天下无人不晓。如今我将要赴死，可是侯先生竟没有一言半语来送我，难道我对待他有闪失吗？"于是又赶着车子返回来，想问问侯先生。侯先生一见公

── 魏国的衰落 ──

战国初期，魏国所处的中原地区开发较早，生产力先进，人口众多，土地肥沃，同时由于路网纵横、交通便利，所以天下物产云集，从而使商业繁荣、制造业发达。战国时期最大的商业城市除了宋国定陶外，就是魏国大梁。魏国还是战国第一个实施变法图强的诸侯国。魏文侯重用法家李悝、西门豹制定法经，废井田、开阡陌，确立了封建土地所有制，极大地激活了生产力。军事方面，魏国较早地进行了军事变革，建立了以精锐武卒为核心的常备军，魏军内部等级森然、分工明确，且数量庞大。魏襄王时期，魏有武卒（重装步兵）二十万，奋击（轻锐步兵）二十万，苍头（裹头巾的待选步兵）二十万，厮徒（军工、勤务兵、辎重兵）二十万，车六百乘，骑五千匹，军事实力可谓雄厚。可惜魏文侯的继承者魏惠王缺乏战略眼光，四处树敌，同赵、齐、韩、秦、楚等国轮番开战，最终国运中衰，一蹶不振。以至于后来魏惠王凄凉地哀叹说："东败于齐（马陵之战），长子死焉；西丧地于秦七百里；南辱于楚，失八邑，寡人耻之。"

▶ 杜虎符

陕西历史博物馆藏。杜虎符为战国时期至秦朝的文物，1975 年陕西省西安市南郊北沈家桥村出土。长 9.5 厘米，高 4.4 厘米，厚 0.7 厘米。虎符为铜质，虎形。背面有槽，颈上一小孔，虎作半立走形，昂首，尾端卷曲。错金铭文 9 行 40 字："兵甲之符。右才（在）君，左在杜。凡兴士被甲，用兵五十人以上，必会君符，乃敢行之。燔燧之事，虽母（毋）会符，行殹（也）。"虎符"右在君，左在杜"，意思是说右半符存君王之处，左半符在杜地的军事长官手中，凡要调动军队五十人以上，杜地的左符就要与君王的右符会合，才能行军令。

子便笑着说："我本来就知道公子会回来的。"又接着说："公子好客爱士，闻名天下。如今有了危难，想不出别的办法却要赶到战场上同秦军拼死，这就如同把肥肉扔给饥饿的老虎，有什么作用呢？如果这样的话，还用我们这些宾客干什么呢？公子待我情深意厚，公子前往可是我不送行，因此知道公子恼恨我，会返回来的。"公子连着两次向侯先生拜礼，进而问对策。侯先生同公子秘密交谈，说："我听说晋鄙的兵符经常放在魏王的卧室内，在妻妾中如姬最受宠爱，她只要尽力，是能偷出兵符来的。我还听说如姬的父亲被人杀死，公子派门客斩了那个仇人的头，恭敬地献给如姬。如姬要为公子效命而死，是在所不辞的，如得到虎符而夺了晋鄙的军权，北边可救赵国，西边能抵御秦国，这是春秋五霸的功业啊。"公子听从了侯嬴的计策，请求如姬帮忙。如姬果然盗出晋鄙的兵符交给了公子。

　　公子要出发了，侯先生说："将军领兵在外，君主的命令有的可以不接受，用这样的办法对国家有利。公子到后即使验合了兵符，但晋鄙不授给公子兵权而要重新请示魏王，事情必定就危险了。我的朋友屠夫朱亥可以同您一起

前往，这人是位大力士。晋鄙要是听从，当然特别好；要是不听从，可以让朱亥杀了他。"这时候公子哭了起来，侯先生说："公子害怕死吗？为什么要哭呢？"公子说："晋鄙是个威武有经验的老将领，我去恐怕他不会听从，一定会被杀，因此我哭了，哪里是怕死呢？"于是公子去请朱亥。朱亥笑着说："我是集市上操刀的屠夫，而公子多次亲自来抚慰，之所以不回报答谢，是认为小礼节没有什么用处。如今公子有急难，这才是我为您效命的时候了。"朱亥就和公子一起前往。公子经过夷门向侯先生辞行。侯先生说："我本当随从前往，因为老了做不到。请求计算公子行进的日数，直到抵达晋鄙军队的时候，面向北自刭，以死报答公子。"公子就出发了。

❯ 锥杀晋鄙

到了邺城，公子拿出兵符假传魏王命令代替晋鄙担任将领。晋鄙合了兵符，验证无误，但还是怀疑这件事，就举着手盯着公子说："如今我统率着十万之众的大军，驻扎在边境

上，这是关系到国家命运的重任。今天你只身一人来代替我，这是怎么回事呢？"正要拒绝接受命令。这时朱亥取出藏在衣袖里的四十斤铁锥，一锥击死了晋鄙，公子于是统率了晋鄙的军队。然后整顿部队，向军中下令说："父子都在军队里的，父亲回家；兄弟同在军队里的，长兄回家；没有兄弟的独生子，回家去奉养双亲。"经过整顿选拔，得到精兵八万人开拔前线攻击秦军。秦军解围撤离而去，于是邯郸得救，保住了赵国。赵王和平原君到郊界来迎接公子，平原君背着箭筒替公子在前面引路。赵王一再拜谢说："自古以来的贤人没有比得上公子的。"这时候，平原君不敢拿自己和他相比了。公子与侯先生诀别之后，在到达邺城军营的那一天，侯先生面向北刭颈而死。

魏王恼怒公子盗出了他的兵符，假传君令击杀晋鄙，这一点公子也是明知的。所以在打退秦军拯救赵国之后，就让部将带着部队返回魏国去，而公子自己和他的门客就留在了赵国。赵孝成王感激公子夺了晋鄙的军权并保存了赵国，就和平原君商议，

▶ 嵌红铜鸟兽纹钟·战国

用五座城邑封给公子。公子听说了，内心很骄傲，并表现出功高自满的神色。门客中有人劝告公子说："事情有的可以遗忘，有的不可以遗忘。如果人家对公子有恩德，公子不可以遗忘。公子对人家有恩德，希望公子把它遗忘。况且假托了魏王的命令，夺了晋鄙的军权来援救赵国，对赵国来说算是有功了，对魏国来说那又不是忠臣啊。公子就自己骄傲并把它当作功绩，我私下认为公子不应该这样。"这时公子立刻自行责备，好像无地自容一样。赵王扫除殿堂台阶亲自出门迎接，执行主人的礼节，引导公子登西边的台阶上殿。公子侧着身子前行推辞谦让，从东边台阶上殿，称说自己有了罪过，因而愧对魏国，对赵国并无功劳。赵王侍奉公子饮酒一直到傍晚，不忍心说出要献给他五座城邑，是由于公子太谦让了。公子终于留在赵国。赵王把鄗邑作为公子洗沐所需的封邑，魏国也再把信陵献给公子。

毛公薛公

公子听说赵国有两个有才有德而没有从政的人，一个是毛公，藏身于赌徒中；一个是薛公，藏身在卖酒的店里。公子很想见见这两个人，可是这两个人躲了起来不肯见公子。公子打听到他们的藏身之处，就悄悄地步行去同这两个人交往，彼此都以相识为乐事，很是高兴。平原君知道了这件事，就对他的夫人说："当初我听说夫人的弟弟魏公子是个举世无双的大贤人，如今我听说他竟

► 错金铜铎·战国。

然胡来，跟那伙赌徒、卖酒人交往，公子只是个无知妄为的人罢了。"公子听说后，就向夫人告辞准备离开这里，说："以前我听说平原君贤德，所以背弃魏王而救赵国，满足了平原君的要求。现在才知道平原君与人交往，只是显示富贵的豪放举动罢了，他不是求取贤士人才啊。无忌从在大梁的时候起，常常听说这两个人贤能，到了赵国，唯恐不能见到他们。我和他们交往，还担心他们不理我呢。如今平原君却认为这是羞耻，平原君这个人不值得结交。"就收拾行李准备离去。夫人把公子的话全都告诉了平原君，平原君听了自感惭愧，便去向公子脱帽谢罪，坚决地把公子挽留下来。平原君门下的宾客们听到这件事，有一半人离开了平原君归附于公子，天下的士人也都去投靠公子，

▶ **青铜链式炉·战国**

归附在他的门下，因而公子的门客大大超过了平原君。

公子留在赵国十年不回魏国。秦国听说公子留在赵国，就日夜不停地发兵向东进攻魏国。魏王为此事焦虑万分，就派使臣去请公子回国。公子仍担心魏王恼怒自己，就告诫门下宾客说："有敢替魏王使臣通报传达的，处死。"由于宾客们都是背弃魏国来到赵国的，所以没谁敢劝公子回魏国。这时，毛公和薛公两人去见公子说："公子之所以在赵国受到尊重，名扬诸侯，只是因为有魏国的存在啊。现在秦国进攻魏国，魏国危急而公子毫不顾念，假使秦国攻破大梁而把您先祖的宗庙夷平，公子还有什么脸面活在世上呢？"话还没说完，公子脸色立即变了，嘱咐车夫赶快准备车驾回去救魏国。

魏王见到公子，两人不禁相对落泪，魏王把上将军大印授给公子，公子便统领魏国军队。

❂ 才高遭嫉

魏安釐王三十年，公子派使臣把自己担任上将军职务一事通报给各个诸侯国。诸侯们得知公子担任了上将军，都各自调兵遣将救援魏国。公子率领五个诸侯国的军队在黄河以南把秦军打得大败，使秦将蒙骜败逃；进而乘胜追击直到函谷关，把秦军压在函谷关内，使他们不敢再出关。当时，公子的声威震动天下，各诸侯国来的宾客都进献兵法，公子把它们合在一起签上自己的名字，所以世上俗称《魏公子兵法》。

秦王担忧公子将进一步威胁秦国，就运送万斤黄金到魏国行贿，寻找晋鄙原来的那些门客，让他们在魏王面前进谗言说："公子流亡在外十年了，现在担任魏国大将，诸侯国的将领都归他指挥，诸侯们只知道魏国有个魏公子，不知道还有个魏王，公子也要乘这个时机决定称王。诸侯们害怕公子的权势声威，正打算共同出面拥立他为王呢。"秦国又多次实行反间。魏王天天听到这些毁谤公子的话，不能不信以为真，后来果然派人代替公子担任上将军。公子自己明知这是又一次因毁谤而被废黜，于是就推托有病不上朝了。他在家里与宾客们通宵达旦地宴饮，痛饮烈性酒，常跟女人厮混，这样日日夜夜寻欢作乐度过了四年，终于因饮酒无度患病去世。这一年，魏安釐王也去世了。

秦国听说公子死了，派蒙骜进攻魏国，夺取了二十座城邑，最先设置为东郡。这之后，秦国逐渐蚕食魏国，经过十八年，就俘虏了魏王，屠灭了大梁城。

汉高祖刘邦当初年轻地位低贱的时候，多次听说公子贤能。等到他做了天子，每次经过大梁，都要祭祀公子。高祖十二年，出击黥布回来的时候，替公子设置五户人家负责守墓，要求他们世世代代每年四季供奉祭祀公子。

◆ 太史公说 ◆

我经过大梁故城时，曾寻访那个所谓的夷门，原来夷门就是大梁城的东门。天下的公子中也的确有很多好客喜士的，但只有信陵君能结交那些在山野隐居的人，不因结交低贱的人而感到耻辱，是有道理的。他的声名远在各诸侯之上，确实不是虚妄啊。因此，高祖皇帝每次经过大梁便命令百姓对他的祭祀不能断绝。

春申君列传 第十八

【解题】本篇是战国末期楚相春申君黄歇的专传。太史公重点记述了春申君任相前后的两个时期，前期写其"智"，后期写其"昏"，由明智转到昏聩，对比鲜明，发人深思。

一书退秦兵

春申君是楚国人，姓黄，名歇。他曾周游各地从师学习，知识渊博，侍奉楚顷襄王。楚顷襄王认为黄歇有口才，让他出使秦国。当时秦昭王派白起进攻韩、魏两国联军，在华阳打败了他们，并活捉了魏国大将芒卯，韩、魏两国向秦国臣服并侍奉秦国。秦昭王正命令白起同韩国、魏国一起进攻楚国，但还没出发，这时黄歇恰巧来到秦国，听到了这个谋划。这时，在此前秦国已经派白起进攻楚国，夺取了巫郡、黔中郡，攻陷了鄢郢，东面到达了竟陵，楚顷襄王被迫把国都往东迁到了陈县。黄歇看到楚怀王被秦国引诱后入秦国朝见，于是被欺骗羁留，最终死在了秦国。楚顷襄王是

春申君像

春申君（？—前238），即黄歇。战国时楚国贵族。楚考烈王十五年（前248），封于吴地（今江苏苏州），号春申君。

197

楚怀王的儿子，秦国根本不把他放在眼里，认为秦国一旦发兵就会灭掉楚国。黄歇就上书劝说秦昭王道：

"天下没有比秦、楚两国更强大的诸侯国。现在听说大王要征讨楚国，这就如同两个猛虎互相搏斗。两虎相斗会让劣马和狗趁机得到好处，不如亲善楚国。请允许我来讲述这其中的道理。

"我听说事物到了极点，就会向相反的方向发展，冬天和夏天的变化就是这样；积累到无法再高的地步就会产生危险，堆积棋子就是这样。如今贵国的土地遍及天下并拥有西、北两个边陲，这是自有人类以来，连万乘大国都不曾有过的。秦国自先帝文王、庄王至大王您，三代都没有忘记使国土跟齐国接壤，以此断绝合纵相亲的中枢地带。现在大王派盛桥在韩国临时任职，盛桥则把韩国的土地并入到秦国，这样大王不动用兵甲，不施展威力，就得到了百里土地，大王可以说是非常贤能了。大王又举兵进攻魏国，堵塞了大梁的门户，占据了河内，拔取了燕邑、酸枣、虚邑、桃邑，进入邢邑，魏国的军队像白云一样在天空漂游而不敢前来救援，大王建立的功勋也够多了。大王又让军民休养生息，二年后才重新用兵，又兼并了蒲邑、衍邑、首邑、垣邑，逼近仁地、平丘、黄邑，济阳环城固守，魏国只好投降了。大王又割取了濮水和磿山以北的土地给燕国，开辟了齐国通往秦国的交通要道，断绝了楚国和赵国的联系，天下的诸侯多次会聚，但终不敢前来救援，大王的威风可谓发挥到极点了。

"大王如果能够保持功绩，固守威势的话，那就要割除攻取别人土地的心愿，并在占有的土地上厚施仁义之道，使得不产生后患，这样三王就不愁没有第四位，五霸就不愁没有第六位了。假如大王自恃人多势众，依仗军备的强大，乘着摧毁魏国的威势，想用武力迫使天下的诸侯称臣，我考虑后患恐怕就会产生了。《诗经》说'每件事情都有个好开头，但很少有能把它保持到终了的'，《易经》说'狐狸虽爱惜尾巴，过河时太疲倦了也会把尾巴弄湿'。这些都是说，一件事情在开始时比较容易，但能保持到最终就难了。是怎么知道这个道

玉叠人踏豕佩·战国

湖北枣阳九连墩楚墓出土。整体雕刻成三人踏豕形。三人呈叠罗汉状，一人在上，双脚张开踏在下部二人头顶，下部二人双足并立站在豕前、后背上。三人神情、装束一致，圆脸，吐舌，头发束于后脑，窄袖长裙，双手拢于袖中；衣间饰网格纹。豕作奔跑状，张嘴，前腿短，后腿长，尾上卷；身饰卷云、网格、毛发纹。

理的呢？从前智伯氏只看到了伐赵的好处，却不知道榆次的灾祸；吴国看到了伐齐的利益，可是不知道干隧的失败。这两个国家，不是没有建立伟大的功绩，而是前面过于贪图利益，后面就容易产生灾祸。由于吴国完全相信越国，因此去进攻齐国，已经在艾陵战胜了齐军，但在回师时却在三渚水边被越王擒获。智氏由于相信韩氏、魏氏，才敢去讨伐赵氏，进攻晋阳城，胜利指日可待，结果韩氏、魏氏背叛了他，将智氏杀死在凿台下面。现在大王怨恨楚国没有被消灭，但却忘了灭亡楚国就会加强韩国和魏国，所以我替大王考虑，消灭楚国的举动是不可取的。

"《诗经》说'大军不远离国土长途跋涉去征伐'。由此从战略的角度看来，楚国才是秦国的后援力量，邻国才是秦国的敌人。《诗经》又说'那跳跃的狡兔，一遇到猎犬就会被捉住。别人的心思，我一揣度就会知道'。现在大王中途竟相信韩、魏两国对大王的友善，这正好像是吴国相信越国一样啊。我听说，敌人是不可以宽容的，时机是不可以错过的。我恐怕韩、魏两国是想用谦卑

199

的言辞来消除灾祸，实际上是想欺骗大国。何以见得呢？因为大王对韩、魏两国没有累世的恩德，却有世代的仇恨。韩国和魏国的父子兄弟接连不断被秦国杀死的，到现在将近有十代了。他们的国家因此而残破，社稷因此而损坏，宗庙因此而毁灭。他们的人民，有的被剖腹断肠，有的被连头带颈拽下来，有的身首分离，骸骨暴露于草野荒泽，头僵仆在地上，国境之内到处可见；他们的父子、老弱被系着脖子，捆着手，成为一批批俘虏的，前后相随行走在道路上；他们的鬼神孤泣悲伤，得不到牲血的祭享。人民无法维持生计，家族分离散失，流浪逃亡而成为仆妾的遍布天下。所以说韩国和魏国不灭亡，才是秦国的忧患，现在大王反而借助他们的力量来进攻楚国，不也错了吗？

▶ **春申君黄歇墓**

位于安徽省淮南市春申君陵园内。

"况且大王攻打楚国时，将从哪儿出兵？大王将向仇敌的韩国和魏国借路吗？如果是这样，那么从发兵之日起，大王恐怕就会担忧秦军回不来了，这是因为大王把军队资助给了仇敌的韩、魏两国。假如大王不向仇敌韩、魏两国借路，就必须攻打随水右边的地方。随水右边的地方，都是一些宽阔的河水，山林溪谷和不长庄稼的地区，大王即使占有它，也不能算是获得了土地。这样大王虽说有打败楚国的虚名，却没有获得实际的土地。

"况且大王攻打楚国的时候，齐、赵、韩、魏四国也一定会起兵来对付大王。在这种情况下，秦、楚两军如果忙于战争而无法脱离，魏国就会趁机出兵攻打留地、方与、铚地、湖陵、砀地、萧地、相地等地，原先宋国的领地就会被魏国全部占有。齐军向南进攻楚国，必定会占领泗水流域。这些地方均是大平原，交通便利，土地肥沃，却让魏、齐两国单独占取。大王打败了楚国，必然会壮大韩国和魏国在中原的势力，同时也会加强齐国的实力。韩、魏两国的强盛，就足

以与秦国较量了。齐国南面以泗水为界，东面靠近渤海，北面倚靠黄河，又无后患，这时，天下的国家没有比齐、魏两国更强的了。齐国和魏国获得土地以后，保持已得的利益，假装侍奉秦国，一年之后，他们即使不能称帝，但阻止大王称帝的力量却绰绰有余了。

"再说大王凭借着广博的土地，众多的人口，强盛的军队，一旦发兵和楚国结怨树敌，就会坐等着韩国和魏国把帝位重新让给齐国，这是大王的失策。我替大王考虑，不如与楚国亲善友好。秦、楚两国联合成一体，来进逼韩国，韩国一定不敢轻举妄动，然后大王加固东山的险要地带，利用河曲一带的有利条件，韩国一定会成为秦国国内的一个小诸侯了。假如这样，大王再用十万大军镇守郑地，魏国一定畏惧，许地、鄢陵便会闭关自守，上蔡、召陵无法往来，这样，魏国也会成为秦国的关内侯。大王只要一和楚国修好，关内两个拥有万乘战车的诸侯就会向齐国索取土地，这样齐国右边的土地，大王也可轻而易举地得到了。大王的国土横跨

东西，又控制着天下的中心，这样，燕、赵两国无法依赖齐国和楚国的援助，齐、楚两国也无法接应燕国和赵国。然后再威逼燕国和赵国，直接动摇齐国和楚国，这四个国家不待动武便臣服了。"

秦昭王读了春申君的上书后说："真好。"于是就不再让白起出征，并辞谢了韩、魏两国，同时派使臣给楚国送去了厚礼，秦、楚订立盟约结为友好国家。

以命相抵送主归

黄歇接受了盟约返回楚国，楚王派黄歇与太子完到秦国做人质，他们留在秦国好几年。后来楚顷襄王病了，太子完却回不去。太子完与秦国相国应侯的私人关系很好，于是黄歇就劝说应侯："丞相真的和楚太子相

▶楚王酓璋戈·战国

戈长援（戈的长条形锋刃部分），有"胡（指由援向下转折延长的弧形部分）"，胡残，援及胡饰嵌金鸟篆铭文18字："楚王酓璋严南越，用作戈，以邵扬文武之。"记楚王酓璋进攻南越，作此车战用戈，用以宣扬先王之武功。

好吗？"应侯说："是的。"黄歇说："如今楚王恐怕一病不起了，秦国不如让太子回去。如果太子能被立为王，他侍奉秦国一定感激相国的恩德，这不仅是亲善友好国家的表示，而且为将来保留了一个万乘大国的盟友。如果不让他回去，那他只不过是个咸阳城里的百姓罢了。楚国将改立太子，肯定不会侍奉秦国。那样就会失去友好国家的信任，又断绝了一个万乘大国的盟友，这不是上策。希望您能好好考虑这件事。"应侯把黄歇的意思报告给秦王。秦王说："让楚国太子的师傅先回去探问一下楚王的病情，回来后再做打算。"黄歇替楚国太子谋划说："秦国扣留太子的目的是要借此索取好处。现在太子要使秦国得到好处是没有办法的，我很忧虑。而阳文君的两个儿子在国内，大王如果不幸辞世，太子又不在楚国，阳文君的儿子必定被立为继承人，太子就不能奉祀国家了。不如逃离秦国，跟使臣一起出去，让我留下来，以死来担当责任。"于是楚太子换了衣服，扮成楚国使臣的车夫出得关去，而黄歇在客馆里留守，总是推托太子有病谢绝会

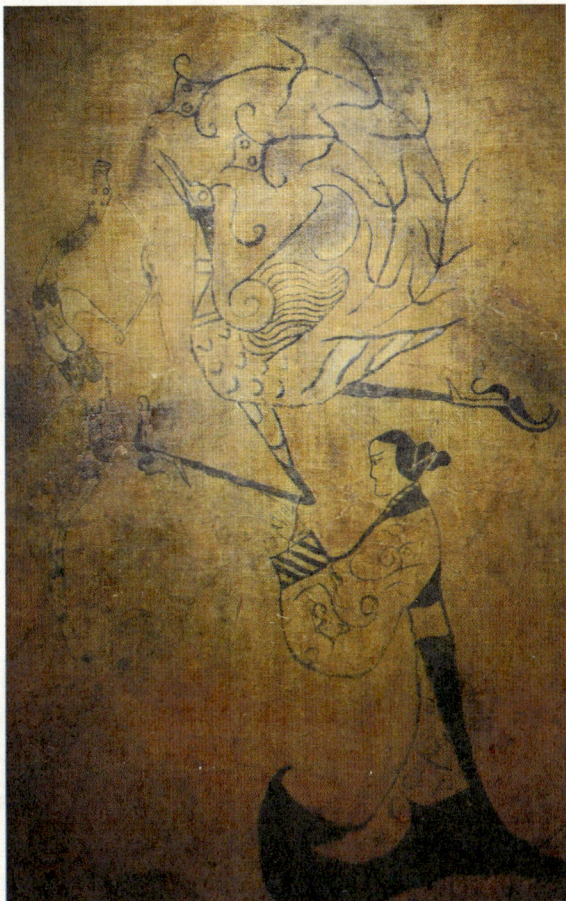

▶ 人物龙凤帛画·战国

帛画出土于湖南长沙，此画是当时用以"引魂升天"的铭旌。全画的主题是龙凤引导墓主人的灵魂早日登天升仙，是现存最早的帛画之一。

客。估计太子已经走远，秦国无法追上，黄歇就自动向秦昭王报告说："楚国太子已经回国，离开很远了。我是死罪，愿您赐我一死。"秦昭王大为恼火，要赐黄歇自尽。应侯进言道："作为臣子，黄歇为了他的主人而献出自己的生命，如果太子立为楚王，肯定重用黄歇，所以不如免他死罪，让他回国，以表示对楚国的亲善。"秦昭王就按照应侯的意见把黄歇也遣送回国了。

❃奸谋盗楚

黄歇回到楚国，三个月后，楚顷襄王去世，太子完立为楚王，就是考烈王。考烈王元年，任命黄歇为宰相，封为春申君，赏赐给他淮北地区十二个县。十五年后，黄歇对楚王进言说："淮北地区邻近齐国，那里情势紧急，请把这一带改为郡来管理更合适。"为此，黄歇献出淮北十二个县，请求改封于江东。考烈王答应了他。春申君于是就在原来吴国的废墟上筑城，作为自己的都邑。

春申君已经担任了楚国的宰相，这时候齐国有孟尝君，赵国有平原君，魏国有信陵君，大家正在争着礼贤下士，招揽宾客，并互相争夺人才，辅佐国家，把持政权。

春申君担任楚国宰相的第四年，秦国在长平打败了赵军四十多万人。第五年，秦军围攻赵国的都城邯郸。邯郸向楚国告急，楚国派春申君带兵前往援救，秦军也撤离了。春申君回到楚国。

春申君担任宰相的第八年，替楚国向北征伐，灭掉了鲁国，任用荀卿做了兰陵县令。正当这个时候，楚国又重新强盛起来。

赵国的平原君派使者拜见春申君，春申君把他安排到上等馆舍居住。赵国的使者想向楚国夸耀自己，便头上插着玳瑁簪子，拿着用宝石珠玉镶饰的刀鞘，请求会见春申君的门客。春申君的门客有三千多人，其中的上等客人都穿着用珠宝做的鞋来接见赵国的使者，赵国的使者见了感到非常惭愧。

春申君做宰相的第十四年，秦庄襄王继位，任用吕不韦做丞相，封他为文信侯，灭了东周。

春申君做宰相的第二十二年，诸

侯各国担心秦国的进攻毫无休止，就互相联合起来，向西去讨伐秦国，并推举楚王为合纵首领，让春申君掌权主事。合纵的军队到了函谷关，秦军出关反击，诸侯国的军队都战败逃走了。楚考烈王用这件事责备春申君，从此以后春申君被渐渐疏远了。

门客中有个观津人名叫朱英的，对春申君说："一般人都认为楚国是个强国，但是您掌权后却把它变弱了，这种观点我认为是不对的。先王的时候跟秦国友好了二十年，秦国没有进攻楚国，是为什么呢？这是因为秦国要逾越黾隘的关塞来攻打楚国，非常不方便；要是向东西两周借道吧，背着韩国和魏国来攻打楚国，是不可以的。现在情况则不是这样了，魏国亡在旦夕，没有力量再吝惜许地和鄢陵了，魏国答应会将它们割让给秦国。这样秦军距我国的都城陈地只有一百六十里了，今后我所看到的，将是秦国和楚国每天的争斗啊。"楚国于是离开了陈地，将都城迁到寿春；而秦国就把卫君移到野王，在原先卫都濮阳设置了东郡。春申君从此到了吴地的封邑，继续履行宰相的职权。

楚考烈王没有儿子，春申君为此事发愁，就寻找可能会生育儿子的妇女进献给楚王。赵国人李园带着他的妹妹来，打算进献给楚王。可又听说楚王

黄玉镂空龙形佩·战国

没有生子的能力，担心时间长了，妹妹会失宠。李园便寻找机会做了春申君的门客，不久他请假回家，又故意延误了返回的时间。回来后他去拜见春申君，春申君问他迟到的原因，他回答说："齐王派使臣来求娶我的妹妹，由于我跟那个使臣饮酒，所以延误了返回的时间。"春申君说："收下聘礼了吗？"李园回答说："还没有。"春申君问道："可以让我看看吗？"于是李园就把他的妹妹献给春申君，并立即得到春申君的宠幸。后来李园知道他的妹妹怀了孕，就同她商量进一步的打算。李园的妹妹劝说春申君道："楚王尊重宠信您，就连亲兄弟也赶不上啊。如今您做了二十多年的楚国宰相，可是大王没有儿子，如果楚王寿终之后将要改立兄弟，您身处尊位执掌政事多年，对楚王的兄弟们难免有许多得罪的地方。如果楚王兄弟真被立为国君，殃祸将落在您的身上，还怎么保住相位和江东封地呢？现在我知道自己怀孕了，可是别人都不知道。如果凭您的尊贵地位把我进献给楚王，楚王必定宠幸我。若我生个儿子，将来就是您的儿

子做了楚王，楚国就是您的了，这与您身遭意想不到的灾祸相比，哪个好呢？"春申君认为她说的有道理，就把李园的妹妹送到外面的馆舍居住，严谨防守，然后向楚王报告。楚王把李园的妹妹召进宫来，很是宠幸她，后来真的生了个儿子，立为太子，又把李园的妹妹封为王后。楚王器重李园，于是李园参与朝政。

后来，李园担心春申君说漏秘密而更加骄横，就暗中豢养了刺客，打算杀死春申君灭口。国中百姓颇有知道内情的。

身死棘门

春申君任宰相的第二十五年，楚考烈王病重。朱英对春申君说："世上有出乎意料的幸福，也有不期而至的灾祸。现在您正处在一个生死无常的时代，侍奉着一个不可依靠的国君，怎么可以没有能排除忧难的人呢？"春申君说："什么是意外的幸福？"朱英说："您担任楚国宰相二十年，虽然名义上是宰相，实际上您就是楚王啊。现在楚王病重，早晚会去世，而您辅佐少主，因而会代替

他执政，就像伊尹、周公一样，等到楚王年长，再把权力还给他，这不等于您南面称王而实际上占有整个楚国吗？这就是出乎意料的幸福。"春申君说："什么是不可预期的灾祸？"朱英说："李园因为有您就不能执掌国政，所以视您为仇敌，他不管兵事却豢养刺客为时已久了，楚王一去世，李园必定抢先入宫夺权并杀您灭口。这就是不期而至的灾祸。"春申君接着问道："什么叫排除忧难的人？"朱英答道："您安排我做郎中，楚王一去世，李园必定抢先入宫，我替您杀掉李园。这就是排除忧难的人。"春申君听了后说："你还是不要有这种打算好。李园是个软弱的人，我对他很友好，又怎么能发展到这种地步！"朱英一看春申君不听自己的话，恐怕祸患殃及自身，就逃走了。

十七天后，楚考烈王去世，李园果然抢先入宫，并在王宫棘门内埋伏下刺客。春申君一进入棘门，李园豢养的刺客从两侧夹住并刺杀了春申君，割下他的头，抛到了棘门之外。李园又派官吏把春申君家满门抄斩。而李园的妹妹所生的那个儿子便被立为楚王，这就是楚幽王。

这一年，秦始皇登位已经九年了。嫪毐也在秦国作乱，被发觉后，杀了他的三族，而吕不韦也被废弃。

太史公说

我到了楚地，参观了春申君的旧城，宫室真的很宏伟啊！当初春申君劝说秦昭王，又冒着生命危险叫人把楚国太子送回国，真是明智之举啊！可是后来却受制于李园，真是糊涂啊！俗话说："应当决断时不决断，最后就要遭受祸患。"说的就是春申君不听朱英进言的事吧？

图说史记

第6卷

文字编辑：于海清

美术编辑：罗筱玲　刘晓东

装帧设计：罗　雷

图片提供：王　露　郝勤建

汇图网　红动中国

中国国家博物馆

故宫博物院

上海博物馆

山东博物馆

河南博物院

河北博物院

陕西历史博物馆

湖南省博物馆

湖北省博物馆

浙江省博物馆

台北故宫博物院

美国纽约大都会艺术博物馆

美国弗利尔美术馆

美国克利夫兰艺术博物馆

美国耶鲁大学艺术陈列馆

美国普林斯顿大学博物馆

美国哈佛大学博物馆

美国芝加哥艺术学院

美国明尼阿波利斯艺术学院

大英博物馆　等

图说史记

【西汉】司马迁◎著

杨燕起 樊文龙◎主编

—— 第**7**卷 ——

[列传]

巴蜀书社

范雎蔡泽列传 第十九

【解题】本篇是战国末期秦国两位国相范雎和蔡泽的合传。此二人都为辩士出身，在任秦相之前历经坎坷。这篇传记富有很强的故事性，情节波澜起伏，一波三折，而范雎、蔡泽的性格、计谋、心理等就在其中一一展现出来。

厕中遭辱

范雎是魏国人，字叔。他曾周游列国，想侍奉魏王，可是家境贫寒又没有办法筹集活动资金，就先在魏国中大夫须贾门下做事。

有一次，须贾替魏昭王出使齐国办事，范雎也跟着去了。他们在齐国停留了几个月，也没有什么结果。当时齐襄王得知范雎能言善辩，就派专人给范雎送去了十斤黄金以及牛肉美酒之类的礼物，但范雎一再推辞不敢接受。须贾知道了这件事，大为恼火，认为范雎必是把魏国的秘密出卖给齐国了，所以才得到这种馈赠，于是他让范雎收下牛肉美酒之类的礼物，而把黄金送回去。回到魏国后，须贾心里恼怒嫉恨范雎，就把这件事报告给魏国的相国，魏国的相国是宗室公子，名叫魏齐。魏齐听了后大怒，就命令左右近臣用板子、荆条抽打范雎，打得范雎肋骨和牙齿折断。当时范雎假装死去，魏齐就派人用席子

宜阳津印·秦

上海博物馆藏。鼻纽，印面纵横各2.3厘米。宜阳，战国时韩邑，后置县，秦沿置县。津，渡口。"宜阳津印"是管理宜阳县渡口的官员之印。秦灭六国后，随着大一统封建制度的建立，与之匹配的一整套官印制度随之确立。

把他卷了卷，扔在厕所里，又让喝醉了的宾客轮番往范雎身上撒尿，故意污辱他，借以惩一儆百，让别人不准再乱说。卷在席里的范雎还活着，就对看守说："您如果放走我，我日后必定重重地谢您。"看守有意放走范雎，就向魏齐请示把席子里的死人扔掉算了。可巧魏齐喝得酩酊大醉，就顺口答应说："行吧。"范雎因而得以逃脱。后来魏齐后悔把范雎当死人扔掉，又派人去寻找他。魏国人郑安平听说了这件事，于是就带着范雎一起逃跑了，他们隐藏起来，范雎更改了姓名叫张禄。

弃车避祸

正当这个时候，秦昭王派出使臣王稽出使到魏国。郑安平就假扮成差役，伺候王稽。王稽问他："魏国有贤能的人士愿跟我一起到西边去吗？"郑安平回答说："我的乡里有位张禄先生，想求见您，谈谈天下大事。不过，他有仇人，不敢白天出来。"王稽说："夜里你跟他一起来好了。"郑安平就在夜里带着张禄来拜见王稽。两个人还没谈完，王稽就知道范雎是个贤才，便对他说："先生请在三亭的南边等着我。"范雎与王稽暗中约定后就离开了。

王稽辞别魏国上路后，经过三亭南边时，载上范雎便很快进入了秦国。车到湖邑时，远远望见有一队车马从西边奔驰而来。范雎便问："那边过来的是谁？"王稽答道："那是秦国国相穰侯去东边巡行视察县邑。"范雎一听是穰侯，便说："我听说穰侯独揽秦国大权，他最讨厌收纳各国的说客，这样见面恐怕要侮辱我的，我宁可暂在车里躲藏一下。"不一会儿，穰侯果然来到，慰问了王稽，因而停住了车问王稽："关东有什么变化没有？"王稽答道："没有。"接着穰侯对王稽说："使臣先生该不会带着那班说客一起来吧？这种人一点好处也没有，只会扰乱别人的国家罢了。"王稽赶快回答说："臣下不敢。"两人随即告别而去。范雎对王稽说："我听说穰侯是个智谋之士，只是反应慢一点，刚才他怀疑车中藏着人，可是忘记搜查了。"于是范雎就跳下车来步行，说："这件事穰侯不会甘休，必定后悔没有搜查车子。"

大约走了十几里路，穰侯果然派骑兵追回来搜查车子，没发现有人，这才作罢。王稽于是与范雎进了咸阳。

王稽向秦昭王禀报出使情况，趁机进言说："魏国有位张禄先生，是天下的辩士。他说：'秦王的国家像摞着的鸡蛋一样的危险，能够任用我的话就会安全。然而我的谋略是不可以写在书面上陈述的。'我因此把他用车带过来了。"秦王不相信，让他住下来，只供给他粗劣的饭食。范雎待命一年多。

正当这个时候，秦昭王已经继位三十六年。南边攻占了楚国的鄢郢，又把楚怀王幽禁起来死在了秦国。秦国东边打败了齐国，齐湣王曾经自称东帝，后来又把这个称号取消了。秦国多次围攻韩、赵、魏三国，扩张了领土。秦昭王厌恶天下的辩说之士，对这些人不予信任。

🔖 上书昭王

穰侯和华阳君都是昭王母亲宣太后的弟弟，而泾阳君和高陵君都是昭王的同母弟弟。穰侯是宰相，其他三人交替做了将军，拥有封邑，因为太

后的缘故，他们私家的财富超过了王室。等到穰侯做了秦国将军，而且想越过韩国、魏国去攻打齐国的纲邑、寿邑，想趁机扩展他陶邑的封地。范雎于是呈上书奏说：

"我听说英明的国君推行政事，有功劳的人不能不给奖赏，有才能的人不能不给官职。劳苦大的人，他的俸禄多；功绩多的人，他的爵位高；能治理众多事务的人，他的官职大。所以没有才能的人不敢担任官职，有才能的人也不会被埋没。假若认为我的意见是可行的，希望给予推行，并使这一主张更加得到充实；认为我的意见不行，长久地把我留下来就没有意义了。俗话说：'昏庸的国君奖赏自己喜爱的人，惩罚自己厌恶的人；英明的国君就不是这样，奖赏一定要给予有功的人，刑罚一定要施于有罪的人。'如今我的胸膛挡不住砧板上的铡刀，而腰承受不了用刑时的斧钺，怎么敢于拿疑惑的事情来对大王进行试探呢？即使认为我是低贱的人加以轻蔑侮辱，难道不相信保荐我的人对大王忠诚的心意吗？

"况且我听说周室有砥砺，宋国

有结绿，梁国有县藜，楚国有和璞，这四种宝玉，是土里出产的，都被优秀的玉工遗弃过，却成为天下名贵的宝物。既然如此，那么圣明君主抛弃的人，难道就不能够有利于国家吗？

"我听说善于使私家富裕的要从国中去取利，善于使国家富裕的要从封君身上去取利。天下有英明的国君，那么封君就不能专擅富裕，为什么呢？因为他会分割国家的荣耀权势。高明的医生能知道病人的死生，而圣明的君主了解事情的成败，有利就施行，有害就舍弃，有疑问就略加试验，即使是虞舜夏禹重新出生，也不能改变。有些至关重要的话，我不敢写在这篇书奏上，而一些浅显的意见又不值得去听取。猜想是我愚昧而不能切中大王的心意吧？或是推荐我的人地位低贱而不可相信呢？如果不是这样的话，我希望得到您一点游览观赏的空闲时

▶ **睡虎地竹简·秦**

湖北省博物馆藏。又称睡虎地秦简、云梦秦简，是指 1975 年 12 月在湖北省云梦县睡虎地秦墓中出土的大量竹简，这些竹简长 23.1—27.8 厘米，宽 0.5—0.8 厘米，内文为墨书秦篆，写于战国晚期及秦始皇时期，反映了篆书向隶书转变阶段的情况，其内容主要是秦朝时的法律制度、行政文书、医学著作以及关于吉凶时日的占书，为研究中国书法，秦帝国的政治、法律、经济、文化、医学等方面的发展历史提供了翔实的资料，具有十分重要的历史价值。

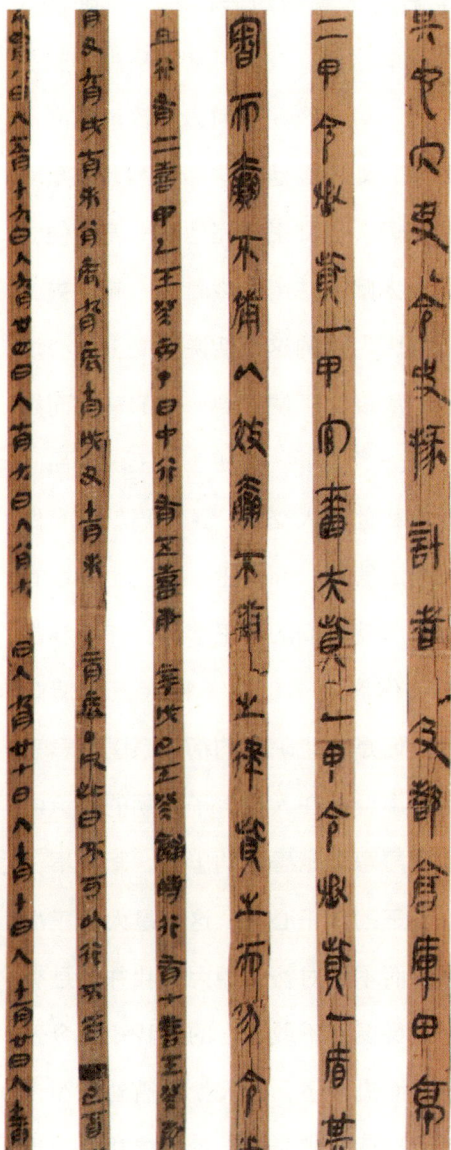

间，让我拜见您一次。如果一次进言没有成效，我请求伏罪就死。"

读了这封书奏，秦昭王特别高兴，就向王稽表示了歉意，派人用专车去接来范雎。

◉ 入秦拜王

范雎去离宫拜见秦昭王，到了宫门口，他假装不知道是内宫的通道，就往里走。这时恰巧秦昭王出来，宦官发了怒，驱赶范雎，呵斥道："大王来了！"范雎故意乱嚷着说："秦国哪里有王？秦国只有太后和穰侯罢了。"他想用这些话激怒秦昭王。秦昭王走过来，听到范雎正在与宦官争吵，便上前去迎接范雎，并向他道歉说："我本该早就向您请教了，正遇到处理义渠事件很紧迫，我早晚还要向太后请示，现在义渠事件已经处理完毕，我才得机会向您请教。我这个人很糊涂、不聪敏，让我向您敬行一礼。"范雎客气地还了礼。这一天凡是看到范雎谒见秦昭王情况的文武百官，没有一个不是肃然起敬的。

秦王屏退了左右侍从，宫室中没有其他人。秦王长跪着请求说："先

生要用什么来指教我？"范雎说："嗯，嗯。"过了一会儿，秦王再次长跪着请求说："先生要用什么来指教我？"范雎说："嗯，嗯。"像这样问答了三次。秦王长跪着说："先生始终不肯指教我吗？"范雎说："不敢这样。我听说从前吕尚遇到文王时，只是个在渭河边上钓鱼的渔翁罢了。如果像他们这种关系，就是交情疏远。但文王听完他的一席话便立他为太师，并用车载着他一起回去，就是因为他的这番话说到文王的心坎里。所以文王便得到吕尚的辅佐而终于统一了天下。假使让文王疏远吕尚而不和他深入交谈，这样周就没有做天子的德望，而文王、武王也就没有机缘成就他们的帝王事业。如今我是一个作客寄居的人，和大王交情疏远，但是希望陈述的都关系匡扶君王的大事，处在人家母子舅甥的情谊中间，愿意奉献愚笨的忠诚，却并不了解大王的真正心意。这就是大王三次询问而不敢对答的原因，我并不是有什么畏惧而不敢进言的。我知道今天在前面进言了，明天就会遭到刑罚，可我也不敢逃避。大王相信并施行我

的进言，受死不足以成为我的祸患，流亡不足以成为我的忧患，漆身成为癞子，披发变成疯子，不足以成为我的耻辱。况且像五帝那样圣明也死了，三王那样仁德也死了，五霸那样贤能也死了，乌获、任鄙那样强大也死了，成荆、孟贲、王庆忌、夏育那样勇敢也死了。由此可见，死是每个人都不可避免的。处在这样必然的态势下，可以稍为对秦国有所裨益，这就是我的最大愿望，我又有什么可害怕的呢？伍子胥装在袋子里逃出了昭关，夜间行进白天躲起来，到达了陵水以后，没有食物糊口，就用膝跪地爬行，一路磕头，袒露上身，鼓起肚皮吹箎，在吴国的集市上乞讨，后来终于兴盛了吴国，使阖闾成为霸主。假如我能够像伍子胥一样竭尽智谋，再把我囚禁起来，终身不再与大王见面，这样我的主张施行了，我又何必忧愁？箕子、接舆漆身成为癞子，披发变成疯子，对他们的君主没有好处。假若让我的行为能和箕子一样，可以对他所侍奉的贤明君主有所裨益，这是我的最大荣耀，我又有什么耻辱？我所恐惧的，唯独恐惧我死了以后，天下人看到我是竭尽忠诚才死的，便闭口裹足，没有谁肯向往秦国罢了。您在上畏惧太后的威严，在下被奸臣谄媚欺诈迷惑，居住在深宫里而没有脱离近臣的纠缠，一生都在迷惑当中，没有人帮您辨别奸恶。事情发展严重会使国家倾覆，即使轻微也会使您自身陷入孤立危亡的境地，这是我恐惧的，只此而已。至于像穷困羞辱的事情、受死逃亡的忧患，我是不会畏惧的。我死了而秦国得到了治理，这是我死的价值超过了活着。”秦王长跪着说：“先生这是说的什么话！秦国僻处边远，我又愚昧不贤能，先生能屈尊光临这里，这是上天让我烦扰先生，以便保存先王的宗庙。我能接受先生的指教，这是上天用这个办法来恩赐先王，不抛弃他的遗孤！先生怎么说出这样的话！事情不论大小，上面涉及太后，下面直到大臣，希望先生都提出来教导我，不要怀疑我呀。”范雎恭行拜礼，秦王也行拜礼。

范雎说：“大王的国家，四边都是坚固的要塞，北边有甘泉山、瓠口塞，南边环绕着泾水、渭水，西边有陇山、蜀山，东边有函谷关、崤山坂道，勇于奋战的军士有百万，战车有千辆，形势有利就出兵进攻，不利就退回来守

御，这是建立王业的好基地。秦国民众胆怯于为私事殴斗，而勇于为国家死战，这是建立王业的好民众。大王同时兼有这两方面的条件，如果利用秦国士兵的勇敢、车骑的众多，来制伏诸侯各国，就好比驱使韩国的名犬去搏击跛腿的野兔，霸王的功业是可以成就的，但是群臣没有谁算是称职的。直到如今闭关已经十五年，不敢用武力去窥视崤山以东的国家，这就是穰侯替秦国谋事不够忠诚，而大王的计策有所失误啊。"秦王长跪着说："我希望听您说说我计谋的失误之处。"

然而秦王左右的侍从多有窃听的人，范雎恐惧，不敢谈论国内有关太后、穰侯专权的事，先谈论有关国外的交往策略方面的事，以便观察秦王的态度和意向。因而进言说："穰侯越过韩国、魏国而去进攻齐国的纲邑、寿邑，不是正确的计策。军队出动少了，就无法借以伤害齐国；军队出动多了，就会有害秦国。我猜想大王的计策，想少出动军队而让韩国、魏国出动全部军队，这是不道义的。如今看到结盟的国家不亲近了，

就要越过别国进攻它，可以吗？这样做在计策上是疏陋了。况且从前齐湣王往南进攻楚国，打败了楚军，杀死了楚将，再次开辟了千里土地，但齐国最后没有得到尺寸土地，难道是它不想得到土地吗？是形势不允许它占有啊。诸侯各国见到齐国疲乏困顿，君臣之间不和睦，就发动军队攻打齐国，把齐国打得大败。士兵受辱，军队困顿，都指责他们的君王，说：'谁策划了这样的计谋？'齐王说：'是文子策划的。'大臣们兴起内乱，文子出国逃亡。所以齐国被打得大败的原因，是由于它攻打楚国反而壮大了韩国、魏国。这就是所说的借给贼人兵器而送给强盗粮食。大王不如采取结交远距离国家，而去进攻近距离国家的策略，得到一寸土地，那么就是大王的一寸土地，得到一尺土地也就是大王的一尺土地。如今放弃这种策略，而去进攻远距离的国家，不是太荒谬了吗？况且从前中山国有土地纵横五百里，赵国单独并合了它，事业成就，声名确立，而且实利也归附它了，天下没有谁能危害它。如今的韩国、魏国处在中原并且是天下的枢

纽，大王想称霸，必定要亲近中原各国以便掌握天下的枢纽，借着这样的形势来威慑楚国、赵国。楚国强大就亲附赵国，赵国强大就亲附楚国，楚国、赵国都能亲附，齐国一定畏惧了。齐国畏惧，必定言辞卑下地拿出丰厚的礼物来侍奉秦国。齐国亲附了，那么韩国、魏国就可以乘势收服了。"昭王说："我想亲近魏国很久了，但是魏国是个变化多端的国家，我不能和它亲近。请问怎样才能亲近魏国？"范雎回答说："大王先用卑下言辞和丰厚礼物去侍奉它；侍奉它不成，就割让土地去贿赂它；贿赂它不成，就借机出动大军去攻打它。"秦昭王说："我恭敬地聆听您的指教了。"就任命范雎做客卿，谋划战争行动。最终听从了范雎的计谋，派五大夫绾攻打魏国，攻占了怀邑。两年后，攻占了邢丘。

▶**中级军吏俑·秦**

秦始皇帝陵博物院藏。出土于秦俑坑军阵中，包括独立步兵俑和车兵俑两种。主要特征是身穿长襦，外披带彩色花边的前胸甲、无背甲，下穿长裤，足登翘尖履，头梳扁髻，或穿前后摆平齐的带彩色花边的鱼鳞甲。冠饰有单板和双板长冠。佩带剑等兵器，是秦军队中级指挥员的形象。

客卿范雎再次劝说秦昭王道："秦韩两国间的地形，互相交错得如同刺绣一般。秦国有了韩国，好像树木有了蛀虫，人有了心腹疾病一样。天下没有变化就罢了，天下一有变乱，能够成为秦国祸患的，谁的作用还会大于韩国？大王不如收服韩国。"秦昭王说："我本来就想收服韩国，韩国不听从，对它该怎么办？"范雎回答说："韩国怎么能不听从呢？大王派出军队去进攻荥阳，那么巩邑、成皋之间的道路就不通了；往北去切断太行山要道，那么上党的军队就不能南下。大王一出兵去进攻荥阳，那么韩国就会被割断为三部分。韩国眼看一定会灭亡，怎么能够不听从呢？假若韩国听从了，那么就可乘势盘算称霸的事业了。"秦昭王说："好。"就准备派出使者到韩国去。

◆ 计驱穰侯

范雎一天比一天得到秦昭王信任，转眼间受到秦昭王的任用有几年了。一次范雎在秦昭王闲暇方便之时进言议事说："我住在山东时，只听说齐国有田文，从没听说齐国有齐王；只听说秦国有太后、穰侯、华阳君以及高陵君、泾阳君，从没听说秦国有秦王。只有能独揽国家大权才称作王，能够兴利除害才称作王，对别人有生杀大权才能称作王。如今太后独断专行毫无顾忌，穰侯出使国外从不报告，华阳君、泾阳君等惩处断罚随心所欲，高陵君任免官吏也从不请示。人们处在这四位权贵的统治下，就是我所说的没有秦王啊。如果这样，那么大权怎么可能不旁落，政令怎么可能从您这里发出去呢？我听说善于治理国家，就要对内强固自己的威势，对外使自己的权力集中。穰侯派出的使者操持大王的重权，对诸侯国发号施令，在天下订立盟约，征讨敌方进攻别国，没有谁敢不听从，战争胜利占取了利益归给他的陶邑，国家困乏他可从诸侯国取用；战争失败就会让百姓怨恨，而把祸患归于国家。有诗说：'树上果实太多，就会压折树枝，压折了树枝就会伤害树的主干；封君的都邑太大，会危害他的国家，尊崇臣下就会使君主卑辱。'崔杼、淖齿在齐国专权，崔杼射中了齐王的大腿，淖齿抽了齐王的筋，还

把齐王悬吊在庙梁上，隔一夜就死去了。李兑在赵国专权，把主父囚禁在沙丘，一百天主父就被饿死。如今我听说秦国的太后、穰侯掌握朝政，高陵君、华阳君、泾阳君加以辅佐，最终是不要秦王的，这也就是淖齿、李兑一类的人物啊。况且夏、商、周三代灭国的原因，就在于君主把掌管国家的大权交给了信任的大臣，自己去放纵地饮酒，骑马驰骋，到处游猎，不处理朝廷政事。而他们所给予大权的大臣，又妒忌贤人，嫉恨能臣，驾驭臣下，欺骗君上，来替自己谋求私利，不为君主着想，而君主又没有觉察醒悟，所以失掉了国家。如今秦国从小乡官到各大官吏，再到大王的左右侍从，没有一个不是相国穰侯的亲信。我看到大王在朝廷孤单一人，我暗自替您害怕，在您之后，拥有秦国的怕不是您的子孙了。"秦昭王听了这番话大感惊惧，连忙说："好！"于是废弃了太后，把穰侯、高陵君以及华阳君、泾阳君驱逐出关外。秦昭王就任命范雎为相国，收回了穰侯的相印，让他回到封地陶邑去，由朝廷派给车子和牛帮他拉东西迁出国

都，装载东西的车子有一千多辆。到了国都关卡，守关官吏检查穰侯的珍宝器物，发现珍贵奇异的宝物比王室还要多。

秦昭王把应邑封给范雎，封号是应侯。这个时候，正是秦昭王四十一年。

须贾赠袍

范雎做了秦国相国之后，秦国人仍称他张禄，而魏国人并不知道，则认为范雎早已死了。魏王听到秦国即将向东攻打韩、魏两国的消息，便派须贾出使秦国。范雎得知须贾到了秦国，便隐藏了相国的身份改装出行，他穿着破旧的衣服偷空步行到客馆，见到了须贾。须贾一见范雎不禁惊愕道："范叔原来平安无事啊！"范雎说："是啊。"须贾笑着说："范叔是来秦国游说的吧？"范雎答道："不是的。我前时得罪了魏国宰相，所以流落逃跑到这里，怎么还敢游说呢？"须贾问道："如今你干些什么事？"范雎答道："我给人家当差役。"须贾听了有些怜悯他，便留下范雎一起坐下吃饭，又不无同情地说：

《范雎受袍图》·现代·单柏钦

"范叔怎么竟贫寒到这个样子！"于是就取出了自己的一件粗丝袍送给了他。须贾趁机便问道："秦国的相国张君，你知道他吧？我听说他在秦王那里很得宠，有关天下的大事都由相国张君决定。这次我办的事情成败也都取决于张君。你这个年轻人有没有跟相国张君熟悉的朋友啊？"范雎说："我的主人很熟悉他。就是我也能求见的，请让我把您引见给张君。"须贾很不以为然地说："我的马病了，车轴也断了，不是四匹马拉的大车，我是决不出门的。"范雎说："我愿意替您向我的主人借来四匹马拉的大车。"

范雎回去带来四匹马拉的大车，

并亲自给须贾驾车，进了秦国相府。相府里的人看到范雎驾着车子来了，有些认识他的人都回避离开了。须贾见到这般情景感到很奇怪。到了相国官舍门前，范雎对须贾说："等等我，我替您先进去向相国张君通报一声。"须贾就在门口等着，拽着马缰绳等了很长时间不见人来，便问门卒说："范叔进去很长时间不出来，是怎么回事？"门卒说："这里没有范叔。"须贾说："就是刚才跟我一起乘车进去的那个人。"门卒说："他就是我们相国张君啊。"须贾一听大惊失色，自知被诓骗进来，就赶紧脱掉上衣光着膀子，双膝跪地而行，托门卒向范雎认罪。于是范雎整饬帐幕，召来许多侍从，才让须贾上堂来见。须贾见到范雎连叩响头口称死罪，说："我没想到您靠自己的能力达到这么高的尊位，我不敢再读天下的书，也不敢再参与天下的事了。我犯下了应该被烹煮的大罪，把我抛到荒凉野蛮的胡貉地区我也心甘情愿，让我活让我死只听凭您的决定了！"范雎说："你的罪状有多少？"须贾急忙答道："即使拔下我的头发来数我的罪过，也不够数。"范雎说："你的罪状有三条。从前楚昭王的时候，申包胥替楚国打退了吴国军队，楚王把楚国的五千户封赏给他，申包胥辞谢不肯接受是因为他祖宗的坟墓安置在楚地。如今我范雎祖宗的坟墓也在魏国，你从前认为我对外私通齐国，因而在魏齐的面前说我的坏话，这是你的第一条罪状。当魏齐把我扔到厕所里肆意侮辱时，你不加制止；这是第二条罪状。更有甚者你喝醉之后往我身上撒尿，你怎么能忍心啊！这是第三条罪状。但是你之所以能不被处死，是因为从今天你赠我一件粗丝袍看，还有点老朋友的情意，所以给你一条生路，放了你。"于是辞退须贾，结束了会见。随即范雎进宫把事情的原委报告了秦昭王，决定不接受魏国来使，责令须贾回国。

须贾去向范雎辞行，范雎便大摆宴席，请来所有诸侯国的使臣，与他同坐堂上，酒菜饭食摆设得很丰盛。而让须贾坐在堂下，在他面前放了一槽草豆掺拌的饲料，又命令两个受过墨刑的犯人在两旁夹着，像喂马一样喂他吃饲料。范雎责令他道："给我告诉魏王，赶快把魏齐的脑袋拿来！不然的话，

我就要屠灭大梁。"须贾回到魏国，把情况告诉了魏齐，魏齐大为惊恐，便逃到了赵国，躲藏在平原君的家里。

范雎担任了秦相之后，王稽对范雎说："不可预测的事情有三种，无可奈何的事情也有三种。君王说不定哪天去世，这是第一种不可预测的情况；您突然死去，这是第二种不可预测的情况；我突然死去，这是第三种不可预测的情况。君王说不定哪天去世了，您因为我没有被君王重用而感到遗憾，也没有什么办法；您突然死去，您因为我没有被君王重用而感到遗憾，也没有什么办法；我突然死去，您因为我没有被君王重用而感到遗憾，也没有什么办法。"范雎听了很不高兴，就入宫向秦昭王进言说："没有王稽的忠诚，谁也不能把我带进函谷关；不是大王的贤智圣明，谁也不能让我显贵。如今我的官职达到了相国，处在列侯的爵位上，王稽的官职还停留在谒者，这不是他接纳我的本意啊。"秦昭王召见王稽，任命他做河东郡守，三年之内可以不向朝廷报告政绩。范雎又保荐了郑安平，昭王任他做将军。范雎于是布散自家的财物，全都用来报答那些曾在窘迫、穷困的境遇中救助过自己的人。给自己吃过一顿饭的恩惠一定要酬谢，一点极少的仇怨一定要报复。

功勋爵制

云梦秦简《军爵律》规定，"隶臣斩首为公士"，就连社会最底层的人也可以授爵，即可为证。很多学者都注意到汉初开创了"布衣将相之局"，实际上秦又何尝不是如此呢？"庶人之有爵禄"必造成"布衣将相之局"，张仪、陈轸、范雎、蔡泽、李斯及白起、王翦等人都出身微贱，属于"布衣将相"，则是再好不过的例证。全面施行功勋爵制，有利于促进社会流动，扩大统治基础，改善军政素质，给社会带来生机和活力，真可谓牵一发而动全身，这对于全面改造政治制度、等级关系及经济关系，推动古代历史进程，无疑都有着重大的历史意义。

左官壶·战国

台北故宫博物院藏。圆形大腹壶，两兽面衔环耳，器腹花纹为锈掩，未经剔除，是生坑现象。1928年洛阳金村出土。根据颈上13字铭文："廿九年十二月为东周左官㕢（饮）壶"，此器为东周显王二十九年（前340）左师作，是东周极少数遗存的铜礼器。

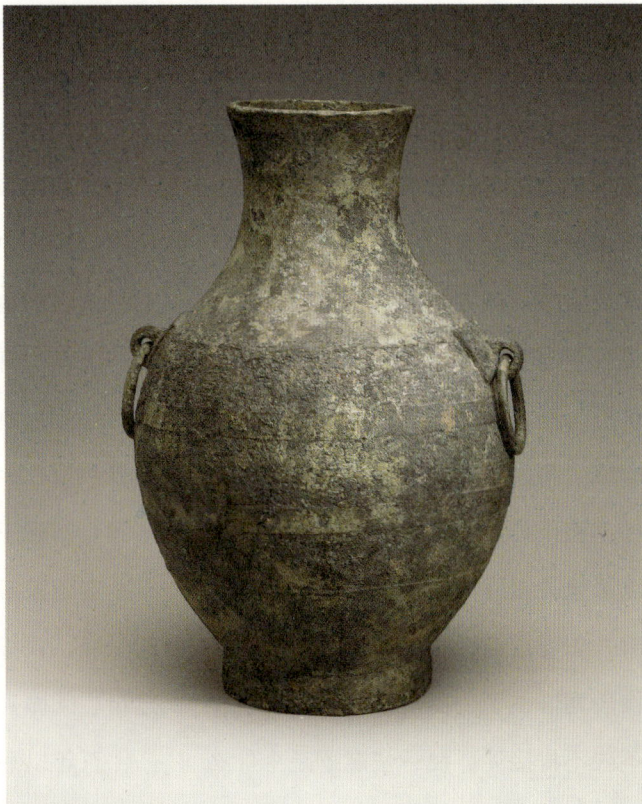

范雎在秦国做了两年宰相，秦昭王四十二年，往东去攻打韩国的少曲、高平，攻拔了这两座城池。

秦昭王听说魏齐躲在平原君家里，想要替范雎报复他的仇怨，就假装写了一封表示友好的信送给平原君说："我听说过您的高尚节义，希望和您交个普通的朋友，您能光临到我这儿，我想和您进行十日的饮宴。"平原君畏惧秦国，而且又认为秦昭王真会同自己交朋友，就进入秦国见了秦昭王。秦昭王和平原君饮宴了好几天，秦昭王对平原君说："从前周文王得到了吕尚，就任命他做太师；齐桓公得到了管夷吾，就把他当作仲父。如今范先生也是我的叔父啊。范先生的仇人躲在您家里，希望派人回去取来他的头颅，不这样做的话，我不放您出关。"平原君说："尊贵时仍和人家交往，是为了维护低贱时结交的情谊；富有时仍和人家相交往，是为了维护贫穷时结交的情谊。魏齐是我赵胜的好友，即使在我家里，我也坚决不会把他交出的，更何况如今又不在我家里。"秦昭王就给赵王写了一封信说："大王的弟弟在秦

国，范先生的仇人魏齐躲在平原君家里，大王派人迅速拿魏齐的头来。不这样的话，我就出动大军攻打赵国，也不把大王的弟弟放出函谷关去。"赵孝成王就发兵包围了平原君的家，事情紧急，魏齐连夜逃出平原君家，见到了赵国宰相虞卿。虞卿估计最终也不可能说服赵王，就解下他的宰相印绶，和魏齐一起逃亡。两人秘密地抄小路行进，考虑到诸侯中没有谁可以紧急去投靠的人，就重新跑回了大梁，想通过信陵君然后逃到楚国去。信陵君听说了，畏惧秦国，态度犹豫不决不肯接见，说："虞卿是个什么样的人？"当时侯嬴在旁边，说："人本来很不容易被了解，了解人也很不容易。那个虞卿穿着草鞋，肩搭雨伞来到赵国，第一次见到赵王，赵王就赏赐给他一双白璧，百镒黄金；第二次见到赵王，就任命他做上卿；第三次见到赵王，他终于得到了宰相印绶，被封作万户侯。正当这个时候，天下人争着去了解他。那个魏齐穷窘困迫去寻求虞卿保护，虞卿根本不把自己的高官厚禄看在眼里，解下宰相印绶，抛弃万户侯的爵位同魏齐逃

走。能把别人的困难当作自己的困难而来归附公子，公子却说'这是什么人'。人本来很不容易了解，了解人也很不容易啊！"信陵君听这番话分明有讽刺自己的意味，非常惭愧，驾着车到郊野去迎接他们。可是魏齐听说信陵君一开始不愿意接见他们，心里愤怒就自刎死了。赵王听说魏齐终于自杀身亡，于是割取他的头献给了秦国。秦昭王这才放平原君回赵国。

秦昭王四十三年，秦国进攻韩国的汾陉，攻拔了它，乘机在黄河南岸建筑广武城。

五年以后，秦昭王运用应侯的策谋，使用反间计欺骗赵国，赵国由于中了秦国反间计的缘故，让马服子赵括替代廉颇为统军将领。秦国在长平把赵国打得大败，就包围了邯郸。随后应侯和武安君白起有嫌隙，他向秦昭王进言把白起杀了。应侯保举郑安平，派去攻击赵国。郑安平被赵国包围了，事态紧急，就带领两万名秦军投降赵国。应侯跪在草席上表示有罪，请求惩处。秦国的法律规定，保荐别人任职而被保荐人应当做的事没有做好而犯了罪，保荐的人要遭到同

图说 史记

样的刑罚。这样应侯的罪就当是收捕三族。秦昭王恐怕伤了应侯的心，就在国内下达命令："有敢于谈论郑安平事件的，拿郑安平的罪来惩治他。"而增加赏赐给应侯的食物一天比一天优厚，来安抚他的情绪。两年以后，王稽做河东郡守，和其他诸侯国私通，触犯法律被诛杀，而应侯一天比一天更加不高兴。

秦昭王坐朝时唉声叹气，应侯上前说："我听说'君主忧患是臣子的耻辱，君主受辱是臣子的死罪'。如今大王在朝廷上处理政事就感到忧虑，我请求给我治罪。"秦昭王说："我听说楚的铁制刀剑锋利，但他们的歌舞艺人演技笨拙。要是铁制刀剑锋利那么士兵就会勇敢，歌舞艺人笨拙那么计谋就会深远。要是运用深远的计谋来指挥勇敢的士兵，我恐怕楚国会谋算秦国了。要是事情平常不加准备，不可以应付突发事变。如今武安君已经死去，而郑安平等人又背叛了，国内没有杰出将领，而外部又有很多敌对国家，我因此感到忧虑。"想用这番话来激发鼓励应侯。应侯恐惧起来，不知道该想什么

办法。蔡泽得知这种情况，就从燕国到秦国去了。

◑ 蔡泽说范雎

蔡泽，是燕国人。他曾周游列国从师学习并向许多大小诸侯谋求官职，但没有得到赏识。他就去找唐举看相，说："我听说先生给李兑看过相，说'一百日之内可以掌握国家权力'，有这样的事吗？"唐举说："有这件事。"蔡泽说："你看像我这个人会怎么样？"唐举仔细瞧了瞧，笑着说："先生塌鼻子，双肩高耸，额头突出，凹鼻梁，两膝蜷曲。我听说圣人不在貌相，大概说的就是先生吧？"蔡泽知道唐举在戏弄他，就说："富贵我自己本来已经有了，我所不知道的是我还有多长的寿命，希望听听您的意见。"唐举说："先生的寿命，从现在往后还有四十三年。"蔡泽笑着辞谢离去了，对他的驾车人说："我吃着米饭和肥肉，赶着车马飞驰，抱着黄金大印，把紫色印带拴在腰上，在国君面前拱手相见，俸禄优厚，尊贵荣华，有四十三年足够了。"他便离开燕国到了赵国，但被赵国赶了出

来。随即前去韩国、魏国，路上遇着强盗抢走了他的锅鬲之类的炊具。他听说应侯举荐的郑安平和王稽都在秦国犯下大罪，应侯内心惭愧抬不起头来，蔡泽向西来到秦国。

他准备去拜见秦昭王，先派人在应侯面前扬言一番来激怒应侯说："燕国来的宾客蔡泽，那是个天下见识超群、极富辩才的智谋之士。他只要一见秦王，秦王必定使您处于困境而剥夺您的权位。"应侯听了这些话，说："五帝三代的事情，百家的学说，我都知道。许多人能言善辩，我都把他们折服了。这个人又怎么能难为我并夺取我的职位呢？"于是就派人去召蔡泽来。蔡泽进来了，只向应侯作了个揖。应侯本来就不痛快，见了蔡泽，看他又如此傲慢，应侯就斥责他说："你曾扬言要取代我做秦相，可曾有这种事吗？"蔡泽回答说："有的。"应侯说："让我听听你的道理。"蔡泽说："您认识问题为什么如此迟钝呢？四季交替，到了时间就会过去。人的一生能够坚实强壮，手脚灵活利索，耳聪目明并且心灵圣洁，这难道不是士人所希望的吗？"应侯说："是这样。"蔡泽说："以仁为本，秉持正义，遵循公道，广施恩德，在天下实现自己的理想，天下人心里高兴并敬爱拥戴他，都希望他能做君王，这不是雄辩明智者所期望的吗？"应侯说："是。"蔡泽又说："富贵荣耀，治理一切事物，使它们各得其所；生命长寿，尽享天年，而不夭折；天下继承他的传统，信守他的事业，永远流传下去；名望实绩都纯洁无瑕，恩泽传播到千里之外，世代称颂而不断绝，和天地同始终，这也许就是符合道德又是圣人所说的吉祥美好的事业吧？"应侯说："是。"

蔡泽说："至于秦国的商君，楚国的吴起，越国的大夫文种，他们不幸的结局也值得羡慕吗？"应侯知道蔡泽要提起这话头来使自己困窘，就故意狡辩说："为什么不可以？公孙鞅侍奉秦孝公，献出终身没有二心，尽忠国家而不顾及私利；设置刀锯酷刑来禁止奸邪，切实执行赏罚来达到国家太平；剖露忠心，昭示实情，蒙受着怨恨责难，欺骗过从前的朋友，活捉魏国公子卬，安定了秦国，有利于百姓，终于替秦国擒拿战将打败敌国，开辟了千里国土。

吴起侍奉楚悼王，使私人不能危害公家，谗言不能闭塞忠良，说话不采取随声附和的态度，行事不采取苟且容身的做法，不因为危难改变操守，坚持大义不回避祸难，这样是为了君主称霸，国家强盛，决不躲避殃祸凶险。大夫文种侍奉越王的时候，君主即使遭受困迫侮辱，也都尽忠而不松懈，君主即使面临绝嗣亡国，也是竭尽才能而不背离，成就了功业不夸耀，获得了富贵不骄傲懈怠。像这三位人物，本来就是道义的最高准绳、忠节行为的榜样。所以君子因为道义而殉难，会视死如归；活下来蒙受羞辱还不如死了光荣。士人本来就讲究牺牲生命来成就声名，只要是为了维护大义，即使死了也没有什么遗憾的，为什么不可以呢？"

蔡泽说："君主圣明，臣子贤能，这是天下的大福；国君明智，臣子正直，这是一国的福气；父亲慈爱，儿子孝顺，丈夫诚实，妻子忠贞，这是一家的福分。而比干忠诚却不能保住殷朝，子胥多谋却不能保全吴国；申生孝顺可是晋国大乱。这些都是有忠诚的臣子、孝顺的儿子，反而国家灭亡、大乱的事例，这是为什么呢？是因为没有明智的国君、贤能的父亲听取他们的声音，因此天下人都认为这样的国君和父亲是可耻的，而怜惜同情他们的臣子和儿子。现在看来，商鞅、吴起、大夫文种作为臣子，他们是正确的；他们的国君，是错误的。所以世人称说这三位先生建立了功绩却不得好报，难道是羡慕他们不被国君体察而无辜死去吗？如果只有用死了才可以树立忠诚的美名，那么微子就不能称为仁人，孔子不能称为圣人，

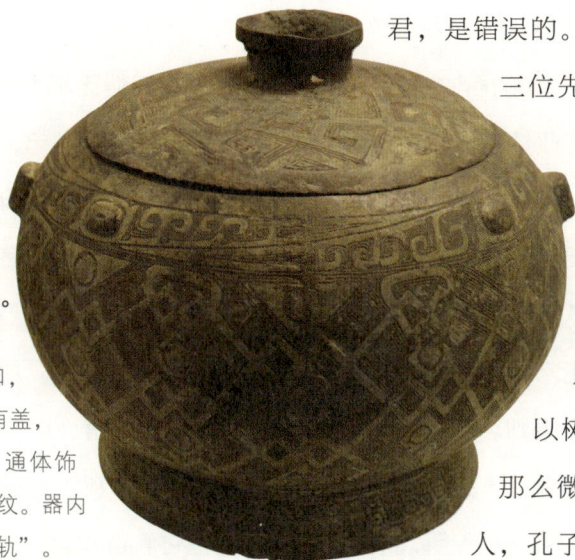

轨敦·秦

故宫博物院藏。敦为圆形，敛口，鼓腹，圈足，有盖，上为圜形把，通体饰勾连云纹和回纹。器内有铭文一字"轨"。

管仲也不值得称为伟大人物了。人们要建功立业，难道不期望功成人在吗？自身性命与功业名声都能保全的，这是上策。功名可让后世效法而自身性命不能保全的，这是次策。名声被人诟辱而自身性命得以保全的，这是下策。"说到这里，应侯称赞他讲得好。

蔡泽趁势说："商鞅、吴起、大夫文种，他们作为臣子竭尽忠诚建立功绩那是令人仰慕的，闳夭侍奉周文王，周公辅佐周成王，难道不也是竭尽忠诚极富智慧吗？按君臣的关系而论，商鞅、吴起、大夫文种他们令人仰慕，比起闳夭、周公来怎么样呢？"应侯说："商君、吴起、大夫文种比不上闳夭、周公。"蔡泽说："既然这样，那么您的人主慈爱仁义，信用忠臣，情义深厚不背弃功臣，在这些方面比起秦孝公、楚悼王、越王勾践来怎么样呢？"应侯不便回答就说："不知道怎么样。"蔡泽说："如今您的君主亲近忠臣，超不过秦孝公、楚悼王、越王勾践。您施展才智，能够替君主安定危难修明朝政，平治叛乱强盛军队，排除祸患克服困难，拓广国土增殖五谷，使国家充裕百姓富足，加强了君主的权力，尊崇了社稷，显扬了宗庙，天下人谁也不敢欺辱侵犯他的国君，君主的威严可震撼四海之内，功德彰扬到了万里以外，声名光辉灿烂流传到了千代以后，您和商鞅、吴起、大夫文种比起来又是谁强呢？"应侯说："我不如他们。"

蔡泽说："如今您的君主亲近忠良之臣不忘故交旧情比不上孝公、悼王、勾践，而您的功劳业绩和受到的宠爱信任又比不上商鞅、吴起、大夫文种，可是您的俸禄地位高贵显盛，私人的财富又超过了这三个人，自身却不引退，恐怕招惹的祸患要比这三个人还要严重，我私下替您忧虑。常言道：'太阳到了中天就要偏移，月亮到了满圆就要亏缺。'事物兴盛到了顶点就要衰竭，这是天地万物的正常规律。是进是退是伸是缩，要和时势相应加以变化，这是圣人处事的基本原则。所以'国家政治清明就出来做官，国家政治黑暗就隐居山野'。圣人说：'有德的明君居尊位治理民众，利于大德大才的人出来辅佐。''凭借不仁义的手段获得了富贵，我把它看得和浮云一样清淡。'

如今您的怨恨已经报复而恩德已经酬谢，心愿已经满足了，还没有改变的打算，我私下认为您不应该采取这样的态度。再说翠鸟、天鹅、犀牛、大象，它们所处的环境并非不是远离死亡的，之所以死亡，就是由于食饵的诱惑。苏秦、智伯的智慧，并非不是以避免羞辱远离死亡的，之所以死亡，就是由于贪恋财利而没有止境啊。因此圣人创订礼仪，节制欲望，从民众中索取而有限度，财力使用按时节，花费起来也有终止之期，所以他们的心志不放纵，行为不骄横，常常和道义规范同在而不失准则，所以得天下而传承不断。

"从前齐桓公九次会合诸侯，一度匡正天下，到了葵丘会盟的时候，有了骄傲矜夸的神色，背叛他的就有好几个国家。吴王夫差的军队无敌于天下，因为它勇敢强大就轻侮诸侯，凌驾在齐国、晋国之上，所以导致被杀、国家灭亡。夏育、太史嗷一声呼喊可以惊骇三军，然而自身死在一般平民手中。这些都是乘着他十分兴盛的时候不回到正确的处世道路上来，不能甘居谦卑、厉行节约所招致的祸患啊。商君替秦孝公明确法律政令，禁绝奸邪的根源，尊崇爵位制度，有功一定奖赏，犯了罪一定要惩处；统一权衡，统一度量，调节赋税、商品和货币流通，控制物价，废除阡陌，开垦荒地，来安定民众的生活并统一他们的习俗；勉励民众农耕，充分发挥土地潜力；一个家庭不从事另外的职业，全力种田，积蓄粮食，农闲操练作战阵法，因此军队一出动，国土就可以扩大，按兵不动，国家也可以富足。所以秦国在整个天下是没有对手的，在诸侯国中树立了威严，成就了秦国的基业。功业已经成就了，商鞅却遭受了车裂的酷刑。楚国的国土纵横几千里，武装兵士上百万，白起率领几万人的军队和楚国交战，第一次开战就攻下了鄢郢，并

▶ **龙形玉佩·战国中晚期·秦**
咸阳博物院藏。青玉质，上面有白色沁斑。龙身蜷曲，以镂雕手法雕出龙头、龙角，两面刻阴线纹和云纹。

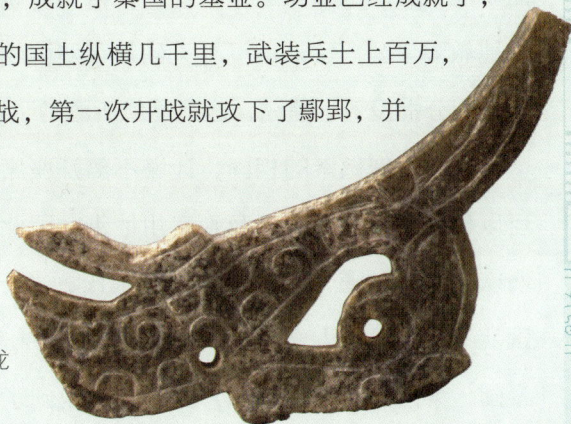

烧毁了夷陵，再次开战将蜀地、汉中也吞并过来了。又越过韩国、魏国去进攻强大的赵国，在北部地区活埋了马服君的儿子赵括，把四十多万兵众全部屠灭在长平城下，血流成河，声沸如雷，接着包围了邯郸，使秦国成就了帝王的事业。楚国、赵国是天下的强大国家，也是秦国的仇敌，从这以后，楚国、赵国都被震慑屈服，不敢再来进攻秦国了。这是因为白起的威势。他亲自征服了七十多座城邑，功业已经成就了，却终于被赐剑在杜邮自杀了。吴起替楚悼王确立法度，减弱了大臣们的威势重权，罢免了无能之辈，废除了无用之人，裁减了不必要的官职，杜绝了私家的请托，统一了楚国的习俗，禁止了民众无业游荡。他训练了能耕善战的军士，往南收服了杨越部族，往北吞并了陈国、蔡国，破坏离间合纵连横的主张，使游说的人无法开口，禁绝营私结党以便鼓励百姓，安定了楚国的政局，兵威震动天下，威慑臣服诸侯。功业已经成就了，而终于被箭射死。大夫文种替越王勾践进行了深远谋划，免除了勾践在会稽被包围的困苦，采取屈降之计把将要灭亡的国家保存下来，将君臣蒙受的耻辱转变为复国的光荣，开垦草地招募游民充实城邑。开辟农田种植五谷，统领四方境内的民众，团结全国上下的力量，辅佐勾践这样的贤人，报复夫差灭越的仇恨，终于擒灭了强劲的吴国，使越国成了霸主。功业已经彰显，并获得了信望，勾践终于负心而杀了他。这四位人物，功业成就了的时候不退离，祸患达到这个地步。这就是所谓的能伸而不能屈，能进而不能退啊。范蠡知道这个道理，自我超脱避开了官位荣华的世俗，长期安稳地做陶朱公。您难道没有见到从事赌博的人吗？有的想一次投下大赌注，有的想分批投下小赌注，这都是您所清楚了解的。

"如今您做秦的相国，计谋不离开座席，谋划不走出朝廷，坐在国内就可以控制诸侯，功利延及到三川地带，因此而充实宜阳，掘开了羊肠险坂，堵塞了太行隘道，又斩断了原属范氏、中行氏的韩国与魏国交往的路途，六国就不能实行合纵；修筑了千里栈道，和蜀地、汉中相沟通，使得天下都畏惧秦国，秦国的目的达到了，您的功劳也到了极点，这也就是秦国要分批下小

赌注的时候了。如果到了这时还不隐退，那么就是和商鞅、白起、吴起、大夫文种一样的结局了。我听说：'用水做镜子只能看到面部的容貌，用人事做借鉴的可以知道吉祥和凶祸。'古书上说'事业成功的形势下，不可以长久滞留'。四位人物的祸患，您为什么去承受呢？您何不趁这个时机向秦王归还相国的印绶，让位给贤能的人，并把相国之位授予他，自己引退到山野居住在溪水旁的祠观中，一定会有伯夷那样的廉洁名声，长期享受应侯爵位，世世代代称为封君，从而有着许由、延陵季子的辞让美名，王子乔、赤松子一样的高寿，同因为祸患了结一生相比，哪样更好呢？那么您准备选择哪一种呢？忍耐不能自动离去，疑惑不能自我决断，一定会有这四位人物的祸患了。《易经》说'龙飞到顶点而有忧悔'，这是说的能上不能下，能伸不能屈，能往不能返啊。希望您仔细地加以考虑！"

应侯说："很好，我听说'欲望不知满足，就会失去欲望；占有不知节制，就会

▶ 铜立车·秦

铜立车连驾车的马通长225厘米，高152厘米。车为双轮单辕，辕端设衡，衡上的双轭架于两服马肩上。两轭内侧各系一条靷绳。两靷的后端结在舆前的环上，再用一条粗绳索将此环与轴相连接。服马以轭承力，以两靷曳车。服马之外的两匹骖马则系靳，以靳曳车。靳绳沿两骖内侧向后通过前轸左右的吊环而结于舆底的桄上。这是中国古代发明的一种独特的系驾方式。

失去占有'。幸蒙先生指教，范雎恭敬从命。"于是就邀请蔡泽入座，尊为座上客。

几天后，范雎上朝，向秦昭王进言说："最近有从崤山以东来到的客人叫蔡泽，这个人是雄辩之士，明晓夏商周三王的政事、五霸的业绩、世俗的变化，值得把秦国的行政大权寄托给他。我所见到的人很多，没有谁赶得上他，我也不如他。我冒昧地向您禀报。"秦昭王召见蔡泽，和他交谈，特别高兴，任命他做客卿。应侯乘机推辞说有病请求归还相印。秦昭王强求应侯理政，应侯就称说病情很重。范雎免去了宰相职位，秦昭王恰恰喜爱蔡泽的计谋策划，就任命他做秦的宰相，往东收服了周王室。

蔡泽做秦宰相几个月，有人诋毁他，因为害怕被诛杀，他就推辞说有病归还了相国印绶，他被赐封为纲成君。在秦国居留有十多年，侍奉了秦昭王、秦孝文王、秦庄襄王。最终侍奉了秦始皇，替秦国出使燕国，三年以后燕国派太子丹到秦国来做人质。

太史公说

韩非子说"袖子长的人善于跳舞，钱多的人善于做生意"，这话说得多正确啊！范雎、蔡泽是人们所称说的一代辩士，然而那些游说诸侯直到满头白发也没遇到知音的，并不是计策谋略拙劣，而是他去游说的对象的能力太弱了。等到他们二人寄居秦国，且相继取得卿相地位，名垂天下，其原因本是国家强弱的形势不同啊。然而辩士也有偶然的机遇，许多如范雎、蔡泽一样贤能的人，由于没有机遇而不能施展才能，这些人哪能说得尽呢！但是，如果他们二人不遭到灾难困厄，又怎能奋发有为呢？

乐毅列传 第二十

【解题】"率行其谋,连五国兵,为弱燕报强齐之仇,雪其先君之耻,作《乐毅列传第二十》。"可见,太史公为乐毅立传的目的就是肯定其战略主张,颂扬其历史功绩。这篇传记在写法上也别具一格,简略介绍乐毅生平事迹,却详载其给燕惠王的信文,借以剖白乐毅的一片坦荡的爱国之心。

▶ 乐毅投燕

乐毅,他的祖先叫乐羊。乐羊曾担任魏文侯的将领,他带兵攻下了中山国,魏文侯把灵寿封给了乐羊。乐羊死后,就葬在灵寿,他的后代子孙们就在那里安了家。后来中山复国了,到赵武灵王的时候又灭掉了中山国,而乐家的后代出了个有名人物叫乐毅。

▶ 乐毅像·明·无款

乐毅很贤能,喜好军事,赵国人曾举荐他做官。到了赵武灵王沙丘之乱时,他就离开赵国到了魏国。后来他听说燕昭王因为子之执政,燕国大乱而被齐国乘机战败,因而燕昭王非常怨恨齐国,不曾有一天忘记向齐国报仇雪恨。燕国是个弱小的国家,地处偏远,国力是不能克敌制胜的,于是燕昭王降抑自己的身份,礼贤下士,先行优待郭隗以招揽贤能的人。正在这个时候,乐毅为魏昭王出使到了燕国,燕王以宾客的礼节接待他。乐毅推辞谦让,后来终于向燕昭王敬献了礼物,表示愿意委身做臣子,燕昭王就任命他为亚卿,他担任这个职务的时间很长。

联军破齐

当时，齐湣王很强大，南边在重丘战败了楚国宰相唐眛，西边在观津打垮了魏国和赵国，随即又联合韩、赵、魏三国攻打秦国，还曾帮助赵国灭掉中山国，又击破了宋国，扩展了一千多里的土地。齐湣王同秦昭王争夺帝号以自重，不久又取消帝号重新称王。各诸侯国都打算背离秦国而归服齐国。可是齐湣王自尊自大很是骄横，百姓忍受不了。燕昭王认为攻打齐国的机会来了，就向乐毅询问有关攻打齐国的事情。乐毅回答说："齐国原来就是霸主，如今仍留着霸主的基业，土地广阔，人口众多，可不能轻易地单独攻打它。大王若一定要攻打它，不如联合赵国以及楚国、魏国一起攻击它。"于是燕昭王派乐毅去与赵惠文王结盟立约，另派别人去联合楚国、魏国，又让赵国以攻打齐国的好处去诱劝秦国。由于诸侯们认为齐湣王骄横暴虐，对各国也是个祸害，都争着跟燕国联合共同讨伐齐国。乐毅回来之后向燕昭王汇报了这些事，燕昭王立即动员了全国的军队，让乐毅担任上将军，赵惠文王也把相国的印信授予乐毅。乐毅于是统一指挥着赵、楚、韩、魏、燕五国的军队去攻打齐国，在济水西边大败齐国军队。这时各路诸侯的军队都停止了攻击，撤回本国，而燕国军队在乐毅指挥下单独追击败逃之敌，一直追到齐国都城临淄。齐湣王在济水西边被打败后，就逃跑到莒邑并据城固守。乐毅单独留下来带兵巡行占领的地方，齐国各城邑都据城坚守不肯投降。乐毅集中力量攻击临淄，拿下临淄后，把齐国的珍宝财物以及宗庙祭祀的器物全部夺取过来并把它们运到燕国去。燕昭王大喜，亲自赶到济水岸边慰劳军队，奖赏并用酒肉犒劳军队将士，把昌国封给乐毅，封号为昌国君。燕昭王把在齐国夺取缴获的战利品带回了燕国，而让乐毅继续带兵进攻还没攻克的齐国城邑。

新君嫉贤

乐毅留在齐国巡行作战五年，攻下齐国城邑七十多座，都划为郡

县归属燕国，只有莒邑和即墨没有收服。这时恰逢燕昭王死去，他的儿子被立为燕惠王。燕惠王从做太子时就曾对乐毅有所不满，等他即位后，齐国的田单了解到他与乐毅有矛盾，就对燕国施行反间计，造谣说："齐国城邑没有攻下的只有两个了。而之所以不及早拿下来，听说是乐毅与燕国新即位的国君有怨仇，乐毅想拖延战事继续留在齐国，准备在齐国称王。齐国所担忧的，只怕别的将领到来。"当时燕惠王本来就已经怀疑乐毅，又受到齐国反间计的挑拨，就派骑劫代替乐毅任将领，并召回乐毅。乐毅心里明白燕惠王派人代替自己是不怀好意，害怕回国后被杀，便向西去投奔赵国。赵国把观津这个地方封给乐毅，封号叫望诸君。赵国对乐毅十分尊重优宠，借此来震动威慑燕国、齐国。

齐国田单后来与骑劫交战，果然设置骗局用计谋迷惑燕军，结果在即墨城下把骑劫的军队打得大败，收复了齐国的全部城邑，并且把齐襄王从莒邑迎回都城临淄。

托信寓忠情

燕惠王很后悔派骑劫代替乐毅，致使燕军惨败，损兵折将，丧失了占领的齐国土地；可是又怨恨乐毅投奔赵国，害怕赵国任用乐毅趁着燕国兵败疲困之机攻打燕国。燕惠王就派人去赵国责备乐毅，同时向他道歉说："先王把整个燕国委托给将军，将军为燕国战败齐国，替先王报了深仇大恨，天下人没有不震动的，我哪里有一天敢忘记将军的功劳呢！正遇上先王辞世，我本人刚刚即位，是左右辅佐的人耽误了我。我之所以派骑劫代替将军，是因为将军长年在外，风餐露宿，因此召回将军暂且休整一下，也好共商朝政大计。不想将军误听传言，认为跟我有隔阂，就抛弃了燕国而投奔赵国。将军若为自己打算那是可以的，可是又怎么对得住先王待将军的一片深情厚谊呢？"

乐毅写了一封回信给燕惠王，信中说：

"臣下没有才干，不能恭奉您的命令，来顺从您左右大臣的意愿。我恐怕回国有不测之事因而有损先王的

英名，有害您的道义，所以逃到赵国。现在您派人来指责我的罪过，我生怕您不能体察先王信任重用我的道理，又不清楚我用来侍奉先王的诚心，所以冒昧地写信答复您。

"我听说贤能圣明的君主不拿爵禄偏赏给亲近的人，功劳多的就奖赏他，能力胜任的就任用他。所以考察才能然后授予官职的，是能成就功业的君主。衡量品行然后交往的，是能树立声誉的贤士。我暗中观察先王的举止，看到他有超出一般君主的心志，所以我借为魏国出使之机，到燕国委身接受考察。先王格外抬举我，先把我列入宾客之中，又把我选拔出来高居群臣之上，不同父兄宗亲大臣商议，就任命我为亚卿。我自己也缺乏自知之明，自认为只要执行命令接受教导，就能侥幸免于犯罪，所以接受任命而不推辞。

"先王指示我说：'我跟齐国有积久的怨仇，深深恼恨齐国，不管燕国有多弱小，也要把向齐国复仇作为我在位的目标。'我说：'齐国至今保留着霸主的基业，而又有多次作战取胜的经验。士兵训练有素，谙熟攻战方略。大王若要攻打它，必须与天下诸侯联合共同图谋它。若要与天下诸侯对付它，不如先与赵国结盟。而且淮北和原属宋国的地区，是楚、魏两国都想得到的地方。赵国如果答应结盟，就约好四国联合攻打它，这样齐国就可以被彻底打败。'先王认为我的主张对，就准备了符节派我南去赵国。很快我就归国复命，随即发兵

▶金剑饰铁剑·战国

河北博物院藏。易县燕下都遗址出土。剑柄残长 19 厘米，铸有缠缭纹，末端饰两首相背的卷角羊头浮雕纹样。剑首两面纹饰相同，饰两首下垂、相对而卧的双羊浮雕纹样，正中有圆形凹槽。燕下都遗址出土的铁剑说明燕国当时的冶铁工艺已经有了长足发展，而黄金装饰则说明当时铁质兵器的贵重。

攻打齐国。靠着上天的引导、先王的神威，黄河以北地区的赵、魏两国军队随着先王全部到达济水岸边。济水岸边的军队接受命令攻击齐军，把齐国人打得大败。我们的轻快精锐部队，长驱直入直抵齐国国都。齐王只身逃跑奔向莒邑，仅他一人免于身亡；珠玉财宝、战车盔甲以及珍贵的祭祀器物全部缴获送回燕国。齐国的祭器摆设在宁台，大吕钟陈列在元英殿，被齐国掠去的原燕国宝鼎又从齐国取来放回历室，燕都蓟丘所种的竹子是从齐国的汶水移植来的，自五霸以来功业没有赶上先王的。先王认为自己的志向得到满足，所以划出一块地方赏赐给我，使我能比拟小国的诸侯。我私下没有自知之明，自以为奉承命令接受教导，可以侥幸无罪，因此接受使命而不推辞。

"我听说贤能圣明的君主，功业建立而不废弃，所以能记载在《春秋》一类的史书上；有预见的贤士，名声取得而不毁弃，所以能被后人称颂。像先王那样报仇雪耻，平定了具有万辆兵车的强大国家，缴获了齐国八百多年所积存的珍贵宝物，等到先王辞世之日，还留下政令训示，指示执政掌权的臣属，修整法令，慎重地对待庶出子弟，把恩泽推及百姓，这些都可以用来教导后代。

"我听过这种说法，善于开创的不一定善于完成，开端好的不一定结局好。从前伍子胥的主张被吴王阖闾采纳，吴王带兵一直打到楚国郢都；吴王夫差不采纳伍子胥的正确建议，却赐给他马革囊袋逼他自杀，把他的尸骨装在袋子里扔到江里漂流。吴王夫差不明白先前伍子胥的主张能够建立功业，所以把伍子胥沉入江里而不后悔；伍子胥也不能预见君主的气量、抱负各不相同，因此致使被沉入江里而死不瞑目。

"免遭杀身之祸而建功立业，彰明发扬先王的事迹，这是我的上策。遭到侮辱以至诽谤，毁坏先王的名声，这是我所最害怕的事情。面临难以预测的罪过，又用侥幸去谋得私利，这是恪守道义的人所不敢做出的事情。

"我听说古代的君子，绝交时不说别人的坏话；忠良的臣子离开原来的国家，不雪洗自己的罪过和冤屈。我虽然无能，但却多次聆听过君子的教导了。

我恐怕大王的侍从听信左右近臣的谗言，不体察被疏远人的行为，所以献上这封信把我的心意告诉您。希望大王留意这些。"

于是燕惠王又把乐毅的儿子乐间封为昌国君；而乐毅往来于赵国、燕国之间，与燕国重新交好，燕、赵两国都任用他为客卿。乐毅最后死于赵国。

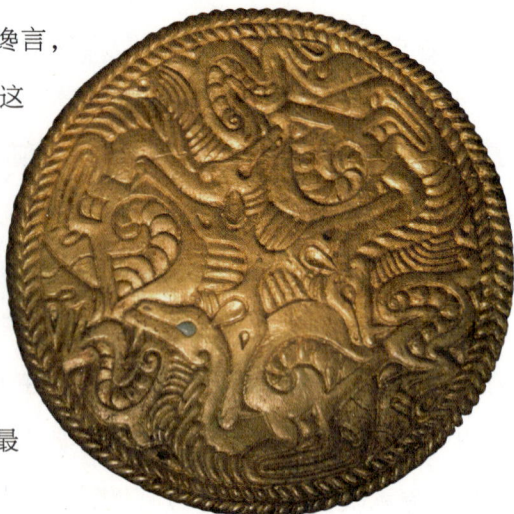

乐毅后代

乐间居住在燕国二十多年。燕王喜采纳他的宰相栗腹的计策，想进攻赵国，就询问昌国君乐间。乐间说："赵国是一个需要经常从事四方作战的国家，它的民众熟习战争，不可去攻打它。"燕王不听，就去攻打赵国。

▶ 嵌绿松石骆驼纹金饰件·战国

河北博物院藏。易县燕下都遗址出土。直径9.1厘米，重169克。边缘饰绚纹一周，内饰三只曲颈昂首的短尾卧驼。骆驼的眼睛内点缀镶嵌有绿松石，可惜脱落严重，仅一只驼眼内尚存。有的凹槽内原先也镶嵌松石，可惜均已脱失。纹饰正中有三只相连的幼驼首。背面正中有桥形鼻，左侧有记重铭文"十两十九朱"，右侧刻"成人冢"四字。

赵国派廉颇迎击它，在鄗地把栗腹的军队打得大败，擒住了栗腹、乐乘。乐乘是乐间同一宗族的人。于是乐间奔往赵国，赵国就包围了燕国。燕国割让了大量土地来与赵国讲和，赵国才解除包围撤回去了。

燕王悔恨没有采纳乐间的意见，乐间已经到了赵国，燕王就写了一封信给乐间说："殷朝纣王的时候，箕子不被任用，还是犯颜直谏从不懈怠，总是希望纣王能听从他的意见；商容因为劝谏纣王遭到贬谪，他自身遭受了羞辱，总是希望纣王的态度能够改变。等到民心涣散，牢房里的囚犯能随便逃脱的时候，他们两人才辞官隐居了。所以殷纣王背上了凶恶残暴的罪名，他们两人没有丢失忠诚圣洁的美名。为什么呢？他们忧虑国家祸患的责任完全尽到

了。如今我本人虽然愚昧，不像殷纣那样暴虐；燕国民众虽然扰乱，不像殷朝民众那样严重。家室内部有纷争，相互之间不说，却去告诉邻居，你不坚持直谏和奔往赵国这两方面我认为是不可取的。"

乐间、乐乘怨恨燕国不听从他们的计谋，二人终于留在赵国，赵国封乐乘做武襄君。

第二年，乐乘、廉颇替赵国包围了燕国，燕国拿出厚礼来讲和，赵国才解除了包围。五年以后，赵孝成王去世了。悼襄王派乐乘替代廉颇的官职。廉颇进攻乐乘，乐乘逃跑，廉颇也逃入魏国。这以后十六年，秦国就消灭了赵国。

这以后二十多年，汉高祖刘邦经过赵地，询问："乐毅有后代吗？"回答说："有个乐叔。"高祖把乐叔封在乐卿，称号为华成君。华成君就是乐毅的孙子。而乐氏家族还有乐瑕公、乐臣公，在赵国将要被秦国灭亡的时候，他们逃亡到了齐国的高密。乐臣公长于修习黄帝、老子的学说，在齐国有显赫的名声，被人们称作贤师。

太史公说

当初齐人蒯通和主父偃读乐毅给燕王的那封信时，都曾情不自禁地放下书信落泪。乐臣公钻研黄帝、老子的学说，他的宗师叫作河上丈人，但河上丈人是何许人还不清楚。河上丈人传授给安期生，安期生传授给毛翕公，毛翕公传授给乐瑕公，乐瑕公传授给乐臣公，乐臣公传授给盖公。盖公在齐地高密、胶西一带执教，是曹参相国的老师。

廉颇蔺相如列传 第二十一

【解题】本篇为廉颇、蔺相如合传。蔺相如是太史公所景仰的历史人物之一，在本篇中太史公歌颂了他的智勇双全和"先国家之急而后私仇"的高尚品格。廉颇作为战国后期的名将，太史公对他的战功着墨不多，而对他知错能改、负荆请罪的难能可贵的美德进行了大力渲染。廉颇与蔺相如的故事在今天已是家喻户晓。

❖完璧归赵

廉颇是赵国杰出的将领。赵惠文王十六年，廉颇率领赵军征讨齐国，大败齐军，夺取了阳晋，被封为上卿，他以勇气闻名于诸侯各国。蔺相如是赵国人，是赵国宦者令缪贤家的门客。

赵惠文王的时候，得到了楚国的和氏璧。秦昭王听说了这件事，就派人给赵王一封书信，表示愿意用十五座城交换这块玉璧。赵王同大将军廉颇及大臣们商量：要是把宝玉给了秦国，秦国的城邑恐怕不可能得到，白白地受骗；要是不给呢，就怕秦军马上来攻打。没有想好对策，想找一个能派到秦国去交涉的使者，没能找到。宦者令缪贤说："我的门客蔺相如可以出使。"赵王问："你凭什么知道他可以出使？"缪贤回答说："我曾经犯过罪，私下打算逃到燕国去，我的门客蔺相如制止了我，说：'您凭什么了解燕王呢？'我告诉他说，我曾经跟从大王和燕王在边境上相会，燕王私下握着我的手，说希望结为朋友。凭这点我了解他，所以想到他那里去。蔺相如对我说：'那时赵国强大而燕国弱小，而您又受到赵王宠爱，所以燕王想结交您。如今您是从赵国逃跑到了燕国，燕国畏惧赵国，在这种形势下他一定不敢收留您，而会把您捆绑起来归还给赵国。

您不如袒露上身，伏在刑具上请求治罪，或许会有幸得到赦免呢。'我听从了他的计策，大王也开恩赦免了我。我私下认为这个人是勇士，有智谋，派他出使应该是合适的。"于是赵王立即召见蔺相如，问他说："秦王用十五座城请求交换我的和氏璧，能不能给他？"蔺相如说："秦国强，赵国弱，不能不答应它。"赵王说："秦国得了我的玉璧，不给我城邑，怎么办？"蔺相如说："秦国请求用城换璧，赵国如不答应，赵国理亏；赵国给了璧，而秦国不给赵国城邑，秦国理亏。两种对策衡量一下，宁可答应它，让秦国来承担理亏的责任。"赵王说："谁可以出使呢？"蔺相如说："大王如果确实无人可派，臣愿捧护宝璧前往出使。城邑归属赵国了，就把玉璧留给秦国；城邑不能归赵国，我一定把和氏璧完好地带回赵国。"赵王于是就派蔺相如带好和氏璧，西行入秦。

▶《史记故事图册》之完璧归赵·清·吴历

秦王坐在章台上接见蔺相如，蔺相如捧着和氏璧献给秦王。秦王大喜，把玉璧给妻妾和左右侍从传看，左右侍从都高呼万岁。蔺相如看出秦王没有把城邑给赵国的意思，便走上前去，说："璧上小有瑕疵，请让我指给大王看。"秦王把璧交给他，蔺相如于是手持玉璧退后几步站定，身体靠在殿柱上，怒发冲冠，对秦王说："大王想得到玉璧，派人送信给赵王，赵王召集全体大臣商议，大家都说'秦国贪婪，倚仗它的强大，想用空话得到玉璧，许诺给我们的城邑恐怕是不能得到的'。大家商议不想把玉璧献给秦国。我认为平民百姓的交往尚且不互相欺骗，何况是大国呢？况且为了一块玉璧的缘故就使强大的秦国不高兴，也是不应该的。于是赵王斋戒了五天，派我捧着玉璧，在殿堂上恭敬地拜送国书。为什么要这样呢？是尊重大国的威望以表示敬意啊。如今我来到贵国，大王却在一般的宫殿接见我，礼节非常傲慢；得到玉璧后，传给姬妾们观看，这样来戏弄我。我观察大王没有给赵王十五城的诚意，所以我又收回玉璧。大王如果一定要逼我，我的头今天就同玉璧一起在柱子上撞碎！"蔺相如手持玉璧，斜视庭柱，就要向庭柱上撞去。秦王怕他真把宝璧撞碎，便向他道歉，坚决请求他不要如此，并召来主管的官员查看地图，指明从某地到某地的十五座城邑交割给赵国。蔺相如估计秦王不过用欺诈手段假装给赵国城邑，实际上赵国是不可能得到的，于是就对秦王说："和氏璧是天下公认的宝物，赵王惧怕贵国，不敢不献出来。赵王送玉璧之前，斋戒了五天，如今大王也应斋戒五天，在殿堂上安排九宾大典，我才敢献上玉璧。"秦王估量此事，毕竟不可强力夺取，于是就答应斋戒五天，请蔺相如住在广成驿馆。蔺相如预料秦王虽然答应斋戒，但必定背约不给城邑，便派他的随从穿上粗麻布衣，怀中藏好玉璧，从小路逃出，把宝璧送回赵国。

秦王斋戒五天后，就在殿堂上安排了九宾大典，去请赵国使者蔺相如。蔺相如来到后，对秦王说："秦国从穆公以来的二十几位君主，从没有一个坚守盟约的。我实在是怕被大王欺骗而对不起赵王，所以派人带着玉璧从小路已回到赵国了。况且秦强赵弱，大王派一位使臣到赵国，赵国立即就把玉

璧送来。如今凭秦国的强大，先把十五座城邑割让给赵国，赵国怎么敢留下玉璧而得罪大王呢？我知道欺骗大王之罪应被诛杀，我情愿下油锅被烹，只希望大王和各位大臣仔细考虑此事。"秦王和群臣面面相觑，发出惊呼的声音。侍从有人要把蔺相如拉下去，秦王就说："如今杀了蔺相如，终归还是得不到玉璧，反而破坏了秦赵两国的交情，不如趁此好好款待他，放他回到赵国，赵王难道会为了一块玉璧的缘故而欺骗秦国吗！"最终还是在殿堂上接见蔺相如，完成了大礼，让他回国。

蔺相如回国后，赵王认为他是一位称职的大夫，身为使臣不受诸侯的欺辱，于是封蔺相如为上大夫。秦国没有把城邑给赵国，赵国也始终不给秦国玉璧。

这以后秦国攻打赵国，攻占了石城。第二年，又进攻赵国，杀死了两万人。

▶ 镂雕龙纹璧·战国

渑池之会

秦王派使者通告赵王，想在西河外的渑池与赵王进行一次友好会见。赵王害怕秦国，不想去。廉颇、蔺相如商议道："大王如果不去，就显得赵国既软弱又胆小。"赵王于是前往赴会，蔺相如随行。廉颇送到边境，和赵王诀别说："大王此行，估计路程和会见礼仪结束，再加上返回的时间，不会超过三十天。如果三十天还没回来，就请您允许我们立太子

为王，以断绝秦国的妄想。"赵王同意这个意见，便去渑池与秦王会见。秦王饮到酒兴正浓时，说："寡人私下里听说赵王爱好音乐，请您鼓瑟吧！"赵王就鼓起瑟来。秦国的史官上前来写道："某年某月某日，秦王与赵王一起饮酒，令赵王鼓瑟。"蔺相如上前说："赵王私下里听说秦王擅长秦地土乐，请让我给秦王捧上瓦缶，以此互相娱乐。"秦王发怒，不答应。这时蔺相如向前递上瓦缶，并跪下请秦王演奏。秦王不肯击缶，蔺相如说："在这五步之内，我蔺相如要把脖颈里的血溅在大王身上了！"侍从们想要杀蔺相如，蔺相如圆睁双眼大喝一声，侍从们都吓得倒退。当时秦王不大高兴，也只好敲了一下缶。蔺相如回头招呼赵国史官写道："某年某月某日，秦王为赵王敲缶奏乐。"秦国的大臣们说："请你们用赵国的十五座城向秦王献礼。"蔺相如也说："请你们用秦国的咸阳向赵王献礼。"秦王直到酒宴结束，始终也未能压倒赵王。赵国已经部署了大批军队来防备秦国，因而秦国也不敢动武。

❖负荆请罪

渑池会结束，赵王回国后，由于蔺相如功劳大，封他为上卿，位在廉颇之上。廉颇说："我是赵国将军，有攻城野战的大功，而蔺相如只不过靠能说会道立了点功，可是他的地位却在我之上，况且蔺相如本来是卑贱之人，我感到羞耻，在他下面我难以忍受。"并且扬言说："我遇见蔺相如，一定要羞辱他。"蔺相如听到后，不肯和他相会。蔺相如每到上朝时，常常推说有病，不愿和廉颇去争位次的先后。没过多久，蔺相如外出，远远看到廉颇，蔺相如就掉转车子回避。这时蔺相如的家臣就一起进言说："我们之所以离开亲人来侍奉您，就是仰慕您高尚的节义呀。如今您与廉颇官位相同，廉君口出恶言，而您却害怕躲避他，您怕得也太过分了，平庸的人尚且感到羞耻，何况是身为将相的人呢！我们这些人没出息，请让我们告辞离开吧！"蔺相如坚决地挽留他们，说："诸位认为廉将军和秦王相比谁厉害？"家臣们回答说："廉将军比不了秦王。"蔺相如说："以

秦王的威势，而我却敢在朝廷上呵斥他，羞辱他的群臣，我蔺相如虽然无能，难道会怕廉将军吗？但是我考虑到强秦之所以不敢对赵国用兵，就是因为有我们两人在呀，如今两虎相斗，势必不能共存。我之所以这样忍让，就是为了要把国家的急难摆在前面，而把个人的私怨放在后面。"廉颇听说了这些话后，就脱去上衣，露出上身，背着荆条，由宾客带引，来到蔺相的门前请罪。他说："我是个粗野卑贱的人，想不到将军您是如此的宽厚啊！"二人终于相互和好，成为生死与共的好友。

阏与之战

这一年，廉颇向东攻打齐国，打败了齐国的一支军队。过了两年，廉颇又攻打齐国的几邑，攻克了它。三年以后，廉颇攻打魏国的防陵、安阳，攻克了它们。四年以后，蔺相如率军攻打齐国，到达平邑就停止前进了。第二年，赵奢在阏与城下打垮了秦军。

赵奢是赵国的田部吏，负责征收租税。有一次平原君家不肯交租，赵奢依法办理这事件，杀了平原君家九个主事的人。平原君发怒，准备杀赵奢。赵奢趁机劝说道："您在赵国是

和氏璧的来历

和氏璧，最早见于《韩非子》。《韩非子》载：楚国人卞和，在楚山（今襄阳南漳县历山）中获得了美丽的玉璧，把它奉献给了厉王。厉王让雕琢玉器的人鉴别它，雕琢玉器的人说："这是石头。"厉王认为卞和在说谎，而砍去了他的左足。等到厉王驾崩了，武王即位，卞和又把玉璧献给武王。武王让雕琢玉器的人鉴别它，雕琢玉器的人又说："这是石头。"武王也认为卞和在说谎，而砍去了他的右足。武王驾崩了，文王即位，卞和抱住他的玉璧在楚山下哭，三天三夜，眼泪流尽而泣血。文王听到后，派人问他原因，说："天下受到刖刑的人很多，你为什么哭得这么伤心？"卞和说："我不是为被刖伤心，我是因为它是宝玉而被看作石头，忠贞的人被看作说谎的人。"文王于是派雕琢玉器的人剖开他的玉璧，果然得到宝玉，于是命名为"和氏璧"。

《将相和图》·现代·陈明大

贵公子，今天纵容您家不奉公守法，那么国法就会削弱；国法削弱，那么国家就会衰弱；国家衰弱，那么各诸侯国就会进兵来侵犯；各诸侯国进兵来侵犯，赵国就不能存在了，您怎么还能如此富足呢？凭着您这样高贵的地位，能够奉公守法，那么全国上下就会公平；上下公平，国家就强盛；国家强盛，赵国的统治就稳固。而您作为国君的贵族，难道会被天下人轻视吗？"平原君认为赵奢贤能，向赵王推荐了他。赵王任用他管理全国赋税，国家赋税特别公平，人民富裕，国库充足。

秦国攻打韩国，军队驻扎在阏与。赵王召见廉颇来询问说："能不能救援？"廉颇回答道："路途遥远，道路又险峻、狭窄，很难救援。"赵王又召见乐乘来询问这件事，乐乘的回答和廉颇说的一样。赵王又召见并询问赵奢。赵奢回答说："这条道路遥远，道路又险峻、狭窄，要去援救，如同两只老鼠在洞里争斗，勇敢的将会取得胜利。"赵王便命令赵奢为将，去援救阏与。

军队离开邯郸三十里，赵奢向全军下令说："有为军事进谏的，处死刑。"秦军驻扎在武安以西，擂鼓呐喊，整训军队，把武安的屋瓦都震动了。军中有一名侦察敌情的军候建议急速援救武安，赵奢立即斩杀了他。赵奢坚守营垒，停留了二十八天不出动，而且又增筑堡垒。秦军的间谍潜入赵军的驻地，赵奢用很好的饭食款待后才遣送他离去。间谍把这些情况报告秦军将领，秦将很高兴，说："离开国都三十里军队就停下不前进，只忙于增筑堡垒，看来阏与不是赵国的土地了。"赵奢送走了秦军的间谍，就下令全军卷起铠甲武器快步尾随着向阏与进发，两天一夜到达了目的地，命令优秀射手在离阏与五十里的地方驻扎下来。营垒筑成后，秦军听到了这个情报，全副武装倾巢而来。军士许历请求为军事进言，赵奢说："让他进来。"许历说："秦军料想不到赵军到达了这里，他们的来势很猛，将军一定要集中加重自己的兵阵来等待他们。不然的话，必定会失败。"赵奢说："我愿意接受建议。"许历说："请按军令斩杀我。"赵奢说："等回到邯郸后再处理。"许历又请

求进言,说:"先占据北山的就能胜利,后到的必败。"赵奢答应了,立即发兵一万迅速占领北山。秦军到后,要争夺山头而无法上山,赵奢发兵攻打秦军,大败秦军。秦军撤围逃走,赵奢终于解除了阏与之围,班师回国。

赵惠文王赐封赵奢,封号为马服君,用许历担任国尉。赵奢从此跟廉颇、蔺相如官位相等。

⚑纸上谈兵

四年以后,赵惠文王去世,太子孝成王继位。赵孝成王七年(前259),秦军与赵军在长平对阵,那时赵奢已死,蔺相如也已病危,赵王派廉颇率兵攻打秦军,秦军几次打败赵军,赵军坚守营垒不出战。秦军屡次挑战,廉颇置之不理。赵王听信秦军间谍散布的谣言。秦军间谍说:"秦军所畏惧的,就是马服君赵奢的儿子赵括来做将军。"赵王因此就以赵括为将军,取代了廉颇。蔺相如说:"大王凭名声使用赵括,像是用胶粘住瑟上的弦柱来弹瑟一样啊。赵括只会读他父亲留下的兵书,不能随机应变。"赵王不听,就任命赵括为将领。

赵括从小就学习兵法,谈论军事,认为天下没人能抵得过他。他曾与父亲赵奢谈论用兵之事,赵奢也难不倒他,可是并不认为他行。赵括的母亲问赵奢这是什么缘故,赵奢说:"用兵打仗是关乎生死的事,然而他却把这事说得那么容易。如果赵国不用赵括为将也就罢了,要是一定让他为将,使赵军失败的一定就是他呀。"等到赵括将要起程的时候,他母亲上

▶ 草书《廉颇蔺相如列传》(局部)·宋·黄庭坚

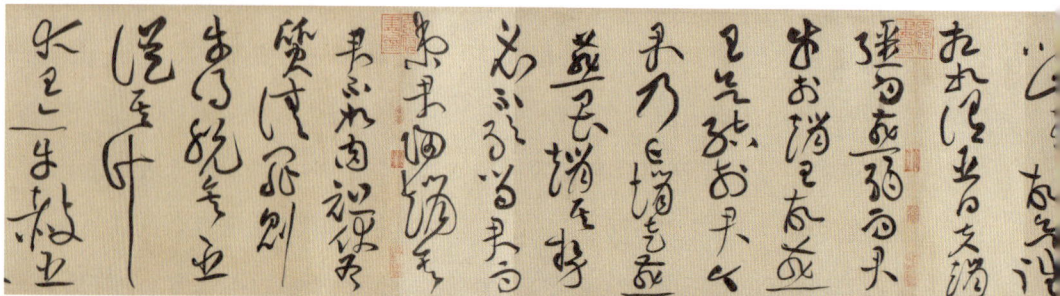

书赵王说："赵括这个人不可以做将军。"赵王问："为什么？"赵括母亲说："当初我侍奉他父亲，他父亲那时做将领，亲自捧着饭菜饮水去给别人吃的事有几十次，被他当作朋友看待的有几百人，大王和宗室所赏赐给他的钱物都用来给了军吏和下属。接受了命令以后，就不过问家中事务。如今赵括刚一做将军，就向东坐着接见部下，军吏们没有一个敢抬头来看他的。大王所赐的金帛，他都送到家中收藏起来，并且每日看到有利可图的田地房屋，可以买的便买下它。大王认为他和他父亲哪里像呢？父亲和儿子的心思不同，希望大王不要任命他为将。"赵王说："老夫人，您就把这事放下别管了，我已经决定了。"赵括的母亲接着说："您一定要派他领兵，如果他有不称职的情况，我能不受株连吗？"赵王答应了。

赵括代替廉颇之后，把原有的规章制度全都改变了，把原来的军吏也撤换了。秦将白起听到了这些情况，便调遣奇兵，假装败逃，又去截断赵军运粮的道路，把赵军分割成两半，让赵军士卒离心。过了四十多天，赵军缺乏食物，赵括出动精兵亲自与秦军搏斗，却被秦军射死。赵括军队战败，几十万大军于是投降秦军，秦军把他们全部活埋了。赵国前后阵亡的官兵共四十五万人。第二年，秦军就包围了邯郸，持续一年多，赵国几乎不能保全，全靠楚国、魏国军队来援救，才得以解除邯郸的围困。赵王也因为赵括的母亲有言在先而没有诛杀她。

自从邯郸的围困解除后五年，燕国采用栗腹的计谋，说"赵国的壮丁全都死在长平，这些人的遗孤还没有长大"，便发兵攻打赵国。赵国派廉颇

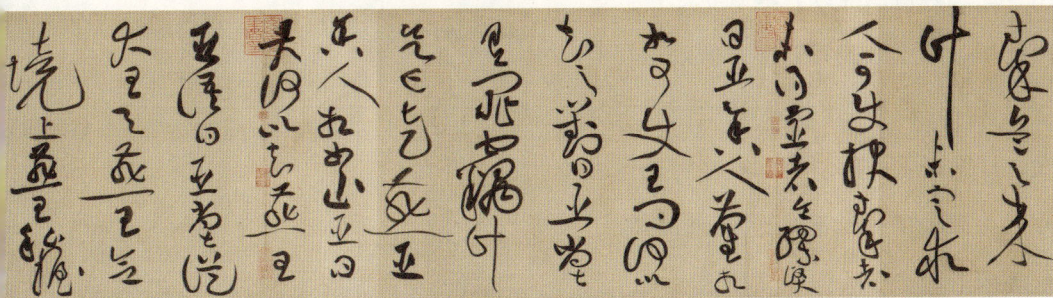

统兵反击，在鄗邑把燕军打得大败，杀了栗腹，趁势包围了燕国。燕国割出五座城邑请求讲和，赵国答应停战。赵王把尉文封给廉颇，称他为信平君，做了代理相国。廉颇从长平免职回来失掉权势的时候，从前的宾客全都离开了。等到重新被起用做了将军时，宾客又都来了。廉颇说："宾客们退去吧！"宾客说："唉！您的见解为什么这样落后？天下的人都是以利交朋友。您有权势，我们就跟随您；您没有权势，我们就离开。这是很自然的道理，有什么可怪怨的呢？"过了六年，赵王派廉颇率军攻打魏国的繁阳，占领了它。

赵孝成王去世，儿子悼襄王继位，派乐乘代替廉颇。廉颇大怒，攻击乐乘。廉颇便投奔到魏国的大梁。第二年，赵国就用李牧为将攻打燕国，攻克了武遂和方城。

❥廉颇老矣，尚能饭否？

廉颇在大梁住了很久，魏国并不信任重用他。赵国由于多次被秦军围困，赵王想得到廉颇，廉颇也想再被赵国任用。赵王派使者去看看廉颇还可不可以任用。廉颇的仇人郭开给使者很多钱，让他诋毁廉颇。赵国的使者见到廉颇后，廉颇特意当着他的面一顿饭吃了一斗米的饭、十斤肉，又披甲上马，表

▶**彩绘鸟兽纹矢箙面板·战国**

湖北省博物馆藏。江陵沙冢 1 号墓出土。木质透雕。中部为一只向下俯冲的凤鸟。两边各雕有一兽一鸟。鸟首面向凤鸟，站立在作回首状的兽头之上。鸟首上部箭箙上框浮雕云纹。全器以红漆为地，在凤鸟、兽、鸟、云纹上施以褐色漆。同时又以褐色漆为地，红漆绘出鸟翼纹和鳞形纹等。

示自己还可以被任用。赵国使者回报说："廉将军虽然老了，但饭量很好。可是和我坐在一起，一会儿的工夫就拉了三次屎。"赵王认为廉颇老了，就不再召用他了。

楚国听说廉颇在魏国，就悄悄地派人去迎接他。廉颇虽担任楚将，但没有建立战功，说："我想指挥赵国的士兵。"他最后死在寿春。

名将李牧

李牧是赵国镇守北部边境的杰出将领，长年驻扎在代地雁门郡，防御匈奴。他有权任命官吏，城市的税收都送进将军幕府中，作为军队的费用。他每天杀几头牛犒劳士兵，教士兵射箭、骑马。谨慎地把守烽火台，多派侦察人员，优待士兵。制订规章说："匈奴如果侵入边境来掠夺，应该立即进入营垒坚守，有敢捉俘虏的处以斩刑。"匈奴每次入侵，烽火台举烽火报警，战士们随即进入营垒防守，不敢应战。这样过了好几年，也没有什么伤亡损失。可是匈奴认为李牧胆小，就连赵国的边防兵也认为"我们的将军胆小怕事"。赵王责备

李牧，李牧还是和从前一样。赵王生气了，召他回京，派另外的人代替他做边将。

一年多以后，匈奴每次来侵犯，新将都领兵出战。每次都损伤很大，以至边境不能耕种放牧。这时又请李牧出任边将，李牧闭门不出，推说自己有病。赵王就又强迫他出任，派他去统率军队。李牧说："大王一定要任用我，要让我像以前那样做，我才敢接受命令。"赵王答应了他。

李牧到了边境，按原来的法规发号施令。匈奴好几年一无所得，但又始终认为李牧胆小。守边的士兵经常得到奖赏可是一身本领无用武之地，都渴望和匈奴一战。这时李牧就准备了经过挑选的兵车一千三百辆，精选出战马一万三千匹，还有曾获得百金奖赏的勇士五万人，能拉硬弓的射手十万人，全部组织起来进行军事演习。他又大力组织放牧，放牧的人布满原野。匈奴派出小股兵力入侵，李牧率军假装逃跑，丢下几千人。匈奴单于听到这个消息，就率领大批军队入侵。李牧布下奇特战阵，从左右两边包抄反击匈奴，斩杀匈奴十几万人

马。之后又消灭了襜褴，打败东胡，迫使林胡投降，单于逃跑。这次战役以后的十多年，匈奴不敢接近赵国边境上的城邑。

赵悼襄王元年，廉颇已经逃到了魏国，赵王派李牧攻打燕国，攻下了武遂、方城。又过了两年，庞煖又打败了燕军，杀死了燕将剧辛。又过了七年，秦军在武遂打败赵军，杀死了赵将扈辄，杀死士兵十万。赵国于是用李牧担任大将军，在宜安攻打秦军，把秦军打得大败，赶走了秦将桓齮。赵王封李牧为武安君。又过了三年，秦军进攻番吾，李牧打败了秦军，又向南抵御韩、魏两国的军队。

赵王迁七年，秦国派王翦攻打赵国，赵王派李牧、司马尚抵抗秦军。秦国把大量金钱给了赵王的宠臣郭开，施行反间计，说李牧、司马尚要谋反。赵王于是派赵葱和齐将颜聚代替李牧。李牧不接受命令，赵王派人秘密逮捕了李牧，把他杀了，撤销了司马尚的职务。之后三个月，王翦趁势攻打赵国，大败赵葱的军队，杀了赵葱，俘虏了赵王赵迁和颜聚，于是赵国灭亡。

◆ 太史公说 ◆

知道将死而不畏惧，必定是有大勇气；死并非难事，而怎样对待死才是难事。当蔺相如手举宝璧斜视庭柱，以及呵斥秦王侍从的时候，当时的形势最多不过是被杀，然而一般士人往往因为胆小怯弱而不敢如此。蔺相如一旦将他的勇气振奋起来，其威势就会压倒敌国。后来又对廉颇谦逊退让，他的声誉比泰山还重。他处事中的表现可谓智慧与勇气并存啊！

田单列传 第二十二

【解题】此传记述了战国时期齐国将领田单率领即墨军民击败燕军的经过。即墨之战是中国历史上有名的出奇制胜的经典战例。本传的选材布局、场面描写及人物刻画都如同小说般精彩，从而赞赏田单是运用奇谋取得胜利的军事天才。

❯临危受命

田单是齐国田氏王室的远房亲族。在齐湣王时，田单担任首都临淄佐理市政的小官，并不被齐王重用。后来燕国派遣大将乐毅攻破齐国，齐湣王被迫从都城逃跑，不久又退守莒城。在燕国军队长驱直入征讨齐国之时，田单也离开都城，逃到安平，他让同族人把车轴两端的突出部位全部

▶ 田单像·清·无款

锯下，安上铁箍。不久，燕军攻打安平，城池被攻破，齐国人争路逃亡，都因车轴两端太长被撞得轴断车坏，被燕军俘虏。只有田单和同族人因用铁箍包住了车轴的缘故，得以逃脱，向东退守即墨。这时，燕国军队已经攻破了齐国大小城市，只有莒城和即墨两城未被攻下。燕军听说齐湣王在莒城，就调集军队，全力攻打。大臣淖齿就杀死了齐湣王，坚守城池，抗击燕军，燕军几年都不能攻破该城。迫不得已，燕将带兵东行，围攻即墨。即墨的守城官员出城与燕军交战，战败被杀。即墨城中军民都推举田单当首领，说："安

平那一仗，田单和同族人因用铁箍包住车轴才得以安然脱险，足见他熟悉兵法。"于是，大家就拥立田单为将军，坚守即墨，抗击燕军。

⊙反间之计

过了不久，燕昭王去世，燕惠王登位，他和乐毅有些不和。田单听到这个消息之后，就派人到燕国去行使反间计，扬言说："齐湣王已被杀死，没被攻克的齐国城池只不过两座而已。乐毅害怕被杀掉而不敢回国，他以讨伐齐国为名，实际上是想和齐国兵力联合起来，在齐国称王。齐国人心还未归附，因此暂且拖延时间，慢慢攻打即墨，以便等待时机成熟再称王。齐国人担心的是，唯恐其他将领来带兵，即墨城就必破无疑了。"燕惠王听了，认为这些话是对的，就派大将骑劫去代替乐毅。

⊙临阵不乱，制造战机

乐毅被免职之后就逃到赵国去了，燕国官兵都为此愤愤不平。田单又命城中军民在吃饭之前要祭祀祖先，使得众多的飞鸟因争食祭祀的食物在城上盘旋飞舞。城外的燕军看了，都感到很奇怪。田单又扬言说："这是神仙要下界指导我们克敌制胜。"又对城里人说："一定会有神仙来做我的老师。"有一个士兵说："我可以做您的老师吗？"说完就扬长而去。田单连忙站起来，把他拉过来，请他坐在朝东的上座，用侍奉老师的礼节来侍奉他。那个士兵说："我欺骗了您，我真是一点本事也没有。"田单说："请您不要再说了。"接着就奉他为师。每次发号施令，一定要称是神师的主意。他又扬言说："我最怕的是燕军把俘虏的齐国士兵割去鼻子，放在队伍的前列，再和我们交战，那即墨就必然被攻克。"燕军听到这话，就照此施行。城中的人看到齐国众多的降兵都被割去了鼻子，人人义愤填膺，全力坚守城池，只怕被敌人捉住。田单又派人施反间计说："我很害怕燕国人挖了我们城外的祖坟，侮辱了我们的祖先，这可真是让人寒心的事。"燕军听说之后，又把齐国人的坟墓全部挖出，并把死尸焚烧殆尽。即墨人从城

上看到此情此景，人人痛哭流涕，都请求出城拼杀，愤怒的情绪高涨了十倍。

田单知道现在是出战的最好时机，于是就亲自拿着版筑、铁锹，和士兵们一起修筑工事，并把自己的妻子姬妾都编在队伍之中，还把全部的食物拿出来犒劳士卒。他命令装备整齐的精锐部队都埋伏起来，让老弱妇女上城防守，又派使者去和燕军约定投降事宜，燕军官兵都高呼万岁。田单又把民间的黄金收集起来，共得一千镒，让即墨城里有钱有势的人送给燕军，请求说："即墨就要投降了，希望你们进城之后，不要掳掠我们的妻子姬妾，让我们能平安地生活。"燕军将领非常高兴，满口答应。燕军因此更加松懈。

火牛阵破敌

田单于是从城里调集了一千多头牛，给它们披上大红绸绢制成的被服，在上面画着五颜六色的蛟龙图案，在它们的角上绑好锋利的刀子，把渍满油脂的芦苇绑在牛尾上，点燃其末端。又把城墙凿开几十个洞穴，趁夜间把牛从洞穴中赶出，派精壮士兵五千人跟在火牛的后面。因尾巴被烧得发热，火牛都狂怒地直奔燕军，这一切都在夜间突然发

▶ 车大夫长画戈·战国

生，使燕军惊慌失措。牛尾上的火把将夜间照得通明如昼，燕军看到它们身上都是龙纹，所触及的人非死即伤。五千壮士随后又悄然无声地杀来，而城里的人乘机擂鼓呐喊，紧紧跟随在后面，甚至连老弱妇孺都手持铜器，敲得震天响，和城外的呐喊声汇合成惊天动地的声浪。燕军非常害怕，大败而逃。齐国人在乱军之中杀死了燕国的主将骑劫。

燕军纷乱，溃散逃命，齐军紧紧追击溃逃的敌军，所经过的城镇都背叛燕军，归顺田单。田单的兵力也日益增多，乘着战胜的军威，一路追击。燕军仓皇而逃，战斗力一天天减弱，一直退到了黄河边上，原来齐国的七十多座城池又都被收复。于是田单到莒城迎接齐襄王，齐襄王也就回到都城临淄来处理政务。

齐襄王封赏田单，封号为安平君。

当初，淖齿杀了齐湣王，莒城人寻找齐湣王的儿子田法章，最后在太史嬓的家中找到了他，他在帮人家灌溉园地。太史嬓的女儿同情并很好地对待他。后来田法章私下把实情告诉了这个女子，这个女子就和他私通了。等到莒城人共同拥立田法章当齐王，凭据莒城来抗拒燕军，太史嬓的女儿就成了王后，就是人们所称的"君王后"。

▶《火牛阵》故事插图·现代·徐燕孙 / 任率英

　　燕军最初攻入齐国的时候，听说画邑人王蠋贤能，就命令军中士兵说："环绕画邑方圆三十里的地区不准擅入。"这完全是因为王蠋。不久，燕将派人去对王蠋说："齐国人都称颂您的品德，我委派您作将军，加封一万户的土地。"王蠋坚决辞谢。那个燕国人说："您如果不听从，我可要率领大军来屠平画邑了。"王蠋说："忠义之臣不会侍奉两个君主，贞节之女不会改嫁给第二个丈夫。齐王不听我的进谏，所以我才隐居起来在乡野种田。如今国家灭亡，我不能使它复存，而今又以武力劫持我做你们的将军，这是叫我助桀王为暴。与其活着而做不义的事，倒不如被烹死！"于是他就把自己的脖子挂在树枝上，奋力挣扎，吊颈而死。齐国那些逃亡在外的大夫知道后，说："王蠋是一介平民，尚且能为国守义而不肯向燕国称臣，何况我们这些有职位、吃俸禄的人呢！"于是相约聚集到了莒城，觅求齐湣王的儿子，拥立他为齐襄王。

鲁仲连邹阳列传 第二十三

【解题】这是鲁仲连与邹阳的合传。鲁仲连列传是一篇感情色彩极浓的传记文学。文势具有强烈的节奏感，人物清晰可辨而又栩栩如生。作者把本来可以不立传的邹阳"附之列传"，正是因为邹阳《狱中上梁王书》文采飞扬，比物连类，慷慨陈词，有足悲者。

➔ 说新垣衍

鲁仲连是齐国人，擅长于阐发奇特高妙的谋略，却不肯做官任职，愿意保持高风亮节。他曾客游赵国。

赵孝成王时，秦昭王派白起在长平前后击溃赵国四十万军队，于是秦国的军队向东挺进，围困了邯郸。赵王很害怕，各国的救兵也没有谁敢攻击秦军。魏安釐王派出将军晋鄙援救赵国，因为畏惧秦军，驻扎在汤阴不敢前进。魏王派客籍将军新垣衍从隐蔽的小路进入邯郸，通过平原君的关系见赵王说："秦军之所以急于围攻赵国，是因为以前和齐湣王争强称帝，不久齐湣王又取消了帝号，秦昭王也除去帝号。如今齐国已然更加削弱，当今只有秦国称雄天下，这次围城并不是贪图邯郸，他的意图是要重新称帝。赵国果真能派遣使臣尊奉秦昭王为帝，秦昭王一定很高兴，就会撤兵离去。"平原君犹豫不决。

这时，鲁仲连客游赵国，正赶上秦军围攻邯郸，听说魏国想要让赵国尊奉

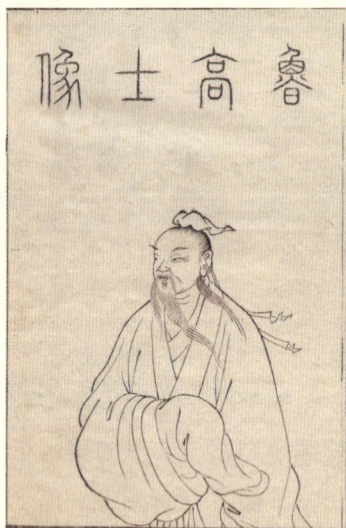

秦昭王称帝，就去谒见平原君说："对于这件事您打算怎么办？"平原君说："我哪里还敢谈论这样的大事！前不久在国外损失了四十万大军，而今秦军围困邯郸，又不能使之退兵。魏王派客籍将军新垣衍让赵国尊奉秦昭王称帝，现在那个人还在这儿。我哪里还敢谈论这样的大事！"鲁仲连说："以前我认为您是天下贤明的公子，今天我才知道您并不是。魏国的客人新垣衍在哪儿？我替您去责问他并且让他回去。"平原君说："我愿为您介绍，让他跟先生相见。"于是平原君见新垣衍说："齐国有位鲁仲连先生，如今他就在这儿，我愿替您介绍，跟将军认识。"新垣衍说："我听说鲁仲连先生是齐国志行高尚的人。我是魏王的臣子，奉命出使身负职责，我不愿见鲁仲连先生。"平原君说："我已经把您在这儿的消息透露了。"新垣衍只好应允了。

鲁仲连见到新垣衍却一言不发。新垣衍说："我看留在这座围城中的都是有求于平原君的人。而今，我看先生的尊容，不像是有求于平原君的人，为什么还长久地留在这围城之中而不离去呢？"鲁仲连说："世人认为鲍焦没有博大的胸怀而死去，这种看法都错了。一般人不了解他耻居浊世的心意，

——《尚书》——

《尚书》意为"上古之书"，是中国上古历史文件和部分追述古代事迹作品的汇编。春秋战国时称《书》，到汉代，才改称《尚书》，后被儒家尊为经典，名曰《书经》。关于《尚书》的编订年代，有人说为孔子所编，近代学者大都认为《尚书》编订于战国时期。秦始皇焚书后，《尚书》多残缺。汉初，《尚书》存29篇，用汉代流行的隶书抄写，称为今文《尚书》。西汉前期，发现用先秦文字写成的《尚书》，称为古文《尚书》。它比今文《尚书》多16篇。《尚书》比喻贴切、生动，具有形象性，叙事清晰，而且能表达出人物的情感口吻，写得相当传神。比起商和周初的文字要流畅得多。同时，那些发表辞令的人，多是统治者，故具有居高临下的气势。但由于《尚书》所用语言同后来使用的古汉语差异较大，加以年代久远，传写讹误，十分艰涩难读。

认为他是为个人打算。秦国是个抛弃礼仪而只崇尚战功的国家，用权诈之术对待士卒，像对待奴隶一样役使百姓。如果让它无所忌惮地恣意称帝，进而统治天下，那么，我只有跳进东海去死，我不忍心做它的顺民，我之所以来见将军，是打算帮助赵国啊。"

新垣衍说："先生要怎么帮助赵国呢？"鲁仲连说："我要请魏国和燕国帮助它，齐、楚两国本来就帮助赵国了。"新垣衍说："燕国嘛，我相信会听从您的；至于魏国，我就是魏国人，先生怎么能让魏国帮助赵国呢？"鲁仲连说："魏国是因为没看清秦国称帝的祸患，才没帮助赵国。让魏国看清秦国称帝的危害后，就一定会帮助赵国。"

新垣衍说："秦国称帝后会有什么祸患呢？"鲁仲连说："从前齐威王曾经奉行仁义，率领天下诸侯而朝拜周天子。当时，周天子贫困又弱小，诸侯们没有谁去朝拜，唯有齐国去朝拜。过了一年多，周烈王去世，齐王奔丧去迟了，新继位的周显王很生气，派人到齐国报丧说：'天子逝世，如同天崩地裂般的大事，新继位的天子也得离开宫殿居丧守孝，睡在草席上，东方属国之臣田因齐居然敢迟到，当斩。'齐威王听了，勃然大怒，骂道：'呸！您母亲原先还是个婢女呢！'最终被天下传为笑柄。齐威王之所以在周天子活着的时候去朝见，死了就破口大骂，实在是忍受不了新天子的苛求啊！那些做天子的本来就是这个样子，也没什么值得奇怪的。"

新垣衍说："先生难道没见过奴仆吗？十个奴仆侍奉一个主人，难道是力气赶不上、才智比不上他吗？是害怕他啊！"鲁仲连说："唉！魏王和秦王相比，难道魏王像奴仆吗？"新垣衍说："是的。"鲁仲连说："那么，我就让秦王烹煮魏王，把他剁成肉酱。"新垣衍很不高兴，说："哼，先生的话，也太过分了！先生又怎么能让秦王烹煮了魏王，把他剁成肉酱呢？"鲁仲连说："当然能够，我说给您听。从前九侯、鄂侯、文王是殷纣的三个诸侯。九侯有个女儿长得姣美，把她献给殷纣，殷纣认为她长得丑陋，把九侯剁成了肉酱。鄂侯刚直净谏，激烈辩白，殷纣又把鄂侯杀死做成肉干。文

王听到这件事，只是长长地叹息，殷纣又把他囚禁在牖里监牢内一百天，想要他死。为什么同样称王，最终落到被剁成肉酱、做成肉干的地步呢？齐湣王前往鲁国，夷维子替他赶着车子做随员。他对鲁国官员们说：'你们准备怎样接待我们国君？'鲁国官员们说：'我们打算用十副太牢的礼仪接待您的国君。'夷维子说：'你们这是按照哪里的礼仪接待我们国君，我那国君是天子啊。天子到各国巡察，诸侯理应迁出正宫，移居别处，交出钥匙，撩起衣襟，安排几席，站在堂下伺候天子用膳，天子吃完后，才可以退回朝堂听政理事。'鲁国官员听了，就关闭上锁，不让齐湣王入境。齐湣王不能进入鲁国，打算借道邹国前往薛地。正当这时，邹国国君去世，齐湣王想入境吊丧，夷维子对邹国的嗣君说：'天子吊丧，丧主一定要把灵枢转换方向，在南面安放朝北的灵位，然后天子面向南吊丧。'邹国大臣们说：'一定要这样，我们宁愿用剑自杀。'所以齐湣王不敢进入邹国。邹、鲁两国的臣子，国君生前不能够好好地侍奉，国君死后又不能周备地助成丧仪，然而齐湣王想要在邹、鲁行天子之礼，邹、鲁的臣子们尚且坚决不接纳。如今，秦国是拥有万辆战车的国家，魏国也是拥有万辆战车的国家。都是万乘大国，又各有王号，只看秦国打了一次胜仗，就要顺从地拥护它称帝，这就使得三晋的大臣比不上邹、鲁的奴仆、卑妾了。如果秦国贪心不足，终于称帝，那么，就会更换诸侯的大臣。他将要罢免他认为不好的，换上他认为贤能的人；罢免他憎恶的，换上他所喜爱的人。还要让他的儿女和搬弄是非的姬妾嫁给诸侯做妃姬，住在魏国的宫廷里，魏王怎么能够安安定定地生活呢？而将军您又怎么能够得到原先的宠信呢？"

于是，新垣衍站起来，向鲁仲连连拜两次谢罪说："当初我认为先生是个普通的人，我今天才知道先生是天下杰出的高士。我将离开赵国，再不敢谈秦王称帝的事了。"秦军主将听到这个消息，为此把军队后撤了五十里。恰好魏公子无忌夺得了晋鄙的军权率领军队来援救赵国，攻击秦军，秦军也就撤离邯郸回去了。

于是平原君要封赏鲁仲连，鲁仲连再三辞让，最终也不肯接受。平原君就设宴招待他，喝到酒酣耳热时，平原君起身向前，献上千金酬谢鲁仲连。鲁仲连笑着说："杰出之士所以被天下人崇尚，是因为他们能替人排除祸患，消释灾难，解决纠纷而不取报酬。如果收取酬劳，那就成了生意人的行为，我鲁仲连是不忍心那样做的。"于是辞别平原君走了，终身不再相见。

信屈燕将

此后二十多年，燕将攻克齐国聊城。聊城有人在燕王面前说燕将的坏话，燕将害怕被诛杀，就据守聊城不敢回去。齐国田单攻打聊城一年多，士兵们死了很多，却攻不下聊城。鲁仲连就写了一封信，系在箭上射进城去给燕将。信上写道：

"我听说，明智的人不违背时势而放弃有利的行动，勇士不贪生怕死

▶ **楚高罍·战国**

山东博物馆藏。1954年泰安城南灵应宫南出土。直口，广肩，圆腹，圈足。腹中部饰一突起环带，其上有凸圆形装饰，盖上亦有凸圆形装饰。器、盖口沿处均有"楚高"字样。造型与装饰为战国楚国风格，被认为是楚国灭鲁之后在泰山举行祭祀活动时埋下的遗物。

而毁坏名声，忠臣不先顾及自己后顾及国君。如今您发泄一时的气愤，毫不顾及燕王失去臣子，是不忠；战死身亡，丢掉聊城，威名不能在齐国伸张，是不勇；功业失败，名声破灭，后世无所称述，是不智。有这三条，当世的君主不以之为臣，游说之士不会为之记载，所以聪明的人不能犹豫不决，勇士是不怕死的。如今是生死荣辱、贵贱尊卑的关键，这时不能决断，时机不会再来，希望您详加计议，而不要和俗人一般见识。

"况且，楚国进攻齐国的南阳，魏国进攻齐国的平陆，而齐国并没有向南反击的意图，认为丢掉南阳的损失小，比不上夺得济北的利益大，所以做出这样的决策来执行。如今秦国派出军队，魏国不敢向东进军；齐、秦连横的局面就形成了，楚国的形势就危急了。齐国放弃南阳，割舍西边的土地而不救，平定济北，是权衡得失定下的决策。况且齐国决心夺回聊城，您不要再犹豫了。现在楚、魏两国军队都先后从齐国撤回，而燕国救兵又没到。齐国全部的兵力，对天下别无谋求，全力攻

打聊城，如果还要据守已经围困了一年多的聊城，我看您是办不到的。而且燕国发生动乱，君臣束手无策，上下迷惑。栗腹带领十万大军在外连续打了五次败仗，拥有万辆兵车的大国却被赵国包围，土地削减，国君被困，被天下人耻笑。国家衰败，祸患丛起，民心浮动。如今您又用聊城疲惫的军民抵抗整个齐国军队的进攻，这如同墨翟守宋城一样。缺乏粮食吃人肉充饥，没有柴烧，烧人的骨头，士兵却没有叛离之心，这如同孙膑一样擅长带兵啊！您的才能已在天下显现。虽然如此，可是替您考虑，不如保全兵力用来答谢燕国。保存兵力回归燕国，燕王一定高兴；你安全地回归本国，百姓好像重见父母，朋友们到一起都会振奋地称赞、推崇，功业可得以显扬。对上辅佐国君统率群臣，对下既养百姓又资游说之士，矫正国事，更换风俗，事业名声都可以建立。如果无心回到燕国，就放弃燕国，摒弃世俗的议论，向东到齐国来，齐国会割裂土地予以分封，使您富贵得可以和魏冉、商鞅相比，世代称

王，和齐国长久并存，这也是一种办法。这两种方案，是显扬名声获得厚益的好主意，希望您仔细地考虑，审慎地选择其中一条。

"而且我还听说，谋求小节的人不能成就荣耀的名声，以小耻为耻的人不能建立大的功业。从前管仲射中桓公的衣带钩，是犯上；放弃公子纠而不能随他去死，是怯懦；身带刑具被囚禁，是耻辱。具有这三种情况的人，国君不用他做臣子，连乡亲们也不会跟他来往。假使当初管仲长期囚禁死在牢狱而不能返回齐国，那么也不免落个行为耻辱、卑贱的名声。连奴婢和他同罪都感到羞耻，何况一般的人呢！所以管仲不因为身在牢狱感到耻辱，却以天下不能太平感到耻辱；不以未能随公子纠去死感到耻辱，却以不能在诸侯中显扬威名感到耻辱，

▶ 雕像《鲁仲连射书救聊城》

因此他虽然兼有犯上、怕死、受辱三重过失，却辅佐齐桓公成为五霸之首，他的名声比天下任何人都高，而他的光辉照耀着邻国。曹沫做鲁国的将领，曾三战三败，丢掉了五百里的土地。假使曹沫不反复仔细地考虑，仓促计议就刎颈自杀，那么，也不免落个被擒败将的丑名了。曹沫不顾多次战败的耻辱，却回来和鲁君计议。趁桓公大会天下诸侯的机会，曹沫凭借一把短剑，在坛台上逼近桓公的胸口，脸色不变，义正词严，三次战败丢掉的土地，一会儿工夫就收回来，使天下振动，诸侯惊骇，使鲁国的威名在吴、越之上。像这二位志士，并不是不顾全小

的名节和廉耻，认为一死了之，身亡名灭，功业不能建立，这不是聪明的做法。所以摒弃一时的愤怒，树立终身的威名；放弃一时的愤怒，奠定世世代代的功业。所以这些业绩和三王的功业争相流传而名声和天地共存。希望您选择其中一个方案行动吧！"

燕将看了鲁仲连的信，哭了好几天，犹豫不能自断。想要回归燕国，已经产生了嫌隙，怕被诛杀；想要投降齐国，杀死和俘虏的齐人太多了，恐怕降服后被污辱。长长地叹息说："与其让别人杀死我，不如自杀。"就自杀了。聊城大乱，于是田单进军血洗聊城。归来向齐王报告鲁仲连的事，齐王想要封他爵位。鲁仲连听后潜逃到海边隐居起来，他说："我与其富贵而屈身于人，还不如贫贱而轻视世俗，随心所欲。"

邹阳上梁王书

邹阳是齐国人（西汉时期）。他客游梁国，和原吴国人庄忌、淮阴人枚乘等人往来。上书自荐，受梁孝王宠信的程度在羊胜、公孙诡之间。羊胜等人妒忌邹阳，在梁孝王面前说他的坏话。梁孝王很生气，把邹阳交给下属官吏办罪，想要杀死他。邹阳在梁国客游，因为遭到诽谤被抓起来，担心死后承担莫须有的罪名，就从牢狱里写信给梁孝王，信中写道：

"我听说'忠诚的人不会不受赏识，诚信的人不会被怀疑'，过去我总认为是对的，今天看来不过是一句空话罢了。从前荆轲仰慕燕太子丹的高义前去行刺秦王，尽管天空出现白虹贯日的征兆，可是燕太子丹仍然担心荆轲反悔不能成行；卫先生替秦王谋划长平之事，也出现了金星遮掩昴星的预兆，而秦昭王仍然疑虑重重。他们的精诚所至感天动地显示出征兆，却不被燕太子丹、秦昭王两主所理解，这难道不是可悲的吗！如今我竭尽忠诚，尽其计议，希望大王采纳。您周围的人不了解情况，终于把我交给官吏审讯，被世人误解，即使让荆轲、卫先生复活，而燕太子丹、秦昭王也不会醒悟啊。希望大王仔细地审察这些。

"从前卞和进献宝玉，楚王砍掉他的脚；李斯竭尽忠诚，胡亥却对他处以极刑。因此箕子装疯，接舆避世，

他们都怕遭到这种灾祸啊。希望大王仔细地审察卞和、李斯的诚意，不犯楚王、胡亥偏听偏信的错误，不要让我被箕子、接舆耻笑。我听说比干被剖心，伍子胥的尸体被装进皮袋子沉入江里，当初我并不相信，现在我才了解了真情。希望大王仔细地审察，略微给我一点怜悯吧！

"俗话说：'有的人相处到老，如同新识；有的人偶然相遇，却一见如故。'这是为什么呢？相知还是不相知，不在相处时间长短啊。所以，从前樊於期从秦国逃往燕国，把首级借给荆轲用来奉行燕太子丹的使命；王奢离开齐国前往魏国，在城上自刎来退去齐军保全魏国。王奢、樊於期不是因为齐、秦是新交，燕、魏是老相识，他们离开齐国和秦国，为燕、魏二君去死，是因为行为和志向相合而对正义无限仰慕啊！所以苏秦对天下诸侯不守信义，对燕国却像尾生一样守信；白圭战败丢掉六国城池，却为魏国夺取了中山。这是为什么呢？实在是因为相知的缘故啊。苏秦出任燕国的宰相，燕国有人在国君面前诽谤他，燕王手按宝剑发怒，还杀了一

匹骏马给苏秦吃；白圭在中山名声显扬，中山有人到魏文侯面前毁谤他，魏文侯却拿出夜光璧赠给他。这是为什么呢？两主二臣之间，剖心披胆，深信不疑，怎么能听到流言蜚语就动摇呢！

"所以女子不论美丑，进入宫廷就被妒忌；士子不论贤或不肖，入朝做官就被嫉妒。从前司马喜在宋国遭到割去膝盖骨的刑罚，终于出任了中山国的宰相；范雎在魏国被折断肋骨，打掉牙齿，终于被秦国封为应侯。这两个人，都信守一定的规矩，摒去结党营私的勾当，处于孤立无援的位置，所以不能身免嫉妒小人的迫害。申徒狄之所以投河自尽，徐衍抱着石头投海，是因为他们不被当世所容，信守正义不苟且迎合，不在朝廷里结党营私，来动摇国君的心志。所以百里奚在路上行乞，秦穆公把国政托付给他；宁戚在车下喂牛，齐桓公却把国事交给他治理。这两个人难道是在朝中借助官宦的保举、左右亲信的吹捧，才博得穆公、桓公重用他们吗？感召在心，相合在行，亲密如同胶漆，像亲兄弟一样不能分开，难道还能被

众多的谗言迷惑吗？所以，只听一面之词就要产生邪恶，只任用个别人就要酿成祸乱。从前鲁君只听信季孙的话，赶走了孔子；宋君只相信子罕的计策，囚禁了墨翟。像孔子、墨子的辩才，都不能自免谗言的伤害，因而鲁、宋两国出现了危机。这是为什么呢？众口一词，就是金石也会熔化；毁谤聚集多了，就是亲骨肉的关系也会销毁。所以秦穆公任用了戎人由余，而称霸中国；齐国任用了越人蒙，而使威王、宣王两代强盛。秦、齐两国，难道是拘泥于流俗，牵累于世风，束缚于阿谀偏执的谗言吗？他们能公正地听取意见，全面地观察事情，在当世一直保持好的名声。所以心意相合，就是胡人越人，也可以亲如兄弟，由余和越人蒙就是这样的；心意不能相合，就是至亲骨肉也赶走不留，丹朱、象、管叔、蔡叔就是这样的。如今，国君如果能用齐、秦合宜的做法，摒弃宋、鲁偏听偏信的错误，那么，五霸的功业就不值得称颂，三王的功业是容易实现的。

"因此，圣贤的国君醒悟，能摒弃子之虚伪的心肠，能不赏识田常的贤能；效法周武王封忠臣比干的后代，

▶ **鎏金铜盘·西汉**

徐州博物馆藏。徐州东洞山西汉楚王后墓出土。铜盘敞口平沿，直腹，圈底，器壁较薄，通体鎏金，素面，腹部阴刻"赵姬沐盘"四字。器体铭文明确表明该盘是王后赵姬的沐浴用器。

整修被剖腹孕妇的坟墓，必定可成就治理天下的功业。这是为什么呢？因为圣王想为善的心，是不会满足的。晋文公亲近他的仇人，就能够在诸侯中称霸；齐桓公任用他原来的仇人，结果一度匡正天下。这是为什么呢？因为晋文公、齐桓公心地仁慈，对人恳切，用真诚感化人心，不是用虚浮的言辞能代替的。

"至于秦国任用商鞅推行变法，向东削弱了韩、魏的实力，秦国的军队在天下称强，而终于把商鞅处以车裂之刑；越国采纳大夫文种的计谋，消灭了强大的吴国，称霸中国，而最终将文种赐死。因此，孙叔敖三次离开相位而不懊悔，於陵子仲推辞了三公的职位去替别人浇水灌园。如今国君果真能去掉倨傲的情绪，心里存有让别人效力的意念，敞开胸怀，以见真情，披肝沥胆，施以厚德，始终和别人共甘苦，爱戴士子，那么，就是夏桀养的狗也可以让它咬尧，而盗跖的门客可以让他行刺许由；何况您依仗大国的权势，凭借圣王的才能呢？既然如此，那么荆轲甘冒灭七族的大祸，要离忍心妻子儿女被烧死，而为

阖庐杀庆忌的事，难道还有什么值得称道的吗！

"我听说把月明珠或夜光璧在黑夜的路上抛向行人，人们没有不怒目斜视的。为什么呢？是因为宝物无端地被抛到面前。盘曲的树根，屈曲奇特，却可以成为国君鉴赏的器物。为什么呢？是因为周围的人事先把它雕刻美饰过了。所以无端出现在人面前，即使拿出的是随侯明珠、夜光之璧，还是要结怨而不讨好；而事先有人予以推荐，就是枯木朽株也会有所建树而不被忘掉。如今那些平民百姓和穷居陋巷的士人，处在贫贱的环境下，即使有尧、舜的治国之道，具有伊尹、管仲那样的辩才，怀有龙逢、比干那样的忠心，打算尽忠于当世的国君，而平时没有被推荐的根底，即使是竭尽思虑，想要献出忠心，辅佐国君治国安邦，那么，国君一定会像对待投掷宝物的人那样按剑斜视你了，这便是使布衣贤士不能起到枯木朽株那样的作用啊。

"所以圣明的君主治理国家，如同陶匠运转陶轮那样独用己意，而不被鄙乱的议论所左右，不被众多口舌

贻误大事。所以秦始皇听信了中庶子蒙嘉的话，才相信了荆轲的鼓说，荆轲才能乘人不备偷偷地取出行刺的匕首；周文王在泾渭地区狩猎，用车载回吕尚，才能够在天下称王。所以秦王偏听了近臣的话，险些被杀；周文王却任用偶然相遇的人，称王天下。这是为什么呢？因为他能超越左右的言论，摆脱世俗的议论，卓然独立地看到宽宏豁达的光明大道。

"如今，国君沉湎于阿谀谄媚的言辞之中，牵制于姬妾近侍的包围之下，使卓异超群的士人，无从显示才能，就像良马和笨牛同在一个槽中一样。这就是鲍焦为何对世道愤懑不平，宁可抱木独立而死，对富贵毫不留恋的原因啊。

"我听说，堂堂正正的人，不会贪图利禄而玷污道义；追求名誉的人，不会放纵私欲败坏自己的品行，因此，有个县名叫作'胜母'而曾子就不肯进入；有个城邑叫'朝歌'而墨子就转身离去。如今，让抱负远大的人被威重的权势所震慑，被高位大势所压抑，有意用邪恶的面目、肮脏的品行来侍奉的阿谀献媚的小人却亲近于大王左右，那么有志之士就会老死在岩穴之中了，怎么肯竭尽忠诚信义追随大王呢！"

这封信进献给梁孝王，梁孝王派人从牢狱中把邹阳放出来，邹阳后来成为梁孝王的贵宾。

❖ 太史公说 ❖

鲁仲连的志趣虽然不合大道理，可是我赞许他能以平民百姓的身份，纵横快意地放浪形骸，不屈服于诸侯，评论当世，却使大权在握的公卿宰相们折服。邹阳狱中上书，言辞即使不够谦逊，可是他运用相类的事物进行比方，确实有感人之处，也可以说是耿直不屈了，所以我把他附在这篇列传里。

屈原贾生列传 第二十四

【解题】此传是屈原、贾谊两个人的合传。他们虽然不是同时代人，但是遭遇却有许多共同之处。他们才高气盛，清高傲骨，但在政治上却都不得志，且都因忠被贬，却又都在文学上成就卓越。所以，太史公将他们同列于一篇，实际上表达了对他们的经历的愤恨不平与同情，写人亦写己。

才高遭嫉

屈原名平，和楚国王室是同姓一族。他担任楚怀王的左徒，学识渊博，记忆力很强，对国家存亡兴衰的道理非常了解，擅长辞令。因此他入朝就和楚怀王讨论国家大事，制定政令；对外就接待各国使节，处理对各诸侯国的外交事务。楚怀王对他非常信任。

上官大夫和屈原职位相同，他为了能得到楚怀王的宠信，很嫉妒屈原的才能。有一次，楚怀王命屈原制订国家法令，屈原刚写完草稿，还没最后修订完成。上官大夫见到之后想夺为己有，但屈原不肯给他。他就和楚怀王说屈原的坏话："大王您让

屈原制订法令，上下没有人不知道这件事，每颁布一条法令，屈原就自夸其功，说'除了我之外，谁也做不出来'。"楚怀王听了，非常生气，因此就对屈原疏远了。

屈原痛心楚怀王对听进耳朵里的话而不能明辨是非，让逸害诌媚的言论蒙蔽得看不清真相，以致邪恶伤害了公正，方正刚直的人不为朝廷所容，所以忧愁苦闷深思就写成了《离骚》。离骚的意思，就是遭遇了忧患。上天是人的始祖，父母是人的根本。人处境窘迫就会追念本原。所以，劳苦疲倦到极点的时候，没有不呼叫上天的；在苦病忧伤的时候，没有不呼喊父母的。屈原坚持原则率直行事，竭尽忠诚和智慧来侍奉他

▶ 屈原像·宋·张敦礼。

的国君，谗害的人却从中挑拨离间，可以说得上是处境窘迫了。因为诚信反被怀疑，因为忠直反被诽谤，怎能没有怨愤呢？屈原写作《离骚》，大概是从悲愤中产生出来的。《国风》描写男女情爱但不过度，《小雅》有对朝政怨愤诽谤的言辞但不主张叛乱，像《离骚》这篇作品，可说是两方面兼而有之。在《离骚》中，从上古称述帝喾，至近代称道齐桓公的霸业，中间叙述了商汤、周武王，用来讽刺当世的政事。阐明道义德政的伟大崇高，治乱兴衰的规律，无不详尽体现。它的文字简约，它的辞义微妙，它表现的志向高洁，它称扬的品行廉正。它文中记述的是花鸟草木等小事物，但包含的旨意却极其博大；列举的是眼前习见的一类事物，但体现的含义却非常深远。因为它表现的志向高洁，所以它称许的事物多是香花芳草；因为它称扬的品行廉正，所以至死也不容许自己的行为疏于道德。他远离浊污的世俗，在污浊之中自我洗涤，像蝉脱壳那样摆脱污秽，而游离于尘埃之外，像高洁的莲花出淤泥而不染。推论这种崇高的心志，就是跟日月争辉，也是可以的。

🌀危难重重的故国

屈原被贬退之后，秦国想发兵攻打齐国，可是齐国与楚国有合纵的盟约，秦惠王对此很是担忧，于是就派张仪假装离开秦国，带着丰厚的礼物来到楚国表示臣服，说："秦国非常痛恨齐国，但齐国和楚国有合纵的盟约，若是楚国能和齐国断交，那么秦国愿意献出商、於一带六百里土地。"楚怀王贪图得到土地而相信了张仪，就和齐国断绝了关系，并派使者到秦国接受土地。张仪欺骗了楚国，对使者说："我和楚王约定的是六里，没听说过有什么六百里。"楚怀王勃然大怒，大规模起兵攻打秦国。秦国

▶ **楚屈子赤角簠·春秋**

湖北省博物馆藏。长方体，器、盖同形。直口斜壁，矩形圈足。器腹立对称环耳，盖缘相对六个兽首衔扣。通体饰细密的蟠虺纹。盖器铭文内容相同，篆书阴文 6 行 31 字："佳正月初吉丁亥楚屈子赤角媵仲芈璜食簠，其眉寿无疆子子孙孙永保用之。"屈氏是楚之公族。故是楚氏赤角为其仲女璜出嫁铸造的器物。历年出土铭文有"楚"字的青铜器数量有限，屈氏铜器仅此一件。

出兵迎击楚军，在丹水、淅水一带把楚军打得大败，斩杀八万楚兵，俘虏了楚军将领屈匄，乘势夺取了楚国汉中一带的土地。楚怀王就出动全国兵力，来深入攻击秦国，在蓝田交战。魏国得知此事，派兵偷袭楚国，到达邓地。楚兵非常害怕，不得不从秦国撤军回国。而齐国很痛恨楚怀王背弃盟约，不肯派兵救助楚国，楚国的处境非常艰难。

第二年，秦国想割让汉中的土地和楚国议和。楚怀王说："我不想得到土地，得到张仪我才称心。"张仪知道后，说："用我一个人来抵汉中的土地，我请求到楚国去。"张仪到了楚国，又用厚礼贿赂当朝的宠臣靳尚，还在楚怀王的宠姬郑袖面前编造花言巧语。楚怀王竟然听信郑袖的话，释放了张仪。此时，屈原已被疏远，出使到齐国，他回国后，就向楚怀王进谏说："为什么不杀张仪？"楚怀王后悔了，命人去追张仪，可是已经来不及了。

在此之后，各诸侯国联合攻打楚国，大败楚军，斩杀楚将唐眛。

当时秦昭王和楚国结为姻亲，想和楚怀王见面。楚怀王想要前往，屈原劝谏说："秦国是虎狼一般贪暴的国家，是不能信任的，还是不去为好。"可是楚怀王的小儿子子兰劝楚怀王前去，他说："为什么要拒绝了秦王的好意呢？"楚怀王最终还是去了。但他刚一进武关，秦国的伏兵就斩断了他的归路，把楚怀王扣留，让他答应割让土地。楚怀王大怒，不肯应允。逃到赵国，但赵国拒绝接纳他。然后他又来到秦国，最终死在秦国，尸体被运回楚国安葬。

❥再次被逐

楚怀王的长子顷襄王继位，任命他的弟弟子兰为令尹。因子兰劝楚怀王入秦而最终死在秦国，楚国人都把此事归咎于子兰。

屈原对子兰的所作所为也非常痛恨。虽然身遭放逐，却依然眷恋楚国，怀念楚怀王，时刻惦记着能重返朝廷，期望君王能突然觉悟，风俗也为之改变。他为了维护君王，复兴国家，扭转楚国局势，所以在一篇作品中多次流露此种心情。然而终究无可奈何，所以也不可能再返回朝廷，由

此也可见楚怀王最终也没有醒悟。作为国君，不管他聪明还是愚蠢，贤明还是无能，都希望找到忠臣和贤士来辅佐自己治理国家，然而亡国破家之事却不断发生，而圣明之君、太平之国历代都未曾一见，其根本原因就在于其所谓忠臣并不忠，其所谓贤士并不贤。楚怀王因不知晓忠臣之职分，所以在内被郑袖所迷惑，在外被张仪所欺骗，疏远屈原，而信任上官大夫和令尹子兰。结果使军队惨败，国土被侵占，失去了六个郡的土地，自己还流落他乡，客死秦国，被天下人所耻笑。这是由于不知人所造成的灾祸。《易经》上说："井已经疏浚干净，却没人来喝水，这是令人难过的事。国君若是圣明，大家都可以得到幸福。"而楚怀王是如此不英明，哪里配得到幸福啊！

令尹子兰听到以上情况勃然大怒，最终还是让上官大夫去向顷襄王说屈原的坏话，顷襄王一生气，就把屈原放逐了。

❷ 屈原投江

屈原来到江边，披头散发在荒野草泽上一边走，一边悲愤长吟。脸色憔悴，形体干瘦。一位渔翁看到他，就问道："您

《屈原卜居图》·明·黄应谌

描绘屈原被放逐后，前往拜见太卜郑詹尹，问卜自处之道的故事。

《九歌图卷》（局部）·宋·张敦礼

画卷根据屈原《楚辞·九歌》中的神话故事绘制而成。"九歌"原为传说中的一种远古歌曲的名称。《九歌》是屈赋中最精、最美、最富魅力的诗篇，它代表了屈原艺术创作的最高成就。图中绘诸神及神话人物，依次为：东皇太一、大司命、少司命、东君、云中君、湘君、湘夫人、河伯、山鬼和国殇。

不就是三闾大夫吗？为什么到这里来呢？"屈原说："举世皆浊，唯我独清；众人都昏醉，唯我独清醒，所以我才被放逐了。"渔翁说："有圣德的人，不拘泥于事物，而能随着世道转移。世道混浊，为什么不随波逐流？大家都昏沉大醉，你为什么不在其中吃点残羹剩酒呢？为什么要保持美玉一般的品德，而使自己落了个被流放的下场呢？"屈原说："我听说过，刚洗过头的人一定要弹去帽子上的灰尘，刚洗过澡的人一定要把衣服上的尘土抖干净，人们又有谁愿意以清白之身，而受外界污垢的玷染呢？我宁愿跳入江水长流之内，葬身鱼腹之中，也不让自己的清白品德蒙受世俗的污染！"

于是，屈原写下了作品《怀沙》，其中这样写道：

"阳光强烈的初夏呀，草木茂盛地生长。悲伤总是充满胸膛啊，我急匆匆来到南方。眼前是一片渺茫啊，沉寂得毫无声响。我的心情沉郁悲慨啊，这令人伤心的日子又实在太长。抚心反省而无过错啊，蒙冤受屈忍心房。

▶ 虎座飞鸟·战国

荆州博物馆藏。1978年出土
于天星观一号墓。该墓为战国
时期楚墓，距今约2300多年。
这件虎座飞鸟自下而上由卧
虎、凤鸟和鹿角三
部分组成。卧虎身
躯雄壮，造型简洁稳重。
在卧虎背上站立一只矫健雄壮
的凤鸟，引吭高歌，振翅欲飞。
凤鸟背上插有一对鹿角，使得
整体造型十分怪异，诡谲神秘，
具有浓郁的荆楚色彩。

　　"想把方木削成圆木啊，但正常法度不可改易。抛开正路而走斜径啊，
那将为君子所鄙弃。明确规范，牢记法度啊，往日的初衷绝不反悔。品性忠厚，
心地端正，为君子所赞美。巧匠不挥动斧头砍削啊，谁能看出是否合乎标准。
黑色的花纹放在幽暗之处啊，盲人会说花纹不鲜明；离娄稍微一瞥就看得非
常清楚啊，盲人反说他是失明无光。事情竟是如此的黑白混淆啊，上下颠倒。
凤凰被关进笼子里啊，鸡和野雉却在那里飞跳。美玉和粗石被混杂在一起啊，
竟有人认为二者也差不了多少。那些帮派小人卑鄙嫉妒啊，全然不了解我的
高尚情操。

"任重道远负载太多啊，沉陷阻滞不能向前。身怀美玉品德高啊，处境困窘怎展示？城中群狗胡乱叫啊，以少见为怪就叫唤。诽谤英俊疑豪杰啊，这本来就是小人的丑态。外表粗疏内心朴实啊，众人不知我英才。未雕饰的材料被丢弃啊，不知功用何所在。我注重仁与义的修养啊，并把恭谨忠厚来加强。虞舜已不可再遇啊，又有谁知道我从容坚持自己的志向。古代的圣贤也难得同世而生啊，又有谁能了解其中缘由？商汤夏禹距今是何其久远啊，渺茫无际难以追攀。强压住悲愤不平啊，抑制内心而使自己更加坚强。遭受忧患而不改变初衷啊，只希望我的志向成为后人效法的榜样。我又顺路北行啊，迎着昏暗将尽的夕阳。含忧郁而强作欢颜啊，死亡就在前面不远的地方。

"尾声：浩荡的沅江、湘江水啊，不停地流淌翻涌着波浪。道路漫长而又昏暗啊，前程又是何等的渺茫。我怀着长久的悲伤歌吟不止啊，慨然叹息终此世。世上没人了解我啊，谁能听我诉衷肠？情操高尚品质美啊，芬芳洁白世无双。伯乐早已死去啊，千里马谁能识别它是骏良？人生一世秉承命运啊，各有各的不同归向。内心坚定心胸广啊，别的还有什么值得畏惧！重重忧伤长感慨啊，永世长叹无尽哀。世道混浊知音少啊，衷肠能对谁诉说。人生在世终须死啊，对自己的生命就不要太珍爱。光明磊落的先贤啊，你们永远是我的楷模。"

楚辞

战国时期，楚国诗人屈原以南方民歌为基础，创作的一种诗歌体裁。楚辞的直接渊源是以《九歌》为代表的楚地民歌。《九歌》原为祭祀时之巫歌，后经屈原加工而保留下来，而《离骚》等其他作品则是在这基础上发展而来的。因此，南方祭歌那神奇迷离的浪漫精神，也深深地影响甚至决定了楚辞的表现方法及风格特征。由于楚辞和汉赋之间的渊源关系，所以屈原作品又有"屈赋"之称。

于是，屈原就怀抱石头，投入汨罗江而死。

屈原死后，楚国有宋玉、唐勒、景差等人，他们都爱好文学而以擅长辞赋著称。但他们都只学习了屈原辞令委婉含蓄的一面，而最终没人敢像屈原那样直言劝谏。此后楚国一天比一天弱小，几十年之后终于被秦国消灭。

自从屈原沉江而死一百多年之后，汉朝有个贾生，在担任长沙王的太傅时，经过湘江，写了一篇辞赋投入江中，以此祭吊屈原。

❷博士贾谊

贾生，名叫贾谊，是洛阳人。十八岁时就因能诗作文而闻名当地。吴廷尉担任河南郡守时，听说贾谊才学优异，就把他召到衙门任职，并非常器重。汉文帝刚即位时，听说河南郡守吴公政绩卓著，为全国第一，而且和李斯同乡，又曾向李斯学习过，于是就征召他担任廷尉。吴廷尉就向文帝推荐贾谊，说他年轻有才，能精通诸子百家的学问。这样，汉文帝就征召贾谊，让他担任博士之职。

当时贾谊二十有余，在博士中最为年轻。每次汉文帝下令让博士们讨论一些问题，那些年长的老先生们都无话可说，而贾谊却能一一应对，人人都觉得他说出了自己想说的话。博士们都认为贾生才能杰出，无与伦比。汉文帝也非常喜欢他，破格提拔，一年之内就把他升任太中大夫。

❷才高遭嫉

贾谊认为从西汉建立到汉文帝时已有二十多年了，天下太平，正是应该改正历法、变易服色、订立制度、决定官名、振兴礼乐的时候，于是他草拟了各种仪法，崇尚黄色，遵用五行之说，创设官名，完全改变了秦朝的旧法。汉文帝刚刚即位，谦虚退让而无暇改变法制。但此后各项法令的更改，以及诸侯必须到封地去上任等事，这都是贾谊的主张。于是汉文帝就和大臣们商议，想提拔贾谊担任公卿之职。而绛侯周勃、颍阴侯灌婴、东阳侯张相如、御史大夫冯敬这些人都嫉妒他，就诽谤贾谊说："这个洛阳人，年纪轻而学识浅，只想独揽大

权，把政事弄得一团糟。"此后，汉文帝就疏远了贾谊，不再采纳他的意见，任命他为长沙王太傅。

赋吊屈原

贾谊向汉文帝告辞之后，前往长沙赴任，他听说长沙地势低洼，气候潮湿，自认为寿命不会很长，又是因为被贬至此，内心非常不自在。在渡湘水的时候，写下一篇辞赋来凭吊屈原，赋文这样说：

"我恭奉天子诏命，戴罪来到长沙任职。曾听说过屈原啊，是自沉汩罗江而长逝。今天我来到湘江边上，托江水来敬吊先生的英灵。他遭遇纷乱无常的世道，就只好自我牺牲。实在伤心哀痛呀，正赶上那不幸的年代。鸾凤潜伏隐藏，鸱鸮却自在翱翔。不才之人尊贵显赫，阿谀奉承之辈得志猖狂；圣贤都不能顺遂行事啊，方正的人反屈居下方。世人都说伯夷贪婪，盗跖反

屈原祠

屈原祠位于湖北省秭归县东长江北岸的向家坪，又称清烈公祠，为纪念屈原而建。

74

被称颂清廉。镆铘宝剑变钝铁啊，普通铅刀成利剑。可叹是太不幸了呀，先生却无端受害。抛弃了周朝的宝鼎，却珍视瓦壶。让疲牛驾车驰骋啊，让跛驴相助，却使骏马垂着两耳拉盐车。华贵的礼帽当鞋垫啊，浸渍易坏不耐用。堪叹先生真悲苦啊，独自遭受这祸殃。

"尾声：算了吧！既然国人不了解我，抑郁不快又能和谁诉说？凤凰高飞远离去，本应如此自引退。效法神龙隐渊底，深藏避祸自爱惜。韬光晦迹来隐处，岂能与蚂蚁、水蛭、蚯蚓为邻居？圣人品德诚可贵啊，远离浊世自珍藏。假如良马可系羁啊，怎说它不同犬羊？徘徊在乱世而遭到这样的罪祸啊，也有先生自身的缘故！历视九州去选择可辅佐的国君啊，何必老眷恋这个故都呢？凤凰在千仞的高空飞翔啊，看到了仁君的德辉才下来栖息。要是看到卑鄙小人的险恶征兆啊，就振动翅膀远远地飞走了。狭小污浊的小水坑，怎能容得下吞舟大鱼？横绝江湖的大鱼，最终还要受制于蝼蚁。"

贾谊在担任长沙王太傅的第三年，一天有一支鸮鸟飞进他的住宅，停在了座位旁边。楚国人把鸮叫作"鵩"。贾谊原来就是因被贬来到长沙，而长沙又地势低洼，气候潮湿，所以自认为寿命不长，悲痛伤感，就写下了一篇赋来自我安慰。赋文写道：

"丁卯年四月初夏，庚子日太阳西斜的时分，有一只猫头鹰飞进我的房屋，它在座位旁边停下，样子很是自在安闲。奇怪之鸟进我家栖息，心下疑惑有缘故。打开卦书来占卜，上面载有这样的话：'野鸟飞入住舍呀，主人将会离开家。'我于是请问鸟啊：'我离开这里将去何方？是吉，就请告诉我；是凶，也请告诉我是什么祸殃。生死迟速有定数啊，请把期限对我说端详。'鵩鸟听罢长叹息，抬头振翅已会意。它的嘴巴不能说话，请以意相示自推度。

"天地万物长变化，本来无有终止时。如涡流旋转，反复循环。外形内气转化相续，演变如蝉蜕皮一般。其道理深微无穷，言语哪能说得尽。祸当中傍倚着福，福当中也埋藏着祸。忧和喜同聚一起，吉

▶ **贾谊像**

贾谊（前200—前168），西汉初年著名政论家、文学家，世称贾生。代表作有《过秦论》《论积贮疏》《陈政事疏》等。其辞赋皆为骚体，形式趋于散体化，是汉赋发展的先声，以《吊屈原赋》《鵩鸟赋》最为著名。

和凶同在一个区域。当年吴国是何等的强大，但吴王夫差却以此而败亡。越国败处会稽，勾践以此称霸于世。李斯游秦顺利成功，却终于遭受五刑。傅说原为一刑徒，后来却成武丁相。祸对于福来说，与绳索互相缠绕有什么不同？天命无法详解说，谁能预知它的究竟？水成激流来势猛，箭遇强力射得远。万物循环往复长激荡，运动之中相互起变化。云升雨降多反复，错综变幻何纷繁。天地运转造万物，漫无边际何浩瀚。天道高深不可预测，凡人思虑难以谋算。长寿短命都由天定，谁能知其到来时？

　　"何况天地为巨炉，自然本为司炉工。阴阳运转是炉炭，世间万物皆为铜。其中聚散或生灭，哪有常规可寻踪？错综复杂多变化，未曾见过有极终。成

人亦为偶然事，不足珍爱慕长生。纵然死去化异物，又何足忧虑心胆惊！小智之人顾自己，鄙薄外物重己身。通人达观何大度，万物一概能包容。贪夫为财赔性命，烈士为名忘死生。喜好虚名者为权势而死，平民百姓又怕死贪生。而被名利所诱惑、被贫贱所逼迫的人，为了钻营而奔走西东。而道德修养极高的人，不被物欲所屈服，对千百万化的事物等量齐观。愚夫被俗累羁绊，拘束得如囚徒一般。有至德的人能遗世弃俗，只与大道同存在。天下众人迷惑不解，爱憎之情积满胸臆。有真德的人恬淡无为，独和大道同生息。舍弃智慧忘形骸，超然物外不知有己。在那空旷恍惚的境界里，和大道一起共翱翔。乘着流水任意行，碰上小洲就停止。将身躯托付给命运，不把它看作私有之体。活着如同寄于世，死了是长休息。内心宁静就如无波的深渊，浮游就如不系缆绳的小舟。不因活着而自贵，修养空灵之性如浮游。至德之人无俗累，乐天知命复何忧！鸡毛蒜皮区区小事，怎值疑惑在心头。"

伤心而死

一年多之后，贾谊被召回京城拜见皇帝。当时汉文帝正坐在宣室，接受神的降福保佑。因汉文帝有感于鬼神之事，就向贾谊询问鬼神的本原。贾谊也就乘机周详地讲述了所以会有鬼神之事的种种情形。到半夜时分，汉文帝已听得很入神，不知不觉地在座席上总往贾谊身边移动。听完之后，汉文帝慨叹道："我好长时间没见贾谊了，自认为能超过他，现在看来还是不如他。"过了不久，汉文帝任命贾谊为梁怀王太傅。梁怀王是汉文帝的小儿子，受汉文帝宠爱，又喜欢读书，因此才让贾谊当他老师。

汉文帝又封淮南厉王的四个儿子都为列侯。贾谊劝谏，认为国家祸患的兴起就要从这里开始了。贾谊多次上疏皇帝，说有的诸侯封地太多，甚至多达几郡之地，和古代的制度不符，应该逐渐削弱他们的势力，但是汉文帝不肯听从。

几年之后，梁怀王因骑马不慎，从马上掉下来摔死了，没有留下后

▶ 湖南长沙贾谊故居

位于湖南省长沙市太平街，贾谊故居始建于西汉文帝年间，为长沙王太傅贾谊的府邸。公元前177 年至公元前174 年，西汉著名政论家、思想家和文学家贾谊住在这里，时任长沙王太傅。

代。贾谊认为这是自己做太傅没有尽到责任，非常伤心，哭泣了一年多，也死去了。他死的时候年仅三十三岁。后来汉文帝去世，汉武帝即位，提拔贾谊的两个孙子任郡守。其中贾嘉最为好学，继承了贾谊的家业，曾和我有过书信往来。到汉昭帝时，他担任九卿之职。

✦ 太史公说 ✦

我读完《离骚》《天问》《招魂》《哀郢》之后，为屈原的情志感到伤感。我到长沙去，特意去看了屈原投江自沉的地方，情不自禁地掉下眼泪，想念他的为人。后来读了贾谊的《吊屈原赋》，又责怪屈原若是以自己超人的才华，游说诸侯的话，哪个国家不能容纳他呢？而他却把自己弄到这种地步。当我读过《鹏鸟赋》之后，把生死同等看待，把官场上的去留升降看得很轻，又不禁怅然若失了。

吕不韦列传 第二十五

【解题】这是吕不韦的专传。在此传记中，太史公描写了吕不韦的唯利是图且老谋深算、皇太后的放荡淫乱及秦始皇的凶狠残暴，从而活生生地揭示出宫廷内部政治斗争的残酷与无情、丑陋与腐朽，字里行间充满了轻蔑与憎恶。

◆奇货可居

吕不韦是阳翟的大商人。他往来于各地，以低价买进，高价卖出，所以积累起千金的家产。

秦昭王四十年，太子去世了。到了昭王四十二年，昭王把他的第二个儿子安国君立为太子。安国君有二十几个儿子。安国君有特别宠爱的姬妾，就把这个姬妾立为正夫人，封号是华阳夫人。华阳夫人没有儿子。安国君有个排行居中的儿子名叫子楚，子楚的母亲叫夏姬，不受宠爱。子楚作为秦国的人质被派到赵国。秦国多次攻打赵国，赵国对子楚也不以礼相待。

子楚是秦王庶出的孙子，在赵国当人质，他乘坐的车马和日常的财用都不富足，生活困窘，很不得意。吕不韦到邯郸去做生意，见到子楚后非常喜欢，说："子楚就像一件奇货，可以囤积居奇。以待高价售出。"于是他就前去拜访子楚，对他游说道："我能光大你的门庭。"子楚笑着说："你姑且先光大自己的门庭，然后再来光大我的门庭吧！"吕不韦说："你不懂啊，我的门庭要等待你的门庭光大了才能光大。"子楚心知吕不韦所言之意，就拉他坐在一起深谈。吕不韦说："秦王已经老了，安国君被立为太子。我私下听说安国君非常宠爱华阳夫人，华阳夫人没有儿子，能够选立太子的只有华阳夫人一个。现在你的兄弟有二十多人，你又排行中间，

不受秦王宠幸，长期被留在诸侯国当人质，即使是秦王死去，安国君继位为王，你也不要指望同你长兄和早晚都在秦王身边的其他兄弟们争太子之位啦。"子楚说："是这样，但该怎么办呢？"吕不韦说："你很贫窭，又客居在此，也拿不出什么来献给亲长，结交宾客。我吕不韦虽然不富有，但愿意拿出千金来为你西去秦国游说，侍奉安国君和华阳夫人，让他们立你为太子。"子楚于是叩头拜谢道："如果实现了您的计划，我愿意分秦国的土地和您共享。"

笼络宠姬

吕不韦于是拿出五百金送给子楚，作为日常生活和结交宾客之用；又拿出五百金买珍奇玩物，自己带着西去秦国游说。他先拜见华阳夫人的姐姐，把带来的东西统统献给华阳夫人。顺便谈及子楚聪明贤能，所结交的诸侯宾客，遍及天下，子楚常常说"我子楚把夫人看成天一般，日夜哭泣思念太子和夫人"。夫人非常高兴。吕不韦乘机又让华阳夫人的姐姐劝说华阳夫人道："我听说用美色来侍奉别人的，一旦色衰，宠爱也就随之减少。现在夫人您侍奉太子，甚被宠爱，却没有儿子，不如趁这时在太子的儿子中选取一个有才能而孝顺的人，立他为继承人并且像亲

▶ **吕不韦像**

吕不韦（？—前235），战国末期卫国濮阳（今河南濮阳）人。庄襄王即位，任为相国，封文信侯。秦王政年幼即位，继任相国，被尊为"仲父"。曾命宾客编《吕氏春秋》，汇集先秦各派学说。

生儿子一样对待他，那么，丈夫在世时您受到尊重，丈夫死后，自己立的儿子继位为王，最终也不会失势，这就是人们所说的一句话能得到万世的好处啊。不趁容貌美丽之时树立根本，假使等到容貌衰竭，宠爱失去后，再想和太子说上一句话，还有可能吗？现在子楚贤能，他自己也知道排行居中，按次序是不能被立为继承人的，而他的生母又不受宠爱，自己就会主动依附于夫人，夫人若真能在此时提拔他为继承人，那么夫人您一生在秦国都会受到尊宠了。"华阳夫人听了深以为然，就趁太子方便的时候，委婉地谈到在赵国做人质的子楚非常

▶明刻本《吕氏春秋》书影。

有才能，来往的人都称赞他。接着又哭着说："我有幸成为您后宫的一分子，但非常遗憾的是没有儿子，我希望能立子楚为继承人，以便我日后有个依靠。"安国君答应了，就和夫人刻下玉符，决定立子楚为继承人，安国君和华阳夫人都送了好多礼物给子楚，并请吕不韦当他的老师，因此子楚的名声在诸侯中越来越大。

　　吕不韦选取了一位非常漂亮而又善于跳舞的邯郸女子一同居住，知道她怀了孕。子楚有一次和吕不韦一起饮酒，看到这个女子后非常喜欢，就请求把这个女子赐给他。吕不韦很生气，但转念一想，已经为子楚破费了大量家产，为的就是借以钓取奇货，于是就献出了这个女子。此女隐瞒了自己怀孕在身的情况，到了产期时，生下儿子，取名为政。子楚就立赵姬为夫人。

　　秦昭王五十年，派王齕围攻邯郸，情况非常紧急，赵国想杀死子楚。子楚就和吕不韦密谋，拿出六百斤金子送给守城官吏，得以脱身，逃到秦军大营，这才得以顺利回国。赵国又想杀子楚的妻子和儿子，因为子楚的夫人是

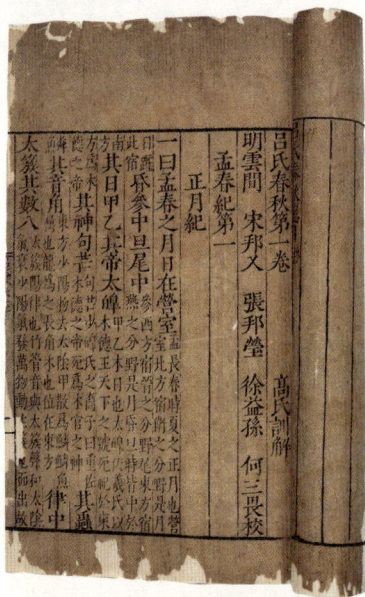

赵国富豪人家的女儿，才得以隐藏起来，因此母子二人才能活命。秦昭王五十六年（前251），秦昭王去世了，太子安国君继位为王，华阳夫人为王后，子楚为太子。赵国也就护送子楚的夫人和儿子嬴政回到秦国。

仲父吕不韦

安国君即位一年之后去世，谥号为孝文王。太子子楚继位，他就是庄襄王。庄襄王尊奉华阳王后为华阳太后，生母夏姬被尊称为夏太后。庄襄王元年，任命吕不韦为丞相，封为文信侯，以河南洛阳十万户作为他的食邑。

庄襄王即位三年之后死去，太子嬴政继立为王，尊奉吕不韦为相国，称他为"仲父"。秦王年纪还小，太后常常和吕不韦私通。吕不韦家有奴仆万人。

一字千金

在那时，魏国有信陵君，楚国有春申君，赵国有平原君，齐国有孟尝

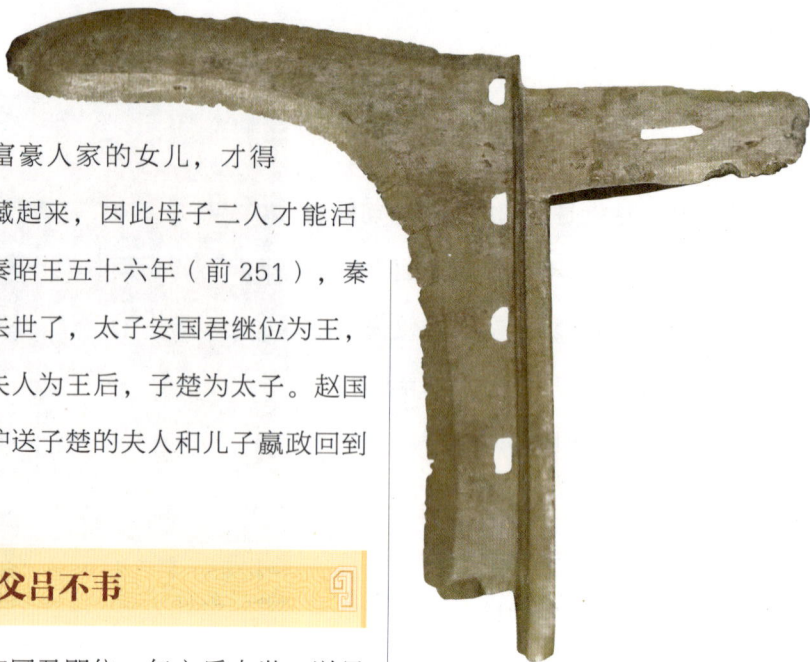

▶ "四年相邦吕不韦"戈·战国

中国国家博物馆藏。1957年湖南长沙左家塘秦墓出土。长21厘米。此戈胡上四穿，内上一穿，内两面有铭文，一面刻"四年相邦吕工寺工龙丞"，另一面刻一"可"字。"相邦吕"即秦相国吕不韦，"四年"即秦始皇四年（前243）。秦始皇在前247年即位时才13岁，政事由相国吕不韦执掌，此戈就是这个时期铸造的。

君，他们都礼贤下士，结交宾客，并在这方面要争个高低。吕不韦认为秦国如此强大，倘若不如他们，这是一件令人羞愧的事，所以他也招来了文人学士，给他们优厚的待遇，门下食客多达三千人。那时各诸侯国有许多才辩之士，像荀卿那班人，著书立说，流行天下。吕不韦就命他的食客各自

将所见所闻记下，汇集
编为八览、六论、十二纪，共
二十多万字。吕不韦认为其中包括了天地万物古
往今来的事理，所以号称《吕氏春秋》。并将之刊
布在咸阳的城门，上面悬挂着一千金的赏金，遍请
诸侯各国的游士宾客，若有人能增删一字，就给予
一千金的奖励。

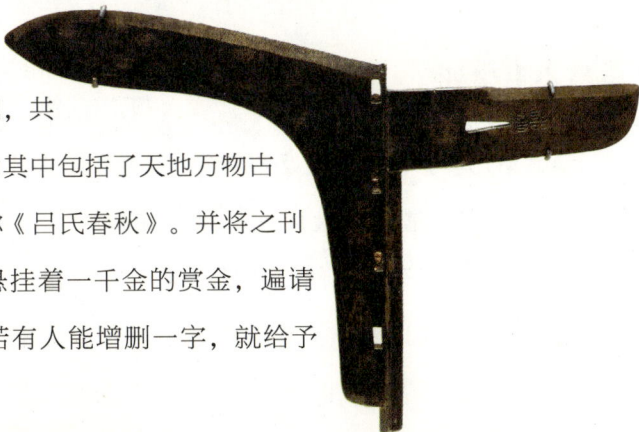

嫁祸于人

　　秦始皇年纪越来越大，但太后一
直淫乱不止。吕不韦唯恐事情败露，
灾祸降临到自己头上，就暗中寻求
了一个阴茎特别大的人嫪毐作为门

客，不时让伶人歌舞取乐，命嫪毐用阴茎穿在桐木车轮上，使之转动而行，
并想办法让太后知道，以此来引诱她。太后听说后，果真想占有他，于是吕
不韦将嫪毐献给太后，假装让人告发他犯下了该受宫刑的罪。吕不韦又暗中
对太后说："你可以让嫪毐假装受了宫刑，就可以让他供职宫中。"太后于
是给主持宫刑的官吏送了许多东西，假装处罚嫪毐，拔掉他的胡须假充宦官，
让他得以侍奉太后。太后暗中和他通奸，特别喜爱他。后来太后怀孕在身，
害怕别人知道，假称算卦不吉，需要回避一段时间，就迁移到雍地的宫殿中
来居住。嫪毐总是随从左右，所受的赏赐非常优厚，事事都由嫪毐决定。
嫪毐家中有奴仆几千人。那些为求得官职来嫪毐家当门客的多达一千余人。

　　秦始皇七年，庄襄王的生母夏太后去世。孝文王后即华阳太后，和孝文
王合葬在寿陵。夏太后的儿子庄襄王葬在芷阳，所以夏太后另外单独埋葬在
杜原之东，称"向东可以看到我的儿子，向西可以看到我的丈夫。在百年之后，
旁边定会有个万户的城邑"。

吕不韦之死

秦始皇九年，有人告发嫪毐实际上并不是宦官，常常和太后淫乱私通，并生下两个儿子，把他们隐藏起来。嫪毐和太后谋议说："若是秦王死去，就立我们的儿子即位。"于是秦始皇命法官严查此事，最终查明了真相，事情牵连到相国吕不韦。这年九月，秦始皇把嫪毐家三族全部杀死，又杀了太后所生的两个儿子，并把太后迁到雍地居住。秦王想杀掉相国吕不韦，但因其侍奉先王功劳极大，又有许多宾客辩士为他求情说好话，秦王不忍心将他绳之以法。

秦始皇十年十月，免去了吕不韦的相国职务。等到齐地人茅焦劝说秦王，前往才把太后从雍地接回咸阳。接着又把吕不韦遣出京城，前往河南的封地。

又过了一年多，各诸侯国的宾客使者络绎不绝，前来问候吕不韦。秦王恐怕他发动叛乱，就写信给吕不韦说："你对秦国有何功劳？秦国封你在河南，食邑十万户。你和秦王有什么血缘关系而号称仲父！你与家属都一齐迁到蜀地去居住！"吕不韦一想到自己逐渐失势，害怕日后被杀，就喝下毒酒自杀而死。秦王所痛恨的吕不韦、嫪毐都已死去，就让迁徙到蜀地的嫪毐的门客都回到京城。

秦始皇十九年，太后去世，谥号为帝太后。与庄襄王合葬在芷阳。

《月令》

《月令》是战国阴阳家的一篇重要著作，吕不韦编《吕氏春秋》时，将全文收录，作为全书之纲。汉初儒家又将它收入《礼记》中，其后遂成为儒家经典。"月令"主要"以时系事"，体现了人们遵循自然节律安排社会生产和社会生活的观念思想，反映出古人对自然社会的认识以及人与自然的关系。月令以四时为总纲、十二月为细目，以时记述天文历法、自然物候、物理时空，王者以此来安排生产生活的政令，故名"月令"。

▶ **龙凤合体玉佩·秦**

咸阳博物院藏。咸阳市窑店镇采集。玉呈黄色，镂雕装饰。玉佩的一端为凤首，一端为龙首，龙凤共用一个躯体。龙有翼，凤有翅，翼翅同形。龙凤身上琢刻细线卷云网格纹，两面纹饰相同。这个玉佩具有典型的楚国风格，应是秦国攻楚之后获得相同饰物的仿制品。

◆ 太史公说 ◆

　　吕不韦及嫪毐显贵，嫪毐封长信侯。有人告发嫪毐谋反，嫪毐听说了。秦始皇查问左右，事情还未败露。等到秦王到雍地去祭天，嫪毐唯恐大祸临头，就与同党密谋，盗用太后的印玺调集士兵在蕲年宫造反。秦王调动官兵攻打嫪毐，嫪毐失败逃走。秦兵追到好畤将其斩首，然后满门抄斩。而吕不韦也由此遭到贬斥。孔子所说的"表里不一，欺世盗名"，指的正是吕不韦这种人吧！

刺客列传 第二十六

【解题】此传记载了春秋、战国时期的曹沫、专诸、豫让、聂政和荆轲等五位著名刺客的事迹。虽然这五人的行刺或行动的缘由、目的不尽相同，但有一点，即他们扶弱拯危、不畏强暴、为达到目的而将生死置之度外的刚烈精神是相同的。而这种精神的实质即是本传的意旨："士为知己者死。"

❖ 曹沫劫桓

曹沫，是鲁国人，凭勇敢和力气侍奉鲁庄公。鲁庄公喜欢有力气的人。曹沫任鲁国的将军，和齐国作战，多次战败逃跑。鲁庄公害怕了，就献出遂邑求和。还继续让曹沫任将军。

齐桓公答应和鲁庄公在柯地会面，订立盟约。桓公和庄公在盟坛上订立盟约以后，曹沫手拿匕首胁迫齐桓公，桓公的侍卫人员没有谁敢轻举妄动。桓公问："您打算干什么？"曹沫回答说："齐国强大，鲁国弱小，而齐国侵略鲁国也太过分了。如今鲁国城墙一倒塌就会压到齐国的边境了，您要考虑考虑这个问题。"于是齐桓公答应全部归还鲁国被侵占的土地。说完以后，

曹沫扔下匕首，走下盟坛，回到臣子的位置上，面不改色，谈吐从容如常。齐桓公很生气，打算背弃盟约。管仲说："不可以。贪图小的利益用来求得一时的快意，就会在诸侯面前丧失信用，失去天下人对您的支持，不如归还他们的失地。"于是，齐桓公就归还占领的鲁国的土地，曹沫多次打仗所丢失的土地全部回归鲁国。

这以后一百六十七年就发生了专诸行刺的事件。

❖ 专诸刺王僚

专诸，是吴国堂邑人。伍子胥逃离楚国前往吴国时，听说专诸有本领。伍子胥进见吴王僚后，用攻打楚国的好处劝说他。吴公子光说："伍

子胥的父亲兄长都死在了楚国，而他说
讨伐楚国，只是想报私仇罢了，不是为
了吴国。"于是吴王就不再讨论伐楚的
事。伍子胥知道公子光打算杀掉吴王僚，
就说："公子光有打算在国内谋求君位
的志向，因此不能拿对外用兵的事情去
游说他。"就把专诸推荐给公子光。

公子光的父亲是吴王诸樊。诸樊有
三个弟弟：大弟叫余祭，二弟叫夷眜，
最小的弟弟叫季子札。诸樊知道季子札
贤明，就不立太子，想依照兄弟的次序
把王位传递下去，最后好把国君的位子
传给季子札。诸樊死后王位传给了余祭。
余祭死后，传给夷眜。夷眜死后本当传
给季子札，季子札却逃避不肯继位，吴
国人就拥立夷眜的儿子僚为国君。公子
光说："如果按兄弟的次序，季子当立；
如果一定要传给儿子的话，那么我才是
真正的嫡子，应当立我为君。"所以他
常秘密地供养一些有智谋的人，以便靠
他们的帮助取得王位。

公子光得到专诸以后，像对待宾客
一样地好好待他。吴王僚九年，楚平王
死了。这年春天，吴王僚想趁着楚国办
丧事的时候，派他的两个弟弟公子盖余、
属庸率领军队包围楚国的灊城，派延陵

▶ 曹沫像·现代·徐操

季子到晋国，以便观察各诸侯国的动静。楚国出动军队，断绝了吴将盖余、属庸的后路，吴国军队不能撤退。这时公子光对专诸说："这个机会不能失掉，不去争取，哪会获得！况且我是真正的继承人，应当立为国君，季子即使回来，也不会废掉我呀。"专诸说："王僚是可以杀掉的。母后已老，儿子还小，两个弟弟带兵伐楚，又被楚国断绝归路。现在吴国在外被楚国所困，在内又没有骨鲠忠臣，拿我们杀王僚也没法。"公子光以头叩地说："我公子光的身体，也就是您的身体，您身后的事都由我负责了。"

这年四月丙子日，公子光在地下室埋伏了身穿铠甲的武士，备办酒席宴请吴王僚。吴王僚派出卫队，从王宫一直排到公子光的家里，门户、台阶两旁都是吴王僚的亲兵。喝酒喝到畅快的时候，公子光假装脚有毛病，进入地下室，让专诸把匕首放到烤鱼的肚子里，然后把鱼进献上去。到了吴王僚跟前，专诸掰开鱼，趁势用匕首刺杀吴王僚，吴王僚当场就死了。侍卫也杀死了专诸，吴王僚手下的人一时混乱不堪。公子光放出埋伏的武士攻击吴王僚的部下，把他们全部消灭了，于是自立为国君，这就是吴王阖闾。阖闾于是封专诸的儿子为上卿。

这以后七十多年晋国就发生了豫让行刺的事件。

刺客要离

春秋时期还有一位著名刺客，就是用苦肉计成功刺杀庆忌的要离。公元前515年，吴王阖闾派专诸刺杀吴王僚，吴王阖闾成功篡位。吴王僚之子庆忌为报杀父之仇，筹集兵力，不断扩大自己的势力，以备攻打吴国，夺取王位。当时，不管是吴王阖闾政权的稳定还是百姓的和平生活都受到严重威胁。庆忌身材魁梧，力大如牛，被称为吴国第一勇士。然而，要离运用智谋，最终刺杀了庆忌，庆忌临死前叹服要离的勇猛，交代手下不要杀他。吴王阖闾要重赏要离，要离不愿接受封赏，说："我杀庆忌，不是为了做官发财，而是为了吴国的百姓生活安宁，免受战乱之苦。"说完，便拔剑自刎了。

⊙国士豫让

　　豫让，是晋国人，从前曾侍奉范氏和中行氏，但没什么名声。他离开后去侍奉智伯，智伯特别尊重宠信他。等到智伯攻打赵襄子时，赵襄子和韩、魏合谋灭了智伯；消灭智伯以后，三家分割了他的封地。赵襄子最恨智伯，把他的头盖骨漆成饮具。豫让潜逃到山中，说："哎呀！好男儿可以为了解自己的人去死，好女子应该为爱慕自己的人梳妆打扮。现在智伯是我的知己，我一定替他报仇而献出生命，用以报答智伯，那么，我就是死了，魂魄也没有什么可惭愧的了。"于是更名改姓，伪装成受过刑的罪人，进入赵襄子宫中修整厕所，身上藏着匕首，想要用它刺杀赵襄子。赵襄子到厕所去，忽感心中不安，鞫问修整厕所的罪人，才知道是豫让。豫让说："我要替智伯报仇！"侍卫要杀掉他，赵襄子说："他是义士，我谨慎小心地回避他就是了。况且智伯死后没有继承人，而他的家臣想替他报仇，这

《豫让击衣图》·现代·张聿光

是天下的贤人啊。"最后还是把他放走了。

过了不久，豫让又把漆涂在身上，使肌肤肿烂，像得了癞疮，吞炭使声音变得嘶哑，使自己的形体相貌不可辨认，沿街讨饭，就连他的妻子也不认识他了。路上遇见他的朋友，认出他来，流着眼泪说："凭着您的才能，委身侍奉赵襄子，赵襄子一定会亲近宠爱您；亲近宠爱您，您再干您所想干的事，难道不是很容易的吗？何苦自己摧残身体，丑化形貌，想要用这样的办法达到向赵襄子报仇的目的，不是更困难吗？"豫让说："托身侍奉人家以后，又要杀掉人家，这是怀着异心侍奉君主啊。我这样做虽然很困难，可是我之所以选择这样的做法，就是要使天下后世的那些怀着异心侍奉国君的臣子感到惭愧！"

豫让说完就走了，不久，赵襄子正赶上外出，豫让潜藏在他必定经过的桥下。赵襄子来到桥上，马受惊，赵襄子说："这一定是豫让。"派人去查问，果然是豫让。于是赵襄子就列举他的罪过并指责说："您不是曾经侍奉过范氏、中行氏吗？智伯把他们都消灭了，而您不替他们报仇，反而托身为智伯的家臣。智伯已经死了，您为什么单单如此急切地为他报仇呢？"豫让说："我侍奉范氏、中行氏，他们都把我当作一般人看待，所以我像一般人那样报答他们。至于智伯，他把我当作国士看待，所以我就像国士那样报答他。"赵襄子喟然长叹，流着泪说："哎呀，豫让先生！您为智伯报仇，已算成名了；而我宽恕你，也足够了。您该自己做个打算，我不能再放过您了！"便命令士兵团团围住他。豫让说："我听说贤明的君主不埋没别人的美名，而忠臣有为美名去死的道理。以前您宽恕了我，普天下没有谁不称道您的贤明。今天的事，我本当受死罪，但我希望能得到您的衣服刺它几下，这样也就达到我报仇的意愿了，那么，即使死了也没有遗憾了。我不敢指望您答应我的要求，但我还是冒昧地说出我的心意！"当时赵襄子非常赞赏他的侠义，就派人拿着自己的衣裳给豫让。豫让拔出宝剑多次跳起来击刺它，说："我可用以报答智伯于九泉之下了！"说罢便横剑自刎而死。豫让自杀那

图说

史记

天，赵国有志之士听到这个消息，都为他哭泣。

聂政刺侠累

聂政是轵邑深井里人。他杀了人为躲避仇家，和母亲、姐姐逃往齐国，以屠宰牲畜为职业。

过了很久，濮阳严仲子侍奉韩哀侯，和韩国国相侠累结下仇怨。严仲子怕遭杀害，逃走了。他四处游历，寻访能替他向侠累报仇的人。到了齐国，齐国有人说聂政是个勇敢之士，因为躲避仇人藏在屠夫中间。严仲子登门拜访，多次往返，然后备办了宴席，亲自捧杯给聂政的母亲敬酒。喝到畅快兴浓时，严仲子献上黄金一百镒，到聂政老母跟前祝寿。聂政对这样的厚礼颇感惊异，坚决推辞。严仲子坚持要送，聂政辞谢说："我很幸运，老母尚在。虽然家贫，客居他乡做个屠夫，仍然可以早晚买些食物来孝养老母。对母亲的供养已经够了，我不敢领受您的赐与。"严仲子避开别人，趁机对聂政说："我有仇人，我周游列国，都没找到为我报仇的人；但来到齐国，听说您很重义气，所以献上百金，作为你母亲大人一点粗粮的费用，也能够跟您交个朋友，哪里敢有别的索求和指望！"聂政说："我之所以让自己贬抑志气，屈辱身份，在这市场上做个屠夫，只是希望借此奉养老母。老母在世，我不敢对别人以身相许。"严仲子执意赠送，聂政却始终不肯接受。但严仲子最后还是尽了宾主相见的礼仪才离去。

过了很久，聂政的母亲去世了，安葬后，直到丧服期满，聂政说："哎呀！我聂政不过是平民百姓，拿着刀杀猪宰狗，而严仲子是诸侯的卿相，却不远千里，委屈身份和我结交。贤德的人因感愤于一点小的仇恨，把我这个处于偏僻的穷困屠夫视为亲信，我怎么能一味地默不作声，就此完事了呢！况且他前面邀请我，我因为老母健在的缘故没有答应。而今老母享尽天年，我该要为了解我的人出力了。"于是就向西到濮阳，见到了严仲子，说："以前之所以没有答应你，那是因为我母亲在世；现在我的目前得终天年。仲子你打算向谁报仇？请我为你来办这件事。"严仲子原原本本地告诉他说："我的仇人是韩国宰

相侠累，侠累又是韩国国君的叔父，宗族旺盛，人丁众多，居住的地方士兵防卫严密，我要派人刺杀他，始终也没有得手。如今承蒙您不嫌弃我，应允下来，请增加车骑壮士作为您的助手。"聂政说："宰相是国君的亲属，在这种情势下不能去很多人，人多了难免发生意外，走漏消息，那就等于整个韩国的人与您为仇，岂不是太危险了吗？"于是谢绝车骑人众，辞别严仲子只身去了。

他带着宝剑到韩国都城，韩国宰相侠累正好坐在堂上，持刀荷戟的护卫很多。聂政径直而入，走上台阶刺杀侠累，侍从人员大乱。聂政高声大叫，被他击杀的有几十人。聂政怕连累自己的家人，于是毁坏自己的面容，挖出眼睛，剖开肚皮，流出肠子，就这样死了。

韩国把聂政的尸体陈列在街市上，出赏金查问凶手是谁家的人，没有谁知道。于是韩国悬赏征求，有人能说出杀死宰相侠累的人，赏赐千金。过了很久，仍没有人知道。

聂政的姐姐聂荣听说有人刺杀了韩国的宰相，却不知道凶手到底是谁，全韩国的人也不知他的姓名，于是陈列着他的尸体，悬赏千金，叫人们辨认，就抽泣着说："大概是我弟弟吧？哎呀，严仲子了解我弟弟！"于是马上动身，前往韩国的都城，来到街市，死者果然是聂政，她就趴在尸体上痛哭，极为哀伤，说："这就是所谓轵邑深井里的聂政啊。"街上的行人们都说："这个人残酷地杀害我国宰相，君王悬赏千金询查他的姓名，夫人没听说吗？怎么敢来认尸啊？"聂荣回答他们说："我听说了。可是聂政之所以承受羞辱不惜混在屠猪贩肉的人中间，是因为老母健在，我还没有出嫁。老母享尽天年去世后，我已嫁人，严仲子从穷困低贱的处境中把我弟弟挑选出来结交他，恩情深厚，我弟弟还能怎么办呢！勇士本来应该替知己的人牺牲性命，如今因为我还活在世上的缘故，自行毁坏面容躯体，使人不能辨认，以免牵连别人，我怎么能因为害怕杀身之祸就永远埋没弟弟的名声呢！"这整个街市上的人都大为震惊。聂荣于是高喊三声"天哪"，最终因为过度哀伤而死在聂政身旁。

晋、楚、齐、卫等国的人听到这

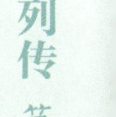

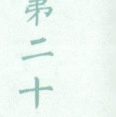

个消息，都说："不单是聂政有能力，就是他姐姐也是烈性女子。假使聂政果真知道他姐姐没有含忍的性格，不顾惜露尸于外的苦难，一定要越过千里的艰难险阻来公开他的姓名，以致姐弟二人一同死在韩国的街市，那他也未必敢对严仲子以身相许。严仲子也可以说是善于识人，才能够赢得贤士啊！"

❸ 荆轲刺秦王

聂政之后二百二十余年，秦国有荆轲之事。

荆轲是卫国人，他的祖先是齐国人，后来迁移到卫国，卫国人称呼他为庆卿。到燕国后，燕国人称呼他荆卿。

荆卿喜爱读书、击剑，凭借着剑术游说卫元君，卫元君没有任用他。此后秦国攻打魏国，设置了东郡，把卫元君的旁支亲属迁移到野王。荆轲漫游曾路经榆次，与盖聂谈论剑术，盖聂对他怒目而视。荆轲出去以后，有人劝盖聂再把荆轲叫回来。盖聂说："刚才我和他谈论剑术，他谈的有不甚得当的地方，我用眼瞪了他。去找找看吧，我用眼瞪他，他应该走了，不敢再留在这里了。"于是

派人到荆轲住处询问房东，荆轲已乘车离开榆次了。派去的人回来报告，盖聂说："本来就该走了，刚才我用眼睛瞪他，他害怕了。"

荆轲漫游邯郸，鲁句践跟荆轲对弈，争执棋局的路数，鲁句践发怒呵斥他，荆轲却默无声息地逃走了，于是不再见面。

荆轲到燕国以后，和一个宰狗的屠夫以及擅长击筑的高渐离十分相投。荆轲特别喜欢饮酒，天天和那个宰狗的屠夫及高渐离在燕市上喝酒，喝得似醉非醉以后，高渐离击筑，荆轲就和着节拍在街市上唱歌，相互娱乐，不一会儿又相互哭泣，旁若无人。荆轲虽说混在酒徒中，可他的为人却深沉稳重，喜欢读书。他游历过的诸侯各国，都是与当地贤士豪杰德高望重的人相结交。他到燕国后，燕国隐士田光先生也友好地对待他，知道他不是平庸的人。

过了不久，适逢在秦国做人质的燕太子丹逃回燕国。燕太子丹曾经也在赵国做过人质，而秦王嬴政出生在赵国，他小的时候和燕太子丹关系密切。等到嬴政继位为秦王，而此时太

子丹又到秦国做人质。秦王嬴政对待燕太子不友好，所以太子丹因怨恨而逃回燕国。太子丹归来后就寻求报复秦王的办法。但是燕国弱小，力量不足。此后秦国兵出崤山进攻齐国、楚国和三晋各国，逐步侵吞各国，战火将波及燕国，燕国君臣唯恐大祸临头。太子丹为此忧虑，请教他的老师鞠武。鞠武回答说："秦国的土地遍天下，威胁到韩国、魏国、赵国。它北面有甘泉、谷口坚固险要的地势，南面有泾河、渭水流域肥沃的土地，据有富饶的巴郡、汉中地区，西边有陇、蜀崇山峻岭为屏障，东边有崤山、函谷关做要塞，人口众多而士兵训练有素，武器装备绰绰有余。如果有意向外扩张，那么长城以南、易水以北就没有安稳的地方了。为什么您还因为被欺侮了，要去触动秦王的逆鳞呢！"太子丹说："既然如此，那么我们怎么办呢？"鞠武回答说："让我进一步考虑考虑。"

过了一些时候，秦将樊於期得罪了秦王，逃到燕国，太子丹接纳了他，并让他住下来。鞠武规劝说："不行。秦王本来就很凶暴，再迁怒到燕国，

这就足以叫人担惊害怕了，又何况他听到樊将军住在这里呢？这叫作'把肉放置在饿虎经过的小路上'啊，祸患一定不可挽救！即使有管仲、晏婴，也不能为您出谋划策了。希望您赶快送樊将军到匈奴去，以消除秦国攻打我们的借口。请您向西与三晋结盟，向南联络齐、楚，向北与单于和好，然后就可以想办法对付秦国了。"太子丹说："老师的计划，需要的时间太长了，我的心里忧闷烦乱，恐怕连片刻也等不及了。况且并非单单因为这个缘故，樊将军在天下已是穷途末路，投奔于我，我总不能因为迫于强暴的秦国而抛弃我所同情的朋友，把他送到匈奴去，这应当是我生命完结的时刻。希望老师另考虑别的办法。"鞠武说："选择危险的行动想求得安全，制造祸患而祈请幸福，计谋浅薄而怨恨深重，为了结交一个新朋友，而不顾国家的大祸患，这就是所说的'积蓄仇怨而助祸患'了。拿大雁的羽毛放在炉炭上一下子就烧光了。何况是雕鸷一样凶猛的秦国，对燕国发泄仇恨残暴的怒气，难道用得着说吗！燕国有位田光先生，他这个

图说 史记

人智谋深邃而勇敢沉着，可以和他商量。"太子说："希望通过老师而得以结交田先生，可以吗？"鞠武说："遵命。"鞠武便出去拜会田先生，说："太子希望跟田先生一同谋划国事。"田光说："谨领教。"就前去拜访太子。

太子丹上前迎接，倒退着走为田光引路，跪下来拂拭座位给田光让座。田光坐稳后，左右没别人，太子丹离开自己的座位向田光请教说："燕国与秦国誓不两立，希望先生留意。"田光说："我听说骐骥盛壮的时候，一日可奔驰千里；等到它衰老了，就是劣等马也能跑到它的前边。如今太子光听说我盛壮之年的情景，却不知道我精力已经衰竭了。虽然如此，我不能冒昧地谋划国事，我的好朋友荆卿是可以承担这个使命的。"太子丹说："希望能通过先生和荆卿结交，可以吗？"田光说："遵命。"于是即刻起身，急忙出去了。太子丹送到门口，告诫说："我所讲的，先生所说的，是国家的大事，希望先生不要泄露！"田光俯下身去笑着说："是。"田光弯腰驼背地走着去见荆卿，说："我和您彼此要好，燕国没有谁不知道。如今太子丹听说我盛壮之年时的情景，却不知道我的身体已力不从心了。我荣幸地听他教诲说：'燕国、秦国誓不两立，希望先生留意。'我私下和您不见外，已经把您推荐给太子，希望您前往宫中拜访太子。"荆轲说："谨领教。"田光说：

▶ **荆轲像**

荆轲（？—前227），战国末期著名刺客，亦称"荆卿""庆卿"，卫国人。喜好击剑读书，为人慷慨侠义。游历到燕国，被燕太子丹尊为上卿，派往刺杀秦王政。

▶ **燕王喜戈·战国**

河北博物院藏。易县武阳台村23号作坊遗址出土。当时共出土9件，这是其中的5件。戈形体较大，中脊隆起，两旁有血槽，直援，微上昂。长胡，胡刃上有两个波状子刺，阑内三穿。直内无刃，内上角圆而下角缺，有两个长条形穿。内两面均铸有虎形纹饰，胡部铸有铭文"郾（燕）王喜造御司马鋄"。燕王喜就是太子丹的父亲。

"我听说，年长老成的人行事，不能让别人怀疑他。如今太子告诫我说："所说的，是国家大事，希望先生不要泄露"，这是太子怀疑我。一个人行事却让别人怀疑他，他就不算是有节操、讲义气的人。"他要用自杀来激励荆卿，说："希望您立即去见太子，就说我已经死了，表明我不会泄露机密。"因此就刎颈自杀了。

　　荆轲于是便去会见太子，告诉他田光已死，转达了田光的话。太子拜了两拜跪下去，用双膝走路，痛哭流涕，过了一会说："我所以告诫田先生不要讲，是想使大事的谋划得以成功。如今田先生用死来表明他不会说出去，难道是我的初衷吗？"荆轲坐稳，太子离开座位以头叩地说："田先生不知道我不上进，使我能够到您跟前，不揣冒昧地有所陈述，这是上天哀怜燕国，不抛弃我啊。

如今秦王有贪利的野心，而他的欲望是不会满足的。不占尽天下的土地，使各国的君王向他臣服，他的野心是不会满足的。如今秦国已俘虏了韩王，占领了他的全部领土。他又出动军队向南攻打楚国，向北逼近赵国。王翦率领几十万大军抵达漳水、邺县一带，而李信出兵太原、云中。赵国抵挡不住秦军，一定会向秦国臣服。赵国臣服，那么灾祸就降临到燕国。燕国弱小，多次被战争所困扰，如今估计，调动全国的力量也不能够抵挡秦军。诸侯畏服秦国，没有谁敢提倡合纵，我私下有个不成熟的计策，认为果真能得到天下的勇士，派往秦国，用重利诱惑秦王，秦王贪婪，其情势一定能达到我们的愿望。如果能够劫持秦王，让他全部归还侵占各国的土地，像曹沫劫持齐桓公，那就太好了；如不行，就趁势杀死他。他们秦国的大将在国外独揽兵权，而国内出了乱子，那么君臣彼此猜疑，趁此机会，东方各国得以联合起来，就一定能够打败秦国。这是我最大的愿望，却不知道把这使命委托给谁，希望荆卿仔细地考虑这件事。"

过了好一会儿，荆轲说："这是国家的大事，我的才能低劣，恐怕不能胜任。"太子上前以头叩地，坚决请求不要推托，而后荆轲答应了。当时太子就尊奉荆卿为上卿，住进上等的宾馆。太子天天到荆轲的住所拜望，供给贵重的饮食，时不时地还献上奇珍异物，车马美女任荆轲随心所欲，以便满足他的心意。

过了很长一段时间，荆轲仍没有行动的表示。这时，秦将王翦已经攻破赵国的都城，俘虏了赵王，把赵国的领土全部纳入秦国的版图。大军挺进，向北行进，直到燕国南部边界。太子丹害怕了，于是请求荆轲。荆轲说："太子就是不说，我也要请求行动了。现在到秦国去，没有让秦王相信我的东西，那么就不可能接近秦王。秦王悬赏黄金千斤、封邑万户来购买樊於期将军的脑袋，如果得到樊将军的脑袋和燕国督亢的地图，献给秦王，秦王一定乐于接见我，这样我才能够有机会报效您。"太子回答道："樊将军穷途末路来投奔我，我不忍心因为自己的私事而伤害他，希望您想别的办法。"

荆轲明白太子不忍心，于是就私下会见樊於期说："秦国对您算是残酷至极了，父母宗族都被屠杀干净。现在他们还用千金和万户的赏赐来悬赏您

的人头，您怎么办？"樊於期仰天长叹，垂问道："我每念及此，痛彻骨髓，就是不知道怎么办。"荆轲道："现在有一句话可以解除燕国的祸患，洗雪将军的仇恨，怎么样？"樊於期凑上前说："怎么办？"荆轲说："希望得到将军的首级献给秦王，秦王一定会高兴地召见我，我左手抓住他的衣袖，右手用匕首直刺他的胸膛，那么将军的仇恨可以洗雪，而燕国被欺凌的耻辱可以涤除了，将军是否有这个心意呢？"樊於期脱掉一边衣袖，露出臂膀，一只手紧紧握住另一只手腕，走近荆轲说："这是我日日夜夜切齿碎心的仇恨，今天才听到您的教诲！"于是就自刎了。太子听到这个消息，驾车奔驰前往，趴在尸体上痛哭，极其悲哀。已经没法挽回，于是就把樊於期的首级装到匣子里密封起来。

当时太子丹已预先寻找天下最锋利的匕首，找到赵国人徐夫人的匕首，花了百金买下它，让工匠用毒水淬它，用人试验，只要见一丝儿血，没有不立刻死的。于是就准备行装，送荆轲出发，派秦舞阳做助手。荆轲一直在等待一个人，打算一道出发，但那个人住得很远，还没赶到，而荆轲已替那个人准备好了行装。又

▶《史记故事图册》之易水送别·清·吴历。

过了些日子，荆轲还没有出发，太子认为他拖延时间，怀疑他反悔，就再次催请说："日子不多了，荆卿有动身的打算吗？请允许我派遣秦舞阳先行。"荆轲发怒，斥责太子说："太子这样派遣是什么意思？只顾去而不顾完成使命回来，那是没出息的小子！况且是拿一把匕首进入难以测度的强暴的秦国，我所以暂留的原因，是等待另一位朋友同去。眼下太子认为我拖延了时间，那就告辞诀别吧！"于是就出发了。

太子及宾客中知道这件事的，都穿着白衣戴着白帽为荆轲送行。到易水岸边，饯行以后，就上路了，高渐离击筑，荆轲和着节拍唱歌，发出苍凉凄婉的声调，送行的人都流泪哭泣，一边向前走一边唱道："风声萧萧啊易水凄寒，壮士一去啊，不复归还！"复又发出慷慨激昂的声调，送行的人们怒目圆睁，头发直竖，把帽子都顶起来。于是荆轲就上车走了，始终连头也不回。

荆轲到了秦国，就拿着价值千金的礼物去拜见秦王的宠臣中庶子蒙嘉。蒙嘉先对秦王说："燕王被大王的威风所震慑，不敢起兵来迎战秦国的兵将，愿意处在诸侯的地位，进行贡献就像郡县一样，以此来守护燕国先王的宗庙。因为害怕不敢自己前来，就斩下了樊於期的头，并且献上燕国督亢一带的地图，把这些密封牢固，由燕王的使者献给大王，完全听从大王的命令。秦王听到这个消息，非常高兴，就穿上了礼服，安排了外交上极为隆重的九宾仪式，在咸阳宫召见燕国的使者。荆轲捧着樊於期的首级，秦舞阳捧着地图匣子，按照正、副使的次序前进，走到殿前台阶下秦舞阳脸色突变，害怕得发抖，大臣们都感到奇怪。荆轲回头朝秦舞阳笑笑，上前谢罪说："北方藩属蛮夷之地的粗野人，没有见过天子，所以心惊胆战。希望大王稍微宽容他，让他能够在大王面前完成使命。"秦王对荆轲说："递上舞阳拿的地图。"荆轲取过地图献上，秦王展开地图，图卷展到尽头，匕首露出来。荆轲趁机左手抓住秦王的衣袖，右手拿匕首直刺。匕首还没有接触到身体，秦王大惊，自己抽身跳起，衣袖挣断。秦王慌忙抽剑，剑太长，只是抓住剑鞘。秦王一时惊慌急迫，剑又套得很紧，所以不能立刻拔出。荆轲追赶秦王，秦王绕柱奔跑。

秦国的大臣大吃一惊，变故在仓促之间发生，他们都失去了分寸。当时秦国的法律规定，大臣们在殿上连小兵器都不能携带；而执行守卫任务拿着兵器的郎中又在大殿之下，没有诏命不能上殿。在这紧急关头，来不及招呼殿下的卫兵，因此荆轲得以追赶秦王，而秦王惊慌失措，没有武器回击荆轲，只能空着两只手和荆轲搏斗。这个时候，侍从医官夏无且用他所捧的药袋投击荆轲。正当秦王围着柱子跑，仓促慌急，不知如何是好的时候，侍从们喊道："大王，把剑推到背后拔！"秦王把剑推到背后，才拔出宝剑攻击荆轲，砍断他的左腿。荆轲身残，就举起他的匕首直接投刺秦王，没有击中，却击中了铜柱。秦王接连攻击荆轲，荆轲被刺伤八处。荆轲自知大事不能成功了，就倚在柱子上大笑，张开两腿像簸箕一样坐在地上骂道："大事之所以没能成功，是因为我想活捉你，迫使你订立归还诸侯们土地的契约回报太子。"这时侍卫们冲上前来杀死荆轲，而秦王有好长时间心里不畅快。过后评论功过，赏赐群臣及处置当办罪的官员都各

有差别。赐给夏无且黄金二百镒，说："无且爱我，才用药袋投击荆轲啊。"

于是秦王大发雷霆，增派军队前往赵国，命令王翦的军队去攻打燕国，十月攻克了蓟城。燕王喜、太子丹等率领着全部精锐部队向东退守辽东。秦将李信紧紧地追击燕王，代王嘉就写信给燕王喜说："秦军之所以追击燕军特别急迫，是因为太子丹的缘故。现在您如果杀掉太子丹，把他的人头献给秦王，一定会得到秦王宽恕，而社稷或许也侥幸得到祭祀。"此后李信率军追赶太子丹，太子丹隐藏在衍水河中，燕王就派使者杀了太子丹，准备把他的人头献给秦王。秦王又进军攻打燕国。此后五年，秦国终于灭掉了燕国，俘虏了燕王喜。

第二年，秦王吞并了天下，立号为皇帝。于是通缉太子丹和荆轲的门客，门客们都潜逃了。高渐离更名改姓给人家当酒保，隐藏在宋子这个地方做工。时间长了，觉得很劳累，听到主人家堂上有客人击筑，走来走去舍不得离开。常常张口就说："那筑的声调有好的地方，也有不好的地

方。"手下的人把高渐离的话告诉主人，说："那个佣工懂得音乐，私下说是道非的。"家主人叫高渐离到堂前击筑，满座宾客都说他击得好，赏给他酒喝。高渐离考虑到长久隐姓埋名，担惊受怕地躲藏下去没有尽头，便退下堂来，把自己的筑和衣裳从行装匣子里拿出来，改装整容来到堂前，满座宾客大吃一惊，离开座位用平等的礼节接待他，尊为上宾。请他击筑唱歌，宾客们听了，没有不被感动得流着泪而离去的。宋子城里的人轮流请他去做客，这消息被秦始皇听到。秦始皇召令进见，有认识他的人，就说："这是高渐离。"秦始皇怜惜他擅长击筑，特别赦免了他的死罪。于是熏瞎了他的眼睛，让他击筑，没有一次不说好。他渐渐地更加接近秦始皇。高渐离便把铅放进筑中，再进宫击筑靠近时，举筑撞击秦始皇，没有击中。于是秦始皇就杀了高渐离。终身不敢再接近从前东方六国的人了。

鲁句践听到荆轲行刺秦王的事，私下说："唉！太可惜啦，他不讲究刺剑的技术啊！我太不了解这个人了！过去我呵斥他，他就以为我不是同路人了。"

◆ 太史公说 ◆

世人谈论荆轲，当说到太子丹的命运时，都说"天上像下雨一样落下粮食来，马头长出角来！"这说得太过了。又说荆轲刺伤了秦王，这都不是事实。当初公孙季功、董生和夏无且交游，他们都知道此事，他们告诉我上述之事。从曹沫到荆轲这五个人，他们的义举有的成功，有的不成功，但他们的意志都很清楚，都没有违背自己的良心，以至名垂后世，这难道是虚妄的吗！

李斯列传 第二十七

【解题】此传是《史记》中的名篇之一，有很高的史学和文学价值。本传实写李斯，虚写秦王朝的兴衰盛亡，而秦王朝的兴衰又与李斯有着密切的关联。太史公运用了细致的心理描写，将李斯倾慕荣华富贵、贪图禄位、助纣为虐的心理变化描绘得淋漓尽致。

◈ 入关事秦

李斯是楚国上蔡人。他年轻的时候，曾在郡里当小吏，看到办公处附近厕所里的老鼠在吃脏东西，每逢有人或狗走来时，就受惊逃跑。而粮仓中的老鼠，吃的是囤积的粟米，住在大屋子之下，更不用担心人或狗惊扰。于是李斯就慨然叹息道："一个人有出息还是没出息，就如同老鼠一样，是由自己所处的环境决定的。"

于是李斯就跟荀子学习帝王治理天下的学问。学业完成之后，李斯估量楚王是不值

▶ **李斯像**

李斯（？—前208），战国末期楚国上蔡（今河南省驻马店市上蔡县）人。秦代著名的政治家、文学家。在辅助秦王政统一六国、巩固政权上有卓越贡献，著有《谏逐客书》和《仓颉篇》。

得侍奉的，而六国国势都已衰弱，没有为它们建功立业的希望，就想西行到秦国去。在临行之前，向荀子辞行说："我听说一个人若遇到机会，千万不可松懈错过。如今各诸侯国都争取时机，游说之士掌握实权。现在秦王想吞并各国，称帝治理天下，这正是平民出身的政治活动家和游说之士奔走四方、施展抱负的好时机。地位卑贱，却不想着去求取功名富贵，就如同禽兽一般，只等看到现成的肉才想去吃，白白长了一副人的面孔勉强走路罢了。所以人最大的耻辱莫过于卑贱，最大的悲哀莫过于贫穷。长期处于卑贱的地位和贫困的环境之中，却还要非难社会、厌恶功名利禄，标榜自己与世无争，这不是士子的本愿。所以我就要到西方去游说秦王了。"

到秦国之后，正赶上秦庄襄王去世，李斯就请求充当秦相国文信侯吕不韦的宾客。吕不韦很赏识他，任命他为侍卫官。这样就使得李斯有游说的机会，他对秦王说："平庸的人往往失去时机，而成大功业的人就在于他能利用机会并能下狠心。从前秦

穆公虽称霸天下，但最终没有东进吞并山东六国，这是什么原因呢？原因在于诸侯的人数还多，周朝的德望也没有衰落，因此五霸交替兴起，相继推尊周朝。自从秦孝公以来，周朝卑弱衰微，诸侯之间互相兼并，函谷关以东地区化为六国，秦国乘胜奴役诸侯已经六代。现如今诸侯服从秦国就如同郡县服从朝廷一样。以秦国的强大，大王的贤明，就像扫除灶上的灰尘一样，足以扫平诸侯，成就帝业，使天下统一，这是万世难逢的最好时机。倘若现在懈怠而不赶快着手的话，等到诸侯再强盛起来，又订立合纵的盟约，即使有黄帝一样的贤明，也不能吞并它们了。"秦始皇就任命李斯为长史，听从了他的计谋，暗中派遣谋士带着金玉珍宝去各国游说。对各国知名人士能收买的，就多送礼物加以收买；不能收买的，就用利剑把他们杀掉。这些都是离间诸侯国君臣关系的计策，接着秦王就派良将随后攻打。秦王任命李斯为客卿。

❂谏逐客书

恰在此时，韩国人郑国以修筑灌

溉河渠为名，来到秦国做间谍，不久被发觉秦国的宗室贵族和大臣们都对秦王说："其他诸侯国的人来侍奉秦国的，大概是来替他们的主人在秦国做说客的，请求把这些人全部驱逐出秦国。"李斯也在被驱逐之列。于是李斯就上书说：

"听说官员们议论要驱逐客卿，我私下认为这是错误的。从前秦穆公招揽贤才，从西戎找到由余，从东边楚国的宛地得到了百里奚，从宋国迎来了蹇叔，从晋国招来了丕豹、公孙支。这五个人都不生在秦国，而秦穆公重用他们，吞并了二十多个国家，也就得以在西戎称霸。秦孝公采用商鞅的新法，移风易俗，人民因此殷实兴盛，国家因此富足强大，百姓乐意为国效命，诸侯都亲近服从秦国，战败了楚国、魏国的军队，扩展了千里的土地，至今政治安定，国家强盛。秦惠王用张仪的计策，攻取了三川地区，西边兼并了巴蜀，北边收取了上郡，南边获得了汉中，囊括了九夷，控制了鄢郢，东边占据了险要的成皋，割取了肥沃的土地，并进一步瓦解了六国的合纵联盟，使他们面向西

方侍奉秦国，功业一直延续到今天。秦昭王得范雎，废黜穰侯，驱逐华阳君，使王室强大，杜绝了私门权贵的势力，逐渐吞并诸侯的土地，终于使秦国奠定了统一天下大业的基础。这四位君王，都是依靠了别国客卿的力量。由此看来，客卿有哪一点对不起秦国呢？假使这四位君王拒绝客卿而不接受他们，疏远士人而不重用，这就使秦国既无富足之实，又无强大之名。

"现在陛下您罗致昆山的美玉，得到随侯之珠、和氏之璧，挂着明月珠，佩着太阿剑，驾着纤离马，竖着翠凤旗，摆着灵鼍鼓。以上这些宝物，并没有一样是秦国出产的，但陛下您非常喜爱它们，这是为什么呢？若是一定要秦国所产然后才使用的话，那么夜光之璧就不能用来装饰朝廷，犀角象牙制品就不能为您所赏玩，郑国、卫国的美女也不能列于您的后宫之中，良马也不能填满您的马棚。江南的金锡也不该用，西蜀的丹青也不应用来当颜料。您用来装饰后宫、充当姬妾、赏心悦意、怡目悦耳的一定要出自秦国然后才用的话，那么，用宛地珍珠装饰的簪子，玑珠镶嵌的耳

坠，东阿白绢缝制的衣服、刺绣华美的装饰品，就不能进献在您的面前，那时髦而又高雅，漂亮而又文静的赵国女子不能侍立在您的身边。而那些敲打瓦坛瓦罐、弹着秦筝、拍着大腿、呜呜叫喊以满足欣赏要求的，这才是正宗的秦国音乐。像《郑风》《卫风》《桑间》《韶乐》《虞乐》《武舞》《象舞》这些乐曲，则是其他国家的音乐。现在您抛弃敲打瓦坛瓦罐这一套秦国音乐而听《郑风》《卫风》，不去听弹筝而欣赏《韶乐》《虞乐》，这是什么原因呢？说穿了，只不过是图眼前快乐，以满足耳目观赏需求而已。而现在您用人却不是这样，不问此人能用不能用，也不问是非曲直，只要不是秦国人一律辞退，只要是客卿一律驱逐。这样看

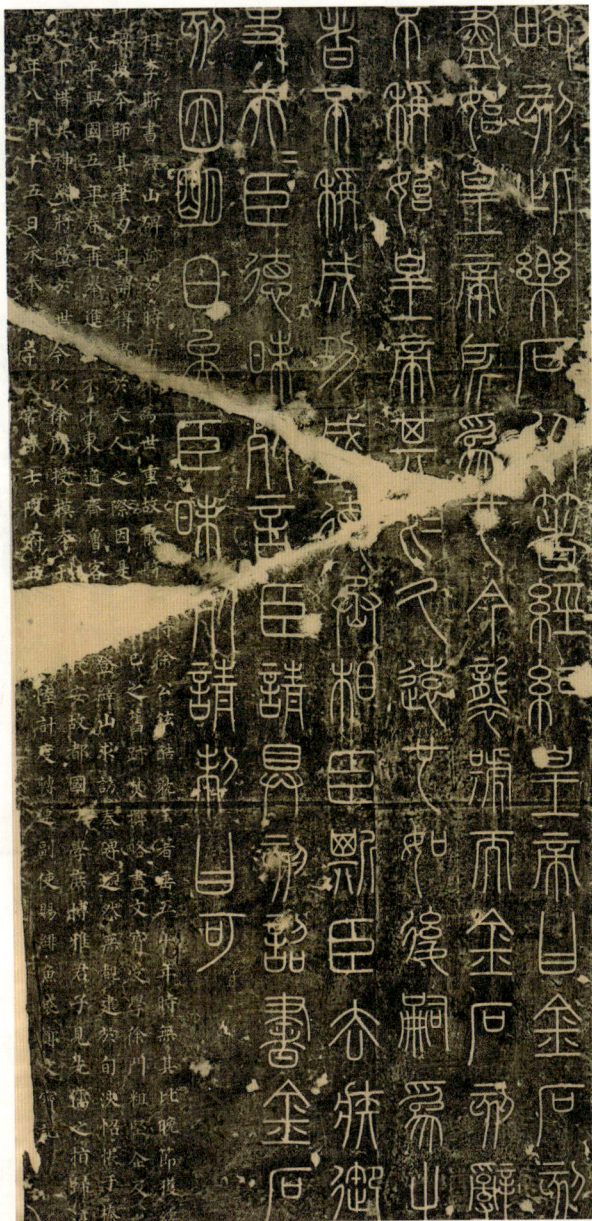

▶ 李斯《峄山刻石》拓本·宋

峄山刻石又称元摹峄山秦篆碑。《史记·秦始皇本纪》载"始皇二十八年东行郡县，上邹峄山，与鲁诸儒生议刻石、颂秦德、议封禅，望祭山川之事"，遂有此碑。此碑由李斯用小篆书写，是小篆的代表作。

来，陛下所看重的是美
女、音乐、珍珠、宝玉，
所轻视的是人才了。这
并不是统一天下、制服
诸侯的方法。

"我听说过土地广
阔所产粮食就丰足，国
家广大人口就众多，军
队强盛士兵就勇敢。所
以泰山不排斥泥土，才
能堆积得那样高大。河
海不挑剔细小的溪流，
才能变得如此深广。而
成就王业的人不抛弃广
大民众，才能显出他的
盛德。所以地无论东南
西北，民众不分这国那
国，一年四季五谷丰登，
鬼神赐予福泽，这就是
五帝三王无敌于天下的

▶《秦始皇新政图》·现代·戴敦邦

此图描绘了秦始皇与丞相李斯推行新政的故事，重点放在了
修筑长城和农业政策上。

原因所在。而现在陛下您抛弃了百姓来帮助敌国，排斥宾客而使他们为其他诸侯
国建立功业，使天下有才之士后退而不敢西行，停住脚步而不敢进入秦国，这正
是人们所说的'借武器给敌人，送粮食给盗贼'啊！

"非秦国出产的物品，值得珍视的很多；非秦国出生的士人，愿意效忠的
也不少。现在您驱逐客卿来资助敌国，损害百姓以帮助仇人，在内部削弱自己
而在外面又和诸侯结下怨恨，这样下去，要使国家没有危险，是不可能的。"

图说
史记

于是，秦王就废除了逐客令，恢复了李斯的官职，采用了他的计谋，他的官位也升到廷尉之职。二十多年后，秦终于统一了天下，推尊秦王政为"皇帝"，任命李斯为丞相。并拆平了各国郡县的城墙，销毁了各地的武器，表示不再使用。使秦国没有一寸分封的土地，也不立皇帝的儿子、兄弟为王，更不把功臣封为诸侯，以便使国家从此之后再也没有战争的祸患。

上书焚书坑儒

秦始皇三十四年，秦始皇在咸阳宫设宴招待群臣，博士仆射周青臣等人称颂秦始皇的武威盛德。齐人淳于越劝谏道："我听说殷商和周朝统治达一千多年，分封子弟及功臣作为膀臂辅翼。而现在陛下您虽统一天下，但子弟却还是平民百姓，若一旦出现了田常、六卿夺权篡位的祸患，在朝中又没有强有力的辅佐之臣，靠谁来相救呢？办事不效法古代而长期维持统治的，我还没有听说过。现在周青臣等人又当面阿谀奉承以加重您的错误，不是忠臣。"秦始皇把这种议论交给李斯处理，李斯认为这种论点是荒谬的，反驳了这些说法，因此就上书给皇帝说：

"古时候天下分散混乱，彼此之间互不服从，所以才诸侯并起，一般舆论都称道古代以否定当代，装点一些虚夸不实的文辞来扰乱社会的实际，人们都认为自己的一派学问最好，以否定皇帝的政策法令。现在陛下统一了天下，分辨了黑白是非，使海内共同尊崇皇帝一人。而诸子百家各个学派却在一起任意批评朝廷的法令制度，听说朝廷令下，立刻就以自己学派的观点来议论它，回家便心中不满，出门则在街头巷尾纷纷议论，以批评君主来博得名声，认为和朝廷不一样便是本领高，并带领下层群众来制造诽谤。这样下去而不加以禁止的话，上面君主的权力威望就要下降，下面私人的帮派也要形成。因此，还是以禁止为好。我请求把人们收藏的《诗经》《尚书》和诸子百家的著作，都一概销毁清除掉。命令下达三十天之后，若还有人不服从，判处黥刑并罚做筑城苦役。不在废弃之列的，是医药、占卜、种植等类书籍。若有想学习法令的，以官吏为老师。"

▶ **琅琊刻石石碑·秦**

中国最早的刻石之一，刻于秦代。秦始皇统一全国后，于公元前219年巡游东地，登琅琊台时所立。刻石内容是对统一事业的赞颂，传为李斯所书。秦二世东行郡县时又在石后增刻诏书。因历年久远现仅存13行，86字。

秦始皇批准了他的建议，没收了《诗经》《尚书》和诸子百家的著作，以便使人民愚昧无知，使天下人无法用古代之事来批评当前朝廷。修明法制，制定律令，都从秦始皇开始。统一文字，在全国各地修建离宫别馆。第二年，秦始皇又四处巡视，平定了四方少数民族，这些措施，李斯都出了不少力。

李斯的长子李由担任三川郡守，其他的儿子娶的都是秦国的公主，女儿们嫁的都是秦国的皇族子弟。有一次，三川郡守李由请假回咸阳时，李斯在家中设下酒宴，文武百官都前去给李斯敬酒祝贺，门前的车马数以千计。李斯慨然长叹道："哎呀！我听荀卿说过'事情不要太过繁盛'。我李斯原是上蔡的平民，街巷里的百姓，皇帝不了解我才能低下，才把我提拔到这样高的地位。现如今做臣子的没有人比我职位更高，可以说是富贵荣华到了极点。然而事物发展的极点就要开始衰落，我还不知道归宿在何方啊！"

❸助纣为虐

秦始皇三十七年十月，秦始皇巡行出游到会稽山，沿海北上，到达琅琊山。丞相李斯和中车府令兼符玺令赵高都随同前往。秦始皇有二十多个儿子，长子扶苏因多次直言劝谏皇帝，秦始皇派他到上郡监督军队，蒙恬任将军。小儿子胡亥很受宠爱，请求随行，秦始皇答应了。其他的儿子都没跟着去。

这年七月，秦始皇到达沙丘，病得很重，便让赵高写信给公子扶苏说："把兵权交给蒙恬，到咸阳参加丧礼以便安葬。"信已封好，还没交给使者，秦始皇就去世了。书信和印玺都在赵高手里，只有小儿子胡亥、丞相李斯和赵高以及五六个亲信宦官知道始皇去世，其余群臣都不知道。李斯认为皇帝在外面去世，又没正式确立太子，所以保守秘密，把始皇的尸体安放在一辆既能保温又能通风凉爽的车子中，百官奏事及进献饮食还像往常一样，宦官就假托皇帝从车中批准百官上奏的事。

赵高扣留了始皇赐给扶苏的诏书，而对公子胡亥说："皇帝去世了，没有诏书封诸子为王而只赐给长子扶苏一封诏书。长子到后，就登位做皇帝，而你却连尺寸的封地也没有，这怎么办呢？"胡亥说："本来就是这样。我听说过，圣明的君主最了解臣子，圣明的父亲最了解儿子。父亲临终既未下命令分封诸子，那还有什么可说的呢？"赵高说："并非如此。当今天下的大权，无论谁的生死存亡，都在你、我和李斯手里掌握着啊！希望你好好考虑考虑。更何况驾驭群臣和向人称臣，统治别人和被人统治，难道可以同日而语吗！"胡亥说："废除兄长而立弟弟，这是不义；不服从父亲的诏命而惧怕死亡，这是不孝；自己才能浅薄，依靠别人的帮助而勉强登基，这是无能：这三件事都是大逆不道的，天下人也不服从，我自身遭受祸殃，国家还会灭亡。"赵高说："我听说过商汤、周武杀死他们的君主，天下人都称赞他们行为符合道义，不能算是不忠。卫君杀死他的父亲，而卫国人民称颂他的功德，孔子在《春秋》里记载了这件事，不能算是不孝。更何况办大事不能拘

于小节，行大德也用不着再三谦让，乡间的习俗各有所宜，百官的工作方式也各不一样。所以顾忌小事而忘了大事，日后必生祸害；关键时刻犹豫不决，将来一定要后悔。果断而大胆地去做，连鬼神都要回避，将来一定会成功。希望你按我说的去做。"胡亥长叹一声说道："现在皇帝去世还未发丧，丧礼也未结束，怎么好用这件事来求丞相呢？"赵高说："时间啊时间，短暂得来不及谋划！我就像携带干粮赶着快马赶路一样，唯恐耽误了时机！"

胡亥同意了赵高的意见以后，赵高说："不和丞相商议，恐怕事情还不能成功，我希望能替你与丞相商议。"赵高就对丞相李斯说道："始皇去世，赐给长子扶苏诏书，命他到咸阳参加丧礼，并立为继承人。诏书未送，皇帝去世，还没人知道此事。皇帝赐给长子的诏书和符玺都在胡亥手里，立谁为太子只在于你我的一句话而已。你看这事该怎么办？"李斯说："你怎么能说出这种亡国的话呢！这不是做人臣所应当议论的事！"赵高说："您自己估计一下，

和蒙恬相比，谁有本事？谁的功劳更高？谁更谋略深远而不失误？天下百姓更拥戴谁？与长子扶苏的关系谁更好？"李斯说："在这五个方面我都不如蒙恬，但您为什么这样苛求于我呢？"赵高说："我本来就是一个宦官的奴仆，有幸能凭熟悉狱法文书进入秦宫，管事二十多年，还未曾见过被秦王罢免的丞相功臣有封爵而又传给下一代的，结果都是以被杀告终。皇帝有二十多个儿子，这些都是您所知道的。长子扶苏刚毅而且勇武，信任人而又善于激励士人，即位之后一定要用蒙恬担任丞相，很显然您最终也是不能怀揣通侯之印退职还乡了。我受皇帝之命教育胡亥，让他学法律已经有好几年了，还没见过他有什么错误。他慈悲仁爱，诚实厚道，轻视钱财，尊重士人，心里聪明但不善言辞，竭尽礼节尊重贤士，在秦始皇的儿子中，没人能赶得上他，可以立为继承人。您考虑一下再决定。"李斯说："您还是该干什么就干什么去吧！我李斯只执行皇帝的遗诏，自己的命运听从上天的安排，有什么可考虑决定的呢？"赵高说："平安却可

《秦始皇出巡图》·清·无款

图中再现了秦始皇出行的盛况，颜色浓郁，人物众多。

能是危险的，危险又可能是平安的。在安危面前不早做决定，又怎么能算是圣明的人呢？"李斯说："我李斯本是上蔡街巷里的平民百姓，承蒙皇帝提拔，让我担任丞相，封为通侯，子孙都得到尊贵的地位和优厚的待遇，所以皇帝才把国家安危存亡的重任交给了我，我又怎么能辜负了他的重托呢？忠臣不因怕死而苟且从事，孝子不因过分操劳而损害健康，做臣子的各守各的职分而已。请您不要再说了，不要让我李斯也跟着犯罪。"赵高说："我听说圣人并不循规蹈矩，而是适应变化，顺从潮流，看到苗头就能预知根本，看到动向就能预知归宿。而事物本来就是如此，哪里有什么一成不变的道理呢？现如今天下的权力和命运都掌握在胡亥手里，我赵高能猜出他的心志。更何况从外部来制服内部就是逆乱，从下面来制服上面就是反叛。所以秋霜一降花草随之凋落，冰消雪化就万物更生，这是自然界必然的结果。您怎么连这些都没看到呢？"李斯说："我听说晋国换太子，三代不安宁；齐桓公兄弟争夺王位，

哥哥被杀死；商纣杀死亲戚，又不听从臣下劝谏，都城夷为废墟，随着危及社稷。这三件事都违背天意，所以才落得宗庙没人祭祀。我李斯还是人啊，怎么能参与这些阴谋呢！"赵高说："上下齐心协力，事业可以长久；内外配合如一，就不会有什么差错。您听从我的计策，就会长保封侯，并永世相传，一定有仙人王子乔、赤松子那样的长寿，孔子、墨子那样的智慧。现在放弃这个机会而不听从我的意见，一定会祸及子孙，足以令人心寒。善于为人处世，相机而动的人是能够转祸为福的，您想怎么办呢？"李斯仰天长叹，挥泪叹息道："唉！偏偏遭逢乱世，既然已经不能以死尽忠了，将向何处寄托我的命运呢！"于是李斯就依从了赵高。赵高便回报胡亥说："我是奉太子您的命令去通知丞相李斯的，他怎么敢不服从命令呢！"

于是他们就一同商议，伪造了秦始皇给丞相李斯的诏书，立胡亥为太子。又伪造了一份赐给长子扶苏的诏书说："我巡视天下，祈祷祭祀各地

名山的神灵以求长寿。现在扶苏和将军蒙恬带领几十万军队驻守边疆，已经十几年了，无法向前进军，而且士兵伤亡很多，没有立下半点功劳，反而多次上书直言诽谤我的所作所为，因不能解职回京当太子，日夜怨恨不满。扶苏作为人子而不孝顺，赐剑自杀！将军蒙恬和扶苏一同在外，不纠正他的错误，也应知道他的谋划。做为人臣而不尽忠，一同赐命自杀，把军队交给副将王离。"用皇帝的玉玺把诏书封好，让胡亥的门客捧着诏书到上郡交给扶苏。

使者到达之后，打开诏书，扶苏就哭泣起来，进入内室想自杀。蒙恬阻止扶苏说："皇上在外，没有立下太子，派我带领三十万大军守卫边疆，公子担任监军，这是天下的重任啊。现在只有一个使者来，您就立刻自杀，怎能知道其中没有虚假呢？希望您再请示一下，有了回答之后再死也不晚。"使者连连催促。扶苏为人仁爱，对蒙恬说："父亲命儿子死去，还要请示什么！"立刻自杀而死。蒙恬不肯自杀，使者立刻把他交付法吏，关押在阳周。

使者回来汇报，胡亥、李斯、赵高都非常高兴。到咸阳后发布丧事，太子胡亥立为二世皇帝。秦二世任命赵高担任郎中令，常在宫中服侍皇帝，掌握大权。

赵高专权

秦二世在宫中闲居无事，就把赵高叫来一同商议，对赵高说："人活在世上，就如同驾驭着六匹骏马从缝隙前飞过一样短暂。我既然已经统治天下了，想全部满足耳目方面的一切欲望，享受尽我所能想到的一切乐趣，使国家安宁，百姓欢欣，永保江山，颐享天年，这种想法能行得通吗？"赵高说："这对贤明君主来说是能够做到的，而对昏乱的君主来说是应禁忌的。我冒昧地说一句不怕杀头的话，请您稍加注意一点。对于沙丘的密谋策划，各位公子和大臣都有怀疑，而这些公子都是您的兄长，这些大臣都是先帝所安置。现在陛下您刚刚登皇位，这些人都心中怨恨不服，唯怕他们要闹事。况且蒙恬虽已死去，蒙毅还在外面带兵，我之所以提心吊胆，只是害怕会有不好的结

果。陛下您又怎么能为此而行乐呢？"二世说："这可怎么办呢？"赵高说："实行严峻的法律和残酷的刑罚，把犯法的和受牵连的人统统杀死，直至灭族，杀死当朝大臣而疏远您的骨肉兄弟，让原来贫穷的人富有起来，让原来卑贱的人高贵起来。全部铲除先帝的旧臣，重新任命您信任的人并让他们在您的身边。这样就使他们从心底对您感恩戴德，根除了祸害而杜绝了奸谋，群臣上下没有人不得到您的恩泽，承受您的厚德，陛下您就可以高枕无忧，纵情享受了。没有比这更好的主意了。"二世认为赵高的话是对的，就重新修订法律。从此群臣和公子们有罪的，就交付赵高，命他审讯法办。杀死了大臣蒙毅等人，十二个公子在咸阳街头被斩首示众，十个公主也在杜县被分裂肢体处死，财物没收归皇帝所有，连带一同治罪的不计其数。

公子高想外出逃命，怕被满门抄斩，就上书说："先帝活着的时候，我进宫就给吃的东西，出宫就让乘车。内府中的衣服，先帝赐给我；宫中马棚里的宝马，先帝也赐给我。我本该与先帝一起死去而没做到，这是我做人子的不孝，做人臣的不忠。而不忠的人没有理由活在世上，请允许我随先帝死去，希望能把我埋在骊山脚下。只求皇上哀怜答应我。"这封答书上奏以后，胡亥非常高兴，叫来赵高并把答书指示给他看，

▶ **大官盉·秦**

咸阳博物院藏。1974 年咸阳市渭城区窑店镇黄家沟村出土。扁圆形体，直口溜肩，肩上有一对小钮套接提梁，提梁已失，一小钮下有兽头管状流，三条较细的蹄形足，盖折沿，面微隆，中部有一桥形钮。盖上饰弦纹两道，肩、腹亦饰弦纹。器底刻铭文 4 字"大官四升"，流侧铭文二字"四斤"，下腹铭文二字"穆大"。

说："这可以说是窘急无奈了吧？"
赵高说："在大臣们整天担心自己死亡还来不及的时候，怎么能图谋造反呢！"胡亥答应了公子高的请求，赐给他十万钱予以安葬。

曲意阿顺

当时的法令刑罚一天比一天残酷，群臣上下人人自危，想反叛的人很多。二世又建造阿房宫，修筑直道、驰道，赋税越来越重，兵役劳役没完没了。于是从楚地征来戍边的士卒陈胜、吴广等人就起来造反，起兵于崤山以东，英雄豪杰蜂拥而起，自立为侯王，反叛秦朝，义军进攻到鸿门被迫停止。李斯多次想找机会进谏，但二世不允许。秦二世反倒责备李斯说："我有个看法，是从韩非子那里听来的，他说：'尧统治天下，殿堂只不过三尺高，柞木椽子直接使用而不加砍削，茅草做屋顶而不加修剪，即使是旅店中住宿的条件也不会比这更艰苦的了。冬天穿鹿皮袄，夏天穿麻布衣，糙米做饭，野菜做汤，用土罐吃饭，用土钵喝水，即使是看门人的生活也不会比这更清寒的了。夏禹凿开龙门，开通大夏水道，又疏通多条河流，曲折地筑起多道堤防，决积水引导入海。大腿上没了肉，小腿上没了汗毛，手掌脚底都结满了厚茧，面孔漆黑，最终还累死在外，埋葬在会稽山上，即使是奴隶的劳苦也不会比这更厉害了。'然而把统治天下看得无上尊贵的人，其目的难道就是想操心费力，住旅店一样的宿舍，吃看门人吃的食物，干奴隶干的活计吗？这些事都是才能低下的人才努力去干的，并非贤明的人所从事的。那些贤明的人统治天下的时候，只是把天下的一切都拿来满足自己的欲望而已，这正是把统治天下看得无上尊贵的原因所在。人们所说的贤明之人，一定能安定天下、治理万民，倘若连给自己捞好处都不会，又怎么能治理天下呢！所以我才想随心所欲，永远享有天下而没有祸害。这该怎么办呢？"

李斯的儿子李由任三川郡守，起义军首领吴广等人向西攻占地盘，任意往来，李由不能阻止。章邯在击败并驱逐了吴广等人的军队之后，派到三川去调查的使者一个接着一个，并责备李斯身居三公之位，为何让盗贼

猖狂到这种地步。李斯很是害怕，又把爵位俸禄看得很重，不知如何是好，就曲意顺从二世的心意，想求得宽容，便上书回答二世说：

"贤明的君主，一定能够全面掌握为君之道，又对下行使督责的统治术。对下严加督责，则臣子们不敢不竭尽全力为君主效命。这样，君主和臣子的职责一经确定，上下关系的准则也明确了，那么天下不论是有才德的还是没有才德的，都不敢不竭尽全力为君主效命了。因此君主才能专制天下而不受任何约束，能享尽极致的乐趣。贤明的君主啊，又怎能看不清这一点呢！

"所以申子说'占有天下要是还不懂得纵情恣欲，这就叫把天下当成自己的镣铐'，没有别的意思，只是讲不督责臣下，而自己反而辛辛苦苦为天下百姓操劳，像尧和禹那样，所以称之为'镣铐'。不能学习申不害、韩非的高明法术，推行督责措施，一心以天下使自己舒服快乐，而只是白白地操心费力，拼命为百姓干事，那就是百姓的奴仆，并不是统治天下的帝王，这有什么值得尊贵的呢！让别人为自己献身，则自己尊贵而别人卑贱；让自己为别人献身，则自己卑贱而别人尊贵。所以献身的人卑贱，接受献身的人尊贵，从古到今，无不是这样的。自古以来之所以尊重贤人，是因为受尊敬的人自己尊贵；之所以讨厌不肖的人，是因为不肖的人自己卑贱。而尧、禹是为天下献身的人，因袭世俗的评价而予以尊重，这也就失去了所以尊贤的用心了，这可说是绝大的错误。说尧、禹把天下当作自己的'镣铐'，不也是很合适的吗？这是不能督责的过错。

"所以韩非说'慈爱的母亲会养出败家的儿子，而严厉的主人家中没有强悍的奴仆'，这是什么原因呢？是由于能严加惩罚的必然结果。所以商鞅的新法规定，在道路上撒灰的人就要判刑。撒灰于道是轻罪，而加之以刑是重罚。只有贤明的君主才能严厉地督责轻罪。轻罪尚且严厉督责，何况犯有重罪呢？所以百姓不敢犯法。因此韩非又说'对几尺绸布，一般人见到就会顺手拿走，百镒美好的黄金，盗跖不会夺取'，并不因为常人贪心严重，几尺绸布价值极高，盗跖利欲淡泊；也不是因为盗跖行为高尚，轻视百镒黄金

的重利。原因是一旦夺取，随手就要受刑，所以盗跖不敢夺取百镒黄金；若是不坚决施行刑罚的话，那么一般人也就不会放弃几尺绸布。因此五丈高的城墙，楼季不敢轻易冒犯；泰山高达百仞，而跛脚的牧羊人却敢在上面放牧。难道楼季把攀越五丈高的城墙看得很难，而跛脚的牧羊人登上百仞高的泰山看得很容易吗？这是因为陡峭和平缓，两者形势不同。圣明的君主之所以能久居尊位，长掌大权，独自垄断天下利益，其原因并不在于他们有什么特殊的办法，而在于他们能够独揽大权，精于督责，对犯法的人一定严加惩处，所以天下人不敢违犯。现在不制订防止犯罪的措施，去仿效慈母养成败家子的做法，那就太不了解前代圣哲的论说了。不能实行圣人治理天下的方法，除去给天下当奴仆还能干什么呢？这不是太令人悲伤了吗！

"更何况节俭仁义的人在朝中任职，那荒诞放肆的乐趣就得中止；规劝陈说、高谈道理的臣子在身边干预，放肆无忌的念头就要收敛；烈士死节的行为受到世人的推崇，纵情享受的娱乐就要放弃。所以圣明的君主能排斥这三种人，而独掌统治大权以驾驭言听计从的臣子，建立严明的法制，所以自身尊贵而权势威重。所有的贤明君主，都能拂逆世风、扭转民俗，废弃他所厌恶的，树立他所喜欢的，因此在他活着的时候才有尊贵的威势，在他死后才有贤明的谥号。正因为这样，贤明的君主才集权专制，使权力不落入臣子手中，然后才能斩断仁义之路，堵住游说之口，困厄烈士的死节行为，闭目塞听，任凭自己独断专行，这样在外就不致被仁义节烈之士的行为所动摇，在内也不会被劝谏争论所迷惑。因此才能公开独行逞其为所欲为的心志，而没有人敢反抗。像这样，然后才可以说是了解了申不害、韩非的统治术，学会了商鞅的法制。法制和统治术都学好而明了了，天下还会大乱，这样的事我还没听说过。所以，有人说：'帝王的统治术是简约易行的。'只有贤明君主才能这么做。像这样，才可以说是真正实行了督责，臣下才能没有离异之心，天下才能安定，天下安定才能有君主的尊严，君主有了尊严才能使督

责严格执行，督责严格执行后君主的欲望才能得到满足，满足之后国家才能富强，国家富强了君主才能享受得更多。所以督责之术一确立，君主就任何欲望都能满足了。群臣百姓想补救自己的过失都来不及，哪里还敢图谋造反？像这样，就可以说是掌握了帝王的统治术，也可以说了解了驾驭群臣的方法。即使申不害、韩非复生，也不能超过了。"

这封答书上奏之后，二世看了非常高兴。于是更加严厉地实行督责，向百姓收税越多越是贤明的官吏。二世说："如此才可称得上善于督责了。"路上的行人，有一半是犯人，在街市上每天都堆积着刚杀死的人的尸体，而且杀人越多的越是忠臣。二世说："如此才可称得上实行督责了。"

起初，赵高在担任郎中令时，杀死的人和为了报私仇而陷害的人非常多，唯恐大臣们在入朝奏事时向二世揭露他，就劝说二世道："天子之所以尊贵，就在于大臣只能听到他的声音，而不能看到他的面容，所以才自称为'朕'。况且陛下还

很年轻，未必什么事情都懂，现在坐在朝廷上，若惩罚和奖励有不妥当的地方，就会把自己的短处暴露给大臣，这也就不能向天下人显示您的圣明了。陛下不妨深居宫中，和我及熟悉法律的侍中在一起，等待大臣把公事呈奏上来，等公文一旦呈上，我们就可以研究决定。这样，大臣们就不敢把疑难的事情报上来，天下的人也就称您为圣明之主了。"二世听从了赵高的主意，就不再坐在朝廷上接见大臣，深居在宫禁之中。赵高总在皇帝身边侍奉办事，一切公务都由赵高决定。

赵高陷害

赵高听说李斯想要进宫言事，就去见李斯说："函谷关以东地区盗贼很多，而现在皇上却加紧遣发劳役修建阿房宫，搜集狗马等没用的玩物。我想劝谏，但我的地位卑贱。可实在是您丞相的事，您为什么不劝谏呢？"李斯说："确实这样，我早就想说话了。可是现在皇帝不临朝听政，常居深宫之中。我虽然有话想说，想见皇帝却又没有机会。"赵高

图说 史记

对他说："您若真能劝谏的话，请允许我替你打听，只要皇上一有空闲，我立刻通知你。"于是赵高趁二世在闲居娱乐、美女在前的时候，派人告诉丞相："皇上正有空闲，可以进宫奏事。"丞相李斯就到宫门求见，接连三次都是这样。二世非常生气，说："我平常空闲的时候，丞相不来。我刚好宴饮高兴，丞相就来上奏事情。丞相难道是轻视我吗？还是认为我鄙陋吗？"赵高又乘机说："这样就坏了！沙丘的密谋，丞相是参与了的。现在陛下您已即位皇帝，而丞相的地位却没有提高，显然他是想割地封王呀！而且陛下不问我，我也不敢说呀。丞相的大儿子李由担任三川郡守，楚地强盗陈胜等人都是丞相故乡邻县的人，因此他们才敢公开横行，经过三川时，李由只是守城而不出击。我曾听说他们之间有书信来往，但还没有调查清楚，所以没敢向陛下报告。更何况丞相在外，权力比陛下还大。"二世认为赵高的话没错，想法办丞相，但又担心情况不实，就派人去调查三川郡守与盗贼勾结的具体情况。李斯知道了这个消息。

当时二世正在甘泉宫观看摔跤和滑稽戏表演。李斯不能进见，就上书揭发赵高的短处说："我听说，臣子的地位比拟君主，没有不危害国家的；妾的地位比拟丈夫，没有不危害家庭的。现在有的大臣擅自掌握赏罚大权，和您没有什么不同，这是非常不妥当的。从前司城子罕当宋国丞相，自己掌握刑罚大权，用威权行事，一年之后就劫持了宋国国君，篡夺了王位。田常当齐简公的臣子，爵位高到全国无人与他相匹敌，自家的财富和公家的一样多。他行恩施惠，下得百姓的爱戴，上得群臣的拥护，暗中窃取了齐国的权力，在厅堂里杀死了宰予，又在朝廷上杀死齐简公，这样，就完全控制了齐国。这是天下人明明知道的。现在赵高有邪辟过分的心志和险诈叛逆的行为，就如同子罕当宋国丞相时的所作所为；私人占有的财富，也正像田常在齐国那样多。他一并使用田常、子罕的叛逆方式而又窃取了陛下您的威信，他志向就如同韩玘当韩安的宰相时一样。陛下你不早打算，我担心他迟早会发动叛乱啊。"二世说："这是什么话？赵高原本是

个宦官，但他不因处境安逸就为所欲为，也不因处境危险就改变忠心。他品行廉洁，一心向善，靠自己的努力才得到今天的地位，因忠心耿耿才被提拔，因讲信义才保住禄位，我确实认为他是贤才，而你怀疑他，这是什么原因呢？再加上我年纪轻轻就失去了父亲，没什么见识，不知如何管理百姓，而你年

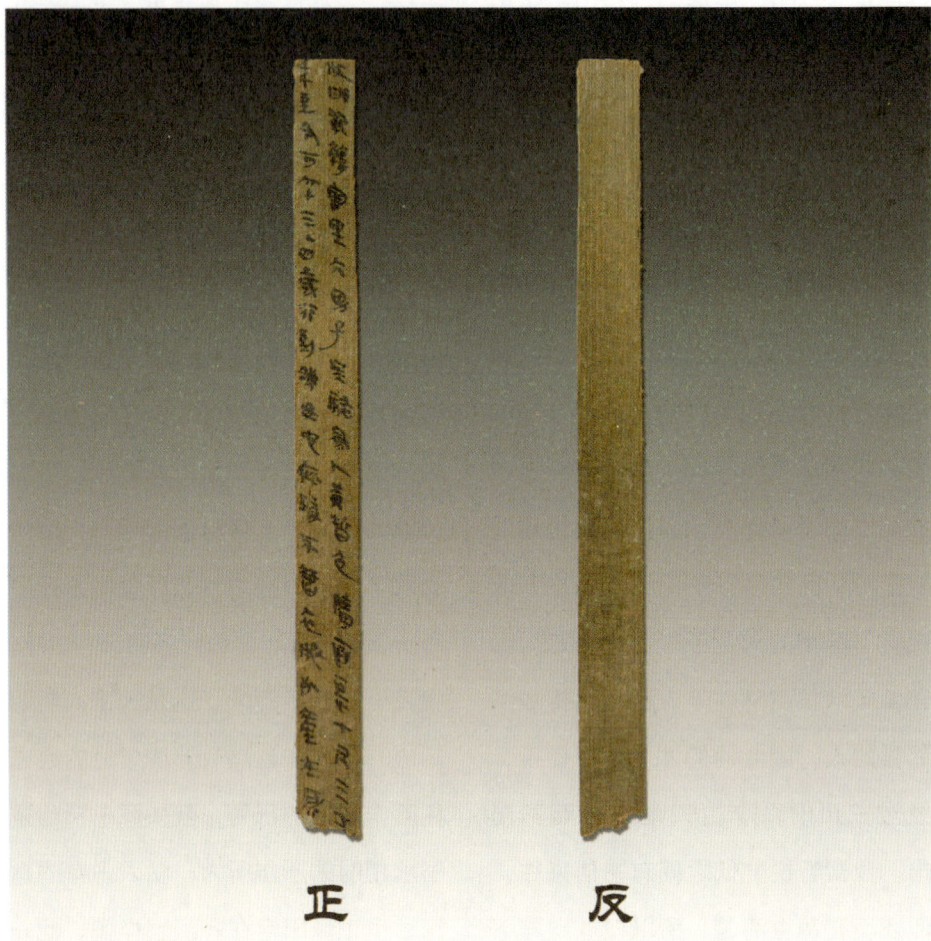

正　　　反

▶**通关文书木简·秦**

里耶秦简博物馆藏。符是秦代一种常用的通关文书，上面写明持有人的姓名、性别、年龄、肤色、身份、社会关系等，以便过关时核验。这枚简就是符，上面记录了持有人的个人信息。大意是说，轮番戍守的士卒城父县成里人名产，身高七尺四寸，肤色黑，年龄为 31 岁，三十四年（前213）六月十一日，县尉奉迁陵守丞曾经命令而签发的。严密的关津管理，对调节人员流动，保障物资流通，维护社会治安起着积极作用，是秦朝对人口实行有效管理的措施之一。

纪又大了，我担心与天下人隔绝了。我如果不把国事托付给赵高，还应当用谁呢？况且赵先生为人精明廉洁，竭尽其力，下能了解民情，上能顺适我的心意，请你不要怀疑。"李斯说："并非如此。赵高从前是卑贱的人，并不懂道理，贪得无厌，求利不止，地位权势仅次于陛下，但他追求地位和权势的欲望没有止境，所以我说是很危险的。"二世已相信了赵高，担心李斯杀掉他，就暗中把这些话告诉了赵高。赵高说："丞相所忧虑的只有我赵高，我死之后，丞相就可以干田常所干的那些事了。"秦二世于是说："就把李斯交给你这郎中令查办吧！"

🔶李斯冤死

赵高查办李斯。李斯被捕后并套上刑具，关在监狱中，仰天长叹道："唉！可悲啊！无道的昏君，怎么能为他出谋划策呢！从前夏桀杀死关龙逢，商纣杀死王子比干，吴王夫差杀死伍子胥。这三个大臣，难道不忠吗？然而免不了一死，他们虽然尽忠而死，只可惜忠非其人。现在我的智慧赶不上这三个人，而二世的暴虐无道超过了桀、纣、夫差，我因尽忠而死，也是应该的呀。况且二世治国不是乱来吗？不久前杀死了自己的兄弟而自立为皇帝，又杀害忠良，重用低贱的人，修建阿房宫，对天下百姓横征暴敛。并不是我不劝谏，而是他不听我的呀。凡是古代圣明的帝王，饮食都有一定的节制，车马器物有一定的数量，宫殿都有一定的限度，颁布命令和办事情，增加费用而不利于百姓的一律禁止，所以才能长治久安。现在二世对自己的兄弟，施以违反常情常理的残暴手段，不考虑会有什么灾祸；迫害、杀戮忠臣，也不考虑会有什么灾殃；大力修筑宫殿，加重对天下百姓的税收，不吝惜钱财：这三件措施实行之后，天下百姓不服从。现在造反的人已占天下人的一半了，但二世心中还未觉悟，居然任用赵高为辅佐。我一定会看到盗贼攻进咸阳，使朝廷变为麋鹿嬉游的地方。"

二世就派赵高审理丞相一案，对他加以惩处，查问李斯和儿子李由谋反的情况，将其宾客和家族全

部逮捕。赵高惩治李斯，拷打他一千多下，李斯不能忍受痛苦的折磨，冤屈地招供了。李斯之所以不自杀而死，是他自负能言善辩，又对秦国有大功，确实没有反叛之心，希望能够上书为自己辩护，希望二世能觉悟过来并赦免他。李斯于是在监狱中上书说："我担任丞相治理百姓，已经三十多年了。我来秦国赶上领土还很狭小。先王的时候，秦国的土地不过千里，士兵不过几十万。我用尽了自己微薄的才能，小心谨慎地执行法令，暗中派遣谋臣，资助他们金银珠宝，让他们到各国游说；暗中准备武装，整顿政治和教化，任用英勇善战的人为官，提高功臣的社会地位，给他们很高的爵位和俸禄，所以终于威胁韩国，削弱魏国，击败了燕

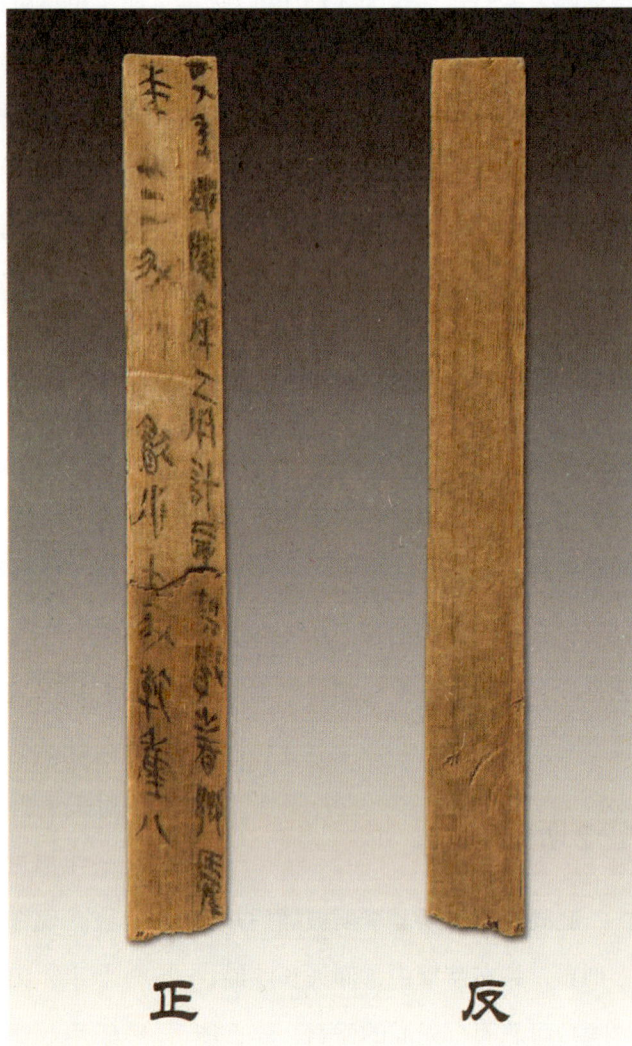

正　反

▶ 制漆木简·秦

里耶秦简博物馆藏。简文记载了当时的漆园以及用漆簿籍，说明秦代漆器手工业的制造除中央官府外，还有地方官署所属的作坊。里耶秦简中对制漆、用漆的记录，一定程度上弥补了文献记载之不足，为了解秦对漆器手工业经营管理情况提供了重要的资料。

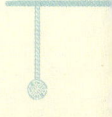

国、赵国，削平了齐国、楚国，最后兼并六国，俘获了他们的国王，拥立秦王为天子。这是我的第一条罪状。秦国的疆域并不是不广阔，还要在北方驱逐胡人、貉人，在南方平定百越，以显示秦国的强大。这是我的第二条罪状。尊重大臣，提高他们的爵位，用以巩固他们同秦王的亲密关系。这是我的第三条罪状。建立社稷，修建宗庙，以显示主上的贤明。这是我的第四条罪状。更改尺度衡器上所刻的标志，统一度量衡和文字，颁布天下，以树立秦朝的威名。这是我的第五条罪状。修筑驰道，兴建游观之所，以显示主上志满意得。这是我的第六条罪状。减轻刑罚，减少税收，以满足主上赢得民众的心愿，使万民百姓都拥戴皇帝，至死都不忘记皇帝的恩德。这是我的第七条罪状。像我李斯这样做臣子的，所犯罪状足以处死，本来已经很久了，皇帝希望我竭尽所能，才得以活到今天，希望陛下明察。"奏书呈上之后，赵高让狱吏丢在一边而不上报，说："囚犯怎能上书！"

赵高派他的门客十多人假扮成御史、谒者、侍中等官员，轮流往复审问李斯。李斯改为以实对答时，赵高就让人再拷打他。后来二世派人去验证李斯的口供，李斯以为还和以前一样，终不敢再改口供，在供词上承认了自己的罪状。赵高把判决书呈给皇帝，二世皇帝很高兴地说："没有赵君，我几乎被丞相出卖了。"等二世派的使者到达三川调查李由时，项梁已经将他杀死。使者返回时，正当李斯已被交付狱吏看押，赵高就编造了一整套李由谋反的罪状。

秦二世二年七月，李斯被判处五刑，判在咸阳街市上腰斩。李斯走出监狱时，跟他的次子一同被押解，他回头对次子说："我想和你再牵着黄狗一同出上蔡东门去打猎追逐狡兔，又怎能办得到呢？"于是父子二人相对痛哭。三族的人都被处死了。

李斯死后，二世任命赵高任中丞相，无论大事小事都由赵高决定。赵高自知权力过重，就献上一只鹿，称它为马。二世问左右侍从说："这是鹿吧？"左右都说"是马"。二世惊慌起来，以为自己迷惑，就把太卜召来，叫他算

▶ 李斯墓

李斯墓位于河南省上蔡县城西南6千米处，李斯墓呈圆形封冢，东西宽22.5米、南北长27米，封冢为层层夯筑，夯窝较大。墓前立有碑石，前面修建数层水泥台阶。

上一卦。太卜说："陛下春秋两季到郊外祭祀，供奉宗庙鬼神，斋戒时不虔诚，所以才到这种地步。可依照圣明君主的样子虔诚地斋戒一次。"于是，二世就到上林苑中去斋戒。整天在上林苑中游玩射猎，一次有个行人走进上林苑中，二世亲手把他射死。赵高就让他的女婿咸阳令阎乐出面弹劾，说是不知谁杀死了人，把尸体搬进上林苑中。赵高就劝谏二世说："天子无缘无故杀死没有罪的人，这是上帝所不允许的，鬼神也不会接受您的祭祀，上天将会降下灾祸，应该远远地离开皇宫以祈祷消灾。"秦二世就离开皇宫到望夷宫去居住。

秦二世在望夷宫里住了三天，赵高就假托二世的命令，让卫士们都穿着白色的衣服，手持兵器面向宫内，自己进宫告诉二世说："山东各路强盗大

批大批地来了！”二世上楼台观看，看到卫士拿着兵器朝向宫内，非常害怕。赵高立刻逼迫二世让他自杀，然后取过玉玺把它带在自己身上，身边的文武百官无一人跟从；他登上大殿时，大殿有好几次都像要坍塌似的。赵高自知上天不给予他皇帝之位，群臣也不会答应，就把始皇的弟弟召来，把玉玺授予他。

子婴即位之后，担心赵高再作乱，就假称有病而不上朝处理政务，与宦官韩谈和他的儿子商量如何杀死赵高。赵高前来求见，询问病情，子婴就把他召进皇宫，命令韩谈刺杀了他，诛灭了他的三族。

子婴即位三个月，刘邦的军队就从武关打了进来，到达咸阳，文武百官都起义叛秦，不抵抗沛公。子婴和妻子儿女都用丝带系在自己脖子上，到轵道旁去投降。刘邦把他们交给部下官吏看押。项羽到达咸阳后杀死了子婴，秦就这样失去了天下。

❖ 太史公说 ❖

李斯以一介平民的身份，游历诸侯，入关侍奉秦国，抓住机遇，辅佐始皇完成统一大业。李斯居三公之职，算得上是很受重用了。李斯知道儒家六经的要旨，却不修明政治，用以弥补皇帝的过失，而是凭借他显贵的地位，阿谀附和，推行历法酷政，听信赵高的邪说，废掉嫡子扶苏而立庶子胡亥。等到各地已经群起反叛，李斯这才想直言劝谏，这不太晚了吗！人们都认为李斯忠心耿耿，反受五刑而死，但我仔细考察事情的实质，就和人们的看法不一样了。否则的话，李斯的功绩真的要和周公、召公相提并论了。

蒙恬列传 第二十八

【解题】此传主要记述了蒙恬和他弟弟蒙毅的事迹。在秦始皇统一中国的大业中，他们的祖辈都是秦国的大将，为秦国出生入死，立下了汗马功劳。全文用简洁的笔法，记述了蒙氏兄弟忠心为国却被奸佞所害的悲惨下场。对比手法的运用，使蒙氏的忠心与赵高的奸诈相互对比、映衬，使得作者的爱憎了然于目。

➡️威名震天下

蒙恬，他的祖先是齐国人。蒙恬的祖父蒙骜，从齐国来到秦国侍奉秦昭王，官做到上卿。秦庄襄王元年，蒙骜担任秦国的将领，率兵攻打韩国，夺取了成皋、荥阳等地，设置了三川郡。秦庄襄王二年，蒙骜攻打赵国，夺取了三十七座城邑。秦始皇三年，蒙骜攻打韩国，夺取了十三座城邑。始皇五年，蒙骜攻打魏国，夺取了二十座城邑，设置了东郡。始皇七年，蒙骜去世。蒙骜的儿子叫蒙武，蒙武的儿子叫蒙恬。蒙恬曾做过狱讼文书工作，并负责掌管有

▶ **蒙恬像**

蒙恬（？一前210），祖籍齐国（今山东省临沂市），秦著名将领。该雕像立于宁夏银川海宝公园。

关文件和狱讼档案。秦始皇二十三年，蒙武担任秦国的副将，和王翦一同攻打楚国，大败楚军，杀死了项燕。始皇二十四年，蒙武又攻打楚国，俘虏了楚王。蒙恬的弟弟叫蒙毅。

秦始皇二十六年，蒙恬由于出身将门做了秦国的将军，率兵攻打齐国，大败齐军。秦始皇授给他内史的官职。秦国兼并天下后，就派蒙恬带领三十万人的庞大军队，向北驱逐戎狄，收复黄河以南的土地。修筑长城，利用地理形势，设置要塞，西起临洮，东到辽东，逶迤绵延一万余里。于是蒙恬渡过黄河，占据阳山，曲折向北行进。无论烈日寒霜，风风雨雨，在外十余年，驻守上郡。这时蒙恬的声威震慑匈奴。秦始皇特别尊重推崇蒙氏，信任并赏识他们的才能。因而亲近蒙毅，使他官至上卿，外出让他陪着同坐一辆车子，回到朝廷就侍奉在国君跟前。蒙恬在外担当着军事重任，而蒙毅经常在朝廷出谋划策，被誉为忠信大臣。因此，即使是其他的将相们也没有敢和他们争宠的。

❧ 忠心遭奸害

赵高，是赵国王族中疏远的亲属。赵高兄弟几人，都是生下来就被阉割而成为宦者的。他的母亲也受过刑罚，所

▶ **私官鼎·战国**

咸阳博物院藏。1966年咸阳市战斗公社（今渭城区渭阳街道办事处）塔儿坡砖瓦厂出土。通高20厘米，口径14.7厘米，耳高5.7厘米，腹深12厘米。敛口，子母唇，鼓腹，马蹄足，长方形兽首衔环双耳。有盖，盖上有三环钮。盖沿及器沿均饰蟠螭纹一周。腹外壁刻铭文21字，铭曰："三十六年，帀（师）工，工疑，一斗半正，十三斤八两十四朱（铢）。"盖上刻铭为"厶（私）官"2字。根据铭文可知此鼎是秦昭襄王时期的青铜食器。

▶ 廿六年两诏版 · 秦

以世世代代地位卑贱。秦王听说赵高办事能力很强，精通刑狱法令，就提拔他担任了中车府令。赵高就私下侍奉公子胡亥，教导胡亥决断讼案。后来赵高犯下了重罪，秦王让蒙毅依照法令惩处他。蒙毅不敢违背法令，依法应当判处赵高死刑，剥夺他的官籍。后来秦始皇因为赵高办事勤勉尽力，又赦免了他，恢复了他原来的官职。

秦始皇打算巡游天下，路经九原郡，直达甘泉宫。他就派蒙恬开路，从九原郡到甘泉宫，打通山脉，填塞深谷，全长一千八百里。然而，这条通道没能完成。

始皇三十七年冬天，启程巡游会稽，沿海而上，向北直奔琅琊。半途得了重病，派蒙毅回去祷告山川神灵。没等蒙毅返回，始皇走到沙丘就去世了。

始皇去世的消息被封锁了，文武百官都不知道。这时是丞相李斯和公子胡亥侍奉左右。赵高平常就得到胡亥的宠幸，打算立胡亥为王，又怨恨蒙毅依法惩处而没有袒护他，于是就产生了杀害之心。他就和丞相李斯、公子胡亥暗中策划，拥立胡亥做太子。太子即位之后，派遣使者，捏造罪名赐公子扶苏和蒙恬死罪。扶苏自杀后，蒙恬心生怀疑，又请求申诉。使者就把蒙恬

交给主管官吏处理，另外派人接替他的职务。胡亥用李斯的家臣担任护军。使者回来报告时，胡亥已经听到扶苏的死讯，当下就打算释放蒙恬。赵高唯恐蒙氏再次当权执政，因而对胡亥的决定心生不满。

蒙毅祈祷山川神灵后返回，赵高趁机对胡亥表示忠心献策，想要铲除蒙氏兄弟，就对胡亥说："我听说先帝很久以前就选择贤人重用能人，册立您为太子，而蒙毅劝阻说'不可以'。如果他知道您贤明有才能却长久拖延不让册立，那么，就是既不忠实而又蛊惑先帝了。以我愚昧的浅见，不如杀死他。"胡亥听从了赵高的话，就在代郡把蒙毅囚禁起来。在此之前，已经把蒙恬囚禁在阳周。等到秦始皇的灵柩回到咸阳安葬以后，太子胡亥就继位做了二世皇帝，这时赵高最得宠信，日夜毁谤蒙氏，搜罗他们的罪过，检举弹劾他们。

子婴进言规劝说："我听说过去赵王迁杀死他的贤明臣子李牧而起用颜聚，燕王喜暗地里采用荆轲的计谋而背弃秦国的盟约，齐王建杀死他前代的忠臣而改用后胜的计策。这三位国君，都是各自因为改变旧规导致国家灭亡，而且祸殃连及自身。如今蒙氏兄弟是秦国的大臣和谋士，而国君打算一朝抛弃

秦长城 ├──

秦统一六国后，为了防御匈奴，秦始皇三十二年（前215），大将蒙恬率30万大军北击匈奴，取得河套以南之地，其后筑起西起甘肃临洮（今甘肃岷县）、东至辽东长城万余里，以防匈奴南进，史称秦长城。据记载，秦始皇使用了近百万劳动力修筑长城，占当时全国总人口的二十分之一。秦长城第一阶段的重点是维修、连接秦赵燕等战国长城，新筑的部分不多，工程量不大，由蒙恬率部和沿线军民共同完成，后期则大力修建长城。长城有效确保了边防的巩固和国家的安全，这给中原农业的生产提供了一个稳定的环境，如《过秦论》中所说："却匈奴七百余里，胡人不敢南下而牧马，士不敢弯弓而抱怨。"

▶ 甘肃宁县秦直道遗址

他们，我私下认为是不可以的。我听说草率考虑问题的人不可以治理国家，独断专行、自以为是的人不可以用来侍奉国君。诛杀忠臣而起用没有品行节操的人，这样对内使大臣们不能相互信任而对外使战士们涣散斗志啊，我私

下认为是不可以的。"

胡亥听不进子婴的规劝，派遣御史曲宫乘坐驿车前往代郡，命令蒙毅说："先主要册立太子，而你却加以阻挠，如今丞相认为你不忠诚，罪过

牵连到你们家族。我不忍心，就赐予你自杀吧，也算是很幸运了。您好好考虑一下吧。"蒙毅回答说："要是认为我不能博得先主的欢心，那么，我年轻时做官为宦，就能顺意得宠，直到先主仙逝，可以说是能顺应先主的心意了吧。先主举用太子，是多年的深思积虑，我还有什么话敢进谏，还有什么计策敢谋划呢！不是我借口来逃避死罪，只怕牵连羞辱了先主的名誉，希望大夫为此认真考虑，让我死于应有的罪名。况且顺理成全，是道义所崇尚的；严刑杀戮，是道义所不容的。从前秦穆公杀死三位贤臣为他殉葬，以莫须有的罪名判处百里奚，因此，他死后谥号为'缪'。秦昭王杀死武安君白起，楚平王杀死伍奢，吴王夫差杀了伍子胥。这四位国君，都犯了重大的过失，而遭到天下人的非议，认为他们的国君不贤明。因此，他们在各诸侯国中声名狼藉。所以说：'用道义治理国家的人，不杀害没罪的臣民，而刑罚不施于无辜的人身上。'希望大夫认真地考虑！"使者知道胡亥的意图，听不进蒙毅的申诉，就把他杀了。

▶龙钮铜錞于·战国

咸阳博物院藏。1978 年出土于咸阳市塔尔坡秦建筑遗址。通高 69.6 厘米，肩围 111 厘米，口围 118 厘米。錞于顶部是一个龙形钮，外壁饰有连续的三角叶纹和四方连续的勾连云纹，图案相当特别。这是一件秦代乐器中的精品。

蒙恬之死

　　胡亥又派遣使者前往阳周，命令蒙恬说："您的罪过太多了，而且您的弟弟蒙毅犯有重罪，依法要牵连到您。"蒙恬说："从我的祖先到后代子孙，为秦国建立功业，树立威信，已经三代了。如今我带兵三十多万，即使是我被囚禁，但是，我的势力足够叛乱。然而，我知道必死无疑却坚守节义，是不敢辱没祖宗的教诲，不敢忘掉先主的恩宠。从前周成王刚刚即位，还是一个幼儿，周公姬旦背着成王接受群臣的朝见，终于平定了天下。到成王病情危重的时候，周公旦剪下自己的指甲投入黄河，祈祷说：'国君年幼无知，这都是我当权执政所做，若有罪过祸患，应该由我承受惩罚。'后人就把这些祷词书写下来，收藏在档案馆里，这可以说是非常诚信了。到了成王能亲自治理国家时，有奸臣造谣说：'周公旦想要作乱已经很久了，大王若不戒备，一定要发生大的变故。'成王听了，就大发雷霆，周公旦得知后逃奔到楚国。成王一次到档案馆审阅档案，无意发现周公旦的祷告书，就流着眼泪说：'谁说周公旦想要作乱呢！'杀了造谣生事的那个大臣，请周公旦回归。所以《周书》上说'一定要多方询问，反复审察'。如今我蒙

氏宗族，世世代代没有二心，而事情最终落到这样的结局，这一定是谋乱之臣叛逆作乱、欺君罔上的缘故。周成王犯有过失而能改过振作，终于使周朝兴旺昌盛；夏桀杀死关龙逄，商纣杀死王子比干而不后悔，最终落个身死国亡。所以我说犯有过失可以改正振作，听人规劝可以察觉警醒，三番五次地审察，是圣明国君治国的原则。大凡我说的这些话，不是用以逃避罪责，而是要用忠心直谏而死，希望陛下替万千百姓深思熟虑地找到应遵循的正确道路。"

▶ 燕秦长城遗址

该遗址位于河北省围场县境内。东起与赤峰市接境的三义永乡，西至老嵩铺乡，或显或隐，县境内长约 192.5 千米。燕秦长城初由战国时期的燕国为防御东胡匈奴掳掠而修筑，秦始皇统一六国后，沿用加固，并与其新筑长城连接，故名。现存明显遗址 29 段，约 6.5 千米，主要分布在地势较高的山脊。多由土筑，部分地段为石砌。长城沿线还发现古城五座，当为戍守士兵所用。

延安境内的战国秦长城，西起吴旗县庙沟乡郝林沟村南，经长官庙乡和吴起镇境内，进入志丹县纸坊乡，复入吴起县薛岔乡境内，经五谷城乡边缘地带，进入榆林地区的靖边县红柳沟乡，全长约235千米。

使者说："我接受诏令对将军施以刑罚，不敢把将军的话转报皇上听。"蒙恬沉重地叹息说："我对上天犯了什么罪，竟然没有过错就处死呢？"很久，他又慢慢地说："我的罪过本来该当死罪啊。起自临洮接连到辽东，筑长城、挖壕沟一万余里，这中间能没有截断大地脉络的地方吗？这就是我的罪过了。"于是吞下毒药自杀了。

❂ 太史公说 ❂

　　我到北方边境，从直道返回，沿途观察了蒙恬为秦国修筑的长城和边塞堡垒，挖掘山脉，填塞深谷，贯通直道，本来就是不重视老百姓的人力和物力。当初，秦国刚刚灭掉其他诸侯的时候，天下人心尚未安定，创伤未愈，而蒙恬身为名将，不在这时候尽力劝谏君王赈救百姓的急难，抚恤老人，抚育孤儿，致力从事使百姓安定生活的工作，反而迎合始皇心意，大规模地修筑长城，他们兄弟遭到杀身之祸，不也是顺理成章的事吗？哪里是什么挖断地脉的罪过呢？

张耳陈馀列传 第二十九

【解题】在这篇传记中，主要记述了张耳、陈馀从以敬慕为刎颈之交到反目成仇的史实，不虚美，不隐恶，采用先扬后抑的手法，使得善恶俱张、功过分明。太史公说："张耳、陈馀，世传所称贤者……始居约时，相然信以死，岂顾问哉。及据国争权，卒相灭亡……岂非以势力交哉？"这一针见血的剖析，不仅切中了他们的交往实际，也道出了所揭示的主题。

陈张结交

张耳，是魏国大梁人。他年轻的时候，曾是魏公子无忌的门客。张耳曾经隐姓埋名逃亡到外黄。外黄有一富豪人家的女儿，长得特别美丽，却嫁了一个愚蠢平庸的丈夫，于是逃离了她的丈夫，去投奔她父亲旧时的宾客。她父亲的宾客平素就了解张耳，于是对女子说："你如果一定要嫁个有才能的丈夫，就嫁给张耳吧。"

▲龙纹连弧镜·西汉

女子听从了他的意见，终于断绝了同她丈夫的关系，改嫁给张耳。张耳这时从困窘中摆脱出来，广泛交游，女家给张耳供给丰厚，张耳因此招来千里以外的宾客。于是在魏国外黄做了县令，他的名声越来越高。

陈馀，也是魏国大梁人，爱好儒家学说，曾多次游历赵国的苦陉。一位很

有钱的公乘氏把女儿嫁给他，也很了解陈馀不是一般平庸无为的人。陈馀年轻，他就像对待父亲一样侍奉张耳，两人建立了生死不悔的患难情谊。

秦国灭亡大梁时，张耳家住在外黄。当汉高祖还是平民百姓的时候，曾多次追随张耳交游，在张耳家一住就是几个月。秦国灭亡魏国几年后，这两个人已经是魏国的知名人士，秦国就悬赏拘捕：有捉住张耳的人赏给千金，捉住陈馀的人赏给五百金。张耳、陈馀就改名换姓，一块儿逃到陈地，充当里门看守维持生活。两人相对站立，里中小吏曾因陈馀犯了小的过失而鞭打他，陈馀打算起来反抗，张耳暗中用脚踩他，示意他不动接受鞭打。小吏走后，张耳就把陈馀带到桑树下，责备他说："当初和你怎么说的？如今你遭到小小的屈辱，就为一个小吏而拼命吗？"陈馀认为他说的对。秦国发出诏令悬赏拘捕他两人，他俩也利用里正卫的身份向里中的居民传达上边的命令。

❄辅佐陈涉

陈涉在蕲县起义，打到陈县，军队已扩充到几万人。张耳、陈馀求见陈涉。陈涉和他的亲信们平时多次听说张耳、陈馀有才能，只是未曾见过面，这次相见非常高兴。

陈地的豪杰、父老就劝说陈涉道："将军身穿坚固的铠甲，手拿锐利的武器，率领着士兵讨伐暴虐的秦国，重立楚国的政权，使灭亡的国家得以复存，使断绝的子嗣得以延续，这样的功德，应该称王。况且还要督察、率领天下各路的将领，不称王是不行的，希望将军立为楚王。"陈涉就此事征求陈馀、张耳的看法，他二人回答说："秦国无道，占领了别人的国家，毁灭了别人的社稷，断绝了别人的后代，掠尽百姓的财物。将军怒目圆睁，放开胆量，不顾万死一生，是为了替天下人除残去暴。如今刚刚打到陈地就称王，在天下人面前显示出自己的私心。希望将军不要称王。赶快率兵向西挺进，派人去拥立六国的后代，作为自己的党羽，给秦国增加敌对势力。给它树敌越多，它的力量就越分散，我们的党羽越多，兵力就越强大。如果这样，就用不着在辽阔的旷野荒原上互相厮杀，也不存在

坚守强攻的县城，铲除暴虐的秦国，就可以占据咸阳向诸侯发号施令。各诸侯国在灭亡后又得以复立，施以恩德感召他们，如能这样，那么帝王大业就成功了。如今只在陈地称王，恐怕天下的诸侯就会懈怠不相从了。"陈涉没听从他们的意见，于是自立称王。

陈馀再次规劝陈王说："大王调遣梁、楚的军队向西挺进，一心要进入关中，来不及收复黄河以北的地区。我曾遍游赵国，熟悉那里的杰出人物和地理形势，希望派一支军队，向北出其不意地夺取赵国的土地。"于是，陈王任命自己的老朋友陈地人武臣为将军，邵骚为护军，张耳、陈馀担任左右校尉，拨给三千人的军队，向北夺取赵国的土地。

北取赵地

武臣等人从白马津渡过黄河，到各县对当地杰出的人物游说道："秦国用乱政酷刑残害天下百姓，已经几十年了。北部边境有修筑万里长城的苦役，南边广征兵丁戍守五岭，国内国外动荡不安，百姓疲惫不堪，按人

头收缴谷物，用籫箕收敛，用来供给军费开支，财尽力竭，难以维持生活。加上严重的苛法酷刑，致使天下的父子都不得和谐相处。陈王振臂而起，首先倡导天下，在楚地称王，纵横两千里，没有不响应的，家家义愤填膺，人人斗志旺盛，有怨的报怨，有仇的报仇，县里杀了他们的县令县丞，郡里杀了他们的郡守郡尉。如今已经建立了大楚国，在陈县称王，派吴广、周文率领百万大军向西攻击秦军。在这时不成就封侯大业的，不是人中的豪杰。请诸位互相筹划一番！天下所有的人一致认为苦于秦国的暴政时间太长久了。凭着普天下的力量攻打无道昏君，报父兄的怨仇，而完成割据土地的大业，这是有志之士不可错过的时机啊。"豪杰们都认为这话说得很对。于是行军作战、收编队伍，扩充到几万人的军队，武臣自己立号称武信君。攻克赵国十座城池，其余的都据城坚守，没有肯投降的。

武信君于是带兵朝东北方向攻击范阳。范阳人蒯通规劝范阳令说："我私下听说您将要死了，所以前来表示哀悼慰问。虽然如此，但是还要恭贺

您因为有了我蒯通而能获得复生。"
范阳令说:"为什么对我哀悼慰问?"
蒯通回答说:"秦国的法律非常严酷,
您做了十年的范阳县令,杀死多少父
老,造成多少孤儿寡母,砍断人家脚
的,在人家脸上刺字的,数也数不清。
然而慈祥的父辈、孝顺的子女没有人
敢把刀子插入您肚子里的原因,是害
怕秦国的酷法罢了。如今天下大乱,
秦国的法令不能施行了,然而,那些
慈父孝子就会把利刃插进您肚子而成
就他们的名声,这就是我来哀悼慰问
您的原因啊。如今,各路诸侯都背叛
了秦廷,武信君的人马即将到来,您
却要死守范阳,年轻的人都争先要杀
死您,投奔武信君。您应该迫不及待
地派我去面见武信君,可以转祸为福
就在此时了。"

范阳令就派蒯通去见武信君说:
"您一定要打了胜仗而后夺取土地,
攻破了守敌然后占领城池,我私下认
为错了。您果真能听从我的计策,就
可以不去攻打而使城邑降服,不通过
战斗而夺取土地,只要发出征召文告
就让您平定广阔的土地,可以吗?"
武信君说:"你说的是什么意思?"

蒯通回答说:"如今范阳令本应当整
顿他的人马用来坚守抵抗,可是他胆
小怕死,贪恋财富而爱慕尊贵,所
以他打算走在天下人的前面来投降,
又害怕您认为他是秦国任命的官吏,
像以前被攻克的十座城池的官吏一样
被杀死。可是,如今范阳城里的年轻
人也正想杀掉他,自己据守城池来抵
抗您。您为什么不把侯印让我带去,
委任范阳令,范阳令就会把城池献给
您,年轻人也不敢杀他们的县令了。
让范阳令坐着彩饰豪华的车子,奔驰
在燕国、赵国的郊野。燕国、赵国郊
野的人们看见他,都会说这就是范阳
令,他是率先投降的啊,马上就得
到如此优厚的待遇了,燕、赵的城
池就可以不用攻打而投降了。这就
是我说的发布檄文而平定广阔土地
的计策。"武信君听从了他的计策,
派遣蒯通赐给范阳令侯印。赵国人
听到这个消息,不战而降的有三十
余座城池。

拥立武臣

到达邯郸,张耳、陈馀听说周章
的部队已经进入关中,到戏水地区又

▶青铜武士头像·秦

咸阳博物院藏。目前全国发现的唯一一件秦
铜质造像，也是秦武士的真实写照。头戴武冠，
冠下有丝缕的头发，五官可见，颈下部有一榫，
内部中空。从其残存的榫来看，应是某物的配件。
秦人以善战而闻名，著名的大将白起、王翦和蒙
恬均出生于秦地。尚武好战、积极进取的精神也
是秦统一六国的重要因素。

败下阵来；又听说为陈王攻城略地的各
路将领，多被谗言所毁，获罪被杀，
又怨恨陈王不采纳他们的计谋，不能晋
升为将军，而让他们做校尉。于是就规
劝武臣说："陈王在蕲县起兵，到了陈
县就自立称王，不一定要拥立六国诸侯的后
代。如今，将军用三千人马夺取了几十座城池，
独自据有河北广大区域，如不称王，不足以使社
会安定下来。况且陈王听信谗言，若是有人回去报告，
恐怕难免祸患。还不如拥立其兄弟为王，否则，就拥立赵
国的后代。将军不要失掉机会，时机紧迫，不容拖延。"武臣听从了他们的
劝告，于是自立为赵王，任用陈馀做大将军，张耳做右丞相，邵骚做左丞相。

　　派人回报陈王，陈王听了大发雷霆，想要把武臣等人留在陈县的家人杀
尽并发兵攻打赵王。陈王的国相房君劝阻说："秦国还没有灭亡而诛杀武臣
等人的家族，这等于又树立了一个像秦国一样强大的敌人。不如趁此机会向
他祝贺，让他火速带领军队向西挺进，攻打秦国。"陈王认为他说的对，听
从了他的计策，把武臣等人的家属迁移到宫里，软禁起来，并封张耳的儿子
张敖做了成都君。

139

陈王派使者向赵王祝贺，让他火速调动军队向西进入关中。张耳、陈馀规劝武臣说："大王在赵地称王，这并不是楚国的本意，只不过是将计就计来祝贺大王。楚王灭掉秦国之后，一定会加兵于赵。希望大王不要向西进军，要向北发兵夺取燕地、代地，向南进军收取河内，扩充自己的势力范围。这样，赵国向南依靠黄河，向北拥有燕地、代地，楚王即使战胜秦国，也一定不敢对赵国轻举妄动。"赵王认为他们讲的对，因而，不向西发兵，而派韩广夺取燕地，李良夺取常山，张黡夺取上党。

⊙救护赵王

玉韘，俗称扳指或搬指，初见于商代，在春秋、战国时就十分流行了。

韩广的军队到达燕地，燕人趁势拥立韩广做燕王。赵王就和张耳、陈馀率领军队驻扎在燕国的边境，准备向北进攻燕国的边界。有一次赵王空闲外出，却遇上了燕国的军队被燕军抓获。燕国的将领把他囚禁起来，要求瓜分赵国一半土地，才放赵王回去。赵国派使者前去交涉，燕军就把他们杀死，要求分割土地。张耳、陈馀为这件事忧虑重重。有一个干勤杂的士兵对他同舍的伙伴说："我要替张耳、陈馀去游说燕军，和赵王一同坐着车回来。"同住的伙伴们都讥笑他说："使臣派去了十几位，去了就立即被杀死，你有什么办法能救出赵王呢？"于是，他跑到燕军的大营。燕军的将领见到他，他却问燕将说："知道我来干什么？"燕将回答说："你打算救出赵王。"他又问："您知道张耳、陈馀是什么样的人吗？"燕将说："是贤明的人。"他继续问："您知道他们的意图是什么？"燕将回答说："不过是要救他们的赵王罢了。"赵国的勤杂兵就笑着说：

"您还不了解这两个人的打算。武臣、张耳、陈馀手执马鞭指挥军队攻克了赵国几十座城池，他们各自也都想面南而称王，难道甘心终身做别人的卿相吗？做臣子和做国君难道可以相提并论吗？只是顾虑到局势初步稳定，还没有敢三分国土各立为王，权且按年龄的大小为序先立武臣为王，用以维系赵国的民心。如今赵地已经安定平服，这两个人也要瓜分赵地自立称王，只是时机还没成熟罢了。如今，您囚禁了赵王，这两个人表面上要救赵王，实际上是想让燕军杀死他，这两个人好瓜分赵国自立为王。以原来一个赵国的力量就能轻而易举地攻下燕国，何况两位贤王相互支持，以杀害赵王的罪名来讨伐，灭亡燕国是很容易的了。"燕国将领认为他说的有道理，就放了赵王，勤杂兵就替赵王驾着车子一同归来。

李良叛赵

李良平定常山以后，回来报告，赵王再派李良夺取太原。李良的部队到了石邑，秦国的军队已经严密地封锁了井陉，不能向前挺进。秦国的将领谎称二世皇帝派人送给李良一封信，没有封口，信中说："李良曾经侍奉我得到显贵宠幸。李良如果能弃赵归秦，就饶恕他的罪过，使他显贵。"李良接到这封信，很怀疑，于是领兵回邯郸，请求增加兵力。还没回到邯郸，路上遇到赵王的姐姐外出赴宴而归，跟着一百多名随从。李良远远望见如此气魄，认为是赵王，便伏在地上通报姓名，赵王的姐姐喝醉了，也不知他是将军，只是让随从的士兵答谢李良。李良一向显贵，从地上站起来，当着随从官员的面，感到很羞愧。随行官中有一个人说："天下人都背叛暴秦，有本领的人便先立为王，况且赵王的地位一向在将军之下，而今，一个女儿家竟不下车向将军行礼，请让我追上去杀了她。"李良已经收到秦王的书信，本来就想反赵，尚未决断，又遇上这件事，因而发怒，派人追赶赵王的姐姐，把她杀死在道中，于是就率领着他的军队袭击邯郸。邯郸方面不了解内变，武臣、邵骚竟被杀死。赵国人很多是张耳、陈馀的耳目，因此他们能够逃脱，收

拾武臣的残余军队，得到几万人。有的宾客劝告张耳说："你们俩都是外乡人，客居在此，要想让赵国人归附，很困难。只有拥立六国时赵王的后代，以正义扶持，才可以成就功业。"于是寻访到赵歇，拥立为赵王，让他住在信都。李良进兵攻击陈馀，陈馀反而打败了李良，李良只好逃回去，投奔秦将章邯。

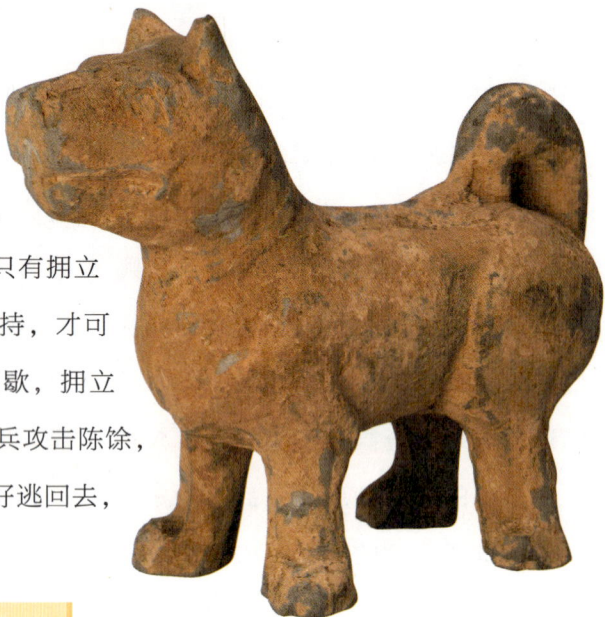

困守巨鹿

章邯领兵到邯郸，把城里的百姓都迁到河内，摧毁了城郭，夷平了所有的建筑物。张耳和赵王歇逃入巨鹿

▶ 陶狗·西汉

目前出土的大量汉代动物俑中，陶狗不仅数量丰富，而且造型生动，形态传神，具有浓郁的生活气息和独特的艺术感染力。

城，被秦将王离团团围住。陈馀在北边收集常山的残余部队几万人，驻扎在巨鹿城以北。章邯的军队驻扎在巨鹿城以南的棘原。修筑甬道与黄河接连，给王离运送军粮。王离兵多粮足，急攻巨鹿。巨鹿城内粮食已尽，兵力很弱，张耳多次派人召陈馀前来救援，陈馀考虑到自己的兵力不足，敌不过秦军，不敢前往。相持了几个月，不见救兵，张耳大怒，怨恨陈馀，派张黡、陈泽前去责备陈馀说："当初我和您结为生死之交，如今赵王和我将要死于早晚之间，而您拥兵数万，不肯相救，那同生共死的交情在哪儿呢？假如您要信守诺言，为什么不和秦军决一死战？何况还有十分之一二获胜的希望。"陈馀说："我估计即使向前进军，最终不光救不成赵王，还要白白地全军覆没。况且我不去同归于尽，还要为赵王、张先生向秦国报仇。如今一定要去同归于尽，如同把肉送给饥饿的猛虎，有什么好处呢？"张黡、陈泽说："事已迫在眉睫，需要以同归于尽来确立诚信，哪里还顾得上以后的事呢！"陈馀说：

"我死没什么顾惜的，只是死而无益，但是我一定按照二位的话去做。"就派了五千人马让张黡、陈泽带领着试攻秦军，到了前线便全军覆没了。

正当这时，燕国、齐国、楚国听说赵国危急，都来救援。张敖也向北收聚代地的兵力一万多人赶来，都在陈馀旁边安营扎寨，却不敢攻击秦军。项羽的军队多次截断了章邯的甬道，王离的军粮缺乏，项羽率领全部军队渡过黄河，于是打败了章邯。章邯带兵溃退，各国诸侯的军队才敢攻击围困巨鹿的秦国军队，最后俘虏了王离。秦将涉间自杀身亡。最终保全巨鹿的，是楚国的力量啊。

张陈交恶

这时赵王歇、张耳才得以出巨鹿城，感谢各国诸侯。张耳和陈馀相见，张耳责备陈馀不肯救赵王以及追问张黡、陈泽的下落，陈馀恼怒地说："张黡、陈泽以同归于尽责备我，我派他们带领五千人马先尝试着攻打秦军，结果全军覆没，没有一人幸免。"张耳不信，认为陈馀把他们杀了，多次追问陈馀。陈馀大怒，说："没有料

到您对我的怨恨是如此的深啊！难道您以为我舍不得放弃这将军的职位吗？"就解下印信，推给张耳。张耳也感到惊愕不肯接受。陈馀站起身来上厕所了。有的宾客规劝张耳："我听说'天上的赐予不去接受，反而会遭到祸殃'。如今，陈将军把印信交给您，您不接受，违背天意不吉祥。赶快接收它！"张耳就佩带了陈馀的大印，接收了他的部下。陈馀回来，也怨恨张耳不辞让就收缴了大印，于是疾步走出去。张耳就收编了他的军队。陈馀独自和他部下亲信几百人到黄河边的湖泽中打鱼捕猎去了。从此，陈馀、张耳之间有了裂痕。

张耳封王

赵王歇又回到信都居住，张耳跟随着项羽和其他诸侯进入关中。汉元年二月，项羽封诸侯为王，张耳向来交友很广，很多人替他说好话，项羽平常也听说张耳有才能，于是分割赵国的土地封张耳做常山王，设立信都，并把信都改名为襄国。

陈馀旧有的宾客中很多人规劝项羽说："陈馀、张耳同样对赵国

有功。"可是项羽因为陈馀不随从入关，又听说他在南皮，就把南皮周围的三个县封给他，把赵王歇迁都代县，改封为代王。

张耳到他的封国去，陈馀更加恼怒，说："张耳和我功劳相等，张耳封王，只有我封侯，这是项羽不公平。"待到齐王田荣背叛楚国，陈馀便派夏说去游说田荣道："项羽作为天下的主宰，却不公平，把好地方都分封给将军们去称王，把原来称王的都迁到坏地方，如今，把赵王迁居代县！希望大王借给我军队，以南皮作为您遮挡防卫的屏障。"田荣打算在赵国树立党羽用以反对楚国，就派遣了军队听从陈馀的指挥。因此，陈馀调动了所属三个县的全部军队袭击常山王张耳。张耳败逃，想到各诸侯之中没有可以投奔的，说："汉王虽然和我有老交情，可是项羽的势力强大，又是他分封的我，我想投奔楚国。"甘公说："汉王入关，五星会聚于井宿天区。井宿天区是秦国的分星。先到秦地的，一定功成霸业。即使现在楚国强大，今后一定归属于汉。"所以，张耳决定奔汉。汉王也

回师平定了三秦，正在废丘围攻章邯的军队。张耳晋见汉王，汉王以优厚的礼遇接待了他。

陈馀打败张耳以后，收复了赵国全部的土地，把赵王从代县接回来，又做了赵国的国君。赵王对陈馀感恩戴德，分封陈馀为代王。陈馀因为赵王软弱，国内局势刚刚稳定，不到封国去，留下来辅佐赵王，而派夏说以国相的身份驻守代国。

汉二年，汉王向东进击楚国，派使者通知赵国，要和赵国共同伐楚。陈馀说："只要汉王杀掉张耳，赵国就从命。"于是汉王找到一个和张耳长得相像的人斩首，派人拿着人头送给陈馀。陈馀才发兵助汉。汉王在彭城以西打了败仗，陈馀又觉察到张耳没死，就背叛了汉王。

赵王张敖

汉三年，韩信平定魏地不久，汉王就派张耳和韩信攻破了赵国的井陉，在泜水河畔杀死了陈馀，在襄国追杀了赵王歇。汉王封张耳为赵王。汉五年，张耳去世，谥号叫景王。张耳的儿子张敖接续他父亲做了赵王，

汉高祖的大女儿鲁元公主嫁给赵王敖做王后。

汉七年，高祖从平城经过赵国，赵王脱去外衣，戴上袖套，从早到晚亲自侍奉饮食，态度很谦卑，颇有子婿的礼节。高祖却席地而坐，伸开两只脚，责骂张敖，对他非常傲慢。赵国国相贯高、赵午等人都已六十多岁了，原是张耳的宾客，他们的性格生平豪爽、易冲动，就愤怒地说："我们的国君是懦弱的国君啊！"就规劝赵王说："当初天下豪杰并起，有才能的先立为王。如今您侍奉高祖那么恭敬，而高祖对您却粗暴无礼，请让我们替您杀掉他！"张敖听了，便把手指咬出血来，说："你们怎么说出这样的错话！况且先父亡了国，是依赖高祖才能够复国，恩德泽及子孙，所有一丝一毫都是高祖出的力啊，希望你们不要再说了。"贯高、赵午等十多人都相互议论说："都是我们的不对。我们的王有仁厚长者的风范，不肯背弃恩德。况且我们的原则是不受侮辱，如今怨恨高祖侮辱我王，所以要杀掉他，为什么要玷污了我们的王呢？假使事情成功了，功劳归王所

有；失败了，我们自己承担罪责！"

汉八年，高祖从东垣回来，路过赵国，贯高等人在柏人县馆舍的夹壁墙中埋伏了武士，想要暗中劫持他。高祖经过那里想要留宿，忽然间心有所动，就问道："这个县的名称叫什么？"随从回答说："柏人。"高祖说："柏人，是被别人迫害啊！"于是没有留宿就离开了。

贯高谋反

汉九年，贯高的仇人知道他的计谋，就向皇上秘密报告贯高谋反。于是把赵王、贯高等人同时逮捕，十多人都要争相刎颈自杀，只有贯高愤怒地骂道："谁让你们自杀？如今这事，大王确实没有参与，却要一块被逮捕；你们都死了，谁替大王辩白没有反叛的意思呢！"于是他被囚禁在囚车里和赵王一起被押送到长安。朝廷审判张敖的罪行。高祖向赵国发布文告说群臣和宾客有追随赵王的全部灭族。贯高和宾客孟舒等十多人，都自己剃掉头发，用铁圈锁住脖子，装作赵王的家奴跟着赵王来京。贯高一到，出庭受审说："只有我们这些人

参与了，赵王确实不知。"官吏审讯，严刑鞭打几千下，用烧红的铁条去刺他，身上没有一处是完好的，但始终再没说话。吕后几次说张敖因为鲁元公主的缘故，不会有这种事。高祖愤怒地说："若是让张敖占据了天下，难道还会考虑你的女儿吗！"不听吕后的劝告。廷尉把审理贯高的情形和供词报告高祖，高祖说："真是壮士啊！谁了解他，私下问问他。"中大夫泄公说："我和他是同乡，一向了解他。他本来就是为赵国树名立义、不肯背弃承诺的人。"高祖派泄公拿着符节到舆床前问他。贯高仰起头看看说："是泄公吗？"泄公安慰他，像平常一样和他交谈，问张敖到底有没有参与这个计谋。贯高说："人的感情，有谁不爱他的父母妻子呢？如今我三族都因为这件事已被判处死罪，难道会用我亲人的性命去换赵王吗！但是赵王确实没反，只有我们这些人参与了。"他详细地说出了要谋杀皇上的本意，和赵王不知内情的情状。于是泄公进宫，把了解的情况详细地做了报告，高祖便赦免了赵王。

高祖赞赏贯高是讲信义的人，就派泄公把赦免赵王的事告诉他，说："赵王已从囚禁中被释放出来。"同时也赦免了贯高。贯高听了高兴地问道："我们赵王确实被释放了吗？"

泄公说："是。"泄公又说："高祖称赞您，所以也赦免了您。"贯高说："我被打得体无完肤而不死的原因，是为了辩白赵王确实没有谋反，如今赵王已被释放，我的责任已了，死了也不遗憾。况且为人臣子有了篡杀的名声，还有什么脸面再侍奉君主呢！纵然是君主

▶彩绘陶骑马俑·西汉

不杀我，我的内心不惭愧吗？"于是仰起头来卡断咽喉而死。这个时候，贯高的名声传遍天下。

张敖被释放不久，因为娶鲁元公主的缘故，被封为宣平侯。高祖称赞张敖的宾客，凡是以家奴身份跟随张王入关的，没有不做到诸侯、卿相、郡守的。一直到孝惠、高后、孝文、孝景时，张敖宾客的子孙们都做到二千石俸禄的高官。

张敖在高后六年去世。张敖的儿子张偃被封为鲁元王。因张偃的母亲是吕后女儿的缘故，吕后封他做鲁元王。元王弱，兄弟少，就分封张敖其他姬妾生的两个儿子：张寿为乐昌侯，张侈为信都侯。高后去世后，吕氏族人为非作歹，不走正道，被大臣们诛杀了，而且废掉了鲁元王以及乐昌侯、信都侯。汉文帝即位后，又分封原来鲁元王张偃为南宫侯，延续张氏的后代。

❀ 太史公说 ❀

张耳、陈馀在世人传说中都是贤能的人。他们的宾客奴仆，没有不是天下的英雄豪杰，在所居之国，没有不取得卿相地位的。然而，当初张耳、陈馀贫贱不得志时，彼此信任，誓同生死，难道不是义无反顾的吗？等他们有了地盘，争权夺利的时候，最终还是相互残杀，恨不是把对方消灭。为什么以前是那样真诚地相互倾慕、信任，而后来又相互背叛，彼此的态度是那样的乖张、暴戾呢？难道不是凭权势利禄相交往的原因吗？虽然他们的名誉高、宾客多，而他们的作为恐怕和吴太伯、延陵季子相比，就大相径庭了。

魏豹彭越列传 第三十

【解题】这一篇是魏豹、彭越的合传。《史记》中的合传，多以类相从。他们都曾在魏地，都曾"固贱""南面称孤"，心怀二志导致身首异地：这是他们命运的相似之处。但是，太史公对二人的处理，其笔法却有明显的差异。彭越以他卓越的军事才能，攻城略地，屡立战功，不怕挫折，辗转南北，一生轰轰烈烈，仅仅因汉王征兵未亲自前往，就获罪于汉王，又被吕后设下圈套，遭到夷其宗族的可悲下场。太史公给予悲壮美的描写，产生悲壮美的效果。而魏咎，在兵临城下的紧迫关头，为百姓身家性命的安全着想，提出降服条件，谈判成功后自焚而死，气概豪迈、悲壮慷慨。

❖ 魏咎称王

魏豹，原是六国时魏国的公子。他的哥哥叫魏咎，在魏国时被封为宁陵君。秦国灭亡魏国后，就把他放逐外地废作平民百姓。陈胜起义称王，魏咎前往追随他。陈王派魏国人周市带兵夺取魏国的土地，魏地被攻占后，大家互相商量，想要拥立周市为魏王。周市说："天下混乱，忠臣才能显现出来。现在天下都背叛秦国，从道义上讲，一定要拥立魏王的后代才可以。"齐国、赵国各派战车五十辆，协助周市做魏王。周市辞谢不肯接受，却到陈县迎接魏咎。往返五次，陈王才答应把魏咎放回去立为魏王。

章邯打败陈王不久，于是进兵临济攻击魏王，魏王派周市到齐国、楚

半两钱·秦

国请求救兵。齐国、楚国派遣项它、田巴带领着军队跟随周市援救魏国。章邯竟然击败了援军，杀死了周市，包围了临济。魏咎为了他的百姓身家性命的安全，提出降服的条件。谈判成功，魏咎就自焚而死。

魏豹之死

　　魏豹逃往楚国，楚怀王给了魏豹几千人马，回去夺取魏地。这时项羽已经打败了秦军，降服了章邯。魏豹接连攻克了二十多座城池。项羽就封魏豹做了魏王。魏豹率领着精锐部队跟着项羽入关。汉元年，项羽分封诸侯，自己打算占有梁地，就把魏王豹迁往河东，建都平阳，封为西魏王。

　　汉王回师平定了三秦，从临晋率兵横渡黄河，魏豹就把整个国家归属汉王，于是跟随着汉王攻打彭城。汉王战败，回师荥阳，魏豹请假回家探

咸阳博物院藏。咸阳市渭城区塔尔坡砖厂出土。盘方形，盘沿有四缺，沿口平折，四角有兽面纹马蹄形足，四壁及卷沿上饰有谷纹。盘两旁提链为"8"字形活动链，提手为扁弓形。盘底部有范线。塔尔坡为秦代建筑遗址，此炉应为秦代贵族用品。

望老人病情，回国后，就马上断绝了黄河渡口，背叛了汉王。汉王虽然听到魏豹反叛的消息，可是正在忧虑东边的楚国，来不及攻打他，就对郦生说："你去替我婉言劝说魏豹，如果能说服他，我就封你为万户侯。"郦生就前去游说魏豹。魏豹婉转地拒绝说："人生一世是非常短促的，就像日影透过墙壁的空隙那样迅速。如今汉王对人傲慢而侮辱，责骂诸侯群臣如同责骂奴仆一样，一点也没有上下的礼节，我没法忍耐着去见他。"于是汉王派韩信去攻打魏豹，在河东俘虏了魏豹，让他坐着驿站

的车子押送到荥阳，把魏豹原有的国土改制为郡。汉王命令魏豹驻守荥阳。当楚军围攻紧迫的时候，周苛就把魏豹杀了。

❯ 江洋大盗彭越

彭越，是昌邑人，字仲。他常在巨野湖泽中打鱼，伙同一帮人做强盗。陈胜、项梁揭竿而起，有的年轻人就对彭越说："很多豪杰都争相竖起旗号，背叛秦朝，你可以站出来，咱们也效仿他们那样干。"彭越说："现在两条龙正在搏斗，还是等一等吧。"

过了一年多，泽中年轻人聚集了一百多，前去追随彭越，说："请你做我们的首领。"彭越拒绝说："我不愿和你们一块干。"年轻人们执意请求，他才答应了。跟他们约好第二天太阳出来的时候集合，迟到的人杀头。第二天太阳出来的时候，迟到的有十多人，最后一个人直到中午才来。当时，彭越很抱歉地说："我老了，你们执意要我当首领。现在，约定好的时间而有很多人迟到，不能都杀头，只杀最后来的一个人。"命令校长杀掉他。大家都笑着说："何必这样呢？今后不敢再迟到就是了。"于是彭越就拉过最后到的那个人杀了。设置土坛，用人头祭奠，号令所属众人。众人都大为震惊，害怕彭越，没有谁敢抬头看他。于是就带领大家出发夺取土地，收集诸侯逃散的士兵，有一千多人。

半两钱

秦朝的货币被称为"半两钱"，其形制为圆形方孔，有钱文曰半两。"半两"二字分列左右，通常是右"半"左"两"。秦始皇统一全国后，废除六国货币，通过法令使半两钱通行全国。根据传世和全国各地大量出土的半两钱可知，秦半两有良劣之分，一般战国的秦半两较大较重，直径在3.1厘米以上，重量以8铢居多，无内无郭，钱文高挺，狭长而略具弧形。统一后的半两钱较战国钱小，一般直径在2.5—2.8厘米，重量在2.5—3.5克之间。周边较圆，钱文高挺，文字小篆。

🔖 背楚归汉

沛公从砀北上攻击昌邑，彭越援助他。昌邑没有攻下来，沛公带领军队向西进发。彭越也领着他的人马驻扎在巨野泽中，收编魏国逃散的士兵。项籍进入关中，分封诸侯后，就回去了，彭越的部众已发展到一万多人却没有归属。汉元年秋天，齐王田荣背叛项王，就派人赐给彭越将军印信，让他进军济阴攻打楚军。项羽命令萧公角率兵迎击彭越，却被彭越打得大败。汉王二年春天，汉王和魏王豹以及各路诸侯向东攻打楚国，彭越率领他的部队三万多人在外黄归附汉王。汉王说："彭将军收复魏地十几座城池，急于拥立魏王的后代。如今，魏王豹是魏王咎的堂弟，是真正魏王的后代。"

就任命彭越做魏国国相，独揽兵权，平定魏地。

汉王在彭城战败，向西溃退，彭越把他攻占的城池又都丢掉了，独自带领他的军队向北驻守在黄河沿岸。汉王三年，彭越经常往来出没替汉王游动出兵，攻击楚军，在梁地断绝他们的后援粮草。汉四年冬，项王和汉王在荥阳相持，彭越攻下睢阳、外黄等十七座城邑。项王听到这个消息，就派曹咎驻守城皋，亲自向东收复了彭越攻克的城邑，又都归复楚国所有。彭越带着他的队伍北上谷城。汉五年秋，项王的军队向南撤退到阳夏，彭越又攻克昌邑旁二十多个城邑，缴获谷物十多万斛，用作汉王的军粮。

汉王打了败仗，派使者叫彭越合力攻打楚军。彭越说："魏地刚刚平定，还畏惧楚军，不能前往。"汉王举兵追击楚军，却被项籍在固陵打败，便对留侯说："诸侯的军队不跟着来参战，可怎么办呢？"留侯说："齐王韩信自立，不是您的本意，韩信自己也不放心。彭越本来平定了梁地，战功累累，当初您因为魏豹的缘由，只任命彭越做魏国的国相。如今，魏豹死后又没有留下后代，何况彭越也打算称王，而您却没有提早做出决断。您可以和两国约定：假如战胜楚国，睢阳以北到各城的土地，都分封给彭相国为王；从陈以东的沿海地区，分封给齐王韩信。齐王韩信的家乡在楚国，他的本意是想再得到自己的故乡。您能拿出这些土地答应分给二人，这两个人很快就可以招来，即使不能来，事情发展也不至于完全绝望。"于是汉王派出使者到彭越那里，按照留侯的策划行事。使者一到，彭越就率领着全部人马在垓下和汉王的军队会师，于是大败楚军。项籍已

死。那年春天，封彭越为梁王，建都定陶。

❖彭越被诛

汉六年，彭越到陈地朝见汉高祖。九年，十年，都来长安朝见。

汉十年秋天，陈豨在代地造反，汉高祖亲自率领部队前去讨伐，到达邯郸，向梁王征兵。梁王说有病，派出将领带着军队到邯郸。高祖很生气，派人去责备梁王。梁王很害怕，打算亲自前往谢罪。他的部将扈辄说："大王当初不去，被他责备了才去，去了就会被捕。不如就此出兵造反。"梁王不听从他的意见，仍然说有病。梁王对他的太仆很生气，打算杀掉他。太仆慌忙逃到汉高祖那儿，控告梁王和扈辄阴谋反叛。于是汉王派使臣出其不意地袭击梁王，梁王不曾察觉，逮捕了梁王，把他囚禁在洛阳。经主管官吏审理，认为他谋反的罪证具备，请求依法判处。汉高祖赦免了他，废为平民百姓，流放到蜀地青衣县。彭越向西走到郑县，正赶上吕后从长安来，打算前往洛阳，路上遇见彭王，彭王对着吕后哭泣，亲自分辩没有罪

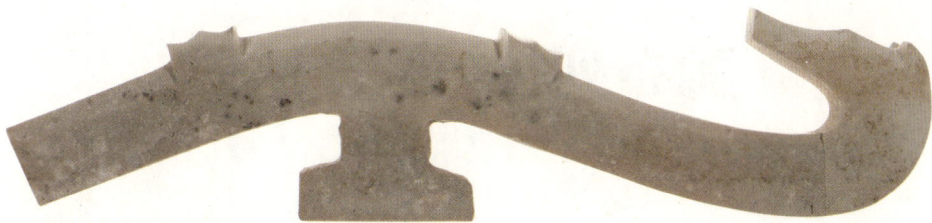

▶ 兽首玉带钩·西汉

玉质带钩始于战国，它是人们用在腰带上起扣拢腰带的作用，故名带钩。带钩可以铜、铁、玉等多种材料制成，古时又名"师比"。西汉时期的兽首玉带钩晶莹洁白，钩体较长，制作用料非常考究，刀法简约大气，琢磨抛光细腻，简洁精致，尽显独特艺术神韵。

行，希望回到故乡昌邑。吕后答应下来，和他一块向东去洛阳。吕后向汉高祖陈述说："彭王是豪壮而勇敢的人，如今把他流放蜀地，这是给自己留下祸患，不如杀掉他。所以，我带着他一起回来了。"于是，吕后就让彭越的门客告他再次阴谋造反。廷尉王恬开呈报请诛灭彭越家族，高祖就批准了，于是诛杀了彭越，灭其家族，他的封国被废除。

❂ 太史公说 ❂

　　魏豹、彭越虽然出身贫贱，然而他们像卷席子一样，占有了千里广阔的土地，南面称王，他们踏着敌人的血迹乘胜追击，名声一天天地显扬。胸怀叛逆的心志，等到失败，没能杀身成名而甘当阶下囚徒，以致本身被杀戮，为什么呢？中等才智以上的人尚且为他们的行为感到羞耻，何况称王道孤的人呢！他们之所以忍辱不死，没有别的缘故，由于他们的智慧、谋略高人一筹，只担心不能保全自身的性命。他们能掌握一点点权力，在政治风云变幻中，想要施展他们的作为，因此被囚禁起来而不逃避啊。

黥布列传 第三十一

【解题】本传主要记述了黥布富于传奇色彩的一生。他在项羽领导的起义大军中是个屡建奇功的战将，勇冠三军，"常为军锋"。然而，他又为项羽坑秦卒、杀义帝是行不义、施暴虐的帮凶。战场上叱咤风云，生活上却又因疑生妒，终于惹祸杀身。他就是这样一个难以捉摸的奇人。

❖ 黥布起兵

黥布，是六县人，本姓英。秦朝时是个平民百姓。小时候，有位客人给他看了相说："当在受刑之后称王。"到了壮年，犯了法，被判处黥刑。英布愉快地说："有人给我看了相，说我当在受刑之后称王，现在大概就是这种情形了吧？"听到他这么说的人，都嘲笑他。英布被定罪后不久被押送到骊山服劳役，骊山刑徒有几十万人，英布专和罪犯的头目、英雄豪杰来往，终于带着这伙人逃到长江之中做了群盗。

陈胜起义时，英布就去见番县令吴芮，并跟他的部下一起反叛秦朝，聚集了几千人的队伍。番县令还把自己的女儿嫁给他。章邯消灭了陈胜、打败了吕臣的军队之后，英布就带兵北上攻打秦左、右校尉，在清波打败了他们，就带兵向东挺进。英布听说项梁平定了江东会稽，渡过长江向西进发，陈婴因为项氏世世代代做楚国的将军，就带领着自己的军队归属了项梁，向南渡过淮河。英布、蒲将军也带着军队归属了项梁。

❖ 九江封王

项梁率师渡过淮河向西进发，攻打景驹、秦嘉等人，英布骁勇善战，总是列于众军之首。项梁到达薛地，听说陈王的确死了，就拥立了楚怀王。项梁号称武信君，英布为当阳君。后来项梁在定陶战败而死，楚怀王迁

▶ **西汉初期长沙国南部地形图**

湖南省博物馆藏。1973年长沙马王堆三号汉墓出土，又名《西汉初期长沙国深平防区图》，简称"地形图"。长97厘米，宽93厘米，绢质，方位上南下北。所绘主区为汉初长沙国南部8县（道），即今湖南南部潇水流域、南岭、九嶷山及附近地区。邻区是汉初南越国的辖地，约相当于今天的广东大部分和广西小部分地区。

都到彭城，将领们和英布也都聚集在彭城守卫。正当这时，秦军加紧围攻赵国，赵国屡次派人来请求救援。楚怀王派宋义担任上将军，范曾担任末将军，项籍担任次将军，英布、蒲将军都为将军，全部归属宋义统帅，向北救助赵

155

卅四年十二月仓徒薄（簿）取

大隶臣积九百九十人

小隶臣积五百一十人

大隶妾积二千八百七十六

凡积四千三百七十六

其男四百廿人吏养

男廿六人与库武上省

男七十二人宰司马

男九十人□城旦

男十六人与吏上计

男四人守府

男十人养牛

男卌四人廷府

小男三百八人吏走

男卅五人殴春

男百人会建它

男卅人与吏□具狱

男百五十八人居赀司空

男九十人□除道□食

男十八人与吏谢具狱

男五百一十八人付田官

男六百六十人助门浅

女百廿四人库佐牛取泰

女九十人居赀临沅

女十六人付畜官

女卅八人殴□

女三百二十八人居赀司空

男百人付司空

男九十人行书廷

男卌人与吏谢具狱

女六人取薪

女六人金建它县

女廿九人与少内段买徒衣

女六十八人它县

女廿三人与史上计

女卅人行书百阳

女卌八人付贰春

女人牧属

女六人易除道邅食

女卅人居赀无阳

女卌人易除道邅食

女廿二人行书百阳

国。等到项籍在黄河之畔杀死宋义，怀王就改任项籍为上将军，各路将领都归属项籍统辖。项籍派英布率先渡过黄河攻击秦军，英布屡立战功占有优势，项籍就率领着全部人马渡过黄河，跟英布协同作战，于是打败了秦军，迫使章邯等人投降。楚军屡战屡胜，功盖各路诸侯。各路诸侯的军队都能逐渐归附楚国的原因，是因为英布指挥军队作战能以少胜多，使人震服啊！

项籍带领着军队向西到达新安，又派英布等人领兵趁夜袭击并活埋章邯部下二十多万人。到达函谷关，攻打不下，又派英布等人，先从隐蔽的小道打败了守关的军队，才得以进关，一直到达咸阳。英布常常担任军队的前锋。项王分封将领们的时候，封英布为九江王，建都六县。

坐山观虎斗

汉元年四月，诸侯们都离开项王的大本营，回到自己的封国。项王拥立怀王为义帝，迁都长沙，却暗中命

▶ "刑徒管理"竹简一组·秦

令九江王英布等人，在半路上偷袭他。这年八月，英布派将领袭击义帝，追到郴县把他杀死了。

汉二年，齐王田荣背叛楚国，项王前往攻打齐国，向九江征调军队，九江王托词病重不能前往，只派将领带着几千人出征。汉王在彭城打败楚军，英布又托词病重不能去帮助楚国。项王因此怨恨英布，屡次派使者前去责备英布，并召他前往，英布越发地恐慌，不敢前去。项王正为北方的齐国、赵国担心，西边又忧患汉王起兵，知交的只有九江王，又推重英布的才能，打算亲近他、任用他，所以没有攻打他。

⚛ 狼狈投汉

汉三年，汉王攻打楚国，在彭城展开大规模的战争，失利后从梁地撤退，来到虞县，对身边亲近的人说："像你们这些人，不配共同谋划天下大事。"谒者随何上前说："我不理解陛下说的是什么意思。"汉王说："谁能替我出使淮南，让英布发动军队，背叛楚国，在齐国把项王牵制几个月，我夺取天下就万无一失了。"随何说："我请求出使淮南。"汉王给了他二十人一同出使淮南。到达后，因为太宰做主，等了三天也没能见到英布。随何就游说太宰说："大王不召见我，一定认为楚国强大，汉国弱小，这正是我出使的原因。假使我得以召见，我的话要是说的对呢，那正是大王想听的；我的话说的不对呢，让我们二十人躺在砧板之上，在淮南街市被斧头剁死。以表明大王背

---| 黥刑 |---

黥刑又叫墨刑，就是在犯人的脸上刺字，然后涂上墨炭，表示犯罪的标志，以后再也擦洗不掉。黥刑起源很早，在周代的五刑中就出现了黥面刑，当时称之为墨刑。同劓、宫、刖、杀相比，黥刑显然是最轻微的。但是，这种刑罚也要伤及皮肉甚至筋骨，而且施加于身体的明显部位，无法掩饰，不仅给人造成肉体的痛苦，同时使人蒙受巨大的精神羞辱。

叛汉国亲近楚国之心。"太宰这才把话转告淮南王，淮南王接见了他。随何说："汉王派我恭敬地上书大王驾前，我私下感到奇怪的是，大王为什么和楚国那么亲近。"淮南王说："我面向北边以臣子的身份侍奉他。"随何说："大王和项王都列为诸侯，北向而以臣子的身份侍奉他，一定是认为楚国强大，可以把国家托付给他。项王攻打齐国时，他亲自背负着筑墙的工具，身先士卒，大王应当出动淮南全部人马，亲自率领着他们，做楚军的前锋，如今只派四千人去帮助楚国。面北而侍奉人家的臣子，难道是这个样子吗？汉王在彭城作战，项王还未曾出兵齐国，大王就应该调动淮南所有的人马，渡过淮河，帮助项王与汉王日夜会战于彭城之下。大王拥有万人之众，却没有一个人渡过淮河，这是垂衣拱手地观看他们谁胜谁败。把国家托付给他人的人，难道就是这个样子吗？大王挂着归向楚国的空名，却想扎扎实实地依靠自己，

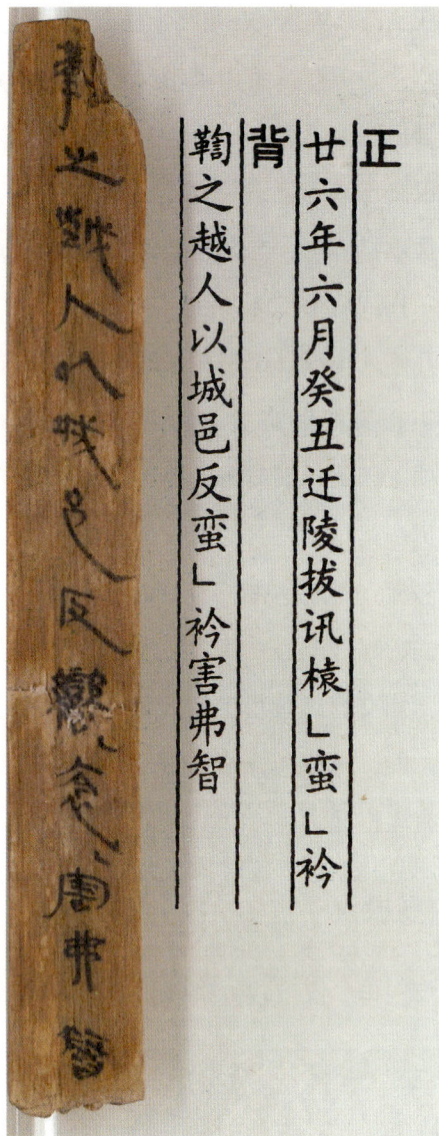

民事纠纷木简·秦

这枚简透露了一场民族冲突。"越人以城邑反"，说明当时对生活在此地的濮越等少数民族的欺凌与歧视较为严重，而这场民族之间的冲突也具有相当规模。可见，秦始皇廿六年天下刚刚统一，酉水流域的社会治安尚不稳定，民族矛盾依然存在。

158

我私下认为大王这样做是不可取的。可是，大王不背弃楚国，是认为汉国弱小。楚国的军队即使强大，天下却认为他背负着不义的名声，因为他背弃盟约而又杀害义帝。可是楚王凭借着战争的胜利自认为强大，汉王收拢诸侯之后，回师驻守城皋、荥阳，从蜀、汉运来粮食，深挖壕沟，高筑壁垒，分兵把守着边境要塞，楚国要想撤回军队，中间有梁国相隔，深入敌人国土八九百里，想开战又不可能，攻城又攻不下，老弱残兵辗转运粮千里之外；等到楚国军队到达荥阳、成皋，汉王的军队却坚守不动，进攻又攻不破，退却又逃不出汉军的追击。所以说楚国的军队是不足以依靠的。假使楚军战胜了汉军，那么诸侯们自身危惧，必然要相互救援。一旦楚国强大，恰好会招来天下军队的攻击。所以楚国比不上汉国，这种形势是显而易见的。如今大王不和万无一失的汉国友好，却自身托付于危在旦夕的楚国，我私下替大王感到疑惑。我不认为淮南的军队足够用来灭亡楚国。只要大王出兵背叛楚国，项王一定会被牵制，只要牵制几个月，汉王夺取

天下就可以万无一失了。我请求给大王提着宝剑归附汉国，汉王一定会分割土地封赐大王，又何况还有这淮南，淮南必定为大王所有啊。因此，汉王严肃地派出使臣，进献不成熟的计策，希望大王认真地考虑。"淮南王说："遵从你的意见。"暗中答应叛楚归汉，没敢泄露这个秘密。

这时，楚国的使者也在淮南，在驿站正迫不及待地催促英布出兵。随何径直闯进去，坐在楚国使者的上席，说："九江王已归附汉王，楚国凭什么让他出兵？"英布显出吃惊的样子。楚国使者站起来要走。随何趁机劝英布说："大事已成，就可以杀死楚国的使者，不能让他回去，我们赶快向汉靠拢，协同作战。"英布说："就按照你的指教，出兵攻打楚国罢了。"于是杀掉使者，出兵攻打楚国。楚国便派项声、龙且进攻淮南，项王留下来进攻下邑。战争持续了几个月，龙且在淮南的战役中打败了英布的军队。英布想带兵撤退到汉国，又怕楚国的军队拦截杀掉他，所以，与随何从隐蔽的小道逃归汉国。

淮南王到时，汉王正坐在床上洗脚，就叫英布去见他。英布见状，怒火燃胸，后悔前来，想要自杀。当他退出来，来到为他准备的驿馆，见到帐幔、用器、饮食、侍从官员却一如汉王那么豪华，英布又喜出望外。于是就派人进入九江。这时楚王已经派项伯收编了九江的部队，杀尽了英布的妻子儿女。英布派去的人找到当时的宠臣故友，带着几千人马回到汉国。汉王又给英布增加了兵力一道北上，到成皋招兵买马。汉四年七月，汉王封英布为淮南王，共同攻打项籍。

灭项封王

汉五年，英布又派人进入九江，夺得了好几个县。汉六年，英布和刘贾进入九江，诱导大司马周殷，周殷反叛楚国后，就调动九江的军队和汉军共同攻打楚国，大败楚军于垓下。

项籍一死，天下平定，高祖置酒设宴。高祖却贬低随何的功劳，说随何是迂腐保守、不合时宜的读书人，治理天下怎么能任用这样的人呢？随何跪在高祖面前说："当陛下带兵攻打彭城时，项王还未曾出兵去齐国，陛下调动步兵五万，骑兵五千，能凭这点兵力夺取淮南吗？"高祖说："不能。"随何说："陛下派我和二十人出使淮南，到达后，陛下就如愿以偿，这是我的功劳比步兵五万，骑兵五千还要大呀。可是陛下说我是迂腐保守不合时宜的读书人，这是怎么回事呢？"高祖说："我正考虑你的功劳。"于是就任用随何为护军中尉。英布就剖符做淮南王去了，建都六县，九江、庐江、衡山、豫章郡都归属英布。

汉七年，英布到陈县朝见高祖。汉八年，到洛阳朝见。汉九年到长安朝见。

英布造反

汉十一年，高后诛杀了淮阴侯韩信，因此，英布内心恐惧。这年夏天，高祖诛杀了梁王彭越，并把他剁成了肉酱，又把肉酱装好分别赐给诸侯。送到淮南，淮南王英布正在打猎，看到肉酱，特别害怕，暗中使人部署，集结军队，守候并侦察邻郡的战备。

英布宠幸的爱妾病了，请求治疗。医师和中大夫贲赫家住对门。爱妾多次去医师家治疗。贲赫认为自己是侍中，就送去了丰厚的礼物，随爱妾在医家饮酒。爱妾侍奉英布时，不经意地称赞贲赫是忠厚老实的人。英布生气地说："你怎么知道的呢？"爱妾就把相识的情况全都告诉他。英布疑心她和贲赫私通，借口有病不去应班。英布更加恼怒，就要逮捕贲赫。贲赫要告发英布叛变，就坐着驿车前往长安。英布派人追赶，没赶上。贲赫到了长安，上书告变，说英布有造反的迹象，可以在叛

▶ **公船丢失案木简·秦**

这是一件洞庭郡与迁陵县往来文书。此简所记船的形制以及公船的性质，反映了秦代县级行政长官干练、果决的办事作风以及秦代律令的威严。

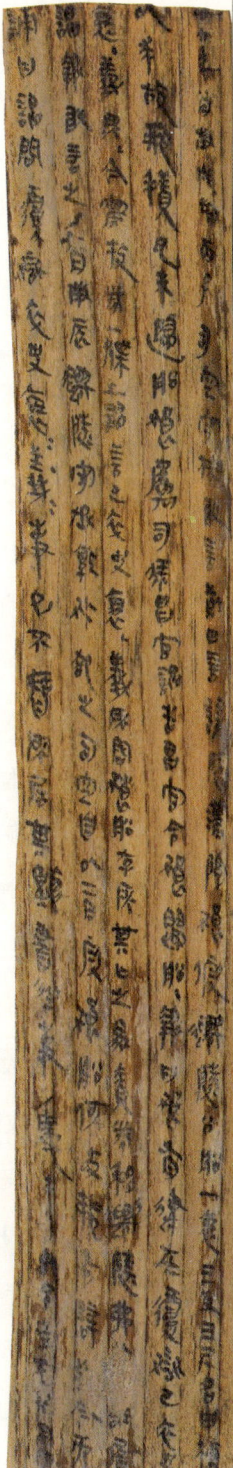

正

廿六年八月庚戌朔丙午司空守木樛敢言前日言竟陵蓝阴狼假迁陵公船一袁三丈三尺名曰□
以求故荆积瓦未归船属司马昌官谒告昌官令狼归船L有逮在复狱已卒史
衰L义所L今写校券一牒上谒言之卒史衰L义所问狼船存所其亡之为责券移迁陵弗□□属
谒报敢言之／六月庚辰迁陵守丞敦狐却之司空自以二月叚狼船何故弗□辟□今而
补曰谒问复狱卒史衰＝义＝（袁义）事已不智所居其听书从事／庆手即令走□行司空

背

十月戊寅走己巳以来／虑手

乱之前诛杀他。高祖看了他的报告，和萧相国商量，相国说："英布不应该有这样的事，恐怕是因结怨仇诬陷他。请把贲赫关押起来，派人暗中监视淮南王。"英布见贲赫畏罪潜逃，上书言辩，本来已经怀疑他会说出自己暗中部署的情况，高祖的使臣又来了，验证了自己的想法，于是就杀死贲赫的家人，起兵造反。淮南王英布造反的消息传到长安，皇上就释放了贲赫，封他做了将军。

高祖召集将领们问道："英布造反，应该怎么办？"将领们都说："出兵攻打，活埋了这小子，还能怎么办！"汝阴侯滕公召原楚国令尹问这事。令尹说："他本来就应当造反。"滕公说："高祖分割土地立他为王，分赐爵位让他显贵，面南听政立为万乘之主，他为什么造反呢？"令尹说："往年杀死彭越，前年杀死韩信，这三个人有同样的功劳，是结为一体的人，自然会怀疑祸患殃及本身，所以造反了。"滕公把这些话告诉高祖说："我的门客原楚国令尹薛公，这个人很会策划谋略，可以问他。"高祖就召见了薛公。薛公回答说："英布造反不值得奇怪。假使英布计出上策，山东地区就不归汉朝所有了；计出中策，谁胜谁败很难说了；计出下策，陛下就可以安枕无忧了。"高祖说："什么是上策？"令尹回答说："向东夺取吴国，向西夺取楚国，吞并齐国，占领鲁国，传一纸檄文，叫燕国、赵国固守他的本土，山东地区就不再归汉朝所有了。"高祖再问："什么是中策？"令尹回答说："向东攻占吴国，向西攻占楚国，吞并韩国占领魏国，占有敖仓的粮食，封锁成皋的要道，谁胜谁败就很难预料了。"高祖又问："什么是下策？"令尹回答说："向东夺取吴国，向西夺取下蔡，把辎重财宝迁到越国，自身跑到长沙，陛下就可以安枕无虑了。汉朝就没事了。"高祖说："英布将会选择哪种计策？"令尹回答说："选择下策。"高祖说："他为什么放弃上策、中策而选择下策呢？"令尹说："英布原本是骊山的刑徒，自己奋力做到了万乘之主，这都是为了自身的富贵，而不顾及当今百姓，不为子孙后代考虑，所以说他选用下策。"高祖说："说得好。"

▶彩绘铜合页·战国

咸阳博物院藏。长陵秦手工业作坊遗址出土。该遗址在 1961 年考古发掘时，曾出土到达 500 千克的铜、铁器，大多为建筑构件和建筑附件，这个铜合页就是其中的一件。

赐封薛公为千户侯。册封皇子刘长为淮南王。高祖就调动军队，亲自率领着向东攻打英布。

英布造反之初，对他的将领们说："高祖老了，厌恶打仗了，一定不会亲自带兵前来。派遣将领，将领中我只害怕淮阴侯、彭越，如今他们都死了，其余的将领没什么可怕的。"于是造反了。果真如薛公预料的，英布向东攻打荆国，荆王刘贾出逃，死在富陵。英布劫持了他所有的部队，渡过淮河攻打楚国。楚国调动军队在徐、僮之间和英布作战，楚国分兵三路，想采用相互救援的奇策。有人劝告楚将说："英布擅长用兵打仗，百姓们一向畏惧他。况且兵法上说：'诸侯在自己的领地和敌人作战，一旦士卒危急，就会逃散。'如今兵分三路，他们只要战败我们其中的一路军队，其余的就都跑了，怎么

能互相救援呢！"楚将不听忠告。英布果然打败其中一路军队，其他两路军队都四散逃跑了。

英布的军队向西挺进，在蕲县以西的甀地和汉朝的军队相遇。英布的军队非常精锐，汉军就躲进庸城壁垒，坚守不出，见英布列阵一如项籍的军队，高祖非常厌恶他。和英布遥相望见，远远地对英布说："何苦要造反呢？"英布说："我想当皇帝啊！"高祖大怒，骂他，随即两军大战。英布的军队战败逃走，渡过淮河，几次停下来交战，都不顺利，和一百多人逃到长江以南。英布原来和番县令通婚，因此，长沙哀王派人诱骗英布，谎称和英布一同逃亡，诱骗他逃到南越，所以英布相信他，就随他到了番阳。番阳人在兹乡百姓的民宅里杀死了英布，终于灭掉了英布。

高祖册立皇子刘长为淮南王，封贲赫为期思侯，将领们大多因战功受到封赏。

太史公说

英布，他的祖先难道是《春秋》所载被楚国灭亡的英国、六国皋陶的后代吗？他自身遭受黥刑，为什么他能兴起发迹得那么疾速啊！项氏击杀活埋的人千千万万，英布常常是罪魁祸首。他的功劳列于诸侯之冠，因此得以称王，也免不掉自身遭受当世最大的耻辱。祸根是由爱妾衍生出来的，因嫉妒而酿成祸患，竟使国家灭亡。

淮阴侯列传 第三十二

【解题】本传记述了韩信戎马倥偬的一生，颂扬了他的军事才能和累累战功。尽管如此，韩信最终落得个诛灭三族的下场。太史公对他寄予了无限同情。本传以细节描写和心理描写见长，如韩信胯下之辱、云梦被擒等场景细节和人物心理都描写得十分精彩。

❂胯下之辱

淮阴侯韩信，是淮阴人。当初为平民百姓时，贫穷又没有好品行，不能够被推选去做官，又不能做买卖维持生活，经常寄居在别人家吃闲饭，人们

▶《漂母饭信图》·明·郭诩

165

大多厌恶他。他曾经多次前往下乡南昌亭亭长家吃闲饭，接连数月，亭长的妻子嫌恶他，就提前做好早饭，端到内室床上去吃。开饭的时候，韩信去了，却不给他准备饭食。韩信也明白他们的用意。一怒之下，居然离去不再回来。

韩信在城下钓鱼，有几位老大娘漂丝绵，其中一位大娘看见韩信饿了，就拿出饭给韩信吃。几十天都如此，直到漂洗完毕。韩信很高兴，对那位大娘说："我一定会重重地报答您老人家。"大娘生气地说："大丈夫不能养活自己，我是可怜你这位公子才给你饭吃，难道是希望你报答吗？"

淮阴屠户中有个年轻人侮辱韩信说："你虽然长得高大，喜欢带刀佩剑，其实是个胆小

▶《韩信受辱图》·现代·陆俨少

鬼罢了。"又当众侮辱他说："你要不怕死，就拿剑刺我；如果怕死，就从我胯下爬过去。"于是韩信仔细地打量了他一番，低下身去，趴在地上，从他的胯下爬了过去。满街的人都笑话韩信，认为他胆小。

萧何月下追韩信

等到项梁率军渡过了淮河，韩信持剑追随他，在项梁部下，默默无闻。项梁战败，又隶属项羽，项羽让他做了郎中。他屡次向项羽献策，以求重用，但项羽都没有采纳。汉王刘邦入蜀，韩信脱离楚军归附了汉王。因为没有什么名声，韩信只做了个接待宾客的小官。后来因为犯法被判处斩刑，同伙十三人都被杀了，轮到韩信时，他抬头仰视，正好看见滕公，说："汉王不想成就统一天下的功业吗？为什么要斩壮士！"滕公感到他的话不同凡响，见他相貌堂堂，就放了他。和韩信交谈，很欣赏他，把这事报告给汉王，汉王任命韩信为治粟都尉。汉王并没有察觉他有什么出奇超群的才能。

韩信多次跟萧何交谈，萧何认为他是位奇才。到达南郑时，各路将领在半路上逃跑的有几十人。韩信揣测萧何等人已多次向汉王推荐自己，汉王却不重用，也就逃走了。萧何听说韩信逃跑了，来不及报告汉王，亲自追赶他。有人报告汉王说："丞相萧何逃跑了。"汉王大怒，如同失去了左右手。过了一两天，萧何来拜见汉王，汉王又是恼怒又是高兴，骂萧何道："你为什么逃跑？"萧何说："我不敢逃跑，我是去追赶逃跑的人。"汉王说："你追赶的人是谁呢？"回答说："是韩信。"汉王又骂道："各路将领逃跑了几十人，您没去追一个，说去追韩信这不是骗人吗！"萧何说："那些将领容易找到。至于像韩信这样的杰出人物，普天之下找不出第二个人。大王如果要长期在汉中称王，自然用不着韩信；如果一定要争夺天下，除了韩信就再没有可以和您计议大事的人了。看大王怎么决定了。"汉王说："我是要向东发展啊，怎么能够苦闷地长期待在这里呢？"萧何说："大王决意向东发展，能够重用韩信，韩信就会留下来；不能重用，韩信终究要逃跑的。"汉王说：

"我为了您的缘由，让他做个将军。"萧何说："即使是做将军，韩信一定不肯留下。"汉王说："任命他做大将军。"萧何说："太好了。"于是汉王就要把韩信召来任命他。萧何说："大王向来对人轻慢，不讲礼节，如今任命大将军就像招呼小孩子一样。这就是韩信要离去的原因啊。大王决心要任命他，就要选择良辰吉日，亲自斋戒，设置高坛和广场，礼仪要完备才可以呀。"汉王答应了萧何的要求。听到这个消息，将领们都很高兴，每个人都认为自己会被封为大将。等到任命大将军时，被任命的竟然是韩信，全军都感到惊讶。

任命韩信的仪式结束后，汉王就座。汉王说："丞相多次称道将军，将军用什么计策来指教我呢？"韩信谦让了一番，趁势问汉王说："如今向东争夺天下，难道敌人不是项

▶《萧何追韩信图》·清·方薰

王吗？"汉王说："是。"韩信说："大王自己估计在勇敢、强悍、仁厚、兵力方面与项王相比，谁强？"汉王沉默了好长时间，说："不如项王。"韩信拜了两拜，赞成地说："我也认为大王比不上他呀。然而，我曾经侍奉过他，请让我说说项王的为人吧。项王震怒咆哮时，吓得千百人不敢稍动，但不能放手任用有才能的将领，这只不过是匹夫之勇罢了。项王待人恭敬慈爱，言语温和，有生病的人，他心疼得流泪，将自己的饮食分给他。等到有人立下战功，该加封官爵时，把刻好的大印放在手里玩磨得失去了棱角，也舍不得给人，这就是所说的妇人的仁慈啊。项王即便是称霸天下，使诸侯臣服，但他放弃了关中的有利地形，而建都彭城。又违背了义帝的约定，将自己的亲信分封为王，诸侯们都愤愤不平。诸侯们看到项王把义帝迁移到江南僻远的地方，也都回去驱逐自己的国君，占据了好的地方自立为王。项王军队所经过的地方，没有不横遭摧残毁灭的，天下的人大都怨恨，百姓不愿归附，只不过迫于威势，勉强服从罢了。虽然名义上是霸主，实际上却失去了天下的民心。所以说他的优势很容易转化为劣势。如今大王果真能够与他反其道而行：任用天下英勇善战的人才，有什么不可以被诛灭的呢？用天下的城邑分封给有功之臣，有什么人不心服口服呢？以正义之师，顺从将士东归的心愿，有什么样的敌人不能击溃呢？况且项羽分封的三个王，原来都是秦朝的将领，率领秦地的子弟打了好几年仗，被杀死和逃跑的多到没法计算，又欺骗他们的部下向诸侯投降。到达新安，项王狡诈地活埋了已投降的秦军二十多万人，唯独章邯、司马欣和董翳得以留存，秦地的父老兄弟对这三个人恨入骨髓。而今项羽凭恃着威势，强行封立这三个人为王，秦地的百姓没有谁爱戴他们。而大王进入武关，秋毫无犯，废除了秦朝的苛酷法令，与秦地百姓约法三章，秦地百姓没有不想要大王在秦地做王的。根据诸侯的成约，大王理当在关中做王，关中的百姓都知道这件事，大王失掉了应得的爵位进入汉中，秦地百姓没有不怨恨的。如今大王发动军队向东挺进，只要一道文书

三秦封地就可以平定了。"于是汉王特别高兴，自认为得到韩信太晚了。就听从韩信的谋划，部署各路将领攻击的目标。

八月，汉王出兵经过陈仓向东挺进，平定了三秦。汉二年，兵出函谷关，收服了魏王，河南王，韩王、殷王也相继投降。汉王又联合齐王、赵王共同攻击楚军。四月，到彭城，汉军兵败，溃散而回。韩信又收集溃散的人马与汉王在荥阳会合，在京县、索亭之间又摧垮楚军，因此楚军始终不能西进。汉军在彭城败退之后，塞王司马欣、翟王董翳叛汉降楚，齐国和赵国也背叛汉王跟楚国和解。六月，魏王豹以探望老母疾病为由请假回乡，一到封国，立即切断黄河渡口临晋关的交通要道，反叛汉王，与楚军订约讲和。汉王派郦生游说魏豹，没有成功。这年八月，汉王任命韩信为左丞相，攻打魏王豹。魏王把主力部队驻扎在蒲坂，堵塞了黄河渡口临晋关。韩信就增设疑兵，故意排列开战船，假装要在临晋渡河，而隐蔽的部队却从夏阳用木制的盆瓮浮水渡河，偷袭安邑。魏王豹惊慌失措，带

领军队迎击韩信，韩信就俘虏了魏豹，平定了魏地，改设为河东郡。汉王派张耳和韩信一起，领兵向东进发，向北攻击赵国和代国。这年闰九月，打败了代国军队，在阏与生擒了夏说。韩信攻克魏国，摧毁代国后，汉王就立刻派人调走韩信的精锐部队，开往荥阳去抵御楚军。

背水一战

韩信和张耳率领几万人马，想要突破井陉口，攻击赵国。赵王、成安君陈馀听说汉军将要来袭击赵国，在井陉口聚集兵力，号称二十万大军。广武君李左车向成安君献计说："听说汉将韩信渡过西河，俘虏魏豹，生擒夏说，新近血洗阏与，如今又以张耳辅助，计议要夺取赵国。这是乘胜利的锐气离开本国远征，其锋芒不可阻挡。可是，我听说千里运送粮饷，士兵们就会面带饥色；临时砍柴割草烧火做饭，军队就不能经常吃饱。眼下井陉这条道路，两辆战车不能并行，骑兵不能排成行列，行进的军队迤逦数百里，运粮食的队伍势必远远地落到后边，希望您临时拨给我奇兵

图说 史记

三万人，从隐蔽小路拦截他们的粮草，您就深挖战壕，高筑营垒，坚守军营，不与交战。他们向前不得战斗，向后无法退却，我出奇兵截断他们的后路，使他们在荒野什么东西也抢掠不到，用不了十天，两将的人头就可送到将军帐前。希望您仔细考虑我的计策。否则，一定会被他二人俘虏。"成安君陈馀是信奉儒家学说的刻板书生，经常宣称正义的军队不用欺骗诡计，说："我听说兵书上讲，兵力十倍于敌人，就可以包围它，超过敌人一倍就可以交战。现在韩信的军队号称数万，实际上不过数千。竟然跋涉千里来袭击我们，已经极其疲惫。如今像这样回避不出击，强大的后续部队到来，又怎么对付呢？诸侯们会认为我胆小，就会轻易地来攻打我们。"于是没有采纳广武君的计谋。

韩信派人暗中打探，了解到赵王没有采纳广武君的计谋，回来报告，韩信大喜，才敢领兵进入井陉狭道。离井陉口还有三十里，停下来宿营。半夜传令出发，挑选了两千名轻装骑兵，每人拿一面红旗，从隐蔽小道上山，隐蔽在山上观察赵国的军队。韩信告诫说："交战时，赵军见我军败逃，一定会倾巢出动追赶我军，你们火速冲进赵军的营垒，拔掉赵军的旗帜，竖起汉军的旗帜。"又让副将传达开饭的命令，说："今天打垮了赵军后正式会餐。"将领们都不相信，假意回答道："好。"韩信对手下军官说："赵军已先占据了有利地形筑造了营垒，他们看不到我们大将的旗帜和仪仗，就不肯攻击我军的先头部队，怕我们到了险要的地方退回去。"韩信就派出万人为先头部队，出了井陉口，背靠河水摆开战斗队列。赵军远远望见，大笑不止。天刚蒙蒙亮，韩信设置起大将的旗帜和仪仗，大摇大摆地开出井陉口。赵军打开营垒攻击汉军，激战了很长时间。这时，韩信、张耳假装抛旗弃鼓，逃回河边的阵地。河边阵地的部队则打开营门放他们进去，然后再和赵军激战。赵军果然倾巢出动，争夺汉军的旗鼓，追逐韩信、张耳。韩信、张耳已进入河边军营里。全军殊死奋战，赵军无法把他们打败。韩信预先派出去的两千轻骑兵在赵军倾巢出动去追逐战利品的时候，火速冲进赵军空虚的营垒，

把赵军的旗帜全部拔掉，竖立起汉军的两千面红旗。这时，赵军已不能取胜，又不能俘获韩信等人，想要退回营垒，突然看见营垒插满了汉军的旗帜，大为震惊，以为汉军已经俘获了赵王的全部将领，于是军队大乱，纷纷落荒而逃，赵将即使杀死逃兵，也不能阻止。于是汉军前后夹击，彻底摧垮了赵军，俘虏了大批人马，在泜水岸边斩杀了陈馀，生擒了赵王歇。

韩信传令全军，不要杀害广武君，有能活捉他的赏给千金。于是就有人捆着广武君送到军营，韩信亲自给他解开绳索，请他面向东坐，自己面向西对坐着，像对待老师那样对待他。

众将献上首级和俘虏，向韩信祝贺，趁机向韩信说："兵法上说'行军布阵应该右边和背后靠山，前边和左边临水'。这次将军反而令我们背水列阵，说'打垮了赵军正式会餐'，我等并不信服，然而竟真取得了胜利，这是什么战术啊？"韩信回答说："这也在兵法上，只是诸位没留心罢了。兵法上不是说'陷之死地而后生，置之亡地而后存'吗？况且我平素没有得到机会训练诸位将士，这就是所说的'赶着街市上的百姓去打仗'，在这种形势下不把将士们置之死地，使人人为保全自己而战不可；如果给他们留有生路，就都跑了，怎么还能用他们取胜呢？"将领们都佩服地说："好。将军的谋略不是我们所能赶得上的啊！"

于是韩信问广武君说："我要向北攻打燕国，向东讨伐齐国，怎么办才能成功呢？"广武君推辞说："我听说'打了败仗的将领没资格谈论勇气，亡了国的大夫没有资格谋划国家的生存'。而今我是兵败国亡的俘虏，有什么资格

▶ 白玉饰件·西汉

计议大事呢？"韩信说："我听说，百里奚在虞国而虞国灭亡了，在秦国而秦国却能称霸，这并不是因为他在虞国愚蠢，而到了秦国就聪明了，而在于国君任用不任用他、采纳不采纳他的意见。果真让成安君采纳了您的计谋，像我韩信也早被生擒了。因为没采纳您的计谋，所以我才能够侍奉您啊。"韩信坚决请教说："我倾心听从您的计谋，希望您不要推辞。"广武君说："我听说，'智者千虑，必有一失；愚者千虑，必有一得'。所以俗话说'狂人的话，圣人也可以选择'。只恐怕我的计谋不足以被采用，但我愿献愚诚，忠心效力。成安君本来有百战百胜的计谋，然而一旦失掉它，军队在鄗城之下战败，自己在泜水之上身亡。而今将军横渡西河，俘虏魏王，在阏与生擒夏说，一举攻克井陉，不到一早晨的时间就打垮了赵军二十万，诛杀了成安君。名声传扬四海，声威震动天下，农夫们预感到兵灾临头，都放下农具，停止耕作，穿好的，吃好的，打发日子，专心倾听战争的消息，等待死亡的来临。像这些，都是将军在策略上的长

处。然而，眼下百姓劳苦，士卒疲惫，很难用以作战。如果将军发动疲惫的军队，停留在燕国坚固的城池之下，要开战恐怕时间过长，力量不足不能攻克。实情暴露，威势就会减弱，旷日持久，粮食耗尽，而弱小的燕国不肯降服，齐国一定会拒守边境，以图自强。燕、齐两国坚持不肯降服，那么，刘项双方的胜负就不能断定。像这样，就是将军战略上的短处。我的见识浅薄，但我私下认为攻燕伐齐是失策啊。所以，善于带兵打仗的人不拿自己的短处攻击敌人的长处，而是拿自己的长处去攻击敌人的短处。"

韩信说："既然如此，那么应该怎么办呢？"广武君回答说："如今为将军打算，不如按兵不动，安定赵国的社会秩序，抚恤阵亡将士的遗孤。方圆百里之内，每天送来的牛肉美酒，用以犒劳将士。摆出向北进攻燕国的姿态，而后派出说客，拿着书信，在燕国显示自己战略上的长处，燕国必不敢不听从。燕国顺从之后，再派说客往东劝降齐国。齐国就会闻风而降服。即使有聪明睿智的人，也不知该怎样替齐国谋划了。如果这样，那么，

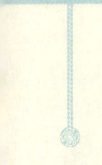

夺取天下的大事都可以谋求了。用兵本来就有先虚张声势，而后采取实际行动的，我说的就是这种情况。"韩信说："好。"听从了他的计策。派遣使者出使燕国，燕国听到消息果然立刻降服。于是派人报告汉王，并请求立张耳为赵王，用以镇抚赵国。汉王答应了他的请求，就封张耳为赵王。

楚国多次派出奇兵渡过黄河攻击赵国。赵王张耳和韩信往来救援，在行军中安定赵国的城邑，调兵支援汉王。楚军正把汉王紧紧地围困在荥阳，汉王从南面突围，到宛县、叶县一带，接纳了英布，奔入成皋，楚军又急忙包围了成皋。六月间，汉王逃出成皋，向东渡过黄河，只有滕公相随，去张耳在修武的驻地。一到修武，就住进驿馆里。第二天早晨，他自称是汉王的使臣，骑马奔入赵军的营垒。韩信、张耳还没有起床，汉王就在他们的卧室里夺取了他们的印信和兵符，用军旗召集众将，更换了他们的职务。韩信、张耳起床后，才知道汉王来了，大为震惊。汉王夺取了他二人统率的军队，命令张

耳防守赵地，任命韩信为国相，让他收集赵国还没有发往荥阳的部队，去攻打齐国。

平定三齐

韩信领兵向东进发，还没渡过平原津，听说汉王派郦食其已经说服齐王归顺了。韩信打算停止进军。范阳说客蒯通献计，规劝韩信说："将军是奉诏攻打齐国，汉王只不过暗中派遣一个密使游说齐国投降，难道有诏令停止将军进攻吗？为什么不进军呢？况且郦生不过是个读书人，坐着车子，鼓动三寸之舌，就收服齐国七十多座城邑。将军率领数万大军，一年多的时间才攻克赵国五十多座城邑。为将多年，反不如一个读书小子的功劳吗？"于是韩信认为他说得对，于是听从了他的计策，就率军渡过黄河。齐王听从郦生的规劝以后，挽留郦生开怀畅饮，撤除了防备汉军的设施。韩信乘机突袭齐国属下的军队，很快就打到国都临淄。齐王田广认为被郦生出卖了，就把他施以烹刑，而后逃往高密，派出使者前往楚国求救。韩信平定临淄以后，就向东

图说史记

追赶田广，一直追到高密城西。楚国也派龙且率领兵马，号称二十万，前来救援齐国。

齐王田广和龙且两支部队合兵一起，与韩信隔着潍水摆开阵势。有人规劝龙且说："汉军远离国土，拼死作战，其锋芒锐不可当。齐楚两军在本乡本土作战，士兵容易逃散。不如深沟高垒，坚守不出。让齐王派他亲信大臣，去安抚已经沦陷的城邑，这些城邑的官吏和百姓知道他们的国王还在，楚军又来援救，一定会反叛汉军。汉军客居两千里之外，齐国城邑的人都纷纷起来反叛他们，那势必得不到粮食，这就可以迫使他们不战而降。"龙且说："我一向了解韩信的为人，容易对付他。而且援救齐国，不战而使韩信投降，我还有什么功劳？如今战胜他，齐国一半土地可以分封给我，为什么不打？"于是决定开战，与韩信隔着潍水摆开阵势。韩信下令连夜赶做一万多个口袋，装满沙土，堵住潍水上游，带领一半军队渡过河去，攻击龙且，假装战败，往回跑。龙且果然高兴地说："本来我就知道韩信胆小害怕。"于

是就渡过潍水追赶韩信。韩信下令挖开堵塞潍水的沙袋，河水汹涌而来，龙且的军队一多半还没渡过河去，韩信立即回师猛烈反击，杀死了龙且。龙且在潍水东岸尚未渡河的部队，见势四散逃跑，齐王田广也逃跑了。韩信追赶败兵直到城阳，把楚军士兵全部俘虏了。

汉四年，韩信降服且平定了整个齐国，然后派人向汉王上书，说："齐国狡诈多变，反复无常，南面的边境与楚国交界，不设立一个暂时代理的王来镇抚，局势一定不能稳定。为有利于当前的局势，希望允许我暂时代理齐王。"正当这时，楚军在荥阳紧紧地围困着汉王，韩信的使者到了，汉王打开书信一看，勃然大怒，骂道："我在这儿被围困，日夜盼着你来帮助我，你却想自立为王！"张良、陈平暗中踩汉王的脚，凑近汉王的耳朵说："目前汉军处境不利，怎么能禁止韩信称王呢？不如趁机册立他为王，很好地待他，让他自己镇守齐国。不然可能发生变乱。"汉王醒悟，又故意骂道："大丈夫平定了诸侯，就做真王罢了，何必做个

暂时代理的王呢？"就派遣张良前去，册立韩信为齐王，征调他的军队攻打楚军。

◆武涉说韩信

　　楚军失去龙且后，项王害怕了，派盱眙人武涉前往规劝齐王韩信说："天下人对秦朝的统治痛恨已久了，大家才合力攻打它。秦朝破灭后，按照功劳裂土分封，各自为王，以便休兵罢战。如今汉王又兴师东进，侵犯他人的境界，掠夺他人的封地，已经攻破三秦，率领军队开出函谷关，收集各路诸侯的军队向东进击楚国，他的意图是不吞并整个天下不肯罢休，

他贪心不足到这步田地，太过分了。况且汉王不可信任，自身落到项王的掌握之中多次了，是项王的怜悯使他活下来，然而一经脱身，就背弃盟约，再次进攻项王。他是这样的不可亲近，不可信任。如今您即使自认为和汉王交情深厚，替他竭尽全力作战，最终还得被他所擒。您所以能够延续到今天，是因为项王还存在啊。当前刘、项争夺天下的胜败，举足轻重的是您。您向右边站，那么汉王胜，您向左边站，那么项王胜。假若项王今天被消灭，下一个就该消灭您了。您和项王有旧交情，为什么不反汉与楚联和，三分天下自立为王呢？如今，

放过这个时机，必然要站到汉王一边攻打项王，一个聪明睿智的人，难道应该这样做吗？"韩信辞谢说："我侍奉项王，官不过郎中，职位不过是个持戟的卫士，言不听，计不用，所以我背楚归汉。汉王授予我上将军的印信，给我几万人马，脱下他身上的衣服给我穿，把好食物让给我吃，言听计用，所以我才能够到今天这个样子。人家对我亲近、信赖，我背叛他不好，即使到死也不变心。希望您替我辞谢项王的盛情！"

蒯通说韩信

武涉走后，齐国人蒯通知道天下胜负的关键在于韩信，想出奇计打动他，说："我曾经学过看相技艺。"韩信说："先生给人看相用什么方法？"蒯通回答说："人的高贵卑贱在于骨骼，忧愁、喜悦在于面色，成功失败在于决断。用这三项验证人相万无一失。"韩信说："好，先生看看我的相怎么样？"蒯通回答说："希望随从人员暂时回避一下。"韩信说："周围的人离开吧。"蒯通说："看您的面相，只不过封侯，而且还有危

险。看您的背相，显贵而不可言。"韩信说："这话是什么意思呢？"蒯通说："当初，天下举兵起事的时候，英雄豪杰纷纷建立名号，一声呼喊，天下有志之士像云雾那样聚集，像鱼鳞那样杂沓，如同火焰迸飞，狂风骤起。正当这时，关心的只是灭亡秦朝罢了。而今，楚汉纷争，使天下无辜的百姓肝胆涂地，父子的尸骨暴露在荒郊野外，数不胜数。楚国人从彭城起事，转战四方，追逐败兵，直到荥阳，乘着胜利，像卷席子一样向前挺进，声势震动天下。然后军队被困在京、索之间，被阻于成皋以西的山岳地带不能再前进，已经三年了。汉王统领几十万人马在巩县、洛阳一带抗拒楚军，凭借着山河的险要，虽然一日数战，却无尺寸之功，以至遭受挫折失败，几乎不能自救。在荥阳战败，在成皋受伤，于是逃到宛、叶两县之间，这就是所说的智尽勇乏了。将士的锐气长期困顿于险要关塞而被挫伤，仓库的粮食也消耗殆尽，百姓疲劳困苦，怨声载道，人心动荡，无依无靠。以我估计，这样的局面，不是天下的圣贤就不能平息这场祸乱。当

今刘、项二王的命运都悬在您的手里。您协助汉王，汉王就胜利；协助楚王，楚王就胜利。我愿意披肝沥胆，敬献愚计，只恐怕您不采纳啊。果真能听从我的计策，不如让楚、汉双方都不受损害，同时存在下去，你和他们三分天下，鼎足而立，形成那种局面，就没有谁敢轻举妄动。凭借您的贤能圣德，拥有众多的人马装备，占据强大的齐国，迫使燕、赵屈从，出兵到刘、项两军的空虚地带，牵制他们的后方，顺应百姓的心愿，向西去制止刘、项纷争，

▶ 韩信像·清·无款。

为军民百姓请求保全生命，那么，天下就会迅速地群起而响应，有谁敢不听从！而后，割取大国的疆土，削弱强国的威势，用以分封诸侯。诸侯恢复之后，天下就会感恩戴德，归服听命于齐。稳守齐国故有的疆土，据有胶河、泗水流域，用恩德感召诸侯，恭谨谦让，那么天下的君王就会相继前来朝拜齐国。听说：'苍天赐予的好处不接受反而会受到惩罚；时机到了不采取行动反而要遭祸殃。'希望您仔细地考虑这件事。"

韩信说："汉王给我的待遇很优厚，他的车子给我坐，他的衣裳给我穿，他的食物给我吃。我听说，坐人家车子的人，要分担人家的祸患；穿人家衣裳的人，心里要想着人家的忧患；吃人家食物的人，要为人家的事业效死。我怎么能够图谋私利而背信弃义呢！"蒯通说："你自认为和汉王友好，想建立流传万世的功业，我私下认为这种想法错了。当初常山王、成安君还是

平民百姓时，结成割掉脑袋也不反悔的交情，后来因为张黡、陈泽的事发生争执，使得二人彼此仇恨。常山王背叛项王，捧着项婴的人头逃跑，归降汉王。汉王借给他军队向东进击，在泜水以南杀死了成安君，身首异处，被天下人耻笑。这两个人的交情，可以说是天下最要好的。然而到头来，都想把对方置于死地，这是为什么呢？祸患产生于贪得无厌而人心又难以猜测。如今您打算用忠诚、信义与汉王结交，一定比不上张耳、陈馀的交情更可靠，而你们之间关联的事情又比张黡、陈泽的事件重要得多，所以我认为您断定汉王不会危害自己，也错了。大夫文种、范蠡使濒临灭亡的越国保存下来，辅佐勾践称霸诸侯，功成名就之后，文种被迫自杀，范蠡被迫逃亡。野兽已经打完了，猎犬被烹杀。以交情友谊而论，您和汉王就比不上张耳与陈馀了，以忠诚信义而论也赶不上大夫文种、范蠡对于越王勾践了。从这两个事例看，足够您断定是非了。希望您深思熟虑。况且我听说，勇敢、谋略使君主感到威胁的人有危险，而功勋卓著冠盖天下的人得不到赏赐。请让我说一说大王的功绩和谋略吧：您横渡西河，俘虏赵王，生擒夏说，带领军队夺取井陉，杀死成安君，攻占了赵国，以声威镇服燕国，平定安抚齐国，向南摧毁楚国军队二十万，向东杀死楚将龙且，西面向汉王报捷，这可以说是功劳天下无二。而计谋出众，世上少有。如今您据有威胁君主的威势，持有不能封赏的功绩，归附楚国，楚国人不信任；归附汉国，汉国人震惊恐惧：您带着这样大的功绩和声威，哪里是您可去的地方呢？身处臣子地位而有着使国君感到威胁的威势，名望高于天下所有的人，我私下为您感到危险。"韩信说："先生暂且说到这儿吧！让我考虑考虑。"

此后过了数日，蒯通又对韩信说："能够听取别人的善意，就能预见事情发展变化的征兆，能反复思考，就能把握成功的关键。听取意见不能做出正确的判断，决策失误而能够长治久安的人，实在少有。听取意见很少判断失误的人，就不能用花言巧语去惑乱他；计谋筹划周到不本末倒置的人，就不能用花言巧语去扰乱

他。甘愿做劈柴喂马差事的人，就会失掉争取万乘之国权柄的机会；安心微薄俸禄的人，就得不到公卿宰相的高位。所以办事坚决是聪明人果断的表现，犹豫不决是办事情的祸害。专在细小的事情上用心思，就会丢掉天下的大事，有判断是非的智慧，决定后又不敢贸然行动，这是所有事情的祸根。所以俗话说：'猛虎犹豫不能决断，不如黄蜂、蝎子用毒刺去螫；骏马徘徊不前，不如劣马安然慢步；勇士孟贲狐疑不定，不如凡夫俗子，决心实干，以求达到目的；即使有虞舜、夏禹的智慧，闭上嘴巴不讲话，不如聋哑人借助打手势起作用。'这些俗语都说明付诸行动是最为宝贵的。所有的事业都难以成功而容易失败，时机难以抓住而容易失掉。时机啊时机，丢掉了就不会再来。希望您仔细地考虑斟酌。"韩信犹豫不决，不忍心背叛汉王，又自认为功勋卓著，汉王终究不会夺去自己的齐国，于是谢绝了蒯通。蒯通的规劝没有被采纳，就假装疯癫做了巫师。

—— 京剧《未央宫》 ——

《未央宫》是传统京剧剧目，其情节考《西汉演义》：高祖伪游云梦，擒楚王韩信，降封淮阴侯。废置咸阳，赫赫功勋，付诸流水。无怪韩信之郁郁不乐，而羞与绛灌为伍也。陈豨奉高祖命，平代州番寇，往辞韩信。韩信动以利害，唆其起反，且约为内应。陈豨至代州，遂自立为王。高祖亲征之，委托吕后及丞相萧何监国。临行犹再三谆嘱，注意韩信之举动。韩信与陈豨两处，均有函札往来。家仆谢公著，醉后漏言，韩信欲杀未果。谢公著径至丞相府告变，吕后即与萧何定计，伪称高祖已杀陈豨，诱韩信入贺。至未央宫前。突出武士数十人，缚见吕后，宣以反状，证以家仆，斩于长乐殿钟楼之下，并夷其三族。后之人无不为之痛惜，当夫楚汉争衡之际，若非韩信相助，高祖万万不能得天下。乃坐未安席，而擒之废之，且又杀之族之，高祖之不仁实甚矣，虽属吕后之主谋，高祖不有疑忌之心，不敢为此。焉知非高祖临行时，授意于吕后耶？《二十四史》中，残暴之君，指不胜屈，当推汉高祖为第一。

汉王被围困在固陵时，采用了张良的计策，征召齐王韩信，于是韩信率领军队在垓下与汉王会师。项羽被打败后，汉王用突然袭击的办法夺取了齐王的军权。汉五年正月，汉王改封齐王韩信为楚王，建都下邳。

云梦被擒

韩信到了封地，招来曾经赠给他饭的漂母，赏赐给她千金。招来下乡南昌亭长，赐给他百钱，对他说："你是个小人，施恩于人有始无终。"召见曾经侮辱过自己、让自己从他胯下爬过去的年轻人，任用他做了中尉，并告诉将相们说："这是位壮士。当侮辱我的时候，我难道不能杀死他吗？但是杀掉他没有意义，所以我忍受了一时的侮辱而成就了今天的功业。"

项王部下逃亡的将领钟离眜，家住伊庐，一向与韩信交好。项王死后，他逃出来归附韩信。汉王怨恨钟离眜，听说他在楚国，就诏令楚国逮捕钟离眜。韩信初到楚国，巡行所属县邑，进进出出都带着武装卫队。汉六年，有人上书告发韩信谋反。高祖采纳陈平的计谋，假托天子外出巡视会见诸侯，派使臣通告各诸侯到陈县聚会，说："我要巡视云梦泽。"其实是要袭击韩信，韩信却不知道。高祖将要到楚国时，韩信曾想发兵反叛，又认为自己没有罪，想见高祖，又怕被擒。有人对韩信说："杀了钟离眜去见高祖，高祖一定高兴，就没有祸患了。"韩信去同钟离眜商量。钟离眜说："汉王所以不攻打楚国，是因为我在您这里，你想逮捕我取悦汉王，我今天死，你也会紧跟着死的。"于是骂韩信说："你不是个忠厚的人！"于是刎颈身死。韩信拿着他的人头，到陈县朝拜高祖。高祖命令武士捆绑了韩信，押在随行的车上。韩信说："果真像人们说的'狡猾的兔子死了，出色的猎狗就遭到烹杀；高翔的飞禽没有了，优良的弓箭收藏起来；敌国破灭，谋臣死亡。'现在天下已经平安，我本来应当遭烹杀！"高祖说："有人告发你谋反。"就给韩信戴上了刑具。到了洛阳，高祖赦免了韩信的罪过，改封他为淮阴侯。

淮阴侯之死

韩信知道汉王畏忌自己的才能，

常常托病不参加朝见和随从出行。从此，韩信日夜怨恨，在家闷闷不乐，以和绛侯、灌婴处于同等地位感到羞耻。韩信曾经拜访樊哙将军，樊哙跪拜送迎，自称臣子。说："大王怎么竟肯光临。"韩信出门后笑着说："我这辈子竟然和樊哙这般人为伍了。"高祖经常从容地和韩信议论将军们的高下，认为各有长短。高祖问韩信："像我的才能能统率多少兵马？"韩信说："陛下不过能统率十万。"皇上说："你怎么样？"回答说："我是越多越好。"高祖笑着说："您越多越好，为什么还被我俘虏了？"韩信说："陛下不能带兵，却善于驾驭将领，这就是我被陛下俘虏的原因。况且陛下是上天赐予的，不是人力能做到的。"

陈豨被任命为巨鹿郡守，向淮阴侯辞行。淮阴侯拉着他的手避开左右侍从在庭院里漫步，仰望苍天叹息说："您可以听听我的知心话吗？有些心里话想跟您谈谈。"陈豨说："一切听任将军吩咐！"淮阴侯说："您管辖的地区，是天下精兵聚集的地方；而您，是陛下信任宠幸的臣子。如果有人告发说您反叛，陛下一定不会相信；再次告发，陛下就怀疑了；三次告发，陛下必然大怒而亲自率兵前来围剿。我为您在京城做内应，天下就可以取得了。"陈豨一向知道韩信的雄才大略，深信不疑，说："我一定听从您的指教！"

汉十年，陈豨果然反叛。高祖亲自率领兵马前往，韩信托病没有随从，暗中派人到陈豨处说："兄弟你只管起兵，我在这里协助您。"韩信就和家臣商量，夜里假传诏书赦免各官府服役的罪犯和奴隶，打算发动他们去袭击吕后和太子。部署完毕，等待着陈豨的消息。他的一位家臣得罪了韩信，韩信把他囚禁起来，打算杀掉他。家臣的弟弟上书告变，向吕后告发了韩信准备反叛的情况。吕后打算把韩信召来，又怕他不肯就范，就和萧相国谋划，令人假说从高祖那儿来，说陈豨已被俘获处死，列侯群臣都来祝贺。萧相国欺骗韩信说："即使有病，也要强打精神进宫祝贺吧。"韩信进宫，吕后命令武士把韩信捆起来，在长乐宫的钟室杀掉了。韩信临死时说："我后悔没有采纳蒯通的计谋，以致被妇女小子所欺骗，难道不是天意吗？"韩信三族也被杀尽。

高祖从平叛陈豨的军中回到京城，见韩信已死，既感到高兴又怜悯他，问："韩信临死时说过什么话？"吕后说："韩信说悔恨没有采纳蒯通的计谋。"高祖说："那人是齐国的说客。"就诏令齐国捕捉蒯通。蒯通被带到，皇上说："你唆使淮阴侯反叛吗？"回答说："是。我的确教过他，那小子不采纳我的计策，所以有自取灭亡的下场。假如那小子采纳我的计策，陛下怎能够灭掉他呢？"高祖生气地说："煮了他。"蒯通说："哎呀，煮死我，冤枉啊！"高祖说："你唆使韩信造反，有什么冤枉？"蒯通说："秦朝法度败坏，政权瓦解的时候，山东六国大乱，各路诸侯纷纷起事，一时天下英雄豪杰像乌鸦一样聚集。秦朝失去了他的根本，天下英杰都来抢夺它，于是才智高超、行动敏捷的人率先得到它。盗跖的狗对着尧狂叫，尧并不是不仁德，只因为他不是狗的主人。在那个时候，我只知道有个韩信，并不知道有陛下。况且天下磨快武器、手执利刃想干陛下所干的事业的人太多了，只是力不从心罢了。您怎么能够把他们都煮死呢？"高祖说："放掉他。"就赦免了蒯通的罪过。

太史公说

我到淮阴，淮阴人对我说，当韩信还是平民百姓时，他的心志就与众不同。他母亲死了，家里穷得没有钱下葬，可他还是到处寻找宽敞的坟地，让坟墓旁可以安置万户人家。我看了他母亲的坟墓，确实如此。假如韩信能够谦恭退让，不夸耀自己的战功，不自恃自己的才能，那样，他在汉朝的功勋可以和周朝的周公、召公及太公这些人相比，后世子孙就可以享祭不绝。可是，他却没这样做，而天下已经安定，反而图谋叛乱，诛灭宗族，不也是应该的吗！

图说史记

第7卷

文字编辑：于海清

美术编辑：罗筱玲 刘晓东

装帧设计：罗 雷

图片提供：王 露 郝勤建

汇图网 红动中国

中国国家博物馆

故宫博物院

上海博物馆

山东博物馆

河南博物院

河北博物院

陕西历史博物馆

湖南省博物馆

湖北省博物馆

浙江省博物馆

台北故宫博物院

美国纽约大都会艺术博物馆

美国弗利尔美术馆

美国克利夫兰艺术博物馆

美国耶鲁大学艺术陈列馆

美国普林斯顿大学博物馆

美国哈佛大学博物馆

美国芝加哥艺术学院

美国明尼阿波利斯艺术学院

大英博物馆 等

图说

史记

【西汉】司马迁◎著

杨燕起 樊文龙◎主编

—— 第**8**卷 ——

〔列传〕

巴蜀书社

韩信卢绾列传 第三十三

【解题】本传是韩王韩信、卢绾、陈豨三个人的合传。这三个人原来都是刘邦的亲信部下，和刘邦的关系都非常好，卢绾更是和刘邦世代友好，而且能"出入卧内""虽萧曹等，特以事见礼，至其亲幸，莫及卢绾"。但最后他们都举旗反叛，并且大都勾结匈奴，和汉朝对抗。通过这篇传记，作者似乎在告诉我们：世上没有永远的敌人，也没有永远的朋友。

🔹 韩王韩信

韩王韩信是原来韩襄王的庶出孙子，身高八尺五寸。到了项梁拥立楚王的后代楚怀王的时候，燕国、齐国、赵国、魏国都早已自己立下了国王，只有韩国没有立下后嗣，所以才立了韩国诸公子中的横阳君韩成为韩王，想以此来占据平定原韩国的土地。项梁在定陶

▶ 玉猪·汉

英国维多利亚与阿尔伯特博物馆藏。玉猪亦称玉豚，是一种较常见的随葬玉器，既有用于手握，也有用于佩挂的。西汉玉猪玉质多为青白玉，偶尔有呈赭色或茶色，玉猪呈长条形，体形俏美，四肢屈伸，身体重心在四肢上。西汉玉猪皆作卧状，东汉除卧状外，还有作站立式和奔跑式。

——┥ 消灭异姓王 ┝——

楚汉战争中，刘邦由于自己实力弱于项羽，但为打败项羽，不得不与其他诸侯王联合，对付共同敌人项羽。汉朝建立后，这些受封的异姓王权势很大，他们拥有武装，各自为政，他们的封地总面积甚至超过了汉郡。从前202年10月至前196年10月，汉高祖刘邦先后解决了燕王臧荼、淮阴侯韩信、赵王张敖、代相国阳夏侯陈豨、梁王彭越、淮南王英布、韩王信。刘邦诛除异姓王，在主观上是解除他们对高祖朝政权的威胁。在诛除异姓王之后，刘邦又大封同姓王。然而新分封的同姓藩王在藩国内仍享有和过去异姓王相同的权力，导致刘邦灭异姓藩王的做法事实上意义并不大，汉朝中央与藩国的冲突仍然十分激烈。

战败而死，韩成投奔楚怀王。沛公带军队进攻阳城时，命张良以韩国司徒的身份收复了韩国原有地盘，得到韩信，任命他为韩国将军，带领他的军队随沛公进入武关。

沛公被封为汉王，韩信随沛公进入汉中，就说服汉王道："项羽把自己的部下都封在中原附近地区，只把您封到这偏远的地方，这是一种贬职的表示啊！您部下士兵都是崤山以东的人，他们都踮起脚尖，急切地盼望返回故乡，趁着他们锐气强盛向东进发，就可以争夺天下。"汉王回军平定三秦时，就答应要将韩信封为韩王，先任命他为韩太尉，带兵去攻取韩国旧地。

项羽所封的诸侯王都到各自的封地去，韩王韩成因没跟随项羽征战，没有战功，不派他到封地去，改封他为列侯。等到听说汉王派韩信攻取韩地，项羽就命令自己游历吴地时的吴县县令郑昌做韩王以抗拒汉军。汉二年，韩信平定了韩国的十几座城池。汉王到达河南，韩信在阳城猛攻韩王郑昌。郑昌投降，汉王就立韩信为韩王，常带领韩地军队跟随。汉三年，汉王撤出荥阳，韩王信和周苛等人守卫荥阳。等到楚军攻破荥阳，韩信投降了楚军，不久得以逃出，又投归汉王，汉王再次立他为韩王，最终跟从汉王击败项羽，平定了天下。汉五年春天，汉就和韩信剖符为信，正式封他为韩王，封地在颍川。

第二年春天，高祖认为韩信雄壮勇武，封地颍川北边靠近巩县、洛阳，南边近宛县、叶县，东边则是重镇淮阳，这些都是天下的战略要地，就下诏命韩王韩信迁移到太原以北地区，以防备抵抗匈奴，建都晋阳。韩信上书说："我的封国紧靠边界，匈奴多次入侵，晋阳距离边境较远，请允许我建都马邑。"皇帝答应了，韩信就把都城迁到马邑。在这年秋天，匈奴冒顿单于重重包围了韩信，韩信多次派使者到匈奴处求和。汉朝派人带兵前往援救，但怀疑韩信多次私派使者，有背叛汉朝之心，就派人责备韩信。韩信害怕被杀，于是就和匈奴约定好共同攻打汉朝，起兵造反，把国都马邑献出投降匈奴，并率军攻打太原。

高祖七年冬天，高祖亲自率军前往平叛，在铜鞮击败韩信的军队，并将其部将王喜斩杀。韩信逃跑投奔匈奴，他的部将白土人曼丘臣、王黄等人拥立赵王的后代赵利为王，又收拢韩信被击败逃散的军队，并和韩信及匈奴冒顿单于商议一齐攻打汉朝。匈奴派遣左右贤王带领一万多骑兵和王黄等人驻扎在广武以南地区，到达晋阳时，和汉军交战，汉军将他们打得大败，乘胜追到离石，又把他们打败。匈奴再次在楼烦西将地区聚集军队，汉高祖命令战车部队和骑兵把他们打败。匈奴经常败退逃跑，汉军乘胜追击败兵，听说冒顿单于驻扎在代

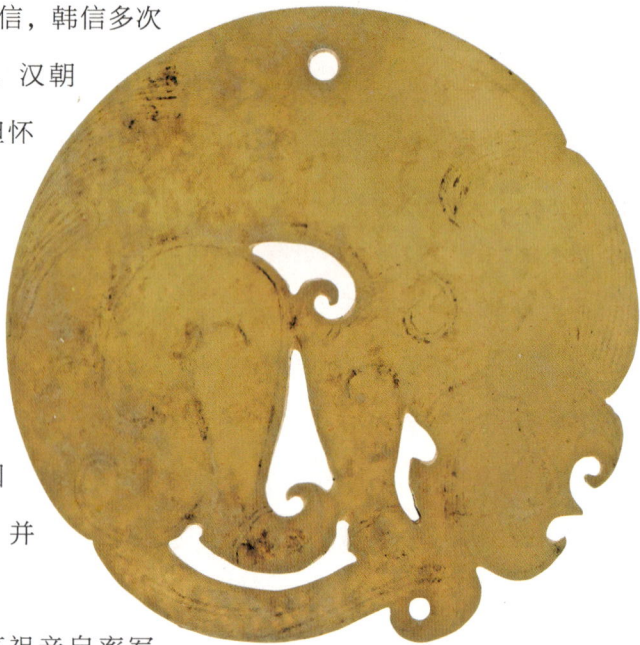

▶白玉犀牛佩·西汉

谷，汉高祖当时在晋阳，派人去侦察，侦察人员回来报告说"可以出击"。高祖也就到达平城。高祖出城登上白登山，被匈奴骑兵团团围住，高祖就派人送给匈奴王后阏氏许多礼物。阏氏便劝冒顿单于说："现在已经攻取了汉朝的土地，但还是不能居住下来；更何况两国君主不互相围困。"过了七天，匈奴骑兵逐渐散去。当时天降大雾，汉朝派人在白登山和平城之间往来，匈奴一点也没有察觉。护军中尉陈平对高祖说："匈奴人都用长枪弓箭，请命令士兵每张强弩朝外搭两支利箭，慢慢地撤出包围。"撤进平城之后，汉朝的救兵也赶到了，匈奴的骑兵这才离去。汉朝也收兵而归。韩信带兵往来在边境一带为匈奴人攻击汉军。

汉高祖十年，韩信命王黄等人劝说陈豨，使其误信并且造反。十一年春天，前韩王信又和匈奴骑兵一起侵入参合，对抗汉朝。汉朝派遣柴将军带兵前去迎击，柴将军战前写信给韩信说："陛下宽厚仁爱，尽管有些诸侯背叛逃亡，但当他们再度归顺的时候，总是恢复其原有的爵位名号，并不加诛杀。这些都是大王您所知道的。现在您是因为战败才逃归匈奴的，并没有大罪，您应该赶快来归顺！"韩王韩信回信道："陛下把我从里巷平民中提拔上来，使我南面称王，这对我来说是万分荣幸的。在荥阳保卫战中，我不能以死效忠，而被项羽关押，这是我的第一条罪状。等到匈奴进犯马邑，我不能坚守城池，献城投降，这是我的第二条罪状。现在反而为敌人带兵，和将军争战，争这旦夕之间的活头，这是我的第三条罪状。文种、范蠡没有一条罪状，但在成功之后，一个被杀一个逃亡；现在我对陛下犯下了三条罪状，还想在世上求取活命，这是伍子胥之所以在吴国被杀的原因。现在我逃命隐藏在山谷之中，每天都靠向蛮夷乞讨过活，我思归之心，就同瘫痪的人不忘记直立行走、盲人不忘记睁眼看一看一样，只不过情势不允许罢了。"于是两军交战，柴将军屠平参合城，并将韩王韩信斩杀。

韩信投靠匈奴的时候，和自己的太子同行，等到了颓当城，生了一个儿子，因而取名叫颓当。韩太子也生下一个儿子，取名为婴。到孝文帝十四年，韩颓当和韩婴率领部下投归汉朝。汉朝封韩颓当为弓高侯，韩婴为襄城侯。在平定吴楚七国之乱时，弓高侯的军功超过其他将领。爵位从他的儿子传到孙子，他的孙子没有儿子，侯爵于是被取消。韩婴的孙子因犯有不敬之罪，侯爵也被取消。韩颓当庶出的孙子韩嫣，地位尊贵，很受皇帝宠爱，名声和富贵都荣显于当世。他的弟弟韩说，再度被封侯，并多次受命为将军，最后被封为案道侯。他的儿子继承侯爵，一年多之后因犯法被处死。又过一年多，韩说的孙子韩曾被封为龙額侯，继承了韩说的爵位。

🔹燕王卢绾

卢绾是丰邑人，和汉高祖是同乡。卢绾的父亲和高祖的父亲非常要好，并且汉高祖和卢绾又是同日而生。乡亲们抬着羊和酒去两家祝贺，等到高祖、卢绾长大了，在一块读书，又非常要好。乡亲们见这两家父辈非常要好，儿子同日出生，长大后又很要好，再次抬着羊和酒前去祝贺。高祖还是平民百姓的时候，被官吏追拿需要躲藏，卢绾总是随同左右，东奔西走。到高祖从沛县起兵时，卢绾以宾客的身份相随，到汉中后，担任将军，总是陪伴在高祖身边。跟从高祖东击项羽时，以太尉的身份不离左右，可以在高祖的卧室内进进出出，衣被饮食方面的赏赐丰厚无比，其他大臣没人能企及，就是萧何、曹参等人，也只是因事功而受到礼遇，至于说到亲近宠幸，没人能赶得上卢绾。卢绾被封为长安侯。长安，就是原来的咸阳。

汉五年的冬天，已经击败了项羽，就派卢绾另带一支军队，和刘贾一起攻打临江王共尉，将他击败。七月凯旋，跟随高祖攻打燕王臧荼，臧荼投降。高祖平定天下之后，在诸侯中不是刘姓而被封王的共有七个人。高祖想封卢绾为王，但又害怕群臣怨恨不满。等到俘虏臧荼之后，就下诏封将相们为列侯，在群臣中挑选有功的人封为燕王。文武群臣都知道皇帝想封卢绾为王，就一齐上言道："太尉长安侯卢绾经常跟随陛下平定天下，功劳最多，可以封为燕王。"皇帝下诏批准了此项建议。汉高祖五年八月，就立卢绾为燕王，所

有诸侯王受到的宠幸都比不上燕王。

汉高祖十一年秋天，陈豨在代地造反，高祖到邯郸去攻打陈豨的部队，燕王卢绾也率军攻打他的东北部。在这时，陈豨派王黄去向匈奴求救。燕王卢绾也派部下张胜出使匈奴，声称陈豨等人的部队已被击败。张胜到匈奴以后，前燕王臧荼的儿子臧衍逃亡在匈奴，见到张胜说："您之所以在燕国受重用，是因为您熟悉匈奴事务。燕国之所以能长期存在，是因为诸侯多次反叛，战争连年不断。现在您想为燕国尽快消灭陈豨等人，但陈豨等人被消灭之后，接着就要轮到燕国，您这班人也要成为俘虏了。您为什么不让燕国延缓攻打陈豨而与匈奴修好呢？战争延缓了，能使卢绾长期为燕王，如果汉朝有紧急事变，也可以借此安定国家。"张胜认为他的话是对的，就暗中让匈奴帮助陈豨攻打燕国。燕王卢绾怀疑张胜和匈奴勾结，一起反叛，就上书皇帝请求把张胜满门抄斩。张胜返回，把之所以这样干的原因全部告诉了卢绾。卢绾觉悟了，就找了一些替身治罪处死了，把张胜的家属解脱出来，使张胜成为匈奴的间谍，又暗中派遣范齐到陈豨的处所，想让他长期叛逃在外，使战争连年不断。

汉高祖十二年，东征英布，陈豨经常率军在代地驻扎，汉派遣樊哙攻打陈豨并将其斩杀。他的一员副将投降，说燕王卢绾派范齐到陈豨处互相

彩绘几何纹豆形陶熏炉·西汉

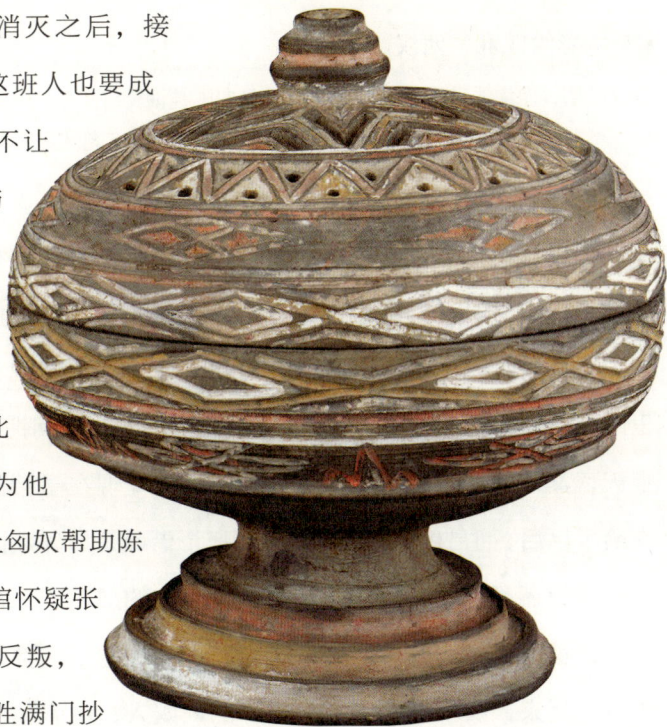

▶ **灰陶彩绘辟邪·西汉**

西汉时期，泥陶质辟邪极为流行。辟邪是中国神话传说中的一种形似狮而有翼的神兽，极受人们崇敬，其制造往往受多种动物造型的影响，充满了艺术感和想象力。

交通情报，商议策划。高祖派使臣召卢绾进京，卢绾称病推托不往。皇帝又派辟阳侯审食其、御史大夫赵尧前去迎接燕王，并顺便查问燕王部下臣子。卢绾更加害怕，闭门躲藏不出，对自己宠信的臣子说："不是刘姓而被封为王的，只有我卢绾和长沙王吴芮了。去年春天，汉朝把淮阴侯韩信满门抄斩，夏天，又杀掉了彭越，这都是吕后的计谋。现在皇帝重病在身，把国事全部交给了吕后。而吕后是个妇人，总想找个借口杀掉异姓诸侯王和功高的大臣。"于是卢绾还是推托有病，拒绝进京。卢绾的部下臣子都逃跑躲了起来。但卢绾的话被泄露出一些，辟阳侯听到了，便把这一切都报告了皇帝，皇帝更加生气。后来，汉朝又得到一些投降的匈奴人，说张胜逃到匈奴中，是燕王的

使者。于是皇帝说："卢绾真的反了！"就派樊哙攻打燕国。燕王卢绾把自己所有的宫人和家属以及几千名骑兵安顿在长城下，等待机会，希望皇帝病好之后，亲自进京谢罪。四月，高祖逝世，卢绾也就带领部下逃入匈奴，匈奴封他为东胡卢王。卢绾受到匈奴的侵凌掠夺，总是想着重返汉朝。过了一年多，卢绾在匈奴逝世。

在高后时，卢绾的妻子儿女逃出匈奴重投汉朝，正赶上高后病重，不能相见，于是住在燕王在京的府邸，准备在病好之后再设宴款待并借此相见。但一直到高后去世，都未能见面。卢绾的妻子后来也因病去世。

汉景帝中元六年，卢绾的孙子卢他之以东胡王的身份向汉投降，被封为亚谷侯。

代王陈豨

陈豨是宛朐人，不知当初是什么原因得以跟从高祖。到高祖七年冬天，韩王韩信反叛，逃入匈奴，皇帝到平城而回，封陈豨为列侯，以赵国相国的身份率领督统赵国、代国的边防部队，这一带戍卫边疆的军队统归他管辖。

陈豨休假回乡曾路过赵国，赵相国周昌看到陈豨的随行宾客有一千多辆车子，把邯郸所有的官舍全部住满。而陈豨对待宾客用的是平民百姓之间的交往礼节，而且总是谦卑恭敬，屈己待人。陈豨回到代国，周昌就请求进京朝见。见到高祖之后，把陈豨宾客众多，在外独掌兵权好几年，恐怕会有变故等事全盘说出。高祖就命人追查陈豨的宾客在财物等方面违法乱纪的事，其中不少事情牵连到陈豨。陈豨非常害怕，暗中派宾客到王黄、曼丘臣处通消息。到高祖十年七月，太上皇去世了，高祖派人召陈豨进京，但陈豨称自己病情严重。九月，便与王黄等人一同反叛，自立为代王，劫掠了赵、代两地。

高祖听说之后，就全部赦免了被陈豨所牵累或被胁迫的赵、代官吏。高祖亲自前往，到达邯郸后高兴地说："陈豨不在南面占据漳水，北面守住邯郸，由此可知他不会有所作为。"赵相国上奏请求把常山的郡守、郡尉斩首，说：

"常山共有二十五座城池，陈豨反叛，失掉了其中二十座。"高祖问："郡守、郡尉反叛了吗？"赵相国回答说："没有反叛。"高祖说："这是力量不足的缘故。"赦免了他们，同时还恢复了他们的守尉职务。高祖问周昌说："赵国还有能带兵打仗的壮士吗？"周昌回答说："有四个人。"然后让这四个人拜见高祖，高祖一见便破口大骂道："你们这些小子们也能带兵打仗吗？"四个人惭愧地伏在地上。但高祖还是各封给他们一千户的食邑，任命为将。左右近臣谏劝道："有不少人跟随您进入蜀郡、汉中，其后又征伐西楚，有功却未得到普遍封赏，现在这几个人有什么功劳而予以封赏？"高祖说："这就不是你们所能了解的了！陈豨反叛，邯郸以北都被他所占领，我用紧急文告来征集各地军队，但至今仍未有人到达，现在可用的就只有邯郸一处的军队而已。我何必要吝惜封给四个人的四千户，不用它来抚慰赵地的年轻人呢！"左右近臣都说："对。"于是高祖又问："陈豨的将领都有谁？"左右回答说："有王黄、曼丘臣，以前都是商人。"高祖说："我知道了。"于是各悬赏千金来求购王黄、曼丘臣等的人头。

高祖十一年冬天，汉军在曲逆城下攻击并斩杀了陈豨的大将侯敞、王黄，又在聊城把陈豨的大将张春打得大败，斩首一万多人。太尉周勃进军平定了太原和代郡。十二月，高祖亲自率军攻打东垣，但未能攻克，叛军士卒辱骂高祖；不久东垣投降，凡是骂高祖的士卒一律斩首，其他没骂的士卒则处以黥刑。把东垣改名真定。王黄、曼丘臣所有被悬赏征求的部下，一律被活捉，因此陈豨的军队也就彻底溃败了。

高祖到达洛阳。高祖说："代郡地处常山的北面，赵国却从山南来控制它，太遥远了。"于是就封儿子刘恒为代王，以中都为国都，代郡、雁门都隶属代国。

高祖十二年冬天，樊哙的士卒追到灵丘把陈豨斩首了。

✦ 太史公说 ✦

　　韩信、卢绾并不是一向积德累善的世家，而是侥幸于一时随机应变，以欺诈和暴力获得成功，正赶上汉朝刚刚建立，所以才能够分封领土，南面为王。在内由于势力强大而被怀疑，在外倚仗着外族作援助。因此日益被皇帝疏远，自陷危境，走投无路，无计可施，最终迫不得已投奔匈奴，难道不可悲吗！陈豨是梁地人，在他年轻的时候，每每称赞、倾慕魏公子信陵君；等到后来他率领军队守卫边疆，招集宾客，礼贤下士，名声超过了实际。周昌怀疑他，许多过失也就从这里产生了，由于害怕灾祸临头，奸邪小人又乘机进说，终于使自己陷于大逆不道的境地。唉呀，太可悲了！由此可见，谋虑的成熟与否和最终成败，对一个人的影响太深远了！

田儋列传 第三十四

【解题】本传是秦末和楚汉相争之际齐国田氏家族中田儋、田荣、田横三人的一篇合传，因为田儋在反秦战争中首难建齐，所以以他为篇名。本传篇幅较短，但容量较大，以齐国的兴衰成败作为主线，描写了田氏家族的十几个人物及很多重大事件。人物虽多，但集中笔墨于田儋、田荣和田横，重点突出，因此并无枝叶繁乱之感。

田儋称王

田儋是狄县人，战国时齐王田氏的同族。田儋的堂弟田荣、田荣的弟弟田横，是当地有势力的人物，而且宗族强盛，很得人心。

在陈涉开始起兵自称楚王的时候，派遣周市攻取并平定了魏地，向东打到狄县，狄县固守县城。田儋假装绑住自己的家奴，带领着手下的年轻人去县府，称在拜见县令之后杀死有罪的家奴。在拜见县令的时候，他们乘机杀死县令，然后又召集强悍的吏卒和年轻人说："各地诸侯都已经反秦自立，齐地是上古时期就建立的诸侯国，而我田儋，是齐王田氏的同族，应当为王。"于是，田儋自立为齐王，并且起兵攻打周市。周市的军队撤走以后，田儋乘机带兵东进，夺取并平定了齐国故地。

秦将章邯带兵在临济围攻魏王咎，情况紧急，魏王派人到齐国来求救。齐王田儋带领军队援救魏国。章邯在夜间让兵马口中衔枚，趁夜幕的掩护进行偷袭，把齐魏联军打得大败，在临济城下杀死田儋。田儋的堂弟田荣收集田儋的余部向东逃跑到了东阿。

田荣平三齐

齐国人听说田儋战死的消息之后，于是就拥立以前齐王田建的弟弟田假为齐王，田角为丞相，田间为大

将，以此来抗拒诸侯。

田荣在败逃东阿的时候，章邯进行围追阻截。项梁听说田荣情况危急，于是就领兵来到东阿城下，并且一举击败章邯。章邯往西逃跑，项梁则乘胜追击。但田荣对齐人立田假为齐王一事非常气愤，于是就带兵回去，攻击追逐齐王田假，田假逃到楚国，丞相田角逃到赵国；田角的弟弟田间在此以前已到赵国求救，也就留在赵国不敢回去了。田荣于是立田儋的儿子田市为齐王，自任丞相，田横为大将，平定了齐地。

项梁追击章邯以后，章邯的军队反倒日渐强盛，于是项梁就派遣使者通报齐国和赵国，要两国共同发兵攻打章邯。田荣说："如果楚国杀死田假，赵国杀死田角、田间，那我们才肯出兵。"楚怀王说："田假是我们同盟国的君王，在走投无路的时候来投靠我们，杀了他

彩绘陶鹅头壶·西汉

美国弗利尔美术馆藏。鹅头壶流行于西汉时期。多陶制，呈曲颈鹅状。壶口开于鹅颈顶部，直通壶身。壶身球形，壶身有凹弦纹两周。肩、颈结合处有等距五个小圆孔与壶体相通。足部以上施白色陶衣，饰黑彩绘云气纹，用红彩勾边。

是不合道义的。"赵国也不愿意用杀田角、田间来和齐国做交易。齐国人说："手被蝮蛇咬了就要砍掉手，足被蝮蛇咬了就要砍掉足。为什么呢？因为倘若不这样的话，就要害及全身。而现在田假、田角、田间对于楚国、赵国来说，并不是手足骨肉之亲，为什么不杀掉他们呢？况且若是秦朝再得志于天下的话，那么不仅我们要身受其辱，而且连祖坟恐怕也要被人挖出呢。"楚国、赵国都不肯依从齐国，齐国也非常生气，最终也不肯出兵援救。章邯果然击败了楚军，并且杀了项梁，楚军往东溃逃，而章邯也就乘机渡过黄河，围攻赵国的巨鹿。项羽前往援救赵国，由此也就非常怨恨田荣。

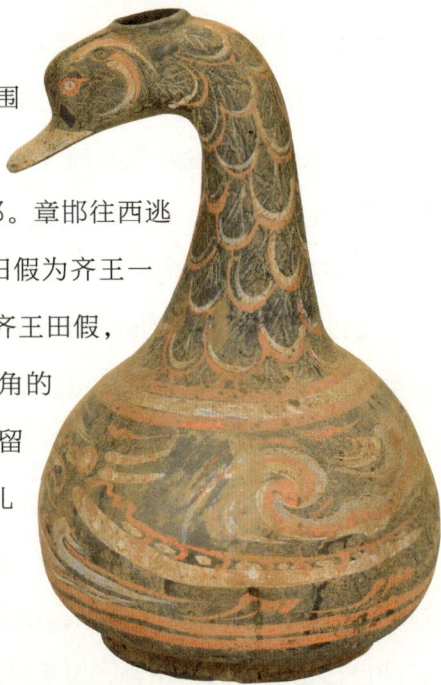

项羽已经保全了赵国，又降服了章邯等秦朝将领，西向入咸阳进行杀戮，灭了秦朝，然后又分封诸侯王。于是他把齐王田市改封为胶东王，治所在即墨。齐国将领田都因跟随项羽共同救赵，接着又进军关中，因此项羽立田都为齐王，治所在临淄。前齐王田建的孙子田安，他在项羽正渡河救赵的时候，接连攻下了济北城池多座，然后带兵投降了项羽，项羽因此立田安为济北王，治所在博阳。田荣因为违背项羽不肯出兵援助楚、赵两国攻打秦朝，因此不能被封为王；赵国将领陈馀也因为失职，没有被封为王，这两个人都很怨恨项羽。

项羽既已回到楚国，所封诸侯也就各自回到自己的封地。田荣派人带兵帮助陈馀，让他在赵地反叛项羽，田荣自己也发兵抗击田都，田都逃到楚国。田荣留下齐王田市，不让他到胶东的治所。田市手下的人说："项羽强大而凶暴，而您作为王，应该到自己的封国胶东去，若是不去的话，一定有危险。"田市非常害怕，于是就逃跑去胶东。田荣得知后勃然大怒，急忙带人追赶齐王田市，在即墨把他杀死了；回来又攻打济北王田安，也把他杀死。于是，田荣就自立为齐王，全部占有了三齐之地。

❂田横佐齐王

▶青铜鎏金嵌宝石带钩·西汉

项羽听到这个消息之后，十分恼怒，于是就起兵北伐齐国。齐王田荣被打得大败，逃跑到平原，平原人把田荣杀死了。其后项羽就烧毁并荡平了齐国都城的城郭，所过之处都大加屠戮，齐国人无法忍受，互相聚集起来反叛他。田荣的弟弟田横，收募起齐国的散兵，得到好几万人马。反过头来在城阳攻打项羽。而在这时，高祖刘邦带领诸侯的军队击败楚军，进入彭城。项羽听

▶ 铜箕·秦

山东博物馆藏。器呈簸箕形，长 21 厘米，宽 19 厘米，高 6 厘米。外壁一侧分四行刻秦始皇二十六年统一度量衡的诏书。说明铜箕是秦代的量器之一。

到这个消息之后，就放开齐军回去，在彭城对汉兵发起攻击，接着就与汉军多次交锋，在荥阳相持不下。因此田横再次得以收复齐国大小城邑，立田荣之子田广为齐王，田横自为丞相辅佐他，并专断国政，所有政事，无论大小，皆由田横决定。

● 误信郦生

田横平定齐国三年之后，高祖刘邦派郦食其到齐国，向齐王田广和丞相田横游说，要他们归顺汉朝。田横认为此事可行，就解除了齐国在历下对汉军的防备。当时汉朝将领韩信打算带领军队攻打齐国。当初齐国派华无伤、田解在历下驻军来抵挡汉军。郦食其来了之后，齐国历下守军就解

除了战备防守，纵酒狂欢，并且派出使者打算和汉军讲和。汉将韩信在平定了赵国、燕国之后，用蒯通的计策，越过平原，突然出击，打败了齐国在历下驻扎的守军，接着又攻入临淄。齐王田广、丞相田横见汉军突然出现，非常生气，认为自己被郦生出卖了，便立刻烹杀郦生。齐王田广往东逃到高密，丞相田横逃到博阳，守相田光逃向城阳，将军田既带领军队驻守胶东。这时，楚国派龙且带领军队救助齐国，齐王田广与龙且在高密会师。汉将韩信与曹参在高密大破齐楚联军，杀死楚将龙且，俘虏齐王田广。汉将灌婴继续追击，又俘虏了齐国守相田光。灌婴继续进军，到达博阳。而田横听到齐王田广已死，就自立

17

为齐王，转过来与灌婴交战。在嬴县城下，田横的军队被灌婴打得大败。田横逃到梁地，投归彭越。这时，彭越拥兵梁地，在楚汉之间保持中立，又像为了高祖，又像为了楚王。韩信在杀死了楚将龙且之后，便命令曹参继续向胶东进军，在这里大败田既并在战斗中杀死了他；韩信又命灌婴追击齐将田吸，在千乘将他击败并斩杀他。这样，韩信便平定了齐地，向刘邦上书，请立自己为齐国假王，刘邦也就因势立韩信为齐王。

🔷 义高能得士

过后一年多，高祖刘邦消灭了项羽，就自立为皇帝，封彭越为梁王。田横害怕被杀，就带领他的部下五百多人逃入海中，居住在一个小岛之上。汉高祖刘邦听到这个消息之后，认为田横兄弟原本平定了齐地，齐地的贤人都依附他们。现在他流落在海中而不加以收揽的话，以后难免有祸患。因此就派使者赦免田横之罪并且召他入朝，田横却辞谢说："我曾经烹杀了陛下的使者郦生，现在我又听说郦生的弟弟郦商是一个很有才能的汉朝将领，所以我非常害怕，不敢奉诏进京，请求您允许我做一个平民百姓，待在这海岛上。"使者回来报告，高祖立刻下诏给卫尉郦商说："齐王田横将要到京，谁要敢动一下他的随从人员，立刻满门抄斩！"接着又派使者拿着符节把皇帝下诏指示郦商的情况原原本本地告知田横，并且说："田横若是来京，最大可以封为王，最小也可以封为侯；若是不来的话，将派军队加以诛灭。"田横于是和他的两个门客一块乘坐驿站的马车前往洛阳。

在离洛阳三十里远，有一个叫尸乡的地方，田横在尸乡的客舍里对汉使说："作为人臣拜见天子应该沐浴一新。"于是就住下来。田横对他的门客说："我

▶油画《田横五百士图》·现代·徐悲鸿

北京徐悲鸿纪念馆藏。此图取材于《田儋列传》，汉高祖统一天下后，田横和他的战友五百人仍困守在一个孤岛上。汉高祖听说田横很得人心，担心日后为患，便下令说：如果田横来投降，便可封王或侯；如果不来，便派兵去把岛上的人通通消灭掉。田横为了保存岛上五百人的生命，便带了两个部下，进京觐见高祖。画面选取了田横与五百壮士诀别的场面，着重刻画了不屈的精神。

田横起初和汉王都是南面称孤的王，而现在汉王做了天子，而我田横却成了亡国奴，而要北面称臣侍奉他，这本来就是莫大的耻辱了。更何况我烹杀了人家的兄长，再与他的弟弟来并肩侍奉同一个主子，纵然他害怕皇帝的诏命，不敢动我，难道我于心就毫不羞愧吗？再有，皇帝陛下召我来京的原因，不过是想见一下我的面貌罢了。如今皇帝就在洛阳，现在我割下我的头颅，快马飞

彩绘陶舞女俑·西汉

徐州博物馆藏。西汉时期，国家统一，经济繁荣，生活安定，使乐舞艺术得到蓬勃发展，长袖舞就是当时所盛行的舞蹈之一。此彩绘陶舞俑抓住了舞女舞动长袖的一刹那，把轻盈、舒展而柔美的长袖舞刻画得生动传神，是汉代雕塑艺术品中的杰作。

史记

奔三十里的工夫，我的容貌还不会改变，还是能够看一下我究竟是什么样子的。"
说完之后，就自刎了，命两个门客手捧他的头，跟随使者
飞驰入朝，奏知汉高祖。汉高祖说道："哎呀！能有此言
此行，真是了不起！从平民百姓起家，兄弟三个人接
连为王，难道不是贤能的人吗！"汉高祖忍不住为他
流下了眼泪。然后高祖拜田横的两个门客为都尉，并
且派两千名士卒，以诸侯王的丧礼安葬了田横。

　　安葬完田横之后，两个门客在田横墓旁挖了个洞，
然后自刎，倒在洞里，追随田横死去。汉高祖听说此事
之后，大为吃惊，认为田横的门客都是贤才。高祖听说
田横手下还有五百人在海岛上，又派使者召他们进京。
进京之后，这五百门客听到田横已死，也都自杀了。
由此更可以了解田横兄弟确实是能够得到贤士拥戴
的人。

▶ **烟台田横山田横雕像**

✦ 太史公说 ✦

　　蒯通的计谋实在是过分呀！它扰乱了齐国又骄纵坏了淮阴侯，最
后又将田横、韩信这两个人给害死了！蒯通擅长于纵横之说，曾写书
论战国时期的权变方策，总共八十一篇。蒯通与齐国人安期生要好，
安期生曾谋求项羽任用他，但项羽不能采用他的策谋。后来项羽又想
封他们二人爵位，但他们不肯受爵，就逃走了。田横节操高尚，宾客
仰慕他的仁义而愿意随他去死，这难道还不是贤能的人吗？我因此才
把他的事迹记录在这里。但是非常可惜，当时没有善于绘画的人，不
能将这些描画下来，这是为什么呢？

樊郦滕灌列传 第三十五

【解题】本传是樊哙、郦商，夏侯婴、灌婴四个人的合传。这四个人都是刘邦手下能征惯战的将领，所以司马迁把他们放在一起。在描写的时候，作者既注意到同中之异，也注意到异中之同。在《史记》的最后，司马迁曾有一段对樊哙等人的总评价："攻城野战，获功归极，哙、商有力焉，非独鞭策，又与之脱难。作《樊郦列传》第三十五。"这也许正是作者写这篇传记的主旨所在吧！

图说史记

❖ 舞阳侯樊哙

舞阳侯樊哙是沛县人，以杀狗卖狗肉为生，曾经和汉高祖一起隐藏在乡间。

当初跟从高祖在丰县起兵，攻取了沛县。高祖做了沛公，就以樊哙为舍人。接着，他跟随沛公攻打胡陵、方与，回过头来又镇守丰县，在丰县城下，击败了泗水郡郡监所带领的军队。再次平定沛县，在薛县西部，击败了泗水郡守所带领的军队。在砀东，樊哙与章邯的部下司马夷交锋，击退敌军，斩敌首十五级，被赐爵为国大夫。樊哙经常跟随在沛公的

樊哙像·清·无款

樊哙（前242—前189），沛县人，出身寒微，早年曾以屠狗为业。西汉开国元勋，大将军，左丞相，著名军事统帅。樊哙是吕后的妹夫，深得汉高祖刘邦和吕后信任。曾在鸿门宴时出面营救汉高祖刘邦，汉初随刘邦平定臧荼、卢绾、陈豨、韩信等，为刘邦麾下最勇猛的战将。封舞阳侯，谥武侯。

身边，沛公在濮阳攻打章邯的军队，攻城时他率先登城，斩首二十三级，被赐爵为列大夫。他跟从沛公攻打城阳，又是率先登城，同时还攻下了户牖，打败了秦将李由的军队，斩敌首十六级，被赐上间爵。在成武，樊哙跟随沛公围住了东郡守尉，击退敌军，斩敌首十四级，俘虏十一人，被赐爵五大夫。跟从沛公袭击秦军，出兵亳南，在杠里击破了河间郡守的军队。在开封以北又大败赵贲的军队，因为在战斗中英勇杀敌，率先登城，杀死一个侦察兵的头目，斩敌首六十八级，俘虏二十七人，被赐卿爵。在曲遇，随沛公攻破杨熊的军队。攻宛陵时，率先登城，斩首八级，俘虏四十四人，被赐爵，封号贤成君。跟随沛公攻打长社、辕辕，断绝了黄河渡口，向东攻打尸乡一带的秦军。又向南攻打犨县的秦军。在阳城打垮了南阳郡郡守吕齮的军队。再向东攻打宛城，率先登城。再向西攻郦县，因为樊哙击退敌军，斩首二十四级，俘虏四十人，沛公对他再加封赏。进军武关，来到霸上，杀秦都尉一人，斩首十级，俘虏一百四十六人，招降敌

▶ 樊哙像和《樊哙墓记》。

军两千九百人。

项羽驻军戏水西侧，准备进攻沛公。沛公带领一百多骑兵来到项营，通过项伯的关系面见项羽，向项羽谢罪，说明自己并没有封锁函谷关，不让诸侯军进入关中的事。项羽设宴犒赏军中将士，正在大家喝得似醉非醉的时候，亚父范增想谋杀沛公，命令项庄拔剑在席前起舞，想乘机击杀沛公，而项伯却一再挡在沛公的前面。

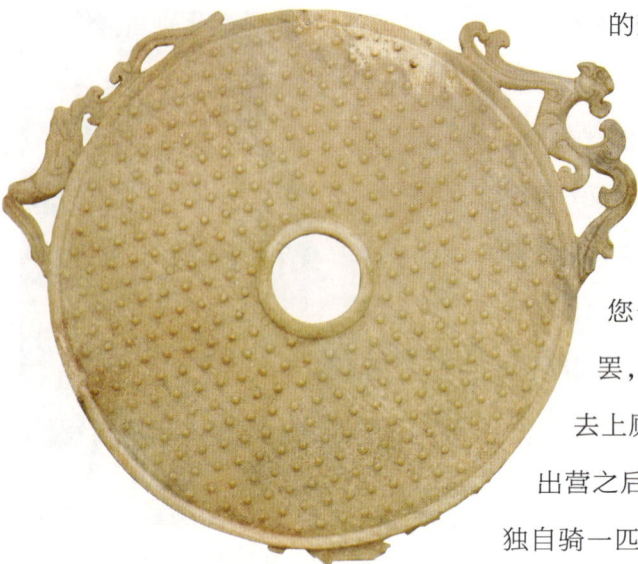

▶青白玉凤纹出廓璧·西汉

这时只有沛公和张良在酒席宴中，樊哙在大营之外，听说事情紧急，就手持铁盾牌来到大营前。守营卫士阻挡樊哙，樊哙径直撞了进去，站立在帐下。项羽注视着他，问他是谁。张良说："他是沛公的参乘樊哙。"项羽称赞道："真是个壮士！"说罢，就赏给他一大碗酒和一条猪前腿。樊哙举杯一饮而尽，然后拔出宝剑切开猪腿，把它全部吃了下去。项羽问他："还能再喝一碗吗？"樊哙说道："我连死都不怕，难道还在乎这一碗酒吗！况且我们沛公首先进入并平定咸阳，露宿霸上，一直这样等待您

的到来。大王您今天一到这里，就听信了小人的胡言乱语，跟沛公有了隔阂，我担心天下从此又要四分五裂，百姓们都怀疑是您一手造成的啊！"项羽听罢，沉默不语。沛公借口要去上厕所，暗示樊哙一同离去。出营之后，沛公把随从车马留下，独自骑一匹马，让樊哙等四个人步行跟随，从一条山间小路跑回霸上的军营，命令张良代替自己向项羽辞谢。项羽也就至此了事，没有诛杀沛公的念头了。这一天若不是樊哙闯进大营责备项羽的话，沛公的事业几乎就完了。第二天，项羽带领军队进入咸阳，大肆屠戮，封沛公为汉王。汉王也就封樊哙为列侯，号临武侯。后又升任郎中，跟随汉王进入汉中。

当汉王回军平定三秦的时候，樊哙单独带兵在白水以北攻打西城县丞的军队，又在雍县之南攻打雍王章邯的轻车骑兵，把他们都打败了。跟从汉王攻打雍县、邰县县城，率先登城。在好時攻打章平的军队，攻城时樊哙又先登城。带头冲锋陷阵，杀死县令

一人，县丞一人，斩首十一级，俘虏二十人，升迁为郎中骑将。跟随汉王在
壤乡东攻打秦军的车骑部队，击退敌人的进攻，升任将军。在进攻赵贲的军
队时，在攻取郿县、槐里、柳中、咸阳的战斗中，以及引水灌废丘的敌军，
樊哙的功劳都最大。到了栎阳，汉王把杜陵的樊乡赐给樊哙当作食邑。跟从
汉王进攻项羽，血洗了煮枣。在外黄，击败了王武、程处所带领的部队。接
着又先后攻打邹县、鲁县、瑕丘和薛县。项羽在彭城把汉王打得大败，收复
了鲁国、梁国一带的全部地盘。樊哙回军到荥阳，汉王又给他增加了平阴两
千户作为食邑，以将军之职守卫广武。一年之后，项羽带兵东去。樊哙又跟
从汉王攻打项羽，攻取了阳夏，俘虏了楚国周将军的士卒四千人。把项羽围
困在陈县，把他打得大败。樊哙血洗了胡陵。

项羽死后，汉王登基为皇帝，因樊哙坚守城池和出击作战有功，又加封
食邑八百户。跟随高祖攻打反叛的燕王臧荼，并俘虏了他，平定了燕地。楚
王韩信发动叛乱，樊哙随从高祖到陈县，逮捕了韩信，平定了楚地。高祖改
赐列侯的爵位，与诸侯剖符为信，让他们世代相传不绝。高祖把樊哙以前的
食邑除去，赐食舞阳，号为舞阳侯。樊哙又以将军之职跟随高祖前往代地，
攻打反叛的韩王信。从霍人一直打到云中，都是樊哙和绛侯周勃等人共同平
定的，于是又增加食邑一千五百户。后来，樊哙又率领人马袭击叛臣陈豨和

—— 舞阳樊哙墓 ——

　　樊哙墓位于舞阳县马村乡郭庄村。墓高5米，直径16米，下部青石围圈，
墓前用石板铺成广场，四周植以松柏。墓前有《汉书》作者班固为其撰立的碑文，
碑上的字是双线镂刻，是碑文中很少见的，字大5厘米见方，十分清晰，上刻：
"汉樊侯铭，班固撰。觥觥将军，威盖不当。操盾千钧，拔主项堂。汉兴破楚，
矫矫忠良。卒为丞相，帝室以康。嘉靖丙申知县张颖、县丞钱汝楫、主簿姚文
豪同立。"这通碑刻于明朝嘉靖丙申年间（1596）。

曼丘臣的军队，和他们在襄国交战，在攻取柏人县时，率先登城，又降服平定了清河、常山两郡的二十七个县，捣毁了东垣县城，以此功升任左丞相。在无终、广昌，击破了綦母卬、尹潘的军队，并且活捉了他们二人。在代郡城南，击破了陈豨手下的胡人将领王黄所带领的军队。接着，又进军参合，攻打韩王信的军队，他所带领的将士斩杀了韩王信。在横谷，大败陈豨的胡人骑兵部队，斩杀了将军赵既，俘虏了代国丞相冯梁、郡守孙奋、大将军王黄、太仆解福以及将军等十人。和诸将领共同平定了代国的乡邑七十三个。在此之后，燕王卢绾起兵造反，樊哙以相国之职带兵攻打卢绾，在蓟县之南击破卢绾丞相抵带领的军队，平定了燕地共十八个县，

五十一个乡邑。于是高祖又给樊哙增加食邑一千三百户，确定他作为舞阳侯的食邑共五千四百户。樊哙跟从高祖征战时，共斩敌人首级一百七十六个，俘虏敌兵二百八十八人。他自己单独带兵打仗，打垮过七支敌军，攻下过五座城池，平定了六个郡、五十二个县，并俘虏过敌人丞相一人、将军十二人、二千石以下到三百石的官员十一人。

樊哙因为娶了吕后的妹妹吕须为妻，生下儿子樊伉，因此和其他将领相比，高祖对樊哙更为亲近。

以前在英布反叛的时候，高祖一度病得很厉害，讨厌见人，他躺在宫中，诏令守门人不得让群臣进去看他。群臣中如绛侯周勃、灌婴等人都不敢进宫。这样过了十多天，有一次樊哙推开宫

▶ 青铜龙吞口灯·西汉

门，径直闯了进去，后面群臣紧紧跟随。看到高祖枕着一个宦官躺在床上。樊哙等人见到高祖之后，痛哭流涕地说："想当初陛下和我们一道从丰沛起兵，平定天下，那是什么样的壮举啊！而如今天下已经安定，您又是何等的疲惫不堪啊！况且您病得不轻，大臣们都惊慌失措，您又不肯接见我们这些人来讨论国家大事，难道您只想和一个宦官诀别吗？再说您难道不知道赵高作乱的往事吗？"高祖听罢，于是笑着从床上起来。

后来卢绾谋反，高祖命令樊哙以相国的身份去攻打燕国。这时高祖又病得很厉害，有人诋毁樊哙和吕氏结党，皇帝假如有一天去世的话，那么樊哙就要带兵把戚夫人和赵王如意这帮人全部杀死。高祖听说之后，勃然大怒，立刻命令陈平用车载着绛侯周勃去代替樊哙，并在军中立刻把樊哙斩首。陈平因惧怕吕后，并没有执行高祖的命令，而是把樊哙押赴长安。到达长安时，高祖已经去世，吕后就释放了樊哙，并恢复了他的爵位和封邑。

汉惠帝六年时，樊哙去世了，谥号为武侯。他的儿子樊伉承袭了侯位。而樊伉的母亲吕须也被封为临光侯。在高后时，吕须也掌管政事，十分专断，大臣们没有不怕她的。樊伉为侯九年时，吕后去世了。大臣们诛杀吕氏宗族和吕须的亲属，接着，又杀死了樊伉。舞阳侯这个爵位中断好几个月。等到汉文帝即位，这才封樊哙的妾所生的儿子樊市人为舞阳侯，恢复了原来的爵位和食邑。樊市人在位二十九年死去，谥号为荒侯。他的儿子樊他广继承侯位。六年之后，舞阳侯家中舍人得罪了樊他广，非常怨恨他。于是就上书说："荒侯市人因为有病而丧失生育能力，就让他的夫人和他的弟弟淫乱而生下他广。他广在事实上并不是荒侯的儿子，因此更不应当继承侯位。"皇帝下命令把此事交给官吏去审理。在汉景帝中元六年时，撤销了樊他广的侯位，降他为平民百姓，封国食邑也一并撤除了。

曲周侯郦商

曲周侯郦商是高阳人。在陈胜起兵反秦的时候，他聚集了一伙年轻人四处招兵买马，得到好几千人。沛公攻城夺地来到陈留，过了六个多月，郦商就带领将士四千多人岐地投归沛公。跟随沛公攻打长社，率先登城，赐爵封为信成君。跟随沛公攻打缑氏，封锁了黄河渡口，在洛阳东面大破秦军。跟着沛公攻取宛、穰两地，另外又平定了十七个县。自己单独率军攻打旬关，平定汉中。

项羽灭秦之后，立沛公为汉王。汉王赐给郦商信成君的爵位，并以将军的职位担任陇西都尉。郦商自己单独率军平定了北地和上郡。在焉氏打败了雍王章邯部下所率领的军队，在栒邑打败了周类所率领的军队，在泥阳打败了苏驵所率领的军队。于是汉王把武成县的六千户赐给郦商，作为他的食邑。他以陇西都尉的职位跟随汉王攻打项羽的军队达五个月之久，出兵巨野，和钟离眜交战，因激战有功，汉王授予他梁国相印，又增封食邑四千户。以梁国相国的职位跟随汉王与项羽作战达两年又三个月，攻取胡陵。

项羽死了以后，汉王登基为皇帝。这一年的秋天，燕王臧荼谋反，郦商以将军的身份随从高祖去攻打臧荼。在龙脱大战时，郦商冲锋陷阵，率先登城，在易县城击败臧荼的军队。因杀敌有功，升任右丞相，赐给他列侯的爵位，和其他诸侯一样剖符为信，世世代代永不断绝，以涿县五千户作为他的食邑，封号叫涿侯。郦商以右丞相之职单独带兵平定上谷，接着又攻打代郡，高祖授予他赵国的相国之印。以右丞相加赵国相国的身份带兵和绛侯周勃等人一起平定了代和雁门，活捉了代国丞相程纵，守相郭同，将军以下到六百石的官员共十九人。凯旋之后，以将军的身份担任太上皇的护卫一年零七个月。然后又以右丞相之职攻打陈豨，捣毁东垣城墙。又以右丞相之职跟随高祖进攻反叛的英布，郦商领兵向敌人前沿阵地猛攻，夺取了两个阵地，从而使汉军能够打垮英布的军队。高祖把他的封邑改在曲周，增加到五千一百户，收回以前所封的食邑。总计郦商一共击垮三支敌军，降服平定六个郡、七十三个县，俘获丞相、守相、大将各一人，小将二人，二千石以下到六百石的官员十九人。

郦商在侍奉孝惠、高后时，因身体不好，不能料理政事。他的儿子郦寄，字况，与吕禄很要好。等到高后去世时，大臣们想诛杀吕氏家族，但是吕禄身为将军，统领北军，太尉周勃进不了北军的大营。于是就派人威胁强迫郦商，让他的儿子郦况去欺骗吕禄。吕禄相信了郦况的话，就和他一起出去游玩，使得太尉周勃才能够进入军营，控制北军。这样，才杀掉了吕氏家族。也就在这一年，郦商去世了，谥号为景侯。他的儿子郦寄继承了侯位，天下人都说他出卖朋友。

孝景帝前元三年，吴、楚、齐、赵等诸侯国联合起兵造反，皇帝任命郦寄为将军，围攻赵城，但十个月都没有攻克。等到俞侯栾布平定了齐国前来助战，这才拿下了赵城，扫平了赵国。赵王刘遂自杀，封国被废除。景帝中元二年，郦寄打算娶景帝王皇后的母亲平原君为妻。景帝大怒，把郦寄交给司法官吏去审理，判定他有罪，剥夺了侯爵爵位。景帝把郦商的另外一个儿子郦坚封为缪侯，以延续郦氏的后代。缪靖侯郦坚去世之后，他的儿子康侯郦遂成继位。郦遂成死去之后，儿子怀侯郦世宗继位。郦世宗去世之后，儿子郦终根继承侯位，任太常，后来因为犯法，封国被撤销。

❥汝阴侯夏侯婴

汝阴侯夏侯婴是沛县人。开始在沛县县府的马房里掌管养马驾车。每当他驾车送完使者或客人返回的时候，经过沛县泗上亭，都要找高祖去聊天，

青铜龙形带钩·西汉

而且一聊就是大半天。后来，夏侯婴担任了试用的县吏，与高祖更加亲密无间。有一次，高祖因为开玩笑而误伤了夏侯婴，被别人告发到官府。当时高祖身为亭长，伤了人要从严惩罚，因此高祖申诉本来没有伤害夏侯婴，夏侯婴也证明自己没有被伤害。后来这个案子又翻了出来，夏侯婴因受高祖的牵连被关押了一年多，挨了几百板子，但终归因此使高祖免于刑罚。

当初高祖带领他的徒众准备攻打沛县的时候，夏侯婴以县令属官的身份与高祖去联络。就在高祖降服沛县的那天，高祖自封为沛公，赐给夏侯婴七大夫的爵位，并任命他为太仆。在跟随沛公攻打胡陵时，夏侯婴和萧何一起招降了泗水郡郡监平，平交出胡陵投降了，沛公赐给夏侯婴五大夫的爵位。

他跟随沛公在砀县以东袭击秦军，攻打济阳，拿下户牖，在雍丘一带击败李由的军队，他在战斗中驾兵车快速进攻，作战勇猛，沛公赐给他执帛的爵位。夏侯婴又曾经以太仆之职指挥兵车跟从沛公在东阿、濮阳一带袭击章邯，在战斗中驾兵车快速进攻，作战勇猛，大破秦军，沛公赐给他执珪的爵位。他又曾指挥兵车跟从沛公在开封袭击赵贲的军队，在曲遇袭击杨熊的军队。在战斗中，夏侯婴俘虏六十八人，收降士兵八百五十人，并缴获金印一匣。接着又曾经指挥兵车跟从沛公在洛阳以东袭击秦军。他驾车冲锋陷阵，奋力拼杀，沛公赐予他滕公的封爵。接着又指挥兵车跟从沛公攻打南阳，在蓝田、芷阳大战，他驾兵车奋力冲杀，英勇作战，

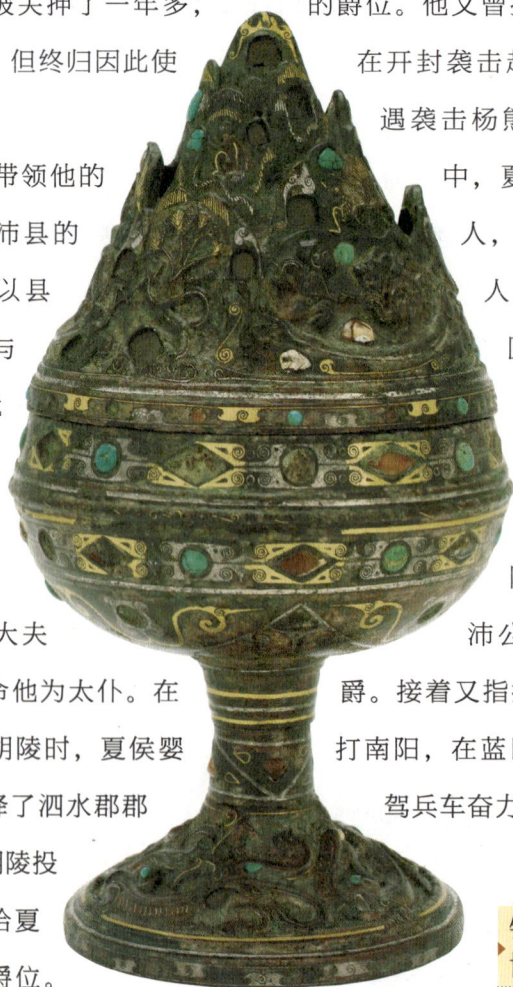

铜错金银嵌绿松石博山炉·西汉

30

一直打到了霸上。项羽进关之后，灭掉了秦朝，封沛公为汉王。汉王赐予夏侯婴列侯的爵位，号为昭平侯。又以太仆之职，跟随汉王进军蜀、汉地区。

后来汉王回军平定了三秦，夏侯婴随从汉王攻击项羽的军队。进军彭城，汉军被项羽打得大败。汉王因兵败不利，乘车马急速逃去。在半路上夏侯婴遇到了孝惠帝和鲁元公主，就把他们收上车来。马已跑得十分疲乏，敌人又紧追在后，汉王特别着急，有好几次用脚把两个孩子踢下车去，想扔掉他们了事，但每次都是夏侯婴下车把他们抱上来，一直把他们载在车上。夏侯婴赶着车子，先是慢慢地前进，等到两个吓坏了的孩子抱紧了自己的脖子之后，才驾车奔驰。汉王为此非常生气，有十多次想要杀死夏侯婴，但最终还是逃出了险境，把孝惠帝、鲁元公主安然无恙地送到了丰邑。

汉王到了荥阳之后，收集被击溃的军队，军威又振作起来，汉王把祈阳赐给夏侯婴作为食邑。在此之后，夏侯婴又指挥兵车跟从汉王攻打项羽，一直追击到陈县，最后终于平定了楚地。行至鲁县，汉王又给他增加了兹氏一县作为食邑。

汉王立为皇帝的这一年秋天，燕王臧荼起兵造反，夏侯婴以太仆之职跟从高祖攻打臧荼。第二年，又跟从高祖到陈县，逮捕了楚王韩信。高祖把夏侯婴的食邑改封在汝阴，剖符为信，使爵位世世代代传下去。又以太仆之职跟从高祖攻打代地，一直打到武泉、云中，高祖给他增加食邑一千户。接着又跟随高祖到晋阳附近，把隶属于韩信的匈奴骑兵打得大败。当追击败军到平城时，被匈奴骑兵团团围住，困了整整七天不能解脱。后来高祖派人送给匈奴王的王后阏氏好多礼物，匈奴王冒顿这才把包围圈打开一角。高祖刚脱围出平城就想驱车快跑，夏侯婴坚决止住车马慢慢行走，命令弓箭手都拉满弓向外，最后终于脱离险境。凭借这份功劳，高祖把细阳一千户作为食邑加封给夏侯婴。又以太仆之职跟随高祖在勾注山以北地区攻打匈奴骑兵，获得大胜。以太仆之职在平城南边攻击匈奴骑兵，多次攻破敌阵，功劳最多，高祖就把夺来的城邑中的五百户赐给他作为食邑。又以太仆之职攻打陈狶、英

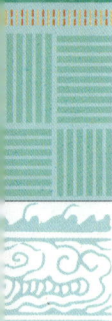

博山炉

博山炉出现在西汉时期，盛行于宫廷和贵族的生活之中。1968年在河北中山靖王刘胜墓中出土的错金博山炉就是见证，其造型和工艺已达到高峰。据《西京杂记》记载：长安巧工丁缓善做博山炉，能够重叠雕刻奇禽怪兽以做香炉的表面装饰。博山炉初为铜质素面，后随工艺技术的发展，有的遍体饰云气花纹，有的鎏金或错金银。博山炉工艺之繁，远远超过后来的五足或三足香炉。博山炉下有底座。当炉腹内燃烧香料时，烟气从镂空的山形中散出，有如仙气缭绕，给人以置身仙境的感觉。

布的反叛军队，冲锋陷阵，击退敌军，又加封食邑一千户。最后，高祖把夏侯婴的食邑定在汝阴，共六千九百户，撤销以前所封的其他食邑。

夏侯婴自从跟随高祖在沛县起兵，长期担任太仆一职，一直到高祖去世。之后又作为太仆侍奉孝惠帝。孝惠帝和吕后非常感激夏侯婴在下邑的路上救了孝惠帝和鲁元公主，就把

紧靠在皇宫北面的一等宅第赐给他，名为"近我"，意思是说"这样可以离我最近"，以此表示对夏侯婴的格外尊宠。孝惠帝死去之后，他又以太仆之职侍奉高后。等到高后去世，代王来到京城的时候，夏侯婴又以太仆的身份和东牟侯刘兴居一起入皇宫清理宫室，废去了少帝，用天子的法驾到代王府第里去迎接代王，和大臣们一起立代王为孝文皇帝，夏侯婴仍然担任太仆。八年之后去世，谥号为文侯。他的儿子夷侯夏侯灶继承侯位，七年之后去世。儿子共侯夏侯赐继承侯位，三十一年之后去世。他的儿子夏侯颇娶的是平阳公主，在他继承侯位十九年时，也就是元鼎二年这一年，因为和他父亲的侍婢通奸，畏罪自杀，封国也被撤销了。

颍阴侯灌婴

颍阴侯灌婴原是睢阳的一个贩卖丝缯的小商人。高祖在刚刚起兵反秦、自立为沛公的时候，攻城略地来到雍丘城下，章邯击败了项梁并杀死了他。而沛公也撤退到砀县一带，灌婴以内侍中涓官的身份跟随沛公，在

成武打败了东郡郡尉的军队，在杠里打败了驻守的秦军，因为杀敌英勇，被赐予七大夫的爵位。后又跟随沛公在亳县以南及开封、曲遇一带与秦军交战，因奋力拼杀，被赐予执帛的爵位，号为宣陵君。又跟随沛公在阳武以西至洛阳一带与秦军交战，在尸乡以北地区击败秦军，再向北切断了黄河渡口，然后又领兵南下，在南阳以东打垮了南阳郡郡守吕齮的军队，这样就平定了南阳郡。再往西进入武关，在蓝田与秦军交战，因为英勇奋战，一直打到霸上，被赐予执珪的爵位，号为昌文君。

沛公被封为汉王之后，汉王拜灌婴为郎中。他跟从汉王进军汉中，十月间，又被任命为中谒者。跟从汉王还师平定了三秦，攻取了栎阳，降服了塞王司马欣。回军又把章邯围在了废丘，但未能攻克。后又跟随汉王东出临晋关，降服了殷王董翳，平定了他所统辖的地区。在定陶以南地区与项羽的部下龙且、魏国丞相项他的军队交战，经过激烈的拼搏，最后击败敌军。因功被赐予列侯的爵位，号为昌文侯，杜县的平乡被封作他的食邑。

以后又以中谒者的身份跟随汉王拿下砀县，进军彭城。项羽带领军队出击，把汉王打得大败。汉王向西逃跑，灌婴随汉王撤退，在雍丘驻扎。王武、魏公申徒谋反，灌婴随从汉王出击，并打垮了他们。攻克了外黄，再向西招募士卒，在荥阳驻扎。项羽的军队又来进攻，其中骑兵很多，汉王就在军中挑选能够担任骑兵将领的人，大家都推举原来的秦朝骑士重泉人李必、骆甲，他俩对骑兵很在行，同时现在又都担任校尉之职，因此可以担任骑兵将领。汉王准备任命他们，但他们二人说："我们原为秦民，恐怕军中士卒觉得我们靠不住，所以请您委派一名常在您身边而又善于骑射的人做我们的首领。"当时灌婴年龄虽然不大，但在多次战斗中都能勇猛拼杀，所以就任命他为中大夫，让李必、骆甲担任左右校尉，带领郎中骑兵在荥阳以东和楚国骑兵交战，把楚军打得大败。又奉汉王命令自己单独率领军队袭击楚军的后方，断绝了楚军从阳武到襄邑的粮食供应线。在鲁县城下，打败了项羽将领项冠的军队，部下将士们斩杀楚军的右司马、骑将各一人。击败柘公王武，军队驻扎在燕国西部一带，部下将士们斩杀楼烦将领五人、连尹一人。在白马附近，大破王武的别将桓婴，所统帅的士兵斩都尉一人。又带领骑兵南渡黄河，护送汉王到达洛阳，然后汉王又派遣灌婴到邯郸去迎接相国韩信的部队。回来到敖仓时，他升任为御史大夫。

汉王三年，灌婴以列侯的爵位得到了杜县的食邑平乡。其后，他以御史大夫的身份率领郎中骑兵，隶属于相国韩信，在历下击败了齐国的军队，他所率领的士卒俘虏了车骑将军华毋伤及将吏四十六人。迫使敌兵投降，拿下了临菑，活捉齐国守相田光。又追击齐国相国田横到嬴县、博县，击败齐国骑兵，所率领的士卒斩杀齐国骑将一人，活捉骑将四人。攻克嬴县、博县，在千乘把齐国将军田吸打得大败，所率士卒将田吸斩首。然后跟随韩信引兵向东，在高密攻打龙且和留公旋的军队，所率领的士卒将龙且斩首，活捉右司马、连尹各一人，楼烦将领十人，自己亲手活捉亚将周兰。

齐地平定之后，韩信自立为齐王，派遣灌婴单独率军去鲁县北攻打楚将公杲的军队，获得全胜。灌婴挥师南下，打败了薛郡郡守所率领的军队，亲自俘虏骑将一人。接着又进攻傅阳，进军到达下相东南的僮县、取虑和徐县一带。渡过淮河，全部降服了淮南的城邑，然后到达广陵。其后项羽派项声、薛公和郯公又重新收复淮北。因此灌婴渡过淮河北上，在下邳击败了项声、郯公，并将薛公斩首，拿下下邳。在平阳击败了楚军骑兵，接着就降服了彭城，俘获了楚国的柱国项佗，降服了留、薛、沛、酂、萧、相等县。攻打苦县、

▶ 九江文化浮雕之《灌婴筑城》

谯县，再次俘获亚将周兰。然后在颐乡和汉王会师。跟随汉王在陈县一带击败项羽的军队，所率领的士卒斩楼烦骑将二人，俘获骑将八人。汉王给灌婴增加食邑二千五百户。

项羽在垓下大败，然后突围逃跑，这时，灌婴以御史大夫的身份受

汉王命令带领车骑部队追击项羽，在东城彻底击垮了他。所率领的将士五人共同斩杀了项羽，他们都被封为列侯。又降服了左右司马各一人，士兵一万二千人，全部俘获了项羽军中的

将领和官吏。接着，又攻克了东城、历阳，渡过长江，在吴县一带打败了吴郡郡守所率领的军队，俘获了吴郡郡守。这样，也就平定了吴、豫章、会稽三郡。然后回军，又平定了淮北地区，一共五十二个县。

汉王登基为皇帝后，又给灌婴加封食邑三千户。这一年的秋天，他以车骑将军之职跟从高祖击败燕王臧荼的军队。第二年，跟从高祖到达陈县，逮捕了楚王韩信。回朝之后，高祖剖符为信，使其世世代代不绝，把颍阴的两千五百户封给灌婴作为食邑，号为颍阴侯。

此后，灌婴又作为车骑将军随从高祖到代，去讨伐谋反的韩王信，到马邑的时候，奉高祖命令率军降服了楼烦以北的六个县，斩了代国的左丞相，在武泉以北击败了匈奴骑兵。又跟随高祖在晋阳一带袭击隶属于韩王信的匈奴骑兵，所统帅的士卒斩杀匈奴白题将一人。灌婴奉诏一并率领燕、赵、齐、梁、楚等国的车骑部队，在硰石打败了匈奴的骑兵。到平城的时候，被匈奴大军团团围住，跟随高祖回军到东垣。

在跟随高祖攻打陈豨的时候，灌婴受命单独在曲逆一带攻击陈豨丞相侯敞的军队，大败敌军，所率领的士卒杀死了侯敞和特将五人。降服了曲逆、卢奴、上曲阳、安国、安平等地，攻克了东垣。

英布造反的时候，灌婴以车骑将军之职率军先行出征，在相县，大败英布别将的军队，斩杀亚将、楼烦将共三人。又进军攻打英布上柱国的军队和大司马的军队。又进军击破英布别将肥诛的军队，灌婴亲手活捉左司马一人，所率士卒斩其小将十人，追击敌人的败将残兵一直到淮河沿岸。因此，高祖又给他增加食邑二千五百户。讨平英布之后，高祖还朝，确定灌婴在颍阴的食邑共五千户，撤销以前所封的食邑。在历次大战中，灌婴总计随高祖俘获二千石的官吏二人，另外自己率部击破敌军十六支，降服城池四十六座，平定了一个诸侯国、两个郡、五十二个县，俘获将军二人，柱国、相国各一人，二千石的官吏十人。

灌婴在打败了英布回到京城时，高祖去世了。灌婴就以列侯之职侍奉

孝惠帝和吕太后。太后去世以后，吕禄等人以赵王的身份自置为将军，驻军长安，妄图发动叛乱。齐哀王刘襄得知此事以后，发兵西进向京城而来，说要杀死不应该为王的人。上将军吕禄等人听说之后，就派遣灌婴为大将，带领军队前去阻击。灌婴来到荥阳，就和绛侯周勃等人商议，决定大军暂时在荥阳驻扎，向齐哀王暗中示意准备诛杀吕氏的事，齐兵因此也就屯兵不前。绛侯周勃等人杀死诸吕之后，齐王收兵回到封地。灌婴也收兵从荥阳回到京城，和周勃、陈平共同立代王为孝文皇帝。孝文皇帝于是就给灌婴加封食邑三千户，赐给黄金一千斤，同时任命他为太尉。

三年以后，绛侯周勃免除丞相职务回到自己封地上去了，灌婴担任丞相，撤销了太尉之职。这一年，匈奴大举入侵北地、上郡，皇帝命丞相灌婴带领骑兵八万五千人，前去迎击匈奴。匈奴逃跑之后，济北王刘兴居造反，皇帝下命令灌婴收兵回京。又过了一年多，灌婴死在丞相任上，谥号为懿侯。儿子平侯灌阿继承了侯位，二十八年以后死去。儿子灌强继承侯位，十三年之后，因为灌强有罪，侯位中断了两年。元光三年，天子封灌婴的孙子灌贤为临汝侯，让他作为灌婴的继承人。八年之后，灌贤因犯行贿罪，封国被撤销。

❖ 太史公说 ❖

我曾经到过丰沛，访问当地的遗老，观看原来萧何、曹参、樊哙、滕公居住的地方，打听他们当年的有关故事，所听到的真是令人惊异呀！当他们操刀杀狗或贩卖丝缯的时候，怎么会知道日后能附骥尾，垂名汉室，德惠传及子孙呢？我和樊哙的孙子樊他广有过交往，他和我谈的高祖功臣们起家时的事迹，就是以上我所记述的这些。

张丞相列传 第三十六

【解题】本传是张苍、周昌、任敖、申屠嘉四个人的合传。（车千秋及以后几个人的传记并不是司马迁所作，而是后来褚先生的补作。）在这四个人当中，刻画得最为出色的是周昌和申屠嘉。从这两个人身上，可以看出太史公刻画人物的深厚功力，特别是以人物的语言和行动表现人物性格这一点上，更是后人学习的榜样。

❀张苍的出身

丞相张苍是阳武人，他非常喜欢图书、乐律及历法。在秦朝时，他曾

▶四神温酒炉·西汉

美国纽约大都会艺术博物馆藏。温酒炉由耳杯、炉体和托盘三部分组成。耳杯呈椭圆形，右侧有月牙形耳。炉体长方形，四壁透雕装饰青龙、白虎、朱雀、玄武图案，一侧有折曲形长柄。托盘为长椭圆形，用于承接落下的炉灰。

担任过御史，掌管宫中的各种文书档案。后来因为犯罪，便逃跑回家了。等到沛公攻城略地经过阳武的时候，张苍就以宾客的身份跟随沛公攻打南阳。后来张苍因为犯法应该斩首，脱下衣服、伏在刑具上时，身体又高又大，同时还有一身如同葫芦籽一样肥硕白皙的皮肤，凑巧被王陵看见，惊叹张苍长得好。于是，王陵就向沛公说情，赦免了他的死罪。这样，张苍便跟随沛公向西进入武关，到达咸阳。沛公被封为汉王，进入汉中，不久又还师平定三秦。陈馀打跑常山王张耳，张耳投归汉王，汉王就任命张苍为常山的郡守。又跟随韩信攻打赵国，张苍擒获陈馀。赵

九章算術卷第一

魏 劉徽 注

唐朝議大夫行太史令上輕車都尉臣李淳風等奉敕注釋

方田以御田疇界域

今有田廣十五步從十六步問爲田幾何苔曰一畝

又有田廣十二步從十四步問爲田幾何苔曰一百六十八步

方田術曰廣從步數相乘得積步

此積謂田冪凡廣從相乘謂之冪

臣淳風等謹按經云廣從相乘得積步注云廣從相乘謂之冪

觀斯注意積冪義同以理推之固當不爾何則冪是四方

單布之名積乃衆數聚居之稱循名責實二者全殊難欲同

之竊恐不可今以凡言冪者據廣從之一方其言積者舉衆

股與句弦并求句弦之圖

▶《九章算术》书影·清

《九章算术》是中国古代第一部数学专著，其作者已不可考，但一般认为，对该书进行系统整理的就是西汉初年的丞相张苍，他依据旧有文字对该书做了增益和删削，最终形成我们现在看到的版本。

地平定之后，汉王任命张苍为代国相国，防备边境敌寇。不久，又被调任赵国相国，辅佐赵王张耳。张耳死后，辅佐赵王张敖。然后又调任代国相国，辅佐代王。燕王臧荼谋反时，高祖带兵前去攻打，张苍以代国相国的身份跟随高祖攻打臧荼有功，在高祖六年中被封为北平侯，食邑一千二百户。

后来，张苍被升任为管理财政的计相。一个月之后，张苍以列侯的爵位改任主计，他担任这个职务达四年之久。此时萧何担任相国，而张苍是从秦时就担任柱下史，非常熟悉天下的图书和各种簿籍，再加上他很精通计算、乐律和历法，因此就命令他以列侯的爵位在相府办公，负责管理各郡国交上来的会计账簿。英布谋反未成而逃跑，汉高祖就立他的儿子刘长作淮南王，命令张苍为相国来辅佐他。十四年（应为十六年）之后，张苍调任御史大夫。

◆御史周昌

周昌是沛县人，他和堂兄周苛都在秦时担任泗水卒史。等到汉高祖在沛县起兵的时候，打败了泗水郡的郡守、郡监，这样，周昌、周苛二兄弟也就以卒史的资历追随沛公，沛公命周昌担任一名管旗帜的职志，周苛暂时在帐下当宾客。后来他们都跟从沛公入关，推翻强秦的统治。沛公被封为汉王，汉王任命周苛为御史大夫，周昌为中尉。

汉四年，楚军在荥阳把汉王团团围住，情况紧急，汉王悄悄逃出包围，命令周苛留守荥阳城。楚军攻破了荥阳，想任命他为将领，周苛痛斥道："你们这些人应该赶快投降汉王，不然的话，很快地就要做俘虏了！"项羽听罢大怒，立刻就烹杀了周苛。于是，汉王就拜周昌为御史大夫。周昌经常跟随汉王，并且多次击败项羽军

队。因此，在汉六年时，周昌和萧何、曹参一起受封，周昌被封为汾阴侯，周苛的儿子周成因父亲为国捐躯，也被封为高景侯。

周昌为人坚忍刚强，敢于直言不讳。自萧何、曹参等人对周昌都是非常敬畏的。周昌曾经有一次在高祖休息时进宫奏事，高祖正抱着戚姬，周昌见此情景，回头便跑，高祖连忙上前追赶，追上之后，骑在周昌的脖子上问道："你看我是什么样的皇

帝？"周昌挺直脖子，昂起头说："陛下您就是夏桀、商纣一样的皇帝。"高祖听了哈哈大笑，但是却由此最敬重周昌。等到高祖想废掉太子，立戚姬之子如意为太子时，许多大臣都坚决反对，但是都未奏效。后来，幸好张良为吕后定下计策，使高祖暂时把此事放下。而周昌在朝廷中和皇帝极力争辩，高祖问他理由何在，因为周昌本来就有口吃的毛病，再加上是在非常气愤的时候，也就口吃得更加厉害了，他说："我的口才虽然不太好，但是期……期……知道这样做是不行的。陛下您虽然想废掉太子，但是期……期……坚决不能接受您的诏令。"高祖听罢，很高兴地笑了。事过之后，吕后因为在东厢侧耳听到上述对话，她见到周昌时，就跪谢说："若不是您据理力争的话，太子几乎就被废掉了。"

此后，戚姬的儿子如意被立为赵王，年纪才十岁，高祖担心自己死后赵王会被人杀掉。当时有一个名叫赵尧的人，年纪很小，他的官职是掌管符玺的御史。赵国人方与公对御史大夫周昌说："你的符玺御史赵尧，年纪虽轻，却是一个奇才，你对他一定要另眼相待，他将来要代替你的职位。"周昌笑着说："赵尧年轻，只不过是一个刀笔小吏罢了，哪里会到这种地步！"过了不久，赵尧去侍奉高祖。有一天，高祖独自心中不乐，慷慨悲歌，满朝文武不知道皇帝为什么会这样。赵尧上前请问道："皇帝您闷闷不乐的原因，莫非是为赵王年轻而戚夫人和吕后二人又不和睦吗？是担心在您万岁之后而赵王不能保全自己吗？"高祖说："对。我私下里非常担心这些，但是却拿不出什么办法来。"赵尧说："您最好为赵王派去一个地位高贵而又坚强有力的相国，这个人还得是吕后、太子和群臣平素都敬畏的人才行。"高祖说道："对。我考虑此事是想这样，但是满朝群臣谁能担此重任呢？"赵尧说道："御史大夫周昌，这个人坚强耿直，况且从吕后、太子到满朝文武，人人对他都一直敬畏，因此，只有他才能够担此重任。"高祖说："好。"于是高祖就召见了周昌，对他说："我想一定得麻烦你，你无论如何也要为我去辅佐赵王，你去担任他的相国。"

周昌哭着回答："我从一开始就跟随陛下，您为什么单单要在半路上把我扔给了诸侯王呢？"高祖说："我非常了解这是降职，但是我私下里又实在为赵王担心，再三考虑，除去您之外，其他人谁也不行。真是迫不得已，您就为我勉强走一遭吧！"于是御史大夫周昌就被调任为赵国相国。

周昌走了以后，过了很长一段时间，高祖手拿着御史大夫的官印，轻轻地抚弄着说："谁才是御史大夫最合适的人选呢？"然后仔细地看了看赵尧，说道："没有人比赵尧更合适了。"这样，就任命赵尧为御史大夫。赵尧在以前也有军功和食邑，等到

他以御史大夫之职跟随攻打陈狶立了功，被封为江邑侯。

高祖去世之后，吕太后派使臣召赵王入朝，相国周昌让赵王推说身体不好，不能前往。使者往返去了三次，周昌都一直坚持不送赵王进京。于是吕后很是忧虑，就派使者召周昌进京。周昌进京之后，拜见吕后，吕后非常生气地骂他："难道你还不知道我非常恨戚夫人吗？而你却不让赵王进京，为什么？"周昌被召进京城之后，吕后又派使者召赵王，不久，赵王果然来到了京城。他到长安一个多月，就被迫喝下毒药死去了。周昌因此也就称病引退，不再上朝拜见太后。三年之后，他也去世了。

五年之后，吕后听说御史大夫江邑侯赵尧在高祖时定下了保全赵王如意的计策，于是就除去他江邑侯爵位以抵其罪，并让广阿侯任敖担任了御史大夫。

◆御史任敖

任敖这个人，原来是沛县的一名狱吏。高祖还是一名普通百姓时，曾躲避官司，狱吏

找不到高祖本人，便抓走了吕后，并对她很不礼貌。而任敖一直和高祖很要好，见此情景非常生气，就打伤了拘管吕后的那位狱吏。等到高祖开始起兵的时候，任敖就以宾客的身份跟随，后来担任御史，驻守丰邑两年。等到高祖被封为汉王的时候，向东进击项羽，任敖升为上党郡守。在陈豨造反的时候，任敖坚守城池，未被叛军攻陷，因功被封为广阿侯，食邑一千八百户。高后时，担任御史大夫。三年后被免职，任命平阳侯曹窋为御史大夫。高后去世之后，曹窋和大臣们共同诛杀吕禄等人，后被免去官职，任命淮南王相国张苍为御史大夫。

▶ **绿釉陶酒具·西汉**

河南省济源市博物馆藏。釉陶质，盒身与盖相同，皆呈椭圆形，两端各有一个半圆形捉手，盒内盛放十七个饮酒用的耳形酒杯。盖顶部饰四个乳钉状凸起。通体施绿釉，耳杯施褐釉。

张苍任相

张苍和绛侯周勃等人共同尊立代王为孝文皇帝。文帝四年，丞相灌婴去世，张苍继任为丞相。

自从汉朝建立到孝文帝已有二十多年时间，当时正处在天下刚刚平定的时候，朝廷中的文武百官都是军人出身，而唯独张苍从担任计相时起，就致力于探讨、订正音律和历法的工作。因为高祖是在十月里入关灭秦到达霸上的，所以原来秦代以十月为一年开端的旧历法依然沿袭。他又推求金、木、水、火、土五德运转的情形，认为汉朝正值水德旺盛的时期，所以仍然像秦朝那样崇尚黑色。张苍还吹奏律管，调整乐调，使其合于五声八音，以此类推其他，来制定律令。并且由此制定出各种器物的度量标准，以作为天下百工的规范。在他担任丞相一职时期，终于把这一切都完成

▶青铜牛尊·西汉

了。所以整个汉代研究音律历法的学者，都师承张苍。而张苍这个人又本来就喜欢图书，再加上他什么书都读，什么学问都精通，而尤其擅长音律和历法。

张苍对于曾经救过自己性命的王陵感恩戴德。王陵就是安国侯。等到张苍当了高官之后，经常把王陵当作父亲一般侍奉。王陵死后，张苍已经是丞相了，但是每逢五天一休假的时候，总是先拜见王陵夫人，献上美食之后，才敢回家。

张苍担任丞相十几年之后，鲁国有个人叫公孙臣，他上书给皇帝，说汉朝属于上德旺盛时期，其征兆是不久将要有黄龙出现。皇帝下诏把此议交给张苍审鉴，张苍认为并非这样，把这件事扔在了一边。但是后来黄龙果然出现在天水郡的成纪县。于是文帝就把公孙臣召到了朝廷，并任命他为博士，让他负责草拟顺应土德的历法制度。同时，改定元年。丞相张苍也就因此自行引退，推说年老多病，不再上朝。张苍曾保举某人作中侯官，但这个人利用不正当手段大搞谋求自己私利的事，皇帝以此责备张苍，张苍就告病退职了。前后算起来，张苍总共做了十五年的丞相才去职，在孝景帝前元五年时去世，谥号为文侯。儿子康侯继承侯位。八年之后康侯去世。康侯的儿子张类继承侯位，又过了八年，张类因为犯下了参加诸侯的丧礼后就位不敬的罪名，爵位封邑都被撤销。

从前，张苍的父亲身高不足五尺，等到生下张苍，张苍却身高八尺，被封为侯，又做了丞相。张苍的儿子也很高大，到了孙子张类却又身高六尺多一点，因为犯法而失去侯位。张苍在免去丞相职务之后，年岁已经很

大了，嘴里没有牙齿，只能靠吃人奶度日，让一些女人当他的乳母。他的妻妾众多，达百人左右，凡是曾经怀孕生育过的就不再亲近。张苍最后活到一百零几岁才去世。

丞相申屠嘉

丞相申屠嘉是梁地人。他以一个能拉强弓硬弩的武士的身份，跟随高祖，攻打项羽，因军功升任一个叫作队率的小官。跟随高祖攻打英布叛军时，升任都尉。在孝惠帝时，升任淮阳郡守。孝文帝元年，下令选拔那些曾经跟随高祖南征北战，现年俸在

太乐署

太乐署是汉代太常唯一的音乐机构，担负着制声律、定历法，掌管乐舞伎人以及祭祀、大飨用乐，教习诸子学习各种艺术技能包括歌唱、乐舞、乐器、保存前朝遗留乐四种职能。太乐署的音乐主要来源于乐家制氏所传先秦雅乐、虞公的雅歌与窦公的雅乐、刘德献于武帝的雅乐和叔孙通所制定的宗庙乐。

二千石的官员，一律都封为关内侯的爵位，得封此爵的共二十四人，而申屠嘉得到五百户的食邑。张苍任丞相之后，申屠嘉升任为御史大夫。张苍免去丞相之后，孝文皇帝想任命皇后的弟弟窦广国为丞相，但是又说："我很害怕这样做会使天下人认为我偏爱广国。"窦广国这个人很有才能，而且品德也好，因此皇上才想任命他为丞相。但是孝文帝经过长时间考虑之后，还是认为他不合适。而高祖时候的大臣又多已死去，活着的人当中看来也没有合适的人选，所以就任命申屠嘉为丞相，就以原来的食邑封他为故安侯。

申屠嘉为人廉洁正直，在家里不接受私事拜访。当时太中大夫邓通特别受皇帝的宠爱，皇帝赏赐给他的钱财已达万万。汉文帝曾经到他家饮酒作乐，由此可见皇帝对他宠爱的程度。当时丞相申屠嘉入朝拜见皇帝，而邓通站在皇帝的身边，礼数上有些简慢。申屠嘉奏事完毕，接着说道："皇上您喜爱您的宠臣，可以让他富贵，至于朝廷上的礼节，却是不能不严肃对待的。"皇帝说道："请您不

要再说了，我对邓通就是偏爱。"
申屠嘉上朝回来坐在相府中，下了
一道手令，让邓通到相府来，如
果不来，就要把邓
通斩首。邓通非常
害怕，进宫告诉了文
帝。文帝说："你尽管
前去无妨，我立刻就派人召你
进宫。"邓通来到了丞相府，
摘下帽子，脱下鞋子，给申屠嘉叩
头请罪。申屠嘉很随便地坐在那里，
故意不以礼节对待他，同时还斥责他
说："朝廷嘛，是高皇帝的朝廷。你
邓通只不过是一个小臣，却胆敢在大
殿之上随随便便，犯有大不敬之罪，
应该杀头。来人，现在就执行，把他
斩了！"邓通磕头，头上碰得鲜血直
流，但申屠嘉仍然没有说饶了他。文
帝估计丞相已经让邓通吃尽了苦头，
就派使者拿着皇帝的节旄召邓通进
宫，并且向丞相表示歉意说："这是
我亲狎的臣子，您就饶了他吧！"邓
通回到宫中之后，哭着对文帝说："丞
相差点杀了我！"

　　申屠嘉担任丞相五年之后，孝文
帝去世了，孝景帝即位。景帝二年，

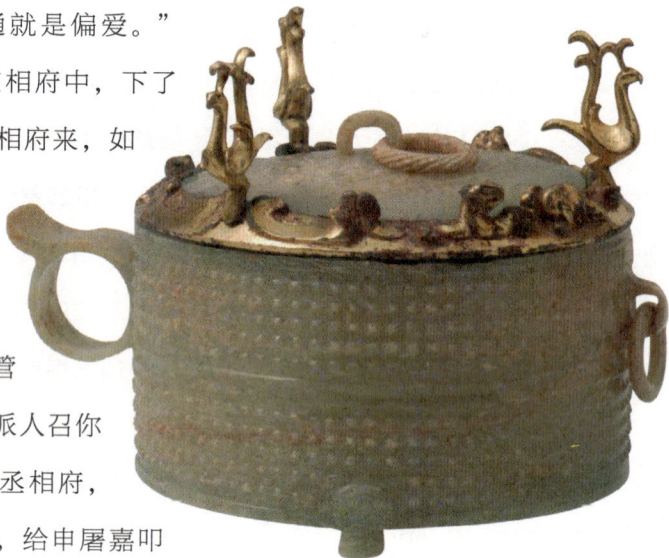

晁错担任内史，因为受皇帝宠爱，地
位很高，权力也很大，许多法令制度
他都奏请皇帝变更。同时还讨论如何
用贬谪处罚的方式来削弱诸侯的权
力。而丞相申屠嘉也有感于自己所说
的话不被采用，因此忌恨晁错。晁错
担任内史，内史府的大门本来是朝东
开的，使他进出有许多不便，他就自
作主张凿了一个朝南开的门。而向南

开的门所凿开的墙，正是太上皇宗庙的外墙，申屠嘉听说之后，就想借晁错擅自凿开宗庙围墙为门这一理由，把他治罪法办，奏请皇上杀掉他。但是晁错门客当中有人把这件事告诉了他。晁错非常害怕，连夜跑到宫中，拜见皇上，向景帝自首，说明情况。到了第二天早朝的时候，丞相申屠嘉奏请诛杀内史晁错。景帝说道："晁错所凿的墙并不是真正的宗庙墙，而是宗庙的外围短墙，所以才有其他官员住在里面。况且这又是我让他这样做的，晁错并没有什么罪过。"退朝之后，申屠嘉对长史说："我非常后悔没有先杀了晁错，却先报告皇帝，结果反被晁错给欺骗了。"回到相府之后，因气愤吐血而死，谥号为节侯。儿子共侯申屠蔑继承侯位，三年之后去世。共侯之子申屠去病继承侯位，三十一年之后去世。申屠去病的儿子申屠臾继承侯位，六年之后，由于身为九江太守接受原任官员送礼而犯了罪，封国被撤销。

自从申屠嘉死去之后，景帝时开封侯陶青、桃侯刘舍先后担任丞相之职。到了武帝时，柏至侯许昌、平棘侯薛泽、武强侯庄青翟、高陵侯赵周等人相继为丞相，他们都是世袭的列侯，平庸无能，谨小慎微，当丞相只不过是滥竽充数而已，没有一个人是以贡献杰出、功名显赫而著称于世的。

✥ 太史公说 ✥

张苍对文章学问、音乐历法都很精通，是汉朝的一代名相。但是他却把贾生、公孙臣等人提出的采用正朔、改变服色的主张抛在了一边，不加以实行，而偏偏采用秦朝所实行的颛顼历，这是为什么呢？周昌这个人质朴、刚强、正直，是个像木石一般倔强的人。而任敖则是靠旧日他对吕后有恩德才被重用。申屠嘉可以说是刚正坚毅、品德高尚的人，但是他却既不懂权术又没有学问，和萧何、曹参、陈平这些前辈丞相相比，恐怕就要逊色一些了。

郦生陆贾列传 第三十七

【解题】本传是郦食其、陆贾、朱建三个人的合传。这三个人的共同特点是都很伶牙俐齿，能言善辩，嘘枯吹生，大有战国时代纵横家的遗风。尽管他们有共同之处，但是其成就和贡献却不尽相同。朱建远不能和郦食其、陆贾同日而语，他充其量不过是豪门贵族的食客或幕僚而已。

图说 史记

◈ 高阳酒徒

郦生郦食其是陈留高阳人。他非常喜欢读书，但家境贫寒，穷困潦倒，连能供得起自己穿衣吃饭的产业都没有，只得当了一名看管里门的下贱小吏。但是尽管如此，县中的贤士和豪强却不敢随便役使他，县里的人们都称他为"狂生"。

等到陈胜、项梁等人反秦起义的时候，各路将领攻城略地经过高阳的有数十人，但郦生听说这些人都是一些斤斤计较、喜欢烦琐细小的礼节，刚愎自用、不能听大度之言的小人，因此他就深居简出，隐藏起来，不去逢迎这些人。后来，他听说沛公带兵攻城略地来到陈留郊外，沛公部下的一个骑士恰恰是郦生邻里故人的儿子，沛公时常向他打听他家乡的贤士俊杰。一天，骑士回家，郦食其看到他，对他说道："我听说沛公傲慢而看不起人，但他有许多远大的谋略，这才是我真正想要追随的人，只是苦于没人替我介绍。你见到沛公，可以这样对他说：'我的家乡有位郦先生，已有六十多岁，身高八尺，人们都称他是狂生，但是他自己说并非狂生。'"骑士回答说："沛公并不喜欢儒生，许多人头戴儒生的帽子来见他，他就立刻把他们的帽子摘下来，在里边撒尿。在和人谈话的时候，动不动就破口大骂。所以您最好不要以儒生的身份去向他游说。"郦生说："你只管像我教你的这样说。"骑士

回去之后，就按郦生嘱咐的话从容地告诉了沛公。

后来沛公来到高阳，在旅舍住下，派人去召郦生前来拜见。郦生来到旅舍，先递进自己的名片，当时沛公正坐在床边伸着两腿让两个女人洗脚，就叫郦生来见。郦生进去，只是作个长揖而没有倾身下拜，并且说："您是想帮助秦国攻打诸侯呢，还是想率领诸侯灭掉秦国？"沛公骂道："你个奴才相儒生！天下的人同受秦朝的苦已经很久了，所以诸侯们才陆续起兵反抗暴秦，你怎么说帮助秦国攻打诸侯呢？"郦生说："如果您下决心聚合民众，召集义兵来推翻暴虐无道的秦王朝，那就不应该用这种倨慢无礼的态度来接见长者。"于是沛公立刻停止了洗脚，穿整齐衣裳，把郦生请到了上宾的座位，并且向他道歉。郦生谈了六国合纵连横所用的谋略，沛公喜出望外，命人端上饭来，让郦生进餐，然后问道："那您看今天我们的计策该怎么制定呢？"郦生说道："您把乌合之众，散乱之兵收集起来，总共也不满一万人，如果以此来直接和强秦对抗的话，那就是人们所常说的探虎口啊。陈留是天下的交通要道，四通八达的地方，现在城里又有很多存粮。我和陈留的县令很是要好，请您派我到他那里去一趟，让他向您来投降。他若是不听从的话，您再发兵攻城，我在城内又可以作为内应。"于是沛公就派遣郦生前往，自己带兵紧随其后，这样就攻取了陈留，赐给郦生广野君的称号。

郦生又荐举他的弟弟郦商，让他带领几千人跟随沛公到西南攻城略地。

▶彩绘兽首凤形漆勺·秦

湖北省博物馆藏。1975 年湖北云梦睡虎地 9 号墓出土。高 13.3 厘米，长 14.8 厘米，宽 10.6 厘米。木胎，雕刻。这件漆勺是以凤的首、颈作为勺把，勺体挖成凤身，雕出外张的凤尾，平底可以稳当放置。它的造型是在写实的基础上加以夸张，形不失真，新颖别致，而且还用红、褐漆描绘凤的羽毛纹以及凤的眼、鼻、耳，使它更加绚丽多彩。凤尾下有"咸口"等烙印文字。此勺是前所未有的新品种。

而郦生自己常常担任说客，以使臣的身份奔走于诸侯之间。

辅佐高祖

汉三年的秋天，项羽攻打汉军，攻克了荥阳城，汉军逃走去保卫巩、洛。不久，楚国人听说淮阴侯韩信已经攻破赵国，彭越又多次在梁地造反，就分出一部人马前去营救。淮阴侯韩信正在东方攻打齐国，汉王又多次在荥阳、成皋被项羽围困，因此想放弃成皋以东的地盘；屯兵巩、洛以与楚军对抗。郦生便就此进言道："我听说能知道天之所以为天的人，可以成就统一大业；而不知道天之所以为天的人，统一大业不可成。作为成就统

一大业的王者，他以平民百姓为天，而平民百姓又以粮食为天。敖仓这个地方，天下往此地输送粮食已经有好长时间了。我听说现在此处贮藏的粮食非常多。楚国人攻克了荥阳，却不坚守敖仓，而是带兵向东而去，只是让一些罪犯来分守成皋，这是上天要把这些粮食资助给汉军。当前楚军很容易击败，而我们却反要退守，把要到手的利益反扔了出去，我私下里认为这样做是错了。更何况两个强有力的对手不能同时并立，楚汉两国的战争经久相持不下，百姓骚动不安，全国混乱动荡，农夫放下农具停耕，织女走下织机辍织，徘徊观望，天下百姓究竟心向哪一方还没有决定下来。所以请您赶快再次进军，收复荥阳，占有敖仓的粮食，阻塞成皋的险要，堵住太行交通要道，扼制住蜚狐关口，把守住白马津渡，让诸侯们看看今天的实际形势，那么天下的人

▶ 《人物故事图》之郦生见高祖图·清·无款

该画描绘了沛公正坐在床边伸着两腿让两个女人洗脚，郦生只是作个长揖而没有倾身下拜。

民也就知道该归顺哪一方了。如今燕国、赵国都已经平定，只有齐国还没有攻打下来，而田广占据着幅员千里的齐国，田间带领着二十万大军，屯兵于历城，各支田氏宗族都力量强大，他们背靠大海，凭借黄河、济水的阻隔，南面接近楚国，齐国人又多诈变无常，您即使是派遣数十万军队，也不可能在一年或几个月的时间里把它打下来。我请求奉您的诏命去游说齐王，让他归汉而成为东方的属国。"汉王回答说："好，就这样吧！"

汉王听从了郦生的计策，再次出兵据守敖仓，同时派遣郦生前往齐国。郦生对齐王说道："您知道天下人心的归向吗？"齐王回答："我不知道。"郦

青铜牺尊·西汉

生说："若是您知道天下人心的归向，那么齐国就可以保全下来，若是不知道天下人心归向的话，那么齐国就不可能保全了。"齐王问道："天下人心究竟归向谁呢？"郦生说："归向汉王。"齐王又问："您老先生为什么这样说呢？"郦生回答："汉王和项王并力向西进军攻打秦朝，在义帝面前已经明白地约定好了，先攻入咸阳的人就在那里称王。汉王先攻入咸阳，但是项王却背弃了盟约，不让他在关中称王，而让他到汉中为王。项王迁徙义帝并派人暗杀了他，汉王听到之后，立刻发起蜀汉的军队来攻打三秦，出函谷关而追问义帝迁徙的处所，收集天下的军队，拥立以前六国诸侯的后代。攻下城池立刻就给有功的将领封侯，缴获了财宝立刻就分赠给士兵，和天下同得其利，所以那些英雄豪杰、才能超群的人都愿意为他效劳。诸侯的军队从四面八方来投归，蜀汉的粮食船挨着船源源不断地顺流送来。而项王既有背弃盟约的坏名声，又有杀死义帝的不义行为；他对别人的功劳从来不记着，对别人的罪过却又从来不忘掉；将士们打了胜仗得不到奖赏，攻下城池也得不到封爵；不是他们项氏家族的没有谁得到重用；对有功人员刻下侯印，在手中反复把玩，不愿意授给；攻城得到财物，宁可堆积起来，也不肯赏赐给大家；所以天下人背叛他，才能超群的人怨恨他，没有人愿意为他效力。因此天下之士才都投归汉王，汉王安坐就可以驱使他们。汉王带领蜀汉的军队，平定了三秦，占领了西河之外大片土地，率领投诚过来的上党精锐军队，攻下了井陉，杀死了成安君；击败了河北魏豹，占有

了三十二座城池：这就如同所向无敌的蚩尤的军队一样，并不是靠人的力量，而是上天保佑的结果。现在汉王已经据有敖仓的粮食，阻塞成皋的险要，守住了白马渡口，堵塞了大行要道，扼守住蜚狐关口，天下诸侯若是想最后投降那就先被灭掉。您若是赶快投降汉王，那么齐国的社稷还能够保全下来；倘若是不投降汉王的话，那么危亡的时刻立刻就会到来。"田广认为郦生的话是对的，就听从郦生，撤除了历下的兵守战备，天天和郦生一起纵酒作乐。

郦生之死

淮阴侯韩信听说郦生没费吹灰之力，坐在车上跑了一趟，凭三寸不烂之舌便取得了齐国七十余座城池，就乘夜幕的掩护，带兵越过平原偷偷地袭击齐国。齐王田广听说汉兵已到，认为是郦生出卖了自己，便对郦生说："如果你能阻止汉军进攻的话，我让你活着，若不然的话，我就要烹杀了你！"郦生说："干大事业的人不拘小节，有大德的人也不怕别人责备。你老子不会替你再去游说韩信！"这样，齐王便烹杀了郦生，带兵向东逃跑而去。

汉高祖十二年，曲周侯郦商以丞相的身份带兵攻打英布有功。高祖在分封列侯功臣时，很是思念郦食其。郦食其的儿子郦疥多次带兵打仗，但立下的军功没有达到封侯的程度，皇帝就为他父亲的缘故，封郦疥为高梁侯。后来又改食邑在武遂，侯位传了三代。在元狩元年的时候，武遂侯郦平因伪称皇帝的命令，骗取了衡山王一百斤黄金，犯下的罪过应该街头处死，但恰在此时，他因病去世，封邑也被撤销。

辩才陆贾

陆贾是楚国人，以幕僚宾客的身份随从高祖平定天下，当时人们都称他是很有口才的说客，所以伴随在高祖的身边，常常出使各个诸侯国。

在高祖刚把中国平定的时候，尉他也平定了南越，便在那里自立为王。高祖派遣陆贾（后文称为"陆生"）带着赐给尉他的南越王之印前去任命。陆生到了南越，尉他梳着当地流行的一撮锥子一样的发髻，像簸箕一

样地伸开两腿坐着，接见陆生。陆生就此向尉他说道："您本是中国人，亲戚、兄弟和祖先的坟墓都在真定。而现在您却一反中国人的习俗，丢弃衣冠巾带，想用只有弹丸之地的小小南越来和天子抗衡，成为敌国，那你的大祸也就要临头了。况且秦朝暴虐无道，诸侯豪杰都纷纷而起，只有汉王首先入关，占据咸阳。项羽背叛盟约，自立为西楚霸王，诸侯们都归属于他，可以称得上是强大无比。但是汉王从巴蜀出兵之后，征服天下，平定诸侯，杀死项羽，灭掉楚国。五年之间，中国平定。这不是人力所能办到的，而是上天辅佐的结果。现在大汉天子听说您在南越称王，不愿意帮助天下人讨平暴逆，汉朝将相都想带兵来消灭您。但是天子爱惜百姓，想到他们刚刚经历了战争的劳苦乱离，因此才暂且罢兵，派遣我授予你南越王的金印，剖符为信，互通使臣。您理应到郊外远迎，面向北方，拜倒称臣，但是您却想以刚刚建立，还没有把人众收拢起来的小小南越，在此桀骜不驯。倘若让朝廷知道了此事，挖掘烧毁您祖先的坟墓，诛灭您的宗族，再派一名偏将带领十万人马来到越地，那么南越人杀死您投降汉朝，就如同翻一下手背那么容易。"

尉他听罢，立刻站起身来，向陆生道歉说："我在蛮夷中居住得时间长了，所以太失礼仪了。"接着，他又问陆生："我和萧何、曹参、韩信相比，谁更有德有才呢？"陆生说道："您似乎比他们强一点。"尉他又问："那我和皇帝相比呢？"陆生回答："皇帝

"万岁"瓦当·西汉

广州南越王宫博物馆藏。广州南越国宫署遗址出土。该遗址出土的文字瓦当中，大多数有"万岁"二字，文字为阳文，自右向左篆体横书。多数窄边轮，外圈有单圈、重圈和三圈，文字之间多无界栏。这些瓦当是南越国宫殿使用的器物。

▶ **陆贾说服尉他铜像**

从丰沛起兵，讨伐暴虐的秦朝，扫平强大的楚国，为整个天下的人兴利除害，继承了五帝三皇的宏伟业绩，统理整个中国。而中国的人口以亿来计算，土地方圆万里，处于天下最富饶的地域，人多车众，物产丰富，政令出于一家，这种盛况是从开天辟地以来从未有过的。而现在您的人众不过几十万，而且都是未开化的蛮夷，又居住在这局促狭小的山地海隅之间，只不过如同汉朝的一个郡罢了，您怎么竟同汉朝相比！"尉他听了，哈哈大笑，说道："我不能在中国发迹起家，所以才在此称王。假使我占据中国，我又哪里比不上你们皇帝呢？"通过交谈，尉他非常喜欢陆生，留下他和自己饮酒作乐好几个月。尉他说："南越人当中没有一个和我谈得来，等到你来到这里之后，才使我每天都能听到过去所未曾听到的事情。"尉他给陆生的口袋里装了价值千金的珠宝，另外还送给他不少其他礼品，也价值千金。陆生终于完成拜尉他为南越王的使命，使他向汉称臣，服从汉朝的管制约束。陆贾还朝之后，把以上情况向高祖汇报，高祖非常高兴，任命陆贾为太中大夫。

✦谈论儒经

陆生在皇帝面前时常谈论《诗经》《尚书》等儒家经典，听到这些，高祖很不高兴，就对他大骂道："你老子的天下是靠骑在马上南征北战打出来的，哪里用得着《诗》《书》！"陆生回答说："您在马上可以取得天下，难道您也可以在马上治理天下吗？商汤和周武，都是以武力征服天下，然后顺应形势以文治守成，文治武功并用，这才是使国家长治久安的最好办法啊。从前吴王夫差、智伯都是因极力炫耀武功而致使国家灭亡；秦王朝也是一味使用严酷刑法而不知变更，最后导致自己的灭亡。假使秦朝统一天下之后，实行仁义之道，效法先圣，那么，陛下您又怎么能取得天下呢？"高祖听完之后，心情不快，脸上露出惭愧的颜色，就对陆生说："那就请您尝试着总结一下秦朝失去天下，我们得到天下，原因究竟在哪里，以及古代各王朝成功和失败的原因所在。"这样，陆生就奉旨大略地论述了国家兴衰存亡的征兆和原因，一共写了十二篇。每写

完一篇就上奏给皇帝，高祖没有不称赞的，左右群臣也是一齐山呼万岁，把他这部书称为《新语》。

✦避祸藏拙

在孝惠帝时，吕太后掌权用事，想立吕氏诸人为王，害怕大臣中那些能言善辩的人，而陆生也深知自己强力争辩也无济于事，因此就称病辞职，在家中闲居。因为好畤一带土地肥沃，就在这里定居下来，陆生有五个儿子，他把出使南越所得的珠宝拿出来卖了千金，分给儿子们，每人二百金，让他们从事生产。陆生自己

┣ 汉服纹饰 ┫

汉服的纹饰上喜欢采用带有吉祥寓意的图纹，如"六合同春""五谷丰登""锦上添花"等图案。同时，依据不同的场合，也会选择不同的纹饰。如新婚婚服和恋人互赠的信物上往往采用鸳鸯为主的图样，如"鸳鸯同心""鸳鸯戏水"等；寿诞则往往采用"松鹤长寿""鹤献蟠桃""龟鹤齐龄"等意味着长寿的图案。

则时常坐着四匹马拉的车子，带着歌舞和弹琴鼓瑟的侍从十个人，佩戴着价值百金的宝剑到处游玩。他曾这样对儿子们说："我和你们约定好，当我出游经过你们家时，要让我的人马吃饱喝足，尽量满足大家的要求。每十天换一家。我在谁家去世，就把宝剑车骑以及侍从人员都归谁所有。我还要到其他的朋友那里去，所以一年当中我到你们各家去大概不过两三次，总来见你们，就不新鲜了，用不着总厌烦你们老子这么做了。"

吕太后掌权时期，封诸吕为王。诸吕专揽大权想劫持幼主，夺取刘姓的天下。右丞相陈平对此很是担忧，但是自己力量有限，不能强争，害怕祸及自己，常常安居家中反复思索。有一次，陆生前去请安，径直到陈平身边坐下，

▶ 陶鼎·西汉

▶ **明刻本陆贾《新语》书影**

《新语》是西汉时期陆贾的著名政论散文集，全书共计十二个章节，是陆贾应刘邦要求所著，论述秦亡汉兴、天下得失的道理，以资借鉴。陆贾著文十二篇，每奏一篇，刘邦极力称赞，号其书为"新语"。《新语》为西汉前期的统治思想奠立了一个基本模式。

在这时陈平正在深思，没有立刻发觉到陆生到了。陆生问道："您的忧虑为什么如此深重呢？"陈平说："你猜猜看，我究竟忧虑什么？"陆生说："您老先生位居右丞相之职，是有三万户食邑的列侯，可以说富贵荣华到了无以复加的地步，应该说是没有这方面的欲望了。然而若是说您老有忧愁的话，那只不过是担忧诸吕和幼主而已。"陈平说："你猜得很对，你看这事该怎么办呢？"陆生说："天下平安无事的时候，要注意丞相；天下动乱不安的时候，要注意大将。如果大将和丞相配合默契，那么士人就会归附；士人归附，那么天下即使有意外的事情发生，国家的大权也不会分散。为国家大业

考虑，这事情都在您和周勃两个人掌握之中了。我常常想把这些话对太尉周勃讲明白，但是他和我总开玩笑，对我的话不太重视。您为什么不和太尉交好，建立起亲密无间的联系？"接着，陆生又为陈平筹划出几种对付吕氏的办法。陈平就用他的计策，拿出五百金来给绛侯周勃祝寿，并且准备了盛大的歌舞宴会来招待他；而太尉周勃也以同样的方式来回报陈平。这样，陈平、周勃二人就建立起非常密切的联系，而吕氏篡权的阴谋也就更加难于实现了。陈平又把一百个奴婢、五十辆车马、五百万钱送给陆生作为饮食费用。陆生就用这些费用在汉朝廷公卿大臣中游说，搞得名声很大。

等到杀死了诸吕，迎立孝文帝登上皇帝的宝座，陆生对此出了不少力。孝文帝即位之后，想派人出使南越。陈平丞相等人就推荐陆生为太中大夫，派他出使南越，命令南越王尉他取消黄屋称制等越礼行为，让他采用和其他诸侯一样的礼节仪式。陆生出使之后，依此行事，皇帝的要求都达到了，所以文帝很满意。关于此事的具体情节，都记录在《南越列传》中。陆生最后得以寿终。

❿平原侯朱建

平原侯朱建是楚国人。开始他曾经担任过淮南王英布的国相，但因有罪而离去。后来他又重新在英布手下干事，英布想造反的时候，问朱建怎样看此事，朱建极力反对。但英布没有听从他的意见，而是按照梁父侯所说的去做，于是便起兵造反。等到汉朝平定叛乱，杀死英布以后，听说平原君朱建曾经劝英布不要造反，同时他又没有参与造反的阴谋活动，就没有诛杀朱建。有关此事，在《英布传》中有记载。

平原君朱建这个人能言善辩，口才很好，同时他又刚正不阿，恪守廉洁无私的节操。家安在长安。他说话做事决不随便附和，坚持道义的原则而不肯屈从讨好，取悦于人。辟阳侯审食其品行不端正，靠阿谀奉承深得吕太后的宠爱。当时辟阳侯很想和平原君交好，但平原君就是不肯见他。在平原君母亲去世的时候，陆生和平原君一直很要好，所以就前去吊唁。

平原君家境贫寒，连给母亲出殡送丧的钱都没有，正要去借钱来置办殡丧用品，陆生却让平原君只管发丧，不必去借钱。然后，陆生却到辟阳侯家中，向他祝贺说："平原君的母亲去世了。"辟阳侯不解地说："平原君的母亲死了，你祝贺我干什么？"陆生说道："以前你一直想和平原君交好，但是他讲究道义不和你往来，这是因为他母亲的缘故。现在他母亲已经去世，您若是赠送厚礼为他母亲送丧，那么他一定愿意为您拼死效劳。"于是辟阳侯就给平原君送去价值一百金的厚礼。而当时的不少列侯贵人也因为辟阳侯送重礼的缘故，也送去了总值五百金的钱物。

辟阳侯特别受吕太后的宠爱，有的人就在孝惠帝面前说他的坏话，孝惠帝大怒，就把他逮捕交给官吏审讯，并想借此机会杀掉他。吕太后感到惭愧，又不能替他说情。而大臣们大都痛恨辟阳侯的丑行更想借此机会杀掉他。辟阳侯很着急，就派人给平原君传话，说自己想见见他。但平原君却推辞说："您的案子现在正紧，我不敢会见您。"然后平原君请求会见孝惠帝的宠臣闳籍孺，说服他道："皇帝宠爱您的原因，天下的人谁都知道。现在辟阳侯受宠于太后，却被逮捕入狱，满城的人都说是您进了谗言，想杀掉他。如果今天辟阳侯被皇上杀了，那么明天早上太后发了火，也会杀掉您。您为什么还不脱了上衣，光着膀子，替辟阳侯到皇帝那里求个情呢？如果皇帝听了您的话，放出辟阳侯，太后一定会非常高兴。而太后、皇帝两人都宠爱您，那么您也就会加倍富贵了。"闳籍孺非常害怕，就听从了平原君的主意，向皇帝给辟阳侯说情，皇帝果然放出了辟阳侯。辟阳侯在被囚禁的时候，很想会见平原君，但是平原君却不肯见辟阳侯，辟阳侯认为这是背叛自己，所以对他很是恼恨。等到他被平原君成功地救出之后，才感到特别吃惊。

吕太后去世之后，大臣们诛杀诸吕。辟阳侯和诸吕关系极深，但最终没有被杀死。保全辟阳侯性命计划之所以实现，都是陆生和平原君的力量。

在孝文帝时期，淮南厉王杀死了辟阳侯，这是因为他和诸吕关系至深的缘故。文帝又听说辟阳侯的许多事情都是他的门客平原君出谋策划的，所以就派

▶ **西汉士兵群像雕塑**

遣官吏去逮捕他，想治他的罪。听到官吏已到自己家门口，平原君就想自杀，他的几个儿子和来负责逮捕他的官员都说："事情的结果究竟如何，现在还不清楚，你为什么要这样老早地自杀呢？"平原君对儿子们说："我一个人死了之后，对我们一家人的灾祸也就没有了，也就不会使你们受到牵连。"这样，他就拔剑自杀而死。孝文帝听到此事非常惋惜，说："我并没有杀他的意思。"为了表示对其家属的抚慰，文帝就把他的儿子召进朝廷，任命为太中大夫。后来出使匈奴，由于单于悖慢无礼，就大骂单于，死在了匈奴。

郦生见沛公逸事

当初，沛公带兵经过陈留的时候，郦生到军门递上自己的名片说："高阳的卑贱百姓郦食其，我私下里听说沛公奔波在外，露天而处，不辞劳苦，带领人马帮助楚军来征讨暴虐无道的秦朝，敬请劳驾诸位随从人员，进去通禀一声，说我想见到沛公，和他谈论天下大事。"使者进去禀告，沛公一边洗脚一边问使者："来者是什么样的人？”使者回答说：“看他相貌好像一个有学问的大儒，身穿读书人的衣服，头戴巍峨的高山冠。”沛公说：“请替我谢绝他，说我正忙于讨平天下的大事，没有时间见儒生。”使者出来道歉说：“沛公敬谢先生，他正忙于讨平天下的大事，没有时间见儒生。”郦生听罢，瞪圆了眼睛，手持宝剑，斥责使者说：“快点！再去告诉沛公一声，我是高阳酒徒，并不是一个儒生。”使者见此，惊慌失措，竟吓得把名片掉在了地上，然后又跪下捡起，飞快地转身跑了进去，再次向沛公通报：“外边那个客人，真正是天下壮士，他大声斥责我，我很是害怕，吓得我把名片掉在了地上，他说：‘你快滚回去，再次通报，你家老子是个高阳酒徒。’”沛公立刻擦干了脚，手拄着长矛说道：“请客人进来！”

郦生进去之后，以平等的礼节——长揖来和沛公见面，并且说道：“沛公您长年累月暴衣露冠地在外奔波劳碌，很是辛苦，带领人马和楚军一起征讨暴虐无道的秦朝，但是沛公您为什么一点儿也不自重自爱呢？我想以讨论天下大事为由见到您，而您却说什么‘我正忙于讨平天下，没有时间见儒生’。您想平定天下，成就天下最大的功业，但却从外貌来看人，这样恐怕就要失去天下那些有本事的人。况且我想您的聪明才智不如我，勇敢坚强又不如我，您如果想成就平定天下的大业而不想见到我的话，我认为您就失去了一个人才。”沛公连忙向他道歉说：“刚才我只听说了您的外貌，现在我才真正了解了您的意图。”于是请他到位子上就座，问他平定天下的妙计良策。郦生说：“沛公您若想成就统一天下的大业，不如先占据陈留。陈留这个地方是一个可以据守的四通八达的交通要冲，同时也是兵家必争之地。在城里贮藏着几千万石粮食，城墙守卫工事非常牢固。而我和陈留的守令一向非常好，我想为您前去说服他，让他向您投降。若是他不听我的，请允许我替您把他杀掉，然后拿下陈留。沛公您率领陈留的兵将，占据坚固的陈留城，吃陈留的存粮，召集天下各地想投靠您的人马；等到兵力强大以后，您就可以所向无敌，横行天下，那也

就没有任何人能对您构成威胁了。"沛公说："我完全听从您的教诲。"

于是郦生就在这一天夜里去见陈留守令，向他游说道："秦朝暴虐无道而天下的人都反对它，现如今您和天下人一起造反就能成大功，而您却独自一人为将要灭亡的秦朝拥城固守，我私下里为您的危险处境深深担忧。"陈留守令说道："秦朝的法令严酷无刑，不能够随便胡说，倘若这样的话，就要灭族，我不能按照你所说的去做。您老先生指教我的话，并不是我的意图，请您不要再说了。"这天夜里，郦生就在城中留下来休息，到了夜半时分，他悄悄地斩下陈留守令的头，越墙而下，报与沛公得知。沛公带领人马，攻打城池，把县令的头挂在旗杆上给城上的人看说："赶快投降吧，你们守令的脑袋被我们砍下来了！谁后投降，就一定要先杀他！"这时陈留人见守令已死，便相继投降了沛公。沛公进城之后，就住在陈留的南城城门楼上，用的是陈留武库里的兵器，吃的是城里的存粮，在这里进进出出地逗留了三个月，招募的军队已达几万人，然后就入关攻灭秦朝。

▼ 太史公说 ▼

今天世上流传的写郦生的传记，大多这样说，高祖在平定了三秦之后，回军向东攻打项羽，带领军队活动在巩、洛之间时，郦生才身穿儒衣前去向高祖游说。这种说法是错误的。实际情况是在沛公攻入函谷关之前，与项羽分手，来到高阳，在这时得到了郦生兄弟二人。我读陆贾的《新语》十二篇，可以看出他真正是当代少有的大辩士。而平原君的儿子和我关系很好，因此才能详细地把上述这一切都记录下来。

傅靳蒯成列传 第三十八

【解题】本篇是秦楚之际随从汉高祖刘邦起事的三位近卫侍从官员傅宽、靳歙和周绁的合传。传中主要记述了傅、靳、周三人随从刘邦征战及升迁的过程。其共同点是均为刘邦信任的近臣，都封高爵、享厚禄。《太史公自序》说："欲详知秦楚之事，维周绁常从高祖，平定诸侯。作《傅靳蒯成列传》第三十八。"

❂阳陵侯傅宽

阳陵侯傅宽，以魏国五大夫爵位的骑将军官身份跟随沛公刘邦，曾做过家臣，起事于横阳。他随沛公进攻安阳、杠里，在开封攻打秦将赵贲的军队，以及在曲遇、阳武击溃秦将杨熊的军队，曾斩获敌人十二个首级，

沛公赐给他卿的爵位。后随从沛公进军到霸上。沛公被封为汉王后，赐给傅宽共德君的封号。随即跟着汉王进入汉中地区，升为右骑将。不久又跟随汉王平定了三秦，汉王赐给他雕阴作为食邑。楚汉相争时，他随着汉王进击西楚霸王项羽，奉命在怀县接应汉王，汉王赐给他通德侯的爵位。

在随汉王进攻项羽部将项冠、周兰、龙且时，他率领的士兵在敖仓山下斩获敌骑将一人，因而增加了食邑。傅宽曾隶属于淮阴侯韩信，击败了齐国在历下的驻军，击垮了齐国守将田解。后来归属相国

▶黑地朱绘云气纹漆碗·西汉

64

汉代漆器

两汉时期是中国古代漆器技术的繁荣时期。汉代的髹漆器物，包括鼎、壶、钫、樽、盂、卮、杯、盘等饮食器皿，也有奁、盒等化妆用具，以及几、案、屏风等家具，种类和品目甚多。同时，还出现了漆鼎、漆壶、漆钫等大件物品，并出现了漆礼器，以代替铜器。汉墓出土还有漆棺、漆碗、漆奁、漆盘、漆案、漆耳杯等，均为木胎，大部为红里黑外，并在黑漆上绘红色或赭色花纹。汉代漆器制作精巧，色彩鲜艳，花纹优美，装饰精致，是珍贵的器物。

曹参指挥，攻破博县，又增加了食邑。因为平定齐地有功，高祖把表示凭证的符分成两半，交给他一半，以示信用，使他的爵位世代相传，封他为阳陵侯，食邑二千六百户，免掉他先前受封的食邑。后担任齐国右丞相，屯兵驻守防备田横作乱。在齐国任国相五年。

汉高祖十一年四月，攻打叛汉自立为代王的陈豨，归属太尉周勃指挥，以相国的身份代替汉丞相樊哙击败陈豨。第二年一月，调任代国相国，带兵驻守边郡。两年后，担任代国丞相，继续带兵驻守边郡。

汉惠帝五年傅宽去世，谥号为景侯。儿子顷侯傅精继承爵位，二十四年后去世。傅精的儿子共侯傅则继承爵位，十二年后去世。傅则的儿子傅偃继承爵位，三十一年，因与淮南王刘安谋反，处死，封地同时废除。

❯信武侯靳歙

信武侯靳歙，以侍从官员身份跟随沛公刘邦，他是从宛朐起兵的。曾进攻济阳。击败过秦将李由的军队。又在亳县南和开封东北攻打秦军，斩杀一名千人骑兵的长官，斩获五十七个首级，俘虏七十三人，沛公赐爵位，封号为临平君。后来又在蓝田北进行战斗，斩秦军车司马二人，骑兵长官一人，斩获二十八个首级，俘虏五十七人。又率军到达霸上。当时沛公立为汉王，赐封靳歙建武侯爵位，并升他为骑都尉。

靳歙随从汉王平定了三秦。另外它带领部队挥师西进在陇西攻打章平军队，大败敌军，平定了陇西六县，他所率领的士兵斩杀秦军车司马、军候各四人，骑兵长官十二人。随后，跟着汉王东进攻打楚军，到达彭城。结果汉军战败，靳歙力守雍丘，后离开雍丘去攻打叛汉的王武等人。夺取了梁地后，又率领部队攻打驻守菑南的楚将邢说军队，大败邢说，并亲自活捉了邢说的都尉二人，司马、军候十二人，招降了敌官兵四千一百八十人。另外在荥阳东人败楚军。汉三年，赐给靳歙食邑四千二百户。

▶ 铜鎏金嵌宝剑璏·西汉。

靳歙还曾率领部队抵达河内，攻打驻守在朝歌的赵将贲郝，大败贲郝，他率领的士兵活捉骑将二人，缴获战马二百五十匹。他随从汉王进攻安阳以东地区，直达棘蒲，拿下七个县。并另率兵击溃赵军，活捉赵将的司马二人，

"内朝"与"外朝"

汉初，丞相均由功臣封侯担任，地位极尊，权力甚重。武帝亲自主持朝政后，有意削弱丞相权力，改变丞相位尊权重的传统。他频繁任免丞相，在位54年间，先后仍用丞相12人，除了4人正常死亡外，其他的或免职，或有罪自杀，或下狱处死。朝臣对丞相之位避之唯恐不及。武帝特意从身为低微的士人中破格选拔人才，给予侍中、常侍等加官，让他们出入宫禁，侍奉左右，参议要政。这些近臣相当于皇帝的宾客、幕僚。皇帝信任的高级将领，往往也参议机要，相对于丞相、御史大夫和九卿为首的"外朝"官员，这些亲信构成"内朝"，重要政事先由"内朝"在宫廷做出决定，然后让"外朝"官员执行。"内朝"地位日益重要，凌驾于"外朝"之上，实际上是皇权的进一步加强。

陶滑稽俑·西汉

汉代是中国乐舞、杂技等"百戏"艺术空前发展的时期，出现了专职的歌舞艺人。在西汉，不仅是送葬用品里要安放乐舞、杂技俑，而且还有为活着的人玩耍而制作的，当时就有专门制造和买卖玩具的作坊。汉代早期陶俑注重人物神情的把握与刻画，追求神韵的塑造，俑的造型比较夸张，形态给人以强烈的动感。

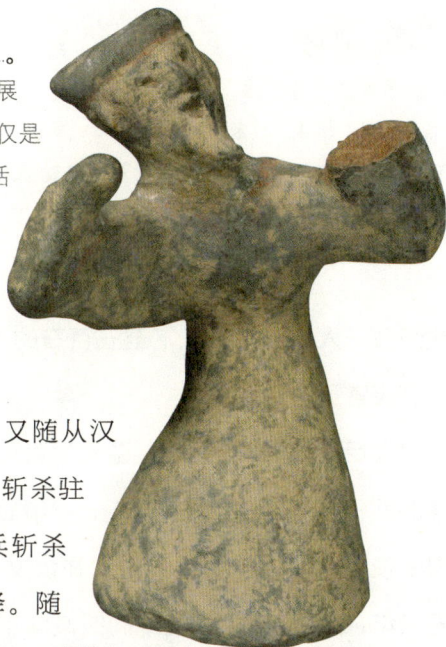

军候四人，招降赵军官兵二千四百人。又随从汉王攻克邯郸。独自率兵拿下平阳，亲自斩杀驻平阳的赵国代理相国，他所率领的士兵斩杀带兵郡守和郡守各一人，迫使邺县投降。随从汉王进攻朝歌、邯郸，又另自击败赵军，迫使邯郸郡的六个县投降。率军返回敖仓后，旋即在成皋南击败项羽的军队，击毁断绝了从荥阳至襄邑的输送粮饷的通道。在鲁城之下大败项冠军队，夺取了东至缯、郯、下邳，南至蕲、竹邑的大片土地。又在济阳城下击败项悍军队。然后挥军返回在陈县城下攻击项羽部队，大败项羽。此外，还平定了江陵，招降了在江陵的临江王的柱国、大司马及其部下八人，亲自活捉了临江王共尉，并把他押送到雒阳，于是平定了南郡。此后随从高祖到陈县，逮捕了图谋不轨的楚王韩信，高祖把表示凭证的符分成两半，交给靳歙一半，以示信用，使他的爵位世代相传，规定食邑四千六百户，封号称信武侯。

后来，靳歙以骑都尉的身份随从高祖攻打代地，在平城下击败韩王韩信，随即率军返回东垣。因为有功，提升为车骑将军，接着率领梁、赵、齐、燕、楚几个诸侯王的部队，分路进攻陈豨的丞相侯敞，把他打得大败，于是迫使曲逆城投降。后又随高祖攻打英布很有功劳，增加封赐规定食邑五千三百户。在几次重要战役中，靳歙共斩敌九十首级，俘虏一百三十二人；另大败敌军十四次，降伏城邑五十九座，平定郡、国各一，县城二十三个；活捉诸侯王、

▶ 玉蝉·西汉

1995 年出土于徐州狮子山西汉楚王墓。共两件，大小相同，长 4.2 厘米，宽 1.8 厘米，厚 0.9 厘米。玉蝉造型逼真，神情惟妙惟肖，双眼凸暴而有神，尾上翘而欲鸣。蝉翼纹理清晰，从尾至嘴有穿孔，应为饰品。

柱国各一人，二千石以下至五百石的不同等级官员三十九人。

高后五年，靳歙去世，谥号为肃侯。他的儿子靳亭承袭侯爵。二十一年后，因驱役百姓超过了律令规定，在汉文帝后元三年，剥夺了他的爵位，同时废除了封地。

◆ 蒯成侯周绁

蒯成侯名周绁，沛县人。又以舍人的身份随沛公在沛县起兵，做沛公的

⊢ 察举制度 ⊣

西高祖朝建立之初，朝廷公卿和地方郡县官员大都从列侯以下的贵族中选任，是典型的"高门政治"。武帝时期，大体完成由"高门政治"向"选贤政治"的转变。武帝通过一系列诏令和措施，革除靠资历出身而取官的陋习，废除列侯拜相之制，建立以察举制为核心、以征辟制等多种途径为辅的选官制度。元光元年（前 134），武帝下诏策试贤良，明确规定郡国须察举的人数，又规定郡守不荐举者，论罪免官。对举荐人的考试方法有对策、射策两种。儒生学者考经学，官吏考章奏。根据成绩优劣，酌情任用。察举的科目很多，有孝廉、茂才、贤良方正、文学、明经等。察举标准，也就是著名的四科取士：德行、博学、法令达练、刚毅有武略。

陪乘。他曾陪沛公进军霸上，又西去进入蜀、汉地区，后回军平定了三秦，受封池阳作为食邑。他奉命率兵向东进发切断了敌人的运输通道，随后跟着汉王出征渡过平阴渡口向东进发，在襄国与淮阴侯韩信部队会合。当时作战时而获胜时而战败，情势严峻，但周绁始终没有背离汉王的意思。被封为信武侯，食邑三千三百户。高祖十二年，又改封周绁为蒯成侯，同时免掉原先的食邑。

高祖曾经要亲自攻打陈豨，周绁流着泪劝阻道："从前秦王攻取天下，不曾亲自出征，现在您经常亲自出征，这难道是没了可派遣的人吗？"高祖认为周绁是由衷地爱护自己，破例恩准他进入殿门不必碎步快走，杀了人不定死罪。

到汉文帝五年，周绁年老病故，谥号为贞侯。他的儿子周昌代承侯爵，后因犯罪，废除了封地。到了汉景帝中元二年，又封周绁的儿子周居承袭侯爵。到了汉武帝元鼎三年，周居任太常官职，犯了罪，封地被废除。

▶铜嵌玻璃珠带钩·西汉

太史公说

阳陵侯傅宽、信武侯靳歙都获得了很高的爵位，跟随高祖从山东起兵，攻打项羽，斩杀名将，击败敌军几十次，降伏城邑数十座，而不曾遭到挫折和困厄，这也是上天赐给的啊。蒯成侯周绁心地坚定忠良，从不被人怀疑，高祖每有出征的行动，他都要流泪哭泣，这只有心里十分痛苦的人才能做到，可以说是个忠诚厚道的君子了。

刘敬叔孙通列传 第三十九

【解题】 本篇是汉初两位重要臣僚刘敬和叔孙通的合传。汉朝建朝初期，百端待举，在辅佐汉高祖刘邦建设西汉政权中，刘敬和叔孙通从不同方面发挥了重要作用，故合而为传。《太史公自序》说："徙强族，都关中，和约匈奴；明朝廷礼，次宗庙仪法。作《刘敬叔孙通列传》第三十九。"从传旨可以看出司马迁对他们的贡献给予了充分肯定。

建信侯刘敬

刘敬是齐国人，汉高祖五年，他到陇西戍守边塞，路过洛阳，当时高祖正住在那里。娄敬（即刘敬）进城后就摘下拉车子用的那块横木，穿着羊皮袄，去见齐人虞将军说："我希望见到皇帝谈谈有关国家的大事。"虞将军要给他一件鲜洁的好衣服换上，娄敬说："我穿着丝绸衣服来，就穿着丝绸衣服去拜见；穿着粗布短衣来，就穿着粗布短衣去拜见。我是绝不会换衣服的。"于是虞将军进宫把娄敬的请求报告给皇帝。皇帝召娄敬进宫来见，并赐给他饭吃。

劝帝迁都

等了一会儿，皇帝就问娄敬要谈什么大事，娄敬便劝说皇帝道："陛下建都洛阳，岂非要跟周朝比试一下兴隆？"皇帝说："是的。"娄敬说："陛下取得天下跟周朝是不同的。周朝的先祖从后稷开始，尧封他于邰，积累德政善事十几代。公刘为避开夏桀的暴政而到豳居住。太王因为狄族侵扰的缘故，离开豳，拄着马鞭只身移居到岐山，国内的人都争相跟着他去岐山。到了周文王做了西方诸侯之长时，他曾妥善地解决了虞国和芮国的争端，从此才成了禀受天命统治天下的人，贤能之士吕望、伯夷自海边

回来归附于他。周武王讨伐殷纣时，不相约而自动到孟津会盟的八百诸侯，大家都说殷纣可以讨伐了，于是就灭掉了殷。周成王即位，周公等人辅佐他，就在洛邑营造成周城，把它作为天下的中心，四方各地的诸侯来交纳贡物赋税，道路都是均等的。这样君主有德行就容易靠它称王统治天下，没德行就容易因此灭亡。凡是建都于此的，都想要像周朝一样务必用德政来感召人民，而不想依靠险要的自然形势，让后代君主骄奢淫逸来虐待百姓。在周朝鼎盛时期，天下和睦，四方各族心向洛邑，归附周朝，仰慕周天子的道义，感念他的恩德，依附而且一起侍奉周天子，不驻一兵防守，不用一卒出战，八方大国的百姓没有不归顺臣服的，都进献贡物和赋税。到了周朝衰败的时候，分为西周和东周两小国，天下没谁再来朝拜，周室已经不能控制天下。不是它的恩德太少，而是形势太弱了。如今陛下从丰邑沛县起事，招集三千士卒，带着他们直接投入战斗便席卷蜀、汉地区，平定三秦，与项羽在荥阳交战，争夺成皋之险，大战七十次，小战

▶ "汉并天下"瓦当·西汉

汉景帝阳陵博物院藏。泥质灰陶，圆形，当面轮内侧凸起单弦纹，当面凸起不穿过当心的十字双线界格分为四等份区，每区一个字，用小篆写成，"汉并天下"，当心为一个凸起大乳钉，外有一周凸玄纹。边轮有少残需要修复。

四十次，使天下百姓血流大地，父子枯骨暴露于荒郊之中，横尸遍野不可胜数，悲惨的哭声不绝于耳，伤病残疾的人们欲动不能，这种情况却要同周朝成王、康王的兴盛时期相比，我私下认为这是不能同日而语的。再说秦地有高山被覆，黄河环绕，四面边塞可以作为坚固的防线，即使突然有了危急情况，百万之众的雄兵是可备一战的。借着秦国原来经营的底子，又以肥沃的土地为依托，这就是所说

▶《帝王道统万年图》之汉高祖太牢祀圣·明·仇英。

的形势险要、物产丰饶的'天府'之地啊。陛下进入函谷关把都城建在那里，山东地区即使有祸乱，秦国原有的地方是可以保全并占有的。与别人搏斗，不掐住他的咽喉，击打他的后背，是不能完全获胜的。如果陛下进入函谷关内建都，控制着秦国原有的地区。这也就是掐住了天下的咽喉而击打它的后背啊。"

汉高祖征求大臣们的意见，大臣们都是山东地区的人，争先恐后地申辩说周朝建都在洛阳称王天下几百年，秦朝建都在关内只到二世就灭亡了，不

如建都在周朝都城。皇帝犹疑不决。等到留侯张良明确地阐述了入关建都的有利条件后，皇帝当日就乘车西行到关中建都。

当时皇帝说："本来主张建都在秦地的是娄敬，'娄'就是'刘'啊。"于是赐娄敬改姓刘，授给他郎中官职，称号叫奉春君。

反对出战

汉高祖七年，韩王信叛汉，汉高祖亲自讨伐他。到达晋阳时，得知韩王信与匈奴勾结要共同进攻汉朝的消息，皇帝大为震怒，就派使臣出使匈奴摸清底细。匈奴把他们强壮能战的士兵和肥壮的牛马都藏了起来，只显露出年老弱小的士兵和瘦弱的牲畜。派去的使臣十余批回来，都说匈奴可以攻击。皇帝派刘敬再去出使匈奴，他回来报告说："两国交兵，这时该炫耀显示自己的长处才是。现在我去那里，只看到瘦弱的牲畜和老弱的士兵，这一定是故意显露自己的短处，而埋伏奇兵来争取胜利。我以为匈奴是不能攻打的。"这时汉朝军队已经越过了句注山，二十万大军已经出

征。皇帝听了刘敬的话非常恼怒，骂刘敬道："齐国孬种！凭着两片嘴捞得官做，现在竟敢胡言乱语阻碍我的大军。"就用镣铐把刘敬拘禁起来押在广武县。高祖率军前往，到了平城，匈奴果然出奇兵高帝围困在白登山上，被围困了七天后才得以解围。高祖回到广武县，便赦免了刘敬，对刘敬说："我不听您的意见，因而在平城遭到围困。我已经把前面那十来批出使匈奴说匈奴可以攻打的人都斩首了。"于是赏赐刘敬食邑二千户，封为关内侯，称作建信侯。

主张和亲

汉高祖撤出平城返回朝廷，韩王信逃入匈奴。这时，冒顿是匈奴的君主，军队强大，勇士有三十万，屡次侵扰北部边境。皇帝对这种情况很忧虑，就问刘敬对策。刘敬说："汉朝天下刚刚平定，士兵们被战争搞得疲惫不堪，对匈奴是不能用武力制服的。冒顿杀了他的父亲自己做了君主，又把他父亲的许多姬妾作自己的妻子，他凭武力树威势，是不能用仁义道德说服的。只能够从长计议让他的子孙

▶ **四虎咬牛纹金牌饰·战国－西汉**

内蒙古鄂尔多斯博物馆藏。长方形带扣，绳纹边框内浮雕四虎咬牛纹图案，牛居中于平分线，卧姿，四肢平伸，四只猛虎两两对称噬咬牛的颈、腰部，牛奋力反抗用双角刺穿虎耳，虎头以下变形为波纹，给人以静中有动之感。饰牌的四角各有一缀孔，带扣在牛首部有一扣孔，便于穿系。该饰牌用多种动物对称组合、写实与抽象结合的表现手法，并以规范的边框规矩其内，这是匈奴民族的一种装饰风格。

后代臣服汉朝了，然而又怕陛下不能办到。"皇帝说："果真可行的话，为什么不能办！只是该怎么办呢？"刘敬回答说："陛下如果能把皇后生的大公主嫁给冒顿做妻子，给他送上丰厚的礼物，他知道是汉帝皇后生的女儿又送来丰厚的礼物，粗野的外族人一定爱慕并把大公主做正妻，生下的儿子必定是太子，将来接替君位。为什么要这样办？因为匈奴贪图汉朝的丰厚财礼。陛下拿一年四季汉朝多余而匈奴少有的东西多次抚问赠送，顺便派能言善辩的人用礼节来开导启发他。冒顿在位，当然是汉朝的女婿；他死了，他汉朝外孙就是君主。哪曾听说外孙子敢同外祖父分庭抗礼的呢？军队可以不出战便使匈奴逐渐臣服了。如果陛下不能派大公主去，而让皇族女子或是嫔妃假冒公主，他也会知道，就不肯尊敬亲近她，那样就没什

么好处了。"高祖听后说："好的。"便要送大公主去匈奴。吕后得知后日夜哭哭啼啼，对皇帝说："我只有太子和一个女儿，怎么忍心把她抛掉远嫁匈奴去！"皇帝终究不能派出大公主，便找了个宫女以大公主的名义，嫁给冒顿君主做妻子。同时，派遣刘敬前往与匈奴订立议和联姻盟约。

移民关中

刘敬从匈奴回来，便称说："匈奴在河南的白羊、楼烦两个部落，离长安最近的只有七百里路，轻装骑兵一天一夜就可到达关中地区。关中地区刚刚经过战争还很凋敝，人丁稀少，而土地肥沃，可以大大加以充实。当初各地诸侯起兵发难时，若不是有齐国的田氏各族以及楚国的昭、屈、景三大宗族参加是不能兴盛起来的。如今陛下虽然把都城建在关中，但实际缺少人口。北边靠近匈奴敌寇，东边有六国的旧贵族，宗族势力很强，一旦有什么变故，陛下是不能高枕无忧的。我希望陛下把齐国的田氏各族，楚国的昭、屈、景三大宗族，燕、赵、韩、魏等国的后裔，以及豪门名

家都迁移到关中居住。国内平安无事，可以防备匈奴；若所封诸侯王有什么变故，也能率领他们东进讨伐。这是加强中央权力而削弱地方势力的方略啊。"皇帝说："好得很。"于是派刘敬按照他自己提出的意见把十多万的人口迁到了关中。

投奔刘邦

叔孙通是薛县人。秦朝时以长于文章、知识渊博被征召入宫，做了待

博士

博士是古代官名。秦汉时是掌管书籍文典、通晓史事的官职，后成为学术上专通一经或精通一艺、从事教授生徒的官职。汉初沿袭秦朝的制度，汉武帝时，还设立了五经博士，即《诗》《书》《礼》《易》《春秋》每经置一博士，故称五经博士。博士的选用，西汉和东汉以前采取征拜和荐举的办法，而且有一定的标准，《汉书·成帝记》中所载，博士须是"明于古今，温故知新，通达国体"的人。到了东汉，任博士还须经过考试。

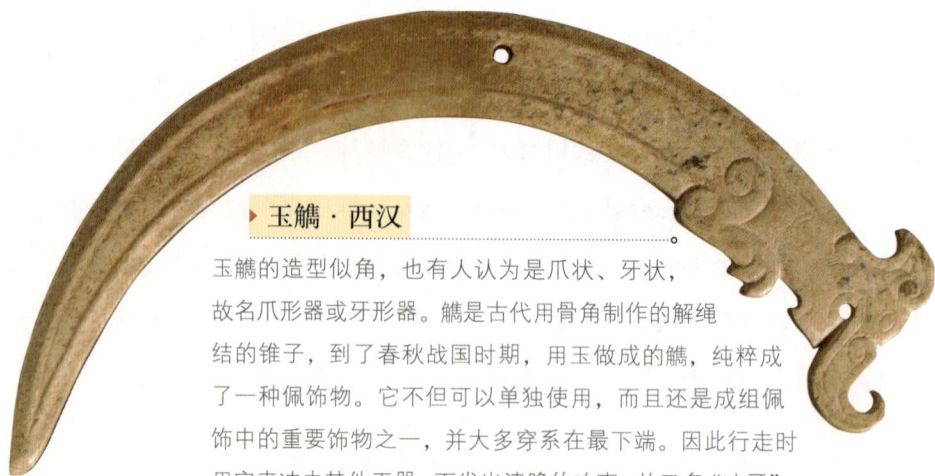

玉觿·西汉

玉觿的造型似角，也有人认为是爪状、牙状，故名爪形器或牙形器。觿是古代用骨角制作的解绳结的锥子，到了春秋战国时期，用玉做成的觿，纯粹成了一种佩饰物。它不但可以单独使用，而且还是成组佩饰中的重要饰物之一，并大多穿系在最下端。因此行走时用它来冲击其他玉器，而发出清脆的响声，故又名"冲牙"。

诏博士。几年后，陈胜在山东起兵，使者把这个情况报告给朝廷，秦二世召来各位博士、儒生问道："楚地戍边的士卒攻下蕲县进入陈县，对这件事各位是怎么个看法？"博士以及儒生们三十多人走向前去说："做臣子的不能聚众，聚众就是造反，这是死罪不能宽赦，希望陛下赶快发兵攻打他们。"秦二世一听就发了火，变了脸色。这时叔孙通走向前去说："各位儒生的话都不对。当今天下已合为一个大家，毁掉郡县城池，销熔各种兵器，向天下人昭示不再用它。何况有贤明的君主君临天下，给下面制定了完备的法令，使人人遵法守职，四方八面都归附朝廷，哪有敢造反的！这只是一伙盗贼行窃罢了，何足挂齿。郡官们正在搜捕他们治罪论处，不值得忧患。"秦二世高兴地说："说得好。"又向每个儒生问了一遍，儒生们有的说是造反，有的说是盗贼。于是秦二世命令监察官审查每个儒生说的话，凡说是造反的都交给官吏治罪，秦二世认为他们不该说这样的话。那些说是盗贼的都被罢免了。却赐给叔孙通二十匹帛、一套服装，并授给他博士职位。叔孙通走出宫来，回到居舍，一些儒生问道："先生为什么说这些谄媚的话？"叔孙通说："各位先生不知道啊，我几乎逃不出虎口！"于是逃离都城，到了薛县，当时薛县已经投降楚军。等项梁到了薛县，叔孙通便投靠了他。后来项梁在定陶战死，叔孙通就跟随了楚怀王熊心。怀王被项羽封为义帝，迁往长沙去了，

叔孙通便留下奉事项羽。汉二年，汉王带领五个诸侯王攻进彭城，叔孙通就投降了汉王。汉王战败西去，叔孙通也跟了去终于投靠了汉王。叔孙通总是穿着一身儒生服装，汉王见了非常讨厌；他就换了服装，穿上短袄，而且是按楚地习俗裁制的，汉王见了很是高兴。

当初，叔孙通投降汉王时，跟随的儒生弟子有一百多人，可是叔孙通从来不说推荐他们的话，而专门称说推荐那些曾经聚众偷盗的勇士。儒生弟子们都暗地骂他道："侍奉先生几年，幸好能跟他投降汉王，如今不能推荐我们，却专门称道特别奸狡的人，有什么道理？"叔孙通听到骂他的话，就对儒生们说："汉王正冒着利箭坚石争夺天下，各位儒生难道能搏斗吗？所以我先要称道斩将夺旗能冒死厮杀的勇士。各位姑且等等我，我不会忘记你们的。"汉王任命叔孙通做博士，称为稷嗣君。

▶ 制定礼仪

汉高祖五年，天下已经统一，诸侯们在定陶共同尊推汉王为皇帝，叔

▶ 雕塑《叔孙通制定朝仪》。

薛人叔孙通，为汉多才，善于应变，是汉王朝儒生首领，为汉制定礼仪法令，为巩固汉王朝创立制定了儒家礼仪，发挥了重要作用。

孙通负责拟定仪式礼节。当时高祖把秦朝的那些严苛的仪礼法规全部取消，只是拟定了一些简单易行的规矩。可是群臣在朝廷饮酒作乐争论功劳，醉了有的狂呼乱叫，甚至拔出剑来砍削庭中立柱，高祖为这事感到头疼。叔孙通知道皇帝愈来愈讨厌这类事，就劝说道："儒生很难为您进攻夺取，可是能够帮您保守成果。我希望征召鲁地的一些儒生，跟我的子弟们一起制定朝廷上的仪礼。"高祖说："只怕会像过去那样的烦琐难行吧？"叔孙通说："五帝有不同的乐礼，三王有不同礼节。礼，就是按照当时的世事人情给人们制定出节制或修饰的法则。所以从夏、殷、周三代的礼节有所沿袭、删减和增加的情况看就可以明白这一点，就是说不同朝代的礼节是不相重复的。我愿意略用古代礼节与秦朝的礼仪糅合起来制定新礼节。"高祖说："可以试着办一下，但要让它容易通晓，考虑我能够做得到的。"

于是叔孙通奉命征召了鲁地儒生三十多人。鲁地有两个儒生不愿意去，说："您所侍奉的将近十位君主，都是靠当面阿谀奉承取得亲近、显贵的。如今天下刚刚平定，死去的还来不及埋葬，伤残的还不能起来，又要制定礼乐法规。从礼乐兴办的根由看，只有积累功德百年以后，才能时兴起来。我们不违心替您办这种事。您办的事不合古法，我们不去。您还是去吧，不要玷辱了我们！"叔孙通笑着说："你们真是鄙陋的儒生啊，一点也不懂时世的变化。"

叔孙通就与征来的三十人一起向西来到都城，他们和高祖左右有学问的侍从以及叔孙通的弟子一百多人，在郊外拉起绳子表示施礼的处所，立上茅草代表位次的尊卑进行演练。演习了一个多月，叔孙通说："皇帝可以来视察一下。"高祖视察后，让他们向自己行礼，然后说："我能做到这些。"于是命令群臣都来学习，这时正巧是十月，能进行岁首朝会的实际排练。

汉高祖七年，长乐宫已经建成，各诸侯王及朝廷群臣都来朝拜皇帝参加岁首大典。朝拜的礼仪是：先在天刚亮时，谒者开始主持礼仪，引导着诸侯群臣、文武百官依次进入殿门，廷中排列着战车、骑兵、步兵和宫廷侍卫军士，摆设着各种兵器，树立着各式旗帜。谒者传呼"趋"。于是，大殿下的郎中官员站在台阶两侧，台阶上有几百人之多。凡是功臣、列侯、各级将军军官都按次序排列在西边，面向东；凡文职官员从丞相起依次排列在东边，面向西。大行令安排的九个礼宾官，从上到下地传呼。于是皇帝乘坐的车子从后宫里出来，百官举起旗帜传呼警备，然后引导着诸侯王以下至六百石以上的各级官员依次毕恭毕敬地向皇帝施礼道贺。诸侯王以下的所有官员没有一个不因这威严仪式而惊惧肃敬的。等到仪式完毕，再摆设酒宴大礼。诸侯百官等坐在大殿上都敛声屏

▶ 叔孙通像。

气地低着头，按照尊卑次序站起来向皇帝祝颂敬酒。斟酒九巡，谒者宣布"宴会结束"。最后监察官员执行礼仪法规，找出那些不符合礼仪规定的人把他们带走。从朝见到宴会的全部过程，没有一个敢大声说话和行动失当。大典之后，高祖非常得意地说："我今天才知道当皇帝的尊贵啊。"于是授给叔孙通太常的官职，赏赐黄金五百斤。

叔孙通顺便进言说："各位弟子儒生跟随我时间很久了，跟我一起制定朝廷仪礼，希望陛下授给他们官职。"高祖让他们都做了郎官。叔孙通出宫后，把五百斤黄金，都分赠给

各个儒生了。这些儒生都高兴地说："叔孙先生真是大圣人，通晓当代的紧要事务。"

辅佐惠帝

汉九年，高祖调叔孙通任太子太傅。汉高祖十二年，高祖打算让赵王刘如意代替太子，叔孙通向皇帝进谏规劝道："从前，晋献公因为宠幸骊姬的缘故废掉太子，立了奚齐，使晋国大乱几十年，被天下人耻笑。秦始皇因为不早早确定扶苏当太子，让赵高能够用欺诈伎俩立了胡亥，结果自取灭亡，这是陛下亲眼见到的事实。现在太子仁义忠孝，是天下人都知道的；吕后与陛下同经艰难困苦，同吃粗茶淡饭，是患难与共的夫妻怎么可以背弃她呢！陛下一定要废掉嫡长子而扶立小儿子，我宁愿先受一死，让我的一腔鲜血染红大地。"高祖说："您算了吧，我只不过是随便说说罢了。"叔孙通说："太子是天下的根基，根一动摇，天下就会震荡起来，怎么能拿天下的根基之事作为戏言来说呢？"高祖说："我听从您的意见。"等到高祖设置酒宴款待宾客时，看到张良招来的四位年长高士都随从太子进宫拜见，高祖于是再没有更换太子的想法了。

汉高祖去世，孝惠帝继位，就对叔孙先生说："先帝陵园和宗庙的仪礼，臣子们都不熟悉。"于是叔孙通又调任太常，制定了宗庙的仪礼法规。此后又陆续地制定了汉朝诸多仪礼制度，这些都是叔孙通任太常时论定著录下来的。

汉孝惠帝要到东边的长乐宫去朝拜吕太后，还常有小的谒见，每次出行都要开路清道，禁止通行很是烦扰别人，于是就修了复道，正好建在未央宫武库的南面。叔孙通向孝惠帝上奏事情，趁机进言说："陛下怎么能擅自把复道修在高寝和高庙之间凌空而过呢？这样一来每月由高寝中取出高祖的衣冠到高庙祭奠的时候，不就得从复道下经过吗？高庙是汉朝始祖的所在，怎么能让后代子孙登到宗庙通道的上面行走呢？"孝惠帝听了大为惊恐，说："赶快毁掉它。"叔孙先生说："做君主的不能有错误的举动。现在已经建成了，百姓全知道这件事，如果又要毁掉复道，那就是显

露出您有错误的举动。希望陛下在渭水北面另立一座原样的祠庙，把高祖衣冠在每月出游时送到那里，更要增多、增广宗庙，这是大孝的根本措施。"皇帝就下诏令让有关官吏另立一座祠庙，这就是原庙。汉朝日后屡次修建原庙的章程，就是从孝惠帝修建复道引起的。

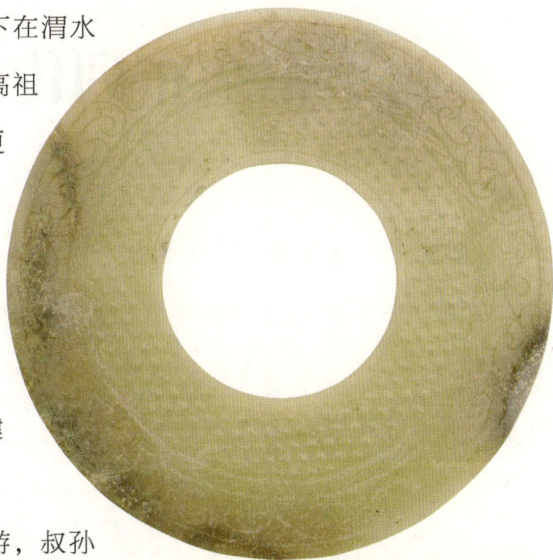

孝惠帝曾在春天到离宫出游，叔孙先生说："古代的时候有春天给宗庙进献鲜果的仪礼，现在正当樱桃成熟的季节，可以

玉龙纹环·西汉

进献，希望陛下出游时，顺便采些樱桃来献给宗庙。"皇帝答应办这件事。以后进献各种果品的仪礼就是由此兴盛起来的。

太史公说

有道是"价值千金的皮裘衣，不是一只狐狸的腋皮；楼台亭榭的椽子，不是一棵树上的枝条；夏、商、周三代的当时业绩，也不是一个贤士的才智"。确实如此呀！高祖从低微的平民起事，平定了天下，谋划大计，用兵作战，可以说极尽能事了。然而刘敬摘下拉车的横木去见皇帝一次进言，便建立了万代相传的稳固大业，才能智慧怎么能会少数人专有呀！叔孙通善于看风使舵，度量事务，制定礼仪法规或取或舍，能够随着时世来变化，最终成了汉代儒家的宗师。"最正直的好似弯曲，事理本来就是曲折向前的"，大概说的就是这类事情吧？

季布栾布列传 第四十

【解题】此传是季布、栾布的合传。太史公饱含感情地颂扬了季布、栾布视死如归、重义轻生的英雄形象，但对刘邦的奸诈、气量小、残忍等方面也进行了一系列的描述，对比强烈，爱憎分明，同时也将人物的性格特征展现得淋漓尽致。

◆ 季布逃难

季布是楚地人，为人好逞意气，爱打抱不平，在楚地很有名气。项羽派他率领军队，曾屡次使高祖刘邦受到困窘。等到项羽灭亡以后，汉高祖出千金悬赏捉拿季布，并下令有胆敢窝藏季布的论罪要灭三族。

季布躲藏在濮阳一个姓周的人家。一天，周家的那个人说："朝廷悬赏捉拿你非常紧急，追踪搜查就要到我家来了，将军您能够听从我的话，我才敢给你献个计策；如

果不能，我情愿先自杀。"季布答应了他。姓周的便把季布的头发剃掉，用铁箍束住他的脖子，穿上粗布衣服，把他放在运货的大车里，将他和周家的几十个奴仆一同卖给鲁地的朱家。朱家心里知道是季布，便买了下来安置在田地里耕作，并且告诫他的儿子说："田间耕作的事，都要听从这个佣人的吩咐，一定要和他吃同样的饭。"朱家便乘坐轻便马车到洛阳去了，拜见汝阴侯滕公。

滕公留朱家喝了几天酒。朱家乘机对滕公说："季布犯了什么大罪，皇上追捕他这么急迫？"滕公说："季布多次替项羽出谋划策，把皇

▶ 素漆杯·秦。

82

▶ 浮雕《一诺千金》

上逼入困境，皇上怨恨他，所以一定要抓到他才罢休。"朱家说："您看季布是怎样的一个人呢？"滕公说："他是一个有才能的人。"朱家说："做臣下的各受自己的主上差遣，季布受项羽差遣，这完全是职分内的事。项羽的臣下难道可以全都杀死吗？现在皇上刚刚夺得天下，仅仅凭着个人的怨恨去追捕一个人，为什么要向天下人显示自己气量狭小呢！再说凭着季布的贤能，朝廷追捕又如此急迫，这样，他不是向北逃到匈奴去，就是要向南逃到越地去了。这种忌恨勇士而去资助敌国的举动，就是伍子胥之所以要鞭打楚平王尸体的原因了。您为什么不寻找机会向皇上说明呢？"滕公知道朱家是位大侠客，猜想季布一定隐藏在他那里，便答应说："好。"滕公等待机会，果真按照朱家的意思向皇上奏明。皇上于是就赦免了季布。在这个时候，许多有名望的人物都称赞季布能变刚强为柔顺，朱家也因此而在当时出了名。后来季布被皇上召见，表示服罪，皇上任命他做了郎中。

出守河东

汉惠帝的时候，季布担任中郎

83

将。匈奴冒顿单于曾经写信侮辱吕后，而且出言不逊，吕后大为恼火，召集众位将领来商议这件事。上将军樊哙说："我愿带领十万人马，横扫匈奴。"各位将领都迎合吕后的心意，齐声说："好。"季布说："樊哙这个人真该斩首啊！当年，高皇帝率领四十万大军尚且被围困在平城，如今

▶ "明光宫赵姬"锺·西汉

徐州博物馆藏。徐州东郊石桥洞山 M2 出土。铜锺口部微侈，鼓腹，腹部近肩出有两对称的兽首衔环，圈足上刻"明光宫赵姬锺"。口部、颈部和腹部饰有四道扁宽凸环带。对长安城遗址的钻探勘测表明，明光宫遗址位于长安城东部宣平门和清明门之间，印证了文献中对其位置"在北宫，与长乐相连"的记载。

84

樊哙怎么能用十万人马就能横扫匈奴呢？这是当面撒谎！再说秦王朝正因为对匈奴用兵，才引起陈胜等人起义造反。直到现在创伤还没有治好，而樊哙又当面阿谀逢迎，想要使天下动荡不安。"在这个时候，殿上的将领都感到惊恐，吕后因此退朝，终于不再议论攻打匈奴的事了。

季布做了河东郡守。汉文帝的时候，有人说他很有才能，汉文帝便召见他，打算任命他做御史大夫。又有人说他很勇敢，但好发酒疯，难以接近。季布来到京城长安，在客馆居留了一个月，皇帝召见之后就让他回原郡。季布因此对皇上说："我没有什么功劳却受到了您的恩宠，在河东郡任职。现在陛下无缘无故地召见我，这一定是有人妄誉我来欺骗陛下；现在我来到了京城，没有接受任何事情，就此作罢，遣回原郡，这一定是有人在您面前毁谤我。陛下因为一个人赞誉我就召见，又因为一个人的毁谤而要我回去，我担心天下有见识的人听了这件事，就窥探出您为人处事的深浅了。"皇上默然不作声，觉得很难为情，过了很久才说道："河东

▶ 彩绘陶跪坐仕女俑·西汉

对我来说是一个最重要的郡，好比是我的大腿和臂膀，所以我特地召见你啊！"

于是季布就辞别了皇上，回到了河东郡守继续担任郡守。

楚地有个曹丘先生，擅长辞令，能言善辩，多次借重权势获得钱财。他

▶彩绘陶云气纹茧形壶·西汉

茧形壶又称"鸭蛋壶"，因器形似蚕茧，又像鸭蛋而得名。器呈唇口、短颈、圈足，腹呈横向长椭圆状。茧形壶盛行于西汉，壶腹或彩绘流云、几何图案，或仅以暗刻弦纹装饰。茧形壶在当时用作容器。

曾经侍奉过赵同等贵人，与窦长君也有交情。季布听到了这件事便寄了一封信劝窦长君说："我听说曹丘先生不是个德高望重的人，您不要和他来往。"等到曹丘先生回乡，想要窦长君写封信介绍他去见季布，窦长君说："季将军不喜欢您，您不要去。"曹丘先生坚决要求窦长君写介绍信，终于得到，便起程去了。曹丘先生先派人把窦长君的介绍信送给季布，季布接了信果然大怒，等待着曹丘先生的到来。曹丘先生到了，就对季布作了个揖，说道："楚人有句谚语说：'得

到黄金百斤，比不上得到你季布的一句诺言。'您怎么能在梁、楚一带获得这样的声誉呢？再说我是楚地人，您也是楚地人。由于我到处宣扬，您的名字天下人都知道，难道我对您的作用还不重要吗？您为什么这样坚决地拒绝我呢！"季布于是非常高兴，请曹丘先生进来，留他住了几个月，把他作为最尊贵的客人，送他丰厚的礼物。季布的名声之所以远近闻名，这都是曹丘先生替他宣扬的结果啊！

季布的弟弟名叫季心，他的勇气胜过关中所有的人。待人恭敬谨慎，因为好打抱不平，周围几千里的士人都争着替他效命。季心曾经杀过人，逃到吴地，隐藏在袁丝家中。季心用对待兄长的礼节侍奉袁丝，又像对待弟弟一样对待灌夫、籍福这些人。他曾经担任中尉下属的司马，中尉郅都也不敢不以礼相待。许多青年人常常暗中假冒他的名义到外边去行事。在那个时候，季心因勇敢而出名，季布因重诺言而出名，都在关中名声显著。

季布的舅舅丁公担任楚军将领。丁公曾经在彭城西面替项羽追逐汉高祖，使高祖陷于窘迫的处境。在短兵

相接的时候，高祖感到危机，回头对丁公说："我们两个好汉难道要互相为难吗！"于是丁公领兵返回，高祖便脱身解围。等到项羽灭亡以后，丁公拜见高祖。高祖把丁公捉拿放到军营中示众，说道："丁公做项王的臣下不能尽忠，使项王失去天下的，就是丁公啊！"于是就斩了丁公，说道："让后代做臣下的人不要仿效丁公！"

❧ 栾布知恩报恩

栾布是梁地人。当初梁王彭越做平民的时候曾经和栾布交往。栾布家里贫困，在齐地被人雇用，在卖酒的人家做佣工。过了几年，彭越来到巨野做强盗，而栾布却被人强行劫持贩卖到燕地去做奴仆。栾布曾替他的主人家报仇，燕将臧荼推荐他担任都尉。后来臧荼做燕王，就任用栾布做将领。等到臧荼反叛，高祖进攻燕国的时候，俘虏了栾布。梁王彭越听到了这件事，便向皇上进言，请求赎回栾布让他担任梁国的大夫。

后来栾布出使到齐国，还没返回来，高祖召见彭越，以谋反的罪名责罚他，诛灭了彭越的三族。之后又把彭越的头悬挂在洛阳城门下示众，并且下命令说："有敢来收殓或探视的，就立即

▶ 铁胄·西汉

徐州博物馆藏。1995 年狮子山楚王墓出土。铁胄出土时已锈蚀散乱，修复后的铁胄由 120 片各式铁甲片用丝带联结编缀而成，重 4.7 公斤。造型与狮子山兵马俑坑出土的跽坐甲胄俑所戴的胄相似，为典型的风字形胄，由筒状主体和可以伸缩的垂缘两部分组成，前部有方形开口，仅露出眼、鼻和口部。佩戴这类胄既可以保护头颅和脖颈，也便于头部和颈部的活动。

逮捕他。"这时栾布从齐国返回，便把自己出使的情况，在彭越的脑袋下面汇报，边祭奠边哭泣。官吏逮捕了他，并将此事报告了皇上。皇上召见栾布，骂道："你要和彭越一同谋反吗？我禁令任何人不得收尸，你偏偏要祭他哭他，那你同彭越一起造反已经很清楚了。赶快把他烹杀！"皇帝左右的人抬起栾布走向汤镬的时候，栾布回头说："希望能让我说一句话再死。"皇上说："说什么？"栾布说："当年皇上你被困彭城，兵败于荥阳、成皋一带的时候，项王之所以不能顺利西进，就是因为彭王据守着梁地，跟汉军联合而给楚为难的缘故啊。在那个时候，只要彭王掉头一走，跟楚联合，汉就失败；跟汉联合，楚就失败。再说垓下之战，没有彭王，项羽不会灭亡。现在天下已经安定了，彭王接受符节受了封，也想把这个封爵世世代代地

传下去。现在陛下仅仅为了到梁国征兵，彭王因病不能前来，陛下就产生怀疑，认为他要谋反，可是谋反的形迹没有显露，却因苛求小节而诛灭了他的家族，我担心有功之臣人人都会感到自己危险了。现在彭王已经死了，我活着倒不如死去的好，就请您烹了我吧。"于是皇上就赦免了栾布的罪过，任命他做都尉。

汉文帝的时候，栾布担任燕国国相，又做了将军。栾布曾扬言说："在自己穷困潦倒的时候，不能辱身降志的，不是好汉；等到了富有显贵

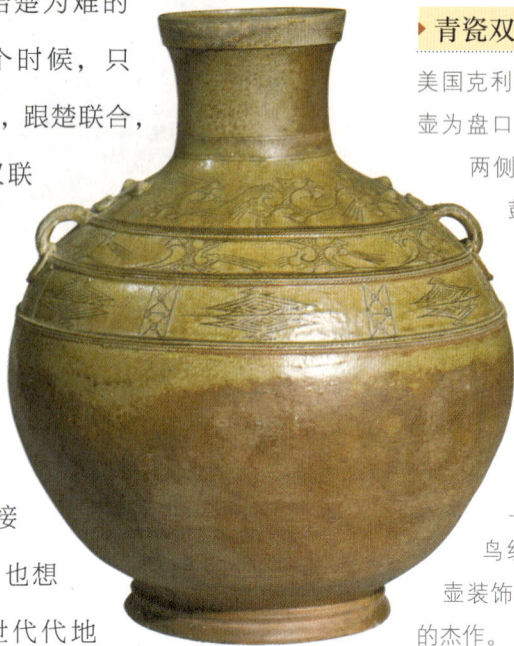

▶ **青瓷双系壶·西汉**

美国克利弗兰艺术博物馆藏。壶为盘口，束颈，溜肩，肩部两侧有对称铺首衔环系。鼓腹，高圈足。壶口部、颈部和上腹施釉，下腹无釉，釉色莹润。口沿部和颈部的下方各饰波浪纹一圈，肩部和上腹部以绳纹为界，自上而下饰两周刻划凤鸟纹和一周几何纹。此壶装饰精美，是西汉瓷器中的杰作。

的时候，不能称心快意的，也不是贤才。"
于是对曾经有恩于自己的人，便优厚
地报答他；对有怨仇的人，一定
用法律来除掉他。吴、楚七国反
叛时，栾布因打仗有功被封为俞
侯，又做燕国的国相。燕、齐这
些地方都替栾布建造祠庙，叫作
栾公社。

　　汉景帝中元五年栾布去世。他的
儿子栾贲继承爵位，担任太常，因祭祀所
用的牲畜不合法令的规定，封国被废除。

▶ **透雕辟邪玉佩·西汉**

✦ 太史公说 ✦

　　以项羽的气概，季布因为勇敢而在楚地扬名，他身入敌军，拔取
敌人军旗多次，真算得上是好汉了。然而他遭受髡钳之刑，给人做奴
仆不肯死去，又是多么卑下啊！他一定是自负于自己的才能，才会蒙
受屈辱而不以为羞耻，等待有机会可以发挥他未曾施展的才干，所以
最终成了汉朝的名将。贤能的人能够很看重他的死，至于奴婢、姬妾
这些低贱的人因为感愤而自杀的，并不是勇敢，那是因为他们认为再
也没有别的办法了。栾布痛哭彭越，把死看得同回家一样，他真正晓
得要死得其所，而不是吝惜自己的生命。即使古代重义轻生的人，又
怎么能超过他呢！

袁盎晁错列传 第四十一

【解题】本传是袁盎和晁错的合传。袁盎深得汉文帝的信任，所言皆听，但到汉景帝时，却被降为庶人；晁错在汉文帝时屡次进谏都不被重用，到景帝时，却扶云直上，权倾九卿，可谓戏剧。本传虽为合传，但对袁盎、晁错的记述却时合时分，井然有序，浑然一体，足可见太史公高超的笔力。

❂正直之谏

袁盎是楚地人，字丝。他的父亲曾经与强盗为伍，后来搬迁定居在安陵。吕后时期，袁盎曾经当过吕后侄吕禄的家臣。等到汉文帝登上了皇帝位，袁盎的哥哥袁哙保举他做了中郎。

绛侯周勃担任丞相，朝觐之后，总是脚步轻快地退出朝廷，很是踌躇满志。皇上对他非常恭敬，常常亲自送他。袁盎进谏说："陛下以为丞相绛侯是什么样的人？"皇

上说："他是国家的重臣。"袁盎说："绛侯是通常所说的功臣，并不是国家的重臣。国家的重臣能与皇上生死与共。当年吕后的时候，诸吕掌权，擅自争相为王，以致使刘家的天下就像丝带一样的细微，几乎快要断绝。在这个时候，绛侯周勃当太尉，掌握兵权，不能匡正挽救。吕后逝世，大

▶汉景帝像

90

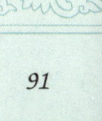

文帝仁政

文帝是汉高祖的庶子，因为不受父亲宠爱被安排到北方偏远的代地为王。吕后死后，陈平、周勃诛灭诸吕，迎立汉文帝继位。文帝深知皇位得来不易，即位后一直兢兢业业，施行仁政。文帝一生节俭，他在位23年间，全国物质财富不断增加，唯一不变的是文帝的享受品，无论是宫室、园囿、车马等都没有丝毫增加。文帝有一次计划修一个露台，找工匠来计算开销，需要100两黄金，文帝认为这已经是中等人家一年的开销，结果还是没舍得修建。

臣们一起共同反对诸吕，太尉掌握兵权，又恰好遇到那个成功的机会，所以他是通常所说的功臣，而不是国家的重臣。丞相如果对皇上表现出骄傲的神色，而陛下却谦虚退让，臣下与主上都违背了礼节，我私下认为陛下不应该采取这种态度。"以后在上朝的时候，皇上逐渐威严起来，丞相也逐渐敬畏起来。过了不久，丞相怨恨

地对袁盎说："我与你的兄长袁哙有交情，现在你小子却在朝廷上毁谤我！"袁盎也不向他谢罪。

等到绛侯被免除了丞相的职位，回到自己的封国，封国中有人上书告发他谋反，于是绛侯被召进京，囚禁在监狱中。皇族中的一些公侯都不敢替他说话，只有袁盎证明绛侯无罪。绛侯得以被释放，袁盎出了不少力。绛侯于是与袁盎倾心结交。

妙语解主忧

淮南王刘长来京朝见的时候，杀死了辟阳侯审食其，他平时待人处事也相当骄横。袁盎劝谏说：诸侯王强大骄横必然产生祸乱，可以适当消除封地以示惩戒。皇上没有采纳他的意见，淮南王更加骄横。等到棘蒲侯柴武太子准备造反的事被发觉，追查治罪，这件事牵连到了淮南王，淮南王被征召，皇上便将他贬谪到蜀地去，用囚车押送。袁盎便劝谏说："陛下向来娇惯放纵淮南王，不加以禁止以致落到了现在这种地步，如今又突然摧折他。淮南王一向刚强，万一在路上遇到风寒而死在半途中，陛下就会

▶ **上林图卷（局部）·明·仇英**

台北故宫博物院藏。此卷画意取自西汉司马相如的名篇《上林赋》，描写了汉武帝时的皇家园囿"上林苑"的美景，以及汉武帝与群臣狩猎时的壮观景象。

被认为拥有天下之大却容不得他，而背上杀死弟弟的恶名，到那时怎么办呢？"皇上不听，依然流放了淮南王。

　　淮南王到了雍地就病死了，这个消息传来，皇上不吃也不喝，哭得很悲哀。袁盎进入，叩头请罪。皇上说："我不听你的话以致弄成这个局面。"袁盎说："皇上请宽心，这已经是过去的事了，难道还可以追悔吗！再说陛下有三种

高出世人的行为，这件事不足以毁坏您的名声。"皇上说："我高于世人的行为是哪三种？"袁盎说："陛下住在代国的时候，太后曾经患病，三年的时间，陛下不曾合眼，也不脱下衣服睡觉，凡汤药不是陛下亲口所尝过的，就不准进奉给太后。比起曾参的孝来那是超过得很多了；诸吕当权时，大臣独断专行，而陛下从代地乘坐六辆下等马拉的车子，奔驰到祸福难料的京城来，即使是孟贲、夏育那样的勇士，也比不上陛下；陛下到达代国在京城的客馆，面向西两次辞让天子位，面向南坐着又三次辞让天子位。许由辞让天下也只是一次，而陛下五次将天下辞让，超过许由四次之多啊。再说陛下贬谪淮南

金缕玉衣

金缕玉衣主要出土于中国汉代，玉衣也称"玉匣""玉柙"，是汉代等级最高的殓服。金缕玉衣大致出现在西汉文景时期。当时人们十分迷信玉能够保持尸骨不朽。由于金缕玉衣有非常严格的制工艺要求，汉代的统治者还设立了专门从事玉衣制作的"东园"。这里的工匠对大量的玉片进行选料、钻孔、抛光等十多道工序的加工，并把玉片设计成不同的大小和形状，再用金线相连。用金缕玉衣作葬服不仅没有实现王侯贵族们保持尸骨不坏的心愿，反而招来盗墓毁尸的厄运。三国时期，魏文帝曹丕下令禁止使用玉衣，从此玉衣在中国历史上消失了。新中国成立以来，汉墓中所发现的玉衣已在十件以上。

王，是想让他的心志受些劳苦，使他改正过错，由于官吏护卫得不谨慎，所以他才病死。"于是皇上才感到宽解，说道："那以后怎么办呢？"袁盎说："淮南王有三个儿子，随您安排罢了。"于是文帝便把淮南王的三个儿子都封为王。而袁盎也因此在朝廷中名声大振。

不与宠阉同车

袁盎常常称引些有关大局的道理，说得慷慨激昂。宦官赵同因为受到皇上的宠幸，常常暗中伤害袁盎，袁盎为此感到忧虑。袁盎的侄儿袁种担任侍从骑士，手持符节护卫在皇帝左右。袁种向袁盎献计说："你和他相斗，在朝廷上侮辱他，使他所毁谤的话不起作用。"汉文帝出巡，赵同陪同乘车，袁盎伏在车前，说道："我听说陪同天子共乘高大车舆的人，都是天下的英雄豪杰。如今朝廷即便缺乏人才，陛下为什么单单要和受过宫刑的人同坐一辆车呢！"于是皇上笑着让赵同下去，赵同流着眼泪下了车。

千金之子坐不垂堂

文帝从霸陵上山，打算从西边的陡坡奔驰而下。袁盎骑着马，紧靠着皇帝的车子，还拉着马缰绳。皇上说：

袁盎却坐图·宋·无款

台北故宫博物院藏。此图取材于《史记》中袁盎向汉文帝进谏的故事，画中正中坐着的是汉文帝，画的左下方，弯腰鞠躬，双手持笏，向皇帝说话的是袁盎，站立于皇帝右侧，眼睛正注视着袁盎的是慎夫人。宫女和卫士，分别围绕在旁边。

"将军害怕了吗？"袁盎说："我听说家有千金的人就座时不靠近屋檐边，家有百金财富的人站的时候不倚在楼台的栏杆上，英明的君主不去冒险而心存侥幸。现在陛下放纵驾车的六匹马，从高坡上奔驰下来，假如有马匹受惊车辆毁坏的事，陛下纵然看轻自己，怎么对得起高祖和太后呢？"皇上这才中止。

　　皇上驾临上林苑，窦皇后、慎夫人跟从。在宫中的时候，慎夫人常常是同席而坐。这次，等到就座的时候，郎署长布置座席，袁盎把慎夫人的座席向后拉退了一些。慎夫人生气，不肯就座。皇上也发怒，站起身来，回到宫中。袁盎就上前劝说道："我听说尊贵和卑下有区别，那样上下才能和睦。如今陛下既然已经确定了皇后，慎夫人只不过是个妾，妾和主上怎么可以同

席而坐呢！这样恰恰失去了尊卑的分别了。再说陛下宠爱她，就厚厚地赏赐她。陛下以为是为了慎夫人，其实恰好成了祸害她的根由。陛下难道没有看见过‘人彘’吗？”皇上这才高兴，召来慎夫人，把袁盎的话告诉了她。慎夫人赐给袁盎黄金五十斤。

但是袁盎也因为多次直言劝谏，不能长久地留在朝廷，被调任陇西都尉。他对士兵们仁慈爱护，士兵们都争相为他效死。之后，提升为齐相。又调动担任吴相。在辞别起程的时候，袁种对袁盎说：“吴王骄横的时间已经很长了，国中有许多奸诈之人。现在如果你要揭发惩办他们的罪行，他们不是上书控告你，就是用利剑把你刺死。南方地势低洼潮湿，你最好每天喝酒，不要管什么事，时常劝说吴王不要反叛就是了。像这样你就可能侥幸摆脱祸患。”袁盎采纳了袁种的策略，吴王于是厚待袁盎。

讽劝丞相

袁盎请假回家的时候，路上碰到丞相申屠嘉，便下车行礼拜见，丞相只从车上表示谢意。袁盎回到家里，

经济恢复

秦朝十五年的残酷统治和秦末战争的巨大破坏，造成了整个社会经济的瘫痪。高祖刘邦建立汉朝之初，就定下十五税一的轻税率，大力发展农业生产。刘邦死后吕后执政，在黄老无为之治思想的指导下，天下安然无事，社会经济继续恢复。到文帝即位时，整个社会经济已经基本从秦末战乱中恢复过来。

在下属官吏面前感到羞愧，于是到丞相府上，要求拜见丞相。丞相过了很长时间才出来见他。袁盎跪着说：“希望能和您单独谈谈。”丞相说：“如果你说的是公事，请到官署中对我的长史讲，然后我会上奏给皇上；如果你说的是私事，我不接受私人的请托。”袁盎随机再次跪下说道：“您当丞相，与陈平、绛侯相比您怎么样？”丞相说：“我比不上他们。”袁盎说：“好，您自己都说比不上他们。陈平、绛侯辅佐保护高祖，平定天下，当了将相，诛杀诸吕，保全了刘氏天下。您只是脚踏弓弩，才当了

低级武士，又提升为队长，积累功劳做到了淮阳郡守，并没有出什么奇计在攻城夺地、野外厮杀中立下战功。再说陛下从代地来，每次上朝，郎官呈上奏书，他从来没有不停下车来听取他们的意见，意见不能采用的，就搁置一边，可以接受的，就采纳，从来没有人不称道赞许。这是为了什么呢？是想用这种办法来招致天下贤能的士大夫。皇上每天听到自己从前所

▶ 玉龙纹杯·西汉

没听过的事情，明白以前所不曾明白的道理，一天比一天更加英明智慧；您现在自己封闭天下人的口，而一天天更加愚昧。以圣明的君主来督责愚昧的丞相，您遭受祸患的日子为期不远了啊！"丞相于是拜了两拜，说道："我是个粗鄙庸俗的人，就是不聪明，幸蒙将军教诲。"申屠嘉引袁盎入内室同座，把他奉为上宾。

❯ 进言杀晁错

袁盎向来不喜欢晁错，只要有晁错在的地方，袁盎就离去；只要有袁盎在的地方，晁错也就离开。两个人从来没有在一起谈过话。等到汉文帝去世，汉景帝即位，晁错当上了御史大夫，派官吏查核袁盎接收吴王刘濞财物的事，要按罪行的轻重给予惩罚。皇帝下诏赦免袁盎为平民。

吴楚叛乱的消息传到京城，晁错对手下的丞史说："袁盎接收了吴王的许多金钱，专门为他遮掩，说他不会反叛。现在反叛已成事实，我打算请求处治袁盎。他必当知道叛乱的阴谋。"丞史说："事情还没有暴露出来，

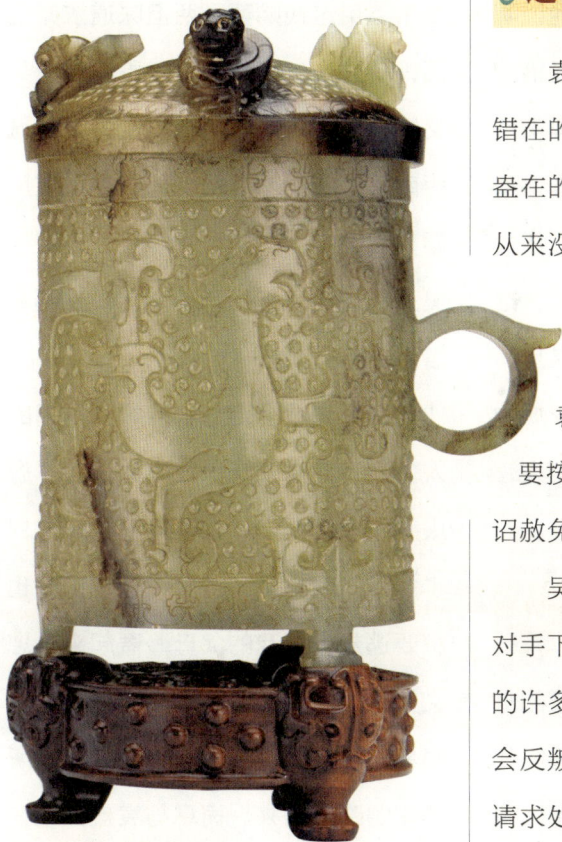

就惩治他，可能中断叛乱阴谋。现在叛军向西进发，惩办袁盎有什么好处呢！再说袁盎也不该有什么阴谋。"晁错犹豫不决。有人将这件事告知了袁盎，袁盎害怕，当夜去见窦婴，向他说明吴王之所以反叛的原因，希望能到皇上面前亲口对质。窦婴进宫向皇上报告了，皇上就召袁盎进宫会见。晁错就在面前，等到袁盎请求皇上避开别人单独接见时，晁错退了下去，心里非常怨恨。袁盎详细地说明了吴王谋反的情况，都是因为晁错的缘故，只有赶快杀掉晁错来向吴王认错，吴军才可能停止。他的这些话都记载在《吴王濞列传》中。皇上任命袁盎担任太常，窦婴担任大将军。这两个人向来有交情。等到吴王谋反，居住在诸陵中有威望的人和长安城中的贤能官吏都争着依附他们两个人，驾车跟随在后面的每天有几百辆。

袁盎之死

晁错被诛杀后，袁盎以太常的身份出使到吴国。吴王想让他担任将领，袁盎不肯。吴王想杀死他，派一名都尉带领五百人把袁盎围困在军中。当初袁盎担任吴国国相的时候，曾经有一个小吏偷偷地爱上了袁盎的婢女，与她私通，袁盎知道了这件事，没有泄露，对待小吏仍跟从前一样。有人告诉小吏，说袁盎知道他跟婢女私通的事，小吏便逃回家去了，袁盎亲自驾车追赶小吏，把婢女赐给他，仍旧叫他当小吏。等到袁盎出使吴国被围困，小吏刚好是围困袁盎的校尉司马，司马就把随身携带的全部财物卖了，用这钱购买了两担味道浓厚的酒，刚好碰上天气寒冷，围困的士兵又饿又渴，喝了酒，都醉了，围守城西南角的士兵都醉倒了。司马乘夜里领袁盎起身，说道："您可以走了，吴王约定明天一早杀您。"袁盎不相信，说："您是干什么的？"司马说："我是原先做小吏与您的婢女私通的人。"袁盎这才吃惊地道谢说："您庆幸有父母在堂，我可不能因此连累了您。"司马说："您只管走，我也将要逃走，把我的父母藏匿起来，您又何必担忧呢？"于是用刀把军营的帐幕割开，引导袁盎从醉倒的士兵所挡住的路上出来。司马与袁盎分路背道而走，袁盎解下了节旄揣在怀中，

拄着杖，步行了七八里，天亮的时候，碰上了梁国的骑兵，骑兵奔驰而去，终于将出使吴国的情况报告了皇上。

吴楚叛军已被平定，皇上便把楚元王的儿子平陆侯刘礼改封为楚王，袁盎担任楚相。袁盎曾经上书进言，但未被采纳。袁盎因病免官，闲居在家，与乡里人在一起混日子，跟他们玩斗鸡赛狗的游戏。洛阳人剧孟曾经拜访袁盎，袁盎热情地接待他。安陵有个富人，对袁盎说："我听说剧孟是个赌徒，您为什么要和这种人来往呢？"袁盎说："剧孟虽是个赌徒，然而他母亲去世时，送葬的客人车子有一千多辆，这也是因为他有过人的地方。再说危难的事人人都有。一旦遇到危难有急事敲门，能不用父母还活着推辞解脱，不用有事不在家加以拒绝，天下所仰望的人只有季心、剧孟而已。如今您身后常常有几个骑兵随从着，一旦有急事，这些人难道可以依靠吗？"袁盎痛骂富人，从此不再与他来往。众人听了这件事，都很称赞袁盎。

袁盎虽然闲居在家，汉景帝经常派人来向他询问计谋策略。梁王想成为汉景帝的继承人，袁盎进言劝说，从此以后，这种议论便被中止，梁王因此怨恨袁盎，曾经派人刺杀袁盎。刺客来到关中，打听袁盎到底是一个怎样的人。众人都赞不绝口。刺客便去见袁盎说："我接受了梁王的金钱来刺杀您，您是个厚道人，我不忍心刺杀您。但以后还会有十多批人来刺杀您，希望您好好防备一下！"袁盎心中很不愉快，家里又接二连三地发生了许多怪事，便到棓生那里去占卜问吉凶。回家的时候，后续派来的梁国刺客果然在安陵城门外面拦住了他，把他刺杀了。

才奇不被用

晁错是颍川人。曾经在轵县张恢先生那里学习过申不害和商鞅的刑名学说，与洛阳人宋孟和刘礼是同学。凭着通晓典籍，担任了太常掌故。

晁错为人严峻刚正，却又苛刻严酷。汉文帝的时候，天下没有研究《尚书》的人，只听说济南伏先生是原来秦朝的博士，研究过《尚书》，九十多

▶ **伏生授经图·明·杜堇**

美国纽约大都会艺术博物馆藏。图中伏生席地而坐，手持书卷，形象清癯苍老，似正在认真
讲授。该画由明代杜堇所作。

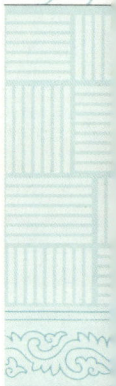

岁，因为太老无法征召他来，文帝于是下令太常派人前往学习。太常派遣晁错前往伏先生那里学习《尚书》。学成回来后，趁着向皇上报告利国利民的事，称引解说《尚书》。汉文帝下诏任命晁错担任太子舍人、门大夫、太子家令。晁错凭着他的辩才，得到太子的宠幸，太子家称他为"智囊"。汉文帝的时候，晁错多次上书，说到削减诸侯势力的事，以及修改法令的事。几十次上书，汉文帝都没有采纳，但认为他有奇特的才能，提升为中大夫。当时，太子称赞晁错的计策谋略，袁盎和诸位大功臣却大多都不喜欢晁错。

擅权修法

汉景帝即位后，任命晁错为内史。晁错多次请求皇帝单独与他谈论政事，景帝每每都听，宠信他超过了九卿，晁错修改了不少的法令。丞相申屠嘉心里不满意，但又没有足够的力量来毁伤他。内史府建在太上庙内墙外的空地上，门朝东，出入很不方便，晁错便在太上庙南面的外墙上开了两个门出入。丞相申屠嘉听到了这件事，非常生气。打算就这次晁错的过失写成奏章，请求诛杀晁错。晁错听到了这个消息，当夜请求单独进见皇上，具体详细地向皇上说明了这件事情。丞相申屠嘉上朝奏事，乘机禀告了晁错擅自凿开太上庙的外墙做门，请求皇上把他交给廷尉处死。皇上说："晁错所凿的墙不是太上庙的墙，而是庙外空地上的外墙，不至触犯法令。"丞相谢罪。退朝之后，生气地对长史说："我本当先杀了他再报告皇上，却先奏请，反而被这小子给出卖，实在是大错。"丞相最后发病死了，晁错因此更加显贵。

悔失晁错

晁错被提升为御史大夫，请求就诸侯的罪过相应地削减他们的封地，收回各诸侯国边境的郡城。奏章呈送上去，皇上命令公卿、列侯和皇族一起讨论，没有一个人敢非难晁错的建议，只有窦婴与他争辩，因此和晁错有了隔阂。晁错所修改的法令有三十章，诸侯们都叫喊着反对，痛恨晁错。晁错的父亲听到了这个消息，就从颍

▶青铜鹿形器座·西汉

器座，作为其他类器物的附属品，既有稳定器物的作用，也有陪衬器物的作用。器型随所配器物底面而变，或圆或方，或规整或随性，极具艺术价值和历史价值。

川赶来，对晁错说："皇上刚刚即位，你当政办事，侵害削弱诸侯的力量，疏远人家的骨肉，人们纷纷议论怨恨你，为什么要这样做呢？"晁错说："事情本来就应该这样，不这样的话，天子不会受到尊崇，国家不会得到安宁。"晁错的父亲又说："照这样下去，刘家的天下安宁了，而我们晁家却危险了，我要离开你回去了。"便服毒药而死，死前说道："我不忍心看到祸患连累自己。"晁错的父亲死后十几天，吴楚七国果然反叛，以诛杀晁错为名义。等到窦婴、袁盎进言，皇上就命令晁错穿着朝服，在东市把他处死。

　　晁错死后，谒者仆射邓公担任校尉，攻打吴楚的军队时，他担任将军。回京城后，上书报告军情，觐见皇上。皇上问道："你从军中来，听到晁错死了，吴楚的军队退了没有？"邓公说："吴王蓄意谋反已经有几十年了啊，

他为您削减他的封地而发怒,所以以诛杀晁错为名义,他的本意并不在晁错呀。再说我担心天下的人从此都将闭口,再也不敢进言了。"皇上说:"为什么呢?"邓公说:"晁错担心诸侯强大了不能够制伏,所以要求削减诸侯的封地,借以尊崇朝廷,这实在是关乎万世的好事啊。计划才开始实行,竟然遭到杀戮,对内堵塞了忠臣的口,对外反而替诸侯报了仇,我私下认为陛下这样做是不足取的。"此时景帝沉默了好久,说:"您的话很对,我也悔恨这件事。"于是任命邓公担任城阳中尉。

邓公是成固人,有许多出人意料的妙计。建元年间皇上招纳贤良之士,公卿们都推举邓公,当时邓公免官,便由在家闲居起用做了九卿。一年之后,又推说有病辞职回家,他的儿子邓章因为研究黄帝、老子的学说在朝廷大臣之间很有名望。

❖ 太史公说 ❖

袁盎虽然不好学,可是他能融会贯通,以仁爱之心为本质,称引大义,慷慨激昂。正赶上汉文帝刚刚即位,他的才智刚好遇上了适宜的时代,因此能得以施展。时局变动,等到吴楚反叛时,他建议诛杀晁错。虽然他的建议被采纳实行,但以后朝廷不再重用他了。爱好名声,夸耀才能,终于因为追求名声而招致祸害。晁错做太子家令的时候,多次进谏而不被采用。后来擅权,修改了国家的许多法令。诸侯发动叛乱,晁错不急于匡正挽救这个危机,却想报一己之仇,反而因此招来杀身之祸。俗话说:"改变古法,扰乱常规,不是身死,就是逃亡。"难道就是说的晁错这种人吗?

张释之冯唐列传 第四十二

【解题】本传是汉文帝时的杰出之士张释之、冯唐的合传。他们不仅有真知灼见，而且敢于批评最高统治者，正直进言，太史公对他们充满着景仰之情，同时另一个侧面也隐含着作者的憎恨之情。情节细致，对话精彩，人物传神，描绘生动。

▶智谏文帝

廷尉张释之，是堵阳人，字季。和他的哥哥张仲生活在一起。由于家中资财多而做了骑郎，侍奉汉文帝，十年内得不到升迁，默默无名。张释之便对他的上司说："长时间地做郎官，耗减了哥哥的资财，使人不安。"想要辞职回家。他的上司中郎将袁盎知道他德才兼备，惋惜他的离去，就请求汉文帝调补他做谒者。张释之朝见文帝后，就趋前陈说利国利民的大计方针，文帝说："说些接近现实生活的事，不要高谈阔论，说的应该现在就能实施。"于是，张释之又谈起秦汉之际的事，谈了很长时间关于秦朝灭亡和汉朝兴盛的原因。文帝很赞赏他，就提拔他做了谒者仆射。

一次，张释之跟随汉文帝出行，登临虎圈，汉文帝询问上林尉书册上

▶ "般邑家"铜锺·西汉

汉景帝阳陵博物院藏。铜质，敞口束径，弧肩鼓腹，圈足。口外沿有一周凸棱，腹部上有一对衔圆环铺首。肩部有纵向四列汉隶文字"般邑家铜锺容十斗重卅五斤第二家工造"。虽是生活用具中的一般器物，但是做工精湛，字体秀美，为汉隶中的精品。

登记的各种禽兽的情况，问了十几个问题，上林尉只能东瞧西看，全都不能回答。看管虎圈的啬夫从旁代上林尉回答了皇帝提出的问题，答得极周全，想借此显示自己回答问题有如声响回应而且无法问倒。汉文帝说："做官吏不该像这样吗？上林尉不可依靠。"于是命令张释之让啬夫做上林令。张释之过了一会儿才上前说："陛下认为绛侯周勃是怎样的人呢？"文帝说："是长者啊！"又再一次问："东阳侯张相如是怎样的人呢？"文帝再一次回答说："是个长者。"张释之说："绛侯与东阳侯都被称为长者，可这两个人议论事情时都不善于言谈，现在这样做，难道让人们去效法这个喋喋不休伶牙俐齿的啬夫吗？况且秦代由于重用了舞文弄法的官吏，所以官吏们争着以办事迅急苛刻督责为高，然而这样做的流弊在于徒然具有官样文书的表面形式，而没有怜悯同情的实质。因为这个缘故，秦君听不到自己的过失，国势日衰，到秦二世时，秦国也就土崩瓦解了。现在陛下因为啬夫伶牙俐齿就越级提拔他，我想恐怕天下人都会追随这种风气，争相施展口舌之能而不求实际。况且在下位的人被在上的人感化，快得犹如影之随形声之回应一样，陛下做任何事情都不可不审慎啊！"文帝说："好吧！"于是，取消原来的打算，不再任命啬夫为上林令。

文帝上了车，让张释之陪乘在身旁，车慢慢前行。文帝问张释之秦政的弊端，张释之都据实而言。到了宫里，文帝就任命张释之做了公车令。

不久，太子与梁王同乘一辆车入朝，到了皇宫外的司马门也没有下车。当时张释之迎上去阻止太子、梁王，不让他们进宫，并检举揭发他们在皇宫门外不下车犯了"不敬"罪，并报告给皇帝。薄太后知道了这件事，文帝摘下帽子赔罪说："怪我教导儿子不严。"薄太后也派使臣带着她赦免太子、梁王罪过的诏书前来，太子、梁王才能够进入宫中。文帝由此更加看出了张释之的与众不同，任命他做了中大夫。

又过了些时候，张释之升任中郎将。跟随皇帝到了霸陵，汉文帝站在霸陵的北面眺望。这时慎夫人也跟随前行，皇帝用手指示着通往新丰的道路给她看，并说："这是通往邯郸的道路啊。"接着，让慎夫人弹瑟，汉文帝自己合着瑟的曲调唱歌，心里很凄惨悲伤，回过头来对着群臣说："唉！用北山的石头做椁，用切碎的苎麻丝絮充塞石椁缝隙，再用漆粘涂在上面，哪还能打得开呢？"在身边的近侍都说："对的。"张释之走上前去说道："假若里面有了引发人们贪欲的东西，即使封铸南山做棺椁，也还会有缝隙；假若里面没有引发人们贪欲的东西，即使没有石椁，又哪里用得着忧虑呢！"文帝称赞他说得好。后来任命他做了廷尉。

❂出任廷尉

　　此后不久，皇帝出巡经过长安城北的中渭桥，有一个人突然从桥下跑了出来，皇帝车驾的马受了惊。于是命令骑士捉住这个人，交给了廷尉张释之。张释之审讯那个人。那人说："我是长安县的乡下人，听到了清道禁止人通行的命令，就躲在桥下。过了好久，以为皇帝的队伍已经过去了，就从桥下出来，一下子看见了皇帝的车队，马上就跑起来。"然

后廷尉向皇帝报告那个人应得的处罚，说他触犯了清道的禁令，应处以罚金。文帝发怒说："这个人惊了我的马，我的马幸亏驯良温和，假如是别的马，说不定就摔伤了我，可是廷尉才判处他罚金！"张释之说："法律是天子和天下人应该共同遵守的。现在法律就这样规定，却要再加重处罚，这样法律就不能取信于民。而在那时，皇上您让人立刻杀了他也就罢了。现在既然把这个人交给廷尉，廷尉是天下公正执法的带头人，稍一偏失，而天下执法者都会任意或轻或重，老百姓岂不是会手足无措？愿陛下明察。"许久，皇帝才说："廷尉的判处是正确的。"

　　后来，有人偷了高祖庙神座前的玉环，被抓到了，文帝发怒，交给廷尉治罪。张释之按法律所规定的偷盗宗庙服饰器具之罪奏报皇帝，判处死刑。皇帝勃然大怒说："这人胡作非为无法无天，竟偷盗先帝庙中的器物，我交给廷尉审理的目的，想要给他灭族的惩处，而你却一味按照法律条文把惩处意见报告我，这不是我恭敬奉承宗庙的本意啊。"张释之脱帽

叩头谢罪说："依照法律这样处罚已经足够了。况且在罪名相同时，也要区别犯罪程度的轻重不同。现在他偷盗祖庙的器物就要处以灭族之罪，万一有愚蠢的人挖长陵一捧土，陛下用什么刑罚惩处他呢？"过了一些时候，文帝和薄太后谈论了这件事，才同意了廷尉的判决。当时，中尉条侯周亚夫与梁国国相山都侯王恬开看到了张释之执法论事公正，就和他结为亲密的朋友。张释之由此得到天下人的称赞。

后来，文帝死去，景帝继位。张释之内心恐惧，假称生病。想要辞职离去，又担心随之招致杀身之祸；要当面向景帝谢罪，又不知怎么办好。用了王生的计策，终于见到景帝道歉谢罪，景帝没有责怪他。

王生是喜好黄老学说的处士。曾被召进朝廷中，三公九卿全齐聚站在那里，王生是个老年人，说："我的袜带松脱了。"回过头来对张廷尉说："给我结好袜带！"张释之就跪下结好袜带。事后，有人问王生说："为什么在朝廷上羞辱张廷尉，让他跪着结袜带？"王生说："我年老，又地位卑下。自己料想最终不能给张廷尉什么好处。张廷尉是天下名臣，我故意羞辱张廷尉，让他跪下结袜带，想用这种办法加强他的名望。"各位大臣们听说后，都称赞王生的贤德而且敬重张廷尉。

张廷尉侍奉景帝一年多，被贬谪为淮南王相，这还是由于以前得罪景帝的缘故。过了一些时候，张释之死了。他的儿子叫张挚，字长公，官职一直做到大夫，后被免职。因为他不能迎合当时的权贵显

▶ 张释之祠堂。

要，所以直到死也没有再做官。

冯唐荐魏尚

冯唐，他的祖父是战国时赵国人。他的父亲移居到了代地。汉朝建立后，又迁到安陵。冯唐以孝行著称于世，被举荐做了中郎署长，侍奉汉文帝。一次，文帝乘车经过冯唐任职的官署，问冯唐说："老人家怎么还在做郎官？家在哪里？"冯唐都如实作答。汉文帝说："我在代郡时，尚食监高祛多次和我谈到赵将李齐的才能，讲述了他在巨鹿城下作战的情形。现在我每次吃饭时，心里总会想起巨鹿之战时的李齐。老人家知道这个人吗？"冯唐回答说："他尚且比不上廉颇、李牧的指挥才能。"汉文帝说："凭什么这样说呢？"冯唐说："我的祖父在赵国时，担任过统率士兵的职务，和李牧有很好的交情。我父亲从前做过代相，和赵将李齐也过从甚密，所以能知道他们的为人。"汉文帝听完冯唐的述说，很高兴，拍着大腿说："我偏偏得不到廉颇、李牧这样的人做将领，如果有这样的将领，我难道还忧虑匈奴吗？"冯唐说：

廷尉

廷尉，官名，为九卿之一。廷尉的职掌是管理天下刑狱。每年天下断狱总数最后要汇总到廷尉，郡国疑难案件要报请廷尉判处，廷尉也常派员为地方处理某些重要案件。廷尉根据诏令，可以逮捕、囚禁和审判有罪的王或大臣。礼仪、律令皆藏于廷尉，并主管修订律令的有关事宜。属于分、寸、尺、丈等度量标准之事，亦由廷尉掌管。廷尉是秦汉至北齐主管司法的最高官吏。汉景帝中元六年（前144）改名大理，武帝建元四年（前137）恢复旧称，哀帝元寿二年（前1）又改为大理寺。新莽时改名作士，东汉时复称廷尉。汉末恢复为大理。

"臣诚惶诚恐，我想陛下即使得到廉颇、李牧，也不会任用他们。"汉文帝大怒，起身回宫。过了好长一会儿，才又召见冯唐责备他说："你为什么当众侮辱我？难道就不能私下告诉我吗？"冯唐谢罪说："我这个鄙陋之人，不懂得忌讳回避。"

在这时，匈奴人新近大举侵犯朝

那县，杀死北地都尉孙印。汉文帝正为此忧虑，就又一次询问冯唐："您怎么知道我不能任用廉颇、李牧呢？"冯唐回答说："我听说古时候君王派遣将军时，跪下来推着车轮说，国门以内的事我决断，国门以外的事，由将军裁定。所有军队中因功封爵奖赏的事，都由将军在外决定，归来再奏报朝廷。这不是虚夸之言呀。我的祖父说，李牧在赵国边境统率军队时，把征收的税金自行用来犒赏部下。赏赐由将军在外决定，朝廷不从中干预。君王交给他重任，而要求他成功，所以李牧才能够充分发挥才智。派遣精选的兵车一千三百辆，善于骑射的士兵一万三千人，能够建树功勋的士兵十万人，因此能够在北面驱逐单于，大破东胡，消灭澹林，在西面抑制强秦，在南面支援韩魏。在这时，赵国几乎成为霸主。后来恰逢赵王迁即位，他的母亲是卖唱的女子。他一即位，就听信郭开的谗言，最终杀了李牧，让颜聚取代他。因此军溃兵败，被秦人俘虏消灭。如今我听说魏尚做云中郡郡守，他把军市上的税金全部用来犒赏士兵，还拿出个

人的薪俸，五天杀一次牛，宴请宾客、军吏、亲近左右，因此匈奴人远远躲开，不敢靠近云中郡的边关要塞。匈奴曾经入侵一次，魏尚率领军队出击，杀死很多敌军。那些士兵都是农家的子弟，从村野来参军，哪里知道军中的文书和花名册一类的东西呢？他们只知道整天拼力作战，杀敌捕俘，到幕府报功，只要有一句话不合实际情况，掌管文书的官吏就用法律条文进行制裁。应得的奖赏不能兑现，而文吏却依法必究。我愚蠢地认为陛下的法令太严明，奖赏太轻，惩罚太重。况且云中郡郡守魏尚只犯了

▶ **玉衣玉片·西汉**

玉片以长方形和方形为主，大多表面平素，形状规整，厚薄均匀，打磨光滑，棱角都磋磨成斜边，角上均有钻孔。玉片的颜色较杂，少数呈半透明的青绿色，多数不透明，以黄褐色、黄白色为主。

错报多杀敌六人的罪，陛下就把他交给法官，削夺他的爵位，判处一年的徒刑。由此说来，陛下即使得到廉颇、李牧，也是不能重用的。我确实愚蠢，触犯了禁忌，该当死罪，该当死罪！"文帝很高兴，当天就让冯唐拿着汉节出使前去赦免魏尚，重新让他担任云中郡郡守，而任命冯唐做车骑都尉，掌管中尉和各郡国的车战之士。

汉文帝后元七年，汉景帝即位，让冯唐去做楚国的丞相，不久被免职。汉武帝即位时，征求贤良之士，大家举荐冯唐。冯唐这年已九十多岁，不能再做官了，于是任用他的儿子冯遂做了郎官。冯遂字王孙，也是杰出的人才，和我交好。

▶玉觞·西汉

✦ 太史公说 ✦

张释之称赞长者的一番话，和他严守法度不迎合皇帝心意的事，以及冯公谈论任用将帅的话！真是耐人寻味，耐人寻味啊！俗话说："不了解那个人，看看他身边的朋友什么样就知道了。"他们两位所赞许长者将帅的话，应该记录于朝廷。《尚书》说："不偏袒不结党，王道才会宽广；不结党不偏私，王道才能畅顺。"张季与冯公近似于这种说法呀！

万石张叔列传 第四十三

【解题】这是石奋、石建、石庆、卫绾、直不疑、周文、张叔等多人的合传，以首尾二人标名概括全体。这些人任郎中令、御史大夫、丞相不等，但他们或恭谨、或孝谨、或老谨、或审谨、或醇谨，总之共同的特点是一个"谨"字，其中以石奋一家最为典型。

万石君石奋

万石君石奋，他的父亲是赵国人。赵国灭亡后，迁居到温县。高祖东进攻打项羽，途经河内郡，当时石奋年纪只有十五岁，做小官吏，侍奉高祖。高祖和他谈话，喜爱他恭敬谨慎的态度，问他说："你家中有些什么人？"回答说："我家中只有母亲，不幸眼睛已失明。家中很贫穷。还有个姐姐，会弹琴。"高祖又说："你能跟随我吗？"回答说："愿竭尽全力侍奉。"于是，高祖召他的姐姐入宫做了美人，让石奋做中涓，受理大臣进献的文书和谒见之事，他的家迁徙到长安的中戚里，这是因他的姐姐做了美人的缘故。他的官职到文帝时累积功劳升至太中大夫。他不通儒术，可是恭敬谨慎无人可比。

文帝时，东阳侯张相如做太子太傅，后被免职。文帝选择可以做太傅的人，大家都推举石奋，石奋做了太子太傅。等到景帝即位，使他官居九

▶ 玉螭纹剑璏·西汉

郎中令

郎中令是古代官名。始置于秦，为九卿之一，掌管宫廷侍卫、宫殿门户，实际权利较大。汉初沿置，是皇帝左右亲近的高级官职。郎中令主要职掌包括宿卫警备、管理郎官、备顾问应对、劝谏得失、郊祀掌三献、拜诸侯王公宣读策书。在主要职掌之外，还兼有其他一些职掌。其他职掌包括征讨屯戍、以使者身份策免或策封官吏、参与皇帝的丧葬活动、典校图书、荐举贤良方正等。两汉历史中，随着政治形势的发展，郎中令这一职官发生过一些变化：郎中令与皇帝的关系由亲近而疏远，在礼仪方面的职掌逐渐加强。

卿之位；因他过于恭敬谨慎，景帝觉得在身边不自由，调他做了诸侯丞相。他的长子石建，二子石甲，三子石乙，四子石庆，都因为性情顺驯，对长辈孝敬，办事谨慎，官位做到二千石，于是景帝说："石君和四个儿子都官至二千石，做为人臣的尊贵荣耀竟然集中在他们一家。"就称呼石奋为万石君。

景帝末年，万石君享受上大夫的俸禄告老回家，在朝廷举行盛大典礼朝令时，他都作为大臣来参加。经过皇宫门楼时，万石君一定要下车急走，表示恭敬，见到皇帝的车驾一定要手扶在车前横木上表示致意。他的子孙辈做小吏，回家看望他，万石君也一定要穿上朝服接见他们，不直呼他们的名字。子孙中有人犯了过错，他不责斥他们，而是坐到侧旁的座位上，对着餐桌不肯吃饭。这样以后其他的子孙们就纷纷责备那个有错误的人，再通过族中长辈求情，本人裸露上身表示认错，并表示坚决改正，万石君才答允他们的请求。已成年的子孙在身边时，即使是闲居在家，他也一定要穿戴整齐，显示出严肃整齐的样子。他的仆人也都非常恭敬，特别谨慎。皇帝有时赏赐食物送到他家，必定叩头跪拜之后才弯腰低头去吃，如在皇帝面前一样。他办理丧事时，非常悲伤哀悼。子孙后代遵从他的教诲，也像他那样去做。万石君一家因孝顺谨慎闻名于各郡县和各诸侯国，即使齐、鲁二地品行朴实的儒生们，

也都认为自己不如他们。

建元二年，郎中令王臧因为推崇儒学获罪。皇太后认为儒生言语大多文饰浮夸而不够朴实，现在万石君一家不善夸夸其谈而能身体力行，就让万石君的大儿子石建做了郎中令，小儿子石庆做了内史。

石建年老发白，万石君身体还健康无病。石建做了郎中令，每五天休假一天，回家拜见父亲时，先是进入侍者的小屋，私下向侍者询问父亲情况，拿走他的内衣和溺器去门外水沟亲自洗涤，再交给侍者，不敢让父亲知道，

▶《史记君臣故事》之石建误书·明·张宏

石建不但孝行第一，即谨慎亦算第一。他担任郎中令时，管理宫内事务。一次，石建在奏折上写错了"马"字，十分惊恐。后见武帝并未提起此事，方始放心，以后愈加谨慎。

而且经常如此。石建做郎中令时，有事要向皇帝谏说，能避开他人时就畅所欲言，说得峻急；及至朝廷谒见时，装出不善说话的样子。因此皇帝就对他亲自表示尊敬和礼遇。

万石君迁居到陵里。担任内史的儿子石庆酒醉归来，进入里门时没有下车。万石君听到这件事后不肯吃饭。石庆恐惧，袒露上身请求恕罪，万石君仍不允许。全族的人和哥哥石建也袒露上身请求恕罪，万石君才责备说："内史是尊贵的人，进入里门时，里中的父老都急忙回避他，而内史坐在车中依然故我态度自如，本是应该的嘛！"说完就喝令石庆走开。从此以后，石庆

▶ 玉龙纹剑璏 · 西汉

和石家的弟兄们进入里门时，都下车快步走回家。

万石君在武帝元朔五年去世。大儿子郎中令石建因悲哀思念而痛哭，以致手扶拐杖才能走路，过了一年多，也去世了。万石君的子孙们都很孝顺，然而石建最突出，超过了万石君。

🔷 石建石庆

石建做郎中令时，一次书写奏章，奏章批复下来，石建再读时，非常惊恐地说道："写错了！'马'字下面的四点和下曲的马尾应该五笔，现在才写四笔，少了一笔，皇帝会责怪我，我该死啊！"可见他为人的谨慎，即使对待其他的事也都像这样。

万石君的小儿子石庆做太仆，为皇帝驾车。又一次皇帝外出，问驾车的马有几匹，石庆用马鞭一一点数马匹后，才举手示意说："六匹。"石庆在几个儿子中算是最简略疏粗的了，然而尚且如此小心谨慎。石庆做齐国的国相，齐国上下都敬慕他们的家风，所以不用发布政令齐国就非常安定，人们就为石庆立了"石相祠"。

武帝元狩元年，皇帝确立太子，从群臣中挑选能够做太子老师的人，石庆从沛郡太守任上调为太子太傅，过了七年升任御史大夫。

图说史记

武帝元鼎五年秋，丞相赵周有罪被罢官。皇帝发下诏书给御史大夫："先帝很敬重万石君，他们的子孙都很孝顺，命令御史大夫石庆担任丞相，封为牧丘侯。"这时，汉朝正在南方诛讨南越、东越，在东方攻打朝鲜，在北方追逐匈奴，在西方征伐大宛，国家正值多事之时。加上皇帝巡视全国各地，修复上古的神庙，到泰山祭天，到梁父祭地，大兴礼乐。国家财政发生困难，皇帝就让桑弘羊等谋取财利，王温舒等实行苛峻的法律，使兒宽等推尊儒学，他们都官至九卿，交替升迁当政，朝中大事不取决于石庆，石庆只是一味忠厚谨慎罢了。石庆在位九年，不能有任何匡正时局纠谏错误的言论，他曾想要惩治皇帝的近臣所忠、九卿咸宣的罪过，不仅不能使他们服罪，反而遭受了惩处，以米粟入官才得以免罪。

汉武帝元封四年，关东百姓有两百万人流离失所，没有户籍的有四十万人，公卿大臣商议请求皇帝迁徙流民到边疆去，以此来惩罚他们。皇帝认为石庆年老谨慎，不可能参与这种商议，就让他请假回家，而查办御史大夫以下商议提出这种请求的官吏。石庆因不能胜任职务而愧疚，就上书给皇帝说：

御史大夫

御史大夫是古代官名。秦代始置，位列三公，负责监察百官，代表皇帝接受百官奏事，管理国家重要图册、典籍，代朝廷起草诏命文书等。西汉沿置，与丞相、太尉合称三公。汉初，御史大夫掌副丞相，故丞相、御史并称，丞相府和御史大夫府合称二府。凡军国大计，皇帝常和丞相、御史共同议决。丞相位缺，也可由御史大夫升任。由于御史和皇帝亲近，因此群臣奏事须由他向上转达，皇帝下诏书，则先下御史，再达丞相、诸侯王，因而皇帝可利用御史大夫督察和牵制丞相。西汉时，御史大夫属官有御史中丞、侍御史、绣衣御史等。到东汉初年，御史大夫的官属，由御史中丞总领，中丞替代御史大夫而成为执法和监察机构的首脑人物。

"我石庆承蒙宠幸得以位居丞相，可是自己才能低劣不能辅佐陛下治理国家，以致城郊仓库空虚，百姓多流离失所，罪该处死，皇帝不忍心依法处置我，我愿归还丞相和侯爵的印信，请求告老还乡，给贤能的人让位。"皇帝说："粮仓已经空虚，百姓贫困流离失所，而你却要请求迁徙他们，社会已经动荡不安了，社会的动荡使国家发生危机，在这种时候你却想辞去职位，你要把责难归结到谁身上呢？"于是下诏书责备石庆，石庆非常惭愧，才又重新处理政事。

116

石庆为人思虑细密，处事审慎拘谨，却没有什么高明的见解，也不能为百姓说话。从此又过了三年多，在太初二年，丞相石庆去世，赐谥号为恬侯。石庆的次子石德，石庆喜爱器重他，皇帝让石德做石庆的继承人，承袭侯爵的爵位。后来做到了太常。因为触犯法律被判处死刑，纳米粟入官赎罪后成了平民。石庆做丞相时，他的子孙中从小吏升到两千石职位的有十三人。等到石庆死后逐渐因不同罪名而被免职，孝顺谨慎的家风也更加衰落了。

❂ 建陵侯卫绾

建陵侯卫绾，是代郡大陵人。卫绾靠在车上表演杂技而做了侍卫皇帝的郎官，侍奉文帝，由于不断立功依次升迁为中郎将，除了忠厚谨慎一无所长。景帝做太子时，他请皇帝身边的近臣饮宴，而卫绾借口生病不肯去。文帝临死时嘱咐景帝说："卫绾是德高望重的人，你要好好对待他。"等到文帝死去，景帝即位，景帝一年多没责斥过卫绾，卫绾只是一天比一天更谨慎地尽责。

景帝有一次驾临上林苑，命令中郎将卫绾和自己共乘一辆车，回来后问卫绾："知道你为什么能和我同乘一车吗？"卫绾说："我从一个小小的车士幸运地因立功逐渐升为中郎将，我自己不知道这是什么缘故。"景帝又问："我做太子时召请你参加宴饮，你不肯来，为什么呢？"回答说："臣该死，那时实在生病了！"景帝赐给他一把剑。卫绾说："先皇帝曾经赐给我总共六把剑，我不敢再接受陛下的赏赐。"景帝说："剑是人们所喜爱之物，往往用来送人或交换他物，难道你能保存到现在吗？"卫绾说："全都还在。"皇帝派人去取那六把剑，宝剑完好地在剑套中，不曾使用过。下属的郎官犯了错误，卫绾常常代他们受过，不和其他的人去争辩；有了功劳，常常谦让给他人。皇帝认为他品行方正，对自己忠诚没有杂念，就任命他做了河间王刘德的太傅。吴楚七国之乱时，皇帝任命卫绾做了将军，率领河间王的军队攻打吴楚叛军有功，任命他做了中尉。过了三年，因为战功，在景帝前元六年受封为建陵侯。

第二年，景帝废黜栗太子刘荣，杀了太子的舅父等人。景帝认为卫绾是忠厚的人，不忍心让他治理这件大案，就赐他休假回家，而让郅都逮捕审理栗氏族人。处理完这件案子，景帝任命胶东王刘彻做了太子，征召卫绾做太子太傅。又过较长时候，升迁为御史大夫。过了五年，代替桃侯刘舍做了丞相，在朝廷上只奏报职分内的事情。然而从他最初做官起直到他位列丞相，终究没有什么可称道或指责之处。皇帝认为他敦厚，可以辅佐少主，对他很尊重宠爱，赏赐的东西很多。

卫绾做丞相三年，景帝死，武帝继位。建元年间，因景帝卧病时，各官署的许多囚犯多是无辜受冤屈的人，他身为丞相，未能尽职尽责，被免去丞相官职。后来卫绾去世，儿子卫信承袭了建陵侯的爵位。后来因为上酎金不合规定而失去爵位。

❂塞侯直不疑

塞侯直不疑是南阳人。他做过郎官，侍奉文帝。与他同住一室的人请假探家，误拿走他人的金子，过

了些时候，金子的主人才发觉，就胡乱猜疑直不疑，直不疑向他道歉并承认了这件事，买金子偿还给他。等到请假探家的人发现拿错了，回来归还了金子，那个先前丢失金子的人极为惭愧，人们因此称直不疑是个忠厚的人。文帝也称赞提拔了他，逐渐升至太中大夫。一次上朝廷见时，有人谗毁他说："直不疑相貌很美，怎奈和嫂子私通，这怎么回事呢？"直不疑听说后，说："我是没有兄长的。"说过后他终究不再做其他辩解。

吴楚七国之乱时，直不疑以二千石的官职率兵攻打叛军。景帝后元元年，任命他做了御史大夫。景帝总结平定吴楚叛乱的人的功劳时，封直不疑为塞侯。武帝建元年间，他和丞相卫绾都因过失被免去官职。

直不疑学习老子的学说。他治理每个地方时，担任官职都因循前任所为，唯恐人们知道他做官的事迹。他不喜欢树立自己的名声，却为人夸赞，被人称为长者。直不疑去世后，儿子直相如承袭侯爵之位。到孙子直望时，由于进献酎金不合要求而失去侯爵之位。

郎中令周文

郎中令周文，名仁，他的祖先原是任城人。凭借医术谒见天子。景帝做太子时，任命他做舍人，累积功劳逐渐提升，文帝时官至太中大夫。景帝刚继位，就任命周仁做了郎中令。

周仁为人深隐持重不泄露别人的话语，常常穿着破旧缀有补丁的衣服溺湿裤子，故意去做不洁净的事，像宦官一样，因此得到景帝宠爱。景帝进入寝宫和妃嫔戏耍时，周仁常在旁边。景帝死时，周仁还在做郎中令，可他始终无所进言。皇帝有时询问别人的情况，周仁总是说："皇上亲自考察他吧。"然后也没有讲别人的什么坏话。因此景帝曾经一再驾临他的家，他家后来迁徙到阳陵。皇帝赏赐的东西很多，他却常常推让，不敢接受。诸侯百官赠送的东西，他始终没有接受。

汉武帝即位，认为他是先帝的大臣而尊重他。周仁因病免职，朝廷让他享受每年二千石的俸禄返乡养老，他的子孙都做到大官。

❸ 御史大夫张欧

　　御史大夫张叔名欧，是安丘侯
张说的庶子。文帝时以研究法家学说
侍奉太子。尽管张欧研究法家学说，他
却是个忠厚长者。景帝时很受尊重，常
常位居九卿之列。到了武帝元朔四年，
韩安国被免职，皇帝任命张欧做了御史
大夫。自从张欧做官以来，没有说过惩
办人，专门以诚恳忠厚的态度做官。部属
都认为他是忠厚的长者，也不敢过分地欺骗
他。皇上把准备审理的案件交给他，有能够退回重
审的就退回；不能退回重审的，就流着泪亲自看着文书封好。他的仁爱之心
就像这样。

▶ 玉龙镯·战国

　　后来他年老病重，请求免去官职。天子也就颁布诏书，准许他的请求，
按照上大夫的俸禄让他回乡养老。他住在阳陵。他的子孙都做到大官。

太史公说

　　孔子曾经说过"君子要言语迟钝而做事敏捷"，说的是万石君、
建陵侯和张叔吧！因此他们做事不峻急却能使事情成功，措施不严厉
而能使社会安定。塞侯直不疑过于巧诈，而周文失于卑恭谄媚，君子
讥讽他们，因为他们形近谄佞，但他们也可算是行为敦厚的君子了。

田叔列传 第四十四

【解题】在本传记中，太史公颂扬了田叔刻廉自喜、"义不忘贤、明主之美以救过"的品质，寄寓了作者对自己所处时代的现实的憎恶。作者对典型事例进行了细致的描写，从而突出了田叔鲜明的个性与品质。文末补叙田叔之子不肯接受皇帝的祭金以保持父亲清誉的事迹，令人称誉。

❂刻廉自喜

田叔是赵国陉城人，他的祖先是齐国田氏的后代。田叔喜欢剑术，并且曾跟随乐巨公学习黄老的学说。田叔为人严正清廉、洁身自好，喜欢和那些德高望重的人交往。赵国人把他推荐给赵国国相赵午，赵午又在赵王张敖那里推崇他，赵王便任命他为郎中。任职的几年间，田叔清廉公平，赵王对他很是赏识，但却未来得及提升他。

❂营救赵王

恰逢陈豨在代地谋反，汉七年，高祖前去诛伐，途经赵国，赵王张敖亲自端着食盘献食，礼节十分隆重恭敬，汉高祖却傲慢地平伸开两条腿坐着大骂他。当时赵午等几十人都愤怒不已，要求造反。赵王咬破自己的指头流着血发誓说："我的父亲失去了国家，没有陛下，我们死后会尸体生蛆无人收尸，现今你们怎么能说这样的话呢？不要再说了！"贯高等议论说："赵王是忠厚长者，不肯背弃皇上的恩德。"于是就私下里谋划刺杀皇帝。不料汉朝发觉了此事，下令逮捕赵王和谋反的群臣。赵午等人都自杀了，只有贯高甘愿被逮捕入狱。这时汉朝又下诏书说："赵国有胆敢跟随赵王进京的罪诛三族。"孟舒、田叔等十多人穿着赤褐色的囚衣，剃掉自己的头发，脖子上戴着刑具，假装赵王的家奴跟随赵王张敖到了长安。

直到贯高等人谋反的事查清楚了，赵王张敖才被释放出狱，但是被废黜为宣平侯，他推荐了包括田叔在内的十多个人。皇帝全都召见了，交谈之后，认为朝中的大臣没有能超过他们的。皇帝于是大喜，任命他们做了郡守或诸侯的国相。田叔做汉中郡守十多年，恰逢高后去世，吕家诸侯作乱，大臣们杀死了作乱者，拥立了孝文帝。

❿力辩孟舒得失

孝文帝即位后，召见田叔问他道："先生知道谁是天下的忠厚长者吗？"田叔答道："臣不知道。"皇帝说："先生是长者啊，你应该知道。"田叔叩头说："从前的云中郡太守孟舒是长者。"当时匈奴冒犯边境抢劫，云中郡遭侵犯抢劫尤为严重，孟舒因此被判以抵御不力之罪，被免职。文帝说："先帝安排孟舒任云中郡太守十多年了，匈奴一来入侵，孟舒就不能坚守，几百士兵都无缘无故地战死了。难道长者本该杀人吗？先生怎么能说孟舒是长者呢？"田叔叩头回答说："这就是孟舒为长者的原因啊。

贯高等人谋反，皇上下达了明确的诏书，赵国有敢跟随赵王张敖的人罪及三族。然而孟舒自己剃掉头发，颈戴刑具，跟随赵王张敖到他要去的地方，想要为他效死，哪会料到自己要做云中郡太守呢！汉、楚长期对抗，士兵疲劳困苦。匈奴王冒顿征服北夷不久，便来危害我们边塞，孟舒知道士兵辛苦，不忍心命令他们再作战，然而士兵们登城拼死作战，像儿子为父亲、弟弟为兄长打仗一样，由于这个原因，战死了好几百人。孟舒哪里是故意驱使他们作战呢！这就是孟舒

▶ "部曲将印" 铜印·西汉

新郑市博物馆藏。为汉代官印，铜质，印面呈正方形，背部中间有桥形钮。印正面无边框，中部阳文"部曲将印"，篆书，刻字清晰，粗犷有力，古朴。

▶ 鎏金虎头饰品·西汉

汉景帝阳陵博物院藏。铜质鎏金，形制完整。宽嘴猪鼻圆眼外鼓，样子形象生动可爱，没有凶恶之相。下颚底部为平面，虎头只到脖子处，为一个平的断面，这个面没有鎏金，中间有一个较深的圆孔，孔内残留有固定虎头饰和器物的铜棒，是用来楔钉和固定的。

是长者的原因。"于是皇帝说："孟舒真是贤德啊！"便召回了孟舒，让他重新做了云中郡太守。

任相鲁国

几年后，田叔因触犯了刑法而被免去汉中郡太守的职务。梁孝王派人暗杀了从前的吴国丞相袁盎，孝景帝召回田叔命他到梁国审查此案。田叔查清了这个案件的事实，回朝复命。孝景帝说："梁王有派人暗杀袁盎吗？"回答说："臣死罪！确实有！"皇帝说："有罪证吗？"田叔说："皇

上不要过问梁王的事。"皇帝说："为什么？"田叔说："如果梁王不能伏法被处死，就是汉朝的刑法不能实行；如果他伏法而死，太后就会吃饭不香睡眠不安，到那时陛下的麻烦就更大了。"孝景帝非常赏识他，让他做了鲁国的丞相。

辅佐鲁王

田叔刚到任上，就有一百多名百姓来找他，指责鲁王夺取百姓财物。田叔抓住为首的二十个人，每人笞打五十大板，其余的人各打手心二十

下，然后对他们发怒道："鲁王不是你们的君主吗？你们怎么敢毁谤君主呢！"鲁王听说这话后非常惭愧，从内库中拿出钱来让国相偿还他们。田叔说："君王自己夺来的却让国相偿还，这是君王做坏事而国相做好事。国相不能参与偿还的事。"于是鲁王就将财物尽数还给了百姓。

　　鲁王喜欢打猎，国相经常跟随他进入狩猎场中，鲁王总是让他到馆舍去休息，国相却走出来，露天坐着，在围场外等待鲁王。鲁王屡次派人请他去休息，他始终不去，说："我们大王在围场中被太阳晒着，我为什么偏偏到馆舍中去呢！"鲁王因为这样才不过分出外游猎。几年后，田叔在鲁国国相的任上死去，鲁王送来一百斤黄金给他做祭礼。他的小儿子田仁不肯接受，说："不能因为一百斤黄金而使先父的名声受损。"

　　田仁因为身体壮健当了卫青的家臣，多次跟随他去攻打匈奴。卫青向皇帝推荐田仁，田仁做了郎中。几年后，他任了二千石级的丞相长史，随后又丢了官。后来皇帝派他侦察检举河东、河南、河内三郡。皇帝到东边视察，田仁报告案件言辞杰出，皇帝高兴，任命他为京辅都尉。一个多月后，皇上提升他任司直。几年后，他由于戾太子事件犯了罪。当时左丞相刘屈氂亲自带领军队，命令司直田仁关闭守卫城门，然而田仁却放走了太子，因此被交司法官审判处死。还有另一种说法是说田仁带兵到长陵，长陵令车千秋上告田仁叛变，田仁被灭族处死。陉城如今属中山国。

田叔列传 第四十四

扁鹊仓公列传 第四十五

【解题】这是战国时期的扁鹊和西汉初年的淳于意两位名医的合传。作者运用浪漫主义与现实主义相结合的手法，使得笔下的两位名医不但具有传奇色彩，而且具有浓厚的生活气息，从而展示了中国古代医术的精湛与高超。

◈巧遇神人

扁鹊是渤海郡鄚县人，姓秦，名叫越人。扁鹊年轻时做别人家客馆的主管。有个叫长桑君的客人常到客馆来，扁鹊认为他是个奇特的人，便恭敬地对待他，长桑君也知道扁鹊不是普通人。就这样来往了十多年，一天长桑君悄悄地对扁鹊说："我老了，我有秘藏的医方，想传给你，你千万不要泄露出去。"扁鹊说："遵命。"长桑君便从怀中拿出一种药给扁鹊，并说："用未落地的露水送服这种药，三十天后你就能通晓许多事了。"接着又将全部秘方都给了扁鹊。忽然间人就不见了，大概不是凡人吧。扁鹊按照他说的话，服了三十天药，就能看见墙另一边的人。凭着这种本事，

他给人看病时，能看见五脏内所有的病症，只是表面上在为病人切脉。他有时在齐国行医，有时在赵国行医。在赵国时名叫扁鹊。

◈名医妙手

晋昭公时，众多大夫的势力强盛而国君的力量衰弱，赵简子身为大夫，独揽国政。赵简子病了，五天都昏迷不醒，大夫们都很担心，于是把扁鹊召来。扁鹊入室诊病后走出，大夫董安于向扁鹊询问病情，扁鹊说："他的血脉很正常，你们何必大惊小怪！从前秦穆公也曾出现过这种情形，昏迷了七天才苏醒。醒来的当天，对公孙支和子舆说：'我到了天帝那里非常快乐。我之所以去那么长时间，是正好碰上天帝要指教我。天

帝告诉我说晋国将要大乱，五代都不得安定。之后将有人成为霸主，但是称霸不久就会死去。霸主的儿子将使国家男女淫乱。'公孙支把这些话记下收藏起来，后来秦国的史书才记载了此事。晋献公的内乱，晋文公的称霸，及晋襄公在殽山打败秦军后放纵淫乱，这些都是你所知道的。现在你们主君的病和他是一样的，不出三天就会痊愈，那时也必定会说一些话。"

过了两天半，赵简子醒了，告诉众大夫说："我到天帝那儿非常快乐，与百神在天的中央游玩，聆听各种乐器奏着许多乐曲，欣赏各式各样的舞，不像上古三代时的乐舞，乐声优美动人。后来有一只熊要抓我，天帝命令我射杀它，熊中了我的箭死了。有一只罴走过来，我又射它，射中了，罴也死了。天帝十分高兴，赏赐给我两个竹筒，里边装满首饰。我看见我的儿子在天帝的身边，天帝把一只翟犬托付给我，并说：'等到你的儿子长大成人时赐给他。'天帝又告诉我说：'晋国将会一代一代地衰弱下去，七代后就会灭亡。秦国人将在范魁的西边打败周人，但他们也不能拥有这片土地。'"董安于听了这些话后，记录并收藏了起来。人们把扁鹊说过的话告诉赵简子，赵简子赐给扁鹊四万亩田地。

❂起死回生

后来，扁鹊路过虢国，正赶上虢太子死了。扁鹊来到王宫门前，问一位喜好医术的中庶子说："太子得了什么病？怎么全国都在祈祷，把别的事情搁置起来了呢？"中庶子说："太子的病是血气运行没有规律，阴阳交错而不能疏泄，突然发作在体外，从而使内脏受到伤害。他体内的正气敌不过病邪之气，邪气就积累在身体里得不到发泄，因此阳脉弛缓阴脉急迫，所以突然昏倒而死。"扁鹊说："他死去多少时间了？"中庶子说："从鸡叫时到现在。"扁鹊说："收殓了吗？"中庶子说："还没有，他死还不到半天。"扁鹊说："请禀告虢君，我是渤海郡的秦越人，家在郑县，听说太子不幸去世，我可以让他复活。"中庶子说："先生不会是在胡说吧？怎么说太子可以复活呢！我听说上古的时候，有位名医叫俞跗，治病不用汤药酒剂、石针导引、按摩药熨，一察看就能发现疾病的所在，顺着五脏的腧穴，就剖开肌肉，通导经脉，结扎筋腱，按髓脑，触膏肓，梳理膈膜，清洁肠胃，洗涤五脏，炼精气，换形体。先生的医术能这样，那么太子就可复活了；不能这样，而要让太子复活，那简直骗不了刚刚会笑的婴儿。"说了很久，扁鹊才仰天长叹说："先生说的那些医疗方法，就像从竹管里看天，从缝瞭里看花纹。我秦越人的医疗方法，不需切脉理，看气色，听声音，察形态，就能讲出病症之所在。知道疾病的外在表现就能推知内在的原因，知道疾病的内在原因就能推知外在表现。人体有病会从外表反映出来，据此可以诊断一千里外的病人，我决断的方法很多，不能只停留在一个角度看问题。您认为我的话是不真实的，您试试进去诊察太子，会听到他耳有鸣响，看到他鼻翼翕动，触摸他的两腿直到阴部，会觉得还是温热的。"

中庶子听了扁鹊的话，目瞪口呆，舌头也翘着放不下，久久说不出话来，进去把扁鹊的话告诉虢君。虢君听后十分惊讶，走出内廷在中门接见扁鹊，说："听到您崇高的品德已经很久了，可是没有机会拜见您。先生经过我们小国，希望能救助我们，我这个偏僻小国的寡臣真是十分荣幸，有了先生，太子就活了；没有先生，太子就只能抛尸野外填塞溪谷，永远不能复生了。"话没说完，就悲伤地抽噎起来，精神恍惚，涕泪纵横，泪珠沾在睫毛上，悲痛得控制不住自己，连容貌神情都变了。扁鹊说："太子得的病就是人们所说的'尸蹶'，人的身体安静得像死去的样子，但太子实际并没有死。因为阳气进入阴脉，

▶ 扁鹊像。

脉气缠绕冲动了胃，经脉受损伤脉络被阻塞，分别下注入三焦、膀胱，因此阳脉下坠，阴脉向上争扰，会气闭而不通，阴气上争而阳气内行，下气在内鼓动而不能运行，上气外绝而不为役使，上有隔绝了阳气的脉络，下有破坏了阴气的筋纽，这样阴气破坏、阳气隔绝，使人的面色衰败、血脉混乱，所以人的身体会安静得像死去一样。太子实际没有死。因为阳入袭阴而阻绝脏气的能治愈，阴入袭阳而阻绝脏气的必死。这些情况，都是五脏气机逆乱致病时突然发作的。精良的医生能治愈这些病，拙劣的医生因困惑而使病人危险。"

扁鹊就叫他的学生子阳磨砺针和砭石，在三阳五会上施针。过了不久，太子苏醒了。扁鹊又让子豹准备五分剂量的熨药，混合八减方的药剂一起煎煮，交替在两肋下熨敷，一会儿太子就能够坐起来了。扁鹊又进一步为他调和阴阳，仅仅吃了二十天汤剂，太子的身体就恢复得跟以前一样了。因此，天下的人都认为扁鹊能使死人复活。扁鹊却说："我不是能使死人

复活啊，而是他应该活下去，我能做的只是帮助他恢复健康罢了。"

讳疾忌医

扁鹊到了齐国，齐桓侯以礼相待。他到朝廷拜见桓侯，说："您有小病在皮肤和肌肉之间，不治的话将会深入体内。"桓侯说："我没病。"扁鹊走出宫门后，桓侯对群臣说："医生贪财好利，想把没病的人说成有病，并想要把治好病当作自己的本事。"五天后，扁鹊再去见桓侯说："您的病已在血脉里，不治恐怕会深入体内。"桓侯还是说："我没有病。"扁鹊出去后，桓侯很不高兴。又过了五天，扁鹊再次去见桓侯，说："您的病已在肠胃间，不治将更深侵入体内。"桓侯连话都不想回答。扁鹊出去后，桓侯更不高兴了。过了五天之后，扁鹊又去了，但是这回只是远远看见桓侯就往回跑走了。桓侯派人问他缘由。扁鹊说："疾病在皮肉之间，汤剂、药熨的效力就能达到治病的目的；疾病在血脉中，靠针刺、砭石的效力就能达到治病的目的；疾病在肠胃中，靠药酒的效力就能达到治病的

目的；疾病深入骨髓，就是掌管生死的神也无可奈何了。现在桓侯的疾病深入骨髓，我因此不再要求为他治病。"五天后，桓侯果然发病了，派人去请扁鹊时，扁鹊已逃离齐国。于是桓侯就病死了。

假使圣明的人能预先知道疾病的征兆，能够让好的医生及早治疗，那么病就可以治好，病人也能存活。人们所担忧的，是疾病多；而医生所担忧的，是治病的方法少。所以有六种病不能医治：骄横放纵，不讲道理，是一不治；轻视身体而看重钱财，是二不治；衣着饮食不适当，是三不治；阴阳错乱，脏腑精气不调和，是四不治；身体羸弱，不能服药，是五不治；相信巫术而不信医术，是六不治。有其中的一种，就很难医治了。

❀名扬天下

扁鹊名扬四海。他到邯郸时，听说当地人尊重妇女，就做治妇女病的医生；到洛阳时，听说此地人敬爱老人，就做专治耳聋眼花四肢麻痹的医生；到咸阳时，听说秦人喜爱孩子，就做治儿科病的医生；他随着各地的习俗来改变自己的医治范围。秦国的太医令李醯自知医术不如扁鹊，派人把扁鹊刺杀了。到现在，

┤ 传统中医药学创立 ├

春秋战国是传统中医药学的创立时期。当时学术思想活跃，产生许多哲学家和科技人才，也涌现不少医学家和医学著作。但春秋以前，医学是和巫术相联系的。周王室衰败后，人民对天帝的迷信观念开始动摇，巫医的影响才逐渐减弱。许多人逐渐注重以科学的观念来分析疾病产生的原因。比如子产说晋平公患病是由于饮食哀乐，晏婴说齐景公的病是纵欲所致，这均非神鬼使然，祈祷无用。扁鹊明确指出："信巫不信医不治。"《吕氏春秋·尽数》载："近世尚卜筮祷祠，故疾病愈盛。"这是对巫术的深刻批判，可惜仍旧有无数的后来人为巫术所害，轻则误病，重则丧命。

天下谈论诊脉法的人，都遵从扁鹊的理论与实践。

◆名医仓公

太仓公是齐国都城管理粮仓的长官。他是临菑人，姓淳于名意，年轻时就喜好医术。汉高后八年，他又向同郡元里的公乘阳庆拜师学医。这时的阳庆已七十多岁，没有后人能继承医术，就让淳于意把从前学的医方全部抛弃，然后把自己掌握的秘方全传给了他，并将黄帝、扁鹊的脉书传给他，教给他观察面部不同颜色来诊病的方法，使他能预知病人的生死，决断疑难病症，判断能否治疗，以及有关于药剂的理论等也都十分精辟。三年后，他无论为人治病，或是预断死生，大多能应验。然而他却交游于各诸侯国之间，不在家中久居，有时还不肯为别人治病，因此许多病人怨恨他。

◆缇萦救父

孝文帝四年，有人上书朝廷告发淳于意，根据刑法，要用传车将他押解到长安去。淳于意的五个女儿都跟在后面哭。他发怒了，骂道："生孩子不生男孩，到紧要关头就没有能用的人！"最小的女儿缇萦听了父亲的话后很感伤，就随父亲西行到了长安。她上书朝廷说："我父亲是朝廷的官吏，齐国人民都称颂他的廉洁公正，现在却因犯法而被判刑。我很痛心处死的人再也不能重生，而受刑致残的人也不能再复原，即使想改过自新也没有办法。我情愿自己没入官府做奴婢，以此来赎父亲的罪，使父亲能有改过自新的机会。"孝文帝看了缇萦的上书，怜悯她的用心，赦免了淳于意，并在这一年将肉刑废除了。

◆妙手神医

淳于意住在家里，皇帝下诏问他为人治病决断死生应验的有多少人，他们都是谁。

诏书问太仓淳于意的问题是："医术有什么专长及能治愈什么病？有没有医书？都向谁学的医？学了几年？曾治好哪些人？他们是什么地方的人？得的什么病？治疗用药后，病情怎样？全部详细回答。"

淳于意的回答是：

▶ 扁鹊庙

我从年轻时起，喜欢医术药剂之方，并试着用医术方剂给人看病，但是有很多没有效验，到高后八年，得以向临菑元里的公乘阳庆学习。阳庆七十多岁，我得以拜见侍奉他。他对我说："扔掉你所学的医书，这些是不对的。我有古代先辈医家传下来的黄帝、扁鹊的脉书，以及观察面部颜色不同来诊病的方法，了解人的生与死，判断疑难病症，决定能否医治，还有药物理论的书，十分精辟。我家里富裕，因为心里喜爱你，想把我的秘方和书全

都教给你。"我马上说："太幸运了，不是我敢奢望的。"之后立即离开座席拜了两次。我学习了他的《脉书》《上经》《下经》、五色诊、奇咳术、揆度阴阳外变、药论、石神、接阴阳等秘书和医术，学习理解并体验，大约花了一年时间。第二年，我就应用这些方法诊病，虽有效，但还未精到。我一共向他学习了三年左右，我曾经治过的病人，诊治病情断生死的，都有效验，已达到精良的地步。如今阳庆已死了十年左右，我曾向他学习三年，现在已经三十九岁了。

齐国一个名叫成的侍御史说他得

了头疼病，我给他诊完脉，告诉他说："您的病情很严重，不能一下子说清楚。"我出来后只告诉他的弟弟昌说："他得的是疽病，在肠胃之间，五天后就会肿起来，再过八天就会吐脓血而死。"史成的病是酗酒后行房事导致的，后来果然到了那天就死了。我之所以能诊知他的病，是因为切脉时发现他的肝脏有病的脉气。脉气重浊而平静，这是内里严重而外表不明显的疾病。脉象理论说："脉长而像弓弦一样挺直，不能随四季的变化而更替，说明病在肝脏。脉长而直硬却均匀，是肝的经脉有病，出现了时疏时密躁动有力的代脉，就是肝的络脉有病。"肝的经脉有病脉均匀的，他的病得自于筋髓里。脉象时疏时密忽停止忽有力的，病得自酒色过度而且行了房事。之所以知道五日后毒疮肿起，八日后吐脓血而死，是因为切他的脉时，少阳经络的脉位开始出现代脉。代脉的出现，说明少阳经脉得病后，进而发展到了少阳络脉。代脉是经脉生病，病势遍及全身，患者就有生命危险。络脉出现病症，就是在这个时候。在左手关部一分处出现代脉，因此热积郁体中而脓血未出，到了关上五分处，就到了少阳经脉的边界，到八天后会吐脓血而死，所以到了关上二分处会产生脓血，到了少阳经脉的边界就会肿胀，其后疮破脓泄而死。当初内热就熏灼着阳明经脉，并灼伤络脉的分支，络脉病变就会经脉郁结发肿，经脉郁结发肿其后就会糜烂离解，所以络脉之间交互阻塞。热邪已经上侵头部，以至头部受到侵扰，因此头疼。

　　齐王二儿子家最小的男孩生病，将我召去切脉诊治。我告诉他说："这

▶君幸食小漆盘·西汉

湖南省博物馆藏。长沙马王堆一号汉墓出土。直径18.3厘米，高3厘米，为盛食器，旋木胎。盘内涂红漆，中心部分黑漆底上朱绘卷云纹四组。卷云纹中间黑漆书写"君幸食"三字，意思是"请您进餐"。盘外髹黑漆，近底部朱书"一升半升"四字。马王堆一号墓共出土20个小漆盘，5个置放在北边箱漆案上，均盛放食物；另有15个置放于东边箱。

扁鹊仓公列传　第四十五

是气膈病，这种病使人心中烦闷，吃不下东西，时常呕出胃液。这种病是因为内心忧郁，常常厌食的结果。"我立即调制下气汤让他喝下去，一天后，膈气下消，又过了两天就能吃东西，三天后就痊愈了。之所以知道这男孩的病情，是因为我诊他的脉时，诊到心有病的脉气，脉象浊重急躁，这是阳络病。脉象理论说："脉达于手指时壮盛迅速，离开指下时艰涩而前后不一，病在心脏。"周身发热，脉气壮盛，称作重阳，阳热过重，就扰乱心神，所以心中烦闷，吃不下东西，就会络脉有病，络脉有病就会血从上出，血从上出的人就会死亡，这是内心伤悲所引起的，病得自于忧郁。

齐国名叫循的郎中令生病，许多医生都认为是逆气进入胸腹，而用针刺治疗。我诊治后，说："这是涌疝，这病

使人不能大小便。"循说："不能大小便已经三天了。"我让他服用火剂汤，服一剂就能大小便，服第二剂大小便就很畅通，服第三剂病就好了。他的病是由房事不节制引起的。之所以知道循患的病，是我在切他脉时，他右手寸口的脉象急迫，脉象反映不出五脏患有疾病，右手寸口脉象壮盛而快。脉快是中焦、下焦热邪涌动，他的左手脉快是热邪往下流，右手脉快是热邪上涌，都没有五脏病气的反应，所以说是"涌疝"。中焦积热，所以尿是赤红色的。

齐国名叫信的中御府长病了，我去给他诊治，切脉后告诉他说："这是热病的脉气，暑热多汗，脉气稍衰，不会死人的。"又说："得这种病的原因是因为天气严寒时曾在水流中洗澡，然后身体就发热了。"他说："对，就是这样！去年冬天，我

▶ **青釉博山炉·西汉**

博山炉又名博山香炉、博山香薰、博山薰炉等，是中国汉、晋时期民间常见的焚香所用的器具。常见的为青铜器和陶瓷器。炉体呈青铜器中的豆形，上有盖，盖高而尖，镂空，呈山形，山形重叠，其间雕有飞禽走兽，象征传说中的海上仙山——博山而得名。

为齐王出使楚国，走到莒县阳周水边，看到莒桥坏了，我就揽住车辕不想过河，谁知马突然受惊，一下子坠到河里，我的身子也掉进水里，差一点儿被淹死。随从官吏马上跑来救我，把我从水中救出来后，我的衣服全湿了，身体冷了一阵，冷一止住就全身发热如火，到现在都不能受寒。"我立即为他调制液汤火剂驱除热邪，服一剂药后不再出汗，服两剂药热退去了，服三剂药后病就控制住了。我又让他服了约二十天的药，身体就痊愈了。之所以知道信的病情，是因为我切脉时，发现他的脉象属于"并阴脉"。脉象理论说："内热、外热错乱交杂得死。"我切他的脉时，没有发现错乱交杂的现象，但都是并阴脉。并阴脉，脉状顺的能用清法治愈，热邪虽没有完全消除，仍能治好保住性命。我诊知他的肾气有时重浊，我在太阴寸口依稀能切到这种情形，那是水气。肾本是主管水液运行的，所以由此知道他的病情。如果一时失治，就会转变成寒热病。

齐太后生病，召我入宫去诊脉，我说："是风热侵袭膀胱，大小便困难，尿色赤红的病。"我用火剂汤给她服下，服一剂就能大小便，服两剂病就好了，尿色和以前一样。这种病得自身上流大汗就出去解小便。解小便时，脱掉衣服而汗被吹干着凉。之所以知道齐太后的病情，是因为我给她切脉时，发现太阴寸口湿润，这是受风的脉气。脉象理论说："脉象用力切脉时大而坚实有力，轻轻切脉时实而紧张频促，是肾脏有病。"但我在肾的部位切脉，情况相反，脉象粗大躁动。粗大的脉象是显示膀胱有病；躁动的脉象显示中焦有热，而尿色赤红。

齐国章武里的曹山跗生病，我给他诊脉，说："这是肺消瘅，加上寒热症。"随即立即告诉他说："这种病必死，无法医治，适当地进行调养，这不应该再治了。"脉法上说："这种病三天后会发狂，乱走乱跑，五天后就会死。"那个人后来果然如期死去。山跗的病得自大怒后行房事。我所以知道山跗的病，是因我切他的脉，从脉象发现他有肺气热。脉象理论说："脉不平稳不鼓动的，身形赢弱。"这是五脏从上到下多次患病的结果，所以我切脉时，脉状不平稳，而且有代脉的现象。脉不平稳的，是血气不能归藏于肝；代脉，经常杂乱并起，有时浮躁，有时宏大。这是肺、肝两络脉断绝，所以说是死而不治的病。之所以加上有寒热症，是说他精神涣散躯体如尸。精神涣散躯体如尸的人，身体就羸弱；身体羸弱，不能用针灸的方法，也不能服性能猛烈的药。我还没去诊治的时候，齐国太医已先诊治他的病，在他的足少阳脉口施灸，而且让他服用半夏丸，病人马上下泄，腹中虚弱；又在他的少阴脉施灸，这样便重伤了他的肝筋阳气。像这样一再损伤病人的元气，因此说它是加上寒热症。之所以说他三天之后就会发狂，是因为肝的络脉横过乳下与阳明经相连结，所以络脉的横过使热邪侵入阳明经脉，阳明经脉受伤，人就会疯狂奔跑。过五天后就死，是因为肝心两脉相隔五分，肝脏的元气五天耗尽，元气耗尽人就死了。

齐国的中尉潘满如患小腹疼痛的病，我给他诊脉，说："这是腹中的气体遗留，积聚成了'腹瘕'。"我就对齐国名叫饶的太仆、名叫繇的内史说："中尉如再不禁行房事，就会

三十天内死去。"过了二十多天，他就尿血而死。他的病得自于酗酒后行房事。我之所以知道潘满如的病，是因为我给他切脉，发现脉象深沉小弱，这些情形突然间汇合在一起，是脾有病的脉气。而且右手寸口脉象紧而小，显现了瘕病的现象。两气互相制约影响，所以三十天内会死。太阴、少阴、厥阴三阴脉一齐出现，符合三十天内死的规律；三阴脉不一齐出现，决断生死的时间会更短；交会的阴脉和代脉交替出现，死期还短。

所以他的三阴脉同时出现，就像前面说的那样尿血而死。

阳虚侯的丞相赵章生病，叫我去。医生们都认为是寒气进入体内，我给他诊脉，说："是'迥风病'。"患有迥风病，饮食咽下后，总是呕出或泻出来，不能被消化吸收。理论上说："五天就死。"但后来十天才死。他的病得自饮酒。之所以知道赵章的病，是因为我切他的脉，脉滑，这是内风病的脉。饮食下咽喉而总是呕出不留的，医理说五天就死，这是前面说的分界法。后来十天才死，之所以过期，是因为病人酷爱喝粥，所以胃中充实，胃中充实才能过期而死。我的老师说："能容纳水谷的，过期才死；不能容纳水谷的，死期不到就会死。"

济北王生病，叫我去给他诊脉，我说："这是'风厥'，胸部烦闷。"就为他调制药酒，喝了三石，病好了。他的病得自出汗的时候，躺在地上。之所以知道济北王的病，是因为我切他的脉时，候到风邪的脉，心脉重浊。依照病理："病邪进入人体肌表，体表的阳气就会耗散，而寒气进入。"寒气内盛就往上逆，而阳气下流，所以胸闷。之所以知道是出汗时躺在地上而引起的病，是因为切他的脉时，脉气有阴邪，出现这种脉，必然是病已入里，用药酒治疗时，寒湿之气会随着汗液流出。

齐国北宫司空的夫人出於生病，许多医生都认为是风气入体内，主要是肺有病，就针刺足少阳经脉。我诊她的脉，说："这是疝气病，疝气影响膀胱，大小便困难，尿色赤红。这种病遇到寒气就会遗尿，使人小腹肿胀。"出於的病得自想解小便又不能解，接着行房事。我之所以知道出於的病，是因为给她切脉时，脉象大而有力，但脉来艰难，那是厥阴肝经有变动。脉来艰难，那是疝气影响膀胱。小腹所以肿胀，是因为厥阴络脉结聚在小腹，厥阴脉有病，和它相连的部位也会发生变化，这种变化就使得小腹肿胀。我就在她的足厥阴肝经施灸。左右各灸一穴，就不再遗尿而尿清，小腹也止住了疼痛。再用火剂汤给她服用，三天后，疝气消散，病就好了。

从前济北王的奶妈说自己的足心发热且胸口发闷，我告诉她："这是热厥新意来，去年从民间买的，如她一样的有四个人，共用四百七十万钱。"济北王说："她是不是有病？"我回答说："她病得很重，依病理会死去。"济北王召她来看，她的脸色没有变化，认为我不对，没有把她卖给其他诸侯。到春天，她捧着剑跟济北王去厕所，济北王离去，她仍留在后边，济北王派人去叫她，她已脸向前倒在厕所里，吐血而死。她的病得自流汗，流汗的病人，依病理说是病重在内里，毛发、面色都润泽，脉不衰减，这也是内关一类的病。

齐国的中大夫患龋齿病，我灸他的左手阳明经脉，立即为他开了苦参汤，每天含漱三升，前后五、六天，病就好了。病得自感受风邪，以及睡卧时张开口，食后不漱口。

菑川王的美人怀孕难产，召我诊治，我用莨菪药末一撮，用酒让她服下，很快就顺利生产了。我又诊她的脉，发现脉象急躁。脉急表明她还有其他的病，我就用消石一剂让她喝下，接着下身流出血块来，约有五六枚像豆子一样大小。

▶ **错金嵌绿松石牺尊·战国**

这件牺尊长 39.7 厘米，高 28.5 厘米，身体中空，背上有一个可活动的小圆盖，打开盖子，可以将酒从盖口注入腹部的空间，向前倾倒时，酒就会从嘴部流出。牺尊全身以镶嵌珍贵的金属丝和宝石的方式来作装饰，手工精制，两眉之间嵌入了一小块色彩饱满的绿松石，颈部镶嵌了一圈黄金宽带，非常华美。

病。"在她足心各刺三穴，出针时，用手按住穴孔，不让血流出，病很快就好了。她的病是因为喝酒大醉而得。

济北王召我给他的侍女们诊病，诊到名叫竖的女子时，看上去没病。我告诉永巷长说："竖伤了脾脏，不能太劳累，依病理看，到了春天会吐血而死。"我问济北王："这个人有什么才能？"济北王说："她喜好方技，有多种技能，能在旧方技中创出

齐国丞相门客的奴仆跟随主人上朝进入王宫，我看到他在宫门外吃东西，望见他的脸色有病气。便马上告诉了名叫平的宦官。平喜欢诊脉，在我这里学习，我就将这个奴仆的病指给他看，告诉他说："这是损伤脾脏的面色，到春天胸隔会阻塞不通，不能吃东西，依病理到夏天将泄血而死。"宦官平就去告诉丞相说："您门客的奴仆有病，病很重，离死期不远了。"丞相说："你怎么知道？"他说："您上朝入宫时，您门客的奴仆在宫门外吃饭，我和太仓公站在那里，太仓公就指给我看说，患这种病是要死的。"丞相就把这个门客召请来问他："您的奴仆有病吗？"门客说："我的奴仆没有病，身体没有什么疼痛。"到了春天奴仆果然病了，四月时，泄血而死。我之所以知道奴仆的病，是因为知他的脾气普遍影响到五脏，脾受伤害就会在脸上某一部位显示相应的病色，伤脾之色，看上去脸色是黄的，仔细再看是青中透灰的死草色。许多医生不知这种情形，认为是体内有寄生虫，不知是伤害了脾。这个人所以到春天病重而死，是因为脾病脸色发黄，黄色在五行属土，脾土不能胜肝木，所以到了肝木强盛的春天就会死去。到夏天而死的原因是，依照病理"病情严重，而脉象正常是内关病"。内关病，病人不会感到疼痛，好像没有一点儿痛苦，如果再添任何一种病，就会死在仲春二月；如果能精神

▶**《扁鹊脉书难经》书影**

《扁鹊脉书难经》原名《黄帝八十一难经》，古代中医学著作之一，传说为战国时期秦越人所作。本书以问答解释疑难的形式编撰而成，共讨论了81个问题，故又称《八十一难》，全书所述以基础理论为主，还分析了一些病症。其中一至二十二难为脉学，二十三至二十九难为经学，三十至四十七难为脏腑，四十八至六十一难为疾病，六十二至六十八难为腧穴，六十九至八十一难为针法。

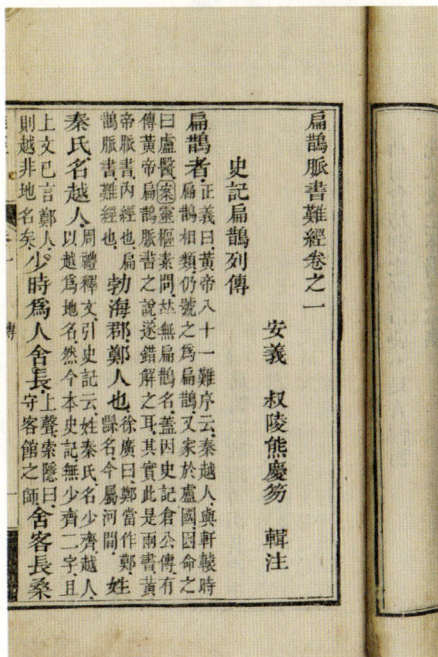

愉快顺天养性，能够拖延一季度。他所以在四月死，我诊他的脉时，他精神愉快顺天养性。他能够做到这样，人还算养得丰满肥腴，也就能拖延一些时候了。他的病得自流汗太多，受火烤后又在外面受了风邪。

菑川王生病，叫我去给他诊脉，我说："这是'蹶'病。上部症状重，头痛身热，使人烦闷。"我就用冷水在他头上拍，针刺足阳明经脉，左、右各三次，病很快就好了。病得自洗浴后，头发未干而睡卧。诊断如前所述，之所以称为蹶，是因为郁热之气逆行于头至肩部。

齐王黄姬的哥哥黄长卿在家宴请宾客，把我也请了去。客人入座，还没上菜。我见王后弟弟宋建脸色有些异常，就说："你身体有病。四五天前，你腰肋疼得不能俯仰，也不能小便。如果不赶快医治，病邪就会侵入肾脏。

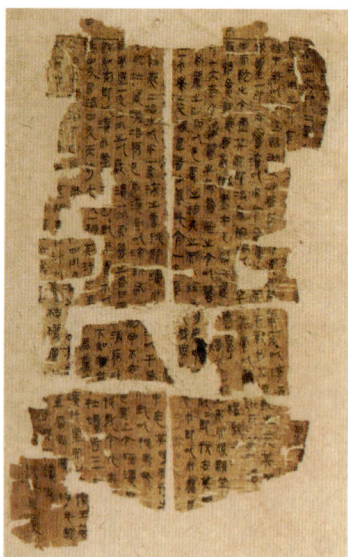

▶帛书《养生方》

湖南省博物院藏。湖南省长沙市马王堆一号汉墓出土。现存文字可辨识者共有 27 篇目，3000 余字，是世界上现存最古老的有关养生学的专科文献之一，其中还记载了中国最古的药酒酿方。

趁着还没滞留在五脏，抓紧治疗。现在你的病情只是病邪刚刚侵入肾脏，这就是人们说的'肾痹'。"宋建说："你说得太对了，我曾经确实腰脊疼过。四五天前，天正下雨，黄氏的女婿们到我家里，看到了我家库房墙下的方石，就去搬弄，我也想跟着那样做，却根本举不起来，就把它放下了。到了黄昏，就腰脊疼痛不能小便了，到现在也没有痊愈。"他的病是因举重物引起的。我之所以能诊治他的病，是看到了他的脸色，太阳穴处色泽枯干，两颊显示肾病部位边缘四分处颜色干枯，所以才知道四五天前发病。我为他调制药汤让他服下去，十八天病就痊愈了。

济北王有位姓韩的侍女患有腰背疼痛病，恶寒、发热，许多医生都认为是寒热病。我给她诊脉，说："这是内寒，月经不通。"

就用药为她熏灸，很快月经就来了，病痊愈。这病得自想男子而没得到。我之所以知道韩女的病，是因为给她诊脉时，切到肾的病脉，脉来艰涩而不连属。艰涩而不连属，所以月经来得艰难；脉形坚固，所以月经不通。肝脉浮而紧，按之不移，溢出于左手寸口，所以说是想男子而得不到。

临菑氾里名叫薄吾的女人病得很重，许多医生都认为是寒热病，很严重，会死，无法医治。我给她诊脉，说："这是'蛲瘕病'。"这种病使人肚子大，腹部皮肤黄而粗糙，用手触摸肚腹病人感到疼痛而害怕。我用芫花一撮用水送服，随即泄出约有几升的蛲虫，病也就好了。过了三十天，身体和病前一样。蛲瘕病得自寒湿气，寒湿气积蓄太多，不能发散，变化为虫。我之所以知道她的病，是因为我切脉时，循按尺部脉位，她尺部脉象紧而粗壮有力，又毛发枯焦，这是有虫的症状。她的脸色有光泽，是内脏没有邪气，病也不重的原因。

齐国姓淳于的司马生病，我给他诊脉，告诉他说："应该是'迵风'病，迵风病的症状，是饮食咽下后就又呕吐出来。这病得自饱餐后就快跑。"淳于司马说："我到君王家吃马肝，吃得很饱，看到送上酒来，就跑开了，后来又骑着快马回家，到家就下泄几十次。"我告诉他说："把火剂汤用米汁送服，过七八天就会好。"当时医生秦信在旁边，我离去后，他对身边姓阁的都尉说："他认为司马得的什么病？"都尉回答说："认为是迵风病，能够治疗。"

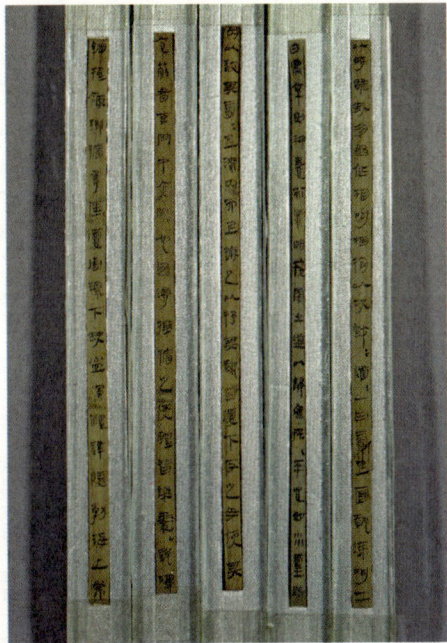

▶ 医简《合阴阳》·西汉

湖南省博物院藏。出土于湖南省长沙市马王堆三号汉墓。《合阴阳》是现已发现最古的一种论述房中之法的专书，全篇用简32枚，内容专述两性生活和房中保健。

▶ 马王堆出土谷物·西汉。

秦信就笑着说："这是不了解，淳于司马的病，依病理在九天后就死去。"但经过九天司马没有死，他家又召请我。我去询问他，全如我所诊断的。我就为他调制火剂米汤让他服用，七八天后病就好了。我之所以知道他的病，是因为诊他的脉时，他的脉象完全符合正常的法则。他的病情和脉象一致，所以不会死。

齐国名叫破石的中郎生病，我给他诊脉，告诉他说："肺脏破伤，无法医治，会在十天后的丁亥日那天尿血而死。"就在十一天后，尿血而死。破石的病，得自从马上摔下来跌在石头上。我之所以知道破石的病，是因为切他的脉时，肺阴脉脉象来得浮散，好像从几条脉道而来，又不一致。同时他脸色赤红，这是心脉压肺脉的表现。我之所以知道他是从马背上摔下来的，是因为切到反阴脉，反阴脉进入虚里，然后侵袭肺脉，在肺的脉位出现了散脉，原来脸色白却变红，那是心脉侵袭肺脉的表现。他之所以与预料的死期不合，是因为老师说过："病人能容纳水谷的，就能超过期限才死，不能容纳水谷的，不到期限就会死。"这个人酷爱吃黄黍，黄黍补肺，所以过期。之所以尿血，是因为诊脉的理论说："病人性喜安静的，血从下出而死，性喜活动的，血从上出而死。"这个人喜欢安静，不急躁，又长久坐着不动，伏在小桌上睡熟，所以血从下部泄出。

齐王名叫遂的侍医生病，自己炼制五石散服用。我去拜访他，他对我说："我有病，希望你为我诊治。"我立即给他诊治，告诉他说："您得的是内脏有热邪的病。病理说'内腔有热邪，不能小便的，不能服用五石散'。石药药力猛烈，您服后小便次数减少，赶紧不要服用。从你的脸色看来，要生疮肿。"他说："从前扁鹊说过：'阴石可以治阴虚有热的病，阳石可以治阳虚有寒的病。'药石的方剂都有阴阳寒热的分别，所以内脏有热的，就用阴石柔剂医治；内脏有寒的，就用阳石刚剂医治。"我说："您的谈论错了。扁鹊虽然说过这样的话，然而必须审慎诊断，确立标准，订立规矩，斟酌权衡，依据参照色脉表里、盛衰、顺逆的原则，参验病人的举动与呼吸是否，才可以下结论。医药理论说：'体内有阳热病，体表反应阴冷症状的，不能用猛烈的药和砭石的方法医治。'因为强猛的药进入体内，邪气就会更加恣肆，而郁热就会蓄积更深。诊病理论说：'外寒多于内热的病，不能用猛烈的药。'因猛烈的药进入体内就会躁动阳气，阴虚病症就会更严重，阳气更加强盛，邪气到处流动行走，就会重重团聚在腧穴，最后激发为疽疮。"我告诉他一百多天后，果然疽疮生在乳上，蔓延到锁骨上窝后，就死了。这就是说理论只是大体情形，必须掌握其中的原则。平庸的医生有一处没学到，就会使得条理、阴阳出现差错。

齐王以前当阳虚侯时，病得很严重，许多医生都认为是蹶病。我给他诊脉，认为是痹症，病根在右胁下，大如倒扣着的杯子，使人气喘，气上逆不能饮食。我就用火剂粥给他服用，六天后，逆气平降；就让他再服丸药，前后又六天，病好了。病得自房事不节制。我为他诊治时，不懂得如何用经脉理论解释这种病，只是大略知道疾病的所在部位。

我曾经为安阳武都里的成开方诊病，他自称没有病，我说他将被沓风病所苦，三年后四肢不能自己支配，喑哑不能言语，一旦喑哑就会死去。现在听说他四肢已经不能动，虽喑哑却还未死。他的病得自多次喝酒之后受了剧烈的风邪。我之所以知道成开方的病，为他诊治，是因为他的脉象符合"奇

咳术"的说法："脏气相反的会死。"切他的脉，得到肾气反冲肺气的脉象，病理说"三年会死"。

安陵坂里名叫项处的公乘生病，我给他诊脉，说："这是牡疝病。"牡疝是发生在胸膈下、上连肺脏的病。病得自行房事不节制。我对他说："千万不能再做操劳费力的事，做这样的事就一定会呕血而死。"项处后来去蹴鞠，结果腰部受寒，汗出很多，吐了血。我再次为他诊脉后说："会在第二天黄昏时死去。"到时果真就死了。他的病是因房事而得。我之所以知道他的病，是因为切脉时得到反阳脉，反阳的脉气进入上虚，第二天就会死。一方面出现了反阳脉，一方面上连于肺，这就是牡疝。

臣淳于意说："其他能正确诊治，决断死生时间以及治好的病太多了，因为时间一长忘了，不能完全记住，所以不敢随便回答。"

广传医术

又问臣意："你所诊治的病，许多病名相同，诊治的结果却不同，有的死了，有的没死，为什么呢？"回答说："病名大多是相类似的，不能分辨，所以古代圣人创制了脉法，来确立诊断的标准，订立规矩，斟酌权衡，依照规则，测量人的阴阳情形，区别人的脉象，并分别给以命名，与自然界变化相应，参考人的情况，因此才可以区别各种疾病使它们病名各异，医术高明的人能区分它们，医术拙劣的人就会混同它们。然而脉法不能全都应验，诊治病人要用分度脉的方法区别，才能区别相同名称的疾病，说出病因在什么地方。如今我诊治的病人，都有诊治记录。我之所以这样区别疾病，是因为跟随老师刚学成，老师就死了，因而记录诊治的情况，预期决断生死的时间，来验证失误、正确的情况是否符合脉法，因为这个缘故到现在清楚各种疾病情况。"

又问臣意说："你预期决断病人生死的时间，有的没有应验，什么原因呢？"回答说："这都是病人饮食喜怒不加节制，或者因为不恰当地服药，或者因为不恰当地进行针灸，因此没有如期而死。"

又问臣意说："在你正能够了解

病人的生死情况，论说药品的适应症时，诸侯王、大臣有曾经向你请教的吗？到齐文王生病时，不找你去诊治，什么原因呢？"回答说："赵王、胶西王、济南王、吴王都派人来召我去，我不敢去。齐文王生病时，我家里贫困，想替人家治病，确实害怕官吏委任我为侍医而拘缚住我，所以我把户籍迁到亲戚邻居等人名下，不治理家事，到处行医游学，长期寻访医术精妙的人向他求教，拜见侍奉过许多老师，全部学到了他们的主要本领，也全部领会了他们医书的内容，并且进行分析评定。我住在阳虚侯的封国中，于是侍奉他。阳虚侯入朝，我跟随他到长安，因此能给安陵的项处等人诊治疾病。"

又问臣意说："你知道齐文王生病不起的原因吗？"臣意回答说："我没有看到齐文王的病情，可是私下听说齐文王患气喘、头痛、视力差的病。我认为这不是病，是肥胖而蓄积了精气，身体得不到活动，骨头支撑不起，所以气喘，不应当医治。脉法理论说：'二十岁血脉正旺，应当多跑动，三十岁应当多快步走，四十岁应当安静地坐着，五十岁应当安静地睡卧，六十岁以上应当使元气深藏。'齐文王年纪不满二十，正当脉气旺盛的时候，却懒于走动，不顺应自然规律。后来听说医生用灸法治疗，病情马上加重，这是分析论断病情上的错误。据我分析，这是正气外争而邪气内入，这就不是年轻人所能康复的了，所以齐文王死了。对于这种形气俱实的情况，应该调和饮食，选择晴朗

帛书《五十二病方》·西汉

湖南省博物馆藏。长沙马王堆三号汉墓出土，长31厘米，宽18厘米，是迄今所见最早、最完整的古医方专著。全书达一万字，帛书揭裱后分为24页，黄褐色，多有残破，共计有462行。该书出土时本无书名，因卷前有目录列有52种病名，且目录之末有"凡五十二"的记载，故命名为《五十二病方》。

天气，或驾车，或步行，来开阔心胸，调和筋骨、肌肉、血脉，疏泄体内的郁积的旺气。所以，二十岁时，是人们说的'气血质实'时期，按医理不应当用砭法灸法来治疗，使用这种方法会导致气血奔流。"

又问臣意说："你老师阳庆从哪里学的医术？齐国的诸侯是否知道他？"回答说："不知道阳庆从哪里学的。阳庆家里富有，擅长医术，但是不愿意为人治病，应当因此才不被人知道。阳庆还告诫我说：'千万不要让我的子孙知道你学我的医术。'"

又问臣意说："你的老师阳庆是怎么看中并喜爱你的？怎会想把全部医术教给你？"回答说："我本来没听说老师阳庆的医术精妙。我后来之所以知道阳庆，是因为我年轻时喜欢各家医术，试用过他的医方，大多有效，而且精妙。我听说菑川唐里的公孙光擅长使用古代流传的医方，就去拜见他，并得以侍奉他，从他那里学到调理阴阳的医方以及口头流传的医理，全部接受记录下来。我想要尽数学到他精妙的医术，公孙光说：'我的医方全部拿出来了，对你不会有所吝惜，我的身体已经衰老，你不须再侍奉我了。这是我年轻时所受的妙方，都给你，不要教给别人。'我说：'能够拜见侍奉在您跟前，得到全部秘方，是非常幸运的。我到死也不敢胡乱传给别人。'过了些日子，公孙光闲着没事，我就跟他深入分析论说医方，他认为我对历代医方的论说是高明的，高兴地说：'你一定会成为国医。我所擅长的医技都生疏了，我的同胞兄弟住在临菑，擅长于医学，我不如他，他的医方很奇特，是世间没有听到过的。我中年时，曾经想接受他的医方，但是我的朋友杨中倩不同意，说"你不是那种可以接受医方的人"。必须我和你一起前往拜见他，他就会知道你喜爱医术了。他也老了，但家里富有。'当时还没去，恰逢阳庆的儿子阳殷来献马，想通过老师公孙光进献给齐王，因为这个缘故和阳殷熟悉了。公孙光又把我托付给阳殷说：'淳于意喜好医术，你一定要好好对待他，他是有儒者之德并倾慕圣人之道的人。'于是就写信把我推荐给阳庆，也就因此认识了阳庆。我侍奉阳庆很恭谨，他因此喜爱我。"

诏书又问："官吏或百姓曾有人向你学医术吗？有人把你的医术全学会了吗？他们是哪里人？"回答说："临菑人宋邑曾向我求教，我教他察看人的脸色来诊病，学了一年多。济北王派太医高期、王禹向我求教，我教给他们经脉上下分布的情形和异常脉络的连接位置，常常论说腧穴所处的方位，以及经络之气运行时的邪正顺逆的情况，怎样选定合适的石针治疗方案，确定砭石针灸治疗的穴位，共有一年多。菑川王时常派遣名叫冯信的太仓署中管理马政的长官前来，让我指教医术。我教他按摩的逆顺手法，论述用药的方法，以及判定药的性味和配制汤剂。高永侯的家丞名叫

杜信，喜好诊脉，前来求学，我把上下经脉的分布及《五色诊》教给了他，学了两年多的时间。临菑召里叫唐安的人来求学，我教给他《五色诊》、上下经脉的位置、《奇咳术》以及四时与阴阳相应各有偏重的道理，还没有学成，就被任命做了齐王的侍医。"

又问臣意说："你诊病决断生死，能够完全没有失误吗？"臣意回答说："我诊治病人，一定首先切他的脉，才进行治疗。脉象衰败与病情违背的不可以医治，脉象和病情相顺应的才可以医治。如果不精心切脉，应该预期决断生死时间的病就会被看作可医治的病，往往会出现失误，我也无法做到完全没有失误。"

✦ 太史公说 ✦

女人无论美与丑，住进宫中就会被人嫉妒；士人不管贤与不贤，进入朝廷就会遭人疑忌。所以扁鹊因为他的医术而遭殃，太仓公自隐形迹还被判处刑罚。缇萦上书皇帝，才保住父亲的平安。所以老子说"美好的东西都是不吉祥之物"，这岂非是说扁鹊这样的人呢？像太仓公这样的人，和这句话的意思就差不多接近了。

吴王濞列传 第四十六

【解题】刘濞是西汉前期发动吴、楚七国之乱的罪魁祸首。他苦心经营三十多年，结果却在短短的三个月内土崩瓦解、身败名裂。太史公从文学角度将一个桀骜不驯、积谋深算、狂妄自大、刚愎自用的枭雄形象树立了起来，增强了人物的艺术魅力。同时，太史公站在朴素唯物主义理论的高度，揭示了刘濞必然灭亡的命运，认为只有统一才是历史的进步。

◈ 刘濞封王

吴王刘濞是汉高祖的哥哥刘仲的儿子。高祖平定天下七年后，将刘仲封为代王。后来，匈奴围攻代国，刘仲没能坚守，丢弃封国从小路跑到洛阳，向天子自首。天子顾念骨肉兄弟之情，不忍将其依法制裁，只是废黜王号贬他做郃阳侯。高祖十一年秋，淮南王英布谋反，向东兼并了荆地，夺取了那里侯国的军队，并西渡淮水，攻击楚国，高祖亲自率军诛讨他。这年刘仲的儿子刘濞刚刚二十岁，强壮有力，以骑将的身份跟随高祖在蕲县西边的甄地打败了英布的军队，英布逃走。荆王刘贾被英布杀死，没有留下后嗣。皇帝担心吴郡、会稽郡的人浮躁强悍，缺少勇壮的王来震慑他们，自己的儿子们年龄又还很小，就将刘濞封立在沛地做吴王，统辖三郡五十三个县。封王受印后，高祖召来刘濞，为刘濞相面后说："你的容貌有反叛之相。"同时心里就后悔起来，但任命已经结束了，就拍拍他的背，告诫他说："汉兴立以后五十年间东南方向将有叛乱发生，难道是你吗？天下同姓是一家，你千万不要造反！"刘濞叩头说："不敢。"

◈ 称病不入朝

到孝惠帝、高后时，天下刚刚安定，许多郡国的诸侯们各自努力安抚

自己的百姓。吴国拥有豫章郡的铜矿山，刘濞就招募天下亡命之徒私下铸钱，煮海水制盐，因此国家虽不征赋税但费用富足。

孝文帝时，吴王太子入京朝见，陪伴皇太子喝酒下棋。吴太子的老师都是楚地人，浮躁强悍，平时对他又很骄纵，因此吴太子与皇太子下棋时发生争执，态度不恭敬，皇太子拿起棋盘打吴太子，将他打死了，事后将他的遗体运回吴国安葬。到了吴国，吴王怨恨地说："天下同姓一家，死在长安就应该葬在长安，何必送回吴国下葬呢！"便又送遗体到长安下葬。自此吴王逐渐不再遵守藩臣的礼节，称病不肯入朝。朝廷知道他因儿子的死才称病不肯入朝，又经查实他确实没有病，此后吴王的使臣一来，就被拘禁诘问而治罪。吴王害怕了，更积极地谋划造反行动。等到后来派人代行秋季朝见礼仪，皇帝又责问吴国使者，使者回答说："吴王确实没有病，朝廷扣留好几批使者，因此吴王就托辞害病不来了。况且俗话说'如果连深水里的鱼都能看清楚，那是不好的'。吴王当初装病，等到被

发觉，遭到严厉的责问，就越加隐秘，害怕皇帝处死他，这计谋也是处于无奈。希望皇上摒弃前嫌给他重新开始的机会。"于是皇帝就赦免了吴国的使者，放他们回去，并赐给吴王几、杖，说他老了可以不入京朝见。吴王得以解除他的罪过，谋反的事情也就停止了。然而吴国因为有铜、盐的收益，百姓没有赋税的重担，士兵服役就发给价格公平的代役金。吴王每年定期去慰问有才能的人，赏赐平民其他郡国的逃犯到吴国，吴王就收容他们，一概不交出。这样四十多年下来，吴王因此能支使利用他的百姓了。

景帝削藩

晁错做太子家令，得到太子的宠幸，多次怂恿太子，说吴王有罪应削减他的封地。又多次上书劝说文帝，文帝宽厚，不忍处罚，因此吴王更加骄横。等到景帝即位，晁错做御史大夫，又劝皇帝说："从前高祖刚刚平定天下时，兄弟少，儿子弱小，就赐封了很多同姓的人。所以赐封庶子悼惠王做齐王，统治齐国七十多县，异母弟楚元王统治楚国四十多县，哥哥

的儿子刘濞统治吴国五十多县；分封三个旁支亲属，就分去了天下的一半。如今吴王因以前有儿子被打死的嫌隙，假称生病不肯入京朝见，依照古法应杀，文帝不忍心，就赏给他几案、手杖。朝廷对他的待遇很优厚，他本当改过自新，谁知却更加骄蛮，靠铜矿铸造钱币，煮海水制盐，引诱天下亡命之徒谋划叛乱。现在削减他也是造反，不削减他也是造反。削减他，反得快，灾祸小；不削减他，反得晚，灾祸大。"景帝三年冬天，楚王来朝见，晁错趁机说楚王刘戊去年为薄太后服丧时，在服丧的房子里偷偷淫乱，请求诛杀他。皇上下诏赦免其死罪，但是罚他削去东海郡。趁此机会还削减了吴的豫章郡、会稽郡。另外前两年赵王因为有罪，削去了他的河间郡。胶西王刘卬因为卖爵位时舞弊，削去了他的六个县。

汉朝的大臣都在商议削减吴王的封地。吴王刘濞担心削地没有止境，想借机发动叛乱，想到诸侯中没有能共同谋划的人，听说胶西王盛勇，好逞强斗胜，几个齐地的诸侯王都惧怕他，于是派中大夫应高去诱惑胶西王。应高没有携带书信，口头报告说："吴王不才，现在有早晚就要来临的忧患，在您这里不敢把自己当作外人，派我来表明他的好意。"胶西王说："有什么赐教？"应高说："如今皇上提拔奸臣，被奸邪之臣蒙蔽，喜欢眼前小利，听信搬弄是非的坏人，擅自改变法令，侵夺诸侯的封地，征求越来越多，诛杀惩罚善良的人们，一天比一天厉害。俗话说：'吃完米糠就到吃米了。'

吴国和胶西国，都是有名的诸侯，一旦被朝廷盯上，恐怕不能安宁自由了。吴王身体有暗疾，不能按春秋两季去朝见已有二十多年了，总是担心被怀疑，又无法表白自己，如今缩着肩膀小心走路，还害怕不被宽恕。私下听说大王因为出卖爵位的事情有罪责，听说诸侯被削减封地，罪过不应该到这样严重，这恐怕不只是削减封地就罢了。"胶西王说："是这样。您打算怎么办？"应高说："憎恶相同的互相帮助，爱好相同的互相体贴，情感相同的互相成全，欲望相同的互相追求，利益相同的互相去赴死。如今吴王自认为和大王有共同的忧患，愿意顺应时势、遵循事理，牺牲自身来为天下除掉祸害，料想也可以吧？"胶西王吃惊地说："我怎么敢这样？如今皇上虽然严厉，但是我本来就有死罪啊，怎么能不拥护他？"应高说："御史大夫晁错，迷惑天子，侵夺诸侯封地，蒙蔽忠良，堵塞贤能，大臣们都怨恨，诸侯都有背叛之心，他的所作所为已到了极点了。如今彗星出现，蝗灾不断发生，这是万代难逢的一个机会，而且忧愁劳苦的时代，正是圣人产生的时候。所以吴王想对内以讨伐晁错为借口，在外跟随大王车后，纵横驰骋天下，所指向的军队都投降，所指向的城邑都攻克，天下没有敢不服从的。大王如果能有幸答应我一句话，那么吴王就率领楚王攻取函谷关，守住荥阳敖仓的粮食，抗拒朝廷的军队。整顿军队行营，等候大王到来。大王真的能幸临那里，那么天下可以并吞，

┤ 推恩令 ├

　　景帝平定"七国之乱"，削弱了诸侯王的势力，但有的王国仍连城数十，地方千里，对中央政府构成威胁。武帝为了加强中央对地方的统治，采取了许多措施。元朔二年（前127），武帝采纳大臣主父偃的建议，实行"推恩令"。所谓推恩，就是诸侯王可将其封地分封给继承王位的嫡长子以外的子弟，建立侯国，并上报朝廷，由皇帝制定侯国名号。按定制，侯国是由郡管理的。这样做的结果，王国的面积不断缩小，再也无力与中央政府抗衡。

两个君主分割天下，不也可以吗？"胶西王说："好。"应高回去报告吴王，吴王还担心他不参与谋反，就亲自做使者出使到胶西，当面和他结盟。

胶西国群臣中有人听说了胶西王的阴谋，规劝胶西王说："拥戴一个皇帝不是很好吗？如今大王和吴王向西发兵，假使事情成功，两个君主又互相争权夺利，祸患就开始结成了。诸侯的土地不够朝廷各郡的十分之二，而背叛朝廷会让太后忧虑，这不是好的计谋。"胶西王不听从。并派使者联合齐王、菑川王、胶东王、济南王及济北王，他们都同意共同谋反了。而且说："城阳景王有义气，攻打那些吕氏家族，不参加发兵，事情成功后和他分享罢了。"

诸侯都刚刚受到削减封地的处罚，震惊恐慌，大多都怨恨晁错。等到削减吴国会稽郡、豫章郡的文书一到吴国，吴王率先起兵作乱，胶西王在正月丙午日将朝廷派来的二千石以下的官员杀死了，胶东王、菑川王、济南王、

▶ 绿釉陶鼎 · 西汉

绿釉陶，是一种少见的陶艺品。其特征大致分为两点：一是一次上釉，高温烧成；二是釉面质地纯净，光亮、晶莹，美如碧玉。因为吸水率较高，人们称之为"精陶"，是介于陶器与瓷器之间的一种独特的工艺品。

汉景帝阳陵博物院藏。钺刃较宽大，呈弧形，似新月，方口中空柄。形制似斧，以砍劈为主，在中国古代多作为君权的象征。钺作为中国古代汉族的一种兵器。《说文解字》曰："大者称钺，小者称斧。"

楚王、赵王也都如此效法，向西进兵。齐王后来后悔了，于是服毒自杀，背弃盟约。济北王的城墙损坏没有竣工，他的郎中令劫持控制着他，使他不能发兵。胶西王为首领，和胶东王、菑川王、济南王一起率兵围攻临菑。赵王刘遂也反叛了，暗中派使者到匈奴商议联合作战的事。

七国之乱

七国发难之时，吴王将他的士兵全部征召起来，下令全国说："我六十二岁了，亲自统率军队。小儿子年仅十四岁，也身先士卒。所以上至年龄和我相同，下至年轻如我的小儿子的人，都要出征。"如此征发了二十多万人。他派人到南边的闽越和东越去，东越也跟随吴王发兵。

景帝三年正月甲子日，吴军先从广陵起兵出发，向西渡过淮河，和楚军会合。派使者送给诸侯的信上说："吴王刘濞恭敬地问候胶西王、胶东王、菑川王、济南王、赵王、楚王、淮南王、衡山王、庐江王及已故的长沙王的儿子：希望得到你们的指教！因为汉朝有奸臣，并无什么功劳，却侵夺诸侯的土地，派官吏弹劾囚禁及审讯惩治诸侯，专以侮辱诸侯为能事，不用诸侯王的礼仪对待刘氏骨肉同胞，抛开先帝的功臣，进用坏人，蛊惑天下，想要危害国家。皇帝体弱多病，神志失常，不能明察政令。我想要起兵诛讨他们，所以恭敬地听从各位指教。本人没什么才能，愿亲自追随各位王侯。南越与长沙接壤，他们可追随长沙王的儿子平定长沙以北，然后迅速向西攻取蜀汉。派人告诉东越王、楚王、淮南王三个侯王，和我一起向西进攻；齐地诸王和赵王平定河间、河内后，有的进入临晋关，有的和我在洛阳会和；燕王、赵王本来与匈奴王有盟约，燕王在北方平定代郡、云中郡，然后统领匈奴军队进入萧关，直取长安，纠正天子的错误，安定高祖庙。希望诸王勉力去做。楚元王的儿子和淮南的淮南王、衡山王、庐江王各自心有所想已经十多年了，怨恨深入骨髓，早就想有所行动了，只是我不清楚诸王的心意，不敢听命。现在诸位王侯一起保存延续将要灭绝的国家，扶弱除强，安定刘氏，这是宗庙社稷所希望的。我国虽然贫穷，但是我用节省衣食的费用积蓄金钱，修治兵器甲胄，积累粮食，夜以继日地准备已有三十多年了，为的无非就是今天，希望诸王努力利用这些条件。能逮捕杀死大将军的，赏赐黄金五千斤，封邑万户；逮捕杀死将军的，赏赐黄金三千斤，封邑五千户；能逮捕杀死副将的，赏赐黄金二千斤，封邑二千户；能逮捕杀死俸禄二千石的官员的，赏赐黄金一千斤，食邑一千户；能逮捕俸禄一千石的官员的，赏赐黄金五百斤，封邑五百户；以上有功的人都可被封为列侯。那些带着军队或者城邑来投降的，士兵有万人，城中户口万户，赏赐如同捕获到大将军；人口五千户的，如同捕到将军；人口一千户的，如同捕到副将；士兵城中户数一千的，如同捕到二千石的官员；那些投降的小官吏也依职位差异受到封爵赏金。其他的封赏

——| 盐铁官营 |——

　　汉初，面对社会经济凋敝的现实困境，国家开放山林川泽的禁令，允许百姓进行樵采渔猎；又开放盐铁鼓铸的禁令，允许富商大贾冶铁煮盐。这些对改善百姓生活有所帮助。盐铁是百姓日用不可或缺之物，致使工商业主能够轻易获取暴利。为了增加政府收入，武帝采纳张汤"笼天下盐铁"的建议，于元狩四年（前119）任用熟悉盐铁事务的东郭咸阳和孔仅为大农丞，统领盐铁之事，又起用桑弘羊参与理财。第二年，他们提出盐铁官营的具体措施：中央政府在盐、铁产地设置盐官和铁官，实行统一生产和统一销售，利润为国家所有。

比汉朝规定的高一倍。那些原有封爵城邑的人，再加封赏只会增加不会保持原状。希望诸王明确地向士大夫们宣布，我不敢欺骗大家。我的金钱天下到处都有，不必一定到吴国来取，诸王日夜使用也不会用光。有应赏赐的人告诉我，我将前往送给他。恭敬地奉告诸王。"

七国反叛的书信报知天子后，天子派太尉条侯周亚夫率领三十六个将军去攻打吴、楚；派曲周侯郦寄攻打赵；派将军栾布攻打齐；派大将军窦婴驻扎在荥阳，监视齐、赵两国的军队。

吴、楚反叛的文书已经上报，朝廷军队还没行动，窦婴也没有出发，他向皇上推荐原吴国的丞相袁盎。袁盎当时在家闲居，朝廷便下诏征召他入宫觐见。皇上正和晁错筹划军队和军粮的事情。皇上问袁盎说："你曾经任吴国丞相，了解吴国大臣田禄伯的为人吗？如今吴、楚反叛，您认为该怎么办？"袁盎回答说："不值得担忧，叛军不会有所作为的。"皇上说："吴王依靠铜矿来铸造钱币，煮海水来制盐，引诱天下的豪杰之

▶ "车骑将军"金印·西汉

汉景帝阳陵博物院藏。金质，方形印，龟钮，龟的形状比较模糊，龟头前伸做卧状，印面整洁，阴文四字左起上下读"车骑将军"，隶书无界格，无外框。

士，在头发白了的时候起来反叛。像这样，他的计谋不是万无一失，难道会发动么？怎么说他没有什么作为呢？"袁盎回答说："吴国有铜、盐的便利是确实，但是哪里能有豪杰被引诱呢！假如吴王真的得到豪杰，也就会辅佐吴王行正义，不会造反了。吴王所引诱的都是无赖子弟，逃亡、铸钱的坏人，所以互相勾结着造反。"晁错说："袁盎分析得很对。"皇上问道："怎么做出对策呢？"袁盎回答说："希望屏退旁边的人。"皇上屏退了别人，只有晁错还在。袁盎说："我所说的，作为人臣不能知道。"于是皇上又屏退了晁错。晁错只好到

▶金动物搏斗纹牌·西汉

东厢回避，对此十分恼恨。皇上最后问袁盎，袁盎回答说："吴、楚互相来往书信，说：'高祖封刘姓子弟为王并且各有分封的土地，如今奸臣晁错擅自惩罚诸侯，削夺诸侯的封地。'所以用造反为名义，向西一同诛杀晁错，恢复原来的封地就会罢兵。如今计策只有斩杀晁错，派使者赦免吴、楚七国的罪过，恢复他们以前被削的封地，那么军队不用交战就全部罢去了。"皇上沉默了很长时间，说："关键是这样做行不行，我不会爱惜一个人而耽误天下。"袁盎说："我愚蠢，但再没有比这个更好的计策了，希望皇上好好考虑。"于是皇上任命袁盎为太常，吴王弟弟的儿子德侯做宗正。袁盎秘密准备行装。十多天后，皇上派中尉去召晁错，骗他乘车巡行东市。晁错身穿上朝的衣服被斩杀在东市。然后派袁盎以侍奉宗庙的身份，宗正以辅助亲戚的名义，依照袁盎的计策出使告知吴王。到了吴国，吴、楚的军队已进攻梁国营垒了。宗正因为亲戚的关系，先进去见吴王，告诉吴王让他下拜接受诏书。吴王听说袁盎到来，也知道他要劝说自己，笑着回答说："我已经做了东帝，还向谁下拜呢？"不肯接见袁盎，而把他扣留在军中，想强迫他做将军，袁盎不愿意，吴王就派人包围他，将要杀他，袁盎趁夜色逃出，步行逃走，跑入梁国部队，之后回朝廷报告。

条侯乘坐六匹马拉的驿车急行，去荥阳会

师。到洛阳看见剧孟，高兴地说："七国反叛，我乘驿车到这里，没有想到会安全抵达，还以为诸侯们已经得到了剧孟。剧孟现在没有起兵的举动。我又占据荥阳，荥阳以东没有值得忧虑的人了。"他到达淮阳，询问父亲绛侯以前的门客邓都尉说："有什么好的计策呢？"门客说："吴兵锐气正盛，和他交战很难取胜。楚兵骄躁，锐气不能长久保持。现在有一个计策，不如率军在东北的昌邑筑垒坚守，把梁国丢给吴军，吴军一定会调用全部精锐部队攻打梁。将军深挖沟高筑垒坚守，派轻装的军队断绝淮河与泗水交汇处，将吴军的粮道阻塞住。吴、梁之间必然会相持不下，都身心疲惫且粮草耗尽的时候，就用保持强盛锐气的军队制伏那些疲惫至极的军队，打败吴国是必然的。"条侯说："好。"按照他的计策，条侯派部队在昌邑南边坚守，接着派轻装的军队断绝吴军粮道。

吴王刚发兵的时候，吴国臣子田禄伯任大将军。田禄伯说："军队聚集而向西，没有别的奇妙道理，难以取得成功。我愿意带领五万人，另外沿着长江、淮水上溯，收集淮南、长沙军队，进入武关，和大王会合，这是一条奇妙的路线。"吴太子规劝说："父王以造反为名义，这种军队难以委托给别人，委托给别人也要反叛父王，怎么办？况且拥有军认而另外行动，会有很多其他的利害无法知道，只是白白地损失自己罢了。"吴王就没答应田禄伯。

吴国一位青年将军桓将军劝吴王说："吴国有很多步兵，步兵适宜于险恶地形作战；汉军有很多战车骑兵，战车骑兵适宜于平地作战。希望大王所经过的城邑不去攻下，就径直离开，迅速向西占据洛阳的兵器库，吃敖仓的粮食，依靠山河的险要来号令诸侯，即使不进入关内，天下其实已经平定了。假如大王行进迟缓，滞留攻克城邑，汉军的战车骑兵到来，冲进梁国、楚国的郊野，事情就失败了。"吴王询问老将军们，老将军说："这年轻人争先冲杀的计策还可以，哪里知道远大的考虑呢！"于是吴王没有采用桓将军的计策。

吴王专断地集中统率他的军队，还没渡过淮水，那些宾客都得以任将军、校尉、侯、司马等职务，只有周丘没被任用。周丘是下邳人，逃亡到吴国，

铜矛·西汉

徐州博物馆藏。1994—1995年狮子山楚王墓出土。铜矛出土于西面第1侧室。矛前锋弧尖，矛身起脊，截面为菱形，骹呈椭圆筒形，骹口凹成弧形。一侧铸有耳，用以系缨。矛体及骹上饰兽面纹。木柲已朽毁，柲下套有银质圆筒形镈，镈长12.5厘米。整件兵器通长216厘米。

酗酒，品行不好，吴王刘濞看不起他，不任用他。周丘拜见吴王，劝吴王说："我因为没有才能，没能在军队中任职。我不敢要求率领军队，希望得到大王一个汉朝的符节，一定会有所报效大王。"吴王就给了他符节。周丘得到符节，连夜驱车进入下邳。

下邳当时听说吴王造反，都坚守城池。周丘到了客舍，召来县令。县令走进门口，周丘就让随从依借罪名斩杀了县令。然后召集他兄弟们交好的富豪官吏告诉他们说："吴国反叛的军队快要到达，屠杀尽下邳人不过吃一顿饭的工夫。如今先投降，家室一定能保全，有才能的人还可以封为侯。"这些人出去就互相转告，下邳人都投降了。周丘一个晚上得到三万人，派人报告吴王，于是率领他的军队向北攻取城邑。等到了城阳，军队已有十多万，打败城阳中尉的军队。后来他听说吴王战败逃跑，自己估计无法和吴王一起成就功业，就带领军队回下邳。还没到达，他就因后背生毒疮而死了。

谋反失败

到二月中旬，吴王军队已被击垮，战败而逃。于是天子颁下制书诏令将

▶ 青铜鼎式灯·西汉

军们说："听说做好事的人，上天会用福事来酬报他；做坏事的人，上天会用灾祸来报应他。高皇帝亲自表彰功德，封立诸侯，幽王、悼惠王的封爵因为没有后嗣而断绝，孝文皇帝怜惜，给予恩惠，封立幽王的儿子刘遂、悼惠王的儿子刘卬等人为王，让他们奉祀他们先王的宗庙，作为朝廷的藩国，恩德和天地相配，光明和日月并列。吴王刘濞背叛恩德违背道义，引诱接纳天下逃亡的罪人，扰乱天下的钱币，托称有病不来朝见有二十多年了，主管官员多次请求对刘濞治罪，孝文皇帝宽释了他，想他能改过自新。如今却和楚王刘戊、赵王刘遂、胶西王刘卬、济南王刘辟光、菑川王刘贤、胶东王刘雄渠结盟一起造反，做下罪大恶极的事，发兵来危害朝廷，残杀大臣和朝廷使者，逼迫、挟持广大百姓，摧残、杀害无辜的人，烧毁百姓房屋，挖掘他们的坟墓，十分暴虐。如今刘卬等人又更加大逆不道，烧毁宗庙，掠夺祖庙的器物，我十分痛恨他们。我穿着白色衣服避开正殿，将军们要勉励士大夫们攻打反叛的敌人。攻打反叛敌人的，深入敌阵杀伤多人才有功劳，捉到了三百石级别以上的反贼都杀掉，不要释放，胆敢有议论诏书和不依诏书的，都要腰斩处死。"

初期，吴王渡过淮河，联合楚王向西进军，在棘壁打败汉军，乘胜追击，锐气极盛。梁孝王害怕了，派六个将军攻打吴王，梁王的两个将军又战败，士卒都逃回梁。梁王多次派使者向条侯报告情况并请求援助，条侯不答应。梁王又派使者在皇帝面前说条侯坏话，皇帝派人让条侯救援梁国，条侯还是坚持对自己有利的计策不肯出兵。梁王任命韩安国和因楚国国事而被杀的楚国丞相的弟弟张羽做将军，才将吴国的军队打败。吴国的军队想要西进，梁国据城坚守，吴军不敢西去，就跑到条侯驻军的地方，在下邑与条侯的军队相遇。吴军想与条侯作战，条侯坚守营垒拒不交战。吴军粮草断绝，士兵饥饿，多次向条侯挑战没有结果，就夜里偷袭条侯的营垒，惊扰东南方向。条侯派军队防备西北方，敌人果然从西北方向入侵。吴军大败，士兵多半饿死，有的叛逃溃散。吴王和他的几千部下壮士连夜奔逃，渡过长江逃到丹徒，得到东越的保护。东越有一万军队，又派人收容集揽吴国的逃兵。汉朝派人用厚利诱惑东越，东越立即欺骗吴王，让吴王出去慰劳军队，然后就派人用矛戟刺杀吴王，装了他的人头，派快车迅速报知汉朝皇帝。吴王的儿子子华、子驹逃到了闽越。吴王丢下他的军队逃跑时，他的军队就溃散了，大多陆续投降了太尉、梁王的军队。楚王刘戊兵败，自杀而亡。

齐的胶西王、胶东王、菑川王围攻齐国的临菑，三个月都拿不下来。汉朝军队到来，胶西王、胶东王、菑川王各自率领军队回去。胶西王于是光着膀子光着脚，坐在草席上，喝着白水，向太后请罪。王太子刘德说："汉军远道而来，我看他们已经疲惫，可以袭击，希望收集大王的剩余军队攻打他们，攻击不获胜利，就逃到海上去，也不算晚呀。"胶西王说："我的士兵都已经败散，不可能发起攻击了。"没有听从提议。汉朝的将军弓高侯韩颓当送给胶西王信说："奉诏书来诛杀不义的人，投降的人就赦免他的罪过，恢复原有的官爵；不投降的人就灭掉他们。大王要如何处置，我等待答复以采取行动。"胶西王到汉军营垒光着膀子叩头，请求说："我刘卬奉行法律不谨慎，惊扰了百姓，才使将军辛苦地远道而来到这穷国，请求惩办我碎尸万段的罪。"弓高侯列好军队手持金鼓来接见他，说："大王被战事所苦，希望听到大王发兵的原因。"胶西王叩头跪着前行回答说："当时，晁错是天子当权的大臣，改变高皇帝的法令，侵夺诸侯的封地，刘卬等人认为不合正义，害怕

图说 史记

他败坏、扰乱天下，七国发兵，将要诛杀晁错。如今听说晁错已被诛杀，刘卬等人就罢兵回去。"将军说："大王如果认为晁错不好为什么不报告皇上？而是没有诏书、虎符，擅自派兵攻打合乎道义的王国。由此看来，意图不是想诛杀晁错。"于是拿出诏书给胶西王宣读。读完了，说："大王自己考虑吧。"胶西王说："像我刘卬等人死有余辜。"于是自杀，太后、太子也都跟着死去。胶东王、菑川王、济南王也先后死去，封国被废除，收归汉朝。将军郦寄围攻赵都城十个月才攻克，赵王自杀。济北王因被劫持才没被诛杀，被迁封为菑川王。

当初，吴王刘濞带头反叛，把楚军和吴军联合在一起率领，联合齐、赵的军队。正月起兵作乱，到三月全线溃败，只有赵国是最后被攻破的。景帝又封立楚元王的小儿子平陆侯刘礼为楚王，作为楚元王的继承人，迁封汝南王刘非统辖吴国原有封地，做了江都王。

☸ 太史公说 ☸

吴王之所以能被封吴王，是因为父亲被贬的缘故。吴王能减轻赋税，支使民众，是因为他拥有矿藏海盐的优势。他叛乱的念头是因儿子被打死而萌生的。因下棋争执而发难，最后国灭身亡；亲近外族的越人而谋害同宗，最后身亡。晁错为国家深思远虑，灾祸反而降临在自己身上；袁盎善于权变游说之术，最初受到宠信，最后却遭受屈辱。所以古时候诸侯封地不超过百里，山海也不分封给他们。"不要亲近夷狄，以致疏远宗亲"，大概就是说的吴王吧！"不要做出谋划策的人，不然会受到惩罚"，难道说的不是袁盎和晁错吗？

图说史记

第 8 卷

文字编辑：杜　荣

美术编辑：张大伟

装帧设计：罗　雷

图片提供：王　露　郝勤建

汇图网　红动中国

中国国家博物馆

故宫博物院

上海博物馆

山东博物馆

河南博物院

河北博物院

陕西历史博物馆

湖南省博物馆

湖北省博物馆

浙江省博物馆

台北故宫博物院

美国纽约大都会艺术博物馆

美国弗利尔美术馆

美国克利夫兰艺术博物馆

美国耶鲁大学艺术陈列馆

美国普林斯顿大学博物馆

美国哈佛大学博物馆

美国芝加哥艺术学院

美国明尼阿波利斯艺术学院

大英博物馆　等

图说

史记

【西汉】司马迁◎著

杨燕起 樊文龙◎主编

—— 第**9**卷 ——

[列传]

巴蜀书社

魏其武安侯列传　第四十七

【解题】本传是窦婴、田蚡和灌夫三人的合传，通过描述他们三人的事迹和相互争斗，展现了宫廷中的矛盾、人情冷暖和世态炎凉，对统治阶级的丑陋面目进行了鞭挞。太史公运用高超的笔力将三个人的合传写得分合相间，层次清楚，浑然一体。其中，魏其设宴、灌夫骂座和东朝廷辩的情景可谓精彩至极。

❀ 魏其失意

魏其侯窦婴是孝文帝窦皇后堂兄的儿子。他的父辈祖先是观津人。他喜欢招揽宾客。孝文帝时，窦婴为吴国国相，后来因病免职。孝景帝刚刚即位时，他任詹事一职。

梁孝王是孝景帝的弟弟，他的母亲窦太后很疼爱他。孝景帝还没立下太子时，有一次梁孝王入朝，孝景帝以兄弟的身份跟他一起吃饭。酒兴正浓时，孝景帝随便说道："我死之后把帝位传给梁王。"窦太后听了非常高兴。这时窦婴端起一杯酒献给皇上，说道："天下是高祖打下的，帝位应当父子传承，这是汉朝立

下的规定，皇上凭什么要擅自做主传给梁王！"窦太后因此憎恨窦婴。窦婴也嫌詹事的官职太小，就借口生病辞职。窦太后于是开除了窦婴进出宫门的名籍，每逢节日也不准许他进宫朝见。

孝景帝三年，吴、楚等七国反叛，皇上考察宗室和外家窦氏子弟没有比得上窦婴贤能的，就召见窦婴。窦婴进宫拜见，坚决推辞，托称有病无法胜任。太后也感到惭愧。于是皇上说："天下正有急难，你难道可以推托么？"就任命窦婴做大将军，赐给他黄金一千斤。窦婴于是把袁盎、栾布等闲居在家的名将贤士推荐给景帝。把赏赐的黄金，摆放在廊檐下，小军

官经过，就让他们酌量拿去用，他自己不拿一点儿黄金回家。窦婴驻守在荥阳，监督讨伐齐、赵的军队。七国军队已经全部被打败，景帝封窦婴做魏其侯，那些游士、食客都争着投奔魏其侯。孝景帝时，每逢朝廷上议论大事，那些列侯没有谁敢和条侯、魏其侯平起平坐。

称病不入朝

孝景帝四年，立栗姬生的儿子刘荣为太子，派魏其侯担任太子的太傅。孝景帝七年，太子刘荣被废黜，魏其侯多次为栗太子争辩都没有结果。魏其侯就推说有病，隐居在蓝田县南山下好几个月，许多宾客、辩士都来劝说他回京城，但根本没有人能说服他。梁地人高遂于是来规劝魏其侯说："能使您富贵的是皇上，能使您成为朝廷亲信的是太后。现在您担任太子的师傅，太子被废黜而不能力争，力争又不能成功，又不能去殉职。自己托病引退，拥抱着歌姬美女，退隐闲居而不参加朝会。从这些情况来看，您这是自己表明要张扬皇帝的过失。如果皇上和太后都要加害于您，

那您的妻子儿女都会一个不剩地被杀害。"魏其侯认为他说得很对，于是就出山回朝，还像过去一样朝见皇帝。

桃侯被免除丞相职位后，窦太后多次向皇上提到魏其侯。孝景帝说："太后难道认为我舍不得，而不让魏其侯任丞相么？魏其侯这个人骄傲自满，办事轻率，难以胜任丞相，担当重任。"最终没有任用魏其侯，而任用建陵侯卫绾做丞相。

武安得宠

武安侯田蚡是孝景帝王皇后的同母弟弟，在长陵出生。魏其侯已经当了大将军，声名显赫的时候，田蚡还是个郎官，没有显贵。他经常在魏其侯家中陪侍吃饭喝酒，跪拜起立如同魏其侯的子孙辈一样。等到孝景帝晚年的时候，田蚡也显贵起来，受到宠信，做了太中大夫。田蚡能言善辩，口才很好，学习过《盘盂》之类的书，王太后认为他有才能。孝景帝去世，太子刘彻即位后，王太后执掌政权，她在全国的镇压、安抚行动大都采用田蚡门下宾客的策略。田蚡和他的弟

弟田胜都因为是王太后的弟弟，在孝景帝去世的同一年，被分别封为武安侯和周阳侯。

武安侯田蚡新当权想要当上丞相，对宾客谦恭有礼，把那些闲居在家的知名人士推荐做官，要用这种办法来压倒魏其侯及别的将相大臣。建元元年，丞相卫绾因病被免职，皇上考虑要另外任命丞相、太尉。籍福劝田蚡说："魏其侯显贵已经很长时间了，天下人士平素都来归附他。如今将军您刚兴旺，比不上魏其侯，假如皇上任命您当丞相，您一定要让给魏其侯。魏其侯任丞相，您一定会当太尉。太尉和丞相的尊贵是相等的，您还有让贤的好名声。"武安侯于是委婉地告诉王太后，让她暗示皇上，因此皇上就任命魏其侯为丞相，武安侯为太尉。籍福去向魏其侯道贺，顺便劝谏他说："您天性喜欢好人，憎恶坏人，如今

好人颂扬您，所以您当上了丞相。可是您又憎恨坏人，坏人那么多，也将会毁谤您。您能够同时容纳好人和坏人，那么相位就会保持长久；如果不能，马上会遭到人家的毁谤而丢官了。"魏其侯不听从。

魏其侯窦婴和武安侯田蚡都爱好儒家学说，推荐赵绾当了御史大夫，王臧担任郎中令。把鲁国的申公迎来，打算设置明堂，命令列侯们回到自己的封地去，废除关禁，按照古礼来制定各种服饰制度，以此来兴起太平的政治。检举谴责窦氏子弟和皇家宗室中品行恶劣的人，开除他们的族籍。当时窦太后和王太后娘家的一些子弟都被封为列侯，列侯们很多都娶公主为妻，都不想回自己的封国。因此毁谤魏其侯等人的话每天都传到窦太后耳中。窦太后喜欢黄老学说，而魏其侯、武安侯、赵绾、王臧等人则努力推崇儒家学说，贬低道家的学说，因此窦太后

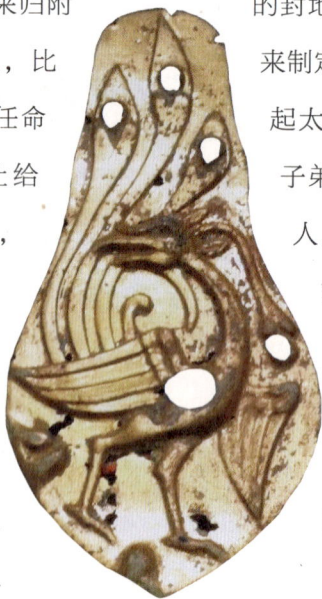

▶鎏金凤纹当卢·西汉

当卢，古代系在马匹头部的饰件，形式各异，放置在马的额头中央偏上部，也就是马鼻革与额革部位交接处的饰品。

西汉经学

西汉京师太学主要教授五经（《易》《诗》《书》《礼》《春秋》），郡国所立学校，也设置经师，甚至乡聚也置有经师。为了讲授方便，经书都用当时通行的文字——隶书统一书写，所以叫"今文经"。后来西汉又有一批亡佚的儒家经典出现，与今文经有很多不同。因为这些经书是用战国时期的篆文书写，故称为"古文经"。"古文经"虽然发现很久，但并没有设立学官，只是在民间私人传授。今、古文经学的区别，并非仅仅是书写文字和读法的不同，随着经师传授的源流不同，家法与师法逐渐显现，而对文字的训诂和内容解释也就有很大的差异，表现的政治观念和历史观念也就有所不同。

更加不喜欢魏其侯等人。到了建元二年，御史大夫赵绾请皇上不要向太后禀奏政事。窦太后十分生气，便将赵绾、王臧等人的官职罢免了，并将他们全部驱逐，还解除了魏其侯、武安侯丞相和太尉的职务，任命柏至侯许昌做丞相，武强侯庄青翟当了御史大夫。魏其侯、武安侯从此以列侯的身份闲居家中。

武安侯虽然不再当官，但因为王太后的缘故，仍然受到皇上的宠信，多次议论政事且建议大多都被采用，天下趋炎附势的官吏和士人，都离开了魏其侯而归附了武安侯。武安侯越来越骄横。建元六年，窦太后去世，丞相许昌和御史大夫庄青翟因为丧事办得不周到，都被罢官。朝廷任用武安侯田蚡担任丞相，任用大司农韩安国担任御史大夫。天下的士人、郡守和诸侯王，就更加依附武安侯了。

武安侯身材矮小，其貌不扬，但从生下来就很尊贵。他又认为各诸侯王大多年纪大，皇上刚刚即位，年纪很轻，自己靠皇亲国戚的关系当了朝廷的丞相，如果不狠狠地杀一下他们的威风，用礼法来使他们屈服，天下人就不会恭顺。在那时，丞相入朝向皇上奏事，坐在那里一谈往往是大半天，他所说的话皇上都听从，他所推荐的人有的从闲居一下子提升到二千石级，把皇

上的权力移到自己手上。皇帝就说："你任命官吏到头了没有？我也想委任官吏了。"武安侯曾经请求把考工官署的土地划给他扩建住宅，皇上生气地说："你为什么不干脆把武库也拿去！"他这以后才稍为收敛。有一次他请客人宴饮，让他的哥哥盖侯王信朝南坐，自己面朝东坐，认为汉朝的丞相尊贵，不可以因为对方是哥哥而私下降低了自己的身份。武安侯从此更加骄横，修建的住宅好过一切贵族的府第。田地庄园都很肥沃，而派到各郡县去采购器具物产的人员一路上络绎不绝。前厅摆设着钟鼓，竖着曲柄长旗；后房的美女数以百计。各地诸侯奉送的金玉、狗马和玩物，多得数不清。

❂ 将军灌夫

自从窦太后去世后，魏其侯就越来越被皇上疏远而不受重用，没有了权势，宾客们纷纷离去，甚至对他懈怠傲慢，只有将军灌夫一人没有改变原来的态度。魏其侯天天郁郁不乐，唯独对灌夫格外厚待。

将军灌夫是颍阴人，他的父亲是张孟，曾经是颍阴侯灌婴的家臣，受到灌婴的宠信，并因此官至二千石级，所以冒用灌氏家的姓叫灌孟。吴、楚叛乱时，颍阴侯灌婴任将军，是太尉周亚夫的一名部下，他将灌孟推荐给太尉当了校尉。灌夫也带领一千人与父亲一起从军。灌孟已经老了，颍阴侯勉强推荐他，所以灌孟郁郁不得志，作战常常攻击敌人的坚固阵地，最后战死在吴军中。按照当时军法的规定，父子一起从军参战，有一个为国战死，未死者可以护送灵柩回家。但灌夫不肯随同父亲的灵柩回家。他慷慨激昂地说："希望斩取吴王或者吴国将军的头来替父亲报仇。"于是灌夫披上铠甲，手拿戈戟，召集了军中与他有交情又愿意跟他同去的几十个勇士。等到走出军门，没有人敢再前进。只有两人和灌夫属下的十多个家奴骑兵冲入吴军中，一直到达吴军的将旗之下，杀伤杀死敌军几十人。实在不能再继续前进了，又飞马返回汉军营地，同去的家奴全都战死了，只有他独自回来。灌夫身上受了十多处重创，幸好有名贵的良药，所以才没死。灌夫的伤刚刚好转，又向将军

▶ 墨玉螭纹剑璲·西汉

剑璲是古代装饰宝剑上的玉饰之一，又名剑鼻。穿系于腰带上，即可将剑固定于腰间。

请命说："我现在更加了解吴军营垒中的曲折路径，请您让我再回去。"将军认为他勇敢又重义气，害怕他战死，便向太尉周亚夫报告，太尉便坚决地阻止了他。等到吴军被攻破，灌夫也因此名闻天下。

颍阴侯向皇上称赞灌夫的行为，皇上任命灌夫做中郎将。几个月后，因为犯法被免职，后来他住在长安，长安城中的贵族们没有不称道他的。孝景帝时，他做到了代国国相。孝景帝逝世，当今皇帝刚即位，认为淮阳是天下的交通枢纽，必须有强大的军队驻扎，所以调灌夫任淮阳太守。建元元年，调灌夫入京任太仆。建元二年，灌夫和长乐宫的卫尉窦甫一起饮酒，饮酒时争论是非，意见不一，灌夫醉了，打了窦甫。窦甫是窦太后的兄弟。皇上害怕太后要杀灌夫，就调他任燕国国相。几年后，因为犯法被免官，在长安家中闲居。

灌夫为人刚强直爽，好逞酒兴，不喜欢当面奉承人家。对那些地位比自己高的有权势的皇亲国戚，不但不格外敬重，反而一定要凌辱他们；对那些地位比自己低的士人，越是贫困低贱的，就越尊敬他们，和他们平等相待。在大庭广众之中，推荐夸奖年轻人。士人也因此称颂他。

灌夫不喜好文章经学，喜欢仗义行侠，自己答应的事一定办到。他所结交往来的人，无非是豪强恶霸。家里积聚了几千万金，每天招待的食客有几

十上百人。对于山林、水池、田地、园苑，灌夫的宗族宾客都加以争夺，在颖川一带横行霸道。颖川的儿童就唱谣歌说："颖水清，灌氏宁；颖水浊，灌氏族。"

灌夫家中虽然富有，可是失去了权势，像卿相侍中那样的宾客越来越少。魏其侯失势的时候，想要依靠灌夫去教训打击那些原先仰慕趋附自己后来又背弃的宾客。灌夫也要倚重魏其侯去结交列侯宗室来抬高自己的声望。两人互相倚仗，相处得像父子一样。彼此十分投机，没有一点隔阂，只恨相识得太晚了。

⟩魏其设宴

灌夫在为姐姐服丧期内去拜访丞相武安侯田蚡，丞相顺口说道："我想和你一起去拜访魏其侯，但你正在服丧不好前往。"灌夫说："您竟肯屈驾光临魏其侯府，我灌夫怎敢因为服丧而推辞呢！请允许我告诉魏其侯设置帷帐，备办酒宴，恭候您明天的光临。"武安侯答应了。灌夫将情况详细地告诉了魏其侯，就像他对武安侯所说的那样。魏其侯和他的夫人特地买了许多酒肉，连夜打扫房子，布置帷帐，准备酒宴，一直忙到天亮。

┥ 长袖舞 ┝

长袖舞是汉代著名的舞蹈。其特点是舞者扬举长袖，在空中飘扬，给人以飘洒的美感。长袖舞除了重视舞动长袖产生的流动起伏的艺术效果外，还很重视腰肢动作。舞伎腰肢纤细，着束腰长袖舞衣，不仅表现出舞伎体态的袅娜，还使舞姿更加轻盈飘逸。

长袖舞有两种不同的风格，分为婉约和奔放。婉约风格的长袖舞，舞人大多身穿长而委地的束腰舞衣，因为这种舞衣限制了下肢的动作幅度，故而没有过于激烈的动作，以舞姿委婉飘逸，娴静婀娜为美。而奔放风格的长袖舞，则舞衣较短，一般长度以稍稍过膝为宜。这种风格的长袖舞比较注重腿部的跨越、腾跳动作，舞姿矫健舒展，粗犷奔放。

这件陶俑高53.3厘米，长发向后梳理垂背，面露清淡的笑意。
右手扬起，左手下垂，长袖舒展，翩翩起舞，姿态优美
轻盈。成功塑造了形体舒展洒脱、精神恬静内含的长袖
舞伎形象，再现了中国汉代舞蹈艺术的无穷魅力，给人
以优美的艺术享受。

天刚亮，就让府中管事的人在宅前伺候。谁知
等到中午也不见丞相到来。魏其侯对灌夫说：
"难道丞相忘了这件事？"灌夫很不高兴地说：
"我灌夫不嫌丧服在身而应他之约，他应该来。"
于是他便驾着车亲自前去迎接丞相。丞相前一天只不
过开玩笑似地答应了灌夫，根本没有打算来赴宴的意
思。等到灌夫来到门前，丞相还在睡觉。于是灌夫进
门去见他，说："丞相昨天答应拜访魏其侯，魏其侯
夫妇准备了酒宴，从早晨到现在没敢吃一点东西。"
武安侯装作惊讶地道歉说："我昨天喝醉了，忘记
了跟您说的话。"于是便驾车前往，但又走得很
慢，灌夫更加生气。等到喝酒喝醉了，灌夫起身
跳了一番舞，跳完后邀请丞相，丞相竟然不起身，灌夫在酒宴上用话讽刺他。
魏其侯便扶灌夫离去，向丞相表示了歉意。丞相一直喝到天黑，尽欢才离去。

　　丞相曾经派籍福去要魏其侯在城南的田产。魏其侯十分怨恨地说："我
虽然被废弃不用，丞相虽然显贵，怎么可以仗势强夺我的田产呢！"灌夫听
说后也很生气，大骂籍福。籍福怕两人有隔阂，就自己编造了好话向丞相道
歉说："魏其侯年事已高，就快死了，还不能忍耐吗，暂时先等待着吧！"
不久，武安侯听说魏其侯和灌夫实际是愤怒而不肯让出田地，也很生气地说：
"魏其侯的儿子曾经杀人，我救了他的命。我侍奉魏其侯没有不顺从他的时候，
为什么他竟舍不得这几项田地？再说，灌夫为什么非要干涉这件事呢？我不

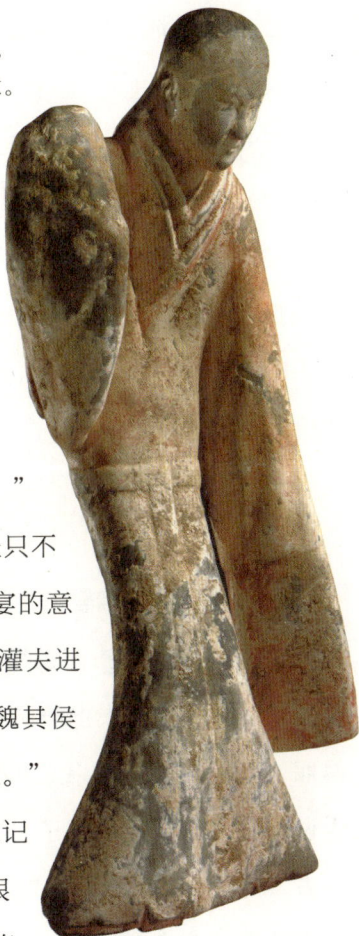

敢再要这块田地了！"从此武安侯十分怨恨灌夫和魏其侯。

元光四年春天，丞相向皇帝揭发灌夫家人在颍川，十分横行不法，百姓受其侵扰。请求查办。皇帝说："这是丞相的事，何必请示我。"灌夫也抓住丞相的秘密，非法谋取私利，接受淮南王的贿赂并说了些不该说的话。他们的宾客从中调停，才结束了相互攻击，仇怨都得到和解。

◈ 灌夫骂座

这年夏天，丞相娶燕王的女儿做夫人，太后下了诏令，让列侯和皇族都去祝贺。魏其侯拜访灌夫，打算同他一起去。灌夫推辞说："我多次因为酒醉失礼而得罪了丞相，丞相近来又和我有隔阂。"魏其侯说："事情已经和解了。"于是便硬拉他一起去。酒喝得差不多了，武安侯起身敬酒祝寿，在座的宾客都离开席位，伏在地上，表示不敢当。过了一会儿，魏其侯起身为大家敬酒祝寿，只有那些魏其侯的老朋友离开了席位，其余多半的人仍旧坐在那里不动，只是稍微欠了欠上身。灌夫很不高兴。他起身依次敬酒，敬到武安侯时，武安侯照常坐在那里，只微欠了一下上身说："不能喝满杯。"灌夫火了，便嘻笑着说："您是个贵人，这杯就托付给您了！"武安侯还不肯答应。敬酒敬到临汝侯灌贤，灌贤正在跟程不识贴着耳朵说悄悄话，也不离开席位。灌夫没有地方发泄怒气，便骂灌贤说："平时诋毁程不识不值一钱，今天长辈给你敬酒祝寿，你却跟女人一样在那儿同程不识咬耳说话！"武安

马蹄金·西汉

马蹄金，西汉时期称量货币，底面呈圆形，内凹，中空，状如马蹄。汉武帝太始二年制造，一般是用于帝王赏赐、馈赠及大宗交易的上币。马蹄金一般重250克左右，相当于汉代的一斤，在具体使用过程中，马蹄金仍需称量，因此也是一种称量货币。

侯对灌夫说："不识程将军和李广将军都是东西两宫的卫尉，现在当众侮辱程将军，灌仲孺你难道不给你所尊敬的李将军留余地吗？"灌夫说："今天杀我的头，刺我的胸，我都不在乎，还顾什么程将军、李将军！"宾客们纷纷起身上厕所，陆续离去。魏其侯也离去，招手示意让灌夫出去。武安侯于是发怒道："这是我宠惯灌夫的过错。"于是便命令骑兵扣留灌夫。灌夫想出去又出不去。籍福起身替灌夫道了歉，并按着灌夫的脖子让他道歉。灌夫火更大了，不肯道歉。武安侯便指挥骑兵们将灌夫绑了放在客房中，叫来长史说："今天请宗室宾客来参加宴会，是太后下了诏令的。"于是便弹劾灌夫，说他在宴席上辱骂宾客，侮辱诏令，犯了"不敬"之罪，把他囚禁在特殊的监狱里。又追查他以前的事情，派遣差吏分头追捕所有灌氏的分支亲属，都判为杀头示众的罪名。魏其侯心里感到十分惭愧，出钱让宾客向田蚡求情，但是也不能救灌夫于危难之中。武安侯的从吏都是魏其侯的耳目，所有灌氏的人都逃跑、躲藏起来了，灌夫被拘禁，于是无法告发武安侯的秘事。

◆ 东朝廷辩

魏其侯挺身而出营救灌夫。他的夫人劝解他说："灌将军得罪了丞相，他是在和太后家的人作对，你有什么本事能营救得了呢？"魏其侯说："侯爵是我挣来的，现在我把它丢掉不

农业发展

农业是支撑汉朝社会经济的基础，而"以农为本"国策的确立，更稳固了以农业为基础的国家经济体系。在汉政府的大力扶持下，农业取得长足进步。汉朝农民掌握丰富的耕作知识，他们在施肥方法、选种标准和田间管理等方面都积累了丰富的经验。铁器的进一步推广，二牛一人式耕作方法及播种工具——楼车等先进工具的发明，对于提高生产效率也有重要意义。铁犁铧有了重大改进，领先欧洲千余年；二牛一人耕作技术，则一直沿用到近代。

要，没有什么可遗憾的。再说，我总不能让灌仲孺一个人去死，而我独自活着。"于是就瞒着家人，私下里给皇帝上书。皇帝立即召他进宫去，魏其侯就将灌夫因喝醉了而失言的情况详细地说了，认为他的过错不足以被判处死刑。皇帝认为他说得对，赏赐魏其侯一同吃饭，说："到东宫去公开辩论这件事。"

魏其侯到东宫，极力夸赞灌夫的长处，说他酗酒获罪，丞相却拿别的罪来诬陷灌夫。而武安侯竭力诋毁灌夫骄横放纵，犯了大逆不道的罪。魏其侯揣测着没有其他的办法应付，便攻击丞相的短处。武安侯说："幸亏天下太平无事，我才得以做皇上的心腹，爱好音乐、狗马和田宅。我所喜欢的不过是歌伎艺人、巧匠这类人，不像魏其侯和灌夫那样，招集天下的豪杰壮士，不分昼夜地商讨，满怀对朝廷的不满，不是抬头观天象，就是低头在地上画，窥测于东、西两宫，希望天下发生点什么变故，好建功立业。我真是不明白，魏其侯他们到底要干什么？"于是皇帝向在朝的大臣问道："他们两人的话谁的对呢？"御史大夫韩安国说："魏其侯说灌夫的父亲为国而死，灌夫手持戈戟冲入强大的吴军中，身受几十处重伤，名冠全军，这是天下的勇士。如果没有特别大的罪恶，只是因为喝了酒而引起口舌之争，是不值得寻找其他的罪责来判处死刑的。魏其侯的话是对的。丞相又说灌夫同奸猾之人结交，欺压平民百姓，积累数万家产，横行颍川，凌辱侵犯皇族，这是所谓'树枝比树干大，小腿比大腿粗'，其后果不是折断，就是分裂。丞相的话也不错。希望英明的主上自己裁断这件事吧。"主爵都尉汲黯认为魏其侯对。内史郑当时也认为魏其侯对，但后来又不敢坚持自己的意见去回答皇上。其余的人

▶ **铜匜·西汉**

汉景帝阳陵博物院藏。长方体，口大底小，口部有长方形的流，口沿外有一周宽凸棱。盥洗器，与盘同用，通常是用匜注水于手，以盘承接洗过手的水。

　　都不敢回答。皇上怒斥郑当时道："你平日多次说到魏其侯、武安侯的长处和短处，今天当廷辩论，畏首畏尾得像驾在车辕下的马驹，我将你们这些人一起杀掉。"随后起身罢朝，进入宫内侍奉太后用餐。太后也已经派人在朝廷上探听消息，他们把廷辩的情况详细地报告了太后。太后发火了，不肯吃饭，说："现在我还活着，别人都竟敢作践我的弟弟，如果有天我死了，那所有的人都会像宰割鱼肉那样宰割他了。再说皇帝怎么能像石头人一样自己不做主张呢！现在幸亏皇帝还在，这班大臣就随声附和，假设皇帝死了以后，这些人还可以信赖吗？"皇帝安慰说："都是皇室的外家，所以在朝廷上辩论他们的事。不然的话，只要一个狱吏就可以解决了。"这时郎中令石建向皇上分别陈述了魏其侯和武安侯两个人的事情。

　　武安侯退朝后，走出止车门。召韩安国和他一同坐车，生气地说："和

你共同对付一个老秃翁，为什么这样畏首畏尾呢？"韩安国过了好一会儿才对丞相说："您为什么不爱重自己？魏其侯攻击您，您应当脱下官帽，解下印绶，回家去，说：'我以皇帝的心腹，有幸得当丞相，本来是不胜任的，魏其侯说的都不错。'像这样做，皇上一定赞赏您有谦让的美德，不会废免您，魏其侯一定会内心惭愧，关上门咬断舌头自杀。如今人家诋毁您，您也诋毁人家，就像商人、女人吵嘴一样，为什么那样不识大体呢！"武安侯谢罪说："争辩的时候太性急了，没想到应该这样做。"

▶ 蓝宝石刚卯·西汉

刚卯是佩带在身上的用作避邪的饰物。依照等级用玉、犀、象牙、金或桃木制成，长形四方体，有孔可穿绳，四面皆刻有文字，多为驱鬼避疫等辞，首句常作"正月刚卯既央"，因称刚卯。流行于汉代，自皇帝、诸侯王至士人莫不佩戴。

　　于是皇帝派御史按照文簿记载的灌夫的事进行追查，与魏其侯所说的有很多不相符的地方，魏其侯犯了欺骗皇上的罪行，被弹劾了，拘禁在都司空的监狱里。孝景帝时，魏其侯曾接受过景帝临死时的遗命，说："有什么你觉得不方便的事情，你可以获得权利直接向皇帝发表议论。"等到自己被拘禁，灌夫因罪将要被灭族，事情一天比一天危急，大臣们没有人敢再向皇帝说明这事。魏其侯于是让自己的侄子上书说明自己曾受过先帝的遗诏，希望能够再被召见。奏书送上以后，可是查对尚书保管的档案没有先帝的这份遗诏。诏书只藏在魏其侯家里，是由他的管家盖印封存的。于是又弹劾魏其侯伪造先帝的遗诏，应该判处斩首示众。

　　元光五年十月，灌夫和他的家属全部被处决了。过了很长时间，魏其侯

才听到这个消息，心里十分愤慨，患了中风病，开始绝食了，抱着一死的决心。有人听说皇帝没有杀魏其侯的意思，魏其侯得知后又开始吃饭和医治疾病。但竟然有人散布流言蜚语，制造了许多诽谤魏其侯的话。皇帝听到了这些话。因此，在当年十二月的最后一天，魏其侯在渭城大街上被斩首示众。

这年春天，武安侯病了，嘴里老是喊着服罪谢过的话。家人请来能看见鬼的巫师来诊视他的病，巫师看见魏其侯和灌夫两个人的鬼魂共同监守着武安侯，要杀死他。最后武安侯终于死了。儿子田恬继承了爵位。元朔三年，武安侯田恬因穿短衣进入宫中，犯了"不敬"之罪，被废除封爵。

淮南王刘安谋反的事被发觉了，皇上派人追查这件事。淮南王前次来朝，武安侯担任太尉，当时在霸上迎接淮南王说："皇上没有太子，大王最贤明，又是高祖的孙子，一旦皇上去世，大王不继承皇位还会有谁呢！"淮南王大喜，送给武安侯许多金银财物。皇帝自魏其侯的事件发生时就不认为武安侯是对的，只是碍着王太后的情面罢了。等听到淮南王向武安侯送金银财物时，皇上说："如果武安侯还活着的话，也该灭族了。"

太史公说

魏其侯和武安侯都凭外戚的关系而身居要位，灌夫因为替父报仇驰入吴军冒险立功而显名当时。魏其侯被重用是由于平定吴、楚七国叛乱；武安侯的显贵则是由于利用了汉武帝刚刚即位，王太后掌权的机会。然而，魏其侯实在是太不懂时势的变化，灌夫没有机谋又傲慢无理，两人互相依傍才酿成了这场祸乱。武安侯倚仗显贵的地位而且喜欢玩弄权术，为一杯酒的怨恨而陷害了两位贤人。可悲啊！灌夫迁怒于他人，以致自己的性命也不长久。灌夫受不到百姓的爱戴，终究落了坏名声。可悲啊！由此可见，灾祸的根源由来已久啊！

韩长孺列传 第四十八

【解题】《韩长孺列传》通过韩安国仕途经历的叙写，展现了汉初官吏升迁贬谪的一些内幕。他的仕途生涯以外戚田蚡掌权为界，明显分为两个时期。前期由于窦太后的赏识和田蚡的举荐，官运亨通，飞黄腾达；田蚡死后，他开始走下坡路。文中还揭露了朝中的一些丑闻和弊端，像窦太后偏爱少子，耍弄权术，以及官吏的行贿等。

▶进谏窦太后

御史大夫韩安国，是梁国成安县人，后迁居睢阳。曾经在邹县田先生之处学习《韩非子》和杂家的学说。侍奉梁孝王，担任中大夫。吴楚七国叛乱时，梁孝王派韩安国和张羽担任将军，在东线抵御吴国的军队。因为张羽奋力作战，韩安国稳固防守，因此吴军不能越过梁国的防线。吴楚叛乱平息，韩安国和张羽的名声从此显扬。

梁孝王是孝景帝的同母弟弟，窦太后很宠爱他，允许他有自己推举梁国国相和二千石级官员人选的权力。他进出、游戏的排场，比拟天子，超越了人臣的本分。景帝听说后，心中很不高兴。窦太后知道景帝不满，就迁怒于梁国派来的使者，拒绝接见他们，而向他们查问责备梁王的所作所为。当时韩安国是梁国的使者，便去进见馆陶公主，哭着说："为什么太后对于梁王作为儿子的孝心、作为臣下的忠心，竟然不能明察呢？从前吴、楚、齐、赵等七国叛乱时，从函谷关以东的诸侯都联合起来向西进军，只有梁国与皇上关系最亲，是叛军进攻的阻难。梁王想到太后和皇上在关中，而诸侯作乱，一谈起这件事，眼泪纷纷下落，跪着送我等六人，领兵击退吴楚叛军，吴楚叛军也因为这个缘故不敢向西进

军，因而最终灭亡，这都是梁王的力量啊。现在太后却为了一些苛细的礼节责怪抱怨梁王。梁王的父兄都是皇帝，所见到的都是大排场，因此出行开路清道，禁止人们通行，回宫强调戒备，梁王的车子、旗帜都是皇帝所赏赐的，他就是想用这些在边远的小县炫耀，在内地让车马来回奔驰，让天下的人都知道太后和皇帝喜爱他。现在梁使到来，就查问责备。梁王恐惧，日夜流泪思念，不知如何是好。为什么梁王作为儿子孝顺，作为臣下忠心，而太后竟不怜惜呢？"馆陶公主把这些话详细地告诉了窦太后，窦太后高兴地说："我要替他把这些话告诉皇帝。"转告之后，景帝内心的疙瘩才解开，而且摘下帽子向太后认错说："我们兄弟间不能互相劝教，竟给太后您增添了忧愁。"于是接见了梁王派来的所有使者，重重地赏赐了他们。从这以后梁王更加受宠爱了。窦太后、馆陶公主又赏赐韩安国价值千余金的财物。他的名声因此显著，而且与朝廷建立了联系。

❂ 狱中受辱

后来韩安国因犯法被判罪，蒙县的狱吏田甲侮辱韩安国。韩安国说："死灰难道就不会复燃吗？"田甲说："要是再燃烧就撒一泡尿浇灭它。"过了不久，梁国内史的职位空缺，汉朝廷派使者任命韩安国为梁国内史，从囚徒中起家担任二千石级的官员。田甲弃官逃跑了。韩安国说："田甲不回来就任，我就要夷灭你的宗族。"田甲便脱衣露胸前去谢罪。韩安国笑着说："你可以撒尿了！像你们这些人值得我惩办吗？"最后友好地对待他。

▶ **青玉耳杯·西汉**

英国维多利亚与阿尔伯特博物馆藏。青玉制成，玉质温润细腻。杯呈椭圆形，两侧有月牙形耳。此类玉耳杯多为西汉时期贵族使用的器物。

🔶辅佐梁孝王

梁国内史空缺之际，梁孝王刚刚延揽来齐人公孙诡，很喜欢他，打算请求任命他为内史。窦太后听到了，于是就命令梁孝王任命韩安国做内史。

公孙诡、羊胜游说梁孝王，要求他向孝景帝请求做皇位继承人和增加封地的事，恐怕朝廷大臣不肯答应，就暗地里派人行刺当权的谋臣。以至杀害了原吴国国相袁盎，孝景帝不久就知道了公孙诡、羊胜等人是刺杀袁盎的主谋，于是派使者务必捉拿到公孙诡、羊胜。汉派使者十批来到梁国，自梁国国相以下全国大搜查一个多月还是没有抓到。内史韩安国听到公孙诡、羊胜隐藏在梁孝王宫中，便入宫进见梁孝王，哭着说："主上受到耻辱臣下罪当该死。大王没有好的臣下所以事情才紊乱到这种地步。现在既然抓不到公孙诡、羊胜，请让我向您辞别，并赐我自杀。"梁孝王说："你何必这样呢？"韩安国眼泪滚滚而下，说道："大王自己忖度一下，您与皇上的关系比起太上皇（刘太公）与高皇帝以及皇上与临江王，哪个更亲密呢？"梁孝王说："比不上他们。"梁孝王说："太上皇、临江王与高皇帝、皇上都是父子之间的关系，但是高皇帝说'拿着三尺宝剑夺取天下的人是我啊'，所以太上皇最终也不能过问政事，住在栎阳。临江王是嫡长太子，只因为他母亲一句话的过错就被废黜降为临江王；又因建宫室时侵占了祖庙墙内空地的事，终于自杀于中尉府中。为什么这样呢？因为治理天下终究不能因私情而损害公事。俗话说：'即使是亲生父亲怎么知道他不会变成老虎？

即使是亲兄弟怎么知道他不会变成恶狼？'现在大王您位列诸侯却听信一个邪恶臣子的虚妄言论，违反了皇上的禁令，阻挠了彰明法纪。皇上因为太后的缘故，不忍心用法令来对付您。太后日夜哭泣，希望大王能自己改过，可是大王最终也不能觉悟。假如太后突然逝世，大王您还能依靠谁呢？"话还没有说完，梁孝王痛哭流涕，感谢韩安国说："我现在就交出公孙诡、羊胜。"公孙诡、羊胜两人自杀。汉朝廷的使者回去报告了情况，梁国的事情都得到了解决，这是韩安国的力量啊。于是孝景帝、窦太后更加看重韩安国。

梁孝王逝世，恭王即位，韩安国因为犯法丢了官，闲居在家。

出任御史

建元年间，武安侯田蚡担任汉朝太尉，受宠幸而掌大权，韩安国拿了价值五百金的东西送给田蚡。田蚡向王太后说到韩安国，皇帝也常说韩安国的贤能，就把他召来担任北地都尉，后来升为大司农。闽越、东越互相攻伐，韩安国和大行令王恢领兵

前往。还没有到达越地，越人就杀死了他们的国王向汉朝投降，汉军也就收兵了。建元六年武安侯田蚡担任丞相，韩安国担任御史大夫。

匈奴派人前来请求和亲，皇帝交由朝臣讨论。大行令王恢是燕地人，多次出任边郡官吏，熟悉了解匈奴的情况。他建议说："汉朝和匈奴和亲大抵都过不了几年匈奴就又背弃盟约。不如不答应，而发兵攻打他。"韩安国说："派军队去千里之外作战，

不会取得胜利。现在匈奴依仗军马的充足，怀着禽兽般的心肠，迁移如同群鸟飞翔，很难控制他们。我们得到它的土地也不能算开疆拓土，拥有了他的百姓也不能算强大，从上古起他们就不属于我们。汉军到几千里以外去争夺利益，那就会人马疲惫，敌人就会凭借全面的优势对付我们的弱点。况且强弩之末连鲁地所产的最薄的白绢也射不穿；从下往上刮的强风，到了最后，连飘起雁毛的力量都没有了，并不是他们开始时力量不强，而是到了最后，力量衰竭了。所以发兵攻打匈奴实在是很不利的，不如跟他们和亲。"群臣的议论多数附和韩安国，于是皇上便同意与匈奴和亲。

马邑之谋

　　和亲的第二年，就是元光元年，雁门郡马邑城的豪绅聂翁壹通过大行令王恢告诉皇上说："匈奴刚与汉和亲，亲近信任边地之民，可以用财利去引诱他们。"于是暗中派遣聂翁壹做间谍，逃到匈奴，对单于说："我能杀死马邑城的县令县丞等官吏，将马邑城献给您投降，财物可以全部得到。"单于很信任他，认为他说的有道理，便答应了聂翁壹。聂翁壹就回来了，斩了死囚的头，把他的脑袋悬挂在马邑城上，假充是马邑城官吏的头，以取信于单于派来的使者。说道："马邑城的长官已经死了，

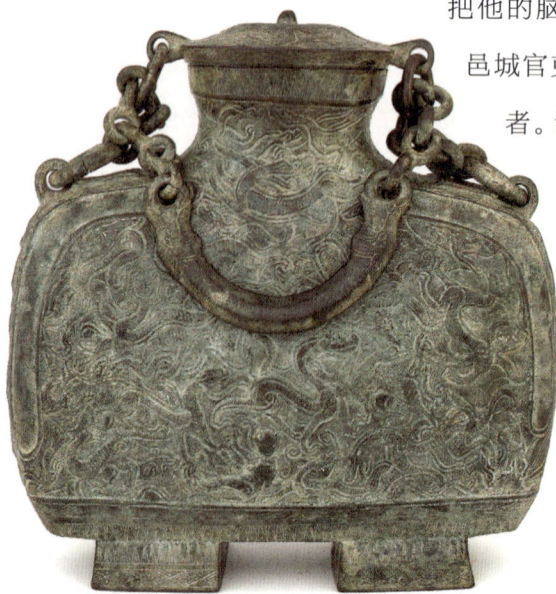

▶青铜龙纹扁壶·西汉

美国弗利尔美术馆藏，高27厘米。壶椭圆口，长方形壶身，下有两个正方形座。壶盖子母口与壶口相合。盖及壶身均装饰盘旋缠绕的云龙纹，纹饰细腻而富于变化。有活环提梁。汉代扁壶在先秦扁壶的基础上有所改进，纹饰更为精美且时代特色明显。此壶是典型的实用酒器。

铜铍·西汉

徐州博物馆藏。狮子山楚王墓出土。这些铜铍出土于西面第1侧室，有大、中、小三种形制。均由铍头及鞘、柲、镈三部分组成。有的铍锋前窄后宽，前端弧收，中间起脊，前锋弧锐。一字形格，断面呈菱形，格后接细茎。入葬时铍头套有鞘，已朽毁，仅存上端的鎏金铜帽及鞘口的铜饰件。

你们可以赶快来。"于是单于率领十余万骑兵穿过边塞，进入武州塞。

正在这个时候，汉王朝埋伏了战车、骑兵、材官三十多万，隐藏在马邑城旁边的山谷中。卫尉李广担任骁骑将军，太仆公孙贺担任轻车将军，大行令王恢担任将屯将军，太中大夫李息担任材官将军。御史大夫韩安国担任护军将军，诸位将军都隶属护军将军。汉军互相约定，单于进入马邑城时汉军的伏兵就奔驰出击。王恢、李息、李广另外从代郡主攻匈奴的军用物资。

当时单于进入汉长城武州塞。距离马邑城还有一百多里，将要抢夺劫掠，可是只看见牲畜放养在荒野之中，却见不到一个人。单于觉得很奇怪，就攻打烽火台，俘虏了武州的尉史，想向尉史探问情况。尉史说："汉军有几十万人埋伏在马邑城下。"单于回过头来对左右人员说："差点儿被汉人所欺骗！"就带领部队回去了。出了边塞，说："我们捉到武州尉史，真是天意啊！"称尉史为"天王"。塞下传说单于已经退兵回去。汉军追到边塞，估计追不上了，就撤退回来了。王恢等人的部队三万人，听说单于没有跟汉军交战，估计攻打匈奴的军用物资，一定会与单于的精兵交战，汉兵的形势一定失败，于是权衡利害而决定撤兵，所以汉军都无功而返。

天子恼怒王恢不攻击匈奴的后勤部队，擅自领兵退却。王恢说："当初

约定匈奴一进入马邑城，汉军就与单于交战，而后我的部队攻取匈奴的军用物资，这样才有利可图。现在单于听到了消息，没有到达马邑城就回去了，我那三万人的部队抵不过他，只会招致耻辱。我本来就知道回来就会被杀头，但是这样可以保全陛下的军士三万人。"皇上于是把王恢交给廷尉治罪。廷尉判他曲行避敌观望不前，应当杀头。王恢暗中送给了田蚡一千金。田蚡不敢向皇帝求情，而对王太后说道："王恢首先倡议马邑诱

敌之计，今天没有成功而杀了王恢，这是替匈奴报仇。"皇上朝见王太后时，王太后就把丞相的话告诉了皇上。皇上说："最先倡议马邑诱敌之计的人是王恢，所以调动天下士兵几十万人，听从他的话出击匈奴。再说这次即使抓不到单于，如果王恢的部队攻击匈奴的军用物资，也还很可能有些收获，以此来安慰将士们的心。现在不杀王恢就无法向天下人谢罪。"当时王恢听到了这话就自杀了。

明哲保身

韩安国为人有大韬略，他的才智足够迎合世俗，但都出于忠厚之心。他贪嗜钱财。他所推荐的都是廉洁的士人，比他自己高明。在梁国推荐了壶遂、臧固、郅他，都是天下的名士，士人因此也对他很称道和仰慕，就是天子也认为他是治国之才。韩安国担任御史大夫四年多，丞相田蚡死了，韩安国代理丞相的职务，给皇帝导引车驾时堕下车，跌跛了脚。天子商量任命丞相，打算任用韩安国，派人去

图说 史记

看望他，但他脚跛得很厉害，于是改用平棘侯薛泽担任丞相。韩安国因病免职几个月，跛脚好了，皇上又任命韩安国担任中尉。一年多后，调任卫尉。

车骑将军卫青攻打匈奴，从上谷郡出塞，在龙城打败了匈奴。将军李广被匈奴所俘虏，又逃脱了；公孙敖使大量士兵伤亡：以上两人都该杀头，后来出钱赎罪成为庶人。第二年，匈奴大举入侵边境，杀了辽西太守，等到侵入雁门，杀死和掳去几千人，车骑将军卫青出兵追击，从雁门郡出塞。卫尉韩安国担任材官将军，驻守在渔阳。韩安国抓到俘虏，俘虏供说匈奴已经远远离去。韩安国立即上书皇帝说现在正是农耕时节，请求暂时停止屯军。停止屯军一个多月，匈奴又大举入侵上谷、渔阳。韩安国的军营中仅有七百多人，出迎与匈奴交战，无法取得胜利，又退回军营中。匈奴俘虏掠夺了一千多人和牲畜财物而离去。天子听到这个消息后很恼火，派使者责备韩安国。调韩安国更加往东移动，驻守在右北平。因为当时匈奴的俘虏供说要侵入东方。

韩安国当初担任御史大夫和护军将军，后来渐渐被排斥疏远，贬官降职；而新得宠的年轻将军卫青等又有军功，更加受到皇上的重用。韩安国既被疏远，很不得意；领兵驻防又被匈奴所欺侮，损失伤亡很多，内心觉得非常惭愧。希望能够回到朝廷，却更被调往东边驻守，心里非常失意而闷闷不乐。过了几个月，生病吐血而死。韩安国在元朔二年中去世。

❖ 太史公说 ❖

我和壶遂审定律历，观察韩长孺的行事得体，从壶遂的深沉含藏厚道来看，世人都说梁国多忠厚长者，这话确实不错啊！壶遂做官做到詹事，天子正要倚仗他来做汉朝丞相，偏偏又碰上壶遂去世。不然的话，以壶遂廉洁的品行和端正的行为，这真是一个谦恭谨慎的君子啊！

李将军列传 第四十九

【解题】 "飞将军"李广是骁勇善战、智勇双全的英雄。他一生与匈奴争战七十余次，常常以少胜多，险中取胜，让匈奴人对他闻风丧胆。然而，这位战功卓著的一代名将却终身未得封爵。太史公通过对李广的悲剧的记述，鞭挞了统治者对贤能的无情与扼杀，使这篇传记的政治意义很强。多种文学手法的运用，如正反对比、侧面烘托等，都让本传具有突出的文学色彩。

将门之后

将军李广是陇西郡成纪县人。他的祖先是秦将李信，就是追获了燕太子丹的那位将军。他的家原来在槐里县，后来搬到成纪。李广家世代传

▶李广像·明·无款。

习射箭之术。文帝前元十四年，匈奴人大举向萧关入侵，李广以良家子弟的身份参军抗击匈奴，因为他善于骑射，斩杀了许多敌人的首级，所以被任命为汉朝廷的中郎。李广的堂弟李蔡也被任为中郎。二人又都任武骑常侍，年俸八百石。李广曾随从皇帝出行，常有冲锋陷阵、抵御敌人以及格杀猛兽的事。文帝说："可惜啊！你没生在好时候，如果让你正赶上高祖的时代，封个万户侯那还不是轻而易举的事吗！"

到孝景帝刚登位，李广任陇西都尉，后调任骑郎将。吴、楚起兵叛乱的时候，李广任骁骑都尉，跟随太尉周亚夫攻打吴、楚军队，在昌邑城下

夺取敌旗，显扬功名。因为梁王私自授予李广将军印绶，回朝后就没有对他封赏。调任他做上谷太守，匈奴每天都来交战。典属国公孙昆邪对皇上哭着说："李广的才气，天下无双，他倚仗自己的才能，多次和匈奴硬拼，恐怕会损失了他。"于是就调他任上郡太守。后来李广转任边境各郡太守，又调任上郡太守。他曾经任陇西、北地、雁门、代郡、云中等郡太守，都因为奋力作战而出名。

智退匈奴

匈奴大举进攻上郡，天子派一名宦官跟随李广学习作战，抗击匈奴。这位宦官带领几十名骑兵飞驰，半路上遇到三个匈奴人，就与他们交战。三个匈奴人回身放箭，把

▶ **青铜野驴饰件·西汉**

美国克利夫兰艺术博物馆藏。据传出土于内蒙古鄂尔多斯地区。此地是匈奴故地，其出土器物多为匈奴遗物。此饰件上部圆雕一个野驴形象，其特征很符合蒙古野驴，反映了匈奴人的审美观。

宦官射伤了，几乎将他的随从骑兵全部杀光。宦官逃回到李广那里，李广说："这一定是匈奴的射雕能手。"于是李广带上一百名骑兵前去追赶那三个匈奴人。那三个人没有马，徒步前行。走了几十里，李广命令他的骑兵左右分开，两路夹击。他亲自去射杀那三个人，射死了两个，活捉了一个，果然是匈奴的射雕手。李广将他捆绑上马后，远远望见几千名匈奴骑兵奔驰而来。他们也看到了李广，以为是诱敌的骑兵，吃惊之余跑上山去拉开了阵势。李广的百名骑兵也都十分惊恐，想回马飞驰逃跑。李广说："我们距离大军有几十里，照现在的情况，我们这一百名骑兵只要一跑，匈奴就要来追击射杀，我们会立刻被杀光的。现在我们停留不走，匈奴一定以为我们是为大军来诱敌的，必定不敢攻击我们。"李广下令骑兵："前进！"骑兵向前进发，到了距离匈奴阵地还有大约二里的

27

地方停下来，李广下令说："全体下马解下马鞍！"骑兵们说："敌人那么多，并且又离得那么近，如果有了紧急情况怎么办？"李广说："那些敌人原以为我们会逃跑，现在我们都解下马鞍表示没有逃跑之心，这样就能使他们更坚定地相信我们是诱敌之兵。"于是匈奴骑兵最终不敢来攻击。有一名骑白马的匈奴将领出阵来监视他的士兵，李广立即上马和十几名骑兵一起将那骑白马的匈奴将领射死了，之后又回到自己的骑兵队里，解下马鞍，命士兵们都放开马，随便躺卧。这时正是黄昏时刻，匈奴军队始终觉得十分奇怪，不敢贸然进攻。到了半夜，匈奴兵又以为汉朝有伏兵在附近，想趁夜偷袭他们，因而撤走了全部人马。第二天早晨，李广才回到他的大营中，大军始终不知道李广的去向，所以无法随后接应。

过了很长时间，孝景帝逝世，武帝即位，左右近臣认为李广是有名的将领，于是李广由上郡太守调任做了未央宫的卫尉，而程不识也做了长乐宫的卫尉。

程不识以前和李广都以边郡太守的身份率领军队屯守驻防。等到出兵攻打匈奴时，李广行军没有队列和阵势，靠近水草丰富的地方驻扎，筑营停宿，人人都感到便利，晚上也不用打更来自卫，军中幕府简化各种文书簿册，但他也远远地布置哨兵，所以从来没有遭遇过危险。程不识对队伍的编制、行军队列、驻营阵势等要求很严格，夜晚打更，军吏整理文书簿册直忙到天亮，军队得不到休息，可是他也从未遇到过危险。程不识说："李广治军最简单，可是敌人突然侵犯他们，他就无法阻挡了；而他的士兵也安逸

《李广引弓图》·现代·刘奎龄

▶ **陶马头·西汉**

美国弗利尔美术馆藏。该陶马头高17厘米、宽6.9厘米、长18.8厘米。由于军事和运输的需要，西汉王朝对良种马的引入和马匹的改良非常重视，从西域先后引入了大宛马和乌孙马。

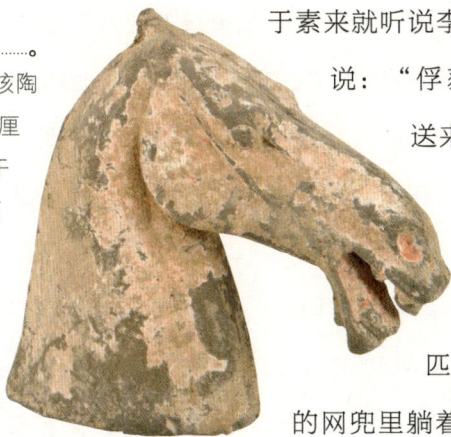

于素来就听说李广很有才能，下令说："俘获李广一定要活着送来。"匈奴骑兵俘虏了李广，当时李广受伤生病，他们就把李广放在两匹马中间，装在绳编的网兜里躺着。行了十多里，李广假装死去，斜眼看到他旁边的一个匈奴少年骑着一匹好马，李广突然飞身一跃跳上匈奴少年的马，趁势将少年推下马去，夺了他的弓，打马向南飞驰数十里，遇到他的残部，于是带领他们进入关塞。匈奴出动几百名追捕的骑兵来追赶他，李广一边逃一边用匈奴少年的弓射杀追来的骑兵，因此得以逃脱。李广回到汉朝京城，朝廷把李广交给执法官吏。执法官判决李广损失伤亡太多，自己又被敌人活捉，应该斩首。李广用财物赎了死罪，削职为民。

快乐，都乐于为他去死。我的军队虽然军务烦乱杂扰，可是敌人也无法侵犯我。"当时汉朝边郡的李广、程不识都是名将，可是匈奴害怕李广的谋略，士兵也大多喜欢跟随李广而以跟随程不识为苦。程不识在孝景帝时因为多次直言进谏而做了太中大夫，他为人廉洁，谨守法律条文。

飞身夺马

后来，汉朝用马邑城引诱单于，派大军埋伏在马邑两旁的山谷中，李广任骁骑将军，由护军将军韩安国统率。当时，单于察觉了汉军的计谋，就逃跑了，于是汉军都没有战功。四年以后，李广由卫尉升任为将军，从雁门关出发进攻匈奴。匈奴兵多，打败了李广的军队，并生擒了李广。单

汉朝的飞将军

转眼间，李广在家已闲居好几年。李广家和已故颍阴侯灌婴的孙子灌强一起隐居在蓝田南山中，常常在

那里打猎。李广曾经有一晚带着一名骑马的随从外出，和别人在田间饮酒。回来到了霸陵亭，霸陵尉喝醉了，喝令李广，不让他通过。李广的随从说："这是前任李将军。"亭尉说："现任将军尚且不能夜晚通行，何况是前任呢！"阻拦李广，让他停宿在霸陵亭下。没过多久，匈奴入侵杀死辽西太守，将韩安国将军打败了，韩将军迁调右北平。于是天子就召见李广，任命他做右北平太守。李广就请求派霸陵尉和他一起去赴任，到了军中就杀了他。

李广驻守右北平，匈奴听说后，称他为"汉朝的飞将军"，躲避他好几年，不敢轻易向右北平入侵。有一次，李广外出打猎，看见草里的一块石头，以为是老虎就用箭向它射去，射中了，箭头都全扎进去了，过去一看，原来是块石头，根本没有老虎的影子。接着重新再射，始终不能再射进石头了。李广驻守过各郡，听说有老虎，常常亲自去射杀。在驻守右北平时，有一次他射虎，老虎跳起来将李广抓伤了，李广最后也射死了那只老虎。

李广为官清正廉明，得到赏赐就分给他的部下，也总与士兵在一起吃饭。李广一生共做了四十多年二千石俸禄的官，家中却没有什么财物，也从不谈及家产方面的事。李广身材高大，两臂如猿，他善于射箭也是天赋，即便是

募兵制度

募兵与马政，是汉代整饬军备的重要措施，列入国防战略。西汉初，延续秦以来的以郡县征兵制为主体的兵役制度，即每个男子如果到了规定的年龄，都要傅籍，就是在政府登记作为一个壮丁。在征兵的范围内，服役期为两年。当时常备军极少，每有战事，皇帝下诏令各地郡国军队应征，集结于指定地点，经过编组后出征。作战规模一旦超出应征军队的承受力，只能采取临战时募兵的补充方式。汉、匈战争激烈进行之时，募兵制是郡县征兵制的主要补充方式。当时，失去土地、背井离乡的大批无业游民或失业贫民，是主要的募征兵源。因为国家对应募人员给予丰厚的物质赏赐，极大刺激兵源的不断增加和士兵战斗力的增强。

他的子孙或外人向他学习，也没人能赶得上他的。李广语言迟钝，话语不多，与别人在一起时就在地上画军阵，然后比射箭，按射中较狭窄的行列还是较宽阔的行列来判定罚谁喝酒。他平素以射箭为消遣，直至到死。李广带兵，遇到缺粮断水的地方，见到水，士兵还没有全部喝到水，李广从不靠近水；士兵还没有全都吃上饭，李广一口也不吃。李广对士兵宽厚仁爱不苛刻，因此士兵都十分爱戴他，乐于被他调遣。李广射箭的方法是，看见敌人逼近，如果不在数十步之内，估计射不中，就不发射。只要一发射，敌人立即随弓弦之声倒地。因此他有几次在战场上被困受辱，射猛兽也曾被猛兽伤害过。

❂ 征战无功

没过多久，石建去世，于是皇上召见李广，让他接替石建的职务任郎中令。元朔六年，李广又被任命为后将军，跟随大将军卫青的军队从定襄出塞，讨伐匈奴。许多将领因斩杀敌人首级符合规定的数目，以战功而被封侯，而李广的军队却没有战功。

两年后，李广以郎中令官职率领四千骑兵从右北平出塞，博望侯张骞率领一万骑兵与李广一同出征，分两条路行进。行军几百里后，匈奴左贤王率领四万骑兵包围了李广，李广的士兵都很害怕，李广就派他的儿子李敢骑马奔往匈奴军中。李敢和几十名骑兵飞奔，直穿匈奴骑兵阵，又从其左右两翼突出，回来向李广报告说："匈奴兵很容易对付啊！"士兵们这才放心。李广将军队布成圆形兵阵，面朝外，匈奴猛攻，箭如雨下。汉兵死了一半多，箭也快用完了。李广就命令士兵拉满弓，不要放箭，而李广亲自用大黄弩弓射杀匈奴的副将，杀死了好几个，匈奴军才渐渐散去。这时天色已晚，官兵都面无人色，可是李广却依然泰然自若，更加注意整顿军队。从此军中官兵都更加佩服他的勇敢。

第二天，李广率兵又去奋力作战，博望侯的军队也赶到了，匈奴军才解围退去。汉军非常疲惫，所以也没有去追击。当时李广的军队几乎全军覆没，只好班师回朝。按汉朝的法律规定，博望侯行军迟缓，延误限期，应处死刑，用钱赎罪，降为平民。李广功过相抵，没有封赏。

起初，李广的堂弟李蔡和他一同侍奉孝文帝。景帝时，李蔡积累功劳达到了二千石级的官位。汉武帝时期，又做到代国的国相。李蔡在元朔五年任轻车将军，跟随大将军卫青攻打匈奴右贤王，取得达到斩杀敌人首级的规定的功劳，被封为乐安侯。元狩二年间，他取代公孙弘任丞相。李蔡的才干在下等的中间，名声和李广相差很远，可是李广得不到封爵和封地，做官也不超过九卿，而李蔡被封为列侯，官位达到三公。李广的军官和士兵中有人也获得了封侯。李广曾经和星象家王朔私下闲谈，说："自从汉朝攻打匈奴以来，我没有一次不参加，可是各部队校尉以下的军官，才能比不上中等人，却因为攻打匈奴有军功而被封侯的有几十人，而李广我不比别人差，但是没有一点功劳来获取封地，为什么呢？难道我命相中不该封侯么？还是本来就命该这样呢？"王朔说："将军自己想一下，难道曾经有遗恨的事吗？"李广说："我曾经做陇西太守，羌人有一次造反，我引诱他们来投降，投降的有八百多人，

我欺骗了他们而在同一天把他们都杀了，直到今天我觉得最大的遗恨只有这件事罢了。"王朔说："灾祸，没有比杀害已经投降的人更大的了，这是将军不能被封侯的原因。"

⟩慷慨自刎

以后两年，大将军卫青、骠骑将军霍去病大规模出兵攻打匈奴，李广多次请求自己随行。天子认为他年纪太大，没有答应。过了很久才答应他，让他任前将军。

元狩四年，李广跟随大将军卫青出征匈奴，出边塞以后，卫青因捉到敌兵，知道了单于的驻地，就自己带领精兵去追逐单于，而命令李广和右将军赵食其的队伍合并，从东路出击。东路有些绕远，而且大军行进在缺少水草的地方，根本不能并队行进。李广就亲自请命说："我的职务是前将军，如今大将军却命我改从东路进军，况且我从年少时就与匈奴作战，到今天才有一次与单于当面对敌的机会，我愿做前锋，先和单于决一死战。"大将军卫青曾暗中受到皇上的告诫，认为李广年老，命运不好，

▶ 甘肃天水李广墓。

不要让他与单于对敌，否则恐怕不能俘获单于。当时公孙敖失去了爵位，以中将军的身份跟随卫青，卫青想和公孙敖一起攻打单于，因此改变了李广的位置。李广知道这件事，因此才坚持推辞卫青的命令。大将军不答应他的请求，命令长史写文书发到李广的幕府，告诉他说："赶快到右将军部队中去，照文书上写的做。"李广不向大将军告辞就起程了，心中非常恼怒地前往军部，领兵与右将军赵食其合兵后从东路出发。军队没有向导，时常迷路，最后落在大将军之后。

大将军与单于交战，单于逃跑了，卫青无功而返。大将军向南行穿过沙漠，遇到了前将军和右将军。李广谒见大将军之后，返回自己军中。大将军派长史带着干粮和酒送给李广，顺便询问李广和赵食其迷路的情况，卫青要给天子上书报告军情的详情。李广没有回答。大将军派长史急切责令李广幕府的人前去对质受审。李广说："校尉们没有罪，是我自己迷失道路，我现在亲自到大将军幕府去对质受审。"

到了大将军幕府，李广跟自己的部下说："我从少年起就与匈奴打仗，算下来大小也有七十多次，如今有幸跟随大将军出征同单于军队交战，可是大将军又调我的部队去走绕远的路，偏又迷路，难道这不是天意吗？况且我已六十多岁了，毕竟不能再受那些刀笔吏的侮辱。"于是李广就拔刀自刎了。他军中的所有官兵都为之痛哭。百姓听到这个消息，不论认识的还是不认识的，也不论老的还是少的，都为李广落下泪来。右将军赵食其被单独交给执法官吏，应判为死罪，用财物赎罪，降为平民。

蹴鞠

两汉社会喜闻乐见的文娱活动，主要有蹴鞠、角觝、围棋、投壶等。蹴鞠，是世界上最早的足球运动，起源于中国。战国时就已经出现，至汉代日渐兴盛，并成为比较完整的竞技活动。当时的"鞠"不是充气的球，而是用皮子裹着毛的实心球。鞠场两端各有6个"鞠域"（球门）仿照弯月形状建造，约有半人高。比赛时，双方各上场12名球员，6个把守鞠域，其余6人在鞠场与对方驰骋争抢。参赛者应遵循比赛规则，裁判人员应公平、公正，不徇私情。

李家后人

李广有三个儿子，名叫李当户、李椒、李敢，都做郎官。天子和韩嫣有一次玩游戏，韩嫣行为有点放肆，李当户去打韩嫣，韩嫣跑开了。于是天子认为李当户很勇敢。李当户早死，任命李椒做代郡太守，两人都比李广死得早。李当户有个遗腹子叫李陵。李广在部队中去世时，李敢正跟随骠骑将军霍去病。李广死后的第二年，李蔡以丞相身份因侵占孝景帝陵园前大道两旁的空地而获罪，应当送交法官判处，李蔡也自杀了，不愿受审对质，封国被废除。李敢以校尉的身份跟随骠骑将军霍去病攻打匈奴左贤王，奋力作战，夺得左贤王的战鼓

和军旗，斩杀敌人很多首级，被赐给关内侯的封爵，封给食邑二百户，接替李广担任郎中令。不久，李敢怨恨大将军卫青使他父亲含恨而死，就打伤了大将军。大将军把这事隐瞒了起来。不久，李敢跟随皇上去雍县，到甘泉宫打猎。骠骑将军霍去病和卫青有亲戚关系，就射死了李敢，霍去病当时正显贵受宠，皇上就隐瞒真相，说李敢被鹿触撞而死。一年多后，霍去病去世。李敢有个女儿是太子的侍妾，受到宠爱，李敢的儿子李禹也受到太子的宠爱，但他贪图财物，李家逐渐衰败了。

李陵到了壮年以后，被选任为建章营的监督官，监管那些骑兵。他善于射箭，爱护士兵，天子认为李家世

代为将，就派他率领八百名骑兵。李陵曾经深入匈奴境内二千多里，穿过居延海，观察地形，没有看到匈奴敌军的影踪而回来。任命他做骑都尉，率领丹阳的楚兵五千人，在酒泉、张掖教授射箭，来驻守边关防御匈奴。

几年后，天汉二年秋天，贰师将军李广利率领三万名骑兵在祁连天山攻打匈奴右贤王，而派李陵率领他的射手、步兵五千人，从居延海出塞向北到了大约一千多里的地方，想因此分散匈奴的兵力，不让他们专门追击贰师将军。李陵到了预定期限后要回兵，可是单于用八万大军围攻李陵的部队。李陵部队五千人，箭射光了，士兵死了一半多，但他们杀伤的匈奴人也有一万多。他们边退边战，连战了八天，往回走到距离居延海还有一百多里，匈奴兵拦堵住狭窄的山谷，截断通路，李陵军队缺少粮食，而救兵不来，敌人加紧攻打，并劝诱李陵投降。李陵说："我没有脸面回去报告陛下了。"于是投降了匈奴。他的军队全军覆没，其余逃散回到汉朝的有四百多人。

单于得到李陵后，一直听说过他们家的名声，到了打仗时又很勇猛，就把自己的女儿嫁给李陵，让他显贵。汉朝听说了，就杀了李陵母亲、妻子全家。从那以后，李家名声败落，陇西的人士曾做过李家宾客的，都以此为耻辱。

❖ 太史公说 ❖

《论语》里说："在上位的人行为端正，不下命令也能让事情实行；行为不端正，下了命令也没人听从。"这说的就是李将军吧！我所看到的李将军，老实忠厚像个乡下人，不善言辞，可在他死的那天，天下无论认识或不认识他的人，都为他尽情哀伤。他那忠实的品格确实得到了将士们的信赖呀！谚语说："桃树李树不会说话，可树下却自然地被人踩出一条小路。"这话虽然说的是小事，但可以用来比喻大道理啊！

匈奴列传 第五十

【解题】本文是记述匈奴与中国关系的传文。全文共四段，首段记述匈奴的历史演变及其同中国的历史关系，以及他们的民族风俗、社会组织形态等；第二段写汉朝初年，匈奴与汉朝的和亲关系和反复无常的表现；第三段是本文的中心，记述汉武帝时代，汉朝与匈奴之间长期的以战争为主的紧张关系；第四段记述太史公对武帝同匈奴战争的看法。

匈奴往事

匈奴的祖先是夏后氏的后代子孙，叫淳维。唐尧、虞舜以前就有山戎、猃狁、荤粥居住在北方蛮荒之地，随着畜牧活动而迁移。他们的牲畜较多是马、牛、羊，他们的奇特牲畜是骆驼、驴、骡、駃騠、騊駼、驒騱。他们追寻着水草而迁徙，没有城郭和经常居住的地方，不搞农业生产，但是也有各自分占的土地。没有文字和书籍，用言语来约束人们的行动。儿童即能骑羊，拉弓射击鸟和鼠，稍微长大就能射击狐兔，用作食物。成年男子都能拉开弓，全都披挂铠甲，骑着战马。匈奴的风俗，平常无战事时，

则随意游牧，以射猎飞禽走兽为职业；形势紧急时，则人人练习攻战本领，以便侵袭掠夺，这是他们的天性。他们的长兵器有弓和箭，短兵器有刀和铁柄小矛。形势有利就进攻，不利就后退，不以逃跑为羞耻之事。只要有利可得，就不管礼义是否允许。自君王以下，都以牲畜之肉为主食，皆穿皮革衣服，披着带毛的皮袄。强壮的人吃肥美食物，老年人则吃剩余之物。他们看重壮健之人，轻视老弱者。父亲死去，儿子则以后母为妻；兄弟死去，活着的兄弟就娶他的妻子为妻。匈奴人有名却不避讳，但没有姓和字。

夏朝政治衰微时，公刘失去他的

稷官之职，改革了西戎的风俗，在豳地建起都邑住了下来。这以后三百多年，戎狄进攻周太王亶父，亶父逃跑到岐山脚下，而豳地民众都跟随亶父来到岐山下，在此营造城邑，创建周国。这以后又过了百余年，周西伯姬昌讨伐畎夷氏。其后十多年，周武王讨伐商纣王，并营建洛邑，重又回到酆京、镐京居住，把戎夷驱逐到泾水和洛水以北，让他们按时向周进贡，叫作"荒服"。其后二百余年，周朝政治衰微，

匈奴列传 第五十

▶ **匈奴金冠·战国**

内蒙古博物院藏。又称鹰顶金冠饰，为匈奴王金冠，为古代少数民族首领所佩戴。这件金冠由冠和额圈组成，纯金打制而成，总重约 1.5 公斤，战国时期文物。

周穆王讨伐犬戎，获得四条白狼和四只白鹿而回。从此以后，荒服的戎夷之人不再来镐京进贡。于是周王朝就制定了《甫刑》的法规。周穆王以后二百余年，周幽王因为宠幸褒姒的缘故，与申侯有了仇怨。申侯动怒，就和犬戎一起在骊山之下攻击并杀死了周幽王，犬戎就夺得了周朝的焦获之地，居住到泾水和渭水之间，侵犯中原地区。这时秦襄公援救周王朝，于是周平王离开了酆京、镐京，向东迁徙到洛邑。就在这时，秦襄公攻打戎人来到岐山，开始被封为诸侯。此后六十五年，山戎越过燕国进攻齐国，齐釐公同山戎在齐国城外交战。其后四十四年，山戎进攻燕国。燕国向齐国告急，齐桓公北上讨伐山戎，山戎逃跑。这以后二十多年，戎狄来到洛邑，攻打周襄王，周襄王逃奔到郑国的氾邑。最初，周襄王想讨伐郑国，所以娶了戎狄的姑娘作王后，同戎狄之兵一起讨伐郑国。不久，周襄王废黜了狄后，狄后怨恨；周

襄王的后母叫惠后，有个儿子叫子带，想立他为王，于是惠后同狄后、子带为内应，为戎狄打开城门，因此戎狄才能进城，打败周军，赶走周襄王，而立带为天子。于是戎狄中的一些人就住到了陆浑，东部到达了卫国，侵犯虐害中原百姓，中原人痛恨他们，所以《诗经》的作者们作诗说"打击戎狄""讨伐猃狁，到达大原""出动军车，战马盛多""筑城北方"。周襄王在外住了四年，于是派使者向晋国告急。当时晋文公刚刚即位执政，想要创建霸业，就发兵讨伐并驱逐了戎狄，杀了子带，迎回周襄王，居住在洛邑。

在那时候，秦、晋是强国。晋文公赶跑的戎狄，居住在河西的圜水、洛水之间，称为赤狄、白狄。秦穆公得到由余的帮助，使西戎八个国家都服从秦国，所以从陇地往西有绵诸、绲戎、翟、獂等戎族，岐山、梁山、泾水，漆水以北，有义渠、大荔、乌氏、朐衍等戎族。而晋国北部有林胡、楼烦等戎族，燕国北部有东胡和山戎。各自分散居住在溪谷里，都有自己的君长，常常相聚在一起的竟有百多个戎族部落，但都不能相互统一。

从此以后一百多年，晋悼公派魏绛与戎狄人讲和，戎狄都朝见晋国。以后百余年，赵襄子越过句注山，击败并合并了代地，逼近胡人和貉人居住区。这以后，赵襄子与韩康子、魏桓子共同消灭了智伯，瓜分了晋国并占有了它的国土。这样，赵国就占有了代地与句注山以北的土地，魏国占有了河西和上郡，因此就和戎人接界。这之后，义渠的戎人修建城郭守卫自己，而秦国逐渐蚕食他们，到了惠王时，就攻取了义渠的二十五城。惠王攻打魏国，魏国把西河和上郡都给了秦国。秦昭王

▶ **铜镂空狼纹带扣·匈奴文化**

环形带扣多见于匈奴墓葬主人的腰部附近，是早期游牧民族使用的腰带扣。匈奴人大都在革带上使用一种类似带钩的金属装置，用来固定衣带。

时，义渠戎人之王与宣太后通奸，生下两个孩子。宣太后在甘泉宫谋杀了义渠戎王，于是发兵讨伐并消灭了义渠。于是秦国占有了陇西、北地、上郡，修筑长城抵御匈奴。而赵武灵王也改变风俗，穿起胡服，练习骑马射箭的本领，打败了北方的林胡、楼烦。修筑长城，从代地沿着阴山修下去，直到高阙，建起关塞，设置云中郡、雁门、代郡。这以后燕国有位贤能的将领叫秦开，到胡人那里做人质，胡人特别信任他，他回国后袭击并打跑了东胡，东胡后退千余里。那位同荆轲一起去刺杀秦王的秦舞阳，就是秦开的孙子。燕国也修筑长城，从造阳修到襄平；设置了上谷、渔阳、右北平、辽西、辽东郡来抵御胡人。这个时候，具有文明礼俗且又经常彼此攻伐的大国共有七个，而其中三个和匈奴临界。后来李牧当赵国将军时，匈奴不敢进入赵国的边境。其后秦朝灭亡了六国，秦始皇便派蒙恬领十万大军向北攻打匈奴，把黄河以南的土地全都收复，凭借黄河为边塞，靠近黄河修起四十四座县城，迁徙因犯罪而被罚守边的人到这里，充实这些县

城。又修起直道，从九原直到云阳，利用山边、险要的沟堑、溪谷等可以修缮的地方筑起城池，起自临洮，终于辽东，长达万余里。又渡过黄河，占据了阳山、北假一带。

这时，东胡强大而月氏兴盛。匈奴的单于叫头曼，头曼打不过秦，就向北迁徙。过了十多年，蒙恬死去，诸侯背叛了秦国，中原混乱，那些被秦派去谪守边疆的人也都离此而回。于是匈奴得到宽缓之机，又渐渐渡过黄河，在黄河以南与中原旧有的关塞接界。

冒顿单于

头曼单于有位太子叫冒顿，后来头曼单于所爱的阏氏生了个小儿子。头曼单于就想废除冒顿而立小儿子为太子，于是便派冒顿到月氏去当人质。冒顿即已来到月氏当了人质，而头曼却急攻月氏，月氏欲杀冒顿，冒顿偷了月氏的良马，骑着它逃回匈奴。头曼认为他勇猛，就命令他统领一万骑兵。冒顿就制造了一种响箭，训练他的部下骑马射箭的本领，下令说："凡是我的响箭所射的目标，如果谁不跟着我全力去射击它，就斩

首。”首先射猎鸟兽，有人不射响箭所射的目标，冒顿就把他杀了。不久，冒顿以响箭射击自己的良马，左右之人有不敢射击的，冒顿立即杀了他们。过了些日子，冒顿又用响箭射击自己的心爱的妻子，左右之人有感到恐惧的，不敢射击，冒顿又把他们杀了。过些日子，冒顿出去打猎，用响箭射击单于的良马，左右之人都跟着射。于是冒顿知道他左右的人都是可以用的人。他跟随头曼单于去打猎，用响箭射击头曼的头，他左右的人也都跟随响箭射死了头曼单于，接着他把后母、弟弟和不服从的大臣全部杀死，自立为单于。

冒顿当了单于后，这时东胡强大兴盛，听说冒顿杀父自立，就派使者对冒顿说，想得到头曼时的千里马。冒顿问群臣，群臣都说：“千里马是匈奴的宝马，不要给。”冒顿说：“怎可同人家是邻国却吝惜一匹马呢？”于是就把千里马给了东胡。过了一段时间，东胡以为冒顿怕他，就派使者对冒顿说，想要单于的一个阏氏。冒顿又询问左右之臣，左右大臣皆发怒说：“东胡没有道理，竟然想要阏氏，请出兵攻打他。”冒顿说：“怎可同人家为邻国却吝惜一个女人呢？”于是就把自己喜爱的阏氏送给了东胡。东胡王愈来愈骄傲，向西进犯侵扰。

东胡与匈奴之间有一块空地，没人居住，这地方有一千多里，双方都在这空地的两边修起哨所。东胡派使者对冒顿说：“匈奴同我们交界的哨所以外的空地，你们匈奴不能去，我们想占有它。”冒顿征求群臣意见，群臣中有人说：“这是被丢弃的空地，给他们也可以，不给他们也可以。”于是冒顿大怒，说：“土地，是国家的根本，怎可给他们！”那些说给东胡空地的人都被杀了。冒顿上马，命令国内如有后退者就杀头，于是向东袭击东胡。东胡最初轻视匈奴，因此没做防备。等到冒顿领兵到来，一开战就大败东胡，消灭了东胡王，而且俘虏了东胡百姓掠夺了牲畜财产。匈奴冒顿归来后，又打跑了西边的月氏，吞并了南边的楼烦和白羊河南王。并完全收复了秦派蒙恬从匈奴人那里夺去的土地，与汉朝以原来的河南塞为界，直到朝那和肤施两地，于是侵犯燕国和代地。这时汉军正与项羽

的大兵相互抗争，中原地区被战争搞得疲惫不堪，所以冒顿才能独自强大，拥有能拉弓射箭的军队三十余万。

匈奴风俗制度

从淳维到头曼有一千多年，匈奴势力时大时小，经常离散分化，因为时间久远，所以他们的世系不能依次排列出来。但是到了冒顿当单于时，匈奴势力最强大，使北方夷人完全服从他的统治，而与南方的中国成为敌国，此后，他们的世系、国家的官位名号才能被记录下来。

匈奴设置了左、右贤王，左、右谷蠡王，左、右大将，左、右大都尉，左、右大当户，左、右骨都侯等官位。匈奴人把"贤"称为"屠耆"，所以常常让太子做左屠耆王。从左、右贤王以下直到当户，官职大的拥有

▶ **青铜鸣镝·匈奴文化**

鄂尔多斯博物馆藏。鸣镝是一种特殊的箭镞。镞身前部呈三翼状，三翼之后为中空的圆球形，与銎通，圆球前半部的镞翼间各有一小孔。由于装有这种镞的箭发射后，气流贯入孔内能发出声响，所以也称为"响箭"。冒顿单于就是用鸣镝射死父亲头曼单于的。

万名骑兵，小的也有数千骑兵，共有二十四位长官，确定名号称"万骑"。诸位大臣的官职是世袭的。呼衍氏、兰氏，后来又有须卜氏，这三姓是他们的贵族。诸位左方的王和将居住在东方，直到上谷郡以东，东边与秽貉和朝鲜接界。右方的王和将居住在西方，直到上郡以西，和月氏、氐、羌接壤。而单于的王庭所在地一直延伸到代、云中两郡。他们各有自己的分地，追寻水草而迁徙住地。左、右贤王和左、右谷蠡王是最大的，左、右骨都侯辅佐单于治国。二十四长官也各自设置千长、百长、什长、裨小王、相、封都尉、当户、且渠等属官。

每年正月，各位官长在单于王庭有小的聚会，举行祭祀。五月，在茏城有大的聚会，祭祀祖先、天地、鬼

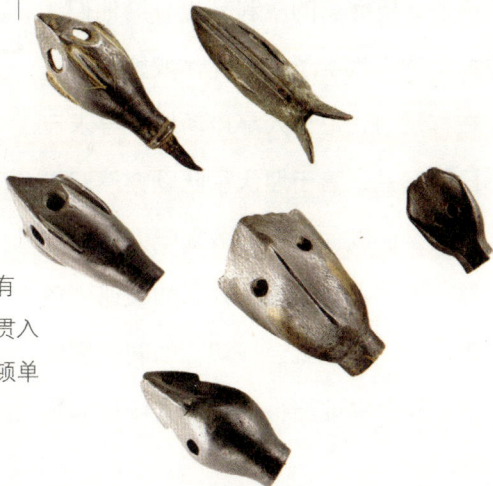

神。秋天，马肥壮之时，在蹛林有大的集会，考核和计算人口和牲畜的数目。匈奴的法律规定，有意杀人并将刀剑拔出刀鞘一尺的就判死刑，犯盗窃罪的没收他的家产；犯罪轻者判压碎骨节的刑罚，重者处死。坐牢最久者不过十天，一国的犯人不过几人而已。单于在早晨走出营地，去拜初升的太阳，傍晚拜月亮。就座时，年长的在左边，而且要面朝北方。对于日期，他们崇尚戊日和己日。他们安葬死者，有棺椁、金银和衣裘，但却没有坟和树以及丧服。单于死后，他所亲近和宠幸的大臣妻妾跟随陪葬的，多至数十人或上百人。准备打仗时，要先观察星月，如果月亮圆满就去进攻，月亮亏缺就退兵。匈奴人在攻伐征战时，谁杀死敌人或俘虏敌人，都要赏赐一壶酒，所缴获的战利品也分给他们，抓到的人也给予他们充作奴婢。所以在打仗时，每个人都自动地去寻求自己的利益，善于埋伏军队以突然迎击敌人。所以他们见到敌兵就去追逐利益，如同鸟儿飞聚一处。如果遇到危难失败，队伍就会瓦解，如同云雾消散。战争中谁能将战死的同伴尸体运回来，就可得到死者的全部家财。

后来，冒顿又征服了北方的浑庾、屈射、丁零、鬲昆、薪犁诸国。于是匈奴的贵族、大臣都心服冒顿，认为冒顿单于是贤能的。

◎屡犯汉境

这时，汉朝刚刚平定了中国，把韩王信改封到代地，建都马邑城。匈奴大规模进攻马邑，韩王信投降了匈奴。匈奴得到了韩王信，于是率兵向南越过了句注山，攻打太原，直到晋阳城下。高皇帝亲自领兵前去迎击匈奴，正遇上冬天严寒下雪的天气，战士冻掉手指的有十分之二三，于是冒顿假装失败逃跑，引诱汉军。汉军追赶冒顿，冒顿把他的精锐军队隐藏起来，只出现了一些老弱残兵。于是汉朝出动全部军队，多半是步兵，共三十二万人，向北追击匈奴。高皇帝首先到达平城，步兵还未全到，冒顿指挥他的四十万精锐骑兵，在白登山把高皇帝包围起来。七天之内，汉军内外不能相互救助军粮。匈奴的骑兵，在西方的全是白马，在东方的全是青马，在北方的全是黑马，在南方

的全是赤色马。高皇帝就派使者秘密地送给阏氏很多礼物，阏氏就对冒顿说："两方的君王不能相互围困。如果得到汉朝的土地，单于终究是不能在那里居住的。而且汉王也有神的帮助，希望单于认真考虑这件事。"冒顿与韩王信的将军王黄和赵利约定了会师的日期，但王黄与赵利的军队没按时到来，冒顿疑心他们同汉军有预谋，就采纳了阏氏的建议，解除了包围圈的一角。于是高皇帝命令战士都拉满弓，箭上弦，面朝外，从冒顿解围的那个通道一直冲出来，最后同汉朝大军会合。冒顿于是领兵而去，而高皇帝也率兵归来，派刘敬到匈奴缔结和亲的盟约。

此后，韩王信当上匈奴的将军，他同赵利和王黄屡次违背汉与匈奴所订的盟约，侵扰掠夺代郡和云中郡。过了不久，汉朝将军陈豨谋反，又和韩王信合谋进攻代郡。汉朝派遣樊哙前去阻击他们，重新攻占了代、雁门和云中等郡县，但却没有越过边塞。这时，匈奴因为一些汉朝

铜错金短剑·战国

的将军前来投降，所以冒顿常常往来于代郡，进行侵扰劫夺活动。汉朝对此感到忧虑，高皇帝就派刘敬送汉朝皇族的公主去给单于当阏氏，每年奉送给匈奴一定数量的棉絮、丝织品、酒、米和食物，相互结为兄弟，实行和亲政策，冒顿才暂时停止侵扰活动。后来，燕王卢绾造反，率领他的党徒数千人投降了匈奴，往来于上谷以东，给当地人造成苦难。

高祖死去，孝惠帝、吕太后时期，汉王朝刚刚安定，所以匈奴显得骄傲。冒顿就写信给吕太后，胡说一番。吕太后想攻打他，诸位将军说："凭着高皇帝的贤明和武功，尚且在平城被围困。"于是吕太后才放弃进攻的主张，又和匈奴和亲。

汉匈和亲

到孝文帝刚刚继位时，又推行和亲之事。孝文帝前元三年的五月，匈奴右贤王进入河南地居住，侵扰掠夺在边塞小城的蛮夷，屠杀抢掠人民。于是孝文帝下令让丞相灌婴出

动八万五千战车和骑兵，前往高奴，攻打右贤王。右贤王逃跑到塞外。孝文帝亲到太原，这时济北王刘兴居造反，文帝就回到京城，解散了丞相派去打匈奴的军队。

第二年，匈奴单于送给汉朝一封信说："上天所立的匈奴大单于恭敬地问候皇帝平安，前些时候，皇帝说过和亲的事，和来信说的意思相合，双方都高兴。汉朝边境的官吏侵扰和侮辱右贤王，右贤王没有请示单于，却听信了后义卢侯难氏等人的计谋，同汉朝官吏相抗拒，断绝了匈奴与汉朝皇帝缔结的条约，离间了汉与匈奴的兄弟般的亲密关系。皇帝责备匈奴的书信第二次送来，我们派出使者送信报告情况，结果使者被汉朝扣留未归，而汉朝的使者也不到匈奴来，汉朝因为这个原因不同我们和解，我们邻国也不能归附。如今因为小官吏破坏了和约的缘故，我惩罚右贤王，派他到西边去寻找月氏打击他们。依靠上天的福佑，官吏和士卒精良，战马强壮有力，因此已平灭了月氏，把反抗不服的全部杀死，并降服了一般百姓。平定了楼兰、乌孙、呼揭和他们旁边的二十六个国家，都变成匈奴的臣民。那些善于弯弓射箭的人们，合并成一家。北方已经安定，我们愿意停战，休养兵士，喂养马匹，消除从前令人不快的事情，恢复旧有的条约，以使边疆百姓得到安宁，顺应匈奴与汉人从古以来的好关系，使少年人能够成长起来，老年人能够平安地生活，世世代代和平安乐。我们尚不知皇帝的心意，所以派郎中系雩浅呈送书信请示皇上，并献上骆驼一匹，战马二匹，驾车之马八匹。皇帝如果不希望匈奴靠近汉朝的边塞，那么我就诏告官吏百姓居住到远离汉朝边塞的地方。使者到达后，请即刻让他回来。"在六月中旬，匈奴使者来到薪望这地方。书信送到后，汉朝就商议攻打和和亲两种政策哪种更有利。公卿们都说："单于刚打败月氏，正处在胜利的有利时机，不能攻打他，况且得到匈奴的土地，都是低洼盐碱地，不能居住。还是和亲特别有利。"汉朝答应了匈奴的请求。

孝文皇帝前元六年，汉朝送给匈奴的信中说："皇帝敬问匈奴大单于平安，郎中系雩浅送给我的信中说：

'右贤王没请示单于，听信了后义卢侯难氏等的计谋，断绝了匈奴和汉朝国君的和约，离间了兄弟般的亲密关系，汉朝因此不肯与我们和解，邻国也不能为附。如今因为小官吏破坏了和约，所以罚右贤王让他到西边去攻打月氏，完全平定了他们。愿意停战，休养士卒，喂养马匹，消除从前令人不快的事情，恢复旧有的和约，以使边民得到安宁，使少年人能够成长起来，老年人能够安定地生活，世世代代和平安乐。'我很赞赏这一想法，这是古代圣明君主的心意啊。汉朝和匈奴缔结和约，结为兄弟，拿来送给匈奴的东西非常丰厚。违背和约、离间兄弟般亲密关系的却常常是匈奴。但是右贤王的事已经出现在大赦之前，单于不要深责此事。单于的行动如果能同来信中所表示的相符合，明确告知各位官吏，让他们不要违背和约，要守信用，我将谨慎地按照单于信中的请求对待此事。使者说单于亲自率军讨伐别的国家而有功劳，却甚为战争而苦恼。现在有皇帝穿戴的绣袷绮衣、绣袷长襦、锦袷袍各一件，比余一个，黄金装饰的衣带一件，黄金带钩一件，绣花绸十匹，锦缎三十匹，赤绨和绿缯各四十匹，派中大夫意、谒者令肩赠送单于。"

这以后不久，冒顿死去，他儿子稽粥继位，叫作老上单于。

老上单于

老上稽粥单于刚刚继位，孝文皇帝又派遣皇族公主去做单于的阏氏，让宦官燕国人中行说去当公主的辅佐者。中行说不愿去，汉朝强迫他。他说："一定让我去，我将成为汉朝的祸患。"中行说到达后，就投降了单于，单于特别宠信他。

最初，匈奴喜欢汉朝的缯絮和食物，中行说说："匈奴的人口总数，抵不上汉朝的一个郡，然而如此强大的原因，就在于衣食与汉人不同，不必依赖汉朝。如今单于若改变原有风俗而喜欢汉朝的衣物食品，汉朝给的东西不超过其总数的十分之二，那么匈奴就会完全归属于汉朝了。把从汉朝得到的缯絮做成衣裤，穿上它在杂草棘丛中骑马奔驰，让衣裤破裂损坏，以此显示汉朝的缯絮不如匈奴的旃衣皮袄坚固完美。把从汉朝得来的

食物都丢掉，以此显示它们不如匈奴的乳汁和乳制品方便味美。"中行说教单于身边的人们分条记事的方法，以便核算记录他们的人口和牲畜的数目。

汉朝送给单于的书信，写在一尺一寸的木札上，开头文辞是"皇帝恭敬地问候匈奴大单于平安"，其后写上所送的东西和要说的话。中行说就让单于用一尺二寸的木札写信送给汉朝皇帝，并且把印章和封泥的尺寸都加长加宽加大，把开头语说得很傲慢："天地所生、日月所安置的匈奴大单于恭敬地问候汉朝皇帝平安"，再写上所送东西和要说的话语。

汉朝使者中有人说："匈奴风俗轻视老年人。"中行说诘难汉朝使者说："你们汉朝风俗，凡有当兵被派去戍守疆土将要出发的，他们的老年父母难道有不省下来暖和的衣物和肥美食品，把它们送给出行者吃穿的吗？"汉朝使者说："是这样。"中行说说："匈奴人都明确战争是重要的事，那些年老体弱的人不能打仗，所以把那些肥美的食品给壮健的人吃喝，大概这是为了保卫自己，这样，父亲儿子才能长久地相互保护，怎么可以说匈奴人轻视老年人呢？"汉朝使者说："匈奴人父子竟然同在一个毡房睡觉。父亲死后，儿子竟以后母做妻子。兄弟死后，活着的兄弟把死者的妻子都娶做自己的妻子。没有帽子和衣带等服饰，缺少朝廷礼节。"中行说说："匈奴的风俗，人人吃牲畜的肉，喝它们的乳汁，用它们的皮做衣服穿；牲畜吃草喝水，随着时序的推移而转换地点。所以他们在急迫之时，就人人练习骑马射箭的本领，在时势宽松的时候，人们都欢乐无事，他们受到的约束很少，容易做到。君臣关系简单，

动物形青铜杖首·匈奴文化

46

一个国家的政治事务，就像一个人的身体一样。父子和兄弟死了，活着的娶他们的妻子做自己的妻子，这是惧怕种族的消失。所以匈奴虽然伦常混乱，但却一定要立本族的子孙。如今中国人虽然佯装正派，不娶他的父兄的妻子做老婆，可是亲属关系却越来越疏远，而且相互残杀，

鄂尔多斯博物馆藏。带具为铁芯，外层包金，分别由带饰和带扣组成，同时具有装饰与束带的功用。带饰采用高浮雕与圆雕相结合的造型技术，用金片锤揲成盘角卧羊形图案。带扣作竖长方形环状，用金片锤揲出卷云纹图案。扣合时带饰背部的钩钮搭入带扣的狭长孔内，两个羊头相抵。整套带饰金光灿灿，豪华显贵无比。

甚至竟改朝易姓，都是由于这类缘故造成的。况且礼义的弊端，使君王臣民之间产生怨恨，而且极力修造宫室房屋，必然使民力耗尽。努力耕田种桑而求得衣食满足，修筑城郭以保卫自己，所以百姓在急迫时不去练习攻战本领，在宽松时却又被劳作搞得很疲惫。唉！生活在土石房屋里的汉人啊，姑且不要多说话，喋喋不休，窃窃私语，戴上帽子，难道还有什么了不起吗？”

自此之后，汉朝使者有想辩论的，中行说就说：“汉朝使者不要多说话，只想着汉朝输送给匈奴的缯絮米糵，一定要使其数量足、质量好就行了，何必要说话呢！而且供给匈奴的东西一定要齐全美好，如果不齐全、粗劣，那么等到庄稼成熟时，匈奴就要骑着马奔驰践踏你们成熟待收的庄稼。”中行说日夜教导单于等待有利的进攻时机和地点。

孝文帝十四年，匈奴单于率领十四万骑兵攻入朝那、萧关，杀死了北地都尉孙卬，劫掠很多百姓和牲畜，之后到达彭阳，并派突击队攻入回中宫，把它烧毁。匈奴侦察骑兵到达雍地的甘泉宫。于是孝文帝用中尉周舍、郎中令张武做将军，派出千辆兵车、十万骑兵，驻守在长安旁边防御匈奴的侵扰。

▶ "汉匈奴栗借温禺鞮"铜印·西汉

内蒙古博物院藏。印文为阴刻篆字"汉匈奴栗借温禺鞮"，"栗借"为匈奴贵族姓氏，温禺鞮是匈奴贵族的官位，此印为汉朝颁与南匈奴贵族的官印。

同时又任命昌侯卢卿做上郡将军，宁侯魏遫做北地将军，隆虑侯周灶做陇西将军，东阳侯张相如做大将军，成侯董赤做前将军，派出大量兵车和骑兵去攻打匈奴。匈奴单于待在汉朝边塞以内一个多月就离开了，汉朝兵马追出塞外就返回塞内，没能斩杀敌军。匈奴一天比一天骄傲，每年都闯入边境内，杀害和掠夺许多百姓和牲畜，云中郡和辽东郡受害最严重，连同代郡共有万余人被杀掠。汉朝忧虑此事，就派使者给匈奴送去一封信，单于也派遣当户来汉送信，以表达谢意，双方再次商量和亲之事。

孝文帝后元二年，派使者给匈奴送信说："皇帝敬问匈奴大单于平安。你派当户且居雕渠难和郎中韩辽送给我两匹马，已经到达，我恭敬地接受。汉朝先帝规定：长城以北，是拉弓射箭者的国家，属于单于统辖。长城以内，是戴冠束带者的家室，我也要控制它。要让万民百姓种地、织布、射猎而获得衣食，使父子不相分离，君主和臣民相互安心，都没有暴虐和叛逆之事。如今我听说邪恶之民贪图掠取的利益，违背道义，断绝和约，忘却千万百姓的生命，离间两国君主的友谊，但这些都是以前的事情了。你的信中说：'两国已经和亲，两国君王都高兴，停战、休养士卒，喂养马匹，世代昌盛和乐，安定和乐的局面重新开始。'我特别赞赏这个想法。圣明的人天天都能有新的进步，改正不足，重新做起，使老年人得到安养，年幼的人能够成长，各自保持生命，度过一生。我和单于都遵循这个道理，顺应天意，安抚百姓，世世代代相传，永远延续下去，天下之人莫不获得利益。汉朝同匈奴是势力相当的邻国；匈奴地处北方，天气寒冷，肃杀之气到来较早，所以我命令官吏每年都送给单于一定数量的秫蘗、金帛、丝絮和其他物品。如今天下特别

安宁，万民喜乐，我和单于是他们的父母。我回想从前的事情，都是些微末小事，是谋臣失策所致，都不足以离间兄弟间的友情。我听说天不会只覆盖一方，大地也不会只承载一处，我和单于都要抛弃从前的小误会，都遵循正大的道理行事，消除从前的不快，考虑两国的长远利益，使两国人民如同一家的儿女。善良的千千万万的百姓，以及水中的鱼鳖，天上的飞鸟，地上爬行、喘息、蠕动的各种兽类和虫类，没有不追寻安全有利的生活环境而躲避危险的。所以前来归顺的都不阻止，这是天经地义的道理。往事一概不究，我解除逃往匈奴的汉人的罪责，单于也不要再提起逃往汉朝的章尼等人的事情。我听说古代帝王们订立条约，条款分明，从不背弃。希望单于留心盟约，天下定会特别安宁。和亲以后，汉朝不会首先负约。请单于明察此事。"

单于已经签署和亲盟约，于是孝文帝就下令御史说："匈奴大单于送给我的信中说，和亲已确定，逃亡的人不足以增加民众和扩大土地，今后匈奴人不再闯入边塞，汉朝人也不要

走出边塞，违犯现今条约的就处死，这就可以长久保持亲近友好关系，今后不再产生祸患，对双方都有利，我已答应了他的要求。希望向全国发布告示，让百姓都知道此事。"

军臣单于

孝文帝后元四年，老上稽粥单于死去，他的儿子军臣继位当了单于。军臣单于继位后，孝文帝再次与匈奴和亲。而中行说仍然侍奉军臣单于。

军臣单于继位四年时，匈奴又断绝了和亲关系，大举进攻上郡、云中郡，派出三万骑兵，杀死许多汉人，抢掠大量财物而离去。于是汉朝派出张武等三位将军驻军北地郡，代国驻句注山，赵国驻飞口狐，沿着边塞之地也各派兵坚守，防备匈奴入侵。又安排周亚夫等三位将军率兵驻守长安西边的细柳、渭河北岸的棘门和霸上，以防御匈奴。匈奴骑兵侵入代地句注山边界，报警的烽火便通向甘泉和长安。几个月后，汉朝兵马来到边境，匈奴远远地离开边塞，汉朝的军队也就作罢。此后一年多，孝文帝去世，孝景帝继位，赵王刘遂就暗中派人与

匈奴联络。吴、楚等七国叛乱时，匈奴想同赵国联合，入侵边塞。后来，汉王朝围困并攻破赵国，匈奴也停止了入侵的举动。从此以后，孝景帝又和匈奴和亲，互通关市，送给匈奴礼物，派遣公主嫁给单于，按以前的盟约行事。直到孝景帝去世，匈奴虽然时有小的骚扰边境的活动，却没有大的侵掠行动。

马邑之谋

当今皇帝继位，申明和亲的规定，宽厚地对待匈权，互通关市，赠送大量财物。匈奴从单于到平民都亲近汉朝，往来于长城之下。

汉朝派马邑城的聂翁壹故意违犯禁令，运出货物同匈奴交易，聂翁壹伴称出卖马邑城以引诱单于。单于相信此事，又贪恋马邑城的财物，就用十万骑兵侵入武州边塞。这时，汉朝在马邑城附近埋伏下三十余万大军，御史大夫韩安国担任护军将军，率领着四位将军准备伏击单于。单于已经进入汉朝边塞，离马邑城尚有一百余里，看到牲畜遍野却无放牧之人，感到奇怪，就去攻打汉朝的烽燧

亭。这时，雁门郡尉手下的一个小吏奉命到边境巡查，看到敌军，就跑到烽燧亭躲了起来，他知道汉朝的打算。单于捉到了雁门小吏，想杀死他，雁门小吏便向单于报告了汉朝军队埋伏的地点。单于大惊说："我本来就对此事有疑心。"于是单于就率兵而回。走出边境时单于对这个小吏说道："我得到你，是天意，天让你向我报告。"就封这个小吏为"天王"。汉朝军队曾约定，单于进入马邑城后，再放纵兵士攻杀。如今单于未到马邑，所以汉朝军队一无所获。汉朝将军王恢的军队准备从代郡出发攻击匈奴的辎重，听说单于大军已回，兵卒多，因而不敢出击。汉朝认为王恢本是这次伏击战的出谋划策的人，却不敢进攻，因而杀了王恢。从此以后，匈奴断绝和亲关系，攻击交通要道的边塞，常常侵入汉朝边境抢掠，次数多得无法计算。但匈奴贪婪，还是喜欢与汉朝互通关市，非常喜欢汉朝的财物，汉朝也仍然与匈奴保持着关市贸易关系，投合他们的心意。

马邑军事行动之后的第五年秋天，汉朝派卫青等四位将军各率一万

骑兵，在关市附近攻打匈奴。将军卫青率兵出上谷郡，到达茏城，杀死和俘获匈奴七百余人。公孙贺率兵出云中郡，没有收获。公孙敖率兵出代郡，被匈奴打败，损失七千余人。李广率兵出雁门郡，被匈奴打败，匈奴人活捉了李广，后来李广得以逃归汉朝。汉朝囚禁公孙敖和李广，公孙敖和李广交了赎金，成为平民百姓。这年冬天，匈奴屡次闯进边境抢掠，渔阳受害尤其严重。汉朝派将军韩安国驻军渔阳防御匈奴。第二年秋天，匈奴两万骑兵侵入汉朝，杀死了辽西太守，掠走两千余人。匈奴又侵入渔阳，打败渔阳太守的一千多人的军队，把汉朝将军韩安国围困起来。这时韩安国的一千多骑兵也将要全部被歼，恰巧燕国的救兵赶到，匈奴才离去。匈奴又侵入雁门郡，杀死和抢走千余人。于是汉朝派将军卫青率三万骑兵出雁门，李息率兵出代郡，攻打匈奴，杀死和俘虏匈奴数千人。第二年，卫青又出云中郡西边及西部的陇西一带，在黄河河套南岸地带攻打匈奴属下的楼烦和白羊王，杀死和俘虏数千人，得到牛羊百余万头。于是汉朝就夺取了黄河河套南岸地区，修筑朔方城，又修缮从前秦朝蒙恬所修建的关塞，凭借黄河作为坚固的防线。汉朝也放弃了上谷郡的曲折僻远的县如造阳一带给匈奴。这年是汉武帝元朔二年。

后一年的冬天，匈奴军臣单于死去。军臣单于的弟弟左谷蠡王伊稚斜自立为单于，打败了军臣单于的太子於单。於单逃走，投降汉朝，汉朝封

狼噬鹿金饰件·战国－西汉

於单为涉安侯，几个月后，他就死了。

⚡汉攻匈奴

伊稚斜单于继位后的夏天，匈奴数万骑兵攻入代郡，杀死太守恭友，抢掠一千余人。当年秋天，匈奴又攻入雁门，杀死和抢走一千余人。第二年，匈奴又分别派遣三万骑兵攻入代郡、定襄、上郡，杀死和抢走数千人。匈奴右贤王怨恨汉朝夺走黄河河套南岸的土地，并修筑朔方城，因而屡次侵扰，到边境抢掠，以及攻入河套南岸，侵扰朔方城，杀死和抢劫很多官吏和平民。

第二年春天，汉朝用卫青做大将军，统领六位将军，十余万大军，从朔方、高阙出发，去攻打匈奴。右贤王以为汉兵不能到来，喝醉了酒，汉兵走出塞外六七百里，夜间包围了右贤王。右贤王大惊，脱身逃跑，许多精锐骑兵也都跟着离去。汉朝俘虏右贤王属下的男女一万五千人，裨小王十余人。这年秋天，匈奴一万骑兵攻入代郡，杀死代郡都尉朱英，抢掠一千余人。

下一年春天，汉朝又派遣大将

军卫青率领六将军和十余万骑兵，再次从定襄出发挺进数百里攻打匈奴，前后共杀死和俘获一万九千余人，而汉朝也损失了两位将军和他们统领的三千多骑兵。右将军苏建得以只身脱逃，而前将军翕侯赵信出军不利，因而投降匈奴。赵信本是匈奴的小王，投降汉朝，汉朝封他为翕侯，因为前将军与右将军两军合并，而又与大队军马分开行进，独自遇上了单于的军队，所以全军覆没。单于既已得到了翕侯，就封他为自次王，并将姐姐嫁给他做妻子，同他商量对付汉朝。赵信教单于更加向北迁移，越过沙漠，以此引诱汉军，使其疲惫，待他们极度疲劳时再攻取他们，不要到汉朝边塞那里。单于听信了他的计谋。第二年，匈奴一万骑兵攻入上谷郡，杀死数百汉人。

第二年春天，汉朝派骠骑将军霍去病率领一万骑兵从陇西出发，越过焉支山一千余里，攻打匈奴，斩杀和俘虏匈奴一万八千余人，打败休屠王，获得了匈奴祭天金人。这年夏天，霍去病又同合骑侯公孙敖率领数万骑兵从陇西、北地出发挺进二千余里，

攻打匈奴。经过居延，攻击祁连山，杀死和俘虏匈奴三万余人，其中有裨小王以下七十余人。这时匈奴也侵入代郡、雁门郡，杀死和抢走数百人。汉朝派博望侯张骞和李广将军走出右北平，进攻匈奴左贤王。左贤王围困了李广，李广的兵卒约四千人，都快被消灭了，但李广的军队所杀匈奴人的数目超过了自己军队的损失。正好张骞的救兵赶到，李广得以逃脱。汉朝伤亡几千人。公孙敖延误了霍去病所规定的日期，所以他与张骞都被判死刑，交付了赎金，变成了平民。

这年秋天，单于对浑邪王、休屠王居住西方而被汉朝杀死和俘虏数万人的事感到愤怒，想召见并诛杀他们。浑邪王与休屠王感到恐惧，密谋投降汉朝，汉朝派骠骑将军前去迎接他们。浑邪王杀了休屠王，合并了他的军队，领着军队投降了汉朝。总共四万余人，号称十万。于是汉朝自从接受浑邪王投降之后，陇西、北地、河西遭受匈奴侵扰的事越来越少，就开始把关东的贫苦之民，迁移到从匈奴那里夺回的黄河以南和新秦中地区，充实这里的人口，并将北地以西的戍卒减少一半。第二年，匈奴向右北平和定襄各派数万骑兵入侵，杀死和抢夺千余人而去。

第二年春天，汉朝君臣谋划对付匈奴的事情，说："翕侯赵信向单于献计，居住到大沙漠以北去，认为汉朝军队不能到达。"就用粟米喂马，开出十万骑兵，再加上自愿担负粮食马匹随军出征的总共有十四万人，粮食和辎重不在此数目之内，命令大将军卫青和骠骑将军霍去病各自统领这些骑兵的一半军队，大将军率兵从定襄出发，骠骑将军率兵从代郡出发，都约定越过沙漠攻打匈奴。单于听到这一消息，把辎重送往远处，率精兵守候在漠北。匈奴同大将军卫青的军队交战一天，正在日暮时分，刮起了大风，汉军从左右两翼急速围攻单于。单于自己料定打下去不能战胜汉军，于是他独自同数百名健壮的骑兵，冲破汉军的包围圈，向西北逃跑。汉军夜晚追赶，没有捉到他。但在行进中却杀死和活捉匈奴一万九千人，到达北边阗颜山赵信城就退回来了。

单于逃跑时，他的军队常常同汉军混杂在一起，并设法追随单于。单于很长时间没有和他的大队人马相会了，他的右谷蠡王以为单于死了，就自立为单于。真单于又找到了他的大军，于是右谷蠡王就自动去掉他的单于王号，又当起右谷蠡王来。

汉朝骠骑将军霍去病从代郡出发挺进两千余里，同左贤王交战，汉军杀死和俘虏匈奴共七万多人，左贤王与其将军都逃跑了。骠骑将军便在狼居胥山祭天，在姑衍山祭地，直到翰海才回师。

此后，匈奴向远处逃走，大沙漠以南没有匈奴的王庭。汉朝军队渡过黄河，从朔方向西直到令居，常常在那里修通沟渠，开垦田地，有官吏士卒五六万人，渐渐蚕食北方土地，地界接近匈奴旧地以北。

当初，汉朝的两位将军大规模地出兵围攻单于，杀死和俘虏八九万人，而汉朝士卒也死了好几万，汉朝的马匹死了十多万。匈奴虽然搞得疲惫而远去，但汉朝也因为马匹少，无法再去追击。匈奴采用赵信的计谋，向汉朝派遣使者，说好话请求和亲。

汉朝天子把这问题交给臣下商议，有人说和亲，有人说趁机让匈奴臣服于汉。丞相长史任敞说："匈奴刚刚遭受失败，处境困难，应当让他们做外臣，每年春秋两季到边境上来朝拜皇上。"汉朝就派任敞出使匈奴，去见单于。单于听了任敞的计划，大怒，把他扣留在匈奴，不让他回汉朝。在此之前，汉朝也招降过匈奴使者，单于也扣留汉朝使者相抵偿。汉朝正在重新收集士卒兵马，恰巧骠骑将军霍去病病逝，于是汉朝很长时间没有北上攻打匈奴。几年后，伊稚斜单于继位十三年去世了，他的儿子乌维继位当了单于。这年，是汉武帝元鼎三年。乌维单于继位，汉天子开始出京去巡视郡县。这以后汉朝诛杀南方的南越和东越，没有进攻匈奴，匈奴也没有侵入汉朝边境。

乌维单于

乌维单于继位三年，汉已灭亡南越，就派遣原来的太仆公孙贺率领一万五千骑兵从九原出发挺进二千余里，到达浮苴井才撤回，没看到一个匈奴人。汉朝又派遣原来的从骑侯赵

图说史记

破奴率领一万多骑兵从令居出发挺进几千里地，到达匈河水才撤回，也没看到一个匈奴人。

这时，皇帝巡视边境，到达朔方郡，统率十八万骑兵以显示军威，又派郭吉委婉地告诉单于。郭吉到了匈奴，匈奴主客询问他出使的任务，郭吉谦卑施礼，说了些好话，说："我见到单于再亲口对他说。"单于接见了郭吉，郭吉说："南越王的人头已经悬挂在汉朝京城的北阙之上。如今单于若是能够前去与汉军交战，天子将要亲自领兵在边境上等待你；单于要是不能前去，就应当面朝南方向汉朝称臣。何必白白地向远处逃跑，躲藏在沙漠以北的又冷又艰苦也缺少水草的地方，没有什么作为呢？"他说完，单于就大怒起来，立刻杀了允许郭吉进见的那位主客，而且扣留郭吉，不让他回汉朝，把他迁移到北海那里去。单于也始终不到汉朝边境去侵扰抢夺，只是休养士卒和马匹，练习射箭打猎的技术，屡次派使者到汉朝，说了好话，请求和亲。

汉朝派遣王乌等去窥探匈奴的情况。匈奴的法律规定，汉朝使者若不放弃旌节和用墨黥面就不能进入毡帐。王乌是北地人，熟悉匈奴风俗，就放弃旌节，用墨黥面，所以进入毡帐。单于喜爱他，假装用好话做出许诺，派遣太子到汉朝做人质，以此要求同汉朝和亲。

汉朝派杨信到匈奴去。这时，汉朝在东边攻取了秽貉和朝鲜，并设置了郡，而西边设置了酒泉郡，用以隔绝匈奴和羌人的通路。汉朝又向西沟

青铜短剑·战国－西汉

鄂尔多斯博物馆藏。青铜短剑是我国北方地区游牧部族经常使用的一种兵器，主要有剑身和茎部构成。其作为游牧人随身携带的兵器，被赋予了不同的文化含义。据《史记·匈奴列传》记载："（匈奴）士力能弯弓，尽为甲骑，其长兵则弓矢，短兵则刀铤。"由此可知，青铜短剑是以匈奴为主的北方游牧民族必备之物，是骑马驰骋近距离进攻的利器。

通了月氏和大夏，又把公主嫁给乌孙王做妻子，以此离间匈奴和西方援国的关系。汉朝又向北扩大田地，直到眩雷，以此作为边塞，匈奴始终不敢对此表示不满。这一年，翕侯赵信死了，汉朝的官员们以为匈奴已经衰弱，可以把他们变为属臣。杨信为人刚直倔强，一向不是汉朝尊贵的大臣，单于不亲近他。单于想召他到毡帐里，但他不肯放弃旄节，单于就坐在毡帐外面接见杨信。杨信见到单于后，说："若想和亲，就把单于太子当作人质送到汉朝去。"单于说："这不是以前的盟约。从前的盟约规定，汉朝常常派遣公主来匈奴，还送来不同数量的绸布、丝绵和食物，以此同匈奴和亲，而匈奴也不骚扰汉朝边境。现在竟然违反古时的盟约，让我的太子去当人质，这样做，和亲是没有希望的。"匈奴风俗，看到汉朝使者不是皇宫中受宠的宦官，而是儒生，就认为他是来游说的，便想法驳倒他的说辞；如果是少年，就认为他是来指责匈奴，便设法挫败他的气势。每次汉朝使者来到匈奴，匈奴总要给予报偿。如果汉朝扣留匈奴使者，匈奴也扣留汉朝使者，一定要使双方扣留的人数相等才肯停止。

杨信回到汉朝后，汉朝又派王乌出使匈奴，而单于又用好话谄媚他，想多得到些汉朝的财物，便欺骗王乌说："我想到汉朝拜见天子，相互缔约，结为兄弟。"王乌归来向汉朝作了汇报，汉朝就为单于在长安修筑了官邸。匈奴说："不见到汉朝尊贵之人充当的使者，我不同他说实话。"匈奴派尊贵之人出使汉朝，得了病，汉朝给他药吃，想治好他的病，可是他不幸死去。汉朝使者路充国佩带二千石的印信出使匈奴，顺便护送他的丧仪队伍，丰厚的葬礼费用价值数千金，说："这是汉朝的贵人。"单于认为"汉朝杀死了我的尊贵使者"，就扣留了路充国，不让他返回汉朝。单于所说的那些话，只是白白地欺骗王乌，根本无意到汉朝拜见天子，也无意派太子到汉朝做人质。于是匈奴屡次派突击队侵犯汉朝边境。汉朝就任命郭昌做拔胡将军，同浞野侯赵破奴驻防朔方以东，防御匈奴。路充国被扣留在匈奴三年时，单于死去。

乌维单于继位十年就死去了，他儿子乌师庐继位当了单于。因为乌师庐

━━┥ 匈奴的艺术、信仰及习俗 ┝━━

根据文献记载，匈奴人只有本民族的语言，没有自己的文字，即"毋文书，以语言为约束"。匈奴人流行的乐器是胡笳，诚如《胡笳十八拍》中所言，"胡笳本自出胡中"。后来，胡笳传入中原地区，深受汉人喜爱。匈奴人的艺术，在题材上反映了他们的游牧和狩猎生活，例如出土的匈奴物品中，纹饰多以草原常见的动物为主题图案，或鹿纹，或马型等等。匈奴人相信死后灵魂不灭，对于一些无法解释的社会现象和自然现象，都认为是鬼神在起作用。其祭祀天、地、日、月，系自然崇拜，是为了求得天地、祖先、鬼神的护佑，避祸祈福。他们尚"左衽"，多"披发"。一夫多妻的现象在匈奴贵族中很普遍，而收继婚即所谓的"父死，妻其后母；兄弟死，皆取其妻妻之"的习俗也还保留着。

年龄小，称为儿单于。这年是汉武帝元封六年。从此以后，单于越发向西北迁移，匈奴东边的军队对着汉朝的云中郡，西方军队对着汉朝的酒泉郡和敦煌郡。

❂儿单于

儿单于继位后，汉朝派遣两位使者，一位吊唁单于，一位吊唁右贤王，想以此离间他们的君臣关系，使国家混乱。使者进入匈奴，匈奴人把他们全部送到单于那儿。单于发了怒，把汉朝使者全部扣留。汉朝使者被扣留在匈奴的前后共有十多批，匈奴使者

来到汉朝，汉朝也扣留相等数量的匈奴使者。这一年，汉朝派贰师将军李广利到西边去讨伐大宛，而命令因杅将军公孙敖建造受降城。这年冬天，匈奴下了大雪，牲畜多半因饥饿寒冷而死去。儿单于年少，喜欢杀人和打仗，国人多半不安心。左大都尉想杀单于，派人私下报告汉朝说："我想杀死单于投降汉朝，汉朝遥远，如果汉朝派兵来迎我，我就立刻杀单于。"起初，汉朝听到这话，所以修了受降城，天子还认为受降城离匈奴遥远。

第二年春天，汉派浞野侯赵破奴率领两万多骑兵走出朔方郡西北

▶ **青铜镂空三羊牌饰·匈奴文化**

匈奴人的青铜装饰品以冠饰、首饰和腰饰牌为主，样式方面则多为动物纹饰，既有单个动物为主体的造型，也有表现动物间撕咬、争斗场面的纹饰。因为匈奴人的生活以游牧为主，所以相比于中原地区，匈奴人的青铜器物更易于随身携带。

二千余里，约定到达浚稽山才回师。浞野侯按时到达约定的地点才回来，左大都尉想杀单于而被发觉，单于杀了他，派出左方的军队攻击浞野侯。浞野侯边走边捕杀匈奴数千人。浞野侯回到离受降城四百里的地方，匈奴八万骑兵围攻他。浞野侯在夜晚独自出去找水，匈奴偷偷地搜捕，活捉了浞野侯，趁机急攻他的军队。汉军中的郭纵担任护军，维王担任匈奴降兵的头领，两人商量道："趁诸位校尉害怕失掉将军会遭汉君诛杀，不要相互劝说回归汉朝。"汉军于是就陷没

在匈奴。匈奴儿单于大喜，就派遣突击队进攻受降城。受降城没攻下来，就入侵边塞而去。第二年，单于想亲自攻打受降城，但未到受降城，就病死了。儿单于继位三年就死了。他儿子年少，匈奴就立他叔父乌维单于的弟弟右贤王呴犁湖当单于。这一年是汉武帝太初三年。

◈ 呴犁湖单于

呴犁湖单于继位后，汉朝派光禄徐自为从五原塞出发，近处挺进数百里，远的一千余里，修筑小的城堡和

哨所，直到庐朐，而派游击将军韩说、长平侯卫伉在这些地方驻军，又派强弩都尉路博德在居延泽修建城堡。

这年秋天，匈奴大举入侵定襄、云中，杀死和抢掠数千人，打败几位俸禄二千石的高官才离开。行军途中破坏了光禄徐自为所修的城堡。又派右贤王侵入九泉、张掖，抢掠数千人。正遇上汉朝将军任文截击相救，匈奴又全部失掉了抢来的汉人而离去。这一年，贰师将军李广利攻破大宛，杀了大宛王才归来。匈奴想阻截李广利，却未能赶到。这年冬天，匈奴想攻打受降城，恰巧单于病死。呴犁湖单于继位一年就死去，匈奴便立他的弟弟左大都尉且鞮侯当了单于。

汉朝诛杀大宛国王后，威震国外。天子想乘机围困匈奴，就颁布诏命说："高皇帝留给我平城的忧虑，高后时，单于来信所言极为悖理叛逆。从前齐襄公报了九世之前的怨仇，《春秋》大加赞美。"这一年是汉武帝太初四年。

❯且鞮侯单于

且鞮侯单于继位后，把汉朝被扣留的又不肯投降的使者送归汉朝，路充国等人才回到汉朝。单于刚刚继位，害怕汉朝袭击他，就自称："我是儿子辈分，哪敢同汉天子相比！汉天子是我的长辈。"汉朝派遣中郎将苏武给单于送去了丰厚的礼物。单于越发骄傲，礼节非常不恭敬，汉朝大失所望。第二年，浞野侯赵破奴逃离匈奴，回到汉朝。

第二年，汉朝派贰师将军李广利率三万骑兵从酒泉出发，在天山攻击右贤王，杀死和俘虏匈奴一万多人，在回来的时候，匈奴人包围了贰师将军，差点没能逃脱，汉朝军队死去十分之六七。汉朝又派因杅将军公孙敖从西河地区出发，同强弩都尉路博德在涿涂山会合，什么也没有得到。又派骑都尉李陵率步兵五千人，从居延出发向北挺进一千余里，同单于相遇，双方交战，李陵的军队杀死杀伤匈奴一万余人，最后武器和粮食用完了，李陵想摆脱困境而回，可是匈奴却包围了李陵，李陵投降了匈奴，他的军队就覆没了，能回到汉朝的只有四百人。单于尊宠李陵，把自己的女儿嫁给李陵做妻子。

这之后第二年，汉朝又派贰师将军率六万骑兵、十万步兵，从朔方出发。强弩都尉路博德率领一万余人，同贰师将军会合。游击将军韩说率领步兵和骑兵三万人，从五原出发。因杅将军公孙敖率领一万骑兵、三万步兵，从雁门出发。匈奴听到这消息，就把他们的许多贵重的东西转运到远远的余吾水以北，而单于率领十万骑兵在余吾水以南等候汉军，同贰师将军交战。贰师将军作战不利，引兵边退边战，同单于连战十多天。贰师将军听说他的家属因为巫蛊之罪而被灭族，因而就与他的军队一并投降了匈奴。他的军队能够回到汉朝的在一千人中只有一两人罢了。游击将军韩说一无所得。因杅将军公孙敖同左贤王交战，形势不利，就领兵回到汉朝。这年汉朝军队出边塞同匈奴交战的，都不能谈功劳的多少，因为他们的功劳都不能和损失相抵偿。皇帝下令逮捕太医令随但，因为是他说出了贰师将军家被灭族的消息，致使李广利投降了匈奴。

太史公说

孔子著《春秋》，对于鲁隐公、鲁桓公时期的事情写得显著明白，到了鲁定公和鲁哀公时期，则记述得隐晦含蓄，因为切近当代政治而又没有什么可褒扬的文字，照实写是受忌讳的。世俗人中那些谈论匈奴问题的人，错误就在于他们想侥幸获得一时的权势，因而致力于进献谄言，使其片面的观点有利，而不考虑匈奴和汉朝的实际情况。将帅们对付匈奴只是依仗着中国土地的广大，士气的雄壮，天子就根据这些来制定对策，所以建立的功业不深广。尧虽然贤明，却未能靠自己的力量完成大业，在得到大禹以后，全中国才得以安宁。要想发扬光大圣王的传统，只在于选择任用将相啊！只在于选择任用将相啊！

卫将军骠骑列传 第五十一

【解题】本文是汉代名将卫青和霍去病的合传，主要记述卫青七出边塞，霍去病六出北疆，攻讨匈奴，扬威大漠的赫赫战功。太史公写作本传的另一个用意是颂扬他们为了汉、匈人民的和平生活所做出的突出贡献。结构上主次分明、前后呼应、浑然一体。全文虽以记事为主，但却不乏精彩的战争场面描写，兵戈铁马，万马奔腾，浩气千里，使读者如闻其声，很有艺术感染力。

外戚入仕

大将军卫青是平阳人，他的父亲郑季充任县中的小官吏。郑季在平阳侯曹寿家做事的时候，曾与平阳侯的小妾卫媪通奸，生下了卫青。卫青的同母哥哥名叫卫长子，同母姐姐卫子夫在平阳公主家得到皇上的宠爱，所以他便冒充姓卫，字仲卿。卫长子后来改字长君。卫长君的母亲叫卫媪。卫媪的大女儿叫卫孺，二女儿叫少儿，小女儿就是子夫。后来卫子夫的弟弟步、广都冒充姓卫。

卫青是平阳侯家的仆人，小的时候被送回到父亲郑季那里，父亲让他去放羊。郑季前妻生的儿子们都把他当作仆人来对待，从不把他当兄弟看待。卫青曾经跟随别人进入到甘泉宫的居室，有一个脖子上套着铁圈的犯人给卫青相面说："你是贵人，将来做官能够封侯。"卫青笑着说："我这个奴婢所生的孩子，能够不受打骂就满足了，怎么能有封侯的事呢！"

卫青长大后当了平阳侯家的骑兵，时常跟随在平阳公主身边。汉建元二年的春天，卫青的姐姐卫子夫进入皇宫，受到皇上的宠幸。皇后陈阿娇是堂邑大长公主刘嫖的女儿，自己没能生育就嫉妒别人。大长公主听说卫子夫受到武帝宠幸，且有了身孕，很嫉妒她，就派人逮捕了卫青。卫青当时在建章宫供职，还没出名。大长

▶ 卫青像·清·无款

公主捉拿拘禁了卫青，要杀死他，他的朋友骑郎公孙敖和一些壮士去抢了出来，因此得以脱险。皇上听说了，就召见卫青，任命他做建章监，在内廷侍奉武帝，连同他同母的兄弟们都显贵，得到的赏赐，几天之间就累积有千金。卫孺做了太仆公孙贺的妻子。卫少儿以前和陈掌私通，皇上就召见陈掌，使他显贵。公孙敖因为救卫青的缘故也越发显贵。卫子夫做皇帝的夫人。卫青任大中大夫。

◈战功赫赫

元光五年，卫青当了车骑将军，讨伐匈奴，从上谷出兵；太仆公孙贺做轻车将军，由云中进发；大中大夫公孙敖做骑将军，由代郡出兵；卫尉李广任骁骑将军，由雁门出兵；每军各有一万骑兵。卫青领兵到达茏城，斩杀数百敌人。骑将军公孙敖损失七千名骑兵，卫尉李广被敌人俘获，逃脱而回。他们两人都应当处以死刑，后来出钱赎罪，成为平民。公孙贺也没有功劳。

元朔元年的春天，卫子夫生了个儿子，被立为皇后。那年秋天，卫青任车骑将军，从雁门出塞，带领三万骑兵攻打匈奴，杀死几千名敌人。第二年，匈奴入侵杀死了辽西太守，掳走了渔阳郡二千多人，打败了韩安国将军的军队。汉朝命令将军李息攻打匈奴，从代郡出塞；命令车骑将军卫青从云中出塞，向西直到高阙。于是占领了河套以南一带，到达了陇西，捕获几千敌人，几十万头牲畜，赶跑了白羊王、楼烦王。汉朝就将河套以南一带设为朔方郡。以三千八百户的封邑封卫青为长平侯。卫青的校尉苏建有功劳，朝廷以一千一百户的封邑封苏建为平陵侯。派苏建修筑朔方城。卫青的校尉张次公有功劳，被封为岸头侯。天子说："匈奴违背天理，

悖乱人伦，摧残长辈，欺凌老人，专门进行盗窃，在各个蛮夷国之间行骗，策划阴谋，依恃武力，多次侵犯边境，所以朝廷发动军队，调遣将领，来讨伐它的罪恶。《诗经》不是说吗：'征讨猃狁，直到太原''出动众多的战车，去修筑朔方城'。如今车骑将军卫青渡过西边的黄河，直到高阙，斩杀敌军二千三百人，缴获他们全部的战车、辎重和牲畜财产，已被封为列侯，于是往西平定了河套以南一带，巡行榆溪的旧关塞，越过梓领，架设北河的桥梁，讨伐蒲泥，攻破符离，斩杀敌人轻捷精锐的士兵，捕获敌人侦察兵三千零七十一人，捉

到间谍讯问后就俘获了他们众人，赶回一百多万只马、牛和羊，保全军队而返回，加封卫青三千户。"第二年，匈奴入侵杀死了代郡太守共友，又入侵并掳走了雁门郡一千多人。次年，匈奴又大举入侵代郡、定襄、上郡，杀死、掳走了几千汉人。

推功让爵

元朔五年的春天，朝廷命令车骑将军卫青率领三万骑兵从高阙出兵；命令卫尉苏建做游击将军，左内史李沮做强弩将军，太仆公孙贺做骑将军，代国之相李蔡做轻车将军，他们

▶陶"飞骑"骑兵俑·西汉

徐州博物馆藏。徐州狮子山兵马俑坑出土。这件"飞骑"俑因马下腹部刻划有"飞骑"而得名。陶马体形健硕，额头上鬃毛呈圆形，双眼暴突，鼻翼鼓张，双唇微合，后有一圆形孔贯通两侧，似为装衔之用。马身脊背微凹，臀部宽厚，前腿直立，后腿稍曲，马尾下垂，梢部挽结。一武吏跨骑于马背上，脸部五官较平，表情威严，头发中分拢于脑后。上身着双层右衽交领衣服，双臂下垂，小臂处断残。武吏下身与马身塑为一体，马腹两侧塑有裤纹折痕，小腿下垂于马身之外，着长筒战靴。一副刚毅威猛的模样。

都隶属车骑将军卫青，一同从朔方出兵；朝廷又命令大行李息、岸头侯张次公为将军，从右北平出兵；他们全都向匈奴进攻。匈奴右贤王正对着卫青等人的大军，但他以为汉朝军队不能快速到达这里，便喝起酒来。晚上，汉军攻来，包围了右贤王。右贤王大惊，连夜奔逃，带着他的一个爱妾和几百个精壮的骑兵向北突围而去。汉朝的轻骑校尉郭成等追赶了几百里没有追上。汉军捕获了右贤王的十多个小王，男女民众一万五千余人，牲畜数千百万头，于是卫青便领兵凯旋。卫青的军队走到边塞，皇上派遣使者拿着大将军的官印，就在军中任命车骑将军卫青为大将军，其他将领都隶属于大将军卫青，大将军确立名号，班师回朝。皇上说："大将军卫青亲自率军杀敌，大获全胜，俘虏了十多个匈奴王，加封卫青六千户。"又封卫青的儿子卫伉为宜春侯、卫不疑为阴安侯、卫登为发干侯。卫青坚决推辞说："我侥幸地能在军队中当官，依赖陛下的英明领导，才使军队获得大捷，同时这也是各位校尉拼力奋战的结果。陛下已经降恩加封我的食邑。臣卫青的儿子们年龄还小，没有征战的功劳，蒙皇上恩宠，割地封他们三人为侯，这不是我在军队中当官，用来鼓励战士奋力抗敌的本意啊！卫伉等三人怎敢接受封赏。"天子说："我并没有忘记各位校尉的功劳，现在就要考虑他们的奖赏。"于是下诏令给御

汉代军功制度

汉初军功爵位共有四等，分别是侯级爵、卿级爵、大夫级爵、小爵，其中含金量最高的非侯级爵莫属。侯爵又分为关内侯和列侯两种，前者级别较低，有封邑无封国；列侯级别较高，不仅有封国，而且是其封国内的最高统治者。一旦得到了列侯的爵位，就意味着脱离了平民阶层，成了和皇室宗亲一样的贵族。

《史记》与《汉书》中的统计结果显示，汉武帝时期，封侯者共计79人。其中地方高级投降人员封侯者高达44人，其他35人中，抓捕造反者立功封侯的9人，因父亲立功战死而封侯的2人，真正因军功封侯的只有24人。

史说："护军都尉公孙敖三次跟随大将军攻打匈奴，经常护卫各军，帮助校尉捕获了匈奴小王，以一千五百户的封邑封公孙敖为合骑候。都尉韩说跟随大将军从窳浑出塞，直至匈奴右贤王的王庭，在大将军指挥下搏杀奋战，捉到匈奴小王，以一千三百户的封邑封韩说为龙额侯。骑将军公孙贺跟随大将军俘虏匈奴小王，以一千三百户的封邑封公孙贺为南窌侯，轻车将军李蔡两次跟随大将军俘获匈奴小王，以一千六百户的封邑封李蔡为乐安侯。校尉李朔、校尉赵不虞、校尉公孙戎奴，每人都三次跟随大将军俘获匈奴小王，分别赐以一千三百户的封邑封李朔为涉轵侯，以一千三百户的封邑封赵不虞为随成侯，以一千三百户的封邑封公孙戎奴为从平侯。将军李沮、李息和校尉豆如意有功劳，赐给他们关内侯的爵位，每人食邑三百户。"这年秋天，匈奴侵入代郡，杀死都尉朱英。

不敢专权

第二年春天，大将军卫青从定襄出兵。合骑侯公孙敖为中将军，太仆公孙贺为左将军，翕侯赵信为前将军，卫尉苏建为右将军，郎中令李广为后将军，左内史李沮为强弩将军，他们都隶属大将军，斩杀几千敌人而回。一个多月后，他们又全都从定襄出兵进攻匈奴，杀死一万多敌人。右将军苏建、前将军赵信的军队合二为一，共三千多骑兵，独遇匈奴单于的军队，同他们交战一天多，汉军将要全军覆灭。前将军赵信原本是匈奴人，投降汉朝后被封为翕侯，他看到军情危急，匈奴人又引诱他，于是率领残余的八百名骑兵投降了单于。右将军苏建的军队全部损失了，独自一人逃回，自己来到大将

▶ 朱漆绘云气纹盘·西汉

汉代的漆器种类繁多，色彩艳丽，一些名贵的漆器在当时的价格甚至超过铜器，长沙马王堆汉墓出土的大批精美漆器就是秦汉漆器的最好证明。

军卫青那里。大将军卫青向军正闳、长史安和议郎周霸等征询苏建的定罪意见，说："怎样定苏建的罪？"周霸说道："自从大将军出征，不曾杀过副将。如今苏建弃军而回，可以杀苏建以显示大将军的威严。"闳和安都说："不可。兵书上说'两军交锋，军队少的一方即使奋力拼杀，也要被军队多的一方打败'。如今苏建率几千人的军队抵御单于的几万人的军队，奋力战斗了一天多，战士全部牺牲，仍然不敢有背叛汉朝的心意，自己归来。自己归来而被杀死，这是告诉战士今后如果兵败一定不要返回汉朝。不能杀苏建。"大将军卫青说："卫青我侥幸以皇帝亲戚的身份在军队中当官，不忧虑没有威严，而周霸劝我树立个人的威严，大失做人臣的旨意。况且，即使我的职权允许我斩杀有罪的将军，但是凭我尊宠的地位，不敢在国境外擅自这样做，而是把情况向天子详细报告，让天子自己裁决，由此表现出做臣子的不敢专权，不也是可以的吗？"军吏们都说："好！"于是卫青就命人将苏建关押起来，送往皇帝的所在地。卫青领兵进入边塞，停止了对匈奴的征伐。

少年将军

这一年，大将军卫青姐姐的儿子霍去病已经十八岁了，受到皇帝宠爱，做了皇帝的侍中。霍去病擅长骑马射箭，两次跟随大将军出征，大将军奉皇上之命，拨给他一些勇猛的战士，任命他为剽姚校尉。他率领八百名轻捷勇敢的骑兵，径直甩开大军几百里，寻找有利时机攻杀敌人，结果他们所斩杀的敌兵数量超过了他们的损失。于是皇上说："剽姚校尉霍去病杀敌二千零二十八人，其中包括匈奴相国和当户，杀死单于祖父一辈的籍若侯产，活捉单于叔父罗姑比，他的功劳，在全军两次名列第一，划定一千六百户封霍去病为冠军侯。上谷太守郝贤四次跟随大将军出征，活捉、斩杀了敌人二千多，以一千一百户封邑封郝贤为众利侯。"这年，损失了两位将军的军队，翕侯逃跑了，军功不多，所以大将军没有得到加封。右将军苏建回来后，天子没有诛杀他，赦免了他的罪，他交了赎金，成为平民。

大将军卫青回来后，皇上赏赐他千金。当时王夫人正受到皇上的宠爱，宁乘就劝大将军说："将军功劳还不很多，自己有万户食邑，三个儿子都做到侯的原因，仅仅是因为卫皇后的缘故。如今王夫人得到宠幸，而她的同族还没有得到富贵，希望将军靠皇上所赐的千金给王夫人的母亲祝寿。"大将军卫青于是拿五百金去祝寿。天子听说了，就询问大将军，大将军就如实说了出来，皇上于是任命宁乘做东海都尉。

张骞跟随大将军出征，因为他曾经出使大夏，被扣留在匈奴很长时间，他给大军引路，熟悉有水草的地方，军队因此不受饥渴困扰，加上他以前出使遥远国家的功劳，被封为博望侯。

河西大战

冠军侯霍去病被封侯三年后，元狩二年的春天，皇帝命冠军侯霍去病做骠骑将军，率领一万骑兵，从陇西向匈奴进攻，立下军功。皇帝说："骠骑将军亲自率领战士越过乌鳌山，讨伐遫濮，渡过了狐奴河，又经过五个匈奴的王国，不掳掠顺从的民众的财物，只希望捕获单于的儿子。转战六天，越过焉支山一千余里，与敌人短兵相接，杀死了折兰王，砍下了卢胡王的头，消灭其全部人马，抓获了浑邪王的儿子及匈奴相国、都尉，歼敌八千余人，缴获了休屠王的祭天金人。加封霍去病二千户。"

这年夏天，骠骑将军与合骑侯公孙敖都从北地出兵，然后分道进军；博望侯张骞、郎中令李广都从右北平出兵，也分道进军。他们都向匈奴进攻。郎中令李广率领四千骑兵最先到达，博望侯张骞率领一万骑兵随后到达。匈奴左贤王率领几万骑兵包围了郎中令李广，李广和匈奴交战两天，损失了大半人马，杀死的敌人也超过了自己一方损失的数量。博望侯赶到，匈奴军队已撤去。博望侯张骞犯了行军滞留的罪，应被处死，他出钱赎罪，成为平民。而骠骑将军霍去病从北地出塞，已经深入到匈奴之中，合骑侯公孙敖迷失了道路，没能相会。骠骑将军越过居延山到了祁连山，捕获了很多敌人。天子说："骠骑将军越过居延山，于是经过小

骑兵战术

汉、匈争战期间，双方以强大的骑兵兵团相互搏击，骑兵战术得以充分发挥。杰出的年轻将领卫青、霍去病所创立的骑兵军团战术，更是完全突破先秦兵法中旧有的适应农耕民族的作战方法的窠臼，以快速出击和迅速反应为特点，开创了骑兵战的新天地。原来的战车，更多地成为安营扎阵的屏障。卫青与匈奴激战，曾以武钢车围成圆阵防御匈奴的进攻，决战时则令精锐骑兵纵横冲杀，骑兵已成为军队决定胜负的核心力量。汉、匈战争，主要是在先秦兵书所说的骑兵"死亡之地"——长城以北的荒原大漠和高山林地进行。卫、霍两位将领，信用熟悉地形的边民和降汉的匈奴人做向导；又有武帝不遗余力的充足粮草及马匹的随军供给，后勤有了保障，才使大量骑兵跨越沙漠作战成为可能。

月氏，攻打祁连山，捉到酋涂王，率众投降的有二千五百人，斩杀敌军三万零二百人，俘获匈奴五个小王、五个小王的母亲、单于的妻子、王子五十九人，还有相国、将军、当户、都尉六十三人，汉朝军队大概损失十分之三，加封霍去病五千户。赏赐给跟随霍去病到达小月氏的校尉左庶长爵位。鹰击司马赵破奴两次跟随骠骑将军霍去病出征，斩杀遬濮王，捕获稽沮王，千骑将捉到匈奴小王、王母各一人，王子以下四十一人，俘虏敌军三千三百三十人，先头部队俘获敌军一千四百人，以一千五百户封赵破奴为从骠侯。校尉句王高不识，跟随骠骑将军捕获呼于屠王和王子以下十一人，俘虏敌军一千七百六十八人，拿一千一百户封高不识为宜冠侯。校尉仆多有军功，封他为辉渠侯。"合骑侯公孙敖因犯有行军滞留、不和骠骑将军会合的罪，应当被处死，他出钱赎罪，成为平民。各位老将军所率领的士兵、马匹、武器不如骠骑将军的，骠骑将军所率领的士兵是经常挑选的，可是也敢于深入敌人境内，常常和壮健的骑兵冲在大军的前面，军队也有好运气，没有遇到过大危险。可是各位老将却经常因为行军留滞落后，遇不到好的战机。从此以后，

骠骑将军越来越被皇上宠信，更加显贵，跟大将军卫青不相上下。

那年秋天，单于因为浑邪王居守在西方，多次被汉朝打败，损失了几万人，而这全是因为骠骑将军的军队，觉得十分气愤。单于发怒，想召浑邪王来将他杀掉。浑邪王和休屠王等人商量要投降汉朝，派人先到边境上等候想告诉汉人。当时大行李息率兵在黄河边上修筑城池，见到浑邪王的使者，就马上命令驾乘传车去报告。天子知道了，因为害怕他们用诈降的办法来袭击边境，就命令骠骑将军率领军队前去迎接。骠骑将军渡过黄河后，和浑邪王的部众相互远远观望。浑邪王的副将们看到汉军，多数不想投降，有很多人逃离了，骠骑将军于是奔入敌阵和浑邪王相见，斩杀了那些想要逃跑的八千人。于是派浑邪王一人乘着传车先到皇上巡行的地方，然后他带着全部投降的人渡过黄河，投降的有几万人，号称十万。回到长安后，天子拿来赏赐的钱有几十万。封给浑邪王一万户食邑，为漯阴侯。封他的小王呼毒尼为下摩侯，鹰庇为煇渠侯，禽梨为河綦侯，大当

户铜离为常乐侯。于是天子称赞骠骑将军的功劳说："骠骑将军霍去病率领军队攻打匈奴西方的浑邪王，浑邪王和他的部队民众都相互投奔汉朝，骠骑将军全都用军粮接济了他们，并且率领善射的士兵一万多人，诛杀了妄图逃亡的凶悍之人，斩杀了八千多人，使敌国之王三十二人投降。战士没有人受伤，十万军民全部倾心归顺。骠骑将军接连出征，不辞辛劳，使黄河边塞地区差不多消除了边患，有幸永久安定和平。以一千七百户加封骠骑将军。"于是减少了陇西、北地、上郡驻守士兵的一半，来减轻天下百姓的徭役负担。

过了不久，朝廷就调迁投降的匈奴人到边隅五郡原来的关塞以外，但都在河南地区，沿袭他们以前的风俗，作为汉朝的属国。第二年，匈奴入侵右北平、定襄，杀死、掳走了汉朝一千多人。

❁漠北大战

第二年，天子和诸位将军商议说："翕侯赵信替单于出谋划策，常常认为汉军不能越过沙漠轻易久留，如今

大举发动士兵，那势必实现我们的愿望。"这年是元狩四年。

元狩四年的春天，皇上命令大将军卫青、骠骑将军霍去病各率五万骑兵、几十万步兵，运送物资的人紧跟其后。骠骑将军计划要先从定襄出兵，迎击单于。后来捕到的匈奴俘虏说单于向东去了，于是就改令骠骑将军从代郡出兵，命令大将军卫青从定襄出兵。大军越过沙漠，连人带马共五万骑兵连同骠骑将军等都攻打匈奴的单于。赵信替单于出谋划策说："汉军已越过沙漠，人马困疲，匈奴可以坐收汉军俘虏了。"于是把他们的辎重全部运到遥远的北方，将精兵全部安插在大漠以北等待汉军。恰巧大将军卫青的军队开出塞外一千多里，看见单于的军队排成阵势等在那里。于是大将军下令让武刚车排成环形营垒，又命五千骑兵纵马奔驰，抵挡匈奴。匈奴的大约一万骑兵也相向奔驰而来。这时，太阳就要落山，刮起大风，沙石打在人们的脸上，两军都无法看见对方。汉军又命左右两翼急驰向前，包抄单于。单于看到汉军很多，而且战士和战马都很强大，如果双方交战则对匈奴不利。因此，傍晚时分，单于乘着大车同几百名勇猛的骑兵，一起径直冲开汉军包围圈，向西

▶霍去病西征雕塑

北方向奔驰而去。这时，黄昏已
近，汉军同匈奴人相互厮杀，双
方的死伤人数大致相当。汉军
左校尉捕到匈奴俘虏，说
单于在天还没黑时就已离去，
于是汉军就派出轻骑兵连夜追击，大将军的军队也
紧随其后。匈奴的士兵四处逃散。直到天快亮时，汉军
已追了二百余里，没有追到单于，却俘获和斩杀敌兵一万多
人，于是到达了窴颜山赵信城，缴获匈奴存储的粮食供给军队。
汉军在那里逗留了一天，把城中剩余的粮食全部烧掉才归来。

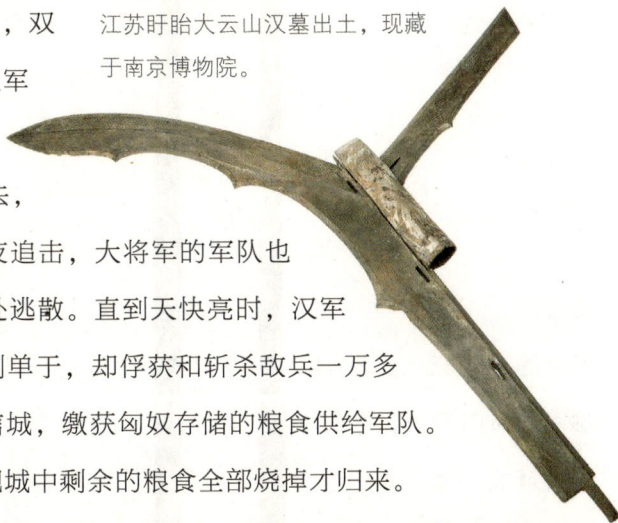

大将军和单于会战的时候，前将军李广、右将军赵食其另外从东边
的道路进军，因为迷失方向，没有如期到来攻打单于。大将军卫青带兵回到
大沙漠以南，才碰到前将军、右将军，大将军卫青要派使者回去禀报天子，
命令长史按文书所列罪状审讯前将军李广，李广自杀了。右将军回到京城，
被交给法官，他自己出钱赎罪，成为平民。大将军的军队进入边塞，这次总
共斩获敌人一万九千多人。

这时，匈奴的部众十多天都没有单于的消息，右谷蠡王听到这个消息后，
就自立为单于。单于后来又与他的部众相会合，右谷蠡王就去掉自立的单于
之名。

骠骑将军也率领五万骑兵，所带辎重和大将军卫青的相等，却没有副将。
他就把李敢等人全部任命为大校，充当副将，从代郡、右北平出兵一千余里，
遇上左贤王的军队，他们斩获敌兵的数量很多，已经远远超过了大将军卫青。
出征的大军全部归来时，皇上说："骠骑将军霍去病亲率军队出征，又亲自
率领所俘虏的匈奴士兵，携带少量军需物资，越过大沙漠，渡河捕获单于近
臣章渠，诛杀匈奴小王比车耆，转而攻击匈奴左大将，斩杀敌将，夺取敌军
军旗和战鼓。翻越离侯山，渡过弓闾河，捕获匈奴屯头王和韩王等三人，以

徐州博物馆藏。狮子山楚王墓出土。铁刀锈蚀较重，环首，直背，双面刃，刃顶部弧形。这两件铁刀与同出的其他铁刀形制相似，唯长度稍异。

及将军、相国、当户、都尉等八十三人。然后在狼居胥山祭天，在姑衍山祭地，登上高山遥望大漠。共俘获和杀死敌军七万零四百四十三人，汉军损失十分之三士兵。他们从敌人那里取得粮食，能够远行到极远的地方而没有断绝军粮，划定五千八百户增封骠骑将军霍去病。"右北平太守路博德隶属于骠骑将军，和骠骑将军在与城会师，没有失掉约期，跟随骠骑将军到达梼余山，斩杀、俘虏敌军二千七百人，以一千六百户封路博德为符离侯。北地都尉邢山跟随骠骑将军出征俘获了匈奴小王，划定一千二百户封邢山为义阳侯。以前投

降汉朝的匈奴因淳王复陆支、楼专王伊即靬都跟随骠骑将军出征有功劳，划定一千三百户封复陆支为壮侯，划定一千八百户封伊即靬为众利侯。从骠侯赵破奴、昌武侯赵安稽跟随骠骑将军出征有功劳，各人加封三百户。校尉李敢缴获敌军战旗、战鼓，被封为关内侯，食邑二百户。校尉徐自为被授予大庶长的爵位。军队中的小官士卒当官和受赏赐的人很多，而大将军卫青没能加封，军中的官员和士卒没有被封侯的。

▶ 处事风格

卫青和霍去病率领两支大军即将出塞时，曾在边塞阅兵，当时官府和私人共十四万匹马，而当他们重回塞内时，剩下的战马还不足三万匹。于是朝廷增置大司马官位，大将军和骠骑将军都当了大司马。而且定下法令，让骠骑将军的官阶和俸禄与大将军相等。从此以后，大将军卫青的权势逐渐减弱，而骠骑将军却越来越显贵。大将军的老友和门客多半离开了他，而去侍奉骠骑将军，这些人也因此而得到官爵，只有任安不肯这样做。

骠骑将军为人少言寡语，从不泄密，办事有气魄，敢作敢为。皇帝曾想教他孙子和吴起的兵法，他回答说："战斗时只要注意方针策略就行了，没有必要学习古代兵法。"皇帝为他修建府第，让骠骑将军去察看，他回答说："匈奴还未消灭，没有心思考虑私家的事情。"从此以后，皇帝更加重用和喜爱骠骑将军霍去病。但是，霍去病从少年时代起就在宫中侍奉皇帝，无比显贵，却不知体恤士卒。他出兵打仗时，皇帝派宫里的官吏给他送去几十车食物，等到他回来时，辎重车上丢弃了许多剩余的米和肉，而他的士卒还有忍饥挨饿的。他在塞外打仗时，士卒缺少粮食，有的人饿得都站不起来，而骠骑将军还在划定球场，玩踢球游戏。他做的事多半如此。大将军卫青的为人却是仁厚善良，有退让的精神，以宽缓柔和取悦皇帝，但是民众却多不称赞他。

骠骑将军自元狩四年率军出征后三年，即元狩六年就去世了。天子对他的死很悲伤，调派边境五郡的铁甲军，从长安到茂陵排成阵，修的坟墓像祁连山一样。给他命名谥号，合并"武"和"广地"的意思称为景桓侯。他的儿子霍嬗代袭冠军侯爵位。霍嬗年纪小，表字子侯，皇上喜欢他，希望他长大后让他当将军。过了六年，即元封六年，霍嬗去世，被谥为哀侯。他没有

▶**错金银铜弩机·西汉**

弩机保存完好，高 12.5 厘米，现藏于南京博物院。弩机箭槽中画有利剑和大雁图案，栩栩如生地表现出箭射大雁的景象。

儿子，断绝了后代，封国被废除。

自从骠骑将军霍去病死后，大将军卫青的长子宜春侯卫伉因犯法失去了侯爵。五年后，卫伉的两个弟弟阴安侯卫不疑和发干侯卫登都因为犯了助祭金斤两和成色不足的罪而失去侯爵。他们失去侯爵两年后，冠军侯的封国被废除。那以后四年，大将军卫青去世，谥号是烈侯。他的儿子卫伉接替爵位做长平侯。

自从大将军围攻单于以后，过了十四年而去世。这期间终于没有再攻打匈奴的原因，是因为汉朝马匹减少，又正在南方诛灭东越、南越，在东方讨伐朝鲜，攻击羌人、西南夷，所以长时间没有征伐匈奴。

因为大将军卫青娶了平阳长公主的缘故，长平侯卫伉才能接替侯爵。六年后，他因为犯法失去了侯爵。

下面是两位大将军和诸位副将的名单：

总计大将军卫青出击匈奴共有七次，斩杀、俘虏敌军五万多人。他和单于交战一次，收复了河套以南地区，于是设置朔方郡，两次加封，共有一万一千八百户食邑，封他的三个儿子为侯，每人受封一千三百户。加起来，共有一万五千七百户。卫青的校尉副将因为跟随大将军出征而被封侯的有九人。他的副将和校尉已经任将军的有十四人。作为副将的有位是李广，自有传记。没有传记的有：

将军公孙贺。公孙贺是义渠人，他的先辈是匈奴人。公孙贺的父亲浑邪，在景帝时期被封为平曲侯，因犯法失去了侯爵。公孙贺在武帝当太子时任舍人。武帝继位八年后，公孙贺以太仆的身份任轻车将军，驻军在马邑。四年后，公孙贺以轻车将军的身份从云中出塞。五年后，公孙贺以骑将军的身份跟随大将军出征匈奴有功劳，被封为南窌侯。一年后，公孙贺以左将军的身份两次跟随大将军从定襄出塞，没有功劳，四年后，公孙贺因犯了助祭金斤两和成色不足的罪而失去了侯爵。八年后，公孙贺以浮沮将军的身份从五原出塞二千多里，没有功劳。八年后，公孙贺以太仆的身份任丞相，被封为葛绎侯。

公孙贺七次任将军，出击匈奴没有建立大功劳，而两次被封侯，任丞相。公孙贺因为儿子公孙敬声和阳石公主通奸，又搞巫蛊术，被灭族，没有后代。

将军李息，是郁郅人，他侍奉过景帝。到武帝即位八年后，李息任材官将军，驻军在马邑；六年后，李息任将军，从代郡出塞；三年后，李息任将军，跟随大将军从朔方出塞；都没有功劳。李息共三次任将军，后来他常常担任大行的官职。

将军公孙敖是义渠人，他以郎官的身份侍奉武帝。武帝即位十二年，他任骑将军，从代郡出塞，损失士兵七千人，被判死刑，后来出钱赎罪，成为平民。五年后，公孙敖以校尉身份跟随大将军出征匈奴有功劳，被封为合骑侯。一年后，公孙敖以中将军的身份跟随大将军，两次从定襄出塞，没有功劳。二年后，公孙敖以将军的身份从北地出塞，延误了和骠骑将军约定的时间，被判死刑，后来出钱赎罪，成为平民。二年后，公孙敖以校尉的身份跟随大将军出征，没有功劳。十四年后，公孙敖以因杅将军的身份修筑受降城。七年后，公孙敖再以因杅将军的身份两次出击匈奴，到达余吾，士兵损失很多，

▶ 霍去病墓

马踏匈奴石雕·西汉

马踏匈奴是汉朝骠骑将军霍去病墓前石刻，位于陕西省兴平市境内，是留存至今的一组非常具有代表性的大型石雕作品群。这组石刻群，是中国迄今发现的最早、保存最完整、最具有艺术价值的大型石刻群。是汉武帝为了表彰霍去病的战功，让当时的能工巧匠雕刻的雕像。

被交给法官处置，判以死刑，他假装死亡，逃亡到民间居住了五六年。后来被发觉，又逮捕了他。因他妻子搞巫蛊术，全家被杀死。公孙敖共四次任将军，出击匈奴，一次被封侯。

将军李沮是云中人。他曾侍奉景帝。武帝即位十七年，李沮以左内史的身份任强弩将军。一年后，他再任强弩将军。

将军李蔡是成纪人。他侍奉过孝文帝、景帝、武帝。他以轻车将军的身份跟随大将军出征有功劳，被封为乐安侯。他随后当了丞相，因犯法被处死。

将军张次公是河东人。他以校尉的身份跟随卫青将军出征匈奴有功劳，被封为岸头侯。后来太后逝世，张次公任将军，驻守北军总部。一年后，他任将军，跟随大将军出征匈奴。他两次担任将军，后来因犯法失去了侯爵。张次公的父亲叫张隆，是驾驶轻车的勇武射手。因为他善于射箭，景帝喜欢、亲近他。

将军苏建是杜陵人。他以校尉的身份跟随卫青将军出征，有功劳，被封为平陵侯，又以将军的身份修筑朔方城。四年后，他任游击将军，跟随大将军从朔方出塞。一年后，他以右将军的身份两次跟随大将军从定襄出塞，结果翕侯逃亡，大军覆没，被判以死刑，后出钱赎罪，成为平民。后来他任代郡太守。他死后，坟墓在大犹乡。

将军赵信，以匈奴相国的身份投降汉朝，被封为翕侯。武帝即位十七年，

赵信任前将军，和单于作战，失败了，投降了匈奴。

将军张骞，以使者的身份沟通大夏，回来后，任校尉。他跟随大将军出征匈奴有功劳，被封为博望侯。三年后，他任将军，从右北平出塞，延误了约定的军期，被判死刑，出钱赎罪，成为平民。后来他作为使者沟通乌孙，担任大行，便去世了，坟墓在汉中。

将军赵食其是祋祤人。武帝即位二十二年，赵食其以主爵都尉的身份任右将军，跟随大将军从定襄出塞，因为迷路而延误了军期，被判死刑，后来出钱赎罪，成为平民。

将军曹襄，以平阳侯的身份任后将军，跟随大将军从定襄出塞。曹襄，是曹参的孙子。

将军韩说是弓高侯韩颓当的庶出孙子，他以校尉的身份跟随大将军出征有功劳，被封为龙额侯，后来因犯了助祭金斤两和成色不足的罪而失去了侯爵。元鼎六年，韩说以待诏的身份任横海将军，攻打东越有功劳，被封为按道侯。他在太初三年任游击将军，驻扎在五原以外的一些城堡。后来他任光禄勋，因为到太子宫中挖掘巫蛊罪证，被卫太子杀死。

将军郭昌是云中人。他以校尉的身份跟随大将军出征。元封四年，他以太中大夫的身份任拔胡将军，驻守在朔方。回来以后去攻打昆明，没有功劳，被收回官印罢了官。

将军荀彘是太原郡广武人。他凭着善于驾车的本领求见皇上，被任命为侍中，又当了校尉，多次跟随大将军出征。他在元封三年任左将军去攻打朝鲜，没有功劳。后来因为逮捕楼船将军犯了法，而被处死。

骠骑将军霍去病先后出击匈奴共有六次，其中四次是以将军身份出击，斩杀、俘虏敌军十一万多人。等到浑邪王率领部众几万人投降后，开拓了河西酒泉地区，西部匈奴的侵扰越发减少。霍去病被四次加封，共受封一万五千一百户。他的校尉因为有功劳而被封侯的共有六人，以后成为将军的有两人。

将军路博德是平州人。他以右北平太守的身份跟随骠骑将军出征有功劳，被封为符离侯。骠骑将军死后，路博德以卫尉的身份任伏波将军，讨伐、打败了南越，被加封。后来他因为犯法而失去了侯爵。后来，他任强弩都尉，驻守在居延，直到去世。

将军赵破奴原来是九原人。他曾经逃亡进入匈奴那里，不久又回到汉朝，担任骠骑将军的司马。他从北地出塞攻打匈奴，经常有功劳，被封为从骠侯。后来他因犯了助祭金斤两和成色不足的罪而失去了侯爵。一年后，他任匈河将军，攻打匈奴直到匈河水，没有功劳。二年后，他带兵攻打并俘获了楼兰王，又被封为浞野侯。六年后，他任浚稽将军，率领二万骑兵攻打匈奴左贤王，左贤王同他交战，用八万骑兵包围赵破奴。赵破奴被匈奴活捉，于是全军覆没。赵破奴在匈奴居留了十年，又和他的长子赵安国逃回汉朝。后来，他因为犯了巫蛊罪，被灭族。

自从卫氏兴起，大将军卫青最先受封，后来他的子孙有五人被封为侯。总共二十四年，而五个侯爵全被剥夺，卫家没有做列侯的人了。

太史公说

苏建曾对我说："我曾经责备大将军卫青太尊贵，而全国的贤士大夫却不称赞他，希望将军能够效仿古代那些招揽贤人的名将，尽力去做吧。大将军谢绝说：'自从魏其侯窦婴和武安侯田蚡厚待宾客，天下之人常切齿愤恨。那亲近和安抚士大夫，招选贤才，废除不肖者的事，是国君的权柄。当大臣的只需遵守法度尽职尽责便好，何必参与招选贤士的事呢？'"骠骑将军霍去病也效法这种做法，他们当将军的就是这样。

平津侯主父列传 第五十二

【解题】本文是公孙弘和主父偃的合传，并附录了徐乐、严安的两篇奏疏。传中记述了平津侯公孙弘以布衣而封侯，官至丞相，位列三公的经历，肯定了他官高戒奢，躬行节俭，倡导儒学，有益于教育事业发展的功绩；也肯定了他谏止征伐匈奴和罢通西南夷，关心民间疾苦的思想和行为；同时也指斥了他曲学阿世、"为人意忌"等缺失。

◑平津侯公孙弘

丞相公孙弘是齐地菑川国薛县的人，表字叫季。他年轻时当过薛县的监狱官员，因为犯了罪，被免官。他家里穷，只得到海边去放猪。直到四十多岁时，才学习《春秋》及各家解释《春秋》的著作。他奉养后母孝顺而谨慎。

武帝建元元年，天子刚即位，就招选贤良文学之士。这时，公孙弘已经六十岁，以贤良的身份被征召入京，当了博士。他奉命出使匈奴，回来后向武帝报告情况，不合皇上的心意，皇上发怒，认为公孙弘无能，公孙弘就借有病为名，免官归家。

武帝元光五年，皇帝下诏书，征召文学之士，菑川国又推荐公孙弘。公孙弘向国人推让拒绝说："我已经西去京城接受皇帝的任命，因为无能而罢官归来。希望改变推举的人选。"国人却坚决推举公孙弘，公孙弘就到了太常那里。太常让所征召的一百多个儒士分别对策，公孙弘的对策文章，按等次被排在最后边。全部对策文章被送到皇帝那里，武帝把公孙弘的对策文章提拔为第一。公孙弘被召去进见皇帝，武帝见他相貌非常漂亮，封他为博士。这时，汉朝开通西南夷的道路，在那里设置郡县，巴蜀人民对此感到困苦，皇帝命公孙弘前去视察。公孙弘视察归来，向皇帝报告，极力诋毁西南夷没有用处，皇上没采纳他的意见。

公孙弘为人雄伟奇异，见闻广博，经常说人主的毛病在于心胸不广大，人臣的毛病在于不节俭。公孙弘盖布被，吃饭时不吃两种以上的肉菜。后母死了，他守丧三年。他每次上朝同大家议论政事，总是先开头陈述种种事情，让皇上自己去选择决定，不肯当面驳斥和在朝廷上争论。于是皇上观察他，发现他的品行忠厚，善于言谈，熟悉文书法令和官场事务，而且还能用儒学观点加以文饰，因此非常喜欢他。在两年之内，他便官至左内史。公孙弘向皇帝奏明事情，有时不被采纳，也不在朝廷加以辩白。他曾经和主爵尉汲黯请求皇上分别召见，汲黯先向皇上提出问题，公孙弘则随后把问题阐述得清清楚楚，皇上常常很高兴。他所说的事情都被采纳，从此，公孙弘一天比一天受到皇帝的亲近，地位显贵起来。他曾经与公卿们事先约定好了要向皇帝谈论问题，但到了皇上面前，他却违背约定，而顺从皇上的意旨。汲黯在朝廷上责备公孙弘说："齐地之人

青铜八卦纹镜·西汉

西汉初期的铜镜用平雕手法，镜面较平，花纹平整，镜边简略，装饰性强，有的加铸铭文，通常如长相思、长富贵、乐未央等言语。

多半都欺诈而无真情，他开始时同我们一起提出这个建议，现在全都违背了，不忠诚。"皇上问公孙弘，公孙弘谢罪说："了解我的人认为我忠诚，不了解我的人认为我不忠诚。"皇上赞同公孙弘的说法。皇上身边的受宠之臣每每诋毁公孙弘，但皇上却越发厚待公孙弘。

武帝元朔三年，张欧被免官，皇上用公孙弘当御史大夫。这时，汉朝正在开通西南夷，东边设置沧海郡，北边修建朔方郡城。公孙弘屡次劝谏皇上，认为这些做法是使中国疲惫不堪而去经营那些无用的地方，希望停

做这些事情。于是，武帝就让朱买臣等以设置朔方郡的有利情况来诘难公孙弘。朱买臣等提出十个问题，公孙弘一个也答不上来。公孙弘便道歉说："我是山东的鄙陋之人，不知设置朔方郡有这些好处，希望停做通西南夷和置沧海郡的事，集中力量经营朔方郡城。"皇上就答应了。

汲黯说："公孙弘处于三公的地位，俸禄很多，但却盖布被，这是欺诈。"皇上问公孙弘，公孙弘谢罪说："有这样的事。九卿中与我好的人没有超过汲黯的了，但他今天在朝廷上诘难我，确实说中了我的毛病。我有三公的高贵地位却盖布被，确实是巧行欺诈，妄图钓取美名。况且我听说管仲当齐国国相，有三处住宅，其奢侈可与齐侯相比，齐桓公依靠管仲称霸，也是对在上位的国君的越礼行为。晏婴为齐景公的国相，吃饭时不吃两样以上的肉菜，他的妾不穿丝织衣服，齐国治理得很好，这是晏婴向下面的百姓看齐。如今我当了御史大夫，却盖布被，这使得从九卿以下直到小官吏没有了贵贱的差别，确实就如汲黯所说的那样。况且没有汲黯的忠诚，陛下怎能听到这些话呢！"武帝认为公孙弘谦让有礼，越发厚待他，终于让公孙弘当了丞相，封为平津侯。

公孙弘为人猜疑忌恨，外表宽宏大量，内心却城府很深。那些曾经同公孙弘有仇怨的人，公孙弘虽然表面与他们相处很好，但暗中却嫁祸于人予以报复。杀死主父偃，把董仲舒改派到胶西国当相的事，都是公孙弘的主意。他每顿饭只吃一个肉菜和脱壳的粗米饭，老朋友和他喜欢的门客，都靠他供给衣食，公孙弘的俸禄都用来供给他们，家中没有余财。士人都因为这个缘故认为他贤明。

淮南王和衡山王谋反，朝廷追究党羽正紧的时候，公孙弘病得很厉害，他自己认为没有什么功劳而被封侯，官位升到丞相，应当辅助贤明的君王安抚国家，使人人都遵循当臣子的道理。如今诸侯有反叛朝廷的阴谋，这都是丞相工作不称职的结果，害怕一旦默默病死，没有办法搪塞责任。于是，他向皇帝上书说："我听说天下的常道有五种，用来实行这五种常道的有三种美德。君臣、父子、兄弟、夫妇和长幼的次序，这五方面是天下的常道。智慧、仁爱和勇敢，这三方面是天下的美德，是用来实行常道的。所以孔子说：'努力实践接近于仁，喜欢询问接近于智，知道羞耻接近于勇。'知道这三种情况，就知道怎样自我修养了。知道怎样自我修养，然后知道怎样治理别人。天下没有不能自我修养却能去治理别人的，这是百代不变的道理。现在陛下亲行大孝，以三王为借鉴，建立起像周代那样的治国之道，兼备文王和武王的才德，

▶《帝鉴图说》之汉武帝蒲轮征贤·明·无款

《蒲轮征贤》讲述的是汉武帝为了征聘当时的大儒申公，特地派人前去迎接。因申公年纪高迈，特地用蒲草将车轮缠裹，以防颠簸，表现了汉武帝求贤若渴的心情，也是汉代征辟制的典型案例。

鼓励贤才，给予俸禄，根据才能授予官职。如今我的才质低劣，没有汗马之劳，陛下特意把我从行伍之间提拔起来，封为列侯，把我置于三公的地位。我的品行才能不能同这高高的官位相称，平素既已有病，恐怕先于狗马等短命的牲畜而死去，最终无法报答陛下的恩德和搪塞责任。我希望交回侯印，辞官归家，给贤者让路。"武帝答复他说："古代奖赏有功的人，表彰有德的人，守住先人已成的事业要崇尚文德教化，遭遇祸患要崇尚武功，没有改变这个道理的。我从前幸运地得以继承皇位，害怕不能安宁，一心想同各位大臣共同治理天下，你应当知道我的想法。大概君子都是喜欢善良的人，憎恶丑恶的人，你若谨慎行事，就可常留我的身边。你不幸得了霜露风寒之病，何必忧虑不愈，竟然上书要交回侯印，辞官归家，这样做就是显扬我的无德呀！现在事情稍微少了些，希望你少用心思，集中精神，再以医药辅助治疗。"于是，武帝恩准公孙弘继续休假，赐给他牛、酒和各种布帛。过了几个月，公孙弘的病情大有好转，就上朝办理政事了。

武帝元狩二年，公孙弘发病，终于以丞相的身份死去。他的儿子公孙度继承了平津侯的爵位。公孙度当山阳太守十多年，因为犯法而失去侯爵。

主父偃上书论征匈奴

主父偃是齐地临菑人，学习战国时代的纵横家的学说，晚年才开始学习《周易》《春秋》和诸子百家的学说。他游于齐国许多读书人之间，没有谁肯厚待他。齐国许多读书人共同排斥他，他无法在齐待下去。他家生活贫困，向人家借贷也借不到，就到北方的燕、赵、中山游学，各地都没人厚待他，做客很难。孝武帝元光元年，他认为各诸侯国都不值得去游学，就西入函谷关，去见大将军卫青。大将军卫青屡次向皇上推荐他，皇上不肯召见。他带的钱财已经花光，留在长安也已经很久，诸侯的宾客们都很讨厌他，于是他向皇帝上书。早晨进呈奏书，傍晚时皇帝就召见了他。他所说的九件事，其中八件是法律条令方面的事，一件是关于征伐匈奴的事。其原文是这样说的：

"我听说贤明的君主不厌恶深切的谏言而是广泛观察，忠诚的大臣不敢逃避重重的惩罚而直言劝谏，因此处理国家大事的好政策才不能遗失，而使功名流传万世。如今我不敢隐瞒忠心，逃避死亡，而要向您陈述我的愚昧想法，希望陛下赦免我的罪过，稍微考察一下我的想法。

"《司马法》上说：'国家虽然大，若是喜欢战争，就必然灭亡；天下虽然太平，若是忘掉战争，就必然危险。'天下已经平定，天子演奏《大凯》的乐章，春秋两季分别举行打猎活动，诸侯们借以春练军队，秋整武器，用以表示不忘战争。况且发怒是悖逆的德行，武器是凶恶的东西，斗争是最差的节操。古代人君一发怒则必然杀人，尸倒血流，所以圣明的天子对待发怒的事非常慎重。那致力于打仗取胜、用尽武力的人，没有最终不后悔的。从前秦始皇凭借战胜对手的兵威，蚕食天下，吞并各个交战的国家，统一天下，其功业可与夏、商、周三代开国之君相同。但他一心取胜，不肯休止，竟想攻打匈奴。李斯劝谏说：'不可以攻匈奴。那匈奴没有城郭居住，也无堆积的财物可守，到处迁徙，如同鸟儿飞翔，难以得到他们加以控制。如果派轻便军队深入匈奴，那么军粮必定断绝；如果携带许多粮食进军，物资沉重难运，也是无济于事。就是得到匈奴的土地，也无利可得，遇到匈奴百姓，也

▶漆占卜板·西汉

不能役使他们加以守护。战胜他们就必然要杀死他们，这并非是为民父母的君王所应做的事。使中国疲惫，而以打匈奴为心情愉快之事，这不是好政策。'秦始皇不采纳李斯的建议，就派蒙恬率兵去攻打匈奴，开阔了千里土地，以黄河为国界。这些土地本是盐碱地，不生五谷。这以后，秦朝调发全国的成年男人去守卫北河地区。让军队在风沙日晒中待了十多年，死

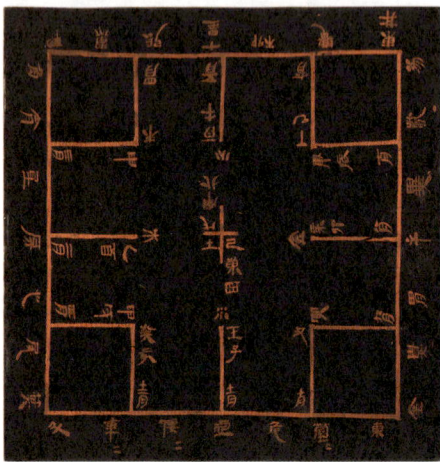

徐州博物馆藏。徐州狮子山西汉楚王墓出土。玉管为两根同样的细长圆管并联而成，两端连接处各以浅浮雕技法雕出一兽面纹。首面双目圆睁，两条长长的眉毛弯曲上卷，胡须在鼻端对称分布，须尖下弯，鼻子上端延伸出一冠状饰，显得十分威严。玉管中空，一端封闭，两端均饰有勾连云纹，中部磨光，素面。双联玉管由一整块新疆和田青白玉透雕出两管，玉管一端封口，两端留出连接部位，设计巧妙，琢磨精细。迄今尚未发现类似的玉管，这件玉管作何用途，仍待研究。

的人不可胜数，始终没能越过黄河北进。这难道是人马不足，武器装备不充裕吗？不是的，这是形势不允许呀！秦朝又让天下百姓飞速转运粮草，从黄县、腄县和琅邪郡靠海的县城起运，转运到北河，一般说来运三十钟粮食才能得到一石。男人努力种田，也不能满足粮饷的需求，女子纺布绩麻也不能满足军队帷幕的需求。百姓疲惫不堪，孤儿寡母和老弱之人无法得到供养，路上的死人一个挨一个，大概由于这些原因，天下百姓开始背叛秦王朝。

　　"待到高皇帝平定天下，攻取了边境的土地，听说匈奴聚积在代郡的山谷之外，就想攻打他们。御史成进进谏说：'不可进攻匈奴。那匈奴的习性，像群兽聚积和众鸟飞散一样，追赶他们就像捕捉影子一样。如今凭借陛下的盛德去攻打匈奴，我私下里认为是危险的。'高皇帝没接受他的建议，于是向北进军到代郡的山谷，果然遭到平城被围困的危险。高皇帝大概很后悔，就派刘敬前往匈奴缔结和亲之约。这以后，天下人民才忘记了战争的事。所以《孙子兵法》上说：'发兵十万，每天耗费千金。'秦朝经常聚积民众和屯兵几十万，虽然有歼灭敌军、杀死敌将、俘虏匈奴单于的军功，这也恰恰足以结下深仇大恨，

不足以抵偿全国耗费的资财。这种上使国库空虚，下使百姓疲惫，扬威国外而心中欢乐的事，并非是完美的事情。那匈奴难以控制，并非一代之事。他们走到哪里偷到哪里，侵夺驱驰，以此为职业，天性本来如此。所以上自虞舜、夏朝、商朝和周朝，全都不按法律道德的要求来督导他们，只将他们视为禽兽加以畜养，而不把他们看作是人类。上不借鉴虞夏商周的经验，下却遵循近世的错误做法，这正是我最大的忧虑，百姓最感痛苦的事情。况且战争持续一久，就会发生变乱；做事很苦，就会使思想发生变化。这样就使边境的百姓疲惫愁苦，产生背离秦王朝的心情，使将军和官吏们相互猜疑而与外国人勾结，所以尉佗和章邯才能实现他们的个人野心。秦朝的政令所以不能推行的原因，就是因为国家大权被这两个人所分的结果，这就是政治的得和失的效验。所以《周书》上说：'国家的安危在于君王发布什么政令，国家的存亡在于君王用什么样的人。'希望陛下仔细考察这个问题，对此稍加注意，深思熟虑。"

徐乐、严安上书

这时，赵人徐乐、齐人严安都向皇帝上书，谈论当代重大事情，每人讲了一件事。徐乐在上书中说：

"我听说国家的忧患在于土崩，而不在于瓦解，从古到今都是一样的。什么叫土崩呢？秦朝末年就是这样。陈涉并没有诸侯的尊贵地位，也没有一尺一寸的封地，

画像砖·汉

汉代的画像砖题材非常广泛，可以是生产场面、建筑，也可以是社会风俗场面或神话故事。

自己也不是王公大人和有名望的贵族的后代，没有家乡人对他的称赞，没有孔丘、墨翟、曾参的贤能，没有陶朱、猗顿的富有。但是，他从贫穷的民间起兵，挥舞着戟矛，赤臂大喊，天下人闻风响应，这是什么道理呢？这是由于人民贫困而国君不知体恤关照，下民怨恨而上位者并不知道，世俗已经败坏而国家政治不好，这三项是陈涉用为凭借的客观条件，这就叫作土崩。所以说国家的忧患在于土崩。什么叫瓦解呢？吴、楚、齐、赵的军事叛乱就是这样。吴、楚等七国之王阴谋叛乱，他们都自称万乘君王，有披甲的战士几十万，他们的威严足以使其封国之民畏服，他们的财物足以鼓励其封国的百姓，但是他们却不能向西夺取很小的土地，而自己却在中原被擒，这是什么原因呢？不是他们权势比平民百姓轻，不是他们的军事力量比陈涉小，是因为正当这时，先皇帝的德泽还未衰弱，而安于乡土、喜欢时俗的百姓很多，所以诸侯们没有得到境外的援助，这就叫作瓦解。所以说国家的忧患不在于瓦解。由此可见，天下若有土崩的形势，纵然是处于穷困境地的平民百姓，只要他们中有人首先发难，就可能使国家遭到危害，陈涉就是如此，何况或许还有三晋之类的国君存在呢！国家纵然是没有大治，若真能没有土崩的形势，即使有强国和强大的军队起来造反，也会很快被擒，吴、楚、齐、赵等国就是这样，何况群臣百姓起来造反呢！这两种情况，明显是国家安危的根本之处，希望贤明的君主多多留意，深刻地考察。

—— 徙民实边 ——

徙民实边就是从内地迁移民户到塞下边疆地区开垦屯田。在汉代，徙民实边成为巩固国防的一项重大国策。汉政府选择边地要害之处，建立城邑屋舍，修筑完善的城防工事，并以优厚的待遇鼓励内地居民迁居。迁徙之民按照军事编制管理，由当地驻军官员进行军事训练，他们居则为民，战则为兵。

"最近关东地区五谷歉收，年景还未恢复，百姓多半都很穷困，再加上边境一带的战争，按形势的发展和一般常理来看，老百姓将有不安心本地的心情。不安心本地就容易流动，容易流动就是土崩的形势。所以，贤明的君主能独自看到各种变化的原因，明察安危的关键，只在朝廷上治理政事，就可以把没有形成的祸患加以消除。这样做的要领，就是想法使国家不出现土崩的形势而已。所以纵然有强国和强大的军队处在那里，陛下仍然可以追赶走兽，射击飞鸟，扩展游宴的场所，无节制地观赏玩乐，尽情地享受驱马打猎的欢乐，一切安然自如。各种乐器的演奏声不绝于耳，帷帐中与美女的情爱和演员侏儒的笑声总是出现在面前，然而国家却没有积久的忧患。名望何必要像商汤、周武王那样，世俗也何必要像周成王、周康王时代那么淳美！虽然是这样，我私下认为陛下是天生的圣人，具有宽厚仁爱的资质，而且确实把治国当作自己的根本职责，能做到这些，那么等同于商汤和周武王的名望就不难得到了，而周成王、周康王时的世俗就可重新出现。这两种情况确立了，然后就可以处于尊贵安全的实际境地，在当代传扬美名，扩大声誉，使天下之人亲近你，使四方边远之民服从你，你的余恩和遗德将盛传几代人，面朝南方，背靠屏风，卷起衣袖，与王公大人们作揖行礼，这是陛下所做的事情。我听说想实行王道，治理国家，就是没有成功，最差的结果也可以使国家安宁。只要安宁，陛下想得到什么，难道还有得不到的吗？要想做什么，难道还有做不成的吗？想要征

▶ **彩绘陶绵羊·西汉**

汉景帝阳陵博物院藏。泥质灰陶，通体灰色，局部有红色彩绘。雌性，腹部有两乳头，脖子微扬，四肢站立，腿细长，双耳略垂，臀肥大。

讨谁，难道还有不降服的吗？”

严安上书说：

“我听说周朝治理天下，把国家治理得很好的时期有三百多年，成王和康王时期是最隆盛的，搁置刑罚四十多年不用。待到周朝政治衰微时也有三百多年，所以五霸才能轮番兴起。五霸这些人经常辅佐天子，兴利除害，诛伐暴虐，禁止奸邪，在天下扶持正道，以此使天子得到尊贵。五霸都去世后，贤圣之人没有继起者，使天子处于孤立软弱的地位，号令不能颁行。诸侯恣意行事，强大的欺凌弱小的，人多的损害人少的，田常篡夺了齐国的政权，六卿瓜分了晋国的土地，共同形成了战国纷争的局面，这是百姓苦难的开始。于是强大的国家致力于战争，弱小的国家备战防守，出现合纵和连横的策略，使者的车子疾驰奔波，战士的铠甲帽盔生满虮虱，百姓的苦难无处申诉。

“待到秦王嬴政时代，他蚕食天下，并吞战国，号称皇帝。统一国内的政治，毁坏诸侯国的都城，销毁诸侯的兵器，熔铸成钟镰，以显示不再用兵动武。善良的平民百姓由此免于战争的灾害，碰上圣明的天子，人人都认为得到了新生命。假如秦朝宽缓其刑罚，少征赋税，减轻徭役，尊重仁义，轻视权势利益，崇尚忠厚，鄙视智巧，改变风俗，使国内百姓得到教化，那么世世代代都会安宁。但是秦朝不推行这种政治，却因循从前的风俗，使得那些专做智巧权利之事的人得以进用，而那些忠厚诚信的人却被斥退；法律严酷，政治严峻，谄媚阿谀的人很多，秦始皇天天听到他们的赞美声，于是心意满足，想入非非。一心想要扬威于海外，就派遣蒙恬率兵去攻打北方的匈奴，扩张土地，推进国境，戍守黄河以北的地方，让百姓急运粮草，跟随其后。又派遣尉官屠睢率领水兵去攻打南方的百越，派监御史禄凿通运河，运送粮食，深入越地，越人逃跑。经过很长时间的相持，粮食乏绝，越人攻击秦兵，秦兵大败。秦就派尉佗率兵戍守越地。那时，秦朝在北方同匈奴结怨，在南方同越人结仇，在无用的地方驻扎军队，只能进而不能退。经过十多年，成年男子穿上铠甲上战场，成年女子转运粮食，百姓痛苦而无法活下去，有的

▶ **铜错金银百戏俑·西汉**

汉代是中国乐舞、杂技等"百戏"艺术空前发展的时期，"百戏"乐舞的繁荣与上层统治者的喜好有关，由于上层统治阶级的大力推广，乐舞表演艺术有了很大进步，并出现了专职的歌舞艺人。到汉武帝时，国势强大，人民生活安定，更是为广泛开展"百戏"活动提供了有利条件，"百戏"已成为人们所喜闻乐见的艺术形式之一。在陶俑、壁画、石刻、砖刻等文物中常可看到"百戏"表演形象。

吊死在路旁的树上，死的人一个接着一个。等到秦始皇死去，天下人民多半反叛秦朝。陈胜、吴广攻占陈县，武臣、张耳攻占赵地，项梁攻占吴县，田儋攻占齐地，景驹攻取郢，周市攻取魏地，韩广攻取燕地，穷山深谷，豪杰之士一同起兵，记也记不完。但是，他们都不是公侯的后代，也并非大官的下属，没有一尺一寸的权势，从闾巷兴起，手持戟矛，顺应时势，都行动起来，没有预先谋划却同时起兵，没有约定却同时相会合，不断扩大土地，最后成为霸王，这是当时的教化使他们成为这个样子。秦朝皇帝是高贵的天子，是拥有天下的富豪，但却亡国亡家，这是穷兵黩武的结果。所以周朝的败亡在于国势软弱，秦朝的败亡在于国势强大，这是不会因时而变的原因。

　　"朝廷如今想招降南夷，使夜郎前来朝拜，降服羌、僰，攻夺涔州，建立城邑，深入匈奴，烧毁它们的龙城，而议论此事的人都加以赞美。这是为臣者的利益，并非是天下的长远大计。如今中国没有狗叫的惊扰，却受着远方备战的牵累，使国家破败，这不是养育百姓的办法。去实现无穷无尽的欲

望，使心意畅快，而同匈奴结怨，这并不是安定边疆的办法。结下怨恨而不能消除，战争停止而又重新产生，使近者蒙受愁苦，远者感到惊骇，这不是持久的办法。如今全国锻造铠甲，磨利刀剑，矫正箭杆，积累弓弦，转运粮食，看不到停止的时候，这是全国人民共同忧虑的事情。战争持续时间长，变故就会产生，事情繁杂，疑虑就会产生。现在外郡的土地有几千里，列城数十个，地理山川的形势可以控制百姓，胁迫附近的诸侯，这不是公室皇家的利益。远看历史上齐国和晋国之所以灭亡的原因，就是因为公室方面的势力衰微，六卿的势力太大了。再近看秦国之所以灭亡的原因，就是因为刑法严酷，欲望大得无穷无尽。如今郡守的权力，不只像六卿那样大；土地几千里，不只是闾巷那点凭借；铠甲武器和各种军械，不只是戟矛那点用处。这样的客观条件，如果碰上天下重大变乱，那么其后果就不可讳言了。"

徐乐和严安的奏书送交天子，天子召见了主父偃和徐乐、严安，对他们说："你们都在哪里啊？为何我们相见得这样晚？"于是，武帝就任命他们三人为郎中。主父偃屡次进见皇帝，上疏陈说政事。皇帝下令任命他为谒者，又升为中大夫。一年当中，四次提升主父偃的职务。

推恩令

主父偃向皇上劝说道："古代诸侯的土地不超过百里，强弱的形势很容易控制。如今的诸侯有的竟然拥有相连的几十个城市，土地上千里。天下形势宽缓时，则容易骄傲奢侈，做出淫乱的事情；形势急迫时，则依仗他们的强大，联合起来反叛朝廷。现

▶ 云纹漆妆奁盒套装·西汉

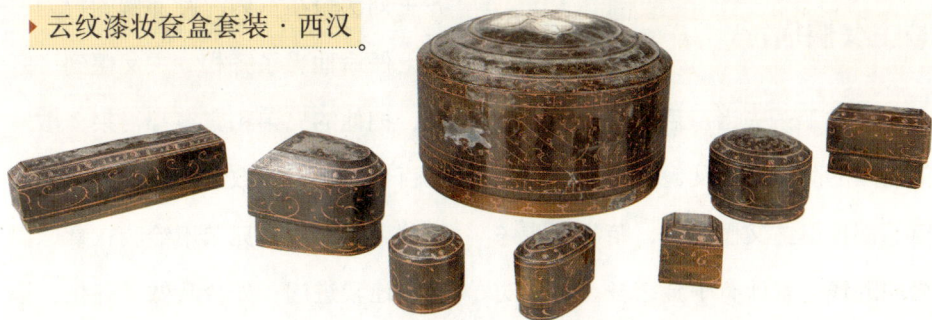

在如果用法律强行削减他们的土地，那么他们反叛的事就会产生，前些时候晁错的做法就是这种情况。如今，诸侯的子弟有的竟是十几个，而只有嫡长子世世代代相继承，其余的虽然也是诸侯王的亲骨肉，却无尺寸之地的封国，那么仁爱孝亲之道就得不到显示。希望陛下命令诸侯可以推广恩德，把他的土地分割给子弟，封他们为侯。这些子弟人人高兴地实现了他们的愿望，皇上用这种办法施以恩德，实际上却分割了诸侯王的国土，不必削减他们的封地，却削弱了他们的势力。"于是，皇上听从了他的计策。主父偃又劝皇帝说："茂陵刚刚成为一个县，可以将全国豪强富人和使百姓作乱的人，都迁徙到茂陵，内则充实京城，外则消除奸猾之人，这就叫作不诛杀而祸害被消除。"皇上又听从了他的主张。

▶主父偃横行

尊立卫子夫当皇后，及揭发燕王刘定国的阴私，主父偃是有功的。大臣们都畏惧主父偃的口，贿赂和赠送给他的钱，累计有千金之多。有人劝

主父偃说："你太横行了。"主父偃说："我从束发游学以来已四十余年，自己的志向得不到实现，父母不把我当儿子看，兄弟们不肯收留我，宾客抛弃我，我穷困的时日已很久了。况且大丈夫活着，如不能列五鼎而食，那么死时就受五鼎烹煮的刑罚好了。我已到日暮途远之时，所以要倒行逆施，横暴行事。"

主父偃盛称朔方土地肥沃富饶，外有黄河为险阻，蒙恬在此筑城以驱逐匈奴，内省转运和戍守漕运的人力物力，这是扩大中国土地，消灭匈奴的根本。皇上看完他的建议，就交给公卿们议论，大家都说不利。公孙弘说："秦朝时曾经调发三十万人在黄河以北修城，最终也未修成，不久就放弃了。"主父偃盛称其利，皇上竟采纳主父偃的计策，设置了朔方郡。

元朔二年，主父偃向皇上讲了齐王刘次景在宫内淫乱邪僻的行为，皇上任命他当了齐相。主父偃到了齐国，把他的兄弟和宾客都召来，散发五百金给他们，数落他们说："开始我贫穷的时候，兄弟不给我衣食，宾客不让我进门；如今我做了齐相，诸

君中有人到千里以外去迎接我。我同诸君绝交了，请不要再进我主父偃的家门！"他还派人用齐王与其姐姐通奸的事来触动齐王，齐王以为终究不能逃脱罪责，害怕像燕王刘定国那样被判处死罪，就自杀了。主持此事的官员把这事报告了皇上。

主父偃作为平民百姓时，曾经游历燕地和赵地，等到他当了大官后，就揭发了燕王的阴私。赵王害怕他成为赵国的祸患，想要上书皇帝讲述他的隐私，但因为主父偃在朝中，不敢揭发。等到他当了齐相，走出函谷关，赵王就派人上书，告发主父偃接受诸侯的贿赂，诸侯子弟中有很多因为这个原因而被封侯。等到齐王自杀了，皇上得到消息后，大怒，认为是主父偃威胁齐王使其自杀的，就交给官吏审问。主父偃承认接受诸侯贿赂，但是没有威胁齐王使他自杀。皇上不想诛杀主父偃，这时公孙弘当御史大夫，就对皇上说："齐王自杀，没有后代，封国被废除而变成郡，归入朝廷，主父偃是这事的罪魁，陛下不杀主父偃，无法向天下人民交代。"于是皇上就把主父偃家族的人都杀了。

主父偃显贵受宠时，宾客的人数以千计，待到他被灭族而死，没有一个人为他收尸，唯独洨县人孔车为他收尸并埋葬了他。天子后来听说了这事，认为孔车是个忠厚长者。

太史公说

公孙弘的品德行为虽然美好，但是也因为他遇到了好时机。汉朝建国八十余年了，皇上正崇尚儒家学说，招揽才能超群的人才，以发展儒家和墨家学说，公孙弘是第一个被选拔出来的人。主父偃身居要职，诸位朝中高官都称赞他，待到他名声败坏，自身被杀，士人都争着讲他的坏处，真是可悲呀！

南越列传 第五十三

【解题】本传记述了南越王赵佗建国的史实及其四位继承者同汉王朝的关系，描述了汉武帝出师攻灭南越，将南越置于汉王朝直接统治下的过程。行文中表现了司马迁尊重史实和民族一统的思想。他没有把边疆的少数民族视为"种别域特"（班固《汉书·叙传》）的野蛮低贱民族，而肯定"佗能集杨越以保南藩"（卷一百三十《太史公自序》）的功劳，把南越视为汉王朝的一部分，视其民为汉王朝的同等臣民，把南越统一和南越归汉，视为各民族走向统一的必然趋势，有一定进步意义。

赵佗称王南越

南越王尉佗是真定人，姓赵。秦国兼并了六国，攻取并平定了杨越，设置了桂林、南海和象郡，把犯罪而被迁徙的百姓安置到这些地方，同越人杂居了十三年。尉佗秦朝时被任命做了南海郡的龙川县令。到秦二世时，南海郡尉任嚣得病将死，把龙川令赵佗召来，并对他说："听说陈胜等发动了叛乱，秦朝推行暴虐无道的政策，天下百姓对此感到怨恨，项羽和刘邦、陈胜、吴广等，都在各自的州郡，同时聚集民众，组建军队，像猛虎般地争夺天下，中原地区扰攘动乱，不知何时方得安宁，豪杰们背叛秦朝，相互对立。南海郡偏僻遥远，我怕强盗的军队侵夺土地，打到这里，我想发动军队切断通往中原的新修大路，自己早作防备，等待诸侯的变化，恰巧我的病重了。再说番禺这个地方，背后有险要的山势可以依靠，南有大海作屏障，东西几千里，有些中原人辅助我们，这也能当一州之主，可以建立国家。南海郡的长官中没有谁值得我同他研究这些事，所以把你召来告诉你这些事。"任嚣当即向赵佗颁布任命文书，让他代行南

海郡的职务。任嚣死后，赵佗就向横浦、阳山、湟溪关传布檄文，说："强盗的军队将要到来，要疾速断绝道路，集合军队，保卫自己。"赵佗借此机会，逐渐用法律杀了秦朝安置的官吏，而用他的亲信做代理长官。秦朝被消灭后，赵佗就攻击并兼并了桂林和象郡，立自己为南越武王。高皇帝平定了天下，因为中原百姓劳顿困苦，所以高皇帝放过了赵佗，没有杀他。汉高皇帝十一年，派遣陆贾去南越，命令赵佗因袭他南越王的称号，同他剖符定约，互通使者，让他协调百越，使其和睦相处，不要成为汉朝南边的祸害。南越边界与北方的长沙接壤。

高后时代，有关部门的官吏请求禁止南越在边境市场上购买铁器。赵佗说："高皇帝立我为南越王，双方互通使者和物资，如今高后听信谗臣的意见，把蛮夷视为异类，断绝我们所需要的器物的来源，这一定是长沙王的主张。他想依靠中原的汉王朝，消灭南越，兼作南越王，自己建立功劳。"于是赵佗就擅加尊号，自称南越武帝，出兵攻打长沙国的边境城邑，打败了几个县才离去。高后派遣将军隆虑侯周灶前去攻打赵佗。正遇上酷暑潮湿的气候，士卒中的多数人都得了重病，致使大军无法越过阳山岭。又过了一年多，高后死去，汉军就停止了进攻。赵佗因此凭借他的军队扬威于边境，用财物贿赂闽越、西瓯和骆越，使他们都归属南越，使自己的领地从东到西长达一万余里。赵佗竟然乘坐黄屋左纛之车，以皇帝身份发号施令，同汉朝地位相等。

▶赵佗像

待到孝文帝前元元年，天子刚刚统治天下，便派出使者向诸侯和四方蛮夷的君长告知他从代国来京即位的意图，让他们知道天子的圣明美德。于是

文帝行玺·西汉

"文帝行玺"金印出土于墓主人的胸部位置。印面阴刻"文帝行玺"四个字，应是南越文王发布命令的官印。金印的印钮是一条游龙，盘曲成"S"形，龙腰隆起可以用来穿印绶。"文帝行玺"金印是我国目前考古发现的最大的一枚西汉金印，也是唯一的汉代龙钮帝玺。

为赵佗在真定的父母的坟墓设置守墓的人家，每年按时举行祭祀，又召来他的堂兄弟，用尊贵的官职和丰厚的赏赐表示对他们的宠爱。天子命令丞相陈平等推荐可以出使南越的人，陈平说好畤人陆贾在先帝时曾多次出使南越。天子就召来陆贾，任命他为太中大夫，前往南越当使者，借机责备赵佗自立为皇帝，竟然不派一个使者向天子报告。陆贾到了南越，南越王赵佗特别恐惧，向天子写信道歉，说："蛮夷大长老夫臣佗，从前高后隔离歧视南越，我私下疑心长沙王是个善进谗言的臣子，又在这遥远之地听说高后杀尽了赵佗的宗族，挖掘并烧毁祖先的坟墓，因此自暴自弃，侵犯长沙的边境地区。而且南方低湿之地，在蛮夷中间，东边的闽越只有上千民众，却称其君长为王；西面的骆越这样的裸体之国也得称王。所以我狂妄地窃取皇帝的尊号，聊以自我安慰，怎敢把这事禀告天子呢！"赵佗深深叩头谢罪，表示要长久做汉朝的藩属臣子，遵守向天子纳贡的职责。于是赵佗就向全国发布命令，说："我听说两个英雄豪杰是不能并存的，两个贤哲之人也不能共同生活在同一世界。汉朝皇帝，是贤明的天子，从今以后，我去掉帝制，不再乘坐黄屋左纛的车子。"陆贾回京报告此事，孝文帝非常高兴。延续到孝景帝时代，赵佗向汉朝称臣，春秋两季派人到长安朝见天子。但是在南越国内，赵佗一直窃用皇帝的名号，只有他派使者朝见天子时才称王，接受天子的命令如同诸侯一样。到武帝建元四年，赵佗死去。

闽越之争

赵佗的孙子赵胡当了南越王。这时闽越王郢发动战争，攻打南越边境城镇，赵胡派人向汉天子写信说："南越和闽越都是汉朝的藩臣，不能擅自发兵相互攻击。如今闽越发兵侵犯臣，臣不敢发兵抗击，希望天子下诏书处理这事。"天子赞扬南越有忠义行为，遵守职责和盟约，于是为他们出兵，派遣两位将军前去讨伐闽越。汉军还没越过阳山岭，闽越王的弟弟馀善杀死了郢，投降了汉朝，于是汉朝停止了讨伐行动。

汉天子派庄助去向南越王讲明朝廷的意思，赵胡深深叩头说："天子是为臣发兵讨伐闽越的，就是臣死了也无法报答天子的恩德！"赵胡就派太子婴齐到朝廷去充当宿卫。他又对庄助说："国家刚刚遭受敌人的侵略，请使者先走吧。我正在日夜准备行装，计划去京城朝见天子。"庄助离开后，他的大臣向赵胡进谏说："汉朝发兵诛杀郢，也是用这个行动来警告南越。而且先王过去曾说过，侍奉天子，只希望不要失礼，重要的是不可因为爱听使者的好话而去朝见天子。要是去朝见天子就不能再回来了，这是亡国的形势啊。"于是赵胡就以生病为借口，最终也没去朝见天子。过了十多年，赵胡真病得很严重，太子婴齐请求回国。赵胡死了，加给他文王的谥号。

婴齐代立为南越王之后，就把他祖先的武帝印玺藏了起来。婴齐到长安做宿卫时，取了邯郸樛家的女儿做妻子，生了儿子叫赵兴。待到他继位为王，便向天子上书，请求立妻子樛氏为王后，赵兴为太子。汉朝屡次派使者婉转劝告婴齐去朝拜天子。婴齐喜欢恣意杀人，惧怕进京朝拜天子，会被强迫比照内地诸侯，执行汉朝法令，因此以有病为托辞，竟未去朝见天子，只派遣儿子次公入京当了宿卫。婴齐死去，加给他明王的谥号。

吕嘉专权

太子赵兴代立为南越王，他母亲当了太后。太后在没嫁给婴齐做妾时，曾经同霸陵人安国少季通奸。等到婴齐死后，元鼎四年，汉朝派安国少季前去规劝南越王和王太后，让他们比

照内地的诸侯，进京朝拜天子。命令辩士谏大夫终军等宣传这个意思，让勇士魏臣等时刻准备着动用武力，另外汉朝还派了卫尉路博德率兵驻守在桂阳，等待使者。南越王年轻，王太后是中原人，曾同安国少季通奸，此次安国少季来当使者，又和她通奸。南越国的人们多半知道这事，大多不依附王太后。太后害怕发生动乱，也想依靠汉朝的威势，屡次劝说南越王和群臣请求归属汉朝。于是就通过使者上书天子，请求比照内地诸侯，三年朝见天子一次，撤除边境的关塞。于是天子答应了他们的要求，把银印赐给南越丞相吕嘉，也赐给内史、中尉、太傅等官印，其余的官职由南越自己安置。废除他们从前的黥刑和劓刑，用汉朝的法律，和内地的诸侯一样。使者都留下来镇抚南越。南越王及王太后整治行装和贵重财物，为进京朝见天子做准备。

南越丞相吕嘉年龄很大，辅佐过三位国王，他的宗族内当官做长吏的就有七十多人，男的都娶王女做妻子，女的都嫁给王子及其兄弟宗室之人，同苍梧郡的秦王有联姻关系。他在南越国内的地位非常显要，南越人都信任他，很多人都成了他的亲信，在得民心方面超过了南越王。南越王要上书汉天子，他屡次建议南越王放弃这个举动，南越王没听。他产生了背叛南越王的念头，屡次托病不去会见汉朝使者。使者都留意吕嘉的言行，因为形势的关系，没有诛杀吕嘉。南越王和王太后也怕吕嘉首先发难，就安排酒宴，想借助汉朝使者的权势，计划杀死吕嘉等人。宴席上，使者都面朝东，太后面朝南，王面朝北，丞相吕嘉和大臣都面朝西，陪坐饮酒。吕嘉的弟弟当将军，率兵守候在宫外。饮酒当中，太后对吕嘉说："南越归属汉朝，是国家的利益，而丞相嫌这样做不利，是什么原因？"王太后想以此激怒汉朝使者。但是使者犹豫不决，终究没敢动手杀吕嘉。吕嘉看到周围人不是自己的亲信，随即站起身走了出去。王太后发怒了，想用矛撞击吕嘉，王阻止了太后的行为。吕嘉就出去了，并把弟弟的兵士分来一部分，安排到自己的住处周围，托病不肯去会见南越王和使者。吕嘉暗中同大臣们准备发动叛乱。王一向无意杀害吕嘉，吕嘉知道这一点，因此几个月过去了，叛乱仍没发生。王太后有淫乱行为，南

越国的人都不归附她，她想独自杀害吕嘉，又没有能力做成这件事。

天子听说吕嘉不服从南越王，南越王和太后力弱势孤，不能控制吕嘉，使者又胆怯而无决断的能力。又认为王和太后已经归附汉朝，独有吕嘉作乱，不值得发兵，想派庄参率两千人出使南越。庄参说："若是为友好谈判而去，几个人就足够了；若是为动武而去，两千人不足以干出大事来。"庄参推辞不肯去，天子罢免了庄参的官。郏地壮士、原济北王的丞相韩千秋奋然说道："这么一个小小的南越，又有南越王和太后做内应，独有丞相吕嘉从中破坏，我愿意得到二百个勇士前往南越，一定杀死吕嘉，回来向天子报告。"于是天子派遣韩千秋和王太后的弟弟樛乐，率兵二千人前往南越。他们进入南越境内，吕嘉等终于造反了，并向南越国的人下令说："国王年轻，太后是中原人，又同汉朝使者有淫乱行为，一心想归属汉朝，把先王的珍宝重器全部拿去献给汉天子，谄媚汉天子；带走很多随从的人，走到长安，便把他们卖给汉人作僮仆。她只想得到自己

逃脱一时的好处，没有顾及赵氏的国家政权，没有为后世永久之计而谋划的意思。"于是吕嘉就同他弟弟率兵攻击并杀害了南越王、王太后和汉朝的使者。他又派人告知苍梧秦王和各郡县官员，立明王的长子与南越籍的妻子所生的儿子术阳侯赵建德当南越王。这时韩千秋的军队进入南越境内，攻破几个小城镇。以后，南越人径直让开道路，供给饮食，让韩千秋的军队顺利前进，走到离番禺四十里

▶ **承盘高足玉杯·西汉**

西汉南越王博物馆藏。广州南越王墓出土。承盘高足玉杯放在南越王棺椁的头端，由高足青玉玉杯、游龙衔花瓣玉托架、铜承盘三部分组成，造型呈三龙拱杯之势。它共由金、银、玉、铜、木五种材料做成，工艺精巧、造型奇特。在南越王墓中出土有五色药石的实物，所以这个玉杯可能是南越王生前用来承聚甘露、服用长生不老药的器具。

的地方，南越用兵攻击韩千秋等，于是把他们全部消灭。吕嘉让人把汉朝使者的符节用木匣装好，封上，放置到边塞之上说了些好听的骗人的话向汉朝谢罪，同时派兵守卫在要害的地方。于是天子说："韩千秋虽然没有成功，但也够得上军人的先锋之冠了。"天子封韩千秋的儿子韩延年为成安侯。樛乐，他姐姐是王太后，她首先愿意归属汉朝，因此封樛乐的儿子樛广德为龙亢侯。天子就发布赦令说："天子衰微，诸侯极力征讨，人们就讽刺大臣不知讨伐叛贼。如今吕

赵眜玉印·西汉

印台长 2.3 厘米，宽 2.3 厘米。覆斗式印钮，上边有一个小孔可以系印绶。这枚玉印是墓主的姓名章，它和"眜"字封泥相互印证，使我们知道墓主人姓赵名眜。

嘉、赵建德等造反，很安然地自立为王。我命令罪人同江淮以南的水兵共十万人前去讨伐他们。"

汉平南越

元鼎五年秋天，武帝任命卫尉路博德为伏波将军，率兵从桂阳出发，直下汇水；主爵都尉杨仆为楼船将军，经过豫章，直下横浦；原来归降汉朝被封侯的两个南越人当了戈船将军和下厉将军，率兵从零陵出发，然后一军直下离水，一军直抵苍梧；让驰义侯率领巴蜀的罪人，调动夜郎的兵卒，直下牂柯江。最后都在番禺会师。

元鼎六年冬天，楼船将军杨仆率领精锐兵卒，攻下了寻陕、石门，挫败南越的先头部队，率数万大军等候伏波将军路博德。伏波将军率领被赦的罪人，道路遥远，误了会师的日期，因此同楼船将军会师的才有一千余人，于是一同前进。楼船将军在前边，直打到番禺。赵建德和吕嘉都在城中防守。楼船将军自己选择有利的地方，驻兵在番禺的东南面；伏波将军驻军在番禺西北边。正赶上天黑了，

楼船将军攻击并打败了南越人，火烧番禺城。南越人平时就听到过伏波将军的大名，如今天黑，不知道他有多少军队。伏波将军就安营扎寨，派使者招来那些投降的人，赐给他们官印，又放他们回去招降别的人。楼船将军奋力攻击，焚烧敌人，反而驱赶乱兵跑入伏波将军的营中来投降。黎明时分，城中的敌兵都投降了伏波将军。吕嘉和赵建德已在夜里同几百个部下逃入大海，乘船西去。伏波将军又乘机询问已投降的南越贵人，才知道吕嘉的去向，派人去追捕他。原校尉现为伏波将军司马的苏弘捕到赵建德，被封为海常侯；南越人郎官都稽抓到吕嘉，被封为临蔡侯。

苍梧王赵光，与南越王同姓，听说汉朝军队已到，同南越名字叫定的揭阳县令，决定归属汉朝；南越桂林郡监居翁，告谕劝说瓯骆归降汉朝。他们都被封了侯。戈船将军和下厉将军的军队，以及驰义侯所调动的夜郎军队还未到达，南越已经被平定了。于是汉朝在此设置了九个郡。伏波将军增加了封邑，楼船将军的军队攻破敌人的坚固防守，因而被封为将梁侯。

从赵佗最初称王以后，传国五世，共九十三年，南越国就灭亡了。

✤ 太史公说 ✤

尉佗当上南越王，本是由于任嚣的提拔和劝说。正赶上汉朝初步安定，他被封为诸侯。隆虑侯领兵伐南越，碰上酷暑潮湿的气候，士卒多染上疾病，无法进军，致使赵佗越发骄傲。由于同瓯骆互相攻击，南越国势动摇。汉朝的大军压境，南越太子婴齐只得前往长安当宿卫。后来南越亡国，征兆就在婴齐娶了樛氏女。吕嘉小小的忠诚，致使赵佗断绝了王位的继承人。楼船将军放纵欲望，变得怠惰傲慢，放荡惑乱。伏波将军大志不顺，智谋思虑越来越丰富，因祸得福。可见成败的转换，就像绳子一样，是永远绞在一起的。

东越列传 第五十四

【解题】本文记述东越的变迁史实，可分为两部分。前段写秦末汉初时，东越由郡县变为闽越国和东海国，勾践的后裔无诸成为闽越王，摇成为东海王。后来，东海王助汉诛杀叛乱首领吴王濞而迁处江淮间。馀善杀闽越王郢而得立东越王。后写馀善谋反而被杀，东越国重新变为郡县，其民迁处江淮间。文中揭示了东越与中原的历史渊源和密切关系，表现了中华民族这个大家庭逐渐走向统一的历史趋势，反映了作者维护中央政权的大一统思想。

❖ 东瓯受封

闽越王无诸同越东海王摇，他们的祖先都是越王勾践的后代，姓驺。秦朝吞并天下后，都被废除王号，成为君长，把他们这地方设置为闽中郡。待到诸侯反叛秦朝，无诸和摇便率领越人归附鄱阳县令吴芮，就是人们所说的鄱君，跟随诸侯灭亡了秦国。在当时，项籍把持向诸侯发布命令的大权，没有立无诸和摇为王，因此，他们没有归附楚王。汉王攻击项籍，无诸和摇就率领越人辅助汉王。汉王五年时，重新封无诸为闽越王，在原先的闽中这地方称王，建都在东冶。孝惠帝三年，列举高皇帝时越人的辅佐之功，朝廷认为闽君摇的功劳多，他的百姓也愿意归附，于是就立摇当了东海王，建都在东瓯，世俗之人称他为东瓯王。

❖ 东瓯内附

过了几代人之后，到孝景帝三年时，吴王刘濞谋反，想让闽越跟随他反叛汉朝，闽越不肯采取行动，只有东瓯跟随吴王造反。等到吴国被攻破，东瓯接受了汉朝的重金收买，在丹徒杀死了吴王刘濞，因此都没有被诛杀，回到了自己的国中。

吴王的儿子子驹逃亡到闽越，怨

恨东瓯杀了他父亲，经常劝说闽越去攻打东瓯。到汉武帝建元三年，闽越出动军队围攻东瓯。东瓯粮食用尽了，蒙受困难，将要投降，就派人向天子告急。天子向田蚡询问此事，田蚡回答说："越人之间相互攻打，本来是常有的事，其态度又反复无常，不值得烦扰中原前去救援。从秦朝就开始抛弃他们，不把他们当作从属国。"于是中大夫庄助就诘难田蚡说："理应只怕力量不足，援救不了他们，恩德浅薄，不能庇护他们；如果真有能力救助他们，为何要抛弃他们呢？而且秦国连整个咸阳都抛弃了，何况是越人呢！如今小国在遇到困难没办法时，来向天子告急，天子不去救援，他们将向哪里去诉苦求救呢？天子又怎样来养育保护万国民众呢？"天子说："太尉的主张不值得商议。我刚即位，也不想拿出虎符从郡国调动军队去打仗。"于是就派遣庄助拿着符节到会稽去调兵出征。会稽太守想对抗命令，不给庄助调兵出征，庄助就杀了一位军司马，明白地申明天子的旨意，会稽太守才发兵从海上去救援东瓯。军队尚未到达东瓯，闽越就领兵撤离了。东瓯请求把全国都迁徙到中国去，

▶ 闽越王城博物馆和闽越王像

1958年闽越王城遗迹正式被发现，发掘出了一个大型的宫殿建筑群遗址。该建筑群布局严谨，结构完整，底下还铺设了通畅的排水系统。并出土了大量的铁器、陶器、建筑材料和铜器。

于是就率领全体民众到中国来，居住在江淮一带。

到建元六年，闽越攻打南越。南越
遵守天子的约束，不敢擅自发兵回击，
而把这事报告天子。天子派遣大行王恢领
兵从豫章出发，大农韩安国从会稽出发，
都担任将军之职。他们的军队还未越过阳山
岭，闽越王郢就派出军队守在险要的地方，
对抗汉朝军队。郢的弟弟餘善就和东越丞
相及宗族之人商量说："我们的国王因为

▶ 闽越王城出土的陶匏壶·西汉

擅自发兵攻打南越，没有向天子请示，所以天子派兵来讨伐。如今汉朝军队
众多而强大，现在就是侥幸战胜他们，天子以后必然还会派更多的军队来，
直到把我们国家消灭为止。现在如果我们把国王杀了，向天子谢罪，天子要
是接受了我们的要求，就能停止战争，我们的国家必定会完整保存下来。如
果天子不理睬我们的谢罪表现，我们就奋力战斗，要是不能取胜，我们就逃
到海里去。"大家都说："好主意！"于是就杀死了郢，派使者带着他的头
送给了大行王恢。王恢说："我军来这里就是为了诛杀东越王，现在王的头
已经送到，东越也已谢罪，没有打仗就消除了祸患，没有比这再大的好处了。"
就用灵活处理的方式停止了军事行动，并把情况告知了大农韩安国，又派使
者携带王的人头急驰长安，报告天子。天子下诏书，让王恢和韩安国的军队
停止军事行动，说："东越王郢等首先作恶，只有无诸的孙子繇君丑没有参
与这个阴谋。"天子便派郎中将去立丑当越繇王，奉行对闽越王的祭祀之礼。

餘善杀了郢以后，他的威望传布全国，国中的百姓多半归属于他，他就暗
中自立为王。繇王不能矫正他的民众的错误，使他们保持正道。天子听到这事后，
认为不值得为餘善的事再兴师动众，说："餘善屡次同郢阴谋作乱，但是却首

先杀了郢，使汉军得以避免劳苦。"于是就立馀善做东越王，同繇王同时并处。

到了元鼎五年，南越造反，东越王馀善向天子上书，请求率兵八千人跟随楼船将军去攻打吕嘉等。待到他的军队到达揭阳时，他就以海上出现大风巨浪为借口，不再向前进军，采取骑墙观望的态度，暗中又派使者与南越联系。等到汉军攻陷番禺，东越的军队也未到。这时楼船将军杨仆派使者向天子上书，愿意乘便领兵去攻打东越。天子说士卒已经劳累疲倦，没有批准楼船将军的请求，停止了军事行动，下令诸位校官，让他们驻军在豫章的梅岭等候命令。

元鼎六年秋天，馀善听说楼船将军请求讨伐他，而且汉军已经进逼东越边境，将要攻过来了，于是他就造反，派兵到汉军的必经之路作抵抗。他还给将军驺力等加上了"吞汉将军"的封号，大军进入白沙、武林和梅岭，杀了汉军的三个校尉。这时，汉朝派遣大农令张成、原山州侯刘齿率兵驻守在这里，但是他们不敢去进攻东越的军队，退到有利地方，待在那里。后来他们犯了畏惧敌人、怯懦软弱的罪而被杀。

馀善刻了"武帝"的印玺而自立为皇帝，欺诈他的百姓，说了些虚妄不实的话。汉天子派遣横海将军韩说从句章出发，渡海从东边进军；楼船将军杨仆从武林出发；中尉王温舒从梅岭出发；投降汉朝而被封侯的两个越人做了戈船将军和下濑将军，他们从若邪、白沙出发。元封元年冬天，这些将军都领兵进入东越。东越一向派兵防守在险要的地方，派徇北将军守卫武林，打败了楼船将军的几个校尉，杀死了长吏。楼船将军的士

▶闽越王城宫殿遗址

闽越王城建于公元前202年，是闽越王无诸受封于汉高祖刘邦时建造的一座王城。是中国南方保存最完整、规模最大、出土文物最多的重要考古遗址之一。

卒钱塘人辕终古杀了徇北将军，被封作御儿侯。他自己却没有前往武林。

汉平东越

原来的越衍侯吴阳在此之前留在汉朝，汉朝派他回到东越劝说馀善。馀善不听劝告。等到横海将军韩说率兵先到了东越，越衍侯吴阳就率领他邑中的七百人叛变东越，在汉阳攻击东越。他同建成侯敖及其部下以及繇王居股商量说："馀善首先作乱，劫持我们这些人。如今汉朝大军已到，兵多势强，我们设计杀害馀善，各自归顺汉朝的将军们，或许能侥幸解脱罪过。"于是大家共同杀了馀善，率领他们的兵士投降了横海将军。因

此汉朝封繇王居股为东成侯，食邑一万户；封建成侯敖为开陵侯；封越衍侯吴阳为北石侯；封横海将军韩说为案道侯；封横海校尉刘福为缭嫈侯。刘福是成阳共王刘喜的儿子，原先为海常侯，因为犯法而失掉侯爵。从前参军也没立军功，因为是宗室子弟的原因而被封侯。其余各位将军都没有战功，所以都没受封。东越的将军多军，在汉军到来时，放弃了他的军队投降了，因而被封为无锡侯。

于是天子说东越是狭小而多险阻之地，而且闽越强悍，屡次反复无常。因而命令军官们率领全部东越民众迁徙到江淮一带居住。东越这地方变成了空虚之地。

太史公说

越国虽然是蛮夷，他的祖先难道对民众曾经有过很大的功德？不然，为何世代相传得那么久远？经历了几代都常常当君王，而勾践竟一度称霸。然而馀善竟然做出大逆不道的事情，国家被消灭，百姓被迁徙。他们祖先的后代子孙繇王居股等还被封为万户侯，由此可知，东越世世代代都当公侯。大概这就是大禹所留下的功业吧。

朝鲜列传 第五十五

【解题】此传名为《朝鲜列传》，实则只写卫满及其子孙之事，着重记述朝鲜变为汉朝四郡的过程，显示了朝鲜与中国密切的历史关系。文中记事简约，但事情原委交代极清楚。作者善用对照写法，写涉何出使，又写卫山出使；写卫山被诛，即写公孙遂被诛；写楼船之疑，则续以左将军之疑等，两两对照，"节节相配，段段相生，极递换脱卸之妙""在诸传中，又是一格"（李景星《史记评议》）。

朝鲜王卫满

朝鲜王卫满，原是燕国人。最初，在燕国全盛的时候，曾经攻取真番、朝鲜，让它们归属燕国，并为它们设置官吏，在边塞修筑防御城堡。后来秦国灭掉燕国，朝鲜就成了辽东郡以外的边界国家。汉朝建国后，因为朝鲜离得远，难以防守，所以重新修复辽东郡从前的那些关塞，一直到浿水为界，属燕国管辖。后来燕王卢绾造反，跑到了匈奴。卫满也流亡于外，聚集了一千多个同党之人，梳着椎形发髻，穿上蛮夷服装，在东方走出塞外，渡过浿水，居住到秦国原来的空旷之地名叫上下鄣的地方，并逐渐地役使真番、朝鲜蛮夷以及原来的燕国和齐国的逃亡者，使他们归属自己，在他们当中称王，建都在王险城。

正当孝惠帝和高后时代，天下刚刚安定，辽东郡的太守就约定卫满做汉朝的外臣，保护边塞以外的蛮夷，不要让他们到边境来骚扰抢夺；各位蛮夷的首领想到汉朝进见天子，不要禁止。辽东太守把这情况报告天子知道，天子同意这个条件。因此，卫满得以凭借他的兵威和财物侵略、招降他周围的小国，真番、临屯都来投降归属卫满，他统辖的地区达到方圆数千里。

卫满把统治权传给儿子，再传到孙子右渠手中，这时被朝鲜所引诱来的汉朝逃亡者越来越多，而右渠又不曾去进见天子。真番周围许多小国想上书要求拜见天子，却又被阻塞，无法让天子知道这一请求。元封二年，汉朝派涉何责备和告知右渠，但右渠终究不肯接受皇帝的诏命。涉何离开朝鲜，来到边界，面对浿水，派驾车的车夫刺杀了护送涉何的朝鲜裨小王，然后立即渡河，疾驰而回，进入汉朝边塞。涉何回到京城向天子报告："我杀了朝鲜的一个将军。"天子认为他有杀死朝鲜将军的美名，就不再追究他的过失，还授予他辽东东部都尉的官职。朝鲜怨恨涉何，便调兵偷袭，杀了涉何。

❯ 汉攻朝鲜

天子下令招募犯人，赦免他们的罪过，去攻打朝鲜。元封二年秋天，汉朝派楼船将军杨仆从齐地乘船渡过渤海，共率领五万大军；左将军荀彘率兵从辽东郡出发，一起讨伐右渠。右渠调兵据守在险要的地方，抵抗汉朝军队。左将军有个名字叫多的卒正首先率辽东兵进击敌人，结果队伍失败而走散了，卒正多跑了回来，但是因犯了军法而被杀。楼船将军率领齐地兵士七千人，首先到达王险城。右渠守城，探听到楼船将军军队少的消息，就出城攻打楼船将军，楼船将军的军队失败而四散奔逃。将军杨仆失去了军队，逃到山中藏了十多天，逐渐找回四散的兵卒，重新聚集到一起。左将军荀彘攻击驻守浿水西边的朝鲜军队，未能取胜并前进一步。

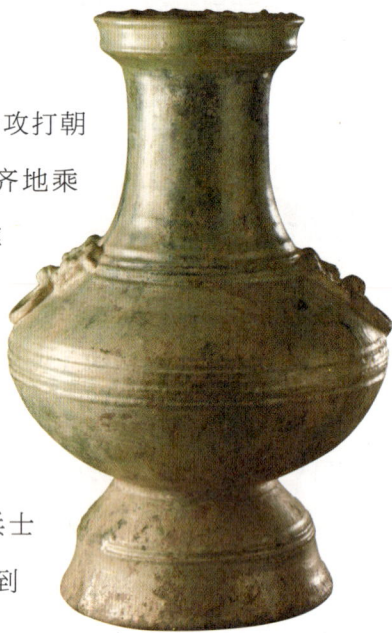

天子因为两将军作战不利，就派卫山仰仗着军威前往劝说右渠。右渠会见了使者，叩头谢罪："我愿意投降，只是怕杨、荀二将军用欺诈的手段

▶ 绿釉铺首耳壶·汉

此壶高25.5厘米，口径13厘米，足径15厘米，造型模仿同时期的青铜器，是随葬用品。

杀死我。如今我看到了表示诚信的符节，请允许我们投降归顺。"右渠就派遣太子去朝廷谢罪，献上五千匹马，又向在朝鲜的汉军赠送军粮。有一万多朝鲜民众，手里拿着兵器，正要渡过浿水，使者和左将军怀疑朝鲜人叛变，说太子已投降归顺，应当命令人们不要携带兵器。太子也怀疑汉朝使者和左将军要欺骗和杀害自己，于是就不再渡河，又领朝鲜

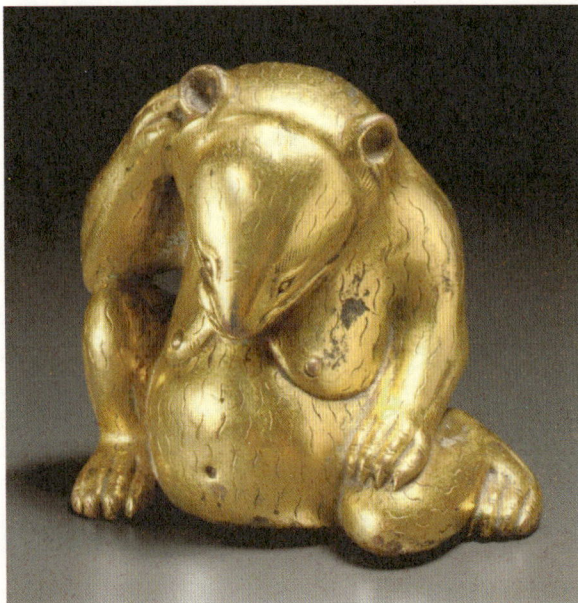

▶ **铜鎏金熊镇·西汉**

镇用于压镇帷帐或席角，除了实用功能以外还带有辟邪祛恶的作用。

民众归去。卫山回到京城向天子报告，天子杀了卫山。

左将军攻破浿水上的朝鲜军队，才向前进，直到王险城下，包围了城的西北地方。楼船将军也前去会师，驻军城南。右渠于是坚守王险城，几个月过去了，汉军也未能攻下王险城。

左将军一向在宫中侍奉皇上，得宠。他所率领的是燕国和代国的士卒，很凶悍，又趁着打了胜仗的机会，所以军中的多数战士都很骄傲。楼船将军率领齐兵，渡海打仗，本来就有许多失败伤亡；他们先前和右渠交战时，遭受了困难和耻辱，很多士卒伤亡，士卒都很恐惧，将官的心中也觉惭愧。在他们包围右渠时，楼船将军经常手持议和的符节。左将军则竭力进攻敌城，朝鲜的大臣就暗中寻机和楼船将军联系，商量朝鲜投降的事，双方往来会谈，还没有作出决定。左将军屡次同楼船将军商定同时进攻的日期，楼船将军想尽快与朝鲜达成降约，所以不派兵与左将军会合。左将军也派人去寻机让朝

鲜投降，朝鲜不肯降左将军，而心中想归附楼船将军。因此，两位将军不能相互协调，共同对敌。左将军想到楼船将军从前打败仗的罪过。如今又同朝鲜大臣私下友好，而朝鲜又不肯投降，就怀疑楼船将军有造反阴谋，只是未敢采取行动。天子说将帅无能，不久前他才派卫山去晓谕右渠投降，右渠派遣太子来谢罪，而卫山这个使者却不能专一果断地处理事情，同左将军的计谋皆出现了失误，终于毁坏了朝鲜投降的约定。现在两将军围攻王险城，又相互违背而不能一致行动，因此长时间不能解决问题。派遣济南太守公孙遂前去纠正他们的错误，如有方便有利的机会，可以随时自行处理事务。公孙遂到达朝鲜后，左将军说："朝鲜早就可以攻下了，现在还未攻下是有原因的。"他又说了同楼船将军约定进军日期，而楼船将军不来会师的事，并把他一向怀疑楼船将军谋反的想法都告诉了公孙遂，说："现在到了这种地步还不逮捕他，恐怕会成为大害，不仅是楼船将军要谋反，而且他还要联合朝鲜一起来消灭我军。"公孙遂也认为是这样，就用符节召楼船将军来左将军军营中商量事情，当场命令左将军的部下捉拿楼船将军，并把他的军队合并到左将军手下，然后把这件事报告了天子。天子杀了公孙遂。

左将军合并了两方面的军队，就竭力攻打朝鲜。朝鲜相路人、相韩阴、

▶ **青白玉龙形佩·西汉**

青白玉是颜色介于白色和淡青色、淡绿色之间的软玉。一些浅色青玉和白玉相近时，区分有些含混，就称为青白玉了。

钺是一种古代的兵器，虽然具备杀伤力，但是更多的是一些仪卫所用。

尼溪相参、将军王唊等相互商议说："开始要投降楼船将军，如今楼船将军被捕，只有左将军率领合并的军队，战争越打越紧张，我们恐怕不能坚持下去，国王又不肯投降。"韩阴、王唊、路人都逃亡到汉军那里，向汉朝投降。路人在道上死去了。元封三年夏天，尼溪相参就派人杀死了朝鲜王右渠，向汉朝投降。王险城还没攻下来，因此右渠的大臣成巳又造反，并攻击不随他造反的朝鲜官吏。左将军派右渠的儿子长降、相路人的儿子路最去明白地告诉朝鲜的百姓，杀了成巳，因此汉朝终于平定了朝鲜，设立了四个郡。汉天子封参为澅清侯，韩阴为狄苴侯，王唊为平州侯，长降为几侯。路最因为父亲死了，很有功劳，被封为温阳侯。

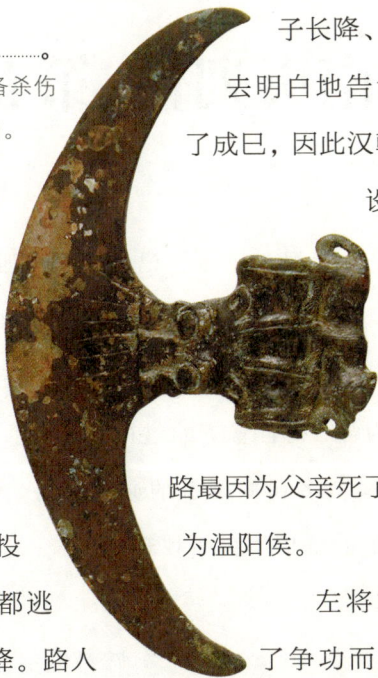

左将军被召回京城，犯了争功而相互嫉妒，违背作战计划的罪过，被公开处死。楼船将军也犯了军队到达洌口，应当等候左将军，却擅自抢先攻击敌人，致使伤亡很多的罪过，被判处死刑，他用钱赎了罪，免除死刑，成为平民百姓。

太史公说

　　朝鲜王右渠依仗地势的险固，国家因此被灭绝。涉何骗功，为中国和朝鲜的战争开了头。楼船将军行事，心胸狭小，遇到危难就遭受祸殃。后悔曾经在攻陷番禺时失了利，却反而被人怀疑要造反。荀彘争功，同公孙遂都被斩杀。征讨朝鲜的杨仆和荀彘的两支军队都遭受困辱，将帅没有被封侯。

西南夷列传 第五十六

【解题】本文是一篇民族史传，记述了我国西南地区在秦汉时代的许多部落国家的地理位置和风俗民情，以及同汉王朝的关系，记述了汉朝的唐蒙、司马相如、公孙弘和王然于等抚定西南夷的史实，描述了夜郎、滇等先后归附汉王朝，变国为郡，设官置吏的过程，揭示了中国不同地域，不同民族，最终将形成一个和睦的多民族国家的必然趋势，反映了司马迁民族一统的历史观念，表现了他的维护中央集权和国家统一的思想，有其进步意义。

庄跻入滇

西南夷的部落君长有几十个，其中夜郎的势力最强大。夜郎以西的靡莫之夷也有几十个，其中滇的势力最大。从滇往北，那里的君长也有几十个，其中邛都势力最大。这些夷国的人都头梳椎髻，耕种田地，有聚居在一起的城镇和村落。他们以外的地方，西边从同师往东，直到北边的楪榆，称为嶲和昆明，这些夷人都把头发结成辫子，随着放牧的牲畜到处迁徙，没有固定的居住之地，也没有君长，他们活动的地方有几千里。从嶲往东北去，君长有几十个，其中徙和

筰都的势力最大。从筰都往东北去，君长有几十个，其中冉駹的势力最大。他们的风俗是，有的定居，有的迁徙不定，都在蜀郡的西边。从冉駹往东北去，君长也有几十个，其中白马的势力最大，都是氐族的同类。这些都是巴郡、蜀郡西南以外的蛮夷。

当初在楚威王时，派将军庄跻率领军队沿着长江而上，攻取了巴郡、蜀郡和黔中郡以西的地方。庄跻是从前的楚庄王的后代子孙。庄跻到达滇池，这里方圆三百里，旁边都是平地，肥沃富饶的地方有几千里。庄跻依靠他的军队的威势平定了这个地方，让它归属楚国。他想回楚国报告这情

况，正赶上秦国攻打并夺取了楚国巴郡、黔中郡，道路被阻隔而不能通过，因而又回到滇池，借助他的军队做了滇王，改换服式，顺从当地习俗，当了滇人的统治者。秦朝时，常颍曾大略地开通了五尺道，并在这些国家设置了一些官吏。过了十几年，秦朝灭亡了。等到汉朝建立，把这些国家都丢弃了，而将蜀郡原来的边界当作关塞。巴郡和蜀郡百姓中有些人偷着出塞做买卖，换取筰地的马，僰地的僮仆与牦牛，因此巴、蜀两郡特别富有。

❄唐蒙入西南

汉武帝建元六年，大行王恢攻打东越，东越杀死东越王郢以回报汉朝。王恢凭借兵威派番阳令唐蒙把汉朝出兵的意旨委婉地告诉了南越。南越拿蜀郡出产的枸酱给唐蒙吃，唐蒙询问此物何处得来，南越人说："是由西北牂柯江而来，牂柯江宽度有几里，流过番禺城下。"唐蒙回到长安，询问蜀郡商人，商人说："只有蜀郡出产枸酱，当地人多半拿着它偷偷到夜郎去卖。夜郎紧靠牂柯江，江面宽百余步，完全可以行船。南越想用财物使夜郎归属自己，可是他的势力直达西边的同师，但也没能把夜郎像臣下那样加以役使。"唐蒙就上书皇上说："南越王乘坐黄屋之车，车上插着左纛之旗，他的土地东西一万

鎏金四人舞俑青铜扣饰·西汉

云南晋宁石寨山出土，长 14.5 厘米，高 10.4 厘米。此扣饰作四人并排站立舞蹈状。四人均头戴尖顶高筒帽，帽上饰带柄的小圆片，帽后有两条下垂及地的飘带；身着长衣，肩部披帔，腰束带，带上佩圆形扣饰；右手执铃，左手挥舞于胸前；口微张，似乎在说教。这四人服饰相同，均头戴冠，作舞蹈状。

多里，名义上是外臣，实际上是一州之主。如今从长沙和豫章郡前去，水路多半被阻绝，难以前行。我私下听说夜郎所拥有的精兵能有十多万，乘船沿牂柯江而下，乘其没注意而加以攻击，这是制服南越的一条奇计。如果真能用汉朝的强大，巴蜀的富饶，打通前往夜郎的道路，在那里设置官吏，是很容易的。"汉武帝同意唐蒙的主张，就任命他为郎中将，率领一千大军，以及负责粮食、辎重的人员一万多人，从巴郡笮关进入夜郎，会见了夜郎侯多同。唐蒙给了他很多赏赐，又用汉王朝的武威和恩德开导他，约定给他们设置官吏，让他的儿子当相当于县令的官长。夜郎旁边小国的人们都贪图汉朝的丝绸布帛，心中认为汉朝到夜郎的道路险阻，终究不能占有自己，就暂且接受了唐蒙的盟约。唐蒙回到京城向皇上报告，皇上就

诅盟场面青铜贮贝器·西汉

中国国家博物馆藏。此器出土时器内贮贝300余枚，上铸圆雕立体人物127人（残缺者未计入），以干栏式建筑上的人物活动为中心，表现了滇王杀祭诅盟的典礼场面。

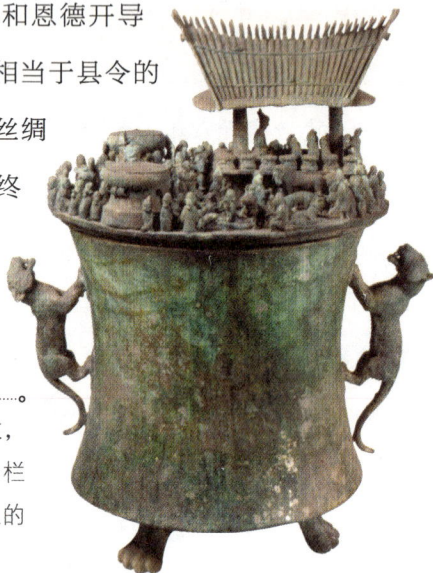

贮贝器

贮贝器的主要来源有二：一是利用现成的铜鼓，对其进行加工改造；二是仿照铜鼓外形，重新铸造。贮贝器最显著的特色是它的纹饰及装饰。在贮贝器的盖上，有各种圆雕的人物、动物组合而成的表现特定社会、特别场景的立体装饰画面。这些场景，几乎涵盖了滇国民众生活、生产的各个方面，如纺织、战争、纳贡、狩猎等。这些贮贝器的四周，也或多或少地铸有各式形象，或动物，或人物，不一而足。之所以要用贮贝器盛装海贝，可能因为海贝是滇王国的稀罕之物，是财富的象征。

把夜郎改设为犍为郡。这以后就调遣巴、蜀两郡的兵士修筑道路，从僰地直修到牂柯江。蜀郡人司马相如也向皇帝说西夷的邛、筰可以设郡，皇帝就派司马相如以郎中将的身份前去西夷，明白地告诉他们，朝廷将按南夷的方式对待他们，给他们设置一个都尉、十几个县，归属于蜀郡。

❯ 开通西南

在这个时候，巴郡、蜀郡、广汉郡、汉中郡开通西南夷的道路，以士卒运送物资和军粮。过了几年，道路也没修通，士卒疲惫饥饿和遭受潮湿而死的很多，西南夷又屡次造反，调遣军队去打击，耗费钱财和人力，却无成果。皇上忧虑此事，便派公孙弘去亲自观察询问。公孙弘回京禀告皇上，声称不利。等到公孙弘当了御史大夫，这时汉朝正修筑朔方郡城，以便凭借黄河驱逐匈奴，公孙弘乘机屡次陈说开发西南夷的害处，因此可暂时停止开发活动，集中力量对付匈奴。皇上下令停止对西夷的活动，只在南夷的夜郎设置两县和一都尉，至于已经设立的犍为郡则仍然保留其建制，让它自己慢慢发展。

待到汉武帝元狩元年，博望侯张骞出使大夏归来后，说他待在大夏时曾经看到过蜀郡出产的布帛、邛都的竹杖，让人询问这些东西的来历，回答说："从东南边的身毒国弄来的，从这儿到那里的路途有数千里，可以和蜀地的商人做买卖。"有人听说邛地以西大约二千里处有个身毒国。张骞乘机大谈大夏在汉朝西南方，仰慕中国，忧虑匈奴阻隔他们与中国的交通要道，假若能开通蜀地的道路，身毒国的路既方便又近，对汉朝有利无害。于是汉武帝就命令王然于、柏始昌、吕越人等，让他们寻找捷径从西夷的西边出发，去寻找身毒国。他们到达滇国，滇王尝羌就留下了他们，并为他们派出十多

▶ **吊俘矛**

中国国家博物馆藏。云南晋宁石寨山出土。在青铜矛的矛叶下角，用锁链悬吊两个俘虏，俘虏赤身裸体，低垂着头，长发下披，双臂倒剪在背后，绑缚的双手悬吊在锁链上。这件矛可能是滇人使用的仪仗用具。

批到西边去寻找道路的人。过了一年多，寻路的人们全被昆明国所阻拦，没能通往身毒国。

◆夜郎自大

滇王同汉朝使者说道："汉朝和我国相比，哪个大？"汉朝使者到达夜郎，夜郎也提出了这样的问题。这是因为道路不通的缘故，各自以为自己是一州之主，不知道汉朝的广大。汉朝使者回到京城，极力陈说滇是大国，值得让他们亲近和归附汉朝。天子对这事留心了。

▶ "滇王之印"金印·西汉

云南晋宁石寨山出土，现藏于中国国家博物馆。此印章高 1.8 厘米、边长 2.3 厘米、重 89.5 克。滇王金印是西汉元封二年，汉武帝赐予滇国国王的一枚金印，是古滇王国存在的证据。

等到南越造反时，皇上派驰义侯调遣南夷的军队。且兰君害怕他的军队远行后，旁边的国家会趁机掳掠他的老弱之民，于是就谋反杀了汉朝使者和犍为郡的太守。汉朝就调动原想去攻打南越的八个校尉，率领被赦从军的罪犯去攻打且兰，把它平定了。正赶上南越已被攻破，汉朝的八个校尉就在行军中征

├── 滇国的宗教习俗 ├──

滇国时期，当地居民仍普遍信仰原始宗教，即通常所说的"自然崇拜"。这些神灵，直接或间接地降下吉凶祸福，时刻影响着人们的现实生活。为了取悦神灵并祈求他们给人间带来恩赐和护佑，滇人往往要举行众多繁杂的祭祀仪式，宗教活动成为当时社会生活的重要组成部分。巫师是祭祀的主角，因为他们是沟通人与神的信使，其装饰和言行都显得与众不同。每当祭祀时，在巫师的主持下，举行盛大的仪式，或是剽牛，或是杀人，或是舞乐等等。

讨了头兰。头兰是经常阻隔汉朝与滇国交通道路的国家。头兰被平定后，就平定了南夷，在那儿设置了牂柯郡。夜郎侯开始依靠南越，南越被消灭后，正赶上汉军回来诛杀反叛者，夜郎侯就到京城朝见皇上。汉武帝封他为夜郎王。

南越破灭之后，汉朝诛杀了且兰君、邛君，并且杀了筰侯，冉駹震惊恐惧，便向汉朝请求称臣，为他们设置官吏。汉朝就把邛都设置为越巂郡，筰都设置为沈犁郡，冉駹设置为汶山郡，广汉西边的白马设置为武都郡。

皇上派王然于利用破南越及诛杀南夷君长的兵威，委婉劝告滇王前来朝见天子。滇王有军队数万人，他旁边东北方有劳浸和靡莫，都和滇王同姓，相互依靠，不肯听从劝告。劳浸和靡莫屡次袭击汉朝使者和吏卒。汉武帝元封二年，天子调动巴郡和蜀郡的军队攻打并消灭了劳浸和靡莫，大军逼近滇国。滇王开始就对汉朝怀有善意，因此没有被诛杀。滇王离开西夷，率领全国向汉朝投降，请求为他们设置官吏，并进京朝见天子。于是汉朝就把滇国设置为益州郡，赐给滇王王印，仍然统治他的百姓。

西南夷的君长有一百多个，唯独夜郎和滇的君长得到了汉朝授予的王印。滇是个小国，却最受汉朝宠爱。

⬇ 太史公说 ⬇

楚国的祖先难道有上天赐给的禄位吗？在周朝时，他们的先祖鬻熊当了周文王的老师，后来的熊绎又被周成王封到楚蛮之地而立国。等到周朝衰微之时，楚国领土号称五千里。秦国灭亡诸侯，唯独楚国的后代子孙还有滇王存在。汉朝诛杀西南夷，那里的国家多半被消灭，只有滇王又受到汉天子的宠爱。但是平定南夷的开始，是在番禺见到了枸酱，在大夏看到了邛竹杖。西夷后来被分割，分成西、南两方，最后被汉王分设为七个郡。

司马相如列传 第五十七

【解题】本传是西汉著名文学家司马相如的传记。太史公记述了司马相如娶卓文君、通西南夷等几件事，又大量收录他的文和赋全文，将对司马相如的思想评价寄寓于他的文赋之中，也借相如之文从另一个角度来反映自己的思想，艺术手法高超。文中写司马相如与卓文君的情感故事，生动婉丽，后人称其为"唐人传奇小说之祖"。

▶ 司马相如像·现代·王西京

改名相如

司马相如是蜀郡成都人，字长卿。他年少时喜欢读书，也学习剑术，所以他父母给他取名为犬子。司马相如学成之后，很仰慕蔺相如的为人，于是改名为相如。最初，他凭借资财而做了郎官的职务，侍奉孝景帝，做了武骑常侍。但这并不是他的心中所好。恰逢孝景帝不喜欢辞赋。这时梁孝王到京城来朝见景帝，跟他来的善于游说的人有齐郡人邹阳、淮阴人枚乘、吴县人庄忌先生等。相如见到这些人后很是喜欢，因此就借生病为由辞去官职，旅居梁国。梁孝王让相如与这些读书人居住在一起，相如才有机会与读书人和游说之士相处了好几年，于是写了《子虚赋》。

琴挑卓文君

梁孝王去世后，相如只好返回成都。然而，他家境贫寒，又没有可以

维持生活的职业。相如同临邛县令王吉一向相处得很好。王吉说："你长期在外行游求官，不顺心，就来探望我。"于是司马相如前去，住在城内的都亭中。为了抬高司马相如的身份，临邛县令假装恭敬的样子，每天去拜访司马相如。司马相如最初还以礼相见，后来就声称有病，派随从谢绝王吉的拜访，王吉更加谨慎恭敬。临邛县中有很多富人，卓王孙家就有奴仆八百人，程郑家也有几百人，他们两人就互相商量说："县令有贵客，我们置办酒宴请请他怎样？"他们一并也把县令请来了。当县令到了卓家后，卓家的客人已经有百人了。中午，他们去请司马长卿，长卿却推托有病不肯前来。临邛县令见相如没来，不敢进食，还亲自前去迎接相如。相如不得已，勉强来到卓家，满座的客人无不惊羡他的风采。酒兴正浓时，临邛县令走上前去，把琴放到相如面前说："我听说长卿特别喜欢弹琴，希望聆听一曲，助助兴。"相如推辞了一番，然后便弹奏了一两支曲子。这时，卓王孙有个女儿叫文君，刚刚守寡，很喜欢音乐。所以，相如佯装与县令相互敬重，实际上是用琴声暗自诱发她的爱慕。司马相如到临邛时，有车马跟随，又仪表雍容娴雅，十分漂亮。待到在卓家中饮酒，弹奏琴曲，卓文君从门缝里偷偷看他，心生欢喜，对他产生了爱慕之情，却怕他不了解自己的心情。宴会散后，相如托人用重金赏赐文君的侍者，以此向她转达倾慕之情。于是，卓文君趁着夜色逃出家门，同相如一起私奔。相如便同文君急忙赶回成都。司马相如家中空无一物，徒立四壁。卓王孙得知女儿私奔的事，勃然大怒，说："女儿太不成材，我不忍心杀死她，但也不分给她一个钱。"有人劝说卓王孙，卓王孙始终不听从。过了很长时间后，文君感到不快乐，说："长卿，只要你同我一起去临邛，向兄弟们借贷也完全可以维持生活，何至于让自己困苦到这个地步！"相如就同文君来到临邛，把自己的车马全部卖掉，买下一家酒店，做卖酒生意。他让文君亲自主持炉前的酌酒及应对顾客之事，而自己穿起犊鼻裤，与雇工们一起操作忙活，在闹市中洗涤酒器。卓王孙听说这件事后，感到很羞耻，于是闭门不出。有些兄弟和长辈陆续前来劝说卓王孙道："你只有一个儿子

文君聽琴

▶ 《文君听琴图》·现代·任率英

卓文君是四川临邛巨商卓王孙之女，她与司马相如的一段爱情佳话至今被人津津乐道。此外，卓文君也有不少文学佳作，如《白头吟》诗中"愿得一心人，白头不相离"堪称经典佳句。

和两个女儿，家中并不缺钱财。如今文君已经成了司马长卿的妻子，生米已经成了熟饭，长卿本来也已厌倦了离家奔波的生涯，虽然贫穷，但他确实是个人才，完全可以依靠。况且他又是县令的贵客，为什么偏偏这样轻视他呢！"卓王孙不得已，只好分给文君家奴一百人，钱一百万，以及她出嫁时的衣服被褥和各种财物。文君就同相如回到成都，置了田地房屋，成为富有的人家。

❂ 拜中郎将

　　过了很长一段时间，蜀郡人杨得意担任狗监，侍奉汉武帝。一天，武帝读《子虚赋》，认为写得好极了，说："我偏偏不能与这个作者同时代。"杨得意说："我的同乡人司马相如自称是他写的这篇赋。"皇上很惊喜，就把相如召来询问。相如说："是这样的。但是，此赋只写诸侯之事，不

值得看。请让我写篇天子游猎赋，写成后就进献皇上。"皇上应允了，并命令尚书给他笔和木简。相如用"子虚"这虚构的言辞，是为了陈述楚国之美；"乌有先生"就是哪有此事，以此为齐国驳难楚国；"无是公"就是没有此人，以阐明做天子的道理。所以相如假借这三个人写成文章，用来推演天子和诸侯的苑囿的美丽景色。赋最后一章的主旨归结到节俭上去，借以规劝皇帝。赋被进献给天子后，天子十分高兴。赋的文辞说：

楚国派子虚出使到齐国，齐王调遣国内所有的士兵，准备了众多的车马，和使者一同出外打猎。打猎结束，子虚去拜访乌有先生，并向他夸耀这事，无是公当时也在场。他们坐定后，乌有先生向子虚问道："今天打猎快乐吗？"子虚说："快乐。""猎物很多吗？"子虚说："很少。""那这样有什么快乐？"子虚说："我高兴的是齐王本想向我夸耀他的车马众多，而我却用楚王在云梦打猎的盛况来回答他。"乌有先生说："可以说给我听么？"

子虚说："可以。齐王指挥着一千辆军车，选拔一万名骑兵，在海边打猎。排列开的士兵布满了草泽，捕兽的罗网遍布山上，罗网罩住野兔，车轮碾死大鹿，射中了麋鹿，抓住了麟的小腿。车马纵横奔驰在海边的盐滩，宰

——｜ 汉赋 ｜——

赋是介于散文和诗歌之间的文体，出现于战国后期，成熟并兴盛于汉代。西汉初年，模仿楚辞的骚体赋流行于文坛，代表作有贾谊《吊屈原赋》等。枚乘的《七发》，虽不以"赋"名篇，却开创汉代大赋创作的先河。武帝对赋的喜爱及提倡，推动了创作者的不断涌现；国家的兴盛及统一，也为赋的创作提供了丰富的素材，赋自此空前兴盛。当时最著名的赋家是司马相如，代表作是《子虚赋》《上林赋》。赋篇"润色鸿业"，极力歌颂朝廷强盛和天子尊严，盛赞大一统国家的气势与声威，末尾归于"讽谏"。在形式上，结构宏伟，韵文、散文相间，辞采靡丽堂皇，场景雄伟壮观，震撼人心。

杀禽兽多得使血染红了车轮。射中目标，获得了很多猎物，齐王骄傲地向人夸耀自己的功劳。他回头对我说：'楚国也有平原广泽供人游玩打猎的地方，能使人得到这样多的快乐吗？楚王的游猎和我比起来，哪个更有乐趣呢？'我走下车子回答说：'我是楚国低贱的人，有幸能够在楚国宫禁中值宿警卫十多年，时常跟随楚王出外游猎，猎场在王宫的后苑，可以随便浏览周围的景物，但还不能全都看遍，又怎么够得上谈论那内苑之外的大泽盛景呢！'齐王说：'即使这样，还是请你大略根据你的所见所闻来说说吧。'

"我回答说：'是，是。我听说楚国有七个大泽，曾经看到过其中一个，还没看过其余的。我所看到的，

大概只是其中最小的一个罢了，名叫云梦。云梦纵横九百里，其中有山。山势盘桓，曲折阴幽，高耸险峻；山峰峭拔耸峻，日月或被全部遮蔽，或被遮掩一半；群山错落交杂，直冲云霄；山坡倾斜而下，连接江河。那土壤里有朱砂、石青、赤土、白垩、雌黄、石灰、锡矿、碧玉、黄金、白银，各种颜色光彩夺目，光耀如同灿烂的龙鳞。那里的石头有赤玉、玫瑰宝石、琳、珉、琨珸、瑊玏、磨刀的黑石、半白半赤的石头、武夫石。东面有长着蕙草的园圃，其中有杜衡、兰草、白芷、杜若、射干、芎䓖、菖蒲、江离、麋芜、甘蔗、芭蕉。南面有平原广泽，起伏不平，倾斜连绵，有的低洼，有的平坦，沿着长江，直到巫山为界。那高峻干燥的地方生长有马蓝、形似燕麦的草、苞草、荔草、艾蒿、莎草及青薠。那低湿的地方生长有狗尾巴

草、芦苇、东蔷、菰米、莲花、荷藕、葫芦、蒿草、菇草，各种各样的东西生长在那里，不能尽数描绘。西面有奔涌的泉水和清澈的水池，激荡的水波在推移；水面上开放着荷花、菱花，水面下隐伏着大石、白沙。水中有神龟、蛟蛇、鼍龙、玳瑁、鳖和鼋。北面有森林和大树，生长着黄梗树、楠木、樟木、桂树、花椒树、木兰、黄檗树、山梨树、赤茎柳、山楂树、黑枣树，橘树、柚子树发出芳香。这些树的上面有赤猿、猕猴、鹓雏、孔雀、鸾鸟，善跳的猴子和射干。树下有白虎、黑豹、蟃蜒、貙、雌犀牛、大象、野犀牛、穷奇、獌狿。

　　"'于是就派专诸这类的勇士，徒手格杀这些猛兽，楚王便驾着被驯服的杂毛驷马，乘坐着用雕刻的美玉装饰的车子，挥动着用鱼须做的旒旌，摇挂着明月珍珠缀饰的旗帜，高举着干将铸造的三刃利戟，左手拿着雕有花纹的乌嗥名弓，右手拿着夏羿箭囊中的强劲之箭；善于相马的阳子做陪乘，擅长驾车的纤阿当御者；车马徐徐而行，还未尽情驰骋时，就已踏倒了狡猾的野兽，碾压善跑的邛邛，践踏着距虚，用轴头突袭和撞击野马、骅骝，乘着千里马，射猎在游荡的骐；楚王的车骑动作敏捷，有如惊雷滚动，好像狂飙袭来，又如流星飞坠，若雷霆撞击，射出的箭都不落空，都射裂禽兽的眼眶，穿透胸膛直达腋部，使连着心脏的血管断裂，猎获的禽兽，多得像下雨一般，覆盖了草野、大地。于是楚王就停鞭徘徊，逍遥自在，在茂林中游览，观赏壮士的暴怒和猛兽的恐惧，拦截、捕捉那些疲困而走投无路的野兽，尽情地欣赏各种事物的变化状态。

　　"'于是郑国的美女，肤色细嫩的姑娘，穿着细缯和细布做的衣裳，拖

着麻布和白绢做的裙子，还装点着各种彩色的罗绮，身后垂挂着薄雾一般的轻纱；裙幅褶绉重叠，纹理细密，线条婉曲多姿，好似深幽的溪谷；长长的衣服，扬起的袖子，整齐美观，衣上的飘带、形如燕尾的装饰随风飘动；衣着合体，婀娜多姿，衣裙相磨，发出嗡呷萃嘁的响声，摩挲着下边的兰花蕙草，拂拭着上面的羽饰车盖，头发上杂饰着各色鸟的羽毛，颔下缠绕着用玉装饰的帽缨；若隐若现，飘忽不定，就像神仙一样恍恍惚惚。

"'于是楚王就和众美女一起在蕙圃打猎，从容而缓慢地行走，登上坚固的水堤，网住翡翠鸟，射中锦鸡，发射出带丝线的短小之箭，施放出系着细丝绳的箭，射中了白鹄，击中了野鹅，中箭的鹝鹕双双坠地，黑鹤中箭落地。打猎疲倦以后，在清池中泛舟；划着绘有鹝鸟的彩船，扬起桂木的船桨，张挂起翠幔，竖起羽毛装饰的伞盖，网捞玳瑁，钓取紫贝；敲打金鼓，吹起排箫，船夫唱歌，歌声悲怨，鱼虾惊骇，洪波泛起，泉水涌出，浪涛汇聚，滚石互相撞击，发出硍硍礚礚的响声，好像雷霆鸣声，几百里以外都能听到。

"'将要停止打猎，敲起灵鼓，点亮火把，车驾依次而行，骑兵归队出发，连续不断，流动相连。于是楚王便登上阳云台，显示出安然无事、恬静自若的神态。厨师调和好五味食物后，就献给楚王品尝。不像大王终日奔驰，不下车子，用刀割肉，在轮间烧烤食用，而自以为乐。我私下看来，齐王恐怕不如楚王那样富有乐趣。'于是齐王默不作声，无话回答我。"

乌有先生说："这话为什么说得如此过分呢！您不远千里而光临齐国，齐王调遣国内所有的士兵，准备了众多的车马，和您同去出猎，是想同心协力猎获禽兽，来使您快乐，为什么称这样是夸耀呢！询问楚国有没有游猎的平原广泽，是希望听听贵国的教化和功业，以及先生的美言高论。如今您不称颂楚王丰厚的恩德，却尽力称说云梦泽非常盛大，大谈淫乐而显露奢侈靡费，我私下里认为您不应该这样。如果真像您所说的，那原本算不上是楚国的美事。有这样的事而说出来，是宣扬国君的丑恶；没有这样的事而说出来，是有损您的信誉。宣扬国君的丑恶和损害自己的信誉，两件事没有一件是适宜的，

可先生却做了，这一定将会被齐国轻视，而使楚国受到牵累。况且齐国东临大海，南有琅琊山，在成山观赏，在之罘山射猎，在渤海泛舟，在孟诸泽游荡，侧面和肃慎为邻，右边以汤谷为界限，秋天在青丘打猎，自由地漫步在海外，容纳下像云梦这样的大泽八九个，那在胸中也丝毫没有梗塞的感觉。至于那些不同寻常的东西，各地特产，珍奇怪异的鸟兽，万物聚集，就像鱼鳞密布一样，充满其中，不可胜记，就是大禹也叫不上名字，契也算不清数目。可是齐王身处诸侯的地位，不敢谈论游猎和嬉戏的欢乐，以及园林的广大；先生又被当作客人，所以齐王辞让而不作答复，怎么是无言以对呢！"

无是公张口笑着说："楚国是错了，齐国也算不上正确。天子所以让诸侯交纳贡物，不是为了财物，而是为了让他们陈述履行职务的情况；所以要划分疆界，不是为了守卫边境，而是为了杜绝诸侯的越轨行为。如今齐国列为东方的藩国，却和国外的肃慎私下往来，捐弃封国，超越边界，渡过海而打猎，这在礼义上是不允许的。况且你们两位的议论，不致力于明确君臣之间的道义，而端正诸侯的礼仪，只是一心去争论游猎的快乐，苑囿的广大，想凭奢侈来争胜负，以荒淫赛高低，这样做不能用以显扬名望和宣传信誉，而正能用来贬低君王的声望并损害自己的形象。况且齐国、楚国游猎的事情又哪里值得一说呢！你们还没看过那宏大壮丽的场面，难道没有听说过天子的上林苑吗？

"东边是苍梧，西边是西极，丹水流过它的南边，紫渊经过它的北边；霸水、浐水始终流在苑中，泾水、渭水流进来又流出去；酆水、鄗水、潦水、潏水，曲折宛转，在上林苑中

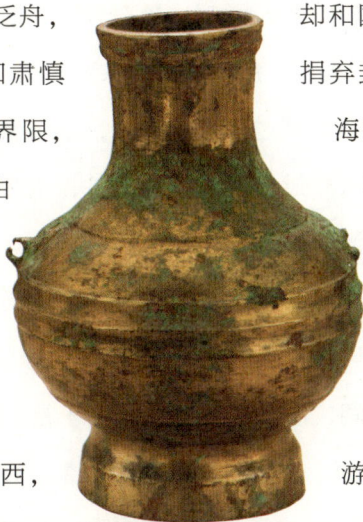

鎏金铜壶·西汉

在汉代，中国的手工业者就掌握了用天然硫酸铜和铁相互作用，得到金属铜的技法，这在汉代的《淮南万毕术》一书中就有所记载。

盘旋，浩浩荡荡的八条河川，流向相背，姿态不同。东西南北，往来奔驰，从椒丘山谷的缺口中流出，流行于淤洲的水边，穿过桂树之林，流过茫茫无垠的原野。盛大的水流，沿着大地流下，奔赴狭窄的山口。撞击着巨石，激荡着沙石形成的曲折河岸，水流涌起，暴怒异常，汹涌澎湃，水盛流急，相迫激荡，横流回旋，转折奔腾，疾速清澈，水势高起，卷曲如云，宛转盘旋，波浪相推趋向洼处，哗哗地越过河底的沙石，拍击着岩石，冲击着河堤，奔腾飞扬，不可阻挡，大水冲过小洲，流入山谷，水势渐缓，水声渐细，跌落于沟谷深潭之中，有时潭深水大，水流激荡，发生乒乓轰隆的巨响，有时水波翻涌飞扬，如同鼎中热水沸腾，水波急驰，白沫泛起，水势急转，水流迅疾，放纵长流，寂寥无声，安静永归。然后水无边际，安然回旋，缓慢流去，白光闪闪，向东流入大湖，溢进江边的小水。于是，蛟龙、赤螭、鲔鳎、蚺离、鰝、鲢、鰅、魠、禺禺、鱸、魶，都扬起背鳍，摇动着鱼尾，振抖着鱼鳞，奋扬起鱼翅，潜处于深渊岩谷之中；鱼鳖惊跳，万物众多，明月珠和珍珠，闪耀江边，蜀石、黄色的碝石、水晶石，层层堆积，灿烂夺目，聚集在水中。天鹅、鹔鹴、鸨鸟、野鹅、鹍、鸡鹝、鹦鹓、烦鹜、鹔鸖、鱼鸡、鸬鹚，一群群地漂浮在水面上。或随风自在地游荡，凭河水漂流，或遮蔽在长着水草的小洲之上，口衔着菁、藻，喋喋作响，口含着菱、藕，咀嚼不已。

"于是，高山耸立，山势峻拔，森林广阔，树木高大，山峰险峻，交错不齐。九嵏山、嶻嶭山高耸，终南山巍峨，崖岸高低屈曲石倾山斜，崎岖而又陡峭，狭溪贯通山谷，曲折地流入沟渠，山谷空旷而广大，在空阔的山谷间断断续续地坐落着一些小山，山势高峻险绝，错落不平，重重叠叠，起伏绵延不绝。山形高低连延，溪流从山谷间缓慢地流着，到了宽广的平地，水旁低湿的平地广阔，无边无际。平地为绿色的蕙草和江蓠所覆盖，中间杂生着蘪芜和留夷。还敢布着结缕，丛生着莎草、揭车、杜衡、兰草、稾本、射干、茈姜、蘘荷、酸浆草、金登草、杜若、荪、鲜支、黄砾、蒋、芧、青蘋，众草遍布广泽，蔓延于广原之上。大广原上花草绵连不绝，随风摇荡倾倒，散发酷烈的香气，

十分浓淳，许多花草都茂茂盛盛，香气弥漫而沁人心脾，十分浓郁。

"于是，环视四方，景物众多，无法分辨，眼花缭乱。看不到开头，望不见边际。太阳早晨从苑东边的水池中升起，傍晚从苑西边的山坡上落下，它南部气候温暖，盛冬也草木生长不止，水波荡漾而不冻；那里的野兽有封牛、牦牛、獏、犛、水牛、麈、麋鹿、赤首、圜题、穷奇、象、犀牛。它北部气候寒冷，盛夏则滴水成冰，大地冻裂，涉冰而渡河；那里的野兽有麒麟、角䴦、騊駼、橐驼、蛩蛩、驒騱、駃騠、驴、骡。

"于是，天子的离宫别馆，满山满谷都是，游廊四面连接着有檐的宫室，重重叠叠的宫室有阁道委曲相连，雕梁画栋，宫馆之间道路纵横交错，相互连接着，檐下的走廊，环绕遍布，一天也走不完。铲平山而修筑殿堂，楼阁台榭重重叠叠，在山底建造幽深的房屋，如果登上台榭之顶，俯视则深不见底，向上攀其屋椽可摸到天，流星从宫中小门经过，曲虹与屋檐下的长廊相连。青龙腾跃于东堂，象舆萦回于西堂，仙人们安寝于闲馆，而众多的仙人则卧于朝南的屋檐下。泉水在清室中涌出，而通流成河，从中庭流过。用盘石修治河的涯岸，高险屈曲参差不齐，石块错落而高耸，使渠崖深邃多姿有如雕刻。玫瑰石、碧、琳、珊瑚，在水下丛生。珉玉、文石、玉石的纹理像鳞那样排比，赤玉纹彩间杂，玉石的色彩在崖石中闪烁。朝采、琬琰、和氏璧都出在这里。

"于是，金橘在夏季成熟，还有柑、橙、榛、枇杷、酸小枣、柿、山梨、海棠果、厚朴、羊枣、杨梅、樱

▶ "上林农官" 瓦当·西汉

径 16.5 厘米，轮宽 1.5 厘米，厚 2 厘米；轮内单线弦纹，中心饰一突起大乳钉，内外圆之间以双线"十"字栏界；四区阳文篆书"上林农官"四字，笔画纤细流畅，书法精妙，布局宽博；瓦沟为麻布纹。这个瓦当应是上林苑的遗物。

▶ 螭纹镳·西汉

镳斗，是一种底有三足、旁有持柄的器皿，流行于两汉魏晋时期，至唐宋逐渐消失。关于其用途，一直有很多说法。有人认为它是温酒器，也有人认为是敲击警众的器皿，还有人说是煮茶的用具。

桃、葡萄、常棣、郁李、樱薁、荔枝，许多种果树密密麻麻地生长在上林苑的离宫别馆之间。遍及丘陵和平原，果树的绿叶紫茎在微风中摆动，开放着红花，散发着光彩，果木花叶鲜明的光彩照耀着广阔的原野。沙棠、橡实、槠木、桦树、枫树、银杏、黄栌木、石榴、椰子树、槟榔、棕榈、檀木、木兰、豫樟、女贞，树木高大粗壮，花朵和枝条都挺拔、舒展，果实和叶子都硕大、茂盛，树木或聚立一处，或丛簇相倚，枝条蜷曲，既相依附又相背离，枝条交错盘曲，重叠倾斜，相互依赖扶持，树木枝柯向四方伸展，落花飞扬，枝条繁盛而修长，随风摇动飘荡，发出"浏莅""卉吸"的声音，似乎是钟磬之声，又像是箫管之音。树木高下参差不齐，环绕着后宫，它们重叠聚集，覆盖着山，沿着山谷，循斜坡生长直到低湿之地，这些树木，看不到开头，也望不到边际。

"于是，黑色的猿、白色的雌猿、长尾猿、大母猴、小飞鼠、蛭、蜩、猕猴、蜥胡、豰、蛫，在上林苑中栖息；它们在树林间鸣啸，往来轻疾蹦跳，在枝条中跃动自如，蹲卧在树梢上。猿猴超越无梁之水，跳过奇异丛木，时而抓住悬垂的梓条，时而在林木稀疏无枝的空间腾跃，参差地奔走跳动，散乱地迁向远方。

"像这样的地方苑中还有很多，天子可以往来嬉戏游玩，在离宫别馆止宿，供奉天子的庖厨不需从朝廷搬来。宫女也不要移徙，各种臣僚都很齐备。

"于是，秋去冬来，天子到这里打猎，乘坐着象牙雕刻装饰的马车，再配上六条玉勒，牵引着霓虹旗，挥动着云旗，前面有虎皮装饰的车开

路，后面有导车、游车跟着。公孙贺驾车，卫青在车上陪乘，跟随出猎的百官侍从，率意横行围猎，在四周设有木栏的围场中往来。击鼓于森严的仪仗队之中，让打猎的士兵出发，以江河来堵截禽兽，以高山为望楼，来观望田猎的情景。车骑奔驰之声如雷，震天动地，车骑士卒陆续散开，分别追逐禽兽，猎手们络绎不绝，纷纭行进，沿陵顺河，漫山遍野，如云布天空，雨降地面。

"生擒到貔、豹，搏击豺、狼，用手击杀熊、罴，用足踏踢山羊，猎手们戴着用鹢尾为饰的帽子，穿着虎皮裤，披着有虎豹纹的单衣，骑着骏马。他们登上高峻的山顶，走下坎坷不平的山坡，经过高山，飞越深沟，渡过河水，不避艰险，追猎野兽。他们击杀蜚廉，戏弄貜豸，格杀瑕蛤，矛刺猛氏，用绳索绊捉神马，用箭射取大猪。箭不随便射向野兽，箭矢必定准确地射中其头颈。弓也不轻易拉动，一定要让野兽应声倒毙。

"于是，天子乘车徐行，往来回旋，悠闲自得地观望射猎时士卒的进退举止、将领的种种姿态。然后天子渐渐地迅疾行驶，快速地到达远处，用网捕捉飞鸟，用车马践踏狡猾的野兽，车轮撞击着白色的鹿，追获轻捷善跑的兔子，车骑的迅疾超过了电光，电光被留在车骑之后。猎手们奔向四方，追击神奇的禽兽，拉起繁弱弓，搭上用白羽制的箭，射向游枭羊，击中蜚虡，先选定禽兽身上的目标然后发箭，说出将射之处，发箭就能射中，箭刚离弦，那野兽就被射中倒毙了。

"然后天子高举旌节，上游于天空，凌驾着疾风，经受住暴风，翱翔在天空中，与天神在一起，天子践踏着黑色的鹤，扰乱了昆鸡，迫近而掩捕孔雀、鸾鸟和锦鸡，捕捉到鵕鸟、凤凰，获取了鸳雏、焦明。

"游猎结束之

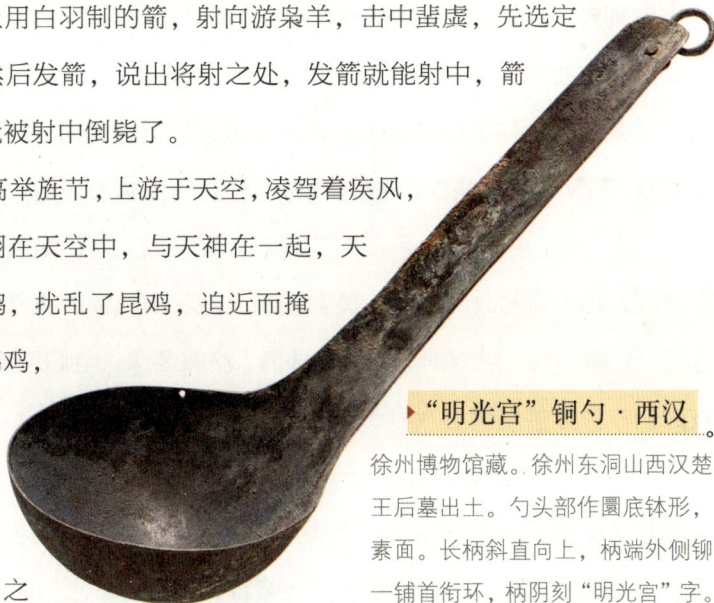

▶ "明光宫"铜勺·西汉

徐州博物馆藏。徐州东洞山西汉楚王后墓出土。勺头部作圜底钵形，素面。长柄斜直向上，柄端外侧铆一铺首衔环，柄阴刻"明光宫"字。

时，驾车回来，逍遥地在空中徘徊，降落在北方极远的地方止息，然后飘然直去，迅疾地顺着来时的路回去。途经石关宫、封峦宫、鳷鹊宫、露寒宫，在棠梨宫、宜春宫游观、止息，到达西边的宣曲宫后，又在牛首池持桨行船，然后登上龙台观，在细柳观中休息，天子观察猎手们的勇武智谋以及比较他们所获猎物之多少。有步兵、车骑践踏的，有骑兵碾压的，有大臣们踩跷的，以及那些走投无路疲惫不堪的、惊恐畏惧而伏匿不动的、没有受到伤害而死的野兽，横竖交错，杂乱无绪，堆满了山谷，遮蔽了平原大泽。

"于是，游猎疲倦之后，在高上云天的台上设置酒宴，在广阔的宇宙间演奏音乐；撞击那十二万斤重的钟，树立起重一百二十万斤的支架来夹钟；竖起用翠羽装饰的旗，架上鼍皮做的鼓。演奏唐尧的舞乐，倾听葛天氏的歌曲，千人唱，万人和，山峰为之震动，谷底的河流为之掀起波浪。巴渝舞，宋、蔡、淮南等地的歌舞，《于遮》曲，文成、滇地的歌曲，全都交替而演奏，钟、鼓之声迭起，'铿锵''铛謺'作响，使人惊心动魄。楚国、吴国、郑国、卫国等地的音乐，《韶》《濩》《武》《象》等乐曲，侈靡而无节制的音声，郑歌楚舞，古乐今乐，交杂并奏，还有演奏《激楚》乐曲的余声，俳优侏儒演出种种杂戏，还有西戎的狄鞮歌舞，都是用来使耳目欢娱、心意快乐的，这些东西在面前的丽靡动听，在后面的纤弱柔美。

"那些歌女们美丽的容颜，好像青琴、宓妃那类人一样，举世无双，艳丽而文雅。美女们浓脂盛妆，发髻梳得如刻画一样，体态轻盈、绰约，修长而柔美，纤细动人；她们披引着丝色很纯的衣裙，穿着宽大而边缘整齐的衣裳，步履轻盈舒缓，和世俗的衣服不同。美女们身上散发出浓郁的香气；牙齿洁白，好口宜笑，光明灿烂；娥眉细美，明目含情，流波荡漾。她们用美色、神魂勾引人，有她们在旁边感到满心欢喜。

"宴饮歌舞正浓之时，天子突然怅惘而思索，若有所失，说：'唉，这太奢侈了！我因为听政之余，闲居无事，虚掷时日，顺应天时而来游猎，经常在上林苑中休息，我恐怕后世子孙奢靡，沿着奢侈之道走下去而不知改正，

这不是继业开创的治国之道呀。'于是就放弃酒宴，停止游猎，命令官吏说：'上林苑中可以耕种的土地，都可变为农田让百姓耕种，以救济他们的贫困和不足，去掉苑墙，填平壕沟，使普通百姓能进入上林苑，以通山泽之利，养鱼鳖满池塘而不禁止百姓捕取，废置离宫别馆不让人居止的规定。打开粮仓来救济贫穷的人，补给不足，抚恤鳏寡，问候幼而无父、老而无子的人。发布实行仁政的号令，减省刑罚，调整制定度、量、衡以及礼法，使车马服色各随其宜，重定历法，在天下进行改革，开创崭新的局面。'

"于是，天子选择吉日来举行斋戒，穿上朝服，乘着六匹马拉的车子，竖起翠华旗，鸣响着玉鸾铃，天子游猎于'六艺'的苑囿，奔走于'仁义'的大道，环视于《春秋》的园林。天子在行射礼时演奏《狸首》，还有《驺虞》，用箭射取玄鹤，挥动着盾、斧，在车上载着旌旗，以搜罗天下的贤才，对《伐檀》感到悲伤，对《乐胥》感到高兴，在《礼经》的园地中修饰容仪，在《尚书》的园囿中翱翔，

阐释《周易》的道理。放走上林苑中各种珍禽怪兽，登上明堂，坐在祖庙之中，听任群臣陈奏政事得失，使天下百姓无不受益。在这个时候，天下的人皆大喜悦，响应天子的风教，听从政令，随顺时代的潮流，接受教化，圣明之道勃然而振兴，人民都归向仁义，刑罚被废弃而不用，君王的恩德高于三皇，功业超越五帝，如果达到

这个地步，那么打猎才是值得高兴的事。

"如果整天暴露身躯驰骋在苑囿之中，精神劳累，身体辛苦，疲惫地使用车马，消耗士卒的精力，浪费国库的钱财，而没有厚德大恩，只是专心个人的快乐，不考虑广大百姓，遗忘国家政事，却贪图野鸡、兔子的猎获，这是仁爱之君不肯做的事情。由此看来，齐国和楚国游猎之事岂不可悲么！两国各有土地纵横不超过一千里，而苑囿占了九百里，这是生长草木的地方得不到开垦耕种，而人民没有吃的东西的原因。凭借诸侯的微贱地位，却去享受天子的奢侈之乐，我害怕百姓将遭受祸患。"

"于是两位先生都改变了脸色，怅然若失，惶恐地离开座席，说：'鄙人见闻浅少，不知道避忌，这才在今天受到教诲，我接受教导。'"

这篇赋献给天子，天子就任命相如为郎官。无是公称说上林苑的广大，山谷、水泉和万物，以及子虚称说云梦泽所有之物甚多，奢侈淫靡，言过其实，而且也不是礼仪所崇尚的，所以删取其中的要点，归之于正道加以评论。

▶ 成都琴台路司马相如铜像

132

❂ 出使西南夷

相如担任郎官好几年后，正逢唐蒙受命掠取和开通夜郎及其西面的僰中，征发巴、蜀两郡的上千官吏士卒，西郡又多为他征调陆路及水上的一万多运输人员。他又用战时法规杀了大帅，巴、蜀百姓十分惊恐。皇上听说此事后，就派相如去责备唐蒙，趁机告知巴、蜀百姓，唐蒙的所作所为并不是皇上本人的意思。檄文说：

"告示巴、蜀太守：蛮夷自作主张，不服朝廷，已经很久没有加以征讨了。蛮夷之人时常侵扰边境，使士大夫蒙受劳苦。当今皇上即位，安抚天下，使中国和睦安稳。然后发动军队，向北征讨匈奴，单于惊恐，拱手臣服，屈膝求和。康居和西域诸国，也都辗转翻译，使语言沟通，来请求朝献，虔敬地叩头，进献贡物。然后军队调派直指东方，闽越的君主被他的弟弟谋杀。接着军至番禺，南越王派太子入朝。南夷的君主，西僰的首领，都经常进献贡物和赋税。不敢怠慢，人人伸长脖子，抬起脚跟，表现出都争着归附大义的样子，愿做汉朝的臣仆，只是路程遥远，山河阻隔，不能亲自来致意。现在，不顺从的人已经被诛杀，而做好事的人还没奖赏，所以派中郎将前来让其顺服，至于征发巴、蜀的士卒百姓各五百人，只是为了供给钱、帛等礼物，保卫使者不发生意外，没有战争的事情和打仗的忧患。如今，皇上听说中郎将竟然动用战时法规，使巴、蜀子弟受到惊惧，使巴、蜀父老忧患，两郡又擅自为中郎将转运粮食，这些都不是皇上的本意。至于当应征的人，有的逃跑，有的自相残杀，这也不是为臣者的节操。

"那边郡的士兵，听到烽火升起，燧烟点燃的消息，都张弓待射，驱马进击，扛着兵器，奔向战场。人人汗流浃背，唯恐落后，身触利刃，冒着飞箭，也义无反顾，不考虑掉转脚跟，向后逃跑，人人怀着愤怒的心情，如同报私仇一样。他们难道乐于死而讨厌生吗？没有编排进户籍的人民，难道和巴、蜀不是同一个君主吗？只是他们考虑深远，把国家的困难作为急事，而乐于尽到做臣民的义务罢了。所以他们中有的人得到剖符

封官，有的分圭授爵，位在列侯，居住排列在京城的东第。他们去世就能将显贵的称号流传后世，把封赏的土地留传给子孙，他们做事非常忠诚严肃，当官也十分安逸，好名声传播于久远，功业昭著，永不泯灭。因此，贤人君子，都能肝脑涂地，血肉滋润野草而在所不辞。现在充当供奉币、帛的役夫到南夷，就自相杀害，或者逃跑被诛杀，身死而没有美名，被谥称为'至愚'，其耻辱牵连到父母，被天下人所嘲笑。人的气量、胸襟的差距，难道不是很远吗？但这也不仅仅是应征者的罪过，父兄们往日没有加以教导，也没有谨慎地给子弟做表率，人们没有操守，不知羞耻，则世风也就不淳厚了。因而他们被判刑杀戮，不也是理所当然的事么！

"皇上担心使者和官员们就像那个样子，又哀伤不贤的愚民像这个样子，所以派信使将征发士卒的事情告知百姓，趁机斥责他们不能忠于朝廷，不能为国事而死的罪过，责备三老和孝悌没能做好教诲的过失。现在正是耕种时期，不轻易烦劳百姓，已经亲自告知郡旁近县的人了，担心偏

远的溪谷山泽间的百姓不能全听到皇上的心声，待到檄文一到，赶快下发到县道，使他们都了解陛下的本意，希望不要疏忽了。"

相如出使完毕，回京向汉武帝汇报。唐蒙已掠取并开通了夜郎，趁机要开通西南夷的道路，征发巴、蜀、广汉数万士卒筑路，修了两年都没有修成，士卒伤亡很多，耗费的钱财数以亿计。蜀地民众和汉朝当权者有很多人反对。这时，邛、筰的君长听说南夷已与汉朝交往，得到很多赏赐，因而大多数都想做汉朝的臣仆，希望按照南夷的待遇，请求汉朝委任官职给他们。皇上向相如询问此事，相如说："邛、筰、冉、駹等都离蜀很近，容易开通道路。秦朝时就已设置郡县，到汉朝建国时才废除。如今真要重新开通，设置为郡县，其价值超过南夷。"皇上认为相如说得很对，就任命相如为中郎将，令其持节出使。相如及随从到达蜀郡后，蜀郡太守及其属官都到郊界上迎接相如，县令背着弓箭在前面开路，蜀人都以此为荣。于是卓王孙、临邛诸位父老都凭借关系来到相如门下，献上牛和

酒，与相如欢歌畅饮。这时的卓王孙常常暗自感叹，认为自己把女儿嫁给司马相如的时间太晚，便又送给文君一份丰厚的财物，这样她与儿子所分得的相等了。司马相如平定了西南夷。邛、筰、冉、駹及斯榆的君长都请求成为汉王朝的臣子。于是拆除了旧有的关隘，扩大了边关，西边到达沬水和若水，南边到达牂柯，以此为边界，开通了零关道，在孙水上建桥，直通邛都。相如返京报告皇上，皇上特别高兴。

司马相如出使蜀郡时，蜀郡的年高长者大多都说开通西南夷没有用处，即使是朝廷大臣也有如此认为的。相如要进谏，但建议业已由自己提出，因而不敢再进谏，就写文章，假借蜀郡父老的语气来讲话。而自己诘难对方，来含蓄地劝告天子，并且借此来宣扬自己出使的意图，让百姓知道天子的本意。那文章说：

"汉朝建立七十八年，恩德美盛，存在于六代君主之中，威武强盛，恩惠流传久远、深广，百姓们都受到沾溉，就连国外也广泛传播。于是皇上就命令使者西征，西方的国家顺应时势而退让，德教之风所到之处，无不随风倒伏。因而使冉来朝，使駹臣服，平定了筰，保全了邛，夺取了斯榆，占领了苞满，然后车马纷纷返回，向东去将要还报朝廷，到达了蜀郡成都。

"这时，耆老、大夫、荐绅、先生共有二十七人，

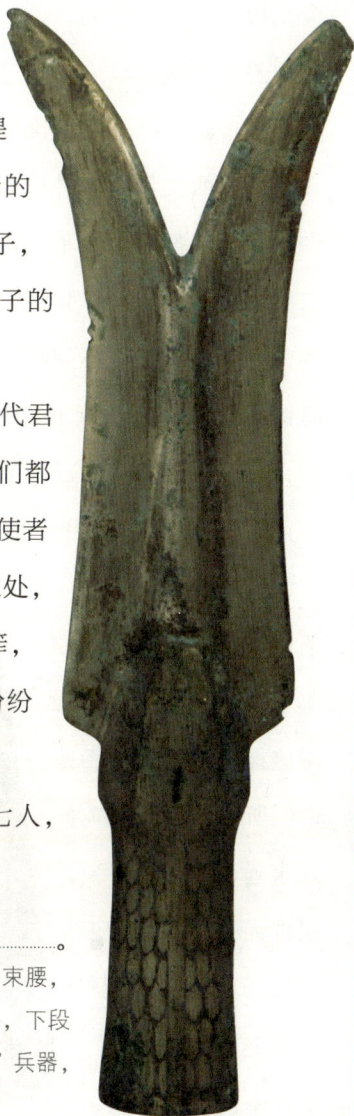

▶ **蛇头銎铜叉·西汉**

云南李家山青铜器博物馆藏。叉体如蛇口吐出的巨大蛇信，束腰，前端分为两岔。后为椭圆筒状长銎，銎上段两面为浮雕蛇头，下段饰鳞纹，似蛇身。表面镀锡。叉是滇国特有的一种"仿生式"兵器，多出自大型墓葬，当属专用的仪仗器。

严肃地来拜访，寒暄过后，趁机进言说：'听说天子对于夷狄，其目的是牵制他们不使断绝关系罢了。现在烦劳三个郡的士兵，去开通夜郎的道路，已经三年了，还没有完成，士卒劳累疲倦，广大百姓生活不富足。如今又接着来开通西夷，百姓们精力耗尽，恐怕不能完成这事，这也是使者的麻烦，我们私下为您忧虑。况且那邛、筰、西僰和中原并列，已经过了许多年，记都记不清了。自古以来，仁德之君不能招来，强大之君不能并吞，推想大概是办不到吧！如今割弃良民的财物去增加夷狄的财物，使汉朝依赖的人民遭受疲困，而去侍奉无用的夷狄，鄙人见识短浅，不知道所说的对或是不对。'

"使者说：'怎么说这样的话呢？如若像你们所说的，那么蜀郡人永远不会改变服装，巴郡人永远不会改变风俗了。我常常讨厌听到这种话。可是这件事情意义重大，

本来就不是旁观者所能看得出的，我的行程紧急，没有机会给你们详细解释了，请允许我为大夫们粗略地陈说它的大概。大约社会上一定要有不平常的人，才会有不平常的事；有了不平常的事，才会建立不平常的功业。不平常，当然是一般人觉得怪异的。所以说不平常的事情出现之初，百姓会惊惧；待到事情成功了，天下就安乐太平。

'从前，洪水涌出，泛溢漫延，老百姓上下迁移，处境崎岖，心情十分不安。大禹对此很忧虑，就堵塞河水，挖掘河底，疏通河道，分散洪水，稳定灾情，使河水向东流归大海，而天下永远安宁。承受这样劳苦的，难道只有百姓？大禹心里忧虑愁苦，并且亲自参加劳作，手脚生出老茧，身上瘦得没有肉，

▶**羊角钮钟·西汉**
美国克利夫兰艺术博物馆藏。此种形制的钟多出土于广西和云南。羊角钮钟被视为岭南越族所特有的一种乐器，当为悬挂起来击打奏乐之用。

皮肤磨得生不出汗毛。所以他美好的功业显扬于无穷的后世，声望传播到当今。

　　'况且贤明的君主即位，难道只是委琐龌龊，被规章制度和世俗所拘束、牵制，因循旧习，取悦当世而已吗！一定要发表崇高的议论，开创业绩，传留法统，作为后世遵循的榜样。所以要努力做到胸襟宽大，勤奋地思考，建立和天地相匹配的功德。况且《诗经》中不是说过："普天之下，没有哪个地方不是周王的领土；四海之内，没有哪个人不是周王的臣民。"因此，天地之内，八方之外，都逐渐受到浸润漫衍，如果有哪个有生命的东西没受君恩的滋润，贤明的君主会视为耻辱。如今封疆之内，文武官员，都获得欢乐和幸福，没有缺漏的，可是那些风俗不同的夷狄国家，和我们相隔遥远、族类不同的地方，车船不通，人迹罕至，因而政治教化还未达到那里，社会风气还很低下。如果接纳他们，他们将在边境做些违犯礼义的事情；把他们排斥于外，他们就会在自己国内为非作歹，逐杀国君，颠倒君臣关系，改变尊卑次序，父兄无罪被杀，幼儿和孤儿被当作奴隶，被捆绑者哭喊着，一心向往汉朝，抱怨说："听说中国极为仁爱，功德盛多，恩泽普施，所有的东西无不适得其所，如今偏偏为何遗忘了我们？"他们抬起脚跟来思念，就像大旱而盼望雨水，就是凶暴的人也会为之落泪，何况皇上圣明，又怎么能作罢呢？所以向北边派出军队来讨伐强大的匈奴，向南边派使者去责备强劲的越国。四方邻国都受仁德的教化，南夷和西夷的君长像游鱼聚集，仰面迎向水流，愿意得到汉朝封号的以亿计。所以才以沫水、若水为关塞，以牂柯江为边界，凿通零关道，架通孙水的源头，开创了通向道德的坦途，传留下热爱仁义的传统。将要广施恩德，安抚和控制边远地区的人民，使疏远者不被隔闭，使居住偏僻不开化地区的人民得到光明，在这里消除战争，在那里消除杀伐。使远近一体，内外安宁幸福，不是康乐的事吗？把人民从水深火热中拯救出来，尊奉皇上的美德，挽救衰败的社会，继承周代已经断绝的业绩，这是天子的当务之急。百姓纵然有些劳苦，又怎么可以停止呢？

　　'况且，君王的事情没有不从忧愁、勤苦开始，而以安逸、快乐结束的。

那么承受天命的符瑞，正好在这件事上。皇上正要封祭泰山，禅祀梁父山，使车上的鸾铃鸣响，音乐和颂歌高扬，汉君的恩德上和五帝相同，下超越三王。旁观者没有看到事情的宗旨，旁听的人没有听到皇上的真意，如同鹪明已在空旷的天空飞翔，而捕鸟的人还盯着薮泽。可悲啊！'

"于是诸位大夫心里茫茫然，忘了自己的来意，也遗忘了自己要进谏的事情，感叹地一同说道：'可信呵，汉朝的美德！这是我们鄙陋之人愿意听到的，百姓虽然怠惰，请让我们为他们做个表率。'大夫们怅惘不已，于是过了一会儿就辞别而去。"

那以后，有人上书说相如出使时接受了贿赂，因而他丢失了官职。过了一年多，他又被朝廷召去任郎官。

上疏劝谏

相如口吃，却擅长写文章。他平常身患糖尿病。他和卓文君结婚后很有钱，做官后不愿意同公卿们一起讨论国家大事，而常借病在家闲待着，对官爵没有什么兴趣。他曾经跟随皇上到长杨宫去打猎。当时的天子喜欢亲自驰马猎杀熊和野猪等野兽的畅快感觉，相如上疏加以规劝，疏上写道：

"臣听说万物中有的虽是同类而能力却不同，所以力量大就称赞乌获，轻捷善射就谈到庆忌，勇猛就一定提到孟贲和夏育。臣愚昧，私下以为人有这种情况，兽也应该有这种情况。现在

玉高足杯·西汉

台北故宫博物院藏。玉高足杯，高 12.3 厘米，口径 4.7 厘米，这件玉杯，是以半透明的青白色玉雕成。口缘处、柄之外侧、高足至器腹下端，都因接触铜锈而沁成蓝绿色。其中以口缘处的沁色较为偏蓝，这或是因所接触的铜器，是用蓝铜矿中提炼出铜来铸造之故。汉代的贵族特别重视玉制的容器，他们希望玉的精气能渗入所盛装的水或酒中，令饮者能成仙得道。

陛下喜欢登上高险的地方射击猛兽，突然遇到凶暴迅捷的野兽，在毫无戒备之时，它突然狂暴进犯您的车驾和随从，车驾来不及转弯，人们也没机会施展技巧，纵然有乌获、逢蒙的技能，力量发挥不出来，枯木朽枝全都可以变成祸害了。这就像胡人、越人出现在车轮下，羌人、夷人紧跟在车后面，难道不是很危险吗！即使是绝对安全而没有一点祸患，但是这本不是天子应该接近的地方。

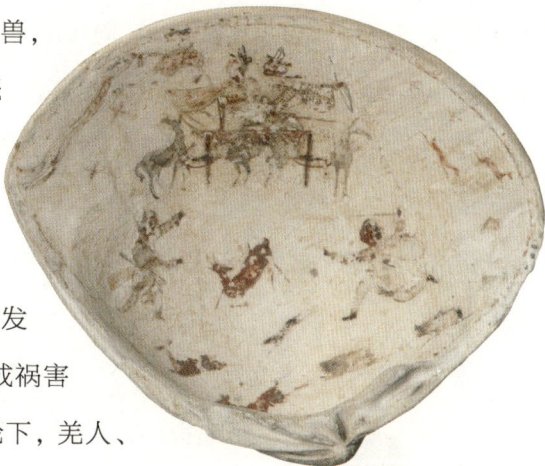

▶彩绘狩猎图贝壳·西汉。

"况且，在清除之后的道路上行走，选择在道路中央驱马奔驰，有时还会出现马口中的衔铁断裂、车轴钩心脱落的事故，更何况在高高的蓬蒿中跋涉，在荒丘废墟上奔驰，前面有捕获猎物的快乐，而内心却没有应付突发事故的准备，祸患出现是很容易的了。如果看轻君王的高贵地位，不以此为安乐，却愿意出现在虽有万全准备而仍有一丝危险的地方，我私下认为陛下不应该这样做。

"大概明察的人能远在事情发生以前就预见它，智慧的人能在祸害还未形成以前就躲避开，但是祸患本来就大多隐藏在暗蔽的地方，发生在人们疏忽的时候，所以谚语说："家中拥有千金，不坐在堂屋的屋檐底下。"这句话虽然说的是小事，却可以用来说明大事。我希望陛下留意明察。"

皇上认为司马相如说得很好。回来路过宜春宫的时候，相如向皇上献赋，哀叹秦二世行事的过失。赋的言辞是：

"登上蜿蜒不平的长坡啊，一同走进高高的重重宫殿，俯瞰曲江池弯曲的岸边和小洲啊，远望高低参差的南山。岩石高耸而空深啊，通畅的溪谷豁然开阔。溪水急速地流向远方啊，注入宽广低平的水边高地。观赏各种树木繁茂

139

荫蔽的美景啊，浏览茂密的竹林。向东边的土山奔驰啊，提衣走过沙石上的急流。驻车徘徊啊，路过而凭吊二世的坟墓，他自身行事不谨慎啊，使国家灭亡、权势丧失。他听信谗言而不知觉醒啊，使宗庙灭绝。呜呼哀哉！他的操守品行不端正啊，坟墓荒芜而没人修整，魂魄没有归宿，得不到祭祀。飘逝到极远无边的地方啊，愈是久远愈暗昧。精魂在空中飞扬啊，经历九天而远远消逝。呜呼哀哉！"

相如被授官为孝文帝的陵园令。天子赞美子虚之事。相如又看出皇上对仙道很感兴趣，趁机说："上林之事算不上是最美好的，还有更美丽的。臣曾经写过《大人赋》，还未写完，请允许我写完后献给皇上。"相如认为传说中众仙人居住在山林沼泽中，形体容貌特别清瘦，这不是帝王心意中的仙人，于是就写成《大人赋》。赋的言辞说：

"世上有大人啊，居住在中原地区。住宅布满万里啊，甚至不值得他稍稍停留。悲伤世俗的胁迫困厄啊，便离去轻身飞升，向远方漫游。乘着赤幡为饰的素虹啊，登上云气而上浮。竖起状如烟火的云气长竿啊，拴结起光炎闪耀的五彩旌旗。垂挂着旬始星作为旌旗的飘带啊，拖着彗星作为旌旗的垂羽。旌旗随风披靡，逶迤婉转啊，婀娜多姿地摇摆着。揽取欃枪作为旌旗啊，旗杆上缠绕着弯曲的彩虹作为绸。天空红而深远，使人迷乱昏眩啊，狂飙奔涌，云气飘浮。乘上应龙、象车屈曲前进啊，驾着赤螭、青虬蜿蜒行驶。龙身有时屈曲起伏、昂首腾飞、恣意奔驰啊，有时又屈折隆起、盘绕蜷曲。马头时低时昂停滞不前啊，放纵任性而

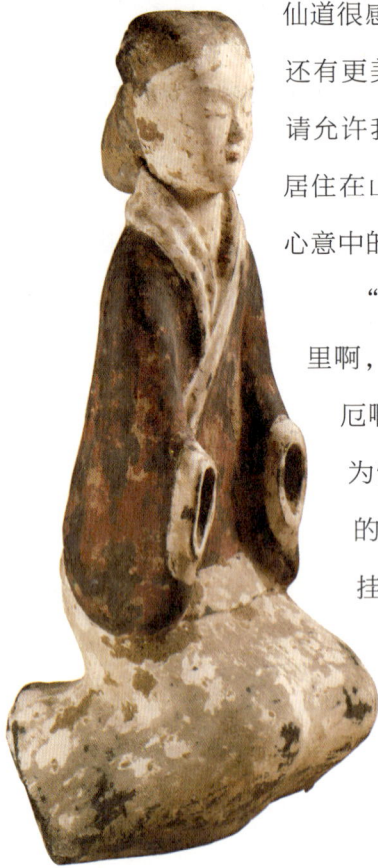

彩绘陶跪坐俑·西汉
与秦代兵马俑相比，汉代俑像则主要塑造的是社会各阶层的人物，而且形象更加生动活泼。

140

翘首不齐。忽进忽退，摇目吐舌，像趋走的鸟儿舒翼飞翔、左右相随啊；有时掉转头来，屈曲婉转似的奔跑，如屋梁相互倚靠。或缠绕喧嚣踏到路上啊，或飞扬跳跃，奔腾狂进。或迅捷飞翔，相互追逐，疾如闪电啊，突然间有如雾散云消。

"斜渡东极而登上北极啊，和神仙们在一起交游。走过曲折深远的地方而向右转啊，横渡飞泉向正东奔去，招来所有的神仙进行挑选啊，在那瑶光星上部署众神。让五帝前而开路啊，遣返太乙而让陵阳子明做侍从。左边有玄冥而右有含雷啊，前有陆离而后有潏湟。役使征伯侨和羡门高啊，让岐伯掌管药方。命祝融清道担任警戒啊，消除恶气然后前进。聚集我的万辆车驾啊，举起五色云合成的车盖，竖起华丽的旗，让句芒率领随从啊，我要到南方去游戏。

"经过崇山见到唐尧啊，在九嶷山拜访了虞舜，车骑纷繁而重重交错啊，杂乱地一同向前奔驰，骚扰相撞一片混乱啊，澎湃淋漓而不能前行。群山簇聚罗列，万物丛集茂盛啊，到处散布而参差不齐。直入响声隆隆的雷室啊，穿过突兀不平的鬼谷，遍览八纮而远望四荒啊，渡过九江又越过五河。往来于炎火山而泛舟弱水啊，涉过小洲而渡过流沙河。在葱岭休息，在水中沉浮嬉戏啊，让女娲奏琴而令河伯跳舞。天色阴暗而不明啊，召来天使诛责风神而刑罚雨师。西望昆仑恍恍惚惚啊，径直朝着三危山奔驰。推开天门而进入帝宫啊，载着天女一起归来。登上阆风山而高兴地停下歇息啊，就像鸟鸟高飞而后一齐停在那里。在阴山徘徊婉转飞翔啊，到今天我才看到满头白发的西王母。她戴着华胜住在洞穴中啊，幸而有三足鸟供她驱使。一定要像她这样长生不老啊，纵然能活万世也不值得欢喜。

"掉转车头归来啊，在不周山绝道，会餐在幽都山。呼吸夜露啊而口食朝霞，咀嚼灵芝啊而稍微吃一点琼华。抬头仰望而身体渐渐高纵啊，纷然腾涌而向上疾飞。穿过闪电的倒影啊，涉过云神兴作的滂沛大雨。驰骋游车、导车而长长下降啊，抛开云雾而远去。迫于世间的狭窄啊，缓缓走出北极的边际。把屯骑遗留在北极山上啊，在北天门前将先驱赶超。下看深远而无大地啊，上视广阔而无天边。视线模糊而不清，听觉恍惚无所闻。乘着虚无而上至远处啊，超越无有而独自长存。"

相如向皇上献上《大人赋》，天子特别欢喜，飘飘然有凌驾云天的气概，心情好似遨游天地之间那般畅快。

❸留书谏封禅

相如因病免官，住在茂陵家里。天子说："司马相如病得很厉害，可派人将他的书稿全部取回来；如果不这样做，以后就散失了。"于是派所忠前往茂陵。但是，这时的相如已经死了，家中没有书。所忠询问相如的妻子，她说："长卿从来都没有书。他时时写书，别人就时时取走，因此家中总是空空的。长卿还没死的时候，写过一卷书，他说如有使者来取书，就把它献上。此外再没有别的书了。"他留下来的书上写的是有关封禅的事，进献给所忠。所忠把书再进献给天子，天子看到此书后大为惊讶。那书上写道：

"上古开始之时，由天降生万民，历经各代君王，直至到秦。沿着近代君王的足迹加以考察，聆听远古君王的遗风美名，纷纷杂杂，名声和事迹被隐没而未称道的数也数不尽。能够继承舜、禹，有尊号美谥的，封禅泰山而稍可称道者只有七十二君。顺从善道行事，没有谁不昌盛；违逆常理，不施德政，谁能长存？

"轩辕以前，年代久远，无法了解其中的详细情况。五帝三王的事迹有六经典籍的记载，可以看到大致的情况。《尚书》上说：'君王贤明啊，大臣杰出。'由此可见，君王的圣明没有超过唐尧的，大臣的贤良没有比得上后稷的。后稷在唐尧时创立业绩，公刘在西戎发迹，文王改革制度，使周极为昌盛，太平之道于是形成，以后虽衰颓微弱，但千年以来没有恶声，这难道不是善始善终么！然而没有别的原因，只是前代先王在开始时能谨慎地遵循规则，又能严谨地垂教于后世子孙罢了。所以前人开拓的轨迹平易，就容易遵循；恩德深广，容易富足；法度显明，容易效法；传续法统合乎天理，容易继承，因此王业隆盛于成王时代，而功绩数文王、武王最高。揣度其所始，考察其所终，

并没有什么特别优异超凡的政绩，可与当今汉朝相比。然而，周人尚且走上梁父山，登上泰山，建立显贵的封号，施加尊崇的美名。伟大汉朝的恩德，像万泉奔涌，盛大恢宏，广布四方。如云雾散布，上通九天，下至八方极远之地。一切生灵，皆受恩德，和畅之气，广泛散布，威武之节，飘然远去。近者如同游于恩泽的源头，远者好似泳于恩惠的末流，罪魁祸首都已湮灭，暗昧的人见到光明，各种动物欢乐喜悦，掉转头来朝着中土。然后，聚集珍贵的驺虞，拦截罕见的白麟，在庖厨中选择出一茎六穗的嘉禾以供祭祀，拿生着双角的野兽作为祭品，在岐山获得了周朝遗留的宝鼎和畜养的神龟，从沼泽里招来了神马乘黄。托鬼神迎来各路神仙，在闲馆中待以宾客礼节。珍奇之物，卓异超凡，变化无穷。令人钦敬啊，祥瑞的符兆都在这里显现，还认为功德薄弱，不敢谈到封禅的事。周代时跳跃的鱼儿坠落到船中，周武王烘烤了拿它祭天，这作为符兆太微小了，但却因此登上泰山，不是显得惭愧么！周朝不该封禅而封禅，汉朝应该封禅却不封禅，进让的原则，相差何其远呢？

　　"于是大司马进谏说：'陛下仁爱地抚育众生，依据道义来征讨不顺，华夏诸国都乐于进贡，蛮夷们拿着礼品来朝见，德同当初，功业至高，美好的业绩融洽，祥瑞的符兆不断变化，应期而陆续到来，不只是初次显现。想

▶ 玉舞人串饰·西汉

玉舞人是古代中国特殊的坠饰品种之一，它的题材仅限于舞蹈中的年轻女子，流行的时间仅在战国末年到汉代的 300 年间。玉舞人一般是作为坠饰悬挂在项饰或佩饰上，个体较小，多呈扁片状；姿态曼妙，精巧可爱。

来是泰山、梁父山的坛场盼望皇上幸临，合应符验来和前代比荣耀，上天垂恩积福，将以祭奠而告成功，陛下谦恭礼让而不封禅。断绝三神的欢喜，使王道失仪，群臣惭愧啊！有人说，天道是质朴暗昧的，珍奇的符兆本来就不可以拒绝；如果拒绝它，那泰山将无立表记的机会而梁父山无享受祭祀的希望了。如果古代帝王都是一时荣耀，毕世而灭绝，述说者还有什么称述于后代，而说有七十二君封禅泰山呢？德行修明就赐给祥瑞，尊奉祥瑞而行封禅的事，不能算是越礼。所以圣明的帝王不废封禅，修行礼仪恭奉地神，诚敬地谒告天神，在中岳嵩山刻石记功，来彰明至上的尊位，宣扬隆盛的德行，显示荣耀的称号，承受丰厚的福禄，来使老百姓受到浸润。这种事伟大啊！天下的雄壮景象，帝王的大事业，不可减损呀。希望陛下成全它。然后综合诸儒的道术，使他们获得日月余光远焰的照耀，以施展当官的才能，专心于政事。还要兼正天时人事，阐述封禅大义，校订润饰文辞，作成《春秋》一样的经书。将沿袭旧有的"六经"而变为"七经"，传布到无穷，使万世以后仍能激发忠义之士，扬起微波，飞传英明名声，传送茂盛的果实。以前的圣君之所以能够永远保持他的美名，而时常被赞美，就是因为这个缘故。应该让太师掌故将封禅的大义全都呈奏陛下，以备观览。'"

于是天子说："好啊，我就试试看吧！"天子暗自忖度，将公卿们的建议归纳了，询问了封禅的具体事宜，记述恩泽的博大，推衍符瑞的富饶。于是作颂说：

"覆盖我的苍天，云朵油然而行。普降甘露和及时雨，其地可以游泳。汁液润泽下流，生物无不受到滋养。嘉禾一茎长出六穗，我收获的谷物何不积蓄？

"不只雨水洒降，又把大地润泽；不但滋濡我一人，且还普遍散布。万物一片和乐，怀恋而又思慕。名山应当有尊位，盼望君王前来。君王啊，君王，为何不行封禅之事！

"文彩斑斓的驺虞，喜欢我君的苑囿；黑纹配上白底，它的仪表美好可爱；和睦恭敬，像君子的姿态。听说过它的名声，现在看到它降临。那路上没有

144

踪迹,这是上天降祥瑞的验应。这兽在舜时也出现,舜因此而兴旺。

"肥壮的白鳞,曾在那五畤嬉戏。孟冬十月时,君王前往郊祭。白鳞奔到君王车驾前面,天帝享而赐福。这事三代以前,大概不曾有过。

"黄龙一屈一伸,遇圣德而升天。色彩闪耀夺目,光辉灿烂。龙体显现,使天下万民觉悟。在《易经》上有记载,说是受命天子之所乘。

"天命符瑞彰明,不必谆谆告知。应当依类寄托,告诉君王行封禅的事。

"翻开六经来看,天道和人道的界限已经交接,上下相互启发而和谐。圣王的功德就是兢兢业业、小心谨慎。所以说:"兴盛的时候一定要考虑衰败,太平的时候一定要想到危险。"因此商汤、周武王位居至尊,不忘记严肃恭敬;虞舜在大典中,察看政事的过失。说的就是这回事。"

司马相如死后五年,天子才开始祭祀土地神。他死后八年,天子终于首先祭祀中岳嵩山,然后又封泰山,再到梁父山,禅肃然山。

司马相如的其他著作,如《遗平陵侯书》《与五公子相难》《草木书》等篇不收录,只收录他在公卿大臣中特别著名的。

❧ 太史公说 ❧

《春秋》能推究到事物的极隐微处,《易经》原本隐微却能阐释得浅显,《大雅》说的是王公大人德及黎民百姓,《小雅》讥刺卑微者的得失,其流言却能影响朝廷政治。所以,言辞的外在表现虽然不同,但是其教化功能却是一致的。相如的文章虽然多借喻与夸张,主旨却归于节俭,这与《诗经》讽谏的意旨有何不同?扬雄认为相如的辞赋华丽,鼓励奢侈与倡言节俭是一百比一的关系,就如同尽情演奏郑、卫之音,而在曲终之时演奏一点雅乐一样,这不是减损了相如的辞赋价值吗?我采录了他的一些可以论述的文字,放在这篇文章中。

淮南衡山列传 第五十八

【解题】本传是淮南厉王刘长及其子刘安和刘赐的合传。之所以将本该列入世家的诸侯降为列传，实际是太史公对刘长父子的叛逆之罪的一种贬抑。本文叙事角度较单一，但文笔仍不乏变化，简繁有致，紧凑顺畅，命意一线到底，这是本传的一个很大的特色。

❖高祖幼子

　　淮南厉王刘长是汉高祖最小的儿子。他的母亲是过去赵王张敖的嫔妃。高祖八年，高祖从东垣县经过赵国，赵王将厉王的母亲献给他。厉王的母亲得到了高祖的宠爱，并且有了身孕。于是赵王张敖不敢再让她住在宫内，为她另外建造了宫室居住。第二年，赵相贯高等人在柏人县谋划刺杀高祖的事情败露，赵王也一并被捕，他的母亲、兄弟和嫔妃一起遭到了拘禁，被囚禁在河内郡官府。厉王的母亲对狱吏说："我受到皇上宠幸，已有身孕。"狱吏如实禀报，皇上正因赵王的事气恼，就没有理会厉王母亲的申诉。

厉王母亲的弟弟赵兼拜托辟阳侯审食其告知吕后。吕后心生妒忌，不肯向皇上进言求情。辟阳侯也没有再尽力劝解。厉王的母亲生下厉王后，心中怨恨，于是就自杀了。狱吏抱着厉王送到皇上面前。皇上后悔莫及，下令吕后收养他，并在真定县安葬了厉王的母亲。真定县是厉王母亲的故乡，她的祖辈就居住在那里。

　　高祖十一年七月，淮南王黥布谋反，高祖封儿子刘长为淮南王，让他掌管黥布曾经领属的四郡封地。高祖亲自率军出征，剿灭了黥布，于是厉王即淮南王位。厉王自幼丧母，一直依附吕后长大，因此孝惠帝和吕后当政时期他得以幸免遭政治祸患。

但是，他心中一直怨恨辟阳侯而不敢发作。

◎倨傲无礼

至孝文帝即位，淮南王自视与皇上关系最亲，骄横不逊，一再违法乱纪。皇上念及手足亲情，时常宽容赦免他的过失。

孝文帝三年，淮南王从封国入朝觐见，态度很是傲慢。他跟随皇上到御苑打猎，和皇上同乘一辆车驾，还常常称呼皇上为"大哥"。厉王有勇有谋，能奋力举起重鼎，于是前往辟阳侯府上求见。辟阳侯出来见他，他便取出藏在袖中的铁椎捶击辟阳侯，又命随从魏敬杀死了他。事后，厉王驰马飞奔到宫中，赤裸着上身向皇上谢罪道："我母亲本不该因赵国谋反的事获罪，那时辟阳侯若肯竭力相救就能得到吕后的帮助，但他不力争，这是第一桩罪；赵王如意母子无罪，吕后蓄意杀害他们，而辟阳侯不尽力劝阻，这是第二桩罪；吕后封吕家亲戚为王，意欲危夺刘氏天下，辟阳侯不挺身抗争，这是第三桩罪。我为天下人杀死危害社稷的奸臣辟阳侯，为

母亲报了仇，特来朝中跪伏请罪。"皇上哀悯厉王的心愿，出于手足亲情，不忍治他的罪，就将他赦免了。这一时期，薄太后和太子以及诸位大臣都很畏惧厉王，因此厉王返国后更加骄纵蛮横，不依朝廷法令行事，出入宫中皆号令警戒清道，还称自己发布的命令为"制"，自订法令，一切模仿天子的样子。

◎谋反而死

孝文帝六年，厉王让一个名叫但的人会同其他七十多人和棘蒲侯柴武的儿子柴奇商议，谋划用四十辆大货车在谷口县谋反起事，并派出使者前往闽越、匈奴各处联络。朝廷发觉此事，想将谋反者治罪，派使臣召淮南王入京，让他来到长安。

丞相臣张仓、典客臣冯敬、行御史大夫事宗正臣逸、廷尉臣贺、备盗贼中尉臣福冒死罪启奏："淮南王刘长废弃先帝制订的法度，不服从天子诏令，起居从事不遵法度，自制天子所乘张黄缎伞盖的车驾，出入模仿天子声威，擅为法令，不实行汉家王法。他擅自委任官吏，让手下的郎中春任

国相，网罗收纳各郡县和诸侯国的人以及负罪逃亡者，把他们藏匿起来予以安置，安顿其家人，赐给钱财、物资、爵位、俸禄和田宅，有的人爵位竟封至关内侯，享受二千石的优宠。淮南王给予他们不应得到的这一切，是想图谋不轨。大夫但与有罪失官的开章等七十人，伙同棘蒲侯柴武之子柴奇谋反，意欲危害宗庙社稷。他们让开章去密报刘长，商议使人联络闽越和匈奴发兵响应。开章赴淮南见到刘长，刘长多次与他晤谈宴饮，还为他成家娶妻，供给二千石的薪俸。开章教人报告大夫但，诸事已与淮南王谈妥。国相春也遣使向但通报。朝中官吏发觉此事后，派长安县县尉奇等前去拘捕开章。刘长藏人不交，和原中尉简忌密议，杀死开章灭口。他们置办棺椁、丧衣、包被，葬开章于肥陵邑，而欺骗办案的官员说'不知道开章在哪里'。后来又伪造

▶ 汉淮南王刘安像。

坟冢，在坟上树立标记，说'开章尸首埋在这里'。刘长还亲自杀过无罪者一人；命令官吏论罪杀死无辜者六人；藏匿逃亡在外的死刑犯，并抓捕未逃亡的犯人为他们顶罪；他任意加人罪名，使受害者无处申冤，被判罪四年劳役以上，如此者十四人；又擅自赦免罪人，免除死罪者十八人，服四年劳役以下者五十八人；还赐爵关内侯以下者九十四人。前些时候刘长患重病，陛下为他忧烦，遣使臣赐赠信函、枣脯。刘长不想接受赐赠，便不肯接见使臣。住在庐江郡内的南海民造反，淮南郡的官兵奉旨征讨。陛下体恤淮南民贫苦，派使臣赐赠刘长布帛五千匹，令转发出征官兵中的辛劳穷苦之人。刘长不想接受，谎称'军中无劳苦者'。南海人王织上书向皇帝敬献玉璧，忌烧了信，不予上奏。朝中官员请求传唤忌论罪，刘长拒不下

令，谎称'忌有病'。国相春又请求刘长准许自己入朝觐见，刘长大怒，说'你想背叛我去投靠汉廷'，遂判处春死罪。臣等请求陛下将刘长依法治罪。"

皇上下诏说："我不忍心依法制裁淮南王，交列侯与二千石官吏商议吧。"

臣仓、臣敬、臣逸、臣福、臣贺冒死罪启奏："臣等已与列侯和二千石官吏臣婴等四十三人论议，大家都说'刘长不遵从法度，不听从天子诏命，竟然暗中网罗党徒和谋反者，厚待负罪逃亡之人，是想图谋不轨'。臣等议决应当依法制裁刘长。"

皇上批示说："我不忍心依法惩处淮南王，赦免他的死罪，废掉他的王位吧。"

臣仓等冒死罪启奏："刘长犯有大死之罪，陛下不忍心依法惩治，施恩赦免，废其王位。臣等请求将刘长遣往蜀郡严道县邛崃山邮亭，令其妾媵有生养子女者随行同居，由县署为他们兴建屋舍，供给粮食、柴草、蔬菜、食盐、豆豉、炊具食具和席蓐。臣等冒死罪请求，将此事布告天下。"

皇上颁旨说："准请供给刘长每日食肉五斤，酒二斗。命令昔日受过宠幸的妃嫔十人随往蜀郡同住。其他皆准奏。"

朝廷将刘长的同谋者全部杀了，于是命淮南王起程，一路用辒车囚载，令沿途各县递解入蜀。当时袁盎劝谏皇上说："皇上一向骄宠淮南王，不为他安排严正的太傅和国相去劝导，才使他落到如此境地。再说淮南王性情刚烈，现在粗暴地摧折他，臣很担忧他会突然在途中身染风寒患病而死。陛下若落得杀弟的恶名如何是好！"皇上说："我只是让他尝尝苦头罢了，会让他回来的。"沿途各县押送淮南王的人都不敢打开囚车的封门，于是淮南王对仆人说："谁说你老子我是勇猛的人？我哪里还能勇猛！我因为骄纵看不到自己的过错，才落得这般地步。人生在世，怎能忍受这样的苦闷！"于是厉王绝食身亡。囚车行至雍县，县令打开封门，将刘长的死讯上报天子。皇上哭得很伤心，对袁盎说："我不听你的劝告，最终导致淮南王身死。"袁盎说："事已无可奈何，望陛下好自宽解。"皇上说："怎么办好呢？"袁盎回答：

"只要斩丞相、御史来向天下人谢罪就行了。"于是皇上命令丞相、御史搜捕、拷问各县押送淮南王而不打开封门让他进食的人，一律弃市问斩。然后按照列侯的礼仪在雍县安葬了淮南王，并安置三十户人家守冢祭祀。

◇刘安嗣位

孝文帝八年，皇上心中怜悯淮南王。淮南王有四个儿子，都是七八岁的光景，封其子刘安为阜陵侯，刘勃为安阳侯，刘赐为阳周侯，刘良为东城侯。

孝文帝十二年，有百姓作歌歌唱淮南厉王的遭遇说："一尺麻布，尚可缝；一斗谷子，尚可舂。兄弟二人不能相容。"皇上听到后，就叹息说："尧舜放逐自己的家人，周公杀死管叔蔡叔，天下人称赞他们贤明。为什么呢？因为他们能不因私情而损害王朝的利益。天下人难道认为我是贪图淮南王的封地吗？"于是徙封城阳王刘喜去统领淮南王的故国，而谥封已故淮南王为厉王，并按诸侯仪制为他建造了陵园。

孝文帝十六年，皇上迁淮南王刘喜复返城阳故地，哀怜淮南厉王无视王法、图谋不轨，而自惹祸患失国早死，便封立他的三个儿子：阜陵侯刘安为淮南王，安阳侯刘勃为衡山王，阳周侯刘赐为庐江王，他们共享厉王时的封地。东城侯刘良在此之前已死，没有后代。

孝景帝三年，吴楚七国举兵反叛，吴国使者到淮南联络，淮南王意欲发兵响应。淮南国相说："大王如果非要发兵响应吴王，臣愿为统军将领。"淮南王就把军队交给了他。淮南国相得到兵权后，指挥军队据城防守叛军，不听淮南王的命令而为朝廷效劳；朝廷也派出曲城侯虫捷率军援救淮南；淮南国因此得以保全。吴国使者来到庐江，庐江王不肯响应，而派人与越国联络。吴国使者往衡山，衡山王效忠朝廷，坚守城池毫无二心。

孝景帝四年，吴楚叛军已被破败，衡山王入朝，皇上认为他忠贞守信，便慰劳他说："南方之地低洼潮湿。"为了褒奖他，就把他的封地换到了济北。他去世后便赐谥为贞

王。庐江王的封地邻近越国，屡次派遣使臣与之结交，因此被北迁为衡山王，统管长江以北地区。淮南王依然如故。

淮南王刘安喜好读书弹琴，不爱狩猎及犬马之物，他也想暗中做好事来安抚百姓，美名传天下。他常因厉王的死怨恨朝廷，常想反叛朝廷，但是没有机会。

到了孝武帝建元二年，淮南王入京朝见皇上。与他一向交好的武安侯田蚡当时做太尉。田蚡在灞上迎候淮南王，告诉他说："现今皇上没有太子，大王您是高皇帝的亲生孙子，施行仁政，天下无人不知。假如有一天皇上过世，除了您还有谁继承王位呢！"淮南王大喜，厚赠武安侯金银钱财物品。淮南王暗中结交宾客，安抚百姓，谋划叛逆的事宜。

建元六年，彗星出现，淮南王心生怪异。有人劝说淮南王道："先前吴军起兵时，彗星出现仅长数尺，而兵战仍然血流千里。现在彗星长至满天，天下兵战应当大兴。"淮南王心想皇上没有太子，若天下发生变故，诸侯王将一齐争夺皇位，便更加加紧整治兵器和攻战器械，积聚黄金钱财贿赠郡守、诸侯王、说客和有奇才的人。各位能言巧辩的人为淮南王出谋划策，都胡乱编造荒诞的邪说，阿谀逢迎淮南王。淮南王心中十分欢喜，赏他们很多钱财，而谋反之心更甚。

淮南王有女儿名刘陵，她聪敏，有口才。淮南王喜爱刘陵，经常多给她钱财，让她在长安刺探朝中内情，结交皇上亲近的人。

元朔三年，皇上赏赐淮南王几案手杖，恩准他不必入京朝见。淮南王王后叫荼，淮南王很宠幸她。王后生太子刘迁，刘迁娶王皇太后外孙修成君的女儿做妃子。淮南王制造谋反的器具，害怕太子的妃子知道后向朝廷泄露机密，就和太子商议，让他假装不爱妃子，三个月不和她同床共枕。于是淮南王假装生了太子的气，把他关起来，让他和妃子三月同居一室，而太子始终不亲近她。妃子请求离去，淮南王便上奏朝廷致歉，把她送回娘家。王后荼、太子刘迁和女儿刘陵受淮南王宠爱，独掌国权，侵吞百

当卢上描绘有白虎、玉兔、玉蟾、金乌、青龙、凤鸟、玄鱼、朱雀。这几种神兽紧密而有序地排布于当卢之上，周围以云气纹进行装饰，给人以一种飘飘欲仙之感。

姓田地房宅，任意加罪拘捕无辜之人。

元朔五年，太子学习使剑，自以为剑术高超，无人可比。听说郎中雷被剑艺精湛，便召他前来较量。雷被一次二次退让之后，失手击中了太子。太子动怒，雷被恐惧。这时凡想从军的人总是投奔京城，雷被当即决定去参军奋击匈奴。太子刘迁屡次向淮南王说雷被的坏话，淮南王就让郎中令斥退罢免了他的官职，以此儆示他人。于是雷被逃到长安，向朝廷上书申诉冤屈。皇上诏令廷尉、河南郡审理此事。河南郡议决，追捕淮南王太子，淮南王、王后打算不遣送太子，趁机发兵反叛。可是反复谋划犹豫，十几天未能定夺。适逢朝中又有诏令下达，让就地传讯太子。就在这时，淮南国相恼怒寿春县丞将逮捕太子的命令扣下不发，控告他犯有"不敬"之罪。淮南王请求国相不追究此事，国相不听。淮南王便派人上书控告国相，皇上将此事交付廷尉审理。办案中有线索牵连到淮南王，淮南王派人暗中打探朝中公卿大臣的意见，公卿大臣请求逮捕淮南王治罪。淮南王害怕事发，太子刘迁献策说："如果朝廷使臣来逮捕父王，父王可叫人身穿卫士衣裳，持戟站立庭院之中，父王身边一有不测发生，就刺杀使臣，我也派人刺死淮南国中尉，就此举兵起事，尚不为迟。"这时皇上不批准公卿大臣的奏请，而改派朝中中尉殷宏赴淮南国就地向淮南王询问查证案情。淮南王闻讯朝中使臣前来，立即按太子的计谋做了准备。

朝廷中尉到达后，淮南王看他态度温和，只询问自己罢免雷被的因由，揣度不会定什么罪，就没有发作。中尉还朝，把查询的情况上奏。公卿大臣中负责办案的人说："淮南王刘安阻挠雷被从军奋击匈奴等行径，破坏了天子明确下达的诏令，应判处弃市死罪。"皇上诏令不许。公卿大臣请求废其王位，皇上诏令不许。公卿大臣请求削夺其五县封地，皇上诏令削夺二县。朝廷派中尉殷宏去宣布赦免淮南王的罪过，用削地以示惩罚。中尉进入淮南国境，宣布赦免淮南王。淮南王起初听说朝中公卿大臣请求杀死自己，并不知道获得宽赦削地，听闻朝廷使臣已动身前来，害怕自己被

▶ **灰陶熏炉·西汉**

弗利尔美术馆藏。将香药置于熏炉中燃烧，所发出的香气可净化空气，杀灭空气中的细菌，有一定的预防疾病作用。

汉代熏香

最早的熏球是在汉代出现的，这种熏香的器皿又被称为"被中香炉"，用金、银、铜等材质通过巧妙的转轴结构，最内一层焚香，熏球在被褥中滚动，钵盂始终保持平衡，香品不会倒出来。这种物品的工艺在唐代达到极致，一直到明清都有制作使用。

古人崇尚焚香，用香的历史非常悠久，特别是在佛教传入中国之后，不仅大量引进了各种重要的香料，更重要的是有了用香的观念和方法。于是，香从生活中的附属用品，一跃而成为皇室贵族、文人雅士生活中的重要场景。香炉用途极多，主要功能有三点：一是用来熏衣；第二是书房必备之器，有"红袖添香夜读书"的诗句为证；第三是用来供祀神佛。

夫道者覆天载地廓四方柝八极也高不可际深不可测也包裹天地禀授无形原流泉浡冲而徐盈混混滑滑浊而徐清...

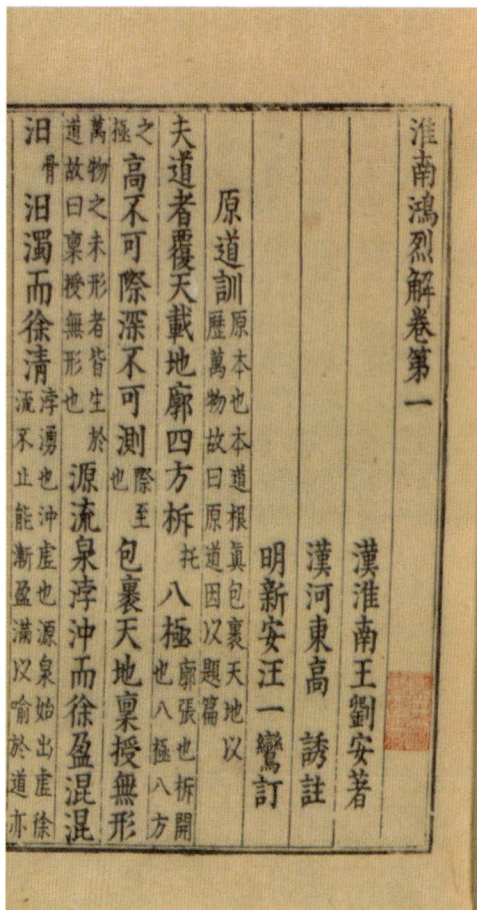

明刻本《淮南子》内页

《淮南子》（又名《淮南鸿烈》《刘安子》），是西汉皇族淮南王刘安及其门客集体编写的一部哲学著作，属于杂家作品。刘安的父亲刘长是汉高祖的庶子，封为淮南王，刘安作为长子，承袭父爵，故亦称淮南王。刘安撰作《淮南子》的目的，是针对初登基帝位的汉武帝刘彻，反对他所推行的政治改革。

捕，就和太子按先前的计谋准备刺杀他。待到中尉已至，祝贺淮南王获赦，淮南王因此没有起事。事后他哀伤自己说："我行仁义之事却被削地，此事太耻辱了。"然而淮南王削地之后，策划反叛的阴谋更为加剧。诸位使者从长安来，制造荒诞骗人的邪说，凡声称皇上无儿，汉家天下不太平的，淮南王闻之即喜；如果说汉王朝太平，皇上有男儿，淮南王就恼怒，认为是胡言乱语，不可信。

淮南王日夜和伍被、左吴等察看地图，部署进军的路线。淮南王说："皇上没有太子，一旦过世，官中大臣必定征召胶东王，要不就是常山王，诸侯王一齐争夺皇位，我可以没有准备吗？况且我是高祖的亲孙，亲行仁义之道，陛下待我恩厚，我能忍受他的统治；陛下万世之后，我岂能侍奉小儿北向称臣呢！"

淮南王坐在东宫，召见伍被一起议事，招呼他说："将军上殿。"伍被不高兴地说："皇上刚刚宽恕赦免了大王，您怎能又说这亡国之话呢！臣听说伍子胥劝谏吴王，吴王不用其言，于是伍子胥说'臣即将看见麋鹿在姑苏台上出入游荡了'。现在臣也将看到

宫中遍生荆棘，露水沾湿衣裳了。"

淮南王大怒，囚禁起伍被的父母，关押了三个月。然后淮南王又把伍被召来问道："将军答应寡人吗？"伍被回答："不，我只是来为大王筹划而已。臣听说听力好的人能在无声时听出动静，视力好的人能在未成形前看出征兆，所以最智慧、最有道德的圣人做事总是万无一失。从前周文王为灭商讨纣率周族东进，一行动就功显千代，使周朝继夏、商之后，列入'三代'，这就是所谓顺从天意而行动的结果，因此四海之内的人都不约而同地追随响应他。这是千年前可以看见的史实。至于百年前的秦王朝，近代的吴楚两国，也足以说明国家存亡的道理。臣不敢逃避伍子胥被杀害的厄运，希望大王不要重蹈吴王不听忠谏的覆辙。过去秦朝弃绝圣人之道，坑杀儒生，焚烧《诗》《书》，抛弃礼义，崇尚伪诈和暴力，凭借刑罚，强迫百姓把海滨的谷子运送到西河。在那个时候，男子奋力耕作却吃不饱糟糠，女子织布绩麻却衣不蔽体。秦皇派蒙恬修筑长城，东西绵延数千里，长年戍边、风餐露宿的士兵常常有数十万人，死者不可胜数，僵尸暴野千里，流血遍及百亩，百姓气力耗尽，想造反的十家有五。

"秦皇帝又派徐福入东海访求神仙和珍奇异物，徐福归来编造假话说：'臣见到海中大神，他问道："你是西土皇帝的使臣吗？"臣答道："是的。""你来寻求何物？"臣答："希望求得延年益寿的仙药。"海神说："你们秦王礼品菲薄，仙药可以观赏却不能拿取。"当即海神随臣向东南行至蓬莱山，看到了用灵芝草筑成的宫殿，有使者肤色如铜身形似龙，光辉上射映照天宇。于是臣两拜而问，说："应该拿什么礼物来奉献？"海神说："献上良家男童和女童以及百工的技艺，就可以得到仙药了。"'皇帝大喜，遣发童男童女三千人，并供给海神五谷种子和各种工匠前往东海。途中徐福觅得一片辽阔的原野和湖泽，便留居那里自立为王不再回朝。于是百姓悲痛思念亲人，想造反的十家里就有六家。秦皇帝又派南海郡尉赵佗越过五岭攻打百越。赵佗知道中原疲敝已极，就留居南越称王不归，并派人上书，要求朝廷征集无婆家的妇女三万人，来替士兵缝补衣裳。秦皇帝同意给他一万五千人。于是百姓人心离散犹如土崩瓦解，想造反的十家就有七家。

"宾客对高皇帝说：'时机到了。'高皇帝说：'等等看，当有圣人起事于东南方。'不到一年，陈胜、吴广揭竿造反了。高皇帝自丰邑沛县起事，一发倡议全天下不约而同地响应者便不可胜数。这就是所谓踏到了缝隙窥伺到时机，借秦朝的危亡而举事。百姓期望他，犹如干旱盼雨水，所以他能起于军伍而被拥立为天子，功业高于夏禹、商汤和周文王，恩德流被后世无穷无尽。如今大王看到了高皇帝得天下的容易，却偏偏看不到近代吴楚的覆亡么？那吴王被赐号为刘氏祭酒，颇受尊宠，又被恩准不必依例入京朝见，他掌管着四郡的民众，地域广至方圆数千里，在国内可自行冶铜铸造钱币，在东方可烧煮海水贩卖食盐，溯江而上能采江陵木材建造大船，一船所载抵得上中原数十辆车的容量，国家殷富百姓众多。吴王拿珠玉金帛贿赂诸侯王、宗室贵族和朝中大臣，唯独不给皇戚窦氏。反

叛之计谋划已成，吴王便发兵西进。但吴军在大梁被攻克，在狐父被击败，吴王逃奔东归，行至丹徒，让越人俘获，身死绝国，令天下人耻笑。为什么吴楚有那样众多的军队都不能成就功业？实在是违背了天道而不识时势的缘故。如今大王兵力不及吴楚的十分之一，天下安宁却比秦皇帝时代好万倍，希望大王听从臣下的意见。若大王不听臣的劝告，势必眼见大事不成言语却已先自泄露天机。臣听说箕子路过殷朝故都时心中很悲伤，于是作《麦秀之歌》，这首歌就是哀痛纣王不听从王子比干的劝谏而亡国。所以《孟子》说'纣王贵为天子，死时竟不及平民'。这是因为纣王生前早已自绝于天下人，而不是死到临头天下人才背弃他。现在臣也暗自悲哀大王若抛弃了诸侯国君的尊贵，朝廷必将赐给绝命之书，令大王身先群臣，死于东宫。"

于是，伍被怨哀之气郁结胸中而神色黯然，泪水盈眶而满面流淌，即刻站起身，一级级走下台阶离去了。

淮南王有个庶出的儿子名叫刘不害，年纪最大，淮南王不喜欢他，

▶ 淮南八公雕像之伍被像

相传伍被是伍子胥的后代，以才能著称于世。淮南王刘安喜欢学术，招揽英才，任用伍被为中郎。刘安计划举兵反朝廷，问计于伍被，伍被力谏刘安不要造反，刘安不听。后来只好被迫向刘安谋划，刘安谋反事发之后，伍被向汉廷自首谋反的经过，汉武帝念及他的才学，想要赦免他。张汤说伍被为淮南王谋划反计，罪无可赦，于是伍被被武帝诛杀。

王后和太子也都不把他视为儿子或兄长。刘不害有儿子名叫刘建，才高气负，时常怨恨太子不来问候自己的父亲；又埋怨当时诸侯王都可以分封子弟为诸侯，而淮南王只有两个儿子，一个当了太子，唯独刘建父亲不得封侯。刘建暗中结交宾客，想要告发击败太子，让他的父亲取而代之。太子知道这件事后，多次囚禁并拷打刘建。刘建对太子想要杀害朝廷中尉的阴谋知道得很清楚，就让和自己私交很好的寿春县人庄芷在元朔六年向天子上书告发淮南王谋反说："毒药苦口利于病，忠言逆耳利于行。如今淮南王的孙子刘建才能高，淮南王后荼和荼的儿子太子刘迁常常妒忌迫害他。刘建父亲刘不害无罪，他们多次拘囚想杀害他。今有刘建人在，可召来问讯，他尽知淮南王的隐秘。"

书奏上达，皇上将此事交付廷尉，廷尉又下达河南郡府审理。这时，原辟阳侯的孙子审卿与丞相公孙弘交好，他仇恨淮南厉王杀死自己的祖父，就极力向公孙弘构陷淮南王的罪状，于是公孙弘怀疑淮南王有叛逆的阴谋，决意深入追究查办此案。河南郡府审问刘建，他供出了淮南王太子及其朋党。淮南王担忧事态严重，意欲举兵反叛。就向伍被问道："汉朝的天下太平不太平？"伍被回答："天下太平。"淮南王心中不悦，对伍被说："您根据

▶ 汉淮南王刘安墓

什么说天下太平？"伍被回答："臣私下观察朝政，君臣间的礼义，父子间的亲爱，夫妻间的区别，长幼间的秩序，都合乎应有的原则，皇上施政遵循古代的治国之道，风俗和法度都没有缺失。满载货物的富商周行天下，道路无处不畅通，因此贸易之事盛行。南越称臣归服，羌僰进献物产，东瓯内迁降汉，朝廷拓大长榆塞，开辟朔方郡，使匈奴折翅伤翼，失去援助而萎靡不振。这虽然还不赶不上古代的太平岁月，但也算是天下安定了。"淮南王大怒，伍被连忙告谢死罪。淮南王又对伍被说："崤山之东若发生兵战，朝廷必使大将军卫青来统兵镇压，您认为大将军人怎样？"伍被说："我的好朋友黄义，曾跟随大将军攻打匈奴，归来告诉我说：'大将军对待士大夫有礼貌，对士卒有恩德，众人都乐意为他效劳。大将军骑马上下山冈疾驰如飞，才能出众过人。'我认为他武艺这般高强，屡次率兵征战通晓军事，不易

抵挡。又谒者曹梁出使长安归来，说大将军号令严明，对敌作战勇敢，时常身先士卒。安营扎寨休息，井未凿通时，必须士兵人人喝上水，他才肯饮。军队出征归来，士兵渡河已毕，他才过河。皇太后赏给的钱财丝帛，他都转赐手下的军官。即使古代名将也无人比得过他。"淮南王听罢沉默无语。

淮南王眼看刘建被召受审，害怕国中密谋造反之事败露，想抢先起兵，但是伍被认为难以成事，于是淮南王再问他道："您以为当年吴王兴兵造反是对还是错？"伍被说："我认为错了。吴王富贵已极，却做错了事，身死丹徒，头足分家，殃及子孙无人幸存。臣听说吴王后悔异常。希望大王深思熟虑，勿做吴王所悔恨的蠢事。"淮南王说："男子汉甘愿赴死，只是为了自己说出的一句话罢了。况且吴王哪里懂得造反，竟让汉将一日之内有四十多人闯过了成皋关隘。现在我令楼缓首先扼住成皋关口，令周被攻下颍川郡率兵堵住辕辕关、伊阙关的道路，令陈定率南阳郡的军队把守武关。河南郡太守只剩有

▶ 彩绘陶射手俑·西汉

洛阳罢了，何足担忧。不过，这北面还有临晋关、河东郡、上党郡和河内郡、赵国。人们说'扼断成皋关口，天下就不能通行了'。我们凭借雄踞三川之地的成皋险关，招集崤山之东各郡国的军队响应，这样起事，您以为如何？"伍被答道："臣看得见它失败的灾祸，看不见它成功的福运。"淮南王说："左吴、赵贤、朱骄如都认为有福运，十之有九会成功。您偏偏认为有祸无福，是为什么？"伍被说："受大王宠信的群臣中平素能号令众人的，都在前次皇上诏办的罪案

中被拘囚了，余下的已没有可以倚重的人。"

淮南王说："陈胜、吴广身无立锥之地，聚集起一千人，在大泽乡起事，奋臂大呼造反，天下就群起响应，他们西行到达戏水时已有一百二十万人相随。现今我国虽小，可是会用兵器打仗者十几万，他们绝非被迫戍边的乌合之众，所持也不是木弩和戟柄，您根据什么说起事有祸无福？"伍被说："从前秦王朝暴虐无道，残害天下百姓。朝廷征发民间万辆车驾，营建阿房宫，收取百姓大半的收入作为赋税，还征调家居里巷的贫民去远戍边疆，弄得父亲无法保护儿子平安，哥哥不能让弟弟过上安逸生活，政令苛严，刑法峻急，天下人忍受百般熬煎几近枯焦。百姓都引颈盼望，侧耳倾听，仰首向天悲呼，捶胸怨恨秦二世，因而陈胜大呼造反，天下人立刻响应。如今皇上临朝治理天下，统一海内四方，泛爱普天黎民，广施德政恩惠。他即使不开口讲话，声音传播也如雷霆般迅疾；诏令即使不颁布，而教化的飞速推广也似有神力；他心有所想，便威动万里，下民响应主上，就好比影之随形、响之应声一般。而且大将军卫青的才能不是秦将章邯、杨熊可比的。因此，大王您以陈胜、吴广反秦来自喻，我认为不当。"淮南王说："假如真像你说的那样，不可以侥幸成功吗？"伍被说："我倒有一条愚蠢的计策。"淮南王问："怎么办呢？"伍被答道："当今诸侯对朝廷没有二心，百姓对朝廷没有怨气。但朔方郡田地广阔，水草丰美，已迁徙的百姓还不足以充实开发那个地区。臣的愚计是，可以伪造丞相、御史写给皇上的奏章，请求再迁徙各郡国

玄武纹画像砖·西汉

玄武纹是传统寓意纹样之一。常见于汉、南北朝和隋唐时，作为装饰用，其形象为龟，一说为龟蛇合体。

的豪强、义士和判刑两年以上的刑徒充边，下诏赦免犯人的刑罪，凡家产在五十万钱以上的人，都携同家属迁往朔方郡，而且更多调发一些士兵监督，催迫他们如期到达。再伪造宗正府左右都司空、上林苑和京师各官府下达的皇上亲发的办案文书，去逮捕诸侯的太子和宠幸之臣。如此一来就会民怨四起，诸侯恐惧，紧接着让摇唇鼓舌的说客去鼓动说服他们造反，或许可以侥幸得到十分之一的成功把握吧！"淮南王说："此计可行。虽然你的多虑有道理，但我以为成就此事并不至于难到如此程度。"

于是淮南王命令官奴入宫，伪造皇上印玺，丞相、御史、大将军、军史、中二千石、京师各官府令和县丞的官印，邻近郡国的太守和都尉的官印，以及朝廷使臣和法官所戴的官帽，打算一切按伍被的计策行事。淮南王还派人假装获罪后逃出淮南国而西入长安，给大将军和丞相供事，意欲一旦发兵起事，就让他们立即刺杀大将军卫青，然后再说服丞相屈从臣服，便如同揭去一块盖布那么轻而易举了。

淮南王想要发动国中的军队，又恐怕自己的国相和大臣们不听命。他就和伍被密谋先杀死国相与二千石大臣，为此假装宫中失火，国相、二千石大臣必来救火，人一到就杀死他们。谋议未定，又计划派人身穿抓捕盗贼的兵卒的衣服，手持羽檄，从南方驰来，大呼"南越兵入界了"，以借机发兵进军。于是他们派人到庐江郡、会稽郡实施冒充追捕盗贼的计策，没有立即发兵。淮南王问伍被说："我率兵向西挺进，诸侯一定该有响应的人；要是没人响应怎么办？"伍被回答说："可向南夺取衡山国来攻打庐江郡，占有寻阳的战船，守住下雉的城池，扼住九江江口，阻断豫章河水北入长江的彭蠡湖口这条通道，以强弓劲弩临江设防，来禁止南郡军队沿江而下；再东进攻占江都国、会稽郡，和南方强有力的越国结交，这样在长江淮水之间屈伸自如，犹可拖延一些时日。"淮南王说："很好，没有更好的计策了。要是事态危急就奔往越国吧。"

廷尉把淮南王孙刘建供词中牵连出淮南王太子刘迁的事呈报了皇

上。皇上派廷尉监趁前去拜见淮南国中尉的机会，逮捕太子。廷尉监来到淮南国，淮南王得知，和太子谋划，打算召国相和二千石大臣前来，杀死他们就发兵。召国相入宫，国相来了；内史因外出得以脱身。中尉则说："臣在迎接皇上派来的使臣，不能前来见王。"淮南王心想只杀死国相一人而内史、中尉不肯前来，没有什么益处，就罢手放走了国相。他再三犹豫，定不下行动的计策。太子想到自己所犯的是阴谋刺杀朝廷中尉的罪，而参与密谋的人已死，便以为活口都堵住断绝，就对父王说："群臣中可依靠的先前都拘捕了，现今已没有可以倚重举事的人。您在时机不成熟时发兵，恐怕不会成功，臣甘愿前往廷尉处受捕。"淮南王心中也暗想罢手，就答应了太子的请求。于是太子刎颈自杀，却未能丧命。伍被独自去见执法官吏，告发了自己参与淮南王谋反的事情，将谋反的详情全盘供了出来。

法吏因而逮捕了太子、王后，包围了王宫，将国中参与谋反的淮南王的宾客全部搜查抓捕起来，还搜出了谋反的器具，然后书奏向上呈报。皇上将此案交给公卿大臣审理，案中牵连出与淮南王一同谋反的列侯、二千石官员、地方豪强有几千人，一律按罪行轻重处以死刑。

衡山王刘赐，是淮南王的弟弟，被判同罪应予收捕，负责办案的官员请求逮捕衡山王。天子说："侯王各以自己的封国为立身之本，不应彼此牵连。你们与诸侯王、列侯一道去跟丞相会集商议吧。"赵王彭祖、列侯曹襄等四十三人商议后，都说："淮南王刘安极其大逆不道，谋反之罪明白无疑，应当诛杀不赦。"胶西王刘端发表意见说："淮南王刘安无视王法肆行邪恶之事，心怀欺诈，扰乱天下，迷惑百姓，背叛祖宗，妄生邪说。《春秋》曾说'臣子不可率众作乱，率众作乱就应诛杀'。刘安的罪行比率众作乱更严重，其谋反态势已成定局。臣所见他伪造的文书、符节、印墨、地图以及其他大逆不道的事实都有明白的证据，其罪极其大逆不道，理应依法处死。至于淮南国中官秩二百石以上和比二百石少的官吏，宗室的宠幸之臣中未触犯法律的人，他们不能尽责匡正阻止淮南王的谋反，也都应当免官削夺爵位贬

为士兵，今后不许再当官为吏。那些并非官吏的其他罪犯，可用二斤八两黄金抵偿死罪。朝廷应公开揭露刘安的罪恶，好让天下人都清楚地懂得为臣之道，不敢再有邪恶的背叛皇上的野心。"丞相公孙弘、廷尉张汤等把大家的议论上奏，天子便派宗正手持符节去审判淮南王。宗正还未行至淮南国，淮南王刘安已提前自刎而死。王后荼、太子刘迁和所有共同谋反的人都被满门杀尽。天子因为伍被劝阻淮南王刘安谋反时，言词雅正，说了很多赞美朝政的话，想不杀他。廷尉张汤说："伍被最先为淮南王策划反叛的计谋，他的罪不可赦免。"于是杀了伍被。

西汉早期主要有两种类型的玉镖，一种保留了较多的东周战国时期镖形玉器的特征，上端一侧有柄形凸出，器身扁平且有凹面，纵截面呈弧形；另一种仅少数器身仍保留凹面，大多数的器身为扁平。在西汉，佩玉是明显的身份和地位的象征。

淮南国被废为九江郡。

衡山王刘赐

衡山王名刘赐，王后乘舒共生有三个孩子，长男刘爽立为太子，二儿刘孝，三女刘无采。他的姬妾徐来生了儿女四人，妃嫔厥姬生了一儿一女。衡山王和淮南王两兄弟在礼节上相互责怪抱怨，关系疏远，很不和睦。衡山王听说淮南王正在制造用于叛逆谋反的器具，于是也招揽结交宾客，以此来防范他，害怕有一天被他吞并。

元光六年，衡山王入京朝见，他的谒者卫庆会方术，想上书去侍奉天子。衡山王很生气，故意告发卫庆犯下死罪，用严刑拷打逼他招认。衡山国内史认为这样做不对，不愿审理此案。衡山王便指使人上书控告内史，内史被逼无奈只得办理此案，但直言衡山王理屈。衡山王又多次侵夺他人田产，毁坏他人坟墓辟为田地。有关

淮南衡山列传 第五十八

163

部门长官请求逮捕并追究衡山王的罪责，天子不应允，只收回他原先可以自行委任本国二百石以上的官吏的权力，改为由天子任命。衡山王因此心怀愤恨，和奚慈、张广昌谋划，多方寻找熟悉兵法和会观测星象以占卜吉凶的人，他们日夜怂恿衡山王谋反。

王后乘舒死后，衡山王立徐来为王后。厥姬也同时得到宠幸。二人互相嫉妒，厥姬就在太子面前说王后徐来的坏话，她说："徐来指使婢女用巫蛊邪术杀害了太子的母亲。"这使得太子心中怨恨徐来。徐来的哥哥来到衡山国。太子与他饮酒，席间用刀刺伤了他。王后很是恼怒，多次在衡山王面前诋毁太子。太子的妹妹刘无采出嫁后被休归娘家，就和奴仆通奸，又和宾客通奸。太子屡次责备刘无采，无采很恼火，不再和太子来往。王后得知此事，就殷勤关怀无采。无采和二哥刘孝因年少便失去母亲，不免依附王后徐来，她就巧施心计爱护他们，让他们一起毁谤太子，因此太子多次被衡山王毒打。

元朔四年，有人杀伤王后的继母。衡山王怀疑是太子在背后指使人做的，就用竹板将太子毒打了。后来衡山王病了，太子声称有病不去服侍。刘孝、王后、刘无采都说他的坏话："太子其实没病，而自称有病，脸上还带有喜

统一货币

武帝初年，曾改铸三铢钱，但亦无法杜绝私铸。元狩五年（前118），以五铢钱取代三铢钱，恢复秦始皇时期的货币"重如其文"的制度，但盗铸之风依然不止。据说吏民因为盗铸钱币之罪而被处死的，竟有数十万之多。货币制度混乱，由此可见一斑。除以严酷刑法禁止私铸钱币外，武帝于元鼎四年（前113）下令取消郡国铸币的权力，将铸币权收归中央，并指定专门机构，负责铸造新钱。因为禁令严格，新铸币铸造质量高而实用，盗铸无利可图，货币的统一发行及通用长期稳定，通行很多年。五铢钱之所以影响深远，主要是因为轻重适中，符合古代经济发展状况和价格水平对货币单位的要求。

▶五铢钱·西汉

西汉货币承秦制，仍以黄金为上币；铜钱为二等币，用于民间交易。汉武帝时铸造五铢钱，通行全国。五铢钱是中国古代货币中较成功的一种，延续使用到隋末，长达 700 百余年。

色。"衡山王大怒，想废掉他的太子名分，改立其弟刘孝。王后知道衡山王已决意废除太子，就又想一并也废除刘孝。王后有一个女仆善于跳舞，深受衡山王宠爱。王后打算让女仆和刘孝私通来玷污陷害他，好一起废掉太子兄弟而把自己的儿子刘广立为太子。太子刘爽知道了王后的诡计，心想王后屡次诽谤自己不肯罢休，就算计与她发生奸情来堵她的口。一次王后饮酒，太子上前敬酒祝寿，趁势坐在了王后的大腿上，要求与她同宿。王后很生气，把此事告诉了衡山王。衡山王于是召太子来，打算把他捆起来毒打。太子知道父王常想废掉自己而立弟弟刘孝，就对他说："刘孝和父王宠幸的女仆通奸，无采和奴仆通奸，我请求给朝廷上书。"说罢背向衡山王离去了。衡山王派人去阻止他，不能奏效，就亲自驾车去追捕太子。太子乱说坏话，衡山王便用镣铐把他囚禁在宫中。刘孝越来越受到衡山王的亲近和宠幸。衡山王很惊异刘孝的才能，就给他佩上王印，号称将军，让他住在宫外的府第中，还给他很多钱财，用以招揽宾客。登门投靠的宾客，暗中知道淮南王、衡山王都

▶ 海昏侯墓出土金饼

根据汉代黄金货币出土的情况来看，汉代的黄金货币是法定的"上币"，流通地域较广；黄金货币以饼块状为主，每块除"一两"小金饼外，大致都在1斤左右；有些饼块状黄金货币底部刻有各种记号，有的刻有斤、两、铢的重量；黄金货币根据交易需要，可以任意剪凿，分散使用。可见，汉代的黄金货币仍处在比较原始的称量货币阶段。

有背叛朝廷的谋划，就日夜奉迎鼓励衡山王。于是衡山王指派刘孝的宾客江都人救赫、陈喜制造战车和箭支，刻天子印玺和将相军吏的官印。衡山王日夜访求像周丘一样的壮士，多次称赞和列举吴楚反叛时的谋略，用它规范自己的谋反计划。衡山王不敢仿效淮南王希冀篡夺天子之位，他害怕淮南王起事吞并自己的国家，认为等待淮南王西进之后，自己可乘虚发兵平定并占有长江和淮水之间的领地，他期望能够如愿。

元朔五年秋，衡山王将入京朝见天子。经过淮南国时，淮南王对他讲了一些兄弟情谊的话，解除了从前的嫌隙，共同约定制造谋反的器具。衡山王便上书推说身体有病，皇上赐书准许他可以不入朝。

元朔六年中，衡山王指使人上书皇上，请求废掉太子刘爽，改立刘孝。刘爽闻讯，就派和自己很要好的白嬴前去长安上书，控告刘孝私造战车箭支，并与衡山王的女侍通奸，想要以此挫败刘孝。白嬴来到长安，还没来得及上书就

被官吏逮捕了，因他与淮南王谋反的事有牵连，所以被囚禁起来。衡山王听说刘爽派白嬴去上书，害怕他讲出国中不可告人的秘密，就上书反告太子刘爽做了大逆不道的事应被处以死罪。朝廷将此事交给沛郡审理。

　　元狩元年冬，负责办案的公卿大臣到沛郡搜捕与淮南王一起谋反的罪犯，一无所获，却在衡山王儿子刘孝家抓住了陈喜。官吏控告刘孝带头藏匿陈喜。刘孝知道陈喜平常多次和衡山王商议谋反的事，很害怕他会将此事供出。他听说律令规定事先自首者可免除其罪责，又怀疑太子指使白嬴上书将告发谋反之事，就抢先自首，控告救赫、陈喜等人参与谋反。廷尉经过审讯后，证实此事属实，公卿大臣便请求将衡山王逮捕起来审讯。天子说："不要拘捕。"他派遣中尉司马安、大行令李息到衡山国就地查问衡山王。衡山王将全部事情据实以答。官吏们包围了王宫，严加看守。中尉、大行令回朝，将情况上奏，公卿大臣请求派宗正、大行令和沛郡府联合审判衡山王。衡山王听说后，便刎颈自杀了。刘孝被处死弃市。王后徐来也因犯有以巫蛊谋杀前王后乘舒之罪，连同太子刘爽犯了被衡山王控告不孝的罪，都被处死弃市。所有参与衡山王谋反的罪犯一概满门抄斩。衡山国被废为衡山郡。

▼ 太史公说 ▼

　　《诗经》上说"抗击戎狄，惩治楚人"，这话说得真是对啊！淮南王、衡山王虽是骨肉至亲，有疆土千里，封为诸侯，却不致力于遵守藩臣的职责以辅佐天子，反而心怀邪恶之计，图谋叛逆，致使父子相继两次亡国，不得寿终而死，被天下人耻笑。这不只是他们的过错，也是当地习俗熏染及臣子影响不良的后果。楚国人轻捷勇猛凶悍，喜好作乱，这是早自古代就有记载的事。

循吏列传 第五十九

【解题】这篇类传记叙了春秋战国时期五位贤良官吏的事迹。五人中，四位国相和一位法官，都是位高权重的社稷之臣。其中，孙叔敖与子产，仁厚爱民，善施教化，以政宽得人和，国泰而民安；公仪休、石奢、李离，皆清廉自正，严守法纪，当公私利益发生尖锐冲突时，甚至甘愿以身殉法，维护君主和纲纪的尊严。作者以缅怀与崇敬的心情写出他们的政绩和道德风范，意在阐明一个为政治国的根本道理："奉职循理，亦可以为治，何必威严哉？"而这，也正道出了作者倾心向往的理想的吏治蓝图。

❯ 楚相孙叔敖

太史公说："法令用以引导民众向善，刑罚用以阻止民众作恶。文法与刑律不完备时，善良的百姓依然心存戒惧地自我约束修身，是因为居官者行为端正不曾违乱纲纪。只要官吏奉公尽职按原则行事，就可以用它做榜样治理好天下，为什么非用严刑峻法不可呢？"

孙叔敖是楚国的隐者。国相虞丘把他举荐给楚庄王，想让他接替自己的职务。孙叔敖为官三月就升任国相，他施政教民，使得官民之间和睦

❯ 楚令尹孙叔敖之墓

同心，风俗十分淳美。他执政宽缓不苟却有禁必止，官吏不做邪恶伪诈之事，民间也无盗贼发生。秋冬两季他鼓励人们进山采伐林木，春夏时便借上涨的河水把木材运出山外。百

▶ **安丰塘**

安丰塘古称芍陂，是中国淮河流域古今重要的水利工程，位于今安徽省淮南市寿县中部地区。史载由春秋时期楚国丞相孙叔敖建于楚庄王十七年至二十三年，古时候被誉为"天下第一塘"。隋唐以后设置安丰县。因此被称为安丰塘。

姓各有便利的谋生之路，都生活得很安乐。

庄王认为楚国原有的钱币太轻，就下令把小钱改铸为大钱，百姓用起来很不方便，纷纷放弃了自己的本业。管理市场的长官向国相孙叔敖报告说："市场乱了，老百姓无人安心在那里做买卖，秩序很不稳定。"孙叔敖问："这种情况有多久了？"市令回答："已经有三个月。"孙叔敖说："不必多言，我现在就设法让市场恢复原状。"五天后，他上朝向庄王劝谏说："先前更改钱币，是认为旧币太轻了。现在市令来报告说'市场混乱，百姓无人安心在那里谋生，秩序很不稳定'。我请求立即下令恢复旧币制。"庄王同意了，颁布命令才三天，市场就恢复了原貌。

楚国的民俗是爱坐矮车，楚王认为矮车不便于驾马，想下令把矮车改高。国相孙叔敖说："政令屡出，使百姓无所适从，这不好。如果您一定想把车改高，臣请求让乡里人家加高门槛。乘车人都是有身份的君子，他们不能为过门槛

▶《孔孟故事图册》之子产乘舆济人图·清·无款

图画描绘的是，子产治理郑国的政事时，用自己乘坐的车子帮助别人渡过溱水和洧水。出自《孟子·离娄下》。

频繁下车，自然就会把车的底座造高了。"楚王答应了他的请求。过了半年，上行下效，老百姓都自动把坐的车子造高了。

这就是孙叔敖不用下令管束，百姓就自然顺从了他的教化，身边的人亲眼看到他的言行便仿效他，离得远的人观望四周人们的变化也跟着效法。所以孙叔敖三次荣居相位并不沾沾自喜，他明白这是自己凭借才干获得的；三次离开相位也并无悔恨，因为他知道自己没有过错。

子产治理郑国

子产，是郑国的大夫。郑昭君在位时，曾任用自己宠信的徐挚做国相，导致国政昏乱，官民不亲和，父子不和睦。大宫子期把这些情况告诉郑昭君，昭君就改任子产为国相。子产执政一年，浪荡子不再轻浮嬉戏，老年人不必手提负重，儿童也不用下田耕种。二年之后，市场上买卖公平，不用预定价格了。三年过去，民间夜不闭户，路不拾

踞坐铜人·春秋

平顶山博物馆藏。河南省平顶山市叶县旧县四号春秋墓出土。铜人均为裸体健硕的跪坐男性形象，头有菌状双角平贴，双耳外张，面部宽阔且微上仰，粗眉下二目圆睁，颧骨较高，张嘴露齿，以细平行线阴纹饰为头发，额顶有一横向直棱形凸饰。铜人双手紧扣，似乎用尽全力紧拉手中圆形铜环，生动逼真。

遗。四年后，农民收工不必把农具带回家，五年后，男子无须服兵役，遇有丧事则自觉敬执丧葬之礼。子产治理郑国二十六年就去世了，青壮年痛哭失声，老人像孩童一样哭泣，说："子产离开我们死去了啊，老百姓将来依靠谁！"

鲁国国相公仪休

公仪休，是鲁国的博士。由于才学优异做了鲁国国相。他遵奉法度，按原则行事，丝毫不改变规制，因此百官的品行自然端正。他命令为官者不许和百姓争夺利益，做大官的不许占小便宜。

有位客人给国相公仪休送鱼上门，他不肯收纳。客人说："我听说您极爱吃鱼才送鱼来，您为什么不接受呢？"公仪休回答说："正因为很爱吃鱼，才不能接受啊。现在我做国相，自己还买得起鱼吃；如果因为今天收下你的鱼而被免官，今后谁还肯给我送鱼？所以我决不能收下。"

公仪休吃了蔬菜感觉味道很好，就把自家园中的冬葵菜都拔下来扔掉。他看见自家织的布好，就立刻把妻子逐出家门，还烧毁了织机。他说："难道要让农民和织妇无处卖掉他们生产的货物吗？"

楚国国相石奢

石奢，是楚昭王的国相，他为人刚强正直，廉洁公正，既不阿谀逢迎，也不胆小避事。一次出行属县，恰逢途中有凶手杀人，他追捕凶犯，竟是

自己的父亲。他放走父亲，归来便把自己囚禁起来。他派人告诉昭王说："杀人凶犯，是为臣的父亲。若以惩治父亲来树立政绩，这是不孝；若废弃法度纵容犯罪，又是不忠；因此我该当死罪。"昭王说："你追捕凶犯而没抓获，不该论罪伏法，你还是去治理国事吧。"石奢说："不偏袒自己父亲，不是孝子；不遵守王法，不是忠臣。您赦免我的罪责，是主上的恩惠；服刑而死，则是为臣的职责。"于是石奢不听从楚王的命令，刎颈而死。

❦ 李离执法

李离，是晋文公的法官。他听察案情有误而枉杀人命，发觉后就把自己拘禁起来判以死罪。文公说："官职贵贱不一，刑罚也轻重有别。这是你手下官吏有过失，不是你的罪责。"李离说："臣担当的官职是长官，不曾把高位让给下属；我领取的官俸很多，也不曾把好处分给他们。如今我听察案情有误而枉杀人命，却要把罪责推诿于下级，这种道理我没有听过。"他拒绝接受文公的命令。文公说："你认定自己有罪，那么我也有罪吗？"李离说："法官断案有法规，错判刑就要亲自受刑，错杀人就要以死偿命。您因为臣能听察细微隐情事理，决断疑难案件，才让我做法官。现在我听察案情有误而枉杀人命，应该判处死罪。"于是不接受晋文公的赦令，伏剑自刎而死。

✦ 太史公说 ✦

孙叔敖口出一言，郢都的市场秩序得以恢复。子产病逝，郑国百姓失声痛哭。公仪休看到妻子织出的布好就把她赶出家门。石奢放走父亲而自杀顶罪，使楚昭王树立了美名。李离错判杀人罪而伏剑身亡，帮助晋文公整肃了国法。

汲郑列传 第六十

【解题】本篇是汲黯和郑当时的合传。本传将众多的零散事迹集凑交织在一起，语言犀利、言情恳切，从多方面刻画出汲黯疾恶如仇、忠直敢谏的品格。郑当时是汲黯的好友，他的品行与汲黯有相似之处，但在严正直谏方面稍逊一筹，所以，在材料的安排上，太史公遵循了一详一略、一重一轻的原则。

河南放赈

汲黯字长孺，濮阳县人。他的先辈曾受古卫国国君恩宠。到他已是第七代，代代都在朝中任卿大夫的职位。靠父亲保举，孝景帝时汲黯当了太子洗马，因为他为人严肃正直而被人敬畏。景帝死后，太子即位，任命他做谒者之官。东越的闽越人和瓯越人发生战乱，皇上派汲黯前往视察。他还没有到达东越，走到吴县便返回来了，禀报说："东越人相攻，是当地民俗本来就如此好斗，不值得劳烦天子的使臣去过问。"河内郡发生了火灾，祸及一千余户人家，皇上又派汲黯去视察。他回来报告说："那里普通人家不慎失火，由于住房密集，火势便蔓延了，没有必要忧虑。我路过河南郡时，眼见当地贫民饱受水旱灾害之苦，灾民多达万余家，有的竟然父子相食，我就趁便凭所持的符节，下令发放了河南郡官仓的储粮以赈济当地灾民。现在我请求缴还符节，承受假传圣旨的罪责。"皇上认为汲黯贤良，恕他无罪，调任为荥阳县令。汲黯认为当县令耻辱，便称病辞官还乡。皇上闻知，召汲黯到朝中任中大夫。由于他屡次向皇上直言进谏，不能久留朝中，被外放当了东海郡太守。汲黯崇仰道家学说，治理官府和处理民事，喜好清静少事，把事情都交托自己挑选出的得力的郡丞和

▶ **"君幸酒"云纹漆耳杯·西汉**

湖南省博物馆藏。此杯出土于湖南长沙马王堆一号汉墓中，斫木胎。椭圆形，圆唇，小平底，月牙状的双耳稍微上翘。杯内髹红漆，以黑漆绘卷云纹，底黑漆书"君幸酒"三字，即"请君饮酒"之意。外壁和杯底髹黑漆，光素无纹。口沿外部和两耳施上以朱、赭二色绘几何云纹，耳背面朱书"一升"二字表示容积。据汉代文献记载，一杯用百人之力方可制成，故价格十分昂贵，一个漆杯的价格甚至相当于十个铜杯。作为饮食器皿，漆器比青铜器更具优越性，故为宫廷及贵族官僚所爱好。漆器因此也成了特权和财富的象征。

书史去办。他治理郡务，不过是督查下属按大原则行事罢了，并不苛求小节。他体弱多病，经常躺在卧室内休息不出门。一年多的时间，东海郡便十分清明太平，人们都很称赞他。皇上得知后，召汲黯回京任主爵都尉，比照九卿的待遇。他为政力求无为而治，弘其大要而不拘守法令条文。

◈ 刚正立朝

汲黯与人相处常常表现得很傲慢，不讲究礼数，经常当面顶撞人，容不得别人的过错。与自己心性相投的，他就亲近友善；与自己合不来的，连见面都不耐烦。士人也因此不愿依附他。但是汲黯好学，又好仗义行侠，很注重志气节操。他平日居家，品行美好纯正；入朝，喜欢直言劝谏，屡次触犯皇上的面子，时常仰慕傅柏和袁盎的为人。他与灌夫、郑当时和宗正刘弃交情很好。他们也因为多次直谏而不得久居其官位。

就在汲黯任主爵都尉而位列九卿之时，窦太后的弟弟武安侯田蚡做了宰相。年俸中二千石的高官来谒见时都行跪拜之礼，田蚡却不予还礼。而汲黯求见田蚡从不下拜，经常向他拱手作揖就算完事。这时天子正在招揽文学之士和崇奉儒学的儒生，皇上刚说了"我想……"，汲黯便答道："陛下心里欲望很多，只在表面上施行仁义，怎么能真正仿效唐尧、虞舜的政绩呢！"皇上沉默不语，但心中恼怒，脸色一变就退朝了，公卿大臣

都为汲黯惊恐担心。皇上退朝后对身边的近臣说："太过分了，汲黯太愚直！"群臣中有人责怪汲黯，汲黯说："天子设置公卿百官这些辅佐的臣位，难道是让他们一味阿谀逢迎，将君主陷于违背正道的窘境吗？何况我已身居九卿之位，纵然爱惜自己的生命，但要是损害了朝廷大事，那怎么行！"

汲黯多病，而且已抱病三月之久，皇上多次恩准他休假养病，他的病体却始终不愈。最后一次病得很厉害，庄助替他请假，皇上问道："汲黯这个人怎么样？"庄助说："让汲黯当官执事，没有过人之处。然而他能辅佐年少的君主，坚守已成的事业，以利诱之他不会来，以威驱之他不会去，即使有人自称像孟贲、夏育一样勇武非常，也不能憾夺他的志节。"皇上说："是的。古代有所谓安邦保国的忠臣，像汲黯就很近似他们了。"

大将军卫青入侍宫中，皇上曾蹲在厕所内接见他；丞相公孙弘平时有事求见，皇上有时连帽子也不戴；至于汲黯进见，皇上不戴好帽子是不会接见他的。有一次皇上坐在武帐中，恰巧汲黯前来启奏公事，皇上没戴帽，看见他就连忙躲避

▶ **彩绘陶马·西汉**

汉代对北方少数民族的战争中，骑兵是最重要的兵种，所以汉代重视马政，骑兵的战马均由朝廷供给，由太仆负责管理。

到帐内，派近侍代为批准他的奏议。汲黯被皇上尊敬礼遇到了这种地步。

面责人过

张汤刚刚因更改制定刑律法令做了廷尉，汲黯就曾多次在皇上面前质问张汤，说："你身为正卿，却对上不能弘扬先帝的功业，对下不能遏止天下人的邪念。安国富民及使监狱无一罪犯，这两样你都一事无成。相反，错事你却竭力去做，大肆破坏律令以成就自己的事业，更有甚者，你怎么竟敢把高祖皇帝定下的规章制度也乱改一气呢？你这样做会断子绝孙的。"汲黯时常和张汤争辩，张汤辩论起来，总爱故意深究条文，苛求细节。汲黯出言刚直严肃，气宇轩昂，不肯屈服，他怒不可遏地骂张汤说："天下人都说绝不能让刀笔之吏身居公卿之位，果真如此！如果非依张汤之法行事不可，必定会使得天下人害怕得双足并拢站立而不敢迈步，眼睛也不敢正视了！"

这时，汉朝正在征讨匈奴，招抚各地少数民族。汲黯力求国家少事，常借向皇上进言的机会建议与胡人和

亲，不要兴兵打仗。皇上正倾心于儒家学说，尊用公孙弘，对此不以为意。最后到了国内事端纷起，下层官吏和不法之民都想尽奇计来逃避法网，皇上这才要分条别律，严明法纪，张汤等人也就不断上奏所审判的大案，以此博取皇上的宠幸。而汲黯常常诋毁儒学，当面抨击公孙弘之流内怀奸诈而外逞智巧，以此博得主上欢心；刀笔吏专门细抠法律条文，巧言诋毁无罪之人，使事实真相不得昭示，并把

马政制度

马政的推行，则是建立强大骑兵军队的根本。一方面，统治者高度重视战马的饲养和繁殖，设立专门的"马苑"，并对之进行严密防护；另一方面，政府鼓励民间养马，严禁良马出境，以防为敌人所用。至武帝即位之初，马政已大有成效，"众庶街巷有马，阡陌之间成群"。武帝甚至不惜出动大量兵力，征讨大宛，寻求品种优良的"汗血马"，以改良马种。这些正是汉朝骑兵部队得以组建，并取得对匈奴作战胜利的前提。

▶ 错金银龙纹青铜器柄·西汉

金银错工艺是中国古代汉族金属细工装饰技法之一，也称为"错金银"。最早见于商周时期的青铜器，主要用在青铜的各种器皿，及车马器具、兵器等实用器物上作为装饰图案。金银错是我国青铜时代一项精细工艺，但它出现比较晚，大概是青铜工艺发展了一千多年以后，到了春秋中晚期才兴盛起来的。它也是中国古代科学技术发展到一定阶段的产物，一出现就受到了人们的普遍欢迎。

在狱讼中取胜作为邀功的资本。于是皇上越来越重视公孙弘和张汤，公孙弘、张汤则深恨汲黯，就连皇上也不喜欢他，想借故杀死他。公孙弘做了丞相，向皇上建议说："右内史管界内多有达官贵人和皇室宗亲居住，很难管理，不是素来有声望的大臣不能当此重任，请调任汲黯为右内史。"汲黯当了几年右内史，任中政事井井有条，从未废弛荒疏过。

大将军卫青已经越发地尊贵了，他的姐姐卫子夫做了皇后，但是汲黯仍与他行平等之礼。有人劝汲黯说："从天子那里就想让群臣居于大将军之下，大将军如今受到皇帝的尊敬和器重，地位更加显贵，你不可不行跪拜之礼。"汲黯答道："因为大将军有拱手行礼的客人，就反倒使他不受敬重了吗？"大将军听到他这么说，更加认为汲黯贤良，多次向他请教国家与朝中的疑难之事，看待他胜过平素所结交的人。

淮南王刘安阴谋反叛，畏惧汲黯，说："汲黯爱直言相谏，固守志节而宁愿为正义捐躯，很难用不正当的事情诱惑他。至于游说丞相公孙弘，就像

▶ 彩陶鸭·西汉

揭掉盖东西的蒙布或者把快落的树叶摇下那么容易了。"

当今天子已经多次征讨匈奴大获战绩，汲黯主张与胡人和亲而不必兴兵征讨的话，他就更加听不进去了。

当初汲黯享受九卿待遇时，公孙弘、张汤不过还是一般的小官吏而已。等到公孙弘、张汤日渐显贵，和汲黯官位相当时，汲黯又责难诋毁他们。不久，公孙弘升为丞相，封为平津侯；张汤官至御史大夫；以前汲黯属下的郡丞、书史也都和汲黯同级了，有的地位甚至还超过了他。汲黯心胸狭窄，脾气暴躁，不可能没有一点儿怨言。朝见皇上时，他趋前说道："陛下使用群臣就像堆柴垛一样，将后来的堆在上面。"皇上沉默不语。一会儿汲黯退了下去，皇上说："一个人确实不能没有学识，听听汲黯这番话，就知道他的愚直越来越严重了。"

时隔不久，匈奴浑邪王率部众降汉，朝廷征发两万车辆前去接运。官府无钱，便向百姓借马。有的人把马藏起来，马无法凑齐。皇上大怒，要杀长安县令。汲黯说："长安县令没有罪，只要杀了我，百姓就肯献出马匹了。况且匈奴将领背叛他们的君主来投降汉朝，朝廷可以慢慢地让沿途各县准备

车马把他们顺序接运过来，何至于让全国骚扰不安，使我国人疲于奔命地去侍奉那些匈奴的降兵降将呢！"皇上沉默无言。及待浑邪王率部到来，商人因与匈奴人做买卖，被判处死罪的有五百多人。汲黯请得被接见的机会，在未央宫的高门殿见到了皇上，他说："匈奴攻打我们设在往来要路上的关塞，断绝和亲的友好关系，我国发兵征讨他们，战死疆场与负伤的人数不胜数，而且耗费了数以百亿计的巨资。臣我愚蠢，以为陛下抓获匈奴人，会把他们都作为奴婢赏给从军而死的家属，并将掳获的财物也送给他们，以此告谢天下人付出的辛劳，满足百姓的心愿。这一点现在即使做不到，浑邪王率领几万部众前来归降，也不该倾尽官家府库的财物赏赐他们，征调老实本分的百姓去伺候他们，把他们捧得如同宠儿一般。无知的百姓哪里懂得让匈奴人购买长安城中的货物，就会被死抠法律条文的执法官视为将财物非法走私出关而判罪呢？陛下纵然不能缴获匈奴的物资来慰劳天下人，又要用苛严的法令杀戮五百多无知的老百姓，这就是所谓'保护树叶而损害树枝'的做法，我私下认为陛下此举是不可取的。"皇上沉默，不予赞同，而后说："我很久没听到汲黯的话了，今日他又一次信口胡说了。"事后数月，汲黯因犯小法被判罪，适逢皇上大赦，他仅遭免官。于是汲黯归隐于田园。

❥治理淮阳

过了几年，遇上国家改铸五铢钱，很多老百姓私铸钱币，楚地尤其严重。皇上认为淮阳郡是通往楚地的

▶ **玉璧·西汉**

此玉璧直径 21 厘米。汉代玉璧通常尺寸较大略厚、剖面平直、边沿较战国为宽。用玉质地较佳，多用深绿、灰绿色青玉以及白玉。器物表面呈现出灰白、褐红、绿等色彩。

▶ 青铜虎钮錞于 · 西汉

这是一种军中打击乐器，呈椭圆形，上大下小状，中有一虎钮，虎作昂首张口状，身上有纹饰。

交通要道，就征召汲黯，将他任为淮阳郡太守。汲黯拜伏于地，辞谢圣旨，不肯接印，皇上屡次下诏令强迫他，他才领命。皇上下诏召见汲黯，汲黯哭着对皇上说："我自以为死后尸骨将被弃于沟壑，再也见不到陛下了，想不到陛下又召纳任用我。我常有这病那病的，体力难以胜任太守之职的烦劳。我希望当中郎，出入宫禁之门，为您纠正过失，补救缺漏，这就是我的愿望。"皇上说："你看不上淮阳郡太守这个职位吗？过段时间我会召你回来的。只因淮阳地方官民关系紧张，我只好借助你的威望，你可以躺在家中进行治理。"汲黯拜别皇上后，又去探望大行令李息，他说："我被弃置于外郡，不能参与朝廷的政事了。可是，御史大夫张汤的智谋足以阻挠他人的批评，奸诈足以文饰自己的过失，皇上不想要的，他就顺其心意诋毁；皇上想要的，他就跟着夸赞。他喜欢无事生非，搬弄法令条文，在朝中，他满心奸诈以逢迎皇上的旨意，在朝外伙同危害社会的官吏来加强自己的威势。您位居九卿，如果不及早进言皇上，您和他都会被诛杀的。"李息害怕张汤，始终不敢向皇上进谏。汲黯治理郡县事务，一如往昔作风，淮阳郡政治清明起来。后来，张汤果然身败名裂。皇上得知汲黯当初对李息说的那番话后，判李息有罪，

——┤ 聚会宴饮 ├——

汉朝人饮酒十分豪爽，喜欢一饮而尽。因为饮酒是对主人或宾客尊敬的象征，因此在宴会上喝醉是普遍的情形。敬酒祝寿在汉代称"为寿"，不限于晚辈对长辈，参加宴会的主人和客人彼此均可"为寿"。为寿语除祝对方长寿外，多涉及称赞对方的品德和能力。宴饮中还经常有一些娱乐活动，除去歌女舞伎的表演外，也有宴会参与者的即兴歌舞，主要表现在宴会高潮时出现的"以舞相属"，即主人先行起舞，舞罢，再"属"（嘱咐）一位来宾起舞；客人舞罢，再以舞属另一位来宾，如此循环。当时女性可以在公开场合中同男性一同宴饮，也可应邀去他人家中与男子宴饮。

诏令汲黯享受诸侯国相的俸禄待遇，依旧掌管淮阳郡。七年后，汲黯逝世。

汲黯死后，皇上因为汲黯的关系，让他的弟弟汲仁官至九卿，儿子汲偃官至诸侯国相。汲黯姑母的儿子司马安年轻时也与汲黯同为太子洗马，他擅长玩弄法律条文，巧于为官，其官位四次做到九卿，在河南郡太守任上去世。他的弟兄们由于他的缘故，同时官至二千石职位的计十人。濮阳人段宏起初侍奉盖侯王信，王信保举段宏，段宏也两次官至九卿。但是濮阳同乡做官的人都很敬畏汲黯，甘居其下。

◎名臣郑当时

郑当时，字庄，陈县人。他的先辈郑君曾做过项籍的部下。项籍死后，不久他就归属了汉朝。高祖下令所有项籍的旧部下在提到项籍时都要直呼其名，偏偏郑君不服从诏令。高祖下旨把那些肯直呼项籍名字的人都拜为大夫，而单单赶走了郑君。郑君死于孝文帝时。

郑庄以仗义行侠为乐事，解救张羽的危难，声名传遍梁、楚之间。

孝景帝时，他做太子舍人。每逢五天一次的休假日，他经常在长安四郊置备马匹，骑着马去看望各位老友，邀请拜谢宾朋，夜以继日通宵达旦，还总是担心有所疏漏。郑庄喜爱道家学说，仰慕年长者，那种情意殷切的劲儿，就好像唯恐见不到人家一样。他年纪轻，官职卑微，但交游的相知好友都是祖父一辈的人，是天下知名的人物。武帝即位后，郑庄由鲁国中尉、济南太守、江都国相，一步步地升到九卿中的右内史。由于评议武安侯田蚡和魏其侯窦婴的纷争意见不当，他被贬为詹事，又调任大农令。

郑庄做右内史时，告诫属下官吏说：“有来访者，不论尊贵或低贱，一律不得让人在门口滞留等候。”他遵照主人待客之礼，以自己的高贵身份屈居于客人之下。郑庄很廉洁，不添置私产，仅依靠官俸和赏赐所得供给门客，而所馈送的礼物，最多不过是些用竹器盛的吃食。每逢上朝，遇到有向皇上进言的机会，他必称道天下德高望重的人。他推举士人和属下的丞、史诸官吏，非常津津乐道，饶有兴味，言语中时常称赞他们比自己

有才能。他从不对官吏直呼其名，与属下谈话时，谦和得好像生怕伤害了对方。听到别人有高见，便马上报告皇上，唯恐延迟误事。因此，崤山以东广大地区的士人和知名长者都众口一词地称赞他的为人。

郑庄被派遣视察黄河决口，他请求给五天时间准备行装。皇上说："我听说'郑庄远行，千里必不带粮'，为什么还要请求准备行装的时间？"郑庄在外的人缘虽然很好，但在朝中常常附和顺从主上的心思，不敢过于明确表示自己的是非主张。到他晚年的时候，汉朝征讨匈奴，招抚各地少数民族，耗费很多财物，国家财力、物力更加匮乏。郑庄保举的人及其宾客，替大农令承办运输，亏欠很多钱款。司马安任淮阳郡太守，检举此事，郑庄因此落下罪责，赎罪后削职为平民。不久，他又入丞相府行长史之职。皇上认为他年事已高，让他去做汝南郡太守。几年后，他死在任上。

郑庄、汲黯当初位列九卿，为政清廉，平日居家品行也很端正。这两人中途都曾被罢官，家境清贫，于是宾客日趋没落。等到做郡守，死后家中没有剩余的财物。郑庄的兄弟子孙因他的缘故，官至二千石的人有六七人之多。

❖ 太史公说 ❖

凭着汲黯、郑当时的贤德，有权势时宾客十倍，无权势时则情形完全相反，又何况一般人呢！下邽翟公曾说，当初他做廷尉时，家中宾客盈门；等到他丢了官，门外便冷清得可以张网捕雀。他复官后，宾客们又想来见，翟公就在大门上写道："一死一生，乃知交情。一贫一富，乃知交态。一贵一贱，交情乃见。"汲黯、郑庄也有这样不幸的经历吧，可悲！

图说史记

第 9 卷

文字编辑：杜　荣

美术编辑：张大伟

装帧设计：罗　雷

图片提供：王　露　郝勤建

汇图网　红动中国

中国国家博物馆

故宫博物院

上海博物馆

山东博物馆

河南博物院

河北博物院

陕西历史博物馆

湖南省博物馆

湖北省博物馆

浙江省博物馆

台北故宫博物院

美国纽约大都会艺术博物馆

美国弗利尔美术馆

美国克利夫兰艺术博物馆

美国耶鲁大学艺术陈列馆

美国普林斯顿大学博物馆

美国哈佛大学博物馆

美国芝加哥艺术学院

美国明尼阿波利斯艺术学院

大英博物馆　等

图说史记

【西汉】司马迁⊙著

杨燕起 樊文龙⊙主编

—— 第10卷 ——

〔列传〕

巴蜀书社

目录

儒林列传 第六十一

【解题】本篇记叙西汉前期多位五经儒学大师的事迹，并附带言及大师们的传承弟子数十人，主要反映了汉武帝时期儒学兴盛的局面。它是合写众多儒学之士的专题性类传，因以"儒林"标题。文章最精彩处是传前的长篇序言，它是一篇出色的史论。作者以深沉的慨叹发端，自然地引出了对几百年儒学兴衰史的回顾。在他扼要讲述自孔子以来儒学所走过的坎坷途程的同时，着重表现的是儒学虽历经劫难，但在其诞生地鲁国及其毗邻的齐国一带却深入人心，相沿不废。这说明一种文化传统一旦形成，即便暴力亦无法绝灭它的坚韧的生命力。

儒林传序

太史公说：我读朝廷考核选用学官的法规，读到广泛勉励学官成长的条款时，总是忍不住放下书而叹息。说：哎呀！周朝败坏而《关雎》这首诗就出现了，周幽王、周厉王统治衰微而礼崩乐坏，诸侯放纵横行，政令由强大的诸侯国发布。孔子惋惜王道废弛而邪道兴旺，于是论述编次《诗经》《尚书》，修订兴起礼乐。他到齐国听《韶乐》，沉浸其中，三个月品尝不出肉的美味。他从卫国回到鲁国，然后使音乐端正，使《雅》《颂》乐歌各归其位，有条不紊。世道因为混乱污浊，没有人起用他，所以孔子向七十多个国君求官都没有得到知遇，他说"如果有任用我的，一年就足够了"。鲁国西郊有人猎获了麒麟，孔子说"我的思想不能实现了"。因而他借助鲁国的历史记录撰写《春秋》，来表述天子的王法。因为文辞精深而意义博大，后代很多学者都学习传录它。

自从孔子去世后，他的七十多名弟子四散交游诸侯，成就大的当了国

君的老师和卿相，成就小的交结和教育士大夫，有的隐居不出仕。所以子路在卫国，子张在陈国，澹台子羽在楚国，子夏在西河，子贡在齐国一直到死。像田子方、段干木、吴起、禽滑厘这些人，都曾受教于子夏等人，成为诸侯国君的老师。这时只有魏文侯喜欢儒学。后来儒学渐渐衰落一直到秦始皇时代，在战国时期天下人一起争战，儒学已经受到排挤了，但在齐、鲁一带，学习研究它的人却坚持不放弃。在齐威王、齐宣王时期，孟子、荀子等人都继承孔子的事业并使之发扬光大，凭着传播学说在当时显扬名声。

到了秦朝末年，焚烧《诗》《书》，坑杀儒生，儒家典籍六艺从这时开始残缺。陈涉自立为王，鲁地的儒生携带着孔子家传的礼器去归附陈王。于是孔甲当了陈涉的博士，最后和陈涉一同死了。陈涉兴起自平民，驱使一群戍守边境的乌合之众，一个月内就在楚地称了王，不到半年竟然灭亡，他的事业十分微小浅薄，可是士大夫却背着孔子的礼器去委身归顺做他的臣下，为什么呢？因为秦朝焚毁他们

▶ **郭店楚简《缁衣》·战国**

荆门市博物馆藏。湖北省荆门市郭店村一号楚墓出土。郭店楚简中儒家典籍为十四篇，分别为《缁衣》《鲁穆公问子思》《五行》《穷达以时》《唐虞之道》《忠信之道》《成之闻之》《尊德义》《性自命出》《六德》《语丛一》《语丛二》《语丛三》《语丛四》。《缁衣》的内容与传本《礼记·缁衣》大体相合，但两者的分章及章次却差别较大，文字亦有差别。两相校勘，可以发现传本的若干错误。

的书籍，积下仇怨，因而儒生借助陈王来发泄愤恨。

到高祖皇帝杀死项籍，率领军队包围鲁国，鲁国的诸多儒生还在讲诵经书、演习礼乐，歌声乐声不断，难道不是圣人遗留的风俗，难道不是喜欢礼乐的地方吗？所以孔子出游到陈地，说"回去吧！回去吧！我们乡里的年轻人志向高远，文采斐然可观，不知道怎样去教导他们"。齐鲁一带对于文化礼仪，自古以来就这样，这是他们的天性。所以汉朝建立，然后儒生们才能开始研究他们的经术，讲授演习起大射和乡饮的礼仪。叔孙通制定汉廷礼仪后，因而做了太常官，那些和他一起制定礼仪的儒生弟子们，都成了朝廷首先录用的对象，于是人们感慨地说儒学开始兴起了。但这时还有战争，还在平定四海，也没有时间顾及兴办学校的事。孝惠帝、吕后当政的时候，公卿大臣都是靠武

▶ 曲阜孔庙鲁壁

在山东曲阜孔庙诗礼堂后，故井以西。秦始皇焚书时，孔子九代孙孔鲋将《论语》《尚书》《礼记》《春秋》《孝经》等儒家经书，藏于孔子故宅墙壁中。明代为纪念孔鲋保藏儒家经书的功绩而刻制鲁壁碑。

力起家的功臣。汉文帝时，稍稍征用了儒生，然而汉文帝本人却喜欢刑名学说。到了汉景帝时，不任用儒生，而且窦太后又喜欢道家黄老思想，因此那些博士空有官位以备顾问，却没有晋升的。

到了当今皇上即位，赵绾、王臧等人懂得儒学，而皇上也倾向儒学，于是征召方正贤良通晓经学的文士学者。从这以后，传授《诗》的在鲁地有申培公，在齐地有辕固生，在燕地有韩太傅。宣讲《尚书》有济南人伏生。宣讲《礼》的有鲁地高堂生。宣讲《易经》的有菑川的田生。宣讲《春秋》在齐鲁两地出于胡毋生，在赵地出于董仲舒。到了窦太后逝世，武安侯田蚡出任丞相，罢黜黄老、刑名等百家学说，延请治经儒生几百人做官，而公孙弘由于精通《春秋》而从平民升为皇帝身边的三公，封为平津侯。天下的学者像被风吹一边倒一样倾向儒学。

为博士置弟子

公孙弘当了学官，担心儒道郁积而不能畅达，于是奏请皇上说："丞

▶ 十二峰陶砚·西汉

故宫博物院藏。砚细灰陶质，有 3 个扁形足，左右微高，砚面呈箕形。三面环峰，呈半圆形，分内外两重，内 3 峰，外 9 峰，水可由中峰下龙口滴入砚面，两边山峰上各有一负山人像。陶砚以陶土为胎，经烧制而成。此砚形象古朴，造型奇特，是西汉古砚中陶砚之珍品。

相和御史说：诏书谈到：'听说用礼来引导人民，用乐来教化人民。婚姻，是夫妇的伦常大道，现在礼乐废弛，朕很担忧。所以广泛延请天下道术端正、见识广博的人士，都到朝廷里来做官。应当命令礼官劝勉学习，要宣讲议论，增进学识，兴起礼制，作为天下的表率。太常提议，给博士配备弟子，振兴民间的教育，来开拓培养贤才的道路。'遵循陛下旨意，我和太常孔臧、博士平等商议说：听闻夏、商、周三代的制度，乡村有教

育机构，夏代叫校，商代叫序，周代叫庠。这些地方可以劝勉人们为善，让他们在朝廷上显扬名声；可以惩戒作恶的人，给他们施加刑罚。因此政教风化的推行，建立好的榜样应从京师开始，从内到外。如今陛下昭明最高的德行，发出日月般的光辉，与天地相配，推本人伦关系，劝勉学习，研习礼仪，崇尚教化，奖励贤才，教化四面八方的人民，这是太平盛世的本源。古代政治教化没能普及，礼制不完备，请求利用原有的学官来振兴。请为博士官配置弟子五十人，免除他们的赋税徭役。让太常选择十八岁以上、相貌仪表端正的人，充当博士弟子。各郡、各国、各县、各道、各邑有爱好经学，尊敬长辈、上级，严守政教，友爱乡里，出入言行都不违背所学的人，县令、侯国相、县长、县丞上报所属郡太守和诸侯王国相，郡太守、诸侯王国相谨慎考察认为可以的人，应当和上计吏一同到太常那里，可以像弟子一样参加学习。一年后都要考试，能精通一门经书以上的，可以补充文学掌故的缺官；其中成绩名列前茅的可以担任郎中，太常

▶ **石砚与墨丸·西汉**

广东西汉南越王博物馆藏。南越王墓中出土这种圆饼形墨丸4385颗。它们色泽黑中微泛红，质地细腻。另外还有3套由天然扁平的河卵石和研石组成的石砚出土，河卵石和研石磨面均光平如镜，并都附有朱墨残迹，朱墨的颜色和前室壁画的颜色一致，显然是描绘前室壁画后遗留下的实用物。这些墨丸是目前已知出土最多的，也是最早的墨丸实物。

造册上奏。如果有才能特别优秀的，就把名字上报。那些不认真学习或者才能低下以及不能通晓一种经书的，就开除他，并奏请惩罚那些举荐他们的不称职的官吏。臣认真地研究诏书法令下达的目的，在于使人明白天道和人道关系，贯通古今的道理，文辞雅正，教诲之辞含蓄深刻，恩泽十分优厚。下级官吏见识浅薄，不能探究宣传诏书法令，无法明白地将旨意晓谕天下。现在首先要选拔研究礼制和

熟悉历史典籍的人才，用懂得文学礼义的人做官，提升被压抑的人才。请挑选那些秩品比同二百石以上的人，和百石以上通晓一种经学的小吏，升补左右内史、大行卒史；挑选比同百石以下的人补郡太守卒史；各郡定员二人，边郡定员一人。优先选用熟知经书能大量讲诵的人，如果人数不够，就选用掌故补中二千石的属吏，选用文学掌故补郡国的属吏，作为替补人员。请把这些记入考选学官的法令中，其他仍然按照律令执行。"奏上批示："可行。"从这以后，公卿大夫和一般士吏中就有很多文质彬彬的经学儒生了。

申公传《诗》

申公是鲁国人。高祖经过鲁国，申公以弟子的身份跟随老师在鲁地的南宫拜见高祖。吕太后时期，申公到长安交游求学，和刘郢同拜一个老师学习。不久，刘郢被封为楚王，就让申公做太子刘戊的老师。刘戊不喜欢学习，憎恨申公。等到楚王刘郢死后，刘戊立为楚王，对申公加以虐待。申公觉得羞耻，回到鲁地，退居家中教书，终身不出家门，又谢绝宾客交往，只有鲁王传令召见才去。从远方来学习的学生有

徐州狮子山楚王陵楚王像

徐州狮子山楚王陵的主人到底是谁，一直有争议。20世纪80年代，一辆正在取土的挖掘机挖掘到兵马俑。在此后的十几年间，考古学家一直在寻找这些兵马俑的主人。1991年7月，楚王陵被发现，1994年正式发掘。作为附属建筑的兵马俑有6条俑坑。经过长期的研究，专家们初步断定墓主人为第三代楚王刘戊。

一百多人。申公只对《诗经》做解释来教学，没有阐发经义的著述，有疑义的地方就留下来不讲授。

兰陵人王臧向申公学习《诗经》后，来侍奉孝景帝，任太子少傅，后来免职离去。当今皇上刚即位，王臧就上书请求为皇上当宫禁中值宿的护卫，多次升迁，一年里就当了郎中令。而代国的赵绾也曾向申公学习《诗经》，后任御史大夫。赵绾、王臧请求天子，想要修建明堂召集诸侯来朝会，没有能够办成这件事，就推荐老师申公。于是天子派使者带着束帛和玉璧，驾着四马所拉可以安坐的车，去迎接申公。学生二人乘着轻便车跟随申公。申公到了京师，拜见天子。天子问他关于国家安危的事情。申公当时已经八十多岁，年纪太大，回答说："当官的人不在于多说话，只看尽力做得怎么样罢了。"这时天子正喜欢文辞，看到申公这样回答，沉默不语。但已经把他招来，就任命他为太中大夫，让他住在鲁王在京城的公馆里，商讨建立明堂的事。窦太皇太后喜欢老子的学说，不喜欢儒学，找到赵绾、王臧的过失，用这些事来责备皇上，皇上于是停止了修建明堂的事，把赵绾、王臧交给司法官处置，后来他们都自杀了。申公也因为生病免官回家，几年后去世。

申公的学生当博士的有十多人：孔安国官至临淮太守，周霸官至胶西内史，夏宽官至城阳内史，砀县鲁赐官至东海太守，兰陵人缪生官至长沙内史，徐偃任胶西中尉，邹人阙门庆忌任胶东内史。他们治理官民都有廉洁的节操，人们称赞他们喜欢学习。其余学官弟子们，品行虽然不完美，但做官至大夫、郎中、掌故的有百余人。他们讲论《诗经》虽然有所不同，但大多都依循申公的见解。

齐诗和韩诗的传授

清河王的太傅辕固生，是齐国人。他因为研究《诗经》，在孝景帝时任博士。有一次，他和黄生在景帝面前争论。黄生说："商汤、周武王不是奉承天命做天子，是弑君篡位。"辕固生说："不对！夏桀、商纣是暴虐淫乱之主，

▶ **木雕奏乐俑·西汉**

湖南省博物馆藏。1972年湖南省长沙市马王堆一号汉墓出土。马王堆一号墓奏乐俑共有5个，其中2个吹竽，3个鼓瑟，屈膝跪坐，低额高鼻，墨眉朱唇，头上插有竹签，着交领右衽长袍。雕刻细腻，形象生动，造型有别于马王堆汉墓群俑。这是墓主人生前歌舞升平生活的写照。木俑采用浮雕的手法，注重头部与面部的雕刻，并施加墨绘和朱绘，还以彩绘表现色彩艳丽的服饰，既反映了当时雕塑艺术的水平和成就，又可作为考证当时人的生活习俗、衣着服饰及丧葬礼俗的材料。

天下人心都归向于商汤、周武王，商汤、周武王顺应天下人心而诛杀夏桀、商纣，夏桀、商纣的百姓不为他们效命而归顺商汤、周武王，商汤、周武王不得已而立为天子，不是秉承天命是什么呢？"黄生说："帽子虽然破，一定戴在头上！鞋子虽然新，一定穿在脚上，这是为什么呢？是上下的制度名分。如今夏桀、商纣虽然无道，但也是君主；商汤、周武王虽然圣明，但却是臣下。君主有错误行为，臣下不能够用正直的话匡正过失来尊奉天子，反而趁其过失而诛杀他们，取而代之，南面称王，不是弑君是什么呢？"辕固生说："一定如你所说，那么高祖取代秦登上天子的位置，不对吗？"于是景帝说："吃肉不吃马肝，不能算不知道味道；谈论学问的人不谈论商汤、周武王受命的事情，不能算是愚蠢。"就停止了争论。此后，学者没人敢讲清楚是受命还

是弑君这个问题了。

窦太后喜欢《老子》一书，招来辕固生问《老子》一书的问题。辕固生说："这是普通人的言论罢了。"太后生气地说："它怎么能比得上如狱吏管制囚徒一般的儒家诗书呢？"于是太后让辕固生进入兽圈刺杀野猪。景帝知道太后生气而辕固生是直言无罪，于是给辕固生锋利的兵器，到兽圈里刺杀野猪，辕固生正好刺中野猪的心脏，只一下，野猪就应声倒地。太后默不作声，无法再加罪于他，就作罢了。过了不久，景帝认为辕固生廉洁正直，任命他为清河王的太傅。过了很长时间，他因病免官。

当今皇上刚即位，又用征召贤良的名义征召辕固生。那些谄谀的儒生大多都嫉妒诋毁辕固生，说："辕固生老了。"于是被罢官回家。这时辕固生已经九十多岁了。辕固生被征召时，薛县人公孙弘也被征召，他斜着眼来看辕固生。辕固生说："公孙先生，务必以正直学问来论事，不要用邪曲之说来迎合时世！"从这以后，齐地谈论《诗经》都依循辕固生的见

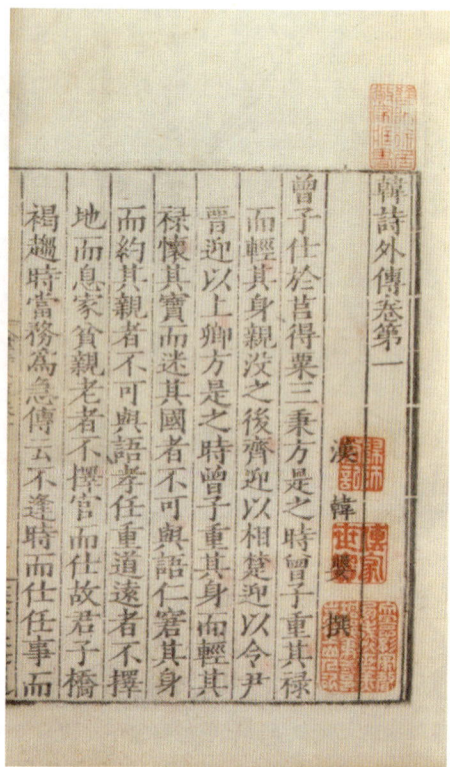

▶ 刻本《韩诗外传》内页·明嘉靖

《韩诗外传》被认为是汉文帝时博士韩婴所著。此书是一部由360条轶事、道德说教、伦理规范以及实际忠告等不同内容组成的杂编，一般每条都以一句恰当的《诗经》引文做结论，以支持政事或论辩中的观点，就其书与《诗经》联系的程度而论，它对《诗经》既不是注释，也不是阐发。《汉书·艺文志》还著录了其他几部韩派《诗经》方面的著作，现已失传，估计其性质与《韩诗外传》类似，此刻本是后人整理刻印的。

解，那些因研究《诗经》而显贵的齐人，都是辕固生的学生。

韩生是燕国人。汉文帝时期任博

士，景帝时期任常山王的太傅。韩生推究《诗经》的意思而撰写《内传》《外传》几万字，书中的用语和齐、鲁地区解释《诗经》的语言很不同，但是宗旨是一致的。淮南贲生向他学习。从这以后，燕、赵一带讲论《诗经》的人都出自韩生门下，韩生的孙子韩商是当今皇上委任的博士。

❂ 伏生授经

伏生是济南郡人。以前做过秦朝的博士。孝文帝时期，想要找到能够研究《尚书》的人，天下没有，后来听说伏生能讲授，文帝想要征召他。这时伏生九十多岁，年纪太大，不能行走，于是文帝就下诏命太常派掌故晁错去向他学习。秦朝焚烧儒书，伏生把《尚书》藏在墙壁里。后来战乱大起，人们四处流亡，汉朝平定天下，伏生寻找他藏的书，丢失了几十篇，只找到二十九篇，就拿这些在齐、鲁一带进行讲授。学者们从此大多能宣讲《尚书》，那些崤山以东的经学大师无不涉猎《尚书》来教授。

伏生教授济南人张生和欧阳生，欧阳生传授千乘人兒宽。兒宽通晓了《尚书》后，凭借治经之学的资格接受郡里的推荐，到博士门下学习，师从孔安国。兒宽家贫没有资财，时常当学生们的厨工，并且时时外出帮人做工，来供给衣食。他外出常带着经书，休息时就诵读学习。依照考试成绩的名次，他被补授为廷尉史。这时张汤正喜欢儒学，让兒宽做了报案情的属官，根据古法论断判决疑难大案，因而他对兒宽很宠信。兒宽为人温和善良，清廉聪明，能坚持节操，而且擅长著书、起草奏章，文思敏捷，但是口头不会表述。张汤认为他是忠厚之人，多次称赞他。等到张汤任御史大夫，他让兒宽做自己的属官，向天子举荐他。天子召见并询问兒宽，对他很满意。张汤死后六年，兒宽官位升到御史大夫。在职九年后死去。兒宽位列三公，因为和顺温良、顺从皇上心意、办事从容，得以长时间任职，但他从没有匡正劝谏皇上的过失。居官期间，属下轻视他，不给他尽力办事。张生也担任了博士。而伏生的孙子因为研究《尚书》被征召，但他对《尚书》未能阐述清楚。

从这以后，鲁地的周霸、孔安国，

▶ 《伏生授经图》（局部）·明·崔子忠

上海博物馆藏。《伏生授经图》描绘的是伏生于汉初时将《尚书》传授给弟子晁错的故事。
人物衣褶纤细而劲挺，于流畅中略有方折，颇有风骨。配景用笔较为放达。崔子忠性格孤高
自傲，其人物画取法高古，画风清雅。其《伏生授经图》所塑造的伏生形象，寻求人物外貌
与精神上的统一，在提炼、概括的过程中，也自然融入了作者的主观精神。

洛阳的贾嘉，都能讲解《尚书》的内容。孔家有古文《尚书》，而孔安国用隶书字体来改写它，因此兴起了他自己的学术流派。孔安国得到了十多篇失传的《尚书》，《尚书》大概从这时起逐渐篇目增多了。

》《礼》的传承

很多学者都讲论《礼经》，而鲁地人高堂生的讲说最切近《礼经》本意。《礼经》本来从孔子时起经书就不完整，到了秦朝焚书，这些经书散佚的篇目就更多了。如今只有《士礼》，高堂生能够讲解它。

鲁地人徐生善于演习礼仪。孝文帝时期，徐生靠懂得礼仪任礼官大夫。他传习礼仪给儿子直到孙子徐延、徐襄。徐襄天生便善于演习礼仪，但不懂得《礼经》；徐延稍微能懂得《礼经》，但还不够精通。徐襄因为善于演习礼仪任汉朝的礼官大夫，官至广陵内史。徐延和徐家的学生公户满意、桓生、单次，都曾经任汉朝廷礼官大夫。而瑕丘人萧奋因为通晓《礼经》，而当了淮阳太守。这以后能够讲论《礼经》来演习礼仪的人，都出自徐家门下。

《至圣先贤半身像册》· 元 · 无款

台北故宫博物院藏。全册六十开，图绘起自孔子，终至许衡，原在清宫安奉历代帝后贤臣图像的"南薰殿"。按题签封号，可知绘制止时间在元文宗至顺元年（1330）追封孔子各大弟子公爵之位以后。图中展示的四个人分别是传授《尚书》的伏生、孔安国，传授《礼经》的高堂生和汉赋大家扬雄。

》《易经》传承

自从鲁国人商瞿向孔子学习《易经》，孔子死后，商瞿就教授《易

经》，历经六代人而传到齐地人田何，田何字子庄，而这时汉朝建立。田何传授给东武人王同字子仲，王子仲传授给菑川人杨何。杨何因为通晓《易经》，于元光元年被征召，官做到中大夫。齐地人即墨成因为通晓《易经》，官至城阳国相。广川人孟但因为通晓《易经》任太子门大夫。鲁地人周霸，莒地人衡胡，临菑人主父偃，都因为通晓《易经》而官至二千石。总的来说，讲解《易经》的人，都源于杨何这一派。

董仲舒与《春秋》传授

董仲舒是广川人。他因为研究《春秋》在孝景帝时期任博士。董仲舒放下帷幕讲授《春秋》，弟子们根据入学时间的长短来依次辗转相传，有的甚至没见过他的面，董仲舒三年间不曾到后园游玩，他专心程度到了这个地步。他出入时的仪容举止，不合礼仪的不去做，学者们都效法他、尊敬他。当今皇上即位，董仲舒任江都国相。他依据《春秋》中自然灾害和特异现象的变化来推求阴阳交替运行的原因。因而他在求雨时，关闭各

种阳气，放纵各种阴气，消雨时的方法与此相反。这种做法在江都国推行，无不达到了预期的效果。他任职期间被贬为中大夫，住在家里撰写了《灾异之记》。这时辽东高帝庙发生火灾，主父偃嫉妒他，窃取他的书上奏天子。天子召集众儒生把书展示给他们，儒生们认为书中有指责讥讽时政的内容。董仲舒的弟子吕步舒不知道这是他老师的书，认为十分愚蠢。于是把董仲舒交给司法官查处，判处死刑，天子下诏赦免了他。于是董仲舒终生不敢再谈论灾异之说。

董仲舒为人廉洁正直。这时朝廷正好要解决四方外族的侵犯，公孙弘研究《春秋》比不上董仲舒，而公孙弘迎合世俗处理事情，官至公卿。董仲舒认为公孙弘为人阿谀逢迎，公孙弘憎恨他，就对皇上说："只有董仲舒可以派去做胶西王的国相。"胶西王平时听说董仲舒有德行，也很好地对待他。董仲舒害怕时间长了会得罪，很快就辞职回家。到去世为止，他始终不置办家产，专门从事研究学问、著书立说。所以自汉朝建立以来历经五朝，其间只有董仲舒以精通

《春秋》出名，他阐述的是《春秋》公羊学。

胡毋生是齐郡人。在孝景帝时任博士，后因年纪大回家教授《春秋》。齐地讲论《春秋》的人大多受教于胡毋生，公孙弘也向他学习过许多。

瑕丘人江生研究《春秋》谷梁学。自从公孙弘受到重用，他曾经收集比较谷梁学和公羊学的经义，最后采用了董仲舒的解说。

董仲舒的弟子中有成就的有兰陵人褚大、广川人殷忠、温人吕步舒。褚大官至梁王国相。吕步舒官至长史，手持符节出使去判决淮南王罪案，对诸侯王敢于自行裁决而不加请示，根据《春秋》的义理来公正断案，天子都认为很对。弟子中官运通达的，做到了皇帝任命的大夫；担任郎官、谒者、掌故的有数百人。而董仲舒的儿子和孙子都因为精通儒学而做了高官。

▶ **董仲舒讲学雕塑**

此像为董仲舒立像，他手持简册，目视前方，众弟子坐在地上，正在认真听讲。董仲舒在汉代思想史上留下了浓墨重彩的一笔。作为"公羊学"的代表人物，董仲舒提倡大一统，尊崇天人合一，尤其是他向汉武帝提出的"罢黜百家，独尊儒术"的思想，为汉代思想的统一做出了卓越贡献。

酷吏列传 第六十二

【解题】这是一篇类传，记述了以酷刑厉法为统治工具，凶狠残暴的十几个官吏。太史公在此篇实际上寄寓了自己反对苛政虐民的思想，但其中太史公也坚持了一贯的"不虚美，不隐恶"的历史实录精神，对这些酷吏身上的一些品质也进行了赞扬，显示了客观与追求实事求是的录史态度。

酷吏传序

孔子说："用政治法令来引导人民，用刑法来加以约束，那么人民就会免于犯罪，但是却会没有羞耻之心。用道德来加以疏导，用礼仪来加

明刻本《史记钞》目录页

《史记钞》是由明代学者茅坤编选的《史记》读本。从这个目录可以看出，在《酷吏列传》一节中所传叙的人物名称。

以约束，那么人民就会有羞耻之心，并且会心悦诚服。"老子说："具有高尚德行的人，不会表现为形式上的德，因此实际上是有德的；德行低下的人执守形式上的德，因此实际上是没有德。法令严酷繁缛，盗贼就会多。"太史公说：这些话说得真对呀！法令是政治的工具，却不是导致政治清明或清除污浊的根本。从前天下的法网已经很严密了，可是奸邪欺诈不断出现，这种情况最严重的时候，就是官吏和百姓互相欺瞒，使得国家无法振作。在这种时候，官吏的管理就像负薪救火、扬汤止沸一样无济于事，如果不用强硬有力而严酷的人，怎么能胜任而从容不迫呢？宣扬道德的人，在这时一定会丧失其职责。所

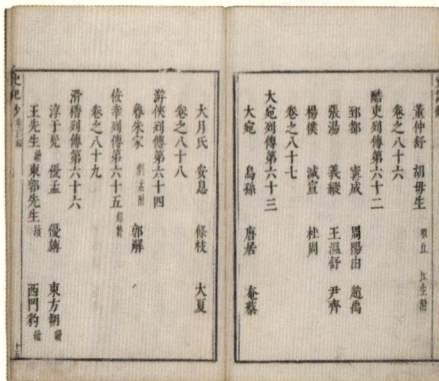

以孔子说："审判案件，我和别人差不多，一定要使案件完全消失。"老子说："愚蠢浅陋的人听到谈论道德，就会大笑。"这些不是空话。汉朝建立，把有棱角的酒具改为圆形的酒具，法制上做了重大改变，就如同把器物上雕刻的花纹削去而恢复其本来面目一样。法律就像可以漏掉吞下船的大鱼的网那样宽疏，可官吏的政绩却醇厚敦美，不至于做出奸邪之事，百姓太平无事。从这来看，国家政治的好坏，在于宽厚，不在于酷刑。

汉高帝吕皇后时，酷吏只有侯封，他苛刻欺凌皇族，侵犯羞辱有功的大臣。吕氏失败后，朝廷就铲除了侯封一家。孝景帝时，晁错因为苛刻严峻，多用法术来施展自己的才能，而七国叛乱，把愤怒发泄到晁错身上，晁错因此而被杀。那以后酷吏还有郅都、宁成等。

苍鹰郅都

郅都是杨县人。他以郎官的身份侍奉孝文帝。孝景帝时，郅都任中郎将，敢于直言进谏，当面在朝廷上指斥大臣。他曾经跟随皇上到上林苑，贾姬到厕所去，有野猪突然跑入厕所。皇上用目光示意郅都，郅都不肯行动。皇上想自己拿兵器去救贾姬，郅都跪在皇上面前说："失掉一个妃子还有一个妃子进宫，天下少的难道是贾姬这样的人吗？陛下即使看轻自己，怎么对得起祖宗和太后！"皇上回转身来，野猪也离去了。太后听说了这件事，赏赐给郅都一百斤黄金，从此皇上很重视郅都。

▶ 郅都浮雕像

郅都：西汉著名酷吏。官拜雁门太守，威震匈奴。至郅都死，匈奴不敢近雁门。

作为酷吏的郅都，在司马迁的笔下，人物性格鲜明，司马迁对其出身遭遇也是充满了同情和赞许的。郅都的严酷主要针对的是贵戚豪族，而非武帝时期酷吏一味地以残暴酷虐为己任。而郅都之死，可以说是宫廷政治斗争的牺牲品，不能不让人报以惋惜。

"宛朐侯执"金印·西汉

徐州博物馆藏。徐州簸箕山汉墓出土。印为龟钮，先铸造成型后，经雕刻加工而成。龟首较小、稍外伸上昂，背部拱起，背上刻饰有由外向内相套含的六边形、五边形、四边形以象征龟甲，四肢挺立，爪形分明。印台为方形，四边略有外弧。龟钮与印台间有一圆形横穿孔，印文为白文篆体"宛朐侯执"四字，笔势匀称，结体端正。

济南姓瞷的家族宗亲有三百多家，强横奸猾，济南太守无法管制，于是景帝就任命郅都为济南太守。郅都一到任，就把瞷氏家族为首作恶的人全家都杀死，其余的人都吓得大腿打战。过了一年多，济南郡中路上没有人捡取丢失的东西。附近十多个郡的太守像害怕高层官府一样害怕郅都。

郅都为人勇敢，有力气，公正而廉洁，因私事而来求情的信件从不拆开看，一点都不接受送礼，不听私人的请托。他常常自己说："我已经背离父母来当官，自己就应该在职位上奉公尽职，保持节操而死，终究不会挂念妻子儿女了。"

郅都后来升任中尉。丞相条侯周亚夫尊贵而傲慢，而郅都只是对他作揖就算行礼了。这时民风朴实，害怕犯罪而守法自重，而郅都却首先独自推行严酷的刑法，以致执法时不避讳帝王的内外亲戚，列侯和皇族看到郅都都要侧目而视，称他为"苍鹰"。

临江王刘荣被召到中尉府来审问，他想要书写工具写信向皇上谢罪，可郅都告诉官吏不要给他。魏其侯派人在暗中把书写工具给了临江王。临江王写完信向皇上谢罪后，就自杀了。窦太后听说这件事，很生气，用危害残酷的法令中伤郅都，郅都被免官回家。孝景帝就派使者拿着符节去任命郅都为雁门太守，并且让他从家直接取道赴任，能够自己随机处理事情，不必奏请。匈奴人平时听说过郅都的行事，知道由他守卫边境，就带军队离去，一直到郅都去世都不敢接近雁门。匈奴竟然做了一个像郅都的木偶人，让骑兵们奔跑射击，没有人能射中，他们害怕郅都到这种地步。匈奴以郅都为祸害。窦太后却用汉朝法律中伤郅都。景帝说："郅都是忠臣。"想释放他。窦太后说："临江王难道不是忠臣吗？"于是就斩杀了郅都。

▶ 内史宁成

宁成是穰县人。景帝时曾做过郎官、谒者。宁成喜欢盛气凌人，做别人的小吏，一定要欺凌他的长官；做别人的上级，操控下属就像捆绑湿柴一样使他们服从。他狡猾残暴，任性使威。宁成渐渐升到济南都尉，而这时郅都是济南

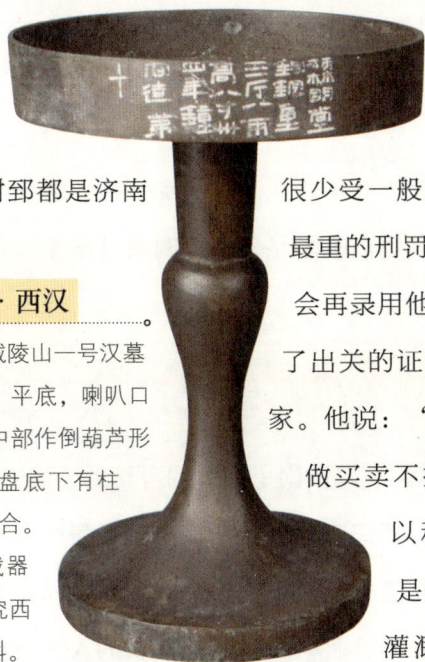

▶ 椒林明堂豆形铜灯·西汉

河北博物院藏。河北满城陵山一号汉墓出土。灯盘敞口，直壁，平底，喇叭口形圈足，细座把，座把中部作倒葫芦形隆起。盘和座把分铸，盘底下有柱插入把腔内，用铜钉铆合。盘壁刻铭文22字，记载器物的高度和重量，为研究西汉度量衡制度增添新资料。

太守。在这以前，几个都尉是步行进入太守府，通过属吏的传达来参见太守，就像县令见太守一样，他们害怕郅都到了这种地步。而宁成去见郅都，径直越过郅都走到他的上位。郅都往常听说过他的名声，于是友好地对待他，和他结成朋友。过了很久，郅都去世，后来长安附近皇族有很多人暴虐犯法，于是皇上招来宁成任中尉。他治理方法仿效郅都，但他在廉洁方面不如郅都，可皇族豪强人人都害怕他。

武帝即位后，宁成调任内史。外戚们大都诽谤宁成的缺点，他被判处剃发和用铁箍套脖子的惩罚。这时九卿犯罪该死就处死，很少受一般刑罚，而宁成却遭受最重的刑罚，他自己认为朝廷不会再录用他，就解开刑具，伪刻了出关的证明，出了函谷关回到家。他说："当官不当到二千石，做买卖不挣到一千万，怎么可以和别人比呢！"他于是借钱买了一千多顷可灌溉的田地，租给贫民

河北博物院藏。河北满城陵山一号汉墓出土。石磨用黑云母花岗岩制成，有上下两盘。上磨盘顶部正中有一横梁，横梁两侧各有一长方形小磨眼。底面布满圆窝，中心内凹。侧缘有对称的长方形榫眼，当为安插磨棍之用。下磨盘亦满布圆窝，中心有一圆形铁轴。漏斗为铜质，圆形，下腹急骤收敛成漏斗，中腰施宽带纹一周，起加固铜漏斗的作用，内壁距口沿16厘米处平伸出四个对称的支架支起石磨盘。石磨与铜漏斗组合成一套粉碎机械，设计科学，构思奇妙。

耕种，役使几千户人家。几年后，适逢赦免罪行。他已经得到财产几千金，专好打抱不平，掌握官吏们的隐私，出门时有几十个骑马的人跟随。他驱使百姓的威力比郡太守还大。

🔹河东都尉周阳由

　　周阳由，他的父亲赵兼以淮南王舅父的身份封了周阳侯，所以改姓周阳。周阳由以外戚的身份当了郎官，侍奉孝文帝和孝景帝。景帝时，周阳由当了郡太守。武帝即位，官吏处理政事，十分崇尚因循谨慎，可是周阳由在二千石的官员中，最暴虐残酷、骄横放纵。他喜欢的人，就枉法让他活下来；他憎恶的人，就歪曲法律诛杀他。他在哪个郡当官，就一定铲除那个郡的豪强。他担任太守，把都尉视同县令。他担任都尉，就欺凌太守，侵夺太守的权力。他和汲黯都是性格强狠的人。还有司马安那种善于以法令条文害人的人，同在二千石官员行列，但是他们和周阳由同车时，也从来不敢和他平起平坐。

周阳由后来担任河东都尉，当时他与河东太守申屠公争夺权力，互相告状。申屠公被判处有罪，但他坚持道义，不肯受刑，自杀而死，而周阳由被处死示众。

从宁成、周阳由以后，政事更加繁杂，百姓用奸诈手段对付法律，多数官吏治理政事像宁成、周阳由一样了。

御史赵禹

赵禹是斄县人。他以佐史的身份补任京都官署的令史，因为廉洁公平而担任官吏，侍奉太尉周亚夫。周亚夫任丞相，赵禹任丞相史，丞相府里的人都称赞赵禹的廉洁公平。可是周亚夫不重用他，说："我很清楚赵禹无人能比，但他执法严苛，不可以在上层官府当官。"武帝时，赵禹因为任主办文案的官而积累功劳，逐渐升任御史。皇上认为他有才能，提升他任太中大夫。他和张汤斟酌编定各种法令，制订见知不告的惩办条例，让官吏互相监督。汉朝法律越来越严酷，就是从这时候开始的。

张汤审鼠断狱

张汤是杜县人。他的父亲当过长安县

▶ **鎏金铜温酒樽·西汉**

山西博物院藏。1962 年山西省右玉县大川村出土。酒樽通体鎏金，圆形，平底，三熊足。腹部有对称的铺首衔环耳。有盖，盖顶中心有套环纽。盖周铸 3 个凤鸟形纽，凤尾高耸。樽腹饰 3 道宽带纹，以中部带纹为界，形成上下两层图案；图案为龙、凤、虎、鹿、熊、猴、牛、羊、鹤、雁等动物形象及山石。盖顶中心饰柿蒂纹，外层饰虎、熊、龙、蛇等。各种动物活灵活现，极富情趣。

23

▶ **连枝灯·西汉**

台北故宫博物院藏。连枝灯由三只灯盏组成，最高的一盏矗立在中央最高的灯柱上，灯盏下部装饰着莲瓣，下方的灯柱上攀附着一只蝉与一只猴子，猴子下方有卷枝向左右伸展，枝头各托着一只灯盏，卷枝中也各攀有一只猴子，灯柱的底座作圆形，上面装饰着透雕的蟠螭纹。灯柱上及卷枝间的小动物不但栩栩如生，中间灯柱上的蝉与猴子还可以旋转或升降，左右两只灯盏则可以从灯柱上拆卸下来，它们是插放在灯柱中间的插鞘内组装而成。

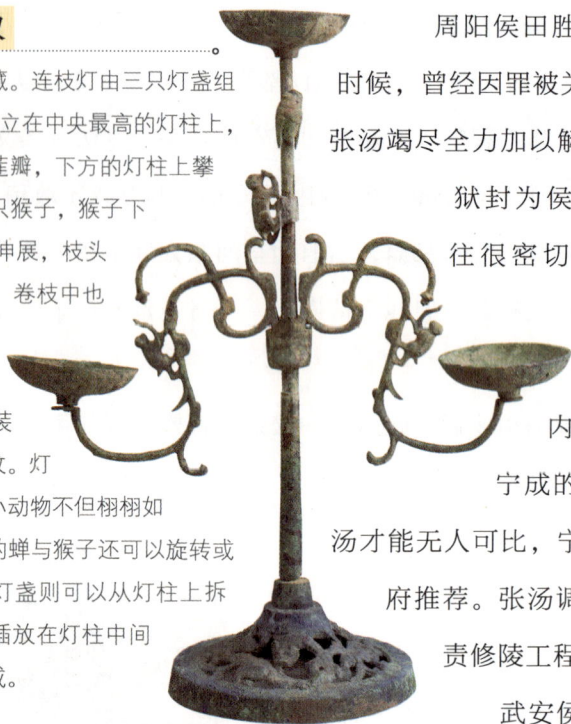

丞，有一次他父亲出门，还是小孩的张汤，在家里看守门户。父亲回来后发现老鼠偷了肉，很生气，用鞭子打了张汤。张汤挖洞捉拿到偷肉的老鼠和剩下的肉，就审讯老鼠的罪状，拷打查问，记录了供词，穷究罪行，判决定罪；并且把老鼠和剩肉拿来，完成一切狱案手续后，张汤把老鼠当堂分尸处死。他父亲知道了这事，看到他那判决文书像老练的法官所写，十分吃惊，就让他学习刑狱文书。他父亲死后，张汤任长安的小吏，做了很长时间。

周阳侯田胜开始做卿官的时候，曾经因罪被关在长安监狱，张汤竭尽全力加以解救。到田胜出狱封为侯后，和张汤交往很密切，把权贵人物全都给张汤引见。张汤在内史任职，担任宁成的属官，因为张汤才能无人可比，宁成将他向丞相府推荐。张汤调任茂陵尉，负责修陵工程。

武安侯田蚡任丞相，征召张汤做佐官，时常向天子推荐他，又补任御史，让他查验办理狱事。他主持处理陈皇后巫蛊案时，深入地追查同党。于是皇上认为他能干，逐渐提升到太中大夫。张汤和赵禹一同制定各种法令，一味地严格法律条文，来束缚管制在职的官员。不久赵禹升任中尉，又改任少府，而张汤任廷尉，两个人关系密切，而张汤以对待兄长的礼节对待赵禹。赵禹为人廉洁傲慢，他当官以来，家中没有食客。朝廷高级官员登门拜访他，赵禹始终不答谢，务求断绝与知心朋友和宾客

图说 **史记**

的交往，一意孤行，处理自己的事情。看到供词符合法令条文就取来，也不反复案验，以求追查从属官员的隐秘罪行。张汤为人很狡诈，玩弄小聪明来控制别人。他开始任小官，就侵害他人贪图财利，和长安的富商田甲、鱼翁叔之流秘密交往。到他位列九卿时结交天下名士大夫，自己内心虽然同他们不合，但表面上却假装仰慕他们。

张汤任御史大夫

这时皇上正向往儒家学说，张汤处理大案件，想附会儒家经书上的说法，于是请博士弟子们研究《尚书》《春秋》的担任廷尉史，遇到有疑问的法律条文，就用《尚书》《春秋》的义理来解释。遇到可疑的事向皇帝进呈请皇上评断，张汤必定预先给皇上分析好事情的原委，皇上认为对的，就接受并记录下来，作为廷尉判案的法规，正式公布在书版上来颂扬皇上的圣明。上报的事情如果受到皇上的谴责，张汤就随机应变，认错谢罪，顺从皇上的心意，一定列举出正、左右监和贤能的属官，说："他们本来向我建议过，就像皇上责备我的一样，我没有采纳，愚蠢到这种地步。"因此他的罪经常被皇上释免。他有时向皇上上奏章，皇上认为很对的，他就说："我不知道这个奏议，是正、左右监和属官们之中的某人所写的。"他想推荐官吏，表扬别人的好处，掩饰别人的过错，做到了这种地步。他所审理的案子如果是皇上想严办的，就让执法

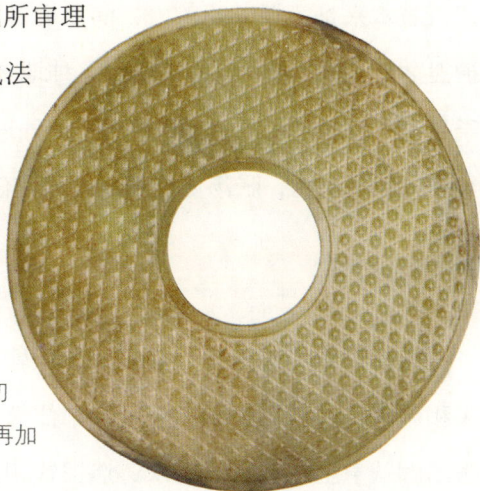

▶蒲纹玉璧·西汉

台北故宫博物院藏。青玉，青白泛黄，外缘相对的两端有暗褐色沁，整体半透明状。圆整，近于平廓，孔、外缘齐整，器面上刻饰蒲纹。圆璧上蒲纹的制作基础与谷纹同，皆是先打菱格，而蒲纹是在菱格上加二道切割线，而使四边的菱格纹变成六边的蒲纹，再加以磨饰成金字塔形，顶面磨平。

▶ "广汉大将军章" 银印·西汉

上海博物馆藏。钮，印面阴刻"广汉大将军章"六字。印纽龟首上昂，背部隆起，龟甲刻纹清晰，周边加刻圈纹。汉制秩俸二千石官得受银印龟钮，印文曰"章"，但存世西汉银质将军印章极为少见。

严苛的监史处理；如果是皇上想要释放的，他就交给执法轻而平和的监史处理。他所处理的如果是豪强，就一定舞弄法令条义，巧妙地进行攻击。如果是平民百姓和无权势弱小的人，就常常向皇上口述，即使按法律条文要判刑，但请皇上明白裁定。于是，皇上往往释免了张汤所说的人。张汤虽当了大官，自身修养很好。他与宾客交往，同他们饮酒吃饭。对于老朋友、子弟、当官的和贫穷的兄弟们，照顾关心地特别宽厚。他去拜问三公，不避寒暑。所以张汤虽然执法严苛，内心嫉妒，办事不纯正公平，但得到了这样的好名声。而那些执法酷烈的官吏多被他用作属下，又都依从着儒学之士。丞相公孙弘数次称赞张汤的品德。等到他处理淮南王、衡山王、江都王谋反的案件，都能穷追到底。严助和伍被，皇上想要释放他们。张汤争辩说："伍被本来是策划谋反的人，而严助是皇上亲近宠信的、可出入宫廷禁门的护卫之臣，竟然暗中勾结诸侯到这种地步，如果不诛杀，以后就不好管理了。"于是皇上同意了张汤对他的判决。他处理案件排挤打击大臣，自己邀功的事，大多如此。于是，张汤更加受尊崇和信任，升任御史大夫。

张汤受宠

适逢匈奴浑邪王等人来投降，汉朝发动大军攻打匈奴，崤山以东发生水灾和旱灾，贫苦百姓流离失所，都依靠政府供给，官府因此仓库空虚。于是张汤顺从皇上的旨意，请求铸造银钱和五铢钱，垄断天下的盐铁经营权，打击富商大贾，发布告缗令，铲除豪强兼并之家的势力，玩弄法律条文，巧言诬陷别人，来辅助法律的推行。张汤每次上朝奏事，谈论国家的财用情况，一直谈到傍晚，天子也忘了吃饭。丞相空占职位，天下事情都由张汤来决定。致使百姓不安心生活，骚动不安。政府兴办的事情，未得到利益，而奸官污吏一起侵夺盗窃，于是张汤就彻底以法惩办。从公卿以下，一直到平民，都指责张汤。张汤曾经生病，天子亲自去看望他，他的高贵达到这样地步。

匈奴来请求和亲，大臣们在皇上面前讨论。博士狄山说："和亲有利。"皇上问他有利的道理，狄山说："武器是凶器，不要轻易多次动用。高皇帝要攻打匈奴，被围困在平城。于是就缔结和亲。孝惠皇帝、高后时期。天下安定和乐。到孝文皇帝想要对付匈奴，北方边境骚扰不宁，人民就苦于战争了。孝景皇帝时，吴、楚等七

张汤墓发掘纪念碑

张汤墓发掘纪念碑位于陕西西安西北政法大学南校区校园内。该墓是在校区的基建工地被发现的。墓为长斜坡墓道土洞式，坐东朝西，平面大致呈"甲"字形，墓道后连接甬道、墓室。出土了特点较为明显的西汉中期星云纹铜镜和武帝五铢钱等文物。最为珍罕的是，出土物中有2枚精致的双面穿带印，一枚印文为"张汤臣汤"，一枚为"张君信印"。此两印的出土表明墓主应为张汤。此后西北政法大学修建了该碑，以示纪念。

国反叛，景帝在两宫之间往来商讨，几个月忧心忡忡。吴、楚已被打败，景帝到死都不再谈论战争，天下因此富裕充实。如今从陛下派兵攻打匈奴以来，国内因此空虚，边境百姓十分窘困贫苦。由此看来，不如和亲。"皇上问张汤，张汤说："这是愚蠢的儒生，无知。"狄生说："我确实是愚忠，像御史大夫

张汤却是诈忠。像他处理淮南王、江都王的案件，用严酷的法律来放肆地诋毁诸侯王，离间疏远皇上的至亲，因而使各封国国王自感不安。我本来就知道张汤是诈忠。"于是皇上变了脸色说："我派你驻守一个郡，能够不让匈奴进来掠夺吗？"狄山说："不能。"皇上说："驻守一个县呢？"回答说："不能。"皇上又说："驻守一个要塞城障呢？"狄山自己估计辩词穷尽将要交给司法官治罪。就说："能。"于是皇上派狄山登上边塞的一个城障。过了一个多月。匈奴人砍下狄山的头而离去。从这以后，大臣们震惊恐惧。

❥三长史事件

张汤的宾客田甲，虽然是商人，但有贤良的节操。当初张汤做小官时，和他以钱财相交，等到张汤当了大官，田甲借这种关系责备张汤品行道义方面的过失，很有忠义慷慨之士的风度。

张汤担任了御史大夫七年，失败了。

河东人李文曾经和张汤有仇隙，后来担任了御史中丞，愤怒而怨恨张汤，多次从宫廷文书内容中找可以用来伤害张汤的问题，不留余地，加以利用。张汤有个喜欢的属吏叫鲁谒居，知道张汤对此愤愤不平，指使一个人上紧急奏章告发李文的坏事，这事下交张汤处理，张汤审理判决杀掉了李文，而张汤内心知道这是鲁谒居干的。皇上问："上书告发紧急事件的线索是怎样得到的？"张汤佯装惊讶地说："这大概是李文的熟人怨恨他。"后来鲁谒居患病躺在乡下主人家里，张汤亲自前往探望病情，为他按摩腿脚。赵国人以冶炼铸造铁器为职业，赵王多次为政府设置铁官的事打官司，张汤常常打击赵王。赵王寻求张汤的隐秘私事。鲁谒居曾经检举赵王，赵王怨恨他，于是一并上书告发："张汤是大臣，小吏鲁谒居有病，张汤竟然给他按摩腿脚，怀疑他和鲁谒居一起干了大坏事。"这事下交廷尉处理。鲁谒居病死了，事情牵连到他的弟弟，他弟弟被押在导官署。张汤也到导官署处理别的囚犯，看见了鲁谒居的弟弟，想着暗地里帮他的忙，而假装不理睬他。鲁谒居的弟弟

不知道，怨恨张汤，派人呈上报告，告发张汤和鲁谒居的密谋，共同策划按紧急事变告发李文。这事下交减宣处理。减宣曾经和张汤有隔阂。等到他接受这件案子，把此案追查得很深入，但还没有上奏。恰逢有人偷挖汉文帝陵墓埋的殉葬钱，丞相庄青翟上朝，和张汤约定一起谢罪，到了皇上面前，张汤想到只有丞相必须按四季巡视陵园，丞相应当谢罪，与我张汤没有关系，因而不谢罪。丞相谢罪后，皇上派御史查办这件事。张汤要按知情放纵的条文处置丞相，丞相担忧这件事。丞相手下三个长史忌恨张汤，想要陷害他。

起初，长史朱买臣是会稽人。攻读《春秋》。庄助让人向皇帝推荐朱买臣，朱买臣因为熟悉《楚辞》的缘故，同庄助都得到皇上的宠幸，从侍中升为太中大夫，当权。这时张汤只是小官，在朱买臣等面前跪伏听候差遣。不久，张汤当了廷尉，办理淮南王案件，排挤庄助，朱买臣心里本来怨恨张汤。等张汤当了御史大夫，朱买臣从会稽太守的职位上调任当了主爵都尉，列于九卿之中。几年后，因犯法罢官，代理长史，去拜见张汤，张汤坐在日常所坐的椅子上接见朱买臣，他的丞史一类的属官也不以礼对待朱买臣。朱买臣是楚地士人性格强悍，深深怨恨张汤，常想把他整死。王朝是齐地人。靠着精通儒家学说当了右内史。边通，学习纵横家的思想学说，是个性格刚毅暴烈的强悍之人。边通当官，两次做济南王的丞相。从前。他们都比张汤的官大，不久丢了官，代理长史；对张汤行屈体跪拜之礼。张汤屡次兼任丞相的职务，

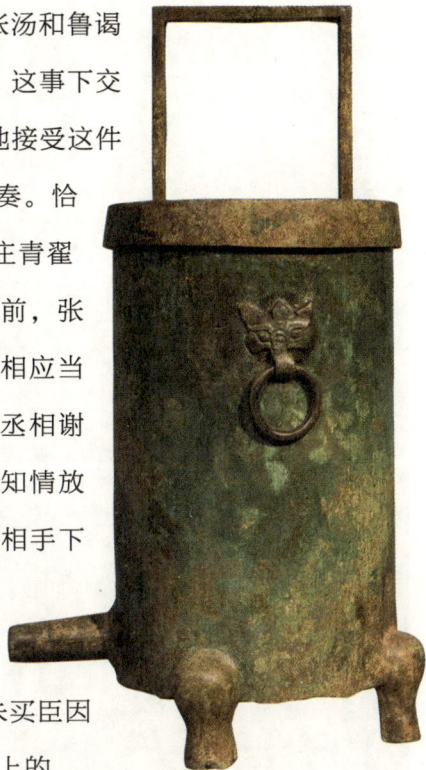

▶ **青铜漏壶·西汉**

2009 年陕西省西安市南郊凤栖原西汉张安世家族墓地 M8 出土。张安世是张汤之子，在张汤去世之后，张安世很快就得到了汉武帝的重用，在西汉中期张氏家族声名赫赫，与金日磾家族并称为"金张"。这件铜漏壶就是张氏家族墓地中的出土文物之一。

▶《朱买臣负担读书图》·明·蒋嵩

美国弗利尔美术馆藏。关于朱买臣的故事,《史记》中仅在《酷吏列传》提及,而班固的《汉书》则有专门的《朱买臣传》。据《汉书》记载:"朱买臣,字翁子,吴人也。家贫,好读书,不治产业,常艾薪樵,卖以给食,担束薪,行且诵书。"明代画家蒋嵩的这幅作品就是根据《汉书》的内容绘制的。

知道这三个长史原来地位很高，就常常欺负折服他们。因此，三位长史合谋并对丞相庄青翟说："开始张汤同你约定一起向皇上谢罪，紧接着就出卖了你，现在又用宗庙之事控告你，这是想代替你的丞相职位。我们知道张汤的不法隐私。"于是他们就派遣官吏逮捕并审讯张汤的同案犯田信等人，说张汤将要向皇上奏请政事，田信则预先就知道，然后囤积物资，发财致富，同张汤分赃，并且还有其他坏事。有关此事的供词被皇上听到了。皇上问张汤说："我所要做的事，商人则预先知道此事，越发囤积那些货物，就好像有人把我的想法告诉了他们一样。"张汤不谢罪，却又假装惊讶地说："应该说一定有人这样做了。"这时减宣也上奏书报告张汤和鲁谒居的犯法之事。天子果然以为张汤心怀巧诈，当面欺骗君王，派八批使者按记录在案的罪证审问张汤。张汤自己说没有这些罪过，不肯招认。于是皇上派赵禹审问张汤。赵禹来了以后，责备张汤说："您怎能不知道轻重呢？你办理案件时，被夷灭家族的有多少人呢？如今人家告你的罪状都有证据，天子难以处理你的案子，想让你自己想法自杀，何必多对证答辩呢？"张汤就写信谢罪说："张汤没有尺寸之功，起初只当文书小吏，陛下宠幸我，让我位列三公，无法推脱罪责，然而设谋陷害张汤的罪人是三位长史。"张汤于是就自杀了。

张汤死后，家里财产只不过值五百金，都是所得的俸禄和皇上赏赐的，没有别的产业。他的兄弟和孩子想隆重地安葬他，他的母亲说："张汤作为天子的大臣，被恶言诬陷而

▶ **青铜鼎·西汉**

美国普林斯顿大学艺术博物馆藏。鼎为圆球形，分为器盖和器身两部分。盖作球面型，上有三个环形钮，钮上有小垫片，倒置时可平稳放置。器身鼓腹，圆底，一对直耳对称分布，下承三足，三足外撇。通体无纹饰，在其腹部有凸弦纹一周。

死，怎么厚葬呢！"就用牛车拉着棺材，没有外椁。天子听说这事，说："不是这样的母亲不能生出这样的儿子。"于是穷究此案，把三个长史都杀了。丞相庄青翟自杀。田信被释放出来。皇上怜惜张汤，逐渐提拔他的儿子张安世。

赵禹中途被罢官，不久又任廷尉。起初，条侯周亚夫认为赵禹残酷狠毒，不予重用。等到赵禹任少府，与九卿并列。赵禹做事严酷急躁，到了晚年，国家事情更多，官吏致力于施行严刑峻法，而赵禹执法却变得轻缓，被称为平和。王温舒等人后来兴起，执法比赵禹还严苛。赵禹因为年老，改任燕国丞相。几年后，犯有昏乱悖逆之罪，被罢官回家，在张汤死后十多年，赵禹老死在家里。

◆ 南阳太守义纵

义纵是河东人。他在少年时，曾经和张次公一起抢劫，结伙为强盗。义

┤ 张汤墓 ├

张汤墓是在西安市长安区郭杜一带西北政法大学南校区的基建工地被发现的。墓为长斜坡墓道土洞式。因墓室内盗扰严重，除墓室西北角出土的铜洗为原位置外，其他出土器物都曾被扰乱。该墓出土器物时代特征明显，特别是铜镜和五铢。铜镜为星云纹镜，星云纹镜主要流行于西汉中期。同出五铢钱文"五"字交叉，两笔缓曲，钱质殷赤，外郭厚而匀整，且工艺精湛，为典型的武帝五铢。

纵有个姐姐叫义姁，凭借医术得到王太后的宠爱。王太后问她说："你有儿子兄弟当官的吗？"他姐姐说："有个弟弟没有品行，不可以当官。"王太后就告诉皇上，皇上任命义姁的弟弟义纵当中郎，后来补任上党郡中某县的县令。他处理政事严酷，很少宽和包容，县里没有积压的公事，因此被推举为第一。随后升任长陵和长安县令，依法办理政事，不回避权贵和皇亲。义纵因为逮捕审讯太后外孙修成君的儿子仲，皇上认为他能干，提升他当河内都尉。他一到那里就把穰氏家族一类的豪强之人全族铲除，河内郡人们在路上不捡拾别人遗失的东西，而张次公也当郎官，因为勇猛当了兵，敢于深入敌阵作战，有功劳，被封为岸头侯。

宁成在家里闲居，皇上想让他当郡守。御史大夫公孙弘说："我在山东当小官时，宁成任济南都尉，他处理政事就像狼牧羊一样。宁成不能够任用来治理人民。"皇上就任命宁成为函谷关都尉。一年多后，隶属于关东各郡国的官吏往来经过函谷关的，都扬言说："宁可看到哺乳期间的母虎，也不想碰上宁成发怒。"义纵从河内升任南阳太守，听说宁成在南阳家中闲居，等到义纵到函谷关，宁成侧着身子随行，恭敬地迎送他。可是义纵盛气凌人，

▶ **豢龙图画像砖·西汉**

美国克利夫兰艺术博物馆藏。据传这一画像砖出土于陕西西安韩森寨的一个西汉墓中。砖为长方形，灰陶质地，在砖上浮雕着一条行龙，龙头仰起，正在啃食羽人手中的灵芝。而仙人形象和西安出土的羽人很接近，可见在当时这一神话题材比较流行，也是汉武帝崇尚神仙思想的现实体现。

▶ 灰陶侍女俑·西汉

美国克利夫兰艺术博物馆藏。俑呈立姿，发分两颗，脑后挽髻，身着两重衣，均交襟右衽，足蹬方口齐头履，双手交叉拱于腹前。此俑质地较硬，雕刻精细，尤其是脸部塑造的低眉顺目恭谨之态异常逼真，加之肉色的彩绘，更显栩栩如生，是汉俑中不可多得的佳作。

不以礼相待。到了郡里，义纵就追查宁家的罪行，完全粉碎了他们一家。宁成被牵连有罪，至于孔姓、暴姓之流的豪门都逃走了，南阳的官员和百姓非常谨慎恐惧。而平氏人朱强、杜衍人杜周作为义纵的助手，得到重用，升为廷史。这时朝廷军队屡次从定襄出发攻打匈奴，定襄官员和百姓人心散乱，于是调义纵任定襄太守。义纵到任后，捕捉定襄狱中没有戴刑具的重罪犯二百多人，以及他们的宾客兄弟私自入狱来探视的也有二百多人。义纵一概拘捕治罪，定罪名是"为死罪解脱"。这天总共判处死刑有四百多人。从那以后郡中人都不寒而栗，连狡猾的人也辅佐官吏处理政事。

这时赵禹、张汤因为执法严苛刻薄而位列九卿了，可是他们的治理还算宽松，依法律来处理事情。而义纵却以严酷凶狠处理政事。后来适逢五铢钱、银锡白金起用。奸民私自铸钱，京城中尤其厉害，于是朝廷任义纵为右内史，王温舒为中尉。王温舒最凶恶，他所做的事不预先告知义纵，义纵一定用盛气欺凌他，破坏他的事情。义纵处理政事，杀的人很多。但是他的志趣只在琐碎小事上，奸邪之事越发增多，皇帝直接特派的官员开始出现了。官吏行事以斩杀、束缚作为主要任务，阎奉因为凶狠而被任用。义纵廉洁，他处理政事学习郅都。皇上巡行鼎湖，病了很长时间，病好后突然驾幸甘泉宫，沿途道路大多没有修整好。皇上发怒说："义纵认为我不会再走这条路吗？"怨恨义纵。到了冬天，杨可受命处理"告缗"案件，义纵认为这样会扰乱百姓，部署官吏捉拿替杨可干事的人。天子听说了，派杜式去处理这事，杜式认为义纵废弃了君主的诏令，破坏了天子要办的事，将义纵处死示众。义纵死了一年后，张汤也死了。

河内太守王温舒

王温舒是阳陵县人，他年轻时做盗墓等坏事。不久被补任县里的亭长，多次遭罢免。他后来当官，因为处理案件有功而升到廷史。他侍奉张汤，升为御史。他督捕盗贼，杀伤了很多人，逐渐升到广平都尉。他选拔郡中狂暴果敢的十多个人当属官，作为他的助手，掌握他们每个人暗地里的重大罪行，从而放手让他们去督捕盗贼。如果谁捕获到王温舒想抓的盗贼，这个人虽然有百种罪恶也不加惩治；如果有所回避，就依据他过去所犯的罪行杀死他，并且灭掉他的家族。因为这个原因，齐地和赵地的盗贼不敢走近广平，广平有了道不拾遗的好名声。皇上听说了，提升王温舒任河内太守。

王温舒以前在广平时，完全清楚河内的豪强奸猾的人家。到他前往上任，九月份就到了。他下令郡府准备五十匹私马，从河内到长安设置了驿站，部署手下的官吏就像在广平时所用的办法一样，捕捉郡中豪强奸猾的人，郡中豪强奸猾相连坐犯罪的有一千多家。王温舒上书向皇上请示，罪大的灭族，罪小的处死，家里财产全部没收，偿还以前所得的赃物。奏书送走没两三天，就得到皇上的批准。处决犯人，以至于血流了十多里。河内人都很奇怪王温舒奏书的效率，认为是神速。到十二月底，郡中没有人敢说话，没人敢夜间走路，野外没有引起狗吠的偷盗现象。那些少数没有抓到的罪犯，逃到附近的郡国，这些人被抓捕回来时，正好春天到了，王温舒跳着脚叹息说："唉，让冬天再延长一个月，就够我办完事了！"他喜欢杀伐、施展威武以及不爱惜人民到这个地步。皇上听说了，认为他能干，提升他任中尉。他治理政事还是仿效在河内的做法，调来那些有名的祸害、奸猾的官吏和他共事，河内人有杨皆、麻戊，关中人有杨赣、成

信等。义纵任内史，王温舒有所惧怕，还不敢放纵施行暴政。到义纵死了，张汤失败后，王温舒调任廷尉，而尹齐任中尉。

尹齐是东郡茌平人。从文笔小吏逐渐升到御史。他侍奉张汤，张汤多次称赞他廉洁勇敢，让他督捕盗贼，所要斩杀的犯人不回避权贵和皇亲。尹齐升任关内都尉，名声超过了宁成。皇上认为他能干，提升他任中尉，而官吏和百姓更加困苦不堪。尹齐处事死板，不讲究礼仪，豪横凶恶的官员隐藏起来，而善良的官员又不能很好地处理政事，因而政事大多都废弛了，被判了罪。皇上又调王温舒任中尉，而杨仆因为执法严酷而当上了主爵都尉。

杨仆是宜阳县人。他以千夫的身份当了小官。河南太守考察并推举他有才能，升任为御史，让他到关东督捕盗贼，他处理政事仿效尹齐，被认为行事凶猛而有胆量。他逐渐升到主爵都尉，位列九卿。天子认为他有才能，南越反叛时，任命他为楼船将军，因有功劳，被封为将梁侯。后来被荀彘所捆绑。过了很久，杨仆病死。

而王温舒又当了中尉。他为人缺少礼仪，在朝廷上昏庸糊涂，不善辩论，到了当上中尉才心情开朗。他督捕盗贼，平时熟悉关中的习俗，了解当地豪强和凶恶的官吏，豪强和凶恶的官吏全都被他任用，为他出谋划策。官吏严苛督查，对待盗贼和恶少就用投书和检举箱的办法，来收买告发罪恶的情报，设置伯格长来督查奸邪之人和盗贼。

王温舒为人谄媚，善于巴结有权势的人，如果没有权势，就把人

▶ **星云纹镜·西汉**

美国克利夫兰艺术博物馆藏。镜呈圆形，连峰钮，星云纹钮座。外区四方饰四枚大乳丁，乳丁之间饰用弧线相连的小乳丁组成的星云图案。内外区以弦纹间隔。边缘饰连弧纹一周。

图说 史记

▶鎏金熊铜镇·西汉

美国克利夫兰艺术博物馆藏。在西汉时期，熊的造型比较常见，如玉熊、熊足鼎等。这个熊造型的席镇就是其中之一，鎏金装饰，显得格外华丽。

家看作奴仆一样。有权势的人家，虽然奸邪之事堆积如山，他也不去触犯；没有权势的人，即便是尊贵的皇亲，也一定侵犯欺凌。他玩弄法律条文巧言诋毁狡猾的平民，来胁迫大的豪强。他当中尉时这样处理政事。奸邪狡猾的人，一定穷究其罪行，大多都烂死在狱中，判决有罪的没有一个出狱的。他的属下官吏像戴着帽子的老虎。于是在中尉管辖范围内的中等以下的奸猾之人都隐藏了起来，有权势的人都替他宣扬名声，称赞他治理有方。他治理了几年，他的属官大多都利用权力而富有。

王温舒攻打东越回来，有一次议事不合天子的旨意，犯了小法被判罪免官。这时天子正想建造通天台，没有找到人主持这件事，王温舒请求核查中尉部下逃避服兵役的士兵，找到了几万人可以用来劳动。皇上很高兴，任命他为少府。又调任右内史，他处理政事和以前一样，奸邪之事稍稍被禁止。后来犯法丢掉了官职。后来又任右辅，代理中尉的职务，还和以前处理政事的做法一样。

一年多后，适逢讨伐大宛的军队出发，皇上下诏征召豪强官吏，王温舒把他的属吏华成隐藏起来。等到有人告发王温舒接受在额骑兵的赃款和其他的坏事时，他犯的罪行严重到应当灭族，王温舒就自杀了。他的两个弟弟以

及两个姻亲之家，也各自因为犯了其他罪而被灭族。光禄徐自为说："可悲啊！古代有灭三族的事，而王温舒犯罪到同时灭了五族！"

王温舒死时，家产累计有一千金。几年后，尹齐也在任淮阳都尉期间病死，家产不足五十金。他在淮阳杀的人很多，到他死时，有仇恨他的人家要烧掉他的尸体，家属偷偷把他的尸体运回去安葬。

王温舒等人的影响

自从王温舒等人用严苛凶狠手段处理政事后，而郡守、都尉、诸侯和二千石的官员要处理政事，他们的行事大多都仿效王温舒，而官吏和百姓更加轻率犯法，盗贼不断兴起。南阳有梅免、白政，楚地有殷中、杜少，齐地有徐勃，赵燕一带有坚卢、范生等人，大的团伙有几千人，擅行自立名号，攻打城镇，夺取武库中的兵器，放走死囚犯人，捆绑侮

▶ 错银星云纹车饰 · 西汉

美国克利夫兰艺术博物馆藏。圆筒竹节形，中空，由中间分为两段，以子母口套接。或以为是古代车上的伞铤。以银错出纹饰，用黑漆填补空隙，磨错光平，色彩辉煌。纹饰依竹节可分为四段，四段纹饰皆为星云图案。这件车饰工艺精湛，装饰华丽，是一件难得的艺术珍品。

辱郡太守、都尉，杀害二千石官员，发布檄文让各县为他们准备粮食。小的团伙有几百人，抢劫乡村的事情不可胜数。于是天子开始派御史中丞、丞相长史主持消灭他们。但还是不能禁绝，就派光禄大夫范昆、各位辅都尉和原九卿张德等人，穿着朝服，拿着符节和虎符，发动军队来攻打他们。对于大团伙有的斩首竟然达到了一万多人，以及按法律杀死那些供给他们饮食的人，株连数郡，多的达到几千人。几年后，才稍微捉到了几个大首领。但是走散的士卒逃跑了，又聚集成团伙，凭借山川险阻抗击官兵，往往群居一处，朝廷对他们没有办法。于是朝廷颁行"沉命法"，说群盗产生而官吏没发现，或者发现而没有捕捉到规定数额的，二千石以下至小官员，凡主持这事的都被处死。那以后小官怕被杀，虽然有盗贼也不敢上报，害怕捉不到，犯法被判刑又连累上级官府。上级官府也让他们不要上报。因此盗贼更加多了，上下互相隐匿，玩弄法律条文，逃避法律制裁。

❖酷吏减宣

减宣是杨县人，他因为当佐史无比能干，被派到河东太守府任职。将军卫青派人到河东买马，看到减宣无比能干，报告皇上，被征召任大厩丞。他当官做事得力，逐渐升到御史和中丞。皇上派他去处理主父偃和淮南王造反的案件，他用隐微的条文深刻阴毒地进行诬陷，杀死了很多人，被称赞为敢于判决疑难案件。他屡次被免官又屡次被起用，担任御史和中丞之官差不多有二十年。王温舒被免去中尉，而减宣任左内史。他管理事情很琐碎，事情无论大小都要亲自经手，自己安排县中各具体部门的财产器物，官吏中县令、县丞也不能擅自改动，甚至用重法来管制他们。减宣当官几年，其他各郡都只办好了一些小事而已，但唯独减宣能从小事办到大事，能凭借他的力量加以推行，当然他的办法难以当作常规。他中途被免官。后来又当了右扶风太守，因为怨恨成信，成信逃走藏在上林苑中，减宣派鄠县县令击杀成信。官吏和士兵杀成信时，弓箭射中了上林苑的门，减宣被交给法官判罪，法官认

为他下犯大逆不道之罪，应该灭族，减宣就自杀了。而杜周得到任用。

杜周是南阳杜衍人。义纵任南阳太守时，把杜周当作助手，举荐他担任廷尉史。他侍奉张汤，张汤屡次向皇上说他很有才能，升任到御史。皇上派他调查边境人口、士卒、财产逃亡损失的情况，被判死刑的人很多。他上奏事情符合皇上的心意，被任用，和减宣互相接替，轮流任中丞十多年。

他处理政事和减宣相仿佛，但处事慎重，决断迟缓，表面宽松，实际用法深刻到骨。减宣任左内史，杜周任廷尉，他处理政事很像张汤，但善于窥测皇上的意图。皇上想排挤的人，他就趁机陷害；皇上想宽释的人，就长期囚禁待审，暗中显露他的冤

情。门客中有人责备杜周说："你替皇上公平断案，不遵循三尺法律，专门以皇上的旨意来断案。法官本来应该像这样吗？"杜周说："三尺法律是怎样产生的呢？以前的国君认为对的就写成法律，后来的国君认为对的就记载为法令，适合当时的实际情况就对，何必要遵循古代法律呢？"

到杜周当了廷尉，皇上命令办的案子越发多了。二千石官员被拘捕的新旧相连，不少于一百人。郡国官员和上级官府递给廷尉办的案子，一年中奏章多达一千多件。每个奏章所举报的案子，大的要牵连逮捕有关证人几百人，小的也要几十人；远的要几千里，近的也有几百里。案犯被押到京师会审，官吏就要求犯人像奏章所说的那样来招供，如不服，就用刑具拷打定案。于是听到有逮捕

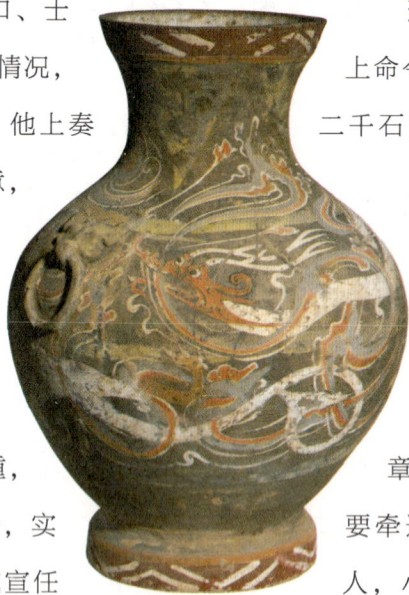

彩绘云龙纹陶壶·西汉

美国克利夫兰艺术博物馆藏。壶敞口，束颈，鼓腹，矮圈足。灰陶胎，红、白、蓝三色绘制图案。口沿部以红色为地，白色描绘折线纹，下承以朱砂色弦纹一道。腹部主题纹饰为云彩、波浪衬托的游龙图案，龙纹细节刻画入微。足胫部纹饰和口沿部相同。

人的消息，都逃跑隐藏。案件拖得久的，甚至经过几次赦免，十多年后还会被告发，大多数都以大逆不道以上的罪名加以诬陷。廷尉以及京城各官府奉诏办案所逮捕的人多达六七万，属官所捕又要增加十多万人。

杜周中途被罢官，后来当了执金吾，追捕盗贼，逮捕查办桑弘羊和卫皇后兄弟的儿子，严苛酷烈，天子认为他尽职而无私，提升他任御史大夫。他家有两个儿子，分别当了河内和河南的太守。他处理政事残暴酷烈比王温舒等人都厉害。杜周刚被征召任廷史时，只有一匹马，而且配备不齐全；到了他长久做官，位列三公，子孙都当了高官，家里的钱财累积多达几万万。

太史公说

从郅都到杜周十人，这些人都以严酷暴烈而出名。可是郅都刚直，明辨是非，关乎国家大体的事情，能据理力争。张汤因为懂得看着皇上脸色行事，皇上和他上下配合，当时多次辩论国家大事的得失，国家靠他而获益。赵禹时常依据法律坚守正义。杜周怂恿谄谀，以少说话为重要原则。从张汤死后，法网严密，办案大多诋毁严酷，政事逐渐昏乱败坏。九卿平庸无能地履行自己的职守，他们防止发生过错尚且来不及，哪有时间研究法律以外的事情呢！但这十人中，那廉洁的足以作为人们的表率，那污浊的足以作为人们的鉴戒，出谋划策，教导人民，禁奸止邪，一切作为也都斯文有礼，实际上有他们恩威并施的一面。执法虽然严酷，但这符合他们的职务。至于像蜀郡太守冯当凶暴残忍，广汉郡李贞擅自肢解人，东郡弥仆锯断人的脖子，天水骆璧逼供定案，河东褚广胡乱杀人，京兆无忌、冯翊殷周像蝮蛇、鸷鸟一样狠毒，水衡都尉阎奉通过拷打犯人出钱买得宽恕，哪值得去数说呢！哪值得去数说呢！

大宛列传 第六十三

【解题】本篇通过张骞通西域，赵破奴下楼兰、姑师，李广利伐大宛，反映了汉朝向西开拓疆土及促进中西文化交流的重要历史进程。对于汉武帝，既表现了他的雄才大略，以及志在灭胡、广地万里、声威远震的果敢决策，又批评了他好大喜功、追求物欲、炫耀国力、欲侯外戚的诸多理念。文末附传特别表彰了张骞为人强力，宽大信人，困于匈奴而持汉节不失的高贵品质，以及他终使"西北国始通于汉"的"凿空"之功，扶义俶傥，其功名自应彪炳史册。

◆张骞出使西域

大宛的地处形迹，是张骞发现的。张骞，汉中人。他在汉武帝建元年间任郎官。那时，武帝问投降的匈奴人，他们都说匈奴击破了月氏，拿月氏王的头颅当作饮酒的器皿，月氏逃亡远去，经常在心中仇恨匈奴，但没有人和他们一道攻打匈奴。汉朝正打算灭掉匈奴，听到了这个消息，于是想派使者和月氏联系。但是，去月氏的途中一定要经过匈奴境内，朝廷就招募能够充当使者的人。张骞以郎官的身份去应招，被派遣出使月氏，

同堂邑氏的胡奴名甘父的一起从陇西出发。张骞在经过匈奴境内的时候，被匈奴人抓住，送往单于那里。单于扣留了他们，说："月氏在我的北面，汉朝怎么能派使者去呢？我想派人出使越地，汉朝能听任我这样做吗？"把张骞扣留了十多年，让他娶了妻子，生了儿子，但张骞仍然手持汉朝使者的符节，没有丢弃过。

张骞在匈奴居留期间，匈奴对他戒备越来越松了，张骞趁机和他的随从逃往月氏，他们向西走了几十天来到大宛。大宛王早就听说汉朝物产富饶，想要和汉朝交往但没能实现，见

了张骞，心里很高兴，问道："你要到哪里去？"张骞说："我为汉朝出使月氏，却被匈奴人截留。现在逃出来，望大王派人引导送我去月氏。我如果能到那里，返回汉朝，汉朝一定会拿相当多的礼物送给您。"大宛王认为不错，就派人做向导和翻译一路送他抵达康居，康居又辗转派人送他到大月氏。当时，大月氏王已被匈奴所杀，他的太子被立为王，征服大夏后，月氏占领了大夏的全部土地。这里土地肥沃，物产丰富，少有寇贼，所以大月氏王耽于安乐，又自以为远离汉朝，根本没有对匈奴复仇之意。张骞从月氏到大夏，竟然得不到同月氏王结盟的允诺。

张骞在月氏、大夏待了一年多，然后回国，他沿着昆仑山、阿尔金山的北麓东行，想从羌人地区经过而回到长安，却又被匈奴抓住。居留了一年多，单于去世，左谷蠡王攻打单于的太子而自立为单于，匈奴内乱，张骞和他的匈奴妻子、堂邑父一同逃亡回到汉朝，汉朝任命张骞为太中大夫，堂邑父为奉使君。

张骞为人坚强有毅力，性情宽厚，以诚信待人，外族人都喜欢他。堂邑父本是匈奴人，擅长射箭，窘困时就射猎禽兽来供给食物。起初，张骞出发的时候有一百多人，在外十三年，仅他和堂邑父两人得以回归。

◆ 张骞经历诸国

张骞亲身所到的地方有大宛、大月氏、大夏、康居，并且还从传闻中听到它们附近的五六个大国的情况，他全都把这些向天子报告了。张骞说：

大宛在匈奴的西南方，在汉朝的正西方，离汉朝约有一万里远。那里的民俗安土重迁，从事农

▶ 张骞像

这尊张骞像是以红色砂岩雕刻而成，张骞手持汉节，目视前方，衣襟向后飘起，似乎正在踏上前往西域的道路。张骞作为凿空西域的第一人，在中国历史和中西方交流史上留下了浓墨重彩的一笔。

耕，种植稻和麦，生产葡萄酒。盛产良马，马出汗如血，它的祖先是天马的儿子。那里有城镇和房屋。有大大小小七十多座城附属于大宛，百姓约有几十万。那里的兵器是弓和矛，人们骑马射箭。大宛的北边是康居，西面是大月氏，西南边是大夏，东北边是乌孙，东面是扜罙、于寘。于寘的西边，水都向西流，注入西海。于寘东边的河水都向东流，注入盐泽，盐泽的水潜流于地下。它南边是黄河的发源地，那里盛产玉石，黄河水流入中国。楼兰、姑师这些地方都有城郭，靠近盐泽。盐泽距离长安约有五千里。匈奴的右边在盐泽以东，一直到陇西的长城，南边紧连着羌地，阻隔了通往汉朝的道路。

乌孙在大宛的东北约有两千里远，人民不定居，游牧为生，和匈奴的风俗相同。能拉弓射箭的士兵有几万人，作战勇敢。以前臣服于匈奴，到强大后，就取回被束缚在匈奴的亲属人质，不愿去朝拜匈奴。

康居在大宛的西北边大约两千里，人民不定居，和大月氏的风俗大多相同。能拉弓射箭的士兵有八九万人。和大宛国相邻。国家很小，南边臣服于月氏，东边臣服于匈奴。

奄蔡在康居西北边大约两千里，人民不定居，和康居的风俗大多相同。能拉弓射箭的士兵有十多万人。紧临着水泽，没有边际，大概是北海吧。

大月氏在大宛西边约两三千里，位于妫水的北面。它的南边是大夏，西边是安息，北边是康居。人民不定居，游牧迁徙，和匈奴风俗相同，能拉弓射箭的士兵约有一二十万人。以前强大时，轻视匈奴，到了冒

鎏金虎形铜带扣·西汉

美国克利夫兰艺术博物馆藏。带扣铜鎏金装饰，略呈长方形，透雕刻画了一只在山坡上的猛虎，猛虎呈卧状，四足着地，巨口张开似乎在吞噬一块肥肉。虎身上以及山坡用阴线装饰。此类带扣多出自内蒙古鄂尔多斯，是典型的匈奴器物。

顿立为单于，打败了月氏，到匈奴老上单于时，杀死了月氏王，拿他的头颅作为饮酒器皿。开始时，月氏居住在敦煌、祁连一带，到了被匈奴打败后，就远远地离开，经过大宛，向西攻打大夏并使它臣服于自己，于是建都在妫水的北面，设置了王庭。那些余留下的没能离去的一部分百姓，守卫着南山和羌人居住的地方，被称为小月氏。

🔸安息条枝大夏三国

安息在大月氏西边约几千里，那里民俗安土重迁，从事农耕，种植稻和麦，生产葡萄酒。它的城镇如同大宛一样。它的附属城镇有几百个，国土纵横有几千里，是最大的国家。靠着妫水，有集市，人民做买卖依靠车和船只运载货物到附近国家，有的可以到几千里以外的地方。用银作为钱，钱币上铸有国王头像，国王死了就更换钱币，是为了要模仿国王面貌。在皮革上横着做记号作为文字记载。它的西边是条枝，北边有奄蔡、黎轩。

条枝在安息的西面有几千里，紧挨着西海，天气炎热、潮湿。从事农耕，种植水稻。那里有大鸟，产的蛋

▶《张骞回京图》·现代·林凡

这幅作品取材《史记·大宛列传》。作品描绘的是张骞完成使命回京复命的场景。图中，张骞衣衫虽然破旧，但脸上却充满着自信，大步而归，京城的人民对他夹道欢迎。画家采用环行构图，以突出中心人物张骞，刻画了他的英雄气概和历经的磨难。

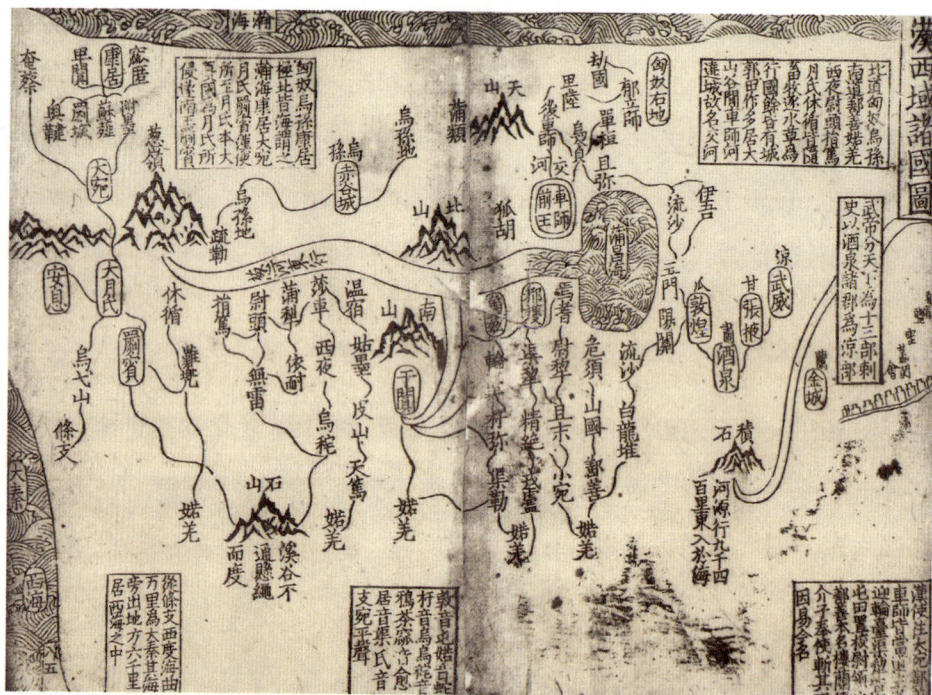

《汉西域诸国图》东起兰州，西至西海（地中海）、大秦（拜占庭帝国），南到石山（今昆仑山），北抵瀚海（今蒙古高原大戈壁），形象绘出了天山、葱岭、北山、南山、石山和积石山等山脉，并用双曲线画出黄河上游河道，用鱼鳞式水波纹描绘海洋、湖泊。葱河位于全图正中，由西向东流入蒲昌海。在蒲昌海的南北两侧清晰描绘出中原通往西域的两条路线，也就是"丝绸之路"。

像酒瓮一样大。人口很多，到处设有小君长，而安息役使管辖他们，把它当作外围国家。国人精通幻术。安息的老年人听说条枝有弱水、西王母，可是从没有见过。

　　大夏在大宛西南面两千余里妫水的南边。那儿民众定居，有城郭和房屋，和大宛的风俗相同，设有大君长，所到之处每个城镇设置小君长。这个国家军队软弱，害怕打仗。人民善于做买卖。到大月氏西迁的时候，打败了它，统治了整个大夏。大夏百姓很多，大约有一百多万。它的国都叫蓝市城，有集市，贩卖各种货物。它的东南边有身毒国。

开拓身毒道

张骞说："我在大夏的时候，看到邛地的竹杖、蜀地产的细布。我问他们说：'你们是怎么得到这些东西呢？'大夏国的人说：'我们的商人去身毒买的，身毒在大夏东南面约几千里。那儿民俗定居，和大夏风俗大体相同，而且地势低，天气潮湿炎热。那儿的人民骑着大象来作战。他们国家临近大水。'根据我的推测，大夏距离汉一万二千里，位于汉的西南边。现在身毒国又位于大夏东南面几千里，那里有蜀地的物产，那它离蜀郡不远了。如今出使大夏，从羌人居住区经过，地势险要，羌人讨厌这样做；

要是稍微向北走，就会被匈奴人俘获；从蜀郡走应该是直路，又没有寇害。"天子听说大宛、大夏和安息等都是大国，有很多奇珍异宝，人民定居，与汉朝人的生活很相似，而且兵力薄弱，看重汉朝的财物；北边有大月氏、康居之类国家，军队强大，可以用颁赐财物来给它们好处，使它们来朝拜。况且如果真能用道义来使它们归属，就能够扩大万里的土地，经过辗转翻译，招来不同风俗的人们，汉朝天子的声威和恩德就会遍及四海。天子心中高兴，认为张骞的话很对，于是命令张骞从蜀郡的犍为派遣秘密行动的使者，分四路同时出发，一路从駹出发，一路从冉出发，一路由徙起程，一路由邛、僰起程，都各自行走一二千里。结果北方那一路被氐、笮阻拦，南方那一路被嶲、昆明隔绝。昆明之类的国家没有君长，善于抢劫，常常杀害、掠夺汉朝的使者，汉朝使者终于没能通过。

▶ **羊角钮钟·西汉**

美国克利夫兰艺术博物馆藏。钟为合范铸造，椭圆形，上小下大，平口。顶部有长方形穿孔，并有分歧外侈的羊角形錾钮。全器素地无纹饰。此种形制的钟多出土于广西和云南，贵州地区所见不多。羊角钮钟被视为岭南越族所特有的一种乐器。

大宛列传 第六十三

但是，听说昆明西边约一千里有个人们都骑象的国家，名叫滇越，而蜀地偷运物品出境的商人中有的到过那里，于是汉朝为了寻找通往大夏的道路，开始和滇国往来。当初，汉朝想和西南夷沟通，因花费大多，道路不通，所以作罢了。到了张骞说可以沟通大夏时，就又重新从事沟通西南夷的事情。

张骞以校尉的身份跟随大将军卫青攻打匈奴，他知道有水草的地方，因而军队能够不受困乏，于是封张骞为博望侯。那一年是汉武帝元朔六年。第二年，张骞任卫尉，和将军李广一同从右北平出发去攻打匈奴。匈奴军队包围了李广，李广的军队损失惨重；而张骞的军队耽误了时间，他被判处斩刑，化钱赎罪，成为平民。那一年汉朝派骠骑将军霍去病在西边打败了匈奴军队几万人，来到祁连山下。第二年，浑邪王率领属下百姓向汉朝投降，从此金城、河西的西边一直到盐泽一带，再也没有匈奴人了。匈奴有时派侦察兵来，可是这事也很少了。以后两年，汉朝军队把匈奴单于击退至大沙漠以北。

❯张骞出使乌孙

这以后，天子多次问张骞大夏之类的事。张骞已经失去侯爵，于是说："臣居留在匈奴时，听说乌孙王叫昆莫，昆莫的父亲是匈奴西边一个小国的国王，匈奴人攻打并杀死了他的父亲，而昆莫出生后就被扔在野地里。乌鸦叼着肉飞到他的身上，狼去哺乳他。匈奴单于觉得奇怪，认为他是神，就把他收养了。等他长大成年后，让他带兵打仗，屡有战功，单于又将他父亲属下的百姓交付给他，让他长久地守卫在西边。昆莫收养了他的百姓，攻打附近的小城镇，能拉弓射箭的士兵有几万人，熟习作战。匈奴单于死后，昆莫于是率领他的人民远远地迁移，独立出来，不愿去朝拜匈奴。匈奴派出奇制胜的军队去攻打，没有获胜，因此匈奴认为昆莫是神人而远离了他，对他采取约束牵制的办法，而不经常攻打他。如今匈奴单于被汉朝打得很疲惫，而以前浑邪王的领地又没人守卫。蛮夷的习俗是贪图汉朝的财物，现在如果趁这个时机用丰厚的礼物来赠送乌孙王，吸引他再往东来，居住于原浑邪王的土地上，和汉朝结为兄弟，根

据情势来看，他们应该会听从这样做，如果听从了就是把匈奴右边的一只胳膊斩断了。联合了乌孙以后，从它往西大夏等国都可以招引来而作为外臣属国。"天子认为很对，任命张骞为中郎将，率领三百人，每人两匹马，牛羊几万只，携带钱财布帛价值几千万，还配备了好多名持节杖的副使，如果道路可通，就派他们到附近的国家去。

张骞到了乌孙后，乌孙王昆莫用拜见匈奴单于的礼节来接待汉朝使者，张骞内心很羞愧，知道蛮夷禀性贪婪，于是说："天子赠送礼物，大王不拜谢，就把礼物退回来。"昆莫就起身拜谢赏赐，其他做法照旧。张骞把自己出使的意图告诉昆莫说："乌孙能够向东居住在浑邪王的土地上，那么汉朝就送一位诸侯的女儿给昆莫做夫人。"这时乌孙国已经分裂，国王年纪大，又离汉朝太远，不知道它的大小，一直臣服于匈奴已经很长时间了，况且又接近匈奴，他们大臣都害怕匈奴，不想迁走，国王不能独自做出决定。张骞因而没能得到昆莫的明确表态。昆莫有十多个儿子，其中有个儿子叫大禄，性格强悍，善于指挥军队，带领军队在别处居住，有一万多骑兵。大禄的哥哥是太子，太子有个儿子叫岑娶，而太子很早就去世了。他临死的时候对父亲昆莫说："一定要把岑娶立为太子，不要让别人替代他。"昆莫哀伤地答应了他，最终把岑娶立为太子。大禄因为自己不能

▶ **安息国银币**

安息帝国，存在于公元前247年至公元224年，又称阿萨息斯王朝、帕提亚帝国、波斯第二帝国，是古波斯地区古典时期的一个王朝。阿萨息斯王朝一名出自帕尼部落的领袖阿尔沙克一世，趁着波斯总督起兵抵抗塞琉古帝国时征服了伊朗东北部的帕提亚地区，并在公元前3世纪中叶建立安息帝国。

取代太子而发怒，于是纠集他的兄弟们，率领他的军队造反了，计划攻打岑娶和昆莫。昆莫年纪大了，常常害怕大禄杀了岑娶，就给岑娶一万多骑兵，让他在别处居住，而昆莫有一万多骑兵作护卫，这样国家人民一分为三，而大体上仍是归属昆莫，昆莫也因此不敢对张骞独自做出约定。

张骞于是分派副使出使大宛、康居、大月氏、大夏、安息、身毒、于阗、扞罙和旁边的国家。乌孙国派出向导和翻译送张骞回国，张骞和乌孙派出的使者几十人，马几十匹，一同回到汉朝，回报和答谢汉天子，顺便让他们探视汉朝，知道大汉的广大繁华。

张骞回到朝廷，被任命为大行，官位排列在九卿之中。一年多后，张骞去世。

汉使西出

乌孙的使者看到汉朝人口众多，财物丰足后，回去向他们国家报告，他们国家于是更重视汉朝。那以后一年，张骞派出去沟通大夏等国的使者，大都和所去国家的人一同回来，于是西北各国开始和汉朝有了交往。然而这种交往是张骞开创的，那以后出使西域的人都号称"博望侯"，据此来取信于外国，外国也由此而信任他们。

自从博望侯张骞死后，匈奴听说汉朝和乌孙交往，很生气，想攻打乌孙。到汉朝出使乌孙，那些使者从匈奴南边出使到大宛、大月氏，使者接

▶《张骞出使图》·现代·吴泽浩

这幅作品表现了张骞第二次出使西域的情形。和第一次出使相比，张骞的二次出发可以说是意气风发，精神饱满，随着汉对匈奴作战的节节胜利，第二次出使对张骞来说可谓轻车熟路。

▶ 乌孙古道

乌孙古道北衔准噶尔盆地，南控塔里木绿洲，是贯通天山南北的咽喉，历史上许多游牧民族都要争夺这块宝地。汉武帝与乌孙结好而对抗匈奴；隋唐时期西突厥控制天山统治塔里木盆地；唐代西征突厥及与突骑施的交好等，都是通过乌孙古道来实现的。

连不断，乌孙就感到害怕，派使者向汉朝献马匹，希望能够娶汉朝诸侯的女儿做妻子，同汉朝结为兄弟。天子向大臣们征求意见，大臣都说："一定要先让他们送上聘礼，然后才把诸侯女儿嫁过去。"先前，天子打开《易》占卜，卜辞说"神马当从西北来"。得到乌孙的好马后，就命名叫"天马"。等得到了大宛的汗血马，这马比乌孙马更健壮，就把乌孙马改名为"西极"，把大宛马命名为"天马"。这时汉朝开始修筑令居以西的长城亭障，开始设置酒泉郡来和西北各国交往，于是加派使者到安息、奄蔡、黎轩、条枝、身毒各国。而天子喜欢大宛马，出使大宛的使者更是络绎不绝。那些出使外国的使者一批大的有几百人，小的有一百多人，人们所携带的东西与博望侯时大致相同。这以后出使之事习以为常，所派人数逐渐减少。汉朝通常一年中要派出的使者，多的有十多次，少的有五六次。远的地方，使者八九年回来，近的地方几年就回来了。

▶ **张骞墓园**

张骞墓位于陕西汉中市城固县团结乡饶家营村北约 200 米处。墓坐北向南，长方形，墓基面积为 70 平方米，墓冢呈覆斗形，墓周有翠柏多株，肃穆静谧。陵园大门前竖高 8 米的石华表一对，由座、杵、斗三部分组成。墓前约 15 米处，有汉代石兽二尊，形似"天马"，被称为"石虎"。张骞墓前有石碑四通。其中一通，上刻隶书"汉博望侯张公骞墓"，是清乾隆四十一年（1776）由陕西巡抚毕沅立。

汉使泛滥

　　这时汉朝已经消灭了南越，蜀、西南夷都受到震动，请求汉朝派遣官吏加以管理和入朝拜见天子。汉朝于是设置益州、越巂、祥柯、沈黎、汶山等郡，希望土地连成一片，再向前通往大夏。于是汉朝一年内就派使者柏始昌、吕越人等十几批，从这几个新设置的郡出发到大夏，但又都被昆明阻拦，使者被杀，钱物被抢，终究没能够通往大夏。于是汉朝派遣三辅的犯人，再加上巴蜀士兵几万人，派郭昌、卫广等人率军前去攻打昆明阻拦汉朝使者的人，杀死和俘虏几万人后就离去。以后派出使者，昆明又进行抢劫，最终没能通过。而北边经过酒泉到大夏，使者已经很多，外国对得到汉朝的布帛财物越来越不满足，不

看重这些东西了。

自从博望侯因为开通和外国交往的道路而获得尊贵，这以后跟随出使的官吏和士兵都争着上书，讲述外国奇珍之物、怪异之事和利害之情，请求当使者。天子认为外国非常遥远，不是人人都乐于前往，就接受他们的要求，赐给他们使节，招募官吏和百姓而不问他们的出身，为他们配备好随行人员而送他们出发，来扩大沟通外国的道路。出使归来的人不可能不出现侵吞布帛财物的情况，以及使者违背天子旨意的事情，天子认为他们熟悉西域情况，就常常严治他们的罪行，来激怒他们，让他们出钱赎罪，再次请求充任使者。这样求使的念头循环无穷，因而他们也就轻易犯法。那些官吏士卒也常常反复极力称赞外国盛产的东西，说大话的人被授予正使，说小话的人被授予副使，所以那些胡说八道、没有品行的人都争着来仿效。那些出使的人都是贫穷人家的孩子，把官府的赠送礼物占为己有，想用低价收购货物在外国获取私利。外国人也讨厌汉朝的使者——因为他们每个人的言辞都轻重不实，考

虑到汉朝军队离得远，不能来到，因而断绝他们的食物，使汉朝使者遭受窘困。汉朝使者生活困乏，食物断绝，因而对西域各国产生了积怨，以致相互攻击。楼兰、姑师是小国，处于交通要道，攻击劫持汉朝使者王恢等尤其厉害。而匈奴的骑兵也经常拦击出使西域的人。使者争相详谈外国的危害，虽然各国都有城镇，但兵力薄弱容易攻打，于是天子因此派遣从骠侯赵破奴率领属国骑兵和各郡士兵几万人，来到匈河水，将要攻打匈奴，匈奴军队都离去了。第二年，攻打姑师，赵破奴和轻骑兵七百多人先到达，俘虏了楼兰王，于是攻陷了姑师，凭借胜利的军威围困了乌孙、大宛等国。回汉朝后，赵破奴被封为浞野侯。王恢屡次出使，被楼兰抢劫搞得很苦，他跟天子说起，天子派军队让王恢辅佐赵破奴打败了楼兰，王恢被封为浩侯。于是，汉朝在酒泉修筑亭障，直修到玉门关。

乌孙用一千匹马来聘娶汉朝姑娘，汉朝将皇族江都王刘建的女儿嫁给乌孙王做妻子，乌孙王昆莫封她为右夫人。匈奴也派遣公主嫁给昆莫，

昆莫让她做左夫人。昆莫说："我年纪大了。"于是让他的孙子岑娶娶公主为妻。乌孙盛产马匹，那里富人家的马多至四五千匹。

珍物西来

以前，汉朝使者到安息，安息王命令有关人员率领二万骑兵在东部边界上来迎接。东部边界距离国都有几千里远。从动身到抵达国都，要经过几十座城镇，百姓相属，人口很多。汉朝使者回来，安息就接着派使者跟随汉朝使者来瞻仰汉朝国土的广大，把大鸟蛋和黎轩善变魔术的人献给汉朝。至于大宛西边的小国驩潜、大益，大宛东边的姑师、扞罙、苏薤等国，都跟随汉使者来献贡品和拜见天子。天子很高兴。

汉朝使者寻到了黄河源头，黄河的河源出自于寘，那里的山出产玉石，使者们采运回来，天子考查古代的图书，命名黄河发源的山叫昆仑山。

这时，天子屡次到海边地带视察，每次都让外国客人跟在他后面，人多的大城市经过，并且散发财物布帛来赏赐他们，用丰厚的酒宴重重地款待他们，以此来展示汉朝的富有。于是大规模地搞角抵戏，展出奇怪的表演和怪物，围观的人很多。天子进行赏赐，聚酒成池，挂肉成林，让外国客人遍观各地仓库的收藏物资，以此表现汉朝的广大，使他们倾慕、震惊。待增加了那些魔术的精巧技艺后，角抵和奇戏每年都有新变化，更加精彩，这些技艺兴盛起来就是从这时开始的。

西北地区的外国使者，换来换去，往来

▶ **青玉马·西汉**

英国维多利亚与阿尔伯特博物馆藏。此玉马用和田青玉雕琢而成，马身已残缺，仅剩马首部位。这个玉马面部较长，张口露齿，双耳耸立，面部以粗犷的雕琢手法表现了马的俊美。肌肉丰盈圆润，和茂陵陪葬墓出土的鎏金铜马有异曲同工之妙，应是以大宛马为参照雕刻的。

▶ **丝织品残片·西汉**

大英博物馆藏。这些丝织品残片是斯坦因在甘肃敦煌附近发现的，碎片共有九块，皆为蚕丝织成的平纹织物，颜色为黄蓝二色。这些丝绸残片上的纹饰为星云纹、龙纹、凤纹以及几何纹，其纹饰特点都具有西汉时期丝织品的风格。这些丝绸残片的发现，是西汉时期丝绸之路繁盛的最有力证明。

不断。大宛以西的国家，都自认为离汉朝远，还骄傲放纵，安逸自适，汉朝还不能用礼法来使他们屈服，听任管束指使。从乌孙以西到安息诸国因为靠近匈奴，匈奴使月氏处于困扰之中，匈奴使者拿着单于的一封信，那么各国就供给他食物，不敢阻留而使其受苦。至于汉朝使者，不拿出钱物就无法得到食物，不买牲口就不能得到坐骑和使用之物。之所以这样，是因为他们离汉朝远，并且汉朝财物丰足，所以一定要买才能得到想要的东西，但也是因为他们怕匈奴使者甚于汉朝使者。大宛左右的国家都用葡萄造酒，富人家里储藏的酒多至一万多石，年代久的几十年都不坏。那里民众喜欢饮酒，马喜欢吃苜蓿。汉朝使者把它们的种子拿回来，于是天子开始在肥沃的土地上种植苜蓿、葡萄。至于得到的天马多了，外国使者来得多了，那离宫别观旁边都种了葡萄、苜蓿，一望无尽。从大宛以西到安息，各国虽然语言大不相同，可是风俗大多相似，彼此可以相互了解。那里人都深眼窝，多胡须，善于做买卖，连一分一钱都要争执。当地风俗尊重女子，女子说的话，丈夫就绝对不能偏离。那里都没有丝和漆，不懂得铸造钱和器物。到了汉朝使者进去和士卒投降了他们后，教会了他们制作兵器和器物。他们得到了汉朝的黄金、白银，常常用来做器皿，不用来做钱币。

兵伐大宛

汉朝使者出使西域的多了以后，那些自少年时就随从出使国外的人，大多都向天子汇报熟悉的情况，说："大宛有好马在贰师城，他们藏着不肯给汉使者。"天子喜欢上了大宛马，听了心里很快意，就派壮士车令等人拿着千金和金马，来向大宛王换取贰师城的好马。大宛国已经有很多汉朝的东西，大宛王和大臣商议说："汉朝离我们很远，而经过盐泽来我国屡有死亡之事发生，若从北边来又会有匈奴侵扰，从南边来又是缺少水草之地。而且往来没有城邑，饮食经常匮乏。汉朝使者每批几百人来，而常常因为缺乏食物，死亡的人已经过半，这样怎么能有大军队前来呢？他们对我们无可奈何。况且贰师城的马，是大宛的宝马。"于是大宛王不肯把马给汉朝使者，汉朝使者生气，指责大宛王，用椎击碎金马然后离去。大宛的贵族官员发怒说："汉使者太轻视我们了！"送汉朝使者离去后，他们命令大宛东边的属地郁成拦击并杀死汉朝使者，夺取他们的财物。因此天子十分愤怒，几位曾经出使过大宛的人，如姚定汉等说大宛兵力微弱，如果用汉朝军队，不超过三千人，用强弓劲弩射击他们，就能全部俘获大宛的军队。因为天子已经派过浞野侯攻打楼兰，他率领七百名骑兵先到了楼兰，俘虏了楼兰王，所以天子认为姚定汉等的话不错，并且想封宠爱的李夫人的兄弟为侯，就任命李广利为贰师将军，征发属国六千名骑兵，以及各郡国品行恶劣的少年几万人，前去攻打大宛。希望到贰师城获取好马，所以封李广利为"贰师将军"。赵始成任军正，原来的浩侯王恢当军队的向导，而李哆任校尉，掌管军中大事。这一年是汉武帝太初元年。这时关东蝗虫为害严重，甚至飞到西边的敦煌。

贰师将军出师不利

贰师将军李广利的军队已经向西渡过了盐水，沿途的小国都很恐慌，各自坚守城池，不肯供给食物，汉军攻打它们，没能攻下。攻下城来就能得到食物，攻不下的，过几天就离去，等到了郁成，能够抵达的士兵不超过几千人，都饥饿疲惫。汉军攻

漆盘残片·西汉

美国克利夫兰艺术博物馆藏。这个漆盘残片发现于新疆维吾尔自治区。盘为木胎，内外皆髹红漆，盘心图案为以联珠纹间隔的瑞兽纹，口沿部纹饰残缺较多，可见折线纹和联珠纹。漆器是中国独有的手工艺品，而这件发现于新疆的漆盘，其图案具有明显的西域风格，可以说这是一件汉朝开通西域之后中西方文化交流的产物。

打郁成，郁成军队大败汉军，汉军被杀伤的很多。贰师将军李广利和李哆、赵始成等人商议："到郁成还没能够攻下，何况到他们的国都呢？"就带军队返回，一去一回花了两年。他们回到敦煌，剩下的士兵已经不超过出兵时的十分之一二。李广利派使者向天子报告说："道路遥远又常常缺少食物，况且士兵不担心战斗，只担忧饥饿。人数少，不足以攻取大宛。希望暂且退兵，增派后续军队再

前去。"天子听后，十分生气，派使者到玉门关阻拦，说军队有敢进入玉门关的，就斩杀。贰师将军李广利害怕，于是就停留在敦煌。

那年夏天，汉朝在匈奴损失了浞野侯的军队两万多人。公卿和议事的大臣都希望停止攻打大宛，集中力量攻打匈奴。天子已经攻打大宛，大宛这样的小国不能攻下，那大夏等国就会轻视汉朝，而大宛的良马也绝不会弄来，乌孙、仑头就会轻易地让汉朝使者受困苦了，被外国人耻笑。天子于是审查惩罚了说攻打大宛很不利的邓光等人，赦免了囚犯和勇敢的犯了罪的士兵，增加调派品行恶劣的少年及边地骑兵，一年多内出发到敦煌的达六万人，这还不包括自带衣食随军的人。这些士兵携带有牛十万头，马三万多匹，驴、骡、骆驼数以万计。他们还带了很多粮食，兵器、弓弩都很齐备，当时天下为之骚乱，相继供事于攻打大宛，奉命征伐大宛的军队中总共有五十多名校尉。大宛都城中没有水井，都要汲取城外的流水，汉军于是派遣水工改变了城边的水道，

使城内无水可用。汉朝又增加调派了十八万甲兵到酒泉、张掖北边，设置居延、休屠两个县来护卫酒泉。汉朝还调发全国七种犯罪的人，载运干粮供给贰师将军的军队，转运物资的人沿途络绎不绝，直到敦煌。又任命两位熟悉马匹的人做执驱校尉，准备攻下大宛后择取他们的良马。

⏩ 大宛献马

于是贰师将军李广利接着又一次出征，所率兵士很多，所到的小国没有不迎接的，都拿出食物供给军队。汉军到了仑头，仑头国不肯投降，攻打了几天，血洗仑头。从这往西，汉军没有受到阻拦而平安到达大宛王城，汉军到达那里的有三万人。大宛军队迎击汉军，汉军射击打败了他们，大宛军队进入城里凭借城墙守卫。贰师将军的军队要前去攻打郁成，恐怕滞留行军而让大宛越发做出诡诈之事，于是先到了大宛城，断绝了它的水源，改变水道，使大宛深受困苦。汉军包围了大宛城，攻打了四十多天，外围城墙被毁坏，

▶ 乌兹别克斯坦明铁佩遗址

明铁佩遗址位于乌兹别克斯坦东部费尔干纳盆地的东南边缘，距离中国新疆喀什仅有 300 千米。它是乌兹别克斯坦在空间上距离中国最近的一个古城遗址，也是丝绸之路上重要的交通枢纽之一。2012 年至 2016 年间，中国和哈萨克斯坦在这里进行了联合考古，根据考古发掘的结果，考古人员推断出这里就是大宛国的贰师城。

俘虏了大宛高级官员中的勇将煎靡。大宛人十分害怕，都逃入了内城。大宛高级官员们互相商量对策说："汉朝之所以攻打大宛，是因为大宛王毋寡藏匿良马而且杀死汉朝使者。如今杀了大宛王毋寡而献出良马，汉军的围攻应该会解围而去；如果汉军不离去，就再奋力战斗而死，也不为迟。"大宛高官们都认为不错，就一同杀死了他们的国王毋寡，拿着他的头，派高级官员出使到贰师将军那儿，和他相约说："汉军不要攻打我们，我们把良马全都献出，任由你们选取，并且供给汉军食物。如果不答应，我们就把良马全部杀掉，而康居的救兵快

要到了。如果救兵来到，我们在里面，康居军队在外面，和汉军作战。希望汉军仔细考虑，打算如何处置？"这时康居的侦察兵看了汉军，认为汉军还很强盛，不敢前进。贰师将军和赵始成、李哆等人商量说："听说大宛城内刚找到了汉人，这人懂得挖井，并且他们城内粮食还很多。我们来这里的原因，是诛杀罪大恶极的毋寡。毋寡的头已送来了，像这样却还不允许撤除军队，那么他们顽强守卫，而康居的军队等到汉军疲乏时来救援大宛，就一定会打败汉军。"汉军军官都认为很对，就答应了大宛的要求。大宛于是献出他们的良马，让汉人自己来挑选，并且拿出很多食物来供给汉军。汉军取走了几十匹良马，以及中等以下的公马和母马三千多匹，又立了大宛贵人中以前对待汉使者友好的人名叫眛蔡的作为大宛王，和他订立盟约而撤兵。汉军最终没能进入大宛城内，就撤军回到汉朝。

⊙汉军凯旋

当初，贰师将军从敦煌西边出发，认为人员太多，沿途的国家无法供给食物，就把军队分为几支，从南、北两路前进。校尉王申生、原鸿胪壶充国等率领一千多人，从另一条路到了郁成。郁成人坚守城池，不肯向汉军供给食物。王申生离开大部队二百里远，认为有所依仗而轻视郁成，向郁成索取粮食。郁成人不肯献出粮食，探知王申生的军队每天减少，就在一天早晨用三千人攻打汉军，杀死了王申生等人，汉军被打败，几个人逃脱，跑到贰师将军那里。贰师将军

命令搜粟都尉上官桀前去打败了郁成。郁成王逃亡到康居，上官桀追击到康居。康居听说汉军已经攻下了大宛，就把郁成王献给上官桀，上官桀命令四名骑兵把郁成王捆好，押解到贰师将军那里。四名骑兵互相商议说："郁成王是汉朝痛恨的人，如今活着送去，突然发生意外就误大事了。"想要杀了他，没人敢先动手。上邽人骑士赵弟年纪最小，拔出剑来砍杀了郁成王，带上他的人头。赵弟、上官桀等人追赶上了贰师将军的大部队。

当初，贰师将军的第一次出兵，天子派使者告诉乌孙，要求他们多派兵和汉军联合进攻大宛。乌孙派了二千名骑兵前往，却采取左右观望的态度，不肯前进。贰师将军胜利东归，那些沿途的小国听说大宛被攻破，都派他们的子弟跟随汉军到汉朝进献，拜见天子，顺便留在汉朝作人质。贰师将军攻打大宛，军正赵始成奋力作战，功劳最大；至于上官桀勇敢地深入作战，李哆出谋划策，使军队进入回到玉门关的有一万多人，战马有

一千多匹。贰师将军后一次出兵，军队并非缺乏粮食，战死的人也不能算多，而他手下官吏贪婪，大多都不爱惜士兵，侵吞军饷，因此死人很多。天子因为他们是万里远征而攻打大宛，不记录他们的过失，封李广利为海西侯，又封亲自斩杀郁成王的骑士赵弟为新畤侯，任命军正赵始成为光禄大夫，上官桀为少府，李哆为上党太守。军官中位列九卿的有三人，任诸侯相、郡守、二千石一级官员的有一百多人，任千石一级以下的官员有一千多人。自愿参军的人，所封的官位都超过他自己的愿望，因犯罪受惩罚去当兵的人赦免他的罪过，不计功劳。对士卒的赏赐价值四万金。而两次攻打大宛，总共花了四年才最终得以结束。

汉军讨伐大宛后，立昧蔡作大宛王后离去。一年多后，大宛高级官员认为昧蔡善于阿谀，使自己的国家遭受大屠杀，于是一起杀死了昧蔡，立毋寡的兄弟名叫蝉封的当大宛王，然后派他的儿子到汉朝作人质。汉朝于是派使者赠送礼物来安抚他们。

汉朝派遣使者十几批到大宛以西的那些国家，寻求奇珍异宝，趁机晓谕和考察汉天子征伐大宛的威风和德行。在敦煌、酒泉设置都尉，一直到西边的盐水，路上常常有亭障。而仑头有屯田士卒几百人，于是汉朝在那里设置使者，以保护田地，积蓄粮食，来供给出使外国的人。

✥ 太史公说 ✥

《禹本纪》说："黄河发源于昆仑山。昆仑山高达两千五百多里，是太阳、月亮交相隐蔽和放出光明的地方，山上有醴泉、瑶池。"如今从张骞出使大夏之后，探寻到黄河的源头，从哪里能看见《禹本纪》上所说的昆仑山呢？所以谈论九州的山川，《尚书》的说法接近事实了。至于《禹本纪》《山海经》所记载的奇怪之物，我不敢去谈论它们了。

游侠列传 第六十四

【解题】本传是《史记》的名篇之一，太史公用实事求是的态度记述了汉代著名游侠朱家、剧孟和郭解的事迹，充分地肯定了"布衣之侠""乡曲之侠""闾巷之侠"的"其言必信，其行必果，已诺必诚，不爱其躯，赴士之厄困……不矜其能，羞伐其德"的高贵品质。通篇叙事与议论相结合，结构严谨有序，前后辉映，妙笔生花。

《游侠列传》序

韩非子说："儒家援引古代的文献扰乱法治，而游侠凭借武力触犯禁令。"对两者都加以非难，但儒生却多被世人称扬。至于用权术来谋取宰相卿大夫的职位，辅助当世的君主，功名都被记载在史书中，这本来没有什么可说的。至于像季次、原宪，都是平民百姓，用功读书，怀有独行君子的品德，自己的威仪举止不和当代同流合污，当代人也嘲笑他们。所以季次、原宪一生住在一贫如洗的草屋中，连粗布衣服、粗劣的饭食都无法满足。他们死了四百多年，而他们的弟子却毫不厌

倦地怀念他们。如今的游侠，他们的行为虽然不依循于道德法律的准则，但他们说话一定守信用，做事一定坚决，已经答应的事一定诚实去做，不

▶ 漆绘耳杯·西汉

美国克利夫兰艺术博物馆藏。杯为木胎，椭圆形，两侧有耳。杯内壁髹朱漆，内口沿、双耳及外壁髹黑漆，双耳和外口沿部以金漆绘制星云纹，纹饰外有弦纹阑线。在汉代，普通民众饮酒有严格的限制，因此经常会有皇帝"赐酺"的特殊恩典。但是对于贵族豪强来说，饮酒就不受限制了，这种精美的酒具就是当时上层社会流行风尚的体现。

湖南省博物馆藏。1973年马王堆三号汉墓出土。出土时张挂在棺室的西壁。画面是横式构图，内容是车马人物，可分成四个部分，这里展示的是画面的左上方。其中有人物两行，上面二行行首绘一高大的男子，头戴刘氏冠，冠带系于颌下，身穿朱领白袖黑紫色长袍，腰间佩长剑，右手握剑柄，左手中握有一黑色棍棒。他的足下是一座九级高台，他正在从台的左侧向前行进，身后两行人物手执戈、盾，都面向墓主人，似是他的卫队。这幅帛画反映了西汉贵族出行的壮观景象，而这样的壮观景象也同样曾经出现在无职务权的游侠身上。

爱惜自己的身躯，去救助别人的困厄，哪怕历了出生入死的考验，却不夸耀自己的才能，羞于炫示自己的功德，大概也有很值得称赞的地方吧。

况且危急之事，是人们常会遇到的。太史公说："从前虞舜在淘井和修粮仓时遇到危急，伊尹背着鼎俎当厨师，傅说藏身在傅险当苦力，吕尚在棘津遭困厄，管仲戴过脚镣和手铐，百里奚喂过牛，孔子在匡地被围困，在陈、蔡两国饿得面黄肌瘦。这些都是儒生所说的有道德的仁人，还是遇到这样的灾难，何况凭借中等才能而经历乱世的普通人呢？他们遭遇的灾祸怎么可以说得完呢！"

俗话这么说："哪管什么叫仁和义，已经享受利益的就是有道德。"所

▶ **青铜牛车·西汉**

美国明尼阿波利斯艺术学院藏。这个青铜牛车由铜牛、车辆和御者三部分组成。牛作俯首拉车状，两只大角高高翘起，角下一对小耳左右对称，四蹄着地，肌肉丰满，脖子上有轭，与车辕相连。牛旁边有一穿长衣的男子手把车辕。铜车为汉代小车的典型模式，车栏、车轮刻画精细。汉代初建，自天子以下马不能"同色共驷"，牛车就成了不二之选。

以伯夷以吃周粟为可耻，饿死在首阳山，可文王、武王不因为这个原因而损害王者的声誉；盗跖、庄跻凶暴残忍，而他们的徒党却不断地称赞他们的义气。由此可见，"偷衣带钩的人要杀头，偷国家政权的人被封侯，封侯的人家就有仁义存在了"，这不是假话。

现在，拘泥于片面道理或者抱着狭隘理论的人，长久地孤立在世俗以外，不如降低论调、迁就世俗，和世俗同流合污而取得荣誉名声！而平民百姓，看重取予皆合乎道义、应允能实现的美德，到千里以外去伸张正义，为道义而死却不顾忌现实，这也是他们的长处，不是随便能做到的。所以读书人在穷困窘迫的时候能够委心向学而正视命运，这难道不是人们所说的贤人豪侠和杰出的人物吗？如果让民间的游侠，和季次、原宪比较权势的大小，较量才能的高下，比量对社会的贡献，就不能相提并论了。总之，从事功的表现和说话信得过方面来说，侠客的正义行为又怎么可以缺少呢！

古代平民中的侠客，没有能听说过。近代延陵季子、孟尝君、春申君、平原君、信陵君这些人，都因为是君王的亲属，依靠着有封地和卿相之位的财富，招募天下的贤人，在诸侯中显扬名声，不能说他们不是贤才。就好像顺风呼喊，声音没有加快，而听的人感到清晰，这是风势激荡所致。至于闾巷中的侠客，修养行为，砥砺名节，名声遍及天下，没有不称赞他们贤能的，这是难以得到的。可是儒家、墨家对他们排斥摒弃而不加记载。在秦代以前，平民侠客被埋没无法见到，我感到十分遗憾。根据我所听到的，汉朝兴起以来有朱家、田仲、王公、剧孟、郭解这些人，虽然时常触犯朝廷的法律，但他们个人的行为符合道义，廉洁而懂得谦让，有值得称扬的地方。他们的名声不会虚假地树立，读书人也不会虚假地附和。至于结成帮派的豪强互相勾结，用钱财来役使贫苦人，凭借豪强暴力来欺凌孤单势弱的人，随心所欲，来满足自己，这也是游侠认为可耻的事情。我哀伤世俗之人不明白其中的真意，却错误地把朱家、郭解等人和强暴的人视为同类而一同加以耻笑。

朱家和剧孟

鲁地的朱家，和高祖是同时代的人。鲁人都以儒家思想进行教育，可朱家却因为任侠而闻名。他所隐藏和救活的知名人士数以百计，其他的

▶ 彩绘陶骑马俑·西汉

美国明尼阿波利斯艺术学院藏。到了西汉文帝景帝之后，经过长期的休养生息，汉朝的军事力量逐渐优化，尤其是骑兵的使用率不断提升。因此在西汉贵族的墓葬中经常会看到骑兵俑。此骑兵俑以灰陶为地，施棕色陶衣，红白二色绘制人物衣服和马的鞍鞯辔头。此骑兵俑和1956年陕西咸阳周亚夫家族墓出土的骑兵俑有异曲同工之妙。

普通人则不计其数。但他始终不矜夸
自己的本事，不为自己的恩德沾沾自
喜，对那些他曾给予过恩惠的人，他
唯恐再见到他们。他救济不富足的
人，先从贫贱人家开始，他家里没有
剩余的钱财，衣服破旧得没有完整的
花纹，就餐没有两样以上的荤菜，乘
坐的不过是用小牛驾的车子。他专门
去救助别人的危急，超过为自己办私
事。他暗中使季布将军摆脱困境，待
到季布尊贵时，他终身不见季布。从
函谷关以东地区，没有人不伸长脖子
希望和他结交。

楚国的田仲因为任侠而闻名，喜
欢剑术，像对待父辈一样对待朱家，
自己认为行为比不上朱家。田仲死
后，洛阳出了个剧孟。洛阳人以做买
卖作为生活的资本，而剧孟凭借任侠
在诸侯中显扬名声。吴、楚七国反叛
时，条侯任太尉，他乘坐着驿站的车
到了河南，找到了剧孟，高兴地说：
"吴、楚七国发动叛乱而不求助于剧
孟，我知道他们没有什么作为了。"
天下动乱，宰相得到他就像是得到一
个相当的国家一样。剧孟的行为很像
朱家，但喜欢赌博，所做的多为少年

人的游戏。可是剧孟的母亲去世时，
从远方来送葬的，大概有上千辆车
子。到剧孟去世时，家里的财产不足
十金。而符离人王孟这时也因为任
侠，在长江、淮河一带受到称颂。

这时济南瞷氏、陈地周庸都因为
豪侠而闻名，汉景帝听说后，派使者
把这些人全杀死了。那以后，代郡白
氏家族、梁地的韩无辟、阳翟的薛兄、
郏县的韩孺又纷纷出现了。

大侠郭解

郭解是轵县人，字翁伯，是善
于给人相面的许负的外孙。郭解的
父亲因为行侠，在孝文帝时被杀死。
郭解这人短小精悍，不饮酒。他小时
候阴险狠毒，心中愤恨不高兴时，亲
手杀死很多人。他不惜自身来为朋友
报仇，藏匿亡命的人去犯法抢劫，停
下来就私自铸钱、盗掘坟墓，做的这
种事原来就不可胜数。但他却得到上
天保佑，在危急中常常能解脱出来，
或者犯法遇到赦免。到郭解年纪大了
以后，就改变操行，检点自己，用恩
惠来报答怨恨自己的人，多多施与别
人，对别人的回报却要的很少。但他

自己喜欢行侠的思想更加强烈。虽然他已经救了别人性命，不炫耀自己的功劳，但他的内心仍然阴险狠毒，突然睚眦必报还和以前一样。当时的少年仰慕他的行为，也常常为他报仇，却不让他知道。郭解姐姐的儿子依仗郭解的威势，和别人饮酒，让人家干杯。人家不胜酒量，他强迫灌人家。那人生气，拔出刀来刺杀了郭解姐姐的儿子，然后就逃跑了。郭解姐姐生气地说："凭着翁伯的义气，人家杀了我的儿子，却捉不到凶手。"于是把尸体扔在路上，不加以埋葬，想借此来羞辱郭解。郭解派人暗中打听到凶手的去处。凶手窘迫，自己回来，把实情全部告诉郭解。郭解说："你杀他本来应该，是我的孩子做事不讲道理。"于是就放走那凶手，把罪责归于他姐姐的儿子，并收尸埋葬了他。人们听说了这事，都称赞郭解的道义，更加依附于他。

郭解每次外出或归来，人们都躲避他。有一个人独自岔开双腿傲慢地直视郭解，郭解派人去问他的姓名。而郭解的门客想杀了那人，郭解说："在家乡居住，竟至于不被人尊敬，这是我的德行不美好，他有什么罪过呢！"于是暗中嘱咐尉史说："这个人，是我很关心的，轮到他服役时，请求免除他。"以后每到服役时，多次轮到这个人，县吏都没有要求他去，这个人觉得奇怪，问其中原因，说是郭解让他解脱的。这个傲慢的人就袒衣露体向郭解谢罪。少年们听到这事，越发仰慕郭解的行为。

洛阳有相互结仇的人，城中几十个贤人豪杰从中调解，他们始终不听。门客们都来拜见郭解，说明情况。郭解连夜去会见结仇的人家，仇家委

▶ **鎏金铜规矩镜·西汉**

美国克利夫兰艺术博物馆藏。镜为圆形圆钮，柿蒂纹钮座，钮座外饰双线方栏。栏外射线纹内饰规矩纹和云气纹，在纹饰之间均匀分布着八个突起的乳丁，并以鎏金装饰纹饰。边缘饰双线波浪纹。

曲心意听从了郭解的劝告。郭解于是对仇家说："我听说洛阳很多尊者在这里从事调解，你们大多不肯听从。如今你们幸而听从了我的话，我怎么能从别的县跑来夺取人家地方贤豪大夫的权利呢！"郭解于是连夜离去，不让别人知道，说："暂且不要用我的话，等我离去后，让洛阳的豪士从中调解，你们就听他们的。"

郭解谨守恭敬，不敢坐车进入县衙门。他到附近的郡和王国，替别人办事，事情可以解决的就解决，不能解决的就使各方满意，然后才敢吃人家的酒饭。大家因此十分尊敬他，争着为他效力。城中少年和附近县的贤人豪杰，半夜来拜访郭解的常常有十多辆车，请求把郭解的门客带到自己的房舍去供养。

到了皇上下诏迁徙各郡国的豪富人家到茂陵居住时，郭解因为家里贫困，不够迁徙的资财标准，但迁徙名单中有他，官吏害怕，不敢不将他迁徙。卫青将军替郭解向皇上辩解说"郭解家里贫困，不够迁徙标准"。

▶ 子抆剑·西汉

美国布鲁克林博物馆藏。剑身铜制，细长。前锋尖锐，两侧开刃，中间起脊。圆柱形柄上细下粗，剑身上有四字铭文"子抆之剑"。这种带铭文的青铜剑在汉代比较少见，可能是主人心爱之物。

皇上说："平民有权力使得将军替他讲话，这说明他家不穷。"郭解家就被迁徙了。人们出资一千多万为郭解送行。轵县人杨季主的儿子任县掾，是他提名要迁徙郭解的。郭解哥哥的儿子砍掉了杨县掾的头。从此杨家和郭家结了仇。

郭解移迁进关中以后，关中的贤人豪杰知道和不知道郭解的，听到他的名声，都争着和郭解结好。郭解矮小精悍，不饮酒，出门从未骑过马。后来他侄子杀死了杨季主。杨季主的家人上书告状，有人又把告状的杀死在宫门下。皇上听说后，就下令官吏捉拿郭解。郭解逃走，把他母亲一家安置在夏阳，自己来到临晋。临晋人籍少公与郭解素不相识，郭解贸然来投，又要求帮助自己出关。籍少公把郭解送

出关后，郭解辗转到了太原，他所到之处，常常把自己的情况告诉留他居住、食宿的人家。官吏追赶他，追寻踪迹到了籍少公家里。籍少公自杀，口供断绝了。过了很久，才抓到郭解。官府深究郭解所犯的罪行，发现一些人被郭解所杀的事，都发生在赦令发布之前。轵县有位儒生陪同来查办郭解案件的使者闲坐，郭解门客称赞郭解，那儒生说："郭解专门用狡诈来冒犯国法，怎么可以称贤人！"郭解门客听到了，杀了这个儒生，割断他的舌头。官吏拿这事责问郭解，郭解真的不知道杀人的是谁。行凶的人也始终没查出来，没有人知道是谁。官吏向皇帝上书说郭解没有罪。御史大夫公孙弘评论说："郭解以平民身份行侠，敢于触犯法律，因为小怨恨而杀人，郭解虽然不知道，这罪过比他自己杀人还严重。该判大逆不道罪。"于是就诛杀了郭解全家族。

从这以后，行侠的人特别多，但都傲慢而没有值得称赞的。可是关中长安的樊仲子、槐里的赵王孙、长陵的高公子、西河的郭公仲、太原的卤公儒、临淮的儿长卿、东阳的田君孺，虽然行侠却恭敬谨慎有谦让的君子风范。至于像北道的姚氏，西道的杜氏家族，南道的仇景，东道的赵他、羽公子，南阳的赵调之流，这些都是处在民间的盗跖罢了，哪里值得一提呢！这是从前朱家那样的人引以为耻的。

✦ 太史公说 ✦

　　我看郭解，相貌比不上中等人，语言也没有可取的地方。但天下不论是贤人和不肖之人，认识和不认识他的，都仰慕他的名声，自称为游侠的人都借郭解来提高自己的名声。俗话说："如果人们用荣誉和声名来修饰自己形象，岂会有穷尽！"唉，可惜呀！

佞幸列传 第六十五

【解题】本文是记述汉代佞臣邓通、韩嫣和李延年等的合传，揭露了他们无才无德，却善承上意，察言观色，专以谄媚事主，甚至不惜丧失人格，吮痈取宠，以及他们恃宠骄横、奸乱永巷的丑恶行径和肮脏的灵魂，进而婉转地讽刺和鞭挞了文、景、武等帝的任人失当，重用奸佞的弊端。文章短小，叙事简洁而有条理，尤其是寓感慨于叙事之中的写法，以及篇末直抒胸臆的写法，使感情跌宕婉转，很有艺术感染力。

《佞幸列传》序

俗话说"尽力耕田，不如恰逢一个好年景；好好当官，不如遇到一个赏识自己的君王"，这绝非是没有根据的空话。不仅仅是女子要用美色献媚，就是士人和宦者也有这种情况。

从前因为有美色得到宠幸的人很多。到了汉朝兴起，虽然高祖性格特别的暴猛亢直，但是籍孺因为谄媚得到宠幸。汉惠帝时候有个闳孺的也是这样。这两个人不是有才能的人，仅仅是因为柔顺谄媚而得到了显贵宠幸，能和皇上同起同卧，公卿们都要经由他们疏通关节请说人请。所以惠帝时候的郎官和侍中都戴着用锦鸡羽毛装饰的帽子，系着用贝壳装饰的衣带，脸上抹着胭脂香粉，效法闳孺、籍孺一类的人。后来，闳孺和籍孺都把家迁徙到了安陵。

饿死的邓通

汉文帝时宫中的宠臣，士人就有邓通，宦者就有赵同、北宫伯子。北宫伯子受到宠幸是因为他是位仁爱的长者；而赵同是因为善于占星望气而受到宠幸，常常做文帝的参乘；邓通则没有技能。邓通是蜀郡南安县人，因为会划船当了黄头郎。文帝梦见想上天，上不到天上去，有一位黄头郎

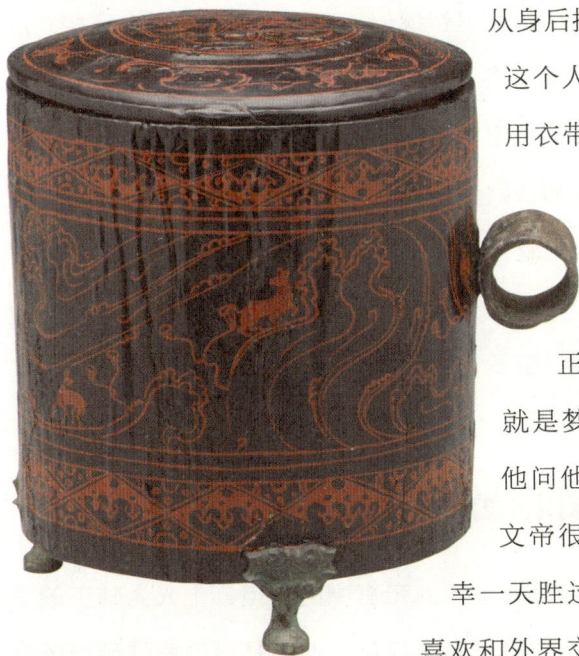

彩绘云气纹漆卮·西汉

美国耶鲁大学艺术陈列馆藏。卮为木胎，圆筒形，盖与身子母口相合。一侧设铜制圆錾，下设三个铜制兽面蹄足。器外满髹黑漆地，朱漆绘制图案。盖面以弦纹为栏分为两层，分绘云气纹。器身上下各饰云雷几何纹，主体纹饰为大幅云气纹，云气纹的正背两面各有一立兽，兽作回首眺望状，似乎在互相招呼。此卮造型优美，保存完好，纹饰细腻，是汉代漆器中的精品。

从身后把他推上了天，回过头来看见这个人穿着后背中间开缝的衣服并用衣带打了后结。醒过来后，文帝就到渐台去，拿梦中人的形象暗中用眼睛寻找推他上天的郎官，就看见了邓通，他正穿着后背中间开缝的衣服，就是梦中所见到的样子。文帝招来他问他的姓名，得知他姓邓名通，文帝很高兴，从此他受到的尊贵宠幸一天胜过一天。邓通也老实谨慎，不喜欢和外界交往，虽说赐给他休假，他也不想出宫。于是文帝赏赐给邓通几十万万钱，官位达到了上大夫。文帝常常前往邓通家里游玩戏耍。然而邓通没有其他才能，不能做出推荐士人的事来，只是自己一个人谨慎行为以谄媚皇上罢了。皇上派善于相面的人给邓通看相，说他"当会贫穷到饿死"。文帝说："能够让邓通富起来的是我，怎么能说他会贫穷呢？"在这时文帝赐给邓通蜀郡严道的铜山，允许他自行铸造钱币，"邓氏钱"布满了天下。他的富足到了这样的地步。

文帝曾经得了痈疽病，邓通常常替文帝吮吸脓血。文帝不高兴，绕着弯子问邓通说："天下是哪一个最爱护我呢？"邓通说："应该是没有谁比得上太子。"太子进宫问候病情，文帝让他吮吸脓血，太子吮吸了脓血但是脸上很难为情。随后太子听说邓通经常替皇帝吮吸脓血，心里感到惭愧，从这

时开始就怨恨邓通。等到文帝去世，景帝继位，邓通被免官，躲在家中。没过多久，有人奏告邓通把铸的钱偷盗到边界以外。景帝把这件事交给官吏检查审问，确实有这样的事，就结了案，没收了邓通的全部家产，还欠了债款好几万万。长公主刘嫖赏赐邓通钱财，官吏随即就把它没收了，一只簪子也不让他在头上插着。于是长公主就命令手下人借给邓通衣食费用。最终邓通穷困潦倒，寄居别人家中，直到死去。

汉景帝时候，宫中没有宠幸臣子，然而只有一个郎中令周文仁，周文仁的受宠虽然超越了过平常人，但是也不算深厚。

宠臣韩嫣

当今天子汉武帝宫中的宠臣，士人为韩王的重孙韩嫣，宦者为李延年。韩嫣是弓高侯韩颓当庶孽所生的孙子。当今皇上还是胶东王的时候，韩嫣就和皇上一起学习书法，相互友爱，等到皇上当了太子，更加亲近韩嫣。韩嫣擅长骑马射箭，善于谄媚。皇上即位，打算讨伐匈奴，韩嫣率先学习了匈奴的兵器、阵法知识，因此他就更加尊贵起来，官做到了上大夫，得到的赏赐可以和邓通相比拟。当时韩嫣常常和皇上同起同卧。江都王刘非进京朝见，有诏令他可以随从皇上进入

▶ **鎏金嵌玉铜带钩·西汉**

美国纽约大都会艺术博物馆藏。带钩呈琵琶形，底为铜托，面为鎏金装饰的高浮雕兽首，两侧缠绕龙纹，钩端为蟠龙首。在龙纹的后部镶嵌了三颗琉璃珠，钩脊中部镶嵌了一块小玉璧，玉璧的中心镶嵌了一个金制蟠虎头。此带钩纹饰繁复，包金镶玉，精美华贵，是西汉带钩中的精品，反映了西汉时期带钩制作工艺的水平。

上林苑中射猎。天子的车驾还没有在禁止通行的道路上行进，就先派韩嫣驾着随从车，带着数十百名骑兵，急速奔驰去观察野兽的情况。江都王望见了，以为是天子来了，屏退随从人员，伏在道路旁边拜见。韩嫣驱马而过不下车拜见他。韩嫣过去后，江都王很生气，他就对皇太后哭着说："请求太后答应我能够归还封国进入宫中值宿禁卫，和韩嫣一样。"太后因为这件事对韩嫣怀恨在心。韩嫣侍奉皇上，在永巷进进出出不加禁止，因为有奸情让皇太后听说了。皇太后发怒，派人赐死韩嫣。皇上替韩嫣说情，最终未能挽回，韩嫣就自杀了。案道侯韩说是韩嫣的弟弟，也由于谄媚受到皇上宠幸。

▶ **嵌玉璧铜镜·西汉**

美国克利夫兰艺术博物馆藏。镜为圆形，绿松石钮。镜背镶嵌了一块青白玉璧，玉钮座上细阴线刻云纹，钮座外侧镂空雕对凤纹，在凤纹之外的玉璧表面上浮雕着四足二身一首螭龙纹，龙首似牛头，眼部以绿松石镶嵌。这种嵌玉璧的铜镜在已知的汉代铜镜中属于孤品，毫无疑问是皇亲国戚或皇帝所宠幸之人使用的，这一点从其精巧的制作工艺就可以看出来。

佞幸列传 第六十五

┤ 上林三官遗址 ├

汉长安城周围尤其是北墙附近分布着不少制陶、铸钱和冶炼的作坊。其中规模最大的是1994年发现的上林苑兆伦铸钱遗址，也就是西汉时的国家造币中心"上林三官"。遗址位于今陕西省户县大王镇南兆伦村，南北长约1500米，东西宽约600米，面积达90万平方米。遗址的南部多瓦砾，其北有坩埚残块、铜渣、灰堆等堆积。遗址中北部有许多铸钱残范坑和废弃钱范堆积，其中还出土有陶拍、定位销、青铜工具等遗物。据文献记载，"五铢钱"即诞生于此。

▶彩绘陶舞蹈俑·西汉

美国克利夫兰艺术博物馆藏。舞蹈俑为灰陶质地，施白陶衣，以红白二色绘制衣物图案。俑作屈身举手舞蹈状，雕塑者抓住了舞蹈者的一个精彩瞬间，因而显得格外传神。在西汉时期，歌舞艺人走遍南北，在诸侯国和都城长安进行表演，而一旦有机会，他们很可能像李延年兄妹一样尊贵宠幸。

◆ 协律都尉李延年

李延年是中山国人。他的父母和兄弟姐妹原来都是歌舞艺人。李延年因为犯法受了腐刑，在皇宫中的狗监中供职。平阳公主向武帝说起李延年的妹妹擅长歌舞，皇上一召见心里就喜欢上了她，等到她进入了永巷，皇上就召李延年进宫让他显贵起来。李延年擅长歌唱，创作了新的音乐，而此时皇上正在兴建天地神庙，想谱写新的歌词配上乐曲歌唱。李延年善于承奉意旨，创作了配乐的新歌词。他妹妹也得到武帝的宠幸，生了儿子。李延年佩带上二千石的印绶，做了协律都尉。李延年和皇上同起同卧，特别尊贵宠幸，达到了和韩嫣同等的地步。过了很久，李延年逐渐和宫女淫乱，进出宫廷骄横放纵。等到他妹妹李夫人去世以后，皇上对他的宠爱衰减了，就擒拿诛杀了李延年弟兄。

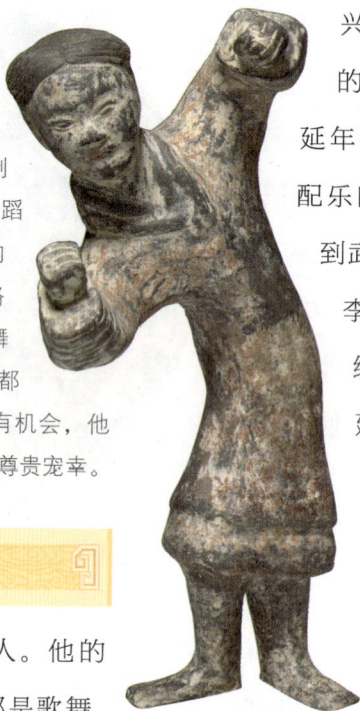

从这以后，宫中受宠爱的臣子大概都是外戚之家，然而他们不值得称述。卫青、霍去病也是因为外戚身份得到显贵宠幸，但基本上是靠自己的才能求得上进。

▼ 太史公说 ▼

差别太大了！帝王宠爱和厌恶之时的不同！从弥子瑕的经历，完全可以看到后来人谄媚宠幸的处境了，即使经过一百世也是可以知道的。

滑稽列传 第六十六

【解题】本传是记述滑稽人物的类传。滑稽是言辞流利、思维迅捷、反应灵敏的意思，后世有诙谐幽默之意。此篇的主旨是颂扬淳于髡、优孟、优旃一类滑稽人物，虽然出身寒微，但"不流世俗，不争势利"的可贵品质，及其"谈言微中，亦可以解纷"的非凡讽谏才能。文后有褚少孙补充的郭舍人、东方朔的故事。

《滑稽列传》序

孔子说："六艺对于治理国家来说功效是一致的。《礼》用来节制人的行为，《乐》用来促进人们团结，《书》用来说明往古事迹和制度，《诗》用来表达人们的感情意念，《易》用来阐发宇宙间万事万物的神奇变化，《春秋》用来显示褒贬是非的义理。"太史公说：天道广阔无边，难道不是大得很吗！在谈笑的言论委婉而切合事理，也可以解除社会的纷争。

齐国淳于髡

淳于髡是齐国的一位入赘女婿。他身高不到七尺，为人滑稽，善于辩论，很多次出使诸侯国，不曾被屈折侮辱。齐威王在位时，喜欢说隐语，爱好进行淫逸欢乐通宵达旦的宴饮，沉湎于酒色之中，国家政事不能治理，把政事交托给卿大夫去处理。百官放纵混乱，诸侯国都来侵犯，国家危险到将要灭亡，只在于旦夕之间，齐威王周围的大臣没有谁敢于进谏。淳于髡拿隐语来向他游说道："国内有一只大鸟，住在大王的朝廷里，三年之内不飞又不叫，大王知道这只鸟为什么这样吗？"齐威王说："这只鸟不飞也就罢了，一旦起飞就会冲上云天；不叫也就罢了，要鸣叫就会惊动世人。"于是齐威王就让各个县令、县长七十二人来朝廷述职，他奖赏了

▶ **错金勾云纹壶·战国**

美国克利夫兰艺术博物馆藏。壶口微侈，束颈，溜肩，肩部有一对环形钮，鼓腹，下腹渐收，圜底，圈足。颈部饰蟠螭纹，颈肩之间饰云纹一周，肩部饰蟠螭纹，肩部下饰云纹带一周，腹部中间饰蟠螭纹一周，下腹部饰三角云纹，足胫部饰云纹一周。肩腹部纹饰带以弦纹间隔。纹饰皆错金装饰。在战国时期，错金银装饰手法较为常见，其纹饰之繁复、工艺之纯熟体现了战国时期手工业的发展水平。

一位政绩最佳的，诛杀了一位治事最乱的，振奋军队去出国作战。诸侯们被他的举动震惊了，都将已经侵占的齐国土地归还。凭借声威，齐威王执政三十六年。他的事迹详细记载在《田敬仲完世家》里。

齐威王八年，楚国大举出兵进攻齐国。齐威王派淳于髡前往赵国请求救兵，让他携带黄金百斤，四马所拉的车十辆。淳于髡仰天大笑，系帽子的丝带都断了。齐威王说："先生嫌携带的礼物少了吗？"淳于髡说："哪里敢呢！"威王说："这样笑，难道有什么说法吗？"淳于髡说："今日臣从东方来的时候，看到路边有位祈祷田神想求丰收的人，他拿着一只猪蹄，一小盂酒，祈祷着说：'希望狭小的高地能收满竹笼，低洼地上能收满一车，五谷长得茂盛熟得充实，让丰收的粮食堆满家里。'臣看到他所拿的祭品很少，但所想祈求的却很多，所以我就大笑起来。"于是齐威王就增加礼品，让淳于髡带黄金一千镒，白色璧玉十双，四马拉的车一百辆。淳于髡辞别后出发了，到达赵国，赵王给了他精锐兵力十万人，裹有皮革的重战车一千辆。楚国听说了，连夜带领军队撤走了。

齐威王非常高兴，在后宫摆设酒宴，招来淳于髡赐他饮酒。齐威王问他说："先生喝多少酒才会醉？"淳于髡回答说："臣饮酒一斗也可以醉，一石也可以醉。"齐威王说："先生饮一斗酒就醉了，怎么能饮一石酒呢？这

▶ 白描《人物故事图册》之淳于髡饮酒·清·无款

美国弗利尔美术馆藏。《人物故事图册》共计二十幅，托名钱选，实则是清人所绘。这幅作品表现了淳于髡以饮酒讽谏齐威王的故事，齐威王坐在龙椅之上，一侍者持扇在侧。淳于髡跪在齐威王的面前，抱壶饮酒，旁若无人。一武士在旁观看，目瞪口呆。这幅作品纯以白描手法绘制，人物张弛有度，很见感染力。

当中的道理可以说出来让我听听吗？"淳于髡说："在大王面前喝您赐给我的酒，执法的官员站在旁边，掌记事的御史站在后边，我恐惧得弯腰伏地饮酒，饮酒不过一斗就径直醉了。假若父亲请来尊贵的客人，我卷起衣袖加上套袖躬身小跪着，在他们前面侍奉酒宴，时不时赐给剩余的酒喝，捧着酒杯敬酒祝福，多次起身，饮酒不过二斗就醉了。假如朋友们相交游玩，因为好久没

有见面，突然见到了，高高兴兴地谈论往事，互相倾吐彼此的情义，这样饮酒大约五六斗也就醉了。假如乡里集会，男男女女杂坐在一起，不时停下来相互敬酒，进行六博游戏、投壶比赛，互相引领结双成对，握手言欢不受处罚，眉目传情不加禁止，前面有丢落下的耳环，后面有遗留下的发簪，在这种情形下我暗自高兴，饮酒大约八斗可以有二三分的醉意。太阳落山了，酒也喝尽了，把剩下的酒并在一起，促膝而坐，男男女女同在一张席上，鞋子木屐混杂不分，酒杯果盘散落满地，堂上的蜡烛熄灭了，主

▶ 龙凤玉佩·战国

美国克利夫兰艺术博物馆藏。玉为黄褐色，局部有白色沁斑。整体为上大下小的梯形，透雕背对的龙凤造型，龙凤相互勾连，身上以阴线刻划纹饰，是不可多见的玉雕艺术品。

人家留下我而送走了所有客人，女人解开了绫罗短衣，微微地闻到了她的香脂气味，正当这个时候，我心里是最欢快的，就能饮下一石酒。所以说，饮酒过多会发生昏乱，欢乐到极点会产生悲哀，万事万物都是如此，说的是做任何事都不要达到极致，达到了极致度就会走向衰败。"淳于髡用这番话来进行讽喻劝谏。齐威王说："好。"从此威王就废除了通宵达旦的宴饮，任用淳于髡负责迎送宾客的事务。王室宗亲摆设酒宴，淳于髡常常在旁边。

这以后一百多年后，楚国出了个优孟。

❷楚国优孟

优孟原本是楚国的歌舞艺人。他身高八尺，能言善辩，常常用讲笑话进行劝谏。楚庄在位时，有一匹很喜欢的马，楚庄王给它穿上华美的绣花衣，安置在雕梁画栋的屋舍中，睡在没有帐幔的床上，拿蜜饯枣来喂马。马因为肥胖病死了，庄王让诸位大臣给马办

理丧事，想装在棺椁里并用对待大夫的礼仪安葬它。左右的大臣进行劝谏，认为不可以这样做。庄王下达命令说："有敢拿安葬马的事来进谏的，就以死罪论处。"优孟听说了，进入宫殿大门，仰头朝天大声哭嚎。庄王受到惊动，就问他大哭的原因。优孟说："这匹马是大王所喜爱的，拿堂堂楚国这样的大国来说，什么样的要求不能满足，而只是用大夫的礼仪来安葬它，太薄待了。我请求按对待国君的礼仪安葬它。"庄王说："应该怎么做呢？"优孟回答说："臣请求用玉石雕成棺材，用有纹理的梓木做成椁，用楩木、枫香木、豫木、乌樟木做题凑，出动带甲的士兵来挖墓穴，其余老弱背土堆坟，让齐国、赵国的使臣在前面陪祭，让韩国、魏国的使臣在后面护卫，建立祠庙用太牢礼节祭祀，封给万户之邑加以供奉。诸侯各国听说您这样做，都知道大王是轻视人才而看重马匹了。"楚庄王说："寡人的过错竟到了这个地步吗！该怎么办呢？"优孟说："请求大王就用对待六畜一样的办法安葬它，用垅灶做椁，铜锅做棺，用姜枣做调剂，加进木兰，用稻粱来祭奠，让它穿上火光，把它安葬在人的腹肠中去。"于是庄王就派人把马交托给太官，

▶ 矩纹彩漆竹扇·战国

荆州博物馆藏。湖北江陵马山 1 号墓出土。竹胎，编织而成。由扇柄与扇面构成，呈菜刀状。近梯形的扇面外缘缝宽 2 厘米的黑色锦缘，篾宽 0.1 厘米，分别髹红漆、黑漆，并编织成矩形图案，然后又在矩纹里编织出连续的小"十"字形纹。编织精细，花纹优美，色泽艳丽，是中国迄今发现年代最早的彩漆竹扇。

不让天下人长久传扬此事。

楚国宰相孙叔敖知道优孟是位贤人，很友善地对待他。孙叔敖病重将死，嘱咐他儿子说："我死了之后，你一定会贫穷困苦。如果这样，你就前去拜见优孟，告诉他你是孙叔敖的儿子。"过了几年，孙叔敖的儿子穷困得背着柴草出售，遇见了优孟，对优孟："我是孙叔敖的儿子。父亲临

▶彩绘凤纹带流杯·战国

湖北省博物馆藏。木胎，雕制。整器作凤鸟形，即流为凤鸟嘴含珠，器身作凤鸟身，足以凤鸟足而无趾，平底。器内髹红漆，器表髹黑漆，并用红漆绘花纹：近口沿处绘勾连纹，腹部绘四只相互缠绕的凤鸟纹饰。

终前，嘱咐我贫穷困苦时，就去拜见您。"优孟说："你不要到其他太远的地方去。"优孟就缝制了孙叔敖穿过的衣冠，学着孙叔敖击掌谈论述说时的神态。一年多后，他的模样就活像孙叔敖，楚庄王和左右的大臣都不能分辨真伪。庄王设置酒宴，优孟前去祝酒，庄王非常惊讶，以为是孙叔敖又复活了，想任用他当宰相。优孟说："臣请求回家和妻子商计一下，三日以后来当宰相。"庄王答应了。三日之后，优孟再次前来。楚庄王说："你妻子有什么意见？"优孟说："我妻子说千万不要干，楚国的宰相是不值得当的。像孙叔敖做了楚国宰相，竭尽忠心做事，忠正廉洁地治理楚国，楚国因此能够称霸。如今孙叔敖死了，他的儿子连插把锥子的地方都没有，贫穷困苦到背柴薪出售来供给自己的饮食。一定要像孙叔敖那样，还不如自杀。"优孟乘机唱道："住在山野耕田很辛苦，也难以得到食物。出家去做官吏，自身贪污鄙陋的，可以余留下财产，却不顾耻辱。自身死后家族虽然富有，又恐怕因为接受贿赂违背了法律，做坏事触犯法律形成大罪，自己死了家也灭了。贪吏怎么

可以去当呢！心想做个廉洁的官吏，遵奉法律，谨守职分，一直到死也不敢干坏事。廉吏怎么可以去当呢！楚国宰相孙叔敖秉持廉洁直到死亡，而如今妻子儿女穷困得靠背柴出售维持衣食，不值得做呀！"于是楚庄王向优孟认错，召见了孙叔敖的儿子，把寝丘的四百户之邑封给了他，用以供奉祭祀祖先。自此以后的十代都没有断绝。优孟的这种才智，可以说是懂得说话的恰当时机。

这以后二百多年，秦国出了个优旃。

秦国优旃

优旃是秦国表演歌舞的侏儒艺人。他擅长说笑话，但他的笑话却符合大道理。秦始皇的时候，摆设酒宴正好天下着雨，在宫殿前台阶下拿着兵器的武士都遭受了风寒。优旃看见了就哀怜他们，对他们说："你们想休息吗？"阶下武士都说："非常希望休息。"优旃说："如果我呼叫你们，你们就尽快回答说有。"过了一会儿，宫殿上敬酒祝福呼喊万岁。优旃靠近栏杆大声呼喊说："阶下武士！"武士们说："有！"优旃说："你们虽然长得高，有什么好处，只有幸在雨中站立。我虽然长得个儿矮，却有幸在殿里休息。"听了这话，秦始皇于是让阶下的武士可以分成两批轮流值岗。

秦始皇曾经讨论想扩大离宫苑囿，东边到达函谷关，西边到达雍县、陈仓。优旃说："好。多放养些飞禽走兽在苑囿中间，敌寇从东方来的话，让麋鹿用角去抵撞就足够了。"秦始皇因为他这个笑话的缘故就停止了扩大苑囿。

秦二世继位，又想用漆来涂饰城墙。优旃说："好。主上即使不发话，臣本来也要请求这样做。用漆涂饰城墙虽然对于百姓会带来愁苦耗费，然而却是好事！城墙涂饰得光亮明净，敌寇来了就不能爬上城墙。马上想完成它，漆容易备置，只是难得造这么大的荫室来阴干它。"于是二世笑了笑，由于他这一笑话的缘故而停止了。过了不多久，二世被杀死去，优旃归降汉朝，几年后去世了。

淳于髡仰头朝天大笑，齐威王因而称雄一时。优孟摇着头歌唱，背着柴薪出售的人因而获得封邑。优旃临近栏杆疾声呼喊，阶下的武士就能分成两批轮流值岗。难道不也是很伟大的吗！

❖ 郭舍人救武帝乳母

褚先生说：我有幸能够凭借经学儒术当了郎官，并且喜欢读儒家以外的史传杂说。自己不能谦逊退让，重新写作了滑稽故事一样的文字六章，编联在下方。可以阅读观看宣扬旨意，将它留给后世好事的人去阅读，以便愉悦心情耸动视听罢了，特将它们增多并附在上面太史公三章之后。

汉武帝时有一位受宠幸的歌舞艺人郭舍人，他发表谈论陈述言辞虽然不符合大的道理，然而能让君主心满意足。武帝年幼的时候，东武侯的母亲曾经哺养过他，武帝到了壮年的时候，称她为"大乳母"。乳母一般是一个月入朝两次。每次入朝的奏报送上来，武帝就下诏书派亲幸大臣马游卿拿五十匹帛赐给乳母，又奉送饮料干粮热食等供养乳母。乳母上奏书说："某个地方有片公田，希望能借用它。"武帝说："乳母想得到它吗？"就把这块地赐给乳母。乳母所说的话，武帝没有不听的。武帝下达诏书让乳母可以乘车在驰道中行进。在这个时候，公卿大臣们都敬重乳母。乳母家里的子孙和奴仆随从在长安市内横行施暴，在大道上强行拉走人家的车马，抢夺人家的衣服。这些事传到了宫里，武帝不忍心对他们依法处置。主管官员奏请迁徙乳母家族，把他们安置到边疆去。武帝批准了奏报。乳母应当进宫到皇帝跟前，当面告辞。乳母先见到郭舍人，对他下拜哭泣。郭舍人说："马上进去拜见皇帝，告辞就离开，快步走出还回过头来看几次。"乳母按照他的话做，告辞离开，快步走出还多次回过头来看。郭舍人大声骂着说："咄！老婆子！为什么不快走！陛下已经长大了，难道还要靠着你喂奶才能活命吗？还转身看什么！"这时候武帝哀怜起来觉得她可悲，就下达诏书不准迁徙乳母，还处罚了说乳母坏话的人。

才学兼优东方朔

武帝时，齐地人有位先生叫东方朔，因为爱好古代流传下来的书籍，喜爱经学儒术，广泛阅览儒家以外的言论而闻名。东方朔初次进入长安，

到公车府呈上了奏书，这奏书总共用了三千片木牍。公车令派两个人一起抬着这捆奏书，刚刚能够抬得起来。武帝从开头读起，中间停阅，就在停止的地方打钩，读了两个月才读完。武帝下诏书任命他为郎官，常常在皇帝身边侍奉。屡次召他进宫到跟前来谈话，武帝从未有过不高兴。东方朔时常被诏令赐给在君主面前饮食，吃完了饭，他把剩下的肉菜全都装在怀里拿走，衣服全都弄脏了。皇帝多次赐给他缣帛，他就肩挑手提全部拿走。东方朔用这些钱财缣帛，从长安城娶年轻妻子，一般娶一个妻子一年多就抛弃了她，又另娶一个妻子。皇帝所赐给他的钱财全都花在女人身上。皇帝身边各个郎官半数称呼他叫

东方朔像·清·无款

法国国家图书馆藏。《史记》中关于东方朔的事迹只有褚少孙补充的这些内容，班固在《汉书》中撰写了东方朔的传记，并且录取了不少东方朔的文章。东方朔在给汉武帝的上书中曾说："臣朔年二十二，长九尺三寸，目若悬珠，齿若编贝，勇若孟贲，捷若庆忌，廉若鲍叔，信若尾生，若此可以为天子大臣矣。"

"狂人"。君主听说了，说："要是东方朔当官任事没有这些行为，你们这些人怎么能赶得上他呢？"东方朔保举他儿子做郎官，又升做侍中的谒者，经常持着符节外出办事。东方朔从宫殿中经过，郎官们对他说："人们都认为先生是位狂人。"东方朔说："像我东方朔这一类人，就是所说的在朝廷中间回避世俗的人。古代的人，到深山中去回避世俗。"东方朔时常坐在酒席当中，酒兴正浓，就趴在地上歌唱着说："落在世俗中，避世在金马门。宫殿中可以回避世俗保全自身，何必一定躲在深山之中，茅屋之下。"金马门就是宦者衙署之门，门旁边有座铜马，所以称它为"金马门"。

当时正值朝廷聚集学宫里的诸位博士先生们参与论议，大家共同诘难东方朔说："苏秦、张仪一遇上有万乘兵车的国君，就都占据了卿相的高位，恩泽流传后世。如今老先生您研习了先王治国治民的方术，仰慕圣人立身处世的道义，诵读《诗》《书》以及诸子百家的言论，数也数不清。把自己的认识写在竹帛上，自认为天下再没有第二个人，可以称得上是见闻广博智谋善辩的人了。然而先生竭尽忠诚来侍奉圣明的皇帝，旷日持久，经过几十年，官衔只不过是侍郎，职位只不过是执戟，据我们猜测，您还有什么不检点的行为吧？究竟是什么原因呢？"东方先生说："这些事本来就不是你们所能知道的，彼一时也，此一时也，难道可以相提并论吗？再说张仪、苏秦的时

彩绘射猎图蚌壳·战国－西汉

美国克利夫兰艺术博物馆藏。这是一块天然蚌壳，蚌壳上用红白二色绘制狩猎图案。上部绘制的是一辆驷马车，两匹白马两匹红马正在四蹄奋力向前奔驰，马前有一只猛虎正在逃离，车上一人正在举弓射猎，在驷马的上方有三只鹿正在逃走，车的下方有两只猎犬随车奔跑。蚌壳下部绘制的是一辆二马车，车上一人正在举弓朝天空射去。这幅作品虽然很小，但是将战国至西汉时期贵族的生活情趣表现得很到位，更是难得的绘画作品。

候，周王室严重衰败，诸侯国不来朝拜，用武力征伐争取权利，动用军队互相侵害，兼并成为十二个大国，分不出胜负，能得到士人拥护的就强大，失去士人拥护的就灭亡，所以他们二人的主张被采纳，行事畅通无阻，自身处于尊贵地位，恩泽延及到后代，子子孙孙长久显荣。如今则不是这样的情况，圣明皇帝在上掌管朝政，德行流布于整个天下，诸侯都归顺服从，声威震动四方夷狄，四海以外的地区连接成像是在一张座席坐着，安稳得好像一个倒置的盆，天下平和均匀，聚合成为一家，想要兴发什么举动，运作起来容易得像是在手掌上转动。贤能和不贤能，凭什么来区分差别呢？现在汉朝天下广大，士民众多，竭尽精力，驰骋游说，如同辐条凑集车毂一样，竞相到京城里向朝廷献计献策的人，数也数不过来。他们竭尽全力仰慕道义，仍然不免被衣食所困，有的人也就失掉了进取的门路。让张仪、苏秦和我同时一起生活在当今社会，他们甚至连掌故这样的小官职也不能得到，怎么敢于期望做常侍侍郎呢！书传上说：'天下没有灾害，即便出了圣人，也会没有地方施展他的才能；上下和睦协同，即便出了贤能的人，也没有地方去立功。'所以说时代不同那么事态也不同。即使是这样，怎么可以不致力于自身修养呢？《诗经》里说：'宫廷里面敲大钟，钟声总要传出宫。

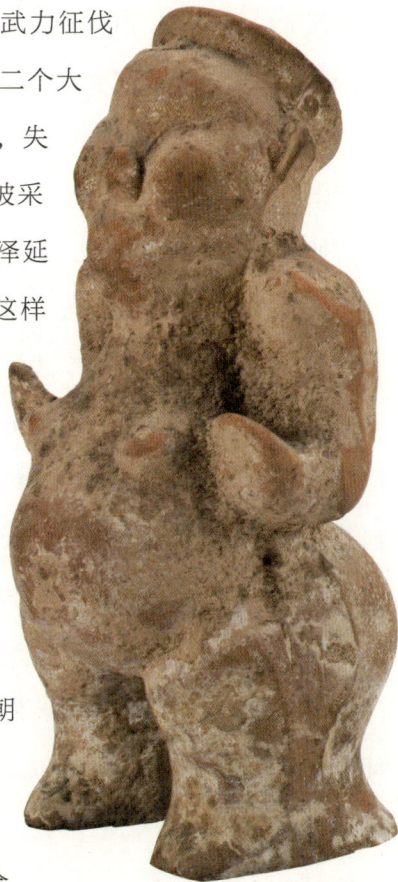

▶ 陶侏儒俑 · 汉

美国弗利尔美术馆藏。红陶制成，施以白色陶衣。这个侏儒头戴小冠，额头隆起，面颊突出，虽眉目不清但形态憨态可掬，双手前举，大腹便便，臀部浑圆，展现了一个侏儒艺人的演出风采。从商周以来，侏儒就是宫廷演出中不可或缺的演员，而其中最著名的侏儒要算是秦国的优旃了。汉代以后，出土了大量的侏儒俑，画像石上亦有侏儒形象，可见侏儒在当时的宫廷娱乐中的重要作用。

沼泽曲折白鹤鸣叫，声音嘹亮可以传到天上。'假如士人能够修养自身，哪里还怕不显荣！姜太公亲身施行仁义七十二年，遇见了周文王，才能够实行他的学说，封在齐国，他的影响七百年也没断绝。这就是士人日日夜夜孜孜不倦地研习学问、实践主张而不敢停下来的原因，现在社会上的隐居之士，一时虽然不能用他，却高洁自立，孤静独处，远观许由，近察接舆，智谋如同范蠡，忠诚可比伍子胥，天下和平，修养道义，因而缺乏同伴门徒，本来也是平常的事情。你们为什么要怀疑我呢！"这时各位先生沉默起来，无话可说。

▶博山炉·西汉

美国克利夫兰艺术博物馆藏。由炉盖、炉身、底座三部分组成。底座为圈足，上面饰高浮雕山海造型。炉盘中部为圆柱形立柱。炉身子母口，圆鼓腹，底部有一小圆座和立柱铆焊在一起，炉壁饰凸弦纹三道。炉盖透雕分为上下两层。上层铸出重峦叠嶂的山形，流云环绕，在云山间有虎熊出没，表现了人兽搏斗及人物驱牛车的场面。这件博山炉形象生动、逼真，整体雕镂精细，造型优美。

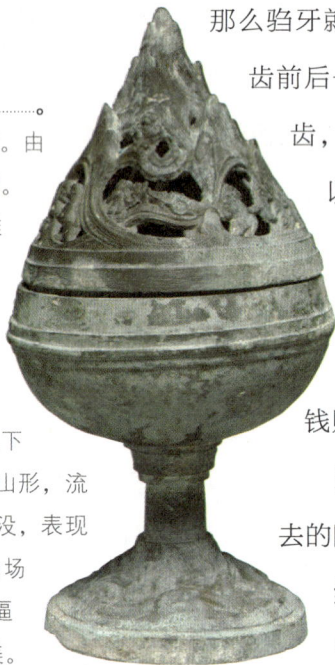

建章宫后阁的双重栏杆中有动物跑了出来，它的形状好似麋鹿，宫中的人把这件事奏报给武帝。武帝亲自前往观看，他询问近侍群臣中熟悉事理通晓经术的人，没有谁知道是什么动物。武帝诏令东方朔来察看，东方朔说："臣知道，希望陛下赐给我美酒精米饭让我饱餐一顿，臣才说。"武帝说："可以。"东方朔已经吃完了宴席，又说："某地方有公田、鱼池和芦苇几顷，陛下将它赐给臣，臣东方朔才说。"武帝说："可以。"于是东方朔才肯讲，说："这就是所谓的驺牙。当远方异族来归顺朝廷，那么驺牙就会先期出现。驺牙的牙齿前后一样，门牙齐等而没有臼齿，所以它称作驺牙。"这以后一年左右，匈奴浑邪王果然统领十万兵众来投降汉朝。于是武帝再次赐给东方先生很多钱财。

到了晚年，东方朔将要死去的时候，劝谏武帝说："《诗经》云：'苍蝇飞舞声营营，飞上管笛把身停。平

缂丝《东方朔偷桃图》·明

美国纽约大都会艺术博物馆藏。图缂织东方朔偷取仙桃后疾走之状，其回头张望、银须飘拂之态极生动。另配仙桃、灵芝、水仙、竹石，寓意"芝仙祝寿"。传说东方朔三次偷食西王母蟠桃，此桃三千年一结果，食一枚寿与天齐，故东方朔被奉为寿星，后世常以此题材作祝寿之意。

易近人的君子，别人谗言您莫听。谗人说话没定准，搅乱各国不太平。'我希望陛下远离奸巧谄媚的人，斥退说人坏话的官员。"武帝说："现在为什么东方朔反倒是多有善意的言论了？"武帝感到很奇怪。过了没有多久，东方朔果然重病去世。书传上说："鸟将死去的时候，它的叫声是悲哀的；人将要死的时候，他说的话是善良的。"说的就是这种情况吧。

东郭先生

汉武帝时，大将军卫青是卫皇后的兄弟，被封为长平侯。他统领大军去出击匈奴，直到余吾水边才返回，斩敌首捕俘虏，建立了功劳回到京城，武帝下令赐给他黄金一千斤。卫将军出了宫廷大门，齐地人东郭先生以方士的身份在公车府等待诏令任

使，他在大路上拦住卫将军的车马，拜见说："希望能向您禀报事情。"卫将军停下车子，东郭先生依靠着车子发话说："王夫人新近得到皇上宠幸，家里贫困。如今将军得到了千斤黄金的赏赐，如果能拿出其中的一半赠给王夫人的父母，君主听说了必定很高兴，这就是所谓奇妙方便的计策。"卫将军感谢他说："我很幸运承蒙先生告知这个方便计策，一定遵从指教。"于是卫将军就拿出五百斤黄金向王夫人的父母问安。王夫人把这事告诉武帝。武帝说："大将军不懂得干这样的事情。"就询问他从哪里接受的这个计策，卫将军回答说："从等待诏书任使的东郭先生那里接受的。"武帝下令召见东郭先生，任命他做郡都尉。东郭先生长时间在公车府等待诏书任使，贫困饥寒，衣服破败，连鞋都不完整了。他在雪中行走，鞋有面而没有底，脚全踩在地面上。路上的人笑话他，东郭先生应答说："谁能做到穿着鞋在雪地行走，让人看起来，脚上面是鞋，鞋子底下踩过的地方却像是人的脚印的呢？"等到他被任命为二千石级别的官，佩带上青色绶带走出宫门，前去辞谢他的主人。过去都因同样情况在官府等待诏令任使的人，全部到都城门外排列在道路上为他饯行，他因此在道路上就显示出荣华，在当世树立了声名。这就是人们所说的穿着破

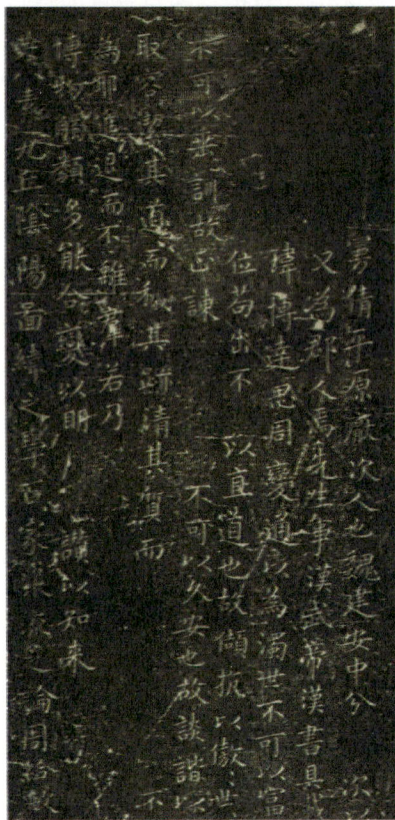

▶ 小楷《东方朔画赞》拓本·东晋·王羲之

日本东京国立博物馆藏。《东方朔画赞》，《文选》题名为《东方朔画赞一首并序》。《赞》前半部分为序文，后半部分是四言一句的韵语。王羲之用小楷书写的《东方朔画赞》是书法史上的名作，又称《像赞》，梁朝陶弘景在《论书启》中曾提及此作。唐褚遂良《右军书目》著录王羲之书迹，将此帖列为正书第三卷。

旧衣服而身上却怀揣着珍宝的人呀。当他贫穷困苦的时候，没有人去看望他；等到他富贵了，人们就争着去依附他。俗话说："相好马失误在于认为马瘦，相贤士失误在于认为人穷。"难道是说的这种情况吗？

王夫人病得很严重，君主亲自前来问候说："你儿子应当封王，想把他安置在哪里？"王夫人回答说："希望封他在洛阳。"君主说："不可以。洛阳有武兵器库和粮仓，又位于关卡要冲，是天下的咽喉之地。从先帝以来，沿袭着不在这里封王。然而关东一带的封国没有哪个比齐还大，可以封他为齐王。"王夫人用手拍打着头，喊着"非常荣幸"。王夫人死后，称为"齐王太后薨"。

淳于髡轶事

从前，齐王派淳于髡把一只天鹅献给楚国。淳于髡出了国都门，在路上那只天鹅飞走了，他只提着空笼子，编造了一套欺诈的话语，前往拜见楚王说："齐王派臣下来献天鹅，从一条河上经过时，我不忍心天鹅口渴，就把它提出来让它饮水，它却离开我飞走了。我想刺穿肚子用绳拴着脖子去死，恐怕人们会议论大王因为鸟兽的缘故而让士人自杀。天鹅，是羽毛类的动物，有很多是相似的，我想买一只来替代它，这样做既不诚信又欺骗了大王。想去其他国家逃亡，又痛心两国国君的使臣不能实现交往。所以我前来承认过错，叩头接受大王的处罚。"楚王说："很好，齐国有像你这样诚信的士人呀！"重重地赏赐了淳于髡，钱财要比进献天鹅多好几倍。

文学卒史王先生

汉武帝时，征召北海太守到皇帝所在地来。有个掌管文书的小吏王先生请求同太守一道前往，说："我对您会有帮助的。"太守答应了他。太守府中许多下属官员禀告说："王先生嗜好饮酒，话说很多却很少干出实事，恐怕不可以同他一起前往。"太守说："王先生想要去，不好拒绝。"太守就同他一起前往。他们来到了皇宫前，在皇宫门口等待下诏传令进见。王先生只顾身上藏着钱买酒，和守卫士兵的长官一起喝，每日都醉醺

▶ 人物故事纹镜·西汉

美国弗利尔美术馆藏。镜钮为二弦钮。钮座饰四龙纹，外圈一周射线纹。镜背面主体纹为人物画像，分为四区，每区间以博山纹间隔，内容完全相同。画面分上下两排，上排分三组人物，每组以古树相间。左边一组为驯虎图，驯虎者站立，左手前伸，抚摸一虎。中组为一听琴画面，中间一人操琴，右侧坐一人双手上举，似在和弦击节，左侧一人拱手站立。听琴图右侧有二人头带云冠，着深衣束带，足穿翘首履，神态恭谨，似在对语。下排有左右两组画面，间隔博山纹。左为驯豹场面。右为骑虎图，骑虎者头绾发髻，骑于虎背之上。画面中既有反映当时现实生活的场景，也有神话故事。铸镜者在方寸之间，表现出了现实生活、神话故事等极为丰富的内容，可谓匠心之作。该镜铸造精良，多种浮雕手法来表现不同的纹饰，地纹简约，主纹整齐，层次分明，充分展现了西汉时期高超的铸镜技术。

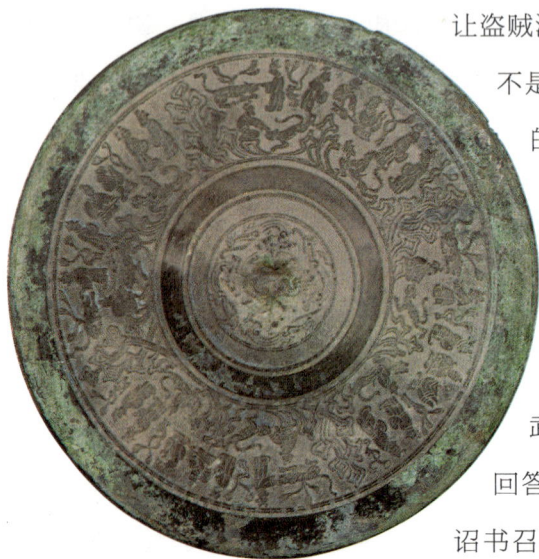

醺的，也不去看望太守。太守进宫去朝拜天子。王先生对侍卫郎官说："麻烦您帮我叫我们太守到宫门口来，隔着远远的说几句话。"侍卫郎官替他叫来太守。太守来了，远远地望见王先生。王先生说："天子如果问您用的什么办法治理好了北海郡，使得那里没有盗贼，您怎样回答呢？"太守回答说："选拔贤能的人才，根据他们的能力分别任用去干事，奖赏治绩特别优秀的，惩罚不上进的。"王先生说："您这样回答，是自我称赞自行夸耀功劳，是不可以的。希望您回答说：不是臣下的力量做到的，全都是陛下的神明威武所改变感化的。"太守说："好。"太守被召进宫，到了殿庭之下，有诏令询问说："用什么方法治理北海郡，让盗贼没有兴起？"太守叩头回答说："这不是臣下的力量做到的，全都是陛下的神明威武所改变感化的。"武帝大笑起来，说："哎呀！哪里得来的长者之语呢！从哪里接受来的呢？"太守回答说："从我掌管文书的小吏那里接受来的。"武帝说："他现在在哪里？"太守回答说："在宫府门外。"武帝下达诏书召见，任命王先生做水衡都尉手下

▶东方朔墓

东方朔墓位于山东省德州市陵城区城东北 10 千米处的神头镇。墓北临笃马河，东傍秦汉七十二冢高大墓群，东西长 22 米，南北长 16 米，高 3 米，墓前原有石碑，上题"东方朔先生之墓"。祠今已废，唯存唐天宝十三载（754）颜真卿书《汉太中大夫东方先生画赞》碑，此碑现已移至陵城区内建亭保护。

的佐吏，任命北海太守做水衡都尉。书传上说："美好的言辞可以出卖，尊贵的品行可以高出他人。君子互相赠送的是言论，小人互相赠送的是钱财。"

▶西门豹治邺

魏文侯的时候，西门豹出任邺县县令。西门豹前往上任到了邺县，会见长老们，询问民众的疾苦。长老们说："老百姓最痛苦的事情是替河神娶媳妇，因为这个缘故而贫穷了。"西门豹询问其中的原因，长老们回答说："邺县掌教化的乡官、县府的属官常年搜括百姓的赋税，收取的钱有几百万，用其中的二三十万来举行替河神娶媳妇的活动，剩下的钱就和祭神祷鬼的巫祝一同瓜分，拿回家去。在搞这种活动的时候，巫师走访观察普通人家女子长得漂亮的，说这个女子应当做河神的媳妇，就把她下聘娶走。让她洗干净身

体，替她制作新的有花纹皱褶的丝织品衣服，让她单独居住进行斋戒；接着又在河面上建造一座斋宫，张挂起黄色、深红色的丝质帷帐，让女子居住在其中。备办起牛肉美酒等宴席，这样的活动要做十几日。然后大家给她装饰打扮，准备像嫁女子一样的床帐枕席，让女子坐在上面，放入河中漂行。开始时是漂浮着，经过几十里就沉没了。那些有漂亮女子的人家，害怕大巫祝替河神娶走了，因此多数带着女儿逃走了。由于这个缘故，县城里越来越空虚无人，再加上困苦贫穷，这种情况持续的时间已经很久了。民众的俗语说'如果不替河神娶媳妇，就会发大水淹没土地，淹死这里的民众'这样的话。"西门豹说：

"到了替河神娶媳妇的时候，希望掌教化的乡官、祭神祷鬼的巫祝、乡亲父老们送女子到了河边，请派人来告诉我，我也前去送女子。"大家都说："好。"

到了替河神娶媳妇的时候，西门豹前往河边参加这个活动，掌教化的乡官、官员、豪绅以及乡里的父老们都会聚在一起，连同民众前往观看的有两三千人。那个巫师，是个老年女子，已经七十岁了。跟随巫师的女弟子有十人左右，都穿着丝质单衣，站在大巫师的后面。西门豹说："叫河神的媳妇过来，我看看她长得是美还是丑。"随即让女子从帷帐中走出，来到西门豹面前。西门豹一看，回过头对掌教化的乡官、祭神祷鬼的

西门豹渠

又名"引漳十二渠"，是战国时期魏国人西门豹主持兴建的，灌区在漳河以南（今河南省安阳市北）。至今安阳县高穴村还有邺渠、闸门的遗迹。第一渠首在邺西18里（今岳城水库坝下），相延12里内有拦河低溢流堰12道，各堰都在上游右岸开引水口，设引水闸，共成12条渠道。灌区不到10万亩。漳水浑浊多泥沙，可以落淤肥田，提高产量，邺地因而富庶起来。

巫祝和乡亲父老说："这位女子不漂亮，烦劳大巫婆进到河中去报告河神，需要另外寻求漂亮女子，过几天再送给他。"西门豹派官吏士兵共同抱着大巫婆投到河中去。过了一会儿，说："巫婆为什么耽搁了这么久？她的弟子去催促一下！"就把一个弟子投到河里面。过了一会儿，西门豹说："弟子为什么耽搁这么久？再派一个人去催促一下！"又扔一个弟子到河里面去。总共扔下了三个弟子。西门豹说："巫婆和她的弟子这都是些女人，不会禀告事情，烦劳掌教化的乡官到河里去禀报一下。"又把掌教化的乡官扔到河里面。西门豹帽上插着簪子，弯着身子，面对河站着等待了好长时间。乡里的长老、官吏在旁观看的都很惊慌恐惧。西门豹回过头说："巫婆、掌教化的乡官不回来，怎么办？"想再派县府属官和一位豪绅到河里去催促。他们都跪下叩头，把头都磕破了，额头上的血流在地上，面色像死灰一样。西门豹说："行，暂且停下来等待片刻。"过了一会儿，西门豹说："县府属官起来吧。看样子河神留住客人会要好久，你们都离开回家吧。"邺县的官吏、民众特别惊慌恐惧，从这件事以后，不敢再提替河神娶媳妇的事了。

西河豹随即征发民众开凿十二条渠道，引漳河水灌溉民众的耕地，耕地都能浇上水。正当征发开渠的时候，民众修渠感到稍为劳苦，不想参加。

▶ 错金银云纹带钩·战国

美国弗利尔美术馆藏。带钩为细长琵琶形，饰错金银几何纹图案。造型优美，构图新颖，充分表现出错金银构图的富贵华丽。

西门豹说："民众可以乐于享受成果，不可以和他们商量事物的创始。如今父老子弟们虽然会讨厌我给大家带来辛苦，然而百年以后希望让父老子孙们思念我说过的话。"一直到现在邺县都能享受到漳河的好处，民众因此富裕起来。十二条渠道横穿驰道。到汉朝建立，地方官吏认为十二条渠道截断了驰道，彼此距离又相近，认为这样不行。想把渠道水合起来，并且把流经驰道一带的三条渠合起来架上一座桥。邺地的民众父老们不肯听从地方官吏的意见，认为是西门豹规划开凿的，贤能长官确定的规范不可以更改。地方官吏终于听从而放弃了合渠的想法。所以西门豹担任邺县县令，声名闻于天下，恩泽流传后代，没有断绝的时候，难道能说他不是贤大夫吗！

书传上说："子产治理郑国，民众不能欺骗他；子贱治理单父，民众不忍心欺骗他；西门豹治理邺县，民众不敢欺骗他。"三位人物的才能，哪个算最贤能呢？研究治理办法的人当然能分别出来。

▶ 西门豹治邺雕塑

西门豹可以说是大家最耳熟能详的历史人物了，因为在小学课本中有一篇课文就是《西门豹》。这篇课文的主要内容就来源丁《史记·滑稽列传》。

日者列传 第六十七

【解题】按照张晏的说法，本传是《史记》"十篇有录无书"之一。日者就是进行占候卜筮的人。这篇传记，名义上是为日者立传，但实际上是司马季主的传记，这和司马迁其他的传记体例不合。具体司马迁想对日者做怎样的描述，其内容已不可晓。但是本篇的文字对后世的影响却很深远，梁玉绳就曾说过"其文汪洋恣肆，颇可诵读"。

司马季主卖卜

自古以来接受天命才可以在天下称王，称王的人能够兴起何尝不是运用卜筮的手段来决定天命呢！这种情况在周代尤为盛行，直到秦朝也还可以见到。代王刘恒能够进入京城，就听信了占卜的决定。太卜官职的设立，到了汉朝建立以后更加兴盛。

司马季主是楚地人。他在长安都城的东市给人占卜。

宋忠为中大夫，贾谊为博士，一天二人一同外出休假，边走边议论，更替讲说先王圣人的治道方法，普遍探究世故人情，彼此瞧着对方叹息。贾谊说："我听说古代的圣人，如果

不处在朝廷当中，一定是在占卜人和医生行列里面。如今我已经见过了三公九卿和朝廷上的士大夫，都能了解到这些人的情况。我们试着到从事占卜人当中去考察一下他们的风采。"两个人随即坐同一辆车去到市场，在占卜人的店铺之间游逛。天刚刚下过雨，道路上行人很少，司马季主闲坐着，有三四个弟子在身边侍奉，他们正在辩论天地的规律，日月的运行，阴阳和吉凶的本源。两位大夫拜了两拜。司马季主看一下他们的形貌，好像是有识见的人，就对他们以礼相待，让弟子邀请二人入座。二人坐定以后，司马季主重新申述前面所讲的话，分析天地的起源与终结，日月和

星辰存在的时间，区别仁义一类世事的等次，叙列吉凶祸福的符验，说了好几千字的话，没有不顺理成章的。

宋忠贾谊问难

宋忠、贾谊从惊异中醒悟过来，收揽冠带整理衣襟端正地坐着，说："我们看见先生的容貌，听到先生的言辞，晚辈私下观察当今之世，还不曾看见过。如今您为什么地位这么卑贱，为什么职业这么污秽？"

司马季主捧着肚子大笑起来，说："看起来两位大夫好像是有治道学术的人，如今为什么说话这么鄙陋呢，为什么言辞这么粗野呢？如今先生所称的贤者是什么样的？所说的高尚者是谁呢？如今为什么认为长者是卑下污秽的呢？"

两位大夫说："尊贵官位，厚重俸禄，社会上认为是高尚的，有贤能才智的人处在这样的地位。如今先生所处的不是这种地位，所以叫作卑贱。言谈不能兑现，行为不能检验，索取不算恰当，所以叫作污秽。要说卜筮的人，是被世俗的人们轻视怠慢的。世人都讲到：'那些占卜的人多半是用夸大荒诞的言语来迎合人的情意，伪虚地抬高人的福禄寿命来取悦人的意志，随意编造些灾祸来伤害人的内心，假托鬼神的言论来费尽人的钱财，贪求酬谢来使自己获得私利。'这些是我们所感到羞耻的，所以称它卑贱污秽。"

司马季主论辩

司马季主说："二位暂且安坐。二位先生见过披散着头发的童子吗？日月有光芒照射，他们就行动，没有光辉照射，他们就静止，问他们日食、月食和所表现的吉凶，就说不清楚。从这点来看，能够知道辨别贤能和不贤能的人是很少的。

"贤人的行为，遵循正道来正言劝谏，多次劝谏不听就离开职位。他们称赞别人不希望得到报偿，厌恶他人不畏忌得到怨恨，以便利国家和民众为追求的目标。所以，官职不是他能承担的就不去做，俸禄不是因为他的功劳而获得的就不接受；见到他人不正直的地方，即便他们身处高位也不敬重；见到人家有污浊行为，虽然人家很尊贵也不屈就；得到荣华富贵也不以为喜，失去了荣华富贵也不悔恨；不是他应有的罪过，即使受捆绑侮辱也并不感到惭愧。

"如今二位先生所说的贤者，我都替他们感到羞耻。那些人低三下四地趋走奉承，巧佞谄媚地说话；在权势上互相勾结，在财利上互相关照；结党营私，排斥正直，来求得尊贵声誉，以接受国家俸禄；他们从事利己活动，歪曲君主法令，掠夺农民和平民；他们拿官位逞威风，拿法律当手段，追求财利，逆行暴虐；打个比方说他们和持着刀子抢劫人家的人没有什么两样。他们开始试着担任官职的时候，加倍努力

▶粉彩《司马季主论卜图》盘·现代·王隆夫

除了《史记·日者列传》关于司马季主的内容之外，明代刘基也写过一篇《司马季主论卜》的文章，其主人公就是司马季主和东陵侯，这件粉彩瓷盘就是根据刘基的文章绘制的。该画即描述东陵侯抱拳相请，司马季主摆手表示世事无常，应该顺其自然的情景。作品工写兼备，用笔苍劲古拙，老辣超迈，老中少不同年龄层的人物质感区分明显，且将司马季主的超然物外和东陵侯的急切情绪描绘得生动传神。

要弄奸巧欺诈，粉饰虚假的功劳，拿着华而不实的文书去欺骗君主，以居于高位当作显贵；担任了官职后，不肯让贤人陈述功劳，见到有可以作伪的地方就增饰当成真实，把没有的说成有，把很少的说成多，以便求得便利的权势和尊贵的地位；他们吃饱喝足了驱赶车马四处游玩，随从有美女和能歌善舞的僮仆，不顾及父母亲人的死活，触犯法令，危害民众，任意挥霍耗费公家财产：这就是一群不拿弓矛的强盗，不持刀剑的劫匪，虐待父母不加处罚，弑杀君王不被讨伐的人，怎么可以看作是高明贤能的人呢？

"盗贼出现不能够禁绝，夷貊部族不顺服不能够威慑，奸邪兴起不能够

▶ 帛书《天文气象杂占》（局部）·西汉

湖南省博物馆藏。1973年长沙马王堆三号汉墓出土。前面主体部分有六列图文，其中第三、四列在新拼缀中的次序调整较大；后半幅末段有四列占文。《天文气象杂占》这两部分可能是同一性质的两本古书。其中，第一部分是以图为主，文属于图。其占测对象都是用图画来表现，或者对图画形象辅以文字说明。在第一部分文字中所见的占家，有"北宫""任氏""赵氏"共三个，这些都是占家姓氏。司马迁写作《日者列传》的目的，就是为了给这些占家立传，虽然司马迁本人的文字不得而知，但是马王堆出土的占卜类帛书让我们看到西汉占卜学的真实情况。

阻止，官员贪赃枉法不能够治理，四季不和不能够调理，粮食歉收不能够调剂。有才能而不去干事，这样的人不是忠臣；没有才能却身居官位，贪图皇上的俸禄，妨碍贤者来取代，这是窃居官位；有关系的就进用，有钱财的人就礼遇，这是一种诈伪。你们难道没有见到鸱鸮和凤凰飞翔的不同吗？兰芷、芎藭这样的香草被抛弃在荒野，野蒿和萧艾却长得茂密成林，让有德的君子隐退而不能在众人面前显扬名声，是在位诸公造成的。

　　"只记述而不创作，这是君子的原则。如今的占卜之人，一定效法天地，取象四时的变化，顺从仁义，分辨筮策确定卦象，旋转栻盘占卜作卦。然后

根据这些谈论天地间的利害，事势上的成败。古代先王要安定国家，一定要先占卜日月，这以后才敢代天行政；正定年时月日，这以后才入朝主掌国家；生孩子一定要先占卜吉凶，这以后才能养育。自从伏羲氏制作八卦，周文王推演成三百八十四爻，因而天下得到治理。越王勾践仿效用文王的八卦行事才能灭掉敌国，称霸天下。从这样的事例说起来，卜筮有什么理亏的呢！

"再说从事卜筮的人，打扫清洁房间设置座位，端正好衣冠，然后才谈论世事，这是有礼仪的。他们的言论使得鬼神有的可以享用祭品，做一名忠实臣子来侍奉他的君王，做一名孝顺儿子来供养他的父母，做一个慈祥的父亲来养育他的子女，这是有道德的行为。而问卜的人出于道义放下几十近百的钱，有病的人可以痊愈，将死的人或许可以存活，祸患或许因此可以避免，事业或许因此可以成功，嫁女娶亲可以因此长养生育：这种事作为一种功德，难道只值几十近百钱吗！这正是老子所说的'具有至高德行的人并不以有德自居，因此他才有德'。如今从事卜筮的人对社会的

▶ **四神规矩镜·西汉**

美国克利夫兰艺术博物馆藏。镜为圆形，半圆钮，柿蒂方钮座，钮座外均匀分布十二个乳丁，乳丁间有十二地支名。外区有大乳丁八个和规矩图案，以乳钉和规矩图案为间隔，分饰青龙、白虎、朱雀、玄武图案，每一四神和一瑞兽相对。外圈饰射线纹和锯齿纹一周，边缘饰云纹一周。在汉代，四神与天象纹多出现在西汉中晚期，四神规矩镜不但蕴含着古人天圆地方的宇宙观，而且还承载着当时流行的天象观等各种社会意识形态。

好处大而所得的酬谢少，老子所说的话难道和这种情况有什么不同吗？

"庄子说：'君子内无饥寒的祸患，外无被劫夺的忧虑，处在高位会表现出审慎严肃，处在下位不会忌害他人，这是君子的原则。'如今卜筮者从事这一职业，积累无须聚集成堆，收藏不需要府库，迁徙用不着辎车，背负的行装不重，停下来就能用，用起来没有完结的时候。携带着用不完的物品，遨游在无穷的世界上，即使是庄子的行动也没超过这种情况，你们为什么却说不可以占卜呢？天的西北部不足，星辰向西北移动；地的东南部不足，就用海洋做池塘；太阳到了正午必定西移，月亮圆了以后一定亏缺；先王的道术，忽存忽亡。二位责求占卜人言论一定要真实，不也就让人迷惑吗？

▶ 帛书《阴阳五行》·西汉

湖南省博物馆藏。1973年长沙马王堆三号汉墓出土。又叫《阴阳五行》乙本，字体为隶书，其内容大致可以分为十个单元，有些图表相当完好，内容记有刑德运行的规律和选择顺逆灾祥的占语，所占对象有出行、嫁娶、选日、攻战、祭祀、禁忌、举事等，此外还记有对"文日""武五""阴铁""不足"等阴阳五行的特有名称和解释，确是研究汉初阴阳五行学说在的极好资料。

"二位先生见过能言善辩的人士吗？考虑事情，确定计谋，必定是这些人，然而他们不能拿片言只语取悦君主的心意，所以讲话一定称引先王，说话一定叙述远古；考虑事情，确定计谋，或夸饰地讲说先王的成功，或谈及他们的失败祸害，使君主的心志感到喜悦和恐惧，来寻求实现自己的愿望。话语很多并且夸大荒诞，没有比这种情况更严重的了。然而想要使国家强盛，事业成功，对国君竭尽忠诚，不这样做就站不住脚。如今的占卜者，做的是

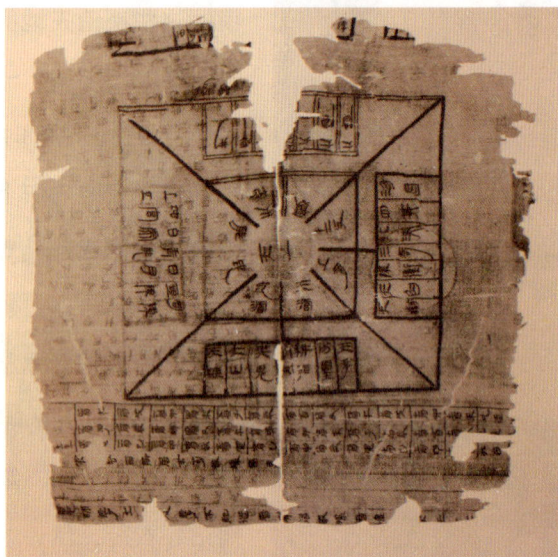

引导迷惑教化愚昧的事业。那些愚昧迷惑的人，怎么能用片言只语就让他们聪明起来！因此，说话不厌其多。

"所以骐骥不能和疲驴同驾一辆车，而凤凰不和燕雀同在一个群体，贤能的人也不和不贤能的人站在同一行列。所以君子处在卑贱隐蔽的地位来回避大众，自己藏匿起来以回避人伦的束缚，暗中察明道德顺畅的时机来消除种种祸害，以表明上天的本性，帮助上天养育生灵，增加事物的功利，不追求尊贵赞誉。你们二位不过是些随意发表议论的人，哪里知晓长者的道理呢！"

宋、贾丧气

宋忠、贾谊恍恍惚惚觉得失去了自我，茫茫然没了神色，怅然闭口说不出话。于是二人提着衣缘从座位上站起来，再三拜谢就告辞了，走起路来像是失去了依靠，出了市场门二人仅仅能自己上车，伏在车上低着头，始终透不过气来。

过了三天，宋忠在宫门外见到了贾谊，就相互引领躲开旁人，两人谈论叹息说："道德高尚更加安宁，权势越高更加危险。处在显赫的权势地位上，丧失自身将指日可待。要说从

曲颈蒜头壶·西汉

台北故宫博物院藏。长颈弯曲的铜蒜头壶，由于颈部下弯，因此开口移至颈部弯曲处的最高点，同时在开口与下垂的颈部中间有铜片阻隔，如此酒液才不会滞留在曲颈的末端。这样的设计是十分周到的，而壶口原本是有铜盖或木塞以防酒味散失，现已失落不存，并非铸造时的疏忽。

事占卜如果有不精确的地方，也不会被夺掉口粮；替君主谋划要是不审慎，就没有立身之处。这两者之间的距离是很远的，犹如上天之冠大地之鞋一样。这是老子所说的'无名是产生天地万物的根本'呀。天地广阔无际，万物兴盛繁多，有的安宁，有的危殆，不知道处在什么境况下。我和你，哪里值得去参与他们的活动呢！他们经过的时日越久就越发安全，即使是庄子的主张也没有和他们有什么不同的地方。"

过了很久，宋忠出使匈奴，没有到达匈奴王庭就回来了，被判为有罪。而贾谊做了梁怀王的太傅，梁怀王从马上坠下来死去了，贾谊从此吃不下饭，伤心过度也死去了。这是致力于追求荣华而断绝了性命的事例明证。

太史公说

古时候占卜之人的事迹不被记载的原因，是因为他们的事迹多不见于文献。一直到司马季主，我便将其言行记述下来才加以著录。

褚先生说

我做郎官的时候，在长安城中游览观察，看到从事卜筮的贤大夫，观察他们的起居走动，或坐或起自然而动，谨慎地端正衣帽以便接待乡下人，有君子的风采。看到性格喜欢解疑的妇女来问卜占卦，占卜者对待她们时的面部表情严肃，从来不曾露出牙齿嬉笑。自古以来，贤能的人逃避世俗，有生活在荒芜的沼泽地的，有居住在民间轻易不说话的，有隐藏在从事卜筮者中间来保全自身的。要说司马季主，是楚地的贤能大夫，到长安来求学，通晓《易经》，能够陈述黄帝、老子的主张，见识广博眼界深远。考察他回答二位大夫贵人的话语，称引古代明王圣人的道术，本来就不是只有浅陋见闻小巧技

能之辈。至于靠卜筮在千里之内树立名声的，到处都可以见到。书传上说："富裕算上等，尊贵算其次；已经尊贵了还必须各自学一门技能在社会上站住脚。"黄直是大夫，陈君夫是妇女，凭着相马在天下树立名声。齐地张仲、曲成侯凭借善于击刺学习使用剑而在天下树立名声。留长孺凭借相猪树立了名声。荥阳褚氏凭借相牛树立了名声。能够凭借技能树立名声的人特别多，他们都有高出世俗超出常人的风采，哪里可以说得尽呢。所以说："不是合适的土地，进行种植也不会生长；不符合他的意向，进行教育也不会成功。"因而家中教导子孙，应该观察他们喜好什么，如果他的喜好蕴含着生活的道理，那就根据他的喜好去加以造就。所以说："建造什么住宅，给子女取用何名，足以看出士人的志趣；儿子有了恰当的职业，就可以称得上是贤能人了。"

我在做郎官的时候，与太卜官待诏为郎官的人同在一个衙门办事，他们谈到说："孝武皇帝的时候，聚集占卜家来询问，某一天可以娶亲吗？五行家说可以，堪舆家说不可以，建

▶ **青瓷双系敞口壶·西汉**

英国维多利亚与阿尔伯特博物馆藏。壶敞口，粗颈，颈肩结合处饰对称双耳，圆腹，平底。胎为火石红色，质地坚硬。壶上半部分施釉，下半部分露胎，釉色呈黄绿色，光亮莹润。口沿下刻水波纹一周，颈肩结合处刻水波纹一周，肩部刻划上下两组写意鸟纹，双耳上部堆塑"S"形纹，下部贴塑活环。肩部至腹部有凸弦纹三道。此类产品已经脱离了原始青瓷的范畴，是原始青瓷向青瓷发展过程中的代表性产品。

除家说不吉利，丛辰家说会大凶，历法家说是小凶，天人家说有小吉，太一家说会大吉。各家辩论争执不能统一，把这种情形奏明皇上知道。皇上下令说：'避开各种僵化的忌讳，以五行家的意见为准。'"这就是人们采用五行家意见的缘由。

龟策列传 第六十八

【解题】本篇也属于"十篇有录无书"之一。《史记索隐》《史记正义》都认为是褚少孙的补作，张守节甚至说："《日者》《龟策》言辞最鄙陋，非太史公之本意也。"即便如此，褚少孙对于该篇还是进行了深入研究的，其内容确实表明司马迁所作的本传在汉元帝、汉成帝的时候确实已经缺失。而开篇"太史公说"一段文字显然是"好事者"的手笔。

《龟策列传》序

太史公说：自从古代的圣明君王将要建立国家承受天命，起意兴办各种事业，何曾不重视举行龟占卜筮来助成善事呢！唐尧虞舜以上的年代，无法记载了。从夏、商、周三代的兴起看，他们都依据了卜筮的祥瑞。依从了娶涂山氏女占卜的吉兆，因而夏朝开始了相传的世代；简狄吞食玄鸟卵生契，卜兆顺吉，所以殷朝就建立起来了；后稷教民种植百谷的卜筮吉利，所以周朝得以在天下称王。帝王们判定各种疑难，进行卜筮作为参考，依靠蓍龟帮助决断，是一直不可改变的认识和主张。

蛮夷氐羌各个部族，虽然没有君臣的等级，但也有决定疑难的占卜习俗。他们有的利用金石，有的利用草木，不同的国家有不同的风俗。然而都能依据占卜推断的吉凶指导战争攻伐，推测战争形势以求得胜利，各自相信各自的鬼神，据以预知未来事势。

我也略微听说过夏朝、殷朝想要求卜，就取蓍草龟甲，随后就丢弃不用，认为龟甲收藏久了就不灵验，蓍草收藏久了就不神明。直到周王室的卜官们，才经常珍藏着蓍草龟甲。并且他们对蓍草龟甲灵验的大小，使用的先后顺序，都有所区分，总之运用它们的目的是相同的。有人认为圣明帝王遇到事没有不能裁定的，决断

疑难不会没有正确意见的，他们之所以设置考查神意求问占卜这套办法，是认为后世会衰败，愚昧的人不会拜聪明的人为师，人们各安于自我的识见，分化成百家学派，主张琐碎没有边际，所以将物情事理推崇到十分微妙的境界，求得精神上面的纯洁。有人认为灵龟所擅长的，圣人也无法和它相争。它对吉凶的判定，辨别事情的对错，多半符合人的心意。到了汉高祖的时候，沿袭秦代制度设有太卜官。当时天下刚刚安定，战争还没有平息。到汉惠帝时，他在位时间短，吕后又是女主听政，汉文帝、汉景帝沿袭已有的做法，没有闲工夫对卜筮讲述试用。虽然有人专掌天文历算，世世代代相递传习，他们精微深妙的学识，大多数已经遗失。等到当今皇上即位，广泛开通多才多艺之人的上进之路，将百家的学说全都引入，通晓一技之长的士人使他们都能自行效力，具有绝伦超奇的人受到推崇，对谁也不加偏私。几年之内，太卜官聚集了很多人才。此时正碰着皇上想出击匈奴，在西部攻打大宛，往南去收服百越，卜筮能做到预测事情变化，先期谋划好情势利害。到后来猛将摧敌锋芒取敌符节，在战场上取得胜利，占卜人凭功夫也在这方面做出了努力。皇上对此特别重视，对有些人的赏赐甚至达到了几千万。像丘子明等人，财富暴增，尊贵宠幸，倾动了朝廷。至于用占卜猜度诅咒的办法，在进行巫蛊活动时有的很准确。对于平素和他们有小怨小仇的人，借用朝廷名义肆行诛杀，纵情加以伤害，以致被毁家灭族的，数也数不清。各级官吏震

► **卜甲 · 商晚期**

山东定陶十里铺北遗址出土。卜甲为龟的腹甲，出土时稍有残缺，卜甲上分布着十几个钻凹和烧灼痕迹，兆纹清晰可见。这是商代利用龟甲占卜的实物证明。

惊恐惧，都说龟甲蓍草非常灵验。后来事情被发觉奸谋败露，也被诛灭了三族。

要说手持蓍草确定气数，灼烤龟甲观测征兆，这些具有无穷的变化，因此选择贤人来进行占卜，可以说是圣人的重要事务。周公用龟甲卜了三次，武王的病就痊愈了。商纣为政暴虐，即使用大龟来占卜也得不到吉兆。晋文公将要恢复周襄王的天子之位，占卜时得到了黄帝战于阪泉之野的吉兆，终于接受了彤弓的策命赏赐。晋献公贪恋骊姬的女色，占卜时得到的是因口舌产生祸患的征兆，它的祸乱终于涉及五位君王。楚灵王将要背离周王室，占卜的征兆是不吉利，终于遭遇乾溪败亡。龟兆预应的是内心的诚信，而当时人明确观察到的是外部的表现，能不说这是两相符合吗！君子称那些轻视卜筮、认为没有神灵的人，是荒谬的；背弃人谋的常道，只相信吉兆的人，鬼神也得不到应有的对待。所以《尚书》设置出解决疑难的方法，五种方法中卜和筮占有两种，五种意见不一致的时候，依从多数的意见，说明采用卜筮却不专信卜筮的道理。

我到江南，观察龟策的事情，询问那里的长老，他们说龟活到一千岁就能在莲叶上走动，蓍草一百秆茎长在一条根上。而且它们所生长的地方，没有虎狼等野兽，没有毒草。江边人家常常畜养龟并食用它，认为食用了龟能导引躯体增长元气，有利于防止衰老延年益寿，这些话难道不可信吗！

▶ 蓍草标本图

《本草纲目》云："按班固《白虎通》载孔子云：蓍之为言耆也，老人历年多，更事久，事能尽知也。陆佃《埤雅》云：草之多寿者，故字从耆。《博物志》言：蓍千岁而三百茎，其本已老，故知吉凶。"本品常为占卜之用，故得此名。

❀ 补录缘由

褚先生说：我因为通习经学，做博士

▶卜骨·商

这是两块卜骨的残片，虽然看不到上面的钻凹和烧灼痕迹，但是卜辞却清楚地刻在了上面，这一类卜骨是研究商代占卜和甲骨文的重要史料，价值巨大。

弟子进行学习，研习《春秋》，由于成绩名列前茅做了郎官，荣幸地进宫值宿警卫，在宫廷中进出了十多年。我私下喜好《太史公传》。太史公的书中说："夏、商、周三代有不同的龟卜方法，四方夷族占卜起来各不相同，然而各自都通过占卜来决定吉凶，粗略地查看占卜的要义，所以写成了《龟策列传》。"我来往在长安城中，寻求《龟策列传》但没有找到，所以前往太卜官处访问，询问稍通掌故文学的长老中熟悉占卜之事的人，写下了用龟策进行占卜的事情，编列在下面。

▶伏灵菁草与神龟

我听说古代的五帝、三王有什么兴作和重大事件，一定要先用菁草龟甲占卜吉凶。书传上说："地下有伏灵，地上就长菟丝子；上面长出一丛菁草，它下面就有神龟。"所谓的伏灵，它长在菟丝子下面，形状像一只飞鸟。新雨初晴，清净无风，在夜间把菟丝子割去拿走，接着点燃灯笼在这块地面照一下，如果

火灭了，就标记下这块地方，用四丈新布围绕着放在那里，天明后就在这个地方发掘采挖伏灵，挖四尺到七尺深，就能得到，超过七尺就不会有了。伏灵是千年松树的根，吃了它可以长生不死。我听说蓍草长满一百秆茎的，它下面一定有神龟守护着，上面常常有青云覆盖着。书传上说："天下和平安定，王道实施，蓍草的茎可长到一丈高，它就会成丛生长并且有一百秆茎。"当今世上摘取蓍草的人，不能遵循古代的法度，也不能获得有一百秆茎长一丈的蓍草，寻取八十秆茎以上、高八尺的蓍草就很难得了。民众喜欢用它占卦的，找到满六十秆茎以上、高度达到六尺的，就可以用了。有记载说："能够获得名龟的人，财物就会归聚到他家，他家必定特别富裕，财产达到千万。"一名"北斗龟"，二名"南辰龟"，三名"五星龟"，四名"八风龟"，五

▶《神龟图》·金·张珪

故宫博物院藏。《神龟图》是金代画家张珪创作的一幅画。画面上画一个神龟匍匐于临水河滩上，昂首吐云气，意在祥吉。神龟前二肢短粗有力，后肢伸展，细长的尾巴略微上翘，眼睛圆亮，似乎在窥视四方动静。四周为一片空旷田野与平坦沙滩，且在云雾中现出红日，金龟在这幽静环境中缓慢地向前爬行。此画构图简洁，设色和谐，画风近院体。画面景物简单，神龟造型准确，全身以点、线及墨色深浅变化体现不同质感。

名"二十八宿龟"，六名"日月龟"，七名"九州龟"，八名"玉龟"，总共有八种名龟。古书上的龟图有文字画在腹下，文字说明什么，指的就是某一种龟。我这里只简略记下大意，不画出它们的图。捕捉这种龟不一定要满一尺二寸长，一般民众得到长七八寸的，就可以视作宝贝。如今有些珠玉宝器，即使藏得很深，也一定会显出它们的光辉，一定会透射它们的神明，可能说的就是像名龟一样的情况吧！所以玉石藏在深山，树木就会润泽，深渊当中出产珍珠，岸上的草木就不会枯萎，润泽使它们成为这样的。明月珠出产在江海中，潜藏在蚌壳中，蛟龙伏在它上面。

做帝王的人得到了它，就会长期主宰天下，四方夷族都会来归顺。能够得到同长着百秆茎的蓍草，并且得到它下面的龟来进行占卜的，就能百句问话百句应验，足以决定吉凶。

❯神龟传说

神龟出产在长江水中，庐江郡每年按时把长一尺二寸的活龟二十只供给太卜官，太卜官因而选择吉日剔取龟腹下的甲片。龟活一千年才能长满一尺二寸。君王调兵遣将，一定要在太庙的明堂钻灼龟甲占卜，来预测行动的吉凶。如今高祖庙宇中有龟室，收藏这些龟甲当作神宝。

书传上说："拿龟前足的臑骨穿起来佩带在身上，在屋里的西北角悬挂一只龟，这样做的话人进入深山大林中，就不会迷惑。"我做郎官的时候，见过《万毕石朱方》这本书，书上说："有神龟生长在江南的嘉林中间，嘉

林里的兽类没有虎狼，鸟类没有鸱鸮，没有毒草，野火烧不到这里，没有人来砍伐，这就是嘉林。龟生活在这里，常常在芳洁的莲花上筑巢。龟的左边胸肋写有文字：'甲子日再放光明，得到我的，平民会成为国君，能做有封地的官长，诸侯得到我的会成为帝王。'到白蛇盘绕的林中去寻找，进行斋戒以后去等待，保持庄重恭敬的神态，情况就好像有人来告诉你一样，因而用酒浇地祭奠鬼神，披散着头发祈祷，连续三天三夜就可以得到。"从这样的记载来看，难道不神奇吗？所以对龟能够不敬重吗？

南方的老人用龟来支床足，经过二十多年，老人死了，移动床，龟还活着没有死。龟能运气导引躯体。发问的人说："龟到了这般神灵的地步，然而太卜官得到活龟，为什么总是杀死取它的腹甲呢？"近代长江岸边有人得到名龟，把它养起来，这个人家因此特别富足。这人和其他人商量，想把龟放生了，有人教他杀了龟不要放生，放生了家里就会破败。龟夜间给主人托梦说："送我到水里去，不要杀了我。"这家人最后还是杀了龟，杀了龟以后，这个人死去，家庭也倒了霉。平民和君王们目的和手法不同。一般民众得到名龟，看样子像是不应该杀的。拿往古的故事来说明，古代英明帝王圣贤君主都是杀了它用来占卜的。

❄神龟托梦宋元王

宋元王在位的时候得到了神龟，也杀了它用来占卜。我把这件事编连在下面，让感兴趣的人从中阅览参考。

宋元王二年，长江之神派遣神龟出使黄河，到了泉阳，打鱼人豫且撒网获得了神龟并囚禁起来，放置在笼子里。半夜，神龟给宋元王托梦说："我作为长江的使者出使黄河，但渔网挡住了我的路。泉阳的豫且得到了我，我不能逃脱。身处患难当中，无处求告。大王有德有义，所以来告诉您。"元王警觉醒来，就招来博士卫平询问说："刚才我梦见一个男子，伸着脖子长着长脑袋，穿着黑色的绣花衣乘着辎车，来给我托梦，他说：'我作为长江

的使者出使黄河，但是渔网挡住了我的路，泉阳的豫且抓住了我，我不能脱身，身处患难当中，不知道向谁求救。大王有德有义，所以来告诉您。'这来托梦的是什么东西呢？"卫平就旋转起占卜时日的仪器，抬头察看月亮的光芒，观察北斗七星所指的方向，确定太阳所处的位置。运用测量方圆的工具先定下东西南北的方位。随后东南、西南、西北、东北得到测定，因而八卦的位置就都遥相呼应。观测其中的吉凶，神龟就显现出来。于是他对元王说："昨夜壬日子时，太阳行至牵牛宿。正是河水大会，鬼神互相计议的时候。银河正处在南北走向，长江黄河之神本来已经约定期限，南风开始吹拂，长江的使者就先来到。天象中白云密集遮蔽了银河，各种往来都被羁留。北斗的斗柄指向了太阳所在的星宿，出使的使者应当会被囚禁。穿着黑色服装并乘着辎车，他的名字就是龟。大王赶紧派人去询问把他找回来。"元王说："好。"

于是元王派人急驰前往询问泉阳令说："打鱼的有多少人家？有没有叫豫且的人？豫且获得了神龟，龟托梦给了君王，君王因此派我来找神龟。"泉阳令就派官员查询户籍检视地图，水上的打鱼人有五十五家，住在上游的房舍中的一个打鱼人名字叫豫且。泉阳令说："好！"就和使者疾驰而来，

▶**银鎏金盖盒·战国**

美国弗利尔美术馆藏。盒为银制，扁球形，平底。盒身与盒盖子母口结合，盖顶呈花瓣状。盒身及盒盖上有花瓣状装饰多个，花瓣状饰件皆以鎏金装饰。此盖盒形体小巧，制作工艺精湛，是战国时期难得的艺术品，是当时金银器加工的杰作。

问豫且说："昨夜你打鱼捕获了什么？"豫且说："夜半时候撒网得到了龟。"使者说："龟现在放在哪儿？"豫且说："在笼子里。"使者说："君王知道您捕获了龟，所以派我来寻求。"豫且说："行。"就用绳子拴住了龟从笼中取出来，献给使者。

⚫宋元王见神龟

　　使者把龟放在车上行进，驶出泉阳城门。大白天看不见东西，刮风下雨天色昏暗。浮云覆盖在车的上空，五彩中显出青黄；雷雨同时发作，一路有风送着行进。使者进入宫殿的正门，宋元王在东厢中见到了神龟。神龟身上像流水一样，润泽而有光亮。龟望见元王伸长脖子往前，爬了三步停下来，缩起脖子又退回去，重新回到原来的地方。元王见到后觉得奇怪，询问卫平说："龟见到了我，伸长脖子往前，表示什么目的？缩起脖子又回到原地，这是表示什么意思？"卫平回答说："龟处在患难当中，整个晚上被关着，大王有德有义，派人把它救活了。现在它伸长脖子往前，表示应当感谢，缩回脖子退回去，是想赶快离去。"元王说："好呀！神灵到这个地步，不可以长时间留下，赶紧派车运送龟，不要让它失掉约期。"

　　卫平回答说："神龟是

▶ 玉绞丝龙纹环·战国

美国克利夫兰艺术博物馆藏。玉环为和田青白玉制成，局部有褐色沁斑。整体造型为一盘曲的龙形，龙尾和龙头相连接。龙张口露齿，双角紧贴于颈部，龙身琢刻绞丝纹。

天下的宝物，先获得这只龟的要当天子，而且用来占卜，十次预言十次允当，十次争战十次获胜。它生在深渊里面，成长在黄土地上。知晓上天的大道，明白上古的事宜。游动三千年，不会走出它所生活的环境，安静平和，活动不用气力。寿命超越天地，谁也不知道它的寿命极限。随着事物变化，依同四时改换颜色。居住时把自己隐藏起来，长眠而不饮食。它的颜色到春天是苍色，夏天是黄色，秋天是白色，冬天是黑色。明白阴阳义理，精通刑罚道德，预先知道事物利弊，明察吉凶祸福。用它占卜的预言办事就会恰当，用它占卜战争就会获胜，大王能够宝贵它，诸侯全都会来顺服。大王不要放了他，要用它来安定国家。"

卫平劝元王留神龟

元王说："龟特别神灵，从上天降下来，陷落在深渊，处在患难之中。它认为我是贤君，认为我道德深厚并且忠诚守信，所以托梦来告诉我。我要是不把它放生，这就是打鱼人的行为。打鱼人取食它的肉，我是贪求它

▶ **羽翅纹镜·战国**

美国克利夫兰艺术博物馆藏。镜为圆形，双弦钮，小圆周钮座，钮座旁连接四叶，整个镜背满饰羽翅纹，横竖排列较为整齐，狭缘上卷，镜面平坦。羽翅纹是变形兽纹的一种，不具备动物整体的形状，它取材于青铜器纹饰飞龙腾蛇体躯上的小羽翅，并将它构成密集的图像，在春秋晚期和战国早期的青铜器上，曾风行一时。这种纹饰虽然非常精细和复杂，但它还是有规律的。纹饰是用同一单位的印模连续压印拼接而成的，实际的制作并不会过于费时。范制技术的精湛，有时可达到纤毫可辨的程度。

的神验。往低处说是不仁义，往高处说是无道德。这样做是君臣都没有礼仪，哪里来的福呢？我不忍心，怎么可以不放生它呢？"

卫平回答说："不是这样。我听说盛大的恩德不会得到回报，寄存的贵重物品不会得到归还；上天赐给了

《灵龟图》·清·居廉

这是清代画家居廉绘制的一幅《灵龟图》，画面上有画家题识："其静如仁，其灵如神。无求于世，有福于人。谁与为友，威凤祥麟。负图龙马，寿此千春。汝灵于人，不灵于身，致罗于津。予灵于身，不灵于人，致走于尘。龟，吾与汝为邻。隔山樵子作。"

您却不接受，上天就会夺走这个宝物。如今神龟周流了天下，要回到归宿地去，往上可到苍天，往下就迫近稀泥。环绕着游遍了九州，不曾受到羞辱，没有在什么地方滞留过。如今到了泉阳，打鱼人困辱并囚禁了它。大王即使放生了它，江河必定发怒，致力于找机会报仇。龟自认为受到了侵害，因而和神灵谋划。造成淫雨连绵没有停息，发生洪水

不能治理。假如造成枯死干旱，大风掀起尘埃飞扬，蝗虫突发，百姓失却了农时。大王要行仁义，将受到的惩罚一定会到来。这没有其他缘故，作祟的就是神龟。以后即使后悔，难道还来得及吗！大王不要放生了它。"

元王很感慨地叹息着说："要说阻止人家的使者，杜绝人家的谋划，这不算凶暴吗？夺取人家已经拥有的，把它当作自己的财宝，这不算强横吗？我听说，靠凶暴得来的东西必定会被别人凶暴地夺走，强横夺取的人最后必定会一无所获。夏桀、商纣凶暴横强，自身被杀，国家灭亡。如今我听从你的话，这样做就会没有仁义名声，却有凶暴横强的主张。江河成为商汤、周武王，我成为夏桀、商纣王。我没有见到好处，恐怕会遭遇灾祸。我有些疑惑，怎么能侍奉好这个宝物，赶快派车送走神龟，不让它长久留着。"

卫平回答说："不是这样，大王还是不要忧虑。天地之间，石头累积成山。高耸但不崩坏，在地得以平安。所以说有的事物像是危险却反而安全，

有的看似很轻却重得挪不动它；有的人忠诚守信却不如荒诞欺诈，有的面貌
丑陋却适宜做大官，有的长得漂亮的美人却成了众人的祸患。不是神和圣人，
谁也说不清楚。春夏秋冬，有时热有时冷；寒暑不协调，邪气就会侵扰。同
是一年却有不同节气，四时冷热不同让它产生这样的变化。所以造成春生夏
长，秋收冬藏。有的人行仁义，有的人施强暴。施强暴有目的，行仁义有时机。
万事万物全都是这样，想治理也治理不完。大王听从我的意见，我请求讲明
道理。上天出现五种颜色，以它来辨别白天黑夜。地上生长着五种粮食，以
它来了解植物好坏。民众还不能了解分辨的时候，和禽兽是一样的。生活在
山谷，住在洞穴中，不知道耕种。天下产生了祸乱，阴阳互相错位，人们的
心态恍恍惚惚，男女交配而不加选择。妖孽多次出现，传下的后代不能繁盛。
圣人区别事物的生存条件，使他们不要互相伤害，禽兽分出公母，安置在山

▶ **碧玉龙形佩·战国**

台北故宫博物院藏。碧绿玉，局部带灰黑或土黄斑。已雕出龙形佩的大致轮廓，轮廓线内还
保留局部钉线，器表亦有切璞时留下的直条切痕，应属对开后再制作成形的实例。

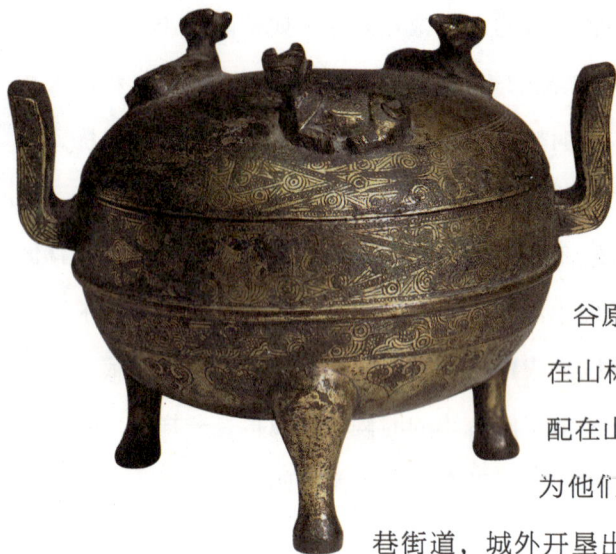

台北故宫博物院藏。鼎、附钮盖，盖上有三立雕兽钮，立耳、圆腹、蹄足。腹部中央有道凸棱，盖面及腹部饰有变形蟠龙纹。全器鎏金。

谷原野；鸟类分出雌雄，散布在山林草泽；有甲壳的昆虫，分配在山涧溪谷。因而才抚育民众，为他们建造城郭，城内规划出闾巷街道，城外开垦出农田阡陌。夫妻男女，给他们田地房宅，布列出家室房屋。给他们编制图册户籍，区分姓氏家族。设置官吏，用爵禄制度加以鼓励。种桑麻来做衣穿，植五谷来做奉养。平整土地，锄除杂草。嘴里得到所喜爱吃的，眼睛看到所认为美的，亲身享受实利。由此看来，舍弃强力就不能达到目的。所以说种田人不勤勉，仓廪就装不满；生意人不勤勉，就不能获得利润；妇女不勤勉，布帛就不会精细；官吏不勤勉，权势就不能形成；大将不勤勉，士兵就不听指挥命令；侯王不勤勉，死后没有名声。所以说施用强力是事物的开始，名分的义理，事物的规律。通过施用强力去有所寻求，没有什么不可得到。大王如果认为不是这样，您难道没有听说，带有野鸡雕饰的玉匣，出产在昆仑山；明月之珠，出产在四海，凿开璞石撬开蚌壳，把宝玉明珠送到市上出卖；圣人得到了，认为是大的珍宝。得到大珍宝的人，才能做天子。如今大王自认为凶暴了，其实赶不上在海边剖分蚌壳的；自认为强横了，不过是像在昆仑山凿开石头的。获取的人没有过错，得到宝藏的人没有忧虑。如今神龟出使碰着了渔网，遇着打鱼人捕获了它，托梦自行传话，这是国家的宝物，大王担心什么呢？"

元王说："不是这样，我听说，劝谏的人是国家的福分，谄谀的人是国家的奸贼。国君听从谀言，这是愚蠢昏庸的。即便是这样，祸患不会无根

据地到达，幸福不会白白地前来。天地交合产生气息，由于它而生出各种财富。阴阳各有分界，不偏离四时，一年十二个月，经历夏至、冬至是一个周期。圣人通达了这个道理，自身就没有灾祸。英明君王利用起来，没有谁敢欺侮他。所以说福分的到达，是人自己招来的；祸患的到来，是人自己造成的。祸患和幸福同在，刑罚和恩德成双。圣人掌握了这个道理，才能知晓吉凶。夏桀、商纣的时候，和上天争功，阻塞鬼神，让它们不能通显其灵。这本来已经是没有道德了，又加上谄谀之臣多起来了。夏桀有个谀臣，名叫赵梁。引诱夏桀没有道德，劝导夏桀贪婪凶狠。夏桀把商汤拘囚在夏台，杀死了关龙逢。夏桀身边的人担心会死，在一旁谄谀偷安。国家危如累卵，这些人都说没有危险。他们赞美欢呼万岁，有的说国运长久没有终结。夏桀的耳目被蒙蔽，和他一起欺诈疯狂。商汤终于讨伐夏桀，夏桀身死国亡。这都是因为夏桀听从了那些谄谀之臣的话，才导致自身遭受祸殃。《春秋》著录下这件事，直到今天人们也不会遗忘。商纣有个谀臣名叫左强。夸夸其谈不遵法度，教导纣王建造象牙廊庑。廊庑的高度快接近天了，又在其中设置了玉床。纣王用犀角玉石作器皿，用象牙筷子吃饭。他挖出了圣人的心脏，斩断壮士的脚胫。箕子害怕被杀，

错金嵌玉带钩·战国

美国弗利尔美术馆藏。带钩呈长方牌形，蛇头状钩首。钩背略向内凹，中部偏向钩尾一端有圆形钩钮。钩身两侧错金装饰龙纹，纹饰虽历千年依然清晰可见。钩身中部嵌有三块梯形小玉片，玉质温润细腻。这种错金镶嵌玉的带钩在战国时期比较流行，有大量的传世遗物，展现了战国时期的工艺水平。

披散着头发装疯。纣王杀死了周太子历，囚禁了周文王姬昌。将姬昌扔进了石室，打算从早到晚天天如是。阴兢救出了周文王，同他一起逃亡。他们进入周族属地，得到了太公吕望。聚集军队，要去攻打纣王。周文王生病去世，周人就载着他的尸体继续前进。太子姬发接替父亲统领军队，称号是武王。他和纣王在牧野交战，在华山的南麓击溃纣王。纣王未能取胜败退回城，周人把他围困在象牙廊庑。纣王在宣室自杀死亡，死了无人安葬。他的头被挂在车后横木上，四马牵引着飞奔行进。我想起这般情景，肚肠热得像沸汤。这些人都拥有天下的财富并尊贵为天子，但是特别傲慢。他们的欲望没有满足的时候，兴办事业都好高骛远，贪婪凶狠而且骄纵。他们不任用忠信的人，听从谄谀之臣，结果被天下人耻笑。如今我的国家，处在诸侯国中间，简直小得不如秋毫。兴办事业不恰当，又哪里逃脱得了灭亡的下场呢？"

卫平回答说："不是这样。黄河虽然神灵，但是还不如昆仑山；长江源远流长，不如深广的四海。而人们尚且要夺取昆仑山、四海的宝物，诸侯争斗，战事因此而起。小国家被灭亡，大国家处在危险境地，杀死别人的父母兄弟，掳掠人家的妻子儿女，残害国家，毁坏宗庙，来争夺这样的宝物。战争攻伐纷纭，就是暴虐强横。所以说夺取宝物要采用凶暴强横的手段，而在治理时运用政令教化，不要违背四时的运行规律，一定要亲近贤能的士人；顺应阴阳的变化，对鬼神进行驯使；通晓天地之间的关系原则，和天地交朋友。诸侯归顺服从，民众殷实高兴。国家安定宁静，与世俗一起更新。商汤、周武王实施了，就夺取了天子之位。《春秋》记载下这种事理，当作治国的准则。大王自己不和商汤、周武王相配，却把自己比作夏桀、商纣。夏桀、商纣的做法凶暴强横，他们习以为常。夏桀盖了瓦顶的宫室，商纣建了象牙的廊庑。征收民众的蚕丝烧火，致力于耗费民财，税收没有限度，杀戮没有标准。杀了民众的六畜，拿皮做成囊。皮囊里装着血，同其他人一起用箭射悬挂着的血囊，同天帝斗胜争强。他们违背扰乱了四时，先于百鬼品尝祭牲。劝谏的人总是处死，谄谀的人常在身旁。圣人隐藏起来，百姓不敢外出。天气频繁

▶ 兽环钫·战国

台北故宫博物院藏。钫附平顶
梯形盖，盖上有四环耳。器身
盘口、短颈、斜肩、鼓腹、圈足，
肩部两侧有铺首衔环。

干旱，国家生出很多妖祸。螟虫年年生长，五谷没有收获。民众不能安居，鬼神不享用祭品。旋风整天吹动，白天正午也很昏暗。日月接连亏蚀，灭息而无光亮。星辰流散混乱，都失掉了运行规律。从这些事情看，怎么能够久长！即便不出现商汤、周武王，按时运他们也必然会灭亡。所以汤伐桀，武王克纣，是时势使然。商汤、周武王因此做了天子，子孙延续世代，终身没有灾祸，后世称赞他们，至今没有停止。这都是根据适时行事，依据事理强盛起来，才能成就他们的帝王之业。如今这龟，是件大宝，替圣人出使，传给了贤王，它行动不用手足，雷电带着它，风雨护送它，流水涌着它前行。侯王有功德，才能遇到它。如今大王有功德遇到了这件宝物，恐惧得不敢接受；大王如果

放生了它，宋国一定会有灾祸。事后即便悔恨，也来不及了。"

元王听完这话，欣喜若狂。于是元王朝向太阳拜谢上天，拜了两拜，把龟接受下来。他选择吉日斋戒，认为甲乙日最好。就杀了白色野鸡和黑色的羊；拿血浇灌了龟，放置在祭坛中央。用刀剥开了它，龟甲未受损伤。用脯酒举行祭礼，剔除它的肚肠。用荆条烧灼加以卜用，坚持要烧制出合用的裂纹。裂纹显示出了事理，纹路互相交错。让卜官占视，认为所表示的都很恰当。国家收藏了重宝，消息传到了四方。杀了牛制成皮革，蒙在郑国产的桐木上面做成鼓。分别所有草木的特性，制作成甲胄

❑得龟评述

所以说，龟的神灵大到能托梦给元王，却不能自己逃出打鱼人的笼子。用它占卜能十次预言全都允当，自身不能完成通使黄河，回报长江。

贤智能让人战必胜攻必取，却不能自行解除刀锋的危害，免除割剥的祸患。圣明能感知未来灵敏预见，却不能让卫平不发表意见。预言百事都很周全，至于自身却遭受拘囚；当时就在不利处境，又怎么去侍奉贤能！贤能的人有其常态的一面，一般士人也恰是这个样子。

因此视力好也有看不见的地方，听力好也有听不到的声音。人虽然贤能，也不能同时左手画方，右手画圆。日月虽明，有时也会被浮云遮蔽。后羿号称善于射箭，也不如雄渠、蜂门。

▶龙纹玉觿·战国

台北故宫博物院藏。根据《说文》，"觿"是一种佩带的角形器，末端尖锐，可以用来解开结。此件玉觿为白玉透褐黄，色纯而温润，刻成侧身龙形，尾端尖而卷，眼、耳间穿一小孔，便于悬挂佩带。其形态流畅婉约，器身外缘阴线刻出外廓，刻工细腻，属战国时期的玉器精品。

▶ 连弧纹镜·战国

美国克利夫兰艺术博物馆藏。三弦钮，浅凹弧形圆周钮座。主纹是内凹连弧纹，共8弧。地纹为细绚纹，铸造极为精湛。宽疏的连弧和繁密的地纹，构成清新而强烈的对比。宽边上卷，镜面平坦。连弧纹镜一般都是圆形，弧数有6至12个不等。

大禹号称善辩多智，却不能战胜鬼神。地柱折断了，天本来就没有橡子，又为什么要对人责备求全？

孔子听到以后说："神龟知道吉凶，但骨头里空洞干枯。太阳具有德行并且君临整个天下，但受到三足乌的欺侮。月亮具有刑罚功能辅佐着太阳，也被蟾蜍吞食。刺猬受到喜鹊侮辱，腾蛇具有无限神通也受到即且的危害。竹子外部有节和纹理，内部却是空虚的。松柏是百木之长，却栽在门口看守着大门。天干地支两不齐全，所以出现'孤''虚'。黄金有瑕疵，白玉有斑点。事物运行有时是快速的，也有时是缓慢的。物品性能的发挥有受拘束的一面，也有不能不依靠它的一面。网孔有时很细密，也有时很稀疏。人有比别人贵重的一面，也有不如别人的一面。怎么做才合适呢？事物怎么处理才周全呢？天尚且不是十全十美，所以世人建造房屋，少盖三片屋瓦来安放房栋，以便让它和天相适应。天下万物有差别，事物因为不全才能够生存。"

▶ 褚先生补传

褚先生说：打鱼人撒网捕获了神龟，龟自己托梦给宋元王，元王招来博士卫平把梦见龟的情形告诉他。卫平运转起式，确定日月的方位，测算确定天体运行的状况，观察吉凶，占验出龟兆和所观察事物情状相同，卫平劝元

王把神龟留下来作为国家的重宝，这是件美事。古代进行卜筮必然称道龟，因为龟有灵性有美名，它的由来已经很久远了。因而我写下这篇传记。

三月　二月　正月　十二月　十一月　中关内高外下　四月　首仰　足开

胕开　首俛大　五月　横吉　首俛大　六月　七月　八月　九月　十月

⟩占卜禁忌和事项 ⟨?⟩

占卜的禁忌说：子、亥、戌三个时辰不可以占卜和杀龟。白天碰到日食停止占卜。黄昏时分龟缠绕不明，不可以占卜。庚辛二日可以杀龟以及进行灼钻。常常在每月初一日替龟举行除灾求福的祭祀，祭祀之前先用清水洗龟，再用鸡蛋给龟抹上，然后拿龟去进行占卜，这是用龟的常规方法。人假如已经占卜而不应验，都要用鸡蛋摩擦来驱除不祥，面朝东站立，用非常坚硬的荆条来灼烤它，用土捏成卵形指向它三次，拿龟用土卵环绕一圈，祝祷说："今日吉利，谨以精米、鸡蛋、荆枝、黄绢祓求除去玉龟的不祥。"玉龟必定会诚实可信，了解万事的情状，以兆纹显示分辨事物，什么都可以占卜。如果占卜不诚实不可信，就烧掉玉龟，把它的灰扬弃，来惩戒以后的龟。占卜时必须面朝北方，龟的腹甲必须有一尺二寸长。

占卜时，人们先用燃烧的荆木灼烤钻凹，中间的钻凹灼烤完了，又去灼烤龟首的钻凹，各灼烤三次；又再次灼烤中间的钻凹，名为正身，灼烤龟首的钻凹，名为正足，各灼烧三次。随即用燃烧的荆木灼烤龟周围的钻凹，灼烧三次，祝祷说："借助玉龟夫子的神灵。夫子玉龟，荆枝灼烤了你的心部，让你能预知未来。你能在上行于天空，在下行于深渊，各种灵物都不如你诚信。今日是个吉日，求一个好征兆。我想占卜某件事情，如果得到兆应就会高兴，不能得到兆应就会后悔。如果能得到，显露出来并向着我的兆身又长又大，首足收敛，成双成对。如果不能得到，显露出来并向着我的兆身矮小曲折，内外不相对应，首足不显兆纹。"

用灵龟占卜祝祷的人说："借助神龟的神灵，五巫五灵，都不如神龟的灵验，

知道人死人生。我要得个好卜兆，我要求得某件物品。如果能得到，兆首兆足都显现，成双成对。如果不能得到，兆首上伸兆足收敛，内外自行下垂。这样我就可以得到占卜的结果。"

占卜病势的人祝祷说："如今我被重病困扰。如果会死，兆首上面开着，内外交错驳杂，纹身出现节头和折屈；如果不会死去，兆首上仰兆足收敛。"卜问患病是否有鬼祟的人说："如今生病如果是有鬼祟为患就不显现兆纹，没有鬼祟为患就显现兆纹。兆纹显现在中间就是鬼祟在内，兆纹在外就是鬼祟在外。"

卜问被拘囚会不会获释。不会获释，兆横吉安。若会获释，兆足分开，兆首上仰，有兆外。

卜问寻求财物会不会得到。如果能得到，兆首上仰足分开，内外相对应。如果不能得到，呈现兆首上仰足收敛。

▶ 甲骨·商

台北故宫博物院藏。牛肩胛骨，褐色。正面有刻辞17个字，其中4个字已残缺，背面无刻辞，无刻灼痕。

卜问做买卖，如买进奴隶马牛。可以买到，兆首上仰足分开，内外相对应。不能买到，兆首上仰足收敛，呈现兆像横吉安。

卜问出击盗贼，他们聚集了多少人，在某个地方，如今某人带领士兵若干人，前往出击。当会取胜，兆首上仰足分开身正，兆内自高劲，外部低下；

不能取胜，兆足收敛首上仰，身首内部低外部高。

求卜询问当不当出行。当行，兆首足分开；不当行，兆足收敛首上仰，像横吉安，安就不宜出行。

卜问前往出击盗贼，能不能碰见。能碰见，兆首上仰足收敛有外；不能碰见，兆足分开首上仰。

卜问前往侦察盗贼，能不能见到。能见到，兆首上仰足收敛，敛胜有外；不能见到，兆足分开首上仰。

卜问听说有了盗贼会不会来到这里。会来，兆外高内低，足收敛首上仰；不会来，兆足分开首上仰，像横吉安，来的日期在这以后。

卜问调动职务会不会丢官。会丢官，兆足分开又有收敛在外，首上仰；不会丢官，或自己辞职才会丢官，就会兆足收敛，呈现兆像横吉安。

卜问在官位上还是否吉利。吉利，呈现兆身正，像横吉安；不吉利，兆身曲屈，首上仰足分开。

卜问在家居住吉利还是不吉利。吉利，呈现兆身正，像横吉安；不吉利，兆身曲屈，首上仰足分开。

卜问当年庄稼收成好不好。收成好，兆首上仰足分开，内外自行高起外缘自然垂下；收成不好，兆足收敛首上仰有外。

卜问当年民众会不会遭灾疫。会遭灾疫，兆首上仰足收敛，身节有强外；不会遭受灾疫，兆身正，首上仰，足分开。

卜问当年有战争或是没有战争。没有战争，呈现兆像横吉安；有战争，兆首上仰足分开，兆身作外强情状。

卜问去见贵人吉利不吉利。吉利，兆足分开首上仰身正，内自高起；不吉利，首上仰，身曲屈，足收敛有外，像是空虚无物的样子。

卜问去求见人能见到还是不能见到。能见到，兆首上仰足分开，内自高起；不能见到，兆首上仰足收敛有外。

卜问追捕逃亡者能追到还是追不到。能追到，兆首上仰足收敛，内外相台北故宫博物院藏。可能是牛肢骨，正面有刻辞约18字，有2处卜痕，旁边刻有卜序，应为一事二卜。背面有2处烧灼痕。

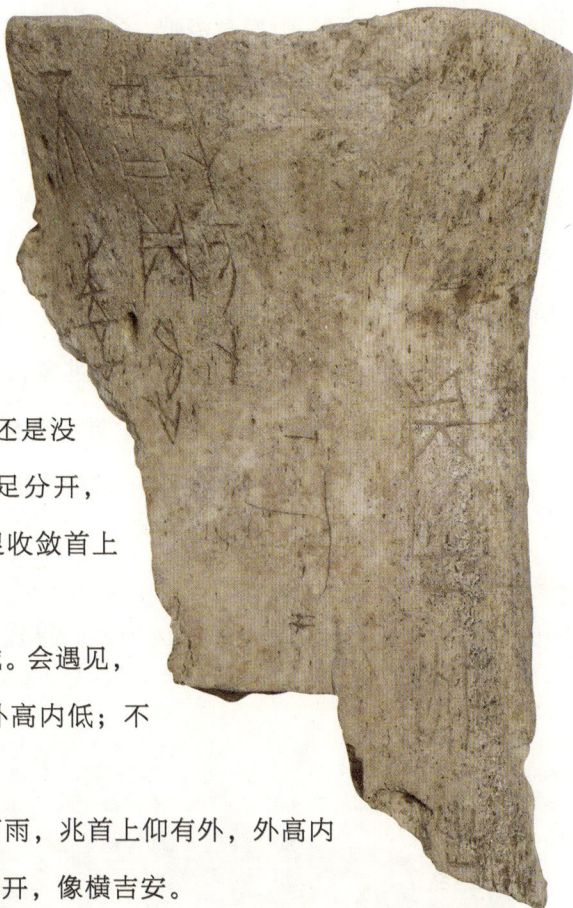

对应；不能追到，兆首上仰足分开，像横吉安。

卜问捕鱼打猎会有收获还是没有收获。有收获，兆首上仰足分开，内外相对应；没有收获，兆足收敛首上仰，像横吉安。

卜问出行会不会遇见盗贼。会遇见，兆首上仰足分开，身曲屈，外高内低；不会遇见，则呈兆。

卜问天会不会下雨。会下雨，兆首上仰有外，外高内低；不会下雨，兆首上仰足分开，像横吉安。

卜问天下着雨会不会放晴。会放晴，呈现兆足分开首上仰；不会放晴，则兆呈横吉。

兆名释读

给一种兆象取名叫横吉安。根据这种兆象来占卜病情，病得严重的，一日之内不会死去；病情不严重的，占卜的当天就会痊愈，不会死亡。卜问被囚者的情况，判了重罪的不会释放，判为罪轻的旋即就会释放；超过一天就不会释放，时间即使拖得长些也没有伤害。问求财物和购买奴隶马牛，一日之内旋即就会得到；超过一天就不会得到。想出行的人不宜出行。卜问要来的人旋即就会到达；超过吃饭时候没有到达，就不会来了。要出击盗贼不可前行，去了会碰不到；听说有盗贼，盗贼不会来到这里。问会不会调动官职，不会调动。在官位上和住在家里都会吉利。当年的庄稼会收成不好。民众会不会遭受瘟疫，不会有瘟疫。当年没有战争。问去不去见贵人，不去就会不高兴。请求人家帮助，不去就得不到帮助。追捕逃亡的人和捕鱼打猎都不会有收获。出行不会遇上盗贼。问会不会下雨，不会下雨。问天空会不会放晴，不会放晴。

给一种兆象取名叫呈兆。卜得这种兆象，生病的人不会死去。被拘囚的人会释放出来。要出行的人可以出行。要来的人会到来。去购买物品可以买到。追捕逃亡的人当天可以追到，超过一日就追捕不到。卜问出行的人能不能到

达目的地，不能到达。

给一种兆象取名叫柱彻。卜得这种兆象，生病的人不会死。被拘囚的人会被释放。出行的人可以出行。要来的人会到来。买东西不会买到。所忧虑的事情不须忧虑。追捕逃亡的人追捕不到。

给一种兆象取名叫首仰足肣有内无外。依据这种兆象，卜问病情，病得严重也不会死去。被拘囚的人会被释放。寻求财物购买奴隶马牛的人达不到目的。要出行的人听到了某种话不会出行，要来到的人不会到来。听说有盗贼要来，不会来了。听说某个人要来，不来了。调动官职的，听到某种意见就不会调动了。在官位上就会有忧患。在家住着会多灾难。当年庄稼的收成属中等。民众间会发生瘟疫，多有疾病。当年会有战争，听说某种意见后战争不会到来。去拜见贵人会吉利。要去请人帮忙，走不成，去了也听不到好意见。追捕逃亡的人追捕不到。进行捕鱼打猎活动会没有收获。出行不会遇见盗贼。会下雨，但不会下特大的雨。问是不是会转晴，不会转晴。所以它的兆纹都作"首备"形状。询问占卜者"首备"是什么意思，说备是仰的意思，所以确定它为仰。这是私下记载的。

给一种兆象取名叫首仰足肣有内无外。依据这种兆象，卜问病情，病得严重也不会死。被拘囚的人不会被释放。追求财富购买奴隶达不到目的。想出行的人不能出行。要来到的人不会到来。出击盗贼会见不到盗贼。听说有盗贼要来，自己内心惊恐起来，盗贼不会来。官职会不会调动，不会调动。当官、在家都吉利。当年庄稼收成不好。民众会遇到瘟疫病得很重。当年没有战争。去拜见贵人，吉利。请求人家帮忙和追捕逃亡的人，都达不到目的。丢失了财物，但财物还没有出境，可以找回来。捕鱼打猎不会有收获。出行不会遇到盗贼。问会不会下雨，不会下雨。问会不会转晴，不会转晴。凶。

给一种兆象取名叫呈兆首仰足肣。根据这样兆象，卜问疾病，生病的人不会死亡。被拘囚的人，还没有到释放的时候。问求财物购买奴隶马牛，达不到目的。想出行的人，不可以出行。要来的人不会来到。出去进攻盗贼，

不会和盗贼碰上面。听说有盗贼要来，但不会来。问会不会调动官职，不会调动。在官位上久了，多有忧患。在家中住，不吉利。当年庄稼的收成不好。民众会罹患瘟疫。当年没有战争。要去拜见贵人，不会吉利。要请人帮忙，不会实现愿望。捕鱼打猎，收获会很少。出行不会遇到盗贼。卜问是否会下雨，不会下雨。卜问会不会放晴，不会放晴。不吉利。

给一种兆象取名叫呈兆首仰足开。根据这样兆象，卜问疾病，生病的人会重病死亡。被拘囚的人会被释放。问求财物购买奴隶马牛，不能达到目的。要出行的人可以出行。要来访的人会到来。去出击盗贼，会见不到盗贼。听说有盗贼要来，不会来。问会不会调动官职，会调动。在现在的官位上不会待得太久。在家里住着不吉利。当年庄稼收成不好。民众中会罹患瘟疫疾病，但人数很少。当年没有战争。想去拜见贵人，不去拜见，吉利。请人帮忙，追捕逃亡者，捕鱼打猎，都不会有收获。出行会遇到盗贼。卜问会不会下雨，不会下雨。天气放晴后有小吉利。

给一种兆象取名叫首仰足肵。根据这种兆象卜问，生病的人不会死亡。被拘囚的人时间长了也不会有伤害，问求财物购买奴隶马牛，不能达到目的。想出行的人，不可以出行。出击盗贼，不可以出行。来访的人不会到来。听说有盗贼，盗贼会来到。要调动官职，听说了某种意见不会调动。在家里住着不吉利。当年庄稼收成不好。民众很少罹患瘟疫。当年没有战争。要去拜见贵人，可以见到。请人帮忙，追捕逃亡人者，捕鱼打猎，都不会有收获。出行会遇到盗贼。问会不会下雨，不会下雨。问会不会放晴，不会放晴。吉利。

给一种兆象取名叫首仰足开有内。根据这种兆象卜问，生病的人会死去。被拘囚的人会释放。问求财物购买奴隶马牛，达不到目的。要出行的人可以出行。要来访的人会到来。前去出击盗贼，可以出行但见不到盗贼。听说有盗贼要来，盗贼不会来。是否会调动官职，会调动。在现有的官位上不会待得太久。在家里住着不吉利。当年收成好，民众中发生疾病瘟疫的情况会有，但人数少。当年没有战争。去拜见贵人，不吉利。请人帮忙，追捕逃亡者，

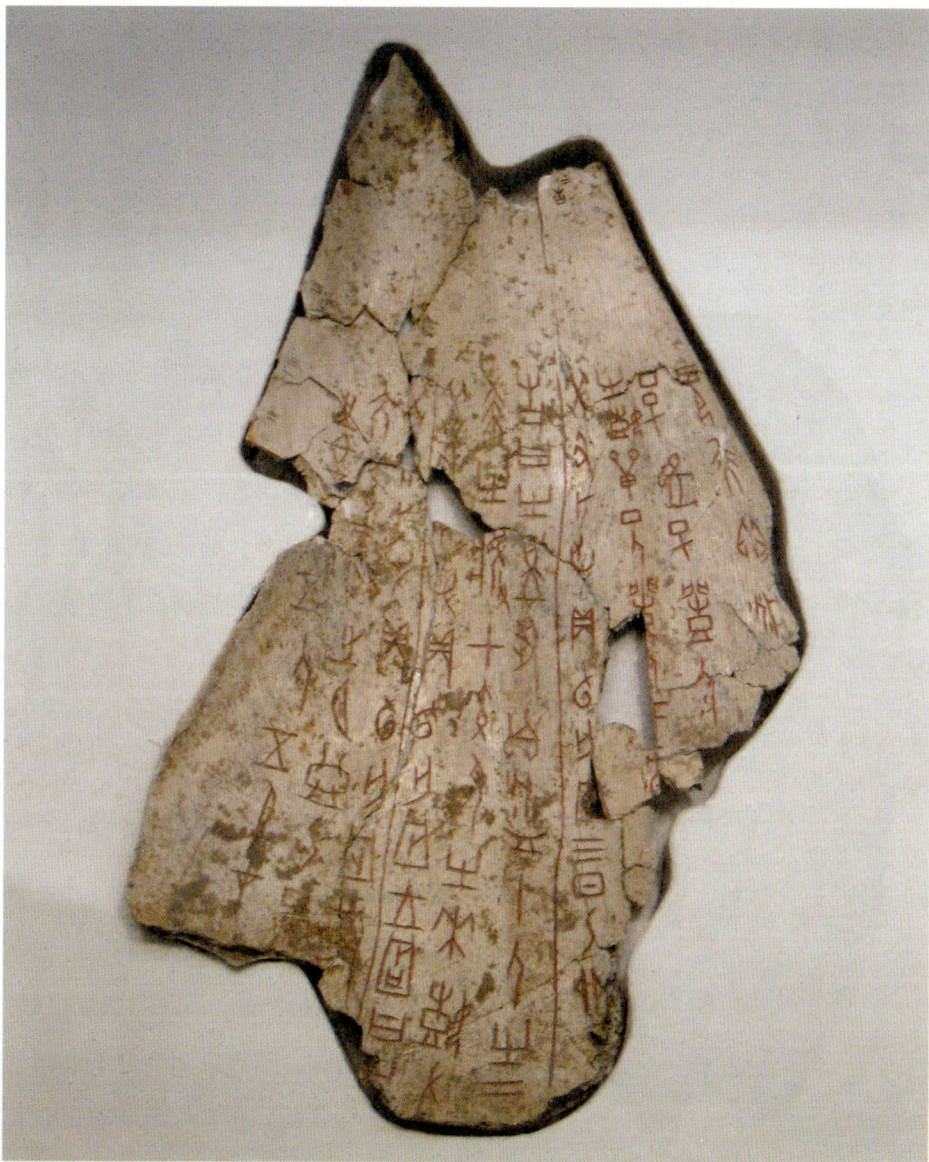

▶ **大型牛骨刻辞·商**

中国国家博物馆藏。这片大型甲骨阴刻文字并填朱，正面记述"甲辰之夕，有大骤风"等内容，背面记载"北方有敌人入侵"等内容。甲骨文自 1899 年被发现以后，至今已有 120 余年。殷墟共发现甲骨 15 万片，发现单字 5000 多个，其中可认识的约有 4000 多个。卜辞一般较短，最长的也发现有上百字的。甲骨文的内容涉及商代社会的许多方面，政治方面涉及阶级关系、军队、刑法等；经济方面涉及农业、畜牧与田猎、手工业、商业与交通等；科学文化方面涉及天文、历法、医学等；宗教方面涉及天帝崇拜、自然崇拜、祖先崇拜等。

▶ "王为殷卜"龟甲刻辞·商

中国国家博物馆藏。这是一块完整卜甲。商代所用龟甲，多数所腹甲，也有背甲，还有甲桥刻辞、甲尾刻辞。通过这片卜甲，可以了解甲骨文的选料、制作、记叙等内容，是研究商代甲骨文使用情况的宝贵资料。

捕鱼打猎，达不到目的。出行不会遇到盗贼。下雨会停止，天气放晴。放晴有小吉利，不放晴吉利。

给一种兆象取名叫横吉内外自桥。依据这一兆象卜问，生病的人在卜问的当天因不能痊愈而死亡。被拘囚的人因为无罪会释放。追求财物购买奴隶马牛能达到目的。出行的人可以出行。要来访的人会来到。出去击盗贼，会会战交锋，不分胜负。听说有盗贼来，盗贼会来。问会不会调动官职，会调动。在家里住着吉利。当年收成好。民间不会发生疾病瘟疫。当年没有战争。去拜见贵人，请人帮忙，追捕逃亡者，捕鱼打猎，能达到目的。出行会遇见盗贼。下雨后会放晴，雨后放晴大吉利。

给一种兆象取名叫横吉内外自吉。根据这样兆象卜问病情，生病的人会死去。被拘囚的人不会释放。问求财物购买奴隶马牛，追捕逃亡者，捕鱼打猎，不会达到目的。出行的人不会来。出击盗贼，不会同盗贼相遇。听说有盗贼，不会来到。会不会调动官职，会调动。在官位上待着，会有忧患。在家里住着，去拜见贵人，请人帮忙，都不会吉利。当年庄稼收成不好。民众会发生疾病瘟疫。当年没有战争。出行不会遇见盗贼。问会不会下雨，不会下雨。问会不会放晴，不会放晴。不吉利。

给一种兆象取名叫渔人。根据这种兆象，卜问生病的人会怎么样，生病的人病得严重，但不会死去。被拘囚的人会被释放。追求财物，购买奴隶马牛，出击盗贼，请人帮忙，追捕逃亡的人，捕鱼打猎，都能达到目的。出行的人，可以出行，还会回来。听说盗贼要来，盗贼不会来。会不会调动官职，不会调动。在家里住着，吉利。当年庄稼收成不好，民众会罹患疾病瘟疫。当年没有战争。去拜见贵人，吉利。出行不会遇见盗贼。问会不会下雨，不会下雨。问会不会放晴，不会放晴。吉利。

给一种兆象取名叫首仰足肣内高外下。根据这样兆象卜问病情，生病的人病得严重，不会死去。被拘囚的人不会被释放。追求财物，购买奴隶马牛，追捕逃亡者，捕鱼打猎，能达到目的。出行的人，不可以出行。要来的人，会来。出击盗贼，会取胜。问会不会调动官职，不会调动。在官位上，会有忧患，但没有伤害。在家里住着，会多发生忧虑病痛。当年会大丰收。民众会罹患疾病瘟疫。当年有战争但不会来到这里。去拜见贵人，请人帮忙，不吉利。出行会遇着盗贼。问会不会下雨，不会下雨。问会不会放晴，不会放晴。吉利。

给一种兆象取名叫横吉上有仰下有柱。卜问病情，病久了也不会死。被

---| 甲骨 |---

中国古代占卜时用的龟甲和兽骨。其中龟甲又称为卜甲，多用龟的腹甲；兽骨又称为卜骨，多用牛的肩胛骨，也有羊、猪、虎骨及人骨。卜甲和卜骨，合称为甲骨。中国最早的甲骨发现于距今8600—7800年的舞阳贾湖遗址二、三期文化层舞阳甲骨，被誉为世界上最早的文字起源——契刻符号。使用甲骨进行占卜，要先取材、锯削、刮磨，再用金属工具在甲骨上钻出圆窝，在圆窝旁凿出菱形的凹槽，此过程称为钻、凿。然后用火灼烧甲骨，根据甲骨反面裂出的兆纹判断凶吉。

龟策列传 第六十八

拘囚的人不会被释放。追求财物，购买奴隶马牛，追捕逃亡者，捕鱼打猎，都能达到目的。要出行，不可出行。要来访，不会来。要出击盗贼，不可以出行，去了不会见到盗贼。听说有盗贼要来，盗贼不会来。问会不会调动官职，不会调动。在家里住着，去拜见贵人，会吉利。当年会大丰收。民众会发生疾病瘟疫。当年没有战争，出行不会遇见盗贼。问会不会下雨，不会下雨。问会不会放晴，不会放晴。大吉利。

给一种兆象取名叫横吉榆仰。根据这种兆象卜问病情，不会死亡。被拘囚的人不会被释放。追求财物，购买奴隶马牛，到手了，还是不能得到。要出行，不可以出行。来访的，不会来。去袭击盗贼，不可以前行，去了不会见到。听说盗贼要来，不会来。问会不会调动官职，不会调动。在家里住着，去拜见贵人，吉利。当年会丰收。当年有疾病瘟疫发生。没有战争。请人帮忙，追捕逃亡者，不能达到目的。捕鱼打猎，到了目的地，但没有收获。出行，不能达到目的，出行不会遇见盗贼。问会不会雨后放晴，不会放晴。小吉利。

给一种兆象取名叫横吉下有柱。根据这种兆象卜问病情，病得很严重，不会旋即痊愈，但也不会死亡。被拘囚的人会被释放。追求财物，购买奴隶马牛，请人帮忙，追捕逃亡者，捕鱼打猎，都不会达到自的。问出行的人来不来，不会来。出击盗贼，不会交战。听说盗贼要来，盗贼会来到。调动官职，在官位上待着，吉利，但不会长久。在家里住着，不吉利。当年收成不好。民众没有疾病瘟疫。当年没有战争。去拜见贵人，吉利。出行不会遇到盗贼。问会不会下雨，不会下雨。会放晴。小吉利。

给一种兆象取名叫载所。根据这种兆象卜问病情，旋即会痊愈不会死。被拘囚的人会被释放。追求财物，购买奴隶马牛，请人帮忙，追捕逃亡者，捕鱼打猎，都会达到目的。要出行的人，可以出行。有来访的人，会到来。出击盗贼，会碰上面，但不会交战。听说有盗贼要来，盗贼会到来。问会不会调动官职，会调动。在家里住着，有忧患。去拜见贵人，会吉利。当年有好收成。民众没有疾病瘟疫。当年没有战争。出行不会遇到盗贼。问会不会

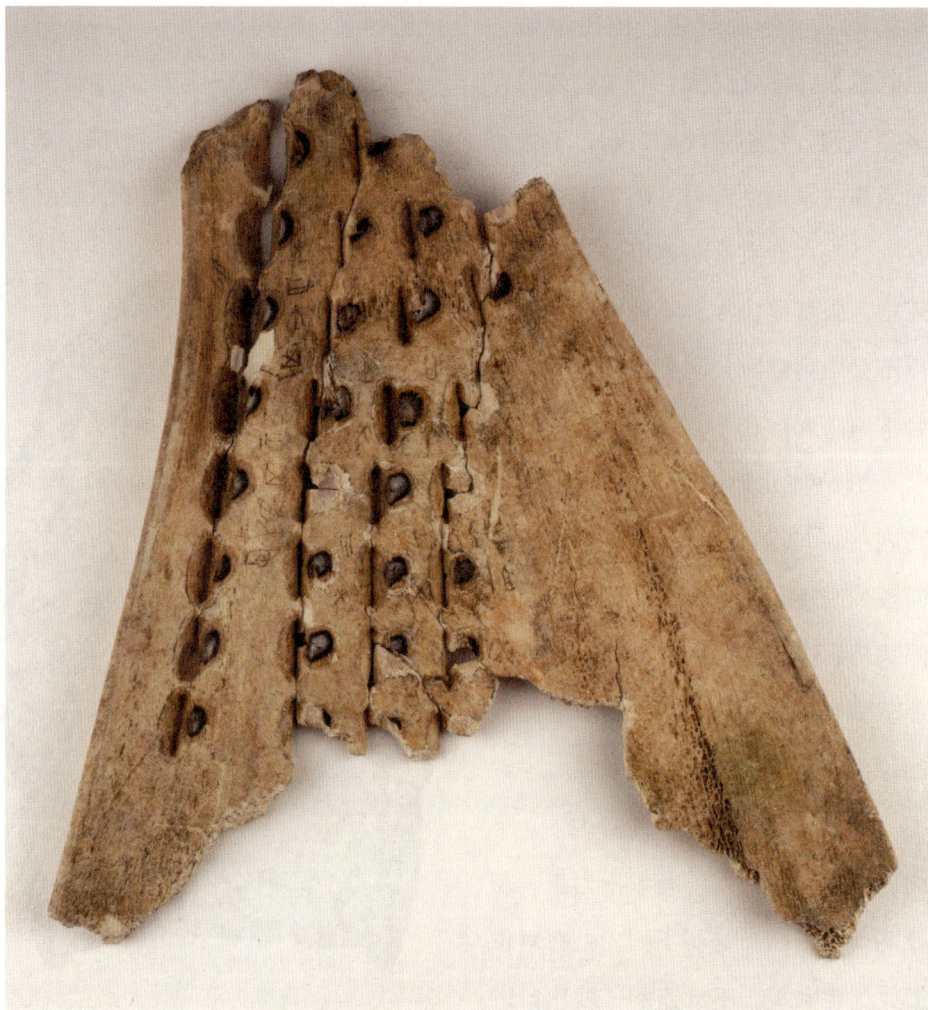

▶烧灼卜骨·商

这是一块占卜用的牛肩胛骨。在商代除了用龟甲进行占卜之外，牛骨也是占卜的工具之一。在这块牛肩胛骨上，共分布着四列27个钻凹以及相应的烧灼痕，兆纹清晰可见，并且有不少卜辞刻于其上。这块卜骨可以说是研究商代占卜、文字的重要资料。

下雨，不会下雨。问会不会放晴，会放晴。吉利。

　　给一种兆象取名叫根格。根据这种兆象，卜问有病的人会怎么样，不会死亡。被拘囚的时间还会长久，但不会有伤害。追求财物，购买奴隶马牛，请人帮忙，追捕逃亡者，捕鱼打猎，都不会达到目的。要出行，不可以出行。

来访的人，不会到来。出击盗贼，盗贼跑了，不会交战。听说有盗贼，不会来到。会不会调动官职，不会调动。住在家里会吉利。当年庄稼中等收成。民众会有疾病瘟疫，不会有人死亡。去拜见贵人，不能够见到。出行不会遇到盗贼。问会不会下雨，不会下雨。大吉利。

给一种兆象取名叫首仰足胫外高内下。卜问有没有忧患，有忧患，但没有关系。出行的人不会回来。问病情，病会拖得很久，然后死去。追求财物不能得到。要去拜见贵人的，会吉利。

给一种兆象取名叫外高内下。卜问病情，不会死亡，有鬼祟为患。想要购买的东西，购买不到。处在官位上，住在家里，不会吉利。要出行的人，不可出行。要来访的人，不会来到，被拘囚的人，会关得很久，但没有关系。吉利。

给一种兆象取名叫头见足发有内外相应。根据这种兆象，卜问生病的人会怎么样，会病愈起身。被拘囚的人被释放。要出行的人，可以出行。要来访的人，会来到，追求财物

能够得到。吉利。

给一种兆象取名叫呈兆首仰足开。根据这种兆象，卜问病情，病得很严重，会死去。被拘囚的人会被释

▶ 祭祀刻辞卜甲·商

中国国家博物馆藏。这具商代龟腹甲，是当时的占卜工具，其上所刻内容涉及对商先公上甲的祭祀。上甲，名微，是王亥之子，曾为父报仇，杀有易氏，是颇有作为的商先公之一。19世纪末至20世纪初，商代甲骨卜辞相继被发现、认识。此后，王国维写出《殷卜辞中所见先公先王考》与《续考》两篇著名论文，将甲骨卜辞内记载的商人先公、先王揭出，使《史记·殷本纪》所记商先公、先王世系得到佐证，并且订正了其中的讹误。

放，但有忧患。追求财物，购买奴隶马牛，请人帮忙，追捕逃亡者，捕鱼打猎，都不能达到目的。想出行，不可以出行。来访的人，不会来。出击盗贼，不会交战。听说盗贼要来，盗贼会来到。调动官职，在官位上待着，在家住着，都不吉利。年成很坏。民众会发生疾病瘟疫，但没有人死亡。当年没有战争。去拜见贵人，不会吉利。出行不会遇着盗贼。问会不会下雨，不会下雨。天会放晴。不吉利。

给一种兆象取名叫呈兆首仰足开外高内下。根据这种兆象，卜问病情，不会死亡，有外部鬼祟作怪。被拘囚的人会被释放，但有忧患。追求财物，购买奴隶马牛，会当面错过机会。要出行，可以出行。来访的人，听到某种意见不会来到。出击盗贼，会取胜。听说盗贼要来，不会来到。调动官职，在官位上待着，住在家里，拜见贵人，都不吉利。当年收成中等。民众会有疾病瘟疫，会发生战争。请人帮忙，追捕逃亡者，捕鱼打猎，都不能达到目的。听说有盗贼，会遇上盗贼。问会不会下雨，不会下雨。会放晴。凶。

给一种兆象取名叫首仰足胗身折内外相应。根据这种兆象，卜问病情，病得很重，但不会死亡。被拘囚的人会长久不得释放。寻求财物，买奴隶马牛，捕鱼打猎，不能达到目的。要出行，不可以出行。来访的人，不会来到。去攻打盗贼，有办法取胜。听说盗贼要来，盗贼会来。问会不会调动官职，不会调动。在官位上，住在家里，都不吉利。当年收成不好，民众会有疾病瘟疫。当年收成中等。有战争，不会打到这里。能拜见贵人，是喜事。请人帮忙，追捕逃亡者，不能达到目的。会遇到盗贼，有凶险。

给一种兆象取名叫内格外垂。要出行的人，不可出行。来访的人，不会来到。患病的人，会死去。被拘囚的人，不会被释放。寻求财物，得不到。要去拜见的人，不会见到，大吉利。

给一种兆象取名叫横吉内外相应自桥榆仰上柱足胗。根据这种兆象，卜问病情，病情严重但不会死亡。被拘囚的人会被关押很久，但不会因此抵罪。寻求财物，购买奴隶马牛，请人帮忙，追捕逃亡者，捕鱼打猎，都不能达到

目的。要出行的人，不可出行。来访的人，不会来。留在官位上，住在家中，去拜见贵人，都吉利。问会不会调动官职，不会调动。当年不会是大丰收。民众会发生疾病瘟疫。有战争，但不会波及每一个人。出行会遇上盗贼，听说到某种言论后不会见到盗贼。问会不会下雨，不会下雨。问会不会放晴，会放晴。大吉利。

给一种兆象取名叫头仰足肹内外自垂。卜问忧愁患病的人，病情严重，但不会死去。处在官位上，但不能继续做下去。要出行的人，可以出行。来访的人，不会来到。寻求财物，不会得到。寻求人，不会得到。吉利。

给一种兆象取名叫横吉下有柱。卜问要来访的人，会来到。如果占卜当日还没有到，那是还没有来。卜问患病的人会怎么样，超过一天不痊愈就会死去。要出行的人，不可以出行。寻求财物，不会得到。被拘囚的人，会被释放。

给一种兆象取名叫横吉内外自举。根据这种兆象，卜问患病的人会怎么样，会病得很久，但不会死去。被拘囚的人长时间不会被释放。寻求财物，可以得到但会很少。要出行的人，不可以出行。来访的人，不会来到。去拜见贵人，可以见到。吉利。

给一种兆象取名叫内高外下疾轻足发。寻求财物，不会得到。要出行的人，可以出行。患病的人，会痊愈。被拘囚的人，不会释放。来访的人，会来到。去拜见贵人，不会见到。吉利。

给一种兆象取名叫外格。寻求财物，得不到。要出行的人，不可出行。要来访的人，不会来到。被拘囚的人不会被释放。不吉利。生病的人会死去。寻求财物，得不到。去拜见贵人，可以见到。吉利。

给一种兆象取名叫内自举外来正足发。要出行的人，可以出行。要来访的人，会来到。寻求财物，可以得到。患病的人，病得时间会长久，但不会死去。被拘囚的人，不会被释放。去拜见贵人，可以见到。吉利。

兆象释例

这是一种横吉上柱外内自举足胻的兆象。根据这种兆象，卜问有所寻求，会得到。患病，不会死。被拘囚的人，没有关系，还不到释放的时候。要出行的人，不可以出行，要来访的人，不会来到。去拜见他人，不会见到。百事全都吉利。

这是一种横吉上柱外内自举柱足以作的兆象，根据这种兆象，卜问有所寻求的，可以得到。病得将要死去的旋即又会痊愈。被拘囚的人继续关押着，没有关系，旋即会被释放。要出行的人，不可以出行。要来访的人，不会来到。去会见他人，不会见到。百事吉利。可以发兵作战。

这是一种挺诈有外的兆象。根据这种兆象，有所寻求，不会得到。患病，不会死去，病情会时好时坏。被拘囚的人，有祸患，会被判罪。听说有妨害，到底有无妨害，没有妨害。要出行的人，不可出行。要来访的人，不会来到。

这是一种挺诈有内的兆象。根据这种兆象，卜问有所寻求的，不会得到。患病，不会死去，病情会

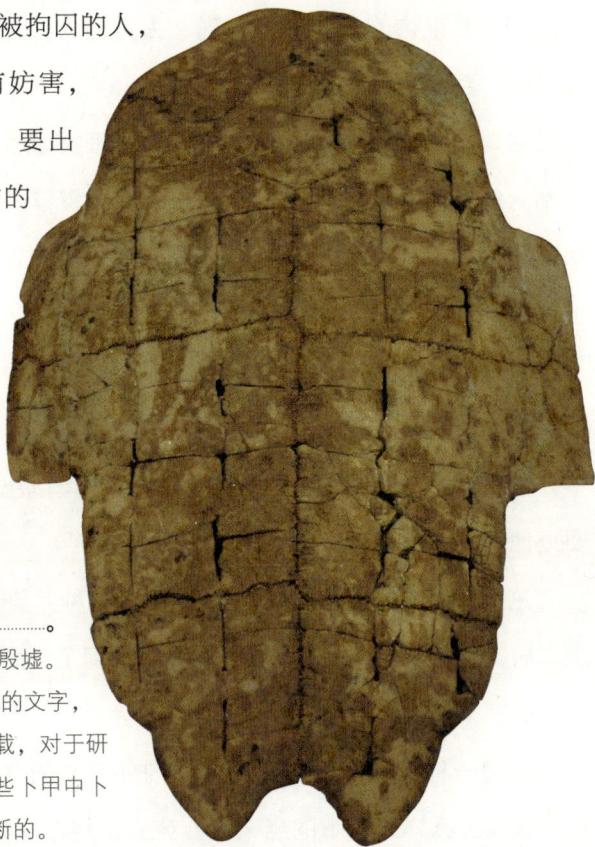

▶ 刻辞卜甲·商

河南博物院藏。这块卜甲出土于殷墟。《史记·龟策列传》中褚少孙补录的文字，尤其是其中关于兆名、兆纹的记载，对于研究商代卜甲具有很重要意义。这些卜甲中卜辞的得出，恰恰是根据兆纹来判断的。

137

时好时坏。被拘囚的人会继续关押着，没有关系，会被释放出来。要出行的人，不可出行。要来访的人，不会来到。去见他人，不会见到。

这是一种挺诈内外自举的兆象，根据这种兆象，卜问有所寻求的，会得到。患病，不会死去。被拘囚的人，不会被判罪。要出行的人，可以出行。要来访的人，会来到。种田者，商贩，打鱼狩猎的人，都会高兴。

这是一种狐貉的兆象。根据这种兆象，卜问有所寻求的，不会得到。患了病会死去，很难痊愈。被拘囚的人，不会被判罪，但也很难被释放出来。可以建造住宅。可以娶媳妇嫁女儿。要出行的人，不可以出行。要来访的人，不会来到。去会见他人，不会见到。有忧患出现，但不值得忧愁。

这是一种狐彻的兆象。根据这种兆象，卜问有所寻求的，不会得到。患病的人，会死去。被拘囚的人会继续关押着，会被判罪。要出行的人，不可以出行。要来访的人，不会来到。去见他人，会见不到。所谈论的事，会确定下来。百事全都不吉利。

这是一种首俯足肹身节折的兆象。根据这种兆象，卜问有所寻求，不会得到。患病的人，会死去。被拘囚的人会继续关押，有罪恶。盼望出行的人回来，不会回来。要出行的人，可以出行。要来访的人，不会来到。要见他人，不会见到。

这是一种挺内外自垂的兆象。根据这种兆象，卜问有所寻求的，结果不会晦暗不明。患病的人，不会死去，但难得痊愈。被拘囚的人会继续关押着，不会被判罪，但难以释放。要出行的人，不可以出行。要来访的人，不会来到。要见他人，不会见到。不吉利。

这是一种横吉榆仰首俯的兆象。根据这种兆象，卜问有所寻求的，很难得到。患了病，很难痊愈，但也不会死去。被拘囚了，很难获得释放，但也没有妨碍。可以安定家室，以便娶媳妇嫁女儿。

这是一种横吉上柱载正身节折内外自举的兆象。根据这种兆象，卜问生病的人会怎么样，占卜的当天不会死去，将在一天后死去。

这是一种横吉上柱足肸内自举外自垂的兆象。根据这种兆象，卜问患病的人会怎么样，占卜的当天不会死去，将在一天后死去。

首府足诈有外无内的兆象。患病的人用龟占卦还没有结束，就会紧急死去。卜问轻的，失掉的却是大的，一天之内不会死。

首仰足肸的兆象。根据这种兆象，卜问有所寻求的，不会得到。据它卜问被拘囚的人，囚者将会判为有罪。有人用言语来进行恐吓会怎么样，没有妨害。出行的人，不可以出行。要去会见他人，会见不到。

总结

总结

总结起来说：卜书上所说的外是指人，内是指兆象自身；或者说外是指女的，内是指男的。出现首俛的兆象是指忧患。大是指兆身，小是指兆末。基本的法则是，卜问患病人的情况，兆纹足敛的会活下来，足开的会死去。卜问出行的人，兆纹足开可以到达目的地，足敛就不能到达。卜问出行的人可不可以出行，兆纹足敛是不可以出行，足开是可以出行。卜问

有所寻求的，兆纹足开的可以得到，足敛的不能得到。卜问被拘囚的人，兆纹足敛是不会被释放，足开是会获释。那些卜问病情的，兆纹足开就会死亡，是因为内高外下的缘故。

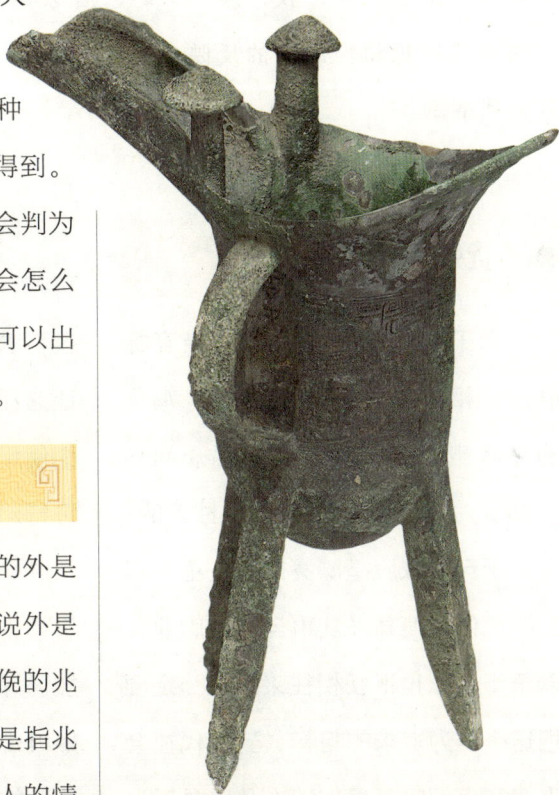

▶ **毕龟爵·商**

台北故宫博物院藏。爵腹深卵圆底，底中央有铸补痕迹，流宽，短柱在近喉处，柱顶作笠帽形，耳如弯板条，三足略短。爵腹饰兽形纹，双眼凸起，柱帽旋涡纹，铭文在耳内的腹壁上，铸有"毕龟"二字族徽。

龟策列传 第六十八

139

货殖列传 第六十九

【解题】本传是记述从事"货殖"活动的人物的类传。货殖，即利用货物的生产与交换进行商业活动，从中谋求利益。太史公所说的货殖，还包括各种手工业、农、牧、渔、采矿、冶炼等行业的经营在内。本文是司马迁的经济思想和物质观的反映。史学界认为："历史思想及于经济，是书盖为创举。"

《货殖列传》序

老子说："美好政治的最高标准是，相邻的国家隔界相望，鸡狗的啼吠声都可相闻，但是民众间各自都认为自己所吃的食物是甘美的，自己所穿的衣服是漂亮的，安稳于自己的风俗，很高兴从事自己的职业，以至于老死也不互相往来。"一定要把这个作为追求的目标，到近代社会来堵塞人们的耳目，那么几乎是无法实行的。

太史公说：要说神农以前的事，我是无法知道了。至于《诗》《书》中所叙说的虞舜、夏禹以来的情况，那却是耳目想要极力享受声色中最为美好的，口里想尝尽牛羊鸡鸭等各种美味，身体习惯于安逸享乐，而心里很喜欢夸耀权势和才能方面的光荣。让这样的习俗浸染民众已经很久了，即使用老子那些神妙言论去挨家挨户进行劝说，最终也不能使他们改变。所以最好的政治措施是因循自然，不干预，再下一等的办法是顺着情势略加诱导，又下一等的办法是实行教化形成规范，还下一等的办法是用法律刑罚加以约束，最糟糕的办法就是与民争利。

崤山以西的地方盛产木材、竹子、楮木、纑麻、牦牛、玉石；崤山以东的地方盛产鱼、盐、漆、丝、美女；长江以南出产楠木、梓木、生姜、桂木、黄金、锡、铅、丹砂、犀牛、玳瑁、珠玑、兽牙和皮革；自龙门到碣石山一线的北边盛产马、牛、羊、毡裘、作弓弩的筋角；铜、铁则是分布在千里之内很多的山中，如同棋子一样遍布全国——这是一个大概的情况。这些出产都是中国人民所喜欢的，并被用作风俗习惯、衣被服饰、供奉生活、陪送死者的器物。而这些物品必须依靠农民耕种来获取食物，渔夫猎人等去水泽山林中开发出来，再依靠手工业者将它们制造成功，还需要商人将它们运送通往四方各地，以便应用。这样的生产和流通过程，难道有什么政令教训限期征发调动才能会集吗？人们都是凭借自己的才能，竭尽自己的力量，以求得到自己日常生活所需要的物品。所以，低价的货物能够高价出售，高价的货物能够低价购进，大家勤勉地对待职业，高兴地从事工作，这

▶ **天平砝码 · 战国晚期**

湖北省博物馆藏。湖北江陵九店东周墓出土。天平由衡杆与盘组成，衡杆为木制，呈扁长条形，横截面呈矩形，杆中心和两端皆有拴绳用的小圆孔。盘似锅状，圆形，敞口，圜底，口沿部有 4 个等距对称的小圆孔。砝码共 5 枚，作环形，大小相次，重量分别为 4 两、2 两、1 两、6 铢、2 铢。

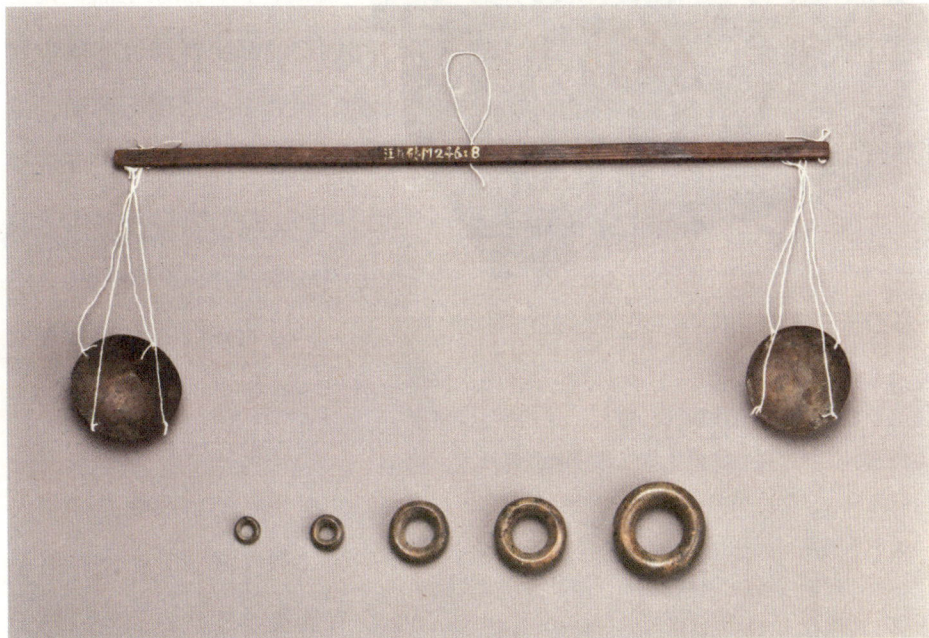

种情况就像水流向下游，日日夜夜无休止的时候，不召唤就会自动前，不特别责求民众就会生产出来。难道这不是符合事物的规律，并是一种自然过程的验证吗？

《周书》中说："农夫不耕种就会缺乏粮食，手工业不制造就会缺乏器物，商人不流通就会使三宝的产生过程断绝，打猎捕鱼的人不开辟山泽就会使财物缺乏。"财物缺乏就会使山林川泽得不到进一步开发。农、工、商、虞这四种职业是生产民众衣食的源泉所在。源泉大财物就富足，源泉小财物就稀少。上可以富国，下可以富家。贫与富的变化规律，没有人能夺走它也没有人能给予它，但是智巧的人会财富有余，笨拙的人会出现不足。所以，姜太公被封在营丘，这里的土地为盐碱地，民众也少，于是姜太公鼓励妇女们纺织刺绣，尽可能提高技巧，使鱼盐等产品流通起来，因而人们都来归附他，拖家带口得像辐条一样向他这里集中。所以齐国生产的冠带衣履供应整个天下，从沿海到泰山之间的诸侯都整理好衣袖前往朝拜他。这以后齐国中途衰落，管仲加以整治，设立调剂商品平衡物价的多个官府，使得齐桓公因而称霸，多次会盟诸侯，一度匡正天下。管仲也自筑了三归台，处于陪臣的地位上，比列国的君主还富足。因此齐国的富强一直延续到齐威王、齐宣王的时代。

所以说："仓廪充实了人们才懂得礼节，衣食充裕了人们才知道荣辱。"礼仪产生于富有而废除于贫穷。所以君子

▶彩绘《二十八宿图》木衣箱·战国早期

湖北省博物馆藏。1978 年湖北省随州市擂鼓墩 1 号墓出土。木胎，挖制辅以斫制。由盖、器身组成，器身为长方体，盖顶拱起。器内髹红漆，器表髹黑漆，并用红漆书写二十八宿名称等文字并绘制其他花纹。盖面正中朱书篆文"斗"字。髹漆木衣箱的出土，证明了在战国时期漆器的制作已经到达了一个高度发达的水平，漆器作为商品已经在市场上大规模流通销售。

富裕了，喜好施行恩德；小人富足了，会畅快地做他力所能及的事。渊泉深了鱼就会到里面生存，山林深了野兽就会纷纷前往，人们富裕了仁义道德就会附着在他们身上。富裕的人会乘势更加显赫，如果失势了他原有的宾客就没有可去的容身之所，因而会不愉快。这种情况在夷狄地区更加严重。俗语说："富有千金人家的儿子，

▶ **对鸟纹绢残片·战国**

美国纽约大都会艺术博物馆藏。丝织品上的几何图案和对鸟图案清晰可见。上面的红色据考证是用朱砂染色之后形成的。这块绢的残片表明了战国时期丝织品制作工艺已经发展到了一个很高的水平，并且对朱砂的使用已经很常见。新石器时代晚期就已经开始开采使用朱砂，到了西周时期，对朱砂的使用更为精细，用朱砂染色已经很普遍。

不会被处死在闹市。"这不是空话。所以说："天下人来去熙熙，都是为了财利而来的；天下来去攘攘，都是奔着财利而去的。"那些拥有千乘财富的帝王，有万家封地的诸侯，有百室食邑的君主，尚且还怕贫穷，更何况是一个编入户籍的平常人家呢？

➍ 陶朱公范蠡

从前，越王勾践被围困在会稽山上的时候，任用了范蠡、计然。计然说："知道要战斗就会修筑城池制造武器，依据使用季节了解物品的价值，将时与用两方面的加以对照，那么各种货物的供需情势就可以观测到了。所以岁在金时，就会丰收；岁在水时，就会歉收；岁在木时，会发生饥荒；岁在火

计然（生卒年不详），辛氏，名钘，字文子（一说名文子），又称计倪、计研，号计然，春秋时期宋国葵丘濮上（今河南商丘民权县）人，著名谋士、经济学家。史载他博学无所不通，尤善计算。经常遨游于山海湖泽，南游越国时，收越国大夫范蠡为徒，授范蠡七计。范蠡辅佐越王勾践，用其五计而灭吴国。《计然子》一书仅8000余字，是后人掇拾遗文编缀而成。

时，会发生旱灾。发生了旱灾就要准备船只，发生洪水要准备车子，这是商品供需的原则。六年一次丰收，六年一次旱灾，十二年一次大饥荒。卖出粮米，一斗二十钱要伤害农民，一斗九十钱要伤害商人。商人受到了伤害，那么钱财就不能流通到社会上，农民受到了伤害，那么田地里的荒草就不会被铲除了。粮食价格最高不超过一斗八十钱，最少不低于一斗三十钱，那么农民和商人都可以得到利益，平价出售整齐物价，关卡税收市场交易都不会缺乏，这是治国的好办法。积蓄的原则，要致力于使物品性能完好，不要让资金停止流通。用商品进行交易，容易腐烂的食用货物不要留下来，不要大胆囤积等待高价。观察某一种商品在市场上是有剩余还是不足，就会知道它的贵贱。商品价格贵到了最高点就会返回来变得低廉，低廉达到了最贱的时候就会返回来变得昂贵。商品已经昂贵了，抛售出去要像扔粪土一样，已经低廉了，赶紧收售要像获得珠玉一般。财富增长钱币运转要让它像流水一样的不停顿。"勾践按照这种方法治理了十年，越国便富足了，厚重地奖赏战斗之士，士兵在弓箭、垒石阵前冲锋，像口渴得要寻找饮水一般无所顾忌，于是报复了强大吴国的仇恨，到达了中原地区检阅军队，

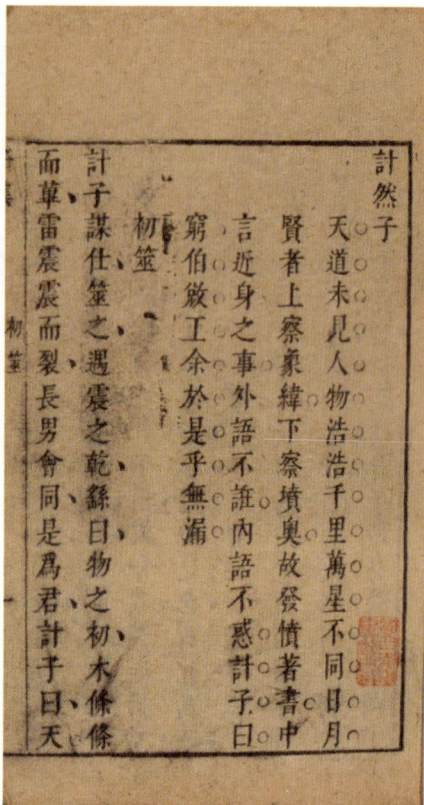

获得了"五霸"之一的称号。

范蠡在辅助勾践洗刷了会稽山的耻辱以后，感慨地叹息说："计然有七方面的策略，越国采用了其中的五个方面就得志了。既然已经施用于越国，我想把它在自家加以实行。"范蠡乘着小船在五湖漂荡，改变自己的姓名，到了齐国名叫鸱夷子皮，到了陶邑称作朱公。朱公认为陶邑处在天下的中心位置，可以从四方通往诸侯各国，是各种货物进行交易的理想场所。就组织生产囤积商品，抓住时机逐利而不责求他人。所以善于经营生计的人，是能选择经商的人才和掌握商品售取的时机的。朱公在十九年的时间内，他的财富三次达到了千斤黄金，又两次将这些财富施舍给贫困的朋友和关系较为疏

▶ 商圣范蠡雕像

范蠡从实践中总结出来的经商思想和较为完整的经商理论，无论是对他的同代人，还是后代人，都有很大的影响。受范蠡经商思想、理论影响之最大者，当数越王勾践。越王采纳范蠡之"商贾"兴国之策，是从自身的国情出发，深知范蠡之道能振兴国家，完成报仇雪耻的任务。勾践励精图治，"治牧江南，七年而擒吴"，建立霸业，全仗"商贾"兴国。

远的兄弟。这就是所说的富有了喜欢施行恩德的人。后来他年纪衰老了而听任子孙们治理，子孙们治理产业更加发展了，财富达到了万万。所以谈论致富的人都称赞陶朱公。

❖子贡与白圭

　　子贡跟从孔子学习，离开孔子后到卫国去做官，在曹国、鲁国一带出卖和囤积货物进行经商活动。在孔子七十多个门徒中，端木赐（即子贡）是最富有的。原宪连糟糠都吃不饱，隐居在穷困的巷子里。子贡却车前四马并进，携带着贵重的礼品去拜访各国诸侯，所到之处，国君们没有一个不对他以平等的礼节相待的。要说使得孔子的名声能够在天下传扬，在这方面子贡前前后后出了不少力。这就是所说的乘势而更加显赫的例子吗？

　　白圭是周地人。魏文侯的时候，李克致力于最大限度地利用土地的潜力，而白圭却喜欢观测时用的变化，所以他的做法是别人抛售就自己收取，别人正需要取用的时候自己就出售给他们。当年收成好收取粮食，卖给农夫丝漆；蚕茧出来了收取帛絮，卖给养蚕人粮食。木

《至圣先贤半身像册》之子贡像·元·无款

台北故宫博物院藏。《至圣先贤半身像册》是清宫南薰殿旧藏之物，其中绘制人物都很精细，每个人的特点也比较突出。这张子贡像就是其中的一幅。

龙凤纹镜·战国

美国纽约大都会艺术博物馆藏。镜为圆形，单弦钮，圆周钮座，外区饰对龙对凤图案，共有四龙四凤。边缘饰几何云纹。纹饰用红漆装饰，将纹饰烘托得特别醒目。

星在卯宫方位，当年会丰收，而第二年的收成就很坏。到了木星在午宫方位，当年会发生旱灾，而第二年会年成好。木星到了酉宫方位，当年会丰收，而第二年会收成很坏。

木星到了子宫方位，当年会发生大旱灾，第二年会收成好，但有大水。木星又到了卯宫方位，经过十二年，平均每年积存货物的财富增长比率是一倍。想增加钱币收入，就收售价格低廉的粮食；想使农夫增加产量，就收售良种。他能够不讲究饮食，强忍嗜好欲望，节俭衣服开支，和雇用的奴仆同甘共苦，但捕捉时机就像猛兽凶鸟勃发迅疾地扑食一样。所以他说："我从事商业经营，就像伊尹、吕尚筹划谋略，孙武、吴起用兵作战，商鞅施行改革是一样的。因而如果一个人的智慧够不上权宜变化，勇气够不上对事决断，仁德不能正确取舍，强毅不能有所坚守，即使想学我这套办法，终究是不会告诉他的。"大概天下谈论经营致富的都以白圭做典范。白圭大概对他的主张有所尝试，能够尝试成功是他这套主张有所长，不只是随随便便的说法而已。

秦代的富豪

猗顿靠熬制盐池发家。而邯郸的郭纵以冶炼铁矿成就了家业，其财富可与诸侯王相比。

乌氏倮从事畜牧业，等到牲畜增多，全部卖掉，寻求奇异的丝织品，秘

湖北省博物馆藏。2002年湖北九连墩2号墓出土。实用器。以树根雕成走兽，蛇首，三足兽蹄，其关节和躯干右侧雕刻兽首。黑漆为地，以红、黄色饰云纹、兽首、眼耳、鼻、鳞等适合纹样。该器或为辟邪，或为凭几。其构思巧妙，抽象、具象并用，堪称反映楚人生活情态及精神的艺术杰作。

密地赠送给戎王。戎王拿十倍的价值偿还，给了他牲畜，牲畜多得用山谷来计算马牛的数量。秦始皇帝让乌氏倮享有和封君一样的地位，可以按时和各位大臣进宫朝拜。而巴地的寡妇清，她的先人占有丹砂矿，好几代人独享这座矿的利益，家财也是不计其数。清是一位寡妇，能坚守先人的产业，用钱财来保护自己，不曾被人侵犯过。秦始皇帝认为她是一位贞洁的妇女，以贵客的礼仪对待她，为她建造了一座女怀清台。乌氏倮是一位边远地区的畜牧主，清是位穷乡僻壤的寡妇，在礼仪上能和万乘君王平起平坐，名声显扬于天下，难道不是因为富有吗？

汉代各地经济情况

汉代建立，海内得以统一，开通了水陆交通要道，废除了对山林川泽开发的禁令，因此富商大贾周流天下，所有能够交易的货物没有运转不通畅的，他们的欲望都能得到满足，而汉朝廷又把豪杰诸侯强族迁徙到了京城地区。

关中地区从汧县、雍县以东直到黄河、华山，肥沃的土壤和旷野达一千里。从虞舜、夏禹的时候起贡赋都将这里定为上等田地，后来公刘迁到邠邑，周太王、王季定居在岐邑，周文王兴建了丰京，周武王兴建了镐京，所以这个地区的民众还有先王的遗风，喜好农耕，种植五谷，以土地为重，把干邪恶的事看得很严重。到了秦国的文公、德公、穆公定居在雍邑，陇地、蜀地的货物贸易得以实现而出现了大量商人。秦献公迁都到栎邑，栎邑北边防御着戎狄部族，东边和三晋相通，也有很多大商贾。秦孝公、秦昭襄王以咸阳治理国事，此地后来也成了汉朝国都，长安周边有各个帝王陵墓，四方的人像车辐朝向中心一样同时来到这里会集，地方小了，人口众多，所以这些地区的民众更加玩弄奇巧而从事商业。关中的南边就是巴蜀。巴蜀也是土地肥沃，土地上盛产卮、姜、丹砂、石材、铜、铁和竹木之类的器物。巴蜀南边面向着滇地的僰族，僰族中多出僮仆。巴蜀西边接近邛地的筰族，筰族出产马、旄牛。然而巴蜀的四方都有关塞，有千里长的栈道，没有什么地方不可通往，只有褒斜道控制了巴蜀的咽喉，能用多余的物品交换稀缺的物品。天水、陇西、北地、上郡四个地区和关中习俗相同，然而它们西部享有羌族的地利，北部能获得戎狄的畜生，畜牧业在天下最为富饶。但是这四郡地区也是贫穷险要之地，只有京师总扼了它的要道。所以关中地区，面积占天下的三分之一，但人口不超过十分之三；然而估量一下它的财

▶ **四山纹镜·战国**

美国克利夫兰艺术博物馆藏。单弦钮，方形钮座。主题纹饰为四山纹，四山纹的底边和方钮座边平行。钮座四角各伸出的一枝双叶纹作为四山纹的间隔。纹饰的空隙处填以羽翅纹。战国到秦汉时期，青铜镜的制作工艺日趋成熟，已经成为青铜器中比较商品化的产品。

富，在全国十分占六。

从前唐尧建都在河东，殷朝建都在河内，周朝建都在河南。这个三河地区处在天下的中心地带，像是鼎足而立，帝王们交替在这里居住，建立的国家各有几百上千年。这里土地狭小，人口众多，是各国诸侯聚会的地方，所以这一地区的习俗是小气节俭，熟悉人情世故。杨县、平阳县西边和秦地、狄族做买卖，北边和种地、代地做买卖。种地、代地在石邑县北边，此地和胡人交界，屡屡遭受寇害。人民夸矜强直刚戾，争强好胜，仗义为侠行事奸狠，不去从事农业和商业。然而这里紧靠北边夷狄，军队多次出征，中原地区运送的物资总有些剩余放在这里。这里的民众剽悍不从事耕耘，在晋国没有分裂的时候就因为此地民风剽悍而感到难治，而赵武灵王时就更加严重，这个地区的风俗还有赵国时代的风气。所以杨县、平阳县人在其中经营驰逐，

▶ **错金铜豹子·西汉**

河北博物院藏。河北满城陵山二号汉墓出土。豹作蜷卧状，昂首张口，长尾弯卷，平底。豹身以金斑为主纹，错出梅花状豹斑，头足和尾部錾点状纹，口部涂朱。双目镶嵌白玛瑙，由于黏合料中含有朱红色颜料，故双眼呈现红色。豹体内灌铅，使其更加稳重。装饰华丽，造型生动优美，是难得的汉代艺术珍品。

彩绘漆木房俎·战国

湖北省博物馆藏。2002年湖北九连墩2号墓出土。礼器。由案面、立板、板足三部分以榫卯结合而成。面板为长方形，两端各有一立板，侧边饰方形玉饰，足板饰三个玉饰。木俎黑漆为地，其上以红色绘陶纹、圆圈纹、卷云纹、S纹。《诗·鲁颂·闷宫》"笾豆大房"，郑笺："大房，玉饰俎也。"楚墓常见这类镶嵌玉、石之俎，楚遣册记为"大房"或"瑃石之（室）"，故镶嵌玉、石之俎即房俎。"俎"和"豆"是古代祭祀、宴飨的礼器，豆装菹菜酱肉置于俎上。"俎豆"也成为祭祀的代名词。此墓同时出土了大量彩漆木俎、豆。

能得到他们所想要的东西。温县、轵县西边和上党郡做买卖，北边和赵地、中山做买卖。中山地区土地贫瘠，人口众多，沙丘台一带还有商纣荒淫之地的人的后代，民间习俗急躁，依靠投机谋利获取饮食。男子们相互聚在一起游戏，悲歌慷慨，行动时就相随着击杀抢劫，闲暇时就盗墓、作奸犯科、盗铸钱币，这里多美男子，其职业多为歌舞艺人。女人就弹奏着琴瑟，拖着鞋子，在富贵人家游玩献媚，还进入后宫，遍及诸侯之家。

而邯郸是漳水、黄河之间的一个都市。它向北通往燕地、涿郡，南边有郑地、卫地。郑地、卫地的习俗和赵地相似，然而因为接近梁地、鲁地，比较庄重并崇尚节操。战国时秦国攻魏国濮阳，把它的国君迁到了野王，野王地区的人好胜仗义为侠，遗存着卫国的风尚。

再说燕，也是勃海、碣石山之间的一个都市。它向南通往齐地、赵地，东北边和胡人搭界。上谷郡到辽东郡，土地辽远，民众稀少，多次遭受寇害，大体上和赵地、代地习俗相似，但民众迅捷凶悍，头脑简单，有着鱼盐枣栗等富饶物产。北边邻近乌桓、夫余，东边控制着秽貉、朝鲜、真番的物利。

洛阳东边和齐地、鲁地做买卖，南边和梁地、楚地做买卖。所以泰山的

货殖列传 第六十九

151

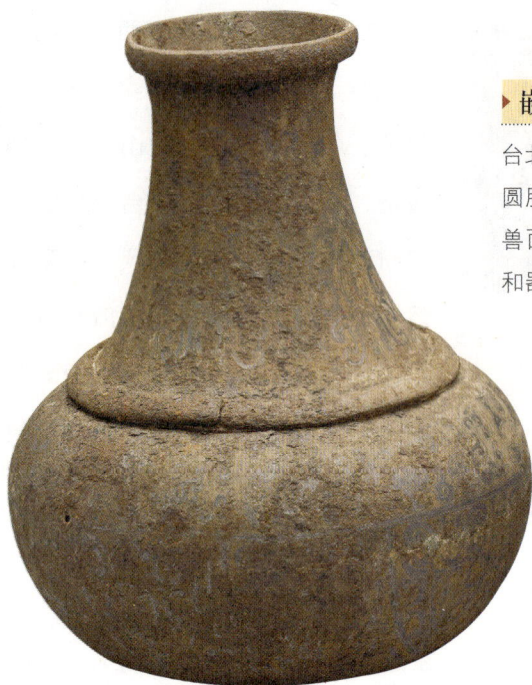

台北故宫博物院藏。壶，盘口、长颈、斜肩、圆腹、阶状圈足。颈与腹部以错银饰变形兽面纹及蕉叶纹，颈部有一圈凸棱。圈足和器身可以分离。

南边就是鲁地，它的北边是齐地。

　　齐地被山海环绕着，肥沃的土壤有千里，适宜种植桑麻，民众多有华丽的丝绸布帛和鱼盐。临菑也是东海、泰山之间的一个都市。这里的习俗从容宽厚，豁达大度，而且人们很有智谋，喜好议论，看重土地，不轻易离开乡土，对聚众斗殴很胆怯，但勇于持刀暗杀，所以多有劫人财物的人，这是大国的风尚。在这里士、农、工、商、贾五民齐全。

　　而邹地、鲁地濒临洙水、泗水，还有周公时代的遗风，习俗喜好儒术，讲究完备的礼仪，所以这地区的民众显得拘谨，颇多经营桑麻产业，没有山林川泽的丰富出产，土地狭小，人口众多，节俭吝啬，害怕犯罪，远离邪恶。这种风气衰落以后，人们喜好经商，趋赴财利，比周人还严重。

　　从鸿沟以东，芒山、砀山以北，延伸到巨野泽，这是梁地、宋地。定陶、睢阳皆为都市。从前尧帝兴起于成阳，舜帝在雷泽打过渔，商汤建都在亳邑。

这个地区的习俗还有先王的遗风，庄重宽厚，多有君子，喜好耕种，虽然没

有山林川泽的丰富出产，人们却能节衣缩食，以达到财富的积蓄。

越地、楚地就有三种习俗。淮水以北的沛郡、陈郡、汝南郡、南郡，属于西楚。这一地区习俗剽悍轻捷，容易发怒，土地贫瘠，民众很少积聚财富。江陵是过去的郢都，西边和巫县、巴郡相通，东边有云梦泽的富饶。陈郡在楚地和当年北方华夏国家的交通要道上，流通着鱼盐货物，这里的民众有很多人经商。徐县、僮县、取虑县这三地的人清严苛刻，注重自己的承诺。

彭城以东，东海、吴、广陵一带为东楚。这个地区的习俗类似徐县、僮县。朐县、缯县以北，习俗同于齐地。浙江往南同于越地。吴县自从吴王阖庐、楚春申君、吴王刘濞三人招徕了天下喜好游玩的年轻人，加上它东边盛产海盐，还有章山的铜矿，以及三江、五湖的物产，也成了江东的一个都市。

衡山、九江、江南、豫章、长沙一带，是南楚，这个地区习俗大体上类似西楚。战国时楚失郢后，迁都到了寿春，寿春也是一个都市。而合肥受到长江和淮河水运的便利，皮革、鲍鱼、木材在这里聚集。南楚由于和闽中、干越的习俗混杂，所以南楚地区喜好言辞，说话乖巧，少有信用。江南地势低洼潮湿，男子很容易夭亡，土地上多产竹木。豫章出产黄金，长沙出产铅、锡，然而是仅有的物品出产，开采起来还不足以抵偿开采费用。九疑、苍梧往南直到儋耳，和江南大体上习俗相同，却多受扬州和南越的影响。番禺也是这一地区的一个

▶ **玉谷纹璧·西汉**

美国纽约大都会艺术博物馆藏。此玉璧用和田碧玉雕琢而成，玉色温润，透明度极高。玉璧两面满雕谷纹，谷纹排列整齐，显示出了玉工高超的技艺。自西汉开通西域以来，和田玉大量进入中原地区，因而西汉的和田玉玉质水平明显提高，这就是其中的精品。

都市，珠玑、犀角、玳瑁、果品、布匹都往这里集中。

颍川、南阳，是夏代人居住的地方。夏代人的政治崇尚忠信朴实，这里还有先王时代的遗风，颍川的习俗敦厚老实。秦的末世，把不遵法纪的民众迁徙到南阳。南阳西边通往武关、郧关，东边、南边有汉水、长江、淮河。宛县也是一个都市。这里习俗混杂，喜好多事，职业多半是经商。当地民众仗义行侠，和颍川相交往，所以直到今天这里的人还被叫作"夏人"。

天下的物产有少有多，民众中的风俗习惯，山东地区吃的是海盐，山西地区吃的是池盐，岭南、沙漠以北地区本也常常出产盐，大体上是这样。

总之，楚越地区，土地广阔，人口稀少，食用鱼米，有的采取火耕和水耨的种植方法，瓜果、田螺、蛤蜊等不必购买就可满足需要，地理形势决定它有富饶的食物，没有饥馑的忧患。由于这个原因，这里的习俗是苟且偷生，家中没有积聚而多出现贫穷。因此长江、淮河以南，没有受冻

受饿的人，也没累积千金之家。沂水、泗水以北，宜于种养五谷桑麻六畜，土地狭小，人口众多，多次遭受水旱灾害，民众就喜好蓄积储藏，所以秦地、夏地、梁地、鲁地是喜好农耕并重视民众的，三河、宛、陈地也是这样，并且还进行些商业活动。齐地、赵地的居民运用智慧聪明，依靠投机取利。燕地、代地的居民能种田、畜牧并从事养蚕。

◎汉代经济总论

由此看来，贤人们在庙堂上深谋远虑，在朝廷上大发议论，坚守信义，为气节而死，隐居山野的士人们图谋抬高自己的名声，这样做要达到什么目的呢？目的在于得到富足和充实。因此廉洁的官吏做久了，久而久之会更加富有，买卖公平的商人最终的目的是要致富。求富是人的本性，它不需要特意学习而都会产生这种欲望的。所以，壮士在军队中攻城时要捷足先登，冲入战阵击退敌人，斩敌将拔敌旗，前进时冒着箭矢和礌石，不回避赴汤蹈火，艰难险阻，是被重赏所驱使的。那些生活在里巷中的年

轻人，侵扰劫夺，杀人掩埋，抢人财做坏事，挖坟墓铸私钱，仗义为侠霸占钱财，借助交友报复私仇，夺取逐杀藏尸暗处，不顾及法律禁令，像马一样在死路上奔驰，他们实际上都是为了求得财用而已。如今那些赵地、郑地的美女，打扮形体容貌，弹奏着琴瑟，挥动着长袖，踩着轻便的舞鞋，用眼神和心意引诱挑逗，外出也不害怕千里之远，选择的对象也不管他是老是少，她们这样做也是为了富足充实。游闲的公子哥儿，装饰起冠冕宝剑，出门时前后车骑相连，亦是为了要显出富贵的模样。弋射飞鸟捕鱼打猎，起早贪黑，身冒霜雪，奔驰在深山老林之中，不回避猛兽的祸害，是为了获得野味。赌

▶ 瓦纹灯·西汉

台北故宫博物院藏。灯由两只直壁浅腹的盘形灯相扣合而成，平顶盖上有三枚 S 形钮及一圈弦纹，平底下有三枚蹄形矮足，器表装饰数圈瓦纹，器身一侧有上下对称的方形有銮柄，銮内可以插入木柄，行走时可持于手中照明，因此也叫作行灯。使用时将盖打开一分为二，器身中央本有一枚钉状的火主，盖内则另有三枚火主，火主亦称灯柱，是放置芯蕊吸油点灯之用，器身与器盖可分开使用，也可以二盘并列，则有四枚灯火齐燃，分和自如，明暗随心。

博赛马，斗鸡走狗，争得面红耳赤，个个自我夸耀，必定要争得胜局，是因为很重视钱财输赢。从事行医等各种依靠技艺方术为生的人，耗尽精神，竭尽能力，是为了得到一份厚重的报酬。官吏文士舞弄法律条文，私刻官印，伪造文书，不回避刀锯诛杀，敢这样做是因为已经沉溺在受贿的财物之中。农工商贾和畜牧主，本来就是为了求得富足增加财货。这是有智力就会尽他的所能去追索的，终究是为了不遗余力地去获取财富。

俗话说："贩运柴草不超出一百里，贩运粮食不超出一千里。"居住了一年，就要种谷；居住了十年，就要植树；住上百年，就应招徕德行。德行，是说有人品和财物的人才。如今有些人没有秩品俸禄的供奉和爵位食邑的收入，却乐于同有这种供奉和收入的人相比的，给他取名叫"素封"。受封的

▶铜灶·汉

台北故宫博物院藏。青铜质灶，舟形身，有如底部平整的尖叶，上有三火眼，近口处二火眼较小，近灶身尖收处者大，直筒状烟囱，出口略弧作兽首。小火眼上置圆口小锅，大火眼上置双层迭架炊煮器。本器尺寸虽小，却是具体而微地再现了实体灶形，很可能是制作较为讲究的明器。

▶虎纹砖·西汉

美国克利夫兰艺术博物馆藏。砖为长方形，砖上模印一只气势威猛的老虎，虎口大张，獠牙显露，头高身曲，似乎要扑向猎物，前肢呈扑食状，后肢呈奔跑状，长尾舞动很有节奏。这块砖上的老虎形象极具动态之美，表现了汉代制砖工匠高超的技艺。

人仰食租税，每年大约每户二百钱。有千户的封君就能收入二十万，朝拜天子、诸侯间问候、祭祀祖先都出于其中。平民中的农工商贾，大约也是每年本金一万可得息钱二千，有百万本金的人家就可收息二十万，轮流更替的兵役、租赋都出于其中。衣食的享受，就可以恣意获得所喜欢的。所以说，在陆地能放牧五十匹马，一百六七十头牛，二百五十只羊，泽地上养了二百五十头猪，水面上居有能养一千石鱼的池塘，山野上占有一千棵成材的大树；在安邑有一千棵枣树；在燕地、秦地有一千棵栗树；在蜀地、汉水、江陵有一千棵橘树；在黄河、济水之间有一千棵楸树；在陈地、夏地之间有一千棵漆树；在齐地、鲁地有一千亩桑麻田；在渭川有一千亩竹林；以及在著名都会万家城市的城郭外，有千亩亩产一钟的千亩田地，或者千亩栀子、茜兰，千畦生姜、韭菜：

▶ 彩漆套装耳杯·西汉

安徽天长西汉墓出土。耳杯形制相同，均为木胎。椭圆形，有半月形耳，浅弧腹，平底。外髹黑漆，内涂朱漆，内底墨书草隶"谢子翁"三字。

这些人们占有的财富都和千户的封侯是相等的。然而这样富足的资财，是不需要到市场上查看，不需要远行他邑，坐在家里等待收成就可以得到的，自身有处士的道义就能取用财物和人力以供需用。至于像有些人，家里贫穷，双亲已老，妻子儿女瘦弱，逢年过节时拿不出钱财祭祀祖先、赠人路费、聚集乡人会餐饮酒，连饮食衣被都不能自给，到了这种地步还不感到惭愧耻辱，那就没有什么好说的了。因此，没有钱财要靠出卖苦力，稍有钱财要靠和别人斗智，已经富有了就要争利逐时，这是事物的大原则。如今谋求生计不是依靠冒着生命危险就能满足需要，那就应受到贤人的鼓励。因此，从事农业而致富是上策，从事商业而致富是次策，从事奸伪而获富是最下一等的。没有隐居在山林的奇士的操行，而长期贫困低贱，还喜好口说仁义，也真感到羞耻。

凡是编入户籍的平民之间，财富相差十倍就会一方对另一方表示卑下，相差百倍就会一方对另一方表示畏惧，相差千倍一方就要供另一方役使，相差万倍一方就要成为另一方的奴仆，这是事物的常理。要说处在贫穷地位去追求富有的途径，农耕不如做工，做工的不如经商的，刺绣织棉不如当街做买卖。这是说从事商业，是贫穷人致富的资本。在通邑大都市中，一年卖出一千瓮酒，酱醋千缸，饮料一千甒，屠杀牛羊猪一千头，贩运粮食卖出一千钟，卖出柴草一千车，制造船只加起来有一千丈长，木材一千株，竹竿一万根，或者是售出小车一百乘，牛车一千辆，上过漆的木器一千件，铜器一千钧，

▶ **龟驮凤鸟灯·西汉**

安徽天长西汉墓出土。一只乌龟四足伏地，仰首，背驮一凤鸟。凤鸟长腿展翅，曲颈仰首，口衔一珠。鸟首顶着一个杯形中空柱，上承一浅圆盘，盘为直壁平底。龟背饰龟甲纹，鸟背和翅膀均饰羽纹。

159

未上漆的木器、铁器以及卮茜一千石，二百匹马，二百五十头牛，羊猪两千只，奴婢一百人，筋角丹砂一千斤，或者帛絮细布一千钧，有花纹的彩色丝织品一千匹，粗厚的布、皮革一千担，漆一千斗，酿酒的曲、盐、豆豉一千甑，河豚、刀鱼一千斤，小鱼一千石，盐渍鱼一千钧，枣栗三千石，狐貉裘皮一千张，羔羊裘皮一千石，毡毯一千席，其他果品蔬菜一千钟，放债收利息钱一千贯，做掌握牲畜交易的经纪人，贪心的商人获利十分之三，廉正的商人获利十分之五，这样的经营规模也可以和千乘之家的财富相比拟，这是大概情况。经营其他杂业利润达不到十分之二，那就不是我要说的致富行业。

汉代富商

　　请让我简略叙述当代在千里范围内，贤人由于从事商品生产和流动而富有的人，使后代能够从中观察做出选择。

▶ 彩漆套装长盒·西汉

安徽天长西汉墓出土。器为木胎。由上下两个长方盒套合而成，中层为上盒底部，与下层盒盖相连接。盖为盝顶，器表髹黑漆。盖顶部朱漆绘双栏边线，栏内绘云气纹，坡面绘三角形几何纹。器身亦绘双栏边线，栏内朱漆绘云气纹、点状纹、草叶纹。4个子盒置于套盒上层，包括两个方盒、一个长方盒、一个圆盒。子盒均为盝顶，外髹黑漆，顶与器表饰双栏线，栏内朱漆绘云气纹，栏外饰草叶纹、几何纹。

▶ **文具套装 · 西汉**

安徽天长西汉墓出土。文具套装由漆砚盒、砚台和研墨石组成。
砚盒为木胎。长方形扁体，盒表面髹朱漆，墨绘水波纹。盒内
分隔成长方形、正方形和圆形。长方形空间内放置青石制成的
板式砚，砚面仍有墨。圆形空间内存放用青石制成的研墨石。

　　蜀地卓氏的祖先是赵国人，因为冶铁致富。秦国攻破赵国，迁徙卓氏。
卓氏被人抢劫了财物，只有夫妻二人推着辇车行进到迁徙地。其他被迁徙的
人稍有点余下的财物，争着送给押送的官吏，请求迁到距离近的地方，居住
在葭萌。只有卓氏说："这地方狭窄贫瘠。我听说汶山下面，是肥沃的旷野，
地下长有大芋，到死也不会发生饥荒。民众精通市场交易，容易经商。"就
要求迁徙到远的地方去。卓氏到达了临邛，特别高兴，就近开采铁矿山进行
冶炼，运用谋略，压倒了滇蜀地区的民众，富足到有僮仆千人。享受得到在
田野川泽射猎的乐趣，可以和国君相比。

　　程郑，是从山东一个地区迁徙来的奴虏，也从事冶铁业，出卖给西南一
带的部族民众，富有的程度和卓氏等同，都一起住在临邛。

　　宛地孔氏的祖先是梁国人，以冶铁为职业。秦国攻打魏国，把孔氏迁徙
到南阳。他大规模地从事冶炼，规划出池塘进行渔业养殖，车骑前后相连，
去到诸侯各国游说，乘机沟通商贾的财利，得到游闲公子乐施好赐的名声。
然而他所赚取的比花销的多，比那些吝啬节俭的人要强得多，家中致富达到
数千黄金。所以南阳地区经商的人全都效法孔氏的从容稳重和举止大方。

　　鲁地人习俗节俭吝啬，而曹邴氏尤其严重，因为从事冶铁起家，财富达
到了万万。然而他在家中给自己的父兄子孙约定，丢失在地面的东西要弯腰

▶ 朱红菱纹罗丝绵袍·西汉

湖南省博物馆藏。马王堆一号汉墓出土。朱红菱纹罗丝绵袍上衣下裳相连，衣领相交，衣襟由左向右折到右侧身旁。这种款式在西汉早期贵族妇女中广为流行。朱红菱纹罗面料是一种单色的暗花绞经组织丝织物，由两根经丝相互绞转织成，具有特别明显的方孔。这种方孔不易发生滑移，十分牢固。有专家甚至把罗称之为真正的纱，而平纹纱则称之为"假纱"。

捡拾起来，抬头看见有应该收取的就要收取，借贷经商要遍及各郡各国。邹、鲁地区的人士由于这样的缘故，多数人放弃儒家学说而趋向财利，是因为受曹邴氏的影响。

齐地习俗轻贱奴仆，而刀间却独自喜爱并看重他们。凶恶狡诈的奴仆，是人们所忧患的，只有刀间加以收取，利用他们去追逐从事渔盐商业经营的财利。奴仆中有的人车骑相连，交结郡守国相，并且更加信任他们。刀间终于得到奴仆们的帮助，他一发家就达数千万资产。所以流传一句话"宁愿免去官爵也不要放弃为刀间做奴仆"，说的就是他能使豪奴自身富足而又能为他竭尽所能。

周地人已经很俭朴吝啬，而师史尤其严重，他用几百辆车载着货物，到各个郡国去出售，无处不到。洛阳处在齐、秦、楚、赵等国中间的交通要道上，贫穷人学习富人家对待事业的习惯，互相夸耀由于长久在郡国经商，多次经过邑里都不进家门，因为筹划任用了这一类的人，所以师史致富能达到七千万。

宣曲任氏的祖先，当过督道仓库的官吏。秦朝灭亡了，豪杰们都争着购买金玉，只有任氏一个人买粮食储藏在仓库里。楚汉在荥阳相持三年，民众不能够耕种，一石米涨到一万钱，这时豪杰们家中的金玉全都归到了任氏门下，任氏

▶ **彩妆漆奁·西汉**

安徽天长西汉墓出土。夹纻胎，圆筒形，由盖、内盒、盒身三部分套合而成。盖面隆起，上饰银扣两周。盖顶中心饰银制柿蒂，周围朱绘四只怪兽，间以云气纹。盖的坡面绘两只怪兽及云气纹。盖侧面和器身均饰银扣三周，两层纹带的构图相同，每层均朱绘云气纹及一怪兽，奁内口沿饰一周云气纹，内顶和内底以褐色为地，朱绘云气纹。内盒口沿及内盒盖边均有银扣一周。内盒盖平，微内凹，盖中心有银制柿蒂。盖面以红色为地，墨绘云气纹及一游龙、一立龙，龙体形象逼真，生动活泼。盖背髹褐色漆。内盒又被分割成三个梳篦盒，外髹褐漆，内涂朱漆。

163

因此起家致富。富人们争着奢侈，任氏改变习性志向从事节俭，努力种田畜牧。种田畜牧的人一般是购买价格便宜的物品，任氏一个人却去买价格贵质量好的。他家中富有经历了好几代。然而任老先生给家里规定，不是种田畜牧所生产的不能作为衣食饰品，公家事务没有完结不能够饮酒食肉。由于这样他成了乡里的表率，所以他很富而君主很看重他。

边塞加以开发，只有桥姚已经繁育了一千匹马，两千头牛，一万头羊，生产的粮食要用万钟来计算。吴楚七国发动叛乱的时候，长安城内的列侯封君要跟从军队出行，就借高利贷以供自身携带，放高利贷的人家认为这些人的食邑封国在函谷关以东，关东的成败还没有最后决定，没有谁肯把钱借给他们。只有无盐氏拿出一千斤黄金借贷，规定利息是本金的十倍。经过三个月，吴楚叛乱平定。一年的时间，无盐氏获得的息钱就是本金的十倍，由于这样他的财富可和关中的豪杰相等同。

关中的富商大贾，大体上全都是各个田姓人家，如田啬、田兰。还有韦家地方的栗氏，安陵和杜地的杜氏，也富有万万。

▶ **彩绘陶熏炉·西汉**

湖北省博物馆藏。湖北荆州谢家桥一号汉墓出土。泥质灰褐陶，器表下腹以上施黄陶衣，再施彩绘。子口承盖，盖作折壁弧形隆起，顶端有伞状叠唇圆形抓手。炉身作短柄豆形，敛口，方唇，上腹短直，下腹圆缓，腹较浅，喇叭形短柄及座。炉身上腹与器盖直壁雕刻三角形纹，并各有三组竖向间隔圆点纹。器盖弧壁的下部饰一周黑色的波浪纹，上部雕刻不规则菱形纹（其中底部多有圆形穿孔），盖顶雕刻梯形纹（其中底部多有长方形穿孔）。圆点和镂空均以红黑二色勾边或涂里，抓手内外壁施红彩，器柄和底座施黑彩。

结语

以上这些是声名显赫、非常出众的人。他们都不是有爵封食邑、官位俸禄，或是舞文弄法、作奸犯科而致

彩绘三鱼纹漆耳杯·西汉

荆州博物馆藏。湖北江陵凤凰山168 号汉墓出土。厚木胎，斫制，圆弧形耳，小平底。器表髹黑漆，用红、金黄等色绘纹饰。耳面及外口沿饰单线波折纹，内口沿饰变形鸟纹。内底部饰三条鱼纹，中心是四片花瓣。色彩艳丽，纹样生动，别致。

富，全都是推测事理决定可否，随同时势权衡变化，获得他们的应得盈利，以经营商业致富，然后购买田产从事农耕将财富守住，用强力的手段争得一切，通过稳妥的经营办法加以巩固，其中的变化很有节制，所以是值得记述的。至于像努力于农耕畜牧，从事工渔商贾的人，依靠通权达变，因利乘便从而致富，大的压过一郡，中等的压过一县，小一等的压过乡里的，多得数也数不清。

出力干活勤劳节俭，是致富生财的正路，而能致富的人必定会用奇招取胜。农事耕田，是笨拙的事业，而秦扬却通过它成为一州首富。盗墓，是犯法的勾当，但田叔通过它发了家。赌博，是种恶劣行当，而桓发通过它变得富有。走街串巷倒腾买卖，是男人的低贱行为，但雍县的乐成通过它饶有财富。贩卖胭脂，是卑贱的行业，而雍伯拥有千金家产。卖水浆，是小本生意，而张氏有财富千万。磨刀，是轻薄技艺，而郅氏能列鼎而食。出售羊杂碎，是简单而微不足道的，浊氏出门却车骑相连。兽医，是浅薄的方术，张里却因此鸣钟佐食。这些都是对技艺诚心专一而致富的。

由这些看起来，致富没有固定的行业，货物也就没有固定的主人，能力高强的财富会向他这里集中，能力不强的有财富也会破败家产。拥有千金财富的人家可和一都之君相比，万万财富的拥有者就能和做王的人享受同样的欢乐。这不是所说的"素封"吗？难道不是吗？

165

太史公自序 第七十

【解题】本篇是研究《史记》作者司马谈、司马迁父子的家世经历、学术思想与贡献、作史思想动机以及关于《史记》体例的重要篇章。司马迁对于自己的家世深感骄傲，对于父亲司马谈的教诲铭记在心，这一切都体现在本篇之中。本篇最能体现时代特色的就是司马谈所撰写的《论六家要旨》，这是关于中国先秦学术思想的第一次系统总结。而《自序》本身则表明了司马迁有志继承孔子作《春秋》的事业，并以继《春秋》作史为己任。文末则是《史记》诸篇主旨的总结，表明了撰写的本意。

▶司马家世

从前，在颛顼的时代，任命重做南正来掌管天事，任命黎做北正来管理民事。唐尧虞舜时期，让重黎二氏的后代继承祖先的事业，重新掌管天事、民事，所以一直到夏代、商代，重黎氏世世代代主管着天地事务。这个氏族流传到周朝，程伯休甫是其后代。当周宣王的时候，这个家族失去了他们原来的职守而变成了司马氏。司马氏世世代代掌管记载周朝史事。周惠王、周襄王时期，司马氏离开周室到了晋国。晋国的中军统帅随会逃奔到了秦国，此时司马氏就进入了少梁邑。

自从司马氏离开周室来到晋国，这个家族的人员就分散了，有的在卫国，有的在赵国，有的在秦国。他们中在卫国的一支，有人在中山国做相。在赵国的一支，有人由于传授剑术理论闻名天下，蒯聩就是他的后代。在秦国的一支有人名叫司马错，和张仪进行争辩，于是秦惠王派司马错去攻打蜀地，司马错攻占蜀地之后，就留下来担任蜀地郡守。司马错的孙子司马靳，侍奉过武安君白起。这个时候秦国把少梁改名叫夏阳。司

▶ 司马迁像·现代·吴承砚

司马迁著《史记》，其史学观念在于"究天人之际，通古今之变，成一家之言"。司马迁探求的天人之际，并非承认天的神秘力量反而重视天人之间关系的演变，从而了解"古今之变"的关键，探求历史动态发展变化的规律，最终完成"一家之言"。

马靳和武安君共同坑杀了赵国在长平的降兵降将，回国途中和武安君一道被赐剑自杀于杜邮，安葬在华池。司马靳的孙子司马昌，是秦国主管冶炼制造铁器的官员，这时正是秦始皇在位的时候。蒯聩的玄孙司马卬为武信君部将领兵去攻打朝歌。项羽分封十八王，把司马卬封为殷王。汉攻打楚，司马卬又归顺汉，汉朝把他的封地设为河内郡。司马昌生了司马无泽，无泽当了长安四个集市中的一位市长。司马无泽生了司马喜，司马喜的爵位是五大夫，司马喜去世后，和父祖一样都安葬在高门。司马喜生了司马谈，司马谈做了太史公。

论六家要旨

太史公跟随唐都学习了天文星卜，在杨何那里接受了《易》学，向黄生学习了道家学说。太史公在汉武帝建元、元封年间任职，他担心学者们不能通晓各家学说的真意而固执荒谬见解，于是论述了六家学说的宗旨：

《周易·系辞》上说："天下人追求的目的是一致的，但具体思路各种各样；做事的结果相同，但采取的方法却不一样。"阴阳家、儒家、墨家、名家、法家、道家，都是致力于对天下施行治理，只是他们所尊奉的学说主张有所不同，有自觉的有不自觉的而已。我曾经私下研究过阴阳家的道术，认为它过分地讲究祥瑞灾异并有很多忌讳，使人受拘束并多所畏惧；然而它很注重按四时的顺序办事，是不可丢弃的。儒家学术广博而

▶ 韩城司马迁祠

司马迁祠位于陕西省韩城市芝川镇。祠庙经唐至清各代修建，颇具规模。祠正中为献殿和寝宫，均为宋代建筑。献殿为过堂式，面阔五间，进深三间，悬山顶。寝宫重修于北宋靖康元年（1126），面阔三间，进深一间。

少有切合实际的内容，运作起来花费很大气力而得到的功效很小，因此它主张的事很难全都办到；然而它讲究君臣上下的礼仪，区分出夫妇长幼的地位差别，是不可更改的。墨家节俭到很难遵循，因此它主张的事不可全都按着去做；然而它讲究注重发展农业生产和节约费用，是不可废除的。法家太严酷，缺少恩义；然而它主张规正君臣上下的名分，是不可更改的。名家使人拘束而容易失掉真情；然而它主张名实相符，是不可不认真考察的。道家让人精神专一，行动要符合无形之道（即规律），满足万物变化的需求。道家学术的特点，是根据阴阳四时总体顺序，采择儒家、墨家的长处，摄取名家、法家的要点，随同时势发展，适应事物变化，建立好风俗以施用于人事，都无处不宜，主旨简约容易操作，所做事少建功却多。儒家却不是这样。他们认为君主是天下人的表率，君主倡始臣民就要应和，君主先行臣民就要后随。这样做起来，就会让君主辛劳而臣民却闲逸。至于大道的要旨，是要人们去掉刚强和贪欲，放弃小的聪明花招，把这些放在一边而运用智术来治理天下。精神过度耗费就会衰竭，体力过度劳累就要疲惫。身体精神都受到扰乱，却想让生命和天地一样长久，是没有听说过的。

阴阳家认为四时、八位、十二次和二十四节气各有各的宜忌规定，顺应它的就会昌盛，违背它的不是死就是亡。实际未必是这样，所以说"使人们受拘束并多所畏惧"。至于认为春生夏长，秋收冬藏，这是自然间的重要法则，不顺应它就没有依据来制订天下的原则法规，所以说"要注重按四时的顺序办事，是不可丢失的"。

儒家以六经作为法式，六经的经

▶ **司马迁墓**

司马迁墓为圆形，砖砌墓身，上有古柏一株，传说为汉代所植，墓碑书"汉太史司马公墓"，为清乾隆四十一年（1776）陕西巡抚毕沅所书。

▶ **先秦诸子浮雕**

这个浮雕主要展现了孔子、孟子、荀子、老子、庄子、墨子和韩非子诸人形象，基本上囊括了先秦较大的学术流派。司马谈的《论六家要旨》一文，可以说是对先秦时期中国学术思想的一次概括总结，影响深远。

文和解释文字之多要用千万来计数，几代相传不能通晓它的学说，毕生不能究习它的礼仪，所以说"学术广博但少有切合实际的内容，运作起来花费很大力气却得到的功效很少"。至于说它讲究君臣父子的礼仪，区别出夫妇长幼的区别，即便是百家之说也不能将它更改。

墨家也崇尚尧舜的主张，宣讲他们的德行时说："堂高三尺，夯土筑成的台阶三级，用茅草、芦苇盖的屋顶不加修整，用栎木做椽子不加刮削，用土簋吃饭，用陶杯饮水，吃粗粮做的饭，喝藜藿做的汤。夏天穿葛布衣，冬天穿鹿皮裘。"墨家为死者送葬，只用三寸厚的桐木棺材，放声恸哭也不能完全表达人们的哀情。传习丧葬礼仪，一定要用这些条件作为万民的标准。让天下人都效法这样做，那么尊卑就没有区别了。社会不同时代变迁，人们从事和追求的不一定相同，所以说"墨家俭啬使人难遵循"。它主张强本节墨子的传世著作主要是《墨子》一书。现存《墨子》五十三篇，由墨子的各代门徒逐渐增补而成，是研究墨子和墨家学说的基本材料。近代有大量学者如钱临照钻研《墨经》，发现《墨经》几乎涵盖了哲学、逻辑学、心理学、政治学、伦理学、教育学、自然科学等多个学科内容。

用，那是使人人富裕、家庭丰足的好办法。这是墨子学说具有优点的方面，即使是百家学说也不能废弃它。

法家不分亲疏，不别贵贱，一切都按照法律条文裁断，那么亲近亲人、尊崇长辈的恩情就绝断了。法家这种主张是可以在一定时期里采用的计策，但它不可以长久运用，所以说"严酷而缺少恩义"。至于像尊崇君主，卑下臣子，明确各自的名分和守职不能互相逾越，即使是百家学说也不能改变它。

名家苛细考察、烦琐纠缠而不识大体，使人不能琢磨出它的真意，一切取决于概念名称而失却了人之情理，所以说"使人受拘束而容易丧失真实性"。至于像循名求实，错综比较验证使名称和实际相符，这方面的长处不可以不加考察。

道家主张无为——顺应自然而不加以人的不必要的作为，又说无不为——这种主张实际上容易施行，但

它的理论很难解释清楚。它的学术以虚无作为万物的根本，以顺应自然作为实施的途径。万物没有固定不变的态势，没有经常存在的形式，所以能够去探求万物的情理。不超越在事物前面去做事，也不落到事物后面去做事，所以能够成为万物的主宰。道家主张有法而不以法为法，要顺应时势成就事业；有度量和标准而不以它为度，要根据万物各自的自身条件来和它相吻合。所以"圣人的思想和业绩不朽灭的原因，就在于他固守着顺应时势变化的原则。虚无是道的永恒规律，因循世事是君主治国的根本纲要"。群臣们一齐来到，君主要使他们各自明白这个道理。实际符合于他的声名的叫作真实，实际不符合他的声名的叫作空洞。空洞的言论不听，奸邪的事不会发生。贤能和不贤能自行分别，白的黑的就会显露出来。只在于人们想不想运用，没有什么事不会成功。这样才会合于大道，显出蒙昧混沌的状态，光辉照耀天下，重又返转而归于无名。大凡人所表现的生存状态是精神，所寄托的是形体，精神过度耗用就会枯竭，形体过度劳累就会疲惫，形体精神二者分离人就会死

▶泰山无字碑

无字碑在泰山玉皇顶的大门下，登封台的北边。碑高5.2米，碑身上段稍细，顶上有覆盖，碑色黄白，两面无字。有人说它是无字碑，但也有人说它是石表或石函。据传说此碑是汉武帝封禅泰山的时候树立的。

亡。死了的人不可以再生，离去的形、神不可以再返回来合在一起，所以圣人很看重这个问题。从这里看起来，精神是生命的根本，形体是生命的依托。不先安定自己的精神和形体，却说"我有主张可以治理好天下"，凭借什么呢？

🎵司马迁继承父业

太史公掌管天文以后，不负责治理民众。他的儿子名叫司马迁。

司马迁出生在龙门，在黄河的北边和龙门山的南边过着耕种放牧的生活。年到十岁时就开始诵读用先秦古文传抄的书籍。二十岁开始往南去游历长江、淮河地区，登过会稽山，探寻过大禹曾进的洞穴，观览九疑山，乘船通过沅江、湘江；往北历经汶水、泗水，到达曾经是齐国、鲁国都会的临淄、曲阜研习学业，观察孔子的遗风，再到邹县、峄山演习乡射礼仪；在鄱县、薛县、彭城遇到了困迫处境，路过梁地、楚地回到京城。于是司马迁被任命为郎中，承奉使命往西去出征巴蜀以南地区，再往南经略邛、筰、昆明，然后返回复命。

这一年天子开始举办汉家朝廷的封禅大典，但太史公却停留在周南地区，不能前往参加大典活动，所以忧愤发作将要死去。而儿子司马迁正好出使返回，在黄河、洛水相交的地方见到了父亲。太史公拉着司马迁的手哭泣着说：

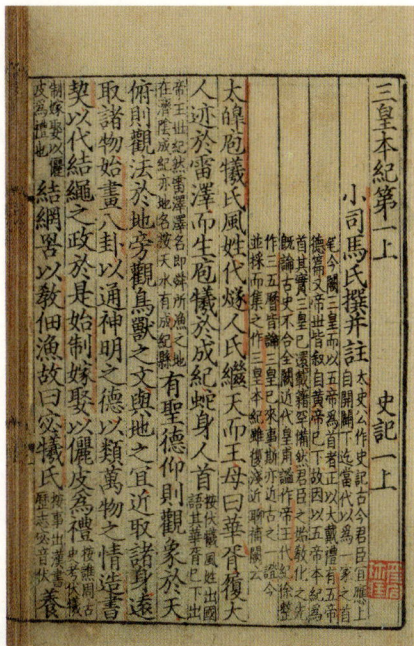

宋刻二家注本《史记》

中国国家图书馆藏。其目录及卷二十三后有"三峰樵隐蔡梦弼傅卿校正"一行；卷一上末有"建溪蔡梦弼傅卿亲校刻梓于东塾时岁乾道七月春王正上日书"二行；卷一、四后有"建溪三峰蔡梦弼傅卿亲校谨刻梓于望道亭"二行；卷三后有"建溪三峰樵隐蔡梦弼傅卿亲校刻梓于东塾"二行；卷十五、十六、十七、二十五、二十六及补史记序后有"建安蔡梦弼傅卿谨案京蜀诸本校理真梓于东塾"二行，可证为蔡梦弼东塾所刻。此本字体劲秀，傅增湘先生称之"南宋初建本之精者"。

《司马迁著史图》·现代·王西京

郑振铎认为：自司马迁以来，便视历史为时代的百科全书，所以司马迁取的材料，范围极广，自政治以至经济，自战争以至学术，无不包括在内，其所网罗的范围是极其广大的。

"咱家的祖先是周王室的太史。从上古虞夏之世起就显扬出功名，掌管天文事务。后世中途衰落，要断绝在我手里吗？你要是能再被任命做太史，那就能接续我们祖先的事业了。如今天子继承千年的传统大业，登泰山封禅，而我不能随从前行，这是命啊，是命啊！我死了，你一定会做太史令；做了太史令，不要忘记我所想论述著作的事业。再说孝道是从侍奉父母开始，进一步是侍奉君王，最后表现在使自己立身于世，传扬名声于后代，借以彰显父母，这是最高的孝道。天下人称赞颂扬周公，是说他能论述赞颂周文王、武王的功德，宣扬周公、邵公培育的风尚，通晓太王、王季的思虑，乃至于公刘的功业，并尊崇后稷开创的事业。周幽王、厉王以后，王道政治废缺，礼乐制度衰败，孔子研习旧时的文献，振兴被废弃的礼乐，讲论《诗》《书》，写作《春秋》，从而使得学者们直到今日仍以他整理撰写的文献作为准则。从获麟以来有四百多年，这中间诸侯们互相兼并，历史记载缺失中断。如今汉家兴起，海内形成统一局面，英明贤能的君主、忠贞的臣子以及为大义而死的士人，我作为太史还没有来得及论列记载，废弃了天下历史记载的传

统，我感到特别害怕，你要牢记在心呀！"司马迁低着头流着眼泪说："儿子虽然笨拙，我一定会引述编撰先人所编次记述的各种旧闻，不敢遗缺。"

太史公去世三年以后司马迁当了太史令，他收集石室金匮中历史记载的各种书籍。任太史令五年时，正值太初元年，十一月甲子日初一天明是冬至时刻，纪元和历法开始更改，天子在明堂举行了行用新历的仪式，各地诸侯遵循新历法。

太史公说："先人曾经说过：'从周公去世以后五百年而有孔子。孔子去世以后到当今也已经五百年了，有谁能继承清明之世，

▶ **二里头文化·几何纹斝**

美国克利夫兰艺术博物馆藏。敞口，口内附一宽边，口部立两三棱锥短柱。其上部尖突，下部亦如三棱锥附于口及壁。束腰，腰以下方而斜直，平底。器侧有鋬。三足上部内空，外微显四棱，下部呈三棱形。腰部饰几何纹一周。此器较厚重精致，是夏代青铜器中的精品。

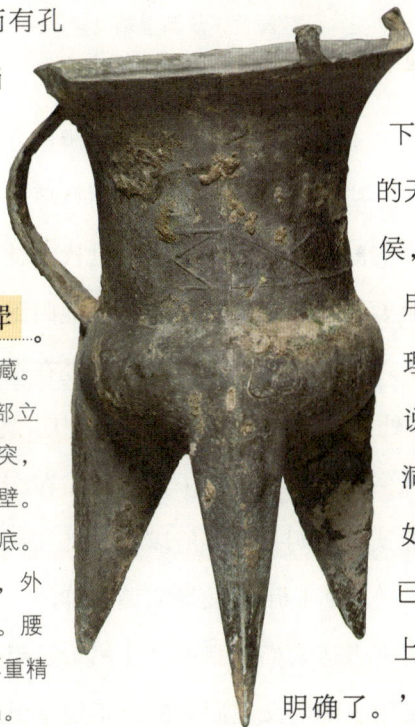

正定《易传》，接续《春秋》，以《诗》《书》《礼》《乐》为根本义呢？'用意正在这里吧！用意正在这里吧！我又哪里敢推辞呢。"

❱《史记》撰写缘起

上大夫壶遂说："从前孔子为什么要撰写《春秋》呢？"太史公说："我听董先生说：'周朝政治衰败废坏，孔子担任鲁国的司寇，诸侯们忌恨他，大夫们反对他。孔子知道自己的言论不会被采用，政治主张不能推行，就从二百四十二年的记事中对诸侯的得失进行褒贬，把它当作天下的准则，贬抑无道的天子，斥责为非的诸侯，声讨乱政的大夫，用以传达王道的政治理想就罢了。'孔子说：'我想记载下空洞义理上的说教，不如将道理附着到当时已经发生的具体史事上那样深刻、显著、明确了。'要说《春秋》，在

太史公自序 第七十

175

▶ 散氏盘·西周晚期

台北故宫博物院藏。又称矢人盘，西周晚期青铜器，因铭文中有"散氏"字样而得名。清乾隆年间出土于陕西凤翔（今宝鸡市凤翔县）。圆形，浅腹，双附耳，高圈足。腹部饰夔纹，间以兽首，圈足饰兽面纹。内底铸有铭文19行、357字。记述的是矢人付给散氏田地之事，是研究西周土地制度的重要史料。散国位于陕西宝鸡凤翔一带，西北方与矢国为邻。青铜器断代上一般将散氏盘定为周厉王时期的器物。

上宣明了夏、商、周三王的治国之道，在下分辨出社会上的人情事理原则，辨别嫌疑，判明是非，决定犹豫，表彰好的憎恶坏的，尊崇贤能的鄙视不贤能的，保存了已灭亡的国家，延续起断绝的世代，补救衰败的振兴荒废的，这是王道政治中最重要的方面。《易》著述天地阴阳四时五行，所以其长处在注重变化；《礼》理顺人伦关系，所以其长处在指导行动；《书》记述先王的往事，所以其长处在推行政治；《诗》记述山川溪谷禽兽草木牝牡雌雄，所以其长处在观察风俗；《乐》论述乐舞确立和存在的原因条件，所以其长处在使人和谐；《春秋》辨明是非，所以其长处在治人。因此，《礼》是用来节制人的行为的，《乐》是用来发扬和谐精神的，《书》是用来说明政治事件的，《诗》是用来表达人们情意的，《易》是用来阐述客观世界的变化道理的，《春秋》是用来说明义理原则的。平定乱世并让它返归正道，没有

比《春秋》更能贴近世事的。《春秋》只写出了几万字，其中的旨意包含有数千。各种世事都综合记述在《春秋》之中。《春秋》所记载的事件中，弑君的有三十六，亡国的有五十二，诸侯奔逃而不能保全自己国家的多得数也数不过来。考察出现这种情况的原因，都是因为失却了立政的根基。所以《易纬》中说：'失之毫厘，差以千里'。所以说'臣下弑杀君主，儿子弑杀父亲，不是因为一朝一夕的缘故，事态累积起来已经很久了'。所以做国君的人不可以不了解《春秋》，要不前面有谄媚的言论还觉察不出来，后面有了贼害还不能识破。做臣子的人不可以不了解《春秋》，要不处理日常事务却不知道恰当标准，遭遇突发事件并不知道权衡变化。作为君主、父亲不通晓《春秋》义理的，必定会蒙受为首作恶的名声。作为大臣、儿子不通晓《春秋》义理的，必定会陷入因犯篡位夺权杀君杀父的罪而被处以死刑的境地，获得死罪的名声。其实都认为自己在做善事，是因为他不了解其中的义理，遭到舆论谴责也不敢反驳。要是不通晓礼义的大旨，就会到达国君不像国君，臣子不像臣子，父亲不像父亲，儿子不像儿子的地步。如果国君不像国君就会被臣下干犯，臣子不像臣子就会被诛杀，父亲不像父亲就会昏庸无道，儿子不像儿子就会不尽孝道。这四种行为，是天下最大的罪过，把天下最大的罪过加在他身上，他也得接受而不敢推卸。所以说《春秋》是礼义的根本准则。礼义是禁绝坏事还没有发生之前，法律是施加于坏事已经发

▶ 彩绘套装圆盘·西汉

安徽天长西汉墓出土。盘为木胎，敞口，平沿外折，浅腹，平底。外髹黑漆，内髹朱漆。内底以黑色为地，朱绘云气纹。口沿朱绘弦纹四周，弦纹之间饰涡纹、点状纹。内壁一侧墨书草隶"谢子翁"三字铭文。

生以后；法律所能发挥的作用显而易见，而礼所起的预先禁止作用却很难让人了解。"

壶遂说："孔子的时候，在上没有英明国君，在下自己得不到任用，所以写作《春秋》，流传下一部空洞的史事记述来裁断礼义，起到一位君主所制定的法律作用。如今先生在上遇到了圣明天子，在下能够奉承职守，万事已经具备，各方面都安排得各得其所，先生所想论说的内容，是想表明什么意图呢？"

太史公说，"噢噢，不不，不是这样。我从先人那里听到说：'伏羲氏最为纯厚，制作了《易》的八卦。尧舜时期的兴盛，《尚书》记载了，礼乐兴起。汤武的隆盛，诗人们就歌颂他。《春秋》采择善的贬斥恶的，发扬夏、商、周三代的功德，称颂周王室，不只是进行讥刺就罢了。'汉家兴起以来，有了英明的天子，获得吉祥征兆，举行封禅大礼，改变历法，更换器物和衣

御正卫簋·西周早期

台北故宫博物院藏。横切面圆形，双耳，有垂珥，敞口束颈，下腹外鼓，矮圈足外侈。耳上端饰兽首，颈饰回首夔纹一道，云雷纹为地。内底铸铭文24字："隹五月初吉甲申，懋父赏御正卫马匹，自王用乍父戊宝囗彝。"

彩漆鹤纹匜·西汉

荆州博物馆藏。湖北江陵凤凰山167号墓出土。夹纻胎。内壁与内底涂朱漆，用黑漆勾勒与金色填实相结合的方法描绘花纹；内底同心长方形内为两组背向卷云纹，空当布满点纹，内壁为四只衔草顾首鹤。漆色艳丽，纹饰多姿，生趣盎然。

服的颜色，受命于上天，恩泽流布没有穷极，海外不同习俗的区域，通过多重翻译叩开关塞，请求前来进献拜见的，讲都讲不尽。臣下百官努力颂扬天子的圣明恩德，还是不能完全表达他们的心意。况且士人贤能而不被任用，这是国君的耻辱；主上英明贤圣而他的功德没有流布传扬，这是有关主管官员的过错。况且我已经担任太史令官职，把主上的英明贤圣的盛大功德废弃不加记载，把功臣世家贤大夫们的业绩抹杀了不加记述，抛弃了我先人所教导的，没有什么罪过比这更大。我所说的是记述过往的故事，将世间流传的资料加以整理使它们整齐划一，不是所说的那种著述，而您把它和《春秋》相提并论，是荒谬的。"

于是论述编次所得的文献材料。过了七年，太史公却遭遇到李陵事件的牵连，被囚禁在监狱中，喟然叹息说："这是我的罪过吗！这是我的罪过吗！身体被残毁不能用了。"冷静下来深加思考说："像《诗》《书》写得含义深刻而言辞简约，是想实现他们志节中的思虑。从前西伯姬昌被拘囚在羑里，推演了《周易》；孔子在陈、蔡二国受到困厄，写出了《春秋》；屈原被放逐，撰著了《离骚》；左丘明双目失明，就有了《国语》；孙子被处以膑刑，就论列了兵法；吕不韦被流放到蜀地，世上才传流着《吕氏春秋》；韩非被囚禁在秦国，才有了《说难》《孤愤》；《诗》三百篇，大体上都是贤圣们因为抒发忧愤而作的。这些人都是思想上因为烦冤集结，使得自己的政治主

张得不到实现，所以记述往事，试图留下来让未来的人观察思考。"于是终于下决心记述陶唐以来的事情，止笔于汉武帝获麟的那一年，而从黄帝的事迹开始写起。

十二本纪主旨

从前黄帝，效法上天准则大地。颛顼、帝喾、尧、舜四位圣明帝王，遵循治道，各自创立法度；唐尧要禅位给虞舜，虞舜认为自己不堪重任而心中不悦；这些帝王的美德丰功，万世流传。作《五帝本纪》第一。

大禹治水的丰功，九州同享安定，光耀在唐虞时期，功德流及后代子孙；夏桀淫乱骄纵，于是被流放到了鸣条。作《夏本纪》第二。

契创建了商国，传到成汤；太甲迁居到桐地悔过，功德盛大是因为有阿衡的辅佐；武丁得到了傅说，就被称颂为高宗；帝辛沉湎酒色，诸侯国不来朝贺。作《殷本纪》第三。

弃发明种谷，周家功德隆盛时期在于西伯；武王牧野誓师灭商，安抚整个天下；幽王、厉王昏乱，也就丧失了丰、镐地域；衰败发展到赧王时，

洛邑的祭祀断绝。作《周本纪》第四。

秦国的先代，出于伯翳，辅佐大禹；穆公思慕仁义，追悼崤山败亡的军旅；他死后用人殉葬，诗人作《黄鸟》之歌以寄托哀伤；昭襄王建立了帝业。作《秦本纪》第五。

始皇继位以后，兼并六国诸侯，销熔兵器铸成大钟，希望停止战争，尊崇名号称为皇帝，矜夸武功，任用强力；二世接受国运，子婴投降为虏。作《始皇本纪》第六。

秦朝丧失王道，豪杰并起反叛，项梁建立反秦大业，项羽接续推进；项羽杀了卿子冠军宋义而援救赵国，诸侯共同拥立成为霸王；诛杀子婴背弃怀王，天下都责难他。作《项羽本纪》第七。

项羽暴虐凶残，汉家建功立德；从巴蜀、汉中发愤而起，回师平定三秦地域；诛杀项籍建立帝业，天下安宁，从而改革制度，变易风俗。作《高祖本纪》第八。

惠帝早逝，吕氏家族掌权不为百姓喜悦；尊崇加强吕禄、吕产势力，诸侯王图谋除掉他们；吕后杀死赵隐王如意，幽禁赵幽王刘友，造成大臣

者减钟·春秋

台北故宫博物院藏。清乾隆二十四年（1759），江西临江农民掘地得钟十一件。后由江西巡抚阿思哈（约1710—1776）进呈宫中。其上有铭文："唯正月初吉丁亥，工歔王皮蘸之子者减择其吉金，自作谣钟，不帛不骍，不泺不涮，协于霝龠，卑龢卑孚，用祈眉寿繁厘，于其皇祖考，若召公寿，若参寿，卑汝轆轆音音，龢龢仓仓，其登于上下，闻于四方，子子孙孙永保是尚。"记载春秋中期吴国史事。成套编钟的出土为祥瑞的征兆，不但是古代礼乐社会的明证，更可就实物验证古代礼书上的音律，以最真实的方式呈现上古圣人之声。

惶恐，以致吕氏有灭宗之祸。作《吕太后本纪》第九。

汉朝刚刚建立以后，皇位继承人不确定，迎立代王登上帝位，天下民心归服；文帝免除肉刑，开通关梁，广泛施加恩德，因此被称为太宗。作《孝文本纪》第十。

诸侯王骄横纵恣，吴王刘濞倡首作乱，京师调兵进行诛罚，七国由此服罪，天下安定，太平富裕。作《孝景本纪》第十一。

汉代建立到五代，隆盛时期在建元年间，对外攻打夷狄，对内修明法度，举行封禅大典，更改历法，变换车服颜色。作《今上本纪》第十二。

▶十表主旨

夏、商、周三代已经久远了，历史纪年不可以具体推考，大致取材于谱牒旧闻，以此作为依据，于是大略推论，作《三代世表》第一。

周幽王、厉王以后，周王室衰败，诸侯各自为政，《春秋》对有些内容不加记载；而谱牒记述简略，只体现了五霸更替盛衰的面貌，为了考察周代

各诸侯国先后的关系，作《十二诸侯年表》第二。

春秋以后，陪臣掌管国政，强国交相称王；一直发展到秦朝，终于并吞了中原各国，废除了封地，专有皇帝名号，作《六国年表》第三。

秦朝已经非常暴虐，楚人发动起义，项氏乘机作乱，汉家于是高举义旗从事征伐；八年之间，天下大势主掌人有三次更迭，事情繁杂变化众多，所以详细著录《秦楚之际月表》第四。

汉朝建立以来，到太初年间有了百年，诸侯王废除置立封地分割削弱，列谱记载不明确，有关主管官员也无法接续，可以根据世系推知强弱的原因，作《汉兴已来诸侯王年表》第五。

高祖时期的元勋，成为得力助手的辅佐大臣，剖分符节赐给爵位，恩泽流传至后代子孙，由于忘记了祖宗的功德遗迹，有的招致了杀身亡国之祸，作《高祖功臣侯者年表》第六。

惠帝景帝期间，扩展了功臣宗属的封爵食邑，作《惠景间侯者年表》第七。

往北征讨强悍的胡人，往南诛伐强劲的越人，征讨诛伐蛮夷部落，因为武功受封的人于是增多，作《建元以来侯者年表》第八。

诸侯王国已经强大，七国进行联合，他们子弟众多，没有爵位封邑，行推恩令广施仁义，其后他们势力削弱，功德归于朝廷，作《王子侯者年表》第九。

国家有了贤相良将，是民众的表率。考察过已有的汉兴以来将相名臣年表，是贤能的记述他们的治绩，不贤能的暴露他们的劣迹，作《汉兴以

▶ **金五铢·西汉**

陕西历史博物馆藏。"五铢"二字形体颀长，"五"字交笔弯曲，上下两横较长；"朱"头方折，"金"头呈较小正三角形而比"朱"头略低。边廓坚挺精整，钱面穿上有一横划。据此形制特征，有研究者认为是宣帝五铢，亦有研究者定为汉武帝上林三官所出。

云南李家山青铜器博物馆藏。作八棱形，下端稍细成圆筒状长銎，上端铸有排列整齐的兽齿状锥刺，顶端铸一立犬，尾上卷，作警视状。表面镀锡。狼牙棒因其棒身铸有粗壮锐利的锥刺，形似狼牙而得名。滇文化墓地出土的狼牙棒是目前中国发现最早的狼牙棒，最初的产生可能与春秋战国时期广泛使用的兵器——殳有关，也有专家认为其由刑具演化而来。

来将相名臣年表》第十。

❖八书主旨

　　夏、商、周三代的礼仪，内容上所进行的增减体现出各自不同的志趣，然而关键在于运用礼仪要更加接近世俗人情，通达王道政治，所以礼仪会因为人们质朴无华而节制文采装饰，大体上顺应了古今时势的变化。作《礼书》第一。

　　音乐，是用来移风易俗的手段，自从《雅》《颂》之声兴起，就已有人喜好郑、卫之音，郑、卫这种地区音乐的产生发展已经很久了。人情要是被感发，远方殊俗之人就会怀柔向化。仿照已有的《乐书》记述从古以来的发展，作《乐书》第二。

　　没有军队国家不会强盛，没有道德事业不会昌盛，黄帝、商汤、周武王因此而功业兴隆，夏桀、商纣、秦二世违背这个道理而国家灭亡，可以不慎重对待吗？《司马法》的产生已经很久远了，姜太公、孙武、孙膑、吴起、王子成的兵法能够继承并进一步阐明，切合近代的情势，穷极人间的变化。作《律书》第三。

　　乐律居于阴位而治理阳极，历法居于阳位而治

理阴极，乐律历法更替着相互发生作用，其间不容许有丝毫差错。黄帝、颛顼、夏、殷、周五家历法相异，详略不同，唯有太初元年论定的历法为是。作《历书》第四。

说明星气的书籍，多数杂有凶吉预兆的言论，不合常规；推演其中的文字，考察它们的应验，各自不同。等到汇集专家来讨论有关星气的事，又按照日月运行的轨道躔度加以验证。作《天官书》第五。

接受天命而成为帝王，举行封禅大礼的符瑞之事很少举行，只要举行封禅大典，那么万千神灵无不会享受祭祀，追溯并整理各种神灵和名山大川的祭祀礼仪。作《封禅书》第六。

大禹疏浚河川，九州得以安宁；一直到天子亲临堵塞黄河决口而建宣防宫，决通沟渎的事业更为发展。作《河渠书》第七。

钱币的发行，是为了使农商的交易畅通；发展到顶点就会玩弄诈巧，产生出兼并的人越来越多，人们争相投机去获利，以致放弃农业趋赴商业的弊病。作《平准书》来观察事势变化，第八。

三十世家主旨

太伯为了让位给季历，跑到了江南蛮族区域；周文王、武王从此兴盛起来，发展了古公亶父的王业。阖闾弑杀了王僚，降服了楚国；夫差战胜了齐国，谋臣伍子胥被杀用革囊裹尸抛在江中，信任伯嚭亲近越国，吴国终于被灭。赞美太伯让位的美德，作《吴世家》第一。

申国、吕国衰败了，姜尚父地

▶ 小克鼎·西周孝王时期

故宫博物院藏。口部微敛，腹略鼓，腹壁厚实，方唇宽沿，立耳，蹄足，形制厚重。颈部饰有三组变形兽面纹，间隔以六道棱道，腹部饰宽大的环带纹，立耳两侧饰有相对的龙纹，三足上部饰浮雕兽面。铭文释文为："隹（唯）王廿又三年九月，王才（在）宗周，王命譱（善）夫克舍令（舍命）于成周，遹正八自（师）之年，克乍（作）朕皇且（祖）釐季宝宗彝。克其日用鼗，朕辟鲁休，用匄康勳、屯右（纯佑）、眉寿、永令（命）、霝冬（灵终）。迈（万）年无疆，克其子子孙孙永宝用。"

位微贱，终于归顺于西伯姬昌，文王、武王拜他做了太师；功劳在群公之上，是因为在暗中辅助策划了计谋权变；黄发皤然的老人，于是被封于营丘。不肯背弃齐鲁的柯邑之盟，桓公因此而昌盛，多次会盟诸侯，霸功彰显。田恒和阚止互相争权，姜姓齐国瓦解灭亡。赞美姜尚父的谋略，作《齐太公世家》第二。

185

诸侯和部族对周室有的依从，有的违叛，周公都实行安抚；他努力推行文德教人，天下因此而和谐；辅佐成王，诸侯都承认

▶ **曾侯谏盉·西周**

湖北省博物馆藏。2013年湖北随州叶家山西周墓地M28出土。器表呈浅绿色、深绿色，局部附着深褐色锈斑。盖为子母口，球冠面，顶中部有一兔形钮，钮一侧有半环形小竖钮，用一节"8"字形环连接于器颈一竖钮上。器作侈口，方唇，束颈，溜肩，深弧腹，高分裆，圆柱足。器肩部有一长管状流，流口上仰。另一侧肩部及腹部接一兽首半环形鋬。除三素面足外，其余器表均饰以精美的纹饰，造型极其生动。器盖内壁中央和鋬内侧器外壁处有阴铸铭文，内容相同，均为"曾侯谏乍宝彝"。

周天子为天下宗主。隐公、桓公时期偏偏出现混乱，这又是因为什么呢？三桓互相争权，鲁国从此不昌。赞美周公旦的《金縢》之文，作《周公世家》第三。

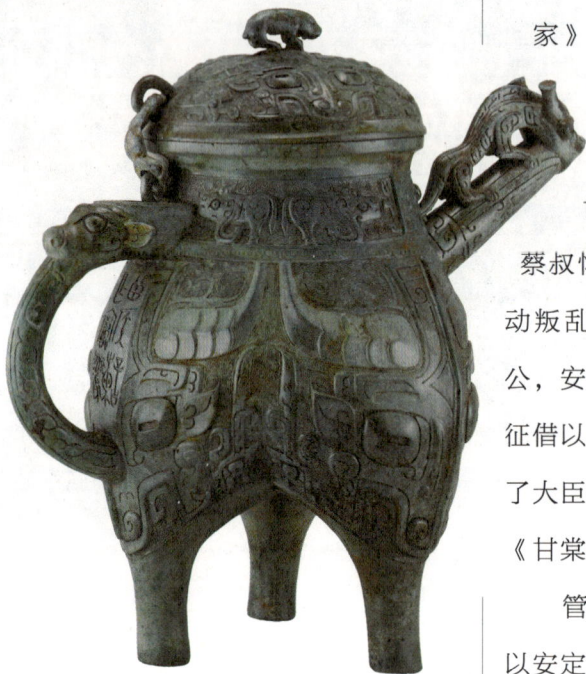

武王战胜了商纣，天下还没有和谐安宁他就去世了。成王年纪还小，管叔、蔡叔怀疑周公的用意，淮夷因此发动叛乱。这时召公率之以德支持周公，安定了周王室，从而支持周公东征借以使得东土平定。燕王哙让位给了大臣子之，于是形成了祸乱。赞美《甘棠》诗篇，作《燕世家》第四。

管叔、蔡叔辅佐纣子武庚，借以安定商族遗民。及至周公旦代行朝政，二叔不服；杀死了管叔鲜，流放了蔡叔度，周公盟誓忠于成王；文王之妃生有十子，周家因而宗室强大。赞美蔡仲能够悔过，作《管蔡世家》第五。

帝王的后裔不断绝，舜、禹因此感到高兴；只要功德美好贤明，后代就会蒙受功业的恩泽。百世享受祭祀，到了周朝，封有陈国、杞国，后来楚国灭了它们。齐国田氏接续兴

起，舜是多么伟大的人啊！作《陈杞世家》第六。

收集殷代余民，康叔封立建立国邑，申诫商因为乱德所以灭亡，有《酒诰》《梓材》这样的文章出现。等到姬朔出生，卫国倾危不得安宁；南子厌恶蒯聩，父子的名分颠倒。周王室功德卑微，各诸侯国已经强大，卫国因为弱小，国君姬角反而后亡。赞美《康诰》的告诫，作《卫世家》第七。

可叹啊，箕子！可叹啊，箕子！正言直谏不被采纳，就假装疯狂成为奴隶。武庚死去以后，周王室封微子于宋。襄公在泓水作战受伤，君子有谁称赞？景公的谦德善行感动了上天，荧惑因此退行了三度。剔成残忍暴虐，宋国于是灭亡。赞美微子请教太师，作《宋世家》第八。

武王已经去世，叔虞建国于唐邑。君子讥刺晋穆公给儿子取名不当，武公终于灭而代之。因为献公宠爱骊姬，国家混乱了五代；重耳不得志，才能成就霸业。六卿彼此专权，晋的国力耗尽。赞美文公因功得到了天子珪鬯的赏赐，作《晋世家》第九。

重黎奠定基业，吴回接续发展。殷代的末世，有简牒记载鬻熊是楚的始祖。周王室任用熊绎使他受封，熊渠接续而始称王。楚庄王贤明，因而恢复了陈国；已经故免了郑伯，听说华元的诚言而班师回国。怀王客死在秦国，令尹子兰又加害屈原；好谄谀听信传言，楚国被秦国兼并。赞美庄王的道义，作《楚世家》第十。

▶ **卷云三角形剑鞘金饰·西汉**

云南李家山青铜器博物馆藏。这组金饰共有 12 片，均为三角形，其中 3 片大小相依，底边呈圆弧状，整片刻划出卷云纹，顶角钻一圆孔；3 片两侧角对称内卷，三角形正中钻 1 圆孔；另 6 片两两相对，大小相依，三角形正中钻圆孔。多件组合，可根据鞘的大小调节安装，增加装饰美感。

少康的儿子，被排斥置于南海，断发文身，和鼋鳄同处，驻守封禺二山以后，供奉着对大禹的祭祀。勾践受到夫差的困辱，于是任用了文种、范蠡。赞美勾践处在蛮夷之地能够修明功德，灭掉了强大吴国并尊崇周王室，作《越王勾践世家》第十一。

桓公东迁，听信了周太史的意见。及至派兵侵周割麦取禾，受到周王臣民的非议。祭仲受胁迫结盟，郑国长久不昌。子产实施仁政，后世称他贤明，三晋来侵伐，郑被纳入韩国。赞美厉公能护送周惠王回京复位，作《郑世家》第十二。

有了骐骥和骆耳等名马，才使造父名声远扬。赵夙侍奉晋献公，赵衰接续了前人的功业。佐助晋文公尊崇周天子，终于成了晋国的辅臣。襄子处境困辱，才得擒获智伯。主父活着时被困，探雀充饥至于饿死。王迁邪恶淫荡，排斥迫害良将。赞美赵鞅能讨平周乱，作《赵世家》第十三。

毕万的爵邑在魏地，卜人预知他的发达。及至魏绛羞辱杨干，负罪完成了与戎翟媾和的事情。魏文侯仰慕仁义，自拜子夏为师。惠王自我夸矜，遭受齐秦进攻。魏王怀疑信陵君以后，遭到诸侯的排斥。终于丧失了国都大梁，王假被俘沦为养马卒。赞美魏武辅佐晋文公创立了霸业，作《魏世家》第十四。

韩厥暗行德义，赵武得以兴起。把断代接续起来，把废弃的家世扶起来，晋国人很尊崇他。昭侯在诸侯中地位显扬，重用了申不害。怀疑韩非不予信任，遭到了秦国的袭击。赞美韩厥辅佐晋君匡正了周王室的兵赋，作《韩世家》第十五。

田完逃避祸难，逃到齐国求救，在齐国暗中施行德行经过了五代，齐国作歌颂扬。成子得以专政，田和终于为侯。王建被奸计打动了心，就被迁于共邑。赞扬威王、宣王能拨正浊世的混乱而独自奉周王室做宗主，作《田敬仲完世家》第十六。

周王室已经衰败，诸侯国恣意妄行。仲尼哀伤礼废乐崩，因而追寻研习经术，以实现王道政治，匡扶乱世使它反归正道，思想体现在文辞上，替天下创

制一套仪范法规，将《六艺》中申述的纲纪流传到后世。作《孔子世家》第十七。

桀、纣丧失王道于是有汤、武兴起，周王室丧失王道于是有《春秋》产生。秦朝丧失了德政，于是陈涉能立功扬名，诸侯们起来发难，势如风起云涌，终于灭了秦朝政权。天下的开端，始自陈涉发动起义。作《陈涉世家》第十八。

河南宫中的成皋台，是薄氏兴起之地。违背王意遣往代国，窦氏家族受到尊崇。栗姬自恃贵宠而不逊，王氏乘机满足了心愿。陈皇后过度骄横，最终却使卫子夫得到尊宠。赞美卫子夫有这么美好的德行，作《外戚世家》第十九。

▶ 嵌印络纹钫·战国

台北故宫博物院藏。钫附盖，平顶梯形盖，盖上有四环耳，敞口、短颈、斜肩、鼓腹、高圈足，圈足下接四小兽，器肩两侧有立雕兽。器腹有圈络纹，器外壁以嵌银方式饰有龙纹。

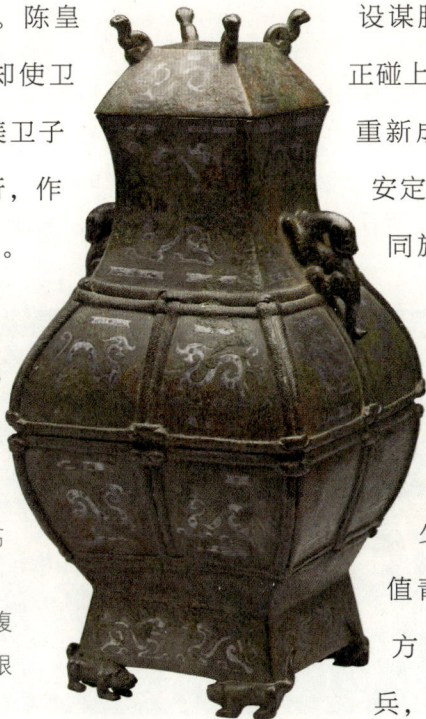

汉家已经设下诈谋，在陈邑擒获了韩信；越楚之地风俗强悍轻捷，于是封弟弟刘交做楚王，建都在彭城，来加强淮河泗水一带的势力，使它成为汉家的同宗藩屏。刘戊沉溺在邪恶之中，刘礼再次继承了王位。赞美刘游能辅佐高祖，作《楚元王世家》第二十。

高祖的反秦军队，刘贾参与其中；被英布所袭击，丧失了他所有的荆、吴地域。营陵侯刘泽派人游说感动了吕后，于是封为琅邪王；受到祝午诱惑相信齐国，前往而不得归还，设谋脱离往西进入关中，正碰上迎立孝文皇帝，获许重新成为燕王。天下还未安定，刘贾、刘泽由于是同族，成为汉王室的藩屏辅佐。作《荆燕世家》第二十一。

天下已经平定，高祖亲属比较少；悼惠王刘肥正值青壮年，受封镇抚东方国土。哀王擅自兴兵，是出于对吕氏家族

的愤怒，母家驷钧暴虐凶狠，朝廷大臣不同意他登位为帝。厉王内室淫乱，祸患成于主父偃。赞美刘肥成为朝廷的辅佐大臣，作《齐悼惠王世家》第二十二。

楚人在荥阳围困我方，相互对峙了三年；萧何镇定安抚崤山以西地区，计算户口补充兵员，粮食供应不断绝，使得百姓爱戴汉王，不乐意支持楚王。作《萧相国世家》第二十三。

与韩信一道平定魏地，攻破赵军拔取齐地，因而削弱了楚人的势力。接续萧何担任相国，不对规章制度加以变革，百姓因而安宁。赞美曹参不夸功不逞能，作《曹相国世家》第二十四。

在军中帐幕运用筹策，无形之中便能克敌制胜，子房谋划战胜攻取的大事，没有智巧的名声，没有勇武的战功，从容易的地方入手解决难题，从细微的地方入手解决大事，作《留侯世家》第二十五。

六种奇妙计策的运用，使得诸侯服从汉家；平定吕氏集团之事，陈平是

▶ **鎏金铜蚕·西汉**

陕西历史博物馆藏。1984 年在陕西省石泉县前池河出土。质地为铜，鎏金多脱落，蚕体饱满，形象逼真，说明当时人们通过蚕桑生产已熟悉蚕的生理结构。汉代的养蚕缫丝业达到高峰。大的作坊，均为官府经营，织工多达数千人，丝织品颜色鲜艳，花纹多样，做工极为精致。西汉丝织品不仅畅销国内，而且能途经西亚行销中亚和欧洲，中国通往西域的商路以"丝绸之路"驰名于世界。

▶ 朱雀衔环杯·西汉

河北博物院藏。河北满城陵山二号汉墓出土。通体错金。器形为朱雀衔环蓏立于两高足之间的兽背上。朱雀昂首翘尾，喙部衔一可自由转动的白玉环，首尾与双翅的羽毛向上卷扬，双足直立于兽背上。兽作匍匐状，昂首张口，四足踏在两侧高足杯的底座上。高足杯作豆形，上为深腹盘，粗柄，喇叭形座，杯口与朱雀的腹部两侧相连。朱雀通体饰写意羽纹，杯内外饰错金柿蒂纹，朱雀颈腹与高足杯外表镶嵌圆形和心形绿松石。出土时高足杯内尚存有朱红色痕迹，推测是放置化妆品的奁具。

主要谋划人，终于安定了王室，稳固了国家。作《陈丞相世家》第二十六。

吕氏家族互相勾结，图谋削弱汉家朝廷，而周勃的处置一反常规而合于权变；吴楚七国反叛兵起，亚夫驻兵于昌邑，以便控制齐、赵二国，却抛出梁国委弃不顾。作《绛侯世家》第二十七。

七国叛乱为逆，藩屏京师的，只有梁国在进行抵御。自恃爱宠夸矜功劳，几乎遭到杀身之祸。赞美梁孝王能抵抗吴楚反叛，作《梁孝王世家》第二十八。

五宗都已封王，亲属关系融洽和乐，大小诸侯都成为朝廷藩屏，各得其宜，僭越爵职比拟天子一类事逐渐衰弱减少了。作《五宗世家》第二十九。

武帝的三个儿子已先封为王，封王的策告文辞典雅，可供观赏。作《三王世家》第三十。

❧ 七十列传主旨

末世争权夺利，伯夷、叔齐却趋赴仁义；彼此让出君位因不食周粟饿死，天下人称颂他们。作《伯夷列传》第一。

晏子很节俭，管仲就奢侈；齐桓公凭借管仲谋略而称霸，齐景公因得晏婴辅佐而国治。作《管晏列传》第二。

李耳主张无为而治，使百姓自化于善，清静寡欲，使百姓自归于正。韩非揣度事物情理，遵循时势发展的道理。作《老子韩非列传》第三。

从古以来帝王们就有了《司马兵法》，司马穰苴能将它阐述明确。作《司马穰苴列传》第四。

没有诚信、廉耻、仁爱、勇敢品质的人不能够传授兵法讲论剑术，兵法、剑术同大道相符合，在内可以修治自身，在外可以应付危变，君子是依据这些比较德行的。作《孙子吴起列传》第五。

楚平王太子建遭受谗言，祸患连及伍子奢，伍尚已去匡救父亲，伍员奔逃到吴国。作《伍子胥列传》第六。

孔子传述文化礼教，弟子们兴盛事业，都成了师傅，尊崇仁德勉行道义。作《仲尼弟子列传》第七。

商鞅离开卫国前往秦国，能够申明他的治国之术，使秦孝公强大立下霸业，后代遵循他制定的法度。作《商君列传》第八。

天下忧患行连横之策的秦国贪得无厌，而苏秦能保存诸侯利益，相约合纵来抑制贪欲强暴。作《苏秦列传》第九。

六国已经合纵亲善，但张仪能申明他的连横主张，一再地使诸侯国分化瓦解。作《张仪列传》第十。

秦国之所以向东扩展称

▶漆木俎·战国

湖北省博物馆藏。2002年湖北九连墩2号墓出土。礼器。长方形案面，面板两端以榫卯连接四足。木俎通体髹黑漆，再用红色绘陶纹，侧面绘圆涡纹、"S"形纹。

雄诸侯，是出于樗里子、甘茂的计策。作《樗里甘茂列传》第十一。

席卷河山，围攻大梁，使得诸侯拱手而来侍奉秦国，是魏冉的功劳。作《穰侯列传》第十二。

南边攻拔了郢城，北边摧垮了长平军，接着包围邯郸，是武安君做统帅；攻破楚国灭亡赵国，是出于王翦的计策。作《白起王翦列传》第十三。

涉猎儒家墨家的遗存文献，阐明礼仪的系统纲纪，制止梁惠王逐利的欲望，叙列往世的兴盛衰败。作《孟子荀卿列传》第十四。

喜好交接宾客、士人，士人归附来到薛地，替齐国出力抵抗楚国、魏国。作《孟尝君列传》第十五。

依据权变争得冯亭献出的上党土地，亲赴楚国求救来解除邯郸之围，使得他的国君重新立名于诸侯。作《平原君虞卿列传》第十六。

能以自身的富贵处于贫贱人之下，以自身的贤能屈就不贤能的人，只有信陵君能够做得到。作《魏公子列传》第十七。

以自身为国君殉死，于是使楚太子脱离了强秦拘留的祸难回国为君，让驰骋游说的士人往南投奔楚国的，是出于黄歇的忠义。作《春申君列传》第十八。

能够在魏齐面前忍受耻辱，却在强秦伸展了声威，推崇贤能让出相位，范雎、蔡泽有这样的品德。作《范雎蔡泽列传》第十九。

担任主帅，施展谋略，联合五国的军队，替弱小燕国报复强大齐国的仇怨，洗雪了燕国先君的耻辱。作《乐毅列传》第二十。

能够在强秦面前伸展意志，又能屈服于廉颇而谦恭退让，都是为了忠诚国君，二人都被诸侯所看重。作《廉颇蔺相如列传》第二十一。

湣王已经丧失临淄逃奔到了莒邑，仅靠田单依据即墨城打败赶走了骑劫，因而保存了齐国社稷。作《田单列传》第二十二。

能设下巧妙智辩的说辞解除被包围城市的患难，轻贱爵位俸禄，乐意放纵自己的心志。作《鲁仲连邹阳列传》第二十三。

创作辞赋来进行讽刺谏诤，用各种事物互相联系比喻以显现自己的用

意，《离骚》有这样的特点。作《屈原贾生列传》第二十四。

与子楚结交，使得诸侯国的士人翩然争着向西来侍奉秦国。作《吕不韦列传》第二十五。

曹沫亮出匕首，鲁国获得了已被侵占的土地，齐国表明它守信用；豫让守义，忠于其君而无二心。作《刺客列传》第二十六。

能够阐明自己的谋划，乘着时势推进秦国的统一大业，于是得志于海内，李斯成为主谋。作《李斯列传》第二十七。

替秦国开拓土地增加民众，北边征服了匈奴，依据黄河修筑要塞，凭借山岭加固边防，建置榆中。作《蒙恬列传》第二十八。

镇守赵国要塞常山来拓广河内，削弱西楚霸王的权势，在天下阐明汉王的信义。作《张耳陈馀列传》第二十九。

收集西河、上党的军队，随从刘邦进至彭城；彭越在梁地往来活动进行侵掠来骚扰项羽。作《魏豹彭越列传》第三十。

黥布据有淮南封地而背叛楚国归服汉王，汉王通过他获得大司马周殷，终于在垓下打败项羽。作《黥布列传》第三十一。

楚人将我方困迫在京、索一带，而韩信攻拔了魏地、赵地，平定了燕地、齐地，使得汉家占有天下的三分之二，据以消灭了项籍。作《淮阴侯列传》第三十二。

楚汉在巩洛之间对抗，而韩王信替汉王镇守着颍川，卢绾断绝了项籍的粮饷。作《韩信卢绾列传》第三十三。

诸侯们背叛项王，只有齐国把项羽牵制在城阳，汉王得以乘机攻入彭城。作《田儋列传》第三十四。

攻夺城邑，激战旷野，获取军功，归报汉王，樊哙、郦商是出力最多的战将，不仅仅是听任汉王驱使，又与汉王一道摆脱危难。作《樊郦列传》第三十五。

汉家初定天下以后，礼仪制度还没有制定明白，张苍担任主计官，整齐度量衡，编订出律历。作《张丞相列传》第三十六。

游说结交通使往来，笼络安抚诸侯；诸侯都来亲附，归顺汉朝成为屏藩辅臣。作《郦生陆贾列传》第三十七。

想要详细知道秦楚时期的世事，只有周缲最清楚，因为他常常随从高祖，并参加平定诸侯的行动。作《傅靳蒯成列传》第三十八。

迁徙强族，建都关中，与匈奴相约和亲；明订朝廷拜礼，编订宗庙仪法。作《刘敬叔孙通列传》第三十九。

季布能够化刚强为柔顺，终于成为朝廷大臣；栾公不为威势所屈服而逃避死亡。作《季布栾布列传》第四十。

敢于触犯颜色使君主达到道义，不顾自身安危，替国家建立长远谋划。作《袁盎晁错列传》第四十一。

维护法律而不违背根本事理，称述古代贤人，增长君主的明智。作《张释之冯唐列传》第四十二。

敦厚慈爱孝顺，不善于言谈，敏于行事，致力做到谦虚谨慎，值得称为君子长者。作《万石张叔列传》第四十三。

坚守节操恳切刚直，道义上很值得称为廉洁，行为上很值得勉励贤能，担任重要职务不可以用非理之事使他屈服。作《田叔列传》第四十四。

扁鹊行医，成为方术人的宗师，所持技艺精细高明；

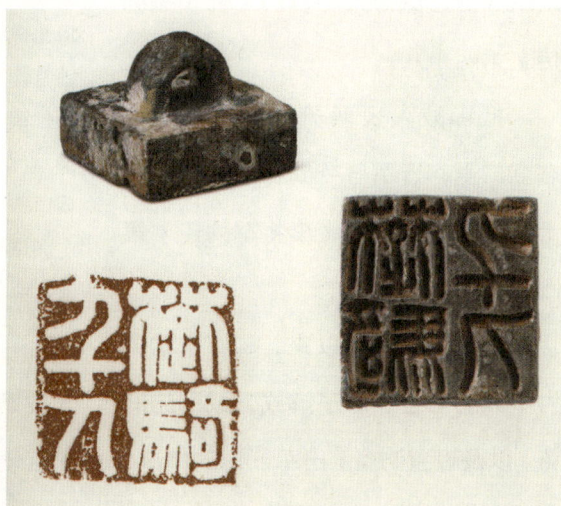

▶ "楚骑千人" 铜印·西汉

徐州博物馆藏。徐州狮子山西汉楚王墓出土。印为铸造，桥形钮，印台方形，印文为篆书"楚骑千人"。"楚骑千人"为楚国军队中直接统兵之官，秩六百石。

后代遵循他创始的方法，不能改易，而仓公可以说得上是接近扁鹊的医术了。作《扁鹊仓公列传》第四十五。

刘仲被贬削王爵，使刘濞得以封为吴王，正碰上汉家刚刚平定天下，要依靠他镇守抚慰江淮地区。作《吴王濞列传》第四十六。

吴楚七国发动了叛乱，皇室亲属中只有窦婴贤能并喜爱士人，士人都归心于他，所以让他统军在荥阳抵抗叛军。作《魏其武安侯列传》第四十七。

智谋足以应付近代的世变，宽厚足以凭借它深得人心。作《韩长孺列传》第四十八。

抵御敌人表现勇敢，对待士卒态度仁爱，行军号令简朴不烦，军队士兵归心于他。作《李将军列传》第四十九。

从夏商周三代以来，匈奴常常成为中原的患害。想了解或强或弱的时势，以及设置防备，出军征讨的情况，作《匈奴列传》第五十。

拓直弯曲的边塞，扩展黄河以南地区，打败活动于祁连山的匈奴，开通前往西域国家的道路，使得北方胡

▶ **镶玉鎏金铜铺首·西汉**

河北博物院藏。河北满城陵山一号汉墓出土。铺首作兽面衔环状，铜质边框和衔环，兽面部分镶嵌黄玉。玉质兽面为浅黄绿色，细腻莹润，浮雕对称卷云纹，组成象征性的兽面，棱角各部分修饰得极其圆润。铜质部分鎏金，两侧边框做二龙攀附，龙身蜿蜒，首向外扭曲，似兽面之双角。

人披靡溃散。作《卫将军骠骑列传》第五十一。

大臣和宗族都以奢侈浪费互相竞争夸耀，只有公孙弘以节衣缩食成为百官表率。作《平津侯列传》第五十二。

汉朝廷已经平定了中原,而赵佗能够安辑杨越地区来保卫南方藩属地区,向朝廷纳贡尽职。作《南越列传》第五十三。

吴国发动叛乱,东瓯人斩杀了刘濞,保守封禺山成为汉臣。作《东越列传》第五十四。

燕太子丹部众败散在辽东地区,卫满收集这些逃亡之民,聚集在海东,用来安辑真藩等部,保卫边塞成为汉廷的外臣。作《朝鲜列传》第五十五。

唐蒙奉使经略沟通夜郎,而邛、筰的君长请求成为汉廷的内臣,并接受朝廷派来的官吏。作《西南夷列传》第五十六。

《子虚赋》所及之事,《大人赋》叙说言辞,虽然都很华丽夸张,然而它的主旨是进行讽谏,归结到主张无为而治。作《司马相如列传》第五十七。

黥布背叛汉廷,高祖少子刘长在黥布旧地建国,凭以镇守长江、淮河以南,安定强悍的楚地百姓。作《淮南衡山列传》第五十八。

奉行法律遵循事理的官吏,不夸功不逞能,百姓没有人称赞他们,他们也没有过错行为。作《循吏列传》第五十九。

端正自己的衣冠站立在朝廷之上,那么群臣就没有谁敢于说出虚浮不实的话来,汲长孺是位刚直庄重的大臣;喜好推荐人才,称道长者,郑庄慷慨有节操。作《汲郑列传》第六十。

自从孔子去世,京城里没有谁尊崇学校教育,只有建元、元狩年间,文辞显出昌盛鲜明的模样。作《儒林列传》第六十一。

民众背弃农业多生诈巧,作奸犯科玩弄法令,善人不能教化他们,只有一律严酷苛刻地处理才能整齐划一,使他们按法令行事。作《酷吏列传》第六十二。

汉廷派使节沟通大夏以后,西部极远的蛮夷国家,都伸长脖子望着内地,想观赏中国的盛况。作《大宛列传》第六十三。

解救人家的困厄,赈济人家的贫困,仁者有这样的美德;不失掉信任,

▶ 淡绿玻璃盘·西汉

河北省博物院藏。河北满城陵山一号汉墓出土。侈口，平折沿，浅腹折收，平底。呈湖绿色，微有光泽，呈半透明状，晶莹如玉，局部因土锈侵蚀碱化，有白色风化层和凹坑。出土时已残破，破口处射玻璃光，经光谱定性分析，其主要成分是硅和铅，并含有钠，属铅玻璃系统，采用模铸成形后抛光。是研究我国早期国产玻璃器的重要实物资料。

不违背诺言，义者有可取之处。作《游侠列传》第六十四。

　　侍奉君主能使君主耳目愉快，脸色和悦，从而获得君主的亲近，他们的技能也是有其优长之处的。作《佞幸列传》第六十五。

　　不与世俗同流合污，不为势利互相争斗，对上对下都没有妨碍，没有谁伤害他们，是因为他们运用的是"道"。作《滑稽列传》第六十六。

　　齐、楚、秦、赵从事占卜的人，各有适合于习俗能用的方法，想总体观察他们活动的要旨。作《日者列传》第六十七。

　　夏、商、周三代君主占龟的方法不同，四方蛮夷部族卜筮的方法各异，然而都是利用占卜来决定吉凶的。粗略地窥测其中的大概情况。作《龟策列传》第六十八。

　　一个普通民众，不危害政令，不妨碍百姓，按时节买卖并增长财富，智慧的人也可以从他们身上得到借鉴。作《货殖列传》第六十九。

　　汉朝继承五帝的遗风，接续三代中断了的大业。周朝末年王道废弛，秦朝

废弃了古文，焚毁了《诗》《书》，所以造成明堂、石室、金匮、玉版等处图书典籍散失错乱。这时候汉朝兴起，萧何修订律令，韩信申明军法，张苍创立规章，叔孙通制定礼仪，于是举止文雅的学问之士逐渐得到进用，《诗》《书》到处断断续续出现。自从曹参举荐盖公讲论黄老之道，而贾谊、晁错阐明申不害、商鞅的法术，公孙弘因为运用儒学而显贵。百年之间，天下已发现的遗文古事无不汇集到太史公的府第，太史公仍是父子相续掌管这一职务。太史公说："哎呀！我的先人曾经职掌这项事业，显名于唐、虞时代，直到周朝，重新掌管这一职务，所以司马氏世世代代相承主持天文星历方面事务的。难道会中止在我这一代吗？郑重牢记呀！郑重牢记呀！"网罗搜集天下散失的旧闻，对先王事迹所兴发的过程，追求开始考察终结，见到盛处观察衰败，论述考察他们行事的实际，简略推考三代，详细叙录秦汉，上记轩辕黄帝，下到当今社会，撰十二本纪，足以科分条例形成大纲。在相同的时代有着不同的世代，年代相差不易明了，作十表。礼乐增减，律历变更，兵法权谋，山川形胜，鬼神祭祀，天人之间的关系，承其衰败，通观变革，作八书。二十八宿环绕北辰，三十车辐共集一毂，运行没有穷尽，辅弼股肱的大臣，和星辰、辐毂一样相配，忠诚信实，共行大道，来侍奉皇上，作三十世家。仗义而行，傥傥不羁，不使自己失却时机，在天下树立功名，作七十列传。总计一百三十篇，五十二万六千五百字，写成《太史公书》。叙述大略，以拾遗补充六艺，成为一家之言，协合《六经》和对它的不同传释，将百家杂语的说法予以整齐，正本藏在名山，副本留在京师，留待后代的圣人君子观览。第七十。

太史公说

我历述从黄帝以来直到武帝太初年间而止的史实，一百三十篇。

图说史记

第 10 卷

文字编辑：樊文龙

美术编辑：张大伟

装帧设计：罗　雷

图片提供：王　露　郝勤建

汇图网　红动中国

中国国家博物馆

故宫博物院

上海博物馆

山东博物馆

河南博物院

河北博物院

陕西历史博物馆

湖南省博物馆

湖北省博物馆

浙江省博物馆

台北故宫博物院

美国纽约大都会艺术博物馆

美国弗利尔美术馆

美国克利夫兰艺术博物馆

美国耶鲁大学艺术陈列馆

美国普林斯顿大学博物馆

美国哈佛大学博物馆

美国芝加哥艺术学院

美国明尼阿波利斯艺术学院

大英博物馆　等